中华人民共和国审计署主办

《中国审计年鉴》编委会编

2016

中国审计年鉴

中国时代经济出版社

图书在版编目(CIP)数据

中国审计年鉴. 2016 / 《中国审计年鉴》编委会编著. —北京 : 中国时代经济出版社, 2017.10
ISBN 978-7-5119-2708-8

Ⅰ. ①中… Ⅱ. ①中… Ⅲ. ①审计-中国-2016-年鉴
Ⅳ. ①F239.22-54

中国版本图书馆CIP数据核字(2017)第183946号

书　　名：中国审计年鉴2016
作　　者：《中国审计年鉴》编委会

出版发行：中国时代经济出版社
社　　址：北京市丰台区玉林里25号楼
邮政编码：100069
发行热线：(010) 63508271 63508273
传　　真：(010) 63508274
网　　址：www.icnao.cn
电子邮箱：shenjinianjian@163.com
经　　销：各地新华书店
印　　刷：北京画中画印刷有限公司
开　　本：787×1092 1/16
字　　数：2067千字
印　　张：正文74.5印张 彩插1.75印张
版　　次：2017年10月第1版
印　　次：2017年10月第1次印刷
书　　号：ISBN 978-7-5119-2708-8
定　　价：280.00元

ISBN 978-7-5119-2708-8

6月28日，受国务院委托，审计长刘家义在第十二届全国人民代表大会常务委员会第十五次会议上做《国务院关于2014年度中央预算执行和其他财政收支的审计工作报告》

9月14日，世界审计组织最高审计机关责任与作用工作组第八次会议开幕，审计长刘家义出席并发表演讲

12月8日，审计署召开全国审计机关电视电话会议，传达学习中共中央办公厅、国务院办公厅下发的《关于完善审计制度若干重大问题的框架意见》及相关配套文件

12月22日，受国务院委托，审计长刘家义在第十二届全国人民代表大会常务委员会第十八次会议上做《国务院关于2014年度中央预算执行和其他财政收支审计查出问题整改情况的报告》

2月11日，审计署召开全国审计机关党风廉政建设工作视频会议

7月3日，中国社科院财经战略研究院、审计署办公厅、审计署财政审计司在京联合主办“稳增长政策跟踪审计专家论坛”

8月28日，中央经济责任审计工作联席会议办公室调研组在甘肃省审计厅召开经济责任审计工作座谈会

12月28日至29日，全国审计工作会议在京召开

12月30日，中国审计学会第七届常务理事会第一次会议在京召开

3月27日，浙江省第十二届人大常委会第十八次会议审议通过《浙江省审计条例》

2月2日，中纪委驻审计署纪检组组长陈蕾（中）到审计署驻济南特派员办事处就加强党风廉政建设开展专题调研

春节前，受署党组委托，副审计长石爱中（中）走访慰问审计署老领导和离休老同志

2月15日，审计长刘家义（左二）于春节前慰问北京市审计局干部职工

4月24日至26日，副审计长陈尘肇（右二）就“三严三实”专题教育活动到审计署驻武汉特派员办事处调研

10月，审计长刘家义赴贵州省丹寨县调研，图为刘家义看望丹寨县雅灰乡小学留守儿童

11月27日，审计署党组成员、法规司司长刘正均到审计署驻哈尔滨特派员办事处宣讲党的十八届五中全会精神

1月20日，甘肃省委副书记、省长刘伟平（中）参加省审计厅领导班子民主生活会

6月1日，广东省深圳市市委书记马兴瑞（右二）到审计署驻深圳特派员办事处调研

6月24日，广西壮族自治区党委书记、自治区人大常委会主任彭清华（左二）到自治区审计厅调研

12月30日，山东省省长郭树清（左二）到省审计厅指导工作，并参观山东根据地审计展馆

2月5日至10日，副审计长孙宝厚（左五）率中国审计代表团出席在马来西亚吉隆坡举行的亚洲审计组织第13届大会暨第48次理事会，并访问泰国审计长公署

3月24日至26日，总审计师李晓钟（前排左二）率团赴保加利亚首都索非亚，出席世界审计组织国家关键指标工作组第8次会议

4月13日，国际内部审计师协会（IIA）2015年全球委员会会议在京开幕。审计长刘家义（右一）在会议开幕式上致辞

8月27日，《中国特色社会主义审计理论研究（修订版）》（英文版）亮相第22届北京国际图书博览会，中央经济责任审计工作联席会议办公室主任张通（中）出席宣传活动

10月26日至28日，法国审计法院院长迪迪埃·米戈（前左）率领法国审计代表团访华，其间，审计署与法国审计法院续签双边合作谅解备忘录

11月3日，国际标准化组织审计数据采集项目委员会（ISO/PC295）第一次国际会议在京召开，副审计长袁野（前排右二）出席会议并致开幕辞

4月14日，审计署驻武汉特派员办事处审计人员通过视频会了解中国铝业公司海外投资项目——秘鲁特罗莫克铜矿的情况

7月8日至12日，中国审计代表团一行赴蒙古国乌兰巴托参加中蒙投资审计双边交流研讨

3月20日，审计署举行“青年讲堂”活动启动仪式

5月4日，审计署举办首届模拟法庭活动

5月5日，云南省文明委领导受全国文明办委托，授予审计署驻昆明特派员办事处“全国文明单位”荣誉称号

5月15日，国内首家审计专业数字出版平台——中国审计数字出版网正式上线运行

7月1日，审计署驻成都特派员办事处西藏财政收支审计组进行党员宣誓，庆祝党的生日

7月8日，审计长刘家义（右二）为第三届审计长奖学金获奖者颁奖

11月20日，中国人民解放军援助非洲抗击“埃博拉”病毒先进事迹报告会在审计署机关举行

8月25日，吉林省审计厅干部职工参观长春伪满皇宫博物院东北沦陷史陈列馆

8月30日，山东省审计厅表彰全省审计系统首届“十佳县审计局长”

8月，山西省审计厅启动“读书温史”活动，纪念抗战胜利70周年

1月，内蒙古阿鲁科尔沁旗审计人员在重点基础设施项目跟踪审计中，对农村公路砼面层厚度进行钻孔实测

3月，审计署驻兰州特派员办事处在开展稳增长政策跟踪审计过程中，关注政府补贴资金发挥效益情况

5月，在国土整治专项资金审计中，湖南省审计人员对照图纸实地核查高标准农田建设项目实施情况

6月，安徽省审计人员赴安徽省安庆市现场察看特色养殖项目

8月，新疆生产建设兵团第九师审计局与辽宁省审计厅组成联合审计组，对辽宁省援建的工程项目实施竣工决算审计

9月，审计署驻郑州特派员办事处审计人员在青海省海拔4千米以上的瓦胡寺煤矿查看开采情况

9月，电子数据审计司分析组为服务审计署重大审计项目，通宵达旦、连续奋战

9月，广东省审计厅在湛江市廉江市开展县级党委、政府领导干部异地同步经济责任审计项目

9月，西藏自治区审计人员在山南地区江北公路现场查看挡墙情况

9月，天津市审计人员在市容绿化改造工程专项资金审计时深入项目现场，实地调查绿地养护情况

10月，在稳增长政策跟踪审计项目中，审计署驻广州特派员办事处审计人员抽查平潭综合试验区农村饮水安全工程进展情况

10月，在罗源县海域资源资产开发及保护情况专项审计中，福建省福州市审计人员深入沿海渔村检查海飘垃圾的处理情况

11月，审计署驻长春特派员办事处审计人员在专项资金审计中查看膜下滴灌配套设施生产质量

11月，深圳市审计局和人大代表跟踪监督小组到莲塘口岸工地进行现场调研，跟踪监督政府重大投资项目进展情况

《中国审计年鉴2016》编辑委员会

王志伟（审计署驻济南特派员办事处分党组书记、特派员）
洪承旭（审计署驻西安特派员办事处分党组书记、特派员）
马晓方（审计署驻兰州特派员办事处分党组书记、特派员）
杨宁生（审计署驻昆明特派员办事处分党组书记、特派员）
吴兆军（审计署驻成都特派员办事处分党组书记、特派员）
赵保林（审计署驻长沙特派员办事处分党组书记、特派员）
段大波（审计署驻深圳特派员办事处分党组书记、特派员）
马文辉（审计署驻长春特派员办事处分党组书记、特派员）
吕劲松（审计署驻重庆特派员办事处分党组书记、特派员）
马学斌（审计署外交外事审计局局长）
蔡　峰（审计署发展统计审计局副局长）
罗　键（审计署教育审计局副局长）
涂　莹（审计署科学技术审计局副局长）
丁仁立（审计署工业审计局局长）
刘晓梅（审计署民族宗教审计局局长）
李秀才（审计署政法审计局局长）
贾有长（审计署民政社保审计局局长）
茅东萍（审计署资源环保审计局局长）
李树廷（审计署建设审计局局长）
矫　强（审计署交通运输审计局局长）
娄　仲（审计署农林水利审计局局长）
许永利（审计署贸易审计局主要负责人）
姜跃山（审计署文化体育审计局副局长）
张宣波（审计署卫生药品审计局副局长）
朱登云（审计署国资监管审计局局长）
梁丽军（审计署经济执法审计局副局长）
廖金梅（审计署广电通讯审计局局长）
张广春（审计署旅游侨务审计局副局长）
李志民（审计署地震气象审计局局长）
张　力（审计署总经济师兼机关服务局局长）
杨蕴毅（审计署计算机技术中心主任）
姜江华（审计署审计科研所所长兼中国审计学会副会长、秘书长）
彭华彰（中共审计署党校常务副院长、审计署审计干部教育学院院长）
鹿云飞（审计博物馆副馆长）
黄　峥（中国审计报社副社长）
董维明（中国时代经济出版社社长兼总编辑）
王家新（南京审计学院党委书记）
吴素芳（北京市审计局局长）
刘　健（天津市审计局局长）
杨晓和（河北省审计厅厅长）
王　亚（山西省审计厅厅长）
王月胜（内蒙古自治区审计厅厅长）
邢恩先（辽宁省审计厅厅长）
刘庆恒（吉林省审计厅厅长）
王学文（黑龙江省审计厅副厅长）
王建平（上海市审计局局长）
顾树生（江苏省审计厅厅长）
徐宇宁（浙江省审计厅厅长）
戴克柱（安徽省审计厅厅长）
杨　红（福建省审计厅厅长）
辜华荣（江西省审计厅厅长）
马青山（山东省审计厅厅长）
刘　荃（河南省审计厅厅长）
张永祥（湖北省审计厅厅长）
胡章胜（湖南省审计厅厅长）
何丽娟（广东省审计厅厅长）
何小聪（广西壮族自治区审计厅厅长）
张震华（海南省审计厅厅长）
袁天长（重庆市审计局局长）
黄　河（四川省审计厅厅长）

张如飞（贵州省审计厅厅长）
吴绍吉（云南省审计厅厅长）
孙秀春（西藏自治区审计厅厅长）
李　健（陕西省审计厅厅长）
白文晖（甘肃省审计厅厅长）
王继卿（青海省审计厅厅长）
尹全洲（宁夏回族自治区审计厅厅长）
李　成（新疆维吾尔自治区审计厅厅长）
梅新顺（新疆生产建设兵团审计局局长）

《中国审计年鉴2016》编辑部

总　编　辑： 魏　强
副总编辑： 董维明　武晓晨
编辑部主任： 孙慧雯
责任编辑： 高　山
美术编辑： 张　戈

《中国审计年鉴2016》特邀编辑

编辑说明

一、《中国审计年鉴 2016》是由中华人民共和国审计署主办并组织编纂的第二十部年鉴，具有较强的权威性、资料性、实用性、前瞻性和馆藏价值。

二、本卷年鉴全面、系统、集中地反映了我国 2015 年审计工作发展的总体概况，起讫时间为 2015 年 1 月 1 日至 2015 年 12 月 31 日。

三、本卷年鉴基本保持了以往的编纂体例和风格。文字部分由“特载”“审计署工作概况”“地方审计机关”“科研、培训、出版、学术团体”“审计理论与科研”“重要财经审计法规文件”“审计结果公告”“审计署领导重要活动大事记”“审计工作统计”“附录”共 10 部分组成。

四、图片部分有“特载”“会议回放”“领导调研”“国际交往”“境外审计”“基础建设”“一线风采”7 部分，形象直观地反映审计工作风貌。

本卷年鉴没有收录解放军审计署的内容。

五、本卷年鉴采用栏目、条目、统计表等体例分类排列，栏目下设类目和条目。各类目和条目在字号、字体及编排上有所区别，以便读者阅读。

六、本卷年鉴采用的稿件均由审计系统和相关部门提供。在编辑过程中得到各级审计机关的大力支持和协助，在此深表谢意。由于编辑人员水平有限，缺点和遗漏在所难免，敬请广大读者批评指正。

《中国审计年鉴》编辑部

2016 年 12 月

目　录

地方审计机关

科研、培训、出版、学术团体

审计理论与科研

重要财经审计法规文件

审计结果公告

审计署领导重要活动大事记

审计工作统计

附　　录

Table of Contents

Special Issues

Overview on the Work of CNAO

Local Audit Institutions

Scientific Research, Training, Publication and Academic Institutions

Audit Theories and Researches

Major Laws and Regulations for Financial and Economic Audit

Audit Findings Announcements

Chronicle of Events

Audit Statistics

Appendix

特　载

国务院关于2014年度中央预算执行和其他财政收支的审计工作报告

——在第十二届全国人民代表大会常务委员会第十五次会议上

刘家义

（2015年6月28日）

全国人民代表大会常务委员会：

我受国务院委托，向全国人大常委会报告2014年度中央预算执行和其他财政收支的审计情况，请予审议。

2014年，各部门各地区在党中央、国务院领导下，认真执行十二届全国人大二次会议批准的财政预算和发展计划，扎实推进有关工作，财政保障能力进一步增强。

——财政收入稳定增长。统筹稳增长、促改革、调结构、惠民生、防风险，创新完善宏观调控的思路和方式，国民经济运行保持在合理区间。依法加强税收征管，实行定向减税和普遍性降费，中央一般公共预算收入完成100.2%、增长7.1%。

——重点支出得到较好保障。优化财政支出结构，从严控制一般性支出，持续增加民生投入，中央财政用于医疗卫生、住房保障、就业和社会保障、农林水的支出分别增长11%、9%、8.5%、8.4%。

——财税体制改革取得积极进展。配合完成预算法修订，制订实施深化财税体制改革总体方案，做出深化预算管理制度改革的决定，完善转移支付制度，建立地方政府性债务管理机制。大力推进简政放权，取消和下放行政审批事项246项，继续缩减投资项目核准范围。

对上年审计工作报告指出的问题，国务院常务会议专题部署整改。各部门各地区认真落实，促进增收节支和挽回损失等1000多亿元，制定完善制度3100多项；对审计移送的314起重大违法违纪问题，有关部门已依法依纪处理1400多人。具体整改情况已向全国人大常委会报告，并向社会公告。

一、中央预算执行及决算草案审计情况

据财政部提供的中央决算草案报表，2014年一般公共预算收入总量65493.45亿元、支出总量74993.45亿元，赤字9500亿元，与预算持平；政府性基金预算收入总量5039.59亿元、当年支出4319.49亿元，结转下年720.10亿元；国有资本经营预算收入总量1563.10亿元、当年支出1419.12亿元，结转下年143.98亿元。

2014 年度中央决算收支情况

金额单位:亿元

预算分类	收入项目	金额	支出项目	金额
一般公共预算	当年收入	64493.45	当年支出	74161.11
	税收收入	60035.40	中央本级	22570.07
	非税收入	4458.05	补助地方	51591.04
	调入预算稳定调节基金	1000.00	安排预算稳定调节基金	832.34
	收入总量	65493.45	支出总量	74993.45
	赤字	9500.00	—	—
政府性基金预算	上年结转	907.13	—	—
	当年收入	4108.08	当年支出	4319.49
	—	—	中央本级	2963.87
	—	—	补助地方	1355.62
	地方上解	24.38	结转下年	720.10
	收入总量	5039.59	支出总量	5039.59
国有资本经营预算	上年结转	152.19	当年支出	1419.12
	当年收入	1410.91	结转下年	143.98
	收入总量	1563.10	支出总量	1563.10

与向人大报告的预算执行情况的差异：一般公共预算决算收入增加 3.44 亿元，主要是整理期入库收入；支出减少 13.25 亿元，主要是税收返还减少；以上资金全部用于补充预算稳定调节基金。政府性基金预算决算收入增加 10.57 亿元，主要是整理期入库收入；支出减少 0.05 亿元，另有地方上解收入增加 24.38 亿元；以上资金全部结转下年。审计发现的主要问题：

（一）决算草案报表体系不够完善。一是未包括资产负债表，且总预算会计核算发行国债取得资金时，未按规定计入负债类科目，而是作为债务收入，不能准确反映政府的资产和负债等情况。二是未按经济性质分类编列一般公共预算支出。

（二）预算变更偏多。包括：中央本级支出调增 724.47 亿元、调减 660.43 亿元，税收返还和转移支付支出调增 596.94 亿元、调减 879.87 亿元。

（三）未披露用以前年度超拨资金抵顶的支出。如直接使用“农作物良种补贴”等 7 个专项的以前年度超拨资金 47.05 亿元，抵顶 2014 年度应安排支出。

（四）中央决算草案与部门决算草案衔接不够。如抽查的 22 个部门 2014 年度决算收入 5657.19 亿元，中央决算草案仅反映财政拨款收入 2805.65 亿元（占 49.6%），未包括事业收入等。

二、中央财政管理审计情况

从审计情况看，2014 年，财政部、发展改革委等部门注重加强宏观调控，积极推进财税改革，加大预决算公开力度，预算执行的规范化程度有所提高，但预算管理体系还不够完善，财政管理方式还不完全适应，部分财政资金被骗取挪用，影响财政资金的安全和高效使用。

（一）各本预算间收支划分不够清晰。

1. 政府性基金预算中包含非政府性基金项目。在 2014 年政府性基金预算核算的 29 个项目中，有 11 个不在基金目录中，当年收入 1864.26 亿元（占 45%）。财政部 2015 年仅将其中 3 项转至一般公共预算核算，对无线电频率占用费等8项未做调整。

2. 一般公共预算和国有资本经营预算向中央企业安排支出存在交叉。如厂办大集体改革支出分别安排1.99亿元、11.05亿元，外经贸发展专项支出分别安排6.89亿元、41.51亿元。

3. 国有资本经营预算范围还不完整。2014年，中央部门和单位下属企业仍有4500多家未纳入实施范围，应结合事业单位和国有企业改革加快推进。

（二）税费收缴执法不到位。

1. 征管不严造成税收流失。2013年至2014年，6个省的国税部门违规批准延期申报、缓缴、暂存过渡户等延压税款159.64亿元，其中2014年20.32亿元；10个省的国税部门纳税审核不严，少征37家企业税款3.18亿元；还有15个省的国税部门违规为104家企业办理税收减免5亿元。

2. 发票监管不严，药品购销领域偷逃税仍较突出。抽查的65家企业虚开药品销售发票200多亿元，偷逃税60多亿元。税务机关对其中36家企业从未进行过稽查，对其他29家企业的稽查也不到位。有的企业是专门的开票公司，如辽宁省黑山县周宗武等人两年间在不足50平方米的同一场所重复注销、开设6家企业，涉嫌向100多家医药企业虚开增值税专用发票30多亿元。

3. 未及时足额收缴非税收入。至2014年底，中央非税收入有193.36亿元未收缴入库，包括：国际金融组织贷款还贷准备金利息等61.34亿元，探矿权采矿权价款中央分成128.76亿元，中央部门资产出租出借或处置收入3.19亿元。此外，抽查地方非税收入征缴情况发现，有3个省少征国有股权出让价款等27.27亿元，8个省收入过渡户中有30.81亿元未及时缴入国库。

（三）预算批复下达不及时、不规范。

1. 部分预算下达不及时。一般公共预算中，本级支出有480.53亿元（占3.7%）未按要求在9月30日前下达，专项转移支付有2495.9亿元（占13%）未按要求在批准后90日内下达；国有资本经营预算12月支出411.45亿元（占29%），其中12月20日后支出310.06亿元。

2. 财政部批复的部门预算中个别事项不规范。一是63个部门年初预算少编报已确认结余1.94亿元。二是在项目单位未提交申报文本、未确定具体项目等情况下，直接安排39所高校专项资金44.76亿元。三是预算安排结构不合理，以公用经费等抵顶人员经费。如人力资源社会保障部下达银监会、证监会、保监会的工资总额，与财政部安排的人员经费存在差异，财政部2012年以来每年都在年初预算中安排这3家单位公用经费25亿多元，执行中再将4亿多元调整为人员经费。

3. 发展改革委安排的投资计划中个别事项不规范。一是未严格按照投资计划的级次和投向安排资金，将274.79亿元对地方补助上划为中央本级；调减2个投向27.02亿元，调增3个投向65.71亿元。二是采取直接将投资补助分配到企业的方式，安排“产业转型升级”“战略性新兴产业”等5个专项83.78亿元。三是在未公开标准或无规划的情况下分配“动物防疫体系建设”等专项1.3亿元，还向不符合条件的项目安排“煤矿安全改造”等专项2010万元。四是少数专项分配较随意，如对同处西部的两个“残疾人康复和托养设施建设”项目，安排补助占项目总投资的比例分别为80%、18%；“畜禽水产良种工程”专项补助的124个项目中，有101个项目的补助占比超过50%的规定上限，最高97%；超出建设规划安排8个省“农户科学储粮设施”51.6万套，最高超出90%。

（四）转移支付改革和规范还不到位。

1. 部分一般性转移支付有限定用途。其中：有9188.49亿元（占19%）指定用于专门事项，还有18个专项转移支付转入的140.56亿元（占0.3%）也有专门用途，地方难以统筹使用。

2. 专项转移支付清理整合不到位。近年清理归并工作取得一定成效，但仍存在“碎片化、部门化、司处化”现象。财政部2014年上报专项转移支付133个，执行中实际安排明细专项362个；抽查343个明细专项有43个部门参与分配，涉及123个司局、209个处室。如“公共卫生服务补助”专项细分为21个明细专项，其中卫生计生委疾病预防控制局有10个处参与13个明细专项的分配。

3. 部分专项转移支付分配审核不够严格。如财政部2014年自行分配应由农业部提出分配意见的“农林业科技成果转化与技术推广”专项41.04亿元、“农民培训”专项9000万元；未经评审下达9个项目“国家重点文物保护”专项5714万元；未经江苏省申报，将“文化体育与传媒事业发展”专项332万元，直接下达给“锦绣堂维修”等苏州吴中区金庭镇东村的3个项目。有的项目审核中掌握具体情况不及时，如财政部向一家公司下达“中小企业发展”专项190万元时，该公司已因非法集资被调查。

4. 部分专项资金被骗（套）取。审计发现，一些企业和个人采取伪造社保证明、签订虚假合同、虚报职工人数、重复申报等方式，骗（套）取专项资金12.6亿元。其中：“关闭小企业中央财政补助”1.03亿元（占抽查企业数的54%、金额的47%）、“国际服务外包业务发展专项”9181.24万元（占抽查企业数的40%、金额的39%）、“产业化经营中央财政补助”4210万元（占抽查企业数的39%、金额的37%）、“文化产业发展专项补助”7100万元（占抽查企业数的9.7%、金额的3.5%）、“产业振兴和技术改造”等中央投资专项2.13亿元（占抽查企业数的81%、金额的63%）、“农机具购置补贴”等涉农专项7.38亿元（占抽查金额的3.2%）。此外，还发现8个省的财政等部门挤占挪用或出借资金等29亿多元，用于楼堂馆所建设、发放补贴或招商引资奖励等。

（五）政府性债务管理需进一步加强。

1. 国债发行与库款管理衔接不够。一是短期国债占比低，2014年发行的短期国债占比不到7%，其灵活性高、成本低的优势得不到充分发挥，也不利于国债市场培育和开展公开市场操作。二是发债筹资与预算执行、国库库款余额管理缺乏统筹，库款余额高、波动大，影响财政资金使用效益。如2014年10月13日至12月17日，在库款从5373.89亿元持续增至11784.25亿元的情况下，财政部19次发行国债筹资共4601.92亿元。

2. 主权外债项目审批管理还不够严格。主要是尚未建立规范透明的项目审批流程，抽查145个项目的审批过程未做详细记录，至2014年底尚有财政部垫款等14.82亿美元未能追偿。

3. 个别地方政府性债务偿债压力较大。至2013年6月底全国地方政府负偿还责任债务中，需在2015年偿还的有1.86万亿元（占17%）。重点抽查的9个省本级、9个省会城市本级和9个县，2014年底政府负偿还责任债务余额比2013年6月底增加46%；今年以来增速放缓，3月底比年初增长0.1%（县级下降3.5%），但这些地区上年综合财力呈负增长的有三分之一，大部分地方政府债券尚未发行，个别地区债务偿还出现困难。

三、中央部门预算执行审计情况

审计44个中央部门及303个所属单位，抽查财政拨款预算2213.49亿元（占其财政拨款预算总额的41%）。这些部门2014年度预算执行总体较好，“三公”经费和会议费支出比上年下降27%，部门本级公务用车改革基本完成。审计发现的主要问题：

（一）有的部门预算编报和执行还不够严格。农业部、司法部在部门预算中编报对地方专项转移支付6.14亿元；工商总局、文化部等8个部门和单位多申领人员经费或项目经费1635.19万元。预算执行中，国土资源部、交通运输部等7个部门和65个单位将项目经费或公用经费4.75亿元调剂用于人员支出，有的是事业单位分类改革中人员经费来源渠道尚不规范，有的是人员经费预算安排不足。此外，还发现政府采购、资产管理和账务处理不规范等问题金额39亿元。

（二）“三公”经费、会议费等管理使用中还存在违反财经纪律的问题。

1. 因公出国（境）方面。一是卫生计生委、贸促会等5个部门和单位的8个团组擅自更改行程或境外停留时间，如故宫博物院的5人团组在智利、巴西期间，擅自增加4个参观城市，还向审计提供虚假行程单。二是海洋局、新华社等26个部门和单位超范围、超标准列支或由企事业单位等承担出国（境）费用1105.33万元。

2. 公务用车和公务接待方面。一是科技部、文化部等33个部门和单位长期占用其他单位车辆，或以租赁方式变相配备公务用车122辆。二是贸促会、中科院声学研究所等21个部门和单位挤占其他支出用于车辆购置、运行维护，以及违规发放交通补贴等，共计1058.19万元。三是工程院、商务部等10个部门和单位超标准列支或由其他单位承担公务接待费169.66万元。

3. 会议费方面。一是国家民委、司法部等27个部门和单位在京外、非定点饭店召开会议134个。二是环境保护部、工业和信息化部等26个部门和单位超标准支付、虚列支出或由其他单位承担会议费346.05万元。

4. 津补贴方面。一是住房城乡建设部、外交学院等40个部门和单位转移、挪用或套取财政资金等2.54亿元，用于发放劳务费、职工福利等。二是国土资源部、中国海事服务中心等36个部门和单位违规发放津补贴或奖金、实物等共计6466.41万元。三是环境保护部、税务总局等26个部门和单位的103名干部，违规在所属企业、社团兼职取酬473.18万元。

（三）信息系统建设统筹规划不够。有24个部门尚未制订信息化发展总体规划，16个部门的578个信息系统未进行安全等级保护定级，22个部门的124个行业性或敏感信息系统数据存放在有业务往来的企业。部分信息资源共享程度不高，有31个部门的714个信息系统使用范围局限在处室或司局以内。有的单位还通过提供公共信息查询服务收费，如工商总局经济信息中心在“企业信息对比查询收费”项目取消后，改由下属企业提供查询服务并收费768.32万元，其中368.22万元上交经济信息中心使用。

四、财政存量资金审计情况

从审计情况看，由于相关规定未及时修改、统筹管理力度不够，各级财政均有大量资金结存未用。至2014年底，抽查的22个中央部门有存量资金1495.08亿元，18个省本级财政有存量资金1.19万亿元。至2015年2月底，上述中央部门按财政部要求应统筹安排的存量资金盘活97.86亿元；18个省应清理由中央统筹的专项结转资金上缴1800多万元。影响存量资金盘活的因素主要有：

（一）预算中有专项用途的收入较多，按现行管理办法不能统筹安排。2014年，纳入一般公共预算管理但有专项用途的收入有6257.25亿元（占9.7%），如车辆购置税收入连年结转，在不断扩大支出范围的情况下，年底仍结转39.69亿元；政府性基金预算年底结转720.10亿元（相当于当年收入的17.53%）。

（二）法定挂钩事项支出预算刚性增长，资金闲置量大。如中央本级科技支出至2014年底在财政部累计结转426亿元，超过一半结转5年以上；中央部门存量资金近一半是教育和科技资金。同时，这种挂钩事项“一刀切”的做法还造成区域间的不平衡。

（三）一些改革措施或工作部署推进滞后，影响项目资金的有效使用。至2014年底，14个省2009年以来筹集的创业投资基金中有397.56亿元（占84%）结存未用，其中4个省从未支用；17个省82个未完工的“十二五”重金属污染综合防治项目中，有21个已停建或未开工，19个进度远滞后于计划，中央财政安排11个省的专项资金有3.38亿元（占11%）结存两年以上。

（四）财政专户清理不到位，大量资金结存。地方财政存量资金清理范围未包括财政专户，18个省本级财政专户存量资金至2015年2月底有2145.69亿元，其中600多亿元结存超过两年。重点抽查的9个省本级在141个银行网点开设专户175个，其中35个应取消；专户资金规模相当于同期国库存款余额的35%，其中4个省本级还虚列支出将国库资金667.08亿元转入财政专户。

五、政策措施贯彻落实跟踪审计情况

按照国务院部署，从2014年8月起，各级审计机关对稳增长、促改革、调结构、惠民生、防风险政策措施贯彻落实情况进行跟踪审计，按季度上报审计情况，并督促及时整改。从今年一季度审计情况看，一些领域还存在推进不及时、执行不到位等问题。

（一）部分重大投资项目审批周期长、开工不及时、建设推进慢。抽查600个项目（申报或计划投资9100多亿元）发现，至2015年3月底，有43个项目向中央主管部门申报超过半年未获批复，最长4年7个月，涉及能源、交通水利、节能环保、自主创新等领域；另557个已批准项目未按计划开工，其中56个是2013年及以前批准的。从在建项目推进情况看，46个重大水利工程2014年度投资计划（中央投资382.37亿元）至年底仅完成68%，其中4个低于20%；国家石油储备二期规划的8个基地中，有3个工期延长，最长延迟3年；还有6个铁路项目多报投资完成额29.31亿元（占25%），5个水利项目多报22.3亿元（占21%）。

（二）一些部门和地方简政放权力度不够。至2015年3月底，质检总局、林业局、财政部、民航局等管理的12项行政审批事项尚未按要求取消或合并，15个省自行设置的133项职业资格许可认定事项尚未取消。有的部门单位还将行政审批相关事项直接委托或变相指定所属单位办理，2014年违规收费7.24亿元，其中11个中央部门和4个省的环保、住建部门违规收取评审、认证等费用2.77亿元，16家中央部门所属单位违规自定项目收费4.47亿元。

（三）有关部门推进商事制度改革的具体措施不够协调。至2015年3月底，“三证合一”尚未出台全国统一办法，各地有“三证统发”“一证三号”和“一照一码”等不同做法，造成跨区域办理业务困难。商事审批相关制度尚未修订完善，如在调整为后置审批的152项工商登记事项中，有18项涉及的14部法律尚未完成修订；在注册资本实缴改认缴、年检改年报等措施实行后，要求提交验资或年检证明的50多部规章未及时清理。

（四）有关部门落实进出口通关服务便利化措施未完全到位。服务性收费方面，抽查80家进出口企业发现，2014年进出口环节服务性收费仍有81项，有的单笔业务涉及20项收费，有的收费额相当于货值的12%。免税方面，抽查59家企业办理重大技术装备关键零部件及原材料进口免税情况发现，审批涉及6个部门、周期5个月左右；审批期间这些企业按免税额提供担保2090笔，造成免税优惠缩水约25%。报关报检方面，海关与质检、口岸与产地之间尚未实现检验检疫结果全面互认，仍须分别办理。

六、重点专项资金审计情况

（一）土地出让收支和耕地保护审计情况。审计了29个省本级、200个市本级和709个县。2008年至2013年，这些地区批准建设用地207.57万公顷，取得土地出让收入13.34万亿元，支出12.93万亿元，为经济社会发展提供了重要基础和支持。这些地区至2013年底尚未供应或使用建设用地86.66万公顷，土地出让收入累计结余5908.96亿元。审计发现的主要问题：

1. 土地出让收支方面。主要是土地出让收入少征3664.23亿元，通过收入空转等方式虚增1467.78亿元；支出中违规用于弥补行政经费、对外出借、修建楼堂馆所等7807.46亿元；征地拆迁中，一些地方和单位少支付补偿17.41亿元，编造虚假资料等套取或骗取补偿10.57亿元。此外，一些地方土地出让收支核算不够规范，有8358.75亿元滞留在财政专户或直接坐支；有的地方为支持经济发展，减免或返还土地出让收入7218.11亿元。

2. 建设用地方面。主要是违规超计划或超规划审批、越权或拆分审批、少批多征或未批先征等批地征地38.77万公顷，违规协议出让、虚假“招拍挂”或“毛地”出让等供地14.43万公顷，违规以租代征、改变规划条件等用地21.86万公顷。一些管理人员为特定关系人低价购地、非法倒卖牵线搭桥，造成国有权益损失。

3. 土地利用和耕地保护方面。抽查236个城市新区中，有88个突破土地或城市规划，152个占用的12.21万公顷（占规划的8%）土地长期未用；1742个地方开发区中，违规审批设立的有1135个（建成面积69.1万公顷），还有553个违规扩区379.15万公顷。耕地保护方面，至2013年底，抽查的709个县中有67个县的基本农田面积低于考核目标7.25万公顷（低3%），划定基本农田中有非耕地141.76万公顷（占4%）；抽查的1万多个土地整治项目中，虚增耕地、质量不达标的分别占10%和33%，整治资金被挤占挪用等109.46亿元。

审计指出问题后，各地盘活闲置土地2.55万公顷、闲置资金2643亿元，纠正违法用地2.4万起，处理2500多人，制定完善制度2800多项。审计已向有关部门移送重大违法违纪问题397起。

（二）城镇保障性安居工程跟踪审计情况。2014年，各级政府安排财政资金5601.55亿元，通过银行贷款、发行企业债券等方式筹资10631.77亿元，为安居工程建设提供了资金保障。审计发现，一些地方建设资金筹集与使用的统筹衔接不够、管理还不到位，有92.48亿元专项资金被挪用于出借、还贷、资金周转等，还有6.2亿元被套取或用于弥补经费不足等。待遇分配方面，有4.4万户不符合条件的家庭（占抽查享受待遇家庭的1%）违规享受住房2.55万套、补贴3612万元；有5895套住房被违规用于经营或出售。审计指出问题后，有关地方追回资金或补贴41.15亿元，清理收回住房8320套，取消2.84万户家庭的保障资格。审计已向有关部门移送重大违法违纪问题39起。

（三）彩票发行费和彩票公益金审计情况。审计了中央和18个省的彩票主管部门以及228个彩票销售机构、4965个彩票公益金资助项目。从审计情况看，2012年以来彩票发行规模快速增长，有力支持了社会公益事业发展，但一些地区彩票资金管理不严格，抽查发现虚报套取、挤占挪用等问题金额169.32亿元（占抽查资金额的26%），其中31.47亿元违规用于购建办公楼、培训中心等，4.55亿元违规用于发放津补贴、购车、组织出国（境）旅游等，这些问题有4.01亿元发生在中央八项规定出台后，如江苏省常州市武进区福彩中心使用彩票公益金2680万元超标准购置办公用房，人均100多平方米；云南省福彩中心和体彩中心用彩票发行费向职工及其他单位公职人员违规发放津补贴等1308.1万元。审计还发现，有17个省未经财政部批准利用互联网销售彩票630.4亿元。审计指出问题后，中央8部门联合发文严禁违规利用互联网销售彩票，有关部门和地方已整改问题金额145.1亿元。审计已向有关部门移送重大违法违纪问题90起。

（四）矿产资源开发利用保护及相关资金征管审计情况。审计的14个省近年不断加强矿产资源管理，开发利用效率有所提高，但一些地方矿产资源清理整治还不到位，抽查的2448宗矿业权中，地方矿产部门违规越权审批或办理矿业权登记464宗，以招商引资等名义违规协议出让252宗，违规定价出让收购90宗，还发现一些管理人员采取先定价再评估、隐瞒储量或编造资料等操控定价，内外勾结倒卖矿业权；抽查矿产相关资金征管使用情况发现，欠征200.09亿元、未按规定使用106.39亿元。审计指出问题后，有关地方已整改问题金额106.13亿元，制定完善制度50多项。审计已向有关部门移送重大违法违纪问题170多起。

七、金融审计情况

重点审计了交通银行、国家开发银行和中国出口信用保险公司，并继续跟踪调查重点商业银行贷款投放情况。这些金融机构不断加大对重点领域的支持，加强业务创新和风险管控，金融服务能力逐步提升。审计发现的主要问题：

（一）一些分支机构违规经营、内部管理不到位。审计3家金融机构发现违规放贷168亿元，如交通银行武汉青山支行在银监部门提示钢贸业务骗贷风险的情况下，未认真核查武汉市佳创科工贸有限责任公司的钢贸业务贷款申请，使其利用伪造的合同和发票等骗贷1.6亿元，取得贷款后不足1个月企业即停业，造成银行损失1.45亿元。此外，3家金融机构还在工资总额之外发放薪酬补贴、购买年金保险等17.91亿元。

（二）对中小企业融资的支持力度还不够。抽查银行对415家中小企业的268.11亿元贷款，利率上浮幅度最高75%；抽查转贷机构对196家中小企业的转贷款，转贷利率平均上浮幅度超过75%。企业民间借贷风险也日益凸显，审计发现10起涉嫌地下钱庄、非法集资等问题金额巨大。

对上述问题，有关金融机构已整改176亿元，处理260人次，完善制度110项。审计已向有关部门移送重大违法违纪问题49起。

八、企业审计情况

主要审计了国家电网、南方电网、中远集团等14家中央企业。这些企业注重加强市场开拓和经营管理，多数企业财务报表反映经营规模和业绩持续增长。审计发现的主要问题：

（一）一些企业违规决策、违规经营造成重大损失。抽查的474项重大经营决策事项中，有70项（占15%）存在未按规定程序决策、不符合产业政策、前期调查不充分等问题，造成损失浪费16.42亿元，形成亏损或资产闲置354.45亿元。审计移送的重大违法违纪问题中，有26起是集团公司及二级单位高级管理人员直接参与的，如上海市电力公司原总经理冯军在所属集体企业资产处置中，涉嫌违规决策、暗箱操作，使最优质的一家企业以最低溢价率定向转让给特定关系人。

（二）一些企业财务和内部管理存在薄弱环节。审计发现，14家企业2013年收入、利润和资产不实金额分别为297.65亿元、193.57亿元和42.91亿元，还存在超标准配置公务车、在工资总额之外发放薪酬福利等问题金额8.57亿元；

13家企业物资采购和工程建设中未执行招投标规定，涉及金额1598亿元。

审计指出问题后，相关企业补缴税款和挽回损失40亿元，建立健全规章制度800多项，处理250多人次。审计已向有关部门移送重大违法违纪问题56起。

九、审计移送的重大违法违纪问题情况

上述各项审计移送的重大违法违纪问题，主要有以下特点：

（一）多发生在公共资金、国有资产和国有资源相对集中的领域。其中：土地和矿产处置方面问题567起，财政资金分配、信贷发放、企业改制等方面问题151起，有的涉及民生领域，如云南省第一医院原院长王天朝违规要求进口医疗设备供应商在中标后，将采购合同“委托”其亲属参股企业代理牟取暴利，并接受药品供应商出资购买的房产等财物。

（二）多与公职人员滥用权力、内外勾结有关。审计移送的重大违法违纪问题涉及公职人员2200多名，以权谋私大都有中介撮合，主要采取“包装”申报资料、操纵资产评估、攻关采购招标、“搭桥”巨额融资等手法，公职人员则暗中支持或直接参与。如湖南省发展改革委原总经济师杨世芳等人利用审核中央投资补助的便利，通过亲属控制的3家中介承揽有关申报和评审等服务牟利，仅3个项目就涉嫌骗取中央投资补助1300多万元。

（三）利用各种“软权力”牟利。主要是通过掌控国有资源储量、建设发展规划、证券市场交易等未披露信息，以及设定相关交易准入标准等不当获利，审计发现此类问题涉嫌个人非法牟利50多亿元。一些人员的亲友还“迂回”获取内幕信息牟利，如南方电网原副总经理肖鹏的亲属涉嫌利用多家电力供应商的内幕信息炒股，连续8年无一亏损、年均收益率近50%。

（四）以社会公益事业、落实政策等为招牌暗箱操作。在新闻宣传、涉外招商引资等方面发现此类问题50多起，如中央电视台财经频道原总监郭振玺等人涉嫌利用组织有关评选活动的影响，以广告代理或接受赞助的名义牟取私利。有的还利用境外业务监管漏洞，或夸大境外矿产资源勘探规模，或以引进高新技术为名引入过时技术、废旧设备，从而骗取或侵占国有资金。

本报告反映的有关审计情况已向社会公告，并以附件形式印送各位委员。下一步，我们将认真督促整改，全面整改情况将在年底前向全国人大常委会专题报告。

十、加强财政管理的意见

审计发现的问题，有些长期存在但尚未得到有效解决，影响积极财政政策的实施力度，也不利于重大改革措施的落实。一方面资金分散、管理“碎片化”现象还较突出，有的领域大量资金长期闲置；另一方面许多重点事项需要统筹推进，有的重点工作缺乏财力保障。究其原因，主要是相关体制机制还不健全，一些领域的具体制度规定未及时修改完善，特别是一些部门规章与改革发展形势不相适应，部分领域简政放权、职能转变不到位，迫切需要加快推进改革，从根本上予以解决。

（一）进一步深化财税体制改革。结合简政放权，明确划分各级政府事权，改革和完善转移支付制度，健全事权与财权相匹配的财税体制。健全政府预算体系，按照功能定位清晰划分收入、科学安排支出，加大国有资本经营收益调入一般公共预算使用的力度。压缩专项收入的种类和规模，建立专项收入、专项转移支付目录清单，并向社会公开。

（二）加快建立完善有关制度规定。完善商事制度等简政放权相关法律法规。在修订有关挂钩事项法律法规的同时，明确重点支出所需资金要优先保障。对决定取消、合并、调整的政府性基金、专项收入、专项转移支付等，应及时修订相关法律法规，增强财政统筹能力。制定决算编制有关办法，完善总预算会计制度，明确决算的编制内容、报表格式、上报程序和时限等。

（三）提高财政管理绩效，切实防范各类风险。依法加强收入征管，清理财政专户，确保应收尽收，防止过头征税。优化财政支出结构，建立项目动态调整机制，推进重点财政资金统筹使用，切实盘活存量资金，增加公共产品供给。在保证支付需要的前提下合理安排国债发行期限和节奏，做好地方政府性债务过渡期政策安排，加快建立债务风险评估和预警机制，防范债务风险。

（四）严格预算约束，严肃财经法纪。健全基本支出定员定额和项目支出标准体系，进一步细化预算，提高预算编制的准确性。加快财政资金拨付和重大项目实施进度，增强“三公”经费透明度，降低行政成本。健全财政资金预算、分配和监督相分离的机制，加强从项目申报到资金拨付的全过程监控，加大对骗取财政资金、侵占国有权益等问题的打击力度，严格责任追究。

委员长、各位副委员长、秘书长、各位委员：我们将在以习近平同志为核心的党中央领导下，全面贯彻落实党的十八大和十八届二中、三中、四中全会精神，诚恳接受全国人大常委会的指导和监督，按照党中央、国务院决策部署，围绕“四个全面”战略布局，依法履行审计监督职责，为实现中华民族伟大复兴的中国梦做出应有贡献！

国务院关于2014年度中央预算执行和其他财政收支审计查出问题整改情况的报告

——在第十二届全国人民代表大会常务委员会第十八次会议上

刘家义

（2015年12月22日）

全国人民代表大会常务委员会：

我受国务院委托，向全国人大常委会报告2014年度中央预算执行和其他财政收支审计查出问题的整改情况，请审议。

2015年6月28日，十二届全国人大常委会第十五次会议听取并审议了《国务院关于2014年度中央预算执行和其他财政收支的审计工作报告》，要求责成有关方面切实加强整改，注重完善制度，进一步规范财政管理工作。全国人大常委会将在12月份听取审议整改情况的报告，并开展专题询问。国务院高度重视整改工作，7月8日，李克强总理主持召开国务院常务会议做出部署，要求加强对审计查出问题的整改，建立整改台账，明确时限，严格问责，着力在完善制度上下功夫，坚决防止一些问题屡改屡犯；要以整改为契机，进一步加大转变政府职能力度，及时修改完善与改革发展不适应的规章制度；建立健全监督制约长效机制，加大对骗取财政资金、侵占国有权益等行为的打击力度，确保公共资金安全有效运行，发挥最大效益。国务院办公厅将审计查出问题的整改情况纳入了督办事项。审计署按国务院要求，向有关部门、单位和地方下发督促整改的通知，并积极配合全国人大常委会预算工委改进审计查出突出问题整改情况报告机制有关工作。

总的看，按照国务院的部署和要求，有关部门、单位和地方认真整改审计查出问题，及时纠正违法违规违纪问题，对涉及体制机制的问题，加快研究完善相关规章制度。截至2015年10月底，通过整改促进增收节支5794.94亿元；根据审计建议，制定完善规章制度5935项。审计发现的895起违法违纪问题线索移送有关部门查处后，已有5598人被依法依纪处理。现将整改情况报告如下：

一、中央预算执行及决算草案审计查出问题的整改情况

（一）关于决算草案报表体系不够完善问题。财政部按照《中华人民共和国预算法》和《财政总预算会计制度》，规范了资产负债相关核算，正在完善资产负债表编报；在编制 2015 年中央本级一般公共预决算时，基本支出已按经济性质分类编列到款。

（二）关于预算变更偏多问题。财政部将按照《国务院关于印发推进财政资金统筹使用方案的通知》（国发〔2015〕35 号）对严格控制代编事项、硬化预算约束等要求，减少预算变更事项。

（三）关于未披露用以前年度超拨资金抵顶的支出问题。财政部已研究确定了披露的方式，今后将增强资金拨付的准确性。

（四）关于中央决算草案与部门决算草案衔接不够问题。财政部将结合建立健全事业单位财务报告制度，对财政拨款以外的事业收支和经营收支等，仅在事业单位的财务报告中反映，使中央决算草案与部门决算草案更好衔接。

二、中央财政管理审计查出问题的整改情况

（一）关于各本预算间收支划分不够清晰问题。

1. 关于政府性基金预算中包含非政府性基金项目问题。财政部将从 2016 年起把 5 个项目转入一般公共预算；除国务院批准的个别事项外，其余项目将在 3 年内逐步调整转列一般公共预算。

2. 关于一般公共预算和国有资本经营预算向中央企业安排支出存在交叉问题。财政部正在研究制定统一的厂办大集体改革支出资金分配管理办法；对外经贸发展专项资金，将从 2016 年起统一由一般公共预算安排。

3. 关于国有资本经营预算范围不完整问题。2015 年，财政部已将 21 个中央部门和单位所属 67 户产权清晰、主业突出、市场化程度较高的企业纳入国有资本经营预算。今后将根据事业单位和国有企业改革推进情况，继续扩大实施范围。

（二）关于税费收缴执法不到位问题。

1. 关于征管不严造成税收流失问题。税务总局专门发文，要求税务机关进一步规范税收征管，加强减免和缓退税管理。截至 2015 年 10 月底，6 个省国税部门延压税款 159.64 亿元已全部收缴入库；14 个省国税部门已补征税款 6.03 亿元（占审计查出问题金额的 73.7%，下同），其余 2.15 亿元税款正在核实追缴中。

2. 关于药品购销领域偷逃税问题。审计署将企业虚开发票偷逃税问题移送税务总局和公安部查处后，两部门联合成立了案件查办领导小组和 20 多个专案组，其中涉及 15 户企业的偷逃税案件已办结，查补税款、罚款 22.29 亿元，其余问题正在查处中。税务总局还将加大专项检查力度，完善税收违法“黑名单”制度。

3. 关于未及时足额收缴非税收入问题。中央非税收入方面，财政部已将核定的国际金融组织贷款还贷准备金利息等增值收益 61.4 亿元全部缴入中央国库；对地方未上缴的探矿权采矿权价款中央分成 128.76 亿元，财政部已会同相关部门发文催缴；中央部门已上缴资产出租出借或处置收入 2.14 亿元（占 67.1%），其余资金正在继续清缴。地方非税收入方面，已补征 19.79 亿元（占 72.6%），其余 7.48 亿元已下发催缴通知或待评估后补征；收入过渡户中的 30.81 亿元已全部缴入国库或纳入部门预算管理。

（三）关于预算批复下达不及时、不规范问题。

1. 关于部分预算下达不及时问题。财政部在 2015 年度预算执行中，采取严格按规定时限下达预算、继续预收部分企业国有资本经营收益、完善资金拨付程序等措施，加快了预算下达进度。截至 2015 年 9 月底，中央本级一般公共预算、转移支付预算和中央国有资本经营预算的执行率，分别比上年提高 2.9 个、3 个和 35 个百分点。

2. 关于财政部批复的部门预算中个别事项不规范问题。一是对少编报已确认结余问题，财政部正在研究完善减少结转结余资金的长效机制，并要求部门年度结余资金统一收回财政统筹使用。二是对部分高校专项资金安排问题，财政部、教育部等制订了改革相关预算拨款制度的方案，正在制定专项资金管理办法。三是对预算安排结构不合理问题，财政部正在协调人力资源社会保障部等部门，规范银监会、证监会、保监会的人员经费等预算管理。

3. 关于发展改革委安排的投资计划中个别事项不规范问题。一是对未严格按照投资计划的级次和投向安排资金问题，发展改革委在安排2015年投资计划时，采取逐项梳理项目前期工作进展和实际投资需求等措施，提高计划安排的准确性。同时，将编制3年滚动投资计划，加强政府投资项目储备。二是对采取直接将投资补助分配到企业的方式安排专项问题，发展改革委将调整中央预算内投资安排方向，减少直至取消对一般竞争性项目的补助，对确需保留的竞争性领域专项，探索实行基金管理等市场化运作模式，不再直接安排到具体项目。三是对未公开标准或无规划、向不符合条件项目安排专项问题，发展改革委已暂停安排“动物防疫体系建设”新建项目，将会同农业部编制动物防疫体系建设规划；根据各地煤矿安全改造等需求，适时调整优化“煤矿安全改造”等专项支持方向。四是对少数专项分配较随意问题，发展改革委将合理制定“残疾人康复和托养设施建设项目”补助标准，严格控制补助比例，加大项目公示力度；会同农业部编制“畜禽水产良种工程项目”建设规划，分区域明确补助比例；按规划安排“农户科学储粮设施”年度建设项目，并及时评估规划执行情况。

（四）关于转移支付改革和规范不到位问题。

1. 关于部分一般性转移支付有限定用途问题。财政部在2015年度预算安排及转移支付清理整合中，根据项目性质对这部分支出做了梳理，将其中属于中央委托事权或中央地方共同事权的项目转列专项转移支付，属于地方事权的项目归并到均衡性转移支付。

2. 关于专项转移支付清理整合不到位问题。财政部正在按照《国务院关于改革和完善中央对地方转移支付制度的意见》（国发〔2014〕71号）要求，继续清理整合，严格控制新设专项。对“公共卫生服务补助”专项细分为21个明细专项问题，已对20个明细专项进行清理整合，其中3个予以整合，4个属于地方事权的从2015年起不再安排中央转移支付资金，将疾病预防控制类的13个明细专项从2016年起整合为6个。

3. 关于部分专项转移支付分配审核不够严格问题。财政部会同相关部门加大了预算评审和项目审核力度，改进了专项资金管理方式：一是在分配2015年“农业技术推广与服务补助资金”（原农林业科技成果转化与技术推广补助资金）专项时，财政部、农业部共同研究方案，统一分配拨付资金，“农民培训”专项在清理整合中并入了其他专项。二是对未经评审下达专项预算的9个项目，财政部、文物局组织进行了预算评审。三是对未经江苏省申报下达专项预算的3个项目，财政部要求江苏省补报了书面材料。四是对“中小企业发展”专项，财政部将原来的直接支持项目和分部门分行业管理模式，调整为集中资金支持“小微企业创业创新基地城市示范”项目，并会同工业和信息化部对向存在问题企业安排的专项资金提出了处理意见。

4. 关于部分专项资金被骗（套）取问题。一是对“关闭小企业中央财政补助”1.03亿元被骗（套）取问题，财政部已发文请有关部门核实情况，提出处理意见，追回被骗（套）取资金，并在2015年清理取消了此项补助。二是对“国际服务外包业务发展专项”9181.24万元被骗（套）取问题，财政部正在督促涉及的12个省市予以追缴，并在2016年暂停或按比例扣减此专项。三是对“产业化经营中央财政补助”4210万元被骗（套）取问题，财政部拟终止相关项目实施，全部追回未拨付、未报账和被骗取资金；5年内取消54家违规企业申报农业综合开发项目补助的资格，扣减有关地方2016年中央财政补助指标，并研究改进项目评审、管理和监督检查制度。四是对“文化产业发展专项补助”7100万元被骗（套）取问题，财政部根据涉及的13家企业的具体情况，责成有关地方采取收回资金、督促加强专项资金管理或补充相关申报资料等措施进行整改。五是对“产业振兴和技术改造”等中央投资专项2.13亿元被骗（套）取问题，财政部已督促发展改革委落实管理工作责任制，严格审批流程；发展改革委已要求有关地方采取冻结尚未拨付资金、追回已拨付资金、组织开展产业类项目专项稽查等措施进行整改。六是对“农机具购置补贴”等涉农专项7.38亿元被骗（套）取问题，财政部、农业部联合发文，进一步规范了农业机械购置补贴、渔业捕捞和养殖业油价补贴等管理，追回专项资金2.7亿元，处理301人。七是对8个省的财政等部门挤占挪用或出借资金等29亿多元问题，其中5个省已收回资金或归还原资金渠道19.55亿元，其余问题正在整改中。

（五）关于政府债务管理需进一步加强问题。

1. 关于国债发行与库款管理衔接不够问题。财政部2015年制订国债发行计划时，综合考虑国债市场、财政收支和库款流量预测等因素，优化了国债发行节奏；适当加大短期国债发行，2015年第二季度开始按月滚动发行6个月短期国债，第四季度开始按周滚动发行3个月短期国债。

2. 关于主权外债项目审批管理不够严格问题。财政部建立了国际贷赠款项目申报登记、集体决策审批和档案管理等制度，完善了项目审批流程。未追偿的垫款等14.82亿美元中，对正常运行项目单位拖欠的1.32亿美元，已追回0.09亿美元，相关项目单位制订了剩余垫款的还款计划；对破产清算、资不抵债或已不存在的项目单位拖欠的2.56亿美元，指导清理回收资金；对国内转贷银行垫付的5.18亿美元和拖欠的手续费、罚息及滞纳金5.76亿美元，正在与有关方面进行核对，逐项研究解决措施。

3. 关于个别地方政府偿债压力较大问题。财政部按照"到期债务全覆盖"的原则，已下达3批置换债券额度，主要用于偿还经清理核实后地方政府债务中2015年到期的本金，由各地区根据偿债支出进度、库款情况等安排发行。同时，要求各地将地方政府债务纳入预算管理，统筹安排偿还，不得违法违规举借债务。

三、中央部门预算执行审计查出问题的整改情况

本次审计的44个中央部门及有关所属单位高度重视整改工作，其中35个部门专门召开党组会、部务会、专题会等研究部署。截至2015年10月底，这些部门整改违反财经制度规定问题金额11.23亿元（占77.2%），政府采购、资产管理和账务处理等方面不规范问题金额28.05亿元（占71.9%）。通过整改，促进上缴财政、归还原资金渠道、收回出借款等2.34亿元，调整会计账目15.86亿元，制定完善73项预算和财务管理制度。

（一）关于有的部门预算编报和执行不够严格问题。一是对在部门预算中编报对地方专项转移支付问题，2个部门今后将采取购买服务或委托等方式，安排需地方完成的事项。二是对多申领人员经费或项目经费问题，其中7个部门和单位已通过上缴财政或归还原资金渠道等方式整改1578.39万元（占96.5%），其余资金正在申请通过核减预算等方式予以归还。三是对将项目经费或公用经费调剂用于人员支出问题，36个部门和单位已将1.49亿元归还原资金渠道，其余问题正在整改中。此外，对政府采购、资产管理和账务处理不规范等问题，已通过重新招标、完善手续、调整账目等方式整改28.05亿元（占71.9%），其余问题正在补办手续、拟订招标方案或进一步清理核实中。

（二）关于"三公"经费、会议费等管理使用中存在违反财经纪律问题。

1. 因公出国（境）方面。一是对出国（境）团组擅自更改行程或境外停留时间问题，5个部门和单位对相关责任人进行了通报批评，并采取个人承担有关费用、取消出访代表资格等措施整改，其中3个部门完善了本部门因公出国相关管理办法。二是对超范围、超标准列支或由企事业单位等承担出国（境）费用问题，26个部门和单位通过退回由企事业单位承担的出国（境）费用、调整账目、强化预算约束和完善监管机制等措施全部整改。

2. 公务用车和公务接待方面。一是对占用或租赁的122辆公务用车，33个部门和单位通过退还车辆或解除租赁合同、申请划转指标、办理产权变更手续等全部整改。二是对挤占其他支出用于车辆购置等问题，20个部门和单位通过归还原资金渠道、清退或停发交通补贴、调整账目等整改940.16万元（占88.8%），其余问题正在整改中。三是对超标准列支或由其他单位承担公务接待费169.66万元问题，10个部门和单位通过归还资金、调整账目、完善审批流程等全部整改。

3. 会议费方面。一是对在京外、非定点饭店召开会议问题，27个部门和单位采取严格执行会议定点管理规定、严格履行会议计划报批程序等措施进行了整改。二是对超标准支付、虚列支出或由其他单位承担会议费346.05万元问题，26个部门和单位通过严格执行会议费标准、将转嫁或虚列的会议费退回或归还原资金渠道等措施全部整改，并处理了有关人员。

4. 津补贴方面。一是对转移、挪用或套取财政资金发放劳务费、职工福利等问题，40个部门和单位采取归还原资金渠道、追回资金、上缴国库以及调整账目等措施整改 25365.04 万元（占 99.95%），处理 5 人；其余问题正在进一步清理整改。二是对违规发放津补贴或奖金、实物等问题，36 个部门和单位采取退还资金、停发津补贴以及严格控制工资性经费支出等措施整改 6439.03 万元（占 99.6%），处理 17 人；其余 27.38 万元正在逐月扣收，预计 12 月底前完成。三是对违规在所属企业、社团兼职取酬问题，14 个部门和单位停止了有关人员兼职取酬行为，12 个部门和单位清退兼职取酬所得 391.26 万元。

（三）关于信息系统建设统筹规划不够问题。针对审计指出的问题，有关部门加强了信息化建设的统筹管理，主要采取以下措施：一是编制部门信息化建设“十三五”规划及中长期规划；二是开展信息系统全面清理和等级保护定级工作；三是对信息数据托管情况进行清理，完善相关制度规范；四是对存在安全隐患的数据信息，指定专人管理或收存本单位管理；五是推进信息资源的开放共享和业务协同，提高信息数据的利用效率。其中，工商总局已取消相关收费，约谈了有关责任人，16 人退回了劳务费。

四、财政存量资金审计查出问题的整改情况

国务院多次就盘活财政存量资金、推动财政资金统筹使用做出部署，印发了《推进财政资金统筹使用方案》等文件，提出明确要求。财政部印发《关于推进地方盘活财政存量资金有关事项的通知》等文件，积极推进相关工作。

（一）关于预算中有专项用途的收入较多，按现行管理办法不能统筹安排问题。财政部采取了以下措施：一是在 3 年内逐步取消一般公共预算中以收定支的规定，并推动修订相关法律法规；二是新出台的税收收入或非税收入政策，一般不得规定以收定支、专款专用；三是对政府性基金和专项收入实行目录清单管理，定期公开项目名称、设立依据、征收方式和标准、收入规模等。

（二）关于法定挂钩事项支出预算刚性增长，资金闲置量大问题。对科技支出结转问题，财政部加大了资金统筹使用力度，积极消化结转资金，并结合科技重大专项管理改革试点，探索优化科技资金管理流程；中科院结合编制“三年滚动预算”的要求，正在充实完善科研项目库，加强了过程监督和动态管理，健全长效机制。目前，中央本级科技支出 2014 年底在财政部累计结转的 426 亿元中，已有 135.03 亿元安排用于科技重大专项支出；中科院存量资金已从 104 亿元减至 29 亿元。

（三）关于一些改革措施或工作部署推进滞后，影响项目资金有效使用问题。一是对创业投资引导基金，14 个省加大了支持创业创新力度，截至 2015 年 10 月底，新增基金投资 15.63 亿元，累计安排使用基金比例比 2014 年底提高 3.7 个百分点。二是对重金属污染综合防治项目，17 个省加快了项目统筹推进，截至 2015 年 10 月底，40 个未开工或进展缓慢的项目中，有 11 个已经完工或进入试运行阶段，27 个加快了进度，2 个已取消；11 个省财政等部门结存两年以上的中央专项资金中，有 9719.32 万元已收回财政统筹使用，其余资金加快了拨付进度或已投入项目使用。

（四）关于财政专户清理不到位，大量资金结存问题。财政部制定了全面清理整顿地方财政专户的措施，加大整改督促力度。一是对地方财政存量资金清理范围未包括财政专户问题，财政部下发通知，要求地方盘活财政专户存量资金，将地方财政专户资金情况纳入财政库款月报，加强了监测和管理。二是 9 个省应取消的 35 个财政专户中，截至 2015 年 10 月底，已撤销 10 个，将于 2016 年底撤销 2 个，正在申请合并 13 个，其余 10 个拟待有关在建项目等完成后撤销。三是 4 个省虚列支出转入财政专户的国库资金 667.08 亿元中，已拨付项目 14.94 亿元、清理收回 13.89 亿元，其余 638.25 亿元将根据项目实施进度拨付使用。

五、政策措施贯彻落实跟踪审计查出问题的整改情况

国务院高度重视稳增长、促改革、调结构、惠民生、防风险政策措施贯彻落实情况，要求审计署做好跟踪审计工作，并组织了多次专项督查和问责。

（一）关于部分重大投资项目审批周期长、开工不及时、建设推进慢问题。发展改革委对 43 个未批复项目逐项梳理，已批复 19 个项目的立项申请或可行性研究报告，1 个正在履行委内报批程序、1 个下放给地方核准，其他项目申请因未纳入有关规划、建设资金不落实、缺少前置性要件等已退回地方；557个已批准未按计划开工的项目，已开工建设479个，调整或取消25个，其余53个因前期工作不到位、征地拆迁困难等仍未开工；对46个未完成年度投资计划的重大水利工程，加快了实施进度，已完成投资计划的97.9%；对3个国家石油储备二期基地建设工期延长问题，能源局召开专门会议研究整改工作，加快推进工程建设；对11个虚报投资完成额的铁路、水利项目，已调整了账目，加大了项目推进力度。

（二）关于一些部门和地方简政放权力度不够问题。4个部门按规定取消或合并了8个行政审批事项，4个暂不适宜取消的正在申请保留；15个省取消了自行设置的119项职业资格许可和认定，其余14项因需从行业主管部门层面进行规范等暂未取消；8个部门所属单位和4个省环境保护、住房城乡建设部门停止了相关违规收费；13个部门所属单位取消了违规自定的收费项目，其他单位的收费清理工作正在积极推进中。

（三）关于有关部门推进商事制度改革的具体措施不够协调问题。“三证合一”改革方面，国务院办公厅印发《关于加快推进“三证合一”登记制度改革的意见》（国办发〔2015〕50号），明确2015年底前在全国全面推行“一照一码”登记模式。商事审批方面，工商总局积极推进相关制度清理，初步完成涉及本部门的法规规章修订；进一步梳理出165个需其他部门修订或废止的规章和规范性文件，其中85个已完成修订，其余80个已列入修订计划或正在修订、审议及待发布中。

（四）关于有关部门落实进出口通关服务便利化措施未完全到位问题。服务收费方面，海关总署取消了5项经营性服务收费、降低了1项收费标准，对符合规定予以保留的收费项目实行了正面清单管理；质检总局发文要求各直属检验检疫局和所属企事业单位取消不合理的自定收费项目；商务部取消或降低了部分收费。免税审核方面，财政部会同有关部门将重大技术装备关键零部件及原材料进口免税政策审核周期缩短到两个半月，在下达2015年重大技术装备关键零部件及原材料免税进口额度的同时，预拨了2016年度部分免税进口额度。报关报检方面，海关总署、质检总局进一步完善了协作机制，“信息互换、监管互认、执法互助”的大通关模式正在进一步推进中。

六、重点专项资金审计查出问题的整改情况

（一）土地出让收支和耕地保护审计查出问题整改情况。国务院专门部署此次审计查出问题的整改工作，国土资源部组织开展了土地管理领域专项整治行动，财政部、审计署等部门加强了督促。各省级政府制订了整改工作方案、建立了整改台账和部门联席会议，逐项落实、核销审计查出问题。截至2015年10月底，有关部门和地方通过补征收入、追回资金等促进增收节支5683.9亿元，制定完善制度3877项，处理4133人。

1. 土地出让收支方面。有关地方补征土地出让收入2262.46亿元（占61.7%）；对通过空转等方式虚增土地出让收入问题，通过调整预算和会计账目等整改1009.2亿元（占68.8%）；对违规用于弥补行政经费、对外出借、修建楼堂馆所等的资金，通过归还原资金渠道等方式整改5452.26亿元（占69.8%）。征地拆迁补偿方面，补发少支付的补偿资金15.65亿元（占89.9%），收回被套取或骗取的补偿资金10.12亿元（占95.7%）。土地出让收支核算方面，已将滞留在财政专户、坐支的7218.35亿元（占86.4%）纳入预算管理。对为支持经济发展减免或返还土地出让收入问题，各地按要求进行了整改规范。

2. 建设用地方面。有关地方采取补办手续等措施，纠正违规批地征地30.97万公顷（占79.9%）；采取收回土地、完善“招拍挂”程序、补交土地价款等措施，纠正违规供地11.03万公顷（占76.4%）；采取立案查处非法占用耕地、没收地上建筑物、收回土地使用权证等措施，纠正违法用地面积11.53万公顷（占52.7%）。

3. 土地利用和耕地保护方面。一是对城市新区突破土地或城市规划、土地长期未用问题，采取了衔接和修订规划、调整新区范围、加快土地供应等措施。二是对地方开发区设立和建设中的问题，正在采取清理整治、合并裁撤、优化布局等措施。三是对基本农田保护和管理中的问题，正在采取完善土地利用总体规划、开展永久基本农田划定等措施，已落实98.71万公顷（占66.2%）基本农田的保护责任。四是对土地整治项目中的问题，加大了检查力度，做实补充耕地5.53万公顷，挤占挪用整治资金有67.35亿元

（占61.5%）已归还原资金渠道。

（二）城镇保障性安居工程跟踪审计查出问题整改情况。截至2015年10月底，有关地方整改问题金额98.89亿元（占99.8%），制定完善政策文件673个，处理149人。一是对专项资金使用中的问题，通过归还原资金渠道、上缴财政、收回对外出借资金、调整补助项目或会计账目等整改98.68亿元（占100%）。二是对不符合条件的家庭享受住房和补贴问题，通过取消保障资格或调整待遇等整改4.26万户（占96.8%），涉及住房1.26万套、追回住房补贴2075万元；其余0.14万户正在调查核实中。三是对住房被违规用于经营或出售问题，已完成整改5334套（占90.5%），其中3127套清理收回，1734套停止违规销售、租借或加收了租金；其余561套正在清理中。

（三）彩票发行费和彩票公益金审计查出问题整改情况。民政部、体育总局和财政部对各地整改工作做出专门部署，督促及时纠正违法违规问题，建立健全制度机制。截至2015年10月底，有关部门、单位和地方整改问题金额794.73亿元（占99.4%），制定完善政策制度200个，处理274人。一是对虚报套取、挤占挪用专项资金等问题，通过归还原资金渠道、上缴国库或财政专户、停发或降低标准发放津补贴、补办手续、调整账目等方式整改164.33亿元（占97.1%）；其余4.99亿元正在落实整改中。二是对未经批准利用互联网销售彩票问题，财政部等8个部门联合发文严格禁止，各地开展自查自纠，全面停止了违规互联网销售彩票行为，财政部等正在研究完善有关管理办法。

（四）矿产资源开发利用保护及相关资金征管审计查出问题整改情况。国土资源部组织了矿产资源管理领域专项整治行动。截至2015年10月底，有关地方整改问题金额157.18亿元（占51.3%），修订地方性法规和规章21件、规范性文件146件，处理27人。一是对712宗矿业权（占88.3%）出让中存在的问题，采取补办手续、注销矿业权、规范审批流程等方式进行了整改，其余94宗矿业权涉及的问题正在核实整改中。二是对欠征矿产相关资金问题，采取“一对一”上门催缴、启动专项工作等方式，追缴入库103.25亿元，注销了无力补缴价款企业的矿业权（涉及价款5.89亿元）；其余90.95亿元正在整改中。三是对未按规定使用矿产相关资金问题，已归还原资金渠道41.44亿元，收回出借资金6.6亿元；其余58.35亿元正在整改中。

七、金融审计查出问题的整改情况

针对审计指出的问题，相关金融机构成立了整改工作领导小组。截至2015年10月底，整改问题金额184亿元（占98.97%），完善制度和工作流程130项，处理367人次。

（一）关于一些分支机构违规经营、内部管理不到位问题。一是对违规放贷问题，3家金融机构逐户进行清理处置，通过收回贷款、冻结授信额度、诉讼清收、加强监控等方式全部整改，修订规章制度53项，处理260人。二是对在工资总额之外发放薪酬补贴、购买年金保险等问题，3家金融机构通过调整账目、加强薪酬管理等方式整改16亿元，制定完善制度62项。

（二）关于对中小企业融资的支持力度还不够问题。一是对中小企业贷款、转贷利率问题，人民银行、银监会等加大对相关政策参数的调整和调频力度，引导加大对中小企业融资的倾斜力度；相关金融机构制定完善15项支持中小企业措施。二是对企业民间借贷风险问题，处置非法集资部际联席会议办公室、人民银行、公安部等开展了全国非法集资问题整治等专项行动，依法查处审计移送的地下钱庄、非法集资等问题，并推进监管制度体系建设；商业银行采取措施，严格银行账户开立审核，规范网银业务发展，并加大宣传力度，引导社会公众增强风险防范意识，从源头上加以防范。

八、企业审计查出问题整改情况

针对审计指出的问题，14户中央企业均召开了集团层面的专题会议部署整改，多数建立了内部多部门联动整改机制。截至2015年10月底，整改问题金额2336亿元（占93%），建立健全规章制度800多项，处理344人次。

（一）关于一些企业违规决策、违规经营造成重大损失问题。有关企业通过积极清理处置、盘活资产、追回资金或挽回损失等整改40多亿元；完善决策管理相关制度77项，加强了投资项目可行性研究、核准、报批等工作；严格实行问责和责任追究，已对25人次追究违规决策责任。

（二）关于企业财务和内部管理存在薄弱环节问题。对会计核算不实问题，有关企业通过调整会计账目和报表全部整改，并补缴税金1.3亿元。对薪酬福利发放和招投标不规范等问题，已退回多发的薪酬福利等8亿元，完善物资采购、工程建设和招投标等制度730多项，处理319人次。

九、审计移送的重大违法违纪问题查处情况

审计署移送的重大违法违纪问题线索，有关部门已经立案查处或正在进一步调查中。审计署将及时向社会公告查处结果。

十、加强财政管理意见的落实情况

（一）关于进一步深化财税体制改革意见的落实情况。财政部采取了以下措施：一是研究起草推进中央与地方事权和支出责任划分的相关办法，计划在试点的基础上逐步推进。二是推进政府预算体系的统筹协调，加大政府性基金预算转列和调入一般公共预算力度，加强国有资本经营预算与一般公共预算的统筹协调，推进专项收入统筹使用。三是加强专项转移支付的清理整合，按"一个专项一个办法"的要求，完善专项转移支付项目资金管理办法。2015年，向全国人大常委会报送了转移支付分地区预算草案，向社会公开了专项转移支付情况。四是对政府性基金和专项收入实行目录清单管理，以提高政策透明度。

（二）关于加快建立完善有关制度规定意见的落实情况。财政部采取了以下措施：一是按照《国务院关于印发推进财政资金统筹使用方案的通知》（国发〔2015〕35号）要求，及时清理规范重点支出同财政收支增幅或生产总值挂钩的规定，就涉及需要修订的法律包括教育法、义务教育法、农业法、科学技术进步法等，财政部多次与全国人大常委会法工委、法制办沟通研究。二是对决定取消、合并、调整的政府性基金、专项收入、专项转移支付等，需要修改财政部制定或牵头制定的规范性文件的，财政部将做出相应修改。三是在整合完善现有相关规定的基础上，修订了《财政总预算会计制度》。四是根据预算法规定和中央决算编报工作需要，拟研究完善中央决算编制办法。

（三）关于提高财政管理绩效，切实防范各类风险意见的落实情况。财政部采取了以下措施：一是继续要求各级财政税务机关坚持依法依规、及时足额组织收入，坚决不收过头税，坚决防止采取空转等手段虚增收入，坚决避免突击收税，切实保证税收收入质量。二是推进科技、教育、农业、节能环保、医疗卫生等重点科目，以及部门内部、跨部门资金统筹使用，督促指导各部门各地方盘活财政存量资金，提高资金使用效率。三是合理安排国债发行期限和节奏，全年保持基本均衡，确保以较低成本和市场风险完成国债筹资任务；适当加大短期国债发行力度，加强短期国债发行与国库库款管理有效衔接。四是完善地方政府债务管理制度，完成地方政府存量债务的清理甄别工作，制定了地方政府债务风险预警、一般债券和专项债券预算发行管理等办法。

（四）关于严格预算约束，严肃财经法纪意见的落实情况。财政部采取了以下措施：一是印发了《财政部关于加快推进中央本级项目支出定额标准体系建设的通知》，提出加快推进项目支出定额标准体系建设的基本原则、总体思路和重点工作，并积极推进相关工作。二是进一步完善因公出国（境）、会议费等相关经费管理制度，推进财政预决算、"三公"经费和行政经费公开。三是进一步健全财政法规制度体系，提升财政制度建设的质量，规范财政权力运行。发展改革委采取取消和下放核准事项、简化审批流程、严格限定审批时限等措施，促进加快重大项目实施进度。

委员长、各位副委员长、秘书长、各位委员，以上是《国务院关于2014年度中央预算执行和其他财政收支的审计工作报告》反映问题的整改情况，大部分问题得到了纠正。还有一些问题未整改到位，有的是整改措施针对性不强、推进慢，或者整改中遇到了实际困难，整改效果不理想；有的是整改涉及多个部门单位，统筹解决难度大或协调配合力度不够，影响及时整改；有的是问题情况较为复杂，特别是少数历史遗留问题，需要逐步梳理解决；有的是相关制度规则不符合实际，未及时修订完善，或相关重大改革措施正在统筹规划、深入论证、试点试行，整改实际也是推进制度逐步健全、体制逐步完善、改革逐步深化的一个过程。下一步，我们将继续加大对整改工作的跟踪督促力度，促进整改到位，并积极推进深化改革和体制机制创新。

认真践行“三严三实”切实发挥基石和重要保障作用

刘家义
（2015年5月15日）

习近平总书记强调，各级领导干部要严以修身、严以用权、严以律己，谋事要实、创业要实、做人要实。这是共产党人最基本的政治品格和做人准则，也是党员、干部的修身之本、为政之道、成事之要。审计系统党员、干部必须认真践行“三严三实”，切实发挥审计在国家治理中的基石和重要保障作用。

一、深刻认识“三严三实”的极端重要性

我们党历来强调“严”和“实”，从严治党、实事求是是党的一贯作风。习近平总书记“三严三实”重要论述，既体现了党对干部作风建设一脉相承、与时俱进的创新精神，又是对作风建设在新形势下的认识升华，是对作风建设要求的新概括，我们一定要深刻认识和把握。

“严”和“实”关系到一个国家的生死存亡。空谈误国，实干兴邦。作风问题并非小事，而是关系到人心向背的大事。作风不严、不实，看似小问题，实则极有可能酿成大错误，最终影响国家的生死存亡。从中国历史的演变看，王朝兴衰更迭总是经历着统治者作风逐渐发生变化的过程：在夺取政权和开国之初，统治者大多能注意自己和官员的行为举止；在取得政权和统治一个时期后，大多松懈下来，逐渐出现了暴政、怠政、贪政、惰政、苛政、奢政等问题，导致世风日下，民心渐失，最终人亡政息。这种因为统治者德行出现问题，导致国运衰退、政权更替的例子不胜枚举。

“严”和“实”关系到一个政党的兴衰成败。从一些政党的发展历史看，凡是有大作为、有大成就的，无不是靠从严治党，靠好的作风战胜一个个艰难险阻，最终走上历史舞台。中国共产党的历史，就是一部从严治党、求实求是的历史。党始终把“严”和“实”视为党的生命，确保党的先进性，增强党的凝聚力和号召力，保证了革命、建设和改革的成功。反观国民党统治的失败，原因很多，其中一个重要原因就是自律不严、腐败盛行。我们党的执政地位不是与生俱来的，也不是一劳永逸的。执政时间越长，越要从严治党，越要加强作风建设。只有做到作风上的“严”“实”，才能不断密切同人民群众的血肉联系，不断巩固党的执政根基。

“严”和“实”关系到党员、干部的成长进步。“严”和“实”是中华民族的优良传统。党员、干部只有做到“严”和“实”，才能肩负组织的重托和人民的信任。在现实工作中，也有一些党员、干部不严不实，党性原则淡化、理想信念弱化，甚至走上腐败道路，沦为阶下囚；有的不担当、不作为，懒政怠政，尸位素餐、碌碌无为。原铁道部部长刘志军违纪违法问题，就是一个典型的反面教材。求严求实，党员、干部才能不断成长进步；不严不实，就会走向反面。我们一定要深刻吸取教训，把“三严三实”作为一把尺子，作为一面镜子，经常量一量、照一照，提出差距，努力践行。

二、深刻领会“三严三实”的基本内涵

“三严三实”是密切相联、相互促进的有机统一整体。“三严”是内在要求，指向主观世界的改造，是“三实”的基础；“三实”是行为取向，指

向客观世界的改造，是“三严”实际价值的体现。我们要深入学习领会“三严三实”的科学内涵，明确践行“三严三实”的基本要求，不断开辟作风建设的新境界。

坚定信念，做到严以修身。习近平总书记强调，严以修身，就是要加强党性修养，坚定理想信念，提升道德境界，追求高尚情操，自觉远离低级趣味，自觉抵制歪风邪气。我们要自觉加强马克思主义理论武装，认真学习党的基本理论，深入学习习近平总书记系列重要讲话，在知党、爱党、信党中增强道路自信、理论自信、制度自信，真正做到思想上坚信不疑、意志上坚韧不拔、行动上坚定不移。要严守政治纪律和政治规矩，在重大政治原则问题上，态度鲜明，立场坚定，行动自觉，做到遵守党章不打折，落实中央决策部署不变通，坚持“四个服从”不动摇。要正确对待兴趣爱好。远离低级趣味，远离庸俗的官场习气和“圈子文化”。

依法行政，做到严以用权。习近平总书记指出，严以用权，就是要坚持用权为民、依法用权，按规则、按制度行使权力，把权力关进制度的笼子里，任何时候都不搞特权、不以权谋私。我们要坚持依法用权、秉公用权，谨慎用权，始终关注群众利益维护、社会事业发展等情况，更加注重保障基本民生，更加关注低收入群众生活，促进公共资源、公共资产、公共服务公平合理配置，推动实现社会公平正义。要强化法治思维，坚持法治原则，严格在法定范围内开展审计工作，严格执行法定的审计程序，依法揭露查处问题，做到审计程序合法，审计方式遵法，审计标准依法，审计保障用法。要完善审计机关内部监督制约机制，健全审计计划、实施、审理、报告各环节既相互联系又相互制约的工作机制，加强审计质量检查和廉政风险排查，高质量实施好审计机关主要领导干部经济责任审计。

心存敬畏，做到严以律己。习近平总书记指出，严以律己，就是要心存敬畏、手握戒尺，慎独慎微、勤于自省，遵守党纪国法，做到为政清廉。作为一名党员、一名审计人员，要常怀敬畏之心，有敬畏感。要敬畏人民，多干为民谋利、为民造福之事，对群众迫切需要解决的事情零懈怠，对群众深恶痛绝的事情零容忍。要敬畏法纪，坚持依法依纪办事、廉洁从政，时刻绷紧法纪这根弦，不谋求法纪之外的任何特权和利益。要敬畏岗位，时刻不忘肩负的责任和使命，忠于职守，勤勉尽责，既对上负责，也对下负责，既对自己负责，也对他人负责，既对今天负责，也对将来负责，在岗一分钟，敬业六十秒。要敬畏人生，珍重自己的人格、珍惜自己的声誉、珍爱自己的形象，保持正确的人生航向，走好人生的每一步。

注重实际，做到谋事要实。习近平总书记指出，谋事要实，就是要从实际出发谋划事业和工作，使点子、政策、方案符合实际情况、符合客观规律、符合科学精神，不好高骛远，不脱离实际。我们要牢固树立正确政绩观，坚持用实践、群众、历史的观点看待政绩，按客观规律办事，一切为群众着想、为群众而干，树立功成不必在我的理念，多做打基础、利长远的事情，不搞竭泽而渔的短期行为。要改进调查研究，切忌走马观花、雾里看花，先入为主、一叶障目，坚持以问题为导向，多方位、多层次、多渠道调查研究，不能把调研本身当成任务，为调查而调查，搞速成调研报告。要沉得下身子，经常深入审计一线，多到项目现场跑一跑，多到被审计单位访一访，防止闭门造车，避免“剪刀”加“糨糊”式的工作方法。

敢于担当，做到创业要实。习近平总书记指出，创业要实，就是要脚踏实地、真抓实干，敢于担当责任，勇于直面矛盾，善于解决问题，努力创造经得起实践、人民、历史检验的实绩。作为一名审计人员、一名审计机关领导干部，要当好政策措施落实的“督查员”，促进政令畅通；当好深化改革的“催化剂”，推进体制机制创新；当好经济发展的“安全员”，维护国家经济安全；当好反腐败的“利剑”，促进反腐倡廉建设；当好公共资金的“守护者”，促进提高财政资金使用绩效；当好权力运行的“紧箍咒”，推动领导干部履职尽责。对审计发现的重大问题，要移送有关部门依纪依法做出处理，严格追责问责。

襟怀坦白，做到做人要实。习近平总书记指出，做人要实，就是要对党、对组织、对人民、对同志忠诚老实，做老实人、说老实话、干老实事，襟怀坦白，公道正派。做人要实不仅是一种作风要求，更是一项社会价值标准。作为一名党员、公务员、审计人员，就是一要忠诚，忠诚于审计事业，把做好审计工作作为人生追求，在奉献中体现自身价值。二要真诚，有一说一，有二说二，言行一致、做老实人、说老实话、干老实事，台上台下一个样，人前人后一个样。三要正派，凡事出以公心、主持公道，弘扬正气，做老实人，但不当“老好人”，面对不正之风、违法违纪问题敢于亮剑、敢于斗争。四要善良，与人为善、虚怀若谷，善于团结各方面的同志共同干事创业。

三、深刻把握“三严三实”专题教育的基本要求

践行“三严三实”，必须始终如一、自觉自愿。关键是要吃透精神，把握基本原则，确保专题教育扎实有序推进。重点要把握以下几个方面。

把握教育主题。要深入把握“三严三实”的基本内涵和实践要求，聚焦对党忠诚、个人干净、敢于担当，进一步坚定理想信念，带头践行社会主义核心价值观，坚守共产党人精神高地；进一步强化党性原则，增强纪律意识和规矩意识，自觉在思想上政治上行动上同以习近平同志为核心的党中央保持高度一致；进一步明确干事创业的行为准则，树立正确的权力观和政绩观，坚持为民用权、秉公用权、依法用权、廉洁用权。

突出问题导向。要把问题意识、问题导向贯穿专题教育全过程，无论是学习研讨、民主生活会和组织生活会，还是整改落实、立规执纪，都要聚焦问题、对准问题，把发现问题、解决问题作为出发点和落脚点。要紧紧盯住“不严不实”问题的具体表现，一条一条梳理、一项一项分析，弄清问题性质、找到症结所在，有什么问题就着力解决什么问题，什么问题突出就重点解决什么问题，以问题解决的成果来检验专题教育的成效。

贯彻从严要求。突出严的要求、严的精神，是全面从严治党的鲜明特点，是管党治党取得成效的关键所在，也是搞好“三严三实”专题教育的根本要求。中央强调，这项专题教育不分批次、不划阶段、不设环节，但并不意味着可以放松要求、降格以求，还是要发扬讲认真的精神，贯彻严的标准、严的措施、严的纪律，以严促深入、以严求实效。

坚持以上率下。领导干部一定要以身作则，当标杆、做示范，上级为下级做表率，班长为班子成员做表率，一级做给一级看，一级带着一级干。特别是“一把手”，更要在专题教育中时时处处带好头，带头讲好党课，带头查找问题，带头开展批评和自我批评，带头抓好整改落实，力争学习研讨更深入、党性分析更深刻、整改问题更彻底、执行制度更严格，从而带动专题教育有力有效地开展。

注重讲求实效。开展专题教育不能空对空，必须联系实际、务求实效，力戒形式主义，确保取得看得见的成果。要紧扣“三个见实效”，真正在解决具体问题上取得新的进展和突破。比如，能不能有效防止老问题复发、跟进解决新出现的问题，在推动集中整治向常态治理转变上迈出大的步伐；能不能在解决党内政治生活随意化庸俗化问题、从严管理监督干部等方面取得实质性进展；能不能在治理“庸懒散、娇骄暮”问题上收到明显效果，等等。只有把工作做实了、做好了，才能保证专题教育不虚不空、不走过场。

继往开来　锐意创新　做好全面建成小康社会决胜阶段的审计工作

——在全国审计工作会议上的讲话

刘家义

（2015 年 12 月 28 日）

同志们：

这次会议的主要任务是：深入贯彻党的十八大，十八届三中、四中、五中全会和中央经济工作会议精神，总结“十二五”以来审计工作，研究“十三五”审计工作发展思路，部署 2016 年审计工作。下面我讲 4 个问题。

一、过去五年审计工作稳步发展，在推动完善国家治理中发挥了重要作用

“十二五”时期，在党中央、国务院的坚强领导下，我国审计工作稳步发展。党中央做出了完善审计制度、保障依法独立行使审计监督权的决策部署；中办、国办下发《关于完善审计制度若干重大问题的框架意见》及相关配套文件（以下简称《框架意见》），国务院下发《关于加强审计工作的意见》。这些都为审计事业发展指明了方向，提供了强有力的制度保证。五年来，我们始终以“抓铁有痕、踏石留印”的作风，以对党和人民、对历史和法律高度负责的精神，紧紧围绕党和国家工作中心，站在国家治理的高度谋划和推进审计工作，依法全面履行职责，审计服务发展、改革、法治、反腐，审计法治化、规范化、科学化、信息化建设，审计队伍建设，审计理论和制度建设都迈上了新的台阶，“十二五”时期各项目标任务全面完成。

五年来，我们对国家审计的本质和规律有了新认识。我们坚持以中国特色社会主义理论体系为指导，深入学习贯彻习近平总书记系列重要讲话精神，加强对审计发展规律的总结和提炼，深化中国特色社会主义审计发展历程、审计理论、审计制度等方面研究，深刻认识到国家审计是党和国家监督体系的重要组成部分，具有预防、揭示和抵御的“免疫系统”功能，通过对公共资金、国有资产、国有资源和领导干部履行经济责任情况的审计监督，摸清真实情况、揭示风险隐患、反映突出问题和体制机制性障碍，并推动及时有效解决，是提升国家治理能力的重要力量，是实现国家治理现代化的基石和重要保障。这些理念和认识，引领和保障我国审计工作实现了质的飞跃。

五年来，审计服务大局不断取得新成效。我们牢固树立科学审计理念，自觉融入经济社会发展大局，持续开展重大政策落实跟踪审计，不断深化财政、金融、企业、资源环境、经济责任和涉外审计，全国共审计近 70 万个单位，促进增收节支和挽回损失 1.7 万多亿元，移送重大违纪违法问题线索 2.2 万多件，推动健全完善制度规定 2.7 万多项，审计监督在维护中央权威、促进政令畅通、推动深化改革和科学发展、保障国家经济安全和人民群众利益、推进民主法治建设和反腐败斗争等方面发挥了重要作用。

五年来，审计方式方法实现新突破。我们坚持全国审计“一盘棋”，集中力量、上下联动，统一组织政府债务、社会保障资金、土地出让收支和耕地保护、财政存量资金、保障性安居工程等全国性审计，创新多专业融合、多视角分析、多方式结合的组织方式，推行跟踪审计。广泛运用现代审计技术，推广“总体分析、发现疑点、分散核实、系统研究”的数字化审计方式，完成金审二期工程建设，建成包括一套平台（SOA服务架构平台）、两个中心（国家审计数据中心和交换中心）、三大系统（AO、OA和联网审计系统）的审计信息化建设总体框架，加大数据分析力度，审计监督效能实现大幅提升。

五年来，审计法治化建设迈向新阶段。我们强化法治思维和法治观念，坚持尊法学法守法用法，坚持依法审计、文明审计，把牢审计质量“生命线”。严格规范审计行为，认真执行审计法及其实施条例等法律法规，健全国家审计准则和专业指南体系，制定经济责任审计规定实施细则，沿着审计计划、现场实施、复核审理、报告处理、结果公告全过程，构建起环环相扣的审计权力监督制约机制，做到审计职责权限法定、审计程序法定、审计方式法定、审计标准法定、审计保障法定。

五年来，审计队伍素质能力得到新提升。我们认真落实全面从严治党和党风廉政建设主体责任，深入开展党的群众路线教育实践活动和“三严三实”专题教育，认真落实中央八项规定精神和国务院“约法三章”要求，严格执行审计“八不准”工作纪律，审计队伍的思想政治素质进一步提升，纪律和规矩意识进一步增强，“实、高、新、严、细”的作风进一步落实。完善选人用人机制，加强审计干部培养，建设审计领军人才和骨干人才队伍，建设审计干部教育学院，推动高校设立审计专业硕士学位，开展优秀审计博士论文评选，设立审计署博士后工作站，高层次审计人才培养机制进一步完善。

五年来，中国审计在国际舞台上展现了新形象。我们认真履行联合国审计委员职责，对联合国维持和平行动、人权事务高级专员办事处等进行了220次审计，涉及900亿美元资金、50多个国家和地区，推动联合国通过绩效审计立法和实施多项改革。成功竞选世界审计组织主席，承办第21届世界审计组织大会，发布《北京宣言》，获得世界审计组织章程修订主导权。成功竞选国际标准化组织“审计数据采集”项目委员会主席，并获得“审计数据采集”国际标准的制定权。完善中美、中俄审计会商机制，组织14期国际审计培训班，为超过90%的非洲国家和超过80%的南太平洋地区国家以及周边多数国家培训高级审计官员300多人次。

2015年是“十二五”收官之年。全国审计机关围绕协调推进“四个全面”战略布局，积极适应经济发展新常态，坚持依法审计、实事求是，坚持“两手抓、两手硬”，积极作为、主动作为、有效作为，为“十二五”审计工作画上了圆满句号。

*（一）坚持以推动重大政策措施贯彻落实为主线，积极主动履职尽责。*1至11月，全国审计近10万个单位，为国家增收节支和挽回损失3800多亿元，推动建立健全规章制度2100多项，移送重大违纪违法问题线索3600多件。一是持续开展政策落实跟踪审计。我们把稳增长、促发展作为重中之重，除开展政策落实跟踪审计外，其他各项审计都关注政策落实情况，按期报告和公告审计结果，促进新开工和完工项目1700多个，推动了资金落实、项目实施、政策落地和追责问责，促进了政令畅通。二是不断深化财政审计。我们组织预算执行、决算草案、财政存量资金、转移支付、税收征管等多项审计，重点关注财政资金统筹使用和绩效情况、“三公”经费及会议费等管理使用情况，促进厉行节约和财政资金高效使用。三是着力揭示经济社会运行中的风险隐患。我们持续跟踪审计地方政府债务、重点商业银行信贷投放、资本市场风险管控和跨境资金流动、证券市场贯彻落实国家政策等情况，发现并移送了一批涉嫌操纵市场、内幕交易、非法集资等违法犯罪线索，切实维护国家经济安全。四是强化民生审计。我们加大对“三农”、教育、医疗、社保、扶贫等资金和项目的审计力度，持续开展全国城镇保障性安居工程跟踪审计，促进追回和归还资金等100多亿元，整改违规分配使用住房等1.7万多套。五是加强资源环境审计。我们深入落实中央关于开展领导干部自然资源资产离任审计的部署，研究制订审计试点方案，积极推进试点。组织矿产资源开发利用、环境污染防治等专项审计，推动资源能源集约节约利用和环境保护。六是加强领导干部经济责任审计。全国共审计领导

干部2万多人。通过审计，查出领导干部负有直接责任的问题金额2500多亿元，101名被审计领导干部和220名其他人员被移送司法、纪检监察机关处理。七是严肃揭露和查处重大违纪违法问题。全国审计机关移送重大违纪违法问题线索3600多件，并选派人员参加巡视、专案及专项调查工作，协助查处了一批重特大腐败案件。八是注重揭示体制机制制度性问题。我们密切关注改革措施的推进和协调配合情况，关注体制性障碍和制度性缺陷，提出解决突出问题和推动长远发展的建议，促进深化改革和制度创新。全国提交审计报告11万多篇，提出审计建议19.9万多条，促进建立健全制度2100多项。

（二）坚持以完善体制机制制度为重点，积极推进审计改革创新。2015年是探索审计制度改革力度最大的一年。一是研究完善审计制度的措施和路径。按照党的十八届四中全会精神，中办、国办下发《框架意见》及相关配套文件，对完善审计制度做出了部署。各级审计机关加大了内部规章制度清理力度，审计署对建署以来制定的近500项制度进行全面清理整合，形成了6大类40多万字的内部规章制度体系。二是完善审计发现问题整改及问责机制。全国人大常委会首次听取整改情况报告，进行专题询问；各地也积极推进此项工作。国务院和地方各级政府将整改情况纳入督查督办事项，严肃追责问责。三是探索大数据审计工作模式。我们积极探索建立分领域审计电子数据定期报送机制，不断扩大数据采集范围，加强数据多维分析，有效提高了审计的精准度和效能。四是完善审计结果公告和信息公开机制。全国发布审计结果公告5300多篇。立足讲好中国审计故事，构建有重点、多维度、全方位的审计宣传工作机制，设立审计自媒体工作站和审计政务微信，审计信息公开的及时性和广泛性不断增强。

（三）坚持以落实全面从严治党要求为核心，从严管理审计队伍。严格遵守党的政治纪律和政治规矩，牢固树立管党治党意识，把管党治党作为最大的政绩、第一位的工作抓实抓好。一是落实全面从严治党和党风廉政建设主体责任。我们组织深入学习党章、廉洁自律准则和纪律处分条例，健全审计机关各级党组织及领导班子成员的责任体系，修订审计"八不准"工作纪律和巡视、廉政风险防控等规定。抓好基层党组织建设，强化审计一线党组织功能，设立特派办分党组，将特派办机关党的关系划转署机关党委统一管理。二是扎实开展"三严三实"专题教育。我们紧密联系实际，认真学、深入查、着力改，坚持自上而下查问题、以下看上寻根源，深入查找党员尤其是领导干部的不严不实问题，认真落实整改，以严和实的作风搞好专题教育。三是加强对干部的监督、教育和管理。我们坚持从严管理审计队伍，强化监督，严格执纪问责。完善干部选拔任用、考核激励和培养培训制度，审计署培训全国审计人员5400多人次；积极创造机会、搭建平台，采取不同层级审计机关干部交流挂职、全国性审计项目混合编组、有计划交流轮岗等方式进行实战培训，促进审计干部全面锻炼、进步和成长。

回顾过去的工作，我们深感成绩来之不易。这些成绩的取得，离不开党中央、国务院和地方各级党委、政府正确领导，离不开有关部门和社会各界对审计工作的大力支持，离不开全国审计机关和全体审计人员辛勤努力。在此，我代表署党组表示衷心的感谢！向全国审计人员及家属表示诚挚的问候！

二、适应新形势新任务新要求，以创新精神谋划好"十三五"审计工作

创新是民族兴旺、国家富强、事业发展的灵魂和主题。"十三五"时期，我国要在战胜诸多困难和挑战的基础上，实现全面建成小康社会的宏伟目标，经济社会发展任务异常艰巨繁重。在这样一个关键时期，围绕党和国家工作中心，积极有效地履行审计监督职责，更加充分地发挥审计作用，根本在于创新。审计适应新形势新要求，必须把创新作为更好履职的动力源泉。党的十八届五中全会提出，要牢固树立创新、协调、绿色、开放、共享的发展理念，加快形成引领经济发展新常态的体制机制，确保如期全面建成小康社会；中央经济工作会议提出，要按照"五位一体"总体布局和"四个全面"战略布局，适应经济发展新常态，推进供给侧结构性改革，抓好去产能、去库存、去杠杆、降成本、补短板五大任务。创新审计理念，要把握"十三五"时期经济社会发展的新特点新要求，既要坚持依法依规加强审计监督，坚持问题导向，查深查实查透；也要坚持实事求是地客观看待问题，注重保护改革发展中的新生事物，把最终落脚点放在推动完善国家治理上、放在推动改革发展上。创新审计理念，还要把握“十三五”时期审计工作的目标任务，既要有重点、有步骤、有深度、有成效地推进审计全覆盖，也要深刻认识到，全覆盖不仅是对审计职责范围的要求，更是审计理念思路的创新；不仅要实现审计对象的全覆盖，更要讲求审计作用的全覆盖。这些都是新时期审计工作的新常态，也是审计人员更好履职尽责的前提和保障。审计承担新变革新任务，必须把创新作为事业发展的坚强引领。《框架意见》明确了新时期新阶段国家审计的新定位，为改革创新审计制度指明了方向，也对审计机关和审计人员提出了严峻考验。改革创新审计制度是保障审计事业长远发展的重大任务，是发展和完善中国特色社会主义审计制度的重要举措，更是历史赋予我们这代审计人的神圣责任和崇高使命。改革创新的前景是光明的，是令人期待的，但推动改革创新的过程从来不会一帆风顺，会遇到很多阻力和风险，会“涉险滩”“闯难关”。开弓没有回头箭，我们要有责任有担当，有攻坚克难的勇气和决心，坚定不移、坚韧不拔地把中央的要求落到实处；要时刻保持清醒和谨慎，有久久为功的耐心和毅力，蹄疾步稳、扎扎实实地推进改革任务落地生根；要解放思想、锐意创新，牢牢把握时代发展脉搏，实现审计理念思路的与时俱进、审计制度机制的与时俱进、审计方式方法的与时俱进，使中国特色社会主义审计事业永葆生机和活力。审计应对新困难新挑战，必须把创新作为破解难题的有力武器。当前，审计工作中一些老问题亟待解决，随着形势发展，又出现一些新困难新挑战，科学审计理念还没有完全落实到位，审计队伍素质、组织管理模式和技术方法等还不适应发展需要，工作效率和质量还有差距；制度建设和理论研究滞后，对实践的引领和指导作用还没有充分发挥，全国审计工作发展不平衡、尚未形成整体合力，一些基层审计机关建设需要加强。破解这些难题，必须依靠创新，让创新成为审计干部头脑中的第一信号、成为审计工作中的一种习惯，用新理念、新思路、新举措解决新问题。总之，创新是贯穿“十三五”审计工作的主旋律，我们要始终保持昂扬向上的精神状态，树立创新意识，焕发创新激情，激发创新活力，过去问题不回避，现实困难迎着上，尖锐矛盾不后推，夯实基础向前奔，推动审计工作取得新的更大发展，使审计监督作用发挥更加充分、中国特色社会主义审计制度不断完善。

（一）要增强独立性，创新审计管理体制。依法独立是有效监督的保障。“十三五”时期，我们要坚持在党的领导下，围绕依法独立行使审计监督权这个核心，加强全国审计工作的统筹和管理。一方面要完善机制，强化上级审计机关对下级审计机关的领导，推进省以下地方审计机关人财物管理改革，优化审计机关内部架构，推动健全履行法定审计职责保障机制。另一方面要规范行为，加强对审计权力运行的监督制约，自觉接受各方面对审计机关的监督，同时不断完善国家审计准则和指南体系，明确各项审计应遵循的具体标准和程序，切实做到依法审计。

（二）要立足全覆盖，创新审计工作机制。全覆盖是全面履行审计监督职责的必然要求。“十三五”时期，要实现审计全覆盖，就必须创新审计工作机制，增强审计监督的整体效能。要加强计划统筹，摸清审计对象底数，确定不同审计对象的审计频次和组织管理模式，科学编制中长期审计项目计划和年度计划。要加强资源整合，对涉及全局或行业性的重点资金和重大项目进行全面审计，形成完整的监督链条。要坚持重点突破，对热点难点问题进行专项审计，确保审深审透，实现以点促面。要加强信息共享，建立各级审计机关、不同审计项目之间的审计成果和信息共享机制，提高审计成果利用水平。

（三）要突出职业化，创新审计人员管理制度。职业化是建设高素质审计队伍、全面提升审计能力的基础。“十三五”时期，我们要建立符合审计职业特点、分类科学、权责一致的审计人员管理制度和职业保障机制，形成比较完善的审计职业化管理制度。总体上讲，就是要明确准入标准，完善审计人员选任机制，把好“入口”关；合理确定职务层级，建立审计人员分类管理制度和职务晋升机制，把好“进阶”关；持续提升审计人员的职业胜任能力，完善审计职业教育培训体系，把好“提质”关；坚持权责一致，健全审计职业岗位责任追究机制和职业保障机制，把好“管理”关。审计职业化建设既是大势所趋，又非常复杂，还有很多问题需要深入细致地研究，要进一步精心谋划和科学设计。

（四）要着眼一体化，创新组织管理模式。实行一体化的综合审计，是审计组织管理模式的深刻变革。“十三五”时期，我们要适应经济发展新常态和审计工作发展需要，把审计监督嵌入经济社会运行发展全过程，在审计组织管理模式上实现“七个一体化”和“六大转变”。“七个一体化”，就是在审计内容和范围上，形成财政、金融、企业、经济责任、资源环境、民生审计一体化，境内与境外审计一体化；在审计资源整合上，形成审计发展规划、年度计划、项目方案、组织实施一体化，审计一线作业与后台数据分析一体化，审计实践总结与理论研究一体化；在审计作用发挥上，形成查处问题与促进发展、分析原因与推进改革、促进整改与推动问责一体化，惩治腐败与促进廉政、揭示风险与维护安全、促进公平正义与推进民主法治一体化。“六大转变”，就是实现由单点离散审计向多点联动审计转变、由局部审计向全覆盖审计转变、由静态审计向静态与动态审计相结合转变、由事后审计向事后与事中审计相结合转变、由现场审计向现场与非现场审计相结合转变、由微观审计向微观与宏观审计相结合转变。这些措施的落实，将从根本上提升审计工作的层次和水平。

（五）要运用大数据，创新审计技术方法。推进以大数据为核心的审计信息化建设是应对未来挑战的重要法宝，也是实现审计全覆盖的必由之路。“十三五”时期，我们要加快实施金审三期工程，拓展大数据技术运用，形成独特的“国家审计云”。实现这些目标，要抓好三个方面的工作：一是推动全国同步“建起来”，建成数字化审计指挥平台、大数据综合分析平台、审计综合作业平台、模拟仿真实验室和综合服务支撑系统，构建国家和省级审计数据系统，二是推动上下内外“联起来”，推进上下级审计机关之间网络互联、审计机关与审计现场之间信息共享，推进实时监控、动态监测的联网审计，靠科技实现全覆盖。三是推动及时有效“用起来”，不仅要广泛运用数字化审计方式，归集数据、分析数据、查找疑点、综合提炼，为现场审计“升级”“导航”，大幅提高审计的精准度和时效性；还要从宏观层面进行大数据关联分析，提高研判宏观经济发展趋势、感知经济社会运行风险、发现违纪违法问题线索的能力。

（六）要把握规律性，创新审计理论。科学的理论是行动的指南。“十三五”时期，我们要以丰富和发展中国特色社会主义审计理论体系为目标，不断总结规律、认识规律、运用规律，创新和深化审计理论研究。要加强对国家战略、公共政策、宏观经济形势及审计监督对象和事项的研究，为更好发挥审计在国家治理中的基石和重要保障作用提供理论支撑；加强审计基础理论研究，不断深化对国家审计本质和发展规律的认识；加强审计实践的理论总结和提炼，把行之有效的做法上升为理论或制度规范，为审计实践提供指引。要加强审计决策咨询新型智库建设，健全不同层级科研机构间、科研机构与政策研究机构间的协作机制，围绕重大问题开展联合攻关，推出一批有用、管用、好用的理论研究成果，更好地服务和指导审计实践。

以上是对“十三五”时期审计工作的初步设想。根据这些考虑，形成了“十三五”国家审计工作发展规划的讨论稿。这是第一次从全国审计工作发展层面做出的规划，请大家结合实际，认真研究思考，提出意见建议。

三、高起点开局起步，奋发有为完成 2016 年各项工作任务

2016 年是“十三五”开局之年。审计工作总的要求是，全面贯彻党的十八大和十八届三中、四中、五中全会精神，深入学习贯彻习近平总书记系列重要讲话精神，紧紧围绕中央经济工作会议确定的重点任务，按照李克强总理的指示，牢固树立和落实创新、协调、绿色、开放、共享的发展理念，加大改革创新力度，进一步完善审计制度，依法全面履行审计监督职责，将推动中央重大决策部署贯彻落实作为重中之重，严肃揭露和查处重大违纪违法问题，及时反映重大风险隐患，注重揭示制约发展的深层次问题，着力促进提高经济发展的质量和效益，着力促进供给侧结构性改革，着力促进改善宏观调控和调整产业结构，着力促进保障改善民生和保护生态环境，充分发挥审计在国家治理中的基石和重要保障作用。

关于2016年的工作任务，审计署制订了统一组织的审计项目计划，提出了地方审计机关要抓好的10项重点工作，已经印发给大家讨论。在这里，我着重强调两个方面：

（一）关于完善审计制度各项改革措施的落实。2016年是《框架意见》明确的各项改革措施在实践中推进的第一年，至关重要。我们要精心谋划、积极探索，坚实起步、行稳致远。

一要提高认识。推进审计制度改革，是为了保障审计机关依法独立行使审计监督权，更好发挥审计在党和国家监督体系中的重要作用，这是改革的根本。通过完善审计制度，形成有利于依法独立行使审计监督权的审计管理体制，健全与审计全覆盖相适应的工作机制，建立具有审计职业特点的审计人员管理制度，形成与国家治理体系和治理能力现代化相适应的审计监督机制，这是改革的目标。我们一定要牢牢把握这两个基本点，绝不能片面理解为机构升格、编制增加、待遇提高，那样就背离了改革的方向。要紧紧围绕保障依法独立行使审计监督权来确定目标、设计制度、制定措施，绝不能断章取义、选择性落实。根据工作需要，可以增加编制，但绝不允许突击提干、突击进人、突击花钱，切实做到思想不散、纪律不松、秩序不乱、工作不断、资产不流失。

二要深度谋划。《框架意见》及相关配套文件针对性强，每一项任务、每一项政策都要研究具体办法、方案，落实什么、谁来落实、什么时候落实、落实到什么程度都必须十分明确。中央文件下发后，署里做了认真梳理，逐条提出了落实措施，相关单位要认真落实，有关地方要搞好配合。特别是职业化建设，没有现成的经验，希望大家集思广益、深入研究，积极向署里提出意见建议，为推进这项改革出谋划策。

三要突出重点。《框架意见》确定的8项任务涉及方方面面，要突出重点、抓纲带目，不能眉毛胡子一把抓。当前，要抓住审计全覆盖、地方审计机关人财物管理改革、职业化建设这3个重点，这3件大事抓好了，其他5件事就能够同时带动起来。其中，全覆盖要突出重点资金、重点事项、重点领域，做好中长期审计项目安排，有计划地组织实施；人财物管理改革要突出"人"这个重点和根本，管人的问题落实了，才能保障审计的独立性；职业化建设要突出"能力"和"责任"，无论是分类管理、职务层次，还是人员选任、职业保障，各项措施都必须有利于审计能力的提高、工作责任的落实。

四要把握节奏。8项任务包括很多具体措施和要求，难易程度和轻重缓急也不同，要坚持整体谋划、分类设计、分步实施，除人财物管理改革试点需要7个省市探索、职业化建设需要审计署会同有关部门制定具体办法外，其他工作各级审计机关要马上行动、逐一落实。有些事情不能等，如摸清审计对象底数、制订审计全覆盖计划、实行重大事项报告、队伍思想和作风建设、干预审计行为登记报告、退出无关的议事协调机构等，要马上落实；有些事情不能靠，需要其他部门参与的，要抓紧提出初步意见，尽快与有关方面对接，防止走弯路；有些事情不能拖，特别是人财物管理改革，7个试点省市要立即行动起来，在落实中央精神的前提下，精心谋划、大胆尝试，因地制宜、差异探索，确保早动手、早见效、早总结、早推广。

五要于法有据。《框架意见》及相关配套文件很多措施都是开创性的，需要在试点和实践探索的基础上，尽快完善相关法律法规。当前，要启动审计法及其实施条例的修订，完善国家审计准则和审计指南体系，也要积极推动地方审计法规的修订完善。同时，还要增强工作的主动性，对一些规章制度中限制向审计机关提供资料、开放计算机信息系统查询权限的规定，各级审计机关都要认真梳理、主动沟通，促其修订或废止。

（二）关于2016年的审计任务安排。安排部署2016年审计任务，既要考虑"十三五"时期国家经济社会发展的总体要求，也要紧扣当前党和国家的工作中心；既要突出年度审计重点，也要保证"十三五"期间实现审计全覆盖的需要。审计中，要切实把握以下原则：

——坚持依法审计。对审计发现的问题，凡是严重损害国家和人民利益的，凡是重大违纪违法的，凡是不作为、慢作为、假作为等重大履职不到位的，凡是造成重大损失浪费的，凡是造成重大环境污染和资源毁损的，要坚决揭露查处，大力推动整改问责。

——坚持鼓励创新。对改革发展中的积极探索和创新举措，凡是有利于调结构、补短板、化解产能过剩的，凡是有利于降低企业成本、提质增效的，凡是有利于化解房地产库存的，凡是有利于扩大有效供给的，凡是有利于防范化解金融风险的，要坚决促进总结完善，大力推动形成新的制度规范。

——坚持推动改革。对体制机制制度性问题，凡是制约和阻碍中央重大政策措施贯彻落实的，凡是制约和阻碍结构性改革推进的，凡是制约和阻碍创新创业、激发活力的，凡是制约和阻碍简政放权、政府职能转变的，凡是制约和阻碍转型升级、提高绩效的，要坚决揭示反映，大力推动完善制度和深化改革。

审计中，要切实突出以下重点：

一是大力推进政策落实。我们要围绕宏观政策要稳、产业政策要准、微观政策要活、改革政策要实、社会政策要托底的部署，持续跟踪审计重大政策措施落实情况，抓住项目落地、资金保障、简政放权、政策落实、风险防范这 5 个方面，重点关注去产能、去库存、去杠杆、降成本、补短板任务落实，以及创业创新、扩大有效投资、促进转型升级、推进新型城镇化、精准扶贫、电子商务、节能环保等领域政策措施的贯彻情况和效果。要注重总结跟踪审计经验，防止四面出击、浅尝辄止，每季度确定一个主攻方向、聚焦一个重点方面，把问题查清、责任定准，切实发挥审计作用。

二是大力推进公共资金高效使用。我们要牢牢树立绩效审计理念，把公共资金使用与项目推进、事业发展、经济社会环境效益结合起来，不仅要监督检查预决算管理法律法规和财经纪律执行情况，关注中央八项规定精神和国务院“约法三章”贯彻落实情况，更要关注财政支出绩效和积极财政政策的实施效果，促进整合专项、盘活存量、用好增量、优化结构、深化改革、提高绩效。

三是大力推进风险防范。我们要牢牢盯住风险易发高发的领域和环节，重点关注政府债务、银行信贷、企业投资负债、资本市场运行、互联网金融等方面的薄弱环节和风险隐患。要坚持境内境外审计一体化，加强对中央和地方国有企业、国有金融机构的审计，揭示国有资产流失或“坐失”、经营效益下降或不真实等问题及其原因，促进企业深化改革、提质增效、做强主业，维护境内外国有资产安全。

四是大力推进民生保障。坚持共享发展、增进人民福祉，是社会主义的本质要求。我们要把握坚守底线、突出重点、完善制度、引导预期的要求，加强对扶贫、“三农”、社会保障、教育、就业、医疗等民生资金和项目的审计，重点监督检查政策执行、资金使用、项目实施等情况，更加关注相关领域改革发展中的新情况、新问题，更加关注公共资金、公共资产、公共服务的公平合理分配，促进完善制度、规范管理、发挥效益。审计署将组织全国审计机关对基本医疗保险基金和医疗救助资金进行审计，继续开展全国城镇保障性安居工程跟踪审计，各地要做好准备。

五是大力推进资源能源集约节约利用和环境保护。坚持绿色发展，着力改善生态环境，是永续发展的必要条件。各项审计中都要关注与资源环境保护相关的政策措施、资金项目情况，还要加大资源环境相关专项审计力度。审计署将对重点流域水污染防治资金进行审计，在 8 个地区开展领导干部自然资源资产离任审计试点。各地要根据本地实际，加大资源环境审计力度，并至少选择 1 个地市开展领导干部自然资源资产离任审计试点，积极探索有效的方式方法。

六是大力推进依法行政。要坚持党政同责、同责同审，继续深化经济责任审计，全面推行党政主要领导干部经济责任同步审计。要根据不同类别领导干部的职责权限，结合政府职能转变和权力清单制度，突出审计重点，实事求是地界定责任、做出评价。要加强审计成果运用，推动将经济责任审计结果和整改情况，纳入所在单位领导班子民主生活会、党风廉政建设责任制检查考核的内容，作为领导班子成员述职述廉、年度考核、任职考核的重要依据。

七是大力推进反腐倡廉。我们要坚持问题导向，加大对权力集中、资金密集、资源富集、资产聚集的重点部门、重点岗位、重点环节的审计力度，严肃揭露和查处重大违纪违法，以及不作为、慢作为、假作为等问题。要加强对重大违纪违法问题和腐败案件发生规律的剖析，坚持查源头、查原因、查责任、查后果，推动建立完善制度，铲除腐败滋生的土壤。

八是大力推动体制机制创新。审计中要始终关注体制机制性问题，根据中央出台的重大政策措施，及时跟踪检查有关部门规章和地方性法规修订完善情况，促进及时建立健全与新政策新要求相适应的新办法、新规则；对不合时宜、制约发展、阻碍政策落实的法律和行政法规，推动及时清理完善；对改革推进中出现的政策措施不衔接、不配套等问题，及时反映、提出建议，促进增强改革的系统性和协调性。

四、强化自我管理和约束，夯实审计事业发展根基

打铁还要自身硬。审计机关作为监督部门，监督别人就要用更高的标准来约束自己，严格管理、严格要求、严格监督，为各项任务的顺利完成提供坚实保障。

（一）强化队伍建设，打造审计铁军。怎么抓队伍建设？就是要坚持信仰就是灵魂、使命高于生命、责任重于泰山、纪律决定一切，以品德为核心、作风为基础、能力为重点、业绩为导向，着力打造一支政治强、业务精、作风优、纪律严的审计铁军。2016年，我们要扎实搞好学习习近平总书记系列重要讲话、学习党章、学习准则条例等党规，做合格共产党员的“两学一做”主题教育，各级审计机关要早做安排部署。这里我着重强调几点。一要建设信念坚定、忠诚可靠的审计队伍，做到政治强。我们要加强马克思主义基本原理的学习，深入学习党的十八大以来的中央精神，特别是深入学习贯彻习近平总书记系列重要讲话精神，做到理论上明白、思想上清醒、灵魂上干净，更加坚定理想信念，增强党性修养，严守党的政治纪律和政治规矩，对党绝对忠诚，在思想上政治上行动上始终自觉与以习近平同志为核心的党中央保持高度一致。要始终谦虚谨慎、戒骄戒躁，忠诚于审计事业，做到“四个服从”，时刻牢记自己的责任和使命，做政治坚定的审计人。二要建设结构合理、能力过硬的审计队伍，做到业务精。审计人员要具备过硬的基本功，敢于和善于审计，既能查处重大违纪违法问题，又善于推动体制机制制度完善。要强化自我提高能力，树立终身学习理念，认真学习哲学、历史、政治、经济、管理、科技等知识，厚积履职尽责的知识储备。要加强培养培训，完善审计职业教育培训体系，加大交流和轮岗力度，促进全面发展、快速成长成才。要树立正确的选人用人导向，着眼事业发展、注重品德实绩、尊重成长规律，做到组织不选“黑马”、领导不藏私心、干部不抄近道，把好干部及时发现出来、迅速培养起来、合理使用起来，形成优势互补、结构优化、梯次合理的干部队伍。三要建设勇于担当、甘于奉献的审计队伍，做到作风优。作风建设永远在路上，只有进行时、没有完成时，只能抓紧、不能懈怠。要形成自觉践行“三严三实”的长效机制，持续不断地查找修身做人、用权律己、干事创业方面的不严不实问题，经常洗洗脸、照镜子、正衣冠，持续抓好整改。特别是主要领导干部要有铁肩膀、钢腰杆，顶压力、抗干扰、敢亮剑，要有“戴着乌纱想事、揣着乌纱干活儿”的品格，做到依法审计、无私无畏、敢于碰硬、勇于担当。要始终保持昂扬向上、奋发有为的精神状态，特别是工作暂时落后的地区、单位，要加油、加力、加速，迎头赶上。四要建设清正廉洁、遵纪守法的审计队伍，做到纪律严。我们要深入学习准则、条例，严格遵守党的政治纪律、组织纪律、廉洁纪律、群众纪律、工作纪律和生活纪律，严格执行审计“八不准”工作纪律，强化底线思维，培养健康的生活情趣，做到心中有畏、心中有止、行为有度、干净干事、清白做人。

（二）强化制度建设，扎紧制度笼子。制度建设是强化自身约束、促进依法行政、提高管理效能的一项基础性工作。今后一个时期，审计管理体制和管理方式将发生重大变化，加强制度建设更具有特殊重要的意义。一方面，要加强对已有制度的清理修订，使之适应新形势新要求；另一方面，要及时将改革的要求和落实措施转化为清晰、明确的制度规定，确保审计工作于法有据、有章可循。前面我讲到，审计署通过制度清理，形成了2015年版的《审计署制度》，今后贯彻落实法律法规和党中央、国务院精神的事项，均要形成具体条款，以“修正案”的形式补充下发，按照“一张蓝图干到底”的原则不断修订完善。这样既保证了制度的稳定性和系统性，又有利于增强制度的适应性和创新性。各级审计机关也要进一步加大制度清理整合力度，健全完善制度体系。一要“齐”，做到全面覆盖。要把制度建设覆盖到审计机关的管党、用人、治审、促廉等各个方面，既要符合上级精神、又要广泛听取干部职工意见，既要有正面约束、又要有问责条款，确保制度的广泛性和完整性。二要“精”，做到管用好用。要坚持问题导向，每项制度都针对某个方面的突出问题，用制度的形式规范解决问题的措施和办法，还要请法律专家进行合法性审查，提高审计制度建设的程序化和科学化水平。三要“严”，做到不打折扣。要坚持制度面前人人平等、执行制度没有例外，不留“暗门”，不开“天窗”。领导干部要习惯用制度管业务、带队伍，带头学习制度、严格执行制度、自觉维护制度，绝不能破规矩；审计人员要习惯按制度办事情、干事业，做到心中有制度、行动遵制度、工作用制度，绝不能废规矩。

（三）强化监督制约，规范权力运行。党和人民高度信任我们，但信任不能代替监督。我多次讲，审计机关不是净土，审计人员不是生活在真空中，也没有天然的免疫力，必须健全监督机制，保障审计监督权规范运行。一要坚决落实管党治党要求，加强党内监督。严格落实全面从严治党和党风廉政建设主体责任，审计机关各级党组和党组织书记要亲自部署重要工作、过问重大问题、协调重点环节、督办重要案件，切实履行第一责任人职责。要严肃党内政治生活，积极开展批评与自我批评，严格执行民主集中制，让咬扯袖、红脸出汗成为常态。二要强化内部控制，加强自我监督。建立审计职业岗位权力清单和责任清单，分层级落实责任。上级审计机关要强化对下级审计机关的监督，加强和改进巡视、考核、审计机关领导干部经济责任审计等工作，每年组织党风廉政建设、干部选拔任用、依法履职、审计业务质量、预算执行和财务管理、档案管理、保密管理等专项或综合检查，督促下级审计机关严格依法审计、依法履职。三要坚持阳光法则，主动接受外部监督。我们要自觉接受党委、人大、政府的监督，定期报告工作。要主动接受纪检监察、巡视、专项检查等外部监督，积极推动建立对审计机关的外部审计制度。要自觉接受社会公众的监督，加大审计结果公开力度，完善特约审计员制度。四要强化监督执纪问责，维护法纪严肃性。要切实把纪律和规矩挺在前面，围绕“四种形态”，把监督执纪问责做深做细做实。要建立责任分解、检查监督、责任追究、结果运用的完整链条，凡是违纪违法违规的，不管涉及谁，都要严肃追责，绝不姑息迁就；凡是被问责的组织和个人，都要与评先评优、提拔使用等挂钩，增强问责的严肃性。各级审计机关要把自己的“房间”打扫干净、“门户”清理好，对不作为、慢作为以及违纪违法乱作为的，要严肃追究责任！

（四）强化统筹管理，发挥整体合力。要按照党的十八届四中全会和《框架意见》的要求，强化上级审计机关对下级审计机关的领导，增强审计监督的独立性和整体性。一要加强组织领导。上级审计机关要加强对下级审计机关队伍建设和业务工作的领导，目前署里正在研究制定省级审计机关领导干部管理办法，试点地区的省级审计机关要协助省级党委管好干部，非试点地区也要做好相关基础性工作。要增强组织观念，审计项目计划要报上级审计机关备案或批准，重大审计结果、重大问题线索、重大事项要及时向上级审计机关报告。二要加强资源统筹。上级审计机关要根据经济社会发展实际需要，统筹组织审计力量，开展好涉及全局的重大项目审计。在这方面，各级审计机关要摒弃狭隘的地盘意识，切实树立全国审计“一盘棋”理念。三要加强检查考核。上级审计机关要协助配合地方党委、政府，加强对下级审计机关领导班子、干部队伍的考核；要加强对下级审计机关审计质量的监督检查，强化对下级审计机关履职尽责情况的考核。署里正在研究制定对地方审计机关的考核办法，各地也要积极探索。

同志们，审计工作在新形势下更加充分有效地发挥作用，任务艰巨，责任重大。让我们紧密团结在以习近平同志为核心的党中央周围，围绕协调推进“四个全面”战略布局，聚焦五大发展理念，承前启后，继往开来，勇于担当，主动作为，奋力做好全面建成小康社会决胜阶段的审计工作，为实现中华民族伟大复兴的中国梦做出应有的贡献！

继续做好离退休干部工作

——在审计署机关及特派办离退休干部工作人员座谈会上的讲话

孙宝厚

（2015 年 4 月 22 日）

同志们：

上午好！

刚才大家的交流发言很好。我听了以后，进一步增进了对离退休干部工作的了解，很有收获、很受启发，也更加感到这项工作不容易，大家付出了艰辛的劳动，取得了很好的成绩。在此，对大家的辛勤劳动和取得的成绩，表示感谢和祝贺！现围绕“继续做好离退休干部工作”这个题目，我谈 3 点想法。

一、过去的工作做得很好，必须充分肯定

所谓做得好，就是署党组、特派办党组放心，署机关和各特派办的离退休干部总体上都比较满意，同时也保障和促进了审计事业的发展，维护了社会的和谐稳定。我在署里碰到过不少离退休老同志，大家对署离退休干部工作都表示很满意。在中央组织部老干部局组织的评比中，审计署是离退休干部工作先进单位，在有关会议上曾多次介绍经验。横向比较，审计署离退休干部工作也受到其他部门单位的认可和好评。对于特派办的离退休干部工作，具体情况我不是很了解，但总体来说都是比较好的。做离退休干部工作，不仅工作任务繁重、具体事项琐碎，更要经常在八小时之外甚至牺牲休息日和节假日工作，大家很辛苦。在充分肯定的同时，我真诚地向在座的各位，并通过大家向今天没来参加会议的专职、兼职离退休干部工作者，表示深深的敬意和谢意！全署及各个特派办的离退休老同志，对我们各方面工作，一直以来都非常关心、理解和支持。请今天在座的各位，利用各种机会，向所有老同志致以问候和敬意，并祝他们身体健康、心情愉快、生活幸福！

二、要继续做好离退休干部工作

成绩属于过去，当然也为以后打下了良好基础。我们不能就此止步，离退休干部工作要一如既往地继续做好，以至做得更好，让署党组和各个特派办党组更加放心，让广大离退休干部更加满意。具体怎样继续做好，我不全面讲，只强调以下事项：

一是要有规矩意识。无论遇到什么事情，我们都要按政策法规办事，按惯例办事，实事求是、有针对性地办事。有政策法规就按政策法规办；如果没有政策法规，就按惯例，依照过去的经验，或者参照其他单位的做法办；如果既没有政策法规，也没有惯例或外部参照，我们就要实事求是、有针对性地办。我希望在座的各位都要有规矩意识，办每一件事，或者老同志提出要办什么事，必须讲清楚依据的政策法规是什么、类似事情过去是怎么办的。如果既没有政策法规依据，也没有惯例，要根据有关法规政策的精神，针对具体工作事项实际，提出我们处理的意见或建议。特别是对一些新情况、新问题，要积极作为，创新方式，研究处理，不能无动于衷、置之不管，不能消极作为更不能不作为，但也绝不能不顾规矩乱办盲干。确实不该办、不能办、办不了的，要把规矩和道理讲清楚，相信会得到大家的理解和支持。

二是要处理好尽力而为与量力而行的关系。老有所养、老有所医、老有所为、老有所学、老有所乐、老有所教和老有所管是我们服务和管理的主要内容。我们要深入理解和掌握“七个老有”的内涵，把握好落实离退休干部政治待遇、生活待遇方面的服务管理内容。在服务中既要尽力而为，又要量力而行，要正确处理好这二者之间的关系。对老同志的合理诉求，我们要尽力而为，满足他们的需要，让他们感受到组织的关怀和温暖。对于个别老同志的不合理诉求，要善于分析原因、善于做好解释工作和思想疏导工作。要鼓励身体和经济条件允许的老同志多方面发展或满足自己的兴趣爱好，如自愿参加民办或官办的各类老年大学课程学习或听取专题讲座，自愿结伴同行去健身或旅游观光，自愿参加社区公益活动等等，将自己融入社会大家庭中，充实丰富老年生活，实现老有所学、老有所为、老有所乐。

三是要把握好办事的度。在服务和管理具体事项的处理上，结合贯彻落实中央八项规定精神及有关要求，我们要把握好办事的度。一要就近避远。组织活动既要提高参与性、吸引力，又要增强思想性、政治性、原则性，避免党组织活动庸俗化、娱乐化、形式化、表象化的倾向。可多在社区、单位的活动场所按照制度规定开展活动，避免远距离出行。二要就简避难。有些老同志年岁大了，腿脚不如年轻时灵便，反应不如年轻时敏捷，组织活动要尽量简便易行，一定不能组织难度高、内容复杂的活动。三要就小避大。组织老同志活动，规模要适度，不要组织场面过于宏大的活动，避免使参加活动者的情绪长时间处于高度兴奋之中或高度压力之下。四要就易避险。有的老同志已经进入“双高期”。俗话说，“七十不留宿，八十不留饭。”安排活动不要过量，不能超过老同志体力和时间的限度。搞任何活动绝对不能冒险，确保不出任何安全问题，以免出了问题对个人、对家庭、对单位、对社会都不好。对老同志自学、就近学习、参加活动等，我们要积极联系、提供帮助。对愿意参加活动的老同志，我们要积极创造条件为他们提供学习和活动场所，组织丰富多彩、寓教于乐的活动。

三、要加强离退休干部工作机构和人员自身的建设

一要健全组织，加强领导。各特派办要健全离退休干部工作领导小组。领导小组要切实加强和改进对这项工作的领导，加大内部不同部门间工作协调力度，掌握离退休干部工作情况，研究解决工作中出现的重大问题，提供做好服务管理工作的必要保障。

二要各负其责，同舟共济。虽然我们有专门从事离退休干部工作的同志，将来特派办可能还会按规定设立专门的离退休干部工作部门，但离退休干部工作并不是某一个部门的事，与人教司（处）、办公厅（室）、服务局（中心）等部门不同程度都有关系。各部门不仅要各负其责，更要同心同德、同舟共济，共同做好离退休干部工作。

三要加强学习，提升离退休干部工作人员的自身素质。在座的各位同志都必须学习、掌握离退休干部工作方面的政策法规，都能够有能力、高水平按照政策法规办事。如果我们连离退休干部工作的政策法规都不知道，还能说自己的能力有多高吗？遇到问题能把握得好吗？干一行，最好爱一行，至少要钻研、专业。这是起码要求。包括我在内，分管这项工作，也得熟悉相关政策和情况。另外，自身的学习提高，除了专职专干能力的提高，还要钻研一点相关业务。这里所说的相关业务，既包括离退休干部工作的服务管理业务，也包括离退休干部所喜欢的一些相关事项。只有这样，我们才能知道老同志在想什么、做什么，怎么更好地为他们搞好服务。在这个过程中，我们也可得近水楼台之便，不仅学到了很多知识，甚至也能提前有条件享受到高品位的生活。应当说，这也是从事离退休干部工作同志的一项特有的福利。学习是一种生活方式。通过学习，特别是与离退休干部工作业务有关的学习，以提高能力、提高素质、提升自己的修养，更好地做好离退休干部的服务管理工作。

以上我只侧重讲了服务工作。现在再强调一点，管理工作也很重要。管理要与服务并重。离退休干部工作不仅仅是服务，管理也是我们的重要职责。对老有所教、老有所管不仅不能忽略，还必须切实加强。尤其是在讲政治、顾大局、守纪律等方面，我们一定要旗帜鲜明、敢于担当，加大管理力度，切实承担起所负的责任。如果个别老同志出现不符合法纪规定的行为、提出不正当的诉求，我们必须严格管理。

最后回到我发言的主题上来，所谓继续做好离退休干部工作，对我及各单位重申一个要求：确保不比过去做得差，争取比以前做得更好。

谢谢大家！

落实全面从严治党责任
为深化审计与推进改革提供坚实保障

陈　蔷

（2015年7月13日）

在习近平总书记做出的“四个全面”战略布局中，全面从严治党体现了党的建设与治国理政的统一。可以说，全面建成小康社会、全面深化改革、全面依法治国，都要靠全面从严治党做保障。党的十八大以来，习近平总书记系列重要讲话始终贯穿着从严治党、严明纪律的要求。在四中全会上，他用大量篇幅讲了党风廉政建设和反腐败工作，表明党中央从严治党的鲜明态度。在中央纪委五次全会上，习近平总书记着重强调，要加强纪律建设，把守纪律、讲规矩摆在更加重要的位置。这些重要论述，是对党的建设历史经验的深刻总结，切中了时弊，抓住了根本，为全面从严治党指明了方向。

一、进一步深刻领会习近平总书记系列重要讲话精神

党的十八届三中、四中全会和中央纪委五次全会对全面从严治党做出重大决策部署。习近平总书记在多个场合发表的重要讲话，传递出中央对全面从严治党的一系列新判断、新思路、新举措、新要求。

一是做出了一个基本判断——反腐败斗争形势依然严峻复杂。习近平总书记多次指出，反对腐败、建设廉洁政治，是我们党一贯坚持的鲜明政治立场。他将反腐倡廉建设提升到关乎国家生死存亡的高度，强调腐败问题越演越烈，最终必然亡党亡国，要求全党同志警醒。正如习近平总书记所指出的，现在，腐败和反腐败呈胶着状态，在实现不敢腐、不能腐、不想腐上还没有取得压倒性胜利，腐败活动减少了但并没有绝迹，反腐败体制机制建立了但还不够完善，思想教育加强了但思想防线还没有筑牢，减少腐败存量、遏制腐败增量、重构政治生态的工作依然艰巨繁重。

二是表明了一种坚强决心——保持反腐败高压态势不放松。在十八届四中全会上，习近平总书记深刻分析了我们党面临的形势和任务，强调全党要始终保持高度警觉，抓常、抓细、抓长。指出腐败现象是侵入党的健康肌体的毒瘤。坚持不懈反对腐败，坚定不移割除这种毒瘤，是坚持党的性质和宗旨的必然要求。针对现在社会上出现的反腐败反得人人自危、为官不为、影响经济发展；不反腐要亡国，真反腐要亡党等奇谈怪论和错误认识，习近平总书记给予了有力回击，指出“任凭腐败蔓延确实有亡党亡国的危险，真反腐败才能兴党兴国”。

三是传递出一种鲜明态度——横下一条心纠正“四风”。教育实践活动开展以来，解决了大量群众反映强烈的突出问题，刹住了许多人认为不可能刹住的歪风，党员干部的公私观、是非观、义利观进一步端正。但是，“四风”病源还在、病根未除，防止反弹任务艰巨。在教育实践活动总结大会上，习近平总书记指出，“四风”问题有所收敛，但树倒根在，有些是在高压态势下取得的好转，仅仅停留在“不敢”上，“不想”的自觉尚未完全形成。在十八届中央纪委五次全会上，习近平总书记再次强调，不良作风积习甚深，要常抓，抓出习惯、抓出长效，在坚持中见常态，向制度建设要长效。

四是提出了一项明确要求——把守纪律讲规矩摆在更加重要的位置。习近平总书记在中纪委二次、三次全会上，分别强调了遵守党的政治纪律和组织纪律的重要性。在五次全会上，习近平总书记强调，“领导干部违纪往往是从破坏规矩开始的。规矩不能立起来、严起来，很多问题就会慢慢产生出来。讲规矩是对党员干部党性的重要考验和对党忠诚度的重要检验。”对遵守政治纪律和政治规矩，习近平总书记提出了5个方面要求：一是必须维护中央权威，决不允许背离党重要要求另搞一套；二是必须维护党的团结，决不允许在党内培植私人势力；三是必须遵循组织程序，决不允许擅作主张、我行我素；四是必须服从组织决定，决不允许搞非组织活动；五是管好亲属和身边工作人员，决不允许擅权干政、谋取私利。

五是部署了一项重点任务——强化落实责任追究制度。在五次全会上，习近平总书记把严肃责任追究，强化党风廉政建设作为今年工作的重中之重，要求各级党委（党组）不能当“甩手掌柜”，切实把党风廉政建设当作分内之事、应尽之责，真正把担子担起来，种好自己的“责任田”。如果一个地方、一个部门接二连三发生重大腐败案件，腐败现象蔓延势头长期得不到遏制，就要严肃追责。山西发生塌方式腐败，7名省部级干部被查处，中央对省委班子进行了改组性质的调整；中石油发生系统性腐败，中央不仅追究了党组主要领导的责任，也追究了纪委组长的责任。

回顾十八大以来特别是过去一年来，中央在推进党风廉政建设和反腐败斗争方面所做的各项工作及取得的成效，主要突出了以下4个特点：一是中央政治局带头，以上率下，层层传导压力。习近平总书记强调，党风廉政建设，要从领导干部做起，领导干部首先要从中央领导做起。中央政治局先管住自己，再管住别人，和以往老百姓说的“上面有病、下边吃药”形成鲜明对比。过去“几十个文件，管不住一张嘴”，现在每一个文件都要落到实处，顶风作案都要受到严惩。真正做到了层层传导压力。二是打虎捉蝇，除恶务尽，持续形成震慑。习近平总书记在听取2014年中央巡视组第二轮巡视情况汇报时指出，党面临的最大风险和挑战是来自党内的腐败和不正之风。权力寻租，体制外和体制内挂钩，形成利益集团，挑战党的领导。我们惩治腐败的决心丝毫不能动摇，惩治这一手始终不能软。十八大以来，中央立案查处中管干部90多人，其中2014年立案查处54人。特别是坚决查处周永康、徐才厚、令计划、苏荣等严重违纪违法案件，用习近平总书记的话说，这向世人宣示，在贪腐问题上，没有人能当“铁帽子王”。三是抓作风问题见实效，取信于民。习近平总书记讲，作风建设永远在路上。落实中央八项规定精神、纠正“四风”不仅是作风问题，更关乎党的信誉和民心向背。中央八项规定出台以来，党中央、国务院和有关部委先后出台了20多项制度文件，涉及会员卡清退、整治会所中的歪风、严格公务接待管理等各个方面，在人民群众中树起了更大的威信。四是深化纪律检查体制改革，强化党内监督。中央锐意推进纪律检查体制改革，坚持立行立改，看准一条就改一条，强化上级纪委对下级纪委的领导，做实双重领导体制，推动派驻监督和巡视监督全覆盖。习近平总书记在五次全会的讲话中首次大篇幅地谈到派驻监督，这是前所未有的。

可以说，习近平总书记在中纪委二次、三次、五次全会上的重要讲话和他关于党风廉政建设和反腐败斗争的系列重要论述，在精神实质上是一脉相承的。通过近段时间的学习研读，我有6点体会：

第一，习近平总书记高度重视党风廉政建设和反腐败斗争。任凭腐败蔓延会亡党亡国，真反腐败才能兴党兴国。习近平总书记从一个政治家的视野来看待这个问题，有勇气和胆略来提出这个问题，有决心和铁腕来抓这个问题，的确是登高望远。

第二，我们党坚决遏制腐败，建设廉洁政治的决心无比坚定。习近平总书记关于党风廉政建设和反腐败斗争的系列重要论述就是我们党坚决同腐败问题做斗争的政治宣示，表明我们党是真正的人民的政党，是有着强烈忧患意识的政党，是勇于自我革新、能够自我净化的政党。

第三，从严治党的步伐不会变，力度不会减。

十八大以后，中央对党员干部的纪律要求和执纪政策都有了新变化。如果用一个字来概括，就是“严”，而且越往后执纪会越严！习近平总书记指出，现在的主要倾向不是严了，而是失之于宽、失之于软，不存在严过头的问题。我体会，现在是抓大不放小、有张没有弛、要严不要松。在从严治党的形势下，出了问题，哪怕是“四风”方面的问题，也可能被打板子，甚至可能被摘帽子。如果在这些认识上麻木、迟钝、无知，就可能付出沉重代价。

第四，反腐倡廉建设的成效关乎改革成败。中央深化改革领导小组多次专题研究党风廉政建设有关议题，这是前所未有的。随着改革进入深水区，反腐败的难度将随之加大；反腐如果力度不够，改革会遇到很大阻力。同理，反腐败的实际成效是破除改革障碍的重要保障，而改革取得成功，滋生腐败的温床也将被逐步瓦解。只有实现“改革”和“反腐”的双轮驱动，才能实现经济社会健康发展。

第五，反腐倡廉建设的关键是对权力进行有效制约和监督。近两年来落马的几十位省部级以上领导干部，不管是周永康、薄熙来还是令计划、徐才厚，无一不是权力极度膨胀又得不到有效制约，与党中央离心离德、背道而驰，结果走向了一条违法犯罪的不归路。在依法治国、从严治党的新形势下，反腐倡廉是否取得成效，其主要标志即看能否对权力进行有效的制约和监督。否则，一个周老虎倒下去，还会有张老虎、王老虎冒出来。

第六，反腐倡廉建设是一项艰巨的系统工程。要形成科学的权力结构和运行机制，就要向现有的权力分配格局“开刀”，科学设置权力，合理分解权力；要把权力关进制度的笼子，不但要把笼子建起来，还要编得牢、扎得紧、关得住；要让权力在阳光下运行，需要的不只是自觉接受监督的党性和敢于自我揭丑的勇气，还需要改革、制度加科技的三重保障；削弱特权，是对既得利益的挑战，有时甚至是你死我活的斗争。可以说，每一项工作都环环相扣，每一项任务都不可能毕其功于一役，需要我们持之以恒扎实推进。

二、进一步落实“两个责任”

十八大以来，党中央把党风廉政建设和反腐败斗争提升到了一个新的高度，其中一个很重要的方面就是厘清责任、落实责任。十八届三中全会决定第 36 条明确提出，落实党风廉政建设责任制，党委负主体责任、纪委负监督责任。十八届四中全会决定再次强调，要严格落实党风廉政建设党委主体责任和纪委监督责任，形成不敢腐、不能腐、不想腐的有效机制。习近平总书记在中央纪委三次全会上指出，要落实党委的主体责任和纪委的监督责任，强化责任追究，不能让制度成为纸老虎、稻草人。在中纪委五次全会上他又再次强调，党风廉政建设责任能不能担当起来，关键在主体责任这个“牛鼻子”抓没抓住。党委（党组）书记作为第一责任人，既要挂帅又要出征。可以说，落实“两个责任”，是中央根据反腐败斗争形势提出的重大政治任务，是坚持党要管党、从严治党的必然要求和重要举措，是各级党组织和纪检监察机构责无旁贷的政治任务，也是进一步推进审计机关党风廉政建设工作的根本抓手。

根据中央的部署精神，结合工作实际，我想署领导班子每一名同志在落实党风廉政建设责任制有关要求的同时，是不是也可以给自己制定几条更加具化也容易操作的规范，来强化落实主体责任，我归纳为 7 个“注重”，7 个“必须”：一是注重摸清底数，对分管单位的廉政风险点必须心中有数、手中有招；二是注重识人察人，对选人用人环节和日常工作中了解到的干部情况必须如实反映、如实报告；三是注重传导压力，与新任职司处级领导干部任职谈话必须强调廉政纪律和廉政要求；四是注重抓早抓小，对日常工作中发现的苗头性、倾向性问题必须及时提醒、及时解决；五是注重抓细抓实，到地方审计机关和特派办调研督导检查必须将队伍建设和廉政建设作为重要内容；六是注重尽责担当，对分管单位发生的违纪违规问题必须亲自过问、亲自督办；七是注重责任追究，对分管单位落实主体责任不力的领导干部必须严肃批评、严肃问责。

我想，只有我们班子成员首先带头，做到“两手抓、两手硬”，在抓“常”“长”上下足功夫，落实主体责任的压力才能层层传导下去，只有把功夫做在平时，让廉洁自律、遵守纪律成为审计人员的自觉行为，时刻绷紧拒腐防变那根弦，我们才能“任凭风浪起，稳坐钓鱼台”。

三、进一步落实全面从严治党责任

近年来，审计署党组高度重视党风廉政建设工作，坚持从严管理审计队伍，采取有效措施，打造审计铁军，取得了很大成绩。主要有以下几方面经验：第一，署党组始终把党风廉政建设摆在突出位置来抓。不论是会议、培训，还是检查、调研，署领导都做到了常讲不断、常抓不懈。第二，领导带头，较好地发挥了表率作用。我们提出在党风廉政建设、求真务实、勤奋敬业上，在工作作风和生活作风上，形成了以上带下，“一级做给一级看”的工作格局。第三，建立了一套比较完备的制度体系。我们坚持从党风廉政建设总体要求和审计工作实际出发，制定修订了一批审计纪律、党组自身建设、干部管理、监督制约、检查考核、责任追究、基建管理等方面的制度规定，多数制度都得到了较好落实。第四，坚持将党风廉政建设融入审计业务工作。不管是对重点审计项目的廉政检查还是廉政风险防控工作，都不搞“两张皮”，将廉政建设与审计业务有机结合。第五，从严管理审计队伍。从严教育、从严监督、从严管理。坚持抓早抓小，防微杜渐。对“害群之马”敢于揭丑，不护短。有些问题也许放到别的地方和部门根本就不算个事儿，但发生在审计机关，发生在审计署就不行。

对当前审计机关廉政建设面临的形势，可以有以下几个基本判断：一是审计队伍廉政建设、工作作风总体上是比较好的，个别人的个别问题难以避免，但出现大面积、系统性、塌方式问题的可能性不大，廉政风险总体可控。二是党中央、国务院、人民群众对审计工作期待越高，关注度越高，对廉政上出问题容忍度就越低，负面影响也越大，会出现“放大效应”。三是审计覆盖面越广、工作越深入、发现问题越多，社会上腐蚀、拉拢、收买、威胁、恐吓审计干部的可能性越大。四是社会环境越复杂，党风廉政建设工作任务越重，如稍有松懈，干部就可能发生违法违纪问题。现在，拉拢腐蚀威胁审计干部的手段可谓层出不穷。有的被审计单位企图通过社会关系收买审计干部，有的利用节庆送礼送钱，有的利用地方审计机关请吃请喝。这是一种严峻复杂的斗争，也是正义和邪恶的较量。对这个形势，我们宁可看得严峻一些，看得复杂一些，也比掉以轻心好。如果我们只注重抓审计业绩，队伍却出了问题，不仅要被“一票否决”，后果将不堪设想。

通过对有关违纪违法案件进行分析，我认为抓好审计机关党风廉政建设应重点把握以下 6 个关键点：一是审计组和审计现场审计监督权的行使。二是审计人员的自由裁量权。三是违规审计手段。四是投资审计领域的审计风险。五是干部选任、经费使用、物资采购等“三重一大”事项。六是干部作风问题。

古人云，“子帅以正，孰敢不正?”只有表率到位，在干部群众当中才有说服力，抓工作提要求才有底气，层层传导压力才有基础，所谓“其身正不令而行，其身不正虽令不从”。作为班子成员，我们必须以身作则，带头落实“三严三实”要求，带头严格遵守各项廉洁规定，时刻提醒自己，稳住心神，管住手口，守住底线，当好廉洁从政的表率。这既是信仰的体现，也是修养的反映；既是党性的体现，也是责任心的反映；既是作风的体现，也是能力的反映；既是一种担当，也是一种追求。只有把全面从严治党责任真正落到实处，审计工作才能“百尺竿头更进一步”，为改革和发展保驾护航。

进一步转观念变思路创方式促进全面深化改革

——在第二季度审计署党组中心组学习会暨署各单位和省级审计机关主要负责人专题研究班上的发言

陈尘肇

（2015年7月10日）

刘家义审计长围绕“四个全面”战略布局以及进一步加强和改进审计工作，为我们做了十分全面、系统、深刻的重要讲话，是一个很好的学习辅导，也是指导我们工作的战略指引。今天，我谈一下对全面深化改革的学习体会。

我觉得，在习近平总书记提出“四个全面”战略布局的发源地——江苏，来探讨全面深化改革问题，意义重大。2014年12月，习近平总书记在江苏考察工作时强调，“协调推进全面建成小康社会、全面深化改革、全面推进依法治国、全面从严治党，推动改革开放和社会主义现代化建设迈上新台阶”。“四个全面”战略布局是马克思主义基本原理与当今中国具体实践相结合的最新理论成果，丰富和发展了中国特色社会主义理论体系，是新一届中央领导集体对治国理政总体方略的顶层设计，也是当前和今后国家各项工作的主攻方向和重点领域。在“四个全面”战略布局中，全面建成小康社会是“战略目标”“奋斗目标”，全面深化改革、全面依法治国、全面从严治党是三大战略举措。

一、全面深化改革的重大历史意义和特点

（一）改革是推动人类社会不断发展的强大动力。改革，古人称之为“鼎新革故”。用现在的话说，就是除旧布新。它意味着对原有的权力配置、利益关系、社会秩序乃至人们的生活习惯、思维方式、价值观念进行新的调整。纵观世界各国发展史，重大改革都在人类社会发展进程中起到了巨大的推动作用。在我们推进全面深化改革前，世界各国重大改革大体上有12次。国外有7次：一是公元前594年的梭伦改革，为雅典城邦的振兴与富强开辟了道路。二是16世纪的欧洲宗教改革，解放了人们思想，发展了人文主义。三是埃及的穆罕默德·阿里改革，为近代埃及的发展做出了重大贡献。四是1861年的俄国农奴制改革，加快了俄国资本主义发展的步伐，成为俄国历史上一个重要转折点。五是19世纪后期的日本明治维新，使日本摆脱了民族危机，改变了封建落后状态，走上了发展资本主义的道路。六是20世纪20年代的苏俄新经济政策，巩固了苏维埃政权，发展了马克思主义理论。七是20世纪30年代的罗斯福新政，缓解了美国社会矛盾，促进了生产力的恢复和发展，开创了国家干预经济发展的新模式。中国有5次：一是公元前356年的商鞅变法，使秦国强大，为统一六国奠定了基础。二是484年的北魏孝文帝改革，促进了北方地区的经济发展和民族融合，为中国多民族国家的发展做出了贡献。三是1069年至1085年的王安石变法，一定程度上改变了北宋积贫积弱的局面。四是1898年的戊戌变法，是中国近代史的一次爱国救亡运动，也是一次思想启蒙运动，促进了民众的觉醒，对中国近代社会的进步起了重要推动作用。五是新中国成立后，自党的十一届三中全会以来，我国通过改革开放，使经济社会和人民生活水平发生了翻天覆地的变化。可以说，一部世界文明史，一部中国发展史，就是一部变法与改革发展史。

（二）全面深化改革是破解发展难题的必然选择。习近平总书记强调，“改革是由问题倒逼而产生，又在不断解决问题中得以深化。”改革开放30多年来，我们国家用改革的办法解决了党和国家事业发展中的一系列问题。但还有很多深层次的矛盾和问题尚未得到根本解决，我国发展前进道路上仍存在不少困难和问题，发展中不平衡、不协调、不可持续问题依然突出，科技创新能力不强，产业结构不合理，发展方式依然粗放，城乡区域发展差距和居民收入差距依然较大；反腐败斗争形势依然严峻，等等。这些问题相互交织、相互影响。习近平总书记指出，“改革开放是决定当代中国命运的关键一招。”这一重要论述揭示了改革开放在当代中国发展中的决定性和关键性意义。要解决我国发展面临的一系列重大问题，化解来自各方面的风险和挑战，继续保持经济社会持续健康发展，必须全面深化改革，通过改革破除影响发展稳定的两大问题，即“体制机制弊端”和“利益固化藩篱”。

（三）全面深化改革具有五个方面的显著特征。一是全面性。“不谋全局者不足谋一域”。全面深化改革是一项系统工程，不是某个领域某个方面的单项改革，而是全局性、综合性、系统性改革，是各领域改革的联动和集成。二是坚定性。党的十八届三中全会《决定》以及习近平总书记对《决定》的《说明》都明确指出，停顿和倒退没有出路。李克强总理也多次指出，改革要有壮士断腕的勇气和决心，不断释放出改革的红利。这充分体现了新一届中央领导集体全面深化改革的坚定性。三是策略性。全面深化改革涉及的诸多方面都是多年想改未改、难啃的硬骨头，不可能一蹴而就。《决定》坚持从上至下，立足于我国实际，积极稳妥推进全面深化改革。特别是习近平总书记强调，要有序推进改革，要协调推进改革。这进一步明确了全面深化改革的基本原则，体现了改革的策略性。四是方向性。全面深化改革具有鲜明的政治定位。党的十八届三中全会《决定》指出，全面深化改革必须坚持党的领导，必须高举中国特色社会主义伟大旗帜。习近平总书记强调，我们的改革是在中国特色社会主义道路上不断前进的改革，既不走封闭僵化的老路，也不走改旗易帜的邪路。这是全面深化改革的政治遵循。五是持续性。改革开放永无止境。习近平总书记多次强调，改革开放只有进行时没有完成时。这表明我国的改革开放是一项长期的、艰巨的、繁重的事业，必须一代又一代人接力干下去。

二、全面深化改革的主要任务和推进情况

党的十八届三中全会《决定》，共16个部分60条300多项改革举措，涉及政治、经济、文化、社会、生态文明和党的建设等各个方面。改革的总目标是：“完善和发展中国特色社会主义制度，推进国家治理体系和治理能力现代化。”这两句话是一个整体，不能分开讲，前一句话规定了根本方向，后一句话规定了在根本方向指引下完善和发展中国特色社会主义制度。从改革的主要任务看，一是经济体制改革。经济体制改革是全面深化改革的重点，核心问题是处理好政府和市场的关系，使市场在资源配置中起决定性作用和更好地发挥政府作用。党的十四大曾提出，要使市场在国家宏观调控下对资源配置起基础性作用。这次提法与以往不同。市场决定资源配置是市场经济的一般规律，健全社会主义市场经济体制也要遵循这条规律。“决定性作用”与“基础性作用”，这两个定位是前后衔接、继承发展的，说明我们党对市场经济本质的认识不断深化。经济体制改革的任务主要涉及基本经济制度、市场体系、政府职能、城乡发展和构建开放型经济新体制等方面。其中：财政体制改革方面，主要是要改进预算管理制度，建立跨年度预算平衡机制，建立政府综合财务报告制度；完善税收制度，推进增值税改革，简化税率，加快房产税立法，清理规范税收优惠政策；建立事权和支出责任相适应的制度，逐步理顺中央与地方事权、中央与地方收入划分等。金融体制改革方面，主要是完善人民币汇率形成机制，完善监管协调机制，推进政策性金融机构改革等。国有企业改革方面，主要是完善国有资产监督管理体制，推动国有企业完善

现代企业制度，破除各种形式的行政垄断等。二是政治体制改革。《决定》指出，政治体制改革的根本方针是坚持党的领导、人民当家做主和依法治国有机统一。改革的任务主要涉及民主政治制度建设、法治中国建设、权力运行制约和监督等方面。该部分还强调，要加强和改进对主要领导干部行使权力的制约和监督，加强行政监察和审计。三是文化体制改革。《决定》指出，要紧紧围绕建设社会主义核心价值体系、社会主义文化强国深化文化体制改革。改革的任务主要涉及文化管理体制、市场体系、服务体系和对外开放等方面。四是社会体制改革。《决定》指出，要紧紧围绕更好保障和改善民生、促进社会公平正义深化社会体制改革，改革的任务主要涉及教育、就业、收入分配、社会保障、医疗卫生、社会治理方式、社会组织和公共安全体系等方面。五是生态文明体制改革。《决定》指出，要紧紧围绕建设美丽中国深化生态文明体制改革。改革的任务主要涉及自然资源资产管理、主体功能区、资源有偿使用和生态补偿、生态环境保护等方面。该部分还指出，对领导干部实行自然资源资产离任审计，建立生态环境损害终身追究制。六是党的建设制度改革。《决定》指出，全面深化改革必须加强和完善党的领导，充分发挥党总揽全局、协调各方的领导核心作用。改革的任务主要涉及民主集中制、党的领导体制、执政方式等方面，同时《决定》还要求广大党员干部要发扬“钉钉子”精神，“抓铁有痕、踏石留印”，确保改革取得成功。

一年多来，从中央到地方，从城市到农村，从简政放权到激发市场活力，从自贸区扩围升级到“一带一路”倡议、亚投行筹建的稳步实施，改革已全面启动、深入推进，改革之“全”、改革之“深”、改革之“快”前所未有。充分体现了4大思维，即战略思维、系统思维、辩证思维、法治思维。

（一）自上而下、高位推动，以战略思维推动改革。纲举，则目张。全面深化改革是一项系统工程，改革涉及的利益关系错综复杂。中央成立了习近平总书记担任组长的中央全面深化改革领导小组，全面负责改革总体设计、统筹协调、整体推进和督促落实。这种领导力度是空前的，也表明全面深化改革的重要性、艰巨性和紧迫性。2015年是改革的关键之年，刚过去一半，中央全面深化改革领导小组已召开6次会议：1月30日，会议研究强调要加大改革落实力度，深入开展改革督查，确保各项改革取得预期成效、真正解决问题。2月27日，会议研究强调要处理好改革“最先一公里”和“最后一公里”的关系，突破“中梗阻”，防止不作为，让人民群众有更多获得感。4月、5月、6月、7月，中央全面深化改革领导小组连续召开会议，审议通过了一系列关乎改革全局的方案。4月1日，审议通过了乡村教师支持计划、城市公立医院综合改革、人民陪审员制度改革、人民法院推行立案登记制改革等方案或意见；5月5日，审议通过了部分区域系统推进全面创新改革试验、公益诉讼改革、完善法律援助制度、深化科技体制改革等方案或意见；6月5日，审议通过了加强和改进企业国有资产监督防止国有资产流失，招录人民法院法官助理、人民检察院检察官助理，进一步规范司法人员与当事人、律师、特殊关系人、中介组织接触交往行为等方案或意见；7月1日，审议通过了环境保护督察、开展领导干部自然资源资产离任审计、生态环境损害责任追究等方案或意见。今年以来，在密集研究出台相关改革规划、指导意见或实施方案的同时，还陆续推出了一系列重大改革战略，如，“‘一带一路’、京津冀协同发展、长江经济带”三大战略；“互联网＋”行动计划，实施“中国制造2025”战略等。中央全面深化改革领导小组立足全局，自上而下，强力推进，为全面深化改革顺利实施提供了制度和思想保障。

（二）五位一体、协同推进，以系统思维推动改革。我国过去的改革，多是以经济为主题或某个方面的单项改革，而党的十八届三中全会强调的是“五位一体”布局下的全景式改革。一年多来，各项改革协同实施、深入推进。行政体制改革方面，国务院各部门共取消或下放行政审批事项537项；投资核准事项中央层面减少76%，境外投资项目核准除特殊情况外全部取消；取消、停征、减免420项行政事业性收费和政府性基金。经济体制改革方面，制定了2015年经济体制改革重点工作，提出了8个方面39项年度经济体制改革重点任务；出台了深化财税改革总体方案，发布实施新修订的预算法，预算管理体制改革、税制改革取得关键性突破；价格改革取得实质性进展，在去年放开50项商品和服务价格的基础上，今年以来又放开了10项；金融改革稳步推进，民营银行成立门槛进一步放宽，消费金融公司试点扩至全国；大力推进国企改革，建立职业经理人制度，颁布实施央企负责人薪酬制度改革方案，首批涉及72家中央企业。社会体制改革方面，出台户籍制度改革意见；出台大众创业、万众创新若干政策措施意见，从体制机制、财税政策等8个领域提出了93条具体政策措施；出台农民工等人员返乡创业的意见。与此同时，自去年下半年以来，国务院常务会议多次研究部署缓解企业“融资难、融资贵”问题，推动大众创业、万众创新。文化体制改革方面，发布考试招生制度改革的实施意见，这是恢复高考以来最全面、最系统的考试招生制度改革，也是教育综合改革中最重要、最复杂的改革；出台国有文化企业把社会效益放在首位、实现社会效益和经济效益相统一的指导意见。生态文明体制改革方面，除7月1日中央深化改革领导小组审议通过一系列有关环境和生态方面的改革意见和方案外，此前中共中央、国务院出台了加快推进生态文明建设的意见，从优化国土空间开发格局、推动技术创新和结构调整、加强统计监测和执法监督等8个方面提出30余项具体任务。纵观一年多来的改革，一些涉及深层次利益调整、多年未有进展的改革，一些影响社会公平正义的突出问题，正在从体制机制上得到破解。从行政体制到经济体制，从社会管理体制到教育体制、文化体制，从户籍制度到就业制度，全面系统、扎实推进，改革也更加注重系统性和耦合性，更加注重中央与地方、部门与部门的协调配合。

*（三）利益多元、诉求各异，以辩证思维推动改革。*全面深化改革是一项复杂工程，有的改革面临着两难抉择。比如，城乡养老金并轨、公务员工资改革、基础设施建设提速，这都需要增加财政投入，而改革税收制度、告别土地财政，又会在一定程度上减少财政收入；要提高劳动者收入，又会增加企业成本；解决随迁子女上学和异地高考问题有助实现教育公平，但会引发“大城市病”，等等。从一年多来的改革进程看，全面深化改革的诸多方面体现着辩证思维，在权衡利弊中趋利避害，做出了最为有利的战略抉择。一是体现在处理政府与市场关系上。放权不是不管，而是要做到“简政放权、放管结合、优化服务”三管齐下。国家发改委最近发布1043个PPP（政府和社会资本合作）推介项目，总投资1.97万亿元，项目范围涵盖水利设施、市政设施、交通设施、公共服务、资源环境等多个领域，鼓励各类型企业积极参与，大幅拓展社会资本特别是民营资本的发展空间。不仅放，而且要管，辩证思维在简政放权中得到充分体现。二是体现在中央与地方的权责划分中。为使地方政府财权与事权相互匹配，避免“跑部钱进”，此次财税体制改革，力求重新分配中央和地方政府的财税“蛋糕”，使地方政府的财权进一步和所承担的公共事业、公共服务、公共产品的事权相互适合。三是体现在公平与效率之间。一年多来，全面深化改革坚持以重大问题为导向，立足于破解经济社会发展的瓶颈、群众反映强烈的突出问题。比如，今年1月，国务院发布《机关事业单位工作人员养老保险制度改革的决定》，这既体现国民收入再分配更加注重公平的要求，又体现工作人员之间贡献大小差别。“公平与效率相结合”的原则体现了改革的“辩证思维”。四是体现在数量与质量中。从一味追求数量增长到更加注重区域结构、城乡结构、产业结构的优化，这是新常态下的新要求。既不能唯GDP，又要使经济保持一定的增长速度，这本身就是一种辩证思维。

*（四）立法先行、于法有据，以法治思维推动改革。*习近平总书记要求，“凡属重大改革都要于法有据”“确保在法治轨道上推进改革”。一年多来，一系列重大改革举措，充分说明这次全面深化改革是以法治精神凝聚改革共识，以法治手段推进改革。如，今年3月中央政府推出“权力清单”，此后各地也陆续公布了“权力清单”“责任清单”“外商投资准入负面清单”。推行“权力清单”，明确政府该做什么，做到“法无授权不可为”；推行“负面清单”，明确企业不该干什么，做到“法无禁止皆可为”；推行“责任清单”，明确政府怎么管市场，做到“法定责任必须为”。“三张清单”明确界定政府与市场的边界，充分体现了法治思维。再比如，为推进财税体制改革，修订了预算法；为深化行政审批制度改革，国务

院提请全国人大常委会对多部法律进行了修改，等等。以法治思维和法治方式推进改革，是落实全面依法治国的要求，也是全面深化改革的前提，同时也是保障群众权益、维护公平正义的必由之路。

三、新形势要求审计工作要转观念变思路创方式

国家审计作为以权力监督制约权力的一项制度安排，是党和国家监督体系的重要组成部分，是国家治理大系统中一个内生的具有预防、揭示和抵御功能的“免疫系统”，是国家治理现代化的基石和重要保障，在推进“四个全面”战略布局中具有独特且重要的作用。对审计监督在推进“四个全面”战略布局中应当发挥什么样的作用、如何更好地发挥作用有了更加全面的认识和把握，深感审计工作责任重大、使命光荣，尤其刘家义审计长在讲话中提到的要关注“四个流”、实现“五个转变”、构建“七个一体化”、实现“五类关联”，这对于审计工作具有重要指导意义。可以说站位很高，方向准确，目标清晰，任务明确，措施实又新。

全面深化改革，涉及发展、法治、反腐、生态等方方面面，如简政放权改革涉及稳增长，行政体制改革涉及权力与反腐、党建，自然资源资产改革也是涉及生态文明、权力制约，改革要完善制度，重大改革要于法有据等也与法治有关。全面深化改革也要有全局观、系统思维。同样，审计促改革也涉及方方面面。习近平总书记指出，审计工作既要敢于和善于发现问题，更要积极推动解决问题。李克强总理多次强调，审计要当好政策措施落实的“督查员”、深化改革的“催化剂”、经济发展的“安全员”、反腐败的“利剑”、公共资金的“守护者”、权力运行的“紧箍咒”。党的十八届四中全会提出要完善审计监督制度，保障依法独立行使审计监督权；《国务院关于加强审计工作的意见》。我们要认真贯彻落实中央各项要求，紧紧围绕“发展、改革、法治、反腐”，积极作为、主动作为、依法作为，充分发挥审计的基石和重要保障作用，为经济社会持续健康发展做出新的贡献。

（一）围绕“四个全面”，立足全局、深入研究，认真履行审计监督职责。党的十八大以来，中央提出了“四个全面”战略布局，也出台了一系列重大政策措施，各项改革正深入推进。与此同时，中央对我们也提出了更高要求。从这次审计工作报告公告的效果看，社会各界也对我们有很高的期望，希望我们在国家治理体系中更好地发挥作用。审计面临的形势发生了新变化，为适应这种变化，更好地履行职责，要勇于改变旧模式、旧方法，创造性地开展工作，做想改革、谋改革、善改革的改革参与者、促进者。刘家义审计长围绕制度创新，强调审计要从为什么改、改什么、怎么改等方面研究提出建议，更好地服务全面深化改革，重点内容是两条，一是“体制机制弊端”，二是“利益固化藩篱”。刘家义审计长通过调查研究，提出要修改完善法规制度的建议，国务院很重视，说明两手抓的重要性，从一定意义上讲，后一手比前一手更重要，当然首先要立足于揭问题这一基础上。围绕促进制度创新的几个方面，我们必须加强学习研究。刘家义审计长讲要做好政策研究、规划、计划、组织、成果运用等一体化。结合分管工作，我认为，一是加强重大政策研究。对国家的重大政策、重大改革举措，要系统研究、深入研究，要跳出审计看审计，研究审计如何与之对接、提供服务和保障，寻找审计的切入点，也就是国家审计采取什么方式、抓住什么重点、总结哪些经验，揭示反映哪些问题、提供什么成果，才能更好地服务党和国家的中心工作。二是加强重大战略研究。随着我国“走出去”战略的深入实施，我国对外交往合作不断深化，在“一带一路”建设、亚投行筹建运行、境外投资，以及国际规则制定等方面，我们要主动跟进，研究审计如何发挥作用，如何服务于国家对外战略，如何维护国家利益和国家安全。三是加强重大问题研究。要以重大问题为导向，坚持问题意识、问题精神，对审计发现的问题要加强研究。比如，为什么中央政策、简政放权在一些地方贯彻落实不到位，为什么一些领导干部不作为、慢作为，等等。通过研究及时提出建议，促进建立健全体制机制制度。四是加强发展规划研究。目前，国家层面正在制订国家“十三五”规划，我们要在总结我署“十二五”规划的基础上，研究制订“十三五”审计工作发展规划。通过编制规划，更好地引领国家审计发展，同时要注重做好在国家“十三五”规划总体原则下的相关对接工作。五是加强审计立项研究。审计项目是我们履行法定职责的重要载体和抓手，审计项目选得好不好，直接影响着审计工作的成效。办公厅、政研室、各业务司和科研所要在加强国家重大改革政策、重大改革战略等研究的基础上，围绕中心工作，加强审计项目立项研究，及时提出具有重大影响、事关全局、具有操作性和重点突出的审计项目立项建议，供署领导决策参考。比如，刘家义审计长指出，要实现有深度、有重点、有步骤、有成效的全覆盖，尽管扶贫资金审计中只审了几十个县，彩票资金审计也只审了十几个省，但是效果非常好。六是加强技术方法研究。主要是研究审计工作如何更好地适应信息化的快速发展，加快构建以大数据为核心的现代审计模式，推动实现审计监督全覆盖。要切实运用数据分析手段把握总体情况、确定审计重点和挖掘审计线索，切实提高运用信息化技术查核问题、评价判断、宏观分析的能力，特别要注意切实树立全国审计“一盘棋”的大局意识，实现数据大集中，统一管理，深化研究企业数据与其他专业数据的综合运用，发挥好数据司综合分析、业务司专业分析、特派办审计组单个企业分析的整体合力。七是加强审计成果运用研究。要对各专业审计成果进行综合分析、整合运用。

（二）围绕“促发展”，统筹谋划、突出重点，进一步做好政策跟踪审计。当前，经济下行压力仍然较大。各单位尤其是特派办要进一步提高对稳增长跟踪审计重要性的认识。我署开展的稳增长政策跟踪审计，涉及政策和内容多，涉及单位和地区多，与传统审计有很大的区别。要做好这项审计工作，不是一件容易的事。那么，我们如何做好政策跟踪审计呢？我想，具体工作中，应注意把握 3 个方面：一是全面谋划。特别是要研究谋划项目的目标定位、审计内容、组织方式、审计思路方法等，研究如何点面结合、上下联动，既保证面上的覆盖，又做到点上有深度，抓好典型案例。二是突出重点。不宜片面贪大求全。针对当前稳增长压力较大的实际情况，现阶段可把审计重点更多放在与经济增长密切相关、对经济增长有实质性影响的那些政策上来，通过审计，推动这些政策尽快落地，同时揭示影响政策发挥效用的重大问题，及时提出解决问题的建议，通过审计切实促进经济增长。三是统筹协调。要抓好 4 项协调衔接工作，即协调好对国务院部门跟踪审计与对各地区跟踪审计的衔接，做到上下联动；协调好稳增长跟踪审计与其他审计项目的衔接，做好成果整合；协调好审计署与地方审计机关的衔接，做到发挥整体优势，形成合力；做好各阶段审计的衔接，确保有序实施，扎实推进。

（三）围绕“促法治”，把严肃财经纪律放在更加突出的位置，维护国家财政经济秩序。习近平总书记强调，“财经纪律过去是不敢碰的高压线，现在在一些地方和部门却成了最松弛的低压线”，“凡是违反党章和党的纪律特别是政治纪律、组织纪律、财经纪律的行为，都不能放过，更不能放纵”。从这些年的审计情况看，近年有所改观，但问题由来已久，冰冻三尺非一日之寒，财经法规制度执行不严、财经纪律松弛，有法不依、有章不循、有令不行、有禁不止的问题仍然比较突出，且违法违规手法不断翻新，出现了高科技化、高智能化、隐蔽化的趋势，查处难度进一步加大；在中央八项规定出台后，仍有一些单位和人员置若罔闻、顶风作案，造成了极坏的影响。按照问题导向找原因，产生这些问题的主要原因：一是守法合规意识偏“淡”。一些地方、部门、单位的领导干部和有关人员财经法规和纪律意识淡薄，依法行政意识不强，甚至心存侥幸、知法犯法。二是财经法纪体系偏“慢”。目前财经法规纪律体系建设有所滞后，未能有效发挥规范和约束作用。三是监督制约机制偏“散”。从内部监督机制看，有些单位内部治理不健全、内部控制形同虚设；从外部监管看，监督执法部门尚未形成监管合力。四是追责问责措施偏“软”。“法不责众”“对事不对人”等现象突出，也导致了违反财经纪律问题屡禁不止、屡查屡犯。刘家义审计长曾指出，党员处分条例实行这么多年，但似乎没有一个人因超预算而受处分。违反财经纪律的问题危害很大，严重影响党的形象和政府公信力，损害资源的有效配置，扰乱经济秩序，影响社会公平。我们要进一步加大对违反财经纪律问题和行为的查处力度，促进维护国家财经秩序，创造良好市场环境，为全面深化改革保驾护航。

（四）围绕“促反腐”，以防止权力滥用为重点，强化对权力的监督制约。党的十八届三中全会改革措施中提出了要加强行政监督和审计监督。习近平总书记多次强调，要加强对权力运行的制约和监督，把权力关进制度的笼子里，让权力在阳光下运行。为强化对权力的制约和监督，党的十八届四中全会提出了包括审计监督在内的8个方面监督。为更好地履行职责，我们要认真研究审计监督与其他7个监督的关系，研究审计监督在国家监督体系中的地位、作用，研究审计监督如何更好地与其他监督相互协调配合，以增强监督合力和实效。同时，我们还要按照十八届四中全会要求，加快完善审计制度，保障依法独立行使审计监督权。国家审计作为一项基础性制度安排，是依法用权力监督制约权力的行为，对权力进行监督是审计监督的职责所在。我们要进一步加大对权力运行的审计监督力度。一是强化对领导干部这个关键少数的监督。领导干部特别是一把手作为行政权力行使主体的核心，是审计监督的重点对象。我们要按照《决定》《国务院关于加强审计工作的意见》和两办规定及其实施细则的要求，强化领导干部经济责任审计，特别是要加大对重点地区、重点部门、重点单位和关键岗位领导干部的审计监督力度，促进领导干部守法守纪守规尽责。二是强化对权力运行关键环节的监督。在各审计项目中都要关注权力运行情况，特别是要加大对财政资金分配、重大项目投资决策和项目审批、重大物资采购和招标投标、贷款发放和证券交易、国有资产和股权转让、土地和矿产资源交易等重点领域和关键环节的查处力度，强化对中央八项规定精神贯彻执行情况的跟踪审计，揭露顶风作案、有令不行、有禁不止的行为。三是推动建立健全体制机制制度。对滥用权力问题，要一查到底，同时要深查原因，深入研究，对不合时宜的体制机制制度及时予以反映，推动改进和完善，推进权力运行体系建设，形成不敢腐的惩戒机制、不能腐的防范机制、不易腐的保障机制。

刘家义审计长讲话中指出的要关注“四个流”，即业务流、资金流、物资流、信息流，结合查大要案线索，我体会，要举一反三找规律。首先，关注业务流，就要盯住权，就是要分析相关人员拥有哪些权力，能带来哪些利益，如土地批地权力、药品采购权力等。其次，关注资金流，就要顺着钱，顺着资金流向追查利益真实去向，了解钱从哪来、到哪去了。再次，关注物资流，就要核好物，追踪权力支配的国有资产和国有资源，检查有无被高买低卖、损失浪费和输送利益等。最后，关注信息流，就要找关联，查找资金流向与相关人员及社会关系。通过依法开展银行账户查询、通过工商数据查询相关企业股东名单、通过公安部门查询相关公职人员亲属信息等，并加强数据的关联分析，力争发现问题。通过以上四个步骤，最终要落到定好责，要准确界定问题责任人并落实法律责任。明确责任人是谁，错在哪，国有资产流失了没有，怎么流失，流失多少。这几项工作做完了，有无大要案线索，心中就大概有数了。

（五）围绕“守底线”，聚焦社会热点焦点，加大民生审计力度。习近平总书记多次强调，“要按照守住底线，突出重点、完善制度、引导舆论的思路，统筹教育、就业、收入分配、社会保障，医药卫生、住房、食品安全、安全生产等各方面，切实做好改善民生各项工作”，“如果不能给老百姓带来实实在在的利益，如果不能创造更加公平的社会环境，甚至导致更多不公平，改革就失去意义，也不可能持续”。李克强总理也多次强调，“民生工作要保基本、兜底线、促公平”，“民之疾苦，国之要事，我们要竭尽全力，坚决把民生底线兜住兜牢”。《决定》也提出，实现发展成果更多更公平的惠及全体人民，解决好人民最关心、最直接、最现实的利益问题。保障和改善民生，既关系人民群众的切身利益，也是扩大内需，提升对经济增长拉动力的需要。到底底线有哪几条？我们要树立底线思维，坚持问题导向，积极关注社会热点焦点问题，加大教育、医疗、社会保障、收入分配、扶贫、救灾、就业等民生资金和项目的审计力度，重点揭露影响社会公平正义的问题，揭露存在的重大违法违规、重大损失浪费、重大资金闲置，以及侵害老百姓切身利益的问题，促进公共资源、公共资产、公共服务公平合理配置，推动实现社会公平正义和共同富裕。建议每条底线涉及的业务司都要加强研究，提出做好审计工作方案，查什么，怎么查。大项目要常态化，各司局都要承担，作用才会更大。

（六）围绕“促改革”，做好自然资源资产离任审计，推动生态文明建设。推动完善制度、健全机制体制，是我们的职责。要把“促改革”的要求贯彻到所有审计项目中：一是对国家已经推出的各项改革举措，要通过审计推动落实；二是对各项改革举措在实施中出现的问题，我们要从机制体制制度方面查找原因，及时提出建议，促进完善；三是要注重考虑各项改革举措的关联性、耦合性，通过审计推动相关改革举措更加协调、更加配合。我们在做好“促改革”的同时，要抓好自身承担的改革任务，按照党的十八届三中全会重要举措分工，我署牵头“对领导干部实行自然资源资产离任审计”工作，近期中共中央、国务院印发的《关于加快推进生态文明建设的意见》提出，对领导干部实行自然资源资产和环境责任离任审计，这对自然资源资产离任审计做出了进一步的部署和要求。7月1日，中央全面深化改革领导小组审议通过了《领导干部自然资源资产离任审计试点方案》。目前，我署牵头承担的这项改革工作正稳步推进：一是建立了工作机制。署外，我署牵头，建立了发展改革委、财政部、国土资源部、环境保护部等8个部委参与的协调机制，并召开了部委协调工作会议，对共同推进此项工作做出了安排。署内，建立了办公厅、政研室、法规司、财政司、农业司、资环司、企业司、经责司、科研所等相关单位参与的工作机制，明确了各单位的任务分工。二是制订上报了中长期改革实施规划。2014年在征求和综合8个部委意见的基础上，向中央深改办上报了此项工作的中长期改革实施规划（2014年至2020年）。2015年初，我署对中长期改革实施规划做了进一步细化，形成了自然资源资产离任审计工作规划（2014年至2020年）。三是组织开展了试点审计。目前这项工作仍在湖南娄底市进行，结合审计实践，研究探索这项工作的审计规范，以明确审计对象、审计内容、审计评价标准、审计责任界定、审计结果运用等。四是加强了理论研究。我署成立了课题组，主要是围绕土地、矿产、水、森林、草原和海洋等自然资源，重点研究“审什么”“怎么审”“怎么评价”和“责任如何界定”等，以便更好地指导审计实践。为贯彻落实中央改革部署，我们下一步还要继续加大工作力度，全力推进这项工作：一是明确目标。要推动领导干部履好职尽好责，推进生态文明建设，促进资源节约集约利用和生态环境安全。二是把握内容。主要包括完成考核目标，执行政策法规和规划，保护自然资源资产的情况，管理分配资金和建设运营项目，建立预警机制等5个方面。三是突出重点。重点关注任职期间自然资源资产实物量以及环境质量变化。四是紧扣责任。不要把这个项目做成一般的项目审计，要紧扣领导干部履行自然资源资产管理和环境保护责任来开展工作。五是结果运用。促进将自然资源资产离任审计成果纳入领导干部政绩考核内容，推进建立和完善问责机制。

此外，我署开展的各项审计特别是地方党政领导干部经济责任审计，要关注自然资源资产管理使用情况，加大审计力度，促进领导干部树立正确的政绩观，推动生态文明建设。

（七）围绕“三严三实”，管好审计干部队伍，努力打造审计铁军。促进全面深化改革各项任务贯彻落实到位，对审计机关来说责任重大、使命光荣、任重道远。为适应新的形势和要求，我们必须始终注重加强队伍建设。应该说，现在审计队伍总体上是好的，但也存在需要引起重视的问题，有的审计人员思想观念落后，跟不上形势需要；有的作风漂浮，不严谨、不细致，工作质量不高；有的以监督者自居，讲话口大气粗；有的保密意识不强，存在泄密风险，等等。这说明一些单位和审计组对各项纪律抓的还不够细、不够实，主体责任还停留在口头上，还没有落实到位，也说明廉政建设怎么强调，怎么抓实抓细，都不为过。落实廉政主体责任要引起高度重视和警醒。习近平总书记多次强调，“打铁还需自身硬”。我们是监督别人的，如果自身不硬，就很难监督别人。我们必须继续从严管理审计队伍，深入落实“三严三实”要求，使队伍在品德、精神、作风、能力等各方面都硬起来，努力打造审计铁军，为履行职责和承担使命提供坚实保证。

关于联席会议办公室2014年工作情况和2015年工作建议的汇报

张　通

（2015年3月24日）

各位领导：

根据会议安排，我向联席会议汇报2014年联席会议办公室工作开展情况和2015年工作建议。

一、2014年联席会议办公室工作开展情况

按照联席会议第四次全体会议部署和年初工作计划，联席会议办公室找准定位，突出重点，开拓创新，主要完成了6方面的工作：

（一）制定新规范，进一步健全完善经济责任审计制度。2014年，联席会议办公室把制定《党政领导干部和国有企业领导人员经济责任审计规定实施细则》（以下简称《细则》）作为全年工作的重中之重。在初稿基础上，组织各方面专家座谈研讨近10次，书面征求各级审计机关及联席会议成员单位意见40多次，累计修改30多稿。7月27日，在各成员单位的大力支持下，《细则》印发实施。《细则》从审计对象、内容、评价、结果运用、组织领导等方面对两办《规定》做了细化、补充和完善，对审计实践中“责任如何准确界定”等焦点和难点进行了明确规定。《细则》的出台是联席会议办公室落实中央关于“把权力关进制度的笼子”要求的重要举措，对于加强领导干部管理监督、健全权力运行制约和监督体系具有重要意义，是经济责任审计制度建设的又一个重要里程碑。《细则》出台后，联席会议办公室采取印发宣传工作方案和提纲、举办培训班、在主流媒体撰文发稿、出版释义读本等多种形式，组织各地深入学习宣传并认真贯彻落实，取得了明显成效。

审计署根据《细则》正着手按领导干部类别研究制定《经济责任审计指南》。各地结合干部管理监督实际，及时健全完善相关制度。如北京、重庆等地制定了关于贯彻落实两办《规定》及其实施细则的意见，浙江、湖南、天津、福建等地修订完善了经济责任审计操作规程，海南、黑龙江等地进一步完善工作运行机制等。

（二）明确新要求，圆满召开全国经济责任审计工作电视电话会议。为贯彻落实十八大以来党中央、国务院对经济责任审计工作提出的各项要求，联席会议办公室组织召开了全国经济责任审计工作电视电话会议，各成员单位的领导同志都做了重要讲话。对全国工作开展的总体状况、取得的成效、面临的问题进行全面总结，对贯彻落实两办《规定》及其实施细则提出要求，并站在新的起点上，对当前和今后一个时期的主要任务做出安排部署。会议强调，要紧紧围绕中央关于稳增长、促改革、调结构、惠民生、防风险的政策目标，加强对重点地区、重点部门和关键岗位主要领导干部履行经济责任行为的审计监督，促进各级领导干部结合本地实际，落实中央关于改革、发展和稳定的各项任务要求，主动作为、有效作为，切实履职尽责。本次会议统一了思想，明确了思路，对各级联席会议转变理念、提高认识，推动经济责任审计工作稳步发展具有重要意义。

会后，各级联席会议采取多种举措认真贯彻会议精神。中央组织部以《干部监督工作通讯》的形式刊发了领导讲话。

（三）增加新力量，进一步增强成员单位间的协作配合。为贯彻落实中央关于“将编制管理情况纳入审计内容”的决定，联席会议办公室积极推动增补成员单位的工作，配合中办、国办等相关部门完成了大量协调事项。2014年4月，中办、国办印发通知，中央编办成为中央经济责任审计工作部际联席会议新的成员单位。《细则》对机构编制管理情况纳入领导干部经济责任审计做出了明确规定。同时，在联席会议办公室的指导下，目前海南、黑龙江、河南等绝大多数地方也将省编办增补为成员单位，江苏、甘肃等6省（市）还出台了加强机构编制管理情况审计的制度文件。

为进一步推进省部级领导干部经济责任审计，联席会议办公室积极做好服务保障工作，组织相关人员先后走访中央纪委、中央组织部、国家公务员局和国资委等联席会议成员单位，就如何加强协调配合、进一步发挥办公室作用等听取意见和建议。特别是相关部门提供的审计对象职责履行情况和审计中应当关注的重要事项，对于突出审计重点、提升审计质量、提高审计效能发挥了重要作用。同时，联席会议办公室还组织相关成员单位对湖北省和中国建筑总公司开展了联合调研，对经济责任审计结果运用、内部管理领导干部经济责任审计方式方法等进行深入调查和了解，并以纪检监察信息和经济责任审计工作通讯等方式刊发调研成果。此外，还召开了两次专题座谈会，分别与中央纪委和中央编办就重大违法违规问题线索移送和机构编制审计等内容进行研究讨论，提出了完善相关工作的措施办法。

（四）探索新模式，进一步提升组织管理能力。在组织模式上，大胆实践新的工作方式。将联席会议办公室和审计署经济责任审计协调领导小组办公室职能进行有效对接，探索建立内外顺畅、运转高效的沟通平台，大胆实践新的工作方式和组织管理模式。参与统筹组织2014年中央企业领导人员经济责任审计工作，研究完善审计方案，总体把握工作进展，及时研究解决问题，为办公室下一步研究制定经济责任审计指南，指导各地逐步提升经济责任审计质量和工作水平积累了经验。在管理模式上，加强对下级联席会议办公室的业务监管，开展了对全国经济责任审计的组织体制、工作机构、审计对象、制度建设和结果运用等基本情况的汇总统计，为增强督导的针对性、有效性提供了基础保障。

（五）研究新情况，进一步加大工作指导力度。联席会议办公室为促进全国经济责任审计工作稳步向前推进，积极采取多种措施，及时掌握各地工作中遇到的新情况、新问题，有针对性地加大指导力度。组织召开了联席会议全体会议和办公室会议，认真总结2013年工作，审议印发《2014年经济责任审计工作指导意见》，明确新年度工作目标、任务和重点；组织辽宁、湖北、四川、西藏、陕西、甘肃、青海、宁夏、新疆9省（区）召开专题座谈会，深入了解各地贯彻落实两办《规定》存在的困难和问题，为办公室研究制定2015年工作指导意见提供了依据；此外，还编发了16期经济责任审计工作通讯，动态宣传各地实践探索，对好的经验和做法进行了总结推广。

（六）拓展新领域，积极探索领导干部自然资源资产离任审计。党的十八届三中全会提出“对领导干部实行自然资源资产离任审计”，为经济责任审计工作拓展了新的领域。联席会议办公室认真落实相关要求，积极开展调查研究，先后赴湖北、山东、海南等7省（市），重点对自然资源资产离任审计、经济责任审计项目质量等重点、难点问题进行认真研究分析，起草了《自然资源资产离任审计研究报告》等材料。同时，大胆开展实践探索，组织内蒙古、江苏、贵州等5省（区）探索实施领导干部自然资源资产离任审计项目，在实践中摸索审计内容、方法等，取得了阶段性经验。此外，还积极推动各地根据自身的实际情况，探索自然资源资产离任审计新模式。例如，北京市组织开展“在经济责任审计中如何加强自然资源资产审计”专题调研，青岛试点探索区（市）长海洋自然资源资产离任审计，深圳将自然资源资产审计作为光明新区、坪山新区主要领导干部经济责任审计的重要内容等，都取得了很好的效果。

2014年各项工作任务的顺利完成，主要得益于中央联席会议正确而有力的领导，得益于各成员单位的大力支持和配合。联席会议办公室成员及各部门联络员，坚持密切沟通，积极协作，共同努力，使办公室的运转效率和工作水平有了新的提升。借此机会，向各位领导和同志们表示衷心的感谢！

回顾2014年联席会议办公室的工作，虽然取得了一定的成绩，但也存在一些问题和不足，主要是联席会议工作机制仍需进一步健全完善，对地方和中央单位内部管理领导干部经济责任审计工作的督促指导力度仍需进一步加强，市县两级经济责任审计项目数量多、人手少，审计质量难以保证的问题仍然突出，理论研究仍需进一步深化，经济责任审计质量和工作水平仍需进一步提升。

二、2015 年工作建议

为了做好联席会议全体会议的筹备工作，前不久联席会议办公室召开了会议，对 2015 年联席会议办公室的工作进行了研究。建议今年围绕“完善机制、强化管理、突出重点、加大力度、深化研究、增强督导”，着力加强以下几个方面工作：

（一）进一步完善工作机制，加强工作督促和指导。健全完善联席会议办公室成员和联络员定期联系制度，深入研究经济责任审计与各成员单位相关工作的衔接点，密切沟通协调，增强工作合力，共同研究并及时解决工作中遇到的困难和问题。开展对各地和中央单位贯彻落实《细则》的联合督查，重点检查经济责任审计计划制订、审计质量、联席会议成员单位的职责履行情况等，督促各地健全完善经济责任审计专职机构，加强审计力量，建立经济责任审计工作逐级报告制度。

（二）进一步强化计划管理，稳步推进经济责任审计全覆盖。建立并逐步完善省部级领导干部经济责任审计数据库，推动建立成员单位间的数据库资源共享机制，为计划制订逐步搭建便捷高效的信息化管理平台。按照“尽力而为、量力而行、确保质量、确保效果”的原则，科学制订年度经济责任审计计划，探索编制中长期审计计划。推动各地建立起经济责任审计计划等工作逐级报备制度。

（三）进一步推进同步审计，积极稳妥做好省委书记省长的审计工作。2015 年将首次对省委书记和省长开展同步审计，审计层次高、涉及面广、影响大。联席会议办公室将本着“积极稳妥、探索路子、积累经验”的原则，精心准备，务求实效。以书记省长的职责履行和权力行使为重点，揭示地方经济社会发展中存在的主要问题和风险隐患，客观公正、实事求是地评价书记省长履行经济责任情况，提出切实可行的改进建议，促进书记和省长共同推动本地区经济社会科学发展。有关情况我们将及时向联席会议汇报。

（四）进一步加大审计力度，促进领导干部切实履职尽责。根据领导干部特定的岗位职责，进一步规范经济责任审计内容，着力监督检查其守法、守纪、守规、尽责情况。重点关注领导干部贯彻执行中央有关宏观经济政策措施情况，关注领导干部权力运行的重点领域和关键环节。严肃揭露重大违法违纪案件线索、重大失职渎职行为、重大决策失当和损失浪费、重大管理漏洞以及慢作为、不作为、假作为、乱作为等问题，促进各级领导干部主动作为、有效作为，切实履职尽责。

（五）进一步深化调查研究，推动完善制度建设。加强对不同类别领导干部职责边界的调查研究，深入分析各类领导干部所承担经济责任的差异，健全完善审计评价体系。加强经济责任审计规范化建设，着手制定地方党政领导干部、党政工作部门主要领导干部、国有企业领导人员经济责任审计指南。指导和推动各地根据工作需求，制定完善与两办《规定》及其实施细则相配套的制度和办法。

（六）进一步增强督查和回访，推动审计整改落实。选择部分地区和中央部门，对以前年度省部级领导干部经济责任审计结果运用等情况开展联合督查和回访，推动各地区、各部门把审计结果及其整改情况作为考核、奖惩的重要依据，对整改不力、屡审屡犯的，要探索追责问责的方式方法，推动建立健全责任追究和问责机制。

以上汇报，不妥之处请各位领导批评指正。

明确重点再接再厉 进一步深化财政审计工作

——在2015财政审计年度审计培训班上的讲话

袁 野

（2015年12月4日）

同志们：

一年一度的财政审计工作就要全面展开了。刚才，刘家义审计长对做好今年的财政审计工作做了动员，提出了要进一步突出审计重点，着力揭示6个方面突出问题的要求，大家会后要认真学习，深入领会，坚决贯彻，全力以赴完成好今年的财政审计工作任务。为做好今年的财政审计工作，我谈几点想法：

一、去年的财政审计工作取得较好成效

回顾上一年度的财政审计工作，我们在时间紧、任务重、要求高的情况下取得了很大成效。2014年度财政审计在2015年1月才开始，是历年财政审计中最晚的。审计工作进展过程中，我们在多个战场同步交叉开展，既有传统的“阵地战”，如中央财政、部门预算、地方财政收支等审计，也有“攻坚战”，要按月出具稳增长等政策措施落实情况跟踪审计报告，还有一些类似“遭遇战”的紧急审计任务，要对经济运行中的重大风险和突出问题进行专项跟踪。从审计任务完成情况来看，整体成效非常好，主要体现在以下4个方面：

一是有力促进了中央重大决策部署和宏观调控目标落实。2014年8月以来，我们打破了常规，抓住重大建设项目推进、财政资金统筹盘活、重大政策有效落实、简政放权、揭示风险隐患等重点任务，对中央部门和地方政府贯彻落实稳增长、促改革、调结构、惠民生、防风险一系列重大政策措施情况开展跟踪审计，从2015年5月起每个月都向国务院提交审计报告，并将审计结果进行公告。公告之后，新闻联播、焦点访谈等重要的媒体栏目跟进报道，国务院还就审计发现的突出问题进行了几次专项问责。在署党组正确领导下，全体审计人员奋勇拼搏、加班加点，在经济发展新常态、经济下行压力比较大的情况下，在保持经济社会稳中求进这个总基调下，审计工作确实发挥了促进政策落实的保障作用。

二是深入揭示了一批重大违法违规问题。通过对涉农资金、其他专项资金的审计，我们揭露了一系列侵占、套取骗取财政资金的重大违法违规问题，今年审计工作报告中反映的一些典型案例，在社会上引起极大反响、产生极大震慑，为国家挽回了巨额损失，也促进完善了相关制度，堵塞了漏洞，充分发挥了审计在反腐倡廉中的“尖兵”和“利剑”作用。

三是有效推进财税领域改革和完善相关制度机制。结合审计发现的问题，从体制、制度、机制等层面深入进行研究和分析，剖析问题产生的深层次原因和机理，从推动深化财税体制改革、完善制度建设等方面提出了一系列意见和建议。例如，结合稳增长等政策措施落实情况跟踪审计反映的不作为、慢作为等问题，研究如何进一步转变政府职能、更好地发挥市场在资源配置中的决定性作用，研究如何推动资金清理整合尤其是盘活财政存量资金，研究如何加大力度清理整合归并财政专项转移支付，并形成一系列专题报告和建议，为中央决策提供了重要参考，有效发挥了深化改革的“催化剂”作用。

四是切实防范风险，维护国家经济安全。审

计过程中，我们持续关注地方政府性债务、财政资金安全等问题，对金融领域存在的一些重大风险进行了持续跟踪反映，在揭示和防范风险方面发挥了重要作用。

此外，结合当前面临的新形势新任务，我们积极探索改进审计组织方式，在运用信息化手段，进一步提高工作效率和审计精准度等方面做了很多很好的尝试，数据采集工作又向前迈出了重要一步。例如，2015年基本实现了部门预算电子数据的采集，对部门履行职责相关数据的采集有序进行，全国省本级的财政数据都已采集到位，为实现审计全覆盖、提高工作效率、降低工作强度打下了比较好的基础。

总的说，在各业务司、派出局和特派办的通力合作下，圆满完成了署党组交给的2014年度财政审计任务。为进一步做好2015年度的财政审计工作，大家要再接再厉，突出重点，充分发挥审计在国家治理中的基石和重要保障作用。

二、认清形势，进一步增强审计工作的紧迫感和使命感

10月26日至29日，中央在北京召开了党的十八届五中全会，审议通过了《中共中央关于制定国民经济和社会发展第十三个五年规划的建议》，明确了未来5年的奋斗目标，到2020年全面建成小康社会，实现我们党确定的“两个一百年”奋斗目标的第一个百年奋斗目标。“十三五”这五年是我们取得全面建成小康社会的决胜阶段，也是非常重要的关键阶段。“十二五”时期，我国发展取得重大成就，经济总量稳居世界第二位，2014年国内生产总值为63.6万亿元，首次突破10万亿美元，把日本甩在后面；人均国内生产总值增至7800美元左右，与改革开放初期比，有了天翻地覆的变化。经济结构发生了明显改善，第三产业增加值占国内生产总值比重超过第二产业，新业态不断涌现，“互联网＋”深刻地改变了我们的生活。各项基础设施建设取得长足进步，2015年高铁运营里程接近2万公里，覆盖全国的高速公路网已经形成，出行非常方便，极大地改变了我们的时空观。科技取得了快速进步，一批重大科技成果达到世界先进水平。

党的十八大以来，以习近平同志为核心的党中央毫不动摇坚持和发展中国特色社会主义，勇于实践、善于创新，深化对共产党执政规律、社会主义建设规律、人类社会发展规律的认识，形成一系列治国理政新理念新思想新战略，为在新的历史条件下深化改革开放、加快推进社会主义现代化提供了理论指导和行动指南，对我们面临的发展形势和特征做出了准确判断，提出经济发展新常态理论，围绕“四个全面”战略布局和实现中华民族伟大复兴的中国梦做出了一系列重大部署。

在看到发展有利条件的同时，我们也要看到前进中的困难和挑战。近年来，国内经过改革开放取得了快速发展，但仍有经济发展不平衡、不协调、不可持续的问题，很多方面需要提高。如现行标准下7000多万农村贫困人口实现脱贫问题、产能过剩问题、经济结构提升优化问题等。实现“十三五”规划建议确定的目标，解决这些问题，需要全体中华民族共同艰苦奋斗，这关乎我们国家、民族、每一个人的命运。我们要看到，确保到2020年实现国内生产总值和城乡居民收入比2010年翻一番的目标，经济年均增长率不能低于6.5％。按照6.5％的年增长率计算，2020年国内生产总值将达到17万亿美元，就能成功跨越“中等收入陷阱”。我们要认清所处的发展阶段，找准定位，发挥优势，弥补短板。越接近目标的时候，也是越艰难的时候。我们一定要对当前面临的形势有充分的认识，增强工作紧迫感、责任感，将创新、协调、绿色、开放、共享的发展理念贯穿于审计工作中，发挥好审计在国家治理中的基石和重要保障作用。

三、改进审计方式，突出审计重点

党中央、国务院对审计工作高度重视，人民群众高度期盼。2014年国务院发布《关于加强审计工作的意见》，党的十八届四中全会决议明确提出“完善审计制度，保障依法独立行使审计监督权。对公共资金、国有资产、国有资源和领导干部履行经济责任情况实行审计全覆盖。强化上级审计机关对下级审计机关的领导。探索省以下地方审计机关人财物统一管理。推进审计职业化建设”的要求。2015年中办、国办发布了《关于完善审计制度若干重大问题的框架意见》及3个配套文件。在中华民族实现未来两个百年目标中，能承担这些任务是我们的光荣和荣誉。但是大家也确实感觉到工作量大、强度高，怎么解决这些问题呢？刚才刘家义审计长强调，审计一定要突出重点，在具体审计中一定要坚持问题导向。我理解首先要通过突出重点提高审计效率，抓住重点而不是面面俱到；其次要通过改进组织方式和提升技术手段，扩大审计覆盖面和增加深度。目前，我们采集的审计数据越来越多，要研究提高利用效率和利用层次。上个月，我们在南京举办了计算机审计培训班，在横向层面，打通了年初预算的编制、预算指标的管理、国库资金拨付等数据；在纵向层面，实现了省市县三级财政数据的上下贯通。这就需要我们进一步加大数据采集力度，进一步提高数据分析水平，通过提高能力来提高效率。2016 年初所有特派办的数据集中到署机关，数据集中以后加大开放的力度，让特派办在异地上网就能查询数据，提高工作效率。

2014 年 8 月，国务院要求开展稳增长等政策落实情况跟踪审计后，各地高度重视，投入很大精力，取得明显成效。通过对典型案例的揭示，发挥了促进政策落实的保障作用。我们要把跟踪审计作为审计履行职责的重中之重、首要任务，提高揭示问题的能力、反映问题的能力和抓住要害的能力。稳增长等政策覆盖面宽，我们要按照署里下发的文件要求，重点抓 5 个方面，即重大建设项目加快推进、财政资金统筹使用、重大政策贯彻落实、简政放权、防范经济领域风险隐患。

一是重大建设项目加快推进。首先要明确抓什么项目。要抓政府工作报告中有明确任务的，涉及全国领域的项目，如水利项目、铁路项目、保障房建设等。要关注项目是否按期开工，如果不能按期开工要分析在哪些环节受影响，有哪些环节可以提速、哪些环节应该取消。项目开工后，要关注项目进展是否顺利、有无障碍，有无不作为的问题，原因是什么，完成的工作量是否准确，有没有造假。在这个过程中，要把财务数据和工程的实物口径对接，要更看重实物口径。

二是财政资金统筹使用。首先要关注安全，重点查处挤占挪用的问题。其次要关注资金拨付进度，尤其是当年预算下达后，资金是否按时序拨付，拨付进度和项目进度是否衔接。最后要关注资金整合情况，对大量资金趴在账上花不出去的情况，要在分析原因的基础上，提出盘活资金的政策建议。

三是重大政策贯彻落实。审计中要重点抓好与经济社会发展关系密切的政策，关注这些政策的贯彻落实情况。例如，党中央确定的精准扶贫政策措施是否到位，在精准扶贫中，如何精准识别扶贫人口。再如，在与拉动内需、稳增长有关的政策中，围绕大众创业、万众创新要了解地方政策能否对接，财政政策、税收优惠是否到位，能否实现精准优惠，商事制度改革是否到位，工商管理方面的相关政策是否跟进，证照改革是否到位，前置审批还有多少等。又如，围绕推动实体经济的发展，要关注政府转变职能、优化服务的进展情况，清费降税政策实施情况，企业成本负担是否真正减轻等。

四是简政放权。要关注有权力的部门减了多少权力，减下来的权力去哪了，是转到下属的协会、二级单位去了，还是真的砍掉了；也要关注保留权力的运行情况，对符合条件的单位审批了多少，用了多长时间，应该承担的责任是否真正落实。

五是防范经济领域风险隐患。要关注地方政府性债务的新情况新问题，如今年应当置换的债务是否都实现了置换，有专门用途的债务是否按用途使用等。还要关注地方性金融的情况，重点关注资产不良率、金融创新、新兴金融业态等。

这 5 个抓手对稳增长、促改革、调结构、惠民生、防风险非常重要，是稳增长等政策落实情况跟踪审计始终要盯住的重点，通过持续的关注使我们对政策落实情况的跟踪审计进入一个常态，打消临时工作的心态。为切实抓好这 5 个抓手，要坚持做到以下 5 点：

第一，立意要高。要主动嵌入经济社会发展全局，站在国家治理的高度研究政策，在吃透政策目标、把握重点任务的基础上，既立足当前稳增长要求，又着眼长远可持续发展，找准审计切入点，提炼审计重点，形成审计观点，完成好每一篇审计报告。在研究政策、形成观点的过程中，要具体情况具体分析，历史、辩证、客观地把握改革和发展中出现的新情况新问题，客观审慎地反映和处理，既不能以新出台的制度规定去衡量以前的老问题，也不能生搬硬套或机械地使用原有的制度规定来衡量当前的创新事项。

第二，触角要宽。稳增长等政策落实情况跟踪审计涉及经济、政治、社会、文化、环境等各个方面、多个领域，要坚持把握工作全局，提高审计专业敏感性，及时感受到多方面的情况和信息，通过多专业融合、多视角分析、多方式结合，抓住典型案例，以点带面，发挥纲举目张的效果。

第三，切入要准。切入点找准了才能够做到突出重点，在揭示问题时既有面上的情况，又有典型案例的支撑。例如，建设项目的审批情况要盯住发展改革委，全部建设项目的整体情况如何，审批情况如何，该批的是否批了，长期未审批的原因是什么，还有多少没有审批。在这个基础上，对已经审批的项目，重点审计是否如期开工，没有按期开工的原因是环保问题还是土地问题，这些环节都要追查。对明显感觉到完成时间有问题的，要重点检查是否虚报工程量。又如，资金问题要盯住财政部门，要关注资金拨付进度、存量资金的盘活、国库资金管理、资金安全性、绩效情况、专户管理、预算执行等。再如，重大改革措施推进，各地都有深化改革领导小组，可以通过查阅重大政策措施清单、时间表、路线图等资料，落实重点任务的完成情况。对于简政放权情况，各地编办对行政审批都有登记，可以到编办取得审计需要的资料。

第四，责任要明。审计中不能简单满足于揭示问题，要在分析问题成因的基础上，明确责任单位和个人，凡是不作为、慢作为、乱作为、假作为等重大履职不到位的，凡是重大失职渎职的，凡是造成重大损失浪费的，凡是造成重大风险隐患的，凡是重大违法违纪的，都要坚决查处，大力推动整改问责。

第五，建议要实。要注重发挥审计的建设性作用，能够根据审计发现的问题、结合深化改革的要求提出审计建议，对突破原有制度和规定的创新举措或应变措施，凡是有利于稳增长、科学发展的，凡是有利于调结构、转变发展方式的，凡是有利于创新驱动、增强发展后劲的，凡是有利于环境治理、生态保护的，凡是有利于惠民生、维护社会稳定的，凡是有利于防风险、维护经济安全的，要坚决促进，大力推动总结完善，推动形成新的制度规定。

2015年的财政审计工作，要以问题为导向，牢牢把握刘家义审计长确定的6个方面重点内容。要揭示和查处重大的不作为、慢作为、乱作为、假作为的问题，把行政审批作为财政审计的重点内容；要揭示和查处重大的民生资金、民生政策落实不到位问题，如农村人口脱贫和国家贫困县摘帽政策的落实情况，在预算执行审计中，要重点检查中央八项规定精神的执行情况。其他几个方面的重点内容也要关注，例如，揭示和查处重大的环境污染资源破坏问题，查处重大的损失浪费、低效益、无效益的问题，揭示和查处重大的风险隐患，严肃查处重大违法违纪问题。

四、树立全局意识和大局意识，加大资源整合力度

财政审计工作领导小组办公室要做到谋划在先，站位要高，把握情况，及时协调，组织有序。同时，要发挥好信息化平台作用。各特派办、派出局要做好横向和纵向沟通，圆满完成中央预算执行、决算草案编制情况审计和重点专项资金的审计。各个部门要及时向财政审计工作领导小组办公室提出需要上下联动的工作，以APP平台作为重要的交流基地，做好上下之间的衔接，推动将审计信息流汇聚成为审计成果，进一步增强财政审计的整体性。

对稳增长等政策措施落实情况跟踪审计而言，这是一个系统性工程，涵盖了所有审计业务工作，必须增强整体性才能取得预期效果，不能单兵出击、分散作战，所有审计项目都要把促进政策落地生根和不断完善作为重中之重和首要任务，同时要做好各个审计项目的沟通衔接，建立综合协调机制，将稳增长的要求落实到各个项目。例如，地方党政主要领导干部经济责任审计，首先要关注贯彻执行中央重大经济方针政策和决策部署情况、与国务院有关部门签订的关于节能减排、淘汰落后产能、保障性住房等目标责任制完成情况，地方政府承接上级政府取消和下放行政审批事项情况等，这些也是稳增长等政策措施落实情况跟踪审计关注的内容。又如，金融审计要关注金融机构执行货币政策、对实体经济的金融支持、小微企业融资难融资贵等情况。再如，企业审计要关注央企作为政策的承担者，执行国家能源战略、环境保护政策等方面的情况，这也是稳增长等政策措施落实情况跟踪审计的经常性任务。

五、深化对审计工作本质的认识，牢固树立科学的国家审计观

近几年，大家感到审计任务重，强度大，署党组也了解这方面的情况。这与审计工作处于新时期，审计发展处于新阶段有关。对于科学的审计理念，我们提了很多年，在新形势下我们要把科学的审计理念融入我们的血液当中，成为我们行动的自觉。从审计法的立法宗旨来看，审计的目标应当是维护经济社会的健康运行。因此，在推进国家治理体系和国家治理能力现代化过程中，我们要思考审计在国家治理中怎样发挥好预防、揭示和抵御的“免疫系统”功能。经济社会发展到目前这个阶段，审计要从原来更多关注财政财务收支，关注真实、合法、效益，发展到现在更多关注政策落实、权力运行、保障经济社会健康运行等方面来。如在汶川地震抢险救灾和灾后恢复重建跟踪审计中，1.2 万名审计人员奔赴审计现场开展审计。审计的效果表明，我们确定的审计目标即“一促一保”有效实现，保障了灾后恢复重建顺利进行，实现了少出问题、不出问题、至少不出大问题的目标。对稳增长等政策措施落实情况跟踪审计，有的同志曾怀疑，这项审计是否该干？要干多久？审计在不同的历史时期有不同的工作重点。从经济发展进入新常态的发展形势和实现全面建成小康社会的目标来看，从促进“四个全面”战略布局协调推进的任务看，从国家审计在党和国家监督体系中的重要地位来看，对中央重大部署落实情况开展跟踪审计是审计监督的应有之义，是各级审计机关的首要任务。现在，我们要通过依法独立开展审计监督，把审计工作“嵌入”到国家治理中去，充分发挥审计推动完善国家治理的基石和重要保障作用。

更好地履行时代赋予我们这一代审计人的使命，充分发挥审计在党和国家监督体系中的重要作用，必须按照新形势下中央对于审计工作的要求，着力打造政治强、业务精、作风优、纪律严的审计铁军，为审计事业发展提供坚强保障。政治强，就要有坚定的理想信念，对党绝对忠诚，严守政治纪律，在思想上、政治上、行动上始终与以习近平同志为核心的党中央保持一致，这是我们的工作动力和激情所在。业务精，审计基本功要强，始终坚持“两手抓，两手硬”，加强审计职业化建设，提高运用大数据综合分析、查处问题的能力，提升推动改革、促进创新、完善制度的能力。作风优，就要敢打硬仗，尽责担当，自觉践行“三严三实”要求，保持干事创业的激情。纪律严，就要严格执行“八不准”审计纪律、保密纪律和审计工作纪律，干净做事、清白做人、廉洁自律，坚决不能出现廉政问题。大家要始终以审计铁军的标准严格要求自己，确保完成好今年的财政审计任务。期待今年的财政审计工作取得更好的成果！

谢谢大家！

全面从严治党重点在于严守党的政治纪律和政治规矩

李晓钟

（2015 年 1 月 27 日）

党的十八大以来，以习近平同志为核心的党中央，深刻总结我们党治国理政经验，扩展理论视野和实践领域，创造性地提出了“四个全面”战略思想。协调推进“四个全面”战略布局是引领中华民族伟大复兴的现实路径，治国必先治党，治党务必从严，在“四个全面”战略布局中，“全面从严治党”处于关键地位，全面建成小康社会、全面深化改革、全面依法治国，都必须坚持党的领导。新形势下，严守党的政治纪律和政治规矩是党要管党、从严治党的关键。

一、严守党的政治纪律、政治规矩，是对各级党员领导干部最重要、最核心的纪律要求

从本质上讲，政治规矩是为官从政之本，是为官理政者应该坚守的信念，它包括党纪国法的硬约束，也包括优良传统、工作管理等柔性的道德自律与约束。政治规矩对塑造健康和谐的政治生态环境意义重大，党的规矩是我们党的各级组织和全体党员必须遵守的行为规范和规则。

在党的众多纪律和规矩中，习近平总书记尤其强调“政治纪律”和“政治规矩”，他指出：“在所有党的纪律和规矩中，第一位的是政治纪律和政治规矩”。“政治纪律”事关全党的路线和立场，是党最重要、最根本、最关键的纪律，是各级党组织和全体党员在政治方向、政治立场、政治言论和政治行为方面必须遵守的基本准则，是维护党的性质、宗旨、指导思想的根本规定。同样，“政治规矩”也是党和国家事业兴衰的关键。因此，严守党的政治纪律和政治规矩是对党员干部最重要、最核心的纪律要求。能否做到守纪律、讲规矩，是对党员干部党性的重要考验，是对党员干部对党忠诚度的重要检验。

二、严守党的政治纪律和政治规矩的重要意义

（一）严守党的政治纪律和政治规矩是我们党的优良传统。没有规矩不成其为政党，更不成其为马克思主义政党。建党90多年的历程充分证明，我们党历经千锤百炼，由弱小到强大，从苦难到辉煌，党之所以强大而有力量，严明党的纪律和规矩是我们党的优良传统和政治优势，是克服各种艰难险阻、战胜各种风险挑战的重要法宝，是我们的事业不断从胜利走向新的胜利的可靠保证。

1921年，中共一大通过的党的纲领，制定了管党治党的初步框架；1922年中共二大通过的党章中，专列有“纪律”一章；中共五大上，面对大革命失败的危急形势，我党明确提出：“宜重视政治纪律”；井冈山革命斗争时期，毛泽东同志亲自拟定了“三大纪律、八项注意”，而第一条就是“一切行动听指挥”，讲的就是政治纪律；1929年的古田会议又重点解决了红军内部的不讲政治的单纯军事观点以及不执行党的决议的非组织化观点等错误思想；1948年9月，中央政治局在西柏坡就“军队向前进，生产长一寸，加强纪律性，革命无不胜”专门召开了会议，制定了建立请示报告制度，党的下级的重要决议必须呈报党的上级组织批准以后方准执行，各级党的领导机关，必须将不同意见的争论，及时地、真实地向上级报告，其中重要的争论必须报告中央等一系列影响深远的政治规矩。

（二）严守党的政治纪律和政治规矩是落实“四个全面”战略布局的必然要求。“四个全面”战略布局不是简单的并列、平行关系，而是一个有机联系体，“四个全面”相辅相成、相互促进、相得益彰、协调推进新形势下我们党治国理政的伟大实践。目标引领举措，要全面建成小康社会、全面深化改革、全面推进依法治国，离不开“全面从严治党”，这是前三者的政治基础和根基。中国特色社会主义的最大特点，也是最本质特征，是坚持中国共产党的领导。办好中国的事，关键在党，中国的事情要办好，首先中国共产党的事要办好。而守纪律、讲规矩，就是全面从严治党的最重要抓手，也是改善政治生态的必要之举。

（三）严守党的政治纪律和政治规矩是党员的基本义务。党章明确规定，共产党员要“自觉遵守党的纪律”，“执行党的决定”，“维护党的团结和统一，对党忠诚老实，言行一致，坚决反对一切派别组织和小集团活动，反对阳奉阴违的两面派行为和一切阴谋诡计”。每一个共产党员都要通过深入学习党章，牢固树立党章意识，自觉把党章作为根本的行为准则，用党章规范自己的言行，把遵守党的政治纪律和政治规矩落实到自己的全部工作中去，不论在什么地方、在哪个岗位上，都要经得起风浪考验，做政治上的明白人，不能在政治方向上走岔了、走偏了，真正做到在任何情况下政治信仰不变、政治立场不移、政治方向不偏，永葆共产党人政治本色。

三、对无视政治纪律和政治规矩的反面典型的认识

十八大以来，以习近平同志为核心的党中央

以抓铁有痕、踏石留印的态度全面从严治党。随着周永康、徐才厚、令计划、苏荣等人落马，我们看到了猛药去疴、重典治乱的决心，体会到了刮骨疗毒、壮士断腕的勇气。

分析解剖这些腐败案例，包括在一些地方、领域出现的家族式腐败，塌方式腐败，可以发现，很大程度上是由于党的规矩和优良传统没有得到传承和执行，是不守纪律、不讲规矩的恶果。事实证明，思想上放松了纪律和规矩这根弦，言行上就会弊端丛生。规矩不严、纪律不正不仅严重破坏党内民主和团结，而且也成为很多腐败现象的源头，是一些领导干部最终在腐败面前败下阵来的重要原因。周永康、薄熙来、徐才厚、令计划、苏荣这些人的违法乱纪行为，严重破坏了党的政治纪律和政治规矩。在他们身上表现出的政治野心膨胀，权欲熏心，破坏党的团结统一；任人唯亲、结党营私，长期经营小团体小圈子，培植私人势力，严重违反党的组织原则和组织纪律；政治品行低劣，对党不忠诚、做人不老实，欺骗组织、对抗组织，搞“两面派”、做“两面人”，丧失共产党人应有的政治本色；利用职权非法敛财，纵容家属子女擅权牟利，腐化堕落、道德败坏等问题，彻底背离了党的性质和宗旨，给党造成了严重的损害。我们必须以这些反面典型为警示，牢固树立纪律意识和规矩意识，在守纪律、讲规矩上做表率，自觉做政治上的“明白人”。

习近平总书记曾为领导干部算过经济账、法纪账和良心账，“三账”归一就是要守住底线，会算大账，珍惜来之不易的事业和人生，别干得不偿失的事情。作为一名党员领导干部一定要做到慎终如初始，常修为政之德、常思贪欲之害、常怀律己之心、常弃非分之想，心存敬畏，行有所止。

四、如何严守党的政治纪律和政治规矩

（一）自重自省自律。古人云：“欲明人者先自明，欲正人者先正己。”领导干部应从自身做起，自觉做遵纪守法的模范。自重就是要常怀对规矩的敬畏之心，“举头三尺有神明”，这里的“神明”就是党纪国法，就是规矩。只有遵纪守法，做人不“妄为”、有权不“任性”，才会赢得群众信任与支持。自省就是要时时反省自己，做到防微杜渐。千里之堤，毁于蚁穴。党的十八大以来查处的一系列严重违纪违法案件警示我们，不守纪律不讲规矩，往往是一切腐败现象的源头。古人尚且要求自己“吾日三省吾身”，更何况我们的党员领导干部呢？自律就是要常常拿起规矩这把尺子量一量自己，拿起纪律的铁扫把扫一扫身上的尘土，坚守从政做人的政治底线、法纪底线、道德底线，做到不沾不染、清正廉洁。自律重在知行合一。倘若只把“律己”当作口号、流于形式，难免出现台上台下“两个样”，所言所行“两张皮”的现象。

（二）在深学中提高思想觉悟。孔子“十有五而志于学，三十而立，四十而不惑，五十而知天命，六十而耳顺，七十而从心所欲，不逾矩”。对党员、干部而言，思想觉悟不会自然提高，党性修养也不会自然增强，只有加强学习，做到学而信、学而用、学而行，才能不断增强行为自觉，做到内化于心、外化于行。现在党内有些干部不深入学习党纪国法，或者只知其然、不知其所以然，直到出了问题才悔恨“平时疏于学习导致法纪意识淡薄”，这既是实话更是警钟。除了深入学习党纪国法这些成文的规矩，广大党员、干部还必须加强对“一些未明文列入纪律的规矩”的学习。政治规矩是我们党在长期实践中形成的政治规则、组织约束、优良传统和工作习惯，经过实践检验，约定俗成、行之有效。遵守政治规矩是讲党性、讲政治的具体体现。党的奋斗目标越宏伟、任务越艰巨，就越要讲规矩、守纪律，统一意志、统一行动，形成一个声音。

（三）锻造坚强的党性修养。我们党历来重视党员的党性修养培养，毛泽东同志在《改造我们的学习》中指出：“没有科学的态度，即没有马克思列宁主义的理论和实践的态度，就叫没有党性，或叫党性不完全。”当前形势下，党性不强突出表现在“七个有之”问题上，习近平总书记指出：“一些人无视党的政治纪律和政治规矩，为了自己的所谓仕途，为了自己的所谓影响力，搞任人唯亲、排斥异己的有之，搞团团伙伙、拉帮结派的有之，搞匿名诬告、制造谣言的有之，搞收买人心、拉动选票的有之，搞封官许愿、弹冠相庆的有之，搞自行其是、阳奉阴违的有之，搞尾大不掉、妄议中央的有之，如此等等。”这些问题虽然发生在极少数人身上，但如果不及时解决，必然

造成组织涣散、纪律松弛、工作消极、意见分歧。干部在政治上出问题，对党的事业危害最大。任何人不能拿政治纪律和政治规矩当儿戏。在大是大非问题上有坚定立场，对背离党性言行有鲜明态度，这是每个共产党员应有的基本政治觉悟。懂规矩才有定力，守规矩才不乱方寸。对领导干部来说，必须做到任何时候、任何情况下都不越界、不越轨、不越底线。

（四）培养坚定的组织观念。毛泽东同志曾经指出："不讲政治，就等于没有灵魂。讲政治是对领导干部第一位的要求，政治上的明白是最大的明白，政治上的成熟是最好的成熟"。今天，在党要管党、从严治党的大背景下，广大党员干部更要培养坚定的组织观念，自觉地在思想上、政治上、行动上与以习近平同志为核心的党中央保持高度一致。一是严格执行党的组织纪律。党的组织纪律是党组织和党员必须遵守的维护党在组织上团结统一的行为准则，是处理党的各级组织之间、党员与党的组织之间关系的纪律，是党在组织上步调一致的重要保证。党的组织纪律的核心是民主集中制，要按照既有民主又有集中的原则来处理党内各种关系，正确处理个人与组织、民主与集中、下级与上级、局部与全局的关系。二是严格遵循组织程序。重大问题该请示的请示，该汇报的汇报，不允许超越权限办事；必须服从组织决定，决不允许搞非组织活动，不得违背组织决定；必须管好亲属和身边工作人员，不得默许他们利用特殊身份谋取非法利益。各级党组织要把严守纪律放到重要位置来抓，努力营造守纪律、讲规矩的氛围。各级领导干部要牢固树立纪律和规矩意识，在守纪律、讲规矩上做表率。

（五）严格执纪问责。纪律不彰，必然失去防线；规矩不严，必然警示无力。一方面，要健全促使党员、干部守纪律讲规矩方面的制度，进一步把笼子扎紧，防止"牛栏关猫"现象。另一方面，要花大力气抓制度落实，杜绝纸上谈兵。要充分发挥党内监督、民主监督、审计监督、巡视监督、舆论监督和群众监督等作用，运用督办约谈、问责追究、通报曝光等方法，提高纪律规矩的严肃性和权威性。要在党员、干部守纪律讲规矩问题上形成"火炉效应"，通过因违纪违规所生成的"烫"的记忆和条件反射，促使广大党员、干部对纪律规矩像看待火炉一样心生畏惧，不敢去随意碰触。

强化依法审计意识　推动依法履职尽责

刘正均

（2015年2月26日）

依法治国是党领导人民治理国家的基本方略，法治是治国理政的基本方式。党的十八届四中全会对全面推进依法治国做出了全面部署，为建设法治中国绘制了宏伟蓝图。各级政府必须全面深入推进依法行政，坚持在党的领导下、在法治轨道上开展工作，使行政权力严格置于法律约束之下。审计机关作为政府组成部门和国家专门监督机关，必须带头依法行政，做严格依法履职尽责的典范。

一、要深刻认识新形势下审计机关严格依法履职尽责的必要性和紧迫性

审计机关要履行好党中央、国务院赋予审计监督的新使命、新任务，就需要充分认识新形势下严格依法履职尽责的必要性和紧迫性，严格依法审计，提高依法履职尽责的主动性和自觉性。

（一）审计机关严格依法履职尽责是贯彻落实宪法和审计法的客观要求。依法审计是宪法确立的审计监督的两大基本原则之一。宪法明确规定，

审计机关在国务院总理领导下，依照法律规定独立行使审计监督权，不受其他行政机关、社会团体和个人的干涉。审计法在宪法规定的基础上，对依法审计的原则进行了细化，进一步明确了审计职责、审计权限、审计程序等，使审计机关依法审计有法可依。贯彻落实宪法和审计法的规定，客观上要求审计机关必须严格依法履职尽责，严格依法审计。

（二）审计机关严格依法履职尽责是保障公民法人合法权益的现实需要。当前，全面建成小康社会、实现中华民族伟大复兴呈现光明前景，人民群众对过上美好生活有了更高的期盼。审计工作涉及经济社会的各个领域，与人民群众发生着经常的普遍联系，与人民群众切身利益息息相关。随着人民群众的法治观念和权利意识不断增强，对审计工作提出了更高的期待和要求，这就要求审计人员准确把握新形势下人民群众对政府依法行政需求，及时回应人民群众关切，在审计工作中严格依法办事，切实尊重和保障人民群众的合法权益。

（三）审计机关严格依法履职尽责是进一步规范审计行为、提高审计质量、防范审计风险的内在需要。从当前情况看，有的审计人员依法履职尽责的意识还不够强，在工作中履职尽责还不到位，个别地方和个人还存在随意执法、执法犯法的现象。这都迫切需要审计机关和审计人员增强依法履职尽责的意识，始终坚持审计职责权限法定、审计程序法定、审计方式法定、审计标准法定和审计保障法定，严格依法履职尽责，自觉规范审计行为，努力提高审计质量，切实防范审计风险。

二、要大力推动各级审计机关严格依法履职尽责

审计机关成立以来，党中央、国务院和地方各级党委、政府高度重视审计工作，大力保障审计机关依法独立行使审计监督权。各级审计机关和广大审计人员认真履行宪法和法律赋予的职责，敢于坚持原则，敢于碰硬，勇于担当，积极发挥国家审计在国家治理中的基石和重要保障作用，取得了显著成绩，审计的公信力和影响力不断增强。但我们也发现，审计机关在依法审计、依法履职尽责方面还存在一些问题，应引起高度重视。

（一）审计机关在依法履职尽责方面存在的主要问题。

一是在履行审计职责方面，存在超职权范围参与管理和履行审计职责不到位的问题。一方面，个别审计机关超越法定审计职权，根据地方政府的要求直接参与被审计单位管理等活动，如在建设项目工程概算编制环节、招投标环节即参与概算价、招标控制价的测算，既当运动员又当裁判员，损害审计的独立性；另一方面，个别审计项目对应当审计的重要事项没有进行审计，如《党政主要领导干部和国有企业领导人员经济责任审计规定》及其实施细则对各类领导干部经济责任审计的主要内容有明确规定，审计署每年下发的《关于地方审计机关开展审计业务工作的指导意见》对各业务领域重点审计事项有明确要求，但个别地方审计机关贯彻落实不到位，导致一些重要事项应审未审，审计组长或其授权人员也没有对审计实施方案的落实情况进行检查。

二是在行使审计权限方面，存在不依法文明审计的问题。为了保障审计机关有效履行审计职责，法律法规赋予审计机关相应的审计权限，同时规定了行使审计权限的条件和程序。个别审计人员在审计过程中只重结果、不遵守相关规定，其主观愿望虽然是好的，但其行为带来了危害。如，在行使调查取证权时，个别审计人员以监督者自居，口大气粗，损害机关审计形象。个别审计人员在调查取证过程中，未充分听取被审计单位反映的情况和意见，武断得出结论，既损害了审计形象，又形成了审计质量隐患。

三是在履行审计程序方面，存在不严格按照法定审计程序实施审计的问题。程序正当是依法审计的基本要求之一。有的审计项目，在审计计划告知、审计通知书送达、审计报告征求意见、审计处罚告知、救济途径和救济期限告知等环节，该履行的审计程序没有履行，该做的工作没有做，被审计单位的权利没有得到应有的尊重和保障。

四是在审计质量控制方面，存在各环节审计质量控制责任履行不到位的问题。国家审计准则对审计项目执行中不同环节、不同岗位人员提出了明确的质量控制要求，规定了相应的责任。个别审计组、业务部门、审理部门存在不履行职责或履行职责不到位的情况，导致一些审计结果文书和信息存在证据不足、定性处理不正确、法规引用不当或格式表述不规范等问题。

（二）问题产生的主要原因。

分析上述问题产生的原因，除了外部环境原因外，主要原因在于审计机关和审计人员自身。归纳起来，主要有以下几个方面：

一是有的审计人员依法履职尽责的意识淡薄。有的审计人员受传统思想影响，加之平时对法律知识的学习重视不够，法律素质还不够高，运用法治思维思考和解决问题的意识不够强，尚未真正形成自觉遵法、学法、守法、用法的良好法治氛围。表现在工作中，有的基层审计机关不敢严格依法办事、依法审计，往往依“权”行政、依“命令”审计；更有个别审计人员，把法律赋予的神圣权力，用于个人牟取私利，甚至走上违法犯罪的道路。

二是有的审计人员作风有待改进。有的审计人员审计质量意识淡漠，工作作风粗放，不够客观公正、严谨细致，与“实、高、新、严、细”的要求存在较大差距。有的审计人员缺乏钻研和创新精神，因循守旧，缺乏对政策法规和现实形势的全面研究、对被审计单位业务情况和特点的总体把握、对重大问题风险的分析研判，难以满足新形势对审计工作的新要求。

三是有的审计人员能力存在不足。有的审计人员工作能力和经验不足，加上有的审计组织工作不到位、缺乏业务指导，不能准确把握违法犯罪行为的构成要件，导致重大问题审计取证不充分、要件缺失的情况较多。有的审计人员过于偏重案件线索追踪落实，忽视财务报表分析和账簿凭证审核等基本功，对新的会计准则、财务制度等知识储备明显缺失。

（三）推进审计机关进一步严格依法履职尽责的建议。

一要加强审计队伍作风建设和能力建设，打造忠诚党和人民、忠诚审计事业的审计铁军。要进一步加强对审计人员的思想教育，帮助、引导审计人员树立正确的政绩观，强化审计质量是审计工作生命线的观念，增强审计人员的质量、责任和风险意识，培养审计人员严谨细致、认真负责、踏实肯干的工作作风，帮助审计人员不断增强法治意识和提高运用法治方式解决问题的能力。要通过开展案例教学等有效方式，有针对性地加强对审计人员的业务和能力培训，帮助、督促审计人员不断提高查处问题的实战能力，增强依法履职尽责的本领。

二要切实落实普法责任，增强审计人员依法履职尽责的意识。审计要在推进依法治国的伟大事业中发挥作用，必须有一支懂法、守法、严格执法的审计队伍。法律的权威源自人民的内心拥护和真诚信仰。审计机关要按照十八届四中全会决定“谁执法谁普法”的要求，深入开展审计法治宣传，教育引导广大审计人员特别是审计系统各级领导干部自觉树立学法守法执法用法的意识，养成办事依法、遇事找法、解决问题用法、化解矛盾靠法的工作习惯，将法治观念和意识内化于心、外化于行，始终对宪法、法律心存敬畏，模范遵守法律、实施法律，牢固树立法律权限不能突破、法律底线不能逾越的法治观念，严格依法履职尽责，同违反法律、侵害国家和人民利益的行为做坚决斗争。

三要结合规范性文件清理工作，健全完善现行审计质量控制体系。审计质量控制是一项系统工程，需要全体审计人员共同参与，常抓不懈。要以规范性文件清理为契机，改进现有审计质量控制体系，明确划分各环节审计质量控制责任，在责任主体清晰的情况下真正做到各司其职，各负其责。督促审计人员牢固树立质量意识和责任意识，进一步规范审计行为，真正做到该审计的事项全面审计、该报告的问题如实报告、该处理处罚的问题严格依法进行处理处罚，确保审计质量经得起历史和法律的检验。

四要加强审计立法工作，大力推动审计法及其实施条例修订，为审计机关依法履职尽责提供坚强法律保障。十八届四中全会决定和《国务院关于加强审计工作的意见》明确了审计监督的定位，赋予了审计监督的新使命、新任务。当前，要加强审计法律法规的立法和修订工作，大力推动审计法及其实施条例的修订，将党中央和国务院有关要求上升为国家法律，保障审计机关依法独立行使审计监督权，为审计机关依法履职尽责提供坚强法律保障。

三、要大力推进全面依法治国，发挥审计基石和重要保障作用

十八届四中全会把审计监督与党内监督、人大监督、民主监督、行政监督、司法监督、社会监督、舆论监督并列，进一步明确了国家审计在强化对权力的制约和监督中的重要地位。作为国家监督体系的重要组成部分，国家审计是以权力监督制约权力的制度安排，是提升国家治理能力的重要力量，是实现国家治理现代化的基石和重要保障。目前，要注意做好以下几方面的工作：

一是高度重视立法协调工作，积极推动提高国家立法工作质量和水平。近年来，审计署凭自身具有的独立性、专业性和综合性特征，在预算法、行政诉讼法、税收征收管理法等重要财政经济法律、行政法规制定过程中，提出了大量合理、有效、可操作的立法意见和建议，在建设法治中国进程中，必须高度重视通过立法协调发挥审计的建设性作用，为推动提高国家立法工作质量和水平做出了积极贡献。

二是加大对法律法规执行情况的审计力度，督促有关部门单位及其领导干部提高依法履职尽责的自觉性。审计要紧紧围绕十八届四中全会关于全面推进依法治国的重大部署，始终关注法律法规的执行情况，重点关注财政资金分配、重大投资决策和项目审批、重大物资采购和招标投标、贷款发放和证券交易、国有资产和股权转让、土地和矿产资源交易等重点领域和关键环节。通过审计，揭示和查处有法不依、执法不严，有令不行、有禁不止，上有政策、下有对策，不作为、慢作为、乱作为、假作为，以及以权谋私、失职渎职、贪污受贿、内幕交易等问题，督促有关地方部门单位及其领导干部增强依法履职尽责的自觉性，真正做到敬畏法律、信仰法律，严格依法办事。

三是深入研究和分析总结审计发现的问题，推动完善国家法律规范体系。审计工作既要敢于和善于发现问题，更要积极推动解决问题。对审计发现的有关地方部门在依法履职尽责方面存在的突出问题，一定要查深查透查实，既要查源头、查原因，又要查责任、查后果。在此基础上，深入研究分析问题发生的规律，积极提出解决问题、完善立法、推进发展的建议。当前，审计要紧紧围绕十八届三中、四中全会关于全面深化改革、全面推进依法治国的重大部署，特别要关注体制机制性问题，积极反映法律法规政策不适应、不衔接、不配套甚至阻碍科学发展等问题，推动形成完备的法律规范体系，为有关地方部门单位依法履职尽责创造良好的法律环境。

四是加大追责问责力度，督促有关地方部门单位严格依法履职尽责。对相关责任人依法依纪严肃追责问责，是督促有关地方部门严格依法履职尽责的最有效手段。应按照中共中央办公厅、国务院办公厅《关于实行党政领导干部问责的暂行规定》的要求，对需要问责的事项积极向有关部门提出对有关责任人进行问责的建议。

五是加大审计结果公告力度，积极营造督促有关地方部门单位依法履职尽责的舆论环境。阳光是最好的防腐剂，公开是最好的监督。这些年，审计署在审计结果公告方面力度很大，效果很好，赢得社会各界普遍赞誉。但是，一些基层审计机关公告力度不够。今后，应按照审计法和政府信息公开条例的要求，不断完善审计结果公告制度，大力推动基层审计机关审计结果公告，积极营造督促有关地方部门单位依法履职尽责的社会舆论环境。

总之，新时期的依法治国、依法行政，迫切要求审计机关和审计人员增强依法审计意识，在坚持依法审计的同时，推动政府有关部门和地方自觉依法履职尽责，为全面提升政府的依法行政水平、为实现国家治理体系和治理能力现代化做出我们应有的贡献。

审计署工作概况

审计署党组成员·署领导

党组书记：刘家义
党组成员：孙宝厚
陈　蔷（—12月）
陈尘肇
张　通
袁　野
李晓钟
郑振涛（12月—）
刘正均

审计长：刘家义
副审计长：石爱中
孙宝厚
陈尘肇
袁　野
总审计师：李晓钟
中央纪委驻审计署纪检组组长：
陈　蔷（—12月）
郑振涛（12月—）
中央经济责任审计工作联席会议办公室主任：
张　通

审计署机关

【审计工作简述】 2015年，全国审计机关深入学习贯彻习近平总书记系列重要讲话精神，按照党中央、国务院的决策部署，紧紧围绕协调推进"四个全面"战略布局，积极适应经济发展新常态，坚持依法审计、实事求是，坚持"两手抓、两手硬"，积极作为、主动作为、有效作为，大力推进审计全覆盖，积极完善审计制度机制，着力打造审计铁军，努力发挥在党和国家监督体系中的重要作用。

坚持以完善体制机制制度为重点，积极推进审计改革创新 深入贯彻落实党的十八届三中、四中、五中全会精神和《国务院关于加强审计工作的意见》要求，着力推动审计体制机制和制度创新，加强审计法治化等各项基础建设。

推进完善审计制度。研究提出审计全覆盖、强化上级审计机关对下级审计机关领导、省以下地方审计机关人财物管理改革、审计职业化建设等一系列改革措施，中共中央办公厅国务院办公厅下发《关于完善审计制度若干重大问题的框架意见》及相关配套文件（中办发〔2015〕58号），对完善审计制度做出全面规划和部署，明确完善审计制度的总体目标和重点任务，为依法独立行使审计监督权、更好发挥审计在党和国家监督体系中的作用提供坚实保障。

推进系统谋划审计事业科学发展。进一步研究和总结审计实践经验，不断深化国家审计是国家治理的基石和重要保障的认识，以"新常态下的国家审计"等为主题召开专家座谈会，深入研究审计服务国家治理的方式途径。研究制订《"十三五"国家审计工作发展规划》，明确今后一段时期审计工作的发展目标和任务。

推进审计法治化建设。各级审计机关加大内部规章制度清理力度，审计署对建署以来制定的近500项制度进行全面清理整合、修订完善，形成7大类40多万字的内部规章制度体系，并在每项制度中增加责任和责任追究条款。

推进以"大数据"为核心的审计信息化建设。积极推动金审工程三期相关工作。积极探索建立分领域审计电子数据定期报送机制，不断扩大数据采集范围。推广运用“总体分析、发现疑点、分散核查、系统研究”的数字化审计方式，在各类审计项目中组织开展跨行业、跨部门、跨地区的数据多维关联分析，提高审计效率和层次。

建立健全重大理论和现实问题研究机制。注重发挥理论引领和导向作用。修订出版《中国特色社会主义审计理论研究》并输出版权，完成《中国特色社会主义审计制度研究》编写并交付出版，完成《中国共产党审计工作史》修订。开展审计国际比较研究，积极借鉴国际审计先进经验。拓展高层次审计专业人才培养平台，积极推动南京审计学院更名为南京审计大学，提升办学层次和水平。

坚持以推动重大政策措施贯彻落实为主线，积极主动履职尽责 2015年1至12月，全国审计13万多个单位，为国家增收节支和挽回损失8500多亿元，推动建立健全规章制度5000多项，移送重大违纪违法问题线索5800多件。

围绕促进政令畅通，持续开展政策落实跟踪审计。审计署制定下发《关于进一步发挥审计作用促进稳增长政策措施贯彻落实的若干意见》等文件，要求审计机关把稳增长、促发展作为重中之重，全力搞好跟踪审计，其他各项审计都要突出这个重点。审计署投入人员最多时超过业务人员的80%，直接跟踪审计30个省级政府和36个中央单位，上报国务院审计报告和信息30多篇，并按月向社会公告。通过审计，促进新开工项目700多个、完工800多个，推动完善制度规定50多项。审计署还参加国务院组织的多次专项督查和调研。根据审计和调研情况，上报经济运行中应关注的风险隐患、加快完善相关制度规则、推进科研项目和经费管理改革等专题报告，为推动相关工作和改革提供参考。

围绕促进财政资金高效使用，不断深化财政审计。制定下发《关于加强审计监督进一步推动财政资金统筹使用的意见》等文件，要求各级审计机关着力关注财政资金统筹使用和绩效情况。在深化预算执行和决算草案审计的同时，组织实施财政存量资金、转移支付、税收征管、地方财政收支等专项审计，上报关于加强财政资金统筹使用、修订完善专项资金管理制度、推进“营改增”试点、深化财政体制改革等多份专题报告和信息。在国务院常务会议上专题汇报推进财政资金统筹使用情况，并配合财政部修订完善多项制度规定。

围绕维护国家经济安全，着力揭示和反映经济社会运行中的风险隐患。各项审计都高度关注相关领域的薄弱环节及风险发生演化趋势，并持续跟踪审计地方政府债务、重点商业银行信贷投放、资本市场风险管控和跨境资金流动、证券市场贯彻落实国家政策等情况，及时揭示金融市场监管、市场运行、规则制定、金融创新、信息披露等方面的风险隐患，移送一批涉嫌操纵市场、内幕交易、非法集资等重大违法犯罪线索，积极维护金融市场稳定。

围绕深化国有企业改革，加强企业审计。按照习近平总书记和李克强总理的重要批示，研究制定健全国有企业国有资本审计监督体系和制度、加强境外国有资产审计监督等意见规定，推进国有企业审计全覆盖。探索实行国有企业境内境外审计一体化，对部分中央企业及其境外业务进行审计。探索对中央企业的实时监督，持续跟踪检查企业经营管理、履行职责、落实稳增长政策措施等情况，促进深化国有企业改革。

围绕维护人民群众根本利益，强化资源环境和重点民生资金审计。贯彻党的十八届三中全会精神，起草《开展领导干部自然资源资产离任审计试点方案》，经中央审定后中办、国办已正式下发；制定《审计署关于进一步加大审计力度促进加快推进生态文明建设实施意见》；开展自然资源资产离任审计试点，探索审计方式方法；开展矿产资源开发利用及相关资金审计。民生保障方面，组织实施全国城镇保障性安居工程、农林水专项资金、基本养老保险基金和高速公路建设等审计，持续开展全国城镇保障性安居工程跟踪审计，促进追回和归还资金等100多亿元，整改违规分配使用住房等1.7万多套。

围绕促进依法行政，深化经济责任审计。全国共审计领导干部3万多人，首次开展省（市）委书记、省（市）长经济责任同步审计。审计共查出领导干部负有直接责任的问题金额2800多亿元，140多名被审计领导干部和600多名其他人员被移送处理。

围绕促进廉政建设和反腐败斗争，严肃揭露和查处重大违法违纪问题。坚持查源头、查原因、查责任、查后果，深入分析重大违法违纪问题和腐败案件发生的规律，加大对重点领域和关键环节的审计力度。全国审计机关移送重大违法违纪问题线索5800多件，协助有关部门查处一批重特大腐败案件，审计署先后派出人员参加中央巡视和相关专案及专项调查工作。同时，继续加强对中央八项规定精神和国务院“约法三章”要求落实情况，以及“三公”经费、会议费和企业职工薪酬及补贴等方面的审计，促进严肃财经法纪、厉行勤俭节约。

围绕深化改革和制度创新，注重揭示体制机制性问题。审计中始终关注改革措施的实施进度和协调配合情况，关注体制机制性问题，积极提出解决突出问题和推进长远发展的建议。全国出具审计报告16万多篇，提出审计建议28万多条，促进建立健全制度5000多项。

围绕推动整改和强化问责，加大整改跟踪督促和审计结果公开力度。健全整改相关工作机制，配合改进审计查出突出问题整改情况向人大报告机制相关工作，首次当面向全国人大常委会报告整改情况，并回答询问。积极推动追责问责，审计署发现的重大违法违纪问题线索移送有关部门查处后，已有5500多人被依法依纪处理；政策落实跟踪审计发现的问题，为国务院问责提供扎实情况和依据，也推动地方政府问责。加大审计结果公告和信息公开力度，全国共发布审计结果公告5300多篇。加强审计宣传、舆情监测和舆论引导，主动发声，讲好中国审计故事，审计署设立“自媒体工作站”、政务微信上线运行，审计信息公开的及时性大大增强。

围绕国家外交大局，深化审计领域外交和国际交流。积极参与国际审计事务，成功竞选国际标准组织“审计数据采集”项目委员会主席，承设秘书处，获得制定行业国际标准的主导权；履行世界审计组织主席职责，获得《世界审计组织章程》修订主导权，推动世界审计组织加强对国际经济社会发展新领域新挑战的前瞻性研究。加强审计领域外交，完善中美、中俄会商机制，加强与周边邻国特别是“一带一路”沿线国家的审计双边交流合作机制建设。加强对外审计能力建设援助，采取组织国际培训班、派出审计专家和教师等方式，参加培训人员涉及80%的东盟和南太平洋地区国家及90%以上的非洲国家。推动落实《北京宣言》，促进中国审计理念和实务规范纳入国际准则，并在国际政府审计杂志、世界政府审计杂志、亚洲政府审计杂志、IT审计杂志等国际刊物上发表文章，宣传介绍中国审计的理念和方法。继续加强国外援贷款项目审计，促进合理有效利用外资，维护国家信誉。

坚持以落实全面从严治党要求为核心，从严管理审计队伍 严格遵守党的政治纪律和政治规矩，牢固树立管党治党意识，把管党治党作为最大的政绩、第一位的工作抓实抓好。

落实全面从严治党和党风廉政建设主体责任。组织深入学习党章、廉洁自律准则和纪律处分条例，健全审计机关各级党组织及领导班子成员的责任体系，修订审计“八不准”工作纪律和巡视、廉政风险防控等规定。抓好基层党组织建设，强化审计一线党组织功能，设立审计署驻地方特派办分党组，将特派办机关党的关系划转署机关党委统一管理。

扎实开展“三严三实”专题教育。紧密联系实际，认真学、深入查、着力改，坚持自上而下查问题、以下看上寻根源，深入查找党员尤其是领导干部的不严不实问题，落实整改，以“严”和“实”的作风搞好专题教育。

加强对干部的监督、教育和管理。坚持从严管理审计队伍，强化监督，严格执纪问责。完善干部选拔任用、考核激励和培养培训制度，审计署培训全国审计人员5400多人次；积极创造机会、搭建平台，采取不同层级审计机关干部交流挂职、全国性审计项目混合编组、有计划交流轮岗等方式进行实战培训，促进审计干部全面锻炼、进步和成长。（撰稿人：陈相杰）

【办公厅】 2015年，办公厅人员编制65人，实有57人。设有办公室、审计长办公室、督查处、计划统计处、财务一处、财务二处、秘书处、保密办公室、新闻处、档案处、举报中心办公室、事业单位财务处。

领导成员

主　　任：徐吉明（—1月）

周维培（1 月—）

副 主 任：和 杰 文华宜

副巡视员：许荣荣 赵素琴（2 月—）

工作综述 办公厅在署党组的正确领导下，深入学习贯彻党的十八大和十八届三中、四中、五中全会精神，全面开展“三严三实”专题教育，围绕“调研、参谋、协调、综合、管理、服务”职责，做好六个强化，狠抓作风改进和工作落实。

强化担当意识，履职尽责 完成制度清理工作。在署领导的指导下，由办公厅牵头，历时 8 个月，对建署以来仍在实行的 474 件制度性文件进行清理，废止各类失效文件 155 件，合并修改 319 件，形成 7 大类 40 件的审计署内部管理制度体系。新制度明确责任主体，加强综合部门责任追究，增强操作性，建立长效运行机制。同时细化各方面工作的行为规范和权利义务，形成及时补充机制，确保既管当前、又管长远。

做好重要文稿起草工作。为贯彻落实好中央办公厅和国务院办公厅关于完善审计制度的框架意见及配套文件精神，起草《中共审计署党组关于加强对审计机关监督的暂行办法》，撰写审计署加强自身监督经验交流材料，起草《关于实行审计全覆盖的实施意见》《2016 年地方审计机关重点抓好的十项工作》，修订《审计“八不准”工作纪律》，根据第五次全国对口支援新疆工作会议和第六次西藏工作座谈会精神牵头起草审计署援疆、援藏实施意见。配合政研室起草《“十三五”国家审计工作发展规划》等文稿。

扎实推进所属单位清算脱钩工作。对怀柔基地组织开展专项审计，完成怀柔基地的清产核资工作。对中国内部审计协会组织开展专项审计，承担中国内部审计协会脱钩工作组办公室工作，制订中国内部审计协会脱钩试点实施方案。探索创新事业单位财务管理方式，对科研所、培训中心、计算中心、服务局等 6 家单位实行集中财务核算管理。

围绕审计工作，进一步优化财务管理。财务工作按照审计长“做严格预算执行和严格遵守财经纪律模范”的总体要求，积极为审计中心工作提供预算经费保障，努力提升财政资金使用绩效。不断优化经费结构，细化公开内容，加强预算执行督促。在定期通报预算执行情况基础上，对进度偏慢的项目承办单位负责人逐一约谈，督促有关单位查摆原因、采取措施，促进提高预算执行进度。2015 年审计署获评财政部颁发的 2014 年度预算绩效管理工作一等奖。

积极做好与中央纪委和中央巡视办的沟通协调工作。参与起草规范巡视与审计工作协调机制的意见等文件，建立完善协作机制；协调署内有关部门，在人员抽调、情况通报、资料查阅等方面，积极配合中央巡视工作有序开展。全年协调配合中央纪委完成 44 件案件线索的查办。

强化大局意识，积极统筹谋划 为推动完善国家治理和全国审计“一盘棋”，办公厅在分析研判和调查研究上狠下功夫。一是向地方审计机关征集实施审计全覆盖的经验材料 202 篇，并结合 2013 年至 2015 年审计项目计划安排情况，对审计署审计全覆盖情况进行统计和分析。二是对湖北、四川两省基层审计机关投资审计情况开展实地调研，对广东、四川、山东等 7 省审计机关开展书面调研，起草《地方投资审计领域存在五个方面的突出问题》分析材料。三是对十八大以来审计署移送司法机关、纪检监察机关和有关部门的 1052 件处理事项及其办理结果，进行全面梳理分析，向署领导报送分析报告。四是对近年来审计机关和审计人员在审计工作中存在的各种不合法、不规范、不文明的行为进行系统梳理，总结 10 大类 54 个方面的问题。

强化“一盘棋”意识，加强舆论宣传 加强审计宣传和信息公开工作，立足讲好中国审计故事，构建有重点、多角度、全方位的工作机制，初步形成宣传工作领导小组统一领导、办公厅统筹、各单位和署管媒体共同配合的“一盘棋”宣传格局。全年发布信息 1 万余条、审计结果公告 33 个，接受媒体采访 70 多次（其中署领导 20 多次），通过中央媒体报送内参信息 10 篇。其中，在央视播出节目 200 余条（新闻联播 18 条、焦点访谈 5 期），播出量是 2014 年的 2 倍。组织开展《关于完善审计制度若干重大问题的框架意见》及配套文件、审计工作报告和整改情况报告、全国审计工作会议、全国审计系统“双先”典型等 30 多项重大事项的专题宣传。精心打造宣传“拳头”产品，与中央电视台、经济日报、中国青年报等媒体合作，推出“解码审计”“国家审计护航深改”“国家审计案例故事”等专题，连续三个月讲述17个国家审计故事。承办“重温入党志愿书”署领导访谈和宣传工作，印发全国审计机关学习。组织拍摄的《真作为　硬作风——努力锻造不辱使命的审计铁军》党建宣传片，获中组部2015年全国党员教育电视片观摩交流活动三等奖。会同相关部门，开展“审计优良传统作风与精神访谈”专题宣传和资料片拍摄，深度报道建署初期创业故事。着力加强自媒体宣传，在腾讯发布的年度全国政务新媒体报告中，审计署微信发布的信息有6篇进入中央部委年度微信热门文章前10位。探索改进审计舆情监测平台，实现24小时不间断舆情监测，累计编发舆情信息200多份。

强化督查保密意识，狠抓工作落实　督查工作把贯彻落实党中央、国务院重大决策和重要工作部署，审计署年度工作要点等列为督查工作的重中之重，推进各项工作任务落实。全年督查督办事项600多件，对贯彻落实党的十八届四中全会决定和《国务院关于加强审计工作的意见》分工方案明确的33个方面，60项工作任务进行专项督办分析。

组织署内51个单位732人参加中央和国家机关保密实训平台集中轮训；国家保密局《保密工作动态》刊登审计长刘家义批示3次，宣传介绍审计署定密工作和涉密人员管理工作开展情况2次；在国家保密局2015年度信息采用情况得分排名中，审计署与中央办公厅等单位并列中央国家机关第一名。

强化保障意识，做好公文档案信访举报工作　公文运转高效顺畅，确保上报文件零差错。全年集中处理预算执行审计文书等12项重要事项，处理各类文件、信函79000多件，其中上报党中央、国务院的50多篇报告。机要室接收、登记和处理各类机要文件资料近21000份，组织销毁机要文件20000余件；处理中央、国务院领导对审计工作的重要批示复印件253份。

组织完成18个特派办2.2万余卷土地审计档案的接收工作，接收总量高达建署30年署机关档案总量的一半；成功申报全国首批数字档案室建设试点单位，有效推动审计署档案信息化建设和各项管理工作上层次、上水平；成功申报国家档案局科技课题研究项目。办公厅、审计署驻郑州特派员办事处主办的两个项目成功获得国家档案局科技课题申报立项。信访工作有序开展，妥善处理26起群体性上访事件。

强化服务意识，确保服务优质高效　全年组织承办全国审计工作会议、署党组会议、审计长会议、审计业务会议等会议和研讨55次，专题会议10余次。做好对外沟通协调工作，加强向中央办公厅、国务院办公厅、中央纪委、中央宣传部、财政部、国家机关事务管理局等机关和部门的请示汇报以及和各大媒体的沟通协调工作。

（撰稿人：罗鑫鑫）

【政策研究室】　2015年，审计署政策研究室人员编制19人，实有14人。设有一处、二处、三处、四处。

领导成员

主　　任：郭彩云

副 主 任：尚　锐

工作综述　2015年是署机关机构调整后政研室独立运行的第一年，全年起草、修改和整理重大报告、重要讲话、重要理论文章以及各类相关文稿540余篇，编发各类信息320余篇。

加强系统谋划，推进审计改革创新　一是强化组织协调。承担审计署改革领导小组办公室的工作，与中央改革办保持密切联系，就审计署牵头和配合的改革任务进行系统研究，制订改革要点和中长期规划，牵头组织完善审计制度若干重大问题框架意见及相关配套文件、“十三五”审计工作发展规划的起草工作，配合完成领导干部自然资源资产离任审计试点方案等起草工作，推动完善顶层设计。二是及时跟进督促落实。配合完善审计制度若干重大问题等改革措施，做好宣传解读，提出贯彻的措施和意见，逐一分解任务，落实工作责任、进度安排等，从思想上、组织上促进重大改革措施深入落实。三是努力打造交流平台。及时了解各地贯彻落实署重大要求部署情况，深挖亮点和创新点，梳理汇总调研成果，编辑《审计署简报》3期、《审计工作通讯》28期，为各级审计机关展示形象、交流经验、学习借鉴提供平台。

加强理论研究，深化对重大规律的新认识　审计基础理论研究方面，继续深化对国家审计在国家治理中的定位和作用的研究，加强对中国特色社会主义审计理论的研究，完成《中国特色社会主义审计理论研究》《中国特色社会主义审计制度》书稿总纂，参与撰写《中国国家审计学》。服务经济社会发展研究方面，重点研究审计在协调推进“四个全面”战略布局中的重要作用，提出审计服务“四个全面”战略布局的具体路径和措施，以审计署各单位和省级审计机关主要负责人专题研究班材料、审计长署名文章发布后，引起较大反响。贯彻落实中央重大决策部署研究方面，围绕时代主题和发展热点，积极整理领导观点，起草署名文章10多篇，在《中国审计报》连续刊载“贯彻落实李克强总理对审计工作的重要指示精神”7个专题的系列评论，准备落实完善审计制度框架意见的解读和评论文章10多篇次，同步做好审计发现问题整改报告公告后的情况解读和舆论引导。

加强信息综合，提高审计成果综合利用水平 一是进一步加强审核把关。着力从事实、定性、角度和立意等多方面加强审核、反复沟通，《审计要情》《重要信息要目》等拳头产品数量同比上升27%。二是进一步加强综合分析。紧盯影响改革发展的热点、重点和难点问题，加强对跨司局审计成果的综合分析，牵头撰写专题报告和综合报告30余篇，其中4篇得到党中央、国务院的高度重视。三是进一步加强信息管理。配合修订对业务司和派出机构的审计成果量化考核办法，进一步调整优化审计信息管理办法，实现信息处理全过程的电子化，信息管理的规范化程度和运转效率有较大提升。

加强组织协调，服务保障重点任务 一是按时保质完成“两个报告”相关工作。以不断完善“两个报告”为主线，向国务院和全国人大全面反映审计情况，揭示经济社会发展以及财政预算管理中存在的突出问题。配合全国人大做好审计发现问题整改报告机制改革，派员参加其前期调研，及时反映审计部门的意见建议，分解编制整改问题清单，协调相关业务司局强化跟踪督促，相关单位整改力度、整改主体意识进一步增强，整改金额较往年增长4倍多。二是做好专题事项服务。对每周一次的国务院常务会议讨论议题的发言参考，不等不靠、不依赖业务司，及时补充相关内容，提出完善建议。对国家重大政策跟踪审计、“三严三实”专题教育、中国国家审计学起草、审计信息培训等事项，抽调精干力量做好服务。三是及时回复相关来函。对于中央改革办、中央党建领导小组等要求报送的各类情况，都能按时保质上报，及时反映审计署做法和经验，《改革情况交流》刊发领导干部自然资源资产离任审计试点的做法。对于其他部委征求对新出台改革措施、制度规定意见的函件数量大、要求急、政策性强的新情况，坚持件件研读，及时提出修改意见，做到有理有据有节。

队伍建设 以能力为核心集聚人才。通过交流、适用、选调等方式逐步建立起吸引人才、挖掘人才、集聚人才、发展人才的良性机制，2015年根据工作需要选调4名优秀人才，充实干部队伍，优化人才结构。以实战为平台锻炼队伍。完善上下交流锻炼机制，安排3人赴特派办进行基层锻炼，选派1名业务骨干到国研室接受文字综合能力学习锻炼，开阔眼界，提升能力。坚持重大文稿集体撰写的优良传统，有计划地安排年轻同志参与起草，让有素质有能力的干部尽快成长。以制度为基础塑造队伍。明确各处的主要职责，制定内部管理制度，建立审计理论与政策研究协作机制，完善文稿讨论机制，规范管理，强化约束。以感情为纽带凝聚队伍。根据政策研究的特殊性，注重营造宽松宽容的工作氛围，激发活力，促进交流，提高成效。定期与干部谈心交流，了解其所急所想所需，有针对性地给予关心和帮助。积极组织开展活动，增进成员间的沟通理解，提升队伍凝聚力。

保密工作 强化保密教育。从增强保密意识、普及保密知识、提高保密技能入手，采取多种方式开展保密教育。室领导逢会必讲保密，专职保密员经常检查保密，同事之间相互提醒保密，逐步营造起“人人讲保密、处处防泄密”的良好氛围。在每个办公室都张贴《审计人员保密守则》《互联网计算机安全保密提示》，不定期通过腾讯通等各种渠道发布最新保密规定，确保掌握各项保密规则要求。结合各种失泄密案例，着力强化警示教育，及时了解和掌握最新防窃密技术手段，提高保密技能。

规范日常管理。围绕中央文件管理、审计信

息流转两个重点，在狠抓日常管理上下功夫。定期梳理涉密文件，加强登记管理，充分利用已配置保密柜，严格按要求存放保密文件。在现有专职保密员、专职文书的基础上，在信息处增设一名文书，加强审计信息签收、登记、保管、销毁的全过程管控。大力推进审计信息处理全过程的电子化，优化办理流程，规范流程管理，缩小知悉范围，提高保密成效。

严格保密检查。以有重点、经常化、全覆盖为目标，组织开展保密检查。以办领导、处室负责人及重要、核心涉密岗位为重点，着力加强对互联网、审计专网和涉密网管理使用监督，严防违规处理、存储涉密信息。将处室每月自查、室内每季度抽查和配合署保密办重点检查有机结合起来，经常性开展保密制度执行情况检查，实现全方位、无死角。（撰稿人：王　颖）

【法规司】　2015 年，法规司人员编制 28 人，实有 24 人。设有法规准则处、审理一处、审理二处、审理三处、检查指导处、法律事务处。

领导成员

司　　长：刘正均

副 司 长：孙秀春（—6 月）

季怀银　张　琦（11 月—）

正司级审计员：白冰冰（—3 月）

副司级审计员：庞淑芬　程　军

工作综述　在署党组和分管署领导的正确领导下，法规司以科学审计理念为指导，弘扬“忠诚为要、质量为先、守密为责、自律为基、服务为荣”精神，扎实开展“三严三实”专题教育活动，在审计法治工作量大幅增加的情况下，创新工作思路，合理配置资源，忠诚履职尽责，完成各项工作任务。

审计立法　加强审计规范化建设，为审计工作科学发展提供制度保障。法规司研究制定和修订《审计署审计现场管理办法》《审计署关于登记报告干预审计工作行为试行办法》《审计署廉政风险防控责任制规定》等 14 个规范性文件。

推进审计指南体系建设进度，为各专业审计领域的审计行为提供良好的实务指引。完成财产保险公司、土地资源、统一组织大型审计项目管理、部门预算执行、企业、企业职工基本养老保险基金、城乡居民基本养老保险基金、新型农村合作医疗基金和公共工程竣工决算等 9 个审计指南的合规性审核，并组织召开 4 次审计指南专家委员会会议，对《政府投资项目跟踪审计指南》《企业职工基本养老保险基金审计指南》《城乡居民基本养老保险基金审计指南》和《新型农村合作医疗基金审计指南》等 4 个指南进行审定。

参与立法协调工作。法规司在业务司局配合下，对国家有关重要立法，根据审计发现的问题提出大量合理、有效、可操作的立法意见和建议，促进相关法律、行政法规立法质量的提高。办理或协助办理征求意见答复事项 500 余件，办理 2 件人大议案和 4 件政协提案。组织编写《案件线索查处技巧》和《审计常用定性表述及适用法规向导》，配合办公厅完成制度清理工作。

项目复核审理及案件线索会商　进一步加强和改进审理审核及案件线索会商工作，提高审理审核工作质量和效率。全年完成 431 份审计事项移送处理书、86 件审计长批转函和 406 份《审计要情》的审理审核工作，修改审计报告、审计决定、决算审签意见书、审计结果报告等结果文书 260 篇，出具审理审核意见书 885 份。发挥与中央纪委、最高人民检察院、公安部之间协调会商机制的作用，提高审计移送案件线索的质量，全年会商案件 176 件。

质量检查　组织检查 18 个特派办的 35 个审计项目、91 份审计信息和以特派办名义出具的 411 份审计事项移送处理书以及 6 个省审计厅、24 个市县审计局的 144 个审计项目、707 份审计决定书和 458 份审计事项移送处理书的质量，分别草拟上报审计项目质量检查情况报告，通报特派办审计质量检查发现问题和整改情况，以及部分地方审计机关审计质量检查发现问题，提出整改要求。

优秀项目评选　加强改进优秀审计项目评选工作。对 2014 年度审计署优秀审计项目进行梳理，总结审计发现的有关违法违规问题的特点、产生原因，以及审计查证经验和不足，形成 9 篇审计查证经验总结。在总结评选工作经验和征求意见的基础上，对审计署和地方优秀审计项目评分标准做进一步修改完善。组织完成 2015 年优秀审计项目评选工作。

普法宣传和依法治理工作 根据全国普法办要求，草拟并下发《审计署办公厅关于印发 2015 年审计机关普法工作要点的通知》，草拟并向全国普法办报送《审计署办公厅关于报送“六五”普法工作资料的函》和《审计署办公厅关于报送“六五”普法总结验收工作报告的函》，圆满完成普法工作。编发 2 期《审计法治工作动态》，积极宣传推介各地各单位审计法治工作和审计质量控制工作的好经验好做法。组织法律顾问团队，及时、有效应对行政诉讼、行政复议、信访和政府信息公开答复等法律事务共 67 件。

相关工作 解答和处理审计实践中遇到的疑难法律问题，办理 2 个批复事项，对有关地方、部门、单位制定的包含限制向审计机关提供资料和开放计算机信息系统查询权限规定的文件进行梳理，向存在此类问题的 5 部门发函要求修订，并与这些部门进行座谈沟通，取得一致意见。完成有关考核任务和考核办法的修订工作。参与完成特派办 2014 年度和派出局 2015 年度考核工作，对特派办 2014 年量化评分情况进行逐项梳理，并对信息解包前后的变化情况进行分析对比，上报《关于 2014 年特派办考核量化评分有关情况的报告》。参与审计署机关各部门、派出局、特派办以及地方省级审计机关等 4 个考核办法的修订制定工作，绘制完成审计信息、审计事项移送处理书和审计报告的考核流程图。完成组织审计模拟法庭；向全国整顿和规范市场经济秩序部级联席会议报送工作进展情况；参加跨境服务负面清单第一阶段梳理工作相关会议，组织相关单位进行负面清单梳理并向商务部报送工作报告等工作。起草或参与起草《审计署关于权力运行情况的报告》《严格规范权力运行保障依法独立审计》《关于加快完善相关法规制度促进深化改革的几点建议》等 12 项重要文件。 （撰稿人：赵军卫）

【电子数据审计司】 2015 年，电子数据审计司人员编制 25 人，实有 13 人。设有一处、二处、三处、四处、五处。

领导成员

司　　长：刘　星

副 司 长：张海燕

副司级审计员：薛亮

工作综述 在总结以往经验的基础上，提高电子数据集中程度，探索电子数据审计新思路新方法，推进以“大数据”为核心的审计信息化建设，在探索中前进、在实践中提高，各项工作取得较好成效。

数据集中管理 围绕落实国务院 48 号文、中共中央和国务院办公厅 58 号文精神，将数据大集中作为首要任务，取得初步成效。不断加大数据集中力度，建立多领域的国家审计数据库，建立健全电子数据管理制度，确保数据管理安全可靠。

在加大数据集中力度的过程中，电子数据审计司与各业务司紧密合作推动建立电子数据定期报送机制。与财政司、派出局合作，在全面调查了解被审计单位信息系统情况的基础上，提出数据采集清单、制定标准格式，推动开展中央部委的数据采集和整理，截至年底，已与 28 个中央部门建立定期数据报送机制。全年组织特派办完成 5 次大规模数据的报送工作。扩大地方财政收支数据定期报送范围，建立健全报送机制。开展数据标准化工作，按照简单易用、满足需求的原则，分析常用电子数据结构，进行数据标准化工作，以提高数据使用效率。主要数据的报送机制基本形成，数据采集范围和采集量初具规模。

为确保数据管理安全可靠，电子数据审计司牵头起草，经审计长办公会审议通过发布《审计署审计业务电子数据管理办法》，加强审计业务电子数据的集中管理，规范各单位审计业务电子数据采集、存储和使用等工作，加大数据综合分析利用力度。

数据综合分析 充分利用已采集的各类数据，围绕国家经济政策贯彻落实情况，进行宏观经济大数据分析，反映经济运行中存在的风险隐患，服务国家经济发展大局。7 月，首次利用电子数据对中小微企业发展状况进行跟踪分析，打破以往数据运用中条块分割的局限，综合分析工商、税收等多领域数据，运用大数据思维对中小微企业做全景式多维度分析，构建中小微企业发展状况概貌，展现中小微企业经营发展情况，发现当前中小微企业发展中的亮点及存在的不足，针对中小微企业发展中的困境，从产业政策、财政政策和金融政策方面提出建议。11 月，与财政司一道组织力量剖析地方财政及中央部门信息系统，探索利用电子数据发现财政收支问题，经过26天的集中分析，基本实现试点省份从预算指标到资金支付数据贯通。在此基础上，审计人员依据预算指标分配、国库集中支付、财政实拨资金和总预算会计核算数据，分省、分预算类型、分科目进行分析，重点对省本级安排使用中央转移支付资金情况进行跟踪分析，关注农林水5项专项资金和水污染防治6项资金的指标下达和资金拨付情况。通过数据分析发现，部分省市存在中央转移支付资金分配不及时，部分专项资金长期闲置等问题。

信息化建设 会同计算中心，推进信息化建设工作。一是组建金审工程三期项目管理机构。为加强金审三期工程建设管理，经审计长办公会同意，成立金审工程三期项目建设办公室，制定金审工程三期项目建设管理规定。二是推进金审工程三期立项申报工作。4月，发展改革委批复金审工程三期项目建议书；7月，审计署向发展改革委报送项目可行性研究报告，12月获得批复。三是组织开展地方可行性研究报告编制审核。7月，组织召开金审三期工程视频协调会，安排地方可行性研究报告编制工作，截至年底，共收到32个地方审计机关上报的可行性研究报告，审核通过29家，3家正在修改完善。四是做好信息化建设总结及沟通协调工作。

队伍建设 扎实开展党的群众路线教育实践活动和“三严三实”专题教育活动，提高思想认识，坚定理想信念，加强责任感、使命感。加强内部管理，积极推进各项基础工作，制定《数据司各处室职责及人员编制》等6项制度，进一步规范司工作规则和程序；制定《数据司工作人员安全保密制度（试行）》，注重加强安全保密学习、提高安全保密意识。 （撰稿人：熊宛皎）

【财政审计司】 2015年，财政审计司人员编制26人，实有22人。设有一处、二处、三处、四处、五处。

领导成员

司　　长：郝书辰

副 司 长：常　利

审计成果 财政审计司共组织完成8类审计项目，分别是稳增长等政策落实情况跟踪审计、财政部具体组织2014年中央预算执行情况和编制决算（草案）情况审计、发展改革委组织分配2014年度中央财政投资等情况审计、中央和地方财政存量资金审计、中央部门2014年度预算执行和其他财政收支情况以及决算（草案）审计、9省区地方政府性债务审计、2014年地方财政收支审计、对18名省级党政主要领导干部和6名部长经济责任审计。

财政部具体组织2014年中央预算执行情况和编制决算（草案）情况审计 主要审计中央预算执行和决算（草案）总体情况，并与库款收缴、资金拨付情况进行核对，重点揭示中央决算（草案）不够规范和完整；各本预算间收支划分不够清晰；预算批复下达不及时、不规范；发展改革委安排的投资计划中个别事项不规范；转移支付改革和规范还不到位；政府性债务管理需进一步加强。

中央部门预算执行审计 审计44个中央部门及303个所属单位，抽查财政拨款预算2213.49亿元（占其财政拨款预算总额的41%）。这些部门2014年度预算执行总体较好，“三公”经费和会议费支出比上年下降27%，部门本级公务用车改革基本完成。审计揭示有的部门预算编报和执行还不够严格；“三公”经费、会议费等管理使用中存在违反财经纪律的问题；信息系统建设统筹规划不够。

财政存量资金审计 从审计情况看，由于相关规定未及时修改、统筹管理力度不够，各级财政均有大量资金结存未用。至2014年底，抽查的22个中央部门有存量资金1495.08亿元，18个省本级财政有存量资金1.19万亿元。至2015年2月底，上述中央部门按财政部要求应统筹安排的存量资金盘活97.86亿元；18个省应清理由中央统筹的专项结转资金上缴1800多万元。影响存量资金盘活的因素主要有：预算中有专项用途的收入较多，按现行管理办法不能统筹安排；法定挂钩事项支出预算刚性增长，资金闲置量大；一些改革措施或工作部署推进滞后，影响项目资金的有效使用；财政专户清理不到位，大量资金结存。

政策措施贯彻落实跟踪审计 组织各级审计机关对稳增长、促改革、调结构、惠民生、防风险政策措施贯彻落实情况进行跟踪审计，按季度上报审计情况，并督促及时整改。审计发现部分重大投资项目审批周期长、开工不及时、建设推进慢；一些部门和地方简政放权力度不够；有关部门推进商事制度改革的具体措施不够协调；有关部门落实进出口通关服务便利化措施未完全到位。

履行财政审计工作领导小组办公室职责 增强方案指导性，及时明确工作要求，制订财政审计工作方案，规定组织实施的 9 个审计项目的分工联络、组织协调、信息报送等事项，为加强项目牵头单位和各审计组的联络，统一行动提供便利。强化财政审计动态的引领作用，整合信息传递渠道，加强对审计项目的过程管控。各审计项目牵头单位和审计组按期报送审计发现的情况，加强项目实施的中期调度，全年编发财政审计工作动态 67 期。以审计现场项目管理系统为平台，加强项目实施中的总体协调和管理。统一使用“审计现场项目管理系统”进行现场管理和信息传递，日常工作联络协调以现场项目管理系统为平台，加强对审计现场的管理。加强全过程工作整合，增强财政审计的整体性。坚持“一个通知书、一个审计组、一份报告、一份决定”的原则，在实施阶段，加强审计项目之间的联动，以具体问题为纽带把各方面资源联结起来，加强信息共享，打造相互支撑、互为印证的财政审计体系；在成果利用阶段，加强对财政部、发展改革委审计与中央部门预算执行审计的成果整合，对由体制、机制原因造成的问题实行“一事多用”，从表现形式层面在部门预算报告反映结果，从预算执行层面在组织预算执行报告揭示原因；在报告阶段，统筹协调税收司、农业司等业务司，按所审计的省区市汇总各专项审计报告。

财政审计工作制度化和规范化 探索新时期深化财政审计新思路，从建章立制和规范发展的角度入手，发挥财政审计促进国家重大决策部署落实的保障作用，参与制定并发布《国家重大政策措施和宏观调控部署落实情况跟踪审计实施意见（试行）》《中央预算执行审计分阶段组织实施操作办法（试行）》《审计署办公厅关于加强审计监督进一步推动财政资金统筹使用的意见》（审办财发〔2015〕122 号），将有成效、可复制、能推广的经验和做法予以制度化、规范化，为新形势下开展财政审计工作提供指导。

（撰稿人：肖振东）

【税收征管审计司】 2015 年，税收征管审计司人员编制 20 人，实有 12 人。设有一处（综合处）、二处（税务审计处）、三处（海关审计处）、四处（数据审计处）。

领导成员

司　　长：马晓方（—8 月）

副 司 长：王爱梅（主持工作，8 月—）

丁德明　戴　希（挂职，4 月—）

审计成果 税收征管审计司推动构建税收审计数据分析平台，积极运用大数据审计技术方法，组织完成税务总局和海关总署预算执行审计、稳增长等政策措施落实情况跟踪审计、国税系统税收征管审计以及地方政府性债务跟踪审计等 6 个审计项目。

国税系统税收征管情况审计 组织 18 个特派办对国税系统税收征管情况进行审计。审计揭示税收征管中的突出问题：征管不严造成税收流失，2013 年至 2014 年，6 个省的国税部门违规批准延期申报、缓缴、暂存过渡户等延压税款 159.64 亿元，其中 2014 年 20.32 亿元；10 个省的国税部门纳税审核不严，少征 37 家企业税款 3.18 亿元；还有 15 个省的国税部门违规为 104 家企业办理税收减免 5 亿元。发票监管不严，药品购销领域偷逃税仍较突出，抽查的 65 家企业虚开药品销售发票 200 多亿元，偷逃税款 60 多亿元；税务机关对其中 36 家企业从未进行过稽查，对其他 29 家企业的稽查也不到位。审计结果纳入审计工作报告。

财政审计 对国家税务总局、海关总署 2014 年预算执行和决算（草案）情况进行审计。通过审计，发现国家税务总局未经批准自行调剂使用预算资金、虚列印刷费支出、结转结余资金未按规定清理处置、个别退休干部兼职取酬、未严格执行政府采购程序、资产管理不严格，部分下级国税局超编配备公务用车或无偿占用下属及其他单位车辆、违规在办公费中列支采购烟酒等支出、超标准列支会议费等问题；发现海关总署在项目支出中列支无关支出、未经批准调剂使用部分经费、超预算支出、未严格执行政府采购程序，下属海关罚没成品油处置不合规等问题。审计结果纳入审计工作报告汇总反映。

政策措施贯彻落实跟踪审计 对国家税务总局、海关总署两个部门稳增长、促改革、调结构、惠民生、防风险政策措施落实情况进行跟踪审计，以推动税收优惠政策落地、简政放权、盘活存量资金和降低企业成本为目标，持续关注小微企业税收优惠政策落实情况、“营改增”企业税负变化情况、行政审批、财政存量资金和涉企收费等重点领域，揭示小微企业税收优惠政策覆盖面窄、优惠额度小、准入类职业资格清理不到位、下属单位经营与部门履职相关业务高额收费和财政存量资金未有效盘活等问题，共向两个部门出具审计报告12份，其中有11个案例被署综合报告采用上报国务院。审计指出问题后，有关部门高度重视，国家税务总局出台政策加大对小微企业的优惠力度，积极采取措施盘活财政存量资金；海关总署先后取消相关准入资格审批和5项经营服务性收费，降低部分收费标准。

地方政府性债务跟踪审计 组织9个特派办对部分地区地方政府性债务情况进行跟踪审计。审计发现个别地方政府性债务偿债压力较大。至2013年6月底全国地方政府负偿还责任债务中，需在2015年偿还的有1.86万亿元（占17%）。重点抽查的9个省本级、9个省会城市本级和9个县2014年底政府负偿还责任债务余额比2013年6月底增加46%；2015年以来增速放缓，3月底比年初增长0.1%（县级下降3.5%），但这些地区上年综合财力呈负增长的有三分之一，大部分地方政府债券尚未发行，个别地区债务偿还出现困难。审计结果纳入审计工作报告。（撰稿人：雷　达）

【行政政法审计司】 2015年，行政政法审计司人员编制20人，实有15人。设有一处、二处、三处、四处。

领导成员

司　　长：鲍朔望

副 司 长：丁伏圣　陈　峰

审计成果 行政政法审计司紧紧围绕“发展、改革、法治、反腐”，把握组织实施中央部门预算执行审计和开展稳增长政策跟踪审计两大中心任务，着力优化审计资源配置，加强审计现场管理，狠抓审计质量控制。全年编报审计长信函、重要信息要目和专题报告共10篇，累计查出各类重大违纪违法问题线索30件，涉及33人。

财政审计 牵头组织开展国家机关事务管理局、中共中央直属机关事务管理局、中国共产党中央委员会组织部、中共中央宣传部等16个部门单位的预算执行审计。审计中尽可能覆盖部门本级及所属绝大多数二、三级单位，力求在最大限度上扩大审计覆盖面。紧盯重点资金、重点项目和重要业务，着力揭示特定领域和行业的普遍性、典型性问题。如对几个机关事务管理局审计中集中反映中央国家机关职工住宅配套用房产权不清晰、服务保障管理基础薄弱等共性问题，以及中央国家机关公务用车采购中存在的典型问题，受到中央有关领导同志和各部门单位的高度重视，及时研究处理，深化整改提高。结合2014年预算执行审计，组织对中央国家机关政府采购中心和中共中央直属机关采购中心进行重点延伸，关注中央部门单位执行政府采购制度情况，揭示和反映集中采购目录制定与政府采购市场发展不衔接、政府采购价格与市场价格联动机制未建立健全、政府采购管理缺乏绩效评价和处理处罚等体制机制性问题，提出健全完善政府采购制度、规范政府采购行为的意见建议，通过重要信息要目形式上报国务院后，推动相关领域进一步规范管理。

政策措施贯彻落实跟踪审计 开展国家电网公司和南方电网公司2015年贯彻落实稳增长等政策措施情况跟踪审计。以重大电网建设项目为依托，着力关注规划立项、投资审批、项目建设、竣工验收等环节是否及时，资金保障是否到位，有效推动项目落地。审计揭示的川渝第三通道工程自2006年发改委下发路条至审计时未取得实质性进展、滇西北至广东特高压直流工程项目核准受阻等问题，引起电网企业、地方政府和主管部门的高度重视，促进各方的沟通协调和项目的推进实施。重点关注关系国家清洁能源战略实施和经济结构转型的西南地区水电弃水问题，以及国务院多次部署推进的城市地下综合管廊建设问题，形成专题报告或重要信息要目全力推动问题解决。把维护人民群众根本利益贯穿审计工作始终，着力关注企业和居民用电报装、农村电网升级改造等民生领域“最后一公里”问题，揭示企业业扩报装受限影响生产经营、居民用户供电工程建设管理安全隐患大等问题，促进公共服务升级提质。

专项审计 组织开展武警部队审计。在审计中贯彻落实署领导的各项指示要求，深入分析被审计单位经济活动，详细梳理资金流、业务线、权力图，切实为问题线索查处定向、定位、定点。

相关工作 加强制度建设，研究制定《行政政法审计司规章制度汇编》，坚持用制度管人、管事，提高内部管理的科学化水平。强化制度执行，结合“三严三实”专题教育活动，系统梳理和分析问题产生的原因，着力解决制度执行不严格问题。突出重点环节，切实加强保密教育和保密管理。强化审计现场保密管理，严格控制知悉范围，对审计结果实行专人专办，确保保密工作无死角。夯实“三严三实”专题教育成果，把问题整改和制度执行检查常态化，加强作风建设。深化审计工作研究，积极开展课题研究，组织完成大数据环境下政府采购审计研究和司法系统预算和财务管理体制改革审计研究两个课题的研究工作。突出抓好青年干部培养，结合司队伍建设实际，坚持以品德作风和能力素质为重点，通过实行双主审制等，让青年干部在审计实施中挑大梁、担重任、磨炼意志、锤炼作风；通过选派干部参加署各层次业务培训等，多措并举促进青年干部全面锻炼进步、尽快成长成才。 （撰稿人：李光辉）

【教科文卫审计司】 2015 年，教科文卫审计司人员编制 20 人，实有 16 人。设有一处、二处、三处、四处。

领导成员

司　　长：洪承旭（—7 月）

　　　　　崔振龙（7 月—）

副 司 长：周　晖　张　琦（—11 月）

审计成果 教科文卫审计司组织实施审计项目 7 个，包括科技部、中科院和中国科协预算执行审计，中国福利彩票发行管理中心审计，3 家电信运营商稳增长跟踪审计等项目，查出违规金额 21.52 亿元。派员参加国务院稳增长等政策贯彻落实情况督导、2015 年财政存量资金审计、特派办全面查找不严不实检查、2014 年度中央预算执行和其他财政收支审计查处问题整改情况汇总、2014 年度中央部门预算执行审计情况汇总和审理、基于电子数据的中央部门预算执行审计全覆盖研究等工作。向中纪委、最高检和相关部委移送案件 4 起。报送各类审计信息 6 篇。

财政审计 1 月至 4 月，教科文卫司对科技部、中科院 2014 年度预算执行情况和决算（草案）进行审计。审计查处上述单位未经批准自行调剂项目经费和公用经费、外购服务未按规定进行政府采购、中小企业发展专项资金审核不严、“三公”经费管理不够完善等问题，发现的某所属事业单位账外投资失去监管，某下属单位违反国家政策开发建设高档住宅小区等问题，起转请相关部委阅处。11 月起，对中国科协 2015 年预算执行等情况进行审计。

彩票资金审计 在中国福利彩票发行管理中心审计中，从财政部、民政部和中福彩中心权力运行“三位一体”多角度入手识别关键控制和主要风险点，锁定利益相关人。将系统信息与银行、工商、税务、公积金、社保等部门数据进行关联分析，揭露背后的获利人和利益输送途径。审计查处挤占挪用彩票公益金，用彩票资金滥发津补贴，用彩票资金购建楼堂馆所，进行高档公务接待、宴请等问题，报送《审计要情》1 篇，向中纪委和最高检移送案件 2 起。

政策措施贯彻落实跟踪审计 5 月至 11 月，对中国移动、中国电信和中国联通三家电信运营商贯彻落实稳增长等政策措施情况开展跟踪审计。审计中主要以政策落实为导向，以项目建设为抓手，紧抓重大项目的投资建设和提速降费政策贯彻落实两大主题。揭示电信运营企业基础网络建设工程、省际传输网、宽带乡村试点项目建设进度较慢，部分“提速降费”举措推进迟缓等问题。

审计理论研究 通过对财政部等相关部委进行走访，摸清专项资金预算安排的总体情况，结合审计项目延伸调查，对内蒙古、贵州、四川、重庆、天津、福建等地专项资金预算管理及审计情况进行调研，了解地方审计机关的经验做法和建议，为教科文卫审计项目库建设收集资料。开展理论研究和规划制订，年初确定教科文卫中央专项资金审计的研究课题，成立由司内及派出局人员组成的教育、科技、文化、卫生四个子课题组，对课题开展深入研究并形成报告；将理论研究与“十三五”发展规划编写相结合，确定“十三五”教科文卫专项资金审计“推动改革、深化发展、推进创新、提高绩效、维护民生、促进公平”的总体思路。组织干部职工对教科文卫审计工作的职责范围和履职方式进行研究，梳理出有关履行职责的思路目标、职责范围、重点领域等内容，提出与教育部、科技部、文化部、卫生计生委等教科文卫领域主管部门建立相关工作关系和工作机制，明确与相关业务司、派出局、特派办和地方审计机关的关系，进一步厘清职责范围和履职方式，明确审计任务分工和职责定位，突出教科文卫审计的重点与特点。

相关工作　加强自身建设，提升班子带队能力。教科文卫司领导班子落实署党组中心组学习制度，带头坚持政治理论学习，把握教科文卫审计工作重点和方向；在工作中坚持贯彻执行民主与集中相结合的组织制度、领导制度和工作制度，坚决执行署党组形成的决议，较好地发挥班子的集体领导作用；班子成员以身作则，自觉把岗位当作谋事创业的平台，深入审计现场进行工作指导和开展审计调研，寻找破解审计难点问题的思路和办法。

注重审训结合，提升团队整体实力。安排6人参加审计组组长与主审案例研讨班等5个培训班，派出2名青年干部参加“根在基层”青年干部调研实践活动，组织开展全员保密工作学习培训，举办“大师面对面”系列讲座活动，切实提升审计人员综合能力。打破界限双轨管理，在工作安排和人员分工上打破处室界限，实行全司人员跟随审计项目动态管理和所在处室静态分工的双轨制管理方式，让年轻同志担任项目主审，培养青年干部独立工作能力。

全员参与报告审理和审计立项，在审计项目立项过程中集思广益，发挥集体智慧提出备选项目库；在审计项目收尾阶段，召开由全司同志参加的审计报告审理会，对报告表述、定性和适用法规进行讨论，培养严谨细致的工作作风。

开展国际双边交流，与教育审计局、审计署驻哈尔滨特派办等单位组成代表团赴印尼审计委员会开展双边交流，切实增强开展教科文卫领域审计方面的国际交流经验，拓宽审计干部国际审计视野。

（撰稿人：郑莉娜）

【农业审计司】　2015年，农业审计司人员编制20人，实有12人。设有一处、二处、三处、四处。

领导成员

司　　长：徐爱生（—8月）

副 司 长：胥连碧（主持工作，7月—12月）

张新芳　李贞祥（12月—）

余建平（挂职，3月—）

副司级审计员：胡安明

农林水事务专项资金审计　组织9个特派办和有关业务司局开展农林水事务专项资金审计。查出财政资金被骗取套取15.23亿元，移送案件线索21件，审计信息被审计署专题报告采用1篇。审计发现的问题得到整改，受到党政纪处分或处理301人次，财政部、农业部、林业局等部门发文进一步规范农业机械购置补贴等政策和资金管理。

财政审计　开展农业部2014年度预算执行和其他财政收支情况及决算（草案）审计。探索开展农业部预算执行分阶段审计，审计中发现农业部及所属单位存在的多项违规问题，移送案件线索1件。审计发现的问题得到整改，农业部已上缴国库资金787.69万元，归还原渠道资金9135.87万元，5人受到党政纪处分，诫勉谈话或约谈11人。

政策措施贯彻落实跟踪审计　开展农业部稳增长等政策措施落实情况跟踪审计，共上报报告6篇。查出东北黑土地保护试点工作在农业部内部缺乏统筹衔接、指导不力，湖南重金属污染耕地修复及农作物种植结构调整试点项目进展缓慢等15个影响稳增长政策落实的问题。

调研指导　到国家粮食局、中国储备粮管理总公司等单位，对粮食储备管理情况开展调研并提出审计初步建议。对贵州省丹寨县财政涉农、扶贫资金管理情况进行调研，对该县财政资金整合等问题提出建议。对江西省抚州市涉农资金情况进行调研，为开展农林水专项资金审计提供参考。深入重庆、湖南、湖北等审计现场，实地调查和督导特派办农林水专项资金审计开展。

编写规划和指南　结合农业审计工作实际，研究制订《2016年至2020年农业审计工作发展规划（送审稿）》。启动农业审计指南大纲编写、课题立项等工作。组织完成《涉农专项资金管理使用中存在的问题及审计基本方法》和《农业保险保费补贴审计介绍》等农业审计网络课件的制作。

交办事项 农业审计司派员与审计署驻兰州特派办共同完成中央第三巡视组移交的有关问题的核实，并及时将核实情况上报署领导。有关同志参加国务院稳增长第五督查组对财政部等7个部门稳增长政策落实情况督查工作。派员参加2014年度财政部预算执行、财政存量资金审计。

（撰稿人：肖　菲）

【固定资产投资审计司】 2015年，固定资产投资审计司人员编制24人，实有19人。设有一处、二处、三处、四处、五处。

领导成员

司　　长：许　亚

副 司 长：卢华胜　潘述功

副司级审计员：余宁琪

工作综述 固定资产投资审计司组织实施和参与水利部2014年度预算执行审计、长江三峡地下电站竣工决算草案审计、六省高速公路建设审计等5个审计项目，指导地方审计机关实施云南鲁甸、景谷地震灾后恢复重建等5个跟踪审计项目，开展投资审计全覆盖、援疆审计情况、公路收费情况等6项调研工作，进行《公共投资审计读本》《公共工程竣工决算指南》等6项课题研究。

审计项目 1月至3月，组织实施水利部2014年度预算执行情况审计。4月至6月，组织成都办、重庆办、昆明办派出的20多位审计人员对长江三峡地下电站竣工财务决算草案进行审计，审计结果如期报告国务院三峡办，并向社会公告。4月至6月，与书记省长经济责任审计共用一个平台、共用一个通知书，组织对河北、安徽、福建、陕西、宁夏和贵州6省（区）截至2015年6月底建设或运营的部分高速公路项目进行审计。5月至7月，派出5人参与中石化集团领导经济责任审计，同时负责中石化6、7月份稳增长等政策措施落实情况跟踪审计。9月，组织对中国国学中心进行第三次跟踪审计。审计中，坚持“一个基础，两个重点”的审计业务方针（以审计报告为基础，以揭示体制机制制度问题和查处重大违法违规线索为重点），累计查出各类问题金额1300多亿元，编发重要信息要目7篇，审计署值班信息2篇，审计长批转函2篇，移送重大案件线索10件。

在高速公路审计中，反映高速公路项目建设审批和评审事项多、前期手续办理耗时长、行政审批事项前置中介服务多的问题，得到李克强总理等4位国务院领导重要批示，要求以高速公路项目审批为突破口，推进重大项目审批体制改革。

加强对支援新疆发展及贯彻落实“一带一路”倡议审计指导，会同办公厅、财政司制定《审计署关于贯彻落实第五次全国对口支援新疆工作会议精神的意见》《审计署关于印发在稳增长政策跟踪审计财政审计经济责任审计中加强对“一带一路”战略落实情况进行检查意见的通知》。完成国办督查任务。

根据习近平总书记、李克强总理对云南鲁甸、景谷地震灾区有关情况做出的重要批示和中央办公厅发出的督查通知，在署领导批示后立即派出3人赶赴审计现场，组织云南省、市、县三级审计机关，对14个受灾县（区）的抗震救灾及恢复重建情况进行专项审计。审计报告按时上报国务院办公厅后，国务院办公厅督查室对审计署的高质量和高效率表示充分肯定和赞赏。

指导地方投资审计 加强对地方投资审计的调研，赴重庆、湖北、新疆、江苏等地对地方投资审计开展情况进行调研，通过召开座谈会、现场观摩等方式，了解困难、吸取经验、推广做法。完善加强地方投资审计的法规建设，研究起草《审计署关于规范地方投资审计工作的指导意见》。应对中国建筑业协会关于14个地方性法规“以审计结果作为建设工程竣工结算依据”进行立法审查事项，向全国人大法工委做好相关解释和沟通工作。组织召开援疆审计工作会议。在2015年全国审计工作会议期间，组织19个对口援疆省市、新疆维吾尔自治区和新疆生产建设兵团审计机关召开2015年对口援疆审计工作座谈会。审计长刘家义到会听取有关单位开展对口援疆审计工作情况的汇报，并对今后开展对口援疆工作做出重要指示。中央经济责任审计工作联席会议办公室主任张通传达第五次中央援疆工作会议主要精神，新时期如何更好地开展对口援疆审计工作提出要求。指导云南鲁甸、景谷和芦山地震灾后恢复重建跟踪审计，指导援疆审计，督促审计结果及时上报和对外公告。应西藏审计厅邀请，派出2名投资审计骨干对西藏扎囊大桥进行近1个月的审计业务指导工作，同时派出3人对西藏审计机关进行投资审计培训。

国际交流 12月，司长许亚作为审计长的特别代表，应邀赴卡塔尔多哈参加主题为“审计机关在监督政府紧急救助方案中的作用”的欧洲审计组织—阿拉伯地区审计组织第五届联合会议，并在开幕式上做《促改革防风险 合作共赢促良治》的发言。7月，副司长卢华胜带队，赴蒙古国乌兰巴托参加中蒙投资审计双边交流研讨，交流我国投资审计方法和经验。此外，派出史小明等2人承担世界审计组织职业发展培训委员会（IDI）和亚洲审计组织联合开展的“灾害管理审计”合作项目，选取鲁甸灾后恢复重建项目审计作为试点，参与培训讲课。

审计理论研究 总结投资审计经验。对近年来开展的奥运、世博、三峡、汶川、玉树、援疆、西气东输二线、南水北调、京沪高铁、西电东送等国家重点建设项目审计和各地投资审计，以及高速公路建设审计、水利部2014年度预算执行审计等进行总结，与政研室一道向国务院上报《关于加强公共工程建设领域监管的几点建议》重要信息要目；撰写《西电东送工程审计有关案件查证经验总结》《投资司关于违法招投标和侵占私分国有资产两类典型案件分析结果报告》，提升审计成果、经验和技术方法。围绕公共投资审计找准定位。通过调研，撰写《关于投资审计若干问题的调研报告》，就当前我国固定资产投资体制情况、投资审计面临的机遇和挑战、进一步做好投资审计的建议和思考以及公共工程审计的定位等向署领导进行汇报，得到署领导的批示和认可。通过广泛调查研究，全面系统总结当前投资审计经验、优势、存在问题，梳理发展思路，提出投资审计理念创新、理论创新、技术创新三大创新，推进投资审计转型发展和现代化。加强投资审计全覆盖研究，通过调研和召开座谈会等方式，对投资审计全覆盖进行初步研究；从投资管理主体单位和建设项目2个维度提出投资审计全覆盖对象和范围。12月，组织在南京召开由南京审计大学举办的第一届公共工程审计前沿理论与实务研讨会，司长许亚提交《关于当前投资审计工作的若干思考》论文并做主题发言。《重大公共工程项目跟踪审计指南》《投资项目绩效审计评价指标体系》《投资审计法规向导（修改）》编写修改工作全部完成；《公共投资审计读本》样书送审计长审阅，《公共项目竣工决算审计指南》送国家审计指南委员会审核。 （撰稿人：张　明）

【社会保障审计司】 2015年，社会保障审计司（以下简称社保司）人员编制19人，实有17人。设有一处、二处、三处、四处。

领导成员

司　　长：陈太辉

副 司 长：余　林

正司级审计员：曾　黎　杨　明

审计成果 社保司组织开展全国彩票资金审计、2014年度及2015年度保障性安居工程跟踪审计等3个大型审计项目，直接实施民政部预算执行审计、国家体育总局彩票资金审计、基本养老保险基金试点审计等5个审计项目，查处虚报套取、挤占挪用等违法违规或管理不规范问题金额581.49亿元。向公安、检察、纪检监察等部门移送违法违纪问题线索238件。编发《审计要情》8期。

在审计署优秀审计项目评选中，社保司直接实施的全国社会保障基金理事会基金管理暨2013年度预算执行和其他财政收支情况以及决算（草案）的审计被评为优秀审计项目，组织特派办和地方审计机关开展的黑龙江省2013年城镇保障性安居工程跟踪审计、冷水江市棚户区改造工程审计分别被评为优秀审计项目和表彰审计项目。

彩票资金审计 为组织开展好彩票资金审计工作，成立彩票资金审计工作领导小组办公室，负责项目的统筹谋划和组织管理；直接派员参加财政部、民政部、体育总局等3个审计组，开展对3部委相关情况的审计。此次彩票资金审计全国共抽查资金658.15亿元，占同期全国彩票资金的18.02%。审计查出各类违法违规问题金额共计169.32亿元，占抽查资金总额的25.73%，涉及彩票公益金资助项目854个，占抽查项目数的17.2%，其中，虚报套取、挤占挪用彩票资金等

42.87亿元，违反规定采购、账外核算彩票资金等90.43亿元，违规购建楼堂馆所、发放津贴补贴等36.02亿元。审计还发现部分单位和个人违规牟取不正当利益、一些地方存在违规利用互联网销售彩票、彩票资金闲置等问题。6月25日，彩票资金审计结果对社会公告，社会反响积极、平稳。12月26日，全国人大常委会第十八次会议举行联组会议，就彩票审计发现问题整改情况的报告，对相关部门进行专题质询。

有关部门和地方各级政府高度重视审计发现问题的整改工作，财政部、民政部和体育总局发出通知，要求有关单位迅速整改、严肃问责；财政部等8部委在全国范围内组织开展擅自利用互联网销售彩票行为的自查自纠和清理整改，全面停止利用互联网销售彩票的行为，研究完善互联网彩票有关管理办法。各地根据审计发现的问题整改违法违规或管理不规范问题金额164.33亿元，依法依纪处理274人，出台各项规定制度200余项，促进彩票行业规范管理和法规建设。

保障性安居工程跟踪审计 1月至3月，社保司组织9个特派办和地方各级审计机关，连续对2014年全国城镇保障性安居工程的投资、建设、分配、后续管理及相关政策执行情况进行审计，延伸调查4.08万个相关单位和29.96万户家庭。此次审计查出个别政府及相关部门和项目建设管理单位虚报材料套取专项资金4.85亿元、未按规定使用专项资金93.83亿元、部分资金筹集和拨付不到位、部分项目未按规定享受税费和金融优惠政策、部分地区住房保障分配审核不严格、部分地区保障对象退出机制不健全等违法违规或管理不规范问题。

住房城乡建设部和各省级政府高度重视审计发现问题的整改工作，采取措施统筹部署和重点督办整改。截至10月底，各地依法依纪处理149人，制定完善政策文件673个，通过归还原资金渠道、收回对外出借资金、调整补助项目或会计账目等方式整改挪用套取专项资金98.68亿元，通过取消保障资格或调整待遇等方式整改违规享受住房保障待遇家庭4.26万户，通过清理收回、加收租金等方式整改被违规使用的保障性住房5334套。

11月，社保司再次组织全国审计机关开展2015年全国保障性安居工程跟踪审计，首次将农村危房改造纳入审计范围，要求各地审计组从调查掌握保障性安居工程总体情况入手，揭示政策执行中的突出问题以及重大违法违纪违规问题，深入核查突出审计重点，狠抓整改严格责任追究。

养老保险基金试点审计 为做好全国基本养老保险基金审计的前期准备工作，根据审计署党组部署，社保司牵头于4月10日至5月28日，在四川省开展基本养老保险基金试点审计。此次试审涉及企业职工养老保险、城乡居民养老保险、机关事业单位养老保险和企业年金等各类养老保险险种，重点抽查经济较为发达的成都市、经济欠发达的南充市及所属部分区县，延伸调查部分企业和相关单位。就基本养老保险基金的保障能力情况，对自贡、攀枝花、南充、内江、达州、乐山等6个市州进行重点延伸调查。通过本次试点审计，摸清四川省基本养老保险基金情况，修改完善审计工作方案，优化方案附表，编写方案附表填报说明及重点难点问题审计操作指引。针对“基金收支缺口情况”和“如何提高大项目审计质量和效率”等事项开展专题调查和研究思考，分别形成专题报告。

部门预算执行审计 按照审计署的统一部署，组织实施人力资源和社会保障部2015年度预算执行等情况审计。按照中央部门预算执行审计的总体工作部署，紧紧围绕“反腐、改革、法治、发展”这条主线，以权力分配和运行为切入点，充分利用大数据开展“立体式审计”，着重揭露重大违法违纪问题，为促进加强预算管理发挥积极作用。

编制工作规划 谋划社保审计工作中长期规划，积极做好项目实施准备。根据社会保障资金的类别和特点，编制对社会保障资金审计的中长期规划，形成以社会关注度高、资金量大的养老保险基金、医疗保险基金和保障性安居工程资金为重点，带动其他社会保障资金，分年度实现对社会保障类资金的审计全覆盖的总体思路。按照这个思路，2015年部署有关人员进一步强化对三类重点资金的研究，研究编制审计工作方案，明确各项审计的工作目标、审计内容和重点。编发《审计署关于做好2015年至2017年保障性安居工程跟踪审计的意见》，对今后三年保障性安居工程跟踪审计工作进行总体部署，要求进一步加强对保障性安居工程资金筹集使用情况、项目建设管理情况、分配管理情况的审计，加大揭示和处理重大违法违纪问题的力度，抓好审计发现问题整改，落实促进制度完善。

审计理论研究 推进审计指南编写工作，完成对《保障性安居工程审计指南》《重大突发公共事件救助资金跟踪审计指南》《社会保障审计知识读本》等7个课题的总撰和审核等工作，其中《企业职工基本养老保险基金审计指南》《城乡居民基本养老保险基金审计指南》《新型农村合作医疗基金审计指南》等3项审计指南已通过专家评审委员会评审，《重大突发公共事件救助资金审计指南》和《保障性安居工程审计指南》已开展合规性复核，《社会保险基金预算审计研究课题》《社会保障审计知识读本》已基本统稿完毕。

信息化建设 在四川开展基本养老保险基金试点审计期间，会同数据司利用采集的社会保障相关数据，围绕基金总体情况、可持续性和违规问题开展综合分析，形成违规降低缴费基数、特殊人群参保、特殊参保行为等12条审计思路与方法，揭示重复领取待遇、利用企业破产改制之机违规参保等多类违规问题倾向。

（撰稿人：宋泊微）

【资源环境审计司】 2015年，资源环境审计司人员编制20人，实有15人。设有一处、二处、三处、四处。

领导成员

司　　长：郑新举

副 司 长：丁　雁　刘　峰

审计成果 资源环境审计司直接实施3个审计（或试点）项目，组织实施2个审计项目，接续完成上年2个审计项目。截至年底，共向国务院报送汇总审计报告1篇，提交审计信息共302篇，《审计要情》《重要信息要目》均得到国务院办公厅采用。

2014年组织的18个特派办对6省（区）2011年至2013年矿产资源开发利用保护及相关资金征管情况审计项目，在2015年审计署优秀审计项目评选中，3个获优秀审计项目，3个获表彰审计项目。

财政审计 完成国土资源部2014年度预算执行和决算（草案）审计和环境保护部2015年预算执行审计。审计发现问题由财政司合并编发重要信息要目2篇；编发审计长批转函1篇、移送有关部门1篇、转送部委1篇、审计结果公告1篇。截至9月底，被审计单位已经整改完毕。

经济责任审计 5月至7月，组织部分特派办、地方审计机关的37名审计人员，在娄底市开展领导干部自然资源资产离任审计试点。总结资源环境审计和经济责任审计工作经验和做法，会同政研室研究起草《开展领导干部自然资源资产离任审计试点方案》。7月，中央全面深化改革领导小组第十四次会议审议通过，10月30日，中共中央办公厅、国务院办公厅正式印发。全年多次向中央全面深化改革领导小组经济体制和生态文明体制改革专项小组、发展改革委等提供领导干部自然资源资产离任审计改革任务完成情况汇报材料。

资源环境审计 组织完成18个特派办对辽宁、山东、四川、新疆、青海、甘肃6省（区）矿产资源开发利用保护和相关资金征收管理使用进行审计。向国务院上报汇总审计报告、审计结果公告稿。

组织实施重点流域水污染防治相关资金审计项目。组织18个特派办对重点流域内有关地方政府2011年至2015年水污染防治专项资金进行审计。

完成2014年矿产资源开发利用保护和相关资金征收管理使用审计项目后续工作。审核提交审计信息共11篇。针对汇总审计报告反映的问题，7月，国土资源部开展矿产资源领域专项整治行动。

土地审计 接续牵头组织完成2014年全国土地出让收支和耕地保护情况审计项目的后续工作。审核提交审计信息共274篇。督促全国土地审计整改落实，取得成效显著。按照国务院常务会议要求，与国土资源部相关部门沟通，于8月5日在国土资源部网站公开6起违法占用耕地典型案件。组织开展全国土地审计执行审计纪律“八不准”情况“回头看”。检查工作覆盖29个省（区、市）的819个市县审计组。

国际交流 完成亚洲审计组织环境审计委员

会秘书处日常工作，2015 年派员参加多项国际交流活动，进一步加强国际交流工作。赴捷克参加世界审计组织环境审计工作组组织的能源节约审计研究项目工作会议，参与能源节约审计指南研讨，做《中国能源政策》的主题发言。赴埃及参加世界审计组织环境委员会第 14 次会议，在会上报告亚洲审计组织环境审计委员会工作情况，并对 11 个文稿和世界审计组织环境审计工作组 2017 年至 2019 年工作计划提出修改建议。参加越南审计长率团访问中国审计署的外事交流活动，就资源环境审计情况进行交流。为东盟地区最高审计机关审计研修班讲授中国审计署节能减排审计工作情况。

相关工作 组织编写《土地资源审计指南》，截至 12 月底正等待审计指南委员会审核。完成《中国共产党审计史（资源环境审计部分）》。组织中国审计学会环境审计专业委员会专家召开 2 次研讨会。组织举办一期针对地方审计机关的提升土地、矿产资源审计查办案件能力案例研讨班。办理《中华人民共和国大气污染防治法》《国家土地督察条例》《土壤污染防治行动计划》《环境保护督察方案（试行）》等征求意见文稿、提出意见事项 53 件。多次向中纪委、高检、公安部介绍相关审计要情，协调准备相关资料和办理审批手续等。

（撰稿人：邵云帆）

【金融审计司】 2015 年，金融审计司人员编制 26 人，实有 22 人。设有一处、二处、三处、四处、五处。

领导成员

司　　长：吕劲松（—7 月）

副 司 长：王志成　胡尊锴

审计成果 金融审计司共组织完成 23 个审计项目，包括中国人民银行财务收支情况审计，中国银行业监督管理委员会（以下简称银监会）、中国证券监督管理委员会（以下简称证监会）、中国保险监督管理委员会（以下简称保监会）预算执行情况审计，全国社会保障基金理事会基金管理暨预算执行情况审计，中国农业银行股份有限公司（以下简称农业银行）、中国光大集团股份公司（以下简称光大集团）、中国人寿保险（集团）公司（以下简称中国人寿）、中国人民保险集团股份有限公司（以下简称中国人保）、中国太平保险集团有限责任公司（以下简称中国太平）领导人员经济责任审计，8 家重点商业银行跟踪审计以及中国人民银行、银监会、证监会、保监会、国家开发银行股份有限公司（以下简称国家开发银行）稳增长等政策措施落实情况跟踪审计。全年上报《审计要情》40 篇，《重要信息要目》30 篇。

在 2015 年审计署优秀审计项目评选中，由金融审计司具体实施或与有关特派办联合实施的 3 个审计项目获得优秀、2 个审计项目获得表彰。

经济责任审计 对农业银行、光大集团、中国人寿、中国人保、中国太平 5 家金融机构领导人员经济责任履行情况进行审计。加大对金融机构和有关领导人员重大违法违规违纪问题的审计力度，5 个经济责任审计项目报送《审计要情》16 篇。加强对金融综合经营中跨行业、跨领域方面情况的审计力度，揭示金融行业体制机制性问题，提高综合分析和宏观把握能力。将金融机构贯彻落实中央重大政策措施落实情况作为经济责任审计的重要内容，重点反映金融机构在服务实体经济中的薄弱环节和不足之处，促进稳增长等政策措施的贯彻落实。重点关注金融机构法人治理和内部控制的薄弱环节和重大决策中存在的突出问题。将金融机构执行中央八项规定精神情况作为审计的重要内容，推动金融机构减费增效和加强反腐倡廉建设。

政策措施贯彻落实跟踪审计 开展中国人民银行、银监会、证监会、保监会、国家开发银行“两行三会”稳增长等政策措施落实情况跟踪审计，对“两行三会”重点任务完成情况、重要政策执行情况、重大项目进展情况、重点资金落实使用情况、简政放权政策落实情况等方面开展审计。共出具审计报告 39 份，全面揭示“两行三会”在落实国家宏观调控政策、促进金融服务实体经济发展过程中存在的问题，内容涉及货币政策、行业监管、金融改革、金融稳定等多个领域。深入开展政策跟踪分析和理论研究，抓住影响大、重要性高、紧迫性强的关键环节和关键问题进行反映，共编发《重要信息要目》14 篇，推动金融监管不断完善。

在稳增长等政策措施落实情况跟踪审计中，探索证券期货市场重大违法违规问题审计技术方法，发现一批涉嫌“老鼠仓”交易、内幕交易、操纵市场等案件线索，为打击和查处资本市场违法犯罪案件开辟新的领域。从资本市场监管和管理体制、交易规则、市场主体、交易工具、交易手段等方面入手，深入揭示涉及跨市场监管、金融产品和工具创新、证券交易信息披露等方面存在的薄弱环节和风险隐患，促进金融市场在资金融通、资源配置、结构调整和企业重组等方面作用的有效发挥。

信息化建设 推动商业银行审计数据分析平台在重点商业银行的投产运行。在完成工商银行、建设银行的平台建立和推广工作的基础上，总结经验、完善功能和优化测试程序，加速数据分析平台的推广工作，完成光大银行、中信银行、交通银行和农业银行的平台投产运行。借助商业银行审计数据分析平台的建设经验，探索建立保险、证券、外汇、债券数据的审计分析平台，并加强跨平台综合、联动分析，在打击地下钱庄、证券犯罪和利益输送等违法犯罪案件方面发挥积极作用。组织和倡导参审人员学习先进的大数据分析技术，并尝试将其转化为审计技术和方法。

指导地方金融审计 开展送教上门，结合各地审计发展实际，坚持金融专业理论学习与实战技能提升并重，到西藏、新疆审计机关组织案例教学。组织专题培训，与培训中心联合举办金融审计案件查办能力培训班，组织各地审计机关的金融审计骨干参加培训，采用课堂讲授、案例教学、模拟实验等多种方式开展组合培训，促进学员更好把握新常态下金融审计的思路措施和技术方法。重视分享交流，共同提高，司领导带队赴北京、河北进行金融审计工作交流，探讨金融审计的经验方法，了解地方金融审计存在的困难和问题，加强业务沟通指导，服务于全国审计“一盘棋”的指导思路。

查处金融大要案 查处涉嫌贷款诈骗、利益输送、内幕交易、非法集资、地下钱庄等各类重大经济问题线索34件。其中，以查处内部人员利用内幕信息非法牟利为着力点，打击职务犯罪，共发现政府机关、大型国企、金融机构内部人员利用职务便利违法违规操作等问题线索5件。以维护金融市场秩序和社会稳定为目标，打击非法集资和地下钱庄，查处非法吸收公众存款、非法倒卖票据、资金异常流动、网络赌博等问题线索13件。以维护商业银行信贷资产安全为重点，查办企业骗取银行信贷资金以及银行人员违规放贷、违规担保等问题线索7件。

发现和反映体制机制问题 抓住商业银行这个金融领域的核心，重点揭示商业银行业务发展和风险管控方面的薄弱环节，揭示商业银行信贷投放增长趋缓和结构性失衡、不良贷款处置制度不完善、银行服务实体经济能力不足等问题。从规范运行、完善管理的角度深入研究金融市场，提出建设性意见，揭示区域性股权市场受行政区域限制分割，不适应资本自由流动的需要以及期现货市场发展方面的问题等。深入研究货币政策执行机制，促进宏观审慎监管体系进一步完善，直接推动中央银行宏观审慎监管体系的发展步伐。揭示影响保险行业发展的关键性问题，反映我国农业保险发展中存在的突出问题和部分寿险公司过度依赖投资型保险产品等问题，为保险公司落实相关政策和稳健合规经营提出审计建议，促进保险行业健康发展。

教育培训和理论研究 创新完善育人工作机制，提升“视野所及、事业所在”《金融资讯》学习品牌创建成效，敞开大门举办“鹿鸣金融讲堂”学习论坛，构建全国金融审计人员的立体化学习网络，营造浓厚的学习氛围。审计署重点科研项目《审计机关在防范系统性区域性金融风险方面发挥作用的机制研究》顺利结项，在《审计研究》杂志发表；国家自然科学基金会项目《基于云架构的商业银行审计大数据标准体系构建研究》课题形成阶段性成果；金融审计模拟实验室项目一期建设准备工作基本就绪。《商业银行审计知识读本》《审计取证技巧丛书》等图书和规范化指引编制工作有序推进，为金融审计科学发展提供理论支撑和智力支持。（撰稿人：赵文发）

【企业审计司】 2015年，企业审计司人员编制26人，实有24人。设有一处、二处、三处、四处、五处。

领导成员

司　　长：魏　强

副 司 长：周树大　赵喜林

正司级审计员：刘小丽（—7月）

审计成果 企业审计司组织开展中国石化等10户中央企业领导人员经济责任审计、部分境外项目专项审计、国资委预算执行审计工作，对电力、运输、石油石化、电信等行业中的10户重点企业经营管理、履行职责、贯彻落实宏观经济政策措施情况及相关数据进行持续性跟踪检查分析，参加国家电网等5户企业贯彻落实国务院稳增长、促改革、调结构、惠民生、防风险政策措施情况的跟踪审计。编发各类审计信息60篇，被中办、国办采用25篇，中央领导批示24篇。

在2015年度优秀审计项目评比中，共有6个企业审计项目获得优秀和表彰。

经济责任审计 一是谋篇布局，突出要点。提出“31315”工作法：即审计工作要回答“经营业绩好不好，真实不真实”“发展潜力强不强、底子厚不厚”“廉洁从业严不严、过不过得硬”3个方面的问题，确立1条主线（反腐、改革、法治、发展）、3项内容（经营业绩、发展潜力、廉洁从业）、1个重点（境外资产）、5个重大（重大违法违纪、重大损失浪费、重大影响真实性、重大违反产业政策、重大资源利用及环境保护）等关键点，要求在现场审计、报告复核、信息审核中都牢牢把握上述要点。二是持续跟进，控制节点。项目组织实施过程中，对各审计组发现的重大违法违规问题线索，采取专人负责、实时跟踪、专项跟进等方式，每次报送的进展情况司内人员都经过审核，研究重点查处的方向和所需的证据，明确列示需要审计组进一步补证的内容。三是凝心聚力，聚焦重点。强调突出重点，防止平均用力，做到重点单位重点审、敏感问题及时审、问题单位专项审、共性问题统筹审，从行动上将审计组的焦点引导到重大事项和问题上去，以免精力分散、目标不明确、重点不突出。

境外国有资产审计 探索境外国有资产审计的方法和路子。在10户中央企业经济责任审计工作方案中，明确要求将企业境外资产的经营管理、投资决策等作为重点核查内容；在实施过程中，针对部分企业审计发现的问题类型和查处方法进行有效推广，发现一批重大违法违纪、损失浪费等问题。对上述10户企业之外的部分中央企业境外投资项目进行排查筛选，选取有代表性的、典型的项目，抽调骨干人员实施专项审计。汇总2012年以来对中央国有企业和金融机构境外业务审计情况，分析境外业务的问题多发点和薄弱环节，分析境外国有资产问题多、风险大的体制机制原因，专题上报党中央、国务院。

重点企业的数据采集和持续跟踪分析 根据企业审计信息化五年发展规划确定的总体目标，重点以审计业务为核心，探索采集企业财务数据和重点业务数据的途径，构建数据分析平台，建立数据分析体系，着手打造一支数据分析队伍，建设数字化企业审计方式。成立数据分析团队，在电力、运输、石油石化、电信4个重点行业的10户中央企业总部部署审计数据分析子平台，对企业经营管理，履行职责，贯彻落实稳增长、促改革、调结构、惠民生、防风险等政策措施情况及相关电子数据进行持续性跟踪检查分析，不定期开展相关专题调查等工作。建立持续获取数据的机制，开展信息化条件下的经常性审计监督，探索“点”“线”“面”的数据分析模式，建立被审计对象数据库。

政策措施贯彻落实跟踪审计 关注中国石化、中国铝业等中央企业稳增长等政策落实情况，按照项目落地、资金保障、简政放权、政策落实、风险防范“五个抓手”，着重发现和揭示制约企业经营发展的因素，以未如期开工实施的项目为重点，分析项目进展缓慢的原因，同时积极发现、总结企业和有关部门促进经济增长的好的经验和办法。按期上报涉及企业相关重大项目的开工、进展等情况，中国石化等企业的多项问题被审计署报告采用，为推动相关工作和改革提供参考。12月，承接国家电网、南方电网、中国电信、中国移动和中国联通5户企业的稳增长等政策落实的跟踪审计工作。

培训与科研 结合司内外培训、教材编写等专项任务，承办企业审计培训班和提升查办大要案线索3个培训班，派出授课师资20余人次，组织编写《企业审计指南》《企业审计读本》，完成《审计查账技巧》的统稿等工作。完成与中国审计学会的合作课题《深化国有企业审计》。组织《加强国有企业国有资本和境外国有资产审计监督的意见》等重要文件的起草工作，启动《基于中央企业财务报表数据分析发现重大问题线索》和《中央企业审计分析和预警系统单机版功能改进升级》2项审计署重大研究课题。

（撰稿人：郭晋红）

【外资运用审计司】 2015年，外资运用审计司人员编制15人，实有11人。设有一处、二处、三处。

领导成员

司　　长：李凤雏

副 司 长：王　成

审计成果 全国审计机关共审计国外贷援款项目318个，出具审计报告318份。完成商务部2014年度预算执行等情况审计、中国铁路总公司贯彻落实稳增长等政策措施情况跟踪审计等署统一组织项目以及组织特派办完成世亚行贷款铁路项目审计任务。发现并移送案件线索5件。全年编发各类审计信息6篇，审计发现的问题被审计署报国务院专题报告作为案例采用9个，被“两个报告”作为案例采用2个。

与审计署农林水利审计局联合实施的国家林业局2013年度预算执行等情况审计项目被评选为审计署表彰审计项目。

外资运用审计 组织完成世亚行贷款铁路项目审计。在做好财务报表审计的基础上加大监督力度，着力揭露项目执行中存在的各类突出问题。发现并揭示4类61个问题，包括虚假招标、未公开招标，I类变更上报、批复不及时以及擅自更改建设内容，征地拆迁违规补偿，部分工程质量、运营安全存在隐患等突出问题，涉及金额共计47.27亿元。

财政审计 完成商务部2014年度预算执行和其他财政收支等情况审计。审计揭示和查处违法违规及管理不规范等问题22个，涉及金额59.61亿元。注重分析查找体制机制制度性问题，提出审计建议3条，编发重要信息要目2篇，信息转送1篇，审计报告反映的2个案例和问题被“两个报告”单独采用。采用数字化审计方式，通过对国际服务外包业务发展专项资金相关数据进行集中分析，与外部数据进行对比，结合资金申请、拨付、使用和监督流程，深入挖掘问题线索，发现并查处近亿元资金被骗（套）取的重大问题。

政策措施贯彻落实跟踪审计 持续对中国铁路总公司贯彻落实稳增长等政策措施情况开展跟踪审计。在梳理推动铁路发展政策措施的基础上，创新方式方法，注重对铁路建设项目推进及审批、资金筹集等情况进行总体分析，加强上下联动，采取有效措施确保相关数据的时效性。5月至12月，共出具审计报告7份，揭示重点铁路项目推进，财政资金管理使用，以及简政放权、政策落实等方面的问题71个，涉及问题金额800.17亿元、铁路项目116个。其中，中国铁路总公司变更设计审批效率不高、监管不到位，近三成铁路项目投资计划完成率低于50%等9个案例被审计署报国务院报告采用。

业务指导和监督 加强对地方审计机关的业务指导工作。在深入研究制定加强外资审计工作措施的基础上，制发全国国外贷援款项目审计总体工作方案，加强对地方外资审计工作的具体指导，进一步明确外资审计的总体指导思想、目标任务、主要内容和措施办法。研究部署应用审计现场管理系统，推动各地方国外贷援款项目审计的实时沟通与管理。

组织开展国外贷援款项目质量检查和报告审核，加强审计质量控制。抽查5个省级审计机关外资项目审计质量，发现规范操作意识普遍严重减弱、部分项目未如实披露审计发现问题、个别审计事项未查深查透以及外资审计成果综合利用水平不高等问题。抽取23个新授权外资项目审计报告进行审核把关，提出修改意见、提请关注或进一步核实事项等共209处。

理论研究 组织开展《国外贷援款项目财务报表审计技术方法》《外商直接投资审计和国外援助赠款项目审计指南研究》等课题的研究。立足外资审计实践，组织研究编写《外资审计读本》，重点反映外资审计揭示出的腐败问题、安全问题、制度建设等热点问题，体现外资审计工作在促进项目执行、推进制度建设、维护安全、提高绩效和加强对外合作等方面发挥的作用。出版《外资审计案例（三）》《国外贷援款项目绩效审计实务研究》和《世亚行贷款铁路项目审计操作指引》等理论研究成果。

组织开展对国际金融组织的研究。对世界银行、亚洲开发银行等国际金融组织今后一段时间在中国的业务发展规划，以及亚洲基础设施投资银行和金砖国家新开发银行等新兴国际金融组织的性质、业务范围、资金来源、与审计的关系等情况进行深入调研。通过调研，提出关注 2 家新兴国际金融组织管理制度中关于审计方面规定的研究制定工作，持续跟踪关注 4 家国际金融组织相关政策和对华业务情况，以及稳定与加强外资审计队伍、提高审计能力和保证审计质量等建议。审计长刘家义、副审计长孙宝厚对调研报告做出重要批示。

组织开展研究外资审计工作“十三五”发展规划，以及 2016 年审计工作中贯彻落实国家“十三五”规划建议的措施等事项，提前谋划“十三五”期间外资审计工作的发展战略。

组织开展对外资审计对象的研究。组织对全国国外贷援款项目进行汇总分析，确定重点行业领域，初步研究制定 2016 年至 2020 年分年度、分行业、分专题的统一组织外资审计立项建议。组织开展审计对象摸底调查，在摸清情况的基础上建立审计对象数据库。

队伍建设和人才培养 设置特色培训课程，有重点地加大培训力度。举办外资审计师资培训班，在着力提升外资审计人员查处问题意识和查办案件能力的同时，为各省级审计机关提供外资审计师资力量。针对利用外资项目工程建设比较多的实际情况，深入研究制定具体培训内容和课程设置，举办第一期外资审计人员工程投资审计基础班。

加强对外交流和培训，提高国际交往能力。做好世界审计组织发展培训委员会（IDI）公共债务审计全球培训项目组织工作。多次与世界银行、亚洲开发银行及财政部就外资项目审计相关问题等进行沟通交流，探讨结果导向规划贷款和发展政策贷款等世亚行新型贷款工具的审计监督方式。派员参加世界银行、亚洲开发银行举办的采购、财务管理与支付等培训班，就审计发现问题等内容进行授课。（撰稿人：刘凯璇）

【境外审计司】 2015 年，境外审计司人员编制 12 人，实有 11 人。设有一处、二处、三处。

领导成员

司　长：陈达时

副司长：胡学文

审计成果 境外审计司完成审计项目 3 个，其中组织实施审计项目 1 个，参与实施审计项目 2 个。向有关部门移送案件线索 2 件。组织开展境外国有资产状况调研，研究起草《关于加强境外国有资产审计监督的意见》，组织实施境外审计课题研究。

财政审计 组织实施全国政协办公厅的预算执行审计。审计重点关注预算批复、分配、执行和管理的合规合法情况，中央八项规定精神的贯彻执行情况，“三公”经费管理和使用情况等内容，发现全国政协办公厅基本建设项目管理不规范、本级代编所属单位预算、超范围使用项目经费等问题。

经济责任审计 参与实施 2 家中央企业和金融机构领导人员经济责任审计，主要是对 2 家企业驻港机构和部分境外业务进行审计。审计重点关注驻港机构公司治理和监管机制、境外业务“三重一大”决策制度执行、重大投资决策和项目风险管控、资产负债损益的真实完整性等内容。审计发现境外投资决策不规范、对境外投资项目和驻港机构管控不到位等问题，并对境内外审计一体化的组织方式和技术方法进行探索和研究。

国际组织审计 自 2016 年 1 月起，中国将履行国际核聚变能源计划组织财务审计委员会主席职责，审计署接受科技部委托，派员担任主席，任期 2 年。9 月，境外审计司派出 2 人前往法国开展工作交接，为履行国际组织审计义务做准备。

培训教育 加大干部培训力度，选派 6 人次参加各种培训；安排青年干部担任审计项目主审；选派 1 人继续借调到联合国秘书处工作；1 人被评为全国巾帼建功标兵，1 人获评高级审计师资格。

交办事项 在深入学习党中央和国务院相关文件精神，系统总结境外审计实践经验，借鉴国外审计机关跨境审计做法的基础上，研究起草关于加强境外国有资产审计监督的意见，初步提出加强境外国有资产审计监督的指导思想、总体要求、基本原则、主要任务和工作机制等，为制定境外国有资产审计的政策法规依据做深入研究。

组织开展境外国有资产状况调研，初步摸清中央部门和单位、中央企业（含金融企业）境外国有资产的总体状况，对外援助资金和项目的管理情况、总体规模和分布状况，梳理当前境外国有资产管理存在的主要问题，提出相关建议，向审计署党组报送专题调研报告。境外审计司还组织实施境外审计课题研究。（撰稿人：颜　涛）

【经济责任审计司】　2015年，经济责任审计司人员编制19人，实有16人。设有一处、二处、三处、四处。

领导成员

司　　长：孙晓岩（—10月）

主要负责人：胡利民（12月—）

副 司 长：张广春（—8月）　吴旭东

司长助理：罗彪（挂职，3月—）

工作综述　经济责任审计司以履行好中央经济责任审计工作部际联席会议办公室和审计署经济责任审计领导小组办公室职责、推动提高经济责任审计质量为重点，加强调研指导和制度建设，牵头组织和参与对国家海洋局原局长、中石化集团公司法定代表人经济责任审计，组织开展14名审计厅长和特派员经济责任审计，编发审计长信函、《审计要情》《重要信息要目》等11篇，参与审核各类领导干部经济责任审计结果文书，推动经济责任审计工作进一步深化和发展。

发挥“两个办公室”作用　经济责任审计司从计划制订、组织实施、文书审理等方面，深入参与，积极发挥“两个办公室”的作用，促进经济责任审计项目质量提高。协调研究确定2015年经济责任审计计划，积极推动对省委书记、省长开展同步审计，审计范围进一步扩大，从监督对象类别上实现审计全覆盖。组织走访中央纪委、中央组织部、国资委，就审计对象经济职责履行情况和审计中应当关注的重要事项听取意见；联系中央编办，就省部长经济责任审计中涉及机构编制审计方面的政策问题进行沟通和研究。派员参与安徽省委书记、省长和青岛市委书记、市长的同步经济责任审计，从方案制订、项目组织与实施、定期工作汇报、重点问题研讨以及审计报告撰写和修改等环节，全程参与，提出意见和建议。对报告写法、责任界定等方面内容审核把关，组织对共性问题进行研究，提出修改意见。与联席会议相关成员单位沟通协调，妥善解决重大突发事项，明确项目终止的情形以及结果报送的形式，保证审计工作稳妥有序推进。按照中央组织部的要求，与审计署相关业务司局配合，研究制定《重要问题责任清单》格式，完善省部级领导干部经济责任审计文书体系。完成联席会议办公室的日常工作，组织召开中央联席会议2015年全体会议和2014年办公室会议，全面总结2014年工作情况，向联席会议提出2015年工作重点和主要任务的建议；报审计署审议并印发《2015年经济责任审计工作指导意见》，从完善组织机构、强化计划管理、突出审计重点、规范审计评价等六方面对全国经济责任审计工作做出部署。

国家海洋局预算执行审计和经济责任审计　1月至4月，组织实施国家海洋局2014年度预算执行审计；4月至7月，牵头组织实施国家海洋局原局长经济责任审计。审计中注重突出国家海洋局重要职责，将预算执行审计与经济责任审计相结合，审计促进海洋强国战略的实施和规范国家海洋局相关管理工作。

中石化集团公司法定代表人经济责任审计　派员参加中石化集团公司法定代表人经济责任审计项目。

系统内领导干部经济责任审计　组织完成审计署驻济南特派员办事处、审计署驻兰州特派员办事处、审计署审计科研所和湖北、福建、西藏省（自治区）审计厅等14个单位主要负责人的经济责任审计。审计中突出审计系统领导干部履行经济责任的特点，揭示被审计单位在办公楼维修改造、房屋出租、资产管理和预算执行等方面的50多个问题，促进相关单位进一步完善管理制度。

经济责任审计制度化体系建设　进一步修改完善《地方党委政府主要领导干部经济责任审计指南》；组织起草《党政工作部门主要领导干部经济责任审计指南》初稿；启动《企业领导人员经济责任审计指南》编写工作。与审计署审计干部教育学院联合举办经济责任审计研讨班，分类研究省部级领导干部经济责任审计评价重点和方法、审计报告写法、责任界定标准和内容，以及项目组织实施方式等，起草地方党委政府、中央部门、中央企业等类别领导干部经济责任审计操作办法。修订和完善《审计署内部管理领导干部经济责任审计规定》。组织起草经济责任审计计划管理和结果公告方面的相关内容，纳入审计署办公厅统一修订的制度。

调研与指导 与中央组织部、中央编办、人社部等联席会议成员单位组成联合调研组，赴广东、甘肃、陕西、云南等地开展工作调研和现场指导，重点了解基层审计机关经济责任审计工作情况；组织召开宁夏、河南等11省（市、区）经济责任审计工作座谈会，研究当前工作中存在的困难和问题以及下一步工作重点。总结推广各地好的经验和做法，编发《经济责任审计工作通讯》7期。

其他工作 派员参加国务院统一组织的重大政策措施落实情况督查，具体负责对科技部和教育部有关情况的督查；牵头负责亚洲审计课题"研究腐败与舞弊审计：关于打击腐败和洗钱行动的评估"研究报告的中文翻译和编纂工作。

（撰稿人：赵振华）

【国际合作司（港澳台办公室）】 2015年，国际合作司（港澳台办公室）人员编制19人，实有15人。设有一处、二处、三处、四处。

领导成员

副 司 长：姜海鹰（主持工作）

周文华　朱伟定（9月—）

副司级巡视员：赵　兵

工作综述 在署党组的正确领导和亲切关怀下，国际合作司（港澳台办公室）全体同志精诚团结，努力工作，审计外事工作全面推进。审计外事工作掌握国际话语权、服务国家外交大局、服务审计事业发展的意识和能力进一步提高，审计外交布局更加务实合理，发展也更稳健。中国审计署紧密围绕"在世界审计组织发挥更大作用"和"配合国家'一带一路'倡议"两条主线开展各项对外交往活动，提出更多中国方案，承担更多中国责任，审计外事工作取得积极的成效。

多边、双边合作交流 审计署高度重视多双边合作交流，参与各类国际组织活动。

副审计长孙宝厚赴马来西亚出席亚洲审计组织（以下简称亚审组织）第13届大会暨第48次理事会；副审计长袁野率团赴新西兰出席全球审计领导人会商机制会议；中央经济责任审计工作联席会议办公室主任张通赴奥地利出席联合国—世界审计组织（以下简称世审组织）研讨会，并应邀访问捷克审计署；副审计长陈尘肇率团赴赞比亚参加世审组织公共债务工作组2015年会议；总审计师李晓钟率团出席在保加利亚举行的世审组织国家关键指标工作组第8次会议。审计署领导在各次出访期间均就审计领域重大热点问题积极分享中国经验，提出中国方案，协调沟通，推动达成共识，为审计领域的国际交流与合作发挥建设性作用，也进一步扩大中国审计的国际影响力。

在双边交往中，中国审计署继续以构建大国审计会商机制为重点开展对外交流。在世界审计理事会期间，中美审计长举行专门会晤，就继续深化中美审计交流与国际合作达成一系列共识。12月，第二次中美审计国际研讨会在美国审计署成功举办，吸引多个最高审计机关参加。继续深化中俄审计对话机制，中国审计署主办中俄审计研讨会，就社保审计开展交流；派出审计长特别代表赴俄罗斯参加圣彼得堡经济论坛。作为中法交流的重要组成部分，中法审计合作在2015年被列入中法副总理级经济财金对话框架；10月，法国审计长访华并与审计长刘家义签署中法审计合作协议。中国审计署与英国、澳大利亚、德国等最高审计机关继续保持密切合作，就审计职业化、审计准则等工作同有关国家开展信息交流。此外，中国审计署还接待蒙古、阿富汗、越南、泰国、马尔代夫等国审计机关高级代表团访问。

按照习近平总书记提出的"亲、诚、惠、容"周边外交理念，中国审计署进一步深化与周边国家的审计交流合作。成功主办中印度副审计长级双边审计研讨会，派出青年审计人员赴印度参加中印青年审计交流项目；派出代表团赴越南执行双边合作协议项目；与印尼审计署的合作协议顺利实施，双方互派代表团开展审计工作交流；中日韩工作层审计交流继续顺利开展，中国审计署派员参加在日本举办的第11届工作层会议。与周边国家审计机关的密切往来已成为中外大国审计会商机制的有效补充，为宣传中国特色社会主义制度，掌握有关国家审计发展趋势，扩大中国审计在周边国家的影响力发挥重要作用。

配合国家外交大局，继续大力开展审计对外援助。中国审计署作为世审组织的核心领导成员，根据国家外交政策的重点和援外工作的需要，6

月1日至10日，面向东盟地区审计机关和阿富汗审计署举办一期东盟地区最高审计机关审计研修班，共有10个国家和地区的23名代表参加（含澳门审计署2名审计人员）。副审计长石爱中受审计长刘家义的委托出席开幕式，并就中国政治、经济概况和审计发展现状做主题演讲。该研修班就国家审计准则、预算执行审计、投资审计、环境审计、审计人员职业化、计算机审计、经济责任审计、金融审计等内容听取专家讲座并进行主题研讨。这次研修班是落实党中央“一带一路”倡议，推进中国—东盟最高审计机关合作交流的具体举措。作为审计署与商务部首次面向东盟地区审计机关联合举办的对外援助项目，研修班为各国代表提供一个了解中国经济建设、了解中国审计发展的良好平台，受到与会各方的广泛欢迎。应泰国审计署的请求，中国审计署接待泰国审计署信息化建设考察团，介绍中国在审计信息化建设方面的成功经验。中国审计署派出专家赴老挝，为该国最高审计机关100多名审计人员讲学。

世界审计组织活动 2015年是中国审计署担任世审组织理事会主席的第二年，在审计长刘家义的指导下，中国审计署与世审组织秘书处密切合作，大力宣传联合国大会2014年年底通过的A69/228号决议，推动各国审计机关在促进人类社会可持续发展中发挥更大作用。12月，刘家义赴阿联酋主持世审组织第67次理事会，作为世审组织突发事宜监督委员会主席，就全球重要事件对审计工作的影响进行报告，呼吁各国最高审计机关关注联合国2015后发展规划，从审计的角度为促进各国良治做出贡献。

在世审组织理事会第67次会议上，中国审计署获得修订决定世审组织未来的治理架构和发展改革方向的重要规范性文件——《世界审计组织章程》的主导权，牵头完成《世界审计组织章程》的修订工作。

派出世审组织主席刘家义的特别代表出席拉美、太平洋、东盟、阿拉伯等地区的审计组织大会，积极开展审计交流，介绍中国审计经验，进一步密切中国审计署与有关地区审计组织和国家审计机关的关系。派代表参加财务管理委员会、捐助委员会和能力建设委员会会议并深度参与有关工作。协调审计署工作团队继续履行审计师认证特别工作组、战略规划特别工作组、金融工作组、最高审计机关责任与作用工作组等职责。9月14日至16日，在南京举办世审组织最高审计机关责任与作用工作组会议，刘家义发表主旨演讲，13个国家的28名代表出席会议。10月21日至22日，在北京举办世审组织合规性审计分委员会会议，总审计师李晓钟出席开幕式并致辞，9个国家和地区的15名代表参加会议。此外，刘家义作为世审组织主席，邀请世审组织第一副主席阿联酋审计长阿米米先生访华，并就世界审计工作进行磋商；接待联合国副秘书长吴红波先生，就深化世审组织与联合国的合作进行会商；以世审组织主席和中国审计长的名义出席在北京举行的国际内部审计师协会2015年全球委员会会议并致辞。

亚洲审计组织活动 在亚审组织活动中，中国审计署牵头顺利完成亚洲审计科研项目，参加亚洲审计理事会。遵循国际规则，以观察员身份留任亚审组织理事会并继续在其中发挥重要作用。同时，为竞选亚审组织秘书处做准备工作。

港澳台事务 履行港澳台事务办公室职能，继续做好对港交流、对澳培训等既有项目，积极推动在一个中国原则下的对台审计交往。港澳代表作为中国代表团成员出席亚审组织大会。副审计长孙宝厚在京会见来访的香港华人会计师公会访京团。选派3名专家赴澳门就金融审计和计算机审计进行授课，组织澳门审计署10名审计人员参加审计署举办的计算机审计培训、审计业务培训班及东盟地区审计机关研修班，参加审计项目实习。此外，协助中国内部审计协会举办第十五届海峡两岸内部审计研讨会，协调中国审计学会派团赴台参加“2015海峡两岸暨港澳地区审计理论与实务研讨会”。全年办理56人次赴港澳通行证及签注手续。

外事宣传与国外审计理论译介 向亚审组织网站上传新闻稿件15篇，向《亚洲审计杂志》投稿6篇，向世审组织环境审计《绿色在线》投稿4篇，在欧洲审计组织杂志发表刘家义的署名文章《充分发挥国家审计在国家治理中的基石和重要保障作用》。在署党组指导下，与中国时代经济出版社、中国审计学会密切合作，完成《中国特色社会主义审计理论研究》（英文版）一书境外出版工作。注重审计署外文网站的更新和维护，对重要政策信息、重大审计事项、重要审计成果及时翻译上网，增强信息的针对性和实效性。组织《世界审计组织第二十一届大会会议录》的翻译，校对和编纂工作、《最高审计机关国际准则》部分准则和指南的翻译工作，全年翻译各类材料约 38 万字，校对近 90 万字。此外，配合彩票资金审计、土地出让金收支审计，开展审计结果的境外舆情监测工作。

外事管理 严格遵守和执行中央关于外事管理的各项规定和要求。加强制度建设，为明确外事工作流程和要求，强化出国人员行前教育，编写《因公临时出国（境）管理规定》《因公临时出国（境）人员须知》和《国际司内部管理规定》。强化履行外事归口管理职能，从讲政治的高度，根据工作需要、务实节俭地安排因公临时出国活动，坚持行前公示和经费开支多重审核制度，全年在各因公出国项目中无违规违纪情况。继续做好护照签证业务，全年办理护照 200 余本，签证近 300 份，无一贻误或拒签，在此基础上进一步规范护照管理程序，随时更新护照收缴和注销信息，确保台账和实物准确。（撰稿人：高天宇）

【人事教育司】 2015 年，人事教育司人员编制 29 人，实有 27 人。设有办公室、机关干部处、地方干部处、工资调配处、教育职称处、综合处（巡视监督办公室）。

领导成员

司　　长：王鸿津（—10 月）
　　　　　孙晓岩（10 月—）
副 司 长：刘小丽　俞国庆
巡 视 员：刘小丽（兼）
　　　　　邓　壮（—10 月）
副巡视员：王雅静

干部人事档案专项审核工作 在 2014 年开展的档案审核和外调的基础上，对档案涂改、重复得利等时间久远、情况各异的问题，进行补充取证、缺件归档、综合研判等项工作，共对审计署内 70 个单位全体实有（在职）人员的 3339 卷干部人事档案进行专项审核，对 1524 人的档案补充相关材料，对 306 人进行外调，对 751 人的相关信息项进行组织认定，并对公务员管理信息系统相关信息进行修改维护、数据调整。审计署的档案管理工作被中组部干部人事档案专项审核调研督查组充分肯定，在全国干部人事档案培训班上做典型发言；在全国干部人事档案推进会上，中组部常务副部长点名表扬审计署的档案管理工作。

制度建设 修订《中共审计署党组工作规则》《审计署机关各部门年度考核办法》《审计署驻地方特派员办事处年度考核办法》和《审计署派出审计局年度考核办法》，制订《审计署 2015－2018 年党政领导班子规划》《审计署人事教育司干部人事档案任前审核办法（试行）》和《审计署人事教育司干部人事档案材料归档情况考核办法》等。配合办公厅完成制度清理专项工作。

领导班子和干部队伍建设 优化领导班子结构，加强干部队伍建设。根据工作需要，2015 年在署机关、派出局、特派办范围内选拔任用 21 名司局级干部，其中正司局级领导职务 1 人，特派办党组副书记 1 人，副司局级领导职务 14 人，正副司局级非领导职务 5 人。按照署党组要求，安排提任副司局级领导职务的 14 名领导干部异地交流任职。根据《审计署领导干部任职试用期满考核暂行办法》的相关规定，分别于 6 月组织开展对刘星等 10 名同志的任职试用期满考核，于 10 月组织开展对尚锐等 35 名同志的任职试用期满考核。根据工作需要，对 10 个单位的领导班子进行调整，涉及 10 名司局级领导干部。根据相关单位工作需要或受相关单位委托，配合做好干部调出事宜，涉及 12 名干部，其中司局级领导干部 6 人，处级领导干部 2 人，处以下干部 4 人。办理 22 名处级及以下干部辞职事项。开展 21 名科级干部职务晋升工作，对这些干部任职经历和任职年限进行核查。批复同意长沙、郑州、上海、长春、昆明 5 个特派办的处级干部选拔任用方案。履行对省级审计机关领导班子的协管职责，协助办理 25 个省（区、市）审计厅（局）76 人次的职务任免审批手续。收集各省（区、市）审计厅（局）领导班子、机构设置等信息，加强对省级审计机关领导班子建设情况的了解和掌握。

干部交流轮岗和挂职锻炼工作 从内蒙古等 8 个中西部地区审计机关和南京审计学院选派 35 名干部和教师到 11 个特派办和业务司进行为期 1 年的审计实践锻炼。这项工作自 2008 年实施以来，已累计为中西部地区审计机关和南京审计学院培养锻炼业务骨干 370 人。继续开展与新疆、西藏审计机关干部双向交流工作。组织各单位对第三批来署交流挂职的新疆、西藏审计机关干部进行考核，派出考核组对审计署选派的第四批赴新疆、西藏审计机关交流挂职干部进行考核。按照署领导要求，于 6 月组织召开第三批干部交流挂职总结暨第四批干部交流挂职动员会，选派 5 名干部作为第四批赴新疆、西藏审计机关交流挂职人选，接收 19 名新疆、西藏审计机关干部到署机关交流挂职。根据中办、国办、中组部、最高检等单位的要求，选派 6 名干部到相关单位交流。选派 5 名干部赴署外挂职，其中赴河南省县级人民政府挂职 2 人，赴江西省会昌县审计局挂职 1 人，赴国有企业挂职 2 人。从署机关派出局选派 11 名干部赴特派办参加审计实践，选派 12 名干部到直属单位交流锻炼；从特派办抽调 24 名干部到署机关综合部门交流。在各单位推荐的基础上，安排 36 名处级及以下干部在署机关、派出局之间轮岗交流，其中司局内轮岗交流 29 人，跨司局交流 7 人。组织考核组对赴地方政府、部门和国有企业挂职结束的 13 名干部交流挂职情况进行考核。

公务员录用和干部聘任 组织完成 2015 年公务员考录工作，及时补充审计力量，其中署机关共录用公务员 79 人，17 个特派办（不含京津冀特派办）共计录用公务员 139 人。完成向人力资源社会保障部报送 20 名京外选调干部材料备案工作。增强军转干部安置工作的针对性，2015 年共接收安置军转干部 6 人，其中派出审计局 3 人、事业单位 2 人、特派办 1 人。组织各直属事业单位开展 5 次公开聘任中层干部工作，聘任 27 名中层管理人员。组织 6 家直属单位开展公开招聘应届高校毕业生工作，公开招聘 11 人。

年度考核 开展署机关各单位 2014 年度和派出局 2015 年度考核工作，并对 20 个派出局总体情况、领导班子、队伍建设、工作作风等情况开展调研。抽调相关单位 80 余人组成 9 个检查组，对各特派办进行 2014 年度综合检查和年度考核工作，起草《特派办 2014 年度综合检查及年度考核情况通报》，确定 2 个特派办和 21 名特派办领导班子成员年度考核为优秀等次。

人才培养和队伍建设 会同审计署培训中心和审计署审计干部教育学院推进模拟实验室建设、网络培训和案例教学等培训方式的创新，完成全年培训计划，实现规模、质量和效益的有机统一。全年举办培训项目 49 期，培训全国审计人员 5452 人次。按照中央党校、国家行政学院等培训单位的调训要求，全年调训干部 27 人，其中省部级干部 7 人，厅局级干部 19 人，处级干部 1 人，实现组织需求、岗位需求和干部需求的有机结合。做好司局级干部自主选学工作，共有 33 名司局级干部参加自主选学学习。拓展审计专业技术人员继续教育途径，2015 年与人社部联合举办全国高级审计师高级研修班，培训高级审计专业技术人才 68 人。完成《2013—2017 年全国干部教育培训规划》实施情况中期评估总结，为审计署教育培训“十三五”规划的制订做好基础工作。与教育部等部门以及南京审计学院沟通协调，计划从 2016 年起，每年为西藏审计机关定向招收或委托培养审计专业本科生。落实审计干部教育学院专题会议纪要部署的各项工作，深入研究职业教育与国民教育的融合问题，并就审计署审计干部教育学院日常管理、师资配备、专职人员配备等问题进行研究。

研究制定并发布《审计署关于培养审计业务骨干人才和审计专业领军人才实施意见》。受国务院学位办委托，全国审计专业学位教育指导委员会经过方案制订、网上评议、会议评估、实地考察等程序，完成对 31 个审计硕士专业学位授权点的首次专项评估工作。经国务院学位委员会第三十二次会议审议通过，24 个学位授权点评估“合格”，6 个学位授权点“限期整改”，1 个学位授权点主动放弃授权。完成对第 15 批博士服务团的考核工作，选派人员参加第 16 批博士服务团工作。协助做好科研所博士后工作站管理工作，目前在站工作 10 人，已出站 7 人。做好审计长奖学金的管理工作，2015 年共有 20 名优秀学生获得审计长奖学金；协助机关党委与江西省会昌县人民政府签订协议，设立审计扶贫助学金并制定相关管理办法。2015 年共派出短期培训团 5 个，培训学员 123 人。完成国境外奖学金项目的推荐选拔工作，成功申请奖学金项目 3 人；组织申报 2016 年境外奖学金项目。向国家外国专家局推荐 1 名司局级干部参加美国沃顿商学院培训学习，向中组部推荐 1 名司局级干部参加加拿大现代金融体系建设专题研究班培训学习，均取得良好培训效果。

履行全国审计考试办公室职能，继续承担审计专业技术考评的日常管理工作，保障 2015 年度审计专业技术资格考试顺利进行。全国共有 4.3 万名考生报名参加考试。通过初级考试 1579 人、中级考试 7704 人、高级考试 601 人。组织实施高级审计师资格评审工作，8 月完成对 42 家单位 92 人的高级审计师评审工作，共 41 人获得高级审计师资格。

干部人事基础工作 做好署机关、派出局 11 名干部夫妻两地分居调配偶户籍进京工作，向人力资源社会保障部报送 11 人的材料。本着“倾听、热情服务、积极主动、努力解决”的原则，办理离退休干部个人工资福利待遇等事项 20 余件。组织召开特派办人教处长座谈会，对机构和人员编制核查、干部监督、人事档案管理等工作进行培训，安排部分特派办进行青年干部培养、干部量化考核等经验交流，听取对干部选拔任用、人才培养等工作的意见建议。

根据十八届四中全会决定和审计署贯彻落实意见，完成省以下地方审计机关人财物管理改革试点方案和职业化建设指导意见。按照中央关于做好中央国家机关所属事业单位分类工作的要求，报送《关于审计署所属事业单位分类意见的函》，正式印发机关服务局等 10 家事业单位的岗位设置实施方案。根据中央关于国务院各部门管理的企业负责人薪酬改革框架意见，组织起草关于中国时代经济出版社负责人薪酬制度改革的两个文件和文件说明。

干部管理工作 扎实开展领导干部个人有关事项报告相关工作。按照中组部统一部署，做好 2014 年度领导干部个人有关事项集中报告工作，应报告个人有关事项的 1598 名干部全部完成填报。开展个人有关事项报告材料汇总综合工作，将个人事项报告材料逐一录入个人事项报告信息管理系统中，汇总分析形成报告报中组部。严格开展个人有关事项报告抽查核实工作，分 28 批次对 311 人的个人有关事项报告进行重点抽查核实。按照中组部干部监督局统一安排，组织特派办、直属单位对 173 人的个人有关事项报告进行抽查核实。

协调组织做好巡视相关工作。发挥巡视办职责，组织对 5 个特派办党组进行巡视，并首次对 5 家直属单位领导班子开展巡视。协调各特派办共选派 30 名干部参加中央巡视工作，协调 13 名干部参加专案审查工作。

做好信访举报和处理处分工作。办理信访举报事项 37 件，已办结 36 件，其中 1 件经查存在违纪违规问题，已根据有关规定，经署党组研究分别给予相关责任人员进行处理处分，相关情况在审计署内部网进行通报。2015 年共处分 4 人，对 3 名处分期满的同志，及时请所在单位提出意见，提请署党组研究后按规定解除处分。

（撰稿人：赵海斌）

【中共审计署机关委员会】 2015 年，中共审计署机关委员会人员编制 13 人，实有 9 人。设有办公室、组织部、宣传部、中共审计署机关纪律检查委员会办公室。

领导成员

常务副书记：彭华彰（—8 月）

胡大华（8 月—）

副书记兼机关纪委书记：王　刚

学习贯彻习近平总书记系列重要讲话精神 以署党组中心组学习为龙头强化理论武装。组织各基层党组织和广大党员干部学习党章、宪法和国家法律，学习党的十八大和十八届三中、四中、五中全会以及习近平总书记系列重要讲话精神。落实《中国共产党廉洁自律准则》《中国共产党纪律处分条例》等中央最新颁布的党内法规制度。协助署党组召开中心组学习会 4 次，举办中心组专题学习 7 次，及时通报学习情况，印发学习发言，发挥对基层党组织的辐射作用。

以社会主义和审计人员核心价值观为引领坚定理想信念。落实中央《党委（党组）意识形态工作责任制实施办法》，督促指导基层党组织学习贯彻中央《关于培育和践行社会主义核心价值观的意见》。开展纪念世界反法西斯战争胜利 70 周年系列活动，组织干部职工观看主题展览和历史文献纪录片。鼓励指导各基层党组织开展参观走访、诗词征集、书画展览等活动。邀请著名军旅作家做抗日战争主题报告，邀请解放军援助非洲抗击“埃博拉”病毒团队做先进事迹报告。

以审计机关先进典型为榜样营造良好氛围。深入挖掘身边先进典型，分别制作《审计人的“严”与“实”》先进事迹汇编和先进事迹视频宣传片。在持续抓好中央和各部门先进典型学习宣传的同时，注重抓好审计署涌现出的全国先进典型的学习宣传。总结并组织宣传全国先进工作者徐景浙和中央国家机关优秀共产党员于锡明的先进事迹。

基层党组织建设 进一步健全机关党建工作领导体制。做好审计署党建工作领导小组成立相关工作，在充分征求相关部门意见基础上，经请示中央组织部同意，将特派办机关党的关系由驻地省（市）直属机关工委管理调整为由审计署统一管理，由署机关党委负责日常管理工作，加强对特派办机关党建工作的领导。

进一步完善党建工作制度。在全署制度清理中，将涉及机关党建工作的44个现行制度进行整合，形成思想理论建设、组织建设、党风廉政建设、精神文明建设、群团建设5个方面的综合制度。协助起草制定《中共审计署党组关于贯彻落实全面从严治党要求的实施意见》《中共审计署党组关于落实全面从严治党责任的暂行规定》。研究制定《中共审计署党组关于加强特派办机关党建工作的意见》。

进一步加强对基层党组织的管理。及时纠正组织设置不健全、不按期换届，以及组织生活不规范等情况，督促基层党组织严格党内生活，积极开展活动。举办2015年基层党组织书记党建工作培训班，110名基层党组织书记接受培训。做好对基层党组织的日常管理，全年发展党员2名，办理特派办机关党委书记、副书记任免考察和审批21人次，基层党组织书记任免59人次，为400多名党员接转组织关系。制定《审计组临时党组织工作规则》，对审计组临时党组织的设置、主要职责、重点工作、责任追究等问题进一步予以明确。

进一步强化机关党建考核评价。及时总结各单位党建工作的先进经验，评选基层党组织组织建设优秀制度2项，基层服务型党组织建设品牌2个和典型机关支部工作法4个。其中，基层服务型党组织建设品牌被评为中央国家机关优秀品牌。署报送的贯彻落实《机关基层组织工作条例》典型案例，作为中央国家机关的唯一代表，被全国党建研究会机关专委会推荐在全国贯彻落实《条例》典型案例交流会上做主题交流。

进一步加强机关党委建设。召开第九次机关党员代表大会，选举产生第九届机关党委、纪委。抓好机关党委党支部自身党建工作，全年组织集中学习8次，学习党章、新出台的党纪党规和法律法规、习近平总书记重要讲话等。坚持开展党建理论研究工作，在深入调研的基础上，向全国和中央国家机关党建研究会报送《切实践行“三严三实”要求，努力打造审计铁军队伍》的党建研究论文。

“三严三实”专题教育 制订审计署专题教育工作方案并组织抓好落实。承担审计署“三严三实”专题教育领导小组办公室具体工作，督促、指导各单位制订专题教育工作方案，组织集中学习、开展党课教育、举办专题研讨，并对各单位专题教育的开展情况进行督促检查。开展“三严三实”主题征文活动。充分利用审计署管报、刊、网、微等各类媒体对审计署开展专题教育情况进行宣传报道。

协助署党组开展专题教育。为署领导讲党课做好前期准备和现场组织工作。协助署党组分别以“严以修身”“严以律己”“严以用权”为主题，开展3次专题研讨。向中央组织部3次报送署党组开展专题教育的经验做法。

组织全面查找不严不实问题。抽调160多人组成20个检查组，以交叉检查方式，对署各单位在干部选拔任用、严守政治纪律和政治规矩、党风廉政建设、工作规则执行、审计业务履职尽责、预算执行和财务收支管理、保密工作、基本建设项目8个方面存在的不严不实问题进行全覆盖检查，形成综合检查报告6篇，各单位检查报告71篇。

党风廉政建设 部署党风廉政建设年度重点工作。协助署党组组织召开审计署党风廉政建设工作领导小组会议，进一步学习贯彻十八届中央纪委第五次全会精神和国务院第三次廉政工作会议精神，对2015年党风廉政建设工作要点进行专题研究。组织召开全国审计机关党风廉政建设工作视频会议，对2015年全国审计机关党风廉政建设工作进行部署。

强化对署党组派驻纪检组长的工作指导。制定印发《审计署党组派驻纪检组长工作规则》，进一步明确署党组派驻纪检组长的职责和工作方式等，为纪检组长有效履职尽责指明方向，划定边界。组织召开纪检组长述职会议，对各纪检组长2015年履职情况进行总结，并向署党组报送工作情况报告。

健全和完善预防和惩治腐败工作机制。修订制定《中共审计署党组关于审计署进一步从严管理干部的实施意见》《中共审计署党组巡视工作规定》等制度，对从严管理干部、加强巡视监督等工作进行研究和完善。制定《署党组落实党风廉政建设主体责任台账》，进一步明确领导班子、领导干部在党风廉政建设中的责任。印发《审计署关于礼品礼金处理暂行规定》，进一步对全体审计人员以及参与审计署项目审计的外聘人员拒收、登记和处理礼品礼金的行为进行规范。

深入开展廉政教育和监督。组织学习党章、《中国共产党廉洁自律准则》《中国共产党纪律处分条例》，向全署干部发放《审计署工作人员纪律手册》。以审计机关和审计人员的违法犯罪案件为重点，持续开展案例警示教育活动，对全国审计机关2008年1月1日以后案发且在2015年6月30日以前结案的256起涉及296名审计干部违纪违法案件进行收集整理和分析，提出相应对策，向全国审计机关通报。

强化执纪问责，以零容忍态度查处审计干部违纪违法行为。开展“红顶中介”清理及近年来各特派办拒收、上交和清退礼品礼金情况梳理工作。开展信访举报核实和案件查办工作，全年受理反映署机关及派出机构干部党风廉政问题的信访举报16件，诫勉谈话1人次，对2人给予政纪处分，2人给予党纪处分。对违反审计纪律的1个特派办的4名领导进行责任追究。

群团组织 充分发挥工会“职工之家”的作用。为26名职工解决子女解决入托入学问题。重大节庆期间走访慰问158名生活困难的职工。指导各协会和兴趣小组开展丰富多彩的日常活动，参加中央国家机关第四届职工运动会9个项目比赛，取得优异成绩。

强化对青年干部的引领和激励。开展审计署青年干部状况统计分析，进一步了解青年干部的基本情况，增强青年工作的针对性。通过成立青年干部理论学习小组、开设“青年讲堂”和组织“模拟法庭”等方式，引导青年干部自觉、高效地进行学习，增强青年干部学习的广度和深度，提高青年干部依法审计能力和水平。

积极组织妇女干部职工活动。组织女干部职工、部分男同志200余人参观中国妇女儿童博物馆“传承与新风——中国好家风好家庭”展览，并在活动现场举行“审计署家庭助廉行动”活动启动仪式。通过讲家风故事、创家训格言、写家书手札、拍家教短片等方式，深化家庭助廉活动。

扎实抓好对顺平县、丹寨县的扶贫和会昌县的对口支援工作。支持顺平县、会昌县挂职干部按照署党组确定的工作思路积极推进各项扶贫工作，切实帮助解决对口扶贫和支援县经济社会发展和扶贫攻坚工作中的重点难点问题。丹寨县被确定为审计署扶贫县后，加强与贵州省相关部门沟通，深入调研，为署党组确定扶贫工作思路提供参考。协助做好顺平县审计长奖（助）学金、会昌县“审爱助学金”发放工作。加强对口扶贫和支援县审计机关建设，培训审计干部提升依法审计能力。（撰稿人：侯　凡　刘　刚）

【离退休干部办公室】 2015年，离退休干部办公室人员编制15人，实有14人。设有综合处、服务一处、服务二处。

领导成员

主　　任：陈　音

副 主 任：宫雁军

“老干部工作为党的事业增添正能量”主题活动 组织召开以“展示阳光心态、体验美好生活、畅谈发展变化”为主题的老干部代表座谈会。广泛开展创先争优活动，通过在《离退休干部园地》开设“身边感动”栏目、在《离退休干部工作网站》开设“先进典型”专题，在《中国审计报》《中国审计》杂志开设专栏，广泛宣传离退休干部中的先进事例，引导广大离退休党员干部向先进典型学习。组织各老干部党支部分别召开以“展示阳光心态、体验美好生活、畅谈发展变化”为主题的专题组织生活会。组织各老干部党支部开展以“促进改革和法治，为党和人民事业增添正能量”为主题的宣讲活动，老干部自己备课自己讲，大家相互交流，积极发挥老同志自我教育的作用。党总支组织在职工作人员党支部和老干部党支部，参加中央国家机关“家庭助廉行动暨家风展示活动”，署机关离退休干部和离退休办工作人员有3人获奖，其中1人的作品被选入《中央国家机关家庭助廉行动优秀作品集》。组织离退休干部开展外出参观、举办专题报告会和文体竞赛等活动。组织署机关130多名离退休干部参观APEC会址；举办《中国审计走向世界》专题报告会，邀请国际合作司主要负责同志，介绍中国审计走向世界的辉煌历程，180多名离退休干部参加报告会；组织一些老干部，参加中央国家机关工委老龄委、中国老年报社等部门联合举办的象棋、网球比赛和书画、摄影作品展示竞赛活动等，取得优异成绩，离退休干部办公室获得组织奖，展示审计署离退休干部良好的精神风貌。

离退休干部纪念抗战胜利70周年活动 组织在职党员干部和离退休党员干部，分别于7月下旬和9月中旬集体参观中国人民抗日战争纪念馆“伟大胜利 历史贡献”主题展览。在职干部党支部组织召开纪念中国人民抗日战争暨世界反法西斯战争胜利70周年和红军长征暨遵义会议召开80周年座谈会。党总支组织离退休干部，参加中央国家机关工委老龄委、民政部、中国老年报社等部门联合举办的纪念中国人民抗日战争暨世界反法西斯战争胜利70周年知识竞赛活动，署机关共有200多名离退休党员干部参与竞赛答题，5位离退休干部获得优秀个人奖，离退休干部办公室获得优秀组织奖。离退干部办公室精选署机关老年大学书画班老同志16幅作品，参加中央国家机关工委老龄办和中国老年报社共同举办的“纪念抗战胜利70周年书画及诗、词、赋作品展”活动，多人获得特别奖和优秀奖，离退休干部办公室获得优秀组织奖。组织100多名离退休干部观看著名军旅作家王树增在审计署所做的纪念抗战胜利70周年主题报告会录像视频，并进行观后感的讨论交流。10月，结合纪念抗战胜利70周年和“九九”重阳节，举办“忆抗战、庆重阳”老干部文艺联欢演出活动，编印以“纪念中国人民抗日战争暨世界反法西斯战争胜利70周年”为主题的《离退休干部园地》专刊。

落实离退休干部政治待遇 贯彻中央八项规定精神和审计署领导的指示要求，探索创新老干部活动方式，本着务实、节俭的原则，组织召开署机关离退休干部岁末年初的审计情况通报暨新春团拜会活动，200多名老同志参加。结合署机关“三严三实”专题教育，召开离退休干部征求意见座谈会，听取老干部对署离退休干部工作和离退休干部办公室的意见建议，并将答复意见及时向离退休干部做出反馈。组织召开每季度署机关离退休干部工作例会，及时传达贯彻中央及署党组重要会议、文件精神和布置、总结有关工作，2015年共有700多人次参加4次例会。

办好老年大学，丰富离退休干部精神文化生活。2015年，署机关老年大学共开设有声乐、摄影、计算机、舞蹈、书画、手工6个兴趣班，每周老干部有180多人次、全年有2000多人次参加老年大学的学习。

注意发挥离退休干部党总支和党支部书记作用，涉及老干部的重要政策和重要活动，及时向党支部书记通报、听取意见建议；离退休干部办公室凡遇在职干部职务晋升、评优奖励等重要人事工作，都注意事前听取离退休干部党支部书记的意见，自觉接受老干部的监督。

落实离退休干部生活待遇 做好离退休干部走访慰问及生病住院探视工作，对老干部坚持做到“四个必访”：即重要节日必访、重要纪念日必访、生病住院必访、有特殊困难必访。2015年，全年14名工作人员分头到老干部家中、医院、养老院等地方走访、慰问、探视离退休干部939人次；协助机关服务局医疗保健处巡诊离休干部96人次，组织老干部健康体检260人次。做好特殊困难离退休干部的困难救助工作。为住院手术的老干部申请困难补助；为住院的离休干部申请办理住院护理困难补助；为因患重病自付医药费较多的退休干部申请“夕阳红”救助资金；协助专业医疗机构，为病重难以出户老干部提供康复护理。

做好离退休干部生日祝寿及金婚庆祝工作。年内为33名70岁以上的离退休老同志上门祝贺生日；为7对金婚夫妇拍摄金婚纪念照、举办金婚纪念座谈会。配合署人教司、机关服务局，耐心做好涉及离退休干部工资福利、公车和住房改革等方面的协调、解释工作。协助离退休干部家属，妥善办理12位老干部去世的善后工作，使逝者有尊严，生者得宽慰。

加强对审计署驻地方特派员办事处和直属单位的指导 对济南、太原、成都、广州等四个特派员办事处贯彻落实《审计署加强驻地方特派员办事处离退休干部工作暂行办法》情况进行调研。组织召开审计署机关及特派办和事业单位离退休干部工作人员座谈会，传达学习全国离退休干部"双先"表彰大会和老干部局长会议精神，学习贯彻署党组关于离退休干部工作的指示精神。副审计长孙宝厚到会，对进一步做好审计署老干部工作提出要求。（撰稿人：姜千辉）

【机关服务局】 2015年，机关服务局人员编制79人，实有63人。设有办公室、基建办公室、保卫处、机关事务管理处、事业单位财务处、医疗保健处、服务一部、服务二部、怀柔机构管理处、文印室。

领导成员

总经济师兼局长：张 力

副 局 长：姜跃山 许新琦

加强安全防范，确保机关稳定 针对纪念抗战胜利70周年、元旦春节等重大活动和重大节假日期间安全工作，两次组织全署70多个单位开展安全大检查，共排查出61处安全隐患，督促立整立改，消除各类隐患，确保安全稳定。针对9月7日发生的因周边居民楼供水管道破裂造成的署机关办公楼地下室顶部持续漏水现象，迅速协调北京市应急办和自来水集团，及时探明原因并妥善处置，避免人员安全及财产遭受损失。加强人员身份核查，会同人事教育司对审计署机关要害岗位人员进行政审，对临时用工人员身份进行核查，确保署机关要害岗位的安全稳定。与信访部门相互配合，加强信访接访工作。耐心说服并引导来访人员通过合理渠道反映诉求，协调警力化解群体上访事件，全年接待来署上访人员1130人次。加强交通安全管理，规范机关大院停车秩序，每月组织驾驶员学习交通法规，通报交通违法情况，加强车辆日常检修维护，有效预防重特大交通事故发生。确保职工食品卫生安全，落实安全责任制，严把采购制作关，严格操作流程，保障干部职工用餐安全。严格落实各项保密规定，分层次抓好处以上干部、重要涉密人员和全体干部职工保密安全教育；积极组织全体涉密人员参加国家保密局组织的集中轮训，加强对全局涉密网络、涉密文件、涉密载体的管理，落实涉密人员岗位责任，加强计算机网络和文件保密检查，定期组织开展保密自查。

依法履职尽责，抓好资产管理 积极推进完成华审宾馆置换移交、原怀柔基地划转清理关停撤销和烟台培训基地整体划转工作。

按照审计署党组的决定，7月31日，已完成华审宾馆清算注销，房地产已顺利移交北京市人民政府。

8月，启动原怀柔基地划转清理关停撤销工作；12月，全部土地和房屋产权均已登记至审计署名下，彻底解决房屋和土地资产权属不清的历史遗留问题。

2014年5月20日正式启动烟台培训基地整体划转山东省审计厅管理工作，2015年6月15日已向财政部报送划转申请函，烟台培训基地划转山东省审计厅相关事宜正由财政部审批办理，待财政部批复后办理整体划转手续。

推进署机关置换周转住房工作，由北京市负责全部按照公租房标准建设，切实加强建设进度和工程质量的监督把关。加强对特派员办事处资产处置的审批管理，利用机关服务局历年结存资金为哈尔滨、上海、南京等3个特派员办事处购置周转住房；审核批复长沙、重庆特派员办事处购置周转住房申请；申请中央预算内投资为住房缺口较大的特派员办事处购置周转住房，向国家发改委申报2016年至2019年中央预算内投资计划，为长春、哈尔滨、重庆、太原4个特派员办事处购置小户型周转住房。

加强基建工作，推进建设项目顺利实施 10月15日，机关服务局与基建办办理办公楼接管交接手续，组织做好承接查验、保洁、成品保护、设备调试等工作，开展满负荷运行调试工作，为正式入驻做好准备。做好审计署老旧小区综合整治工作；完成审计署机关交流干部宿舍装修改造任务。协调指导审计干部教育学院项目建设，与南京审计学院、教育学院对接，主动对项目建设进行业务指导、技术咨询和协调服务，在参建各方共同努力下，项目于7月竣工交付使用。

严格依法管理，积极推进各项改革 推进公务用车制度改革。启动审计署驻地方特派办公务用车制度改革和退休副部级干部用车改革工作。推动职工住房物业管理和供热采暖改革，牵头组织审计署职工住房物业管理和供热采暖改革工作，制订实施方案，广泛开展政策宣传、解释，按规定向职工发放物业补贴、采暖补贴，协调组织非审计署自管住宅小区职工与所在小区物业、供暖公司签订合同。

保障审计中心工作，努力提升服务保障质量和水平 在重大审计项目开始前，落实审计项目现场办公室、办公家具、办公设备、办公用品等的配备，做好审计项目过程中对审计人员日常和夜间加班定期提供餐饮、医疗保障等服务。做好全年署机关公务员招录、选调、大型会议等各类会务保障，完善会议室日常调配机制，对会务人员进行定期培训，保障各类会议服务未出现差错。坚持“高效、及时、高质量”的文印服务理念，保质保量完成机关文件资料的录入、扫描和印制工作，保障公文有序高效运转。严格落实食品卫生法，执行审计署机关和双榆树办公区食堂餐饮服务工作职责，保证审计署机关干部职工吃得营养、健康、舒心。做好署机关一般性医疗保健门诊服务，主动到审计一线提供医疗服务，开展职工健康教育，做好各种疾病防治工作。确保物业服务畅通，开展便民服务，为交流干部提供搬家、采购物品等服务，为出差审计干部提供上门物业服务，切实解决审计干部后顾之忧。

加强干部教育培训，提高队伍综合素质 以新办公楼建设、接管、管理为契机，组织处以上干部学习资产管理、政府采购、住房管理、财务管理、人事管理、物业服务等机关事务管理的各项政策法规；1名局领导参加中央党校学习，1名处长参加审计署新任处级干部培训班学习，分批选派15人次参加国务院机关事务管理局、审计署等部门组织的资产管理、政府采购、综合整治、绿化节能、公文写作、公务员初任等培训，切实提高工作能力。通过压担子、重要部门、关键岗位轮岗等措施，着力提高干部综合素质，培养干事创业的过硬作风，进一步提高队伍的战斗力。加强廉政风险教育，筑牢拒腐防变思想防线，坚持每季度处以上干部岗位廉政风险自查述职制度，加大对重点处室、重点项目、重点环节的监督管理，严格落实党风廉政建设主体责任制，落实“一岗双责”，确保队伍廉洁从政。

（撰稿人：余永平）

审计署派出审计局

【审计署外交外事审计局】 2015年，审计署外交外事审计局人员编制15人，实有14人。设有一处、二处、三处。

领导成员

副 局 长：马学斌　郝云松

审计成果 外交外事审计局共审结审计项目2个，完成外交部2014年度预算执行审计，参与新华社原社长任期经济责任审计工作。查出主要问题金额11129.34万元，审计发现非金额计量问题8个，提出审计建议11条，出具审计报告和专项审计调查报告4篇。提交重要审计信息7篇，被中办采用3篇次，国务院办公厅采用3篇次，领导批示1篇次。向社会公告审计结果2篇。外交外事审计局获得审计署“三严三实”专题教育征文组织奖。

财政审计 围绕保障财政资金和国有资产的安全有效使用，切实开展部门预算执行审计，重点关注预算执行、政府采购、资产管理、信息化建设等领域，着力解剖重点单位、重大项目和重点资金，查处自行调剂使用预算资金、挪用项目资金、超标准支出以及政府采购不合规等屡查屡犯问题，其中，某单位“小金库”问题被审计结果报告作为单独案例采用。在部门预算执行审计中，注重从体制机制层面研究原因，提出完善制度、加强管理的建议，促进提高部门预算管理水平，推动部门贯彻落实中央八项规定等要求。重点关注因部门利益纠葛、不作为、乱作为、懒作为等问题影响国家主权、安全和利益的典型案例，力争推动外交事业科学发展。审计发现的资金闲置影响政策目标、援外体制和决算汇总虚增收支等问题，得到外交部的高度重视。外交部根据审计建议，成立专门机构，负责重大外交专项资金及项目实施的管理和协调工作。

经济责任审计 在新华社原社长经济责任审计中，发现新华社以建设记者站名义违规建设楼堂馆所、违规使用财政性资金改造装修内部招待所、未将所属企业上缴利润纳入规定账簿核算形成“小金库”以及越权批准使用国有划拨土地使用权等问题线索。

交办任务 2 人次被审计署财政审计司抽调参加发改委稳增长等政策措施落实情况跟踪审计等项目中，3 人被审计署经济责任审计司抽调参加特派员经济责任审计，1 人被审计署法规司抽调参与审理工作。

（撰稿人：王 琛）

【审计署发展统计审计局】 2015 年，审计署发展统计审计局人员编制 15 人，实有 14 人。设有一处、二处、三处。

领导成员

局　　长：李　捷

副 局 长：丛　娜

审计成果 发展统计审计局完成审计项目 5 个，其中独立实施审计项目 3 个，分别是国家能源局 2015 年贯彻落实稳增长、促改革、调结构、惠民生、防风险政策措施情况跟踪审计，国务院发展研究中心 2014 年度预算执行和其他财政收支情况以及决算（草案）审计，国务院发展研究中心主任任职期间经济责任审计；参与实施审计项目 2 个，分别是发展改革委 2014 年度预算执行和其他财政收支情况以及决算（草案）审计、发展改革委 2015 年度预算执行等情况审计。查出主要问题金额 120372.18 万元，其中违规金额 22447.56 万元、管理不规范金额 97924.62 万元；损益（收支）不实金额 415.74 万元；审计处理处罚金额 4384.82 万元，其中应归还原渠道资金 112.89 万元、应调账处理金额 3310.98 万元；审计发现非金额计量问题 38 个；审计促进整改落实有关问题金额 726.91 万元，其中增收节支 88.21 万元、已调账处理金额 612.71 万元、已缴纳其他资金 25.99 万元。出具审计报告 11 篇，被批示、采用 6 篇次。提出审计建议 32 条，提交审计信息 7 篇，被批示、采用 24 篇次。向社会公告审计结果 1 篇。

政策措施贯彻落实跟踪审计 完成国家能源局 2015 年贯彻落实稳增长、促改革、调结构、惠民生、防风险政策措施情况跟踪审计，共出具审计报告 8 篇，被批示、采用 4 篇次。查出违规核发许可证、资金滞留闲置以及机构改革不彻底等方面问题，涉及金额 67678.95 万元，全部为管理不规范金额；审计发现非金额计量问题 26 个。

财政审计 完成的国务院发展研究中心 2014 年度预算执行和其他财政收支情况以及决算（草案）审计查出预算编报不规范、挪用公用经费和项目经费发放稿酬、未经批准自行调剂使用预算资金、决算支出不实、“三公”经费和会议费不规范、未执行政府采购、违规收费、超工资总额发放职工工资、使用虚假票据报销、未经批准报废固定资产以及会计核算等方面问题，涉及金额 4961.10 万元，其中违规金额 3135.04 万元、管理不规范金额 1826.06 万元；审计处理处罚金额 3135.04 万元，其中应归还原渠道资金 88.21 万元、应调账处理金额 2085.88 万元、应缴纳其他资金 960.95 万元；审计发现非金额计量问题 3 个；审计促进整改落实有关问题金额 726.91 万元，其中增收节支 88.21 万元、已调账处理金额 612.71 万元、已缴纳其他资金 25.99 万元。

在发展改革委 2014 年度预算执行和其他财政收支情况以及决算（草案）审计中，查出的发展改革委中央预算内投资项目安排不规范、套取专项资金、项目执行缓慢等 5 个问题纳入《审计工作报告》，编报储备工程、电力项目方面的 2 篇信息被审计署《重要信息要目》采用，查出所属单位负责人贪污、挪用公款问题已移送检察机关。

经济责任审计 完成国务院发展研究中心主任任职期间经济责任审计，查出执行政策不到位、违规收费、监管不到位、重大投资不合规、部分单位未纳入预决算管理、自定标准发放劳务报酬等方面问题，涉及金额 47732.13 万元，其中违规金额 19312.52 万元、管理不规范金额 28419.61 万元；审计处理处罚金额 1249.78 万元，其中应归还原渠道资金 24.68 万元、应调账处理金额 1225.10 万元；审计发现非金额计量问题 9 个。

（撰稿人：周伽骐）

【审计署教育审计局】 2015 年，审计署教育审计局人员编制15人，实有14人。设有一处、二处、三处。

领导成员

副局长：罗 键 张跃挺

审计成果 教育审计局完成审计项目4个，提交审计（调查）报告9份，查出违法违规和管理不规范金额244.56亿元，其中违法违规金额3.49亿元、管理不规范金额241.07亿元。向司法机关、主管部门办理审计移送处理案件线索9件。编发的审计简报、重要审计情况被审计署采用13篇次，多篇审计信息被国家领导人批示。在向全国人大常委会所做的审计工作报告中直接引用教育审计局查出的问题10多次，其中单独案例1起。

财政审计 对教育部部门预算的分配、批复、执行、调整和决算编制进行全环节覆盖和全流程监控，揭示教育部所属某事业单位虚报编制人数套取财政资金、某高校个别教师以假合同、使用假发票套取纵向财政科研项目资金、部分高校挤占挪用项目经费向职工发放加班费、津补贴等问题。关注中央八项规定执行情况，通过对比分析2014年与2013年“三公”经费和会议费预算及实际支出规模和结构变化情况，揭示教育部所属单位存在未编报因公出国（境）计划、擅自更改行程、扩大出国（境）费开支范围、超标准列支出国（境）费等问题；教育部及所属单位长期占用下属单位车辆；在非定点饭店召开会议以及超规模开会。通过对教育部部分直属事业单位和所属高校的审计，着力查处重大违法违纪案件，揭示出部分高校个别部门和人员通过虚列会议费支出等方式，套取资金私设“小金库”等问题。

政策措施贯彻落实跟踪审计 为推动稳增长、促改革、调结构、惠民生、防风险政策措施落实到位，促进经济平稳运行、健康发展，对教育部2015年贯彻落实相关政策措施情况进行审计。揭示教育部在落实国家“一带一路”倡议方面未推出新举措；在行政审批事项方面，职业资格许可和认定清理工作等简政放权未落实到位，以备案名义变相进行审批，“教育部科技查新机构认定审批”和“利用互联网实施远程高等学历教育的教育网校”等审批事项取消后未及时完善后续管理措施，中外合作办学项目审批制度不完善；在政策执行方面，支持中小学生进行学工、学农等综合素质教育的实践基地项目和“国家教育信息化建设工程专项”以及青少年校外活动场所建设项目等进展缓慢，免费师范生政策后续跟踪管理机制不健全；在政策措施实施效果方面，国务院明确的重点工作未按进度完成，依托大学科技园促进高校毕业生自主创业政策未得到有效落实，“农村义务教育学生营养改善计划”执行不到位，教育部所属高校科技园建设偏离政策目标，依托大学科技园促进大学生自主创业政策未有效落实；在财政存量资金方面，全国高等学校学生信息咨询与就业指导中心未申报上缴财政结余资金，教育部统筹盘活的财政存量资金还未形成有效支出，教育部部分所属高校5万多个财政资金支持的科研项目已结题未结账，结存财政资金20多亿元未及时盘活使用。

经济责任审计 对教育部部长2009年10月至2015年6月任职期间经济责任履行情况进行审计，重点审计教育部本级和12个所属高校及事业单位。审计发现在履行落实党和国家方针政策和决策部署责任方面，存在《教育规划纲要》确定的部分目标和任务未按期完成，部分事项或政策未有效落实，部分行政审批事项不规范，高校为教育部机关食堂补贴伙食费用问题未及时整改，教育部本级和部分所属单位会议管理不规范，未经批准自行开展评比达标表彰活动等问题；在履行重大经济决策责任方面，存在“三重一大”制度不完善，部分重大事项未经集体决策，中央教育科学研究院利用职权向地方收取研究经费，部分重大专项管理不到位等问题；在履行内部管理责任方面，存在未建立事业单位薪酬管理制度，信息系统建设缺乏统一管理，对所属单位房产出租出借监管不到位，中国教育电视台部分频道违规对外承包或公司化运营等问题；在履行财政财务收支管理责任方面，存在违规安排预算，未按要求及时调减预算，所属单位业务收支未纳入法定账册核算等问题；在履行廉政建设责任方面，存在教育部某局级干部未经批准出任国家汉语国际推广领导小组办公室所属企业董事长、法定代表人，并领取工资、绩效奖金、过节费等问题。

（撰稿人：吴 松）

【审计署科学技术审计局】 2015年，审计署科学技术审计局人员编制15人，实有12人。设有一处、二处、三处。

领导成员

局　　长：韩大川

副 局 长：涂　莹

副司级审计员：彭碧莲

审计成果 科学技术审计局完成审计项目4个，其中组织实施审计项目3个，参与实施审计项目1个。查出主要问题金额157325.32万元，其中违规金额14480.38万元、管理不规范金额142844.94万元；审计处理处罚金额2177.18万元，其中应上缴财政2067.49万元、应归还原渠道资金109.69万元；审计发现非金额计量问题3个；审计促进整改落实有关问题金额2177.18万元，其中上缴国库2067.49万元、已调账处理金额109.69万元。移送有关部门处理事项7件。出具审计报告和专项审计调查报告12篇。提出审计建议6条，提交审计信息1篇，被批示、采用1篇。向社会公告审计结果2篇。

政策措施贯彻落实跟踪审计 科学技术部2015年政策措施贯彻落实跟踪审计发现科学技术部科技成果转化引导基金项目2014年预算为3亿元、2015年预算为10亿元，主要用于设立创业投资子基金，为转化科技成果的企业提供股权投资，引导社会力量和地方政府加大科技成果转化投入，截至6月，上述预算13亿元尚未执行；根据《国务院关于加快科技服务业发展的若干意见》（国发〔2014〕49号）要求，科学技术部会同财政部、国家税务总局，应在2014年12月底前完善高新技术企业认定管理办法，将科技服务内容及其支撑技术纳入国家重点支持的高新技术领域，截至2015年6月，科学技术部等3部门尚未出台修改完善后的高新技术企业认定管理办法。

财政审计 中国社会科学院（以下简称社科院）2014年预算执行及决算（草案）审计发现，2014年社科院未经财政部批准，自行调整所属预算单位财政拨款预算。2012年，所属亚太与全球战略研究院未经批准将3个项目经费共计50万元全部用于购买与项目无关的办公家具。2013年，所属近代史所未经批准将12.52万元项目经费用于购买与项目无关的办公家具；所属图书馆未经批准采取单一来源采购方式，直接委托社科院所属企业采购3套信息系统，涉及金额1479万元。至2014年底，社科院本级超编制配置公务用车16辆。2013年和2014年，社科院本级未经批准安排所属考古研究所使用财政资金254.4万元超标准购置10辆越野车，其中2014年119.4万元。2013年，所属近代史所列支22.36万元超标准购置公务用车1辆。2014年，社科院本级未按规定制订年度会议计划；院本级、所属近代史所违规在宾馆等召开2个会议，支出13.29万元；2013年，所属全球院在无京外人员参会的情况下，违规安排住宿，支出4.73万元。2012年至2014年，所属语言所未将版税收入及相关支出纳入预算管理，涉及收入8575.48万元、支出8274.15万元。2014年，所属近代史所、世界经济与政治研究所未将社科基金等收入纳入预算管理，涉及收入422.31万元、450.37万元，支出359.15万元、238.71万元。至2014年底，社科院本级未将2处房产计入固定资产，未将购入的软件计入资产管理，涉及金额15万元；所属图书馆未将采购的电脑等设备22.51万元计入固定资产。

（撰稿人：*石福海*）

【审计署工业审计局】 2015年，审计署工业审计局人员编制15人，实有10人。设有一处、二处、三处。

领导成员

局　　长：丁仁立

副局级审计员：傅少军

审计成果 工业审计局完成审计项目10个，其中组织实施审计项目9个，参与实施审计项目1个。查出主要问题金额534438.3万元，其中违规金额3314.97万元、管理不规范金额531123.33万元；审计处理处罚金额3314.97万元，其中应归还原渠道资金250.89万元、应调账处理金额3064.08万元；审计发现非金额计量问题29个；审计促进整改落实有关问题金额3314.97万元，其中增收节支250.89万元、已调账处理金额3064.08万元。移送司法机关、纪检监察机关和有关部门处理事项3件。出具审计报告和专项审计调查报告9篇。提出审计建议6条，提交审计信息6篇，被批示、采用5篇。向社会公告审计结果9篇。

政策措施贯彻落实跟踪审计 完成对工业和信息化部2015年度贯彻落实国务院稳增长、促改革、调结构、惠民生政策措施情况的跟踪审计。审计工作突出工业和信息化部的特点，分阶段、有步骤、有重点地持续跟踪，确保政策落实和执行效果。

财政审计 1月至4月，完成对工业和信息化部2014年度预算执行等情况的审计。审计查出预算执行中不符合财经制度规定的问题金额12540.65万元、其他财政收支方面不符合财经制度规定的问题金额9516.3万元。揭示“三公”经费和会议费管理中存在的突出问题；揭示存量资金盘活不到位、预算项目资金使用不规范问题；对部门参与中央财政资金分配情况实施审计，提出整合归并、优化调整专项转移支付项目的审计建议。

经济责任审计 4月至7月，参与完成对国家海洋局原局长2011年2月至2014年12月任职期间经济责任履行情况的审计。

（撰稿人：李　颖）

【审计署民族宗教审计局】 2015年，审计署民族宗教审计局人员编制15人，实有13人。设有一处、二处、三处。

领导成员

副 局 长：车列武

审计成果 民族宗教审计局完成审计项目2个，查出主要问题金额59855.03万元，其中违规金额1312.47万元、管理不规范金额56467.53万元；审计处理处罚金额9932.60万元；审计发现非金额计量问题3个；审计促进整改落实有关问题金额2649.23万元，其中已调账处理金额2649.23万元。移送司法机关、纪检监察机关和有关部门处理事项5件。出具审计报告和专项审计调查报告2篇，被批示、采用2篇。提出审计建议6条，提交审计信息5篇，已被批示、采用5篇。

财政审计 完成国家民委预算执行审计，重点揭露财政资金使用效率和效果方面的典型问题，推进部门预算管理规范化。反映该委预算编报和执行方面存在的问题，如委本级未经批准自行调剂使用预算资金、以项目支出预算形式编报基本支出预算2423万元等，所属某单位弄虚作假以室外工程名义进行室内文体设施的装修工程，所属某单位对项目前期论证不充分造成财政资金损失，所属某单位未取得规划许可违规修建临时设施等财政资金使用效率和效果方面的典型问题。

为推动国家民委及所属各单位严肃贯彻中央八项规定精神，结合国家民委“三公”经费管理特点，通过解剖国家民委项目经费支出结构，审计国家民委本级重点项目并延伸审计国家民委有关机构、下属单位，揭示国家民委未严格执行因公出国（境）的相关管理规定，两个下属单位部分领导干部超面积使用办公用房，以及国家民委机关超编制控制数配备公车、超标准公款消费等问题。

政策措施贯彻落实跟踪审计 通过审计国家民委参与分配的少数民族发展资金、民族贸易企业网点建设和民族特需商品定点生产企业技术改造专项资金，反映资金多头管理未有效整合、对项目安排缺乏有效监管、兴边富民规划任务目标未量化等问题；对该委简政放权情况进行专项检查，揭露该委在国务院取消“全国民委系统信息工作先进集体、先进个人和优秀信息表彰”项目后，将其转为“系统内部业务考核”项目继续实施的问题。国家民委高度重视，委领导批示并召开专题会议研究整改。

经济责任审计 完成新华社下属某分社的审计。围绕新闻行业经营创收渠道特点，组织专门力量核查某分社“靠新闻吃新闻”的典型问题。揭露某分社购买的股票及股票分红收益不入账形成巨额账外资产、违反中央八项规定精神滥发钱物、以社长基金名义私设“小金库”等违纪违规问题，审计组针对新华社近几年对外营销活动进行审计，披露某分社严重违反“采编和营销两分开”的规定，利用新华社的影响搞有偿新闻。

交办事项 按照审计署统一部署，抽调3人参加对审计署所属单位综合考核检查和全面检查不严不实问题专项检查工作。（撰稿人：王　姝）

【审计署政法审计局】 2015年，审计署政法审计局人员编制15人，实有13人。设有一处、二处、三处。

领导成员

局　　长：钱啸森（—8月）

李秀才（8月—）

副 局 长：赵京琳

审计成果　政法审计局共完成4项审计任务，其中完成公安部2014年度预算执行和其他财政收支情况以及决算（草案）审计，参与完成教育部部长经济责任审计，完成对公安部、司法部稳增长政策措施落实情况的跟踪审计，派员参加中办、国办对辽宁省和山东省执行中央八项规定情况的检查、法规司对中央部门2014年度预算执行和决算（草案）审计报告的审理以及审计署对特派办“三严三实”全面检查工作。审计查出问题金额10571万元，其中违规金额3361万元、管理不规范金额7210万元；审计处理处罚金额2950万元，其中应归还原渠道资金1403万元、应调账处理金额1907万元。以审计长信函和转送函形式移交有关部门查处违法案件线索2件。提交审计报告和信息简报7篇，审计查出的22个问题被审计结果报告采用，其中1个问题作为单独案例反映，2个问题被报国务院专题报告采用。

财政审计　进一步扩大部门预算执行审计覆盖面和延伸度，全面把握公安部近年来职能履行、预算管理和财政财务收支的总体情况和主要变化，分析掌握薄弱环节和风险隐患。审计发现并反映公安部外事接待经费管理不严，财政存量资金清理、盘活不完整，未制订部门信息系统总体规划，所属单位依托行政审批收费，所属单位领导干部办公用房超标清理腾退不到位等问题。

经济责任审计　参与教育部部长任期经济责任审计，负责教育部基本建设、资产管理和招投标方面审计，延伸审计武汉大学、中国教育电视台等单位，发现2010年至2014年，教育部自行批准限额以上的建设项目多个；对部属高校基建项目审批流程存在缺陷；上报财政部政府集中采购金额信息不准确，部属大学未经报批自行出租房产，自行变更政府采购方式等问题。

政策措施贯彻落实跟踪审计　结合公安部、司法部、国务院扶贫办等单位的业务特点，在梳理公安部44项、司法部35项简政放权的基础上，重点审计督查中央重大政策措施落实情况。在公安部稳增长等政策措施落实情况跟踪审计中，围绕简政放权过程中国务院决定取消外国人自驾车通关行政审批未落实事项进行审计督查，提出取消外国人自驾车通关行政审批后需要加强中央有关部门联动和协调的建议。　（撰稿人：郭艳丽）

【审计署民政社保审计局】　2015年，审计署民政社保审计局人员编制15人，实有15人。设有一处、二处、三处。

领导成员

局　　长：贾有长

副 局 长：李　伟

审计成果　民政社保审计局完成审计项目4个，其中组织实施审计项目3个，参与实施审计项目1个。查出主要问题金额4299268.18万元，其中违规金额23073.22万元、管理不规范金额4276194.96万元；审计处理处罚金额19917.74万元，其中应上缴财政42.10万元、应减少财政拨款或补贴173.65万元、应归还原渠道资金50.59万元、应调账处理金额1338.73万元；审计发现非金额计量问题19个；审计促进整改落实有关问题金额774.85万元，其中增收节支50.59万元、已调账处理金额724.26万元；审计后挽回（避免）损失24.07万元。出具审计报告和专项审计调查报告18篇，被批示、采用3篇。提出审计建议28条，提交审计信息13篇，被批示、采用2篇。

政策措施贯彻落实跟踪审计　对民政部重点任务完成、重点资金的落实和使用、推进简政放权政策落实等情况进行跟踪审计，对民政部参与分配的低保资金进行深入调查分析，到北京市延庆县、河北省顺平县进行实地调查，走访农村低保户，到基层民政局调查了解低保政策落实情况。出具8份审计报告，上报1份审计简报，审计发现的问题被审计署报国务院综合报告汇总采用4次。推动民政部积极制定出台《关于进一步完善医疗救助制度全面开展重特大疾病医疗救助工作的意见》等具体政策措施；督促民政部取消“公益性捐赠税前扣除资格确认”等行政审批事项，加快预算执行进度，消化结转结余资金，统筹安排存量资金。

完成人力资源和社会保障部2015年贯彻落实稳增长等政策措施情况跟踪审计。对人力资源和社会保障部落实大众创业万众创新、加强就业创业、推进简政放权、深化医药卫生体制改革、盘活存量资金等20个方面政策措施情况进行跟踪审计。向人力资源和社会保障部出具审计报告8份，向审计署报送审计简报2篇，起草3份上下联动审计方案并以财政审计工作动态形式下发，提出审计建议15条。促进人力资源和社会保障部出台《就业补助资金管理办法》等政策措施，督促人力资源和社会保障部积极推动减少职业资格许可认定、促进新形势下就业创业等工作。

财政审计　完成人力资源和社会保障部2014年度预算执行审计。对人力资源和社会保障部本级及所属信息中心、全国人才流动中心等5个二级预算单位进行审计，涉及资金20.53亿元，查出问题金额3.15亿元。主要发现虚报人数多申领人员经费、未经批准自行调剂使用预算资金、虚列支出套取财政资金、未按规定执行政府采购、科研项目执行缓慢未按期结题，大量资金结存、结余资金清理不到位、领导干部违反规定兼职取酬、超编制配备人员等问题。提出审计建议4条，撰写的相关信息被署重要信息要目汇总采用。

完成民政部2015年度预算执行和其他财政收支情况分阶段审计。7月至10月，对民政部2015年度预算执行和其他财政收支情况进行分阶段审计，重点审计民政部本级和所属全国老龄工作委员会办公室、社会福利与社会进步研究所等2个单位，主要发现预算执行进度缓慢、专项资金滚存结余过大等问题。

经济责任审计　参加中国社会科学院院长经济责任审计。按照审计组分工，负责审计中国社会科学院所属国际学部、经济学部和史学部部分研究所，查出问题金额11228.68万元。

专项资金审计　完成人力资源和社会保障部“三公”经费和会议费以及信息化建设专项审计。审计人力资源和社会保障部本级及所属宣传中心等4个二级预算单位的出国费、公务用车、公务接待以及会议费四项经费管理使用情况和信息化建设情况，涉及金额2612.14万元，查出问题金额393.40万元。在出国费审计中，发现计划外出国（境）任务未按规定报批、向外单位转嫁出国费用、扩大出国（境）经费开支范围等问题。在公务用车审计中，发现超编制配备公务用车、长期占用所属单位车辆、应交未交车辆、公务用车运行维护费超预算支出等问题。在公务接待经费审计中，发现公务接待用车未签订租赁合同、列支无公函公务招待费等问题。在会议费审计中，发现未按规定程序履行三类会议审批程序、违反规定在五星级饭店召开会议、会议期间安排宴请、虚列会议费支出等问题。在信息化建设专项审计中，发现信息系统存在自行建设，分散管理，资源不共享，系统安全防护能力不足，以及信息化建设缺少软硬件相关国家指导标准等问题，提出审计建议3条，撰写的审计信息被审计署《重要信息要目》汇总采用。

信息化建设　加强探索信息化环境下的审计模式，运用大数据技术，对业务数据与财务数据、单位数据与行业数据进行关联分析，形成审计一线作业与后台大数据分析一体化。发现并评价一系列违规问题，受到相关部门高度重视，被审计单位第一时间采取相关措施进行整改，在有效提升审计效率和成果的同时，促进被审计单位进一步完善运行机制，从源头上规范管理。

（撰稿人：曹　盾）

【审计署资源环保审计局】　2015年，审计署资源环保审计局人员编制15人，实有15人。设有一处、二处、三处。

领导成员

副 局 长：茅东萍（党支部书记）

　　　　　文卫国（2月—）

副局级审计员：马受仁

审计成果　资源环保审计局分别完成和参与中央部门预算执行审计、稳增长等政策落实情况审计、中央部门部长经济责任审计等6个项目。提交审计报告、审计决定、专题审计报告等审计文书22份，涉及违法违规及管理不规范问题金额42.54亿元。审计移送处理案件线索8件。撰写或参与撰写的审计信息被《审计要情》采用1篇，国务院专题报告采用1篇，《重要信息要目》采用5篇，署领导批转函采用1篇，转送函采用1篇，另有多个问题被审计结果报告和报国务院专项报告以单独案例或汇总等形式采用。资源环保审计局在审计署派出审计局2015年度综合考核中获得第一名。

政策措施贯彻落实跟踪审计 实施国土资源部、环境保护部2015年稳增长等政策措施贯彻落实情况跟踪审计，国家海洋局2015年第一季度稳增长等政策措施贯彻落实情况跟踪审计。密切关注简政放权、重大项目推进、重点资金到位、重要政策落地等4个方面，评价国土资源部违规增设行政审批前置条件并收费3300余万元、国家海洋局等部门借行政审批权违规收费1.6亿元、环境保护部违规开展上市公司环保核查加重企业负担等问题，反映部分行政审批事项审批效率不高、周期长，影响项目进展等情况。相关问题反映后，国土资源部和环境保护部第一时间发文取消违规设置的审批前置环节及收费，为促进政府职能转变、减轻企业负担和激发市场活力发挥有益作用。通过上下联动方式重点审查中央重金属污染防治和大气污染防治等重大专项的部署安排、项目进展和成效。反映大气污染防治专项资金分配不科学、安排使用滞后以及项目进展缓慢、擅自扩大开支范围，重金属污染防治项目审计评价部分重金属污染综合防治项目推进缓慢、未达到预期污染治理效果、一些地区历史遗留污染依然突出等问题，以专题报告和重要信息要目形式上报国务院后，国务院领导做出重要批示。

财政审计 具体实施和派员参与环境保护部和国土资源部2014年度预算执行审计，紧紧抓住资金分配、预算执行、政策目标实现3个环节，开展专项转移支付资金、财政存量资金、信息系统、“三公”经费等4个专题审计。重点评价财政资金长期闲置、信息系统缺乏顶层设计、信息共享不足、专项资金分配不科学等问题。坚持把查处重大违法违规案件线索摆在突出位置，查出环境保护部所属单位伪造劳务费发放单套取资金、部分人员侵占公款，以及账外核算培训费收入形成“小金库”等问题。继续加强对违反中央八项规定行为的监督检查，重点反映环境保护部租用高级宾馆开会、乱发津补贴、领导干部超标准配备公务车和乘坐头等舱等问题。围绕部门核心职能和社会热点，关注机制体制问题。审计发现环境保护部环评体制改革不彻底，环境保护部所属事业单位成立全资或控股公司，再将其拥有的环评资质无偿变更给公司，实际并未实现环评机构与行政部门的彻底脱钩。审计揭示相关问题后，环境保护部及时发布环评机构脱钩工作方案，要求直属事业单位的8家环评机构于2015年全部彻底脱离。

经济责任审计 参加由经济责任审计司牵头的国家海洋局原局长经济责任审计项目。围绕履行职责、落实中央政策、重大经济决策、预算财务收支和内部管理等4个方面关注领导干部守法、守纪、守规和尽责情况。重点对海洋环境保护和围填海管理开展审计，从统筹协调机制、总量控制制度、海洋环境监管能力等方面分析陆源污染物排海综合管控方面的突出问题；从制度、审批、监管等方面评价围填海管理中的问题。审计反映的上述问题被审计署《重要信息要目》采用2篇。查出领导干部未落实国务院交办任务、职责履行不到位、有关单位常年以各类虚假票据大量套取财政资金形成“小金库”等重大问题。

联网审计 充分利用联网审计条件，利用信息化手段发现重大违法问题线索并探索审计全覆盖的实现途径，注重做好年度预算执行审计与日常联网审计的衔接和配合，对预算执行审计未覆盖到的京内单位以及风险较大的京外单位，通过联网审计方式扩大审计覆盖面，逐步将联网审计常态化和习惯化。通过联网审计先后查出国土资源部和环境保护部所属单位违规调剂项目资金用于职工福利、违规出租国有资产等问题。在联网审计中发现的国土资源部所属单位将大量公款取现存入个人账户的问题线索基础上，通过进一步核查后发现部分人员涉嫌挪用公款购房、理财和以虚假票据套取财政资金。该问题通过署领导批转函形式移送相关部门查处后，国土资源部高度重视，积极整改，已收回套取和挪用的资金，对40人处以开除党籍和行政降级等党纪政纪处分，并建立完善一系列管控制度。（撰稿人：王中杰）

【审计署建设审计局】 2015年，审计署建设审计局人员编制15人，实有14人。设有一处、二处、三处。

领导成员

局　　长：李树廷

副 局 长：李　丹

副局级审计员：张春雷

审计成果 建设审计局完成、参与审计项目

4个，查出主要问题金额32967万元，其中违规金额17536万元、损失浪费金额18万元、管理不规范金额15412万元；损益（收支）不实金额2139万元；审计发现非金额计量问题23个；审计处理处罚金额7518万元，其中应归还原渠道资金74万元、应调账处理金额7444万元；审计促进整改落实有关问题金额7517万元，其中增收节支74万元、已调账处理金额7443万元。移送司法和纪检监察机关处理事项2件。出具审计报告9篇。提出审计建议16条，提交审计信息2篇。

财政审计 在住房城乡建设部2014年度预算执行和其他财政收支情况以及决算（草案）审计中，结合部门和所属单位业务特点，拓展审计覆盖面；加大审计力度，查处重大违规问题；加强对权力运行的监督制约，强化对贯彻中央八项规定精神和“三公”经费、会议费的审计力度。审计查出各类问题43个，违法违规和管理不规范问题金额合计2.71亿元，涉及部本级和10个所属事业单位、社会团体。审计查出问题中包括所属事业单位长期未纳入部门预算管理、违规调整预算、未经批准动用机动经费、违反政府采购程序等预算编制和执行问题，也包括账外核算收支、违规收费、虚报冒领等其他财政收支问题。审计结果引起住房城乡建设部党组的高度重视，专门下发文件，通报审计发现的问题，认真部署整改工作。

政策措施贯彻落实跟踪审计 在住房城乡建设部贯彻落实稳增长、促改革、调结构、惠民生、防风险等政策措施落实情况跟踪审计中，以推进简政放权为抓手，在关注政策落实总体情况的基础上，重点反映政策落实过程中存在的新情况和新问题，分析具体原因，针对规范性文件清理不到位导致所属单位擅自设立职业资格并借机收费、行政审批管理不规范、部分地方棚户区改造工作进展缓慢等突出问题，逐项提出审计建议。

经济责任审计 4月至7月，与政法审计局、贸易审计局、卫生药品审计局、国资监管审计局、广电通讯审计局、教育审计局合作，完成教育部部长任期经济责任审计。在贯彻落实《国家中长期教育改革和发展规划纲要（2010—2020年）》（以下简称规划纲要）、分配管理使用专项资金、行政审批项目管理等方面，查出教育部专项资金分配不规范、职业与成人教育司和民族教育司未完成规划纲要任务、国家开放大学违规建设培训中心等问题。国家开发大学所属企业违规发放奖励的问题移送教育部查处。

交办事项 选派1人赴审计署驻兰州特派员办事处锻炼，1人参加特派办综合检查，1人参加世界审计组织发展培训委员会灾害管理绩效审计项目网络培训课程设计会议。（撰稿人：黄　丰）

【审计署交通运输审计局】 2015年，审计署交通运输审计局人员编制15人，实有14人。设有一处、二处、三处。

领导成员

副 局 长：矫　强　周子祥

副局级审计员：余其汉

审计成果 交通运输审计局完成审计项目5个，其中政策措施贯彻落实跟踪审计3个，预算执行审计1个，经济责任审计1个。结合年度预算执行审计完成“三公”经费、会议费等专项审计任务。全年查出违法违规、管理不规范等各类问题金额1410亿元。出具审计报告和专题报告21篇，14个案例被采用。提交审计信息8篇，被批示、采纳4篇。

政策措施贯彻落实跟踪审计 持续开展交通运输部、中国民用航空总局以及中国铁路总公司第一季度稳增长、促改革、调结构、惠民生、防风险政策措施贯彻落实情况跟踪审计。出具审计报告19篇，提交审计信息1篇，查出行政不作为、慢作为，简政放权不到位，重大项目进展缓慢和财政资金闲置等问题78个，涉及资金1340亿元。其中北京新机场建设部分关键工作未达到进度要求等12个案例，被审计署报国务院综合报告采用。

财政审计 完成交通运输部2014年度预算执行和其他财政收支情况审计，把交通运输部负责分配的车辆购置税和燃油税等专项转移支付资金作为审计重点，查出交通运输部动用专项资金列支人员经费、违规审批基建项目、把关不严造财政资金流失，以及所属部分单位自行调剂使用预算资金、依托部门资源利用部门权力收费、违规发放津补贴等问题30多个，其中专项资金列支人员经费和违规发放津补贴2个案例，被审计署汇总采用并纳入两个报告。审计署财政办根据上报信息和数据，组织部分特派员办事处对骗取成品油价格补助问题进行深入查处。结合预算执行审计，开展“三公”经费和会议费等专项审计，为推进严格执行中央八项规定发挥重要作用。

经济责任审计 在2015年国家海洋局原局长经济责任审计中，承担对国家海洋局海域综合管理、政策法制和岛屿权益司职责履行，以及所属北海分局等4个单位预算执行和其他财政收支情况的延伸审计。提交违法犯罪问题线索和审计信息5篇，其中针对某海域内两个区域用海规划严重威胁海洋生态安全问题等已上报国务院，政府性债务风险隐患问题已转送山东省政府处理；深海中心违规筹建职工住房和国家海洋局海警机构重组整合等问题已形成审计简报上报审计署。

（撰稿人：李昉熹）

【审计署农林水利审计局】 2015年，审计署农林水利审计局人员编制15人，实有14人。设有一处、二处、三处。

领导成员

局　　长：娄　仲

副 局 长：涂　莹（—2月）

　　　　　山军辉（2月—）

副局级审计员：杨　岗（—2月）

　　　　　　　刘　洁（2月—）

审计成果 农林水利审计局完成农业部、水利部、国家林业局、国务院扶贫办公室4个部门的重大政策措施落实情况跟踪审计（以下简称稳增长审计），以及国家林业局2014年度预算执行审计，参与实施国家海洋局原局长经济责任审计、彩票资金审计等7个审计项目。查出主要问题金额8484万元，其中违规金额2678万元、管理不规范金额5806万元；损益（收支）不实金额2万元；审计处理处罚金额2461万元，其中应归还原渠道资金422万元、应调账处理金额2039万元；审计发现非金额计量问题66个；审计促进整改落实有关问题金额260万元，其中增收节支226万元、已调账处理金额34万元；审计促进拨付资金到位295万元；审计后挽回（避免）损失295万元。出具审计报告和专项审计调查报告24篇。提出审计建议4条。

政策措施贯彻落实跟踪审计 重点关注农业部牵头落实中央1号文件相关政策，以及重大水利工程、农村饮水安全、落实精准扶贫、精准脱贫政策和扶贫开发信息系统建设等方面的工作，出具审计报告23篇。反映的扶贫开发建档立卡部分数据不准确的问题，被审计署9月提交国务院的报告所采用。农村饮水安全水质检测中心个别省份进展偏慢，截至12月，水质检测中心招投标的2030个项目中，完成招投标1863个，招投标完成比例92%，建议水利部进一步加强督导，各相关省份加强部门协调，推动招投标各环节问题及时化解，加快投资进度。

财政审计 对国家林业局2014年度预算执行审计，形成5篇审计报告，反映国家林业局贯彻国家宏观政策、林业专项资金、部门预算执行和信息系统管理使用等方面的93个问题。其中国家林业局违规开展已取消2项行政审批事项的问题，被2015年审计工作报告和审计署一季度稳增长审计公告采用。在审计中强化项目统筹谋划，加强稳增长、林业专项资金和预算执行3方面审计内容的结合。注重总体和纵向二级单位审计与横向重点板块审计的结合。强化数据先行的理念。对所有审计事项，先行开展数据分析，形成上下联动审计要点报送财政办。强化审计现场管理。坚持动态导向，根据财政办工作动态的工作部署，安排专人落实中介机构依托部门权力收费、职业资格许可和认定等专项任务。坚持完成“规定动作”的同时突出林业特点。

经济责任审计 参与对国家海洋局原局长任职期间经济责任审计项目，审计中特别注重对国家海洋局机构改革缓慢、重大维权能力建设项目进度缓慢等宏观问题的分析，形成关于机构重组进展缓慢，职能、资产和人员整合不到位，影响海上维权执法力度的审计信息。

（撰稿人：米春云）

【审计署贸易审计局】 2014年，审计署贸易审计局人员编制15人，实有15人。设有一处、二处、三处。

领导成员

局　　长：徐　露

副 局 长：王　磊

副局级审计员：张东华

审计成果 贸易审计局独立完成和参加审计署统一组织的审计项目共3个，包括中国国际贸易促进委员会（以下简称贸促会）2014年度预算执行和其他财政收支情况及决算（草案）审计、教育部部长任期经济责任审计、商务部稳增长等政策落实情况跟踪审计。查出违规和管理不规范问题金额88.49亿元。出具审计报告和专题报告11篇，编发审计业务信息4篇，提出审计建议30余条。配合完成审计和专项检查项目2个；派出1人参加中央巡视组、国土审计巡检组的专项巡视工作及全署预算执行审计报告审核汇总工作，2人参与审计署对驻地方特派办综合检查工作。

财政审计 2014年年底至2015年4月，完成贸促会2014年度预算执行和其他财政收支情况及决算（草案）审计，查出违法违纪及管理不规范问题金额12.99亿元，上报重要审计情况等审计信息3篇，其中转送有关部门处理1篇，被署专题报告单独案例反映1篇。围绕贸促会审批和组织境内单位到境外参展这一主要职能开展审计；围绕贸促会开展多边交流的重点事项，加大延伸审计力度；围绕贸促会业务特点，确定国际贸易仲裁委员会、专利商标事务所、专利代理公司等所属单位为本次审计重点单位。关注体制机制方面的问题。

经济责任审计 5月至7月，派出12人参与教育部部长任期经济责任审计。完成对教育部本级涉外教育部分、所属孔子学院、天津大学等相关单位的审计任务，重点揭示教育部涉外教育、985工程等重大专项、孔子学院等建设目标完成及专项资金使用情况中与部长履职相关事项中存在的问题。

政策措施贯彻落实跟踪审计 1月至12月，开展商务部稳增长等政策措施落实情况跟踪审计。报送审计报告9份，以署重要信息要目反映问题1篇，被国务院专题报告单独案例采用3个，引起商务部的高度重视。全面梳理商务部制定的稳增长等各项政策措施，尤其是为落实国务院相关政策措施而出台的制度措施和相关专项资金安排使用情况。以商务部牵头事项为重点审计内容，充分揭示因牵头部门履职不到位出现的问题，关注取消和下放行政审批事项的落实情况、重点资金落实和使用情况、体制机制制度方面不协调不配套问题。加强与财政司的沟通联系和其他审计组的协作，共同完成重要信息要目上报国务院。

（撰稿人：曾贤善）

【审计署文化体育审计局】 2015年，审计署文化体育审计局人员编制15人，实有12人。设有一处、二处、三处。

领导成员

局　　长：虞伟萍

副 局 长：宋　波

副局级审计员：孙宏慧

审计成果 文化体育审计局完成审计项目3个，其中组织实施审计项目2个，参与实施审计项目1个。查出主要问题金额47465万元，其中违规金额10922万元、损失浪费金额1280万元、管理不规范金额35263万元；损益（收支）不实金额34万元；审计处理处罚金额12062万元，其中应上缴财政5417万元、应归还原渠道资金6041万元、应缴纳其他资金291万元、应调账处理金额313万元；审计发现非金额计量问题47个；审计促进整改落实有关问题金额3360万元，其中增收节支3046万元、已调账处理金额313万元。提出审计建议16条，被采纳16条。提交审计信息3篇，被批示、采用2篇。

政策措施贯彻落实跟踪审计 完成文化部2015年度稳增长、促改革、调结构、惠民生、防风险政策措施落实情况跟踪审计。审计发现，文化部在贯彻落实国务院政策措施过程中存在重点工作未按进度完成，推动动漫游戏等产业发展的部门间工作机制不够稳定；为推进文化创意和设计服务与相关产业融合发展而开展的动漫奖评选制度不够完善；部分简政放权、放管结合工作落实不到位；涉及的部门规章尚未做相应修订；非行政许可类项目尚未清理；深化国有文化单位改革、推进转制企业健康快速发展等政策措施落实不到位；直属5家文化企业发展缓慢，部分企业经营亏损严重；公职人员未按干部管理权限经有关部门批准兼任社会团体领导职务；未按规定清理结转资金等问题。形成的专题报告以审计长信函方式上报，得到中央领导同志批示。

财政审计 完成文化部2014年度预算执行和

其他财政财务收支情况审计。审计发现，预算执行中不符合财经制度规定的问题金额 11159.40 万元，其他财政收支方面不符合财经制度规定的问题金额 4285.13 万元。主要问题有：文化部对专项资金监管不到位，资金使用单位违规拨付专项资金；所属单位未经批准自行调剂和挪用财政预算资金；大额采购未执行政府采购制度；所属单位出国考察团未经批准增加出访城市、多列支财政资金并向审计组提供不真实的出国行程单，所属单位工作人员持因私护照出国执行公务；转移支付资金清理整合不到位等。审计发现问题被审计署汇总要目反映 2 项，被审计工作报告作为单独案例采用 1 项，汇总反映多项。1 篇审计信息被审计署转送财政部依法依规处理。

经济责任审计 与广电通讯审计局、外交外事审计局等 6 个局组成联合审计组，对新华社原社长开展经济责任审计。收集梳理新华社有关会议纪要和部分文件，检查重大经济决策落实情况，重点关注新华社某重点建设项目，发现该项目部分未完成建设目标；某专项未达到预期建设目标并亏损；某基金会项目虚列支出形成账外资金，部分资金公款私存；绿化基地实际使用情况与立项内容不符等问题。 （撰稿人：刁文彦）

【审计署卫生药品审计局】 2015 年，审计署卫生药品审计局人员编制 15 人，实有 13 人。设有一处、二处、三处。

领导成员

局　　长：李珊珊

正局级审计员：杨　岗（2 月—）

副局级审计员：胡　华

审计成果 卫生药品审计局完成卫生计生委 2014 年度预算执行和其他财政收支情况以及决算（草案）审计、卫生计生委和食品药品监管总局贯彻落实稳增长、促改革、调结构、惠民生政策措施情况跟踪审计（以下简称稳增长政策落实情况跟踪审计）；参与教育部部长任职期间经济责任履行情况审计和县级公立医院改革情况审计调查。查出主要问题金额 573972.54 万元，其中违规金额 40841.32 万元、管理不规范金额 533102.81 万元、损失浪费金额 28.41 万元；审计处理处罚金额 40841.32 万元。移送涉案人员 1 名。出具审计报告 16 篇，提出审计建议 35 条。上报审计信息 5 篇，其中 1 篇被国务院办公厅采用。

财政审计 组织实施对卫生计生委 2014 年度预算执行和其他财政收支情况以及决算（草案）审计，审计发现 5 大类 57 个问题，涉及金额 4.72 亿元。主要问题是：虚列会议支出、挪用医疗援助项目资金和项目结余资金、虚列基本科研业务费；部分结转结余资金未纳入 2014 年部门预算；少编报政府采购预算，在项目中列支日常办公设备购置经费；少计财政拨款结转结余资金；未经批准和计划外召开会议、节俭办会措施实施不到位、会议费支出控制不严格；出国（境）计划管理不严格、出国团组管理、经费来源控制不严格；部分专项转移支付资金整合不到位、个别中央专项转移支付资金管理办法缺失以及下达时间晚，影响资金当年发挥效益；对外投资存在经营不善、未能有效实现国有资产保值增值，存在账外投资问题等。

政策措施贯彻落实跟踪审计 卫生计生委稳增长政策落实情况跟踪审计，共抽查单位 25 个，抽查资金总量 36.77 亿元，发现问题 23 个，其中涉及重点项目推进方面问题 9 个、财政资金管理使用方面问题 6 个、简政放权和政策落实方面问题 4 个、其他问题 4 个。卫生计生委高度重视跟踪审计发现的问题，截至 12 月，审计报告中反映的已到整改期限的 19 个问题，11 个问题已整改，8 个问题正在整改中。审计促进卫生计生委加快下达财政资金 8.27 亿元、收回结转结余资金 2883.35 万元，促进 11 个重大项目加快推进，促进完善制度 7 项，推动稳增长等各项措施落实到位。

食品药品监管总局稳增长政策落实情况跟踪审计，重点抽查项目 22 个，涉及资金总量 56.27 亿元，发现重点项目推进、财政资金管理使用、简政放权和政策落实等方面的问题 12 个。食品药品监管总局积极推进相关工作进展，加强部门内部监管，完善相关制度。审计促进食品药品监管总局加快下达财政资金 24.23 亿元、收回结转结余资金 1.52 亿元，促进 3 个重大项目加快推进，完善制度 2 项，推动稳增长等各项措施落实到位。截至 12 月，审计发现问题全部进行整改。

在财政审计司统一组织下，与 17 个特派员办事处上下联动，对29个县59家县级公立医院改革情况进行深入的调查，反映当前县级公立医院改革存在的突出问题，编发的审计信息被审计署《重要信息要目》采用。（撰稿人：黎　夏）

【审计署国资监管审计局】 2015年，审计署国资监管审计局人员编制15人，实有12人。设有一处、二处、三处。

领导成员

局　　长：翟挨才（—6月）

　　　　　朱登云（6月—）

副局级审计员：孔繁杰

审计成果 国资监管审计局完成审计项目3个，其中组织实施审计项目2个，包括1个预算执行审计和1个稳增长等政策措施贯彻落实情况跟踪审计；参与实施部长经济责任审计项目。查出问题金额244930.41万元，其中违规金额1852.75万元、管理不规范金额243077.66万元；审计处理处罚金额1612.45万元，其中应上缴财政175万元、应调账处理金额83万元；审计发现非金额计量问题31个；审计促进整改落实有关问题金额5458.72万元，其中增收节支387万元、已调账处理金额577.68万元；审计促进拨付资金到位52.7万元。出具审计报告和专项审计调查报告（分报告）10篇。提出审计建议9条。向社会公告审计结果1篇。3项审计成果分别被审计署重要信息要目、审计长信函等采用。派员参加对审计署特派办的综合检查以及中纪委专案组审计。

财政审计 查出问题金额41484.48万元，其中违规金额1476.75万元、管理不规范金额40007.73万元；审计处理处罚金额1559.75万元，其中应上缴财政175万元、应调账处理金额83万元；审计发现非金额计量问题6个；审计促进整改落实有关问题金额5406.02万元，其中增收节支387万元、已调账处理金额577.68万元。出具审计报告1篇，报送审计情况1篇，专题报告1篇。提出审计建议3条。

政策措施贯彻落实跟踪审计 查出问题金额164976万元，其中违规金额376万元、管理不规范金额164600万元；审计处理处罚金额52.70万元；审计发现非金额计量问题18个；审计促进整改落实有关问题金额52.70万元；审计促进拨付资金到位52万元。出具审计报告8篇，报送审计情况7篇，提出审计建议6条。

经济责任审计 查出管理不规范问题金额38469.93万元；审计发现非金额计量问题7个。出具审计分报告1篇，报送情况报告1篇。

（撰稿人：籍秀红）

【审计署经济执法审计局】 2015年，审计署经济执法审计局人员编制15人，实有14人。设有一处、二处、三处。

领导成员

局　　长：刘　丹

副 局 长：梁丽军

副局级审计员：丁　玎

审计成果 经济执法审计局完成审计项目5个，查出各类违法、违纪、违规和管理不规范问题金额43.04亿元，审计报告反映问题158个；撰写审计报告26篇、专项调查报告3篇，提出审计建议42条；提交《审计简报》和《重要审计情况》12篇，被审计署采用5篇，单独要目采用2篇上报国务院，审计结果报告和审计工作报告或署专题汇总报告单独案例采用5篇。

财政审计 在工商总局2014年度预算执行审计项目中，探索审计全覆盖的路子，全局人员分成四个审计小组对工商总局本级及15个所属单位进行全覆盖审计，发现预算执行中不符合财经制度规定的问题和其他财政收支方面问题金额3.20亿元。强化项目顶层设计合理分工，围绕各所属单位职责情况，发掘共性规律性问题，优化审计资源，上报专题材料，反映其依附行政职能和资源获取利益，成为主管部门简政放权、消除行政审批的“灰色”地带。加大对体制、机制问题的分析，对此类问题上报审计署，被署《重要信息要目》采用。坚持审计“一盘棋”思想，关注中央专项转移支付资金。全面对部门涉及的中央专项转移支付资金进行梳理，将在部门发现的预算管理问题与财政部审计源头对接，与财政部审计组“横向联动”，共同反映倾向性问题，以便形成整体合力，进而不断深化中央预算执行审计，相关问题被财政部审计组采纳。

政策措施贯彻落实跟踪审计 承担工商总局和质检总局两个部门的稳增长等政策措施贯彻落

实情况跟踪审计，重点对国务院部署、两个部门牵头或配合的100余项任务的分解落实情况进行跟踪，全面跟踪核查和掌握各项任务进展和落实情况，先后出具24份审计报告，指出两个部门在政策措施落实方面存在的问题，分别被审计署报送国务院的政策措施落实情况报告或审计信息要目采用。审计中紧盯商事制度改革等国务院重大决策部署的重点内容及其推进情况，反映商事制度改革中“先照后证”“三证合一”改革全国统筹不够，存在资源浪费等问题，被审计署《重要信息要目》采用上报国务院。审查两个部门的行政审批事项是否公开透明、是否按规定时限审批，非许可行政审批事项是否全面清理，取消和下放的行政审批事项是否落实。审计发现某部委所属单位利用行政权力、国家资源，或自设门槛作为行政审批前置条件向企业收费的情形，审计指出整改后，上述收费被清理取消或大幅度降低标准。

经济责任审计 配合参加新华社原社长任期经济责任审计项目，承担新华网等20多个企业单位的审计，发现领导干部经济责任履行和新华社自身管理存在的9个方面的问题。审计人员探索运用SQL数据库软件分析方法对新华社下属单位成立的多家贵金属等类期货公司海量交易备份数据进行分析、整理，最终筛选出平台公司、合作公司以及所有交易用户的盈亏状况和资金流向等，为扩大审计成果提供数据支持。

交办事项 抽调6批次10人次参加局外项目的审计及其他工作。其中，1人参加审计署法规司预算执行审计报告审理工作，1人参加西藏自治区2014年财政收支审计，2人参加4个特派办的“三严三实”综合检查工作，4人参加税收征管审计司组织的贸易便利化审计调查，1人参加税收征管审计司后续报告汇总工作，1人参加财政部2015年组织中央预算执行情况审计。

（撰稿人：吴意晖）

【审计署广电通讯审计局】 2015年，审计署广电通讯审计局人员编制15人，实有14人。设有一处、二处、三处。

领导成员

局　　长：廖金梅

副 局 长：秦　洁

副局级审计员：厉从斌

审计成果 广电通讯审计局完成中央电视台台长任期经济责任审计、河北省保定市等3个地市土地出让收支和耕地保护审计、四川省资阳市等七市彩票资金审计、新闻出版广电总局财政存量资金审计、新华社预算执行和其他财政收支及决算（草案）审计5个项目，开展新华社原社长任期经济责任审计。已完成审计项目共查出各类问题628个，主要问题金额744.47亿元，审计成果被审计署《审计要情》采用23篇，被审计署《重要信息要目》采用3篇，被审计署审计长信函采用4篇，被审计署专题审计报告作为单独案例采用1篇；完成领导交办事项1件，移送纪检监察和主管部门12件；相关信息被中办采用5篇，被国办采用27篇，党和国家领导人批示28次。中央电视台台长经济责任审计获得2015年审计署优秀项目奖。

财政审计 完成新华社年度预算执行和决算（草案）审计，审计结合新华社业务特点，从预算编制和执行、财政存量资金、所属企事业单位经营管理等方面加大审计力度，查出各类问题30个，涉及金额6.79亿元。审计中进一步加大对中央八项规定精神落实情况、“三公”经费管理使用情况等热点问题的审计力度，查出超标准和无预算列支出国费、无新增资产预算配置公车等问题。

经济责任审计 由财政审计司和广电通讯审计局牵头，文化体育审计局、经济执法审计局、外交外事审计局、旅游侨务审计局、民族宗教审计局以及审计署驻沈阳、济南特派员办事处部分人员参与，对新华社原社长履行经济责任情况进行审计。审计全面评价部门领导任职8年的职责履行情况。

专项资金审计 牵头实施河北省保定市、秦皇岛市、邯郸市等3个地市土地出让收支和耕地保护审计，查出减免及少征收土地出让收入、违规出借及挤占挪用土地出让收入、违规审批征收和供应土地、违规占用基本农田等各类问题563个。组织编报审计信息8篇并全部被移送纪检、监察、公安等部门查处。牵头对四川省资阳市、遂宁市、内江市、宜宾市和自贡市等7个地市彩票资金审计，审计组深入相关市县精神病医院、救助站、儿童福利院、敬老院等项目单位，揭露彩票资金长期闲置、被挤占挪用、未履行政府采购和招投标程序、白条入账、“吃空饷”虚报冒领等各类问题39个，起草审计报告5篇，上报审计信息4篇，其中1篇被移送纪检监察部门查处。对新闻出版广电总局2014年10月底和2015年2月底的存量资金进行审计，查出部门未办理竣工决算，结余资金长期挂账，未安排使用结存多年的结余结转资金，大量财政资金被占压等7个问题。派员参加对特派办预算执行和财务收支检查，对西藏自治区财政收支情况审计等工作。

（撰稿人：廖　辉）

【审计署旅游侨务审计局】　2015年，审计署旅游侨务审计局人员编制15人，实有12人。设有一处、二处、三处。

领导成员

局　　长：李秀才（—8月）

张广春（8月—）

副 局 长：黄致敏

审计成果　旅游侨务审计局全年完成审计项目3个，其中组织实施审计项目2个，参与实施审计项目1个。查出主要问题金额139359.98万元，其中违规金额110304.98万元、管理不规范金额29055万元；损益（收支）不实金额60700.21万元；审计处理处罚金额114803.86万元，其中应上缴财政135万元、应归还原渠道资金695万元、应调账处理金额112953.96万元；审计促进整改落实有关问题金额25163万元，其中增收节支861万元、已调账处理金额23277万元。出具审计报告2篇，被批示、采用1篇。提出审计建议12条。向社会公告审计结果2篇。

财政审计　完成对全国人大常委会办公厅2014年度预算执行和决算（草案）审计、中华全国台湾同胞联谊会2014年度预算执行和决算（草案）审计。结合两部门实际情况，重点关注上述两部门本级与所属单位的经费结算、政府非收入管理、部分特殊专项资金管理、内部控制制度建设等问题。查出上述两部门未经批准自行调剂使用预算资金、公车运行费超标、未按规定执行政府采购、固定资产账实不符、少计其他收入、资金资产未纳入账簿统一核算等各类违法违规和管理不规范问题66个，涉及金额18.95万元。其中审计发现某下属单位长期账外核算资金，违反财政部有关财务管理制度的问题，审计署以审计长信函形式转送全国人大办公厅领导阅示，得到全国人大领导同志的高度重视，主要领导做出批示，要求对存在的问题认真整改。

经济责任审计　由广电通讯审计局牵头，参与完成对新华社原社长任职期间经济责任审计，针对新华社政府采购内容广、资金量大、涉及部门多的特点，从分析采购预算执行情况入手，以资金为主线，以采购程序为切入点，以相关法规为依据，对政府采购活动、预算编制、执行结果等重点环节进行全覆盖的审计，发现未按规定编制政府采购预算明细、限额以上项目未实行政府采购或公开招投标程序、化整为零规避招投标或未办理政府采购调整或未补报手续进行采购等问题。注重研究体制机制和管理方面的问题，评价新华社政府采购相关制度建设滞后、采购体制未理顺等管理方面的问题，并提出相关建议。

联网审计　通过中央部门联网审计系统将国家旅游局各类数据收集回传至国家审计数据中心，并于6月开展国家旅游局本级联网审计，发现国家旅游局预算执行进度较慢、无预算动用以前年度项目结转资金、向财政部少报应清理结转资金、使用旅游发展基金垫付职工医药费、自行改变项目支出等问题。国家旅游局高度重视审计查出的问题，及时进行整改。（撰稿人：林丽华）

【审计署地震气象审计局】　2015年，审计署地震气象审计局人员编制15人，实有14人。设有一处、二处、三处。

领导成员

副 局 长：李志民　张　进

副局级审计员：乔红兵

审计成果　地震气象审计局完成审计项目2个，其中组织实施审计项目2个。查出问题金额78083.25万元，其中违规金额14525.04万元、管理不规范金额63558.21万元；审计处理处罚金额14803.57万元，其中应上缴财政6513.94万元、应调账处理金额8289.63万元；审计发现非金额计量问题5个；审计促进整改落实有关问题金额1473.51万元，其中增收节支135.10万元、已调账处理金额1338.41万元。出具审计报告和专项审计调查报告2篇，被批示、采用2篇。提出审计建议6条。向社会公告审计结果1篇。

财政审计 1月至3月，完成中国工程院2015年度预算执行和其他财政收支情况以及决算（草案）的审计。查出未经批准调剂使用预算资金、扩大开支范围使用财政资金、少报财政存量资金、因公出国（境）团组人数超标、违规在五星级酒店召开会议、自行调剂项目预算等问题。根据国家有关法律、法规的规定，对上述问题做出处理，提出审计建议。中国工程院采纳审计建议，将上述问题落实整改。

经济责任审计 4月至7月，完成中国工程院院长任职期间经济责任履行情况审计。查出未经批准调剂使用预算资金，个别项目未纳入政府采购预算、未履行政府采购程序，部分咨询项目未按期结题、未进行财务决算验收，违规在五星级酒店召开会议，自行调剂项目预算等问题。

信息化建设 推动被审计单位财务联网，中国气象局在已经实现本级和各省气象局所属各预算单位财务账簿数据库联网的基础上，涵盖资产、资金和项目管理等为一体的“计财业务系统”（一期）升级版已在全国上线运行。中国地震局财务管理信息系统已推广到全系统所有二级单位，2015年预算和账务均在系统内录入和管理。应用计算机辅助审计技术，充分利用联网信息资源，扩展数据分析手段，审计效率和效果得到明显提升。

（撰稿人：杜良平）

审计署驻地方特派员办事处

【审计署京津冀特派员办事处】 2015年，审计署京津冀特派员办事处人员编制175人，实有166人。设有办公室、法规处、财政审计一处、财政审计二处、行政事业审计处、资源环保审计处、固定资产投资审计处、金融审计一处、金融审计二处、企业审计一处、企业审计二处、社会保障审计处、外资运用审计处、计算机审计处、人事教育处、机关党委。

领导成员

特 派 员：胡利民（—12月）

副特派员：胥连碧（12月—，主持工作）

李占维　蔡　峰　苑宝良

李伟光　梁璐璐

纪检组长：赵　萍

副司级审计员：王俊升　孙志明

审计成果 审计署京津冀特派员办事处（以下简称京津冀特派办）共完成审计署下达的16个审计项目，查出违规金额214.79亿元、管理不规范金额8199.55亿元。向有关部门移送案件线索53件，涉及司局级15人、处级17人、处级以下61人，涉案金额92.12亿元。审计信息累计被采用199篇次，其中《审计要情》17篇，《重要信息要目》35篇，审计署值班信息1篇，审计长信函8篇，交办事项专报1篇，重要信息被中办、国办采用80篇次，国务院领导批示48篇次，审计长批转函5篇，信息转送函4篇。

1个项目被评为审计署优秀项目，2个项目被评为审计署表彰项目。

政策措施贯彻落实跟踪审计 持续开展京津冀三地稳增长等政策措施贯彻落实情况跟踪审计，审计反映的北京市土地闲置、北京市中心城区第三批立交桥区积水治理项目进展缓慢以及天津市因不完全掌握需救助人员的数量造成临时救助资金无法支出等问题被审计署稳增长跟踪审计结果公告典型案例采用，被国务院督查办采用并问责。

财政审计 在河北省财政收支审计中，以提高财政资金使用效益为目标，重点关注影响财政资金使用效益的问题，审计反映的多个问题被审计长批转函采用。

经济责任审计 在河北省党政主要领导干部经济责任审计中，京津冀特派办紧紧围绕审计方案和干部履职尽责情况，注重审计评价的客观性，反映领导干部在经济责任履行过程中存在的主要问题，促进被审计领导干部守法守纪守规尽责，推进中央各项重大经济方针政策和决策部署的贯彻落实，加强对领导干部行使权力的制约和监督。

（撰稿人：谷　婧）

【审计署驻太原特派员办事处】 2015年，审计署驻太原特派员办事处人员编制150人，实有138人。设有办公室、法规处、财政审计处、行政事业审计处、资源环保审计处、农业审计处、固定资产投资审计处、金融审计处、企业审计处、社会保障审计处、外资运用审计处、计算机审计处、人事教育处、机关党委。

领导成员

特 派 员：朱登云（分党组书记，—6月）
庄　军（分党组书记，6月—）
副特派员：张晓霞　杨卫东
刘　宇（9月—）
朱伟定（—9月）　安志蓉
纪检组长：王　华
正司级审计员：刘文杰
副司级审计员：康俊廷

审计成果　审计署驻太原特派员办事处（以下简称太原办）承担17个审计项目，其中跨年度审计项目7个。审计促进整改落实有关问题金额1534.29亿元，直接促进国家财政增收节支461.36亿元。移送司法、纪检监察机关处理案件23起，移送其他部门处理案件22起。全年出具审计（调查）报告26篇，编发重要审计情况42期、审计简报18期、工作动态36期。促进完善制度33项。

太原办与审计署驻南京特派员办事处、审计署驻武汉特派员办事处联合实施的山西省2011年至2013年矿产资源开发利用保护及相关资金征管情况审计项目，与金融审计司、审计署驻兰州特派员办事处联合实施的国家开发银行股份有限公司2013年度资产负债损益情况审计（总行）项目被评为审计署优秀审计项目，与审计署驻武汉特派员办事处联合实施的山西省2013年财政收支审计项目被评为审计署表彰审计项目。

政策措施贯彻落实跟踪审计　对山西、内蒙古两省（区）稳增长等政策落实情况进行跟踪审计。提交反映山西、内蒙古两省（区）经济特点的专题研究建议21份。审计推动山西省出台3项省级政策，推动拨付资金47.37亿元，加快项目建设21个；促进内蒙古自治区政府部门简政放权11项，推动自治区加快拨付资金125.13亿元、收回财政资金2.34亿元，促进16个重大项目加快推进，推动自治区政府及相关部门出台11项具体政策。审计查出的山西省水利厅引调提水工程进展缓慢问题被中央电视台《焦点访谈》栏目报道后，山西省委书记、省长做出重要批示，山西省水利厅积极采取措施推进整改。审计查出的内蒙古自治区部分财政供养人员违规领取低保资金和自治区财政厅存量资金盘活不到位2个问题被中央电视台新闻频道全文播报，国务院督导组及自治区政府高度重视财政供养人员违规领取低保资金问题，积极进行整改，相关人员已退回低保资金，49名责任人被给予行政记大过、党内警告等处分。

经济责任审计　牵头组织实施中国人民保险集团股份有限公司法人代表经济责任审计，独立实施中国南方航空集团公司领导人员经济责任审计，配合审计署驻长春特派员办事处开展中国石油化工集团公司领导人员经济责任审计3个经济责任审计项目。审计查出的某单位主要领导人涉嫌违规违纪问题被审计署移送中纪委。

金融审计　组织实施山西省“一行一会”预算执行审计、重点商业银行跟踪审计等项目。

农业与资源环保审计　配合审计署驻成都特派员办事处开展2013年至2014年青海矿产资源审计项目，审计发现的矿山环境治理和生态恢复机制需进一步完善等2个问题被审计署重要信息要目采用。在山西和内蒙古两省（区）土地出让收支和耕地保护情况审计项目中，查出的土地使用和耕地保护等问题的审计信息被审计署《审计要情》、《重要信息要目》、审计署移送、特派办移送函采用共计45篇。

外资运用审计　组织实施世界银行贷款张家口至呼和浩特铁路项目2014年度财务收支和项目执行情况审计。

信息化建设　建立完善《审计项目电子数据管理办法》《数据存储恢复存放路径及命名规范》等数据采集、使用、存储方面的制度规定，对分散于不同存储介质的数据实行统一登记、统一存放、统一恢复、统一发布。截至年末，数据中心已累计存储6个省14大类16T的电子数据，初步形成具有潜在关联、可相互印证的大数据关系网。依托数据中心数据优势，计算机分析团队紧密结合审计业务，通过建立项目数据分析平台，加大数据关联分析比对等技术发现问题线索，许多问题线索已被转化为审计成果。

党风廉政建设　扎实开展“三严三实”专题

教育，有针对性地加强作风纪律教育。针对审计署检查组提出的太原办存在的32项“不严不实”问题，以及自查出的7个方面25个问题，制定整改措施。全面开展“塑造新形象、进位勇争先”主题实践活动。解决办处两级领导班子和干部职工在工作作风、思想作风、精神状态等方面存在的突出问题，研究提出有针对性的改进措施并切实落实，工作作风得到极大转变。全面落实党风廉政建设主体责任。成立党风廉政建设工作领导小组，坚持廉政责任承诺制度，设立党风廉政建设主体责任台账，实行廉政提醒制度，加强延伸审计阶段的廉政防控措施，开展岗位廉政教育培训，组织开展“五位一体”审计现场综合检查，听取被审计单位对审计人员党风廉政建设情况的意见和反映。

队伍建设 全年共组织召开3次中心组学习（扩大）会，全面提高处以上干部的政治、业务素质和领导能力。办处两级领导班子在4个方面向全办做出集体承诺并切实执行，充分发挥领导核心作用和引领示范作用。以创建学习型机关为目标，持续开展“读懂一本书、明白一个理、干好一件事”的“三个一”活动。围绕能力建设，改进培训内容和方式，出台青年干部入门教育实施意见，加大案例培训力度，组织新录用公务员到农村、企业、社区、军队进行实践锻炼，组织选送47人参加审计署组织的专业培训班。加强对干部的管理和日常教育提醒，落实重要事项报告和督办制度，对遵守各项纪律提出具体明确要求。在坚持严格管理的同时，注意加强对干部职工的关心，坚持定期体检制度，成立青年干部志愿队对老干部和有困难的职工进行帮扶，对生病或婚丧嫁娶的职工实行“六必谈三必访”制度。

（撰稿人：郎少萍）

【审计署驻沈阳特派员办事处】 2015年，审计署驻沈阳特派员办事处人员编制150人，实有144人。设有办公室、法规处、财政审计处、行政事业审计处、农业审计处、资源环保审计处、固定资产投资审计处、金融审计处、企业审计处、社会保障审计处、外资运用审计处、计算机审计处、人事教育处、机关党委。

领导成员

特派员（分党组书记）：章　轲
副特派员：冷奎英　刘　仲（—2月）
　　　　　孙玉花　王晓东
纪检组长：汪春贵（—2月）
　　　　　刘　仲（2月—）
副司级审计员：常　力　李正辰

审计成果 审计署驻沈阳特派员办事处（以下简称沈阳办）完成审计项目12个，查出问题金额2393.72亿元，其中违规金额182.17亿元、损失浪费金额13.80亿元、管理不规范金额2197.75亿元；损益（收支）不实金额19.84亿元；审计处理处罚金额125.08亿元，其中应上缴财政7.64亿元、应归还原渠道资金8.79亿元、应调账处理金额108.65亿元；审计发现非金额计量问题699个；审计促进整改落实有关问题资金13.23亿元。移送司法机关、纪检监察机关和有关部门处理事项60件。出具审计报告和专项审计调查报告18篇。提出审计建议104条，提交审计信息182篇，被审计署采用86篇次。

2个审计项目被评为审计署优秀审计项目，2个审计项目被评为审计署表彰审计项目。

政策措施贯彻落实跟踪审计 将贯彻落实国家重大政策措施情况跟踪审计作为一条主线贯穿于全年各个审计项目中，围绕普遍性和共同性政策措施，确定振兴东北老工业基地、城区老工业区和独立工矿区搬迁改造、产业结构调整、东北地区电力供需矛盾、装备制造业发展等统一审计内容，以及地区性和行业性政策措施，结合地区和行业特色，确定财政数据真实性、融资担保行业发展问题、棚户区改造银行贷款审批等重点审计内容，既覆盖全面又突出重点地开展跟踪审计，涉及5市棚户区改选项目虚报开工任务问题的34名责任人被问责。全年出具审计报告9篇，反映问题150余个。被审计署综合报告采用案例33个，8篇审计信息被《重要信息要目》采用，审计推进朝阳热电厂项目建设的做法被中央电视台等多家媒体报道。

财政审计 关注机制体制性问题，提出解决问题和推进发展的建议，促进辽宁省出台彩票公益金管理办法、进一步完善土地整治项目招标投标程序的意见等制度，其中辽宁省土地审计促进辽宁省及所属各级地方政府和部门出台制度95

项。针对辽宁省经济不断下行态势，自选东北电力情况和资源枯竭型城市转型等20余项专题开展调查。对辽宁省存量资金审计进行常态化审计，在审计中积极关注和查处骗取或套取财政资金、财政资金闲置等问题，查出某市2户企业骗取中央资金3323万元以及部分县区财政数据失实等问题。

企业审计 重点关注中央企业财务收支活动的真实合法效益及相关决策制度的落实情况，注重揭示影响企业发展的体制机制制度层面问题。审计查出某民营企业涉嫌非法集资5.47亿元等2起非法集资、某企业通过财务信息造假等手段欺诈上市等一批有影响的内幕交易案件线索，以及某集团及部分下属单位使用假发票套取资金等重大案件线索。

经济责任审计 重点关注被审计领导干部贯彻执行经济法律法规、党和国家关于经济工作的方针政策和决策部署、重大经济决策、风险管理、落实中央八项规定等情况。创新实行审计督办事项清单销号制度，定期召开主审会议交流信息，编制《审计指引》指导现场审计，创新企业、金融、财政和投资领域跨界融合的审计办法。在某集团法定代表人经济责任审计中，确定督办事项55个，全部落实，查出该集团两位领导干部涉嫌滥用职权的案件线索。

资源环境审计 加大对土地、矿产等资源利用情况的审计力度，查出某街道办事处在征地拆迁过程中私营企业骗取拆迁补偿款10余亿元的窝案，该街道办事处所在省已组成多个专案组对涉及的案件线索展开调查。在某省矿产资源开发利用保护及相关资金征管情况审计中，查出某地质局原局长涉嫌渎职造成国有资产损失1.90亿元等多起案件线索。

审计质量管理 探索设立“兼职审理员”制度，促进审计质量提升；探索分阶段开展审理工作，在对审计项目调研的基础上，摸排分解工作量，提前介入审理，有效缓解后期审理压力；创新审理组织模式，强化规范管理，切实提高工作效率。

信息化建设 出台审计业务电子数据管理办法实施细则，全年整理数据总量近6TB，总工作量达1000亿条记录。通过数据分析，查出某私营企业涉嫌虚开增值税专用发票1.98亿元等案件线索、某单位擅自销毁和违法删改会计凭证等问题。以“大数据环境下的审计监督”为主题，举办“数据分析大练兵”，共征集数据分析理论研究文章61篇，多篇文章被《中国审计》等媒体采用。

党建工作 沈阳办组织党组中心组学习6次，党组成员讲党课8次，编发《审计手册》等3本手册。加强临时党组织建设，实现管理、行动、思想、监督“四统一”。沈阳办向辽宁省阜新市彰武县和江西省赣州市会昌县派驻驻村扶贫“第一书记”，两名书记的工作受到审计署和当地党委的肯定，其中派驻彰武县的于锡明同志被评为中央国家机关优秀共产党员，新华网等10余家媒体对他的事迹进行全面报道。

廉政建设 出台落实党风廉政建设主体责任的意见，明确主体责任的划分，落实“一岗双责”。纪检组长和机关纪委坚持经常性廉政提醒，实行审计现场巡查、审计组在项目结束后自查和到被审计单位回访检查，对照《执行党风廉政建设责任制情况考核评分表》进行全面自查。

理论研究 组织申报2015年博士后研究课题和审计署重点科研课题，提交2个课题。参加审计署青年论坛活动，1篇文章获得三等奖。

（撰稿人：袁宇鹏）

【审计署驻哈尔滨特派员办事处】 2015年，审计署驻哈尔滨特派员办事处人员编制150人，实有146人。设有办公室、法规处、财政审计处、行政事业审计处、农业审计处、资源环保审计处、固定资产投资审计处、金融审计处、企业审计处、社会保障审计处、外资运用审计处、计算机审计处、人事教育处、机关党委。

领导成员

特 派 员：张　军（—7月）
　　　　　尹树伟（7月—）
副特派员：范东军　董耀文
　　　　　姚洪敏（—3月）
　　　　　孙亚男（3月—）
纪检组长：李雪斌（—3月）
　　　　　汪春贵（3月—）
副司级审计员：连鸿裕　朱志义

审计成果 审计署驻哈尔滨特派员办事处共

组织完成审计项目16个，查出违规金额13.2亿元、管理不规范金额1938亿元。上报的审计信息共被审计署采用69篇，中办、国办共采用84篇次，中央领导同志批示50篇。5起违纪违法案件被审计署公告采用，17个典型事例被审计署综合报告采用。4个项目被审计署评为优秀和表彰审计项目。有关部门根据审计结果处理和问责347人。

政策措施贯彻落实跟踪审计 加大对国家重大政策措施贯彻执行情况的跟踪审计力度，紧盯某省农村农业发展、棚户区改造、重大水利工程建设等具有地方特点的重点项目、重点资金，全年反映19个方面109个问题。某省政府高度重视审计反映的问题，促进加快实施进度项目189个，加快下达财政资金156亿元，相关政府部门完善制度23项。

财政审计 在财政收支审计中，将“揭示问题、分析原因、推动改革、提高绩效”作为总体思路，密切关注资金的分配、管理、使用情况，揭露个别单位骗取中央专项资金、挤占挪用专项资金等违规问题和案件线索。在财政存量资金审计中，反映巨额项目结转资金形成“二次沉淀”，保障性安居工程等重点民生领域大量资金盘活效果不佳等问题。在税收审计中，针对药价虚高问题，共上报某药业公司涉嫌虚开农产品收购发票偷逃税款、某医药公司接受虚开增值税专用发票等审计信息7篇。

民生资金（项目）审计 在保障性安居工程审计中，揭露挪用套取保障性安居工程专项资金、虚假招投标、骗取住房保障待遇等问题，确保保障性住房公共资源的公平善用。在农林水事务科目资金审计中，以维护农民切身利益为出发点，以杜绝权力滥用为切入点，注重维护弱势群体利益，以各项涉农专项补贴资金发放使用为抓手，查处骗取套取涉农补贴、私设“小金库”、保险诈骗等违法违规问题，向纪检监察等部门移送问题线索6件。

资源环境审计 在矿产资源审计过程中，围绕“查问题、揭乱象”的审计目标，集中主要力量对重点矿权、重点企业和重点资金的数据进行分析、筛查，锁定审计重点。反映某企业卖“转圈煤”，民营中间商从中谋取巨额利益等多起重大问题线索。

经济责任审计 以推动地区经济发展、生态环境保护等方面内容为重点，紧扣责任，揭示领导干部在履职尽责方面存在的六大类44个问题，涉及责任问题金额较大。量化某市主要领导干部任职期间地方经济、社会发展等指标的完成情况，分析影响和制约地方经济发展的突出问题，得到审计署领导的肯定。在某金融机构审计中，查处金融服务公司从事非法票据贴现业务、某公司非法吸收公众存款、民营企业主伪造企业财务资料骗取银行贷款和承兑汇票等多起违法违规问题，均被《审计要情》采用。

审计质量管理 实行从工作底稿到审计报告全过程的问题清单制。各审计组每半月对工作底稿进行登记，从源头降低审计风险。实行审计报告征求意见稿“预上会制度”，对问题的定性、表述、定责、建议逐条进行研究，确保问题反映准确。完善审计业务会议制度，调整优化会议流程，规范审计组对被审计单位反馈意见采纳情况的说明。坚持推行一线审理、交叉审理、分级审理、跟踪审理的“四结合”审理方式，实行各环节审计质量分工负责和责任追究制，对质量不高的审计报告和信息坚决退回，确保审计质量。建立审计信息采用、审计事项移送和审计整改落实跟踪台账，坚持每月通报跟踪情况，积极推动相关工作落实，进一步提升审计成效。

信息化建设 积极采集审计数据。按照相关制度要求开展数据采集整理工作，制定《关于推进审计业务数据收集、管理和利用的意见》，加强数据收、管、用管理，确保数据安全和有效利用。深化数字化审计技术方法，通过开展多行业、多部门数据比对分析，发现大量问题线索，促进成果提升。继续开展《央企审计分析和预警系统升级》《央企行业和整体审计分析评价模型和技术环境》课题研究，向审计署计算机中心提交会计核算软件数据接口国家标准数据读取工具。

审计研究 编发审计研究简报，组织开展各项课题研究和征文活动。参与中国审计学会和法规司、企业审计司、审计署计算机技术中心组织的联合课题6项，其中国家审计全覆盖研究、国家关键指标研究等4项课题已如期上报研究成果；组织上报中国审计学会等部门开展的各类征文12

篇，其中1篇获得全国审计青年论坛二等奖。全年发表理论文章30多篇。

党建廉政工作 强化落实党建工作责任制，加强对审计组临时党组织的督促和指导；开展支部书记培训，修订党支部、党员考核办法，从严从实搞好党课教育、专题学习、座谈交流，开展“三严三实”大讨论、党章学习讨论月、重温入党誓词和入党志愿书等活动；组织开展多轮对照检查，开展“我为哈办献一策”活动，面向全办征集到121条建议。开展审前廉政教育和逐级廉政谈话，加大廉政提醒、检查和回访力度，并就检查中发现的廉政风险隐患及时进行反馈和提醒；坚持纪检组长、机关纪委全程参与并监督干部选拔、资产采购等重大事项。（撰稿人：朱　晶）

【审计署驻上海特派员办事处】 2015年，审计署驻上海特派员办事处人员编制150人，实有142人。设有办公室、法规处、财政审计处、行政事业审计处、资源环保审计处、固定资产投资审计处、金融审计一处、金融审计二处、企业审计处、社会保障审计处、外资运用审计处、计算机审计处、人事教育处、机关党委、机关后勤服务中心。

领导成员

特派员（分党组书记）：胡家俊

副特派员：王俊豪　倪志伟

张燕飞　邵永春（2月—）

纪检组长：张全廉

正司级审计员：张全廉（兼）

副司级审计员：王小霞

审计成果 审计署驻上海特派员办事处（以下简称上海办）共开展审计和审计调查项目10个，查出主要问题金额1278亿元，发现非金额计量问题254个，审计处理处罚4.1亿元。移送处理事项25件。提出审计建议72条，被采纳42条。提交审计信息被《审计要情》采用20篇，《重要信息要目》采用30篇，审计长信函采用7篇，审计长批转函采用1篇，信息转送函采用1篇，被中办、国办分别采用22篇次和45篇次，党和国家领导同志批示44篇次。

2个联合项目获审计署优秀审计项目，1个联合项目获审计署表彰审计项目。

政策措施贯彻落实跟踪审计 抽调业务骨干组成上海市、浙江省政策措施落实情况跟踪审计组，深入分析长三角地区贯彻落实中央决策的举措，牢牢把握项目落地、资金保障、简政放权、政策落实、防范风险五个抓手，跟踪政策流、业务流、资金流、信息流，查处和反映的15个案例被审计署审计结果公告采用。审计中发现沪浙两地共7个部门的下属单位从事“红顶中介”业务并从中获利、部分重大基础设施项目推进缓慢、大众创业万众创新投资引导基金长时间闲置等突出问题。上报的浙江省“四张清单一张网”行政审批制度改革经验被审计结果公告采用，从正反两方面积极推动政府转变职能。

民生资金（项目）审计 在上海市彩票资金审计中发现的有关部门挪用彩票资金发放津补贴等11项彩票资金管理使用中的典型问题被审计公告采用，推动上海市政府和相关部门整改问题并制定完善10项制度。从保障房和配套设施建设、管理、分配等环节入手，发现上海市和浙江省杭州市共计1473套廉租房闲置、上海市7个已建成市属保障房项目的63个配套设施建设未同步完成等典型问题，推动有关部门加快建设进度，保障群众及时入住，改善居住环境。反映上海市有关部门违规出台文件对保障房继续收取城市基础设施配套费1.4亿元的问题，推动有关部门出台规定落实“减负”政策。

财政审计 把推动盘活用好财政资金尤其是存量资金作为一项重要工作。发现沪浙两地合计16亿元结转2年以上的财政存量资金未按规定盘活、12项中央专项资金逾10亿元滞留在各级财政部门未使用、12个项目因预算编制不科学等原因导致38亿元财政资金结存等问题，督促相关部门严格对照财政部最新规定将结余资金收回地方财政统筹管理。审计揭示的浙江省1.5亿元中央重金属污染防治专项资金未及时分解到项目和单位的问题被列入国务院大督查问责事项，有关部门负责人受到行政处分。

在上海市税务局2013年至2014年度预算执行和其他财政收支情况、税收征管情况审计中，关注偷税漏税、侵吞国家资金等重大问题，查出某医药销售公司涉嫌与供应商合谋虚开增值税发票调节利润、套取资金导致税款流失约3亿元的案件线索，被《审计要情》采用。

金融审计 全年上报并被《审计要情》和《重要信息要目》分别采用15篇审计信息，查处问题包括贷款诈骗、债券市场利益输送、股票市场内幕交易、基金经理老鼠仓、商业贿赂等多种类型，揭示当前金融领域存在的风险隐患。特别是在稳增长和经济责任审计中，审计人员运用大数据平台，对个人账户和基金账户、证券委托交易等大数据进行关联筛查，查实多起基金经理涉嫌利用内幕信息非法牟利的案件线索，查处某央企工作人员利用内部消息炒作上市公司股票非法获利的案件线索。参与金融审计司专项审计，查处2起证券公司员工通过债券交易输送利益、2起民营企业骗贷的案件线索。结合银行资金集聚和结售汇异常情况，发现22家关联公司涉嫌非法经营地下钱庄的线索。揭露的西南地区43家地方政府以融资租赁名义融资并违规支付咨询费逾8亿元的案件线索已被审计署移送最高人民检察院立案。查处某国有控股企业副总经理涉嫌与民营中介合谋骗取公司咨询费并收受贿赂的线索，揭示地方政府和国有企业融资中的典型违法手段。

经济责任审计 负责牵头开展招商局集团原公司法定代表人任期经济责任审计，全面梳理“三重一大”事项，紧跟权力运行关键环节，采用“总体分析、发现疑点、分散核实、系统研究”的数字化审计方式，盯住权、看住物、顺着钱、定好责，查处多名高管滥用职权或失职导致国有资产流失等案件线索，2人被移送最高人民检察院查处。在中国人寿集团法定代表人任期经济责任审计中，瞄准保险资产投资新渠道，查处某省部级官员及国企多名厅局级干部通过转让国有股权侵占国有资产获利3.1亿元、某直辖市国土局原局长违规审批帮助民营企业低价拿地致使国有土地增值收益流失近4亿元等重大案件线索，相关腐败窝案移送中纪委查处并公布后，引起社会强烈反响。

矿产资源审计 在四川省矿产资源审计中，盯住领导干部履职情况，深入调查矿权勘探、开发、流转和利用全流程中各类违法乱纪行为，查处2名厅级以上干部及其家属利用其职权从矿业权交易中不当获利的案件线索，上报2篇重要审计情况。揭示个别人员在矿权评估环节弄虚作假造成某矿业权价款少评4亿多元，给国家造成巨额损失的重大问题。

土地审计 加强对土地审计存量线索的补证核查，促进成果尽快落地。查处的某央企子公司高价收购民营企业股权涉嫌利益输送逾8亿元的案件线索被《审计要情》采用，另有1件案件线索被批转浙江省委、省政府。发现的某区原副区长亲属涉嫌收受贿赂、某区国土资源局原局长涉嫌违纪、某市4名厅级和3名处级干部违规决策土地开发事项涉嫌违纪等线索被分别移送相关地区纪检部门，相关人员已被立案查处。

制度建设 将2015年确定为上海办制度执行年，专门成立制度清理领导小组，对原有的136项制度进行全面梳理，修订40项、废止92项、新制定10项。截至年底，已出台关系全局的党组工作规则、特派办工作规则、重大事项报告制度等5项重要制度，另有6项制度已经特派员会议讨论通过。组织开展形式多样的普法宣传活动。

党风廉政建设 召开4次党组中心组学习会，根据需要扩大参学范围，发挥中心组学习的带动和辐射作用。完成全办党员的组织关系接转至署机关党委统一管理，通过公推直选产生新一届支委会，建立起上下有机互动的责任传导机制。把党风廉政建设真正摆上突出位置，与审计业务工作同考虑、同部署、同实施、同检查。上海办党组抓住落实主体责任和监督责任的重点，制定审计组廉政管理规定、党风廉政建设工作要点，逐项梳理确认审计现场中的关键管理事项，重点对费用结算等容易忽视的环节进行规范，制作通用模板方便审计人员使用。全面排查廉政风险隐患，实现审计项目廉政检查或回访全覆盖。

审计科研 负责编写的《审计调查技巧》一书被审计署《审计技巧》丛书首批出版。成功申报立项审计署经济责任审计研究重点课题。参加审计署审计科研所国外主要国家国有企业审计研究与借鉴课题，撰写《英国国有企业审计研究》报告。上报的《利用多个大数据平台的关联分析查处股票市场“老鼠仓”专项审计》获上海市金融创新推进奖。完成与中国审计学会合作课题《国家审计监督全覆盖路径研究》。提供的案例被评为审计署外资审计优秀教学案例并编入《外资审计案例选编》。积极引导青年干部主动参与理论研究，举办上海办第二届青年审计论坛，推选的2篇论文在审计署第三届青年论坛上获得一等奖和二等奖，上海办获得组织奖。3位青年干部撰写的论文分别入选中国审计学会专题研讨会，其中2人做会议主题发言。

（撰稿人：杨建荣　史吉乾）

【审计署驻南京特派员办事处】　2015年，审计署驻南京特派员办事处人员编制150人，实有137人。设有办公室、法规处、财政审计处、行政事业审计处、农业审计处、金融审计处、资源环保审计处、企业审计处、固定资产投资审计处、社会保障审计处、外资运用审计处、计算机审计处、人事教育处、机关党委。

领导成员

特派员：周敦祥

副特派员：刘　军　张文莉

纪检组长：刘　利

正司级审计员：刘　利（兼）

副司级审计员：王平凡

审计成果　审计署驻南京特派员办事处（以下简称南京办）实施审计项目18个，查出违规问题金额85.25亿元。由审计署移送13篇、南京办移送41篇，出具审计报告31篇，编发重要审计情况34篇、审计简报58篇。各类信息被审计署采用181篇次，被中办、国办采用和中央领导批示110篇次，审计署综合报告采用案例18个。

牵头实施的山西省2011年至2013年矿产资源开发利用保护及相关资金征管情况审计项目被评为审计署优秀审计项目，组织实施的N土地审计项目分别被评为审计署优秀和表彰审计项目，参与实施的中央电视台台长任期经济责任审计被评为审计署优秀审计项目。

政策措施贯彻落实跟踪审计　组织实施S省、W省贯彻落实稳增长等政策措施情况跟踪审计。抽查483家单位，296个项目，涉及资金250亿元，出具16篇审计报告，反映近百个问题和6个正面典型事例，被审计署综合报告采用典型事例21个，其中7个被列入国务院第二次大督查核查问责事项。移送案件线索1件。关于《某省政府以“问题催办”推进审计整改》的审计简报上报后，被审计署选为整改典型事例，央视记者对整改情况进行采访。促进新开工项目8个，完工21个，75个项目加快实施进度；紧扣政策措施的落实效果，打通政策落实“最后一公里”，促进两省完善制度8项；关注财政资金统筹使用，促进资金效益发挥；防范经济领域风险隐患，发挥审计建设性作用。

财政审计　组织实施2014年度某省财政收支审计、某省2015年国库库款及存量资金审计等项目。在审计中，积极分析运用各类电子数据，归纳整理全省近两年获得各类财政专项资金的企业电子数据，特别是特殊企业获得各类财政补贴的情况，与财政供养人员、工商、地税等数据进行关联分析，追溯财政资金分配权行使中的寻租问题，揭示骗取套取文化发展、关闭小企业补贴等各类财政资金等问题。结合省情特点以及形势热点，选取关闭小企业中央补贴专项资金、战略性新兴产业发展专项资金、中央文化产业发展专项资金实施专题审计，深入查处骗取套取问题，研究政策目标实现程度。将财政审计的视角由预算执行领域向行政业务领域拓展。审计中关注非税收入的征缴、入库、管理等方面的问题，审查产生非税收入这些业务本身的合法合规性以及深藏在其背后的违法违纪问题。

经济责任审计　组织实施某省党政主要领导干部同步经济责任审计、某金融机构法定代表人任期经济责任审计等项目。把握特色、突出重点，紧扣党政主要领导干部履行经济责任的边界范围，探索解决“审什么”的问题。围绕职责、把控方向，梳理扫描党政主要领导干部履职尽责的全过程，探索解决“怎么审”的问题。全面梳理扫描两位主要领导任期内研究贯彻中央重大经济方针和决策部署、研究制定经济社会发展战略和规划、制订落实年度重点工作计划和要点、做出各类决策批示和指示要求、管理监督直接分管部门等各类情况。落实责任、以审定评，强化审计结果与党政主要领导干部履职尽责的联系度，探索解决“怎么评”的问题。着力增强审计定责的精准性，对重要事项、重大决策和重大项目，力求“一项决策一条线”“一个项目全过程”，在责任界定方面获取适当充分的定责证据，强化审计结果与省委省政府以及主要领导经济责任的“联系度”。

金融审计　组织实施中国人民银行某中心支

行2014年度财务收支情况、某证券股份有限公司稳增长等政策措施落实和财务收支情况、中国建设银行某省分行2015年度新增贷款及经营管理情况等审计项目。在对某金融机构审计中，瞄准股市牛散、社会团伙和异动股票，分析交易标的、操作手法和挂单撤单量等行为特征，关联联动账户，核查操纵市场行为。发现有人操纵市场谋取暴利，监管部门查处不力，某私募基金团伙涉嫌操纵股价，获取巨额非法收益，被公安机关立案查处，在资本市场产生巨大震动。深入挖掘客户之间的交易规模、盈利水平匹配性及资金关联性，发现某单位为有外资背景的社会团伙提供融券便利助其获利上亿元；大量救市资金被投机套取，部分机构和个人涉嫌利用救市内幕消息赚取非法利润等案件线索。

农业与资源环保审计 组织实施某省农林水专项资金审计、某省2013年至2014年矿产资源开发利用保护及相关资金征管情况审计、某省重点流域水污染防治专项资金审计等项目。在某省农林水事务专项资金审计中发现某县农机经销商借用他人名义重复申报农机补贴问题，移送公安部门后，2名涉案人员被判刑；某县政策性农业保险经办机构为完成上级下达的投保任务，在不存在保险标的的情况下以村干部等人的名义虚假投保，致使省级保费补贴资金被套取千余万元。

民生资金（项目）审计 组织实施某省保障性安居工程跟踪审计项目。发现某市部分项目公租房专项资金和国家开发银行贷款大量闲置，某国有保障房建设公司伪造财务凭证套取保障房建设资金，部分保障房项目建设用地违规以“毛地”形式出让、违规调整容积率、中标单位违规允许个人挂靠承包工程，某县部分拥有车辆、企业或是财政供养人员等不符合条件的人员违规领取农村危房改造补助资金等问题。

审计质量管理 以简便实用为原则，开展业务制度的“废改立”。通过推行“审计发现问题及线索”两个清单制度，探索审计现场管理新方法；加大跟踪审理力度。“事中审理”与“事后审理”相结合，将问题解决在现场，提高工作质量与效率；依托“法治南京办”建设，强化法治宣传教育。培育审计人员法治思维，积极倡导依法审计、文明审计。

（撰稿人：江　江）

【审计署驻武汉特派员办事处】 2015年，审计署驻武汉特派员办事处人员编制150人，实有133人。设有办公室、法规处、财政审计处、行政事业审计处、农业审计处、资源环保审计处、固定资产投资审计处、金融审计处、企业审计处、社会保障审计处、外资运用审计处、计算机审计处、人事教育处、机关党委。

领导成员

特派员（分党组书记）：　程　光

副特派员：夏循福　余远华　俞　立

纪检组长：凌玉祥（—11月）

副司级审计员：罗旭光　曹　山

审计成果 审计署驻武汉特派员办事处（以下简称武汉办）组织实施审计或审计调查项目16个。审计查出违法违纪金额32.92亿元、管理不规范金额5945.88亿元、损失浪费金额56.91亿元。审计揭露并向司法、纪检、监察机关移送案件线索和事项56件，涉案金额3.68亿元，涉案人员180人。

联合实施的中央电视台台长任期经济责任审计、山西省2011年至2013年矿产资源开发利用保护及相关资金征管情况审计等2个项目被评为审计署优秀审计项目；联合实施的山西省2013年财政收支审计项目被评为审计署表彰审计项目。

政策措施贯彻落实跟踪审计 实施湖北、江西两省稳增长、促改革、调结构、惠民生、防风险政策措施落实情况跟踪审计。通过检查在金融支持实体经济、扶持小微企业发展等方面的政策落实情况，揭示部分金融机构“两个不低于”政策执行不严格、对小微企业融资担保扶持力度小、设置附加条件变相提高企业融资成本等问题。通过对铁路、水利、城市基础设施等项目进行重点跟踪，揭示项目审批及建设进展缓慢、实施效益不佳等问题，并从项目方案、资金计划安排等多个角度查找分析原因，促使相关铁路、水利等重点项目在审批进度、资金筹措、施工建设等方面得到有效推进。通过数据分析、座谈和调查走访等方式，全面了解行政主管部门在审批、核准、备案等环节所采取的措施，重点关注政府不作为、慢作为、乱作为、假作为等现象，督促政府简政放权。

财政审计 实施湖北省国家税务局2013年度至2014年度税收征管和预算执行及其他财政收支审计等项目，参与实施国家发展改革委2014年中央预算执行和其他财政收支审计等项目。在预算执行审计中，揭示国税部门利用内部食堂支出隐匿公务接待费、超编制超标准配备公务用车、会议费核算不真实、违规发放津补贴及奖金等问题。在延伸审计中，抓住企业申报资料真实性、资金使用合规性两个要素，深挖权力寻租和利益输送线索，发现部分项目单位通过私刻公章、伪造发票和资料等手段骗取中央资金、通过中介向权力部门输送利益等问题。相关信息上报国务院后，得到国务院有关领导的批示。

经济责任审计 实施中国铝业公司原法定代表人任职期间经济责任履行情况的审计，中国电子信息产业集团有限公司法定代表人任职期间经济责任履行情况的审计，中国人民保险集团股份有限公司法定代表人任职期间经济责任履行情况的审计等项目。审计通过建立股票建仓前后趋同买入股票的模型，核查发现涉嫌利用未公开信息从事股票交易，非法获利的情况，信息上报后被署《审计要情》采用。审计以权力运行和资金流向为突破口，发现未经集体决策和评估，低价卖出再高价买回股权，涉嫌造成国有资产流失的问题，上报信息被审计署《审计要情》采用。审计发现公司下属单位原总经理利用职务便利，将企业在境外建设的优质光伏电站项目，以支付代理费方式转由其个人投资经营，违规获利的问题。

金融审计 实施中国人民银行武汉分行2014年度财务收支审计、中国银行业监督管理委员会湖北监管局2014年度预算执行和其他财政收支情况以及决算（草案）审计等项目。通过问卷、座谈、调阅资料等方式，对差别准备金动态调整机制情况进行调查，着重了解对辖内金融机构合意贷款的总量控制以及差别准备金调整方式，提出应进一步完善差别准备金动态调整工具、强化货币政策市场传导机制的意见建议。审计通过剖析非银行金融机构通道业务，反映基金子公司为信托公司和第三方代销机构提供费用通道，规避非金融机构禁止代销信托产品相关规定等问题。

农业与资源环保审计 实施甘肃省2013年至2014年矿产资源开发利用保护及相关资金征管情况审计，湖北省重点流域水污染防治资金审计，2015年湖北省农林水专项资金审计等项目。围绕揭示相关职能部门在矿业权审批、出让环节存在的把关不严、评估交易不透明等现象，反映矿产资源开发中无证开采、违规超采、违规勘查、政策执行不到位和少征相关税费等典型问题；紧盯矿业权收购转让，寻找利益输送点，查核违法违规问题，揭露违规决策收购矿权导致国有资产面临损失，其中部分人员为民营企业提供便利涉嫌受贿的问题。在湖北省重点流域水污染防治资金审计中，对三峡库区及其上游流域和丹江口水库相关资金的管理使用、项目实施成效、水环境污染风险隐患等进行重点检查，完成对湖北省十堰市和宜昌市集中式饮用水水源地环境保护情况的专题调查；审计反映水源地保护区内采沙、养殖等违规生产活动，揭示保护区内部分垃圾填埋场存在的安全隐患。

民生资金（项目）审计 实施湖北省保障性安居工程跟踪审计等项目，在稳增长、促改革、调结构、惠民生、防风险政策措施落实情况跟踪审计中，按要求对保障性安居工程进行关注。在审计中，关注保障性安居工程相关资金筹集、管理和使用以及保障性住房的建设、分配和使用管理等方面的情况，通过揭示问题、督促整改、提出改进完善的意见建议等方式，促进住房困难群众居住条件进一步改善，推动城市基础设施建设和新型城镇化建设。

审计质量管理 加强审计质量控制，严格落实《审计署审计现场管理办法》，做好全过程跟踪审理，对重要审计信息实行“首审负责、二审复核、终审把关”的审理模式。执行审计业务会议制度，先后召开审计业务会议20余次，加强在问题定性、意见建议等方面的审核把关。定期对审计业务质量检查情况进行通报，促进审计规范化建设。全年对11个审计项目进行审理，复核审计结论文书近60份。

信息化建设 提升审计信息化水平，积极尝试在审计项目中建立大数据分析作业平台，注重数据分析手段的全过程运用，在所有审计项目中均成立数据分析团队，提高运用信息化技术查核问题、评价判断和宏观分析的能力。全年先后2批次采集湖北、江西两省的财政、税务、工商、民政等部门的业务管理数据，报送审计署电子数据审计司。参与完成审计署《信息系统内部控制综合实训案例》《结构化数据分析》和《财务公司数据规划》等课题的编写工作。

队伍建设 完善落实人才培养的相关制度，制订青年干部培养3年规划、审计业务骨干人才评选实施方案，修订完善机关处室和公务员年度考核办法。全年提拔正处级领导干部2人，副处级领导干部4人，副处级审计员2人。采取岗位交流、实习和互派锻炼相结合的方式提升干部实践能力，全年轮岗9名处室负责人；安排2015年审计署机关4名新录用公务员和武汉办6名新录用公务员到汉川发电公司进行为期3个月的实践锻炼；与武汉市审计局互派干部交流锻炼。全年组织378人（次）参加审计署及办内的43个培训班，合计16942学时。 （撰稿人：熊 莹）

【审计署驻广州特派员办事处】 2015年，审计署驻广州特派员办事处人员编制150人，实有136人。设有办公室、法规处、财政审计处、农业审计处、行政事业审计处、资源环保审计处、投资审计处、金融审计处、企业审计处、社会保障审计处、外资运用审计处、计算机审计处、人事教育处、机关党委。

领导成员

特 派 员：王本强（—12月）
　　　　　孙成余（12月—）
副特派员：朱惠红　刘　丹
　　　　　漆江梅　刘　宇（—9月）
纪检组长：陈遥征
副司级审计员：李钢锋　刘步龙

审计成果 审计署驻广州特派员办事处完成稳增长等政策措施落实情况跟踪审计等12个审计项目，查出主要问题金额8002.53亿元，其中违规金额441.42亿元、损失浪费金额23.97亿元、管理不规范金额7537.13亿元；损益（收支）不实金额232.47亿元；审计处理处罚金额1515.31亿元，其中应上缴财政360.26亿元、应归还原渠道资金782.63亿元、应缴纳的其他资金4.94亿元、应调账处理金额367.47亿元；审计发现非金额计量问题1088个；审计促进整改落实有关问题资金1637.99亿元，其中增收节支284.11亿元。提交的审计信息被审计署采用71篇，被中办、国办分别采用35篇次和56篇次，得到中央领导同志批示51篇次。

政策措施贯彻落实跟踪审计 在稳增长等政策措施落实情况跟踪审计中，围绕“项目落地、资金保障、简政放权、政策落实、风险防范”五个抓手，着力查找制约和影响稳增长等政策措施落实的机制体制性障碍，深入揭露不作为、乱作为等问题，针对性地提出审计建议，推进整改落实，发挥审计推动政策落实，促进政令畅通，保障经济社会健康运行的重要作用。

财政审计 在财政收支审计中，揭露地方财政预算编报不完整执行不严格、地方政府清理统筹财政存量资金不到位，推动地方政府加强财政资金管理，严格预算编制和执行，及时清理盘活财政存量资金，推进财政资金规范管理高效使用，确保财政资金安全性，提高公共资金使用绩效。

经济责任审计 围绕重要政策贯彻执行、重要经济决策、重要自然资源、重要财政资金、重要金融资产等方面，紧扣区域特色深入开展工作，审计报告得到有关部门认可。在对某金融机构经济责任审计期间，克服国内外对某地金融市场以及金融机构研究资料较少的困难，多处走访深入分析各市场第一手英文公开数据，围绕促进驻外国有金融机构健康发展服务国家“走出去”战略开展专题调研，提出审计建议。

金融审计 围绕经济新常态，紧扣区域金融风险和行业特点进行中国人民银行某地中心支行、银监会某省监管局审计项目，以人民银行分行履行货币政策执行、外汇管理以及银行业风险管理等职责为重点开展审计。发现某银行通过虚假打包转让、表外贷款不计入表内等方式掩盖不良贷款等问题，结合审计实践撰写的《经济发展新常态下金融审计与区域金融稳定》在中国审计学会论坛获奖并在《审计研究》发表。

农业与资源环保审计 在农林水科目资金审计中，创新审计技术方法，通过渔政管理系统分析等审计方法，对渔船补贴发放、农机具购置补贴发放等重点事项加强关注和跟踪，揭露其中存在的制度漏洞和违规事实。在矿产资源审计项目中，会同其他两个特派办开展联合审计，出台多个管理办法，从人员管理、业务管理、纪律要求和保密等方面进行细致约束，并以“条块结合”模式将审计责任划分到办、处、人，探索组织模式创新。针对矿产资源分布及矿业权流转的特征，从3个参审特派办中抽调精干力量组成数据分析组开展数据分析，从相关资金征收管理、矿业权和股权出让转让、政策执行等方面重点揭示矿产行业中各个管理环节中存在的弊端和问题，发现一系列重大问题线索。

固定资产投资审计 在高速公路审计项目中，在充分做好前期调查的基础上，重点确定“稳增长”“简政放权”“迎国检”等热点问题及新一届政府重点关注的改革事项。将高速公路行业特点和高速公路公司内部管理体制制度相结合，建设管理与运营管理相结合，综合分析公司在建管制度方面的缺陷和管理上的漏洞，发现交通行业存在的体制机制问题。

民生资金（项目）审计 在保障性安居工程跟踪审计中，将主材施工图设计预算用量、采购量、进场检测量、进库出库量进行关联分析、总量分析和结构分析，延伸追查采购资金流向，发现某施工单位涉嫌采取偷工减料及虚开钢筋等问题。探索利用工程检测设备开展工程建设质量检查，通过运用新型探地雷达仪，发现某工程钢筋规格和间距未达到设计标准，施工单位存在严重偷工减料问题。

境外审计 在某中央企业海外资产专项审计项目中，充分利用国内企业的项目决策和项目实施备份资料把握总体情况，并从央企行业特点和内部控制出发，关注制度漏洞和腐败环节，按“顺着钱、核好物、盯住权”的工作思路，深挖有关领导干部违规决策的“责、损、利”，最终发现重要审计情况，获得国家领导人批示和国办采用。

信息化建设 探索数据化审计新路子，提高审计发现问题的精准度。采集某两省省以下财政收支5个管理系统和决算报表数据，首批完成并一次性通过验收，得到审计署数据司的肯定。在项目中，加强对财政、保险、矿产资源等行业数据的深度挖掘和关联分析，引导审计干部高效、准确发现问题。尝试运用审计新技术新方法，提升审计过程的科技化水平。引进ETL（IBM Datastage）数据处理技术，组织开展基于Web和文本挖掘技术有效收集和使用互联网信息的软件工具的研发，提高审计工作效率和科技化水平。

队伍建设 狠抓领导班子建设，班子成员在思想上政治上行动上与党中央和署党组保持高度一致，长期深入一线、发挥表率和引领作用。加强处级干部的管理培养，强化考核结果的运用，组织13名处级干部进行处室负责人轮岗交流，多岗位锻炼处级干部的领导和综合管理能力。统筹制订年度培训计划，组织参加各类培训70多人次；进行“每月一课”主题培训，对全办集中开展审计文书规范、政策执行审计等方面10次培训，参训人数500人次。完善审计实务导师制度，为近3年进办的40名青年干部安排实务导师，提升队伍专业化水平。从严管理干部队伍，严格执行个人有关事项报告制度，组织全办72名处级以上干部填报个人有关事项报告并检查通报漏错填问题；对处级以上干部因私出国（境）情况进行逐一核查；全面核查全办99名处级以上干部（包括退休老干部）及其配偶、子女兼职任职情况并进行清理。

机关管理 落实中央八项规定，推进节约型机关建设。在以往开展制度“废改立”活动的基础上，将修订精简形成的81项制度汇编并印发全办学习和执行使用，推动形成科学的机关管理制度体系。定期集中反映每位办领导的工作情况和批示要求，每月编发督办工作动态，将年度预算执行、各处室公文处理质量、各审计组信息办理进度等情况逐月（季）通报，促进领导班子依法决策、职能部门规范管理和各处室认真履职。通过公示办党组会议、特派员会议和审计业务会议决策，强化办务公开。以内外检查为契机发现问题，全面填补机关管理漏洞。通过接受检查、开展内部审计，排查盲点、发现问题和研究落实整改措施，进一步规范管理。 （撰稿人：邢　莹）

【审计署驻郑州特派员办事处】 2015年，审计署驻郑州特派员办事处人员编制150人，实有142人。设有办公室、法规处、财政审计处、行政事业审计处、农业审计处、资源环保审计处、固定资产投资审计处、金融审计处、企业审计处、社会保障审计处、外资运用审计处、计算机审计处、人事教育处、机关党委。

领导成员

特 派 员：赵继旺

副特派员：王彦斌　张世雯　刘士华

纪检组长：邓海仪

副司级审计员：夏明东

审计成果　审计署驻郑州特派员办事处组织实施审计项目10个，查出主要问题金额1735.25亿元，其中违规金额63.19亿元、损失浪费金额11.26亿元、管理不规范金额1660.80亿元；损益（收支）不实金额68.27亿元；审计处理处罚金额774.75亿元，其中应上缴财政425.28亿元、应归还原渠道资金323.6亿元、应调账处理金额24.99亿元；审计发现非金额计量问题1117个；审计促进整改落实有关问题金额724.41亿元，其中增收节支365.8亿元、已调账处理金额8.38亿元；审计促进拨付资金到位0.86亿元；审计后挽回（避免）损失0.02亿元。移送司法机关、纪检监察机关和有关部门处理事项54件。编发的各类审计信息和报告，被专项信息采用63篇次。

参与实施的中央电视台台长经济责任和河南省矿产资源等2个审计项目分别被评为审计署优秀和表彰审计项目。

政策措施贯彻落实跟踪审计　开展河南、青海两省政策落实跟踪审计，发现问题208个，涉及金额1482亿元，其中教育主管部门利用虚假资料骗取中央专项资金等37个审计案例被审计署上报国务院综合报告采用，保障性住房闲置等7个问题被纳入国务院督查问责。两省政府高度重视，整改率达85%，推进重点项目143个，问责处理130余人。

财政审计　完成财政存量资金和税收征管等专项审计，反映财政资金大量结存与巨额债务逾期并存、免抵调增虚增收入64亿元等问题，查处多家药品经销企业虚开巨额增值税专用发票等重大违法案件线索，反映小微企业减免税政策落实情况，提出盘活财政存量资金、健全税收征管机制、推进依法治税的意见建议，助力财税体制改革。

金融审计　关注差别准备金动态调整、社会信用体系建设、民营资本入股金融机构等宏观金融政策落实情况，深化人民银行审计，查处所属单位因评估重大失实致使国有资产处置损失上亿元等问题。注重揭示新常态下银行风险管控的薄弱环节和影响金融安全的风险隐患，查处赌博网站利用第三方支付平台和个人账户吸收境内涉赌资金等重大违法问题。持续跟踪地方政府性重点商业银行信贷投放情况，关注信贷资金入股市等问题。

资源环保与民生资金审计　以促进资源节约和环境保护为目标，完成青海省矿产资源审计，查处多家企业违法开采牟利等问题，上报矿产资源开发转让环节违规案件线索6件。以促进民生资金合法合规使用，提高民生项目效益为目标，开展水污染防治资金、农林水专项资金和保障性安居工程审计，反映棚改项目因配套设施不到位长期闲置、城市集中饮用水水源地水质超标、黄河防汛抗旱物资损毁等问题，通过督促整改，确保群众真正受益。

经济责任审计　完成中国东方航空集团公司等3家企业法定代表人经济责任审计，查出企业虚增百亿销售收入、高管未经批准兼职取酬、管理人员违规持有关联企业股份、行业主管部门人员挂靠取酬等违法违纪问题，及时反映内控机制薄弱、科技投入比率低、核心系统存在漏洞等影响企业发展的问题。

信息化建设　加快推进以“大数据”为核心的审计信息化建设，提升审计成果利用的层次和深度。组建多专业背景的数据分析中心，组织数据分析硬件建设与软件部署，为实现数据跨库联合查询、环境模拟和案例培训等奠定基础。完成河南、青海两省4个批次的数据采集、恢复、入库、验收工作，并对以前年度采集的3省8大类别海量数据进行整理，创建多地区多行业多领域基础数据资源库。依托审计项目加强数据综合分析利用，如金融审计中利用银联跨行转接交易的大数据平台，根据犯罪交易特点构建数据分析模型，分析多维信息间耦合性形成可疑信息集，多维度取证核实形成完整的证据链条，最终查处涉嫌重大网络赌博等案件线索。

审计业务管理　制定审计责任清单，签订目标责任书，按月通报目标责任完成情况；制定办领导班子成员审计现场管理办法，坚持集体研究组织模式和人员分工，畅通组织者与实施者之间的协调沟通机制；抓好重大问题线索的落实和信息整理上报工作。修订审计业务重要事项督办办法，进一步细化工作程序、职责分工，确保交办事项得以有效落实，全年确定督办事项75个，已办结64个，形成审计成果53个，办结率超过85%；推动项目审理关口前移，尝试现场审理、网上审理和常规审理相结合的全过程审理模式。开展3次审计质量大检查，对10个项目进行立卷归档前审查，确保档案质量；规范介绍信开具和银行账户查询审批等事项，堵塞漏洞切实做到依法审计；通过不定期检查、分类跟踪、回访等措施，密切跟踪移送办理结果，督促相关单位积极处理、及时回复。

党风廉政建设 一是扎实推进“三严三实”专题教育。全办共查找出问题31个，完善问题清单、责任清单、整改清单，制定和修订9项有针对性的办法，建立长效机制。健全分党组书记把总关、班子成员齐抓共管、纪检组长跟踪监督、机关党委推进落实、处室负责人切实履行“一岗双责”、全体党员共同参与的党建工作责任体系；全年通过4次办分党组中心组学习、8次集体学习、4次分党组会议开展思想政治教育；加强执纪监督，严格按组织原则办事、按规矩议事决策。开展主题读书活动、在专网增设精神文明建设专栏、开展12项志愿服务和困难帮扶活动。

审计研究 与高校合作探索构建审计档案嵌入式全程归档模式，被国家档案局确定为重点科研课题。参加审计署征文活动，分别在第三届全国审计青年论坛和“依法治国与依法审计”征文中荣获三等奖。围绕审计实践开展专题调查研究，3个方面的研究成果被选入审计署专题调研报告。组织撰写的审计经验和案例被选入财税领域涉嫌违法违纪和犯罪问题案件线索审计指南。

（撰稿人：潘小苏）

【审计署驻济南特派员办事处】 2015年，审计署驻济南特派员办事处人员编制150人，实有145人。设有办公室、法规处、财政审计处、行政事业审计处、农业审计处、资源环保审计处、固定资产投资审计处、金融审计处、企业审计处、社会保障审计处、外资运用审计处、计算机审计处、人事教育处、机关党委。

领导成员

特 派 员：孙成余（—12月）

副特派员：王志伟（主持工作，2月—）

许永利 崔 明 李 菁

纪检组长：王志伟（—2月）

黄 涛（2月—）

正司级审计员：王志伟（兼）

副司级审计员：李进良

审计成果 审计署驻济南特派员办事处完成12个审计项目，共查出违规问题金额28.83亿元、管理不规范金额3205.13亿元、侵害人民群众利益金额150.4亿元，促进整改落实有关问题资金2686.77亿元。提出审计建议50多条，促进被审计单位出台制度70多项；向司法及纪检监察机关移送案件线索58件；上报审计信息110篇，被审计署各类重要信息采用62篇，被中办、国办采用和中央领导批示107篇次。2个项目被审计署评为全国优秀审计项目，1个项目被评为全国表彰审计项目。

政策措施贯彻落实跟踪审计 完成山东省稳增长等政策措施落实情况跟踪审计，审计山东省财政厅等164个单位和农村饮水工程等107个项目，重点关注政策落实、项目落地、干部作为等情况，反映问题涉及财政资金33.32亿元，推动完成整改事项43个。

财政审计 完成山东省和青岛市财政收支、国税征管及预算执行、财政存量资金、政府性债务等审计项目，反映财政预算管理不规范、税收征管存在漏洞、财政存量资金统筹不到位、举债单位自身偿债能力不足、借新债还旧债、后续建设资金压力大等问题，发现的3户企业接收虚开增值税专用发票4.7亿元问题，被审计署移送后，国务院领导批示国家税务总局和公安部联合查处。

经济责任审计 完成某市党政主要领导人经济责任审计，发现市委书记、市长应负有直接责任问题和主管责任问题12个，涉及金额84.26亿元。牵头完成某金融集团董事长经济责任审计，发现该集团主要领导人员负有直接责任和主管责任11个，涉及金额1.16亿元，反映该集团将巨额资金变相投入股市增加泡沫等问题。完成教育部部长经济责任审计某大学审计任务，发现1户企业负责人通过操作评估低估国有资产造成损失1.4亿元问题。

金融审计 完成中国人民银行济南分行和山

东保监局预算执行审计，将审计范围扩展到其所监管的金融机构，揭示一起民营企业利用虚假资料骗取贷款并通过假破产逃废银行债务的案件线索；发现冒充农村信用社非法吸收公众存款、以互联网金融（P2P）形式进行非法集资等4起非法集资案件线索。

民生资金（项目）审计 完成山东省保障性安居工程跟踪审计，发现未按时完工保障房3056套，资金筹集或拨付不到位金额7.22亿元，挤占挪用、损失浪费金额12亿元，闲置或违规分配保障性住房1.48万套；促进违规资金全部追回，整改违规分配使用住房7570套。

资源环保审计 牵头完成某自治区矿产资源审计，发现违规审批矿业权2226宗，以国家禁止的申请在先方式出让煤炭探矿权391宗（涉及煤炭储量1899亿吨），未处置价款2300多亿元，非法开采煤炭1.32亿吨，价值123亿元。

信息化建设 推动审计技术方法创新，不断加大数据分析在审计中的应用，2015年共采集各类信息数据近12TB，基本涵盖经济社会各个领域。积极推行“云审计”和大数据宏观分析，通过彩票销售数据分析，发现利用互联网违规销售体育彩票问题。

审计研究 组织实施审计署研究课题4个和办内研究课题2个，征集论文76篇，其中有31篇公开发表。

党风廉政建设 制定具体措施，扎实开展“三严三实”专题教育活动，办领导对照“三严三实”标尺，查找自身不严不实问题共120个，制定整改措施130条，全部整改到位。配合检查组查出不严不实问题21个，制定整改措施22项，其中有20项已整改完毕。开好党组民主生活会，严格落实双重组织生活会制度。在各个审计组都成立临时党支部，因地制宜开展组织工作。办分党组带头学习研读新修订的准则、条例和“八不准”纪律，集中到山东省监狱听服刑人员现身说法，接受警示教育。把党风廉政建设责任制落实情况作为综合考核的重点内容，强化同部署、同落实、同检查、同考核的工作机制。制定下发党风廉政建设责任制清单，建立台账制度。修订《礼品礼金处理操作办法》，层层签订责任书。对干部选拔任用工作实行全过程监督，组织开展山东省土地审计纪律执行“回头看”，对全省36个审计项目实行廉政回访全覆盖，对2015年实施的审计项目开展专项监督检查14次。

制度建设 制定审计动态上报、保密管理、廉政检查等8项现场管理制度，全体参审人员签订审计质量、保密、廉政、安全等6项承诺书。实行审计方案编制和组织实施制度、底稿编制和审核制度、证据获取制度、审计报告审理和出具制度，形成一层监督一层、环环相扣的工作机制。探索完善对审计裁量权的制约机制，推行实施审计发现问题线索清单制度，在项目实施中每周基本固定时间召开例会，所有事项上会讨论，所有发言全部记录归档留案备查。落实制度执行责任制，完善分级督查责任制，将清理完善后的49项制度执行责任落实到具体处室和个人，做到职责清晰、程序明确、标准严格。第10次被评为山东省省直机关密码使用管理工作先进单位。

队伍建设 坚持集体领导、民主集中、个别酝酿、会议决定原则，全年召开党组会24次，特派员会议14次和审计业务会16次，建立健全会议纪要、督查督办和定期通报办理情况等制度。坚持“一线工作法”，把审计组作为第一工作现场，分管审计项目的办领导在审计现场工作时间平均达到150天，特派员到审计现场工作时间达到90天。推行处室“一把手”素质提升工程，通过个人实践锻炼、办领导传帮带、参加处长培训班等多种方式，提高处长抓业务、带队伍的能力。通过处室实务导师与项目实务导师相结合，实务导师制与“四会”（审前学习会、审中碰头会、审后总结会、成果点评会）相结合，加大青年干部培养力度，80%的项目主审由35岁以下青年担任，30多人参加审计署统一组织的重大任务。全年派出64人次参加审计署各类培训，累计培训987天。以提高审计人员“大兵团”作战能力为目的，围绕大项目实施的关键环节举办8次讲座。按照公开、公正、公平的原则推选1名司局级干部。

（撰稿人：王增华）

【审计署驻西安特派员办事处】 2015年，审计署驻西安特派员办事处人员编制150人，实有139人。设有办公室、法规处、财政审计处、行政事业审计处、农业审计处、资源环境审计处、固定资产投资审计处、金融审计处、企业审计处、社会保障审计处、外资运用审计处、计算机审计处、人事教育处、机关党委。

领导成员

特派员（分党组书记）：董维明（—7月）

洪承旭（7月—）

副特派员：刘险峰　纪　兵

姚洪敏　刘占波

纪检组长：张晓青

副司级审计员：罗湘萍

审计成果　审计署驻西安特派员办事处（以下简称西安办）完成审计项目13个，查出主要问题金额78519954万元，其中违规金额241548万元、损失浪费金额30979万元、管理不规范金额78247426万元；损益（收支）不实金额1745023万元；审计处理处罚金额125269万元，其中应上缴财政58193万元、应归还原渠道资金64110万元、应调账处理金额2966万元；审计发现非金额计量问题233个；审计促进整改落实有关问题资金17978398万元，其中增收节支2186106万元、已调账处理金额853798万元；审计促进拨付资金到位396185万元。移送司法机关、纪检监察机关和有关部门处理事项40件。出具审计报告和专项审计调查报告13篇。提出审计建议49条，提交审计信息130篇，被批示、采用94篇。

政策措施贯彻落实跟踪审计　在2015年陕西省稳增长等政策措施贯彻落实跟踪审计中，将跟踪审计与财政、经济责任、金融、投资等项目审计有机融合，采取统一指挥、明确分工、落实责任、清单管理的有效做法，切实增强项目的驾驭和掌控能力。审计揭示和反映执行政策不到位、项目推进缓慢、虚报完成指标等问题。

财政审计　组织实施陕西省地方财政收支、地方政府性债务和财政存量资金审计。以重大违法违规和案件线索为导向，坚持“总体分析，锁定疑点线索；攻坚突破，取得关键证据”的审计思路，揭示陕西省财政存量资金清理盘活不到位、虚报地方政府性债务、部分企业骗取财政专项补贴等问题。

经济责任审计　在陕西省委书记和省长经济责任审计中，针对项目层次高、涉及面广、影响大的特点，采取集体会诊，明确目标，突出重点的方式，紧紧围绕权力运行主线，探索实践扁平化组织管理方式，有效缩短决策指挥链条，充分发挥审计人员的主动性、创造性。审计从资金和项目入手，重点关注政策贯彻执行、重大经济决策、重要自然资源、重要财政资金、重大风险隐患五个方面，帮助地方政府找到不足、查清问题、分析原因，提出合理化建议。

金融审计　组织实施5个金融审计项目，其中3个审计项目已经完成。将审计经验和数据查询有效结合，对已掌握的案件线索数据进行分类分析，将正在实施的审计项目相关数据与已有疑点线索数据相结合，加强筛查和分析，在此基础上集中人力进行延伸调查和突破，进一步加大对“非法集资”“地下钱庄”和“利益输送”的查处力度。

资源环保审计　与武汉办、南京办共同实施甘肃矿产资源审计，西安办负责甘肃省陇南、天水、甘南、定西4个地市的矿产资源审计工作。从矿业权审批、转让，矿产资源勘查开采，政策执行，资金征管等环节入手，坚持揭示体制机制性问题，注重查处重大违法违规问题，在工作中实行审计项目清单制，审计前期全员集中在大组筛选线索，形成审计项目和线索清单，然后跟进核查，发现一批违法违规问题线索。

固定资产投资审计　在陕西省高速公路项目审计中，以陕西省交通厅为基点向外辐射，开展对交通厅下属负责全省高速公路建设的两大集团以及收费中心的审计，对交通运输行业相关体制机制进行研究分析，发现投资绩效、建设管理、征地拆迁及简政放权4个方面存在的问题。

信息化建设　以大数据为核心大力推进审计信息化建设。特派办数据中心归集整合包括财政、地税、工商等相关单位行业数据资源，上报审计署电子数据司归集到国家审计数据中心，为审计项目的大数据分析提供有力支撑。数据中心为当年审计项目提供行业数据查询分析27项，数据查询分析结果为审计组锁定审计疑点、提供审计线索、取得审计证据发挥重要作用。在审计项目开展数据分析和信息系统安全审计，探索大数据审计方式，全面覆盖、精准核查。

队伍建设　办分党组研究确定“突出三个抓手，聚焦一个目标”（通过抓纪律执行、抓作风养成、抓能力提升，聚焦审计业绩这个目标，推进各项工作迈上新台阶）的总体工作思路。强化办处两级班子建设，坚持中心组学习制度，以上率下，加强对办处两级班子的思想引领和组织领导。加强纪律作风建设，从严管理队伍。贯彻落实署党组的决策部署，严格遵守组织、廉政、工作、群众和生活纪律。加大培训力度，持续提升队伍的素质和能力。通过集中培训和有针对性的分类培训，年初、年中整训以及派出人员参加审计署培训等方式，探索落实审计实务导师制，提升审计队伍的素质和能力。（撰稿人：侯青杨）

【审计署驻兰州特派员办事处】 2015 年，审计署驻兰州特派员办事处人员编制 150 人，实有 142 人。设有办公室、法规处、财政审计处、行政事业审计处、农业审计处、资源环保审计处、固定资产投资审计处、金融审计处、企业审计处、社会保障审计处、外资运用审计处、计算机审计处、人事教育处、机关党委。

领导成员

特派员（分党组书记）：胡大华（—7 月）

马晓方（7 月—）

副特派员：景东华　钱夫中　赵旭东

纪检组长：宋　民

副司级审计员：张新勇　赵祥顺

审计成果　审计署驻兰州特派员办事处完成审计项目 13 个，查出主要问题金额 3101.66 亿元，其中违规金额 33.52 亿元、损失浪费金额 0.34 亿元、管理不规范金额 3067.8 亿元；损益（收支）不实金额 108.09 亿元；审计处理处罚金额 6.59 亿元，其中应上缴财政 0.36 亿元、应归还原渠道资金 4.5 亿元、应缴纳其他资金 1.03 亿元、应调账处理金额 0.7 亿元；审计发现非金额计量问题 3974 个；审计促进整改落实有关问题资金 1.22 亿元，其中增收节支 1.03 亿元、已调账处理金额 0.19 亿元；审计促进拨付资金到位 40.84 亿元；审计后挽回（避免）损失 2.04 亿元。移送司法机关、纪检监察机关和有关部门处理事项 45 件。向审计署报送审计报告和专项审计调查报告 27 篇，报送的审计信息被审计署采用 60 篇，被中办、国办采用及国家领导人批示 115 篇次。提出审计建议 212 条，提交审计信息 102 篇，被批示、采用 60 篇。

参与实施的 3 个审计项目被评为审计署优秀审计项目。

政策措施贯彻落实跟踪审计　在组织实施西部两省区的稳增长等政策措施落实情况跟踪审计过程中，整合 100 余名审计人员和抽调的 10 余名地方审计机关人员，紧密结合两省区地域特点和经济社会发展实际，将精准扶贫工程、生态移民工程等地方党委政府当前中心工作和重点任务推进情况作为审计重点，持续追踪问效，促进各项政策措施落地生根。审计共反映两省区各类问题 173 个，审计促进推动下放行政审批事项 2 项，加快推进 135 个项目的审批、建设进度，促进下达财政资金 28.77 亿元，43 名不作为、慢作为等方面的责任人受到问责。

财政审计　在某省区财政收支审计中，通过多种渠道全面收集、整理、分析政治、经济、社会等方面的基本情况，摸清其财政收支的特点，将财政收入的真实完整性、财政支出的规范性、国库资金管理的合规性作为 3 项审计重点内容，查出未经批准自定政策征收政府性基金、财政部门人为调节预算收入进度、虚列支出事项或串用支出科目造成财政信息失真、违规对外出借财政资金、向高耗能企业发放电价补贴、企业骗取财政资金等问题。在省区国家税务局 2014 年度预算执行和其他财政收支情况以及决算（草案）情况审计中，开展计算机审计，利用大数据进行多维度比对分析，通过比对分析国家税务局预决算报表相关数据逻辑上的微小差异，发现人为调增和调减决算报表、决算不实的问题。

经济责任审计　在某地领导人经济责任审计项目中，围绕领导干部职责分类梳理，紧扣其履职尽责情况，梳理问题线索并核实。围绕地区特色，锁定重点，结合该地区情况特点和战略发展思路，关注和揭示影响当地全局、领导干部承担直接责任、具有重大损失、存在体制障碍等方面的重大问题，增强责任界定的精准性和与领导干部经济责任的“关联度”。审计共发现 7 方面的 54 个问题。

金融审计　实施中国人民银行某中心支行财务收支、某省区证监局预算执行、中国农业银行某分行和中国光大银行某分行资产负债损益等审计项目，注重研究资本市场、期货市场等金融审计新领域有关热点，反映和揭示出现的新情况、新问题和新风险。

农业与资源环保审计 在实施某省区2014年农林水专项事务资金审计和2013年至2014年某省区矿产资源开发利用保护及相关资金征管情况审计项目过程中，系统分析、找准关键，深化资源环境和重大投资项目审计。全面总结归纳相关领域内问题多发易发环节和事项，反映矿产资源领域、工程建设领域中相关突出问题，揭露违规操作转让探矿权导致巨额国有权益流失等重大违法违规问题。

固定资产投资审计 在实施某地高速公路审计过程中，紧抓关键环节和重点事项，除重点关注高速公路的建设管理问题和工程造价核减外，组织人力对车辆通行费收支、交通运输厅下属企事业单位经营管理等情况进行审计，查出该地违规减免车辆通行费、挪用车辆通行费及收费公路权益收入、挪用公路债券资金等问题。

民生资金（项目）审计 实施2014年某省区城镇保障性安居工程跟踪审计和2015年某省保障性安居工程跟踪审计（跨年度项目）。项目实施过程中，将全面分析与重点突破相结合、实施方案与审计指南相结合，明确思路，紧盯线索，共移送案件线索6件，其中发现村民在征地拆迁中骗取土地征收补偿款、某开发区工作人员涉嫌渎职的案件线索，已由某市纪委和公安局立案调查。

信息化建设 协调审计管辖地区建立专人负责、多部门联动的数据采集工作机制，结合审计项目加大数据采集力度，按照数据保密分类机制以及审计署数据规划的要求进行全面梳理，分类管理。创新模式，大力推广应用审计数据综合管理平台，探索“横向到边、纵向到底”的数据分析模式，围绕审计事项的业务流和数据流，加大业务数据与财务数据、单位数据与行业数据以及跨行业、跨领域数据的综合比对和分析力度。注重将其他领域先进的专业技术方法运用到审计实践，破解审计难题，利用Image Comparer图片对比软件，快速锁定保险公司个别人员修改照片伪造理赔的案件线索；利用防伪税控系统和Paradox Data Editor读取税控机开票数据，解决审计无法取得企业完整开票资料的难题，为一些案件和问题的查处提供技术支撑。

审计质量管理 探索审计业务管理创新，将审计任务清单、审计问题清单、审计权力清单作为审计质量控制的重要手段，梳理各环节质量控制责任和措施，全面开展跟踪审理，实施审计全过程质量控制。完善审理审核工作组织方式，建立审理统计工作管理台账，开展重大审计事项集中审理。推广应用审计“云平台”，自主开发软件，搭建人力资源动态管理系统平台，实现各项目人力资源情况、全办干部工作情况及各项目进展情况的动态查询和实时管理。

队伍建设 以开展“三严三实”专题教育为契机，立足“严”和“实”，加强办处两级班子能力和作风建设。办领导班子讲专题党课，带头查摆自身存在的问题和不足，对照检查出74个问题，制定整改措施53项。强化培训，深化交流，提高审计人员的实战技能，选派76人次参加审计署组织的培训，选派5名优秀青年干部到署机关、地方政府部门交流挂职，邀请3名署机关及兄弟办业务骨干开展业务培训，组织3名投资、金融业务骨干到西藏审计厅参加、指导审计工作。完善机制，调动审计人员参与理论研究的积极性主动性，提高理论水平，全年发表各类理论研究文章20篇，其中1篇获全国审计青年论坛二等奖。

党风廉政建设 加强思想政治工作和基层党组织建设，组织召开6次党组中心组学习会，举办支部书记培训班，认真落实“主体责任”“一岗双责”和“三会一课”制度，全年办领导及各支部书记共讲党课25次。评选身边的先进典型，评选出先进党支部2个、优秀共产党员和党务工作者16人，征集宣传11名个人和集体的先进事迹，其中2人和1个集体的先进事迹入选审计署践行“三严三实”先进事迹汇编。建立办领导及处室负责人落实党风廉政建设主体责任台账，纪检组长聚焦中心任务，加大现场监督和廉政回访力度，全年组织开展廉政检查15次，实现对全年审计项目的全覆盖。研究制定《进一步严格执行“八不准”审计纪律若干具体事项的规定》等廉政建设规定，明确审计现场住宿标准、结账流程、报账票据要求。 （撰稿人：吴建卓 刘文娟）

【审计署驻昆明特派员办事处】 2015年，

审计署驻昆明特派员办事处人员编制 150 人，实有 138 人。设有办公室、法规处、财政审计处、行政事业审计处、农业审计处、资源环保审计处、固定资产投资审计处、金融审计处、企业审计处、社会保障审计处、外资运用审计处、计算机审计处、人事教育处、机关党委。

领导成员

特派员（分党组书记）：杨宁生

副特派员：周应良　杜光宇（7 月—）

　　　　　郭　西（2 月—）

纪检组长：哈耀卿

副司级审计员：程一平

审计成果　审计署驻昆明特派员办事处全年完成审计署统一组织的审计项目 13 个，按审计情况统计报表口径，查出主要问题金额 2801 亿元，其中违规金额 189 亿元、损失浪费金额 8000 万元、管理不规范金额 2611 亿元；损益（收支）不实金额 57 亿元；审计处理处罚金额 40 亿元，其中应上缴财政 13 亿元、应归还原渠道资金 21 亿元、应调账处理金额 1.8 亿元；审计发现非金额计量问题 1077 个；审计促进整改落实有关问题资金 1427 亿元，其中增收节支 906 亿元、已调账处理金额 104 亿元；审计促进拨付资金到位 114 亿元。移送司法机关、纪检监察机关和有关部门处理事项 58 件。审计报告和信息被审计署采用 84 篇，被中办、国办分别采用 15 篇和 20 篇，党和国家领导人批示 17 篇。

与广电通讯审计局等单位联合实施的中国中央电视台台长任期经济责任审计项目被评为审计署优秀审计项目，与重庆办联合实施的重庆市市长任期经济责任审计，与成都办、重庆办联合实施的安徽省 2011 年至 2013 年矿产资源开发利用保护及相关资金征管情况审计 2 个审计项目被评为审计署表彰审计项目。

政策措施贯彻落实跟踪审计　组织实施云南省、贵州省贯彻国家重大政策措施和宏观调控部署情况跟踪审计，上报审计报告 20 份，共揭示反映问题 142 个，其中 32 个典型案例被审计署上报国务院专题报告或审计结果公告采用，9 个事项被列入国务院督办事项。审计中，突出运用项目、资金两个审计抓手，重点对铁路、公路、水利工程、精准扶贫、生态环保等西南地区关键领域审计，推动解决项目落地建设和财政资金管理使用中的“中梗阻”“最后一公里”等问题，揭示地方政府及职能部门有令不行、有禁不止、动作迟缓、保障不力等问题，促进持续改善政企关系、营商环境。通过审计，促进云贵两省加快财政资金下达和资金支付 84 亿元，整合 5 亿多元专项资金；促进新开工 76 个项目，建成完工项目 54 个，加快实施进度项目 24 个；促进重大政策落实 10 项，推动建立健全制度 7 项，18 名干部受到处分或问责。

财政审计　实施贵州省 2014 年财政收支、财政存量资金、贵州省国家税务局 2013 年至 2014 年预算执行以及其他财政收支情况审计，揭示违规设立和征收政府性基金、非税收入未及时上缴国库、未按规定撤销合并财政专户、违规举借和使用政府性债务资金、违规使用财政专项资金、虚增政府性债务余额、未及时给企业办理即征即退税款、税款缴库不及时、企业涉嫌虚开增值税专用发票等致使国家税收流失等问题。

经济责任审计　完成贵州省党政主要领导干部经济责任审计，揭示反映部分重大建设项目推进缓慢，一些产业园区违规审批、虚报产值、土地闲置等问题突出，执行国家部分产能过剩行业调控政策不严格，部分环境保护目标任务完成进度滞后，政府性债务规模较大且增长较快存在风险隐患，财政存量资金规模较大且盘活率较低，部分单位结存大量财政资金未纳入财政统一管理，对部分金融机构不合规业务活动监管不力，扶贫对象不够精准，部分行政许可事项下放承接不到位等问题。

金融审计　完成中国光大银行广东省分行和中国农业银行广东省分行资产负债损益情况、中国人民银行贵阳中心支行 2014 年度财务收支、贵州省保监局 2014 年度预算执行和其他财政收支情况审计，揭示民营企业涉嫌骗取银行贷款，贸易公司和相关个人涉嫌非法经营向境外转移资金数十亿元，民营企业利用虚假贸易骗取外汇数亿美元，政府补助资金未计入收入、虚列支出，自行采购应纳入政府集中采购的商品等问题。

资源环保审计　实施新疆矿产资源开发利用保护审计，查处国有企业合法矿权被违规废止后无偿出让给民营企业，造成国有权益损失；涉嫌滥用职权低价向民营企业转让探矿权造成国有资产损失；利用职务便利向企业领导人员控股的企业输送利益，造成国有资产损失；非法开采煤炭资源谋利；企业长期违法排污造成的环境污染问题亟待解决等问题。

固定资产投资审计 实施2015年贵州省高速公路审计，揭示部分主要通道和县际高速公路规划不满足公路工程技术标准要求，项目未取得正式用地审批手续即开工建设，超用地批复征收土地，部分项目材料采购及服务未按规定招投标，违法转包，超概算，多计工程款，未足额缴纳社会保障资金和耕地开垦费，建设单位拖欠施工单位工程款较为普遍，部分项目工程质量问题较为突出，违规减免通行费，违规担保，违规收取经营性公路通行费收入，高速公路债务增长快、总额大，政府还贷公路通行费未纳入“收支两条线”管理上缴财政等问题。

民生资金（项目）审计 完成贵州省2014年中央9项农林水事务专项资金、贵州省本级和贵阳市城镇保障性安居工程跟踪审计，揭示贵州省部分州（市）、县政策性农业保险和森林保险等地方配套资金未到位，部分单位套取涉农财政补贴资金，部分单位违规使用涉农财政资金，部分小型农田水利重点县建设项目建设进度较慢，棚户区改造规划未按年度落实到项目，套取挪用保障性安居工程贷款资金和保障房资金，未及时拨付中央保障房专项资金，未及时收回结余的中央补助公共租赁住房专项资金，部分保障性安居工程串通投标或未进行招标等问题。

制度建设 适应大项目组织管理要求，开展制度清理，新制定人力资源调配办法、稳增长项目档案归档暂行规定、审计信息督办办法等制度，修订审计质量控制、人事管理、机关党建、机关内部管理等方面制度规定，进一步明晰岗位职责和办文办事流程，健全责任落实机制，提高机关执行力和工作效能。进一步加强预算管理、财务管理、资产管理、保密、后勤管理等，依法依规关停原金审酒店，严格按程序组织实施金审酒店修缮改造工作，扎实推进公务用车制度改革，在政策法规范围内尽力帮助解决干部实际困难。

党风廉政建设 以审计组为学习单元和责任主体，以一线审计人员为重点，灵活采取多种形式和方式强化学习教育、广泛听取意见。班子成员宣讲党课、带头学习提高，查摆问题、剖析根源、谋划发展，带动处级领导班子和全办干部加强党性修养，坚定理想信念，规范审计行为，严格执行纪律，涌现出一批无私无畏敢攻坚、勇挑重担冲在前的先进典型和感人事迹，何树龙等3人入选《审计署“三严三实”先进事迹汇编》，程一平等2人入选审计署《真作风·硬作为》先进事迹视频。开展精神文明创建活动，争创全国文明单位成功。以学习贯彻新修订《中国共产党廉洁自律准则》和《中国共产党纪律处分条例》为契机，组织开展党性党规党纪教育，进一步增强党的意识、党员意识、党规党纪意识和法纪意识，促进党员干部自觉守纪守规突出重点环节，进一步强化对审计权力运行的制约和监督，支持派驻纪检组长和机关纪委通过组织内部审计、专项检查、参加会议研究决策等方式，督促严格管控好预算计划、预算执行、物资采购等关键环节；坚决执纪问责，对贵州省党政主要领导经济责任审计等5个重点项目开展现场廉政检查，对发现的苗头性问题或风险隐患，及时提出改进意见并督促审计组立即整改。 （撰稿人：马　平）

【审计署驻成都特派员办事处】 2015年，审计署驻成都特派员办事处实有129人。设有办公室、法规处、财政审计处、行政事业审计处、资源环保审计处、固定资产投资审计一处、固定资产投资审计二处、金融审计处、企业审计处、社会保障审计处、外资运用审计处、计算机审计处、人事教育处、机关党委。

领导成员

副特派员：吴兆军（党组副书记，主持工作）
王端述　吕建伟　赵圣伟

纪检组长：陈顺华

正司级审计员：王永红

审计成果 审计署驻成都特派员办事处完成审计项目12个，其中组织实施审计项目11个，参与实施审计项目1个。查出主要问题金额5692.63亿元，其中违规金额131.01亿元、损失浪费金额13.48亿元、管理不规范金额5548.14亿元；损益（收支）不实金额163.11亿元；审计处理处罚金额660.29亿元，其中应上缴财政

37.92亿元、应归还原渠道资金59.02亿元、应调账处理金额563.35亿元；审计发现非金额计量问题2974个；审计促进整改落实有关问题资金351.53亿元，其中增收节支和挽回损失88.96亿元、已调账处理金额24.52亿元；审计促进拨付资金到位28.04亿元。移送司法机关、纪检监察机关和有关部门处理事项109件。出具审计报告和专项审计调查报告（含代拟稿）35篇。提出审计建议40条，提交审计信息140篇，被批示、采用247篇次。

交通银行法定代表人经济责任审计（深圳分行）等4个项目被评为审计署优秀审计项目或表彰审计项目。

政策措施贯彻落实跟踪审计 完成四川省贯彻落实稳增长、促改革、调结构、惠民生、防风险政策措施情况跟踪审计，20个报告案例被审计署报送国务院综合报告和审计结果公告采用。重点审计四川省本级和部分地市（州）以及相关企业和项目单位，特别关注重大建设项目推进、财政资金统筹使用、重大政策贯彻落实、简政放权等方面的情况。针对跟踪审计中发现的涉及违法违纪问题，经国务院督查共给予5人党纪政纪处分，7人诫勉谈话。审计发现问题后，四川省通过出台文件、盘活资金、推进项目等措施积极整改，促进落实下放行政审批事项1项，取消职业资格、水平认证等认定15项，废止不合理制度规定2项，有效推进国家重大政策的实施和体制机制完善。促进财政资金管理、现代农业发展、简政放权和精准扶贫等重大政策落实，反映揭示的彝家新寨建设缓慢问题引起当地政府高度重视并进行积极整改，中央电视台对此进行专题报道。

财政审计 完成四川省国家税务局2013年至2014年税收征管情况和预算执行审计项目。发现部分国税部门存在违规人为调节税收收入、违规核定征收等影响税收征管质量的问题，影响税收收入6.21亿元，其中影响2014年度税收收入4.16亿元；以及预算执行中不符合财经制度规定方面的问题。

完成西藏财政收支审计项目，重点抽查自治区本级、拉萨市本级以及部分预算单位和国有公司。审计发现的问题集中在预算编制、执行、管理，财政资金管理使用以及专项资金的申报、管理、使用等方面。

固定资产投资审计 完成长江三峡水利枢纽工程地下电站竣工财务决算草案审计，报告反映的8个方面问题被审计署上报国务院。审计发现的主要问题集中在工程造价、工程招投标和工程管理方面存在竣工财务决算草案多计投资，设备物资采购、工程施工、技术咨询服务等未依法依规招标，工程建设管理不严格导致增加投资和部分闲置及退场物资设备处置不规范的问题。

金融审计 完成全国社会保障基金理事会审计。审计发现的主要问题是全国社会保障基金理事会在基金管理过程中，存在股权投资基金业务投后管理流于形式、信托贷款业务贷前审查不细致、贷后检查不到位、解禁国有股未及时过户存在错失交易时机等。

完成中国光大集团股份公司法定代表人任职期间经济责任履行情况审计项目。审计发现光大银行北京分行违规开立国内信用证导致损失，违规发放贷款，以贷转存、存贷挂钩虚增存款，光大证券内部管理存在薄弱环节导致“8·16事件”等问题 。

完成建设银行四川省分行跟踪审计。审计发现存贷挂钩虚增存款、贷款资金被挪用、表内贷款承接表外理财后出现风险等问题。

农业与资源环保审计 完成对青海省2013年至2014年矿产资源开发利用保护及相关资金征管情况的审计。审计发现违规审批、出让矿业权及减免矿业权价款，未经评估或低价转让矿业权，企业违规勘查和开采矿产资源，违规征收、使用、管理矿产资源税等相关问题。

企业审计 完成香港中旅（集团）有限公司法定代表人任期经济责任审计项目。审计发现该公司在财务收支、贯彻执行国家宏观政策措施、重大经济决策、企业内部管理、领导人员廉洁从业等方面存在问题。

与审计署驻长春特派办等单位共同完成中国石油化工集团公司法定代表人任期经济责任审计项目。审计发现该公司在财务收支、贯彻执行国家宏观政策措施、重大经济决策、企业内部管理、领导人员廉洁从业等方面存在问题。

外资运用审计 完成世界银行贷款国家铁路Ⅴ期（贵阳至广州铁路）项目审计。审计发现部分Ⅰ类变更设计批复滞后或未及时上报铁总审批；贵广铁路有限责任公司未有效督促设计单位及时编制施工图投资检算，不利于投资控制；因工程建设内容调整等原因导致多征土地并存在闲置；由于验工计价控制不严导致多计工程款等工程验工计价管理方面的问题。

民生资金（项目）审计 完成四川省2014年彩票资金审计。重点审计成都市、自贡市等18个市、州的财政、民政、体育行政等彩票主管部门和彩票销售机构，延伸审计186个彩票公益金项目，对重要事项进行必要的延伸和追溯。审计发现挤占挪用彩票资金，公益性项目改变原定用途，违规使用彩票资金采购重大物资和服务，违规使用彩票资金发放津贴补贴，彩票资金使用效益不高等问题。针对审计揭示的问题，四川省人民政府高度重视，责成四川省民政厅、财政厅、体育局、福利彩票发行中心、体育彩票管理中心等部门牵头会同相关地区和单位研究、整改，进一步健全监管机制，切实提高彩票管理水平。本次审计还发现违法违纪问题3起，移送纪检、监察等部门处理29人。

队伍建设 加大青年干部培养力度，建立青年干部五年职业发展规划制度，按照“一人一策”的原则研究制定符合青年干部特点的差异化培养策略；改进审计实务导师制，采取“双考试”等考核方式提升传帮带效果。有效整合审计人力资源，建立审计项目人力资源调度中心，每月对审计项目人力资源配备情况进行动态调整，实现审计力量根据各审计项目需求在全办范围的统一计划调配，确保审计项目的顺利推进。

审计质量管理 加强审计现场管理和质量控制，有效落实《审计署审计现场管理办法》，结合实际制定加强审计现场管理的10项措施，并由检查小组到审计现场跟踪检查。建立并严格执行审计质量检查员制度，由审计质量检查员对审计全过程和每个控制点认真把关，逐项控制检查，并及时报告、督促整改。加大复核审理力度，审理部门对审计报告和审计信息实行对口联系人初审、处内集体复审两级审理方式，建立审计业务会对审计报告质量评分制度，评分结果纳入处室考核。建立审计情报中心，按照专项审计的模式，不定期收集整理与专项审计相关的宏观经济和行业政策、以往审计成果、兄弟单位审计经验、网络舆情举报、大数据分析结果等信息，形成《审计情报参阅》，为分党组决策和审计组开展工作提供信息支撑。建立审计移送跟踪平台和审计线索数据库，对所有移送事项登记造册，派专人加强与地方纪检、监察、司法等部门的联系，跟踪移送事项的处理进度；安排专人搜集整理历年项目遗留的案件线索，结合正在开展的审计项目进行再分析，开辟提升审计成果的新途径。

信息化建设 计算机审计人员深入现场广泛开展数据分析，对项目中重要问题的突破发挥重要作用。参与税收征管审计、证券审计、海关总署审计等审计项目，充分利用大数据挖掘等方法。调整充实数据分析团队，组成数据分析组，集中广泛深入分析数据，为审计一线提供数据支撑和保障。数据查询系统自主开发及应用工作有序开展，为审计工作的开展提供技术保障，不断提升审计工作的信息化水平。注重理论研究，参与国家自然基金课题，加强对电子证据、大数据的研究，为信息化建设提供理论支撑和发展动力。

（撰稿人：赵洪超　高　斐）

【审计署驻长沙特派员办事处】 2015年，审计署驻长沙特派员办事处人员编制150人，实有139人。设有办公室、法规处、财政审计处、行政事业审计处、农业审计处、资源环保审计处、固定资产投资审计处、金融审计处、企业审计处、社会保障审计处、外资运用审计处、计算机审计处、人事教育处、机关党委。

领导成员

特 派 员：赵保林

副特派员：张在银（2月—11月）
　　　　　李　锋　谢岳山　黄建宇

纪检组长：张在银（—2月）
　　　　　孙雅琴（2月—）

正司级审计员：张在银（兼，—11月）

副司级审计员：周　娇

审计成果 审计署驻长沙特派员办事处（以下简称长沙办）承担15个审计项目，查出问题金额4668.92亿元，其中违规金额34.18亿元；审计整改金额1038.08亿元。出具审计报告和专项审计调查报告29篇。提出审计建议95条，被审计单位根据审计建议制定整改措施 233 项，建立健全规章制度 70 项。全年编报正式审计信息 72 篇，被审计署采用 79 篇次，被中共中央办公厅采用 26 篇次，被国务院办公厅采用 51 篇次，被党和国家领导人批示 49 篇次。上报的审计信息材料等由审计署移送有关部门处理 10 余篇。

承担的海南省省长任期经济责任审计和牵头实施的河南省矿产资源审计、长沙市国土审计、海口市国土审计、常德市国土审计等 5 个项目被评为审计署表彰审计项目；组织实施的三亚市国土审计和参与实施的中央电视台台长经济责任审计项目被评为审计署优秀项目。

政策措施贯彻落实跟踪审计　承担湖南、广西两省（区）的稳增长跟踪审计。审计组结合湖南、广西两地特点，采用“热点轮动”的方式，挖掘重点，突出特色，集中突破，取得较好成效。湖南、广西两省（区）稳增长跟踪审计报告共上报问题 150 多个，被审计署采用并报送国务院综合报告的典型事例 30 个。广西马山精准扶贫不精准问题经中央电视台报道后产生强烈社会反响，受到审计署领导表扬；8 月份广西稳增长跟踪审计报告被审计署全文转发供各特派办借鉴。

经济责任审计　承担中国海洋石油总公司原法定代表人经济责任审计。审计组在把握该集团总体状况的基础上，围绕企业领导人经济责任履职情况，针对资产收购、工程建设、对外合作等高风险领域和管控薄弱环节，集中力量深挖 20 多个重要审计事项，提供给各审计小组重点核查。审计发现该集团在违规采购、多计收入、境外投资等方面的多项问题，审计揭露和上报一批重大问题线索，移送处理事项 4 件。

金融审计　在中国农业银行总行审计项目中，上报信息被《审计要情》采用 4 篇，审计移送 3 篇；证监会审计中，上报的案例被《审计要情》采用 3 篇。查处的湖南省发展改革委某领导干部案件线索被 2015 年《中央预算执行和其他财政收支的审计工作报告》中采用，并在焦点访谈播出；查处的广东中行某高管内外勾结案件、湖南建行某高管内外勾结案件等 2 起案件被审计署公告。

农业与资源环保审计　承担辽宁省矿产资源审计项目。在矿产资源审计项目中，审计组开展大数据审计，对国土资源、财政、税务、工商、金融机构等部门的矿业权审批、企业股权变动、税收征缴、矿产资源储量变动、贷款抵押等数据进行关联。

固定资产投资审计　结合湖南省稳增长等政策措施贯彻落实情况跟踪审计项目，参与固定资产投资审计司组织的 2015 年度高速公路审计事项的查证，重点对湖南省高速公路投融资体制、损益情况、前期报建审批程序、总体建设情况、招投标环节、建设质量、养护情况、危险货物运输情况等方面进行深入审计，完善相关的取证工作，按期完成对湖南省高速公路 10 大类问题的审计任务。

民生资金（项目）审计　承担湖南省彩票资金审计和湖南省保障性安居工程审计项目。查出湖南省彩票资金筹集、分配、管理和使用中存在的违规审批、违规经营、虚报套取、挤占挪用、铺张浪费、资金绩效不佳、采购不合规、财务管理不规范等 12 大类问题。查实 4 起案件线索，分别移送给湖南省检察院、省公安厅。

外资运用审计　承担世界银行贷款南广铁路公证审计项目，审计组将工作重心放在设计变更、物资设备采购、科研课题等方面，立足于发现影响铁路安全的重大隐患。审计提交的信息 1 篇被审计署重要信息要目采用，1 篇被移送广铁集团处理。

党建工作　深入推进“三严三实”专题教育，通过召开座谈会、个别谈心谈话、开展问卷调查、听取批评意见，查找出“不严不实”问题 149 项，制定整改措施 52 项。对办内规章制度进行全面清理，新制定 5 个制度，把“三严三实”专题教育成果落到实处。出台关于建设“责任长沙办”的意见，制定责任清单，明确全办人员和全部事项的责任主体、责任类别、责任事项及评议等级标准，确保各岗位工作人员权责清晰、责任目标可衡量、可评议。查找在审计业务基础工作、队伍建设、机关管理等基础管理方面存在的突出问题和风险隐患，深入分析原因，全面推进基础管理清理整顿工作。

队伍建设　组织实施 6 名处级领导职位和 3 名处级非领导职务的干部选拔任用，公开招录 3 名公务员，安排 5 名干部进行轮岗。组织参加审计署各类培训班学习 25 期，培训干部 49 人次。

组织第二期计算机审计高级研讨班。全办11人通过、取得中级审计师和会计师资格，1人取得高级审计师资格，3人取得计算机审计中级资格。修订处级及处级以下公务员考核实施细则，对审计人员完成审计工作目标和履行岗位职责的情况进行量化考核，量化考核结果将作为干部选拔任用及职务调整、奖励、培训、辞退的重要依据。

（撰稿人：刘　亮）

【审计署驻深圳特派员办事处】 2015年，审计署驻深圳特派员办事处人员编制120人，实有115人。设有办公室、法规处、财政审计处、固定资产投资审计处、金融审计处、企业审计处、社会保障资金审计处、外资运用审计处、境外审计处、计算机审计处、人事教育处、机关党委。

领导成员

特派员（分党组书记）：王淡浓

副特派员：段大波（正司长级）

张在银（11月—）

赖汉雄　郝士坤

纪检组长：张　俊

正司级审计员：张在银（兼，11月—）

副司级审计员：陈彦钊

审计成果 审计署驻深圳特派员办事处（以下简称深圳办）完成审计项目22个，查出主要问题金额6611073万元，审计处理处罚金额109718万元，其中应上缴财政64358万元、应归还原渠道资金2097万元、应调账处理金额11249万元；审计发现非金额计量问题2513个；审计促进整改落实有关问题资金388697万元，其中增收节支369694万元、已调账处理金额8323万元。移送司法机关、纪检监察机关和有关部门处理事项32件。出具审计报告和专项审计调查报告22篇。提出审计建议72条，提交审计信息61篇，被批示、采用50篇。2014年参与组织实施的2个项目被评为2015年度优秀审计项目。

政策措施贯彻落实跟踪审计 围绕重大政策落实、重大项目推进、重点资金统筹、深化简政放权等开展审计，注重从体制机制以及政策措施的有效性层面分析研究问题，提出审计意见和建议，促进政策运行和管理制度的落实和完善。从5月起，累计向审计署上报稳增长跟踪审计报告15份，审计中发现的9个典型案例被审计署上报国务院的报告采用。累计抽查单位124个，资金2993亿元，抽查项目113个，项目总投资额980亿元。

财政审计 在2014年广东省财政大格局审计工作中，严格贯彻落实审计方案的要求，牢固树立科学审计理念，通过优化组织方式、加强数据综合分析、强化质量控制、严格遵守纪律不断深化财政审计，坚持以真实性、合法性审计为基础，加大对重大违法违规问题的查处力度，促进提高财政资金的使用效益。

经济责任审计 在对地方党政机关领导干部经济责任审计中，注重结合当地经济社会发展的特点，反映该市在财政预算管理、地方税收征管、土地资源管理、教育医疗、生态环保及民生领域、城市基础设施建设等方面存在的问题，审计结果引起地方党委和政府高度重视。

金融审计 以揭示经济运行中存在的体制机制问题为主线，防范金融风险，对经济热点进行深入分析，在银行授信管理及不良贷款处置等方面，查处发现商业银行对部分大型央企授信管理不到位、银行不良贷款处置制度不完善等问题。密切关注经济社会发展中出现的新情况和新问题，着力揭示风险隐患，维护金融安全，重点对资本市场风险管控和跨境资金流动等新情况进行审计，查处发现一些违法违规问题线索。

农业与资源环保审计 牵头负责对山东省矿产资源开发利用及相关资金征管情况进行审计。在充分利用以往审计经验方法，在全面把握总体情况的基础上，确定以矿业权转让为重点的审计思路，积极发挥数据分析的引领作用，揭露查处一批重大案件线索。

信息化建设 加强审计数据综合利用工作，通过对审计获取数据的归集、积累、整理、使用，提升审计项目的数据分析效能。坚持数据先行理念，继续在审计项目中成立以计算机人员、审计业务骨干组成的数据分析小组，利用数据可视化工具，对数据进行逐级分析。进一步规范基于服务器虚拟化技术的数据综合利用模式，着手开发电子数据综合利用平台软件，加强数据的安全使用和规范管理。按时保质保量完成海关、国税、财政等电子数据的报送工作。

队伍建设 抓住办处两级领导干部，充分发挥表率和示范作用，坚持深入审计一线，靠前指挥，带领全办干部依法履职尽责；坚持公开公平公正选拔干部，按照规定程序，做好干部民主推荐、组织考察、办理任职程序等工作，一批年富力强的业务骨干走上领导岗位，进一步优化干部队伍的结构。推进干部培养工作，与审计署培训中心合作开展送教上门，举办为期 5 天的培训。2 人被评为高级审计师，全年安排近 30 人次参加审计署各类培训班。（撰稿人：黄 娟）

【审计署驻长春特派员办事处】 2015 年，审计署驻长春特派员办事处人员编制 110 人，实有 106 人。设有办公室、法规处、财政审计处、行政事业与资源环保审计处、固定资产投资审计处、金融审计处、企业审计处、社会保障审计处、外资运用审计处、计算机审计处、人事教育处（机关党委）、机关后勤服务中心。

领导成员

特派员（分党组书记）：马文辉

副特派员：张宣波　王　波　戴华虎

纪检组长：赵　萍（—2 月）

李雪斌（2 月—）

正司级审计员：张炳功（—7 月）

副司级审计员：王玉芳

审计成果 审计署驻长春特派员办事处完成审计项目 10 个，其中组织实施审计项目 9 个，参与实施审计项目 1 个，查出主要问题金额 18203643.36 万元，其中违规金额 1135652.12 万元、损失浪费金额 799980.24 万元、管理不规范金额 16268011 万元；损益（收支）不实金额 475998.92 万元；审计处理处罚金额 2423017.23 万元，其中应上缴财政 32114.13 万元、应归还原渠道资金 101223.76 万元、应调账处理金额 2289679.34 万元；审计发现非金额计量问题 177 个；审计促进整改落实有关问题资金 2820578.28 万元，其中增收节支 1303794.4 万元、已调账处理金额 183774.46 万元；审计促进拨付资金到位 970128.05 万元；审计后挽回（避免）损失 15.79 万元。移送司法机关、纪检监察机关和有关部门处理事项 70 件。出具审计报告和专项审计调查报告 25 篇。提出审计建议 56 条，提交审计信息 100 篇，被批示、采用 87 篇。

实施的黑龙江省 2013 年城镇保障性安居工程跟踪审计、交通银行原法定代表人经济责任审计（湖北省分行）等 5 个项目分别被评为审计署优秀、表彰项目。审计署驻长春特派员办事处被中央精神文明建设指导委员会授予第四届“全国文明单位”荣誉称号；荣获吉林省五四红旗团委、省直机关五一劳动奖状等荣誉称号；2 个处室分别被评为吉林省直机关三八红旗集体、青年文明号。2 人获审计署个人三等功或嘉奖；4 人次荣获吉林省三八红旗手、省直机关优秀青年、青年岗位能手等荣誉称号。

政策措施贯彻落实跟踪审计 在吉林省政策措施贯彻落实跟踪审计中，围绕推动政策措施落实到位、促进经济平稳运行健康发展目标，坚持问题导向，突出“五个抓手”审计重点，注重强化资源整合，实现人力资源、审计成果和技术方法整合；创新采用“三方会谈”方式，充分与吉林省政府、被审计部门交换意见，得到吉林省政府的认可和肯定。

财政审计 在某省国家税务局税收征管和预算执行及其他财政收支情况审计中，总结以往药品经销企业审计经验，紧紧盯住数据分析、审计取证两个关键环节，确定计算机分析税收数据精准确定线索，到药厂、供货商、医院等上游、下游单位和银行外围取证，锁定药品经销企业购销存、发票流、资金流突破的审计思路，发现某医药公司偷逃税款等 5 个重大案件线索。

经济责任审计 在某国有企业原法定代表人经济责任审计中，作为牵头特派办，针对审计涉及地域板块多、海量数据核实工作量大、发掘大要案线索难的实际情况，确定“板块独立分析、板块间交叉稽核、综合问题统一研究、线索核查跟踪负责”的现场工作原则，引导各组从业务、决策、资金流入手，全力突破重大违法违规问题，揭示反映在经营业绩、发展潜力等 4 个方面的 53 个问题。在某金融机构原法定代表人任职期间经济责任履行情况审计某省分行审计中，审计组对多年积累的骗贷审计方法进行梳理总结，形成统一方式、统一标准的骗贷审计规范流程，尝试探索多组并行、统一推进的延伸模式，就同类事项分多组同时到工商、税务等部门延伸，明确需求、多组并行、联动推进，为查核问题节省时间，各组在项目现场即完成多篇审计信息的上报工作。

金融审计 在中国人民银行某市中心支行财务收支情况审计中，总结“一行三会”财务收支审计经验，紧紧围绕“反腐、改革、发展”的目标要求，通过审核该中心支行财务收支情况，重点关注财务收支的合法合规性及资产购建、管理和使用等情况，延伸各地区中心支行，揭示反映固定资产管理等方面的多个问题。在中国银行业监督管理委员会某监管局预算执行和其他财政收支情况以及决算（草案）审计中，重点关注中央八项规定执行情况，揭示反映会议安排等方面的多个问题。

资源环保审计 在某省矿产资源开发利用保护及相关资金征管情况审计中，按照审计分工，重点关注国有矿权在出让、转让环节可能存在的滥用职权、失职渎职、内外勾结、弄虚作假、隐瞒储量、向民营企业输送利益造成国有资产重大损失等问题。

外资运用审计 在世界银行贷款某快速铁路项目年度财务收支和项目执行情况审计中，重点关注建设资金管理和使用、物资采购管理、工程施工管理和征地拆迁等情况，探索使用 Google earth 软件比对拆迁地点房屋建筑物情况，揭示反映某公司有关费用超概算等问题。

信息化建设 以分管办领导靠前指挥、信息化设备靠前保障、大数据方案靠前分析的“三靠前”为原则，由分管特派员在审计现场牵头成立数据分析团队，搭建分析平台，制订分析方案，摸清被审计单位总体情况，实现审计一线作业与后台数据分析一体化。积极创新信息化审计方法，开发数据资源利用网站，实现分行业数据在结构管理、跨行业分析等多方面功能；开展主流数据库元数据技术应用等研究，全年开发完成 7 个审计方法电子书和规范化处理工具等 AO 审计师 APP 工具，有效提高审计工作效率。

审计质量管理 规范审计取证行为，编制《审计取证案例汇编》，选取涵盖违法违规问题、重大案件线索等 7 个方面的典型案例和文本参考格式纳入汇编，为审计人员提供直观的参考实例；提高审计移送工作质量，制定《贯彻落实〈审计事项移送管理办法〉的通知》，明确移送事项的主送机关、移送标准、办理程序及后续跟踪办法，促进审计成果的充分利用；强化质量控制责任追究，制定《审理质量岗位责任和追究办法（试行）》，细化审理各岗位职责和责任，明确责任追究办法和方式，促进责任落实，防范质量风险。

队伍建设 加强政治理论学习，深化理论研究，组织季度理论研讨和成果评选；引导审计干部利用审前学习培训会、审中业务交流会和审后总结会，强化业务学习，坚持在审计实践中历练培养；组织近 3 年入办的青年审计干部赴生产一线参加劳动实践锻炼，召开青年干部座谈会，勉励青年爱岗敬业、勇于担当；从建立健全干部队伍培养和工作落实机制出发，全面开展制度清理工作，累计制定修订《审计专业人才培养办法》等 23 项制度，保障和激发干部队伍的持久战斗力。

党风廉政建设 扎实开展“三严三实”专题教育，全年召开全办动员大会 1 次、专题辅导 4 次，召开办分党组专题研究会 2 次，处级以上党员干部专题学习会和研讨会、党员干部专题座谈会 9 次，通过深入查摆不严不实问题，切实改进审计干部的工作作风；修订党支部工作规则，提出进一步加强临时党支部工作的意见，增强党组织的凝聚力和战斗力；强化廉政纪律建设，加强与审计组互联互动，先后到山东、江苏等 4 省 15 市 21 县，对 38 个审计组开展审中执纪检查和审计纪律“回头看”，促进审计组廉政建设“免疫系统”的健康运行。 （撰稿人：张艳杰）

【审计署驻重庆特派员办事处】 2015 年，审计署驻重庆特派员办事处人员编制 110 人，实有 98 人。设有办公室、法规处、财政审计处、行政事业与资源环保审计处、固定资产投资审计处、金融审计处、企业审计处、社会保障审计处、外资运用审计处、计算机审计处、人事教育处（机关党委）。

领导成员

特派员（党组书记）：尹树伟（—7 月）
吕劲松（7 月—）

副特派员：王　斌　籍吉生
宋　晖（4 月—）

纪检组长：杨恒田

副司级审计员：赵田录

副司级审计员：代　斌（新疆生产建设兵团

审计局副局长）

审计成果 审计署驻重庆特派员办事处（以下简称重庆办）实施完成审计项目10个，审计查出主要问题金额60474291万元，其中违规金额7249902万元、损失浪费金额565512万元、管理不规范金额52658875万元，审计处理处罚应上缴财政2781030万元、应归还原渠道资金1131230万元、应调账处理金额3202429万元，审计促进已上缴财政8708871万元、已归还原渠道资金151261万元、已调账处理金额4519108万元；审计促进资金拨付到位1460947万元。向重庆市纪委等部门移送相关案件线索24件。提交审计信息等材料被审计署采用83篇。干部培训、数据运用、突发事件处置等方面的做法获得审计署领导批示肯定，保密管理等方面的经验材料被《审计工作通讯》《机关党委简报》《审计法治工作动态》采用7篇，外宣稿件被审计署管媒体采用86篇次。

参与或联合实施的项目获评审计署优秀审计项目1个、表彰审计项目3个、土地审计表彰项目1个。

政策措施贯彻落实跟踪审计 在重庆市贯彻落实稳增长等政策措施情况跟踪审计中，发现的17个典型案例被国务院综合报告采用，14个问题由审计署公告，33人被问责。重庆办就稳增长等政策措施落实情况跟踪审计有关事项接受央视《焦点访谈》节目采访，部分典型案例被央视及其门户网站转载播报。与重庆市审计局联合印发稳增长等政策措施落实情况跟踪审计工作协调机制实施意见，获得审计署领导充分肯定并向全国推广。持续跟踪盘活财政存量资金，多次开展对重庆市本级和有关区县财政存量资金的审计，深入分析财政存量资金盘活过程中遇到的突出问题和体制机制障碍，推动重庆市财政部门统筹盘活财政存量资金。

在铁路稳增长等政策措施落实情况跟踪审计中，重点关注川黔外迁等3个项目进度慢；某铁路因出资意见不一致至今未组建公司，前10个月仅完成年度计划的1%等问题。深入核查某省电网承担的电力迁改项目违规转分包、部分项目环评等前置审批及收费管理混乱等情况。

财政审计 在国税征管审计中，坚持一手抓国税系统预算执行审计工作，一手抓以医药领域为重点的税收征管审计工作，注重相关性分析、重要性评估，重点分析精选账户，揭示国税部门人为调节税收收入进度、违规征收“过头税”、税务稽查处理不到位等方面的14个问题；反映税务机关和政府定价部门面对药价行业暴利、药价居高不下的情况，存在不作为或监督不到位等问题。上报审计信息及问题线索被审计署重要信息和综合报告案例采用。

金融审计 在“一行三会”审计中，重点关注“出口不收汇”企业、NRA账户、“三权抵押”贷款等存在较大风险隐患的金融领域，揭示各类财务收支违规问题金额910.22万元。被审计单位采纳审计建议，研究部署整改工作。

在重点商业银行2015年新增贷款及经营管理情况审计调查中，紧扣2015年以来国内金融行业发展的新情况、新变化，在认真分析两家银行经营特点和工作重点的基础上，揭示通过展期、借新还旧等方式重组贷款，掩盖不良贷款；通过财产权信托收益权转让方式将批量问题零售资产转让给企业和自身，实现将不良贷款腾挪出表并规避监管等问题。

农业与资源环保审计 在矿产资源审计中，重点关注“矿业权转让”“资金”和“责任”三个方面，紧贴近年来国有企业矿业权收购走出国门频率加快、风险加剧的实际，揭示国有企业领导人员擅自决策海外收购引致重大风险、国有企业违规收购民营企业矿业权其高管涉嫌受贿、国土部门公职人员审核把关不严导致相关专项资金被骗等案件线索。

固定资产投资审计 在三峡地下电站竣工决算审计中，从安全性、效益性、公平性、制度性、可持续性等方面着眼，重点围绕工程建设质量和运行安全及效益，在全面评价工程建设成效的基础上，揭示长江上游水电站前期审批进度严重滞后、管道交汇处存在安全隐患、某省未完整执行稳增长税费减免政策等问题，审计核减工程投资金额占总投资的4.73%。

外资运用审计 在世界银行、亚洲开发银行贷款铁路项目审计中，重点围绕工程造价真实性审深审透、揭示违规多支付工程价款、设计单位前期勘察深度不够、发生设计变更800余项导致增加投资1.83亿元、施工及监理公司违反合同约定违规转分包、项目建成后未按初步设计批复开通货物列车运行及超过规定期限试运行1年半且未完成环保验收等问题，引起相关部门和单位的高度重视。

经济责任审计 在某银行总行领导人经济责任审计中，在分析该行近年来的经营绩效和业务发展特点的基础上，通过定期编发工作动态、下发近400余条问题线索，统筹协调各分行审计组，开展信贷业务、财务收支等方面的审计工作。以精确定位为目标加大对大数据的分析利用，组成专门的数据分析团队，抓好多维度的数据整合，通过分析揭示总行在集中采购、外包服务、资产质量等方面存在的突出问题。

在某央企领导人经济责任审计中紧扣领导人员经济责任履行情况，着力揭露重大违法违规问题，推动企业领域的反腐、改革和发展。揭露其下属某企业原董事长等人涉嫌利用职务之便违规向民营企业提供担保和借款，并收受贿赂；其下属某单位负责人贱卖国有资产为私企谋取巨额利益，利用知晓内幕信息获取巨额利益；某领导利用职务之便为民营企业谋取巨额利益且其亲属在该民营企业持有干股等案件线索。针对该企业某产品因政策、资金、技术等方面受到制约，发展相对缓慢，市场占有率较低的现实状况，通过多方调查，分析其产业发展现状和制约因素，提出完善国家产业政策等方面的建议。

在某央企领导人经济责任审计中，依托深入研究该企业芯片产业发展情况，专题调查国产高端通用芯片产业发展情况；针对某高端产品严重依赖进口，关键技术受制于人等情况，从产业现状、面临问题、政策建议等方面进行分析研究，以专题报告形式上报审计署。关注下属企业资本运作、重大物资采购等重点领域，揭示企业闲置土地、违规出借工程资质、应招标未招标以及部分公司领导违规领取补贴及实物、部分下级企业虚列支出套取资金发放奖金补贴、超标准购车、公款旅游、公款消费高尔夫运动等重大问题。

审计质量管理 针对稳增长等政策措施落实情况跟踪审计时效性强、周期短的特点，加大跟踪审理力度，强化过程质量控制；在企业和金融经济责任审计中，审理人员深入现场，“面对面”提出审理建议，切实抓好法制审理重点环节。加大内部通报力度，进一步细化制度措施，夯实基础工作，突出审计质量标准化控制。完善成果跟踪管理台账，密切跟踪已报送案件线索审核情况和移送案件线索后续查办情况，促进案件线索及时落实。坚持将优秀项目标准贯穿于审计全过程，办领导亲自把关方案编制、现场管理、文书编报等环节，审计、审理、管理协调发力，共同打造精品项目。

信息化建设 夯实数据基础，加强数据资源库建设，集中采集财政等8个领域的2TB数据，形成财政供养人员等9个方面的审计分析标准表数据。坚持问题导向，搭建综合数据分析平台，锁定疑点线索，强化数据分析运用。积极总结经验方法，报送贷款资金自动追踪模型等3篇审计技术创新典型案例，被审计署审计科研所案例汇编采用2篇。强化保密意识，切实保障数据安全，设置专员、专表、专账，做到“查询必登记、需求必审批”。重庆办在光大银行重庆分行顺利完成审计署金融审计数据平台远程联网演示验收，得到审计署领导充分肯定。

队伍建设 践行全员学习理念，统筹选派干部参训达60人次，采取特派员带头授课、业务骨干讲课、邀请外单位专家上门讲学等方式，推动学习型机关建设。重庆办分板块整训的做法被多位审计署领导批示肯定，并在审计机关干部人事工作研讨会上做典型经验介绍。加大青年培养力度，组织和参加全国审计青年论坛、审计职业化专题研讨、年度优秀成果展评、“理论研究系列讲堂”等活动；为16名青年干部指定审计实务导师，安排15名干部轮岗交流、青年干部担任项目主审、新录用人员到国企实践锻炼。加强干部职务选拔、交流轮岗工作，修订主任科员以下公务员任职规定。加大干部考核激励力度，完善以业绩和能力为导向的公务员个人量化考核办法，维护公开、公平、公正的用人环境，进一步调动全办干部工作的积极性。办领导深入一线开展交流谈心；通过召开座谈会、茶话会，了解职工诉求，将抓好思想政治工作纳入处级干部量化考核指标，强化责任落实。重庆办相关经验材料被《紫光阁》采用。

（撰稿人：施　洋）

地方审计机关

北京市

【北京市审计局】 2015年，北京市审计局共有干部职工570人。设有办公室、行财处、综合处、研究室、法制处、人事处、机关党委、离退休干部处、机关工会、监察处（派驻）、审理处、内部审计指导处、经济责任审计办公室（分局）、经济责任审计一处、经济责任审计二处、财政审计处（分局）、行政事业审计处（分局）、农业与资源环保审计处（分局）、固定资产投资审计一处（分局）、固定资产投资审计二处（分局）、经贸审计处（分局）、社会保障审计处（分局）、金融审计处、第一派出局、第二派出局、第三派出局、第四派出局、第五派出局、第六派出局、第七派出局、第八派出局、第九派出局、第十派出局、宣传教育中心、审计项目绩效考评中心、计算机中心、机关服务中心、审计数据中心。

领导成员

局　　长：吴素芳

副 局 长：张祝华　徐　涓　李拥军

闫福跃（—9月）　郭　彤

曾晓冬（12月—）

总审计师：张　秋（—12月）

石　铝（12月—）

纪检组长：徐纪铭

巡 视 员：张祝华（7月—）

副巡视员：郑善民　石　铝（—12月）

审计成果　北京市审计机关共审计单位752个，查出违规金额23.74亿元，为国家增收节支40.92亿元，提出审计建议1797条，提交审计报告和信息1262篇。

政策措施贯彻落实跟踪审计　按照审计署的部署，持续开展国家重大政策措施落实情况跟踪审计。突出审计重点领域，促进轨道交通建设、清洁空气行动计划、商事制度改革、医药卫生体制改革、疏解非首都功能等重点项目和改革任务的推进，反映存在的问题和困难，推动资金落实、项目实施和政策落地。

财政审计　对40个市级部门开展预算执行审计，组织80个预算单位开展自查自纠，对16个区市级转移支付资金以及存量资金进行审计。重点关注全口径预算管理，存量资金消化和统筹、转移支付制度执行、财政资金使用绩效和财税体制改革，以及“三公”经费、会议费管理使用等内容，促进公共资金安全高效使用。

专项资金审计　组织开展保障性安居工程、“十二五”期间生活垃圾处理情况、高速公路建设运营管理、农村集体资产管理、食品及药品安全监督、重大科技成果转化、大气污染防治、轨道交通建设，以及失业保险等31项专项审计工作。重点关注惠民实事落实、结构调整、“城市病”治理等情况，推进全市重大战略任务落实。

经济责任审计　全市审计机关对238名领导干部开展经济责任审计。首次开展区委书记、区长、区法院院长、区检察院检察长、公安分局局长“1拖5”同步审计；对关系国计民生和作为重点经济支柱的市属2个大型国有企业负责人开展经济责任审计。深入落实市委、市政府关于开展领导干部自然资源资产离任审计的部署，按照“一区一试点”方式，实现区域试点全覆盖。

法制建设　贯彻《国务院关于加强审计工作意见》，市委、市政府下发《关于加强新形势下审计工作的意见》，研究制定《领导干部离任经济事项交接班办法》《加强村级组织负责人经济责任审计指导意见》等多项审计制度办法。

审计工作机制　落实京津冀协同发展战略，建立三地审计机关协同工作机制，以交通一体化、生态环境保护和产业升级转移等三大重点领域为共同发力点，加强信息、数据、人才等方面的资源共享。建立完善重大案件线索移送处理工作机制，加强与监督部门的横向沟通。配合市人大开展整改跟踪检查和专题询问工作，研究制定审计机关内部整改跟踪检查工作办法，为推动建立全市审计整改机制奠定基础。

相关工作 全市审计机关加强审计资源统筹，上下联动，完成财政存量资金、保障性安居工程等全国、全市审计项目。探索完善大数据审计工作模式，运用"集中分析、分散核查、发现疑点、精确定位、系统研究"的审计方式，有效提升审计监督效能。加大审计信息公开力度，做到部门预算执行审计结果全公开，其他审计结果公开方式有探索。落实全面从严治党和党风廉政建设主体责任，将党建工作与审计工作、队伍建设与党风廉政建设紧密结合，成立党建工作领导小组，把党建工作向审计组延伸。（撰稿人：孙　波）

【东城区审计局】 2015 年东城区审计局人员编制 79 人，实有 73 人。局长（党组书记）许健，副局长刘伟贤、侯万军、刘立新，纪检组长李辉良。设有办公室、人事科、监察科、综合科、复核法制科、信息管理办公室、内部审计指导科、固定资产投资审计科、经贸审计科、行政事业审计科、财政审计科、街道财政审计科、社保环保审计科、经济责任审计科和 1 个全额管理事业单位。

审计成果 东城区审计局全年完成审计项目 41 个，查出问题金额 332686 万元，其中违规金额 4128 万元、管理不规范金额 328558 万元；审计促进整改落实有关问题资金 50714 万元，其中应上缴财政金额 906 万元；审计促进拨付资金到位 172866 万元；核减投资金额 583 万元。移送处理事项 2 件，移送处理金额 91 万元。出具审计报告和专项审计调查报告 66 篇。提出审计建议 65 条，被采纳 14 条。提交审计信息 142 篇，被采纳审计信息 80 条。被审计单位制定整改措施 37 项，促进建立健全规章制度 3 项。向社会公告审计结果 11 篇。

利用大数据分析财政项目支出执行情况的审计案例在北京市审计局 2015 年度计算机审计评审中获得应用奖；部门预算执行审计中决算报表计算机审计案例获得鼓励奖。内部审计指导科组织东城区内部审计代表队在北京市审计局、北京市内部审计协会组织的内部审计人员审计法律知识竞赛中获组织奖。

财政审计 完成预算执行审计项目 14 个，审计查出问题金额 274354 万元。以重点审计与自查自纠内部审计相结合的方式，实现全区一级预算单位部门预算执行审计全覆盖。

经济责任审计 受区委组织部的委托，完成 12 名行政事业单位处级领导干部和 2 名国有企业领导人的经济责任审计，其中离任审计 12 个，任中审计 2 个，审计查出问题金额 28971 万元。召开东城区 2015 年经济责任审计工作领导小组会议，审议通过《东城区经济责任审计工作领导小组议事规则》等制度；制订统一的经济责任审计工作方案；结合《党政主要领导干部和国有企业领导人员经济责任审计规定实施细则》的要求，对经济责任审计评价内容进行细化。

固定资产投资审计 完成政府投资项目审计 8 项，审计查出问题金额 22377 万元，核减投资额 583 万元。审计采取定期深入工程项目现场、参加联审会和联席会、与相关部门配合等工作方式，强化政府建设投资资金的审计监督。

专项资金审计 完成专项审计调查 5 个，查出问题金额 6984 万元。通过对数字东城专项资金使用和管理情况、东城区 2011 年至 2013 年区县文化事业发展专项引导资金管理和使用情况、东城区 2011 年至 2013 年历史文化名城保护专项资金使用绩效情况等审计调查，揭示在政策落实、资金分配、管理和使用效益等方面存在的问题，为区委、区政府推动社会事业发展提供决策参考。

内部审计 组织区属 58 个单位的内部审计人员对本单位 2014 年度预算执行和其他财政收支情况进行自查自纠，对内部审计单位进行实地走访，加强对内部审计工作的指导和检查。签约开通东城区"内部审计人员后续教育平台"，丰富东城区内部审计人员后续教育的形式。

（撰稿人：肖雅莉）

【西城区审计局】 2015 年，西城区审计局人员编制 71 人，实有 71 人。局长佟丽萍，副局长耿兵、周春青、张博威、朱岩，总审计师姜宏杰，纪检组长李玉萍，调研员赵敬书（6月—）。设有办公室、功能街区审计科、社保经贸审计科、固定资产投资审计科、城市建设管理审计科、科教文体审计科、行政事业审计科、经济责任审计科、财政金融审计科、综合科、法制审理科、内审指导科、人事科、监察科、离退休干部科。

审计成果　西城区审计局完成审计项目34个，查处违规资金174331万元、损失浪费金额339万元、管理不规范金额748261万元。提出审计建议99条，被审计单位采纳99条。

财政审计　聚焦重点资金以及与西城区改革发展密切相关的热点，关注资金使用的效益效果，对预算执行情况进行评价，注重加大延伸审计力度，深入挖掘查处问题的深度和广度，督促财政部门加强内控制度建设，注意发现财政自身内控管理制度的薄弱环节；加强对“三公”经费、会议费、培训费及差旅费的分析和监督。对审计发现的问题及时进行梳理和披露，从机制、体制和制度层面提出审计意见和建议，相关部门、单位及时做出整改。预算执行审计工作报告及整改报告内容翔实，得到区人大常委会的充分肯定。

固定资产投资审计　探索建立与政府投资相匹配的固定资产投资审计体系，促进提高政府投资的经济效益和社会效益。开展11个政府投资审计项目，审核资金326819.53万元。以征地拆迁、工程招投标、设备材料采购、资金管理使用和工程质量管理等环节为重点；进一步加大对老旧小区改造、城市环境建设、保障民生等项目进行跟踪审计力度；坚持事前、事中、事后审计相结合，督促相关单位加强资金和项目管理，完善制度，提高投资效益，推进廉政建设，促进深化投资体制改革；整合资源，跟踪审计前期主要以内部审计为主、社会审计参与的方式，决算审计采取国家审计为主的方式。

经济责任审计　开展13个经济责任审计项目，查处违规和管理不规范金额225303.86万元，审计处理处罚金额5万元。拓展经济责任审计的范围，将机构设置、编制使用、廉洁从政等情况纳入审计范围。首次开展街道工委书记的经济责任审计，关注地下空间资源利用，探索自然资源管理审计。优化经济责任审计管理机制，利用工作方案统一部署，明确工作进度、审计范围、审计重点，并对责任界定及评价提出要求。加大对权力集中部门和任中经济责任审计工作力度，开展对区发展改革委等具有行政审批权、资金使用量大的部门主要领导干部的经济责任审计项目。加大任中审计的比重，实现任中审计项目数量占经济责任审计项目的31%，形成任中审计和离任审计相结合的常态化审计模式。

内部审计　通过工作例会和专题研讨会等形式，布置、传达、交流内部审计工作，学习业务知识和技能，更新在岗人员专业知识，提高内部审计队伍的整体水平；转变指导工作的形式，主动深入基层部门和单位，服务和指导内部审计工作，加大对经济责任审计、绩效审计、计算机审计工作的扶持力度。加强对内部审计工作和经验的宣传，对先进典型和好的经验、方法加以宣传推广，扩大审计工作影响，为内部审计工作营造良好的氛围；借助内部审计培训平台。

（撰稿人：宋　楠）

【朝阳区审计局】　2015年，朝阳区审计局人员编制83人，实有79人。局长田峡（4月—），副局长苗洪、文晓辉、杜云超、付秀莲、兰万秋（6月—），总审计师孙颖，纪检组长张福祥，副调研员王信增、尹建华。设有办公室、综合科（法制科）、信息化办公室、经济责任审计科、财政金融审计科、行政事业审计科、固定资产投资审计一科、固定资产投资审计二科、经贸审计科，下设审计指导中心。

审计成果　朝阳区审计局完成审计（调查）项目50个，查出各类问题金额12.92亿元，其中违规金额1540万元、管理不规范金额12.77亿元；审计发现非金额计量问题117个；审计促进整改落实有关问题资金298万元。出具审计报告和专项审计调查报告100篇，被批示28篇次。提出审计建议137条，提交信息148篇，被批示、采用215篇次。向社会公告审计结果23篇。

政策措施贯彻落实跟踪审计　按照审计署、北京市审计机关部署要求，从10月份开始，对涉及朝阳区13个市属重点项目进展情况开展审计，反映存在的问题和困难，推进简政放权、疏解非首都功能等重点项目和改革任务的完成。

财政审计　开展财政本级预算执行情况审计，

对17个单位开展部门预算执行审计，组织59个预算单位开展自查自纠，关注财政全口径预算管理、存量资金盘活、财政资金分配管理等情况。持续关注“三公”经费、会议培训费的管理使用和办公楼等楼堂馆所建设情况。首次开展国有资本经营预算专项审计调查，关注国有资金管理使用的规范性、安全性和效益性。首次将法院、机关后勤服务中心及其代管32家部门（单位）纳入审计监督范围；对7个部门所属重点二级单位组织开展财务收支审计；对未纳入审计范围的部门（单位）组织预算执行和财务收支情况自查，实现对全区预算单位的有效覆盖。

固定资产投资审计 对萧太后河污水治理、朝阳北路拆迁等10个项目进行审计，重点关注招投标、项目建设、资金管理等关键环节；跟踪审计土地储备、王四营乡整治和垂杨柳医院改扩建等4个项目，审查建设程序履行、资金筹集使用等情况，促进规范项目建设，提升投资效益。

专项资金审计 组织开展教育资金、政府购买服务资金、农村产业发展专项资金等绩效审计，揭示政策落实、资金分配、管理和使用效益等方面存在的问题，促进完善体制机制，为推动社会事业发展提供决策参考。

经济责任审计 对12个单位20名领导干部开展经济责任审计，实现领导干部任中审计覆盖面50%，强化对政策执行、改革深化、依法行政等领域的监督；全面深化经济责任审计内容，重点关注农村集体土地使用、城市建设、产业升级等相关事项和资金。首次对领导干部在履行经济责任过程中存在的问题进行责任界定，作为审计评价的重要内容列入审计报告。结合黑庄户乡经济责任审计项目，开展万亩造林森林资源情况试点审计。梳理分析近年来经济责任审计中发现的问题，编写《经济责任审计常用法规制度选编》《经济责任审计知识手册》，印发给全区各单位行政一把手和财务、审计部门负责人。

审计管理 强化科室、审计组、审计人员三级主体责任，尝试重大差错退回机制。将项目时长时限、质量分级控制、岗位职责分工等业务规定，经济责任审计、预算执行审计和投资审计工作规范，以及审计工作纪律等要求落实到审计现场。加强与区发展改革委、国资委、财政局等部门的联动配合，强化财政资金、国有资产监督协调办法和审计整改联动机制的实际运用，推动提高工作成效。进一步加大督查、考核力度，将制度落实情况作为重要管理事项和考核指标，切实促进制度执行到位。进一步强化经济责任和预算执行审计“双统筹”，对5个经济责任审计项目同时开展预算执行审计，切实推进经济责任审计“1+N”模式。坚持重点项目打破科室和专业的界限混合编组，提升项目质量。

信息化建设 推进数字化审计方式，开展的部门预算执行审计项目全部应用数据分析平台的方法模型；加大对财政、教委审计数据的关联分析，提高数据分析质量；增加京OA（审计管理系统区县版）问题统计分析功能，进一步规范审计问题定性和法规引用；开展对区信息化项目资金管理平台信息系统审计，进一步完善信息系统审计的基础内容，积累审计方法。

内部审计 组织59家内部审计人员对本单位预算执行情况进行自查。召开网络组长联席会，对区农工委、社工委等重点单位开展专题教学4次，加强学习和交流，帮助单位健全完善管理机制，规范内部管理。举办两期内部审计人员继续教育培训班，参训人员达800余人次。

（撰稿人：贾晓博）

【丰台区审计局】 2015年，北京市丰台区审计局人员编制60人，实有56人。局长段德珍，副局长刘树东、刘月梅，总审计师郭凤芝。设有办公室、人事监察科、综合科、行政事业审计科、财政金融审计科、固定资产投资审计科、经济责任审计一科、经济责任审计二科、内部审计指导科、经贸社保审计科、农林环保审计科，下设园区审计办事处。

审计成果 丰台区审计局完成审计项目44个，查出问题金额5.76亿元，其中违规金额295万元、管理不规范金额5.73亿元、应上缴财政金额4383万元；审计发现非金额计量问题24个。出具审计报告和专项审计调查报告46篇。被采纳审计建议48条。促进被审计单位制定整改措施5项，建立健全规章制度2项。提交审计信息124篇，被采用124篇。向社会公告审计结果7篇。参与审计署和北京市审计局组织的全国土地出让收支和耕地保护情况，城镇保障性安居工程稳增长、促改革、调结构、惠民生、防风险政策落实情况等相关审计工作。

与海淀区审计局、房山区燕山审计分局联合实施的朝阳区土地出让收支和耕地保护情况审计项目，被审计署评为年度优秀审计项目；丰台区财政局具体组织2013年度本级预算执行和其他财政收支情况审计、丰台区人力资源和社会保障局2013年度部门预算执行和决算草案审计项目，分别获得北京市审计局2015年全市优秀审计项目表彰奖。审计宣传信息工作获得全国审计信息宣传先进单位。

财政审计 加强全口径预算监督，首次将一般公共预算、国有资本经营预算、政府性基金预算和社保基金预算的编制和执行纳入审计。全年完成预算执行审计7项，审计查出问题金额3.22亿元。在审查部门预算编制的科学性、完整性、合理性和预算执行的真实性、合规性与有效性等工作的同时，紧密结合贯彻落实中央、市区精神，重点关注中央八项规定和《党政机关厉行节约反对浪费条例》等规定的贯彻落实情况。7月28日，丰台区第十五届人民代表大会常务委员会第二十二次会议审议通过《丰台区2014年度本级预算执行和其他财政收支情况的审计工作报告》。部门预算执行审计结果100%公开。

固定资产投资审计 围绕政府关注和群众关心的政府投资重大项目，加大对校园工程、南苑棚户改造等重点项目审计监督力度。开展丰台二中校园文化工程、丰台二中教学楼装修改造工程、棚户区改造等政府投资结算等6个审计项目，涉及审计资金量8.17亿元，全年共审减工程款3185万元，审减率20%。为进一步完善政府投资建设项目审计权限、范围，制定出台《丰台区政府投资建设项目审计监督办法》。

经济责任审计 围绕领导干部权责内容和单位职责特点以及经济责任履行情况，开展13名处级领导干部经济责任审计。审计资金量43亿元，查出管理不规范金额195.93万元。审计内容以规范制度建设为重点，突出监督权力运行和落实中央八项规定精神。不断推进《丰台区人民政府领导班子关于加强风险防控完善“三重一大”决策制度的实施办法》修改和完善。

专项资金审计 完成区市政市容委、区水务局、区环卫中心等5个部门涉及民生、具有社会影响的重点专项资金审计（调查）项目。完成宛平环境整治、雨洪利用、大红门旧村改造等重点专项审计（调查）项目。

信息化建设 开展京OA升级改造后的应用工作，制定系统应用的管理制度和操作指南，实现与署AO系统的数据交互功能，所有审计项目全部应用京OA系统开展审计，稳步推进“联网审计”数字化审计平台建设。

内部审计 对全区内部审计单位贯彻落实《进一步加强内部审计工作的意见》的情况进行摸底调查，为内部审计工作的有序开展提供制度保障。分五期对全区600多名内部审计人员开展后续教育和岗位培训，促进内部审计工作质量和工作水平的提升。整理、上报内部审计信息48篇，编辑并向全区发行《丰台内部审计》刊物12期。

（撰稿人：刘　勇）

【石景山区审计局】 2015年，石景山区审计局人员编制44人，实有39人。局长王亚兰，副局长庞晨潮、孙元林、张凯。设有办公室、审计综合科、固定资产投资审计科、经济贸易审计科、行政事业审计科、财政金融审计科、经济责任审计科和2个事业单位，按有关规定派驻纪检、监察机构。

审计成果 石景山区审计局完成审计项目27个，查出问题金额120032万元，其中违规金额74万元、管理不规范金额119958万元；应上缴财政金额5万元；审计发现非金额计量问题65个。出具审计报告和专项审计调查报告27篇。被采纳审计建议82条。促进被审计单位制定整改措施2项，建立健全规章制度5项。提交审计信息114篇，被采用105篇。向社会公告审计结果12篇。

石景山区审计局和房山区审计局联合实施的门头沟土地出让收支和耕地保护情况审计项目被评为审计署表彰审计项目；石景山区财政局具体组织2013年度本级预算执行和其他财政收支情况的审计项目、石景山区2011年1月至2014年6月残疾人就业保障金的专项审计调查项目获得2015年北京市审计局表彰审计项目；2013政府债务审计项目和信息化资金审计调查项目被评为北京市审计机关优秀审计项目。参与审计署和北京市审计局组织的保障性安居工程，稳增长、促改革、调结构、惠民生、防风险政策落实情况等审计工作。

财政审计 完成预算执行审计 13 个，审计查出问题金额 111687 万元。在审查部门预算编制的科学性、完整性、合理性和预算执行的真实性、合规性与有效性等工作的同时，重点关注中央八项规定和《党政机关厉行节约反对浪费条例》《关于严禁公款购买印制寄送贺年卡等物品的通知》以及中宣部等部门《关于制止豪华铺张，提倡节俭办晚会的通知》等规定的贯彻落实情况。

经济责任审计 接受区委组织部的委托，完成 6 个单位的 8 名处级领导干部经济责任审计，审计查出问题金额 4761 万元。通过制定《经济责任审计工作方案补充说明》新增部分内容、明晰问题的责任界定等措施，进一步提高经济责任审计结果的质量，强化被审计领导的履职尽责意识。

固定资产投资审计 完成政府投资项目审计 2 个。对石景山区卫生局动物疫病防控体系业务用房建设项目和石景山医院医疗楼扩建工程建设项目进行跟踪审计，查出问题金额 8442 万元。对老旧小区综合整治等重点民生工程和城市公益基础设施建设工程进行跟踪审计。

专项资金审计 开展专项审计调查 9 个，完成 4 个。对石景山区公共自行车管理使用情况、石景山区就业再就业专项资金使用情况、石景山区国有企业经营性房产管理情况、石景山区城市综合管理委员会精细管理美化市容工作开展情况等专项资金进行审计调查，揭示在政策落实、资金分配、管理和使用效益等方面存在的问题，为区委、区政府推动社会事业发展提供决策参考。

自然资源资产审计 首次探索自然资源资产审计，对石景山区改进空气质量、治理燃煤污染排放，建设无煤区相关工作职责落实情况进行专项审计调查，提出促进政策落实和效果的建议。

内部审计 出台《石景山区关于进一步加强内部审计工作的实施办法》，开通石景山区内部审计人员后续教育网上学习平台，发布年度内部审计工作指导意见，组织全区 205 名内部审计人员参加后续教育培训和岗位培训。

（撰稿人：邵建设）

【海淀区审计局】 2015 年，海淀区审计局人员编制 68 人，实有 68 人。局长（党组书记）王彩霞，副局长段敬德、薛为民、邬斌锋，总审计师蔡文，纪检组长曹建平。设有办公室、人事科（监察科）、行政科、财政金融审计科、行政事业审计科、经济贸易审计科、经济责任审计科、固定资产投资审计一科、固定资产投资审计二科、审计项目复核科、审计督察科、海淀审计信息中心。

审计成果 海淀区审计局完成审计项目 29 个，查出问题金额 2280793 万元，其中违规金额 1 万元、管理不规范金额 2280792 万元、应上缴财政金额 1 万元；审计发现非金额计量问题 54 个。出具审计报告和审计调查报告 56 篇。被采纳审计建议 97 篇。被审计单位制定整改措施 64 项，促进建立健全规章制度 6 项。提交审计信息 101 篇，被采用 61 篇。向社会公告审计结果 14 篇。参与审计署和北京市审计局组织的城镇保障性安居工程，稳增长、促改革、调结构、惠民生、防风险政策落实情况等相关审计工作。

财政审计 对区发改委、上地街道等 12 个部门 2014 年度预算执行情况进行审计，延伸审计 27 个所属单位，重点关注全口径预算管理、专项资金管理、存量资金盘活、资金绩效评价等内容，强化对中央八项规定、“约法三章”和厉行节约反对浪费规定执行情况的监督，推动加强政府管理和政府自身建设，推动完善相关制度。

经济责任审计 接受区委组织部的委托完成 16 名处级领导干部开展经济责任审计，把资金使用、民生改善、政策落实、廉政建设等作为检查领导干部经济责任履行的重要内容。起草《关于建立经济责任审计轮审制度》《领导干部离任经济事项交接办法》两项工作制度，完善规范分类审计模板，探索经济责任审计标准化、规范化作业规程，促进被审计单位出台相关制度 3 项，制定整改措施 30 项。

固定资产投资审计 审计覆盖政府投资建设项目、土地储备和一级开发项目、使用预算资金的重点项目，对区政府投资建设项目实行“必审制”。通过公开招标建立起小型工程中介审计机构库，规范各街道开展小型工程审计。通过综合分析近3年来投资审计情况，向区政府提交《关于政府投资项目审计核减率过高情况的专题报告》，得到区领导高度重视。

专项资金审计 开展养老机构建设与运行情况审计调查，涉及全区33家养老机构，重点审查养老机构统筹规划情况，财政资金投入情况，养老机构建设、分布、运营、监督检查情况，从机制、体制、制度层面分析问题成因，提出意见和建议，推进养老服务机构建设。开展9所小学的财务收支审计，重点关注教育经费使用和资产管理的绩效情况、教育收费的规范性，促进提高教育经费使用效益。开展社区卫生服务机构建设管理及运营情况专项审计调查，重点审查24个社区卫生服务中心和67个社区卫生服务站。对全区2013年文化发展专项资金开展专项审计调查，重点关注资金发挥引导带动作用、吸引社会资本、盘活文化资源等方面，提出加强顶层设计、强化项目实施及效果监督等建议。

信息化建设 重点加强计算机审计方法、AO应用实例、信息系统审计案例等的编报，加大审计成果转化力度。探索利用联网审计技术开展部门预算执行审计"全覆盖"，开发联网审计三期系统，审计数据化平台建设项目进入测试和初步验收阶段。

审计整改 贯彻落实《海淀区审计整改工作暂行办法》，与区纪检、财政及卫生计生委、教委等行业主管部门健全完善审计整改联动机制，加大审计整改督办、报告、通报工作力度。区财政局等主管部门出台、修订、完善《海淀区预算支出进度考核管理办法》《海淀区行政事业单位财政性结余资金管理办法》等4项制度，进一步推动审计整改的闭环管理。

审计公开 9月通过区政府门户网站、审计局网站、海淀报等多种媒体公开区本级预算执行审计工作报告和12家区属部门预算执行审计结果，基本实现审计工作报告、部门预算执行审计结果、审计整改报告的全面公开，以公开促规范、促整改，提高监督效能。

内部审计 出台《海淀区审计局2015年内部审计工作指导意见》，从"一把手"权力制约、保持人员稳定、健全委托中介审计质量控制体系、加快信息化建设、提升全区内部审计整体水平等五个方面，对全区内部审计机构进行指导。开展会员单位培训、考察和交流等活动。

（撰稿人：乔 捷）

【门头沟区审计局】 2015年，门头沟区审计局人员编制42人，实有35人。局长苗建军（—8月）、王培训（9月—），副局长吴海臣、邢世悦、张胜、王青。设有经济责任审计科、行政事业审计科、固定资产投资审计科、经贸审计科、财政金融审计科、人事教育监察科、综合法制科、办公室、门头沟区审计指导服务中心。

审计成果 门头沟区审计局开展审计和审计调查项目19个，完成11个。指明纠正金额534625万元，其中管理不规范金额534625万元，提出审计建议28条。

财政审计 预算执行审计工作重点关注财政资金与政府宏观政策的关系、财政资金的统筹和分配以及财政预算管理职责的履行和资金支出的结构、标准和规范等内容，实现预算执行审计的全覆盖。审计部门预算单位5个，指明纠正金额466551万元，提出审计建议12条。

经济责任审计 结合区域实际，拟定《关于进一步加强经济责任审计工作的意见》，建立健全经济责任审计监督全覆盖机制、审计评价机制、审计成果综合利用机制以及审计整改联动机制。对部门领导干部的经济责任审计重点关注部门职责的履行，对乡镇党政领导重点关注区政府交办的重要事项、重大工程管理和完成情况；采取统一标准、分类实施的管理原则，与预算执行审计、政府投资审计密切结合。全年完成对6个单位和领导干部的经济责任审计，指明纠正金额68074万元，提出审计建议16条。 （撰稿人：刘皓楠）

【房山区审计局】 2015年，房山区审计局人员编制56人，实有52人。局长马俊怀，党组书记张立忠（—12月），副局长李亮、范江梅、刘志勇、隗永强，总审计师许春成，纪检组长姜品英（6月—）。设有办公室、综合科、人事教育科、行政财政审计科、工商基建审计科、干部经济责任审计科、农业环保审计科、内部审计指导中心。

审计成果 房山区审计局完成审计项目42

个，查出主要问题金额 318596 万元；审计处理处罚金额 73885 万元，其中应上缴财政 4786 万元、应减少财政拨款或补贴 62717 万元、应归还原渠道资金 434 万元、应调账处理金额 5948 万元。出具审计报告和专项审计调查报告 60 篇，提出审计建议 105 条，提交审计信息 22 篇。

政策措施贯彻落实跟踪审计 对稳增长、促改革、调结构、惠民生、防风险政策措施落实情况和保障性安居工程实施跟踪审计。城镇保障性安居工程跟踪审计中聘请 42 名社会审计人员力量，组成 10 余个审计组，延伸调查 6 个区直相关部门、5 个乡镇（街道办事处）、10 个村委会及 31 个项目融资、建设、施工、监理等相关单位和企业，并对 46 个项目的开工、建设及质量管理情况进行检查，密切关注重大项目落地、重点资金保障、重大政策落实情况，客观准确地反映政策措施落实进度和效果。

财政审计 对区住建委、卫计委、民政局等 10 个部门的预算执行情况进行审计。按照统一领导、统一计划、统一工作方案、统一配置资源、统一处理处罚、统一法律文书“六统一”的工作思路，把中央八项规定、国务院“约法三章”和“四风”相关问题作为审计内容，对预算执行、税收征管、政府性债务资金实施审计，重点检查财政政策执行情况、财政收支情况，注重揭示和反映苗头性、倾向性问题，提出解决问题和化解风险的建议。

固定资产投资审计 完成中小学抗震加固等领导关注和群众关心的 30 项审计任务，审计资金量 76.2 亿元。核减工程款 6.27 亿元。揭示工程招投标不规范、超计划投资、施工单位申报工程结算高估冒算等问题，进一步规范政府投资管理行为。

农业与资源环保审计 突出对减煤换煤和煤改电、农业综合开发、平原造林工程等重大专项资金的审计监督，揭示和反映挤占挪用、损失浪费、管理不善、效益不佳等问题，查处严重铺张浪费、财政资金损失等损害人民群众利益的行为，确保各项政策措施落实到位。

经济责任审计 对 11 名领导干部开展任期经济责任审计，重点检查领导干部在落实政策、经济决策和防范化解风险、环境保护、民生改善、廉政建设等方面履职尽责情况，规范领导干部的决策行为，提高决策水平，强化制度约束，防止权力滥用。在全面推进党政主要领导干部同步审计的基础上，以霞云岭乡林业资源为重点，探索领导干部自然资源资产离任审计工作。

内部审计 区审计局内部审计指导中心组织召开 2 次内部审计工作座谈会，组织参与市内部审计协会的审计知识竞赛。发挥典型引领作用，提炼内部审计工作成果，《一个审计项目，促进学校食堂财务规范管理》和《扎紧制度的笼子，堵住漏洞的口子》两篇调研论文获得市内部审计协会的表彰。推进内部审计人员后续教育平台建设，为全区内部审计人员的学习和培训创造条件。

（撰稿人：李晓鹏）

【房山区燕山审计分局】 2015 年，房山区燕山审计分局人员编制 21 人，实有 19 人。局长夏辉，副局长王冬卉、黄国威。设有财政金融审计科、行政事业审计科、经济贸易审计科、综合法制指导科、办公室、经济责任审计所、行政事业经贸审计所。

审计成果 房山区燕山审计分局完成各类审计项目 20 个，交办配合项目 58 个。通过审计，查出主要问题金额 5858.77 万元。提出审计建议 86 条，提交审计信息 24 篇。

财政审计 重点审计政府采购、国库集中支付、重大建设项目改造、“三公”经费等情况，通过审计，对燕山地区 2014 年度财政预算收支的科学性、规范性做出客观评价。对燕山公园、燕山疾病控制中心、小天使幼儿园和阳光幼儿园 4 家单位开展财务收支审计，重点审计各单位在内部控制、财务管理等方面存在的问题，促进被审计单位规范财政、财务收支行为，加强内部管理。

经济责任审计 受燕山工委组织部委托，完成 5 名处级领导干部的经济该责任审计。坚持任中审计与离任审计相结合，离任必审，不断加大任中审计比例，确保重点部门、关键岗位的领导干部任期内至少审计一次。通过审计，促进领导干部廉洁自律，促进各部门建立健全权力运行机制。

固定资产投资审计 围绕燕山办事处中心工作，以核减工程造价和治理建筑工程领域突出问题为重点，加强对工程招投标、工程质量管理、资金管理使用等环节的监督，审核工程超预算、决算高估冒算等问题。从注重事后结算审计，到事前（工程标底审核、工程合同审核）、事中（隐蔽工程的及时跟进）并重，实现工程项目的全系统审计。（撰稿人：许 安）

【通州区审计局】 2015 年，通州区审计局人员编制 56 人，实有 50 人。党组书记石国辉，局长盛亚荣，副局长曹温华、赵静、黄海青、周丰，纪检组长王文选。设有综合指导科、办公室、人事教育科、监察科、内部审计指导科、行政事业审计科、经济责任审计科、财政金融审计科、经贸投资审计科、专项审计中心。

审计成果 通州区审计局完成审计项目 34 个，查出主要问题金额 6935 万元，全部为管理不规范金额；损益（收支）不实金额 74 万元；审计发现非金额计量问题 50 个。出具审计报告和专项审计调查报告 68 篇。提出审计建议 71 条，提交审计信息 84 篇，被批示、采用 78 篇。向社会公告审计结果 14 篇。

政策措施贯彻落实跟踪审计 对 20 个相关单位和 69 个延伸单位进行审计，四季度对通州区政府 5 个重点推进项目、四大目标任务完成情况进行跟踪审计。重点检查项目落地、资金保障、简政放权、政策落实、风险防范等方面，提出项目单位要强化责任分工、统筹协调，促进各项任务按期完成等建议。

财政审计 审计一级预算单位 14 个，延伸审计二、三级预算单位 18 个，查处违规和管理不规范金额 2650 万元，揭示预算部门存在项目资金管理使用不规范，财政性存量资金较大，会议费、培训费管理使用不规范等问题，并从机制、制度和管理层面分析问题产生的原因，提出加强财政资金绩效管理、加强对项目资金的监管力度、消化存量资金等意见和建议。审计工作报告得到区委、区人大、区政府的高度认可。

经济责任审计 围绕领导干部任职期间经济责任履行情况的审计监督开展 17 个经济责任审计项目，查出问题金额 3679 万元。重点关注领导干部贯彻执行重大经济方针政策、重大经济决策、国有资产的管理、重大经济事项集体议事规则的建立和执行情况、履行有关党风廉政建设第一责任人以及本人遵守有关廉洁从政规定等情况。围绕部门职能特点，加强对权力运行和责任落实的审计。

专项资金审计 围绕保障和改善民生，开展涉农资金、区级政府债务和新型农村合作医疗资金管理使用情况等 3 个专项资金审计，开展 11 个乡镇近 3 年审计问题整改落实情况审计。对审计调查中发现的个别项目实施滞后、部分项目资金当年支出调整未报财政部门审批的问题提出整改意见。

固定资产投资审计 重点围绕基本建设程序履行、资金管理使用、概（预）算执行、项目单位投资控制等管理职责履行情况以及工程价款结算（决算）等内容组织开展包括一级开发、安置房建设、征地拆迁、房屋征收和其他建设项目在内的 84 个政府投资项目审计，全年审计总金额 252.93 亿元，揭示未按规定履行基本建设程序、财务管理不到位、成本核算不规范、概算执行不严格等违规及管理不规范金额 29.01 亿元，结算审计直接审减 3.23 亿元。

内部审计 完成审计项目 1842 个，审计总金额 5499556 万元，增收节支 496 万元，提出审计意见和建议 841 条。（撰稿人：付立志）

【顺义区审计局】 2015 年，顺义区审计局人员编制 56 人，实有 47 人。局长范士永，副局长西连仲、绳桂华。设有办公室、监察科、综合科、固定资产投资审计科、经济贸易审计科、行政事业审计科、财政金融审计科、社会保障审计科、经济责任审计科、内部审计指导所。

审计成果 顺义区审计局完成审计项目 58 个，查出问题金额 789219.33 万元，其中违规金额 6959.07 万元、管理不规范金额 782260.26 万元，审计处理处罚应上缴财政 6959.07 万元，发现非金额计量问题 6 个。出具审计报告和专项审计调查报告 99 篇。提出审计建议 29 条，被采纳 11 条。被审计单位制定整改措施 6 项。提交审计信息 33 条，被采用 1 条。向社会公告审计结果 14 篇。

参与审计署和北京市审计局组织的全国土地出让收支和耕地保护情况，城镇保障性安居工程，稳增长、促改革、调结构、惠民生、防风险政策落实情况等审计工作。

财政审计 完成预算执行审计项目15个，查出问题金额543053.87万元。在审查部门预算编制的科学性、完整性、合理性和预算执行的真实性、合规性与有效性等工作的同时，重点关注中央八项规定和《党政机关厉行节约反对浪费条例》等规定的贯彻落实情况。

经济责任审计 受区委组织部委托，完成41名处级领导干部的经济责任审计，查出问题金额246165.46万元。形成“领导小组领导决策、联席会议组织协调、成员单位配合工作、专职部门督查落实”的工作格局，以授课的形式加强对经济责任审计工作的宣传。

内部审计 对全区60多名内部审计人员开展后续教育和岗位培训，促进内部审计工作质量和工作水平的提升。发挥内部审计网络教育平台作用，进一步提高内部审计人员职业技能和综合素质，为区属各部门、企事业单位的内部审计人员免费提供网上培训。网上注册内部审计人员416余人，累计6708学时。 （撰稿人：肖 钢）

【昌平区审计局】 2015年，昌平区审计局人员编制55人，实有51人。局长陈玉起，副局长张爱平、刘会春、田希玲、王立军，纪检组长孙仲国。设有办公室、综合法制科、经济责任审计科、财政金融审计科、农林行政文教审计科、经贸审计科、固定资产投资审计科、重点工程审计中心和内部审计指导所。

审计成果 昌平区审计局完成审计项目101个，查出问题金额21500万元，其中违规金额7万元、管理不规范金额21493万元；审计发现非金额计量问题175个。出具审计报告和专项审计调查报告101篇，审计建议被采纳163条。提交审计信息131条，被采用33条。向社会公告审计结果12篇。参与审计署和北京市审计局组织的城镇保障性安居工程、稳增长、促改革、调结构、惠民生、防风险政策落实情况等审计工作。

财政审计 完成预算执行审计13个，查出问题金额12198万元。在审查部门预算编制的科学性、完整性、合理性和预算执行的真实性、合规性与有效性等工作的同时，重点关注中央八项规定和《党政机关厉行节约反对浪费条例》等规定的贯彻落实情况。

经济责任审计 受区委组织部委托，完成6名处级领导干部经济责任审计，其中对4位镇（街道）党政领导干部试行同步审计，审计查出问题金额8万元。结合地热资源开展领导干部自然资源资产离任审计试点项目，探索自然资源资产离任审计的范围、内容和审计的方式方法。坚持区组织部、区纪检监察与区审计局联合出点，加强整改落实回访，以多方合力督促审计建议整改落实。

固定资产投资审计 完成政府投资项目审计77个。主要围绕市政基础设施建设、城市环境整治、为民办实事等项目，送审金额79884万元，查出问题金额7724万元，核减金额7707万元。对未来科技城、平原造林、中小河道治理、再生水厂建设、西部地区环境整治等76个政府投（融）资项目开展跟踪审计，送审金额共计达67.38亿元，审减金额6.33亿元。完成对北京兴昌高科技发展有限公司2012年7月至2013年12月中关村科技园区昌平园东区及南口镇工业用地土地一级开发建设资金来源及使用情况、铭嘉房地产开发有限责任公司2013年7月至2014年12月开发资金来源及使用情况的定期审计，共查出问题金额1570万元。

内部审计 开展内部审计协会年检工作，进一步规范各级内部审计单位社会审计机构的使用情况。对全区20个镇街单位内部审计工作进行检查，重点摸清镇街基层单位内部审计队伍建设、制度建立、审计成果等情况。组织参加市内部审计协会组织的学习、交流活动，151名专兼职内部审计人员参加全市内部审计质量管理培训，开通全区继续教育网络平台。选送论文获得2015年北京市优秀内部审计案例二等奖。

信息化建设 制订全年信息化建设工作方案，全面推行署AO和京OA系统的应用；进一步推进数字审计平台建设，昌平区数字审计平台已基本完成，针对财政及部门预算执行审计及国有企业定期审计等方面采取联网的审计方式，实现数据的查询、分析及录入，支持AO数据包的导入导出。通过与区财政沟通，完成近四年的财政数据采集。 （撰稿人：樊明茹）

【大兴区审计局】 2015年，大兴区审计局人员编制61人，实有50人。局长李建国，副局长张强、于洁，总审计师王亚男，纪检组长刘刚，调研员戴天太（—8月）、梁萍。设有人事教育科、财政金融审计科、行政事业审计科、企业经济审计科、经济责任审计科、投资审计科、内部审计指导科、审计综合科、监察科、办公室、内部审计指导所、审计事务管理中心。

审计成果 大兴区审计局完成审计（调查）项目49个，查出主要问题金额13826.80万元，其中违规金额4491.87万元、管理不规范金额9334.93万元；上缴财政4490.91万元（审计期间整改），财政核减指标0.96万元；核减工程造价17246万元。出具审计报告和专项审计调查报告50篇。提出审计建议58条，提交审计信息47篇，被采用38篇。向社会公告审计结果13篇。

财政审计 审计部门预算单位13个，审计覆盖面达到区属一级预算单位的20%，通过政府信息公开网站和审计局网站向社会公告13个一级预算部门2014年度预算执行和其他财政收支的审计结果。对财政部门具体组织本级预算执行和其他财政收支情况、对党校等13个单位的部门预算执行情况及对工业发展专项资金、“菜篮子”工程专项资金管理使用情况进行审计调查，开展市对区县教育经费补助资金拨付管理使用情况审计，共计查出违规金额4491.87万元、管理不规范金额6452.76万元。

固定资产投资审计 全年完成政府投资项目审计26个，核减投资额17246万元。重新修订《北京市大兴区审计局关于政府投资项目审计监督管理办法》，印发《大兴区2015年平原地区造林工程跟踪审计需要被审计单位配合的工作及审计要求》，进一步完善制度标准，规范工程管理。

经济责任审计 以加强权力运行和制约为落脚点，贯彻执行中央两办规定及北京市实施两办规定的办法，紧紧围绕“权力”与“责任”，以领导干部履职情况为主线，把贯彻执行中央八项规定、《党政机关厉行节约反对浪费条例》，重要经济决策等经济管理监督活动等情况作为审计重点，探索开展自然资源离任审计。全年完成经济责任审计项目6个，涉及7名领导干部，共计查出管理不规范金额2882.17万元。

政策措施贯彻落实跟踪审计 按照北京市审计局审计项目计划安排，完成2个联动项目审计，包括城镇保障性安居工程，稳增长、促改革、调结构、惠民生、防风险政策落实情况跟踪审计。事前介入，全程跟进，关注重点，随审随纠的办法，开展北京大兴国际机场建设项目前期拆迁工程项目跟踪审计。 （撰稿人：高早雨）

【怀柔区审计局】 2015年，怀柔区审计局人员编制63人，实有59人。党组书记杨封伟，局长王京红（—12月）、周榕立（12月—），副局长张文龙、宋卫东、李建华，纪检组长张俊峰，副处级调研员徐淑霞。设有办公室、监察科、综合科、财金科、行财科、固定资产审计科、农林科、社保科、内部审计业务指导所、经济责任审计事务所、计算机中心、审理中心。

审计成果 怀柔区审计局开展审计（调查）项目80个，查出违规及管理不规范金额130293万元，其中管理不规范金额129748万元、违规金额545万元；审计发现非金额计量问题56个；审计促进整改落实问题金额6793万元，其中应上缴财政6759万元、应调账处理34万元。移送地税机关有关事项3项，移送金额4425万元。出具审计报告26篇，提交审计信息35篇。提出审计建议61条，被审计单位采纳13条，制定整改措施16项。向社会公告审计结果报告9篇。

财政审计 完成区本级部门预算执行及其他财政收支审计和12个部门及4个乡镇预算执行及决算草案审计，延伸审计7个单位。查出管理不规范金额66591万元，其中落实整改金额6238万元、已上缴财政6204万元、调账处理34万元；提出审计建议33条。针对一级预算单位预决算编制不实、虚列预算支出、会计基础工作不规范；财政部门将应纳入预算管理资金在财政专户挂账，预算支出不均衡；扩大项目资金使用范围和改变资金用途；购置固定资产未能及时入账，处置固定资产未经相关部门审批等问题提出整改建议。

固定资产投资审计 对怀柔区雁栖生态示范区土地一级开发项目、会都北环路征地拆迁项目、会都110千伏输变电站址征地拆迁项目、陈各庄旧村改造土地一级开发项目、陈各庄安置房成本项目、红楼梦二期、111国道两侧商户腾退资金项目、怀北220千伏送电工程项目、08街区一期非宅拆迁项目、兴怀大街东延项目、石厂工业园区环境整治工程等51项重点建设项目实施同步跟踪审计，报审金额277248.2万元，审定金额266551.49万元，审减金额11194.92万元。

经济责任审计 完成经济责任审计项目10个，延伸审计单位7个，共查出违规及管理不规范金额63702万元，其中管理不规范金额63157万元、违规金额545万元，审计促进上缴财政金额555万元。提出合理化审计建议28条，被采纳4条。针对财务管理不规范，大额现金支付招待费，使用假发票入账，固定资产不入账，滞留、挤占专项资金，违反政府采购标准，重点项目招投标不规范，编制预算不实，应缴未缴财政收入等问题做出整改建议，并对经济责任人给予准确的评价。

内部审计 怀柔区内部审计协会共有内部审计会员单位62个，专职兼职内部审计人员150人。完成内部审计（调查）项目60个，其中财务收支审计20个、效益审计2个、经济责任审计16个、专项审计4个、基本建设审计13个、其他审计5个，查出违规及管理不规范金额300万元，增加效益300万元，提出合理化意见25条。培训内部审计人员200人次，征订各种审计刊物208份，网络教育400学时，对12个单位进行审计质量检查。

（撰稿人：于江明）

【平谷区审计局】 2015年，平谷区审计局人员编制55人，实有49人。局长陈亮，党组书记（副局长）王凤兰（1月—），副局长秦东英、于长松、王海顺，纪检组长王立国（7月—），调研员秦东英（兼），副调研员陈静梅（4月—）。设有政办室、综合科、行政事业审计科、财政金融审计科、经贸投资审计科、经济责任审计科、经济责任审计所、项目投资审计中心、内部审计指导科。

审计成果 平谷区审计局完成审计项目36个，查出问题金额69300.45万元；审计期间整改金额19519.99万元，上缴财政金额209.57万元、减少财政拨款或补贴1130.24万元、调账处理金额3093.19万元；审计发现非金额计量问题23个。出具审计报告36篇。审计建议被采纳114条，被审计单位制定整改措施133项，促进建立健全规章制度5项。提交审计信息121篇，被采用32篇次。向社会公告审计结果12篇。参与审计署和北京市审计局组织的城镇保障性安居工程，稳增长、促改革、调结构、惠民生、防风险政策落实情况等审计工作。

财政审计 完成预算执行审计16个。审计查出问题金额51503.94万元。突出对预算编制、财政资金分配等内容进行审计，全面掌握财政收支总体情况；揭示部分单位未按规定履行政府采购及未按规定实行公务卡结算的普遍性问题。

经济责任审计 受区委组织部的委托，完成12名处级领导干部和1名国有企业领导人的经济责任审计，审计查出问题金额14587.29万元。贯彻落实两办规定及其实施细则，对党政领导干部重点监督检查其承担的经济发展责任、环境保护责任、廉政建设责任等工作；对国有企业领导人员，重点监督检查其经营管理责任、廉政建设责任等内容。首次将自然资源资产责任审计纳入审计视野，组织完成丫髻山道教文化名胜区自然资源资产责任审计。

固定资产投资审计 组织完成平谷新城05街区地块污染物治理项目跟踪审计、中医老年病综合楼及附属设施工程跟踪审计、疾控中心综合业务楼工程跟踪审计、精神病院扩建工程结算及相关费用审计项目。关注政府投资建设管理和投资效益，以及招投标、投资控制、工程质量等方面存在的突出问题。审计查出管理不规范金额1991.79万元。

审计公开 推动审计结果公开工作，推行《平谷区审计局审计结果公告办法》。在区政府的推动下，首次将审计结果公开效果纳入政府绩效管理考评体系，提高审计关注度。

内部审计 加大审计宣传力度和培训，组织开展培训班，全区175个单位396人参加。

（撰稿人：刘兰兰）

【密云区审计局】 2015年，密云区审计局人员编制64人，实有61人。局长（党组书记）孙绍志，副局长王明如、任双喜、谢卫东、黄达，纪检组长王铁军，党组成员王立新。设有办公室、综合科、经济责任审计科、财政金融审计科、行政事业审计科、农业与资源环保审计科、经贸审计科、固定资产投资审计科、社会保障资金审计科、经济责任审计中心、政府投资审计中心。

审计成果 密云区审计局完成审计项目51个，审计单位36个，被审计领导干部26人，查出问题金额227341万元，其中管理不规范金额227341万元；审计发现非金额计量问题26个。审计移交线索受处理人员17人，检察院提起公诉正处级干部1人，受到降职处理的正处及副处级干部2人，留党察看、严重警告、警告等党纪处分的干部15人，检察院立案的其他人员1人。出具审计报告和专项审计调查报告62篇，出具审计决定1份。提出审计建议79条，被采纳42条。提交审计信息64条，被采用34条。向社会公告审计结果14篇。参与审计署和北京市审计局组织的城镇保障性安居工程，稳增长、促改革、调结构、惠民生、防风险政策措施落实情况跟踪审计等审计工作。

财政审计 完成预算执行审计项目15个，审计查出问题金额2010万元，其中改变项目计划和资金使用用途180万元，决算草案不真实不完整279万元，扩大开支范围等其他问题1551万元。重点对区财政局公共财政、政府性基金、国有资本经营等全面预算执行情况和政府性债务、国库集中收付等财政管理改革和政策落实情况及效果进行审计。对区民政局、旅游委等14个部门预算编制的科学性、完整性、合理性和预算执行的真实性、合规性与有效性进行审计。

经济责任审计 受区委组织部委托，完成26名处级领导干部的经济责任审计，审计查出问题金额225331万元，出具审计报告和审计结果报告46篇，提出审计建议50条。坚持经济责任审计工作与廉政检查工作相结合，创立“审计先行、纪检跟踪、司法保障”的审计模式。贯彻落实市政府关于《加强村干部经济责任审计工作的指导意见》，探索村级组织负责人经济责任审计，对2个村集体经济组织负责人进行审计，通过审计移交线索使8名领导干部受到党纪、政纪处分。按照北京市纪检委和密云区纪检委的要求，对涉及500万元的新农村五项基础设施建设资金进行审计调查，涉及区农委等4个单位，审计发现的问题及时向区纪检委反馈。

固定资产投资审计 坚持“尊重历史、实事求是、依法合规、合情合理”的原则，对时间跨度大、历时时间长、问题复杂、牵涉面广、百姓上访多的历史遗留的土地一级开发成本进行审计，对密云经济开发区三期A1地块等10个项目开展审计，出具报告或阶段性报告的项目5个。

专项资金审计 按照北京市审计局统一部署，持续开展保障性安居工程，稳增长、促改革、调结构、惠民生、防风险政策措施落实情况等相关审计工作。根据区政府交办，开展檀营乡居住区储备开发项目审计、檀营回迁楼工程造价审计、京沈铁路客运专线密云段征拆跟踪审计。

自然资源资产审计 与市审计局联合开展密云区石城镇自然资源资产试点审计工作。试点审计主要围绕石城镇林业及水资源消耗、环境损害和生态效益情况展开，审计范围为2012年至2014年底，延伸审计区农委等8家单位。

内部审计 印发密云区《2015部审计工作指导意见》和《2015部审计指导工作的要点》。首次组织全区内部审计法律知识竞赛，共有32家单位34支代表队的140人参加，相关新闻在密云电视台新闻栏目播出。免费为75个会员单位订购学习材料，加强对内部审计的宣传。组织区14个重点部门和20个镇街内部审计工作的培训和交流，提高内部审计人员职业素质。

信息化建设 对248个单位的用友财务软件进行统一升级，并统一制作行政和事业单位电子账套和财务报表。全年共培训150人次，提高财务人员的应用水平，为实现数字化审计奠定基础。加大信息化建设硬件投入，完成机房改造及办公设备更新，逐步推进数字化审计平台建设。

（撰稿人：席丽婷）

【延庆区审计局】 2015年，延庆区审计局人员编制62人，实有57人。局长张景军，副局长焦万宏、马海林、鲁亚军，纪检组长许继红。设有办公室、综合科、企业审计科、行政事业审计科、财政金融审计科、经济责任审计科、基建审计科、信息中心、内部审计指导中心、委托审计管理中心。

审计成果 延庆区审计局完成审计项目42

个，查出主要问题金额 27950 万元，其中违规金额 1707 万元、管理不规范金额 26243 万元；审计发现非金额计量问题 53 个；促进增收节支 483 万元。出具审计报告 61 篇。提出审计建议 117 条，提交审计信息 9 篇，被批示、采用 74 篇。向社会公告审计结果 14 篇。

财政审计 对县财政局、地税局、国库延庆支库本级预算执行情况进行审计，重点审计县级预算管理、预算收入完成、财政资金分配、财政专户管理、税收征管和预算资金收纳划解情况；审计县教委等 13 个一级预算单位预算执行情况，并结合部门 2014 年预算支出情况，对垃圾综合处理工程等 31 个工程项目和资金预算编报、资金支出审批和工程建设程序履行等情况进行延伸审计。通过审计，对预算管理、资金使用、项目管理和财务管理等方面存在的问题进行纠正和处理，并提出规范预算管理的审计意见和建议。7 月 24 日，受县政府委托，向县十五届人大常委会第二十四次会议报告本级预算执行审计工作情况。7 月 30 日，通过延庆政府网向社会公开预算执行审计结果。11 月 17 日，通过延庆政府网对县教委等 13 个部门预算执行结果进行社会公告。

经济责任审计 受县组织部委托，对世葡办、县园林绿化局、县环保局、县交通局、县水务局、地震局、法制办、县种植业中心、县果品中心、百泉街道办事处、康庄镇、旧县镇、大榆树镇、刘斌堡乡、会展中心管理处、野鸭湖管理处，共 16 个单位 19 名党政领导干部开展经济责任审计。对部分单位存在的重大经济事项决策制度内容不完善或执行不规范，专项资金结存、固定资产管理不规范，大额现金支出、原始凭证不合规等问题，提出完善会议记录内容、加强会计基础工作等审计建议和改进意见 48 条。

自然资源资产审计 按照市审计局安排，对康庄镇 2013 年至 2014 年土地资源资产的管理、开发、利用情况进行审计试点，提出加强镇域土地资源管理的审计建议和意见 。

专项资金审计 开展专项资金审计 3 个，包括政策措施落实跟踪审计、城镇保障性安居工程审计、京津风沙源治理工程审计。通过审计，对工程管理方面出现的部分项目进度缓慢等问题提出审计整改建议和意见。

固定资产投资审计 组织对延庆新城滨河森林公园建设工程、县医院改造工程、北京世界葡萄大会科研中心建设工程和会展中心改造工程 4 个项目开展竣工决算或结算审计。重点审计项目管理、资金使用、招投标等程序履行、工程决算或结算等环节的合规性、规范性和真实性。审计送审金额 95992.24 万元，审定金额 88281.12 万元，审计核减工程造价总计 7711.12 万元。

按照区政府要求，采取审计部门、项目实施单位和社会中介机构三方签订协议，由社会中介机构实施审计，审计部门对社会中介机构工作进行监督、协调和指导的方式，组织开展 2019 世界园艺博览会征地拆迁项目和兴延高速公路项目征地、拆迁及地上物补偿情况跟踪审计，对东关新村土地一级开发、延庆经济开发区土地一级开发、万达城市综合体土地一级开发等 5 个项目实施开发成本审计。

交办事项 协助市审计局开展延庆县委书记、县长经济责任审计工作；对北京夏都信达国有资产经营管理中心 2014 年度资产负债损益情况开展审计。

（撰稿人：刘宝生）

2015年北京市本级及所辖区、县级审计工作统计表

金额单位：万元

审计机关	完成审计项目（个）	审计查出主要问题金额	审计处理情况					出具审计报告和审计调查报告（篇）	提出审计建议（条）	提交审计信息（篇）
			审计处理处罚				移送处理事项（件）			
			应上缴财政	应减少财政拨款或补贴	应归还原渠道资金	应调账处理金额				
北京市本级	96	18602198	8330		7626	91300	11	85	265	218
东城区审计局	41	332686	906				2	66	65	142
西城区审计局	34	922931	2868		82	189787		27	99	46
朝阳区审计局	50	129190	1540			353		100	137	148
丰台区审计局	44	57610	4383			1091		46	58	124
石景山区审计局	27	120032	5	155	28	4659		27	82	114
海淀区审计局	29	2280793	1					54	97	101
门头沟区审计局	11	534625						11	28	
房山区审计局	42	318596	4786	62717	434	5948		60	105	22
房山区燕山分局	78	5859		4107				78	86	24
通州区审计局	34	6935						68	71	84
顺义区审计局	58	789219	6959					99	29	33
昌平区审计局	101	21500						101	163	131
大兴区审计局	49	13826						50	58	47
怀柔区审计局	27	130293	6759			34	3	26	61	35
平谷区审计局	36	69300	210	1130				36	114	121
密云区审计局	51	227341						62	79	64
延庆区审计局	42	27950				479		61	117	9

天津市

【天津市审计局】 2015年，天津市审计局人员编制412人，实有329人。设有办公室、行政财务处、法规处（执法监督处）、综合处、内部审计指导监督处、财政审计一处、财政审计二处、行政事业审计一处、行政事业审计二处、行政事业审计三处、行政事业审计四处、金融审计处、企业审计一处、企业审计二处、社会保障审计处、固定资产投资审计一处、固定资产投资审计二处、联网审计处（数据管理处）、经济责任审计处、农业与资源环保审计处、信息化处、人事教育处、老干部处、机关党委、监察室，下设审计科研培训中心。

领导成员

局　　长：刘　健

副 局 长：王　萕（2月—）

　　　　　项文卫　谢津秋（2月—）

　　　　　卢　博

总审计师：管兴桥（2月—）

纪检组长：白　山

天津市经济责任审计工作联席会议办公室主

任：庞茂明（2月—）

审计成果 天津市各级审计机关共实施审计项目512个，查出各类问题金额216.3亿元，促进增收节支23.1亿元。向纪检部门和公安、检察机关移送案件线索47件，向国税、国资监管部门移送违规问题线索26件。提交报告、信息603篇，审计意见建议被采纳617条。市领导及区县领导对审计工作批示288次。实施联网实时审计，出具无项目审计报告和审计决定71份，查出违规金额2.15亿元，纠正243家单位的违规行为。

财政审计 市级预算执行审计重点关注预算编制、调整、执行、账户管理、项目评审、政府采购、存量资金，国务院稳增长、促改革、调结构、惠民生、防风险和中小微企业贷款风险补偿政策落实，以及中央八项规定、“约法三章”“小金库”和“吃空饷”治理、机构设置、编制使用等规定的执行和清理等情况。对市财政局总预算执行和其他财政收支情况进行审计，对市发展改革委、市卫生计生委、市规划局、市城市管理综合执法局、市地方志办公室、市红十字会等6个部门进行部门预算执行情况审计。对于有关部门和单位预算执行及其他财政财务管理中存在的问题，市审计局依照法定程序下达审计决定书16份、移送处理书18份，处理各类违规和使用管理不规范金额149亿元，提出审计意见和建议167条。有关部门和单位已纠正违规和管理不规范问题金额145亿元，审计整改落实率97.3%；落实审计意见和建议161条，审计意见和建议落实率96.4%。

联网实时审计 在总结实践经验的基础上，完成联网实时审计的法律提升工作。市政府于7月颁布《天津市联网实时审计监督办法》（市长令第21号），出台《天津市联网实时审计模型编制及审议管理办法（试行）》，进一步规范联网实时审计行为。成立市农委支农项目、市财政总预算执行、东丽区、河东区、西青区和津南区区县财政决算审计6个数据分析团队，初步形成利用“总体分析、系统研究、发现疑点、分散核实、精确定位”的数字化审计模式。实现与156家单位的联网，涵盖市级预算单位、国有企业、金融机构和建设单位。利用已经固化在审计监督“一张网”上的预警模型，以及自创模型，全面应用联网数据，实现对重点部门、重点领域、重点资金的实时监督，促进有深度、有重点的审计监督全覆盖。

民生资金（项目）审计 对社会保险基金收支和管理情况进行审计，重点关注七项保险基金的管理模式、财务管理和财务状况、账户管理情况、支撑能力和结余形态，以及基本养老保险个人账户等情况，建议有关部门运用计算机技术，完善各险种系统数据相关性，加强对社会保险基金预决算编制管理，严格执行社会保险基金支出的有关规定。对城镇保障性安居工程和资金进行跟踪审计，重点关注建设资金管理及使用、保障性住房分配、棚户区改造及安置、目标任务完成和以前年度审计发现问题整改等情况，建议有关部门进一步加强对保障性安居工程资金监管力度，确保建设资金安全、规范使用，进一步规范和优化保障性安居工程建设审批程序，完善保障性安居工程项目管理机制，提高审批效率，完善保障性住房管理机制，进一步提升经办机构信息系统功能，建立信息比对机制，实现对保障对象的人口、收入、财产、住房等信息数据的动态监管。对住房公积金归集、管理和使用情况审计，重点关注住房公积金归集、使用、增值收益分配、银行账户设立和内控制度执行等情况，查出部分单位违规调整住房公积金缴存比例、未按规定使用公务卡结算、住房公积金补缴存在不合理性、个别单位继续为死亡职工缴存公积金的问题。

政策措施贯彻落实跟踪审计 重点关注天津市关于当前促投资稳增长的33条措施等一系列具体措施、市委市政府重点工作中有关重点前期项目开工建设、“万企转型”升级行动、“一助两促”工作、盘活空置楼宇和财政存量资金、众创空间建设、“一张绿卡管引才”等实施情况，通过跟踪审计和督促整改，促进重大政策措施落实，推动政府部门完善制度简政放权，加快推进重大项目实施，促进盘活存量资金，提高财政资金使用效益。

固定资产投资项目审计 对天津中医药大学第一附属医院中医临床研究基地项目迁址新建一期工程资金管理使用及项目实施情况进行审计，查出招投标方面存在应招标未招标、未完全通过相关验收即投入使用、存在安全隐患等问题。对津宁高速公路工程项目资金管理使用及建设实施情况进行审计，查出部分合同应招标未招标、超概算支出、对分包管理失控、总承包单位违法分包、已通车路段部分沥青路面厚度不符合设计要求、前期建设程序不完善、项目管理基础工作薄弱、项目竣工通车后经济效益不佳等问题。对梅江会展中心二期项目资金管理使用及建设实施情况进行审计，查出部分合同多计结算造价、多计项目利息成本、多计公司财务费用、项目管理工作不到位等问题。对对口支援新疆和田地区东三县资金和项目情况进行审计，查出工程质量、资金管理方面存在的问题，以及“十二五”规划调整项目尚未正式上报市政府审批，且未报国家发改委备案，向施工单位出借援疆资金，存在资金安全隐患等需要引起关注的事项。

外资运用审计 对全球环境基金赠款中国—新加坡天津生态城项目执行情况和亚洲开发银行贷款海河河口地区污染控制与生态恢复项目执行情况进行公证审计。重点关注建设资金到位和使用、项目设备采购、提款报账以及项目投资整体效益等情况，促进积极合理有效利用国外贷援款。

经济责任审计 制定《经济责任审计对象分类管理办法》，草拟《天津市区县党委、政府主要领导干部经济责任同步审计实施意见》《部门、单位内部管理领导干部经济责任审计暂行办法》、《经济责任审计工作联席会议组织办法》和《天津市市级经济责任审计对象分类管理办法》，指导区联席会议相关成员单位执行经济责任审计工作有关规定以及运用审计结果，加强市级经济责任审计对象分类管理。2015年，天津市各级审计机关共对220名领导干部进行经济责任审计。

企业审计 对天津津融投资服务集团有限公司、天津能源投资集团有限公司、北方国际集团有限公司和天津住宅建设发展集团有限公司国有资本经营预算执行情况进行审计调查，重点关注企业履行资本运营职责和经营收益申报的真实性、经营预算执行等情况，分别发现参股企业长期不分红、影响收益上缴基数，损益核算不实、影响收益上缴真实性，未按规定增加注册资本金，项目运作不规范，捐赠未按规定报批，部分担保业务未报市国资委核准备案且未提供反担保等问题。提出加强对参股企业投资管理，完善对参股企业的相关管控制度，行使股东权利，严格按照国有资本预算资金使用申报程序，并在项目申报前进行可行性科学论证，确保资金使用效益，加强对外担保管理，避免可能出现的担保风险等建议。

相关工作 加强审计规范化建设，修订《规范审计处罚自由裁量权实施办法》，制定《聘请外部机构参与基本建设项目审计工作暂行办法》，依据审计法及其实施条例对现有的行政职权进行梳理，形成审计权责清单和权力运行流程图，聘请10家社会中介机构参与梅江会展中心二期工程项目造价审计，进一步健全完善工作流程。

加强审计队伍建设，选派22名干部借调市委组织部、市纪检委协助工作进行多岗位锻炼；实行“一对一”审计职业指导，为41名新入职审计干部配备审计业务指导师；每月举办一期“精品班”或“大讲堂”提升查办案件能力；每年举办一次审计青年论坛促进全市审计干部业务能力提高。

开展优秀审计项目展评活动，打造优秀项目，促进审计质量的提升；每两年举办一次岗位练兵比武，采取“专业基础理论＋模拟审计＋计算机审计”模式，强化审计干部的业务技能。

落实党风廉政主体责任，制定《党风廉政建设工作要点》和《党风廉政建设责任书》，制定《落实党风廉政建设主体责任实施办法》，修改完善《天津市审计局处室廉政风险防控管理实施细则》相关内容，细化责任内容，明确落实方式。

内部审计 天津市共有内部审计机构1670个，其中专职机构442个；内部审计人员4796人，其中专职人员2247人。开展财务收支审计、经济效益审计、经济责任审计、基本建设项目审计等各类审计12467个，审计总金额4623.28亿元，提出审计意见被采纳6740条，促进增收节支41206.8万元。中国工商银行股份有限公司内部审计局天津分局和国网天津市电力公司审计部报送的审计案例获得中国内部审计协会全国“百家审计案例”称号。天津市内部审计协会共推荐5篇论文参加全国内部控制审计理论研讨，其中1篇获得二等奖，2篇获得三等奖，1篇获得优秀提名奖，天津市内部审计协会获得优秀组织奖。天津地区共有167人报考国际注册内部审计师（CIA）资格考试，10人全科通过考试，取得CIA

资格证书。（撰稿人：张雁森）

【河西区审计局】 2015 年，河西区审计局人员编制 40 人，实有 33 人。局长（党组书记）陈丁，副局长王国学、赵艳、张钟。设有办公室、法规科、社会保障审计科、财政审计科、行政事业审计科、经济责任审计科、固定资产投资审计科、资源环保审计科、企业审计科、联网审计科、内部审计指导科、审计执行监督科，下设河西区审计咨询服务中心。

审计成果 河西区审计局完成审计项目 44 个，涉及全区 32 个部门单位，延伸审计 68 个基层单位，查出主要问题金额 399975.18 万元。移送区纪委监察局处理 2 个单位。出具审计报告和审计调查报告 50 篇。提出审计建议 14 条。

固定资产投资审计科获得区级“三八红旗先进集体”，郎玲获得区级“三八红旗手”；岳晓婷、郎玲、赵日强、谈昊获得区级嘉奖，王叶红获得市级“五一劳动奖章”，赵日强获得区级“五一劳动奖章”。

财政审计 对区教育局等 7 个单位部门预算执行情况进行审计，突出对重点项目、重点资金，以及稳增长、促改革、调结构、惠民生、防风险政策措施落实情况的审计监督。针对审计中发现的财政项目资金结转结余清理不及时、未按规定履行政府采购程序、超范围使用专项资金等问题，向区财政提出进一步加强预算管理、加快推进财政改革、强化财政资金监管的审计建议，向各预算单位提出进一步健全内控制度、规范财务管理、提高信息化水平、强化财政资金管理的审计建议。

联网实时审计 实现全区各预算单位联网版财务软件数据定期传送。56 个一级预算单位，248 个二级预算单位全部实现与审计监督“一张网”数据对接传送。总预算会计数据、国库集中支付数据、各预算单位财务数据全部实现定期传送。向市审计局定期报送联网数据，联网及数据传送工作初步完成。对各预算单位财务数据的分析整理、模型研发工作正在进行。

经济责任审计 对全区 19 个单位部门 24 名处级领导干部进行任期经济责任审计，严查落实中央八项规定精神，执行“15 条禁令”、领导干部遵守廉洁从政若干准则、厉行节约反对浪费条例等相关规定情况。探索党政联审模式，完善夯实评价内容，细化审计实施方案，全面提升经济责任审计水平和质量。

专项资金审计 对陈塘科技商务区建设专项资金、科技发展资金、旧楼区居住功能提升专项资金进行全程跟踪审计或全时段覆盖审计。关注财政、金融、民生、国有资产等方面存在的薄弱环节和风险隐患，关注资金投向和使用效益，提出完善资金和项目管理的意见或建议。在科技发展资金管理和使用情况专项审计中，发现科技发展资金相关政策制度不完善、资金分配不科学、资金沉淀过大、违规代管科技发展资金等影响资金使用效益和管理不到位的问题。

固定资产投资审计 对 46 项工程进行工程造价审计，工程预算总金额 33685.82 万元，审减资金 2347.95 万元，有效控制建设项目投资成本，使有限的财政资金发挥较大的经济效益和社会效益。

政策措施贯彻落实跟踪审计 对稳增长、促改革、调结构、惠民生、防风险政策措施落实情况进行跟踪审计，涉及区房管局、区供热办、区市容园林委、区环保局、区民政局、区楼宇办、区行政审批局等 7 个主要职能部门，审计内容涵盖棚户区改造、安居工程建设、生态环境保护、盘活空置楼宇、简政放权以及国计民生等 7 项内容，查出家庭人均财产超标违规享受住房补贴等问题 10 项，提出建立健全廉租住房保障制度、完善住房保障管理信息系统等审计建议 4 条，经审计督促落实整改事项 2 项。对全区 59 个主管行政事业单位和区属国有企业开展货币资金检查，涵盖独立核算的部门（账户）457 个，对其中 21 个基层单位（账户）进行重点抽查，揭示相关单位存在的设置账外资金、未执行公务卡制度、超范围使用现金等问题。

内部审计 加强对内部审计工作的分类指导。组织召开内部管理领导干部经济责任审计工作推动会；举办《中国内部审计准则》专题培训。按照实现审计监督“全覆盖”要求，推动设立党委的部门、单位成立或完善内部审计机构，配备专职、兼职审计人员，组织实施内部管理领导干部的经济责任审计。（撰稿人：郎　玲）

【和平区审计局】 2015年，和平区审计局人员编制43人，实有38人。局长（党组书记）郑国强（—4月）、赵强（4月—），副局长杨士军、马洪新。设有办公室、人事教育科、法制科、经济责任审计科、财政审计科、行政事业审计科、企业审计科、固定资产投资审计科、联网审计科、内部审计指导科。

审计成果 和平区审计局完成审计项目26个，审计调查项目9个。查出主要问题金额182383.65万元；审计处理处罚金额5676.88万元，其中应上缴财政20.90万元、应归还原渠道资金0.59万元、应调账处理金额5655.41万元；审计发现非金额计量问题12个；审计促进整改落实有关问题金额5676.88万元，其中增收节支20.90万元。出具审计报告和专项审计调查报告35篇，出具审计结果报告33篇，被批示9篇。提出审计建议56条，提交审计信息123篇，被批示1篇。向天津市审计局报送贯彻落实稳增长措施审计报告7篇、重大事项6篇。

财政审计 以财政资金运行为重点，对本级财政预算执行和其他财政收支情况进行审计，重点延伸审计教育、卫生、文化等9个部门管理和使用的专项资金，涉及资金91781.93万元。审计结果表明，区预算执行和其他财政收支情况总体较好，实现全年预算收支平衡，但部分单位仍存在预算支出不实和政府采购管理及工程项目管理不够规范等问题。

联网实时审计 建立健全工作制度，明确联网数据的管理、安全使用方式及联网数据保密工作责任制。加大数据集中和分析力度，以问题为导向，设计研发存量资金、项目资金筛查模型及联网单位车辆信息真实性比对模型，探索数据分析与运用的途径。利用联网实时审计系统平台，对全区“三公”经费和往来款多年挂账问题进行重点核查，发现违规问题并下达审计疑点核查函66份，涉及金额304.05万元。为立项审计提供重点核查资金，确认管理不规范金额98727.38万元。

经济责任审计 受区纪检委、区委组织部的委托，对和平区16个单位22名党政领导干部和企业领导人员的任期经济责任履行情况进行审计，查出违规及管理不规范金额17552万元，提出审计意见和建议56条，下达审计决定书10份。

固定资产投资审计 加强对政府投资项目的审计监督，关注项目审批、预算执行、工程招投标、政府采购、施工现场监理签证、工程量丈量以及资金管理使用情况，发现高估冒算、虚报工程量、损失浪费等问题。对9个区财政投资建设项目实施审计调查，共核减工程造价15475.92万元。

（撰稿人：李　晓）

【河东区审计局】 2015年，河东区审计局人员编制42人，实有35人。局长李存芳（—4月），副局长刘晶（4月—，主持工作）、彭承荣。设有办公室、人事科、财务科、法制科、财政事业审计科、社会保障审计科、经济责任审计科、投资审计科、联网审计科、纪检科、内部审计指导科。

审计成果 河东区审计局完成审计项目33个，查出主要问题金额7228万元，其中违规金额410万元、管理不规范金额6817万元；损益（收支）不实金额15万元；审计处理处罚金额2036万元，其中应上缴财政430万元、应归还原渠道资金1568万元、应调账处理金额38万元；审计发现非金额计量问题3个；审计促进整改落实有关问题金额332万元，其中增收节支313万元、已调账处理金额17万元。移送有关部门处理事项3件。出具审计报告和专项审计调查报告33篇。提交审计信息64篇，被批示、采用51篇。

政策措施贯彻落实跟踪审计 成立政策跟踪审计领导小组，起草《河东区审计局关于进一步加强稳增长等政策措施跟踪审计工作的实施意见》。对促进文化创意产业发展、金融扶持小微企业等7项政策措施落实情况实施跟踪审计。按照天津市统一部署，从6月份开始每月一个专题，重点对河东区贯彻落实“天津市33条意见”、推进养老服务、空置楼宇等具体政策点落实情况进行跟踪审计。

财政审计 对区级财政预算执行情况进行审计，对计生、教育、卫生、体育等专项资金使用情况进行延伸审计，针对预算管理存在的问题提出完善预算编制、增强预算的约束力和严肃性、强化财政资金调度管理3条建议，责成区财政部门将沉淀资金1362万元归还原资金渠道，为促进财政预算进一步的规范管理发挥积极作用。

联网实时审计　完成区教育局、区卫生局两大系统基层预算单位网络联通工作。与区内 58 家一级预算单位、179 家二级预算单位实现联通，并实时采集、整理各单位的财政财务数据，为实现审计监督全覆盖提供技术支撑和数据支持。制定《河东区联网实时审计电子数据管理办法（试行）》《联网实时审计监督疑点核查函》等一系列制度规定和工作台账，从制度层面保障联网数据的规范使用和安全保密。联网审计与常规审计有机结合，利用联网实时审计的大数据，全年为 16 个立项审计项目提供数据支持。从联网单位财务记账规范性和及时性入手，经过数据整理和比对，尝试对"三公"经费、节庆消费、政府采购、账户同名划转等重点内容进行联网实时审计。尝试将联网实时审计监督过程中发现的疑点线索向立项审计项目推送，全年推送疑点 3 个。

经济责任审计　建立由区纪委、区委组织部、区监察局、区人力资源社会保障局、区财政局和区审计局组成的经济责任审计联席会议制度。制定《河东区经济责任审计工作联席会议组织办法》。出台《河东区领导干部任期内经济责任审计轮审制度》和《河东区经济责任审计分类管理暂行办法》。由区委组织部、区纪委等六部门联合下发《河东区处级领导干部离任经济事项交接办法》。受区委组织部委托，对 20 名处级领导干部进行经济责任审计。

固定资产投资审计　完成投资造价审核项目 120 个，审核资金 11250 万元，为政府节约建设资金 3301.57 万元。

民生资金（项目）审计　对河东区保障性住房安居工程进行跟踪审计，经审计 223 户不符合领取保障房补贴资格的家庭主动申请或强制注销领取补贴资格。对河北区社会抚养费征收管理使用情况、天津港"8·12"特大火灾爆炸事故社会捐赠款物管理使用情况进行审计。

专项资金审计　受区政府委托，对地铁 4 号线、10 号线项目河东区征收补偿专项资金的管理和使用情况实施跟踪审计。重点关注内部控制制度的建立和执行、重大资金使用的决策过程、地铁项目征收程序履行、征收补偿专项资金的管理和使用情况等。通过联网数据平台，对第一批被征收人中享受特殊补助的 135 份档案资料和 150 人次的低保、残疾信息资料进行重点抽查，及时向有关部门反馈核查结果，提出审计整改建议，对地铁征收补偿专项资金的安全运作、合理使用起到积极的促进作用。

内部审计　按照《河东区基层预算单位开展内部定期审计工作的暂行办法》规定的时点和要求，组织全区各系统内部审计机构开展基层预算单位内部定期审计工作。全区 159 个基层预算单位对照文件规定认真组织开展自查工作，自查面达到 100%。各系统内部审计机构重点审计基层预算单位 89 户，占全区基层预算单位的 56%。区审计局派出抽审检查小组，选择 3 个系统的 3 个基层预算单位进行重点抽审检查。通过内部定期审计工作，进一步推进内部审计监督的全覆盖，有效地促进各基层预算单位规范财务管理，提高会计基础工作和财务管理水平，增强执行财务制度的自觉性，发挥内部审计第一道监督关口的职能作用。

（撰稿人：王敬军）

【南开区审计局】　2015 年，南开区审计局人员编制 50 人，实有 40 人。局长黑学刚，副局长王允昌、张慧、张同强。设有办公室、人事教育科、法制科、行政事业审计科、经济责任审计科、企业审计科、财政金融审计科、固定资产投资审计科、联网审计科、内部审计指导科。

审计成果　南开区审计局完成审计项目 12 个，延伸审计 8 个单位，查出管理不规范金额 143085 万元。移送纪检监察机关处理事项 2 件。出具审计报告和专项审计调查报告 12 篇。提出审计建议 11 条，提交审计信息 68 篇，被批示、采用 12 篇。

财政审计　对本级预算执行情况及其他财政财务收支情况进行审计，涉及南开区教育局、招商与合作交流办公室、工商业联合会、王顶堤街道办事处 4 个一级预算单位及南开区第六十六中学、体育学校 2 个二级预算单位。发现财政资金长期闲置、资金使用效率低、个别部门预算资金支付手续不合规、少数部门还未严格执行政府采购制度和固定资产清查制度等问题，提出整改意见和建议。

联网实时审计　发挥联网审计优势，加强大数据应用，实现审计全覆盖。以南开区集中支付平台为依托，掌握各被审计单位由“零余额账户”向其他账户划款等情况，完成追疑工作。向各审计项目提供“津税”系统提示的被审计单位支出的票据信息，对反馈的票据疑点进行网上核查。编写SQL语句，对新购置的固定资产是否执行政府采购及财政拨款是否如实记账进行核查，实现与同级财政审计组提供的财政向各预算单位拨款信息的对接。起草《南开区关于进一步加强实时联网审计工作暂行办法》，为实时联网审计工作提供依据。

经济责任审计 与区纪委、区监察局联合下发《南开区纪委监察局与南开区审计局移送案件线索暂行办法》。向区纪委监察局移送案件线索2件。起草《中共南开区委、南开区人民政府关于贯彻落实市委、市政府〈关于进一步加强经济责任审计工作的意见〉的实施意见》，提出经济责任审计工作任务和要求，促进依法行政和党风廉政建设。

政策措施贯彻落实跟踪审计 对稳增长、促改革、调结构、惠民生政策措施落实情况实施5轮跟踪审计，涉及区财政局、区行政许可服务中心、区民政局、区卫生局、区文化旅游局、区建设开发公司、区房管局、区供热办、区楼宇办、区建委等10个单位，对相关单位在政策措施执行具体环节上存在衔接沟通不畅、资金跟进不及时等问题提出整改意见。对区改燃并网工程中9座锅炉房改造情况进行审计，针对发现的供热办公室未及时将银行贷款及分摊的费用计入相关科目、改燃工程项目资金未全部到位、锅炉房固定资产产权归属不明确等问题提出整改意见和建议。对城镇保障性安居工程进行审计，延伸调查9个街道办、涉及33户家庭，针对存在公示环节不到位、审核和退出机制不健全等问题提出整改意见和建议。

内部审计 对全区54个一级预算单位采取分组交叉互查的方式开展联审互查工作。每月定期对各预算单位工资和日常办公经费支出进行检查，完成检查648户次。通过联审互查，建立起有效预警机制，做到边审计、边纠正、边规范，促进审计监督全覆盖、常态化。 （撰稿人：马少波）

【河北区审计局】 2015年，河北区审计局人员编制49人，实有46人。局长张麟（—4月）、李文涛（4月—），副局长景建、张凤荣、刘金贵。设有办公室、人事教育科、法制科、经济责任审计科、财政审计科、行政事业审计科、固定资产投资审计科、企业审计科、联网审计科、内部审计指导科。

审计成果 河北区审计局完成审计项目34个，其中组织实施审计项目31个，参与实施审计项目3个。查出主要问题金额445045.66万元，其中违规金额4445.39万元、损失浪费金额71114.83万元、管理不规范金额369485.44万元；损益（收支）不实金额8704.99万元；审计发现非金额计量问题15个。出具审计报告和专项审计调查报告34篇。提出审计建议104条，提交审计信息101篇，被批示、采用136篇。获得全国文明单位、天津市文明单位等荣誉称号。

财政审计 聚焦财政部门履行预算管理职责、预算单位执行部门预算及各单位落实中央八项规定、整治“小金库”等情况，紧盯财政资金各流转环节，紧盯各项制度落实情况，紧盯民生项目。涉及单位及部门35个，查出不规范金额9144.6万元，提出审计意见和建议5条。督促落实整改，审计建议落实率达80%。区人大常委会及区委、区政府对预算执行审计工作给予充分肯定。

经济责任审计 受区委组织部委托完成对20名领导干部经济责任，查出主要问题金额155024.05万元，其中违规金额4445.39万元、管理不规范金额150578.66万元，提出审计意见和建议83条，审计意见及建议落实率达98.80%。审计结果为组织部门考核、任用领导干部发挥参考作用。

专项审计 城镇保障性安居工程进行跟踪审计，被审计单位13个，提出审计意见和建议4条。2012—2014年度社会抚养费征收管理和使用情况专项审计调查涉及问题金额88.92万元。北宁起步区专项审计调查涉及金额38200万元，为区政府摸清全区大额投资项目管理水平和资金使用效率提供支持。城建系统单位资产状况及财务管理专项调查涉及问题金额200568.32万元。天津港“8·12”特大火灾爆炸事故社会捐赠款物的接收、管理和使用情况专项审计调查，涉及金额

246.46 万元。（撰稿人：李仲渊）

【红桥区审计局】 2015 年，红桥区审计局人员编制 38 人，实有 33 人。党组书记杨克忠，局长张树起（—8 月），副局长纪耀章、王凤英。设有办公室、财政审计科、行政事业审计科、企业审计科、固定资产投资审计科、经济责任审计科、联网审计科、法制科、人事教育科、内部审计指导科。

审计成果 红桥区审计局完成审计及调查项目 22 个，其中组织实施审计项目 21 个，参与实施审计项目 1 个。查出主要问题金额 29710 万元，其中违规金额 584 万元、损失浪费金额 12 万元、管理不规范金额 29114 万元；审计处理处罚金额 21030 万元，其中应上缴财政 282 万元、应归还原渠道资金 300 万元、应调账处理金额 20448 万元；审计发现非金额计量问题 11 个；审计促进整改落实有关问题资金 584 万元，其中增收节支 582 万元。出具审计报告和专项审计调查报告 22 篇，被批示、采用 8 篇。提出审计建议 18 条，提交审计信息 30 篇，被批示、采用 25 篇。

政策措施贯彻落实跟踪审计 对区大气污染防治措施情况和区养老机构落实水、电、气、热民用价格计量情况进行审计。对区供热办公室改燃工作、建筑供热计量节能改造工程实施情况和空置楼宇盘活情况以及落实市政府关于当前促投资稳增长 33 条措施情况进行专项审计。

财政审计 对区级财政预算执行和其他财政收支情况进行审计，围绕预算编制、审批、执行、调整重点环节，关注财政资金的存量、增量及支出的合规性、使用的绩效性。对区民政局、西站地区综合管理办公室、西沽街道办事处、芥园街道办事处 4 个单位部门预算执行审计，重点审计“三公”经费使用以及落实中央八项规定的情况，部门管理的各项专项资金使用情况及国库集中支付、政府采购、公务卡结算和落实勤俭节约要求等方面的情况。

联网实时审计 利用联网审计系统采集实时数据，通过现场审计实施系统进行无项目审计，不定期对区财政一级和部分二级预算单位的公务卡使用情况进行抽查、核实，就发现问题及时以信息形式向区政府及相关部门进行反馈。

经济责任审计 受区委组织部委托，对区民政局、西沽街道办事处等 11 个单位的 11 名领导干部进行经济责任审计，将重大问题决策、重大项目投资决策、大额资金使用及债权债务、资产处置情况、人员编制情况、领导干部是否履行离任交接程序等纳入审计范围。制定《红桥区审计局经济责任审计操作规程》，实行经济责任审计进点会和审计公示制度。

固定资产投资审计 对区疾病预防控制中心项目、南开拆车厂地块定向安置房项目、区疾病预防控制中心室外装修工程决算、丁字沽街社区卫生服务中心零星改造及暖气改造工程决算、西沽街道办事处所属红桥区燕宇新城及涟源里小区物业用房工程决算进行审计，重点关注工程建设资金的筹集管理使用情况及工程招投标、政府采购、合同履行情况，促进提高工程项目管理水平，确保项目资金安全使用。

政策措施贯彻落实跟踪审计 对城镇保障性安居工程涉及的“三项补贴”及“三类住房”在申请、准入环节政策执行情况和保障性住房分配情况，以及保障性安居工程资金筹集、使用、管理等情况进行审计，将区房管局、区民政局、区财政局、区建委、区拆迁管理办公室、天津市治达安居建设有限责任公司、天津中冶和苑置业有限公司等部门和单位列为审计重点，延伸调查铃铛阁街道办事处和红桥区南水北调征收指挥部。对红桥区南开拆车厂保障性安居工程项目立项、融资及安置等情况进行审计。对天津港“8・12”特大火灾爆炸事故捐赠款物接收使用情况开展专项审计调查。对和平区社会抚养费征收管理和使用情况、武清区保障性安居工程项目进行审计。

内部审计 以“贯彻审计全覆盖要求，切实履行内部审计监督职责”为主题，对内部审计人员进行后续教育培训，贯彻内部审计工作新要求，规范审计工作。组织开展内部审计专业知识百题竞赛，提升审计人员职业水平。

（撰稿人：李　妍）

【东丽区审计局】 2015 年，东丽区审计局人员编制 35 人，实有 31 人。局长时卷林，副局长魏金凤。设有办公室、法制科、财政审计科、行政事业审计科、固定资产投资审计科、经济责任审计科、国有企业审计科、信息化科、联网审计科、村居审计科、内部审计指导科。

审计成果　东丽区审计局完成审计项目18个，查出主要问题金额14699.2万元，其中违规金额911.53万元、管理不规范金额13787.67万元；审计处理处罚金额14551万元，其中应上缴财政82万元、应归还原渠道资金7万元、应调账处理金额14462万元。提出审计建议12条，提交审计信息20篇，被《中国审计报》采用15篇。

财政审计　重点关注公共财政预算、政府性基金预算和社会保障预算等全口径预算实施情况，政府所有收支纳入预算管理及从预算到执行全过程各环节资金运行的真实、合法和效益情况，行政运行成本和管理绩效情况，"三公"经费、会议费管理使用情况、"小金库"和大额采购情况，教育、文化、医疗卫生、扶贫、最低生活保障、就业等重点民生资金的管理使用情况，延伸审计19个单位，发现滞留专项资金、预算项目资金未及时支出在暂存款挂账、财政资金闲置等问题，查出管理不规范金额12212.49万元、违规金额814.62万元，提出审计建议3条。完成对区委组织部、区国资委、区市容和园林委等7个部门预算执行情况审计，延伸审计6个单位，发现预算收入未上缴财政、不合规凭证入账等问题，审计查出管理不规范金额397.15万元、上缴财政82.6万元，提出审计建议4条。完成对无瑕街道办事处、金桥街道办事处、东丽区经济开发区管理委员会等3个辖属街道及功能区财政决算审计，延伸审计33个单位，发现漏缴税金、不合规票据入账等问题，查出违规金额96.9万元，促进补缴税收入库0.3万元，提出审计建议3条。

经济责任审计　受区委组织部委托，完成对区卫生局、区金融办、金钟街道办事处等单位7名领导干部经济责任审计。

固定资产投资审计　完成对新地河应急度汛工程、军粮城小城镇建设热力工程等项目的审计，核减造价343.87万元。

交办事项　完成审计署和市审计局交办对新地河防汛工程竣工决算、养老机构落实水电气热民用价格计量情况的跟踪审计和对西青区社会抚养费交叉审计、美丽天津"四清一绿"项目资金使用情况审计调查。完成区政府交办对救灾资金使用情况的专项检查和对社会保障、就业等民生领域资金使用情况的检查。

内部审计　完成对区教育局、区卫生局等22个单位内部审计业务指导工作，对内部审计准则落实情况检查49次，促进、规范内部审计行为。

（撰稿人：王　凯）

【西青区审计局】　2015年，西青区审计局人员编制29人，实有28人。局长王凤清，副局长魏奎成、魏津元。设有办公室、法制科、行政事业审计科、财政金融审计科、经济责任审计科、固定资产投资审计科、联网实时审计科、内部审计指导科。

审计成果　西青区审计局完成审计项目12个，查出主要问题金额54434.72万元，其中违规金额9.12万元，管理不规范金额54425.6万元；审计处理已上缴财政9.12万元。出具审计报告和专项审计调查报告12篇。提出审计建议23条。提交审计信息69篇，被中《国审计报》、市审计局等采用62篇次。

财政审计　加大财政预算管理、部门预算执行、重点专项资金审计整合力度，扩大审计覆盖面。监督检查预算编制、执行和决算情况，推动规范资金分配管理，提高资金使用绩效。关注政策措施贯彻落实情况、财政存量资金规模和结构情况以及"三公"经费、会议费、培训费支出情况，充分发挥资金使用的最大效果。

联网实时审计　制定《天津市西青区联网实时审计电子数据保密管理办法》及《天津市西青区联网实时审计网络安全暨内外网实施物理隔离管理办法》。利用48个预算单位的财务数据，摸清各单位截至2014年底的财政资金存量；组织业务科室遴选审计模型。

经济责任审计　受区委组织部委托完成对区财政局、区旅游局、区档案局、区老干部局等4个单位的4名领导干部任期经济责任审计。在财政财务收支真实性、合法性审计的基础上，关注领导干部贯彻落实国家重大经济政策情况、重大经济事项决策程序履行情况、目标责任完成情况，促进被审计单位依法全面有效履行法定职责以及领导干部守法守纪尽职尽责。

固定资产投资审计　对西青区泽杨道工程进

行审计，重点关注建设项目程序履行的合法性、资金核算的真实性，对审计发现的问题深入分析产生原因，有针对性提出建设性意见。

企业审计 对西青区新华书店有限公司和西青区环保技术开发公司资产管理情况进行审计调查，重点关注国有企业收支真实合法性、资产管理合规性、重大经济事项以及大额资金运作程序等情况，注重从体制机制制度层面分析原因，提出改进管理的意见建议，促进规范管理、资产保值增值，防止国有资产流失。

交办事项 配合审计署和天津市审计局对城镇保障性安居工程进行跟踪审计，对落实稳增长、促改革、调结构、惠民生、防风险政策措施落实情况进行审计，对南开区社会抚养费征收管理和使用情况进行审计调查，对天津港“8·12”特大火灾爆炸事故捐赠款物接收管理使用情况进行专项审计调查。

内部审计 组织召开西青区内部审计工作会议。印发《2015 年西青区内部审计工作指导意见》。指导全区 9 个街镇开展村级组织主要负责人经济责任审计，并汇总分析有关审计情况。组织全区各街镇开展内部审计理论研讨活动，不断提高全区内部审计人员工作能力和水平。

（撰稿人：王洪梅）

【津南区审计局】 2015 年，津南区审计局人员编制 35 人，实有 30 人。局长魏瑞荣，副局长王会芬、王玉爱。设有办公室、财政金融审计科、经济责任审计科、行政事业审计科、法规科、工业商业审计科、固定资产投资审计科、联网实时审计科、内部审计指导科。

审计成果 津南区审计局完成审计项目 26 个，查出主要问题金额 30861 万元，其中违规金额 7231 万元、管理不规范金额 23630 万元；损益（收支）不实金额 1136 万元；审计处理处罚金额 7182 万元，其中应上缴财政 5330 万元、应归还原渠道资金 45 万元、应缴纳其他资金 296 万元、应调账处理金额 1511 万元。移送司法机关处理事项 1 件。出具审计报告和专项审计调查报告 26 篇，被批示、采用 17 篇次。提出审计建议 118 条，被采纳 118 条。提交信息及宣传稿件 65 篇，分别被《中国审计报》、区委、区政府、市审计局采用 95 篇次。

政策措施贯彻落实跟踪审计 完成审计项目 7 个，涉及区教育局重点建设项目、区房管局旧楼提升改造工程、供热改燃并网工程、现有居住建筑供热计量及节能改造工程、养老机构能源享受民用计量政策、盘活空置楼宇情况等政策，重点围绕“项目落地、资金保障、简政放权、措施落地”四个方面进行跟踪落实，查出管理不规范金额 18 万元。

财政审计 坚持全面审计、突出重点的方针，在摸清财政预算总体情况的基础上，加大对预算执行效果和资金使用效益的审计分析，进一步加强对重点专项资金的审计，强化延伸审计力度。除重点审计一般预算及基金预算编制、批复、执行情况以及资金收支真实性、合法性外，对预算外资金以及其他专项资金、基金的管理使用情况进行审计。涉及 13 套账簿，23 个银行账户，审计查出管理不规范金额 7480 万元，针对问题提出改进意见，进一步促进和规范区财政预算执行管理工作。

经济责任审计 受区委组织部委托，完成对 15 名领导干部经济责任审计，审计查出主要问题金额 22205 万元，其中违规金额 7207 万元、管理不规范金额 14998 万元。

民生资金审计 对津南区慈善协会、津南区红十字会 2014 年度财务收支情况进行审计，延伸审计 13 个单位，查出主要问题金额 248 万元，针对慈善资金管理及核算方面存在的问题，提出切实可行的建议。

固定资产投资审计 完成审计项目 1 个，查出管理不规范金额 910 万元。（撰稿人：解　锦）

【北辰区审计局】 2015 年，北辰区审计局人员编制 44 人，实有 40 人。局长吴佩立，副局长刘妍、李军、季建虎（11 月—）。设有办公室、法制综合科、行政事业审计科、财政审计科、固定资产投资审计科、经济责任审计科、工商企业审计科、联网审计科、内部审计指导科、农村集体经济组织审计中心。

审计成果 北辰区审计局完成审计项目 33 个，查出主要问题金额 1717932 万元，其中违规金额 8334 万元、损失浪费金额 6 万元、管理不规范金额1709592万元；损益（收支）不实金额54633万元；审计处理处罚金额4259万元，其中应上缴财政4129万元、应调账处理金额130万元；审计发现非金额计量问题54个。移送纪检监察机关处理事项7件。出具审计报告和专项审计调查报告48篇，被批示、采用7篇。提出审计建议96条，提交审计信息95篇，被批示、采用103篇。

财政审计 对10个预算单位的零余额账户和公务卡使用情况、“三公”经费和会议费支出情况进行审计。对西堤头镇、青光镇、小淀镇、双街镇、天穆镇财政决算及其他财政收支情况进行审计。

联网实时审计 进一步完善联网审计工作相关制度建设，推进审计“一张网”建设。通过对联网数据的分析利用，拓展审计领域，使联网审计工作成果更加明显。

经济责任审计 出台《北辰区党政主要领导干部和区属国有企业领导人员经济责任审计办法》。完成对16名领导干部的经济责任审计。制定《北辰区村集体经济组织收支审计操作指南》。出台《北辰区村级组织主要负责人经济责任审计办法》。帮助指导各镇对108个村182名村干部开展经济责任审计，审计总金额1354274.91万元，整改金额32814.29万元。

固定资产投资审计 完成对北辰区郊野公园项目审计。

专项资金审计 对城中村改造资金、农业综合开发专项资金进行审计。对村级集体固定资产情况进行审计调查。

内部审计 制定下发《北辰区科级单位主要负责人经济责任审计办法》。组织开展内部审计单位人员的交流、培训、考核等活动。

（撰稿人：于　涵）

【武清区审计局】 2015年，武清区审计局人员编制38人，实有32人。局长雷永良，副局长张亚东、谢万俊、顾韵洁。设有办公室、法制科、行政事业审计科、财政金融审计科、经济责任审计科、固定资产投资审计科、企业审计科、建设工程审计科、联网审计科、整改督查科。

审计成果 武清区审计局完成审计项目26个，查出主要问题金额28785万元，其中违规金额5989万元、管理不规范金额22796万元；损益（收支）不实金额7267万元；审计处理处罚金额26156万元，其中应上缴财政5989万元、应调账处理金额20167万元；审计促进整改落实有关问题资金26156万元，其中增收节支5989万元、已调账处理金额20167万元。出具审计报告和专项审计调查报告32篇。提出审计建议11条，提交审计信息25篇，被批示、采用26篇次。

2015年，武清区审计局被武清区纪委、区监察局评为2014年度警示教育活动优秀组织单位；被武清区委宣传部评为2014年度宣传思想工作先进单位；在武清区纪委、区监察局组织的党风政风行风评议中，被评为武清区2014年行风建设先进单位；被武清区纪委评为“学习党章、重温誓词”教育活动优秀组织单位；李亚媛被评为区级优秀网络信息评论员。

财政审计 对财政局区级预算情况，部分政府部门执行预算情况，往来账款，专项资金支出的真实性、合法性等方面进行审计。审计查出行政性收费收入未纳入预算管理、虚列基金支出、应缴未缴营业税及附加等问题，提出相应的整改建议和处理处罚意见。

联网实时审计 对武清区财政局财政国库集中支付、财政总预算和部门预算的数据进行采集。采取人工拷贝数据的方式，通过FTP定期向天津市审计局传输实时数据。制定《天津市武清区联网实时审计电子数据保密管理办法》《天津市武清区审计局计算机网络安全管理办法》。

企业审计 完成国家粮食储备库等16个国有企业的财务收支审计并出具审计报告。

专项资金审计 成立天津港“8·12”特大火灾爆炸事故捐赠款物项目审计组，进驻受捐赠部门开展跟踪审计。对“美丽武清”建设、城乡大绿化工程项目、城镇保障性安居工程、社会抚养费征收管理和使用情况开展专项审计和审计调查。

（撰稿人：付立新）

【宝坻区审计局】 2015年，宝坻区审计局人员编制39人，实有38人。党组书记赵庆奎，局长杨有生，副局长郭杰、陈建波、王洗强。设有办公室、法制综合科、财政金融审计科、行政事业审计科、企业审计科、固定资产投资审计科、经济责任审计科、农业与资源环保审计科。

审计成果 宝坻区审计局完成审计项目 47 个，其中组织实施审计项目 43 个，参与实施审计项目 4 个，查出主要问题金额 57563.96 万元，其中违规金额 13969.84 万元、损失浪费金额 121.30 万元、管理不规范金额 43472.82 万元；审计处理处罚金额 25175.66 万元，其中应上缴财政 11435 万元、应减少财政拨款或补贴 222.97 万元、应归还原渠道资金 73.92 万元、应调账处理金额 13443.77 万元；审计发现非金额计量问题 75 个；审计促进整改落实有关问题金额 12174.86 万元，其中增收节支 11591.72 万元、已调账处理金额 583.14 万元。移送司法机关、纪检监察机关和有关部门处理事项 4 件。出具审计报告和专项审计调查报告 55 篇，被批示、采用 32 篇。提出审计建议 11 条，提交审计信息 60 篇，被批示、采用 35 篇。

政策措施贯彻落实跟踪审计 完成政策落实跟踪审计项目 8 个。审计发现非金额计量问题 17 个，提出建议 15 条。区政府采纳审计建议出台《城中村和宿舍区搬迁改造资金管理暂行办法》。

财政审计 完成区级预算执行和其他财政收支审计，重点关注财税政策执行、预算资金分配、财政存量资金、政府性债务管理等情况，涉及 45 个政府部门和单位，查出主要问题金额 24166.96 万元。

联网实时审计 在“同级审”项目中，利用国库集中支付系统数据进行分析，查出用项目资金弥补经费的问题；在经济责任审计项目中，利用业务数据和财务数据进行比对，发现区民政局存在虚报冒领财政资金的问题；利用公安户籍信息和民政殡葬信息的外部数据，揭示出残联存在 21 名残疾人死亡后仍在享受残疾人政策补贴问题。

经济责任审计 制定《宝坻区党政主要领导干部和国有企业领导人员经济责任审计结果运用办法》。完成对 18 个单位 23 名领导干部的经济责任审计。

固定资产投资审计 对 45 项政府投资重点工程进行跟踪审计，涉及投资总额 9.7 亿元，查出重复招投标、偷工减料及质量检测不合格等问题 56 个，查出主要问题金额 14619.10 万元。

（撰稿人：黄建英）

【滨海新区审计局】 2015 年，滨海新区审计局人员编制 86 人。局长李向前，副局长王克勤（—5 月）、沐伟（3 月—）。设有办公室（法规处）、财政审计处、行政事业审计处、企业审计处、投资审计处、资源环保审计处、综合业务处、经济责任审计处。

审计成果 滨海新区审计局完成审计项目 30 个。出具审计工作报告 30 篇，被批示 15 篇次。提出审计建议 35 条，均被采纳。提交审计信息 7 篇，均被采用。

财政审计 对滨海新区、保税区、中新生态城和临港工业区管委会的预算执行情况进行审计，关注预算编制的合理性、政府采购程序履行的合法性、国库集中支付的真实性、投资建设项目的合规性和效益性，并注重从机制、体制和制度建设以及管理层面提出审计意见和建议，促进政府依法理财水平的不断提高。对部分委办局的财政财务收支情况进行审计，促进规范财政财务管理，提高财政资金使用效益，防范财政风险。

经济责任审计 受新区组织部的委托，完成 10 名处级领导干部的经济责任审计，出具审计报告 7 篇。

固定资产投资审计 加大对政府公共工程的审计监督力度，开展对新区及市容整治、城市绿化工程、中小学、养老院、医院提升改造、文化商务中心、区委党校等重点工程的审计，涉及投资额 303.04 亿元。

专项资金审计 完成对保障性安居工程的跟踪审计；完成对天津港“8·12”特大火灾爆炸事故救灾项目落实情况的审计。对审计中发现的截留、挤占、挪用及虚报冒领专项资金等问题进行严肃查处，促进各项政策的贯彻落实，维护人民群众的根本利益。对财政资金投入大、群众关注度高、关系国计民生的重点项目、重点资金进行审计，促进完善制度，落实政策，规范管理，防范风险，确保资金安全运作。（撰稿人：李兰英）

【宁河区审计局】 2015 年，宁河区审计局人员编制 30 人，实有 30 人。党组书记王治轩，局长吴凤友，副局长刘玉恒、张维众。设有办公室、财务人事科、综合法制科、行政事业审计科、经济责任审计科、金融基建审计科、财政审计科、农业资源环保审计科、联网审计科、内部审计指导科。

审计成果 宁河区审计局完成审计项目42个，查出主要问题金额56697万元。出具审计报告42篇。提出审计建议69条。提交审计信息、宣传、简报33篇，被天津市审计局采用25篇次。

财政审计 对区财政局区级预算执行和其他财政收支进行审计。对区卫生局、区教育局、公安宁河分局、区统计局、区体育局、七里海管理委员会、区工经委、区司法局、区安监局、区民政局、区发展改革委员会等12个单位部门预算执行情况进行审计，查出管理不规范金额30587万元。对区委党校、区人民防空办公室等2个单位财务收支情况进行审计，查出管理不规范金额126万元。对芦台镇、苗庄镇、潘庄镇、东棘坨镇等4个乡镇财政决算情况进行审计，查出管理不规范金额7162万元。

经济责任审计 受区委组织部委托，完成对区畜牧水产局、区农机服务中心、区林业局、东棘坨党委政府、区人力资源和社会保障局、区供销社、贸易开发区管委会、区中医院、大北镇党委政府、区政府办公室、宁河镇党委政府、原种猪场等12个单位的15名党政领导干部经济责任审计，查出管理不规范金额12111万元。

固定资产投资审计 完成对区桥北新区第一幼儿园和区特殊教育学校等2个单位竣工决算审计，查出管理不规范金额6020万元。

交办事项 完成区委、区政府、区纪委等部门临时交办、配合审计项目9个，包括天津瀛安投资发展有限公司资产负债损益情况、天津津沽粮食工业有限公司清产核资情况、区农业开发办公室竣工项目情况、区现代产业园区发放补贴情况、区七里海大道及八公里景观带工程投资情况、区民政局专项资金收支情况、天津市嘉熹房地产开发公司资产负债及损益情况等。

内部审计 宁河区内部审计协会各会员单位以规范内部财务管理为目标，审计单位146个，审计总金额16785万元，促进增收节支78万元，提出审计建议69条。 （撰稿人：李宏秋）

【静海区审计局】 2015年，静海区审计局人员编制30人，实有30人。党组书记刘印新，局长周俊明，副局长陈军、刘树发，纪检组长魏立军。设有办公室（人事教育科）、综合法制科、行政事业审计科、财政金融审计科、企业审计科、固定资产投资审计科、经济责任审计科、农业和资源环保审计科、联网审计科、内部审计指导科。下设审计事务中心。

审计成果 静海区审计局完成审计项目23个，查出主要问题金额56392万元，其中违规金额302万元、管理不规范金额56090万元；审计处理处罚金额52233万元，其中应上缴财政169万元、应归还原渠道资金518万元、应调账处理金额51546万元。出具审计报告和专项审计调查报告29篇，被批示、采用3篇。提出审计建议58条，提交审计信息42篇，被批示、采用53篇。

财政审计 对本级财政预算执行及其他财政收支情况进行审计，涉及17个部门（单位），延伸审计单位34个，查出违规金额301万元、管理不规范金额47046万元。县政府要求相关部门严格按照审计意见进行整改，县人大常委会对审计工作给予充分肯定。

经济责任审计 受区委组织部委托完成对4个单位6名领导干部任期经济责任审计，查出管理不规范金额8467万元。提出审计建议12条，向区领导汇报情况，对有关部门进行通报。

固定资产投资审计 对城区老旧楼和街道里巷改造项目进行审计，审减工程造价577万元。有效规范建设程序，控制高估冒算工程资金问题。

交办事项 配合天津市审计局对2014年度城镇保障性安居工程和稳增长等政策落实2个署定项目进行跟踪审计；对津南区社会抚养费资金进行专项审计；对天津港“8·12”特大火灾爆炸事故社会捐赠款物接受管理使用情况进行专项审计调查。受区委、区政府委托，对乡镇小产权房清查、静海商城产权界定、子牙循环经济产业园区改制等14个项目进行审计。与区财政、国资委等部门配合，对非法集资案件清查、部门财政存量资金和部门办企业情况等8个项目进行审查，审计结果为区委、区政府判断、解决焦点问题，出台具体政策规定提供重要参考依据。

内部审计 内部审计机构完成审计项目 223 个，审计总金额 54328 万元，促进增收节支 110 万元，提出合理化建议意见 95 条均被采纳。组织理论研讨，定期走访内部审计机构，举办两期警示教育培训，参加培训 500 余人。

（撰稿人：王永强）

【蓟县审计局】 2015 年，蓟县审计局人员编制 38 人，实有 33 人。局长夏景泽，副局长张士海、邹双谊、张维东。设有办公室、法制综合科、行政事业审计科、财政金融审计科、农业资金审计科、基建审计科、经济责任审计科、企业审计科、联网审计科、内部审计指导科。

审计成果 蓟县审计局完成审计项目 39 个，查出主要问题金额 18773 万元，其中违规金额 4232 万元、管理不规范金额 14541 万元；损益（收支）不实金额 106 万元；审计处理处罚金额 4299 万元，其中应上缴财政 3992 万元、应归还原渠道资金 121 万元、应调账处理金额 186 万元；审计发现非金额计量问题 17 个；审计促进整改落实有关问题资金 4172 万元，其中增收节支 4001 万元、已调账处理金额 116 万元；审计促进拨付资金到位 587 万元。移送纪检监察机关处理事项 2 件。出具审计报告 40 篇，被批示 20 篇。提出审计建议 168 条，提交审计信息 1 篇。

财政审计 对县预算执行和其他财政收支情况进行审计，向县政府和县人大常委会分别提交审计结果报告和审计工作报告。完成 3 个主管预算单位预算执行情况审计，完成 17 个行政事业单位财务收支审计，完成 8 个镇乡财政收支审计。

经济责任审计 受县委组织部委托，完成对 5 个单位 6 名主要领导干部经济责任审计。

企业审计 完成对 5 个企业的审计，促进企业提高经营管理水平。

固定资产投资审计 完成对 102 项重点基建工程审核，工程总投资额 27834.56 万元，审计核减金额 13469.09 万元，核减率 48.39%。

交办事项 根据天津市审计局统一部署，对县慈善协会、县红十字会等单位天津港“8·12”特大火灾爆炸事故救援募捐和捐赠款物管理使用情况进行跟踪审计；参与天津市社会抚养费专项审计调查；参与对城镇保障性安居工程跟踪审计；参与稳增长政策措施贯彻落实情况审计。配合县财政局对全县 24 个单位 29 个农业综合开发项目资金管理使用情况进行审计。参与县公务用车改革工作领导小组，配合相关部门推进公务用车改革工作。参与各部门落实中央八项规定检查工作，对相关单位“三公”经费管理使用情况进行检查，向县委县政府有关部门报送检查结果。

（撰稿人：王大为）

2015 年天津市所辖区、县级审计工作统计表

金额单位：万元

审计机关	完成审计项目（个）	审计查出主要问题金额	审计处理情况					出具审计报告和审计调查报告（篇）	提出审计建议（条）	提交审计信息（篇）
			审计处理处罚				移送处理事项（件）			
			应上缴财政	应减少财政拨款或补贴	应归还原渠道资金	应调账处理金额				
河西区审计区	44	399975				16	2	50	14	17
和平区审计局	35	182384	21		1	5655		35	56	123
河东区审计局	33	7228	430		1568	38	3	33		64
南开区审计局	12						2	12	11	68
河北区审计局	34	445046						34	104	101
红桥区审计局	22	29710	282		300	20448		22	18	30

续表

审计机关	完成审计项目（个）	审计查出主要问题金额	审计处理情况					出具审计报告和审计调查报告（篇）	提出审计建议（条）	提交审计信息（篇）
			审计处理处罚				移送处理事项（件）			
			应上缴财政	应减少财政拨款或补贴	应归还原渠道资金	应调账处理金额				
东丽区审计局	18	14699	82		7	14462		21	12	20
西青区审计局	12	54435	9					12	23	69
津南区审计局	26	30861	5330		45	1511	1	26	118	65
北辰区审计局	33	1717932	4129			130	7	48	96	95
武清区审计局	26	28785	5989			20167		32	11	25
宝坻区审计局	47	57564	11435	223	74	13444	4	55	11	60
滨海新区审计局	30						1	30	35	7
宁河区审计局	42	56697			67	680		42	69	33
静海区审计局	23	56392	169		518	51546		29	58	42
蓟县审计局	39	18773	3992		121	186	2	40	168	1

河北省

【河北省审计厅】 2015年，河北省审计厅人员编制228人，实有214人。设有经济责任审计局、办公室、法规处、财政审计处、金融审计处、行政事业审计处、企业审计处、农业与资源环保审计处、社会保障审计处、固定资产投资审计处、外资运用审计处、人事处、机关党委、监察室、离退休干部处、内部审计管理处、经济执法派出审计处、农林水派出审计处、科教派出审计处、文体卫派出审计处、发展建设派出审计处、贸易交通派出审计处，下设河北省审计系统教育中心、计算机信息审计中心、财政审计中心、审计事务中心。

领导成员

厅　　长：葛梦彬

副 厅 长：李树森　马建平　杨晓和

总审计师：段　宁

纪检组长（监察专员）：梁宝卿（8月—）

经济责任审计局局长：赵建护

巡 视 员：赵　颖（8月—）

吴兵冲（—2月）

王　克（—2月）

副巡视员：陈彦丰（—9月）

刘　军（5月—）

刘西春（9月—）

审计成果　河北省审计机关共完成2700多个审计项目，通过审计，上缴财政、减少财政拨款或补贴、归还原渠道资金110多亿元。向司法、纪检监察及有关部门移送处理事项275件，其中省本级移送162件，市级审计机关移送103件，县级审计机关移送10件。提出并被党委、政府及相关部门单位采纳的审计建议3600多条，促进被审计单位制定整改措施和建立健全规章制度310多项。

政策措施贯彻落实跟踪审计　持续开展政策措施落实跟踪审计，河北省审计厅党组制定“审计要促发展”的工作方针，各项审计都密切关注政策落实情况，向省政府按期报告审计结果，促进新开工和完工项目130多个，促进加快审批项目、加快实施项目进度280多个。

财政审计　完成省本级预算执行审计、省地税系统税收征管审计、审计署组织的存量资金审计、邯郸市本级财政决算审计等4个项目，审计财政类项目2600多个，延伸审计单位3000多个，省本级预算执行审计结果报告、省本级预算执行审计工作报告得到河北省人大常委充分肯定和好评。为解决屡审屡犯问题，促进省人大制定出台《河北省人民代表大会常务委员会关于加强对审计查出的突出问题整改监督的决定》。

经济责任审计 全省审计领导干部640多名，通过审计，促进增收节支20多亿元。省审计厅审计3个设区市，废止、修订市政府制定颁发的制度性文件9项；中止、纠正违法违规事项118个；界定领导人员负有直接责任事项19项，涉及问题金额710多亿元。审计结束后，组织部门对19名领导干部进行约谈。

民生资金（项目）审计 加大对“三农”、教育、医疗、社保、扶贫等资金和项目的审计力度，对城镇保障性安居工程进行跟踪审计，促进追回和归还资金等8亿多元，整改违规分配使用住房等840多套。

固定资产投资审计 关注重大建设项目的审计，重点揭示工程建设等领域的违法犯罪和违规违纪问题，从强化管理、提高效益、促进经济发展等方面提出合理有效的审计建议。为摸清底数，全面真实客观地反映河北省重点建设项目运行情况和存在的问题，完成对146家省管重点建设项目情况的审计调查，提交调查分析报告。

资源环境审计 加大矿产资源开发利用、环境污染防治等专项审计，强化资源环境审计，推动资源能源节约利用和环境保护。

金融审计 组织省市县三级审计人员对河北银行及所属13个分行进行全面审计，促进地方金融健康发展。

企业审计 全面审计、突出重点，紧紧围绕国家法律法规政策执行情况、重大经济决策、财务收支及经营管理，加大企业审计力度。全省审计机关对40个国有大中型企业进行审计。

外资运用审计 开展审计署授权利用外资审计项目7个，其中世界银行贷款项目2个，亚洲开发银行贷款项目3个、赠款项目2个。审计项目资金总额59477万元，审计抽查子项目单位88个，占当年子项目总数的100%，对外出具无保留意见的中英文审计报告5篇。11月2日向社会公告7个国外贷援（赠）款项目2014年度财务收支及项目执行情况审计结果。

制度建设 制定印发《河北省审计机关案件线索移送管理办法》《河北省审计厅关于审计决定书中涉及罚（没）款部分统一修改格式的通知》《河北省审计厅审计执法过错责任追究办法》《河北省审计厅审计项目审理办法（试行）》等规章制度。为加强政务公开，制定《河北省审计厅政务公开制度》《河北省审计厅执法公开制度》《河北省审计厅行政权力清单》《河北省审计厅行政强制流程图》等制度措施，深化政务信息公开，规范行政权力运行，促进审计工作提质提效。

信息化建设 完成OA系统国产化升级改造项目，并在全省范围内部署电子数据集中管理系统，归集整理460家单位，2420套财务、业务数据；定制开发部署财政、地税、金融数字化审计数据分析平台，建立全省地税、工商、财政本级、省组织机构代码管理信息定期报送机制。9月，河北省政府颁布《河北省信息系统审计规定》。

内部审计 出台《2015年内部审计工作指导意见》，加强和改进内部审计工作；开展2015年河北省“十佳内部审计案例”评选活动，评选开滦和港口的两个案例入选中国内部审计协会百佳案例。开展内部审计质量检查，对内部审计工作进行监督指导。开发完成《河北省内部审计信息管理系统》。

（撰稿人：刘 颖）

【石家庄市审计局】 2015年，石家庄市审计局人员编制139人，实有153人。局长刘桂江，副局长张建国、赵英然、钱国伟（10月—）、尹建明（10月—），总审计师刘建新（10月—），纪检组长牛胜辰，园区审计分局局长李国辉，经济责任审计分局局长李强平，调研员李景海。设有办公室、人事处、法规处、机关党委、监察室、财政审计处、金融审计处、固定资产投资审计处、社会保障审计处、企业审计处、农业与资源环保审计处、企业审计处、行政事业审计处、外资运用审计处、内部审计管理处、计算机信息中心、园区审计分局、经济责任审计分局、驻建设局特派办、驻市国资委特派办、驻市商务局特派办、培训中心。6月，原高新技术开发区分局更名园区审计分局，调剂增加人员编制，主要职责从高新区一个单位扩展到国家级和省部级开发区和综合保税区，扩大审计监督覆盖面；经济责任分局增设机构编制审计处。

审计成果 石家庄市审计机关完成审计项目245个，查出违规金额27.2亿元、管理不规范金额164.7亿元；应上缴财政12.91亿元，已上缴财政5.58亿元；应归还原渠道资金11.73亿元，应调账处理金额61.33亿元；移送纪检、司法机关或其他部门处理事项42件，涉及10人。其中，市审计局本级完成审计单位72个，查出违规金额17.65亿元、管理不规范金额118.54亿元；应上缴财政7.88亿元，已上缴财政3.21亿元；应归还原渠道资金10.92亿元，应调账处理金额40亿元；移送纪检、司法机关或其他部门违纪事项37件，涉及10人。

政策措施贯彻落实跟踪审计 开展11次跟踪审计工作。按照河北省审计厅提出的“审计要促发展”工作方针，密切关注政策落实情况，向市政府和上级审计机关按期报告审计结果，促进新开工和完工项目8个，促进加快审批项目、加快实施进度项目41个，推动资金落实、项目实施、政策落地和追责问责，促进政令畅通。

财政审计 预算执行审计重点对市财政局、市地税局、市发改委、市科技局等7个一级预算单位20多个所属单位的情况和全市养老体系服务建设、社区惠民项目、支持现代产业发展等5个民生专项资金进行监督；突出关注预算编制、“三公”经费和会议费使用等方面内容的审计，加强民生资金的末端审计；代市政府做的预算执行审计报告和审计整改报告通过人大审议，得到高度评价。对新华区和无极县开展财政决算审计，把审计中查出的违纪违规问题提高到管理的层面认识，促进当地政府规范管理。

经济责任审计 完成市科技局、市国资委、市交通局、市食药检局等单位的17名主要负责人的经济责任审计。将机构编制使用情况列入经济责任审计重要内容，在试点审计的基础上，针对常见的问题，与市编办联合起草《石家庄市人民政府加强领导干部机构编制审计工作的实施意见（试行）》。按照中央和省联席会议工作要求，经协调增加市编办为联席会议成员单位和联席会议办公室成员，加强对编制机构使用情况的监督力度。

固定资产投资审计 重点安排轨道交通、新城大道、西柏坡高速、滹沱河综合整治理、桥东污水处理厂等工程审计，完成9个重点建设投资审计项目；配合省审计厅开展南水北调配套工程审计，开展河北辛集中学、市第二中学等5所学校的校安工程审计，通过从资金入手、着重审查程序，加大延伸力度，在审计时结合被审计单位情况，有针对性地提出合理化的审计建议。购买社会服务，委托中介机构参与审计。

民生资金（项目）审计 组织市县两级审计机关对全市2014年城镇保障性安居工程进行跟踪审计。重点调查市县两级政府所属的住房城乡建设局、发改委、财政局等8个部门，延伸调查保障性安居工程项目融资、建设设计、勘查施工、监理等相关单位和企业106个、街道办（乡镇）45个、居（村）委会120个、保障家庭622户，并对71个保障性安居工程项目的开工情况、30个项目的基本建成情况、32个项目的工程建设和质量管理情况进行检查；对高邑、平山、晋州、栾城、新华、元氏等6个县（市、区）的审计情况进行抽查。通过审计发现问题金额14.69亿元，整改到位金额13.39亿元，资金整改到位率91.14%；建立健全4项保障性安居工程制度和管理规范性文件。

队伍建设 石家庄市审计局党组制订中长期审计培训计划。外请审计专家授课，在南京审计学院开展经济责任审计和投资审计、大数据审计等培训，参加上级组织的培训和审计实务工作，开展行政礼仪、阳光心态、身心健康等方面的培训。2015年的《中国审计》杂志第17期以《学习培训正当时、人才强审铸“铁军”》为题，专门报道石家庄市的审计队伍建设和人才培训做法。

审计质量管理 全市审计机关实行对审计项目工作进度考核通报制度，对21个县（市）区进行审计业务质量检查。通过审理工作和审计项目业务会，规范审计程序，强化审计重点，推动审计质量的提升。结合实际制定完善实施细则的配套制度9项，通过中国质量中心ISO9001认证；对已有制度进行全面梳理，重新修订制度26项，继续保留执行39项，废止制度规定5项。

信息化建设 完成市审计局机房和21个县（市）区的视频会议系统升级改造，建立电子数据集中管理系统，搭建计算机审计平台和移动审计支撑系统，为预算执行审计、城镇保障性安居工程跟踪审计和稳增长政策落实跟踪审计提供技术保障。受河北省审计厅委托，市审计局提供技术力量，帮助平山县和湖南省韶山市审计局建立审计信息联网共享平台。（撰稿人：周雨秀）

【唐山市审计局】 2015 年，唐山市审计局人员编制 131 人，实有 121 人。局长王洪江，副局长李桐、葛庆学、易敏、李富，纪检组长刘树元，副调研员李建华、赵宗文、邢瑶。设有办公室、法制处、财政审计处、金融审计处、行政事业审计处、社会保障审计处、固定资产投资审计处、农业与资源环保审计处、经贸外资审计处、经济责任审计一室、经济责任审计二室、内部审计管理处、机关党委、监察室和高新技术产业开发区审计局、海港开发区审计局，下设教育培训中心、政府投资审计中心和计算机审计中心。

审计成果 唐山市审计机关完成审计项目 368 个，查出主要问题金额 4094848 万元，其中违规金额 310110 万元、管理不规范金额 3784738 万元；损益（收支）不实金额 196036 万元；审计处理处罚金额 921456 万元，其中应上缴财政 201561 万元、应减少财政拨款或补贴 53022 万元、应归还原渠道资金 408645 万元、应缴纳其他资金 39 万元、应调账处理金额 258189 万元；审计发现非金额计量问题 401 个；审计促进整改落实有关问题金额 475588 万元，其中增收节支 416777 万元、已缴纳其他资金 32 万元、已调账处理金额 57915 万元；审计后挽回（避免）损失 52922 万元；核减投资额 53003 万元。移送司法机关、纪检监察机关和有关部门处理事项 11 件。出具审计报告和专项审计调查报告 420 篇，被批示、采用 6 篇。提出审计建议 747 条，提交审计信息 19 篇，被批示、采用 9 篇。向社会公告审计结果 17 篇。

政策措施贯彻落实跟踪审计 全市审计机关采取“统一组织、分级实施”的方式，重点对市本级及 14 个县（市）区稳增长、促改革、调结构、惠民生、防风险 23 项政策措施贯彻落实情况进行跟踪审计。全年审计单位 390 个，发现问题 67 个，涉及问题金额 4.45 亿元。

财政审计 审计预算执行单位 115 个，延伸审计单位 171 个，查出主要问题金额 1486806 万元；审计财政决算单位 51 个，查出主要问题金额 1525943 万元。市审计局审计一级预算单位 17 个，延伸审计二三级预算单位和项目 139 个，并对市本级 35 项发展性支出的重点项目进行审计。通过审计，揭示出 8 个方面 28 项 186 个问题，查出违规违纪金额 1120000 万元、管理不规范金额 680000 万元。对 1 个单位进行财政决算审计，延伸审计单位 27 个，揭示 7 方面 26 个问题，查出问题金额 212400 万元；上缴财政 6127.6 万元，罚款 41 万元。

经济责任审计 对 120 名领导干部和国有企业领导人员进行任期经济责任审计，查出违规金额 148101 万元，纠正管理不规范金额 1457874 万元，促进增收节支 36719 万元。市审计局通过对 30 名县级领导干部和国企领导人员进行经济责任审计，查出涉及领导责任违规金额 143799 万元，纠正管理不规范金额 1429089 万元，促进增收节支 36670 万元。

固定资产投资审计 审计和调查项目 83 个，涉及项目投资额 680690 万元，查出主要问题金额 55747 万元，核减投资额（工程款）53003 万元。市审计局通过对 49 个重点项目建设资金的审计，查出主要问题金额 46423 万元，核减投资额（工程款）45978 万元。

企业审计 审计企业 12 家，查出主要问题金额 62498 万元，其中资产质量不实金额 2055 万元、违规使用财政资金 7081 万元、财务收支核算不实 628 万元、其他问题金额 52729 万元。市审计局对 3 家企业进行审计，延伸审计单位 4 个，查出主要问题金额 39975 万元。

金融审计 市审计局对 2 家金融机构资产负债损益情况进行审计，查出主要问题金额 551459 万元，其中违规经营金额 493820 万元、资产质量不实金额 15571 万元、财务收支核算不实金额 4580 万元、其他问题金额 37486 万元。

行政事业审计 对 90 个行政事业单位进行财务收支审计，查出主要问题金额 388500 万元。市审计局对 23 个行政事业单位进行审计，延伸审计单位 43 个，查出主要问题金额 267288 万元。

专项资金审计 市审计局对 14 个市县政府 2014 年度城镇保障性安居工程跟踪审计，审计资金总额近 289936 万元。通过审计，查出主要问题金额 23846 万元。全年两次对 64 个市本级行政机关、事业单位2014年“三公”经费及会议费、培训费管理开支情况进行审计。

内部审计 全市内部审计机构全年完成审计项目2256个，提出建议意见被采纳780条。

（撰稿人：孙亚东）

【秦皇岛市审计局】 2015年，秦皇岛市审计局人员编制73人，实有64人。局长焦鹏利（—6月），刘忠全（6月—），副局长王海堂、唐继华、殷建兵，总审计师刘勇，纪检组长张桂琴。设有办公室、党总支、监察室、法制科、金融审计科、外资审计科、投资审计科、经贸审计科、行政事业审计科、农业与资源环保审计科、财政审计科、经济责任审计科、社保资金审计科，下设基本建设审计中心。

审计成果 秦皇岛市审计机关完成审计项目124个，查出主要问题金额410990万元，其中违规金额74496万元、管理不规范金额336494万元；损益（收支）不实金额42012万元；审计处理处罚金额57759万元，其中应上缴财政9161万元、应减少财政拨款或补贴45286万元、应归还原渠道资金46万元、应调账处理金额2029万元；审计发现非金额计量问题116个；审计促进整改落实有关问题金额57496万元，其中增收节支54235万元、已调账处理金额2029万元。移交司法机关和有关部门处理事项6件。出具审计报告和专项审计调查报告116篇，被批示、采用29篇。提出审计建议126条，提交审计信息150篇，被批示、采用65篇。秦皇岛市审计局获得全国审计宣传工作先进单位、全省审计机关先进集体等荣誉称号。

政策措施贯彻落实跟踪审计 对全市稳增长等政策措施贯彻落实情况进行跟踪审计，完成取消和下放行政审批事项、推进简政放权政策措施落实情况等19个方面，监督确认取消行政审批事项4项，取消职业资格许可和认定事项11项，改为后置审批的工商登记前置审批事项31项，促进落实棚户区改造项目20个。

财政审计 审计一级预算单位12个，延伸其下属单位17个，延伸其他单位68个，查出违规违纪金额27203.01万元、管理不规范金额146398.85万元。对发现的违纪违规问题，依法进行处理并从宏观上加强分析，提出审计建议。

经济责任审计 对27名党政主要领导干部开展任中及离任经济责任审计，审计中发现存在经费结算大额使用现金、扩大经费开支范围、虚列支出、超限额发放奖励绩效工资等问题，查出管理不规范金额164896万元。

金融审计 完成昌黎县信用联社审计，揭露和查处信用社存在的重大违法违规问题28个，提出9项防风险提示。参加河北省审计厅组织的对河北银行天津分行2014年度资产、负债、损益情况的审计，发现经营管理违规问题金额69133.73万元，财务管理违规问题金额359.14万元。

固定资产投资审计 对城市区污水（污泥）处理建设项目、北戴河机场等重点项目开展全过程跟踪审计。对市第一中学迁建等4个重点项目实施竣工结算审计，审计工程价款12047万元，审减结算价款625.5万元。代政府起草并实施《秦皇岛市政府投资项目审计监督办法》。

民生资金（项目）审计 完成市、县（区）2014年城镇保障性安居工程审计，发现挪用保障性安居工程资金11152.74万元、未按规定比例从土地出让收益中安排保障性安居工程资金1620万元、租金收入390.31万元未上缴国库实行“收支两条线”管理等主要问题。

企业审计 对浙江中包秦皇岛造纸公司破产后续问题报审的资金进行审核。完成市燃气总公司改制出资资产审计评估结果审核把关，调增评估净值6004.14万元。完成耀华集团改制遗漏事项及行政事务部审计，收缴资金67万元，并移送检察机关。企业改制审计减少财政资金支出7489万元。

专项资金审计 完成2012—2014年度海域整治项目审计调查。审计调查134个项目，延伸审计单位50余家，查出管理不规范金额23605万元、违规违纪金额2215.68万元，移送处理案件2起，查出问题50余项，提出整改建议70余条。

信息化建设 安装使用计算机审计数据管理系统，升级办公计算机和视频会议硬件设备，加强市、县、区三级联动系统应用，筹建电子数据审计中心，探索外聘专业技术人员加入大数据技术“攻坚团队”，带动培养技术核心人员，实现硬件与软件同时推进。（撰稿人：李　卓）

【邯郸市审计局】 2015年，邯郸市审计局人员编制95人，实有85人。局长白清长（—9月）、沙启峰（9月—），副局长张文玲、郭兴元、李文灿，总审计师刘九思（10月—），纪检组长张许生，经济责任审计办公室主任张大鹏（7月—），调研员冯伟力，副调研员王金全、戴笑丛。设有办公室、人事处、法规处、财政审计处、行政事业审计处、农业与环保审计处、固定资产投资审计处、金融审计处、企业审计处、社会保障审计处、外资运用审计处、审计信息处、机关党委、监察室，经济责任审计办公室综合处、审计一处、审计二处，下设政府投资审计中心、内审协会。

审计成果 邯郸市审计机关完成审计项目189个，查出违规金额10.12亿元、管理不规范金额126亿元；发现收支不实等问题金额29.37亿元；审计处理处罚15.78亿元；为各级财政增收节支12.13亿元；促进拨付资金到位和挽回经济损失972万元。向纪检监察或司法机关移送案件线索11件，34人受到党政纪处分或司法处理。

财政审计 直接盘活存量资金20多亿元；建议核销政府投资项目1个，追回财政资金1.1亿元；规范政府债务资金使用10亿元；督促有关部门收缴企业职工养老金1.8亿元。

经济责任审计 实施县级党政主要领导干部经济责任审计项目15个，审计领导干部49人，查出主要问题金额3.4亿元。

固定资产投资审计 完成市政府机关幼儿园、南环路改造工程决算及跟踪审计项目12个，审计资金34.5亿元，审减工程价款1.4亿元。

专项资金审计 连续四年开展城镇保障性安居工程跟踪审计，重点审计9个县，查出问题16类，涉及资金8.6亿元；对6个县（区）2012—2014年度政策性农业保险专项资金管理使用情况进行审计调查，查出管理不规范金额1184万元。

金融审计 完成金融审计项目4个，查出问题28个，涉及资金31.7亿元。提出审计建议14条，并督促及时完善制度、改进管理。

企业审计 根据市领导批示要求，先后完成10多户破产企业及退城进郊企业职工安置费用的审计，促进企业改制工作的顺利实施。

外资运用审计 配合省审计厅完成河北省世界银行节水灌溉二期项目等3个外资审计项目。

（撰稿人：郭运强）

【邢台市审计局】 2015年，邢台市审计局人员编制79人，实有77人。局长关峰，副局长刘孟起、颜住山、刘金锋、李永泽，总审计师宋万达，纪检组长刘兴泉，正处级干部张少川、赵兰云、董书星，副调研员董瑞强。设有办公室、人事教育科、机关党委、纪检监察室、法规科、财政审计科、金融审计科、行政审计科、事业审计科、农业与资源环保审计科、固定资产投资审计科、企业审计科、社会保障审计科、经济责任审计局（下设经济责任审计综合科、经济责任审计一科、经济责任审计二科）、外资审计科、高新技术开发区办事处、政府投资审计中心。

审计成果 邢台市审计局完成审计项目56个，查出主要问题金额1349989万元，其中违规金额26022万元、损失浪费金额34万元、管理不规范金额1323932万元；损益（收支）不实金额74755万元；审计处理处罚金额86399万元，其中应上缴财政4879万元、应归还原渠道资金14712万元、应调账处理金额66791万元；审计发现非金额计量问题46个；审计促进整改落实有关问题金额1568万元，其中增收节支582万元、已调账处理金额971万元。移交案件线索5件。

政策措施贯彻落实跟踪审计 根据审计署和省审计厅统一部署，开展稳增长等政策措施贯彻落实情况跟踪审计工作。完成审计项目180个，涉及资金519.1亿元，通过“摆、亮、晒”，查出问题金额8.31亿元，盘活存量资金7.78亿元，移送违规违纪案件线索6件，促进相关政策的落实。

财政审计 完成市本级预算执行审计，摸清全部政府性资金来源，分析收入结构、可动用资金、负债等情况。在本级财政预算执行审计中，反映预算编制不完整不准确、预算追加项目未执行、部分预算执行不到位、预算收入管理不规范等问题。部门预算执行审计反映预算不准确、基本支出挤占项目经费等情况。完成邢台市发改委2014年预算执行及2013年至2014年政府建设投资项目情况审计，查出超预算支出、项目经费未纳入预算、挪用专项业务经费、长期挂账、项目建设滞后未按照规划竣工等8方面问题，依法依规下达处理意见，提出审计建议。完成对邢台市农业科学研究院2013—2014年度财务收支审计，发现不合规票据入账、应缴未缴残疾人保障金、超限额使用现金、账簿设置不规范等方面问题。

经济责任审计 获批成立邢台市经济责任审计局，落实“对重点地区（部门、单位）和关键岗位的领导干部任期内至少审计一次”的制度要求，领导干部任中审计的比重达到90%以上，完成18名领导干部经济责任审计，查出问题金额2.2亿元，15名相关责任人员受到诫勉谈话处理或纪律处分。

金融审计 完成省审计厅授权的河北银行邢台分行2014年度资产负债损益审计项目，查出各种违规问题金额35423.80万元、贷款管理不严或受政策影响、贷款潜在风险问题金额18981.25万元、管理不规范金额3800万元。

固定资产投资审计 邢台市审计局抽调12名审计人员完成沙河、南和等4个县南水北调征地拆迁审计，审计资金12000万元。完成邢台职业技术学院校区扩建一期工程竣工决算审计，项目总投资55186.23万元，审计查出工程未招投标、分包等问题金额3500万元，审计核减资金2659万元。对邢台技师学院农民工培训基地的室外景观及绿化工程、弱电工程及有线电视系统工程的竣工决算进行审计，审减资金730万元。完成邢台市图书馆迁建工程竣工决算审计，该项目总造价13000万元，审减2300万元。

民生资金（项目）审计 对19个县市区政府2014年城镇保障性安居工程（包括廉租住房、公租赁住房、经济适用住房、限价商品住房和各类棚户区改造）的投资、建设、分配、运营等情况进行审计，重点审计棚户区改造安置、保障性住房分配和管理情况。受省审计厅委托，完成邢台市本级2013年城镇保障性安居工程审计，审计中发现存在保障性安居工程资金使用和筹集管理不严格、保障性住房分配和使用管理有待优化、部分项目建设管理不规范等影响工程质量的问题。

外资运用审计 完成省审计厅统一组织实施的邢台市林业局和广宗县、威县、林西县利用世界银行贷款林业综合发展项目外资审计，以及河北省利用亚洲开发银行贷款节能减排促进（效能电厂）项目涉及的河北光源太阳能科技有限公司集中式太阳能热水工程设备项目和宁晋玉峰实业集团有限公司公司热电设备改造项目等审计项目。

企业审计 完成对邢台市粮食局2014年预算执行延伸审计和邢台市粮食局局长经济责任审计，以及市热力总公司财务收支审计。

信息化建设 集中部署全省电子数据集中管理系统，实现全省电子数据共享，进一步完善全省电子数据的归集、管理和运用。

（撰稿人：贾杨博）

【保定市审计局】 2015年，保定市审计局人员编制70人，实有70人。局长（党组书记）方砚烽，副局长温丽娜（11月—）、范国庆、张建波（—11月）、陈仕强、安清林（11月—），总审计师梁丽卿（11月—）、温丽娜（—11月），纪检组长朱春友，副调研员张建波（11月—）、苏海彬、安清林（—11月），市经济责任审计办公室主任刘栓乔（11月—）。设有办公室、法制处、人事处、财政审计处、金融审计处、行政事业审计处、经贸审计处、农业与资源环保审计处、社会保障审计处、固定资产投资审计处、外资运用审计处、内部审计处、开发区派出审计处、计算机信息审计处、业务审理处、经济责任审计一处、经济责任审计二处、机构编制审计处。

审计成果 保定市审计机关全年审计单位314个，查出违规金额76826万元、管理不规范金额681370万元，上缴财政11994万元，促进资金拨付到位1487万元，调账处理金额92720万元，挽回经济损失4771万元。移送纪检、司法机关案件线索25件，提出审计建议302条。

保定市审计局领导班子被市委评为“优秀”，纪检组被市纪委评为案件检查工作实绩突出单位。

财政审计 对市财政局组织市本级预算执行情况以及市地税局税收征管情况，市发改委组织分配财政投资情况，市教育局、市卫生局、市科协等16个部门预算执行情况进行审计，延伸审计部分所属单位，对“三公”经费和会议费管理使用情况、大额采购情况、党政机关楼堂馆所建设情况进行重点关注。审计发现财政总预算结转下年支出资金规模偏大、部门预算未完全执行，以及部分预算部门应缴未缴预算资金、滞留经费和专款、不合规收费、乱发补贴等问题。8月，市审计局代政府向人大做《关于2014年度市本级预算执行和其他财政收支情况的审计工作报告》，市人大充分肯定审计工作并提出整改意见和建议，市政府主要领导做出专门的批示。

政策措施贯彻落实跟踪审计 根据审计署、省审计厅的统一安排部署，持续开展政策落实跟踪审计。全市审计机关投入审计人员1126人次，审计单位965个，报送审计报告9份，涉及资金1345592万元，审计发现项目进展缓慢、资金沉淀、配套资金不到位等问题203项，涉及资金128163万元。

经济责任审计 按照市五部门联席会议制定的《保定市领导干部经济责任审计对象分类及计划管理暂行办法》等相关制度，确定对4个县、16个部门31名领导进行经济责任审计。对县（市、区）委书记、县（市、区）长进行捆绑审计，任中审计比例达到86%，强化对权力的制约，一定程度上改变审计监督滞后的被动局面。出台《保定市经济责任审计工作局际联席会议制度》，解决联席会议成员单位之间缺乏有效沟通的问题，明确成员单位的主要职责。草拟《保定市经济责任审计综合报告制度》《保定市经济责任审计问题整改制度》《保定市经济责任审计信息管理办法》。省审计厅在保定市召开全省经济责任审计经验交流会。

固定资产投资审计 加大对政府投资建设项目的审计力度，对113个重点项目进行跟踪审计，涉及教育、卫生、农田水利、市政基础设施建设、社会保障等部门，揭示项目审批环节过程、变更延迟项目建设、地方配套资金不到位等问题，针对项目进展迟缓的突出问题，深入分析原因，提意见和建议。

民生资金（项目）审计 全市审计机关对保障性安居工程进行跟踪审计，发现未下达上级财政补助资金、少安排或少提取保障性安居工程资金、未及时足额发放住房补贴、部分保障对象违规享受待遇、建设目标任务未完成、建设手续不完善等问题，提出审计建议。市领导做出批示，政府办公厅召开会议安排相关部门和单位进行整改。

金融审计 在省审计厅统一组织下，开展河北银行保定分行2014年度资产负债损益审计，针对审计发现的违规改变贷款用途、使用不合规票据列支以及经营管理不规范等问题，提出严格执行“三查”制度，防范信贷风险，加强财务管理，确保规范经营的审计建议。 （撰稿人：张　皓）

【张家口市审计局】 2015年，张家口市审计局人员编制59人，实有67人。局长李洪波，副局长李家富、胡学渊、孟贤君，总审计师孙维跃，纪检组长林平，副处级领导王凤山，调研员宁存英，副调研员贺培峰。设有办公室、党委办公室、人事科、监察室、法规科、离退休干部科、财政审计科、行政事业审计科、固定资产投资审计科、企业审计科、农业和资源环保审计科、金融审计科、社会保障审计科、经济责任审计一科、经济责任审计二科，下设审计干部培训中心与计算机服务中心合署办公。

审计成果 张家口市审计机关完成审计项目270个，查出主要问题金额717594万元，其中违规金额26443万元、管理不规范金额691150万元；损益（收支）不实金额141466万元；审计处理处罚金额218574万元，其中应上缴财政1414万元、应归还原渠道资金33305万元、应调账处理金额183853万元；审计发现非金额计量问题110个；审计促进整改落实有关问题金额187538万元，其中增收节支18684万元、已调账处理金额168854万元；审计后挽回（避免）损失701万元。出具审计报告和专项审计调查报告332篇。提出审计建议367条，提交审计信息127篇，被批示、采用127篇。

政策措施贯彻落实跟踪审计 实施稳增长等政策措施落实情况跟踪审计。

财政审计 实施本级财政和地税预算执行情况的审计，完成省审计厅统一部署的张北县、沽源县财政决算审计。

经济责任审计 完成对张家口市商业银行行长的任期经济责任审计，对张家口市政府临时交办的21家市直单位市长任中经济责任审计自查报告进行审计复核。实施省审计厅对张家口原任市长任期经济责任审计的联络协调工作，参加部分延伸审计工作。

金融审计 对河北银行张家口分行2014年度资产负债损益情况进行审计。

农业与资源环保审计 完成宣化县农村环境综合治理资金审计、塞北现代牧业大型沼气发电综合利用项目审计。

固定资产投资审计 重点完成京新高速公路土木至胶泥湾段工程竣工决算审计。

民生资金（项目）审计 开展对张家口市2015年度保障性安居工程的跟踪审计。

企业审计 协助省审计厅外资处完成对张家口市涿鹿、怀安、张北三县5个亚洲开发银行贷款小城镇发展示范项目外资公证审计任务。配合省审计厅完成对张家口通泰控股集团有限公司2014年度财务收支审计，对3家民营性担保机构进行延伸审计。

行政事业审计 完成张家口市第四中学财务收支的现场审计工作。

审计质量管理 组织审计人员业务培训。加强审理工作，配齐审理人员，张家口市20个县区中有11个县区明确主管法规工作的领导和审理人员。建立法律顾问制度，编制《张家口市审计局权力清单》，明确4个类别的审计监督权力，制定审计机关权力运行流程图，并在张家口市审计局门户网站进行公布。（撰稿人：刘建胜、叶庆红）

【承德市审计局】 2015年，承德市审计局人员编制77人，实有74人。局长王允昌，副局长周晓燕、陈宝春、马君慧，总审计师谷锦川，纪检组长房宝轩。设有办公室、人事科、经济责任审计一科、经济责任审计二科、经济责任审计三科、法规科、财政审计科、金融审计科、行政事业审计科、农业与资源环保审计科、固定资产投资审计科、企业审计科、社会保障审计科、外资运用审计科、政府投资项目审计科、机关党委、离退休干部科、纪检监察室，下设计算机审计办公室、政府投资项目审计中心。

审计成果 承德市审计机关完成审计项目248个，其中组织实施审计项目247个，参与实施审计项目1个。查出主要问题金额1328564万元，其中违规金额55196万元、管理不规范金额1273368万元；损益（收支）不实金额365069万元；审计处理处罚金额205744万元，其中应上缴财政27707万元、应减少财政拨款或补贴2879万元、应归还原渠道资金6361万元、应调账处理金额168630万元；审计发现非金额计量问题205个；审计促进整改落实有关问题金额193683万元，其中增收节支32416万元、已调账处理金额120381万元；审计促进拨付资金到位87633万元；审计后挽回（避免）损失51万元。移送司法机关、纪检监察机关和有关部门处理事项18件。出具审计报告和专项审计调查报告355篇，被批示、采用261篇。提出审计建议492条，提交审计信息597篇，被批示、采用289篇。

政策措施贯彻落实跟踪审计 按照省审计厅提出的“审计要促发展”工作方针，市县两级审计机关抽调161人组成18个审计组，跟踪审计稳增长等政策措施贯彻落实情况，截至12月末，市县两级审计机关延伸审计政府部门（单位）862个、乡镇30个、项目658个，涉及财政资金133.53亿元，发现问题103个，纠正或整改79个。

财政审计 全市审计机关对80个单位的预算执行情况进行审计，查出主要问题金额769820万元。在对财政局具体组织的市本级预算执行和地税局税收征管情况审计的同时，重点延伸审计16户企业的税费缴纳情况。审计工商联等11个预算执行部门（单位），查出违规和管理不规范金额8.07亿元。完成省审计厅授权的丰宁县财政决算审计，查出违纪违规和管理不规范金额25.76亿元。向纪检部门制发移送处理书4份，向主管部门制发移送处理书2份，审计收缴88.76万元。

经济责任审计 对55名领导干部进行审计，查出违规金额1789万元。市审计局受市委组织部的委托，组织双滦区人民政府区长等17名领导干部任期经济责任审计，查出问题金额97846万元，向纪检和其他部门制发移送处理书2份。

金融审计 完成省审计厅授权的河北银行股份有限公司承德分行2014年度资产负债损益审计，查出经营管理中的各种违规问题金额2639.65万元、部分业务管理不规范问题金额9700万元。根据审计结果，被审计单位处理违规责任人6人。

固定资产投资审计 审计投资项目72个，项目投资额158686万元，查出问题金额35493万元，核减投资额 24668 万元。其中市审计局开展的承德技师学院农民工培训基地等 19 个竣工决（结）算审计项目，审计资金总额 56972.8 万元，审计核减 9610 万元。跟踪审计承德民用机场、双峰寺水库 2 个项目。根据审计发现的线索向其他部门制发移送处理书 2 份。

民生资金（项目）审计 全市抽调 100 名审计人员，组成 12 个审计组，对全市 2014 年城镇保障性安居工程建设目标任务、资金筹集、棚户区改造等情况进行跟踪审计。

外资运用审计 配合省审计厅对亚洲开发银行贷款、水融资伙伴基金计划赠款河北小城镇发展示范项目开展审计。重点对城区基础设施建设方面承德地区的平泉供水、平泉供热、围场供水、围场供热、隆化污水五个子项目 2014 年度财务收支情况开展审计。

信息化建设 部署完成以服务器、大型存储为核心电子数据集中管理系统。邀请省审计厅专家对升级后的审计管理系统（OA）统一进行全局培训。通过对社保、住建、卫生医疗等行业数据的查询常见命令和组成结构，研发制作 SQL 语句生成工具软件（测试版）。 （撰稿人：焦红煜）

【沧州市审计局】 2015 年，沧州市审计局人员编制 48 人，实有 42 人。局长田永利（—10 月）、梁治国（10 月—），副局长郑瑞强、张欣、李红松，总审计师刘根常，纪检组长王利民，调研员郭锦侠，副调研员李振义。设有办公室、法规科、财政审计科、金融社保审计科、行政事业审计科、农业外资审计科、经贸审计科、投资审计科、沧州市经济责任审计局（沧州市经济责任审计办公室）、人事科，下设政府投资审计中心、教育培训中心。

审计成果 沧州市审计机关完成审计项目 230 个，查出主要问题金额 2313445 万元，其中违规金额 587578 万元、损失浪费金额 803 万元、管理不规范金额 1725064 万元；损益（收支）不实金额 148709 万元；审计处理处罚金额 166662 万元，其中应上缴财政 7421 万元、应减少财政拨款或补贴 8412 万元、应归还原渠道资金 23474 万元、应调账处理金额 127003 万元；审计发现非金额计量问题 202 个；审计促进整改落实有关问题金额 164008 万元，其中增收节支 38056 万元、已调账处理金额 124753 万元；审计促进拨付资金到位 38735 万元。移送司法机关、纪检监察机关和有关部门处理事项 9 件。出具审计报告和专项审计调查报告 252 篇。提出审计建议 501 条，提交审计信息 296 篇，被批示、采用 214 篇。

政策措施贯彻落实跟踪审计 累计抽审被审计单位 1444 个，抽查资金总量 231.4 亿元；累计抽查项目 809 个，抽查项目总投资额 166.59 亿元，审计发现问题计 93 个，涉及资金总量 30.86 亿元，推动市政府相关部门出台 10 余个文件。

财政审计 开展财政预算执行审计项目和财政决算审计项目 128 个，延伸审计单位 20 个，查出主要问题金额 519198 万元，其中未按规定征收缴纳收入 12523 万元、未按规定纳入预算管理 13656 万元、违规改变项目计划和资金用途 9599 万元、资金滞留闲置 35098 万元、虚列支出 145673 万元。

经济责任审计 审计领导干部 48 人，查出主要问题金额 84734 万元，其中违规金额 6670 万元、管理不规范金额 78064 万元。

固定资产投资审计 完成政府投资建设项目 19 个，总投资额 144857 万元，完成投资额 64269 万元，核减投资额（工程款）10442 万元，查出主要问题金额 16152 万元，其中工程结算款不实 9269 万元、违规招投标签订合同金额 2200 万元。

企业、金融审计 完成企业、金融审计项目 6 个，查出主要问题金额 1675698 万元，其中违规经营 735652 万元、资产质量不实 340396 万元、资产闲置 36862 万元、财务收支核算不实 283099 万元。

专项资金审计 完成专项资金审计项目 20 个，查出主要问题 85230 万元，其中未按规定纳入预算管理 2077 万元、未按规定征收缴纳收入 9123 万元、未按规定征提基金 2872 万元、资金滞留闲置 12021 万元，违规征地 4391 亩、违规占地 1046 亩。 （撰稿人：吴 姣）

【廊坊市审计局】 2015 年，廊坊市审计局人员编制 84 人，实有 52 人。局长韩少奇，副局长薛冬、万茂才、赵志生，总审计师施文河，纪检组长马立东。设有办公室、人教科、法制科、财政审计科、金融审计科、行政事业审计科、社会保障审计科、经贸审计科、固定资产投资审计科，纪委、监察派驻机构，下设政府投资审计中心、经济责任审计局。

审计成果 廊坊市审计机关完成审计项目189个，其中组织实施审计项目145个，参与实施审计项目44个。查出主要问题金额363688万元，其中违规金额12439万元、管理不规范金额351249万元；损益（收支）不实金额43360万元；审计处理处罚金额89308万元，其中应上缴财政14631万元、应归还原渠道资金49130万元、应调账处理金额25547万元；审计发现非金额计量问题210个；审计促进整改落实有关问题金额89282万元，其中增收节支63735万元、已调账处理金额25547万元；审计后挽回（避免）损失4526万元。移送司法机关、纪检监察机关和有关部门处理事项6件。出具审计报告和专项审计调查报告157篇，被批示、采用30篇。提出审计建议348条，提交审计信息650篇，被批示、采用475篇。

政策措施贯彻落实跟踪审计 全市审计机关平均每月抽调128人，对市县两级贯彻落实国务院20项重大政策措施和宏观调控部署情况进行审计，按月进行跟踪审计，重点检查民生、环保、交通等领域项目推进及简政放权、创业创新等政策措施落实情况。全年审计558个单位、涉及资金142.6亿元，发现滞留棚户区改造资金和部分单位存在慢作为等政策措施落实不到位问题，涉及资金32.12亿元。对审计查出的问题，跟踪督促整改，推动政策措施贯彻落实。

财政审计 开展预算执行审计，在审计内容上，扩大对二三级预算单位的审计覆盖面，重点审计预算部门及所属单位预算编报、调整、批复和资金拨付情况；上级各类专项资金的拨付、管理、使用情况；非税收入管理情况；部门及所属单位内部控制、财政收支和资产管理情况；政府采购执行情况。揭示财政运行中的不安全因素和潜在风险，促进将所有政府收入纳入预算管理，推动预算公开和财政管理的规范化，促进提高预算执行效果和财政资金使用效益。预算执行审计结果得到市政府、市人大的重视和肯定。

经济责任审计 市本级审计领导干部7人，其中任中审计4人、离任审计3人，涉及资金总额41.7亿元，查出违规金额7948万元。被审计的离任领导干部中，2人平调，1人辞职；任中审计的领导干部中，审计后依据审计结果，有1人被免职。制定包含审计重点、审计措施、审计工作量、评价指标等内容的《廊坊市审计局关于县级政府领导干部经济责任审计内容及评价操作指南》，起草《廊坊市经济责任审计项目计划管理办法》。在市直部门党政主要领导干部经济责任审计中，重点检查被审计单位的职能和业务操作流程，查看并全方位评价领导干部的职责履行情况。

固定资产投资审计 市政府出台《廊坊市政府投资建设项目审计监督办法》，市审计局印发《关于聘请中介机构参与政府投资建设项目决（结）算审计管理办法》和《关于聘请中介机构参与政府投资建设项目决（结）算审计工作计费办法（暂行）》，组建中介机构备选库，搭建政府投资审计平台。开展大剧院和体育场等城市文体设施、廊沧和京台高速公路、南水北调工程等20个审计项目，审计总金额150多亿元，审减工程款13亿元。

民生资金（项目）审计 在对城镇保障性安居工程跟踪审计中，延伸调查44个项目、13个街道办（乡镇）、29个居（村）委会、160户家庭，摸清基本情况，发现保障性安居工程在用地建设、住房分配、资金筹集管理使用方面存在的问题。提出确保建设任务高质高效完成、完善准入退出机制确保住房公平分配、规范资金筹集渠道的建议。对2012年以来发现的119个问题进行督促整改，着力推动民生政策的贯彻实施。

专项资金审计 市政府办公室下发《关于印发2015年重点专项资金审计工作方案的通知》，市审计局调配所有审计人员到一线，对各专项资金投入部门、主管部门、用款单位2015年专项资金使用及绩效情况进行审计。涉及50个部门（单位），审计大气污染治理、教育、医疗、文体、科技等13类专项资金，涉及金额43.6亿元，审计金额31亿元，占资金总额的71%。重点关注项目单位专项资金立项申报情况，财政部门对专项资金的分配、拨付和管理情况，主管部门对专项资金的管理和拨付情况，用款单位的资金管理和使用情况。

信息化建设 加强软硬件设施建设及维护，对原网络进行改造，建设审计电子数据集中管理系统，增加OA公文流转系统使用情况统计模块，更新高清视频会议系统，配备录播系统，增设审计移动办公系统。制发《审计数据集中暂行管理办法》《移动办公暂行管理办法》《信息化办公设备暂行管理办法》，促进金审工程管理的制度化、规范化。（撰稿人：程 石）

【衡水市审计局】 2015年，衡水市审计局人员编制68人，实有62人。局长葛殿朋，副局长赵春峰、许世红、骆卫华、潘振兴、刘毓韬，纪检组长赵志强，调研员高振华。设有办公室、法制科、财政审计科、经贸审计科、行政事业审计科、农业外资与资源环保审计科、固定资产投资审计科、经济责任审计办公室、市经济技术开发区审计特派员办公室、社保金融审计科、监察室、计算机辅助审计中心、重点项目建设审计监督中心。

审计成果 衡水市审计局完成审计项目44个，查出主要问题金额373867万元，其中应上缴财政5007万元、应归还原渠道资金3193万元、应调账处理34253万元。通过审计，促进增收节支8230万元，核减投资额4806万元。向有关部门移送案件线索4件，2人受到处理。

政策措施贯彻落实跟踪审计 成立由一把手任组长的“五个围绕”审计工作领导小组，健全2013年至2014年全市重点建设项目台账，摸清财政支持的867个项目以及社会投资的187个重点建设项目的基本情况，对重点建设项目及2011年以来上级下达专项资金未开工项目进行专项调查。通过稳增长政策跟踪审计促进配套资金到位7157万元，盘活存量资金171006万元，加快出口退税98588万元，减免小微企业税款8720万元，促进出台配套文件22个，促进项目开工19个。

财政审计 完成22个单位预算执行审计，查出主要问题金额249407万元。促使市政府出台《关于进一步加强土地利用管理规范土地出让工作的通知》，促使市财政局出台《关于开展核查清理部门预算往来资金工作的通知》。通过财政决算审计，促使饶阳县政府废止以前年度出台的财税奖励考核办法，出台《饶阳县人民政府关于严禁违规发放津贴补贴的通知》，从源头上杜绝财政、税务部门乱发津补贴的现象。

经济责任审计 完成6个部门领导人的经济责任审计，查出主要问题金额23280万元，促进增收节支330万元。市委书记、市长对上报的审计报告做出肯定性批示，要求有关部门认真整改，建章立制，提高治理水平。

固定资产投资审计 重点配合省审计厅完成南水北调工程的审计，完成大广高速公路（北段）收尾审计，出具最终审计结果。

金融审计 通过对衡水银行、阜城农商行的审计，查出主要问题金额73711万元，针对存在的问题，提出6条有针对性的建议。对衡水银行信贷资产质量不实、违规放贷、会计核算不规范等问题进行移送处理。

民生资金（项目）审计 统一组织市县两级审计机关对2014年城镇保障性安居工程的投资、建设、分配、运营等情况进行跟踪审计，揭示保障性安居工程资金被挤占挪用、资金闲置或建成后长期空置、违规分配等方面的问题。通过审计，促使各级政府及有关部门出台相关制度8个，补充安排资金262.5万元，分配拨付资金3946.95万元，将空置保障性住房投入使用263套，取消保障资格享受待遇16户，补办完善5个基本建设项目的8个审批手续。（撰稿人：田 磊）

【定州市审计局】 2015年，定州市审计局人员编制20人，实有27人。局长张大为，副局长丁五民、张建峰、李国民，总审计师刘彦杰（—6月），主任科员赵晨光、李娟。设有办公室、政事业审计股、财政审计股、金融与社保审计股、固定资产投资审计股、经济责任审计股、综合法制股、农业与资源环保审计股，下设定州市基本建设审计服务中心、定州市内部审计协会。

审计成果 定州市审计局完成审计项目50个，涉及单位63个，查出违规金额1136万元，应上缴财政资金220万元，收缴财政资金150万元。出具审计报告60篇。提出审计建议160条，提交审计信息36篇。

政策措施贯彻落实跟踪审计 重点关注地方政府及相关部门落实政策措施的具体情况、取得的实际效果及存在的主要问题，并提出改进措施和建议。通过审计，总结落实政策措施与地方经济发展实际相结合方面好的经验和取得的实际效果，分清各项政策措施落实不到位的责任主体，揭示不作为、不到位、打折扣等问题，促进打通“中梗阻”，督促相关部门有效解决“最后一公里”问题。

财政审计 对定州市2014年度财政预算的批准和在执行中调整变动情况及预算收支的组织完成情况进行审计，延伸审计8个一级预算单位和相关二三级预算单位。通过预算执行审计，发现存在预算执行结果与年初预算存在差距、滞留、截留、挪用专项资金、应缴未缴“非税收入”等问题，依照有关法律法规分别进行处理和提出建设性建议。

经济责任审计 根据定州市委组织部的委托，对定州市水利局、定州市教育局、定州市北城区办事处、定州市高蓬镇政府等31个单位41名领导干部开展离任经济责任审计工作。

民生资金（项目）审计 对基本养老保险基金、再就业服务中心等项目进行专项审计。在审计过程中，以资金为主线，对照项目找审计重点，针对查出问题提出审计意见和建议。

固定资产投资审计 对定州市寨南幼儿园、定州市塔宣村幼儿园等2个项目进行竣工决算审计，核减资金50余万元，核减率为10%，发现工程建设中的高估冒算、偷工减料、损失浪费等现象，规范建设单位基本建设程序。

（撰稿人：陈　鹏）

【辛集市审计局】 2015年，辛集市审计局人员编制30人，实有30人。局长温荣波，副局长王荣俊、李树中、赵燕。设有办公室、法制科、财金审计科、行政事业审计科、经贸审计科、基建审计科、农业与资源环保审计科、经济责任审计分局。

审计成果 辛集市审计机关完成审计项目33个，审计资金59.7亿元，查出各类违规违纪金额3583.2万元，增加财政收入224万元，为财政节约建设资金948.29万元，为被审计单位增收节支360万元。提出合理化审计建议103条。

政策措施贯彻落实跟踪审计 对辛集市贯彻落实国家重大政策措施和宏观调控部署情况进行跟踪审计，主要审计市财政、发改、住建、规划、城管、房管、环保、卫生、民政等26个部门，具体涉及地方简政放权、棚改安居、铁路建设、城市建设、节能环保、农业发展、水利饮安等19个方面的内容，对发现的问题及时督促相关部门进行整改。

财政审计 对辛集市2014年市本级财政预算执行和其他财政收支情况进行审计，收回国库统筹使用资金25668.71万元，促进资金投入2600万元。对辛集市地税局2014年预算执行情况和税收征管情况进行审计；对民政局、农机局、农牧局等3个单位的预算执行情况进行审计；对新城镇、王口镇、天宫营乡的财政决算情况进行审计。

固定资产投资审计 完成对市政府机关设施维修改造和采暖改造工程、市卫生监督所业务用房建设工程、市区道路绿化提升改造工程等21项竣工决算审计，审减资金948.29万元，审减率13.2%。

经济责任审计 对辛集市支油办、制衣工业区、残联、环保局、天宫营乡、王口镇等12个单位和乡镇主要领导进行离任经济责任审计，对市人社局、市畜牧局、市规划局、市教育局、市水务局等5个单位的“一把手”进行任期经济责任审计，针对存在的问题提出审计建议。

民生资金（项目）审计 对辛集市2015年度保障性安居工程进行跟踪审计，对跟踪审计中发现的问题整改情况进行督导检查，协调组织相关部门制定整改措施，按规定程序及时落实。

（撰稿人：陈玉茂）

2015 年河北省所辖区、县(市)级审计工作统计表

金额单位:万元

审计机关	完成审计项目(个)	审计查出主要问题金额	审计处理情况					出具审计报告和审计调查报告(篇)	提出审计建议(条)	提交审计信息(篇)
			审计处理处罚				移送处理事项(件)			
			应上缴财政	应减少财政拨款或补贴	应归还原渠道资金	应调账处理金额				
石家庄市										
石家庄市本级	72	2197916	78774	464	109196	400030	37	74	406	84
长安区审计局	6	27470					1	6		2
桥西区审计局	5	2897	144					5	3	7
新华区审计局	7	16999	1093				4	7	6	7
井陉矿区审计局	6	21179	1			14475		6	20	1
裕华区审计局	5	8255			798	6927		5	7	2
藁城区审计局	11	988	920			10		11		1
鹿泉区审计局	5	14635	10889			2		5	13	1
栾城区审计局	6	39012	20			58		6	20	1
晋州市审计局	6	70870	2434			35214		6	20	3
新乐市审计局	16	4163	37		913	913		16		3
井陉县审计局	7	25821	2202			22308		7	17	7
正定县审计局	11	2485	55			3		11	6	2
行唐县审计局	9	87788	2			309		9	16	2
灵寿县审计局	6	705	688			4		6	25	6
高邑县审计局	7	50856	5			270		7	14	1
深泽县审计局	9	17219	11			17132		9	3	1
赞皇县审计局	5	15985	13196			8		5	12	4
无极县审计局	8	5211	190			4984		8	8	3
平山县审计局	8	76605	6			76072		8	12	2
元氏县审计局	8	2822	2312			165		8	17	5
赵县审计局	22	23444	9					22	45	1
唐山市										
唐山市本级	118	2970293	123772	46034	328679	128708	11	140	253	1
路北区审计局	16	39400	12044	1561		762		16	20	
路南区审计局	13	89649	5467			11304		32	13	
古冶区审计局	36	95761	13439		15642	1		36	93	
开平区审计局	9	52193			12	3858		9	22	

（续表）

审计机关	完成审计项目（个）	审计查出主要问题金额	审计处理情况					出具审计报告和审计调查报告（篇）	提出审计建议（条）	提交审计信息（篇）
			审计处理处罚				移送处理事项（件）			
			应上缴财政	应减少财政拨款或补贴	应归还原渠道资金	应调账处理金额				
丰南区审计局	40	90251	22161	2647	58832	38		40	57	
丰润区审计局	23	28041	2	850				23	40	
曹妃甸区审计局	19	60567	2375	1551	102	229		19	60	
遵化市审计局	11	120488	2		5200	85319		11	18	
迁安市审计局	10	2057		377		24		10	11	
滦县审计局	12	258487	6	2				12	31	
滦南县审计局	11	96505	19813			23802		11	24	
乐亭县审计局	18	8122	1797		178	4112		18	24	
迁西县审计局	15	13628	672					15	26	18
玉田县审计局	17	169426	11			32		28	55	
秦皇岛市										
秦皇岛市本级	40	202568	8439	36	3		6	33	30	123
海港区审计局	5	37909						5	4	11
山海关区审计局	6	747						6	12	
北戴河区审计局	6	143						6	3	
北戴河新区审计局	4	70717	83					3	12	
开发区审计局	10	10417						10		
抚宁县审计局	12	28872	1		2	205		12	14	
昌黎县审计局	18	9474	20		8			18	39	11
卢龙县审计局	8	1567				553		8	12	5
青龙满族自治县审计局	15	48572	616	45250	32	1270		15		
邯郸市										
邯郸市本级	63	618156	70316	9266	3555	3138	9	83	186	1
丛台区审计局	5	18729	8					7	7	
邯山区审计局	5	2676	1					7	11	
复兴区审计局	5	2242	199			35		5	13	
峰峰矿区审计局	7	7379	26			463		8	20	
武安市审计局	11	28312	281		17	532		18	28	
邯郸县审计局	11	6751	15					13	19	2
临漳县审计局	7	39601	2	4	127	33024		9	9	
成安县审计局	4	172	3					4	4	
大名县审计局	6	165						8	4	

（续表）

审计机关	完成审计项目（个）	审计查出主要问题金额	审计处理情况					出具审计报告和审计调查报告（篇）	提出审计建议（条）	提交审计信息（篇）
			审计处理处罚				移送处理事项（件）			
			应上缴财政	应减少财政拨款或补贴	应归还原渠道资金	应调账处理金额				
涉县审计局	8	55813	5356		17657	5542	1	8	8	6
磁县审计局	7	63313	4			12	1	7	36	
肥乡县审计局	6	6941	54			5669		6	5	
永年县审计局	7	362941	35					9	20	
邱县审计局	4	13993						6	2	
鸡泽县审计局	8	37320	2					10	15	
广平县审计局	6	74936	8					6	8	
馆陶县审计局	6	2383	1979	2	44			7	15	
魏县审计局	5	787	1		350			5	14	1
曲周县审计局	8	18708	7					8	4	
邢台市										
邢台市本级	56	1349989	4879		14712	66791	5	56		
桥东区审计局	13	6903	8			41		13		
桥西区审计局	11	1485	27					11		
南宫市审计局	9	6622	66			1076		9		
沙河市审计局	18	61766	9		117	22660		18	32	
邢台县审计局	19	32769	326		122	1533		19		
临城县审计局	11	7198	32		2	4660	1	11	20	
内丘县审计局	6	44975	13		701			6		
柏乡县审计局	10	37315	68			23327		10	46	
隆尧县审计局	14	29302	7					14		
任县审计局	10	32034	2018	1316	6	141		10	21	
南和县审计局	14	5241	9			265		14	71	
宁晋县审计局	14	190571	8					14	36	3
巨鹿县审计局	17	52433	95			247		17		
新河县审计局	11	9774	16					11	36	
广宗县审计局	9	6996	7			1050		9	9	
平乡县审计局	6	4625	17			3863		6	13	
威县审计局	15	228549	59			14416		15	59	6
清河县审计局	11	2946	6					11	25	19
临西县审计局	11	12890	7	1998				11	7	
大曹庄管理区审计局	4	59				4		4	15	

（续表）

审计机关	完成审计项目（个）	审计查出主要问题金额	审计处理情况					出具审计报告和审计调查报告（篇）	提出审计建议（条）	提交审计信息（篇）
			审计处理处罚				移送处理事项（件）			
			应上缴财政	应减少财政拨款或补贴	应归还原渠道资金	应调账处理金额				
保定市										
保定市本级	56	14908	2289		612	4218	3	67	78	
竞秀区审计局	14	2499	40		12	515		17		
莲池区审计局	7	611	6					7		
南市区审计局	4	15						4		
满城区审计局	10	122234	2124		2258	51265		10	3	
清苑区审计局	22	8416	3440			317		30		
徐水区审计局	12	19578	7	50		18350		13		
涿州市审计局	7	113168	325			3931		7	23	
定州市审计局	50	1136	220					60	160	16
安国市审计局	18	1753	36					32	6	
高碑店市审计局	10	9546	133			1335		10	6	
涞水县审计局	7	2434	1313			1120		7		
阜平县审计局	6	34387						6	19	
定兴县审计局	9	29928	18					9	21	
唐县审计局	9	47156	69			111		9	27	
高阳县审计局	15	92182	745		1	49770	1	15		
容城县审计局	20	1063	29					32		18
涞源县审计局	19	5912	9		7	2401		19	72	
望都县审计局	9	45562	308			26216		13	6	
安新县审计局	8	33936	2					8	10	
易县审计局	10	73102	9		13			11		
曲阳县审计局	8	40715	48					8		
蠡县审计局	5	42984	4					5	8	
顺平县审计局	9	5355	27		619			12	21	
博野县审计局	10	9041	5312			3567		10		
雄县审计局	10	1703	411					10		
张家口市										
张家口市本级	30	272204	535		1187	167184		31	85	45
桥西区审计局	6	7192						10		2
桥东区审计局	4	16120	387			4665		5	10	7
宣化区审计局	7	36859						6	23	6
下花园区审计局	4	24647	103		14915	9171		3	11	3

（续表）

审计机关	完成审计项目（个）	审计查出主要问题金额	审计处理情况					出具审计报告和审计调查报告（篇）	提出审计建议（条）	提交审计信息（篇）
			审计处理处罚				移送处理事项（件）			
			应上缴财政	应减少财政拨款或补贴	应归还原渠道资金	应调账处理金额				
宣化县审计局	17	41945	63		45	104		17		5
张北县审计局	9	13689			9000			9	26	2
康保县审计局	11	2853	12					15	22	3
沽源县审计局	12	14553	1					14	16	2
尚义县审计局	12	2650	10		38	1066		14	19	5
蔚县审计局	11	5932	218			1574		11		4
阳原县审计局	10	80855						11	6	2
怀安县审计局	8	147				1		9	4	7
万全县审计局	57	85785	12		81	3		69	56	2
怀来县审计局	10	303			39			15		4
涿鹿县审计局	21	55222	8					34	42	5
赤城县审计局	17	25349	43					34	11	2
崇礼县审计局	9	30734	22		8000	44		9	26	12
察北区审计局	7	66				41		6		3
塞北区审计局	4	40						4		4
高新区审计局	4	449						6	10	2
承德市										
承德市本级	65	765204	11881		6066	40042	18	85	226	329
双桥区审计局	21	19484	23	2830	35	15436		25	35	77
双滦区审计局	8	27424	4		119	26107		18	34	55
鹰手营子区审计局	6	2092	1308					13	7	
承德县审计局	13	66819	9					22	17	
兴隆县审计局	55	32939	47			32647		72		
平泉县审计局	22	9022	1					34	56	43
滦平县审计局	9	73828	74			54246		20	41	71
隆化县审计局	7	3826	3513	49				9	35	22
丰宁满族自治县审计局	13	98213	10833		139			17		
宽城满族自治县审计局	19	229692	14		2	152		23	29	
围场满族蒙古族自治县审计局	9	21						17	12	

（续表）

审计机关	完成审计项目（个）	审计查出主要问题金额	审计处理情况					出具审计报告和审计调查报告（篇）	提出审计建议（条）	提交审计信息（篇）
			审计处理处罚				移送处理事项（件）			
			应上缴财政	应减少财政拨款或补贴	应归还原渠道资金	应调账处理金额				
沧州市										
沧州市本级	49	1891864	2371	7445	7654	9859	9	51	156	105
运河区审计局	5	27895						5	28	
新华区审计局	20	10211	5					18	53	
泊头市审计局	9	79628	24					11	41	51
任丘市审计局	30	8716	3362		1020	1019		37	24	8
黄骅市审计局	11	51771	133		14428	37164		16	18	
河间市审计局	14	15778	366	180	183	14595		17	20	38
沧县审计局	22	36994	21	777		467		22		
青县审计局	7	1944	5	10	30	11		7	19	40
东光县审计局	7	30049	3					5	23	6
海兴县审计局	7	2162	174		134	1807		7	10	9
盐山县审计局	12	39710	873		25			19	23	19
肃宁县审计局	11	86724	39			44310		11	51	
南皮县审计局	5	2794	1			75		5		
吴桥县审计局	10	9448	2					10	22	
献县审计局	5	8						5		
孟村回族自治县审计局	6	17752	44			17695		6	13	20
廊坊市										
廊坊市本级	36	315868	8065		49030	22431	6	44	100	306
广阳区审计局	12	1760	135			172		8	23	2
安次区审计局	12	3691	278			199		8	21	14
霸州市审计局	17	7842	788			669		8		6
三河市审计局	27	11962	3426		100	875		26	112	6
固安县审计局	12	2737	150			131		8	26	5
永清县审计局	12	2384	150			157		8		146
香河县审计局	14	133	15			131		10	13	3
大城县审计局	12	5370	638			129		9		76
文安县审计局	16	4142	381			143		7	25	7
大厂回族自治县审计局	16	5788	593			479		18	16	79
开发区审计局	3	2011	12			31		3	12	

（续表）

审计机关	完成审计项目（个）	审计查出主要问题金额	审计处理情况					出具审计报告和审计调查报告（篇）	提出审计建议（条）	提交审计信息（篇）
			审计处理处罚				移送处理事项（件）			
			应上缴财政	应减少财政拨款或补贴	应归还原渠道资金	应调账处理金额				
衡水市										
衡水市本级	44	373867	5007		3193	34253	4	44	145	123
桃城区审计局	20	67671	6557					20	72	47
冀州市审计局	22	24929	619	74	102	20582		22	42	8
深州市审计局	32	15739	1112			2121		32	208	4
枣强县审计局	10	23036	4727			10018		10	20	3
武邑县审计局	11	20257	12					11	28	2
武强县审计局	29	53617	1185		5918			29	127	25
饶阳县审计局	12	24222	15					12	32	7
安平县审计局	16	11110	7	75		8574		16	52	4
故城县审计局	17	135599	96		4303	44238		17	50	13
景县审计局	17	17752	125					17	50	4
阜城县审计局	9	7173	16			6926		9	15	7

山西省

【山西省审计厅】 2015年，山西省审计厅人员编制366人，实有320人。设有办公室（政策研究室）、人事教育处（派出机构管理处）、法规处（审计复核处）、财政审计处（政府采购审计处）、行政事业审计处、农业与资源环保审计处、固定资产投资审计处、金融审计处、企业审计处、社会保障审计处、外资运用审计处、党政领导干部经济责任审计处、事业单位领导人员经济责任审计处、国有企业领导人员经济责任审计处、计划管理处、督查处、机关党委、离退休人员工作处、内部审计监督指导处、发展计划审计处、经济贸易审计处、政法审计处、经济执法审计处、农林水审计处、科技文化审计处、建设交通审计处、人劳民政审计处、旅游外事审计处、党群审计处、资源环保审计处、教育卫生审计处、税费征管审计处，下设机关后勤服务中心、计算机技术中心、审计科学研究所、审计干部培训中心、审计人力资源中心、审计业务指导中心、政府投资项目审计中心。

领导成员

厅　　长：王　亚

副 厅 长：高爱平　姚安政（7月—）

总审计师：杨光照（—8月）

纪检组长：闫建科

巡 视 员：任建平（—4月）

　　　　　杨光照（9月—）

副巡视员：孙权孝　张　涵（—3月）

审计成果 山西省各级审计机关审计和调查单位4600个，查出违规金额652.76亿元，促进增收节支178.35亿元。向纪检监察和司法机关移送案件线索802件390人，涉及金额145.42亿元。选派800多人次参加巡视、专案和专项调查工作，查处一批腐败案件。提交审计报告和信息5724篇，提出审计建议7486条，促进建立健全制度措施755项。

政策措施贯彻落实跟踪审计 把推动政策落

实作为首要任务，把握节奏、跟踪督导，下大力推动资金落实、项目实施、政策落地和追责问责，推进新开工项目130多个。

财政审计 贯穿绩效审计理念，组织开展预算执行、财政决算、财务收支、税收征管等多项审计，查出隐瞒转移截留资金38.96亿元，滞留闲置资金156.25亿元。

经济责任审计 服务“六权治本”，加强权力监督，全省审计领导干部720人，查出领导干部负直接责任的问题金额6700多万元。

固定资产投资审计 围绕促进经济结构调整、投资领域改革，开展对高速公路、对口援疆、基础设施等重大投资建设项目审计，核减投资额23.28亿元。

民生资金（项目）审计 着力保障民生，开展对社会保障、农业综合开发、保障性安居工程、土地出让收支和耕地保护情况等重点民生资金和项目的审计，查处违规问题金额742亿元。

队伍建设 建立党建工作责任制，制定党建责任清单，加强党建工作考核。开展“三严三实”专题教育，各级领导干部以上率下、示范带动，联系实际学讲话、学作风，深入查找、认真整改不严不实问题。制定审计质量责任追究办法，从严管理干部，严格执纪问责，把教育管理监督融入审计工作全过程。

（撰稿人：宁红伟　郑钰卿）

【太原市审计局】 2015年，太原市审计局人员编制143人，实有124人。局长连金会，副局长苗五保、李德明、杨玲，总审计师何茜，纪检组长马晋达。设有办公室、人事教育处、法规处、财政审计处、金融审计处、行政事业审计处、企业审计处、农业与资源环保审计处、社会保障审计处、外资运用审计处、机关党委、离退休人员管理处、纪检监察室、经济责任审计分局、政府投资项目审计分局、开发区审计分局、园区审计分局、党群审计处、社会和经济发展审计处、政法审计处、文教科卫审计处、城建审计处、经贸审计处，下设后勤服务中心、计算机技术中心。

审计成果 太原市审计机关审计及延伸审计单位700个，查出违规、损失浪费和管理不规范金额398.58亿元，非金额计量问题441个；收缴及原渠道上缴15亿元（含审计期间整改）。移送案件线索104件。提出审计建议399条，被采纳123条。被省、市有关领导批示报告、信息30篇。

参与实施的晋中土地出让收支和耕地保护情况审计项目，获得审计署表彰。

政策措施贯彻落实跟踪审计 完成9个县（市、区）稳增长等重大政策措施落实情况审计，审计66个部门单位、86个项目，涉及财政资金10.37亿元。结合决算审计，对县（市、区）同级审计情况进行抽查审计。

财政审计 完成11个部门的预算执行审计、6个单位的财政财务收支审计，5个城区1个园区的财政决算审计等项目27个，延伸审计单位128个，查出违法违规、损失浪费及管理不规范金额39.5亿元，移送案件线索5件。

经济责任审计 完成省工商局局长定任期经济责任审计、太原旅游职业学院原院长的任期经济责任审计，审计发现主要问题42个，审计金额1.03亿元，移送问题事项9件。

金融审计 完成太原市城区农村信用合作联社和三县一市农村信用合作联社资产负债损益审计，审计发现经营管理中的违规问题31个，财务核算方面违规问题2.2亿元，业务经营方面违规问题47.74亿元，移送问题事项12件。

农业与资源环保审计 完成运城市4个县（区）农业综合开发项目专项审计，抽查项目71个，涉及财政资金2.69亿元，查出违法违规及管理不规范金额9051.15万元，移送案件线索9件。

固定资产投资审计 对西山农村旅游及森林防火公路建设项目，高新区成立阳曲、晋源分园区相关情况和市公安局机关业务技术用房项目工程等4个政府投资项目开展审计，查出违规及管理不规范金额6974.33万元，移送有关部门处理事项7件。

民生资金（项目）审计 开展审计署统一组织的2014年度城镇保障性安居工程跟踪审计。检查市本级和10个县（市、区）38个项目的开工情况、21个项目的基本建成情况、55个项目的工程建设和质量管理情况，揭示安居工程资金使用和筹集管理、保障性住房分配和使用等方面问题24个，涉及违规及管理不规范金额21.97亿元，上缴资金 1 亿元。

行政事业审计 配合对外办事处的整合工作，对市政府驻广州和深圳办事处财政财务收支情况进行审计。

交办事项 围绕市委市政府“五个一批”和城中村改造工作，发挥审计监督作用，参与完成制度建设任务 9 项；对 500 多名市管干部进行“六查”审查把关。配合市人社局等单位进行查处“吃空饷”，落实中央八项规定等检查 9 次，参与省、市纪委 5 个重要案件的调查。做好对口扶贫村的帮扶工作。对市咪表公司相关情况，举报太原三晋铝业公司破产清算组违法乱纪有关问题，以及阳曲县政府拨付盛禾农业科技有限公司专项资金等 3 个临时交办事项进行专项审计和审计调查。（撰稿人：韩翠峰　韩文俊）

【大同市审计局】 2015 年，大同市审计局人员编制 110 人，实有人员 111 人。副局长曹锦、王勇（—12 月）、李毓智、李江涛，纪检组长石文泽（—11 月）。设有办公室、政策法规科、财政审计科、金融审计科、行政事业审计科、企业审计科、经济责任审计科、社会保障审计科、固定资产投资审计科、农业环保审计科、外资运用审计科、编制人事教育科、离退休人员工作科、机关党委办公室、监察室、政法审计科、经济执法审计科、发展经济贸易审计科、农林水审计科、科教文卫审计科城建交通审计科、党政群审计科。

审计成果 大同市审计机关对 306 个审计项目（单位）进行审计和审计调查，查出主要问题金额 92.4 亿元，其中违规金额 1.49 亿元、管理不规范金额 90.91 亿元；审计处理处罚金额 85.26 亿元，其中应上缴财政 5466 万元、应归还原渠道资金 21.76 亿元、应缴纳其他金额 61.2 元、应调账处理金额 1.74 亿元。移送纪检部门、主管部门处理案件 11 起，涉及 2 人。提出审计建议 269 条，被采纳 61 条。

政策措施贯彻落实跟踪审计 对稳增长、促改革、调结构、惠民生、防风险政策措施落实情况跟踪审计。重点关注重大项目建设进度、资金保障、财税、金融、产业、外贸等政策落实以及项目后期管理情况。全年对 79 个部门单位 135 个项目进行审计或调查，涉及资金 96 亿元，查出 88 个问题。

财政审计 对 13 个市直主管部门及部分项目执行单位的预算执行情况进行审计，查出主要问题金额 62.82 亿元，提出审计建议 26 条，依法出具审计报告 13 份。根据省审计厅授权，对大同市地方税务局 2014 年预算执行及机关财务收支情况进行审计，揭示出税务部门在预算执行、资产管理、企业税费征缴中存在的问题，出具审计移送处理书 8 份。对天镇、阳高、左云和城区 4 个县（区）的 2013—2014 年度财政决算进行审计，查出问题金额 11.92 亿元，揭示 4 个县（区）在县级财政预算编制和执行不规范、欠征欠缴财政资金、部分财政资金闲置滞留、少数单位财务收支行为不合规、政府集中采购和固定资产管理制度执行不严格等问题。依法出具审计决定 3 份，涉及处理金额 5555.34 万元。

经济责任审计 组织市县两级审计部门共完成经济责任审计 56 个，其中党政机关主要领导干部 25 个、事业单位 27 个、企业领导干部 4 个。查出主要问题金额 2.34 亿元，其中违规金额 1.31 亿元，管理不规范金额 1.03 亿元。

金融审计 对 8 个农村信用社 2013 年度和 2014 年度资产负债损益审计，延伸审计 93 个内部独立核算单位，重点对被审计单位贯彻执行国家政策和宏观经济政策、财务收支、贷款发放等情况进行审计。

农业与资源环保审计 市审计局对忻州市所属原平市、忻府区、定襄县等 3 个县（区）2010 年至 2015 年农业综合开发项目资金筹集、管理、使用情况审计，抽查 68 个项目，审计资金 1.8 亿元，查出违法违纪金额 2116.36 万元。将国家公职人员利用职务之便私自承揽工程涉及违纪案件线索移送原平市监察局处理 2 件，追究有关责任人 2 人，涉及金额 45.28 万元。

固定资产投资审计 完成全市政府投资建设项目工程结算审计，核减项目金额 13.81 亿元，核减率为 24.29%。

民生资金（项目）审计 对城镇保障性安居工程跟踪审计，重点对全市城镇保障性安居工程建设规模、布局、分配、运营、管理和使用情况及以前年度发现问题的整改情况进行审计，延伸调查 27 个保障性安居工程项目的相关单位和企业，8个街道办事处、22个居委会、168个家庭，并对16个保障性安居工程项目的开工情况、11个项目的基本建设情况、14个项目的工程建设和质量管理情况进行检查。审计总金额17.92亿元，查出违纪违规行为金额2933.5万元。

企业审计 对大同市煤矿集团公司2013—2014年度资产负债损益审计。对大同市煤矿集团公司本部的财务、器材、运销、投资、经贸等重要部门和公司的全面审计，同时完成对漳泽电力、轩煤公司、朔州煤电、同生公司、煤业股份、实业公司6个二级单位本部及其下属单位中资产和营业收入较大的子公司资产负债损益审计。

（撰稿人：田 河）

【阳泉市审计局】 2015年，阳泉市审计局人员机关编制74人，实有67人。局长李润萍，副局长张东明、彭乃良、陈锋，总审计师李军，纪检组长李燕飞。设有办公室、人事教育科、法制科、计划管理科、财政审计科、行政事业审计科、农业与资源环保审计科、固定资产投资审计科、金融审计科、企业审计科、社会保障审计科、外资运用审计科、经济责任审计科、政策研究室、监察室，下设阳泉市固定资产投资审计中心、阳泉市审计信息中心、阳泉市审计局机关后勤服务中心。

审计成果 阳泉市审计机关完成审计项目413个，查出主要问题金额739321.29万元，其中违规金额249384.22万元、损失浪费金额300万元、管理不规范金额489637.06万元；损益（收支）不实金额68143.16万元；审计处理处罚金额170433.95万元，其中应上缴财政76891.72万元、应减少财政拨款或补贴10万元、应归还原渠道资金438.33万元、应调账处理金额89956.08万元；审计发现非金额计量问题542个；审计促进整改落实有关问题金额13727.45万元，其中增收节支13125.71万元、已调账处理金额509.03万元；审计促进拨付资金到位3219.43万元。移送司法机关、纪检监察机关和有关部门处理事项75件。出具审计报告和专项审计调查报告420篇，被批示、采用10篇。提出审计建议466条，提交审计信息99篇，被批示、采用59篇。向社会公告审计结果5篇。

政策措施贯彻落实跟踪审计 对22项政策措施落实涉及的住建、发改、财政、科技、环保等29家主管部门和责任单位进行跟踪审计，涉及财政资金141270万元，发现问题50个，促进落实事项31个，督促整改19个。

财政审计 完成预决算执行情况审计58个，查出问题金额271045.61万元，向有关部门移送处理事项10件。

经济责任审计 完成审计项目14个，查出违规金额1627万元、管理不规范金额6136万元，提出审计建议37条。

金融审计 对阳泉市农村信用社2013年和2014年资产、负债、损益情况进行交叉审计，共查出问题金额116598万元，向有关部门移送处理事项1件。

农业与资源环保审计 对晋城市高平、阳城、陵川3个县2010—2014年度农业综合开发项目进行审计，查出违规金额819万元、管理不规范金额3923万元，向有关部门移送处理事项7件，移送1人。

固定资产投资审计 完成投资审计项目275个，向社会公开结果报告5篇，核减投资10215.28万元。

行政事业审计 完成40个行政事业单位的审计，查出问题金额11409.27万元，向有关部门移送处理事项17件，提出审计建议88条。其中2015年完成财务收支审计22个，查出问题金额3628.47万元。

民生资金（项目）审计 对全市保障房安居工程涉及的24个项目开工情况、29个项目基本建成情况、48个项目工程建设和质量管理情况进行审计，向有关部门移送处理事项7件。

（撰稿人：张大鹏）

【长治市审计局】 2015年，长治市审计局人员编制120人，实有106人。局长段秀平，副局长赵治兴、张国庆、江宏凌、车建科，总审计师苏庆吉，纪检组长赵建文。设有财政审计科、金融审计科、行政事业审计科、固定资产投资审计科、经济责任审计科、企业审计科、农业与资源环保审计科、外资运用审计科、社会保障审计科、办公室、计划管理科、人事教育科、老干部管理科、法制科、纪检监察室、督查科、党总支，另设有经济责任审计分局、固定资产投资审计中心、计算机信息管理中心、后勤服务中心、业务指导中心。

审计成果 长治市审计局完成审计项目 56 个，查出主要问题金额 1453759 万元，其中违规金额 16291 万元、管理不规范金额 1437468 万元；损益（收支）不实金额 46772 万元；审计处理处罚金额 191714 万元，其中应上缴财政 3647 万元、应归还原渠道资金 143262 万元、应调账处理金额 44804 万元；审计发现非金额计量问题 149 个；审计促进整改落实有关问题金额 145726 万元，其中增收节支 108111 万元、已调账处理金额 37615 万元；审计促进拨付资金到位 2322 万元。移送司法机关、纪检监察机关和有关部门处理事项 62 件。出具审计报告和专项审计调查报告 56 篇。提出审计建议 143 条，提交审计信息 30 篇。

政策措施贯彻落实跟踪审计 对长治市县两级稳增长、促改革、调结构、惠民生、防风险政策措施的具体部署、执行进度、实际效果等情况进行审计，共审计单位 280 个，项目 253 个，反映和揭露各职能部门在政策措施贯彻落实过程中存在的问题 28 个，已整改到位 7 个。

财政审计 完成长治市财政局及 18 个一级预算单位 2014 年度市本级预算执行和其他财政收支情况审计、全市地税系统 2014 年预算执行及财务收支审计、郊区等 5 个县区人民政府 2013 年和 2014 年财政决算审计，揭示一些部门存在的违规收费、截留挪用专项资金、项目建设违反基本程序等问题。

经济责任审计 完成长治市 22 名县处级领导干部任期经济责任审计，其中县（区）长 2 人、行政部门领导干部 6 人、事业单位领导干部 11 人、县（市、区）法检两院院长 3 人。

金融审计 对全市农村信用联社（农村商业银行）2013 年度和 2014 年度资产负债损益的真实性、合法性、合规性及效益性进行全面审计。揭示出全市农村信用社在信贷、改制、负债及损益、固定资产投资四方面存在的 46 类问题，移送各类违纪违规线索 44 件。

农业与资源环保审计 对临汾市尧都、曲沃、翼城、隰县 4 个县区 2010 年至 2014 年农业综合开发项目进行审计。查出违法违纪金额 5198.87 万元，移送案件线索 5 件，提出加强和改进管理的建议 15 条。

固定资产投资审计 对长治市医院新建门诊楼项目、市公安局业务楼工程、市人防办工程、市东客站工程、浊漳河水环境治理等 10 个政府投资项目进行审计，查出超概算、违反招投标、多列建设成本、挪用建设资金、违规虚列支出、违反建设程序等方面的问题，资金核减率达 15.7%。

行政事业审计 对长治市质量技术监督局、长治市工商行政管理局、长治市卫生局等 3 个部门 2014 年度财政收支情况进行审计，延伸审计其下属单位 18 个，查出挪用专项资金、虚列支出、违规发放补助等问题。

专项资金审计 完成长治市 2008 年至 2013 年土地出让收支和耕地保护情况审计，查处违法违规问题金额占审计金额的 37.69%。对长治市 2014 年度城镇保障性安居工程进行跟踪审计，揭示和反映棚户区部分项目未开工建设、不符合界定标准和改造范围的项目纳入棚户区改造范围、违规收取经济适用房预售款、闲置资金、住房空置等问题，根据审计建议出台和完善住房保障制度和保障性安居工程建设管理规范性文件 22 个。

（撰稿人：李建玲）

【晋城市审计局】 2015 年，晋城市审计局人员编制 79 人，实有 69 人。局长郭彦明，副局长王瑞祥、王建芳、程晋鹏，总审计师曹和生，纪检组长尚海根。设有办公室、人事教育科、法规审理科、财政预决算审计科、金融外资审计科、国有资产及企业审计科、民生及社会保障审计科、固定资产审计管理科、行政事业审计科、农林水审计科、经济责任审计科、资源环境审计科、内部审计管理科、重点项目审计科、计划数据信息科、晋城经济开发区审计科和审计稽查一所、二所、三所、四所、五所及审计信息中心。

审计成果 晋城市审计局完成审计项目 103 个，查出主要问题金额 120.91 亿元，其中违规金额 44.05 亿元、损失浪费金额 0.99 亿元、管理不规范金额 75.87 亿元；审计处理处罚金额 31.24 亿元，其中应上缴财政 14.72 亿元、应减少财政拨款或补贴 0.01 亿元、应归还原渠道资金 0.43 亿元、应缴纳其他资金 9.34 亿元、应调账处理金额 6.73 亿元；审计发现非金额计量问题 339 个；审计促进整改落实有关问题金额 10.56 亿元，其中增收节支 10.37 亿元。移送纪检监察机关和有关部门处理事项 8 件。提出审计建议 144 条，提交审计信息 31 篇，被批示、采用 17 篇。

政策措施贯彻落实跟踪审计 按照审计署统一部署，对稳增长等政策措施贯彻落实情况连续进行跟踪审计，重点审计市直 30 个部门 21 项政策措施及 55 个项目的落实情况，查出各类问题 32 个，涉及金额 3.87 亿元。

财政审计 对市本级 15 个部门和单位 2014 年度预算执行情况进行审计，对所属 3 个县（市）2013 年和 2014 年财政决算进行审计，取得 120 个市级一级预算部门 2011 年以来的财务电子数据并进行审计分析，为“大数据”条件下加快实现审计全覆盖做探索。

金融审计 开展全市 6 个县（市、区）农村信用联社（农村商业银行）2013 年至 2014 年资产负债损益情况审计，查出财务收支问题金额 15.37 亿元、信贷业务问题金额 8.85 亿元。

行政事业审计 对 1985 年晋城建市以来形成的市级行政、事业单位固定资产和市政、交通等公用设施的存量、产权、结构、质量、管理使用状况等进行全面审计调查，共涵盖行政事业单位 317 户、公用设施项目 1406 个，第一次盘清晋城建市 30 年来形成的资产状况，揭示资产不实、产权不清、资产闲置、损失浪费等问题，就堵塞管理漏洞、调剂盘活土地资产 83.79 万平方米、房屋资产 2.67 亿元等提出建议。

民生资金（项目）审计 对全市 2014 年城镇保障性安居工程审计，促进投入使用闲置资金 16.5 亿元，发放住房租赁补贴 81.2 万元，取消违规享受保障房待遇及收回住房 11 户。

（撰稿人：史晋雷）

【朔州市审计局】 2015 年，朔州市审计局人员编制 64 人，实有 73 人。局长王勇，副局长张富新、谷如发、李华，总审计师韩杰，纪检组长雷占虎。设有办公室、财政审计科、金融审计科、企业审计科、行政事业审计科、社会保障审计科、农业与外资审计科、经济责任审计分局、固定资产投资审计科、资源环保审计科、法规科、督查科、审计信息中心、审计听证中心、建设项目审计监督中心。

审计成果 朔州市审计局完成审计项目 98 个，查出主要问题金额 199824.96 万元，其中违规金额 94702.95 万元、损失浪费金额 266.04 万元、管理不规范金额 104053.97 万元；损益（收支）不实金额 802 万元；审计处理处罚金额 19965.17 万元，其中应上缴财政 8748.4 万元、应归还原渠道资金 2775.65 万元、应调账处理金额 8441.12 万元；审计发现非金额计量问题 98 个；审计促进整改落实有关问题金额 161382.34 万元，其中节收增支 334.16 万元、已调账处理金额 70607.64 万元；审计促进拨付资金到位 1692.1 万元；审计挽回（避免）损失 3820.84 万元。移送司法机关、纪检监察机关和有关部门处理事项 36 件。出具审计报告和专项审计调查报告 115 篇，被批示、采用 11 篇。提出审计建议 264 条，提交审计信息 58 篇，被批示、采用 8 篇。

政策措施贯彻落实跟踪审计 对 27 个单位贯彻落实稳增长、促改革、调结构、惠民生情况进行跟踪审计，共审计 36 个部门，涉及财政资金 153140.85 万元，审计查出建设项目未开工、资金闲置、应拨未拨中央和省市财政资金等问题。

财政审计 对市财政及 26 个部门 2014 年度预算执行情况，3 个县区 2013、2014 年度的财政决算进行审计，查出各类违规及管理不规范金额 28.48 亿元。

经济责任审计 完成经济责任审计 13 个，查出违规及管理不规范金额 11373.33 万元，其中负有直接责任金额 4020.9 万元，负领导责任金额 7352.43 万元。

金融审计 对农村信用合作联社 2013 年至 2014 年资产负债损益情况进行审计，查出各类违规问题金额 74196.69 万元。

农业与资源环保审计 对农业综合开发资金和环保专项资金征收管理使用情况进行审计，共查出各类违规和管理不规范金额 1.49 亿元。

固定资产投资审计 完成政府投资项目审计 27 个，送审金额 9.94 亿元，核减工程价款 1.06 亿元，平均核减率为 10.68%。

行政事业审计 完成工商行政管理系统 2013 年、2014 年财务收支审计，查出各类违规及管理不规范金额 3954.88 万元。

民生资金（项目）审计 开展 2014 年度经济技术开发区城镇保障性安居工程跟踪审计，查出管理不规范金额 79.84 万元。

（撰稿人：刘云宝）

【晋中市审计局】 2015 年，晋中市审计局人员编制 74 人，实有 71 人。局长荣贵，副局长张海涛、石红红，总审计师吕建萍，纪检组长张殿富（—1 月）、赵立群（1 月—）。设有办公室、法制科、人事教育科、信息管理科、财政审计科、金融外资审计科、行政事业审计科、社会保障审计科、经贸审计科、农业审计科、固定资产投资审计科、经济责任审计科、监察室，下设后勤服务中心、经济责任审计中心、投资审计中心、金审中心。

审计成果 晋中市审计局完成审计项目 127 个，查出主要问题金额 2118132 万元，其中违规金额 81503 万元、管理不规范金额 2036134 万元；损益（收支）不实金额 122181 万元；审计处理处罚 12267 万元，其中应上缴财政 12267 万元；审计发现非金额计量问题 196 个；通过审计整改，向财税及有关部门、企业追缴各项税费及政府性资金 119392.29 万元、收缴罚没款 1146 万元、核减工程款 2672 万元；促进专项资金到位 60390 万元；促进资金纳入预算管理 3837 万元；归还原渠道资金 4324 万元。移送案件线索 9 件，移送问题线索 38 件，立案 8 起 17 人，刑事拘留 8 人，开除党籍 2 人，撤销党内职务 2 人，留党察看 1 人，党内警告处分 2 人，诫勉谈话 1 人，没收违法所得 453.8 万元。出具审计报告和专项审计调查报告 127 篇，被批示、采用 6 篇。提出审计建议 402 条，提交审计信息 83 篇。促使市政府及有关主管部门在市级大额专项资金管理、预算管理、财政性资金存储管理、市直行政事业单位经营性房产管理、保障房建设和审计整改方面出台相应的办法和管理制度。

财政审计 对市财政局、市地税局等 16 个市直部门（单位）2014 年度预算执行情况进行审计。对榆次区、榆社县等 6 个县（市）财政决算审计。根据省审计厅的安排，完成全市地税系统预算执行审计、山西省农业种子总站预算执行及其他财政收支审计、山西省介休种羊场预算执行及其他财政收支审计。

经济责任审计 完成 5 名县长、17 名市直部门领导干部的经济责任审计，累计查出管理不规范金额 253931 万元，其中负直接责任金额 18 万元，负主管责任金额 56846 万元，负领导责任金额 197056 万元。

固定资产投资审计 完成晋中学院师范分院附属学校新建校园工程项目、市第二人民医院儿科门诊住院楼项目、市环保局监测执法业务大楼工程、晋中师范高等专科学校新校区基建项目竣工决算审计。开展科技馆、博物馆、图书馆和第一人民医院建设项目跟踪审计。

民生资金（项目）审计 完成全市社会救助和福利资金审计及城镇保障性安居工程跟踪审计。

企业审计 完成供水有限责任公司、瑞阳热电联产供热有限责任公司 2 个企业资产负债损益审计以及晋中燃气有限公司、瑞达公交有限公司、洁豪城市固体废物处理有限公司 3 个企业资产负债损益审计调查。

金融审计 完成全市农村信用社 2013 年、2014 年资产负债损益审计。

专项资金审计 完成朔州市平鲁区、山阴县、应县农业综合开发资金交叉审计。

（撰稿人：董桂伶 钱 鑫）

【运城市审计局】 2015 年，运城市审计局人员编制 57 人，实有 61 人。局长任永吉，副局长李乃胜、马丽娟，总审计师任兴龙，纪检组长杨平。设有办公室、综合科、人事教育科、法制科、监察室、财政审计科、经济责任审计科、行政事业审计科、教科文卫审计科、农业与资源环保审计科、固定资产投资审计科、企业审计科、社会保障审计科、外资运用审计科、金融审计科。

审计成果 运城市审计机关共完成审计项目 429 个，查出主要问题金额 1254563 万元，其中违规金额 259026 万元、损失浪费金额 614 万元、管理不规范金额 994921 万元；损益（收支）不实金额 180646 万元；审计处理处罚金额 105973 万元，其中应上缴财政 18175 万元、应减少财政拨款或补贴113万元、应归还原渠道资金59545万元、应调账处理金额28069万元；审计发现非金额计量问题505个；审计促进整改落实有关问题金额16011万元，其中增收节支1642万元、已调账处理金额14302万元；审计促进拨付资金到位11万元；审计后挽回（避免）损失2万元。移送司法机关、纪检监察机关和有关部门处理事项60件。出具审计报告和专项审计调查报告458篇，被批示、采用3篇。提出审计建议737条，提交审计信息127篇，被批示、采用81篇。

财政审计 审计项目417个，其中专项审计调查3个，延伸审计9个。查出主要问题金额939903万元，其中预算违规金额228179万元、违规使用发票2181万元、虚列支出155371万元、扩大开支范围或提高开支标准列支25664万元、擅自处置国有资产137万元、会计核算不实2426万元。

经济责任审计 完成对74名领导干部的经济责任审计，其中任中审计55人（包括县处级4人、乡科级43人、其他7人）、离任审计19人；审计查出主要问题金额13900万元，其中违规金额1649万元、损失浪费金额1万元、管理不规范金额12249万元；增收节支26万元，其中已上缴财政23万元、已归还原渠道资金2万元。提交审计报告和审计结果报告112篇；审计提出建议122条，被采纳77条；提交审计信息8篇；审计专题、综合性报告2篇；信息简报6篇，被批示、采用2篇。

企业、金融审计 审计项目9个，审计查出主要问题金额314531万元，其中违规经营247637万元、违规担保500万元、违规出借资金2341万元、资产质量不实627万元、财务收支核算不实3500万元（包括虚报或隐瞒转移收入127万元、少计或虚列成本费用3020万元、少计少缴税费6万元）；资产不实少计145万元；负债不实多计133万元；损益不实多计22431万元、少计137万元。

（撰稿人：罗　睿）

【忻州市审计局】 2015年，忻州市审计局人员编制75人，实有71人。局长魏广才，副局长顾连宽、李进明、李月文、陈建忠，总审计师韩建柱，纪检组长郭海英，副调研员陈诚。设有办公室（党总支）、人事教育科、监察室、法制科、督查科、财政审计科、行政事业审计科、农业与资源环保审计科、固定资产投资审计科、金融审计科、企业审计科、社会保障审计科、外资运用审计科、经济责任审计科、党群政法审计科、发展计划审计科、经济贸易审计科、农林文教审计科，下设信息中心、忻州市经济责任审计服务中心、忻州市固定资产投资审计服务中心。

审计成果 忻州市审计机关完成审计项目1080个，查出主要问题金额1375801万元；审计处理处罚金额635332万元，其中应上缴财政26091万元、应减少财政拨款或补贴162330万元、应归还原渠道资金18625万元、应调账处理金额389615万元；审计发现非金额计量问题365个；审计促进整改落实有关问题金额119902万元。移送司法机关、纪检监察机关和有关部门处理事项44件。出具审计报告和专项审计调查报告1080篇，被批示、采用53篇。提出审计建议903条，提交审计信息672篇，被批示、采用265篇。

政策措施贯彻落实跟踪审计 通过审计，查出个别县城市棚户区改造项目进度缓慢、土壤环境保护和综合治理工作方案编制不及时任务分解不到位、政府托底养老机制未能完全建立、金融支持实体经济特别是小微企业和“三农”的增速和增量“两个不低于”未达规定、部分项目配套资金到位不及时等问题。

财政审计 组织实施市本级2014年度预算执行情况和其他财政收支审计，发现和查处部分市直单位存在未执行“收支两条线”、坐支财政收入、挤占挪用专项资金、扩大范围支出及违规发放补贴补助等问题；对五台县、原平市、五寨县、神池县等7个县（市）2013至2014年财政决算情况进行审计，发现和查处截留应缴上级财政收入、滞留税款等问题。

经济责任审计 安排11名市直单位主要领导干部、4名县（市、区）长和28名县（市、区）法检两长任期经济责任审计项目。探索和建立经济责任审计工作规范及成果运用机制，探索县长任期内的编制机构审计方法与内容。

金融审计 安排13个县级信用联社2013年度和2014年度资产负债损益的审计，发现和查处部分信用联社存在违规办理一户多贷、违规核销呆账贷款、违规转让个人贷款、发放股东营销低利率贷款等问题，移送处理事项13件。

固定资产投资审计 开展2015年忻州城区基础设施建设（道路）工程、新建长征小学和实验幼儿园工程项目、忻州市第一中学新建北校区工程项目及五台山机场建设项目跟踪审计。

民生资金（项目）审计 对市本级及14个县（市、区）2014年城镇保障性安居工程进行审计，审计发现，全市5个县2014年未完成保障性安居工程开工任务，有2个县未完成棚户区改造开工任务；4个县（市、区）未按照规定时限下达上级财政补助资金16125.80万元；部分经办管理机构未及时足额发放7235户保障对象应享受的住房补贴982.47万元；5个县11个项目未取得农用地转用审批、建设用地规划许可证等建设用地批准而违规占地建设；3个县5个小区1989套已建成保障性住房截至2014年底空置未用超过1年。

（撰稿人：康　晓）

【临汾市审计局】 2015年，临汾市审计局人员编制73人，实有85人。局长陈焕成（9月—），副局长祁全保、毛志中（11月—），总审计师张百管，纪检组长周宁康。设有办公室、人事教育科、监察室、法制科、综合科、财政审计科、经济责任审计科、金融审计科、农业环保审计科、社会保障审计科、固定资产投资审计科、外资运用审计科、行政事业审计科、工商企业审计科，下设经济责任和固定资产投资审计中心、审计信息中心、审计职教中心。

审计成果 临汾市审计局完成审计项目91个，查出主要问题金额1476363万元，其中违规金额337336万元、损失浪费金额2009万元、管理不规范金额1137017万元；损益（收支）不实金额32508万元；审计处理处罚金额206662万元，其中应上缴财政92214万元、应减少财政拨款或补贴1522万元、应归还原渠道资金3996万元、应调账处理金额104872万元；审计发现非金额计量问题242个；审计促进整改落实有关问题金额72803万元，其中增收节支71327万元、已调账处理金额56万元。移送司法机关、纪检监察机关和有关部门处理事项185件。提出审计建议211条，提交审计信息30篇。

政策措施贯彻落实跟踪审计 坚持把稳增长政策落实跟踪审计作为全年工作的重中之重，重点对简政放权、重大项目推进、金融支持实体经济、精准扶贫等21个方面的政策落实情况进行跟踪审计，查出不作为、慢作为问题185个，经政府主要领导批示，有关单位已整改问题128个。

财政审计 加大预算执行审计力度，共审计市本级部门24个，延伸下属单位116个，查出51个问题，涉及金额23.27亿元，移送纪检部门处理事项5件，移送主管部门处理事项13件。按照省审计厅的统一部署，完成市本级及17个县（市、区）、两个开发区地税系统2014年度预算执行审计，延伸审计重点企业100户，查出少缴、少计、偷税金额5.03亿元等问题，移送主管部门处理事项13件。完成侯马、蒲县、乡宁等6个县市的财政决算审计任务，查出主要问题金额36.55亿元，移送处理事项37件。

固定资产投资审计 政府投资项目审计全部以公开招投标的方式确定中介机构，规范权力运行，避免暗箱操作，中介服务费用大幅下降，全年节约经费400余万元。完成百公里汾河临汾城区段上下游生态修复工程、临汾市新高中南路等14个项目的竣工决算审计，送审金额6.43亿元，核减5595万元，核减率8.7%。

经济责任审计 完成6个县（市）长、16个市直单位负责人、5个县（市）公检法单位负责人的经济责任审计，所有项目均为任中审计，实现离任审计向任中审计的转移。对7个县（市）国土资源局的主要负责人进行离任审计。

金融审计 在对全市16个信用联社的资产、负债、损益审计中，改变以往市审计局抽审、县审计局为主的方式，全部实行“上审下”，查出违规资金22.09亿元，审计移送处理事项97件，其中移送纪检部门34件、司法机关2件、主管部门61件，涉及有关责任人员411人。

专项资金审计 完成农业综合开发项目、亚洲开发银行贷款山西省河川流域农业综合开发项目等8个项目的审计任务。

（撰稿人：郭迎建　张小强）

【吕梁市审计局】 2015年，吕梁市审计局人员编制65人，实有60人。局长卫成印，副局长贾桥、高博、张林生、赵晓岗，总审计师高树泽，纪检组长秦华敏。设有办公室、人事教育科、法制科、财政审计科、金融经贸审计科、行政事业审计科、社会保障审计科、固定资产投资审计科、经济责任审计科、农业与资源环保审计科、外资运用审计科、督查科，下设审计复核审理中心、网络管理中心、财政审计中心、投资审计中心。

审计成果 吕梁市审计机关完成审计项目985个，查出主要问题金额225.48亿元，其中违规金额30.89亿元、损失浪费金额793万元、管理不规范金额194.51亿元；损益（收支）不实金额2.29亿元；审计处理处罚金额22.79亿元，其中应上缴财政3.81亿元、应减少财政拨款或补贴1232万元、应归还原渠道资金2.19亿元、应调账处理金额14.62亿元；审计发现非金额计量问题1521个；审计促进整改落实有关问题金额2273万元，其中增收节支1228万元、已调账处理金额1044万元；审计促进拨付资金到位247万元；审计后挽回（避免）损失50万元。移送司法机关、纪检监察机关和有关部门处理事项154件。出具审计报告和专项审计调查报告1072篇。提出审计建议1402条，提交审计信息403篇。

政策措施贯彻落实跟踪审计 发现231个主要问题，督促下放行政审批事项120项，促进国库存款余额净减少54.25亿元，促进库款最优目标余额管理5亿元，促进盘活存量资金13亿元，非税收入补缴入库7420万元，促进资金拨付到位15.51亿元，完善相关制度34项，促进其他政策措施落实到位20项。

财政审计 完成预算执行审计项目167个，延伸审计单位89个，查出各类问题金额166.25亿元；完成财政决算审计项目41个，延伸审计单位73个，查出各类问题金额1.02亿元。

经济责任审计 完成领导干部经济责任审计项目145个，查出违规金额8263万元，管理不规范金额1.38亿元。

金融审计 完成金融类审计项目11个，查出问题金额21.20亿元。

固定资产投资审计 完成固定资产投资审计项目524个，延伸审计单位33个，核减工程投资额4.5亿元，查出各类问题金额15.30亿元。

行政事业审计 完成行政事业审计项目206个，延伸审计单位68个，查出问题金额9.24亿元。

民生资金（项目）审计 完成社会保障审计项目2个，延伸审计单位8个，查出问题金额1707万元。

企业审计 完成企业类审计项目8个，查出问题金额4.25亿元。

专项资金审计 完成专项资金审计和审计调查项目26个，查出各类问题金额8.05亿元。

（撰稿人：王维蓉）

2015年山西省所辖区、县(市)级审计工作统计表

金额单位:万元

审计机关	完成审计项目(个)	审计查出主要问题金额	审计处理情况					出具审计报告和审计调查报告(篇)	提出审计建议(条)	提交审计信息(篇)
			审计处理处罚				移送处理事项(件)			
			应上缴财政	应减少财政拨款或补贴	应归还原渠道资金	应调账处理金额				
太原市										
太原市本级	45	3479616	46390		54478	5420	97	45	123	47
杏花岭区审计局	12	52783	5896		240	11		12	30	
小店区审计局	7	239836	1					7	12	
迎泽区审计局	6	14298	6312					6	17	1

续表

审计机关	完成审计项目（个）	审计查出主要问题金额	审计处理情况					出具审计报告和审计调查报告（篇）	提出审计建议（条）	提交审计信息（篇）
			审计处理处罚				移送处理事项（件）			
			应上缴财政	应减少财政拨款或补贴	应归还原渠道资金	应调账处理金额				
尖草坪区审计局	2							2		
万柏林区审计局	10	10538	7		501	15		10	1	1
晋源区审计局	7	15832	8		618	1		7	53	
古交市审计局	28	29805	7					28	98	13
清徐县审计局	18	86884	3		760	6		18	28	12
阳曲县审计局	19	18022	278		380	234		19	14	
娄烦县审计局	17	38255	500		353	12477	7	17	23	6
大同市										
大同市本级	31	857056	1012	148	211642	10106	10	42	58	12
城区审计局	13	6021	37	107	3577	2115		23	35	7
矿区审计局	6	494				409		4	2	
南郊区审计局	7	18380						7	4	
新荣区审计局	6	3875	200			11		6	2	
阳高县审计局	28	2820	1138		910	58	1	30	2	
天镇县审计局	7	146	20					4	6	1
广灵县审计局	30	9185	3053	4	1406	4612		30	111	
灵丘县审计局	139	9999						137	2	
浑源县审计局	9	306	6		34	90		9	4	1
左云县审计局	20	14750						17	27	20
大同县审计局	10	1007						8	16	
阳泉市										
阳泉市本级	88	615611	34312	10	53	45941	70	95	192	52
城区审计局	131	4440	48		37	4332		131	18	3
矿区审计局	58	2639	960					58	28	8
郊区审计局	45	9929	1559		22		5	45	53	
平定县审计局	46	30151	9599		1	100		46	33	
盂县审计局	45	76552	30413		325	39583		45	142	36
长治市										
长治市本级	56	1453759	3467		143262	44804	62	56	143	30
城区审计局	23	1877	5		1	3	22	23	48	
郊区审计局	20	12855	24		399	10302		20	50	35
潞城市审计局	14	46279	8193		143	796	9	14	47	3
长治县审计局	38	475508	330				5	38	22	15
襄垣县审计局	41	41811	38		25609	7687	11	41	56	
屯留县审计局	24	31472	1195		10		13	24	151	20
平顺县审计局	29	13761	616				8	29	88	23

续表

审计机关	完成审计项目（个）	审计查出主要问题金额	审计处理情况					出具审计报告和审计调查报告（篇）	提出审计建议（条）	提交审计信息（篇）
			审计处理处罚				移送处理事项（件）			
			应上缴财政	应减少财政拨款或补贴	应归还原渠道资金	应调账处理金额				
黎城县审计局	50	5648	7					50	118	62
壶关县审计局	24	35531	1042		8231	23116	3	24	71	
长子县审计局	46	80334	6236	8513	16692	11730	18	46	142	22
武乡县审计局	37	13673	2191	2288	6581	2613	4	37	86	40
沁县审计局	41	33528	2265	889	622	681	5	41	149	23
沁源县审计局	26	13517	2274		26	101		26	77	
晋城市										
晋城市本级	103	1209072	147198	117	4334	67343	8	103	144	31
城区审计局	131	81585	5	809	5101	20062		131	98	15
高平市审计局	98	259998	24123		125	4899		87	140	20
沁水县审计局	83	34595	17160	2401	45	211		83	136	26
阳城县审计局	80	323756	109198			24637	6	80	110	23
陵川县审计局	57	45615	2188		867	4		57	87	32
泽州县审计局	152	141400	52	32	2284	22014		152	208	36
朔州市										
朔州市本级	98	199825	8748		2776	8441	36	115	264	58
朔城区审计局	115	7246	18		407			149	149	20
平鲁区审计局	77	19900	23			13400		47	98	40
山阴县审计局	45	13584	6066		7409	109	8	45	108	13
应县审计局	128	29055	32					134	71	33
右玉县审计局	58	5101	276	276		1403		65	30	15
怀仁县审计局	61	26689	8456		33	9266		61	118	45
晋中市										
晋中市本级	127	2118132	12267				47	127	402	
榆次区审计局	52	83593	35		1			30	46	5
介休市审计局	48	179041	129				2	48	59	43
榆社县审计局	56	9078	131					83	91	10
左权县审计局	87	20590	24					55	122	33
和顺县审计局	33	3328						33	25	
昔阳县审计局	59	47265	17		1553	2192	10	66	120	22
寿阳县审计局	59	49195	4					59	116	3
太谷县审计局	34	42909	8	171		1350		34	72	90
祁县审计局	89	42591	686					90	109	26
平遥县审计局	107	24868	86					107	159	10
灵石县审计局	59	68898	46		139		18	59	126	5

续表

审计机关	完成审计项目（个）	审计查出主要问题金额	审计处理情况					出具审计报告和审计调查报告（篇）	提出审计建议（条）	提交审计信息（篇）
			审计处理处罚				移送处理事项（件）			
			应上缴财政	应减少财政拨款或补贴	应归还原渠道资金	应调账处理金额				
运城市										
运城市本级	50	526118	9229		1000	8524	41	53	146	16
盐湖区审计局	17	56975	53		45	1337	3	22	33	
永济市审计局	85	8836	1					85	4	
河津市审计局	18	107232	155					18	54	32
临猗县审计局	24	206076	263	77	2	13538		33	61	10
万荣县审计局	21	11269	6992		4973	6		21	34	2
闻喜县审计局	24	73242	39	5	53504	2188	2	21	7	
稷山县审计局	29	41681	32					29	59	43
新绛县审计局	15	141	9					18	35	
绛县审计局	6	2693	1		20			6	15	
垣曲县审计局	14	15919	7					14	40	15
夏县审计局	53	49492	1360	30		2472		61		
平陆县审计局	48	44345	5					39	126	
芮城县审计局	25	10538	24				5	35	64	9
忻州市										
忻州市本级	52	589255	23881	123526	3121	60089	9	52	115	36
忻府区审计局	54	8842	311	173				54	72	135
原平市审计局	110	323364	137	21016		302209	19	110	253	20
定襄县审计局	76	100083	20	53	9		3	76	201	56
五台县审计局	191	15959	145	13273	91	2448	2	191	439	31
代县审计局	58	12015	146	2649		199	2	58	97	56
繁峙县审计局	47	3746	75		274	629		47	37	16
宁武县审计局	74	38414	54		742	1573		74	66	6
静乐县审计局	40	1144	21		89	1033	3	40	97	97
神池县审计局	148	54900	1063					148	33	29
五寨县审计局	85	26409	150		5737	20522	2	85	196	41
岢岚县审计局	34	44375	4		65		1	34	92	42
河曲县审计局	71	147188	5	1640		2	3	71	140	137
保德县审计局	13	8499	1		8497			13	47	9
偏关县审计局	27	1608	78			909		27	82	168
临汾市										
临汾市本级	91	1476363	92214	1522	3996	104872	185	91	211	30

续表

审计机关	完成审计项目（个）	审计查出主要问题金额	审计处理情况					出具审计报告和审计调查报告（篇）	提出审计建议（条）	提交审计信息（篇）
			审计处理处罚				移送处理事项（件）			
			应上缴财政	应减少财政拨款或补贴	应归还原渠道资金	应调账处理金额				
尧都区审计局	27	27426	1070		78	191	4	27	67	1
侯马市审计局	30	100888	38		787	316	40	27	146	5
霍州市审计局	17	30998	7607	235	519	278	4	15	31	18
曲沃县审计局	45	11149	223		99		15	44	129	20
翼城县审计局	37	14514	137		5		9	41	87	148
襄汾县审计局	28	124123	11	563	170		5	27	86	
洪洞县审计局	27	40561	3				8	19	58	33
古县审计局	7	1134	11				2	7	23	
安泽县审计局	21	21882	19		2		40	27	108	
浮山县审计局	8	127				75	11	7	5	
吉县审计局	34	15684	9515		10	982	6	34	104	3
乡宁县审计局	43	5340	3728	159	2		8	43	50	30
大宁县审计局	18	1003	500			29		18	31	26
隰县审计局	55	4690	14				8	50	145	74
永和县审计局	12	4542					2	7	17	13
蒲县审计局	20	23747	22	806	2150	54	2	17		
汾西县审计局	20	6874	3		54		5	19	44	7
吕梁市										
吕梁市本级	88	501035	10829		1295	93249	90	89	140	73
离石区审计局	54	431159	43	880	1600	3391	32	54	230	69
孝义市审计局	44	397198	208		1977	879	3	48	109	20
汾阳市审计局	20	52300	541		443			20	52	8
文水县审计局	61	157432	52				2	62	95	17
交城县审计局	32	225097	25			34	5	32	112	15
兴县审计局	8	62756	24026		14759	19413		8	16	3
临县审计局	96	58946	75				2	96	171	60
柳林县审计局	291	90708	34					280	75	25
石楼县审计局	53	40233	10	352		8		44	24	11
方山县审计局	25	38494	915				4	25	82	18
中阳县审计局	35	91016	1337		1903	29194	8	35	69	6
交口县审计局	116	29463	21					217	22	30
岚县审计局	62	79032	32				8	62	205	48

内蒙古自治区

【内蒙古自治区审计厅】 2015年，内蒙古自治区审计厅人员编制222人，实有173人。设有机构办公室、综合处、人事处、机关党委、机关纪委、法规处、行政政法审计处、金融审计处、财政审计处、农业审计处、经贸审计处、固定资产投资审计处、政府投资审计处、社会保障审计处、党政领导干部经济责任审计处、企事业单位领导经济责任审计处、外资审计处、教科文卫审计处、资源环境审计处、审理处、离退休人员工作处，下设自治区经济责任审计局、自治区审计厅驻海拉尔审计处、自治区审计厅驻赤峰审计处、自治区审计科研宣教中心、自治区审计厅机关事务服务中心、自治区计算机审计管理中心、自治区内部审计管理中心。

领导成员

厅　　长：王月胜

副 厅 长：吕靖原　靳素平　郭少华

　　　　　千梅海（—10月）

　　　　　刘文磊（12月—）

总审计师：刘文磊（—12月）

自治区经济责任审计局局长：靳素平（兼）

巡 视 员：孙德志（—9月）

副巡视员：张洪甫（9月—）

审计成果 内蒙古自治区审计机关完成审计项目3728个，查出主要问题金额942.63亿元，其中违规金额215.27亿元、损失浪费金额0.71亿元、管理不规范金额726.65亿元；损益（收支）不实金额44.1亿元；审计处理处罚金额192.7亿元，其中应上缴财政30.7亿元、应减少财政拨款或补贴18.1亿元、应归还原渠道资金68.1亿元、应调账处理金额58.5亿元；审计发现非金额计量问题1426个；审计促进整改落实有关问题金额146.1亿元，其中增收节支48.6亿元、已调账处理金额59.3亿元；审计促进拨付资金到位26.7亿元；审计后挽回（避免）损失6.5亿元。移送司法机关、纪检监察机关和有关部门处理事项468件。出具审计报告和专项审计调查报告3862篇，被批示、采用286篇。提出审计建议4958条，提交审计信息4426篇，被批示、采用2325条。被审计单位根据审计建议制定整改措施169项，建立健全规章制度12项。向社会公告审计结果26篇。

财政审计 主要对财政厅等17个部门2014年预算执行和4个盟市财政决算进行审计。突出加强“三公”经费、会议费、奖金补贴发放和楼堂馆所建设情况的审计，对审计发现的个别厅局及其部分所属单位无预算、超预算列支“三公”经费、违规发放奖金补贴、违规购建和装修办公楼等问题，依规进行处理。

经济责任审计 全区审计机关对964名干部进行任中审计，对1040名干部进行离任审计。审计主要发现预算管理制度不落实，违反中央八项规定精神违规发放奖金、补贴，隐瞒截留、应征未征和应缴未缴财政收入，滞留、闲置、挤占、挪用专项资金等问题，查出领导干部负直接责任金额15.7亿元，移送司法机关、纪检监察机关和有关部门处理事项23件。

民生资金（项目）审计 重点开展对保障性安居工程的跟踪审计，查出全区保障性安居工程资金被挤占挪用或截留滞拨4.87亿元、保障性安居工程资金筹集管理不到位2亿元等问题，对已建成空置未用超过一年以上的3860套保障性住房进行处理，促进专项资金使用效益和住房分配的合法性，向有关主管部门移送案件线索5件。

按照自治区党委、政府的要求，对全区农村牧区“十个全覆盖”工程项目资金的筹集使用及项目管理运行情况进行跟踪审计。审计主管部门和用款单位3425个，调查建设项目5427个，走访农牧民6万户，审计资金总额262.5亿元，查出违纪违规和管理不规范问题金额37.3亿元，审计期间已督促整改6.2亿元。

自然资源资产责任审计 结合对下级政府财政决算审计和领导干部经济责任审计对巴彦淖尔市市委书记和市长耕地资源资产责任、锡林郭勒盟原盟委书记和盟长草原资源资产责任、兴安盟盟委书记和盟长森林资源资产责任进行试点审计。12个盟市根据当地自然资源资产特点，各选择1个旗县进行试点。受自治区政府委托，自治区审计厅起草《内蒙古自治区领导干部自然资源资产离任审计试点实施方案》，以自治区党委、政府名义印发全区执行；《领导干部自然资源资产责任审计研究报告》作为全区开展此项审计的操作指引，被自治区领导批示并被审计署《审计研究报告》采用。

政策措施贯彻落实跟踪审计 对稳增长、促改革、调结构、惠民生、防风险等23类国家和内蒙古自治区重大政策措施落实情况进行跟踪审计，重点关注重点部门重大政策措施贯彻情况，促进各项政策措施落地生根，打通政策执行最后一公里，保障中央和自治区政令畅通。出具审计报告10篇，被自治区领导批示7篇，审计工作成果得到审计署的通报表扬。

固定资产投资审计 重点对呼张客专、呼准鄂铁路建设项目的征地拆迁资金进行审计，查出应配套尚未到位征拆资金29.12亿元、挤占挪用资金3亿元；未按规定补偿标准多付征拆款；未将失地农民纳入养老保障范围，涉及金额4508万元；拆迁标准不统一，缺少困难补助依据和标准，涉及金额276.02万元等问题。移送村干部、村会计涉嫌渎职并套取征拆资金、卖地收入去向不明等案件线索17件。

农业与资源环保审计 重点开展对全区水利专项资金审计和审计调查。通过对全区12个盟市本级和24个旗县农村牧区饮水安全工程、千亿斤粮食田间工程和小型农田水利设施等有关水利专项资金进行审计和审计调查，查出违规金额48.14亿元，主要是拨付不及时和滞留闲置资金、挤占挪用、项目管理等方面问题，该项目移送案件线索92件。

审计整改 2015年3月，自治区人大常委会首次听取并审议自治区审计厅受自治区人民政府委托所做的《关于自治区本级预算执行和其他财政收支2014年审计查出问题整改情况的报告》，针对审计查出未完成整改问题，自治区审计厅向被审计单位发送督办通知40余份，约谈被审计单位或项目主要负责人。7月，在向自治区人大常委会报告预算执行和其他财政收支的审计工作报告时，再次报告未整改问题的督办结果，并以政府办公厅的名义下发《关于限期整改落实审计查出问题的通知》。通过督查督办，被审计单位调整有关账务3.9亿元，上缴财政101亿元，核减工程投资1.1亿元，归还被挤占挪用资金112.5亿元，促进下拨资金142.3亿元。以问责、诫勉谈话、警告、书面检查等方式处理53人。修订和出台有关制度31项，整改率达到92.3%。为建立审计整改的长效机制，自治区审计厅制定《内蒙古自治区审计厅关于审计发现问题整改督查办法（试行）》，以自治区人民政府名义出台《内蒙古自治区审计发现问题整改工作的办法》。

制度建设 自治区审计厅起草完成《内蒙古自治区关于实行审计监督全覆盖的实施意见》《内蒙古自治区审计机关违法违纪问题线索移送管理办法》，分别以自治区党委、政府等名义发文。

信息化建设 推进金审工程三期建设，建成审计数据分析室和全区三级审计机关统一使用的社保数字化审计平台。

（撰稿人：于小满　狄智荟）

【内蒙古审计厅驻赤峰审计处】 2015年，内蒙古审计厅驻赤峰审计处实有11人。处长马爱杰，副处长乌建杰、刘志刚。设有办公室、经贸固定资产投资审计科、财政行政事业审计科和经济责任审计科。

审计成果 内蒙古审计厅驻赤峰审计处完成审计项目3个，其中行政机关事业单位审计1个、经济责任审计1个、财政决算审计1个。查出主要问题金额18.2亿元（不包括财政决算），其中违规金额4178万元、管理不规范金额17.8亿元；审计处理处罚4230万元，其中应上缴财政4178万元、应调账处理金额52万元。移送处理事项5件。提交审计信息简报6篇，被内蒙古自治区审计厅专网刊登5篇。

财政审计 对内蒙古自治区卫生和计划生育委员会及所属自治区疾病预防控制中心等10个二级预算单位2014年部门预算执行情况进行审计，查出项目支出预算未细化到用款单位12.5亿元；擅自设立收费项目；超标准超范围收费1.1亿元；应缴未缴财政收入74.1万元；无预算、超预算列支46.2万元；挪用财政专项资金207.42万元；扩大开支范围支出133.8万元；未履行政府采购支出手续101.9万元；零余额账户资金转基本户3916.4万元，其中包括虚列支出收缴财政776.35万元。对内蒙古自治区政府金融工作办公室及所属二级单位地方金融机构监督管理中心2014年度财政预算执行情况进行审计，查出使用上年基本结余安排本年支出 20.91 万元未纳入年度预算；商品服务支出超预算 11.32 万元；未完成“基本支出——机关服务预算支出”10.41 万元；职工福利费虚列挂账 5.42 万元；违规从零余额账户向基本户划转资金 32.66 万元；截至 2014 年末，部门累计结余资金 31.94 万元，其中 2012 年及以前年度结余结转资金 21.98 万元；报销发票不合规 16.32 万元。

对乌海市本级 2013 年和 2014 年财政决算进行审计，延伸审计海勃湾区、乌达区财政决算和市本级 32 个部门及单位。审计中查出在财政运行管理方面存在预算编制、调整、批复不合规等问题；在税收征管方面存在延压、缓征、预征、应征未征税款及水利建设基金等问题；在社会保险基金征管用方面存在未足额征收社会保险费、重复领取和超范围发放社会保险基金等问题；在国有资产管理方面存在出租资产未履行审批程序问题；在政府投资建设项目存在违反基本建设程序，未批先建问题；在矿产资源和土地管理方面存在从土地出让收益中应提未提各项专项资金并截留上级财政收入，应收未收土地出让金，应缴未缴、违规返还及使用、挪用、扩大范围收缴矿山地质环境治理保证金等问题；在地方政府性债务举借、管理和使用方面存在违规担保、违规使用政府性债务资金，地方政府性融资平台收入成本不实、公款私存等问题；在部分预算单位及地税部门存在违规将零余额账户资金转入基本户、违规收取赞助费或变相摊派等问题。

经济责任审计 对内蒙古自治区政府金融工作办公室及所属二级单位地方金融机构监督管理中心原主任进行经济责任审计，查出在履职尽责方面存在对小额贷款公司审批把关不严的问题，设立筹建小额贷款公司保证金制度执行不到位，部分小额贷款公司未按规定将保证金存入指定账户，个别小额贷款公司高管人员不具备规定的任职资质；对融资性担保公司对外投资、风险控制等业务活动监管不到位，超规定比例投资，反担保措施不到位，担保质押物评审存在风险，部分国有资本的出资人不明确；所属小额信贷协会财务管理不规范，未办理收费许可证收取培训费 188.73 万元，账外核算捐赠款项 10.74 万元。

（撰稿人：付雪峰）

【内蒙古自治区审计厅驻海拉尔审计处】 2015 年，内蒙古自治区审计厅驻海拉尔审计处人员编制 19 人，实有 15 人。处长赵国军，副处长赵福春、宝玉，调研员高英玲。设有办公室、财税社保审计科、行政事业审计科、经贸审计科、固定资产投资审计科、经济责任审计科。

审计成果 内蒙古自治区审计厅驻海拉尔审计处完成审计项目 5 个，查出主要问题金额 109.69 亿元，其中违规金额 6.68 亿元、管理不规范金额 103.01 亿元；审计处理处罚金额 6.75 亿元，其中应上缴财政 6.15 亿元、应归还原渠道资金 6072 万元；审计发现非金额计量问题 53 个；审计促进整改落实有关问题金额 1.83 亿元，其中增收节支 1.83 亿元。移送司法机关、纪检监察机关和有关部门处理事项 5 件。提出审计建议 12 条，提交审计信息 1 篇。被内蒙古审计厅评为 2015 年度厅机关先进集体。

财政审计 对锡林郭勒盟 2012 年至 2014 年财政决算及其他财政收支进行审计，对重要事项进行必要的延伸和追溯，查出应缴未缴自治区财政收入 2600 万元，应缴未缴本级财政收入 8803 万元，违规收费 3456 万元，违规发放津补贴 1.38 亿元，账外核算、私存私放资金 3462 万元，挤占挪用、滞留专项资金，应征未征税费，以及票据使用和政府采购、资产管理不规范等问题。审计移送司法机关案件线索 1 件，移送纪检机关案件线索 2 件。提出审计建议 5 条。对自治区政府办公厅、民委 2014 年部门预算执行情况进行审计，查出未将经营收入、事业收入 1300 多万元编入预算，无预算报支 1600 多万元，超预算安排支出 2100 多万元，坐支财政收入 500 多万元，不规范发放津补贴 110 多万元，以及滞留挪用专项资金 850 万元和虚列支出 7700 万元，政府办公厅及所属单位 2014 年末财政结余结转资金 3000 多万元，造成财政资金闲置等问题。移送司法机关、纪检监察机关和有关部门处理事项 3 件。提出审计建议 7 条。

经济责任审计 结合部门预算执行情况审计对民委主任特古斯任职期间经济责任履行情况进

行审计，查出违规发放津补贴、私存私放财政资金、挪用专项资金、超预算支出“三公”经费和会议费、未履行基本建设程序等问题，查出应负领导责任金额3.66亿元、应负主管责任金额753万元。结合财政决算审计对锡林郭勒盟原盟委书记、原盟长任职期间经济责任履行情况进行审计，采用盟委书记、盟长“同步审”的方式，对任期草原资源资产责任进行审计。查出专项资金平衡预算11亿元，违规先征后返税款3611.7万元、土地出让金11.56亿元，减免土地出让金违约金9432万元，违规出台政策发放补贴、奖金，以及重大经济决策制定和执行方面存在的问题；审计中发现锡林郭勒盟在草原利用上存在放牧超载现象普遍，在草原管理上存在未批先建占用草原，在草原建设上改变项目内容，虚报面积多得草原生态补助奖励资金等问题。

民生资金（项目）审计 对内蒙古大兴安岭森林工业集团2014年保障性安居工程跟踪审计项目进行第三次跟踪审计。查出棚户区改造工程配套资金不到位5700多万元，拨付不及时5900多万元，部分项目存在已入住棚户区改造安居工程新建住房但原有住房未按规定拆除，以及部分项目未严格履行基本建设程序问题。针对8423套住房未办理建设用地批准书、建设工程规划许可证、建设工程施工许可证等项目前期批准手续，3620套住房未办理工程质量监督手续就开工建设问题，以及拖欠施工企业工程款4600多万元问题，提出切实可行的审计建议，并跟踪审计查出问题的整改情况。（撰稿人：张慧芝）

【呼和浩特市审计局】 2015年，呼和浩特市审计局实有96人。局长郭瑞成，副局长戎志军、王丽萍，总审计师郭厚成。设有办公室、人事科、法规科、督查执行科、固定资产投资审计科等18个职能科室，下设信息中心、机关事务服务中心、内部审计管理中心、经济责任审计办公室。

审计成果 呼和浩特市审计机关实施审计（调查）项目167个，查出违规金额3.97亿元，管理不规范问题金额49.98亿元，应归还原渠道资金8585万元，应上缴财政2.35亿元，应调账处理金额30.81亿元，核减工程投资（结算）2.77亿元。向有关部门移送案件线索55个。提交审计专题、综合性报告和信息196篇，被各级党委、政府批示、采纳58篇次。提出审计建议316条，被审计单位采纳231条；制定整改措施76项，建立健全规章制度26项。

呼和浩特市审计局实施的鄂尔多斯市土地出让收支和耕地保护情况审计项目被审计署表彰为全国优秀审计项目；国道110线海勃湾至麻黄沟段公路改扩建工程和乌海市海勃湾至乌达及乌达至海南城际间快速通道公路建设项目竣工决算审计项目被内蒙古自治区审计厅评为自治区优秀审计项目。

财政审计 完成15个部门预算执行审计，延伸审计23个单位。发现存在预算编制不够完善、部分部门未编制预算明细、预算批复与预算执行有差距等问题，依照有关法律法规对其分别进行处理，提出建设性建议24条。

经济责任审计 完成对94名科级以上人员经济责任审计，其中任中审计37人、离任审计57人。出具审计报告和审计结果报告115篇，提出审计建议175条，被采纳123条，查出违规和管理不规范金额10.86亿元。

固定资产投资审计 组织全市两级审计机关对2013年至2014年新农村示范村建设项目政府资金管理和使用情况进行审计。对部分竣工决算项目进行试点审计，审计总金额5985.41万元，核减工程造价金额1873.58万元。

农业与资源环保审计 结合领导干部经济责任审计，完成对托克托县水资源资产责任履行情况的试点审计任务。探索自然资源资产责任考核评价指标，促进领导干部正确履行自然资源资产管理职责。

民生资金（项目）审计 社保资金审计（调查）查出部分旗县区未完成保障性安居工程开工任务4256套、未完成基本建成任务3498套、部分旗县区滞拨上级补助资金1554.42万元、闲置上级补助资金46.71万元，以及保障性住房分配和使用不合理、未严格执行基本建设程序、应招标未招标等问题。审计期间督促取消不符合条件保障对象2户。

企业审计 对中燃公司等企业进行审计。

信息化建设 加大资金投入力度，搭建大数据审计平台和移动办公平台建设，探索从审计立项、项目审计和实时监控“三条线”推进联网数据应用，构建联网审计模式。全市远程审计监控、指挥信息系统全部建成，财政、地税、社保等数据采集正在有序推进中。

交办事项 完成“十个全覆盖”跟踪、7项水利资金、全市环城水系债务等15个审计署、自治区和市委、市政府交办及协办任务审计。

（撰稿人：陈振华）

【包头市审计局】 2015年，包头市审计局人员编制117人，实有108人。局长（党组书记）李平，副局长段玉成、崔虎虎，总审计师王成虎，派驻纪检组长李俊义（12月—），副调研员任长武、白有明。设有外资审计科、社会保障审计科、经贸审计科、金融审计科、固定资产投资审计科（政府投资审计科）、农业资源环保审计科、行政事业审计科、财政审计科、法制科、政工科（精神文明建设办公室）、办公室、党政领导干部经济责任审计科、审理科、监察室、局机关党委、企事业单位领导干部经济责任审计科，下设包头市政府投资审计中心（审计培训中心）、计算机审计管理中心。

审计成果 包头市审计机关完成审计或审计调查项目单位356个，查出主要问题金额80.67亿元，其中违规金额31.17亿元、管理不规范金额49.47亿元；损益（收支）不实金额5337.77万元；审计处理处罚金额25.86亿元，其中应上缴财政9.96亿元、应减少财政拨款或补贴1.81亿元、应归还原渠道资金8.82亿元、应调账处理金额5.69亿元；审计发现非金额计量问题148个；审计促进整改落实有关问题金额10.95亿元，其中增收节支3.18亿元、已调账处理金额5.06亿元；审计促进拨付资金到位0.33亿元；审计后挽回（避免）损失1.78亿元。移送司法机关、纪检监察机关和有关部门处理事项21件。出具审计报告356篇，被批示、采用2篇。提出审计建议333条，被采纳218条。提交审计信息341篇，被批示、采用138篇次。向社会公告审计结果1篇。

政策措施贯彻落实跟踪审计 全市先后组成16个审计组，对落实稳增长、促改革、调结构、惠民生、防风险政策措施情况进行跟踪审计。完成棚户区改造和保障性安居工程建设、重大水利工程建设和农村饮水安全、精准扶贫和减少农村贫困人口等6个审计项目。坚持一手抓审计，一手抓整改，督促2项建设缓慢的水利项目按计划完工，促进未及时下拨的财政资金986万元足额到位，落实空置公租房114套投入使用。

财政审计 完成对市本级财政和市发改委、市规划局、市执法局、市农牧业局4个部门的预算执行审计，通过市人大常委会审议，审计报告在《包头日报》进行公告。加大审计整改力度，对2014年查出问题已督促整改37项，整改问题金额27.18亿元，推动市政府和有关部门出台《工业转型升级专项资金管理暂行办法》《节能与资源综合利用专项资金管理暂行办法》等7项规章制度。按照市委、市政府深化改革的要求，制定《包头市关于加强公务支出和公款消费审计的意见》，对公务支出和公款消费提出具体的审计标准和要求，为廉洁政府建设提供有力的制度保障。

经济责任审计 与市纪委、市委组织部沟通配合，全年审计领导干部25人。坚持党政主要领导干部经济责任同步审计，任中与离任审计相结合，加大任中审计力度，任中审计比重达到64%。按照开展领导干部自然资源资产责任审计试点的要求，在昆都仑区开展领导干部森林资源资产责任审计，在完善审计内容、方法和评价体系等方面，进行有益的探索和尝试。

固定资产投资审计 组织实施对新都市区建设项目的跟踪审计和包头机场改扩建项目的竣工决算审计。总结审计经验，编印《包头市政府投资建设项目跟踪审计操作指南》。

民生资金（项目）审计 对北梁棚户区搬迁改造项目进行跟踪审计，先后出具审计报告6篇，得到市委、市政府主要领导的批示和肯定。提出审计建议20余条，发现的项目建设中资金支付程序不完善、施工管理手续缺失、工程质量存在隐患等问题，得到有效整改，整改问题金额3.08亿元。

专项资金审计 全市组成10个审计组，抽调74名业务骨干，采取“上审下”和“同级审”相结合的组织方式，对“十个全覆盖”工程进行跟踪审计，审计覆盖面旗县区达到100%，乡镇达到50%以上，嘎查村达到30%以上。审计抽查资金总额34.75亿元，走访农牧民1057户，查出滞留项目资金、挤占挪用资金、配套资金不到位等8个方面61项问题。对审计发现的问题，定期跟踪检查，督促整改落实到位。

信息化建设 引入云计算技术，实施并完成信息化综合改造工程，建成现代化审理室和数据分析室。组织全市审计干部分批轮训，学习掌握OA（审计管理系统）和AO（现场审计实施系统）。在数据量较大的审计项目中，运用计算机汇总分析数据，查找问题线索，提升审计质量和效率。全局信息审批、公文运转和审理工作，基本实现无纸化办公。加强计算机人才的培养和储备，13人通过国家审计署计算机中级考试。

（撰稿人：朱丽丽）

【乌海市审计局】 2015年，乌海市审计局人员编制49人，实有47人。局长冯文彬（—5月）、傅庭琳（5月—），副局长韩文生、王卫东、薛峰。设有办公室、法规科、经济贸易审计科、固定资产投资审计科、行政事业审计科、农业与资源环保审计科、财政金融外资审计科、社会保障审计科、经济责任审计局、机关事务中心。

审计成果 乌海市审计局完成审计项目49个，查出主要问题金额7.93亿元，其中违规金额1.84亿元、管理不规范金额6.01亿元；损益（收支）不实金额3279万元；审计处理处罚金额2.18亿元，其中应上缴财政1.62亿元、应减少财政拨款或补贴3582万元、应归还原渠道资金1292万元、应调账处理金额522万元；审计发现非金额计量问题47个；审计促进整改落实有关问题金额1.94亿元，其中增收节支1.89亿元、已调账处理金额331万元；审计后挽回（避免）损失3619万元。移送司法机关、纪检监察机关和有关部门处理事项14件。出具审计报告和专项审计调查报告39篇。提出审计建议103条，提交审计信息64篇，被批示、采用113篇。

政策措施贯彻落实跟踪审计 对稳增长、促改革、调结构、惠民生、防风险政策落实情况进行跟踪审计，查出管理不规范金额1.9亿元，针对专项资金不到位、存量资金沉淀等问题依法提出审计建议。开展“十个全覆盖”工程跟踪审计和“十个全覆盖”重点工程专项监督工作，审计主管部门和用款单位50个，调查建设项目40个，审计资金总额4.7亿元，查出滞留、挤占挪用资金、未按规定招投标等管理不规范金额715万元，向司法和相关部门移送问题线索3件。

财政审计 对2014年市本级预算执行进行审计，查出违规金额8008万元，对应缴未缴预算收入和专户收入等问题，提出加强预算管理、规范专项资金使用等5条审计建议。对市地税局2014年度税收政策执行和经费管理使用情况进行审计，针对各征收分局管户企业欠税和经费结余、逾期未缴税费等问题，依法下达审计决定，审计整改效果明显。对乌达区政府2012—2013年度财政决算进行审计，查出违规金额7313万元；对海南区政府2013—2014年度财政决算的审计，查出管理不规范金额1000万元。

经济责任审计 对14名县处级领导干部开展经济责任审计，其中任中审计7人，离任审计7人。查出违规金额2819万元、管理不规范金额3.5亿元，查出的主要问题为固定资产未入账、自立收费项目和违规发放津补贴等。

固定资产投资审计 对17个政府投资项目进行审计，完成项目投资额2.3亿元，核减投资额2802万元，揭示超批复投资、违规招投标和资金使用不规范等问题。

民生资金（项目）审计 对2014年全市城镇保障性安居工程跟踪审计，查出因保障性住房建筑成本高，部分居民受家庭经济条件所限无力购买导致保障房空置等问题。对2012年至2013年全市企业职工养老保险基金开展审计，查出管理不规范金额1260万元，针对重复、冒领养老待遇和变造档案及户籍资料骗取养老保险待遇等问题，依法进行处理，向市纪检委、公安等相关部门移送案件线索5件，涉及领取人员442人，市公安部门立案18起，涉及21人；海勃湾区人民检察院立案7起，涉及17人。 （撰稿人：徐晓园）

【赤峰市审计局】 2015年，赤峰市审计局人员编制54人，实有52人。局长曹熙，副局长寇国安、于宝珠、程秀明、杨树友，总审计师曹立新，纪检组长张丰英（11月—），经济责任审计工作联席会议办公室主任吕俊杰（—11月）。设有办公室、法制科、监察室、财政审计科、外资审计科、固定资产投资审计科、社会保障审计科、经贸审计科、金融审计科、行政事业审计科、农业与资源环保审计科、经济责任审计办公室。

审计成果　赤峰市审计机关完成审计单位（项目）598 个，查出并纠正各项违纪违规金额 28.75 亿元、管理不规范金额 28.74 亿元；通过审计核减基建工程资金 1.93 亿元，上缴财政 8.33 亿元，归还原渠道资金 19.63 亿元，累计促进增收节支 29.2 亿元；向有关旗（县、区）政府和主管部门移送处理事项 31 件；向上级机关提交审计专题、综合性报告和信息简报 519 篇；促进有关部门和被审计单位完善管理规章制度 34 项。赤峰市审计局完成审计单位和项目 64 个，查出违纪违规金额 27.14 亿元、管理不规范金额 26.51 亿元；通过审计核减基建工程资金 346 万元，上缴财政 6.94 亿元，归还原渠道资金 19.39 亿元，累计促进增收节支 26.38 亿元；向有关旗县区政府和主管部门移送处理事项 27 件；向市委、市政府和上级审计机关提交专题报告、综合报告和审计信息 218 篇。

财政审计　开展 2014 年度市本级财政预算执行审计和下级政府财政决算审计，延伸审计 13 个预算执行单位和 7 个旗（县、区）政府财政决算。审计发现预算收入应缴未缴国库、未按规定解缴上级资金、违规返还税款、往来款清理不及时、部门预算执行不严格、国有资产管理有待加强等问题。对部分旗（县、区）存在的预算编制批复调整不规范、财政收支不实、挤占滞留专项资金、向企业出借财政资金、部分国有资产产权关系不明确等问题进行查处并要求整改。6 月 18 日，受市政府委托，向市六届人大常委会第十八次会议做 2014 年预算执行审计和其他财政收支审计工作情况的审计工作报告，同时报告上年度审计发现问题的整改情况。市人大常委会组成人员对市审计局的工作给予充分肯定，常委会组成人员全票通过审计工作报告。市人大常委会向市政府出具审计报告审议意见，要求市人民政府责成有关部门和单位对审计查出的问题认真分析原因，切实进行整改，依法追究责任。

外资运用审计　配合自治区审计厅审计组，完成对松山区、敖汉旗利用德国促进贷款进行城市发展环境改善项目的审计，在促进规范利用外资、加强外债资金管理和提高外债资金使用效益等方面发挥监督、公证和服务作用。

行政事业审计　完成对翁牛特旗公安局财务收支真实性、合法性进行审计，促进公安部门财务管理的加强，提高资金使用效益。对赤峰市政府驻北京联络处、驻沈阳联络处、驻呼和浩特联络处的财政财务收支开展审计，针对审计发现的在其他支出中列支餐饮费、往来账款清理不及时、呆坏账不能及时收回等问题进行纠正整改，促进市政府驻外机构规范财务收支管理。

固定资产投资审计　对赤峰市友谊大桥建设工程等 4 项重点建设项目开展竣工决算审计。重点检查工程项目的建设用地管理、承发包管理、资质管理、工程造价管理、资金管理、基建财务管理的真实性、合法性和有效性以及征地拆迁补偿金管理和发放情况，核减“高估冒算”资金 669 万元。

民生资金（项目）审计　根据审计署安排部署，完成对赤峰市 2014 年城镇保障性安居工程跟踪审计，审计发现部分旗县区城镇保障性安居工程的投资、建设、分配、运营等情况中存在的资金筹集不到位、保障性住房补贴未及时足额发放或错发、保障性住房租金未收或未实行“收支两条线”、部分保障性住房建成后闲置、保障性住房退出管理机制不完善、基础工作薄弱等问题，引起市委、市政府领导关注，及时督促问题单位认真整改。

经济责任审计　受市委组织部委托，对市直部门、单位和旗县区党政主要负责人开展经济责任审计项目 13 个，审计经济责任人 13 人，查出主要问题金额 1.5 亿元。审计中坚持边审计、边整改，注重从体制机制上查找领导干部履行管理职责存在的漏洞，促进被审计单位完善管理制度 22 项。对审计发现的部分被审计单位存在滞留财政资金、国有资产收益未按规定上缴财政、国有资产未纳入账内核算等问题，依法做出处理处罚。

企业审计　完成市自来水总公司、双平投资管理有限公司和城市基础设施投资开发公司的资产负债损益审计和市直 28 家国有及国有控股企业国有资产及企业经营状况的专项审计调查，审计发现查出并纠正违规违纪问题金额 7630 万元。

政策措施贯彻落实跟踪审计　根据审计署统

一组织，积极稳增长、促改革、调结构、惠民生、防风险政策跟踪审计。对保障性安居工程、水利建设资金、精准扶贫资金、简政放权、城镇污水处理和财政存量资金等一系列政策落实情况进行跟踪审计。根据自治区审计厅的安排，对赤峰市“十个全覆盖”工程进行跟踪审计。审计中坚持边审计边整改，对个别旗县区在资金筹集和管理、资金使用、项目建设管理等方面存在的占用项目资金平衡财政预算1.8亿元、滞留项目资金3345.7万元、用于非“十个全覆盖”项目资金2394万元等问题，协调和督促旗（县、区）政府进行整改。收回被占用资金和滞留项目资金2.26亿元，归还原渠道资金2394万元。为全面、真实、准确反映12个旗县区2014年至2015年8月实施“十个全覆盖”工程、村容村貌整治及美丽乡村建设形成新的政府债务情况，开展新增债务的审计调查，分析债务总体规模、形成债务的主要原因，提出化解新增政府性债务的建议。

信息化建设 组织开展计算机审计理论和应用培训，与东北财经大学、南京审计学院联合举办计算机培训班，选派年轻审计人员赴审计署、自治区审计厅参加计算机中级培训，着力提高审计人员计算机审计应用能力与水平，累计培训审计人员70多人次，有5人通过审计署计算机中级资格考试，9人通过自治区审计厅计算机中级资格考试。探索计算机辅助审计，筹集资金完成审计管理1拖N系统建设。（撰稿人：刘金超）

【通辽市审计局】 2015年，通辽市审计局人员编制56人，实有60人。局长（党组书记）张青，副局长王志刚、马砚春、刘庆林，调研员杜金山。设有办公室、金融外资审计科、审理法制科、农业与资源环保审计科、社会保障审计科、经贸审计科、计算机审计科、行政事业审计科、固定资产投资审计科、政府投资审计科、财政税务审计科、经济责任审计科、派出审计一科、开发区审计分局以及机关事务服务中心、固定资产投资审计中心。

审计成果 通辽市审计机关实施审计项目574个，查出各类违规违纪问题260个，涉及金额115.56亿元，挽回损失35.61亿元。移送案件线索2件。上报审计报告658篇，出具报告和专项审计调查报告245篇。提出审计建议398条，被采纳307条。

政策措施贯彻落实跟踪审计 完成棚户区改造和保障性安居住房建设、重大水利项目和农村安全饮水工程建设、精准扶贫和减少农村贫困人口、简政放权取消和下放行政审批事项、城市污水垃圾项目建设、财政存量资金等6个方面的审计，累计抽审214个政府部门、75个乡镇，涉及财政资金21.8亿元，反映和提出有关项目在实施过程中存在的任务未及时分解落实、项目进度缓慢、资金拨付不及时等13个方面39项问题，对存在的问题分析产生的原因，明确问题的主体责任，边审计边推动问题整改。对全市“十个全覆盖”工程建设进行审计和审计调查，重点关注工程建设进度情况、工程资金拨付情况、资金管理使用情况和拖欠工程款情况，审计资金总额41.9亿元，发现问题金额11.3亿元。

财政审计 对市财政局等16个部门及所属30个单位进行2014年度市本级预算执行和其他财政收支情况审计和延伸审计调查，重点审计预算编制、执行、管理情况，财政存量资金，政府债务和“三公”经费，会议费等情况，审计发现违规追加预算支出、挤占专项资金等问题47个，问题金额44.6亿元。在通辽市第四届人大常委会第19次会议上，受市政府委托做《通辽市2014年度市本级财政预算执行和其他财政收支情况审计工作报告》。完成对霍林郭勒市政府、奈曼旗政府财政决算审计。

经济责任审计 市县两级审计机关对171名领导干部进行任期经济责任审计，其中旗（县、市、区）审计局审计科级领导干部154人，市审计局审计处级领导干部17人。查出各类违规金额6707万元、管理不规范金额15.1亿元，其中应负直接责任金额115万元、应负主管责任金额1108万元、应负领导责任金额5461万元。向相关部门移送问题11件。9个审计报告被市政府领导批示。

固定资产投资审计 对市住建委等5个单位2011年至2014年政府性投资城市建设项目建设程序合法、合规性进行检查，检查政府投资项目92个，查出报批手续不全、招投标及合同签订不规范等问题，并向各单位提出整改建议。继续对僧格林沁王府修缮复建工程项目进行跟踪审计，出具 2 期形象进度投资额跟踪审计报告，累计核减形象进度投资额 4537 万元，复核工程形象进度投资额的真实性，为工程进度款拨付提供依据。

专项资金审计 采取“上审下”方式，对全市 2014 年扶贫资金的筹集、分配、管理、使用及效益情况进行全覆盖审计和审计调查，审计财政和扶贫资金主管部门及用款单位 158 个，调查扶贫村建设项目 448 个，走访农牧户 1280 户，审计资金总额 4.2 亿元。查出滞留、挤占挪用、套取资金、改变项目用途、搭车收费等问题 39 个，各类问题金额 1.9 亿元。审计综合报告被市政府批转全市，并要求整改落实。按照自治区审计厅统一部署，组成审计组对赤峰市本级及所属敖汉旗、林西县 2013 年至 2014 年水利专项资金进行审计，审计主管部门和用款单位 26 个，调查建设项目 18 个，走访农牧户 85 户，查出各类滞留、挪用等违规问题 12 个，问题金额 1.8 亿元。

领导干部自然资源资产离任审计 开展对扎鲁特旗原旗长自然资源资产离任审计试点工作。通过审计，查出扎鲁特旗在矿产资源相关政策落实、矿业权管理、矿产资源相关资金征管、矿山安全生产及相关资金管理等 5 个方面存在的 25 项问题，涉及问题金额 5196 万元。通过审计试点，在审计评价、责任界定、审计结果运用等方面积极探索，加强经验总结，逐步予以规范，为开展经常性审计做好充分准备。 （撰稿人：王 宽）

【鄂尔多斯市审计局】 2015 年，鄂尔多斯市审计局人员编制 85 人，实有 69 人。局长王苏和，副局长蔺海英、武占才、布和（—7 月），总审计师董政华，纪检组长王玉成（— 6 月）。设有办公室、法规科、财政审计科、行政事业审计科、农业与资源环保审计科、固定资产投资审计科、金融外资审计科、经贸审计科、社会保障审计科、经济责任审计办公室、政府投资项目审计中心、审计信息网络中心、审计干部教育培训中心。

审计成果 鄂尔多斯市审计局完成审计项目 23 个，其中组织实施审计项目 22 个，参与实施审计项目 1 个。查出主要问题金额 90.25 亿元，其中违规金额 26.66 亿元、损失浪费金额 2295 万元、管理不规范金额 63.36 亿元；损益（收支）不实金额 1.04 亿元；审计处理处罚金额 15.99 亿元，其中应上缴财政 1.1 亿元、应减少财政拨款或补贴 2.71 亿元、应归还原渠道资金 11.78 亿元、应调账处理金额 3749 万元；审计发现非金额计量问题 123 个；审计促进整改落实有关问题金额 7.82 亿元，其中增收节支 7.42 亿元、已调账处理金额 3757 万元。移送司法机关、纪检监察机关和有关部门处理事项 60 件。出具审计报告和专项审计调查报告 23 篇，被批示、采用 2 篇。提出审计建议 77 条，提交审计信息 43 篇，被批示、采用 3 篇。

政策措施贯彻落实跟踪审计 鄂尔多斯市审计局把促进中央、自治区和市出台的稳增长、促改革、调结构、惠民生一系列政策措施的贯彻落实作为审计工作的重中之重，深入揭示重大政策落实情况、重大建设项目推进情况、大额资金使用情况、政府性债务情况等方面存在的问题，打通政策执行“最后一公里”，促进政令畅通。

财政审计 完成鄂托克前旗、伊金霍洛旗、准格尔旗的财政决算审计；对市财政局、市地税局编制、组织和执行 2014 年市本级财政预算情况，以及市林业局、市规划局等 7 个市政府相关部门单位预算执行情况进行审计。

经济责任审计 完成鄂托克前旗、伊金霍洛旗、准格尔旗 4 名党政主要领导任期经济责任审计，完成市文化局等 5 个部门（单位）6 名主要领导干部任期经济责任审计。

农业与资源环保审计 探索开展领导干部自然资源资产（草原）审计试点工作，印发《鄂尔多斯市领导干部自然资源资产责任审计试点工作方案》，组织开展鄂托克旗领导干部自然资源（草原）资产责任审计试点工作。加强与相关部门的配合，对审计评价指标、审计方法等内容进行初探，为下一步开展领导干部自然资源资产审计试点工作奠定基础。鄂尔多斯市审计局组成审计组完成审计厅组织的阿拉善盟水利专项资金审计，向内蒙古自治区检察院移送处理事项 1 件，向内蒙古自治区水利厅移送处理事项 2 件，向阿拉善盟纪检监察机关移送处理事项 2 件。

固定资产投资审计 完成鄂尔多斯市伊金霍洛旗阿镇西红海子至布拉格嘎查道路工程等 10 个项目竣工决算审计，纠正建设工程实施中的超概算、高估冒算、随意变更、不合规招投标等现象，从源头上堵塞损失浪费和管理漏洞。

民生资金（项目）审计 加大对保障性安居工程、土地出让收支和耕地保护情况、全市“十个全覆盖”工程的审计监督，查出主要问题金额26.5亿元，发现专项资金平衡预算、挤占专项资金、违规使用土地出让金等问题，及时督促相关项目单位进行整改和纠正，促使各项专项资金规范管理、有效运行。

信息化建设 加大资金投入，积极引进和培养人才，加强审计信息化建设，推进计算机、地理信息系统（GIS）等新技术在审计中的应用。《地理信息技术（GIS）在生态保护与建设资金审计中的应用初探》被《内蒙古审计》采用。康巴什新区审计局在企业审计中利用SQL Server数据库和计算机现场审计实施系统开展的审计做法，入选自治区信息化审计案例，并在南京审计学院召开的全区审计信息化专题研修班上进行交流。

（撰稿人：王栓忠）

【呼伦贝尔市审计局】 2015年，呼伦贝尔市审计局人员编制67人，实有57人。局长刘建国，副局长胡长珍、秦远飞、成若、常雅君，总审计师秦远飞（兼），纪检组长王瑞杰。设有办公室、法制科、审理科、财政审计科、行政事业审计科、农业与资源环保审计科、固定资产投资审计科、金融审计科、经贸审计科、社会保障审计科、外资审计科、经济责任审计一科、经济责任审计二科、机关党总支、离退休人员管理科、固定资产投资审计中心暨审计信息中心。

审计成果 呼伦贝尔市审计机关完成审计（调查）单位（项目）349个，查出违规金额15.53亿元，应上缴财政7078万元，应归还原渠道资金2.8亿元。向纪检、监察部门和相关部门移送案件线索27件。提出审计建议500条，被有关部门采纳260条。提交审计报告、信息388篇，被批示、采用100篇。

财政审计 对市直9个预算执行部门进行审计。受市政府委托，向市人大常委会提交《关于2014年度呼伦贝尔市本级预算执行和其他财政收支的审计工作报告》，得到市人大的高度评价。

固定资产投资审计 完成固定资产投资审计项目38个，其中市审计局完成海拉尔火车站广场改造工程、市老年公寓、职业学院一期工程等13个审计项目，审减工程造价4亿元。

民生资金（项目）审计 根据自治区审计厅的统一安排，分别对呼伦贝尔新区管理委员会和呼伦贝尔市林业局及直属6个林业局2014年林业棚户区改造工程的投资、建设、分配、运营等情况进行跟踪审计，审计查出未按规定完成林业棚户区改造配套基础设施开工任务、未严格履行基本建设程序、未按规定进行招投标、超过规定范围和限额使用现金等问题。根据自治区审计厅的统一安排部署，组织市县两级审计机关在全市范围内开展“十个全覆盖”工程跟踪审计，其中市审计局对海拉尔区和额尔古纳市辖区内2014年至2015年6月的“十个全覆盖”工程进行跟踪审计，审计查出地方财政配套不到位、违规收取管理费、嘎查村街巷硬化工程未按批复地点建设、未按规定履行招投标程序等问题。采取“交叉审计”的方式继续开展2015年保障性安居工程跟踪审计。针对查出的出借施工企业资金等问题，向市纪委移送案件线索1件，向市检察院移送案件线索3件。组织对市公安局、呼伦贝尔日报社2013—2014年度财务收支情况进行审计。

经济责任审计 实行任中审计和离任审计相结合，有重点、有步骤地推进领导干部轮审。全市审计机关开展经济责任审计项目159个，查出违规金额2.75亿元、管理不规范金额7.66亿元。

政策措施贯彻落实跟踪审计 按照自治区审计厅统一部署，完成对重大水利工程建设、解决农村牧区饮水安全问题、精准扶贫和减少农村贫困人口等重点政策措施落实情况的跟踪审计。

领导干部自然资源资产离任审计 在对牙克石市委原书记和原市长同步经济责任审计时，将任期内水资源资产作为试点内容一并进行审计。对额尔古纳市2013—2014年度土地资源管理、保护、开发、利用情况，落实耕地和基本农田保护目标责任状情况，执行国家、自治区土地资源法律法规、相关政策情况和涉及土地资源相关资金的征收、管理、使用情况进行审计。

（撰稿人：王莹莹）

【巴彦淖尔市审计局】 2015年，巴彦淖尔市审计局人员编制70人。局长杜振荣，副局长任宏（—1月）、常泉亮、王秉璋，总审计师聂玉梅，纪检组长杨胜，经济责任审计联席会议办公室主任苍智勇。设有办公室、政策法规科、财政审计科、金融外资审计科、行政事业审计科、社会保障审计科、农业与资源环保审计科、经贸审计科、固定资产投资审计科、政府投资审计科、经济责任审计分局，下设计算机审计中心，另设有局机关党委。

审计成果 巴彦淖尔市审计机关完成审计项目 259 个，查出主要问题金额 46.86 亿元，其中违规金额 10.82 亿元、损失浪费金额 3269 万元、管理不规范金额 35.71 亿元；损益（收支）不实金额 1719 万元；审计处理处罚金额 3.19 亿元，其中应上缴财政 955 万元、应减少财政拨款或补贴 3320 万元、应归还原渠道资金 1.57 亿元、应调账处理金额 7782 万元；审计发现非金额计量问题 97 个；审计促进整改落实有关问题金额 1.63 亿元，其中增收节支 6813 万元、已调账处理金额 7224 万元；审计促进拨付资金到位 7810 万元；审计后挽回（避免）损失 1939 万元。移送司法机关、纪检监察机关和有关部门处理事项 110 件。出具审计报告和专项审计调查报告 243 篇，被批示、采用 4 篇。提出审计建议 582 条，提交审计信息 1543 篇，被批示、采用 1306 篇。向社会公告审计结果 15 篇。

政策措施贯彻落实跟踪审计 开展保障性安居工程、重大水利工程、精准扶贫、简政放权、城市污水处理设施建设、财政存量资金统筹使用政策措施落实跟踪审计，上报贯彻落实稳增长等政策措施情况跟踪审计发现问题整改情况的报告。

财政审计 组织实施市本级财政预算执行审计，发现未按规定将专户资金收回等 15 类 27 个问题；组织实施 11 个市直部门预算执行审计，发现违规发放补贴等 3 类 17 个问题。开展乌拉特后旗、乌拉特前旗和巴彦淖尔经济技术开发区 2012—2014 年度财政决算审计。在乌拉特后旗财政决算中，查出少反映净结余 2249.4 万元，不符合条件的人员享受廉租房、危房改造补助等 54 类问题，移送纪检、公安等部门案件线索 8 件。

经济责任审计 开展 67 个部门主要领导的经济责任审计。审计查出主要问题金额 7.26 亿元，其中违规金额 1.93 亿元、管理不规范金额 5.32 亿元。移送解放闸灌域管理局 3 名财务人员涉嫌贪污公款的问题，该项目获得自治区审计厅表彰项目。

固定资产投资审计 完成投资审计项目 128 个，核减项目投资额 4.57 亿元。自治区审计厅组织实施的呼张铁路乌兰察布段征地拆迁项目审计，涉及金额 17 亿元，发现违规金额 11.9 亿元，审计期间收回出借挪用资金 8.6 亿元，收回违规领取发放征拆资金 34 万元，移送案件线索 2 件。

民生资金（项目）审计 全市“十个全覆盖”跟踪审计出查 6 大类 31 个问题，违规金额 3.4 亿元，督促整改资金 1 亿元。审计专报信息被市委、市政府两办采纳，获市委主要领导批示。

（撰稿人：王　宇）

【乌兰察布市审计局】 2015 年，乌兰察布市审计局实有 66 人。局长陈明，副局长朱闰魁、王高奎、董鹏飞、林永青、张建宾、周济生，总审计师严立新，纪检组长朱玉，副调研员兰志军。设有办公室、法规科、固定资产投资审计科、财政金融审计科、行政事业审计科、社会保障审计科、经贸审计科、农业与资源环保审计科、经济责任审计科、外资审计科、建设项目预算审计中心、建设项目决算审计中心、建设项目审理中心、机关事务服务中心。

审计成果 乌兰察布市审计机关完成审计单位（项目）340 个，查出主要问题金额 13.3 亿元，应归还原渠道资金 1.4 亿元，应调账处理金额 1733 万元。提交审计报告和审计调查报告 307 篇，被批示、采用 46 篇。提出审计建议 374 条，提交审计信息 208 篇，被批示、采用 152 篇。

政策措施贯彻落实跟踪审计 按照审计署和自治区审计厅的要求，组织实施保障性安居工程、水利专项资金管理使用情况、扶贫专项资金管理使用情况、推进简政放权政策落实情况、城市污水垃圾处理设施建设、财政存量资金统筹使用情况的跟踪审计工作。按照自治区党委、政府的要求和审计厅的安排部署，完成 2014 年至 2015 年 6 月全市“十个全覆盖”工程项目资金情况跟踪审计。摸清全市“十个全覆盖”工程项目实施和任务完成情况，提出审计意见和建议。

财政审计 实施市财政局等 119 个部门 2014 年度预算编制、执行情况审计。市审计局结合党政主要领导干部任中经济责任审计对察右前旗、卓资县和凉城县人民政府开展财政决算审计，各旗县审计局对40%的乡镇人民政府2013年度和2014年度财政决算情况进行审计。市审计局代表市政府向市人大常委会做审计发现问题整改情况的专题报告。审计结果得到各级党委、人大和政府的高度重视，所涉及的被审计单位认真落实审计决定。

行政事业审计 完成2013年、2014年教育专项经费审计并延伸至所属二级单位，针对发现的问题，提出处理处罚意见。

经济责任审计 组织旗（县、市、区）审计局完成1000多个行政村嘎查的“两委”换届任期经济责任审计工作。市审计局完成对察右前旗、卓资县和凉城县党政主要领导干部的经济责任审计。开展领导干部自然资源资产经济责任审计前期准备工作，完成《乌兰察布市领导干部自然资源资产责任审计的总体方案》《乌兰察布市领导干部自然资源资产责任审计的指导意见》，并对察右前旗、卓资县、凉城县开展领导干部任期内森林资源资产责任审计。按市委组织部的安排，对察右后旗旗委、兴和物流园区、市文联主要领导及察右前旗、卓资县和商都县法院院长进行离任审计，对市教育局和政务服务中心主要领导进行任中经济责任审计。

固定资产投资审计 完成175个单位的投资项目审计。完成新时代家园、霸王河水库上游拦沙坝及水体景观工程、市汽车站工程、文化公园两个标段、人民公园、乌兰察布市交通运输指挥中心工程的竣工决算审计。通过审计，揭露和纠正管理不善、高估冒算等问题，对工程质量和效益做出客观评价，提出完善投资计划、规范建设管理、提高投资效益的建议。

专项资金审计 开展保障性安居工程政策、资金专项审计调查和重点资金的审计。在对全市保障性安居工程进行的跟踪审计中，检查上年审计查出问题的整改情况，发现未足额安排安居工程建设资金，出借、占用专项资金，目标未完成等问题，责成被审计单位认真落实审计决定，保证专项资金的使用效益。完成自治区审计厅安排的包头市两个旗县的水利专项资金项目审计，完成110国道改扩建工程审计以及6个旗县文物资金审计。

信息化建设 更新改版审计局门户网站并通过验收。审计管理系统“一拖N”地方版完成立项。完成乌兰察布市中等职业技术学校等8项AO审计，应用数据库技术对市第二医院、卓资县“一卡通”进行计算机审计。完成4次计算机审计相关应用的培训。

制度建设 出台《加强公务支出和公款消费审计的意见》和《审计发现问题整改工作实施细则》。

（撰稿人：冀　龙）

【兴安盟审计局】 2015年，兴安盟审计局人员编制73人，实有51人。局长孙静波，副局长梁喜发、高明喜，总审计师包书明，纪检组长朱晓咏，兴安盟经济责任审计工作联席会议办公室主任朱永林（5月—）。设有办公室、经济责任审计办公室、财政税务审计科、经济贸易审计科、社会保障审计科、农业与资源环保审计科、行政事业审计科、固定资产投资审计科、金融外资审计科、法制科、审理科、监察室、下设兴安盟内部审计管理中心。

审计成果 兴安盟审计机关完成审计项目157个，查出主要问题金额120.72亿元，其中违规金额5.34亿元、管理不规范金额115.38亿元；审计处理处罚金额19.2亿元，其中应上缴财政2.94亿元、应减少财政拨款或补贴1380万元、应归还原渠道资金15.05亿元、应调账处理金额649万元；审计发现非金额计量问题166个；审计促进整改落实有关资金32.64亿元，其中增收节支4.96亿元、已调账处理金额13.39亿元、已缴纳其他资金5015万元；审计后挽回（避免）损失858万元。移送司法机关、纪检监察机关和有关部门处理事项32件。出具审计报告和专项审计调查报告182篇。提出审计建议276条，提交审计信息244篇，被批示、采用108篇。

政策措施贯彻落实跟踪审计 开展“十个全覆盖”工程跟踪审计，稳增长、促改革、调结构、惠民生、防风险跟踪审计，保障房安居工程跟踪审计。在“十个全覆盖”工程跟踪审计中，促进规范资金管理6181.40万元，收回被挤占资金10.88万元，收回违反规定发放危房改造补助资金34.75万元。在保障房安居工程跟踪审计中，查出棚户区改造安置补偿不规范、挤占挪用工程资金等问题，追回被挤占挪用资金 687.60 万元，促进保障性安居工程建设资金到位 1572 万元；收回 72 户不应领取廉租房补贴；腾退 13 户不具备条件而分配的保障房；3 名干部被行政追责。

财政审计 关注落实中央八项规定、国务院“约法三章”、自治区 28 项配套规定以及关于严禁楼堂馆所建设、“三公”经费和会议费预算的编制、控制和执行情况，揭示预算编制不科学、不合理、不完整，非税收入、政府性基金应缴未缴国库，超预算拨款，未按国库集中支付管理办法拨付财政资金等问题。兴安盟行政公署对本级预算执行审计发现问题的整改工作高度重视，要求各有关单位一把手负起整改第一责任人的责任。兴安盟审计局代盟行署向兴安盟人大工作委员会做预算执行情况的审计工作报告，根据整改情况向盟行署和兴安盟人大工作委员会做兴安盟本级预算执行审计整改情况的报告。兴安盟人大工作委员会和兴安盟行政公署给予高度评价。

经济责任审计 完善经济责任审计制度，与兴安盟委组织部联合印发《兴安盟关于进一步加强经济责任审计工作的意见》。探索领导干部自然资源资产审计，设立兴安盟审计局领导干部自然资源资产责任审计领导小组，印发《兴安盟领导干部自然资源资产责任审计工作方案（试行）》《兴安盟审计局关于试点开展领导干部自然资源资产责任审计的指导意见》。（撰稿人：刘继连）

【锡林郭勒盟审计局】 2015 年，锡林郭勒盟审计局（以下简称盟审计局）人员编制 47 人，实有 42 人。局长包海山，副局长钱文会、托雅、刘兴友、陈金旺，总审计师韩淑华，纪检组长张淑琴，经济责任审计办公室主任陈金旺（兼）。设有办公室、法制审理科、财政审计科、金融外资审计科、农牧审计科、资源环保审计科、固定资产投资审计科、行政事业审计科、经贸审计科、社会保障审计科、经济责任审计办公室、内部审计管理办公室。

审计成果 锡林郭勒盟审计机关共审计和审计调查单位（项目）308 个，其中盟审计局审计和审计调查单位（项目）25 个。查出违规金额 60 亿元，管理不规范金额 37.4 亿元，归还原渠道资金 4.2 亿元，促进增收节支 4.6 亿元，上缴财政 0.39 亿元。向纪检和相关部门移送违纪违规问题和线索 32 件，其中盟本级移送 16 件。提交审计专题报告、综合性报告和信息简报 685 篇，被批示、采用 40 篇。向被审计单位或有关部门提出审计意见、建议 236 条，被采纳 95 条。盟审计局机关被盟委评为 2015 年度全盟党委系统先进集体，刘国宾被行署评为 2015 年度全盟政府系统督查工作先进个人。

政策措施贯彻落实情况跟踪审计 按照审计署和自治区审计厅统一部署，完成稳增长、促改革、调结构、惠民生、防风险政策措施落实情况和自治区党委“十个全覆盖”工程跟踪审计工作。两项工作覆盖盟本级和 12 个旗（县、市、区），涉及盟、旗（县）两级主管部门 139 个，苏木乡镇 60 个，嘎查村 437 个，调查建设项目 267 个，深入 4926 个农牧户核实情况。查处违纪违规金额 4.48 亿元。按照问题属性和相关法规要求，提出审计整改意见和建议。

财政审计 完成盟本级 2014 年预算执行及其他财政收支情况的审计，查出违规违纪金额 44.37 亿元，主要是预算编制不规范、预算执行不规范、累计欠征煤炭价格调节基金等问题。盟人大工委十二届八次会议专题进行审议，审计报告得到盟人大工委的充分肯定，在盟行署政务网站发布审计公告。盟审计局完成多伦县、正蓝旗 2012 年至 2014 年财政决算审计，查出两地少计预算支出 3.1 亿元，先征后返税收收入和土地出让金 6877 万元，挤占水资源费、矿产资源补偿费、排污费 1282 万元，应缴未缴财政收入和违规退库 8.85 亿元；税务部门应征未征税款 3059 万元，欠拨上级下达各类专项资金 4.18 亿元，向非预算单位拨款 3090 万元，以及地方政府违规举债、预算单位挪用专项资金等违规违纪问题，并依据相关法规做出认定和处理。

领导干部自然资源资产离任审计 按照自治区审计厅的具体要求，盟审计局以草原资源资产为审计对象，苏尼特左旗人民政府为主体，对其 2012 年至 2014 年草原资源资产进行试点审计，出具审计调查报告。

外债项目审计 完成财政部门管理的外债项目专户资金及相关费用收支情况的审计，促进合理有效利用外资和加强项目管理。

经济责任审计 对地方党政领导和行政事业单位主要负责人184人实施领导干部经济责任审计，查出违规金额18.5亿元，其中应负领导责任金额18.2亿元、应负主管责任金额2534万元、应负直接责任金额138万元。盟审计局完成对正蓝旗人民政府旗长、多伦县人民政府县长、多伦县法院院长、阿巴嘎旗检察院检察长、二连浩特市公安局局长和盟直18个行政事业单位主官的经济责任审计。

固定资产投资审计 盟审计局完成苏尼特左旗、西乌珠穆沁旗、正镶白旗2011年至2014年农村公路建设项目的审计工作，涉及建设项目投资总额3.53亿元，查出问题金额1.76亿元。

交办事项 完成全盟城镇保障性安居工程的跟踪审计；呼和浩特市本级和所属二县的水利资金专项审计；对东珠穆沁旗等5个地区2011年至2014年文物专项资金使用管理情况进行审计和审计调查。派员参加自治区审计厅组织的自治区广电网络公司领导人任期经济责任和吉林森工集团财务收支审计工作。

内部审计 全盟内部审计机构完成审计项目21个，部门、企业采纳审计建议6条。年内改选和增补理事19人，全年内部审计协会组织会员单位参加自治区审计协会举办的各类培训班人数129人次。盟审计协会表彰奖励会员撰写的论文6篇。 （撰稿人：刘国宾）

【阿拉善盟审计局】 2015年，阿拉善盟审计局人员编制33人，实有31人。局长李东亮，副局长王继平、杨信华，阿盟经济责任审计联席会议办公室主任黄庭国，副调研员韩燕。设有办公室、法制审理科、财政审计科、行政事业审计科、金融外资审计科、社会保障审计科、农牧业与资源环保审计科、经贸审计科、固定资产投资审计科、经济责任审计科。

审计成果 阿拉善盟审计机关完成审计和审计调查项目146个，查出主要问题金额70.4亿元，其中违规金额9.18亿元、管理不规范金额61.18亿元、损失浪费金额401万元；促进增收节支2.05亿元；核减工程投资额2.32亿元。移送司法机关、纪检监察机关和有关部门处理事项76件，涉及21人。审计提出建议221条。提交审计专题、综合性报告和审计信息290篇，被采用47篇次。

政策措施贯彻落实跟踪审计 根据自治区审计厅的统一安排，成立稳增长、促改革、调结构、惠民生、防风险政策跟踪审计领导小组，将此项审计工作任务进行分解和落实。审计中重点围绕“项目落地、资金保障、简政放权、措施落地”四个方面进一步进行跟踪落实。

财政审计 开展盟本级2014年度预算执行情况、阿拉善左旗2014年度财政决算审计工作并结合阿拉善左旗原旗长离任经济责任审计（包括矿产资产离任审计）。

经济责任审计 全盟对47名领导干部履行经济责任情况实施审计，查出主要问题金额6.64亿元，移送司法机关、纪检监察机关处理事项24件，涉及相关责任人员20人。落实领导干部离任经济事项交接制度，年内对盟委组织管理的12名处级领导干部离任经济事项履行交接手续；按照《内蒙古自治区领导干部自然资源资产责任审计总体方案》要求，成立由局长担任组长的领导干部矿产资源资产责任审计领导小组，探索实施阿拉善左旗原任旗长自然资源资产（矿产资源资产）离任审计工作。

农业与资源环保审计 根据审计厅统一安排，采取“上审下”的方式，组成6个审计组对各旗区农村牧区“十个全覆盖”工程项目进行审计。

固定资产投资审计 盟本级完成14个固定资产投资审计项目，核减工程款7880万元，查出管理不规范金额3.54亿元、违规金额837万元，移送有关部门处理问题30件，涉及金额1.11亿元。盟领导对《投资审计专报》做出2次重要批示，提出限时整改督查的要求。

民生资金（项目）审计 根据“全盟审计一盘棋”的总体思路，全盟两级审计机关派出6个审计组、25名审计人员，对全盟2014年城镇保障性安居工程的投资、建设、分配、运营等情况进行审计；组织实施全盟城镇职工基本医疗保险审计项目；做好全盟医院和基本公共卫生经费、城镇保障性安居工程跟踪审计的整改落实工作。

专项资金审计 对全盟2014年农牧林水专项资金进行摸底调查。 （撰稿人：胡　杰）

2015 年内蒙古自治区所辖区、县(市)级审计工作统计表

金额单位:万元

审计机关	完成审计项目(个)	审计查出主要问题金额	审计处理情况					出具审计报告和审计调查报告(篇)	提出审计建议(条)	提交审计信息(篇)
			审计处理处罚				移送处理事项(件)			
			应上缴财政	应减少财政拨款或补贴	应归还原渠道资金	应调账处理金额				
呼和浩特市										
呼和浩特市本级	30	508586	22940		8055	304569	52	30	57	100
新城区审计局	19	3593	16		319	361		19		12
回民区审计局	14	6755				1119	1	14	29	
玉泉区审计局	14	5534	1		49	52		14	41	
赛罕区审计局	12	7673	35			1228		12	47	6
托克托县审计局	23	455	8				2	23	18	0
和林县审计局	17	2165	56			371		17	35	1
清水河县审计局	29	3031	233		19	23		29	79	
武川县审计局	5	2170	112		143	381		5	7	12
土默特左旗审计局	4	132	59	11		5		4	3	
包头市										
包头市本级	54	574772	94983	185	30940	14667	18	54	47	15
昆都仑区审计局	21	9380	6	1162	5	223		21	1	
东河区审计局	84	54059	195			651		84	27	19
青山区审计局	40	50619	10	15195	36	35378		40	56	12
石拐区审计局	20	9526	1			70	1	20	6	6
白云鄂博矿区审计局	19	1753	8	24				19	92	91
九原区审计局	16	9383	1313		95	40		16	12	10
稀土高新技术开发区审计局	8	7088	15					8	13	4
固阳县审计局	20	12421	1073		10852	1		20	55	48
土默特右旗审计局	18	56399	272		4471	5896	1			
达尔罕茂明安联合旗审计局	56	21261	1760	1546	1123	16	1	56	24	47
乌海市										
乌海市本级	49	79311	16235	3582	1292	522	14	39	103	64
海勃湾区审计局	20	4072	5	3420	5	135		20	15	51
海南区审计局	97	44127		8471	3530	662		95		96
乌达区审计局	16	7901	7900		7500	20		26		60

续表

审计机关	完成审计项目（个）	审计查出主要问题金额	审计处理情况					出具审计报告和审计调查报告（篇）	提出审计建议（条）	提交审计信息（篇）
			审计处理处罚				移送处理事项（件）			
			应上缴财政	应减少财政拨款或补贴	应归还原渠道资金	应调账处理金额				
赤峰市										
赤峰市本级	64	536411	110796	537	323447	73894	27	64	91	218
红山区审计局	102	7203	2	6333	701	15		102	121	21
元宝山区审计局	28	7221	7204	10				28	23	39
松山区审计局	38	280	55	62	4	145		38	34	5
林西县审计局	15	1465	3		439	905		15	12	10
宁城县审计局	31	1676	43	138	144	1300		31	50	28
阿鲁科尔沁旗审计局	56	5928	5735		18	147		56	13	15
巴林左旗审计局	67	2247	68	202	100	1086		67	182	47
巴林右旗审计局	56	6322		4445	32	493		56	82	5
克什克腾旗审计局	23	3280	50	66		48	1	23	74	27
翁牛特旗审计局	11	653			11	5		11	18	4
喀喇沁旗审计局	35	1604	11	229	1251		3	35	16	29
敖汉旗审计局	72	799	94	445	53			72	90	94
通辽市										
通辽市本级	117	1026979	47		1390	6355	1	39	58	79
科尔沁区审计局	11							17	16	19
霍林郭勒市审计局	244	78224						23	19	22
开鲁县审计局	47	1557	115			342		47	40	21
科尔沁左翼中旗审计局	7	46						23	12	16
科尔沁左翼后旗审计局	16	5388	6			30		16	98	53
库伦旗审计局	24	9801	30		8892	764		33	26	45
奈曼旗审计局	5	378	173					21	17	29
扎鲁特旗审计局	26	25247	57		99	198	1	26	21	33
鄂尔多斯市										
鄂尔多斯市本级	23	902468	10975	27113	117801	3749	60	23	77	43
东胜区审计局	39	893235	207	2591	37427		36	48	110	65
达拉特旗审计局	259	40867		17624			7	259	30	
准格尔旗审计局	58	258793	104		12459	865	7	58	51	60
鄂托克前旗审计局	73	27586	20	20998	642	356	21	162	230	136
鄂托克旗审计局	29	23131	47		5975	3417	1	29	16	5

续表

审计机关	完成审计项目（个）	审计查出主要问题金额	审计处理情况					出具审计报告和审计调查报告（篇）	提出审计建议（条）	提交审计信息（篇）
			审计处理处罚				移送处理事项（件）			
			应上缴财政	应减少财政拨款或补贴	应归还原渠道资金	应调账处理金额				
杭锦旗审计局	68	51305	149	3299	12965	14468	19	68	171	150
乌审旗审计局	52	297316	243	3624	388	5390	29	49	107	106
伊金霍洛旗审计局	90	49678	400	41606	9	2	20	95	280	9
呼伦贝尔市										
呼伦贝尔市本级	30	198712	40		26001		12	30	64	158
海拉尔区审计局	24	196159	50			1025	1	24	10	63
牙克石市审计局	38	3353	143	449	1577	98		48	16	10
满洲里市审计局	21	58042					2	28	19	11
扎兰屯市审计局	57	105643	472		1363	12093	7	48	153	135
额尔古纳市审计局	14	40316	6					14	27	62
根河市审计局	13	781						13	4	14
阿荣旗审计局	20	1319	418			846		22	8	48
陈巴尔虎旗审计局	78	16112	22		47	3		80	103	38
新巴尔虎左旗审计局	21	30843				200		20	38	5
新巴尔虎右旗审计局	30	66290	497		11	2169	4	28	35	22
莫力达瓦达斡尔族自治旗审计局	31	10918	5101			123		31	22	
鄂伦春自治旗审计局	28	4540	23			1655		46	43	44
鄂温克族自治旗审计局	42	49320	463	381			3	42	65	
巴彦淖尔市										
巴彦淖尔市本级	29	290981	269	95	21	2248	30	30	80	185
临河区审计局	42	41488	22	2	8885		2	27	132	183
五原县审计局	47	18046	56		736	5472	65	46	61	113
磴口县审计局	49	7125	46		8		4	50	56	149
乌拉特前旗审计局	5	40886	4		5372		1	4	23	3
乌拉特中旗审计局	27	6491	27	55	572	128	7	27	68	45
乌拉特后旗审计局	28	32630	67	3133	20		1	28	51	30
杭锦后旗审计局	32	30919	461	33	116	21		31	111	330
乌兰察布市										
乌兰察布市本级	16	96525	9		273	143		16		
集宁区审计局	13	1366				2		12	29	

续表

审计机关	完成审计项目（个）	审计查出主要问题金额	审计处理情况					出具审计报告和审计调查报告（篇）	提出审计建议（条）	提交审计信息（篇）
			审计处理处罚				移送处理事项（件）			
			应上缴财政	应减少财政拨款或补贴	应归还原渠道资金	应调账处理金额				
丰镇市审计局	111	1057	1			3		111	138	6
卓资县审计局	31	612	17					31		15
化德县审计局	29	6211	15	949	4937	199	5	29	41	40
商都县审计局	34	24								
兴和县审计局	3	700			700			3		
凉城县审计局	19	2139	3		767	882	4	19	21	
察哈尔右翼前旗审计局	12	84						12		
察哈尔右翼中旗审计局	23	9757	270	3074		37		23	12	15
察哈尔右翼后旗审计局	18	8900	846	27	7326	467		19	37	43
四子王旗审计局	31	5295	15					32	96	95
兴安盟										
兴安盟本级	44	731147	8809		40060	7171	12	62	135	201
乌兰浩特市审计局	15	224618			7	4	6	17	21	38
阿尔山市审计局	18	12528	22	1380	2005	367	4	26	29	19
突泉县审计局	14	90427	16570		70597			14	1	55
科尔沁右翼前旗审计局	8	21330	3367		562	785	1	9	5	25
科尔沁右翼中旗审计局	36	83191	302		67	2034	7	36	53	22
扎赉特旗审计局	22	43977	305		37193	55	2	22	32	51
锡林郭勒盟										
锡林郭勒盟本级	25	80724	3450		10656	357	16	20	26	23
锡林浩特市审计局	41	230974	14			8	3	42	14	22
二连浩特市审计局	48	135567	5					45		16
多伦县审计局	40	32716	1		32584			39	6	58
阿巴嘎旗审计局	33	5637	34		190	65	13	39	27	25
苏尼特左旗审计局	14	1789				1789		15	41	2
苏尼特右旗审计局	30	42097	9		109	37433		33	21	138
东乌珠穆沁旗审计局	13	41253	8		1244			13	41	2
西乌珠穆沁旗审计局	9	72592	222		3031	29254		8	3	17
太仆寺旗审计局	15	40			40			15	10	24

续表

审计机关	完成审计项目（个）	审计查出主要问题金额	审计处理情况					出具审计报告和审计调查报告（篇）	提出审计建议（条）	提交审计信息（篇）
			审计处理处罚				移送处理事项（件）			
			应上缴财政	应减少财政拨款或补贴	应归还原渠道资金	应调账处理金额				
镶黄旗审计局	17	1668	17		495			2	1	3
正镶白旗审计局	24	19675			19675			26	12	1
正蓝旗审计局	38	70804	142		4147			40	2	54
乌拉盖审计局	9	31	3	28				3	32	23
阿拉善盟										
阿拉善盟本级	42	376115	26462	7210	4583	26106	53	52	80	162
阿拉善左旗审计局	34	82980	267		990	3165	6	27	24	
阿拉善右旗审计局	16	122232	133			446	6	16	40	32
额济纳旗审计局	37	37644	3		88	10	10	37	48	66
阿拉善经济开发区审计局	17	85060	4			389	1	17	29	

辽宁省

【辽宁省审计厅】 2015年，辽宁省审计厅人员编制206人，实有192人。设有办公室、政策研究处、法制处、经济责任审计一处、经济责任审计二处、财政审计处、金融审计处、行政政法审计处、教科文卫审计处、人事教育处、经贸审计处、农业与资源环保审计处、社会保障审计处、固定资产投资审计一处、固定资产投资审计二处、外资运用审计处、联网审计处、交通运输派出审计处、农林水派出审计处、经济管理派出审计处、教育派出审计处、卫生派出审计处、国资监管派出审计处、科技文化派出审计处、老干部处、机关党委、监察室，下设审计科研所、信息中心、审计干部培训中心。

领导成员

厅　　长：崔枫林（—6月）
　　　　　付中伟（8月—）
副 厅 长：孙东克　段君明
　　　　　邵　林（—11月）　周　强
　　　　　刘建亭（11月—）
　　　　　于俊东（—6月）
总审计师：陆小平
纪检组长：姜长全

审计成果 辽宁省各级审计机关完成审计项目4004个，查出主要问题金额34943690万元，其中违规金额1948283万元、损失浪费金额17826万元、管理不规范金额32977580万元；损益（收支）不实金额3567353万元；审计处理处罚金额6105158万元，其中应上缴财政597779万元、应减少财政拨款或补贴22884万元、应归还原渠道资金1466721万元、应调账处理金额2491642万元；审计发现非金额计量问题3645个；审计促进整改落实有关问题资金3970971万元，其中增收节支525822万元、已调账处理金额1959003万元；审计促进拨付资金到位42059万元；审计后挽回（避免）损失24896万元。移送司法机关、纪检监察机关和有关部门处理事项198件。出具审计报告和专项审计调查报告4966篇，被批示、采用550篇。提出审计建议6670条，提交审计信息1956篇，被批示、采用1078篇。向社会公告审计结果40篇。

辽宁省审计厅实施的辽宁省发展改革委主任和原党组书记任期经济责任审计，沈阳市辽中县审计局实施的辽中县教育资金投入、管理、使用及效益情况专项审计调查，分别被审计署评为2015年地方表彰审计项目；沈阳、抚顺、阜新和锦州市审计局联合实施的大连市土地出让收支和耕地保护情况审计被审计署评为全国土地出让收支和耕地保护情况审计优秀审计项目；本溪、大连、鞍山和铁岭市审计局联合实施的抚顺市土地出让收支和耕地保护情况审计被评为表彰项目。

政策措施贯彻落实跟踪审计　围绕新一轮辽宁振兴主线和稳增长、促发展主题，围绕贯彻中央有关东北振兴的政策举措和省委、省政府的重大决策部署，组织全省审计机关开展促进辽宁振兴政策措施落实情况的跟踪审计，查处上有政策、下有对策，有令不行、有禁不止的行为。按照审计署的部署要求，持续组织对稳增长、促改革、调结构、惠民生、防风险政策措施落实情况的跟踪审计，检查各部门、各地区各项政策是否执行到位，落实政策相关的各项任务是否按期完成。

财政审计　全省各级审计机关按照政策落实、项目实施和资金保障三个层次，开展预算执行及决算编制情况审计。辽宁省审计厅重点审查16个部门及下属单位贯彻落实中央八项规定、简政放权以及“三公”经费、存量资金等情况，发现问题、促进整改，向有关部门移送案件线索，审计工作报告和整改报告得到省人大常委会的高度评价。各市、县审计机关结合本地区特点，加大财政审计力度，创新审计方法，促进预算管理改革不断深化。

经济责任审计　全省共对1725名领导干部进行审计，查出违规金额24.27亿元，促进增收节支3.98亿元。辽宁省审计厅开展辽阳市委书记、市长及灯塔市委书记、市长同步经济责任审计，部分省直单位、司法机关、工会组织主要负责人任期经济责任审计，发现并揭示个别单位在资金管理、重要经济决策，以及政策落实、职能履行等方面的问题，向有关部门移送案件线索。特别是沈阳、大连和抚顺三市总工会经济责任审计，辽宁省政府在常务会上进行专题审议，省长给予充分肯定，要求辽宁省审计厅向省委提交报告。

专项资金审计　全省各级审计机关开展专项资金审计，对发现的资金管理、项目实施等方面问题，向有关部门移送案件线索，提出审计建议，促进相关部门改进管理、提高资金使用效率，为党委、政府决策提供重要依据。关注产业转型发展，对省属企业经营管理情况、产业集群和贴息补助专项资金进行审计调查，发现部分企业盈利能力较低、投资决策不严谨、管理不规范，补贴资金未按时拨付、设备采购招投标不规范、技改贴息资金被挤占挪用等问题，提出审计建议。关注农业发展和生态环境保护，开展碧水工程、青山工程审计调查，揭示在政策落实，资金管理、项目实施等方面存在的问题，移送发现的案件线索。关注生产生活服务业发展，对服务业专项资金和中央补助地方旅游发展基金进行审计调查，揭示的问题引起辽宁省政府高度重视。关注保障和改善民生，开展社会保障资金收缴、职业教育基金、残疾人保障金、就业补助专项资金、部分政法机关涉案款审计或调查，发现违规设立小金库、公款私存、挪用专项资金等问题，向有关部门移送案件线索。

固定资产投资审计　关注城镇化建设，组织开展保障性安居工程跟踪审计，揭示资金使用管理及住房分配等方面问题。对沈阳机场航站区扩建、辽西北供水工程及3条高速公路建设工程进行审计，发现项目招投标、工程质量、工程造价和财务管理等方面存在问题，移送案件线索。

企业审计　按照省领导的指示，开展的省属企业经营管理情况审计调查和省本级专项资金审计，基本摸清省属国有企业的家底，揭示资金分配、管理、使用等方面存在的问题，提出审计建议，推动财政资金高效使用，两项审计工作获得省政府的高度肯定。

外资运用审计　对13个由省级单位执行或组织执行的利用国外贷援款项目2014年度财务收支及项目执行情况进行审计。对省级单位执行或组织执行机构——省财政厅、省城建项目办、省林业厅项目办、省发改委项目办的合并财务报表进行审计，出具中英文审计报告9篇、中文审计报告2篇。在亚洲开发银行贷款辽宁小城镇发展示范项目审计中发现项目单位存在出借项目配套资金、工程监理未实行招投标、监理人员履职不到位、建设项目用地未办理土地使用证等问题；在亚洲开发银行贷款辽宁中部重点城镇综合发展项目审计中发现未按施工图施工、工程监理未进行招投标、支付进度款依据不充分等问题；在世界银行贷款辽宁省第三期中等城市基础设施建设项目审计中发现部分合计金额的工程概算无明细、合同金额超概算未经审批、未对国外贷援款项目进行独立会计核算等问题；在世界银行贷款、全球环境基金赠款辽宁中等城市基础设施二期环境项目审计中发现未进行独立会计核算、未设立专用银行账户、计划外项目挤占配套资金等问题；在世界银行贷款林业综合发展项目审计中发现配套资金未足额到位、未按计划完成造林任务、提款报账进度缓慢等问题。

审计科研 完成《信息化条件下的审计质量管理研究》课题，得到审计署领导的批示。完成东北振兴重大政策措施跟踪审计专题资料报告和专题调研报告，为省审计厅提供科研支持。完成《关于加强扶贫开发工作专项审计监督的实施意见》起草工作，以省政府办公厅名义印发。完成《重大政策跟踪审计应着眼地方与国家战略的精准对接》一文，入选《中国审计学会研讨会论文集》。组织全省审计系统开展政策跟踪审计研究、经济责任审计工作经验研究、审计整改检查跟踪机制研究。

相关工作 加强审计规范化建设，审计执法能力显著增强。通过梳理、规范和简化工作流程，强化审计质量控制，严格审计程序，完善时效管理和绩效考核，全面提高审计规范化水平。强力推进审计信息化建设，审计工作的数字化水平显著提高。不断创新数据审计模式，加快数据中心和数据分析平台建设，加强数据分类归集，注重积累数字化审计方法，进一步提高审计工作的精准度。创新审计管理模式和技术方法，审计工作效能显著提升。坚持问题导向、成果导向，不断创新审计质量管理方式，加强审计项目审理复核，防范审计风险，保证审计质量。加强审计队伍业务能力建设，结合审计工作实际，开展审计理论和业务学习；加强党风廉政建设，贯彻落实中央八项规定，严格遵守审计工作“八不准”纪律，始终坚持依法审计、文明审计，树立审计机关和审计人员的良好形象。 （撰稿人：乔鹏程）

【沈阳市审计局】 2015年，沈阳市审计局人员编制193人，实有175人。局长韩力，副局长陈玉涛、高洪光、刘宝石、周成铀，总审计师康健，纪检组长张秋艳，经济责任审计联席会议办公室主任石静华。设有办公室、法规审理处、人事教育处、审计信息化管理处、经济责任审计处、财政审计处、行政政法审计处、教科文卫审计处、金融审计处、农业与资源环保审计处、经贸审计处、外资运用审计处、固定资产投资审计一处、固定资产投资审计二处、社会保障审计处、案件审计处、监察处、离退休干部管理处、机关党委、驻沈阳地铁建设项目指挥部审计处、经济责任审计联席会议办公室秘书处。

审计成果 沈阳市审计局完成审计项目120个，其中组织实施审计项目117个，参与实施审计项目3个。查出主要问题金额1503143万元，其中违规金额109858万元、损失浪费金额18万元、管理不规范金额1398266万元；损益（收支）不实金额267709万元；审计处理处罚金额102613万元，其中应上缴财政12599万元、应归还原渠道资金3546万元、应调账处理金额86468万元；审计发现非金额计量问题301个；审计促进整改落实有关问题资金102613万元，其中增收节支16145万元、已调账处理金额86468万元；审计促进拨付资金到位3487万元。移送司法机关、纪检监察机关和有关部门处理事项2件。出具审计报告和专项审计调查报告116篇，被批示、采用45篇。提出审计建议192条，提交审计信息42篇，被批示、采用52篇次。向社会公告审计结果2篇。

政策措施贯彻落实跟踪审计 按照辽宁省审计厅的工作部署，对沈阳市稳增长等政策措施落实情况进行持续跟踪审计，上报9份专题审计情况。组织对东北振兴若干重大政策举措意见落实情况开展跟踪审计，上报4份跟踪审计报告。

财政审计 对市财政和23个部门预算执行情况及城镇保障性安居工程等6项专项资金进行审计。在门户网站上公开市本级预算执行和其他财政收支情况审计结果以及发现问题的整改结果。

经济责任审计 将市编办增加为联席会议成员。对19个单位25名市管党政领导干部进行审计。

民生资金（项目）审计 开展青山工程专项资金、都市农业建设资金、保障性安居工程、商品房维修资金、残疾人就业保障金、公益性岗位及就业培训和职业技能鉴定等与民生相关的专项资金管理使用情况等项目的审计。

（撰稿人：余　宏）

【大连市审计局】　2015年，大连市审计局人员编制151人，实有142人。局长李尔恭，副局长付强、包广平、宫本胜、张学贵、刘文辉，总审计师于雷（12月—），纪检组长黄忠河。设有办公室、法制处、财政审计处、经济责任审计一处、经济责任审计二处、行政政法审计处、教科文卫审计处、农业与资源环保审计处、固定资产投资审计一处、固定资产投资审计二处、企业审计处、社会保障审计处、金融审计处、外资运用审计处、内部审计管理处、人事处（机关党委）、纪检组（监察室）。

审计成果　大连市两级审计机关共组织开展审计和审计调查项目383个，延伸审计单位1061个。查出违规问题金额17.31亿元，损失浪费金额2555万元；促进增收节支11.28亿元。向有关部门移送处理事项60件。促进被审计单位制定整改措施547项，健全完善规章制度7项。

大连市审计局获得省精神文明创建工作先进单位、市绩效考核优胜单位等荣誉称号。2个项目被分别评为全国表彰审计项目和全省优秀审计项目。16个项目被评为全市优秀和表彰审计项目。2项审计成果被评为市直机关最佳服务成果。

政策措施贯彻落实跟踪审计　重点围绕23项重大宏观政策措施，摸清整体情况，着力揭示和反映简政放权、重大项目建设进度、资金保障和投入使用以及经济发展进程中存在的突出问题。审计发现问题54个，提出审计建议54条，涉及资金42.08亿元。

财政审计　组织开展市财政局、市地税局、10个市直部门20个二级预算单位的部门预算执行情况，查出违规违纪金额16.79亿元、管理不规范金额49.66亿元，促进增收节支10.85亿元，向相关部门移送处理事项10件，有效地促进财税部门和相关单位完善财政管理体制、规范预算管理和厉行勤俭节约。

固定资产投资审计　开展城市化城镇基础设施建设情况、太平湾工程建设情况等43项审计和审计调查，查出主要问题金额11.79亿元，核减投资额2701万元。

经济责任审计　大连市审计机关共对118名领导干部进行任中审计，对101名领导干部进行离任审计，促进领导干部守法守纪守规尽责。继续深化完善“五位一体”的经济责任审计管理新机制，被审计署《经济责任审计工作通讯》采用刊发，在全国审计机关进行宣传推广。

民生资金（项目）审计　开展城镇保障性安居工程、停车场管理情况、青山生态系统工程建设情况等58项审计和审计调查，揭示资金使用管理中存在的问题，促进提高资金使用效益，推进相关政策的落实和完善。　（撰稿人：蔡丹丹）

【鞍山市审计局】　2015年，鞍山市审计局人员编制149人，实有140人。局长刘依椿，副局长付德成、原丹、张小川，总审计师李岩，纪检组长吕世涛，党组成员赵广策。设有办公室、法规处、领导干部经济责任审计处、财政审计处、行政政法审计处、教科文卫审计处、农业与资源环保审计处、固定资产投资审计处、金融审计处、经贸审计处、社会保障审计处、外资运用审计处、审计督查与经济案件审计处、审计指导科研处、计算机审计处、人事处及机关党委。

审计成果　鞍山市审计机关完成审计项目416个，查出主要问题金额461014万元，其中违规金额6707万元、管理不规范金额454307万元；损益（收支）不实金额6131万元；审计处理处罚金额47436万元，其中应上缴财政180万元、应减少财政拨款或补贴5676万元、应归还原渠道资金144万元、应调账处理金额41004万元、应缴纳其他资金431万元；审计发现非金额计量问题213个；审计促进整改落实有关问题资金5725万元，其中增收节支5703万元、已调账处理金额4万元；审计后挽回（避免）损失3147万元。出具审计报告、专项审计调查报告421篇。提出审计建议544条，提交审计信息2篇。

财政审计　完成审计项目81个，重点关注财政预算执行和预算管理、存量资金使用、“三公”经费及会议费等管理使用情况。

行政事业审计　完成审计项目118个，查出主要问题金额18392万元，发现非金额计量问题

4个。出具审计报告和审计调查报告122篇。

固定资产投资审计 完成审计项目193个，组织开展城镇保障性安居工程跟踪审计、棚户区改造贷款项目及资金使用情况审计、机场路支线道路工程建设项目跟踪审计等项目。

企业审计 完成审计项目4个，查出主要问题金额38万元，出具审计报告和专项审计调查报告4篇。

经济责任审计 完成79名领导干部经济责任审计。对领导干部任职期间财政收支、财务收支的真实性、合法性、效益性和重要经济指标的完成情况以及重大经济事项的决策情况进行审计，查出主要问题金额13644万元，其中违规金额1201万元、管理不规范金额12443万元；审计促进增收节支14万元。

专项资金审计 完成审计项目17个，审计专项资金总额18030万元。组织开展职业教育专项资金审计、残疾人就业保障金审计调查、排污费征收使用情况审计、市政府为民办实事项目审计、垃圾处理厂管理运营情况审计调查等项目，查出主要问题金额26024万元，发现非金额计量问题1个。出具审计报告和专项审计调查报告9篇。

（撰稿人：李依峰）

【抚顺市审计局】 2015年，抚顺市审计局人员编制108人，实有104人。局长胡乃涛，副局长陈亚文、房文冬、张弘毅、邓国臣，总审计师杨一凡（11月—），纪检组长于国田，市经济责任审计联席会议办公室主任孔祥禄（11月—）。设有办公室、监察室、综合处、人事处、法规处、电子数据审计处、经济责任审计一处、经济责任审计二处、财政审计处、行政政法审计处、教科文卫审计处、经贸审计处、农业审计处、资源环境审计处、社会保障审计处、固定资产投资审计一处、固定资产投资审计二处、外资金融审计处。

审计成果 抚顺市审计局共开展审计项目88个，查出主要问题金额35.94亿元，应上缴财政金额2064万元，已上缴财政669万元，审减政府投资工程款8507万元。

被中央文明委评为第四届全国文明单位，《中国审计》《中国审计报》、审计署网站、《审计文汇》等报刊媒体报道创建事迹。实施的大连市土地出让收支和耕地保护情况审计被审计署评为全国优秀审计项目。

政策措施贯彻落实跟踪审计 对市发改委、市住建委、市环保局等16个市直部门东北振兴政策措施落实情况进行跟踪审计。对市重大项目和重点企业包保工作开展跟踪审计，审计和调查全市367个重大项目建设和229个重点企业，市政府对审计综合报告揭示的问题进行通报或批示。

财政审计 按照政策落实、项目实施和资金保障三个层次，深化预算执行审计，审计的范围、深度、层次、督改都有新拓展，审计工作报告和整改报告，得到市人大和市政府的高度评价。

经济责任审计 市本级开展经济责任审计项目34个，查出违规金额437万元、管理不规范金额2.62亿元。经济责任审计为组织等部门考察任用干部提供客观依据，促进领导干部守法、守纪、守规、尽责。

固定资产投资审计 开展市行政审批大厅、三宝屯污水处理厂、华山物流园等17个建设项目的审计或审计调查，揭示存在的问题，规范建筑市场秩序，审减政府投资工程款8507万元。

民生资金（项目）审计 加强扶贫、“三农”、教育、特慢病、残疾人保障、就业、政府采购、社保、环保、房地产管理等重点领域和民生资金的审计监督，揭示存在的问题，报送的审计调查报告或审计要情得到市领导批示。

交办事项 在对保障性住房、棚改查出问题跟踪整改、高速公路建设项目资金结算等11个上级审计机关交办项目审计或跟踪审计中，揭示存在的问题。在市公汽公司债务及经营风险状况和轻轨、采沉政策性房屋建设土地使用及腾空地现状调查等6个市政府交办项目审计中，查清有关情况，向市政府进行专题报告。

（撰稿人：唐东宏）

【本溪市审计局】 2015年，本溪市审计局人员编制78人，实有73人。局长魏增嘉，副局长富国义、李明远，总审计师田伟，纪检组长杨占伟，经济责任审计办公室专职副主任丁吉忠。设有办公室、机关党委、综合处、法规处、经济责任审计处、财政金融审计处、行政政法审计处、科教文卫审计处、农业与资源环保审计处、固定资产投资审计处、经贸审计处、社会保障审计处、外资运用审计处、经济案件审计处、计算机审计处、离退休干部处、监察室，下设政府投资审计中心（审计干部培训中心）。

审计成果 本溪市审计局完成审计项目52个，其中组织实施审计项目47个，参与实施审计项目5个。查出主要问题金额260992万元，其中违规金额6909万元、损失浪费金额453万元、管理不规范金额253629万元；损益收支不实金额3945万元；审计决定处理处罚84364万元，其中应上缴财政5497万元、应归还原渠道资金74233万元、应调账处理金额4321万元；审计发现非金额计量问题245个；审计促进整改落实有关问题资金80330万元，其中增收节支75448万元、已调账处理金额4344万元；审计促进资金拨付到位52580万元；审计后挽回（避免）损失13031万元。移交案件线索8件。出具审计报告和专项审计调查85篇，被批示5篇。提出审计建议131条，被采纳109条；提交审计信息83篇，被批示、采用73篇次。向社会公告审计结果2篇。

抚顺市土地出让收支和耕地保护情况审计项目被评为2015年审计署表彰审计项目。市城市投资发展有限公司原董事长于兆欣任期经济责任审计项目被评为全省2015年度优秀审计项目。本溪市审计局获得全省2015年度审计综合业务评比考核优秀单位；获得2015年辽宁省审计通联宣传工作优秀单位；获得全市绩效考评先进集体、市直机关党建工作目标考核先进单位、全市城乡共建工作先进单位等荣誉称号。

政策措施贯彻落实跟踪审计 全面部署、组织完成稳增长和支持东北振兴等相关政策落实情况的跟踪审计工作，结合市政府重点工作任务确定20项重点审计内容，围绕城市基础设施建设等26个项目具体分解实施跟踪审计，针对进展缓慢等问题，分析原因，提出对策和建议，得到有关领导的充分肯定。审计署网站等多家新闻媒体对此进行宣传报道。

财政审计 开展市本级财政部门具体组织财政预算管理、8个部门（单位）的预算执行审计，揭示和反映财政列收列支未形成可支配财力、政府债务偿债压力大等问题。对审计中发现的6个重要问题以审计要情形式上报，得到市主要领导的批示。

专项资金审计 实施完成2012—2014年度全市彩票资金管理使用情况的专项审计，查出违纪违规金额1555万元。实施完成全市2012—2014年度残疾人就业保障金管理使用情况的审计，反映支出管理混乱、涉嫌套取现金等问题，涉及金额239万元。（撰稿人：梁　霄）

【丹东市审计局】 2015年，丹东市审计局人员编制70人，实有62人。局长（党组书记）康冰，副局长李圣稙、曹瑞洲（—2月）、张作群，总审计师张爱兵（8月—），纪检组长徐激扬。设有办公室、计划与督察处、法制处、财政审计处、行政事业审计处、经贸与金融审计处、农业与资源环保审计处、社会保障审计处、固定资产投资审计处、经济责任审计处、经济责任审计二处、计算机信息化建设处、人事教育处，下设丹东市政府投资项目审计中心。

审计成果 丹东市审计机关完成审计项目234个，审计或审计调查单位258个，查出违规金额19.53亿元，促进整改落实金额5.01亿元，促进增收节支3.05亿元。协助和配合纪检监察机关查处有关问题线索10起，向有关部门移送处理9人次。出具审计报告和专项审计报告242篇。针对审计揭示的问题，提出审计意见建议325条，被采纳257条，推动被审计单位建立或完善有关制度9项。

审计发现的元宝区部分保障对象退出机制不完善问题被审计署《2014年城镇保障性安居工程跟踪审计结果公告》（2015年第27号）采纳；向审计署报送的《拆穿法官腐败的真相》案例教学片获得B类奖；在全省审计系统年度业务考核中，市审计局由“达标单位”升级为“表扬单位”。

政策措施贯彻落实跟踪审计 围绕全市落实简政放权、棚户区改造、城市基础设施建设、大项目推进等重点事项，持续开展政策措施贯彻落实跟踪审计。全年提交审计报告8篇，提出审计建议30余条，促进重大建设项目开工7项，加快实施进度6项，整合专项资金999.07万元，规范非税收入754万元，促进相关部门下放行政审批事项20项。政策措施落实跟踪审计获省审计厅专题评比二等奖。

财政审计 审计预算执行单位74个，延伸审计单位85个，提交审计报告69篇，审计查出主要问题金额398652万元。审计财政决算单位38个，延伸审计单位7个，审计查出主要问题金额241757万元，出具审计报告37篇。

经济责任审计 审计领导干部129人，其中任中审计51人、离任审计78人，包括党委5人、政府15人、党委工作部门31人、政府工作部门66人、事业单位10人、人民团体1人、金融机构1人。查出违规金额6371万元，审计促进增收节支1565万元。出具审计报告和审计结果报告138篇。提出审计建议168条，被采纳144条。提交审计信息17篇。

民生资金（项目）审计 审计单位4个，审计查出主要问题金额4686万元。

企业、金融审计 审计单位3个，审计查出主要问题金额327415万元。

行政事业审计 审计单位89个，延伸审计单位30个，查出主要问题金额45817万元。

固定资产投资审计 审计单位26个，核减投资额（工程款）2375万元，查出主要问题金额782万元。

专项资金审计 审计单位10个，延伸审计单位8个，审计专项资金总额6332万元。

信息化建设 加强审计信息化建设人才培养，成立青年创新团队；选送4名审计骨干参加省审计厅组织计算机审计中级培训；建立并开通审计移动办公终端系统，实现对审计相关业务的动态管理。（撰稿人：崔锦波 张开元）

【锦州市审计局】 2015年，锦州市审计局人员编制94人，实有99人。局长冯晓华（—4月）、郑希超（4月—），副局长马志军、李犁、李春利（9月—），总审计师牛继强，锦州市经济责任审计办公室主任李春利（—9月）。设有办公室、机关党委、人事处、法制处、信息审计处、审计督察处、内审指导处、行政管理处、财政审计处、社会保障审计处、金融审计处、行政政法审计处、教科文审计处、农业与资源环保审计处、经贸审计处、经济责任审计办公室、经济责任审计一处、经济责任审计二处、经济责任审计三处、投资审计一处、投资审计二处、新区分局。

审计成果 锦州市审计局完成审计项目110个，其中组织实施审计项目108个，参与实施审计项目2个。查出违规金额340040万元，促进增收节支63491.08万元，审计后挽回（避免）损失374万元。移送司法机关、纪检监察机关和有关部门处理事项21件。出具审计报告和专项审计调查报告160篇，被批示、采用9篇。提出审计建议364条，提交审计信息54篇，被批示、采用39篇。

政策措施贯彻落实跟踪审计 按照审计署统一部署，组织对22项中央稳增长政策措施、91个东北振兴建设项目、40项市政府工作报告任务落实情况进行跟踪审计，揭示问题45个，促进政策措施落实到位，促进政令畅通、简政放权，受到省审计厅高度肯定。

财政审计 开展市本级、部门以及滨海新区、松山新区预算执行审计，揭示16个方面存在的问题，共涉及资金近76亿元，促进财政改革和提高公共资金使用效益。市本级预算执行和其他财政收支的审计工作报告得到市人大好评。

经济责任审计 对50名领导干部进行经济责任审计，查出违规金额3亿余元。加大对审计发现问题的处理力度，向有关部门移交审计事项17件，向司法机关、纪检部门移送案件线索4件。

固定资产投资审计 开展锦凌水库、"两河"治理等13个工程的跟踪审计和2个项目的竣工决算审计，审减金额8400多万元。

民生资金（项目）审计 开展保障房跟踪审计，揭示保障房资金被挤占挪用、保障房闲置等4类20个问题，有效促进相关制度完善、政策落实和分配公平。开展全市职业教育专项资金、生活垃圾处理设施建设及运营情况等审计调查。

专项资金审计 开展市属434个事业单位绩效管理情况审计调查，揭示有编制无人员、未开展工作、无职能以及职能弱化等单位59个，超领导职数配备干部、超编制限额配备人员等问题涉及单位472个，财政管理体制方面的问题涉及金额2.8亿多元。开展小微企业发展状况审计调查，摸清小微企业的规模分布、经营状况、社会贡献等，从政府支持和提高小微企业自身发展能力方面提出8条审计建议，得到市政府领导的高度评价。（撰稿人：宋子辉）

【营口市审计局】 2015年，营口市审计局人员编制54人，实有48人。局长刘元印，副局长王文良（—12月）、张丽杰、王世强、许林，总审计师徐仁彪，纪检组长王建伟，经济责任审计工作办公室主任李鑫。设有办公室、经济责任审计工作办公室、财政审计科、金融与外资运用审计科、行政政法审计科、法制科、教科文审计科、社会保障审计科、固定资产投资审计一科、固定资产投资审计二科、农业与资源环保审计科、经贸审计科（年薪制审计办公室）、信息化科。

审计成果 营口市审计机关完成审计项目205个，查出主要问题金额301030万元，其中违规金额1966万元、损失浪费金额898万元、管理不规范金额298166万元；损益（收支）不实金额31493万元；审计处理处罚金额1609万元，其中应上缴财政1609万元；审计发现非金额计量问题226个。出具审计报告和专项审计调查报告260篇，被批示、采用34篇。提出审计建议217条，提交审计信息35篇，被批示、采用25篇。

政策措施贯彻落实跟踪审计 通过调查、核查各单位落实信息等方式，发现存在部分地区重点水利工程进度缓慢、个别污水处理场不达标等各类问题20余项，提出相应审计建议17条。

财政审计 营口市审计机关通过对本级2014年度的预算执行审计和对预算部门的延伸审计，发现在2014年度预算执行过程中收支矛盾仍然突出。针对审计发现问题，提出不断优化财政支出结构、加强专项资金管理、推进核算中心制度改革等建议。

经济责任审计 经济责任审计项目共涉及99名领导干部和国有企业主要负责人。通过审计，掌握领导干部贯彻执行重大经济政策等情况。针对发现问题，提出对固定资产进行彻底清查等审计建议，对领导干部履行情况做出客观公正、实事求是的评价。

企业审计 摸清营口市本级67户国有企业资产、负债和所有者权益及企业经营状况，发现问题200余个，提出审计建议80余条，为市属国有企业顺利与业务主管部门脱钩改制、统一由市国资委监管提供依据。

专项资金审计 开展营口地区2014年末客运营运现状、14所高中教育资源及利用情况等7项专项审计调查。通过审计调查把揭露问题与体制、机制分析原因结合起来，提出相应对策和建议，更好地服务于领导的科学决策促进政策措施的完善。

行政事业审计 对11个行政事业单位开展财务收支审计，掌握被审计单位财务管理现状，通过揭示个别单位财政收支中存在的问题，提出加强财务管理等审计建议，促进各部门合理有效使用财政资金。

（撰稿人：栾洪勋）

【阜新市审计局】 2015年，阜新市审计局人员编制66人，实有63人。局长于国忠，副局长张百平、金长起、张文，总审计师马丽娟，纪检组长刘勇，经济责任审计办公室主任谭玉民。设有经济责任审计办公室、财政金融审计科、固定资产投资审计一科、固定资产投资审计二科、行政政法审计科、教育科学文化审计科、经贸审计科、农业与资源环保审计科、社会保障审计科、计算机审计指导管理科、法制科、综合科、人事科、老干部科、办公室、机关党委、审计信息中心。

审计成果 阜新市审计局完成审计项目40个，查出违规金额64253万元，审计促进整改落实有关问题金额27972万元。出具审计报告和专项审计调查报告62篇，被批示、采用15篇。被辽宁省委、省政府授予省级文明单位标兵荣誉称号，被评为全省审计机关先进集体、全省计算机审计应用成果征集活动优秀组织单位、市政府绩效考评先进单位。实施的大连市土地出让收支和耕地保护情况审计被审计署评为全国优秀审计项目。2个科研课题分获全省优秀审计科研课题和表彰课题，3篇论文分获全省优秀审计论文二等奖、三等奖和优秀青年审计论文三等奖。

政策措施贯彻落实跟踪审计 对稳增长、促改革、调结构、惠民生、防风险政策措施落实的执行情况、制定的相关制度、措施情况、存在的问题，有重点地进行现场审计与调查，提出一系列建设性意见，促进政策落实和深化改革。

财政审计 开展2014年度阜新市本级财政预算执行和其他财政收支情况审计，揭示出个别项目支出年初预算约束力不足等 6 个方面问题，针对问题提出有效的整改建议，促进政府预算体系建设。

经济责任审计 完成 19 个经济责任审计任务，查出问题金额 17.35 亿元，分别做出审计处理，促进领导干部的勤政廉政。

固定资产投资审计 开展 8 个政府投资项目审计，重点关注项目的经济效益、社会效益和环境效益，核减工程价款 289 万元，提高建设项目资金运行安全。

民生资金（项目）审计 重点对职业教育、医保、就业等基金和专项资金以及医院、学校、红十字会等民生部门开展审计，维护群众的切身利益，提高重点民生资金的使用效益。

外资运用审计 开展世界银行贷款林业综合发展项目审计，重点关注世界银行贷款和国内建设资金到位和使用、项目内部控制、项目效益以及信息化建设等情况。

企业审计 开展辽宁工程技术大学所属的 25 个企业经营状况等 3 项审计和审计调查项目，从改善经营、加强管理角度提出审计建议。

信息化建设 探索数据访问方式和方法，加大审计管理软件开发力度，加强审计数据中心、审计官网建设。 （撰稿人：王　丹）

【辽阳市审计局】 2015 年，辽阳市审计局人员编制 73 人，实有 73 人。局长栗荣庆，副局长张迎胜、于兆东、王永华，总审计师姜铁男，纪检组长戴有胜，机关党委副书记李锡明。设有办公室、综合研究室、法规科、经济责任办公室、财政审计科、财政收入征管与金融审计科、行政政法审计科、教科文卫审计科、农业审计科、资源环境审计科、政府投资绩效审计科、城市建设管理审计科、经济贸易审计科、社会保障审计科、电子数据审计科、人事教育科、河东分局、信息中心。

审计成果 辽阳市审计机关共完成审计项目 520 个，查出管理不规范金额 440265 万元、违规金额 7512 万元，核减政府投资 43385 万元，提出审计建议 136 条。其中，市审计局完成审计项目 71 个，查出管理不规范金额 291658 万元、违规金额 3131 万元，核减政府投资 23782 万元，提出审计建议 77 条，获奖课题及论文 7 个。辽阳市审计局被市委、市政府评为全市精神文明建设标兵单位、全市爱岗敬业先进集体、全市政风行风执法监督先进单位。

政策措施贯彻落实跟踪审计 重点审查政策执行、任务完成、项目进展和资金落实情况，关注政策实施过程中出现的新情况新问题，分析产生问题的原因，提出改进的措施和建议。全年形成审计报告 13 篇，受到市委市、政府主要领导的充分肯定。

财政审计 关注预算编报情况、预算批复和执行情况、财政管理情况、“三公”经费情况，重点对政府公共财政收支的真实性、合法性和效益性进行审计监督，反映财政管理中存在的深层次问题。全年完成审计项目 6 项。

民生资金（项目）审计 以维护经济和社会安定和谐为目标，关注与人民群众生产、生活密切相关领域的公共资金。全年完成审计项目 18 个。

经济责任审计 受市委组织部委托，全年完成 28 名县级领导干部的经济责任审计，重点关注政策贯彻执行及决策部署、遵守法律法规、重大经济决策、履行党风廉政建设第一责任人职责，以及领导干部本人遵守廉洁从政规定等情况。查出管理不规范金额 6256 万元、违规金额 70 万元。

固定资产投资审计 对市民服务中心规划展示馆布展工程等 19 项重点项目进行审计。重点关注项目建设审批程序、建设项目招投标、建设程序和资金来源、建设项目资金使用等内容。

（撰稿人：曲姝繁）

【盘锦市审计局】 2015 年，盘锦市审计局人员编制 45 人，实有 45 人。局长王贺广，副局长闫志刚、王钧、郭克敏。设有办公室、法制综合科、经济责任审计办公室、经济责任审计科、财政金融审计科、文教行政审计科、农业与社保审计科、固定资产投资审计一科、固定资产投资审计二科。

审计成果 盘锦市审计机关共完成审计项目 184 个，查出主要问题金额 402946 万元；损益（收支）不实金额 79 万元；审计处理处罚金额 183570 万元，其中应上缴财政 255 万元、应减少财政拨款或补贴 158034 万元、应归还原渠道资金 7305 万元、应调账处理金额 18229 万元；审计发现非金额计量问题 24 个；审计促进整改落实有关问题资金 158304 万元，其中增收节支 158304 万元；已调账处理金额 18229 万元；审计促进拨付资金到位 1580 万元；审计后挽回（避免）损失 158304 万元。移送司法机关、纪检监察机关和有关部门处理事项 2 件。出具审计报告和专项审计调查报告 184 篇，被批示、采用 58 篇。提出审计建议 372 条，提交审计信息 46 篇，被批示、采用 38 篇。

政策措施贯彻落实跟踪审计　对兴隆台区和双台子区财政、发改、经信、住建等 15 个部门截至 2015 年上半年重大政策措施贯彻落实情况进行跟踪审计。

财政审计　重点审计市财政部门具体组织的本级预算执行情况、市住建委等 9 个部门（单位）“三公”经费及会议费支出情况，2014 年及以前年度科技专项资金、社会抚养费、全市农村居民最低生活保障资金和保障性安居工程等情况。全市城乡居民最低生活保障资金、保障性安居工程、社会抚养费专项、科技专项资金等审计成果显著。

固定资产投资审计　完成对盘锦市体育中心工程项目、辽东湾新区基础设施建设项目、大伙房水库输水配套工程项目、对口援疆资金和项目、中国医科大学盛京医院盘锦分院建设项目、辽河口经济区兴辽路建设项目等造价审计，审减建设资金 15 亿元。

经济责任审计　完成 18 个部门（单位）领导干部的经济责任审计。发现被审计单位存在固定资产管理不规范、债权债务清理不及时、执行政府集中采购不严格、处置资产不合理等问题，查处违规和管理不规范金额 1200 余万元。

专项审计　对全市 2014 年至 2015 年 10 月末宜居乡村建设长效管理情况进行跟踪审计。完成对 5 个县区（经济区）、31 个乡镇（街道）、277 个村（社区）的宜居乡村建设审计工作，查出违规及管理不规范金额 2.4 亿元，查实案件线索 4 件。

（撰稿人：赵庆举）

【铁岭市审计局】　2015 年，铁岭市审计局人员编制 63 人，实有 58 人。局长王长生，副局长张波、杨占荣、李化山、邵荣，总审计师王晓光，纪检组长赵玉杰，经济责任审计办公室主任马可。设有办公室、法制科、综合科、经济责任审计办公室、财政审计科、行政政法审计科、教科文卫审计科、农业资源与环保审计科、固定资产投资审计一科、固定资产投资审计二科、金融审计科、经贸审计科、外资运用与社会保障审计科、计算机审计科、人事监察教育科和机关党委，下设铁岭市审计局计算机信息中心、铁岭市审计培训中心、铁岭市政府投资审计中心。

审计成果　铁岭市审计局完成审计项目 52 个，查出违规金额 0.45 亿元、管理不规范金额 55.38 亿元，决定上缴财政 2673 万元，核减政府投资 4295 万元。向公安机关、纪检监察机关移送案件线索 9 件。提交审计专题报告、综合性报告、信息简报 33 篇，被批示、采用 14 篇次。提出审计建议 96 条，被全部采纳。参与实施的全国土地出让收支和耕地保护情况审计被评为 2015 年度审计署表彰审计项目；铁岭市审计局被省委、省政府评为“2012—2014 年度省级文明单位”。

政策措施贯彻落实跟踪审计　开展稳增长促改革、促进辽宁振兴政策措施落实情况跟踪审计，城镇保障性安居工程跟踪审计，全省垃圾处理厂建设情况审计调查，职业教育专项资金审计调查，省直院校所属企业资产负债及经营情况审计调查等项目。其中在锦州市 2015 年度保障性安居工程跟踪审计中移交案件线索 7 件，锦州市公安局专门成立“12・28”专案组立案查处。

财政审计　审计市级财政及 8 个部门预算执行情况，查出应缴未缴非税收入 1.17 亿元、占用专户资金 34.7 亿元、部门追加预算较多、政府性基金预算执行未完全到位、未编制国有资本经营预算等问题。

专项资金审计　开展开行贷款支持棚户区建设资金（贷款）审计、残保金审计、全市义务教育薄弱学校改造计划中央补助资金专项审计调查、村级公益事业一事一议财政奖补资金审计等项目。对教育、公安、住建、环保、交通、质监和综合执法等 20 个部门和单位重点收费项目开展专项审计调查，审计金额约占全部收费项目金额的 60%。

固定资产投资审计 通过审计，市医院新区分院核减投资金额 3626 万元，桓永高速公路审计核减投资 854 万元。

经济责任审计 对 17 名领导干部进行经济责任审计，查出违纪违规金额 4.3 亿元。加大任中审计比重，把政策措施落实情况纳入审计范围，反映不作为、慢作为、乱作为等问题，促进健全责任追究和问责机制建设。

（撰稿人：杜剑一　王　喆）

【朝阳市审计局】 2015 年，朝阳市审计局人员编制 73 人，实有 73 人。局长郭天玺（—4 月）、崔林（4 月—），副局长李文华、郭永杰（—12 月）、徐俊（—12 月）、杨钊（6 月—12 月），总审计师佟宝钧，纪检组长姚文卿，经济责任审计室主任周军昌。设有办公室、法制综合科、经济责任审计室、财政审计科、行政事业审计科、经贸审计科、农业与资源环保审计科、社会保障审计科、固定资产投资审计一科、固定资产投资审计二科、信息化管理与应用科、朝阳市固定资产投资审计中心。

审计成果 朝阳市审计机关完成审计项目 466 个，审计调查单位 428 个，查出违规问题金额 2347181 万元，促进增收节支和挽回损失 142002 万元。向纪检机关及有关部门移送案件线索 19 件，34 名责任人被处以党纪政纪处分。出具审计报告和专项审计调查报告 526 篇，被批示或采用 86 篇。提出审计建议 897 条，被采纳 795 条。提交审计信息 222 篇。促进有关单位建立健全制度 239 项。

政策措施贯彻落实跟踪审计 审计保障性安居工程、养老、扶贫等 12 个领域，查出项目推进、简政放权、政策落实等方面问题 20 个，促进财政资金统筹使用和资金到位 537 万元，促进项目完工 2 个、加快项目进度 3 个。

财政审计 完成 2014 年度市本级和 16 个部门 63 个单位的预算执行及其他财政收支情况审计、7 个县（市）区财政决算审计和全市总工会系统财政财务收支审计，督促有关单位进行整改，实现审计监督“全覆盖”的目标。

专项资金审计 对全市土地出让收支和耕地保护情况、全市财政扶贫资金等 8 个民生项目和资金实施审计，揭示和纠正挤占、挪用、滞拨专项资金等问题，推动惠民政策落实。

固定资产投资审计 完成老旧小区改造、国道京沈线改造等 62 个重点政府投资项目审计，审减政府投资工程造价 30000 余万元，发现多计工程结算造价、滞留挪用项目资金等问题。制定《政府投资建设项目审计操作规程》等 3 项制度。

经济责任审计 完成 109 名领导干部的经济责任审计。朝阳市审计局制定《经济责任审计结果运用办法》，促进领导干部守法守规。

企业审计 完成 35 个行政事业单位所属企业资产负债情况审计。揭示会计核算管理等方面 22 个管理不规范问题。

交办事项 完成京沈征地拆迁等项目。完成市领导交办任务 11 项，配合纪检部门开展工作 9 次。聘请 24 位人大代表和政协委员对市、县两级审计机关进行监督。（撰稿人：韩秀仙）

【葫芦岛市审计局】 2015 年，葫芦岛市审计局人员编制 61 人，实有 57 人。局长梁成栋，副局长董伟健、陈道发（—3 月）、赵素芝、蒋晓东，总审计师王丽君，纪检组长段宇征。设有办公室、人事监察科、综合法规科、经济责任审计科、财政金融审计科、行政事业审计科、社会保障审计科、经济贸易审计科、农业资源环保审计科、固定资产投资审计科、教科文审计科，下设有国家建设项目审计中心、计算机审计中心。

审计成果 葫芦岛市审计机关共完成审计项目 634 个，查出违规及管理不规范资金 83.2 亿元，已上缴财政 4352 万元，核减工程投资和造价 1.6 亿元。移送违法违纪案件线索 2 件。提出审计建议 581 条，审计信息被采用 22 篇，上报省审计厅科研课题及论文 4 篇。

政策措施贯彻落实跟踪审计 按照审计署和省审计厅的统一部署，组织全市审计机关对贯彻稳增长、促改革、调结构、惠民生、防风险政策措施情况和落实《国务院关于近期支持东北振兴若干重大政策举措的意见》情况进行跟踪审计。

财政审计 开展本级预算执行审计，客观评价年度预算执行成效，揭示公共财政预算收支、预算管理、资金管理、政府性基金管理中存在的突出问题，提出审计建议。

经济责任审计 以监督检查领导干部履职情况，贯彻落实中央八项规定、厉行节约反对浪费、国务院“约法三章”和廉洁从政相关要求作为重点，把揭露和查处重大违法违规案件线索、重大失职渎职行为、重大决策失当及重大损失浪费等事项作为切入点，开展经济责任审计。葫芦岛市审计局共对31名领导干部进行经济责任审计，查出违规及管理不规范金额25.7亿元。

固定资产投资审计 全市审计机关共核减工程投资和造价1.6亿元，主要开展城镇保障性安居工程审计、城镇生活垃圾处理设施建设及运营情况审计调查、龙湾中央商务区及青山水库等项目的跟踪审计，共核减工程造价和投资6947.74万元。

专项资金审计 主要对现代职业教育体系建设专项资金、青山工程专项资金管理和使用情况等进行审计调查，审计发现未按规定实行招投标、未按规定标准施工、配套资金不到位等问题，并提出审计建议。

（撰稿人：董 悦）

2015年辽宁省所辖区、县(市)级审计工作统计表

金额单位:万元

审计机关	完成审计项目(个)	审计查出主要问题金额	审计处理情况					出具审计报告和审计调查报告(篇)	提出审计建议(条)	提交审计信息(篇)
			审计处理处罚				移送处理事项(件)			
			应上缴财政	应减少财政拨款或补贴	应归还原渠道资金	应调账处理金额				
沈阳市										
沈阳市本级	120	1503143	12599		3546	86468	2	116	192	42
浑南区审计局	11	449670						11	11	6
沈河区审计局	20	439535	3396			1371	1	20	82	33
和平区审计局	29	1833	845			11		29	5	2
大东区审计局	14	27771	10					14	28	55
皇姑区审计局	32	85645	2086		1242	15829		32	35	32
铁西区审计局	27	722	722					27	4	4
苏家屯区审计局	65	15672						65	6	6
沈北新区审计局	10	56233	88					10	17	72
于洪区审计局	6	83	37	10	35			6	5	5
新民市审计局	88	7060	37			4		88	58	54
辽中县审计局	68	118612	10824	529	2342	381		68	44	28
康平县审计局	53	14012	36		12	2	1	53	160	38
法库县审计局	18	609068	240		281	272718		18	55	20
大连市										
大连市本级	26	4151585	101816		20	21910	41	39	141	348
西岗区审计局	17	10890				33		23	48	21
中山区审计局	26	806	19					48	35	30
沙河口区审计局	14	40489	301					23	69	21

续表

审计机关	完成审计项目（个）	审计查出主要问题金额	审计处理情况					出具审计报告和审计调查报告（篇）	提出审计建议（条）	提交审计信息（篇）
			审计处理处罚				移送处理事项（件）			
			应上缴财政	应减少财政拨款或补贴	应归还原渠道资金	应调账处理金额				
甘井子区审计局	55	238255	954					88	216	66
旅顺口区审计局	39	82177	19			402		61	102	25
金州新区审计局	22	1383522	269		22500	44275		43	92	203
普兰店区审计局	47	395538						60	15	30
瓦房店市审计局	33	145748	188					50	113	74
庄河市审计局	58	57918	861					88	137	32
长海县审计局	46	29872	142		762	26628	19	58	81	18
鞍山市										
鞍山市本级	35	105865	160		144	545	1	41	88	
铁东区审计局	33	41463	20	11		40457		33	50	2
铁西区审计局	23	267						23	35	
立山区审计局	31	6940						31	14	
千山区审计局	6							6	21	
海城市审计局	48	187332		2548		1	1	48	86	
台安县审计局	81	63151						81	250	
岫岩满族自治县审计局	159	55993		3115				158		
抚顺市										
抚顺市本级	88	359423	2064	428	295	801	4	88	128	20
顺城区审计局	19	48595	2426					32	40	
新抚区审计局	14	4717	465			60		27	2	
东洲区审计局	2	6933	68			241		2		
望花区审计局	23	14187	53			52	1	40	82	
抚顺县审计局	38	682						38	12	6
新宾满族自治县审计局	117	24575	10					117	39	
清原满族自治县审计局	46	30476	158			32	1	69	67	
开发区审计局	6	6639						12	39	12
本溪市										
本溪市本级	52	260992	5497		74233	4321	8	85	131	109
平山区审计局	28	18						44	5	5
溪湖区审计局	9	2862	2	2859			1	9	27	27
明山区审计局	50	1711	38	571	1000	14		50	83	83

续表

审计机关	完成审计项目（个）	审计查出主要问题金额	审计处理情况					出具审计报告和审计调查报告（篇）	提出审计建议（条）	提交审计信息（篇）
			审计处理处罚				移送处理事项（件）			
			应上缴财政	应减少财政拨款或补贴	应归还原渠道资金	应调账处理金额				
南芬区审计局	9	7001		1000				14	32	9
本溪满族自治县审计局	22	22767						26	42	21
桓仁满族自治县审计局	28	14185	290		115	7664		31	6	3
丹东市										
丹东市本级	32	677777	38559	6	39114	11121	3	42	50	8
振兴区审计局	40	37676						35	67	
元宝区审计局	17	2807				1		12	13	
振安区审计局	22	35014	19					21	27	
东港市审计局	40	211672	198259			10625		44	40	
凤城市审计局	40	59273	16647		53	2154		45	94	26
宽甸满族自治县审计局	26	4251	2570	470	757	451		26	34	21
边境经济合作区审计局	17	311		311				17		
锦州市										
锦州市本级	110	1155655	14741		1731	1512	21	160	364	54
太和区审计局	48	74632	13321	28	1	381		46	57	16
古塔区审计局	18	4606	101		14			18	25	5
凌河区审计局	15	3429			1500	1355		15	36	29
凌海市审计局	45	95853	1540	35	4995	1440	1	50	147	18
北镇市审计局	37	8862			64			37	61	
黑山县审计局	60	33963			28	253		72	114	
义县审计局	58	18404	54	289	14172	1649	4	104	101	37
松山新区审计局	31	468		468				31	5	
营口市										
营口市本级	57	166330	1609					95	83	35
站前区审计局	7	13333						10	2	
西市区审计局	5	1064						5	7	
老边区审计局	16	16972						16		
盖州市审计局	33	2445						39		
大石桥市审计局	26	914						25	31	
经济技术开发区审计局	59	97090						40	94	

续表

审计机关	完成审计项目（个）	审计查出主要问题金额	审计处理情况					出具审计报告和审计调查报告（篇）	提出审计建议（条）	提交审计信息（篇）
			审计处理处罚				移送处理事项（件）			
			应上缴财政	应减少财政拨款或补贴	应归还原渠道资金	应调账处理金额				
辽宁（营口）沿海产业基地审计局	2	15								
阜新市										
阜新市本级	40	607840	4859		6704	49637		62	112	71
细河区审计局	14	11392	15					14	39	
海州区审计局	8	31662	6					15		18
新邱区审计局	7	3827	439			635		7	22	
太平区审计局	13	5249	1					22	36	
清河门区审计局	12	9952	333		9340	38	1	19	28	
彰武县审计局	61	4239	6					103	118	
阜新蒙古族自治县审计局	33	85044	147		20			57	228	
辽阳市										
辽阳市本级	71	294789	3097			20		89	77	
白塔区审计局	19	1654						19	18	9
文圣区审计局	75	3749						75	32	
宏伟区审计局	133							133	2	
弓长岭区审计局	119	12573	73		12500			100	28	17
太子河区审计局	95	1759	6		113	1500		97	32	8
灯塔市审计局	224	23648	33	9577				224	26	
辽阳县审计局	30	3751	3751					30		
盘锦市										
盘锦市本级	68	385601	253	158034	7305	886	2	68	158	34
兴隆台区审计局	10							10		3
双台子区审计局	18							18		2
大洼县审计局	46	15906	2			15904		46	110	4
盘山县审计局	42	1439				1439		42	104	3
铁岭市										
铁岭市本级	49	558288	2673		379732	1063	2	72	96	33
银州区审计局	12	44730	16					16	19	42
清河区审计局	23	18279	22		65			38	57	25
调兵山市审计局	34	153766	75		75			56	63	17
开原市审计局	14	40380	338		508	38910		10	10	18
铁岭县审计局	35	1482	28		107	287		50	37	6

续表

审计机关	完成审计项目（个）	审计查出主要问题金额	审计处理情况					出具审计报告和审计调查报告（篇）	提出审计建议（条）	提交审计信息（篇）
			审计处理处罚				移送处理事项（件）			
			应上缴财政	应减少财政拨款或补贴	应归还原渠道资金	应调账处理金额				
西丰县审计局	8	712	520		48	26		6		24
昌图县审计局	47	5606	18		490	1142		64	136	23
经济技术开发区审计局	11	4						17	3	
朝阳市										
朝阳市本级	130	2159135	25728	1140	14682	9955	12	125	251	48
双塔区审计局	22	545	125		346	21		22	26	12
龙城区审计局	48	11843			1350	2370	5	50	78	31
北票市审计局	68	69913	13703	635	12391	43184		72	165	35
凌源市审计局	62	24030	204			18		80	109	30
朝阳县审计局	27	13577	166	58	7611	4721		26	46	1
建平县审计局	42	3638	25	16				80	46	30
喀喇沁左翼蒙古族自治县审计局	67	64500	50		177	3326	2	71	175	35
葫芦岛市										
葫芦岛市本级	74	404169	6911	5129	62734	43770	1	74	147	25
龙港区审计局	33	37248		923	8104	28221		33	16	
连山区审计局	67	552	28	504				67	27	2
南票区审计局	45	27059						45	97	2
兴城市审计局	357	219841	1033	9250	98		1	357	65	3
建昌县审计局	58	3009	29	169	1191	1620		58	149	5

吉林省

【吉林省审计厅】 2015 年，吉林省审计厅人员编制 133 人，实有 118 人。设有办公室、法规处、财政审计处、税收征管审计处、行政事业审计处、党群审计处、农业审计处、资源环境审计处、固定资产投资审计处、金融审计处、经贸审计处、社会保障审计处、外资运用审计外、经济责任审计处、人事处、政法审计处、文体卫生审计处、科技教育审计处、高校审计处、计算机审计处、审计整改督查处、稳增长审计处、基层工作处，下设经济责任和投资审计中心、审计研究和计算机技术中心、机关服务中心，另设机关党委，驻省审计厅纪检监察室。

领导成员

厅　　长（党组书记）：刘庆恒

副 厅 长：徐彦夫　赵振民

　　　　　邹积新（3 月—）

省经济责任审计联席会议办公室主任：

　　　　　李茹宝（12 月—）

审计成果　吉林省审计机关完成审计项目 2488 个，其中组织实施审计项目 2427 个，参与实施审计项目 61 个。查出主要问题金额 899.3 亿元，其中违规金额 313.1 亿元、损失浪费金额 4.6 亿元、管理不规范金额 581.6 亿元；损益（收支）不实金额 92.1 亿元；审计处理处罚金额 358.9 亿元，其中应上缴财政 36.6 亿元、应减少财政拨款或补贴 210.7 亿元、应归还原渠道资金 113 亿元、应调账处理金额 165.5 亿元；审计发现非金额计量问题 2675 个；审计促进整改落实有关问题资金 52.3 亿元，其中增收节支 24.3 亿元、已调账处理金额 22.9 亿元；审计促进拨付资金到位 3.1 亿元；审计后挽回（避免）损失 3.3 亿元。移送司法机关、纪检监察机关和有关部门处理事项 157 件。出具审计报告和专项审计调查报告 2955 篇，被批示、采用 825 篇。提出审计建议 3362 条，提交审计信息 1063 篇，被批示、采用 2566 篇。向社会公告审计结果 9 篇。

政策措施贯彻落实跟踪审计 组织全省各级审计机关对全省 7 个市（州）（不含长春市、吉林市）、长白山管委会，61 个县（市、区）（不含农安县、桦甸市）人民政府稳增长、促改革、调结构、惠民生、防风险政策措施落实情况进行跟踪审计，重点关注各相关部门和地区与稳增长密切相关的重大项目建设进展、资金保障、简政放权情况，财税、金融、产业、外贸等政策落实情况，以及地方招商引资优惠政策清理情况，审计共查出 18 个方面 190 个问题。

财政审计 省财政厅具体组织 2014 年度省本级预算执行审计，发现应作未作调入资金、非税收入缴库不及时、预算内暂付款长期挂账、往来清理不及时等违法违规问题。省发展改革委 2014 年度组织分配省级财政投资情况审计，发现违反预算级次安排预算内基本建设资金、挪用预算内基本建设资金归还政府担保贷款本息等违法违规问题。全省税收征管审计，查出全省地税系统预征税款、延压税款、缓征税款、应征未征税款、代征收入等违法违规问题。对省社科院、省贸促会、东北电力大学等省属事业单位 2014 年度财务收支开展审计，审计查出所属单位账目未纳入账内统一核算管理、未经财政审批使用上年结余资金、违规取得经营收入等违法违规问题。

经济责任审计 全年安排经济责任审计项目 114 个，涉及 143 名党政领导干部和企业领导人员，审计发现负有主管责任和领导责任的违规问题金额 22 亿元。按照省委全面深化改革领导小组要求，研究制定《全省党政主要领导干部和国有企业领导人员经济责任审计办法实施细则》，经省委全面深化改革领导小组第 13 次全体会议通过后，印发全省执行。

农业与资源环保审计 对长春市、吉林市和农安县等三市五县 2013—2014 年度省级污染减排和大气污染防治专项资金管理使用和绩效情况审计调查，共抽查 108 个重点项目，涉及资金 1.13 亿元，占比 46.59%。审计发现滞留项目资金、重复申报、未经审批擅自设计变更、项目审批把关不严等问题，提出 4 条审计建议。

固定资产投资审计 开展对援疆项目审计、舒兰至荒岗公路跟踪审计、松石高速公路决算审计、靖宇至通化高速公路跟踪审计等项目，审计发现结余培训费用、项目资金下达滞后、多结工程价款、应招标未招标等违法违规问题，通过审计核减建筑安装工程费 354.43 万元、核减监理费 424.11 万元、核减虚列工程建设其他费用 23 万元，审计期间促进对核减工程款问题进行整改。开展对中东部土地整治项目跟踪审计、吉林铁道学院新校区建设项目审计、省图书馆建设项目跟踪审计、省医院综合楼决算审计等项目，审计发现资金闲置、材料采购未按规定招标、多签设计费合同价款、管理不规范金额等违法违规问题，提出审计建议 10 条。

民生资金（项目）审计 组织各级审计机关对全省各类城镇保障性安居工程进行跟踪审计，发现挪用保障性安居工程资金、资金闲置、违规转借、出租保障性住房等问题。省政府责令住房城乡建设厅和财政厅按照审计意见认真做好整改。省审计厅在审计署召开的保障性安居工程审计座谈会上介绍经验。

对长春市等 34 个市、县（市、区）2012 年至 2014 年实施的“暖房子工程”情况审计，发现挪用“暖房子工程”资金用于其他项目建设、工程未招标，部分工程施工单位存在出借资质、违规挂靠等问题，涉及金额 8.8 亿元。

对大安市、榆树市和辉南县等 5 个县（市）2014 年度农村危房改造情况开展审计调查，发现将不符合危房改造条件的家庭纳入改造范围、超标准补助资金、重复享受补助资金等问题金额7459万元，部分滞留补助资金、统建房屋闲置、建筑材料未执行国家标准等问题金额1.8亿元。

对公主岭市、榆树市和前郭县等6个国家现代农业示范区2014年度建设情况开展审计调查，发现部分项目不符合条件违规获取专项资金、专项资金结存2年以上、未及时开工或进度缓慢等问题。

组织全省审计机关对2010年至2014年物业专项维修资金进行审计，查出辉南县、吉林市等45个市、县（区）应收未收物业专项维修资金、挪用物业专项维修资金用于偿还贷款和倒贷等支出，管理费用支出比例偏高等问题。

外资运用审计 对处理日本遗弃化学武器项目、松花江水污染防治项目、吉林省农产品安全项目、松花江流域生态林项目、吉林市环境综合治理项目进行公证审计，审计发现少列事务费支出、不合规分包、配套资金不到位等违纪违法问题。

企业、金融审计 实施长影集团、省投资集团2014年度资产负债损益审计，通过审计查出未经评估转让股权、未按合同规定用途使用贷款、扩大开支范围等违法违规问题11.3亿元。

组织全省有关市县审计机关对31家村镇银行存贷款结构情况进行审计调查，审计发现村镇银行社会认知度低、吸储压力大、存贷款结构不合理、分支机构设立不够下沉等问题。

专项资金审计 组织对省民委、省水利厅、省发改委等16个部门（单位）2014年公务接待经费和因公出国经费进行审计。审计结果显示，公务接待经费支出压缩64.9万元，因公出国（境）经费支出压缩92.42万元，被审计的部门（单位）两项经费支出均有较大幅度的下降，压缩“三公”经费的效果明显。

组织全省审计机关对长春市、白山市等22个市县2014年防空地下室易地建设费进行审计，审计发现违规减免缓征易地建设费、未缴少缴易地建设费、易地建设费应缴未缴省级分成或财政专户等问题，各市县已经通过补办手续、上缴财政收入等方式进行整改。

审计调查长春、通化、白山等7个地区及省级科研院所、高校139个单位372个项目科技专项资金管理使用情况，审计发现滞拨、滞留科技专项资金，项目进展缓慢影响资金发挥效益等问题。

对长春市、吉林市、松原市和白城市2013—2014年度二次供水改造工程资金管理使用情况进行审计，查出二次供水改造工程进展缓慢、未按计划完成投资、部分工程设备及材料采购未签订合同、工程项目未进行招投标、工程造价不实等问题，涉及金额13.9亿元。

开展敦化市、双辽市、蛟河市等5个县市2012年至2014年新增千亿斤粮食生产能力建设资金管理使用情况审计，查出挪用、虚列、截留新增千亿斤粮食专项资金，多计工程价款，部分项目进展缓慢等问题。各县（市、区）已经通过归还原资金渠道、调整账目等方式对部分问题进行整改。

信息化建设 加强和完善金审工程三期项目基础建设，撰写金审工程三期可研报告，制定《金审三期项目建设管理制度》；改版审计厅机关门户网站，改造机房环境动力监控系统，更换配线间交换机，对会议室音视频系统等设备进行升级改造；完成全省审计专网建设；加大网络运行维护力度，分别对机房管理、OA系统运维、互联网迁移、办公网证书管理以及审计专网运维等工作进行部署和维护；完成全省审计机关网络安全检查工作，对各市县审计机关进行指导并将检查汇总结果报送审计署。

参与全省财政收支电子数据采集工作，编写《计算机审计应用与操作》，并由中国时代经济出版社出版发行。参与中国审计学会“计算机审计知识与方法资源库”课题征集活动，承担《证券公司审计（下）》课题编写工作。

（撰稿人：徐仰辉）

【长春市审计局】 2015年，长春市审计局人员编制107人，实有101人。局长李志刚，副局长吴焕军、贾士武（—12月）、孔维进、赵力彦、孙忠林，总审计师李贵军。设有办公室、机关党委、法制处、人事监察处、财政金融审计处、教科文卫审计处、行政政法审计处、社会保障审计处、经贸外资审计处、农业与资源环保审计处、固定资产投资审计处、经济责任审计处、派出审计一处、派出审计二处、派出审计三处，下设审计学会和机关服务中心。

审计成果 长春市审计局对63个项目开展审计或审计调查，查出主要问题金额78.46亿元，其中违规金额22.82亿元、管理不规范金额55.64亿元；审计处理处罚金额37.21亿元，其中应上缴财政6.13亿元、应归还原渠道资金27.33亿元、应调账处理金额3.75亿元；审计促进整改落实有关问题资金1.39亿元，其中已上缴财政3398万元、核减投资额1.05亿元。移送司法机关、纪检监察机关和有关部门处理事项27件。出具审计报告和专项审计调查报告63篇。提出审计建议248条，提交审计信息59篇，被批示、采用51篇。

财政审计 对市财政组织2014年预算执行情况、市地税系统税收征管情况以及14个重点部门预算执行及其他财政收支情况、2个区政府决算情况开展审计，查出主要问题金额1.8亿元。

固定资产投资审计 对14个政府投资项目开展审计监督，审计项目投资额51.4亿元，涉及单项工程549个，查出违规金额1.6亿元，核减多计多结工程价款1.05亿元。

经济责任审计 对20名领导干部开展任期经济责任审计，对16名领导干部开展任前经济责任审计，查出领导干部应负直接责任的问题金额85万元，应负领导责任的问题金额3964万元。

民生资金（项目）审计 在城镇保障性安居工程的跟踪审计中，延伸调查69个保障性安居工程项目相关单位和企业、42个街道办（乡镇）、44个居（村）委会、543户家庭，对37个保障性安居工程的开工情况、40个项目的基本建成情况、44个项目的工程建设和质量管理情况进行检查，提出建议30余条，并对个别县（市）保障性住房未依法招标、保障性住房安置待遇落实等8个事项进行移送。在棚户区改造工程的专项审计调查中，发现严重违反财政法规行为、损失浪费以及政策落实不到位问题，明确责任单位和责任人。

政策措施贯彻落实跟踪审计 在稳增长、促改革、调结构、惠民生、防风险政策措施贯彻落实情况的跟踪审计中，组织和指导长春地区所辖9个县（市、区）审计机关（不含长春市本级及农安县）对当地政策措施贯彻落实情况实施跟踪审计，共涉及相关单位30余个，审计内容20余项，累计抽查审计项目300余次。

（撰稿人：杨冬玲）

【吉林市审计局】 2015年，吉林市审计局人员编制86人，实有79人。局长姜亚男，副局长赵世海、李英华、尹永全，总审计师孙江旭，纪检组长尹绍群。设有办公室、法规处、财政审计处、金融审计处、行政事业审计处、经贸审计处、农业与资源环保审计处、社会保障审计处、固定资产投资审计处、外资运用审计处、经济责任审计处、派出审计工作处、人事处、机关党委，下设吉林市审计中心。

审计成果 吉林市审计局完成审计项目112个，查出主要问题金额229651万元，其中违规金额84523万元、损失浪费金额4332万元、管理不规范金额140796万元；审计处理处罚金额157369万元，其中应上缴财政10674万元、应归还原渠道资金70729万元、应调账处理金额75966万元；审计促进整改落实有关问题资金136551万元，其中增收节支60559万元、已调账处理金额75992万元；审计后挽回（避免）损失10599万元。移送司法机关、纪检监察机关和有关部门处理事项15件。提出审计建议267条，提交审计信息492篇，被采用121篇。

吉林市审计局实施的长春市土地出让收支和耕地保护情况审计项目被审计署评为优秀审计项目，组织并实施的吉林高新技术产业开发区2013年度财政决算及其他财务收支情况审计项目被审计厅评为优秀审计项目。吉林市审计局荣获全国审计宣传工作先进单位、全省精神文明先进单位等荣誉称号；财政处被吉林省公务员局、吉林省审计厅评选为吉林省审计系统先进集体；徐瑞玲被评为先进个人；金融处获得省妇联吉林省三八红旗集体称号。

财政审计 完成吉林市地税系统市本级审计，发现应征未征税款、企业注销税务登记检查卷宗缺少要件、违规获取地方政府拨款、违规发放工作补助等问题，全年通过补缴税款实现市本级收入1945.05万元。完成对12个市直部门（单位）预算执行及其他财政收支情况审计。

行政事业审计　完成对51个行政事业单位财务收支审计。其中审计收缴应缴未缴非税收入788.7万元，收回应上缴结余资金20万元，对其他违规问题收缴228.74万元。

固定资产投资审计　完成2个固定资产投资审计，共计审减工程投资23.37万元。

企业审计　开展2个企业效益审计，发现吉林市某环境保护投资有限责任公司少计国有股份8490万元、某公司占用市财政资金196.24万元、用财政借款上缴土地使用税612万元、应缴未缴4年国有资产使用费280万元等问题。

经济责任审计　完成40名领导干部经济责任审计。

专项资金审计　完成吉林省审计厅统一组织的防空地下室易地建设费征收管理使用情况审计调查、物业维修资金审计调查、“暖房子工程”审计、城镇保障性安居工程跟踪审计和村镇银行存贷款结构审计调查。

内部审计　吉林市共注册登记内部审计机构228个，其中专职机构91个；内部审计人员652人。完成审计项目和审计调查项目共4936个，查出违纪违规金额13254万元，促进增收节支10326万元，提出建议意见被采纳1421条。

（撰稿人：王明辉）

【四平市审计局】　2015年，四平市审计局人员编制69人，实有65人。局长郭玉文，副局长孟宪国、郑斯忠、董柏成，总审计师马冀，纪检组长张崇。设有办公室、综合科、人事科、法制科、财政审计科、金融审计科、行政事业审计科、经贸审计科、农业与资源环保审计科、社会保障审计科、固定资产投资审计科、经济责任审计科、外资运用审计科、政法审计科、科教文卫审计科、商粮审计科和审计中心，另设有机关党委。

审计成果　四平市审计局全年完成审计项目63个，查出违规金额8725万元、管理不规范金额75000万元、损失浪费金额30万元；应上缴财政751万元、应归还原渠道资金10276万元、应调账处理13052万元；促进增收节支1653万元。向纪检委和有关部门移交案件线索4件。提出审计整改建议97条。出具审计报告和专项审计调查报告65篇。提交审计信息26篇，被批示、采用17篇。

财政审计　对四平市18个重点部门重点单位和5个事业单位财政财务收支情况进行审计，累计促进增收节支490.49万元，其中追回不合理补贴82.66万元、追回超标交通费支出2.53万元、增加税收345.3万元、促进节约经费支出60万元。9月28日，四平市七届人大常委会第十八次会议审议通过四平市审计局代政府所做的《2014年度本级预算执行工作报告》。

经济责任审计　对20名党政领导干部任职期间经济责任履行情况实施审计，查出违规金额85万元，其中负主管责任金额10万元、负领导责任金额75万元；管理不规范金额5709万元，其中负领导责任金额5709万元。

固定资产投资审计　对紫气大路立交桥项目（含照明、亮化、交通标志、绿化工程等附属工程）、城市规划馆工程项目及布展工程项目、东南新城回迁楼项目、东南生态新城植物园生态修复工程项目开展跟踪审计，对原政务中心工程项目进行阶段审计，累计核减工程款1163万元。

专项资金审计　对保障性安居工程、医疗保险基金、人防易地建设费、物业专项维修资金、“暖房子工程”项目、价格调节基金、农业综合开发资金等7项重点项目及资金实施审计或审计调查。

（撰稿人：李　林）

【辽源市审计局】　2015年，辽源市审计局人员编制49人，实有48人。局长王少宏，副局长姜元东、王彦明、吴海燕，纪检组长吴宝华。设有财政审计科、金融审计科、行政事业审计科、经贸审计科、农业与资源环保审计科、固定资产投资审计科、社会保障审计科、经济责任审计科、内部审计科、审计监督科、办公室（信息中心）、法制科、纪检监察室、机关党委，下设审计中心、政府投资审计中心。

审计成果　辽源市审计局完成审计项目103个，查出主要问题金额424148万元，其中违规金额243068万元、管理不规范金额181080万元；损益（收支）不实金额58864万元；审计处理处罚金额226929万元，其中应上缴财政25341万元、应归还原渠道资金113041万元、应调账处理金额31277万元；审计发现非金额计量问题81个；审计促进整改落实有关问题资金87103万元，其中已上缴财政23506万元、已归还原渠道资金49005万元、已调账处理金额14133万元、减少损失浪费523万元；审计后挽回损失122.3万元；审计期间整改问题金额3402.6万元。出具审计报告和专项审计调查报告89篇，被批示、采用5篇。提出审计整改建议145条，提交审计信息69篇，被采用63篇。

2个项目分别被审计署、省审计厅评为优秀审计项目。辽源市审计局被省委、省政府评为2013—2015年度全省文明单位，被全国总工会评为全国模范职工之家，被中国审计报、省审计厅、市委办、市政府办评为宣传工作先进单位，连续4年被评为市政府绩效考核优秀单位。

政策措施贯彻落实跟踪审计 对稳增长、促改革、调结构、惠民生政策措施落实情况进行跟踪审计，审计单位42个，国家相关政策措施21项，审计发现的问题得到及时督促纠正。

财政审计 对财政及13个预算部门进行审计，查出主要问题金额17.1亿元。审计后增加财政收入2.2亿元，归还原渠道资金4.9亿元。对地税局税收征管进行审计，延伸10个涉税企业，查出主要问题金额888.1万元，地税部门按照审计建议全部整改。对开发区和市直13个部门开展财务收支审计，对违纪违规问题依法做出处理。对西安区政府财政决算进行审计，查出主要问题金额28000万元，西安区政府召开专题会议落实整改措施。

经济责任审计 对全市31名党政领导干部进行经济责任审计，发现扩大开支范围、招待费超支、违规处理国有资产等主要问题金额16060.2万元，相关经济责任人认真落实整改建议，规范财务管理。

固定资产投资审计 重点对城区二次供水工程、东辽河堤防工程、结核病防治所等6个政府重点投资项目进行审计，审计投资总金额32亿元。通过审计发现违规问题38个，依法做出处理，确保项目资金安全完整和工程质量。

民生资金（项目）审计 对医保资金、扶贫资金进行审计。对医疗保险资金的审计查出居民险、职工险和新农合重复参保15423人，致使双保双报、重复报销等问题突出。针对问题，向市政府提出《关于整合医疗保险信息建立统一共享平台的意见》。经整改后，违规重复参保人员已被列入黑名单，终止新农合资格和政策待遇。

农业与资源环保审计 对农业、土地、水利等专项资金进行审计。在对水利局审计中，水利局采纳审计建议，实施城市供水复线工程，解决水库管理中心至市区只有一条供水管路现状，避免水资源损失浪费523万立方米，增加原水供水量1073万立方米，保证城市供水安全。对应拨未拨农村人口饮水安全项目资金的问题，经审计建议，水利部门已将2000万元全部拨付到位。

企业审计 开展客运总站、龙源公司、公共汽车公司3个国有企业审计，查出违纪违规问题2323.9万元，企业已按照审计建议及时整改。针对公汽公司年经营亏损千万元问题，分析亏损原因，向市政府上报《关于公共汽车公司亏损情况的审计报告》。市长批示要求政府加大扶持力度，相关部门在南部新城无偿划拨1万平方米土地作为公汽公司停车场，拨款400万元注入流动资金，缓解企业困难。

专项资金审计 对政府性债务等项目开展审计调查，提交审计调查报告16篇，5篇被市政府批转落实。对信访救助专项资金管理使用情况进行调查，发现挪用专项资金、扩大开支范围等问题金额608.2万元，信访局问题整改率达到90%以上。对物业维修资金管理使用情况进行审计调查，市政府领导批示，要求涉审单位务必落实审计建议，快速整改，维护群众利益。

信息化建设 运用OA（审计管理系统）和AO（现场审计实施系统），实现网上无纸化办公和计算机现场审计。利用计算机大数据技术对保障性安居工程项目审计，整合、搭建全市保障性住房关联数据平台。对廉租补贴发放情况开展审计，筛选查出违规领取廉租补贴2196人，审计后共有21人受到责任追究，其中4人被立案侦查，17人受到党纪政纪处分，2196人被取消保障资格。

（撰稿人：宋发林）

【通化市审计局】 2015年，通化市审计局人员编制68人，实有53人。局长杨希文，副局长陈卿、董德恩、蒋辉，纪检组长梁秀。设有办公室、人事教育科、监察室、法制科、财政审计科、行政事业审计科、政法审计科、经贸金融审计科、农业与资源环保审计科、固定资产投审计科、社会保障审计科、执行科、经济责任审计科，下设审计中心、审计信息中心。

审计成果 通化市审计局完成审计项目 76 个，查出违法违规金额 18570 万元、管理不规范金额 156224 万元；促进增收节支和挽回损失 1012 万元。移送违法违纪案件线索 2 件。促进建立健全制度 135 项。提交各类审计或专项审计调查报告和信息 196 篇。

被吉林省公务员局、省审计厅表彰为吉林省审计系统先进集体；被吉林省精神文明建设指导委员会评为 2013—2015 年度全省文明单位；长春市土地出让收支和耕地保护情况审计项目被评为审计署优秀审计项目。

财政审计 对市财政局、地税局和信访局等 25 个单位预算执行情况开展审计，促进各单位加强和完善预算管理，提高财政资金使用效率。

金融审计 对通化市 2 个村镇银行存贷款结构进行专项审计调查，全面掌握村镇银行资产、负债、损益的真实效益情况，促进村镇银行完善内控制度，规范经营行为。

农业与资源环保审计 对全市森林植被恢复费征收使用情况开展审计调查，发现未按规定制定恢复森林植被措施和编制森林植被恢复费收支预算，造成资金闲置 70.2 万元。

固定资产投资审计 组织实施全市“暖房子工程”审计，查出滞拨资金、违规分包等违规问题金额 15000 万元。

民生资金（项目）审计 对通化市本级保障性安居工程开展跟踪审计，发现未按期完成任务、滞拨专项资金、设计未招标等违规问题金额 4200 万余元。对通化市本级（含东昌、二道江两区）2015 年棚户区改造工程进行审计，查出管理不规范金额 13513 万元。

经济责任审计 开展经济责任审计项目 37 个，其中离任审计 22 个，任前审计 15 个，任前审计占比 41％。查出违规金额 5402 万元，管理不规范金额 34012 万元，已上缴财政 233 万元，提出审计整改建议 98 条。

专项资金审计 开展全市行政事业单位经营性收费、价格调节基金、慈善总会捐赠资金等专项审计调查项目 10 个。 （撰稿人：姜 博）

【白山市审计局】 2015 年，白山市审计局人员编制 66 人，实有 56 人。局长钟铁鹏，副局长纪秉华、李本志、杨志刚，总审计师田成鹏，纪检组长迟云兰。设有办公室、综合科、人教科、法制科、固定资产投资审计科、财政审计科、经贸审计科、行政事业审计科、文教审计科、农业与资源环保审计科、政法审计科、外资金融审计科、监察室，下设白山市审计中心、白山市审计信息中心。

审计成果 白山市审计机关完成审计项目 206 个，查出主要问题金额 410280 万元，出具审计报告和专项审计调查报告 309 篇，提出审计意见建议 381 条。其中市本级审计项目 59 个，查出主要问题金额 162679 万元，出具审计报告和专项审计调查报告 98 篇，提出审计建议 381 条。

政策措施贯彻落实跟踪审计 将稳增长、调结构、促改革、惠民生、防风险政策措施贯彻落实跟踪审计列为常态化工作任务之一，成立领导小组，形成有效机制。按照省审计厅要求，全年共上报跟踪审计报告 9 次。

财政审计 抓住支出环节，对资金的拨付、使用和管理实行全过程监督，对重点项目预算资金的安排使用情况进行效益跟踪，提高预算资金使用效益，通过“上审下”，带动和促进县级预算执行审计。市本级共安排预算执行及其他财政收支审计项目 11 个，其中安排地方政府决算审计项目 1 个，地税审计项目 3 个。

固定资产投资审计 市本级完成全市 2015 年度各类棚户区改造项目审计、物业维修资金调查和“暖房子工程”审计调查报告和关于建设项目审批程序的调查核实。完成隆府大厦、宏泰花园、金地小区、旺达花园、江畔花园等 5 个建设项目优惠政策调查、市政工程决算审计，共计核减工程造价 933 万元。

经济责任审计 市审计局全面完成市委组织部委托的 41 个相关单位和部门领导干部经济责任审计工作。 （撰稿人：董立夫）

【松原市审计局】 2015 年，松原市审计局人员编制 44 人，实有 46 人。局长王凤文，副局长吕龙、夏先飞、吕俊忠，总审计师宋国范，纪检组长吴国权。设有办公室、法制科、科教文卫审计科、财政金融审计科、经济责任审计科、经贸审计科、行政事业审计科、农业与社会保障审计科、机关党委，下设松原市审计中心、内审协会、审计学会。

审计成果　松原市审计局完成审计项目 72 个，查出主要问题金额 475928 万元，其中违规金额 107390 万元、损失浪费金额 868 万元、管理不规范金额 367669 万元；损益（收支）不实金额 8237 万元；审计处理处罚金额 252981 万元，其中应上缴财政 69240 万元、应减少财政拨款或补贴 8301 万元、应归还原渠道资金 14800 万元、应调账处理金额 138810 万元；审计发现非金额计量问题 39 个；审计后挽回（避免）损失 1720 万元。移送纪检监察机关处理事项 4 件。出具审计报告和专项审计调查报告 93 篇。提出审计建议 15 条。

2015 年度，松原市审计局参与的长春市土地出让收支和耕地保护情况审计项目被审计署评为全国土地出让收支和耕地保护情况审计优秀审计项目，组织实施的前郭县“暖房子工程”审计项目被吉林省审计厅评为优秀审计项目。

政策措施贯彻落实跟踪审计　按照省审计厅的工作部署，统筹安排全市审计力量，重点推进，分类汇总，持续跟踪。市本级结合市政府 2015 年重点工作目标跟踪审计同步开展，逐项抓好审计发现问题整改工作。全年各级审计机关新发现问题 13 个，督促各级政府及相关部门累计整改问题 64 个。

财政审计　在开展 2014 年度本级预算执行审计过程中，集中反映本级预算和财政专项资金的整体情况，关注涉及人民群众切身利益的项目和资金，关注教育、文化、卫生、安全等领域资金投入及运作情况；从体制、机制和制度出发，提出严格控制一般性支出、从严从紧编制预算等合理化建议。在地税征管审计中，通过延伸审计吉油房地产开发公司等 5 个房地产企业和松原市太平洋保险公司等 5 个保险企业，发现欠税核算不实、延解税款等方面的问题，提出规范管理、堵塞漏洞的合理化建议，得到地税部门的采纳。

经济责任审计　完成 18 个经济责任审计项目。对全市近五年的经济责任审计数据进行梳理，全面跟踪审计整改情况，对上年审计发现问题整改情况进行全面反馈和检查，促使被审计单位认真整改。持续使用审计谈话制度，更好地了解被审计单位的业务实质和实际情况，科学全面客观评价领导干部经济责任。

固定资产投资审计　加大对政府投资建设项目的审计监督力度，最大限度节约财政资金，完成政府投资项目共计 43 个，审计提报投资总额 12.4 亿元，核减工程款 2.5 亿元，综合审减率 20.15%。以大项目、热点项目、民生项目审计带动其他政府投资项目审计，重大项目基本实现审计过程全覆盖。

专项资金审计　对全市 2013 年至 2014 年土地出让情况进行审计调查，重点对 156 宗挂牌出让、协议出让、无偿划拨的土地逐一进行审计，检查审批用途与实际用途是否相符、土地是否闲置等情况，审计报告得到市政府领导的好评。对 2012 年至 2014 年松原市本级及所属各县（市）“暖房子工程”进行审计，审计发现热计量改造损失浪费，“暖房子工程”管理粗放，在资金使用、工程管理、工程造价等方面问题较多。对于审计发现的未依法进行招投标和未完工组织竣工验收的问题，移送有关县（市）纪检部门案件线索 4 件，有 6 人受到纪律处分。　（撰稿人：赵晓辉）

【白城市审计局】　2015 年，白城市审计局人员编制 50 人，实有 47 人。局长沈雪松，副局长陈桂侠、于长水、刘志新，总审计师郑国华，纪检组长杨威。设有办公室、法规科、财政审计科、行政政法科、科教文审计科、农业与资源环保审计科、固定资产投资审计科、金融审计科、经贸外资运用审计科、社会保障审计科、经济责任审计科、机关党总支、白城市审计中心。

审计成果　白城市审计局完成审计项目 72 个，其中组织实施审计项目 70 个，参与实施审计项目 2 个。查出主要问题金额 136145 万元，其中违规金额 40402 万元、损失浪费金额 11307 万元、管理不规范金额 84436 万元；审计处理处罚金额 86534 万元，其中应上缴财政 26216 万元、应减少财政拨款或补贴 1781 万元、应归还原渠道资金 26774 万元、应调账处理金额 11080 万元；审计发现非金额计量问题68个；审计促进整改落实有关问题资金88886万元，其中增收节支49799万元、已调账处理金额8809万元、已缴纳其他资金21903万元、其他整改落实金额8375万元；审计促进拨付资金到位11445万元。移送司法机关、纪检监察机关和有关部门处理事项6件。出具审计报告和专项审计调查报告75篇。提出审计建议115条，提交审计信息113篇，被批示、采用48篇。

政策措施贯彻落实跟踪审计　促进各级政府建立《关于全面建立临时救助制度的实施意见》《关于定向精准调控稳定经济增长的实施意见》《白城市区“脱棚上楼、以平换楼”实施方案》等制度文件16项；市县两级机构改革减少行政审批部门7个、审批项目86个；546套闲置廉租房得到及时分配；审核227名低保家庭和残疾毕业生；压缩取消7个财政专户。2014年跟踪审计发现的13个方面34个问题，4个方面24个问题得到整改。

财政审计　对市财政局、市地税局、市国土资源局等8个部门预算执行情况进行审计，查出问题金额43703.3万元，审计整改纠正金额17665.9万元、查补税款1146.7万元、上缴财政金额778.4万元、促进增收节支金额7370.2万元。

经济责任审计　对市、县两级42名领导干部进行经济责任审计，查出问题金额13264万元，其中违规金额5244万元、管理不规范金额8020万元。

农业与资源环保审计　对市水利局预算执行、市月亮湖水库管理局财务收支实施审计，对大安市农机具补贴专项资金实施审计调查。查出问题金额20363万元，审计后挽回损失金额104.9万元、调账金额56.45万元、查补税款132.1万元、收缴罚没金额0.7万元、收缴应当收缴收入112.83万元。

固定资产投资审计　对保障性安居工程、“暖房子工程”等重点项目实施审计和审计调查。发现问题金额1.46亿元，审计整改纠正金额1276万元、促进增收节支金额641.7万元、查补税款969.7万元、核减工程结算价款49.2万元。

民生资金（项目）审计　对城市污水处理基金、医疗保险基金、物业维修资金等7项重点民生资金和项目进行审计和审计调查。查出市棚改项目闲置资金87784万元；促使鹤城热力西部供热站和白鹤热力公司接入全市热电联产集中供热网，使供热面积从320万平方米提升至450万平方米，供热能力提升到700万平方米，实现市区规模式集中供热；取缔烟筒4座，年减少燃煤14.5万吨，减少二氧化碳排放18.7万吨，4.5万群众因此受益。

外资运用审计　协助省审计厅完成世界银行贷款农产品质量安全项目、日本政府贷款吉林松花江中上游林业生态建设项目的审计工作。审计发现计划投资额没有完成、配套资金拨付不到位等问题。

专项资金审计　对市自来水公司代政府征缴城市污水处理基金，大安市农机具补贴专项资金，全市防空地下室易地建设费征收管理使用情况，市本级及洮北区医保基金、全市养老保险基金的筹集管理使用情况，全市物业维修资金实施审计调查。

信息化建设　以金审工程建设为依托，加强审计专网建设，实现网上传送文件、信息共享、视频会议、专网零收费通话。（撰稿人：蒋玉民）

【延边朝鲜族自治州审计局】　2015年，延边朝鲜族自治州审计局人员编制50人，实有48人。局长赵渭济（—11月）、文金哲（12月—），副局长朴红花、曲立军、赵卫民（9月—），总审计师玄龙男（—9月）、金昌赫（10月—）。设有办公室、机关党委、法制处、财政金融审计处、农业资源环保审计处、行政文教审计处、经济贸易审计处、政法审计处、社会保障审计处、固定资产投资审计处、经济责任审计处，下设延边审计中心。

审计成果　延边朝鲜族自治州审计机关完成审计项目347个，查出主要问题金额667370万元，其中违规金额176105万元、损失浪费金额15752万元、管理不规范金额475513万元；损益（收支）不实金额60395万元；审计处理处罚金额186151万元，其中应上缴财政59164万元、应减少财政拨款或补贴22321万元、应归还原渠道资金34942万元、应调账处理金额63502万元；审计发现非金额计量问题 1064 个；审计促进整改落实有关问题资金 51054 万元，其中增收节支 29431 万元、已调账处理金额 19970 万元；审计促进拨付资金到位 3700 万元。移送司法机关、纪检监察机关和有关部门处理事项 11 件。出具审计报告和专项审计调查报告 566 篇。提出审计建议 369 条，提交审计信息 338 篇，被批示、采用 77 篇。

政策措施贯彻落实跟踪审计 根据审计署《关于进一步加大审计力度促进稳增长等政策措施落实的意见》，研究审计范围和重点，与常规审计紧密结合，有计划地推进实施，上报 12 篇审计报告。审计中在查处问题的同时分析原因，提出建议，促使被审计单位纠正整改。

财政审计 重点审计审查预算支出情况，侧重分析预算编制是否科学合理，预算执行情况审计报告被纳入上年度审计决定落实情况及专项审计内容，提升审计报告关注度。全州完成审计项目 46 个。

民生资金（项目）审计 重点对保障房政策落实情况进行查实，审计涉及 8 个县（市）及林业系统 11 个林业局，延伸审计 77 个单位，查出保障性住房在分配和使用管理、土地供应、政策落实等方面的问题。州政府针对查出的问题召开县（市）长专题会议，要求限期整改。

经济责任审计 全年完成审计项目 200 个，查出主要问题金额 34841 万元，其中负直接责任金额 79 万元、负主管责任金额 3756 万元、负领导责任金额 12142 万元。

固定资产投资审计 完成审计项目 33 个，核减工程款 180119 万元，查出主要问题金额 88837 万元。延吉市“暖房子工程”审计项目被吉林省审计厅评为优秀审计项目。

专项资金审计 完成审计项目 29 个，查出主要问题金额 65014 万元。州本级实施的教育费附加审计调查查清教育资金流向。全州物业专项维修资金审计结果得到州政府领导批示。

（撰稿人：朴红花）

【长白山管委会审计局】 2015 年，长白山管委会审计局人员编制 21 人，实有 13 人。局长姜万生，纪检组副组长都志强。设有综合科、业务一科、业务二科、经济责任审计科、长白山保护开发区政府投资项目评估审计中心（长白山保护开发区经济责任审计中心）。

审计成果 长白山管委会审计局完成审计（调查）50 个，政府投资评审项目 23 个。查出主要问题金额 141241 万元，其中违规金额 1266 万元、管理不规范资金额 139121 万元、损失浪费金额 854 万元；损益收支不实金额 10224 万元；审计处理处罚金额 28082 万元，其中应上缴财政 1480 万元、应归还原渠道资金 1097 万元、应调账处理金额 25639 万元；政府投资评审项目共计核减工程造价 1871 万元。提出审计建议 86 条，被采纳 86 条。

财政审计 完成长白山管委会 2014 年度预算执行情况审计、长白山地方税务局 2014 年度税收征管及财政收支情况审计、长白山管委会池南区 2014 年度财政决算及财务收支审计、长白山管委会池北区 2013 年度财政决算及财务收支审计、池北区管委会 2013 年度财政决算审计及长白山管委会 6 个行政事业单位财务收支审计。

固定资产投资审计 完成池西区政务大厅建设项目审计、长白山管委会二号办公楼建设项目审计、长白山国土资源局办公楼项目审计、长白山 2011 年至 2014 年“暖房子工程”审计、垃圾填埋场后续审计、白溪污水处理厂建设项目审计、池北区慢行系统建设项目跟踪审计。

民生资金（项目）审计 完成医疗保险、失业保险、生育保险、工伤保险资金管理使用情况审计调查，养老保险基金的筹集管理使用情况审计调查，社会抚养费征缴管理使用情况审计调查，长白山保护开发区 2015 年度稳增长、促改革、调结构、惠民生、防风险等政策措施落实情况的跟踪审计，长白山管委会 2014 年城镇保障性安居工程跟踪审计，池北区管委会 2013—2014 年度房屋征收和拆迁安置资金管理使用情况的审计，长白山保护开发区 2015 年 10 月底的城市棚户区改造工程的跟踪审计调查，池西区拆迁困难补助发放情况审计。

专项资金审计 完成长白山冰雪嘉年华项目跟踪审计、全国老年人健步走活动资金使用情况跟踪审计、全国竞走锦标赛资金使用情况跟踪审计、俄罗斯列宾美术展项目资金使用情况跟踪审计、郎朗音乐会资金使用情况跟踪审计、长白山管委会“十三五”健康产业发展研讨会资金使用情况的专项审计、长白山管委会“2015中国长白山健康养生文化论坛”资金使用情况专项审计、长白山管委会2010年至2014年物业专项维修资金审计。

经济责任审计 组织对长白山管委会的11个企事业单位13名领导干部进行经济责任开展审计，重点审计领导干部履行“三权一廉”情况，审计报告为干部管理和监督部门提拔、任免领导干部提供依据。

企业审计 完成长白山基础设施建设有限公司和长白山房地产开发公司2013—2014年度资产负债损益审计、池北区管委会接管长白山保护开发区润森供热公司2013年至2015年7月的财务收支审计。（撰稿人：孙志坚）

【梅河口市审计局】 2015年，梅河口市审计局人员编制34人，实有34人。局长孟庆库，副局长赵晓东、刘佩琴、陈树梁。设有综合法制科、行政科、人事财务科、经济责任审计科、财政与经贸审计科、固定资产投资审计科、农业资源与环保审计科、行政事业审计科、社会保障审计科、政法审计科、投资审计中心、信息中心。

审计成果 梅河口市审计局完成审计项目45个，完成政府临时交办任务20个。查出主要问题金额9659万元，其中管理不规范金额9659万元；审计处理处罚金额2368万元，其中应上缴财政1879万元、应归还原渠道资金489万元。出具审计报告和专项审计调查报告55篇。提出审计建议76条，提交审计信息46篇，被采用36篇。

政策措施贯彻落实跟踪审计 重点审计棚户区改造、生态环境保护、农村饮水工程、推进现代农业发展等18项政策措施的落实情况，抽查10个单位、8个项目，涉及财政资金4638万元。

财政审计 开展地税部门预算执行及税收征管情况审计，延伸审计房地产、驾驶员培训学校、中石油梅河口经营处等10户纳税企业，查出少征契税、营业税及附加等问题，税务部门根据审计决定书对纳税企业漏缴的税款进行征收。开展同级财政预算执行和其他财政收支审计，及时发现预算编制不完整、不细化等问题，依照有关法律法规分别进行处理并提出建设性建议，向人大常委会提交审计工作报告。

经济责任审计 加大任中审计比重，确保对重点部门、单位及关键岗位的领导干部任期内至少审计一次。全年完成27名领导干部的经济责任审计，出具审计结果报告27篇，依据法律法规对占用专项资金、国有资产收益未上缴财政、违规发放补贴等违规问题进行处理，促进领导干部依法行政和廉洁自律，为市委、市政府和组织部门选人用人提供参考依据。

民生资金（项目）审计 围绕全市民生实事，开展保障性安居工程、“暖房子工程”、物业维修基金、人防地下室建设费等审计和审计调查，对专项资金筹集管理使用中存在的未及时清退不符合条件配租配售住房、“暖房子工程”滞拨专项资金、部分小区建设单位未及时缴纳物业维修资金等问题提出整改建议。相关部门高度重视跟踪审计整改工作，采取措施积极整改审计发现的问题，促进各项资金规范化管理。

交办事项 全局抽调业务骨干10余人次，参加全市集中开展的纠正“四风”等活动和全市涉农资金、商业预付卡、“三公”经费、补贴及机关食堂等专项清理检查，配合财政局、农业局开展农发资金、阳光工程项目检查。

（撰稿人：马宏飞）

【公主岭市审计局】 2015年，公主岭市审计局人员编制42人，实有41人。局长孙延平，副局长田凤彩、李梅，纪检组长郑士仁。设有人秘科、综合科、法制科、经责办、财政金融科、行政司法审计科、经贸科、投资科、乡镇科、农林水审计科、专项资金审计科、文教卫审计科。

审计成果 公主岭市审计局完成审计项目45个，其中年度计划项目20个，上级年度统一组织审计项目5个，上级审计机关和政府临时交办审计事项20个。查出主要问题金额17.6亿元，其中违规金额109万元、损失浪费金额5211万元、管理不规范金额17亿元；损益（收支）不实金额5.6亿元；审计处理处罚金额15.8亿元。出具审计报告和专项审计调查报告38篇。提出审计建议198条，提交审计信息32篇。

公主岭市审计局被中国审计报社评为2015年度全国审计宣传工作先进单位；在2015年度中共

公主岭市直属机关工作委员会评选中，1 人获得优秀党务工作者称号，3 人获得优秀党员称号。

政策措施贯彻落实跟踪审计 对公主岭市稳增长、促改革、调结构、惠民生政策措施落实情况进行跟踪审计。重点审计公主岭市 19 项政策措施落实情况，抽查 20 个部门和单位 11 个项目，涉及财政资金 2337.2 万元。

财政审计 对公主岭市财政局组织的 2014 年度本级财政预算执行和其他财政收支情况进行审计，对重要事项进行必要的延伸和追溯，查出主要问题金额 2.96 亿元。

经济责任审计 审计领导干部 22 人，其中任中审计 2 人，离任审计 20 人。查出违纪问题金额 271 万元、管理不规范金额 334 万元。审计提出建议 68 条，被采纳 56 条。尝试“同步捆绑审计”，把经济责任审计同预算执行审计、财政财务收支审计和绩效审计等审计项目捆绑在一起进行，合理配置、资源共享。

专项审计 开展城镇保障性安居工程项目跟踪审计。参与“暖房子工程”资金筹集、管理、使用及项目建设情况审计和全省物业专项维修资金审计。

交办事项 开展吉林省审计厅临时交办的公主岭市易地建设费征收管理和使用情况专项审计调查、棚户区改造工程审计、华兴村镇银行存贷款结构变化情况审计调查和省纪委、省审计厅、公主岭市纪检监察部门集中开展的纠正“四风”专项整治行动。同时，开展对工商行政管理局并入市场监督管理局资产监交、技术监督局撤并交接情况、化工产业园区管理委员会并入岭东工业集中区管理委员会、食品安全管理委员会办公室并入市场监督管理局、膨润土产业园区与医药化工产业办公室撤并、水务管理办公室与公用事业局撤并的监交审计。抽调人员参加市委组织的“三严三实”教育各项内容落实活动检查。

（撰稿人：李树和）

2015 年吉林省所辖区、县(市)级审计工作统计表

金额单位:万元

审计机关	完成审计项目(个)	审计查出主要问题金额	审计处理情况					出具审计报告和审计调查报告(篇)	提出审计建议(条)	提交审计信息(篇)
			审计处理处罚				移送处理事项(件)			
			应上缴财政	应减少财政拨款或补贴	应归还原渠道资金	应调账处理金额				
长春市										
长春市本级	63	784633	61322		273349	37472	27	63	248	59
南关区审计局	54	15280	31					61	53	42
朝阳区审计局	9	11198	3					8	32	49
宽城区审计局	10	25348	17		16381	8949		9	11	
二道区审计局	16	86159	1182		10980	293		16	9	
绿园区审计局	20	43264	716					27	65	
双阳区审计局	15	6539	12	1307	2870	13	1	18	28	34
九台区审计局	16	48350	3683		658	41437		24	25	
德惠市审计局	19	60698	142					19	74	45
榆树市审计局	22	97737	171		74382	22227		28	10	
农安县审计局	36	46322	1339		81543	4693		36	76	

续表

审计机关	完成审计项目（个）	审计查出主要问题金额	审计处理情况					出具审计报告和审计调查报告（篇）	提出审计建议（条）	提交审计信息（篇）
			审计处理处罚				移送处理事项（件）			
			应上缴财政	应减少财政拨款或补贴	应归还原渠道资金	应调账处理金额				
吉林市										
吉林市本级	112	229651	10674		70729	75966	15	132	267	492
船营区审计局	10	14			14			16	6	
龙潭区审计局	25	113916						33	72	
昌邑区审计局	16	4286					2	24	42	11
丰满区审计局	35	15943	12			3310		35	50	2
磐石市审计局	4	22685	379					4	18	6
蛟河市审计局	42	18820		3502	6978	6742	4	38	103	105
桦甸市审计局	21	44337	428	1166	888	41855		21	52	3
舒兰市审计局	17	62210	87			31		17	18	7
永吉县审计局	27	922	756			20		23		7
四平市										
四平市本级	63	8955	1661	10	16550	13503	4	63	97	23
铁西区审计局	15	851	80		264			10	6	
铁东区审计局	16	43						16	39	
公主岭市审计局	45	176000	128		294	498		38	198	32
双辽市审计局	54	6351	47					54	21	
梨树县审计局	95	16500	56		1900	411		95	161	1
伊通满族自治县审计局	33	18810			2077	15759		33	15	15
辽源市										
辽源市本级	103	424149	25341		113041	31278	4	89	145	69
龙山区审计局	19	3311	87		1531			22	45	1
西安区审计局	43	1534	1		22	21		39	55	2
东丰县审计局	28	194617	834		851	6318		36	26	20
东辽县审计局	46	7451	434		618	6399		54	55	1
通化市										
通化市本级	60	174795	1114		11078	9680	2	50	135	86
东昌区审计局	21	6353						21	43	33
二道江区审计局	23	7763	28		287			23	10	15
梅河口市审计局	45	9659	1879		489	2762		55	76	22
集安市审计局	41	8496	892		1236	3675		34	16	6
通化县审计局	22	6227	723	53	87	582		24	15	3

续表

审计机关	完成审计项目（个）	审计查出主要问题金额	审计处理情况					出具审计报告和审计调查报告（篇）	提出审计建议（条）	提交审计信息（篇）
			审计处理处罚				移送处理事项（件）			
			应上缴财政	应减少财政拨款或补贴	应归还原渠道资金	应调账处理金额				
辉南县审计局	38	22663	92		54	2		38	56	24
柳河县审计局	85	12030	1118		2210	4515	1	83	156	96
白山市										
白山市本级	59	162679	78		8151	18	12	98	81	
浑江区审计局	21	5937	54			10	8	31	115	
江源区审计局	37	47823	104		1086	38679	1	56	60	
临江市审计局	16	118145			4086	114058		16	12	
抚松县审计局	33	58364	3					55	14	
靖宇县审计局	11	2835	9					11	42	
长白朝鲜族自治县审计局	17	4286						23	34	
松原市										
松原市本级	72	475928	69240	8301	14800	138810	4	93	15	
宁江区审计局	23	14368	9007		4844	260		23		
扶余市审计局	78	33851				445	1	78	68	10
长岭县审计局	34	5789	793	1400	561	3041		34	92	
乾安县审计局	67	5444	340	5091		13		67	31	3
前郭尔罗斯蒙古族自治县审计局	93	35680	20		8665	9515		93	146	28
白城市										
白城市本级	72	136145	26216	1781	26774	11080	6	75	115	113
洮北区审计局	20	283	37		104	133		20	2	12
大安市审计局	35	19386	172	426	172	20		51	86	
洮南市审计局	35	27806	2469		7070	4817	5	36	97	35
镇赉县审计局	54	58851	11				2	54	123	61
通榆县审计局	73	111854	77			204	2	84	9	21
延边朝鲜族自治州										
延边朝鲜族自治州本级	57	137942	3194		10768	24919	9	92	22	9
延吉市审计局	24	91099	50453	19858	1408	17712		33	5	6
图们市审计局	25	11414	1646			47		39	7	1
敦化市审计局	43	154402	654		42	1023	1	65	86	
珲春市审计局	42	117555	68					83		
龙井市审计局	53	20075	1359	63		131		90	65	110

续表

审计机关	完成审计项目（个）	审计查出主要问题金额	审计处理情况					出具审计报告和审计调查报告（篇）	提出审计建议（条）	提交审计信息（篇）
			审计处理处罚				移送处理事项（件）			
			应上缴财政	应减少财政拨款或补贴	应归还原渠道资金	应调账处理金额				
和龙市审计局	45	6059	1874	2289	2	1349	1	80	174	176
汪清县审计局	30	1979				136		48		10
安图县审计局	25	126225	12	110	22704	18183		36	10	26
长白山管委会审计局	50	141241	1480		1097	25639		60	86	

黑龙江省

【黑龙江省审计厅】 2015 年，黑龙江省审计厅人员编制 245 人，实有 230 人。设有办公室、法规与审理处、综合计划处、财政审计一处、财政审计二处、金融审计处、行政事业审计处、企业审计处、农业与资源环保审计一处、农业与资源环保审计二处、社会保障审计处、固定资产投资审计局一处、固定资产投资审计局二处、外资境外审计处、经济责任审计局一处、经济责任审计局二处、绩效审计处、人事教育处、离退休干部工作处、审计督察处、机关党委、监察室，另设有派驻的经济管理审计处、经济执法审计处、农林水审计处、交通运输审计处、资源环保审计处、公检法司审计处、科技文化审计处、教育审计处、社保审计处、卫生医疗审计处、社会管理审计处，下设厅机关服务中心、审计信息中心、政府投资审计中心（审计科学研究所）、内部审计服务中心。

领导成员

厅　　长：史青衿

副 厅 长：王学文　张翠萍（—4 月）

　　　　　舒沫南（12 月—）

总审计师：孙景山（1 月—）

纪检组长：董　秀

巡 视 员：伞宏晶（3 月—）

副巡视员：赵文强（—11 月）

审计成果 黑龙江省审计机关全年审计 3532 个单位，查出主要问题金额 21565720.03 万元，其中违规金额 827049.69 万元、管理不规范金额 20713987.85 万元、损失浪费金额 24682.48 万元；损益（收支）不实金额 1114175.65 万元；审计处理处罚金额 10905229.34 万元，其中应上缴财政 277225.83 万元、应减少财政拨款或补贴 217992.86 万元、应归还原渠道资金 891380 万元、应调账处理金额 9485418.63 万元；审计发现非金额计量问题 40334 个；审计促进整改落实有关问题金额 874292.28 万元，其中增收节支 569160.56 万元、已调账处理金额 258318.5 万元；审计促进拨付资金到位 205444.29 万元；审计后挽回（避免）损失 62078.61 万元。移送司法机关、纪检监察机关和有关部门处理事件 12 件。出具审计报告和专项审计调查报告 297 篇，被批示、采用 152 篇。提出审计建议 5062 条，被采纳 4205 条。提交审计信息 662 篇，被批示、采用 144 篇。向社会公告审计结果 86 篇。

政策措施贯彻落实跟踪审计 审核、起草并下发《黑龙江省 2015 年 6 月至 12 月稳增长政策措施落实情况跟踪审计工作方案的通知》《黑龙江省审计厅关于进一步做好 2015 年下半年稳增长等政策措施跟踪审计的意见》《黑龙江省审计厅关于进一步做好稳增长跟踪审计相关事项的通知》以及 5 月至 12 月每月阶段性工作方案和要点等文件，明确实行统一组织与分级负责的工作机制，组织开展稳增长等政策措施贯彻落实情况跟踪审计工作，对全省稳增长政策措施落实跟踪审计情况进行汇总。共审核、起草稳增长跟踪审计方案、安排意见等 11 份，汇总稳增长等政策措施贯彻落实情况跟踪审计报告 9 份。报告得到省领导的重视并做出批示。

财政审计 组织实施省财政厅2014年度省本级预算执行情况及决算（草案）审计、省财政厅等15个省直部门和44个二、三级预算单位2014年度部门预算执行审计，起草审计方案和情况汇总报告，提出审计建议。

全省地方税收征管审计 将税收征管审计内容逐步完善为税收政策落实、税收计划完成、税收会计报表质量、纳税申报和税款征收缴库、税源管理、纳税评估、税政管理、税务稽查、税收票证管理、抵税财物管理、社会保险费征缴等方面，审计监督基本覆盖税务部门主要业务职能。将应征未征、人为调节税收进度、违规多征、税务稽查、应收未收社会保险费等12项核心业务确定为税收征管审计工作重点。突出税收征管数据和业务数据、外部数据的比对分析，首次尝试采集分解国税税收征管数据，与地税征管数据进行比对，探索完善税收征管审计组织方式。

经济责任审计 组织对党政机关事业等42个单位43名领导干部进行任期及离任经济责任审计，查出主要问题金额12619069万元，其中违规金额179550万元、损失浪费金额6508万元、管理不规范金额12433011万元，审计发现侵害人民群众利益金额49万元，促进增收节支金额320万元。提出审计建议119条，被采纳117条。

农业与资源环保审计 组织实施对省农垦宝泉岭管理局二九〇灌区、江萝灌区、绥滨灌区水利项目情况的跟踪审计。审计发现配套资金未到位、未及时拨付项目资金、占地补偿款支付不及时、未签订工程合同等问题。

固定资产投资审计 组织开展固定资产投资审计项目26个，审计总金额122.56亿元，审计核减工程造价4.27亿元，揭示在项目决策设计、建设管理、招标投标、承发包管理及资金使用等层面存在的问题，提出审计建议。向省政府、审计署上报审计结果报告5篇，省委、省政府领导对审计报告做出重要批示5次。

援藏项目审计 通过审计，审减工程造价700余万元，提出规范项目管理的审计建议6条，促进援藏资金管理更加规范。

民生资金（项目）审计 组织全省533名审计人员，对12个市（地）、69个县（市、区）2014年城镇保障性安居工程的投资、建设、分配、运营等情况进行审计，揭示保障性安居工程建设管理中存在的问题。完成四煤城采煤沉陷区棚户区改造审计、全省企业工商税务社保登记信息核查比对工作、路桥集团水泥厂职工上访问题审计调查。整理编发8篇全省城镇保障性安居工程跟踪审计简报。

外资运用审计 按照审计署统一部署，统一抽调本省部分市县审计人员和聘请专家59人次，对黑龙江省执行的9个国外贷援款项目2014年度财务收支和项目执行情况进行公证审计，涉及3个世界银行贷款项目、4个亚洲开发银行贷款项目、1个国际组织赠款项目和1个德国复兴信贷银行贷款项目。计划投资总额110.2亿元，其中利用外资6.07亿美元。出具无保留意见中英文审计报告8份、中文审计报告1份。查出违纪违规及管理不规范金额867万元，其中应缴未缴税金847万元、会计核算不实金额15万元、会计核算不规范金额5万元。审计还查出未按规定返还质量保证金、部分子项目未按规定单独设账核算、初步设计未批复即开工建设、基本建设项目未办理竣工验收擅自交付使用、项目进展缓慢、子项目工程进展缓慢、未及时与子项目单位签署再转贷协议等10项非金额计量问题。

企业审计 组织完成对黑龙江省铁路集团有限公司董事长、党委书记和黑龙江省旅游集团有限公司董事长、党委书记经济责任审计工作。审计发现铁路集团及下属各公司主要存在欠发、欠缴职工工资及“五险一金”2201.8万元，欠缴税金899.78万元，漏缴税金129.62万元，少计收入2157.16万元，未及时主张债权87万元，东宁地方铁路建设项目10年未决算，成本核算不完整，坐收坐支出租收入用于公安处车辆费用，虚构经济事项用于核销费用，违规使用现金办理业务，财务管理不规范等问题。审计发现旅游集团及权属企业主要存在旅游集团本部不合规票据列支礼品、招待及职工福利94.71万元，应计未计收入327.6万元，招待费243.65万元未列当年损益核算；权属企业存在以虚假发票列支费用，用于购买礼品10.07万元；未签订任何协议，以现金支付勘查设计费用10万元；虚开普通发票255.18万元；利用往来科目核算收支322.4万元；应计未计应付职工薪酬77.86万元等问题。

制度建设 省政府出台《黑龙江省人民政府关于加强审计工作的通知》，进一步明确加强对审计工作的领导、维护审计的独立性、加强领导干部经济责任审计、加强审计队伍建设等具体要求；省审计厅与六部门联合下发《黑龙江省党政主要领导干部和国有企业领导人员经济责任审计实施细则》，省审计厅制定《黑龙江省审计机关行政处罚裁量权制度》和《黑龙江省审计机关行政处罚裁量权指导标准》。

队伍建设 加大审计人员培训力度，举办主审（组长）、财政审计、审理复核、审计数据采集转换等 9 个班次培训班，954 人参加培训，选送全省各级审计机关 135 人参加审计署等各类培训班 36 个班次。 （撰稿人：赵文艳）

【哈尔滨市审计局】 2015 年，哈尔滨市审计局人员编制 164 人，实有 143 人。局长王晓春，副局长吕刚、金瑞生、王耀发，总审计师周守民，纪检组长李庆（—8 月），巡视员曲振玉（—5 月），正局级干部王文祥（—11 月），副巡视员贾洪涛（9 月—）。设有办公室、法制处、财政审计处、金融审计处、行政事业审计处、经贸审计处、固定资产投资审计处、外资运用审计处、农业与资源环保审计处、社会保障审计处、经济责任审计处、信息计算机审计处、机关党委、人事处、离退休干部工作处、派出经开区审计分局、派出高新区审计分局、派出群力新区审计分局、哈尔滨市纪检委驻市审计局纪检组、哈尔滨审计培训中心。

审计成果 哈尔滨市各级审计部门完成审计单位 584 个，其中市本级完成审计单位 84 个。查出违规金额 8.7 亿元，损失浪费金额 9 万元，管理不规范金额 267 亿元；审计促进整改落实有关问题金额 22.64 亿元。向有关部门移送处理事项 25 件，移送处理人员 20 人。出具审计报告和专项审计调查报告 793 篇，被批示、采用 5 篇次。提交审计信息简报和审计专题、综合性报告 233 篇，被批示、采用 40 篇次。提出审计建议 572 条，被采纳 534 条；建议制定修改部门规定 2 项，制定整改措施 11 项，建立健全规章制度 50 项。

财政审计 在市本级预算执行审计中，围绕财政存量资金，地方政府性债务，中央和省、市稳增长等政策措施落实情况等当前经济热点展开审计，揭示预算管理不细化、应缴未缴非税收入、部分财政存量资金有待盘活、违规举借债务、部分专项资金投入项目未达到预期目标和效益等问题。

专项资金审计 对五常市、尚志市、方正县、依兰县、宾县、木兰县、巴彦县和通河县人民政府 2012 年至 2014 年乡村医生基本药物补助资金落实与拨付情况进行审计。开展哈尔滨市就业再就业资金、城市最低生活保障资金和取暖补助资金、住房公积金的专项审计。

企业、金融审计 完成企业、金融审计单位 7 个，揭示少计收入、成本费用不实、不合规票据列支费用等问题。

经济责任审计 对 27 名党政领导干部进行经济责任审计，审计单位 26 个，其中任中审计 3 人，离任审计 24 人。完成拟提拔领导干部经济责任审计 11 个。

信息化建设 推进大数据分析平台建设，逐步实现从单项目数据分析向横向联查协查集中综合分析转变，从传统结构化海量数据分析向非结构化大数据分析转变。 （撰稿人：倪晓光）

【齐齐哈尔市审计局】 2015 年，齐齐哈尔市审计局实有 89 人。副局长宋阳、段芃、赵焕成，总审计师张蕊，副调研员郝胜哲、左玉东、闫晓光、黄丽杰。设有办公室、财政审计处、行政事业审计处、固定资产投资审计处、经济责任审计处、社会保障审计科、农业与资源环保审计科、经贸审计科、金融审计科、外资运用审计科、派出文教卫审计科、派出林业与水利审计科、法制科、审计督察科、计算机审计科、人事教育科、机关党委、审计学会、老干部科、固定资产投资审计中心。

审计成果 齐齐哈尔市审计机关共审计 650 个项目，其中市本级审计项目 137 个。查出各类违纪违规金额 130.7 亿元，其中市本级查出 88.4 亿元。向司法机关、纪检监察机关和有关主管部门移送各类案件线索 15 件，其中市本级移送 14 件。提出审计建议 546 条，其中市本级提出 93 条。出具审计报告和审计调查报告 1013 篇，其中市本级 197 篇。上报审计信息 44 篇，其中市本级 28 篇。

政策措施贯彻落实跟踪审计 围绕相关行业执行营改增试点政策、一般性转移支付和专项转移支付、落实企业“四证合一”登记制度、相关涉农和社会保障项目及资金等情况开展审计，注重跟踪问题整改，推动政策措施落实到位。

财政审计 坚持以全部政府性资金为主线，重点抓住预算编制、执行、调整、决算等环节，加强对财政资金全过程的监督检查。为配合司法体制改革顺利进行，对法院、检察院系统2013—2014年度财政收支情况进行审计。

经济责任审计 全年对60名领导干部进行经济责任审计，为组织和纪检部门工作提供可靠依据。

民生资金（项目）审计 围绕棚户区改造安置、保障性住房分配和管理等情况开展审计，揭示资金滞拨、违规发放廉租补贴、项目建设管理不规范等问题，提出审计整改建议，确保政策落实和资金安全。

固定资产投审计 完成工程招标控制价、结算审核146个，审计资金总额14.8亿元，为政府节约投资3.2亿元。（撰稿人：沈小鹏）

【鸡西市审计局】 2015年，鸡西市审计局人员编制54人，实有52人。局长董玉玲，副局长孙永宏、郦荣利、杨阵，总审计师李俊峰，纪检组长王有良，经济责任审计办公室主任凌宗风，处级调研员高晶，副处级调研员杨丽萍。设有办公室、综合科、法制科、财政审计科、行政事业审计科、农业与资源环保审计科、金融审计科、经贸审计科、社会保障审计科、外资运用审计科、审计督察科、固定资产投资审计办公室、经济责任审计办公室、监察室和审计培训中心。

审计成果 鸡西市审计机关全年完成审计项目227个，查出违法违规、管理不规范、损失浪费等问题金额668485万元，审计促进整改落实有关问题金额17136万元，提出审计建议380条，被采纳332条。其中市本级全年完成审计项目68个，查出违法违规、管理不规范、损失浪费等问题金额625623万元，审计促进整改落实有关问题金额11889万元，提出审计建议182条，被采纳177条。

财政审计 重点审计预算编制、国库资金、专项转移支付和结转使用、政府债券管理情况，以及6个区税收征管、社保费征收以及税务稽查情况。代市政府向市人大常委会做本级预算执行和其他财政收支的审计情况报告。

政策措施贯彻落实跟踪审计 着重对重大项目推进、统筹使用财政资金、简政放权、重大政策落实、简政放权情况、转移支付资金情况、保障房情况、“四证合一”情况、就业再就业、最低生活保障、取暖补助资金情况进行审计。

民生资金（项目）审计 对采煤沉陷区棚户区改造项目、成品油价格补助专项资金、“两大平原”涉农整合专项资金、三县（市）保障性安居工程项目进行审计。

经济责任审计 全年开展经济责任审计项目23个，查处违纪违规金额60956万元。

固定资产投资审计 在穆棱河综合治理改造项目、牤牛河乡村防洪工程结算审计以及市医院新址住院部建设项目的跟踪审计中，对项目招投标进行审计监督。完成牤牛河防洪工程和穆棱河综合治理改造等项目竣工决算审计，核减工程结算价款278万元。（撰稿人：王国斌）

【鹤岗市审计局】 2015年，鹤岗市审计局人员编制61人，实有54人。局长（党组书记）王喜，副局长于长生、武春荣、高永强（1月—），纪检组长成泉（1月—），副处级调研员杨晓光。设有办公室、法制审理科、人事教育及金融审计科、固定资产投资审计科、经济责任审计办公室、财政审计科、行政事业与社会保障审计科、经贸审计科、农业与资源环保审计科、国家建设项目评审中心、计算机审计科、区级审计办公室、监察督察室、派出科教文审计科、派出公检法审计科、派出公共事业审计科。

审计成果 鹤岗市审计机关共完成审计和审计调查项目100个，查出主要问题金额31.8亿元，其中应归还原渠道资金20.8亿元，提交审计报告和信息215篇，提出审计建议201条。市本级完成审计和审计调查项目、单位47个，查出主要问题金额26.1亿元，其中应归还原渠道资金20.8亿元，提交审计报告和信息100篇，提出审计建议144条。

鹤岗市审计局2015年被省委、省政府授予省级文明单位标兵荣誉称号。

政策措施贯彻落实跟踪审计　关注财政、货币、产业、投资、税收等政策执行情况，及时发现和纠正有令不行、有禁不止行为，促进政令畅通和各项产业政策落地生根。

财政审计　通过对市县全部政府性资金、地税征管、非税收支、市开源城投公司和市财信投资担保公司资产负债等情况的审计和审计调查，初步理清部分政府性资金的收支情况及其结构状况。通过对煤矿棚户区存量资产清查审计、公职人员小区结算审计，区级政府和市林业系统、教育系统公共资金、国有资产、国有资源和重大经济活动事项的审计和审计调查，对地区、部门进一步盘活存量资产、有效配置资源、增强发展后劲、推进政府投融资平台建设提供可靠参考。

经济责任审计　通过对领导干部履行经济责任情况和党政机关、事业单位“三公”经费的审计和审计调查，为全面贯彻落实中央、省市委“八九十”项规定和党风廉政建设起到一定的助推作用。（撰稿人：高永强）

【双鸭山市审计局】　2015 年，双鸭山市审计局人员编制 58 人，实有 57 人。局长于涛，副局长周绍东、汝兴华，总审计师赵雅莉，经济责任办公室主任杨瑞红，调研员邸栋梁、梁望秋。设有经济责任办公室、固定资产投资审计中心、财政税务审计科、金融审计科、农业与资源环保审计科、企业审计科、行政事业审计科、社会保障审计科、外资运用审计科、计算机审计科、办公室、人事科、法制科、督查科、监察室。

审计成果　双鸭山市审计机关共完成审计项目和审计调查项目 225 个，查出违纪违规金额 36868 万元、管理不规范金额 415861 万元，上缴财政资金 2646 万元；提交审计报告、专项审计调查报告和审计信息简报 361 篇，被批示、采用 65 篇。市本级共完成审计和审计调查项目 81 个，查出违纪违规金额 9397 万元，应上缴财政资金 1653 万元；提出问题整改建议 156 条，被采纳 101 条；提交审计报告和审计调查报告 120 篇。

政策措施贯彻落实跟踪审计　对稳增长等政策措施落实情况进行 6 次跟踪审计。对 53 个重点项目实施情况进行审计和审计调查，延伸审计调查 89 个部门（单位）和 30 个企业，揭示问题 17 类 76 个，提出整改意见和建议 43 条，整改率 95%。及时清理审核全市行政审批项目，督促“三供两治”项目开工 6 个，加速资金拨付 13373.39 万元，督促相关部门制定促进高校就业、扶持中小微企业等相关政策 31 项。

财政审计　对市直 8 个部门（单位）2014 年度预算执行和其他财务收支情况进行审计，重点摸清预算收支、财政改革和财政管理状况，关注财政收支的真实性、合法性，揭示预算分配、收支管理和财政改革中存在的突出问题和薄弱环节，促进政府依法理财，提高财政资金使用效益。

固定资产投资审计　对 17 个项目进行重点跟踪审计监督，提出规范招投标程序、完善审批手续、规范资金管理、规范设计变更程序、严格监理事项、依法依规管理、严肃资金审批等建议。为国家挽回经济损失 1.2 亿元。

民生资金（项目）审计　把推进新一轮沉陷区棚户区改造工程列为当前的重点工作和爱民惠民的核心工作进行部署，对重点部门进行监督。对审计中发现的回购存量房质量问题和安全隐患，及时发函告知项目主管单位进行整改，中标的 890 户存量房经整改验收后，有 860 户符合条件的存量房签订回购合同。

经济责任审计　把握“权力运行”和“责任落实”两个重点，关注“三公”经费，探索创新县、乡、村三级党政主要领导干部经济责任审计和乡镇财政收支审计，规划“六责一廉”的七大指标体系。完成经济责任审计项目 23 个，共查出违纪违规金额 239780.47 万元，责令改正问题 54 条。（撰稿人：赵　政）

【大庆市审计局】　2015 年，大庆市审计局人员编制 51 人，实有 46 人。局长卢志刚，副局长徐丽艳、梁家祥、阮之光，总审计师王文忠，纪检组长赵明日，调研员徐丽艳（兼），副调研员陶秀杰、孙继春。设有办公室、综合计划科、法制督察室、计算机审计科、财政审计科、金融与企业审计科、行政事业审计科、农业与资源环保审计科、社会保障审计科、绩效与外资运用审计科、固定资产投资审计科、国家建设项目审计中心、经济责任审计科（市经济责任审计工作联席会议办公室与其合署办公），另设监察室。

审计成果 大庆市审计机关共完成审计项目550个，查出违规金额1.76亿元、管理不规范金额28.5亿元，促进增收节支1.44亿元，核减投资额1.17亿元。其中市审计局完成审计项目54个，查出违规金额2858万元、管理不规范金额11.63亿元，促进增收节支2.88亿元，核减投资额5295万元；组织社会中介审计机构完成政府投资审计项目55个。

1个审计署组织的联合审计项目被评为审计署表彰审计项目，4个审计项目分别被评为省级优秀审计项目和省级表彰审计项目。

政策措施贯彻落实跟踪审计 投入458人次（审计852天次），完成每月一次全省统一组织的稳增长等政策措施贯彻落实情况跟踪审计事项。组织开展涉企收费、节能减排、扶贫救济、社会救助等自定审计事项，督促相关单位整改审计发现的问题，促进各项政策措施的贯彻落实。

财政审计 完成预算执行审计和税收征管审计项目13个，查出预算编制不规范、部分项目预算执行率较低、部分企业应缴未缴税费等问题，采取措施督促相关单位加速问题整改。

固定资产投资审计 对全市部分重点建设项目开展审计。组织社会审计机构对55个项目开展审计。组织开展全市建设项目管理情况专题调研，以调查报告、专题信息等形式呈报市领导做决策参考。

经济责任审计 对17名市管领导干部开展经济责任审计，审计查出违规金额920万元、管理不规范金额6938万元。（撰稿人：朱华岭）

【伊春市审计局】 2015年，伊春市审计局人员编制56人，实有40人。局长宫林（—12月）、岳宏伟（12月—），副局长陈玉林、李玉玲、李庆涛，总审计师赵瑞林，纪检组长商立明，调研员马庆，副调研员崔卓军、刘立涛。设有经济责任审计科、办公室、法制科、审理科、行政事业审计科、固定资产投资审计科、农业资源环保审计科、社会保障审计科、经贸审计科、财政（金融）审计科、林业审计科、计算机审计科、监察室、党总支、督察科。

审计成果 伊春市审计局审计单位115个，查处各类违纪违规金额和管理不规范金额145915万元，提出审计建议229条，提报审计报告、审计专报以及反映审计理论、审计方法、审计建议等综合成果293篇，被国家、省、市各类载体采用及领导批示91篇次。其中市本级共审计60个单位，查处各类违纪违规金额和管理不规范金额125592万元，提出审计建议136条，提报审计报告、审计专报以及反映审计理论、审计方法、审计建议等综合成果137篇，被国家、省、市各类载体采用及领导批示69篇次。

组织实施的大庆市土地出让金审计项目被审计署评为优秀审计项目；组织实施的2013年伊春区低保专项资金管理使用情况审计项目、南岔林业局2009年至2012年棚户区改造及2011年至2013年基础设施项目竣工决算审计项目在全省优秀审计项目评选中荣获优秀和嘉奖称号。市审计局先后荣获全省“六五”普法中期先进集体、全省“三八”红旗集体、市级机关建设工作标兵单位、政务信息工作标兵单位等荣誉称号10余个。

财政审计 完成2014年市本级预算执行审计和市资源林政局、市水务局等部门预算执行审计，揭示专项资金未按进度执行，滞拨专项资金，部分企业少提缴、未申报各项税金等问题，追缴税款和其他财政收入入库1202.37万元。对于审计中发现的问题及整改情况，全部纳入《审计工作报告》和《整改报告》，并代市政府向市人大做报告，得到市人大常委会充分肯定。

固定资产投资审计 完成朗乡林业局2014年既有居住建筑节能改造工程竣工决算审计、西林区棚户区改造跟踪审计、南岔棚户区改造竣工决算审计等建设项目审计14个，揭示挤占挪用、未招标、建设审批手续不完善等问题，审减工程造价款2963万元，提出审计建议42条。

民生资金（项目）审计 完成铁力市、嘉荫县2014年度保障性安居工程跟踪审计项目。揭示保障性安居工程资金筹集不到位、招投标管理不够严格、开竣工项目手续办理滞后等问题，对以前年度安居工程审计发现问题进行督办整改，促进整改到位；组织实施市县2015年度安居工程跟踪审计。对乌马河、翠峦、带岭、双丰等部分林业局2014年后备资源培育补植补造资金使用管理情况进行审计，揭示配套资金未到位、未及时拨付项目资金等问题，提出审计建议12条。结合稳增长跟踪审计，组织开展就业再就业资金、城市最低生活保障资金审计，审计揭示重复领取低保补贴、使用现金发放补贴、滞留就业再就业补助资金等问题。

经济责任审计 完成21名领导干部经济责任审计，揭示虚列支出、扩大开支范围、固定资产不入账等违纪违规及管理不规范问题14579万元。明确划分领导干部和国有企业领导人员应当承担的责任，客观公正地进行评价，并提出相应的建议和意见。

法制建设 完成对审计权力清单和责任清单的梳理工作，经审核确认行政权力22项，通过"黑龙江省行政权力信息管理平台面"向社会公布。在全市范围内组织开展审计系统执法证培训考试等工作，建立全局行政执法人员数据库，做好行政执法证件信息动态管理。制订《伊春市审计局规范行政处罚自由裁量权工作实施方案》，全市审计自由裁量权指导标准已经通过市审计局网站对外公开。

信息化建设 采集纳入审计报送管理的已实行电算化被审单位电子数据199家，其中市直党政机关事业单位98家，伊春区核算中心52家，西林区核算中心49家。（撰稿人：吴玉文）

【佳木斯市审计局】 2015年，佳木斯市审计局人员编制84人，实有81人。局长周亚，副局长关胜超、李纲、蒋红军，总审计师安宝昌，市纪委派驻市财审纪检组副组长辛艳春。设有办公室、法制审理科、机关党委、财政审计科、社会保障审计科、经济责任审计办公室、农业与资源环保审计科、固定资产投资审计科、行政政法审计科、金融审计科、外资运用审计科、企业审计科、文教卫生综合派驻审计科、计算机管理科、督查科、固定资产投资专业审计局、内审协会。

审计成果 佳木斯市审计机关完成审计（调查）项目共179个，查出主要问题金额180337万元，审计处理处罚金额106589万元。出具审计报告和审计调查报告262篇，提出审计建议256条，提交审计信息103篇。其中佳木斯市审计局完成审计（调查）项目共37个，查出主要问题金额150911万元，审计处理处罚金额93353万元，出具审计报告和审计调查报告50篇，提出审计建议59条，提交审计信息56篇。

政策措施贯彻落实跟踪审计 开展简政放权、转移支付资金拨付进度、棚户区改造项目、水利工程项目、就业再就业资金、城市最低生活保障、取暖补助、养老健康服务业政策措施落实情况等审计，揭示出7个建设项目进展缓慢、市县两级未按棚改计划开工3237套、富锦市秀水名苑项目148套棚改住房进展缓慢、桦南县亿丰时代广场项目多报开工进度31套等问题，审计发现的8个方面75项问题已整改落实到位。

财政审计 受市政府委托，向市人大常委会做《关于2014年度市本级预算执行和其他财政财务收支的审计工作报告》。按照市人大常委会和市长的要求，对预算执行审计发现问题整改情况进行跟踪检查。代表市政府向市人大常委会做《关于2014年度市本级预算执行和其他财政收支审计有关问题整改情况的报告》。

固定资产投资审计 完成对口援疆建设项目跟踪审计。完成对市水务局实施的城市防洪工程音达木河支流治理工程征地拆迁相关情况的审计调查、第九中学综合楼建设遗留债务确认等工作。完成裸地治理、高新区BT道路建设等24个项目的工程造价审计，送审金额16.58亿元，审定金额14.88亿元，审减1.7亿元，审减率10.25%。

信息化建设 开展"大数据"分析前期准备工作，首次开展被审单位数据分析工作，进行全局范围的审计对象和应用财经软件情况调查。与中软公司合作开发完成AO（现场审计实施系统）模板软件，正在测试验收。通过省审计厅和市政府2次网络数据安全检查验收。

相关工作 完成全市行政执法人员考试换证工作。完成市编办、法制办牵头开展的2015年全市行政执法机关"行政职权流程"和"管理手册"编制和行政权力责任清单清理工作。获得全省"六五"中期普法先进集体。（撰稿人：王进兴）

【七台河市审计局】 2015年，七台河市审计局实有28人。局长崔玉平，副局长王宝山、张玉星、迟宗祥，总审计师陈兆静，纪检组长高英，副调研员吕利。设有法制科、办公室、财政审计科、金融审计科、行政事业审计科、企业审计科、固定资产投资审计科、农业与资源环保审计科、经济责任审计科、社会保障审计科、外资运用审计科、国家建设项目审计中心。

审计成果 七台河市审计局完成审计及审计调查项目43个，查出违规金额7314万元、损失浪费金额75万元、管理不规范金额41.4亿元，审计查出问题210个，提出建议93条。

政策措施贯彻落实跟踪审计 实施11次稳增长等政策措施贯彻落实情况跟踪审计，涉及取消和下放行政审批事项、加快棚户区改造、重大水利工程、加快城市基础设施建设、促进生态环保和节能环保产业发展等21个方面100余项内容，确保稳增长、促改革、调结构、惠民生各项政策措施的贯彻落实。

财政审计 组织实施财政预算执行审计、税收征管情况审计、部门预算执行审计，查出预算执行进度不均衡、超预算支出、多列预算支出、企业未提未缴税费、未代扣代缴资源税、企业欠缴税费、下甩税费等问题。

固定资产投资审计 开展欣苑小区竣工决算、经济开发区基础设施工程结算、高级中学改扩建宿舍工程竣工决算、市北岸新城居住区竣工决算审计；对依宝公路依兰至七台河（大个岭）段高速公路、饶河至盖州公路向阳至大个岭段改扩建工程2个项目竣工决算实施审计。通过审计查出施工单位多计工程价款、招标不规范、未编制竣工财务决算等问题，为财政节约资金2000余万元。

经济责任审计 对13名处级领导干部实施经济责任审计。查出重大决策不规范、"三公"经费超支、扩大开支范围、内控制度不健全、未履行集中采购程序、虚列支出等问题。提出加强内控制度建设、加强财务管理、规范会计核算等审计建议。完善审计结果共享机制，形成对领导干部监督合力，促进领导干部尽好责、用好权、理好财。

民生资金（项目）审计 对勃利县城镇保障性安居工程开展审计，查出地方配套资金未完全到位、开工任务未完成、违规享受保障房待遇等问题。开展城乡低保资金审计，发现涉嫌违规享受低保及取暖救助政策等问题，移交民政部门进行核实。开展再就业资金审计，发现多申领职业培训补贴等问题。 （撰稿人：金　成）

【牡丹江市审计局】 2015年，牡丹江市审计局人员编制87人，实有69人。局长金秀兰（—9月），副局长刘佳祥、杨国安、田方、姜涛，总审计师李淑莲，纪检组长尹明霞。设有办公室、法制审理科、计算机审计科、人事教育科、党委办、监察室、总务科、财政审计科、固定资产投资审计办公室、项目跟踪审计办公室、行政事业审计科、农业审计科、社保审计科、经贸审计科、金融审计科、外资审计科、经济责任审计一科、经济责任审计二科、经济责任审计三科、综合科。

审计成果 牡丹江市审计机关完成审计项目233个，查出主要问题金额600492万元；向有关部门移交处理事项67件；提出审计建议555条；提交审计信息154篇。其中市本级完成审计项目86个，审计查出主要问题金额473381万元；向有关部门移交处理事项61件；提出审计建议313条；提交审计信息40篇。荣获全国审计机关先进集体、全国文明单位等荣誉称号。

政策措施贯彻落实跟踪审计 配合省审计厅开展市本级稳增长、促改革、调结构、惠民生政策落实情况跟踪审计工作，指派专人、加强协调，提前规范、提前整改，为维护地方经济发展环境做出贡献。

民生资金（项目）审计 配合省审计厅圆满完成保障性安居工程审计工作。审计期间，协调组织相关部门，对省审计厅发现的本级问题做到及时沟通、及时办理、及时反馈、及时报告，指导各相关部门认真组织整改。同时，对各县（市）发现的问题组织及时反馈。

农业与资源环保审计 完成市公安局办公大楼、新龙丹驾校、金盾保安公司、"三溪一河"、"十大公园"、老旧小区改造和退耕还林等项资金审计。完成市纪委交办的镜泊湖旅游集团资产负债损益审计。

财政审计 以促进财政增收为目标开展财政预算执行和税收征管审计。围绕财政增收节支，关注财政预算编制的科学性、完整性；关注财税资金应收未收、"收支两条线"规定的履行情况；关注上级拨付资金使用过程中的截留侵占、损失浪费、挪用串用等问题；关注中央八项规定和国务院"约法三章"的落实情况，防止清理办公用房中出现的空置、闲置及损失浪费现象，确保公共资金使用效益最大化。

经济责任审计 围绕全市干部管理需要，按照组织部门计划要求，开展党政领导干部经济责任审计，为各部门迅速完成交接奠定基础。市本级共完成审计项目 21 个，提出各类规范管理建议 65 条。

固定资产投资审计 以规范项目建设程序，完善项目建设资金管理秩序为目标，开展政府性投资项目跟踪审计。审计投资额 14.50 亿元，查出违纪违规金额 7.56 亿元，核减工程价款 1.35 亿元，提出审计意见和建议 61 条。

（撰稿人：张春艳）

【黑河市审计局】 2015 年，黑河市审计局人员编制 45 人，实有 37 人。局长白树生，副局长王鹏锐、仲建彬、姚富利，纪检组长韩萍，市经济责任审计工作联席会议办公室主任胡铁军，副调研员张世杰。设有经济责任审计科、财政金融审计科、经贸审计科、农业与资源环保审计科、固定资产投资审计科、政府项目资金管理监督审计科、社会保障审计科、行政事业审计科、计算机审计科、法制审理科及人事教育科、办公室、黑河市固定资产投资审计中心，下设边境经济合作区分局、五大连池风景名胜区自然保护区分局。

审计成果 黑河市审计机关完成审计项目 143 个，查出主要问题金额 240230 万元，应上缴财政 12777.3 万元，应减少财政拨款或补贴 16 万元，应归还原渠道资金 5484 万元，应调账处理金额 52638 万元；移送处理事项 1 件；出具审计报告和审计调查报告 195 篇，提出审计建议 283 条，提交审计信息 62 篇。其中市本级共完成审计项目 55 个，查出主要问题金额 168012 万元，应上缴财政 12189 万元，应归还原渠道资金 5287 万元，应调账处理金额 16110 万元；出具审计报告和审计调查报告 73 篇，提出审计建议 92 条，提交审计信息 9 篇。

政策措施贯彻落实跟踪审计 开展 9 次稳增长、促改革、调结构、惠民生、防风险政策措施落实情况跟踪审计工作，涉及财政政策、税收政策、简政放权等方面重点内容。审计揭示出滞拨专项资金、配套资金未到位、应征未征税款和社保费、工商登记改后置审批后相关部门未制订后续市场监管工作方案等问题。

民生资金（项目）审计 对保障性安居工程进行跟踪审计，审计揭示出棚户区改造资金未执行“专项管理，分账核算”制度、城市棚户区改造未完工、滞拨保障性安居工程资金、欠缴廉租住房租金和物业管理费等问题。

财政审计 突出部门预算编制及预算执行的合理性，揭示出预算编制不够完整、未编制政府采购预算的问题；突出非税收入管理使用的规范性，重点揭示和反映应缴未缴预算收入、违规收费的问题；突出预算支出及结余的真实性，重点揭示和反映滞拨专项资金的问题；突出政府资金的安全性，揭示和反映财政借出资金存在运行风险的问题。

经济责任审计 黑河市本级共完成经济责任审计项目 18 个，其中离任审计 3 个、任期经济责任审计 15 个，揭示出虚列支出、配套资金不到位、应缴未缴预算收入、不合规发票列支、往来账长期不清理和固定资产管理等方面的问题。

固定资产投资审计 开展黑河四岛国土防护工程跟踪审计、黑河二公河流域综合治理工程项目竣工决算审计，揭示多计多结工程价款、工程监理人员不具备执业资格等问题。

（撰稿人：胡铁军）

【绥化市审计局】 2015 年，绥化市审计局实有 44 人。局长吴云峰，党组书记（副局长）田学斌，副局长赵德河、李永志，总审计师杨旭，纪检组长刘凤军，经济责任审计局局长张立君，副调研员刘平录、贾广灵、周则朴。设有办公室、法规科、审计督察科、财政审计科、行政事业审计科、农业与资源环保审计科、固定资产投资审计科、金融审计科、经贸审计科、社会保障审计科、信息化科、人事教育科、经济责任审计一科、经济责任审计二科、经济责任审计三科、绩效审计科、开发区分局。

审计成果 绥化市审计机关共完成审计调查项目（单位）215 个，查出违规违纪金额 81001.8 万元，审计处理应上缴财政 4829.5 万元、应归还原渠道资金 56424.8 万元、应调账处理金额 3933 万元；出具审计报告和审计调查报告 288 篇，提出审计建议 263 条，提交审计信息 191 篇。其中市本级全年完成审计及审计调查项目 80 个，查出主要问题金额46538万元，审计处理应上缴财政1230万元、应归还原渠道资金37075万元、应调账处理金额169万元；出具审计报告和审计调查报告87篇，提出审计建议77条，提交审计信息22篇。

政策措施贯彻落实跟踪审计 以稳增长等政策措施贯彻落实情况跟踪审计为主线，安排开展以稳增长为主线的重点事项跟踪审计，包括税收征管审计、保障性安居工程跟踪审计、领导干部经济责任审计等，将行业审计与跟踪审计有机融合，实现上级审计机关的审计任务与政府交办审计任务的同步推进。

经济责任审计 全年完成经济责任审计项目72个，查出违规金额9737万元。

民生资金（项目）审计 开展棚户区改造项目专项审计核查。为妥善解决2008年以来市本级棚户区改造项目遗留问题，按照市政府要求，市审计局牵头，联合发改、规划、住建、国土、财政、地税、城管等7部门，对市本级棚改项目进行全面的审计核查工作。共完成对市区2008年以来全部88个棚改项目的审计核查。

交办事项 按照市委、市政府要求，牵头组织实施财经纪律问题专项整治工作，市县两级审计机关切实履行牵头部门职责，在相关部门的支持下，共对675个单位和部门进行专项检查，查出问题1452个，督促整改问题871个，并将专项治理情况全面公开公告。（撰稿人：李 勋）

【大兴安岭地区审计局】 2015年，大兴安岭地区审计局人员编制42人，实有36人。局长解学民，副局长孙庆俊、戴新竹、朱立成、郭银杉，纪检组长路宪文，副调研员马树声、王玉红。设有办公室、法制审理科、经济责任审计科、财政审计科、农林资源环保外资审计科、行政事业社会保障审计科、固定资产投资审计科、金融与企业审计科、审计督察科、重点投资项目监督科。

审计成果 大兴安岭地区审计机关完成审计和审计调查115个项目，审计查出主要问题金额185765万元，其中违规金额5162万元、管理不规范金额180576万元、损失浪费金额25万元；损益不实金额2177万元；审计处理处罚3842万元；审计期间整改金额14627万元。移送纪检监察机关6件。出具审计报告和专项审计调查报告154篇。其中地本级审计完成48个项目，查出主要问题金额143872万元，其中违规金额2946万元、管理不规范金额140925万元；损益不实金额1843万元；审计处理处罚金额1634万元，其中应上缴财政1290万元、应归还原渠道资金21万元、应缴纳其他资金212万元、应调账处理金额110万元；审计期间整改金额6323万元。出具审计报告和专项审计调查报告61篇。

财政审计 完成2014年地本级财政预算执行审计和税收征管审计。审计发现存在应缴未缴预算收入、虚列支出、挪用资金、擅自改变专项资金用途等问题。通过税收计划和税收征管审计发现存在应缴未缴税金问题。完成大兴安岭地区电力工业局资产负债审计。

政策措施贯彻落实跟踪审计 行署审计局开展并完成对三县一区稳增长、促改革、调结构、惠民生政策措施落实情况跟踪审计。通过审计发现存在棚户区改造项目未按计划完成开工，饮水安全工程项目建设不合规，应征未征税款，地本级资金拨付不及时和匹配资金未到位，地区滞拨省担保贷款奖补资金、专项补助经费等问题。

民生资金（项目）审计 完成保障性安居工程跟踪审计，发现存在廉租房租赁补贴未按规定及时发放、保障性住房空置一年以上未安置、保障性住房后续管理亟须规范、部分项目建设管理不规范未验收入住、虚报开工任务，未完成开工任务、收到上级补助保障性安居工程资金后未投入使用、违规享受廉租住房补贴等问题。按照省审计厅授权完成大兴安岭地区供热项目的审计调查。

经济责任审计 加强经济责任审计的组织领导，健全完善经济责任联席会议工作机制，将编办纳入经济责任委员会成员，充分发挥各部门的职能作用。采取经济责任审计与财政财务收支、专项资金相结合，加大任期审计比例，兼顾任中审计与离任审计相结合。完成11个经济责任审计项目，其中任期审计7个、离任审计4个。

固定资产投资审计 完成呼玛县北疆乡至嘎拉河村公路建设项目及呼玛县白银纳呼玛河大桥等10个建设项目竣工决算审计。

（撰稿人：孙春云）

2015年黑龙江省所辖区、县(市)级审计工作统计表

金额单位:万元

审计机关	完成审计项目(个)	审计查出主要问题金额	审计处理情况					出具审计报告和审计调查报告(篇)	提出审计建议(条)	提交审计信息(篇)
			审计处理处罚				移送处理事项(件)			
			应上缴财政	应减少财政拨款或补贴	应归还原渠道资金	应调账处理金额				
哈尔滨市										
哈尔滨市本级	84	64560	61093	3462	85833	66292	21	13	110	94
道里区审计局	28	5708	99		30215		2		47	
南岗区审计局	31	568	10			57824			41	11
道外区审计局	18	1				136			33	12
平房区审计局	6								11	
香坊区审计局	26	6669	108	1555	3493	98756			44	49
呼兰区审计局	70	10605	57	481	74	19890			96	9
阿城区审计局	52	385	157		29	11702	2	1	82	59
双城市审计局	31	304	315			18			48	38
尚志市审计局	24	254	14		1	13			29	
五常市审计局	46	784	264		147				55	37
依兰县审计局	20	12	75						21	16
方正县审计局	17								20	11
宾县审计局	40	941	45	1924	113	64			45	99
巴彦县审计局	21	679	177	619					26	48
木兰县审计局	9								9	
通河县审计局	47	324	324	1		17			61	84
延寿县审计局	14	31	4						16	5
齐齐哈尔市										
齐齐哈尔市本级	137	883775	14729		12655	3948	14	197	93	28
建华区审计局	6	2575	2					7	8	
龙沙区审计局	21	5061						40	12	3
铁锋区审计局	4	8	3			5		6		6
昂昂溪区审计局	13	71	8			25		25	2	2
富拉尔基审计局	25	841			6	12		48	25	
碾子山区审计局	13	6988						23	20	1
梅里斯达斡尔族自治区审计局	19	13441			101	2		33	20	
讷河市审计局	67	69544	16034		6390	13266		122	164	
龙江县审计局	46	57374	189		418	5278	1	50		

续表

审计机关	完成审计项目（个）	审计查出主要问题金额	审计处理情况					出具审计报告和审计调查报告（篇）	提出审计建议（条）	提交审计信息（篇）
			审计处理处罚				移送处理事项（件）			
			应上缴财政	应减少财政拨款或补贴	应归还原渠道资金	应调账处理金额				
依安县审计局	53	46312	237					79	73	1
泰来县审计局	50	22470	1			28		87	4	
甘南县审计局	40	13315						57	25	
富裕县审计局	36	82985	800		6	1		56		1
克山县审计局	29	5900	3		7	735		36		
克东县审计局	36	23861	2					58	69	
拜泉县审计局	55	72055	17			43041		89	31	2
鸡西市										
鸡西市本级	68	625623	3492	347	16242	1695		91	182	20
鸡冠区审计局	5	757						8	12	29
恒山区审计局	3	262	2			160		3	11	
滴道区审计局	4	1400			1400			4	9	3
梨树区审计局	3	26			26			3	6	
城子河区审计局	1	12199						1	4	
麻山区审计局	1	1397	46		785			1	2	
虎林市审计局	25	7295	378					34	15	5
密山市审计局	54	13687	125			1991		95	115	60
鸡东县审计局	57	5126	445	497	23	291		77	24	10
鹤岗市										
鹤岗市本级	47	260747	627		207778	2785		56	144	44
萝北县审计局	25	2094	12		1	732		41	32	33
绥滨县审计局	28	55354	339		165	17134		31	25	10
双鸭山市										
双鸭山市本级	81	307685	1653	4227	13236	4204		120	156	45
尖山区审计局	7	10				10		7	12	
岭东区审计局	8	2405						15	14	12
四方台区审计局	5	4706				2405				
宝山区审计局	7	147						7	13	
集贤县审计局	28	8324	332		9	4018		28	35	28
友谊县审计局	35	2538	628					35	20	20
宝清县审计局	55	28000	21			182		55	112	33
饶河县审计局	23	44589	39	10	21584			32	45	10

续表

审计机关	完成审计项目（个）	审计查出主要问题金额	审计处理情况					出具审计报告和审计调查报告（篇）	提出审计建议（条）	提交审计信息（篇）
			审计处理处罚				移送处理事项（件）			
			应上缴财政	应减少财政拨款或补贴	应归还原渠道资金	应调账处理金额				
大庆市										
大庆市本级	54	119117	2787	5230	68	1878	3	64	134	24
萨尔图区审计局	32	12883	82	33		386		41	95	21
龙凤区审计局	163	1922	22	1477				180	70	8
让胡路区审计局	123	23623	212	3722		141		131	135	
红岗区审计局	35	64987	7		212			43	31	
大同区审计局	14	339	127			43		24	23	
肇州县审计局	52	10324	347	1119	14	792	0	57	18	11
肇源县审计局	73	15151	5696	9455				49	142	8
林甸县审计局	27	5396	1465	12		54		38	48	
杜尔伯特蒙古族自治县审计局	43	15998	218		73	6741		68	39	
伊春市										
伊春市本级	60	125592	3389	343		4530	1	81	136	56
伊春区审计局	20	11013	1					38	17	
西林区审计局	18	93						36	54	12
铁力市审计局	5	349	5			37		5	14	36
嘉荫县审计局	12	8868	45	303		4		16	8	13
佳木斯市										
佳木斯市本级	37	150911	4519	341	81221	7272		50	59	56
前进区审计局	15	858			167	97		19	34	
向阳区审计局	5	30			16	13		6	13	
东风区审计局	9	1020	37	6	92	428		14	12	7
郊区审计局	11	529	6					17	5	2
同江市审计局	11	4088	7			642		14	42	5
富锦市审计局	37	3195	13			556		60	13	5
桦南县审计局	26	8423	8		8	100		42	38	1
桦川县审计局	16	8688		140	6947	1363		24	36	16
汤原县审计局	12	2595	276	263		2051		16	4	11
抚远县审计局	22	8322	70		1174	4134		25	52	8
七台河市										
七台河市本级	45	424098	7518		413	3614	4	58	101	28
桃山区审计局	2	950						2	5	

续表

审计机关	完成审计项目（个）	审计查出主要问题金额	审计处理情况					出具审计报告和审计调查报告（篇）	提出审计建议（条）	提交审计信息（篇）
			审计处理处罚				移送处理事项（件）			
			应上缴财政	应减少财政拨款或补贴	应归还原渠道资金	应调账处理金额				
新兴区审计局	4	593						4	17	5
茄子河区审计局	5	24	6			18		5	8	3
勃利县审计局	40	2183	20		110	281		36	65	12
牡丹江市										
牡丹江市本级	86	473381	35051	12534	5161	17910	61	114	313	40
东安区审计局	6	1323	23					6	26	16
阳明区审计局	6	8113	5		8095			10	12	
爱民区审计局	15	1056	113			579		29	55	4
西安区审计局	3	684	1					3	5	
绥芬河市审计局	23	70535	727		4350	144		34	32	
海林市审计局	70	22193	128					66	13	
宁安市审计局	23	52211	295		3561	1143	9	32	45	
穆棱市审计局	18	14749	7		46			26	17	97
东宁市审计局										
林口县审计局	31	109	37						26	
黑河市										
黑河市本级	55	168012	12189		5287	16110		73	92	9
爱辉区审计局	14	18912	1		6	17	1	14	24	12
北安市审计局	16	4919	20		150			16	20	8
五大连池市审计局	14	148	145		3			28	28	9
嫩江县审计局	16	6565	412					24	6	12
逊克县审计局	8	35977	6	16		35885		8	17	12
孙吴县审计局	20	5697	5		38	626		32	96	
绥化市										
绥化市本级	80	46538	1230		37075	169		87	77	22
北林区审计局	20	2399	23		276	2100		20	23	10
安达市审计局	15	4889	86		4078			15	3	
肇东市审计局	7	1769	1764		5			7	7	5
海伦市审计局	22	657	464		12	181		22	43	22
望奎县审计局	12	9369	618		4924	589		26	5	
兰西县审计局	8	1732	420		1305			8	16	
青冈县审计局	10	9367	83	22	6576			15	15	90
庆安县审计局	10	689	25		1163	780		50	24	32

续表

审计机关	完成审计项目（个）	审计查出主要问题金额	审计处理情况					出具审计报告和审计调查报告（篇）	提出审计建议（条）	提交审计信息（篇）
			审计处理处罚				移送处理事项（件）			
			应上缴财政	应减少财政拨款或补贴	应归还原渠道资金	应调账处理金额				
明水县审计局	12	1125			1011	114		19	9	6
绥棱县审计局	19	2468	117					19	41	4
大兴安岭地区										
大兴安岭地区本级	48	143872			21	110		61	56	11
加格达奇区审计局	11	1327						17	38	8
松岭区审计局										
呼中区审计局										
新林区审计局										
呼玛县审计局	36	25876	21				6	34	83	
塔河县审计局	11	2956						16	7	
漠河县审计局	9	11732	2083					10	16	10

上海市

【上海市审计局】 2015年，上海市审计局实有359人。设有办公室（信访办公室）、人事处（老干部处）、综合计划处（政策研究室）、法规处（复核审理处）、财政审计处、区县审计处、金融审计处、行政事业审计处、社会保障审计处、农业与资源环保审计处、经贸审计处、经济责任审计处（内部审计指导处）、国有资产鉴证审计处、固定资产投资审计一处、固定资产投资审计二处、外资运用审计处、计算机审计与信息技术处，并按有关规定设置机关党委，下设审计科学研究所、审计培训中心、审计信息中心。

领导成员

局　　长：田春华

副 局 长：吴茵蝶　范少军（—5月）
于万云　孙　琪　徐　伟（8月—）
段际凯（8月—）

总审计师：林忠华

纪检组长：沈荣华

巡 视 员：江小民

审计成果　上海市审计机关开展审计和审计调查项目938个，促进财政增收节支、避免和挽回损失81.33亿元，核减不实投资金额20.80亿元。向纪检监察机关、司法机关和有关主管部门移送处理事项51件，推动建立健全制度283项。

政策措施贯彻落实跟踪审计　对国务院稳增长、促改革、调结构、惠民生、防风险政策落实情况进行跟踪审计。围绕本级党委、政府的决策部署，关注税收优惠政策落实、资源环境保护等方面的政策执行情况，促进政策落地和完善。

财政审计　对财政部门组织本级预算执行情况、预算单位预算执行情况、地方税收征管情况等进行审计。进一步深化全口径预算审计，开展行业性审计，促进提高公共资金使用绩效。

经济责任审计　组织对市管单位领导干部（人员）开展经济责任审计，区分党委政府、党政工作部门、企业等不同审计对象，分别制订审计工作方案。围绕权力运行和责任落实，监督检查领导干部履行经济责任情况，促进领导干部主动作为，依法行政。

固定资产投资审计　完善政府投资项目审计

分类管理。组织开展市级财力建设项目竣工决算审计和重大工程跟踪审计，重点关注基础设施、公共建筑、城市管理设施等领域。

民生资金（项目）审计 开展城镇保障性安居工程、大居外围配套项目、住房公积金、教育、医疗、养老等审计，促进民生政策落实和民生资金有效使用。开展独立型和结合型资源环境审计项目，开展领导干部自然资源资产离任审计试点，服务生态文明建设。

审计整改 进一步落实审计整改责任，改进审计整改工作机制。根据市人大常委会听取审议审计整改报告的新要求，协调相关主管部门列席会议、回答提问。突出整改联动，会同联席会议相关成员单位、政府督查部门和相关主管部门，加强整改落实的督促检查，促进提高整改质量。

审计公开 协同推进市、区（县）两级审计公开，以公开促整改。全市审计机关公开 321 项单项审计结果，其中竣工决算审计结果数量比上年增加。

信息化建设 稳步推进“数字化智能审计工程”项目建设。开展大数据审计，制订涉及大数据技术应用的方案和制度规范。与相关主管部门建立信息共享机制。在财政、税务、社保等多个审计领域，开展跨部门、跨系统综合数据分析。

制度建设 市政府印发加强审计工作的实施意见、加强审计整改工作的意见，市经济责任审计联席会议印发本市贯彻落实中央两办经济责任审计规定实施细则的意见。相关区委、区政府继续加强审计制度建设。

内部审计 加强内部审计分类指导，针对上海市街镇体制改革的实际，推动各相关单位加强内部审计机构设置和内部审计队伍建设。推进内部审计质量评估工作开展，加大内部审计业务培训和考核力度。（撰稿人：汪其水）

【黄浦区审计局】 2015 年，黄浦区审计局实有 61 人。局长徐其彬（—11 月）、徐建荣（11 月—），副局长朱润杰、虞海琴、张志伟（—12 月）。设有办公室、人事教育监察科、综合计划科、审理法规科、财政金融审计科、行政事业审计科、固定资产投资审计科、党政领导干部经济责任审计科、企业领导人员经济责任审计科、经济贸易审计科、资源环保审计科、计算机审计科。

审计成果 黄浦区审计局完成审计和审计调查项目 36 个，查出主要问题金额 2.56 亿元，促进增收节支 855 万元。移送处理事项 2 件。出具审计报告 59 篇。提出审计建议 96 条，提交审计信息 49 篇。向社会公告审计结果 5 篇。

财政审计 对 2014 年区本级预算执行和其他财政收支情况进行审计，重点关注本级预算分配、财政资金支付、预算调整、国资收益管理使用、政府性债务偿还、预算管理制度制定执行、部门结余资金管理使用情况等方面。在部门预算执行审计中，重点关注“三公”经费及会议经费管理使用、规费收入和罚没收入管理和解缴、政府购买服务行为、财务内控制度建立和执行情况等。

经济责任审计 完成对 14 名区管领导干部（人员）的经济责任审计，探索开展党政领导干部和企业领导人员同步审计。修订《黄浦区经济责任审计联席会议议事规则》《黄浦区经济责任审计联席会议办公室工作规则》。制定《黄浦区区管单位领导干部（人员）任前经济责任告知制度》。

固定资产投资审计 对太仓路改建工程等项目进行跟踪审计，对西藏南路—大吉路综合改造等项目进行竣工决算审计。

专项审计 对 37 个自收自支单位、25 个差额拨款事业单位“三资”管理情况开展专项审计调查，摸清“三资”管理现状及底数。对区养老保险基金等进行审计调查，关注管理情况和社会效益。（撰稿人：曹　群）

【徐汇区审计局】 2015 年，徐汇区审计局实有 32 人。局长翁国雷，副局长魏敏、赵洪英，纪检组长魏敏（兼）。设有办公室、法规科、财政审计科、经济责任审计科（内设内部审计指导科）、绩效审计科、固定资产投资审计科、企业审计科。

审计成果 徐汇区审计局完成审计和审计调查项目 44 个，查出主要问题金额 5.64 亿元，促进增收节支 116 万元。出具审计报告 67 篇。提出审计建议 75 条，提交审计信息 91 篇。向社会公告审计结果 14 篇。

财政审计 对 2014 年度区本级财政预算执行及其他财政收支情况进行审计；对漕河泾街道等 7 家预算单位预算执行情况进行审计；对区金融

服务业等专项资金使用管理情况等进行审计调查；对商城集团等10家企业国资经营预算国资收益情况进行审计；完成对本区2014年度城镇保障性安居工程跟踪审计。

经济责任审计　完成23名区管领导干部（人员）经济责任审计。推行审前公示、“集中进点”、审计整改联合监督、审计结果报告摘要等制度。建立重点审计单位库，将公权力大、资金量多、下属单位复杂的部门和国有企业列为重点审计对象。

固定资产投资审计　对南洋中学改扩建（二期）项目等进行竣工决算审计；对区教育系统基建项目代建制实施情况等进行审计调查。修订《徐汇区政府投资项目审计监督实施办法》。

专项审计　对区困难老人社区居家养老服务等民生政策进行审计调查。会同相关部门开展区级政府采购检查、行政事业单位房屋专项清理工作。

信息化建设　探索大数据审计模式，在区本级预算执行审计、城镇保障性住房跟踪审计、大华医院信息系统项目建设情况审计中，运用SQL数据库技术与AO（现场审计实施系统）交互技术等，提高审计现场工作效率。

审计整改　采用整改任务清单的形式，督促审计整改。向25个单位印发《审计整改通知书》《审计发现需要整改的问题清单》，对103项审计发现的问题进行回访检查。　（撰稿人：曹　娴）

【长宁区审计局】　2015年，长宁区审计局实有33人。局长邱军祺，副局长王智华、陆霓。设有办公室、法规科、固定资产投资审计科、经贸审计科、财政金融审计科、行政事业审计科、经济责任审计科。

审计成果　长宁区审计局完成审计和审计调查项目37个，查出主要问题金额6.77亿元，促进增收节支5129万元。出具审计报告48篇，提出审计建议42条，提交审计信息148篇。向社会公告审计结果18篇。

财政审计　对2014年度区级财政预算执行及区建交委等18家单位预算执行情况进行审计。首次覆盖区所有街道（镇），完成区国有资本经营预算收益收缴情况审计调查，实现对公共预算、政府性基金预算、国有资本经营预算“全口径”财政预算执行审计。完成上海万博房地产开发有限公司等3家单位资产负债损益情况审计。

经济责任审计　完成8名区管领导干部（人员）经济责任审计。出台《长宁区经济责任审计工作联席会议议事规则》《长宁区经济责任审计工作联席会议办公室工作规则》。

固定资产投资审计　对长宁支路第一小学总体改造等项目进行竣工决算审计，对复旦中学西部校区工程项目进行跟踪审计。配合相关部门修订《长宁区政府投资项目管理办法》《长宁区政府投资项目代建制管理办法》等5个文件以及《长宁区政府投资项目审计监督管理办法》。

民生资金（项目）审计　组织开展城镇保障性安居工程等民生资金（项目）专项审计调查；围绕公共建筑节能开展资源环境审计。

信息化建设　推进“数字审计”综合信息管理系统建设，实现定期把在区财政平台统一核算单位的财务数据自动、批量导入到审计平台，开展相关系统性审计分析，为审计组提供审计线索或疑点。　（撰稿人：高洁楠）

【静安区审计局】　2015年，静安区审计局实有29人。局长刘芸（—12月），副局长魏勇（—12月）、薛敏（—12月）、张雪云（—12月），纪检组长魏勇（兼，—12月）。设有办公室、人事监察科、综合业务科、经济责任审计科、基建环保审计科、财政财务审计科、绩效审计科、法纪审计科。12月14日，闸北区审计局与静安区审计局合并。

审计成果　静安区审计局完成审计和审计调查项目36个，查出主要问题金额11.82亿元，促进增收节支713万元。移送处理事项5件。出具审计报告42篇。提出审计建议48条。

财政审计　对2014年度区本级预算执行和其他财政收支情况进行审计，重点关注公共预算、政府性基金统筹安排情况、本级财政预算管理、部门预算执行以及内控制度执行情况。

经济责任审计　完成对8名区管领导干部（人员）的经济责任审计。制定任前经济责任告知制度。

专项审计　对区城镇保障性安居工程实施审计；对文化发展专项资金使用情况开展绩效审计。

对区近三年国资经营预算收支管理情况开展审计调查。（撰稿人：卢成韵）

【普陀区审计局】 2015年，普陀区审计局实有29人。局长周勤毅，副局长顾薇玲（—6月）、王廉之、王春蕾（7月—），纪检组长王廉之（兼）。设有办公室、综合业务指导科、财政审计科、经济责任审计科、行政事业审计科、经济贸易审计科、固定资产投资审计科。

审计成果 普陀区审计局完成审计和审计调查项目52个，查出主要问题金额1.36亿元。出具审计报告83篇。提出审计建议121条，提交审计信息15篇。向社会公告审计结果3篇。

财政审计 对2014年度区级财政预算执行和其他财政收支情况进行审计，关注财政体制改革、财政政策执行和财政资金管理使用情况。在对22个部门预算执行情况审计中，关注政策措施贯彻落实情况、存量资金情况、“三公”经费和会议费使用情况。

经济责任审计 完成48名区管领导干部（人员）经济责任审计。

固定资产投资审计 对晋元中学大修工程等项目进行竣工决算审计。

专项审计和审计调查 对区2014年城镇保障性安居工程进行跟踪审计。对区公用民防工程建设及管理使用情况等开展审计调查。

（撰稿人：顾　轶）

【闸北区审计局】 2015年，闸北区审计局实有27人。局长陈士林（—12月），副局长马国荣（—12月）、陈一（—12月），纪检组长马国荣（兼，—12月）。设有办公室、法规科、财政审计科、国有企业审计科、经济责任审计科、固定资产投资审计科、内部审计指导科。12月14日，闸北区审计局与静安区审计局合并。

审计成果 闸北区审计局完成审计和审计调查项目33个，查出主要问题金额37.42亿元，促进增收节支7331万元。出具审计报告48篇。提出审计建议129条。向社会公告审计结果1篇。

财政审计 对2014年度本级预算执行和其他财政收支情况进行审计，关注存量资金规模和使用管理情况、非税收入收缴情况、部门“三公”经费预算执行情况、公务卡制度执行情况。对区住宅修缮工程及旧住房成套改造专项资金等进行绩效审计。对代建制管理的政府投资工程项目建设管理情况进行审计调查。

经济责任审计 完成19名区管领导干部（人员）经济责任审计。

固定资产投资审计 对区城镇保障性安居工程等项目进行审计，对区旧改造项目进行跟踪审计，对星火电影院改建项目等进行竣工决算审计。

专项审计和审计调查 开展“八街一镇”专项审计调查，摸清街镇资金、资产、资源规模，帮助街镇加强管理。（撰稿人：许小玲）

【虹口区审计局】 2015年，虹口区审计局实有29人。局长欧阳小平，副局长周辉权、韩颖（—8月）、徐涛（11月—），纪检组长周辉权（兼）。设有办公室、法规科、财政审计科、企业审计科、经济责任审计科、投资审计科。

审计成果 虹口区审计局完成审计和审计调查项目39个，查出主要问题金额6.40亿元，促进增收节支5719万元。移送处理事项8件。出具审计报告69篇。提出审计建议142条，提交审计信息14篇。向社会公告审计结果2篇。

财政审计 对2014年度预算执行情况和其他财政收支情况进行审计，审计发现存在公务用车制度改革中已拍卖车辆款未及时缴纳国库、部分行政事业单位已拍卖车辆未做固定资产核销处理等问题。

经济责任审计 完成32名区管领导干部（人员）经济责任审计。

固定资产投资审计 开展政府投资建设项目审计5个，重点关注建设项目执行国家法律法规情况、投资控制和资金管理以及内部管理情况。

专项审计 对上海虹房（集团）有限公司等7家改制公司经营状况开展审计调查，提出股权结构、房屋资产增值管控、企业盈利和市场发展能力等方面审计建议。对区文化创意和旅游产业发展专项资金管理使用情况进行审计调查，提出加强资金管理、解决资金沉淀等建议。

（撰稿人：严　卓）

【杨浦区审计局】 2015年，杨浦区审计局实有32人。局长朱萍（—5月），副局长周兰萍（主持工作）、贺东明，纪检组长周兰萍（兼）。设有办公室、法规科、财政审计科、行政事业审计科、经济责任审计科、固定资产投资审计科、经贸审计科、鉴证审计科。

审计成果 杨浦区审计局完成审计和审计调查项目26个，查出主要问题金额2162万元，促进增收节支568万元。移送处理事项4件。出具审计报告36篇。提出审计建议173条，提交审计信息5篇。向社会公告审计结果11篇。

财政审计 对2014年度区本级预算执行、区委党校等7个单位预算执行和其他财政收支、6家区属国有企业资产负债损益情况进行审计。

经济责任审计 完成11名区管领导干部（人员）经济责任审计。制订领导干部（人员）五年轮审计划。

固定资产投资审计 开展政府投资项目效益审计，对杨帆学校等项目开展竣工决算审计。

专项审计 开展城镇保障性安居工程跟踪审计，对区公用民防工程建设管理情况等进行审计调查。

（撰稿人：傅　强）

【闵行区审计局】 2015年，闵行区审计局实有32人。党组书记陈相斌，局长王敏，副局长马建国、陈志强、任筱华，纪检组长马建国（兼，—4月）、封永平（4月—）。设有办公室、综合法规科、财政审计科、经贸审计科、经济责任审计科、固定资产投资审计科。

审计成果 闵行区审计局完成审计和审计调查项目26个，查出主要问题金额41.20亿元，促进增收节支89万元。出具审计报告35篇。提出审计建议68条，提交审计信息3篇。向社会公告审计结果12篇。

财政审计 对2014年度区本级预算执行和其他财政收支情况进行审计，重点关注执行中央八项规定情况、“三公”经费和会议费使用以及管理制度执行等情况。

经济责任审计 完成对15名区管领导干部（人员）的经济责任审计。

企业审计 对2家区属企业资产负债及损益情况进行审计，加大对重大经营活动、重大决策的程序性、合规性、效果性的审计力度。

固定资产投资审计 对9个政府投资建设项目进行审计，揭示政府投资建设项目管理不规范、制度不健全、政策不完善、核算不准确、基础资料不齐全等问题。

审计整改 推行审计整改清单对账销号工作，构建被审计单位限期整改、区审计局跟踪检查、区审计整改联席会议成员单位分工负责重点督查督办、相关部门追责问责的整改链条，以整改落实倒逼被审计单位完善制度、加强监管、规范行为。

（撰稿人：侯敏娜）

【宝山区审计局】 2015年，宝山区审计局实有33人。局长张晓宁，副局长周坤明（—11月）、邱大德、王新民、张海雁（11月—）。设有办公室、法规科、财政审计科、行政事业审计科、固定资产投资审计科、经贸审计科、经济责任审计科。

审计成果 宝山区审计局完成审计和审计调查项目40个，查出主要问题金额31.43亿元，促进增收节支3.05亿元。移送处理事项6件。出具审计报告46篇。提出审计建议146条，提交审计信息93篇。向社会公告审计结果18篇。

财政审计 对2014年度区本级预算执行和其他财政收支情况进行审计，突出公共财政预算、政府性基金预算和国有资本经营预算审计重点，关注“收支两条线”管理、国库集中收付、政府集中采购、公务卡使用等规定执行情况及结余资金清理情况。

经济责任审计 完成对30名区管领导干部（人员）的经济责任审计，督促被审计单位落实审计建议66条，推动建立完善规章制度21项。与区纪检监察机关共同研究制定《进一步加强和完善协作配合工作的实施意见》。

固定资产投资审计 对罗店大居等重大投资项目进行跟踪审计。完成滨江广场及配套服务设施项目等竣工决算审计。

专项审计 对民防工程建设使用管理等开展专项审计，提出建议31条，促进相关部门修订和完善制度6项、工作机制9项。

（撰稿人：张秀敏）

【嘉定区审计局】 2015年，嘉定区审计局实有36人。局长柏永明，副局长谭思翔、徐青、苑鼎宏，纪检组长吉峻岭（—9月）、苑鼎宏（兼，12月—）。设有办公室、人事监察科（纪检监察室）、综合法规科、计算机审计与信息技术科、财政金融行政审计科、经贸审计科、经济责任审计科、农业与资源环保审计科、固定资产投资审计科一科、固定资产投资审计科二科、社会保障审计科。

审计成果 嘉定区审计局完成审计和审计调查项目35个，查出主要问题金额70.06亿元，促进增收节支1424万元。出具审计报告53篇，提出审计建议72条，提交审计信息29篇。向社会公告审计结果7篇。

财政审计 对2014年度区本级预算执行和其他财政收支情况进行审计，提出完善全口径预算管理体系、加强财政支出绩效管理、规范工程项目建设管理等审计建议。

经济责任审计 完成对20名区管领导干部（人员）的经济责任审计，提出审计建议23条。经济责任评价结果纳入领导干部综合评价。

固定资产投资审计 完成10个区重大工程建设项目动迁、跟踪审计、竣工决算审计项目。制发《嘉定区审计局关于财政性资金建设项目委托社会中介机构审计补充管理办法》，对委托的内容、对象、组织实施、质量管理、费用支付等做出规定。

专项资金审计 开展公交配套营运补贴资金管理使用情况等审计调查，提出的审计建议得到主管部门和有关街镇的采纳。（撰稿人：刘　东）

【浦东新区审计局】 2015年，浦东新区审计局实有52人。局长康晴华，副局长段际凯（—8月）、虞刚杰（—5月）、朱云、吕军（9月—），总审计师朱慧（7月—），纪检组长段际凯（兼，—8月）。设有办公室（组织人事处、综合法规处）、财政审计处（行政事业审计处）、经济责任审计处（内部审计工作指导处）、综合经济审计处、投资建设审计处（资源环保审计处）、绩效审计处（审计稽查处），下设浦东新区审计管理与信息中心。

审计成果 浦东新区审计局完成审计和审计调查项目107个，查出主要问题金额325.03亿元，促进增收节支9.06亿元。移送处理事项5件。出具审计报告128篇。提出审计建议198条，提交审计信息259篇。向社会公告审计结果65篇。

财政审计 对2014年度区本级预算、区卫计委等5个部门2014年度预算执行情况进行审计，对23家有关单位实施延伸审计，揭示区本级和部分单位政府采购预算执行不严格、结余资金统筹盘活力度不大、国企存量土地房产管理不规范等问题。组织实施公共体育设施建设及管理等35个结合型和5个独立型绩效项目审计。

经济责任审计 完成34名领导干部（人员）经济责任审计。出台《经济责任审计工作联席会议议事规则》和《区管单位领导干部（人员）任前经济责任告知制度》。

固定资产投资审计 对滨江森林公园二期等项目进行跟踪审计，对燃煤锅炉窑炉清洁能源替代等项目进行审计。

企业审计 对区属国有企业和国有资本经营情况进行审计，关注经营决策、投资绩效、资产负债损益、内控制度、资源环保以及领导人员薪酬福利管理等问题，督促集团公司等单位落实整改事项115项。

专项审计 组织开展事业单位运行效能等专项审计和审计调查，揭示在政策执行、项目管理、资金使用以及体制机制方面存在的问题。

（撰稿人：姜学诗）

【金山区审计局】 2015年，金山区审计局实有36人。局长张娣芳，副局长李永革、潘浩、胡炎培，纪检组长潘浩。设有办公室、法规审理科、财政审计科、行政事业审计科、经济责任审计科、固定资产投资审计科、国有资产鉴证审计科、内部审计指导科、绩效审计科，下设审计中心。

审计成果 金山区审计局完成审计和审计调查项目43个，查出主要问题金额8.99亿元，促进增收节支8056万元。出具审计报告59篇。提出审计建议31条，提交审计信息67篇。向社会公告审计结果6篇。

财政审计 对2014年度区本级预算执行和其他财政收支情况进行审计。制定《金山区审计局关于本级预算执行和其他财政财务收支审计实施办法》《金山区审计局关于行政事业单位内部控制审计实施办法（试行）》。

经济责任审计 完成对21名区管领导干部（人员）的经济责任审计。修订和完善《上海市金山区经济责任审计工作联席会议议事规则》《上海市金山区经济责任审计工作联席会议办公室工作规则》；制定《金山区审计局关于国有企业领导人员经济责任审计实施办法》《金山区审计局关于党政主要领导干部经济责任审计实施办法》。

固定资产投资审计 对16个政府投资建设项目进行审计。制定《金山区审计局关于政府投资项目审前管理办法》。

专项审计 对区政府购买服务情况等开展审计调查。完成区新型农村合作医疗基金历年结余和上海金山松隐山庄2002年度至2014年度承包经营情况专项审计。制定《金山区审计局同步审计项目人员管理办法》。 （撰稿人：何玉凤）

【松江区审计局】 2015年，松江区审计局实有37人。局长沈日新，副局长吴慰民、吴玲，纪检组长许方勇。设有办公室、综合业务科、财政金融审计科、行政事业审计科、社保资源审计科、经济责任审计科、国资经贸审计科、基本建设审计科、信息技术科，下设审计中心。

审计成果 松江区审计局完成审计和审计调查项目29个，查出主要问题金额1.16万元。移送处理事项5件。出具审计报告39篇。提出审计建议62条。向社会公告审计结果5篇。

财政审计 对2014年度区本级预算执行和其他财政收支情况进行审计，涉及国家资金、资产、资源各领域，把财政资金的运行轨迹从预算到执行、从决算到公开的全过程纳入审计范围，关注制度建设、政策实施效果、廉政工作等内容。印发《关于进一步建立健全审计整改工作制度的若干意见》《松江区审计结果与预算编制挂钩管理办法》。

经济责任审计 完成对11名区管领导干部（人员）的经济责任审计，延伸审计下属单位118个，提出审计建议29条。

固定资产投资审计 建立政府投资项目库，以开展教育系统建设项目专项审计调查、农委系统农业建设项目专项审计调查等条线性专项审计调查，实现对区级政府投资建设项目的全过程跟踪审计。完成松卫公路跟踪审计、横山粮库竣工决算审计。

专项审计 对耕地和用地管理情况等政策措施贯彻落实情况进行审计调查。

内部审计 全区内部审计机构完成审计项目1487个，促进增收节支3233.98万元，提出的审计建议被采纳421条。组织29名专兼职内部审计人员前往南京审计大学参加专题业务培训。

（撰稿人：张 皓）

【青浦区审计局】 2015年，青浦区审计局实有30人。局长王健，副局长瞿坚春（—7月）、朱民、赖伟春，纪检组长朱民（兼）。设有财政金融审计科、行政事业审计科、经济责任审计科、经贸审计科、综合法规科、固定资产投资审计科、办公室。

审计成果 青浦区审计局完成审计和审计调查项目84个，查出主要问题金额403.31亿元，促进增收节支2.94亿元。移送处理事项3件。出具审计报告89篇。提出审计建议3条，提交审计信息218篇。向社会公告审计结果18篇。

财政审计 对2014年度区本级预算执行、7个预算部门及所属6个二级预算单位的预算执行情况进行审计，重点关注财政管理改革、资金使用绩效、重大工程项目建设、养老政策执行、资源环境保护、创新社会治理、加强基层建设等政策执行情况。

经济责任审计 完成对4名区管领导干部（人员）的经济责任审计。制定《青浦区区管领导干部任前经济责任告知书》。

固定资产投资审计 开展政府性投资项目竣工决算审计18个，对大型居住区、轨道交通、道路、公共设施等6个政府投资建设项目进行跟踪审计。

专项审计 开展区绿化专项资金使用及管理情况专项审计调查。开展机构养老绩效情况专项审计调查。 （撰稿人：董 博）

【奉贤区审计局】 2015年，奉贤区审计局实有44人。局长苏徐平，副局长徐秋官、王斌，纪检组长洪德福（10月—）。设有办公室、法规科、固定资产投资审计科、财政审计科、经济责任审计科、行政事业审计科、经贸内部审计科，下设审计中心。

审计成果 奉贤区审计局完成审计和审计调查项目50个，查出主要问题金额99.32亿元，促进增收节支3809万元。移送处理事项1件。出具审计报告69篇。提出审计建议81条。向社会公告审计结果37篇。

财政审计 对2014年度区本级预算执行和其他财政收支情况进行审计，对项目预算编制、项目预算执行情况、项目预算执行效果等加大审计力度。关注财政资金结余结转情况，促进减少财政资金沉淀，盘活存量资金。

经济责任审计 完成对33名区管领导干部（人员）的经济责任审计，促进责任追究和问责机制形成。

固定资产投资审计 对曙光中学配套道路工程等9个项目进行竣工决算审计，关注资金管理使用、工程质量管理、投资效益等方面。委托社会中介机构对30个项目进行审计审价，对9个审计项目进行质量复审。对城镇保障性安居工程进行跟踪审计。

企业审计 对上海奉贤建设发展（集团）有限公司等4个企业进行审计。（撰稿人：邬燕璐）

【崇明县审计局】 2015年，崇明县审计局实有32人。党组书记张华，局长施蕾，副局长李雷鸣、祖红耘，纪检组长李雷鸣（兼）。设有办公室、综合法规科、财政审计科、行政事业审计科、经贸审计科、经济责任审计科、固定资产投资审计科。

审计成果 崇明县审计局完成审计和审计调查项目91个，查出主要问题金额24.12亿元，促进增收节支1.43亿元。移送处理事项7件。出具审计报告103篇。提出审计建议156条，提交审计信息22篇。向社会公告审计结果19篇。

财政审计 对2014年度县本级预算执行和其他财政收支情况进行审计，审计发现部分国有土地资产未得到有效管理、非税收入未及时上缴国库、有线电视家家通工程款未及时收回等问题。在对7个部门预算执行审计中，延伸审计所属单位53个，审计发现预算执行不规范、收支管理不规范、财务制度执行不规范和内部管理不到位等问题。

经济责任审计 完成对16名领导干部（人员）的经济责任审计。

固定资产投资审计 对城桥新城配套商品房工程等68个项目实施竣工决算审计。

专项审计 对新型农村合作医疗统筹基金结余情况、崇明县标准化社区老年活动室建设项目、公用民防工程建设等专项资金使用管理情况进行审计。

（撰稿人：孙文渊）

2015年上海市本级及所辖区、县级审计工作统计表

金额单位：万元

审计机关	完成审计项目（个）	审计查出主要问题金额	审计处理情况					出具审计报告和审计调查报告（篇）	提出审计建议（条）	提交审计信息（篇）
			审计处理处罚				移送处理事项（件）			
			应上缴财政	应减少财政拨款或补贴	应归还原渠道资金	应调账处理金额				
上海市本级	130	7427649	317735	54839	7611	1126936	5	177	699	135
黄浦区审计局	36	25690	4879	766		10027	2	59	96	49
徐汇区审计局	44	56497	145	109		2234		67	75	91
长宁区审计局	37	67716		78	2600	51188		48	42	148
静安区审计局	36	118244	40	29	555	112012	5	42	48	
普陀区审计局	52	13630						83	121	15
闸北区审计局	33	374266	336		7000	35		48	129	

续表

审计机关	完成审计项目（个）	审计查出主要问题金额	审计处理情况					出具审计报告和审计调查报告（篇）	提出审计建议（条）	提交审计信息（篇）
			审计处理处罚				移送处理事项（件）			
			应上缴财政	应减少财政拨款或补贴	应归还原渠道资金	应调账处理金额				
虹口区审计局	39	64069	21377	87	3772	17639	8	69	142	14
杨浦区审计局	26	2162	493	15	40	424	4	36	173	5
闵行区审计局	26	412025	2570	23	60	70874		35	68	3
宝山区审计局	40	314398	21364	9593	70	14582	6	46	146	93
嘉定区审计局	35	700601	4763	242	24067	802		53	72	29
浦东新区审计局	107	3250358	9839	54561	8708	3444	5	128	198	259
金山区审计局	43	89907	979	7163	192	80513		59	31	67
松江区审计局	29	11612					5	39	62	
青浦区审计局	84	4033124	29490			306	3	89	3	218
奉贤区审计局	50	993279					1	69	81	
崇明县审计局	91	241227		14390			7	103	156	22

江苏省

【江苏省审计厅】 2015年，江苏省审计厅人员编制223人，实有191人。设有办公室、法规处（审计督察处）、财政审计处、行政事业审计处、农业与资源环保审计处、固定资产投资审计处、金融审计处、企业审计处、社会保障审计处、外资运用审计处、经济责任审计局（内部审计指导处）、计算机审计处、人事教育处（离退休干部处）、机关党委，下设直属审计一局、直属审计二局、直属审计三局、省审计科研所、审计厅机关服务中心，另有省纪委派驻纪检组。

领导成员

厅　　长：顾树生

副 厅 长：李荣荣（—1月）

金海江（—6月）　葛笑天

褚宗明　黄武秋

总审计师：葛红民（1月—）

纪检组长：沈自力（—3月）

鄂忠伟（6月—）

审计成果 江苏省各级审计机关完成审计项目4920个，查出主要问题金额8769.33亿元，其中违规金额228.67亿元、损失浪费金额10.50亿元、管理不规范金额8530.17亿元；损益（收支）不实金额1077.14亿元；审计处理处罚金额1170.31亿元，其中应上缴财政158.09亿元、应减少财政拨款或补贴72.53亿元、应归还原渠道资金127.05亿元、应调账处理金额753.01亿元；审计发现非金额计量问题13267个；审计促进整改落实有关问题资金388.69亿元，其中增收节支160.45亿元、已调账处理金额164.05亿元；审计促进拨付资金到位10.97亿元；审计后挽回（避免）损失61.51亿元。移送司法机关、纪检监察机关和有关部门处理事项345件。出具审计报告和专项审计调查报告6102篇，被批示、采用571篇。提出审计建议10786条，提交审计信息3541篇，被批示、采用2823篇。向社会公告审计结果591篇。

政策措施贯彻落实跟踪审计 省审计厅将稳增长等政策措施跟踪审计作为2015年审计工作的重中之重，采取“省市联动、统分结合、因地制宜”的组织方式，开展跟踪审计工作。跟踪审计中把握项目落地、资金保障、简政放权、政策落实、风险防范5个重点方面，每月确定1至2个专题进行跟踪审计，向审计署、省政府报送跟踪审计结果报告或审计要情（简报）15 份，反映问题 39 个，涉及金额 47.14 亿元，提出审计建议 19 条。第二季度全省政策跟踪审计情况被省政府办公厅《专报信息》第 149 期全文采用，跟踪审计发现的问题被纳入省政府重点督查范围，《中国审计》第 20 期对江苏稳增长政策跟踪审计开展情况进行专题报道。

财政审计 围绕深化财政改革，提升省级预算执行的真实性、完整性和科学性，省审计厅组织对省级公共财政预算、政府性基金预算、国有资本经营预算和社会保障基金预算执行情况进行全口径审计。审计中加大对重大政策执行、重点领域、重点部门和重点资金的审计力度，完成省财政预算执行审计、省地税征管审计、省级科技专项资金专项审计调查、地方金库办理省级预算资金收支审计 4 个财政审计项目以及部门预算执行审计任务，推动实现地税部门税收征管情况和省级一级预算单位预算执行情况审计全覆盖，并对 30 家部门（单位）组织开展现场核查。在全面掌握 2014 年度省本级预算编制、调整、执行和决算总体情况基础上，分别向省政府和省人大提交审计工作报告，反映问题的整改情况纳入政府重点督查范围。省审计厅受省政府委托，向省人大常委会做省级预算执行审计查出问题纠正和整改情况报告。

经济责任审计 省审计厅加强资源整合、创新组织方式，有序推进经济责任审计全覆盖。全省审计机关完成 1491 名领导干部的经济责任审计，其中任中审计项目 414 个，出具审计报告和审计结果报告 2621 篇。按照"统一工作方案、统一业务培训、统一实施时间、统一处理原则、统一质量检查"原则，制订地方党政、部门单位、高等院校、国有企业等四类领导干部经济责任审计工作方案，组织编写地方和部门党政领导干部、国有企业和事业单位领导人员经济责任审计操作指南，经济责任审计规范化水平稳步提升，盐城市审计局实施的射阳县原县长任期经济责任及同期财政收支审计、无锡市审计局实施的南长区原区委书记和原区长任期经济责任审计两个项目被审计署评为全国地方表彰审计项目。推动经济责任审计与预算执行、专项资金、资源环境等审计相结合，在盐城、宿迁两市党政主要领导经济责任审计中，同步实施自然资源资产和生态环境审计。

金融审计 省审计厅对省信用再担保公司、紫金财产保险股份有限公司等 2 家国有金融企业进行审计，审计中注重揭示企业内部管理的薄弱环节，促进贯彻落实普惠金融政策和支持实体经济。

农业与资源环保审计 连续第 6 年开展太湖治理审计，联合省太湖水污染防治办公室对苏州、无锡、常州、镇江、南京五市太湖水污染治理情况进行专项审计调查，重点抽查农村环境及农业面源综合治理工程、生态清淤工程、生态修复工程等 6 大类 104 个项目，涉及投资 11.96 亿元，其中省补资金 2.71 亿元，促进收缴省财政补助资金 5323 万元，审计结果在省太湖水污染防治委员会第九次全体（扩大）会议上做通报。省审计厅联合省国土厅起草《关于落实地方党政领导干部耕地保护与节约集约用地经济责任审计的意见》，提请省政府办公厅转发。会同省发改委、财政厅、国土资源厅、水利厅等 8 家省级相关主管部门，联合成立领导干部自然资源资产离任审计协调领导小组，召开领导干部自然资源资产离任审计试点工作座谈会，研究起草相关工作意见及领导干部自然资源资产离任审计试点方案，稳步扩大领导干部自然资源资产离任审计试点范围。

固定资产投资审计 在全省组织 19 个审计组，分赴新疆各受援地，开展对口支援新疆资金及建设项目跟踪审计，深入推动跟踪审计责任与援建责任"双落实"，促进援建机构加快项目实施，健全内控制度，强化项目及资金管理，并对 2014 年度援疆审计结果进行公告。全省审计机关 2015 年共审计项目投资额 921.53 亿元，核减投资额（工程款）87.65 亿元。

民生资金（项目）审计 根据审计署统一部署，组织对省住建厅 2014 年城镇保障性安居工程的投资、建设、分配、运营等情况进行审计，延伸审计省监狱管理局、省林业局、省农垦集团有限公司等 3 家保障性安居工程责任主体单位，实地察看南京等 4 市及其所属县（市、区）部分工程建设质量情况，向审计署报送审计结果报告，向省政府报送专题审计信息。

外资运用审计 根据审计署授权，开展世界银行贷款江苏省供水及环境综合治理项目、世界银行贷款/英国赠款中国农村卫生发展项目、世界银行贷款江苏省淮河流域重点平原洼地治理项目、亚洲开发银行贷款江苏盐城湿地保护项目、亚洲开发银行贷款南京秦淮河环境改善项目、全球环境基金赠款缓解大城市拥堵和减少碳排放项目等6个外资审计项目，外资项目的子项目抽审面达到98%，外资审计结果向社会进行公告。

企业审计 重点对省国信集团、江苏交通控股有限公司、中国江苏国际经济技术合作集团、省海外企业集团、江苏凤凰出版传媒集团、徐州矿务集团等省属国有企业进行审计，审计重点关注损益的真实性、企业负债、重大投资决策、重大物资采购、重大项目建设、重大资本运作等情况。全省审计机关审计企业160个，审计查出主要问题金额620.14亿元。

专项资金审计 对省科技厅主管的自然科学基金、前瞻性研究专项、企业创新与成果转化专项、条件建设与民生科技专项等4类省级科技专项资金的分配、管理及使用情况开展专项审计调查。审计共查阅73个项目立项评审资料，605个中期检查结果，202个重要审计事项审批文件，对12个项目进行重点延伸，针对健全完善专项资金管理制度等提出审计建议。

信息化建设 深入推进审计信息化建设，充分运用财政审计子系统、部门预算执行审计子系统和地税审计子系统，实现省财政电子数据、省级一级预算单位财务数据和省有关主管部门业务数据的统一采集。不断深化“统一采集、集中分析、发现疑点、分散核查、系统研究”的数字化审计模式，有效提升审计质量和效率。深入推进高层次审计信息化人才队伍建设，在全省组建计算机审计咨询专家团队、攻关团队和数据分析团队3支队伍。61人参加与南京邮电大学联合举办的首期软件工程在职硕士班。截至年底，全省1282人取得审计署计算机审计中级水平考试合格证书。申报的《面向多业务协同的政府大数据分析关键技术研究与应用》专项课题，被省科技厅列入江苏省重点研发计划。地税数字化审计系统被省绩效管理领导小组办公室评为全省绩效管理创新创优项目。 （撰稿人：李 鋆）

【南京市审计局】 2015年，南京市审计局人员编制164人，实有164人。局长施卫国，副局长王国钧（—10月）、姬桂玲（10月—）、林林、周奇、万晓义，总审计师朱益强，纪检组长赵镭裕。设有办公室、法规处（审计督察处）、财政审计处、行政政法审计处、科教文审计处、农业审计处、资源环境审计处、固定资产投资审计处、企业审计处（金融审计处）、社会保障审计处、外资运用审计处、任期经济责任审计与内部审计指导处、计算机审计处、人事教育处（离退休干部处）、机关党委、监察室。

审计成果 南京市审计局完成审计项目59个，查出主要问题金额924.04亿元，其中违规金额2.9亿元、损失浪费金额0.39万元、管理不规范金额920.76亿元；损益（收支）不实金额375.67亿元；审计处理处罚金额704.52亿元，其中应上缴财政2.86亿元、应归还原渠道资金15.5亿元、应调账处理金额650.35亿元；审计发现非金额计量问题537个；审计促进整改落实有关问题资金52.66亿元，其中增收节支10.41亿元、已调账处理金额6.44亿元；审计后挽回（避免）损失29.26亿元。移送司法机关、纪检监察机关和有关部门处理事项27件。出具审计报告和专项审计调查报告78篇，被批示、采用13篇。提出审计建议213条，提交审计信息204篇，被批示、采用192篇。向社会公告审计结果9篇。

政策措施贯彻落实跟踪审计 把监督检查国家重大政策措施、宏观调控部署和市委、市政府重要决策部署落实情况作为审计工作重点，扎实开展稳增长等政策措施跟踪审计。全年完成取消和下放行政审批事项、推进简政放权等17个政策跟踪审计任务，查出问题28个，提出审计建议27条。

财政审计 在2014年度市本级预算执行和其他财政收支情况审计中，进一步深化一般公共预算、政府性基金预算、国有资本经营预算和社会保险基金预算等“四本预算”审计全覆盖，推进全口径预算管理体系的健全和完善。对市级104家一级预算单位部门预算执行情况实现审计全覆盖，深化对权力集中部门二、三级预算单位的审计监督。8月19日，市审计局受市政府委托向市人大常委会做审计工作报告。9月2日，2014年度市本级预算执行和其他财政收支情况的审计工作报告通过市审计局网站向社会公开，并首次采用答记者问的形式在《南京日报》进行同步解读。12月29日，市审计局受市政府委托首次采用“问题清单”的方式向市人大常委会报告审计整改情况。相关部门和单位高度重视审计反映的问题，出台《南京市市级城建资金使用管理办法》《南京市市级国有资本经营管理预算管理办法》等规范性文件。

经济责任审计 实施经济责任审计项目28个，其中市管领导干部任中审计8个。首次对13家单位开展主要领导干部任职经济责任告知；首次开展党政主要领导干部离任经济事项交接；联合组织部、编办、国资、财政等部门对9家单位经济责任审计查处问题整改情况进行督查。构建“1+4+2”制度体系，即市委、市政府办公厅出台《关于新形势下进一步深化全市经济责任审计工作的意见》，经济责任审计领导小组出台《领导干部经济责任审计综合评议和整改责任追究暂行办法》等4个配套办法，市审计局出台《关于提升经济责任审计质量的实施意见》等2个配套文件，形成领导干部经济责任任前告知、任中审计、离任交接的审计监督链式管理，并在领导干部经济责任评议、审计结果运用、审计质量提升等方面实现突破和创新。

金融审计 对南京银行现任董事长和离任行长同步开展经济责任审计。对金融业发展专项引导资金目标实现情况及效果进行审计。项目涉及资金7500亿元，查出问题29个，提出审计建议8条。

农业与资源环保审计 对全市生态补偿机制落实和资金管理使用情况、国家级江北新区环境保护政策和目标任务执行情况进行审计调查，连续第三年对长江干堤防洪能力提升工程进行跟踪和决算审计。项目涉及资金25.72亿元，查出问题24个，提出审计建议16条。对全市65个镇街的100个村（社区）2013年和2014年经济运行情况进行审计调查，重点审计村级资金、资产、资源的运营管理和财务公开制度执行等情况，出具审计移送书23份，移送案件线索64条，涉及人员31人，揭露体制机制问题33个。

固定资产投资审计 对南京绕越高速公路东北段等13个项目开展竣工决（结）算审计，涉及资金185.12亿元；对S122征地拆迁费用决算等2个项目开展拆迁审计，涉及资金38.04亿元；对南京地铁3号线等29个政府投资项目开展跟踪审计，涉及资金1791亿元。1月1日，《南京市政府投资建设项目审计监督条例》正式实施。2月17日，市政府出台《关于政府投资建设项目审计监督全覆盖的实施意见》，明确政府投资建设项目实行“必审制”。

民生资金（项目）审计 对市级社会保险基金预算执行、棚户区改造和保障性安居工程建设政策落实、“公交都市”建设政策落实和推进公共文化服务体系与相关产业融合发展政策落实等民生项目进行专项审计调查，加大对涉及民生的重点领域、重点部门、重点资金和重点项目的监管。

外资运用审计 根据省审计厅统一部署，对江苏供水项目、南京秦淮河环境改善、中国农村卫生发展高淳区项目开展审计，确保国外贷援款资金有效使用和目标效益实现。

企业审计 对南京港（集团）有限公司、南京城建集团领导干部开展任期（任中）经济责任审计，涉及资金1000亿元，查出问题150个，提出审计建议26条。连续第三年对市本级国有资本经营预算开展专项审计调查，提出审计建议4条。12月22日，市政府出台《南京市市级国有资本经营预算管理办法》。

专项资金审计 对城镇保障性安居工程、金融业发展、生态补偿、教育附加专项、城建发展基金（公益性债务）及高标准农田（粮油）等6个专项资金进行审计调查，涉及资金56.68亿元，查出问题23个，提出审计建议18条。

信息化建设 将财政、地税、社保、公积金等部门的数据纳入审计数据中心，完成4个行业的子系统建设。部署部门预算执行审计和国有企业审计两个子系统建设，104家一级预算单位财务核算数据、财务报表、决算报表等数据以及105家市级主要国有企业数据纳入审计数据中心。推动11个区审计局实现区级财政审计全覆盖。9月14日，召开全市审计机关联网审计推进会。12月，南京市政府投资项目审计系统（一期）正式上线试运行，与市政府公共资源交易中心实现数

据交换。（撰稿人：靳　乐）

【无锡市审计局】　2015年，无锡市审计局人员编制99人，实有87人。局长刘燕萍，副局长唐家梁、李晔、徐波、李家虎、谢浩峻，纪检组长金进。设有办公室（信息处）、法制综合处（审计督察处）、财政审计处、金融审计处、行政事业审计处、社会保障审计处、企业审计处、农业与资源环保审计处、固定资产投资审计处、外资运用审计处、经济责任审计与内部审计指导处、计算机审计处、人事教育处、机关党委。

审计成果　无锡市审计机关共完成审计项目269个，查出主要问题金额320.71亿元，其中违规金额10.53亿元、损失浪费金额1.73亿元、管理不规范金额308.44亿元；损益（收支）不实金额40.35亿元；审计处理处罚金额17.5亿元，其中应上缴财政8.13亿元、应减少财政拨款或补贴5.38亿元、应归还原渠道资金1.06亿元、应调账处理金额2.9亿元；审计发现非金额计量问题727个；审计促进整改落实有关问题资金13.58亿元，其中增收节支10.6亿元、已调账处理金额2.88亿元；审计促进拨付资金到位2.83亿元；审计后挽回（避免）损失5亿元。移送司法、纪检监察机关和有关部门处理事项57件。出具审计报告和专项审计调查报告418篇，被批示、采用34篇。提出审计建议659条，提交审计信息727篇，被批示、采用718篇。向社会公告审计结果20篇。无锡市审计局实施的原南长区领导干部经济责任审计项目被评为审计署表彰项目。

无锡市审计局突出改革创新，创新“回审”办法，出台《审计整改督查回审办法》，审计项目完成两年后进行整改回审，促进审计整改长效制度建设。创新协作机制，落实“两法衔接”，加强与公安、检察机关等多部门之间的执法协作。创新“对接”方式，出台《驻局纪检组与被审计单位纪检监察部门实施业务对接办法》，由驻局纪检组与被审计单位纪检监察部门共同督促审计廉洁、共同推进审计配合、共同跟踪审计整改，加强廉政建设，提高工作效率，推进整改落实。

政策措施贯彻落实跟踪审计　无锡市审计局根据审计署和江苏省审计厅统一部署，对稳增长政策措施落实情况开展跟踪审计8次，重点检查中央和省政策措施的执行情况和实际效果，出具审计结果报告8篇，揭示问题19个，提出审计建议22条。

财政审计　关注财政资金统筹使用和绩效管理情况，关注支出进度、执行效率、结余资金、专项资金使用等内容，着力反映公共资金使用、公共权力运行和公共部门履职尽责情况，促进理好财、用好权、尽好责。预算执行审计对10个市级、70个市（县）区级部门预算编制、执行以及决算等环节实现全过程跟踪。

经济责任审计　审计领导干部（人员）121人，其中任中审计53人。查出领导干部负有直接责任和主管责任的违规金额1.52亿元，占违规金额的25%。

企业、金融审计　完成13个企业金融单位的审计，查出主要问题金额27.42亿元。

专项资金审计　实施专项资金审计或审计调查38个，涉及专项资金96.95亿元，审计内容包括民生改善、农业与资源环保、产业发展、经济转型等多个方面。

固定资产投资审计　完成竣工决算审计项目47个，审计投资总额52.66亿元，核减工程款5.88亿元。

民生资金（项目）审计　对城镇居民最低生活保障金以及保障性安居工程审计等民生项目进行审计，对相关民生政策执行情况和政策执行效果进行评估。（撰稿人：伏小军）

【徐州市审计局】　2015年，徐州市审计局人员编制86人，实有84人。局长董明灿，副局长卢海良、冯志强、马绪明、屈哲、王锐英，纪检组长刘江明。设有办公室、人事处、监察室、法规处、计算机审计处、财政金融审计处、行政事业审计处、社会保障审计处、企业审计处、农业与资源环保审计处、固定资产投资审计处、外资运用审计处、任期经济责任审计与内部审计指导处、城市土地经营审计处。

审计成果　徐州市审计机关完成审计项目310个，查出主要问题金额4618955万元，其中违规金额607072万元、损失浪费金额2979万元、管理不规范金额4008903万元；损益（收支）不实金额95307万元；审计处理处罚金额1136436

万元，其中应上缴财政 218693 万元、应减少财政拨款或补贴 11514 万元、应归还原渠道资金 336177 万元、应调账处理金额 554160 万元；审计发现非金额计量问题 3105 个；审计促进整改落实有关问题资金 572926 万元，其中增收节支 68851 万元；审计后挽回（避免）损失 257 万元。移送司法机关、纪检监察机关和有关部门处理事项 19 件。出具审计报告和专项审计调查报告 378 篇，被批示、采用 26 篇。提交审计建议 670 条，提交审计信息 1578 篇，被批示、采用 689 篇。向社会公告审计结果 9 篇。

政策措施贯彻落实跟踪审计 全市审计机关共投入审计人员 330 余人次，就市政府工作报告任务分解完成情况、取消下放行政审批事项和推进简政放权、轨道交通一号线项目等 20 个专题开展跟踪审计，查出问题 33 个，提出审计建议 80 余条。

财政审计 全市审计机关共对 69 个单位开展预算执行或财政决算审计，查出主要问题金额 2185346 万元。徐州市本级预算执行审计工作报告中反映九大专题审计情况，受到市人大的高度重视。

经济责任审计 全市完成对 190 名领导干部的经济责任审计，查出违规问题金额 122486 万元、管理不规范金额 493143 万元，促进增收节支 14138 万元。

固定资产投资审计 对城市轨道交通、亿吨大港、观音机场二期扩建等 68 项工程开展跟踪审计和工程决算、征地拆迁、资产评估审计，核减工程投资 61352 万元。

民生资金（项目）审计 全市完成民生审计项目 28 个，查出主要问题金额 417195 万元。在城镇保障性安居工程审计中，反映保障房户型超面积、欠缴廉租房租金等问题，提出审计建议。

企业审计 全市审计机关对 15 个企业进行审计和审计调查，查出主要问题金额 1069482 万元。

专项资金审计 开展住房公积金、污水处理费、非经营性国有资产等 9 个专项资金审计和审计调查，查出主要问题金额 8289 万元。

信息化建设 在全面完成财政、地税、社保、住房公积金等行业数字化审计平台的基础上，利用数字化审计平台对市住房公积金的归集、提取和使用情况进行专项审计，发现多账号同时缴存公积金、贷款后停缴公积金等问题。将 BIM（建筑信息模型）技术应用到轨道交通 1 号线、一中新城区校区、亿吨大港等跟踪审计项目，实现全过程大数据审计、全过程实时监督、提高工程项目复审效率、数字化存储审计档案资料等功能。

（撰稿人：范　恺）

【常州市审计局】 2015 年，常州市审计局人员编制 79 人，实有 79 人。局长钱亚明，副局长吕全斌、罗志敏、朱亦萍，总审计师王祥君，纪检组长范荣生，专职委员邹启堂。设有办公室、法制综合处、财政和金融审计处、行政事业处、经贸审计处、社会保障审计处、固定资产投资审计处、农业、水利与环保审计处、外资审计处、经审指导处、计算机审计处、审计业务监督处、人教处、党总支和监察室。

审计成果 常州市审计机关完成审计项目 160 个，查出主要问题金额 3696715 万元，其中违规金额 94846 万元、损失浪费金额 10124 万元、管理不规范金额 3591744 万元；损益（收支）不实金额 176079 万元；审计处理处罚金额 219348 万元，其中应上缴财政 39864 万元、应减少财政拨款或补贴 45857 万元、应归还原渠道资金 47927 万元、应调账处理金额 85653 万元；审计发现非金额计量问题 368 个；审计促进整改落实有关问题资金 137123 万元，其中增收节支 64959 万元、已调账处理金额 71840 万元；审计促进拨付资金到位 776 万元；审计后挽回（避免）损失 8007 万元。移送司法机关、纪检监察机关和有关部门处理事项 19 件。出具审计报告和专项审计调查报告 295 篇，被批示、采用 104 篇。提出审计建议 526 条，提交审计信息 37 篇，被批示、采用 16 篇。向社会公告审计结果 10 篇。

政策措施贯彻落实跟踪审计 面向 6 个辖市区和 27 个政府部门，对政府报告中重点项目、小微企业扶持政策、节能环保产业发展政策、简政放权等重大政策开展稳增长政策跟踪审计，按时保质向省审计厅上报 6 个报告，揭示问题 18 个。

财政审计 按照"全口径""全覆盖"的要求，对财政、地税、一二级预算单位等开展审计，分别向地方政府和人大提交审计结果报告和工作报告。市审计局根据市人大的要求和市政府的部署，对审计中发现问题的整改情况开展督促检查，首次向政府提交整改情况报告，市人大常委会进行专题审议，审计指出的32项问题全部整改到位或落实整改措施，推动制定和完善管理制度7项，促进财政收缴入库资金1257.15万元，相关单位上缴及财政收回预算资金2932.97万元。

经济责任审计 全市对24个单位的37名领导干部开展经济责任审计，其中市审计局对15个单位的20位领导实施经济责任审计。联合市农工办组织召开全市镇（街道）审计工作推进会。

农业与资源环保审计 市审计局和各辖市区局分别围绕农田水利、环保工程、自然资源等开展审计。金坛区审计局审结指前镇万顷良田、南洲花园、区域供水等项目，送审金额22.8亿元，审计核减4.26亿元。武进区审计局投资审计核减总规模达到1.2亿元，在苏南运河整治等项目中完成拆迁审计77万平方米。

固定资产投资审计 全市审计轨道交通1号线一期工程、常溧高速等42个重大项目，核减和促进节约投资7.8亿元。金坛、武进、钟楼等审计局加大对工程结算、拆迁和决算审计。溧阳市审计局强化对项目审计质量的抽查复审。市审计局和武进区审计局根据上级的要求，持续开展援疆资金和项目的跟踪审计。

民生资金（项目）审计 市审计局对第一人民医院、妇幼保健院钟楼分院、二中体育馆等民生类建设项目和文化产业文化事业发展与产业等专项资金开展审计。各辖市区审计局也围绕新农合和民政救助基金、教育费附加费、社会抚养费、慈善资金、民生建设工程资金等专项资金实施延伸审计。

专项资金审计 组织开展市级国有资本经营及收益情况的审计调查、小微企业扶持政策跟踪审计、市本级直管公房经管情况的审计调查、环境保护专项资金审计等多个专项审计项目，涵盖市属国有企业、相关工业企业、直管对象等各类主体上千个，所撰写的有关审计要情、报告得到市领导批示5份。

信息化建设 采用“就地办班、自我培训”的方式，组织CISA培训班，全市审计系统共有27人取得CISA资格和证书。两次组织开展全市审计系统计算机审计技能竞赛。研究制作AO数据采集模板，成功实现环保、工商、地税、社保等数据的关联、比对和分析。建设审计信息化系统，初步建成“政府投资建设项目审计管理系统”，在常州轨道交通一号线1期工程中投入使用。配套开发“三公经费及会议费网上申报系统”“环保在线监测数据采集”等辅助APP系统。升级“审计通讯平台”项目，建成完善办公会议系统。

（撰稿人：陆华东）

【苏州市审计局】 2015年，苏州市审计局人员编制98人，实有92人。局长孙和，副局长周雨晨、陆旭东、徐敏华，总审计师吉宁，纪检组长张海昌。设有办公室、法制综合处（审计督察处）、财政金融审计处、行政事业审计处、农业与资源环保审计处、固定资产投资审计处、经贸审计处、社会保障审计处、外资运用审计处、任期经济责任审计与内部审计指导处、计算机审计处、信息处、组织人事处、监察室，下设苏州市经济责任审计中心。

审计成果 苏州市审计机关完成审计和审计调查项目433个，查出主要问题金额8992136万元，其中违规金额150958万元、损失浪费金额7395万元、管理不规范金额8833783万元；损益不实金额84544万元；审计处理处罚金额577619万元，其中应上缴财政69625万元、应减少财政拨款或补贴78651万元、应归还原渠道资金67825万元、应调账处理金额360696万元；审计发现非金额计量问题2181个；审计促进整改落实有关问题资金533395万元，其中增收节支191371万元、已调账处理金额332971万元；审计后挽回损失79200万元。移送司法机关、纪检监察机关和有关部门处理事项27件。出具审计报告和专项审计调查报告587篇，被批示、采用85篇。提出审计建议1297条，被采纳934条，促进被审计单位制定整改措施120项。提交审计信息104篇，被批示、采用59篇。向社会公告审计结果32项。苏州市审计局被省委、省政府联合授予江苏省人民满意的公务员集体称号，被市委、市政府联合表彰为苏州市文明单位标兵，连续第三年被评为市纪检监察工作目标管理综合考评先进集体，获得市依法行政工作先进集体等荣誉。

政策措施贯彻落实跟踪审计 投入审计人员71人次，完成审计事项15个，涉及单位80家，查处问题13个。出具的6篇审计报告均得到市主要领导批示，推动市政府召开2次专题会议、出台3项制度。

财政审计 全市审计机关围绕推进新预算法实施和财税体制改革，深入推进"同级审"工作。突出全口径预算审计，重点关注预算体系是否健全、政府全部收入和支出是否都纳入预算。首次对市级国有资本经营预算执行情况开展专项审计调查，为推进加强国资管理、完善国有资本经营预算制度提供参考。重点关注财政专户资金结存情况及个别预算单位历史遗留账套资金结余情况，促进盘活财政存量资金。运用数据分析平台对360家预算单位进行分析，审计资金量占财政当年一般预算支出的65%。市人大对"同级审"报告给予充分肯定。

固定资产投资审计 全市审计机关完成119个重点投资审计项目，审计总投资额达82.84亿元。完成一号线竣工决算审计，在财政跟踪评审基础上，核减及调整投资3.29亿元。完成中环、常嘉高速、七浦塘拓浚整治和援疆4个跟踪审计项目。完成工程项目财务决算审计，在对横山水厂财务决算审计中，发现多计待摊投资6615万元。制定出台《关于加强固定资产投资审计廉政风险防控的意见》，加强投资审计领域的廉政建设。进一步强化跨地域抽查、"第三方"互查等制度。

经济责任审计 全市审计机关共对159名领导干部开展经济责任审计。市审计局联合市委组织部出台《关于加强各县级市、区副处级及以上建制地区、单位主要领导干部经济责任审计工作的通知》，填补"高配"领导审计监督盲区，有效扩大经济责任审计的覆盖面。推动市委、市政府发文出台《苏州市党政领导干部"三责告知"办法》，完善"任前有告知、任中有检查、任期有整改"的领导干部履职监督管理体系。修订出台《经济责任审计报告体例规范》，为提升报告质量、统一报告格式提出新的规范要求。

企业审计 市审计局会同市国资委开展市属12家国有资产经营公司资产负债损益审计调查，反映12家市属国企的经营状况，摸清家底，提示风险，提出建议。市领导高度重视并专门听取审计汇报，要求市国资委督促相关企业逐条落实整改。起草《关于进一步加强市属国资公司内部审计工作的意见》，以市政府名义正式发文，强化对市属国资公司内部审计的指导和监督。

审计整改 将审计整改与审计项目实施同部署、同落实。市政府高度重视审计整改工作，市领导对市审计局上报的审计报告和专报共批示32件次，召开5次整改专题会议，明确整改单位、规定整改期限、落实整改责任。市审计局联合纪检监察部门进行审计整改"回头看"，促进整改落实到位。全年促进上缴财政和减少财政拨款或补贴4.2亿元，盘活存量资金12.29亿元，建立完善各类制度13项。市审计局首次向市人大常委会专题报告审计整改情况，市人大给予充分肯定。

信息化建设 落实省审计厅现场管理办法，局领导带队深入审计一线对办法执行中存在的问题进行现场解决。推进网上审理工作，将计划内项目全面纳入网上审理。全省网上审理现场推进会在苏州召开，省审计厅对苏州做法给予充分肯定。个性化开发经济责任审计和投资审计管理两个子系统，对审计项目基础数据进行迁移。完成审计指挥中心和审计数据分析室建设。

（撰稿人：阚洪敬）

【南通市审计局】 2015年，南通市审计局人员编制99人，实有95人。局长顾宗瑜，副局长陈铭鑫、张亚萍、施宏伟、庄爱张（4月—），总审计师陆海燕，纪检组长丁旭东。设有财政金融审计处、行政事业审计处、农业与资源环保审计处、固定资产投资审计处、固定资产投资审计二处、经贸审计处、社会保障审计处、外资运用审计处、开发区审计处、经济责任审计处（内部审计指导处）、计算机审计处、办公室、法规综合处（审计督察处）、人事教育处、监察室、机关党委。

审计成果 南通市审计机关完成审计项目833个，查出主要问题金额3524284万元，其中违规金额145278万元、损失浪费金额1903万元、管理不规范金额3377103万元；损益（收支）不实金额462823万元；审计处理处罚金额942927万元，其中应上缴财政104213万元、应减少财政拨款或补贴275412万元、应归还原渠道资金48249万元、应缴纳其他资金120万元、应调账处理金额514933万元；审计发现非金额计量问题1280个；审计促进整改落实有关问题资金328640万元，其中增收节支283197万元、已调账处理金额45344万元，已缴纳其他资金99万元；审计促进拨付资金到位692万元；审计后挽回（避免）损失277479万元。移送司法机关、纪检监察机关和有关部门处理事项42件。出具审计报告和专项审计调查报告1088篇，被批示、采用151篇次。提出审计建议1165条，提交审计信息1926篇。向社会公告审计结果252篇。

市县两级审计机关均被评为市文明单位，全市审计系统被评为市文明行业。市审计局在市级机关综合绩效考核中获优秀等次，获政府创新奖二等奖，以及全省审计信息宣传工作先进单位、南通市法治型机关等荣誉称号。

财政审计 市审计局实施财政预算执行及决算审计，促成财政将2.6亿元结转结余资金补充进市本级预算稳定调节基金；督促市国资委对无偿划拨国有企业的21.52万平方米土地、525.61万元国有股权和房屋资产补办授权手续；促进地税部门加大综合治税平台监管，清理收回市本级资金1146.17万元。实施政策措施落实情况跟踪审计，促进1.13亿元项目资本金到位。

经济责任审计 全市审计机关实施经济责任审计项目185个，查出违纪违规金额1030万元，增收节支921万元。在一定范围内通报审计结果202篇次。江苏省审计厅在南通召开自然资源资产离任审计工作交流研讨会和试点工作座谈会，市审计局做经验介绍。市审计局应邀在全国地方党委政府主要领导干部经济责任审计指南研讨座谈会交流发言，在江苏省审计学会做重点发言，《新华日报》《中国环境报》等多个媒体对本市开展资源环境责任审计情况进行报道。

农业与资源环保审计 市审计局组织市县两级审计机关开展引江调水工程绩效审计，揭示河道末梢及沿海三四级河道水质改善不明显、部分河道被填埋侵占等问题并提出相关建议，向市政府提交的综合报告得到多位市政府领导批示。开展市区生活垃圾收运处置管理情况专项审计调查。开展高污染排放车辆管理、淘汰情况专项审计调查，审计结果得到市领导重视，并促进出台一系列政策措施。

固定资产投资审计 全市审计机关出具竣工决算报告88篇，工程核定单3855份，总审计金额422.22亿元，核减33.27亿元；完成965个标段的标底审计，总审计金额138.1亿元，核减6.41亿元；完成158个标段的拆迁审计，总审计金额20.77亿元，核减0.27亿元。向纪委、检察机关移送案件线索6件。

民生资金（项目）审计 关注保障房和市区直管公房管理使用情况，促进滨海园区补充提取540.34万元保障性住房建设资金，揭示市区直管公房政策性出租房管理制度滞后，无退出机制，转租谋取高额差价行为普遍，非政策性出租房未引入竞争机制，被拆迁公房部分补偿款未收回，1843户房产无产权，14处房产被他人无偿占用等问题，促进相关部门出台制度进行规范。

企业审计 市审计局开展南通九天文化旅游产业投资有限公司财务收支审计，揭示并分析连续三年亏损的原因。结合南通国有置业集团任期经济责任审计，以集团本部2012年至2014年财务收支情况及有关经济活动为基础，并对所属7家子公司进行延伸，摸清置业集团家底及经营现状，审计专报引起市政府高度重视。

专项资金审计 市审计局开展科技发展资金专项审计，市科技局针对审计报告反映的6大方面22个问题进行全面整改，出台办法规定每年将从市科技发展专项资金中列支1000万元，通过设立“通创币”对市区科技型初创企业和创业团队实施创新创业创意项目给予补助。

信息化建设 市审计局出台《审计电子数据管理暂行办法》《数字化审计综合平台功能拓展管理暂行办法》等制度，进一步规范审计信息化建设。数字化审计综合平台正式在崇川、如皋等县区审计机关推广运用。（撰稿人：祝晓敏）

【连云港市审计局】 2015年，连云港市审计局人员编制92人，实有86人。局长秦洁，副局长王洪欣（—9月）、杨成功、刘林、李海英（—8月）、刘永军（8月—）、郑厚明、马强（10月—），纪检组长赵洁，市经济责任审计局局长郑厚明（兼），副调研员沈未忠。设有办公室、法规处（审计督察处）、财政金融审计处、行政事业审计处、农业与资源环保审计处、固定资产投资审计处、企业审计处、社会保障审计处、外资运用审计处、任期经济责任审计和内部审计指导处、计算机审计处、人事教育处、机关党委、监察室、连云港市经济责任审计局、连云港市政府投资建设资金审核中心。

审计成果 连云港市审计机关完成审计项目317个，查出主要问题金额4530291万元，其中违规金额96147万元、损失浪费金额1256万元、管理不规范金额4432887万元；损益（收支）不实金额1338902万元；审计处理处罚金额79377万元，其中应上缴财政28615万元、应减少财政拨款或补贴20038万元、应归还原渠道资金778万元、应调账处理金额22832万元；审计发现非金额计量问题404个；审计促进整改落实有关问题资金31107万元，其中增收节支23996万元；审计促进拨付资金到位330万元。移送司法机关、纪检监察机关和有关部门处理事项5件。出具审计报告和专项审计调查报告402篇，被批示、采用68篇。提出审计建议836条，提交审计信息82篇，被批示、采用55篇。向社会公告审计结果193篇。

政策措施贯彻落实跟踪审计 对2014年国务院《政府工作报告》和各项政策任务未完成事项后续情况、市本级盘活财政存量资金相关政策措施落实情况等17个方面进行跟踪审计。

财政审计 对市财政局、市地税局、市开发区等市本级预算执行情况，市委办等2个部门预算执行进行审计。

专项资金审计 对地方水利建设基金、人才专项资金等7个专项资金进行审计。

经济责任审计 受省审计厅委托，对5名领导干部实施离任审计；受市委组织部委托；对10名领导干部实施任中审计和离任审计。深入探索领导干部自然资源资产离任审计，设计形成年度基本情况表、资产情况调查表和资产管理制度统计表等技术规范。

固定资产投资审计 对蔷薇湖生态净化暨应急水源工程、沭新渠工程等9个工程分别开展跟踪审计、预算执行审计和竣工决算审计。

制度建设 牵头出台《连云港市经济责任审计计划管理办法》。通过政府采购建立2015—2016年度市级政府投资项目社会中介机构备选库，配套出台《连云港市社会中介机构参与市级政府投资项目审计管理办法（试行）》。

（撰稿人：刘　明）

【淮安市审计局】 2015年，淮安市审计局人员编制77人，实有74人。局长梁三元，副局长徐增道、冯长尧、蒋启波、狄运中，总审计师刘孝武，纪检组长贾洪军。设有财政金融审计处、行政审计处、事业与社会保障审计处、农业与资源环保审计处、固定资产投资审计处、外资与经贸审计处、办公室、法规处、任期经济责任与内部审计指导处、计算机审计处、人事教育处、纪检监察室、固定资产投资审计中心。

审计成果 淮安市审计机关完成审计项目1353个，查出主要问题金额1449430万元，其中违规金额6186万元、损失浪费金额13万元、管理不规范金额1443231万元；损益（收支）不实金额485883万元；审计处理处罚金额97895万元，其中应上缴财政6832万元、应减少财政拨款或补贴55744万元、应归还原渠道资金15911万元、应调账处理金额19408万元；审计发现非金额计量问题1115个；审计促进整改落实有关问题资金84213万元，其中增收节支83531万元、已调账处理金额682万元；审计促进拨付资金到位4432万元；审计后挽回（避免）损失51361万元。移送司法机关、纪检监察机关和有关部门处理事项31件。出具审计报告和专项审计调查报告1324篇，被批示、采用93篇。提出审计建议3100条，提交审计信息1879篇，被批示、采用815篇。向社会公告审计结果95篇。

政策措施贯彻落实跟踪审计 淮安市审计机关共组织实施取消下放行政审批事项等13项政策措施贯彻落实情况跟踪审计，促进政策落地生根。分别向江苏省审计厅和淮安市政府报送8份跟踪审计报告。审计结果报告和审计要情得到淮安市政府领导批示，审计督促整改作用得到充分发挥。

财政审计 实现淮安市本级地域范围内财政审计全覆盖。关注预算管理、加大部门非税资金审计力度，加强对“三公”经费、会议费的审计力度，一次性收缴入库2.4亿元，收回违规出借资金800万元。促成《淮安市级国有资本经营预算管理办法》《淮安市级非税资金管理意见》和《淮安市级往来资金核算办法》等相关文件的出台。

经济责任审计 对63名党政主要领导干部和国有企业领导人员进行经济责任审计。通过审计发现和反映一批重要违纪违规问题，纠正内控制度不健全、执行不到位、管理松散、监督缺失等问题，促进单位建章立制。

农业与资源环保审计 安排10个自然资源资产审计项目，内容涉及矿产资源、水资源、林业资源、渔业资源等自然资源。淮安市盱眙县凹土资源保护与利用情况审计调查项目在江苏省自然资源资产审计工作座谈会上做交流研讨。

固定资产投资审计 对淮安市有轨电车一期工程、白马湖湿地公园、森林公园、里运河文化长廊等106个政府投资项目实施跟踪和结算审计，对江苏省省运会指挥中心、水门桥改造工程等8个工程实施复审，共核减工程款47247万元，核减率13.87%。

民生资金（项目）审计 对2008年以来的拆迁安置项目及其涉及的征收地块进行审计调查。淮安市审计局抽查5个征收地块，共查处违纪违规金额1.17亿元，向纪检监察机关移送案件线索55件。实施市政府为城乡居民办10件实事项目跟踪审计，审计发现资金收支、建设程序及管理等6大类问题，提出审计建议9条。组织13个审计组对淮安市2014年城镇保障性安居工程的投资、建设、分配、运营等情况进行审计，对存在的问题提出改进建议。

专项资金审计 对淮安市2014年度现代农业园区和重点农业项目、农村饮水安全工程、农产品精深加工技术升级改造项目等4项共计2.53亿元的涉农资金进行专项审计调查。

信息化建设 全面推进一平台两中心建设，确定淮安市审计信息化建设路线图。通过政府采购等流程完成平台软件建设，并通过验收。

（撰稿人：霍　嘉）

【盐城市审计局】 2015年，盐城审计局人员编制87人，实有81人。局长吴先国，副局长陈献东、孙红青、刘秋凤，总审计师李树峰，纪检组长郑琳。设有办公室、机关党委、监察室、组织人事处、计算机审计处、法制处、督查执行处、固定资产投资审计一处、固定资产投资审计二处、财政金融审计处、任期经济责任审计办公室、经贸审计处、行政事业与社会保障审计处、农业与资源环保审计处，下设盐城市政府公共工程审计中心。

审计成果 盐城市审计机关完成审计项目435个，查出主要问题金额907.81亿元；审计处理处罚金额82.04亿元，其中应上缴财政13.07亿元、应减少财政拨款3.70亿元、应归还原渠道资金16.89亿元、应调账处理金额48.37亿元。向纪检、监察、公安等部门移送案件线索32件。提出审计建议909条，超过90%被采纳。出具审计报告和审计调查报告484篇，提交审计信息材料843篇，获得市级以上领导批示53篇次。

盐城市审计局被评为全省审计系统先进集体，获得全市目标任务考核综合先进单位。实施的射阳县原党政领导经济责任审计项目获评全国地方表彰审计项目。6月25日，盐城市政府出台《关于贯彻落实国务院加强审计工作意见的通知》。

政策措施贯彻落实跟踪审计 围绕小微企业优惠政策、民生资金拨付使用、重大项目推进等事项开展审计，出具专题报告8篇。

财政审计 市本级预算执行审计以财政、地税、市开发区、市城南新区为中心，重点抽查20个部门单位，并围绕信息化建设及维护专项资金、中小企业税收优惠政策落实、政府性债务化解和风险控制、重点民生工程、财政转移支付资金等专题进行深入审计。对沉淀在财政和其他经济主管部门的财政性存量资金进行全面摸底，促进存量资金得到有效盘活。10月29日，盐城市审计局通过市政府政务公开平台解读财政“同级审”工作，并与广大网民进行互动。将“三公”经费使用管理情况作为每个审计项目必审内容，纪检、监察、财政、审计等部门联合出台《关于进一步加强经费管理严肃财经纪律的通知》，建立联合监督的常态化机制。

经济责任审计 全市审计机关围绕本级党委、政府工作中心和重点，根据纪检监察、组织人事部门干部监督管理需求，消除监督盲区，累计实施经济责任审计项目112个，其中省审计厅授权项目 2 个。市本级形成对市直重点部门和县（市、区）领导干部每 3 至 4 年轮审一遍、其他单位领导干部任期内至少审计一次的良性循环机制。市纪委定期与市审计局对接，将审计发现问题作为查处案件的重要信息之一。市委组织部根据经济责任审计结果，与存在问题较多的单位主要负责人进行约谈。

固定资产投资审计 全市审计机关核减政府投资项目造价 26.81 亿元。对 2000 万元以上的政府性投资项目实行审计监督全覆盖，对市区内环高架路、大洋湾景区、盐龙湖、串场河景观带等重点工程实行重要节点跟踪审计，2015 年度审计项目 108 个。

民生资金（项目）审计 全市审计机关不断提升民生审计项目占所有审计项目的比例，开展社保资金、文化卫生、生态环保、农田水利、拆迁补偿等专项审计 39 个。

信息化建设 自主研发的政府投资项目审计管理平台，获得国家版权认证和全市科学技术进步二等奖，在全市审计机关推广运用，有效解决工程审计中的资料报送不完整、隐蔽工程难跟踪、签证变更不规范、承建单位不配合和中介管理不到位等难题，截至年末，累计 2400 多个政府投资项目通过平台实施。市审计局完成财政、地税、公积金、社会保险等应用模块的部署测试，嵌入 400 多个审计方法。预算执行审计系统构建全面启动，数字审计平台覆盖的专业门类得到进一步拓展。东台市审计局领导干部经济责任审计相关经验做法，被审计署评为优秀奖，并入选全国审计干部网络学院课件。

（撰稿人：郭　红　陶振华）

【扬州市审计局】 2015 年，扬州市审计局人员编制 77 人，实有 59 人。局长吴淼新，副局长蔡先建、袁竹青、李永高、周春山、潘宝庆（12 月—），总审计师高金松（7 月—），纪检组长彭如桂。设有办公室、法规处、财政金融审计处、行政事业审计处、农业与资源环保审计处、固定资产投资审计处、企业审计处、社会保障审计处、外资运用审计处、任期经济责任审计与内部审计指导办公室、计算机审计处、人事教育处、监察室，下设扬州市固定资产投资审核中心、扬州市经济责任审计中心。

审计成果 扬州市审计局完成审计项目 48 个、交办事项 13 件，查出主要问题金额 191.34 亿元；审计发现非金额计量问题 204 个；促进整改、落实有关问题资金 8.68 亿元，其中增收节支 1006 万元、已调账处理金额 7.74 亿元；核减投资额 5355.56 万元。移送纪检监察机关和有关部门处理事项 2 件。出具审计报告和专项审计调查报告 52 篇。提出审计建议被采纳 98 条，提交审计信息被批示、采用 35 篇次。

财政审计 实施以市级财政预算执行和地税征管情况审计为基础的 5 大类 13 个审计项目，重点关注财政存量资金及稳增长、促改革、调结构、惠民生、防风险政策落实情况，促进盘活财政存量资金和中央、省市各项重大政策的贯彻落实；持续对部门“三公”经费预算执行情况进行重点审查，对超预算支出情况进行披露。同级财政审计工作报告受到市人大常委会及委员们的一致好评。市人大常委会首次专门听取市级财政预算执行审计查出突出问题整改工作情况的汇报。

经济责任审计 对宝应县、高邮市、仪征市及市文广新局等 12 名党政主要领导干部和国有企业领导人员实施经济责任审计，其中任中审计项目 9 个，占比达 75%；联合市委组织部、市机构编制委员会办公室，对其中 10 名领导干部实施“三责联审”。完成扬州 4 所高校 5 名省管领导干部经济责任审计，实现对扬州高校领导干部经济责任审计全覆盖。

民生资金（项目）审计 对市区住宅专项维修资金使用管理情况实施专项审计，对市区住房公积金归集、贷款和使用情况实施联网审计，揭示资金管理制度建设滞后、信息系统建设不完善等方面的问题并提出相应的审计建议。对市级服务业发展引导资金实施专项审计，重点审查资金管理使用、促进服务业发展效果等方面的内容，揭示资金管理制度建设等方面的问题。对市级就业再就业资金实施专项审计，揭示就业再就业专项资金使用管理中存在的体制、机制和制度方面存在的问题，促进规范管理。组织全市审计机关开展政策性农业保险资金专项审计，注重反映资金管理和使用中存在的普遍性、倾向性问题。对审计发现的问题进行及时的分析上报，相关审计报告、专报信息被市领导批示10篇次。

专项资金审计　对全市2014年度城镇保障性安居工程实施跟踪审计，揭示专项资金未按规定用途使用等方面问题，促进保障房专项资金的规范使用。按照市领导批示要求，对城控集团建设项目实施专项审计，审计查出违规违纪金额488.07万元、管理不规范金额2886.7万元，向市纪委移交相关案件线索1件，1名责任人被立案侦查，5名相关责任人受到党纪政纪处分。根据省审计厅统一部署，参与实施世界银行贷款淮河流域洼地治理（盐城东台项目）和世界银行贷款中国农村卫生发展（泰州姜堰项目）两个项目的专项审计。

固定资产投资审计　全市审计机关完成政府投资审计项目125个，审计项目投资额64.39亿元，核减投资额（工程款）11.55亿元。市审计局对国际会展中心、新328国道、第一水厂提标扩建、六圩污水处理厂三期等10个工程实施决（结）算审计，核减工程款5355.56万元。强化重大建设项目跟踪审计，对邗江南路改扩建工程、黄金坝闸扩建工程、头桥水厂扩建工程、对口支援新疆等4个项目实施跟踪审计，累计核减招标控制价175.58万元，提出建议被采纳496条。

企业审计　结合经济责任审计，对扬州泰州机场、扬子江投资集团2家企业2012—2014年度财务收支情况实施审计，对扬州电广文化传播有限公司2014年度资产负债损益情况实施审计，揭示企业经营效益不佳、财务管理不规范等方面问题，促进企业提高管理水平、决策能力和企业竞争力。　（撰稿人：沈燕兵）

【镇江市审计局】　2015年，镇江市审计局人员编制76人，实有73人。局长刘晓东，副局长许向阳、蒋建军、孙浩琦、乔文兵，总审计师吴小红，纪检组长魏春林。设有办公室、纪检监察室、人事教育处、法制综合处、计算机审计处、财政金融审计处、行政事业审计处、固定资产投资审计处、经济责任和内部审计指导处、农业与环境资源审计处、企业审计处、外资利用审计处、社会保障审计处。

审计成果　镇江市审计机关共完成各类审计项目368个。镇江市审计局起草并提请市政府出台《镇江市关于加强审计工作的意见》；制定《业务处室与市直一级预算单位对口联系制度》《审计整改情况跟踪监督办法》《政府投资项目动态管理办法》等制度性文件。

政策措施贯彻落实跟踪审计　稳增长跟踪审计涉及简政放权等15个专题，向市政府专题汇报3次，审计报告被市长批示3次。通过审计，加快312国道镇江城区改线段、润州区运粮河水利血防综合整治工程等重点工程建设进度和商务发展专项资金等重点资金支出进度；推动出台肉类蔬菜追溯流通体系建设方案，促进政府新设一家小微企业融资担保机构。

财政审计　在市直、镇江新区2014年度预算执行和其他财政收支审计中，重点关注预算公开、预算执行、转移支付、绩效管理、国库集中收付等事项，促使市政府和市财政局出台规范性文件6份，在全省范围内率先将上级主管部门拨至预算单位的经费纳入预算管理；促使镇江新区管委会印发《关于加强驻区单位新区财政预算资金使用监督管理的意见》，将以前年度未及时解缴的土地资金全部补缴入库。

外资运用审计　完成中国农村卫生发展项目（江苏丹阳）公证审计、世界银行贷款供水及环境治理项目（江苏镇江、江苏丹阳）公证审计等5个项目。

企业审计　出具全市8家投融资平台公司和江苏索普集团资产负债损益审计报告。审计摸清企业资产状况、负债结构及规模，揭示投资经营风险和管理薄弱环节，对部分事项进行移送处理。

信息化建设　升级全市住房公积金联网审计平台成功，启动全市社保基金联网审计平台建设。建立部门预算、国有企业、经济责任审计对象、政府投资项目动态管理等审计数据库。

（撰稿人：李晓风）

【泰州市审计局】　2015年，泰州市审计局人员编制55人，实有52人。党组书记钱忠（—4月）、方捷（8月—），局长钱忠（兼，—4月）、刘汉秋（4月—），副局长朱建和（—4月）、叶兵、张连璋（11月—）、顾军（11月—）、于飞（11月—），总审计师张连璋（—11月）、孙宏伟（11月—），纪检组长刘卫国。设有办公室、法规处、审计督察处、财政金融审计处、行政事业审计处、社会保障审计处、农业与资源环保审计处、固定资产投资审计处、经贸审计处、外资运用审计处、经济责任审计办公室、计算机审计处、人事教育处、内部审计指导处，另有市纪委、监察局派驻纪检组、监察室，下设泰州市城市土地经营审计处。

审计成果 泰州市审计机关完成审计项目235个，其中组织实施审计项目196个，参与实施审计项目39个。查出主要问题金额4678946万元，其中违规金额394779万元、损失浪费金额1349万元、管理不规范金额4282817万元；损益（收支）不实金额679190万元；审计处理处罚金额844252万元，其中应上缴财政373507万元、应减少财政拨款或补贴38656万元、应归还原渠道资金22930万元、应调账处理金额406571万元；审计发现非金额计量问题368个；审计促进整改落实有关问题资金45251万元，其中增收节支39615万元、已调账处理金额5018万元；审计促进拨付资金到位1012万元；审计后挽回（避免）损失30657万元。移送司法机关、纪检监察机关和有关部门处理事项33件。出具审计报告和专项审计调查报告273篇，被批示、采用25篇。提出审计建议752条，提交审计信息198篇，被批示、采用74篇。向社会公告审计结果65篇。

政策措施贯彻落实跟踪审计 重点审计简政放权推行、加快棚户区改造、加强生态环境建设、财政存量资金盘活政策执行情况以及扩大“营改增”试点、减轻和公平企业税负、扶持小型微型企业健康发展、加强科技资金管理、推进科技服务业发展等政策执行情况，抽查城市基础设施、公路、水利等项目实施进展情况。反映和揭示部分审批事项未及时承接等问题25个。经督查整改，促进重大项目加快建设、财政资金统筹盘活、简政放权落实、重大政策措施落地生根。

财政审计 同级财政预算执行审计注重绩效、关注民生、突出整改，重点审计公共财政预算、政府性基金、社会保险基金情况，在严肃财经纪律、推动财税体制改革、盘活财政存量资金方面发挥重要作用，得到泰州市人大常委会充分肯定。部门预算执行审计坚持重点审计与分析核查相结合，经数字化审计平台综合分析，重点审计8个单位，对18个部门延伸核查，促进部门财务管理规范完善。对市（区）政府财政决算审计中，突出土地资源、民生资金、地方政府性债务等重点问题，注重摸清情况、揭示问题、督促整改。

经济责任审计 完成对76名领导干部经济责任审计，查出领导干部违规金额1.54亿元。加强对领导干部决策权、执行权和资源分配权等权力运行情况的检查，整肃不作为、乱作为现象；加强检查部门职责履行情况和管理漏洞，促进加强管理、提升履职水平。加大审计移送力度、注重审计成果转化，充分发挥经济责任审计在党风廉政建设和干部管理考察、选拔任用工作中的作用。围绕落实经济责任审计规定实施细则，进一步规范审计程序与审计方法。

固定资产投资审计 全市审计核减固定资产投资额14.25亿元。对政府投资工程进行全面审计，关注招投标、工程质量等方面存在的突出问题，实现由造价审计为主向管理审计、效益审计、责任审计并重的转变。组织市区审计机关对市区工程建设领域招投标情况开展专项审计。针对固定资产投资审计大量使用中介机构人员的实际，加强对外聘中介机构和人员参与投资审计的管理，修订外聘中介机构管理办法和审计质量考核办法，完善摇号制度；邀请南京审计学院教授对备选库中的188名人员进行政府投资审计专题培训。

民生资金（项目）审计 完成城镇保障性安居工程跟踪审计，组织实施土地出让情况审计、慈善总会和红十字会管理的社会捐助及其他资金使用情况审计调查、市区住宅公共维修基金管理使用情况审计、市直医院医疗服务收费专项审计调查、市区近三年学前教育投入与发展情况审计调查、市区污水处理厂运营情况审计调查，以及凤凰小学、新区高级中学建设项目跟踪审计等项目，审计专项资金24.55亿元，查出问题金额3.26亿元。

信息化建设 组建专家团队，开发数据采集模板，构建部门预算执行审计方法模型，建成部门预算执行审计全覆盖系统，首次对市本级全部86个一级预算单位及其下属单位的2014年度预决算数据和财务数据进行全面采集。组建固定资产投资审计应用系统建设工作组，开发建设固定资产投资审计子系统。（撰稿人：刘　昂）

【宿迁市审计局】 2015年，宿迁市审计局人员编制64个，实有61人。局长郑路，副局长乔学鹏、王新明、张建华、潘宏江，总审计师李中平，纪检组长赵文邦。设有办公室（人事教育处）、法规综合处（审计督察处）、经济责任审计室、计算机审计处、财政金融审计处、行政事业审计处、农业与资源环保审计处、固定资产投资审计处、企业审计处（外资运用审计处）、社会保障审计处，下设宿迁市经济责任审计中心、固定资产投资审计评审中心。

审计成果 宿迁市审计机关完成审计项目173个，查出管理不规范金额261.41亿元、违规资金3.25亿元、损失浪费金额782.8万元，促进整改落实有关问题资金3.82亿元。移送司法机关、纪检监察机关和有关部门处理事项36件，移送处理人员15人。出具审计报告和专项审计调查报告151篇。提出审计建议308条，被采纳290条，促进出台制度规定74项。

政策措施贯彻落实跟踪审计 对推进简政放权、扶持小微企业等13个事项进行审计，涉及资金总额38.42亿元，抽查项目22个，7篇报告和直报信息得到市主要领导批示，推动市政府出台《关于取消下放调整一批行政审批项目不再保留非行政许可审批事项的通知》等文件2份。

财政审计 开展市级财政预算执行和税收征管审计，《建议对市区重点工程开票情况进行专项清理》等3篇信息得到市主要领导批示，推动出台《市政府关于深化预算管理制度改革的通知》《关于进一步盘活财政存量资金的通知》等多项制度。

经济责任审计 完成97名领导干部经济责任审计，其中市审计局对沭阳县、宿豫区、宿城区、湖滨新区党政领导干部以及市住建局、公安局、物价局、宿迁日报社等22个部门和单位负责人进行经济责任审计。对审计发现的职业资格挂靠企业兼职取酬、部分机关事业单位变相办企业等问题，及时向有关部门进行移送处理。根据审计结果，市纪委在全市范围开展机关事业单位人员资质资格类证书挂靠清理等工作。

固定资产投资审计 开展政府投资项目831个（含评审项目），送审金额98.59亿元，核减工程款13.19亿元。市审计局对市第一人民医院、三台山森林公园扩面提质工程和马陵河综合整治等8个重大项目开展跟踪审计，出具跟踪审计意见单43份。制定《宿迁市市级政府公共工程审计监督若干规定》，对政府投资审计进行进一步规范。

相关工作 强化审计理论研究，3篇论文入选中国审计学会“金融审计与区域性金融稳定”研讨文集，1篇论文获得江苏省第六届青年审计论坛三等奖。推进数字化审计平台建设，完成地税、财政子系统建设，社保子系统正在建设。

（撰稿人：吴　昌）

2015年江苏省所辖区、县(市)级审计工作统计表

金额单位:万元

审计机关	完成审计项目(个)	审计查出主要问题金额	审计处理情况					出具审计报告和审计调查报告(篇)	提出审计建议(条)	提交审计信息(篇)
			审计处理处罚				移送处理事项(件)			
			应上缴财政	应减少财政拨款或补贴	应归还原渠道资金	应调账处理金额				
南京市										
南京市本级	59	9240440	28569		155041	6503497	27	78	213	204
玄武区审计局	15	5542	167			435		24	33	23
秦淮区审计局	27	50122	483		2	10770	2	39	65	55
建邺区审计局	20	16196						29	52	129
鼓楼区审计局	22	28076						33	39	
栖霞区审计局	10	42959		9216	32837	695	2	15	30	36
六合区审计局	8	225431	25	9100	46433	18		12	15	
雨花台区审计局	7	79683						13	37	
江宁区审计局	6	203507						8	20	13
浦口区审计局	13	250946			8		1	14	26	
溧水区审计局	19	345244			182492			30	66	2
高淳区审计局	12	265552			63579			18	35	
无锡市										
无锡市本级	65	2105419	73896	25409	8554	23358	42	108	212	589
崇安区审计局	13	395				395		15	35	
南长区审计局	13	20490		17504				18	32	
北塘区审计局	10	835						17	23	
锡山区审计局	44	349458	1261				2	57	33	14
惠山区审计局	15	69455	87	483	570		1	26	24	3
滨湖区审计局	17	114317			321		1	32	53	7
江阴市审计局	28	152159	5454				6	49	82	17
宜兴市审计局	49	43400	570	10412	1126	5191	5	68	136	97
新区审计局	15	351127						28	29	
徐州市										
徐州市本级	97	1945142	174580	11441	38074	525166	5	69	94	528
云龙区审计局	11	1062	43	1018				11	12	78
鼓楼区审计局	15	5850						24	24	29
贾汪区审计局	17	239718	6					17	38	157
泉山区审计局	6	19238	1732					10	17	48

续表

审计机关	完成审计项目（个）	审计查出主要问题金额	审计处理情况					出具审计报告和审计调查报告（篇）	提出审计建议（条）	提交审计信息（篇）
			审计处理处罚				移送处理事项（件）			
			应上缴财政	应减少财政拨款或补贴	应归还原渠道资金	应调账处理金额				
铜山区审计局	27	414766	25158	73	291001	26754		48	55	165
新沂市审计局	28	506702	1950			1482	4	43	105	82
邳州市审计局	34	24044						63	53	78
丰县审计局	19	822245	14736		26	490		19	106	36
沛县审计局	35	272628	486		4	6	10	53	101	332
睢宁县审计局	21	367556	27		7070	143		21	65	45
常州市										
常州市本级	47	810188	38594	2100	33591	25299	17	89	181	5
新北区审计局	11	150035	1102		430			26	34	
天宁区审计局	10	5383				5383		22	32	
钟楼区审计局	7	3						17	13	
武进区审计局	15	612258						38	36	
金坛区审计局	31	1541467	11	43757	53	16130	2	47	134	31
溧阳市审计局	35	575705	156		13852	38840		49	88	
苏州市										
苏州市本级	53	6595459	6104	16601	59270	52081	2	80	158	18
姑苏区审计局	11	2810	68	2741			2	18	46	4
吴中区审计局	50	153319	27545				7	69	154	4
相城区审计局	29	167						46	80	
吴江区审计局	20	90212	1401				5	26	52	4
常熟市审计局	44	296481	6976	536	1687	25	1	61	168	25
张家港市审计局	38	1046304	683	7012	5196	27978	2	57	128	6
昆山市审计局	114	339329	54269	12038	1663	25114	4	130	312	29
太仓市审计局	34	347932	121		7	182081	4	50	118	14
高新区审计局	40	120118		12175		73414		50	81	
南通市										
南通市本级	135	1260455	101021	27919	43381	160926	15	172	215	813
崇川区审计局	22	347016	30	1	10	415	1	61	49	64
港闸区审计局	19	7485	148	2774	44	114		33	58	80
通州区审计局	44	105890	287	65861	10	5	13	92	64	193
启东市审计局	168	59968	65	10574	606	10983	3	211	45	80
如皋市审计局	19	204350	65	104666	805			35	22	77
海门市审计局	46	392174	1581	22066	2276	341844	9	57	142	220

续表

审计机关	完成审计项目（个）	审计查出主要问题金额	审计处理情况					出具审计报告和审计调查报告（篇）	提出审计建议（条）	提交审计信息（篇）
			审计处理处罚				移送处理事项（件）			
			应上缴财政	应减少财政拨款或补贴	应归还原渠道资金	应调账处理金额				
海安县审计局	334	1073664	1011	22275	1111		3	367	502	291
如东县审计局	46	73277		19271	2	644		60	68	108
连云港市										
连云港市本级	41	3864118	28202		367	487	2	56	156	22
海州区审计局	36	18141	15					57	138	33
连云区审计局	10	84610						16	38	8
赣榆区审计局	113	88165	274	20038				132	269	19
东海县审计局	29	33860	79		78			31	11	
灌云县审计局	40	46038	31				1	62	97	
灌南县审计局	48	395359	14		333	22345	2	48	127	
淮安市										
淮安市本级	107	1067236	1714	3470	8345	770	6	107	932	840
清河区审计局	195	546			48	498	3	195	213	121
淮安区审计局	32	30700	38			1	7	35	68	280
淮阴区审计局	115	26339		25374	965		3	115	188	88
清浦区审计局	74	10503				10503		88	95	120
涟水县审计局	131	4629	213		3953	461	6	131	218	98
洪泽县审计局	219	32322	728	6500	1740	7175		211	86	9
盱眙县审计局	156	99745	183		857		2	128	423	248
金湖县审计局	304	177178	3956				4	301	835	66
开发区监察审计局	20	232			3			13	42	9
盐城市										
盐城市本级	65	5124676	118058		162487	351676	25	72	197	175
亭湖区审计局	8	749144					1	10	22	21
盐都区审计局	12	184906	31	33741				12	26	22
东台市审计局	23	441091	172		466	1	2	33	69	56
大丰区审计局	34	468541	4970		111	131915	1	43	112	80
响水县审计局	169	141617						177	63	26
滨海县审计局	21	440257		20		15		34	145	23
阜宁县审计局	5	56712						5	16	78
射阳县审计局	39	605435		2702	33	133		39	85	69
建湖县审计局	59	865792	7463	580	5837		3	59	174	293

续表

审计机关	完成审计项目（个）	审计查出主要问题金额	审计处理情况					出具审计报告和审计调查报告（篇）	提出审计建议（条）	提交审计信息（篇）
			审计处理处罚				移送处理事项（件）			
			应上缴财政	应减少财政拨款或补贴	应归还原渠道资金	应调账处理金额				
扬州市										
扬州市本级	48	1913385	2635		12678	218878	2	52	167	44
邗江区审计局	85	154569		18071			4	85	154	38
广陵区审计局	28	93341						28	52	
江都区审计局	69	604436	2				7	69	180	116
仪征市审计局	81	255300						83	189	10
高邮市审计局	41	219414	70	8466				49	77	193
宝应县审计局	63	2216	56			2160		63	117	14
镇江市										
镇江市本级	42	6795487	255546	7755		44034	24	63	140	78
京口区审计局	9	33523	5343	215		452		9	27	15
润州区审计局	10	1635					1	10	13	3
丹徒区审计局	76	72161	1272	11926	25	22782		76	191	30
丹阳市审计局	113	349480	5	19378	55			123	73	29
扬中市审计局	58	305117	1004	18597		386		61	113	17
句容市审计局	51	334634		5636			2	70	106	31
镇江新区审计局	9	35820						9	36	2
泰州市										
泰州市本级	43	3129357					10	48	183	22
海陵区审计局	17	720659	304264		4145	400896		17	63	45
高港区审计局	16	73276					2	16	42	62
姜堰区审计局	33	13707		3028		1906	1	36	33	18
兴化市审计局	38	69451	1151	354	85	1759	14	38	187	32
靖江市审计局	25	50609					1	36	89	8
泰兴市审计局	62	621884	68091	35273	18699	2009	5	81	152	6
高新区审计局	1							1	3	5
宿迁市										
宿迁市本级	40	2340305	4466	130	40	301	10	40	114	50
宿城区审计局	22	84555	133		353		1		59	16
宿豫区审计局	44	77870	11384	5302	9786	25994	6	44		20
沭阳县审计局	27	28426	373		388	334	1	27	71	30
泗阳县审计局	21	29023	392			1414	15	21	51	18
泗洪县审计局	19	87236	3486	238	12829	70402	3	19	13	16

浙江省

【浙江省审计厅】 2015年，浙江省审计厅人员编制216人，实有192人。设有办公室、法规处、整改督查处、财政审计处、行政事业审计处、文化教育审计处、金融审计处、经贸审计处、外资运用审计处、农业审计处、环境资源审计处、社会保障审计处、投资审计一处、投资审计二处、经济责任审计一处、经济责任审计二处、经济责任审计三处、人事处、机关党委、监察室，下设计算机审计中心、省审计科研所、省审计干部培训中心。

领导成员

厅　　长：徐宇宁

副 厅 长：王小龙（—7月）

朱忠明（7月—）　陈棉权

康跃西　陈焕昌　谢永刚

总审计师：金建培

纪检组长：庄莉萍（3月—）

浙江省经济责任审计联席会议办公室主任：

高占江

审计成果 浙江省各级审计机关共审计单位2841个，促进增收节支和挽回损失102.16亿元，核减投资额37.82亿元。省审计机关移送处理事项380件，移送处理人员267人，移送处理事项涉及金额17.64亿元。省审计厅审计报告、专报被省领导批示共126次，专报批示率同比增长34%。提出建议被采纳6090条。

政策措施贯彻落实跟踪审计 从5月起，省审计厅相继跟踪审计重大项目推进、“四张清单一张网”、专项资金拨付使用、简政放权等情况，在推动政策落地、政策完善上取得较好效果。向省政府上报审计报告8篇，获得省领导批示10次。省领导在省政府第六次全体会议上，充分肯定审计监督对推动深化简政放权的促进作用。省政府办公厅、省监察厅对整改落实情况进行督查问责，第一批对11个单位的36名责任人进行责任追究。审计署发布的2015年7月稳增长政策跟踪审计结果公告中，对浙江省大力推进“四张清单一张网”改革给予肯定，并上报国务院。

财政审计 重点关注财政存量资金盘活、专项资金（基金）管理使用绩效等问题，促进财政资金安全高效使用。省审计厅“两个报告”揭露74家部门单位存在的问题，省人大领导和省人大常委会组成人员肯定审计机关敢审敢晒敢担当，省政府常务会议专题听取“两个报告”并研究审计整改。首次同步公开审计工作报告及其解读，引导社会公众理性看待审计发现的问题。

科技专项资金审计 根据省人大对科技专项资金开展评议的要求开展审计，揭示财政科技资金多头管理、项目“碎片化”管理等体制性问题，推动相关部门整改优化。审计建议完善社科类科研项目经费管理办法的专报得到省委主要领导批示采纳。

发展信息经济扶持政策专项审计调查 从法规政策建设、机制体制完善等方面揭示问题、提出建议，为推动浙江省发展信息产业提供参考。省政府主要领导做出批示，要求相关部门逐条梳理整改，推动有关部门将3项法规规章列入省人大常委会地方性立法和省政府规章制订计划。

经济责任审计 探索以权力运行为主线的经济责任审计新模式，全省对956个单位1185名领导干部进行经济责任审计，对28名省管领导干部实施离任交接，促进领导干部全面履职尽责。改进县市党政主要领导干部同步审计项目组织方式，省审计厅研究制定2015版本的领导干部经济责任审计定责实务操作指南和县市党政主要领导干部经济责任审计报告撰写的原则意见，对各类问题的定性定责做出原则规定，推动干部考核、问责制度的具体化。省审计厅与省编办联合印发机构编制审计实施办法，细化落实中央七部门经济责任审计实施细则关于机构编制审计的工作要求。在磐安县开展领导干部自然资源资产离任审计试点，开展全省经济责任审计制度落实情况专项督查。

其他审计 连续两年开展公务支出公款消费审计、“五水共治”政策措施跟踪审计和公立医院审计。公务支出公款消费审计推动各地各单位出台完善相关制度规定82项，审计结果公告后引起社会舆论高度关注。“五水共治”审计项目揭示23个污水处理厂闲置问题，省人大派出7个工作组，对11市“五水共治”中存在的突出问题进行现场督查整改。省级公立医院专项审计报告和专报，得到省委、省政府领导的批示，推动省卫计委、浙江大学和6家医院共建立完善73项规章制度，所撰写的《审计反映公立医院改革瓶颈亟须突破》的专报获得国务院领导批示。

法制建设 省人大常委会审议通过《浙江省审计条例》，省政府出台《关于进一步加强审计工作的若干意见》，对全面发挥审计的监督保障作用、完善审计工作机制和整改机制以及进一步提升审计能力提出新的更高的要求。省政府出台《关于进一步加强内部审计工作的意见》，首次对完善内部审计机构建设提出硬性规定。2015年，省审计厅被省政府评为浙江省法治政府建设（依法行政）先进单位。

审计质量管理 在审计质量“老三项”标准的基础上，提炼提升审计价值“新三项”标准，即推动一项政策或法规的“立改废”、推动一个体制或机制的创新优化、推动一个“老大难”问题的解决或历史积案的妥善处理。注重项目计划管理，进一步优化审核、复核、审理工作机制，全省同步审计项目工作方案提交厅长办公会议集体研究，重大项目审计中碰到的疑难杂症问题提交厅业务会议共同分析把关。探索实践以“三张清单”（任务清单、问题清单、问题线索清单）控制审计现场。下发审计现场保密管理和对外提供审计资料管理办法，防范泄密风险。制定审计移送处理事项管理办法，确保移送线索质量。出台审计结果公告管理办法，提高审计工作的透明度。

信息化建设 建成审计数字化指挥中心大厅，开发一批务实管用的审计管理系统。省审计厅和省测绘与地理信息局建立战略合作机制，推进地理空间信息资源共享。大数据技术在财政“同级审”、省级公立医院等审计项目中发挥积极作用。

审计整改 省人大首次对6家省级部门整改落实情况进行评议，要求整改责任单位注重从体制机制上进行规范，防止和避免同样问题屡审屡犯。同步启用省市县三级审计整改督查管理系统，以信息化手段动态管理并预警整改情况，辅以实地督查、专项跟踪，推动整改工作取得实效。

党风廉政建设 举办处级干部读书会、冬训、微型党课、审计青年论坛、厅领导推荐“读一本好书”等活动，开展“三严三实”专题教育。厅领导结合审计工作特点，到审计一线讲党课，针对查摆出的17种“不严不实”具体表现和169个审计质量方面具体问题，要求审计干部逐个对照检查、抓紧整改，践行好“三严三实”。切实落实党风廉政建设责任制，制定下发厅党组落实党风廉政建设主体责任5张清单10项制度，明确厅党组、厅班子成员、机关党委纪委、厅机关处室及主要负责人、审计组长等5个责任主体的履责要求。

相关工作 省审计厅采取专题讲座、案例教学等方式，全年举办培训班17期、培训人员1157人次。强化师资库建设和教材编写工作，省审计厅聘请76名兼职教师分组开展教研活动，21名兼职教师开展授课。根据审计署加快网络培训的统一部署，完成17门网络课件的编制任务。完善业绩考核办法，去年通过提任、轮岗、挂职等途径交流干部36人。开展国际交流，与来访的蒙古国审计长进行交流，组团赴英国等地开展学术交流和业务考察。对厅内历年规章制度进行“立改废”，编印审计工作参考资料，涉及142项制度，促进干部按规矩办事。加强理论研究，完成审计署市县长经济责任审计重点课题。制定网上涉审舆情应对预案，构建涉审舆情监测机制，开通厅政务微信，建立审计系统网评员队伍。有序推进审计志编纂工作，启动编制浙江审计工作“十三五”发展规划，扎实做好省以下地方审计机关人财物管理改革试点前期工作。（撰稿人：林　图）

【杭州市审计局】 2015年，杭州市审计局人员编制95人，实有87人。局长骆寅，副局长吴志明、张志文，总审计师王坚，纪检组长楼宏基，其他同级别领导成员李行健、徐志龙。设有办公室、组织人事处、纪检组、法规处、综合处、财政审计处、行政事业审计处、经贸审计处、农业与资源环保（社会保障）审计处、外资运用（开发区）审计处、固定资产投资审计处、经济责任审计处、计算机审计处、文教审计处、机关党委。

审计成果 杭州市审计局完成审计项目44个，查出主要问题金额566111.58万元；审计处理处罚金额176452.98万元；审计发现非金额计量问题421个；审计促进整改落实有关问题资金

148389.4 万元；审计后挽回（避免）损失2386.11万元。移送司法机关、纪检监察机关和有关部门处理事项8件。出具审计报告和专项审计调查报告51篇，被批示、采用5篇。提出审计建议114条，提交审计信息55篇，被批示、采用37篇。向社会公告审计结果12篇。

政策措施贯彻落实跟踪审计 开展全市稳增长、促改革、调结构、惠民生政策措施落实情况跟踪审计，促进简政放权等政策落实到位。开展公务支出和公款消费审计，推动中央八项规定和省委“六项禁令”等政策进一步落实。

财政审计 把影响省级财力因素、盘活财政存量、委托业务费等内容作为审计重点，从体制机制层面提出审计建议，推动完善公共财政体系。市政府召开专题会议，研究“同级审”的整改工作。

经济责任审计 市委专题召开会议研究部署领导干部经济责任审计工作。全市审计机关同步开展对14名基层法院院长的经济责任审计，总结创新“九统一”的模式，取得较好的成效。

固定资产投资审计 全市审计机关对3225个政府投资项目开展审计监督，审核金额223.35亿元，核减18.22亿元。利用跟踪审计联网监管系统，对奥体博览城、地铁工程等重大政府投资项目进行跟踪审计。

民生资金（项目）审计 对保障性安居工程、部分医院运营管理和药品器械采购绩效等项目开展专项审计调查，报送的信息得到国务院和省领导重要批示。

企业审计 开展国有企业监管情况、三电办资金管理使用情况等项目审计调查，反映三电办的管理体制不符合社会形势发展等问题。

专项资金审计 创新具有杭州特色的“综合问效型”绩效审计的新模式，开展科技专项资金等项目绩效审计。

信息化建设 新建审计整改系统，实现从审计立项到审计整改全过程管理信息化。在审计业务中，通过运用计算机审计技术，提高审计工作的效率和效果。2015年，杭州市审计局在全省审计信息化考核中名列第一。 （撰稿人：戴鹏飞）

【宁波市审计局】 2015年，宁波市审计局人员编制93人，实有95人。局长张爱琴（—4月）、陈佳强（4月—），副局长董国君、张列群、姚尧岳、李杰，总审计师何小宝，纪检组长聂咸俊，经济责任审计联席会议办公室主任金万贯，巡视员王勤学、沈林桥。设有办公室、监察室、法规处、财政审计处、金融外资审计处、行政事业审计处、开发园区审计处、固定资产投资审计处、经济责任审计处、经贸审计处、审计整改督查处，下设经济责任审计服务中心、政府投资审计中心。

审计成果 宁波市审计机关共审计（调查）单位446个，查出主要问题金额226.8亿元，其中违规金额2.26亿元、损失浪费金额0.85亿元；通过审计，为国家增收节支3.06亿元，核减投资额13.86亿元。移送司法、纪检监察机关或有关部门处理事项共46件，涉及人员32人。提出审计建议1174条，被采纳809条。提交审计信息995篇。向社会发布审计结果公告63篇。

财政审计 宁波市审计机关共审计预算单位103个，查出主要问题金额114.9亿元，预算执行和其他财政收支的审计工作报告和审计结果报告得到各级人大和政府充分肯定。截至年底，有关部门单位补征、上缴各类资金1.65亿元，通过调整会计账目、规范资金管理等方式整改问题金额8.02亿元。

企业审计 对宁波港集团有限公司、宁波开发投资集团有限公司、宁波交通投资控股有限公司和宁兴（集团）有限公司等4家市属国有企业实施审计，为推进国有企业改革，破除体制机制障碍，推动国有企业做大做强发挥重要作用。

固定资产投资审计 全市审计机关以保障政府投资项目规范有序推进为目标，加强对重大政府投资项目的审计监督。全年开展工程建设项目审计24个，完成投资额423.3亿元，核减投资额8.2亿元。

经济责任审计 全市完成对21家单位、25名领导干部（人员）的经济责任审计，查出违规问题金额104万元、损失浪费问题金额255万元。领导干部任期经济责任年度报告制度正式实施，首年上报率达到99%，进一步促进领导干部经济责任审计监督，规范领导干部履行经济责任行为。

专项资金审计 开展科技经费、海洋渔业油价补助资金、发展信息经济扶持政策、城镇保障性安居工程跟踪审计等项目，督促归还被挤占挪用、虚报冒领的专项资金，纠正部分专项资金管理不规范、发放不规范、使用效率低等问题，促进提高资金管理规范和使用效益。

（撰稿人：胡荣亮）

【温州市审计局】 2015年，温州市审计局人员编制78人，实有74人。局长雷文东，副局长吴娜丽、陈健、尤业先、谢立，总审计师李秀峰，纪检组长潘建国，温州市经济责任审计联席会议办公室主任高勇（5月—）。设有办公室、人事处、法制处、财政审计处、金融与外资审计处、行政事业审计处、经贸审计处、农业与资源环保审计处、固定资产投资审计处、温州市经济责任审计局（温州市经济责任审计工作联席会议办公室）、开发区审计处、计算机审计处、机关党委，另有派驻监察室。

审计成果 温州市审计机关完成审计项目279个，查出违规金额64965万元、损失浪费金额4776万元、管理不规范金额890121万元；非金额计量问题1497个；审计促进整改落实有关问题资金254199万元。移送司法机关、纪检监察机关和有关部门处理事项71件，移送处理人员84人。提出审计建议919条，被采纳823条。提交审计信息291篇，被采用267篇次。向社会公告审计结果87篇。

温州市审计局在2015年度全省审计机关考核中被评为优秀，组织实施的台州市土地出让收支审计被评为审计署2015年度表彰审计项目。

政策措施贯彻落实跟踪审计 开展稳增长等政策落实情况跟踪审计，推动小微企业审批办理78户退税16.57万元，促进温州启动市区1000多套经适房分配。

财政审计 重点关注政府预算、政府性债务、存量资金、税收征管等情况，促成市政府征缴土地出让金及税款等77780万元。公务支出公款消费审计追回违规发放工资福利等40.08万元，追缴所涉“吃空饷”资金21.96万元，促成市政府出台编外用工管理等制度。

经济责任审计 对114家单位140名领导干部进行审计，查出主要问题金额159950万元，促进增收节支14910万元。市审计局与市编委办联合下发《关于机构编制规定执行情况审计工作的意见》。

固定资产投资审计 完成投资类审计项目39个，核减工程价款6230万元。对瓯江口新区经四路路基工程等41个单项工程进行工程结算。对温州绕城高速西南线等12个重大政府投资工程进行跟踪审计。

民生资金（项目）审计 开展科技经费、“五水共治”、保障性安居工程等民生资金和项目审计。保障性安居工程审计反映未落实税费优惠政策1029.47万元，被审计署列入审计结果公告附表上报国务院，促进问题整改落实。

企业、金融审计 紧盯各类风险易发、高发的领域和环节，揭示银行信贷资金发放不规范等经营风险。市审计局与市国资委联手开展54家市属国企二级企业审计，推动出台《温州市国有企业资金存放管理办法》。

信息化建设 初步建成综合数据库，完成对一级单位200家、二级单位417家、领导干部622人及2013年以来51个审计项目成果等基础信息数据入库工作。成功开发数据采集转换AO配套软件，实现一键取数。（撰稿人：刘海泉）

【嘉兴市审计局】 2015年，嘉兴市审计局人员编制48人，实有45人。党组书记江强，局长张永红，副局长陈关华、王海荣（—6月）、邱锦月（8月—）、蒋朝晖，总审计师叶常青，纪检组长潘光志（—11月）、冷海林（11月—）。设有办公室、法规处、财政金融审计处、行政与社会保障审计处、经贸审计处、农业与资源环境审计处、固定资产投资审计处、经济责任审计处、直属分局、计算机审计中心、派驻纪检组。

审计成果 嘉兴市审计机关完成审计项目181个，查出主要问题金额84.36亿元；应上缴财政8413万元、应归还原渠道资金1319万元、应调账处理金额4.51亿元；已上缴财政7724万元、已归还原渠道资金1300万元、已调账处理金额1.70亿元；核减投资额1.78亿元。移交纪检监察部门、有关部门处理事项4件。提交审计报告、信息562篇，被批示、采用98篇次。向社会公告审计结果35篇。

政策措施贯彻落实跟踪审计 组织实施13个

重大政策跟踪审计项目，34篇审计报告、审计信息被市委、市政府采用或被市领导批示，推动金融机构规范政策执行、促进政府重大政策措施落地、推动相关政策措施完善，行政审批违规设置前置条件的审计方法被省审计厅推广。

财政审计 抽查167家一级预算单位，延伸审计166家下属单位及部分工会、协会。本级财政预算执行和其他财政收支情况审计资金250.84亿元，收回结余专项资金2.08亿元，清理历年结存资金14.99亿元，推动政府及相关部门出台18项管理制度。

企业、金融审计 组织实施6家小额贷款公司经营风险的专项审计调查。实施嘉兴银行负责人任期经济责任审计，审计报告、审计信息被市政府领导批示。

民生资金（项目）审计 开展“五水共治”政策措施落实情况跟踪同步审计，重点审计“五水共治”资金的管理使用、项目推进、污水治理等情况，推动加强污水治理设施的管理维护。

固定资产投资审计 实施35个政府投资项目的预算执行情况审计、80个项目的竣工决算审计、11个项目的项目监管情况专项审计调查。组织中介机构对1273个项目（标段）进行工程价款审计，共核减工程投资8.66亿元。

经济责任审计 对108名领导干部实施经济责任审计，首次实施2个项目的“四责”联审试点工作。33个市级部门单位组织对86位内管干部开展审计，分别比上年递增83%和177%。

开发区审计 实施嘉兴港区土地征收房屋拆迁情况和嘉兴经济技术开发区所属街道2014年度财政管理情况审计，促使嘉兴港区修订完善文件制度6项，嘉兴经济技术开发区4个街道出台公务接待管理规定。

信息化建设 组织开展16个计算机审计项目，市本级联网审计核查238家单位的57亿元预算支出、58万参保人员的24亿元保险基金、1家银行的4亿元的违规贷款；完成全市审计管理和审计分析系统迁移任务。 （撰稿人：吴国宗）

【湖州市审计局】 2015年，湖州市审计局人员编制36人，实有36人。局长童建华，副局长费林海、丁颂辉、汤晓龙，总审计师施瑜，纪检组长钱艳萍（—10月），经济责任审计联席会议办公室主任何斌。设有办公室、组织宣传人事处、法规处、财政金融审计处、行政事业与社会保障审计处、农业与资源环保审计处、经济贸易审计处、固定资产投资审计处、经济责任审计处。

审计成果 湖州市审计局完成审计项目118个，查出主要问题金额134615万元；损益（收支）不实金额5375万元；审计处理处罚金额64852万元；审计发现非金额计量问题170个；审计促进整改落实有关问题资金90914万元。移送司法机关、纪检监察机关和有关部门处理事项27件。出具审计报告和专项审计调查报告140篇，被批示、采用1篇。提出审计建议112条，提交审计信息105篇，被批示、采用84篇。向社会公告审计结果37篇。

政策措施贯彻落实跟踪审计 结合年度审计项目，开展稳增长、促改革、调结构、惠民生、防风险政策措施落实情况跟踪审计，审计查出主要问题金额145111万元。

财政审计 完成审计（调查）项目19个，查出主要问题金额44676万元。依法对2014年市本级财政预算执行和吴兴区财政决算进行审计。根据市人大要求，开展市卫生局等六部门预算执行审计。

经济责任审计 完成17名党政领导干部经济责任审计，同时对所在单位开展财政收支审计，查出违规金额1009万元，其中负主管责任金额1009万元；查出管理不规范金额1911万元，其中应负主管责任金额747万元、应负领导责任金额1164万元。

金融审计 完成审计项目3个，审计查出主要问题金额12808万元。

固定资产投资审计 完成审计项目87个，核减工程款35784万元。对奥体公园等6个政府重点投资项目进行跟踪审计。完成2014年保障性安居工程跟踪审计。赴新疆柯坪县对援疆项目、资金进行跟踪审计。

民生资金（项目）审计 完成审计项目1个，对住房公积金进行跟踪审计，涉及当年收入33.36亿元、支出18.78亿元。

专项资金审计 完成审计（调查）项目7个，涉及专项资金总额22.33亿元，查出主要问题金额33380万元。

信息化建设 部署投资审计AO专版，推进部门组织预算审计分析系统、经济责任审计对象数据库、审计项目审理系统、审计整改管理系统等建设。（撰稿人：仇 捷）

【绍兴市审计局】 2015年，绍兴市审计局人员编制39人，实有39人。局长王建新（—6月）、潘旺明（6月—），副局长郭春敖、施彪、王文伟，市经济责任审计工作联席会议办公室主任陈富根。设有办公室、监察室（内部审计指导处）、法规（综合、审理、整改督查）处、经济责任审计处、财政审计处、金融经贸审计处、行政事业与外资运用审计处、投资审计处、农业和环资审计处、社保审计处、开发区审计处、机关党总支，下设绍兴市政府投资项目审计中心、绍兴市审计局计算机中心、绍兴市审计干部培训中心。

审计成果 绍兴市审计机关完成审计项目191个，审计查出主要问题金额42.95亿元，其中应上缴财政1681万元、应减少财政拨款或补贴13621.50万元、应归还原渠道资金1544.36万元。移送有关部门处理事项16件，移送有关部门处理人员5人。出具审计报告和专项审计调查报告309篇。提出审计建议654条，提交审计信息244篇。

财政审计 完成市本级财政预算执行和其他财政收支情况审计，推动市政府出台《市级行政事业单位公款竞争性存放管理暂行办法》等制度。开展稳增长等政策措施落实情况跟踪审计。

经济责任审计 完成15名市管领导干部和高新区迪荡街道主要负责人经济责任审计。开展履职联审、自然资源资产审计、生态环境责任评估等试点，编制《领导干部履行经济职责重点风险防范清单》。

经贸金融审计 开展部分小额贷款公司2014年度经营风险、新昌农商银行2013年度经营风险和市本级发展信息经济扶持政策等专项审计（调查）。

行政事业审计 对31家一级预算单位及40家二、三级预算单位进行“三公”经费和培训费、会议费进行审计。完成市科技局、市经信委2014年度部门预算执行情况审计和市本级2011年至2014年科技经费专项审计调查。

固定资产投资审计 市本级共完成政府投资项目造价结算审计30个，核减金额1.57亿元。

民生资金（项目）审计 开展“五水共治”政策措施落实情况跟踪审计，审计发现部分乡镇农村生活污水治理工程进度缓慢、部分治污治水项目未按计划实施等问题。实施慈善总会2013—2014年度捐赠款物、市本级2012年至2014年度工伤保险基金等专项审计调查。

信息化建设 推进金审工程建设，全面采集2012年至2015年社保资金电子数据，修改完善住房公积金联网审计分析系统数据采集模板。修订审计信息化考核办法和评分标准。

（撰稿人：陆森锋）

【金华市审计局】 2015年，金华市审计局人员编制35人，实有35人。党组书记卢文浩，局长董巧娟，副局长卢文浩（兼）、楼初阳、留义华、任川，总审计师留义华（兼），其他同级别领导成员施关强、李虹。设有办公室、法规处、财政金融审计处、行政事业与社会保障审计处、经贸与外资审计处、农业与资源环保审计处、固定资产投资审计处、经济责任审计处（经济责任审计联席会议办公室与其合署），下设金华市经济责任和投资审计中心。

审计成果 金华市审计局完成审计项目41个，查出主要问题金额261198万元；损益（收支）不实金额26083万元；审计处理处罚金额97023万元；审计发现非金额计量问题175个；审计促进整改落实有关问题资金44360万元；审计后挽回（避免）损失5242万元。移送司法机关、纪检监察机关和有关部门处理事项11件。出具审计报告和专项审计调查报告53篇，被批示、采用24篇。提出审计建议104条，提交审计信息24篇，被批示、采用22篇。向社会公告审计结果3篇。

政策措施贯彻落实跟踪审计 开展财政专项资金清理整合、小微企业税收优惠政策执等情况审计，推动进一步完善市本级财政专项资金管理，促进小微企业税收优惠政策落地。

财政审计 开展市本级财政预算执行审计和永康市、金东区财政决算审计，延伸审计7家房地产企业，推动补缴税费 2.5 亿元。

经济责任审计 对市商务局等 17 名领导干部进行经济责任审计，揭示决策制度和程序不完善、执行不到位，部分重大项目推进缓慢，一些专项资金建设项目立项和验收审核把关不严等问题。

金融审计 组织 7 个县（市、区）审计局对 11 家小额贷款公司 2014 年度经营风险开展专项审计调查。

民生资金（项目）审计 开展有机肥推广政策执行情况专项审计调查。组织对市本级及兰溪市“五水共治”进行专项调查，推动“五水共治”发挥应有效益。对农村生活垃圾分类减量项目进行跟踪审计。

固定资产投资审计 完成结算审计项目 47 个，净核减工程造价 7846 万元，核减率达 14.36%。

企业审计 开展市城建公司移交多湖中央商务区相关资产负债情况专项核查，开展金报集团及 4 家关联企业股权结构、薪酬分配、相关资产等情况的专项调查。

专项资金审计 完成科技经费审计调查，推动科技部门重新修订《金华市科技计划项目验收管理办法》等 4 个办法。

信息化建设 推进市（区）全部政府性资金一体化审计数据分析平台，实现两个行业、三级政府财政资金跟踪，促进市区两级信息共享和资源共用，提升审计监督全覆盖能力。

（撰稿人：黄　登）

【衢州市审计局】 2015 年，衢州市审计局人员编制 51 人，实有 47 人。局长汪亚莉（—9 月）、刘石平（9 月—），副局长毛金有、周波，总审计师王国榕，纪检组长张志清（—10 月），其他同级别领导成员王苏仙、汪建文。设有办公室、监察室、法规处（审理处）、财政审计处、经贸社保审计处、外资金融审计处、行政事业审计处、环境资源与农业审计处、投资审计处、整改督查处，下设经济责任审计局、计算机审计中心、内部审计指导中心。

审计成果 衢州市审计机关完成审计项目 134 个，查出主要问题金额 506942 万元；损益（收支）不实金额 218917 万元；审计处理处罚金额 34292 万元；审计发现非金额计量问题 596 个；审计促进整改落实有关问题资金 8017 万元。移送司法机关、纪检监察机关和有关部门处理事项 18 件。出具审计报告和专项审计调查报告 165 篇，被批示、采用 16 篇。提出审计建议 302 条，提交审计信息 278 篇，被批示、采用 162 篇。向社会公告审计结果 28 篇。

财政审计 创新财政“同级审”工作方式，强化对预算编制、分配和执行的监督力度。市人大常委会主任会议专题听取财政“同级审”整改工作情况汇报，充分肯定审计整改工作。

固定资产投资审计 完成政府投资审计项目 127 个，送审金额 70941.66 万元，审计核减工程价款 5440.92 万元，核减率 7.67%。建立投资审计管理系统，提升政府投资项目审计精细化管理水平。

经济责任审计 实施经济责任审计项目 12 个，完成 11 个单位领导干部离任经济责任交接事项。开展审计事项口头汇报，将审计发现领导干部履职问题向组织部门进行汇报。召开全市自然资源资产审计现场会。

民生资金（项目）审计 审计重点民生资金和项目 15 个，市本级、柯城区学前教育专项审计调查中发现的问题推动市政府出台实施方案，统筹市区学前教育资源。

专项资金审计 组织开展市本级投融资平台资金管理情况等专项审计。对市本级 2014 年发展信息经济扶持政策开展专项审计调查，推动出台《关于进一步促进电子商务加快发展的若干意见》。

信息化建设 推进计算机与审计业务融合，推动建设社保资金联网审计平台，成立全市计算机审计攻关小组，推动大数据审计技术运用。

（撰稿人：柳学铭）

【舟山市审计局】 2015 年，舟山市审计局人员编制 52 人，实有 52 人。局长陆沧波，副局长严雅萍（—11 月）、刘晓国，总审计师钱宁，纪检组长王水波（—11 月），舟山市经济责任审计联席会议办公室主任翁维波。设有办公室、法规处（审计整改督查处）、财政金融审计处、经贸审计处、固定资产投资审计处、行政事业审计处、经济责任审计处（舟山市经济责任审计联席会议办公室）、社保文教审计处、直属审计分局，下设舟山市计算机审计中心、舟山市政府投资项目审计中心。

审计成果　舟山市审计机关完成审计项目138个，查出主要问题金额35.58亿元；损益（收支）不实金额626万元；审计处理处罚金额3.52亿元；审计发现非金额计量问题683个；审计促进整改落实有关问题资金3.36亿元；审计后挽回（避免）损失1.72亿元。移送司法机关、纪检监察机关和有关部门处理事项15件。出具审计报告和专项审计调查报告152篇，被批示、采用4篇。提出审计建议492条，提交审计信息966篇，被批示、采用445篇。向社会公告审计结果11篇。

政策措施贯彻落实跟踪审计　重点开展稳增长等政策措施、"五水共治"跟踪审计，开展发展信息经济扶持政策审计调查，提出4条审计建议。

财政审计　加强对财政全口径预决算的审查和监督，把政府性债务、财政预算编制、财政决算草案、财政资金绩效评价等纳入审计范围。开展海洋产业集聚区财政预算执行审计。

经济责任审计　完成经济责任审计项目52个，重点开展全市各县（区）公安局长经济责任审计。出台《舟山市领导干部经济责任审计对象分类管理办法》，实行审计对象分类管理。

固定资产投资审计　完成政府投资项目审计1087个，净核减投资额7.33亿元。开展浙江大学舟山校区一期工程跟踪审计、政府投资项目参建中介机构履职及管理情况专项审计调查等项目。

行政事业审计　开展政府采购专项审计调查。促进出台《浙江舟山群岛新区党工委管委会办公室关于认真贯彻落实中央和省党政机关国内公务接待管理规定（办法）的若干补充意见》《舟山市本级行政事业单位房屋土地资产集中管理分步实施办法》。

企业审计　对市级300余家国有企业发展状况进行专项审计调查；联合纪委、公安部门，查明普陀山客运索道有限公司原总经理的违纪违法线索和舟山市海星轮船有限公司虚增净资产1.3亿余元的问题，向市纪委移送问题线索。

民生资金（项目）审计　组织开展保障性安居工程跟踪审计，上报的审计信息《政府投资项目建设工期延长现象亟待重视》被省政府采用。

专项资金审计　重点开展科技资金专项审计调查，挽回损失431.73万元，将4家单位和7个项目负责人纳入黑名单，取消其3年内申报市级以上各级各类科技计划项目资格。

内部审计　制定出台《舟山市审计局关于加强内部审计业务指导和监督的若干意见》，组织内部审计会员单位参加业务培训、理论研讨、论文推荐活动，开展内部审计先进单位、先进个人和优秀项目评选表彰。（撰稿人：刘丹薇）

【台州市审计局】　2015年，台州市审计局人员编制53人，实有51人。局长吴一林，副局长汪毅华、郑必灼、彭雪君，总审计师王掌兴，纪检组长郭文明，党组成员瞿秀根，市经济责任审计工作联席会议办公室主任杨野群。设有办公室、法规处、经济责任审计处、财政审计处、行政事业与社会保障审计处、农业与资源环保审计处、经贸金融外资审计处、固定资产投资审计处、监察室、审计整改督查处，下设直属分局、审计信息中心。

审计成果　台州市审计机关完成审计项目233个，查出主要问题金额1629733万元，损益（收支）不实金额36720万元；审计处理处罚金额39494万元；审计发现非金额计量问题1181个；审计促进整改落实有关问题资金38439万元；审计促进拨付资金到位133万元；审计后挽回（避免）损失7803万元。移送司法机关、纪检监察机关和有关部门处理事项20件。出具审计报告和专项审计调查报告293篇，被批示、采用7篇。提出审计建议669条，提交审计信息663篇，被批示、采用397篇。向社会公告审计结果171篇。

财政审计　完成2014年度台州市本级政府预算执行和地方税收收入征收管理审计，审计促使市环保局、市卫计委、市行政服务中心等8家单位，制定或修订内部管理制度24项。全市审计机关对250家一级预算单位、676家下属单位2014年度的公务支出公款消费情况进行专项审计。市本级对31家一级预算单位开展审计，促进市级或行业主管部门修改出台制度措施11项，1名正科级干部被撤职处理。

经济责任审计　完成67个单位79名领导干

部的经济责任审计，查出违规金额 1.49 亿元，管理不规范金额 22.28 亿元，增收节支 2898 万元。

金融审计 开展温岭农村合作银行 2014 年度资产负债损益审计。对全市椒江金丰小额贷款有限公司、路桥三友金龙小额贷款股份有限公司等 7 家小额贷款公司 2014 年度经营风险情况进行专项审计调查。

民生资金（项目）审计 对全市 2014 年“五水共治”资金进行专项审计调查，推动台州市本级出台《农村生活污水治理资金和项目管理办法》，启动“五水共治”总体规划修编工作。

固定资产投资审计 完成固定资产投资审计项目 63 个，核减投资额 9152 万元。保障性安居工程跟踪审计督促出台和完善住房保障制度和保障性安居工程建设管理规范性文件 15 个。

信息化建设 完成财政审计分析系统项目建设，经过财政审计、“三公”经费等项目应用，初步通过验收。完成市本级审计视频会商系统改造。

（撰稿人：郑卫敏）

【丽水市审计局】 2015 年，丽水市审计局人员编制 49 人，实有 47 人。局长潘建青，副局长陈锡星、傅代兴、阎家骥、颜登亮，总审计师刘松文，纪检组长傅绍林。设有办公室、法制处、财政审计处、计算机审计处、行政事业审计处、农业审计处、经济责任审计处、文教卫审计处、直属分局（内部审计指导中心）、审计培训中心。

审计成果 丽水市审计机关完成审计项目 217 个，查出主要问题金额 789279 万元；损益（收支）不实金额 1624 万元；审计处理处罚金额 36797 万元；审计发现非金额计量问题 831 个；审计促进整改落实有关问题资金 21210 万元。移送司法机关、纪检监察机关和有关部门处理事项 46 件。出具审计报告和专项审计调查报告 341 篇，被批示、采用 45 篇。提出审计建议 708 条，提交审计信息 815 篇，被批示、采用 311 篇。向社会公告审计结果 115 篇。在浙江省审计工作综合考核中排第二名，荣获优秀奖；被丽水市政府记集体二等功。

政策措施贯彻落实跟踪审计 在稳增长政策跟踪审计中，提出进一步提升文化产业的创意水平和整体实力、规范项目建设、提升项目质量等审计建议，被省审计厅采用。

财政审计 在丽水经济开发区财政预算执行审计中，促进公共财政制度不断完善，得到丽水市人大肯定，市人大财经工委为此开展专题审计整改督查工作。

经济责任审计 对 95 个单位 120 名领导干部进行经济责任审计，对 50 名市管领导干部实施离任交接，促进领导干部全面履职尽责。在莲都、云和、遂昌等县（区）开展乡镇自然资源资产审计试点的基础上，出台《丽水市乡镇（街道）党政主要领导干部自然资源资产责任审计工作指导意见（试行）》。

金融审计 在云和县小型企业融资性贷款担保有限公司经营管理情况审计中，移送案件线索 2 起，追回资金 100 多万元。

固定资产投资审计 市本级完成工程项目竣工决算审计 35 个，核减工程造价 0.48 亿元。

民生资金（项目）审计 在“五水共治”跟踪审计中，为进一步完善全市污水处理厂投资体制机制起到建设性作用。在青田县民政资金专项调查中，提出建议促使当地民政、社保追回财政资金 100 多万。在全市同步基层公共卫生和医疗服务管理情况专项审计调查中，移送各类案件线索 13 件，涉及 20 人，提交的审计报告和专报信息得到领导批示 13 篇次。

专项资金审计 组织对本级 84 家预算单位 2014 年度公务支出公款消费情况进行专项审计，市本级审计报告得到市政府主要领导批示，市政府向责任单位下发整改令，促成问题整改到位。

信息化建设 向全市征集计算机审计方法和审计案例 53 篇，被省审计厅入选 24 篇。

（撰稿人：叶伟平）

2015年浙江省所辖区、县(市)级审计工作统计表

金额单位:万元

审计机关	完成审计项目(个)	审计查出主要问题金额	审计处理情况					出具审计报告和审计调查报告(篇)	提出审计建议(条)	提交审计信息(篇)
			审计处理处罚				移送处理事项(件)			
			应上缴财政	应减少财政拨款或补贴	应归还原渠道资金	应调账处理金额				
杭州市										
杭州市本级	44	566112	19918	2289	59916	90296	8	51	114	55
拱墅区审计局	17	34512	13				1	20	57	29
上城区审计局	19	21538		650			1	24	37	36
下城区审计局	27	65003	13	1900				38	61	22
江干区审计局	12	7043		95			1	14	43	18
西湖区审计局	16	47560			16		1	21	39	80
滨江区审计局	8	744					1	8	20	4
萧山区审计局	41	111918	20374	1767		9881	1	61	115	78
余杭区审计局	24	283401	61676		2486	73355	3	37	87	10
富阳区审计局	25	171618	1766		285	79305	20	37	13	97
建德市审计局	37	86210	224	73			4	50	100	49
临安市审计局	24	14668	135			3705		34	73	43
桐庐县审计局	32	83982		34564	45		2	36	80	40
淳安县审计局	26	42775	40		8		1	32	48	15
宁波市										
宁波市本级	64	610091	10798	7036	47	2158	10	75	288	73
海曙区审计局	16	76589			10	1	9	23	40	6
江东区审计局	20	1964	1031			749		30	16	83
江北区审计局	53	297983	314	6299	1916	3082	1	56	63	112
北仑区审计局	31	119877	107	3556		350		32	65	75
镇海区审计局	26	3541	330		51			33	62	105
鄞州区审计局	25	200908	303		51	1222	1	41	100	214
余姚市审计局	71	118800	4844	46	1710	27675	1	74	107	102
慈溪市审计局	18	311151			233	75	18	21	59	199
奉化市审计局	47	257740	112	9794	146	17157		49	142	2
象山县审计局	47	209637	93		93		6	64	43	2
宁海县审计局	28	59229		83	2837	52832		31	28	22
温州市										
温州市本级	37	363282	4865		60451	813	20	41	139	299

续表

审计机关	完成审计项目（个）	审计查出主要问题金额	审计处理情况					出具审计报告和审计调查报告（篇）	提出审计建议（条）	提交审计信息（篇）
			审计处理处罚				移送处理事项（件）			
			应上缴财政	应减少财政拨款或补贴	应归还原渠道资金	应调账处理金额				
鹿城区审计局	16	21689	210	2688	21	800	4	16	53	41
龙湾区审计局	21	99560	8720	5161	2732	6492	1	21	67	83
瓯海区审计局	18	34867			237	770	2	21	58	11
洞头区审计局	25	17398	2426	1250		457	1	25	51	67
瑞安市审计局	38	67118	21867	809	3310	357	18	38	105	25
乐清市审计局	23	110969	36		50666			23	100	47
永嘉县审计局	24	55289	3540	58	3345	10420	7	24	88	38
平阳县审计局	23	84321	778	18	56247	25255	8	24	85	95
苍南县审计局	31	40702	66		36	2229	2	31	81	22
文成县审计局	11	26984	2045		130	80	6	11	32	34
泰顺县审计局	12	37679	276		7	10	2	12	60	100
嘉兴市										
嘉兴市本级	23	28566				22	2	30	84	162
南湖区审计局	12	11505						16	68	9
秀洲区审计局	19	16897				19		19	68	17
嘉善县审计局	8	77972	15		5	10		11	30	37
平湖市审计局	39	152344						46	104	38
海盐县审计局	25	216091	6310		73	7326		24	92	24
海宁市审计局	31	175671	280	1	1198	576	1	32	200	57
桐乡市审计局	24	164566	1808		43	37120	1	23	63	17
湖州市										
湖州市本级	118	134615	3789	34969	9925	16070	27	140	112	105
吴兴区审计局	42	43757	767	10185			3	55	104	76
南浔区审计局	39	61895	1177	15643	10881	2792	7	46	53	32
德清县审计局	41	32338		6689	18	31		49	99	73
长兴县审计局	88	18771	1226	15652			12	101	98	42
安吉县审计局	33	14667				9605	4	45	70	75
绍兴市										
绍兴市本级	37	82170	270				5	51	136	41
越城区审计局	15	8338	4				1	17	44	44
柯桥区审计局	39	67549	494	6651			9	62	134	83
上虞区审计局	33	8048	28	6964				79	91	74
诸暨市审计局	22	115765						32	105	2

续表

审计机关	完成审计项目（个）	审计查出主要问题金额	审计处理情况					出具审计报告和审计调查报告（篇）	提出审计建议（条）	提交审计信息（篇）
			审计处理处罚				移送处理事项（件）			
			应上缴财政	应减少财政拨款或补贴	应归还原渠道资金	应调账处理金额				
嵊州市审计局	27	73951	296	6	1177		1	45	80	
新昌县审计局	18	73683	588		367			23	64	
金华市										
金华市本级	41	261198	50437	5172	359	41054	11	53	104	24
婺城区审计局	19	58385	126			3100	4	27	47	17
金东区审计局	20	16327						31	33	3
兰溪市审计局	15	31459	2					23	49	6
义乌市审计局	29	74750	1994					36	66	1
东阳市审计局	86	156950	189	8245	6062	1143	5	93	51	11
永康市审计局	27	21462	505		509	16838		41	85	16
武义县审计局	28	35688	8		25385	6		35	60	14
浦江县审计局	17	28084	2		4127			27	26	2
磐安县审计局	17	97102	67		177	129		27	36	
衢州市										
衢州市本级	46	115196	897		4860	1156	6	27	71	27
柯城区审计局	7	64362					1	7	33	21
衢江区审计局	10	12562						12	27	64
江山市审计局	22	101540	23	93	13		3	48	49	55
常山县审计局	10	107920	4163			28	2	14	29	35
开化县审计局	19	2624			860	1435	1	27	54	45
龙游县审计局	20	102738	626	1295		15769	5	30	39	31
舟山市										
舟山市本级	42	237747	13309	24		7111	8	44	141	504
定海区审计局	23	31035		1987		144		21	143	115
普陀区审计局	30	16082	12				4	34	117	122
岱山县审计局	20	52472					2	21	31	90
嵊泗县审计局	23	18476	1436	3104	6907	401	1	32	60	135
台州市										
台州市本级	23	653763	1276		741	431	3	29	70	133
椒江区审计局	24	56038	29		854	12	7	30	50	43
黄岩区审计局	20	19537	157		420	326	4	21	58	73
路桥区审计局	15	14407	1			2935		17	43	70
温岭市审计局	17	211997	124		173		3	20	74	61

续表

审计机关	完成审计项目（个）	审计查出主要问题金额	审计处理情况：审计处理处罚：应上缴财政	审计处理情况：审计处理处罚：应减少财政拨款或补贴	审计处理情况：审计处理处罚：应归还原渠道资金	审计处理情况：审计处理处罚：应调账处理金额	审计处理情况：移送处理事项（件）	出具审计报告和审计调查报告（篇）	提出审计建议（条）	提交审计信息（篇）
临海市审计局	25	278533	7851		421	363	1	36	75	33
玉环县审计局	40	39105	127	6727	513			45	69	56
三门县审计局	29	115241	13019	90	11	19	2	42	86	33
天台县审计局	22	192195	56		220			22	88	41
仙居县审计局	18	48913	310		74	232		31	56	120
丽水市										
丽水市本级	32	405097	633		401	5268	7	35	115	13
莲都区审计局	21	35104	874		86	59	5	66	83	125
龙泉市审计局	18	95258	769		24		3	22	54	82
青田县审计局	25	72973	66				4	31	72	217
缙云县审计局	20	97873	804		214	190	7	28	39	94
遂昌县审计局	21	13221	2			150		32	68	14
松阳县审计局	23	13595	1402		4013	3436	5	42	71	67
云和县审计局	25	21134	4260		807	3712	11	34	86	179
庆元县审计局	15	15128	412		18	1630	1	27	53	20
景宁畲族自治县审计局	17	19896			96		3	24	67	4

安徽省

【安徽省审计厅】 2015年，安徽省审计厅人员编制204人，实有188人。设有办公室（审计信息技术应用处）、综合法规处、审理处、财政审计一处、财政审计二处、财政审计三处、行政事业审计处、农业与资源环保审计处、固定资产投资审计处、金融审计处、企业审计处、社会保障审计处、外资运用审计处、审计信息技术运用处、人事教育处、机关党委、纪检监察室、计划统计审计室、经济审计室、科技教育审计室、农业审计室、交通建设审计室、文化卫生审计室、新闻广电审计室，下设省经济责任审计局、省固定资产投资审计中心、省审计厅机关服务中心、省审计科研所、安徽审计职业学院、省审计学会、省内部审计师协会。

领导成员

厅　　长：戴克柱

副 厅 长：杨寿桃　何结华

　　　　　程家楷（10月—）

总审计师：方　正

纪检组长：贾宝明（8月—）

省经济责任审计局局长：夏瑜保（10月—）

巡 视 员：姜爱民（9月—）

副巡视员：胡　健（10月—）

审计成果　安徽省各级审计机关共审计和专项审计调查6486个单位，查出违规问题金额266.21亿元、损失浪费问题金额7.25亿元、管理不规范金额2144.03亿元；促进整改落实有关问题资金325.73亿元，审计促进拨付资金到位

3.43亿元，审计后挽回或避免损失30.38亿元。移送司法、纪检监察机关和有关部门处理事项140件，协助纪检监察和司法机关查处一批腐败案件。出具审计报告和报送审计调查报告7580篇，向社会发布审计结果公告578篇。出具审计专题报告、综合性报告和信息简报6152篇，被党政领导和有关部门批示、采用3441篇次。向被审计单位或有关单位提出审计建议14851条，被采纳12209条，被审计单位根据审计建议制定整改措施1331项，建立健全规章制度191项。

政策措施贯彻落实跟踪审计 全省各级审计机关连续8次对简政放权、生态环保、精准扶贫、加快重大项目推进、加强财政资金管理使用、扶持实体经济健康发展和加快战略性新兴产业集聚发展基地建设等15项重点内容实施跟踪审计。通过审计，加快推进重大建设项目363项，促进财政资金统筹使用和重点资金到位54.27亿元。结合预算执行、经济责任、政府投资、外资运用审计，配合有关单位开展其他相关专项治理活动，保障各项政策落实到位。

财政审计 省审计厅对“四大预算”执行、省级政府投资分配及执行、省直20个部门预算执行和决算草案进行审计，从推动预算法治、转变政府职能、深化体制改革、发挥市场机制作用、健全内部控制管理高度，扩大审计覆盖面，突出审计重点，实行“六结合、六注重”审计方式。审计结果受到省人大、省政府的充分肯定，审计工作报告及整改报告向社会全文公开，引起广泛关注。

固定资产投资审计 开展工程造价、竣工决算、投资绩效和全过程跟踪审计，重点关注建设资金筹集管理使用、建设程序履行、招标投标管理、竣工验收、工程质量管理、投资效益等情况。省审计厅组织实施公路、铁路、桥梁、航道、水利、综合楼、业务用房等27个重点工程项目的跟踪审计或竣工决算审计，对社会中介机构已审计的3个政府性投资建设项目进行复审。统筹国家审计、内部审计和社会审计资源，组织开展省本级政府性投资建设项目审计全覆盖专项检查，推进审计全覆盖。全省审计机关全年审计核减固定资产投资或结算额55.95亿元。

企业审计 对原省高速公路控股集团有限公司、安徽出版集团有限责任公司、安徽广电传媒产业集团有限责任公司、省交通投资集团有限责任公司、深圳安徽实业公司、徽商集团有限责任公司、省旅游集团有限责任公司等7个省属企业现任或原任主要负责人经济责任履行情况进行审计，对安徽省皖中集团有限责任公司、安徽省华强工贸集团有限责任公司开展财务收支审计。

经济责任审计 加强重点地区、重点部门、重点单位和关键岗位主要领导干部经济责任审计，推行轮审制度。省审计厅实施6名省辖市党政主要领导、13名省直部门（单位）主要负责人、12名省属事业单位（主要是省属高校）主要负责人和7名省属企业领导人员经济责任审计。全省审计机关共审计领导干部1181人，查出领导干部负有直接责任、主管责任和领导责任的问题金额分别为26.81亿元、93.26亿元和724.86亿元。

专项资金审计 省审计厅组织全省审计机关实施2014年全省城镇保障性安居工程跟踪审计，揭示保障性安居工程资金筹集管理、工程建设、住房分配等方面存在的问题，提出完善政策、制度、机制的意见建议。组织开展金寨大别山区扶贫开发“5+1”项目实施情况跟踪审计调查，推动省委、省政府“抓金寨、促全省扶贫开发”政策落实，服务和促进全省扶贫工作。结合经济责任、预算执行等其他审计，密切关注民生政策的落实情况。围绕地方党委、政府工作重心，继续加强“三农”、社保、教育、文化、医疗等重点民生资金和项目审计。开展科技专项资金、外资运用项目审计14个。

自然资源资产离任审计 省审计厅结合池州市党政领导干部经济责任审计，实施自然资源资产离任审计试点，起草安徽省开展自然资源资产离任审计试点的实施意见，提出进一步推进审计试点的建议。11个省辖市结合自身实际开展审计试点工作。

基础建设 开展“争先进位工程”活动，安徽省审计厅获得“全国文明单位”“中国好人”等近20项荣誉，马钢集团审计项目获得全国地方优秀审计项目第一名。注重干部作风建设，要求审计干部严格遵守党的各项纪律和规矩，严格执行审计“八不准”等工作纪律，有效提升清正廉洁的审计形象。注重审计人才培养，全年举办各类培训班或讲座61期、培训4600多人次，推广审计实务导师制，加强审计干部“三会”能力培养，开展实绩量化考核。注重审计资源整合，启动安徽省省直部门单位审计人才库建设，加强与省直部门单位的联系，缓解审计人力资源不足，提升部门单位财务管理水平。

制度建设 省委、省政府印发《关于推进领导干部履行经济责任审计监督全覆盖的工作方案》，省政府出台《关于加强审计工作的意见》和《安徽省社会保障资金审计监督办法》。推进建立以审计机关监督为主导、主管部门自审为基础、社会审计为补充，各方力量密切配合、功能互补的审计监督全覆盖机制。省审计厅出台工作规则、议事规则、业务管理办法等系列内部规章制度，切实提高审计工作法治化、规范化、科学化水平。

信息化建设 以财政审计和经济责任审计为平台，提高结合型审计项目比例，推行“捆绑式”审计、“大兵团”作战，做到多专业融合、多视角分析、多方式结合。首次对所有省直一级预算单位的电子数据进行集中采集与分析，加快审计数据中心建设，推动搭建大型数据分析平台，推广数字化审计方式。 （撰稿人：张劲东）

【合肥市审计局】 2015年，合肥市审计局人员编制133人，实有109人。局长（党组书记）程林，副局长昂朝晖、郭洪群，总审计师张仁山，纪检组长钱昌雨，市经济责任审计局局长徐伟。设有办公室、综合处、法规审理处、监察室、机关党委、审计信息技术应用处、财政审计处、金融审计处、行政事业审计处、经贸审计处、农业与资源环保审计处、社会保障审计处、固定资产投资审计处、外资运用审计处、经济责任审计局、直属分局、建设审计室、科教文卫审计室、农业审计室、投资审计中心。

审计成果 合肥市审计机关完成审计项目235个，查出主要问题金额1457187万元，其中违规金额195530万元、损失浪费金额2538万元、管理不规范金额1259119万元；损益（收支）不实金额130169万元；审计处理处罚金额159174万元，其中应上缴财政60976万元、应归还原渠道资金17425万元、应调账处理金额74381万元；审计发现非金额计量问题1941个；审计促进整改落实有关问题资金67361万元，其中增收节支32964万元、已调账处理金额30497万元；审计后挽回（避免）损失1653万元。移送司法机关、纪检监察机关和有关部门处理事项9件。出具审计报告和专项审计调查报告402篇。提出审计建议1289条。提交审计信息974篇，被批示、采用1152篇次。向社会公告审计结果27篇。

合肥市审计局被省委表彰为安徽省文明单位，被省审计厅评选为全省审计机关实施“环境优化工程”先进集体，蝉联市政府目标管理考核优秀责任单位、全市政风评议先进单位，获得首批合肥市依法行政示范单位、政务公开先进单位等荣誉。

政策措施贯彻落实跟踪审计 按照省审计厅总体部署，围绕促进重大建设项目加快推进等5个方面的内容，每月跟踪审计2至4项政策，全年累计开展29项（次）政策措施落实情况跟踪审计。

财政审计 完成市财政局、地税局等19个单位、部门及下属二级单位的2014年度预算执行情况审计和决算（草案）审签。受市政府委托，于6月25日向市十五届人大常委会第十八次会议做2014年度市级预算执行和其他财政收支审计工作报告。完成对蜀山区、庐阳区、巢湖市人民政府2014年度财政决算审计。

经济责任审计 开展巢湖市市长等13名领导干部的经济责任审计，授权县（市）区审计局对9个县（市）区检察院检察长开展任期经济责任审计，指导市教育局对系统内部管理的6所市属学校校长开展内管干部审计。首次开展自然资源审计，探索村居负责人经济责任审计。

企业和金融审计 完成合肥市农村科技商业银行以及工业投资控股等集团公司共4家企业的资产负债及经营情况审计以及安徽安粮小额贷款有限公司等4家小额贷款公司2014年度经营状况的审计。

固定资产投资审计 开展轨道交通等19个项目跟踪审计。对344个单项工程进行价款审计，接审金额45.14亿元，核减金额1.86亿元，平均核减率为4%。完成3项世界银行、亚洲开发银行贷款生态环保建设项目的外资公证审计。对新桥机场高速绿化项目等23个项目开展竣工财务决算审计。

专项资金审计 完成对合肥市扶持产业发展“1+3+5”政策落实及资金使用情况、政府购买社会组织服务绩效、美好乡村建设资金管理使用绩效情况等7个项目的专项审计调查，开展合肥市职业教育发展状况专项审计调查。

审计整改 严格执行《合肥市审计局审计整改操作规程》，采取“建立台账、专人跟踪、逐项督改”的方式开展审计整改工作，强化责任追究，对每一项审计整改的结果均向市政府进行专题报告，市政府把审计发现问题整改情况纳入目标考核内容和督查任务。在预算执行情况审计中发现的103个问题全部整改完毕。

内部审计 组织开展全省内部审计“防风险、强管理、促发展五年提升行动——重点攻关年”活动。组织开展内部审计质量评估工作。组织特约审计人员和内部审计人员近30人次参与审计，组织被审计单位开展互审试点。开展各级优秀内部审计项目评选推荐。组织197人参加省内部审计协会举办的后续教育培训，组织40人参加CIA考试、CCSA考试。完成全省重点课题论文和省内部审计协会中标课题撰稿任务。

审计学会 完成课题《全覆盖视角下被审计单位数据库建设研究》。参与第三届全国青年审计论坛，共征集论文13篇，从中优选3篇报省审计学会。围绕确定的审计监督全覆盖等13个重点课题，征集科研论文95篇。 （撰稿人：朱 岩）

【芜湖市审计局】 2015年，芜湖市审计局人员编制61人，实有59人。局长徐茂环，副局长韩小萍、张自道、杨凛、王钢，总审计师张文清，纪检组长戴鸣，经济责任审计局局长吴勇。设有办公室、人事教育科、监察室、经济责任审计局、综合法规科、内部审计指导监督科、行政事业审计科、社会保障审计科、农业与资源环保审计科、财政审计科、金融审计科、固定资产投资审计科、经贸审计科、外资运用审计科，下设固定资产投资审计中心（计算机审计中心）。

审计成果 芜湖市审计机关完成审计项目240个，查出主要问题金额596849万元，审计处理处罚应减少财政拨款或补贴5363万元、应调账处理金额107979万元、应归还原渠道资金323379万元、应上缴财政16902万元。移送案件线索3件。出具审计报告和专项审计调查报告276篇，提出审计建议856条。

芜湖市审计局实施的宁安铁路征地拆迁项目和南陵县审计局实施的弋江镇五一村委会主任经济责任审计项目获得安徽省审计厅优秀项目表彰。

政策措施贯彻落实跟踪审计 成立稳增长等政策措施落实情况跟踪审计工作领导小组，建立跟踪和督办机制。重点审计地方简政放权、棚户区改造、地方城市基础设施建设、重大水利工程、农村饮水工程项目等17个方面的政策落实情况。市审计局领导带队对四县四区的审计工作开展调研走访，听取和了解各县（区）工作开展情况，将审理工作贯穿整个审计过程中，严把质量关。

财政审计 将省江北产业集中区、长江大桥综合经济开发区的财政预算执行情况分别单独立项审计，将单位的机构设置、人员编制以及政府机关正版软件使用情况等纳入审计范围。在对纳入市财务服务中心代理核算的80多家市直单位“三公一会”经费进行专项审计的基础上，芜湖市审计局与财政、监察等部门联合制定《关于进一步加强公务接待经费管理的通知》。

固定资产投资审计 芜湖市审计机关审核工程造价项目2290个，审计覆盖率达100%，核减率9.42%。芜湖市审计局通过实施“必审、确认、抽审”的举措，初步架构政府投资建设项目审计全覆盖体系。

经济责任审计 总结提炼经济责任审计实践经验，制定出台《关于进一步加强经济责任审计工作的实施意见》《芜湖市领导干部任期经济责任审计结果整改督查试行办法》《芜湖市党政主要领导干部和国有企业领导人员经济责任告知办法（试行）》《芜湖市市管领导干部离任经济责任事项交接办法（试行）》《芜湖市领导干部耕地保护责任任期审计办法（试行）》和《芜湖市领导干部水资源保护责任任期审计办法（试行）》等6项制度文件，经济责任审计制度体系进一步系统化，规范化。全市对109名党政领导干部进行经济责任审计，其中副市级领导干部1人、县处级领导干部22人。 （撰稿人：邱 威）

【蚌埠市审计局】 2015年，蚌埠市审计局人员编制 73 人，实有 66 人。局长王莉敏（4 月—），副局长周勤、戚大庆，总审计师汤瑶泉，纪检组长佘建军，经济责任审计局局长韩继文。设有办公室、综合法规科、财政审计科、金融审计科、行政事业审计科、企业审计科、农业与资源环保审计科、社会保障审计科、固定资产投资审计科、外资运用审计科、计算机审计科、派出审计一室、派出审计二室、人事教育科、机关党委、监察室，下设市经济责任审计局，市政府投融资审计中心。

审计成果 蚌埠市审计局完成审计（或审计调查）、跟踪审计项目 74 个，查出主要问题金额 218978 万元，其中违规金额 2397 万元、管理不规范金额 216574 万元；损益（收支）不实金额 76208 万元；审计处理处罚金额 67356 万元，其中应上缴财政 2367 万元、应减少财政拨款或补贴 3041 万元、应归还原渠道资金 1844 万元、应调账处理金额 60104 万元；审计发现非金额计量问题 54 个；审计促进整改落实有关问题资金 62097 万元。移送有关部门处理事项 14 件。出具审计报告和专项审计调查报告 75 篇，被批示、采用 6 篇。提出审计建议 79 条，提交审计信息 272 篇，被批示、采用 51 篇。向社会公告审计结果 12 篇。

蚌埠市 2013 年度计划生育社会抚养费征收、管理及使用情况审计调查项目被评为 2015 年安徽省优秀审计项目。

政策措施贯彻落实跟踪审计 对贯彻落实稳增长、促改革、调结构、惠民生、防风险政策措施落实情况进行跟踪审计 10 次，审计政府部门 159 个、县区 7 个、单位 187 个、项目 71 个，涉及财政资金 41.78 亿元，其中中央财政资金 15.48 亿元。

财政审计 加强民生工程（资金）、“三公”经费使用和非税收入管理等情况监督，完成预算执行审计（调查）项目 14 个，查出主要问题金额 35582 万元。

经济责任审计 审计领导干部 11 人，其中任中审计 1 人、离任审计 10 人，审计查出主要问题金额 29256 万元，其中主管责任 5715 万元，领导责任 23541 万元。

固定资产投资审计 完成固定资产投资审计项目 8 个、建设项目跟踪审计 34 个。跟踪审计项目合同价款 112 亿元，送审金额 25 亿元，审计核减项目进度款近 4 亿元，核减工程价款 4500 多万元，节约建设资金 940 多万元；竣工项目决算、结算审计，审定工程造价 3.45 亿元，核减工程价款 3041 万元。

企业审计 完成企业审计项目 1 个，审计查出问题金额 94478 万元，全部为财务收支核算不实。

专项资金审计 完成专项资金审计和审计调查项目 5 个，审计专项资金总额 98305 万元，审计查出主要问题金额 20137 万元。

（撰稿人：朱　杰）

【淮南市审计局】 2015 年，淮南市审计局人员编制 75 人，实有 66 人。局长陈寅，副局长王林、宋道河、王宜君，总审计师李宗林，纪检组长刘昌银，市经济责任审计局局长陶保华，副调研员杨庆国、范淮涛。设有办公室、人事教育科、监察室、党总支、综合法规科、审理科、计算机审计科、财政金融审计科、经贸审计科、社保审计科、行政事业审计科、农业与资源环保审计科、外资运用审计科、固定资产投资审计科、科教文审计科及经济技术开发区、山南新区，下设市经济责任审计局以及固定资产投资审计中心、审计干部培训中心。

审计成果 淮南市审计机关全年查出违规金额 2.51 亿元、管理不规范及损失浪费金额 5.64 亿元，促进增收节支 13.71 亿元。向纪委、检察机关和相关部门移送案件线索 11 件。

淮南市审计局蝉联四届“省级文明单位”，被评为“全市文明行业”，获得全市目标考核优秀单位。潘集区区长任期经济责任履行情况审计项目被评为全国表彰审计项目和全省优秀审计项目。实施的审计项目获得审计署表彰。

财政审计 开展市本级财政预算执行及市教育局、市环保局、市粮食局、市工商局、市质监局、市林业局、市科技局等 7 个部门的预算执行审计。运用数据分析平台，对 59 家预算单位的预算资金编制、批复、拨付、结余情况进行综合分析。该做法被向全省推广，《淮南日报》予以报道。《财政非税收入管理亟待加强》等 7 篇审计信息被省政府、市委市政府采用；各相关部门、单位和县区根据审计意见和建议，制定出台进一步做好盘活财政存量资金工作、切实加强非税收入征缴管理等方面的25项规章制度，规范财政预算管理。

固定资产投资审计 市审计局出台《关于深化政府投资审计改革，推进政府性投资建设项目审计全覆盖的实施意见》《淮南市审计局关于进一步加强政府投资审计廉政风险防控的意见》《淮南市审计局政府投资跟踪审计实施方案指南》《淮南市审计局关于社会中介机构参与政府投资项目工程价款审计操作规程》。市审计局完成政府投资项目投标控制价审核、竣工决算审计和跟踪审计115项，审减工程价款54818.84万元。《淮南日报》以《我市切中肯綮投资审计》《市审计局深化政府投资审计改革》为题进行专题报道。

经济责任审计 对凤台县原县长、市农业水利投资发展公司原总经理、市社会发展投资有限公司原总经理等25名县级领导干部开展任中和离任审计，查出违规金额29724.69万元、管理不规范金额123119.65万元。探索自然资源资产离任审计，出台《淮南市领导干部耕地保护责任离任审计办法》，制订《淮南市县区长自然资源资产离任审计调查实施方案》，并在县区长经济责任审计中进行实践。强化审计整改落实，连续两年对市本级经济责任审计情况进行通报，11篇审计信息、报告被市领导批示。

专项资金审计 市审计局共开展专项审计21个，审计专项资金总额3449854.15万元，查出违规金额3139万元、管理不规范金额272864万元。组织开展稳增长、促改革、调结构、惠民生、防风险政策措施落实情况跟踪审计，全市审计机关全年累计抽调226人次，对28个政府部门、7个县区、136个单位、35个项目进行跟踪审计，涉及财政资金608725.9万元。

（撰稿人：崔　燕　徐小龙）

【马鞍山市审计局】 2015年，马鞍山市审计局人员编制50人，实有49人。局长马建亭，副局长王明营、王斌、金桂兰，纪检组长吴春，总审计师何祥俊，经济责任审计局局长尹晓菊，开发区审计分局局长马友发。设有办公室、综合调研科、党总支、法规审理科、监察室、计算机审计中心、经济责任审计局、开发区审计分局、财政审计科、固定资产投资审计科、经济社会建设审计科、企业审计科，下设市工程价款结算审计中心。

审计成果 马鞍山市审计局完成审计项目157个，查出管理不规范金额152527万元。通过审计，核减政府投资建设项目造价34594万元；审计发现非金额计量问题11个。向有关部门移送问题线索2件。向有关单位提出审计建议284条，被采纳242条。提交审计信息229篇，被批示、采用182篇，其中市委、市政府领导批示5篇，省委、省政府采用2篇，审计署网站采用5篇，《中国审计报》采用8篇。向社会公告审计结果15篇。

财政审计 开展对市财政局具体组织2014年度市本级预算执行和其他财政收支情况审计，重点组织开展对市教育局、市住建委、市农委等3个部门预算执行审计。完成审计项目15个，查出主要问题金额113178万元。创新审计项目组织方式，推行“1＋N”审计模式，对同一单位，在开展预算执行审计时，同步安排经济责任、专项资金等审计项目。

经济责任审计 探索授权委托审计方式，对授权县区审计机关开展的经济责任审计项目，实行授权、督导制，派出骨干人员，从审计实施方案、重要事项的责任认定到出具审计报告进行全程指导，确保审计质量。全年完成对9名领导干部的经济责任审计，查出管理不规范金额6524万元。

固定资产投资审计 创新投资审计管理方式，修订出台《工程价款结算审计业务管理办法》《协审机构及人员管理办法》和《项目复核管理办法》等管理制度，对中介机构出具的审计结果，变过去一般性复核为实质性复核，强化投资审计过程管控，防范审计风险；强化投资审计绩效分析，注重从体制、机制、制度和效益层面揭示问题、分析问题，提出审计意见和建议。全年完成政府投资审计项目137个，核减投资额34594万元。

专项资金审计 围绕政府中心工作和上级审计机关要求，针对党委政府、社会关注的热点，加强对关系人民群众切身利益的专项资金的审计和审计调查。全年完成保障性安居工程跟踪审计以及江东控股集团运营情况、市属开发园区经济运行情况等审计（调查）项目 5 个。

（撰稿人：芮绍文　周香和　葛　辉）

【淮北市审计局】　2015 年，淮北市审计局人员编制 65 人，实有 72 人。局长李令安（—4 月）、赵拥军（4 月—），副局长徐君、陈玉健，总审计师周玉贞，纪检组长孟祥龙，经济责任审计局局长朱金亮。设有办公室（综合法规科）、人事教育科、审计整改监督科、审理科、财政金融审计科、固定资产投资审计科、行政事业审计科、农业与资源环保审计科、社会保障审计科、企业审计科、经济责任审计局，下设分别为市计算机审计中心、市投资审计局。

审计成果　淮北市审计机关完成审计项目 76 个，查出主要问题金额 1021830 万元，其中违规金额 52693 万元、损失浪费金额 1242 万元、管理不规范金额 967895 万元；损益（收支）不实金额 181330 万元；审计处理处罚金额 420005 万元，其中应上缴财政 33294 万元、应减少财政拨款或补贴 3341 万元、应归还原渠道资金 20904 万元、应调账处理金额 355812 万元；审计发现非金额计量问题 277 个；审计促进整改落实有关问题资金 76585 万元，其中增收节支 52955 万元、已调账处理金额 16965 万元。移送司法机关、纪检监察机关和有关部门处理事项 5 件。出具审计报告和专项审计调查报告 106 篇，被批示、采用 5 篇。提出审计建议 252 条，提交审计信息 95 篇，被批示、采用 43 篇。

财政审计　组织实施市本级财政预算执行情况审计、市地税局税收征管情况审计、淮北经济开发区预算执行审计以及市民政局等 5 个部门、单位的预算执行情况审计，揭示部分项目预算执行率偏低、财政存量资金结余较大、应公开招标而未公开招标、部分税款漏征漏管、坐支财政收入、未按规定管理资产等问题。6 月 16 日，受市政府委托，向市人大常委会提交审计工作报告，得到市人大的肯定和高度评价。组织参加省厅优秀审计项目评比，财政同级审项目获得省审计厅表彰。

固定资产投资审计　完成结算审计、设计变更审计、征收补偿审计、预算审查等项目 335 个，核减工程款 10.88 亿元。对 146 个建设项目实施跟踪审计，深入施工现场 2.3 万人次，发出审计意见单 5 份，核减工程进度款 2.52 亿元。市梅苑路等市政工程跟踪审计相关线索移交市纪委立案查处，4 名相关责任人员受到党纪政纪处分。

经济责任审计　组织实施经济责任审计 29 个，查出违规问题金额 1.94 亿元，其中领导干部负有直接责任的 1.03 亿元。结合濉溪县百善镇原镇长经济责任审计，选择土地资源进行自然资源资产离任审计试点，科学评价领导干部在资源环境管理方面的履职情况。

专项资金审计　组织开展以创新支撑引领经济结构优化升级、夯实农业基础推进现代农业发展、加强社会救助保障困难群众基本生活等 20 余项重点专项资金审计调查，着力加强对稳增长措施落实情况的跟踪审计，切实发挥审计关注和服务民生的作用。实施城镇保障性安居工程跟踪审计，揭示在工程建设、资金管理使用、分配运营等方面存在的突出问题。全市审计机关共抽调 24 人赴亳州组织实施 2015 年保障性安居工程跟踪审计。首次开展农村财务管理情况审计调查，选取 4 个村办作为试点，对各村的 2014 年度财务预算、收支管理及集体资产资源等进行审计调查，规范和加强农村财务管理。根据市委组织部牵头组成的烈山区烈山镇青谷社区换届选举工作组要求，对该社区的资产、资源、资金进行彻底清查，相关问题已移交组织部门。此外，配合市纪委、财政等部门开展“三公”经费支出、“小金库”治理等专项审计调查。（撰稿人：惠　薏）

【铜陵市审计局】　2015 年，铜陵市审计局人员编制 47 人，实有 51 人。局长姚刘杰，副局长王华、王世清、叶明胜，总审计师何素珍，纪检组长李应刚，市经济责任审计局局长朱永宏，调研员宋同英，副调研员徐维国。设有办公室、综合法规科、财政金融审计科、企业审计科、行政事业审计科、资源环保审计科、社会保障审计科、农业经济审计科、投资审计科、文化教育审计科、计算机审计科、人事教育科，市经济责任审计局、监察室，下设市政府性投资审计中心。

审计成果　铜陵市审计机关完成审计项目 139 个，其中组织实施审计项目 139 个。查出违规金额38627万元、损失浪费金额5376万元；损益（收支）不实金额62018万元；审计处理应上缴财政15414万元、应归还原渠道资金26665万元；审计发现非金额计量问题98个；审计促进整改落实有关问题资金50157万元，其中增收节支4617万元、已调账处理金额39747万元；审计促进拨付资金到位250万元。移送司法机关、纪检监察机关和有关部门处理事项18件。出具审计报告和专项审计调查报告219篇，被批示、采用4篇。提出审计建议186条，提交审计信息19篇，被批示、采用7篇。向社会公告审计结果11篇。

政策措施贯彻落实跟踪审计 全年8次分批对重大建设项目推进、扶持小微企业健康发展等32项内容进行审计。市政府领导对每次跟踪审计报告均做出批示。

财政审计 组织对铜陵市财政、地税、经济技术开发区和5个部门预算执行或财务收支审计，指出预算管理、税收征管和财务收支中存在的问题，并跟踪督查审计发现问题的整改情况。

经济责任审计 对7名县处级领导干部、1名农村社区负责人开展经济责任审计，对4个单位实施离任交接。

固定资产投资审计 审计政府投资项目199个，送审金额16.68亿元，核减工程造价2亿元，核减比例12%。对41个项目建设管理情况开展专项审计调查，审计调查总投资额105亿元。

企业审计 组织对铜陵市华盛化工投资公司、铜陵市建设投资公司、铜陵市发展投资公司、普济圩农场4户国有企业单位2014年度经营业绩进行审计。

专项资金审计 组织对铜陵市和池州市城镇保障性安居工程进行跟踪审计，对科技创新资金、再就业资金、滨江生活岸线建设项目征地拆迁安置补偿进行专项审计，市政府对城镇保障性安居工程等审计及整改工作进行专题研究。

信息化建设 组织完成网络机房、OA国产化升级改造和数据中心、数据分析平台建设。举办全市审计人员计算机应用培训班以及审计干部计算机审计理论和实务研修班。《计算机审计数据分析案例》在全省审计系统数据审计大会做交流。

（撰稿人：朱美和）

【安庆市审计局】 2015年，安庆市审计局人员编制71人，实有65人。党组书记朱训道，局长朱菊云，副局长何炜、汪传华（8月—)、汪定节，纪检组长邱银台，市经济责任审计局局长沈遵如。设有市经济责任审计局、办公室、人事教育科、综合法规科、财政审计科、金融和社会保障审计科、行政事业审计科、企业审计科、农业与资源环保审计科、固定资产投资审计科、外资运用审计科、审计信息管理科、机关党总支，下设投资审计中心、安庆市审计局经济技术开发区分局。

审计成果 安庆市审计机关共实施审计（调查）项目505个。通过审计促进财政增收节支59913万元，其中上缴财政9251万元、减少财政拨款或补贴2750万元、归还原渠道资金14275万元、核减工程投资33637万元。移送纪检监察和有关部门处理事项12件，41人分别被纪检机关立案查处和有关部门处理，其中10人受到党纪政纪处分，7人被移送检察机关侦查处理。提交审计专题报告、综合性报告和信息简报及各类信息共计2238篇，其中被上级有关部门采用377篇（次）。向社会公告审计结果及整改结果24篇。

安庆市审计局实施的合肥市土地出让收支和耕地保护情况审计项目被审计署评为表彰审计项目，安庆市审计局实施的安庆市加快发展“四大政策”贯彻执行情况专项审计调查项目被省审计厅评为表彰审计项目。安庆市审计局被省审计厅表彰为全省审计机关实施“争先进位工程”先进集体，被市委、市政府评为“2014年度市直机关争先创优目标绩效考核先进单位”，被市政府办评为2014年度全市政务公开工作先进单位。

财政审计 全市完成53个单位的预算执行和财政决算审计，其中预算执行审计50个、财政决算审计3个，延伸审计调查单位40个，审计查出主要问题金额74.01亿元。

固定资产投资审计 对263个单位（工程项目）进行审计或审计调查，审计项目投资完成296421万元，核减工程投资额33637万元。

经济责任审计 全市审计经济责任人71人（县处级领导19人，县处级以下领导52人），其中任中审计12人，共查出违规金额20491万元，为财政增收节支6582万元。

行政事业审计 完成行政事业单位审计（调查）83个，查出违规及管理不规范等金额共计130263万元。

专项资金审计 全市完成20类专项资金的审计（调查），审计专项资金总额为104843万元，查出主要问题金额10704万元。

企业、金融审计 开展企业金融类专项审计调查3个，查出主要问题金额4169万元。

（撰稿人：储 君）

【黄山市审计局】 2015年，黄山市审计局人员编制27人，实有23人。局长徐东海，副局长夏明东（—11月）、程浩良，总审计师余根长，纪检组长黄峰，经济责任审计局局长汪利兵。设有办公室（审计信息技术应用科）、综合法规科、财政金融审计科、行政事业审计科（农业资源环保审计科）、社保外资审计科（民生工程审计科）、固定资产投资审计科、经贸审计科、经济责任审计局。

审计成果 黄山市审计机关完成审计项目1002个，查出违规金额116457万元，审计处理应上缴财政1989万元、应减少财政拨款或补贴39833万元、应归还原渠道资金15640万元、应调账处理金额1432万元。移送司法机关、纪检监察部门处理事项3件。出具审计工作报告750份、提交信息126篇，提出审计建议529条。

政策措施贯彻落实跟踪审计 组织8次稳增长等政策落实情况跟踪审计，涉及简政放权、生态环保、加快重大项目推进、加强科技资金管理使用、扶持小微企业健康发展等15项内容。通过审计，反映问题，强化市县（区）审计机关为党和政府经济政策决策服务的能力，促进重点项目建设推进和经济转型与结构调整。

财政审计 加强对落实中央八项规定精神、厉行节约反对浪费以及有关“三公”经费等情况进行监督，在反映和查处问题的同时，注重从体制、机制、制度层面提出建议，促进改进管理、完善制度。重点审计财政局、地税局组织本级预算收支情况和市交通运输局、市委老干部局、市人民防空办公室2014年度的预算执行及其他财政收支情况。

固定资产投资审计 市审计局以节约财政性资金为重点，开展对政府各部门负责的基础设施建设项目的审计。将事前预防、事中控制和事后监督有机结合起来，强化审计监督力度。全年完成送审投资金额8.83亿元，审计核减金额1.20亿元，核减率为13.59%；标前审核项目8个，送审控制价5.04亿元，审核调整金额1341万元。

经济责任审计 由黄山市委办、市政府办制定下发加强经济责任审计工作实施意见。完成对54名领导干部的经济责任审计，其中市本级审计12名县处级领导干部，查出领导干部对违规行为负有直接责任、主管责任和领导责任的问题金额分别为4169万元、3669万元和653万元。

专项资金审计 开展保障性安居工程跟踪审计，组织开展黄山市服务业综合改革试点专项资金、战略性新兴产业资金使用情况审计等专项资金审计调查、世界银行贷款生态家园富民工程黟县子项目审计和德国贷款中德财政合作安徽森林可持续经营黄山区子项目的公证审计。

（撰稿人：柯家华）

【滁州市审计局】 2015年，滁州市审计局人员编制67人，实有58人。局长（党组书记）杜永珍，副局长杨庆毅、朱哲、宋洪波，总审计师高中伟，纪检组长李庆彬（—11月）。设有办公室、综合调研科、财政金融审计科、农业与资源环保审计科、投资外资审计科、经济贸易审计科、社会保障审计科、法规审理科、经济责任审计局、信息技术科、固定资产投资审计中心、监察室、纪检组。

审计成果 滁州市审计机关完成审计项目565个，查出主要问题金额47.84亿元，其中违规金额3.06亿元、损失浪费金额16万元、管理不规范金额44.77亿元；损益（收支）不实金额13.23亿元；审计处理处罚金额12.66亿元，其中应上缴财政2.09亿元、应减少财政拨款或补贴7.88亿元、应归还原渠道资金1413万元、应调账处理金额2.19亿元；审计发现非金额计量问题149个；审计促进整改落实有关问题资金12.2亿元，其中增收节支9.78亿元、已调账处理金额1.99亿元；审计后挽回（避免）损失8.73亿元。移送司法机关、纪检监察机关和有关部门处理事项2件。出具审计报告和专项审计调查报告613

篇，被批示、采用5篇。提出审计建议993条，提交审计信息823篇，被批示、采用192篇。向社会公告审计结果85篇。

滁州市人民政府出台《滁州市人民政府关于加强审计工作的意见》，中共滁州市委办公室、滁州市人民政府办公室印发《关于推进"四个全覆盖"强化对权力运行制约和监督的实施意见》和《关于推进巡查全覆盖的工作实施方案》等4个工作实施方案的通知。

滁州市审计局被安徽省审计厅表彰为全省审计机关"争先进位工程"先进集体、审计信息工作先进单位；被中共滁州市委表彰为综治工作(平安建设)优秀单位、第五届中国农民歌会先进单位；被滁州市人民政府表彰为全市依法行政工作一等奖、全市政务公开工作突出单位、全市民生工程组织实施工作先进单位；滁州市人民政府对2015年政府投资项目审计工作通报表彰；被中共滁州市委办公室表彰为全市"弘扬沈浩精神、推动三个发展"典型集体。全椒县审计局实施的城市居民最低生活保障资金使用情况专项审计调查被安徽省审计厅评为2015年度优秀审计项目。

政策措施贯彻落实跟踪审计　成立以局长为组长的稳增长重大政策措施落实情况跟踪审计领导小组，建立多部门参与、市县联动、定期通报、限时整改的工作运行机制。审计发现问题28个，向县(市、区)政府及市直主管部门发出审计发现问题整改建议10份，审计通报2份。

财政审计　全市审计机关完成财政类审计项目218个，查出主要问题金额38亿元，出具审计报告262份。滁州市审计局组织实施市本级2014年度预算执行和其他财政收支情况审计，依法向市人大常委会报告审计结果和审计发现问题整改情况，得到市人大常委会的充分肯定。组织实施对滁州市南谯区政府2014年度财政决算审计。组织实施税收征管审计、市直财政存量资金专项审计调查，进一步摸清财政存量资金的规模、结构，促进用好增量资金，盘活存量资金，推动公共资金合理配置、有效使用。

经济责任审计　全市审计机关完成领导干部经济责任审计项目134个，其中任中审计36个，离任审计98个。审计查出主要问题金额5.18亿元，其中违规金额1.23亿元、损失浪费16万元、管理不规范金额3.94亿元；促进增收节支8937万元。提出审计建议373条。建立领导干部经济责任审计对象分类管理数据库，与中共滁州市委组织部联合修订《滁州市领导干部经济责任审计对象分类管理办法》。首次对来安县和定远县县委书记、县长实施同步审计。组织对2013年至2014年实施的经济责任审计发现问题整改情况进行回访检查。

固定资产投资审计　全面推进政府投资项目审计监督全覆盖，实行事前清单控制价审核，事中跟踪审计，事后竣工结算审计；实现政府投资建设项目跟踪审计100%，结算审计100%。滁州市审计局完成竣工结算审计项目215个，施工单位报审价62.84亿元，审定价52.22亿元，总核减额10.62亿元，核减率16.9%；完成清单控制价审核项目83个，原编控制价31.23亿元，修正金额1.38亿元。

民生资金(项目)审计　组织全市审计机关对2014年度农村危桥资金管理使用情况进行专项审计调查，促进整改落实问题金额66.32万元，出具专项审计调查报告9篇，提出审计建议4条，2篇审计信息被《安徽审计信息》采用。组织实施滁州市本级2013—2014年度中型水库除险加固资金管理使用情况审计调查。组织全市审计机关开展城镇保障性安居工程跟踪审计，重点关注全市城镇保障性安居工程建设资金管理使用以及棚户区改造、安置等情况。针对审计发现的问题，积极督促相关部门落实整改，促进被审计单位出台相关制度、规范性文件5个。

外资运用审计　滁州市审计局组织对世界银行贷款安徽省林业综合发展项目(安徽省全椒县子项目)、中国新农村生态家园富民工程项目(安徽省天长市子项目)和亚洲开发银行贷款安徽省公路发展项目S309盱定路(皖苏交界至明光段)的2014年度财务收支和项目执行情况进行审计，审计查出管理不规范金额3749.78万元，提出审计建议4条。

专项资金审计　组织实施滁州市市直2013年至2014年城市绿化管护资金收支及管理情况专项审计调查，审计查出管理不规范金额572.78万元，促进整改落实关问题金额242.49万元，挽回损失5.21万元。组织明光市、定远县、来安县、南谯区4个县（市、区）审计局对社会抚养费管理使用情况进行专项审计调查，审计资金总额692.46万元，促进规范管理金额2591.69万元，提交审计信息《社会抚养费征管和使用中存在问题值得关注》被中共安徽省委办公厅、安徽省审计厅和中共滁州市委同时采用。

信息化建设　OA（审计管理系统）全面使用，全年实现公文入库960份，阅文3200人次，办结公文450件，审计立项及交互47项。金审三期国产化改造和投资审计系统建设进入实施阶段，AO（现场审计实施系统）应用不断深化，视频会商系统、审计信息网站充分应用。

（撰稿人：吕　刚）

【阜阳市审计局】　2015年，阜阳市审计局人员编制68人，实有56人。局长武杰，副局长马晓峰、方向阳，总审计师胡玲玲，调研员李援朝。设有办公室、财政金融审计科、农业资源环保与外资运用审计科、经济贸易审计科、行政事业与社会保障审计科、监察室、综合法规科、人事教育科、机关党委、审理科、审计信息技术应用科、经济责任审计局、固定资产投资审计中心、经济技术开发区审计分局。

审计成果　阜阳市审计机关完成审计项目654个，查出主要问题金额932632万元，其中违规金额236665万元、损失浪费金额193万元、管理不规范金额695769万元；损益（收支）不实金额20517万元；审计处理处罚金额74889万元，其中应上缴财政13927万元、应减少财政拨款或补贴24846万元、应归还原渠道资金14601万元、应调账处理金额14888万元；审计发现非金额计量问题214个；审计促进整改落实有关问题资金58348万元，其中增收节支43724万元、已调账处理金额10058万元；审计促进拨付资金到位4510万元；审计后挽回（避免）损失28132万元。移送司法机关、纪检监察机关和有关部门处理事项2件。出具审计报告和专项审计调查报告415篇，被批示、采用8篇。提出审计建议1212条，提交审计信息85篇，被批示、采用46篇。

政策措施贯彻落实跟踪审计　采取分级负责的方式和抽查核实等审计方法，抽查市本级40家单位、11个项目，8个县（市）区334家单位、65个项目，涉及财政资金111亿元。针对发现的问题提出审计意见和建议，并要求限期整改。

财政审计　全市财政预算执行审计立足资金使用效益，实施市本级9个部门（单位）预算执行审计项目，对市本级城市维护和园林绿化专项资金以及水资源管理费、排污费进行专项审计调查，持续开展对市级融资平台公司的审计监督。

经济责任审计　市审计局推动出台《阜阳市县处级党政正职领导干部经济责任审计暂行办法》，强化基层经济责任审计工作力度，要求各县（市、区）审计机关实施乡镇党政领导经济责任审计时，延伸审计3～5个行政村（办事处）负责人经济责任审计，实现审计重心下移。

固定资产投资审计　阜阳市审计局本级共审计项目130个，项目金额10.52亿元，核减工程价款1.82亿元，综合审减率17.25%，提出审计建议162条，提交审计报告54篇，被批示、采用的报告和信息9篇次。

民生资金（项目）审计　围绕33项民生工程，重点对一事一议财政奖补、小型水利工程改造提升、农村公路危桥加固改造等项目从资金使用、工程项目建设管理等方面重点开展专项资金审计。对城镇保障性安居工程的投资、建设、分配、运营等情况进行跟踪审计，针对审计发现的问题，提出切实可行的意见和建议，保障各项惠民政策落到实处。（撰稿人：王志龙）

【宿州市审计局】　2015年，宿州市审计局人员编制58人，实有53人。局长郭贤生（—7月）、胡兴无（8月—），副局长孙勇、黄莉、华颖涛，总审计师张钰生，纪检组长陈立新，调研员梁兆强，副调研员牛海宽。设有办公室、人事教育与内部审计指导科、综合法规科、财政金融审计科、行政事业审计科、企业与外资运用审计科、农业与资源环保审计科、社会保障审计科，信息化管理科、监察室、机关党总支，下设经济责任审计局、固定资产投资审计局。

审计成果　宿州市审计机关累计完成审计项目1738个（含政府投资审计项目1607个），查出问题资金总额902329万元。应上缴财政1030万元。移送主管部门、纪检（监察）机关、检察院处理事项12件。提交审计信息（专报）1430篇，被批示、采用787篇。

政策措施贯彻落实跟踪审计 全市组织审计机关实施稳增长政策措施落实情况跟踪审计7次，上报省审计厅跟踪审计报告7篇，上报整改情况报告3篇。

财政审计 完成市本级预算执行审计及市直6个部门预算执行审计。7月18日，受市政府委托向市人大常委会做2014年度市本级预算执行和其他财政收支情况审计工作报告，获得高票通过。

经济责任审计 市本级全年完成41名领导干部任期经济责任审计，查出问题资金总额36486.03万元。市审计局把自然资源资产审计作为一项重点内容进行专项审计探索。

固定资产投资审计 审计投资项目335个，送审总金额495898.58万元，审定总金额462934.81万元，审计核减总额32963.77万元，平均审减率6.65%。

民生资金（项目）审计 实施保障房跟踪审计，促进建立健全住房保障制度和规范管理文件8个；取消保障资格或调整享受待遇154户，追回住房补贴补助39.20万元，腾退收回保障性住房7套；完善用地手续330677平方米，补办完善基本建设审批手续20个。

外资运用审计 根据审计署授权，协助省审计厅外资处完成世界银行贷款农民工培训与就业项目灵璧县子项目的审计。

专项资金审计 组织全市审计机关对“十一五”以来农村饮水安全工程建设、运营、管理以及资金筹集、使用和全市2013年以来美好乡村建设资金及项目情况等方面开展专项审计（调查）。

信息化建设 推进审计管理系统国产化改造，初步建立审计数据分析平台，尝试在内网搭建FTP数据平台，与县区审计组实现税收征管数据共享。

（撰稿人：丁树宝）

【六安市审计局】 2015年，六安市审计局人员编制48人，实有39人。党组书记周仁孟，副局长涂成富（主持工作）、王家保、朱维清，总审计师胡正才，纪检组长唐锐。设有办公室、综合法规科、财政审计科、行政事业审计科、社会保障审计科、经贸审计科、农业与资源环保审计科、审计信息技术应用审计科、金融与外资审计科、审理科，下设六安市经济责任审计局、六安市投资审计局、六安市审计局直属分局。

审计成果 六安市审计机关完成审计项目346个（不含政府投资审计项目），其中组织实施审计项目330个，参与实施审计项目16个，查出主要问题金额2637813万元，其中违规金额265385万元、损失浪费金额7707万元、管理不规范金额2364721万元；损益（收支）不实金额55702万元；审计处理处罚金额441374万元，其中应上缴财政12764万元、应减少财政拨款或补贴11298万元、应归还原渠道资金26488万元、应调账处理金额390794万元；审计发现非金额计量问题553个；审计促进整改落实有关问题资金786845万元，其中增收节支216404万元、已调账处理金额570441万元；审计促进拨付资金到位15623万元；审计后挽回（避免）损失30748万元。移送司法机关、纪检监察机关和有关部门处理事项20件。出具审计报告和专项审计调查报告346篇，被批示、采用43篇。提出审计建议1268条，提交审计信息477篇，被批示、采用189篇。向社会公告审计结果166篇。

政策措施贯彻落实跟踪审计 出具稳增长等政策措施跟踪审计报告6篇，涉及19方面政策措施，审计调查98家单位，跟踪检查资金额超过70亿元。

财政审计 市县两级审计机关组织开展对2014年度预算执行情况审计，推动各项财政改革政策的贯彻落实，促进政府财政等部门完善制度30余项，盘活存量资金11.6亿元。

经济责任审计 推进经济责任审计全覆盖，建立经济责任审计对象数据库。全市对18名县处级和138名乡科级领导干部进行任期经济责任审计。

外资运用审计 完成世界银行贷款霍邱生态家园富民工程项目、世界银行贷款金寨职业学校农民工培训与就业项目等4个外资项目审计。

固定资产投资审计 全市完成2000个政府投资建设项目审计，调整投资额18.31亿元，节约资金15.7亿元，首次开展PPP项目审核把关工作。

专项资金审计 组织市、县（区）审计机关对全市2014年度残疾人就业保障金的筹集、分配、管理、使用情况进行专项审计。

信息化建设 开展新版审计管理系统应用培训和审计项目电子化流程控制，推动计算机审计应用。

内部审计 全市内部审计机构完成审计项目574个，通过审计增收节支4993.98万元，提出建议意见被采纳532条。推动市政府出台《关于进一步加强内部审计工作的意见》。

（撰稿人：罗 萌）

【亳州市审计局】 2015年，亳州市审计局人员编制56人，实有43人。局长李迎春，副局长梁海波、吴海波、宋保众。设有办公室、综合法规科、财政审计科、行政事业和社会保障审计科、农业与外资审计科、经贸与金融审计科、经济责任审计局，下设固定资产投资审计中心（计算机审计中心）。

审计成果 亳州市审计局完成审计项目140个，查出违规金额22629万元、管理不规范金额756857万元，核减政府投资8012万元。向有关部门移送审计事项9件。提出审计建议226条。

亳州市人民政府授予亳州市审计局集体二等功，给予张超、邢磊个人二等功，

财政审计 开展公共财政预算、政府性基金预算的编制和执行情况，以及中央八项规定、国务院"约法三章"等有关规定执行情况审计。市级预算执行审计涉及10多个部门，查出违规问题金额13395万元、管理不规范金额427335万元。向有关部门移送审计事项5项。市政府专门召开审计整改工作会议，要求对审计发现的问题逐项整改，建章立制。

固定资产投资审计 市审计局投资中心起草，经市政府有关部门研究出台《亳州市政府性投资建设项目审计暂行办法》，对政府投资审计实行全覆盖。市审计局出台《关于进一步完善政府投资建设项目审计内部操作规程的通知》《关于进一步加强政府投资建设项目审计廉政风险防控的意见》《政府投资建设项目审计专家复审实施办法》等制度，严把项目审计资料交接管理、项目资料预审、随机确定协审单位、审计过程控制、内部审核、专家审理等"六道关口"，严格规范审计流程。出台《亳州市审计局聘请社会中介机构参与政府投资建设项目审计管理办法（试行）》《亳州市审计局关于对社会中介机构参与政府投资建设项目审计考核细则（试行）》，加强对中介机构的监管，严控审计风险。市审计局完成政府投资工程价款结算审计项目115个，送审金额82544万元，审减工程价款8012万元，审减率9.7%。

经济责任审计 市审计局根据市委组织部委托，全年实施经济责任审计项目16个（其中离任审计项目14个、任中审计2个），交接审计项目2个，委托下级审计项目4个。向有关部门移送审计事项1件。

专项资金审计 市审计局共完成专项资金审计项目9个。重点开展全市城镇保障性安居工程跟踪审计、全市农村饮水安全工程项目专项审计调查、全市高标准基本农田建设项目财务决算审计、亳州市职业技术学院财务收支专项审计、市直10个部门执行厉行节约等政策情况专项审计调查。对专项资金使用管理中存在的问题及时进行查处，向有关部门移送审计事项2件。

（撰稿人：代鹏山 郭建国）

【池州市审计局】 2015年，池州市审计局人员编制29人，实有29人。局长徐树生，副局长吴熙祥、胡以民、桂良友，总审计师杨正发，纪检组长吴熙祥（兼），调研员吴明楣。设有办公室、综合法规科、财政审计科、行政事业审计科、经贸审计科、农业与资源环保审计科、审计信息技术应用科、经济责任局、市政府投资审计中心。

审计成果 池州市审计局完成审计项目40个，查出违规金额11100万元，管理不规范金额4841320万元，审计发现非金额计量的问题124个；审计处理处罚金额685575万元，其中应归还原渠道资金90122万元、应减少财政拨款或补贴19733万元、应缴纳其他资金393262万元、应调账处理金额170803万元。移送司法机关、纪检监察机关和有关部门处理事项2件。出具审计报告和专项审计调查报告51篇，被批示、采用10篇。提出审计建议77条，提交审计信息127篇，被批示、采用47篇次。向社会公告审计结果6篇。

财政审计 完成预算执行审计和审计调查项目13个，延伸审计单位7个。查出主要问题金额144084万元，其中预算编报不真实不完整295万

元、预算编制批复不规范602万元、未按规定纳入预算管理7987万元、未按规定征收缴纳收入40406万元，出具审计报告11篇。完成财政决算审计和审计调查项目2个，查出主要问题金额502280万元，其中工程结算款不实287万元、其他问题金额501992万元。

经济责任审计 全年审计领导干部11人，其中任中审计4人，离任审计7人，审计单位11个。审计查出主要问题金额369303万元，其中违规金额238万元、管理不规范金额369064万元。出具审计报告和审计结果报告22篇，被批示、采用3篇。提出审计建议25条，被采纳9条。移送案件涉案金额120万元。

金融审计 全年审计和审计调查单位2个，查出主要问题金额13930万元，其中违规经营1000万元、财务收支核算不实1734万元、其他问题金额11195万元。在审计会计信息质量情况方面，负债多计1493万元、少计177万元，损益少计1316万元。

行政事业审计 全年完成审计和审计调查项目9个，延伸审计单位24个。查出主要问题金额366854万元，其中未按规定纳入预算管理41万元、未按规定征收缴纳收入105489万元、违规改变项目计划和资金用途756万元。

专项资金审计 全年完成审计和审计调查项目4个，延伸审计单位8个。查出主要问题金额3805825万元，其中未按规定征收缴纳收入181625万元、未落实“收支两条线”和专户管理规定1625386万元、违规改变项目计划和资金用途6700万元、未按规定征提基金126361万元、扩大开支范围或提高开支标准列支9770万元。

固定资产投资审计 全年完成审计调查项目10个。项目投资金额26776万元（其中完成投资额17814万元），核减投资额19445万元，出具审计报告10篇。（撰稿人：周　杰）

【宣城市审计局】 2015年，宣城市审计局人员编制43人，实有37人。局长蔡修定，副局长章捷、丁宏林，总审计师肖远会，纪检组长张贤才。设有办公室、综合法规科、市经济责任审计局、财政审计一科、财政审计二科、金融与外资审计科、企业与社会保障审计科、审计信息技术应用科、市政府投资项目审计中心。

审计成果 宣城市审计机关共审计查出违规金额6.5亿元、管理不规范金额99.1亿元、损失浪费金额2633万元，审计上缴财政2153万元，为政府增收节支5.6亿元。全市审计机关提出审计建议1907条，被审计单位采纳1823条。其中，市本级共审计（调查）查出违规金额4.5亿元、管理不规范金额54.2亿元，审计上缴财政985万元，通过审计为政府增收节支1.8亿元。

政策措施贯彻落实跟踪审计 根据省审计厅统一组织，实施国务院稳增长、促改革、调结构、惠民生、防风险政策措施落实情况跟踪审计。完成市本级城镇保障性安居工程跟踪审计，促进城镇保障性安居工程政策落实。完成世界银行贷款综合林业发展宣州区子项目等6个外资项目审计。

财政审计 市本级对市财政局、市地税局、市经济技术开发区、市国库2014年度市级预算执行情况实施审计，对市信访局等13个一级预算单位2014年度预算执行情况进行审计。将“三公”经费、会议费及规范性津补贴等开支情况纳入审计重点内容，加大审计力度，加强对厉行节约、反对浪费等相关配套制度执行情况的审计监督，从制度执行和机制完善上揭示问题、提出建议。受市人民政府委托，向市三届人大常委会第二十九次会议报告预算执行审计情况。

经济责任审计 与市委组织部联合制定《宣城市市管干部经济责任审计对象分类管理暂行办法》，坚持“离任必审”。对市管干部经济责任审计对象实行分类管理，对不同类别采取不同的审计方式，确保每一位审计对象任期内至少接受一次审计。市本级安排对9名领导干部的经济责任审计，对10个部门（单位）开展“短、平、快”式的日常监督审计核查，参与制定《领导干部经济责任审计和日常监督审计核查结果运用暂行办法》。

固定资产投资审计 全市审计机关对政府投资项目进行预算审核和决算审计，节约政府投资5.4亿元。市本级完成环城大道三标、滨湖路等政府投资项目竣工决算审计，涉审金额13.2亿元，核减工程价款1.7亿元，核减率12.9%。

（撰稿人：皮先珍）

2015年安徽省所辖区、县(市)级审计工作统计表

金额单位：万元

审计机关	完成审计项目（个）	审计查出主要问题金额	审计处理情况					出具审计报告和审计调查报告（篇）	提出审计建议（条）	提交审计信息（篇）
			审计处理处罚				移送处理事项（件）			
			应上缴财政	应减少财政拨款或补贴	应归还原渠道资金	应调账处理金额				
合肥市										
合肥市本级	54	708423	60364		2959	40107	3	92	154	864
蜀山区审计局	12	101352	25					18	36	43
瑶海区审计局	8	31126						8	18	20
庐阳区审计局	14	58733						40	47	
包河区审计局	8	114721	45					8	311	4
巢湖市审计局	37	236358	11				4	37	306	1
长丰县审计局	46	40389	167		1	32013		50	82	20
肥东县审计局	12	129795					1	13	55	13
肥西县审计局	29	15334	19		11649	122		29	55	8
庐江县审计局	18	20620	341		2815	2136	1	110	259	11
芜湖市										
芜湖市本级	28	333251			321603	5925		41	61	108
鸠江区审计局	21	487						21	60	50
镜湖区审计局	9	61						9	24	30
弋江区审计局	15	19572	1078		1332	13459		19	50	28
三山区审计局	23	649						23	59	24
芜湖县审计局	57	129704	166	5356	114	824	1	74	169	15
繁昌县审计局	19	1456	402			16	1	21	80	30
南陵县审计局	20	89171	1078	7	330	87755	1	20	151	8
无为县审计局	48	22498	14178					48	202	63
蚌埠市										
蚌埠市本级	74	218978	2367	3041	1844	60104	14	75	79	272
蚌山区审计局	4	67			20			4	4	
龙子湖区审计局	11	914						14	30	12
禹会区审计局	38	2632		59				41	4	25
淮上区审计局	2	5632				1872		2	10	8
怀远县审计局	45	97861	2555	12851	9582	3640		45	569	27
五河县审计局	121	30720						122	33	

续表

审计机关	完成审计项目（个）	审计查出主要问题金额	审计处理情况					出具审计报告和审计调查报告（篇）	提出审计建议（条）	提交审计信息（篇）
			审计处理处罚				移送处理事项（件）			
			应上缴财政	应减少财政拨款或补贴	应归还原渠道资金	应调账处理金额				
固镇县审计局	87	47664	516	2896	94			87	133	106
淮南市										
淮南市本级	45	510997	8789		6360	48242		45	161	507
田家庵区审计局	11	314		314				11	10	6
大通区审计局	35	102		95	4			35	85	2
谢家集区审计局	36	491		209		163		36	91	21
八公山区审计局	98	1784		1784			4	98	233	30
潘集区审计局	8	9925	1396		71	25		8	38	6
凤台县审计局	71	63566	43894	12370		5753		71	248	58
毛集实验区审计局	123	1991						123	175	20
马鞍山市										
马鞍山市本级	157	152527		34594			2	165	284	229
雨山区审计局	41	6115						41	60	1
花山区审计局	37	2030	6	1959				37	53	2
博望区审计局	45	2881			415			45	66	3
当涂县审计局	400	152145	16	39			3	433	534	41
含山县审计局	21	30888	1616				6	149	317	6
和县审计局	12	85096					1	16	77	50
淮北市										
淮北市本级	40	852329	28723		13903	337622	3	63	152	79
相山区审计局	3	22568	7	3341	2778	12214		5	14	1
杜集区审计局	2	1810						3	10	
烈山区审计局	11	23010	10		3400		1	15	45	
濉溪县审计局	20	122111	4552		823	5975	1	20	31	15
铜陵市										
铜陵市本级	36		11368		25548	30531	18	48	124	17
铜官山区审计局	4	6387			266	3722		64	6	1
狮子山区审计局	7	3381						7	9	
郊区审计局	5	35000	120		470	31541		5	10	1
铜陵县审计局	87		3925		387	1285		95	37	
安庆市										
安庆市本级	33	669042	257	1260	80	215	6	35	162	702
大观区审计局	4	4174	3590			343			16	6

续表

审计机关	完成审计项目（个）	审计查出主要问题金额	审计处理情况					出具审计报告和审计调查报告（篇）	提出审计建议（条）	提交审计信息（篇）
			审计处理处罚				移送处理事项（件）			
			应上缴财政	应减少财政拨款或补贴	应归还原渠道资金	应调账处理金额				
迎江区审计局	75	6121	13		1	36			60	2
宜秀区审计局	12	16500	1889		1599	137		12	52	2
桐城市审计局	17	45580	11	11	86	1177		11	26	1
怀宁县审计局	79	11417	80	55	43		1	78	231	1
枞阳县审计局	20	41465	126		69			24	68	3
潜山县审计局	99	9832	412				1	117	169	45
太湖县审计局	11	3447	7	579	1696	5		11		
宿松县审计局	92	14645			435		3	92	90	12
望江县审计局	32	57396	2828	845	10261	7368	1	26	96	7
岳西县审计局	31	329	38		5			31	48	2
黄山市										
黄山市本级	68	16910	1602	10979	3240	837		72	25	50
屯溪区审计局	300	15335			10667			26	22	10
黄山区审计局	194	9079	286	4596	1579	100	3	194	47	13
徽州区审计局	148	27862	1	4557				153	169	11
歙县审计局	31	13681		8231		307		31	86	16
休宁县审计局	67	40640	38	8986	154	148		67	50	7
黟县审计局	80	7298	62	1940		20		80	130	9
祁门县审计局	114	987		544		20		127		10
滁州市										
滁州市本级	100	316227	6388	30264	560	375	2	127	143	363
琅琊区审计局	50	7256	347	1024	141	648		62	63	39
南谯区审计局	82	8389	11	6128	405	1815	2	81	60	9
天长市审计局	122	26289	65	14301			3	135	251	153
明光市审计局	21	16115	114				1	20	59	200
来安县审计局	41	13305	340	1999	17	7530		41	101	4
全椒县审计局	65	46377	6893	24810	155	11368		65	82	1
定远县审计局	54	32506	5274	277				52	136	54
凤阳县审计局	30	11944	1416	54	134	163	1	30	98	
阜阳市										
阜阳市本级	106	721788	10183	21994	12115	13247	2	55	320	1
颍州区审计局	44	3908	619	2852	332			23	144	38
颍东区审计局	119	9357	3			36		24	104	

续表

审计机关	完成审计项目（个）	审计查出主要问题金额	审计处理情况					出具审计报告和审计调查报告（篇）	提出审计建议（条）	提交审计信息（篇）
			审计处理处罚				移送处理事项（件）			
			应上缴财政	应减少财政拨款或补贴	应归还原渠道资金	应调账处理金额				
颍泉区审计局	33	3859	10		2102	70		39	51	
界首市审计局	34	1850	20					10	110	
临泉县审计局	92	174196	95					95	103	39
太和县审计局	19	3980	2959		52	967		9	28	7
阜南县审计局	78	5205	38			568		31	61	
颍上县审计局	129	8489						129	291	
宿州市										
宿州市本级	368	165499	541				5		115	
埇桥区审计局	205	251708	158				1		111	
砀山县审计局	370	71635	14261		213			16	35	
萧县审计局	164	233888	1934		703		6	14	56	
灵璧县审计局	215	110513	79		187	7		58	131	
泗县审计局	426	69086	57						28	
六安市										
六安市本级	27	1470405	3098		2165	316114	13	23	148	132
金安区审计局	34	39814	163		143	14362	3	34	362	46
裕安区审计局	14	58518	346	2886	18604	33002		21	53	6
寿县审计局	40	73562	152	668	541		1	40	76	19
霍邱县审计局	95	2154			1046			95	285	62
舒城县审计局	76	930000	30	7725	897	14025	3	76	189	110
金寨县审计局	18	23582	8052	19	663	13148		15	62	26
霍山县审计局	18	35340	908		2424	143		18	41	64
叶集试验区审计局	24	4438	15		6			24	52	12
亳州市										
亳州市本级	140	779486	222		7033	591	9	144	226	30
谯城区审计局	379	117558	22	0	30406	72377		391	442	22
涡阳县审计局	201	169997	23528		108540	570		201	221	20
蒙城县审计局	24	25943	11	27	302	1167		33	75	30
利辛县审计局	41	13400	18					44	121	15
池州市										
池州市本级	40	4852420	11653	19733	90122	170803	2	51	77	127
贵池区审计局	35	75035	381		34683	27695		40	195	25
东至县审计局	22	15777				54		22	26	8

续表

审计机关	完成审计项目（个）	审计查出主要问题金额	审计处理情况					出具审计报告和审计调查报告（篇）	提出审计建议（条）	提交审计信息（篇）
			审计处理处罚				移送处理事项（件）			
			应上缴财政	应减少财政拨款或补贴	应归还原渠道资金	应调账处理金额				
石台县审计局	24	12261						24	46	30
青阳县审计局	52	40758	23	1511	12	128		52	34	42
宣城市										
宣城市本级	34	589696	985	17262	2140	51176		34	125	10
宣州区审计局	196	21112		6376	18	74	7	196	323	56
宁国市审计局	195	71571	962	5552	9065	1135		195	341	42
郎溪县审计局	164	106869	31	9975	36	10	5	164	74	71
广德县审计局	331	34493						331	256	72
泾县审计局	201	191598	41	6941	39	231	3	201	388	94
绩溪县审计局	193	70451	115	4669	2	23261	2	193	477	151
旌德县审计局	91	7589	19	6039				91	179	92

福建省

【福建省审计厅】 2015年，福建省审计厅人员编制245人，实有235人。设有办公室、法规处、综合处、经济责任审计处（福建省经济责任审计工作联席会议办公室与其合署办公）、计算机审计处、财政审计处、金融审计处、行政事业审计处、经贸审计处（中央属单位审计处）、农业与资源环保审计处、社会保障审计处、固定资产投资审计处、外经贸审计处、人事处、经济执法审计处、教育审计处、卫生社保审计处、政法审计处、机关事务审计处、建设审计处、农林水审计处和科文体审计处，并按照有关规定设立机关党委和驻厅监察室，下设福建省审计厅审计举报中心、福建省审计科研所（加挂福建省政府投资项目和国外贷援款项目审计服务中心）、福建省审计厅计算机应用中心。

领导成员

厅　　长：姜榕兴

副 厅 长：杨　红　王成章

吴克昌（5月—）

总审计师：林建苍

纪检组长：谢　宝

审计成果　福建省审计机关完成审计项目2864个，审计处理处罚金额2964845万元，其中应上缴财政192127万元、应减少财政拨款或补贴147284万元、应归还原渠道资金1781953万元、应调账处理金额768500万元；审计发现非金额计量问题8896个；审计促进整改落实有关问题资金734442万元，其中增收节支336100万元、已调账处理金额355005万元；审计促进拨付资金到位22228万元，审计后挽回（避免）损失174270万元。移送司法机关、纪检监察机关和有关部门处理事项212件。出具审计报告和专项审计调查报告3916篇，被批示、采用190篇次。提出审计建议7355条，提交审计信息5965篇，被批示、采用3775篇次。向社会公告审计结果25篇。

漳州市华安县审计局实施的沙建镇人民政府2011年5月至2014年2月货币资金管理情况专项审计调查项目被审计署评为地方优秀审计项目，福州市、宁德市、莆田市审计局联合实施的福州市土地出让收支和耕地保护情况审计项目被审计署评为全国土地出让收支和耕地保护情况审计优秀审计项目。南平市审计局实施的县级公立医院医疗收费与药品管理情况专项审计调查等10个审计项目被评为全省优秀审计项目，福建省审计厅农林水处实施的福建省水利厅2013年度省级预算执行情况审计等5个审计项目被评为全省表彰审计项目。2015年，福建省审计厅蝉联中央文明委“全国文明单位”称号。

政策措施贯彻落实跟踪审计 全省审计机关抽查单位4509个（次），涉及资金总量0.77万亿元，抽查项目2620个（次），涉及项目总投资额2.53万亿元。审计过程中侧重对福建省出台的稳增长等配套政策措施进行跟踪，同时将政策落实与项目落地有机结合；着重检查稳增长等政策措施在实际操作中不适应、不衔接、不配套等问题，提出解决突出问题和推动长远发展的建议；坚持不同时期突出不同的工作重点，先后对交通、水利、工业园区、健康、养老服务业等重点建设项目，以及中小企业税收政策、财政专项支出政策等进行跟踪分析；重视督促整改，全省各级审计机关开展整改回头看，取得良好的成效，已有347个问题得到整改。《中国审计》杂志以《福建：政策措施落实跟踪审计的探索之路》作为封面文章，对福建省的政策审计实践进行专题报道。

财政审计 全省审计对571个部门、单位的预算执行情况开展审计，延伸审计1164个二、三级单位，对省级扶贫开发重点县政策资金落实情况、新型城镇化发展现状开展专项审计调查。审计注重以财政资金使用和政策落实为重点，逐步实现审计全覆盖，拓展预算执行审计内容，关注预算管理制度改革，促进盘活财政存量资金及试行政府采购情况审计，揭示未能有效实行预算细化管理且支出进度比较缓慢等原因造成省级存量资金规模较大、清理收回的以前年度存量资金统筹盘活力度不够及政府采购中关联供应商串标、采购单位规避公开招标等问题，提出尽快建立财政存量资金正常回收制度等审计建议，督促收回财政存量资金118.88亿元。福建省十二届人大常委会第十六次会议听取和审议审计工作报告，对审计工作予以充分肯定。福建省人民政府高度重视审计发现问题的整改落实，副省长代表省政府向福建省十二届人大常委会第十六次会议报告2013年度省本级预算执行和其他财政收支审计发现问题整改落实情况，省政府办公厅印发《关于建立审计整改落实工作制度的通知》，要求建立完善审计整改工作责任制、审计整改报告、审计整改联动、审计整改工作督查、审计整改问责、推行审计整改结果公开等6项机制。

经济责任审计 全省审计机关审计972个单位1096名领导干部和领导人员，出具审计报告和审计结果报告2002篇，提出审计建议2866条，被采纳1670条。各地经济责任审计工作的组织领导机构进一步完善，福州、厦门、泉州、龙岩、宁德等设区市经济责任审计工作联席会议召集人均由市长担任。经济责任审计成果运用进一步得到加强，福建省委巡视组充分运用审计结果开展对市县区和省属企业的巡视工作；福建省纪委按管辖范围将审计结果报告及时分流到相关纪律监察室，作为查案的参考；福建省委组织部将审计结果作为全省县委书记评优评先的参考依据。省审计厅持续开展整改落实情况的联合督查。福建省纪委、福建省委组织部、福建省审计厅、福建省国资委等多个成员单位抽调人员组成两个督查组，先后对5个市（县、区）、3家省属企业、2所省属高校以及2家公安机关2014年度经济责任审计整改落实情况开展联合督查，促进相关党委政府、主管部门和被审计领导及其所在单位对整改工作的重视，认真落实责任追究，切实抓好问题整改。

自然资源资产离任审计 福建省审计厅成立领导干部自然资源资产离任审计领导小组及专业攻关小组，牵头省直相关部门建立自然资源资产离任审计跨部门协作机制，加强与省直各相关部门的沟通交流。省审计厅指导宁德市完成审计署资源环境审计司交办的课题，通过福鼎市自然资源资产离任审计试点工作，初步建立起一套涵盖资源保有和消耗、环境损害及治理、生态恢复和效益、经济结构调整、环保能力保障等5个方面44项内容的审计评价指标体系，得到审计署的肯定。按照省审计厅的统一部署，7个设区市审计局结合当地资源，组织开展自然资源资产审计试点。

固定资产投资审计 全省审计机关完成837个重点投资项目审计，项目投资额14249448万元，核减投资额197072万元。省审计厅开展城镇保障性安居工程、支持新疆发展资金和项目跟踪审计以及10条高速公路建设项目审计。对全省“三维”项目和重点建设项目，抽取119个重大项目开展前期工作和落地情况的专项审计调查，针对项目进度滞后甚至中止等问题，从审批程序、征地拆迁影响、建设资金到位、市场变化等方面进行剖析，提出全面落实领导责任、落实好资源要素保障以及加强项目策划、储备和招商工作等审计建议，助力推进项目建设。

企业审计 全省审计机关审计企业97个，延伸审计相关企业73个。对福建省交通运输集团有限责任公司和福建省投资开发集团有限责任公司开展审计，揭示两家公司为做大营业额，开展“托盘贸易”，违背典当行、小额贷款公司“小额、分散”的放款原则，求大弃小，违规发放单笔大额款项等风险隐患，引起被审计单位的高度重视，及时采取措施，规避经营风险。

金融审计 在金融审计中，揭示金融租赁业在业务发展、经营管理和内部控制中存在的问题和风险薄弱点，发现违规金额6178万元，促进被审计单位的业务合规和经营管理水平的提高。

信息化建设 省审计厅初步建成省直住房公积金、社会保障资金、省地税等联网审计平台，完善兴业银行审计数据分析平台，实现与省人口库和市场监管数据库对接。利用联网审计平台，组织开展福建省2012—2014年度住房公积金审计，通过筛查全省住房公积金行业数据库，延伸抽查48个管理部门，揭示住房公积金在缴存、使用和信息系统及数据方面存在的问题。应用计算机审计分析，开展省重大建设项目前期工作和项目落地情况审计，对省重点建设项目库和“三维”项目库中6446个项目的信息要素进行筛查比对，抽取其中119个重大项目开展实地调查，揭示部分建设项目前期工作或建设进度滞后、在建项目完成投资额申报不实等问题。对省立医院、省肿瘤医院的信息系统进行试点审计。组织编制金审工程三期可研报告，通过审计署批复。

内部审计 全省建立内部审计机构3245个，配备内部审计人员5162人，全年完成审计项目6873个，审计总金额704998万元。福建省内部审计协会重点抓好内部审计经验总结推广工作，开展优秀审计案例展示活动，评选推荐的厦门国贸集团股份有限公司“构筑内控坚固防线，有效控制财务风险——A公司（汽车4S店）”审计案例被中国内部审计协会评为“百佳审计案例”。

（撰稿人：王康力）

【福州市审计局】 2015年，福州市审计局人员编制91人，实有84人。局长林良云，副局长郑生明、刘小红、林光明，总审计师翁国荣（—11月），纪检组长史丹青。设有办公室、综合业务处、法规处、财政金融审计处、行政事业审计处、固定资产投资审计处、经贸审计处、社会保障审计处、农业与资源环保审计处、经济责任审计处、园区经济审计处、计算机审计处、人事处、机关党委和驻局纪检组、监察室，下设福州市政府固定资产投资审计中心。

审计成果 福州市审计机关完成审计和审计调查项目329个，审计处理处罚金额550348万元；促进整改落实有关问题资金283523万元，其中增收节支70295万元、已调账处理金额213158万元；审计后挽回（避免）损失和促进拨付资金到位1300万元。移送处理事项5件，已处理4件4人。出具审计（调查）报告483篇，提交审计信息被批示、采用481篇。

福州市土地出让收支和耕地保护情况审计项目获得审计署表彰，6个审计项目被福建省审计厅评为全省优秀表彰项目。福州市审计局蝉联中央文明委“全国文明单位”称号，被评为第一届全国青年运动会组织筹办工作先进集体，获得全省“三八”红旗单位，获得全省审计系统审计信息化建设运用、审计统计和信息宣传工作第一名，被福州市委、市政府评为全市重点项目建设先进服务单位。

政策措施贯彻落实跟踪审计 对市本级25个责任部门和12个县（市）区政府落实稳增长、促改革、调结构、惠民生、防风险政策措施情况进行跟踪审计。从6月起，增加对40个省、市重点建设项目跟踪审计，并按月上报审计结果报告和报表，纠正政策目标未实现和措施落实不到位、项目进度缓慢、资金使用效益不高等问题，促进政令畅通。

全国青年运动会跟踪审计 采取“边审计、

边整改、边规范”的办法，连续三年对第一届全国青年运动会（以下简称“青运会”）场馆建设、财政财务收支、赛事等进行跟踪审计，纠正管理不规范金额5493万元，提出审计意见建议被采纳42条，建章立制11项。参与“青运会”监察审计部工作，林光明等4人分别被省、市评为“青运会”筹办先进工作个人。

财政审计 全市审计机关对140个部门（单位）开展预算执行与决算审计，查出主要问题金额116.75亿元，对查出的预算编报不实、结转结余大、资金滞留闲置等问题进行处理和纠正。对全市229个部门（单位）2014年度公用经费管理使用情况进行专项审计检查，处理和纠正公务接待、人员编制、车辆管理不规范以及违规发放津补贴等问题。

经济责任审计 全市审计机关对141个单位153名党政及国有企业领导人员进行任期经济责任审计，其中离任审计83人、任中审计70人，查出主要问题金额26.1亿元，移送有关部门处理事项5件，涉及金额1244万元。在省审计厅授权的漳平市委书记、市长任期经济责任审计中探索开展领导干部自然资源资产审计。

固定资产投资审计 对29个政府投资项目进行审计和跟踪审计，查出主要问题金额5.37亿元，重点处理和纠正工程项目超（概）预算、未公开招投标、工程进展缓慢等行为。7个县（市）区政府投资审计中心开展2973个工程项目造价审计，净核减工程造价13.71亿元。

民生资金（项目）审计 对城镇保障性安居工程、住房公积金归集使用和管理、城市污水处理及设施建设等18个重点民生项目和资金进行审计（调查），查出问题金额2.79亿元，提出加强管理、加大环境保护、监管和综合治理力度等审计建议。城镇保障性安居工程审计整改问题金额1.62亿元，补办产权登记手续和调整清退263套（户），促进空置房投入使用1328套，出台和完善制度和规范性文件5个。（撰稿人：方韶玲）

【厦门市审计局】 2015年，厦门市审计局人员编制89人，实有83人。局长庄志杰（—9月）、林起核（9月—），副局长陈爱忠、花育明，总审计师洪再福，纪检组长贾兆营。设有办公室、审理处、人事处、经济责任审计处（市经济责任审计工作联席会议办公室）、财政审计处、行政事业审计处、农业与资源环保审计处、社会保障审计处、固定资产投资审计处、金融与外资审计处（计算机审计处）、企业审计处、机关党委、驻局纪检监察室。

审计成果 厦门市审计机关完成审计项目193个，查出违规金额43032万元、损失浪费金额16030万元，损益（收支）不实金额金额266757万元；审计发现非金额计量问题738个；审计处理应上缴财政39694万元、应减少财政拨款或补贴1918万元、应归还原渠道资金162043万元、应调账处理金额149642万元；审计促进整改落实有关问题资金169596万元，其中已上缴财政29859万元、已归还原渠道资金24580万元、已调账处理金额115153万元。向司法机关、纪检监察机关及有关部门移送处理案件14件。出具审计报告和审计结果报告306篇。提出审计建议715条，被采纳491条。提交审计信息751篇，被批示、采用206篇。

财政审计 开展2014年市本级预算执行情况审计、部门预算执行审计和决算审签以及其他财政收支情况审计。通过审计，促进有关行政事业单位上缴财政28112万元，推动市财政局进一步完善财政存量资金管理制度，加强各部门存量资金管理，建立财政存量资金的长效控制机制。

经济责任审计 全市审计机关对116名领导干部开展经济责任审计，查出违规金额10876万元，损失浪费金额13993万元，促进增收节支8026万元。在厦门市委、市政府出台的《2015年度各区党政领导班子市直部门领导班子综合考核评价的实施方案》中，把“经济责任审计中发现问题较重的”纳入综合定性考核内容，推动经济责任审计问责力度。

专项资金审计 开展全市城镇保障性安居工程跟踪审计、公共停车场收支和管理情况、市属医院绩效分配和信息化建设审计调查。促进保障性住房建设与管理的规范，提高配租配售资格审核审批效率和质量，完善保障房退出管理机制，加强公建配套资产管理，提高资产利用率；从体制机制制度层面提出对全市道路停车泊位进行统一建设、统一管理、统一收费、统一监管的建议，促进全市公共停车资源的整合；促进完善异地医保结算和分级诊疗工作，推动全市医疗资源的优化配置。

资源环保审计 对全市水资源、海域资源、生态风景林3个项目进行审计调查，重点关注国有资源开发利用和生态环境保护情况、相关资金的征收管理和使用情况、资源环境保护项目的建设情况以及资源环境管理部门的职责履行情况，促进资源节约集约利用，维护生态环境安全。探索领导干部自然资源资产离任审计。

（撰稿人：郭芙榕）

【莆田市审计局】 2015年，莆田市审计局人员编制46人，实有43人。局长余志生（—2月）、黄锦华（2月—），副局长张文庆、蔡振华、陈建华（12月—），总审计师邓超庸，纪检组长曾志明（—12月）、俞碧玲（12月—）。设有办公室、法制科、财政金融审计科、社会保障审计科、经济责任审计室、经济责任审计联席会议办公室、行政事业审计科、农业与资源环保审计科、经贸审计科、固定资产投资审计科、特派审计室、计算机应用中心、政府投资审计中心和驻局纪检监察室。增设莆田市审计局派驻北岸湄洲岛审计室，核定科级领导职数1名，配备审计人员5人。全市一县四区全面设立乡镇审计办事处，共增编20人。

审计成果 莆田市审计机关完成审计项目336个，审计处理处罚金额232897万元，其中应上缴财政4792万元、应减少财政拨款或补贴1793万元、应归还原渠道资金1448万元、应调账处理金额224864万元。移送纪检监察机关处理事项10件。出具审计报告和专项审计调查报告375篇。提出审计建议398条，被采纳224条。提交审计信息148篇。

莆田市审计局与福州市、宁德市审计局联合实施的福州市土地出让收支和耕地保护情况审计项目被审计署评为优秀审计项目；2个审计项目被省审计厅评为全省优秀审计项目，1个审计项目被评为全省表彰审计项目。市审计局被省委、省政府评为福建省第十二届文明单位；被市委、市政府评为“一类平安单位”，2014年度绩效评估被市委办、市府办评为优秀等次。

政策措施贯彻落实跟踪审计 重点抽查84个部门（单位）、44个重点建设项目，揭示棚户区改造、生态环境保护、重大水利建设等方面的突出问题，提出审计意见和建议。

财政审计 全市审计机关完成预算执行审计项目56个，涉及审计单位56个、延伸审计33个下属单位。莆田市审计局采取统一建立台账、定期跟踪汇总、逐个对账销号的办法，促进“同级审”发现问题的整改工作。

民生资金（项目）审计 全市审计机关共开展民生资金和项目审计103个，揭示挤占挪用、损失浪费、管理不善、效益不佳等问题，促使相关单位制定完善相关制度，规范资金管理。

固定资产投资审计 全市审计机关完成审计项目214个，送审投资额10.87亿元，核减投资额0.33亿元，查出主要问题金额0.36亿元。发现在项目招投标、合同签订及履约、工程建设管理等方面存在的问题，提出审计建议，促进建设单位规范管理。

经济责任审计 完成经济责任审计项目40个。莆田市经济责任审计工作联席会议成员单位对2014年度18个单位的整改情况进行全面督查，对未整改到位的单位及问题予以通报批评。

信息化建设 在全市审计机关范围内开展“比创新、比技能、比奉献”活动，表彰4个优秀奖案例、6个应用奖案例和8个优秀审计方法。

（撰稿人：翁梅娟）

【三明市审计局】 2015年，三明市审计局人员编制51人，实有45人。局长邓永辉（—3月），副局长林寿佰（4月—，主持工作）、郭澍锡、周永东，总审计师罗发淦，纪检组长林明芳。设有办公室、人事教育科、法规科、任期经济责任审计科、财政金融审计科、社会保障审计科、固定资产投资审计科、行政事业审计科、农业与资源环保审计科、驻局监察室，下设三明市网络审计工作站。

审计成果 三明市审计机关完成审计项目341个，查出违规金额22659万元、损益（收支）不实金额28551万元；审计处理处罚金额56738万元，其中应上缴财政17999万元、应减少财政拨款或补贴11282万元、应归还原渠道资金8817

万元、应调账处理金额15105万元；审计发现非金额计量问题770个；审计促进整改落实有关问题资金18797万元，其中增收节支13247万元、已调账处理金额3856万元；审计促进拨付资金到位147万元；审计后挽回（避免）损失13353万元。移送司法机关、纪检监察机关和有关部门处理事项5件。出具审计报告和专项审计调查报告465篇，被批示、采用9篇。提出审计建议993条，提交审计信息608篇，被批示、采用323篇。向社会公告审计结果1篇。

政策措施贯彻落实跟踪审计 对全市各级政府2015年度围绕行政审批制度改革和推进简政放权改革、棚户区改造、保障性住房建设、城市基础建设、养老健康等21项稳增长等政策落实情况进行跟踪审计，并按季向市政府出具跟踪审计报告。市审计局连续两年开展全市22家公立医院审计调查，揭示医改进程中的难点问题和医改政策落实情况，提出审计建议，市政府召开全市医改会议，邀请市审计局通报审计中发现的问题。

财政审计 从落实稳增长等政策措施入手，以财政专项资金为重点，并对照中央八项规定，对相关的公务支出预算进行审计。全市审计机关审计预算执行单位57个，查出主要问题金额216805万元，出具审计报告62篇。

经济责任审计 完成经济责任审计项目137个，被审计领导人139人。查出违规金额2802万元；出具审计报告和审计结果报告268篇；提出审计建议289条，被采纳209条；移送纪检等相关部门处理案件线索1件。

固定资产投资审计 三明市审计局开展对建泰高速公路、三明沙县机场、城镇保障性安居工程、徐碧新城B05地块安置房建设项目竣工决算和援疆资金建设项目跟踪审计。全市依托政府投资审计中心，审计891个工程投资类项目，资金总额112.3亿元，核减工程价款5.57亿元。

专项资金审计 对将乐县森林资源发展现状与保护利用情况和尤溪县洋中镇新型城镇化发展现状实施专项审计调查，反映将乐县2012年至2014年在林权改革、森林资源保护和尤溪县洋中镇在提供公共产品、实现公共服务均等化等方面的试点情况。

农业审计 全市12个县（市、区）审计机关均成立乡镇审计中心，开展涉农资金审计1.5亿元，强化对涉农资金的审计监督。

（撰稿人：庄剑雄）

【泉州市审计局】 2015年，泉州市审计局人员编制54人，实有52人。局长蔡思红，副局长骆振军、徐情根，总审计师李锦忠，纪检组长蔡正确。设有办公室、综合科、法制科、经济责任审计科、财政金融审计科、行政事业审计科、企业审计科、固定资产投资审计科、计算机审计科、机关党委、驻局纪检监察室。

审计成果 泉州市审计机关共完成审计（调查）项目355个，查出违规金额17764万元；审计处理应上缴财政17087万元、应减少财政拨款或补贴8717万元；审计促进整改落实有关问题资金7792万元，审计后挽回（避免）损失9466万元。移送处理事项13件39人。出具审计报告和专项审计调查报告450篇，被批示、采用121篇次。提出审计建议978条，被采纳659条。提交审计信息877篇，被批示、采用1306篇次。

政策措施贯彻落实跟踪审计 开展全市稳增长等政策措施落实情况跟踪审计，重点关注与稳增长等政策措施密切相关的重大项目建设进度，资金保障，简政放权情况，财税、金融、产业、外贸等政策落实情况，反映存在的主要问题，提出对策建议，推动政策措施贯彻落实。跟踪审计涉及推进简政放权等19个领域，提出问题84条，其中已经整改40条，正在整改的36条，审计结果得到省市领导的充分肯定和批示。

财政审计 探索新预算法下预算执行审计方式方法，实现对公共财政预算、政府性基金预算、社会保障资金预算和国有资本经营预算的审计全覆盖。全市审计机关完成预算执行审计（调查）单位60个，延伸审计单位183个，揭示预算编报不真实不完整、资金滞留闲置等问题。围绕构建公共财政资金审计大格局，加大对财政决算审计，农林、扶贫及水利工程建设等专项资金审计以及投资预决算审计和财政财务收支审计力度。

经济责任审计 围绕上级交办和群众反映强烈的热点单位，合理调配审计资源，创新审计方法，探索“1+N”审计模式，将经济责任审计与预算执行等其他审计相结合，围绕不同审计目标，采取一次进点，分别报告，成果共用的形式，提高工作效率。全市审计机关完成对 101 名领导干部的任期经济责任审计，查出领导应负直接责任金额 2299 万元。

固定资产投资审计 全市审计机关对 124 个投资项目开展审计或调查，项目投资额 1794057 万元，完成投资额 1298147 万元，核减投资额 15000 万元，查出主要问题金额 57930 万元。开展晋江大桥造价决算审计、晋石高速公路建设项目跟踪审计、田安路南拓片区道路改造建设项目财务结算审计，以及援疆资金和项目跟踪审计等项目。

民生资金（项目）审计 开展全市城镇保障性安居工程跟踪审计，持续关注保障房政策落实情况。加大对涉农资金和项目的审计，市本级结合“同级审”，对农业、林业、扶贫和文化发展专项资金管理使用情况开展审计调查。组织开展市本级生态环保专项资金审计调查，并对石狮市海域资源资产进行试点审计，提交的审计情况专报引起市政府的高度重视。各县（市、区）审计机关在新型城镇化试点政策、特困家庭帮扶资金、公共卫生服务专项、新型农村合作医疗保险资金、城乡居民社会养老保险资金等民生方面加大审计和调查力度。

信息化建设 推进金审工程成果应用，推进和落实 AO（现场审计实施系统）与 OA（审计管理系统）交互工作。通过开展全市住房公积金归集管理使用情况专项审计，尝试对公积金行业核心业务引入新的数字化审计技术手段。开展泉州市联网审计系统平台和数据中心的建设。

（撰稿人：张志文）

【漳州市审计局】 2015 年，漳州市审计局人员编制 57 人、实有 51 人。局长郭进福，副局长张孔亮、陈少凡、卢宗金（—11 月）、郑清松，总审计师曾妙玲，漳州市经济责任审计工作联席会议办公室主任高振强，驻发改委纪检副组长魏素云。设有办公室、法制科、经济责任审计科、财政金融审计科、行政事业审计科、经贸外经审计科、农业与资源环保审计科、社会保障审计科、固定资产投资审计科、开发区审计科、机关党委和驻发改委纪检监察室，下设漳州市审计局计算机应用技术中心、漳州市审计局固定资产投资审计中心。

审计成果 漳州市审计机关完成审计项目 339 个，查出违规金额 28784 万元、损失浪费金额 765 万元；审计处理应上缴财政 20327 万元、应减少财政拨款或补贴 1812 万元；审计发现非金额计量问题 864 个；审计促进整改落实有关问题资金 30950 万元，其中增收节支 16572 万元、已调账处理金额 4090 万元；审计促进拨付资金到位 455 万元；审计后挽回（避免）损失 6226 万元。移送司法机关、纪检监察机关和有关部门处理事项 20 件。出具审计报告和专项审计调查报告 469 篇，被批示、采用 13 篇。提出审计建议 958 条，提交审计信息 227 篇，被批示、采用 190 篇。

华安县审计局实施的沙建镇人民政府 2011 年 5 月至 2014 年 2 月货币资金管理情况专项审计调查项目被审计署评为地方优秀审计项目；漳州市审计局实施的漳州市财政局 2013 年度市本级预算执行情况和其他财政收支审计项目、漳州市住房公积金管理中心 2013 年度预算执行情况审计项目被评为省审计厅全省优秀审计项目。

政策措施贯彻落实跟踪审计 按照审计署统一部署，组织全市审计机关 105 名审计人员对稳增长等政策措施落实情况进行跟踪审计，审计成果得到福建省审计厅和漳州市市长的充分肯定。

财政审计 组织实施 58 个财政部门、预算执行单位及其他相关单位的预算执行情况审计，对涉及民生工程、政府投资、生态环境等重点专项资金的管理和使用情况进行审计或审计调查。漳州市审计局查出预算编制不准确导致预算执行不到位，截至 2014 年末有 19032 万元未拨付；中央转移收入未纳入本级财政，截至 2014 年末历年累计结余 6238 万元；国有资本经营收益未及时收缴，2012 年至 2014 年市国投公司少缴国有资本经营收益 657 万元、漳龙实业有限公司少缴国有资本经营收益 1600 万元港币等问题。

固定资产投资审计 对援疆资金和项目等 57 个政府重点投资项目进行审计和跟踪审计，核减工程价款 4258 万元。

民生资金（项目）审计 完成 54 个审计或专项审计调查项目，组织市县两级审计机关对 2014 年城乡居民医疗保险资金的筹集、管理和使用情况进行专项审计调查，重点关注医保基金管理情况和损害参保人员利益等问题以及医保政策的执行效果，通过计算机对医保资金的财务、业务等数据进行分析，查出主要问题金额10019万元。审计摸清医保资金存在的突出问题和倾向性问题，重点揭露超范围补偿医疗费用、基金增值率低、人为分解重大疾病医疗费用、部分民营医院乱收费等问题。审计调查报告得到漳州市市长批示，要求有关部门高度重视审计发现问题，抓好问题整改。

信息化建设 市审计局的审计项目100%实现AO（审计现场实施系统）与OA（审计管理系统）交互，实现从审计立项、项目计划制订、审计方案编制、项目实施、复核、归档等审计全过程质量控制。开始建设联网审计财政子系统。

（撰稿人：李伟光）

【南平市审计局】 2015年，南平市审计局人员编制64人，实有52人。局长陈建新，副局长陈祥安、刘剑锋、陈卷宝，总审计师上官登川，纪检组长陈代安（7月—）。设有办公室、法规科、经济责任审计科、财政金融审计科、行政事业审计科、经贸审计科、固定资产投资审计科、社会保障审计科和南平市监察局派驻监察室、南平市审计局武夷新区分局，下设南平市固定资产投资审计中心、南平市计算机审计中心。

审计成果 南平市审计机关完成审计项目375个，查出违规金额21237万元，损益（收支）不实金额金额41962万元；审计处理处罚金额42075万元，其中应上缴财政5531万元、应减少财政拨款或补贴4495万元、应归还原渠道资金18729万元、应调账处理金额13320万元；审计发现非金额计量问题1062个；审计促进整改落实有关问题资金31985万元，其中增收节支15574万元、已调账处理金额9762万元；审计促进拨付资金到位1122万元；审计后挽回（避免）损失22460万元。移送司法机关、纪检监察机关和有关部门处理事项123件。出具审计报告和专项审计调查报告509篇。提出审计建议904条，提交审计信息1101篇，被批示、采用366篇。

南平市审计局获全市绩效管理先进单位、全市先进基层党组织、全市党建工作先进单位、全市先进职工之家等荣誉称号；连续第三年获得全省优秀审计项目表彰；5月被福建省委、省政府授予“福建省第十二届文明单位”称号。

政策措施贯彻落实跟踪审计 全市审计机关抽调100余名业务骨干，组成10余个审计调查组，分赴各县（市、区），重点审计水利工程、城市基础设施、企业投资自主权等12项政策措施落实情况。抽查市本级和10个县（市、区）200余个重点项目，发现部分专项资金长期闲置、收费清理不够到位、招标施工程序不规范等问题44个。

财政审计 对117个单位开展财政预算执行和其他财政收支情况审计，并延伸审计单位299个，审计提出意见805条，直接推动南平市有关财政资金管理、使用、监管等一系列规范性制度的出台和实施。

经济责任审计 共对159名领导干部进行经济责任审计，查出违规金额6400万元。建立经济责任审计联席会议成员单位沟通联络机制。初步建立经济责任审计对象数据库。

固定资产投资审计 开通重点项目审计“绿色通道”，简化程序，限时办结。武夷新区审计分局完成工程预结算审计项目54个，提出审计建议100多条，核减工程造价2.49亿元，促进武夷新区健康快速发展。

（撰稿人：陈薛良）

【龙岩市审计局】 2015年，龙岩市审计局人员编制51人，实有49人。局长邱河清，副局长黄文安、王思水、钟江泓、陈振书，总审计师赖日章，纪检组长傅闽。设有办公室、综合计划与法规科、财政金融审计科、经贸外资审计科、行政事业审计科、农业与资源环保审计科、固定资产投资审计科、经济责任审计科（龙岩市经济责任审计联席会议办公室与其合署办公）、社会保障审计科和龙岩市纪委、监察局派驻龙岩市审计局纪检组、监察室，下设计算机辅助审计中心、审计举报中心、固定资产投资审计中心。

审计成果 龙岩市审计机关完成审计项目210个，审计处理处罚金额48635万元，其中应上缴财政6774万元、应减少财政拨款或补贴6604万元、应归还原渠道资金8123万元、应调账处理金额27123万元。移送司法机关、纪检监察机关和有关部门处理事项 6 件。出具审计报告和专项审计调查报告 292 篇。提出审计建议 612 条，提交审计信息 1136 篇，被批示、采用 607 篇。

政策措施贯彻落实跟踪审计 开展全市贯彻落实稳增长等政策措施情况跟踪审计；对新型城镇化试点（永定区高陂镇）政策执行效应开展审计调查。

财政审计 提出“五个围绕、五个重点、五个促进”的工作思路，加大对重点资金、重点部门、重点领域的审计监督。对 31 个部门、事业单位预算执行情况开展审计，查出主要问题金额 4.41 亿元。

经济责任审计 推动审计成果运用，探索开展领导干部自然资源资产离任审计。完成经济责任审计项目 73 个，被审计领导干部 87 人，查出违规金额 1.32 亿元。

固定资产投资审计 完成投资审计项目 1448 个，包括对龙岩第一医院门诊综合楼等 17 个项目的跟踪审计，对行政中心等 1431 个项目的结算造价审计。送审工程造价 54.51 亿元，核减工程造价 5.64 亿元。开展援藏和援疆项目跟踪审计。

民生资金（项目）审计 对全市 2014 年城镇保障性安居工程实施跟踪审计；对住房公积金归集使用管理情况进行审计；对 33 个行政村开展使用各级财政资金收支及管理情况实施审计，促进龙岩市政府办出台《龙岩市人民政府办公室关于进一步加强和规范村级财务管理工作的通知》。

专项资金审计 对截至 2014 年底市本级政府性债务情况进行专项审计调查。对新罗区人民政府 2014 年度财政现状、财政体制、市区两级关联项目负担、教育投入等情况开展专项审计调查。开展市直全额拨款部门单位编外人员财政负担情况专项审计调查，促进相关部门联合制定《龙岩市市直机关事业单位聘用临时工作人员管理办法》。

信息化建设 部署 OA（审计管理系统）双机备份系统、安全管理系统和互联网上网行为管理系统。全市审计机关统一采购《用友数据搬运工》采集软件，解决数据采集困难问题。

（撰稿人：杨妹萍）

【宁德市审计局】 2015 年，宁德市审计局人员编制 43 人，实有 37 人。局长吴敏，副局长陈端浦、谢坚、吴纯强，总审计师林挺仲，纪检组长汤万冰。设有办公室、法规科、财政金融审计科、行政事业审计科、经贸审计科、农业与资源环保审计科、固定资产投资审计科、社会保障审计科、经济责任审计科、驻局监察室，下设固定资产投资审计中心、宁德市网络审计工作站。

审计成果 宁德市审计机关完成审计项目 318 个，查出违规金额 3021 万元，损益（收支）不实金额金额 37908 万元；审计处理处罚金额 45474 万元，其中应上缴财政 1511 万元、应减少财政拨款或补贴 19226 万元、应归还原渠道资金 3106 万元、应调账处理金额 17051 万元；审计发现非金额计量问题 546 个；审计促进整改落实有关问题资金 24768 万元，其中增收节支 20849 万元、已调账处理金额 2995 万元；审计后挽回（避免）损失 22601 万元。移送司法机关、纪检监察机关和有关部门处理事项 13 件。出具审计报告和专项审计调查报告 414 篇。提出审计建议 678 条，提交审计信息 255 篇，被批示、采用 208 篇。

政策措施贯彻落实跟踪审计 围绕取消和下放行政审批事项、加快棚户区改造、扶持小微企业健康发展等方面开展审计，向市政府报送审计结果 8 次，市政府发出整改通知 5 份，召集相关部门分解落实整改落实。

财政审计 全市对 48 个具体组织预算执行部门单位进行审计和审计调查，延伸审计 28 个单位，审计查出问题金额 483145 万元。应市人大、市政府的要求，将东侨经济技术开发区预算执行情况纳入审计范围。

经济责任审计 对 90 个单位 101 名党政领导干部、事业单位和人民团体领导人实施经济责任审计，查出违规金额 2111 万元。针对存在的问题，进行原因分析，提出合理化建议。

固定资产投资审计 对保障性安居工程等 140 个政府投资项目进行跟踪审计和竣工结算审计。送审项目投资额 172302 万元，核减投资额（工程款）21843 万元。查出建设资金不落实、工程价款不实等问题，依法做出相应处理处罚决定。

民生资金（项目）审计 全市开展 17 个涉及广大人民群众切身利益的资金和项目专项审计，审计专项资金总额 95278 万元，审计发现问题金额10219万元，针对部分项目资金筹集和管理不规范、机制体制不健全等问题，督促有关部门及时整改，促进政策落实。

自然资源资产离任审计试点 在所辖福鼎市组织开展以国土资源、森林资源、海域资源、水资源和环境保护为重点的自然资源资产离任审计试点工作。通过试点审计，明确自然资源资产离任审计的对象范围、工作目标、审计内容重点，发现自然资源资产管理和环境保护方面存在的一些普遍性问题，初步建立审计评价指标，为正确评价地方政府主要领导干部在自然资源资产方面应当履行的责任提供参考依据。

（撰稿人：卢旭锋）

【平潭综合实验区廉政办公室】 4月25日，根据《中共福建省委机构编制委员会办公室关于平潭综合实验区廉政、审计机构有关问题的通知》精神，平潭综合实验区将监察、审计职能进行整合，重新组建实验区管委会廉政办公室（正处级），与福建省纪委平潭综合实验区工作委员会合署办公，承担全区行政监察、审计职能，并将平潭县审计局成建制划入实验区廉政办公室，实验区廉政办公室保留平潭县审计局牌子。在平潭综合实验区纪工委、廉政办公室机构中增设审计监督室。10月，设立实验区审计事务中心，为区纪工委、区廉政办所属事业单位，机构规格相当正科级，核定事业编制10人。

4月25日前，平潭县审计局局长丁元恩，副局长陈友宁、林文。4月25日后平潭综合实验区廉政办公室主任郑晓东，副主任薛理豪。

审计成果 平潭综合实验区廉政办公室全年完成审计项目5个，查出问题金额57907万元，其中违规资金额957万元、管理不规范金额56950万元；审计发现非金额计量问题27个。移送有关部门处理事项1件。出具审计报告和专项审计调查报告14篇，提出审计建议79条。

政策措施贯彻落实跟踪审计 出具稳增长等政策措施跟踪审计报告9篇，5篇得到区党工委、管委会主要领导批示。查出非金额计量方面问题27个。提出审计建议60条，40个问题全面整改到位。

财政审计 出具平潭综合实验区区、县级预算执行和其他财政收支情况审计报告2篇。查出问题金额21259万元，其中预算编报不真实不完整11658万元、未按规定纳入预算管理1858万元、资金滞留闲置等7743万元。

固定资产投资审计 对平潭综合实验区金井湾片区金井一路、金井五路、环湖路、北湖路、3号排洪渠项目建设资金到位情况开展跟踪审计，查出问题资金36632万元，其中预算编报不真实941万元，资金管理不规范35691万元。

（撰稿人：丁元恩）

2015年福建省所辖区、县(市)级审计工作统计表

金额单位:万元

审计机关	完成审计项目(个)	审计查出主要问题金额	审计处理情况					出具审计报告和审计调查报告(篇)	提出审计建议(条)	提交审计信息(篇)
			审计处理处罚				移送处理事项(件)			
			应上缴财政	应减少财政拨款或补贴	应归还原渠道资金	应调账处理金额				
福州市										
福州市本级	77	1071903	20714	115	243437	240159	4	101	245	538
鼓楼区审计局	21	129303	149	275	6430	34		29	44	44
台江区审计局	19	10721	12	169		1		27	53	32
仓山区审计局	9	41919	216			2		13	25	38

续表

审计机关	完成审计项目（个）	审计查出主要问题金额	审计处理情况					出具审计报告和审计调查报告（篇）	提出审计建议（条）	提交审计信息（篇）
			审计处理处罚				移送处理事项（件）			
			应上缴财政	应减少财政拨款或补贴	应归还原渠道资金	应调账处理金额				
马尾区审计局	18	47338	4660		42	3		31	49	25
晋安区审计局	11	9848	153		111	371		12	26	15
福清市审计局	45	124377	87		2611		1	78	126	9
长乐市审计局	37	75174			9708	19		55	83	89
闽侯县审计局	18	97299	148		1196	69		23	52	14
连江县审计局	22	12611	89		8764	1065		26	85	55
罗源县审计局	18	37061	807		2063			26	51	7
闽清县审计局	12	12507	3848		849	1		25	41	35
永泰县审计局	22	8448	1259		191			37	38	5
厦门市										
厦门市本级	72	1599697	37026	1915	117981	149430	13	108	290	504
思明区审计局	20	14381	633		275	25		29	61	
海沧区审计局	18	4760	886		1			32	53	36
湖里区审计局	21	12054	2		19		1	38	85	41
集美区审计局	13	7972	219		5005	34		21	62	75
同安区审计局	23	289	57		4	104		36	81	21
翔安区审计局	26	42256	871	3	38758	49		42	83	74
莆田市										
莆田市审计局	35	197829	1738	43	677	4746	2	49	104	49
城厢区审计局	18	250106	1151		77	220114		25	52	21
涵江区审计局	14	635						15	48	7
荔城区审计局	20	4396	2		54	4	1	27	77	9
秀屿区审计局	224	14848	1446	1750	485			224	52	46
仙游县审计局	25	64420	455		155		7	35	65	16
三明市										
三明市本级	37	103870	1189	4498	2582	12120	1	57	373	283
梅列区审计局	12	7368	50		9			20	41	20
三元区审计局	10	11078				131		18	19	19
永安市审计局	23	40891	36		605	172		36	49	36
明溪县审计局	27	5639	254	618	55	1013		42	109	32
清流县审计局	31	80458	57	1988	858	35		36	100	22
宁化县审计局	100	55501	148	4178	536	7	2	109	142	36
大田县审计局	12	49654	15479		108	1236		16	20	25

续表

审计机关	完成审计项目（个）	审计查出主要问题金额	审计处理情况					出具审计报告和审计调查报告（篇）	提出审计建议（条）	提交审计信息（篇）
			审计处理处罚				移送处理事项（件）			
			应上缴财政	应减少财政拨款或补贴	应归还原渠道资金	应调账处理金额				
尤溪县审计局	26	7190	72		2185			45	17	19
沙县审计局	18	15207	609		678	143		23	13	47
将乐县审计局	14	8772	1		399	235		23	28	22
泰宁县审计局	15	795	100		88			20	33	18
建宁县审计局	16	10047	4		714	13	2	20	49	29
泉州市										
泉州市本级	26	865147	73	7239	4101	6253		29	74	68
丰泽区审计局	19	24182						22	60	114
鲤城区审计局	74	7033	12	327	7	53		86	152	106
洛江区审计局	46	11542	96		1239	64		46	64	20
泉港区审计局	16	75166			32			22	48	145
石狮市审计局	23	87572	1506		29			34	69	18
晋江市审计局	33	191566	9050		113		5	51	113	146
南安市审计局	37	40626	68				8	47	155	164
惠安县审计局	8	11228	6216			2424		8	25	5
安溪县审计局	33	17381	17			604		52	103	8
永春县审计局	23	86079	49	17		1025		30	73	34
德化县审计局	17	10990		1134	52			23	42	49
漳州市										
漳州市本级	25	359812	7045	165	33598	5835	4	29	87	59
龙文区审计局	31	23305	518		37	193		34	89	
芗城区审计局	21	26581	1155	39	254	937	3	30	45	
龙海市审计局	21	22486	73					31	97	
云霄县审计局	31	45537	4254	189	132			50	64	8
漳浦县审计局	40	129235	18				3	57	119	35
诏安县审计局	27	31903	908		622	29		42	70	1
长泰县审计局	22	14224	1543		1417	682		32	87	
东山县审计局	14	14436	3144	1188	168	14		19	36	3
南靖县审计局	29	22856	134	231	12		2	42	84	39
平和县审计局	46	11122						63	70	47
华安县审计局	32	25585	1535		1332	1978	8	40	110	35
南平市										
南平市本级	100	480364	1121	2169	12447	2	64	112	225	727

续表

审计机关	完成审计项目（个）	审计查出主要问题金额	审计处理情况					出具审计报告和审计调查报告（篇）	提出审计建议（条）	提交审计信息（篇）
			审计处理处罚				移送处理事项（件）			
			应上缴财政	应减少财政拨款或补贴	应归还原渠道资金	应调账处理金额				
建阳区审计局	44	4825	952	210	2		9	48	83	
延平区审计局	20	7828	446		103	371	7	32	75	132
邵武市审计局	26	20134	37					40	69	35
武夷山市审计局	14	4104	38		630	2013		22	37	35
建瓯市审计局	39	45478	171		410		10	54	183	
顺昌县审计局	30	10141	1431	70	340	685	10	35	49	10
浦城县审计局	19	11241	1271	18	32		5	54	77	37
光泽县审计局	22	7183	14		116	632	7	32	2	68
松溪县审计局	19	18982	48		4298	9541	11	35	47	32
政和县审计局	42	4161	2	2028	351	76		45	57	25
龙岩市										
龙岩市本级	28	871344	795	4552	3229	9243	1	36	56	255
新罗区审计局	42	5610		1315	17	840		57	71	146
永定区审计局	26	14892	2774		2980	3142		36	87	123
漳平市审计局	12	35768	2150		496	1240		23	45	233
长汀县审计局	27	89411	57		1150	427		35	64	68
上杭县审计局	24	35077	798		154	12164	4	35	89	47
武平县审计局	25	186214	12		38		1	38	83	212
连城县审计局	26	88299	188	737	59	67		32	117	52
宁德市										
宁德市本级	41	337580		11932			5	49	72	121
蕉城区审计局	24	2241	27					46	82	18
福安市审计局	70	373967	391	1417	1583		3	102	94	36
福鼎市审计局	37	16283	73	4157	579	2948		36	75	
霞浦县审计局	29	19098	29		571		3	32	116	
古田县审计局	16	4872	10	768			1	22	37	1
屏南县审计局	43	7628	691	952	55	380		63	80	
寿宁县审计局	10	11621	285				1	11	29	2
周宁县审计局	10	3040	2			1138		12	22	30
柘荣县审计局	38	18356	3		318	12585		41	71	47
平潭综合实验区廉政办公室	5	57907					1	14	79	

江西省

【江西省审计厅】 2015年，江西省审计厅人员编制218人，实有192人。设有办公室、综合处、法规审理处、财政与金融审计处、行政事业审计一处、行政事业审计二处、行政事业审计三处、农业审计处、资源环保审计处、固定资产投资审计一处、固定资产投资审计二处、经贸审计一处、经贸审计二处、社会保障审计处、外资运用审计处、经济责任审计处、政法审计处、教育审计处、人事处、机关党委、监察室，下设厅机关后勤服务中心、审计信息中心、审计干部培训中心、审计科研所、庐山培训基地。

领导成员

厅　　长：王殿军

副 厅 长：何萍高　刘　达

　　　　　邹水成（4月—）

　　　　　胡志勇　章丁万

总审计师：刘斌良

纪检组长：邹水成（—4月）

　　　　　徐　鸿（4月—）

经济责任审计工作领导小组办公室专职副主任：黄正宇

巡 视 员：何萍高

副巡视员：伍金条（8月—）

审计成果 江西省审计机关共完成审计（调查）项目6073个，查出主要问题金额12751929万元，其中违规金额652430万元、损失浪费金额105269万元、管理不规范金额11994229万元；审计处理处罚金额1425420万元，其中应上缴财政108206万元、应减少财政拨款或补贴83032万元、应归还原渠道资金267320万元、应调账处理金额642586万元；审计发现非金额计量问题21765个；审计促进整改落实有关问题资金1192380万元，其中增收节支186431万元、已调账处理金额516226万元；审计促进拨付资金到位23100万元；审计后挽回（避免）损失182060万元。移送司法机关、纪检监察机关和有关部门处理事项146件。出具审计报告和专项审计调查报告6829篇，被批示、采用102篇。提出审计建议11538条，被审计单位采纳7462条，被审计单位制定整改措施236项、建立健全规章制度48项。提交审计信息3155篇，被批示、采用1486篇。向社会公告审计结果10篇。

省审计厅获得第四届全国文明单位，保持省直机关文明单位和社会治安综合治理、公共机构节能先进单位等荣誉。

财政审计 全年对6006个单位开展审计或专项审计调查，其中预算执行审计或审计调查738个单位，查出主要问题金额5829603万元；财政决算审计354个单位，查出主要问题金额1796194万元。在预算执行审计中，围绕健全政府预算体系、盘活存量资金、提高资金绩效，继续加大对重大政策执行、重点领域、重点部门和重点资金的审计力度，注重从体制机制层面分析问题，从完善政策制度方面提出建议，推动深化财税体制改革和财政资金提质增效。省审计厅对省财政厅2014年预算执行情况、省地税局2014年税收征收管理情况、省发改委2014年财政预算内基建投资情况进行审计；对省林业厅等12个省级部门及69个下属预算单位2014年度预算执行情况进行审计，涉及资金总额295.2亿元；对南昌市、鄱阳县政府财政收支管理进行审计；对城镇保障性安居工程等6个重点财政专项资金使用情况进行审计。7月28日，厅长王殿军向省十二届人大常委会第十九次会议报告2014年度省级预算执行和其他财政收支的审计工作情况。省级预算执行审计工作报告得到省人大、省政府的充分肯定，审计工作报告在《江西日报》公开，受到广泛关注和好评。

经济责任审计 5月下旬，省经济责任审计工作领导小组出台《关于加强经济责任审计工作的意见》，就改进计划管理、坚持依法审计、深化审计内容、健全审计评价等方面提出明确要求，推动提升经济责任审计工作水平。省审计厅和景德镇、抚州等市审计局将自然资源资产等内容纳入领导干部经济责任内容，取得较好效果。全年对1659名党政领导干部和企业领导人员进行经济责任审计，其中任中审计284人，离任审计1375人，查出违规金额130224万元，损失浪费金额53335万元。

固定资产投资审计 加大投资审计力度，着重检查建设资金管理和使用情况，揭露违反工程管理规程和截留、挪用及损失浪费资金等问题。全省审计固定资产投资项目 2770 个，审计项目投资总额 1727490 万元，核减投资额（工程款）304463 万元。省审计厅组织对省奥林匹克体育中心工程、永修至武宁高速公路等重点工程项目进行竣工决算审计，对支援新疆发展资金和项目进行跟踪审计。

外资运用审计 省审计厅组织开展对世界银行贷款石虎塘航电枢纽工程、亚洲开发银行贷款 CEF 赠款农村能源生态建设二期项目、亚洲开发银行贷款 CCF 赠款江西林业发展项目、亚洲开发银行贷款江西抚州城市基础设施综合改善项目、世界银行贷款江西浯溪口水利枢纽工程建设项目、世界银行贷款江西鄱阳湖生态经济区及流域城镇发展示范项目、世界银行贷款江西南昌轨道交通 2 号线一期工程项目、世界银行贷款江西上饶三清山机场建设项目、世界银行贷款农业可持续发展项目等 9 个国外贷援款项目进行审计，项目投资额 2588665 万元，查出主要问题金额 212588 万元，审计促进相关单位加强项目管理，并向国外贷援款机构出具审计报告。

企业审计 对 48 家国有企业进行审计和审计调查，查出主要问题金额 499018 万元。省审计厅对江西省省属国有企业资产经营（控股）有限公司、江西国际经济技术合作公司、江西稀有金属钨业集团有限公司资产负债损益情况进行审计，提出加强经营管理及化解风险的对策建议。

专项资金审计 全省专项资金审计或审计调查 310 个单位，专项资金总额 2242394 万元，查出未按规定征收缴纳收入金额 55890 万元，隐瞒转移截留资金 17400 万元，违规改变项目计划和资金用途金额 28171 万元，资金滞留闲置 75362 万元。省审计厅重点对农村饮水安全工程、农村义务教育薄弱学校改造计划项目、生态环境保护、残疾人就业保障金等重点民生项目和资金开展审计，揭示问题，分析原因，提出审计意见和建议。省审计厅实施的全省农村土地整治示范建设项目专项审计调查和宜春市审计局实施的樟树等 7 县市 2011 年至 2013 年粮食补贴资金专项审计调查分别被审计署评为 2015 年地方优秀审计项目和表彰审计项目。

民生资金（项目）审计 全省审计机关对 19 个单位实施审计。审计中重点关注社会保障政策执行情况、业务管理和制度衔接中存在的突出问题，社保基金保值增值情况，查出主要问题金额 5452 万元。

政策措施贯彻落实跟踪审计 省审计厅出台《进一步加强稳增长等政策措施落实情况跟踪审计工作意见》和《对 11 个设区市审计局 2015 年稳增长等政策措施落实情况跟踪审计的督查工作方案》，派出 11 个业务处，逐月对设区市审计局跟踪审计情况进行督查。主要督查本地审计工作组织实施情况、重大工程项目审计情况、上报审计汇总报告情况、审计发现问题整改情况，保证审计要求得到落实、重点内容审计到位。通过审计与督查的结合，提升审计监督的质量和成效，推动稳增长等政策措施落地生根。

信息化建设 构建省级数字化审计分析平台，推进审计数据中心建设和审计指挥中心建设，建立财政、地税、社保、医院等数据库，扎实开展地税联网审计、国库集中支付数据审计等，初步建立起“总体分析、系统研究、精确定位、分散核查”的数字化审计模式。成立数字化审计办公室，加强电子数据的集中和关联分析，积极探索在审计实践中运用大数据思路、技术和方法的途径。完成审计数据中心江西省分中心、数据备份中心和审计专网三级等级保护建设任务，建设专网内部网站，完成技术试运行。推进全省审计管理系统升级应用，省审计厅以及 11 个地市审计机关单位审计管理系统全部国产化改造完毕，审计管理系统覆盖全省 133 家审计机关（包括区县），覆盖率达到 100%。

审计质量管理 省审计厅组织开展部分设区市审计局审计项目和 11 个设区市及部分县级审计机关 2013 年、2014 年投资项目审计工作质量检查，并将检查情况在审计专网进行实名通报。出台《改进审计项目审理操作规程的有关规定》《进一步规范审计处理处罚行为的规定》《部门预算执行送达审计操作规程》《案件移送管理办法》《江西省政府投资项目审计操作办法》等多项制度，进一步规范审计行为。

队伍建设 省审计厅强化业务培训，年初采取“送教上门”方式到赣州市会昌县开展全市审计人员业务培训，举办春季集中培训、全省计算机审计中级培训、副处级干部北京大学审计管理培训和全省法规审理人员、投资审计业务骨干、市县审计局长培训等，选送23名审计领军人才和骨干人才赴美国进行公共财政支出与绩效审计培训。贯彻中央八项规定和省委若干规定精神，深入开展“三严三实”专题教育，严格落实党风廉政建设“两个责任”，强化廉政教育，推进党风廉政和审计工作协调发展。

内部审计 全省内部审计机构108个，内部审计人员237人。全年完成审计项目1591个，其中财务收支审计235个、效益审计37个、经济责任审计76个、内部控制评审6个、基本建设审计840个、其他审计397个。提出建议意见被采纳702条。（撰稿人：王泽晖）

【南昌市审计局】 2015年，南昌市审计局人员编制93人，实有89人。局长万仁如，副局长詹善平、陈国广（9月—）、张根全（—9月）、彭艳云，总审计师郑克里（7月—），纪检组长刘承万，调研员赵波、郑克里（—7月），副调研员廖金红、肖林，市经济责任审计工作领导小组办公室主任徐宝华。设有办公室、人事教育处、综合处、法规处、审计信息处、财政与金融审计处、行政事业审计处、经贸审计处、农业与资源环保审计处、固定资产投资审计处、社会保障审计处、综合审计一处、综合审计二处、经济责任审计室（市经济责任审计工作领导小组办公室）、机关党委、监察室。

审计成果 南昌市审计机关完成审计项目336个，查出主要问题金额3195589万元，其中违规金额56706万元、损失浪费金额103743万元、管理不规范金额3035140万元；损益（收支）不实金额5057万元；审计处理处罚金额32808万元，其中应上缴财政13985万元、应减少财政拨款或补贴金额898万元、应归还原渠道资金15453万元、应调账处理金额2472万元；审计发现非金额计量问题17468个；审计促进整改落实有关问题金额172945万元，其中增收节支金额30014万元、已缴纳其他金额38万元、已调账处理金额2391万；审计后挽回（避免）损失金额1081万元，核减投资金额18886万元。移送司法机关、纪检监察机关和有关部门处理事项19件。出具审计报告和专项审计调查报告331篇，被批示、采用26篇。提出审计建议952条，被采纳756条。提交审计信息340篇，被批示、采用214篇。向社会公告审计结果7篇。

政策措施贯彻落实跟踪审计 重点关注市直部门、各县区人民政府与稳增长密切相关的重大政策有效落实、简政放权、防范风险等相关情况。全年查出问题被省审计厅采用16个，其中15个问题整改到位。

财政审计 对市本级和12个市级部门2014年度预算执行情况进行审计。配合市人大对9个市级部门和2个县区就审计查出问题整改工作进行督办，清缴非税收入和有关税费12.39亿元。论文课题《我市财政审计服务地方政府治理的思考》，被列入2015年南昌市重大政策调研委托课题。

经济责任审计 对196名党、政、企事业单位领导经济责任进行审计，查出问题金额2419164万元，其中负领导责任金额1461994万元、负主管责任金额955749万元、负直接责任金额1421万元。移送纪检监察机关和有关部门处理线索12件；提出审计建议573条，制定《南昌市经济责任领导小组工作规则》，下发《关于规范经济责任审计进点见面会有关事项的通知》，对告知函和见面会议程进行规范。

固定资产投资审计 完成市本级工程项目竣工结算审计3个，审核结算资金19.24亿元，核减工程造价金额2.58亿元。

民生资金（项目）审计 完成审计项目4个，在对南昌市2014年城镇保障性安居工程跟踪审计中，向市纪委移送审计案件线索7件，涉及问题金额8.49亿元。

企业审计 市本级对1家国有大型企业进行审计，查出问题金额59567万元。

信息化建设 完成南昌市审计管理系统国产化升级改造项目，系统正式投入试运行；制定OA系统公文流转流程，组织人员培训，落实OA系统的应用。（撰稿人：范梅生）

【景德镇市审计局】 2015年，景德镇市审计局人员编制58人，实有56人。局长王国华，副局长陈志坚、王桦、汪晓敏，总审计师占玉芳，纪检组长詹镕文，市经济责任领导小组办公室专职副主任吴新国，调研员王丽琴，副调研员王民森、章琍。设有办公室、综合科、法规审理科、财政与金融审计科、固定资产投资审计科、经贸审计科、农业与资源环保审计科、行政事业审计科、经济责任审计科、外资与园区审计科、社会保障资金审计科、监察室，下设信息中心、工程投资决算审计中心。

审计成果 景德镇市审计局完成审计项目69个，查出主要问题金额318100万元，应上缴财政167万元。移送纪检监察机关处理事项5件，移送主管部门处理事项2件。出具审计报告和专项审计调查报告46篇。提出审计意见建议并被采纳161条。提交审计信息76篇。

政策措施贯彻落实跟踪审计 组成稳增长等政策措施贯彻落实情况跟踪审计组36个，派出审计人员125人次；县（市、区）审计机关组成审计组76个，派出审计人员224人次。开展3次季度性综合审计，7个月度性单项审计，发放审计项目通知书11份，各单位分通知书96份，出具审计报告10份，出具审计整改通知书7份，召开审计整改业务会4次。市政府先后3次部署稳增长审计整改工作。

财政审计 对10个部门的预算执行情况进行审计，结合经济责任审计，对20个部门的预算执行情况一并进行审计；对乐平、浮梁、珠山、高新区、陶瓷工业园、新区的财政管理进行审计；配合财政等有关部门开展房地产税费清缴，据有关部门不完全统计，已清缴各项基金税费近3亿元。

经济责任审计 市长主持召开经济责任审计工作领导小组会议。会议决定，对审计整改不到位、反馈情况不及时的，由纪检监察、组织、审计、财政等部门联合采取综合措施推进审计整改。对38个部门单位主要负责人开展经济责任审计。对24个行政村两委负责人开展经济责任审计，移送案件3起。组织实施竟成镇行政区划调整专项审计，2名科级干部被给予党纪政纪处分，5名国家工作人员进入司法程序。

固定资产投资审计 完成审计署统一组织的2014年城镇保障性安居工程跟踪审计项目，审计查出问题金额2.84亿元，归还原渠道资金1.9亿元，提出审计建议12条。全市住房资格审核和待遇分配方面问题家庭228户被予以取消资格，审计移送主管部门处理事项2件。

企业审计 对市焦化工业集团有限公司2012年至2014年资产负债损益情况进行审计，提出合理化建议6条。

专项资金审计 对昌江区教育资金、住房公积金、科技专项资金进行审计，其中昌江区教育资金审计项目引起市纪委高度重视，审计移送纪检监察机关处理事项2件。 （撰稿人：江志群）

【萍乡市审计局】 2015年，萍乡市审计局人员编制43人，实有41人。局长朱广仁，副局长张增良、彭青兰、胡芳（—7月）、袁东鸿（8月—12月），总审计师蔡常萍，纪检组长胡磊，经济责任审计工作联席会议办公室主任汤晓伟，调研员邓克坚，副调研员杨生元、钟杰兰。设有办公室、综合法规科、经贸与财政金融审计科、行政事业审计科、农业与资源环保审计科、固定资产投资审计科、社会保障审计科、经济责任审计科、机关党总支、监察室（萍乡市监察局派驻机构）、政府投资项目审计中心。

审计成果 萍乡市审计局完成审计项目138个，查出主要问题金额261162.63万元，其中违规金额82568.7万元、管理不规范金额178593.93万元；审计处理处罚金额177308.76万元，其中应上缴财政2614万元、应归还原渠道资金21288.18万元、应调账处理金额155680.89万元；审计发现非金额计量问题56个；审计促进整改落实有关问题资金99600万元，其中增收节支16495万元、已调账处理金额83105万元。移送司法机关、纪检监察机关和有关部门处理事项4件。出具审计报告和专项审计调查报告138篇。提出审计建议164条，提交审计信息2篇，被批示、采用2篇。

政策措施贯彻落实跟踪审计 抽查21个部门及单位，延伸到5个县区及武功山、开发区两个管理委员会，发现项目资金滞留或滞拨、挤占挪用等22个问题。

财政审计 审计市本级及萍乡经济技术开发区管委会、9个市直部门的预算执行情况，重点审计公共财政预算、基金预算、财政专户资金、预算执行情况，揭示预算编制不完整、专户资金未保值增值和挤占挪用专项资金用于弥补经费不足等问题，涉及问题金额37558万元。大部分问题已得到整改。

经济责任审计 全年完成项目22个，加强对“三公”经费、会议费、培训费的审计监督，促进党政机关落实中央八项规定、依法行政。

固定资产投资审计 全年审计结算项目98个，送审金额合计42984万元，审减金额合计10205万元，平均审减率为23.74%。

专项资金审计 完成城镇保障性安居工程建设情况跟踪审计、市本级及各县区2012—2014年度科技专项资金管理使用情况审计调查等3个项目。发现保障性安居工程资金存在违规滞拨、保障性住房退出机制仍不完善等问题；科技专项资金审计中向市纪委移送问题线索，审计报告被市领导批示。

（撰稿人：王明娇）

【九江市审计局】 2015年，九江市审计局人员编制80人，实有87人。局长胡伟华，副局长何斌、汪建荣、李建国、钱炎如，总审计师杨利发，副调研员陈义远，副处级领导干部湛新民、曹素芳。设有办公室、综合科、法规科、人事科、政工部、经济责任审计处、财政金融审计科、行政事业审计科、社会保障审计科、经贸审计科、外资运用与园区审计科、固定资产投资审计一科、固定资产投资审计二科、农业与资源环保审计科，下设信息中心、培训中心、九江经济技术开发区审计分局。

审计成果 九江市审计机关完成审计项目1014个，其中市本级完成111个。查出主要问题金额1307343万元，其中违规金额29408万元、损失浪费金额103万元、管理不规范金额1278431万元；损益（收支）不实金额82409万元；审计处理处罚金额224099万元，其中应上缴财政13973万元、应减少财政拨款或补贴39841万元、应归还原渠道资金21763万元、应调账处理金额140599万元；审计发现非金额计量问题423个；审计促进整改落实有关问题资金185060万元，其中增收节支65575万元、已调账处理金额118741万元；审计促进拨付资金到位2073万元；审计后挽回（避免）损失56770万元。移送司法机关、纪检监察机关和有关部门处理事项3件。出具审计报告和专项审计调查报告1140篇，被批示、采用51篇。提出审计建议1409条，提交审计信息278篇，被批示、采用138篇。

财政审计 全市审计111个部门单位，延伸审计4个单位，出具131份报告，查出主要问题金额714846万元。9月4日，市审计局局长代表九江市人民政府向市十四届人大常委会报告2014年度市本级预算执行及其他财政收支的审计情况。

经济责任审计 全市审计领导干部186人，其中任中审计43人，发现违规问题金额18704万元。

农业与资源环保审计 市审计局对武宁县、都昌县、彭泽县、德安县农业综合开发产业化经营资金进行审计。

固定资产投资审计 全市审计635个建设项目，核减投资额68209万元。

民生资金（项目）审计 开展3个社会保障资金审计项目，查出问题金额1707万元。

外资运用审计 协助省审计厅开展世界银行贷款等外资项目审计。

企业审计 全市对8个企业进行审计，查出主要问题金额19128万元。

专项资金审计 全市对41个单位220889万元专项资金进行审计或审计调查，出具37份报告，查出主要问题金额43764万元。

信息化建设 累计取得计算机中级资格6人。AO（现场实施审计系统）审计覆盖率93%，OA（审计管理系统）办公覆盖率99%。开展2个联网审计项目。

（撰稿人：胡　齐）

【新余市审计局】 2015年，新余市审计局人员编制49人，实有49人。局长夏文成，副局长彭多林、周永平、曾长生，总审计师税小毛，副调研员肖亮、廖志强。设有人秘科、综合法规科、财政金融审计科、行政事业审计科、农业资源环保审计科、固定资产投资审计科、经济贸易审计科、经济责任审计科、审计信息中心、政府投资项目审计中心。

审计成果 新余市审计局完成审计项目61个，查出主要问题金额75744万元，其中违规金额 3241 万元、管理不规范金额 72503 万元；损益（收支）不实金额 2359 万元；审计处理处罚金额 3228 万元，其中应上缴财政 3228 万元；审计发现非金额计量问题 155 个。移送司法机关、纪检监察机关和有关部门处理事项 2 件。出具审计报告和专项审计调查报告 116 篇，被批示、采用 7 篇。提出审计建议 189 条，提交审计信息 206 篇。向社会公告审计报告 16 篇。

政策措施贯彻落实跟踪审计 按照“资金到位、项目落地、政策生效”的要求，重点审计简政放权政策执行情况、涉企优惠政策执行情况、重大项目建设推进情况、重点资金保障情况、公立医院改革、融资担保、大学生创业政策措施落实情况等。

财政审计 通过对渝水区财政的审计，发现该区财政未缴入国库纳入预算收支管理资金 5425.82 万元，专项资金滞留沉淀较大、追加预算经费未履行法定程序、借出或垫付资金数额较大、融资成本高、偿债压力较大等问题，引起该区党政领导的重视。

经济责任审计 对市交通运输局、市环保局、市农业局、市委政研室、市政府驻南昌办事处、渝水区等 22 个单位主要领导开展经济责任审计。注重深化审计内容，突出对领导干部重大经济事项决策权、经济管理权、经济政策执行权、经济监督权和个人廉政情况的审计。坚持审用结合，坚持惩防并重，坚持标本兼治，实现组织监督、纪检监督和审计监督的有机结合，形成监督工作合力。

农业与环境保护审计 对中小河流治理项目资金审计中重点披露超付工程进度款、勘测设计未按规定招投标或化整为零规避招投标以及招投标程序不到位、未按设计要求建设等问题，并向仙女湖区纪委移送案件线索 1 件，当事人被纪委诫勉谈话。

固定资产投资审计 完成政府投资项目审计 4 个，送审金额 17833.7 万元，审减金额 6326 万元，审计审减率 35.47%。在市市民服务中心置换建设项目中，施工单位和建设单位送审金额 6544.32 万元，审减金额 5719.38 万元，审减率高达 87.39%。仰天大道电缆入地工程在中介机构核减 349 万元的基础上，审计审减 300.9 万元，审减率 7.59%。

民生资金（项目）审计 开展 2014 年城镇保障性安居工程的跟踪审计，发现罗坊镇政府挪用保障性安居工程资金 304 万元、分宜县采取定向方式分配保障性住房 300 套和部分项目建设管理不规范影响工程质量等问题，移送案件 1 起。罗坊镇政府 1 名副镇长被问责，被处以行政警告处分。

行政事业审计 开展市人民医院 2013 年至 2014 年财务收支情况审计、全市公共文化资金绩效审计、全市基本养老保险基金审计等项目，发现挤占专项资金、报销手续不全、财务处理不规范等方面的问题，提出进一步提高资金使用效益、改进财务管理等方面的审计建议。

专项资金审计 对市本级商贸企业改制资金、市发展投资集团有限公司 2014 年资产负债损益情况，全市“三公”经费、会议费、培训费、楼堂馆所支出情况等专项资金进行审计调查，了解专项资金管理的现状，揭示资金筹集、管理和使用中存在的问题。通过连续两年的“三公”经费专项审计调查，促使“三公”经费预决算数全部公开，减少“三公”经费开支，市本级 2014 年“三公”经费决算数比上年下降 51.94%，比 2014 年预算下降 39.83%。

自然资源资产责任审计 在对渝水区人民政府原区长开展任期经济责任审计时，将森林资源质量、植被恢复、耕地保护、矿产资源开发利用、水利资源的保护和治理及综合利用、环境质量等自然资源资产管理履行情况列入重要审计事项。

信息化建设 按照审计署要求完善 OA（审计管理系统）和 AO（现场审计实施系统），实现省、市和县（区）电子网络互通，市审计局全部文件网上办理和全部审计项目电子化管理信息共享。市审计局人员 95%以上通过 AO 认证考试。

（撰稿人：刘小勇）

【鹰潭市审计局】 2015 年，鹰潭市审计局人员编制 34 人，实有 29 人。局长吴建辉，副局长王国军、李金生（3 月—），总审计师阮春玲，纪检组长叶国琼，调研员王惠斌、祝木水，副调研员姚美娟，副县级纪检监察员沈美英。设有办公室、综合法制科、财政与金融审计科、文教与政法审计科、农业与资源环保审计科、投资建设与社会保障审计科、经贸审计科、经济责任审计科，另有监察室、机关党支部，下设市政府基本建设审计中心（鹰潭市审计信息中心）。

审计成果 鹰潭市审计局全年组织完成审计项目33个，其中审计署、省审计厅统一组织项目5个，审计及审计调查单位147个。提出审计建议并被采纳177条。实施的新余市土地出让收支和耕地保护审计项目获得审计署表彰。先后被抽调7批16人次协助省、市纪委查办案件和巡视监督工作。

政策措施贯彻落实跟踪审计 紧扣市委、市政府主动适应经济发展新常态、加快发展升级的工作中心，突出对重点领域、重点部门、重点资金和重点环节的审计监督；加大对中央重大政策措施落实情况的跟踪审计力度，促进全市稳增长、促改革、调结构、惠民生等各项政策措施贯彻落实。1月，市政府专门召开稳增长等政策措施跟踪审计工作布置会，要求涉及相关审计内容的33个单位和部门加强与审计机关配合，并就做好跟踪审计工作提出具体要求。

财政审计 开展2014年市本级财政预算执行及其他财政财务收支审计（含龙虎山风景旅游区管委会、高新技术产业园区管委会、信江新区管委会），市地税局2014年度税收征收管理审计，市文化广电新闻出版局、市环境保护局、市国有资产监督管理委员会、市商务局等4个部门2014年度预算执行情况审计，贵溪市2013年至2014年财政及其他财政财务收支决算审计，52个一级预算部门的“三公”经费、差旅费、会议费情况审计。重点关注财政政策贯彻落实情况，政府预算体系建设情况，公共财政预算、政府性基金预算和国有资本经营预算的编制和执行情况，政府性债务资金投向和管理使用情况，农林水、环境资源、节能减排等专项资金的管理分配及制度建设情况，存量资金的形成原因、盘活存量和使用效益情况。

经济责任审计 组织实施贵溪市原市长、余江县原县长、高新区管委会原主任、市酒店集团公司原董事长、市公路管理局原局长、市供销合作社原主任、市城乡规划局原党组书记、市卫生局原局长、市政府驻上海联络处原主任、市政府驻南昌办事处原主任、市社联原主席等11个单位原主要领导的经济责任审计。

固定资产投资审计 采取公开招标的方式，建立由19家协审单位组成的工程造价咨询库，强化对协审单位的工作指导和检查考核，切实提高政府投资项目审计质量和审计效率。开展高铁鹰潭站前广场工程等10个政府投资项目工程结算审计

民生资金（项目）审计 加大对农村开发、水利、社会保障等关系人民群众切身利益的专项资金审计力度，督促管好用好公共资金，推动各项惠民政策的落实。组织开展全市城镇保障性安居工程跟踪审计、全市2013年至2014年农业综合开发产业化经营资金筹集管理使用专项审计和全市2013年到至2014年防洪保安资金征收管理使用专项审计。重点检查民生资金管理、使用情况和政策措施落实情况，注重发现政策落实不到位、政策目标未实现以及影响和损害群众利益的突出问题，提出调整政策及完善制度的意见和建议，促进发挥专项资金应有的效益。

信息化建设 在财政审计、经济责任审计、专项资金审计、民生工程审计等项目中，应用OA进行审计项目管理。运用计算机辅助审计方法拓展审计成果，揭示发现存在问题。对审计项目实施网上跟踪审理，总结提炼计算机审计方法和应用实例。（撰稿人：黄晓华）

【赣州市审计局】 2015年，赣州市审计局人员编制61人，实有55人。局长曾鸣华，副局长郭德明、赖欣（7月—）、谢忠祥，总审计师罗淑芳，纪检组长王斌，经济责任审计工作联席会议办公室专职主任彭洪德。设有办公室、法规科、总支办、监察室、财政金融审计科、经贸审计科、行政事业审计科、固定资产投资审计科、农业资源环保审计科、社会保障审计科、外资运用审计科、经济责任审计科、信息科、审计干部培训中心。

审计成果 赣州市审计局完成审计或审计调查项目83个，查出主要问题金额47亿元，其中违规金额2亿元、管理不规范金额45亿元；审计处理处罚金额2.06亿元，其中应上缴财政资金1128万元、应归还原渠道资金1.84亿元、应调账处理金额897万元。向纪检监察、司法机关和

有关部门移送问题线索3件。出具审计报告和审计调查报告122篇。提出审计建议243条，提交审计信息218篇。向市委、市政府提交审计专题、综合性报告18篇，被批示、采用4篇次。公开政务信息140条。

政策措施贯彻落实跟踪审计 制定下发《赣州市审计局关于进一步加强和改进稳增长等政策措施落实情况跟踪审计工作的实施意见》，围绕推动重大项目和重大政策落地，选择16个项目进行跟踪审计，反映存在各类问题14个，目前已整改12个。

财政审计 完成2014年市本级财政“同级审”和2014年3个部门的预算执行审计，揭示财政预算编报不完整、科目调剂较多、漏编政府住房基金收入预算、自立项目收费，部门单位存在项目支出使用不规范、财务管理不到位、违规收费以及未严格执行政府采购等问题。组织开展市直117个单位2013—2014年度“三公”经费专项审计，审计反映市直单位“三公”经费管理的现状和存在的主要问题，分析存在问题的原因，提出问题整改的审计建议。

经济责任审计 完成经济责任审计项目39个，查出问题金额14.5亿元，针对审计发现问题做出责任界定并提出相关建议93条，移送案件线索1件；探索实施领导干部任中经济责任审计，组织开展领导干部任中经济责任审计4项。成立由市长任组长的市经济责任审计工作领导小组，制定《赣州市经济责任审计工作领导小组工作规则》《赣州市经济责任审计整改办法》和《领导干部任前经济责任告知书》《赣州市领导干部任中经济责任审计实施办法（试行）》等制度，研究制定经济责任审计责任追究制度、经济责任审计操作规程等。

民生资金（项目）审计 实施保障性安居工程资金、农村危旧土坯房改造资金、中央专项彩票公益金等民生专项资金审计，审计民生项目资金总额达90.9亿元。2014年度全市城镇保障性安居工程审计反映财税金融政策支持不到位、套取挪用安居工程资金、违规使用保障性住房或管理不善、违规享受保障或保障不到位等问题，促使相关部门单位及时采取措施督促规范保障性安居工程资金管理3.66亿元，取消1186户不符合条件家庭的保障对象资格；2014年度全市农村危旧土坯房改造资金审计发现违规资金1.6亿元，存在扩大开支范围、未公开招投标、补助资金使用不规范、违规收费等问题，提出合理化建议4条，推动加强资金管理相关文件制度的出台，进一步规范资金管理。部分问题即审即改，整改到位率达98%。开展2013年至2014年中央专项彩票公益金支持赣南等原中央苏区社会公益事业项目资金审计，发现存在项目超概算、部分项目调整手续不完善、项目实施进度缓慢，地方配套资金不到位1.96亿元、挤占挪用专项资金0.16亿元等问题。

固定资产投资审计 组织实施大广高速（龙南至杨村段）概算执行审计，重点审查项目从立项、招投标、开竣工验收到交付使用等全过程，全面审查项目的真实性、合法性、合规性。对钜盛鞋业相关资产估值情况进行审核，对钜盛鞋业土地、房屋及配套设施等主要资产估价12650.47万元，为该公司整体出让提供依据。对章江新区征地拆迁返迁安置情况进行审计调查。

企业审计 组织实施15家市属国有及国有控股企业的资产负债损益情况审计，摸清企业资产规模，揭示存在问题，提出完善公司治理结构、加强对外投资风险管控、健全国有资产监管体制等审计建议，促进被审企业加强财务管理、提高资金使用效率、规范国有资本运营行为。

（撰稿人：刘学斌）

【吉安市审计局】 2015年，吉安市审计局人员编制37人，实有38人。局长鲍建军，副局长黄廉传、周共和、邓志华，总审计师肖军，纪检组长徐锐。设有办公室、综合审理科、财政金融审计科、经贸审计科、行政事业审计科、农业资源环保审计科、固定资产投资审计科、经济责任审计科、社会保障外资运用审计科、监察室，下设计算机审计中心。

审计成果 吉安市审计局市本级完成审计（调查）项目45个，查出主要问题金额317497万元，其中违规金额26710万元、管理不规范金额290787万元；审计发现非金额计量问题39个；核减工程造价10731万元；审计促进整改落实有关问题资金1996万元。出具审计综合报告和专题调查报告41篇。被审计单位采纳审计建议78条。

财政审计 对市本级预算执行情况进行审计，重点审计市财政局、市地税局、井冈山经济技术开发区和庐陵新区财政，结合领导干部履行经济责任情况审计市交通局、市人防办等12个市直部门（单位）。通过审计，全面掌握市本级财政预算收支情况，发现市财政及有关部门存在预算收入未及时入库、专项资金拨付不及时、部分单位预算编制不合规和执行不严格等问题。针对审计发现的问题，列出整改清单，明确整改责任，确保整改落实到位。

经济责任审计 根据经济责任审计项目多的实际情况，采取结合预算执行情况审计一并进行经济责任审计的方式有序开展该项工作。完成对3个县的法院院长、3个县的公安局局长、2个县审计局局长和1名离任县长，以及万安、永新、青原县（区）委书记、县（区）长的经济责任审计。审计查出虚增财政收入，部分支出未经人大审批，有些专项资金未专款专用，有些工程项目建设程序不规范，违规出台收缴罚没款、赞助款奖励办法，违规下达罚没款任务，违规收费等问题。

固定资产投资审计 组织全市审计机关对吉安市2014年城镇保障性安居工程（包括廉租住房、公共租赁住房、经济适用住房、限价商品住房和各类棚户区改造等）的投资、建设、分配、运营等情况进行审计。审计发现有些地方未按计划开工或未按计划完成建设任务、建设资金筹集不到位、建设资金被截留、保障性住房空置时间较长等问题。审计核减造价10747.1万元，核减率为20.52%。审计指出工程建设管理中的不规范行为，为政府节约建设资金。

外资运用审计 完成井冈山市、青原区、安福县、永新县、遂川县、吉水县6个县（市、区）亚洲开发银行贷款江西省农村能源生态建设二期项目、亚洲开发银行贷款等多个审计项目。

政策措施贯彻落实跟踪审计 全市各级审计机关对稳增长等政策落实情况进行跟踪审计，按月向省审计厅和市政府上报审计情况，并督促问题的整改落实。审计发现有些县由于缺乏专业审批能力，下放的行政审批权力基层不能很好地承接；有些审批权取消和简政放权力度离社会的呼声还有差距；网上审批系统运行操作不稳定、不顺畅，影响到该项工作的正常进行等问题。

专项资金审计 牢固树立民本审计观，加强对社保、教育、涉农、保障性安居工程等关系人民群众切身利益的专项资金管理、使用及效益情况的审计，对发现的问题及时提出审计建议并督促进行整改，确保专项资金安全有效的运行。重点对市本级、井冈山经济技术开发区及全市12个县（市、区，峡江除外）2012年至2014年人防工程易地建设费的征收管理使用情况进行专项审计。

审计改革与创新 继续深化投资审计改革，探索向社会购买公共服务的方式。制定出台《吉安市审计局聘请社会中介机构和专业人员参与政府投资项目审计实施方法》，聘请社会中介机构和专业人员参与政府投资项目审计，提高投资审计的效率。探索审计力量调配改革，统筹审计人力资源，吸纳部分相关行业内部审计人员参与相关审计项目，弥补国家审计机关力量不足。

审计质量管理 强化审理检查和审计公开，提升审计质量。全面推行审计审理，对审计实施方案、审计工作底稿、审计取证单、审计报告及其他有关审计记录材料和文书进行审理。

（撰稿人：段学思　罗　萍）

【宜春市审计局】 2015年，宜春市审计局人员编制60人，实有58人。局长孙国琴，副局长邓余平、陈琪、樊秀江，总审计师王孝军，纪检组长程小军，调研员彭泽荣，副调研员肖平。设有秘书科、综合法规科、财政与金融审计科、行政事业审计科、政法社保审计科、农业与资源环保审计科、固定资产投资审计科、决算审计中心、经贸审计科、经济责任审计一科、经济责任审计二科、信息科、机关党总支、监察室。

审计成果 宜春市审计机关完成审计项目1027个，其中审计项目994个，专项审计调查项目33个。查出主要问题金额1601353万元，其中违规金额8124万元、管理不规范金额1593228万元；损益（收支）不实金额153652万元；审计处理处罚金额8124万元，其中应上缴财政5073万元、应归还原资金渠道2165万元、应调账处理金额660万元；审计发现非金额计量问题216个；审计促进整改落实有关问题资金6636万元，其中增收节支5983万元、已调账处理金额653万元；审计后挽回（避免）损失75万元。移送司法机关、纪检监察机关和有关部门处理事项 31 件。出具审计报告和专项审计调查报告 1085 篇，被批示、采用 13 篇。提出审计建议 1809 条，提交审计信息 437 篇，被批示、采用 364 篇。

政策措施贯彻落实跟踪审计 结合宜春市实际，把监督检查政策措施落实情况作为各项审计工作的重要内容，对 22 项政策落实情况进行跟踪审计，重点对加快棚户区改造、保障性安居工程建设，实行精准扶贫、减少农村贫困人口，加快重大水利工程建设、解决农村人口饮水安全，促进生态环境保护和节能环保产业发展等政策落实情况进行跟踪审计。

财政审计 市县两级审计机关分别对本级预算执行情况和 88 个部门（单位）预算执行情况进行审计，查出主要问题金额 591605 万元；分别对宜丰县、奉新县、经济开发区 3 个县（区）和 64 个乡镇进行财政决算审计，查出问题金额 425830 万元。

经济责任审计 对 203 名领导干部任期经济责任进行审计，其中任中审计 31 人，离任审计 172 人。查出主要问题金额 442126 万元，出具审计报告和审计结果报告 253 篇，提出审计建议 449 条，被采纳 409 条。对宜丰、奉新、铜鼓 3 个县党政主要领导干部进行同步经济责任审计。

固定资产投资审计 对 508 个政府投资项目（含单项）进行工程竣工结算审计，审计工程投资总额 486251 万元，核减工程造价 109114 万元。

民生资金（项目）审计 对市本级和 10 个县（市、区）城镇保障性安居工程的投资、建设、分配、运营等情况进行审计，指出棚户区改造规划实施安排不当、挤占挪用资金、住房分配不公等 6 个方面 22 个问题，分析产生问题的原因，并向相关部门提出意见建议；开展全市 9 个县（市、区）（除丰城市）敬老院、光荣院、福利院各专项资金审计调查，对配套资金不到位、挤占专项资金、个人贪污挪用、供养机构内部控制不健全等违纪违规问题进行查处。

企业审计 采取审计部门重点审计与内部审计制度相结合的方式，组织对市本级 96 家国有及国有控股企业进行全面审计，其中审计部门重点对 13 家国有企业及其下属 21 家子公司进行审计，其他企业由主管部门组织内部审计力量，按照统一方案实施，向审计局报送审计结果。

（撰稿人：隋志鹏）

【抚州市审计局】 2015 年，抚州市审计局人员编制 47 人，实有 44 人。党组书记刘冰冰，局长魏建平，副局长吴晓兰、李兆龙、万高峰、杨心灵，总审计师陈国华，调研员黄德泉，副调研员曾希国，享受副处级待遇领导邹贵章。设有人事秘书科、综合法规科、财政金融审计科、行政事业审计科、经贸审计科、固定资产投资审计科、经济责任审计科、农业资源环境审计科，下设培训中心、信息中心、审核中心及审计学会。

审计成果 抚州市审计机关审计（调查）审计项目 956 个，查出各类违规金额 53.5 亿元，归还原渠道资金 3.4 亿元，为政府重点项目投资节约 3.1 亿元，其中市本级为 4358.23 万元。向党委、政府报送《审计要情》14 篇，得到党委、政府主要领导批示 28 次。提出审计建议 574 条，出具审计专题（综合性）报告 931 篇，各类审计信息、调研文章被各级党委政府领导和上级审计机关采用 764 篇。

抚州市审计局被省委、省政府评为全省文明单位，被授予全省人民满意公务员集体、全省五一劳动奖状和全省文明帮建先进单位称号，在绩效管理年度考核工作中被评为优秀单位，被市委、市政府授予招商引资工作先进单位、市直挂点帮扶新农村建设先进单位、定点扶贫工作先进单位、计划生育先进单位等荣誉称号。全市县（区）审计机关全部获得市级以上文明单位，临川、南城、南丰、东乡县审计局获省级文明单位。

财政审计 进一步深化市本级财政预算执行审计及县（区）财政收支管理审计。将审计查出问题的整改情况及时向市人大报告，常委会组成人员对市本级 2014 年度财政预算执行审计和其他财政收支的审计工作给予充分肯定，问题整改报告在市人大常委会获全票通过。

固定资产投资审计 按照有关文件要求，严格履行审计程序，充分利用先进技术，通过公开招投标合理借助中介力量参与审计，施行复核制度，集体研究审计结论，工程决算审计结果更加依法、可信、公正、透明，为政府重点项目投资节约 3.1 亿元。南城县政府印发《南城县重点工程建设管理暂行办法（修订）》。

经济责任审计 完成对市档案局局长、市住房公积金中心主任的任中经济责任审计，完成东乡县原纪委书记等离任审计。在对县（区）委书记、县（区）长经济责任审计中，探索将领导干部任职期间履行自然资源资产管理和生态环境保护责任情况纳入审计内容。各县区按照年初的审计计划和当地组织部门的委托开展领导干部的任中和离任审计。

交办事项 根据审计署和省审计厅的统一部署，对市2014年城镇保障性安居工程（包括廉租住房、公共租赁住房、经济适用住房、限价商品住房和各类棚户区改造）的投资、建设、分配、运营等情况进行交叉审计；对2015年稳增长等政策措施落实情况进行跟踪审计，按时出具审计报告。根据审计署、省审计厅的统一部署，充分发挥审计经常性监督作用，把落实中央八项规定相关要求情况作为审计重要内容，配合市纪委开展党风廉政建设巡查及一些重大案件的查处，配合市财政局开展公务消费一体化工作。重点加强对公务支出和公款消费、对楼堂馆所奢华浪费建设以及对公务用车改革的审计。（撰稿人：杨志波）

【上饶市审计局】 2015年，上饶市审计局人员编制56人，实有53人。局长刘书宗，副局长董岚、周锋、卢兴、郑明军，总审计师李长水，纪检组长陈建农。设有办公室、监察室、法规科、财政金融审计科、行政事业和社会保障审计科、经贸审计科、固定资产投资审计科、农业资源环保审计科、经济责任审计科、机关党委、信息中心、基本建设审计中心、经济责任审计中心、经济技术开发区审计中心。

审计成果 上饶市审计机关完成审计项目678个，查出主要问题金额1252547万元，其中违规金额12744万元、管理不规范金额1239802万元；损益（收支）不实金额45871万元；审计处理处罚金额176240万元，其中应上缴财政1051万元、应减少财政拨款或补贴20876万元、应归还原渠道资金63213万元、应调账处理金额91099万元；审计发现非金额计量问题364个；审计促进整改落实有关问题资金950万元，其中增收节支942万元、已上缴财政850万元；审计后挽回（避免）损失20876万元。移送司法机关、纪检监察机关和有关部门处理事项4件。出具审计报告和专项审计调查报告888篇。提出审计建议1222条，被采纳545条。提交审计信息363篇，被批示、采用84篇。

财政审计 对上饶市278个单位或部门进行预算执行或财政决算审计，审计查出主要问题金额为1186075万元。其中，预算编报不真实不完整28835万元，未按规定纳入预算管理11649万元，未按规定征收缴纳收入68037万元，隐瞒转移截留资金845万元，未落实收支两条线和专户管理规定1947万元，违规改变项目计划和资金用途2369万元，未按规定征提基金8230万元，乱收费乱摊派乱罚款3675万元，资金滞留闲置82440万元，违规使用发票974万元，虚列支出43550万元，扩大开支范围或提高开支标准10589万元，违规采购1314万元，决算草案编制不规范58163万元。

经济责任审计 对上饶市210个党政机关领导干部和国有企业领导人进行经济责任审计，其中任中经济责任审计23人。审计查出主要问题金额1220613万元，已上缴财政202万元。其中，违规金额8441万元（其中负领导责任金额8375万元），管理不规范金额1212172万元（其中负直接责任金额461万元、负主管责任金额53796万元、负领导责任金额1157915万元），促进增收节支287万元。

固定资产投资审计 对上饶市379个政府投资项目开展审计，项目投资额270249万元，完成投资额270249万元，核减工程款20876万元，审计查出主要问题金额29205万元，其中工程价款不实20876万元。

企业、金融审计 对上饶市2个中央、省、市重点企业和金融单位进行审计或审计调查，审计查出主要问题金额218万元。

专项资金审计 对上饶市19个单位（项目）开展专项资金审计和审计调查，审计查出主要问题金额37048万元。其中，未按规定纳入预算管理42万元，未落实“收支两条线”和专户管理规定1312万元，资金滞留闲置9585万元。

（撰稿人：胡跃明）

2015年江西省所辖区、县(市)级审计工作统计表

金额单位:万元

审计机关	完成审计项目(个)	审计查出主要问题金额	审计处理情况					出具审计报告和审计调查报告(篇)	提出审计建议(条)	提交审计信息(篇)
			审计处理处罚				移送处理事项(件)			
			应上缴财政	应减少财政拨款或补贴	应归还原渠道资金	应调账处理金额				
南昌市										
南昌市本级	44	3075850	13108		14060		19	61	132	295
东湖区审计局	37	885		885				37	54	
西湖区审计局	16	13792	38		8			16	89	
青云谱区审计局	16	21403	110			3		16	53	4
湾里区审计局	11	17312	2					11	43	
青山湖区审计局	28	23401							111	
新建区审计局	43	20972				174		40	105	
南昌县审计局	44	4144	566	13	1275	2288		42	50	10
安义县审计局	28	11524	55					41	110	26
进贤县审计局	69	6306	106		110	7		67	205	5
景德镇市										
景德镇市本级	69	318100	167				7	46	161	76
昌江区审计局	18	4015	1		278	234		18	115	10
珠山区审计局	10	46948						10	58	103
乐平市审计局	179	359	359		3425		1	160	210	6
浮梁县审计局	59	2234	120		426	419	1	59	218	5
萍乡市										
萍乡市本级	138	261163	2614		21288	155681	4	138	164	2
安源区审计局	17	285757	76		299			18	54	
湘东区审计局	46	17234	149	257	2583	14244		46	95	
莲花县审计局	32	4172	17		1650	670	1	32	66	16
上栗县审计局	22	2563	29		1420	36		22	56	30
芦溪县审计局	16	103	20				1	16	42	25
九江市										
九江市本级	111	577250	1200		15434	93138		110	308	16
浔阳区审计局	55	487	65					54	54	
庐山区审计局	88	284310	16	6054				88		
瑞昌市审计局	9	3550			31	3519		14	21	129
共青城市审计局	45	123397	1240			122151	2	41		

续表

审计机关	完成审计项目（个）	审计查出主要问题金额	审计处理情况					出具审计报告和审计调查报告（篇）	提出审计建议（条）	提交审计信息（篇）
			审计处理处罚				移送处理事项（件）			
			应上缴财政	应减少财政拨款或补贴	应归还原渠道资金	应调账处理金额				
九江县审计局	85	140280	70	9694	377	54		115	102	
武宁县审计局	180	52275	1200	9452	887			203	29	
修水县审计局	57	49861	123		18573	21969		55	344	
永修县审计局	73	25412	187	3549	1850	7165	3	108	158	2
德安县审计局	108	91144	46	5168				125	177	81
星子县审计局	63	8596	99	1945	2083	4289		61	64	
都昌县审计局	58	43001	143	563	26	25		83	245	
湖口县审计局	69	526	24	474		1		68	113	
彭泽县审计局	39	27321	24					40	92	
庐山审计处	62	1478	11	1478	115	740		65		
开发区分局	14	52307	10882	1459	957	31665		6	46	50
新余市										
新余市本级	61	75744	3228				2	116	189	206
渝水区审计局	22	28545	69					30	69	2
分宜县审计局	23	6774	55			446		31	149	6
鹰潭市										
鹰潭市本级	33	133481	46		48			30	83	
月湖区审计局	28	9038	14	294	3329	5567		28	89	
贵溪市审计局	69	165971	1287	353	559	3643		69	228	24
余江县审计局	66	4962	160		432	610		77	96	
赣州市										
赣州市本级	83	470985	1128		18416	897	3	122	243	218
章贡区审计局	24	3318	204		1			24	63	112
南康区审计局	47	345838	156		2			79	157	11
瑞金市审计局	143	35491		10287				134	771	73
赣县审计局	32	6078	35		2	87		41	30	43
信丰县审计局	18	19669	14		1121			18	37	26
大余县审计局	82	2695	145					94	282	12
上犹县审计局	31	277319	13				1	36	79	104
崇义县审计局	95	11117	169		1042	333		131	148	2
安远县审计局	60	5720	228			41		61	333	115
龙南县审计局	39	79045	311			5078		60		183

续表

审计机关	完成审计项目（个）	审计查出主要问题金额	审计处理情况					出具审计报告和审计调查报告（篇）	提出审计建议（条）	提交审计信息（篇）
			审计处理处罚				移送处理事项（件）			
			应上缴财政	应减少财政拨款或补贴	应归还原渠道资金	应调账处理金额				
定南县审计局	38	38360	832		982			38	14	24
全南县审计局	42	10822	36		31			42	46	
宁都县审计局	47	4053	219		30		1	52	43	13
于都县审计局	28	1351	102					28	58	35
兴国县审计局	39	123662	57		16928	1030		39	73	96
会昌县审计局	153	15799	258				3	153	28	108
寻乌县审计局	16	46293	124					16	27	46
石城县审计局	23	319	58		116	144		23	37	14
吉安市										
吉安市本级	57	363290	582		4794	128894	2	72	183	12
吉州区审计局	170	8989	63					170	339	
青原区审计局	39	10111	6					39	37	
井冈山市审计局	65	1078	70	787	200	14		73	79	20
吉安县审计局	146	1045	884		25	141		189	138	101
吉水县审计局	161	12866	181	12436			5	172	238	
峡江县审计局	13	4641	33	14	38			12	11	
新干县审计局	177	67180	347					174	406	
永丰县审计局	70	1152	85		19	1049		70	6	1
泰和县审计局	50	667	38		59	509	1	47	69	3
遂川县审计局	44	5600	1987				1	44	70	
万安县审计局	42	81544	77		5			64	81	
安福县审计局	133	4640	106		187	4346		141	64	
永新县审计局	62	1317	278		376	489		61	158	
宜春市										
宜春市本级	148	661765	1235		315	146	19	157	315	166
袁州区审计局	66	432192	200		1234	18		63	82	4
丰城市审计局	58	16322	1485		311		3	58	139	4
樟树市审计局	72	33028	116		10	15	2	72	85	13
高安市审计局	63	28212	839				2	63	146	61
奉新县审计局	86	296002	113				4	106	175	50
万载县审计局	125	38997	626		189	441	1	125	186	4
上高县审计局	74	37793	237					76	204	8
宜丰县审计局	144	12441	30					146	194	10

续表

审计机关	完成审计项目（个）	审计查出主要问题金额	审计处理情况					出具审计报告和审计调查报告（篇）	提出审计建议（条）	提交审计信息（篇）
			审计处理处罚				移送处理事项（件）			
			应上缴财政	应减少财政拨款或补贴	应归还原渠道资金	应调账处理金额				
靖安县审计局	89	41900	40		106	40		89	148	7
铜鼓县审计局	102	2712	152					130	135	110
抚州市										
抚州市本级	58	515435	14148	450	24647	213497	1	52	117	57
临川区审计局	68	7120	205	2509	5133	679		68	49	60
南城县审计局	86	1362	462		900			86	56	192
黎川县审计局	52	1360	110	2900	3126	1500		52	46	36
南丰县审计局	129	1834		1037	361			120	44	45
崇仁县审计局	78	800	28	518		200		71	16	24
乐安县审计局	110	19	4	1067				109	61	46
宜黄县审计局	62	1302	37	456	275	535	1	62	12	24
金溪县审计局	63	304	29	85				62	25	32
资溪县审计局	62	2253	30		22	127		62	25	33
东乡县审计局	91	1267	111		133	1024		90	56	136
广昌县审计局	58	2412	88	2260	42	22		58	56	40
高新区审计局	39	75	7			1		39	11	39
上饶市										
上饶市本级	90	740852	333	1915	302	85	4	153	270	46
信州区审计局	17	11664		176				22	40	37
广丰区审计局	134	106588	11	2068	1			168	139	20
德兴市审计局	39	5092	56	795	218	3517		47	36	68
上饶县审计局	30	4440	35	60	10	255		30	78	
玉山县审计局	101	96847	21	6635				110	232	48
铅山县审计局	17	6203	61					28	52	6
横峰县审计局	23	44302	84	1422	40862	912		27	44	4
弋阳县审计局	35	354	4	255				39	85	30
余干县审计局	26	5308	77		589	9107		25	57	50
鄱阳县审计局	38	77055			2132	74923		74	50	
万年县审计局	49	18449	94	763	8931	8661		56	92	15
婺源县审计局	79	42660	47	6785		12		89	38	20

山东省

【山东省审计厅】 2015年，山东省审计厅人员编制321人，实有269人。设有办公室、法规处、人事处、项目管理处、执行处、离退休干部处、机关党委、财政审计处、行政事业审计综合处、行政事业审计一处、行政事业审计二处、农业与资源环保审计处、固定资产投资审计一处、固定资产投资审计二处、金融审计处、企业审计一处、企业审计二处、社会保障审计处、外资运用审计处、电子数据审计处、经济责任审计办公室、经济责任审计一处、经济责任审计二处、经济责任审计三处。

领导成员

厅　　长：马青山

副 厅 长：魏惠育　王修歧　杨统海

　　　　　姜　芳　栾心勇（7月—）

总审计师：鲁玉芹（7月—）

纪检组长：崔良桐

巡 视 员：黄利明（7月—）

副巡视员：孙明禄　孙承明（7月—）

经济责任审计办公室主任：刘立交（—1月）

　　　　　许庆豪（7月—）

审计成果 山东省各级审计机关全年审计单位9716个，查出主要问题金额12794.73亿元，其中违规金额828.91亿元、损失浪费金额85.19亿元、管理不规范金额11880.63亿元；损益（收支）不实金额955.77亿元；审计处理处罚金额1426.76亿元，其中应上缴财政428.96亿元、应减少财政拨款或补贴81.34亿元、应归还原渠道资金202.13亿元、应调账处理金额644.17亿元；审计发现非金额计量问题20542个；审计促进整改落实有关问题金额524.97亿元，其中增收节支307.83亿元、已调账处理金额171.88亿元；审计促进拨付资金到位72.62亿元；审计后挽回（避免）损失78.73亿元。移送司法机关、纪检监察机关和有关部门处理事项763件。出具审计报告和专项审计调查报告12440篇，被批示、采用158篇。提交审计信息7097篇，被批示、采用3745篇。提出审计建议18315条，被采纳12174条，促进被审计单位制定整改措施3511项、建立健全规章制度509项。向社会公告审计结果44篇。

政策措施贯彻落实跟踪审计 全省完成简政放权、金融支持实体经济、促进对外贸易稳定增长和内贸流通、精准扶贫、促进高校毕业生就业创业等21项专题审计。发现问题金额261.38亿元，促进财政资金统筹使用和重点资金到位20.69亿元，简政放权213项，重大政策落实123项，建立健全制度58项。省领导先后26次对审计报告做出批示，审计署领导也对山东开展政策跟踪审计的做法给予充分肯定。

财政审计 探索开展三级联动财政数字化审计，推动全省预算执行审计由分层式向一体化转变，审计的宏观性、整体性进一步增强，省审计厅作为地方审计机关代表在审计署做经验介绍。加大重大政府投资项目、“三公”经费、财政存量资金、机构编制和“吃空饷”、税收征管等审计力度，全省共核减投资额94.55亿元。采用“工作报告＋问题清单”方式，全方位展示预算执行审计成果，审计理念由“问财”向“问政”转变。开展省直预算单位信息系统专项审计调查，促进提升部门单位信息系统的安全性、有效性和经济性。全省共审计预算执行单位1612个，查出违规金额371.84亿元，上缴财政87.61亿元。

民生和资源环境审计 组织开展县级公立医院改革、养老服务业发展、农村饮水安全、政府拖欠工程款、城镇保障性安居工程、援川援疆资金项目等民生审计，查出侵害群众利益金额87.98亿元，通过媒体公开、联合督办等形式，促进改革发展成果全民共享。开展省直部门单位建购职工住房、省属高校和医院工程审计，开展森林资源管理绩效、生态环境保护政策等审计，揭示林地使用、污染防治等方面存在的问题。

经济责任审计 协调以省政府名义召开全省经济责任审计工作会议，4名省委常委出席，省长郭树清做重要讲话。组织全省审计力量，完成222名省管领导干部经济责任审计，实现省管干部离任审计全覆盖，落实五年轮审一遍要求，完成120名省管干部离任审计，经济责任审计全覆盖进入常态化。全省共审计领导干部3298人，查出负有直接责任的问题金额167.31亿元。开展村居负责人审计指导和调研，起草指导意见，拟印发全省执行。启动经济责任审计对象数据库建设，增强计划管理的主动性和科学性。

企业、金融、外资运用审计 结合能源、煤炭、航空等8个大型省属国有企业经济责任审计，对国有企业关联交易、交通企业债务划转、高速公路收费政策等情况进行审计，揭示经营风险和违纪问题，服务国企改革。开展农信社风险管控、小额贷款公司经营管理等情况专项审计调查，揭示企业骗贷、非法集资、违规核销公职人员贷款等重大问题和风险隐患，防范金融风险。组织对16个国外贷援款项目进行审计，促进有效利用外资，维护政府国际信誉。

作风建设 开展“三严三实”专题教育，厅领导为全省审计干部讲党课，带头查找纠正“不严不实”问题。召开民主生活会，省长到会指导并给予充分肯定；开展支部书记党课展讲活动，倡导树立“实高新严细”作风。坚持审计业务培训党性教育先行和在审计一线设立流动支部的做法，坚定党性原则和理想信念。建成并开放山东根据地审计展馆，弘扬传承党的优良传统和革命精神。深化精神文明创建，召开精神文明建设经验交流会，省审计厅连续6年保持全国文明单位称号，淄博、威海、临沂市审计局跻身“全国文明机关”行列。

规范化建设 落实国务院、省政府关于加强审计工作意见的总体部署，成立领导小组和攻关团队。改进计划管理，建立与党委政府政策研究机构和宏观经济管理部门的常态化沟通机制，建成并启用审计项目管理平台，实现动态管控。完善大兵团作战、扁平化管理的审计组织模式，保障重大审计任务完成。强化业务督导，开展全省审计质量检查和优秀项目评选，入选全国优秀审计项目的数量和质量均实现突破。对应干部管理需求，规范领导干部经济责任审计结果报告范本。加大整改力度，推动将预算执行审计整改工作纳入省政府常务会议专题研究事项，联合省人大及相关部门开展专题调研和整改督查，建立整改约谈制度，编制整改清单。

信息化建设 推进以大数据为核心的“智慧审计”建设。建立全省地方财政收支相关电子数据定期报送机制，建成覆盖财政、工商、税务、企业、银行、社保、民政等10多个行业电子数据的省级审计数据系统，完成财政、地税、社保审计分析平台建设，研发审计搜索引擎，实现对电子数据的自动批量筛查。组织对28个省直预算单位信息系统进行审计，在摸清底数的基础上，为推动数据云平台建设打下基础。

队伍建设 坚持党管干部原则，制发处级干部选拔任用办法，完善以品行为核心、能力为重点、业绩为导向的干部选用机制。提升干部教育培训层次，联合省委组织部举办全省审计系统领导干部“新常态新作为”专题研讨班，评选首届“十佳县审计局长”。加大干部轮岗交流和实践锻炼力度，对外交流4名处级干部，安排8名年轻骨干主持工作、5名干部担任帮包村“第一书记”、5名干部赴基层挂职锻炼，对40名干部进行内部交流轮岗。在全省组织工作会议上，省委组织部选定省审计厅作为省直部门唯一代表，就打造审计铁军做经验介绍。

党风廉政建设 召开全省审计机关党风廉政建设工作会议，对审计系统反腐倡廉做出部署。抓好主体责任落实，制发专门意见，逐级签订廉政责任状，班子成员履行“一岗双责”，开展廉政约谈，树立重廉导向。坚持教育、监督并重，举办预防职务犯罪警示教育，健全内控机制，支持驻厅纪检组和机关纪委履行监督职能，加大对物资采购、干部任用、外聘人员等重点环节和关键事项以及廉政纪律、审计纪律巡查回访力度。

内部审计 组织全省审计机关对5801个行政事业单位及国有企业开展内部审计专项督查，其中省审计厅对74个省直部门单位进行督查，共提出改进建议2000多条。组织对年主营业务收入亿元以上的915个民营企业进行调研，通过宣传交流、上门指导、典型带动、教育培训、咨询服务等方式，推动民营企业健全机构，配备人员，开展内部审计工作。截至2015年底，全省已建内部审计机构7867个，配备内部审计人员20952人，完成审计项目94966个，促进增收节支84.18亿元，建议给予行政处分1098人，向司法机关移送案件线索33件，涉及24人。（撰稿人：冉　瑾）

【济南市审计局】 2015年，济南市审计局人员编制169人，实有159人。局长孙竹兮，副局长唐军、吕思修、刘继强、丁小玲、张传堂、于洋，总审计师仪红军，经济责任审计办公室主任张振江，巡视员毕永晔（—9月），副巡视员吴冬梅、杨光星、张峻峰。设有市经济责任审计办公室、办公室、法规处、组织人事处、财政审计处、金融审计处、行政事业审计一处、行政事业审计二处、行政事业审计三处、农业与资源环保审计处、固定资产投资审计一处、固定资产投资审计二处、固定资产投资审计三处、企业审计一处、企业审计二处、社会保障审计处、外资运用审计处、计算机审计技术处（信息处），按照有关规定设机关党委、工会等。

审计成果 济南市审计机关共完成审计和审计调查项目881个，查出问题金额265.52亿元，其中违规金额14.11亿元、损失浪费金额37.62亿元、管理不规范金额213.79亿元；损益（收支）不实金额16.23亿元；审计处理处罚金额15.42亿元，其中应上缴财政2.33亿元、应减少财政拨款或补贴2.64亿元、应归还原渠道资金2.30亿元、应调账处理金额7.35亿元；审计发现非金额计量问题2670个；审计促进整改落实有关问题金额13.54亿元，其中增收节支6.33亿元、已调账处理金额6.34亿元；审计促进拨付资金到位2.48亿元；审计后挽回（避免）损失2.94亿元。移送案件线索40件。出具审计报告和专项审计调查报告1052篇，被批示、采用630篇。提出审计建议1586条，提交审计信息353篇（次），被批示、采用211篇（次）。向社会公告审计结果135篇。

政策措施贯彻落实跟踪审计 围绕稳增长、促改革、调结构、惠民生、防风险政策措施落实，贯彻中央八项规定、国务院“约法三章”和省市有关规定办法以及生态文明建设等，对保障性安居工程、养老服务业、财政扶贫资金、农村人口饮水安全、生态环境保护等15项政策落实情况进行审计。

财政审计 以预算执行审计为主线，重点对预算编制和批复、专项资金管理使用、重点部门预算执行情况、“三公”经费使用等事项进行监督，着重关注各级财政资金应投未投、应用未用、使用绩效低下等问题，促进存量资金尽快落实到项目和发挥效益，发挥公共资金守护者作用。全市开展预算执行审计项目151个，查出违规金额3亿元、管理不规范金额128.95亿元，应上缴财政1.63亿元。

经济责任审计 全市开展经济责任审计项目199个，查出问题金额27.63亿元。市审计局对市城乡建设委、市广播电视台等28个部门单位主要负责人进行经济责任审计，重点关注领导干部任职期间的经济社会发展、执行国家财政经济政策、重大经济事项决策、国有资产管理以及领导干部廉洁自律等情况，查出问题金额14.95亿元。出台《济南市经济责任审计联合回访办法（试行）》《济南市经济责任界定及审计评价办法（试行）》《济南市领导干部任前经济责任告知告诫办法》等规章制度，保障全市经济责任审计工作的规范运行。与市纪委、市委组织部等部门加大联合审计回访和审计问责力度，对2014年下半年及2015年实施的15个经济责任审计项目进行联合回访，检查审计查出问题的整改落实情况，取得良好效果。

固定资产投资审计 重点开展济南省会文化艺术中心“三馆”建设项目竣工决算、玉符河综合治理工程、二环西路地面及环境建设工程等政府重大投资项目的审计监督。在审计过程中，加大对工程招投标、设备材料采购、资金管理使用等重点环节的监督力度，揭露和查处重大违法违纪问题，确保项目建设顺利实施，全市核减投资额5.42亿元。

专项资金审计 围绕保障民生、改善民生、发展民生的主题，把国家各项惠民政策的贯彻落实情况纳入审计目标，全年审计各类专项资金690.28亿元，查出主要问题金额11.89亿元。

（撰稿人：于　超　闫晓军）

【青岛市审计局】 2015年，青岛市审计局人员编制195人，实有186人。局长侯杰，副局长王大平（3月—）、黄勇（7月—）、王健、孙可君（3月—），总审计师管卫东，纪检组长于卫东（3月—）。设有办公室、法规处、人事处、财政审计处、行政事业审计综合处、行政事业审计一处、行政事业审计二处、农业与资源环保审计处、金融审计处、企业审计综合处、企业审计一处、企业审计二处、社会保障审计处、外资运用审计处、经济责任审计办公室、政府投资审计专业局、机关党委，下设青岛市审计局计算机信息中心、青岛审计干部培训基地。

审计成果 青岛市审计局完成审计项目91个，查出主要问题金额3235162万元，其中违规金额12416万元、管理不规范金额3222746万元；损益（收支）不实金额900373万元；审计处理处罚金额526563万元，其中应上缴财政10699万元、应减少财政拨款或补贴142819万元、应归还原渠道资金14936万元、应调账处理金额358107万元；审计发现非金额计量问题244个；审计促进整改落实有关问题金额171009万元，其中增收节支148825万元、已调账处理金额18589万元；审计后挽回（避免）损失142826万元；核减投资额142819万元。移送司法机关、纪检监察机关和有关部门处理事项56件。出具审计报告91篇。出具审计专题、综合性报告39篇，被批示、采用35篇。提出审计建议278条，被采纳148条。提交审计信息219篇，被批示、采用105篇。

财政审计 完成审计项目14个，查出主要问题金额1851593万元，其中未按规定纳入预算管理18万元、未按规定征收缴纳收入13333万元、未落实“收支两条线”和专户管理规定1403万元、未按规定征提基金236万元、资金滞留闲置40681万元、违规使用发票993万元、会计核算不实11797万元、账外资产481万元、其他问题金额1768034万元。

经济责任审计 完成审计项目14个，查出主要问题金额876273万元，其中违规金额776万元、管理不规范875497万元；增收节支1879万元。

企业、金融审计 完成审计项目1个，查出主要问题金额860664万元，其中违规经营396400万元、资产质量不实131335万元、财务收支核算不实332928万元。

固定资产投资审计 完成审计项目36个，项目投资额4494331万元，核减投资额112181万元，查出主要问题金额166104万元，其中未按规定征收缴纳收入225万元、违规改变项目计划和资金用途16万元、工程结算款不实（多计）86396万元、超规模超标准3594万元、挤占建设成本3506万元、其他问题金额72246万元。

外资运用审计 完成审计项目1个，项目投资额73174万元（其中外资31120万元），查出主要问题金额12850万元。

专项资金审计 完成审计项目25个，审计专项资金总额3105793万元，核减投资额30637万元，查出主要问题金额177805万元，其中未按规定纳入预算管理365万元、未按规定征收缴纳收入1499万元、未落实“收支两条线”和专户管理规定43万元、违规改变项目计划和资金用途19050万元、违规使用发票1191万元、资金不到位不落实39174万元、工程结算款不实30637万元、账外资产6409万元、未足额支付征地拆迁款13198万元、其他问题金额65984万元。

信息化建设 完成创建基于大数据关联分析的联动审计模式，实现预算执行审计新突破目标。承担和参与《医院审计知识和方法资源库》《大数据环境下审计方法创新研究》等5项省部级课题研究。

（撰稿人：潘铎印）

【淄博市审计局】 2015年，淄博市审计局人员编制149人，实有117人。局长侯全明，副局长杜贞耐、梅立凯、房虹，总审计师荆开学。设有办公室、人事科、法规科、计算机审计管理科、审计执行科、内部审计指导科、财政审计科、金融社保审计科、行政事业审计科、经贸审计科、农业与资源环保审计科、外资运用审计科、政法审计科、科教文卫审计科、经济责任审计办公室、经济责任审计办公室一科、经济责任审计办公室二科、市政府投资审计专业局、审计干部培训中心。

审计成果 淄博市审计机关完成审计项目632个，其中组织实施审计项目606个，参与实施审计项目26个。查出主要问题金额4733004万元，其中违规金额1260401万元、损失浪费金额151万元、管理不规范金额3472452万元；损益（收支）不实金额148936万元；审计处理处罚金额878976万元，其中应上缴财政309411万元、应减少财政拨款或补贴49562万元、应归还原渠道资金222828万元、应调账处理金额290244万元；审计发现非金额计量问题980个；审计促进整改落实有关问题金额563903万元，其中增收节支458788万元、已调账处理金额75545万元；审计促进拨付资金到位12718万元；审计后挽回（避免）损失43001万元。移送司法机关、纪检监察机关和有关部门处理事项79件。出具审计报告和专项审计调查报告642篇，被批示、采用18篇。提出审计建议710条，提交审计信息656篇，被批示、采用498篇。市审计局本级被评为全国文明单位，获得审计署优秀审计项目表彰。

政策措施贯彻落实跟踪审计　市审计局采取市县“一体化”组审方式，对全市2015年政策措施落实情况进行跟踪审计，查出12大类、72项问题，提出改进意见54条，促进落实整改51项。市长连续四次对提交的综合报告做出重要批示。总结形成具有淄博特色的形式、价值、事实“三维”立体审计模式，经验做法在中国审计学会专题研讨会做典型交流。

财政审计　全市审计机关实施78个部门的预算执行审计，30个单位的财政决算审计，查出主要问题金额3452195万元。对公职人员出资办企业和在企业兼职、领取库区移民补贴情况进行审计。

经济责任审计　实施209名领导干部经济责任审计，查出违规金额73086万元，其中负直接责任金额973万元。研究出台4项制度，推动完善全市经济责任审计管理体系。推进经济责任审计全覆盖，加快经济责任审计信息化建设步伐，完善经济责任审计对象基本信息数据库。

金融审计　完成齐商银行以及2个小额贷款公司和1个农村信用社审计项目，查处问题金额133553万元，移送处理事项2件，综合报告和《审计要情》被市领导批示3篇。

固定资产投资审计　开展政府投资项目审计155个，核减投资额50950万元。市审计局在结算审计项目中引入中介机构，实现购买社会服务实践新突破。建议市政府出台《进一步加强政府投融资项目审计监督的意见》。

专项资金审计　全市统一组织实施2012年至2014年部分涉农政策措施落实与资金使用绩效情况专项审计调查，涉及20个镇（街道办）100个村居，查出问题金额192327万元，向司法和纪检监察机关移送案件线索27件。促进区县、镇政府及相关部门边审计边整改问题11个，制定完善涉农管理制度8个。

企业审计　完成市公交公司、热电集团、燃料公司等12个企业的审计，查出问题金额74146万元，提出审计建议23条，提交的8篇《审计要情》全部被市领导批示。

信息化建设　深化拓展审计管理系统应用，组织开发经济责任审计资源库、信息化审计档案库、人事管理及审计项目限时控制等功能。推进金审工程三期建设，通过政府采购为区县审计局配备设备。选派11人参加审计署计算机中级培训。

（撰稿人：翟慎军）

【枣庄市审计局】　2015年，枣庄市审计局人员编制66人，实有65人。局长杨家国，副局长于晨、曹昭普、韩荣昌，调研员李黎，副调研员张鲁平、张本良。设有办公室、法规科、人事科、财政审计科、行政事业审计科、农业与资源环保审计科、固定资产投资审计科、金融与外资审计科、企业审计科、社会保障审计科、计算机审计管理科、枣庄市经济责任审计办公室、枣庄市政府投资审计办公室。

审计成果　枣庄市审计机关完成审计项目323个，查出主要问题金额1232745万元，其中违规金额179409万元、管理不规范金额1053261万元；损益（收支）不实金额91265万元；审计处理处罚金额540661万元，其中应上缴财政76403万元、应归还原渠道资金164252万元、应调账处理金额294825万元；审计发现非金额计量问题434个；审计促进整改落实有关问题金额107903万元，其中增收节支61757万元、已调账处理金额36966万元；审计促进拨付资金到位29729万元；审计后挽回（避免）损失176万元。出具审计报告和专项审计调查报告72篇，被批示、采用8篇。提出审计建议1043条，提交审计信息358篇，被批示、采用38篇。

财政审计　围绕提高公共资金管理使用绩效，深化财政管理、预算执行审计。坚持预算执行审计与专项资金、经济责任、财务收支审计相结合，关注专项转移支付、存量资金盘活、政府性债务等问题，全市完成预算执行和财政决算审计项目85个，延伸审计单位74个，查出滞留闲置资金11.09亿元。“两个报告”分别得到市人大、市政府的充分肯定。

金融审计 开展枣庄农商银行峄城支行风险管控情况专项审计调查，抽查贷款项目256个，发现各类问题金额7.96亿元，违规借贷线索移送有关部门处理4件，7人受到司法处理和党纪政纪等处分。

固定资产投资审计 完成政府投资审计项目61个，核减工程造价3009万元。市审计局开展市民中心建设项目的跟踪审计，区（市）普遍开展政府投资建设项目审计。

企业审计 审计单位20个，查出主要问题金额112294万元。开展对泉兴集团、丰源集团、辰龙集团等企业国有资本运营及绩效、企业资产负债损益情况的审计。

经济责任审计 完成92名领导干部的经济责任审计，重点审查领导干部履行部门职责、贯彻方针政策、执行法律法规等情况。落实市委、市政府安排，在山亭区开展村居干部经济责任审计试点，将审计延伸到国家治理体系的最末梢。

专项资金审计 审计单位36个，查出主要问题金额92921万元。坚持民本审计理念，组织开展县级公立医院改革、养老服务业发展、农村饮水安全、政府拖欠工程款、保障性安居工程等民生资金和项目审计。保障性安居工程跟踪审计查出项目管理不到位102个，清退不符合条件享受保障房待遇居民157户。 （撰稿人：江庆玉）

【东营市审计局】 2015年，东营市审计局人员编制76人，实有73人。局长曲同德，副局长杨忠起、冯培勤、成志强，总审计师张冬梅，政府投资审计办公室主任李志山，经济责任审计办公室主任王利民，调研员李玉平、张树芹（—10月），副调研员王国军、李建华、任德海。设有经济责任审计办公室、政府投资审计办公室、东营港经济开发区审计科、东营经济开发区审计科、办公室、人事教育科、财政审计科、金融审计科、行政事业审计科、农业与资源环保审计科、社会保障审计科、法规科、审计执行科，下设东营市计算机审计中心、东营市内部审计协会。

审计成果 东营市审计局完成审计单位32个，查出主要问题金额823056万元，其中违规金额4432万元、管理不规范金额818624万元；审计发现非金额计量问题193个；损益（收支）不实金额9850万元；审计期间整改金额1894万元；审计处理处罚35247万元，其中应上缴财政金额5310万元、应归还原渠道资金2246万元、应调账处理金额27691万元；审计促进整改落实有关问题资金33268万元，其中增收节支5516万元（已上缴财政3270万元）；审计促进拨付资金到位金额1111万元；核减投资额1811万元。移送处理事项6件。出具审计报告和专项审计调查报告62篇。提出审计建议96条，提交审计信息4篇、信息简报4篇。

财政审计 以政府预算执行为主线，以公共资金使用绩效为重点，对市财政局组织预算、市地税局税收征管质效等12个部门单位预算执行进行审计，对财政部门管理的存量资金和市直160个部门单位的财政存量资金进行全面审计，摸清本级财政存量资金规模、结构和管理情况。审计查出主要问题金额670384万元，其中预算编报不真实不完整2857万元、违规变更调整预算12221万元、未按规定征收缴纳收入140861万元、违规改变项目计划和资金用途40905万元、扩大开支范围或提高开支标准列支822万元、违规采购11610万元、高风险对外投资422万元、会计核算不实1417万元。对广饶县等4个县区2014年度财政专项转移支付资金进行审计，审计资金33.09亿元，抽查项目1022个，查处套取、挪用专项资金、资金拨付不及时等违法违规问题金额20.14亿元；推动各县区制定或修订《财政专项转移支付资金管理办法》。

专项资金审计 对城镇保障性安居工程进行跟踪审计，查出虚假招标等违纪违规金额1638万元，查出保障性住房管理机制不完善等非金额计量问题22个，提出审计建议5条。对全市2012至2014年农村人口饮水安全问题进行审计，查出部分项目未执行报账提款、中标单位将工程进行分包等问题，涉及资金1872万元。对5个县区8个县级公立医院综合改革推进情况进行专项审计，重点审查改革补偿机制、改革医疗保险支付及控制公立医院医疗费用等16个方面的进展情况。对养老服务业发展政策措施落实情况进行专题审计，抽查2个福利中心、4个日间照料中心、7个敬老院、13个农村幸福院、3个老年养护院，促进养老服务政策落实到位。市审计局共对城镇保障性安居工程、农村人口饮水安全等15个单位进行专项资金审计，查出主要问题金额137964万元、未按规定征收缴纳收入8600万元、违规改变项目计划和资金用途8030万元、乱收费乱摊派乱罚款741万元、虚列支出2138万元、扩大开支范围或提高开支标准列支818万元、资金不到位不落实184万元、会计核算不实796万元。

固定资产投资审计 对“两馆一中心”、生态新城、庐山路火车站站前广场等10个重点建设项目实施跟踪审计，对建设施工中迁占补偿、工程款拨付、隐蔽工程、材料价格确认等影响工程造价的关键环节严格审查把关，共出具跟踪审计意见单18份，核减工程投资3688万元。对省道S228新博路道路工程、城市园林绿化博览会主体工程、龙悦湖工程等4个重点项目开展结算审计，审减工程价款25298.85万元。开展援疆新建项目现场审计，对2个“交钥匙”项目和8个“交支票”工程项目的招投标情况、建设程序履行情况进行审查，对12个项目、30个单体工程进行结算审计，审减金额1835.82万元，综合审减率14%。

企业、金融审计 对鲁商、城发等3家小额贷款公司进行专项审计和调查，摸清小额贷款公司总体经营情况和信贷资产质量，揭示小额贷款公司在依法依规经营和信贷业务中存在的突出问题和薄弱环节。对利津县农村信用社资产负债损益审计和信贷投向专项审计调查，查出信贷资产风险分类不准确、违规核销贷款等多项问题，分别向公安机关和东营银监局移送问题线索1件。对广饶县2012年至2014年森林资源管理保护、开发利用和相关资金征收管理、使用绩效进行审计调查，查出违规征占林地、虚报种植面积套取财政补贴资金等问题，涉及资金4009万元。审计查出主要问题金额12832万元，其中财务收支核算不实12485万元。

经济责任审计 出台《东营市关于贯彻落实党政主要领导干部和国有企业领导人员经济责任审计规定实施细则的意见》和《东营市市管领导干部离任经济责任事项交接办法（试行）》，推进经济责任审计工作制度化、规范化。创新经济责任审计工作，拓展深化审计内容，开展25个经济责任审计项目，关注党政领导干部任职期间重大经济决策、经济活动情况，关注领导干部执行国家财经政策法规、相关内部控制制度情况，关注重点专项资金使用、重点工程项目实施绩效情况。

政策措施贯彻落实跟踪审计 组织对稳增长、促改革、调结构、惠民生政策措施落实情况进行跟踪审计，探索政策跟踪审计“1+N”模式，把政策跟踪审计与年度审计项目相融合，把宏观政策贯彻落实情况作为所有相关审计项目特别是经济责任审计的重要审计内容。对市级在建项目、简政放权、资金保障、税收优惠等26个方面70多项政策开展审计，累计查出各类问题96个，提出审计建议78条，市政府主要领导5次对提报的《审计要情》做出重要批示。（撰稿人：蔡　玲）

【烟台市审计局】 2015年，烟台市审计局人员编制100人，实有88人。局长王清东，副局长董瑞锋、钟方新、翟宇翔，总审计师常宗杰，调研员张邦业。设有办公室、法规科、财政审计科、经贸审计科、社会保障审计科、农业与资源环保审计科、外资运用审计科、金融审计科、人事教育科、信息管理科、内部审计指导科、行政事业审计一科（行政事业）、行政事业审计二科（重点建设项目）、行政事业审计三科（公检法司）、行政事业审计四科（科教文卫）、烟台市经济责任审计办公室、审计执行科、烟台市政府投资审计服务中心。

审计成果 烟台市审计机关完成审计项目676个，查出主要问题金额282.13亿元，其中违规金额29亿元、管理不规范金额253亿元；损益（收支）不实金额14.2亿元；审计处理处罚金额44.5亿元，其中应上缴财政28.9亿元、应减少财政拨款或补贴1亿元、应归还原渠道资金1亿元、应调账处理金额13.5亿元；审计发现非金额计量问题526个；审计促进整改落实有关问题金额6.6亿元，其中增收节支4.3亿元、已调账处理金额2.3亿元；审计促进拨付资金到位8032万元；审计后挽回（避免）损失2.37亿元。移送司法机关、纪检监察机关和有关部门处理事项3件。出具审计报告和专项审计调查报告143篇，被批示、采用8篇。提出审计建议831条，提交审计信息580篇，被批示、采用271篇。

烟台市审计局保持省级文明单位荣誉称号，

参与实施的土地出让收支和耕地保护情况审计项目被评为2015年审计署优秀审计项目，先后被评为全省模范公务员示范岗、烟台市“三严三实”活动先进单位和烟台市“机关道德建设示范奖”先进单位。

政策措施贯彻落实跟踪审计 市县两级审计机关上下联动、分项实施，对全市稳增长、促改革、调结构、惠民生政策措施落实情况进行跟踪审计，完成健康服务业政策措施落实情况、促进信息消费政策措施落实情况等19项专题审计。

财政审计 对市直17个部门单位进行预算执行审计，同步实施保障性安居工程跟踪审计、林业资源利用情况绩效审计调查等7个专项审计调查，烟台市本级预算执行审计结果报告得到市委、市政府主要领导的批示，推动市委、市政府两办出台《关于加强财务管理严肃财经纪律的意见》。

固定资产投资审计 以投资规模大、党委政府重视、群众关注的重点建设项目为切入点，进一步加大政府投资工程审计力度，完成“两区一圈一带”、重大项目建设、铁路投融资及铁路建设专题审计，对烟台市城铁南站、芝罘站建设情况实施审计，涉及工程造价审计6000多万元。

经济责任审计 受组织部门委托，对50名党政领导干部和企业领导人员进行经济责任审计，针对任中审计发现的问题，向9个部门单位主要负责人发送“书面提醒函”，促使有关问题得到及时有效整改。

金融审计 完成2个小额贷款公司、1个地方金融机构和1个农村信用社审计项目，完成全市金融支持实体经济特别是小微企业和“三农”政策措施落实情况审计调查，审计报告得到市政府领导的批示。对9家市级政府投融资公司的投融资情况进行专项审计调查，为党委政府明确政府投融资公司转型发展方向提供参考依据。

企业审计 推进企业审计监督全覆盖，出台《关于加强市管企业审计监督工作的意见》，围绕提高市管企业审计监督覆盖面、强化审计结果运用、提升审计监督能力等方面做出明确规定。

专项资金审计 完成保障性安居工程跟踪审计、省管领导干部经济责任审计、精准扶贫减少农村贫困人口政策措施落实、养老服务业政策措施落实情况及高速公路收费政策专项审计等重大审计任务；对职业教育发展、农民工培训与就业等5个项目进行外资公证审计

信息化建设 按照《智慧审计建设规划》，重点强化数据归集工作，充实完善数据分析平台相关行业及方法。组织13人参加全省计算机审计中级培训，“智慧审计”项目获得全市工作创新奖。

（撰稿人：朱荣华）

【潍坊市审计局】 2015年，潍坊市审计局人员编制103人，实有人员98人。局长宫智，副局长刘树龙、李宏德、陶德义，总审计师郑栋强，市经济责任审计办公室主任曹连仲，派出审计处主任王栋，派出审计处支部书记王天玉，市政府性投资审计中心主任王洪武，市政府性投资审计中心支部书记窦中旗，调研员高敬禄，副调研员彭海元、王悦孝、张敬堂。设有办公室、组织人事科、研究室，法制科、财政审计科、行政事业审计科、农业审计科、资源环保审计科、社会保障与金融审计科、经贸与外资运用审计科、计算机审计管理科、市经济责任审计办公室、审计结果执行科，下设潍坊市审计局派出审计处、潍坊市政府性投资审计中心。

审计成果 潍坊审计机关完成审计项目796个，查出主要问题金额6329177.87万元，其中违规金额805293.48万元、损失浪费金额577.5万元、管理不规范金额5523306.88万元；损益（收支）不实金额537996.98万元；审计处理处罚金额530444.73万元，其中应上缴财政217774.97万元、应减少财政拨款或补贴60589.68万元、应归还原渠道资金33319.65万元、应调账处理金额217031.93万元；审计发现非金额计量问题916个；审计促进整改落实有关问题金额267275.35万元，其中增收节支265091.64万元、已调账处理金额2183.31万元；审计促进拨付资金到位532015.53万元；审计后挽回损失61684.47万元。移送司法机关、纪检监察机关和有关部门处理事项19件。出具审计报告和专项审计调查报告981篇，被批示、采用28篇。提出审计建议1287条，提交审计信息831篇，被采用504篇。向社会公告审计结果1篇。

政策措施贯彻落实跟踪审计 把稳增长、促改革、调结构、惠民生、防风险政策措施落实情

况跟踪审计作为重中之重，市县两级上下联动，分类推进，抓住资金、项目、政策“三条主线”，健全领导、协调、工作“三个机制”，对全市简政放权等24个方面的政策措施落实情况进行全面审计。

财政审计 将全部财政资金纳入监督范围，强化对预算管理、预算执行和资金效益的审计力度，全市完成预算执行和财政决算审计项目184个，查出违规金额52.9亿元，促进增收节支19.9亿元，移送案件线索8件。市县两级的“两个报告”分别得到人大、政府的充分肯定，审计结果得到社会各界广泛关注。

经济责任审计 完成264名领导干部的经济责任审计，重点审查领导干部履行部门职责、贯彻方针政策、执行法律法规等情况，查出领导干部负有直接责任的问题金额3042万元，推进依法行政和法治政府的建立。结合当地实际，推进村居干部经济责任审计全覆盖，将审计延伸到国家治理体系的最末梢。

金融审计 组织对青州、临朐、高密三县市农村商业银行和安丘、高密、坊子3家小额贷款公司运营和经营风险情况进行专项审计调查，调查贷款项目1561个，发现各类问题金额69亿元，对发现的2件违规借贷线索依法向纪检监察和公安部门进行移送处理。

固定资产投资审计 完成审计项目265个，核减工程造价6.6亿元，增收节支5.9亿元。市审计局通过公开招标，选聘15家社会中介机构参与项目决算审计，加大项目复审力度，提高工作效能，全年完成审计项目108个，核减工程造价7323万元，查出招投标、超付工程款等管理性问题28个，提出审计建议30多条。市委、市政府对投资审计工作成效充分肯定，授予市审计局突出贡献奖。

民生资金（项目）审计 加大对“三农”、医疗、社保、扶贫等资金和项目的审计力度，开展的农机购置补贴、粮食直补等专项审计，促进6609万元涉农资金补贴到位，追回两个乡镇占用补贴资金495万元；组织的全市养老服务业审计、中心城区交通状况和供水节水情况审计调查，市委、市政府主要领导分别做出批示，市政府出台专项管理意见，组织开展专项整治。供水节水情况审计调查成果获得全市政府系统优秀调研成果一等奖，中心城区交通状况审计调查成果获得全省政府系统优秀调研成果二等奖。

信息化建设 以金审工程为依托，创建潍坊审计数字化管理系统，完成电子数据库建设，搭建财政、地税等11个行业的分析平台框架，实现部分行业的自动化审计，“数字化管理系统研究和应用”课题通过省审计厅验收，获得全省2014年至2015年优秀审计论文和研究成果一等奖。

（撰稿人：王　玲）

【济宁市审计局】 2015年，济宁市审计局人员编制78人，实有76人。局长胡良民，副局长王岱峰、孙进、苏桂双，总审计师王忠东。设有办公室、人事科、法制审理科、财政审计科、企业审计科、农业与资源环保审计科、社会保障审计科、信息科、行政事业审计一科、行政事业审计二科、行政事业审计三科、行政事业审计四科、行政事业审计五科、行政事业审计六科、审计结果执行科、市经济责任审计办公室，下设济宁市政府投资审计处、济宁市审计局高新区审计工作处。

审计成果 济宁市审计局共完成审计项目160个，查出主要问题金额1927696万元，其中违规金额136040万元、损失浪费金额15007万元、管理不规范金额1776648万元；损益（收支）不实金额182702万元；审计处理处罚金额328598万元，其中应上缴财政135083万元、应减少财政拨款或补贴23167万元、应归还原渠道资金341万元、应调账处理55860万元；审计发现非金额计量问题910个；审计促进整改落实有关问题金额159584万元，其中增收节支147184万元、已调账处理4719万元；审计后挽回（避免）损失23167万元。移送司法机关、纪检监察机关和有关部门处理事项22件。出具审计报告和专项审计调查报告189篇，被批示、采用9篇。提出审计建议128条，提交审计信息149篇，被批示、采用14篇。向社会公告审计结果5篇。

政策措施贯彻落实跟踪审计 组织对农村饮水安全、县级公立医院改革等22个方面60多项政策措施落实情况进行专项跟踪审计，促进中央、省、市重大决策部署的贯彻落实。

财政审计 组织2015年度市本级及各县（市、区）级预算执行审计和税收征管审计。围绕中央八项规定精神和国务院“约法三章”要求，加强对“三公”经费、会议费、楼堂馆所建设等审计，首次将编制管理纳入审计范围。

固定资产投资审计 组织开展大运河西岸景观及道路建设工程、滨河大道南延工程、残疾人康复中心建设、济邹路升级改造等77个政府投资建设项目的跟踪结算审计，审减工程造价20514万元。

民生资金（项目）审计 组织开展保障性安居工程、养老服务业政策、粮食直补和农资补贴资金等民生项目审计，揭露政策执行不到位、挤占挪用、套取冒领民生资金等违法违规问题。

经济责任审计 组织对32名市管领导干部进行经济责任审计，重点监督检查其承担的贯彻中央、省、市政策措施落实和经济发展、环境保护、民生改善、廉政建设等责任。推进村居领导干部经济责任审计工作的开展，做好基层干部的监督管理工作。

专项资金审计 组织对30个市直部门单位2014年度专项经费进行审计，重点检查专项资金的申请、审批、管理、使用、绩效等情况。对市本级和邹城市森林资源利用情况绩效开展审计调查，揭示林业资金、林业发展规划和监管效力等方面存在的问题。（撰稿人：刘春雨　李成才）

【泰安市审计局】 2015年，泰安市审计局人员编制81人，实有69人。局长马纯勇，副局长刘安、程波、王燕华、吴思（12月—），总审计师靳印龙，经济责任审计办公室主任孟恒新，政府投资审计专业局局长张伟，调研员张仁安，副调研员汪培秋、李建刚。设有办公室、人事科、法规科、财政审计科、金融审计科、行政事业审计一科、行政事业审计二科、社会保障审计科、农业与资源环保审计科、经贸审计科、派出审计科、经济责任审计办公室、政府投资审计专业局、计算机审计技术中心。

审计成果 泰安市审计机关完成审计项目267个，查出违规金额27252万元；审计促进整改落实有关问题金额12674万元，其中增收节支3450万元。移送司法机关、纪检监察机关和有关部门处理事项6件。提交综合报告和信息专报216篇，被市委、市政府和上级审计机关采用、批示138篇次。提出审计建议被采纳374条，促进制定整改措施34项。

政策措施贯彻落实跟踪审计 对稳增长、促改革、调结构、惠民生、防风险等22项政策措施落实情况实施跟踪审计。揭示政策措施不完善、不配套、不衔接及违法违纪等问题，通过督促整改落实，保障稳增长等各项政策措施落实。

财政审计 审计69个预算执行部门，延伸审计80个相关单位。重点关注财政资金的安全和使用效益，揭示财政资金在管理、分配、使用等方面存在的突出问题，提出改进建议。结合部门审计开展“三公”经费使用情况调查，审查部门单位落实中央八项规定精神情况。

民生资金（项目）审计 组织开展农村饮水安全、县级公立医院改革、精准扶贫、保障性安居工程等专项审计和调查。审计资金总额5.58亿元，反映政策落实、资金使用、项目管理等方面存在的突出问题和风险隐患，纠正侵害群众利益问题金额1.59亿元。

固定资产投资审计 对125个重点项目进行审计，审减金额1.91亿元。市审计局对104国道改线工程、京沪高铁泰安站建设项目等23个新建续建项目进行跟踪、结决算审计，审减金额6335万元。对全市部门单位建购职工住房情况进行专项审计调查，查出问题金额1.59亿元。对东平县“选派第一书记成方连片抓党建促脱贫工作”的避险解困工程进行跟踪审计。连续五年对支援新疆资金和项目进行跟踪审计，及时发现和纠正的存在问题。

经济责任审计 健全审计对象分类管理、离任经济责任事项交接等制度，自主研发《经济责任审计项目管理系统》。审计中，突出权力与责任两个重点，关注执行国家政策、科学民主决策、财政财务管理、依法行政、廉洁自律等方面责任履行情况。审计领导干部150人，查出违规问题金额1.93亿元。

内部审计 全市有内部审计机构227个，内部审计人员649人，完成审计项目2793个，提出意见建议被采纳1947条，促进增收节支4.34亿元，建议27人受到行政处分。（撰稿人：杨　宁）

【威海市审计局】 2015年，威海市审计局人员编制42人，实有42人。局长王子明，副局长李峰、孙思深、张永孝、王以威，总审计师秦之泰，威海市经济责任审计办公室副主任房元芹，调研员黄涛。设有办公室、法制科、财政金融审计科、行政事业审计科、经贸审计科、农业环保审计科、外资运用审计科、信息科，下设威海市经济责任审计办公室。

审计成果 威海市审计机关共完成审计项目295个，查出违规和管理不规范金额345亿元，促进增收节支11.2亿元，促进被审计单位制定整改措施70项，建立健全规章制度33项。

财政审计 对2014年度同级财政预算管理及执行情况进行审计，以促进增收节支、规范管理为主攻方向，在审计财政管理和地税征管情况的基础上，共审计部门及所属二级单位124个，查出违规和管理不规范金额233亿元，促进增收节支8.9亿元。结合对市财政局预算管理情况的审计，开展对市发改委等5个部门单位预算执行情况的审计；结合对市地税局税收征管情况的审计，重点抽查11户纳税企业。6月24日，市政府常务会议听取市审计局对2014年市级财政预算执行审计结果汇报；7月1日，市审计局受市政府委托向市人大常委会做审计工作报告。各相关部门单位全部在规定时间内整改完毕，9月下旬，市审计局向市政府书面报告整改结果。12月上旬，威海市审计局对外公告审计结果和整改结果。

经济责任审计 完成经济责任审计项目161个。在审计过程中，着力检查有无领导干部经商办企业问题，客观评价领导干部守法守纪守规尽责情况，查处并纠正部分单位存在的预算编制执行、内部财务管理、执行中央八项规定、专项资金使用等方面问题，客观真实地反映干部履职情况，促进健全责任追究和问责机制。以服务市委、市政府对各区市发展目标考核和市委对区市领导干部管理为核心，借鉴市委考核办对各市区年度目标绩效管理综合考核的有关指标和考核结果，拟定区市党政领导干部经济责任审计模板，以威海市经济责任审计工作领导小组名义印发，通过模板式指导，分类细化经济发展指标或与经济有关项目，确保被审计领导干部的评价更客观，依据更充分。

专项资金审计 开展稳增长、促改革、调结构、惠民生、防风险政策跟踪审计项目22个。开展保障性安居工程跟踪审计、国外贷援款审计、森林资源利用情况绩效审计调查、小额贷款公司经营管理情况专项审计调查、县级公立医院改革推进专项审计、养老服务业政策措施落实专项审计和农村人口饮水安全政策措施落实等7个方面的专项审计，通过审计，推动资金落实、项目实施和政策落地，为党委、政府科学决策提供可靠依据。

固定资产投资审计 对87个政府重点投资项目开展结算审计，对277个项目进行跟踪审计或招标控制评审，审减结算及招标控制价3.6亿元。威海市审计局组织对威海客运中心南北两站、东部滨海新城等政府投资项目建设情况进行跟踪审计，完成对全市7条河道治理工程、市人防指挥中心工程、环翠楼公园改造工程等项目的结算或决算审计。严肃查处项目建设中的高估冒算、挤占挪用和损失浪费行为，促进规范政府投资管理。审减工程投资及招标控制价1.7亿元。

信息化建设 建设完成财政、社保、地税和住房公积金4个行业信息平台，视频会商系统实现全覆盖。

内部审计 贯彻落实《市政府关于进一步加强行政事业单位内部审计工作的意见》，督促和指导内部审计机构提高业务能力，发挥预防性、建设性作用。全市内部审计机构共完成各类审计项目10624个，促进增收节支5.15亿元，提出建议意见被采纳5354条。威海市内部审计协会、文登区内部审计协会、荣成市内部审计协会被评为全省优秀内部审计协会。8个内部审计机构被评为全省内部审计工作先进单位，8人被评为先进个人。

（撰稿人：宋宝军）

【日照市审计局】 2015年，日照市审计局人员编制57人，实有54人。局长刘树东，副局长阚士梅、李兆勇、王茂森，市经济责任审计办公室主任李兆勇（兼），调研员韩华之（—8月），副调研员高振强、张传相。设有办公室、法规科、财政金融审计科、行政事业审计科、农业与资源环保审计科、固定资产投资审计科、企业外资审计科、社会保障审计科、内部审计指导科、审计执行科，下设经济责任审计办公室（加挂固定资产投资审计办公室）、审计干部培训中心。

审计成果 日照市审计机关完成审计项目269个，查出主要问题金额749913万元，其中违规金额41477万元、损失浪费金额81万元、管理不规范金额708353万元；损益（收支）不实金额5795万元；审计处理处罚金额113098万元，其中应上缴财政23530万元、应减少财政拨款或补贴35252万元、应归还原渠道资金21147万元、应调账处理金额33169万元；审计发现非金额计量问题753个；审计促进整改落实有关问题金额92034万元，其中增收节支45666万元、已调账处理金额28150万元；审计促进拨付资金到位4225万元；审计后挽回（避免）损失38422万元。移送司法机关、纪检监察机关和有关部门处理事项5件。出具审计报告和专项审计调查报告323篇，被批示、采用27篇。提出审计建议444条，提交审计信息269篇，被批示、采用82篇。

政策措施贯彻落实跟踪审计 组织开展稳增长、促改革、调结构、惠民生、防风险政策措施落实跟踪审计，全面检查24个方面68项政策措施落实情况和实施效果。日照市政府结合审计建议，研究制定《日照市关于加快发展养老服务业的实施意见》。

财税金融审计 组织对财政部门组织的预算执行、地税系统税收征管、部门单位预算执行及农村商业银行信贷业务风险管控、小额贷款公司运营风险等情况进行审计和调查，促进上缴财政2.33亿元，收缴税金0.83亿元，发现并纠正信贷风险问题金额12.54亿元，移送涉税案件线索2件。财政等部门结合审计建议，研究制定《关于进一步加强政府性债务管理工作的意见》《日照市政府性债务管理办法》。

经济责任审计 按照日照市市管领导干部告知告诫、离任交接有关要求，日照市市委组织部对新任职的152名市管领导干部进行任前经济责任告知告诫；日照市审计局会同市委组织部、市财政局开展离任交接试点。全年审计领导干部94人，查出政策制定及执行、国有资产监管、社会保障及财务管理等方面存在的突出问题。

专项资金审计 组织对城乡环卫一体化、拖欠工程款、城镇保障性安居工程、县级公立医院改革、森林资源管理、农村人口饮水安全等11项资金项目进行审计和调查，审计专项资金总额3.47亿元，揭示和查处被挤占挪用、损失浪费和损害群众利益等问题金额1.49亿元。

固定资产投资审计 组织对日照机场、沭水东调、日照图书馆等27个重大城建、海洋、港口、道路建设项目进行竣工结算审计、全程跟踪审计。审减工程造价3.50亿元，提出审计建议被采纳115条，帮助规避质量管控风险、健全规章制度97项。 （撰稿人：滕仲明）

【莱芜市审计局】 2015年，莱芜市审计局人员编制71人，实有67人。局长吕振宝，副局长杨文安、王聚圣，总审计师韩秀君，经济责任审计办公室主任徐吉杰，政府投资审计办公室主任亓燕，副调研员田晶。设有办公室、法规科、财政审计科、农业与资源环保审计科、企业审计科、社会保障审计科、执行科，下设经济责任审计办公室、政府投资审计办公室、审计信息中心、审计监督检查处。

审计成果 莱芜市审计机关完成审计项目155个，查出主要问题金额797347万元，其中违规金额32497万元、管理不规范金额764849万元；损益（收支）不实金额24万元；审计处理处罚金额53892万元，其中应上缴财政20118万元、应减少财政拨款或补贴73万元、应归还原渠道资金566万元、应调账处理金额43.41万元；审计发现非金额计量问题259个；审计促进整改落实有关问题金额33546万元，其中增收节支27646万元；审计后挽回（避免）损失73万元。移送司法机关、纪检监察机关和有关部门处理事项4件。出具审计报告和专项审计调查报告159篇。提出审计建议467条，提交审计信息150篇。

政策措施贯彻落实跟踪审计 对市、区两级贯彻落实稳增长、促改革、调结构、惠民生等17个方面政策措施情况进行跟踪审计，审计查出问题金额17256万元；对公立医院改革推进、农村人口饮水安全、养老服务业政策落实开展专题审计，查出主要问题金额4810.83万元，提出建议16条。

财政审计 对财政综合预算管理、税收征管质量、12 个部门（单位）预算执行情况进行审计，延伸审计单位 23 个，查出违规金额 3.02 亿元、管理不规范金额 44.85 亿元，纠正违规和管理不规范问题金额 11.24 亿元，其中上缴财政 3.59 亿元，相关部门单位采纳审计建议 20 条，制定完善制度 4 项。

经济责任审计 对 45 名领导干部进行经济责任审计，查出违规金额 7078.96 万元，提出审计建议 82 条，促进领导干部经济决策和管理行为的进一步规范。

金融审计 对小额贷款公司运营和经营风险情况进行专项审计，查出违规经营金额 1.09 亿元；对农村信用合作联社风险管控进行审计调查，移送企业骗取贷款的案件线索 3 件。

农业与资源环保审计 对全市森林资源森林资源管理绩效进行审计调查，查出违规金额 271.71 万元、管理不规范金额 188.81 万元。

固定资产投资审计 对 22 个完工项目实施建设情况和结算审计，对 10 个投资项目进行全过程跟踪审计，抓住对工程建设关键事项的监督，审减各类工程投资 9943 万元。

专项资金审计 对保障性安居工程、政府拖欠工程款、慈善资金募集管理使用情况等进行专项审计（调查），查出非金额计量问题 15 个，提出审计建议 8 条。 （撰稿人：孔德勤）

【临沂市审计局】 2015 年，临沂市审计局人员编制 86 人，实有 85 人。局长李枝叶，副局长王宏祥、杨忠森、谢国光、朱海英，市经济责任审计办公室主任张金堂，市经济责任审计办公室党总支书记殷宗建，市经济责任审计办公室副主任赵琳、叶庆红，市重点建设项目审计办公室主任张现东，调研员陆光平，副调研员陈德法、吴清军、李进。设有办公室、法制科、人事科（机关党委）、审计执行科、财政审计科、金融审计科、社会保障审计科、行政事业审计综合科、行政事业审计一科、行政事业审计二科、企业审计科、固定资产投资审计科、农业与资源环保审计科和经济责任审计办公室、重点建设项目审计办公室、审计计算机中心。

审计成果 临沂市审计机关完成审计项目单位 720 个，查出问题金额 405 亿元，其中违规金额 39 亿元、损失浪费金额 13 万元、管理不规范金额 366 亿元；损益（收支）不实金额 7.67 亿元；审计处理处罚金额 41 亿元，其中应上缴财政 33 亿元、应减少财政拨款或补贴 1227 万元、应归还原资金渠道 8336 万元、应缴纳其他资金 636 万元、应调账处理金额 6.6 亿元；审计发现非金额计量问题 982 个；审计促进整改落实有关问题金额 9515 万元，其中增收节支 8055 万元、已调账处理金额 1294 万元；审计挽回损失 6992 万元。提出审计建议 2066 条，提交审计信息 798 篇，被批示、采用 429 篇。

政策措施贯彻落实跟踪审计 全面开展 24 个方面政策措施落实情况跟踪审计，落实责任单位 358 个，延伸审计相关配合单位 134 个，抽查重点建设项目 42 个，针对审计查出的政策措施落实衔接不到位、重点建设项目推进速度达不到要求、项目资金拨付使用不及时以及政策措施落实效果不理想等问题，提出审计建议 30 多条。

财政审计 审计一级预算执行部门 104 个，查出主要问题金额 184.4 亿元，各县区审计局对 66 个乡镇财政决算进行审计，查出主要问题金额 28.8 亿元。按照省审计厅统一部署，开展地税征管情况审计，对市直部门单位“三公”经费和会议培训费、下属学协会和企事业管理情况、小额贷款公司经营管理情况开展专项审计调查。

经济责任审计 对 339 个部门单位主要负责人进行任期经济责任审计，认定领导干部应负直接责任、主管责任和领导责任的问题金额 50.2 亿元，对 6 名市管领导干部实施离任交接。全市完成 4926 个村居 5732 名村居干部的经济责任审计，查出各类问题金额 73.6 亿元，移交处理农村干部 826 人，成功化解信访问题 319 个。

固定资产投资审计 对东风东关片区、火车站拆迁、城建办、一中等指挥部进行派驻及跟踪审计；对临沂商城国际贸易服务中心商贸服务大厅建设工程、临沂商城管理委员会临沂港建设工程开展决算审计；对北城新区、中心城区 2 个建设指挥部建设资金进行专项审计。全年对 482 个项目进行决算审计，审减工程造价 4.7 亿元；对 741 个项目进行复审，审减工程造价 3986 万元。

民生资金（项目）审计 对“三农”、社保、利用外资等重点民生项目和资金进行审计，涉及

404个部门单位，查出主要问题金额175.9亿元。按照审计署的统一部署，对保障性住房安居工程进行跟踪审计。按照省审计厅统一安排，组织开展森林资源利用情况绩效审计调查，对农村饮水安全、县级公立医院改革、养老服务业等3项政策措施落实情况进行专题审计。采取“上审下”的方式，开展全市计划生育社会抚养费专项审计。

（撰稿人：纪　政）

【德州市审计局】 2015年，德州市审计局人员编制96人，实有73人。局长刘清云，副局长刘国芹、张秀国、梁富修，总审计师邵东，经济责任审计办公室主任王力同，经济责任审计办公室副主任于成学、赵国强，调研员戴希祥，副调研员穆耀民、黄洁。设有办公室、人事科、法规科、执行科、财政金融审计科、行政事业审计科、企业与外资运用审计科、农业与资源环保审计科、社会保障审计科、电子数据审计科，派出机构运河经济开发区分局、经济技术开发区分局，下设德州市经济责任审计办公室、内部审计指导中心、德州市政府投资审计中心。

审计成果 德州市审计机关审计（调查）项目348个，查出主要问题金额1992595万元，其中违规金额74085万元、损失浪费金额15万元、管理不规范金额1918495万元；损益（收支）不实金额24692万元；审计处理处罚金额162006万元，其中应上缴财政72542万元、应减少财政拨款或补贴27985万元、应归还原渠道资金33133万元、应调账处理金额28346万元；审计发现非金额计量问题909个；审计促进整改落实有关问题金额91381万元，其中增收节支72976万元、已调账处理金额11813万元；审计促进拨付资金到位21835万元；审计后挽回（避免）损失22129万元。移送司法机关、纪检监察机关和有关部门处理事件91件。出具审计报告和专项审计调查报告440篇。提交审计信息546篇，被批示、采用105篇，提出审计建议875条。向社会公告审计结果1篇。完成市委、市政府交办的重点工作10余项，推动市委、市政府两办出台《关于进一步加强审计整改工作的意见》。

政策措施贯彻落实跟踪审计 与财政等31个有关部门进行衔接，对24个方面70余项政策进行跟踪审计，促进国家重大决策部署和有关政策措施的贯彻落实。10月，市委、市政府做出建设京津冀协同发展示范区的重大战略部署，市审计局制订专门计划，审查简政放权落实情况，规范涉企收费，促进重大投资项目落地，推动现代农业发展，服务“一区四基地”建设。

财政审计 完成87个重点部门的财政预算执行审计和财政决算审计项目，延伸审计有关单位109个，查出违规及管理不规范金额119.73亿元。立足挖掘财税增收潜力，进一步深化税收征管审计，市审计局延伸审计县区4个，企业106户，查补税款5116万元。

经济责任审计 全年开展25个经济责任审计项目，查出问题金额2.6亿元，促进财政增收节支3690万元。出台《德州市经济责任问责暂行办法》等4项制度，实现经济责任审计制度完善化。开展机构编制审计专题调研，实现机构编制审计规范化。联合内部审计协会对市直部门内管干部审计监督开展情况进行督导，推动内管干部审计监督常态化。完成国家经济责任审计模拟实验室（医院领导干部经济责任审计）案例的编写。

金融审计 开展农信社和小额贷款公司专项审计调查，发现各类问题金额39.98亿元，移送案件线索10件。

固定资产投资审计 全年完成市委党校新校区工程、动植物园一期工程、西外环绿化工程、新城高中等4个项目的结算审计，审减1.97亿元，审减率19.64％。

民生资金（项目）审计 全年开展保障性安居工程、福利彩票资金、森林资源、养老服务业、社会救助、高校毕业生就业政策等专项审计，揭示违背政策、损害群众利益等问题，督促相关部门切实整改。

内部审计 促进全市260家单位建立内部审计机构，培训内部审计人员700人次，促进增收节支4.8亿元，推动内部审计监督指导常态化、规范化。在全省内部审计项目范例评选中，市人行参评项目被省内部审计协会表彰为优秀内部审计项目范例。承办全省内部审计论文评审研讨会和全省民营企业内部审计现场会。

（撰稿人：张育源）

【聊城市审计局】 2015年，聊城市审计局人员编制82人，实有80人。局长王连申，副局长张斌、周玉明，总审计师孙洪俊。设有办公室、人事科、法制科（加挂内部审计指导科）、财政金融审计科、社会保障审计科、企业审计科（加挂外资审计科）、农业与资源环保审计科、行政事业审计科、开发区审计分局、监察室、机关党总支，下设直属事业单位经济责任审计办公室、政府投资审计专业局、派出教育审计办公室、派出卫生审计办公室、派出政法审计办公室、派出城建审计办公室、审计科研所、审计培训中心、审计信息化办公室。

审计成果 聊城市审计机关完成审计项目399个，查出主要问题金额284.58亿元，其中违规金额42.85亿元、损失浪费金额6046万元、管理不规范金额241.12亿元；损益（收支）不实金额15.91亿元；审计处理处罚金额38.5亿元，其中应上缴财政18.02亿元、应减少财政拨款或补贴2.38亿元、应归还原渠道资金8.17亿元、应调账处理金额8.87亿元；审计发现非金额计量问题937个；审计促进整改落实有关问题金额21.49亿元，其中增收节支18.32亿元、已调账处理金额2.13亿元；审计促进拨付资金到位6980.1万元；审计后挽回（避免）损失1.63亿元。移送司法机关、纪检监察机关和有关部门处理事项102件。提出审计建议1406条，提交审计信息453篇，被采用366篇。向社会公告审计结果21篇。

财政审计 全市“一盘棋”开展财政预算执行审计，按照突出资金、弱化单位、整体联动、突出成果的原则，把专项资金作为审计重点，查出违规金额2.5亿元、管理不规范金额39亿元，促进增收节支2.5亿元。

固定资产投资审计 对五环聊城、济聊一级路、省道329聊城至东阿段、卫生城市复审应急工程及迎接全国畜牧会议绿化工程等重点项目进行跟踪及决算审计，审减大量财政投资。

经济责任审计 开展6个市直部门主要负责人和13个乡镇党委书记经济责任审计，配合完成市委书记、市长离任经济责任审计。审计中，建立“三公”经费、“小金库”常态化审计制度，首次将编制情况纳入审计监督范围。

专项资金审计 在全市开展保障性安居工程、精准扶贫、医疗保险基金、就业补助资金、社会救助资金、农村饮水和水费收取等民生资金和项目的审计，促进上级民生政策的有效落实和民生资金的安全合理使用。 （撰稿人：侯莉薇）

【滨州市审计局】 2015年，滨州市审计局人员编制94人，实有85人。局长丁希安，副局长申立新、孙宝臣、孙玉芬，总审计师王爱云。设有办公室、审计法规科、审计执行科（与审计法规科合署办公）、人事教育科、财政金融审计科、行政事业审计科、经贸审计科、农业审计科、资源环境审计科（与农业科合署办公）、外资审计科、社会保障审计科、机关党委和经济开发区审计分局、高新技术产业开发区审计分局、北海经济开发区审计分局，下设经济责任审计办公室、政府投资项目审计办公室、计算机信息管理中心、内部审计指导中心、审计举报服务中心、经济开发区政府投资项目审计评估中心、高新技术产业开发区政府投资项目审计评估中心、北海经济开发区政府投资项目审计评估中心。

审计成果 滨州市审计局完成审计项目142个，查出主要问题金额975363万元，其中违规金额100046万元、损失浪费金额384万元、管理不规范金额874932万元；损益（收支）不实金额20114万元；审计处理处罚金额130237万元，其中应上缴财政42223万元、应减少财政拨款或补贴20747万元、应归还原渠道资金2832万元、应调账处理金额59979万元；审计发现非金额计量问题210个；审计促进整改落实有关问题金额77924万元，其中增收节支28511万元、已调账处理金额49310万元；审计促进拨付资金到位251万元；审计后挽回（避免）损失20747万元。移送有关部门处理事项50件。出具审计报告和专项审计调查报告174篇，被批示、采用7篇。提出审计建议210条，提交审计信息210篇，被批示、采用15篇。

财政审计 完成13个部门单位的预算执行审计和7个县、乡级人民政府财政决算审计（调查），查出资金滞留闲置，未按规定征收、缴纳预算收入，违规改变资金用途等违规违纪金额836900万元。

行政事业审计 完成行政事业审计（调查）

单位41个，查出未落实“收支两条线”和专户管理规定、账外资产、会计核算不实等违规违纪金额108419万元，出具审计报告（调查）77篇。

固定资产投资审计　开展67个重点工程建设项目的竣工决算和跟踪审计，提报值130719万元，核减工程造价20747万元。

民生资金（项目）审计　开展医保政策运行情况审计调查项目2个，延伸审计单位11个，审计查出主要问题金额23209万元。

企业审计　完成滨州市黄河三角洲建设开发集团、农信社风险管控、滨州传媒集团等企业审计项目，查出财务收支核算不实、违规经营和资产闲置等违规违纪金额115254万元。

经济责任审计　完成42名市直党政机关、企事业单位、乡镇主要负责人离任和任中审计，查出主要问题金额260040万元，其中领导干部负主管责任金额92100万元，负领导责任金额165722万元；审计发现侵害人民群众利益5668万元，整改落实后促进增收节支1425万元。参考审计结果得到肯定或使用的被审计领导干部36人。

专项资金审计　完成林业专项资金、农村饮水安全问题等6项民生项目的审计（调查），查出违规违纪金额14551万元。

内部审计　全市设有内部审计机构238个，其中专职机构121个；内部审计人员1068人，其中专职人员445人。指导内部审计机构完成审计项目3318个，审计总金额238219万元，促进增收节支金额17038万元，提出意见建议被采纳1852条。　（撰稿人：吕增祥　赵萌萌）

【菏泽市审计局】　2015年，菏泽市审计局人员编制80人，实有73人。局长杨晓玲，副局长李永垠、毛宝军、房福胜、樊廷卷，总审计师袁文增，经济责任审计办公室主任晁秀喜，经济责任审计办公室副主任陈先波（12月—），投资中审计心主任王清刚，副调研员汪如春。设有办公室、法规科、人事科、财政审计科、行政事业审计科、农业与资源环保审计科、固定资产投资审计科、金融审计科、企业审计科、社会保障审计科、外资运用审计科、政法审计科、经济责任审计办公室、投资审计中心、审计信息中心。

审计成果　菏泽市审计机关完成审计项目823个，其中组织实施审计项目806个，参与实施审计项目17个。查出主要问题金额3623978万元，其中违规金额619433万元、损失浪费金额313780万元、管理不规范金额2690764万元；损益（收支）不实金额3865万元；审计处理处罚金额266128万元，其中应上缴财政89136万元、应减少财政拨款或补贴77782万元、应归还原渠道资金57729万元、应调账处理金额31508万元；审计发现非金额计量问题886个；审计促进整改落实有关问题金额311807万元，其中增收节支220170万元、已调账处理金额32068万元；审计促进拨付资金到位25201万元；审计后挽回（避免）损失48872万元。移送司法机关、纪检监察机关和有关部门处理事项85件。出具审计报告和专项审计调查报告960篇，被批示、采用96篇。提出审计建议1996条，提交审计信息609篇，被批示、采用信息480篇。向社会公告审计结果5篇。

政策措施贯彻落实跟踪审计　全市统一组织、上下联动，统筹推进、分项实施，强化督导、保障质效，跟踪整改、巩固成果，完成21个专题审计，推动资金落实、项目实施、政策落地。

财政审计　加大预算执行审计力度，持续关注预算体系和结构、专项资金管理、政府性债务、资金绩效等问题，促进盘活存量资金，用好增量资金，推动完善相关制度机制。预算执行审计的宏观性和建设性进一步提升。

经济责任审计　推进经济责任审计工作创新，不断深化审计内容，健全完善各项工作机制，推行任前告知告诫，强化任中审计，经济责任审计工作实现新的发展。审计领导干部180人，查出违规违纪金额78044万元，其中负直接责任的问题金额51381万元。

金融审计　开展农信社风险管控、小额贷款公司经营管理等专项审计调查，揭示企业骗贷、非法集资、违规核销公职人员贷款等重大问题和风险隐患，有效防范化解金融风险。

民生与资源环保审计　组织开展县级公立医院改革、农村安全饮水、保障性安居工程、养老服务业发展、农机购置补贴资金等民生审计，及时纠正惠民政策落实不到位，严肃查处侵害群众利益等问题，促进改革发展成果全民共享。开展城市污水处理绩效、森林资源管理绩效、生态环境保护政策等跟踪审计，揭示政策落实、资源使用、污染防治等方面的问题，促进加强资源环境管理。

固定资产投资审计 完成政府投资审计项目255个，查出违纪违规金额84005万元，审减工程造价金额117849万元。

企业审计 对菏建集团、城建集团的财务收支进行审计，开展发电厂（一期）、银河纺织等6户市属企业审计调查。在查处违规违纪问题的同时，按照“一审二帮三促进”的原则，深入分析查找企业内部管理机制方面存在的问题，提出审计建议，促进企业提高经营管理水平和经济效益。

（撰稿人：张 琰）

2015年山东省所辖区、县(市)级审计工作统计表

金额单位：万元

审计机关	完成审计项目（个）	审计查出主要问题金额	审计处理情况					出具审计报告和审计调查报告(篇)	提出审计建议(条)	提交审计信息（篇）
			审计处理处罚				移送处理事项（件）			
			应上缴财政	应减少财政拨款或补贴	应归还原渠道资金	应调账处理金额				
济南市										
济南市本级	69	1414860	3664	2135	17509	35318	16	78	226	196
市中区审计局	40	79519	7689			1	1	56	53	20
历下区审计局	335	118881						364	115	
槐荫区审计局	32	114075						48	95	
天桥区审计局	76	54099	5105			467		111	127	9
历城区审计局	48	247197	2326	14508	1	1634	3	58	47	105
长清区审计局	38	244209	31		305	922	2	37	113	
章丘市审计局	25	169512	643	421	380	791	4	25	41	
平阴县审计局	71	53010	2817	684	2643	2884	2	97	175	11
济阳县审计局	49	48091	159	4403	2091	1977		59	107	
商河县审计局	98	111701	846	4259	65	29465	12	119	487	12
青岛市										
青岛市本级	91	3235162	10699	142819	14936	358107	56	130	278	219
市南区审计局	70	1276342	2609	2872	56400	34611	1	81	128	63
市北区审计局	174	1069678	7529	29700				174	305	80
黄岛区审计局	227	2227045	239743	49573	67069	160680	1	266	167	9
崂山区审计局	139	853616	9249	8798	15	119524	2	163	106	55
李沧区审计局	134	622904	989	7683		14367		160	219	24
城阳区审计局	182	1054362	61832	44800			2	203	133	135
胶州市审计局	113	1597880	146380	22421				113	230	28
即墨市审计局	53	751637	4242	35301	300	`16350	3	103	92	11
平度市审计局	154	98184	4134	8883	2227	80554		167	396	140
莱西市审计局	59	51210	1	2967	850	47390		95	48	55

续表

审计机关	完成审计项目（个）	审计查出主要问题金额	审计处理情况					出具审计报告和审计调查报告（篇）	提出审计建议（条）	提交审计信息（篇）
			审计处理处罚				移送处理事项（件）			
			应上缴财政	应减少财政拨款或补贴	应归还原渠道资金	应调账处理金额				
淄博市										
淄博市本级	128	3166145	215760	20470	110556	17060	36	140	188	62
张店区审计局	89	205842	25194	6404	23	5970	5	71	117	78
淄川区审计局	87	146718	6371	3055	1235	201	1	102	12	45
博山区审计局	77	133065		492				43	35	32
临淄区审计局	45	311523	16051	10069	11613	166662	20	45	30	43
周村区审计局	45	37469	4053		197	2021	7	62	22	56
桓台县审计局	56	320656	3568	5136	21345	37	4	60	134	190
高青县审计局	43	71620	2623	51	188	68747		66	65	110
沂源县审计局	37	196413	30233		77671	25382	5	27	64	26
高新区审计局	25	143554	5558	3885		4165	1	26	43	14
枣庄市										
枣庄市本级	55	328304	42202		34307	21951	7	68	148	50
薛城区审计局	32	33046	4118			552		52	112	56
市中区审计局	54	226806	4001		108729	97411		64	150	36
峄城区审计局	35	124963	2650		15413	99358		55	70	13
台儿庄区审计局	34	124970	11629		915	8812		41	99	12
山亭区审计局	67	195335	9473		4888	48391		68	211	5
滕州市审计局	46	199319	2327			18350		56	253	186
东营市										
东营市本级	32	823056	5310		2246	27691	6	62	96	4
东营区审计局	13	138361	13930		29070	60180	1	13	34	3
河口区审计局	61	48692	12	509	7	4622	4	28	51	
垦利县审计局	50	54700	696	15847	802	17245	1	11	14	1
利津县审计局	21	32256	857	1874	466	25		22	14	35
广饶县审计局	32	157318	4532	9161		10938		39	29	58
烟台市										
烟台市本级	93	2146377	244302		7439	106915	4	143	116	122
莱山区审计局	22	29905	1255			56		29	43	25
芝罘区审计局	53	115256	9126		22	824		78	7	100
福山区审计局	19	118163	2283		1813	3	2	24	6	41
牟平区审计局	71	21941	1055	6266		1545	1	105	129	37
龙口市审计局	38	13313	2646			377	1	52	17	112

续表

审计机关	完成审计项目（个）	审计查出主要问题金额	审计处理情况					出具审计报告和审计调查报告（篇）	提出审计建议（条）	提交审计信息（篇）
			审计处理处罚				移送处理事项（件）			
			应上缴财政	应减少财政拨款或补贴	应归还原渠道资金	应调账处理金额				
莱阳市审计局	59	208831	2124			1526		97	255	51
莱州市审计局	46	11183	1266	2406	63	3679	1	67	29	
蓬莱市审计局	55	25101	14496	1390		1525		84	16	25
招远市审计局	59	20081	3956		417	3757		95	22	
栖霞市审计局	27	27023	5402					50		1
海阳市审计局	66	45128	1079		286	90		109	87	35
长岛县审计局	51	10563	119			65		79	64	31
开发区审计局	17	27395	11			15004		18	40	
潍坊市										
潍坊市本级	250	2223259	5314	12514	33110	166467	15	297	281	171
奎文区审计局	8	88709	204					8	21	20
潍城区审计局	33	12733	7			7455		53	87	148
寒亭区审计局	26	95541				98		26	52	1
坊子区审计局	47	122537		1582				48	112	15
青州市审计局	34	318634	19					41	73	56
诸城市审计局	26	883075	32		3	54		40	42	186
寿光市审计局	72	632717	98499	12430				102	154	2
安丘市审计局	56	556754	509	5921	204	35569	2	92	146	
高密市审计局	52	830529	113033	2721	1	21	2	53	110	107
昌邑市审计局	84	304608	19	13060		366		84	46	
临朐县审计局	55	66204	105	6669		6998		55	41	34
昌乐县审计局	53	193870	28	5689				82	122	91
济宁市										
济宁市本级	160	1927696	135083	23167	341	55860	22	189	128	149
任城区审计局	104	98096	1270	26186		19316		118	29	36
兖州区审计局	40	63229	50	2077				76	86	2
曲阜市审计局	111	61500	942	4152			61	111	308	
邹城市审计局	152	362384	900	18618	8626		3	187	351	136
微山县审计局	66	25927	6684	8809	10	81	4	78	137	
鱼台县审计局	36	82568	232	494	9706		1	46	181	45
金乡县审计局	112	124034	14	11501	55	2182		136	94	2
嘉祥县审计局	116	85957	147	8697				146	162	
汶上县审计局	70	28647	41	4865		492	6	90	164	

续表

审计机关	完成审计项目（个）	审计查出主要问题金额	审计处理情况					出具审计报告和审计调查报告（篇）	提出审计建议（条）	提交审计信息（篇）
			审计处理处罚				移送处理事项（件）			
			应上缴财政	应减少财政拨款或补贴	应归还原渠道资金	应调账处理金额				
泗水县审计局	57	259465	496	4546	19	15		64		30
梁山县审计局	84	191618	274	12510		7708	1	106	97	61
太白湖区审计局	93	13829		13202				91		26
泰安市										
泰安市本级	85	695369	20898			78899	6	107	158	129
泰山区审计局	21	16593				535		37	33	23
岱岳区审计局	23	156588	439	1100	2854	69555		53	65	25
新泰市审计局	33	124264	30			12		43	38	35
肥城市审计局	40	32011	448		479	93		55	11	42
宁阳县审计局	25	131566	17			7		47	88	14
东平县审计局	40	7101	16		197				145	
威海市										
威海市本级	62	1421115	77826	2261	129	28605	4	98	94	49
环翠区审计局	33	132110	3504			5		33	59	20
文登区审计局	63	636595	21536		1940	68930	1	63	104	124
荣成市审计局	59	500988	3750	16086		52053	3	95	147	55
乳山市审计局	26	715679	362			488	1	40	64	21
高技区审计局	25	16030	2384			2	1	27	26	18
经技区审计局	28	24629	392					39	18	10
日照市										
日照市本级	39	517769	928	18710	25	987	5	49	129	85
东港区审计局	108	92128	16787	5319	13384	4038		129	95	84
岚山区审计局	25	37297	1458	1897	4914	27108		25	52	
五莲县审计局	34	35184		4080		229		40	28	38
莒县审计局	21	35447	4357	442	2824	227		38	50	62
开发区审计局	42	31459		4804		580		42	90	
莱芜市										
莱芜市本级	35	684819	15632		357	1	4	39	92	68
莱城区审计局	97	33229	2854	73		32		97	216	74
钢城区审计局	23	94946	7860		209	10		23	159	8
临沂市										
临沂市本级	47	2383503	141268	728	1928	62753	1	59	120	94
兰山区审计局	56	449805	183244			21		80	149	30

续表

审计机关	完成审计项目（个）	审计查出主要问题金额	审计处理情况（审计处理处罚）应上缴财政	审计处理情况（审计处理处罚）应减少财政拨款或补贴	审计处理情况（审计处理处罚）应归还原渠道资金	审计处理情况（审计处理处罚）应调账处理金额	审计处理情况 移送处理事项（件）	出具审计报告和审计调查报告（篇）	提出审计建议（条）	提交审计信息（篇）
罗庄区审计局	23	121033	593					34	71	65
河东区审计局	41	93961	35			33		54	225	
沂南县审计局	108	48176	152	94	985	948		165	243	76
郯城县审计局	38	57585	21					57	116	58
沂水县审计局	44	33899	45		286	2151		72	103	97
兰陵县审计局	49	390636	52					82	145	
费县审计局	56	111994	364	404	5128	53	2	110	198	97
平邑县审计局	39	50606	5956					58	147	2
莒南县审计局	17	90929	1236					27	72	
蒙阴县审计局	106	46976	654			10		145	272	14
临沭县审计局	96	163717	271		7	72		117	205	220
德州市										
德州市本级	50	576422	16371	614	1238	4697	41	67	270	210
德城区审计局	23	26982	3961			566	11	23	78	69
陵城区审计局	15	5610	1191			1508		15	24	25
乐陵市审计局	21	19662	7098	1283				33	58	23
禹城市审计局	41	766925	16249	16129	3162	2115	8	45	61	36
宁津县审计局	18	43804	997			2		29	42	24
庆云县审计局	30	3112	871			297	1	46	47	22
临邑县审计局	23	124290	1244	6268	12764	7002	6	23	39	28
齐河县审计局	24	28455	549	3411	276		15	24	84	29
平原县审计局	24	90549	20768		2306	4442	8	41	58	31
夏津县审计局	57	54002	1385	280	6581	6687		65	66	24
武城县审计局	22	252782	1858		6806	1030	1	29	48	25
聊城市										
聊城市本级	41	1363106	84270	7287	40360	7787	69	59	160	44
东昌府区审计局	44	83787	932	4791	18670	294	9	67	195	60
临清市审计局	31	55216	324		11	11	2	42	120	14
阳谷县审计局	86	100082	29014	1132	4696	292		95	196	
莘县审计局	23	39388	15931				1	24	46	4
茌平县审计局	59	628777	39761	7220	13303	13733	6	87	123	182

续表

审计机关	完成审计项目（个）	审计查出主要问题金额	审计处理情况					出具审计报告和审计调查报告（篇）	提出审计建议（条）	提交审计信息（篇）
			审计处理处罚				移送处理事项（件）			
			应上缴财政	应减少财政拨款或补贴	应归还原渠道资金	应调账处理金额				
东阿县审计局	51	365729	7994		379	66059	1	51	168	
冠县审计局	40	61773	1930	3400	4206	568	6	40	338	149
高唐县审计局	24	147898	38		22		1	27	60	
滨州市										
滨州市本级	142	975363	42223	20747	2832	59979	50	174	210	210
滨城区审计局	29	99971	3105		19	27334		50	63	47
沾化区审计局	54	183720	3237	7507	407	2425	2	69	58	42
惠民县审计局	18	66245	891	5831	710	6362	1	25	64	39
阳信县审计局	34	144332	398	5285	333	2155	1	52	66	120
无棣县审计局	39	444588	361	1290	1345	279	8	66	108	
博兴县审计局	56	73165	20768	6791	20558	132		59	61	
邹平县审计局	30	243617	13641	3613		34765	1	40	50	67
菏泽市										
菏泽市本级	98	2170149	6029	23797	2426	2005	11	123	326	21
牡丹区审计局	28	178958	68					28	92	25
曹县审计局	71	275162	1209	24813	2117	26640	10	117	104	12
单县审计局	54	269697	54986	5253	1470	2208	31	74	144	220
成武县审计局	98	155431	17172	8045	134		8	95	186	
巨野县审计局	74	286502	6100	7180	26631	24		97	247	50
郓城县审计局	180	60524	3262		261	629		201	193	18
鄄城县审计局	93	71298	74		10814		6	93	409	86
定陶县审计局	84	61288	204	8691			19	84	189	174
东明县审计局	43	94964	27		13874			48	106	3

河南省

【河南省审计厅】 2015 年，河南省审计厅人员编制 331 人，实有 284 人。设有办公室、法规处、财政审计一处、财政审计二处、行政事业审计一处、行政事业审计二处、行政事业审计三处、农业与资源环保审计处、投资审计一处、投资审计二处，金融审计处、企业审计处、社会保障审计处、经贸和外资审计处、经济责任审计局（设经济责任审计一处、经济责任审计二处）、人事教育处、机关党委、离退休干部工作处，另设有派驻纪检（监察）室，下设政策研究室、计算机审计中心、审计干部培训中心、厅机关服务中心。

领导成员

厅　　长：刘　荃

副 厅 长：陈　静　赵建军（—8 月）

　　　　　李笃明　孙志安

　　　　　周　凯（12 月—）

总审计师：郭日宪

纪检组长：李振明（—8 月）

　　　　　常东义（8 月—）

经济责任审计局局长：吴晓春

副巡视员：金建泽（—5 月）

　　　　　杜保芳（5 月—）

　　　　　卢周亭（8 月—）

审计成果　河南省审计机关对 6271 个单位进行审计（审计调查），查出违规问题金额 691.93 亿元，损失浪费金额 7.78 亿元，促进增收节支 67.41 亿元，核减投资或结算额 32.31 亿元，审计后挽回（避免）损失 25335 万元。向司法机关、纪检监察机关和有关部门移送违法违纪案件线索或事项 985 件，涉及相关责任人 2132 人。出具审计报告和专项审计调查报告 6508 篇，被批示、采用 461 篇。提出审计建议 17773 条，提交审计信息 3486 篇，被批示、采用 1864 篇。向社会公告审计结果 302 篇。

政策措施贯彻落实跟踪审计　按照省政府和审计署的统一部署，先后对夯实农业基础加快现代农业发展、实行精准扶贫减少农村贫困人口、加快发展养老健康服务业、加快城市基础设施建设等政策措施落实情况进行跟踪审计，发现个别地方推动简政放权力度不够、非行政许可审批事项清理工作进展较慢、重大投资项目开工不及时、财政存量资金数额较大等问题。省政府办公厅下发《关于进一步加强跟踪审计整改推动各项政策措施落实的通知》，要求各地将整改内容纳入各级政府督查督办事项，建立问题整改台账，逐一对号销账。通过审计，促进市、县政府及相关部门出台落实稳增长等政策措施的意见或办法 400 余项，促进新开工和完工项目 500 多个，促进资金拨付到位 50 多亿元。

财政审计　组织对 10 个省直部门及 105 个二级单位预算执行、省地税局及所属 8 个省辖市地税局税收征管和部分市、县政府 2013—2014 年度财政收支情况进行审计，发现预算安排不精细，部分专项资金管理不规范，部分企业骗取免税资格造成税款流失，部分市县虚收空转财政收入、截留省级收入等问题。开展会议活动费和“三公”经费审计，对培训机构、行业协会、公车管理使用、奢华建设项目等进行监督检查，对 10 个部门主管的 54 个行业协会（学会）进行审计，查处公款吃喝、公款旅游、公款购买礼品等顶风违纪行为。

经济责任审计　全省审计机关通过对 1645 名领导干部进行经济责任审计，查出领导干部负有直接责任的违规问题资金 7.91 亿元。其中，省审计厅组织对 25 个部门（单位）的 35 名省管领导干部进行经济责任审计。省委、省政府主要领导对审计结果高度关注，省委组织部对上年度经济责任审计中查出所在单位存在问题性质严重、内容具体、事实清楚的 8 名审计对象进行谈话提醒。

金融和企事业单位审计　组织对某银行资产负债损益情况进行审计，发现违规发放贷款、违反规定增加企业融资成本等问题，积极督促整改，及时堵塞漏洞，化解潜在风险。通过对省管国有企业审计，揭示在经营过程中存在的违反国家政策和法规的问题，促进企业规范经营行为，推进国有资本保值增值。组织对有关高校党委书记、校长经济责任审计，发现预算执行不合规、基建招投标不规范、违规集资等问题，向纪检监察和司法机关移送重大案件线索 3 件，促进有关单位加强内部管理。

农业与资源环保审计　组织对 26 个县 2012 年至 2014 年高标准粮田建设资金绩效情况开展审计，涉及农业综合开发、土地整治等 203 个项目，发现井电建设不配套、个别项目规划设计脱离实际、树木成活率低、招投标不规范等问题，促进高标准粮田建设工程的顺利实施。组织对 11 个省辖市和直管县（市）2011 年至 2015 年 8 月矿产资源勘查开发和相关资金征管情况进行审计，揭示国土和税务部门欠征矿产资源税、矿业权人欠缴矿产资源资金及违法违规开采、破坏资源环境等问题。

固定资产投资审计　组织对城镇保障性安居工程、重点水利建设、高速公路、援疆建设、新郑国际机场二期改扩建等项目进行审计，揭示套取挪用安居工程资金、工程招投标不规范、超规划建设、虚列工程款等问题。

民生资金（项目）审计 组织对18个省辖市本级和139个县（市、区）保障性安居工程项目进行跟踪审计，发现套取挪用安居工程资金、违规享受保障房待遇、项目建设管理不规范等问题。套取挪用专项资金已整改1.28亿元；违规享受保障房待遇已取消3908户，追回住房补贴233.19万元，收回保障性住房886套。有关市、县政府针对查出的问题启动追责机制，给予党政纪处分49人，经济处罚43个单位。

外资运用审计 按照审计署的安排，组织对世界银行贷款河南省淮河流域重点平原洼地治理项目等12个国外贷援款项目进行审计，发现因地方配套资金不到位、滞留项目资金导致项目进展缓慢，以及涉嫌套取项目资金、虚假招投标、项目管理混乱等问题。

专项资金审计 组织对河口村水库建设、丹江口库区及其上游污水处理和水土保持、大中型病险水库（闸）除险加固项目等26个水利工程进行审计调查，主要发现个别县已建成的乡镇污水处理厂、垃圾处理厂未投入使用，工程虚假招投标、违法转分包、违规出借资质、多计工程款等问题，促进有关单位及时整改存在问题、加强项目管理。

信息化建设 全面服务审计工作需要，推进审计一线作业和后台数据分析的一体化。利用大数据审计技术配合完成审计项目29个，采集、分析、归集各类审计数据1500余套。在预算执行审计中，探索实施“审计未动、数据先行、集中分析、分散核实”的工作方法，提高精准核查能力。和省工商局签署企业信息共享协议，实现对全省工商数据定期实时采集。建设厅机关审计结果跟踪系统和公务员平时考核系统，实现和审计署OA系统的互通协同。在全省范围内开展计算机审计典型案例评比活动，共征集案例473篇。连续实施“三年、三批”县（区）信息化推进计划，已有106个县区完成信息化和会商系统建设。

（撰稿人：王　伟）

【郑州市审计局】 2015年，郑州市审计局人员编制165人，实有152人。局长冯明杰，副局长徐平、桑富强、于士营、谢书明、郭全民、乔德宁，总审计师骆杉，副调研员王凯河、刘兆煜。设有办公室、督查办、文宣办、项目办、信息中心、机关党委、督察室、组织人事处、政策法规处、老干部处、行政事业一处、行政事业二处、投资处、审计投资中心、综合审计一部、综合审计二部、审计学会服务中心、财政处、农水处、金融处、企业处、社保处、外资处、经责处、经责中心、内审协会。

审计成果 郑州市审计机关完成审计和审计调查项目740个，查出违规金额82.71亿元、管理不规范金额567.83亿元，发现非金额计量问题905个，促进财政增收节支20.79亿元。移送有关部门处理事项25件。提出审计建议2075条，被采纳1304条。提交专题报告、审计信息836篇，被采用或批示64篇。实施的商丘市土地出让收支和耕地保护情况审计项目被评为审计署表彰项目。

政策措施贯彻落实跟踪审计 采取统一领导、分级实施、上下结合、内容衔接、重点抽查的组织方式，持续对稳增长、促改革、调结构、惠民生政策措施落实情况进行跟踪审计。加快审批重大投资项目15个，促进新开工项目1个，建设完成项目6个，加快实施进度项目30个，收回结转结余资金53.94万元，加快财政资金下达1.32亿元，促进政策落实39项。

财政审计 在对上年度税收征管执行审计中，采取纳税数据分析筛查、重点企业抽查、重点税种全面检查等方式进行审计，为财政增收近亿元。对72家单位开展会议活动费、“三公”经费、“小金库”、楼堂馆所建设及正版软件应用专项审计。市人大常委会一致通过上年度市级预算执行及其他财政收支审计工作报告。市人大常委会对2013年度市本级预算执行审计工作报告中反映问题整改情况首次开展专题询问会，通过电视、网络、电台进行现场直播。

固定资产投资审计 对三环快速化项目、市轨道交通建设项目、陇海快速路项目、金水路准快速化下穿隧道工程项目等重点工程实施跟踪审计。全年共完成政府投资项目竣工结算审计481个，审计金额152.17亿元，审减额14.77亿元，审减率9.7%。

企业审计 开展企业金融类审计项目7个，

查出违规经营资金 17.39 亿元，其中违规出借资金 15.29 亿元，违规担保资金 1.62 亿元。

经济责任审计 对 192 名党政领导干部进行经济责任审计，查出各类违规违纪金额 12.4 亿元、管理不规范金额 47.45 亿元、损失浪费金额 379 万元，提出审计建议 576 条。

民生资金（项目）审计 开展郑州市失业保险征缴、2014 年至 2015 年城镇保障性安居工程、2012 年至 2013 年社区卫生服务机构建设及运营、郑州市 2011 年至 2014 年优质医疗资源倍增工程资金、2012 年至 2014 年郑州市公积金归集管理使用等专项审计调查。配合市财政局开展 2015 年度全市涉农资金专项整治行动市级检查工作。

（撰稿人：陈泽如）

【开封市审计局】 2015 年，开封市审计局人员编制 68 人，实有人数 63 人。局长翟放，副局长孙黎、赵守红、王珂、宋平均、湛静、罗永福（11 月—），总审计师倪金宝，纪检组长赵伟，经责办主任刘齐心，调研员张同安。设有办公室、法制科、财政金融审计科、行政事业审计科、经贸审计科、农业与资源环保审计科、固定资产投资审计科、外资运用审计科、社会保障审计科、经济责任审计科、人事教育科、纪检监察室，下设审计科研所和审计服务中心。

审计成果 开封市审计机关共完成审计和审计调查单位 292 个，查出违规金额 14.14 亿元，管理不规范金额 188.86 亿元；促进整改落实有关问题资金 6.87 亿元，其中上缴财政 9299 万元、归还原渠道资金 1.26 亿元、缴纳其他资金 1.89 亿元、调账处理金额 1.77 亿元；核减政府投资金额 7602 万元；促进资金拨付到位 2589 万元。向纪检监察机关和有关部门移送处理事项 22 件，有关部门已给予处理处分 13 人。

开封市审计局获得全国审计宣传工作先进单位等 14 项荣誉；连续 22 年保持省级文明单位、省级卫生先进单位荣誉称号。市农林局经济责任审计项目获得全省优秀审计项目，保障房审计项目获得全省质量评审第二名。

财政审计 审计预算执行单位 67 个，查出主要问题金额 145.23 亿元；审计财政决算单位 11 个，查出主要问题金额 20.01 亿元，促进有关部门严格按照法定权限和程序行使权力、履行职责，促进县区政府严格执行财经法规、规范财政资金管理。

政策措施贯彻落实跟踪审计 组织对 9 个县区稳增长等政策措施的具体部署、执行进度、实际效果等情况进行跟踪审计，摸清各项政策措施的推进情况和初步成效，分析影响政策措施落实的主要原因，提出切实可行的意见建议。

固定资产投资审计 组织对 58 个政府投资重点建设项目进行跟踪审计，审计金额 7.99 亿元。已完成的 51 个项目送审金额 6.41 亿元，审定金额 5.65 亿元，审减金额 0.76 亿元，审减率为 11.86%。

经济责任审计 开展 117 名领导干部经济责任审计，其中开封市审计局对 28 名县级领导干部、2 名县区审计局长进行经济责任审计，审计查出违规金额 5.75 亿元、管理不规范金额 31.07 亿元，为加强领导干部监督管理提供依据。

（撰稿人：刘江航）

【洛阳市审计局】 2015 年，洛阳市审计局人员编制 79 人，实有 73 人。局长马灿书（—11 月）、马春强（11 月—），副局长李修新、李雅红，总审计师程军，纪检组长刘广勇。设有办公室、法制科、财政审计科、金融审计科、行政事业审计科、经贸审计科、农业与资源环保审计科、社会保障审计科、固定资产投资审计科、外资运用审计科、经济责任审计办公室、派出审计科、人事科、机关党委、监察室、计算机审计中心。

审计成果 洛阳市审计机关共审计（审计调查）677 个单位，查出违规问题金额 13.57 亿元、管理不规范金额 226.71 亿元；通过审计，为国家增收节支 4 亿元，核减政府投资建设项目结算额 13.97 亿元。向纪检监察、司法机关和有关部门移送案件线索 64 件，移送处理人员 369 人，涉及金额 7.91 亿元。

财政审计 加强市本级预算执行审计、市直部门预算执行审计；实施市直 38 个部门“三公”经费、会议费、培训费、差旅费支出情况审计。审计工作报告在市人大常委会上获得全票通过。

金融审计 对洛阳城投集团公司的资产负债损益情况实施审计；对洛阳市中小企业投资担保

公司的资产负债损益情况实施审计。

行政事业审计 对市教育局、市统计局、市知识产权局、市妇联、市驻京联、洛阳日报社、洛阳市第一高级中学等单位实施审计。

企业审计 对洛阳矿业集团、洛阳国宏投资公司等单位实施审计。

民生资金（项目）审计 开展洛阳市城乡低保资金、医疗保险资金筹集管理情况的审计调查，查出城乡低保资金结余加大、276名不符合条件人员享受城乡低保待遇等问题。

固定资产投资审计 对洛阳市310国道新建工程、引黄入洛工程、洛河东西段治理工程等重点项目实施跟踪审计，对财政评审中心评审的4个项目进行抽查，共核减投资金额1.74亿元。

农业与资源环保审计 组织实施财政扶贫资金审计，对全市“碧水蓝天”工程政策措施落实情况实施审计调查，查出向不符合条件人员发放扶贫搬迁补贴资金798万元、县级财政应配套未配套资金1093万元、未在规定时间内完成扶贫任务等问题。

经济责任审计 组织对49名领导干部实施任期经济责任审计，查出违规金额4.66亿元，管理不规范金额114.62亿元。向纪检监察机关、公安机关移送案件线索9件，向各县（市、区）党委政府移送违法违规问题23件。（撰稿人：王锦志）

【平顶山市审计局】 2015年，平顶山市审计局人员编制92人，实有82人。局长张恩河，副局长邵小红、高惠珍、王家民，总审计师虎继宗，纪检组长张绍周。设有办公室、人事科、法制科、财政审计科、金融审计科、行政事业审计科、经贸审计科、农业与资源环保审计科、社会保障审计科、投资审计一科、投资审计二科、外资运用审计科、经济责任审计局、计算机信息科、离退休干部工作科、监察室、机关党委，下设市审计科研所。

审计成果 平顶山市审计机关完成审计项目410个，查出主要问题金额1155755万元，其中违规金额354662万元、损失浪费金额2007万元、管理不规范金额799085万元；损益（收支）不实金额115697万元；审计处理处罚金额111671万元，其中应上缴财政21207万元、应归还原渠道资金28866万元、应缴纳其他资金13355万元、应调账处理金额48067万元；审计发现非金额计量问题297个；审计促进整改落实有关问题资金66672万元，其中增收节支40788万元、已上缴财政14727万元、已归还原渠道资金26039万元、已调账处理金额23768万元；审计后挽回（避免）损失488万元；核减投资额62784万元。移送司法机关、纪检监察机关和有关部门处理事项8件。出具审计报告和专项审计调查报告411篇，被批示、采用9篇。提出审计建议1570条，提交审计信息58篇，被批示、采用93篇。向社会公告审计结果12篇。

政策措施贯彻落实跟踪审计 采取统一领导、分步实施、上下结合、内容衔接、重点抽查的组织方式，查处涉及任务完成、政策配套、资金落实、组织管理、项目进度等方面的问题。市政府下发《关于进一步加强跟踪审计整改推动各项政策措施落实的通知》。

财政审计 围绕残疾人保障金、扶贫开发专项资金、税收政策执行情况及土地使用税征收管理情况等17个专项资金、重点领域和单位开展审计。

经济责任审计 开展经济责任审计项目91个，查出违规金额16809万元、管理不规范金额188813万元，移送案件线索2件，政纪处分2人。

农业与资源环保审计 组织开展全市扶贫开发专项资金审计、农村集体经济组织征地补偿费审计等项目。

固定资产投资审计 完成投资审计项目223个，查出违规违纪金额78258.97万元。

民生资金（项目）审计 开展城镇保障性安居工程跟踪审计，查出违规违纪金额4.6亿元，闲置空房601套，18名不符合条件人员享受补贴，34名不符合条件人员购房，移送案件线索5件，政纪处分4人。

企业审计 对市公共交通总公司开展投入产出效能情况绩效审计。组织对平顶山市涉企财政资金审计调查。对市道路运输管理处、市供销社等单位进行审计。

专项资金审计 重点开展城镇保障性安居工程、扶贫开发专项资金审计、财政涉企技术改造资金专项审计调查、残疾人保证金政策执行情况专项审计调查等项目。

信息化建设 6个县（市、区）审计局开展县级信息化建设；推广OA（审计管理系统）及AO（现场审计实施系统）的应用，连通政务内网和外网，建成审计会商系统。（撰稿人：黑相伟）

【安阳市审计局】 2015年，安阳市审计局人员编制92人，实有87人。局长郭河山，副局长李著亮、郝保旺，总审计师陈永太，纪检组长郭虎山。设有办公室、法规科、财政审计科、金融审计科、行政政法审计科、企业与外资运用审计科、农业与资源环保审计科、社会保障审计科、教科文卫审计科、信息技术科、人事教育科、经济责任审计办公室、政府投资审计办公室。

审计成果 安阳市审计局完成审计（调查）项目42个，查出主要问题金额290583万元，其中违规金额132330万元、损失浪费金额280万元、管理不规范金额157973万元；损益（收支）不实金额304万元；审计处理处罚金额137821万元，其中应上缴财政38584万元、应减少财政拨款或补贴5066万元、应归还原渠道资金18234万元、应调账处理金额2066万元；审计发现非金额计算问题78个；审计促进整改落实有关问题资金69226万元，其中增收节支502万元、已调账处理金额234.22万元；审计促进拨付资金到位42万元；审计后挽回（避免）损失6万元。移送司法机关、纪检监察机关和有关部门处理事项47件。出具审计报告和专项审计报告21篇，被批示、采用1篇。提出审计建议60条，提交审计信息（专报）35篇，被批示、采用8篇。向社会公告审计报告15篇。

政策措施贯彻落实跟踪审计 完成审计项目9个，查出违纪违规问题107个，涉及问题资金42137.76万元，通过整改促进资金拨付5555万元，落实配套资金3645万元，促进项目建成完工18个，加快实施进度项目7个，促进新出台、修改和完善等制度12条。

财政审计 完成审计项目2个，查出违规金额116316万元，其中应上缴财政35453万元、应归还原渠道资金16228万元、应缴纳其他资金64635万元；已上缴财政1628万元。移送纪检监察部门处理事项1件，出具审计报告2篇。提交审计信息19篇，提出审计建议9条，被采纳9条。

经济责任审计 完成审计项目10个，查出违规金额2.16亿元，向各级纪检监察部门移交案件线索2件。

金融审计 完成审计项目2个，查出违规金额约2043.71万元。组织对8个融资平台公司183.76亿元的资产进行清产核资审计。

农业与资源环保审计 完成审计项目1个，查出违规金额629.21万元，移送司法机关、纪检监察部门处理事项2件。编报的《汤阴县高标准粮田项目计算机审计典型案例》获得河南省审计厅科研成果一等奖。

固定资产投资审计 完成审计项目9个，查出违规金额97669.04万元，已上缴财政1419.97万元，审减工程造价5066.68万元，移送纪检监察部门处理事项1件，建议有关部门处理事项9件。

民生资金（项目）审计 完成审计项目4个，查出违规金额97669.04万元，移送纪检监察部门处理事项1件，建议有关部门处理事项6件。

企业与外资运用审计 完成审计项目3个，查出违规金额28600万元，为财政增收1177万元。

专项审计 完成国有资本现状和收益管理情况专项审计调查，查出违纪金额23187.44万元，追缴入库757.84万元，向财政部门移交案件线索1件。

信息化建设 建立数据交换中心、数据分析团队、业务数据库，实现审计流程数字化。完成县区审计机关信息化建设及视频会商系统建设工程。（撰稿人：龚 琳 邓全香）

【鹤壁市审计局】 2015年，鹤壁市审计局人员编制69人，实有66人。局长李习和，副局长李路平、高国防、曹崇华，总审计师吴超，纪检组长张华民，调研员王志贤。设有办公室、法规科、财政审计一科、财政审计二科、社会保障审计科、经贸审计科、农业资源审计科、行政事业审计科、固定资产投资审计科、机关党委，下设计算机审计中心、经济责任审计中心、审计评价中心，市纪委派驻纪检检查组。

审计成果　鹤壁市审计局完成审计项目26个，查出问题金额574298万元，其中违规金额1440万元、管理不规范金额572858万元；损益（收支）不实金额36984万元；审计处理处罚金额17737万元，其中应上缴财政1858万元、应归还原渠道资金5087万元、应调账处理金额10791万元；审计发现非金额计量问题102个。移送司法机关、纪检监察机关和有关部门处理事项38件。出具审计报告和专项审计调查报告26篇。提出审计建议110条，提交审计信息170篇，被批示、采用102篇。向社会公告审计结果13篇。

政策措施贯彻落实跟踪审计　8次对50多项政策执行情况进行跟踪审计，发现问题100余个，促进市县政府及相关部门出台意见或办法20余项。

财政审计　组织开展本级预算执行审计，市地税局税收征管、税收政策执行审计等项目，促进盘活存量资金4.05亿元。

民生及资源审计　安排淇河生态保护建设专项审计调查，在资源环境审计方面进行探索。结合经济责任审计和单位财政财务收支审计，安排医院、教育两个行业审计，对4所公立医院、8所公立中小学进行集中审计。（撰稿人：李金明）

【新乡市审计局】　2015年，新乡市审计局人员编制69人，实有63人。局长邓京平，副局长牟振斌、周彦斌、孟宪光、贺成运，总审计师熊睿浩，纪检组长张俊涛，经济责任审计办公室主任赵晓阳，助理调研员赵文中。设有办公室、法规科、财政审计一科、财政审计二科、行政事业审计一科、行政事业审计二科、行政事业审计三科、农业与资源环保审计科、投资审计一科、投资审计二科、金融审计科、企业经贸外资运用审计科、社会保障审计科、经济责任审计办公室、人事教育科。

审计成果　新乡市审计机关完成审计项目810个，查出主要问题金额588072.32万元，其中违规金额143281.68万元、损失浪费金额1772.32万元、管理不规范金额442318.32万元；损益（收支）不实金额700万元；增收节支4990.26万元，其中已上缴财政4848.87万元、已归还原渠道资金141.39万元；审计后核减固定资产投资项目投资或结算额23401.73万元。移送司法机关、纪检监察机关和有关部门处理事项28件。出具审计报告和专项审计调查报告822篇。提交审计专题报告、综合性报告和信息简报185篇，被党政领导和有关部门批示、采用79篇。提出审计建议1427条，被采纳1259条，被审计单位根据审计建议制定整改措施241项。向社会公告审计结果10篇。

政策措施贯彻落实跟踪审计　查出违规金额4105.03万元、管理不规范金额4607.48万元。11月市政府召开专项审计协调暨督查整改工作会议，部署贯彻落实稳增长等政策措施跟踪审计问题整改。

财政审计　对市财政局、高新区、平原示范区进行审计，查出违规金额3.11亿元、管理不规范金额9.15亿元、应上缴财政593.6万元。市政府常务副市长做“同级审”审计整改报告，加强审计整改力度。

经济责任审计　完成175名领导干部经济责任审计，查出违规金额3.01亿元、损失浪费金额1341.3万元、管理不规范金额6.38亿元。

固定资产投资审计　完成政府投资审计项目472个，送审金额29.18亿元，核减工程造价2.34亿元。

信息化建设　编制市审计局信息化升级建设规划方案，完成审计管理系统的国产化升级改造项目及视频会商系统建设。（撰稿人：刘　蕾）

【焦作市审计局】　2015年，焦作市审计局人员编制67人，实有62人。局长闫万国，副局长尹柯玲、申文燕、王庆宝、范景致，纪检组长王天富。设有办公室、监督审理科、财政审计科、农业与资源环保审计科、固定资产投资审计科、经贸审计科、社会保障审计科、外资运用审计科、经济责任审计一科、经济责任审计二科、行政事业审计一科、行政事业审计二科、人事科、离退休干部工作科和纪委监察局派驻室（纪检监察室），下设市基本建设工程预决算审计中心。

审计成果　焦作市审计机关完成审计项目333个，查出违规金额80亿元，其中应上缴财政1.60亿元、应归还原渠道资金6634万元、应调账处理金额3.91亿元；已上缴财政618万元、已归还原渠道资金2214万元、已调账处理金额6466万元。移送司法机关、纪检监察部门处理事项4件，建议有关部门处理事项3件。提交审计工作报告、信息54篇，被采用21篇。

政策措施贯彻落实跟踪审计 上报跟踪审计报告70篇，抽查资金总量32亿元，查处问题296个。

财政审计 重点审计政府性基金、政府采购、政府债务、国有资本经营等专项预算执行情况，重点单位的部门预算执行情况，以及会计委派中心政策执行情况、市直预算单位“三公”经费和会议费开支情况等，促进财政规范管理。

固定资产投资审计 对市职业教育中心、东方红人防工程、太极体育中心等政府重点建设项目进行竣工决算审计。审计建设资金31.15亿元，核减9.65亿元。

经济责任审计 共对3名副市级、20名县级、95名科级领导干部和3名国有企业领导人员实施经济责任审计，查出领导干部负有直接责任的违规问题金额1786万元，负主管责任的违规问题金额19.39亿元。

民生资金（项目）审计 重点安排医疗补（救）助资金、高标准粮田建设资金、土地收入收费、城市水系建设、城市基础设施建设等5个专项与民生资金审计项目，涉及资金总额32.79亿元。

信息化建设 建设包括领导决策、现场管理、业务支撑、成果利用和风险防控为主要内容的审计业务管理和质量控制系统。在全省信息化工作考核中，取得第一名。全省县级审计机关信息化推进会在武陟县召开。 （撰稿人：喻新军）

【濮阳市审计局】 2015年，濮阳市审计局人员编制94人，实有94人。局长李保国，副局长张正选、鲁付民、林松，总审计师徐中领，纪检组长王万东。设有办公室、人事科、法制科、财政金融审计一科、财政金融审计二科、行政事业审计一科、行政事业审计二科、经贸审计科、农业资源与环保审计科、社会保障审计科、固定资产投资审计一科、固定资产投资审计二科、外资运用审计科、离退休干部工作科、机关党总支、监察室，下设濮阳市经济责任审计中心、濮阳市审计局计算机审计中心、机关后勤服务中心。

审计成果 濮阳市审计机关完成审计项目302个，查出各类违规金额262.92亿元，通过上缴财政、归还原渠道资金等促进增收节支7.47亿元，促进整改落实有关问题资金1.29亿元。提出审计建议1541条，被审计单位采纳1189条，制定整改措施533项。提交专题报告、综合报告和信息简报561篇，被采用、批示284篇。

濮阳市审计局获得全省2015年度审计工作综合考核第一名。在全市市直部门重点工作综合考评中获得一等奖。

政策措施贯彻落实跟踪审计 审计市本级和6个县（区）住建、民政等62个政府部门和152个建设项目，涉及财政资金15.91亿元，促进拨付专项资金8130万元，落实配套资金395万元。查出问题108个，移送处理事项3件，有关部门给予责任人员诫勉谈话1人、党内严重警告4人。

财政审计 查出违规金额3.5亿元、管理不规范金额49亿元，促进盘活财政存量资金3.5亿元。

经济责任审计 建立经济责任审计对象动态数据库，对全市220个部门单位的审计对象进行分类管理，完成经济责任审计项目36个，查出违规问题金额3.93亿元、管理不规范金额17.28亿元，促进财政增收节支1962万元。

固定资产投资审计 引黄入冀补淀工程征地拆迁补偿资金跟踪审计发现征迁安置资金3.92亿元未及时拨付、已拨付资金入户率低等问题。

民生资金（项目）审计 查出中原石油勘探局房产管理处有关人员因工作失职导致保障性安居工程项目超标准支付设计费，挽回损失1003万元，该局房产管理处主任受到党内严重警告和行政记大过处分。

信息化建设 计算机AO应用实例在省审计厅评选中获奖82篇，居全省第一位；信息化工作考核取得全省第一名。 （撰稿人：吴春耀）

【许昌市审计局】 2015年，许昌市审计局人员编制42人，实有45人。局长唐群喜（—5月）、燕万年（5月—），副局长申宝（—11月）、孟国强、朱臣峰、方炽、胡宝梅，纪检组长高留彬。设有办公室、政策法规科、人事科、财政科、金融科、行政事业科、经贸科、农业科、社保科、固定资产投资科、外资科、经责办，下设许昌市政府投资建设项目审计中心。

审计成果 许昌市审计机关完成审计项目400个，查出主要问题金额1280382万元，其中违规金额216079万元、管理不规范金额1064303万元；损益（收支）不实金额6005万元；审计处理处罚金额242017万元，其中应上缴财政37702万元、应减少财政拨款或补贴1449万元、应归还原渠道资金33634万元、应调账处理金额168932万元；审计发现非金额计量问题154个；审计促进整改落实有关问题资金54659万元，其中增收节支35405万元、已调账处理金额14262万元；审计促进拨付资金到位3035万元；审计后挽回（避免）损失394万元。移送司法机关、纪检监察机关和有关部门处理事项5件。出具审计报告和专项审计调查报告400篇，被批示、采用80篇。提出审计建议474条，提交审计信息63篇，被批示、采用14篇。向社会公告审计结果24篇。

政策措施贯彻落实跟踪审计 审计发现管理不规范、政策措施落实不到位等问题211个，促进出台政策30项、完善制度20项、拨付和落实资金2.3亿元。

财政审计 尝试全口径财政预算执行审计，在转移支付资金审计中，市县两级上下联动，推动财政资金审计全覆盖。

经济责任审计 对155名领导干部开展经济责任审计，查出领导干部负有直接责任问题金额3329万元。

固定资产投资审计 市本级投资建设项目审计涉及项目建设总投资31.4亿元，审减结算价2.6亿元，审减率达13.7％。

信息化建设 自主研发审计预测分析系统，设置“财政审计”“部门预算执行审计”“医保审计”“保障性安居工程审计”“行业查询”“审计定性处理处罚”6个子系统，实现各行业之间的数据共享。归集整理近3年来财政等11个行业管理的业务数据，搭建数据库群。

（撰稿人：焦文秀　艾俊杰）

【漯河市审计局】 2015年，漯河市审计局人员编制80人，实有80人。局长陈会伟，副局长刘冠东、史秋学、崔凤罗、李军，总审计师李军（兼），纪检组长蒋伟，经责办主任屈耀伟，调研员李东升、陈银坤，副调研员屈钦宇、张万友。设有办公室、法规科、财政金融审计科、行政事业审计科、经贸审计科、农业与资源环保审计科、社会保障审计科、固定资产投资审计科、外资运用审计科、政府派出机构审计科、经济责任审计办公室、监察室，下设漯河市审计信息中心、漯河市审计服务中心、漯河市政府投资建设项目审计服务中心。

审计成果 漯河市审计机关完成审计及审计调查项目165个，查出各类违规违纪金额57526万元，其中违规金额25457万元、管理不规范金额32068万元；审计处理处罚金额22323万元，其中应上缴财政10171万元、应减少财政拨款或补贴4348万元、应归还原渠道资金1586万元、应调账处理金额5670万元；审计发现非金额计量问题231个；审计促进整改落实有关问题资金19333万元。向纪检监察及有关单位移送案件线索29件。出具审计报告和专项审计调查报告225篇，被市领导批示19篇。审计信息或宣传文章被采用374篇，审计建议被有关单位采纳308条。

政策措施贯彻落实跟踪审计 组织开展稳增长、促改革、调结构、惠民生、防风险政策措施落实情况跟踪审计，促进政策落地生根。

财政审计 对市财政局、经济技术开发区等11个市直单位开展预算执行审计。开展源汇区财政决算审计。

经济责任审计 对26名领导干部进行经济责任审计。市纪委、市委组织部、市审计局等七部门联合印发《漯河市党政主要领导干部和国有企业领导人员经济责任审计评价及结果运用办法（试行）》。

农业与资源环保审计 完成舞阳县高标准粮田建设资金绩效审计。

固定资产投资审计 开展2014年城镇保障性安居工程跟踪审计，对沙澧河开发一期工程进行跟踪审计；完成市区建设路、交通路等5条道路竣工结算审计。

民生资金（项目）审计 完成养老服务机构行业审计调查。

外资运用审计 配合省审计厅完成河南省利

用亚洲银行贷款实施的北方旱作农业项目审计、农村能源生态建设项目二期审计、科技专项资金管理和使用情况审计调查。

企业审计 完成市经济发展投资总公司、市城市建设投资有限公司、市公共住房建设投资有限公司、市公交集团资产负债损益审计。

专项资金审计 完成科技专项资金管理和使用情况、投融资公司支持小微企业发展资金等审计调查。

信息化建设 被省审计厅确定为全省审计数据综合分析和审计业务支撑系统试点单位。征集和上报计算机典型案例 37 篇，25 篇获奖，被省审计厅评为优秀组织单位。 （撰稿人：钮军伟）

【三门峡市审计局】 2015 年，三门峡市审计局人员编制 57 人，实有 48 人。局长范社民，副局长刘树军、侯功亮、白提高、张楠，经济责任审计办公室主任张丰明，固定资产投资审计中心主任薛全生，调研员尚秀丽，副调研员柳海峰。设有办公室、法规科、财政金融审计科、行政事业审计一科、行政事业审计二科、农业与资源环保审计科、经贸和外资运用审计科、社会保障审计科、经济责任审计办公室、机关党总支，下设固定资产投资审计中心、计算机审计中心。

审计成果 三门峡市审计机关完成审计项目 160 个，查出主要问题金额 1132339 万元，其中违规金额 195541 万元、管理不规范金额 936797 万元；损益（收支）不实金额 79844 万元；审计处理处罚金额 132463 万元，其中应上缴财政 21247 万元、应减少财政拨款或补贴 1512 万元、应归还原渠道资金 10725 万元、应调账处理金额 97761 万元；发现非金额计量问题 103 个；审计促进整改落实有关问题资金 27215 万元，其中增收节支 22632 万元、已调账处理金额 2392 万元；审计促进拨付资金到位 2153 万元；审计后挽回（避免）损失 1901 万元。移送司法机关、纪检监察机关和有关部门处理事项 18 件。出具审计报告和专项审计调查报告 175 篇，被批示、采用 14 篇。提出审计建议 295 条，提交审计信息 98 篇，被批示、采用 26 篇。向社会公告审计结果 118 篇。

政策措施贯彻落实跟踪审计 对推进科技服务业发展、促进高校毕业生就业、加快城市基础设施建设等重要政策措施落实情况开展审计，揭示部分项目资金未落实、建设程序不完善、建设进展缓慢、未达预期效益等问题。

财政审计 预算执行审计完成项目 37 个，查出问题金额 948834 万元；财政决算审计完成项目 17 个，查出问题金额 53924 万元。行政事业审计完成项目 43 个，查出问题金额 96852 万元。

经济责任审计 共审计经济责任人 26 人，查出问题金额 68550 万元。

固定资产投资审计 完成审计项目 59 个，查出问题金额 27772 万元。

外资运用审计 配合省审计厅对亚洲开发银行贷款农村新能源生态建设项目二期、亚洲开发银行贷款高效农业项目和日元贷款河南造林项目进行审计。

企业审计 完成审计项目 3 个，查出问题金额 4956 万元，其中财务收支核算不实金额 1175 万元，违规经营 53 万元。

专项资金审计 开展社会抚养费专项审计调查、高速征地拆迁补偿费专项资金审计和土地出让金审计，完成审计（调查）项目 5 个。

信息化建设 建设数据管理中心，部署数据综合分析平台，探索推进部门联网审计，加大数据归集和分析力度，3 个县（市）区审计局实现县级信息化建设目标。 （撰稿人：武云景）

【南阳市审计局】 2015 年，南阳市审计局人员编制 93 人，实有 88 人。局长黄乐，副局长方向、余耀伟、鲁德岑、孔雪飞、王匡，纪检组长辛林（—7 月）、杨长杰（7 月—），南阳市经济责任审计局局长李冬晓，副调研员田青、舒建立、胡宏伟（—8 月）、王刚、张清怀。设有办公室、法规科、人事教育科、信息管理科、财政审计科、金融审计科、行政事业审计一科、行政事业审计二科、投资审计一科、投资审计二科、经贸和外资运用审计科、农业与资源环保审计科、社会保障审计科，下设南阳市经济责任审计局。

审计成果 南阳市审计机关对 484 个单位进行审计（审计调查），查出违规问题金额 14.98 亿元，促进增收节支 12.48 亿元。向司法机关、纪检监察机关和有关部门移送违法违纪案件线索或事项70件，共涉及相关责任人182人，有关部门已查处44起，处理111人，其中被追究刑事责任的15人，受到党政纪处分的96人。提交的审计报告、审计要情被各级党委、政府领导批示342篇，提出的审计建议被有关单位采纳1341条。

财政审计 审计单位481个，查出主要问题金额636484万元。

经济责任审计 审计领导干部57人，查出主要问题21333万元。

企业审计 审计单位3个，查出主要问题金额281万元。（撰稿人：谢 健）

【商丘市审计局】 2015年，商丘市审计局人员编制59人，实有65人。局长姚文生，副局长吕义军、刘艳芳、陈广银、朱彦强，总审计师朱彦强（兼），纪检组长谢颖，经济责任审计局局长刘振营，调研员李思义（9月—）、陈国立、冯永刚、张永建，副调研员张建新、葛春河、焦海生。设有财政审计科、经贸审计科、固定资产投资审计科、行政事业审计一科、行政事业审计二科、社会保障审计科、农业与资源环保审计科、金融与外资审计科、经济责任审计局、办公室、法规科、人事科、信息科、纪检监察室，下设商丘市政府投资建设项目审计中心。

审计成果 商丘市审计局完成审计项目39个，查出主要问题金额1911933万元，审计处理处罚金额40212万元，其中应上缴财政9294万元、应调账处理金额30918万元。促进被审计单位完善制度7项。移送案件处理事项44件，涉及人员153人，移送处理金额42138万元。提出审计建议140条，被采纳131条。上报审计信息宣传稿件211篇，被采用171篇。向社会公告审计结果18篇。

政策措施贯彻落实跟踪审计 对实行精准扶贫减少农村贫困人口和夯实农业基础、推进现代农业发展等政策措施落实情况进行跟踪审计，发现问题及时整改。

专项资金审计 对民权县高标准粮田建设资金开展绩效审计。对市中心商务区审计调查，反映在融资投资、工程项目建设管理、撤迁安置与土地利用、招商引资以及财政财务收支管理等方面的风险和问题。对郑徐高铁商丘段市政府投资配套工程专项审计调查，提出完善投资体制、规范政府投资行为、加强项目管理、提高投资效益等方面的审计建议15条，促进被审计单位整改资金1.17亿元。

财政审计 对14家市直单位开展财政预算执行审计。部分非税收收入已解缴国库4583万元；促使资金分配规范，合理使用财政资金8476万元；促使市财政将预算单位现金提取比例控制在财政授权支付的8%之内；促进制度完善5项。对市地税局税收征管和预算执行情况的进行审计。对宁陵县和民权县政府2014年度财政决算和其他财政收支情况进行审计。

经济责任审计 开展审计项目17个。在商丘中等专业学校校长的经济责任审计中，发现用学费收入设置“小金库”等问题，移送后对相关人员给予开除公职、开除党籍处理。对市政工程总公司总经理任期经济责任审计中，发现存在虚列支出套取资金、私分公款等问题，涉案人员移送司法机关处理。（撰稿人：薛 源）

【信阳市审计局】 2015年，信阳市审计局人员编制79人，实有69人。局长杨淑萍，副局长马彦忠、唐阳志、贾作平、万展武，总审计师卢世银，纪检组长孙晓莉，经济责任审计办公室主任赵树高。设有办公室、法规科、人事科、监察室、机关党委，财政金融、行政事业、农业与资源环保、固定资产投资、工商企业、社会保障、外资运用审计科，经济责任审计办公室、派出机构审计办公室，下设审计科研培训中心、投资建设项目审计中心。

审计成果 信阳市审计机关审计（审计调查）单位254个，审计查出主要问题金额368994万元。移送案件线索（事项）34件，提交审计报告、要情和信息631篇次。

市审计局实施的羊山新区财政决算审计项目被审计署评为全国地方表彰项目；市审计局被河南省审计厅表彰为2015年度审计业务综合考核先进单位、被信阳市人民政府记集体二等功。

政策措施贯彻落实跟踪审计 跟进检查简政放权落实情况，对棚户区改造、扶贫、水利等大中型建设项目进行检查。

财政审计 对市住建局、市规划局、市国土局等13个单位开展部门预算执行审计，对49个市直一级预算单位、72个二三级预算单位的“三公”经费和会议费支出情况开展审计调查，对浉河区、光山县等县区开展财政决算审计。

经济责任审计 对79名领导干部实施经济责任审计，查出领导干部负有直接责任的问题金额47万元。

固定资产投资审计 对2014年城镇保障性安居工程进行审计，各相关单位积极整改问题，出台12项管理制度。对20个重点建设项目开展竣工决算审计，核减投资额10099万元。

（撰稿人：王　猛）

【周口市审计局】 2015年，周口市审计局人员编制60人，实有70人。局长武仲坦，副局长张贵成、翟建伟、马培新、张建伟，总审计师魏学忠，纪检组长李耀杰。设有办公室、法制科、人老科、财政金融审计科、行政事业审计一科、行政事业审计二科、经贸审计科、农林水审计科、固定资产投资审计科、外资运用审计科、社会保障审计科、纪检监察室、经济责任审计办公室和机关党委办公室。

审计成果 周口市审计局完成审计项目57个。市审计局被中央文明办授予“全国文明单位”，市审计局经济责任审计办公室被全国妇联授予“巾帼文明岗”。

财政审计 通过对市公安局、市人社局、市国土局、市农业局等15个单位及下属单位预算执行情况的审计，发现应征未征预算收入24130万元、应缴未缴财政预算收入348.34万元、超预算列支经费1366万元、挤占挪用财政专项资金215.38万元、闲置滞留财政专项资金2293.35万元。对太康县、商水县人民政府财政决算收支情况进行审计，查出各类问题资金19.18亿元，其中违规金额4.57亿元、管理不规范金额36.78亿元，审计处理处罚应上缴财政3.34亿元、应归还原渠道资金0.97亿元。

政策措施贯彻落实跟踪审计 成立周口市稳增长政策措施落实情况跟踪审计工作领导小组，每月按时汇总上报跟踪审计情况和整改进展情况，提出审计建议。市政府召开专题整改落实会议，确保按期整改到位。

民生资金（项目）审计 对市本级和9个县（市、区）保障性安居工程项目的建设和管理情况进行跟踪审计。对淮阳县2012年至2014年高标准粮田建设资金绩效情况进行审计。对项城市、沈丘县2014年农村饮水安全工程建设情况进行专项审计调查。

固定资产投资审计 完成市体育场工程、市沙南污水处理厂一期改造升级工程、市沙南沙北给水污水管网工程、文昌大道等6个重点投资项目竣工决算审计，报审资金总额57227.2万元，审减资金总额8975.15万元，综合审减率15.7%。

经济责任审计 对35名县处级领导干部任期经济责任履行情况进行审计，查出各类问题金额23.3亿元，依法移送有关部门进行处理。

（撰稿人：周孟教）

【驻马店市审计局】 2015年，驻马店市审计局人员编制73人，实有68人。局长黄庆伟（—1月）、李向伟（2月—），副局长罗宇威、刘晓东、宋超燕、汪永华、林丽娜，总审计师王文通，纪检组长李焕军，经济责任审计局局长黎文春。设有办公室、法制综合科、财税金融审计科、经贸审计科、行政事业审计科、农业与资源环保审计科、固定资产投资审计科、社会保障资金审计科、外资运用审计科、纪检监察室、机关党委、经济责任审计局、审计科研所、计算机审计中心。

审计成果 驻马店市审计局完成审计项目38个，查出主要问题金额547944万元，其中违规金额54158万元、管理不规范金额493785万元；损益（收支）不实金额922万元；审计处理处罚金额64302万元，其中应上缴财政28311万元、应减少财政拨款或补贴40万元、应归还原渠道资金21330万元、应调账处理金额9891万元；审计发现非金额计量问题77个；审计促进整改落实有关问题资金3018万元，其中增收节支379万元、已调账处理金额16万元。出具审计报告和专项审计调查报告21篇。提出审计建议86条，提交审计信息41篇，被批示、采用17篇。向社会公告审计结果1篇。

政策措施贯彻落实跟踪审计 开展7次稳增长、促改革、调结构、惠民生政策落实情况的跟踪审计。发现养老健康服务业、城市基础设施、生态环境保护和节能环保产业、精准扶贫等13个方面的222个问题，整改问题172个。

财政审计 审计单位11个，查出主要问题金额396517万元，出具审计报告11篇。

经济责任审计 对21个单位的领导干部进行经济责任审计，查出问题金额2.21亿元，提出审计建议46条。

金融审计 审计单位3个，审计查出主要问题金额144332万元。

专项资金审计 对西平县2012年至2014年高标准粮田建设绩效情况的审计中，查出未严格执行项目建设规划、电力配套设施滞后、虚假工程监理和未按规定招标等问题，涉及专项资金5.68亿元。

民生资金（项目）审计 在市直就业专项资金审计中，发现公益性岗位财政补贴把关不严、多支付公益岗位补贴、超范围领取公益性财政补贴等问题。

（撰稿人：罗城伟）

【济源市审计局】 2015年，济源市审计局人员编制81人，实有71人。局长卢多璋（—1月）、孔庆功（1月—），副局长王陆平、李建成、樊其程、许梦玲，纪检组长孙恒文。设有办公室（人事教育科）、法规科、财政金融审计科（信息技术科）、行政事业审计科、农业与资源环保审计科、社会保障审计科、经贸与外资运用审计科、投资审计科，按有关规定设置纪检（监察）机构，下设经济责任审计局、基本建设审计中心。

审计成果 济源市审计局组织开展审计和审计调查项目181个，查出违规和管理不规范金额11.89亿元，促进财政增收节支1.37亿元。出具移送处理书25份，向纪检监察、司法机关和有关部门移交案件线索10件，追究刑事责任1人，给予党政纪处分5人，组织处理43人。市委、市政府主要领导批示《审计要情》10篇，专题听取审计工作汇报5次。向社会公告审计结果8篇。

政策措施贯彻落实跟踪审计 围绕取消和下放行政审批事项、推进简政放权，加快棚户区改造、加大保障性安居工程建设力度，落实企业投资自主权鼓励社会投资、实行精准扶贫减少农村贫困人口政策等涉及济源市的20项稳增长保运行政策措施落实情况开展跟踪审计。

财政审计 组织实施2014年度本级预算执行和其他财政收支审计、2014年度市地方税务局税收征管及财政收支情况审计以及5个街道办事处和3个产业集聚（开发）区2014年预算执行审计和其他财政收支审计。

经济责任审计 完成63名领导干部经济责任审计项目，涉及45个部门。

固定资产投资审计 审计工程项目119个，审减投资金额1.01亿元。

民生资金（项目）审计 实施2014年度城镇保障性安居工程、2012年至2014年土地整治项目管理及资金、大中型水库移民后期扶持资金使用情况等重大民生（资金）项目的审计和审计调查。

信息化建设 经市编委批准，设立信息技术科。同步推进硬件建设与软件应用。加大财政、地税、社保、政府投资联网审计应用范围，其中政府投资审计使用软件率达100%。

（撰稿人：李雁河）

2015 年河南省所辖区、县(市)级审计工作统计表

金额单位:万元

审计机关	完成审计项目(个)	审计查出主要问题金额	审计处理情况					出具审计报告和审计调查报告(篇)	提出审计建议(条)	提交审计信息(篇)
			审计处理处罚				移送处理事项(件)			
			应上缴财政	应减少财政拨款或补贴	应归还原渠道资金	应调账处理金额				
郑州市										
郑州市本级	81	4909244	10026	7306	31404	2597668	11	85	427	67
中原区审计局	25	30524	5698					32	86	
二七区审计局	80	386137		1613			3	77	221	
管城回族区审计局	106	144345	324		87	110319		105	348	
金水区审计局	31	107830	118	1947		9612		67	122	
上街区审计局	16	2242						15	30	
惠济区审计局	25	148186	6355		912			25	97	
巩义市审计局	81	139582	44079		5	1702	3	85	111	138
荥阳市审计局	59	61725	10034	1122	7789	5096	3	66	105	
新密市审计局	44	55432	150		19		2	47	145	
新郑市审计局	178	341717	6650	783	649		2	206	276	
登封市审计局	34	88293	396	657	1587	12300	3		103	36
中牟县审计局	61	230406	1700				1	61	115	
开封市										
开封市本级	71	574552	8939		4515	15978	17	71	67	7
鼓楼区审计局	12	1317	11				2	12	38	1
龙亭区审计局	5	2974	4					5		
顺河回族区审计局	6	424	4					6	7	1
禹王台区审计局	19	3293	2				1	19	28	15
祥符区审计局	47	69811	75					47	35	52
杞县审计局	30	17831	42		100			30	141	
通许县审计局	29	1327943	44	260				29	62	
尉氏县审计局	64	14589	234		7996	1995	4	64	151	17
兰考县审计局	47	6826	96		7	3098	6	47	115	16
新区审计局	9	19293	15					9	22	
洛阳市										
洛阳市本级	76	2169220	36523	184	21537	50477	59	73	211	8
西工区审计局	41	16521	7				2	41	14	

续表

审计机关	完成审计项目（个）	审计查出主要问题金额	审计处理情况					出具审计报告和审计调查报告（篇）	提出审计建议（条）	提交审计信息（篇）
			审计处理处罚				移送处理事项（件）			
			应上缴财政	应减少财政拨款或补贴	应归还原渠道资金	应调账处理金额				
老城区审计局	17	4442	4372		25	44		17	28	
瀍河回族区审计局	60	640	4			1		60	42	
涧西区审计局	11	43186		931				11	19	
吉利区审计局	23	2851						23	28	
洛龙区审计局	47	9695	9					46	78	
偃师市审计局	54	8595	383		399			50	50	20
孟津县审计局	41	14057	88				1	35	156	
新安县审计局	32	3206	16	1806	14	6		31	56	
栾川县审计局	20	28776	49		496	15160		20	30	
嵩县审计局	26	2966	56	407	4	21		26	42	
汝阳县审计局	38	11504	1039	2824	51	4731		38	226	
宜阳县审计局	46	40177	12					46	5	
洛宁县审计局	93	10730	42			1664	1	66	92	
伊川县审计局	52	36405	36	45	581	1672	1	52	62	
高新区审计局										
平顶山市										
平顶山市本级	48	371202	15832	137	1215	42061	8	48	109	9
新华区审计局	17	2233	9					19	57	53
卫东区审计局	23	36868					1	23	110	12
石龙区审计局	14	37760						14	25	53
湛河区审计局	51	7030	879	1552	58	2106		51	16	10
舞钢市审计局	40	244329	36		43656	753		39	85	
汝州市审计局	84	131019	932	1402	741		18	126	350	5
宝丰县审计局	159	279252	21				4	159	210	40
叶县审计局	108	14800	214	2467		50	15	108	115	33
鲁山县审计局	35	68875	13033		83	631	1	35	10	18
郏县审计局	116	38296	6150	5146	6536	20464	6	116	105	79
安阳市										
安阳市本级	42	290583	38584	5066	18234	2066	47	38	60	35
北关区审计局	12	355	295					12	35	
文峰区审计局	12	990	990					12	32	3
殷都区审计局	2	960						2	11	5
龙安区审计局	10	1523	2			1521		10	27	18
林州市审计局	111	5950	244			6400	3	111	160	45

续表

审计机关	完成审计项目（个）	审计查出主要问题金额	审计处理情况					出具审计报告和审计调查报告（篇）	提出审计建议（条）	提交审计信息（篇）
			审计处理处罚				移送处理事项（件）			
			应上缴财政	应减少财政拨款或补贴	应归还原渠道资金	应调账处理金额				
安阳县审计局	22	41293	2842	659	1238	2472	24	88	5	24
汤阴县审计局	98	6059	2443	2919	4	8201		100	270	18
滑县审计局	35	64824	300	416	5639	9183	4	44	95	65
内黄县审计局	18	65210	39			2066		18	52	136
鹤壁市										
鹤壁市本级	26	574298	1858		5087	10791	38	26	110	170
淇滨区审计局	17	13392	2					17	35	15
鹤山区审计局	12	4710	1					12	53	5
山城区审计局	13	2831	33				1	13	35	40
浚县审计局	14	254752	12333		153	424	4	14	48	10
淇县审计局	28	77788	31			3		28	54	20
新乡市										
新乡市本级	40	288694	3105		114		11	40	181	74
卫滨区审计局	32	11047	2					38	40	3
红旗区审计局	51	20463	6				1	55	34	3
凤泉区审计局	58	22059	1249					67	72	2
牧野区审计局	35	12412						35	108	3
卫辉市审计局	48	12942	36				1	48	108	1
辉县市审计局	113	87854	139				6	113	105	74
新乡县审计局	89	92123	81					89	54	2
获嘉县审计局	74	9480	82		10			74	155	12
原阳县审计局	86	6146	100		17		3	79	252	1
延津县审计局	91	13721	4					91	92	9
封丘县审计局	93	11132	45				6	93	226	1
长垣县审计局	80	74466	838	4815	15848	16008	7	34	265	36
焦作市										
焦作市本级	32	991504	15206		2006	28350	24	35	82	17
解放区审计局	32	11337	76	1353	1802	5061		32	80	
中站区审计局	14	29594	225		1564			14	26	
马村区审计局	14	8583	11	11			4	14	4	17
山阳区审计局	14	6817	8		52	3068		14	48	
沁阳市审计局	67	403776	3881	86	954	2600		66	200	
孟州市审计局	45	60529	57					45	46	
修武县审计局	57	46321	132					56	128	

续表

审计机关	完成审计项目（个）	审计查出主要问题金额	审计处理情况					出具审计报告和审计调查报告（篇）	提出审计建议（条）	提交审计信息（篇）
			审计处理处罚				移送处理事项（件）			
			应上缴财政	应减少财政拨款或补贴	应归还原渠道资金	应调账处理金额				
博爱县审计局	7	57571	10					7	10	
武陟县审计局	30	150249	123				2	30	86	16
温县审计局	21	71234	64		255	6	3	21	73	
濮阳市										
濮阳市本级	41	1448620	64152		495	672	134	54	134	228
华龙区审计局	26	259789	32		27		23	34	84	18
清丰县审计局	43	215454	171	18	6190	8872	34	43	194	45
南乐县审计局	47	70757	1570	182	1570	3058	14	62	305	90
范县审计局	40	160436	77				27	40	139	30
台前县审计局	26	199350	51		15		26	26	117	28
濮阳县审计局	79	275139	270			311	67	79	568	188
许昌市										
许昌市本级	40	338847	37526	1060	3742	3	5		132	2
魏都区审计局	38	12087	30					38	77	
禹州市审计局	61	108300		3200	8000	10700		61	310	
长葛市审计局	17	66626	177	388	29635	13541		17	66	38
许昌县审计局	48	15745	42					48	145	2
鄢陵县审计局	41	29653	60					41	123	10
襄城县审计局	155	785430	354	730	429	702		56	124	16
漯河市										
漯河市本级	56	39038	10017	4163	1311	2043	19	83	70	89
郾城区审计局	21	4692	63	184	216	417	5	21	53	55
源汇区审计局	31	4677	15			1		2		16
召陵区审计局	10	1934	8		52	18		10	23	34
舞阳县审计局	20	5724	54	1	3	2342	3	38	62	110
临颍县审计局	27	1458	12			848		42	100	70
三门峡市										
三门峡市本级	72	753865	5484		3561	2643	17	95	99	34
湖滨区审计局	36	17908	13	441	30	116		36	33	
陕州区审计局	21	78923	35			52723		21	17	
义马市审计局	18	7501	95	59		121	1	18	11	30
灵宝市审计局	12	45984	64	1437	601	2654		12	33	4
渑池县审计局	17	22679	21		5501	15		17	38	28
卢氏县审计局	10	179414	13071		1061	4		9	10	2

续表

审计机关	完成审计项目（个）	审计查出主要问题金额	审计处理情况					出具审计报告和审计调查报告（篇）	提出审计建议（条）	提交审计信息（篇）
			审计处理处罚				移送处理事项（件）			
			应上缴财政	应减少财政拨款或补贴	应归还原渠道资金	应调账处理金额				
南阳市										
南阳市本级	79	177819	6223		2915	41363	21	79	140	121
卧龙区审计局	21	71073	14053	186	54673	243		31	40	8
宛城区审计局	31	22255	18			2811		31	14	18
邓州市审计局	17	2733	82	111	492	14	8	58	145	10
南召县审计局	21	9907	9			1023		21	80	8
方城县审计局	60	135445	93		57	24480		59	345	66
西峡县审计局	22	40						32	80	30
镇平县审计局	53	71530	588	5427	13942	36936	5	52	181	47
内乡县审计局	38	117473	426		1160	115682		38	20	33
淅川县审计局	30	11790	580					30	86	37
社旗县审计局	35	637	12					35	100	28
唐河县审计局	31	30259	44		63		2	31	110	36
新野县审计局	23	51	2					23	116	41
桐柏县审计局	30	817	15	49	9			30	29	10
商丘市										
商丘市本级	39	1911933	9294			30918	44	39	140	
梁园区审计局	31	985400	86				3	31	102	26
睢阳区审计局	37	16701	102	181	4	2561	7	37	118	57
永城市审计局	48	129643	144		53		9	48	203	4
民权县审计局	42	34554	554		150	16708	6	42	153	159
睢县审计局	13	19119	12		1159	3603	9	13	45	
宁陵县审计局	22	13290	32		1627		3	22	74	28
柘城县审计局	35	11458	137		84	1861	8	35	86	
虞城县审计局	25	32913	92	1033	9385	15121	11	25	63	3
夏邑县审计局	41	37897	163	201	15	7770	8	41	149	254
信阳市										
信阳市本级	21	151901	32189	8311	38102	27837	27	21	54	135
浉河区审计局	26	59122	21					26	39	62
平桥区审计局	24	13552	154		20		1	24	62	55
罗山县审计局	43	9403	116				6	43	164	106
光山县审计局	27	4673	69		405	1072		27	49	35
新县审计局	23	14641	55		41	215		23	90	56
商城县审计局	31	9410	25			1120		31	45	50

续表

审计机关	完成审计项目（个）	审计查出主要问题金额	审计处理情况					出具审计报告和审计调查报告（篇）	提出审计建议（条）	提交审计信息（篇）
			审计处理处罚				移送处理事项（件）			
			应上缴财政	应减少财政拨款或补贴	应归还原渠道资金	应调账处理金额				
固始县审计局	43	71738	5860			393	7	68	150	20
潢川县审计局	33	9945	77					33	43	42
淮滨县审计局	13	29170	221		525	521		13	40	46
息县审计局	13	67177	18					13	29	44
周口市										
周口市本级	57	529060	61843	281	11977	2521	16	45	109	
川汇区审计局	22	38049						22	57	
项城市审计局	47	28136	100		33			47	112	
扶沟县审计局	22	197784	7		921			22		
西华县审计局	32	149293	34	7	113807	9933		32	54	
商水县审计局	21	2661	27					21	53	
沈丘县审计局	75	329069	7874			32576		75	26	
郸城县审计局	43	2692	30					43	68	
淮阳县审计局	111	420602	61					111	294	
太康县审计局	78	11455	88		6	194		78	221	
鹿邑县审计局	33	130833	4826			47204	4	33	162	2
驻马店市										
驻马店市本级	38	547944	28311	40	21330	9891	4	38	86	41
驿城区审计局	21	210385	51					20	67	
西平县审计局	113	44431	124		102			108	326	2
上蔡县审计局	112	67810	265				6	112	436	
平舆县审计局	23	48096	10		9			22	97	
正阳县审计局	45	58333	76		12	556		45	497	35
确山县审计局	28	78604	335			10		35	120	
泌阳县审计局	17	3061	36					17	36	
汝南县审计局	24	80189	49						108	48
遂平县审计局	77	276669	378		13583	42053		77	263	
新蔡县审计局	42	66685	33				6	42	280	9
开发区审计局	30	33022					4	16	49	22
济源市审计局	181	118900	5926	7775	1082	2049	25	133	149	160

湖北省

【湖北省审计厅】 2015年，湖北省审计厅人员编制156人，实有154人。设有办公室、人事处、综合处、法规处、财政审计处、金融审计处、行政事业审计处、经贸审计处、农业与资源环保审计处、社会保障审计处、固定资产投资审计处、外资运用审计处、机关党委、离退休干部处、经济责任审计局，另设有派出发展计划及投资审计处、派出经贸审计一处、派出经贸审计二处、派出科教卫审计处、派出政法审计处、派出农林水审计处、派出经济执法审计处、派出新闻出版及文化审计处、派出综合审计一处、派出综合审计二处，下设计算机审计中心、厅机关后勤服务中心、审计科研所、企事业单位内部审计指导中心、审计干部培训中心。

领导成员

厅长（党组书记）：张永祥

副 厅 长：周德刚　杨保平（—7月）
　　　　　陈智斌（7月—）
　　　　　刘彩霞　蔡　伟　焦跃华

总审计师：汤汉琴

纪检组长：冯兴国

经济责任审计局局长：刘永庆

副巡视员：汤昌平　余念祖（—7月）
　　　　　张文慧（11月—）
　　　　　高　军（11月—）

审计成果 湖北省审计机关完成审计项目6668个，其中组织实施审计项目505个，参与实施审计项目6163个，查出主要问题金额3238.94亿元，其中违规金额385.11亿元、损失浪费金额8.96亿元、管理不规范金额2844.87亿元；损益（收支）不实金额321.4亿元；审计处理处罚金额917.13亿元，其中应上缴财政137.23亿元、应减少财政拨款或补贴26.40亿元、应归还原渠道资金182.19亿元、应调账处理金额527.39亿元；审计发现非金额计量问题8005个；审计促进整改落实有关问题金额730.87亿元，其中增收节支187.24亿元、已调账处理金额384.42亿元；审计促进拨付资金到位41.22亿元；审计后挽回（避免）损失30.56亿元。移送司法机关、纪检监察机关和有关部门处理事项881件。出具审计报告和专项审计调查报告6670篇，被批示、采用377篇。提出审计建议15009条，提交审计信息8093篇，被批示、采用4324篇。向社会公告审计结果333篇。

省审计厅获得“全国文明单位”“省级文明单位”“全省精神文明创建先进行业（系统）”“省直单位目标责任制考评先进单位”“省直单位党建工作先进单位”“全省社会管理综合治理优胜单位”“省直机关‘三抓一促’先进单位”“全省落实党风廉政建设责任制及惩防体系建设优秀单位”“新农村建设成绩突出单位”等各种表彰21项。湖北审计探索的财政审计全覆盖、经济责任审计问责、经济责任审计整改销号制度、大数据审计等做法得到审计署充分肯定，并被审计署向全国推广。审计署组织的全国优秀项目表彰中，湖北省组织参评的审计项目获优秀项目数量居第一位；审计署网站、《中国审计》杂志、《中国审计报》采用稿件数量在全国同行业保持领先位置。

政策措施贯彻落实跟踪审计 根据国务院、审计署和省政府的统一部署，组织全省审计机关对全省贯彻落实稳增长等政策措施情况开展跟踪审计。选择棚户区改造、农村安全饮水、简政放权、精准扶贫、高标准农田建设、存量资金、社会抚养费征收管理和中小微企业融资情况等项目的政策措施落实情况开展跟踪审计。全年审计抽查项目3729个、抽查审计单位3843个、涉及资金1366.94亿元。各级审计机关出具审计报告893篇。审计揭示和反映部分市县行政审批（服务）事项落实不到位，少数市县以“赞助款”“工本费”“手续费”以及未取消的行政审批项目等名义向企业和个人收取费用，部分项目建设进展较缓慢、未按计划时间开工和完工，部分建设项目未按规定使用专项资金、资金拨付比率低与项目进度不匹配、专项资金拨付迟缓等问题。

财政审计 对106个省直部门和所属二、三级单位2014年度部门预算执行情况进行全覆盖审计。审计结果表明，106个部门2014年预算收入409.4亿元，当年支出344.72亿元，总体执行率为84%。审计查出违纪违规问题金额14.39亿元，其中项目编制不完整等管理不规范问题12.46亿元，占86.6%；虚编多编预算、违规发放奖金补贴等违反财经法纪问题1.93亿元，占13.4%。各部门高度重视审计发现的问题，及时落实整改措施，明确整改责任，认真进行整改。截至9月底，审计查出问题共纠正200.8亿元，占应纠正问题金额的91.3%。

经济责任审计 组织对全省966个地方、部门和单位的1218名党政领导干部和企事业单位领导人员进行经济责任审计，查出违纪违规、管理不规范和损失浪费问题金额662.14亿元。其中，省本级共审计53个地方、部门和单位的84名领导干部，查出问题金额共365.11亿元。已处理上缴财政3.6亿元，追回违规借用和被挤占挪用资金6.82亿元，督促拨付资金125.3亿元，调账纠正等其他处理资金158亿元，促进建立健全规章制度1379项。经济责任审计情况被各级党委、政府及相关部门采用和领导批示1382份（次）。向纪委监察和司法机关移送经济案件线索102件，涉及149人。其中，省本级移送经济案件线索28件，涉及42人。省审计厅组织起草的《湖北省领导干部经济责任问责暂行办法实施细则》经省委常委会会议审议通过，并与省纪委、组织部、编办、监察厅、人社厅、国资委等七部门联合印发全省执行。细则进一步明确问责工作中有关责任界定、问责方式适用及问责程序等事项，加大经济责任问责力度。

金融审计 组织对湖北省农村信用社联合社及21家农村商业银行股份有限公司2014年度资产负债损益情况进行审计。审计查明部分银行存在贷款“三查”制度执行不严、违规放贷、不良贷款清收不力、违规核销不良贷款、抵债资产处置不及时、无依据发放奖金补助、漏缴个人所得税、少反映改制资产、工程项目未按规定招投标、超进度支付工程款、超规模购建固定资产等问题，涉及各类违纪违规问题金额112.7亿元。向公安、纪委和法院移送案件线索16件，涉案金额4283万元，涉案27人。

外资运用审计 组织对11个国外贷援款项目实施审计，其中世界银行贷款项目5个，亚洲开发银行贷款项目4个，法国开发署和国际农业发展基金贷款项目各1个，涉及交通基础设施、环境保护、水利建设等领域。11个国外贷援款项目计划总投资354.53亿元，其中外资金额9.68亿美元。截至2014年底，实际到位资金261.66亿元，已完成投资279.64亿元。审计抽查子项目40个，抽查覆盖面达到93.02%。审计发现部分项目未公开招标，直接与勘察设计、工程建设单位签订施工合同；挤占挪用、滞留资金，施工单位多计多报工程款和拆迁补偿资金等问题，涉及问题金额4.63亿元。向纪检监察和司法机关移送违法犯罪案件线索3件。

企业审计 组织对省、市、州及部分县（市、区）2012年至2014年地方储备粮管理情况进行审计。审计涉及省本级、17个市、州及16个县（市、区）的46家储备粮管理企业，审计的地方储备粮总规模24.65亿斤，占储备总规模的70.3%。向纪检监察及司法机关移送案件18起，对76名负责人进行问责追责。完成武汉城市圈城际铁路2014年度运营损益情况审计，审计核对城际铁路营业收入数和线路清算支出数及其他收入和成本费用情况；确认委托运输管理费中各类费用对应的定量和定额标准，提出加快研究建立城际铁路运营补亏机制，促进城铁公司强化内部管理，提高科学运营水平，研究委托运营管理模式等审计建议。

农业与资源环保审计 组织对25个县（市、区）2013年至2014年粮食直补、农资综合补贴和农作物良种补贴资金管理使用情况进行审计。通过审计摸清全省种粮补贴资金计划、拨付、管理和使用以及粮补贴资金实施的效益效果情况，查出一些乡镇村组、少数基层干部和农户弄虚作假骗取套取种粮补贴资金，截留挪用和抵扣补贴资金，种粮补贴资金结余较大，部分资金未发挥使用效益等问题。查出各类违纪违规问题金额8293.73万元。向纪检监察部门和检察机关移送违纪违规及违法犯罪案件线索31件。省纪委共对1156名相关责任人进行责任追究，向社会通报15起典型案件。《湖北日报》《楚天都市报》、腾讯网、大楚网等新闻媒体报道相关情况。完成19个县（市、区）2013年至2014年退耕还林专项资金拨付、管理使用及工程项目实施管理情况审计，审计资金总额22.39亿元。审计查出19个县（市）在退耕还林专项资金管理使用中存在的虚报套取骗取、挤占挪用、扩大范围及部分资金未充分发挥使用效益等违纪违规问题，涉及问题金额3.9亿元。向纪检监察部门移送案件线索16件（229起），处理相关责任人员单位和村176个，涉案人员140人。完成2011—2013年度三峡后续规划项目审计，审计涉及宜昌市直及猇亭区、夷陵区、秭归县、兴山县、枝江市和巴东县规划实施项目361个，概算投资113.63亿元，审计核定中央补助资金37.93亿元。审计金额55.03亿元。审计查出滞留滞拨财政补助资金、重复申报专项资金、招投标管理不规范、串标围标、转包和违法分包等各类违纪违规资金21.07亿元。审计情况引起省委、省政府领导高度重视，省委书记，省长、常务副省长等领导分别做出重要的批示，要求相关部门有针对性地督办，尽快解决问题 。

民生资金（项目）审计 组织对全省102个市县的2014年城镇保障性安居工程的投资、建设、分配、运营等情况，20个市（州）、区城镇职工基本医疗保险基金和城镇居民基本医疗保险基金，以及20个县（市、区）新型农村合作医疗基金进行审计。在城镇保障安居工程审计时，延伸审计调查525个项目，审计涉及金额151.25亿元，查出各类问题金额54.67亿元。针对审计查出的问题，省审计厅依法依规提出处理意见，并督促有关地方和部门及时整改。截至11月底，已整改50.25亿元，整改率91.93%。向纪检监察和司法机关移送经济案件线索18件，涉案人员13人。

城镇医疗保险基金审计中，涉及金额330.51亿元。揭露存在挪用医保基金、违规套取、骗取医保基金、超标准、超范围多支付医保基金、违规收费、少计医保基金存款利息及医保基金管理不规范等问题。查出各类违纪违规问题金额31.68亿元。向纪检监察和司法机关移送经济案件线索21件，涉案人员83人，涉案金额2628万元。在新型农村合作医疗基金审计时，发现存在挤占挪用、违规套取、骗取新农合及医保基金、多报、重复申报参保参合人数多获取上级财政补助以及政策执行及管理等方面的问题。共查出各类违纪违规问题金额1.9亿元。

行政事业审计 采取“上审下”和“交叉审”的方式，组织对29个县（市、区）2013年至2015年5月社会抚养费征收管理情况进行审计，延伸调查349个乡镇，1534个行政村。审计摸清29个县市社会抚养费底数，揭露少报瞒报政策外生育人数、违规下达征收指标及将经费安排与征收任务挂钩、社会抚养费征收到位率低、征收单位和人员自由裁量权较大、滞留欠缴和截留坐支、违规收费摊派及乡镇计生办资金财务管理混乱等问题。查出各类违纪违规金额7.69亿元。针对审计发现的问题，省审计厅依法依规提出处理意见，并分别向纪检和司法移送违法违纪案件线索53件，涉及21个县市109名相关责任人。

固定资产投资审计 完成麻竹西高速、十房高速、鹦鹉洲长江大桥正桥、武汉新港阳逻区工程、武汉城市圈环线高速公路仙桃段、湖北恩施至重庆黔江高速公路等10个重点建设投资审计项目（延伸审计涉及单位约50家），以及武汉临空港经济区主导区东西湖跨区域道路设施专项改革试验项目、湖北省疾病预防控制中心建设项目、湖北工业大学图书馆项目和省学前教育示范基地建设项目等6个政府投资审计项目。审计发现部分招投标管理不规范、违规分包工程、挤占挪用建设资金、截留侵占征地拆迁补偿资金、合同管理执行不到位、违规支付工程款等突出问题以监理履职不力等问题，涉及各类违纪违规问题金额40.37亿元。向纪检监察及司法机关移送经济案件线索32件，涉案人数49人，涉案金额0.39亿元。

信息化建设 完善大数据审计平台建设，搭建审计云平台，采用虚拟化技术和并行处理技术提升数据处理能力；完善审计结果分析系统的现有分析模型，新增比对和多维分析模型；部署10个市州及所属县市审计机关的权力运行风险电子监控系统；规划和启动金审工程三期项目建设；全省13个市州、37个县（市、区）建设财政联网审计系统。

在省直部门财政预算执行数字化审计中，探索集中分析、重点核查的一体化审计方式；在保障房、储备粮、医疗保险基金、农商行、扶贫资金、高校经济责任、新农合等专项资金审计中，采用大数据审计思维方式，利用第三方数据配比分析审计。

承担审计署《审计操作技巧》丛书中《数据趋势分析技巧》分册的编写工作；4篇技术创新

案例入选《湖北省审计技术创新发展报告》；12个课件入选“审计干部网络学院”并被评为优秀课件；向审计署提交《大数据技术在审计实务中的应用及发展方向研究》科研课题；《湖北省部门预算执行数字化审计模拟实验室子项目》建设项目正式结题。

开展全省审计机关部门预算执行、投资、企业、经济责任等4个行业的情景化培训和案例教学；举办计算机审计中级培训班3期，培训考试人数250人，通过101人。截至年底，全省共有415人获得审计署计算机审计中级证书。

内部审计 全省共有内部审计机构4168个，其中专职机构2171个；内部审计人员11120人，其中专职人员5319人。全省内部审计机构共完成各类审计项目34700个，促进增收节支42.18亿元，提出建议性意见被采纳41576条，建议行政处分577人，实际给予行政处分517人，向司法机关移送案件7起5人。 （撰稿人：吴建中）

【武汉市审计局】 2015年，武汉市审计局人员编制181人，实有163人。局长王清华，副局长易晓、刘东喜、陈华林、田书勤（—10月），总审计师蔡松（—3月），纪检组长王劲松，副巡视员杨晓洲（—8月）、肖文军（10月—）。设有办公室、综合处、法制处、财政审计处、金融审计处、行政事业审计处、经贸审计处、农业与资源环境审计处、社会保障审计处、固定资产投资审计处、重点建设项目审计处、外资运用审计处、经济责任审计处、计算机审计处、政治处、纪检监察室、机关党委，另设有派出发展计划及投资审计处、派出经贸审计处、派出科教卫审计处、派出开发区审计处、派出农林水审计处、派出经济执法审计处、派出综合审计处，还设政府投资项目审计中心，以及武汉市审计学会、武汉市内部审计师协会。

审计成果 武汉市审计机关完成审计项目524个，查出主要问题金额881.13亿元；审计处理处罚金额77.58亿元，其中应上缴财政14.35亿元、应减少财政拨款或补贴832万元、应归还原渠道资金8.51亿元、应调账处理金额54.63亿元。移送司法机关、纪检监察机关和有关部门处理事项88件。出具审计报告和专项审计调查报告527篇。提出审计建议1511条，提交审计信息1074篇，被批示、采用671篇。

武汉市审计局2015年第7次获得“湖北省文明单位”称号，获得湖北省审计系统量化考核第一名。

财政审计 对武汉市落实取消下放行政审批事项等21项稳增长、促改革、调结构、惠民生政策措施落实情况进行审计。推进一级预算单位审计全覆盖，开展公务支出、会议和培训、公务接待、公务用车配置和管理、因公出国（境）、楼堂馆所建设管理、机构编制管理情况等专题审计。关注镇街财政运行情况，促进区级政府加强管理，提高财政资金使用效益。

经济责任审计 完成武汉市市政集团、市教育局等部门单位30多名党政领导干部的经济责任审计，把重大经济事项和政策落实情况、编制情况、“权力清单”和“责任清单”落实情况等纳入审计范围。按照武汉市委关于干部选拔任用必须听取审计部门意见的要求，对203名干部根据审计情况提出回复意见，并对其中2名干部出具异议回复。

农业与资源环保审计 对武汉市7万亩设施蔬菜基地建设、淘汰黄标车和老旧车辆、亚洲开发银行贷款武汉城市环境改善等项目开展绩效审计。改善空气质量项目资金审计与以前年度实施的污水和城市垃圾处理审计成为系列，反映这一领域的总体情况，揭示存在的问题。

固定资产投资审计 探索以政府审计为主导，政府审计与内部审计、社会审计相结合的政府投资项目“三位一体”审计模式，促成市政府出台《关于推进政府投资项目审计全覆盖的通知》。组织开展全市BT（建设—移交）项目等工程跟踪及决算审计，以及东沙湖连通等42个“三位一体”项目跟踪审计。2015年政府投资项目审计金额首次过千亿元，通过审计节约建设资金5.6亿元，会同税务部门追缴税金2100万元。

民生资金（项目）审计 开展城镇保障性安居工程、改善空气质量、中小学教育收费、精准扶贫、残疾人就业保障金等审计项目，发现资金分配随意、评审不严格、重复申报、虚报造价、挤占挪用资金等方面的问题。

企业审计 首次组织开展市直国有资本经营

预算专项审计，从总体上掌握国有资本经营预算的规模、结构、投向和管理等基本情况，促进健全完善政府全口径预算体系。突出对企业改制、并购、国有产权处置转让、重大投资项目的审计，促进建立现代企业制度，转变发展方式，提高效益。

专项资金审计 对文化产业发展、地方储备粮、残疾人就业保障金等财政专项资金开展审计，指出并纠正财政专项资金在分配、管理、使用中存在的问题，促进财政资金充分发挥效益。

（撰稿人：安 昌）

【黄石市审计局】 2015 年，黄石市审计局人员编制 55 人，实有 50 人。局长周志祥（—5 月）、王雨银（5 月—），副局长吴有祥、夏明省、徐锦坤、翁世成、潘宪章（—7 月）、张才大（11 月—），总审计师毛鹏程，纪检组长李沈（—6 月）。设有办公室、政工科（机关党委办公室）、综合科、财政金融审计科、行政事业审计科、经贸审计科、农业与资源环保审计科、社会保障审计科、外资运用审计科、法制科（督办执行室）、信息化审计科、黄石市经济责任审计局，下设黄石市政府投资审计中心、黄石市经济技术开发区审计分局。

审计成果 黄石市审计机关完成审计项目 362 个，查出主要问题金额 86.87 亿元，其中违规金额 1.95 亿元、管理不规范金额 84.92 亿元；损益（收支）不实金额 7.9 亿元；审计处理处罚金额 6.88 亿元，其中应上缴财政 1.64 亿元、应减少财政拨款或补贴 0.19 亿元、应归还原渠道资金 4.97 亿元、应调账处理金额 0.02 亿元；审计发现非金额计量问题 333 个；审计促进整改落实有关问题金额 6.83 亿元，其中增收节支 6.8 亿元、已调账处理金额 0.02 亿元；审计促进拨付资金到位 0.15 亿元；审计后挽回（避免）损失 0.3 亿元。移送司法机关、纪检监察机关和有关部门处理事项 37 件。出具审计报告和专项审计调查报告 362 篇，被批示、采用 25 篇。提出审计建议 803 条，提交审计信息 619 篇，被批示、采用 522 篇。向社会公告审计结果 1 篇。

财政审计 围绕提高预算执行审计工作质量，重点审计市本级预算执行情况、财政管理情况、政府性债务情况、财政存量资金情况等，查出预算编制与部分支出不规范、税费收缴执法不严格、部分预算执行和财政管理不到位、政府性债务增速过快、财政存量资金清理不规范等方面问题，共查出各类违纪违规问题金额 20 亿元。组织实施对市建委、驻汉办、驻沪办、驻京办、市粮食局等 10 家单位部门预算执行审计，重点关注预算编制的科学性、完整性，资金分配的合理性、及时性，预算执行的规范性和效益性，有效促进部门预算资金的合理使用。

经济责任审计 对 27 个单位领导干部进行经济责任审计，查出各类违纪违规问题金额 40.02 亿元，其中领导干部应负直接责任金额 42.72 万元、负主管责任金额 0.25 亿元、负领导责任金额 39.78 亿元。对 66 名领导干部和相关责任人员进行追责问责，其中被判刑 1 人，移送检察机关 2 人，正在接受组织调查的 7 人，给予党纪政纪处分 14 人、停职检查 1 人、诫勉谈话 16 人、责令做出书面检查 25 人。

农业与资源环保审计 按照审计署和省审计厅的统一部署，开展武穴市 2013 年至 2014 年种粮补贴资金、红安县 2013 年至 2015 年 9 月退耕还林资金的审计。在武穴市种粮补贴资金审计中，查出虚报冒领套取补贴资金、滞拨补贴资金等多个方面问题，涉及金额 438.89 万元，向省纪委、省检察院移送案件线索 4 件，追责查处 44 人。

固定资产投资审计 完成政府投资审计项目 30 个，审计投资额 11.18 亿元，审减投资额 1.46 亿元，审减率 13.05%。审计纠正招投标管理不规范，部分项目未办理工程建设许可证，部分建设单位、工程监理等单位履职不到位、把关不严等问题。

民生资金（项目）审计 在对黄石市经济开发区、阳新县、黄石港区、下陆区、铁山区 2014 年度城乡最低生活保障资金的使用和管理情况审计中，发现被审计单位在执行国家低保政策和低保资金的筹集、管理、分配和使用等环节中存在着资金管理不规范、审核把关不严、资金使用效益不高以及挤占挪用等问题，引起市县政府及被审计单位高度重视。阳新县政府根据审计意见出台《阳新县最低生活保障实施细则》《阳新县农村低保按标施保实施方案》，阳新县民政局出台《阳新县农村低保家庭副业收入核算办法》等相关制度措施。

外资运用审计 完成武汉市亚洲开发银行贷款污水和雨水处理项目财务收支及项目执行情况的审计，发现该项目建设实施前期论证不充分、少数项目未经招投标、违反基本建设程序、财务核算不规范等问题，督促武汉市相关部门明确责任主体、严格履行工程建设基本程序，加强后续管理等整改措施，进一步理顺管理流程，保障水污染治理工作顺利进行。

企业审计 开展黄石市2012年至2014年地方储备粮管理审计项目，查出虚假轮换县级储备粮、骗取地方财政补贴、违规摊派等违纪违法问题。向纪检监察部门移送相关问题和线索，16名相关责任人受到免职、调离工作岗位、党内严重警告等不同程度党纪党规处理。

信息化建设 全面开展财政联网审计应用，重点对20家部门预算审计数据进行集中分析，摸清预算单位基本情况、项目指标结余等情况，为计算机审计分析奠定良好基础。按照省审计厅的要求，获取财政预算编审、指标执行、国库集中支付、非税收入四大系统的备份数据并进行数据恢复，全年共出具财政联网动态监测报告4篇。实现全部项目运用AO数据采集、审计分析、项目管理等功能，进一步提升审计信息化运用水平。

（撰稿人：陈　健）

【十堰市审计局】 2015年，十堰市审计局人员编制111人，实有108人。局长陈勇，副局长金华、祁国凯、陆高明、叶大余，总审计师李坚，纪检组长何仁权，经济责任审计局局长王祖秀，固定资产投资审计局局长李爱龙（3月—）。设有办公室、综合科、人事教育科、法规科、老干科、监察室、财政审计科、金融审计科、外资审计科、农业与资源环保审计科、行政事业审计科、经贸审计科，另设有派出综合审计办事处、文卫审计办事处、农林水审计办事处、经济执法审计办事处、政法审计办事处、科教审计办事处，下设经济责任审计局、固定资产投资审计局、社会保障审计局、白浪经济开发区分局、计算机中心、内部审计指导中心。

审计成果 十堰市审计机关完成审计项目380个，其中组织实施审计项目360个，参与实施审计项目20个。查出主要问题金额77.33亿元，其中违规金额20.58亿元、损失浪费金额1065万元、管理不规范金额6.74亿元；损益（收支）不实金额16.6亿元；审计处理处罚金额43.47亿元，其中应上缴财政6.45亿元、应减少财政拨款或补贴3.23亿元、应归还原渠道资金4.87亿元、应调账处理金额22.43亿元；审计发现非金额计量问题184个；审计促进整改落实有关问题金额40.27亿元，其中增收节支13.07亿元、已调账处理金额25.4亿元；审计促进拨付资金到位2676万元；审计后挽回（避免）损失4.07亿元。移送司法机关、纪检监察机关和有关部门处理事项96件。出具审计报告和专项审计调查报告380篇，被批示、采用68篇。提出审计建议996条，提交审计信息392篇，被批示、采用157篇。向社会公告审计结果121篇。

十堰市审计局实施的竹溪县党政主要领导经济责任审计项目，获得审计署2015年全国优秀审计项目。

财政审计 组织对市财政、发改、教育、国土等32个市直单位预算与执行情况、“三公”经费情况审计，查出专项资金管理不规范、违规设置账外账等问题。在市人大第四届人民代表大会常务委员会第33次会议上全票通过财政预算执行及其他财务收支审计工作报告。

固定资产投资审计 组织实施发展大道、工业新区B园二期等144个建设项目的跟踪、决算和征迁补偿审计，涉及投资78.82亿元，审减工程价款4.12亿元。

民生资金（项目）审计 组织完成全市保障性安居工程、扶贫资金、医保基金等涉及民生的资金项目审计。在保障性安居工程审计中，查出少数人员违规享受市保障房政策、资金专户利息未上缴国库等问题；在张湾区等4区扶贫资金审计中，查出虚报项目支出，骗取、套取扶贫资金，挤占挪用扶贫资金等问题。审计情况引起市委、市政府的主要领导高度重视，并分别做出重要的批示，市政府召开专题会议对相关问题进行督促整改。

农业与资源环保审计 完成世界银行农业贷款，钟祥市、京山县种粮补贴资金，谷城县、保康县退耕还林资金等项目的审计。在种粮补贴资金中，查出虚报冒领、骗取套取专项资金等问题，揭露少数领导干部徇私舞弊、利益输送等问题，移送案件线索7件。

经济责任审计 组织对市住建委、市职教集团等12个单位16名领导干部进行经济责任审计，参与宜都市、远安县地方党政主要领导的经济责任审计。向纪检监察机关移送违规违纪线索5件。

信息化建设 首次全面系统地采集大财政数据，对市直415个预算单位近3年财务数据和业务数据进行分析；探索应用“云计算”、数据挖掘、智能分析等新技术，有效提升审计效率，相关经验在全省交流。

内部审计 全市完成内部审计项目1431个，审计总金额58.34亿元。向纪检司法机关移送案件线索2件。提出审计建议并被采纳2771条。

（撰稿人：刘　俊）

【宜昌市审计局】 2015年，宜昌市审计局人员编制79人，实有75人。局长杜伟（—12月）、李鹏宇（12月—），副局长方正国、李德信、潘兴华、金勇，总审计师张宜平，纪检组长刘玉清，市经济责任审计局局长宋银教。设有办公室、人事科（机关党委与其合署办公）、综合审理科、纪检监察室、审计执行督查科、财政审计科、金融外资运用审计科、行政事业审计科、社会保障审计科、经贸审计科、农业与资源环保审计科、固定资产投资审计科（加挂市政府投资审计局），下设有宜昌市经济责任审计局。

审计成果 宜昌市审计机关共完成审计项目391个，查出主要问题金额168.41亿元，审计处理应上缴财政30.77亿元、应减少财政拨款或补贴3.53亿元、应归还原渠道资金32.82亿元。审计移送纪检监察及司法机关处理事项36件，提出审计建议1001条。

财政审计 组织对30个市直部门财政预算执行情况进行审计，延伸审计114个单位，查出问题金额30.69亿元，应上缴财政18.31亿元，已上缴财政16.6亿元。

固定资产投资审计 完成政府投资项目51个，审减投资额1292.41万元，审减率8.8%。对至喜长江大桥、市第一人民医院急诊综合大楼、快速公交系统（BRT）及东山大道改造等38个项目进行跟踪审计，项目概算金额328.10亿元。按照政府投资“全覆盖、全方位”的目标，将政府投资跟踪审计与竣工决算审计有机结合，深入分析深层次原因，充分发挥审计在促进规范管理方面的作用。

经济责任审计 对10名党政领导干部进行经济责任审计，查出违规违纪、管理不规范和损失浪费问题金额6.75亿元。配合市纪委开展2014年度市本级经济责任审计项目问责处理，共对45名相关责任人进行问责追责，给予党纪政纪处分13人、诫勉谈话等问责处理32人。制定出台《关于进一步深化经济责任审计工作的意见》，完善经济责任审计工作机制。

信息化建设 审计内网与市电子政务和上下级审计机关互联互通，建立审计数据资料存储管理中心，构建市级财政联网审计系统及数据传输通道和数据采集机制，初步搭建起数字化审计技术平台。全市审计机关运用AO（现场审计实施系统）和OA（审计管理系统）开展审计达到100%。全市审计机关有47人通过审计署计算机中级考试。

交办事项 按照省审计厅统一部署，完成利川市委书记、市长经济责任审计，公安县、松滋市种粮补贴专项资金审计，地方储备粮管理和财政专项资金使用情况审计等11个项目。向有关部门移送案件线索8件，涉案金额7.56亿元。

（撰稿人：李　云）

【襄阳市审计局】 2015年，襄阳市审计局人员编制114人，实有102人。局长尚显强，副局长孙全华、胡国志、汪家刚（—5月）、王洪波、余淑琴（8月—），总审计师潘武森。设有办公室、综合科、法规和执行科、审理科、信息化建设科、财政金融审计科、行政事业审计科、经贸审计科、农业和资源环保审计科、社会保障审计科、外资运用审计科、人事监察科，下设襄阳市经济责任审计局、襄阳市政府投资审计局。

审计成果 襄阳市审计机关完成审计项目625个，查出主要问题金额327.15亿元；审计处理处罚金额175.74亿元，其中应上缴财政16.22亿元、应减少财政拨款或补贴0.87亿元、应归还原渠道资金12.31亿元、应调账处理金额146.34亿元。移送司法机关、纪检监察机关和有关部门处理事项76件。出具审计报告和专项审计调查报告625篇。提出审计建议1013条，提交审计信息1268篇。向社会公告审计结果1篇。襄阳市审计局获得全国省级文明单位、全省档案工作目标管理省特级先进单位、全省审计系统计划统计工作先进单位等荣誉称号。

财政审计 在市本级财政预算执行审计中，查出预算变更调整较多、部门预算执行超幅过大、政府性基金预算执行差距较大等问题。对市直14个部门及其所属42个二、三级单位预算执行情况进行全覆盖审计，查出预算编制不完整、会计处理不恰当、会议费支出管理不规范、挤占挪用专项资金等问题。

固定资产投资审计 完成政府投资审计项目1410个，送审金额203.01亿元，审减各类工程造价、节约政府投投资额41.5亿元，审减率20.44%。

农业与资源环保审计 对洪湖市、监利县种粮补贴专项资金进行审计，查出虚报、冒领、抵扣种粮补贴资金等各类违法违纪问题2169万元。向纪检监察机关移送案件线索3件，党纪处分61人。对2012年至2014年地方储备粮管理及财政预算专项资金使用情况进行审计，查出违规经营储备粮1122.94万斤，涉及金额11274.68万元。通过审计为储备企业收回被占用资金96.1万元，促进企业出台内部管理制度17项，清退违规资金155.5万元。

民生资金（项目）审计 组织对广水市2013年至2015年5月社会抚养费征收管理情况进行审计，查出各类违规问题金额3.14亿元。向纪检监察机关移送案件线索7件。

经济责任审计 组织完成省审计厅安排的沙市区、江夏区委书记、区长，嘉鱼县委书记、县长的经济责任审计和市本级领导干部的经济责任审计项目15个。市本级问责36人次，其中市纪委问责26人次、市委组织部问责10人次。

信息化建设 采集60多个一级预算单位和200多个二级预算单位的400多套财务电子数据，以及全市所有预算单位近3年的国库集中支付数据、指标管理数据、非税收入等数据。配合省审计厅录制的审计干部网络视频培训课件《住房公积金联网审计实践》被审计署采用。完成财政、社保、住房公积金、医院、地税五大行业数据库建设，初步建立襄阳市审计数据分析中心。全市派出18人参加审计署中级培训，截至年底，市审计局有11人通过中级考试。（撰稿人：马　波）

【鄂州市审计局】 2015年，鄂州市审计局实有49人。局长肖运香，副局长李向平（—9月）、何贤江、李志鹏（9月—）、周锦文（9月—），总审计师柯金龙（—8月）、许志勤（8月—），纪检组长李志鹏（—8月）、范金双（8月—），经济责任审计局局长周锦文（兼），政府投资审计局局长黄永忠（8月—），调研员李向平（8月—）。设有办公室、监察室、综合信息科、法规科、财政金融审计科、行政事业审计科、农业与资源环保审计科、经贸审计科、社会保障审计科，另设有经济责任审计局、政府投资审计局和派出审计一科、二科、三科、四科。

审计成果 鄂州市审计机关共完成审计项目131个，查出主要问题金额26.3亿元，促进上缴财政2.49亿元、减少财政拨款或补贴0.7亿元、归还原渠道资金3亿元、调账处理34.55亿元，挽回和避免损失4.5亿元。报送的审计信息被批示、采用220余篇次。

鄂州市审计局获得全国文明单位、省级最佳文明单位、档案管理省特级先进单位和全市目标责任制考核先进单位、全市落实党风廉政建设责任制检查考核先进单位、全市实绩考核优秀领导班子、市直机关党建先进单位、全市社会管理综合治理优胜单位、全市党委信息工作突出单位、市级法治文化建设示范点等20余项荣誉。

财政审计 组织对17个市直部门预算执行、27个单位“三公”经费、会议费和市本级财政存量资金实施专项审计，提出的审计建议被采纳136条。通过审计，进一步促进提高部门预算编制的完整性和科学性，规范公务消费、津补贴发放、办公用房配置使用。在财政存量资金审计中，对总预算、非税收入、社保、农业等账户进行审计，摸清财政存量资金总数及其结构，注重定量分析与定性分析相结合揭示问题，帮助被审计单位健全存量资金长效管理机制，促进问题整改落实到位，激活闲置和沉淀的财政资金，切实提高财政资金使用效益。市第七届人民代表大会常务委员会第26次会议，审议通过《关于2014年度市本级财政预算执行和其他财政收支的审计工作报告》。

固定资产投资审计 完成政府投资审计项目404个，审计资金总额18.96亿元，为政府节省投资4.02亿元。其中审计预算项目208个，调整预算误差额0.8亿元；审计工程竣工结算项目170个，审减工程结算价款1.35亿元；审计征收补偿项目26个，核减补偿价款0.07亿元。在专项审计调查和在建市政工程跟踪审计中，核减工程进度款1.8亿元。

经济责任审计 完成25个单位党政主要负责人的经济责任审计，查出违纪违规和管理不规范问题金额2.7亿元。在对市交通运输局和市公路管理局主要领导干部的经济责任审计中，重点对近三年交通基本建设资金使用、拨付情况和农村公路"村村通"补助资金进行延伸审计，发现存在未严格按规定补贴现象。市纪委、市监察局运用审计结果，对2014年度21个被审计单位25名领导干部进行问责，立案3起，移送司法机关处理1人、纪律处分2人，责令做出书面检查21人、通报批评15人、诫勉谈话10人。

专项资金审计 参与省审计厅统一组织安排审计项目24个。审计报告及信息被上级审计机关用例5次。向相关部门移送案件线索8件。

（撰稿人：周红兵）

【荆门市审计局】 2015年，荆门市审计局人员编制62人，实有62人。局长陈芝凤，副局长刘海泉、张汉城、刘洪斌，总审计师周军，纪检组长吴玉金，工会主席吴波粼，调研员肖正兰、祝军。设有办公室、综合科、信息化建设科、法规审理科、财政审计科、行政事业审计科、社保审计科、金融外资审计科、经贸审计科、农业与资源环保审计科、人事科、监察室、内部审计指导科、机关总支，另设有经济责任审计局、政府投资审计分局、后勤服务中心。

审计成果 荆门市审计机关完成审计项目426个，查出主要问题金额58.44亿元；审计处理处罚金额9亿元，其中应上缴财政3.36亿元、应减少财政拨款或补贴1.2亿元、应归还原渠道资金1.06亿元、应调账处理金额3.37亿元。移送处理事项70件。出具审计报告和审计调查报告488篇。提出审计建议1100条。提交审计信息264篇。

荆门市审计局被中央文明委授予"全国文明单位"称号。

财政审计 组织对21个市直部门2014年度预算执行情况进行审计，延伸到113个二、三级预算单位。报送的《荆门市土地出让及收支管理需规范》审计专报，被市委、市政府主要领导批示，追缴欠缴土地出让金1.68亿元，处置闲置土地19宗798.89亩。

金融审计 组织开展鄂州农村商业银行2014年度资产负债损益审计，查出贷款审核不严形成呆死账、违规发放贷款、资产处置不规范等多个问题，移送案件线索2件。报送的《改制单位资产监管亟待加强》审计专报经市委书记批示后，相关部门召开专题会议，出台管理办法，为18家脱钩改制事业单位资产处置提供操作规范。

农业与资源环保审计 按照湖北省审计厅统一部署，完成秭归县退耕还林资金审计，查出虚报冒领、套取到户补贴资金，挪用森林植被恢复费等问题；完成仙桃、随县种粮补贴资金审计，查出虚报面积套取种粮补贴资金、超政策规定范围发放补贴等问题，移送案件线索3件，处理57人。

固定资产投资审计 完成政府投资项目审计67个，审减建设资金4527万元。对行政服务中心、西外环、第一医院南院、第二医院儿科大楼、省文化创作基地等18个重点项目进行跟踪审计，核减工程进度款9970万元，节约融资利息598万元。完成16个项目的征迁补偿资金审计，审减补助款3580万元。

民生资金（项目）审计 在武汉市医保资金交叉审计中，查出社区医疗机构内外勾结，虚报就诊、刷卡套现，骗取医保基金等20多个问题。向相关部门移送案件线索7件，受到省纪委、省监察厅、省纠风办的重视，列入"2015湖北媒体问政"内容，省人力资源和社会保障厅及武汉市就此开展专项整治活动。

外资运用审计 开展世界银行贷款汉江流域

水污染防治沙洋城市污水处理和垃圾处理项目跟踪审计，移送审计案件线索立案处理5人，编写《世界银行贷款沙洋垃圾处理建设项目四大突出问题应予以解决》审计专报。

专项资金审计 在全市地方储备粮管理及专项资金使用情况审计中，查出湖北宏发米业公司2012年至2014年以借款名义向社会人员非法集资案件，移送市打击和处置非法集资领导小组办公室处理；市民生粮食储备库2014年擅自改变411.7万公斤市级储备粮轮出交易方式的问题，移送荆门市粮食局处理，对有关责任人在系统给予通报批评处理。完成全市市直行政事业单位2012年至2014年国有资产出租、处置及税收征缴情况专项审计调查，涉及121个单位，揭示全市国有资产出租、处置、税收征缴中存在的10个方面问题。

经济责任审计 完成领导干部经济责任审计项目17个。出台1个意见、3个办法，对审计方式方法、审计对象分类、结果运用、审计整改等进行全面规范。组织实施的襄城区党政主要领导同步经济责任审计移送案件线索1件，原区长被"双规"。

信息化建设 探索大数据环境下的医保联网审计，完成审计数据分析应用层、审计数据分析应用支撑平台和数据支撑层3个分系统建设，建立业务系统用标准数据字典和社保工作人员常用数据字典。在全省统一组织的医保资金审计中，省审计厅推广运用荆门市审计局编写的《社保联网审计操作指南》和审计分析模型。

（撰稿人：贺婷婷）

【孝感市审计局】 2015年，孝感市审计局人员编制59人，实有58人。局长阳明军，副局长田卫民、梁和平、陈鸿杰、金正谋（—4月），总审计师褚艺红，纪检组长李保权，市政府投资审计局局长陈国庆，市经济责任审计局局长彭斌，调研员彭俊、钟淮山（—3月），副调研员候祖禄、杨爱国、黄慧芬（6月—）。设有党群工作（人事）科、综合科、法制科、财政审计科、金融外资审计科、行政事业审计科、经贸审计科、农业与资源环保审计科、监察室，下设有孝感市政府投资审计局。

审计成果 孝感市审计机关完成审计项目731个，其中组织实施审计项目718个，参与实施审计项目13个。查出主要问题金额130.11亿元，其中违规金额26.23亿元、损失浪费金额27万元、管理不规范金额103.88亿元；损益（收支）不实金额48.07亿元；审计处理处罚金额103.72亿元，其中应上缴财政6.63亿元、应减少财政拨款或补贴2.49亿元、应归还原渠道资金10.68亿元、应调账处理金额83.91亿元；审计发现非金额计量问题580个；审计促进整改落实有关问题金额84.82亿元，其中增收节支18.81亿元、已调账处理金额61.45亿元；审计促进拨付资金到位10.62亿元；审计后挽回（避免）损失8.23亿元。移送司法机关、纪检监察机关和有关部门处理事项50件。出具审计报告和专项审计调查报告718篇，被批示、采用1篇。提出审计建议2293条，提交审计信息1570篇，被批示、采用894篇。向社会公告审计结果38篇。

财政审计 完成2014年度市本级财政预算执行和其他财政收支情况以及10个市直部门预算执行审计。审计发现部分预算单位无预算或超预算拨款、预算执行进度偏低、政府性基金以及部门预算管理不完整等问题。

农业与资源环保审计 完成襄州区、南漳县的种粮补贴专项资金审计，审计发现种粮补贴专项资金在使用过程中存在使用和管理不规范以及套取项目资金不到位等问题。

固定资产投资审计 完成省审计厅下达和市政府安排的投资审计项目187个。审计投资总额38.43亿元，审减4.01亿元。

民生资金（项目）审计 完成省审计厅统一组织的2014年度市城镇保障性安居工程跟踪审计。通过审计督促2013年度审计发现问题的整改落实，促进中央城镇保障性安居工程部署要求的全面落实以及住房保障制度的完善。

经济责任审计 完成市水利局、市城乡建设委员会、市环保局等16个单位领导干部的经济责任审计，查出各类违纪违规问题金额6267万元，增收节支948万元。参与省审计厅统一组织的孝南区、五峰县、蔡甸区、十堰市、咸宁市党政领导干部经济责任审计项目。

专项资金审计 完成省审计厅统一组织的地

方储备粮管理及专项资金使用情况审计、随县社会抚养费征收管理情况审计、通山县退耕还林资金审计等审计项目。审计揭露和查处各种损害人民群众、企业单位利益的问题，针对审计发现问题，提出完善体系建设、促进资金安全、规范资金管理的意见和建议。（撰稿人：汪田务）

【荆州市审计局】 2015 年，荆州市审计局人员编制 85 人，实有 74 人。局长周昌俊（—9 月）、胡祥英（11 月—），副局长李俊平（— 11 月）、杨光忠、吴方俊、李翠峰，总审计师汤从华，纪检组长周祖兵，工会主席王诗银。设有办公室、人事科、综合科、法规科、监察室、机关党委、财政金融审计科、行政事业审计科、经贸审计科、农业与资源环保审计科、社会保障审计科、固定资产投资审计科、外资运用审计科、计算机审计科、派出一科、派出二科、派出三科、派出四科、派出五科，下设荆州市经济责任和政府投资审计局。

审计成果 荆州市审计机关完成审计项目 390 个（不含投资审计项目），查出主要问题金额 298.81 亿元，其中违规金额 29.35 亿元、损失浪费金额 230 万元、管理不规范金额 269.44 亿元；损益（收支）不实金额 23.38 亿元；审计处理处罚金额 8.82 亿元，其中应上缴财政 2.08 亿元、应减少财政拨款或补贴 595 万元、应归还原渠道资金 0.76 亿元、应调账处理金额 4.87 亿元；审计发现非金额计量问题 235 个；审计促进整改落实有关问题金额 3.57 亿元，其中增收节支 2.4 亿元、已调账处理金额 1.09 亿元；审计促进拨付资金到位 80 万元；审计后挽回（避免）损失 1.47 亿元。移送司法机关、纪检监察机关和有关部门处理事项 39 件。出具审计报告和专项审计调查报告 390 篇。提出审计建议 748 条，提交审计信息 277 篇，被批示、采用 283 篇次。

财政审计 组织对市财政、地税及 32 个部门及其所属二、三级单位 2014 年度预算执行情况进行审计。审计重点关注各单位公务用车经费、公务接待费、公务出国费、差旅费和会议费总体情况，并对其真实性、合法性进行审查，通过开展专项资金延伸审计，重点关注财政转移支付资金分配和政策落实情况。审计以“列问题清单”方式，集中反映和揭示财政资金运行中的薄弱环节和潜在风险，如实反映在审计工作报告中，获市人大常委会高票表决通过。在全市审计机关在 2015 年稳增长政策措施跟踪审计中，揭示政策执行中的违纪违法行为，争取各级党政部门、纪检监察部门的协调、配合，加大对审计发现问题的整改力度，推进政策落实。

民生资金（项目）审计 参与省审计厅统一组织的社会抚养费征收管理、医保基金、种粮补贴资金、退耕还林资金、地方储备粮专项审计，并对市、县两级保障性安居工程及配套基础设施的计划、投资、建设、分配、运营等情况进行跟踪审计。在对襄阳市医保基金审计时，查出挤占挪用医保基金 1.99 亿元，违规享受待遇 4.18 万元等问题；在对新洲区、黄陂区种粮补贴审计时，移送当地纪委案件线索 2 件，查处 6 人，审计追责查处 94 人。

固定资产投资审计 对 199 个政府投资建设项目进行结算或竣工决算审计，送审金额 19.5 亿元，审减投资建设资金 2.3 亿元，审减率达 11.8%。市直驻开发区外派审计组，围绕园区征地拆迁、政府投资项目建设等方面开展审计监督，为服务国家级经济技术开发区建设发挥重要作用。

经济责任审计 对 15 名领导干部进行经济责任审计。审计坚持紧密围绕领导干部权力运行轨迹和事业发展、科学决策、依法行政、经济管理、廉洁从政等五方面责任开展监督，重点关注国家宏观调控政策措施的执行和各级党委、政府促进经济社会发展有关措施的落实情况，审计揭示和反映部分党政领导干部落实主体责任不严等违纪违规问题。

信息化建设 推进财政联网审计，完成对地方财政总预算、国库指标、非税等重要数据以及部分市（县）直单位的数据采集、分析上报工作；财政预算执行审计数据库建设稳步推进；所有审计项目均实现运用计算机技术。4 篇部门预算执行审计计算机应用案例全部入选省审计厅审计模拟实验室。（撰稿人：龚倩芸）

【黄冈市审计局】 2015 年，黄冈市审计局人员编制 56 人，实有 48 人。局长叶俊甫，副局长吴长林、郭教育、张立平、缪丞（2 月—），总审计师雷友华（2月—），纪检组长舒迎进，经济责任审计局局长周少勤。设有财政审计科、金融审计科、行政事业审计科、社会保障审计科、固定资产投资审计科、农业与资源环保审计科、经贸审计科、外资审计科、办公室、政工科、综合法规科、监察室，下设市经济责任审计局。

审计成果 黄冈市审计机关完成审计项目482个，查出主要问题金额164.74亿元，其中违规金额40.05亿元、损失浪费金额611万元、管理不规范金额124.63亿元；损益（收支）不实金额9.39亿元；审计处理处罚金额43.12亿元，其中应上缴财政2.39亿元、应减少财政拨款或补贴2.13亿元、应归还原渠道资金30.73亿元、应调账处理金额7.57亿元；审计发现非金额计量问题367个；审计促进整改落实有关问题金额14.26亿元，其中增收节支11.8亿元、已调账处理金额2.02亿元；审计促进拨付资金到位3亿元；审计后挽回（避免）损失1.7亿元。移送司法机关、纪检监察机关和有关部门处理事项34件。出具审计报告和专项审计调查报告482篇，被批示、采用42篇。提出审计建议1238条，提交审计信息1244篇，被批示、采用856篇。向社会公告审计结果3篇。

财政审计 组织完成269个财税部门和行政事业单位的预算执行、财务收支情况的审计，延伸审计169个单位，全面关注“四本预算”执行、专项转移支付清理整合、存量资金盘活、“三公”经费及会议费等情况，查出违规、损失浪费及管理不规范问题金额150.3亿元。

固定资产投资审计 组织对465个政府投资项目进行审计，审计投资总额49.4亿元，核减投资额5.93亿元。其中，市审计局对市政府交办的城东新区、南湖工业园、黄州工业园、黄冈化工产业园等36个基建工程进行决算审计，审计投资额7.26亿元，审减0.14亿元。

专项资金审计 根据审计署和省审计厅统一安排，黄冈市审计机关参与实施对全市2014年度城镇保障性安居工程、黄冈市和蕲春县地方储备粮管理、宜城市和老河口市种粮补贴资金、襄阳市和枣阳市农商行资产负债损益、宜昌市医疗保险基金、潜江市社会抚养费、咸安区退耕还林资金等审计项目。

经济责任审计 组织对126名领导干部进行经济责任审计，查出违纪违规、损失浪费和管理不规范问题金额44.3亿元。参与省审计厅组织的咸安区党政主要领导经济责任审计。

政策措施贯彻落实跟踪审计 组织对全市稳增长等政策执行情况进行跟踪审计，实施或配合参与省审计厅对大冶、罗田、英山等县政策审计，查处专项政策未落实、简政放权不到位、超范围收费、重点建设项目推进滞后、项目后期管理不规范、资金使用绩效不高等问题。

制度建设 黄冈市政府出台《关于强化审计中发现问题及时整改的意见》，黄冈市委、市政府办公室联合印发《黄冈市领导干部经济责任问责工作实施细则》。黄冈市审计机关先后制定完善审计业务、人事、后勤、党建、廉政建设等方面规章制度85项。 （撰稿人：付后裕）

【咸宁市审计局】 2015年，咸宁市审计局人员编制67人，实有62人。局长陈礼高，副局长张旺宝、王三国、熊振兴、付冬，党组成员李德春，总审计师李真丽，经济责任审计局局长陈卫军，政府投资审计局局长潘和。设有办公室、人事科、综合科、法规科、纪检监察室、计算机中心、机关党委、老干部科、工会、财政审计科、金融外资审计科、行政事业审计科、社会保障审计科、经贸审计科、农业与资源环保审计科、固定资产投资审计科，下设经济责任审计局、政府投资审计局。

审计成果 咸宁市审计机关完成审计项目267个，查出主要问题金额19.55亿元，其中违规金额3.55亿元、损失浪费金额395万元、管理不规范金额15.96亿元；损益（收支）不实金额0.99亿元；审计处理处罚金额7.18亿元，其中应上缴财政0.33亿万元、应减少财政拨款或补贴710万元、应归还原渠道资金1.39亿元、应调账处理金额5.4亿元；审计发现非金额计量问题441个；审计促进整改落实有关问题金额6.93亿元，其中增收节支1.43亿元、已调账处理金额5.36亿元；审计促进拨付资金到位0.144亿元；审计后挽回（避免）损失0.51亿元。移送司法机关、纪检监察机关和有关部门处理事项48件。出具审计报告和专项审计调查报告267篇。提出审计建议482条，提交审计信息943篇。

财政审计 对市直138家一级预算单位预算数据采集和分析实现全覆盖，通过大数据分析，摸清预算收支的基本情况，掌握“三公”经费和会议费管理使用情况；重点组织对市财政局、地税局、高新技术产业园区管理委员会、国有资产监督管理委员会、公安温泉分局、国土资源局、行政服务中心、区域发展和经济协作局、发展改革委员会、农垦局等10个单位2014年度预算执行及其他财政财务收支情况进行审计。审计查出部分直部门预算执行中存在多编预算、支出管控不严格等9个方面的问题，被审计单位从源头上、体制上分析查找原因，建立规范内部管理和监督的长效机制。

固定资产投资审计 完成咸宁职教园土方平整工程、金桂路延伸工程、公安局等83个政府投资决算审计项目，累计送审金额13.94亿元，审定金额11.41亿元，审减金额2.53亿元。其中公安局项目共完成38个，送审金额8.5亿元，审定金额6.34亿元，审减金额2.18亿元。制定出台《咸宁市审计局政府投资项目跟踪审计操作规程》等4个制度，通过制度建设规范审计程序，科学指导政府投资审计，降低审计风险。

专项资金审计 完成稳增长、促改革、调结构、惠民生、防风险政策措施落实情况跟踪审计，社会抚养费专项审计，储备粮管理及专项资金使用情况审计，种粮补贴专项资金审计，医疗保险基金审计，市直行政效能审计和城镇保障性安居工程跟踪审计，农商行2014年度资产负债损益审计和退耕还林审计。在全市城镇保障性安居工程跟踪审计过程中，查出棚户区改造规划实施、保障性安居工程用地和建设以及管理方面的问题，提出审计建议。咸宁市审计局将稳增长、促改革、调结构、惠民生、防风险政策措施落实情况跟踪审计常态化，审计过程贯穿全年，每月确定一项政策内容进行专项跟踪审计，要求被审计单位开展自查自纠，切实抓好问题整改。

经济责任审计 组织对市农业局、咸宁日报、民政局、农办、机关事务管理局、档案局、文联、社科联、科协、残联、公积金中心、通山县九宫山镇党委书记及镇长等25个单位34名领导干部进行经济责任审计，其中市审计局自审项目14个，审计领导干部16人；授权各县（市区）审计项目11个，审计领导干部18人。共查出各类问题金额5494.18万元，其中违规金额2841.07万元、损失浪费金额32.16万元、管理不规范金额2620.95万元。

信息化建设 建立市本级财政预算执行审计数据库，并上载到省审计厅“财政云”平台，指导协助各县（市区）审计机关开展预算执行审计数据库建设。建设全市集中数据分析平台，汇集各县市区预算执行审计相关数据，集中部署县（市区）联网审计系统；初步建立预算执行差异分析、大额现金或转账、“四费”支出等分析模型。完成财政、税收、社保、公积金及政府投资审计五大行业数据更新工作。（撰稿人：金显威）

【随州市审计局】 2015年，随州市审计局人员编制37人，实有37人。局长王洪江（—12月）、黄安一（12月—），副局长廖朝宏、敖殷、梁随朝、齐新月，总审计师刘大江，政府投资审计局局长沈勇，经济责任审计局局长敖宏伟，副调研员黄旭洪、曾庆枝（1月—）、郭芸（1月—）。设有办公室、综合科、政工人事科、财政审计科、投资审计科、社会保障资金审计科、行政事业审计科、经贸审计科、农业资源环保审计科、金融外资审计科、法规科，下设市政府投资审计局、市经济责任审计局。

审计成果 随州市审计机关完成审计项目315个，其中组织实施审计项目288个，参与实施审计项目27个。查出主要问题金额43.96亿元，其中违规金额10.85亿元、损失浪费金额0.16亿元、管理不规范金额25.51亿元；损益（收支）不实金额2亿元；审计处理处罚金额19.05亿元，其中应上缴财政0.11亿元、应减少财政拨款或补贴1.12亿元、应归还原渠道资金6.03亿元、应调账处理金额6.79亿元；审计发现非金额计量问题61个；审计促进整改落实有关问题金额10.49亿元，其中增收节支2.84亿元、已调账处理金额6.19亿元；审计促进拨付资金到位4.99亿元；审计后挽回（避免）损失2亿元。移送司法机关、纪检监察机关和有关部门处理事项23件。出具审计报告和专项审计调查报告302篇，被批示、采用55篇。提出审计建议548条，提交审计信息611篇，被批示、采用306篇。向社会公告审计结果21篇。

财政审计 组织审计30个市直部门和相关单位，并延伸审计36个所属单位。审计发现少数单位存在预算执行不严格、违规收费摊派、挪用专项资金、内控机制执行不到位、财务管理不严谨等问题，涉及各类违规违纪问题金额0.73亿元。提出审计建议68条，被采纳42条。对市城市投资集团有限公司及市农业技术推广中心进行审计，审计发现城市投资集团有限公司分别向湖北新楚风汽车股份公司、高科电子公司等10余家企业进行长期股权投资4亿余元，一直未对长期股权投资进行核算，未获取相关收益等问题；市农业技术推广中心利用现代农业产业技术体系建设专项资金61.25万元投入自有植香菇、木耳、双孢蘑菇等项目，审计对此项目未见收入入账等相关问题进行移送处理。

固定资产投资审计 对各类市政工程、景区建设、基础设施建设等80余个政府投资项目进行审计。送审总造价6.4亿余元，审减1亿元，平均审减率近15.6%。审计对少数建设项目存在不按规定招投标、违规转包、超概算或其他变更控制不严格、损失浪费、财务管理不规范等问题进行揭露和专题报告。

经济责任审计 组织对13个单位15名领导干部进行经济责任审计，查出各类违纪违规资金1.23亿元，其中应负主要责任金额0.32亿元，应负领导责任金额0.91亿元。出具审计报告和结果审计报告共15篇。协助纪检、组织部门完善领导干部审计评价报告，装入干部档案，服务干部监督管理，在强化干部队伍管理，促进依法行政，加强领导干部廉政建设，促进经济发展和维护社会稳定等方面发挥积极作用。

专项资金审计 完成省审计厅安排的随州市保障性安居工程、稳促调惠防政策措施落实情况、鄂州医疗保险基金、天门市种粮补贴资金等11个相关民生资金审计项目。揭露部分保障性安居工程资金筹集管理和使用不规范、少数棚户区改造项目不真实等问题，涉及各类违规违纪问题金额4亿余元。向纪检监察机关移送案件线索9件，立案9起、涉案7人、追责14人。

（撰稿人：任德平）

【恩施土家族苗族自治州审计局】 2015年，恩施土家族苗族自治州（以下简称恩施州）审计局人员编制44人，实有人员35人。局长张安俊（—11月）、李伟（11月—），副局长徐青安、李东平、杨清利、魏长甲，纪检组长杨峻（—5月）、高升德（5月—），经济责任审计局局长魏长甲（兼），调研员程华（—5月）、何家祥（—3月），副调研员向东红。设有办公室、综合与法规科、行政事业审计科、社会保障审计科、农业与资源环保审计科、经贸审计科、财政金融审计科、固定资产投资与外资审计科、国家建设项目审计科、计算机信息与服务科，下设经济责任审计局。

审计成果 恩施州审计机关完成审计项目575个，查出主要问题金额106.13亿元，其中违规金额18.35亿元、损失浪费金额820万元、管理不规范金额87.71亿元；损益（收支）不实金额2.23亿元；审计处理处罚金额60.50亿元，其中应上缴财政14.34亿元、应减少财政拨款或补贴20万元、应归还原渠道资金34.57亿元、应调账处理金额8.98亿元；审计发现非金额计量问题753个；审计促进整改落实有关问题金额14.23亿元，其中增收节支11.8亿元、已调账处理金额0.35亿元；审计促进拨付资金到位1.18亿元；审计后挽回（避免）损失150万元。移送司法机关、纪检监察机关和有关部门处理事项52件。出具审计报告和专项审计调查报告575篇，被批示、采用30篇。提出审计建议397条，提交审计信息396篇，被批示、采用124篇。向社会公告审计结果36篇。

恩施州审计局被中央文明委授予“全国文明单位”称号。

财政审计 组织完成2014年度州本级预算执行和其他财政收支审计，稳增长、促改革、调结构、惠民生、防风险政策措施落实情况跟踪审计，城乡低保资金和城乡医疗救助资金管理审计等项目，共审计单位60个，通过财政联网审计系统，延伸审计单位117个。发现无预算或超预算拨款、虚增和虚减预算收支、政府采购管理不规范、“三公”经费管理不规范等问题金额，查出各类违纪违规问题金额83.27亿元。

企业审计 组织完成2012年至2014年地方储备粮管理及专项资金使用情况、恩施市昌亭实业发展有限公司资产负债损益和鹤峰县自来水公司资产负债损益情况的审计，查出各类违纪违规问题金额 1.53 亿元。

固定资产投资审计 完成政府投资审计项目 461 个，送审金额 205.17 亿元，核减投资额（工程款）5.01 亿元。实施恩施州民族体育馆、州电大等 64 个项目竣工决算审计，核减投资额 1.32 亿元，查出各类违纪违规问题金额 9 亿元。

行政事业审计 完成州公安局、司法局、规划局等 10 个单位所属协会（学会）2013 年至 2014 年财务收支情况的审计，延伸审计单位 11 个，共提交审计报告 10 篇，查出各类违纪违规金额 4945 万元。

专项资金审计 组织完成恩施州 8 个县（市）16 个单位道路交通工程建设项目管理情况专项审计调查，审计专项资金总额 11.13 亿元，查出主要问题金额 4.47 亿元，其中未按规定征收缴纳收入 2249 万元，违规改变项目计划和资金用途 100 万元，资金滞留闲置 1663 万元。

经济责任审计 对 60 名县处级和科级领导干部进行经济责任审计，完成 8 个县市城郊村主职干部经济责任审计试点工作。查出各类违纪违规问题金额 3.71 亿元，其中违规金额 0.8 亿元、管理不规范金额 2.91 亿元。向纪检监察和司法机关移送处理 4 人。

内部审计 全州有内部审计机构 216 个，内部审计人员 477 人。完成审计项目 2561 个，审计总金额 58.89 亿元，增收节支 0.61 亿元。提出的建议意见被采纳 1783 条。 （撰稿人：何美娜）

【仙桃市审计局】 2015 年，仙桃市审计局人员编制 44 人，实有 43 人。局长丁俊林，副局长彭国黎、张文杰、杨新华、杨成红、邓飞，总审计师邓飞（兼），工会主席李红艳。设有办公室、综合科、法规审理科、计算机中心、财政金融外资审计科、行政事业审计科、经贸和社会保障审计科、农业与资源环保审计科、经济责任审计科、固定资产投资审计科，下设经济责任审计局、投资审计中心。

审计成果 仙桃市审计局完成审计项目 31 个，其中组织实施审计项目 24 个，参与实施审计项目 7 个。查出违纪违规问题金额 21.77 亿元，其中违规金额 3.25 亿元、管理不规范金额 18.53 亿元；损益（收支）不实金额 280 万元；审计处理处罚金额 0.6 亿元，其中应上缴财政 28 万元、应减少财政拨款或补贴 0.4 亿元、应归还原渠道资金 0.19 亿元、应调账处理金额 4 万元；审计发现非计量问题 53 个；审计促进整改落实有关问题金额 0.6 亿元，其中增收节支 0.59 亿元、已调账处理金额 4 万元；审计后挽回（避免）损失 0.40 亿元。移送司法机关、纪检监察机关和有关部门处理事项 11 件。出具审计报告和专项审计调查报告 32 篇。提出审计建议 73 条，提交审计信息 15 篇，被批示、采用 29 篇。向社会公告审计结果 4 篇。仙桃市审计局被评为“2013—2014 年度省级文明单位”。

财政审计 加大对政府全口径预算决算的审计监督，关注预算编制的严谨性、预算收入的完整性、预算管理的规范性以及预算资金拨付的及时性等，促进建立覆盖财政收入、支出、管理、改革等全过程的预算执行监督管理机制。加大部门预算执行延伸审计的力度，关注“三公”经费、“小金库”“吃空饷”治理、票据管理、机构设置、编制使用等相关规定的执行和清理情况，力促降低行政成本和改进机关作风。通过审计，指出市级预算执行及税收征管不规范、政府性债务增幅较大、部分单位“三公”经费超预算等问题，查出在城镇保障性住房资金、地方储备粮资金、社会抚养费、医保基金等民生资金管理和使用中存在的违纪违规问题金额 0.39 亿元。市人大常委会对审计工作报告予以高度评价。

农业与资源环保审计 分别赴枣阳市和夷陵区开展种粮补贴资金和退耕还林资金审计，查出部分项目招投标管理不规范、私设“小金库”、套取退耕还林资金等方面的问题，指出土地出让中存在的违规返还或欠收出让金、土地闲置、违规改变土地用途、非法占地、退耕还林资金使用效益不高等情况。

固定资产投资审计 围绕市委、市政府“四城同创”“开发建设南城新区”等发展战略安排审计项目，对投资规模大、党委政府关注和群众关心的民生项目优先审计，对大项目、热点项目、民生项目全程跟踪。全年对 65 个政府投资项目开展审计，审计投资总金额 6.46 亿元，审减金额

1.9亿元。

专项资金审计 对仙桃市2014年度住房公积金缴存、使用、管理和效益情况以及小型农田水利重点县建设专项资金拨付、使用、管理和效益情况进行审计，查出缓缴公积金、违规提取公积金、违规发放公积金等违纪违规问题，核减小型农田水利建设项目工程款319.98万元。

经济责任审计 完成经济责任审计项目9个，查出违规收费、截留挪用、违规发放奖金补贴、违规支出等违纪违规问题金额2.15亿元。对领导干部个人进行诫勉谈话4人，提交书面检查5人。

信息化建设 部署专网专线专机接入，建立小型数据中心，数据总量达40G，为大数据审计奠定良好的基础。深入开展计算机辅助审计，并总结经验形成《虚假申请医后救助的计算机审计比对分析案例》《超标准支付医后救助金的计算机比对分析案例》等文章。参加审计署计算机中级考试2人，通过2人；截至年底，市审计局共有9人获得审计署计算机审计中级证书。

（撰稿人：吕　盛）

【潜江市审计局】 2015年，潜江市审计局人员编制77人，实有58人。局长（党组书记）陈庆忠，党组副书记张绪新（12月—），副局长周进、李先祥，工会主任雷春林，党委委员徐江红（5月—）。设有办公室、综合科、人事教育科、财政金融审计科、经济责任审计分局（行政事业审计科）、审计一分局（社会保障与外资审计科）、审计二分局（农业与资源环保审计科）、审计三分局（经贸审计科）、投资审计分局（固定资产投资审计科）。

审计成果 潜江市审计局全年完成审计项目141个，其中组织实施审计项目140个，参与实施审计项目1个。查出主要问题金额24.66亿元，其中违规金额0.69亿元、管理不规范金额23.98亿元；损益（收支）不实金额0.71亿元；审计处理处罚金额1.16亿元，其中应上缴财政147万元、应减少财政拨款或补贴45万元、应归还原渠道资金1.12亿元、应调账处理金额182万元；审计发现非金额计量问题11个；审计促进整改落实有关问题金额8781万元，其中增收节支0.69亿元、已调账处理金额64万元。移送司法机关、纪检监察机关和有关部门处理事项19件。出具审计报告和专项审计调查报告140篇，被批示、采用2篇。提出审计建议701条，提交审计信息285篇，被批示、采用87篇。向社会公告审计结果1篇。

潜江市审计局被中央精神文明建设指导委员会评为“全国文明单位”。应城市种粮补贴专项资金审计项目和恩施农村商业银行资产负债损益审计项目被湖北省审计厅评为第三名。

财政审计 组织对2014年市本级及18个部门预算执行情况审计。在市本级预算执行、国家重大政策落实和重点专项资金等方面，查出部分财政资金投入所产生的效益不高、少数专项资金分配不合理、部分部门单位财务管理不规范等问题，并从完善体制、机制方面提出加强预算管理的意见和建议。由市人大和市政府督办，通过调整账目、上缴财政、个人清退等方式整改到位资金1.01亿元，整改落实率达到89.1%。

固定资产投资审计 加强对政府投资和以政府投资为主的建设项目的预算执行情况和竣工决算审计，提高投资效益，推进廉政建设，逐步实现投资审计全覆盖。完成投资项目审计152个，送审金额17.7亿元，审减金额1.67亿元，审减率9.42%。

专项资金审计 完成潜江市地方储备粮及专项资金、城镇保障性安居工程、援疆资金及项目、恩施市农商行2014年度资产负债损益、汉川市社会抚养费、应城市种粮补贴专项资金、恩施市医疗保险基金、兴山县退耕还林资金等审计项目，通过审计，提出审计意见和建议，促进被审计单位进一步完善制度，规范管理，防范风险。

经济责任审计 组织对24个单位37名党政领导干部进行经济责任审计。针对被审计单位财政财务收支及资产管理方面存在的问题和薄弱环节提出整改意见和建议82条。向市纪委、乡镇纪委移送经济案件线索14件，问责处理11人，其中1人行政记过处分，党内警告4人，诫勉谈话4人，做出书面检查处理2人。

信息化建设 建立财政审计、地方税收征管审计、经济责任审计、社保审计、新型农村合作医疗审计、住房公积金审计、房地产审计等7个行业数据库，实现历年数据持续积累。运用查询分析、趋势分析、关联分析、数据挖掘等技术建立数据分析模型，开展数据式审计。完成湖北省权力运行风险电子监控系统的安装。

（撰稿人：汪海滨）

【天门市审计局】 2015 年，天门市审计局人员编制 41 人，实有 37 人。局长刘水平，副局长张昌宏、郑国宏、郭坤、陈爱红、段茂顺，总审计师方福祥。设有办公室、计算机审计中心、金融外资审计科、投资审计科、财政审计科、农业审计科、行政事业审计科、经贸审计科、社会保障审计科，下设天门市经济责任审计局、天门市投资审计中心。

审计成果 天门市审计局完成审计项目 62 个，其中组织实施审计项目 53 个，参与实施审计项目 9 个。查出主要问题金额 12.83 亿元，其中违规金额 0.57 亿元、损失浪费金额 28 万元、管理不规范资金 11.26 亿元；损益（收支）不实金额 2.95 亿元；审计处理处罚金额 1883 万元，其中应上缴财政 203 万元、应归还原渠道资金 1205 万元、应调账处理金额 438 万元；审计发现非金额计量问题 12 个；审计促进整改落实有关问题金额 1536 万元，其中增收节支 1335 万元、已调账处理金额 165 万元；审计促进拨付资金到位 176 万元；审计后挽回（避免）损失 8 万元。向纪检监察、司法机关和有关部门移送处理事项 7 件。出具审计报告和专项审计调查报告 53 篇，被批示、采用 15 篇。提出审计建议 88 条，提交审计信息 32 篇，被批示、采用 29 篇次。向社会公告审计结果 3 篇。

财政审计 组织对市国土资源管理局、市能源局、市城管局等 26 个单位 2014 年度预算执行或财政收支情况进行审计，查出主要问题金额 9.89 亿元，其中预算编报不真实不完整 0.71 亿元，违规变更调整预算 0.37 亿元，未按规定纳入预算管理 1.02 亿元，未按规定征收缴纳收入 0.82 亿元，违规改变项目计划和资金用途 0.15 亿元，乱收费乱摊派乱罚款 0.12 亿元，资金滞留闲置 0.48 亿元，违规使用发票 45 万元，虚列支出、扩大开支范围或提高开支标准出 2.66 亿元，扩大开支范围或提高开支标准列支 0.11 亿元，违规出借财政资金 1.73 亿元。

固定资产投资审计 对天门高新园建设项目、公路交通建设项目、保障性住房建设项目等 59 个政府投资项目竣工决算情况进行审计或跟踪审计，查处转移、挤占挪用建设资金，转包和违法分包工程以及工程质量低劣、损失浪费等重大违纪违法问题，审减建设资金 1 亿元。

经济责任审计 组织对 15 个部门 17 名党政领导干部任期履行经济责任情况进行审计，查出主要问题金额 2.99 亿元，其中违规金额 0.39 亿元、损失浪费金额 28 万元、管理不规范金额 2.59 亿元。出具审计结果报告 16 篇，提出审计建议被采纳 45 条。向市纪检监察部门移送案件线索 3 件，党内警告处分 5 人。10 月，市纪委、审计局组成 4 个督导检查组，对完成的 15 个经济责任审计项目所涉及的单位执行审计决定书以及落实审计建议、领导批示件等情况开展督导检查，通过督导检查，整改落实问题 77 个，占查出问题数量的 86.51%，整改资金 1.7 亿元，占查出资金总额的 66.40%。

信息化建设 筹建成立计算机审计中心，启动财政联网审计工作。加强联网审计人才的建设，通过派出脱产学习，6 人通过审计署计算机中级考试。全面实行无纸化办公，所有公文通过 OA（审计管理系统）完成，审计计划项目纳入 OA 管理，审计项目全部实行网上审理。完成对 53 个审计项目全部利用现场审计实施系统开展审计，其中采集到数据的项目 31 个，并进行数据分析。

内部审计 全市有内部审计机构 16 个，内部审计人员 48 人。完成审计项目 69 个，其中财务收支审计 25 个、经济责任审计 16 个、基本建设审计 28 个；审计总金额 8.27 亿元、增收节支 526 万元；提出意见建议被采纳 65 条。

（撰稿人：李　勇）

【神农架林区审计局】 2015 年，神农架林区审计局人员编制 29 人，实有 28 人。局长刘忠君，副局长刘运生、王栋梁，总审计师祝正罡。设有办公室、法规科、财政与金融审计科、经贸审计科、行政事业与外资运用审计科、农业与资源环保审计科、固定资产投资审计科，下设神农架林区经济责任审计局、神农架林区政府投资项目审计局、神农架林区直属审计分局、神农架林区计算机中心。

审计成果 神农架林区审计局完成审计项目231个，查出各类违规及管理不规范金额4.51亿元，审减工程投资0.68亿元。提交审计报告、审计调查报告及审计情况专报240篇。

财政审计 组织完成财政局、地方税务局、发改委、住建委、人力资源社会保障局等17个单位2014年度预算执行及财务收支情况审计，查出各类违纪违规问题金额4亿元。揭示存在的问题，对查出的问题依法做出严肃处理；综合分析问题存在的原因，提出审计意见和建议。

固定资产投资审计 完成大九湖镇环湖公路工程、林区城镇生活垃圾收运系统设施项目、神宜公路神农架段水毁修复工程、神农架林区气象局山洪工程业务平台配套设施建设项目雷达站道路工程等65个项目的工程决算审计，查出各类违纪违规和管理不规范金额3844万元。完成武神公路改扩建塔坪景观节点雕塑、松柏渔泉湾水厂改造、阳日镇2015年农村公路建设项目、机场公路景观台建设项目等130个工程项目的拦标价审计，核减投资额2983万元。

专项资金审计 完成稳增长、促改革、调结构、惠民生政策措施落实情况跟踪审计、2014年城镇保障性安居工程跟踪审计、2014年预算单位“三公”经费和会议费审计、2012年至2014年地方储备粮管理及财政专项资金等4个专项审计项目，共查出各类违纪违规资金397万元。

经济责任审计 对林区报社、农机局、机关事务局、水库移民办、人民医院等7个单位主要领导干部离任经济责任进行审计，查出各类违纪违规问题金额4593万元。

内部审计 内部审计协会共有会员单位35个，会员68人。制定出台《神农架林区指导监督内部审计工作暂行办法》。组织内部审计人员参加中国内部审计协会及省内部审计师协会组织的内部审计培训和继续教育培训43人。通过CIA考试1人。

（撰稿人：周晓庆）

2015年湖北省所辖区、县(市)级审计工作统计表

金额单位:万元

审计机关	完成审计项目(个)	审计查出主要问题金额	审计处理情况					出具审计报告和审计调查报告(篇)	提出审计建议(条)	提交审计信息(篇)
			审计处理处罚				移送处理事项(件)			
			应上缴财政	应减少财政拨款或补贴	应归还原渠道资金	应调账处理金额				
武汉市										
武汉市本级	98	4306000	39435	553	14116	114177	49	98	398	344
江岸区审计局	68	13558	8097		5	2948	2	68	205	193
江汉区审计局	22	535926	45134	60	55443	385988	1	22	67	91
硚口区审计局	24	80843	8812		14	30	7	24	78	16
汉阳区审计局	19	538196	22672			20	1	19	54	62
武昌区审计局	88	110530	258	12	15		6	88	65	11
青山区审计局	24	152681	3020	134	2	15	5	27	77	31
洪山区审计局	25	106837	3488		5940	1651		25	73	14
东西湖区审计局	21	605360	30		54	443	6	21	74	11
汉南区审计局	9	22017	100		5090	4952	1	9	28	9
蔡甸区审计局	32	116693	11717		1778	460	2	32	110	27
江夏区审计局	28	1222109	590		741	34122	4	28	100	192

续表

审计机关	完成审计项目（个）	审计查出主要问题金额	审计处理情况					出具审计报告和审计调查报告（篇）	提出审计建议（条）	提交审计信息（篇）
			审计处理处罚				移送处理事项（件）			
			应上缴财政	应减少财政拨款或补贴	应归还原渠道资金	应调账处理金额				
黄陂区审计局	30	679132	75	73	39	1330	2	30	92	59
新洲区审计局	36	321428	27		1902	200	2	36	90	14
黄石市										
黄石市本级	76	642599	16121		49000		14	76	202	325
下陆区审计局	86	4976	139	491	39	2	2	86	92	21
黄石港区审计局	13	13004	45			2	7	13	27	8
西塞山区审计局	94	33707	22	1178	28	181	6	94	285	50
铁山区审计局	7	16593	40	242	684	13	3	7	21	46
大冶市审计局	11	7427	15				3	11	20	73
阳新县审计局	75	18600	266		4160		2	75	156	96
十堰市										
十堰市本级	169	128282	37326	4149	1000	38605	56	169	307	27
茅箭区审计局	7	10973	2		222		1	7	3	4
张湾区审计局	18	1244	12		84	37	0	18	45	
郧阳区审计局	31	78642	2966	27162	3891	33007	10	31	236	102
丹江口市审计局	24	96648	34		133		10	23	80	120
郧西县审计局	33	120439	1391		3963	5754	2	33	109	11
竹山县审计局	35	265030	20216	698	2351	132709	11	35	104	39
竹溪县审计局	25	7153	39		782	27	1	25	36	6
房县审计局	35	54933	2498	311	36266	14122	5	35	68	82
武当山区审计局	3	9971	6					3	8	1
宜昌市										
宜昌市本级	48	366691	183100		1634	4912	4	48	160	49
西陵区审计局	11	5993			64	5928		11	28	
伍家岗区审计局	11	9763	634			9125		11	44	
点军区审计局	40	13195	349	1851		1477	1	40	81	45
猇亭区审计局	33	108373	29959	21310	4462	52615	5	33	54	16
夷陵区审计局	15	120055	40380		1745	70078	1	118	98	52
宜都市审计局	21	384358	42421	1219	256179	800		21	58	7
当阳市审计局	56	19806	88	1472	2991	17	1	56	147	96
枝江市审计局	14	115547	423	3821	9477	30962	3	158	49	108
远安县审计局	12	38985	89		8708	413		12	34	41
兴山县审计局	22	193411	797		2926	40976	2	22	45	9

续表

审计机关	完成审计项目（个）	审计查出主要问题金额	审计处理情况					出具审计报告和审计调查报告（篇）	提出审计建议（条）	提交审计信息（篇）
			审计处理处罚				移送处理事项（件）			
			应上缴财政	应减少财政拨款或补贴	应归还原渠道资金	应调账处理金额				
秭归县审计局	34	98266	975	516	50	5232	2	34	59	219
长阳土家族自治县审计局	20	5462	4348		504	107	16	95	72	110
五峰县土家族自治县审计局	54	204190	4117	5085	39476	94	1578	54	72	74
襄阳市										
襄阳市本级	43	1226604	3479		26846	601421	1	43	119	11
襄城区审计局	27	75519	11		29949		3	27	22	18
樊城区审计局	54	8814			154	1		54	48	57
襄州区审计局	145	401420	94608		24421	207358	20	145	272	24
老河口市审计局	49	13280	7		3293	8155	9	49	133	185
枣阳市审计局	12	219096	63307		27590	109108		12		2
宜城市审计局	71	766183	643	2	280	48	11	71	252	502
南漳县审计局	161	489821	50	8660	559	480189	25	161	87	389
谷城县审计局	34	339	17		266			34	12	62
保康县审计局	29	70407	80		9784	57142	7	29	68	18
鄂州市										
鄂州市本级	69	129919	24582	6968	2766	253081		69	154	60
鄂城区审计局	22	49730	59	1	275	49316	1	22	86	2
梁子湖区审计局	20	9643					1	20	72	5
华容区审计局	20	74146	229		26965	43142	2	20	66	14
荆门市										
荆门市本级	128	317030	30235	6558	2690	22526	14	128	363	84
东宝区审计局	67	20890	65		15	6138	18	67	89	35
掇刀区审计局	56	8324	2582	5555	125	60	5	56	24	5
钟祥市审计局	72	122825	519		682		13	77	167	14
京山县审计局	45	37470	125		454	4832	8	54	240	20
沙洋县审计局	58	70964	89		6580		6	58	185	88
屈家岭审计局	48	6934	15		12	112	6	48	32	18
孝感市										
孝感市本级	165	534364		18700	1561	450457	36	165	613	162
孝南区审计局	93	98430	2039	3915	2393	24493	4	93	311	366
应城市审计局	52	100574	29605	725	518	34825	2	52	191	65
安陆市审计局	139	230525	105		34503	172129	2	139	228	31

续表

审计机关	完成审计项目（个）	审计查出主要问题金额	审计处理情况					出具审计报告和审计调查报告（篇）	提出审计建议（条）	提交审计信息（篇）
			审计处理处罚				移送处理事项（件）			
			应上缴财政	应减少财政拨款或补贴	应归还原渠道资金	应调账处理金额				
汉川市审计局	26	155976	29644		54107	30850	1	26	96	482
孝昌县审计局	133	45041	131	1590	8971	28924	5	133	378	390
大悟县审计局	62	67301	4764		1904	35517		62	378	35
云梦县审计局	48	68914	27		2845	61921		48	98	39
荆州市										
荆州市本级	24	289877	7		44	268	5	24	90	5
沙市区审计局	14	34081			4520	1768	1	14		1
荆州区审计局	28	27943	27	551	395	5546	6	28	66	14
石首市审计局	38	356399	98	20	1225	36844	4	38	122	227
洪湖市审计局	70	59552	3362	24	6	2560	18	70	56	
松滋市审计局	42	761083	87		444		4	42	135	11
公安县审计局	111	1007210	53		9	601	6	111	100	7
监利县审计局	42	385566	258		32		28	42	123	6
江陵县审计局	21	66417	16949		948	1069		21	56	35
黄冈市										
黄冈市本级	44	300735	297	80	4211	4180	1	44	171	68
黄州区审计局	31	53527	17536		1194	1602	9	31	100	288
麻城市审计局	34	126570	372		218	2992	6	34	66	9
武穴市审计局	33	73799	36					33	79	309
团风县审计局	75	267681	179	359	104	370	3	75	45	11
红安县审计局	29	315363	255	3985	251213	52447	4	29	4	1
罗田县审计局	38	194622	41				4	38	38	38
英山县审计局	21	58636	1243		46923	8820	3	21	57	3
浠水县审计局	99	87777	130	16804	1130	4208	3	99	491	226
蕲春县审计局	20	70946	3664	98	2294	1083		20	143	283
黄梅县审计局	58	97780	161				1	18	44	8
咸宁市										
咸宁市本级	73	75728	536		1139	431	15	73	101	311
咸安区审计局	34	4569	43		2050	1029	5	34		310
赤壁市审计局	65	17880	83		3488	1923	11	65	207	18
嘉鱼县审计局	23	33436	1049	710	1272	332	4	23	33	9
通城县审计局	17	12938	1112		1490	10335		17		7
崇阳县审计局	15	43282	401		4379	38261	6	15	47	282

续表

审计机关	完成审计项目(个)	审计查出主要问题金额	审计处理情况					出具审计报告和审计调查报告(篇)	提出审计建议(条)	提交审计信息(篇)
			审计处理处罚				移送处理事项(件)			
			应上缴财政	应减少财政拨款或补贴	应归还原渠道资金	应调账处理金额				
通山县审计局	40	7683	26		98	1657	7	40	94	6
随州市										
随州市本级	110	80000	170	600	1600	4370	8	110	155	218
曾都区审计局	16	122362	149	5635	55803	58542		20	64	22
广水市审计局	111	120214	412		601	4062	5	111	82	44
随县审计局	78	117039	350	4952	2325	918	10	61	247	309
恩施土家族苗族自治州										
恩施土家族苗族自治州本级	82	160725	8024		2240	759	4	82	54	114
恩施市审计局	136	377349	104881		184531	434	11	136	86	19
利川市审计局	76	71383			2448	56091	6	76	12	54
建始县审计局	14	989	2382		405	3762	3	14	30	40
巴东县审计局	22	69482	4181	1	22237	26797	12	22	41	160
宣恩县审计局	90	83798	762		2858		9	90	36	11
咸丰县审计局	15	51384	1629		1107	370	1	15	52	104
来凤县审计局	62	194925	21455	19	129883	1575	5	62	65	62
鹤峰县审计局	78	51297	59		33	8	1	78	36	11

湖南省

【湖南省审计厅】 2015年，湖南省审计厅人员编制288人，实有267人。设有办公室、法规处、审理处、财政审计一处、财政审计二处、财政审计三处、社会保障审计处、金融审计处、行政事业审计一处、行政事业审计二处、行政事业审计三处、经贸审计一处、经贸审计二处、经贸审计三处、资源环保审计处、农业审计处、固定资产投资审计一处、固定资产投资审计二处、外资运用与境外审计处、经济责任审计一处、省经济责任审计工作领导小组办公室综合调研处、经济责任审计二处、经济责任审计三处、综合计划处、审计执行处、审计技术处、人事处、机关党委、离退休人员管理服务处、纪检组监察室，下设厅机关后勤服务中心、内部审计指导中心、国外贷援款项目审计服务中心、审计科研培训所。

领导成员

厅　　长：唐会忠

副 厅 长：胡章胜　张晓菊

　　　　　王小华　方再启　陈博彰

总审计师：陈庆林

纪检组长：张双春

经济责任办专职副主任：傅向明

巡 视 员：罗良葆（—1月）

副巡视员：潘苏中（11月—）

审计成果 湖南省审计机关共审计项目6152个，查出各类违规、损失浪费问题金额449.6亿元，审计处理上缴财政59.5亿元，审减和节省投资金额115.3亿元，追回被挤占挪用资金114.3

亿元。移送重大违纪违法问题线索375件，移送处理462人。其中，省审计厅移送案件线索73件，移送处理80人。向各级党委、政府报送的审计报告和重要审计信息被批示、采用3259篇次，促进被审计单位建立健全规章制度318项。

政策措施贯彻落实跟踪审计 全省审计机关紧扣项目落地、资金保障、简政放权、政策落实、风险防范“五个抓手”，持续组织对稳增长、促改革、调结构、惠民生、防风险政策措施落实情况实施跟踪审计。探索“统一组织、省市联动、区域覆盖、阶段实施”的新模式，每月确定重点，有序统一推进，分步滚动实施，实现对审计对象的全面覆盖，确保审计报告质量。5月，省审计厅上报的政策跟踪审计报告，得到副审计长袁野的高度肯定。为确保整改成效，省政府组织多个督查组，对政策跟踪审计指出问题的落实情况进行跟踪督查，促进各项政策措施落地生根。

财政审计 全省组织对2897个行政事业单位开展预算执行和财务收支审计。按照全面深化改革和新预算法的要求，审计高度关注政府全口径预算情况，将所有政府性资金纳入审计监督的视野，推动建立更加完整的财政管理体系；关注财政存量资金的问题，通过审计促进盘活存量资金；关注各部门单位“三公”经费专项治理情况，促进厉行节约，提高财政资金使用绩效。省本级重点对17个省直部门以及机构改革中已撤并的12个单位开展审计。审计工作报告于7月下旬向省人大常委会报告后依法向社会进行公告，《湖南日报》《潇湘晨报》、凤凰网、湖南卫视、湖南经视等10多家媒体进行重点报道。

经济责任审计 全省组织对1885名领导干部开展经济责任审计，其中省本级共组织实施35个经济责任审计项目，涉及省管领导干部56人。对9个县市区和10所高等院校共37名党政主要领导干部进行经济责任审计，采取大循环异地交叉方式，并首次一律实行同步审计，将高等院校党委决定重大经济事项的情况及实施效果，纳入审计监督范围。对审计查出的问题，准确划分和界定责任，促进落实问责制度，发挥经济责任审计规范用权和推动尽责的作用。

固定资产投资审计 全省审计机关坚持以“揭露问题、规范管理、提高绩效、维护安全”为目标，对3951个政府投资项目开展跟踪或竣工决算审计。对省政府投融资建设的50条高速公路实施跟踪审计，重点关注建设资金使用情况、项目管理和工程质量，坚持边审计、边整改、边规范、边提高的原则，及时发现和预防各种风险，促进项目顺利实施，提高投资管理效益；对支援新疆发展资金和项目实施跟踪审计，重点关注规划执行情况、援助资金的筹集管理和使用情况、项目建设管理情况、已完工项目的竣工决算情况以及跟踪审计结果的整改情况，促进援疆资金的规范高效使用。

民生资金（项目）审计 全省组织对122个县市区城镇保障性安居工程、15个县市水库移民后期扶持资金、26条已通车高速公路征地拆迁资金、30个县市社会抚养费、7个县市新型农村合作医疗资金、7个县市国土整治资金等重点民生项目和资金开展专项审计，重点关注专项资金的分配、管理和使用等情况，促进保障和改善民生。在城镇保障性安居工程跟踪审计，组织全省审计机关采取县区“交叉审”方式，对2014年城镇保障性安居工程的投资、建设、分配、运营等情况进行专项审计，重点关注棚户区改造安置、保障性住房分配和管理情况，向有关部门移送案件线索17件。大中型水库移民后期扶持资金审计，重点抽查全省15个移民大县移民后期扶持资金的使用情况，重点关注国家水库移民后期扶持政策的贯彻落实情况、移民资金管理和使用的情况以及移民项目的实施与管护情况等，向有关部门移送案件线索18件。省政府投融资建设的已通车26条高速公路征地拆迁资金审计，重点关注被征地农民的生产生活问题、高速公路节约集约利用土地资源的情况、征用土地闲置情况和各级指挥部领导干部兼职取酬的问题。社会抚养费审计，重点关注30个县市社会抚养费的征收管理情况，审计综合报告上报省政府后，省政府召集相关部门召开专题会议部署整改工作，省卫计委为此印发《关于加强社会抚养费收支审计问题整改的通知》。对湖南森林生态恢复和发展等9个国外贷援款项目开展公证审计，重点关注资产移交、后续管理和效益发挥等情况，促进外资利用整体水平的提高。对部分省直监狱及劳改企业开展财政财务收支审计，重点关注国家劳动改造政策落实、罪犯合法权益保障和监狱系统财政预算体制运行情况，促进全省监狱系统财政财务收支的规范运行。

相关工作 全省各级审计机关按照中央和省委部署，扎实开展“三严三实”专题教育；各级党组坚决落实党风廉政建设主体责任，严肃各项纪律，加强管理，健全制度。实施网络培训、送教上门、重点培训3种培训方式，积极探索“区域性定制式”培训方法，特别是“送教上门”的培训方式，节约培训成本，增强培训的针对性，受到市县审计机关的普遍欢迎。全省以计算机审计、投资审计培训为重点，受训人员达1800多人次，提升审计干部的业务水平。坚持狠抓文明创建工作，实施上下联动，以厅机关带动系统，省厅连续3年保持全国文明单位称号，通过全国文明单位的复核验收；全省118个审计机关被评为县级以上文明单位，占审计机关总数的84%，其中省级以上文明单位33个。（撰稿人：张景珣）

【长沙市审计局】 2015年，长沙市审计局人员编制117人，实有106人。局长陈芳辉（—11月）、李伟群（11月—），副局长段安娜、邓国浩（—4月）、黄永健、彭保刚、曹旨，总审计师关士麟，纪检组长赵志强（—4月）、陈再旭（4月—），工会主席钟宏杰。设有办公室、法规处、审理处、审计执行处、财政审计处、金融与社会保障审计处、行政事业审计处、国有资产审计局、农业与资源环保审计处、外资运用审计处、经济责任审计局、内部审计指导处、审计技术处、人事处、机关党委、监察室、政府投资审计专业局。

审计成果 长沙市审计机关完成审计项目3492个（含政府投资审计项目），查出违规金额39.24亿元，促进增收节支26.91亿元（含已上缴财政金额5.27亿元），核减投资额43.93亿元。移送有关部门处理事项48件。审计要情、报告、信息被省级以上媒体采用100余篇，被市级以上领导批示30多篇次。提出审计建议500余条，推动被审计单位出台规章制度69项，其中以市委、市政府名义出台7项。向社会公告审计结果10篇。长沙市审计局获得全省市州审计机关工作目标管理考核一等奖，并被授予“全国文明单位”荣誉称号。

政策措施贯彻落实跟踪审计 组织对4个区县和2个市直单位稳增长等政策措施落实情况、9个区县（市）城镇保障性安居工程进行跟踪审计；对社会抚养费、市委直接布点的17个建设扶贫村、第二轮“环保三年行动计划”项目实施情况、成品油价格补贴资金等开展专项审计，推动资金落实、项目实施、政策落地。

财政审计 长沙市审计局组织对市本级和9个区县（市）政府性债务进行审计，基本摸清全市政府性债务的规模及变化情况。对市本级及市交通局等5个部门的预算执行情况开展审计，重点关注财政资金存量规模、增量变化及使用效益，部门预算、专项资金整合、转移支付、绩效评价、预算公开等方面存在的新情况和新问题。

固定资产投资审计 全市完成政府投资审计项目3142个，核减投资额43.93亿元。其中，长沙市审计局完成政府投资审计项目885个，核减金额36.20亿元，综合核减率19.69%；对万家丽路快速化改造等18个重点项目进行跟踪审计；对地铁3、4、5号线等近200个重大项目招标控制价进行审计，前移审计监督关口。

经济责任审计 长沙市审计机关对58名领导干部进行审计，提交审计报告和审计结果报告80篇，查出违规金额9380万元，促进规范权力运行。长沙市审计局对68个单位131名领导干部开展离任经济事项交接，部分区县试行领导干部经济责任任前告知制度。探索审计项目课题化，完成多个经济责任审计模块，向审计署报送《法院院长经济责任审计》等3个课题。

相关工作 建立审计立项征询机制，启动“审计项目五年轮审规划”。建立审计对象信息库，完善财政联网审计功能，将联网审计拓展至住房公积金、物业维修资金等领域。出台《审计人员质量控制责任与执法过错责任追究办法》等业务制度，推动市政府出台《长沙市内部审计工作规定》。开展审计项目讲评、质量检查和优秀审计项目评比，强化审计质量全过程控制。长沙市审计机关征集上报省审计厅计算机审计成果56项，获得优秀奖16项、应用奖24项、鼓励奖16项；长沙国家生物产业基地开发运营及资金管理情况专项审计调查等3个审计项目，被省审计厅评为优秀审计项目。（撰稿人：肖　汉　夏海军）

【株洲市审计局】 2015年，株洲市审计局人员编制83人，实有64人。局长（党组书记）周南洋（—5月）、刘方（5月—），副局长唐哲文（10月—）、傅依全（—9月）、邓海林、戴勇、王小琴、颜梦香，总审计师龚军军，纪检组长王翔，市领导干部任期经济责任审计领导小组办公室副主任刘运华，株洲市国家投资审计处处长李荣贵，副调研员沈大毛。设有办公室、人事教育科、审计技术科、内部审计管理科、法制审理科、财政审计科、金融与社会保障审计科、行政事业审计科、固定资产投资审计科、外资运用审计科、农业与环保审计科、经贸审计科、经济责任审计一科、经济责任审计二科、政府平台公司审计科，下设株洲市国家投资审计处，按规定设立机关党委、纪检监察室。

审计成果 株洲市审计机关完成审计项目280个，查出主要问题金额227.98亿元，其中违规金额11.64亿元、损失浪费金额718万元、管理不规范金额216.27亿元；损益（收支）不实金额1.64亿元；审计处理处罚金额53.98亿元，其中应上缴财政12亿元、应减少财政拨款或补贴908万元、应归还原渠道资金17.73亿元、应调账处理金额24.15亿元；审计发现非金额计量问题294个。移送司法机关、纪检监察机关和有关部门处理事项33件。出具审计报告和专项审计调查报告305篇，被批示、采用4篇。提出审计建议563条，提交审计信息176篇，被批示、采用37篇。向社会公告审计结果12篇。株洲市审计局获得全省文明单位、全省依法行政工作先进集体等多项荣誉称号。

政策措施贯彻落实跟踪审计 株洲市审计局把稳增长等政策措施贯彻落实情况跟踪审计作为审计工作的首要任务，构建起“落实上级部署审计、开展专项审计、结合其他项目审计、定期汇总专报”的政策审计新格局，开展株洲县、茶陵县、炎陵县、高新区和攸县的稳增长等政策措施贯彻落实情况跟踪审计，就审计发现的问题及建议定期向市委、市政府提交专报。组织开展全市中小企业融资情况专项审计调查，促进金融机构落实对中小企业相关融资政策。在部门预算执行审计、经济责任审计工作中，将稳增长等政策落实情况作为重要审计内容，推动市人民政府印发《关于全面开展稳增长等政策措施落实情况审计监督的通知》，强化政策落实审计工作。在全省稳增长等政策措施贯彻落实情况跟踪审计工作会议上，市审计局作为14个地州市审计局的代表做典型发言。

专项审计调查 推进建设项目行政审批改革，开展全市建设项目行政审批改革和中介机构清理规范专项审计调查，审计调查涉及发改、住建、水务、环保等14家单位的审批事项和中介服务，发现建设领域行政审批过程中存在的弊端和问题，提出修法修规、精简审批项目和依赖审批的中介服务、加强事中事后监管和规划中介机构管理的审计建议，促进全市建设领域行政审批改革和中介机构清理规范工作，行政审批时限由原来平均一个项目300余天下降至70余天。组织对全市城镇保障性安居工程、社会抚养费、“三公”经费、城市污水处理费等专项资金开展审计及审计调查。

金融审计 开展市交发集团试点审计，对其资产情况及分类的认定、负债情况及分类计算、公司经营管理运行情况、政府授予的土地及资源的开发情况、承担政府项目的建设全过程情况进行全面梳理，研究提出6个对平台公司的评价指标。全面铺开对市城发集团、市湘江建设集团等公司的审计。

财政审计 改革完善财政同级审计的组织方式，对全市64个单位开展预算执行及财务收支审计；组织对全市城镇保障性安居工程、社会抚养费、“三公”经费、城市污水处理费等专项资金开展审计及审计调查。株洲市人大常委会高度评价《2014年度市本级预算执行和其他财政财务收支情况审计工作报告》和审计整改工作报告，审计发现的问题得到市委、市政府领导高度重视，召开市政府常务会议，专题部署财政同级审的整改落实工作。

经济责任审计 全市审计机关审计领导干部102人，查出领导干部负直接责任的问题金额0.33亿元，负主管责任的问题金额1.6亿元，向纪检监察、司法机关等部门移送案件线索14件。市审计局探索对经济责任审计实行规范化、模块化、标准化管理，研究制定领导干部经济责任审计操作细则，将领导干部履行职责涉及的单位财政财务收支、资产负债、机构编制、稳增长等政策措施落实情况等10个方面纳入审计范畴，确保经济责任审计的标准、口径相统一。株洲市审计局对11个行政事业单位领导干部实施离任经济事项的交接审计。

固定资产投资审计 全面实现建设项目审计监督的转型，从重工程结算审计向对项目建设的决策审批、概预算审批、招投标、工程变更和工程决算、运营效益进行全过程的审计监督转变，全市审减和节约投资2.38亿元。市政府常务会议专题听取政策投资项目审计发现问题有关情况汇报，研究布置审计整改工作，对严重超概算和违规不审批预算、不按规定招投标等问题，移送纪检监察部门进行追责。 （撰稿人：冯　立）

【湘潭市审计局】 2015年，湘潭市审计局人员编制73人，实有67人。局长张伯文，副局长何爱莲、刘凤舞、罗百慧，总审计师康海湘，纪检组长周云。设有办公室、综合计划科、法制审理科、人事科、机关党委、监察室、财金审计一科、财金审计二科、经济责任审计科、行政事业审计科、经贸审计科、农业与资源环保审计科、社保审计科、审计执行科、计算机技术管理科和内部审计管理科，下设湘潭市国家建设项目审计监督中心。

审计成果 湘潭市审计机关完成审计项目379个，其中组织实施审计项目375个，参与实施审计项目4个。查出主要问题金额873972万元，其中违规金额169192万元、损失浪费金额81万元、管理不规范金额704698万元；损益（收支）不实金额95376万元；审计处理处罚金额259756万元，其中应上缴财政5674万元、应减少财政拨款或补贴610万元、应归还原渠道资金1956万元、应调账处理金额251154万元；审计发现非金额计量问题206个；审计促进整改落实有关问题资金120459万元，其中增收节支1730万元、已调账处理金额118549万元；审计促进拨付资金到位261万元；审计后挽回（避免）损失62021万元。移送司法机关、纪检监察机关和有关部门处理事项27件。出具审计报告和专项审计调查报告491篇，被批示、采用21篇。提出审计建议431条，提交审计信息241篇，被批示、采用205篇。向社会公告审计结果7篇。

政策措施贯彻落实跟踪审计 以政策贯彻执行和实施效果为工作主线，分季度对韶山市、湘乡市、湘潭县、雨湖区和经开区开展政策跟踪审计，及时发现和纠正有令不行、有禁不止等不良行为，督促有关部门和县市区认真进行整改，推动国家和省市重大政策措施落到实处。

财政审计 全年完成财政审计项目123个，查出预算编制不完整不细化、超预算安排支出、往来款长期挂账等问题。“两个报告”成果得到各级人大、政府充分肯定，各级政府召开专门会议对“同级审”问题进行限期整改，各项整改任务基本落实。

经济责任审计 全市审计党政领导干部和企事业单位领导人员116人，其中县处级13人、乡科级101人、国有企业领导2人，查出违规问题金额37521万元，其中负直接责任金额18万元、负主管责任金额15971万元、负领导责任金额21531万元。

固定资产投资审计 全年完成固定资产投资审计项目217个，送审项目投资金额278750万元，核减投资额62018万元，核减率22.25%。

专项资金审计 组织开展对保障性安居工程、住房公积金、农机补贴资金、成品油价格改革财政补贴资金等系列专项资金和民生项目的审计和审计调查，审计专项资金19.99亿元，查出主要问题金额5.74亿元。 （撰稿人：王海文）

【衡阳市审计局】 2015年，衡阳市审计局人员编制90人，实有88人。局长李艳丽，副局长李鹏飞、廖义伟、邱文，总审计师李焕勇，纪检组长许常礼，工会主席周紫娟，领导干部经济责任审计中心主任段小军，固定资产投资审计中心主任彭云生。设有办公室、人事教育科、老干科、法规科、财政金融审计科、行政事业审计科、经贸审计科、农业与国土资源环保审计科、外资审计科、内部审计管理科、计算机审计管理科、行政科、监察室、经济责任审计中心、固定资产投资审计中心。

审计成果 衡阳市审计局完成审计项目129个，查出主要问题金额1017035万元，审计处理处罚金额220481万元。移送司法机关、纪检监察机关和有关部门处理事项42件。出具审计报告和专项审计调查报告 129 篇，被批示、采用 25 篇。提出审计建议 177 条，提交审计信息 134 篇，被批示、采用 87 篇。向社会公告审计结果 3 篇。

政策措施贯彻落实跟踪审计 对耒阳市、衡阳县、衡东县、衡南县进行政策措施贯彻落实跟踪审计，查处公职人员经商办企业、骗取财政补助贴息、利用职务之便谋利等典型案例，3 人受到党纪政纪处分，26 人被诫勉谈话。

财政审计 对 11 个部门和教育费附加、农业发展、服务业发展 3 个专项资金进行审计，促进财政收入入库 6 亿多元，盘活财政存量资金 5.48 亿元，移送案件线索 4 件，审计报告和审计整改报告受到人大常委会的充分肯定，并在市政府门户网进行公告。

经济责任审计 对 11 名党政领导干部实施经济责任审计，对 9 名经济事项单一、资金量较少的机构单位的党政领导干部实施离任领导经济事项交接。组织部门充分运用审计结果，被审计对象继任 5 人、交流 13 人、改非 2 人。

固定资产投资审计 完成工程结算审计项目 54 个，在财政评审的基础上，核减工程造价 4424.72 万元，有效防止高估冒算、以次充好等问题。对 8 个重点建设项目进行征地拆迁安置资金跟踪审计，追回挤占、挪用征拆安置资金 4014 万元，收缴违规发放补助资金 125 万元。

民生资金（项目）审计 对保障性安居工程、社会抚养费等民生资金进行审计。在社会抚养费审计中，查出公款私存、挪用公款、违规骗取低保等问题，多人受到处理，其中诫勉谈话 1 人、警告处分 2 人、严重警告处分 1 人、党内警告处分且免职 1 人。

（撰稿人：邹东亮）

【邵阳市审计局】 2015 年，邵阳市审计局人员编制 90 人，实有 88 人。局长申建伟，副局长阳海贵、李伯升、刘喆、袁连文、宇向东，总审计师朱良华，纪检组长阳海贵（兼）。设有办公室、财政审计科、金融外资与社会保障审计科、行政事业审计科、农业和资源环保审计科、经贸审计科、固定资产投资审计一科、固定资产投资审计二科、政工科、法制审理科、计划执行科、纪检监察室，下设邵阳市领导干部经济责任审计处、内部审计管理办公室、邵阳市基本建设投资审计中心。

审计成果 邵阳市审计机关完成审计项目 471 个，查出主要问题金额 1193219 万元，其中违规金额 276487 万元、损失浪费金额 423 万元、管理不规范金额 916309 万元；损益（收支）不实金额 71798 万元；审计处理处罚金额 970999 万元，其中应上缴财政 45335 万元、应减少财政拨款或补贴 50555 万元、应归还原渠道资金 538669 万元、应调账处理金额 331168 万元；审计发现非金额计量问题 569 个；审计促进整改落实有关问题资金 427669 万元，其中增收节支 315009 万元、已调账处理金额 107524 万元；审计后挽回（避免）损失 16957 万元。移送司法机关、纪检监察机关和有关部门处理事项 25 件。出具审计报告和专项审计调查报告 689 篇，被批示、采用 1 篇。提出审计建议 1060 条，提交审计信息 1061 篇，被批示、采用 611 篇。向社会公告审计结果 61 篇。

财政审计 完成预算执行、财政决算审计 211 个，查出主要问题金额 1041700 万元，其中违规变更调整预算 43967 万元、未按规定纳入预算管理 24162 万元、未按规定征收缴纳收入 137584 万元、违规改变项目计划和资金用途 21325 万元、资金滞留闲置 95510 万元、决算草案不真实不完整 15328 万元。

行政事业审计 完成对 167 个单位的审计和审计调查，查出主要问题金额 67537 万元，其中违规改变项目计划和资金用途 4024 万元、乱收费乱摊派乱罚款 4649 万元、扩大开支范围或提高开支标准列支 6838 万元。

固定资产投资审计 完成 35 个国家建设项目工程造价审计，核减投资额 37938 万元，查出主要问题金额 19785 万元，其中违规改变项目计划和资金用途 306 万元、多计工程结算款 17716 万元。

民生资金（项目）审计 完成 1 个单位的审计和审计调查，查出主要问题金额 288 万元。

企业审计 完成对 17 个单位的审计和审计调查，查出主要问题金额 362 万元，其中虚报或隐瞒转移收入 78 万元。

经济责任审计 完成对 152 个单位的 177 名领导干部的经济责任审计，查出主要问题金额

113023万元，其中违规金额19637万元、管理不规范金额93386万元。

专项资金审计 完成对40个单位的审计和审计调查，查出主要问题金额63237万元，其中资金滞留闲置12274万元。（撰稿人：王佑梅）

【岳阳市审计局】 2015年，岳阳市审计局人员编制82人，实有82人。局长谌亚忠，副局长邓春初、杨如松、李星吾、陈超、丁湘平，总审计师干忠叶，纪检组长曾建国，党组成员万春霞。设有办公室、法规和审理科、人事科、综合计划科、审计技术科、内审指导科、监察室、机关党委、机关工会、财政金融审计科、经贸外资审计科、行政事业与社会保障审计一科、行政事业与社会保障审计二科、农业与资源环保审计科、经济责任审计科，下设开发区审计分局、直属分局、市政府投资审计专业局。

审计成果 岳阳市审计局完成审计项目67个，查出违规金额27亿元、损失浪费金额50万元、管理不规范金额283亿元；审计促进整改落实有关问题资金16亿元，其中增收节支10.70亿元、调账处理5.6亿元；促进拨付资金到位0.22亿元；审计后挽回（避免）损失0.1亿元。移送案件线索21件。出具审计和专项审计调查报告79篇，被批示、采用1篇。提交审计信息67篇，被批示、采用6篇。提出审计建议304条。

财政审计 完成审计项目26个，覆盖部门单位70个，以财政资金征管用、“三公”经费、项目投融资、城市配套费和中职助学金等五大内容为重点，揭示在预算执行、资金分配、资金使用、政策效果等方面存在的问题，跟踪问题的整改落实。审计工作报告得到市人大、市政府的充分肯定。

经济责任审计 对市发改委、市民政局、市物价局、市计生委、市环保局等12个单位主要领导实施任期经济责任审计，共查出违纪问题5.27亿元，收缴财政87.25万元，移送案件线索1件。

固定资产投资审计 对岳阳市城市建设投资集团有限公司、岳阳市水利建设投资有限公司、岳阳市交通建设投资有限公司、洞庭新城4家投融资平台公司投融资情况及其负责实施的奥体中心、王家河流域综合治理等重点项目建设情况进行审计调查，共查出违规金额4.43亿元，收缴财政120.44万元，移交案件线索4件。对55个建设项目进行预算审计，核减工程预算2358万元；对323个建设项目进行竣工结算审计，核减工程造价3001.76万元。

民生资金（项目）审计 对墙改基金、散装水泥专项资金等进行专项审计。全市城镇保障性安居工程跟踪审计延伸调查57个相关单位、82个街道办和乡镇、40个居委会村委会、744户家庭，追回违规领取补贴补助资金56.9万元，取消不合条件保障对象232户，腾退保障性住房262套，促进闲置的保障性住房投入使用276套，完善有关政策、制度文件14个。

政策措施贯彻落实跟踪审计 组织五县（市）稳增长、促改革、调结构、惠民生、防风险政策措施落实情况跟踪审计，抽查财政、发改等67个政府部门单位的89个项目，涉及财政资金55.57亿元。查出简政放权、涉企优惠政策、项目建设、资金保障等方面问题41个，督促出台整改文件3个，上报市政府《审计要情》1份。审计反映的“我市未开展机动车尾气检测工作”问题，引起审计署的高度关注并派员督促整改。

（撰稿人：何军霆）

【常德市审计局】 2015年，常德市审计局人员编制67人，实有60人。局长张克武，副局长廖华春（—7月）、李新辉、李卫、谷素君、陈位明、张峰、周罗生，纪检组长鄢辉霞（9月—），工会主席聂国骏，经济责任办主任苏以政。设有办公室、人事科、综合科、审理科、执行科、查证一科、查证二科、查证三科、查证四科、查证五科、内审科、技术科、经济责任审计局、投资审计专业处。

审计成果 常德市审计机关共完成审计项目331个，查出主要问题金额116.31亿元，其中违规金额25.5亿元；审计处理处罚上缴财政5.63亿元、减少财政拨款或补贴3.02亿元、归还原渠道资金11.99亿元、调账处理金额15.22亿元。移送处理事项44件。出具审计报告和审计调查报告492篇，提出审计建议1045条，提交审计信息835篇，被批示、采用540篇。向社会公告审计结果203篇。

政策措施贯彻落实跟踪审计 按照上级确定的季度跟踪审计要点，对桃源县、澧县、汉寿县、津市市、常德经开区等5个区县市开展审计，以政策审计为中心，项目实施为载体，资金流向为主线，查出问题42个并督促整改，促进区县市吃透政策，规范管理。

财政审计 围绕财政税务、部门预算、专项资金、审计整改、计算机审计等板块深化财政预算执行审计。市本级预算执行审计移送案件线索5件，审计成果得到市人大、市政府领导的一致肯定。全市通过审计，提请市县党委、政府出台和修订规范性文件20多个，促使部门单位建立和完善制度100多项。

经济责任审计 全市开展经济责任委托项目156个，涉及领导干部191人，审计查出问题金额8.03亿元。全面建立和实施领导干部离任经济事项交接制度、领导班子和领导干部“三责联审”制度，制定格式化的文书规范，建立经济责任审计计划、结论文书报备制度等，进一步完善权力运行的监督制约机制。

固定资产投资审计 突出城市建设、民生保障等重点，选择投资高、影响大、周期长的项目开展审计监督，审减投资额11.8亿元，审计成果得到政府领导的高度重视。提请市政府出台《关于进一步加强市本级政府投资项目预（概）结（决）算监管工作有关事项的通知》，打破传统的投资审计模式，提高国家审计在投资领域监管中的权威性。

民生资金（项目）审计 针对社会抚养费、社会保障、涉农、助学等资金实施有效的监督，维护人民群众的切身利益。在城镇保障性安居工程跟踪审计中，突出棚户区居民权益保障等重点，围绕业务流程、资金流向、重点领域深查细究，移送案件线索6件，处理干部7人。

信息化建设 同步推进联网审计的软硬件建设，完成市国库集中支付数据的联网、全市财政数据的采集上报，实现“三公”经费实时同步审计。制作数据采集模块4个、软件工具6个，4个网络视频教学课件被审计署采用。移动审计系统研发攻关成功，在全省率先实现手机移动办公和项目管理。

（撰稿人：姜　帆）

【张家界市审计局】 2015年，张家界市审计局人员编制32人，实有49人。局长向洁，副局长汤敬丁、申迎香、刘阳，总审计师高智，纪检组长田胜勇。设有办公室、综合计划科、法制科、审计技术科、监察室、企业外资审计科、财政审计科、行政事业审计科、农业与环保资源审计科、建设资金审计科、经济责任审计处、市建设项目审计中心。

审计成果 张家界市审计机关共审计单位144个，完成审计项目及专项审计调查144个，查出各类违规、损失浪费和管理不规范问题金额59.59亿元；审计促进处理处罚12.83亿元；审减投资额7418万元。移送案件线索16件。提出审计建议381条，被采纳281条。向社会公告审计结果10个。全市5个审计机关全部被评为市级以上文明单位，其中张家界市审计局、慈利县审计局通过省文明委“湖南省文明单位”的复查验收。

政策措施贯彻落实跟踪审计 把政策措施落实情况跟踪审计作为重中之重，其他各项审计都关注政策落实情况，按期报告和公告审计结果，促进项目的开工和完工，推进资金落实、项目实施、政策落地和追责问责，促进政令畅通。

财政审计 审计重点关注财政存量资金、转移支付、税收征管、财政资金统筹使用和绩效情况、“三公”经费及会议费等管理使用情况。张家界市人大常委会首次听取各问题单位主要负责人报告审计整改情况，要求各级政府将整改情况纳入督查督办事项，严肃追责问责。

经济责任审计 完成8个单位领导干部经济责任审计，组织实施15个涉及改革的单位领导离任经济事项交接审查工作。通过审计，查出领导干部负有直接责任的问题金额12万元，负有主管责任的问题金额6098万元，负有领导责任的问题金额4.14亿元，提出审计建议20多条。

固定资产投资审计 在经过建设单位、社会中介机构、监理方等层层核减的基础上，审减投资额7000余万元。

专项资金审计 把涉民惠民专项资金审计纳入全年审计工作的重点内容，加大对“三农”、医疗、社保、扶贫等资金和项目的审计力度，切实维护广大民众的根本利益。审计发现擅自改变资金投向、配套资金不到位、项目建设管理不到位、大额现金支付工程款、部分建设项目未招投标等问题。

其他审计 根据省委巡视组第五组的要求，张家界市审计局对市经投公司、市交投公司的资产负债损益以及张家界经济开发区、原张家界森林公园管理处的财务收支进行审计。通过审计，发现在财务管理等方面存在问题。

（撰稿人：李美林）

【益阳市审计局】 2015年，益阳市审计局人员编制55人，实有53人。局长（党组书记）刘凌云，副局长谭超美、刘俊科、吴常青、杨茜。设有办公室、法规科（审理科）、财政审计科、领导干部经济责任审计科、行政事业审计科、农业与资源环保审计科、经贸审计科、社保金融审计科、政府投资审计科、审计技术科（审计计划科）、审计执行科、内部审计指导科、人事科。

审计成果 益阳市审计机关共完成审计项目328个，查出主要问题金额1857509万元，其中违规金额392936万元、损失浪费金额13356万元、管理不规范金额1451216万元；损益（收支）不实金额76495万元；审计处理处罚金额296341万元，其中应上缴财政6171万元、应减少财政拨款或补贴5669万元、应归还原渠道资金43154万元、应调账处理金额207983万元；审计发现非金额计量问题3129个；审计促进整改落实有关问题资金191774万元，其中增收节支47786万元、已调账处理金额124474万元；审计促进拨付资金到位11797万元；审计后挽回（避免）损失70257万元。移送司法机关、纪检监察机关和有关部门处理事项30件。出具审计报告和专项审计调查报告397篇，被批示、采用30篇。提出审计建议750条，提交审计信息67篇，被批示、采用31篇。向社会公告审计结果58篇。

政策措施贯彻落实跟踪审计 完成对高新区、大通湖区、资阳区、赫山区、桃江县稳增长、促改革、调结构、惠民生政策措施落实跟踪审计。针对园区建设、产业项目落地难等问题，编发《审计要情》向市委、市政府提出建议。

财政审计 益阳市审计局对2014年度市本级益阳高新区、大通湖区、东部新区财政预算执行情况进行审计，同时审计市人力资源社会保障局等8个部门单位的预算执行情况，向社会公示审计结果。

经济责任审计 对111名领导干部进行经济责任审计，其中市本级完成37名领导干部经济责任审计。

固定资产投资审计 组织对119个政府投资项目开展跟踪或竣工决算（结算）审计，核减工程造价7.07亿元。市审计局出台《以政府购买服务方式开展政府投资建设项目审计工作试点方案》，启动购买社会力量开展投资审计试点。

民生资金（项目）审计 市本级完成社会救助、优抚资金、劳保基金、工伤保险、住房公积金等民生资金审计。采取“上审下”“交叉审”的形式，开展2014年全市城镇保障性安居工程跟踪审计。

信息化建设 益阳市审计局报送的《AO软件在高校审计中运用》审计案例入选审计署网络培训课件库。对全市审计视频会商系统设备进行升级改造，提高远程培训质量。

（撰稿人：周 丹）

【郴州市审计局】 2015年，郴州市审计局人员编制51人，实有49人。局长（党组书记）段小卿，副局长韩湘萍、黄卿、周柏桐（—8月）、罗发旺、雷飞飞、曹世香，总审计师匡少兵，纪检组长肖敦武，经济责任审计处主任谭南燕，工会主席罗湘粤。设有办公室、法规审理科、财政金融审计科、行政事业审计科、农业外资审计科、经贸审计科、固定资产投资审计科、经济责任审计（一、二）科、审计技术科、开发园区审计科、政工科、监察室、审计执行科。

审计成果 郴州市审计机关完成审计项目1252个，查出主要问题金额1922148万元，其中应上缴财政148751万元、应减少财政拨款或补贴170351万元、应归还原渠道资金91042万元、应调账处理金额73002万元。移送司法机关、纪检监察和有关部门处理事项30件。出具审计报告和审计调查报告1442篇。提出审计建议1667条，提交审计信息258篇。

政策措施贯彻落实跟踪审计 对苏仙、嘉禾、永兴、汝城、资兴5个县（市、区）开展专项审计，重点关注地方政府和部门在政策执行、项目建设、盘活财政存量以及简政放权等方面落实的情况，扎实推进中央政策惠及民生，打通“最后一公里”，保障全市经济平稳有序运行。

财政审计 树立“大财政、一盘棋”的工作思路，将财政审计与部门预算执行审计、专项资金审计、政府投资审计相结合，充分整合和利用审计成果。对预算管理不规范、资金安全存在隐患、土地出让金欠收、单位和部门结余资金过大等问题有针对性地提出审计建议，得到政府及财政部门的重视及采纳。市、县本级预算执行审计工作报告均得到各级人大常委会的充分肯定。

固定资产投资审计 突出财政资金的成本控制和效益管理，高度关注工程质量、征地拆迁、资金管理和使用等方面存在的问题，严肃查处工程建设领域存在的突出问题，及时移送违法违纪案件。郴州市审计机关共完成固定资产投资审计项目 939 个，送审金额 941992 万元，审计核减 171933 万元。

经济责任审计 郴州市审计机关共对 175 个单位 230 名领导干部经济责任进行审计，其中任中审计 142 人、离任审计 88 人，查出主要问题金额 207704 万元。

专项资金审计 郴州市各级审计机关组织开展 42 个专项资金审计项目，涵盖保障性安居工程资金、社会抚养费、农业开发资金、住房公积金、城乡居民大病保险基金、农网改造资金等多个领域。开展净化节日风气防“四风”反弹、“三公”经费、执法单位财经纪律执行情况等一系列专项检查。

（撰稿人：曹永兵）

【永州市审计局】 2015 年，永州市审计局人员编制 46 人，实有 38 人。局长龚跃林，副局长柏玉、雷玖夏、王平波、曾庆廉，总审计师蒋跃军，纪检组长胡剑平，市经济责任审计工作领导小组办公室专职副主任唐亚平。设有办公室、综合计划科、政工科、法规审理科、经济责任审计室、财政金融审计科、行政事业与社会保障审计科、固定资产投资审计科、经贸审计科、农业资源环保外资审计科、内审指导科、审计技术科、监察室。

审计成果 永州市审计机关共审计（调查）项目 426 个，查出主要问题金额 883143 万元，审计处理处罚应上缴财政 34764 万元、应减少财政拨款或补贴 14765 万元、应归还原渠道资金 23493 万元、应调账处理金额 266197 万元。移送司法机关、纪检监察机关和有关部门处理事项 10 件。出具审计报告和专项审计调查报告 429 篇，提出审计建议 1012 条，提交审计信息 622 篇。

政策措施贯彻落实跟踪审计 市审计局对祁阳、双牌、江永、零陵、新田等 5 个县（区）稳增长、促改革、调结构、惠民生、防风险政策措施贯彻落实情况进行跟踪审计，揭示未按规定落实简政放权要求、部分单位违规收费、项目建设进度缓慢、资金拨付不到位、清理盘活存量资金不及时等问题。

财政审计 注重加大对重点资金、重点部门、重点领域的审计监督，全市共审计预算执行单位 90 个，对“耕地占用税”上缴、财政支持产业发展专项资金、残疾人就业保障金等开展专项审计调查。审计注意揭示和反映财政资金运行中体制、机制和管理上存在的问题，会同政府督查机构和监察部门督促有关部门和单位及时整改，有效发挥审计在维护财经秩序、深化财政管理中的积极作用。

专项资金审计 采取“上审下”“交叉审”的方式，组织开展全市 2014 年城镇保障性安居工程跟踪审计。市政府对审计结果高度重视，对保障性住房建设和审计发现问题的整改做出部署，健全完善有关管理制度。市审计局对冷水滩区、蓝山县社会抚养费，市本级成品油价格改革财政补贴资金和中心城区被征地农民养老保险基金进行专项审计和审计调查。

经济责任审计 对 90 名领导干部开展经济责任审计，重点审计领导干部贯彻执行财经法规、党和国家方针政策和决策部署等情况，把机构设置、编制使用、“三公”经费等作为重要内容纳入审计范围。对审计中发现的严重违法违纪案件线索，向纪检监察和司法机关进行移送。

（撰稿人：周　波）

【怀化市审计局】 2015 年，怀化市审计局人员编制 64 人，实有 61 人。局长梁明珍（—2 月）、周汝谦（6 月—），副局长刘序国、刘圣平、杨承连、姜小祥、宋先鸿（9月—）、潘海波（12月—），总审计师杨春洪，纪检组长谭庆津。设有办公室、法制科、人事科、综合计划科、财政金融审计科、行政事业审计科、经贸与外资运用审计科、固定资产投资审计科、农业与资源环保审计科、审计技术科、经济责任审计室、内部审计指导科、监察室、机关党委办，下设怀化市建设项目审计中心。

审计成果 怀化市审计机关完成审计项目643个，查出主要问题金额1419854万元，其中违规金额106111万元、损失浪费金额6万元、管理不规范金额1313737万元；损益（收支）不实金额284216万元；审计处理处罚金额313165万元，其中应上缴财政23039万元、应减少财政拨款或补贴52435万元、应归还原渠道资金92509万元、应调账处理金额140951万元；审计发现非金额计量问题428个；审计促进整改落实有关问题资金186617万元，其中增收节支91609万元、已调账处理金额28423万元；审计促进拨付资金到位6095万元；审计后挽回（避免）损失66524万元。移送司法机关、纪检监察机关和有关部门处理事项22件。出具审计报告和专项审计调查报告827篇，被批示、采用4篇。提出审计建议1158条，提交审计信息296篇，被批示、采用163篇。向社会公告审计结果23篇。

政策措施贯彻落实跟踪审计 全年完成洪江市、靖州县、辰溪县、新晃县、怀化市工业园稳增长、促改革、调结构、惠民生、防风险政策措施落实情况的跟踪审计。

财政审计 对市本级2014年度财政预算执行情况进行审计，同时审计市财政局、市发改委、市住建局、市教育局等7个部门的预算执行情况。向社会公示审计结果。

经济责任审计 对190名领导干部进行经济责任审计，其中任中审计124人。市本级对14名领导干部进行经济责任审计。

固定资产投资审计 市本级完成审计项目63个，出具工程结算审计报告147篇，完成审计金额190046.75万元，审计审定金额165299.88万元，核减工程造价24746.87万元。

民生资金（项目）审计 开展2014年度全市城镇保障性安居工程跟踪审计，查出棚户区改造规划实施和安置补偿不规范、挤占挪用保障性安居工程资金1049.97万元、少筹集保障性安居工程资金3163.33万元等问题。组织开展对中方、鹤城2个县（区）2013年至2014年社会抚养费的专项审计。 （撰稿人：邹永红　唐　明）

【娄底市审计局】 2015年，娄底市审计局人员编制66人，实有54人。党组书记王洪江，局长彭淑媛，副局长曾志伟、周海良、王志彪，总审计师刘峰，纪检组长许湘华，经济责任处主任邹国民。设有办公室、综合管理科、人事科、法规科、财政审计科、金融与社会保障审计科、行政事业审计科、经贸审计科、农业与资源环境审计科、投资外资审计科、计算机审计科、工程审计科、监察室、机关党委、工会、领导干部经济责任审计处、监督中心。

审计成果 娄底市审计机关完成审计项目238个，其中组织实施审计项目231个，参与实施审计项目7个。查出主要问题金额1034567万元，其中违规金额224006万、损失浪费金额635万元、管理不规范金额809925万元；损益（收支）不实金额8775万元；审计处理处罚金额328171万元，其中应上缴财政165370万元、应减少财政拨款或补贴22784万元、应归还原渠道资金86166万元、应调账处理金额51341万元；审计发现非金额计量问题315个；审计促进整改落实有关问题资金140749万元，其中增收节支104085万元、已调账处理金额35001万元；审计促进拨付资金到位27408万元；审计后挽回（避免）损失57019万元。移送司法机关、纪检监察机关和有关部门处理事项25件。出具审计报告和专项审计调查报告356篇，被批示、采用6篇。提出审计建议739条，提交审计信息608篇，被批示、采用504篇。向社会公告审计结果9篇。

政策措施贯彻落实跟踪审计 持续组织对稳增长政策措施落实情况开展跟踪审计，重点关注各相关部门和地区与稳增长等密切相关的简政放权相关政策的贯彻落实、重大建设项目进展情况、涉企优惠政策执行、财政资金统筹使用和防范经济领域风险隐患等内容，每季度对1个县（市、区）实施跟踪审计。采取“上审下”模式，深入市本级经济开发区、万宝新区及县市区重点园区开展跟踪审计，促进加快重点园区发展运行和重大产业项目建设进展，保障各项政策措施落到实处。

财政审计 突出政府债务、税费管理、财税收入征管、预算编制等重点和关键环节的审计监督，促进厉行节约和规范管理，提高财政资金使用绩效。市政府建立“强化领导、联动协调、问责问效、督查评议、制度建设”的整改机制，决定从2016年起，把财政预算执行审计整改列入市政府常务会议固定议题。

固定资产投资审计 市本级完成固定资产投资项目结算审计276个，送审金额14.69亿元，审定金额12.99亿元，核减1.69亿元，核减率11.52%。推行竣工决算审计项目“必审制”“二审定审制”和“三级复核制”，引入社会力量参与政府投资审计。

经济责任审计 完成对118个单位137名领导干部的经济责任审计，其中任中审计111人，离任审计26人，查出主要问题金额90447万元。配合开展领导干部自然资源资产离任审计试点工作。与市委组织部、市编办联合制定《娄底市领导干部机构编制责任审计实施办法（试行）》，将编制审计和自然资源资产离任纳入审计重点。

民生资金（项目）审计 开展保障性安居工程、社会抚养费、生猪无害化处理专项资金审计，重点关注资金的分配、管理和使用情况，揭露和查处挤占挪用、损失浪费等违法违纪问题。在2014年保障性安居工程跟踪审计中，查处冷水江渣渡镇保障性住房违纪违法窝案，移送15人，该项目被评为审计署地方表彰审计项目。

（撰稿人：陈　萍）

【湘西土家族苗族自治州审计局】 2015年，湘西土家族苗族自治州审计局人员编制48人，实有44人。党组书记向能武，局长印钊，副局长肖远湘、金利蓉（—7月）、吴东升（—12月）、龚道君（12月—）、万前荣（12月—），总审计师李嘉琳（—9月），纪检组长高光忠，经济责任审计领导小组办公室专职副主任阙剑平（12月—）。设有办公室、法制科、财政审计科、行政事业与外资运用审计科、经贸金融社保审计科、农业与资源环保审计科、固定资产投资审计科、经济责任审计室、人事科、审计技术科和州政府投资审计中心，按有关规定设置纪检（监察）机构。

审计成果 湘西土家族苗族自治州审计局完成审计项目77个，其中组织实施审计项目61个，参与实施审计项目16个。查出主要问题金额1055037万元，其中违规金额144891万元、损失浪费金额1026万元、管理不规范金额909120万元；审计处理处罚金额134488万元，其中应上缴财政51440万元、应减少财政拨款或补贴9865万元、应归还原渠道资金16562万元、应调账处理金额56612万元；审计发现非金额计量问题262个；审计促进整改落实有关问题资金126736万元，其中增收节支70352万元、已调账处理金额56381万元；审计促进拨付资金到位100607万元；审计后挽回（避免）损失11632万元。移送司法机关、纪检监察机关和有关部门处理事项5件。出具审计报告和专项审计调查报告58篇。提出审计建议180条，提交审计信息124篇，被批示、采用122篇。向社会公告审计结果3篇。

政策措施贯彻落实跟踪审计 对永顺、泸溪、保靖3个县和湘西经开区政策措施贯彻落实情况进行跟踪审计。

财政审计 对14个州直单位、6个行管办的预算执行和3个县市及湘西经开区的财政决算进行审计，向社会公示审计结果。

经济责任审计 对沅江市委书记、市长和州住建局、州残联、州海事局、州第二民族中学、湘运公司主要负责人进行任期经济责任审计。

固定资产投资审计 重点对州政府行政中心等131个项目进行竣工结算审计，对州公安局等迁建工程等进行跟踪审计。

民生资金（项目）审计 对全州城镇保障性安居工程，八县市民政资金，凤凰县、保靖县扶贫资金等开展专项审计。（撰稿人：李畅舞）

2015年湖南省所辖区、县(市)级审计工作统计表

金额单位:万元

审计机关	完成审计项目(个)	审计查出主要问题金额	审计处理情况					出具审计报告和审计调查报告(篇)	提出审计建议(条)	提交审计信息(篇)
			审计处理处罚				移送处理事项(件)			
			应上缴财政	应减少财政拨款或补贴	应归还原渠道资金	应调账处理金额				
长沙市										
长沙市本级	933	14607582	375918	240712	2014	178469	15	933	169	153
岳麓区审计局	44	193925	170	1441	874	6407	9	44	44	47
芙蓉区审计局	330	98194	8993			4682	2	330	96	25
天心区审计局	310	53161	3		727	60	7	310	37	41
开福区审计局	558	97400	28829		143	1281	1	558	41	35
雨花区审计局	89	10579			180		1	89	27	31
望城区审计局	147	403682	7002		3163	8251	1	147	139	12
浏阳市审计局	836	75640	1702			749	4	836	77	24
长沙县审计局	212	21820	1494			1858	2	212	75	45
宁乡县审计局	33	481035	53782		35358	538	6	33	101	17
株洲市										
株洲市本级	36	1248491	7502		599	89509	17	36	92	36
天元区审计局	61	194132	1086		24000	1847	1	60	87	5
荷塘区审计局	12	43033	8		356	14851	1	13	20	14
芦淞区审计局	14	57905	11		44090	1155	2	18	38	30
石峰区审计局	22	105814	13	93		16243		21	76	42
醴陵市审计局	30	137331	188	815	2863	2042	2	37	34	1
株洲县审计局	23	79010	30057		33034	1233	7	24	65	
攸县审计局	33	267677	79769		70788	113884	0	59	60	11
茶陵县审计局	32	103140	1355		1559	718	3	21	60	7
炎陵县审计局	17	43286	29			62		16	31	30
湘潭市										
湘潭市本级	63	588661	1078		300	106945	8	73	167	180
岳塘区审计局	41	15798	15		16	14468	2	54	77	16
雨湖区审计局	14	7176	27		1055	2246	1	29	34	7
湘乡市审计局	65	139456	786	196		115064		104	12	16
韶山市审计局	74	50769	136	398	536	11521	5	90	79	12
湘潭县审计局	118	72110	3630	15	47	907	11	141	62	10

续表

审计机关	完成审计项目（个）	审计查出主要问题金额	审计处理情况					出具审计报告和审计调查报告（篇）	提出审计建议（条）	提交审计信息（篇）
			审计处理处罚				移送处理事项（件）			
			应上缴财政	应减少财政拨款或补贴	应归还原渠道资金	应调账处理金额				
衡阳市										
衡阳市本级	129	1017035	89917		62721	67843	42	129	177	134
蒸湘区审计局	32	2277	520		1757			32	4	1
珠晖区审计局	16	8467	26	893	597	6951	2	16	33	7
雁峰区审计局	12	6093	2675		760	70		19	39	30
石鼓区审计局	67	3338	17		539	19	2	67	19	120
南岳区审计局	24	12658	455	1753	567	181		26	12	10
耒阳市审计局	62	445045	3503		20945	11027	9	82	38	52
常宁市审计局	39	269560	947		2159		2	49	96	4
衡阳县审计局	62	36373	3346	532	4741	27754	6	84	184	13
衡南县审计局	89	19000	104	2713	6933	8260	4	89	64	21
衡山县审计局	44	25683	12		3025	9362	3	44	73	35
衡东县审计局	88	188259	2718	404	61120	74382	3	101	149	75
祁东县审计局	34	3679	239	154	594	177	6	51	58	68
邵阳市										
邵阳市本级	56	621667	8921	33930	267159	198312	3	71	214	287
大祥区审计局	8	9790	1332		78	3		8	9	19
双清区审计局	10	21068	89		1634	679		17	43	20
北塔区审计局	8	3542	72		967	1819		8	58	4
武冈市审计局	76	60864	1015	18	28082	1367	1	76	113	27
邵东县审计局	43	48637	314	406	13302	27996		43	125	77
新邵县审计局	40	36158	9574	9984	37627	21862		209	37	9
邵阳县审计局	21	21221	519	11	2985	7231	5	29	56	87
隆回县审计局	35	24610	1338		8974	8744	2	51	108	55
洞口县审计局	87	191781	16330		162178	8403	9	87	132	44
绥宁县审计局	37	81200	285	4944	228	6597	2	40	65	38
新宁县审计局	29	11898	198	1043	481	8224	3	29	74	312
城步苗族自治县审计局	21	60783	5348	219	14974	39931		21	26	82
岳阳市										
岳阳市本级	67	271362	98648	2417	117793	56122	21	79	304	67
岳阳楼区审计局	27	958	127		26	255		28	58	5
云溪区审计局	28	4486	75		577	2479		44	103	12

续表

审计机关	完成审计项目（个）	审计查出主要问题金额	审计处理情况					出具审计报告和审计调查报告（篇）	提出审计建议（条）	提交审计信息（篇）
			审计处理处罚				移送处理事项（件）			
			应上缴财政	应减少财政拨款或补贴	应归还原渠道资金	应调账处理金额				
君山区审计局	14	14367	1987	44	12887	2596		22	66	
汨罗市审计局	16	4613	110		1850			15	22	38
临湘市审计局	39	12438	1564	1073	6677	13703	1	55	91	9
岳阳县审计局	48	15410	461	1029	2324	1031	2	66	134	3
华容县审计局	44	24325	12769	1445	4766	39173	2	61	88	41
湘阴县审计局	37	61598	47551	3	18409	914		43	104	39
平江县审计局	52	50987	14660	2560	43257	4708	1	85	175	35
屈原管理区审计局	7	830	18		628	1269		8	23	
常德市										
常德市本级	51	611617	15687	10216	72624	56578	15	84	159	341
武陵区审计局	18	35305	35	440	1405	19247	3	24	55	4
鼎城区审计局	45	76840	34881	16531	17660	214	2	78	140	57
津市市审计局	23	65955	4525	1731	4701	90	2	47	82	23
安乡县审计局	30	25139	86	954	2615	16312	2	43	87	37
汉寿县审计局	33	72137	631		4279	13513	10	54	97	105
澧县审计局	25	100887	65		6660	26748	1	33	180	170
临澧县审计局	27	24913	97	13	7963	15284	3	27	61	
桃源县审计局	39	86525	190	297	481	2427	2	41	73	56
石门县审计局	40	63790	127		1484	1821	4	61	111	42
张家界市										
张家界市本级	61	435528	14384	0	20823	44805	16	74	160	33
永定区审计局	22	31286	7590	76	1778	664	2	22	49	15
武陵源区审计局	11	40407	17255	8	8	11980		22	12	8
慈利县审计局	20	37754	4001	2	4344	552		25	64	
桑植县审计局	30	50958	76		2095	6983		30	57	25
益阳市										
益阳市本级	93	1231451	2259		5507	51150	18	124	171	5
赫山区审计局	40	33775	87	5016	3	10346		51	54	22
资阳区审计局	28	26838	2902	652	2571	309		40	88	
沅江市审计局	31	121278	134		3700	65179	3	41	108	20
南县审计局	22	139510	49		24932	42627		28	76	7
桃江县审计局	51	37111	338		5193	4922	8	82	123	10
安化县审计局	30	97422	313		1065	961	1	39	73	1

续表

审计机关	完成审计项目（个）	审计查出主要问题金额	审计处理情况					出具审计报告和审计调查报告（篇）	提出审计建议（条）	提交审计信息（篇）
			审计处理处罚				移送处理事项（件）			
			应上缴财政	应减少财政拨款或补贴	应归还原渠道资金	应调账处理金额				
高新区审计分局	16	48015	12			32428		21	21	
大通湖审计分局	10	7813	12		180	3		10	20	2
郴州市										
郴州市本级	178	512475	103675	96173	9355	41284	13	190	311	51
北湖区审计局	84	165835	9888	2798	169	1052	4	98	54	35
苏仙区审计局	87	198528	296	6244		2605	4	106	113	28
资兴市审计局	226	66056	84	6395	37821	21496	4	233	150	65
桂阳县审计局	111	106673	2301	18378	1837	34	2	124	82	11
宜章县审计局	98	296310	3021	9394	32	1992		118	75	23
永兴县审计局	75	137873	11147	10144	347	1590		82	165	
嘉禾县审计局	71	56170	8723	4613	40720	1482		110	339	
临武县审计局	53	9917	7347	924	6	131		58	57	10
汝城县审计局	77	291695	454	3613	328	98	1	98	161	14
桂东县审计局	92	9370	908	2844		1238		112	88	1
安仁县审计局	100	71246	907	8831	427		2	113	72	20
永州市										
永州市本级	35	252520	713	5125	5077	4682	4	35	100	20
冷水滩区审计局	40	56657	307			19157		40	105	16
零陵区审计局	18	91266	22383		3557	73318		18	42	36
祁阳县审计局	58	168276	3123	292	5	1201	1	62	139	58
东安县审计局	28	39541	7115	19	6	28607	1	28	67	22
双牌县审计局	26	31481	243	3566	72	129		26	61	31
道县审计局	31	22908	103		6860	14510		30	91	20
江永县审计局	31	12334	95	5760	154	4568		31	54	3
宁远县审计局	37	11867	163		4222	97		37	69	3
蓝山县审计局	30	69640	137		1501	4644	2	30	64	161
新田县审计局	46	10823	289		309	10751		47	160	156
江华瑶族自治县审计局	46	115822	86		1724	104528	2	46	60	96
怀化市										
怀化市本级	50	370714	1423	24746	6979	2832		64	142	27
鹤城区审计局	55	57826	1994	5644	6071	41353		80	45	3
洪江市审计局	15	95504	10698		22763	61592		27	61	49

续表

审计机关	完成审计项目（个）	审计查出主要问题金额	审计处理情况					出具审计报告和审计调查报告（篇）	提出审计建议（条）	提交审计信息（篇）
			审计处理处罚				移送处理事项（件）			
			应上缴财政	应减少财政拨款或补贴	应归还原渠道资金	应调账处理金额				
中方县审计局	43	177760	2586	4737	12535	13704	9	57	124	61
沅陵县审计局	28	47217	1119		558	363	2	50	93	14
辰溪县审计局	14	1892	28		45	319	1	19	44	1
溆浦县审计局	62	136828	535	4715			4	76	96	62
会同县审计局	32	7758	89	831	1077	173		37	57	18
麻阳苗族自治县审计局	41	84774	67	3239	1616	4318	5	56	71	
新晃侗族自治县审计局	87	14726	86	1391		1		96	101	25
芷江侗族自治县审计局	73	238269	515	3286	10	898	1	96	113	5
靖州苗族侗族自治县审计局	24	7461	34	1722	392	85		26	57	
通道侗族自治县审计局	81	124613	3822	2046	38174	12672		101	66	30
洪江管理区审计局	38	54507	36	73	2282	2634		42	88	1
娄底市										
娄底市本级	40	645815	127401	2512	16725	7813	9	49	125	117
娄星区审计局	37	76511	207		1514	16009	1	61	102	85
冷水江市审计局	40	89075	1218	57	14782	26940	2	52	96	45
涟源市审计局	28	32835	1149		13032	180	6	44	81	124
双峰县审计局	28	49584	815		39463	1		49	73	135
新化县审计局	58	140747	34580	20215	650	398	7	99	262	102
湘西土家族苗族自治州										
湘西土家族苗族自治州本级	61	1055037	51440	9865	16562	56612	5	58	180	124
吉首市审计局	18	122360	15439	342	43349	724		18	46	23
泸溪县审计局	17	51222	29	10476	400	23288		17	43	21
凤凰县审计局	18	18638	125	4616	2270	7961	1	18	34	31
花垣县审计局	48	24213	1504	5550	5420	42	1	56	129	43
保靖县审计局	15	83566	33		2542	2045	7	15	21	41
古丈县审计局	24	29287	11274	1211	870	465	1	34	31	12
永顺县审计局	118	37791		3228	19727	5732		118	24	14
龙山县审计局	23	35985	218	3201	207	14797		29	37	23

广东省

【广东省审计厅】 2015 年，广东省审计厅人员编制 316 人。设办公室、综合计划处、法规审理处、经济责任审计处、财政金融审计处、税务审计处、行政政法审计处、教科文审计处、农业与资源环保审计处、固定资产投资审计处、企业审计处（境外审计处）、社会保障审计处、外资运用审计处、整改监督处、人事处（与机关党委办公室合署）、绩效审计分局，下设广东省计算机审计中心、广东省内部审计指导中心、经济责任审计中心。

领导成员

厅　　长：蓝佛安（—5 月）
　　　　　何丽娟（5 月—）
副 厅 长：范先军（—7 月）　卢荣春
　　　　　黄建勋（11 月—）　骆贵全
总审计师：陈　剑（—7 月）
纪检组长：陈钟鹏
省经济责任审计联席会议办公室主任：李业章
副巡视员：杨国光　颜展鸿（—3 月）
　　　　　吴鸿驹
副厅级干部：黄　菁

审计成果　广东省审计机关开展审计和审计调查项目 4243 个，查出违规问题金额 102.2 亿元、侵害群众利益问题金额 3.43 亿元、损失浪费金额 43.94 亿元、管理不规范金额 6733.33 亿元，为国家增收节支 93.04 亿元，其中上缴财政 36.80 亿元、减少财政拨款或补贴 32.5 亿元、归还原渠道资金 23.74 亿元；审计后挽回或避免损失 46.79 亿元。向司法、纪检监察机关和有关部门移送处理事项 275 件，涉及金额 307.66 亿元。出具审计报告 9748 篇。提交审计专题、综合性报告、信息简报等 1791 篇，其中提交重要审计信息 115 篇，审计信息被党政领导和有关部门批示、采用 630 篇次。向被审计单位或有关单位提出审计建议 1.33 万条。向社会发布审计结果公告 880 篇，及时向社会公告世界银行贷款广东城乡社保一体化和农民工培训项目、世界银行贷款（捐赠）广东农业面源污染治理项目等重要审计事项。推动被审计单位建立健全规章制度 173 项。

政策措施贯彻落实跟踪审计　突出关注重大建设项目进度、相关财政资金管理使用效益、信贷资金保障、支持实体经济发展及简政放权等方面问题，组织全省审计机关对珠海、汕头、梅州、惠州、东莞、中山、江门、阳江、湛江、肇庆、清远、揭阳等 12 个市贯彻落实中央和省委、省政府出台的一系列稳增长、促改革、调结构、惠民生、防风险重大政策措施落实情况，以及高速公路、铁路、城际轨道、地铁等全省 25 个重点交通基础设施项目推进情况进行跟踪审计。审计发现，部分重大建设项目进展缓慢，3 个高速公路项目因受征地拆迁进展缓慢影响，总体仅完成计划征拆量的 31%；部分行政审批事项下放工作落实不到位，2 个区因承接机构职能不健全，未能承接上级下放的行政审批事项，4 个市 50 项应转移事项仍保留在原机关实施，2 个市、1 个县的护理学会承接“护士执业证书核发”事项，仅由兼职人员利用休息时间办理，影响服务质量；小微企业享受税收优惠限制条件多、覆盖面窄，制约有关政策的实施，有两个市 2013 年享受税收优惠的覆盖面不到 30%，部分地方商事登记制度改革配套工作不落实，3 个市的工商部门实行“先照后证”改革后，其他相关部门没有相应简化有关行政许可办证程序和要求，有工商部门未建立“宽进严管”的信用信息公示平台，或信息平台公示的信息不充分，与公安、金融机构和其他相关部门也未能实现互联共享和同步监管。

财政审计　广东省审计厅对省级财政管理情况开展重点审计，主要涉及公共财政预算管理、政府性基金预算管理和社保基金预算管理。

公共财政预算管理审计。审计发现部分支出项目年初预算资金未及时申请拨付使用，从省财政一般公共预算审计抽查发现预算资金滞留，9 个部门 12 个支出项目当年未申请拨付使用，5 个部门 6 个支出项目在当年 11、12 月才开始申请拨付使用；非经营性国有资产收入 279.1 万元未按规定上缴国库纳入一般公共预算管理。个别专项资金项目管理不善，抽查发现，“全省文化信息资源共享工程县级支中心建设专项经费”项目的建设任务在 2010 年已完成，但 2011 年至 2014 年仍每年安排预算额度 1086 万元；部分专项资金管理有待规范。

政府性基金预算管理审计。部分省级政府性基金收入预算编制方法不科学，由于编制预算未充分参考上一年度实际情况，省级文化事业建设费收入、育林基金收入等4项政府性基金2012年至2014年收入大幅度超出预算。部分政府性基金预算支出执行率偏低。

社保基金预算管理审计。社保基金预算管理审计重点放在社保基金的及时归还、少征及整个系统信息的真实性上。审计发现未及时归还各市社保基金利息收入，少征工伤和生育保险费，信息系统信息更新不及时。

国有资本经营预算管理审计。国有资本经营预算年初安排的财政贴息补助资金支出、产业升级与发展支出等9827万元当年未安排使用；部分国有资本经营收入未按规定纳入预算管理。

税收征管审计。广东省审计厅对珠海、东莞、中山、江门4个市2013年度税收征管情况进行审计，并对省地税局及珠三角8个市（除深圳市外）的土地使用税和房产税税收政策执行情况进行专项审计调查。审计发现税收征管存在薄弱环节，延缓征收税款或应征未征税款，土地使用税、房产税税源管理存在漏洞。

预算执行审计。广东省各级审计机关完成预算执行审计项目（含经济责任审计，下同）794个，延伸审计单位1040个。全年全省查出主要问题金额3547.06亿元，其中预算编制批复不规范金额29.82亿元，出具审计报告913篇。广东省审计厅对省法院、省科技厅、省民族宗教委、省民政厅、省司法厅、省国土资源厅等29个部门单位进行审计，延伸审计63个下属单位，涉及资金总额136.52亿元（含延伸以前年度资金），其中本部48.67亿元、所属单位87.85亿元。审计发现8个部门单位预算编制不科学、年中追加预算比例较高；23个部门单位部分项目预算执行率偏低；22个部门单位未按规定用途使用预算资金，涉及金额6346.5万元；18个部门单位和27个下属单位未严格执行政府采购规定，涉及金额2.11亿元。4个部门单位未严格执行零余额账户管理规定，涉及金额1.14亿元；13个部门单位的往来款长期未清理，涉及金额3.79亿元；4个部门单位未严格执行“收支两条线”管理规定，涉及金额3568.3万元；固定资产管理存在漏洞；“三公”经费有8个部门单位违规长期借用下属单位或其他单位车辆77部；4个部门单位车辆运行维护费超预算44.6万元；3个部门单位向下属单位转嫁公车费用，涉及金额77.1万元；5个部门单位在其他费用列支公车费用，涉及金额145.3万元。14个部门单位2088次接待没有公函、邀请函，涉及金额334万元；4个部门单位在“会议费”“培训费”等其他科目列支公务接待费，涉及金额27.8万元；4个部门单位11个团组因公出国（境）费超预算79.8万元；2个部门单位13个团组因公出国（境）年初没安排预算，涉及金额149.5万元；4个部门单位在其他科目列支因公出国（境）费用376.4万元。会议费用超标准、在非定点酒店召开会议、计划外召开会议、会议费用报销凭证不齐全；差旅费管理不严，出差未按规定履行审批手续、在差旅费中列支签证费等其他费用、差旅费报销凭证不齐全。

财政决算审计。开展财政决算审计和审计和审计调查项目224个，延伸审计单位340个，出具审计报告418篇，查出主要问题金额1465.55亿元。审计发现预算编报不完整；预算收支反映不实；财政收支控制不严；部分国资收益未上缴国库纳入预算管理；违规减征、应征未征非税收入，未及时上缴省级分成非税收入；财政资金管理不到位等问题。

经济责任审计　广东省各级审计机关对1926个单位、2044名领导干部开展经济责任审计。其中地厅级领导30人，县处级领导147人，县处级以下领导348人，国有企业领导人员及其他31人。查出违规金额75.62亿元、损失浪费金额28.97亿元、管理不规范金额1189.64亿元。根据审计结果，经济责任人被移送纪检监察机关5人。探索以异地交叉审计方式开展县委书记、县长经济责任同步审计。

民生资金（项目）审计　加强民生资金审计，促进改善民生和生态文明建设。

污染减排专项资金审计。广东省审计厅对河源、梅州、惠州、阳江、湛江、肇庆、清远、云浮等8个市2012年至2014年6月省级污染减排专项资金管理使用情况进行审计，涉及省财政安排专项资金8.39亿元。审计发现专项资金发放管理不规范；部分市未能按要求完成省“十二五”城镇污水管网设施建设任务；81 座污水处理厂部分污泥未进行无害化处理。

棚户区改造专项资金跟踪审计。广东省审计厅组织对 2014 年度有棚户区改造任务的 16 个市本级和 58 个县（市、区，以下统称县）的棚户区改造资金管理和使用情况进行跟踪审计。审计发现棚户区改造发展不平衡；违规套取国家资金；资金管理不善等问题。

公共文化服务设施建设专项资金审计。广东省审计厅对河源、梅州、惠州、阳江、湛江、肇庆、清远、云浮等 8 个市 2011 年至 2014 年 6 月省级公共文化服务专项资金管理使用情况进行审计，抽查基层公共文化服务设施建设专项资金、欠发达地区乡镇文化站补助资金等共 1.26 亿元，占资金总量的 42.86%。审计发现 8 个市共有 74 个不符合立项条件的项目申领省级财政补助资金 2033.4 万元；91 个基层公共文化服务设施基建工程项目建设未如期完成，624 间电子阅览室未按要求及时完成配置相关设备，3 个市的 5 个项目单位存在违反公开招投标或政府采购规定问题，涉及资金 390.3 万元。

促进就业专项资金审计。广东省审计厅对河源、梅州、惠州、阳江、湛江、肇庆、清远、云浮等 8 个市 2012 年至 2014 年 6 月省级促进就业专项资金管理和使用情况进行审计，抽查 8 市促进就业专项资金 23.19 亿元。审计发现资金管理不规范，主管部门监管不到位等问题。

农业审计　政策性农业补贴专项资金审计。广东省审计厅对河源、梅州、惠州、阳江、湛江、肇庆、清远、云浮等 8 个市 2012 年至 2014 年 6 月省级政策性农业补贴专项资金管理和使用情况进行审计，抽查水稻种植、农村住房、渔业等涉农保险保费补贴专项资金 1.60 亿元，占资金总量的 21.89%。审计发现推广涉农保险存在硬性摊派，补贴政策落实不理想等问题。

中小河流治理专项资金审计。广东省审计厅对河源、梅州、惠州、阳江、清远、云浮等 6 个市及所属县 2010 年至 2014 年 6 月列入全国重点中小河流治理的专项资金筹集、使用管理和项目实施情况进行审计，涉及各级财政安排的专项资金共 16.87 亿元，截至 2014 年 6 月已拨付使用 8.76 亿元。审计发现部分项目建设进度缓慢，市县级财政资金到位率低，部分市县财政部门未能有效履行审核职责，部分项目单位套取、挪用专项资金，部分项目违反招投标管理规定等问题。

专项资金审计　广东省审计厅组织 20 个审计调查组对省经信委等 20 个省直部门、单位的战略性新兴产业发展专项资金的管理使用情况进行审计调查，延伸检查广州、汕头、佛山、韶关、河源、惠州、汕尾、东莞、中山、阳江、肇庆、清远等 12 个市的部分单位和项目。审计调查省级专项资金 31 项，专项经费等其他项目资金 18 项，涉及预算金额 114.99 亿元。对于设立期限较长的项目资金，重点审计近 3 年情况，并分别形成各项目资金的审计调查报告。审计调查结果表明，这些项目资金的建立和使用，在保障省委、省政府有关战略决策部署的贯彻落实，推动经济结构调整和转型升级，促进改善民生，推进基本公共服务均等化，促进区域经济社会协调发展等方面发挥积极作用，但有些项目资金在管理、使用等方面仍存在需要进一步加以改进和规范等问题。

援疆审计　对广东省对口支援新疆前方指挥部 2014 年 7 月至 2015 年 8 月的工作经费收支、地区统筹援建项目的实施、相关单位拨入款项的管理及使用情况进行审计，对前方指挥部驻乌鲁木齐办事处经费收支情况进行延伸审计。审计发现个别政策落实不到位，未建立内部监督检查机制；2014 年部分地区统筹援建项目进度缓慢，个别地区统筹援建项目产权未按规定划转；前方指挥部有关内控制度不完善，部分工作经费报销手续把关不严；将工作经费转入工会经费，会计核算不规范等问题。

固定资产投资审计　围绕优化经济发展空间布局、加快投资领域改革，关注政府重大投资项目的规划布局及资金管理使用情况，对保障性安居工程、佛开高速扩建、广珠西线高速三期、韶赣高速、潮州供水枢纽工程、揭阳潮汕机场等 10 个重大建设项目开展竣工决算审计。

保障性安居工程审计。组织对 20 个市本级及 102 个县 2014 年各类城镇保障性安居工程进行审计。审计结果表明，20 个市各级财政共筹集和安排城镇保障性安居工程资金 100.25 亿元，完成开工任务 3.88 万套，基本建成任务 6.37 万套，新增发放住房租赁补贴任务0.62万户，完成率分别为110.2%、107.8%、147.6%。审计发现部分保障性安居工程资金闲置，保障性安居工程资金筹集、管理不到位；部分地区保障房分配和货币补贴控制不严；部分地区保障房退出机制仍不完善；部分保障房后续管理不到位；个别地区未完成2014年保障性安居工程目标任务。

高速公路项目竣工决算审计。对江肇、汕揭（揭阳段）、佛开（谢边至三堡段）、广珠西线（三期）及韶赣等高速公路项目竣工决算进行审计，并延伸审计调查部分参建单位和佛山、韶关、中山、江门、肇庆、揭阳等6个市征地拆迁单位。全年全省开展固定资产投资审计项目622个，核减投资结算额42.94亿元。

省属高校资产审计 对广东工业大学等10所省属高校2011—2013年度的资产管理和使用情况开展专项审计调查，涉及资产总额255.12亿元。通过审计，揭露部分高校违规使用资产资源进行盈利或闲置浪费等问题，促进规范国有资产管理。审计调查发现资产数据反映不准确、不完整，校舍出租管理不规范，违规利用校产资源存在风险隐患，个别基建项目存在违规违约问题，基建工程后续管理核算不规范。

企业审计 对广新集团、丝纺集团、物资集团等7个省属企业集团进行审计，涉及资产总额1187亿元。审计发现会计信息反映不实、重大经济事项决策不规范、内部控制不健全等问题。审计指出问题后，相关企业积极整改，完善内部管理制度84项，对50名相关责任人进行责任追究。

外资运用审计 对2013年8个国外贷援款项目进行审计，审计项目投资额12.98亿元。审计发现个别项目建设违规；个别项目变更内容多、进度缓慢；个别项目内部管理薄弱等问题。

审计整改 广东省审计厅审计指出需整改问题1954条，被审计单位制度定整改措施1171项，上缴各级财政39.67亿元，归还原资金渠道1.77亿元，督促各部门拨付滞留资金2.38亿元，调整会计账目涉及金额142.39亿元，其他已整改金额181.43亿元（其中，通过落实财政支出或收回统筹使用的资金57.86亿元）。根据审计项目建议，被审计单位和主管部门完善各项制度133项，处理相关责任人员39人。

内部审计 2015年，广东省内部审计机构开展内部审计项目6.48万个，审计总金额2.02万亿元，增收节支15.5亿元；提出并被采纳意见4.16万条；建议给予行政处分570人，实际给予行政处分556人；向司法机关移交案件19件、人员178人。

（撰稿人：陈健平）

【广州市审计局】 2015年，广州市审计局人员编制154人，实有139人。局长冯慧光（6月—），副局长陈宝雄、严健蓓、刘南群，纪检组长张志鹏（4月—），副巡视员李家禄、张敏笙、张祥生。设有办公室、法规审理处、财政税务审计处、行政事业审计处、固定资产投资审计处、企业审计处、社会保障审计处、外资与农业资源审计处、经济责任审计管理处、整改执法监督处、绩效审计处、计算机审计处、人事处，下设广州市审计信息中心、广州市审计机关服务中心。

审计成果 广州市各级审计机关完成审计项目333个，查出主要问题金额6595655万元，其中违规金额28953万元、损失浪费金额36623万元、管理不规范金额6530079万元；损益（收支）不实金额138750万元；审计处理处罚金额144473万元，其中应上缴财政26706万元、应减少财政拨款或补贴2779万元、应归还原渠道资金8620万元、应缴纳其他资金9万元、应调账处理金额106359万元；审计发现非金额计量问题960个；审计促进整改落实有关问题资金61919万元，其中增收节支19034万元、已缴纳其他资金9万元、已调账处理金额42876万元；审计后挽回（避免）损失2893万元。移送司法机关、纪检监察机关和有关部门处理事项35件，移送处理金额61331万元。出具审计报告和专项审计调查报告505篇。提出审计建议669条，提交审计信息196篇，被批示、采用74篇。向社会公告审计结果9篇。

财政审计 开展市本级预算执行和其他财政收支审计，在审核财政收支相关的信息系统数据完整性的基础上，重点对本级预算执行和其他财政收支的真实、合法和效益情况进行审计；对市文化广电新闻出版局等8个部门进行预算执行审计，重点关注清产核资工作情况和“三公”经费管理使用情况，加大检查监督力度，严肃查处公款消费、公款出国旅游、违规修建楼堂馆所、节庆论坛展会活动过多过滥、“小金库”及违规使用专项资金等违法违规行为。

经济责任审计 对21名领导干部进行经济责任审计。印发《广州市审计局关于落实领导干部经济责任审计监督全覆盖工作的意见》等文件。选定3个街道试点开展镇（街）党政主要领导干部经济责任异地同步审计。统一组织11个区审计局开展区法院院长经济责任审计，加强对区属单位市管干部的审计监督。

民生资金（项目）审计 广州市审计局对市环境监测与预警中心建设、美丽乡村建设专项资金等民生项目、资金进行审计（调查），促进民生资金使用合法、有效、科学、透明，推动政府社会管理和公共服务职能的有效发挥，保障建设资金合法使用，促进总结建设经验，提高建设管理水平。

统一组织项目审计 广州市审计局完成对支持新疆发展资金和建设项目、城镇保障性安居工程、棚户区改造资金、横琴新区管委会党委书记和管委会主任任期经济责任情况等项目的审计（调查）工作。抽调审计骨干参与审计署开展的广东省农林水专项资金审计、全国土地出让收支和耕地保护情况审计后续调查、专案查办及审计回访工作。

（撰稿人：黄　羽）

【韶关市审计局】 2015年，韶关市审计局人员编制47人，实有41人。局长凌振伟（—11月），副局长李秋月、陈大川、毛考清，总审计师钟定鸿，纪检组长徐进平。设有办公室（计算机审计室）、法规审理科、经济责任审计办公室、财税金融审计科、行政事业审计科、农业与资源环保审计科、经贸外资审计科、固定资产投资审计科。

审计成果 韶关市审计机关完成审计项目262个，查出主要问题金额753831万元，其中违规金额101222万元、管理不规范金额652609万元；损益（收支）不实金额53114万元；审计处理处罚金额158298万元，其中应上缴财政101140万元、应归还原渠道资金531万元、应调账处理金额56598万元；审计发现非金额计量问题787个；审计促进整改落实有关问题资金158045万元，其中增收节支101419万元、已调账处理金额56598万元。移送司法机关、纪检监察机关和有关部门处理事项2件。出具审计报告和专项审计调查报告429篇，被批示、采用5篇。提出审计建议663条，被采纳493条。提交审计信息151篇，被批示、采用27篇。向社会公告审计结果2篇。

政策措施贯彻落实跟踪审计 韶关市审计局选取保利商业综合体、东莞韶关产业转移工业园、新雪域农产品（冷链）物流园、东环片区市政基础设施建设、中小河流治理等具有重要性和代表性的关键项目，全面了解项目建设全过程、各环节的具体情况，查找阻碍重大政策落实的节点；认真研究审计中发现的问题，分析问题产生的深层次原因，提出切实可行的解决方案；客观反映情况，慎重做出评价，揭示和反映一些部门和单位不作为、慢作为、乱作为的现象，对存在问题拒不整改的部门单位和个人，建议市委、市政府予以处理。在上报韶关市委、市政府的5个专题报告中，市委、市政府主要领导对其中4个专题报告做出重要批示，对市审计局的做法和成果给予充分的肯定，责成相关单位加强工作力度，严格落实整改，并列入市委、市政府督办事项。

财政审计 完成市本级财政预算执行审计，对安全生产监督管理、城市综合管理、住房和城乡建设、民政、人防办、编办、外事侨务等部门开展预算执行审计。重点关注本级政府财政和各预算执行部门的财政性资金的使用效率情况，通过审计，摸清财政资金的存量、增量，促进减少财政资金沉淀，盘活存量资金，推进国库支付、财政专户、结存结余等财政资金的规范管理，以及政策措施落实到位，进一步提高财政资金合理配置和高效使用，促使有关部门将有限的资金集中用于稳增长、调结构、惠民生的重点领域和关键环节。

经济责任审计 韶关市审计机关完成经济责任审计项目169个，审计单位168个，审计查出主要问题金额达263063万元，其中违规金额4299万元、管理不规范金额258764万元。根据广东省审计厅的安排，开展对佛山市南海区书记（区长）经济责任同步审计；对全市15个乡镇（街道）党政主要领导经济责任异地同步审计，建立与纪检部门的协作机制，对审计中发现的122条重要案件线索移交纪委监察局处理。

企业、金融审计 韶关市审计机关完成审计项目6个，审计查出主要问题金额6374万元。

民生资金（项目）审计 组织全市审计机关对韶关市2014年、2015年城镇保障性安居工程的投资、建设、分配、运营等情况进行审计，重点关注保障性住房的分配和管理。通过审计，摸清城镇保障性安居工程保障情况、目标任务完成情况、资金筹集使用情况，进一步规范保障性住房建设资金管理，加强保障性住房基础管理工作，提升保障性住房房源配租使用效率。韶关市审计局完成2013年至2015年试行年票制车辆通行费收支管理情况审计调查。

其他审计 开展对赣韶铁路韶关段征拆经费使用情况、韶关市第二技师学院一体化教学大楼建设工程竣工决算、韶关市广播电视台财务收支情况、韶关市旅游局近两年财务收支、韶关市国家森林管理处财务收支及土地管理、韶关市属三家幼儿园财政财务收支、韶关市公共汽车有限公司2013年与2014年资产负债损益等审计工作，为市委、市政府加强管理和科学决策提供有力的依据。 （撰稿人：徐望雄）

【深圳市审计局】 2015年，深圳市审计局人员编制199人，实有174人。局长陈倩雯，副局长沈安利、张美秀、赵忠良，机关党委专职书记刘菊里，副巡视员张志忠。设有办公室、综合处、审理处、财政审计处、金融审计处、行政审计处、资金审计处、企业审计处和资源环境审计处，下设深圳市审计局经济责任审计专业局、深圳市审计局政府投资审计专业局。

审计成果 深圳市审计机关完成审计（调查）项目4204个，查出违规金额9.71亿元、损失浪费金额1438万元，核减投资额20.95亿元，促进财政增收节支35.15亿元。向社会公告审计结果779篇。在审计署组织的2015年优秀审计项目评选中，深圳市审计局组织实施的深圳监狱监狱长任期经济责任审计项目获得地方表彰审计项目，深圳市土地出让收支和耕地保护情况审计项目获得全国土地出让收支和耕地保护情况审计表彰审计项目。

财政审计 开展对市本级公共财政、政府性基金、国有资本经营、社会保险基金预算执行情况，重点关注“三公”经费、会议费、培训费和差旅费等六项费用，加强对项目经费和内部管理制度建设情况的检查，重点关注财政存量资金构成、国有资本出资记录、原少儿医疗保险基金运营以及相关政策措施贯彻执行等情况，共审计39个预算单位，延伸审计80个下属单位和相关单位，审计资金3390.89亿元，出具审计报告33篇、审计决定书9份，提出审计意见建议129条。各区审计局落实政府全口径预决算审计要求，积极推进财政资金、政府性基金和国有资本的审计监督全覆盖。市本级预算执行及其他财政收支审计总体情况和审计发现问题整改情况按规定向市人大常委会报告。反映的19类45项问题，相关单位均已采取整改措施并取得较好成效。

绩效审计 深圳市审计局开展民生资金专题绩效审计，组织实施6个绩效审计项目，其他审计项目也注重向绩效审计延伸，同时组织功能新区审计机关围绕民生资金开展2个绩效审计项目。审计以资金流向为主线，涉及公交补贴资金、建设环保资金、宣传文化资金、产业扶持资金、养老项目投资、文体设施投资、民办教育资金、保洁清运资金，分别从资金管理使用、项目建设进展、项目管理运营、政策法规执行四个方面进行绩效评价，共反映17类23个问题，分别出具审计报告，提出审计处理意见和建议，绩效审计总体情况和发现问题整改情况均按规定向市人大常委会报告。

固定资产投资审计 开展水务工程投资、保障性住房、援疆项目、重大交通项目、轨道交通二期工程、前海合作区建设项目等审计，涉及投资额1613.83亿元，核减投资额6.8亿元。全年出具政府投资项目审计报告734篇，出具跟踪审计建议函11份，发出移送处理书8份、审计决定书2份，编写审计信息40篇。

经济责任审计 完成经济责任审计项目25个，查出违规金额7036万元、管理不规范金额共16.17亿元，提出审计建议78条。对31名领导干部履行经济责任情况进行评议，探索领导干部自然资源资产离任审计。根据上级审计机关要求，参加广州市天河区党政领导异地交叉审计，组织区审计机关实施市管区属领导的异地交叉审计和街道党政领导干部的异地同步审计。大鹏新区审计局积极探索领导干部自然资源资产审计的方式方法，细化操作规范和评价标准，完善生态审计制度，完成生态审计试点工作。

专项审计 对深圳市贯彻落实稳增长、促改革、调结构、惠民生、防风险政策措施情况进行跟踪审计；开展保障性安居工程跟踪审计、棚户区改造跟踪审计、对口援疆发展资金和项目跟踪审计；开展欠薪保障基金审计；配合人大开展5个重大建设项目的跟踪监督。统一部署市、区两级审计机关同步开展社会抚养费专项审计调查，组织完成轨道交通4号线项目补贴款专项审计和世界大学生运动会（大运会）执行局资金和物资专项审计、世界之窗有限公司协办大运会闭幕式费用专项审计调查等交办事项；组织完成涉及企业的临时交办审计事项20多项，涉及金额50亿元以上，完善制度建设8项。

审计成果运用 深圳市审计局出具审计决定17份，发挥官方网站、微博、微信等信息公开平台作用，向社会公告审计结果90篇，通过报送信息、调研报告开发利用审计成果，促进问题解决。龙岗区审计局发现和查处工程建设、征收补偿等重点领域的违法违规问题，共向区住建等主管部门移送处理事项19件。光明新区制定《光明新区区管领导班子及党政正职“六责联审巡查”工作制度》，成立新区六责联审联席会议，强化各部门协同配合和经济责任审计结果运用。坪山新区审计局审计发现涉嫌高套补偿标准、合伙骗取财政资金的重要问题及案件线索，移交新区纪检监察案件检查部门，5名涉案人员受到惩处。龙华新区审计局建立审计整改检查跟踪制度及审计整改落实情况登记制度，增强对被审计单位的刚性约束。

制度建设 制定《关于投资审计业务共性问题的处理意见》，统一审计标准和裁量尺度；出台《深圳市审计局关于在政府投资项目审计中贯彻落实〈深圳经济特区审计监督条例〉的实施意见》，推进投资审计项目分类管理。会同市有关部门做好经济责任审计制度的调研和起草工作，市委办、市府办印发《深圳市党政主要领导干部和国有企业领导人员经济责任审计制度》和《深圳市组织部门运用经济责任审计结果工作制度》。

信息化建设 创新审计技术方法，探索开展前海合作区建设项目在线跟踪审计监督，利用行业数据进行审计分析，利用数据分析平台协助审计，审计效能大为提高。

审计科研 深圳市审计局开展审计课题研究，课题成果“实现审计监督全覆盖研究”通过省审计厅、省审计学会组织的专家评审组结项鉴定，获得深圳市第七届哲学社会科学优秀成果调研报告类二等奖。市审计局、前海廉政监督局、南山区审计局联合开展的“深圳市政府投资项目审计监督标准化体系构建研究”纳入深圳市社科联“十二五”规划课题并完成结项。市审计局、市委组织部、市政府发展研究中心、市人居环境委联合开展领导干部自然资源资产责任审计课题研究，研究成果已提升到制度建设阶段。南山区审计局加强审计理论创新，总结提炼财政专项资金类绩效审计评价标准，研究成果在《审计文摘》刊发。

内部审计 2015年，深圳市各内部审计机构共完成审计项目8916个，审计金额2653.61亿元，增收节支5.42亿元；提出建议意见被采纳4349条；建议给予行政处分36人，实际给予处分36人；向司法机关移送案件4起。

（撰稿人：凌春杰）

【珠海市审计局】 2015年，珠海市审计局人员编制59人，实有49人。局长戴伟辉，副局长胡艳华、张跃进、苏牧。设有办公室、政策法规科、经济责任审计科、财政税务审计科、行政事业审计科、资源环保与绩效审计科、固定资产投资审计科、企业审计科、整改监督执法科、内部审计指导科、数据分析科及直属分局、横琴分局。

审计成果 珠海市审计机关完成审计项目103个，查出主要问题金额263695万元，其中违规金额4832万元、损失浪费金额2532万元、管理不规范金额256330万元；损益（收支）不实金额12731万元；审计处理处罚金额193730万元，其中应上缴财政3357万元、应减少财政拨款或补贴3214万元、应归还原渠道资金506万元、应调账处理金额186651万元；审计发现非金额计量问题486个；审计促进整改落实有关问题资金163496万元；审计后挽回（避免）损失3533万元，核减投资额3402万元。移送纪检监察机关和有关部门处理事项13件，移送处理人员1人。出具审计报告和专项审计调查报告157篇，被批示、采用1篇。提出审计建议350条，提交审计专题、综合性报告和信息简报69篇，被批示、被采用22篇。向社会公告审计结果2篇。

财政审计 珠海市审计机关财政审计观念从收支规范向科学理财转变，通过专线和实时在线监控系统，对财政业务数据进行实时查询比对，深化对公共财政资金的监督，努力确保审计监督的时效性、全面性。通过审计，揭示部分财政资金分配不及时、不科学、预算约束力不足，存量资金规模大、政府性资产管理不够健全有效等问题，查出主要问题金额212569万元。

经济责任审计 珠海市审计机关经济责任审计重点从遵纪守法向权力运行转变。通过统筹制订经济责任审计规划以及镇街党委书记、镇长（主任）异地同步审计中长期工作规划等措施，审计监督覆盖到审计管辖权内的区级党政、市直、国企和部分街镇“一把手”；将权力运行、经济决策、偿债能力、资源利用、环境保护和贯彻落实中央八项规定等廉政纪律列入审计评价范畴；对设有二级以下核算单位的市直部门、市管企业的审计，下属单位延伸审计覆盖面基本达到70%。全年完成全市党政部门和国有及国有控股企业领导干部经济责任审计项目52个，查出主要问题金额42010万元，其中违规金额1811万元、损失浪费金额1986万元、管理不规范金额38212万元。

固定资产投资审计 政府投资审计切入点从造价审核向全面审计转变，提前介入多个工程设计和论证环节，注重指出目前政府投资工程中节约意识不强、部门监督及沟通不足、中介机构约束机制不健全等制度性漏洞，有效促进政府投资工程规范建设行为，完善监督机制。全年审计政府投资单位19个，项目投资额317688万元，完成投资额24374万元，核减投资额3305万元，查出主要问题金额7142万元。

民生资金（项目）审计 珠海市审计机关开展社会保险基金监督预算执行和决算情况的审计，查出主要问题金额1160万元。

企业审计 对9个单位开展审计，同时延伸审计13个单位，查出主要问题金额25373万元，向纪检监察部门移交有关案件线索。

专项资金审计 开展专项资金审计，关注资金投入后产生的效益性和合理性。在对城镇保障性安居工程、幸福村居、民生工程、社保资金、政府专营收益等资金的审计中，揭示在资金筹集、征缴、使用、分配和管理过程中的体制机制性问题，分析有关资金投入后是否达到立项时所预期的工作目标，向有关部门提出合理化的改进建议。通过对市直单位租用、出租办公用房情况的分析，指出部分单位使用财政资金租用办公用房、部分单位存在大量房屋空置或低价出租的不合理现象，揭示资金支出不经济的问题。查出主要问题金额17450万元。

内部审计 珠海市内部审计机构完成4023个审计项目，审计总金额1493.83亿元，增收节支1.54亿元；建议给予行政处分14人，实际给予行政处分13人；向司法机关移送案件2起，移送2人；提出建议意见被采纳2582条。

（撰稿人：黄健梅）

【汕头市审计局】 2015年，汕头市审计局人员编制73人，实有68人。局长谷元新，副局长郭旭、吴少青、吴小琦、谢叙淦，总审计师杨光胜，纪检组长林炎光，调研员吴绚红，副调研员谢火燕、陈艾龙、黄师杰、陈电武（—7月）、林惠娟，副处级干部卢晓云。设有办公室（与机关党委办公室合署）、综合法规科（整改监督科）、财政金融审计科、行政政法审计科、企业审计科、固定资产投资审计科、教科文审计科、农业与资源环保审计科、社会保障审计科、经济责任和绩效审计分局，下设计算机审计中心。

审计成果 汕头市审计机关完成审计项目177个，其中组织实施审计项目177个。查出主要问题金额2012214万元，其中违规金额3041万元、损失浪费金额733万元、管理不规范金额2008439万元；损益（收支）不实金额430415万元；审计处理处罚金额85461万元，其中应上缴财政2608万元、应减少财政拨款或补贴4950万元、应归还原渠道资金13028万元、应调账处理金额64873万元；审计发现非金额计量问题536个；审计促进整改落实有关问题资金62449万元，其中增收节支8220万元、已调账处理金额54228

万元；审计后挽回（避免）损失 4990 万元。移送司法机关、纪检监察机关和有关部门处理事项 3 件。出具审计报告和专项审计调查报告 235 篇，被批示、采用 6 篇。提出审计建议 281 条，提交审计信息 22 篇，被批示、采用 15 篇。向社会公告审计结果 7 篇。

政策措施贯彻落实跟踪审计 汕头市审计机关共抽调市区两级审计人员 104 人次参与跟踪审计，抽查 96 个单位、94 个项目，抽查资金总量达 321.38 亿元，发现问题金额 13.86 亿元

财政金融审计 关注预算平衡机制，加大对财政增量和存量资金的监督。加强预算收支管控监督。将市直单位预算收入作为审计重点，审计发现 19 个单位未能及时、足额将利息、物业收入等 794.16 万元上缴财政，以现金直接支付招待费、差旅费等费用，未通过开户银行转账或公务卡强制结算等问题，从优化财政支出结构、预防腐败、切实降低行政成本的角度提出建议，市审计局通过财政运行、地方政府债务、房地产市场运行、金融运行、外经贸进出口运行和消费投资风险审计，反映财政、金融等领域苗头性、倾向性问题，推动完善风险防控机制，促进提升经济抗风险能力，发挥审计的预警功能。

经济责任审计 汕头市审计机关审计领导干部 106 人，查出违规金额 2205 万元、损失浪费金额 733 万元。制订乡镇领导经济责任审计项目中长期规划，2015 年安排 3 个区县各选择一个乡镇（街道）作为党政主要领导干部经济责任异地同步审计试点。贯彻落实《汕头经济特区预防腐败条例》，强化经济责任审计在预防和治理腐败方面的作用。加强对政府职能转变的审计监督，将领导干部贯彻落实中央和省、市重大政策措施情况、任期举债、“三公”经费及楼堂馆所建设等方面公共财政资金的使用情况和民生改善、科技创新、自然资源资产等内容纳入经济责任审计范畴，作为考评干部的重要指标，探索逐步开展领导干部离任环境责任审计。

农业与资源环保审计 探索环境资源绩效审计，开展农村专项资金、污水处理厂建设资金审计。在对市“十二五”规划的 18 个污水处理厂建设项目审计中，针对有 14 座污水处理厂未开工建设、进度严重滞后等问题，提出合理化建议，并以审计专报反馈给市委、市政府和有关单位。

固定资产投资审计 加强对政府投资项目审计和重大项目实行全过程跟踪审计，并为项目投资的效益性、建设程序的规范化提出建议。建设单位和施工单位主动要求审计部门提早介入跟踪审计，促进工程项目规范管理。

民生资金（项目）审计 开展城镇保障性安居工程资金和卫生专项资金审计，指出部分廉租房空置、个别廉租房工程建设缓慢、全市尚未建立住房保障对象经济状况审查多部门数据信息共享机制，有 5 个区滞留基本公共卫生服务项目资金和其他卫生专项资金未拨付用款单位等问题，从避免资金闲置、促进规范管理、提高资金使用效益方面提出审计意见和建议。

企业审计 汕头市审计局对市公共交通总公司 2013 年度运营情况实施审计，从公交企业成本费用角度入手，通过数据分析，剖析公交总公司经营亏损的原因，披露财政部门对公交总公司承担社会资金补偿不到位、燃油价格补贴未能及时全额到位等问题。对市路桥收费还贷专项资金实施审计，重点关注 2013 年以来年票制收支情况、路桥费收支计划编报、纳入年票制还贷基数确认、项目单位资金还贷情况，通过审计，促进项目单位及时归还银行贷款，按原渠道上缴财政已完工项目结余资金和利息，提出加强年票征收管理，及时科学编报路桥收费还债专项资金收支计划等审计建议。

审计成果运用 汕头市审计局向市委、市政府上报审计专报和专题报告 22 篇，被市领导批示 15 篇次，其中对城镇保障性安居工程跟踪审计中发现的问题，提出具有可操作性审计建议，市政府专门召开会议进行研究，并制定整改落实措施。市审计局在对政府投资项目管理、城投债债务管理、污水设施管理等审计中发现的问题进行梳理、归纳，形成审计专报，从机制制度层面向市领导提出建议。

审计整改 汕头市第十三届人大常委会第三十六次会议，首次将书面听取审计整改工作报告改为由市审计局负责人到会进行口头报告，进一步完善对审计查出问题的整改情况跟踪监督的机制，加大审计整改力度，提升审计监督成效。市人大高度肯定市审计局在跟踪督促落实审计整改

工作方面的成效。

审计信息公开 审计局官网及时发布年度审计工作报告、年度审计整改报告、市公共交通总公司2013年营运情况等审计结果，稳步推进信息公开，增加审计透明度和社会影响力。全年在审计局官网和市政府门户网站发布审计工作动态信息35篇，被《中国审计报》《汕头日报》等媒体报道刊登10篇。2015年，市审计局被中国审计报社评为审计宣传工作先进单位；被中国时代经济出版社和《中国审计》编辑部评为全国审计宣传先进单位。

审计科研 7月，汕头市审计学会第六次会员代表大会暨第六届理事会第一次会议在汕头市审计局召开，会议选举产生由45人组成的新一届理事会。市审计局重视审计理论研究和实践创新工作，《港澳特区审计职业化对大陆审计机关的启示》参加中国审计学会审计职业化专题研讨会；海洋环境绩效审计、科技三项资金审计等方面的实践和理论探索在粤港澳的审计理论研讨会上进行交流，《基于国家治理视角的国家审计制度完善和创新的思考》一文参加第二届全省审计青年论坛并获得二等奖。

内部审计 5月，汕头市内部审计协会召开第二届理事会第三次会议暨内部审计专题报告会，会议对理事、副会长和秘书长进行调整、增补。

（撰稿人：张卫红）

【佛山市审计局】 2015年，佛山市审计局人员编制44人。局长何内（11月—），副局长温美球、杜惠萍、金娥，总审计师谢慧茹，纪检组长董长文（11月—），市经济责任审计联席会议办公室主任蓝杰，调研员杨耀松（11月—）。设有办公室、法规审理科、经济责任审计科、财税审计科、行政事业审计科、固定资产投资审计科、企业审计科、社会保障审计科、绩效科。

审计成果 佛山市审计机关开展审计和专项审计调查项目81个，查出违规金额5674万元、侵害群众利益金额3586万元、损失浪费金额170万元、管理不规范金额883704万元，为国家增收节支5158万元，其中上缴财政4663万元、归还原渠道资金494万元，审计后挽回或避免损失175万元。向司法、纪检监察机关和有关部门移送处理事项6件，涉及金额11346万元。出具审计报告100篇，提交综合性报告、专题报告、信息简报等82篇，其中提交重要审计信息3篇。审计信息被党政领导和有关部门批示、采用14篇次。向被审计单位或有关单位提出审计建议254条。向社会发布审计结果公告2篇，推动被审计单位建立健全规章制度4项。

政策措施贯彻落实跟踪审计 佛山市审计局完成棚户区改造、城镇保障性安居工程建设、养老服务业政策措施落实情况的跟踪审计。关注生态环境保护和节能环保产业发展以及工业转型升级政策措施落实情况，对盘活财政存量资金以及重大项目财政资金的到位使用情况进行跟踪检查。依法揭露违法违纪重大问题，及时提出审计意见和建议，督促相关责任单位整改落实，确保各项稳增长政策措施得到有效贯彻落实。

财政审计 佛山市审计机关对30个单位开展预决算执行审计，完成19个行政事业单位专项审计调查，查出主要问题金额860394万元，出具审计报告68篇。佛山市审计局完成市本级2014年度财政预算执行和其他财政收支情况审计，完成对禅城区、高明区、三水区2014年度财政决算的审计工作。重点延伸审计市财政补助各区资金的使用情况、市产业金融引导专项基金管理情况，查出区未及时足额上缴市级税收分成款、未按规定上缴道路交通事故社会救助基金，部分市级资金效益不高等问题。佛山市审计局对12个市级预算单位2014年度“三公”经费管理使用情况进行专项审计调查，发现“三公”经费管理使用方面存在预算管理不够严谨，个别单位未经批准使用公务交通经费发放补贴等问题。

专项资金审计 佛山市审计机关开展13个专项资金审计和调查，延伸审计单位82个，审计专项资金总额635508万元，查出主要问题金额7262万元。

经济责任审计 佛山市审计机关对19名领导干部开展经济责任审计，其中任中审计10人，离任审计9人，查出违规金额69万元、管理不规范金额136530万元。佛山市审计局对4个市直单位主要领导干部进行任期经济责任审计。重点推进2个镇街党政主要领导干部经济责任异地同步审计，向市纪委移送1件主要领导干部违纪违法案件。对镇街经济责任项目发现问题进行综合性分析，向市委提交《镇（街）基层党组织建设要重视对领导干部经济管理权力的监督》的信息。完成广东省审计厅交办的书记、区长经济责任异地同步审计，首次将机构设置及编制使用情况纳入审计重点范围。

民生资金（项目）审计 佛山市审计局组织对市级统筹社会保险结余资金进行专项审计调查，对佛山市2014年城镇保障性安居工程的投资、建设、分配、运营等情况进行跟踪审计。安居工程项目重点对12个保障性安居工程项目的开工情况、29个项目的基本建成情况、10个项目的工程建设和质量管理情况进行检查。审计发现保障性安居工程资金筹集和管理、住房分配使用不规范，工程建设管理不到位等问题。

固定资产投资审计 开展11个重大投资项目审计，延伸审计16个单位，查出主要问题金额17626万元，出具审计报告8篇。佛山市审计局继续对2个重点工程项目实施全过程跟踪审计，提出审计建议约300条，及时纠正不规范招标文件24个。对1个路桥工程项目的资金和建设管理情况进行审计，发现工程建设进度滞后、经费支出与资金使用管理不规范、未执行财务总监联签规定等问题。

援疆审计 8月15日至9月10日，佛山市审计局对广东省对口支援新疆工作前方指挥部驻伽师县工作队负责的截至2015年7月底对口支援新疆伽师县资金和项目管理情况进行跟踪审计，发现2014年和2015年项目进展较慢、个别援疆项目总投资超计划投资等问题。

企业审计 佛山市审计局对2个市属国有企业2013—2014年度资产负债损益情况进行审计调查，揭示国有资产运营过程中存在的未及时收缴国资收益、资产出租和工程发包管理不规范、重大事项未经集体决策等问题，促使国有企业出台公司管理制度、财务和“三重一大”决策、资产、招投标等4项管理办法。对佛山市属国有企业薪酬管理现状、存在问题进行全面的调查，撰写《佛山市属国企高管薪酬管理亟待规范》专题报告，得到市委、市政府领导批示。

审计方法创新 结合佛山经济社会发展和审计监督环境的实际，探索采用“审计巡查”新模式。通过派出审计组到审计对象单位召开座谈会、查阅有关制度文件、翻阅有关账目凭证等形式，及早提醒和帮助改正存在的问题，预防出现重大违纪违规问题。2015年主要在11个市直行政事业单位进行试点工作，发现被审计单位苗头性问题35个，提出审计建议46条，提供审计业务咨询意见25条，协助建立健全规章制度9项。全面推行审理制，坚持程序审理与内容审理相结合、过程审理与结果审理相结合，除审理正式审计报告外，增加从审计报告汇报稿到审计征求意见稿发出期间的审理，通过“两次业务会议、两次审理把关”提前介入审理工作。（撰稿人：陈嘉文）

【江门市审计局】 2015年，江门市审计局人员编制42人，实有40人。局长郭建红，副局长陈伟文、梁小玲、林文宇，总审计师梁兆政，纪检组长林伟雄，调研员吴子峰（—6月），副调研员梁金佩（11月—）。设有办公室、法规审理科、经济责任审计科、财政审计科、行政事业审计科、固定资产投资审计科、企业审计科、社会保障审计科、绩效审计科。

审计成果 江门市审计机关开展审计和专项审计调查项目202个，查出违规金额5511万元、管理不规范金额104.61亿元、损益（收支）不实金额18.44亿元、促进增收节支1.08亿元。向纪检监察机关移送处理事项7件。出具审计报告325篇，提交综合性报告、专题报告、信息简报等97篇。审计信息被党政领导和有关部门批示、采用9篇次。向被审计单位或有关单位提出审计建议712条。向社会发布审计结果公告16篇。

政策措施贯彻落实跟踪审计 组织全市审计机关开展落实稳增长等政策措施情况跟踪审计。采取专项审计与复合审计相结合的方式，把推动政策落实贯穿全年审计工作；围绕重大项目建设、财政资金统筹使用、重大政策贯彻落实、简政放权、防范经济领域风险隐患等五大方面，重点审查养老服务业、财政存量资金、工业转型升级、创新驱动等政策情况，揭示部分项目进度缓慢、资金保障不到位、资金使用效益不够高等问题，促进部门单位履职尽责，提高政策执行力，保障决策部署落到实处。围绕江门市交通大会战的部署，对江门大道政策落实情况进行审计，揭示征地拆迁、管线迁改、工程管理等存在的突出问题，促进解决工作进度、资金到位问题。

财政审计 首次将所有政府性收支纳入审计监督范围，实现对以公共财政、国有资本经营、社会保障基金等为主的全口径财政资金进行审计监督。组织对2014年市本级财政预算执行情况和其他财政收支情况进行审计，发现财政专户利息收入1864.99万元未缴入国库作一般公共预算收入；12个市直部门（单位）未纳入部门预算编制范围；部分预算单位支出进度慢，年终结余结转资金额度大。组织对2014年国有资本经营预算审计，发现国有资本经营预算编制不科学、资金使用效益低。如市国资委2013年底国企改革发展经费累计结余183.32万元，2014年仍安排25万元，实际只使用4.36万元。组织对2014年社会保险基金预算审计，发现部分险种实际支出数与预算数偏离较大，且未按规定编制预算调整方案；部分实行市级统筹的社会保险基金滞留各市（区）财政专户未及时上缴市财政专户；部分企业单位未按规定缴纳社会保险费；部分参保人违规重复参保和享受社保待遇。组织对原市林业局、原市园林局、市住房城乡建设局、市社会保险基金管理局、市国资委5个部门预算执行进行审计，发现预算编制不够严格、准确，2个部门结余预算数比实际数少，3个部门上年结余、部分收支和上级补助收入未纳入年初预算；预算执行不够严格、规范；2个部门公务接待费、公务用车费用超预算；固定资产管理不完善，原市园林局16处房产物业没有登记账面价值导致固定资产账面价值反映不实。对蓬江区2014年度财政决算进行审计，发现未及时上缴当年非税收入及结余18106.06万元，虚列支出11226.54万元，无预算拨款857.13万元，未按规定编制国有资本经营预算、少计债务24190万元。

经济责任审计 江门市审计机关对119名领导干部开展经济责任审计，其中县处级领导30人，乡科级领导82人，地方企业、金融机构7人。查出违规金额1481万元、损失浪费金额238万元、管理不规范金额13.99亿元，出具审计报告和审计结果报告238篇，提出建议405篇。参加省审计厅组织的云浮市郁南县委书记、县长经济责任同步审计。健全完善经济责任审计工作领导机构和制度建设，调整充实联席会议机构，增加编制办公室为成员单位，市长亲自担任联席会议总召集人，3名市委常委担任召集人。

民生资金（项目）审计 组织对全市2014年城镇保障性安居工程（包括廉租住房、公共租赁住房、经济适用住房和各类棚户区改造）的投资、建设、分配、运营等情况进行审计，发现部分保障性安居工程资金闲置，3个市（区）590套已建成保障性住房建成后空置。组织对鹤山、台山、恩平3个市2014年度棚户区改造资金管理和使用情况进行跟踪审计，发现部分棚户区改造资金闲置，涉及资金54.86万元；未能严格审查棚户区改造项目申请人的经济状况，将不符合条件的5户家庭纳入改造对象。对2014年度全市住房公积金归集、使用情况进行审计，审计结果表明，2014年度全市住房公积金归集额36.96亿元；全市职工提取个人名下住房公积金27.78亿元；全市共发放住房公积金贷款16.44亿元，全市住房公积金业务收入4.05亿元，业务支出2.24亿，实现增值收益1.81亿元。

专项审计调查 首次组织全市审计机关对农村集体“三资”展开审计调查，抽查镇（街）21个、行政村86个、村小组187个，摸清农村集体“三资”管理情况，提出加强清产核资、完善监管、落实保障等系列建议，促进规范完善管理，协助查办涉及农村基层违纪违法问题。

（撰稿人：温志芳）

【湛江市审计局】 2015年，湛江市审计局人员编制58人，实有51人。局长符强，副局长高敬元（—6月）、庞彩虹（6月—）、宋进耀、喻树武、王忠，纪检组长陈苏平，副调研员李驰。设有办公室、法规审理科、经济责任审计科、财税金融审计科、行政事业审计科、经贸审计科、固定资产投资审计科、社会保障审计科、绩效审计科、直属分局。

审计成果 湛江市审计机关完成审计项目184个，查出主要问题金额1259993万元，其中违规金额36344万元、管理不规范金额1223649万元；损益（收支）不实金额297346万元；审计处理处罚金额432339万元，其中应上缴财政12688万元、应减少财政拨款或补贴110万元、应归还原渠道资金127377万元、应调账处理金额292154万元；审计发现非金额计量问题229个；审计促进整改落实有关问题资金4335万元，其中增收节支2168万元、审计促进拨付资金到位7万元；审计后挽回（避免）损失357万元。移送司法机关、纪检监察机关和有关部门处理事项4件。出具审计报告和专项审计调查报告288篇，被采用138篇。提出审计建议371条，提交审计信息20篇，被批示、采用6篇。

政策措施贯彻落实跟踪审计 对市本级相关部门、湛江经济技术开发区、海东新区实施贯彻落实国家重大政策措施落实和宏观调控部署情况跟踪审计，对个别年经济总量较大的县（市、区）实施上审下，其余由县区审计机关实施。全年向政府报送报告6篇。

财政审计 湛江市审计机关完成财政类审计项目175个，延伸审计单位50个，其中预算执行21个、财政决算6个、行政事业112个、专项资金29个、固定资产投资7个，出具审计报告268篇，审计专项资金总额402473万元，涉及项目投资额401108万元，查出主要问题金额1257875万元。

企业审计 湛江市审计机关完成企业审计9个，审计查出主要问题金额2118万元。

经济责任审计 开展由吴川市审计局派出审计组对廉江市营仔镇党政主要领导经济责任异地同步审计，湛江市审计局开展对徐闻县、麻章区党委书记和县（区）长的同步审计。派出审计组参加广东省审计厅组织的化州县委书记、县长经济责任同步审计。增加自然资源资产作为领导干部经济责任审计评价内容。全市完成经济责任审计单位104个，涉及经济责任人104人，其中党委、政府19人，党政部门45人，审判机关2人，事业单位32人，人民团体3人，国有及国有控股企业3人；上述审计对象中属任中审计41人、离任审计63人。审计查出主要问题金额83231万元，出具审计报告和审计结果报告208篇。

民生资金（项目）审计 湛江市审计机关组成6个审计小组，配合广东省审计厅分别对徐闻、雷州、廉江、吴川、坡头、麻章等6个县（市、区）实施2015年保障性安居工程审计。

审计整改 建立审计整改工作联席会议制度，市政府办公室把审计整改工作列入政府督办系统跟踪督促整改。10月26日组织召开湛江市2014年度市级预算执行和其他财政收支审计查出问题整改情况通报会。

内部审计 湛江市共有内部审计机构62个，完成审计项目2608个，其中财务收支审计284个、绩效审计69个、经济责任审计191个、内部控制评审154个、基本建设审计1046个、其他审计864个，审计总金额5006740万元，促进增收节支3278万元，提出建议意见被采纳1800条。

（撰稿人：关南全）

【茂名市审计局】 2015年，茂名市审计局人员编制41人，实有39人。局长黄晓文，副局长李家胜、梁文超、柯筱兰（2月—），总审计师冯广周。设有办公室、综合审计科、财税金融社保审计科、行政事业审计科、经贸审计科、农业与资源环保审计科、固定资产投资审计科、经济责任审计科。

审计成果 完成审计项目270个，查出主要问题金额877177万元，其中违规金额28069万元、管理不规范金额848570万元，损失浪费金额538万元；损益（收支）不实金额61365万元；审计发现侵害人民群众利益2519万元；审计处理处罚金额38939万元，其中应上缴财政21939万元、应归还原渠道资金3633万元、应调账处理金额13366万元；审计发现非金额计量问题233个；审计期间整改金额193万元；审计促进整改落实有关问题资金15224万元，其中增收节支15019万元、已归还原渠道资金1608万元；审计后挽回（避免）损失2018万元；核减投资额3345万元。移送纪检监察机关和有关部门处理事项2件。出具审计报告和专项审计调查报告448篇，被批示、采用39篇。提出审计建议725条，提交审计信息48篇，被批示、采用10篇。

政策措施贯彻落实跟踪审计 开展稳增长、促改革、调结构、惠民生、防风险等政策措施落实情况跟踪审计。通过审计（调查），摸清茂名市在推进重大建设项目上重点资金到位、简政放权、养老服务业等方面的政策措施落实情况。

财政审计 茂名市审计机关完成预算执行审计项目（含财政决算审计）25个，延伸审计单位

65个，查出主要问题金额443588万元。对11个行政事业单位财务收支进行审计，延伸审计单位10个，查出违规金额1015万元、管理不规范金额4150万元。

经济责任审计 茂名市审计机关审计领导干部181人，其中县处级领导干部44人、乡科级领导干部134人、地方国有企业领导人员3人。查出主要问题金额342660万元，其中违规金额6656万元、管理不规范金额335466万元、损失浪费金额538万元，审计发现侵害人民群众利益金额1969万元。参加省审计厅统一组织的台山市委书记、市长经济责任审计同步审计。

固定资产投资审计 组织对茂名市市民大道新建工程项目、东莞大朗（信宜）产业转移工业园工程项目等5个项目竣工决算进行审计。审计项目投资额22827万元，核减工程投3345万元，查出主要问题金额6656万元。

企业审计 对茂名市城市综合开发公司、茂名港集团等13家地方国有企业开展审计，查出财务收支核算不实等主要问题金额26079万元。

专项资金审计 完成专项资金审计（调查）项目34个，延伸审计单位128个，审计专项资金总额达227892万元，查出主要问题金额35222万元。

（撰稿人：林红专）

【肇庆市审计局】 2015年，肇庆市审计局人员编制47人，实有43人。局长何炼生，副局长周敏华、苏汉中、谢秋萍、李铖，总审计师闲建中，纪检组长苏汉中（兼），市经济责任审计工作联席会议办公室主任余卓怡。设有办公室（与纪检组、监察室合署）、综合法规科、财税金融审计科、行政政法事业审计科、农业与资源及社会保障审计科、企业与外资运用审计科、固定资产投资审计科、经济责任审计科、审计中心。

审计成果 肇庆市审计机关完成审计（调查）项目155个，查出主要问题金额109.74亿元，其中违规金额2.1亿元、管理不规范金额107.64亿元；损益（收支）不实金额18.15亿元；审计处理处罚金额13.77亿元，其中应上缴财政0.50亿元、应归还原渠道资金1.58亿元、应调账处理金额11.69亿元；审计发现非金额计量问题259个；审计促进整改落实有关问题资金6.70亿元，其中增收节支0.37亿元（含以前年度审计处理落实金额）、已调账处理金额6.31亿元（含以前年度审计处理落实金额）；审计促进拨付资金到位12.42亿元。出具审计报告和专项审计调查报告243篇。提出审计建议531条，提交审计信息137篇，被批示、采用118篇。

财政审计 对46个预算执行和21个财政决算项目进行审计，突出对组织执行财政预算（决算）的重点部门和重点资金的审计监督，重点关注行政运行成本和管理绩效、全口径预算体系建设、预算编制和执行情况等方面，涉及问题金额107.09亿元。

经济责任审计 完成80名党政领导干部经济责任审计，其中县（区）委书记2人，县（区）长1人，镇委书记、镇长22人，党政部门领导27人，事业单位领导13人，检察、审判机关领导13人，社会团体领导1人，国有企业法定代表人1人。上述审计对象中属任中审计41人、离任审计39人。查出违规金额1.96亿元、管理不规范金额28.46亿元，发现侵害人民群众利益问题金额321万元，提出审计建议200条，被采纳171条。配合广东省审计厅开展英德市委书记、市长经济责任异地同步审计项目。通过审计，揭示英德市委、市政府在土地、矿产等自然资源政策法规执行、重大经济决策、财政财务收支、政府债务和国有资产管理情况等方面存在的问题，促进规范财政资金管理使用、土地储备管理和自然资源保护。

专项资金审计 开展专项资金审计项目25个。主要开展全市城镇保障性安居工程专项审计，揭示保障性安居工程项目建设程序不规范、未完善城市棚户区改造项目用地手续、改造项目在未取得施工许可证情况下未批先建等问题，查出违规及管理不规范问题945.21万元。

政策措施贯彻落实跟踪审计 肇庆市审计机关开展重大水利项目建设、财政存量资金清理、稳增长财政资金安排、融资平台公司在建项目、重大基础设施工程项目建设、养老服务业政策措施落实、工业转型升级政策措施和创新驱动发展战略落实、经济运行风险和简政放权落实情况审计。共抽查310个单位、97个项目，抽查资金总量320亿元。通过审计揭示重大建设项目资金缺口较大、工程进度缓慢、征地工作困难等问题，完善责任追究机制等整改意见和建议。

审计整改 通过整改共督促各被审计单位上缴财政资金1576万元、归还原渠道资金2101万元、调账处理资金6.31亿元、促进资金拨付到位12.42亿元，促进有关单位相应地制定和完善各项规章制度。肇庆市审计局首次在市人大常委会上专题报告3年来审计发现问题的整改情况。

（撰稿人：江苇豪）

【惠州市审计局】 2015年，惠州市审计局定编48人。局长冯起忠，副局长骆英华、赖巨龙、叶肖彬、李思，纪检组长黄咏，副调研员雷玉霖、王启彝。设有办公室、法规审理科（惠州市审计学会、惠州市内部审计协会）、综合信息科、财政税务审计科、专项资金审计科、经济责任审计科、固定资产投资审计科、企业审计科、审计督察科。

审计成果 惠州市各级审计机关完成审计（调查）项目305个，查出违规金额31944万元、应上缴财政金额11190万元、应减少财政拨款或补贴金额24171万元、应归还原渠道资金13053万元；移送纪检监察机关及其他部门处理事项27件，提交审计报告、审计信息617篇。其中，市审计局完成审计（调查）项目93个，查出违规金额18780万元、应上缴财政金额1302万元、应减少财政拨款或补贴金额9837万元、应归还原渠道资金6784万元；移送纪检监察机关及其他部门处理事项12件，提交审计报告、审计信息171篇。

民生资金（项目）审计 对市本级2014年城镇保障性安居工程（公共租赁住房）的投资、建设、分配、运营等情况进行审计，对棚户区改造资金管理和使用效益情况进行审计，发现保障性安居工程资金未及时拨付或配套、保障性住房空置、公租房住户拖欠租金等问题。组织市、县（区）两级审计机关对市本级（含惠城区、仲恺高新区）、博罗县、龙门县、大亚湾开发区2013年至2014年残疾人就业保障金征缴、管理、使用和绩效情况进行审计调查，发现残疾人就业保障金征收管理不够规范、部分残疾人就业保障金未及时发放到位、部分残疾人就业保障金使用效益不够理想等问题。对市直2013—2014年度民政事业专项资金管理、使用、效益情况进行审计调查，发现挤占专项资金、超范围使用专项资金、慰问品发放存在漏洞、专项资金年末结余较大等问题。对市道路交通事故社会救助基金2013—2014年度收支管理情况进行审计调查，发现对垫付的救助基金追偿力度不够、部分救助基金未及时发放等问题。

农业与环境保护审计 对惠州市2012—2013年度环保专项资金管理使用情况进行审计调查，发现环保专项资金结余较大、资金闲置时间长、超范围使用专项资金等问题。对市直2013—2014年度渔业专项资金管理使用效益情况进行审计调查，发现个别企业违规申领财政专项资金、个别县、区政策性渔业保险财政配套资金未到位、专项资金年末结余较大等问题。

专项资金审计 对市民族宗教事务局承办的第五届广东省少数民族传统体育运动会专项资金收支情况进行审计，查清第五届广东省少数民族传统体育运动会专项资金的筹集、使用和管理情况，发现部分支出项目未办理政府采购手续、超范围列支专项资金等问题。对市直2012—2013年度供销专项资金管理使用效益情况进行审计调查，发现个别企业存在虚报平价商店面积和租金、多申领专项资金、以不符合申报条件的项目违规申领专项资金、以不实申报材料申领专项资金等问题。对2013—2014年度交通专项资金管理使用效益情况进行审计调查，发现专项资金年末结余较大、超范围使用专项资金、部分收入未按规定上缴财政等问题。对2012—2013年度安全生产专项资金管理使用效益情况进行审计调查，发现超范围使用专项资金、个别事项未办理政府采购审批手续等问题。

固定资产投资审计 完成政府投资审计项目23个，节约建设资金10816万元，提出审计整改意见建议26条。制定发布《惠州市审计局关于市政府投资项目跟踪审计的实施细则》，规范政府投资项目跟踪审计工作。对红花湖大型停车场管理及附属工程、吊鸡沥截污工程、白泥一路后段道路工程、斑樟湖路后段道路及排水工程、江北西片区部分市政基础设施建设项目二期工程、惠祥南路与西路（江北25号小区24米道路）工程、市区主次干道水泥路面铺设沥青罩面工程、惠南大道（三环路至福长岭段）沥青罩面工程、惠民大道及云山东路沥青罩面工程、惠州工业园至金山污水处理厂主干管工程等10项政府重点工程结算进行审计调查，核减不实工程造价538.5万元。对新开河、大湖溪沥、青年河、望江沥、金山河水环境综合整治工程，惠州大堤（南堤）堤路贯通工程，惠新大道及梅湖大道工程，隆生大桥工程，东安花园二期、惠南居保障房工程，马安围平马围合围安全加固工程，市技师学院二期工程，惠州商贸旅游高级职业技术学校工程等13个重点民生建设项目进行跟踪审计，提出整改意见建议18条，通过整改促进工程建设过程中规范和完善各类管理事项16项，节约建设资金10277万元。

财政审计 对2014年市本级财政预算执行情况进行审计，重点关注预算的编制、执行、调整，财政资金的管理、拨付及其使用效益情况，从完善政策、制度和严格规范管理等方面提出切实可行的意见和建议，促进市本级财政进一步加强管理，增强预算执行力和财政保障功能，促进提高财政资金使用效益和财政运行质量。对市财政局、住房和城乡规划建设局、商务局、水务局、教育局、代建项目管理局、公用事业局、公路局、海洋渔业局、港务局、环卫局、人民政府国有资产监督管理委员会、港澳流动渔民工作办公室、公共资源交易中心、国有文化资产监督管理办公室、航空铁路办公室、海上应急搜救中心、卫生监督所、能源利用监测站、市老干部局、市讲师团及市政府驻广州办事处共22个单位2014年度部门预算执行情况进行审计调查，加强对中央、省委和市委关于厉行节约、公车配备、公务接待和职务消费等规定执行情况的检查，发现和查处收送“红包”礼金、公款送礼、公款吃喝、公款旅游、严重铺张浪费、财政资金损失等问题，审计调查结果表明，22个单位预算执行情况总体良好，“三公”经费支出同比下降40.93%。

经济责任审计 组织市、县（区）两级审计力量，从7个县（区）中各选取1个乡镇（街道）开展乡镇（街道）党委政府主要领导干部经济责任异地同步审计试点。完成经济责任审计项目19个，审计党政领导干部19人，移送有关部门处理事项4件。

企业审计 开展重点国有和国有控股企业审计，实施企业审计（调查）项目6个，查出主要问题金额16459万元，移送有关部门处理事项3件。

评估报告审计监督 审核土地盘整补偿及土地出让评估报告76份，其中拆迁评估8份、土地评估报告68份，发现因评估不当造成少计土地价值22001.98万元，其他不易量化导致土地价值低估的事项256个。4月，市审计局制定发布《惠州市审计局关于审计评估类中介机构业务报告的核查办法》。

审计整改 惠州市政府召开市审计执法联席会议，部署对审计查出问题整改工作。市监察局、市审计局、市政府督查办跟踪督查整改情况，促进增收节支15632万元，其中已上缴财政2213万元、已减少财政拨款或补贴金额10816万元、已归还原渠道资金2603万元，促进资金拨付到位1172万元，并账、调账等账务处理金额13208万元，促使有关部门和被审计单位出台旨在加强管理、堵塞漏洞的具体措施222项。

审计结果公告 依法依规印发审计结果公告3个，涉及体育彩票公益金、扶贫济困捐赠款物及23个市直部门预算执行情况的审计结果，并在审计局网站同步公开，主动接受社会监督。

交办事项 按照审计署和省审计厅统一部署，对2015年稳增长、促改革、调结构、惠民生、防风险政策措施落实情况进行跟踪审计，按时向市政府及省审计厅报送审计结果。按照省审计厅统一部署，派出19名审计业务骨干赴汕头市澄海区开展县委书记、县长经济责任异地同步审计。对2013年至2014年基本公共服务均等化专项统筹资金筹集、支出、结余等情况进行审计调查和跟踪审计，发现个别项目存在资金未及时拨付、项目进度缓慢影响资金使用效益等问题。为市政府及有关部门提供决策依据，出具审计意见函143份，内容涵盖重大财政收支、工程项目建设、国有资产处置、“三公”经费及专项资金监管等重大经济事项。

（撰稿人：张司政）

【梅州市审计局】 2015年，梅州市审计局人员编制46人，实有45人。局长刘耿灵，副局长刘鸿涛、丘加悦、杨伟南、温爱生，总审计师练清万，调研员王玉良，副调研员徐位平、凌静娜、杨等新、张敬浩。设有办公室、综合与法规审理科、财政金融审计科、行政事业审计科、经济责任审计科、固定资产投资审计科、经贸审计科、农业与资源环保审计科，下设梅州市审计局绩效审计室、计算机审计中心；梅州市经济责任审计联席会议办公室设在梅州市审计局，在经济责任审计科挂牌。

审计成果 梅州市审计机关完成审计项目 278 个，查出主要问题金额 863677 万元，其中违规金额 8373 万元、管理不规范金额 855303 万元；损益（收支）不实金额 68243 万元；审计处理处罚金额 125642 万元，其中应上缴财政 7348 万元、应减少财政拨款或补贴 1 万元、应归还原渠道资金 616 万元、应调账处理金额 117676 万元；审计发现非金额计量问题 259 个；审计促进整改落实有关问题资金 124360 万元，其中增收节支 6830 万元、已调账处理金额 117528 万元；审计后挽回（避免）损失 398 万元。移送司法机关、纪检监察机关和有关部门处理事项 11 件。出具审计报告和专项审计调查报告 427 篇，被批示、采用 2 篇。提出审计建议 514 条，提交审计信息 21 篇，被批示、采用 8 篇。报送审计专报 10 篇，有 5 篇（次）得到市委或市政府主要领导的重要批示。

财政审计 开展市本级预算执行和 9 个市直单位的部门预算执行情况的审计，实施平远、蕉岭 2 个县 2014 年度财政决算审计。开展“三公”经费及会议费、培训费的审计，着力揭示违规问题，规范“三公”经费支出。市直 9 个部门预算执行单位接待费、出国出境费、车辆购置和运行费等支出分别比上年下降 88.46%、23.3%、22.9%。

经济责任审计 对 15 名处级、129 名科级干部和 4 名企业负责人进行经济责任审计，审计查出违纪违规金额 6304 万元、管理不规范金额 34129 万元。

民生资金（项目）审计 对全市城镇保障性安居工程、全市棚户区改造资金、全市城镇职工基本医疗保险市级统筹、市本级住房公积金、民政养老机构和儿童福利机构建设资金，以及产业振兴三年行动计划、省产业结构调整专项资金等项目进行审计。

固定资产投资审计 对梅州城区梅塘东路（三角地圆盘到梅州大桥）市政道路及景观提升改造工程、院士广场应急抢险工程进行竣工决算审计。

交办事项 派出 14 名审计人员分赴潮州市饶平县配合广东省审计厅开展县委书记、县长同步经济责任异地交叉审计。协调配合省审计厅对我市保障性住房以及稳增长、促改革、调结构、惠民生、防风险政策措施落实情况等项目的审计。

（撰稿人：张世钦）

【汕尾市审计局】 2015 年，汕尾市审计局人员编制 39 人，实有 36 人。局长李林顺，副局长赵国华、李明训、纪永坤，总审计师吴燕（1 月—）。设有办公室、法规审理科、财税金融审计科、行政事业审计科、农业与资源环保审计科、经济贸易审计科、固定资产投资审计科、整改监督科、经济责任审计办公室。

审计成果 汕尾市审计机关共完成审计项目 134 个，查出主要问题金额 78571 万元，其中违规金额 4241 万元、管理不规范金额 74329 万元；损益（收支）不实金额 7778 万元；审计处理处罚金额 34237 万元，其中应上缴财政 1896 万元、应减少财政拨款或补贴 550 万元、应归还原渠道资金 12013 万元、应调账处理金额 19757 万元；审计发现非金额计量问题 232 个；审计促进整改落实有关问题资金 33107 万元，其中增收节支 12349 万元、已调账处理金额 20757 万元；审计促进拨付资金到位 6049 万元；审计后挽回（避免）损失 525 万元。移送司法机关、纪检监察机关和有关部门处理事项 3 件。出具审计报告和专项审计调查报告 209 篇。提出审计建议 463 条，提交审计信息 139 篇，被批示、采用 67 篇。向社会公告审计结果 7 篇。

政策措施贯彻落实跟踪审计 组织对潮惠高速、兴宁至汕尾段高速公路开展跟踪审计；对市发改局、经信局、水务局、住建局、农业局、林业局、环保局等 7 个单位政策措施落实情况进行跟踪审计；对省级财政新增财政资金到位情况、工业转型升级政策措施情况、创新驱动发展战略情况、简政放权情况和行政审批事项、农业资源环保量化指标完成情况进行跟踪审计。通过审计，摸清市直各部门、各县（市、区）政府及其部门

（单位）在推进重大建设项目、简政放权、创新驱动、加大企业扶持力度等方面的政策措施落实情况，推动解决政策落实中梗阻问题，打通政策落实“最后一公里”。

财政审计 对11个市直部门预算执行和其他收支情况进行审计。重点揭示和查处市直预算部门单位在预算执行中实际支出普遍大于年度预算、往来款长期挂账、财务处理不够规范等问题，提出整改意见和建议，促进预算部门单位进一步规范财务管理和节约行政成本。对市国资委、经信局、教育局等17个市直预算单位2013—2014年度会议活动经费和“三公”经费支出情况进行审计调查。对个别单位接待费超支、公务支出不严格和会计核算不规范等问题，从制度机制层面提出建设性意见，促进相关部门单位认真执行中央八项规定和省委、市委相关意见办法，进一步压缩“三公”支出，规范资金使用。

经济责任审计 推行经济责任“一体化”审计，创新审计模式，采用联合作战和交叉穿插审计的办法，统一调配审计力量开展经济责任审计。对3个镇委书记、镇长任中经济责任进行同步审计。对汕头市金平区党政主要领导任期经济责任进行异地同步审计。全市对47名党政领导干部和国有企业领导人员进行经济责任审计，查出违规金额568万元、管理不规范金额15839万元。

专项资金审计 开展村级公益事业建设“一事一议”财政奖补和农机购置补贴资金、城镇保障性安居工程、市本级住房公积金、陆丰市自来水“村村通”等惠民涉农审计项目。在开展农机购置补贴资金审计中，针对个别地区存在未经批准转卖农机具、部分农机具未用于农业生产等问题，提出整改意见建议，有效地促进专项资金的规范管理使用和各项惠民政策的落实；市住房公积金审计披露的问题，引起市委、市政府领导高度重视，市政府专门召开市住房公积金管委会成员会议，研究落实审计意见，采取措施，抓好审计整改。

固定资产投资审计 探索对重点建设项目跟踪审计方式，对工程建设项目审计实行审计前置、提前介入，全程参与，有效地促进工程建设项目的规范管理。开展省道S242线西闸至埔边段改建工程、市区防洪（潮）续建工程等审计项目，重点查处工程竣决算滞后、高估冒算、虚大成本等行为，审计核减工程造价598万元。

审计整改 通过建立审计查出问题整改资料库，实行未落实整改问题清单制度，进一步促使被审计单位对审计查出问题进行整改落实，2014年审计查出问题整改落实率达94%。通过审计整改，促进上缴财政577.8万元，减少财政拨款100.9万元，归还原渠道资金8907.5万元，拨付滞留资金899万元，追缴税款入库2354.8万元，纠正管理不规范资金76681万元，调整账务资金3704.8万元。（撰稿人：王伟展）

【河源市审计局】 2015年，河源市审计局人员编制40人，实有37人。局长黄敏，副局长王超良、何国平，总审计师谢统鹏，纪检组长黄炳忠。设有办公室、财税审计科、行政事业审计科、经济贸易审计科、农业与资源环保科、基建外资审计科、政策法规科、经济责任审计科、社会保障资金审计科、纪检监察室、绩效审计分局，下设市经济责任审计中心。

审计成果 河源市审计机关完成审计项目185个，查出主要问题金额1219526万元，其中违规金额2710万元、损失浪费金额72万元、管理不规范金额1216474万元；损益（收支）不实金额12582万元；审计处理处罚金额7504万元，其中应上缴财政2047万元、应归还原渠道资金124万元、应调账处理金额5332万元；审计发现非金额计量问题318个；审计促进整改落实有关问题资金286万元，其中增收节支145万元、已调账处理金额141万元；审计促进拨付资金到位970万元。移送司法机关、纪检监察机关和有关部门处理事项4件。出具审计报告和专项审计调查报告232篇。提出审计建议588条，提交审计信息52篇。

政策措施贯彻落实跟踪审计 对市本级国家农业示范区建设、名镇名村示范村建设、旅游发展、“广东绿化大行动”“三个50工程”和“三个100工程”、基本公共卫生服务、工业转型升级、创新驱动发展战略、简政放权、扶贫“双到”等政策措施的落实情况进行跟踪审计，揭露部分项目推进缓慢，项目资金未及时发挥效益，企业技术开发创新能力弱，科技投资相对不足，高新技术企业少、规模小等问题，促进中央、省、市各项政策措施落实到位。

财政审计 开展2014年市本级财政预算执行审计和11个单位的预算执行情况审计，重点检查部门"三公"经费、会议费、培训费、差旅费及楼堂馆所建设等公务消费和支出，促进被审计单位落实中央八项规定和国务院"约法三章"相关要求，围绕深化财政绩效理念，密切关注财政资金的存量和增量，促进减少资金沉淀，盘活存量资金，优化增量支出结构，提高财政资金使用绩效，推动财政资金合理配置，规范管理。

经济责任审计 机关审计领导干部128人，其中任中审计62人，离任审计66人；县处级21人，乡科级100人，地方企业、金融机构及其他7人。查出违规金额5592万元、损失浪费金额72万元、管理不规范金额413356万元。提交审计报告和审计结果报告155篇，提出审计建议338条。以省内跨市交叉审计的模式开展对揭阳市揭东区区委书记、区长的经济责任同步审计。组织对东源县仙塘镇、连平县三角镇及和平县下车镇3个镇镇委书记、镇长履行经济责任情况开展同步审计（试点）。

专项资金审计 组织开展社会主义新农村建设专项资金、中职学校免费补助资金、中职助学金、广东绿化大行动专项资金、护林和防火队员专项经费、基本公共卫生服务经费、重大公共卫生服务经费、灯塔盆地国家农业示范区建设资金、名镇名村示范村镇建设资金、平价商店和蔬菜生产基地建设补贴资金、培育企业奖励资金、"三个50工程"专项资金、中小企业发展专项资金、旅游发展专项资金、旅游宣传促销经费等15项专项资金的管理和使用情况审计调查，审计涉及金额36.23亿元。

民生资金（项目）审计 配合广东省审计厅审计组完成市本级及源城区、江东新区2015年保障性安居工程项目审计。以市内交叉和属地审计相结合的审计模式，组织各县审计机关开展保障性安居工程项目审计。

固定资产投资审计 开展市文昌经济适用房项目投资、市城市开发投资有限公司清产核资审计和滨江路二期征地拆迁情况审计滨江路二期征地拆迁情况审计，核减市文昌经济适用房工程投资3933.53万元，核减市城市开发投资有限公司资产1180.9万元。 （撰稿人：袁雅君）

【阳江市审计局】 2015年，阳江市审计局人员编制45人，实有43人。局长谢英杰，副局长陈红、陈小敏、明康颂、林志远、林国兰，总审计师茅卫华，调研员黄华贤，副调研员陈永辉、陈文沛。设有办公室、法规审理整改科、经济责任审计科、财税金融审计科、行政事业审计科、农业与资源环保审计科、固定资产投资审计科、绩效审计科，下设阳江市计算机审计技术中心、阳江市基建审计中心。

审计成果 阳江市审计局完成审计项目33个，查出主要问题金额394303万元，其中违规金额2493万元、管理不规范金额391810万元；损益（收支）不实金额185022万元；审计处理处罚金额2962万元，其中应上缴财政1779万元、应减少财政拨款或补贴468万元、应归还原渠道资金714万元；审计发现非金额计量问题133个；审计促进整改落实有关问题资金1685万元，其中增收节支1685万元、已上缴财政1145万元；审计后挽回（避免）损失580万元。移送司法机关、纪检监察机关和有关部门处理事项3件。出具审计报告和专项审计调查报告48篇。提出审计建议95条，提交审计信息7篇，被批示、采用7篇。

政策措施贯彻落实跟踪审计 完成政策措施贯彻落实跟踪审计项目1个。提高政策的制定和执行质量，强化政策管理，促进政策目标实现，提高政策效率，促进经济平稳运行。

财政审计 完成审计项目5个，查出违规金额4万元，应上缴财政3万元，发现和纠正存在的问题，确保资金安全。

经济责任审计 审计单位15个，经济责任人17人，查出违规金额2485万元、管理不规范金额274353万元，促进权力规范运行。

固定资产投资审计 完成审计项目8个，查出管理不规范金额468万元，核减工程款468万元。促进有关投资建设的方针政策、法律法规、财经纪律的贯彻与执行，完善投资体系，减少投资浪费，提高投资效益。

行政事业审计 完成审计项目17个，查出违规金额2485万元、管理不规范金额274355万元，应上缴财政1767万元、已上缴财政1145万元。揭示和反映行政事业单位存在的财政财务收支和资金管理等问题。

专项资金审计 完成审计项目2个，促进各项政策的贯彻落实。 （撰稿人：杜方杰）

【清远市审计局】 2015年，清远市审计局人员编制29人，实有28人。局长冯小华，副局长杨志辉、陈小菊、练贤聪，副调研员谭素艳。设有办公室、政策法规科、经济责任审计科、财税金融审计科、行政事业审计科（与农业与资源环保审计科合署）、固定资产投资审计科和企业审计科。

审计成果 清远市审计机关完成审计项目163个，查出主要问题金额1302141万元，其中违规金额13375万元、管理不规范金额1288746万元；损益（收支）不实金额188024万元；审计处理处罚金额178300万元，其中应上缴财政12043万元、应减少财政拨款或补贴2577万元、应归还原渠道资金830万元、应调账处理金额162848万元；审计发现非金额计量问题184个；审计促进整改落实有关问题资金25790万元，其中增收节支7492万元、已调账处理金额18297万元；审计后挽回（避免）损失2998万元。移送司法机关、纪检监察机关和有关部门处理事项6件。出具审计报告和专项审计调查报告276篇。提出审计建议361条，提交审计信息43篇，被批示、采用15篇。向社会公告审计结果1篇。

财政审计 完成预算执行审计项目35个，查出主要问题金额629807万元；财政决算审计项目21个，查出主要问题金额570321万元。加强对“三公”经费、会议费、培训费支出情况和楼堂馆所及办公用房清理的审计监督，通过审计，查出各类问题金额1275373万元，揭示和反映编制部门项目支出预算未细化、少列预算收入等制度性、苗头性的问题。清远市审计机关审计行政事业单位74个，查出预算编制不真实不完整848万元、未按规定征收缴纳收入610万元、未落实“收支两条线”和专户管理规定1020万元、违规改变项目计划和资金用途866万元、扩大开支范围或提高开支标准列支2676万元等问题。

固定资产投资审计 重点审计工程招投标、合同签订、工程造价的真实性以及财务管理、资金使用情况，揭露虚大成本、损失浪费等问题，完成城西大道二期工程、富强路一期工程等17个工程决算审计，审计项目完成投资额81082万元，核减投资额2995万元，核减率3.6%。

企业审计 审计（或调查）企业单位3个，查出违规经营28万元、财务收支核算不实216万元、其他问题金额120万元。

经济责任审计 审计经济责任人99人，审计单位82个，审计查出违规金额4299万元、管理不规范金额133504万元，促进增收节支89万元。对重点部门、重点单位和关键岗位主要领导干部的任中审计从2014年的28人增加到31人。在省审计厅的统一部署下，市审计局组成审计组赴韶关新丰县开展审计。为加强镇级地方党委政府主要领导干部管理监督，选取英德市波罗镇、阳山县杨梅镇、清新区龙颈镇的镇委书记、镇长开展经济责任异地同步审计试点工作。

专项资金审计 开展专项资金审计（调查）单位13个，审计专项资金总金额155882万元，查出主要问题金额2000万元。开展城镇保障性安居工程、清远市水库移民后期扶持资金审计、2014年棚户区改造资金管理和使用情况跟踪等专项审计（调查）。 （撰稿人：盘可君）

【东莞市审计局】 2015年，东莞市审计局人员编制77人，实有61人。局长卢炳辉，副局长王汝铭、何志宇、赵志丹，总审计师何建东，经济责任审计工作联席会议办公室主任谢宇鹏，调研员梁渠森，副调研员谭丽珍、欧高峰。设有办公室、综合法规科、财政金融审计科、固定资产投资审计科、行政事业审计科、经贸审计科、内部审计指导科、基层审计分局、经济责任审计分局。

审计成果 东莞市审计局共完成审计项目57个，促进财政增收节支8559万元。对有关问题依法做出处理，审计工作在促进政策措施落实、提高公共资金绩效、推进党风廉政建设等方面取得较好成效。

政策措施贯彻落实跟踪审计 按照省审计厅的工作部署，开展稳增长、促改革、调结构、惠民生、防风险政策措施落实情况跟踪审计，共延伸开展存量资金、节能改造、农田建设、就业创业等审计项目 12 个，发现政策落实不到位、个别建设项目进度慢等问题，形成综合报告，报省审计厅和市政府，得到市政府相关领导的重要批示。

财政审计 开展 2014 年度市级财政预算执行情况审计，共完成审计项目 13 个，审计部门单位 80 多个，对财政预算执行效果差等问题进行揭示和反映，提出审计意见和建议。预算执行情况审计结果向市人大常委会报告并向社会公告。

经济责任审计 完成 39 名领导干部的经济责任审计，重点审计领导干部在政府债务、“三公”经费使用等领域的用权履责情况，全面、客观地评价领导干部的经济责任；在省审计厅的统一部署下，首次派出审计人员参与对异地县委书记、县长任期经济责任的交叉审计。

专项资金审计 对污水处理、保障性安居工程、公交车辆淘汰更新等资金（项目）进行审计，揭示和反映污水处理费征管不到位等问题，提出审计意见，促进资金发挥效果。

固定资产投资审计 对水乡大道、龙湾湿地公园、石大公路等政府投资工程进行审计，揭示工程资金预算执行不理想等问题，着重从工程绩效等角度进行分析，反映问题。

内部审计 组织内部审计人员近 400 人次参加固定资产投资审计、内部审计实务等内部审计业务培训；联合内部审计协会与高校共同开展东莞市农村集体经济审计课题研究，研究成果获得 2015 年全国内部审计理论研讨优秀论文三等奖、广东省内部审计理论研讨优秀论文一等奖。

（撰稿人：朱清荣）

【中山市审计局】 2015 年，中山市审计局人员编制 57 人。局长林东，副局长陈福成、杨伟文、冯欣荣、林文正，总审计师梁广凡，纪检组长巫颖洁，经济责任审计办公室主任陈玉全，副调研员王梓明、钟汝梧。设有办公室、综合计划和法规审理科、经济责任审计办公室、财政税务审计科、行政事业审计科、社会保障审计科、农业与资源环保审计科、固定资产投资审计科、企业审计科、人事科、绩效审计与整改监督科、内部审计指导中心。

审计成果 中山市审计局开展审计和专项审计调查项目 44 个，查出违规问题金额 11420.23 万元、侵害群众利益问题金额 1668.66 万元、损失浪费金额 1039.38 万元、管理不规范金额 11.70 亿元；为国家增收节支 7470.60 万元，其中上缴财政 4199.94 万元、减少财政拨款或补贴 1221.23 万元、归还原渠道资金 2049.42 万元；审计后挽回或避免损失 2259.03 万元。向司法、纪检监察机关和有关部门移送处理事项 3 件，涉及金额 556.17 万元。出具审计报告 62 篇，提交综合性报告、专题报告、信息简报等 104 篇，其中提交重要审计信息 14 篇，审计信息被党政领导和有关部门批示、采用 28 篇次。向被审计单位或有关单位提出审计建议 96 条。

政策措施贯彻落实跟踪审计 开展稳增长等政策措施贯彻落实情况跟踪审计，监督检查中央、省重大政策措施和宏观调控部署落实情况。重点关注中开高速公路等重大项目建设、财政存量资金盘活、养老服务业发展、行政审批制度改革、政府债务和地方金融风险、创新驱动发展和工业转型升级等政策措施落实情况，深入揭示政策措施落实过程中存在的问题，如部分重点项目建设管理不够规范、部分资金使用进度缓慢、个别政策措施滞后制约发展、个别行政事项未能实质下放等。提出有针对性的审计意见和建议。全年上报稳增长等政策措施贯彻落实情况跟踪审计报告、专题报告等 10 篇，审计发现问题 34 个，涉及资金 2.27 亿元，有效推动政策措施真正落到实处、发挥实效。

财政审计 通过开发利用财政联网审计平台等信息化手段，不断扩大财政预算执行审计覆盖面，“同级审”涉及 179 个市级预算单位、24 个镇区。在财政管理方面，关注市镇两级预算管理、政府采购、非税收入、决算公开等情况，重点揭示预算编制不够准确和执行缺乏刚性约束、政府采购行为不够规范、个别单位非税收入管理存在漏洞、决算公开内容不完整、镇区内部资产管理和工程管理不完善等问题。在市级部门审计方面，关注中央八项规定、厉行节约反对浪费等精神贯彻落实情况，加大“三公”经费、会议费管理使用情况的审计力度，发现个别部门存在公务接待支出和公务用车管理不规范、违规发放会议费和补贴、以虚假发票报销支出等问题。

经济责任审计 修订《中山市经济责任审计对象分类管理办法》，出台《中山市镇区党政主要领导干部经济责任审计工作指引（试行）》，联合市委组织部出台《领导干部经济责任年度报告制度》，实行领导干部"任前承诺、年度报告、离任交接"。发挥市经济责任审计工作联席会议在计划制订、组织实施、信息共享、结果利用等关键环节的职能作用，形成审前共商、审中协作、审后运用的整体合力。全年完成19名领导干部经济责任审计项目，查出违规金额7566.76万元、管理不规范金额8.97亿元、损失浪费金额561.16万元，揭示基建程序、招投标、工程造价等工程建设和管理过程不规范，预算管理不够科学严谨，政府采购、非税收入管理和内部控制比较薄弱等问题。按照省审计厅统一部署，从市审计局和镇区审计办抽调16名业务骨干，完成对江门市蓬江区党政主要领导经济责任异地同步审计。

专项资金（项目）审计 开展城镇保障性安居工程跟踪审计，注重从工程建设、住房分配管理和使用等方面，揭露个别公租房项目未充分发挥使用效益、实施保障过程管理亟须规范等深层次问题。开展对医疗、失业、工伤等社会保险基金审计，着重反映基金活期存款比重偏大、个别政策落实不到位、个别参保人员就诊支出不合理等问题。加大对城市维护费、社会管理与创新、年票制通行费、教育信息化建设、教学质量奖和扶困助学等专项资金的审计力度，揭示预算编制不准确、部分项目被非法转包、资金安排和使用不规范、未按规定严格执行程序等问题。

固定资产投资审计 完成政府投资审计涉及工程项目21个（含子工程），项目投资额29.61亿元，核减投资额1.68亿元。开展中心城区雨污分流一期工程跟踪审计，开展雨污分流支管到户、实验中学、新警校、翠景南路、马恒河整治工程等重大投资项目审计，发现部分工程投资控制薄弱、工程管理制度执行不到位和基本建设程序执行不严格等问题，推动政府及有关部门查处和纠正违规现象，及时完善制度、加强管理，促进资金安全规范和高效使用。

审计整改 由中山市政府组织召开预算执行审计查出问题整改工作会议，督促审计发现问题的整改落实，促进完善制度、规范管理。向市政府报送《审计要情》11篇，《中山审计专报》2篇，市领导高度重视，均做出重要批示，要求相关部门立即整改。建立全市审计整改工作基础台账，重点跟进"屡审屡犯"或整改不到位的项目和单位，通过开展审计回访与特约审计员参与监督相结合等做法，实地抽查被审计单位的整改落实情况。全年整改落实金额8538.08万元，其中已上缴财政4350.21万元、归还原渠道资金2090.28万元、减少财政拨款或补贴2050.81万元，采纳审计建议155条，根据审计建议制定和完善制度规范29项。

内部审计 中山市内部审计机构开展内部审计项目2991个，审计总金额1479.65亿元，增收节支2449.94万元；提出并被采纳审计意见4262条；建议给予行政处分1人，实际给予行政处分1人；向司法机关移交案件2起，涉及2人。

（撰稿人：郭文芳）

【潮州市审计局】 2015年，潮州市审计局人员编制44人，实有38人。局长邱怀球，副局长蔡舜娜、杨桂生、刘建春、王铿，总审计师曾锐松。设有办公室、政策法规科、财税金融审计科、固定资产投资审计科、行政事业审计科、工交商贸审计科、经济责任审计一科、经济责任审计二科、潮州市审计信息中心。

审计成果 潮州市审计机关完成审计项目88个，查出主要问题金额627663万元，其中违规金额23913万元、损失浪费金额171万元、管理不规范金额603578万元；损益（收支）不实金额155091万元；审计处理处罚金额205355万元，其中应上缴财政22601万元、应归还原渠道资金1124万元、应调账处理金额181629万元；审计发现非金额计量问题252个；审计促进整改落实有关问题资金7323万元，其中增收节支542万元、已调账处理金额5353万元；审计促进拨付资金到位421万元；审计后挽回（避免）损失422万元。出具审计报告和专项审计调查报告4篇。提出审计建议121条，提交审计信息13篇。向社会公告审计结果2篇。

政策措施贯彻落实跟踪审计 潮州市审计机关抽查单位353个，抽查资金总量270021.58万元，抽查项目29个。审计涉及重点任务完成情况、扶持企业政策执行情况、重大建设项目建设进展情况、重点资金落实和使用情况、简政放权政策落实情况等方面；在审计过程发现问题 49 个，涉及问题金额 81913.41 万元，对审计发现问题提出处理意见和建议，明确指出责任单位，提出审计整改要求。

财政审计 潮州市审计局对 2014 年度市本级预算执行和其他财政收支进行审计，重点加强对财政存量资金、专项资金管理使用及重点单位执行预算情况的审计监督。其中，在潮州市财政局自查的基础上，潮州市审计局对市本级公共预算和政府性基金预算存量资金情况进行抽查，同时联合市财政局对市直单位和县区财政存量资金进行检查。通过审计，提高存量资金使用效率，减少资金沉淀，在化解财政收支矛盾、增强政府宏观统筹。

经济责任审计 开展经济责任审计项目 63 个（其中对 2 个县的县委书记、县长和 2 个镇的镇委书记、镇长以异地交叉审计方式开展经济责任同步审计），查出违规金额 8003 万元、管理不规范金额 334812 万元。

固定资产投资审计 完成市桥东污水处理厂工程、凤凰水库达标加固工程等政府投资建设项目的竣工决算审计，重点审计设计、施工及招投标管理情况，关注投资项目损失浪费形成国有资产流失、建设程序不规范的问题，促进提高建设资金的管理水平和投资效益。

民生资金（项目）审计 开展 2014 年度潮州市城镇保障性安居工程跟踪审计，监督检查民生相关政策落实情况，揭露挤占挪用、损失浪费等影响资金管理和使用效益的问题，确保资金安全完整。通过保障房安居工程审计，查处并纠正个别不符合条件的家庭获得住房保障、未及时清收房租、少数保障性住房长期闲置等问题。在改善困难群众居住条件、推进新型城镇化建设、拉动投资和消费需求、促进经济增长和社会和谐等方面取得明显成效。

企业审计 潮州市审计机关组织对潮州海湾投资开发有限公司、广东金曼集团（控股）有限公司、潮州市抽纱公司、潮州市信托投资公司、广东省华侨信托投资公司潮州办事处等 5 家企业开展审计，查出主要问题金额 4361 万元。

（撰稿人：杨　丹）

【揭阳市审计局】 2015 年，揭阳市审计局人员编制 46 人，实有 45 人（不含驻局纪检组长、纪检监察员 3 人）。局长郑旭亮，副局长丁有民、洪泽坤、钟少贞，总审计师郭少斌，纪检组长黄跃，经济责任审计办公室主任林树宏。设有办公室、综合科、财税金融审计科（加挂外资运用审计科）、行政事业审计科、经济责任审计办公室（与揭阳市经济责任审计工作领导小组办公室合署办公）、固定资产投资审计科、经贸审计科、社会保障审计科、农业资源和环保审计科、整改监督科和直属分局，下设揭阳市审计信息管理办公室、揭阳市审计局经济责任审计中心。

审计成果 揭阳市审计机关完成审计（调查）项目 190 个，查出主要问题金额 1417514.14 万元，其中违规金额 31593.45 万元、管理不规范金额 1385923.69 万元；损益（收支）不实金额 283963.08 万元；审计处理处罚金额 46592.26 万元，其中应上缴财政 30310.13 万元、应归还原渠道资金 12084.52 万元、应调账处理金额 4197.8 万元；审计发现非金额计量问题 234 个；审计促进整改落实有关问题资金 23422.39 万元，其中增收节支 20757 万元、已调账处理金额 2665.39 万元。移送司法机关、纪检监察机关和有关部门处理事项 11 件。出具审计报告和专项审计调查报告 254 篇。提出审计建议 340 条，提交审计信息 84 篇，被批示、采用 6 篇。向社会公告审计结果 20 篇。

政策措施贯彻落实跟踪审计 投入 73 人次对财政存量资金、重大工程建设、简政放权等政策措施落实情况进行跟踪审计，发现问题金额 313168.84 万元。

财政审计 加强对本级财政存量资金和追加经费审计，指出财政部门专项资金滞留闲置时间较长和未按规定范围使用、结转资金规模未能按要求压缩等问题。加强对“三公”经费等公务支出的审计，对违规行为做出严肃处理；对审计发现的市直义务教育学校绩效工资管理不规范的问题，市长陈东批示市教育局会同市人社局、市财政局研究制订科学合理的分配方案。

经济责任审计 揭阳市审计机关完成领导干部经济责任审计项目139个，查出主要问题金额1407757万元。揭阳市审计局实施惠州市惠城区区委书记、区长经济责任异地同步审计，直接组织实施对市辖区内3个乡镇（街道）党政主要负责人经济责任异地同步试点审计，加大监督力度，促进依法行政。

民生资金（项目）审计 对2014年城镇保障性安居工程进行跟踪审计，发现工程资金筹集不到位1475.79万元，1360套保障性住房已竣工尚未办理产权登记，187套建成空置未用超过一年，部分工程项目未严格执行基本建设程序等问题，审计提出改进建议。

审计整改 揭阳市人民政府批复审计整改情况报告，布置督查；10月，市政府常务会议部署整改2014年审计查出问题。市审计局将审计查出问题的整改情况进行公告，推动整改落实；违规行为依法移送有关主管部门查处。

（撰稿人：陈钦丰）

【云浮市审计局】 2015年，云浮市审计局人员编制29人，实有31人。局长曾树荣，副局长伍金明（—12月）、冯杰焕（12月—）、莫剑平，总审计师李菊，纪检组长叶伟强。设有办公室、政策法规科、财税审计科、金融与社会保障审计科、行政事业审计科、企业审计科、农业与资源环保审计科、固定资产投资与外资运用审计科、经济责任审计科、绩效审计科。

审计成果 云浮市审计机关完成审计和审计调查单位161个，查出主要问题金额519534万元，审计期间整改金额9220万元，审计处理处罚5704万元，其中应上缴财政1384万元、应减少财政拨款或补贴4163万元、应调账处理金额84万元；审计促进整改落实有关问题资金47406万元，其中增收节支4934万元、已上缴财政705万元、已减少财政拨款或补贴4163万元、已归还原渠道资金64万元、已调账处理金额84万元；审计后挽回损失4169万元。出具审计报告和专项审计调查报告183篇。提交信息36篇，被批示、采用5篇次。提出审计建议396条，被采纳358条。

政策措施贯彻落实跟踪审计 云浮市两级审计机关抽查单位（部门）119个，对各项政策措施的落实情况进行审计，主要涉及重大建设项目推进、财政资金统筹使用、重大政策贯彻落实、防范经济领域风险、简政放权等方面，抽查资金总量26.92亿元。通过审计，促进项目工程加快进度，加快财政资金投入、落实有关重大政策的配套措施。

财政审计 完成预算执行审计项目30个，延伸审计单位11个，审计查出主要问题金额180890万元，其中未按规定纳入预算管理2603万元、未按规定征收缴纳收入9370万元。开展财政决算审计2个，查出主要问题金额257315万元，其中未按规定征收缴纳收入1337万元。

经济责任审计 完成25名领导干部任期经济责任审计，其中任中审计6人，离任审计19人；审计县处级10人，乡科级13人，企事业领导人员2人，查出主要问题金额588313万元，其中管理不规范金额58279万元；审计提出建议67条，被采纳61条。首次开展地方党政领导干部经济责任异地同步审计，其中完成县级项目1个、镇级3个。云浮市经济责任审计联席会议成员单位联合印发《云浮市镇（街）党政主要领导干部经济责任异地同步审计轮审规划》。

固定资产投资审计 云浮市审计机关审计76个单位，完成项目投资额7958万元，核减投资额1508万元。其中，云浮市审计局完成云浮市西江新城工业二路至站南路输水线延伸工程项目和云浮市人民法院审判综合大楼工程项目的竣工结算审计。2个工程项目送审金额共6899.60万元，审计核减1336.72万元，核减率19.37%。审计发现存在工程结算价款不准确、暂估价材料的单价未能通过招标确定、工程建设投资超规模和投资概算未经审批、超支工程款74.29万元、中介机构评审结论误差率达到3%以上、工程未能按规定进行竣工环境保护验收和竣工规划验收、工程监理单位未能按合同约定全面履行监理职责等问题。

民生资金（项目）审计 云浮市审计局组织对城镇保障性安居工程、城乡居民基本医疗保险资金等重点民生资金进行审计。组织对1个市本级和4个县（市、区）2014年各类城镇保障性安居工程进行跟踪审计，发现保障性安居工程建设资金筹集和管理使用不规范，保障性住房分配和后续管理不到位、工程建设管理存在违规等问题；审计指出问题后，各地政府和相关部门组织整改，截至3月底，出台和完善住房保障制度和保障性安居工程建设管理规范性文件9个，促进规范资金管理1076.37万元，取消2户不符合条件家庭的保障对象资格，追回违规领取补贴资金0.08万元，清退违规分配使用保障性住房2套，促进空置保障性住房投入使用40套。对云浮市下属5个县（市、区）2014年度城乡居民基本医疗保险资金的筹集、使用及管理情况进行审计，审计发现，超出范围违规收治住院病人、1个社会保险经办机构与定点医疗机构结算不及时、3个县（区）医疗救助基金累计结余过大、2个区没有按规定及时足额把城乡居民基本医疗保险专项资金纳入专户管理、内部控制机制不完善等问题。

企业审计 云浮市审计机关开展企业审计2个，查出主要问题金额234万元。云浮市审计局组织对市港务局开展审计，审计查出漏缴各项税费及附加、存在账外资产、财务管理不规范、内部控制制度不健全及执行不到位等问题。

（撰稿人：梁美红）

【顺德区审计局】 2015年，顺德区审计局人员编制40人，实有36人。局长李映萍，副局长罗伟、陈建豪、李敏儿，总审计师张碧芬，纪检组长刘翠崧。设有办公室、法规审理科、经济责任审计科、财税审计科、行政事业审计科、固定资产投资审计科、企业审计科。

审计成果 顺德区审计局完成审计项目33个，查出主要问题金额35880万元，其中违规金额490万元、损失浪费金额200万元、管理不规范金额35189万元；损益（收支）不实金额337万元；审计处理处罚金额642万元，其中应上缴财政490万元、应减少财政拨款或补贴151万元；审计促进整改落实有关问题资金3142万元，其中增收节支1338万元、已调账处理金额1803万元；审计后挽回（避免）损失178万元，核减投资额240万元。

政策措施贯彻落实跟踪审计 把稳增长等政策跟踪审计等项目与常规审计项目同部署、同落实，重点审查落实中央八项规定精神。结合本地实际，每月确定不同的审计专题，开展对加快城市基础设施建设、促进财政资金统筹使用、落实简政放权、促进工业转型升级、加大保障性安居工程建设力度等14方面政策措施落实情况审计。

财政审计 深化财政预决算审计，将财政性资金、公有资产（资源）、政府性债务资金等纳入审计范围，找准审计重点，运用数字化审计方法技术，深入业务环节揭示违法违规问题，着力促进区镇两级财政资金安全、提高资金绩效。对4个区属事业单位开展财务收支审计，审查财务收支的真实性、合法性，规范财政管理，促进厉行节约。

经济责任审计 全面推进镇街，区属事业单位、企业等主要领导干部的经济责任轮审制度，全年审计6名领导干部。完善经济责任审计制度，与顺德区监察部门合拟《顺德区领导干部经济责任问责办法》。

固定资产投资审计 加强对区属重点建设项目的跟踪审计及区属建设单位的专项审计力度，注重梳理项目建设中存在的共性问题，揭示顺德区建设项目存在的薄弱环节及其深层次原因。

企业审计 关注国有资产（本）运营方向，分析企业投资项目经营状况，揭示出部分投资项目监督管不足等问题，促进维护国有资产安全与保值增值。

专项资金审计 组织开展困难居民医疗救助资金等专项资金审计（调查），重点监督检查政策执行、资金使用和管理、项目开展等情况，维护群众切身利益。

（撰稿人：胡佳宝）

2015 年广东省所辖区、县(市)级审计工作统计表

金额单位:万元

审计机关	完成审计项目(个)	审计查出主要问题金额	审计处理情况					出具审计报告和审计调查报告(篇)	提出审计建议(条)	提交审计信息(篇)
			审计处理处罚				移送处理事项(件)			
			应上缴财政	应减少财政拨款或补贴	应归还原渠道资金	应调账处理金额				
广州市										
广州市本级	54	6123521	10821	581	8	79426	21	73	90	8
越秀区审计局	31	6718	102			2964	5	46	135	14
荔湾区审计局	23	22289	1944			8964		33	40	23
海珠区审计局	15	5712			68			25	34	4
天河区审计局	29	84169	501			272		52	34	17
白云区审计局	23	106397			338		1	36	56	
黄埔区审计局	17	2841	20	1755		44	1	32	18	16
番禺区审计局	33	13480	305			391	3	48	50	28
花都区审计局	27	15345	80		7988	1025		41	51	37
南沙区审计局	25	19306	4654			10038	1	38	50	
萝岗区审计局	6	3604	24					7	14	2
从化区审计局	18	106889	125		122	2597	2	28	27	16
增城区审计局	20	82169	7943	442	95	637	1	28	54	31
开发区审计局	12	3214	187					18	16	
韶关市										
韶关市本级	71	530773	100606		531	56404	2	102	206	173
浈江区审计局	9	353	132			193		15	24	24
武江区审计局	8	24070						13	38	27
曲江区审计局	25	30261	3					33	47	44
乐昌市审计局	19	26788						29	40	40
南雄市审计局	24	13250						35	22	12
始兴县审计局	18	26317						34	43	35
仁化县审计局	24	6878	395					40	120	120
翁源县审计局	32	9665	1					50	10	10
新丰县审计局	17	26582						27	35	8
乳源瑶族自治县审计局	29	58888	1					51	78	60
深圳市										
深圳市本级	784	1942144	55671	76940	46160	146458	19	807	553	94
福田区审计局	414	231167	1112	28182				431	468	22

续表

审计机关	完成审计项目（个）	审计查出主要问题金额	审计处理情况					出具审计报告和审计调查报告(篇)	提出审计建议(条)	提交审计信息（篇）
			审计处理处罚				移送处理事项（件）			
			应上缴财政	应减少财政拨款或补贴	应归还原渠道资金	应调账处理金额				
罗湖区审计局	1059	158440	8	14393	28389	115056		1078	48	6
南山区审计局	207	30893	650	12025		855		218	118	4
宝安区审计局	260	338203	566	7169	855	121914		273	542	
龙岗区审计局	396	296912	23250	32748	544	6340	19	427	1066	3
盐田区审计局	401	29087	144	4218	17572	9	1	414	411	6
光明新区审计局	215	11261		8644	5	1525	1	219	101	
坪山新区审计局	253	28202		24333	808	55		261	274	
龙华新区审计局	38	2298		1785			2	38	48	6
大鹏新区审计局	177	9929	90	7804	302	22	1	179	55	
珠海市										
珠海市本级	47	185803	2144	3094	506	133524	7	66	152	26
香洲区审计局	17	14043	667	120		5289		28	27	24
斗门区审计局	25	55138	546			39573	6	42	69	3
金湾区审计局	14	8711				8265		21	102	16
汕头市										
汕头市本级	41	1482611	1275	1474		14053	3	63	41	10
金平区审计局	8	61742				7		13	58	
龙湖区审计局	15	138880	562	957	12109	13004		24	35	1
濠江区审计局	5	8251	2		900	6093		8	8	1
潮阳区审计局	43	74715						43	1	1
潮南区审计局	34	55210	193	2513	20	31705		46	37	2
澄海区审计局	13	183973						13	45	
南澳县审计局	18	6832	577	6		12		25	56	7
佛山市										
佛山市本级	20	301978	720			1316	4	24	49	30
禅城区审计局	19	118291	4089	44		5799	2	22	37	5
南海区审计局	15	41006	494		494			20	73	
顺德区审计局	33	35880	490	151				39	76	21
三水区审计局	9	422476						12	27	7
高明区审计局	18	5796		164	1139	175		22	68	40
江门市										
江门市本级	40	550818	1864	110				59	172	60
蓬江区审计局	9	18057	1278		9	3650	7	15	23	2

续表

审计机关	完成审计项目（个）	审计查出主要问题金额	审计处理情况					出具审计报告和审计调查报告（篇）	提出审计建议（条）	提交审计信息（篇）
			审计处理处罚				移送处理事项（件）			
			应上缴财政	应减少财政拨款或补贴	应归还原渠道资金	应调账处理金额				
江海区审计局	14	12507						25	39	
新会区审计局	40	257595	124		445			54	80	1
台山市审计局	28	84939	753					51	126	
开平市审计局	29	12462						47	57	
鹤山市审计局	25	44087	568					45	146	
恩平市审计局	17	71518				50		29	69	34
湛江市										
湛江市本级	41	517105	3014	110	116637	219026	2	57	109	16
赤坎区审计局	13	40635						21	29	3
霞山区审计局	38	38891	470		17	71	1	69	67	
坡头区审计局	14	75182	18		4			20	7	
麻章区审计局	2	2154	56			73		3		
廉江市审计局	2	137555					1	2	9	
雷州市审计局	11	216759	4130		1	207		18	16	
吴川市审计局	23	135456	226					35	94	
遂溪县审计局	24	41308	768		10707	23879		33	13	1
徐闻县审计局	16	54943	4002			48895		30	26	
开发区审计局									1	
茂名市										
茂名市本级	59	494358	18470		3269	13161	2	97	138	25
茂南区审计局	45	189156	26					69	89	16
电白区审计局	64	69468	2852		236	180		115	190	
高州市审计局	37	57665	179		34	25		57	130	
化州市审计局	32	22282	204					53	81	5
信宜市审计局	33	44248	208		94			57	97	2
肇庆市										
肇庆市本级	20	435296	4354		14731	51412		29	54	32
端州区审计局	20	46988	22					42	56	12
鼎湖区审计局	9	31538	107		14	23422		14	26	20
高要区审计局	20	71317						28	190	6
四会市审计局	27	198442	91		74			38	84	9
广宁县审计局	12	65606			927	13207		19	40	8
怀集县审计局	16	8391	128		4	365		29	33	17

续表

审计机关	完成审计项目（个）	审计查出主要问题金额	审计处理情况					出具审计报告和审计调查报告（篇）	提出审计建议（条）	提交审计信息（篇）
			审计处理处罚				移送处理事项（件）			
			应上缴财政	应减少财政拨款或补贴	应归还原渠道资金	应调账处理金额				
封开县审计局	18	223449	256		39	2152		26	30	15
德庆县审计局	13	16413	8			15540		19	18	18
惠州市										
惠州市本级	93	877457	1302	9837	6784	17403	12	127	226	44
惠城区审计局	39	81043	40	518	116	4907	8	44	66	23
惠阳区审计局	27	10782	39	35	4			47	137	25
博罗县审计局	44	541821	3965	1100	607	861		60	116	16
惠东县审计局	20	36858	69		2759	21454	5	36	52	41
龙门县审计局	27	114655	5577	18	15	64		35	54	14
大亚湾经济技术开发区	40	37005	198	2407	2768	6256	2	55	152	19
仲恺高新技术产业开发区	15	17956		10256				23	62	8
梅州市										
梅州市本级	38	582074	3506		21	795	5	51	101	9
梅江区审计局	17	40588	120		20	287		27	250	2
梅县区审计局	25	4408	158					416	37	
兴宁市审计局	32	16878	1128		142	10077	2	541	89	
大埔县审计局	32	71165	1298	1		977	1	53	41	3
丰顺县审计局	28	2221	325		300	1364	1	48	57	1
五华县审计局	58	82320	66		69	82184	1	69	135	5
蕉岭县审计局	31	41910	706				1	55	74	
平远县审计局	17	22109	38		80	21990		29	33	2
汕尾市										
汕尾市本级	39	41434	1289	407	11229	13086	3	56	167	119
城区审计局	16	17743	11			4		19	71	16
陆丰市审计局	29	14918	453		758	6638		35	94	19
海丰县审计局	18	2718	37	143	8	27		41	47	1
陆河县审计局	32	1757	104		17			58	84	
河源市										
河源市本级	47	620088	1936			5191	4	70	148	19
源城区审计局	32	75695						32	21	20
紫金县审计局	22	47045	75					22	119	13
龙川县审计局	26	28056	14					27	54	0

续表

审计机关	完成审计项目（个）	审计查出主要问题金额	审计处理情况					出具审计报告和审计调查报告（篇）	提出审计建议（条）	提交审计信息（篇）
			审计处理处罚				移送处理事项（件）			
			应上缴财政	应减少财政拨款或补贴	应归还原渠道资金	应调账处理金额				
连平县审计局	7	879						7	19	0
和平县审计局	30	432903	21		124	141		30	175	0
东源县审计局	21	14588						44	52	0
阳江市										
阳江市本级	33	394303	1779	468	714		3	48	95	7
江城区审计局	28	8260	26	16				28	92	6
阳东区审计局	12	85125	29	4	21	6		16	42	6
阳春市审计局	25	17761	193		183	81		25	70	1
阳西县审计局	18	8767	1772					26	33	1
海陵区审计局	2	3495						2	2	
清远市										
清远市本级	26	771938	4018	2361	42	91764	1	35	77	10
清城区审计局	11	73206				619	1	21	28	9
清新区审计局	12	180023	15			19	1	22	38	2
英德市审计局	28	24267	7318		755	14890	1	55	24	7
连州市审计局	25	146149	493	216		832	1	45	65	
佛冈县审计局	31	54149	29					48	60	3
阳山县审计局	7	505	25		31		1	10	13	1
连山壮族瑶族自治县审计局	11	15776	4			808		20	16	11
连南瑶族自治县审计局	12	32049	114		1	7432		21	34	8
东莞市										
东莞市本级	57	372203	10740		7692	42062		39	187	56
中山市										
中山市本级	44	129460	10890	3232	2893	41221	3	62	96	104
潮州市										
潮州市本级	30	442198	21993		1124	180520	4	1	63	10
湘桥区审计局	7	12430						3	17	3
潮安区审计局	15	77621	385			1109	1		18	
枫溪区审计局	11	634					1		12	
饶平县审计局	25	94777	222						11	
揭阳市										
揭阳市本级	48	1302560	30065		12028	3478	11	81	98	45

续表

审计机关	完成审计项目（个）	审计查出主要问题金额	审计处理情况					出具审计报告和审计调查报告（篇）	提出审计建议（条）	提交审计信息（篇）
			审计处理处罚				移送处理事项（件）			
			应上缴财政	应减少财政拨款或补贴	应归还原渠道资金	应调账处理金额				
榕城区审计局	21	23284	4					22	19	
揭东区审计局	23	7763	90			210		23	70	6
普宁市审计局	24	25440	85			16		24	101	12
揭西县审计局	37	34285	63		57	488		65	33	8
惠来县审计局	37	24185	3			6		39	19	13
云浮市										
云浮市本级	27	417334	1352	1334	68	30	1	37	100	16
云城区审计局	58	6978	2	1449	2	54		59	84	3
云安区审计局	21	33073	5	1380				22	89	7
罗定市审计局	20	49228						23	26	7
新兴县审计局	16	12055						20	39	1
郁南县审计局	19	866	25					22	58	2

广西壮族自治区

【广西壮族自治区审计厅】 2015年，广西壮族自治区审计厅行政编制164人，实有159人；事业编制56人，实有48人。设有办公室、法规处、财政审计处、行政事业审计处、农业与资源环保审计处、固定资产投资审计处、金融审计处、企业审计处、社会保障审计处、外资运用审计处、经济责任审计局、人事处、机关党委、离退休人员工作处，下设派出发展计划审计处、派出经济贸易审计处、派出教育科学审计处、派出政法审计处、派出资源环保审计处、派出民政社保审计处、派出交通建设审计处、派出农业水利林业审计处、派出文化体育新闻审计处、派出卫生计划生育审计处、派出工商质监审计处、派出旅游民族事务审计处，另设机关服务中心、内部审计指导中心、科学研究所、审计培训中心。自治区纪委、监察厅在自治区审计厅派驻纪检组、监察室。

领导成员

厅　　长：何小聪

副 厅 长：吴　云　陆　斌　陈勇新

纪检组长：张永如

经济责任审计局局长：周国彪

副巡视员：王天广（—7月）

审计成果 全区各级审计机关完成审计项目5936个，查出主要问题金额2100.62亿元，其中违规金额198.88亿元、损失浪费金额1.27亿元、管理不规范金额1900.47亿元；损益（收支）不实金额120.98亿元；审计处理处罚金额279.18亿元，其中应上缴财政75.37亿元、应减少财政拨款或补贴23.26亿元、应归还原渠道资金47.15亿元、应调账处理金额100.68亿元；审计发现非金额计量问题5647个；审计促进整改落实有关问题资金88.48亿元，其中增收节支34.58亿元、已调账处理金额30.23亿元；审计促进拨付资金到位8.48亿元；审计后挽回（避免）损失9.56亿元。移送司法机关、纪检监察机关和有关部门处理事项218件。出具审计报告和专项审计调查报告7746篇，被批示、采用1061篇次。提出审计建议8428条，提交审计信息428篇，被批示、采用279篇次。向社会公告审计结果4篇。

政策措施贯彻落实跟踪审计 自治区人民政府办公厅向各市人民政府、区直各有关部门（单位）下发《2015年自治区稳增长、促改革、调结构、惠民生、防风险政策措施落实情况跟踪审计工作方案》。自治区审计厅制订实施方案，对自治区人民政府出台的48条稳增长措施、重点领域投资、财政存量资金盘活、金融支持实体经济、基础设施建设等实施审计检查，发现部分基础设施建设项目进度缓慢、部分财政存量资金未及时盘活使用、部分地方政府稳增长政策推进力度不大等问题。查出问题金额486.79亿元，资金滞留闲置79.28亿元、资金不到位不落实367.84亿元、其他金额39.67亿元。对审计发现的问题，审计厅组织各市审计局、各相关业务处室按月跟踪整改情况，截至年底，前期跟踪审计报告披露的已到达整改期限的524个问题中，387个已整改到位，137个正在积极整改中，对审计发现的未整改落实的问题，进行审计问责；对难以整改的问题，通过“回头看”，了解问题产生的原因，提出审计建议，促进体制机制完善。

财政审计 全区各级审计机关审计（调查）390个单位的预算执行情况，查出主要问题金额734.83亿元；审计（调查）77个单位的财政决算情况，查出主要问题金额53.30亿元。自治区本级预算执行和其他财政收支审计中，查出主要问题金额174.91亿元、管理不规范金额174.58亿元，发现政府性基金年初预算中代编预算比例偏高、个别企业应缴未缴耕地占用税、部分国有企业应缴未缴国有资本经营收益、部分公职人员违规办企业并领取财政补助资金、部分区直单位“三公”经费超年初预算、在其他经济科目列支“三公”经费、部分对外借款未及时清理等问题。审计通过对比财政供养人员系统、工商登记系统和微型企业资本金补助发放数据，发现部分市、县公职人员75人创办微型企业，骗取微型企业资本金补助202.68万元，涉案人员中已有34人被处分，11人被问责；通过对比财政供养人员系统、工商登记系统和税收征管系统，发现某系统59名在职公务员经商办企业，已有7人被处分，45人被问责；通过对比税收征管系统和国土出让数据，发现某地产公司涉嫌少缴耕地占用税2405.69万元，已追缴入库。

经济责任审计 全区审计单位772个，审计领导干部757人，查出主要问题金额533.29亿元，向纪检监察、司法和相关主管部门移送案件线索89件。其中审计厅完成29名领导干部经济责任审计和2名领导干部自然资源资产试点审计，查出领导干部负有相关责任的问题金额共计250.8亿元，向纪检监察、司法和相关部门移送案件线索29件。全区各级审计机关在经济责任审计中向各级党委政府呈报的审计结果报告、专题报告中，有55篇得到各级党政主要负责同志的批示。其中审计厅实施的广西物资集团有限责任公司经济责任审计项目，查出主要问题金额25.90亿元，发现部分新成立子公司未报自治区国资委核准，部分领导人员兼职未及时报自治区国资委核准，危旧房改造建设管理和分配不规范，竞买土地未按规定签订《国有建设用地使用权出让合同》等问题，呈报的《审计要情》得到自治区党委书记和自治区主席的批示；专报信息得到自治区主席的批示。

行政事业审计 审计（调查）单位765个，查出主要问题金额850.27亿元；自治区审计厅审计（调查）单位11个，查出主要问题金额540.07亿元。

专项资金审计 审计（调查）单位332个，查出主要问题金额114.75亿元；自治区审计厅审计（调查）单位7个，查出主要问题金额49.17亿元。

8月至10月，自治区审计厅组织全区审计机关，对全区29个国家扶贫开发工作重点县2013年至2014年财政扶贫资金的分配、管理和使用情况审计，发现财政扶贫资金存在向非建档立卡贫困户实施扶持、滞留滞拨财政扶贫资金、设立和使用“小金库”、公职人员涉嫌贪污渎职受贿、骗取和套取财政扶贫资金、挪用和违规使用财政扶贫资金等问题451个，违法违纪违规金额2.57亿元。向纪检监察、检察和公安机关移送案件线索87件，涉及人员199人，涉及金额8524.61万元。10月至12月，自治区审计厅组织全区各市、县审计机关，对1月至11月安排的“美丽广西·生态乡村”财政专项资金及财政管理的社会捐赠资金筹集、使用和效果情况开展审计调查，涉及金额 65.74 亿元，查出问题资金 1.75 亿元，提出审计建议 195 条，被采纳 167 条。

固定资产投资审计 审计（调查）单位 4305 个，查出主要问题金额 62.66 亿元，核减投资额 46.64 亿元。自治区审计厅对 26 条公路、6 个民用建筑、2 个水务建设、5 个内河航道整治等 39 个建设项目实施全过程跟踪审计。查出部分工程项目未按规定公开招标、部分项目施工单位现场管理不严、施工不规范、监理单位未严格履行职责、部分通车项目存在质量缺陷、征地拆迁工作进展缓慢、影响工程进度、工程款拨付及预付款管理不规范等问题 282 个，涉及金额 9.36 亿元，核减工程款 1351.55 万元，提出审计建议 270 条，对审计发现的 282 个问题下达审计整改意见书；各相关单位采纳审计建议 270 条，挽回和避免损失 5462.97 万元。

民生资金（项目）审计 审计（调查）单位 15 个，查出主要问题金额 44.39 亿元。1 月至 4 月，全区各级审计机关对 2014 年全区城镇保障性安居工程的投资、建设、分配、运营等情况进行审计。重点自治区本级、14 个市本级和 98 个县（区）政府所属住房城乡建设（住房保障）、发展改革、财政、国土资源、规划、民政、农业、林业等部门，延伸 731 个保障性安居工程项目融资、建设、勘察、设计、施工、监理等相关单位和企业、362 个街道办（乡镇）、215 个居（村委会）、3942 户家庭，并对 938 个保障性安居工程项目的开工情况、678 个项目的基本建成情况、833 个项目的工程建设和质量管理情况检查。发现部分市县未明确城市棚户区界定标准和未建立棚户区改造项目库，棚户区改造规划实施安排不当，保障性安居工程资金被违规调剂使用、截留滞拨，部分地区保障性住房分配有失公平，保障性住房退出机制不完善，部分保障性住房被违规使用等问题。

外资运用审计 自治区审计厅对亚洲开发银行贷款广西北部湾城市发展项目、亚洲银行贷款广西西南边境城市发展项目、亚洲开发银行贷款梧州城市发展项目、国际农业发展基金贷款广西农业综合开发与利用项目、世界银行贷款广西南宁城乡环境综合整治项目、世界银行贷款广西来宾水环境综合治理项目、世界银行贷款柳州环境综合治理二期项目、世界银行贷款广西生态家园项目等 8 个国际金融组织贷款项目审计，查出主要问题金额 7.88 亿元。发现配套资金未及时足额到位，未及时向农户发放银行回补资金，应缴未缴农民工工资保证金，部分项目工程承包商违规转分包，个别项目征拆补偿款及用地报批费用超概率，个别业主发行企业债券获得项目配套资金后将其挪用于其他市政建设项目，个别子项目存在超规划征地占用项目配套资金等问题。

企业审计 审计（调查）单位 42 个，查出主要问题金额 263.56 亿元。自治区审计厅审计（调查）单位 6 个，查出主要问题金额 91.44 亿元。自治区审计厅通过审计桂林市地产公司，发现该公司原主要领导及有关人员涉嫌挪用公款 850 万元，涉嫌集体违纪发放津贴补贴 151.62 万元等问题，依法分别移送检察机关和监察机关处理，均已受理立案；发现该公司应缴未缴财政款项 430 万元、向下属企业转移购置 390 万元房产等问题，已依法分别移送有关部门处理。审计要情《国有企业向关联企业输送利益问题亟待关注》，得到自治区领导的重要批示。

信息化建设 自治区审计厅继续加大审计信息化硬件建设的投入，着手启动三期项目的建设；利用 OA（审计管理系统）加快公文流转速度，实现无纸化办公；逐步实行审计项目的数字化管理，完成 100 个审计项目电子档案的建立工作。继续抓好计算机审计中级培训，推动 AO（现场审计实施系统）与 OA 的紧密交互，进一步拓展联网审计。举办 2015 年度广西审计机关计算机审计成果交流演示会。建成地方审计法规数据库，录入 1773 条广西地方法规。建成广西审计知识平台，制作并发布 16 个多媒体审计案例；录入 563 条财政审计、预算执行审计、企业审计等 8 个行业的法规定性向导；录入全国和广西计算机审计案例 1782 个，录入审计理论研究报告 1000 多篇。

队伍建设 自治区审计厅全年共举办各类培训班 34 期，培训人员 2537 人次。组织 256 人次参加北京交通大学工程审计方向会计专业硕士研究生进修班、南京审计学院审计专业函授本科班、桂林电子科技大学计算机审计业务骨干精修班的学习。至年末广西共有 77 人获会计专业硕士学位，282人获审计专业大学本科学历，1363人获审计署颁发的全国AO认证证书。选派66人参加审计署组织的各类业务培训，选派9名审计厅机关干部到基层组织挂职锻炼，从广西基层审计机关挑选14名机关干部到审计厅挂职锻炼，接收2名选调生到审计厅学习。

精神文明建设 全区各级审计机关继续推进精神文明单位创建工作，有10个市、县审计局获自治区文明单位、和谐单位的称号；组织开展在职党员进社区、关爱留守儿童、慰问困难群众、送文化下乡等主题教育实践活动。开展2次道德讲堂活动；举办第6届"读书年"活动，使精神文明创建活动内容丰富、效果显著。

审计科研 自治区审计厅会同广西审计学会组织完成25个广西审计重点课题，其中审计厅组织完成"自然资源资产责任审计研究"等18个课题、学会组织完成"利益冲突下生态公益林保护绩效审计研究"等7个课题。组织广西审计干部、学会会员参加中国审计学会举办的"审计职业化"专题研讨会、第三届全国审计青年论坛，自治区社会科学界联合会举办的"经济新常态下广西人力资源和社会保障工作探索"征文活动。10月27日，会同广西审计学会在南宁举办广西公共资金绩效审计专题研讨会。

审计宣传 向自治区党委、自治区人民政府上报《审计要情》6期；向自治区党委办公厅、自治区人民政府办公厅报送信息稿件102篇，被采用88篇；向《中国审计报》《中国审计》《广西日报》和审计署网站、自治区人民政府网站等媒体发表稿件40多篇，被采用30多篇；编辑出版《广西审计》6期。组织完成《中国审计年鉴·2014》《广西年鉴·2014》《广西社会科学年鉴·2014》等年鉴中广西审计条目的编撰工作。开展《广西通志·审计志（1993—2005)》的编纂工作，至年末修志工作进入到总纂阶段。

内部审计 全区内部审计机构876个，其中专职机构559个；内部审计人员4262人，其中专职人员2282人。自治区审计厅推动广西物资集团、柳州银行等单位按照国家有关规定建立健全内部审计制度。深入广西农垦集团、广西科技大学、广西医科大学、广西柳工集团等单位内部审计机构调研。组织30名内部审计人员参加广西保障房安居工程审计、领导干部经济责任审计。

（撰稿人：雷俊生）

【南宁市审计局】 2015年，南宁市审计局人员编制66个，实有64人。局长边作新，副局长卢绍宁、杨连业、黄辉武，总审计师梁露霞，经济责任审计办公室主任李栋沛，南宁市公共投资审计中心主任黄辉武。设办公室、人事科、法规科、机关党总支、行政事业审计科、外资运用科、财政金融审计科、社会保障审计科、企业审计科、农业与资源环保审计科、固定资产投资审计科，下设经济责任审计办公室、南宁市公共投资审计中心。

审计成果 南宁市审计机关完成审计项目244个，查出主要问题金额295.20亿元，损益（收支）不实金额4.96亿元，审计处理处罚金额23.48亿元；审计发现非金额计量问题676个；审计促进整改落实有关问题资金6.21亿元；审计促进拨付资金到位36万元；审计后挽回（避免）损失66万元。移送司法机关、纪检监察机关和有关部门处理事项1件。出具审计报告和专项审计调查报告793篇，被批示、采用5篇次。提出审计建议671条，提交审计信息43篇，被批示、采用18篇次。

财政审计 审计（调查）90个单位的预算执行情况，查出主要问题金额59.56亿元。审计（调查）2个单位的财政决算情况，查出主要问题金额354万元。南宁市审计局开展的2014年本级预算执行和其他财政收支情况审计，查出主要问题金额8.72亿元。

经济责任审计 审计单位84个，审计领导干部65人，查出主要问题金额73.21亿元。南宁市审计局开展的东盟经济技术开发区管理委员会原主任经济责任审计，查出违规金额65.12亿元、管理不规范金额4.06亿元，审计揭示变相减免土地出让金、违规使用土地出让收入、违规处置国有农用地价款、违规对外提供担保等重大问题。

行政事业审计 审计（调查）单位73个，查出主要问题金额75.29亿元。南宁市审计局开展武鸣县、马山县、西乡塘区2012年至2014年县域义务教育均衡发展情况等7个行政事业审计项目，查出主要问题金额70.47亿元。审计结果得到市政府主要领导的多次批示。

专项资金审计 南宁市各级审计机关共审计（调查）单位46个，查出主要问题金额8.05亿元。南宁市审计局实施的宾阳县2011年至2012年农村沼气项目中央预算内资金投资使用情况专项审计调查项目，发现沼气池原料不足、部分农村沼气池利用率不高、沼气池项目整体推进难度大等主要问题，提出加强项目质量管理、健全村级服务体系等建议。

固定资产投资审计 审计（调查）单位28个，查出主要问题金额19.03亿元，核减投资额7.70亿元。南宁市审计局针对当前市本级政府投资工程结算管理存在的各类突出问题，印发《南宁市审计局关于进一步加强南宁市政府投资建设项目结算管理工作的通知》，进一步加强项目计划管理、实现审计全覆盖、强化设计变更制度执行力等方面的管理。

民生资金（项目）审计 全市审计机关对城镇保障性住房、蔬菜基地建设资金、城市公共道路停车收费管理使用、绿化工程建设管理、扶贫资金管理使用等项目开展审计监督，揭露和反映存在的突出问题，提出整改意见和建议。南宁市审计局对市本级及六县六区的2014年城镇保障性安居工程开展跟踪审计，审计查出689.97万元保障性安居工程资金筹集管理不到位、部分项目未严格执行基本建设程序；393套保障性住房存在工程质量缺陷、97户保障对象违规取得待遇、628套保障性住房空置等问题。审计结果引起市政府的高度重视，南宁市市长等领导做出指示。

企业审计 审计（调查）单位4个，查出主要问题金额133.24亿元。南宁市审计局开展南宁青秀山风景名胜旅游开发有限责任公司2010年至2014年财务收支情况审计项目，查出管理不规范金额6599万元，发现景区内商铺及代管资产租赁未采用对外公开招标方式等问题，提出应规范景区内景观石头的采购管理等审计建议。

（撰稿人：郑丽霞）

【柳州市审计局】 2015年，柳州市审计局人员编制105人，实有94人。局长罗品文，副局长戴卫平、陈钧、刘秋文，总审计师李怡，纪检组长覃柳青，经济责任审计局局长廖凤英。设有办公室、人事科、法规科、财政金融审计科、行政事业审计科、经贸审计科、农业与资源环保审计科、社会保障审计科、固定资产投资审计科、经济责任审计局，下设柳州市政府投资项目审计中心。

审计成果 柳州市审计机关完成审计项目624个，查出主要问题金额38.18亿元、收支不实金额4.27亿元；审计处理处罚金额22.33亿元，其中应上缴财政1.74亿元、应减少财政拨款或补贴6.42亿元、应归还原渠道资金3.96亿元、应调账处理金额9.21亿元；审计发现非金额计量问题409个；审计促进整改落实有关问题资金15.91亿元，审计促进拨付资金到位1.92亿元；审计后挽回（避免）损失2.41亿元。出具审计报告和专项审计调查报告656篇，被批示、采用27篇次。提出审计建议774条，提交审计信息8篇，被批示、采用5篇次。

政策措施贯彻落实跟踪审计 全市开展稳增长政策落实跟踪审计，检查本市各部门、各单位稳增长各项政策是否执行到位，落实政策相关的各项任务是否按期完成。向上级审计机关及市人民政府报送审计报告9篇，提出意见建议30余条，重点反映、分析部分重大项目进展缓慢、一些部门不作为慢作为等问题。

财政审计 全市审计（调查）617个单位的预算执行情况，查出主要问题金额200534万元。审计（调查）7个单位的财政决算情况，查出主要问题金额5858万元。柳州市审计局、鹿寨县审计局、柳北区审计局实施的2014年度本级预算执行和其他财政收支审计，发现部分扶贫项目资金沉淀、其他收入未纳入预算管理、未按规定将所收款项全额缴入国库或者财政部门开设的政府非税收入财政专户、财政未按规定收回借出款项、预算收入未及时上缴国库等问题。

经济责任审计 全市各级审计机关共审计单位86个，审计领导干部90人，查出主要问题金额8.80亿元。

行政事业审计 全市审计（调查）单位87个，查出主要问题金额6.19亿元。

专项资金审计 全市审计（调查）单位30个，查出主要问题金额2.05亿元。

固定资产投资审计 审计（调查）单位468

个，查出主要问题金额 6.43 亿元，核减投资额 3.24 亿元。柳州市审计局对柳州市环江滨水大道、文化旅游科技体验园和柳东新区企业总部等 12 个重点项目实施全过程跟踪审计，发现部分投资工程施工合同签订不规范、项目未按合同要求进行管理，部分项目未进行地质勘探或地质勘探资料不符合现场实际情况，部分项目前期准备不充分，概算、预算不准确，部分投资未经审批单位审批，部分基建的安装工程未按设计要求进行施工，部分项目未经批准擅自变更设计图纸等问题。

企业审计　全市审计（调查）单位 5 个，查出主要问题金额 2.78 亿元。柳州市审计局实施的柳州市龙城保安服务有限责任公司资产负债情况审计，发现该公司未按规定的程序实施国有股权转让、向私人高利率借款、部分未能提供借款合同、部分利息违规支付、私存私放国有资产、违反规定私设会计账簿登记核算经营业务、虚构经济活动等问题。（撰稿人：杨靖云）

【桂林市审计局】　2015 年，桂林市审计局人员编制 92 人，实有 84 人。局长江建和，副局长唐正柱、赵素云、全宏星，总审计师张志文，纪检组长罗伟强，经济责任审计办公室主任欧忆娥。设有办公室、法规科、财政金融审计科、行政事业审计科、经贸审计科、农业与资源环保审计科、社会保障审计科、固定资产投资审计一科、固定资产投资审计二科、旅游外资审计科、经济责任审计办公室、人事教育科、综合信息科、纪检监察室，下设桂林市公共投资项目审计中心、桂林市审计干部培训中心。

审计成果　桂林市审计机关完成审计项目 240 个，查出主要问题金额 52.50 亿元，其中违规金额 6.33 亿元、损失浪费金额 257 万元、管理不规范金额 46.14 亿元；损益（收支）不实金额 13.86 亿元；审计处理处罚金额 18.29 亿元，其中应上缴财政 3.54 亿元、应减少财政拨款或补贴 6275 万元、应归还原渠道资金 1.09 亿元、应调账处理金额 12.49 亿元；审计发现非金额计量问题 564 个；审计促进整改落实有关问题资金 9.43 亿元，其中增收节支 3.71 亿元、已调账处理金额 5.19 亿元；审计促进拨付资金到位 3.57 亿元；审计后挽回（避免）损失 6560 万元。移送司法机关、纪检监察机关和有关部门处理事项 1 件。出具审计报告和专项审计调查报告 343 篇，被批示、采用 15 篇次。提出审计建议 650 条，提交审计信息 34 篇，被批示、采用 24 篇次。

财政审计　全市审计（调查）62 个单位的预算执行情况，查出主要问题金额 34.82 亿元。审计（调查）16 个单位的财政决算情况，查出主要问题金额 5.67 亿元。通过审计桂林市本级 2014 年度预算执行情况，发现 23.38 亿元未按规定编入有关部门预算，预算收入 5506 万元未及时足额收缴国库，偿债准备金专户资金规模较小等问题。

经济责任审计　全市审计单位 107 个，审计领导干部 108 人，查出主要问题金额 6.46 亿元。在桂林市审计局对桂林市人民医院院长经济责任审计项目中，发现违规收取部分医疗服务及耗材费用等 104 万元，部分医疗服务及耗材收费管理不规范，门诊综合楼超概算 106%等问题。

行政事业审计　全市审计（调查）单位 78 个，查出主要问题金额 4.41 亿元。桂林市审计局对桂林市总工会进行审计，发现未经上级批准，擅自与福禧公司合作建设“文化宫文化商业街区”，对项目监管缺位；在“文化宫文化商业街区”租赁项目中，涉嫌资产流失金额 9997 万元；“代管经费”余额 183 万元长期挂账等问题。该项目获得 2015 年自治区审计厅优秀审计项目三等奖。

专项资金审计　全市审计（调查）单位 44 个，查出主要问题金额 2.74 亿元。桂林市审计局对 4 个县区的义务教育均衡发展、2 个县的 2014 年度农机补贴专项资金和“美丽广西·清洁乡村”活动财政专项资金进行审计，督促县区政府及时整改存在的问题。抽调全市审计系统 23 名审计骨干，组成两个审计组赴柳州市三江县、融水县开展全区扶贫资金审计。查处三江县扶贫项目资金损失浪费、项目配套资金不到位、滞留滞拨挪用扶贫资金、扶贫项目偷工减料情况等问题，追缴扶贫资金 1500 多万元，移送纪委、检察院案件线索 2 件；查处融水县套取骗取挪用扶贫资金、滞留滞拨财政扶贫资金、私设“小金库”、违规发放扶贫资金、虚报冒领扶贫资金和未履行政府采购等问题，并将 5 件重要案件线索移送相关部门。

固定资产投资审计 全市审计（调查）单位34个，查出主要问题金额3.01亿元，核减投资额1.76亿元。桂林市临苏路工程结算送审金额5.93亿元，核减金额8417万元，核减率达14.2%，发现该工程存在施工测量资料造价、工程变更资料不真实，项目业主在工程管理上的严重漏洞及相关人员玩忽职守，导致国有资产重大损失等问题。

民生资金（项目）审计 全市审计（调查）单位1个，查出主要问题金额848万元。桂林市审计局对桂林市失业保险所管理的失业保险资金筹集、管理和使用情况进行审计，审计发现平乐县参保的事业单位2011年至2012年未缴纳失业保险金，欠缴失业保险费617万元；七星区、秀峰区、叠彩区教育局选择性参保，区属学校教职员工未缴纳失业保险金；12个县级失业保险所未编制基金预算等问题。

企业审计 审计（调查）单位5个，查出主要问题金额1.76亿元。桂林市审计局完成桂林经贸实业公司职工安置费使用情况审计和广西桂林滑石发展有限公司2013年度资产负债损益情况审计，发现桂林经贸实业公司职工安置费使用、管理中存在的应补缴但未补缴职工失业保险金、抵债房屋资产未按规定进行会计核算，形成账外资产、未将专项安置款结余归还市财政等问题。

（撰稿人：何　静）

【梧州市审计局】 2015年，梧州市审计局人员编制55人，实有52人。局长覃宏岩，副局长蒙泽江、彭雪梅、卢秋诚，总审计师麦庆，纪检组长姚启文（—10月）、何际铭（10月—）。设有办公室、经济责任审计分局、财政金融审计科、行政事业审计科、社会保障审计科、农业与资源环保审计科、经贸审计科、固定资产投资审计科、外资运用审计科、法规科、监察室，下设梧州市政府投资审计中心。

审计成果 梧州市审计机关完成审计项目145个，查出主要问题金额684784万元，其中违规金额7.49亿元、损失浪费金额54万元、管理不规范金额6.10亿元；损益（收支）不实金额5316万元；审计处理处罚金额25.32亿元，其中应上缴财政8464万元、应减少财政拨款或补贴1225万元、应归还原渠道资金4.70亿元、应调账处理金额16.41亿元；审计发现非金额计量问题264个；审计促进整改落实有关问题资金4.04亿元，其中增收节支1.31亿元、已调账处理金额1.87亿元；审计后挽回（避免）损失1031万元。移送司法机关、纪检监察机关和有关部门处理事项4件。出具审计报告和专项审计调查报告1210篇，被批示、采用867篇次。提出审计建议686条，提交审计信息9篇，被批示、采用3篇次。

财政审计 全市审计（调查）14个单位的预算执行情况，查出主要问题金额40.65亿元；审计（调查）7个单位的财政决算情况，查出主要问题金额5249万元。

经济责任审计 全市审计单位56个，审计领导干部47人，查出主要问题金额22.36亿元。

行政事业审计 全市审计（调查）单位74个，查出主要问题金额2.28亿元。藤县审计局对梧州市陶瓷产业园和藤县工业集中区开发建设管理委员会的财务收支情况、蒙山中学2013年1月至2015年6月财务收支情况审计，发现会议费开支和车辆管理不规范、工程款支出手续不完善、购置固定资产未登记固定资产账、应缴未缴预算收入、预算编制不完整和挤占、挪用拨入的预算资金、专项拨款等问题。

专项资金审计 全市审计（调查）单位27个，查出主要问题金额2.72亿元。梧州市审计局对市本级教育系统部分学校非税收入收缴使用情况，市本级融资平台公司运营情况，市本级排污费征收、管理和使用情况，市本级教育费附加使用管理情况，苍海项目征地资金使用管理情况实施专项审计调查，发现部分扶贫、社保与就业、保障房等重点民生领域资金使用慢，农村基础建设方面存在偷工减料，劳动保障、低保政策等信息核对平台有待加强，村级财务管理存在风险等问题。

固定资产投资审计 全市审计（调查）单位21个，查出主要问题金额1642万元，核减投资额2.67亿元。

企业审计 全市审计（调查）单位2个，查出主要问题金额1.59亿元。（撰稿人：黎振华）

【北海市审计局】 2015年，北海市审计局人员编制69人，实有56人。局长曹文，副局长葛庆新、刘文惠、李小文，总审计师唐冰，纪检组长沈志平，副调研员黄廷中。设有办公室、监察室、法规科、财政金融审计科、行政事业审计科、经贸审计科、固定资产投资审计科、外资运用审计科、农业环保审计科、社保审计科、交通建设审计科、电子政务管理科，下设经济责任审计办公室、政府投资审计中心。

审计成果 北海市审计机关完成审计项目227个，查出主要问题金额32.07亿元，其中违规金额8.24亿元、管理不规范金额23.83亿元；损益（收支）不实金额4.73亿元；审计处理处罚金额16.89亿元，其中应上缴财政1896万元、应减少财政拨款或补贴1.13亿元、应归还原渠道资金2355万元、应调账处理金额13.83亿元；审计发现非金额计量问题81个；审计促进整改落实有关问题资金27.55亿元，其中增收节支5689万元、已调账处理金额12.80亿元；审计促进拨付资金到位9615万元；审计后挽回（避免）损失146万元。移送司法机关、纪检监察机关和有关部门处理事项3件。出具审计报告和专项审计调查报告258篇，被批示、采用6篇次。提出审计建议920条，提交审计信息28篇，被批示、采用18篇次。向社会公告审计结果1篇。

财政审计 全市审计（调查）14个单位的预算执行情况，查出主要问题金额18.46亿元。审计（调查）1个单位的财政决算情况，查出主要问题金额73万元。

经济责任审计 全市审计单位30个，审计领导干部30人，查出主要问题金额11.36亿元。北海市审计局对海城区区长任中经济责任履行情况进行审计，发现该单位预算编制不完整、项目结转和结余资金未能统筹安排使用、部分上级财政补助资金未能及时拨付使用、部分农村公路项目结算不及时、保障性住房信息系统不够健全等问题。

行政事业审计 全市审计（调查）单位29个，查出主要问题金额3.04亿元。

专项资金审计 全市审计（调查）单位11个，查出主要问题金额7862万元。

固定资产投资审计 全市审计（调查）单位168个，查出主要问题金额1.24亿元，核减投资额1.17亿元。北海市审计局先后对出口加工区、铁山港廉租房工程、第四届广西（北海）园林园艺博览会承办工作经费项目、市环卫处财务收支情况等168个工程项目进行工程结算、决算审计，核减工程投资款9278.9万元。

企业审计 全市审计（调查）单位3个，查出主要问题金额8.54亿元。北海市审计局对北海旅游集团有限公司、市路港建设投资开发有限公司、市城市建设投资发展有限公司、市银滩开发投资股份有限公司等4个单位开展审计，发现部分单位债务负担重、偿债能力不足、部分项目进展缓慢、融资成本高、工资薪酬管理不规范等问题。

（撰稿人：罗锦兰）

【防城港市审计局】 2015年，防城港市审计局人员编制32人，实有30人。局长林保聪，副局长李毓森、周铁军、凌荣，纪检组长黄慧萍。经济责任审计分局局长李忆文。设有办公室、法规科、财政和社保审计科、行政事业审计科、农业环保和企业审计科、固定资产投资审计科、监察室、经济责任审计分局，下设经济责任审计中心、政府投资审计中心。

审计成果 防城港市审计机关完成审计项目599个，查出主要问题金额32.97亿元，其中违规金额236万元、管理不规范金额32.95亿元；损益（收支）不实金额954万元；审计处理处罚金额27.93亿元，其中应上缴财政3882万元、应减少财政拨款或补贴1.76亿元、应归还原渠道资金11.37亿元、应调账处理金额14.41亿元；审计发现非金额计量问题352个；审计促进整改落实有关问题资金2.76亿元，其中增收节支1.64亿元、已调账处理金额7540万元；审计后挽回（避免）损失1.56亿元。出具审计报告和专项审计调查报告600篇，被批示、采用12篇次。提出审计建议930条，提交审计信息2篇。

财政审计 全市审计（调查）4个单位的预算执行情况，查出主要问题金额26.05亿元。防城港市审计局实施的防城港市财政局2014年度市本级预算执行和其他财政收支情况审计项目，查出主要问题金额13.71亿元，发现部分预算项目编制不够细化、完整，未及时理顺市本级与港口区的财政预算管理体制，部分财政专项资金结转

2年以上未使用等问题。

经济责任审计 全市审计单位15个，审计领导干部8人，查出主要问题金额2.06亿元。

专项资金审计 全市审计（调查）单位5个，查出主要问题金额306万元。东兴市审计局对东兴市城镇保障性安居工程、东兴市“美丽广西·清洁乡村”活动财政专项资金等进行审计，发现部分项目违规使用资金、部分资金管理不规范、前期规划设计不完善、项目后续使用管理薄弱等问题。

固定资产投资审计 全市审计（调查）单位571个，查出主要问题金额4.49亿元。审计金额21.26亿元，审定金额19.02亿元，核减工程款2.23亿元，平均核减率11.36%。

（撰稿人：邓英俊）

【钦州市审计局】 2015年，钦州市审计局人员编制30人，实有27人。局长钟翔，副局长陈洪珊、谭灵坚、郑康，总审计师刘海伟，纪检组长张梅（11月—），经济责任审计分局局长藤基雄，公共投资审计中心主任黄伟杰。设有办公室、监察室、法规综合科、行政事业审计科、财税审计科、社会保障审计科、金融外资审计科、农业与资源环境审计科、企业审计科、固定资产投资审计科、经济责任审计分局，下设钦州市公共投资审计中心、钦州市经济责任审计办公室。

审计成果 钦州市审计机关完成审计项目206个，查出主要问题金额63.33亿元，其中违规金额15.24亿元、损失浪费金额32万元、管理不规范金额48.09亿元；损益（收支）不实金额3.18亿元；审计处理处罚金额19.26亿元，其中应上缴财政2.54亿元、应减少财政拨款或补贴8696万元、应归还原渠道资金1.96亿元、应调账处理金额6.57亿元；审计发现非金额计量问题220个；审计促进整改落实有关问题资金2.97亿元，其中增收节支9503万元、已调账处理金额9431万元。移送司法机关、纪检监察机关和有关部门处理事项18件。出具审计报告和专项审计调查报告209篇，被批示、采用64篇次。提出审计建议201条，提交审计信息36篇，被批示、采用22篇次。

财政审计 全市审计（调查）14个单位的预算执行情况，查出主要问题金额41.94亿元。钦州市审计局实施的钦州市本级2014年度预算执行和其他财政收支情况审计项目，发现部分市直部门未按规定及时上缴财政收入、应收未收财政收入、未按规定使用公务卡、取消的收费项目仍继续收费等问题。

经济责任审计 全市审计单位40个，审计领导干部42人，查出主要问题金额2.16亿元。钦州市审计局实施的原钦州市文化和新闻出版局局长任期经济责任审计项目，发现该局及其下属单位违规使用财政专项资金、违规发放劳务加班补助费、应缴未缴财政专户款、未按规定代扣代缴有关税费等问题。

行政事业审计 全市审计（调查）单位45个，查出主要问题金额3.25亿元。

专项资金审计 全市审计（调查）单位16个，查出主要问题金额9.28亿元。钦州市审计局实施的市本级2014年城镇保障性安居工程审计项目，发现城镇保障性安居工程资金结余过大、部分人员违规享受保障性住房政策保障待遇、保障性安居工程未按规定执行基本建设程序、超概算投资、项目资料管理不规范、项目建设周期长、未按合同工期完工等问题。

固定资产投资审计 全市审计（调查）单位129个，查出主要问题金额8490万元。钦州市审计局实施的钦州学院建设的北部湾海洋研究与教育中心项目竣工审计，送审金额6618.61万元，审减金额1049.97万元，审减率15.86%。审计发现施工单位编制的工程款结算多计工程造价1049.97万元，工程设计、施工单位选取未进行公开招投标，部分工程内容未按设计图纸施工，未全部完成初步设计批复的建设内容，未按规定取得土地使用权证等问题。

民生资金（项目）审计 全市审计（调查）单位1个，查出主要问题金额8亿元。钦州市审计局实施的钦州市2012年至2014年新型农村合作医疗基金筹集管理和使用情况审计调查项目，发现农村居民重复参合参保、未按规定资助9.88万残疾人参加新农合保险、虚报参合人数、基金收入未按规定缴存新农合基金专户、新农合基金公款私存、收取基金存款利息未按规定作基金收入、虚报套取新农合基金、违规检查化验项目等

问题。（撰稿人：杨　纯）

【贵港市审计局】 2015年，贵港市审计局人员编制48人，实有41人。局长张立文，副局长伍勤、甘德富、彭毅云，总审计师黄影，纪检组长黄开泽，经济责任审计分局局长潘家秩，公共投资审计中心主任陆恩源。设有办公室、财政金融审计科、行政事业审计科、社保与资源环境审计科、经济责任审计分局、固定资产投资审计科、法规科、计算机信息科，下设贵港市公共投资审计中心。

审计成果 贵港市审计机关完成审计项目1360个，查出主要问题金额41.27亿元，其中违规金额3160万元、管理不规范金额40.95亿元；损益（收支）不实金额8484万元；审计处理处罚金额2.62亿元，其中应上缴财政483万元、应减少财政拨款或补贴2.08亿元、应归还原渠道资金907万元、应调账处理金额366万元；审计发现非金额计量问题166个；审计促进整改落实有关问题资金2.38亿元，其中增收节支2.15亿元、已调账处理金额332万元；审计后挽回（避免）损失3.17亿元。出具审计报告和专项审计调查报告1386篇。提出审计建议364条，提交审计信息73篇。

财政审计 全市审计（调查）8个单位的预算执行情况，查出主要问题金额8.97亿元。贵港市审计局实施的贵港市本级2014年度预算执行情况和其他财政收支情况审计项目，发现财政存量资金盘活工作不彻底、预算公开工作不全面、国库集中支付执行不到位、违规办理商业预付卡等问题。移送市纪委处理事项1件，涉及金额32.73万元，市纪委已立案调查。

经济责任审计 全市审计单位23个，审计领导干部28人，查出主要问题金额5.04亿元。贵港市审计局实施贵港市供销合作社主任经济责任审计项目，发现该单位伪造办公楼装修合同等资料、伪造项目资料、虚开发票、向下属企业摊派费用、市供销社副主任向下属企业借款、市供销社在职人员参股成立贵港市鑫易达投资有限公司、违规发放下乡补贴等问题。下属企业的违纪问题已移送市纪委。

行政事业审计 全市审计（调查）单位29个，查出主要问题金额9.63亿元。贵港市审计局采取行政事业审计与经济责任审计相结合的方式进行审计，发现部分行政事业单位应缴未缴财政收入或非税收入、未按规定使用公务卡结算、未如实申报个人所得税、未按规定报销差旅费、多收病人费用等问题。

专项资金审计 全市审计（调查）单位16个，查出主要问题金额19.22亿元。贵港市审计局实施的桂平市2010年至2014年土地出让收支和耕地保护情况审计项目，发现存在应收未收土地出让收入及滞纳金，扩大土地出让收入使用范围，低价出让经营性用地，应收未收增容土地出让金，挤占挪用、滞留耕地开垦专项资金等问题。其中违规供地、违规办证导致国有土地资产流失以及违规审批建设工程规划，增加房地产开发项目实际容积率的违纪问题已移送市纪委处理。

固定资产投资审计 全市审计（调查）单位1307个，查出主要问题金额3.44亿元。贵港市审计局实施的贵港市天河花园1至6号楼配套工程造价审计项目，送审金额4836.51万元，审定金额3605.78万元，审减工程造价1230.73万元，核减率25.45%。（撰稿人：王育红）

【玉林市审计局】 2015年，玉林市审计局人员编制46人，实有42人。局长李克，副局长王熙、胡剑彪（—12月）、劳林灵、陈任诗（12月—），总审计师梁武波，纪检组长吕智能，经济责任审计分局局长曾敏。设有秘书科、法规科、财政税务审计科、行政事业审计科、综合经济审计科、社会保障审计科、固定资产投资审计科、经济责任审计分局、园区审计科、数据审计科、监察室，下设玉林市政府投资审计办公室。

审计成果 玉林市审计机关完成审计项目250个，查出主要问题金额13.37亿元，其中违规金额14.42亿元、管理不规范金额98.95亿元；损益（收支）不实金额4.47亿元；审计处理处罚金额34.96亿元，其中应上缴财政33.72亿元、应减少财政拨款或补贴1370万元、应归还原渠道资金1150万元、应调账处理金额9904万元；审计发现非金额计量问题87个；审计促进整改落实有关问题资金3022万元，其中增收节支2453万元；审计促进拨付资金到位1295万元；审计后挽回（避免）损失3390万元。移送司法机关、纪检监察机关和有关部门处理事项16件。出具审计报告和专项审计调查报告278篇，被批示、采用41篇次。提出审计建议322条，提交审计信息14篇，被批示、采用6篇次。

政策措施贯彻落实跟踪审计 全市组织开展稳增长等政策措施落实情况跟踪审计，反映各类问题31个，促进重大项目加快建设18个，促进资金统筹使用和重点资金到位5.22亿元，促进落实取消、合并行政审批事项568项，促进下放行政审批事项36项。

财政审计 全市审计（调查）27个单位的预算执行情况，查出主要问题金额49.2亿元。审计（调查）5个单位的财政决算情况，查出主要问题金额49.20亿元。玉林市审计局对市本级2014年度预算执行和其他财政收支情况进行审计，发现部分单位预算约束力不强、虚增财政收入、预算支出安排不够细化、政府采购手续不够完备、超预算支出等问题。

经济责任审计 全市审计领导干部86人，查出主要问题金额25.23亿元。

专项资金审计 全市审计（调查）单位16个，查出主要问题金额547万元。

固定资产投资审计 全市审计（调查）单位112个，查出主要问题金额6750万元，核减投资额2.64亿元。

企业审计 全市审计（调查）单位4个，查出主要问题金额4.37亿元。在对玉柴集团子公司—广西玉柴机械动力有限责任公司2012—2014年度财务收支情况审计中，发现2006年34%国有股权转让不合规，未按规定处置重大固定资产，投资成立子公司无可行性研究报告、董事会决策记录，借款给子公司增资后抽逃资本等问题。

（撰稿人：梁柏宏）

【百色市审计局】 2015年，百色市审计局人员编制49人，实有47人。党组书记张良，局长黄武能，副局长谭荣先、潘秋玲、黄彧，总审计师黄受飞，纪检组长张祥俭，经济责任审计分局局长谭荣先（兼）。设有办公室、财政金融审计科、法规科、行政事业审计科、农业与资源环保审计科、社会保障审计科、经贸审计科、固定资产投资审计科、经济责任审计科、监察室，下设百色市政府投资审计办公室、百色市经济责任审计分局。

审计成果 百色市审计机关完成审计项目157个，查出主要问题金额56.73亿元，其中违规金额6.30亿元、损失浪费金额101万元、管理不规范金额50.42亿元；损益（收支）不实金额3039万元；审计处理处罚金额9.87亿元，其中应上缴财政5.26亿元、应减少财政拨款或补贴2.38亿元、应归还原渠道资金7238万元、应调账处理金额1.33亿元；审计发现非金额计量问题230个；审计促进整改落实有关问题资金4.06亿元，其中增收节支2.98亿元、已调账处理金额8488万元；审计促进拨付资金到位2432万元；审计后挽回（避免）损失7455万元。出具审计报告和专项审计调查报告176篇，被批示、采用11篇次。提出审计建议639条，提交审计信息17篇，被批示、采用3篇次。

财政审计 全市审计（调查）17个单位的预算执行情况，查出主要问题金额32.89亿元。那坡县审计局实施的那坡县2014年度财政财务收支专项审计，查出主要问题金额1.76亿元。发现财政资金未按规定纳入国库集中支付系统核算、违规将财政资金从零余额账户拨付到单位预算账户、往来款项长期挂账、向非预算单位拨款等问题。

经济责任审计 全市审计单位47个，审计领导干部47人，查出主要问题金额9.71亿元。

行政事业审计 全市各级审计机关共审计（调查）单位51个，查出主要问题金额10.05亿元。

专项资金审计 全市审计（调查）单位40个，查出主要问题金额2.24亿元。乐业县审计局实施的2015年度“美丽广西·生态乡村”财政专项资金审计项目，查出主要问题金额2085.83万元。发现财政部门滞留应当下拨的专项资金、林业部门未经批准调整项目施工地点等问题。

固定资产投资审计 全市审计（调查）单位35个，查出主要问题金额1.74亿元，核减工程造价1.13亿元，核减率17.31%。靖西市审计局实施的撤县设市市政道路改造工程跟踪审计项目，发现施工单位不按设计图纸施工、施工进度缓慢、监理不到位以及设计施工方案不切实际等问题。

民生资金（项目）审计 全市审计（调查）单位4个。凌云县审计局实施的凌云县廉租住房、公共租赁住房和经济适用住房的投资、建设、分配、运营等情况的审计项目。发现廉租住房承租户将房子转借他人居住、廉租住房住户未按规定缴纳租金、未及时发放廉租住房租赁补贴等问题。

企业审计 全市审计（调查）单位4个，查出主要问题金额8.24亿元。（撰稿人：周胜涛）

【贺州市审计局】 2015年，贺州市审计局人员编制46人，实有43人。局长谢庆丰，副局长甘仕森、谢义，总审计师黄自珍，纪检组长刘文忠，经济责任审计分局局长董大星。设有办公室（监察室）、法规科、企业审计科、财政金融审计科、行政事业单位审计科、固定资产投资科、经济责任审计分局，下设政府投资审计中心、审计信息管理中心。

审计成果 贺州市审计机关完成审计项目147个，查出主要问题金额102.60亿元，其中违规金额2.83亿元、损失浪费金额5万元、管理不规范金额99.77亿元；损益（收支）不实金额31.03亿元；审计处理处罚金额7.27亿元，其中应上缴财政6.7亿元、应减少财政拨款或补贴7万元、应归还原渠道资金2717万元、应调账处理金额2909万元；审计发现非金额计量问题569个；审计促进整改落实有关问题资金1.65亿元，其中增收节支1.61亿元、已调账处理金额364万元；审计促进拨付资金到位129万元；审计后挽回（避免）损失1万元。出具审计报告和专项审计调查报告126篇，被批示、采用3篇次。提出审计建议371条，提交审计信息18篇，被批示、采用8篇次。

财政审计 全市审计（调查）23个单位的预算执行情况，查出主要问题金额34.12亿元。昭平县审计局实施的昭平县2014年度财政预算执行情况审计，发现该单位预算编制不完整、个别项目测算不准确、预算调整不及时、滞留财政收入、滞留专项资金、固定资产核算不实、未按规定处理已撤销的单位资产等问题。

经济责任审计 全市审计单位59个，审计领导干部58人，查出主要问题金额543145万元。审计发现有些领导干部执行国家和自治区经济法律法规及经济政策不坚决、非税收入管理不严格、固定资产核算管理不规范等问题。

行政事业审计 全市审计（调查）单位51个，查出主要问题金额52.95亿元。

专项资金审计 全市审计（调查）单位10个，查出主要问题金额5.75亿元。八步区审计局实施的八步区“美丽广西·生态乡村”活动资金使用情况审计调查项目，发现实际实施的项目数据与填报数据脱节、资金的使用还滞留在清洁乡村阶段、实施项目进度慢、资金结余较大以及后续管护维修跟不上等问题。

固定资产投资审计 全市审计（调查）单位47个，查出主要问题金额2.90亿元，核减投资额2.84亿元。

企业审计 全市审计（调查）单位4个，查出主要问题金额6.72亿元。贺州市审计局实施的梧州大酒店2013年至2014年资产负债损益审计项目，发现相关企业重大经济事项决策程序不科学、财务核算不规范、内部风险管控不力等问题。

（撰稿人：练　军）

【河池市审计局】 2015年，河池市审计局人员编制41人，实有38人。局长乔彩荣，副局长黄汉龙、尹治山，纪检组长梁彩艳，总审计师覃慧琴，市政府投资审计中心主任韦景升，经济责任审计分局局长刘素群（6月—）。设有办公室、法规科、财政金融审计科、行政事业审计科、社会保障审计科、企业与外资运用审计科、农业与资源环保审计科、固定资产投资审计科、经济责任审计分局，下设计算机审计与信息管理办公室、政府投资审计中心。

审计成果 河池市审计机关完成审计项目770个，查出违规金额25.26亿元、损失浪费金额194万元、管理不规范金额111.64亿元；损益（收支）不实金额4.80亿元；审计处理处罚金额15.81亿元，其中应上缴财政6.73亿元、应减少财政拨款或补贴8867万元、应归还原渠道资金6296万元、应调账处理金额3.72亿元；审计发现非金额计量问题239个；审计促进整改落实有关问题资金1.78亿元，其中增收节支8005万元、已调账处理金额94万元；审计促进拨付资金到位5130万元；审计后挽回（避免）损失2765万元。

移送司法机关、纪检监察机关和有关部门处理事项 11 件。出具审计报告和专项审计调查报告 700 篇，被批示、采用 2 篇次。提出审计建议 611 条，提交审计信息 12 篇，被批示、采用 10 篇次。向社会公告审计结果 3 篇。

财政审计 全市审计（调查）32 个单位的预算执行情况，查出主要问题金额 51.90 亿元。审计（调查）5 个单位的财政决算情况，查出主要问题金额 14.65 亿元。河池市审计局实施的凤山县人民政府、环江县人民政府 2014 年度财政决算审计项目，查出问题金额 6.75 亿元，督促财政收回应缴国库资金 2637 万元，盘活闲置资金 5975 万元，拨付滞留的专项资金 5473 万元。

经济责任审计 全市审计单位 38 个，审计领导干部 42 人，查出主要问题金额 50.61 亿元。巴马瑶族自治县审计局实施的县工信局局长任职期间履行经济责任情况审计项目，查出问题金额 1503.68 万元。

行政事业审计 全市审计（调查）单位 46 个，查出主要问题金额 51.87 亿元。巴马瑶族自治县审计局实施的巴马镇人民政府 2012 年至 2014 年预算执行和其他财政收支情况审计项目，查出问题金额 694 万元，发现政府投资建设项目未进行招标、应收未收非税收入、挤占挪用专项资金等问题。

专项资金审计 全市审计（调查）单位 40 个，查出主要问题金额 12.34 亿元。河池市审计局实施的罗城仫佬族自治县 2011 年至 2013 年财政专项扶贫资金审计项目，发现有关部门挪用财政专项扶贫资金 190 万元，违规向非扶贫对象投放扶贫资金 1076 万元，部分扶贫项目未按规定执行政府采购和招投标制度，部分工程质量未达到建设要求等问题。

固定资产投资审计 全市审计（调查）单位 643 个，查出主要问题金额 1.29 亿元，核减投资额 2.84 亿元。

企业审计 全市审计（调查）单位 3 个，查出主要问题金额 4.87 亿元。 （撰稿人：杨　素）

【来宾市审计局】 2015 年，来宾市审计局人员编制 25 人，实有 25 人。局长韦祖乾，副局长朱双明（—7 月）、吴运生、钟世权（7 月—）、刘羽（—3 月），总审计师覃锦平，纪检组长钟世权（—7 月）、陆春庆（9 月—），政府投资审计中心主任廖冬强。设有办公室、法规科（纪检监察室）、财金审计科、行政事业审计科、经济责任审计分局、固定资产投资审计科、农业与资源环保审计科、经贸审计科，下设来宾市经济责任审计中心、来宾市政府投资审计中心。

审计成果 来宾市审计机关完成审计项目 736 个，查出主要问题金额 30.48 亿元，其中违规金额 3746 万元、管理不规范金额 30.11 亿元；损益（收支）不实金额 3.45 亿元；审计处理处罚金额 8.54 亿元，其中应上缴财政 1981 万元、应减少财政拨款或补贴 6.84 亿元、应归还原渠道资金 2107 万元、应调账处理金额 2498 万元；审计发现非金额计量问题 2 个；审计促进整改落实有关问题资金 6.79 亿元，其中增收节支 5.10 亿元、已调账处理金额 1710 万元；审计促进拨付资金到位 14 万元。出具审计报告和专项审计调查报告 731 篇，被批示、采用 5 篇次。提出审计建议 436 条，提交审计信息 1 篇。

财政审计 全市审计（调查）8 个单位的预算执行情况，查出主要问题金额 16.27 亿元。审计（调查）6 个单位的财政决算情况，查出主要问题金额 3.95 亿元。来宾市审计局实施的兴宾区人民政府 2013 年至 2014 年财政决算和其他财政收支审计项目，发现部分单位虚列财政收支、违反国库集中支付规定、违规发放奖金等问题。

经济责任审计 全市审计单位 33 个，审计领导干部 36 人，查出主要问题金额 1.41 亿元。来宾市审计局实施的市水库移民局、市城市管理综合执法局、市卫计委、市旅游局、市住建委、市水投公司、市城投公司等 7 个单位领导干部任期经济责任审计项目，发现工程项目未按规定招标、挤占挪用专项资金、违规占用外单位小汽车和购置固定资产不入账等问题。移交纪检监察机关案件 2 起。

行政事业审计 全市审计（调查）单位 38 个，查出主要问题金额 3.59 亿元。合山市审计局实施的合山市妇幼保健院 2013 年至 2014 年度财政财务收支情况审计项目，查出主要问题金额 266.9 万元。

专项资金审计 全市审计（调查）单位 13

个，查出主要问题金额156万元。

固定资产投资审计 全市审计（调查）单位669个，查出主要问题金额6.64亿元，核减投资额3.54亿元。合山市审计局实施的合山市体育馆工程（含附属工程）、合山市产业转型工业园管理委员会办公楼和合山市奇石文化村周边道路管线工程竣工决算审计等3个项目，审核项目资金3.17亿元，核减工程价款5140万元，平均核减率16.24%。审计发现工程建设存在高估冒算、偷工减料、损失浪费等问题。

企业审计 全市审计（调查）单位1个，查出主要问题金额77万元。 （撰稿人：覃怀颂）

【崇左市审计局】 2015年，崇左市审计局人员编制43人，实有36人。局长裴希明，副局长黄财政、伍春、冯艺刚，总审计师梁敬东（9月—），纪检组长许扬鹏，经济责任审计分局局长黄一航，崇左市政府性投资审计办公室主任韦青培。设有办公室、法规科、财政金融审计科、行政事业审计科、社会保障审计科、企业审计科、固定资产投资审计科，下设崇左市政府性投资审计办公室、经济责任审计分局。

审计成果 崇左市审计机关完成审计项目126个，查出主要问题金额27.42亿元，其中违规金额1.14亿元、损失浪费金额92万元、管理不规范金额26.26亿元；损益（收支）不实金额3亿元；审计处理处罚金额5.29亿元，其中应上缴财政4193万元、应归还原渠道资金5832万元、应调账处理金额3.48亿元；审计发现非金额计量问题453个；审计促进整改落实有关问题资金5627万元，其中增收节支4559万元、已调账处理金额991万元。移送司法机关、纪检监察机关和有关部门处理事项11件。出具审计报告和专项审计调查报告135篇。提出审计建议396条，提交审计信息101篇，被批示、采用55篇次。

财政审计 全市审计（调查）25个单位的预算执行情况，查出主要问题金额14.14亿元。审计（调查）10个单位的财政决算情况，查出主要问题金额38021万元。崇左市审计局实施的2012年至2014年天等县人民政府财政决算审计，发现虚增公共财政预算收入、虚列公共财政预算支出、部分乡镇违规新增政府性债务、未按规定从土地出让收益中计提各项资金、超范围使用土地出让金收入等问题。

经济责任审计 全市审计单位41个，审计领导干部41人，查出主要问题金额10.08亿元。崇左市审计局实施的天等县委书记任期经济责任审计项目，发现土地批而未征、征而未供，“毛地”出让土地，未批先用建设用地，虚增财政预算收入，未制订节能减排中长期规划，部分节能减排指标未完成等问题。

行政事业审计 全市审计（调查）单位49个，查出主要问题金额8.61亿元。

专项资金审计 全市审计（调查）单位11个，查出主要问题金额2872万元。

固定资产投资审计 全市审计（调查）单位30个，查出主要问题金额5683万元，核减投资额1886万元。崇左市审计局实施的崇左市妇幼保健院儿童医院业务综合楼跟踪审计项目，发现地方配套资金未到位、未按招标文件签订工程监理合同、违规使用预付款、施工单位项目经理不按规定在岗履职等问题。

民生资金（项目）审计 全市审计单位1个。大新县审计局实施的大新县本级2014年城镇保障性安居工程跟踪审计项目，发现经办管理机构履行管理职责不到位、部分保障性住户购置有私家车仍享受租赁房租补贴待遇、保障性住房建成后不及时分配入住的问题。 （撰稿人：王素云）

2015 年广西壮族自治区所辖区、县(市)级审计工作统计表

金额单位:万元

审计机关	完成审计项目(个)	审计查出主要问题金额	审计处理情况					出具审计报告和审计调查报告(篇)	提出审计建议(条)	提交审计信息(篇)
			审计处理处罚				移送处理事项(件)			
			应上缴财政	应减少财政拨款或补贴	应归还原渠道资金	应调账处理金额				
南宁市										
南宁市本级	66	2524197	95101		7530	26334	3	18	174	8
青秀区审计局	21	55019	8846		46	308		21	58	
兴宁区审计局	7	4396						6	15	
江南区审计局	16	36917	54		248	20289	2	21	43	5
西乡塘区审计局	13	3954	1					20	20	3
良庆区审计局	12	35035	626		1378	266		18	25	
邕宁区审计局	22	34992	589		748	1885	1	33	68	1
武鸣区审计局	15	44952			13	184	1	14	26	
隆安县审计局	11	91283				18		578	31	
马山县审计局	13	8364	64		16		1	17	83	4
上林县审计局	6	35594			33			5	7	
宾阳县审计局	18	68426	3		32214	23886		19	44	
横县审计局	14	596	3		26	556		400	36	
柳州市										
柳州市本级	87	246277	2451	31344	34357	31312	10	66	104	3
柳北区审计局	9	9028	8185	427		239		10	44	2
城中区审计局	126	5113	324	757	287	3740		127	154	3
鱼峰区审计局	16	3579	129	235		3004		23	47	
柳南区审计局	114	5678	29	2838		2894		127		
柳江县审计局	30	18733	140	4412	13	4343		42	44	
柳城县审计局	21	9067	26	8328	399	124	3	19	6	
鹿寨县审计局	99	31757	2650	3711	4500	16242	1	101	192	
融安县审计局	32	4076	37	1223		4		49	53	
融水苗族自治县审计局	75	39860	3387	2544	4	30062		73	128	
三江侗族自治县审计局	15	8661	50	8423	12	174		19	2	
桂林市										
桂林市本级	95	218357	6447	559	9091	29997		134	232	

续表

审计机关	完成审计项目（个）	审计查出主要问题金额	审计处理情况					出具审计报告和审计调查报告（篇）	提出审计建议（条）	提交审计信息（篇）
			审计处理处罚				移送处理事项（件）			
			应上缴财政	应减少财政拨款或补贴	应归还原渠道资金	应调账处理金额				
临桂区审计局	6	1845	23			919		6	14	
秀峰区审计局	1							1	2	
叠彩区审计局	4	68			43	13		6	4	
象山区审计局	6	175						9	18	
七星区审计局	3	16						3	6	
雁山区审计局	5	391	21		1129	35		9		
阳朔县审计局	8	109645						13	17	
灵川县审计局	11	23001	4	5715		640		14	48	
全州县审计局	20	12388	11485		132	58		25	32	22
兴安县审计局	10	1295	532		294	469		14	44	
永福县审计局	5	12689	1		161	8501		8	14	8
灌阳县审计局	14	42096	292		15	330		20	91	
资源县审计局	8	36754	12651			22942		11	28	
平乐县审计局	5	682	8		5	8		7	15	
荔浦县审计局	18	60055	222			59675		29	28	3
龙胜各族自治县审计局	5	4229	3577		72	172	1	10	10	1
恭城瑶族自治县审计局	16	1287	156		2	1128		24	47	
梧州市										
梧州市本级	32	399222	7808		41464	136749	4	152	97	7
长洲区审计局	7	549						7	18	
万秀区审计局	6	227						5	9	2
龙圩区审计局	5	3092	11		19	22		5		
岑溪市审计局	38	33087	160	200	5358	27343		109	51	
苍梧县审计局	23	121971	11	1025	212			69	85	
藤县审计局	25	9366	473		17	22		38	74	
蒙山县审计局	9	117266						825	352	
北海市										
北海市本级	96	226417	487	9280	892	86973	3	119	288	10
海城区审计局	26	19046	524	796		17666		27	52	
银海区审计局	57	31889	873	428				64	101	
铁山港区审计局	29	1070		832				29	169	
合浦县审计局	19	42308	10		1462	33663		19	43	6

续表

审计机关	完成审计项目（个）	审计查出主要问题金额	审计处理情况					出具审计报告和审计调查报告（篇）	提出审计建议（条）	提交审计信息（篇）
			审计处理处罚				移送处理事项（件）			
			应上缴财政	应减少财政拨款或补贴	应归还原渠道资金	应调账处理金额				
防城港市										
防城港市本级	127	149225		12090	27826	109303		127	355	2
港口区审计局	67	12627	3618	1408	59	7540		71	149	
防城区审计局	157	114465	264	1057	85829	27287		157		
东兴市审计局	88	50401						85	62	
上思县审计局	169	3008		3008				169	364	
钦州市										
钦州市本级	42	405805	4899	8696	3023	55348	17	35	120	36
钦南区审计局	122	26711	138		245	9423		128	30	
钦北区审计局	8	68418	77		15361	93	1	14	31	
灵山县审计局	7	2620	10		7	106		5	12	
浦北县审计局	27	129749	20265		911	771		27	8	
贵港市										
贵港市本级	119	305402	68	8097	3		3	128	133	2
港北区审计办事处	148	10733						150	44	1
港南区审计办事处	387	24712			368	17		387		
覃塘区审计办事处	387	1933		1907				390		
桂平市审计局	180	12490	11	9201	496			184	36	
平南县审计局	139	57410	403	1568	40	349		147	151	70
玉林市										
玉林市本级	33	496427	35		601	8983	10	31	41	2
玉州区审计局	21	315231	314331	179	147	530		21	49	11
福绵区审计局	16	1035	27	241			4	17	31	1
北流市审计局	34	90494	16392	950	3	217		58	49	
容县审计局	40	9676	928		225			39	43	
陆川县审计局	74	102030	5351			173		74	82	
博白县审计局	17	70739	82		171		2	25	27	
兴业县审计局	15	48061	8					13		
百色市										
百色市本级	32	207436	39027	18284	630	932	1	49	94	
右江区审计局	15	116031						15	46	
靖西市审计局	12	5353	69	4894		59		16	30	5
田阳县审计局	14	30330	205		48		2	14	258	

续表

审计机关	完成审计项目（个）	审计查出主要问题金额	审计处理情况					出具审计报告和审计调查报告（篇）	提出审计建议（条）	提交审计信息（篇）
			审计处理处罚				移送处理事项（件）			
			应上缴财政	应减少财政拨款或补贴	应归还原渠道资金	应调账处理金额				
田东县审计局	11	4564	1980	390				12	5	
平果县审计局	18	27799	83		68	40		18	66	
德保县审计局	5	44909						4	13	
那坡县审计局	5	17257	2437	267	319	3702	3		15	
凌云县审计局	7							7		1
乐业县审计局	7	4376	1		2154	134		9	21	2
田林县审计局	14	2007	1776		25	206		8	31	
西林县审计局	10	7876	6528		70			9	40	4
隆林各族自治县审计局	7	99398	467		3921	8240		10	20	5
贺州市										
贺州市本级	60	630447	16349		59	364		65	215	3
八步区审计局	17	6076	772		2624	396		17	37	12
昭平县审计局	23	2491	435	3	4	1871			52	
钟山县审计局	4	50352	49287					3		
富川瑶族自治县审计局	33	161977	79		29			33	50	
平桂管理区审计局	10	174701	100	3		277		8	17	3
河池市										
河池市本级	53	841233	938	36	1422		6	59	130	3
金城江区审计局	126	8613	79	4239	926	85		126	30	2
宜州市审计局	92	132684	109		1			103	30	
南丹县审计局	109	53246						109		
天峨县审计局	3	1154						103	279	
凤山县审计局	9	7760	924	115				9	10	
东兰县审计局	44	5556	3464	1805	110	84		44	76	5
罗城仫佬族自治县审计局	11	66075	60554		3675	645		7	8	1
环江毛南族自治县审计局	70	154132		1636	79	1225		67	15	
巴马瑶族自治县审计局	216	15798	245		81	2951	1	37	33	
都安瑶族自治县审计局	18	80394	1024	1033		32218	4	18		1
大化瑶族自治县审计局	19	2557						18		

续表

审计机关	完成审计项目（个）	审计查出主要问题金额	审计处理情况					出具审计报告和审计调查报告（篇）	提出审计建议（条）	提交审计信息（篇）
			审计处理处罚				移送处理事项（件）			
			应上缴财政	应减少财政拨款或补贴	应归还原渠道资金	应调账处理金额				
来宾市										
来宾市本级	94	84527	538	27340	13	79		93	15	1
兴宾区审计局	229	17190	215	16296	154	396		228	239	
合山市审计局	111	5797	168	5628				108	11	
忻城县审计局	16	163749	7	5340				16	19	
象州县审计局	124	5825	95	5729				124	129	
武宣县审计局	58	26048	949	6532	1826	1975		58	23	
金秀瑶族自治县审计局	104	1686	6	1520	112	47		104		
崇左市										
崇左市本级	31	148053	115		214	1429	4	40	85	
江州区审计局	10	7972	125		105	5347		10	64	
凭祥市审计局	10	15086	65		22	22		10	28	35
扶绥县审计局	17	8664				106	3	15	42	2
宁明县审计局	17	13307	3					15	39	
龙州县审计局	10	37823			178	24568	1	10	22	
大新县审计局	13	21186	3880		5302	1318	3	17	46	64
天等县审计局	18	22072	2		8	1994		18	70	

海南省

【海南省审计厅】 2015 年，海南省审计厅人员编制 116 人，实有 119 人。设有办公室（含老干部工作处）、组织人事处（含机关党委、机关工会、机关团委）、政策法规处（内部审计监督指导处）、财政审计处、金融审计处、行政政法审计处、农业审计处（农垦审计处）、资源环境审计处、教科文卫审计处、社会保障审计处、政府投资审计处、企业审计处、经济责任审计处，下设海南省审计科研所。

领导成员

厅　　长：陈如军（—11 月）
　　　　　张震华（11 月—）
副 厅 长：林长彬　刘劲松　邓伟强
　　　　　李映红（11 月—）
总审计师：贺庆华
省经济责任审计联席会议办公室主任：
　　　　　王生辉
副巡视员：王旭平　周　云

审计成果　海南省审计机关共完成审计（调查）项目 886 个，查出主要问题金额 2840956 万元，其中违规金额 326288 万元、损失浪费金额 11326 万元、管理不规范金额 2503341 万元；损益（收支）不实金额 109228 万元；审计处理处罚金额 860950 万元，其中应上缴财政 259084 万元、应减少财政拨款或补贴 119688 万元、应归还原渠道资金 78768 万元、应调账处理金额 403408 万元；审计发现非金额计量问题1955个；审计促进整改落实有关问题资金174061万元，其中增收节支159190万元、已调账处理金额3024万元、审计后挽回（避免）损失68万元。移送司法机关、纪检监察机关和有关部门处理事项61件。出具审计报告和专项审计调查报告1087篇，被批示、采用36篇。提出审计建议2238条，提交审计信息201篇，被批示、采用49篇。向社会公告审计结果9篇。

政策措施贯彻落实跟踪审计 全省审计机关把稳增长跟踪审计作为首要任务，重点关注国家宏观调控政策的落实、省委省政府“多规合一”改革、发展十二个产业资金保障、重点项目建设开工等方面，审计涉及22个方面政策任务和74个项目，共发现问题195个，涉及资金82亿元。省政府领导高度重视，每一份审计报告都做出重要批示，要求相关单位认真整改。与深圳特派办、省政府督查室、省纪检监察部门建立良好协作机制，共同推动有关部门整改，促进20个重大建设项目加快推进、促进财政资金统筹使用和重点资金到位2.44亿元、促进简政放权850项，对6名责任人实施问责。

财政审计 围绕海南省人大审议通过的2014年度省本级政府预算开展执行情况审计。审计显示，2014年，财政收入继续保持较快增长，民生支出得到重点保障，严控“三公”经费成效明显，财政管理进一步规范，省本级民生支出200.2亿元，占地方一般公共预算支出的70.9%，比上年提高2.5个百分点，重点投入教育、社会保障、就业、农业、医疗卫生和交通运输等领域。审计发现国有资本经营预算管理有待进一步规范，20家企业少缴国有资本经营预算收入4765.48万元，6家企业多缴国有资本经营预算收入5058.40万元，国有资本经营支出预算中超范围安排1858万元；省对市县专项转移支付管理办法修订进度较慢；地方政府债券资金12139万元因项目推进缓慢闲置；财政资金共管户应缴未缴利息收入171.37万元；省本级财政存量资金规模增大，清理盘活工作有待加强。

对75个省本级预算单位决算（草案）、27个部门预算执行情况进行审计，并延伸审计34个二、三级单位资产管理使用及“三公”经费使用情况。审计发现项目资金预算支出管理不规范，存在转移财政资金问题；财政资金被套取276.08万元；部分企事业单位依托主管部门的行政资源谋取利益；有的单位“三公”经费和会议费等管理使用不合规；政府采购不规范，造成损失浪费。

对省级预算部门单位2014年“三公”经费和会议费进行审计，发现省级各部门贯彻执行中央、省委省政府相关规定总体情况较好，但仍有个别部门单位“三公”经费和会议费等管理使用不合规。

地税联网审计 全省地税系统较好地完成税收征收任务，全年组织税收收入447亿元，比上年增加46.92亿元，增长11.7%。审计以“税审联网”为抓手，采取“一盘棋”的税收审计模式，延伸调查850家企业单位，发现违法违规问题金额5.89亿元。

经济责任审计 全省审计机关完成174名领导干部开展经济责任审计，审计发现应负直接责任问题金额1.37亿元、应负主管责任问题金额5.78亿元、应负领导责任问题金额86.49亿元。与省委组织部联合，对2014年经济责任审计结果进行书面通报，促进问题整改；对3名领导干部进行诫勉约谈。在经济责任审计中关注生态环境保护和资源开发利用管理责任履行情况，促进生态保护责任落实。在对省国土资源厅和省林业厅厅长等部门党政领导干部经济责任审计中，根据其部门职责，重点关注污染源的在线监控，耕地保护和土地整治。在对屯昌、临高、乐东、三亚、保亭等市县党政领导干部经济责任审计中，注重加强对土地、林地等资源的审查，加强对退耕还林、天然林保护等生态建设工程和水污染治理项目的整改情况审查。在重点建设项目审计中关注环保资金投入和治污设施落实，消除环境污染问题安全隐患。

固定资产投资审计 全省审计机关对18个市县政府（除三沙市）的3977个政府投资项目进行审计，着力揭露工程建设领域中存在的违规招投标、工程决策不当、设计失误、管理混乱、监督不到位等行为，以及弄虚作假、骗取政府资金等问题，审计金额196.67亿元，核减施工单位虚报工程造价25.27亿元，占送审造价12.84%。

参与投资项目百日大会战，对海口市和三沙

市大会战开展4次专项督查，投入审计力量52人次。采取听汇报、查资料、看现场等形式对已开工建设的项目进行跟踪，重点查处项目实际进度与资金支出进度“两张皮”的情况。向省投资项目百日大会战工作领导小组办公室提交4次督查报告，保障建设项目的顺利开展。

民生资金（项目）审计 省审计厅于6月、11月分两个阶段对省委省政府2015年为民办实事十大事项开展情况进行专项审计调查，主要调查住建、扶贫、卫生、教育、水务等17个牵头部门单位，延伸调查部分市县和项目单位，并及时报告十大民生事项进展情况。审计发现有的市县扶贫开发、农村危房和农垦危房改造、新建公办乡镇幼儿园、农村饮水安全工程、“膜法”饮水安康示范工程等项目建设进度较慢，未达到既定要求；全省贴息奖补资金使用进度慢于贷款发放进度等。

组织对6市县2012年至2014年城乡低保资金、医疗救助资金使用情况进行审计，审计发现19987人违规领取城乡低保金12820.18万元；710人违规领取医疗救助资金432.09万元；城乡低保资金、医疗救助资金结余过大，资金使用效益不高，截至2014年底，两项资金结余3.38亿元，占全省民政专项资金结余的30.62%。

对省本级的32个部门和海口、文昌等11个重点受灾市县救灾资金和物资进行跟踪审计，共抽查单位431个，抽查金额241935.21万元，占全省救灾款物总额340248.26万元的71.1%。审计发现69个单位和个人的社会意向捐赠资金5246.51万元未及时到账；全省筹集救灾资金的8.6%闲置；省级已分配下拨资金的21%未使用；救灾资金使用未突出重点、分配随意性较大等问题。针对社会捐赠资金未及时到账、救灾款物分配拨付慢、资金闲置、挤占挪用救灾资金等问题，省政府已专门下发通知，要求各单位严格落实审计整改，并在8月31日前，全部完成审计结果和整改结果公告。

城镇保障性安居工程跟踪审计 根据审计署的统一部署，组织全省各级审计机关对海南省2014年城镇保障性安居工程的投资、建设、分配、运营等情况进行审计。审计发现：5个市县1.98亿元保障性安居工程资金闲置达1年以上；4个市县0.64亿元保障性安居工程资金筹集管理不到位；海口市16.6亿元保障性安居工程贷款未按规定用途使用；违规侵占应保障对象利益；不符合条件人员违规享受保障房；已建成住房空置未用超过一年；保障性住房退出机制仍不完善，后续管理亟待规范；部分工程建设质量存在问题；部分市县未完成2014年保障性安居工程目标任务等问题。移送案件线索3件，涉及人数7人。

固定资产投资审计 3月至6月，省审计厅对琼海、万宁、东方、乐东、屯昌、陵水6个市县水利工程资金支出及病险水库除险加固工程资金进行审计，并延伸调查该6市县水利工程资金支出情况，抽查49个病险水库和88个水库灌区水利项目。审计共查出各类违规问题金额1.32亿元，占审计金额4.01亿元的32.92%，揭露6市县在病险水库除险加固工程中存在工程不除险、水库安全隐患多、项目招投标流于形式、工程违法分包、虚假工程、转移财政资金等突出问题。移送案件11起，已有50人被立案调查。

专项资金审计 省审计厅对三亚、屯昌、临高、乐东和保亭等5市县2013年至2014年文明生态村建设情况审计调查。审计发现个别市县虚报建设村数、违规使用项目管理费、项目管理不规范、将项目承（转）包给不具备工程资质单位承建；个别市县未完成计划任务，有的项目尚未开工建设；部分建成项目后续监管不到位，或毁损或闲置，文明生态村建设资金的使用效益未能有效发挥等问题。

对全省34家地方储备粮实施全覆盖审计，审计发现多家粮食储备公司存在粮食虚假库存、质量达标率低、虚报轮换数量、套取轮换补贴等问题。向纪检、检察机关移送案件线索20件。

企业审计 省审计厅组织开展企业审计项目4个，共查出违规金额7754.3万元、管理不规范金额29028万元、损失浪费金额248319.8万元、发现合作开发房地产项目违规操作、下属企业改制过程违法操作、低价转让土地、低价出租资产、低价贱卖造成巨额国有资产流失，违规设置“小金库”等相关非金额计量问题43个。向省纪检监察机关移送案件线索2件，司法机关已依法查处2人。

信息化建设 省审计厅推进审计信息化建设，

致力推进审计信息化由基础型向实战型转变，助力审计管理。在全省建起3G移动网络、视频会审指挥系统，数字化审计管理和分析平台已基本建立，为大数据审计打下坚实基础；加强对市县指导和管理，创建审计机关网格化管理模式，“点对点”将管理战线辐射到基层。与审计署干部培训中心联合举办审计模拟实验培训班，培训省审计厅和各市县投资和经济责任审计业务骨干45人；完成对18个市县OA（审计管理系统）、RTX（腾讯通）、蓝盾等系统现场培训，培训300人。支持视频会议、现场指挥、培训72场次，发布网站信息328篇，发布微信226条，发送工作短信250条。组成“十三五”规划大数据审计课题组，编制“十三五”大数据审计规划。

队伍建设 以质量为抓手，严格按照审计准则打造“精品项目”，实现管理过程精细化、执行过程简约化、工作考核目标化，大幅提升审计工作质量，通过审计执法检查和优秀项目评选，树立标杆典型、鼓励赶超精神。实行“业绩导向型”人才培养，有计划、分步骤、多渠道地进行干部“梯队”建设，创新日常考核和综合评定机制，全年共选拔任用11人。运用干部选拔任用纪实监督系统和领导干部报告个人有关事项系统，加强对审计人员的管理，使选人用人和干部管理始终在监督之中。打造实用型审计科研，以“主题项目”为平台，固化和细化审计内外部专家组指导业务机制，充实专家库，为审计项目开展提供业务指导和咨询。创新市县审计机关业务网格化领导格局，点对点将管理辐射到基层，确保领导到位，指导及时，有效解决突发问题，为省以下审计机关统一管理打好基础。 （撰稿人：高　原）

【海口市审计局】 2015年，海口市审计局人员编制41人，实有39人。局长孙芬（—11月）、冯明（11月—），副局长杨华（—10月）、曹德静，总审计师刘桂云，副调研员周勇、李经民。设有财政审计处、政府投资审计处、经济责任审计处、行政事业审计处、社会保障审计处、农业资源环保审计处、企业审计处、政策法规处、办公室，下设海口市工程项目审计中心。

审计成果 海口市审计机关完成各类审计项目208个，查出问题金额47.03亿元，其中违规金额0.88亿元、管理不规范金额46.15亿元，核减工程造价5.04亿元。移送违法违纪案件线索5件，移送处理人员9人，移送违法违纪金额8629.26万元。发现问题239个，并提出审计整改建议。

政策措施贯彻落实情况审计 对稳增长、促改革、调结构、惠民生、防风险政策措施情况开展跟踪审计，重点对权力下放改革、“多规合一”改革和2012年至2014年科技扶持经费开展跟踪审计。审计发现权力下放的下放事项未承接和下放后执法力度削弱，“多规合一”部分改革受法律法规约束进展缓慢，预算资金配套不及时，项目编审与资金安排脱节，科技扶持项目中部分企业单位涉嫌以虚假项目骗取财政资金、违规配套国家级项目资金等问题，提出整改建议。

财政审计 以部门预算编制、批复和调整，预算内外资金使用、财政存量资金、税收征管等情况为审计主要内容，开展年度本级财政预算执行审计并延伸审计3个部门的预算执行情况。审计发现预算编制不细化22.36亿元、预算指标超时分配或不分配3.90亿元。向市人大常委会报告财政存量资金较大、国有资本收益较差、部分民生资金使用效益低等方面共47个问题。市政府领导主持专题会议研究整改，市属70个单位对47个问题已整改或正在整改。通过整改上缴财政743.59万元，其他整改问题金额56347.27万元。

固定资产投资审计 全面开展工程项目结算审计，采用“协审（中介）机构审核、市工程项目审计中心人员复核、政府投资审计处管理”的投资项目审计新模式，基本实现政府投资项目结算审计全覆盖。全年共完成投资项目竣工结算审计159个，送审金额47.7亿元，核减造价5.04亿元，核减率10.63%，提出处理意见176条。对24个重大政府投资工程、重点专项资金投资项目开展跟踪审计，及时发现建设程序、进度、质量、安全、设计变更、现场管理等方面存在的问题。共出具整改建议函37件，提出整改建议56条，被建设单位采纳50条，已经整改43条。

民生资金（项目）审计 以揭示和反映惠民政策落实以及资金管理、制度执行等方面的问题为主要内容开展民生审计，全年完成审计项目3个，查出救灾违规资金80万元，发现问题23个，提出整改建议12条。核实保障性安居工程完成开工任务13184套，基本建设成5076户，新增发放住房租赁补贴任务911户，移送违法违纪线索1件5人。

经济责任审计 全年完成经济责任审计项目9个，审计金额94.16亿元，查出违规金额1.01亿元、管理不规范金额2.33亿元。发现问题78个，提出建议32条。

企业审计 全年完成国有企业项目审计16个。对8家市属重点国有企业对外投资和资产、负债、损益情况进行审计调查，发现问题60个，提出整改建议28条，移送违纪违规线索3件，要求被审单位对审计发现问题进行认真整改。对7家粮食企业审计发现内控制度不健全、监管失控等80个问题，提出整改建议26条。移送违法违纪线索1件，移送金额1425.54万元，司法机关立案查处粮食系统27人。完成市公共交通集团有限公司2012年至2014年公交运营收入成本情况等3个上级交办项目的审计，发现会计核算和财务管理等方面存在的问题8个，提出审计建议4条，要求被审计单位进行整改。

（撰稿人：黎鹏霄）

【三亚市审计局】 2015年，三亚市审计局人员编制54人，实有47人。局长吴海峰，副局长麦军、廖沙、陈积明（—12月），总审计师汪祥山，市经济责任审计室主任杨明宝，调研员黄良志，副调研员林由源、云大强、郑辉贤。设有办公室、行政事业审计科、财政审计科、企业审计科、农业与资源环保审计科、经济责任审计室、固定资产投资审计科、法规一科、法规二科，下设三亚市政府投资审计中心。

审计成果 三亚市审计局完成审计项目256个，查出违规金额3.05亿元、管理不规范金额23.50亿元，其中应上缴财政2.40亿元，已上缴0.24亿元。移送纪检监察机关案件2起。出具审计报告和专项审计调查报告256篇。提出审计建议226条，被采纳221条。提交审计信息20篇。

财政审计 对三亚市本级预算执行情况、三亚地方税收征管以及三亚市公安局、三亚市广播电视台等部门预算执行情况进行审计。查出主要问题金额18.37亿元，发现预算执行和预算管理中存在少缴税款，非税收入未征收入库，部分预算单位预算未执行或执行缓慢，造成部分财政资金使用绩效低；部分预算单位未使用项目资金，导致资金沉淀在市本级财政，未能充分发挥资金使用效益等问题，促进相关职能部门纠正和改进，进一步完善部门管理制度。

固定资产投资审计 重点加强对政府投资项目工程管理情况的审计调查，尤其是在政府投资项目的审批推进、招投标、合同管理、工程建设、代建管理等方面的审计监督，促进加强政府投资管理，提高资金使用效益，规范政府投资行为。审计发现项目结算久拖未送审、合同管理不规范、违反基本建设程序的问题突出、高估冒算现象普遍。完成市政府投资审计项目234个，完成竣工结算审计送审投资额21亿元，核减投资额4.02亿元，核减率19%，移送纪检监察机关案件1起，涉及问题金额369.7万元。

经济责任审计 受中共三亚市委组织部的委托，三亚市审计局对市园林环卫管理局、市科工信局、天涯水业（集团）公司、市卫生局、市安全生产监督管理局、三亚日报社、市妇幼保健院、市畜牧兽医局、市农业技术推广服务中心等单位（部门）主要领导进行经济责任审计，查出主要问题金额2.23亿元，其中应负主管责任的违规金额5983万元，应负领导责任的违规金额2081万元，应负主管责任的管理不规范金额3015万元，应负领导责任的管理不规范金额11224万元。针对存在的问题，提出审计建议56条，全部被采纳。

专项资金审计 完成审计调查和专项审计项目6个，通过审计，发现市污水处理公司设立“小金库”、政府投资项目超付工程款未追回、中水未有效回用、再生资源浪费、部分水管单位亏损严重、水库保护区毁林建房和种植经济作物问题未能得到及时解决威胁水库水源安全等问题。移送纪检监察机关案件1起，涉及问题金额260.45万元。

（撰稿人：羊建权）

【儋州市审计局】 2015年，儋州市审计局人员编制22人，实有22人。局长何良婵，副局长羊垂儒、梁启辉。设有办公室、法制科、社会保险审计科、经济责任审计科、财政金融审计科、行政事业审计科和政府投资审计科，下设政府投资审计中心。

审计成果 儋州市审计局完成审计项目58个，查出主要问题金额25274万元，其中违规金额3122万元、管理不规范金额22152万元；审计处理处罚应上缴财政100万元、应减少财政拨款或补贴3432万元、应归还原渠道资金3141万元；审计发现非金额计量问题45个；促进整改落实有关问题资金6139万元，其中增收节支4298万元；审计后挽回（避免）损失10万元。移送司法机关、纪检监察机关和有关部门处理事项4件。出具审计报告72篇。提出审计建议175条，提交审计信息42篇。向社会公告审计结果4篇。

儋州市审计局和万宁市审计局联合实施的三亚市土地出让收支和耕地保护情况审计获得审计署优秀项目奖，实施的儋州市2011—2013年度财政补贴大棚建设资金管理使用情况审计获得海南省审计厅2015年度优秀审计项目奖。

政策措施贯彻落实跟踪审计 对国务院稳增长、促改革、调结构、惠民生、防风险政策落实情况进行跟踪审计。围绕本级党委、政府的决策部署，关注农业优惠政策落实、养老服务等方面的贯彻执行情况，促进政策落地和完善。

财政审计 儋州市本级财政预算执行审计抽查2014年度市农业保险工作和部分乡镇预算执行情况，审计单位的数量增加到21个，涉及48个预算项目，审计金额3.5亿元，查处违规金额445.79万元，盘活资金14282万元。审计组提出建议，督促被审计单位整改，有效地促进财政存量资金盘活。

经济责任审计 受市委组织部的委托，全年完成经济责任审计项目13个，审计查出违纪违规金额154万元、管理不规范资金483万元，提交经济责任审计报告和结果报告26篇。

固定资产投资审计 拓宽审计监督范围，将市政府投资规模200万元以上的重点项目和社会关注度高的项目纳入到审计监督范围，逐步实现政府投资项目全覆盖。加强对委托的社会中介机构管理和监督，确保审计质量。全年完成投资审计项目38个，核减工程造价3135万元。通过审计揭示工程建设过程中存在虚报冒领、虚增工程量等突出问题。

民生资金（项目）审计 重点开展2014年儋州市城镇保障性住房安居工程和“威马逊”台风救灾资金的审计。

企业审计 根据省审计厅统一部署，开展儋州市粮油总公司2012年至2014年财务收支审计，揭露因在财务支出、政策粮收储、内部管理上存在漏洞造成损失金额4590万元的问题，向纪委移交涉嫌私吞公款和擅自挪用公款的线索2件。

信息化建设 根据省审计厅统一部署，实现省市两级审计机关之间的资源共享以及电子数据和信息的互通互用。（撰稿人：余锶钒）

2015年海南省所辖区、县(市)级审计工作统计表

金额单位:万元

审计机关	完成审计项目(个)	审计查出主要问题金额	审计处理情况					出具审计报告和审计调查报告(篇)	提出审计建议(条)	提交审计信息(篇)
			审计处理处罚				移送处理事项(件)			
			应上缴财政	应减少财政拨款或补贴	应归还原渠道资金	应调账处理金额				
海口市										
海口市本级	45	292098	100667	16591	1392	148	5	54	171	
龙华区审计局	14	13538	1209		12	1820		16	51	2
秀英区审计局	7	3343	7	23	29	3272		7	11	
琼山区审计局	6	64499	8		2402	543		7	20	21
美兰区审计局	8	589		48		541		8	31	

续表

审计机关	完成审计项目（个）	审计查出主要问题金额	审计处理情况					出具审计报告和审计调查报告（篇）	提出审计建议（条）	提交审计信息（篇）
			审计处理处罚				移送处理事项（件）			
			应上缴财政	应减少财政拨款或补贴	应归还原渠道资金	应调账处理金额				
三亚市										
三亚市本级	256	265463	24050	40163	6485	166184	1	272	226	19
儋州市										
儋州市本级	49	25274	100	3432	3141	16521	2	68	175	
省辖县										
五指山市审计局	21	15633	162	2038				39	85	1
琼海市审计局	26	84057	92		169	123	2	45	62	
文昌市审计局	22	33681	139	5821	21	12361		30	98	30
万宁市审计局	23	97169	4083	28	1453	1036	1	35	140	6
东方市审计局	84	11928	81	10174	147	13		84	99	2
定安县审计局	67	15405	53	3876	210	7105		72	106	
屯昌县审计局	13	1261					1	21	74	35
澄迈县审计局	71	313269	5	14903	183	252	4	88	122	5
临高县审计局	8	9057	1159	4159	3312			9	82	
白沙黎族自治县审计局	12	18230		2981	21			20	134	
昌江黎族自治县审计局	17	57353	6		29		12	18	68	
乐东黎族自治县审计局	6	113836		7796	16			15	27	
陵水黎族自治县审计局	10	70500	66			44074	1	17	31	
保亭黎族苗族自治县审计局	11	2826	58		6	3	4	16	44	11
琼中黎族苗族自治县审计局	13	6935	811		50	48	1	19	49	3

重庆市

【重庆市审计局】 2015年，重庆市审计局人员编制313人，实有287人。设有办公室、综合处、法规处、经济责任审计处、财政审计处、金融审计处、固定资产投资审计处、行政事业审计处、经贸审计处、农业审计处、社会保障审计处、外资运用审计处、工业审计处、市政建设审计处、教科文审计处、商贸审计处、资源环保审计处、交通审计处、移民审计处、内部审计管理处、计算机应用管理处、人事处、机关党委（与机关工会、机关团委合署办公）、离退休人员工作处，下设市监察局派驻市审计局监察室、重庆市审计中心。重庆市经济责任审计工作联席会议办公室设在重庆市审计局。

领导成员

局　　长：袁天长

副 局 长：邓开伟　丁时勇　李新建

　　　　　戴　希　黄家登

总审计师：朋　薇

纪检组长：张海坤

审计成果　重庆市审计机关完成审计项目3836个，查出主要问题金额31519403万元，其中违规金额3439077万元、损失浪费金额328238万元、管理不规范金额27752086万元；损益（收支）不实金额5173871万元；审计处理处罚金额

9825235万元，其中应上缴财政1543955万元、应减少财政拨款或补贴363734万元、应归还原渠道资金1365845万元、应调账处理金额6185244万元；审计发现非金额计量问题5877个；审计促进整改落实有关问题资金5139916万元，其中增收节支2420793万元、已调账处理金额2719123万元；审计促进拨付资金到位201763万元；审计后挽回（避免）损失809941万元。移送司法机关、纪检监察机关和有关部门处理事项535件。出具审计报告和专项审计调查报告4663篇，被批示、采用833篇。提出审计建议11389条，提交审计信息2313篇，被批示、采用1282篇。向社会公告审计结果9篇。

重庆市审计局本级完成审计项目83个，其中组织实施审计项目77个，参与实施审计项目6个。查出主要问题金额15292875万元，其中违规金额323331万元、损失浪费金额318790万元、管理不规范金额14650753万元；损益（收支）不实金额3614294万元；审计处理处罚金额3893321万元，其中应上缴财政184856万元、应减少财政拨款或补贴564万元、应归还原渠道资金106940万元、应调账处理金额3600959万元；审计发现非金额计量问题965个；审计促进整改落实有关问题资金693129万元，其中增收节支395967万元、已调账处理金额297162万元；审计促进拨付资金到位2707万元；审计后挽回（避免）损失691万元。移送司法机关、纪检监察机关和有关部门处理事项88件。出具审计报告和专项审计调查报告152篇，被批示、采用56篇。提出审计建议328条，提交审计信息26篇，被批示、采用22篇。向社会公告审计结果1篇。

政策措施贯彻落实跟踪审计 按照党中央、国务院及审计署部署，自2014年8月起，全市审计机关对稳增长、促改革、调结构、惠民生、防风险等政策措施贯彻落实情况进行跟踪审计。审计结果表明，2014年全市在简政放权工作推进、重点建设项目推进、重大资金落实使用、重点民生实事落实等方面，存在部分区县行政审批事项未按要求取消，违规增设行政许可前置条件收取保证金或向企业收费，在建项目进度滞后，财政配套资金不到位，闲置、挤占挪用或未及时拨付资金等问题。对审计指出的问题，有关部门和区县已认真整改。

财政审计 对市级财政预算执行和决算草案编制情况进行审计，延伸抽查2个区县、42个部门及企事业单位，发现存在部分部门（单位）预算安排下达不够规范，专项资金管理分配不规范、结转结余资金清理统筹不及时、决算草案编报不够准确等问题。对38个区县和万盛经开区地税局、两江新区（北部新区）地税局、129个税务所的税款征缴情况进行审计，延伸抽查3236户纳税人，发现存在部分区县税务机关少征税款、对代开发票审核不严以及对不符合条件的企业批准减免税或缓税、部分纳税人少申报缴纳税款等问题。对30个市级部门（单位）预算执行情况进行审计，发现存在部分单位经常性项目经费和以前年度结转结余资金未编入预算、年初项目预算未细化落实到具体项目，基本支出挤占项目支出，“三公”经费和会议费、培训费超预算支出，隐瞒或转移结余资金等问题。对38个区县及万盛经开区财政决算情况进行审计，发现存在部分区县未及时征收土地出让、城市建设配套费等收入，财政收入未及时解缴入库，财政收支不实，挤占挪用上级补助资金等问题。

民生资金（项目）审计 对全市2014年社会救助、社会福利、退役安置、抚恤优待、社会事务管理等5大类24项资金进行审计调查。审计重点抽查市和区县两级民政部门及使用专项资金的515个乡镇和72个单位，发现存在部分区县社会救助等制度和政策执行不够严格，部分人员冒领、违规领取、重复享受补助资金，部分区县降低补助标准少发放补助资金、弄虚作假套取或骗取、挤占挪用补助资金等问题。对农村危旧房改造专项资金审计调查，审计重点抽查使用危旧房改造资金的550个乡镇，发现存在部分区县套取、挤占挪用补助资金，重复领取、违规享受补助资金等问题。开展城镇保障性安居工程跟踪审计情况，审计重点抽查170个工程和7535户家庭，发现存在部分区县配套资金未落实、未及时足额发放保障对象租赁补贴、违规租借保障性住房、家庭住房户骗取住房保障待遇、不再符合享受保障条件的对象仍违规享受保障待遇等问题。

专项审计调查 开展基础教育经费审计调查，审计重点抽查602所中小学，发现存在部分区县少安排或少提取基础教育经费、滞留教育资金，部分区县相关主管部门及学校套取或挤占挪用公用经费、贫困寄宿生生活补助等专项资金，违规发放津补贴、违规收取费用或自立项目收费等问题。开展退耕林资金审计调查，审计重点抽查402个乡镇及项目实施单位，发现存在部分区县弄虚作假套取、截留、挤占挪用资金等问题。开展水资源费征收管理审计调查，审计重点抽查市管及9个区县的67户取水单位（缴纳水资源费占市级征收总量的43%），发现存在部分区县违规减征、返水资源费，未按规定解缴水资源费，部分取水单位欠缴水资源费等问题。开展水土保持工程项目资金审计调查，审计重点抽查市水利局和8个区县及万盛经开区的43个项目，发现存在部分区县挪用专项资金，项目多结算工程款、超标准列支管理费等问题。

外资运用审计 根据审计署授权，对8个国外贷援款项目进行审计，发现存在滞留、截留和挤占挪用资金，以不合格支出提款报账，项目财务核算不规范，项目资金未专账核算等问题。

固定资产投资审计 对6个市级重点建设项目进行竣工决算或概预算执行审计，项目投资送审总额337.2亿元，审减投资15.6亿元，审减率4.6%。发现存在多计工程量价款，多计建设其他成本，部分项目的分项工程未公开招标或由无资质、超资质单位承揽以及违规分包等问题。

企业审计 对7个市级国有企业资产负债损益情况进行审计，发现存在部分国有企业因决策不当、管理不善形成损失或潜在损失，资金出借或支付不合规，未及时收回土地出让的财政性资金，资产闲置或未处置，资产核算不实，利润核算不实，超标准发放工资及福利性支出，少计少缴税金等问题。

审计整改 对审计发现的问题，重庆市审计局依法出具审计报告、做出审计决定。除被审计单位已在审计期间整改的外，对尚未整改到位的问题，市政府责成市审计局与有关部门加强对审计整改情况的跟踪督查。有关部门根据审计建议制定整改措施，健全完善相关规章制度。

内部审计 全市各部门设有内部审计机构2526个，其中专职机构826个；配备内部审计人员8034人，其中专职审计人员2266人。全市各级内部审计机构共完成审计项目3.38万个，促进增收节支39亿元，提出的建议和意见被采纳1.6万余条，移送纪检监察机关和有关主管部门处理417人。

（撰稿人：石纹碧）

【渝中区审计局】 2015年，渝中区审计局人员行政编制24人，实有16人；事业编制30人。局长付红，副局长胡曦、高亚男（12月—）。设有综合科、法制科、综合审计科、财政金融审计科、行政事业审计科、投资审计科、经济责任审计科、审计中心。

审计成果 渝中区审计局完成审计项目64个，其中组织实施审计项目58个，参与实施审计项目6个。查出主要问题金额170730万元，其中违规金额472万元、损失浪费金额65万元、管理不规范金额170192万元；损益（收支）不实金额496万元；审计处理处罚金额8813万元，其中应减少财政拨款或补贴25万元、应归还原渠道资金52万元、应调账处理金额8735万元；审计发现非金额计量问题9个；审计促进整改落实有关问题资金6640万元，其中增收节支27万元、已调账处理金额6613万元；审计后挽回（避免）损失1034万元。出具审计报告和专项审计调查报告71篇，被批示、采用4篇。提出审计建议54条，提交审计信息26篇，被批示、采用2篇。

政策措施贯彻落实跟踪审计 按照全市的部署，对涉及渝中区21个区级部门的17项中央稳增长、促改革、调结构、惠民生、防风险的政策措施进行跟踪审计，查出问题金额383.65万元，提出整改建议9条，已全部整改到位。

财政审计 按照市审计局“四统一”的要求，结合渝中区实际，对财政收支执行情况和决算草案进行审计，重点关注财政存量资金、资金使用绩效、违规减免税等问题，查出问题金额115635万元、应上缴财政及应补税款2349.48万元，6个单位部门存量资金5.8亿元，提出整改建议5条。

经济责任审计 对21个部门涉及24名责任领导开展经济责任审计，根据不同类别领导干部的职责权限，准确把握审计重点，重点关注应履行职责的落实情况。

固定资产投资审计 对31个政府投资项目出具工程竣工决算审计报告，项目送审金额65329

万元，审定金额 56504 万元，审减金额 8825 万元，审减率 13.51%。对 29 个拆迁片区开展专项审计调查，涉及资金 62.5 亿元，查出问题金额 666.18 万元，提出审计建议 14 条。

民生资金审计 对社会救助资金、社会福利资金、退役安置资金、抚恤资金、民政事务管理 5 大类共 24 项资金 2.9 亿元进行专项审计，涉及政策享受对象 28 万人，发现超范围发放低保补助资金 383.7 万元，涉及 1318 人；区军休中心虚列支出 348 万元。

信息化建设 编制《渝中区审计局审计信息化建设三年规划》，渝中区财政预算安排专项资金 200 万元。实施 8 个计算机审计项目，上报 5 篇计算机审计案例。启动投资审计业务管理操作系统，一期工程已进入试运行阶段。

内部审计 全区各部门、各企事业单位设有内部审计机构 2 个，其中专职机构 2 个；配备内部审计人员 11 人，其中专职审计人员 5 人。2015 年，全区各级内部审计机构共完成审计项目 42 个，提出的建议和意见被采纳 42 条。

（撰稿人：唐　红）

【万州区审计局】 2015 年，万州区审计局人员编制 53 人，实有 53 人。局长蔡淼川，副局长陈建云、吴明忠、张忠玲（4 月—），纪检组长张忠玲（—3 月）、邓天旗（4 月—），万州区经济责任审计工作联席会议办公室主任程驰（4 月—）。设有办公室、纪检组、综合法制科、经济责任审计科、财政审计科、投资审计一科、投资审计二科、投资审计三科、行政事业审计科、经贸审计科、农业审计科、社会保障审计科，下设万州区审计中心。

审计成果 万州区审计局完成审计项目 84 个，其中组织实施审计项目 77 个，参与实施审计项目 7 个。审计查出主要问题金额 1203765 万元，其中违规金额 151197 万元、管理不规范金额 1052567 万元；损益（收支）不实金额 9158 万元；审计处理处罚金额 178322 万元，其中应上缴财政 148457 万元、应减少财政拨款或补贴 124 万元、应归还原渠道资金 2441 万元、应缴纳其他资金 49 万元、应调账处理金额 27249 万元；审计发现非金额计量问题 176 个；审计促进整改落实有关问题资金 206222 万元，其中促进增收节支 170506 万元、已调账处理金额 35716 万元；审计后挽回（避免）损失 24785 万元。移送司法机关、纪检监察机关和有关部门处理事项 49 件。出具审计报告和专项审计调查报告 84 篇，被批示、采用 38 篇。提出审计建议 202 条，提交审计信息 85 篇，被批示、采用 86 篇次。

政策措施贯彻落实跟踪审计 根据审计署统一部署，开展对万州区稳增长、促改革、调结构、惠民生、防风险政策措施落实情况跟踪审计。审计发现的问题得到整改。

财政审计 完成对财政、地税预算管理，8 个部门及单位预算执行，17 个单位的财政财务收支情况和 6 个镇乡的财政决算情况的审计，查出问题金额 1135917 万元。

经济责任审计 对 19 个部门（单位）、镇乡（街道）、区属国有企业的 26 名主要领导干部进行经济责任审计，查出管理不规范金额 168140 万元、违纪违规金额 9201 万元，提出审计建议 57 条。

固定资产投资审计 开展 13 个重大项目的跟踪审计，完成对 32 个重点项目的决（结）算审计，审计投资总额 234573 万元，审计核减工程投资额 25089 万元。

民生资金（项目）审计 开展 2014 年度城镇保障性安居工程、2014 年度社会救助等专项资金、2013—2014 年度农资综合补贴和粮食直补资金管理使用情况等审计或审计调查项目。

外资运用审计 根据重庆市审计局安排部署，对垫江县世界银行贷款生态家园富民工程项目 2014 年度财务收支和项目执行情况进行审计。对虚假提款报账、滞留世界银行贷款、项目基础工作不规范等问题进行揭示，查出主要问题金额 156.61 万元。

企业审计 开展万州区机场有限责任公司、万州区建筑工程总公司等 4 个企业 2014 年度资产负债损益审计，对白条抵库、无依据收费、完工项目竣工决算办理不及时等问题进行揭示并移送相关部门处理，查出主要问题金额 4797 万元。

专项资金审计 完成万州区 2013 年至 2014 年农村公路工程结算备案情况、万州区 2011 年至 2014 年残疾人就业保障金等 3 个专项资金的审计或审计调查，审计查出主要问题金额 9407 万元。

信息化建设 推进信息化建设，建立专门的数据采集管理室，组成大数据分析团队，采集、整理、分析数据，完成的 84 个项目全部运用计算机审计。

内部审计 全区各部门、各企事业单位设有内部审计机构 99 个；配备专兼职内部审计人员 275 人。2015 年，全区各内部审计机构完成审计项目 2286 个，审计总金额 1537517 万元，促进增收节支 12832 万元，提出审计建议被采纳 914 条。

（撰稿人：付 勇）

【涪陵区审计局】 2015 年，涪陵区审计局人员编制 55 人，实有 46 人。局长王平，副局长周德勇、陈仁勇、蒋青峰，纪检组长王六一。设有办公室、组织人事教育科、法制科、财政审计科、固定资产投资审计科、经济责任审计科、行政事业审计科、金融外资审计科、经贸审计科、农业与生态环保审计科、社会保障审计科、涪陵区审计中心。

审计成果 涪陵区审计局完成审计项目 91 个，其中组织实施审计项目 83 个，参与实施审计项目 8 个。查出主要问题金额 1293249 万元，其中查出违规金额 186442 万元、管理不规范金额 1106807 万元；审计处理处罚金额 248131 万元，其中应上缴财政 38528 万元、应减少财政拨款或补贴 34009 万元、应归还原渠道资金 32243 万元、应调账处理金额 143350 万元；审计发现非金额计量问题 64 个；审计促进整改落实有关问题金额 248127 万元，其中增收节支 91985 万元、已调账处理金额 156142 万元；审计促进拨付资金到位 980 万元；审计后挽回（避免）损失 76744 万元。移送司法机关、纪检监察机关和有关部门处理事项 43 件。出具审计报告和专项审计调查报告 83 篇，被批示 80 篇次。提出审计建议 371 条，提交审计信息 122 篇，被批示、采用 37 篇。

政策措施贯彻落实跟踪审计 完成一、二季度和 6 月至 12 月的跟踪审计任务，形成报告向市审计局和区政府反映，共发现问题 10 个，涉及 21 个部门、单位的主体责任，督促问题整改到位。

财政审计 完成 2014 年度区本级财政和区公安局等 5 个部门预算执行、新妙镇等 4 个乡镇财政决算情况审计，延伸审计 31 个单位。主要查出预算收入未缴国库、“三公”经费支出超预算、违规发放奖金津贴福利、未执行政府采购、套取项目补助资金等问题。

固定资产投资审计 完成区驾培中心等 38 个工程项目的竣工决（结）算审计，对涪陵大剧院等 13 个工程项目实施跟踪审计。促进区政府出台《涪陵区国有投资工程建设项目竞争性比选暂行办法》《关于进一步规范和加强全区工程建设招投标监督管理工作的通知》等文件。

经济责任审计 对 5 个区级部门、3 个事业单位、3 个乡镇街道、2 个园区管委会和 1 个国有企业的 19 名领导干部（人员）任期履行经济责任情况进行审计。修订《重庆市涪陵区区级经济责任审计对象分类管理办法》。

企业审计 完成 11 个国有集团（公司）组建以来情况的全面审计，查出各类问题 216 个，促进增收节支 4.02 亿元，提出审计建议 49 条。促进区政府和区国资委相继出台《关于加强政府性债务及融资管理工作的通知》《区属国有企业集团负责人经营业绩考核与薪酬管理暂行办法》等文件。

专项资金审计 完成民政专项资金、彩票公益金等 7 个专项资金审计和审计调查，查出违规金额 3206.49 万元、管理不规范金额 377.16 万元，促进增收节支 2743.85 万元。

内部审计 涪陵区各部门、各企事业单位设内部审计机构 67 个，配备内部审计人员 300 人。全年完成审计项目 721 个，其中财务收支审计 112 个、效益审计 100 个、经济责任审计 89 个、内部控制评审 46 个、信息系统评审 8 个、基本建设审计 216 个、其他审计 150 个。审计总金额 1070888 万元，促进增收节支 11375 万元，提出的建议和意见被采纳 443 条。 （撰稿人：胡 俊）

【大渡口区审计局】 2015 年，大渡口区审计局人员编制 22 人，实有 19 人。局长龙子武，副局长刘厚成、吴蔚翔、单珺，纪检组长吴蔚翔（兼）。设有办公室、综合法制科、财政国资审计科、行政事业审计科、经济责任审计联席会议办公室（经济责任审计科）、审计中心。

审计成果 大渡口区审计局完成审计项目 35

个，其中组织实施审计项目29个，参与实施审计项目6个。查出主要问题金额354298万元，其中违规金额129198万元、损失浪费金额144万元、管理不规范金额224955万元；损益（收支）不实金额11337万元；审计处理处罚金额139806万元，其中应上缴财政8872万元、应减少财政拨款或补贴332万元、应归还原渠道资金116169万元、应调账处理金额14415万元；审计发现非金额计量问题147个；审计促进整改落实有关问题资金23973万元，其中增收节支9557万元、已调账处理金额14415万元；审计后挽回（避免）损失20028万元。移送司法机关、纪检监察机关和有关部门处理事项14件。出具审计报告和专项审计调查报告41篇，被批示、采用5篇。提出审计建议155条，提交审计信息54篇，被批示、采用17篇。2015年大渡口区审计局被中央文明委评为全国文明单位。

政策措施贯彻落实跟踪审计 审计行政审批事项取消和承接情况等8个政策落实情况，揭示各部门单位政策执行不到位、项目推进缓慢等13个问题，提出审计建议11条。

财政审计 完成区级财税审计，移送纪检、司法机关案件线索1件。区政府采纳审计建议，出台《关于印发大渡口区镇街财政管理办法的通知》。

经济责任审计 对13名领导干部开展经济责任审计，联合区纪委等部门出台《重庆市大渡口区区级经济责任审计对象分类管理暂行办法》《重庆市大渡口区党政主要领导干部和国有企业领导人员离任经济责任事项交接办法》。

固定资产投资审计 采用竣工结算审计和重点项目跟踪审计相结合的方式，全年完成竣工结算审计项目12个、跟踪审计项目8个，审减金额11645万元。

专项资金审计 运用大数据审计方法，完成大渡口区2012—2014年度彩票公益金、大渡口区2014年度社会救助资金2个专项审计调查项目。

信息化建设 制订《审计信息化建设规划》《大数据审计平台建设规划》，成立科研课题小组，建立区级数据中心及数据分析室，信息化建设力度不断加大。

内部审计 全区各部门、各企事业单位设有内部审计机构18个，其中专职机构3个；配备内部审计人员60人，其中专职审计人员9人。2015年，全区各级内部审计机构共完成审计项目342个，促进增收节支13602万元，提出的建议和意见被采纳96条。（撰稿人：任　娟）

【江北区审计局】 2015年，江北区审计局人员编制33人，实有27人。局长魏成发，副局长盛建波、陈捷（—9月）、陈世滨（9月—）、胡建（9月—），纪检组长罗翠渝。设有办公室、财政审计科、企业审计科、经济责任审计科、行政事业审计科、固定资产投资审计科、法制科、审计中心。

审计成果 江北区审计局完成审计项目113个，其中组织实施审计项目110个，参与实施审计项目3个。查出主要问题金额1890693万元，其中违规金额47384万元、管理不规范金额1843309万元；损益（收支）不实金额26413万元；审计处理处罚金额593736万元，其中应上缴财政14706万元、应归还原渠道资金355万元、应调账处理金额578674万元；审计发现非金额计量问题94个；审计促进整改落实有关问题资金593736万元，其中增收节支15062万元、已调账处理金额578674万元；审计后挽回（避免）损失26406万元。移送司法机关、纪检监察机关和有关部门处理事项3件。出具审计报告和专项审计调查报告113篇。提出审计建议206条，提交审计信息73篇，被批示、采用28篇。

政策措施贯彻落实跟踪审计 重点针对农村集体资产量化确权、新农村公路建设、城市“一户一表”改造任务、三峡后续工程建设、江北区轻轨四号线一期工程拆迁、取消和下放行政审批事项、减轻和公平企业税负等方面开展跟踪审计，查出管理不规范金额4063万元。

财政审计 完成预算单位预决算审计项目6个，共计查出违规金额45863万元、管理不规范金额1308190万元，促进区财政收回盘活预算单位存量资金3亿元，清理财政沉淀资金16.93亿元。

经济责任审计 出台《江北区区级经济责任审计对象分类管理办法（试行）》和《江北区区管党政主要领导干部和国有企业领导人员离任经济

责任事项交接办法》。全年完成经济责任审计项目8个，查出违规金额229.12万元、管理不规范金额4511.99万元，移送处理事项1件。

固定资产投资审计 探索“互联网＋”投资审计新模式，建立江北区政府投资跟踪审计管理系统。对审计对量过程实现监督管理，建立对量过程数据库。对中介机构备案人员实现职称、执业资格与照片的对照管理。对江北区的九大工程开展跟踪审计。全年出具政府投资审计报告89篇，为政府节省财政资金26385万元。

企业审计 推进全区国有企业改革，促进国有企业提质增效，守护国有资产安全、完整、保值、增值，促进企业完善内部控制和经营管理制度。全年完成企业审计项目4个，查处管理不规范金额466582.33万元。

专项资金审计 开展残疾人就业保障金审计调查、农村危旧房改造专项资金审计调查，对渔业船舶财政补贴资金发放情况进行审计，查出违规金额99.03万元、管理不规范金额299.31万元。

信息化建设 以“三层两翼八系统”为总体框架，自行开发大数据审计应用系统，建立大数据审计中心。制定《在全区行政事业单位和重点国有企业全面开展联网审计的工作规定》，召开全区联网审计工作培训会，组建180人的联网审计信息员队伍。采集全区160个一、二级预算单位2013年至2015年财务数据，建立审计对象数据库。

内部审计 全区各部门、各企事业单位设有内部审计机构29个，其中专职机构20个；配备内部审计人员115人，其中专职审计人员10人。2015年，全区各级内部审计机构共完成审计项目495个，提出的建议和意见被采纳71条。

（撰稿人：陈　诗）

【沙坪坝区审计局】 2015年，沙坪坝区审计局人员编制34人，实有27人。局长赵卫红，副局长许兵、林国勇、廖承东。设有办公室、财政审计科、行政事业审计科、经济责任审计科、固定资产投资审计科、法制科、沙坪坝区审计中心。

审计成果 沙坪坝区审计局完成审计项目39个，其中组织实施审计项目33个，参与实施审计项目6个。查出主要问题金额563964万元，其中违规金额146220万元、管理不规范金额417743万元；审计处理处罚金额563664万元，其中应上缴财政9543万元、应减少财政拨款或补贴115737万元、应归还原渠道资金50607万元、应调账处理金额387776万元；审计发现非金额计量问题54个；审计促进整改落实有关问题资金560034万元，其中增收节支175919万元、已调账处理金额384115万元；审计后挽回（避免）损失10509万元。移送司法机关、纪检监察机关和有关部门处理事项26件。出具审计报告和专项审计调查报告38篇，被批示、采用24篇。提出审计建议115条，提交审计信息66篇，被批示、采用34篇。

政策措施贯彻落实跟踪审计 重点关注全区五大功能区域发展战略、24项重点改革专项、25件民生实事、新增粮食储备规模等政策措施落实情况。完成对棚户区改造、铁路建设、企业减负、农村饮水安全工程等事项的跟踪审计，查出农村饮水工程未进行招投标、农村清产核资结果认同率不高、铁路建设征地拆迁未完成等问题。

财政审计 审计单位2个，查出问题金额78566万元，重点对2014年度财政预算执行总体情况、财政扶持政策资金安排使用情况、财政存量资金管理情况、财政转移支付分配情况等进行审计，提出严格预算编制、加大结余资金清理力度、加强存量资金管理等建议，促进区政府修订《沙坪坝区财政结转结余资金管理暂行规定》。

经济责任审计 开展经济责任审计项目12个，查出问题金额103813万元。完善全区经济责任审计工作联席会议制度，新增区委副书记、区委常委、常务副区长为联席会议召集人，增加区编办为联席会议成员单位；密切联系区经济责任审计联席成员单位，召开全区经济责任审计工作联席会议。出台《沙坪坝区经济责任审计工作联席会议议事规则（试行）》《沙坪坝区经济责任审计工作联席会议办公室工作规则（试行）》，为联席会议提供制度保障。讨论出台《沙坪坝区党政主要领导干部和国有企业领导人员离任经济责任事项交接办法（修订版）》等制度文件。向经济责任审计联席会议办公室提交综合报告，反映全年经济责任审计发现的问题，规范领导干部从政行为和财经行为。

固定资产投资审计 完成8个基本建设项目和征地拆迁审计，核减工程造价和土地成本10509万元。3个征地拆迁成本审计项目送审金额46307.46万元，查出社会垫资单位虚报成本支出10338.32万元，审减率22.32%。促进出台《沙坪坝区政府性投资项目合同审查管理暂行办法》《沙坪坝区政府公益性项目代建制暂行办法实施细则》，进一步规范政府投资建设行为。

企业审计 开展9个企业的资产、负债、损益真实性审计，查出问题金额302066万元，对贯彻党委政府政策措施、经济发展、防范和化解风险和企业领导人员廉政建设责任的落实情况等进行评价，确保国企改革顺利有序推进。

专项资金审计 开展专项资金审计和审计调查项目6个，审计专项资金总额55640万元。

内部审计 全区各部门、各企事业单位设有内部审计机构137个，其中专职机构8个；配备内部审计人员144人，其中专职机构人员28人。2015年，全区各级内部审计机构完成审计项目681个。审计总金额249358万元，促进增收节支5449万元。 （撰稿人：李 缇）

【九龙坡区审计局】 2015年，九龙坡区审计局人员编制31人，实有29人。局长刘波，副局长李霞、兰华、姜道云，纪检组长刘昆。设有办公室、监察室、综合法制科、内部审计管理科、行政事业审计科、经济责任审计科、财政金融审计科、固定资产投资审计科，下设审计中心。

审计成果 九龙坡区审计局完成审计项目127个，其中组织实施审计项目121个，参与实施审计项目6个。查出主要问题金额455779万元，其中违规金额22942万元、损失浪费金额397万元、管理不规范金额432440万元；损益（收支）不实金额70658万元；审计处理处罚金额42061万元，其中应上缴财政21954万元、应归还原渠道资金579万元、应调账处理金额19470万元、应缴纳其他资金58万元；审计发现非金额计量问题168个；审计促进整改落实有关问题资金38833万元，其中增收节支21743万元、已调账处理金额17024万元、已缴纳其他资金39万元；审计后挽回（避免）损失23307万元。移送司法机关、纪检监察机关和有关部门处理事项11件。出具审计报告和专项审计调查报告127篇，被批示、采用40篇。提出审计建议281条，提交审计信息163篇，被批示、采用42篇。向社会公告审计结果5篇。

政策措施贯彻落实跟踪审计 优化审计组织方式，将稳增长政策执行跟踪审计与内部审计检查有效结合，以政府交办的方式，将八大功能板块建设、25件民生实事等区级重大政策落实情况纳入稳增长跟踪审计工作。成立由区审计局、发展改革委、督查局等26个单位组成的稳增长跟踪审计工作领导小组，定期研究部署有关工作。全年完成20余个审计要点，移送司法机关案件线索1件，有效促进各项政策落实。

财政审计 稳步推进财政税收审计，注重揭示财政政策落实、预算资金收支管理、国有资金管理中的薄弱环节，抽取10个部门开展存量资金情况专项调查，对20个部门“公务卡”使用情况进行调查，税收审计首次运用大数据比选分析，以审促收9100多万元。

经济责任审计 完成11个单位17名领导干部经济责任审计和2个部门4名领导干部离任交接工作。修订《党政主要领导干部和国有企业领导人员经济责任审计实施办法》，规范经济责任审计实施程序，建立多部门协作配合、联合整改、约谈问责3项机制。

农业与资源环保审计 对4个区级部门涉及的自然资源管理和监测评估情况开展调研，建立自然资源资产责任审计工作联系机制。以乡镇党政领导干部对自然资源开发利用保护以及污染防治责任履行情况为主线，结合西彭镇党政领导干部经济责任审计完成试点审计。

固定资产投资审计 完成107个投资审计项目，审减投资额15138万元。自主开发的跟踪审计动态管理平台实现跟踪审计动态管理，通过计算机终端和手机终端APP运用该系统，对20个在建跟踪审计项目实施管控，有效提高跟踪审计质量和效率。

企业审计 完成2个重点国有企业审计，促进被审计单位完善费用、薪酬预算管理和薪酬激励机制。出台《公司招标管理办法》，加强区属国企工程招标制度建设。

专项资金审计 组织实施涉及全区 11 个乡镇、6 个政府部门的民政专项资金、粮食直补专项资金、保障房资金等 3 个民生资金专项审计调查，审计查出主要问题金额 10771 万元。

信息化建设 制订审计信息化建设三年行动计划，有序推进财政及部门预算执行审计数据分析平台建设试点，安排专项经费预算保障设备采购运维。成立数字化审计团队，集中采集 83 个一级预算单位财务核算数据。

内部审计 全区各部门、各企事业单位设有内部审计机构 78 个，其中专职机构 9 个；配备内部审计人员 169 人，其中专职审计人员 23 人。2015 年，全区各级内部审计机构共完成审计项目 164 个，促进增收节支 2539 万元，提出的建议和意见被采纳 412 条。（撰稿人：张　鱼）

【南岸区审计局】 2015 年，南岸区审计局人员编制 21 人，实有 20 人。局长张林（—7 月）、卢盛国（9 月—），副局长赵勇、杨柳、王凌颖（6 月—），纪检组长刘柳（9 月—），经济责任审计工作联席会议办公室主任蔺艳（9 月—）。设有办公室、财政审计科（固定资产投资审计科）、经济责任审计工作联席会议办公室（经济责任审计科）、行政事业审计科、企财社保审计科。

审计成果 南岸区审计局完成审计项目 43 个，其中组织实施审计项目 37 个，参与实施审计项目 6 个。查出主要问题金额 118343 万元，其中违规金额 4398 万元、损失浪费金额 22 万元、管理不规范金额 113923 万元；损益（收支）不实金额 3046 万元；审计处理处罚金额 27318 万元，其中应上缴财政 4732 万元、应减少财政拨款或补贴 17366 万元、应归还原渠道资金 753 万元、应调账处理金额 4465 万元；审计发现非金额计量问题 98 个；审计促进整改落实有关问题资金 16868 万元，其中增收节支 6098 万元、已调账处理金额 4582 万元、已缴纳其他金额 7 万元；审计后挽回（避免）损失 11315 万元。移送司法机关、纪检监察机关和有关部门处理事项 1 件。出具审计报告和专项审计调查报告 51 篇，被批示、采用 3 篇。提出审计建议 124 条，提交审计信息 48 篇，被批示、采用 14 篇。向社会公告审计结果 1 篇。

财政审计 审计项目 11 个，发现和纠正涉及部门预算执行中主要问题金额 11460 万元，其中违规金额 1510 万元、管理不规范金额 9950 万元。

经济责任审计 完成对 8 名区管主要领导干部的经济责任审计，审计查出问题金额 5020 万元，其中违规金额 2784 万元（主管责任金额 2548 万元、领导责任金额 236 万元）管理不规范金额 2236 万元（主管责任金额 1986 万元、领导责任金额 250 万元）。对此违反财政财务制度规定的行为，依法依规做出审计决定。

固定资产投资审计 审计项目 25 个，审计项目投资额 163100 万元，核减投资额 14999 万元。审计发现和纠正管理不规范金额 101863 万元。

内部审计 全区各部门、各企事业单位设有内部审计机构 21 个；配备内部审计人员 64 人，其中专职审计人员 7 人。2015 年，全区各级内部审计机构完成审计项目 311 个，其中财务收支审计 77 个、效益审计 6 个、经济责任审计 16 个、内部控制评审 16 个、信息系统审计 1 个、基本建设审计 187 个、其他审计 8 个。审计总金额 170553.56 万元，促进增收节支 1749.01 万元。提出建议意见 133 条。（撰稿人：刘　畅）

【北碚区审计局】 2015 年，北碚区审计局人员编制 33 人，实有人员 32 人。局长李厚杰，副局长唐小勤、张渝玲、廖振华，纪检组长潘传林，区经济责任审计联席会议办公室主任张筱枫。设有财政审计科、行政事业审计科、经济责任审计科、法规科、投资与企业审计科、办公室、经济责任审计中心、投资审计中心。

审计成果 北碚区审计局完成审计项目 71 个，其中组织实施审计项目 63 个，参与实施审计项目 8 个。查出主要问题金额 266196 万元，其中违规金额 87406 万元、管理不规范金额 178790 万元；损益（收支）不实金额 51020 万元；审计处理处罚金额 118609 万元，其中应上缴财政 10298 万元、应归还原渠道资金 61437 万元、应调账处理金额 32485 万元；审计发现非金额计量问题 99 个；审计促进整改落实有关问题资金 118609 万元，其中增收节支 71735 万元、已调账处理金额 32485 万元；审计后挽回（避免）损失 32485 万元。移送司法机关、纪检监察机关和有关部门处理事项4件。出具审计报告和专项审计调查报告74篇，被批示47篇。提出审计建议197条，提交审计信息45篇，被采用35篇。

获得2015年度全市审计系统综合目标考核一等奖。推动北碚区委区政府出台《北碚区审计项目五年轮审规划》。

政策措施贯彻落实跟踪审计 全年向市审计局报送审计报告8篇，审计（调查）24个部门、4个镇街、32个企事业单位，发现审计问题16个，提出审计建议16条。

财政审计 在本级预算执行审计中开展“上下联动”，与市审计局同步开展审计，结合区域特点，注重发现财政预算编制、决算（草案）编制、执行与财政改革中存在的突出问题，促进区政府、被审计单位出台8项政策措施。

经济责任审计 进一步完善联席会议办公室工作规则和议事规则，实行镇（街）党政领导干部同步审计。全年实施审计项目7个，对10名领导干部进行任期或离任审计，查出违规金额6008万元、管理不规范金额17928万元，增收节支6008万元，移送司法机关处理1件。

固定资产投资审计 严把工程投资审计程序，建立项目总台账和进度台账，对审计项目的数量、质量、进度和基础信息建账管理，把控审计质量。全年完成投资审计项目40个，送审金额129376万元，审减金额30825万元，审减率24％。

信息化建设 组建信息化建设攻关小组，选派2名干部到市审计局参与大数据分析实践锻炼。探索建立大数据分析平台和信息系统审计，将信息系统融入预算审计范畴，实现本级预算执行横向扩大到30个部门、纵向深入到二级预算单位。充分利用审计对象库基础数据，提升审计效率和质量。

内部审计 推动出台《北碚区政府办公室关于进一步加强内部审计工作的意见》，制订内部审计人员参与国家审计项目轮训计划。全区各部门、各企事业单位设有内部审计机构69个，其中专职机构2个；配备内部审计人员267人，其中专职审计人员10人。2015年，全区各级内部审计机构共完成内部审计项目709个，促进增收节支3617万元，提出的建议和意见被采纳210条。

（撰稿人：蒋科旭）

【綦江区审计局】 2015年，綦江区审计局人员编制43人，实有39人。局长郑平，副局长陈正好、尹政权、唐启平，纪检组长杨云德，綦江区经济责任审计工作联席会议办公室主任李开强。设有办公室、法制内部审计科、行政审计科、财政审计科、企业事业审计科、投资审计科、经济责任审计科，綦江区经济责任审计工作联席会议办公室，下设綦江区审计中心。

审计成果 綦江区审计局完成审计项目125个，其中组织实施审计项目118个，参与实施审计项目7个。查出主要问题金额232982万元，其中违规金额13359万元、损失浪费金额2685万元、管理不规范金额216937万元；损益（收支）不实金额3264万元；审计处理处罚金额196184万元，其中应上缴财政1177万元、应减少财政拨款或补贴6万元、应归还原渠道资金413万元、应调账处理金额24889万元；审计发现非金额计量问题146个；审计促进整改落实有关问题资金52694万元，其中增收节支177万元、已调账处理金额21628万元；审计后挽回（避免）损失52676万元。移送司法机关、纪检监察机关和有关部门处理事项33件。出具审计报告和专项审计调查报告136篇，被批示、采用4篇。提出审计建议258条，提交审计信息115篇，被批示、采用38篇。向社会公告审计结果1篇。

财政审计 对綦江区2014年预算执行及其他财政收支情况等进行审计。主要发现存在应收未收土地出让金、配套费、人防费，计生奖扶资金管理不规范等问题。

经济责任审计 开展区管领导干部和区属事业单位负责人经济责任审计项目18个，涉及领导干部25人。主要发现存在违规使用票据、隐瞒截留收入、违规集资、公款出游、白条或大额现金支付款项、购置资产未转固、个别采购项目未进行政府集中采购、乱收费等问题。

固定资产投资审计 完成政府投资项目审计83个，送审金额18.12亿元，审减额达2.47亿元，审减率13.63％。发现存在建设工程高估冒算、虚列支出、施工内容多变、违规扩大提高工程预算等问题。促成綦江区政府出台《綦江区政府投资项目审计办法的通知》。

专项资金审计 完成对重庆市2014年度民政专项资金等审计，发现相关专项资金工程建设缓慢、资金闲置滞留、部分专项资金使用单位存在挪用专项资金等情况。

企业审计 对綦江区四大国有公司进行审计，发现存在重大事项违规决策、出借债务资金未经报批、债务资金使用监管不严、肢解工程和违规发包工程、虚开发票套取现金、融资过程不规范存在较大风险、安置房管理存在漏洞等问题，向綦江区监察局移送案件线索4件。

信息化建设 制订《綦江区审计局审计信息化建设三年行动计划》，数据分析系统建设试点工作进展较快，大数据审计模式逐步得到推广，在全市审计系统信息化建设工作会上做《促审计方式转型，着力推进计算机审计》的经验交流发言。

内部审计 全区各部门、各企事业单位设有内部审计机构37个，其中专职机构2个；配备内部审计人员62人，其中专职审计人员62人。2015年，全区各级内部审计机构共完成审计项目42个，促进增收节支54万元，提出的建议和意见被采纳57条。（撰稿人：曾小灵）

【大足区审计局】 2015年，大足区审计局人员编制33人，实有33人。党组书记唐生彬，局长黄珍扬，副局长李连友（—1月）、邓施全（1月—）、刘朝树、欧洋，纪检组长陈清伦，党组成员黎娟（12月—）。设有办公室、综合法制科、财政审计科、行政事业审计科、社会保障审计科、资源环保审计科、经济责任审计科、固定资产投资审计科、审计中心。

审计成果 大足区审计局完成项目88个，其中组织实施审计项目81个，参与实施审计项目7个。查出主要问题资金331353万元，其中违规金额167024万元、管理不规范金额164329万元；损益（收支）不实金额29642万元，审计处理处罚金额174225万元，其中应上缴财政63679万元、应归还原渠道资金102392万元、应调账处理金额8153万元；审计发现非金额计量问题62个；审计促进整改落实有关问题资金138632万元，其中增收节支130475万元、已调账处理金额8028万元；审计后挽回（避免）损失7897万元。移送司法机关、纪检监察机关和有关部门处理事项4件。出具审计报告和专项审计调查报告88篇，被批示、采用14篇。提出审计建议166条，提交审计信息19篇，被批示、采用17篇。

政策措施贯彻落实跟踪审计 按照审计署及市审计局的部署，对稳增长、促改革、调结构、惠民生、防风险等政策措施贯彻落实情况进行跟踪审计，全年揭示重点项目未及时开工、违规收费等11个问题，提出整改意见和建议11条。

财政审计 以本级财政预算执行审计为重点，延伸审查区环保局、卫计委等13个部门预算执行情况，促使出台制度两个；开展2014年税收预算执行审计；对邮亭镇等6个镇街财政决算和其他财政收支情况进行审计。

固定资产投资审计 落实区政府提出的政府投资项目审计全覆盖要求，深入提示全区在政府投资管理项目存在的问题；在抓好结算审计的同时，开展3个项目的决算审计；200万元以下政府投资项目审计全面备案。2015年完成固定资产投资审计项目58个，审定金额106877万元，审减金额7990万元，平均审减率6.96%。

经济责任审计 对13个单位20名领导干部的任期经济责任进行审计监督。组织部门把审计结果归入干部实绩档案，写入干部考察材料，作为对领导干部业绩考评和职务任免的重要参考依据。

专项资金审计 加大对保障房、社会救助、农资综合补贴、文化、污染防治等9项重点民生资金和项目的审计力度，综合运用查账分析与入户调查相结合的方式，沿着资金流向追踪到底，着力揭示和反映政策落实不到位、资金分配不合理、管理不严格、制度不完善等问题，严肃查处骗取、挤占挪用、滞留资金等行为，促进保障和改善民生政策和措施有效落实。

企业审计 以深化国企改革，维护国有资产安全、完整、效益为突破口，重点检查贯彻落实党和国家重大经济政策、区委区政府的重大决策执行、内部管理、经营者报酬等情况。对城投集团公司2014年度资产负债损益情况进行审计。

内部审计 全区设有内部审计机构67个，其中专职机构10个；配备专（兼）职人员200人。完成审计项目252个，审计总金额132817.27万元，促进增收节支612.44万元，采纳审计建议意见77条，实际给予行政处分2人。

（撰稿人：彭吉丽）

【渝北区审计局】 2015年，渝北区审计局人员编制35人，实有28人。局长常涛（—9月）、李梅（9月—），副局长刘晓东、肖远忠（3月—），纪检组长肖远忠（—3月）、谢贤友（3月—），党组成员张彬。设有办公室、综合审计科、行政事业审计科、经贸社保审计科、经济责任审计科，下设重庆市渝北区审计中心。

审计成果 渝北区审计局完成审计项目271个，组织实施审计项目263个，参与实施审计项目8个。查出主要问题金额160801万元，其中违规金额67332万元、管理不规范金额93468万元；审计处理处罚金额111224万元，其中应上缴财政28870万元、应减少财政拨款或补贴16942万元、应缴纳其他资金39168万元、应归还原渠道资金194万元、应调账处理金额26048万元；审计发现非金额计量问题30个；审计促进整改落实有关问题资金111224万元，其中增收节支46007万元、已调账处理金额26048万元；审计后挽回（避免）损失16942万元。移送司法机关、纪检监察机关和有关部门处理事项5件。出具审计报告和专项审计调查报告271篇，被批示、采用32篇。提出审计建议1080条，提交审计信息56篇，被批示、采用52篇。

政策措施贯彻落实跟踪审计 重点审计简政放权、减轻企业税负、社区养老服务设施建设、山坪塘建设整治、新建农村公路和重大水利工程建设、区人民医院三甲等项目推进情况，促进政策落实和建设项目实施。

财政审计 对区级预算执行和财政决算草案编制、税收预算执行情况，以及区级部门、镇街等8个单位预决算或财务收支情况进行审计，发现督促纠正相关单位少征和未及时征收税款1.8亿元、未及时上缴非税收入2.5亿元等问题。

经济责任审计 完成对区商委、区外经委、兴隆镇、王家街道等9个单位党政负责人任期经济责任审计。将领导干部守法、守纪、守规、尽责情况作为审计重点，促进领导干部增强遵纪守法意识和自我约束能力。

固定资产投资审计 完成政府投资项目结算审计247个，送审金额221635万元，审减金额16942万元，平均审减率为7.7%。完成竣工财务决算项目2个和50万以下项目备案514个。对阳光雅居等13个重点项目关键环节进行跟踪审计监督，跟踪审计项目总投资约70亿元。

企业审计 完成建龙公司2014年度资产负债损益审计，揭示在企业投资、工程建设及经营管理等方面存在的问题。

专项资金审计 对渝北区2014年度民政专项资金、渝北区招商引资专项经费等13项专项资金进行审计和审计调查。

制度建设 区委、区政府出台《重庆市渝北区区级审计项目五年轮审规划》《渝北区经济责任审计对象分类管理办法（试行）》和《渝北区离任经济责任事项交接办法》等文件，对财政、经济责任、国有企业、投资项目及内部审计5个方面审计工作做出安排和部署。

信息化建设 投入95万元进行软硬件设施建设，建成OA（审计管理系统）和AO（现场审计实施系统）系统；构建移动办公网络平台，逐步实现OA与AO的交互和对审计现场的有效管理。在部分项目中使用大数据分析等方式，提升审计质量和效率。

内部审计 全区各部门、各企事业单位设有内部审计机构52个，其中专职机构1个；配备内部审计人员180人，其中专职审计人员2人。2015年，全区各级内部审计机构共完成审计项目83个，促进增收节支9878万元，提出的建议和意见被采纳76条。

（撰稿人：段荣华）

【巴南区审计局】 2015年，巴南区审计局人员编制35人，实有32人。局长罗今成，副局长黄均（5月—）、苏小平（1月—）、王进（—1月）、刘方宇，纪检组长曹际宏，区经济责任办公室主任李蓉（12月—）。设有办公室、财政审计科、行政事业审计科、经济责任审计科、投资审计科、综合法制科、审计中心、经济责任审计联席会议办公室。

审计成果 巴南区审计局完成审计项目93个，其中组织实施审计项目88个，参与实施审计项目5个。查出主要问题金额525226万元，其中违规金额16141万元、损失浪费金额10万元、管理不规范金额 509075 万元；损益（收支）不实金额 633 万元；审计处理处罚金额 56766 万元，其中应上缴财政 14065 万元、应归还原渠道资金 1733 万元、应调账处理金额 40967 万元；审计发现非金额计量问题 71 个；审计促进整改落实有关问题资金 53453 万元，其中增收节支 12642 万元、已调账处理金额 40810 万元；审计后避免损失 40148 万元。移送司法机关、纪检监察机关和有关部门处理事项 18 件。出具审计报告和专项审计调查报告 93 篇。提出审计建议 283 条，提交审计信息 66 篇，被批示、采用 33 篇。

政策措施贯彻落实跟踪审计 成立以区长任组长，常务副区长、分管副区长任副组长的稳增长跟踪审计工作领导小组。以区政府名义印发稳增长等政策措施贯彻落实情况跟踪审计工作方案，创新“1＋N”审计模式，将稳增长审计与其他审计项目联合开展，查出区市政系统行政审批设置前置条件、违规收取保证金 540 万元和 2 家福利企业骗税 2696 万元等问题。稳增长跟踪审计工作 3 次在全市审计机关相关会议中做经验交流，获得市审计局行业审计优秀项目。

财政审计 完成项目 7 个，查出管理不规范金额 419304 万元、违规金额 6170 万元。重点审计预算编制是否科学合理、预算执行结果是否真实合法以及税收征管是否到位等情况。揭示列收列支比重偏大、行政事业性收费未做到应收尽收、借出财政资金不及时归还可能转化为财政风险等问题，注重从机制、体制和制度上提出加强财政预算管理的意见与建议，促进建立公共财政管理体制。受区政府委托向区人大常委会做审计工作报告，获得人大代表好评。

经济责任审计 对 12 个单位 17 名领导干部实施任期经济责任审计。查出管理不规范金额 36874 万元、违规金额 2946 万元，上缴罚没收入 145 万元。向区纪检监察部门移送违法违纪线索 9 件。

行政事业审计 对 13 个行政事业单位财政财务收支情况开展审计，查出管理不规范金额 30329 万元、违规金额 995 万元。揭示财政、财务核算不规范，固定资产不入账，往来账项清理不及时，财务管理薄弱，内控制度执行不到位等问题。

固定资产投资审计 完成项目 65 个，送审金额 31.04 亿元，审减金额 4.9 亿元，审减率达 16%，揭示建设项目成本不实、不按规定招投标等问题。

专项资金审计 以保障和改善民生为目标，开展 2014 年度民政专项资金、2013—2014 年度农资综合补贴资金、2014 年城乡居民医保基金审计等项目，查出管理不规范金额 17794 万元。发现挤占挪用、套取专项资金，严重侵害群众利益等问题。

内部审计 全区各部门、各企事业单位设有内部审计机构 86 个，其中专职机构 32 个；配备内部审计人员 92 人，其中专职审计人员 35 人。2015 年，巴南区各级内部审计机构共完成审计项目 94 个，促进增收节支 30 万元，提出的建议和意见被采纳 196 条。 （撰稿人：徐景昌）

【黔江区审计局】 2015 年，黔江区审计局人员编制 37 人，实有 37 人。局长秦建川，副局长任国林、王明昌、王海军、施方林，纪检组长何进（—8 月）、杨春亚（12 月—），经济责任审计联席会议办公室主任石晓红（11 月—）。设办公室、法制科、财政审计科、行政事业审计科、农业与资源环保审计科、经济责任审计科、固定资产投资审计科、企业审计科、政府债务及金融外资审计科、内部审计管理科、审计中心。

审计成果 黔江区审计局完成审计项目 180 个，其中组织实施审计项目 174 个，参与实施审计项目 6 个。查出主要问题金额 806450 万元，其中违规金额 213903 万元、管理不规范金额 592546 万元；损益（收支）不实金额 29887 万元；审计处理处罚金额 209628 万元，其中应上缴财政 212 万元、应归还原渠道资金 134569 万元、应调账处理金额 16233 万元；审计发现非金额计量问题 99 个；审计促进整改落实有关问题资金 135435 万元，其中增收节支 61946 万元、已调账处理金额 16233 万元；审计促进拨付资金到位 12000 万元；审计后挽回（避免）损失 17587 万元。移送司法机关、纪检监察机关和有关部门处理事项 8 件。出具审计报告和专项审计调查报告 66 篇，被批示、采用 35 篇。提出审计建议 249 条，提交审计信息 46 篇，被批示、采用 49 篇。向社会公告审计结果1篇。

财政审计 完成区本级及5个部门预算执行和2个乡镇的财政决算审计，催缴滞缴财政收入14747.64万元、土地出让综合价款32766万元，责成区财政本级撤销账户18个。

经济责任审计 查出履职尽责不到位、对财经法纪法规执行不力等6个方面75个问题，涉及违规金额1654万元。其中，查出应负直接责任的5个问题涉及违规金额87万元，应负主管责任的32个问题涉及违规金额756万元，应负领导责任的38个问题涉及违规金额811万元；促进被审计单位制定和修改完善制度4项。

固定资产投资审计 完成审计项目136个，送审金额178146万元，比上年同期增加86556万元，同比增长96%；投资审减16258万元，比上年增加5135万元，同比增长47%。

企业审计 完成对鸿业集团和城投集团的资产负债损益审计，揭示处理违规提前支付BT项目工程款、违规转包工程等问题，向区委、区政府报送专题结果报告，促进两大投融资平台公司完善10项管理制度。

专项资金审计 对2014年社会救助资金等6个惠民项目的资金拨付、使用效益等情况进行审计监督，揭示和查处专项资金长期闲置、“三公”经费超支等问题。

内部审计 全区各部门、各企事业单位设有内部审计机构37个，其中专职机构15个；配备内部审计人员112人，其中专职审计人员36人。2015年，全区（县）各级内部审计机构共完成审计项目230个，促进增收节支648.96万元，提出的建议和意见被采纳282条，移送纪检监察机关和有关主管部门建议给予党纪政纪处分15人。

（撰稿人：王　迪）

【长寿区审计局】 2015年，长寿区审计局人员编制44人，实有37人。局长聂华甫，副局长黄忠勇、李敏、陈小钢，纪检组长陈湧健。设有办公室、财政审计科、行政事业审计科、固定资产投资审计科、经济责任审计及内部审计管理科、审计信息化科、审计中心和区经济责任审计联席会议办公室。

审计成果 长寿区审计局完成审计项目135个，其中组织实施审计项目129个，参与实施审计项目6个。查出主要问题金额97965万元，其中违规金额63432万元、损失浪费金额43万元、管理不规范金额34490万元；损益（收支）不实金额2309万元；审计处理处罚金额73927万元，其中应上缴财政62677万元、应减少财政拨款或补贴909万元、应归还原渠道资金701万元、应调账处理金额9327万元；审计发现非金额计量问题96个；审计促进整改落实有关问题资金73891万元，其中增收节支64251万元、已调账处理金额9327万元；审计后挽回（避免）损失73436万元。移送司法机关、纪检监察机关和有关部门处理事项10件。出具审计报告和专项审计调查报告143篇。提出审计建议161条，提交审计信息54篇，被批示、采用30篇。

财政审计 以本级财政预算执行总体情况和区地税局税收征管管理情况和区残联、区财政局、长寿日报社、区科委、原区文广新局、区统计局6个部门2014年预算执行情况为基础开展审计。重点关注区级“全口径”预算体系建设的完整性、预算编制、审核、批复和执行的规范性，部门预算执行的合法性、真实性、效益性；关注“三公”经费、会议费、培训费管理使用情况。揭示本级预算及执行中存在税费征管不严造成税费流失和偷漏税、预算下达和资金拨付不及时、财政存量资金结存结转规模大统筹使用较差、违规审批政府采购等问题；部门预算执行中存在收入征缴不及时、项目支出预算执行率普遍较低、挤占挪用专项资金、部门决算编制不真实不完整等问题。移送案件线索5件。

经济责任审计 受区委组织部的委托，审计区财政局、凤城街道等22个部门和镇（街）30名处级领导干部经济责任情况。查出主要问题金额6010万元，提出审计建议47条，被采纳47条，移送案件线索1件。

固定资产投资审计 对98个政府性投资项目进行审计。审计送审金额111953万元，审减投资额8207万元，综合审减率7.33%，较上年增长2.25%。

专项资金审计 完成长寿区2012—2014年度彩票公益金专项资金审计调查等4个项目专项审计调查。审计专项资金总额31932万元，查出主要问题金额 10314 万元，其中违规改变项目计划和资金用途 2153 万元、资金滞留闲置 6668 万元、其他问题金额 1493 万元。

内部审计 全区各部门、各企事业单位设有内部审计机构 51 个，其中专职机构 26 个；新配备内部审计人员 103 人，其中专职审计人员 78 人。2015 年，全区各级内部审计机构共完成审计项目 76 个，查出违规金额 6500 万元，促进增收节支 320 万元，提出的建议和意见被采纳 21 条。

（撰稿人：何 颖）

【江津区审计局】 2015 年，江津区审计局人员编制 52 人，实有 46 人。局长邓齐（—5 月）、张进洪（5 月—），副局长陆成林（—5 月）、曹树容、廖胤，纪检组长刘德福，经济责任审计联席会议办公室主任刘燕。设有办公室、综合科、监察室、财政审计科、社会保障审计科、专项资金审计科、政府投资审计科、区经济责任审计工作联席会议办公室、区审计中心。

审计成果 江津区审计局完成审计项目 209 个，其中组织实施审计项目 203 个，参与实施审计项目 6 个。查出主要问题金额 555489 万元，其中违规金额 68188 万元、损失浪费金额 63 万元、管理不规范金额 487238 万元；审计处理处罚金额 97980 万元，其中应上缴财政金额 69452 万元、应减少财政拨款或补贴金额 20755 万元、应归还原渠道资金金额 7260 万元、应调账处理金额 513 万元；审计发现非金额计量问题 722 个；审计促进整改落实有关问题金额 85323 万元，其中增收节支 84810 万元、已调账处理金额 513 万元；审计后挽回（避免）损失 78219 万元。移送司法机关、纪检监察机关和有关部门处理事项 10 件。出具审计报告和专项审计调查报告 216 篇。提出审计建议 493 条，提交审计信息 52 篇，被批示、采用 25 篇。

财政审计 审计单位 15 个，发现和纠正部门的 9 类问题，查出主要问题金额 324643 万元，提出审计意见和建议。向江津区人大常委会做审计工作报告。

固定资产投资审计 实施政府投资审计项目 170 个，完成投资总额审计 306428 万元，核减工程造价 20802 万元，应减少财政拨款 20755 万元。在项目安排上，加大对当年投资建设项目金额使用情况的审计，确保后续金额使用的合理性和有效性；在审计手段上，坚持对建设项目全过程的跟踪审计，使建设过程中金额的使用管理问题及时得到纠正，避免建设金额的损失和浪费。

专项资金审计 完成 5 个专项资金审计项目，发现存在违反“收支两条线”和专户管理规定、改变项目计划和金额用途、资金滞留闲置、违规采购和违规使用发票等问题，查出主要问题金额 16459 万元。

企业审计 完成 6 个企业的资产、负债、损益审计，发现被审计单位存在违规经营、违规出借金额、少计少缴税费、会计信息失真、财务管理薄弱、投资效益差、资产损益不实等问题，查出主要问题金额 44766 万元。

经济责任审计 完成 13 个单位 27 名主要领导干部的经济责任审计，其中包括党政领导 18 人、事业单位领导 7 人、社区（村）领导 2 人。发现资产不实、管理不善、违规操作等问题，查出违规金额 11554 万元、损失浪费金额 66 万元、管理不规范金额 134448 万元。

内部审计 全区各部门、各企事业单位设有内部审计机构 54 个，其中专职机构 16 个；配备内部审计人员 310 人，其中专职审计人员 73 人。2015 年，全区各级内部审计机构共完成审计项目 738 个，促进增收节支 7370 万元，提出审计建议 359 条。

（撰稿人：李永模）

【合川区审计局】 2015 年，合川区审计局人员编制 51 人，实有 46 人。局长屈直，副局长伍振华、易再兴，纪检组长李建忠。设有办公室、法制科、财政金融审计科、行政事业审计科、专项资金审计科、经济责任审计科、基本建设投资审计科、信息建设科、内部审计指导科，下设合川区审计中心。

审计成果 合川区审计局完成审计项目 138 个，其中组织实施审计项目 130 个，参与实施审计项目 8 个。查出主要问题金额 337215 万元，其中违规金额 78433 万元、损失浪费金额 2748 万元、管理不规范金额 256033 万元；损益（收支）不实金额 35000 万元；审计处理处罚金额 93217 万元，其中应上缴财政 66932 万元、应减少财政拨款或补贴17248万元、应归还原渠道资金3652万元、应调账处理金额5065万元；审计发现非金额计量问题330个；审计促进整改落实有关问题资金57495万元，其中增收节支52339万元、已调账处理金额4766万元；审计促进拨付资金到位56327万元；审计后挽回（避免）损失56327万元。移送司法机关、纪检监察机关和有关部门处理事项47件。出具审计报告和专项审计调查报告164篇，被批示、采用42篇。提出审计建议175条，提交审计信息36篇，被批示、采用40篇。

政策措施贯彻落实跟踪审计　开展8次跟踪审计，涉及事项25个，查出问题26个，涉及金额203676万元，出具审计报告8篇。跟踪审计报告获得区领导肯定性批示4次。

财政审计　通过“全局＋专题”的工作模式，对合川区2014年度地方税收征管情况及部分镇街和部门的预决算进行审计，形成6篇《审计要情》上报区委、区政府。

经济责任审计　全年完成15个单位24名党政主要负责人经济责任审计，查出违规金额5749万元、损失浪费金额2739万元、管理不规范金额52953万元。

固定资产投资审计　完成投资审计项目117个，送审金额414055万元，审减金额20589万元，审减率4.97％；完成投资额20万元以下项目备案731个。

专项资金审计　对社会救助、彩票公益金、粮食直补、计生奖扶等民生资金开展审计调查，持续开展保障性安居工程资金筹集、管理和使用情况跟踪审计，查出问题金额9000万元，审计处理处罚金额2300万元，查处虚报冒领、违规享受各类补助资金163.5万元。

信息化建设　落实经费购置设备，筹建数据分析室。完善数据归集平台，定期采集财政、地税、公安、社保等部门数据。完善审计分析模型库，初步构建起数据审计分析模型150余个。运用新技术新方法，利用数据特点查找审计疑点。

内部审计　全区各部门、各企事业单位设有内部审计机构53个，配备内部审计人员244人。2015年，全区各级内部审计机构共完成审计项目471个，促进增收节支1543.9万元，提出的建议和意见被采纳107条。　（撰稿人：陈倩云）

【永川区审计局】　2015年，永川区审计局人员编制43人，实有33人。局长雷科（—6月），副局长龙晓燕（—3月）、刘荣、王永群（7月—），纪检组长杨泽露。设有办公室、法规科、行政事业审计科、经济责任审计科、社保与农业审计科、财政审计科，下设永川区投资审计中心。

审计成果　永川区审计局完成审计项目133个，其中组织实施审计项目127个，参与实施审计项目6篇，查出主要问题金额230387万元，其中违规金额146270万元、损失浪费金额42万元、管理不规范金额84075万元；损益（收支）不实金额10028万元；审计处理处罚金额171600万元，其中应上缴财政97304万元、应归还原渠道资金48969万元、应调账处理金额25325万元；审计发现非金额计量问题123个；审计促进整改落实有关问题资金114182万元；审计后挽回（避免）损失15810万元。移送司法机关、纪检监察机关和有关部门处理事项7件。出具审计报告和专项审计调查报告133篇，被批示、采用1篇。提出审计建议591条，提交审计信息27篇，被批示、采用18篇。

政策措施贯彻落实跟踪审计　统筹组织稳增长、促改革、调结构、惠民生、防风险政策措施落实情况跟踪审计，提出简政放权落实不到位、重点建设项目进展缓慢、重点民生实事落实不及时、五大功能区建设滞后等问题，审计建议得到区政府采纳并建立部门沟通协调机制。

财政审计　重点推进对政府全口径预算和存量资金的审计，揭露财政支出预算管理不规范、财政资金沉淀等6方面75个问题，得到区人大常委会肯定。全年完成区本级财政预算执行、地方税收预算执行和9个部门及所属单位的部门预算执行审计。发现违规金额14.6亿元、管理不规范金额4.67亿元，促使上缴财政7.62亿元、归还原渠道资金1.84亿元。

经济责任审计　将区管领导干部、下属二级预算单位负责人和村居组织负责人分类纳入《永川区2015—2019五年轮审规划》范围。出台《永川区区级经济责任审计对象分类管理办法（试行）》等4个文件。探索试行“四责联审”制度，组织全区副处级以上党员领导干部和内部审计人员经济责任审计培训，参训人员近300人。完成4个镇的党委书记、镇长同步经济责任审计和6个部门负责人的审计，查出重大经济决策问题23个，违规金额890万元、管理不规范金额777.68万元，促进被审计单位采纳审计建议20条，建立内控制度12项。

固定资产投资审计 出台《重庆市永川区人民政府关于进一步规范小型公共资源交易监督管理工作的通知》。全年完成结算审计项目80个，送审金额17.74亿元，审减金额1.25亿元，审减率7.07%；完成备案抽审项目19个，送审金额2770万元，审减金额173.42万元，审减率6.3%。

民生资金（项目）审计 促进18个小型水厂整合及420口山坪塘饮水和灌溉整治。开展农资综合补贴和种粮补助、保障性住房等审计项目，反映管理制度、资金发放等方面问题，终止违规金额的发放。报送《永川区公共租赁住房空置成因及对策》，得到区政府的充分肯定和区领导的批示。提出完善村务公开，广泛征求农民意见等建议，促进农村改厕项目的有效实施和资金的整合。

信息化建设 设立计算机房，更新设备。与服务外包公司达成软件维护和管理外包模式，逐步开展OA（审计管理系统）和AO（现场审计实施系统）的交互应用，全面实行无纸化办公。

内部审计 全区各部门、各企事业单位设有内部审计机构53个，其中专职机构8个；配备内部审计人员196人，其中专职审计人员14人。2015年，全区各级内部审计机构共完成审计项目374个，促进增收节支425万元，提出的建议和意见被采纳155条。（撰稿人：李金明）

【南川区审计局】 2015年，南川区审计局人员编制35人，实有34人。局长王连禄，副局长刘虹、金华、陈娟（6月—），纪检组长娄忠敏，南川区经济责任审计工作联席会议办公室主任王华娟（6月—）。设有办公室、政策法规科、财政审计科、行政事业审计科、经济责任审计和内部审计指导科、固定资产投资审计科、经贸审计科、南川区经济责任审计工作联席会议办公室，下设单位审计中心。

审计成果 南川区审计局完成审计项目113个，其中组织实施审计项目106个，参与实施审计项目7个。查出主要问题金额70143万元，其中违规金额5854万元、管理不规范金额64288万元；损益（收支）不实金额16036万元；审计处理处罚金额46219万元，其中应上缴财政4979万元、应归还原渠道资金5884万元、应调账处理金额35355万元；审计发现非金额计量问题59个；审计促进整改落实有关问题资金24249万元，其中已调账处理金额24249万元；审计后挽回（避免）损失24249万元。移送司法机关、纪检监察机关和有关部门处理事项10件。出具审计报告和专项审计调查报告113篇，被批示、采用13篇。提出审计建议206条，提交审计信息83篇，被批示、采用179篇次。向社会公告审计结果1篇。

政策措施贯彻落实跟踪审计 抽查部门和单位33个，涉及资金27.61亿元，查出问题18个，提出的建议和意见被采纳10条。区委、区政府印发《重庆市南川区稳增长等政策措施落实情况跟踪审计实施方案》。

财政审计 对12个部门、2个乡镇进行审计。查出违规金额4471万元、管理不规范金额34192万元，提出的建议和意见被采纳42条。

经济责任审计 对4个乡镇、10个部门共14名领导干部进行审计。查出违纪违规金额1576万元、管理不规范金额3332万元，提出的建议和意见被采纳27条。移送案件线索2件。联合区纪委等7个部门和单位印发《重庆市南川区经济责任审计对象分类管理办法（试行）》等4个文件，促进区政府出台《关于进一步加强村（居）务公开工作的意见》。

固定资产投资审计 完成工程审计项目85个，核减工程投资24250万元，提出的建议和意见被采纳119条，移送案件线索4件。促进区政府出台《关于进一步加强政府投资项目管理的意见（暂行）》。

企业审计 对区保安服务有限责任公司和区园业实业公司2014年度资产负债损益进行审计。查出主要问题金额1075万元，提出的建议和意见被采纳9条。移送案件线索1件。

专项资金审计 审计调查南川区2014年度社会救助等专项资金、2013—2014年度农资综合补贴和粮食直补资金，追回资金7.78万元，纠正问题金额 223.28 万元。提出的建议和意见被采纳 8 条。移送案件线索 3 件。

信息化建设 成立审计信息化建设工作领导小组，制订《南川区审计局审计信息化建设三年行动计划》。

内部审计 全区各部门、各企事业单位设有内部审计机构 18 个，其中专职机构 4 个；配备内部审计人员 69 人，其中专职审计人员 12 人。2015 年，全区各级内部审计机构共完成审计项目 101 个，促进增收节支 6531 万元，提出的建议和意见被采纳 161 条。（撰稿人：罗源棋）

【潼南县审计局】 2015 年，潼南区审计局人员编制 37 人，实有 32 人。局长杨德海，副局长李晓兰、陈建明、莫刚（9 月—），纪检组长陈世军（8 月—）。设有办公室、财政金融审计科、专项资金审计科、经济责任审计联席会议办公室、投资审计科、法规科，下设审计中心。

审计成果 潼南区审计局完成审计项目 80 个，其中组织实施审计项目 73 个，参与实施审计项目 7 个。查出主要问题金额 351892 万元，其中违规金额 61335 万元、损失浪费金额 8 万元、管理不规范金额 290548 万元；损益（收支）不实金额 26766 万元；审计处理处罚金额 219284 万元，其中应上缴财政 58539 万元、应归还原渠道资金 14971 万元、应调账处理金额 145767 万元；审计发现非金额计量问题 74 个；审计促进整改落实有关问题资金 204335 万元，其中增收节支 71676 万元、已调账处理金额 132652 万元；审计后挽回（避免）损失 13569 万元。移送司法机关、纪检监察机关和有关部门处理事项 8 件。出具审计报告和专项审计调查报告 80 篇，被批示、采用 29 篇。提出审计建议 172 条，提交审计信息 52 篇，被批示、采用 42 篇。向社会公告审计结果 2 篇。

政策措施贯彻落实跟踪审计 完成审计项目 14 个，审计发现问题 19 个。加强民生实事工程项目的监督，督促农村环境连片整治、综合换乘枢纽工程建设等市级重点项目建设的进度，落实就业技能培训资金 148.85 万元不到位情况。

财政审计 完成预算执行审计项目 3 个。对审计发现的地方税务局少征收部分企业各类税款 8241.28 万元的问题依法移送地方税务局处理。8 月和 11 月，分别向区人大常委会做审计工作报告和审计整改报告。审计整改报告首次以清单式分类列举需整改的问题、处理意见及整改落实情况。

经济责任审计 对 13 个单位 15 名领导干部进行审计。对审计发现的民政局违规发放民政补助资金 193.47 万元、民政局下属单位殡仪馆违规发放补助 13.94 万元的问题，依法移送区纪委调查处理。

固定资产投资审计 完成投资审计项目 59 个，累计审减金额 7037 万元，平均审减率 9%，最高审减率 32.3%。对审计发现的部分工程违反基本建设程序、变更管理不规范、工程合同约定内容违背招标文件、工程合同价与中标价不一致等问题进行披露，督促建设单位进行整改。探索跟踪审计，对 1 亿元以上的 3 个政府性投资项目进行全程跟踪审计。

专项资金审计 开展专项资金审计项目 5 个，揭示资金在筹集、管理、使用中存在的问题，促进有关部门加强资金管理。

信息化建设 制订三年信息化建设规划，建成数据分析室，组建数据分析团队，完成国库支付系统、部门会计核算、总会计、部门预算、指标管理、非税收入数据的采集工作。

内部审计 全区各部门、各企事业单位设有内部审计机构 17 个，其中专职机构 4 个；配备内部审计人员 33 人，其中专职审计人员 4 人。2015 年，全区内部审计机构共完成审计项目 690 个，涉及金额 221009 万元，促进增收节支 2061 万元，提出的审计建议和意见被采纳 69 条。

（撰稿人：胡妮娜）

【铜梁区审计局】 2015 年，铜梁区审计局人员编制 28 人，实有 28 人。局长刘志，副局长刘黎、向红，纪检组长徐德富。设有办公室（法制科）、财金和企业审计科、经济责任审计科、行政事业审计科、固定资产投资审计科、审计中心及铜梁区经济责任审计联席会议办公室。

审计成果 铜梁区审计局完成审计项目 144 个，其中组织实施审计项目 143 个，参与实施审计项目 1 个。查出主要问题金额 122750 万元，其中违规金额 32303 万元、管理不规范金额 90447 万元；损益（收支）不实金额 888 万元；审计处理处罚金额 35867 万元，其中应上缴财政 27991 万元、应归还原渠道资金 80 万元、应调账处理金额 4891 万元；审计促进整改落实有关问题资金 13756 万元，其中增收节支 8864 万元、已调账处理金额 4887 万元；审计后挽回（避免）损失 4884 万元。移送有关部门处理事项 1 件。出具审计报告和专项审计调查报告 144 篇，被批示、采用 7 篇。提出审计建议 257 条，提交审计信息 70 篇，被批示、采用 41 篇。向社会公告审计结果 1 篇。

政策措施贯彻落实跟踪审计　围绕全面深化改革，强化稳增长等政策开展跟踪审计，将各镇街、部门（单位）执行稳增长等政策措施的落实情况作为主线，实行动态、跟踪审计。审计查出重点项目工作推进不及时等 7 个方面 34 类问题，查出主要问题金额 2772 万元。

财政审计　将财政审计与经济责任审计、绩效审计相结合，围绕财政资金的效益分析与风险管控，完成财政预算执行审计项目 5 个，财政决算审计项目 3 个，查出主要问题金额 98539 万元。

经济责任审计　成立铜梁区经济责任审计联席会议办公室，结合不同类型领导干部履职特点，把握审计重点，开展 5 个单位 8 名党政领导干部的经济责任审计，查出主要问题金额 14511 万元。

固定资产投资审计　加强对重点建设项目审计监督，推进 100 万元以上政府投资项目竣工结算审计和 5000 万以上重大民生项目跟踪审计，全年开展政府投资审计项目结算审计 126 个，核减投资额 5183 万元。开展南环路等 7 个重大建设项目跟踪审计，节约公共资金 6390 万元。

专项资金审计　围绕农资综合补贴、农业综合开发、城镇保障性安居工程等方面的内容，关注财政专项资金的分配情况及运用成效。完成专项资金审计（调查）项目 3 个，延伸审计单位 14 个，审计专项资金总额 22396 万元，查出主要问题金额 650 万元。

企业审计　对 1 个企业的资产、负债、损益情况进行审计，发现被审计单位存在政策执行不到位、财务管理与核算不规范等问题，查出主要问题金额 385 万元。

信息化建设　制订信息化建设三年行动计划，细化工作目标，更新网络设施设备，安排专人对全区审计对象的基本情况、财务数据、业务资料等进行逐一梳理，筹备大数据审计。

内部审计　全区各部门、各企事业单位设有内部审计机构 29 个，其中专职机构 3 个；配备内部审计人员 111 人，其中专职审计人员 12 人。2015 年，全区各级内部审计机构共完成审计项目 644 个，促进增收节支 2331 万元，提出的建议和意见被采纳 332 条。（撰稿人：刘　琳）

【荣昌区审计局】　2015 年，荣昌区审计局人员编制 37 人，实有 31 人。局长刘定朝，副局长廖立新（—8 月）、杜冬梅、杨勇，纪检组长黄昌顺（—8 月）、邓文成（8 月—），经济责任审计联席会议办公室主任刘君建（—8 月）、李晓燕（8 月—），局长助理刘君建（8 月—）。设有办公室、综合科、行政事业科、财政金融科、经济责任审计科、经济责任审计联席会议办公室、监察室、审计中心。

审计成果　荣昌区审计局完成审计项目 59 个，其中组织实施审计项目 53 个，参与实施审计项目 6 个。查出主要问题金额 66182 万元，其中违规金额 24966 万元、管理不规范金额 41215 万元；审计处理处罚金额 30613 万元，其中应上缴财政 19494 万元、应归还原渠道资金 172 万元、应调账处理金额 10931 万元；审计促进整改落实有关问题资金 34376 万元，其中增收节支金额 22563 万元、已调账处理金额 9919 万元；审计后挽回（避免）损失 8220 万元。向纪检监察和有关部门移送案件线索 11 件。出具审计报告和专项审计调查报告 75 篇。提出审计建议 181 条，被采纳 181 条。提交审计信息 86 篇。

财政审计　开展 2014 年度区级财政预算执行和编制决算（草案）情况审计，地方税收预算执行情况审计，荣昌区团区委、荣昌区民宗局、荣昌区档案局 3 个部门预算执行审计，以及直升镇、铜鼓镇、清流镇 3 个镇的财政决算审计。揭示在财政预（决）算编制、预算执行、专项资金使用和工程建设等方面的问题。

固定资产投资审计　对荣昌区行政中心建设项目等 32 个政府投资项目进行审计，审计政府投资金额 95260 万元，审定政府投资金额 87040 万元，核减投资金额 8220 万元，审减率 8.6%。

经济责任审计　以被审计领导任职期间履行

经济责任情况为主线，以财政财务收支审计为基础，对领导干部贯彻执行上级经济政策及决策部署情况、责任目标任务完成、重大经济决策及执行、重要投资项目建设和管理、落实中央八项规定及厉行节约相关要求等情况进行审计，开展荣昌区民政局、荣昌区农委等8个单位18名党政主要领导干部任期经济责任审计，其中任中领导干部7人。

专项资金审计 组织实施荣昌区城镇保障性安居工程跟踪审计、荣昌区2014年度社会救助等专项资金审计调查、重庆市2013—2014年度农资综合补贴资金审计调查、荣昌区稳增长等政策措施落实情况跟踪审计，揭示在专项资金使用管理中存在的违规违纪行为和管理体制机制方面的问题。

内部审计 全区现有2个独立内部审计机构，41个合署办公内部审计机构，6个单位设有机构履行内部审计职责；5名专职内部审计人员，137名兼职内部审计人员。2015年，组织教育、卫生系统及国有企业完成113个内部审计项目，审计总金额73191.62万元，实现增收节支817.25万元，提出合理化审计建议182条。

（撰稿人：胡乃元）

【璧山区审计局】 2015年，璧山区审计局人员编制34人，实有34人。局长舒朝勇，副局长杨用明、李小红、龚建烈，局党组成员周波。设有办公室、财政金融审计科、经济责任审计科、行政事业审计科、法规科、投资审计科、审计中心。

审计成果 璧山区审计局完成审计项目135个，其中组织实施审计项目129个，参与实施审计项目6个。查出主要问题金额427031万元，其中违规金额12430万元、损失浪费金额453万元、管理不规范金额414148万元；损益（收支）不实金额637万元；审计处理处罚金额22636万元，其中应上缴财政1282万元、应归还原渠道资金84万元、应调账处理金额10232万元；审计发现非金额计量问题26个；审计促进整改落实有关问题资金22636万元，其中增收节支1366万元、已调账处理金额10232万元；审计后挽回（避免）损失22636万元。移送司法机关、纪检监察机关和有关部门处理事项5件。出具审计报告和专项审计调查报告135篇，被批示、采用8篇。提出审计建议183条，提交审计信息135篇，被批示、采用8篇。

政策措施贯彻落实跟踪审计 重点审计简政放权、减轻企业税负、市级重点建设项目、部分民生实事、PPP投融资模式改革等政策措施落实情况，审计发现部分项目实施进度滞后、应取消未取消6项行政审批事项、义务教育薄弱学校基本办学条件改善资金拨付不及时等问题。各相关单位针对跟踪审计发现的问题及时整改落实，确保各项政策措施的贯彻和落实。

财政审计 开展2014年度璧山区本级财政预算执行和编制决算（草案）情况审计及璧山区规划局、璧山区交委预算执行情况审计，重点审计区本级财政预算执行和编制决算（草案）情况的预算执行、税收征管、政府融资债务等情况，查出主要问题金额316973万元。通过审计，对璧山区本级财政预算执行情况做出较为客观的评价，揭示璧山区预算执行中存在的主要问题，提出合理化的建议。

经济责任审计 受璧山区委组织部委托，2015年度组织开展9个单位12名党政领导干部任期经济责任审计工作，其中离任审计6人，任中审计6人。查出主要问题金额98654万元，促进增收节支191万元，发出审计决定5份，提交审计信息12篇，被批示、采用7篇，提出审计建议意见43条，被采纳43条。移送司法机关案件线索1件，移送处理2人，有关机关立案审查2人，已追究刑事责任和党纪政纪处理2人。

固定资产投资审计 完成政府投资审计项目116个，送审金额251037万元，审定投资额240805万元，审减金额10232万元，综合审减率4.08%。审计发现工程管理不规范、现场监管缺位、工程变更未按规定报批、管理制度缺陷、送审竣工结算价款不实、个别项目审减率偏高等问题。

专项资金审计 全年开展城镇保障性安居工程跟踪审计、民政专项资金审计、农资综合补贴直补资金审计等5个专项资金审计，检查相关专项资金70665万元，查出主要问题金额16072万元，其中违规金额319万元、管理不规范金额

15753 万元。

信息化建设 成立大数据分析领导小组，负责审计工作中数据的采集、整理和运用。完成数据存储中心基础平台的搭建。启动数据分析中心建设。加强信息化人才培养，参加审计署计算机基础培训、重庆市审计局数据分析团队培训等信息化相关培训 8 人次。

内部审计 全区各部门、各企事业单位设有内部审计机构 31 个，其中专职机构 1 个；配备内部审计人员 33 人，其中专职审计人员 3 人。2015 年，全区各级内部审计机构共完成审计项目 20 个，促进增收节支 568 万元，提出的建议和意见被采纳 65 条。（撰稿人：何泽兴）

【万盛经开区审计局】 2015 年，万盛经开区审计局人员编制 36 人，实有 21 人。局长胡小成，副局长朱启学、唐勇、李曦（2 月—）。设有办公室、法制科、财政财务审计科、经济责任审计科、固定资产投资审计科、审计中心。

审计成果 万盛经开区审计局完成审计项目 61 个，其中组织实施审计项目 54 个，参与实施审计项目 7 个。查出主要问题金额 526228 万元，其中违规金额 8026 万元、管理不规范金额 518201 万元；损益（收支）不实金额 4638 万元；审计处理处罚金额 7889 万元，其中应上缴财政 7859 万元、应归还原渠道资金 30 万元；审计发现非金额计量问题 33 个；审计促进整改落实有关问题资金 4404 万元，其中增收节支 4404 万元；审计促进拨付资金到位 5478 万元；审计后挽回（避免）损失 6268 万元。移送司法机关、纪检监察机关和有关部门处理事项 4 件。出具审计报告和专项审计调查报告 67 篇，被批示、采用 8 篇。提出审计建议 65 条，提交审计信息 30 篇，被批示、采用 20 篇。向社会公告审计结果 1 篇。

政策措施贯彻落实跟踪审计 开展对万盛经开区贯彻落实国家重大政策措施和宏观调控部署情况的跟踪审计，查出管理不规范金额 428 万元，发现非金额计量问题 8 个，上缴财政 4.28 万元，出具审计报告 7 篇。

财政审计 开展对万盛经开区 2014 年度财政预算执行和决算（草案）编制情况审计，发现对外借款和累计赤字占用历年欠拨等财政资金、区级专项资金结余 2969.91 万元未按规定重新安排使用等问题，提出建立健全绩效评价和跟踪有效问责机制、妥善处理存量债务和在建项目后续融资等建议。开展对区交通局、区农林局、区民政局等 6 个部门（单位）的预算执行审计。开展对区地税分局 2014 年度税收计划执行情况审计，查出少征税款 7840.59 万元，已补缴入库 4355.45 万元。

经济责任审计 实施区市政园林局、区体育局、区交通局、万东镇等 8 个单位 9 名领导干部经济责任的审计，查出管理不规范金额 31258 万元，出具审计报告 9 篇，提出审计意见及建议 15 条。

固定资产投资审计 完成投资项目决（结）算审计 38 个，总投资 53986 万元，送审竣工结算金额 47582 万元，审减投资 6404 万元，审减率 11.86%。编撰完成《万盛经开区国家投资建设项目审计手册》，保证审计人员能够适时使用国家投资审计的相关法律法规和制度规范以及文书收集制作模板，熟练掌握审计项目的内部运行机制。

专项资金审计 重点实施对 2014 年社会救助专项资金、农资综合补贴和粮食直补资金管理使用情况、区 2014 年城镇保障性安居工程跟踪审计 4 项涉民专项资金的审计。上缴财政和归还原渠道金额 48.55 万元，促进资金拨付到位 5469.94 万元，向政府和管理部门提出可行性建议 9 条。

信息化建设 落实信息化建设三年行动计划。成立领导小组，建立健全信息化建设管理制度和被审计单位电子数据定期采集机制。全面应用升级版审计管理系统，继续加大和进一步深化 AO（现场审计实施系统）在审计项目中的推广应用力度，探索 OA（审计管理系统）法制审理流程的管理模式。

内部审计 指导区属 7 个重点单位（6 个行政部门，1 个国有企业）设立内部审计机构，配备内部审计人员 27 人。2015 年，实施内部审计项目 101 个，增收节支 465.9 万元，提出的建议和意见被采纳 12 条。（撰稿人：张　敬　管月梅）

【城口县审计局】 2015 年，城口县审计局人员编制 22 人，实有 22 人。局长王克云，副局长汪元媛、袁其飞，纪检组长熊学东，经济责任审计联席会议办公室主任王旭。设有办公室、法制监督科、财政审计科、经济责任审计科、专项审计科、固定资产投资审计科、审计中心。

审计成果 城口县审计局完成审计项目59个，其中组织实施审计项目53个，参与实施审计项目6个。查出主要问题金额246714万元，其中违规金额78987万元、损失浪费金额24万元、管理不规范金额167703万元；损益（收支）不实金额19574万元；审计处理处罚金额96456万元，其中应上缴财政4458万元、应归还原渠道资金70050万元、应调账处理金额18593万元；审计发现非金额计量问题179个；审计促进整改落实有关问题资金96220万元，其中增收节支74368万元、已调账处理金额18488万元；审计促进拨付资金到位42万元。移送司法机关、纪检监察机关和有关部门处理事项1件。出具审计报告和专项审计调查报告59篇，被批示、采用8篇。提出审计建议209条，提交审计信息45篇，被批示、采用25篇。

政策措施贯彻落实跟踪审计 重点对重庆市重大政策措施落实情况进行审计，涉及财政资金42907万元。揭示部分政策落实不到位、部分工作进展缓慢、项目管理不到位等问题。

财政审计 按照统一部署、统一方案、统一进场的要求，完成财政同级审工作任务。揭示财政代编预算数额较大、财政结转结余资金较大、超预调资金、收入解缴不及时、占用上级财政专项资金、虚列财政支出、部分专项转移支付未及时安排、应征未征税款、征收税款不及时等问题金额191531万元。在财政预算执行审计的基础上，综合其他项目审计结果，向县人大常委会做专题报告，提出审计建议，得到高度认可。

经济责任审计 建立完善《联席会议议事规则》《县级经济责任审计对象分类管理办法》。对30名党政主要领导干部及国有企业领导人员实施经济责任审计，查出主要问题金额37331万元，提出审计建议64条。

固定资产投资审计 对市政建设、交通道路和基础设施建设等25个县政府重点建设项目开展投资审计，揭示部分工程项目在建设程序、建设管理、工程价款结算、竣工财务决算等方面的问题，送审金额34000万元，核减投资2306万元。

专项资金审计 开展民政资金、彩票公益金、保障性住房、奉节县外资项目等11个民生专项审计（调查）项目，审计专项资金总额25906万元，查出主要问题金额13975万元，移交案件线索1件。

信息化建设 加强信息化建设，创新审计手段。制订审计信息化建设三年行动规划，加大资金投入，充实硬件设备，完善网络平台。启动3个项目的计算机审计。

内部审计 全县各部门、各企事业单位设有内部审计机构12个，其中专职机构9个；配备内部审计人员10人。2015年，全县各级内部审计机构共完成审计项目10个，促进增收节支8万元，提出的建议和意见被采纳22条。

（撰稿人：冉　茂）

【梁平县审计局】 2015年，梁平县审计局人员编制32人，实有32人。党组书记程伟，局长涂善俊，副局长高保勇、刘坚，纪检组长廖忠文。设有办公室、综合法制科、财政审计科、行政事业审计科、投资审计科、经济责任审计科、计算机应用审计科、梁平县审计中心。

审计成果 梁平县审计局完成审计项目113个，其中组织实施审计项目105个，参与实施审计项目8个。查出主要问题金额266840万元，其中违规金额48637万元、管理不规范金额218203万元；损益（收支）不实金额4641万元；审计处理处罚金额178546万元，其中应上缴财政46156万元、应归还原渠道资金43044万元、应调账处理金额89316万元；审计发现非金额计量问题30个；审计促进整改落实有关问题资金98936万元，其中增收节支55422万元、已调账处理金额43486万元；审计后挽回（避免）损失2501万元。移送司法机关、纪检监察机关和有关部门处理事项11件。出具审计报告和专项审计调查报告121篇，被批示20篇。提出审计建议127条，提交审计信息69篇，被批示、采用17篇。

政策措施贯彻落实跟踪审计 对重大政策措施落实情况进行跟踪审计，查出主要问题金额14839万元，其中违规金额189万元、管理不规范金额14650万元；发现山坪塘整治管理不规范、农村公路通达及铁路项目工程进度滞后等非计量性问题 27 个；被审计单位采纳审计建议 8 条；督促梁平南站交通枢纽工程项目的设计进度和项目资金的筹集，加快山坪塘整治、义务教育薄弱学校改善、农村公路建设、村社便道硬化、农村环境连片整治工程等民生实事任务完成。

财政审计 完成财政预算执行审计项目 9 个，审计查出主要问题金额 119309 万元，发现未按规定纳入预算管理、未按规定征收缴纳收入、资金滞留闲置、会计核算不实等问题。

行政事业审计 完成行政事业审计 17 个，审计查出主要问题金额 9159 万元，发现违规出借财政资金、会计核算不实、未按规定征收缴纳收入、虚列支出等问题。

经济责任审计 对 29 名党政主要领导干部开展任期经济责任审计，其中任中审计 15 人。审计查出主要问题金额 18532 万元，发现会计核算不实、虚列支出等问题。

固定资产投资审计 完成固定资产投资审计项目 76 个，审计项目投资额 63799 万元，审减金额 2500 万元。

企业审计 完成企业审计项目 3 个，审计查出主要问题金额 95709 万元，其中违规经营 38104 万元、财务收支核算不实 47156 万元。

专项资金审计 完成专项资金审计（调查）项目 8 个，查出主要问题金额 40162 万元。

信息化建设 出台信息化建设三年行动计划，将信息化建设工作经费纳入财政预算。选配专业人员充实计算机应用审计科，牵头开展审计信息化建设。

内部审计 全县各部门、各企事业单位设有内部审计机构 31 个，其中专职机构 8 个；配备内部审计人员 139 人，其中专职审计人员 25 人。2015 年，全县各级内部审计机构共完成审计项目 265 个，促进增收节支 320.1 万元，提出的建议和意见被采纳 115 条。 （撰稿人：蒋德平）

【丰都县审计局】 2015 年，丰都县审计局人员编制 39 人，实有 33 人。局长秦宗成，副局长吴小平、熊伟，纪检组长陈丽莉，党组成员张增新、张华。设有办公室、综合法制科、财政金融审计科、行政事业审计科、企业审计科、经济责任审计科、固定资产投资审计科、移民资金审计科，下设丰都县审计中心、丰都县固定资产投资审计中心。

审计成果 丰都县审计局完成审计项目 219 个，其中组织实施审计项目 212 个，参与实施审计项目 7 个。查出主要问题金额 436139 万元，其中违规金额 66214 万元、管理不规范金额 369925 万元；损益（收支）不实金额 21831 万元；审计处理处罚金额 109576 万元，其中应上缴财政 63401 万元、应归还原渠道资金 441 万元、应调账处理金额 45734 万元；审计发现非金额计量问题 39 个；审计促进整改落实有关问题资金 87107 万元，其中增收节支 41443 万元、已调账处理金额 45664 万元；审计后挽回（避免）损失 31376 万元。移送司法机关、纪检监察机关和有关部门处理事项 8 件。出具审计报告和专项审计调查报告 226 篇。提出审计建议 131 条，提交审计信息 81 篇，被批示、采用 76 篇。向社会公告审计结果 1 篇。

政策措施贯彻落实跟踪审计 对丰都长江二桥、山坪塘建设、农村公路新建（扩建）、高山生态扶贫搬迁、丁庄物流园场地平整工程等重大建设项目以及民生资金实施跟踪审计，发现存在工程进度缓慢、工程结算造价控制不严、挤占挪用扶贫高山生态扶贫搬迁资金等 10 余个问题，全部进行整改。

财政审计 完成丰都县本级和 27 个部门单位预算执行、8 个镇乡街财政决算。揭示在财政预算管理、财政资金存量、机构编制、行业协会以及执行中央八项规定、“三公”经费管理和厉行节约方面存在的问题。通过审计，促使税务部门对 6852 万元应征未征税款追缴入库。以《审计要情》上报的《行业协会成为“三公”经费转移地》被县长批示，督促相关单位进行整改。

经济责任审计 完成 18 个单位，22 名县处级领导干部经济责任离任审计，其中县直机关 10 个、乡镇政府 8 个。查出违规金额 1559 万元。移送到县纪委线索 1 件、主管理部门线索 3 件。

固定资产投资审计 完成 163 个固定资产投资建设项目审计，审计总投资 14.21 亿元，审减工程投资 2.39 亿元，比上年同期增长 287.92%，综合审减率为 16.82%，审减率超 10%以上的有 42 个项目，占全年投资审计项目总个数的25.77%。

专项资金审计 重点对丰都县城镇保障性安居工程、民政专项资金、2012年至2014年彩票公益金、2013年至2014年农资综合补贴、2014年度特色效益农业资金等7大民生资金和民生实事项目进行专项审计（调查），延伸审计单位49个，审计专项资金总额39038万元，查出主要问题资金14339万元。

信息化建设 改进审计组织方式和审计技术方法，利用大数据同步开展8个镇乡街财政决算审计，采集17个县级部门的财务数据。查出违纪违规问题4274万元，筛查的疑点线索准确率达90%。

内部审计 全县各部门、各企事业单位设有内部审计机构41个，其中专职机构11个；配备内部审计人员65人，其中专职审计人员19人。2015年，全县各级内部审计机构共完成审计项目67个，审计促进增收节支713万元，提出的建议和意见被采纳73条。

（撰稿人：颜东平　冉城莉　李　勤）

【垫江县审计局】 2015年，垫江县审计局人员编制43人，实有30人。局长曾庆超，副局长朱华章、周兴福、白云，纪检组长罗志陶。设有办公室、法制科、财政金融审计科、行政事业审计科、固定资产投资审计科、经贸审计科、经济责任审计科，下设垫江县审计中心。

审计成果 垫江县审计局完成审计项目120个，其中组织实施审计项目113个，参与实施审计项目7个。查出主要问题金额217195万元，其中违规金额63389万元、管理不规范金额153806万元；损益（收支）不实金额20858万元；审计处理处罚金额145199万元，其中应上缴财政1492万元、应归还原渠道资金81527万元、应调账处理金额225万元；审计发现非金额计量问题146个；审计促进整改落实有关问题金额145199万元，其中增收节支83019万元、已调账处理金额225万元。移送司法机关、纪检监察机关和有关部门处理事项4件。出具审计报告和专项审计调查报告126篇。提出审计建议521条，提交审计信息44篇，被批示、采用8篇。

政策措施贯彻落实跟踪审计 开展稳增长、促改革、调结构、惠民生、防风险政策落实情况跟踪审计，针对审计发现的问题，向垫江县委、垫江县政府和相关部门提出整改建议。垫江县政府组织相关部门制订整改方案，落实整改措施。

财政审计 完成2014年度县本级预算执行及其他财政财务收支审计、垫江县地方税务局2014年度预算执行审计和垫江县旅游局、垫江县信访办等5个部门财政预算执行审计及2个乡镇的财政决算审计。

固定资产投资审计 按照《委托中介机构审计办法（试行）》，择优委托20多家中介机构参与审计。截至12月24日，完成重点工程项目审计90个，审计投资总额83980万元，核减政府投资额7518万元，平均审减率9%。

经济责任审计 完成垫江县卫生监督局局长、垫江县信访办主任、垫江县残联主席等8个单位10名领导干部的经济责任审计。对乡镇党委书记、镇长任期内的经济社会发展业绩进行科学评价，对经济责任进行合理的界定。

专项资金审计 开展垫江县农业综合开发资金、彩票公益金、2013—2014年度计生奖励和特别扶助资金等审计。从管理体制、运行机制、政策措施等方面提出意见和建议，促使相关单位和部门建立健全长效管理机制。

内部审计 全县各部门、各企事业单位设有内部审计机构15个，其中专职机构8个；配备内部审计人员39人，其中专职人员15人。全县各级内部审计机构共完成审计项目230个，审计资金总额61950万元。（撰稿人：李一奎）

【武隆县审计局】 2015年，武隆县审计局人员编制26人，实有22人。局长龚文，副局长刘太友、谭建梅、谢成甫，纪检组长苏永国。设有办公室、政策法规科、财政金融审计科、行政事业和社会保障审计科、农业和资源环保审计科、经济责任审计和内部审计管理科、固定资产投资和外资审计科、审计中心。

审计成果 武隆县审计局完成审计项目36个，其中组织实施审计项目29个，参与实施审计项目7个。查出主要问题金额235743万元，其中违规金额99086万元、管理不规范金额136656万元；损益（收支）不实金额52123万元；审计处理处罚金额 100151 万元，其中应上缴财政 66959 万元、应减少财政拨款或补贴 1329 万元、应归还原渠道资金 10608 万元、应调账处理金额 21253 万元；审计发现非金额计量问题 197 个；审计促进整改落实有关问题资金 38914 万元，其中增收节支 18872 万元、已调账处理金额 20041 万元；审计后挽回（避免）损失 1329 万元。移送有关部门处理事项 1 件。出具审计报告和专项审计调查报告 47 篇，被批示、采用 10 篇。提出审计建议 165 条，提交审计信息 24 篇，被批示、采用 8 篇。

政策措施贯彻落实跟踪审计　关注简政放权、惠民措施执行等宏观改革方略的推进情况，关注农村人居环境改善、特殊群体救助救济、义务教育薄弱学校基本办学条件改善等民生事项的推进，关注重点项目建设的实施及资金管理等，开展贯彻落实国家重大政策措施和宏观调控部署情况跟踪审计，全年出具综合报告 8 篇，揭示行政审批下放事项未按规定承接、征地拆迁手续未完善，民生资金未及时拨付、部分补助对象重复享受优惠政策、市级工程推进缓慢、环境连片整治项目未如期实施等问题。

财政审计　开展 2015 年度县级预算执行情况和编制县级决算（草案）审计。关注重点部门财政资金的使用情况，对武隆县人民法院、武隆县发展和改革委员会、武隆县水务局等 9 个单位开展预算执行情况审计，揭示国有资产监管不到位、民生工程推进缓慢、滞留财政专项资金、税收优惠政策执行不到位、“三公”经费执行超预算公开等问题。

经济责任审计　对武隆县教育委员会、武隆县城乡发展（集团）公司、长坝镇党委政府等 13 个单位的 20 名主要领导干部实施经济责任审计，揭示挤占挪用专项资金、虚列支出、无依据收费等问题。

固定资产投资审计　对农业综合开发项目、S203 垫道路武隆至道真段路面改造工程项目、武隆县体育中心工程项目等民生工程和重点建设项目进行竣工决算审计，审计投资额 15708 万元，核减工程投资金额 1329 万元。

专项资金审计调查　关注惠民政策和惠民资金的落实情况，开展民政专项资金、“一圈两翼”对口帮扶资金、农资综合补贴和粮食直补资金等专项审计调查项目 5 个，查出问题金额 6879 万元，对截留、挪用、滞留专项资金等现象进行纠正，规范专项资金的管理。

信息化建设　主动适应大数据管理的软环境，强化审计信息化建设，培养计算机审计人才队伍，全年派出计算机审计骨干 7 人次参加大数据审计、oracle 使用等培训。进一步强化工程审计专业软件的使用，提升投资审计工作的成效。

内部审计　全县各部门、各企事业单位设有内部审计机构 41 个，其中专职机构 3 个；配备内部审计人员 70 人，其中专职审计人员 6 人。2015 年，全县各级内部审计机构共完成审计项目 36 个，促进增收节支 56 万元，提出的建议和意见被采纳 20 条。　　（撰稿人：崔钟云　苏永胜）

【忠县审计局】　2015 年，忠县审计局人员编制 42 名，实有 33 名。局长成耕耘，副局长肖晓明、范宏、沈仁平，纪检组长王洪春。设有办公室、监察室、综合法规科、经济责任审计科、财政金融审计科、外资移民投资审计科、行政事业审计科，下设政府投资审计中心、经济责任审计中心。

审计成果　忠县审计局完成审计项目 324 个，其中组织实施审计项目 317 个，参与实施审计项目 7 个。查出主要问题金额 680656 万元，其中违规金额 176931 万元、损失浪费金额 412 万元、管理不规范金额 503313 万元；损益（收支）不实金额 73458 万元；审计处理处罚金额 414587 万元，其中应上缴财政 85933 万元、应减少财政拨款或补贴 36557 万元、应归还原渠道资金 26150 万元、应调账处理 265945 万元；审计发现非金额计量问题 410 个；审计促进整改落实有关问题资金 397895 万元，其中增收节支 131599 万元、已调账处理金额 266292 万元；审计促进拨付资金到位 159830 万元；审计后挽回（避免）损失 68748 万元。移送司法机关、纪检监察机关和有关部门处理事项 11 件。出具审计报告和专项审计调查报告 324 篇，被批示、采用 18 篇。提出审计建议 840 条，提交审计信息 22 篇，被批示、采用 12 篇。

政策措施贯彻落实跟踪审计　深入分析对忠县影响较大、涉及面广的重点环节、重点项目、重点资金，开展贯彻落实国家重大政策措施和宏观调控部署情况跟踪审计，揭示不作为、未到位、打折扣、“放空炮”等问题。审计中，关注项目建设进度、资金落实和使用情况，以及财政资金投入后产生的效益，把绩效审计融入其中。

财政审计　重点关注财政资金分配过程、财政资金使用绩效、上级财政补助资金特别是切块资金分配情况和中央八项规定落实情况。审计发现问题25个，查出主要问题金额536528万元，提出审计建议29条。

经济责任审计　加大对领导干部的离任审计，推广任中审计，探索开展任前审计，正确评价领导干部，为监督管理干部，正确评价、使用和提拔干部服务。全年完成经济责任项目22个，审计领导干部33人。

固定资产投资审计　县政府出台《关于进一步加强政府投资审计工作的通知》，明确各方主体责任，政府投资项目由忠县审计局负责决（结）算审计。外聘中介机构审计经费纳入县级财政预算，每年安排1000万元。对全县所有政府投资项目实施决（结）算审计，对59个县重点项目实施跟踪审计。全年复核政府投资审计项目243个，复核审减1131万元。移民新城大道结算审计移送案件查出受贿窝案。

企业审计　对2个国有企业资产负债情况和损益情况进行全面审计，揭示忠县投融资公司资产质量不高、现金流量短缺、偿债能力不足以及在管理、核算和内部控制等方面存在的问题，提出整改建议。

专项资金审计　开展保障性安居工程跟踪审计、养老保险基金审计、社会救助等专项资金审计调查、彩票公益金审计调查、农资综合补贴和种粮直补资金审计调查等项目，查出和纠正违规改变资金用途、应缴未缴专项资金、虚报冒领等违纪违规问题，提出加强专项资金管理的建议，得到县政府领导的批示和有关部门的采纳。

信息化建设　采用审计署审定统一制发的《审计统计汇总软件》进行审计成果的报表汇编；购买投资审计软件，更新办公设备，建成审计专网和外网，全面实施OA办公系统，市、县审计专网互联互通。组建大数据分析团队，推进审计信息化建设。注重培养干部职工的计算机专业知识培训，10人参加市审计局举办的计算机培训。

内部审计　全县各部门、各企事业单位设有内部审计机构99个，其中专职机构23个；配备内部审计人员249人，其中专职审计人员48人。2015年，全县各级内部审计机构完成审计项目321个，其中财政收支审计80个、经济效益审计2个、经济责任审计34个、内部控制评审33个、基本建设审计137个，审计总金额25万元。

（撰稿人：张　瑶）

【开县审计局】　2015年，开县审计局人员编制43人，实有31人。局长宋定学，副局长林应才、庞辉（2月—）、姜平、王忠芬，审计中心主任王学武。设有党政办公室、法规审理科、综合科、财政金融科、行政事业科、政府投资科、经济责任科、社会保障科、内部审计管理科、信息技术科，下设审计中心。

审计成果　开县审计局全年完成审计项目68个，其中组织实施审计项目61个，参与实施审计项目7个。查出主要问题金额829631万元，其中违规金额84680万元、管理不规范金额744951万元；审计处理处罚金额440585万元，其中应上缴财政83811万元、应减少财政拨款或补贴4009万元、应归还原渠道资金14378万元、应调账处理金额338158万元；审计发现非金额计量问题26个；审计促进整改落实有关问题资金74964万元，其中增收节支60851万元、已调账处理金额1486万元；审计促进拨付资金到位1万元；审计挽回（避免）损失5845万元。移送司法机关、纪委监察机关和有关主管部门处理事项41件。出具审计报告68篇，被指示、采用56篇次。提出审计建议291条，提交审计信息51篇，被指示、采用21篇次。

获市级行业审计优秀项目6个，获市级审计质量优良项目2个，获市审计局综合目标考核一等奖。

政策措施贯彻落实跟踪审计　全年开展8次跟踪审计，出具审计报告8篇，向相关部门移送案件2件，形成专报3篇，两次在全市专题工作会上做交流发言。

财政审计　审计单位16个，主要发现预算编报不完整、未按规定征收缴纳收入、隐瞒转移截留资金等问题，查出违规金额731459万元。

行政事业审计 审计9个行政事业单位的财政财务收支情况，发现未按规定纳入预算管理、隐瞒转移截留资金、违规收费、滞留闲置等问题，查出违规金额73229万元。

固定资产投资审计 完成政府投资建设项目审计37个，核减工程造价2967万元。坚持以“揭露问题、规范管理、提高绩效、维护安全”为目标，实行政府投资审计全覆盖，加强对社会中介机构固定投资项目的再审计监督，促使财政资金的效益性和安全性不断提高。

经济责任审计 完成18个单位20名领导干部任期经济责任审计，查出主要问题金额73082万元，其中违规金额5331万元、管理不规范金额67750万元；出具审计报告和审计结果报告18篇。

专项资金审计 开展专项资金审计项目3个，审计专项资金总额160733万元，查出违规改变项目计划和资金用途等问题金额18661万元。

信息化建设 成立信息化建设科，印发《开县审计信息化建设三年行动规划（2015—2017年）》。加大计算机审计运用力度，在对2014年度税收预算执行审计、社会救助等专项资金审计调查中，充分运用计算机审计方法，查出少征缴房屋交易契税22107.87万元、骗取社会办养老机构建设补助资金385万元等问题，对相关事项进行移送处理。

内部审计 全县各部门、各企事业单位设有内部审计机构40个，其中专职机构11个；配备内部审计人员141人，其中专职审计人员25人。2015年，全县内部审计机构完成各类审计项目392个；促进增收节支672万元；提出的建议和意见被采纳226条，移送纪检监察机关和有关部门建议给予行政处分1人。（撰稿人：陈　燕）

【云阳县审计局】 2015年，云阳县审计局人员编制42人，实有27人。局长杨兵（—3月）、秦茂涛（3月—），副局长姜翠平、韩家骧、向定成，纪检组长孙毅。设有办公室、财政金融审计科、行政事业审计科、农业外资审计科、经济责任审计科、固定资产投资与经贸审计科、审计中心。

审计成果 云阳县审计局完成审计项目67个，其中组织实施审计项目61个，参与实施审计项目6个。查出主要问题金额214442万元，其中违规金额152374万元、损失浪费金额1296万元、管理不规范金额60772万元；损益（收支）不实金额1265万元；审计处理处罚金额92546万元，其中应上缴财政84249万元、应减少财政拨款或补贴3万元、应归还原渠道资金7066万元、应调账处理金额1225万元；审计发现非金额计量问题230个；审计促进整改落实有关问题资金38072万元，其中增收节支37065万元、已调账处理金额997万元。移送司法机关、纪检监察机关和有关部门处理事项4件。出具审计报告和专项审计调查报告143篇，被批示、采用4篇。提出审计建议333条，提交审计信息43篇，被批示、采用8篇。向社会公告审计结果1篇。

政策措施贯彻落实跟踪审计 重点对简政放权、重点项目建设、重大资金落实、重点民生实事等方面实施跟踪审计，揭示市级下放的2项行政审批事项由于不具备能力尚未承接、市级未下拨农村妇女“两癌”免费筛查经费、高山生态搬迁户后续生活来源较差、政府债券资金分配慢等问题。

财政审计 全年完成7个单位预算执行、4个部门决算执行及4个其他财政收支与决算审计，查出各类违规金额42710万元。揭示财政供养单位女职工产假期间重复领取工资和生育生活补助津贴、违规购置公车以个人名义注册登记、未经审批同意擅自新增债务、假发票报账等问题，依法移送严肃处理，对变相搭车报销职工个人费用责令清退。

经济责任审计 加强经济责任审计联席会建设，坚持任中与离任审计相结合，邀请市审计局进行经济责任审计专题培训。全年实施经济责任审计13个，审计违纪违规金额56257.7万元，审计处理金额5336.46万元。界定领导干部直接责任2条、主管责任37条、领导责任25条，移送主管部门处理事项1件。《云阳县党政主要领导干部和县属国有企业领导人员离任经济责任事项交接办法》出台后，县属部门和乡镇（街道）党政主要领导按照规定进行离任交接。

固定资产投资审计 出台《云阳县政府投资建设项目审计监督办法（试行）》，审减率超过

10%的向云阳县政府和云阳县纪委定期报告，开展中介机构廉洁从审调查。完成云阳县乡镇（街道）、交通、国土、水务、卫生、市政、建委、教育系统及云阳县城市投资开发公司（集团）、工业园区、北部新区等政府投资建设项目结算审查项目250个，送审金额10.36亿元，审减5983.93万元，平均审减率6%。

企业审计 完成云阳县中云移民资产管理有限责任公司2013—2014年度资产负债损益审计，查出主要问题金额326万元。

专项资金审计 完成云阳县财政扶贫资金、产业发展基金、土地出让收支情况、慈善捐助（赠）资金和物资、社会救助等专项资金、城镇保障性安居工程等专项审计。审计专项资金总额357143万元，审计查出主要问题金额161059万元。

信息化建设 制订《云阳县审计局审计信息化建设三年行动计划》，全面应用审计管理系统办公。

内部审计 全县各部门、各企事业单位设有内部审计机构90个，其中专职机构33个；配备内部审计人员326人，其中专职审计人员77人。2015年，云阳县各级内部审计机构共完成审计项目103个，促进增收节支190.1万元，提出的建议和意见被采纳121条。 （撰稿人：张　甜）

【奉节县审计局】 2015年，奉节县审计局人员编制45人，实有32人。局长刘廷权，副局长刘刚、周斌、肖斌。设有办公室、行政社保审计科、财政投资审计科、经济责任审计科、农业及城乡建设审计科、政策法规科、内部审计科，下设投资审计中心。

审计成果 奉节县审计局完成审计项目61个，其中组织实施审计项目54个，参与实施审计项目7个。查出主要问题金额308592万元，其中违规金额16993万元、管理不规范金额291599万元；损益（收支）不实金额9988万元；审计处理处罚金额180471万元，其中应上缴财政9789万元、应归还原渠道资金7203万元、应调账处理金额163478万元；审计发现非金额计量问题51个；审计促进整改落实有关问题资金180471万元，其中增收节支16992万元、已调账处理金额163478万元；审计后挽回（避免）损失17602万元。移送司法机关、纪检监察机关和有关部门处理事项11件。出具审计报告和专项审计调查报告61篇，被批示、采用15篇。提出审计建议170条，提交审计信息14篇，被批示、采用6篇。

政策措施贯彻落实跟踪审计 重点审计撤村通达工程项目、取消和下放行政审批事项、山坪塘整治项目、60万人扩大就业技能培训和减轻企业负担落实情况、全面改善农村义务教育薄弱学校基本办学条件、村社便道硬化建设等项目，审计整改基本完成。

财政审计 实施财政预算执行和财政财务收支审计项目11个，查出主要问题金额175990元。

经济责任审计 完成经济责任审计项目7个，审计11名党政主要领导干部，其中1人移送纪检监察机关调查处理，5人移送司法机关调查处理，1名部门主要领导干部被免职。

固定资产投资审计 完成投资效益审计项目38个，项目投资额95317万元，完成投资额88446万元，核减工程价款6870万元，查出主要问题金额8790万元，移送相关部门调查处理事项7件。

企业审计 对6家国有企业进行审计，其中包括奉节县最大的投融资平台公司——重庆宏安投资（集团）有限公司及其下属的3个国有公司。查出问题金额101041万元，其中违规经营金额12487万元。

专项资金审计 完成专项审计项目2个，审计调查项目4个，审计专项资金总额55794万元，查出主要问题金额22768万元。

信息化建设 更新计算机终端硬件设备，加强AO（现场审计实施系统）与OA（审计管理系统）的交互运用。组建大数据技术分析团队，5个项目成功运用大数据分析技术。

内部审计 全县各部门、各企事业单位设有内部审计机构42个，其中专职机构2个；配备内部审计人员172人。2015年，奉节县各级内部审计机构共完成审计项目313个，促进增收节支371万元，提出的建议和意见被采纳87条。

（撰稿人：雷　丹）

【巫山县审计局】 2015年，巫山县审计局人员编制33人，实有28人。局长熊跃权，副局长谭艳、冯军、唐宇（7月—），纪检组长刘大伟（—6月）、王世权（9月—），县经济责任审计联席会办公室主任陆忠贵（7月—）。设有办公室、综合科、财政金融审计科、行政事业审计科、经济责任审计科（加挂经贸审计科）、固定资产投资审计科、经济责任和投资审计中心。

审计成果 巫山县审计局完成审计项目39个，其中组织实施审计项目32个，参与实施审计项目7个。查出主要问题金额84969万元，其中违规金额4241万元、损失浪费金额17万元、管理不规范金额80711万元；损益（收支）不实金额2907万元；审计处理处罚金额6020万元，其中应上缴财政234万元、应减少财政拨款或补贴2965万元、应归还原渠道资金2236万元；审计发现非金额计量问题127个；审计促进整改落实有关问题资金5655万元，其中增收节支5071万元；审计后挽回（避免）损失589万元。移送司法机关、纪检监察机关和有关部门处理事项10件。出具审计报告和专项审计调查报告45篇，被批示、采用31篇。提出审计建议56条，提交审计信息60篇，被批示、采用35篇。2篇审计案例入选重庆市审计局《审计案例选编（2015）》。在重庆市审计系统2015年度综合目标考核中获二等奖，实施的巫山县2013—2014年度农资综合补贴和粮食直补资金管理使用情况专项审计调查被重庆市审计局评为行业审计优秀项目。

政策措施贯彻落实跟踪审计 开展2015年度贯彻落实国务院稳增长、促改革、调结构、惠民生、防风险政策措施情况，重庆市重大战略实施和重点任务完成情况跟踪审计，抽查17个部门、18个单位、7个乡镇政府、26个项目、5个学校、5个培训机构以及3名大学生，涉及财政资金148415.7万元。

财政审计 开展2014年财政本级预算执行审计、2014年度税收预算执行审计、3个部门预算执行审计和4个乡镇财政决算审计，揭示巫山县财政局预算批复不完整，预算编制到位率不高，未严格执行专项资金补助政策等问题。在本级税收预算执行中揭示少征缴税款问题，移送巫山县地税局追收税款573.66万元。

经济责任审计 开展经济责任审计项目13个，涉及领导干部19人，揭示领导干部应负直接责任的问题金额8万元、主管责任的问题金额7135万元、领导责任的问题金额18196万元，移送巫山县纪委、相关主管部门案件线索4件，对9个单位进行经济责任审计结果通报，会同巫山县纪委、巫山县委组织部对审计发现的问题进行督促整改。

固定资产投资审计 开展15个政府投资建设项目竣工结算或决算审计，揭示施工单位多计多报工程款，工程超概算、超合同价未履行申报审批程序，资金结算不规范，未履行基本建设程序等问题。项目送审金额48622万元，审定金额45657万元，审减金额2965万元，审减率6.1%。

专项资金审计 开展特色效益农业（中药材产业）专项资金、2014年“9·1”洪涝救灾资金、城镇保障性安居工程、农村危旧房改造专项资金审计，重点关注惠民资金的管理使用和惠民政策执行情况；会同巫山县财政局开展“赞助费”问题专项清理，及时纠正侵害群众利益问题。

信息化建设 被市审计局确定为财政预算执行审计大数据分析系统建设试点县。经县政府同意印发《审计信息化建设实施方案及意见》和《审计信息化建设三年行动计划》；建立大数据分析室，已完成联网服务器平台搭建；组建由局长任组长的数据分析团队。县政府组织召开数据采集专题动员会，采集财政、公安、计生等15个部门的数据。向市审计局报送5篇计算机审计运用实例。选派人员参加重庆市审计局的大数据审计和审计业务学习培训3次共8人。

内部审计 全县各部门、各企事业单位设有内部审计机构52个，其中专职机构2个；配备内部审计人员230人，其中专职审计人员15人。2015年，全县各级内部审计机构共完成审计项目188个，促进增收节支177万元，移送纪检监察机关和有关主管部门建议给予党纪政纪处分2人，提出的建议和意见被采纳93条。

（撰稿人：向天泉）

【巫溪县审计局】 2015年，巫溪县审计局人员编制31人，实有22人。局长冉立新，副局长许建川、童清沛、谭清泉，县经济责任联席办主任冉文宁（1月—）。设有办公室、综合法规科、财政金融审计科、行政事业审计科、固定资产投资审计科、经济责任审计科、审计中心。

审计成果 巫溪县审计局完成审计项目56个，其中组织实施审计项目49个，参与实施审计项目7个。查出主要问题金额160920万元，其中违规金额58902万元、管理不规范金额102018万元；损益（收支）不实金额20577万元；审计处理处罚金额98832万元，其中应上缴财政54980万元、应归还原渠道资金13618万元、应调账处理金额30232万元；审计发现非金额计量问题137个；审计促进整改落实有关问题资金96984万元，其中增收节支67678万元、已调账处理金额29306万元。移送司法机关、纪检监察机关和有关部门处理事项30件。出具审计报告和专项审计调查报告56篇，被批示、采用30篇。提出审计建议203条，提交审计信息61篇，被批示、采用28篇。向社会公告审计结果1篇。

政策措施贯彻落实跟踪审计 全年审计48项内容，发现问题41个，涉及资金2600万元。

财政审计 完成2014年度预算执行和编制决算（草案）情况、2014年度税收预算执行情况审计，揭示收入未及时入库6528万元、应收未收土地出让综合价款36008万元、应收未收城镇综合规费4953万元等问题。

经济责任审计 开展16个部门的24名党政领导干部任期经济责任审计，对领导干部履行任期内经济责任进行客观评价，将违规借用人员"吃空饷"问题移送巫溪县教委处理，违规变相购买公车问题移送巫溪县国资管理中心处理，违规发放绩效工资问题移送巫溪县纪委处理。

固定资产投资审计 完成政府投资审计项目29个，送审金额43375万元，审定金额39807万元，核减投资3568万元，审减率8.2%。移送地税部门追缴施工单位应缴未缴税款200万元。移送巫溪县监察局、巫溪县发改委、巫溪县建委和巫溪县环保局处理案件6起。

专项资金审计 完成城镇保障性安居工程、住房基金、2014年农业综合开发项目资金审计，开展巫溪县2014年度社会救助等专项资金、巫溪县2012年至2014年彩票公益金、2013－2014年度农资综合补贴和粮食直补资金审计调查，揭示保障性住房被违规租借96套、骗取住房保障待遇6套，套取粮食补贴资金等问题。

信息化建设 投入资金更新设备，制订《巫溪县审计局审计信息化建设规划》，组建数据分析团队，在6个项目中开展数据分析。

内部审计 全县各部门、各企事业单位设有内部审计机构95个，其中专职机构9个；配备内部审计人员143人，其中专职审计人员15人。2015年，全县各级内部审计机构共完成审计项目105个，促进增收节支3600万元，移送纪检监察机关和有关主管部门建议给予党纪政纪处分5人，实际给予党纪政纪处分5人，提出的建议和意见被采纳103条。

（撰稿人：廖泽伟）

【石柱土家族自治县审计局】 2015年，石柱土家族自治县审计局人员编制31人，实有26人。局长张平，副局长向前、田晟（—1月）、廖俊忠（3月—），纪检组长谭生钊（3月—）。设有办公室、政策法规科、财政金融审计科、行政事业审计科、经贸基建外资审计科、经济责任审计科、内部审计指导科，下设石柱土家族自治县审计中心。

审计成果 石柱土家族自治县审计局完成审计项目282个，其中组织实施审计项目275个，参与实施审计项目7个。查出主要问题金额337648万元，其中违规金额69741万元、损失浪费金额55万元、管理不规范金额267851万元；损益（收支）不实金额107万元；审计处理处罚金额141237万元，其中应上缴财政47425万元、应归还原渠道资金66713万元、应调账处理金额27018万元；审计发现非金额计量问题55个；审计促进整改落实有关问题资金141233万元，其中增收节支114135万元、已调账处理金额27018万元；审计促进拨付资金到位3万元；审计后挽回损失114135万元。移送司法机关、纪检监察机关和有关部门处理事项15件。出具审计报告和专项审计调查报告300篇，被批示、采用105篇。提出审计建议814条，提交审计信息18篇，被批示、采用43篇。向社会公告审计结果1篇。

政策措施贯彻落实跟踪审计 开展稳增长、调结构、促改革、惠民生、防风险重大政策措施跟踪审计，全年跟踪审计涉及21个部门、14个乡镇（街道）、5家协会、1家医疗机构和7家企业、9个建设项目，发现7个方面27个主要问题，均得到整改。

财政审计 对16个机关企事业单位开展预算执行情况审计，揭示在预算执行、财政财务管理、专项资金使用、建设项目程序等方面10类问题，提出审计建议48条。

经济责任审计 全年对县煤管局等13个单位和24名党政主要领导干部任期经济责任进行审计，其中离任12人，任中12人。查出问题金额37155万元，其中负直接责任金额1406万元、负主管责任金额10904万元、负领导责任金额24845万元。

固定资产投资审计 全年完成政府投资项目竣工结算审计249个项目，完成投资审计金额301579万元，核减投资额31686万元，审减率为10.51%。

民生资金（项目）审计 对2013年至2014年农资综合补贴资金、2014年城镇保障性安居工程、2012年至2014年彩票公益金、民政专项资金进行审计，延伸审计单位35个。审计专项资金总额38203万元、查出主要问题金额5899万元、未按规定征收缴纳收入1万元、资金滞留闲置4957万元、未按进度支付工程款523万元、逾期未建成项目7个、其他问题金额147万元。

企业审计 对国有企业重庆市品信建筑材料有限公司2014年度资产负债损益进行审计，揭示品信公司未严格执行“三重一大”决策制度、大宗物资设备未进行招标采购、管理混乱内控薄弱等5个方面问题，提出建立和完善内控制度、调整水泥采购模式等建议。

信息化建设 成立计算机信息化建设暨大数据分析领导小组。编制计算机信息化建设三年规划，明确从2015年至2017年审计信息化建设的目标任务、方法步骤以及保障措施。

内部审计 全县各部门、各企事业单位设有内部审计机构87个，其中专职机构47个；配备内部审计人员226人，其中专职审计人员94人。2015年，全县各级内部审计机构共完成审计项目230个，促进增收节支7360元，提出的建议和意见被采纳274条。 （撰稿人：李云泉）

【秀山土家族苗族自治县审计局】 2016年，秀山土家族苗族自治县审计局人员编制28人，实有24人。局长雷天军，副局长余秀祥、刘军、张玉芬，纪检组长杨诚。设有办公室、法规科、行政事业审计科、财政金融审计科、经贸外资审计科、经济责任审计科、固定资产投资审计科、审计中心、固定资产投资审计中心。

审计成果 秀山土家族苗族自治县审计局完成审计项目86个，其中组织实施审计项目80个，参与实施审计项目6个。查出主要问题金额251664万元，其中违规金额87988万元、损失浪费金额939万元、管理不规范金额162737万元；损益（收支）不实金额917711万元；审计处理处罚金额99971万元，其中应上缴财政992万元、应减少财政拨款或补贴1669万元、应归还原渠道资金97310万元；审计发现非金额计量问题12个，审计促进整改落实有关问题资金92679万元，其中增收节支92679万元。移送司法机关、纪检监察机关和有关部门处理事项5件。出具审计报告和专项审计调查报告86篇，被批示、采用42篇。提出审计建议257条，提交审计信息37篇，被批示、采用11篇。向社会公告审计结果1篇。

政策措施贯彻落实跟踪审计 重点审计中央提出的23个方面政策措施的贯彻执行、重大建设项目、重点资金落实和使用、推进简政放权落实情况。县委、县政府高度重视，要求各相关单位严肃整改，推动政策措施落地生根。

财政审计 审计单位9个，查出主要问题金额187930万元，针对存在的问题提出审计意见和建议38条。向县人大常委会做审计工作报告。

经济责任审计 完成对7名主要领导干部的任期经济责任审计，查出主要问题金额1990万元。

固定资产投资审计 完成基本建设项目审计59个，审计政府投资金额70452万元，核减工程价款6787万元。

企业审计 完成国有企业审计8个，揭示企业在经营管理、重大经济决策中的问题。

专项资金审计 开展审计调查项目3个，针对存在的问题分析原因，提出审计建议14条，为县委、县政府决策提供翔实可靠的依据。

内部审计 县级各部门、各单位设有内部审计机构50个，其中专职机构8个；配备内部审计人员 163 人，其中专职审计人员 21 人。2015 年，内部审计机构共审计单位 56 个，促进增收节支 8360 万元。（撰稿人：侯少宏）

【酉阳土家族苗族自治县审计局】 2015 年，酉阳土家族苗族自治县审计局人员编制 40 人，实有 34 人。党组书记田维君，局长张鹰，副局长冉鹂霜（7 月—），纪检组长梁胜举。设有办公室、经济责任审计科、财政金融审计科、行政事业审计科、投资审计科、法规科，下设审计中心。

审计成果 酉阳土家族苗族自治县审计局完成审计项目 112 个，其中组织实施审计项目 106 个，参与实施审计项目 6 个。查出主要问题金额 83738 万元，其中违规金额 832 万元、管理不规范金额 82906 万元；审计处理处罚金额 9872 万元，其中应上缴财政 1181 万元、应减少财政拨款或补贴 2100 万元、应归还原渠道资金 177 万元、应调账处理金额 6414 万元；审计发现非金额计量问题 60 个；审计促进整改落实有关问题资金 9640 万元，其中增收节支 3171 万元、已调账处理金额 6469 万元；促进拨付资金到位 20721 万元；挽回损失 5969 万元。移送司法机关、纪检监察机关和有关部门处理事项 3 件。出具审计报告和专项审计调查报告 112 篇。提出审计建议 284 条，提交审计信息 65 篇，被采用 6 篇。

政策措施贯彻落实跟踪审计 重点审计高山生态移民搬迁、义务教育薄弱学校基本办学条件改善、行政村环境连片整治、PPP 投融资模式改革及政府债券资金管理使用等事项。

财政审计 审计 2014 年本级预算执行和其他财政收支情况，发现问题 33 个，查出主要问题金额 58023 万元，促进滞留资金及时拨付 10684.85 万元；督促县财政局制订隐形赤字整改计划 44642.01 万元，县地税局及时征收欠缴税款 1004.97 万元；向主管部门移送相关事项 2 件。

经济责任审计 开展审计项目 17 个，涉及领导干部 28 人。查出主要问题资金 8102 万元，移送县纪委监察局处理案件 1 起，督促清退资金 13.15 万元，促进滞留资金及时拨付 1608.18 万元。

固定资产投资审计 对全县 106 个政府投资项目进行审计，出具审计报告 82 篇，送审金额 73255 万元，审定金额为 67311 万元，审减金额为 5944 万元，审减率为 8.11%。

专项资金审计 组织开展社会救助等专项资金、彩票公益金、农资综合补贴和粮食直补资金及城镇保障性安居工程审计调查，出具审计调查报告 4 篇，发现问题 14 个，查出主要问题金额 11350 万元，督促及时收缴保障性住房租金 9.89 万元，兑付租赁补贴 2.3 万元，拨付滞留资金 8366.08 万元，收缴违规金额 26.18 万元。

信息化建设 编制《审计信息化建设三年行动计划（2015—2017 年）》。与财政、教育、国土等部门衔接预算执行审计数据采集、管理使用工作。加强审计信息化队伍建设，深化 AO 在审计项目中的推广应用。

内部审计 全县各部门、各企事业单位设有内部审计机构 8 个，配备内部审计人员 12 人（专职 7 人）。完成审计项目 309 个，促进增收节支 8726 万元，提出的建议和意见被采纳 53 条，移送纪检监察机关和有关主管部门建议给予党纪政纪处分 2 人。（撰稿人：石　贤）

【彭水苗族土家族自治县审计局】 2015 年，彭水苗族土家族自治县审计局人员编制 31 人，实有 22 人。局长张和奎，副局长廖建华、尤文锋（6 月—），纪检组长陈敬蓉。设有办公室、经济责任科、行政事业科、财金科、投资科、审计中心。

审计成果 彭水苗族土家族自治县审计局完成审计项目 80 个，其中组织实施审计项目 75 个，参与实施审计项目 5 个。查出主要问题金额 712501 万元，其中违规金额 352078 万元、损失浪费金额 20 万元、管理不规范金额 360402 万元；损益（收支）不实 1562 万元；审计处理处罚金额 350122 万元，其中应上缴财政 26422 万元、应减少财政拨款或补贴 91074 万元、应归还原渠道资金 232626 万元；审计促进整改落实有关问题资金 94736 万元，其中增收节支 94736 万元；审计后挽回（避免）损失 4820 万元。移送司法机关、纪检监察机关和有关部门处理事项 11 件。出具审计报告和专项审计调查报告 86 篇，被批示、采用 51 篇。提出审计建议 343 条，提交审计信息 173 篇，被批示、采用 369 篇。向社会公告审计结果 2 篇。

政策措施贯彻落实跟踪审计 开展对重大政策措施贯彻落实情况跟踪审计，共抽查部门45个，抽查乡镇（街道）5个，涉及项目97个，出具审计报告8篇，反映问题17个。

财政审计 开展预算执行审计6个、决算审计2个。对县财政局、县地税局2014年度本级预算执行情况和县水务局、县交易中心预算执行情况开展审计；对2010年至2014年全县土地出让收支情况开展审计；对善感乡、桑柘镇人民政府等2个乡镇的财政决算情况进行审计。

经济责任审计 受县委组织部委托，对全县10个单位的14名主要领导干部开展经济责任审计。查出主要问题资金39517万元，其中违规金额399万元、损失浪费金额20万元、管理不规范金额39098万元。针对审计查出的问题，依法做出审计处理，审计结果为组织部门干部考核、任免和奖惩提供可靠依据。经济责任审计联席会成员单位联合下发《彭水自治县县级经济责任审计对象分类管理办法（试行）》等4个规范性文件。

固定资产投资审计 进一步完善“双审制”审计模式，完成投资审计项目44个，占年度投资项目计划的157.14%，投资项目送审额突破50亿元，核减投资额近10亿元。

企业审计 完成对工业园区3个国有企业和佳彭林业开发有限公司等企业的资产、负债、损益审计，查出主要问题金额32788万元。

专项资金审计 对6个行政事业单位开展专项审计，对10个专项资金项目开展审计或审计调查。审计查出问题金额10.45亿元，揭露财政资金收支管用中存在的突出问题，对审计中存在的问题，提出整改建议。

内部审计 全县各部门、各企事业单位设有内部审计机构8个，其中专职机构4个；配备内部审计人员33人，其中专职审计人员10人。2015年，全县各级内部审计机构共完成审计项目150个，促进增收节支2044万元，提出建议意见被采纳76条。

（撰稿人：夏　红）

2015年重庆市本级及所辖区、县级审计工作统计表

金额单位：万元

审计机关	完成审计项目（个）	审计查出主要问题金额	审计处理情况					出具审计报告和审计调查报告（篇）	提出审计建议（条）	提交审计信息（篇）
			审计处理处罚				移送处理事项（件）			
			应上缴财政	应减少财政拨款或补贴	应归还原渠道资金	应调账处理金额				
重庆市本级	83	15292875	184856	564	106940	3600959	88	152	328	26
渝中区审计局	64	170730		25	52	8735		71	54	26
万州区审计局	84	1203765	148457	124	2441	27249	49	84	202	85
涪陵区审计局	91	1293249	38528	34009	32243	143350	43	83	371	122
大渡口区审计局	35	354298	8872	332	116169	14415	14	41	155	54
江北区审计局	113	1890693	14706		355	578674	3	113	206	73
沙坪坝区审计局	39	563964	9543	115737	50607	387776	26	38	115	66
九龙坡区审计局	127	455779	21954		579	19470	11	127	281	163
南岸区审计局	43	118343	4732	17366	753	4465	2	51	124	48
北碚区审计局	71	266196	10298		61437	32485	4	74	197	45
綦江区审计局	125	232982	1177	6	413	24889	33	136	258	115
大足区审计局	88	331353	63679		102392	8153	4	88	166	19

续表

审计机关	完成审计项目（个）	审计查出主要问题金额	审计处理情况					出具审计报告和审计调查报告（篇）	提出审计建议（条）	提交审计信息（篇）
			审计处理处罚				移送处理事项（件）			
			应上缴财政	应减少财政拨款或补贴	应归还原渠道资金	应调账处理金额				
渝北区审计局	271	160801	28870	16942	194	26048	5	271	1080	56
巴南区审计局	93	525226	14065		1733	40967	18	93	283	66
黔江区审计局	180	806450	212		134569	16233	8	66	249	46
长寿区审计局	135	97965	62677	909	701	9327	10	143	161	54
江津区审计局	209	555489	69452	20755	7260	513	10	216	493	52
合川区审计局	138	337215	66932	17248	3652	5065	47	164	175	36
永川区审计局	133	230387	97304		48969	25325	7	133	591	27
南川区审计局	113	70143	4979		5884	35355	10	113	206	83
璧山区审计局	135	427031	1282		84	10232	5	135	183	135
铜梁区审计局	144	122750	27991		80	4891	1	144	257	70
潼南区审计局	80	351892	58539		14971	145767	8	80	172	52
荣昌区审计局	59	66182	19494		172	10931	11	75	181	86
万盛经开区审计局	61	526228	7859		30		4	67	65	30
梁平县审计局	113	266840	46156		43044	89316	11	121	127	69
城口县审计局	59	246714	4458		70050	18593	1	59	209	45
丰都县审计局	219	436139	63401		441	45734	8	226	131	81
垫江县审计局	120	217195	1492		81527	225	4	126	521	44
武隆县审计局	36	235743	66959	1329	10608	21253	1	47	165	24
忠县审计局	324	680656	85933	36557	26150	265945	11	324	840	22
开县审计局	68	829631	83811	4009	14378	338158	41	68	291	51
云阳县审计局	67	214442	84249	3	7066	1225	4	143	333	43
奉节县审计局	61	308592	9789		7203	163478	11	61	170	14
巫山县审计局	39	84969	234	2965	2236		10	45	31	60
巫溪县审计局	56	160920	54980		13618	30232	30	56	203	61
石柱土家族自治县审计局	282	337648	47425		66713	27018	15	300	814	18
秀山土家族苗族自治县审计局	86	251664	992	1669	97310		5	86	257	37
酉阳土家族苗族自治县审计局	112	83738	1181	2100	177	6414	3	112	284	65
彭水苗族土家族自治县审计局	80	712501	26422	91074	232626		11	86	343	173

四川省

【四川省审计厅】 2015 年，四川省审计厅人员编制 245 人，实有 211 人。设有办公室、综合与计划管理处、法规处、内部审计监督指导处(审计执行督查处)、电子数据审计处、财政审计处、行政政法审计处、教科文卫审计处、农业与资源环保审计处、固定资产投资审计处、企业与金融审计处、社会保障审计处、外资运用审计处、经济责任审计处、人事处、离退休人员工作处，按省委有关规定设置机关党办、驻厅监察室，下设直属审计局、四川省审计科学研究所、机关服务中心（省审计干部培训中心）、计算机技术中心、政府投资审计中心。

领导成员

厅　　长：黄　河

副 厅 长：杨书军　蔡文强　唐　萍
　　　　　陶志伟　廖代永

总审计师：王克怀（—12 月）

纪检组长：曹晓雪

机关党委书记：陈代勇

审计成果 四川省审计机关完成审计项目 9911 个，查出主要问题金额 2014312 万元，其中违规金额 1994971 万元、损失浪费金额 19341 万元；损益（收支）不实金额 2326937 万元；审计处理处罚金额 5230565 万元，其中应上缴财政 568248 万元、应减少财政拨款或补贴 578103 万元、应归还原渠道资金 1049043 万元、应调账处理金额 2380994 万元；审计发现非金额计量问题 12139 个；审计促进整改落实有关问题金额 3686781 万元，其中增收节支 1387700 万元、已调账处理金额 1644715 万元；审计促进拨付资金到位 457494 万元；审计后挽回（避免）损失 729191 万元。移送司法机关、纪检监察机关和有关部门处理落实事项 140 件。出具审计报告和专项审计调查报告 10406 篇，被批示、采用 230 篇。提出审计建议 23196 条，提交审计信息 5066 篇，被批示、采用 2641 篇。向社会公告审计结果 1002 篇。其中，四川省审计厅全年审计单位 68 个，审计领导干部 15 人，移送违法违纪案件线索 68 件，向党委、政府提交审计专题和综合报告 98 篇，审计处理后收缴财政 6.95 亿元，核减政府项目投资（结算）额 9932 万元，推动建立健全制度 23 项。

政策措施贯彻落实跟踪审计 组织 8000 多人次开展稳增长、促改革、调结构、惠民生、防风险专项审计，出具跟踪审计报告，制发审计整改函，促进 673 个重大项目加快实施进度，推动加快财政资金拨付 84.6 亿元，收回各类结转结余资金 12.7 亿元，促进相关地方取消或合并行政审批事项 257 项、停止或取消收费项目 17 个。

财政审计 首次开展省级财政决算草案编制审计和部门决算草案审签，运用跨部门关联数据深入开展税收审计，对财政扶持养老服务业资金、省级部门非经营性资产、重点学（协）会运行等进行专项调查。

金融审计 组织遂宁、内江等 6 个市审计局对射洪、威远等 15 个县（市、区）农村信用社 2014 年度信贷政策执行情况进行专项审计调查。查出存在问题及需要改进完善的有 13 项，涉及金额 71.87 亿元；针对四川省农村信用社联合社存在的问题，提出审计建议 6 条。根据汇总审计结果，向四川省政府上报《四川省审计厅关于四川省农村信用社联合社和 15 个农村信用社信贷政策执行专项审计调查情况的综合报告》。

行政政法审计 完成审计项目及重要工作任务 20 余个，其中直接实施完成审计和专项审计调查项目 7 个。完成对三州藏传佛教寺庙财务监督审计工作的意见起草、监督指导、报告汇总等工作。提出审计建议 22 条，被审计单位采纳 14 条。上年审计移送给四川省教育厅的案件线索得到立案调查处理，其中 3 名在职处级干部被撤职，并给予党内警告、行政记过等处分，对 1 名已退休处级干部给予党内警告处分。

教科文卫审计 开展西华师范大学党委书记和校长、四川文理学院党委书记和校长等 4 项经济责任审计项目，查出违纪违规金额 5980.65 万元、管理不规范金额 20639.29 万元。完成 2 次四川省农村义务教育学生营养改善计划实施情况的督查工作和 3 所高校科研经费的专项调研检查。

农业与资源环保审计 紧扣四川省十大民生工程和 20 件民生大事，对乌蒙山区 3 个市及所属 9 个贫困县财政扶贫资金进行专项审计；对城镇污水处理、退牧还草工程专项资金开展审计调查；探索领导干部自然资源资产离任审计，并在绵阳和攀枝花市进行试点。

固定资产投资审计 开展芦山、康定地震灾后恢复重建跟踪审计，推动重建资金规范管理，项目建设顺利进行。加强政府投资决策、项目管理和工程建设领域突出问题治理，查处违规招投标、参建单位履职不到位等问题，依法核减高估冒算投资额132亿元。

民生资金（项目）审计 按照审计署的统一安排部署，组织对四川省2014年城镇保障性安居工程进行跟踪审计。审计结果表明四川省城镇保障性安居工程建设取得明显成效，但在工作推进和统筹管理等方面还存在一些问题。通过与四川省住房城乡建设厅联合发文，督促有关部门采取措施进行整改，加大审计执行督查力度，促进空置的保障性住房分配使用1.1万套，取消不符合保障条件对象资格3692户，腾退收回保障性住房798套。

企业审计 完成四川发展有限责任公司董事长和四川省煤炭产业集团有限责任公司原董事长的经济责任审计。查出在重大决策、遵守财经纪律、财务收支以及内部控制等方面存在违纪违规问题，涉及金额21.7亿元，提出审计建议10条。对涉嫌决策失误、违规决策造成国有资产重大流失或利益输送等5个问题，移送省纪委。

外资运用审计 完成审计署授权的国外贷援款公证审计项目6个、港澳援助项目竣工决算审计及跟踪审计项目4个、协会专项审计调查1个，审计查出主要问题金额1.39亿元，审计处理处罚金额1.36亿元，审计后挽回（避免）损失372.63万元，审计发现非金额计量问题26个。移送司法机关、纪检监察机关和有关部门处理事项4件，其中3名相关责任人受到行政警告处分。向社会公告审计结果8篇。

经济责任审计 牵头制订并提请省委、省政府两办印发省管领导干部经济责任审计五年工作规划；抓好对四川省教育厅、四川省国资委等内部审计机构实施经济责任审计项目的统筹管理指导，推动完善经济责任审计省级联席会议制度，提高对领导干部责任界定、审计评价的针对性和准确性。首次集中授权市（州）审计局对20个县的40名党政主要领导干部开展同步审计，全省完成对1418人的经济责任审计。坚持把经济责任审计与财政、金融、企业等审计相结合，密切关注中央八项规定、国务院“约法三章”和四川省省委、省政府十项规定的落实等情况，促进正风肃纪持续深化。

审计整改 推进审计执行督查工作的常态化、制度化和规范化建设，把四川省审计厅出具的所有审计结论性文书纳入执行督查的范围，对83个审计项目、163份结论性文书、827个整改事项进行逐一督查。全年要求整改金额共计89.03亿元，完成整改金额78.07亿元，整改到位率87.67%。对省审计厅移送、移交处理事项进行全面跟踪，相关责任人中10人被党纪政纪立案调查、5人被刑事立案调查、15人被给予党内警告以上党纪处分、21人被给予行政警告以上政纪处分、7人被撤职降职。

信息化建设 四川省审计厅及部分市县专设电子数据审计机构，完成对8个省级部门的业务数据采集、规划和整理，联网审计平台应用范围进一步扩大，财政、地税、社保和地方金融机构的审计已广泛运用数字化审计方法，上下联动的联网审计模式逐步成熟。

相关工作 树立管党治党意识，以开展“三严三实”专题教育为契机，抓好对审计机关党员干部的教育管理。强化纪律约束，组织学习《中国共产党廉洁自律准则》和《中国共产党纪律处分条例》，严格落实中央八项规定和四川省省委、省政府十项规定，完善审计“八不准”工作纪律、审计现场管理办法，四川省审计厅新建和修订制度规范31项。加强监督检查，强化审计现场管理，对审计组执行廉政规定等情况开展检查，把投资审计廉政风险防控作为重点，推动投资审计转思路、转职能、转方式，对苗头性、倾向性问题早发现、早处理，严肃查处违规违纪问题。探索审计干部业绩登记管理制度，动态测评与定期分析相结合，掌握党员干部思想和工作动态，及时发现问题、解决问题。通过选人用人树导向，坚持以党性看干部、凭政绩用干部、从事业出发选干部。抓好教育培训，举办四川省审计机关领导干部专题学习班、创新能力提高班等集中培训，借助“审计大讲堂”强化全员培训，组织开展

"怎样当好处长"学习讨论活动，不断培养新型审计领导人才、专业骨干人才和领军人才。采取交流挂职、案例教学、实战培训等方式，促进四川省审计干部队伍的业务能力和综合素质整体提升。

内部审计 与省政府法制办联合开展对四川省各相关单位贯彻执行《四川省内部审计条例》情况专项检查，基本摸清四川省内部审计工作发展现状、存在的问题和困难。加强对内部审计工作的监督指导，通过以审代训、走访座谈、业务培训等方式拓展和提升内部审计机构、人员的审计理念和审计能力，协调 34 名内部审计人员参与四川省审计厅的审计项目；协助举办内部审计培训班 13 期，培训内部审计和财会人员 4900 余人。

（撰稿人：董　华　李　历）

【成都市审计局】 2015 年，成都市审计局人员编制 124 人，实有 124 人。局长戴志勇（—3 月）、曾军（3 月—），副局长古建桥（1 月—）、何敏、葛云伦、曾京、张树权，总审计师邓勉，纪检组长夏邦林，机关党委书记蒲元和。设有办公室、人事处、纪检监察处、法规处、信息处、财政审计处、企业审计处、社会保障审计处、行政事业审计处、固定资产投资审计处、市政府投资审计中心、金融审计处、外资运用审计处、农业与资源环保审计处、经济责任审计局。

审计成果 成都市审计机关完成审计项目 2094 个，查出主要问题金额 7715530 万元，其中违规金额 229112 万元、损失浪费金额 5212 万元、管理不规范金额 7481205 万元；损益（收支）不实金额 446128 万元；审计处理处罚金额 130818 万元，其中应上缴财政 53227 万元、应调账处理金额 30082 万元；审计发现非金额计量问题 622 个；审计促进整改落实有关问题金额 79928 万元，其中增收节支 48706 万元、已调账处理金额 13945 万元；审计促进拨付资金到位 23043 万元；审计后挽回（避免）损失 162180 万元。移送司法机关、纪检监察机关和有关部门处理事项 57 件。出具审计报告和专项审计调查报告 2097 篇，被批示、采用 7 篇。提出审计建议 1734 条，提交审计信息 509 篇，被批示、采用 280 篇。向社会公告审计结果 29 篇。

政策措施贯彻落实跟踪审计 完成对成都市贯彻落实商事制度改革、财政存量资金管理盘活、PPP 项目、简政放权和投资促进政策措施落实情况的审计。完成对 20 个国有企业的审计，查出主要问题金额 7.49 亿元。

民生资金（项目）审计 对成都市 2014 年城镇保障性安居工程、2013 年至 2014 年服务业发展引导资金管理及使用情况、中心城区占道停车场管理情况、农村义务教育学生营养改善计划实施情况等民生资金（项目）进行审计。

财政审计 完成对成都市 165 个单位的财政预决算审计，查出主要问题金额 60.2 亿元。对会议费、差旅费、公务接待费、车辆购置及运行费、因公出国（境）费的管理使用情况进行审计，与上年同期相比，2014 年度上述 5 项费用总体降低 35%。

经济责任审计 完成对 243 名领导干部经济责任审计，查出领导干部负直接责任金额 8.97 亿元，移送纪检监察机关 4 人。

固定资产投资审计 完成政府投资审计项目 1635 个，审计投资额 193.3 亿元，核减投资额 14.1 亿元。

（撰稿人：李亚平）

【自贡市审计局】 2015 年，自贡市审计局人员编制 52 人，实有 44 人。局长何忠，副局长江鸿、张碧辉、赵嗣利，总审计师罗宏，纪检组长卢敏。设有办公室、法制科、财政审计科、农业与资源环保（外资）审计科、经济责任审计科、企业审计科、基本建设投资审计科、行政事业审计科、电子数据审计科、监察室、组织人事科、机关党总支，下设自贡市政府投资审计中心。

审计成果 自贡市审计机关完成审计项目 431 个，查出主要问题金额 484397 万元，其中违规金额 139370 万元、管理不规范金额 345027 万元；损益（收支）不实金额 35298 万元；审计处理处罚金额 330442 万元，其中应上缴财政 64259 万元、应减少财政拨款或补贴 12736 万元、应归还原渠道资金 108456 万元、应调账处理金额 93572 万元；审计发现非金额计量问题 164 个；审计促进整改落实有关问题金额 197348 万元，其中增收节支 93257 万元、已调账处理金额 58874 万元；审计促进拨付资金到位 24874 万元；审计后挽回（避免）损失 47813 万元。移送司法机关、纪检监察机关和有关部门处理事项14件。出具审计报告和专项审计调查报告455篇，被批示、采用9篇。提出审计建议610条，提交审计信息简报346篇，被批示、采用70篇。向社会公告审计结果39篇。

政策措施贯彻落实跟踪审计 围绕推动中央和省、市稳增长各项政策措施落实到位开展跟踪审计。

财政审计 以提升财政资金使用效益为目标，重点加强对部门预算执行、决算编制等方面的审计。

经济责任审计 建立自贡市经济责任审计“监审联动”机制，制订五年规划。全年审计领导干部53人，促进依法履职。

金融审计 以推动农村金融体制改革为目标，开展对农村信用合作联社信贷政策执行情况专项审计调查。

农业与资源环保审计 重点审计农村安全饮水、农村沼气项目等资金分配、管理和使用情况。

固定资产投资审计 探索推行政府投资审计转思路、转职能、转方式，全年完成审计项目260个，核减工程投资额1.44亿元。

民生资金（项目）审计 坚持把保障和改善民生作为审计监督着力点，开展城镇保障性安居工程、小井沟水利工程移民资金等民生项目审计。

企业审计 以推动国有企业改革发展为目标，加强对国有企业资产负债及经营情况审计调查工作。

专项资金审计 开展荣县县级财政运行情况专项审计调查、第二十一届自贡国际恐龙灯会财务收支专项审计等项目。

信息化建设 完成金审二期工程建设，大力推进审计信息化应用。 （撰稿人：杨　瑶）

【攀枝花市审计局】 2015年，攀枝花市审计局人员编制57人，实有52人。局长张雷，副局长程兴国、曾妍妍、汪沛川，总审计师顾民，纪检组长杨兆雄，总支书记杨兴华。设有办公室、人事教育处、监察室、法规处、内部审计监督指导处、经贸审计处、行政事业审计处、固定资产投资审计处、财政金融审计处、经济责任审计分局、农业与资源环保审计处、社会保障与外资审计处。

审计成果 攀枝花市审计机关完成审计项目205个，查出主要问题金额755092万元，其中违规金额11744万元、管理不规范金额731756万元；损益（收支）不实金额10033万元；审计处理处罚金额129613万元，其中应上缴财政11335万元、应减少财政拨款或补贴1393万元、应归还原渠道资金41670万元、应调账处理金额75215万元；审计发现非金额计量问题125个；审计促进整改落实有关问题金额127104万元，其中增收节支7641万元、已调账处理金额28283万元；审计促进拨付资金到位11553万元；审计后挽回（避免）损失1709万元。移送司法机关、纪检监察机关和有关部门处理事项10件。出具审计报告和专项审计调查报告234篇，被批示、采用23篇。提出审计建议633条，提交审计信息267篇，被批示、采用1篇。向社会公告审计结果25篇。

财政审计 攀枝花市审计机关开展38个预算执行情况审计，查出违规和管理不规范金额175939万元。受攀枝花市政府委托，向市人大常委会做审计工作报告及审计查出问题整改情况的报告，并通过大会审议。

经济责任审计 攀枝花市审计机关完成经济责任审计项目61个，查出违规金额1177万元、管理不规范金额69026万元。

固定资产投资审计 攀枝花市审计机关以促进投资领域改革和核实工程决算、规范项目建设管理、提高投资效益为目标，开展投资审计工作，共核减投资额28202万元。

专项资金审计 攀枝花市审计机关组织攀枝花市2014年城镇保障性安居工程跟踪审计；完成第一季度及6月、7月、9月、10月、11月、12月攀枝花市稳增长跟踪审计工作；对攀枝花市2012年至2014年使用失业保险基金开展促进就业帮扶创业和预防失业管理的使用情况开展专项审计调查；对攀枝花市市级2013年住房维修资金收支管理情况开展专项审计调查。

（撰稿人：蔡　华）

【泸州市审计局】 2015年，泸州市审计局人员编制70人，实有61人。局长喻志强（—10月）、靳地胜（10月—），副局长殷廷彪、叶青、宋革会、温水源，总审计师毛能均，纪检组长李发扬，机关党委书记古刚，经济责任审计分局局长周刁兵。设有办公室、法规科、内部审计监督指导科、审计执行督查科、财政审计科、行政事业审计科、农业外资审计科、固定资产投资审计科、金融审计科、企业审计科、社会保障审计科、人事科、监察室、计算机技术中心、泸州市审计局经济责任审计分局、泸州市政府投资审计服务中心。

审计成果 泸州市审计机关完成审计项目180个，查出主要问题金额1261142万元，其中违规金额142496万元、损失浪费金额37万元、管理不规范金额1118573万元；损益（收支）不实金额83676万元；审计处理处罚金额184928万元，其中应上缴财政69173万元、应减少财政拨款或补贴10810万元、应归还原渠道资金22338万元、应调账处理金额57799万元；审计发现非金额计量问题196个；审计促进整改落实有关问题金额160491万元，其中增收节支24703万元、已调账处理金额40267万元；审计后挽回（避免）损失3189万元。移送司法机关、纪检监察机关和有关部门处理事项31件。出具审计报告和专项审计调查报告245篇，被批示、采用33篇。提出审计建议709条，提交审计信息266篇，被批示、采用156篇。向社会公告审计结果73篇。

泸州市审计局2015年度审计业务工作绩效考核获评全省优秀单位。泸州市审计局实施的江阳区张坝景区征地农民安置房结算审计项目被评为全国、全省优秀审计项目。泸州市赴绵阳市安县审计组被审计署成都特派办、省审计厅表彰为四川省国土审计先进集体。

财政审计 完成审计和调查项目89个，其中财政预算执行审计47个、财政决算审计35个、行政事业审计7个，查出主要问题金额965400万元。

经济责任审计 对55名党政领导干部和国有企事业单位领导人员开展经济责任审计，查出主要问题金额77096万元。

固定资产投资审计 完成计划内投资审计项目37个，核减投资额（工程款）10839万元，查出主要问题金额85812万元。

民生资金（项目）审计 完成审计和调查项目2个，查出主要问题金额18万元。

专项资金审计 完成审计和调查项目7个，核减投资额（工程款）85万元，查出主要问题金额132816万元。

政策措施贯彻落实跟踪审计 把保障中央、省、市重大决策部署全面落实融入财政审计、政府投资审计、领导干部经济责任审计和专项资金审计等常规审计中，发现和揭露存在的违法违纪违规问题，并督促整改。

信息化建设 组织人员赴省审计厅和成都市、宜宾市等学习联网审计，到市级相关部门开展调研，在此基础上草拟的《泸州市联网审计监督办法（试行）》通过市政府合法性审查。

（撰稿人：刘明春）

【德阳市审计局】 2015年，德阳市审计局人员编制70人，实有64人。局长向庆田，副局长张泽琴、李晖、杨龙虎，总审计师唐绍银，纪检组长段存林，机关党委书记余锡贵，经济责任审计分局局长刘昌用（—1月）。设有办公室、政工人事科、监察室、政策法规科、财政审计科、行政事业和社保审计科、农业和外资审计科、金融和企业审计科、投资审计科、经济责任审计分局、政府投资审计中心、审计信息管理中心。

审计成果 德阳市审计机关完成审计项目409个，查出主要问题金额2239187万元，其中违规金额66397万元、管理不规范金额2172790万元；损益（收支）不实金额389414万元；审计处理处罚金额161322万元，其中应上缴财政57417万元、应减少财政拨款或补贴8853万元、应归还原渠道资金17493万元、应调账处理金额77357万元；审计促进整改落实有关问题金额68892万元，其中增收节支64300万元、已调账处理金额4414万元；审计后挽回（避免）损失22439万元。移送司法机关、纪检监察机关和有关部门处理事项12件。出具审计专题、综合性报告64篇，被批示、采用51篇。提出审计建议710条，被采纳494条。提交审计信息430篇，被批示、采用180篇。向社会公告审计结果11篇。

政策措施贯彻落实跟踪审计 组织实施稳增长、促改革、调结构、惠民生政策措施落实情况跟踪审计8次。对18个市级部门（单位）执行中央八项规定精神贯彻落实情况开展专项审计调查。

财政审计 完成财政预算执行审计项目8个，财政决算审计项目17个，部门单位2014年度预算执行情况审计39个。

经济责任审计 对62名领导干部实施经济责任审计，其中党政主要领导26名，查出主要问题金额437932万元。首次对县委书记和县长开展同步经济责任审计。

固定资产投资审计 德阳市审计机关共对1973个政府投资项目进行竣工决（结）算审计，审减金额51824.92万元。对50个项目进行跟踪审计。加强投资审计制度建设，以德阳市政府办公室名义印发《德阳市政府投资建设项目审计实施办法》。

专项资金审计 完成2014年度城镇保障性安居工程跟踪审计、援藏资金专项审计等项目。完成其他交办、配合任务152个。

（撰稿人：谢海英）

【绵阳市审计局】 2015年，绵阳市审计局人员编制92人，实有79人。局长陈敏，副局长郭兴林、张勇、冯庆友，总审计师康运金（11月—），纪检组长杜桢荣，机关党委书记曹蓉，绵阳市园区经济审计局局长何渝，绵阳市经济责任审计局局长刘厚伟。设有办公室、法规科、内部审计监督指导科、财政审计科、行政事业审计科、农业与资源环保审计科、固定资产投资与外资运用审计科、金融与社会保障审计科、企业审计科、人事科，下设市园区经济审计局、市经济责任审计局，另设有市审计信息中心。

审计成果 绵阳市审计机关完成审计项目793个，查出主要问题金额914602万元，其中违规金额16719万元、损失浪费金额134万元、管理不规范金额897749万元；审计发现非金额计量问题791个；核减投资额113750万元；审计促进增收节支136806万元，其中已上缴财政10707万元、已减少财政拨款或补贴118805万元、已归还原渠道资金7292万元、已调账处理金额14305万元、已缴纳其他资金926万元；挽回避免损失117248万元。移送司法、纪检监察机关和有关部门处理事项27件。

政策措施贯彻落实跟踪审计 派出10个审计组、113名审计人员，完成21个省重点项目推进情况的跟踪审计，抽查全市49个省、市重点项目推进和完成情况，查出违规金额7.75亿元。

财政审计 完成预算执行审计项目99个，延伸审计部门单位86个，查出管理不规范金额647036万元。对67个党政机关、事业单位的公务支出和公款消费情况进行审计。对77个预算单位的“三公”经费、公务卡使用情况进行审计调查。

固定资产投资审计 开展绵阳第一中学灾后恢复重建（学生公寓）等56个项目工程结算审计，送审金额10.16亿元，审减金额1.75亿元，审减率17.21%。完成世界银行优惠紧急贷款城镇市政基础设施——绵阳科创区子项目和涪江松垭河堤2个外资项目的财务公证审计。

民生资金（项目）审计 对5个县市区农村义务教育学生营养改善计划情况进行审计调查。对绵阳市本级、北川县、平武县2011年至2013年秦巴山区财政专项扶贫资金进行审计。对绵阳市本级、江油市、三台县2013年至2014年城镇污水处理专项审计调查，延伸调查25个乡镇、17个项目，并对政策执行、资金筹集使用等方面存在的问题进行督促整改。对绵阳市本级和9个县市区2015年保障性安居工程进行跟踪审计，审计资金34.08亿元，调查29个项目、102个居（村）委会、208户家庭，发现问题67个，涉及问题项目25个；查出违法违规金额7.56亿元，涉及保障对象3016户、保障性住房5148套，提出审计建议45条。

经济责任审计 审结领导干部46人，查出违规金额2259.05万元、管理不规范金额5.51亿元，发现各类问题114个，提出审计建议49条。

（撰稿人：张　杨　杨馨皓）

【广元市审计局】 2015年，广元市审计局人员编制70人，实有67人。局长苟英明（—6月）、陈勇（6月—），副局长梁义兮、张焕良、昝鹏程，总审计师韩和林，纪检组长张华潼，市经济责任审计联席会议办公室主任王晓蓉，机关党委书记高明。设有办公室、法规科、内部审计监督指导科、经济责任审计科、财政审计科、行政事业审计科、农业与资源环保审计科、固定资产投资审计科、金融外资运用审计科、企业审计科、社会保障审计科、人事科、监察室、机关党委、直属审计分局、审计信息中心、投资审计中心。

审计成果 广元市审计局完成审计项目124个，其中组织实施审计项目120个，参与实施审计项目4个。查出主要问题金额26045万元，其中违规金额10万元、管理不规范金额26035万元；损益（收支）不实金额1576万元；审计处理处罚金额15050万元，其中应上缴财政893万元、应减少财政拨款或补贴12013万元、应归还原渠道资金477万元、应调账处理金额1666万元；审计发现非金额计量问题84个；审计促进整改落实有关问题金额12106万元，其中增收节支12106万元；审计促进拨付资金到位109万元；审计后挽回（避免）损失12034万元。移送司法机关、纪检监察机关和有关部门处理事项19件。出具审计报告和专项审计调查报告137篇，被批示、采用137篇。提出审计建议116条，提交审计信息89篇，被批示、采用57篇。向社会公告审计结果13篇。

政策措施贯彻落实跟踪审计 抽查政府部门及相关单位183个，涉及资金36亿元，发现问题98个，提出审计建议117条，提交综合报告40篇。

财政审计 推进市县同级财政预算执行和部门预算执行审计，首次开展部门决算草案审签，审计部门7个。深化地税收入征管审计，建立联网审计平台运用机制。

经济责任审计 实施旺苍县党政主要领导干部等7名领导干部的经济责任审计。

农业与资源环保审计 组织对广元市本级、利州区、昭化区2012年至2014年河道砂石资源利用情况进行审计调查，重点关注河道砂石资源费的征收和使用情况。

固定资产投资审计 完成政府投资项目审计84个，审减金额1.25亿元。

民生资金（项目）审计 对广元市本级保障性安居工程资金进行审计，并指导各县区的跟踪审计工作。

外资运用审计 完成14个外资项目审计，审减1900余万元。

企业审计 完成四川广元资博实业集团有限公司2014年度资产负债损益审计、广元交通技工学校2014年度财政财务收支审计等项目。

专项资金审计 开展利州区、昭化区、朝天区土地整理项目资金审计调查，广元市本级2014年科技专项资金管理和使用情况审计调查，农村义务教育学生营养改善计划、国家助学资金、残保资金等“三项资金”的审计调查。

（撰稿人：王银贤）

【遂宁市审计局】 2015年，遂宁市审计局人员编制44人，实有43人。局长蔡立春，副局长何玉毅（8月—）、邓兵、敬杰秀，总审计师杨晓春，纪检组长左成弘（6月—）。设有办公室、监察室、人事教育科、法规科、财政审计科、行政事业审计科、内部审计监督与外资审计科、农业与资源环保审计科、投资审计科、企业金融审计科、社会保障审计科、综合信息化建设科、经济责任审计科、政府投资审计中心。

审计成果 遂宁市审计机关完成审计项目139个，审计查出违规金额6.9亿元、管理不规范金额44.69亿元，增收节支0.61亿元，审计后挽回（避免）损失2.22亿元。审计提出的建议397条，被采纳320条。向社会公布审计结果公告31篇。

政策措施贯彻落实跟踪审计 遂宁市审计机关对遂宁市贯彻落实国家重大政策措施和宏观调控部署情况进行跟踪审计，投入审计人员313人次，累计工作量3574人·日。重点审计城镇保障性安居工程等方面的政策措施落实情况，发现问题77个，已督促整改59个。审计促进重大建设项目加快推进4个，促进财政资金统筹使用和重点资金到位15854.5万元，落实取消行政审批事项16项，减少审批环节1项，促进其他重大政策落实23项。

财政审计 围绕新预算法全口径预算、预算全公开、预算审查等系列新规定，调整审计内容和方法，突出审计重点，提出审计建议，促进财政资金规范管理。

经济责任审计 对射洪县县委书记、县长等5名党政机关领导干部和1名国有企业负责人进行经济责任审计。出台遂宁市中长期领导干部经济责任审计规划。

金融审计 完成遂宁发展投资集团有限公司及其下属4个子公司投融资情况审计。完成对遂州农村合作信用联社的信贷政策执行情况专项调查。

农业与资源环保审计 完成大英县4个土地整理项目竣工决算审计。涉及土地整理项目及专项资金6291.39万元，已审结项目查出施工方多计工程造价金额713.41万元。

固定资产投资审计 遂宁市本级对内遂高速公路等39个工程进行竣工决（结）算审计，在送审金额68.86亿元的基础上审减1.55亿元，平均审减率2.25%，促进被审计单位节省建设资金或挽回损失1.55亿元。

民生资金（项目）审计 开展遂宁市本级住宅维修专项资金筹集、使用情况审计调查，使住宅维修专项资金从2010年归集不到480多万元增加到2.2亿元。对蓬溪、大英两县2014年农村义务教育学生营养改善计划实施情况进行监督检查，责成有关单位进行问题整改。

专项资金审计 完成两个农村合作信用联社的专项审计调查；开展对3个地区的2013年至2014年污水处理专项审计调查。

（撰稿人：张兴隆）

【内江市审计局】 2015年，内江市审计局人员编制53人，实有49人。局长刘洪伟（—10月）、何勇（10月—），副局长蔡涤、葛明、王应全，总审计师马燕，纪检组长黄京力，机关党委书记柳大鹏（11月—）。设有办公室、机关党委办、法规科、财政审计科、行政事业审计科、农业与资源环保审计科、固定资产投资审计科、金融审计科、企业审计科、社会保障与外资运用审计科、人事（政工）科、经济责任审计分局、内江市监察局派驻监察室，下设固定资产投资审计分局、审计信息中心。

审计成果 内江市审计机关完成审计项目240个，查出主要问题金额1033029万元，其中违规金额71139万元、管理不规范金额96189万元；损益（收支）不实金额108618万元；审计处理处罚金额365813万元，其中应上缴财政32729万元、应归还原渠道资金54891万元、应调账处理金额179399万元；审计发现非金额计量问题161个；审计促进整改落实有关问题金额365404万元，其中增收节支47022万元、已调账处理金额179179万元；审计后挽回（避免）损失12402万元。移送司法机关、纪检监察机关和有关部门处理事项20件。出具审计报告和专项审计调查报告240篇。提出审计建议926条，提交审计信息277篇，被批示、采用333篇（次）。

财政审计 开展预算执行审计项目66个，查出问题金额370520万元，其中内江市审计局完成内江市财政局、内江市地税局同级预算执行审计，内江市发改委、内江市食品药品监督局等部门预算执行计7个，查出问题金额98718万元，促进内江市财政增收22853.08万元。

固定资产投资审计 完成政府投资工程决（结）算审计项目532个，送审工程总投资259044万元，审减金额25732万元，审减率9.93%。内江市本级完成国道321泸州至隆昌段改造工程、西林新区十号路北段道路工程、甜城湖清淤疏浚护堤（管、桥）工程、5号路北延线等政府投资竣工决算审计项目33个，在督促业主单位内部核减4220万元后，送审工程总投资61149万元，审减4653万元，审减率7.61%。

经济责任审计 内江市审计机关开展经济责任审计项目71个，查出问题金额331070万元，查处领导干部负有直接责任的问题金额3999万元。内江市审计局完成内江市发改委、内江市广播电视台、威远县委县政府等9个单位10名主要领导的经济责任审计。

专项审计 组织开展稳增长、促改革、调结构、惠民生、防风险政策措施落实情况的跟踪审计。开展内江市保障性住房建设及资金管理使用情况的跟踪审计，查出问题金额42912.94万元。对内江市农村信用社（农村商业银行）开展审计和调查，对东兴区联合水库、隆昌县石盘滩灌区等民生项目开展专项审计调查。

（撰稿人：赖常禄）

【乐山市审计局】 2015年，乐山市审计局人员编制65人，实有56人。局长吴小怡，副局长宋红玢、陈学焦、张强（7月—），总审计师何棱，纪检组长雷邦军，机关党委书记金中强（12

月一）。设有办公室、法规科、综合科、财政审计科、电子数据审计科、行政事业审计科、社保审计科、固定资产投资审计科、农业与资源环保审计科、企业金融与外资审计科、乐山市经济责任审计分局、监察室，下设乐山市政府投资审计中心（乐山市审计信息化中心）。

审计成果 乐山市审计机关完成审计项目419个，查出主要问题金额801744万元，其中违规金额114886万元、损失浪费金额782万元、管理不规范金额686074万元；损益（收支）不实金额72687万元；审计处理处罚金额84104万元，其中应上缴财政15890万元、应减少财政拨款或补贴11957万元、应归还原渠道资金18320万元、应调账处理金额37427万元；审计发现非金额计量问题444个；审计促进整改落实有关问题金额43730万元，其中增收节支16715万元、已调账处理金额21362万元；审计促进拨付资金到位14848万元；审计后挽回（避免）损失21690万元。移送司法机关、纪检监察机关和有关部门处理事项8件。出具审计报告和专项审计调查报告511篇，被批示、采用23篇。提出审计建议1116条，提交审计信息304篇，被批示、采用71篇。向社会公告审计结果136篇。

政策措施贯彻落实跟踪审计 乐山市审计机关开展以农村水利项目政策措施落地、重大建设项目推进、财政存量资金统筹使用，以及简政放权等为重点内容的审计。建立联席会议制度。

财政审计 完成预算执行审计和审计调查项目68个，财政决算审计和审计调查项目5个。开展全省地税联网审计试点，审计期间整改入库税金121.21万元。

经济责任审计 加强对长期未轮岗的领导人员的经济责任审计。通过两办对经济责任审计专门发文，完善机构建设、经费保障等外部环境，加强人员及物资保障，以文件形式明确联席会议召集人。

固定资产投资审计 完成投资审计项目258个，审减投资额1.5亿元，7个区县取消“凡投必审”。乐山市审计局对投资审计中介机构进行重新招标入库。

民生资金（项目）审计 开展芦山地震灾后恢复重建跟踪审计、乌蒙山区扶贫资金专项审计，组织乐山市审计系统对中医院进行统一审计，开展城镇保障性安居工程跟踪审计。

信息化建设 制订乐山市2015年至2019年审计信息化建设规划。确定3个审计信息化建设骨干县、建立专门的数据分析室。上报四川省审计厅计算机审计实例13篇，其中《生产、经营用个人房产未申报缴纳税款情况审计方法》被四川省审计厅推广使用。培养计算机中级人才5人，乐山市具有计算机专业背景和中级资格的人员达到35人。

（撰稿人：郑　伟）

【南充市审计局】 2015年，南充市审计局人员编制68人，实有63人。局长陈勇，副局长张彦、王天配、陆斌（7月—），总审计师岳友普，纪检组长周莉（—7月），经济责任审计办公室主任陈长清。设有办公室、人事科、法规科、财政审计科、农业与资源环保审计科、行政事业审计科、社会保障审计科、金融外资审计科、企业审计科、固定资产投资审计科、内部审计监督指导科、经济责任审计办公室、政策措施落实跟踪审计科、审计计划综合及审计结果执行科、机关党委、监察室，下设南充市政府投资审计中心、南充市审计信息技术服务中心。

审计成果 南充市审计局完成审计项目118个，其中财政审计13个、民生资金审计15个、经济责任审计10个、政府投资审计80个。查出主要问题金额40.85亿元，其中违规金额4539万元；审计处理处罚金额2.05亿元，其中应上缴财政4478万元；审计核减工程造价1.56亿元，促进整改落实有关问题金额1.97亿元，为财政增收节支1.69亿元。出具审计报告和专项审计调查报告131篇。编发审计信息39篇，被南充市市委、市政府和四川省审计厅领导批示25篇次。

政策措施贯彻落实跟踪审计 对简政放权、重大项目推进、精准扶贫、大众创业万众创新、保障性安居工程、城市基础设施、生态环境保护等15个领域的81项具体政策措施进行跟踪审计。

财政收支审计 对南充市市本级财政预算执行、地税收入征管审计和7个部门进行部门预算执行审计及部门决算草案审签。

经济责任审计 对南充市团市委和阆中市党委、政府等单位的10名领导干部开展经济责任审计。

农业与资源环保审计 对南充市7个贫困县的扶贫专项资金进行审计。

固定资产投资审计 实施跟踪审计34个，概算金额78.01亿元。完成决（结）算项目46个。

民生资金（项目）审计 对2014年南充市本级城镇保障性住房实施跟踪审计。

外资运用审计 完成世界银行贷款四川小城镇发展项目南充市顺庆区潆溪镇子项目和嘉陵区火花镇子项目的项目执行及财务收支情况审计，项目到位资金9989.89万元，查出违规金额4920.49万元，提出审计建议6条。

专项资金审计 对南充市9个县市区2012年至2014年农村危房改造资金管理使用情况进行全面调查。

信息化建设 制订南充市审计局信息化建设三年规划，完成金审二期的机房、数据中心等硬件建设，全面推广使用OA（审计管理系统）、AO（现场审计实施系统），实现AO与OA100%交互使用。

（撰稿人：李西蜀）

【眉山市审计局】 2015年，眉山市审计局人员编制54人，实有47人。局长彭惠琴，副局长张征、魏聂、刘志勇、兰可，总审计师张亚平，纪检组长李建辉（5月—），经济责任分局局长辜青霞。设有办公室、固定资产投资分局、经济责任审计一科、经济责任审计二科、财政审计科、金融审计科、行政事业审计科、企业审计科、农业与资源环保审计科、社会保障审计科、法制科、人事监察科，下设眉山市审计局直属分局。

审计成果 眉山市审计机关完成审计项目904个，查出主要问题金额546611万元，其中违规金额7305万元、管理不规范金额539305万元；损益（收支）不实金额83万元；审计处理处罚金额439531万元；审计发现非金额计量问题129个；审计促进整改落实有关问题金额359522万元；审计促进拨付资金到位137320万元；审计后挽回（避免）损失22642万元。移送司法机关、纪检监察机关和有关部门处理事项38件。出具审计报告和专项审计调查报告249篇。提出审计建议447条，提交审计信息171篇，被批示、采用89篇。向社会公告审计结果7篇。

2015年，眉山市审计局获得四川省审计系统先进集体，在省审计厅审计业务绩效考核中列第三位。参与实施的南充市土地出让收支和耕地保护情况审计项目被评为审计署表彰审计项目。

财政审计 完成预算执行审计项目40个，延伸审计单位83个，查出问题金额364292万元；完成财政决算审计项目14个，延伸审计单位17个，查出问题金额37534万元。

经济责任审计 完成项目70个，审计查出问题金额80028万元。探索建立区县党政、市级部门、园区及国有企业三个类别的领导干部审计评价量化体系，对10名县级干部进行打分评价。

固定资产投资审计 完成项目776个，送审投资49.28亿元，核减投资额3.97亿元。

行政事业审计 完成审计项目64个，查出问题金额87183万元。

企业审计 完成审计项目1个，查出问题金额13570万元。

专项资金审计 完成审计项目9个，审计专项资金总额132816万元，查出问题金额6608万元。

信息化建设 全市联网审计系统招标成功。举办58人的计算机中级培训班。四川省审计厅金融处、眉山市审计局同研发的《虚假压降农村信用社上存资金的计算机审计方法》获得四川省2014年度计算机审计方法和实例成果优秀类第一名。

（撰稿人：万秋池）

【宜宾市审计局】 2015年，宜宾市审计局人员编制72人，实有62人。局长李勤，副局长尹昌文、肖军、许波，总审计师邓维莲，纪检组长何钦元，经济责任审计分局局长魏伟。设有办公室、人事科、政策法规科、财政审计科、行政事业社保审计科、农业与资源环保外资审计科、固定资产投资审计科、金融审计科、企业审计科、经济责任审计分局、宜宾市投资审计中心。

审计成果 宜宾市审计机关完成审计与审计调查项目478个，其中审计项目457个，调查项目21个，查出违规金额111149万元、管理不规范金额1106487万元；审计决定应上缴财政金额15017万元，实际上缴财政7230万元；应减少财政拨款或补贴24568万元，已减少财政拨款或补贴 14226 万元；应归还原渠道资金 16671 万元，已归还原渠道资金 9604 万元。移送纪检监察机关事项 76 件，建议有关部门处理事项 22 件；移送处理落实人员 60 人，其中已给予党纪政纪处分 51 人。提交审计信息 684 篇，被批示或采用 356 篇。向社会公开年度审计工作报告和单项审计结果公告 139 篇。

财政审计 完成财政预算执行审计项目 80 个，延伸审计单位 162 个，查出主要问题金额 836244 万元。完成财政决算审计项目 31 个，延伸审计单位 117 个，查出主要问题金额 157476 万元。

行政事业审计 完成审计项目 76 个，延伸审计单位 6 个，查出主要问题金额 84894 万元。

固定资产投资审计 完成审计和专项审计调查项目 209 个，延伸审计单位 9 个，核减投资额（工程款）24275 万元，查出主要问题金额 87232 万元。

民生资金（项目）审计 完成审计和专项审计调查项目 15 个，延伸审计单位 24 个，查出主要问题金额 2329 万元。

企业审计 完成审计和专项审计调查项目 4 个，延伸审计单位 2 个，查出主要问题金额 16669 万元。

经济责任审计 审计领导干部 122 人，其中任中审计 96 人、离任审计 26 人，查出主要问题金额 395059 万元，向社会公告审计结果 30 篇，在一定范围内通报审计结果 34 篇次。

专项资金审计 完成审计和专项审计调查项目 61 个，延伸审计单位 43 个，查出主要问题金额 32047 万元。

内部审计 宜宾市设有内部审计机构 49 个，其中独立设置 9 个、与财务部门合署设置 16 个、与其他部门合署设立 24 个，在财务部门明确内部审计监督职能专职机构 79 个。内部审计机构实有人员 185 人，其中专职人员 133 人。

（撰稿人：钟　红）

【广安市审计局】 2015 年，广安市审计局人员编制 42 人，实有 42 人。局长周成忠，副局长唐素珍、黎毅翔、吕玲，总审计师黎柯（—2 月），纪检组长唐思平，经济责任分局局长蒋锡德。设有办公室、人事科、政策法规科、财政金融审计科、行政事业审计科、农业与资源环保审计科、固定资产投资与外资运用审计科、经贸审计科、社会保障审计科、经济责任审计分局、政府投资审计中心、审计信息中心。

审计成果 广安市审计机关完成审计项目 610 个，查出主要问题金额 796674 万元，其中违规金额 84024 万元、管理不规范金额 712603 万元；损益（收支）不实金额 149313 万元；审计处理处罚金额 245834 万元，其中应上缴财政 40157 万元、应减少财政拨款或补贴 7587 万元、应归还原渠道资金 23425 万元、应调账处理金额 131214 万元、应缴纳其他资金 43451 万元；审计发现非金额计量问题 2673 个；审计促进整改落实有关问题金额 201628 万元，其中增收节支 28956 万元、已调账处理金额 121245 万元；审计后挽回（避免）损失 21737 万元。移送司法机关、纪检监察机关和有关部门处理事项 43 件。出具审计报告和专项审计调查报告 626 篇，被批示、采用 336 篇。提出审计建议 1139 条，提交审计信息 270 篇，被批示、采用 225 篇。向社会公告审计结果 86 篇。

政策措施贯彻落实跟踪审计 持续对稳增长等政策措施落实情况开展跟踪审计，同时在其他项目审计中对政策落实情况进行重点关注，揭示部分项目推进缓慢、政策执行不到位、资金监管不严等问题。

财政审计 组织开展年度同级财政预算执行情况和税收征管情况审计。对广安市财政局等 6 个市级部门预算执行情况进行审计。首次开展部门决算草案审签，对邻水县政府性债务和财政运行风险进行专项审计调查。

经济责任审计 组织对广安市 61 名党政领导干部进行任期经济责任审计，审计查出问题金额 126549 万元，其中负有领导责任的问题金额 114557 万元。广安市本级组织对 10 个市级部门主要负责人以及邻水县人民政府原主要领导进行经济责任审计，查出问题金额 97476 万元，其中负有领导责任的问题金额 96615 万元。

固定资产投资审计 完成投资审计项目 464 个，审计金额 151078 万元，依法核减工程造价 20513 万元。广安市本级完成投资审计项目 27 个，审计金额 33776 万元，依法核减工程造价

8754万元；对35个政府投资项目进行跟踪审计，揭示和反映参建单位履职不到位、建设程序不规范、工程质量不达标等问题。

民生资金（项目）审计 对广安市城镇保障性安居工程审计和精准扶贫政策落实情况进行审计，对广安市本级以及华蓥市、邻水县城镇污水处理开展专项审计调查，对广安市本级住房公积金征收管理使用情况实施审计。

（撰稿人：符家果 邵 彬）

【达州市审计局】 2015年，达州市审计局人员编制43人，实有41人。局长徐云川，副局长李刚、王隆琼、张国煌、屈戈林，总审计师蒋普辉，纪检组长何川，机关党委书记刘登奎。设有办公室、人事科、法制科、内部审计监督指导科、财政审计科、金融审计科、行政事业审计科、农业与资源环保审计科、社会保障审计科、外资运用审计科、固定资产投资审计科、企业审计科、监察室，下设经济责任审计分局、计算机信息审计中心、政府投资审计中心。

审计成果 达州市审计机关完成审计项目800个，查出主要问题金额1051809.48万元，审计处理处罚金额504261.82万元，促进整改落实有关问题金额487636.43万元。移送司法机关、纪检监察机关和有关部门处理事项25件。出具审计报告和专项审计调查报告672篇。提出审计建议1049条，提交审计信息249篇，被批示、采用76篇。向社会公告审计结果82篇。

政策措施贯彻落实跟踪审计 组织开展9轮重大政策落实情况跟踪审计，向达州市政府报送专题报告9篇。

财政审计 完成市级预算执行、地税征管情况、4个市级部门预算执行情况审计和2个市级部门决算草案审签。配合达州市纪委开展市级部门“三公”经费、会议费管理使用情况专项检查，对35个市级部门滥发钱物和私设“小金库”整治情况进行抽查。

经济责任审计 完成万源市党政主要领导和达州市教育局、达州市国资委等单位主要负责人经济责任审计12个。

金融审计 完成通川区、渠县农村信用社、宣汉县农村商业银行信贷政策执行情况专项审计。

农业与资源环保审计 完成达州市2011年至2014年大中型水利水电工程移民资金专项审计，对莲花湖片区、凤凰大道西延线一期、西南职教园区征地拆迁补偿资金进行审计。

固定资产投资审计 完成竣工决（结）算审计36个，审减9958万元，对个人和单位处罚金78万元。完成西外新区海棠湾“蓝润十年城”项目安置房建设成本审计核实等18个达州市市委、市政府交办项目，节约财政资金2100余万元。

民生资金（项目）审计 对学生营养改善计划执行情况、正版软件使用情况进行专项审计调查，协同市级相关部门对涉农资金管理使用情况进行检查。完成达州市保障性安居工程跟踪审计，提出审计建议，被采纳12条。

企业审计 完成5家达州市市属粮食企业储备粮价差亏损情况审计核实，对95家整顿关闭煤矿奖励补助资金管理使用情况进行专项调查。

专项资金审计 完成达州市中药材站、达州市粮油公司、达州水务集团、达州商业集团、达州市环境监测站等相关事项的审计核实。

信息化建设 制订数据中心建设方案，完成部分设备招投标及采购工作，运用大数据技术开展审计取得突破。

（撰稿人：曹春城）

【雅安市审计局】 2015年，雅安市审计局人员编制61人，实有46人。局长王锐，副局长郑文翔、陈浮、李春，总审计师张晓东，纪检组长岑进，机关党总支书记白彬，固定资产投资审计分局局长肖强。设有办公室、固定资产投资审计分局、经济责任审计分局、人事科（监察室）、法规科、企业金融科、财政审计科、行政事业审计科、社会保障审计科、农业外资环保审计科，下设政府投资审计中心、电子数据审计中心。

审计成果 雅安市审计机关完成审计（调查）项目969个，查出违纪违规金额3.48亿元、管理不规范金额19.26亿元，审计处理处罚应上缴财政0.71亿元，归还原渠道资金5.15亿元，核减高估冒算投资1.93亿元。移送纪检、监察部门违纪违规问题和经济案件线索9件。

雅安市审计局荣立“4·20”芦山强烈地震灾后恢复重建工作二等功。

财政审计 组织对雅安市财政局、雅安市地税局预算执行情况进行审计，对 5 个部门及其下属单位开展部门预算执行审计。首次试点开展市级决算（草案）编制情况审计，对 3 个市级部门决算（草案）进行审签。

固定资产投资审计 完成 891 个投资项目竣工决（结）算审计，送审投资金额 34.94 亿元，审减金额 2.10 亿元。

经济责任审计 审计党政领导干部和企业领导人员 39 人，其中县级领导干部 5 人，查出问题金额 2.59 亿元，处理上缴财政 323.6 万元，移交纪委和相关单位案件线索 5 件。

灾后重建审计 对项目总投资 283.43 亿元的 355 个项目进行全过程跟踪审计，对项目总投资 325.68 亿元的 1453 个（次）项目开展审计调查，对送审总投资 5.16 亿元的 314 个项目进行竣工决（结）算审计。节约资金或挽回损失 3380.97 万元，其中核减高估冒算投资 3157.53 万元。发现问题 539 个，已整改到位 411 个。累计提交审计报告、审计建议书等 352 份，提出审计建议 300 条，被采纳 265 条，建立健全规章制度 5 项。四川省审计厅和成都市、德阳市、泸州市、自贡市、南充市、攀枝花市、绵阳市审计局派驻雅安对口援助审计人员 22 人，第一阶段安排对口援审项目 14 个，送审金额为 1.07 亿元；完成结算审计项目 3 个，送审金额为 3674.46 万元，审减金额 214.15 万元。

政策措施贯彻落实跟踪审计 持续开展稳增长、促改革、调结构、惠民生、防风险等政策措施跟踪审计，促进 36 项行政审批事项简化程序、下放落实到位，加快财政资金支付 2078.12 万元。

民生资金（项目）审计 对雅安市 2014 年城镇保障性安居工程的投资、建设、分配、运营等情况进行审计。延伸调查 24 个项目建设情况、11 个街道办（乡镇）、17 个居（村）委会、153 户家庭，对在资金筹集、使用和土地政策执行中等存在的问题提出审计意见。（撰稿人：刘霆威）

【巴中市审计局】 2015 年，巴中市审计局人员编制 50 人，实有 42 人。局长黄拥军，副局长李水清、李三荣、易旭东（10 月—），总审计师易旭东（—10 月），纪检组长刘朝文。设有办公室、监察室、法制科、人事教育科、电子数据审计科、综合计划科、财政审计科、行政事业审计科、社会保障审计科、金融经贸审计科、农业审计科、经济责任审计分局、固定资产投资审计分局、投资审计中心、审计信息中心、驻经开区审计分局。

审计成果 巴中市审计局完成审计项目 32 个，查出主要问题金额 9.67 亿元，督促有关单位归还原渠道资金 1.04 亿元。提交各类审计信息 76 篇。

政策措施贯彻落实跟踪审计 调查 114 个单位、137 家企业、386 个项目，涉及资金 212.3 亿元，发现问题 119 个，督促整改 104 个，提出审计建议被采纳 168 条。

财政审计 完成市本级财政管理审计，查出管理不规范金额 10.21 亿元；对 5 个部门及其下属单位预算执行进行延伸审计，查出违规问题金额 1.02 亿元，揭示应报未报、执行税务稽查决定不严格等问题，督促入库各类税费 1.53 亿元，提出整改建议被采纳 45 条。

经济责任审计 启动对南江县党政主要领导经济责任同步审计试点。完成 4 名领导干部经济责任审计，查出违规违纪金额 5.36 亿元，挽回直接经济损失 2576 万元，促进完善规章制度 11 个。

固定资产投资审计 完成政府投资项目审计 31 个，送审投资总额 6.3 亿元，通过审计节约财政资金 1.2 亿元。

民生资金（项目）审计 组织对巴中市保障性安居工程开展跟踪审计，抽查安居工程项目 116 个，调查 30 个乡镇（办事处）、34 个村（居）委会、1433 个家庭，发现 7 个方面 32 个问题。督查巴中市 2015 年实施农村义务教育学生营养改善计划学校 58 所，涉及学生 6.77 万人，金额 8852 万元，审计督促整改管理不规范金额 3093 万元。完成巴中市农村安全饮水项目资金和工程管理审计，抽查 188 个行政村 248 个项目，查出违规违纪金额 2.39 亿元，挽回经济损失 1140 万元。

（撰稿人：李怡玲）

【资阳市审计局】 2015 年，资阳市审计局人员编制 54 人，实有 49 人。局长文富洲，副局长廖念俊、王志友、段有阔、刘小军，总审计师田碧清，纪检组长王忠。设有办公室、人事科、政策法规科（内部审计监督指导科）、财政审计科、行政事业审计科、经济责任审计科、农业与资源环保审计科、企业和金融审计科、社会保障审计科、电子数据审计科，代管资阳市投资审计中心。资阳市领导干部经济责任审计工作联席会议办公室设在资阳市审计局。

审计成果　资阳市审计机关完成审计和审计调查项目568个，查出主要问题金额1123353万元，审计核减政府工程投资额86675.94万元。移送纪检监察机关及相关部门案件线索42件。提出审计建议454条，被采纳354条。提交审计专题、综合性报告和信息简报152篇，被批示、采用67篇。

财政审计　审计部门单位106个，查出预算编报不真实不完整、未按规定纳入预算管理、少计少缴税费、资金滞留闲置、虚列支出等主要问题金额742062万元。其中市本级审计部门单位34个，查出主要问题金额205055万元。

固定资产投资审计　完成投资审计项目419个，送审金额618174.30万元，审定项目金额531516.36万元，审计核减投资额86657.94万元，审减率为14.01%。其中市本级完成审计项目54个，送审金额182821.60万元，审计审定项目金额152706.65万元，审减金额30114.95万元。

经济责任审计　审计领导干部59人，查出主要问题金额31476万元，其中违规金额2299万元，主要为负领导责任金额565万元、负主管责任金额1515万元；管理不规范金额29177万元，主要为负领导责任金额26687万元、负直接责任金额1318万元。其中市本级审计领导干部10人，查出主要问题金额1276万元。

专项资金审计　完成33个专项资金审计项目，审计专项资金额849219万元，查出主要问题金额268965万元。其中市本级审计项目5个，审计专项资金额792914万元，查出主要问题金额264896万元。

内部审计　引导各部门单位开展内部审计工作，针对审计发现问题，从机制制度层面提出审计建议意见，促进被审计单位查漏补缺、查错纠弊，完善内部管理、财务等方面的各项规章制度，落实依法行政要求。（撰稿人：唐　娟）

【阿坝藏族羌族自治州审计局】　2015年，阿坝藏族羌族自治州审计局人员编制42人，实有37人。局长张建，副局长杨国彬、张泽宇，总审计师欧亚州，纪检组长罗秀英。设有办公室、法规科、经济责任审计科、财政金融审计科、行政事业审计科、固定资产投资审计科、企业审计科、审计信息科、监察室、固定资产投资审计中心。

审计成果　阿坝藏族羌族自治州审计机关完成审计（调查）项目1139个，审计查出主要问题金额4.3亿元，审计期间整改金额1.4亿元，审计处理处罚金额4.05亿元，审计促进整改落实有关问题金额3.04亿元。移送处理事项3件，移送处理金额0.34亿元。出具审计报告和专项调查报告293篇。提出审计建议719条，被采纳679条。

政策措施贯彻落实跟踪审计　阿坝州审计机关围绕贯彻落实国务院、省政府、州政府出台的一系列稳增长、促改革、调结构、惠民生、防风险政策措施开展跟踪审计。

财政审计　采取分段、分步、分项模式，有效开展财政预算、部门预算执行情况、政府债务、“三公”经费等项目的审计监督，完成预算执行审计项目35个。

经济责任审计　开展州本级经济责任审计项目4个。

固定资产投资审计　加大对政府性投资项目的跟踪审计和竣工决算审计的监督力度，重点关注节约项目资金，关注项目质量，减少项目投资中的腐败案件。

专项资金审计　开展城镇保障性安居工程、草原生态保护补助奖励政策资金、国家天然草原退牧还草工程项目资金、幸福美丽家园建设巩固提升工程、农村安全饮水项目、小型农田水利重点县建设项目、中小河流治理项目、大江大河治理项目、教育十年行动计划、学生营养改善计划等涉及民生类的专项审计（或审计调查）。

信息化建设　强化审计专业技术提高，重视开展审计技能培训，通过中级审计师资格考试3人。（撰稿人：王　宏）

【甘孜藏族自治州审计局】　2015年，甘孜藏族自治州审计局人员编制51人，实有43人。局长辛勤，副局长陈军、吴建刚、汪孝竹，总审计师何琼英，纪检组长梁红。设有办公室、法规科、财政金融审计科、行政事业审计科、固定资产投资审计科、企业审计科、农业资源环保审计科、社会保障审计科、经济责任审计分局、审计执行监督科（内部审计监督指导科），下设审计信息和投资审计中心。

审计成果 甘孜藏族自治州审计机关完成审计项目899个，查出主要问题金额312329万元，其中违规金额96932万元、管理不规范金额214968万元；损益（收支）不实金额258万元；审计处理处罚金额86747万元，其中应上缴财政10085万元、应减少财政拨款或补贴5169万元、应归还原渠道资金57194万元、应调账处理金额13251万元；审计发现非金额计量问题439个；审计促进整改落实有关问题金额26067万元，其中增收节支20104万元、已调账处理金额5057万元；审计促进拨付资金到位271万元；审计后挽回（避免）损失19951万元。移送司法机关、纪检监察机关和有关部门处理事项25件。出具审计报告和专项审计调查报告899篇。提出审计建议4548条，提交审计信息184篇。巴塘县2013年度财政收支审计项目获得四川省优秀审计项目。

政策措施贯彻落实跟踪审计 完成14个行业260个部门执行落实政策措施情况的监督检查，揭示问题和偏差22个，提出审计建议23条。

财政审计 完成2015年财政（预算执行）及财政决算审计项目207个，查出预算编报不真实不完整14102万元，未按规定纳入预算管理3630万元，未按规定征收、缴纳预算收入7645万元。完成行政事业单位审计项目52个，查出扩大开支范围或提高开支标准列支17万元、会计核算不实11万元、虚列支出39万元。

经济责任审计 完成经济责任审计项目86个，审计查出违规金额56276万元、管理不规范金额12449万元。

农业与资源环保审计 完成草原生态保护补助奖励机制政策和国家天然草原退牧还草专项资金等审计调查工作29个。

固定资产投资审计 完成固定资产投资审计项目458个，项目总投资436931万元，核减工程结算款22872万元。

民生资金（项目）审计 完成社会保险审计项目8个，查出未按规定征收、缴存社保费74万元，其他问题金额3637万元。

企业审计 完成企业审计项目3个，查出主要问题金额575万元。

专项资金审计 完成专项资金审计及调查项目56个，专项资金总额301600万元，查出问题金额6459万元。

信息化建设 建成州审计机关集群门户网站，完成标准化设备配置，启动实施第一批康定、九龙、道孚、新龙、色达、白玉、巴塘七县（市）审计局数据中心建设。

（撰稿人：童红英　吴艾芳　刘玉瑶　林咏峰）

【凉山彝族自治州审计局】 2015年，凉山彝族自治州审计局人员编制73人，实有73人。局长刘斌，副局长李伟玲、伍皎辉、胡晓华（3月—），纪检组长龙建平，机关党委书记胡国亮，经济责任分局局长刘亚良。设有办公室、人事科、法规科、财政审计科、外资与金融审计科、固定资产投资审计科、行政事业审计科、农业与资源环保审计科、企业审计科、内部审计指导科、社会保障事业审计科、经济责任直属分局、监察室、信息中心。

审计成果 凉山彝族自治州审计机关完成审计项目620个，查出主要问题金额225807万元，其中违规金额18598万元、管理不规范金额207209万元；审计处理处罚金额61894万元，审计促进节支增收43151万元，其中应上缴财政10642万元、应减少财政拨款或补贴31335万元、应归还原渠道资金1173万元；审计促进整改落实有关问题金额2029万元。移送司法机关、纪检监察机关和有关部门处理事项11件。出具审计报告和专项审计报告1721篇，被批示、采用303篇。提出审计建议1981条，被采纳1777条。向社会公告审计结果36篇。

政策措施贯彻落实跟踪审计 加大对重大政策、重大项目、重点资金、减政放权等关键环节和领域的审计，全年抽查677个政府部门、企业、个体工商户和317个项目，涉及财政资金

3271858.96万元和招商引资项目金额57335万元。通过审计，揭示政策落实不到位、工作机制不健全、部分重大项目进展迟缓、要素保障不到位等问题，提出审计建议896条，引起凉山州、县（市）两级党委、政府的高度重视，推动责任落实，确保政令畅通，促进深化改革，防范经济运行中存在的风险。

财政审计 凉山州审计机关开展财政预算执行和决算审计项目102个，查出问题金额142924万元，依法做出相应的处理处罚。

经济责任审计 对凉山州84名领导干部进行经济责任审计，其中任中审计40人、离任审计44人，查出主要问题金额34470万元，其中违规金额2940万元，包括应负直接责任金额783万元、负主管责任金额105万元、负领导责任金额2025万元；管理不规范金额31529万元，包括应负直接责任金额30万元、负主管责任金额4065万元、负领导责任金额27433万元。

固定资产投资审计 审计投资项目305个，查出主要问题金额35183万元，为政府节约投资31209万元。

民生资金（项目）审计 开展城镇保障性安居工程、民族地区教育发展十年行动计划和农村义务教育学生营养餐以及精准扶贫等项目审计，坚持纵向到底，顺着资金流向，瞄准分配、拨付、使用等关键环节，主动跟进发现问题，杜绝中途截留、跑冒漏滴、侵占骗取等违规行为，推动各项惠民政策的落实。

农业与资源环保审计 开展国家天然草原退牧还草工程专项审计，揭示一些项目工期延迟、进度缓慢、实际完成率低等问题，促进资源环保项目的规范运行。（撰稿人：张保权）

2015年四川省所辖区、县(市)级审计工作统计表

金额单位:万元

审计机关	完成审计项目(个)	审计查出主要问题金额	审计处理情况					出具审计报告和审计调查报告(篇)	提出审计建议(条)	提交审计信息(篇)
			审计处理处罚				移送处理事项(件)			
			应上缴财政	应减少财政拨款或补贴	应归还原渠道资金	应调账处理金额				
成都市										
成都市本级	76	4632409	1904		16892	8413	2	76	99	40
武侯区审计局	166	88539	5737		28	2323		166	81	1
锦江区审计局	24	109749	703					24	76	
青羊区审计局	103	140680				43	7	103	194	1
金牛区审计局	139	51972				1379		139	31	
成华区审计局	41	28065	1637		1182	49		41	71	2
龙泉驿区审计局	17	146503	425		99		1	19	42	42
青白江区审计局	21	34803	509	71	724		1	21	57	
新都区审计局	17	61533					2	17	123	1
温江区审计局	179	699336	22158	17826	3006	17602	7	179	75	63
双流区审计局	56	982141	159					57	100	2
都江堰市审计局	31	50043	6859		11		10	31	47	69
彭州市审计局	199	249300	941		40	149	8	199	96	51

续表

审计机关	完成审计项目（个）	审计查出主要问题金额	审计处理情况					出具审计报告和审计调查报告（篇）	提出审计建议（条）	提交审计信息（篇）
			审计处理处罚				移送处理事项（件）			
			应上缴财政	应减少财政拨款或补贴	应归还原渠道资金	应调账处理金额				
邛崃市审计局	137	11050	100			124		137	147	
崇州市审计局	13	11908					2	13	51	4
金堂县审计局	30	37433	91		763		12	30	42	120
郫县审计局	64	117773	11555				4	64	72	73
大邑县审计局	25	7306	324		11			25	57	
蒲江县审计局	132	44021						132	149	
新津县审计局	18	141186	126					18	41	40
高新区审计局	606	69779					1	606	83	
自贡市										
自贡市本级	41	252811	40805	3008	60984	40938	5	45	111	172
自流井区审计局	113	5391	199	3534	1	1502		113	131	27
贡井区审计局	72	42399	10	3088	22	39267	1	72	33	18
大安区审计局	26	14641	12857		7	1760	1	27	92	20
沿滩区审计局	19	35247	10268		24874	49		19	30	20
荣县审计局	89	90849	81	1634	125	9800		108	97	46
富顺县审计局	71	43059	39	1472	22443	256		71	116	43
攀枝花市										
攀枝花市本级	51	630439	307		34205	63198	8	63	136	80
东区审计局	50	15837	907		4056	10763	1	55	141	43
西区审计局	14	1905	617	763		525		17	45	10
仁和区审计局	28	5339	1976		3000	224		31	80	25
米易县审计局	31	81901	3711	630	5	8	1	34	98	81
盐边县审计局	31	19671	3817		404	497		34	133	28
泸州市										
泸州市本级	35	258673	50060	4077	20420	16299	14	51	105	66
江阳区审计局	16	79337	40			1254		26	61	11
纳溪区审计局	23	8824	24			5708	1	34	58	
龙马潭区审计局	18	136612	566	418	1361	25206		17	167	128
泸县审计局	26	358191	128	856	492	16	4	28	49	28
合江县审计局	24	250218	18080		38	261	10	32	94	7
叙永县审计局	15	140792	234	3	3	9051		24	56	16
古蔺县审计局	23	28495	42	5456	24	4	2	33	119	10

续表

审计机关	完成审计项目（个）	审计查出主要问题金额	审计处理情况					出具审计报告和审计调查报告（篇）	提出审计建议（条）	提交审计信息（篇）
			审计处理处罚				移送处理事项（件）			
			应上缴财政	应减少财政拨款或补贴	应归还原渠道资金	应调账处理金额				
德阳市										
德阳市本级	73	976707	2862	68	29	4151	11	87	205	230
旌阳区审计局	23	252625	3868	267	11842	65219		23	56	
广汉市审计局	50	70739	14640	3299		7714		50	49	50
什邡市审计局	33	188859	35655	5212	2106	197		37	94	6
绵竹市审计局	16	40589	60		7	74		16	79	68
罗江县审计局	21	184087	206	7	1158			20	53	76
中江县审计局	39	500547	126		251	2	1	52	170	
经开区审计局	154	25034			2100			2	4	
绵阳市										
绵阳市本级	83	388569	271	17440	90		6	83	231	4
涪城区审计局	83	69823	1185	19086	120			83	41	69
游仙区审计局	82	11139		5041			3	136	57	60
江油市审计局	39	87968	4363		1829	101	1	39	96	47
三台县审计局	154	72213	1602	14412	501	330	5	154	342	5
盐亭县审计局	69	177759	13	4504	1020	12142	1	69	94	24
安县审计局	88	19696	4370	9352		14	6	88	33	81
梓潼县审计局	33	31337	5796	5747	23			33	189	3
平武县审计局	136	7857	171	5063	6	7	5	136	283	25
北川羌族自治县审计局	20	38707		20639	4121	13947		20	77	15
广元市										
广元市本级	124	26045	893	12013	477	1666	19	137	116	89
利州区审计局	93	7662	542	4677	245	83	1	99	189	143
昭化区审计局	152	8517	1644	6458	386	29	12	152	437	73
朝天区审计局	104	6339	1018	298	902	1570		17	61	51
旺苍县审计局	37	31852	69	1822	141	416	1	37	135	95
青川县审计局	125	5551	10	4793				29	377	2
剑阁县审计局	117	10019	170	3534	295	214	9	117	228	20
苍溪县审计局	291	14000	6120	6787	12	129	17	291	346	275
遂宁市										
遂宁市本级	21	155697	659		15951	21115	4	21	53	7
船山区审计局	16	123953	25		520	17204		16	125	29

续表

审计机关	完成审计项目（个）	审计查出主要问题金额	审计处理情况					出具审计报告和审计调查报告（篇）	提出审计建议（条）	提交审计信息（篇）
			审计处理处罚				移送处理事项（件）			
			应上缴财政	应减少财政拨款或补贴	应归还原渠道资金	应调账处理金额				
安居区审计局	13	3516	773	1713	982	4		13	40	21
蓬溪县审计局	30	72506	3	251		72166		30	72	
射洪县审计局	50	112987	10	4	8714	16937	4	50	63	62
大英县审计局	9	47087		292				9	44	
内江市										
内江市本级	29	525027	13264		40495	38342	6	29	121	51
市中区审计局	25	16676			1774	5958		25	93	
东兴区审计局	25	23132			248	5268		25	89	
威远县审计局	51	226304	175		3	4091	5	51	127	97
资中县审计局	78	57602	344		49	2292	6	78	284	8
隆昌县审计局	32	184288	18945		12322	123448	3	32	212	121
乐山市										
乐山市本级	24	657490	11656	1264	1735	4721	2	34	89	135
市中区审计局	14	15901	5	137	15152	582	1	23	38	49
沙湾区审计局	32	17486	3545	1675	760	11504		37	82	35
五通桥区审计局	38	14780	427	1303	15	13006	1	40	26	
金口河区审计局	21	166		166				31	91	
峨眉山市审计局	37	23789		86				49	127	40
犍为县审计局	12	5417		1140				15	26	
井研县审计局	31	1068		1068				39	156	
夹江县审计局	25	12166	61	1655	473	4007	2	33	59	
沐川县审计局	84	2318	5	2032	131	123	1	90	246	
峨边彝族自治县审计局	28	3347	191	1431	19	1484		32	129	17
马边彝族自治县审计局	73	47816			35	2000	1	88	47	28
南充市										
南充市本级	118	408464	4478	10951	228	4836	16	131	199	39
顺庆区审计局	115	40700	10	9862		41		114	137	
高坪区审计局	190	172502	370	6043	56			204	323	
嘉陵区审计局	35	19246	1	11482				41	98	
阆中市审计局	35	167659	82	740		494	4	42	217	30
南部县审计局	111	75082	1	5446	39623			117	27	14
营山县审计局	128	31238		2782				133	199	18

续表

审计机关	完成审计项目（个）	审计查出主要问题金额	审计处理情况					出具审计报告和审计调查报告（篇）	提出审计建议（条）	提交审计信息（篇）
			审计处理处罚				移送处理事项（件）			
			应上缴财政	应减少财政拨款或补贴	应归还原渠道资金	应调账处理金额				
蓬安县审计局	193	7990	136	5167	307	17		203	130	
仪陇县审计局	61	96101	9134	3339	29174	4349	1	63	171	
西充县审计局	148	154923		7361				152	104	
眉山市										
眉山市本级	64	133808	9914	6605	92	87	9	52	89	57
东坡区审计局	165	5446	16	1230	242	2786	3	42	47	48
彭山区审计局	201	17715	491	2406	12671		5	29	93	37
仁寿县审计局	195	178498	56	542	33435	22937	16	45	108	29
洪雅县审计局	58	119406		341	27729	90548	2	21	14	
丹棱县审计局	122	59915	3	236	329	51275	1	30	44	
青神县审计局	99	31820	34	638	65		2	30	52	
宜宾市										
宜宾市本级	42	810825	8162		7092	3879	35	48	132	186
翠屏区审计局	60	12065	1651	9540	199	408		64	78	
南溪区审计局	49	109802	1	7400	9	133	9	49	108	80
宜宾县审计局	35	71008	661	469	26	468	3	35	46	28
江安县审计局	52	40326	2269	5143	226	1412	9	61	101	28
长宁县审计局	39	49897	17	514	1	31249	5	39	133	37
高县审计局	32	6235	617	301	253	247	4	37	65	40
珙县审计局	52	17033	156		7889	621	5	73	195	113
筠连县审计局	31	11404	1117		870	877	9	46	101	53
兴文县审计局	41	2009	321	552	48	67	14	41	100	106
屏山县审计局	45	87142	40	645	55	736	5	45	144	13
广安市										
广安市本级	56	295741	23625	1732	20090	15611	15	65	147	86
广安区审计局	75	40174	12932	1598	379	11355	6	80	195	32
前锋区审计局	70	102313	31	1139	1187	94176		70	38	3
华蓥市审计局	89	16569	2725	25	20	3284	3	89	238	59
岳池县审计局	108	48881	676	4	1563	3277	6	110	179	18
武胜县审计局	157	76746	9	2438	86	2523	11	157	230	65
邻水县审计局	55	216250	159	651	100	988	2	55	112	7
达州市										
达州市本级	98	360747	41070	1040	4043	314594	2	72	198	65

续表

审计机关	完成审计项目(个)	审计查出主要问题金额	审计处理情况					出具审计报告和审计调查报告(篇)	提出审计建议(条)	提交审计信息(篇)
			审计处理处罚				移送处理事项(件)			
			应上缴财政	应减少财政拨款或补贴	应归还原渠道资金	应调账处理金额				
通川区审计局	72	66491	96	4709	371	61315	1	30	113	12
达川区审计局	191	30675	17010	8124	1100	3289	5	191	88	18
万源市审计局	94	223522	130		8250	3230	3	24	129	24
宣汉县审计局	125	220040	9	6467	41	4278	5	125	212	45
开江县审计局	89	99522	164	5205	57	11584	1	89	76	19
大竹县审计局	47	15899	2615	848	8	76	4	57	144	43
渠县审计局	84	34914	153	2994	230	1162	4	84	89	23
雅安市										
雅安市本级	65	2780	3		7038	105	3	219	291	107
雨城区审计局	306	26890	422	3684	2649			284	164	47
名山区审计局	212	30331	915	24985	3981	26	1	179	46	80
荥经县审计局	140	2314	239	1917		16		140	316	41
汉源县审计局	105	31014			10516	9969	1	105	370	51
石棉县审计局	80	4163	1001			3004	1	80	241	79
天全县审计局	97	40565	630	1	21864	21	1	97	230	42
芦山县审计局	65	45118	10		50805		2	65	288	115
宝兴县审计局	55	19159						61	178	30
巴中市										
巴中市本级	32	967349	18279		104199	283996	15	32	146	76
巴州区审计局	16	200894	5213	126	83536	111657		16	100	6
恩阳区审计局	13	231616	16		990	373	1	13	40	1
通江县审计局	22	131183	3				1	22	152	40
南江县审计局	78	46243	4613		7227	9484	3	78	197	106
平昌县审计局	18	70174	61	3441	5641	58086		18	66	8
资阳市										
资阳市本级	38	549653	3021		96242	4421	3	42	124	88
雁江区审计局	34	48246	3928	2173	14	36430		55	101	37
简阳市审计局	61	443317	1098	8686	1	175	26	61	137	23
乐至县审计局	49	15447	159	11797	4	3483	8	53	44	4
安岳县审计局	77	66888	6957			6135	5	77	48	15
阿坝藏族羌族自治州										
阿坝藏族羌族自治州本级	22	24370	8591	2459	1741	6334	3	26	78	56

续表

审计机关	完成审计项目（个）	审计查出主要问题金额	审计处理情况					出具审计报告和审计调查报告（篇）	提出审计建议（条）	提交审计信息（篇）
			审计处理处罚				移送处理事项（件）			
			应上缴财政	应减少财政拨款或补贴	应归还原渠道资金	应调账处理金额				
马尔康市审计局	36	3719	226	2920	1	571		38	38	15
汶川县审计局	15	1069			6	1062		17	41	16
理县审计局	13	593			49	544		14	64	25
茂县审计局	8							8	26	18
松潘县审计局	12	152	137		13	2		13	26	16
九寨沟县审计局	27	417	165	93	11	146		32	66	15
金川县审计局	45	583		438		144		48	133	13
小金县审计局	23	2356	21	4	929	1017		26	68	20
黑水县审计局	13	16				5		14	43	18
壤塘县审计局	18	4281	189	4006		84		22	46	23
阿坝县审计局	12							12	29	12
若尔盖县审计局	6	3831	17			3813		6	16	16
红原县审计局	15	2559	13			2541		17	43	20
甘孜藏族自治州										
甘孜藏族自治州本级	64	190707	8387	2455	38023	5314	23	64	180	89
康定市审计局	25	4804	9	160	4504			25	171	25
泸定县审计局	64	1197						64	294	
丹巴县审计局	52	1536	2			11		52	110	21
九龙县审计局	28	1101	34	361	67	64		28	50	
雅江县审计局	48	4412	4	648	1140	2618		48	388	
道孚县审计局	25	14520		85	1			25	170	25
炉霍县审计局	22	1045		17				22	152	
甘孜县审计局	80	2584	52		11			80	496	
新龙县审计局	50	4066	62	122	377			50	278	
德格县审计局	26	3888	420			3555		26	111	
白玉县审计局	53	2008						53	144	
石渠县审计局	42	42897						42	180	
色达县审计局	39	286	2					39	59	11
理塘县审计局	29	7830	2	66				29	108	
巴塘县审计局	146	14371			8822	1651	1	146	904	
乡城县审计局	25	4753	10	321				25	120	10
稻城县审计局	54	4483	61	540	394			54	457	

续表

审计机关	完成审计项目（个）	审计查出主要问题金额	审计处理情况					出具审计报告和审计调查报告（篇）	提出审计建议（条）	提交审计信息（篇）
			审计处理处罚				移送处理事项（件）			
			应上缴财政	应减少财政拨款或补贴	应归还原渠道资金	应调账处理金额				
得荣县审计局	27	5831	1032	390	3850	35	1	27	176	3
凉山彝族自治州										
凉山彝族自治州本级	30	103796	6215	4181	391	1229		30	112	167
西昌市审计局	86	36353	1106	13554	154	17	7	86	195	265
盐源县审计局	49	11402	97	557				49	96	7
德昌县审计局	56	7711	10	1435	28	4		56	94	34
会理县审计局	34	1738	17	34	123	639		34	159	122
会东县审计局	30	4458	946	3029	64	366		30	86	20
宁南县审计局	32	10985	922	3884		1060	1	32	57	6
普格县审计局	27	3482	44	561	4	2858		27	78	
布拖县审计局	14	5731	25	880		783		14	43	15
金阳县审计局	21	2096	17	122		1750		21	41	10
昭觉县审计局	22	1089		188		901		22	63	22
喜德县审计局	24	3061	123	1052	1	107	1	24	100	5
冕宁县审计局	17	6683	69	62	55	501		17	60	44
越西县审计局	60	6973	6	733	35	112	1	60	108	1
甘洛县审计局	41	1223	29	445		595	1	41	46	6
美姑县审计局	28	5421	15	235	354	4682		28	226	
雷波县审计局	29	9833	977	343				29	96	6
木里藏族自治县审计局	20	3762	16	31	23	3032		20	61	24

贵州省

【贵州省审计厅】 2015 年，贵州省审计厅人员编制 217 人，实有 171 人。设有固定资产投资审计局、经济责任审计局、办公室、法规处、财政审计处、行政事业审计处、农业与资源环保审计处、金融审计处、企业审计处、社会保障审计处、外资运用审计处、人事处、机关党委、离退休干部处、纪检监察机构、发展统计审计处、国资及经济和信息审计处、教育审计处、科技审计处、政法民（族）宗（教）审计处、国土环保审计处、人力资源民政审计处、建设审计处、交通审计处、农林水审计处、文体卫新闻审计处、经济执法及外事旅游审计处，下设审计培训中心、审计信息技术服务中心、机关服务中心、政府投资审计中心。

领导成员

厅　　长：张如飞

副 厅 长：游明进　卢　伟　孙福强

总审计师：李　凌

专职纪检监察员：张　杰（—4月）
　　　　　　　　葛木兰（10月—）

机关党委书记：严贵林

省领导干部经济责任审计联席会议办公室主任：胡立平

审计成果　贵州省共审计和审计调查3053个单位，查出违规金额168亿元。通过审计促进增收节支90亿元，核减工程投资58亿元。向司法、纪检监察机关及有关部门移送案件和事项415件，涉及人员290人，涉及金额27亿元。提出审计建议8259条，被采纳近6000条，被审计单位制定整改措施1152项，健全规章制度55个。

2015年，贵州省审计厅被中央文明委表彰为第四届全国文明单位；被省文明委表彰为全省文明单位。

政策措施贯彻落实跟踪审计　围绕省委、省政府中心工作和审计署有关稳增长等政策措施贯彻落实情况跟踪审计工作要求，组织全省审计机关3300余人次对市（州）、县重大政策贯彻落实、重大建设项目推进、财政资金统筹使用、简政放权等方面情况进行跟踪审计。其中8月至12月，持续围绕省政府工作报告确定的重点事项和十大民生工程，组织全省审计机关以"上审下"方式，对农村饮水安全等水利项目、城市基础设施（污水处理）项目、高标准农田项目、县乡路和通村沥青（水泥）路项目，以及微型企业财政扶持政策、财政存量资金等进行跟踪审计，抽查1185个单位，涉及资金108亿元，抽查项目1034个，涉及总投资额184.84亿元。审计共指出部分市（州）、县（市、区）在贯彻落实稳增长等政策方面存在的问题125个（类），涉及问题金额69.28亿元。向省政府相继上报季度（或月度）跟踪审计报告8篇，提出有针对性的审计意见和建议，得到省委、省政府主要领导和分管省领导的高度关注，先后做出20余次重要批示。

财政审计　组织完成2014年度贵州省省级预算执行情况和其他财政收支、省地税局2014年度税收计划执行情况、省金库预算资金的收纳划分留解和库款拨付情况审计和部门预算执行情况及公务支出和公款消费审计。持续关注财政资金的存量和增量；关注"三公"经费及会议费等管理使用情况，促进厉行节约和廉政建设。在审计厅门户网公布《关于2014年度贵州省省级预算执行和其他财政收支的审计工作报告》，促进扩大审计公开的范围。

民生资金（项目）审计　组织完成2014年度城镇保障性安居工程跟踪审计，重点调查8个市（州）本级（含相关开发区）和78个县（区），延伸调查849个保障性安居工程项目、9002户家庭，并对1340个保障性安居工程项目的开工情况、775个项目的基本建成情况、958个项目的工程建设和质量管理情况进行检查。组织完成28个国家级扶贫开发工作重点县扶贫资金审计，发现违纪违规及管理不规范金额13.7亿元，占审计总金额的35.19%，向纪检监察、司法机关及主管部门移送重大违法违纪问题和案件线索73件，涉及资金1.41亿元，人员126人。审计专报和综合报告，得到省领导重要批示。通过连续3年的审计，对全省50个国家级重点扶贫开发县的扶贫资金审计监督实现全覆盖。

经济责任审计　全省完成398名领导干部和国有企业领导人员经济责任审计，查出违规金额41亿元。实施市（州）党政主要领导干部同步审计，积极发挥联席会议的作用。黔西南州审计局实施的册亨县党政同步审，获全国地方审计机关表彰项目；安顺市印发《安顺市党政主要领导干部和国有企业领导人员经济责任审计办法》。2015年扩大自然资源资产离任审计试点范围，组织贵阳、安顺、遵义、黔南、黔东南、毕节等地（市）完成6个县（区）自然资源资产离任审计试点，出台《贵州省自然资源资产责任审计工作指导意见》，对审计的目标、重点内容、评价指标、依据及标准，工作方法等进行规范。

固定资产投资审计　组织对高速公路等重点投资项目进行审计或跟踪审计。其中，白腊坎至茅台段高速公路工程竣工决算审计核减投资4172万元，六盘水市审计局实施的凤凰山城市综合体建设项目跟踪审计核减投资2.55亿元，毕节市审计局实施的乌蒙山生物医药产业园区场平土石方工程审计核减率达40%。贵阳、遵义、铜仁、黔东南、黔西南、仁怀、威宁等审计机关开展的前置审计（投资预算审查）等工作，节约大量公共建设资金。

外资运用审计　根据审计署统一部署，组织实施国外贷援款4大类25个子项目审计，查出违法违规金额2.1亿元，根据审计发现的违法问题线索分别向相关纪检部门和政府移送事项2件，涉及金额930万元。按照国家审计署的要求，经贵州省政府批准，将外资运用审计结果在审计厅门户网站上进行公告。

省以下地方审计机关人财物管理改革试点 贵州省作为全国首批开展省以下地方审计机关人财物管理改革试点省份，根据中办发〔2015〕58号文件精神，按照中央、审计署、省委、省政府的统一安排和要求，结合全省审计工作实际，研究草拟实施方案及配套文件，组织调研组赴各市（州）、县（市、区）及部门进行调研，征求地方党委政府和省有关部门的意见建议。12月24日，省委常委、常务副省长秦如培主持省完善审计制度改革专题组会议，对贵州省的实施方案及配套文件进行初步审议。

制度建设 根据《国务院关于加强审计工作的意见》的精神，6月，贵州省人民政府印发《贵州省人民政府关于加强审计工作的实施意见》（以下简称《实施意见》）。《实施意见》从提高对审计工作重要性认识、发挥审计的保障和监督作用、完善审计工作机制、提升审计能力等方面提出具体要求；从推动政策落实，实行审计监督全覆盖，防范经济社会风险，保障依法独立行使审计监督权方面提出具体的措施和方法，在推进审计体制机制改革、加强审计机关领导班子建设、推进审计职业化建设、保证履行审计职责的力量和经费、加快推进审计信息化方面提出具体意见。9月25日，省十二届人大常委会第十七次会议上表决通过《贵州省政府投资建设项目审计监督条例》。5月，省审计厅与省人民检察院联合出台《关于健全案件移送和协作配合制度的实施细则》，对双方日常协作、配合，以及案件移送的程序、方式、结果反馈等事项进行明确和细化。12月1日，贵州省政府建立贵州省加强审计协调配合和整改落实工作联席会议制度。联席会议的主要职责是贯彻落实中央和省委、省政府关于加强审计工作的决策部署，保障审计机关依法审计、依法查处问题、依法向社会公告审计结果，认真研究并协调解决审计揭示的典型问题和重大问题，督促各地、各有关部门落实整改责任，细化整改措施，限期整改到位，及时向省政府报告落实整改情况。

队伍建设 完成21名处级领导干部选拔任用工作；通过公开招考完成7人的录用工作；通过公开遴选、调配等方式完成5人的录用及接收工作；选调38名基层审计机关人员到省审计厅挂职锻炼。推进审计队伍的专业化和职业化建设，组织全省1232人参加审计技术职称考试，128人获得初级、中级资格；9人经评定获得高级审计师资格。组织开展多种形式的审计人员业务培训，举办投资审计培训、扶贫资金审计培训、年终整训等，培训干部3000余人次，提高审计干部业务能力和水平。

审计质量管理 组织市（州）、省直管县（市）审计局法制工作负责人，以及省审计厅审计业务骨干共40余人对全省42个项目的审计质量进行检查。通过对各地2015年度实施的本级财政预算执行情况审计项目、经济责任审计项目、投资审计项目审计成果进行检查考评，对考评结果进行通报并督促整改，从而推动各级审计机关依法审计、文明审计。组织开展全省优秀审计项目评选活动，共评选出优秀审计项目和表彰项目12个，其中厅机关3个，各市（州）审计机关9个。全省有两个项目获得审计署表彰。

信息化建设 8月，开展全省计算机审计中级培训，参加计算机审计中级培训104人，68人通过考试并获得计算机审计中级资格，合格率65.38%。完成金审工程三期建设项目可行性研究报告的编制工作，得到审计署及贵州省发改委的批复。 （撰稿人：陈迎春）

【贵阳市审计局】 2015年，贵阳市审计局人员编制109人，实有94人。局长刘晓萍，副局长罗继荣、王雄伟，总审计师朱云进，纪检组长向静，机关党委书记李晓林。设有办公室、法规处、财政审计处、固定资产投资审计一处、固定资产投资审计二处、经济责任审计处、行政事业审计处、外资与农业与资源审计处、社会保障审计处、绩效审计处、企业审计处、人事处、计算机审计处、离退休干部处、机关党委办公室。

审计成果 贵阳市审计机关完成审计项目185个，查出主要问题金额1704367万元，其中违规金额201289万元、管理不规范金额1503076万元；损失浪费金额2万元；审计处理处罚金额573911元，其中应上缴财政4948万元、应减少财政拨款或补贴36032万元、应归还原渠道资金11358万元、应调账处理金额369621万元；审计促进整改落实有关问题金额350935万元，其中增收节支16242万元、已调账处理金额324018万元；审计促进拨付资金到位225万元；审计后挽回（避免）损失42236万元。移送司法机关、纪检监察机关和有关部门处理事项6件。出具审计报告和专项审计调查报告188篇，被批示、采用1篇。提出审计建议554条，提交审计信息843篇，被批示、采用205篇。

财政审计 全市审计机关共审计预算执行单位50个，延伸审计有关单位85个，查出主要问题金额1172591万元。贵阳市人民政府对审计查出的问题高度重视，要求各部门、各单位从制度、机制和管理等方面深入分析问题，认真落实审计整改。结合预算执行审计工作，贵阳市审计局开展对8家一级预算单位和5家二级预算单位的公务支出和公款消费情况的审计调查。

经济责任审计 贵阳市各级审计机关共完成经济责任审计39个，查出违规金额7969万元、管理不规范金额766562万元。受市委组织部委托，贵阳市审计局开展对市农委、贵阳日报社、市工信委、市科技局、市工业投资集团股份有限公司等5个部门和单位领导干部任期经济责任的审计。

农业与资源环保审计 全市审计机关开展对高效农业示范园区建设资金及环城绿化建设资金的审计调查。探索和开展自然资源资产责任审计试点工作，贵阳市审计局开展对白云区人民政府2012年至2014年自然资源资产责任情况进行试点审计。与贵州大学课题组合作组成审计组，利用高校的专业技术和专家提供的相关技术支持，深入揭示自然资源开发利用及使用效益性方面存在的问题。

固定资产投资审计 完成政府投资项目审计1757个，核减投资、减少财政资金支出141060万元。贵阳市审计局下属的审计评审中心共完成审计评审项目619个，审计评审金额367.9亿元，审定金额344.38亿元，核减23.52亿元，核减率6.39%。

民生资金（项目）审计 开展对残疾人就业保障金的审计，审计查出的问题引起市委、市政府高度重视，要求相关部门认真研究并提出解决问题的思路和具体方法，促进被审计单位健全相关制度，加强财务管理。

企业审计 按照贵阳市政府要求，贵阳市审计局开展对市级13家投融资平台公司2014年融资资金管理和使用情况的审计，促进企业加强和规范管理，提高资金的使用效益。

专项资金审计 贵阳市审计局组织开展对扶贫资金、城镇保障性安居工程项目资金、教育附加和地方教育附加资金、高技术产业发展专项资金、价格调节基金、残疾人就业保障资金以及贵阳金竹粮食储备仓库2014年度供应金竹镇水淹区农民粮食价差及费用情况的审计及审计调查，促进专项资金的合理有效使用。

信息化建设 贵阳市审计局按照《贵阳市审计信息化建设方案（2015—2017）》的要求开展审计信息化建设工作，开发并完成财政联网审计系统。在推进OA（审计管理系统）和AO（现场审计实施系统）的运用的同时，利用贵阳市社保联网审计系统及其他应用软件开展审计工作。

（撰稿人：张旭丽）

【六盘水市审计局】 2015年，六盘水市审计局人员编制69人，实有48人。局长代云盘，副局长卢德正、李成培、董巍娜、张立敏，总审计师王小月（9月—），纪检组长邵建梅，经济责任审计局办公室主任张立敏（兼），六盘水市政府投资审计中心主任王坤平（11月—）。设有办公室、政策法规科、财政审计科、行政事业审计一科、行政事业审计二科、农业与资源环保审计科、固定资产投资审计一科、固定资产投资审计二科、金融与外资审计科、经济责任审计一科、经济责任审计二科、企业审计科、社会保障审计科、六盘水市政府投资审计中心。

审计成果 六盘水市审计机关全年完成审计项目358个，查出主要问题金额105.2亿元，其中违规金额1.25亿元、损失浪费金额0.02亿元、管理不规范金额103.94亿元；损益（收支）不实金额1亿元；审计处理处罚金额13.5亿元，其中应上缴财政 0.68 亿元、应归还原渠道资金 4.72 万元、应调账处理金额 7.24 亿元；核减固定资产投资 14.19 亿元，审计发现非金额计量问题 361 个；审计促进整改落实有关问题金额 13.29 亿元，其中增收节支 5.32 亿元、已调账处理金额 7.13 亿元；审计促进拨付资金到位 0.47 亿元；审计后挽回（避免）损失 2.03 亿元。移送纪检监察和有关部门处理事项 7 件，移送处理人员 6 人。提出审计建议 613 条，向党委、政府和省审计厅提交审计专题、综合报告和审计信息 373 篇次，被采用、批示 229 篇次。

政策措施贯彻落实跟踪审计　开展稳增长等政策措施落实情况跟踪审计 8 批 32 个项目，共发现问题 80 余个，揭示资金未到位、挤占挪用专项资金、项目建设进度滞后、已建成廉租房闲置等问题。3 名责任人移送有关部门处理。

财政审计　完成市县两级同级财政预算执行情况审计、53 个部门预算执行情况审计，揭示预算编报不真实不完整 0.74 亿元、未按规定征收缴纳收入 0.7 亿元、违规改变项目计划和资金用途 1.88 亿元、资金滞留闲置 4.73 亿元等问题。

经济责任审计　完成 15 名领导干部经济责任审计，查出违规金额 0.5 亿元、管理不规范金额 0.48 亿元。揭示预算管理执行不规范、政府采购及招投标执行不到位等问题。制定《六盘水市党政主要领导干部和国有企业领导人员经济责任审计实施办法》，规范和细化经济责任审计程序及内容。

固定资产投资审计　完成政府性投资审计项目 632 个（含预算审查），审计总金额 102.57 亿元，核减投资 14.19 亿元。其中，六盘水市粮油储备中心 1 号储备库工程竣工结算审计审减率达 20.41%；凤凰山城市综合体建设项目 1 至 8 期跟踪审计金额 20.91 亿元，审减金额 3.78 亿元，综合审减率达 19.11%。

民生资金（项目）审计　完成城镇保障性安居工程审计等 18 个专项资金审计项目，审计总金额 13.99 亿元，查出未落实“收支两条线”和专户管理规定、违规改变项目计划和资金用途等问题。4 月至 7 月，抽派 22 名审计人员对安龙县和石阡县扶贫资金交叉审计，向省纪委移交案件线索 1 件。

（撰稿人：舒运绍）

【遵义市审计局】　2015 年，遵义市审计局人员编制 35 人，实有 32 人。局长翁永厚，副局长雷以怀、李镇薇，总审计师张辉。设有办公室、固定资产投资审计科、财政金融审计科、经贸审计科、经济责任审计科、农业与资源环保审计科、行政事业审计科、法制科。

审计成果　遵义市审计机关完成审计项目 505 个，查出主要问题金额 812213 万元，其中违规金额 124916 万元、损失浪费金额 430 万元、管理不规范金额 686866 万元；损益（收支）不实金额 15627 万元；审计处理处罚金额 340914 万元，其中应上缴财政 9179 万元、应减少财政拨款或补贴 51561 万元、应归还原渠道资金 228236 万元、应调账处理金额 30423 万元、应缴纳其他资金 21513 万元；审计发现非金额计量问题 686 万元；审计促进整改落实有关问题金额 273588 万元，其中增收节支 240914 万元、已缴纳其他资金 5245 万元、已调账处理金额 27334 元；审计后挽回损失 17218 万元。移送司法机关、纪检监察机关和有关部门处理事项 17 件。出具审计报告和专项审计调查报告 545 篇；提出审计建议 1684 条，提交审计信息 325 篇，被批示、采用 136 篇。向社会公告审计结果 1 篇。

政策措施贯彻落实跟踪审计　按照省审计厅要求，遵义市审计局采取由被审计单位自查、审计人员审查和重点事项进行审计的方式开展跟踪审计。通过跟踪审计，摸清全市各级政府和部门落实稳增长等政策措施的情况，反映各地在简政摸清放权、项目建设、资金筹集、管理和使用等方面采取的系列举措和取得的成效，揭示个别地区、部门由于管理制度不完善、经办人之间交接不到位等原因导致政策措施未落实、项目推进慢等方面的问题。各级政府和部门领导及有关负责人高度重视审计中发现的问题，在审计提出问题的处理措施和建议意见后，及时查找原因，出台整改措施，在规定的期限内将问题整改后向审计机关做出书面报告。

财政审计　遵义市审计机关共完成预算执行情况和决算审计项目 131 个，其中预算执行 106 个，财政决算 25 个，查出主要问题金额 588813 万元。

经济责任审计 遵义市审计机关对49名领导干部开展经济责任审计，其中党委领导干部10人，政府领导干部14人，政府工作部门领导干部23人，事业单位领导干部2人，查出主要问题金额126966万元。按照省审计厅要求，开展余庆县自然资源资产责任审计。

固定资产投资审计 遵义市审计机关完成政府投资审计项目316个，审减金额44207万元，审减率15.16%。

专项资金审计 完成专项资金审计项目26个，查出主要问题金额10992万元。

企业、金融审计 完成企业金融类审计项目2个，查出主要问题金额9814万元。

信息化建设 高度重视审计信息化基础设施建设，实现一线审计人员人手一台审计专用电脑。加强计算机审计及应用技术的培训，9人通过AO（现场审计实施系统）计算机审计运用中级资格考试。加大OA（审计管理系统）的应用力度，市、县审计机关所有审计文件实现无纸化传输；与当地党委、政府及相关部门实行网络互联。加大AO的推广、应用，注重总结计算机审计方法和经验，系统归纳和梳理各专业审计领域的计算机审计思路，完善已应用领域的计算机审计方法。按照省审计厅金审工程建设要求，充分运用审计专用视频系统召开各种专业会议和审计业务培训会。

交办事项 完成交办、配合事项832件，其中党委及其工作部门交办65件，政府及其工作部门交办767件，查出主要问题金额26141万元。

（撰稿人：李　励）

【安顺市审计局】 2015年，安顺市审计局人员编制48人，实有37人。局长陈天一（—1月）、郑玉和（1月—），副局长甘宗祥、徐晓艳、汪泽荣，总审计师陈敏，纪检组长徐家猛，固定资产投资审计中心主任陈华，市经济责任审计联席会议办公室主任张俊晖（—11月）。设有办公室等10个科室，下设市经济责任审计联席会议办公室、市固定资产投资审计中心。

审计成果 安顺市审计局完成审计项目68个，查出主要问题金额142130万元，其中违规金额41086万元、管理不规范金额101043万元；审计处理处罚金额45281万元。移送纪检监察机关和有关部门处理事项3件。出具审计报告和专项审计调查报告74篇，被批示、采用2篇。提出审计建议175条，提交审计信息78篇，被批示、采用61篇。

政策措施贯彻落实跟踪审计 对全市取消和下放行政审批事项等23个方面政策措施落实情况进行跟踪审计。结合市政府重点工作责任分解情况，对棚户区改造等方面推行全过程跟踪审计，对财政扶贫资金等民生资金开展专项审计，切实推进各项改革措施贯彻落实和不断完善。

财政审计 按照财政审计由一般性财政财务收支向政府资金分配管理使用全过程、统一完整的预算体系建设和全部政府性资金全覆盖深化的要求，进一步深化财政审计工作。

经济责任审计 加强工作谋划，将关键部门、资金量大的单位和一些长期未审计的单位纳入审计范围。开展自然资源资产责任审计和党政主要领导经济责任同步审计试点。结合本地实际，完善经济责任审计相关制度。

固定资产投资审计 安排对86个工程项目进行审计，完成投资审计项目42个，其中结算审计35个，审计核减金额4722.67万元，核减率5.89%；预算审计7个，审计核减金额975.69万元，核减率5.03%。

民生资金（项目）审计 组织全市审计机关开展2014年城镇保障性安居工程跟踪审计。配合完成省审计厅统一组织的扶贫资金审计，独立开展平坝区财政扶贫资金和扶贫生态移民资金审计。对镇宁布依族苗族自治县城市及农村最低生活保障资金开展专项审计调查。完成世界银行贷款等有关项目审计。

（撰稿人：李　皓）

【毕节市审计局】 2015年，毕节市审计局人员编制72人，实有53人。局长朱平，副局长李明祥、陈志勇、项学新，总审计师杨大莲，纪检组长李华，政府投资审计中心主任陈国忠。设有财政农业审计科、经济责任审计科、企业审计科、行政事业审计科、法制科、固定资产投资审计科、信息科、办公室，下设毕节市政府投资审计中心、毕节市经济责任审计办公室。

审计成果 毕节市审计机关完成审计项目128个，查出违规金额167783万元、管理不规范金额 864043 万元；应上缴财政 120197 万元，已上缴财政 683 万元；应归还原渠道资金 91151 万元，应调账处理 85116 万元。移送纪检监察机关案件线索 38 件，涉案金额 12629 万元；移送检察机关案件线索 5 件，涉案金额 176 万元。提交审计信息 150 篇，被采用 29 篇次。报送《审计要情》2 篇，市政府主要领导做出重要批示。提出审计建议 378 条，被采纳 167 条。在 2015 年省审计厅对市州绩效目标考核中荣获全省第一名。

政策措施贯彻落实跟踪审计　对 2015 年稳增长等政策措施落实情况开展跟踪审计，重点对污水处理、移民搬迁等项目进行审计，一月一专题按时上报审计情况，督促及时整改。

财政审计　重点关注财政资金统筹使用和绩效情况，“三公”经费及会议费管理使用情况，加大对一、二级预算执行单位的审计力度。全年共完成同级预算执行审计项目 24 个，延伸审计预算执行单位 28 个。

经济责任审计　全年完成经济责任审计项目 22 个，审计县级干部 6 人、乡科级干部 20 人，查出违规金额 13377.35 万元、管理不规范金额 143790.13 万元；移送纪检监察、检察机关事项 8 件，涉案人员 11 人，涉案金额 146 万元。开展百里杜鹃管委会自然资源资产责任审计试点，通过传统审计和大数据审计相结合的审计方式，揭示百里杜鹃管委会在自然资源资产保护、开发、利用中存在非法占用土地和林地、民生工程项目未按期完成、惠民便民成果未得到体现等 69 个问题，涉及问题金额 72250 万元，移送审计事项 26 件。

固定资产投资审计　全年完成政府投资审计项目 1374 个，审计金额 581940.42 万元，为国家节约建设资金 54011.72 万元。

专项资金审计　完成对毕节市 2014 年城镇保障性安居工程（包括廉租住房、公共租赁住房、经济适用住房、限价商品住房和各类棚户区改造）的投资、建设、分配、运营等情况审计，重点对棚户区改造安置、保障性住房分配和管理情况进行审计。完成对市卫生计生委 2013 年至 2014 年 12 月底的大病医疗保险资金支付情况审计，并延伸审计大病保险业务办理单位中国人寿保险毕节分公司。完成对全市 2012 年至 2014 年石漠化综合治理资金的分配、管理、使用及其效益情况审计。

（撰稿人：李雨露）

【铜仁市审计局】　2015 年，铜仁市审计局人员编制 63 人，实有 57 人。局长任廷跃，副局长田仁华、文玉宏、姚茂海，总审计师陈静，纪检组长田峰。设有办公室、审计质量监督科、监察室、财政金融审计科、农业外资审计科、固定资产投资审计科、经贸审计科、行政事业审计科、经济责任审计一科、经济责任审计二科，下设铜仁市投资审计中心、审计信息中心。

审计成果　铜仁市审计机关完成审计项目 721 个，查出主要问题金额 1645238 万元，其中违规金额 247832 万元、管理不规范金额 1397405 万元；审计处理处罚金额 429744 万元，其中应上缴财政 214118 万元、应归还原渠道资金 198952 万元、应调账处理金额 15919 万元；审计促进整改落实有关问题金额 246819 万元，其中增收节支 226677 万元、已调账处理金额 15202 万元。移送司法机关、纪检监察机关和有关部门处理事项 49 件。提交审计信息 409 篇，被批示、采用 255 篇。

铜仁市审计局和六盘水市审计局联合实施的黔南布依族苗族自治州土地出让收支和耕地保护情况审计项目被审计署评为 2015 年表彰审计项目。

财政审计　完成审计项目 90 个，查出未按规定征收缴纳收入 79671 万元、违规改变项目计划和资金用途 30490 万元、虚列支出 19996 万元，依法做出责成其全额上缴国库、归还原渠道资金和调账的处理。

专项资金审计　完成审计项目 63 个，查出未落实“收支两条线”和专户管理规定 1307 万元、违规改变项目计划和资金用途 38576 万元、资金滞留闲置 8751 万元，依法做出责成其上缴财政专户、归还原渠道资金和限期下拨专项资金的处理。

固定资产投资审计　完成审计项目 511 个，审计项目投资总额 1057534 万元，查出投资预算编报不规范 116526 万元、工程结算款不实多计 52756 万元，依法做出核减工程预算投资额和结决算工程款的处理，核减投资额 169282 万元，总核减率为 16.01%。对铜仁市第八中学主体及附属工程结算的审计，送审结算投资额 22274.76 万元，审计核减8280.87万元，核减率为37.18%。

经济责任审计 完成审计项目51个，审计经济责任人72人，其中县处级7人、乡科级65人，查出违规金额中应负直接责任金额430万元、负主管责任金额6105万元、负领导责任金额88642万元；查出管理不规范金额中应负直接责任金额6427万元、负主管责任金额43724万元、负领导责任金额285929万元。（撰稿人：朱亚明）

【黔西南布依族苗族自治州审计局】 2015年，黔西南布依族苗族自治州审计局人员编制51人，实有40人。局长雷宪春，副局长沈浩廷、龙敏，总审计师张亚非，纪检组长吕剑平（—7月），州领导干部经济责任审计联席会议办公室主任张时龙。设有办公室、人教科、法规科、财政编制金融审计科、行政事业外资审计科、农林水资源环保社保审计科（政策落实跟踪审计科）、企业审计科、投资审计科、经济责任审计一科、经济责任审计二科、监察室，下设州政府性投资建设项目前置审计中心、决算审核中心、审计信息技术服务中心。

审计成果 黔西南布依族苗族自治州审计机关完成审计项目121个，参与审计项目27个。查出主要问题金额62.76亿元，其中违规金额15.25亿元、管理不规范金额47.51亿元；审计处理处罚金额20.52亿元，其中应上缴财政2.05亿元、应归还原渠道资金9.98亿元、应调账处理金额7.62亿元。移送司法、纪检监察和有关部门处理事项26件。出具审计报告121篇，被批示24篇。提出审计建议331条。向社会公告审计结果13篇。

1个审计项目获国家审计署优秀表彰，州审计局被中央文明委表彰为“全国文明单位”。

政策措施贯彻落实跟踪审计 按照省审计厅统一部署，第一、二季度分别组织对州县（市）稳增长等政策措施落实情况进行跟踪审计。从7月起，通过“上审下”的方式每月进行跟踪审计，其中省审计厅每月牵头实施一个县（市）的审计，州审计局牵头负责跟踪审计其他县（市）。

财政审计 审计财税部门和金库单位30个，对13个部门单位进行延伸审计，查出问题106个，涉及违规金额12.28亿元、管理不规范金额39.37亿元，提出审计意见和建议73条。12月14日，向州第七届人大常委会第二十九次会议做关于2014年度州本级预算执行和其他财政收支的审计工作报告。

经济责任审计 完成经济责任审计项目54个，查出违纪违规金额3041万元、管理不规范金额4.84亿元，审计部门向纪委等部门移交涉嫌经济问题案件线索20个，移送8人。配合州委组织部完成离任的县处级领导干部监交工作50项，监交资产类总金额近22亿元。对安龙县开展自然资源资产责任审计试点，重点审计自然资源、环境建设等情况，探索编制自然资源资产负债表，为黔西南功能生态区争取更多生态补偿提供数据依据，为深入推进自然资源资产审计工作积累经验。

固定资产投资审计 全州审计机关完成政府性投资前置审计项目865个，建设方报审金额122.80亿元，审定金额107.83亿元，审计净核减14.97亿元；完成竣工结算审计项目785个，送审金额34.08亿元，审定金额31.84亿元，审计净核减2.24亿元。

民生资金（项目）审计 组织对全州1996年以来管理使用宁波市对口帮扶资金4.79亿元（含折款）进行绩效审计。组织对全州2014年城镇保障性安居工程情况进行审计。组织对望谟县2011年“6·06”特大山洪泥石流灾害灾后重建情况进行跟踪审计。

专项资金审计 开展对册亨县“584”工程情况进行专项审计。组织对州“153”工程任务落实情况进行专项审计。组织对威鲁公路工程进行中间结算投资审计。开展对洒金教育城项目建设和资金管理情况审计调查。完成对师院投资建设项目的专项审计。（撰稿人：刘崇方）

【黔东南苗族侗族自治州审计局】 2015年，黔东南苗族侗族自治州审计局人员编制61人，实有48人。党组书记张恩莲（3月—），副局长欧勤远、刘才泉、周小燕，总审计师李志军，纪检组长李万秉，经济责任审计办公室主任朱珠，政府投资前置审计中心主任龙家茂。设有办公室、法制科、财政金融审计科、行政事业审计科、固定资产投资审计局、企业与外资运用审计科、农业与资源环保审计科、监察室，下设经济责任审计办公室、政府投资前置审计中心。

审计成果 黔东南苗族侗族自治州审计机关共完成各类审计项目306个，查出主要问题金额925313万元；审计处理处罚金额220351万元；审计发现非金额计量问题376个；审计促进整改落实有关问题金额163250万元。提出审计建议812条，被采纳489条。提交审计信息693篇，被批示、采用473篇次。

财政审计 分别对州、县两级2014年度本级财政预算执行情况以及其他财政收支情况进行审计，重点审计预算分配、预算支出，加强对部门预算、财政专项资金的审计监督，并对预算、国库、地方税务等资金实行全面审计，延伸审计州发改委、州中级人民法院、州国土资源局、州民宗委、州环保局、州文广局、州扶贫办等7个单位部门预算执行情况。

完成财政决算审计单位9个，核减投资额（工程款）59万元，查出主要问题金额2183万元，其中隐瞒转移截留资金139万元、资金滞留闲置149万元、资金不到位不落实150万元、配套资金不落实150万元。

完成行政事业单位财务收支审计67个，查出主要问题金额260962万元，其中预算编报不真实不完整1832万元、资金滞留闲置5856万元、扩大开支范围或提高开支标准列支665万元、违规出借财政资金27694万元、资金不到位不落实825万元、挤占建设成本2725万元。

经济责任审计 全州审计机关完成领导干部经济责任审计项目61个，审计经济责任人57人。其中党委书记12人、政府负责人16人、政府工作部门领导21人、事业单位领导6人、人民团体负责人1人、国有企业领导1人。查出主要问题金额16716万元，提出审计建议177条，被采纳68条。

专项资金审计 全州审计机关完成专项资金审计（调查）项目73个，延伸审计单位49个，审计专项资金总额194329万元。查出主要问题金额174076万元，其中隐瞒转移截留资金16611万元、未落实“收支两条线”和专户管理规定1059万元、违规改变项目计划和资金用途21803万元、资金滞留闲置27055万元、违规出借财政资金1460万元、资金不到位不落实12783万元、未按进度支付工程款4905万元。

固定资产投资审计 开展政府投资建设项目概（预）算审查，完成政府投资项目概（预）算审查1361个，审查金额98.87亿元，核减金额14.41亿元。对项目建设成本、工程结算的真实性、合法性进行全面审查，完成政府投资项目竣工决算审计1397个，审计金额52.34亿元，核减金额4.78亿元。全年累计节约投资资金19.19亿元。

政策措施贯彻落实跟踪审计 2015年稳增长等政策措施落实情况跟踪审计开展8次，出具综合性审计报告8篇，发现13个方面问题32个。开展保障性安居工程的跟踪审计工作。1月至3月，派出16个审计组、75名审计人员，对黔东南苗族侗族自治州2014年城镇保障性安居工程的投资、建设、分配、运营等情况进行审计。

（撰稿人：田洪波）

【黔南布依族苗族自治州审计局】 2015年，黔南布依族苗族自治州审计局人员编制49人，实有37人。局长管跃敏，副局长罗宪平、林雪洪，总审计师冯丽芳，纪检组长司文丽，州领导干部经济责任审计联席会议办公室主任杨爱民。设有办公室、政策法规科、财政金融审计科、社保与行政事业审计科、农业与资源环保审计科、固定资产投资审计科、经济责任审计科、经贸外资审计科、固定资产投资审计中心。

审计成果 黔南布依族苗族自治州审计局完成审计（调查）项目999个，查出主要问题金额91.33亿元，其中违规金额30.45亿元、损失浪费金额972万元、管理不规范金额60.78亿元；损益（收支）不实金额12.54亿元；审计处理处罚金额50.54亿元，其中应上缴财政13.70亿元、应减少财政拨款或补贴5.80亿元、应归还原渠道资金16.65亿元、应缴纳其他金额4.60亿元、应调账处理金额9.79亿元；审计发现非金额计量问题433个；审计促进整改落实有关问题金额25.57亿元，其中增收节支19.05亿元、已调账处理金额2.94亿元；审计后挽回（避免）损失13.22亿元。移送司法机关、纪检监察部门处理事项46件，移送处理人员10人。出具审计报告和专项审计调查报告497篇，被批示、采用138篇。提出审计建议862条，提交审计信息577篇，被批示、采用325篇。黔南审计工作连续14年荣获全省审计机关年度绩效目标考核一等奖。

财政审计 完成财政审计项目77个，查出主要问题金额79.49亿元。向州人大常委会报告的《黔南州人民政府关于2014年州本级财政预算执行和其他财政收支情况的审计工作报告》获得参会常务委员全票通过。完成行政事业审计项目29个，查出主要问题金额2.34亿元。

固定资产投资审计 全州审计机关完成固定资产投资预（决）算审计项目351个，审计项目投资额42.6亿元，核减投资额5.71亿元。完成州党委、州政府交办配合事项502个，核减投资额2.6亿元。

企业审计 完成企业审计项目4个，查出主要问题金额882万元。

专项资金审计 完成专项资金审计（调查）项目35个，包括保障性安居工程跟踪审计，稳增长、促改革、调结构、惠民生、防风险跟踪审计和价调基金管理使用情况审计等项目，审计资金总额115.9亿元，查出主要问题金额2.29亿元。

经济责任审计 全州审计机关完成领导干部经济责任审计项目31个，审计县级领导8人、乡科级干部20人，查出违规金额13.34亿元、管理不规范金额11.97亿元，向司法、纪检监察机关移送3人。4月至9月，组织开展平塘县领导干部自然资源资产责任扩大试点审计，依法移送违法违纪问题13件3人，促进自然资源资产专项资金规范管理和有效运用。（撰稿人：陆浩华）

2015年贵州省所辖区、县(市)级审计工作统计表

金额单位:万元

审计机关	完成审计项目(个)	审计查出主要问题金额	审计处理情况					出具审计报告和审计调查报告(篇)	提出审计建议(条)	提交审计信息(篇)
			审计处理处罚				移送处理事项(件)			
			应上缴财政	应减少财政拨款或补贴	应归还原渠道资金	应调账处理金额				
贵阳市										
贵阳市本级	36	936590	4458	12057	250	32149	3	48	165	247
南明区审计局	19	24316	169	23032	951			19	46	86
云岩区审计局	23	60736						23		31
白云区审计局	13	300800	126	90	505	292805	1	17	37	155
乌当区审计局	13	2358		792	60	801		13	34	101
花溪区审计局	16	76119	369		293	25		16	50	69
清镇市审计局	15	230073	26			3353		15	57	35
开阳县审计局	17	49044	109	5474	9014	38337	1	17	39	45
息烽县审计局	20	2973	38		282	2606	1	20	94	72
修文县审计局	13	21231							32	2
六盘水市										
六盘水市本级	61	665486	1058		1164	57235	1	61	173	242
钟山区审计局	47	31196	1261		1123	2793	1	47	91	17
盘县审计局	147	154809	2199		57	4451		147	90	51
水城县审计局	68	178753	101		42974	784		68	155	50

续表

审计机关	完成审计项目（个）	审计查出主要问题金额	审计处理情况					出具审计报告和审计调查报告（篇）	提出审计建议（条）	提交审计信息（篇）
			审计处理处罚				移送处理事项（件）			
			应上缴财政	应减少财政拨款或补贴	应归还原渠道资金	应调账处理金额				
六枝特区审计局	35	21826	2194		1949	7098	5	35	104	13
遵义市										
遵义市本级	16	132906	192		70662	40		21	58	2
汇川区审计局	19	45064	1552	213	40596	3466		23	57	14
红花岗区审计局	88	19689		4211	15000			91	22	
赤水市审计局	13	36413	4266	14007	2127	15256	1	13	241	27
仁怀市审计局	12	214098			30			13	59	2
遵义县审计局	27	17167	15	12616	149	47		33	26	36
桐梓县审计局	20	101828	13		16	444	4	22	153	41
绥阳县审计局	12	41099			35219	2439	1	14	47	36
正安县审计局	10	7523	1619	16	515	4884	7	13	40	1
凤冈县审计局	24	26344	124		7434	24		27	20	38
湄潭县审计局	9	3481	583		353	294		10	30	26
余庆县审计局	20	34176	15	1244	9996	33		23	74	
习水县审计局	188	36232	133	18085	3741	347		189	594	28
道真仡佬族苗族自治县审计局	26	12577	658	1169	2283	283		30	43	6
务川仡佬族苗族自治县审计局	14	54555			28262	2866	3	17	182	31
新蒲新区审计局	7	29061	9		11853		1	6	38	37
安顺市										
安顺市本级	68	142130	9531		30962	4251	3	74	175	78
西秀区审计局	242	22481	2097		13384	7000	1	242	39	55
平坝区审计局	86	7446						86	258	12
普定县审计局	13	161703			5983	1744	7	0	13	48
镇宁布依族苗族自治县审计局	61	54731	599		6323	4		61	75	16
关岭布依族苗族自治县审计局	68	29415					1	84		42
紫云苗族布依族自治县审计局	10	25632						10	32	25
开发区审计局	6	15859						6	34	12
黄果树风景名胜区审计局	5	10410	232		448	6441	4	5	25	31
毕节市										
毕节市本级	19	11647	93550		2850	10254	7	19	80	20

续表

审计机关	完成审计项目（个）	审计查出主要问题金额	审计处理情况					出具审计报告和审计调查报告（篇）	提出审计建议（条）	提交审计信息（篇）
			审计处理处罚				移送处理事项（件）			
			应上缴财政	应减少财政拨款或补贴	应归还原渠道资金	应调账处理金额				
七星关区审计局	11	12538	8547		11004		28	11	41	5
大方县审计局	8	77204	1699		71289			8	27	
黔西县审计局	17	3064	2781	9	229	18	1	17	93	37
金沙县审计局	13	11710	11350			430	6	13		28
织金县审计局	14	1269	395	169	24	143		14	26	
纳雍县审计局	14	49756	1143		5340	41739		14	31	13
赫章县审计局	13	576	90	258	319	23327	1	13	26	16
威宁彝族回族苗族自治县审计局	19	19	642		96	9205		19	54	31
铜仁市										
铜仁市本级	64	532518	140331		63972	237	13	90	306	58
碧江区审计局	45	23176	3876		1	186	2	51	67	11
万山区审计局	34	33874	1090		104	138	5	38	88	42
江口县审计局	48	58793	397		134		4	51	159	17
石阡县审计局	59	212266	385		116439	319	14	62	181	27
思南县审计局	100	323443	1312		6065			103	215	23
德江县审计局	149	220126	12377		918	17		152	759	35
玉屏侗族自治县审计局	49	60370	25374	5	229	14176	7	52	160	43
印江土家族苗族自治县审计局	63	39312	22547		462	110		63	107	90
沿河土家族自治县审计局	18	97813	6046		243	710	4	22	63	20
松桃苗族自治县审计局	92	43542	377		10377	22		95	218	43
黔西南布依族苗族自治州										
黔西南布依族苗族自治州本级	12	85333	2480			6	13	12	27	112
兴义市审计局	15	83683	17756		42365	21780	6	15	50	65
兴仁县审计局	15	135417	56		141	33	6	15	34	34
普安县审计局	21	107720	239		50592	54214		21	22	37
晴隆县审计局	17	88333						17	41	23
贞丰县审计局	7	69883	5		14			7	37	49
望谟县审计局	9	3441			1			9	28	14
册亨县审计局	14	41512						14	57	49

续表

审计机关	完成审计项目（个）	审计查出主要问题金额	审计处理情况					出具审计报告和审计调查报告（篇）	提出审计建议（条）	提交审计信息（篇）
			审计处理处罚				移送处理事项（件）			
			应上缴财政	应减少财政拨款或补贴	应归还原渠道资金	应调账处理金额				
安龙县审计局	11	12279	6		6675	171	1	11	35	11
义龙试验区审计局										3
黔东南苗族侗族自治州										
黔东南苗族侗族自治州本级	29	258848	1508		96226	9248		29	114	45
凯里市审计局	23	26022	289		5771	2472		23	41	49
黄平县审计局	18	23473	1	992	4181	190		18	39	39
施秉县审计局	16	38952	34		26	101	1	16	27	24
三穗县审计局	22	8575	788	557	211	5040		22	165	80
镇远县审计局	19	55117	383		29	1376		19	20	23
岑巩县审计局	19	6601	524		120	186		19	80	69
天柱县审计局	15	143183	248		3802		1	15	29	35
锦屏县审计局	14	63585	149			239		14	37	31
剑河县审计局	15	9460	17					15		41
台江县审计局	8	14331			150	87		8	17	17
黎平县审计局	21	153455	13		15	449		21	41	27
榕江县审计局	18	22436	3504	197	4414	638		18	29	68
从江县审计局	16	47864	170		3442	32766	3	16	17	20
雷山县审计局	22	24206	680		598	302	1	22	33	40
麻江县审计局	14	4058	9		39	55		14	23	83
丹寨县审计局	17	25139	514		20860	371		17	100	2
黔南布依族苗族自治州										
黔南布依族苗族自治州本级	999	913300	137000	58000	166500	97900	46	497	862	577
都匀市审计局	23	67420	31		110	22005	15	23	98	96
福泉市审计局	9	78377	55693	22529	102	11	1	9		30
荔波县审计局	112	7326	87	781	462	5965	4	112	21	94
贵定县审计局	12	2	56		258	328	1	12	38	27
瓮安县审计局	8	100009	2492		97517		2	8	27	22
独山县审计局	47	65456	4	475	29	50614		45	54	70
平塘县审计局	170	6525	1258	10061	38	572	3	170	63	47
罗甸县审计局	148	16104	44	5978	131	30	2	173	393	46
长顺县审计局	70	17278	808			16470	1	70	96	50

续表

审计机关	完成审计项目（个）	审计查出主要问题金额	审计处理情况					出具审计报告和审计调查报告（篇）	提出审计建议（条）	提交审计信息（篇）
			审计处理处罚				移送处理事项（件）			
			应上缴财政	应减少财政拨款或补贴	应归还原渠道资金	应调账处理金额				
龙里县审计局	125	21569	419	9547		95	1	125	66	103
惠水县审计局	103	46039	41	6251	14			4	18	100
三都水族自治县审计局	110	3939	413	3093	6	106	10	29	33	37

云南省

【云南省审计厅】 2015年，云南省审计厅行政编制201人，实有人员196人；事业编制69人，实有人员64人。设有云南省经济责任审计局、云南省政府投资审计局、办公室、人事处、法规处、财政审计处、金融审计处、行政事业审计处、社会保障审计处、企业审计处、农业与资源环保审计处、涉外审计处、派出审计一处、派出审计二处、派出审计三处、派出审计四处、派出审计五处、派出审计六处、派出审计七处、派出审计八处、派出审计九处、派出审计十处、派出审计十一处和机关党委、离退休人员办公室，下设厅机关服务中心、审计科研培训中心、计算机技术中心、内部审计指导中心；省纪委、省监察厅派驻厅纪检组、监察室。

领导成员

厅　　长：刘　明

副 厅 长：吴绍吉　苏　黎（—8月）
任晓珍（—7月）　谢　健
苏　莉　李　芸（7月—）
杨晓源（9月—）

总审计师：史　峰（—7月）
谢　凡（11月—）

纪检组长：罗廷才（—8月）
龚学艺（7月—）

巡 视 员：任晓珍（7月—）

副巡视员：张　应（12月—）

审计成果 云南省审计机关共完成审计（调查）项目11717个，查出主要问题金额4078.41亿元，其中违规金额247.55亿元、管理不规范金额3743.46亿元、损失浪费金额87.40亿元；损益或收支不实金额111.13亿元；审计处理处罚金额522.55亿元，其中应上缴财政60.77亿元、应减少财政拨款或补贴13.01亿元、应归还原渠道资金77.63亿元、应缴纳其他资金64.14亿元、应调账处理306.99亿元；促进增收节支132.71亿元，其中已上缴财政44.59亿元，已减少财政拨款或补贴10.77亿元，已归还原渠道资金77.35亿元；核减固定资产投资额74.32亿元；审计后挽回（避免）经济损失33.16亿元。移送司法、纪检监察及有关部门处理事项411件，涉及人员334人，涉及金额131.50亿元。出具审计报告12357篇，被批示、采用108篇次。提交审计信息6402篇，被批示、采用2324篇次。提出审计建议25504条，被采纳23297条。向社会发布审计结果公告5211篇。

政策措施贯彻落实跟踪审计 全省审计机关把稳增长、促改革、调结构、惠民生、防风险政策措施落实情况跟踪审计作为一项政治任务和重点工作来抓，加大对重大政策、重大项目、重点资金、简政放权等关键环节和领域的审计力度，较好地发挥政策措施落实“督察员”作用。全省投入审计力量4321人次，抽查项目1838个，上报审计报告9篇，揭示部分项目准备不足、重大工程建设项目推进缓慢、简政放权政策落实中放管结合不到位等问题87个，提出审计建议53条，清理盘活8个州市存量资金60.7亿元，推动774个重大项目加快建设，促进各项重大政策措施落地生根。

财政审计　省审计厅对省财政本级预算执行情况、18个省级部门预算执行情况进行审计，重点关注财政资金统筹使用和绩效、“三公”经费和会议费等管理使用情况，从纠正“四风”入手，促进各部门厉行节约和财政资金高效使用。首次对地税系统稽查部门的业务费管理情况开展审计，省地税局依据审计结果追缴入库税款、滞纳金及罚款7676.9万元。组织全省审计机关580名审计人员对全省林业系统2013年至2014年预算执行及其他财政财务收支情况采取“横向全覆盖，纵向一条线”方式进行全覆盖式审计，查出问题金额22亿元，移送涉嫌违法和违纪线索38件。

固定资产投资审计　完成审计项目8152个，审计投资总额1240.4亿元，核减投资额74.3亿元。省审计厅对24项政府投资重点建设项目进行审计，查出问题金额26.51亿元，核减政府投资5.88亿元，揭示工程造价不实、违规出借项目资金、未公开招投标、应缴未缴税金、建设工期滞后等问题。派出6个审计组对2013年至2015年10月德宏、红河、西双版纳等8个州（市）口岸及重点通道的项目建设及专项资金使用情况进行审计，反映口岸建设项目建设进展缓慢、部分专项资金闲置、同一项目重复申报等问题。对12个省级公立医院在建项目开展审计调查，揭示部分项目未按批准床位数建设、部分项目存在举债建设及损失浪费等问题，引起省领导高度重视并做出重要批示，省卫生计生委建立审计整改倒逼机制，出台《基本建设项目管理暂行办法》，规范医院在建项目建设。按照省政府和审计署要求，组织省、市、县三级审计机关对鲁甸地震灾后恢复重建第一阶段建设情况进行跟踪审计，审计金额157.8亿元，抽查恢复重建项目374个，揭示恢复重建资金落实不到位、使用绩效低，部分恢复重建项目进展滞后，个别市县职能部门管理缺位等问题，审计结果得到党中央、国务院领导的高度重视。省审计厅被省委、省政府表彰为“云南鲁甸地震抗震救灾先进集体”。

民生资金（项目）审计　组织全省审计机关对全省保障性安居工程的投资、建设、分配、运营等情况进行审计，审计建设项目3204个，审计金额1652.16亿元，揭示部分住房存在质量缺陷、部分保障房建成后空置时间较长以及挤占挪用、滞拨拖欠资金等问题，提出审计意见建议616条。通过审计整改，已归还原渠道和拨付资金3亿元，取消违规保障对象资格或停止享受保障待遇2277户。采取“上审下”的方式，对全省129个县农村义务教育学校公用经费、寄宿生生活费补助、营养改善计划和免费教科书等4项资金进行审计，抽查3171所学校和634个教学点，查出问题金额43.6亿元，移送违纪违法案件线索113件。

农业与资源环保审计　全省审计机关把“保护自然资源资产、守住云南绿水青山”作为审计目标，组织对九大高原湖泊水污染综合防治情况进行审计调查，揭示湖泊开发建设规划与保护条例冲突、水污染防治“十二五”规划项目执行进度滞后等问题。对楚雄州、玉溪市、滇中产业新区高原特色农业项目进行审计，揭示项目补助资金小而散、部分项目决策不科学、项目管理不完善和资金使用不合规、部分项目存在环境污染隐患等问题。

外资运用审计　根据审计署授权，对国际农业发展基金贷款云南农村综合发展项目、世界银行贷款云南职业教育发展项目等10个国外贷援款项目的财务收支及项目执行情况进行审计，揭示配套资金不到位、项目进展缓慢、未严格执行招投标、违规出借项目资金等问题。

经济责任审计　全省审计领导干部926人，其中省审计厅对15名省管领导干部进行经济责任审计，在迪庆州原州长、怒江州州长、保山市隆阳区区委书记3个审计项目中，探索开展领导干部自然资源资产审计。省长对省审计厅报送的《2014年度省管领导干部经济责任审计情况综合报告》做出批示，要求监察、审计、人社等部门联合推出整改措施，责成相关部门主动整改和查处。

企业审计　根据省委、省政府要求，省审计厅对26家省属国有企业、金融机构2012—2014年度资产负债损益情况进行全覆盖审计，揭示省属国有企业存在的问题，移送有关部门处理问题线索77件。省委、省政府主要领导多次听取审计汇报，提出整改要求。省委第127次常委会和省人民政府第71次常务会议分别听取审计情况汇报，省委、省政府出台10多项深化企业改革的文件。

信息化建设 提升信息技术应用水平，出台《云南省审计厅数据分析团队管理办法》《云南省审计厅关于开展信息系统审计工作的指导意见》和《云南省审计厅关于开展联网审计工作的意见》，探索性地开展企业、税务、金融等行业信息系统审计。研发领导决策支持子系统、领导干部经济责任审计管理系统、审计成果管理系统，部署省级财政联网审计系统、富滇银行联网审计系统，对云南审计数据中心进行升级改造。组建审计数据分析团队和“青年突击队”，服务“大项目”审计的电子数据采集、转换和分析等工作，数据分析团队获得省直机关团工委“青年文明号”表彰。加大信息化审计人才队伍建设力度，通过举办计算机审计中级、信息系统审计、数据分析等培训班，培养计算机审计骨干，全省5人通过国际注册信息系统审计师（CISA）考试。注重理论研究与审计实践相结合，完成《领导干部经济责任审计评价管理系统研究》课题研究，承担《电子政务绩效审计管理系统研究课题》研究工作。

相关工作 全省审计机关切实加强机关党的建设、领导班子建设、思想作风建设、职业能力建设和党风廉政建设，坚持以品德为核心、作风为基础、能力为重点、业绩为导向，着力打造一支政治强、业务精、作风优、纪律严的审计铁军。注重在作风、纪律、能力方面下功夫，持之以恒地抓审计队伍的作风建设，营造良好的干事创业环境；以提升审计队伍专业能力为目标，优化专业结构、学历结构，不断提高专业胜任能力；强化对审计权力运行的监督，严格遵守廉政纪律，健全完善廉政风险防控机制，维护审计机关清正廉洁良好形象。全年全省审计系统内的单位和个人获得省部级以上的表彰奖励共21项，其中，省审计厅通过“全国文明单位”复核，在全省综合考核中连续3年被评为优秀单位，连续4年被评为惩治和预防腐败体系建设暨党风廉政建设责任制考核优秀单位，连续8年被评为机关党建目标责任制考核优秀单位。（撰稿人：褚文勋）

【昆明市审计局】 2015年，昆明市审计局人员编制118人，实有114人。党组书记郭增敏，局长李冰晶，副局长林英、后文杰、王雷、易迎霞（一1月），总审计师陈林，机关党委书记李坤云，昆明市领导干部任期经济责任审计领导小组办公室主任杜建宝。设有办公室、法规处、财政审计处、金融审计处、行政事业审计处、企业审计处、农业与资源环保审计处、社会保障审计处、固定资产投资审计处、涉外审计处、信息处、审计执行检查处、昆明市内部审计管理办公室、经济责任审计一处、经济责任审计二处、经济责任审计三处、人事教育处（离退休人员办公室）、机关党委。

审计成果 昆明市审计机关完成审计项目782个，查出主要问题金额1009654万元，其中违规金额123080万元、损失浪费金额9148万元、管理不规范金额877425万元；损益（收支）不实金额10583万元；审计处理处罚金额384855万元，其中应上缴财政58054万元、应减少财政拨款或补贴26406万元、应归还原渠道资金38031万元、应调账处理金额237938万元；审计发现非金额计量问题225个；审计促进整改落实有关问题金额243545万元，其中增收节支65221万元、已调账处理金额148999万元；审计促进拨付资金到位18万元；审计后挽回（避免）损失136436万元。移送司法机关、纪检监察机关和有关部门处理事项21件。出具审计报告和专项审计调查报告876篇，被批示、采用1篇。提出审计建议2349条，提交审计信息1691篇，被批示、采用560篇。向社会公告审计结果606篇。

政策措施贯彻落实跟踪审计 对各地各部门贯彻落实稳增长、促改革、调结构、惠民生、防风险政策措施情况进行审计，发现在实施简政放权、加快城市基础设施建设、精准扶贫、金融支持实体经济等政策措施落实方面的问题。

财政审计 市级预算执行和其他财政收支审计发现市本级代编预算规模扩大3.13亿元；土地出让收入未及时足额上缴国库8.43亿元，市本级等非税收入未纳入预算管理6.96亿元；预算支出使用效率不高，未按预算所列项目拨付实现预算支出9.68亿元等问题。对11个市级部门2014年度预算执行情况进行审计，查出应缴未缴财政976.52万元、固定资产管理不规范金额2976.05万元、预算管理不规范金额126.23万元、未按规定用途使用资金57.45万元、财务管理不规范金额 2676.87 万元。审计机关分别对市本级、5 个开发（度假）区、12 个县区 2014 年财政专户管理情况进行审计，发现全市未归口财政国库部门统一管理财政专户 68 个，不符合有关规定的专户 79 个，非税收入未按规定及时、足额缴库 51821 万元，未采取定期存款和购买国债等方式实现保值增值 32850 万元，利息收入等收益未按规定缴入国库 4034 万元，违规出借财政专户资金借出周转使用 204904 万元。

经济责任审计 对 128 名领导干部进行经济责任审计，发现违反规定出借财政专项资金、违反规定发放津补贴、安排资金购置办公用房、未按规定上缴财政资金、部分长期投资未取得投资收益等问题。

固定资产投资审计 市审计局对 48 个重点建设项目实施竣工决（结）算审计，组织相关县（区）审计局对昆铁枢纽改扩建工程、云桂铁路、长昆铁路等项目的征地拆迁开展跟踪审计。针对发现的多计工程价款问题，市县两级审计机关根据相关规定予以核减，提出审计建议。

专项资金审计 市审计局对所属 12 个县（区）2013 年、2014 年农村义务教育专项资金进行审计，共发现 5 个涉嫌违纪违法问题线索，涉及相关责任人员 8 人，涉嫌问题金额 100.29 万元；市两级审计机关对昆明市 2014 年农业、林业产业化资金分配、管理和使用情况进行审计，发现存在资金拨付不及时、出借专项资金、项目推进缓慢、资金管理不规范等问题。

队伍建设 组织全市审计干部分批赴清华大学、南京审计学院、市委党校，围绕投资审计、经济责任审计、审计组长管理办法、审计回访和约谈办法等培训内容展开培训，提升干部的能力、素质和专业知识，更好地适应审计事业发展的需要。

（撰稿人：牟显福）

【曲靖市审计局】 2015 年，曲靖市审计局人员编制 57 人，实有 54 人。局长郭建春，副局长张乔明、王清林、陈健、徐安民，经济责任审计局局长李启功，调研员宁伯浩，副调研员缪仑、陈守忠。设有办公室、法制科、科技信息科、财政审计科、经济责任审计一科、经济责任审计二科、固定资产投资审计科、政府投资前置审计科、经贸审计科、社会保障审计科、行政事业审计科、农业与资源环保审计科、金融与外资运用审计科。

审计成果 曲靖市审计机关完成审计项目 928 个，查出主要问题金额 325030 万元，其中违规金额 26809 万元、损失浪费金额 679 万元、管理不规范金额 297542 万元；审计处理处罚金额 46920 万元，其中应上缴财政 14854 万元、应归还原渠道资金 14372 万元、应调账处理金额 17383 万元；审计促进整改落实有关问题金额 46262 万元，其中增收节支 28899 万元、已调账处理金额 17054 万元；审计促进拨付资金到位 11751 万元；审计后挽回（避免）损失 6821 万元。移送司法机关、纪检监察机关和有关部门处理事项 16 件。提出审计建议 1619 条，被采纳 1594 条。提交审计专题、综合性报告和信息简报 475 篇，被批示、采用 223 篇。发布审计结果公告 822 篇。

政策措施贯彻落实跟踪审计 组织开展稳增长等政策措施落实情况跟踪审计，实行一月一报制度，及时揭示项目落地、简政放权、精准扶贫等方面存在的问题，提出相关审计建议，推动各项政策措施落实到位。

财政审计 重点关注财政资金绩效，继续清理和盘活存量、优化存量，加强“三公”经费、会议费使用和楼堂馆所建设等方面的审计。对林业系统及 133 个部门单位开展预算执行审计，延伸审计单位 79 个，查出问题金额 126548 万元。完成财政决算审计 37 个，延伸审计单位 55 个。市审计局对会泽、沾益、富源 3 个县财政决算审计，处理收缴市县两级财政资金 2740 万元，责令自行纠正金额 3464 万元。全市完成 61 个党政部门和行政事业单位的审计。在对 133 个单位的部门预算执行及财政财务收支情况审计中，发现有 14 个单位存在公务支出和公款消费方面的问题，审计查出问题金额 859.53 万元、问题车辆 3 辆，审计处理上缴国库 25.31 万元、归还原渠道资金 18.23 万元，追究责任人 8 人次，移送案件线索 1 件 1 人。

固定资产投资审计 全市完成政府投资项目前置审计 1440 个，审计核减工程造价 10.27 亿元；完成竣工决算审计项目 559 个，查出主要问题金额 25750 万元，核减工程款 23738 万元。市审计局审查施工合同 79 份，提出修改完善意见 53

条；审查招标文件93份，提出修改完善意见47条。

专项资金审计 组织开展保障性安居工程跟踪审计、农村义务教育经费审计，跟进“8·03”会泽地震灾后恢复重建跟踪审计，督促整改落实。全年完成专项资金审计项目129个，延伸审计单位479个，审计资金总额642916万元，查出隐瞒转移截留资金、违规改变项目计划等问题。

经济责任审计 完成经济责任审计70个，对全市70名领导干部开展经济责任审计，共查出违规金额2720万元、管理不规范金额3732万元，促进增收节支185万元。市审计局首次在陆良县芳华镇开展领导干部自然资源资产离任审计试点。

队伍建设 制订计算机应用考评方案，共报送省审计厅计算机审计方法120篇、信息系统审计案例12篇，其中2篇计算机审计方法、8篇信息系统审计案例在评比中获得优秀，43篇计算机审计方法、7篇信息系统审计案例入选全省方法案例库，3个联网审计模型通过省审计厅认证。开展计算机、审计业务培训5期，培训人数260余人次。全市19人取得高级审计师任职资格，5人取得审计署计算机中级资格。在全省审计机关计算机运用考核中位列第一。（撰稿人：陈守忠）

【玉溪市审计局】 2015年，玉溪市审计局人员编制74人，实有68人。局长陈元剑（—10月），副局长杨海明（主持工作，—11月）、黄太武、李国录，正处级调研员杨锦春，副处级调研员王宇、郭剑平（—10月）、刘家伟。设有办公室、法规科、财政金融审计科、经济责任审计一科、经济责任审计二科、固定资产投资前置审计科、固定资产投资决算审计科、农业与资源环保审计科、经贸与社会保障审计科、行政与科教文卫审计科、信息科。

审计成果 玉溪市审计机关完成审计项目1066个，查出主要问题金额150.28亿元，其中违规金额1.97亿元、损失浪费金额7万元、管理不规范金额148.31亿元；审计处理处罚金额2.76亿元，其中应上缴财政1.3亿元、应归还原渠道资金1118万元、应调账处理金额1.35亿元；审计发现非金额计量问题312个；审计促进整改落实有关问题金额2.74亿元，其中增收节支1.53亿元、已调账处理金额1.21亿元；固定资产投资审计核减工程投资5.81亿元。移送司法机关、纪检监察机关和有关部门处理事项58件。出具审计报告1122篇。提出审计建议1811条。提交审计信息211篇，被批示、采用163篇。向社会公告审计结果829篇。

政策措施贯彻落实跟踪审计 持续开展国家重大政策措施和宏观调控部署落实情况跟踪审计，重点揭示执行政策过程中存在的部分工程建设进度推进缓慢、部分县区取消和下放行政审批事项及推进简政放权政策措施落实不到位、省市批复立项的项目缺口资金较大等问题，分析问题产生的原因并提出审计建议。

经济责任审计 完成60名领导干部经济责任审计，其中任中审计53人、离任审计7人。向纪检监察机关和相关部门移送案件31件，涉及人员9人，涉案金额3936万元。将单位机构设置、人员编制使用情况、是否存在“吃空饷”、贯彻落实国家相关行政审批事项规定情况等作为新增审计内容，制定市属投融资公司领导经济责任审计评价办法，探索村（社）干部经济责任审计。

固定资产投资审计 跟进党委、政府安排的重点工作和项目，全年完成政府投资审计项目885个，其中前置审计461个、结算审计424个，审计投资总额79.56亿元，核减投资金额5.81亿元。

民生资金（项目）审计 对全市林业局系统、全省九大高原湖泊专项整治、全市保障性住房、全市农村义务教育专项资金等进行审计，确保各类民生资金用到实处。

信息化建设 对视频会商系统、视频矩阵、线路等进行升级和改造，添置视频录播设备，提升视频传输质量和会商系统的稳定性。对市审计局各科室、各县区2014年计算机应用情况进行考评，并对考评成绩突出的单位给予表彰。举办计算机审计案例视频交流会和信息系统审计培训班，根据《云南省审计机关2015年计算机应用考评方案》，修改完善《玉溪市审计局计算机应用考评方案》等制度措施。（撰稿人：段旭晖）

【保山市审计局】 2015年，保山市审计局人员编制40人，实有38人。局长（党组书记）

李东伟，副局长李红霞、胡艳顺、杨国寿，总审计师杨浩波。设有办公室、人事科、法规科、计算机信息科、财政金融审计科、行政事业审计科、农业与资源环保审计科、社会保障审计科、经济责任审计科、经贸审计科、固定资产投资审计一科、固定资产投资审计二科。

审计成果 保山市审计机关全年完成审计（调查）项目 775 个，查出主要问题金额 442909 万元，其中违规金额 106419 万元、损失浪费金额 78 万元、管理不规范金额 336413 万元；损益（收支）不实金额 90892 万元；审计处理处罚金额 303793 万元，其中应上缴财政 49551 万元、应减少财政拨款或补贴 19912 万元、应归还原渠道资金 43722 万元、应调账处理金额 142230 万元；审计发现非金额计量问题 190 个；审计促进整改落实有关问题金额 232686 万元，其中增收节支 46038 万元、已调账处理金额 75802 万元；审计后挽回（避免）损失 17871 万元。移送司法机关、纪检监察机关和有关部门处理事项 22 件，涉及 86 人，涉案金额 1909 万元。出具审计报告和专项审计调查报告 818 篇。提出审计建议 1904 条，被审计单位采纳 1851 条；提交专项报告、信息 320 篇，被批示、采用 145 条。向社会公告审计结果 471 篇。

市审计局被中央文明委授予“第四届全国文明单位”称号；县（市、区）审计局保持和建成省级文明单位，文明单位建成率 100%；全市审计机关继续保持市级、省级文明行业称号。市审计局获得审计署优秀审计项目 1 个，昌宁县审计局获得省审计厅优秀项目 1 个、表彰项目 1 个，获得全市优秀审计（调查项目）10 个、组织实施较好的审计（调查）项目 5 个。

政策措施贯彻落实跟踪审计 对涉及的 23 个部门和单位的政策措施落实情况以及县级公立医院综合改革实施进度情况等进行跟踪审计。

财政审计 重点关注财政资金的存量和增量，关注“三公”经费支出情况，将部门预算执行与专项资金审计有机结合，对全市林业系统 2013—2014 年度预算执行进行审计。完成财政预决算审计 49 个，查出主要问题金额 190802 万元。

经济责任审计 全年对 48 名领导干部开展经济责任审计，查出主要问题金额 51990 万元，其中负直接责任金额 485 万元、负主管责任金额 47698 万元、负领导责任金额 3807 万元。

民生资金（项目）审计 对全市保障性安居工程、农村义务教育专项资金等开展审计，完成专项审计 125 个，审计专项资金总额 2431821 万元，查出主要问题金额 10734 万元。

专项审计 昌宁县对全县村级财务管理情况开展专项审计调查，查出问题金额 7341 万元，对 12 个乡镇 141 人涉及金额 1238 万元的案件线索移送县纪委查处，实现村级财务审计全覆盖。

固定资产投资审计 完成固定资产投资审计 543 个，审计预决算投资额 864027 万元，核减投资额 35672 万元，审计核减率 4.13%。在资金管理和工程造价审计的基础上，关注建设程序的合规合法、项目立项决策、重大设计变更等方面的内容。

企业审计 完成企业审计项目 4 个，查出财务收支核算不实、虚报或隐瞒转移收入、少计税费等问题金额 29034 万元。

信息化建设 成立保山市计算机审计技术推广应用领导小组，探索多方合作、以审代训、信息系统审计与项目审计联合进行等多种信息化审计工作方式。

内部审计 全市设有 104 个内部审计机构，其中专职机构 32 个；内部审计人员 356 人，其中专职人员 74 人。全年完成 1180 个审计项目，促进增收节支 262 万元，提出建议意见被采纳 774 条。

（撰稿人：王绍婷）

【昭通市审计局】 2015 年，昭通市审计局人员编制 64 人，实有人员 50 人。局长李绍军，副局长赵萍、王兴宝、郑成才、丁昌勇、李文胜，领导干部任期经济责任审计工作领导小组办公室主任秦绍平，副调研员曹廷义。设有办公室、法制科、财政审计科、固定资产投资审计科、固定资产投资前置审计科、外资金融审计科、行政事业审计科、社会保障审计科、农业与资源环保审计科、领导干部经济责任审计一科、领导干部经济责任审计二科、昭通市审计计算机技术中心、昭通市投资审计中心。

审计成果 昭通市审计机关完成审计项目 1325 个，其中组织实施审计项目 1303 个、参与实施审计项目22个。查出主要问题金额835830万元，其中违规金额318502万元、损失浪费金额49万元、管理不规范金额517279万元；审计处理处罚金额335675万元，其中应上缴财政127586万元、应减少财政拨款或补贴1355万元、应归还原渠道资金201132万元、应调账处理金额5602万元；审计发现非金额计量问题215个；审计促进整改落实有关问题金额139268万元，其中增收节支11699万元、已调账处理金额4549万元；审计促进拨付资金到位521万元；审计后挽回（避免）损失769万元。移送司法机关、纪检监察机关和有关部门处理事项25件。出具审计报告和专项审计调查报告1325篇，被批示、采用3篇。提出审计建议1067条，提交审计信息137篇，被批示、采用96篇。向社会公告审计结果3篇。

中央文明委授予昭通市审计局“全国文明单位”称号。4个县级审计机关再次建成“省级文明单位”，5个县级审计机关新建成“省级文明单位”。全市11个县级审计机关建成省级文明单位率达81.82%。

政策措施贯彻落实跟踪审计　完成稳增长等政策措施贯彻落实情况跟踪审计项目38个，审计查出未按要求对财政存量资金进行清理62376.04万元，上级专项转移支付资金拨付不及时91412.44万元，财政结转资金使用进度缓慢22718.67万元。

财政审计　完成审计项目65个，查出违规违纪金额13051万元、管理不规范金额21714万元；审计处理应上缴财政12178万元、应归还原渠道资金4044万元、应减少财政拨款或补贴1277万元、应缴纳其他金额2808万元、应调账处理金额233万元。

固定资产投资审计　完成审计项目999个，送审金额2348615万元，审增金额37185万元，审减金额184238万元，综合审减率7.84%。

专项资金审计　开展全市城镇保障性安居工程跟踪审计、农村义务教育专项资金审计、鲁甸“8·03”地震灾后恢复重建跟踪审计、云南省南北高速公路大通道昭通段建设征地拆迁资金跟踪审计等项目145个，审计专项资金总额566568万元，查出违规违纪金额64401万元、管理不规范金额85734万元、损失浪费金额42万元，占审计专项资金总额的26.5%。审计处理应上缴财政38351万元、应归还原渠道资金50297万元、应调账处理金额1360万元。

经济责任审计　全市经济责任审计共审计领导干部80人，查出违规违纪金额77328万元、管理不规范金额56041万元、损失浪费金额10万元。审计处理应上缴财政39357万元、应归还原渠道资金11376万元、应调账处理金额2806万元、应缴纳其他金额17万元。（撰稿人：杜永富）

【丽江市审计局】　2015年，丽江市审计局人员编制35人，实有32人。局长赵怀，副局长陈秀英、冷德华、李新梅（2月—），经济责任领导办公室主任周启彬，副调研员木少志。设有办公室、法规科、财金审计科、农业与资源环保审计科、经贸投资审计科、行政事业审计科、内部审计指导科、经济责任审计办公室、电子数据审计科、固定资产投资审计中心。

审计成果　丽江市审计机关完成审计（调查）项目374个，查出问题金额165194万元；审计处理应上缴财政9938万元、应减少财政拨款或补贴1085万元、应归还原渠道资金60932万元、应调账处理金额58038万元。移送纪检监察机关处理事项2件。出具审计报告和专项审计调查报告374篇。提出审计建议925条，提交审计信息127篇，报送的审计报告、审计信息、审计专报有11篇次得到市委、市政府主要领导批示。向社会公告审计结果85篇。

政策措施贯彻落实跟踪审计　全市审计机关按照审计署、省审计厅的统一部署和要求，组织对稳增长、促改革、调结构、惠民生、防风险政策措施落实情况开展跟踪审计，重点关注与稳增长密切相关的重大项目建设进度、资金保障、简政放权等政策落实情况以及地方招商引资优惠政策清理情况。

财政审计　财政预算执行审计紧紧围绕提高财政资金绩效这条主线，加大对重点资金、重点部门、重点领域的审计监督，集中反映和揭示财政资金运行中体制、机制和管理上存在的问题。全市审计机关完成财政审计项目79个，查出主要问题金额118057万元。

经济责任审计　重点关注领导干部经济政策

执行、经济事项决策、履职尽责等情况，促进依法履行职责，全市审计机关完成18名领导干部的经济责任审计，查出主要问题金额4887万元。

固定资产投资审计 围绕全市经济建设中心，强化对政府投资建设项目的审计监督，重点关注项目落地、资金管理使用、工程建设管理、工程造价和投资绩效，开展政府投资项目的前置审计、竣工决（结）算审计和重点项目的全过程跟踪审计。全市审计机关完成投资审计项目219个，完成投资额138619万元，核减投资额6666万元。

民生资金（项目）审计 组织开展涉农、教育、医疗、住房和环境保护等民生资金审计。重点对保障性安居工程、农村义务教育等民生项目和资金开展审计。全市审计机关完成专项资金审计项目68个，查出主要问题金额8665万元。

信息化建设 通过加强人才培养、签订责任状、明确责任、细化目标任务、强化考核、完善奖励机制，推进全市信息化建设。丽江市审计局获得2015年度云南省审计机关计算机技术应用考评最佳进步奖，全市审计机关入选计算机方法52篇，信息系统审计案例入选5篇，其中1篇获得全省优秀信息系统审计案例；在全省信息化考评中从2014年的第15名前进到2015年的第5名。华坪县审计局李周通过考试获得国际信息系统审计协会颁发的国际注册信息系统审计师资质证书。

（撰稿人：陈友莲）

【普洱市审计局】 2015年，普洱市审计局人员编制42人，实有38人。局长段萍，副局长罗恒林、李海鹰、宋春，总审计师刘永一。设有办公室、法规科、财政金融审计科、行政事业审计科、农业与资源环保审计科、社会保障与外资审计科、固定资产投资审计科、经济责任审计一科、经济责任审计二科、计算机审计科、内部审计指导科，下设政府投资审计中心。

审计成果 普洱市审计机关完成审计（审计调查）项目568个，查出主要问题金额19.5亿元，其中违规金额3.5亿元、管理不规范金额16亿元；审计处理处罚应上缴财政2.09亿元、应减少财政拨款或补贴2.24亿元；审计挽回（避免）损失0.69亿元；核减投资额2.48亿元。移送相关部门处理事项21件25人，其中移送司法机关1件1人，移送纪检监察机关9件18人，移送有关部门11件6人。提出审计建议1581条，被采纳1456条。提交审计专题、综合性报告61篇、信息简报138篇，被批示、采用39篇。向社会公告审计结果465篇。

全市审计系统保持"省级文明行业"称号，8家审计机关成功申报为"省级文明单位"。

政策措施贯彻落实跟踪审计 全市审计机关投入审计力量400余人次，抽查项目122个，上报审计报告9份，揭示重大项目建设资金缺口大、项目进度缓慢、部分单位简政放权落实不到位、财政存量资金未有效盘活等方面的问题16个，提出审计建议15条，推动一批重大基础设施项目和重大政策措施落实。审计机关逐步实现从微观审计到宏观审计的重大职能转变。

民生资金（项目）审计 组织开展景谷6.6级地震抗震救灾及恢复重建和西盟、孟连两县边境民族特困地区农村安居工程建设跟踪审计，持续实施保障性安居工程跟踪审计，确保惠民政策落到实处。全市审计机关完成专项资金审计项目95个，查出主要问题金额3.08亿元。

财政审计 全年审计部门预算执行单位70个、财政决算1个，查出主要问题金额9.35亿元。促进财政存量资金的提质增效和厉行节约，推动部门预决算公开，强化财政预算管理。

经济责任审计 全年审计领导干部63人，查出主要问题金额3.62亿元，推动建立健全责任追究和问责机制，促进依法行政。围绕审计"全覆盖、保发展、促反腐、重民生、护生态"的工作重点，结合经济责任审计，探索开展任期内履行自然资源资产责任情况审计。

固定资产投资审计 全年完成投资审计项目322个，审计项目投资额29.6亿元，核减投资额2.48亿元。

信息化建设 推广计算机技术应用，开展财政、地税系统的联网审计。在部门预算执行审计、专项资金审计中充分应用计算机辅助功能，其中在市住房公积金管理中心主任任期经济责任审计及市人民医院院长任期经济责任审计中，尝试开展信息系统审计。

内部审计 全市12家内部审计机构共完成审计项目112个，审计总金额7.2亿元，增收节支

217万元，提出建议意见被采纳146条。在云南省审计学会、省内部审计协会组织开展的审计理论研究中，获得优秀组织奖，7篇审计论文获得奖励。

（撰稿人：朱　勇）

【临沧市审计局】　2015年，临沧市审计局人员编制29人，实有45人。局长杨世吉，副局长邓绍华、字绍和、郑国琼、樊亚楠，总审计师罗雪雁。设有办公室、法制科、财政金融审计科、行政事业审计科、农业审计科、资源环保审计科、固定资产投资审计一科、固定资产投资审计二科、固定资产投资审计三科、领导干部任期经济责任审计一科、领导干部任期经济责任审计二科、领导干部任期经济责任审计三科、社会保障审计科、信息化审计科。

审计成果　临沧市审计机关完成审计项目240个，查出主要问题金额362947万元，其中违规金额103402万元、损失浪费金额1800万元、管理不规范金额257745万元；损益（收支）不实金额2232万元；审计处理处罚金额170219万元，其中应上缴财政7805万元、应减少财政拨款或补贴1256万元、应归还原渠道资金55461万元、应缴纳其他资金20537万元、应调账处理金额85159万元；审计发现非金额计量问题203个；审计促进整改落实有关问题金额130414万元，其中增收节支58955万元、已调账处理金额48906万元；审计促进拨付资金到位392万元；审计后挽回（避免）损失9920万元。移送司法机关、纪检监察机关和有关部门处理事项19件。出具审计报告和专项审计调查报告257篇，被批示、采用6篇。提出审计建议976条，提交审计信息296篇，被批示、采用146篇。向社会公告审计结果169篇。

政策措施贯彻落实跟踪审计　组织开展全市稳增长等政策措施落实情况的全覆盖跟踪审计，涉及中央出台的19个方面62项政策，向市政府和省审计厅上报综合情况报告、审计报告22份，揭示存在的各类问题71项，提出审计建议37条。

财政审计　完成预算执行审计项目5个，查出主要问题金额2950.79万元。以开展预算执行审计为切入点，深入贯彻落实中央八项规定，严格控制“三公”经费和会议经费，降低行政成本，“三公”经费压缩12.8%、培训费压缩8.3%、庆典经费压缩0.8%。

经济责任审计　结合实际制定《临沧市乡（镇）主要领导干部经济责任审计评价办法（试行）》，通过探索、总结和试点，规定定量与定性相结合的评价模式。运用4个评价办法评价5名领导干部，评价结果得到组织部门的充分认可。

固定资产投资审计　对保障性安居工程、校安工程、市政基础设施、交通水利工程、民主法制园、大学园区等6项重大建设项目开展政府投资建设项目跟踪审计及竣工决算审计，审计工程项目投资23371万元，核减工程投资1810万元，核减率达7.7%。

民生资金（项目）审计　加大对“三农”、教育、医疗、扶贫、地震救灾款物等资金和项目的审计力度。通过对2014年保障房建设、新型农村合作医疗、林业、农村义务教育等项目和资金的审计，查出弄虚作假、套取资金、挤占挪用专项资金、私设“小金库”等违纪违规案件线索，涉及金额1996万元。

（撰稿人：左成华）

【楚雄彝族自治州审计局】　2015年，楚雄彝族自治州审计局人员编制38人，实有52人。党组书记阿明仙，局长刘平，副局长徐永金、胡晓雯、李秋洪、陈绍能、陶光明、顾姝倩。设有办公室、人事培训科、局党总支办公室、总审计师室、信息科、法规科、财政审计科、行政事业审计科、农业与资源环保审计科、社会保障审计科、经贸审计科、固定资产投资审计一科、固定资产投资审计二科、金融与外资运用审计科、经济责任审计一科、经济责任审计二科、派出审计一科、派出审计二科、派出审计三科、派出审计四科、派出审计五科、派出审计六科。

审计成果　楚雄彝族自治州审计机关共开展审计项目727个，查出违规金额97332万元、管理不规范金额437740万元；审计处理处罚应上缴财政69656万元、应减少财政拨款14903万元、应归还原渠道资金4446万元、应调账处理金额61908万元；促进增收节支61322万元。完成固定资产投资审计项目465个，审计固定资产建设资金527795万元，审计核减固定资产投资额17470万元。移送纪检监察机关和有关部门处理事项29件，涉及28人。提出审计建议被采纳

1437 条。向社会公布审计结果公告 425 篇。

楚雄州商务局“万村千乡”市场工程专项审计调查项目被审计署评为优秀审计项目，另有 2 个项目受到省审计厅表彰。

政策措施贯彻落实跟踪审计 全州审计机关共抽查单位 659 个，向州政府和省审计厅提交审计报告 10 篇，揭示在重大建设项目推进、简政放权政策措施落实、各项税收优惠政策措施落实、资金保障等方面存在的问题 71 个，提出审计建议 23 条。

财政审计 按照“一条线审计”的模式组织开展州县财政预算执行审计、税收征管审计、全州林业系统预算执行审计、财政存量资金专题审计；开展大姚县、永仁县财政决算和税收政策执行情况审计；采取“五统一”的方式，对楚雄州职业教育园区管委会及所属 4 所学校财政财务收支进行审计。移送纪委和有关部门处理事项 5 件，涉及违法违纪问题 19 个。

民生资金（项目）审计 采取“上审下”方式组织对全州 10 县农村义务教育学校公用经费、寄宿生生活费补助、营养改善计划和免费教科书等 4 项资金进行审计，抽查 174 所学校和 96 个教学点，揭示部分学校违规享受寄宿生生活费补助、少发放寄宿生生活费补助，部分县农村义务教育资金投入不到位、挤占挪用农村义务教育专项经费，个别学校虚报套取专项资金、公款私存、乱收费等问题。组织开展 10 个县市畜牧专项资金以及农林水、扶贫专项资金等审计，揭示专项资金拨付不及时、挤占挪用项目资金等问题。针对审计发现的问题，依法依规进行处理，向纪委和有关部门移送违纪违法案件线索 8 件。

经济责任审计 全州审计机关审计领导干部 109 人，查出违规金额 23063 万元，促进增收节支 3505 万元，移送案件 5 起 7 人，涉案金额 101 万元。在大姚、永仁两县同步开展县长任期自然资源资产审计试点。

固定资产投资审计 组织开展政府投资建设项目竣工决算审计、重大建设项目跟踪审计、重点工程项目征地拆迁资金审计，探索固定资产投资前置审计。全州完成投资审计项目 465 个，审计投资额 527795 万元，核减投资额 17470 万元。

审计整改 通过采取项目跟踪督促、整改工作督查、整改情况报告、整改结果通报等措施，有关部门和单位按审计意见整改问题 1152 个，占应整改问题的 97.4%，采纳审计建议 1371 条，促进被审计单位制定整改措施及建立健全规章制度 82 项。

（撰稿人：杨崇显）

【红河哈尼族彝族自治州审计局】 2015 年，红河哈尼族彝族自治州审计局人员编制 55 人，实有 55 人。局长李朝晖，副局长解友发、何仕华、陈红欣、张德文。设有办公室、人事科、法规科、经济责任审计一科、经济责任审计二科、事业企业审计科、固定资产投资审计科、行政政法审计科、财政金融审计科、农业与环保审计科、社会保障审计科，下设计算机技术中心、投资审计中心。

审计成果 红河州审计机关完成审计项目 643 个，其中组织实施审计项目 643 个。查出主要问题金额 313677 万元，其中违规金额 75188 万元、管理不规范金额 238488 万元；损益（收支）不实金额 6930 万元；审计处理处罚金额 123429 万元，其中应上缴财政 49796 元、应减少财政拨款或补贴 7426 万元、应归还原渠道资金 25004 万元、应调账处理金额 41201 万元；审计发现非金额计量问题 269 个；审计促进整改落实有关问题金额 149026 万元，其中增收节支 104765 万元、已调账处理金额 32850 万元；审计后挽回（避免）损失 8448 万元。移送司法机关、纪检监察机关和有关部门处理事项 42 件。出具审计报告和专项审计调查报告 776 篇。提出审计建议 1589 条，提交审计信息 201 篇，被批示、采用 48 篇。向社会公告审计结果 154 篇。

财政审计 以推进全口径预算管理，健全统一完整的政府预算体系为目标，以政策为导向，把人大关注、政府关心的重大事项作为审计重点，把“三公”经费纳入审计内容。完成审计项目 84 个，查出主要问题金额 91053 万元。

经济责任审计 完成 129 个单位 131 名领导干部的经济责任审计，其中党委 19 个、党委工作部门 8 个、政府 22 个、政府工作部门 70 个、事业单位 5 个、人民团体 5 个，查出领导干部对违规金额负有直接责任金额 111 万元、负主管责任金额 5801 万元、负领导责任金额 6769 万元；查出领导干部对管理不规范金额负有主管责任金额11243万元、负领导责任金额54580万元，促进增收节支3743万元。

固定资产投资审计 审计固定资产投资项目273个，项目投资额184624万元，完成投资额176174万元，核减投资额（工程款）8450万元。

专项资金审计 完成专项资金审计项目141个，审计专项资金总额997544万元，查出违规改变项目计划和资金用途2792万元、资金滞留闲置金额23567万元、其他问题金额74178万元。

企业审计 坚持摸清家底、查找隐患、全面分析、重点解剖、促进发展的工作思路，着重从会计信息真实性、会计核算真实性、资产负债业务的合规性及质量、损益的真实性和规范性等方面实施审计。完成企业审计项目1个，查出资产不实金额3304万元。 （撰稿人：杨建明）

【文山壮族苗族自治州审计局】 2015年，文山壮族苗族自治州审计局人员编制48人，实有44人。局长何淑清，副局长陆明会、李云山、李洪光、朱丽琼，总审计师甘志林。设有办公室、综合法规科、人教科、经济责任审计局、行政事业审计科、企业金融审计科、农业资金审计科、社会保障资金审计科、固定资产投资审计科、固定资产投资审计中心、计算机技术中心。

审计成果 文山壮族苗族自治州审计机关完成审计项目1092个，其中组织实施审计项目1076个、参与实施审计项目16个。查出主要问题金额647358.62万元，其中违规金额192138.73万元、损失浪费金额280.44万元、管理不规范金额454939.44万元；损益（收支）不实金额57105.74万元；审计处理处罚金额224154.04万元，其中应上缴财政92589.35万元、应减少财政拨款或补贴1218.06万元、应归还原渠道资金54317.49万元、应调账处理金额35477.8万元；审计发现非金额计量问题11852个；审计促进整改落实有关问题金额138694.42万元，其中增收节支60221.8万元、已调账处理金额37897.56万元；审计促进拨付资金到位3138.1万元；审计后挽回（避免）损失26242.08万元。移送司法机关、纪检监察机关和有关部门处理事项23件。出具审计报告和专项审计调查报告1121篇，被批示、采用3篇。提出审计建议1891条，提交审计信息386篇，被批示、采用198篇。向社会公告审计结果535篇。

政策措施贯彻落实跟踪审计 围绕审计署提出的9个方面重点及州委、州政府的重点项目和重点工作，对各县（市）政府、交通、住建、民政、环保、人社、金融等部门单位贯彻国家稳增长等政策措施落实情况进行跟踪审计，查出各类问题20个，提出意见建议23条。

财政审计 完成审计项目166个，查出问题金额47.01亿元，移送处理案件5起。对原文山三七产业园区管委会、州交警支队、麻栗坡县医院、州城投公司近年来财务收支情况进行审计，查出问题金额7055万元，提出审计建议17条；开展纪委交办的审计事项，完成广南县纪委财政收支情况等3个项目审计，查出问题金额5830万元。

经济责任审计 共对34名领导干部任期经济责任审计，查出问题金额4.8亿元，移送处理6人。与州纪委、州监察局联合下发《关于纪检监察机关与审计机关在查办案件中进一步加强协作配合的通知》，有效推进经济案件查办工作。

固定资产投资审计 完成固定资产投资审计项目881个，送审金额106.68亿元，核减投资额9.31亿元，核减率为8.74%。其中，竣工决（结）算审计451项，核减投资额3.01亿元，核减率7.69%；预算价（拦标价）审计430个，核减投资额6.3亿元，核减率9.34%。

民生资金（项目）审计 对全州8县（市）2014年城镇保障性安居工程项目进行跟踪审计，查出各类问题金额3.05亿元，提出审计意见建议6条。对全州8个县（市）2013年、2014年农村义务教育专项资金进行审计，共查出违规金额6.33亿元、管理不规范金额1.55亿元、应上缴财政金额2.84亿元，移送处理案件3起，提出审计意见建议52条。对省农村劳动力转移培训项目资金进行审计，审计发现有学校存在虚假办班套取资金、多报教师课时费、扩大项目开支范围等问题。 （撰稿人：李　蕊）

【西双版纳傣族自治州审计局】 2015年，西双版纳傣族自治州审计局人员编制26人，实有

25人。局长吴江玲，副局长安永祥、蒋凌云。设有办公室、法规科、财政审计科、经贸审计科、经济责任审计科、固定资产投资审计科，下设西双版纳傣族自治州内部审计指导中心。

审计成果 西双版纳傣族自治州审计机关完成审计项目436个，查出主要问题金额252893万元，其中违规金额44043万元、管理不规范金额208813万元；损益（收支）不实金额3057万元；审计处理处罚金额102051万元，其中应上缴财政19242万元、应减少财政拨款或补贴29577万元、应归还原渠道资金24347万元、应调账处理金额18586万元；核减投资28622万元；审计发现非金额计量问题93个；审计促进整改落实有关问题金额37620万元，其中增收节支23162万元、已调账处理金额4079万元；审计后挽回（避免）损失22295万元。移送司法机关、纪检监察机关和有关部门处理事项10件。出具审计报告和专项审计调查报告477篇。提出审计建议1213条，提交审计信息83篇，被批示、采用5篇。向社会公告审计结果96篇。

西双版纳傣族自治州审计局保持“省级文明单位”的荣誉，被授予“州级文明行业”的称号。

政策措施贯彻落实跟踪审计 持续组织对稳增长、促改革、调结构、惠民生、防风险政策措施落实情况进行跟踪审计。通过审计，促进全州经济平稳运行、健康发展和转型升级。

财政审计 完成预算执行审计项目19个，查出预算编制批复不规范1000万元、违规变更调整预算45万元、未按规定纳入预算管理1000万元、未落实“收支两条线”和专户管理规定2598万元、违规改变项目计划和资金用途819万元。

固定资产投资审计 完成347个政府投资建设项目审计工作，核减工程投资28622万元，其中前置审计核减18550万元、竣工决算核减10072万元。

经济责任审计 完成24名领导干部任期经济责任审计，查出违规金额1859万元、管理不规范金额12057万元，审计后移送纪检监察机关相关责任人1人，提出审计建议81条，被采纳67条。

专项资金审计 完成43个专项资金项目审计，查出资金滞留闲置33741万元、虚报冒领3482万元、违规采购121万元、资金不到位不落实6179万元等问题金额。

信息化建设 在全省审计计算机技术应用考评中西双版纳州审计局被评为“最佳进步奖”。1篇信息系统审计案例获得优秀奖，10篇计算机审计方法和信息系统案例审计入选案例库。

内部审计 内部审计协会共有内部审计会员单位68个，内部审计机构68个，内部审计人员275人。全年促进增收节支60万元，纠正违规金额106万元。

（撰稿人：李蔚兰）

【大理白族自治州审计局】 2015年，大理白族自治州审计局人员编制66人，实有57人。局长彭云宁，副局长施黄、梁育鸿、沈万炳，总审计师柴建荣。设有办公室、财政金融审计科、经济责任审计一科、经济责任审计二科、审计项目管理科、法规科、经贸审计科、审计成果运用科、行政事业审计科、农业与资源环保审计科、前置审计科、固定资产投资审计科、电子数据审计科、社会保障审计科、大理海东开发管理委员会审计分局、大理创新园区审计分局。

审计成果 大理白族自治州审计机关完成审计项目2769个，查出主要问题金额308860万元，其中违规金额76343万元、损失浪费金额30万元、管理不规范金额232486万元；损益（收支）不实金额8224万元；审计处理处罚金额99094万元，其中应上缴财政19388万元、应减少财政拨款或补贴4091万元、应归还原渠道资金17156万元、应调账处理金额47477万元；审计发现非金额计量问题100个；审计促进整改落实有关问题金额37084万元，其中增收节支19239万元、已调账处理金额14221万元；审计促进拨付资金到位459万元；审计后挽回（避免）损失1520万元。移送司法机关、纪检监察机关和有关部门处理事项15件。出具审计报告和专项审计调查报告2769篇，被批示、采用10篇。提出审计建议5310条，提交审计信息187篇，被批示、采用117篇。向社会公告审计结果248篇。

政策措施贯彻落实跟踪审计 按照审计署的要求，开展稳增长、促改革、调结构、惠民生、防风险政策措施落实情况的跟踪审计，跟踪审计报告及时上报云南省审计厅。

财政审计 对2014年州本级财政预执行和其

他财政收支情况进行审计。审计结果表明，2014年大理州州本级财政预算编制、审批、调整、批复及执行真实，符合《中华人民共和国预算法》及《中华人民共和国预算法实施条例》的规定。

经济责任审计 完成67名领导干部的经济责任审计。其中州本级13人、县级54人，包括县委书记2人、县市长4人、乡镇党委书记9人、乡镇长12人、州管部门领导干部4人、县管部门领导干部32人、事业单位领导干部2人、国有企业领导干部1人、人民团体领导干部1人；任中经济责任审计41人，离任经济责任审计26人。审计注重经济责任审计与其他专项审计的统筹结合，提高审计效率，经济责任审计关口整体前移，经济监督作用更加凸显。

固定资产投资审计 完成固定资产投资审计项目2548个，其中前置审计1334个，送审金额884241万元，审计确认控制价836955万元，审计核减投资额47286万元；竣工决算审计项目1214个，送审金额169345万元，审计确认控制价149769万元，审计核减投资额19576万元。

（撰稿人：黄曙生）

【德宏傣族景颇族自治州审计局】 2015年，德宏傣族景颇族自治州审计局人员编制35人，实有35人。局长杨善武，副局长杨常纪、摆岩相补（3月—）。设有办公室、法制科、行政事业审计科、农业与资源环保审计科、财政金融审计科、社会保障审计科、固定资产投资审计科、领导干部任期经济责任审计一科、领导干部任期经济责任审计二科、投资项目审计中心。

审计成果 德宏傣族景颇族自治州审计机关完成审计项目251个，审计查出违规金额32428万元、管理不规范金额750692万元。通过审计，为国家增收节支52658万元，核减固定资产投资额3927万元，为被审计单位挽回或避免经济损失3392万元。审计后移送司法、纪检监察和其他部门处理案件10起，涉案金额6565万元。出具审计报告263篇。提交审计专题、综合性报告和信息简报284篇，其中被党政领导和有关部门批示、采用41篇次。提出审计建议652条，被采纳648条。向社会发布审计结果公告99篇。

政策措施贯彻落实跟踪审计 对州直28个单位及各县市人民政府开展稳增长等政策措施落实情况跟踪审计，重点抽查69个单位、58个项目，涉及财政资金15395.35万元，查出管理不规范金额15837.39万元。揭示部分项目准备不足导致资金难以拨付、重大工程建设项目推进缓慢、简政放权政策落实中放管结合不到位等各类问题。

财政审计 对财政部门实施的2014年度本级预算执行情况、地税部门实施的2014年度地方税收征管情况进行审计，对州农业局、州林业局、州粮食局等29个行政事业单位的2014年度部门预算执行情况进行审计，查出主要问题金额782944万元，针对存在问题提出进一步深化全州财政管理体制改革、加强财政预算管理体系建设、优化财政支出结构、提高财政资金使用效益等意见和建议。

经济责任审计 全州审计领导干部17人，其中任中审计14人，查出违规金额289万元、管理不规范金额10642万元，促进增收节支132万元，提出建议52条被审计单位全部采纳。

固定资产投资审计 围绕“一带一路”重大项目开展竣工决算和跟踪审计，共完成48个投资项目审计，审计投资总额56995万元，查出主要问题金额8818万元，核减投资额3927万元。规范审计机关向社会中介机构购买服务的行为，委托德宏州公共交易中心通过公开招投标方式，确定10家造价中介公司和5家会计事务所为全州审计机关提供中介服务。

民生资金（项目）审计 统一组织开展“少生快富”专项资金、农业综合开发资金、抗震救灾及恢复重建资金等重要惠民资金的审计项目111个，审计专项资金总额1168365万元，查出问题金额83321万元。（撰稿人：李志远）

【怒江傈僳族自治州审计局】 2015年，怒江傈僳族自治州审计局人员编制42人，实有34人。局长罗晓亮（—1月）、杨勇强（1月—），副局长陈坤良、赵书云。设有办公室、法制综合科、经济责任审计一科、经济责任审计二科、企业与外资审计科、农业与资源环保审计科、行政事业审计科、财政金融审计科、社会保障审计科、计算机审计应用科、计划统计科、怒江州固定资产投资审计中心。

审计成果 怒江傈僳族自治州审计机关完成审计项目145个，其中组织实施审计项目106个、参与实施审计项目39个。查出主要问题金额180830万元，其中违规金额6435万元、管理不规范金额174395万元；损益（收支）不实金额241万元；审计处理处罚金额38760万元，其中应上缴财政3047万元、应减少财政拨款或补贴2218万元、应归还原渠道资金6221万元、应调账处理金额27274万元；审计发现非金额计量问题412个；审计促进整改落实有关问题金额4153万元，其中增收节支2900万元、已调账处理金额141万元。移送司法机关、纪检监察机关和有关部门处理事项7件。出具审计报告和专项审计调查报告145篇。提出审计建议362条，提交审计信息8篇，被批示、采用1篇。向社会公告审计结果31篇。

政策措施贯彻落实跟踪审计 完成审计项目26个，查出主要问题金额31871万元。以项目落地、资金保障、简政放权、政策落实、风险防范为抓手持续开展跟踪审计，促进重大政策有效落实、重大建设项目加快推进，有效防范风险、维护经济安全。

财政审计 重点关注财政资金统筹使用和绩效、“三公”经费、会议费管理使用情况，从纠正“四风”入手，推进部门预算改革和预算公开，提高政府管理效能。完成审计项目26个，查出主要问题金额111157万元，移送司法机关、纪检监察机关和有关部门处理事项3件。

专项资金审计 完成审计项目24个，查出主要问题金额13359万元，移送司法机关、纪检监察机关和有关部门处理事项2件。开展保障性安居工程跟踪审计，腾退收回违规享受保障房12套，促使213套空置保障房投入使用。就农村义务教育资金审计情况向怒江州人民政府做专题汇报，分管教育的副州长对审计结果做出重要批示，有效促进整改，促成建立监管长效机制。

固定资产投资审计 尝试利用社会审计资源开展政府投资项目审计，扩大民生工程、基础设施、生态环境建设等重大投资项目的审计覆盖面，有效规范项目管理，节约政府投资。完成审计项目51个，查出主要问题金额3128万元，核减工程投资2705万元。

经济责任审计 完成审计项目17个，查出主要问题金额21315万元，移送司法机关、纪检监察机关和有关部门处理事项1件。

信息系统审计 首次开展信息系统审计，揭示怒江州人民医院在信息化建设与管理控制、信息系统安全、软件正版化等方面存在的问题与漏洞，移送司法机关、纪检监察机关和有关部门处理事项1件。

（撰稿人：刘　婕）

【迪庆藏族自治州审计局】 2015年，迪庆藏族自治州审计局人员编制23人，实有22人。局长浦永兴（—8月）、杨继文（8月—），副局长张柱能、和集义，总审计师赵玉红（—5月）。设有办公室、综合法规科、行政事业审计科、财政金融审计科、投资经贸审计科、经济责任审计科。

审计成果 迪庆藏族自治州审计机关完成审计项目187个，查出主要问题金额173225.8万元，审计处理处罚应上缴财政608.97万元、应归还原渠道资金3800.34万元、应调账处理金额32494.08万元，已调账处理金额5268万元，核减工程投资469万元。移交税务部门处理案件1起。出具审计和审计调查报告187篇。提出审计建议322条，提交审计信息171篇。

政策措施贯彻落实跟踪审计 加强对国家重大决策部署落实情况的审计监督，通过政策措施贯彻落实跟踪审计，促进迪庆州简政放权政策措施的贯彻落实和部分项目的规范管理，加快部分政策措施的制定落实，促进国家政策措施在迪庆落地生根，推动迪庆经济社会健康发展。

财政审计 开展2014年度州本级预算执行情况审计、2014年税收征收管理审计和林业部门预算执行及其他财政收支审计。通过预算执行审计，促进深化财政体制改革，维护公共资金安全和公共资金使用效益的发挥，盘活存量，用活增量，使更多资金用于民生。

经济责任审计 履行经济责任审计职能，以促进领导干部推动本部门、本单位科学发展为目标，以领导干部任职期间本部门（单位）财政收支、财务收支及有关经济活动的真实、合法和效益为基础，重点检查领导干部守法、守纪、守规、尽责情况，加强对领导干部行使权力的制约和监督，促进党风廉政建设和反腐败工作，保障经济社会健康运行。

固定资产投资审计 以提高建设项目的管理水平和财政资金的使用效果、充分发挥投资效益为目标，合理安排审计计划，优化审计资源，全力推进政府投资项目审计工作，规范建设单位的管理行为，审计总金额3.06亿元，核减工程投资468.89万元，对重大项目的“真实、合法、效益”进行审计监督。

专项资金审计 通过审计揭示财政专项资金管理使用中存在的问题，关注财政专项资金使用效益的发挥，关注民生，切实帮助解决涉及人民群众的切身利益问题。 （撰稿人：郑永平）

2015年云南省所辖区、县(市)级审计工作统计表

金额单位:万元

审计机关	完成审计项目(个)	审计查出主要问题金额	审计处理情况					出具审计报告和审计调查报告(篇)	提出审计建议(条)	提交审计信息(篇)
			审计处理处罚				移送处理事项(件)			
			应上缴财政	应减少财政拨款或补贴	应归还原渠道资金	应调账处理金额				
昆明市										
昆明市本级	131	569683	17015	11192	13551	171800	4	130	408	705
五华区审计局	25	26073	500	1089		11290		31	279	194
呈贡区审计局	54	8130	4148			3982		60	330	
盘龙区审计局	67	39855	19338		1159	14907		67	189	55
官渡区审计局	27	118621	602	72				43	114	113
西山区审计局	58	16677	54	2592	13958	64		69	117	127
东川区审计局	48	14106	91	60	343	3388		61	125	1
晋宁县审计局	28	30808	1681	434	184	28500	4	34	95	5
富民县审计局	60	122656	418	176	160	116	10	65	50	198
宜良县审计局	65	11751	2781		8402	82	1	73	181	124
石林彝族苗族自治县审计局	87	920		919				96	177	46
禄劝彝族苗族自治县审计局	63	11597	1057	9869	108	536		69	91	53
寻甸回族彝族自治县审计局	69	38772	10363		164	3268	2	78	193	70
曲靖市										
曲靖市本级	138	239307	7018		13290	14786	13	149	266	60
麒麟区审计局	111	4619	222				1	114	278	68
宣威市审计局	62	25210	302				1	64	109	42
马龙县审计局	94	11979	247			5		99	64	72
陆良县审计局	110	3275	99					122	245	49
师宗县审计局	102	5271	581		118	1936		119	152	23
罗平县审计局	54	14338	3073		13	9		54	117	36

续表

审计机关	完成审计项目（个）	审计查出主要问题金额	审计处理情况					出具审计报告和审计调查报告（篇）	提出审计建议（条）	提交审计信息（篇）
			审计处理处罚				移送处理事项（件）			
			应上缴财政	应减少财政拨款或补贴	应归还原渠道资金	应调账处理金额				
富源县审计局	116	11435	2826		898	631		124	280	12
会泽县审计局	103	1674	346		52	14		114	20	31
沾益县审计局	38	7923	134				1	38	88	82
玉溪市										
玉溪市本级	183	867371	6220	537	605	3329	30	201	253	130
红塔区审计局	90	244749	1460		54	946	4	96	272	5
江川区审计局	102	84534	280		39	5356	2	107	85	
澄江县审计局	97	58301	813		205	1060	4	97	342	30
通海县审计局	165	81135	77			2166	2	170	260	10
华宁县审计局	114	29110	954				5	118	73	9
易门县审计局	58	52439	1008		13		1	60	86	9
峨山彝族自治县审计局	117	50860	260		105	320	2	123	113	
新平彝族傣族自治县审计局	55	5479	1516			14	5	59	65	
元江哈尼族彝族傣族自治县审计局	85	28867	401		97	344	3	91	262	18
保山市										
保山市本级	73	56006	1523	7810	19364	247		83	167	83
隆阳区审计局	133	120257	39661		24300	11321	2	141	286	36
腾冲市审计局	113	186212	204		1	122331	7	120	269	52
施甸县审计局	205	21652	6252	6868	13	4623		208	356	48
龙陵县审计局	90	2865	200		8	2652		95	121	53
昌宁县审计局	161	55916	1711	5234	36	1056	13	171	705	48
昭通市										
昭通市本级	237	443958	107352		65058	879	11	237	172	113
昭阳区审计局	281	220909		1282	117365	6	8	281	92	3
鲁甸县审计局	137	2938	2375			256		137	86	2
巧家县审计局	143	26799	3559		348	1953	1	143	43	2
盐津县审计局	52	5232	317		35	52		52	71	2
大关县审计局	99	5008	2592					99	72	2
永善县审计局	103	8686	592		8	2276		103	80	3
绥江县审计局	43	7008	496		2002	16	4	43	50	2
镇雄县审计局	91	15775	10257	73	596	104		91	204	2

续表

审计机关	完成审计项目（个）	审计查出主要问题金额	审计处理情况					出具审计报告和审计调查报告（篇）	提出审计建议（条）	提交审计信息（篇）
			审计处理处罚				移送处理事项（件）			
			应上缴财政	应减少财政拨款或补贴	应归还原渠道资金	应调账处理金额				
彝良县审计局	51	82174	24		1138		1	51	117	2
威信县审计局	61	632			231	60		61	31	2
水富县审计局	27	16711	22		14351			27	49	2
丽江市										
丽江市本级	49	41624	922	500	1460	30357		49	120	39
古城区审计局	76	61075			52802	557		76	206	22
永胜县审计局	82	6716		6		3003	2	82	187	
华坪县审计局	28	10891	2242		4	264		28	83	15
玉龙纳西族自治县审计局	116	23332	3016	579	419	12477		116	268	45
宁蒗彝族自治县审计局	23	21556	3758		6247	11380		23	61	6
普洱市										
普洱市本级	57	53662	8639	12701	2370	1729	16	64	171	61
思茅区审计局	36	24008	3281	3	549	20173		43	109	40
宁洱哈尼族彝族自治县审计局	33	2734	99	529	31	447	1	39	85	13
墨江哈尼族自治县审计局	63	16227	629	2203	3788	1381		72	257	13
景东彝族自治县审计局	136	11888	1943	2472	178	5794		146	266	46
景谷傣族彝族自治县审计局	41	22342	1024	797	75	184		46	120	1
镇沅彝族哈尼族拉祜族自治县审计局	29	2030	907	894	34	56	2	30	77	3
江城哈尼族彝族自治县审计局	83	7364	19	824	774	5497		86	208	
孟连傣族拉祜族佤族自治县审计局	25	36849	9	114	35	38		26	79	2
澜沧拉祜族自治县审计局	42	9317	4242	1839	780	2356	2	50	149	20
西盟佤族自治县审计局	23	8575	117	19	146	300		26	60	
临沧市										
临沧市本级	32	135213	2634	566	1290	878	9	38	114	82
临翔区审计局	27	93860	65		17400	54221		27	54	22
凤庆县审计局	29	28913	2554		2759	1344	1	32	140	12
云县审计局	37	4141	705		265	1951	5	37	153	40

续表

审计机关	完成审计项目(个)	审计查出主要问题金额	审计处理情况					出具审计报告和审计调查报告(篇)	提出审计建议(条)	提交审计信息(篇)
			审计处理处罚				移送处理事项(件)			
			应上缴财政	应减少财政拨款或补贴	应归还原渠道资金	应调账处理金额				
永德县审计局	22	5404	511	689	308	3847		22	112	13
镇康县审计局	21	48773	153		30578	18041		21	77	55
双江拉祜族佤族布朗族傣族自治县审计局	30	4335	144		135	1993		30	183	
耿马傣族佤族自治县审计局	22	22579	149		178	735	1	28	80	11
沧源佤族自治县审计局	20	19725	886		2544	2146	3	22	62	61
楚雄彝族自治州										
楚雄彝族自治州本级	79	294701	29954	245	852	14935	22	94	217	26
楚雄市审计局	84	56910	8269	5361	142	6555		96	246	
双柏县审计局	96	45342	7311	4181	82	31		104	287	
牟定县审计局	79	20505	2952	673	13	113	6	89	69	75
南华县审计局	34	7271	110	514	3022	1035		40	53	47
姚安县审计局	58	10059	2946			1761	1	68	83	
大姚县审计局	37	25873	965	290	65			46	110	30
永仁县审计局	95	19464	14303	721	32	110		103	195	
元谋县审计局	56	11865	96	461	23	1		64	40	167
武定县审计局	40	3896	2472	356	8	774		49	30	1
禄丰县审计局	69	39186	278	2101	207	36593		83	228	176
红河哈尼族彝族自治州										
红河哈尼族彝族自治州本级	83	190139	9622		13191	6998	37	103	299	11
蒙自市审计局	37	10432	1849	90	276	1913		41	83	
个旧市审计局	37	443	18	151	4		3	48	58	56
开远市审计局	31	4452	601	2521	30	1196		40	109	52
弥勒市审计局	97	8541	2476	1879	2	3384		114	148	
建水县审计局	42	5578	231	48	1029	3304	2	47	110	10
石屏县审计局	75	5876	287	885	289	1987		89	189	32
泸西县审计局	31	50030	32598	269	31	17131		34	86	
元阳县审计局	24	3177	352	19	120	76		30	61	
红河县审计局	56	7478	100	619	248	182		85	137	12
绿春县审计局	45	12825	247	324	1062	3606		49	100	

续表

审计机关	完成审计项目(个)	审计查出主要问题金额	审计处理情况					出具审计报告和审计调查报告(篇)	提出审计建议(条)	提交审计信息(篇)
			审计处理处罚				移送处理事项(件)			
			应上缴财政	应减少财政拨款或补贴	应归还原渠道资金	应调账处理金额				
屏边苗族自治县审计局	34	1522	186	442	15	360		38	86	
金平苗族瑶族傣族自治县审计局	36	3893	473	172	276	1060		42	81	3
河口瑶族自治县审计局	15	9282	748		8425			16	42	25
文山壮族苗族自治州										
文山壮族苗族自治州审计局	232	353784	60502		41001	7770	14	236	330	51
文山市审计局	123	74666	2530		602	8	2	127	236	43
砚山县审计局	125	36547	6719		140	123		128	148	33
西畴县审计局	109	12210	5244			3740		110	138	80
麻栗坡县审计局	87	50428	1521		361		2	89	178	24
马关县审计局	115	23353	60		34	17		120	181	20
丘北县审计局	97	30848	11491	1208	6128	12020	3	102	256	62
广南县审计局	113	46784	3651		5002	7193	2	117	180	16
富宁县审计局	91	18739	872	10	1050	4607		92	244	57
西双版纳傣族自治州										
西双版纳傣族自治州本级	79	43391	303	5754	8925	1773	3	97	210	23
景洪市审计局	146	77187	1018	19797	123	14327	3	154	383	33
勐海县审计局	125	69225	17222	2143	587	1402	3	134	319	12
勐腊县审计局	86	63090	699	1883	14712	1084	1	92	301	15
大理白族自治州										
大理白族自治州审计局	324	99745	3406	4091	3677	8520	3	324	419	63
大理市审计局	214	42432	3265		6256	29403	2	214	236	27
祥云县审计局	109	86090	2197		212	567	3	109	130	12
宾川县审计局	671	10250	2233		412	220	1	671	1777	36
弥渡县审计局	122	5359	630		150	718	1	122	125	7
永平县审计局	174	5091	3027				1	174	315	4
云龙县审计局	115	11652	30					115	135	8
洱源县审计局	208	3940	107		231	293		208	744	4
剑川县审计局	87	8198	488		200			87	198	3
鹤庆县审计局	302	2964						302	752	6

续表

审计机关	完成审计项目（个）	审计查出主要问题金额	审计处理情况					出具审计报告和审计调查报告（篇）	提出审计建议（条）	提交审计信息（篇）
			审计处理处罚				移送处理事项（件）			
			应上缴财政	应减少财政拨款或补贴	应归还原渠道资金	应调账处理金额				
漾濞彝族自治县审计局	162	2882					1	162	165	4
南涧彝族自治县审计局	218	3039	346		181	622	1	218	220	4
巍山彝族自治县审计局	63	27218	3659		5837	7134	2	63	94	9
德宏傣族景颇族自治州										
德宏傣族景颇族自治州本级	56	341038	12	44		1	1	60	126	84
芒市审计局	43	240230	4468		46406		5	43	118	75
瑞丽市审计局	37	23907	130	21	3747	1975	4	38	98	39
梁河县审计局	28	111213	9		6825	407		29	74	27
盈江县审计局	43	57787	165	302		21		46	146	51
陇川县审计局	44	8945	1097	387	37	258		47	90	8
怒江傈僳族自治州										
怒江傈僳族自治州本级	28	110585	2726		770	94	4	28	58	5
泸水县审计局	20	33043	19	27	1	3092		20	39	
福贡县审计局	26	2875	145	580	4	545		26	94	3
贡山独龙族怒族自治县审计局	43	13707	41	1611	4671	7384	3	43	115	
兰坪白族普米族自治县审计局	28	20620	116		775	16159		28	56	
迪庆藏族自治州										
迪庆藏族自治州本级	39	48912	130		701	17813		39	75	51
香格里拉市审计局	46	42930	55		18	7340		46	112	71
德钦县审计局	39	70657	4		269	15		39	74	12
维西傈僳族自治县审计局	63	10727	420		2812	7326		63	61	37

西藏自治区

【西藏自治区审计厅】 2015 年，西藏自治区审计厅人员编制 120 人，实有 114 人（含援藏干部 3 人）。设有办公室、政工人事处、纪检监察室、经济责任审计局、法规处、财政金融审计处、固定资产投资审计处、行政事业审计处、社会保障审计处、经贸外资审计处、农业与资源环保审计处、政府投资审计中心、信息中心、后勤服务中心、内部审计协会。

领导成员

厅　　长：孙秀春（6月—）

副 厅 长：拉　巴（党组书记，6月—）

次　多（—1月）

王洪勇（9月—）

尹摇山（9月—）

总审计师：周忠祥（—6月）

纪检组长：张福山（—10月）

审计成果　西藏自治区审计机关审计单位（项目）271个，审计促进增收节支47.4亿元，向司法、纪检监察机关和有关部门移送处理事项24件，促进建立健全制度160多项，提交审计报告和信息500多篇。

政策措施贯彻落实跟踪审计　按照国务院和审计署的部署，围绕促进稳增长、促改革、调结构、惠民生、防风险政策落实，持续开展跟踪审计，反映实情、揭示问题、分析原因、提出建议，得到自治区领导的充分肯定，为各级政府强化债务管理、防范化解风险、健全管控机制提供重要参考。审计中既关注财政资金使用的经济效益，又关注社会效益和生态效益，揭示和反映违法违规、损失浪费等问题，为促进中央和自治区宏观调控政策措施的贯彻落实发挥积极作用。

财政审计　围绕健全政府预算体系、盘活存量资金、提高资金绩效，深入开展财政审计、预算执行审计，查处财政支出不真实、财政资金分配不规范、滞留财政收入、违规下放项目审批权限、自行调整项目投资计划等问题，注重从体制机制制度层面分析原因，提出改进的意见和建议。

经济责任审计　对全区56名党政领导干部和企业领导人员进行审计，查出领导干部负有责任的问题金额158亿元，移送司法、纪检监察机关案件线索5件。推行“同步审计”，不断提高任中审计比例。整合地市审计力量开展异地“交叉审计”，针对领导干部在履行经济责任中存在的突出问题，提出审计意见和建议230多条。

固定资产投资审计　在拉萨市农村公路、国道219线区界至日土段改建整治工程等26个项目审计中，共查出违法违规金额7.46亿元，揭示施工单位违法转、分包工程，监理履职不到位、多计工程结算价、设计深度不足等方面存在的问题。

企业审计　对西藏银行、西农集团等9家企业财务收支情况开展审计，查出违法违规及管理不规范金额34亿元，促进企业规范经营管理和国有资产保值增值。

专项资金审计　对退牧还草、扶贫开发、保障性住房、援藏资金等专项资金开展审计，发现“账外账”、挤占挪用专项资金、弄虚作假套取财政资金等违法违规问题金额15亿元，移送违法违规案件线索2件。组织开展西藏自治区藏青工业园管委会（筹备组）及其控股公司财务收支情况审计，所反映的问题引起区党委、政府的高度重视。完成审计署安排的对西藏天龙物业有限公司等11家中小型企业发展专项资金核查，对发现的问题督促企业进行整改。配合区党委巡视组和区纪委开展巡视和专项检查工作，扎实推进强基惠民驻村工作。

队伍建设　审计厅党组始终坚持把维护稳定作为审计机关的重要政治责任，实现“三不出”工作目标。加强审计机关领导班子和干部队伍建设，提高领导干部把握大局和审计队伍依法从审、依法行政的能力。开展审计项目审理、质量检查和审计结果整改落实检查等工作，扎实推进审计理论研究，提升审计信息化建设水平。严格执行中央八项规定、自治区党委“约法十章”“九项要求”和审计纪律“八不准”等有关廉政规定，完善审计业务和机关行政管理制度，形成按制度办事、用制度管人的良好工作机制。

（撰稿人：杜一鹭）

【拉萨市审计局】　2015年，拉萨市审计局人员编制48人，实有47人。局长次旦，副局长史勇、彭多、格桑平措、黄益强（援藏干部）、扎西拉姆。设有办公室、法规科、财政金融审计科、基本建设投资审计科、行政事业审计科、经济责任审计处、经贸企业审计科、农业与资源环保审计科、信息中心。

审计成果　拉萨市审计局完成审计项目17个，查出违纪违规金额2.3亿元、管理不规范金额2144.29万元。出具审计报告、决定43篇。提出审计建议46条，被采纳46条。

财政审计　对全市相关部门的预算执行情况

及其他财政收支等方面进行审计。按照国务院统一部署和审计署统一要求，对稳增长、促改革、调结构、惠民生、防风险政策措施落实情况进行跟踪审计，促进有关政策的落实。审计查出违规违纪资金 1121.77 万元，其中应上缴财政资金 587.92 万元、应调账处理资金 154.32 万元，加强管理自行纠正资金 379.53 万元。提出审计建议 6 条，被审计单位采纳 6 条。

经济责任审计 完成拉萨市人民政府驻北京联络处原主任离任审计，林芝地区墨脱县县长任中审计，阿里地区札达县县长任中审计，拉萨晚报社总编辑离任审计，尼木县“三公”经费使用情况审计，拉萨市堆龙德庆县马乡马勇、达瓦次仁任中审计，西藏拉百商贸有限公司原董事长离任审计，查出违规违纪资金 9573.57 万元、管理不规范金额 230.96 万元。提出审计建议 12 条，被采纳 12 条。

固定资产投资审计 完成加荣路市政工程项目竣工决算审计、东城区三路市政工程项目竣工决算审计和城关区人民法院审判用房建设项目竣工决算审计，审计总金额 4896.35 万元，查出违规违纪资金 7.21 万元、管理不规范金额 979.27 万元，审计处理处罚应上缴财政资金 985.83 万元、应调账处理资金 0.65 万元。提出审计建议 5 条，被采纳 5 条。

农业与资源环保审计 完成拉萨市 2013 年农业综合开发土地治理项目资金审计、拉萨市 2010 年城市周边重点区域建设项目工程资金审计和拉萨市曲水县 2013 年农发产业化项目资金收支情况审计。审计总金额 9487 万元，查出违规违纪金额 13 万元、管理不规范金额 842.7 万元，审计处理处罚应上缴财政资金 252.99 万元、应归还原渠道资金 13 万元、加强管理自行纠正金额 589.71 万元。提出审计建议 3 条，被采纳 3 条。

企业审计 完成拉萨市城市规划设计院财务收支审计、曲水县净土产业投资开发有限公司财务收支审计、拉萨市城关区净土农业开发有限公司财务收支审计。审计总金额 47685.18 万元，查出违规违纪金额 11848.1 万元、管理不规范金额 3.89 万元，审计处理处罚应调账处理资金 3.89 万元、应归还原渠道金额 10431.77 万元、加强管理自行纠正金额 1416.33 万元。提出审计建议 3 条，被采纳 3 条。

专项资金审计 完成拉萨市民政局 2013 年至 2014 年财政收支审计。开展全区教育系统“三包经费”专项审计、2014 年铁路护路联防工作经费收支情况审计、拉萨市 2011 年至 2014 年强基惠民短平快项目及为民办实事经费收支审计和拉萨市 2014 年城镇保障性安居工程跟踪审计。审计查出违规金额 96.51 万元，审计处理处罚应上缴财政 96.51 万元；提出审计建议 14 条，被采纳 14 条。

（撰稿人：杨立涛）

【日喀则市审计局】 2015 年，日喀则市审计局人员编制 59 人，实有 52 人。党组书记陈元森（—12 月），局长次仁，副局长次仁旺拉、孙庆利、黄俊（援藏干部），纪检组长扎西卓玛（9 月—），调研员边巴次仁。设有办公室（政工人事科）、法规科、财政金融审计科、行政事业审计科、社会保障审计科、市直经济责任审计科、县区经济责任审计科、固定资产投资审计科、经贸农业与资源环保审计科，下设机关后勤服务中心、信息网络中心。

审计成果 日喀则市审计局完成审计和审计调查项目 90 个，查出主要问题金额 6262 万元，其中违规金额 5786 万元、损失浪费金额 54 万元、管理不规范金额 422 万元；审计发现非金额计量问题 22 个；损益（收支）不实金额 1754 万元；审计决定处理应上缴财政 1581 万元、应归还原渠道资金 762 万元、应缴纳其他资金 13 万元、应调账处理金额 2154 万元。出具审计报告 157 篇，向市委组织部提交审计结果报告 18 篇。向有关部门和被审计单位提出审计建议 177 条。

政策措施贯彻落实跟踪审计 完成 2014 年全市保障性安居工程跟踪审计，发现问题金额 803 万元，被审计单位已完成整改。加强对稳增长、促改革、调结构、惠民生、政策措施落实情况的跟踪审计，对市住建局等 4 家单位的行政审批事项取消和下放以及简政放权政策落实情况进行跟踪审计，审计查出违规金额 100 万元和非金额计量问题 1 个。

财政审计 对市本级财政 2014 年财政收支预算执行和其他财政收支情况开展审计。向市第一届人民代表大会常务委员会第五次会议做审计工作报告。

经济责任审计 受市委组织部委托，完成15名县级党政领导、4名乡镇党政领导和1名国有企业领导人员的经济责任审计，查出主要问题金额5073万元，其中领导干部应负直接责任金额3万元、应负主管责任金额1868万元、应负领导责任金额2442万元。

固定资产投资审计 完成白朗县卫生服务中心等4个项目的竣工决算审计，审减投资额196万元，查处项目建设结余资金191万元。实施桑珠孜区江当灌区项目竣工决算审计。对已完成工程审价工作和具备审计条件的四省市71个援藏项目开展竣工决算审计，项目涉及7个县（区）和部分市直单位，项目资金总额1.8亿余元。

专项资金审计 实施对扶贫、农发、农牧业、草原生态保护、黑颈鹤自然保护基地等专项资金的审计，审计专项资金总额87329万元。对日喀则市2013年度文化专项资金和桑珠孜区市政市容管委会收费管理情况进行专项审计调查，发现违规问题金额682万元，针对存在的问题，提出处理意见和建议6条。

交办事项 派出3人参与市纪委有关案件的查办工作。抽调10人协同市财政局对市直单位和18个县区的财政经费管理情况进行专项联合检查。配合市纪委、财政开展“三公”经费专项检查。 （撰稿人：次仁德吉）

【昌都市审计局】 2015年，昌都市审计局人员编制44人。局长益西群培，副局长张高林、措巴、吴波、李保奎，副调研员任邦珍。设有办公室、法规监督科、财政金融审计科、行政事业审计、社会保障审计科、经贸农业与资源环保审计科、固定资产投资审计科、经济责任审计处、经济责任审计一科、经济责任审计二科、经济责任审计三科。

审计成果 昌都市审计局完成审计项目11个，查出各类问题金额209741万元，其中违规金额1428万元、管理不规范金额208313万元。审计处理处罚应归还原渠道资金14172万元、应缴纳其他资金1276万元、应调账处理金额63001万元。提出审计建议39条，被采用39条。向上级单位报送审计报告和审计调查报告11篇，被批示、采用11篇。

财政审计 对丁青、八宿两县的财政决算以及其他财政收支情况进行审计和延伸审计，查出未按规定征收缴纳收入1190.03万元、违规改变项目计划和资金用途13110.89万元、资金滞留闲置14321.79万元、虚列支出9604.62万元。

政策措施贯彻落实跟踪审计 完成2014年9月至2015年10月稳增长、促改革、调结构、惠民生、防风险跟踪审计工作任务，查处违纪违规金额6583.60万元。

民生资金（项目）审计 开展丁青县2009年至2013年民生资金管理使用专项审计调查，查出违纪违规金额7659.91万元，其中滞留专项资金6447.26万元、未按规定足额筹集保障性安居工程资金196.6万元、应缴未缴财政资金753.46万元、改变民生资金用途262.59万元。

经济责任审计 受市委组织部委托，对市公安局原党委副书记、副处长、交警支队队长、调研员等8人进行任期经济责任审计，查出相关问题金额13824万元，其中领导干部负主管责任金额13751万元、负领导责任金额23万元。根据党政领导干部经济责任审计的有关规定，对被审计领导干部履行经济责任情况做出评价，对其履职期间所存在问题应承担的责任进行划分。

（撰稿人：罗时兵）

【林芝市审计局】 2015年，林芝市审计局人员编制41人，实有37人。党组书记玉珍，局长夏世红，副局长刘应萍、尼玛仓决、李友金，副调研员路文玲，经济责任审计处处长李萍。设有办公室、政工人事科、经济责任审计处、法规科、行政事业社会保障审计科、财政金融审计科、固定资产投资审计科、经贸农业与资源环保审计科。

审计成果 林芝市审计局完成审计项目20个，查出各类违规金额5.86亿元。向有关部门移送处理事项6件，提交审计报告和信息113篇。

财政审计 对原林芝县人民政府、波密县人民政府2013年至2014年度财政决算及其他财政收支情况进行审计。开展察隅县竹瓦根镇人民政府、察瓦龙乡人民政府2013年至2014年财政收支审计。

固定资产投资审计　对市本级及6县1区2014年城镇保障性安居工程（包括廉租住房、公共租赁住房和各类棚户区改造）的投资、建设、分配、运营等情况进行审计，审计涉及41个单位、263户家庭，对12个保障性安居工程项目的开工情况、11个项目的基本建成情况、8个项目的工程建设和质量管理情况进行检查，针对棚户区改造、工程建设管理，保障性住房分配和后续管理，资金筹集、管理和使用等方面存在的问题，提出审计建议18条。开展工布江达县沿河路干部职工周转房建设项目审计，重点对项目的基建程序、招投标情况、质量控制体系和工程财务管理等方面进行审计，审计投资额3400万元，建筑总面积10670.88平方米。

经济责任审计　对国资委、城市投资有限责任公司、文广局、团委、市政管理局、粮食局、外事办、扶贫办、人防办等9名领导人任期的经济责任履职情况进行审计。选派人员组成审计组赴日喀则完成2个异地交叉经济责任审计项目，重点审计财政财务收支情况、内控制度的建立执行情况和个人遵守廉政规定情况，特别关注“三公”经费使用情况，对重要事项进行必要的延伸和追溯。

专项资金审计　对2015年稳增长、促改革、调结构、惠民生、防风险政策措施落实情况进行跟踪审计，每月上报审计报告。结合2014年的审计情况，着重抽查市住房与城乡建设局、市发展改革委员会、市民政局、市水利局、市财政局等单位，主要关注棚户区改造、保障性住房、城市基础设施建设、重大水利设施建设等方面。根据自治区审计厅关于土地出让收支和耕地保护审计工作方案，开展市本级及林芝、波密、米林3个县2008年至2014年土地出让收支和耕地保护审计。

（撰稿人：郭玉花）

【山南地区审计局】　2015年，山南地区审计局人员编制44人，实有45人。党组书记张洪林，局长巴桑次仁，副局长夏朝红、旺庆，总审计师王显琼。设有办公室、法规科、财政金融审计科、行政事业审计科、社会保障审计科、经济责任审计处、固定资产投资审计科、经贸外资审计科、农业与资源环保审计科、审计信息中心。

审计成果　山南地区审计局实施审计（审计调查）项目17个，完成审计（审计调查）项目12个。查出主要问题金额39773.33万元，其中管理不规范金额38553.33万元、违规金额1220万元。移送处理案件4起。提出审计建议53条。

财政审计　对贡嘎县人民政府2014年度财政预算执行和其他财政收支情况进行审计，查出主要问题金额34072.64万元，其中管理不规范金额33601.1万元、违规金额471.54万元。移送处理案件2起，涉及2人。提出审计建议6条。

经济责任审计　对5个部门主要领导任期经济责任履行情况进行审计（含区审计厅组织异地交叉经济责任审计），查出主要问题金额551.66万元，其中违规金额50.6万元、管理不规范金额501.06万元。提出审计建议13条。

专项资金审计　对2014年各类城镇保障性安居工程和农发、扶贫专项资金的投资、建设、分配、运营等情况，山南地区教育“三包”经费专项资金和2015年雅砻文化节经费进行审计。查出主要问题金额5145.69万元，其中违规金额364.41万元、管理不规范金额4781.28万元。移送处理案件1起。提出审计建议29条。

固定资产投资审计　对山南地区2013年民政救灾物资储备项目进行审计，重点对高寒边远乡镇救灾仓库点建设管理情况进行实地查看，查出主要问题金额3.34万元，提出审计建议5条，移送处理案件1起。

（撰稿人：德庆曲珍）

【那曲地区审计局】　2015年，那曲地区审计局人员编制41人，实有31人。党组书记索朗央金（2月—），局长张福林（2月—），副局长次仁罗布、方燕青（8月—），经济责任审计处处长桑嘎扎西。设有经济责任审计处、办公室、政策法规科、财政金融审计科、行政事业审计科、固定资产投资审计科、审计事务所。

审计成果　那曲地区审计局完成审计项目28个，其中跟踪审计项目2个、预算执行审计项目3个、经济责任审计项目13个、财务收支审计项目2个、专项资金审计项目8个，查出问题金额284875.84万元，其中管理不规范271659.13万元、违规金额13216.71万元。出具审计报告26篇，下达审计决定22份。

政策措施贯彻落实跟踪审计 对2015年稳增长、促改革、调结构、惠民生、防风险政策落实情况进行跟踪审计，切实发挥审计在推进政策落实，促进合理分配、完善制度、规范管理和发挥效益的作用。

民生资金（项目）审计 对地区本级及11个县保障性安居工程的资金到位、项目进展等情况进行跟踪审计，查出未及时分配2013年至2014年保障性安居工程配套资金6352.3万元。

专项资金审计 对2014年恰青赛马艺术节经费收支情况，地区本级及3个县的土地出让金收支情况，聂荣县、嘉黎县2012年至2014年人居环境及环境综合治理资金，2012年至2015年草原生态保护补助奖励机制资金等进行专项审计。查出应收未收土地出让金669.19万元、未按规定计提基金920.16万元、应缴未缴财政收入645.26万元等问题。对地区本级及2个县的16所学校"三包"资金使用情况进行审计调查。

财政审计 对地区本级2014年度预算执行和其他财政收支情况、聂荣县2014年度预算执行及其他财政财务收支情况、嘉黎县2014年度预算执行及其他财政财务收支情况进行审计。查出年初未纳入预算17808.1万元，虚列支出61356.15万元，垫付资金10076.54万元，超预算拨款2208.42万元，滞留资金144068.19万元，未及时发挥资金应有的效益20636.15万元，未及时上缴国库资金8785.45万元，挪用专项资金1235万元，未纳入单位统一核算1390.08万元，凭证不符合规定、往来款长期挂账、专项资金未单独核算2795.82万元等问题。对地区物流中心管理局和电影发行放映管理中心开展财政财务收支审计，查出原始凭证不符合规定98.18万元、未纳入财务统一核算10.26万元、虚列支出3651.51万元、往来款长期挂账116.72万元、应缴未缴财政资金48.33万元、挪用专项资金16.53万元、私存私放0.44万元和固定资产增减未及时入账等问题，重点监督检查财经纪律执行情况，关注中央八项规定精神和国务院"约法三章"贯彻落实情况。

经济责任审计 对地区卫生局原党组副书记、局长等13名领导干部进行离任经济责任审计，查出挪用专项资金69.07万元、无资金来源修缮106.28万元、结余资金未统筹使用119.76万元、虚列支出1177.33万元、原始单据不符合规定241.74万元、未纳入单位统一核算11.84万元、违规拉赞助15万元、往来款长期挂账53.85万元、应缴未缴财政收入18.17万元等问题。自治区审计厅经济责任审计局与那曲地区审计局共同对林芝地区朗县县委副书记、县长进行任中经济责任异地交叉审计。

固定资产投资审计 对地区民政局社会福利综合业务用房和老年护理院建设项目进行投资审计，查出投资金额超概算158.15万元、超拨工程款2.75万元、核减工程量2.96万元等问题。

交办事项 配合地区扶贫办、地区发改委和地区农牧局等对民生资金的落实情况等进行督导检查。配合地区发改委对西部4个县2015年续建和新建项目开复工等情况进行督导检查。配合地区扶贫办对安多县等10个县2013年至2014年扶贫资金使用情况进行检查。配合地区农牧局对巴青县2012年退牧还草项目中采购草籽情况进行核实工作。向地区纪委提供2014年至2015年所有审计报告。 （撰稿人：米玛次仁）

【阿里地区审计局】 2015年，阿里地区审计局人员编制36人，实有25人。党组书记王建礼，局长罗杰，副局长罗尚友、谢天芳，调研员桑杰多吉，经济责任审计处处长普布。设有行政办公室、法规科、经济责任审计处、行政事业和社会保障审计科（财政金融审计科）、固定资产投资审计科、农业与资源环保审计科、政府投资审计中心。

审计成果 阿里地区审计局完成审计项目41个，其中经济责任审计9个，政府投资审计9个，财政审计、专项资金审计和企业审计23个。查出主要问题金额62049.16万元，其中违规金额11752.94万元、管理不规范金额49962.31万元、损失浪费资金333.91万元；审计处理处罚金额1822.67万元，其中应上缴财政1603.96万元、应归还原渠道资金218.71万元。提出审计建议133条，被采纳133条。

政策措施贯彻落实跟踪审计 成立阿里地区审计局稳增长等政策措施贯彻落实情况跟踪审计工作领导小组。通过审计，查出主要问题金额25890.83万元，其中违规金额61.47万元、管理不规范金额25829.36万元，审计处理处罚资金57.43万元，其中应上缴财政5.26万元、应归还原渠道资金52.17万元。

财政、民生资金和企业审计 完成普兰县财政收支审计，农牧、国土、扶贫等专项资金审计和地区客运站等企业审计共23个项目，查出主要问题金额14161.63万元，其中违规金额1709.4万元、管理不规范金额12319.42万元、损失浪费金额132.81万元；审计处理处罚金额1327.24万元，其中应上缴财政1233.68万元、归还原渠道资金93.56万元。提出审计建议65条。

固定资产投资审计 完成地区特警支队等9个政府投资审计项目，查出主要问题金额4019.33万元，其中违规金额406.38万元、管理不规范金额3411.84万元、损失浪费资金201.11万元；审计处理处罚金额250.65元，其中应上缴财政250.65万元。提出审计建议39条。

经济责任审计 完成地区工会原主任等7名领导干部任期经济责任审计和自治区审计厅统一安排的县委书记、县长经济责任交叉审计项目2个。查出主要问题金额17977.37万元，其中违规金额9575.69万元（应负直接责任金额1918.14万元、应负主管责任金额2872.71万元、应负领导责任金额4784.84万元）；管理不规范金额8401.68万元（应负直接责任金额1680.33万元、应负主管责任金额2520.51万元、应负领导责任金额4200.84万元）；审计处理处罚资金187.35元，其中应上缴财政114.37万元，应归还原渠道资金72.98万元。提出审计建议29条。

（撰稿人：洛桑达娃）

陕西省

【陕西省审计厅】 2015年，陕西省审计厅人员编制271人，实有260人。设有办公室、法规审理处、财政审计处、派出市县财政审计处、金融审计处、派出经济执法审计处、行政事业审计处、派出教育科技审计处、企业审计处、派出经济贸易审计处、农业与资源环保审计处、派出农林水利审计处、社会保障审计处、派出民政社保审计处、固定资产投资审计处、派出交通建设审计处、外资运用审计处、派出外事外贸审计处、派出发展统计处、经济责任审计一处、经济责任审计二处、人事处、机关党委、监察室、老干部管理处、派出国资监管审计处，下设研究所、报送审计中心、后勤服务中心、计算机技术信息中心。

领导成员

党组书记：徐宗一

厅　　长：李　健

副 厅 长：徐宗一（兼）　张海成

马玉红　赵宝田　汪迎杰

总审计师：王志高

纪检组长：尤　磊

审计成果 陕西省审计机关审计（调查）单位和项目8711个，查出违规金额518.24亿元、管理不规范金额2396.80亿元；促进增收节支119.95亿元，促进拨付资金到位21.06亿元，核减投资额38.14亿元。移送处理事项380件，涉及人员282人、金额71543万元。提交审计专题、综合性报告和信息2027篇，被批转、批示和采用1155篇次。提出审计建议16240条，被采纳12374条。发布审计结果公告1105篇。

财政审计 坚持把预算执行、财政决算与行业专项审计相结合，加大对二、三级预算单位的延伸审计，强化对预算单位的内部审计自查与审计抽查，审计的覆盖面进一步扩大，内容逐步深化。组织开展全省财政存量资金审计项目和预算执行项目1777个、财政决算项目482个、行政事业审计项目1803个。省审计厅开展全省财政存量资金审计，对3个设区市、21个部门单位开展财政决算审计、预算执行和财务收支审计，组织20个省级预算执行单位进行内部审计自查，对其中10个省级预算执行单位进行审计抽查。

政策措施贯彻落实跟踪审计 围绕促进国家重大政策措施和宏观调控部署落实，持续组织进行全省稳增长、促改革、调结构、惠民生、防风险政策措施落实情况跟踪审计，在财政、经济责任等审计项目中加强对“一带一路”倡议等政策措施落实情况的检查。

专项资金审计 首次组织开展自然资源资产审计，对周至县2013—2014年度农林水等自然资源资产进行审计调查，对榆林市市长自然资源资产责任进行试审；持续开展全省城镇保障性安居工程、陕南陕北移民搬迁资金跟踪审计，对秦岭生态及天然林保护工程二期项目、南水北调汉丹江流域水污染防治和水土保持资金进行审计和审计调查。各市县审计机关开展养老、工伤、医疗保险和住房公积金等社保审计项目30个。组织开展高校办学经费管理、中职学校及老干所资产划转移交、交通建设项目、公车改革、人员编制及工资补贴、高速公路运营收支情况等专项审计和审计调查项目597个。

金融企业审计 组织全省审计机关完成11个金融审计和117个企业审计项目。省审计厅开展西安城六区原农信社理事长（主任）经济责任审计、涉农政策性贴息贷款情况审计调查、8户省属企业资产负债损益审计，组织开展省广电集团各市分公司的资产负债行业审计。

固定资产投资和外资运用审计 组织全省审计机关开展延安特大洪水灾害灾后恢复重建资金审计，对3880个建设项目进行竣工决算和跟踪审计，对14个国外贷援款项目进行公证审计，组织全面自查并抽审95%的项目执行单位。对西安咸阳机场二期扩建工程、靖边至西安天然气输气管道三线一期工程等15个重点建设项目进行竣工决算和跟踪审计。

经济责任审计 对1741名党政领导干部和国企领导人员开展经济责任审计，其中厅级领导干部27人。坚持党政同责、同责同审，首次对省属高校党委书记单独进行审计，对省属高校党政领导干部开展同步审计。深化内容，将领导干部贯彻中央政策措施、政府性债务、机构编制、自然资源资产和高校基建项目等情况纳入审计监督范围。对领导干部自然资源资产责任进行试审。加强对基层审计机关的业务管理，要求按时上报经济责任审计项目计划和工作情况。

审计整改 贯彻落实审计整改相关规定，坚持将以往审计整改情况纳入当期审计监督范围，审计整改和问责力度进一步加大。开展对上年度被审计单位整改情况的专项检查，对42个单位、项目的审计整改工作进行现场检查。组织31个省级部门单位开展近4年来财政经济运行中存在主要问题的整改排查报告工作。持续组织开展保障性安居工程跟踪审计整改工作，对陕南移民搬迁审计整改工作、全省矿补费收入征缴工作进行联合督促检查。整改成效日益明显，审计期间整改金额增长7倍多，审计查出的问题基本得到整改。处理问责更加严格，与2014年相比，审计期间整改金额增长51.64%，审计促进整改落实有关问题金额、拨付资金到位、挽回（避免）损失分别增长29.35%、10.60%、30.31%。审计处理处罚金额增长46.33%，移送处理事项和人员分别增长54.47%、82.98%，落实事项和人员分别增长57.94%、56.43%。

信息化建设 坚持狠抓审计信息化建设，金审工程应用系统逐步得到推广和应用。完成金审工程应用系统向省电子政务外网平台的迁移，省级国产虚拟化平台搭建和主要金审工程应用系统的虚拟化部署，省审计厅楼层交换机更新、应用系统扩容升级，全省OA系统2011版升级、国产化改造和杨凌示范区OA系统1拖N等工作。地税、农信社等审计分析系统得到进一步的完善和应用，研发3个大项目信息共享与报表上报系统、审计项目网上质量控制系统、项目合同管理软件。举办全省信息系统运维及IT审计培训，首次组织计算机审计骨干人员参加审计署IT治理及IT审计培训。计算机审计方法和AO应用实例水平、通过审计署计算机审计中级考试的人数不断提升，探索开展金融机构信息系统审计，高分卫星影像分析监测技术、ERP共享系统和视频会议系统等新技术、新手段在审计业务工作中初步得到运用。

（撰稿人：黄　松）

【西安市审计局】 2015年，西安市审计局人员编制82人，实有87人。局长李永奇，副局长马少民、王建军、阎金平，总审计师贺成志，纪检组长白丽萍。设有办公室、组织人事处、财政金融审计处、行政事业审计处、农业与资源环保审计处、固定资产投资审计一处、固定资产投资审计二处、企业审计处、社会保障与外资运用审计处、经济责任审计一处、经济责任审计二处、审理稽核处、机关党委、监察室，下设西安市计算机审计信息中心。

审计成果 西安市审计机关完成审计和审计调查项目514个，查出违规金额135.1亿元，促进财政增收节支85.99亿元，促进盘活财政存量资金 70 多亿元。移送违法违纪案件线索 44 件。提交审计报告和信息 813 篇。提出审计建议 1015 条，促进被审计单位制定整改措施 44 项，建立健全规章制度 42 项。

政策落实情况跟踪审计 组织对 22 个方面、69 项稳增长、促改革、调结构、惠民生、防风险政策落实情况开展跟踪审计，促进政令畅通和有关政策、资金、项目落实，推动西安经济社会健康发展。

财政审计 对 161 个部门单位的预算执行情况开展审计，延伸审计 145 个单位，查出违规变更调整预算 2.04 亿元、未按规定上缴财政收入 66.7 亿元、虚列支出 11.5 亿元以及未落实"收支两条线"和专户管理规定、违规使用发票等问题。西安市审计局制定《西安市行政事业单位公务支出审计监督办法》，对市本级和 18 个市级部门单位财政预算执行情况、1 个区县财政决算和 1 个开发区财政收支情况实施审计，延伸审计 63 个单位，查出违规金额 4.76 亿元，提出审计建议 43 条，促进建立健全制度 26 项，移送案件线索 3 件。组织对市本级及 13 个区县财政存量资金进行专项审计调查，延伸调查 8 个开发区和 15 个市级部门，促进盘活闲置和沉淀的财政资金 70 多亿元。

企业审计 深入开展税收审计，延伸调查 8 个区县、开发区相关部门，揭示部分区县为完成财政收入人为虚增耕地占用税等问题；延伸调查 14 户企业，发现少征税费 1416.86 万元、未按规定预征土地增值税 1951.65 万元等问题。

农业与资源环保审计 对 4 个区县种粮农民"三项补贴"资金管理使用情况开展专项审计，查出各种违纪违规金额 1.3 亿元，涉及耕地面积 103.1 万亩，向公安机关移送案件线索 9 件，处理责任人 8 名，市政府召开专题会议研究整改，主管部门出台加强涉农资金管理规定。

民生资金（项目）审计 组织对全市 2014 年度城乡居民大病保险资金赔付及使用情况开展审计，对城乡居民大病报销参保、参合电子数据进行 100%比对核实，抽查 102 人次报销信息，对 34 家医院及 68 名患者住院情况进行延伸核实，查出违约赔付、赔付不及时等问题金额 6707.38 万元。对 4 个区县和沣东新城城乡低保资金管理使用情况开展审计，揭示 2739 户家庭、6796 人违规享受低保待遇，涉及资金 2241.63 万元；80 名财政供养人员隐瞒身份和收入状况违规享受低保待遇等问题，向区县纪检机关移送财政供养人员违规领取低保的问题线索，20 名公职人员和 5 名基层民政干部受到相应处理。

固定资产投资审计 对 3 条国道和省道改扩建项目、西安火车站改扩建工程、农村二级路网建设、皂河人工湿地建设项目、市残疾人就业培训中心建设、蓝田县 22 所公办幼儿园建设项目和地铁二号线一期北段竣工决算、保障房施工结算等项目进行审计和审计调查，查出违规违纪资金 4.11 亿元，审减工程造价 1.31 亿元，向纪检部门移送案件线索 2 件。全市共核减工程投资额 2.09 亿元。

经济责任审计 对 84 名领导干部和国企负责人进行经济责任审计，其中任中审计 52 人，占比 61.9%；离任审计 32 人，占比 38.1%。查出负直接责任违规金额 834 万元、负主管责任违规金额 2.2 亿元，提出审计建议 117 条，被采纳 108 条。西安市审计局开展经济责任审计项目 15 个，移送各类案件线索 9 件。 （撰稿人：吴　恒）

【铜川市审计局】 2015 年，铜川市审计局人员编制 56 人，实有 51 人。局长路秦洲，副局长季铜章、付俊楼，纪检组长李建民。设有办公室、法规审理科、行政事业审计科、财政金融审计科、经贸审计科、农业与资源环保审计科、社会保障审计科和经济责任审计局，下设固定资产投资审计局、内部审计管理中心、计算机信息中心。

审计成果 铜川市审计机关共完成审计（调查）项目 316 个，审计查出主要问题金额 52508.04 万元，审计处理处罚应上缴财政 234.48 万元、应归还原渠道资金 3934.11 万元、应调账处理金额 15460.42 万元。市本级共完成审计（调查）项目 54 个，审计查出违规金额 16615.39 万元、管理不规范金额 300453.52 万元，审计处理处罚应上缴财政 135.58 万元、应归还原渠道资金 3910.11 万元、应调账处理金额 2103.9 万元、核减工程造价 9943.72 万元。移送有关部门处理事项 5 件。在市级以上网站、报刊采用的审计信息、理论文章195篇，审计结果得到市政府领导批示6份。被市委、市政府评为2014年度目标考核优秀单位，被省审计厅评为全省审计宣传工作先进单位。

政策措施贯彻落实跟踪审计 将各级落实国务院出台的系列政策措施部署和政府工作报告中的目标任务作为跟踪审计重点，同时督促各单位认真整改审计发现问题，完善内控制度，使稳增长、促改革、调结构、惠民生、防风险各项政策措施落地生根。

财政审计 围绕财政预算执行的真实性，规范财政资金分配行为，盘活财政存量资金，加强政府性债务管理，提高财政资金使用绩效以及税收计划完成和政策执行，对市本级2014年度市级预算执行和其他财政收支情况进行审计。

行政事业审计 完成预算单位自查及抽查审计。30个预算单位进行自查，首次对党群系统的市委组织部、市委政法委、市妇联等15个单位进行重点抽查，将贯彻落实中央八项规定情况、“三公”经费、会议费使用和楼堂馆所建设等方面作为审计重点。在着力规范一级预算单位预算管理的同时，深化对二、三级预算单位的审计监督，对市法学会、市海外联谊会等16个二、三级预算单位进行延伸审计，扩大审计覆盖面。召开审计情况通报会，对各单位存在的问题分析原因，讲解财经纪律法规，提出整改要求和改进措施。

农业与资源环保审计 对天然林保护工程二期项目资金情况审计、2013—2014年度农村安全饮水工程专项审计调查和印台区人民政府2013—2014年度支农专项资金投入、管理、使用及效益情况进行审计。发现项目管理不规范、工程进度缓慢、专项资金沉淀、财务管理不到位等问题，针对存在的问题，提出合理化对策建议和措施。

固定资产投资审计 完成重点工程决算审计。对市坡头工业园区A、B段道路工程，新区赵氏河1号排水口工程等10个项目进行决算审计，核减工程价款9943.72万元，查出超概算11078万元，移送有关部门处理事项3件。对锦绣园廉租房建设项目进行跟踪审计。开展安居工程跟踪审计，对全市2014年度、2015年度安居工程项目开工情况、基本建成情况、工程建设和质量管理情况进行审查，延伸审计保障性安居工程项目融资、建设、勘察、设计、施工、监理、质量监督等相关单位和企业。通过跟踪审计发现建设资金管理、项目建设管理等方面存在的问题，及时向市住建局、市发改委发出跟踪审计建议书。

经济责任审计 完成17名县级领导干部经济责任审计。重点关注被审计领导干部贯彻执行法律法规情况，加大对落实中央八项规定、厉行节约反对浪费、“约法三章”相关要求，以及遵守廉洁从政有关规定情况等方面审计，将编制情况列入审计范围。

专项资金审计 开展放权让利支持工业园区建设的政策措施专项审计调查。重点审计市财政5000万元工业园区发展资金预算安排情况和市级工业园区财政税收返还情况，延伸审计新区管委会，坡头、黄堡工业园区管委会，董家河循环经济产业园区管委会专项资金管理使用情况。

审计整改 对2014年度同级预算执行审计工作报告所列问题整改情况进行审计调查。着重检查审计处理处罚决定、审计报告提出的审计建议等落实情况，被审计单位建章立制、堵塞漏洞、加强管理的情况。审计调查共抽查48个审计项目，占应调查项目的80%，涉及审计单位58个，46类问题。经审计调查，35类问题已整改，11类问题未整改到位，整改率达76%。审计调查结果表明，有关部门和单位能够按照市人大、市政府要求，认真执行审计决定，采纳审计意见和建议，明确整改措施，审计报告中涉及的问题大部分已经得到纠正和整改。 （撰稿人：王书胜）

【宝鸡市审计局】 2015年，宝鸡市审计局人员编制64人，实有64人。局长景东成，副局长王兴英、汪彩玲、刘红霞，总审计师谭鸿彬，纪检组长陈科林。设有办公室、法规内部审计管理科、财政金融审计科、行政事业审计科、农业和资源环保审计科、固定资产投资审计一科、固定资产投资审计二科、企业审计科、社会保障审计科、经济责任审计科、宝鸡审计处、监察室、机关党委，下设宝鸡市计算机审计信息中心。

审计成果 宝鸡市审计机关完成审计项目347个，查出管理不规范金额860523万元、违规金额198304万元，核减投资额26315万元。向社会公告审计结果60篇。提出审计建议862条，被审计单位采纳 513 条。

财政审计 完成 10 个预算执行单位审计和 232 家单位存量资金审计调查，审定存量资金 47.9 亿元，审计盘活财政存量资金 16.9 亿元。市本级财政预算执行及其他财政收支审计工作，得到市人大的充分肯定，审计工作报告满意度达 100%。

民生资金（项目）审计 按照审计署和省审计厅统一部署，实施天然林保护工程二期项目专项资金审计等专项审计调查。完成城镇保障性安居工程跟踪审计，追缴资金 166 万余元，督促安排资金 3 亿多元，规范和补办建设审批手续项目 10 个，追回违规领取补贴补助资金 8.3 万元，清退违规分配使用保障房 7 套，促进空置保障住房投入使用 2100 套。

固定资产投资审计 加强工程项目预算执行和竣工决算审计，规范项目管理，促进投资效益。宝鸡市审计局完成政府投资审计项目 15 个，审计资金总额 21.7 亿元，审减资金 1.85 亿元，平均审减率 8.5%。

经济责任审计 完成县区党政领导、市级部门和事业单位负责人经济责任审计 14 个，向组织部门提出加强干部管理的建议 39 条。并对责任县区和部门下发审计处理意见书，限期整改。

信息化建设 计算机审计成效明显。在 7 家公立医院财务收支审计中，全面采用计算机技术，发现疑点记录 263 万条，查出超标准收费、编码外收费、超范围收费、套取医保农合基金等问题金额总计 934 万元。全市上报省审计厅 AO 应用实例 9 篇、计算机审计方法 6 篇。

（撰稿人：景　科）

【咸阳市审计局】 2015 年，咸阳市审计局人员编制 75 人，实有 72 人。局长刘爱侠，副局长郭建军、张建伟，总审计师樊延平，纪检组长刘毓。设有秘书科、审计质量督导室、法规审理科、财政金融审计科、社会保障审计科、行政事业审计科、企业审计科、农业与环保资源审计科、固定资产投资审计一科、固定资产投资审计二科、经济责任党政审计科、经济责任企事业审计科、陕西省审计厅咸阳审计处省属企事业审计科、纪检监察室、咸阳市内部审计管理中心、咸阳市审计局计算机审计中心。

审计成果 咸阳市审计机关审计（调查）单位和项目 1059 个，查出主要问题金额 77.19 亿元，促进增收节支 9.89 亿元，审计后挽回损失 3.89 亿元，核减投资额 1.85 亿元。移交案件线索 8 件。提交审计信息 335 篇次，被批示、采用 55 篇次。提出审计建议 2137 条，被采纳 1571 条，推动被审计单位制定整改措施 243 项。发布审计结果公告 103 篇。

财政审计 市县两级审计机关按照全面覆盖、不留盲点的要求，完成 2014 年度本级预算执行情况和其他财政收支审计任务 138 个，财政决算 39 个，查出主要问题金额 76.07 亿元。进一步扩大审计的覆盖面，对 79 个预算执行单位开展内部审计自查，有针对性地提出审计意见和建议。市审计局机关首次对市纪委、市委组织部、市政法委、市财政局机关进行审计。持续开展稳增长、促改革、调结构、惠民生、防风险和城镇保障性安居工程跟踪审计，查处各类问题 142 个，涉及资金 10.14 亿元。

行政事业审计 以揭示行政事业单位财务收支和财务管理中存在的薄弱环节和突出问题为目标，开展对 409 个行政事业单位财务收支审计，发现并纠正存在的未落实“收支两条线”管理规定以及专项资金管理不规范等问题，从加强管理的角度提出审计整改意见和建议。

固定资产投资审计 对 399 个重点建设项目进行跟踪审计、概算调整、最高限价和竣工决算审计，审计投资额 20.19 亿元，查出主要问题金额 6.04 亿元，核减投资额 1.85 亿元，核减率为 9.2%。

企业审计 对咸阳秦稷粮业公司资产负债损益审计和市计生委、市卫生局、市物价局、市中小企业局清产核资专项审计。市县两级审计机关相继开展 6 个项目资产负债损益审计，通过审计查出未计提折旧、大额现金支付、成本费用未做账务处理等违规和管理不规范问题。

经济责任审计 坚持党政同责、同责同审，全面推行党政主要领导干部经济责任同步审计。完成 262 名领导干部的任期经济责任审计，其中任中审计 106 人、离任审计 156 人，查出直接责任问题金额 4447 万元。

专项资金审计 加大对扶贫、“三农”、社会保障、教育、就业、医疗等民生资金和项目的审计力度，对天然林保护工程二期项目、环境保护、新型农村合作医疗、旱腰带地区国家债券资金、公务用车制度改革工作审计调查和预算执行审计整改情况等 59 个专项审计工作，审计涉及金额 12.73 亿元，查出主要问题金额 1.8 亿元，查处新农合资金管理不规范、存在违规加价、超范围收费、移民搬迁资金闲置、挪用天然林保护资金等问题。

（撰稿人：王　峰）

【渭南市审计局】 2015 年，渭南市审计局人员编制 73 人，实有 73 人。局长王建军，副局长马德民、王忠义、朱福秦、胡振江，总审计师李美娟，纪检组长袁崇义。设有经济责任审计局、固定资产投资审计处、办公室、监察室、法制科、财政金融审计科、行政事业审计科、农业与资源审计科、经贸与社保审计科、驻渭单位审计科、计算机信息中心、内部审计管理中心、报送审计科。

审计成果 渭南市审计局完成审计项目 712 个，查出主要问题金额 629174 万元，其中违规金额 266044 万元、管理不规范金额 363125 万元，损失浪费金额 5 万元；审计促进增收节支 818 万元，核减投资金额 8361 万元，帮助被审计单位挽回或避免损失 212 万元。向党委、政府和上级部门提交报告、信息 209 篇，被批转、批示和采用 145 篇。向社会公告审计结果 302 篇。

财政审计 完成审计单位 707 个，查出主要问题金额 261097 万元。市审计局完成市财政局、地税局等 17 个预算执行单位审计。完成临渭区、富平县、澄城县 2014 年度财政决算审计。

专项资金审计 全市统一开展稳增长、促改革、调结构、惠民生、防风险政策落实情况跟踪审计，城镇保障性安居工程跟踪审计，天然林保护工程二期项目资金审计，公务用车制度改革工作审计调查等 5 个行业和专项资金审计，查出主要问题金额 8061 万元。

经济责任审计 审计领导干部 176 人，查出主要问题金额 312933 万元。市审计局完成华阴市、大荔县、白水县党政主要领导干部，交警支队队长，市林业局局长，市安监局局长，市人防办主任，市粮食局局长，市园林处处长，经济技术开发区原党工委书记、管委会原主任，卤阳湖现代产业综合开发区管委会主任任期经济责任审计。采取“五统一、两集中”的方式对全市 11 个县级法院院长进行经济责任审计。

固定资产投资审计 审计重点建设项目 138 个，查出主要问题金额 47083 万元，核减投资金额 9361 万元。市审计局开展华山主峰区道路改造工程、渭南卤阳湖开发区卤阳大道东延伸段渭蒲高速引道工程、渭南卤阳湖开发区管委会创业大楼工程、渭南市胜利大街中段道路综合改造建设项目竣工决算审计及渭南市中心医院整体迁建工程建设项目跟踪审计。

企业审计 以保障国有资产安全增值，促进国有企业完善内控制度，提高企业经济效益为目标，审计国有企业 4 个，查出主要问题金额 776 万元。

审计整改 由市人大牵头，按照《关于对审计查出问题整改监督的暂行办法》，组织审计、财政有关专家对存在问题相对突出的项目审计结论整改情况进行跟踪督查。市经济责任领导小组对 2014 年 6 名领导干部任期经济责任审计整改落实情况逐单位逐人进行督查。

内部审计 全市现有内部审计机构 134 个，其中专职机构 45 个；内部审计人员 323 人，其中专职人员 100 人。全年完成审计项目 546 个，促进增收节支 1221 万元，提出建议被采纳 476 条。

（撰稿人：马笃祥）

【延安市审计局】 2015 年，延安市审计局人员编制 84 人，实有 82 人。局长呼延鹏，副局长张建朝、屈宏、郑春阳，总审计师刘宏伟，纪检组长齐统贤。设有政秘科、法制科、行政事业审计科、财政金融审计科、农业与资源环保审计科、派出新区审计室、监察室、市直企业审计处、内部审计管理中心、审计信息中心、机关总支、经济责任审计局党政事业审计科、企业审计科；陕西省审计厅延安审计处设有行政事业审计科，固定资产投资审计处一科、二科、三科、概算审计科。

审计成果 延安市审计机关完成审计项目（调查）1475 个，查出问题金额 166.73 亿元，其中违规金额 80 亿元、管理不规范金额 86.53 亿元；审计处理处罚应上缴财政 11.38 亿元、应归还原渠道资金 5.21 亿元、应调账处理 13.88 亿元；核减工程投资额 6.57 亿元；提出审计建议 1649 条，被采纳 1233 条。其中延安市审计局完成审计（调查）项目 104 个，查出问题金额 135.56 亿元，其中违规金额 63.98 亿元、管理不规范金额 71.38 亿元；审计处理处罚应上缴财政 8.31 亿元，应归还原渠道资金 4.85 亿元；核减工程投资额 2.73 亿元；移送案件线索 6 件。

财政审计 对 409 个部门单位进行预算执行和财政收支审计，查出问题金额 91.35 亿元。延安市审计局围绕中央八项规定、《党政机关厉行节约反对浪费条例》，对市直 60 个部门单位预算执行情况进行审计与单位自查，重点对"三公"和会议费管理使用情况进行审计调查。对 15 个县乡政府进行财政决算审计，查出问题金额 19.96 亿元。其中延安市审计局对吴起县、延川县、延川县、黄龙县 4 个县财政决算情况进行审计，揭示未按规定征收缴纳专项资金、非税收入未纳入预算管理、乱收费乱摊派乱罚款等突出问题。

专项资金审计 对延安特大洪水灾害灾后恢复重建资金、保障性安居工程、白于山区移民搬迁资金的审计，查出问题金额 61511 万元。通过审计，揭示滞留截留专项资金、项目管理不规范等问题。

固定资产投资审计 对 781 个政府投资项目进行审计，审计项目投资额 99.47 亿元，实际完成投资额 52.94 亿元，核减工程投资额 6.57 亿元。其中延安市审计局对 41 个政府投资项目进行审计，审计项目投资额 78.94 亿元，实际完成投资额 32.94 亿元，核减工程投资额 2.73 亿元。

经济责任审计 对 282 名领导干部开展经济责任审计，其中任中审计 88 人，离任审计 194 人，任中审计比列有较大幅度提高。审计查出问题金额 37.9 亿元，其中违规金额中应负主管责任金额 0.072 亿元、应负领导责任金额 7.42 亿元；管理不规范金额中应负主管责任 0.79 亿元、应负领导责任金额 29.63 亿元。延安市审计局对 4 个县区党政主要领导和市本级 4 个单位共 14 名领导干部进行经济责任审计，查出问题金额 34.04 亿元，其中违规金额 6.32 亿元（负领导责任金额 6.32 亿元）；管理不规范金额 27.72 亿元（负主管责任金额 0.36 亿元、应负领导责任金额 27.36 亿元）。

（撰稿人：刘建国）

【汉中市审计局】 2015 年，汉中市审计局人员编制 55 人，实有 51 人。局长庄长宁，副局长吴加录（—3 月）、刘义成（3 月—）、赵明华，总审计师陈文红，纪检组长曹华。设经济责任审计处、办公室（监察室）、法制审理科、财政审计科、行政事业审计科、经贸金融审计科、农业与资源环保审计科、固定资产投资审计科、社会保障审计科、中省企事业审计科，下设汉中市固定资产投资审计中心。

审计成果 汉中市审计局完成审计项目 111 个，查出问题金额 394780 万元，审计处理处罚应上缴财政 1184 万元、应归还原渠道资金 40695 万元、应调账处理资金 57601 万元。移送处理问题 24 个。出具审计报告和审计调查报告 121 篇。提出审计建议 301 条，提交审计信息 18 篇。

财政审计 完成财政审计项目 8 个，开展 2014 年度市级财政预算执行情况审计和 2014 年度市级税收预算执行情况审计；完成宁强、留坝、略阳三县人民政府 2014 年度财政决算审计；完成市政府办、市水利局等部门预算执行情况及其他财政收支审计。对预算执行单位 2015 年审计发现问题整改情况进行专项审计调查。完成行政事业单位审计项目 18 个。按照审计署统一部署，对稳增长、促改革、调结构、惠民生、防风险政策措施落实情况进行跟踪审计，共审计 111 个部门和单位，抽查项目 54 个，抽查资金 409.43 亿元。对市法制办等 17 个单位财政财务收支进行审计。

民生资金（项目）审计 完成社会保障资金审计项目 5 个。对市住房公积金管理中心、汉中市职业技术学院附属医院、市中心血站财务收支审计进行审计；对城固县人民医院财务收支及医改政策执行情况进行审计；对市住房公积金系统财务收支进行审计。

农业与资源环保审计 完成农业与资源环保资金审计项目 21 个。开展对市本级、城固县、南郑县、洋县、宁强县、西乡县、勉县、略阳县国土资源局土地出让金征缴情况的审计；对市农业局及下属11个单位预算执行情况及其他财政收支进行审计；对市本级天然林保护工程二期项目资金进行审计；对全市秦岭生态环境保护专项资金进行审计调查。

固定资产投资审计 完成固定资产投资项目审计9个。按照审计署统一安排，对市本级和汉台区城镇保障性安居工程进行跟踪审计；按照省里统一安排，对市本级陕南陕北移民搬迁专项资金进行审计；对汉中市江南污水处理厂、市江北垃圾填埋场渗滤工程、佛坪县、西乡县城市生活垃圾处理厂专项工程资金进行审计；对市中心医院门诊楼工程建设资金进行审计；对略阳县体育馆灾后恢复重建项目进行审计。

企业审计 完成经贸审计项目3个。对市国有资产经营有限公司、市汽车运输公司、市交通发展公司资产负债损益及经济效益审计。完成南郑县政府办财务收支及信息系统审计，对陕西广电网络传媒股份有限公司汉中分公司资产负债损益及效益进行信息审计。

经济责任审计 开展对市财政局局长、市住房公积金管理中心主任、城固县人大常委会主任、市歌舞团董事长、市旅游公司总经理、汉中中学校长、市公安局汉台分局局长等45人的经济责任审计。（撰稿人：熊建华）

【榆林市审计局】 2015年，榆林市审计局人员编制79人，实有79人。局长张宇，副局长强少炜、冯占廷、张随平、刘丽荣，总审计师曹炯，纪检组长任耀东。设政秘科、法规科、财政金融科、行政事业科、社会保障科、农业与资源环境保护科、企业科、开发区科、教科文科、省属企事业科、固定资产投资一科、固定资产投资二科、经责办党政科、经责办企事业科、信息科。

审计成果 榆林市审计机关完成审计项目2011个，审计查出主要问题金额1616280万元，其中违规金额64909万元、管理不规范金额1551371万元；审计处理处罚95145万元，其中应上缴财政11482万元、应减少财政拨款或补贴34669万元、应归还原渠道资金27308万元、应调账处理金额8123万元；投资预决算审计项目1933个，核减投资额91224万元。出具审计报告和报送审计调查报告2057篇。向被审计单位提出建议3687条，被采纳3123条。提交审计专题、综合性报告和信息简报81篇，被批示、采用72篇。

政策措施贯彻落实跟踪审计 把稳增长政策跟踪审计作为全年审计工作重点，审计报告得到榆林市政府有关领导高度重视，并对审计发现的问题连续批转有关部门单位，要求及时整改。全年完成32个部门贯彻国务院出台的21个方面、68项政策措施的跟踪审计。

财政审计 对全市政府财政、地税系统等8个部门预算执行情况进行审计；连续第三年对全市231个一级预算单位的“三公”经费和会议费进行审计，发现2014年度“四费”实际支出2.22亿元，与2012年、2013年相比，分别减少3.11亿元、1.41亿元，下降58%、39%。

经济责任审计 将地方政府性债务、自然资源资产、生态环境保护、民生改善、厉行节约反对浪费、履行有关党风廉政建设第一责任人职责以及被审计单位机构设置、编制情况等纳入审计内容，按照两办《规定》及其《实施细则》内容要求，结合榆林实际规范审计文书，制定经济责任审计文书模板。全市审计机关共实施经济责任审计项目179个，各县区对24个乡（镇）书记、乡（镇）长进行经济责任同步审计，查出违规金额7281万元、管理不规范金额12.5亿元；其中应负直接责任金额4327万元、应负主管责任金额11亿元、应负领导责任金额1.7亿元。

固定资产投资审计 制定出台《榆林市审计局国家投资建设项目审计管理办法》《榆林市审计局关于社会中介机构参与国家建设项目审核工作考核办法（暂行）》和《榆林市审计局关于社会中介机构审核项目稽核办法》，规范化管理社会中介机构参审工作。市审计局通过购买社会服务，完成173个国家建设项目投资决算审计工作。全市投资预决算审计项目1933个，核减投资额9.1亿元。

专项资金审计 关注利民惠民工程，组织开展全市“三年植绿大行动”、基本医疗保险基金、住房公积金等3个专项资金审计项目，专项检查全市10个县区的教育专项资金。

审计整改 会同榆林市监察局组成6个审计

结果整改联合检查组，对榆林市 79 个被审计单位（项目）执行审计决定、落实审计建议等事项开展专项整改检查。审计发现的 7 大类 756 个问题，已整改到位 582 个，占 77%；正在落实整改 95 个，占 12.6%；尚未整改 79 个，占 10.4%。市政府高度重视审计整改问题，将审计整改纳入政府督查事项。

信息化建设 建立政策审计、城镇保障性住房和“三公”经费审计信息平台。利用视频会商系统进行 AO（现场审计实施系统）应用实例和计算机审计培训、研讨。开展全市计算机审计能手和计算机审计项目评选活动。

（撰稿人：温翊伶）

【安康市审计局】 2015 年，安康市审计局人员编制 51 人，实有 51 人。局长李均，副局长陈国进，总审计师刘际和，纪检组长兰天安。设省属企事业审计处、经济责任审计处、政办科、监察室、法制科、财政金融审计科、行政事业审计科、经贸与社保审计科、农业与资源环保审计科、固定资产投资审计一科、固定资产投资审计二科、计算机审计中心。

审计成果 安康市审计机关完成审计和审计调查项目 795 个，查出主要问题金额 1052318 万元。市本级完成审计项目 167 个，其中政府投资审计项目完成 84 个，完成对市本级 236 个一级、二级预算单位和 100 万元以上政府投资项目全覆盖审计。移送司法机关、纪检监察机关和有关部门处理事项 123 件。提出审计建议 534 条。7 个项目和综合报告受到省审计厅表彰，国土审计项目受到审计署表彰。审计全覆盖的创新实践经验被新华社《国内动态清样》作为典型报道，并得到中央领导批示肯定。

财政审计 对财政系统 9 个部门 12 个单位开展审计。完成市地税预算执行情况及绩效审计。实施市林技中心、蚕桑中心、生产力促进中心、茶协会、林学会的财务收支、财政存量资金审计。组织财政“上审下”，重点对 10 个县区“三办”“三公”经费、会议费及审计局财务收支集中审计。

政策措施贯彻落实跟踪审计 对全市 10 个县区和市直部门贯彻落实稳增长政策措施落实情况进行专项审计，揭示和发现一系列重要问题。市政府专门印发《关于对贯彻落实稳增长等政策情况跟踪审计发现问题整改工作进行专项督查的通知》，督查审计发现问题整改。

农业与资源环保审计 完成南水北调资金审计调查、天然林保护二期工程专项资金审计、秦岭生态环境保护审计调查项目和白河县亚洲开发银行林业生态发展、宁陕县污水处理厂、垃圾填埋场项目的审计。完成陕南移民搬迁专项资金审计，对 9 个县实行县域非对称交叉审计，共审计 61 个单位 484 个项目，审计资金总额 599484.75 万元。

经济责任审计 完成紫阳县委书记县长、汉阴县委书记县长、镇坪县检察院检察长、石泉县法院院长等 19 个经济责任审计项目。全年经济责任类审计查出负直接责任问题金额 23611 万元，提出建议 70 多条，对被审计对象给予全面客观的评价。

固定资产投资审计 对市本级 100 万元以上的政府投资项目实行全覆盖审计，对 1000 万元以上的政府投资项目实行跟踪审计，完成重点审计项目 84 个，审计资金总额 16.37 亿元，审计核减工程造价 13117 万元，核减率为 9.5%。审计对工程设计不合理、管理不规范等问题及时进行纠正，提出合理化建议 238 条，全部得到采纳。

行政事业审计 重点完成市教育、人社、城乡规划、水利、农业五大系统 40 多个单位 2014 年预算支出和财务收支审计。审计发现“小金库”3 个，查出主要问题金额 2449 万元，审计处理金额 2433 万元，其中收缴财政资金 128 万元、应归还原渠道资金 892 万元、应调账处理金额 1403 万元。

民生资金（项目）审计 组织开展 2015 年城镇保障型安居工程审计。完成对汉阴、石泉、紫阳、岚皋、平利、旬阳等 6 个县区保障房“上审下”。审计查出违规金额 3.8527 亿元、管理不规范金额 6.4377 亿元、损失浪费金额 152 万元。移交案件线索 8 件，移送整改事项 1 件，收缴入库违纪资金 73.7 万元，提出意见和建议 44 条。

计算机审计 完成 OA2011 版（审计管理系统）的国产化升级改造，顺利实施 OA 管理及自有平台虚拟化迁移部署。完成市审计局金审工程机房托管至市政府信息中心。完成市环保局南水北调应急指挥平台项目最高限价审计，提出的7项意见均被采纳，为政府节约财政资金近700万元。

（撰稿人：李　响）

【商洛市审计局】 2015年，商洛市审计局人员编制51人，实有48人。局长卫星，副局长赵晓伟、徐丹红，总审计师郭正，纪检组长于天翔。设有办公室、审理稽核科、财政金融审计科、行政事业审计科、农业与资源保护审计科、固定资产投资审计科、经贸审计科、社会保障审计科、经济责任审计办公室、监察室，下设商洛市内部审计管理中心、商洛市审计信息中心。陕西省审计厅商洛审计处设有审计处办公室、审计处一科、审计处二科。

审计成果 商洛市审计机关完成审计项目579个，查出主要问题金额1253051万元，其中违规金额146315万元、损失浪费金额301万元、管理不规范金额1106434万元；损益（收支）不实金额53291万元；审计处理处罚金额583966万元，其中应上缴财政1412万元、应减少财政拨款或补贴8759万元、归还原渠道资金281341万元、应调账处理金额93915万元；审计发现非金额计量问题19212个；审计促进整改落实有关问题金额23274万元，其中增收节支4600万元、已调账处理金额15454万元；审计促进拨付到位资金4041万元；审计后挽回（避免）损失15286万元。移送司法机关、纪检监察机关和有关部门处理事项22件，移送处理7人。出具审计报告和专项审计调查报告679篇，被批示、采用61篇。提出审计建议627条，提交审计信息217篇，被批示、采用107篇。向社会公告审计结果193篇。

政策措施贯彻落实跟踪审计 加强组织领导，合理调整审计资源，通过持续跟踪审计发现棚户区改造项目进展缓慢、保障性住房建设资金压力大且入住率较低、环保政策落实力度不够等问题，针对问题提出切实可行的审计建议。

财政审计 对市本级2014年度财政预算执行及其他财政收支情况进行审计，对山阳县和商南县2014年度财政决算进行审计，重点关注财政资金该投未投、使用效率低下等问题。

行政事业审计 对陕西省商洛中学2013—2014年度财务收支进行审计。

固定资产投资审计 开展全市陕南移民搬迁资金及集中安置点统规统建工程竣工决算审计，采取“上审下”和“交叉审”相结合的组织方式，审计涉及乡镇60个，调查农户555户，实施竣工决算审计项目59个，查出违纪违规及管理不规范问题57类。

经济责任审计 全市审计机关审计领导干部279人，其中任中审计90人。（撰稿人：李怡斌）

2015年陕西省所辖区、县(市)级审计工作统计表

金额单位：万元

审计机关	完成审计项目(个)	审计查出主要问题金额	审计处理情况					出具审计报告和审计调查报告(篇)	提出审计建议(条)	提交审计信息(篇)
			审计处理处罚				移送处理事项(件)			
			应上缴财政	应减少财政拨款或补贴	应归还原渠道资金	应调账处理金额				
西安市										
西安市本级	58	1093845	581506	5853	19611	83424	31	61	194	208
新城区审计局	25	2401	1812		933			25	48	
碑林区审计局	33	31299			1285			33	36	
莲湖区审计局	22	3517			718	2067		22	39	16

续表

审计机关	完成审计项目（个）	审计查出主要问题金额	审计处理情况					出具审计报告和审计调查报告（篇）	提出审计建议（条）	提交审计信息（篇）
			审计处理处罚				移送处理事项（件）			
			应上缴财政	应减少财政拨款或补贴	应归还原渠道资金	应调账处理金额				
灞桥区审计局	46	64538		5277		59207	2	46	31	25
未央区审计局	29	34047	899		55			29	87	76
雁塔区审计局	47	23123	2723		2622	614	5	47	125	63
阎良区审计局	57	15607	1566		1433	70717	1	57	46	12
临潼区审计局	37	77060	19192		7849	65425	5	37	39	
长安区审计局	18	155556	99112		30591			18	30	
高陵区审计局	38	3943	14					38	66	12
蓝田县审计局	50	4916	1977		296	228		53	53	25
周至县审计局	16	13253	701		1770			16	36	
户县审计局	54	84708	37		77853	1551		54	148	45
铜川市										
铜川市本级	54	16615	136		3910	2104	5	54	33	195
耀州区审计局	77	19229	44					77	56	24
王益区审计局	37	244	35			210		37	89	50
印台区审计局	63	13726	10	1130	11	12575		63	129	3
宜君县审计局	85	2693	10	186	13	572		85	297	
宝鸡市										
宝鸡市本级	51	754565	15361		12844	55491	3		186	86
金台区审计局	29	5982	10		12	1096	2	33	51	12
渭滨区审计局	9	6615	457		10			9	13	9
陈仓区审计局	35	4191	7			422		35	29	2
凤翔县审计局	50	13469	1882	75	2773	8337		50	125	20
岐山县审计局	29	2092	16			1307		29	57	1
扶风县审计局	44	65000	7499		12	7066		44	93	2
眉县审计局	46	25153	781	22	20082	4268		57	135	15
陇县审计局	38	2136	163	154	46	1774		47	34	13
千阳县审计局	33	32196	1		5201	8967		33	102	2
麟游县审计局	19	40758	2805			1		19	49	18
凤县审计局	40	40996	84			715		40	117	17
太白县审计局	12	1709			807	5340		12	10	14
咸阳市										
咸阳市本级	51	573137	42409	8456	88276	107480	8	82	181	234
秦都区审计局	38	37037	36	344	113			44	23	

续表

审计机关	完成审计项目（个）	审计查出主要问题金额	审计处理情况					出具审计报告和审计调查报告（篇）	提出审计建议（条）	提交审计信息（篇）
			审计处理处罚				移送处理事项（件）			
			应上缴财政	应减少财政拨款或补贴	应归还原渠道资金	应调账处理金额				
渭城区审计局	51	17183	14	112	241	15092		66	46	
兴平市审计局	51	2791	26	217	144	7		67	110	
三原县审计局	18	5999	15		3	141		18	15	11
泾阳县审计局	66	8630	35	70				80	228	5
乾县审计局	31	65765	28					40	88	38
礼泉县审计局	65	12598	483		497	1802		76	122	2
永寿县审计局	46	7615	37					46	116	18
彬县审计局	115	19595	122	6384	738	149		115	153	6
长武县审计局	279	4398	75					316	536	18
旬邑县审计局	80	867	42	238	54	5		80	138	
淳化县审计局	109	11035	21	299	114	266		109	179	
武功县审计局	59	5248	17	837	121	147		79	202	3
渭南市										
渭南市本级	19	429294	371	9556	5557		1	19	23	156
临渭区审计局	48	4057	177				4	48	174	49
华州区审计局	120	10500	6489					120	120	78
韩城市审计局	109	23432	1839		3385	2800	4	109	188	51
华阴市审计局	49	1227	68	68			2	49	105	32
潼关县审计局	20	679						20	45	35
大荔县审计局	29	3819	40		65		4	29	71	70
合阳县审计局	67	78595	1118			144		67	24	97
澄城县审计局	51	13091	125	125	136			51	62	40
蒲城县审计局	93	37066	60		64			93	386	101
白水县审计局	69	12322	92	94	802	6837		69	181	56
富平县审计局	38	15092	747		1654	7719	4	38	97	36
延安市										
延安市本级	104	1355641	83136	731	48531	105260	6	106	183	19
宝塔区审计局	142	2831					3	3	177	15
延长县审计局	198	3464	54					198	228	
延川县审计局	173	30979	5					173	17	4
子长县审计局	124	124896	11					124	292	13
安塞县审计局	288	30619	17					288	16	4
志丹县审计局	118	3670	15					118	127	12

续表

审计机关	完成审计项目（个）	审计查出主要问题金额	审计处理情况					出具审计报告和审计调查报告（篇）	提出审计建议（条）	提交审计信息（篇）
			审计处理处罚				移送处理事项（件）			
			应上缴财政	应减少财政拨款或补贴	应归还原渠道资金	应调账处理金额				
吴起县审计局	158	380	3					158	60	
甘泉县审计局	136	13205	13		40			136	233	7
富县审计局	124	8560	15		20	141		124	163	
洛川县审计局	88	4517				148		81	65	3
宜川县审计局	118	23018						98	131	8
黄龙县审计局	74	33073					1	74	138	6
黄陵县审计局	147	43424	10		705	3644		147	235	2
汉中市										
汉中市本级	111	394780	1184		40695	57601	24	121	301	18
汉台区审计局	69	1460	57		235	152	4	80	135	164
南郑县审计局	124	67694	270	26	23086	7807	10	174	273	
城固县审计局	35	17458	159	619		4956	11	35	64	20
洋县审计局	176	6377	32		114		5	198	781	
西乡县审计局	91	77447	59	8	367	10650	1	118	126	
勉县审计局	32	3019	429		771	325		38	302	257
宁强县审计局	85	57928	121	836	716	9		84	210	
略阳县审计局	58	4218	111	689	29		2	58	118	
镇巴县审计局	125	9773	145	2481		793	39	146	57	48
留坝县审计局	31	10697	69		1859	6048		31	62	63
佛坪县审计局	60	47250	40				11	69	177	
榆林市										
榆林市本级	277	783763	2643		14460		24	291	581	61
榆阳区审计局	309	10481	1027		6982		2	309	1020	36
神木县审计局	110	17698	25	1873			2	110		
府谷县审计局	230	297075	461				6	230	525	
横山区审计局	69	257293	930	6921	4404	29	14	69	135	13
靖边县审计局	207	12029					4	207	544	16
定边县审计局	187	137440	5673	18014	1017	2106	9	203	31	9
绥德县审计局	30	15336	213	288	279	5969	1	30	3	
米脂县审计局	108	8456					5	108	109	
佳县审计局	154	16051	452	7571		12		154	324	
吴堡县审计局	27		19				1	27	41	
清涧县审计局	240	26932	29		165	6		249	216	

续表

审计机关	完成审计项目（个）	审计查出主要问题金额	审计处理情况					出具审计报告和审计调查报告（篇）	提出审计建议（条）	提交审计信息（篇）
			审计处理处罚				移送处理事项（件）			
			应上缴财政	应减少财政拨款或补贴	应归还原渠道资金	应调账处理金额				
子洲县审计局	63	21829	6					70	158	
安康市										
安康市本级	167	778726	3949		88990	437539	67	244	534	10
汉滨区审计局	142	43273	9065		6470	2127	6	164		
汉阴县审计局	38	4951	37	1196	533		5	48	70	
石泉县审计局	29	20763	232	689	14	881	2	30	62	
宁陕县审计局	29	13470	3	7				48	81	8
紫阳县审计局	70	97361	6998	1582	318	626		89	138	
岚皋县审计局	40	11800	120		41	7188	11	46	92	
平利县审计局	67	14127			1981	4540		82	128	23
镇坪县审计局	104	7715	21	318	1044	5856	20	104	250	24
旬阳县审计局	75	15228	485		1279	1234	10	75	277	19
白河县审计局	34	44897	4242	2478	26	37803	2	34	220	
商洛市										
商洛市本级	45	693901	149	8468	274883	54098	2	43	34	45
商州区审计局	138	9521	51		44	613	2	138		11
洛南县审计局	80	101664	140		1		1	96	324	58
丹凤县审计局	54	33514	274		2723	18473	10	87	73	25
商南县审计局	38	349915	84	291	1695	6332		39	103	6
山阳县审计局	91	40768	648		1836	13107	7	122	59	34
镇安县审计局	79	16282	59		155	136		84	34	14
柞水县审计局	54	7483	4			1153		70		24

甘肃省

【甘肃省审计厅】 2015年，甘肃省审计厅人员编制242人，实有225人。设有办公室、法规处、审计监督处、社会审计核查处、经济责任审计办公室、经济责任审计一处、经济责任审计二处、经济责任审计三处、财政审计处、行政事业审计处、农业审计处、资源环境审计处、固定资产投资审计一处、固定资产投资审计二处、金融审计处、企业审计处、社会保障审计处、外资与运用审计处、人事处、老干部工作处、机关党委、监察室，下设机关后勤服务中心、审计科研培训中心、电子数据审计中心。

领导成员

厅　　长：武　毅（—11月）

副 厅 长：边　恺　成荣生

张　冰（3月—）

周继军（5月—）

魏　炜（5月—）

总审计师：李洁丽

纪检组长：王建设

经济责任审计办公室主任：苏　琦

副巡视员：李　虹

审计成果　甘肃省审计机关共审计和审计调查项目7754个，查出违规金额84.27亿元、损失浪费金额39.38亿元；通过审计处理，已上缴财政25.93亿元，促进增收节支66.87亿元。向司法、纪检监察及有关部门移送案件线索196件，移送29人。向各级党委、政府和上级审计机关提交综合报告、专题审计报告、调研、信息3527篇次，被采用、批示2344篇次。向被审计单位提出审计建议10839条，被采用8904条，

政策措施贯彻落实跟踪审计　组织全省审计机关对13个市（州）及20个县（区）持续开展8轮次的跟踪审计，查出各类违规违纪问题1432个，促进到位和规范管理资金42.59亿元，加快审批和促进实施进度项目323个，促进下放行政审批等事项51个，促进行政落实178项，建立健全制度56项，问责处理128人。

财政审计　组织预算执行、财政存量资金、政府性债务、转移支付、税收征管等多项审计，共对1236个部门和单位的预算执行情况进行审计，重点关注财政资金统筹使用和专项资金管理使用绩效情况、“三公”经费及会议费等管理使用情况，促进最大限度减少财政资金沉淀，盘活存量资金，厉行节约，推动财政资金优化结构、合理配置、高效使用。省审计厅代表省政府向省人大常委会提交《2014年度省级预算执行和其他财政收支情况的审计结果报告》及审计整改情况的报告，并对社会进行公告。审计报告和公告引起被审计单位的高度重视和社会各界的广泛关注。

民生资金（项目）审计　把关系民生的专项资金管理使用情况作为审计的重点内容，加大对土地、社保、教育、医疗、住房等民生项目的审计和审计调查，从政策要求、预算安排、资金拨付追踪到项目或个人，推动各项惠民富民强民政策落到实处。按照审计署安排部署，省市县联动，派出106个审计组、928名审计人员，对全省2014年城镇保障性安居工程（包括廉租房、公共租赁住房、经济适用住房、限价商品住房和各类棚户区改造）的投资、建设、分配、运营等情况进行审计；完成省直部门及所属单位经营性房产管理和经营收支情况审计调查等20个项目的审计，审计结果得到审计署和省委、省政府及有关部门的充分肯定。

经济责任审计　全省对1871个党政部门、事业单位和国有企业的1960名领导干部实施经济责任审计，查出违规金额37.33亿元。在总结2012年以来对7个市州、43个县市区党政一把手“双审”工作经验的基础上，对兰州市政府的主要领导和四区一县党政主要领导履行经济责任情况进行审计。

固定资产投资审计　加大对交通、能源、资源、环保、灾后重建等重大项目的审计力度，全省对3139个重点建设项目进行审计，项目投资额370.86亿元，核减投资额14.93亿元。

其他审计　加强企业、金融等审计，维护区域经济安全。重点对甘肃银行和甘肃省电力投资集团公司资产负债损益、金川集团公司2009年至2015年上半年经营情况、亚洲开发银行贷款甘肃白银城市发展项目竣工决算进行审计。对白银公司经营绩效情况进行审计调研。对本省2014年以前运用政府外债情况和甘肃牧业发展绩效情况进行调查。根据审计署授权，对18个国外贷援款项目进行审计，并将审计结果及整改情况在省审计厅门户网站进行公告。履行统领社会审计的职能，依法对2家社会审计机构出具的5篇审计报告进行核查。

党风廉政建设　省审计厅党组履行主体责任，把落实党风廉政建设责任作为第一责任，及时制定落实党风廉政建设主体责任的实施办法，年初、年中分别召开全省审计机关党风廉政建设工作视频会议和落实党风廉政建设“两个责任”座谈会，研究部署反腐倡廉工作。细化落实工作任务，党组书记与厅领导、各市州审计局长签订党风廉政建设责任书。通过学习廉政纪律、收看警示教育片、节假日廉政短信等形式，发放党内法规等教育资料近800册（套），多渠道强化审计人员的廉政意识。实行婚丧嫁娶报告备案制度，干部职工婚事、丧事均向驻厅纪检组报告备案。厅党组制定下发《审计组廉政管理办法》，通过制度约束审计人员严格遵守各项廉政规定。贯彻落实中央八

项规定和省委“双十条”规定精神，每年对机关财务进行审计，公开财务收支情况和审计查出问题整改结果，接受民主监督。不断巩固提升党的群众路线教育实践活动取得的阶段性成果，坚持从严从实开展“三严三实”专题教育，厅党组严要求、作表率，带头开展“三严三实”专题教育。通过专题党课、专题学习研讨、专题民主生活会和组织生活会等有效举措，把专题教育各项工作抓到位。先后组织开展党课辅导3次。坚持边学边查边改，全面正风肃纪。

审计法制建设 坚持学法用法，深化审计机关法制建设。制定下发《2015年全省审计机关普法工作要点》，分层次、分对象、精细化地开展学法用法工作。利用审计厅门户网站、《甘肃审计》等媒体和宣传展板、宣传册等载体，广泛宣传审计及财经法律法规，营造依法审计的良好氛围。通过省委、省政府“六五”普法检查验收并获得优秀等次。

规范审计行为，提高依法审计水平。审理审计项目103个，提出审理补正意见618余条，审核、修改审计业务文书329份。制定印发《审计组若干重要事项操作指引（试行）》，规范审计组审计执法行为，提高审计质量。结合法治政府建设及依法行政工作新要求，制定《审计移送处理事项管理办法》《优秀审计项目评选办法调整方案（试行）》

加强审计成果运用，加大审计结果公告力度。推动将经济责任审计结果和整改情况纳入所在单位领导班子民主生活会、党风廉政建设责任制检查考核的内容。完善审计结果公告制度，扩大审计结果公告的内容和范围，逐步规范公告的形式、内容和程序。建立信息反馈机制。

双联行动 持续加大帮扶力度，全面推进基础设施建设。争取多项资金，对600多户群众危房进行改造、为新增联系村民寨村硬化道路5.1公里、硬化改造姚河村通社路5公里、新修梯田1000亩、实施吉林村整村推进项目。落实精准扶贫要求，全面推进增收产业发展。推广早酥梨大苗种植6600亩、补贴推广种植双垄沟播玉米7800亩、补贴推广种植中草药169.5亩、实施良种场建设和新技术引进项目；培育扶持产业致富带头人成立12个种植、养殖和农产品销售合作社，8个联系村全部搭建起农村电子商务平台。围绕群众所思所盼，积极兴办实事好事。改造2个新增联系村学校校舍、新修改造3个联系村和2个新增联系村村部及文化广场；2次邀请医疗专家到联系村开展大型义诊；争取体育健身器材6套，协调“农家书屋”增配价值3万元图书；为联系村安装太阳能路灯60盏、太阳能热水器66套；维修原安乡养老院。精选帮扶工作队长，深入开展精准扶贫。按照省委要求，选派8名优秀处级后备干部担任8个联系村驻村帮扶工作队队长开展工作。

【兰州市审计局】 2015年，兰州市审计局人员编制118人，实有113人。局长刘军（—7月）、罗建峰（12月—），副局长柴建民（—12月）、靳芳、张永花、李佐新（—12月），纪检组长包永胜（—12月）。设有办公室、人事处、法规处、内部审计监督处、社会审计核查处、审计执法监督处、财政金融审计处、行政事业审计处、农业与资源环保审计处、社会保障审计处、企业审计处、计算机审计处、园区审计处，兰州市经济责任审计分局及所属经济责任审计一处、二处、三处，兰州市政府投资建设项目审计办公室、兰州新区审计分局和机关党委、监察室。

审计成果 兰州市审计局完成财政预算执行、财务收支、经济责任、企业、民生、专项资金审计和审计调查项目123个，政府投资建设决（结）算项目审计313个。向有关部门移送线索27件。提出审计建议347条，提交并被采用审计信息56篇。

政策措施贯彻落实跟踪审计 完成由省审计厅授权对陇南市本级、武都区和康县贯彻落实国务院及省有关稳增长促改革、调结构、惠民生、防风险政策跟踪审计，共查出问题201个。截至12月31日已整改问题153个，未整改48个，整改率76.12%。

财政审计 对兰州市财政局2014年度市级预算执行情况和市地税局2014年度税收征管情况进行审计。完成兰州新区管委会2014年度财政收支情况审计、兰州新区地税局2014年度税收和基金征管情况审计，延伸审计相关部门及单位。

经济责任审计 对市工商局、市政府金融办、市房产交易中心等 11 个单位现任领导干部开展任中审计。对市林业局、市民政局、市热力公司等 12 个单位原任领导开展离任审计。

行政事业审计 对市教育局 2014 年度预算执行及其他财务收支情况等 9 个一、二级预算单位 2014 年度预算执行及其他财政财务收支情况开展审计。

农业与资源环保审计 完成 2014 年度全市扶贫专项资金管理使用情况审计。

固定资产投资审计 对兰州重离子肿瘤治疗中心工程建设项目、北环路工程建设项目、南山路工程建设项目、轨道交通一号线一期土建工程项目等 18 个项目进行跟踪审计。完成棚户区改造项目、兰州城区污水全收集管网建设、新区保障性住房建设工程 BT 项目等 313 个政府投资建设决（结）算项目审计，送审金额 95.98 亿元，审定金额 82.05 亿万元，审减金额 13.93 亿元，审减率 17%。

民生资金（项目）审计 开展 2014 年全市社会救助资金审计、2011 年至 2014 年新型农村合作医疗保险基金审计。

企业审计 对兰州银行股份有限公司和兰州威力雅水务集团 2014 年度资产负债及损益情况进行审计。

专项资金审计 完成 2013 年至 2014 年全市扶贫专项资金、兰州市城区停车场设置使用及管理情况、兰州新区管委会 2012 年至 2013 年政府采购管理情况、兰州市 2011 年至 2013 年中国兰州投资贸易洽谈会等 12 个项目的专项资金审计和审计调查。 （撰稿人：戴积慧）

【嘉峪关市审计局】 2015 年，嘉峪关市审计局人员编制 28 人，实有 33 人。局长赵大鹏（—1 月）、石晓辉（1 月—），副局长王继红，总审计师赵明，纪检组长鱼辉，调研员芦勇（12 月—），副调研员茹作臻、高廷秀（8 月—），基建投资审核专员相炎军。设有办公室、法制科、经济责任审计科、行政事业审计科、社保金融审计科、社会审计核查科、经贸审计科、固定资产投资科和基建审核中心。

审计成果 嘉峪关市审计局完成审计项目 44 个，其中组织实施审计项目 36 个，参与实施审计项目 8 个。查出主要问题金额 1.64 亿元，其中违规金额 904.4 万元、管理不规范金额 1.54 亿元；审计处理处罚金额 3559.68 万元，其中应上缴财政 1337.4 万元、应减少财政拨款或补贴 763.19 万元、应归还原渠道资金 1457.94 万元、应调账处理金额 1.15 万元；审计发现非金额计量问题 18 个；审计促进整改落实有关问题资金 1820 万元，其中增收节支 1407 万元、已调账处理金额 413 万元。出具审计报告和专项审计调查报告 50 篇，被批示、采用 20 篇。提出审计建议 91 条，提交审计信息 146 篇。向社会公告审计结果 2 篇。

政策措施贯彻落实跟踪审计 完成对金昌市、金川区和永昌县人民政府 2015 年政策落实情况的跟踪审计，累计发现问题 23 个；配合白银市审计局完成嘉峪关市 2015 年政策落实情况的跟踪审计。

财政审计 完成 2014 年度市级预算执行和其他财政收支情况及地方税收征管情况审计。重点对市旅游局等 3 个部门及二级单位的预算执行情况进行审计，审计资金 85.18 亿元，查出违规违纪和管理不规范金额 1534.17 万元，上缴财政 1207.24 万元，提出审计建议 14 条。

经济责任审计 召开经济责任审计工作联席会议，讨论通过《嘉峪关市管党政主要领导干部和市属国有企业领导人员经济责任审计实施办法》等 3 项经济责任审计制度。开展 7 个经济责任审计项目，审计资金 1.31 亿元，查出违规违纪和管理不规范金额 48.86 万元，提出审计建议 9 条。

固定资产投资审计 完成嘉峪关机场航站区扩建工程等 20 个建设项目竣工决算审计，审计资金 6.66 亿元，核减工程造价为政府节约资金 829.58 万元。

民生资金（项目）审计 完成金昌市本级及所辖林区、垦区和永昌县 2014 年城镇保障性安居工程跟踪审计，共审计资金 14.29 亿元，查出违规违纪和管理不规范金额 1.41 亿元，上缴财政 130.16 万元、归还原渠道资金 1457.94 万元，提出审计建议 5 条。

专项资金审计 完成嘉峪关市 2012—2014 年度国家司法救助资金管理使用情况专项审计调查、2014 年度财政专项扶贫资金管理使用情况审计、2014 年度住房公积金归集管理使用及执行住房公积金制度政策情况的审计，共审计资金15035.92万元，查出违规违纪和管理不规范金额109.17万元，提出审计建议3条。 （撰稿人：孙永鑫）

【金昌市审计局】 2015年，金昌市审计局人员编制30人，实有27人。局长（党组书记）张正平，副局长侯永林、梁福山，总审计师彭淑瑞，纪检组长张天钰（4月—），市经济责任审计联席会议办公室主任谢淑霞。设有办公室（与纪检监察室合署）、法制科、经济责任审计科、财政审计科、行政事业审计科、企业和社会保障审计科、基本建设审计科（农业和资源环境审计科与其合署）、固定资产投资审核中心。

审计成果 金昌市审计局完成审计和审计调查项目31个，查出违规金额7915.03万元、管理不规范金额10.65亿元；核减投资额2000万元。移交案件2起。开展领导干部离任交接1项。提出审计建议86条。发表各类审计信息36篇。向社会公告审计结果1篇。

政策措施贯彻落实跟踪审计 完成对白银市本级、白银区2015年稳增长、促改革、调结构、惠民生、防风险政策措施落实情况的跟踪审计，查出各类违规金额41.56万元、管理不规范金额5.58亿元、未及时清理往来款项10.23亿元。

财政审计 完成2014年度市级财政预算执行和其他财政收支情况审计，重点开展市财政局、市工信委、市农牧局、市建设局等8个部门2014年度预算执行情况审计，查出违规金额8.84万元、管理不规范金额5000万元。完成市政府办公室2014年度财政收支情况审计，查出管理不规范金额20万元。

经济责任审计 完成领导干部经济责任审计9个，其中任中审计7个。查出各类违规金额7768.11万元、管理不规范金额9149.01万元；发现市体育局私设“小金库”问题，移送市纪委调查核实。

固定资产投资审计 完成金昌市儿童福利康复中心和流浪儿童救助中心、金川区宁远堡镇土地整理复垦项目等竣工决算审计7个，送审金额1.46亿元，审定金额1.26亿元，核减投资额2000万元。

专项资金审计 完成2014年市级财政扶贫专项资金投入管理使用情况审计。完成2014年度市级住房公积金审计。完成对白银市本级、白银区2014年度城镇保障性安居工程投资、建设、分配、运营等情况的跟踪审计，查出各类管理不规范金额3.66亿元、工程超概算1.25亿元。完成全市2012年至2014年国家司法救助资金管理使用情况专项审计调查。完成市汽车站经营情况专项审计调查，共查出各类违规金额96.52万元、管理不规范金额33.27万元，将发现的有关人员违纪问题移送市纪委调查处理。

（撰稿人：郑 刚）

【白银市审计局】 2015年，白银市审计局人员编制41人，实有34人。局长杨子明，副局长王世勇、马志武、李文辉，总审计师杨玉杰，纪检组长颜子杰，经济责任审计办公室主任杨子松。设有办公室、法规科、财政金融审计科、农业与资源环保审计科、社会保障审计科、固定资产投资审计科、行政事业审计科、计算机信息审计科；白银市经济责任审计办公室设有经济责任审计一科、经济责任审计二科、经济责任审计三科，下设白银市基本建设审计中心。

审计成果 白银市审计局完成审计项目63个，查出主要问题金额74402万元，其中违规金额6252万元、管理不规范金额68150元；审计处理处罚金额17892万元，其中应上缴财政6340万元、应减少财政拨款或补贴995万元、应归还原渠道资金3791万元、应调账处理金额6766万元；审计发现非金额计量问题65个；审计促进整改落实有关问题资金4342万元，其中已上缴财政2276万元、已减少财政拨款或补贴995万元、已归还原渠道资金1063万元、已调账处理金额79万元。向各级党委、政府和上级审计机关提交综合报告、专题审计报告、调研、信息271篇次，向被审计单位提出审计建议116条。

财政审计 审计财税部门和一、二级预算单位11个，查出违规金额4207万元、管理不规范金额43463万元；审计处理处罚应上缴财政4209万元、应调账处理金额6764万元；已上缴财政2268万元、已调账处理金额79万元。

经济责任审计 审计单位34个，查出违规金额1913万元、管理不规范金额2974万元；审计处理处罚应上缴财政1913万元、应减少财政拨款或补贴115万元、应归还原渠道资金286万元、应调账处理金额2万元；审计促进已上缴财政8万元、已减少原渠道资金115万元、已归还原渠道资金16万元；审计发现非金额计量问题4个。

固定资产投资审计 审计竣工决算项目5个，查出管理不规范金额1988万元，核减工程投资880万元，已减少财政拨款或补贴880万元；审计发现非金额计量问题2个。

民生资金（项目）审计 审计单位3个，查出管理不规范金额132万元；审计处理应上缴财政132万元；审计发现非金额计量问题11个。

专项资金审计 审计单位3个，查出管理不规范金额3665.3万元；审计处理应上缴财政86万元；审计发现非金额计量问题5个。

（撰稿人：王　婷）

【天水市审计局】 2015年，天水市审计局人员编制80人，实有77人。局长薄海明，副局长胡敬东、付新顺、焦继军，总审计师马群，纪检组长葛南翔。设有办公室、综合科、审计监督与核查科、财政审计科、金融外资审计科、行政事业审计科、行政事业审计科、经贸审计科、农业和资源环保审计科、固定资产投资审计一科、固定资产投资审计二科、社会保障资金审计科、财政专项资金审计科、教科文审计科，下设天水市经济责任审计办公室、天水审计培训中心。

审计成果 天水市审计局完成审计项目101个，查出主要问题金额168172.2万元，其中违规金额78034.39万元、管理不规范金额90137.8万元；损益（收支）不实金额22627.37万元；审计处理处罚金额166315.16万元，其中应上缴财政75041.8万元、应减少财政拨款或补贴4161.9万元、应归还原渠道资金4095.56万元、应调账处理金额80205.84万元；审计发现非金额计量问题180个；审计促进整改落实有关问题资金133764.72万元，其中增收节支83226.26万元、已调账处理金额49158.9万元；审计后挽回（避免）损失4160.03万元。移送司法机关、纪检监察机关和有关部门处理事项15件。出具审计报告和专项审计调查报告101篇。提出审计建议222条，提交审计信息201篇，被批示、采用230篇次。

政策措施贯彻落实跟踪审计 完成审计项目27个。查出主要问题金额22567.73万元，其中违规金额8311.16万元、管理不规范金额14256.57万元；损益（收支）不实金额609万元；审计发现非金额计量问题123个；审计处理处罚金额22558.73万元，其中应上缴财政8308.92万元、应归还原渠道资金198.36万元，应调账处理金额14051.45万元；审计促进整改落实有关问题资金13696.78万元，其中已上缴财政8444.28万元、已归还原渠道资金190万元、已调账处理金额5252.5万元。移送有关部门处理事项2件。提出审计建议26条。

财政审计 完成预算执行审计项目13个。查出主要问题金额22232.78万元，其中违规金额11577.54万元、管理不规范金额10655.24万元；损益（收支）不实金额244.77万元；审计发现非金额计量问题4个；审计处理处罚金额22172.21万元，其中应上缴财政11577.05万元、应归还原渠道资金10万元、应调账处理金额10575.16万元；审计促进整改落实有关问题资金22172.21万元，其中已上缴财政11577.05万元、已归还原渠道资金10万元、已调账处理金额10575.16万元。移送有关部门处理事项1件。提出审计建议41条。

完成财政决算审计项目3个。查出主要问题金额107145.28万元，其中违规金额55866.76万元、管理不规范金额51278.51万元；损益（收支）不实金额20822.79万元；审计发现非金额计量问题12个；审计处理处罚金额107097.15万元，其中应上缴财政54441.1万元、应归还原渠道资金7.97万元、应调账处理金额49848.01万元；审计促进整改落实有关问题资金84843.85万元，其中已上缴财政54441.1万元、已归还原渠道资金7.97万元、已调账处理金额29025.21万元。移送有关部门处理事项5件。提出审计建议13条。

经济责任审计 完成审计项目15个。查出主要问题金额4103.57万元，其中违规金额10.51万元、管理不规范金额4093.05万元；损益（收支）不实金额507.76万元；审计发现非金额计量问题6个；审计处理处罚金额4101.32万元，其中应上缴财政8.26万元、应归还原渠道资金2万元、应调账处理金额4091.05万元；审计促进整改落实有关问题资金4101.32万元，其中已上缴财政10.26万元、已归还原渠道资金2万元、已调账处理金额4091.05万元。提出审计建议44条。

固定资产投资审计 完成审计项目25个。查出主要问题金额5950.99万元，项目投资额76844.29万元，完成投资额72755.62万元，核减工程投资额4160.03万元，其中违规金额1568.16万元、管理不规范金额4382.83万元；审计发现非金额计量问题4个；审计处理处罚金额4390.91万元，其中应上缴财政8.08万元、应减少财政拨款或补贴4160.03万元、应归还原渠道资金183.2万元、应调账处理金额39.59万元；审计促进整改落实有关问题资金4390.91万元，其中已上缴财政8.08万元、已减少财政拨款或补贴4160.03万元、已归还原渠道资金183.2万元、已调账处理金额39.59万元。提出审计建议46条。

民生资金（项目）审计 完成审计项目8个。查出主要问题金额3057.46万元，其中违规金额1.87万元、管理不规范金额3055.59万元；审计发现非金额计量问题10个；审计处理处罚金额3057.46万元，其中应减少财政拨款或补贴1.87万元、应归还原渠道资金3055.59万元；审计促进整改落实有关问题资金3057.46万元，其中已减少财政拨款或补贴1.87万元、已归还原渠道资金3055.59万元。提出审计建议26条。

企业审计 完成审计项目1个。查出主要问题金额1157.5万元，其中管理不规范金额1157.5万元；审计发现非金额计量问题1个；审计处理处罚金额1157.5万元，其中应调账处理金额1157.5万元；审计促进整改落实有关问题资金1157.5万元，其中已调账处理金额1157.5万元。提出审计建议5条。

专项资金审计 完成审计项目8个。查出主要问题金额1956.85万元，其中违规金额698.37万元、管理不规范金额1258.47万元；损益（收支）不实金额443.03万元；审计发现非金额计量问题19个；审计处理处罚金额1779.85万元，其中应上缴财政698.37万元、应归还原渠道资金638.43万元、应调账处理金额443.03万元；审计促进整改落实有关问题资金1779.85万元，其中已上缴财政698.37万元、已归还原渠道资金638.43万元。移送有关部门处理事项1件。提出审计建议443.03条。（撰稿人：县光明　张仲安）

【武威市审计局】 2015年，武威市审计局人员编制35人，实有32人。局长赵新辉，副局长马忠民、祁贵，总审计师李天忠，纪检组长李镜，市经济责任审计局局长刘立新。设有办公室、法规科、财政金融审计科、经济责任审计一科、经济责任审计二科、行政事业审计科、农业和资源环保审计科、社会保障审计科、固定资产投资审计科、武威市审计局投资审计中心。

审计成果 武威市审计局完成审计项目96个，查出主要问题金额86468万元，其中违规金额2334万元、管理不规范金额84133万元；损益（收支）不实金额60万元；审计处理处罚金额4802万元，其中应上缴财政261万元、应归还原渠道资金2423万元；审计发现非金额计量问题156个；审计促进整改落实有关问题资金8605万元，其中增收节支2564万元。移送司法机关、纪检监察机关和有关部门处理事项10件。出具审计报告和专项审计调查报告96篇，被批示、采用11篇。提出审计建议164条，提交审计信息50篇，被批示、采用16篇。向社会公告审计结果1篇。

政策措施贯彻落实跟踪审计 完成对张掖市市本级和甘州区，以及武威市民勤县、古浪县、天祝县稳增长、促改革、调结构、惠民生、防风险政策措施情况跟踪审计，发现部分项目沉淀资金大，建设项目进展缓慢，落实国家重大政策不到位等问题，促进国家、省、市各项政策措施落地生根。

财政审计 持续关注政府预算体系和结构、专项转移支付清理整合、存量资金盘活、财政管理绩效等问题，推动完善相关制度机制，完成财政预算审计项目10个，查出主要问题金额11406万元。围绕贯彻中央八项规定和省委、市委“双十条”规定精神，加强对“三公”经费、会议费等公务支出、公款消费的审计监督，揭示预算管理、转移支付分配、财税政策执行等方面的问题，促进厉行节约和规范管理。

经济责任审计 完成经济责任审计32个。涉及党委工作部门9人、政府工作部门15人、事业单位8人；其中任中审计9人、离任审计23人；县处领导干部30人。在做好离任审计的同时，加大任中审计力度，共查出主要问题金额1441万元，其中违规金额104万元、管理不规范金额1337万元，促进增收节支42万元，为党委、政府管理使用干部提供参考依据。

农业与资源环保审计 重点对石羊河流域重点治理项目进行审计，发现部分单位挪用项目资金，未经批准调整项目投资，地方配套资金不到位，勘测、设计、监理未招投标等问题。

固定资产投资审计 完成固定资产审计项目33个，审计项目投资额260545万元，完成投资额219415万元，核减工程投资3012万元。

民生资金（项目）审计 根据省审计厅统一部署，完成张掖市本级和甘州区、临泽县，以及武威市民勤县、天祝县城镇保障性安居工程跟踪审计，对2012年至2014年武威市国家司法救助资金、2014年度武威市住房公积金、2014年武威市财政专项扶贫资金和农林水、教育、医疗等资金和项目进行审计。

信息化建设 加大审计信息化技术推广应用力度，金审工程建成投入使用，广泛运用AO（现场审计实施系统）和OA（审计管理系统）进行项目管理或审计分析，80%的审计项目利用计算机辅助审计。运用绩效审计方法对资金和项目效益进行分析评价，逐步推进常规审计向绩效审计方向发展，80%的审计项目涉及绩效审计内容。

（撰稿人：蔡　峰）

【张掖市审计局】 2015年，张掖市审计局人员编制45人，实有39人。局长陈华，副局长赵光源、王天荣、龙建国、罗兵（—10月），总审计师姬忠，纪检组长李鸿寿（5月—），经济责任审计工作联席会议办公室专职副主任刘煜。设有办公室、综合法制科、财政金融审计科、行政事业审计科、经济责任审计一科、经济责任审计二科、固定资产投资审计科、外资经贸审计科、农业与资源环保审计科、社会保障审计科、信息化管理科、审计核查整改办公室、经济责任审计联席会议办公室。

审计成果 张掖市审计机关完成审计项目321个，审计单位1542个（次），查出问题金额25.36亿元，其中管理不规范金额27.96亿元，促进增收节支1.46亿元。其中，市审计局完成77项，审计单位726个（次），查出问题金额4.29亿元，其中管理不规范金额6.3亿元，促进增收节支9350万元。依法向纪检监察等有关部门移送案件线索8件，涉及的25名干部被处理和追责。提交审计专题、综合性报告及信息810篇，提出审计建议439条，被采纳436条；向市委、市政府领导上报的审计要情、综合报告等被市级领导批示40多篇次，重要事项和重大问题在政府常务会和市长办公会上进行专题研究。市审计局被省委、省政府命名为“省级文明单位”；在全省审计工作目标责任考核中位列第一名，连续八年荣获一等奖；2个审计项目被评为全省优秀审计项目；被市政府表彰为目标责任考核优胜奖。

政策措施贯彻落实跟踪审计 按照全省统一安排，市、县审计机关共抽调420人次，采取“上审下”和“交叉审”相结合的方式，对全市5个县及酒泉市本级、金塔县开展10次跟踪审计，重点关注简政放权、棚户区改造、精准扶贫、城市基础设施建设、重大水利工程建设、养老健康服务、生态环境保护和节能环保等24个方面的内容。出具各类审计报告75篇，揭示问题10大类361个，提出审计建议395条，被问责5人。市审计局社保科、甘州区审计局、民乐县审计局和4名个人分别被评为全省稳增长等政策措施落实跟踪审计先进集体和个人。

财政审计 将财政预算执行与领导干部经济责任、政府重大投资及专项资金审计相结合，对市财政、发改等12个部门和单位进行审计，查出各类问题96个，提出意见建议28条。代表市政府向市人大常委会做的市级财政预算执行和其他财政财务收支情况的审计工作报告受到与会代表的高度评价。六县区审计局均完成本级预算执行审计和部分乡镇财政决算审计，并向同级人大做专题报告。

经济责任审计 对市发改委、市住建局、市工商局等16个单位领导干部的经济责任履行及绩效情况进行审计。完成16个部门（单位）领导干部的离任“阳光交接”。完成对兰州市西固区区委书记、区长经济责任履行情况和机构编制情况的审计，参与对兰州市市长经济责任履行情况的审计。

固定资产投资审计 重点对甘州区至青海省祁连县公路建设、张掖湿地博物馆建设、山丹培黎学校实训教学楼及学生食堂建设、市公安局交通警察支队机动车驾驶人考试中心改扩建等项目进行绩效审计，对张掖丝绸之路文化艺术中心、张掖城区热电联产集中供热工程2个投资规模大、建设周期长的项目分阶段进行跟踪审计，指出项目建设管理及资金管理使用中存在的问题，帮助建设单位规范管理，有效防范问题积累和管理漏洞风险。针对农村公路建设投资总额大、项目数量多、监管难度大的特点，与市交通局联合制定出台《张掖市农村公路建设项目审计管理暂行办法》，整合调度政府审计和社会中介机构等各方面的审计资源，有效破解审计力量不足的矛盾。

专项资金审计 按照全省统一部署，在连续三年跟踪审计的基础上，分别对全市5个县和酒泉市本级、金塔县2014年度和2015年度城镇保障性安居工程进行跟踪审计。先后6次督促被审计单位对2014年度审计查出的问题进行整改。确保中央和省、市关于城镇保障性安居工程的各项政策目标贯彻落实到位。

对市本级和六县区2014年度财政扶贫资金管理、使用情况进行审计，共延伸审计有关部门和经办机构29个，调查乡镇35个、行政村86个、扶贫户1148户，实地核查项目318个。查出政策制度执行不严格，闲置、套取、未及时发放扶贫资金，项目进展缓慢，资金报账率低，项目建设管理不规范等问题，向各县区政府提出加强资金管理、规范建设程序、推进精准扶贫的意见建议。

对全市2013年至2014年住房公积金归集、管理、使用及绩效情况进行审计，充分运用计算机审计技术对公积金管理中心归集支付系统和贷款管理系统进行深入分析。对公积金归集运营、增值收益和贷款发放回收等情况进行审计，重点对公积金政策执行情况全面检查。根据审计建议，市住房公积金管理中心先后制定出台《关于提高住房公积金使用效率的实施意见》《关于加强住房公积金结余资金管理的意见》《张掖市住房公积金提取业务操作规程》等规章制度，放宽公积金提取和贷款条件。

信息化建设 加大对全市审计信息化建设的指导力度，不断提升硬件和系统软件配置水平，增强可靠性和稳定性。从数据归集、使用、管理、安全等方面修订完善《审计信息化数据管理暂行办法》，筹划数据库建设方案。发挥OA（审计管理系统）作用，对审计项目从项目建立、现场审计到资料归档进行全程交互管理。全市所有审计项目均利用计算机技术实施审计，利用计算机查询、检索、分析、判断功能发现问题的项目达70%以上。

绩效审计 通过召开座谈会、案例交流会等方式，交流审计体会、探讨技术方法，引导审计人员探索查证和分析方法，推动绩效审计的深度和广度实现突破。全市开展绩效审计项目281个，市审计局开展绩效审计项目72个。

审计质量 深入落实审计质量全过程、全方位控制体系，制定《重要审计结果和重大案件线索报告制度》《虚假发票问题移送处理协作办法》等文件，完善审计项目复核、审理制度，推行二次审理制，规范审委会议事程序，所有审计项目必须经过11道审核把关程序。2个项目被评为省级优秀项目，1个内部审计项目被评为全省内部审计优秀项目，另有市级优秀审计项目12个。

审计整改 把整改落实作为确保审计监督到位、提升审计机关执法效能的关键所在，对即知即改问题在审计过程中就督促被审计单位进行纠正和完善相应管理制度；建立整改台账，针对审计查出的问题逐一核查整改落实结果并备案登记，整改到期前提醒、发送督查函、重点问题进行专项督查，促使审计整改彻底落实到位；与党委、政府相关部门建立整改督办联动机制，对重点项目、重要问题联合督办，强化问责追究。

（撰稿人：郭　亮）

【平凉市审计局】 2015年，平凉市审计局人员编制47人，实有45人。局长王旺德，副局长朱江（—9月）、刘继荣（—9月）、席瑞林、李博（9月—）、杨尚辉（9月—），总审计师王耀军（9月—），纪检组长韩建华。设有办公室、法制科、财金审计科、经济责任审计科、行政事业审计科、经贸审计科、固定资产投资审计科、农业审计科、社会审计核查科、宏观政策审计科、电子审计中心。

审计成果 平凉市审计机关完成审计项目370个，查出主要问题金额860042.45万元，其中违规金额81969.81万元、管理不规范金额778072.64万元；损益（收支）不实金额5856.28万元；审计处理处罚金额129097.14万元，其中应上缴财政53338.98万元、应减少财政拨款或补贴25元、应归还原渠道资金35766.02万元、应调账处理金额39967.06万元；审计发现非金额计量问题459个；审计促进整改落实有关问题资金113849.37万元，其中增收节支866479.70万元、已调账处理金额27267.91万元。出具审计报告和专项审计调查报告445篇。提出审计建议621条，被批示、采用审计信息836篇。

政策措施贯彻落实跟踪审计 按照审计署和省审计厅的统一部署，完成对庆阳市本级、西峰区和镇原县及平凉市六县（区）2014年度城镇保障性安居工程审计，完成对庆阳市本级、西峰区和镇原县政策措施落实情况跟踪审计。平凉市审计局、泾川县审计局、静宁县审计局被甘肃省审计厅表彰为2015年度全省稳增长等政策措施跟踪审计先进集体，4人获得先进个人荣誉称号。

财政审计 以推动健全政府预算体系、规范资金分配管理、盘活财政存量资金、促进资源优化配置和提高资金使用绩效为目标，加大对公共财政资金、政府性债务、“三公”经费、财政存量资金以及落实中央八项规定情况的审计监督力度。审计项目146个，查出主要问题金额719269.58万元，促进完善财政预算管理体系，提升财政资金使用效益。

经济责任审计 落实平凉市领导干部经济责任审计评价、成果利用、结果公示、离任事项交接等制度和办法，把权力集中部门和资金、资源密集领域领导干部作为审计监督的重点，对129名领导干部进行经济责任审计，查出领导干部负领导责任主要问题金额7105.45万元，对领导干部履职情况做出客观评价。

固定资产投资审计 把政府投资项目的建设情况、建成后的运营状况和实际效果有机结合起来，加大对征地拆迁、土地复垦、工程招投标、设备材料采购、资金管理使用等重点环节的监督力度，对37个政府投资项目的资金使用、建设管理、土地环保和投资效益情况进行审计，查出主要问题金额23432.05万元，核减工程投资668万元。

专项资金审计 加大对“三农”、社保、教育、医疗、救灾等民生项目和资金的审计力度，完成审计项目55个，审计资金总额408016.06万元，查出主要问题金额109326.15万元，分析、揭示和反映体制、机制、制度方面存在的问题，从加强资金管理、落实项目配套资金、健全完善制度等方面提出整改建议。

企业审计 审计项目3个，查出主要问题金额909.44万元，本着“审、帮、促”相结合的原则，对企业的盈利能力、资产质量、债务风险、经营状况进行综合对比分析，提出加强管理，规范核算，提高效益的意见建议。

内部审计 平凉市各内部审计机构2015年完成内部审计项目272个，审计资金总额74829.12元，促进增收节支756.06万元。平凉市审计局连续四年被评为全省内部审计理论研讨优秀组织单位，所推荐的理论文章多篇获奖。

（撰稿人：王其红　苏　越）

【酒泉市审计局】 2015年，酒泉市审计局人员编制54人，实有43人。局长张贵虎（—12月）、刘红艺（12月—），副局长张东平、李际平，总审计师李建华，纪检组长马生忠（—9月）、李冬梅（9月—），市经济责任审计工作联席会议办公室专职副主任白嘉念，副调研员李发宏、程军。设有办公室、综合法制科、经济责任审计一科（酒泉市经济责任审计联席会议办公室）、经济责任审计二科、财政金融审计科、行政事业审计科、经贸审计科、农业与资源环境审计科、社会保障审计科、固定资产投资与外资运用审计科、计算机审计管理科、社会审计核查与内部审计监督科，下设酒泉市政府投资审计中心。

审计成果 酒泉市审计局完成审计项目66个，审计和延伸审计单位313个。查出违纪违规和管理不规范金额7.8亿元，促进财政增收节支1.56亿元，其中查出应缴税金189万元、应缴各项非税收入4433万元、罚没收入71万元，核减工程造价1.09亿元。向纪检监察、税务等部门移送案件16起。出具审计报告、审计综合报告和审计要情122篇，被批示96篇。提出审计意见和建议175条，被采纳160条。在国家和省市级有关刊物刊登审计论文和信息报道124篇。

政策措施贯彻落实跟踪审计 根据甘肃省审计厅授权，4次对武威市本级和凉州区稳增长、促改革、调结构、惠民生、防风险政策措施落实情况进行跟踪审计，组织市县审计人员对本市6个县市区（除金塔县）政策措施落实情况实施交叉审计。对汉唐文化新区建设项目、新城区二期征地拆迁补偿项目、北大河生态环境综合治理项目、敦煌水资源合理利用与生态保护项目进行跟踪审计。

民生资金（项目）审计 根据省审计厅的安排部署，组织全市审计人员对武威市本级和凉州区城镇保障性安居工程开展跟踪审计，组织市县审计人员对酒泉市5个县市（除肃州区、金塔县）城镇保障性安居工程进行交叉审计。针对民生社保领域审计出的问题，责成相关县市和部门进行整改，确保国家的惠民政策落到实处。

经济责任审计 出台《酒泉市党政领导干部经济责任履行和机构编制情况审计暂行办法》和《酒泉市领导干部离任经济责任事项交接办法》。受市委组织部委托，对市人社局、市发改委、工业园区管委会、市政府办等部门单位11名领导进行离任经济责任和机构编制情况审计；对市农牧局、市房管局等部门单位10名领导开展任中经济责任和机构编制情况审计；监督10个部门单位的领导办理交接手续。

固定资产投资审计 加大对交通、资源、保障性住房和城市基础设施建设项目审计，对市本级2013年保障性住房建设项目、市人力资源和社会保障中心综合楼工程、北大河蓄洪生态补水工程、新城区二期各路段市政基础设施等25项政府投资项目开展竣工决算审计。共核减工程造价1.09亿元，核减率达到10.64%，审减金额超过1亿元。

交办事项 完成全市2014年度扶贫资金管理使用情况审计，全市2014年度住房公积金归集管理使用情况审计、全市国家司法救助资金管理使用情况专项审计调查。根据省审计厅统一安排部署，对兰州市红古区党政领导经济责任和编制情况进行审计，配合省审计厅对兰州市党政领导经济责任和编制情况进行审计。完成市委、市政府交办的市接待局政务接待经费及经费收支情况审计、市建设局财政收支审计等22个项目，对12个改造、装修、布展等小型建设工程出具审计意见。

（撰稿人：于建华）

【庆阳市审计局】 2015年，庆阳市审计局人员编制38人，实有37人。局长刘俊峰（—6月）、曹维斌（6月—），副局长李崇峰、汪彦锋、王芳（10月—），庆阳市经济责任审计办公室主任李国科（12月—），调研员刘俊峰（6月—），副县级审计员魏平征。设有人事秘书科、纪检监察室、综合法制科、社会审计核查科、财政金融审计科、行政事业审计科、基建外资审计科、经贸社保审计科、农业环保审计科，下设经济责任审计办公室、经济责任审计联席会议办公室、市政府投资项目审计中心。

审计成果 庆阳市审计机关共完成审计项目459个，其中组织实施审计项目435个，参与实施审计项目24个。查出主要问题金额284993万元，其中违规金额12585万元、管理不规范金额272411万元；损益（收支）不实金额788万元；审计处理处罚金额39617万元，其中应上缴财政471万元、应减少财政拨款或补贴2675万元、应归还原渠道资金20739万元、应调账处理金额15732万元；审计发现非金额计量问题298个；审计促进整改落实有关问题资金64292万元，其中增收节支8166万元、已调账处理金额12266万元；审计促进拨付资金到位1320万元；审计后挽回（避免）损失795万元。移送司法机关、纪检监察机关和有关部门处理事项32件。出具审计报告和专项审计调查报告459篇，被批示、采用231篇。审计提出建议708条，提交审计信息554篇，被批示、采用495篇。

政策措施贯彻落实跟踪审计 对定西市人民政府、安定区人民政府、通渭县人民政府和庆阳市6个县2015年稳增长等政策措施落实情况进行跟踪审计。审计围绕各阶段重点任务完成、重要政策执行、重大项目建设、重点资金管理和推进简政放权情况进行。查出政策执行不到位、项目管理不规范、资金管理使用不符合要求、重点项目建设进度缓慢等问题 346 个。通过整改，促进资金到位 40559.17 万元，规范管理资金 62521.29 万元，加快项目进度 60 项，促进各项政策落实 45 项。

财政审计 对 106 个部门和单位的预算执行、转移支付、专项资金、税收征管等进行审计。庆阳市、县（区）审计机关向同级人大常委会做预算执行情况的审计工作报告 9 次，引起被审计单位的高度重视和社会各界的广泛关注，为全面把握财政资金分配、管理、使用情况，检查预算执行的有效性，提高财政资金使用效益和财政财务管理水平起到促进作用。

经济责任审计 以贯彻落实中央、省、市经济责任审计"规定办法"为重点，紧扣权力运行和责任落实，建立以任中审计为主导、任中审计与离任审计相结合的工作机制，加强对权力集中部门，资金、资产、资源密集领域领导干部的监督审计。通过审计，对领导干部执行国家政策、推动事业发展、科学决策、经济管理、依法行政、资源环境保护、机构编制管理、廉洁自律等方面的责任进行全方位考量评价，为干部监督管理提供重要依据。全市完成经济责任审计项目 124 个，其中庆阳市审计局完成 37 个。

固定资产投资审计 对政府重大投资项目实行竣工决算审计，依据立项批复、招标文书、施工合同和补充协议等资料，加强对工程造价、合同外增减工程、隐蔽工程和现场施工签证的审查审核，重点核实工程造价的真实性、建设资金使用的合规性、建设程序的合法性，提出合理化意见建议，促进建设单位加强项目管理，提高项目管理水平。全市完成投资项目审计 106 个，共核减工程造价 2981 万元，其中庆阳市审计局完成投资项目审计 7 个，核减工程造价 294 万元。

民生资金（项目）审计 全市审计机关加大对扶贫、教育、医疗、救灾、最低生活保障、保障性安居工程、征地补偿费等民生资金和项目审计力度，重点审计全市保障性安居工程、扶贫资金管理使用情况等，揭示和反映挤占挪用、损失浪费、管理不善、效益不佳等问题，切实回应社会反映诉求，推动国家强农惠农富民政策的落实。根据市政府安排，组织对全市征地补偿管理使用情况进行专项审计。庆阳市审计局对庆阳市供排水公司、庆阳宾馆资产负债损益情况进行审计，提出具体的整改意见，从机制体制上解决供排水公司问题。

（撰稿人：常　东）

【定西市审计局】 2015 年，定西市审计局人员编制 39 人，实有 37 人。局长岳余之，副局长张晓伟、潘欣、谢晓妍、李宏军，总审计师张华荣，纪检组长张新，经济责任审计办公室主任郑晓炜，副调研员冯跃进、陈小平。设有办公室、法规监核科、财政金融审计科、行政事业企业审计科、农业与资源环保审计科、固定资产投资审计科、社会保障审计科、经济责任审计办公室（下设经济责任审计一科、经济责任审计二科）、定西市审计局计算机审计中心。

审计成果 定西市审计局完成审计项目 107 个，其中组织实施审计项目 83 个，参与实施审计项目 24 个。查出主要问题金额 213569.64 万元，其中违规金额 25938.53 万元、管理不规范金额 187631.11 万元；损益（收支）不实金额 16626.99 万元；审计处理处罚金额 198062.51 万元，其中应上缴财政 19456.36 万元、应减少财政拨款或补贴 10587.05 万元、应归还原渠道资金 108071.98 万元、应缴纳其他资金 2411.9 万元、应调账处理金额 57535.21 万元；审计发现非金额计量问题 415 个；审计促进整改落实有关问题资金 108632.3 万元，其中增收节支 89180.36 万元、已调账处理金额 19451.94 万元；审计促进拨付资金到位 711.88 万元。移送司法机关、纪检监察机关和有关部门处理事项 5 件。出具审计报告和专项审计调查报告 126 篇，被批示、采用 21 篇。提出审计建议 110 条，提交审计信息 102 篇，被批示、采用 88 篇。向社会公告审计结果 1 篇。

政策措施贯彻落实跟踪审计 采取"上审下"和市县联合审计的方式，对陇西等 5 个县简政放权、重大政策措施落实、重点项目实施及财政资金管理使用绩效等 19 个方面进行跟踪审计，审计共查处问题 107 个，涉及金额 9.95 亿元，促进拨付资金到位 2.49 亿元，加快项目进度和规范管理 42 项，建立完善规章制度 56 项，跟踪审计的效果初步显现。定西市审计局财政金融审计科被评为 2015 年全省稳增长等政策措施落实情况跟踪审计先进集体，5 人被评为先进个人。

财政审计 对市财政局、市地税局、市人大办等11个单位开展预算执行审计，查出未及时清理收回财政对外借款、虚列财政支出、应征未征财政预算收入等问题金额5.14亿元；对渭源县2014年度财政决算情况进行审计，查出未及时上缴预算资金、违规出借财政专项资金、财政存量资金规模较大等问题金额3.06亿元。审计过程中坚持真实性、合法性和效益性相结合，关注中央八项规定精神落实、“三公”经费支出、财政存量资金、楼堂馆所建设等情况。关于2014年度市本级预算执行和其他财政收支审计结果在定西党政网等媒体进行公告。

经济责任审计 对市水务局、市扶贫办、市农业局、市交通局、市农科院等18个单位主要负责人和通渭县审计局原任局长进行经济责任审计，查出未按规定征收缴纳收入、隐瞒预算收入、用假发票列支费用等问题金额2095.14万元。审计过程中，各审计组在揭露问题的同时注重督促被审计单位建立完善内部控制、项目和资金管理等方面的制度和机制，着力发挥审计的建设性作用。市委组织部建立提拔任用干部前书面征求审计机关意见制度，审计成果得到较好运用。

固定资产投资审计 对引洮一期供水定西市支渠及配套工程项目等51项政府投资项目的竣工决算进行审计，审计工程总投资13.74亿元，核减投资额（工程款）1.06亿元，平均核减率7.71%。按照省审计厅的统一安排，对岷县、漳县6.6级地震灾后恢复重建项目进行跟踪审计，查出资金滞留等问题金额1917万元。在摸清基本情况的同时及时发现问题、督促整改，对促进项目管理和资金使用、加快灾后重建进度起到积极作用，督促项目建设单位抓紧做好已完工项目的工程结算、资料收集等工作，为开展竣工决算审计奠定基础。

专项资金审计 采取“上审下”和“交叉审”相结合的方式，对陇西、临洮、渭源、漳县、岷县5个县2014年度城镇保障性安居工程进行跟踪审计，对全市2014年度财政扶贫资金管理使用情况进行审计，对市委政法委、中级人民法院、检察院、公安局、司法局等单位2012年至2014年国家司法救助资金管理使用情况进行专项审计调查，对全市2014年度住房公积金归集管理使用情况进行审计，对截至2014年9月底全市再就业小额担保贴息贷款的发放、财政贴息、担保基金落实等情况进行专项审计。通过审计，查出主要问题金额1.75亿元。 （撰稿人：姚洁琼）

【陇南市审计局】 2015年，陇南市审计局人员编制49人，实有41人。局长曹代成（—10月）、张荣中（10月—），副局长秦汝宁、王东红、李晖，总审计师张俭，纪检组长段秀福（—5月）、尚步才（6月—）。设有经济责任审计办公室、办公室、法制科、监察室、社会和内部审计监督核查科、财政审计科、外资经贸审计科、政府投资审计科、行政事业审计科、农业与资源环保审计科、经济责任审计一科、经济责任审计二科、社会保障审计科、信息中心。

审计成果 陇南市审计局共完成审计项目95个，其中组织实施审计项目95个。查出主要问题金额131198万元，其中违规金额69171万元、管理不规范金额62026万元；损益不实金额11800万元；审计处理处罚金额643830万元，其中应上缴财政3574万元、应归还原渠道资金636212万元、应调账处理金额4043万元；审计发现非金额计量问题393个；审计促进整改落实有关问题资金6525万元，其中增收节支4398万元、已调账处理金额2130万元；审计促进拨付资金到位1401万元。移送司法机关、纪检监察机关和有关部门处理事项1件。出具审计报告和专项审计调查报告95篇，被批示、采用58篇。提出审计建议90条，提交审计信息115篇，被批示、采用65篇。

政策措施贯彻落实跟踪审计 对天水一市两区和陇南辖区七县开展8轮稳增长审计，审计促进资金到位18235.3万元，促进规范管理资金14825.06万元；促进完善制度15项；促进项目开工、加快进度、完工、竣工决算或验收48个。

财政审计 完成市本级2014年度财政预算执行情况审计，审计发现预算编制和预算批复不完整、项目支出预算编制不细化、市编办财政拨款结余资金61.33万元未及时上缴财政、市中院往来账款未及时清理等问题，大部分已整改。

经济责任审计 审计完成34个单位34名县级领导干部，查出挪用专项507万元、违规采购46万元、账外资产7万元、其他问题金额668万元。通过整改，已归还被挪用资金 448 万元，已调账处理金额 86 万元。

固定资产投资审计 完成 5 个固定资产投资项目的竣工决算审计，查出主要问题金额 1106 万元，核减工程造价 230 万元。

民生资金（项目）审计 组织市县审计机关完成全市 2014 年城镇保障性安居工程跟踪审计。审计发现资金筹集使用管理不严格、住房使用管理分配不严格、保障性住房退出管理机制不完善、部分保障性住房被改变用途或管理不善、部分保障性住房闲置、部分项目建设管理不规范等问题。

专项资金审计 组织全市审计机关对全市财政扶贫项目资金进行审计，审计查出滞留扶贫专项资金 400 万元、擅自调项资金 26.72 万元，已全部得到整改。

信息化建设 加强计算机审计队伍建设，全员通过 AO 培训考试，举办全省第 15 期计算机中级培训班，大部分项目利用 AO 实施审计。基本完成金审工程项目建设，进入调试使用和培训阶段。

（撰稿人：赵贵林）

【临夏回族自治州审计局】 2015 年，临夏回族自治州审计局人员编制 86 人，实有 86 人。局长金存智，副局长崔永奎、罗宏志、马黎明，总审计师何临平，经济责任审计办公室主任宗淑芳。设有人事秘书科、法规科、财政金融审计科、行政事业审计科、农业与资源环保审计科、社会保障审计科、固定资产投资审计科、州计算机信息中心，下设经济责任审计办公室。

审计成果 临夏回族自治州（以下简称临夏州）审计局完成审计项目 183 个，查出主要问题金额 125011 万元，其中违规金额 40838 万元、管理不规范金额 84173 万元；审计处理处罚金额 5499 万元，其中应上缴财政 623 万元、应归还原渠道资金 1249 万元、应调账处理金额 3527 万元；审计发现非金额计量问题 173 个；审计期间整改金额 6649 万元；审计促进整改落实有关问题资金 5499 万，其中已上缴财政 623 万元、已归还原渠道资金 1249 万元、已调账处理金额 3527 万元。提出审计建议 648 条。出具审计工作报告 183 篇，提交信息 72 篇，被采用 38 篇。

政策措施贯彻落实跟踪审计 按照审计署和省审计厅的统一部署，先后 8 次对甘南藏族自治州本级、合作市、卓尼县和临夏州除临夏市、临夏县外的 6 个县（市）2015 年度稳增长、促改革、调结构、惠民生、防风险政策措施落实情况进行持续跟踪审计。

财政审计 组织人员对州级财政预算执行和其他财政收支情况、28 个州级部门预算执行情况和积石山县财政决算进行审计，揭示预算管理、转移支付分配、财税政策执行等方面的问题，促进财政管理的规范化。

经济责任审计 受临夏州委组织部的委托，全年完成经济责任审计项目 51 个，其中任中审计 27 个、离任审计 24 个。针对审计中发现的各类问题，督促被审计单位及时进行整改，完善内控制度，促使领导干部依法履职尽责。

固定资产投资审计 全年完成重点建设项目竣工决算审计 36 个，审计总金额 11.5 亿元，审计核减工程价款 7052.31 万元。招标引进 13 家中介机构参与固定资产投资审计，缓解审计任务重与专业技术人员不足的矛盾。

民生资金（项目）审计 按照省审计厅统一安排部署，组织对甘南藏族自治州合作市、卓尼县和临夏州除临夏市、临夏县外的 6 个县（市）2014 年城镇保障性安居工程的投资、建设、分配、运营等情况进行审计。

专项资金审计 对全州财政专项扶贫资金投入、管理、使用情况，司法救助专项资金，全州住房公积金归集管理使用情况进行审计。

信息化建设 组织州县市审计机关对 2015 年所有审计项目 AO 数据包进行集中补录。对公文流转中存在的问题进行通报和整改，协调电信局对网站全面进行改版更新，增加政务信息公开等相关内容，网站内容和结构更趋简洁、合理。

（撰稿人：李　婧）

【甘南藏族自治州审计局】 2015 年，甘南藏族自治州审计局人员编制 52 人，实有 49 人。局长李世忠（10 月—），副局长安玉荣、牛勇、陈克明，总审计师贺荣华，经济责任审计局局长吕保平，调研员宫永祯（10 月—）、范元龙，副调研员行燕。设有经济责任审计局和办公室、法规和内部审计监督科、行政事业审计科、企业审计科、社会保障审计科、农业与资源环保审计科、固定资产投资审计科、财政金融审计科、计算机信息审计科、社会审计核查科。

审计成果 甘南藏族自治州（以下简称甘南州）审计机关完成审计和审计调查项目512个。查出违纪违规金额4469万元、管理不规范金额155495万元，审计处理处罚应归还原渠道资金2617万元，应调账处理金额11816万元，核减工程款8986万元。出具审计（调查）报告500余篇，提出建议669条，被采纳472条。提交审计专题、综合性报告和信息简报206篇，被批示、采用80余篇次。

财政审计 对72个部门和单位的预算执行情况进行审计。州审计局重点对州本级和州地税局、州教育局、州水务水电局等13个单位的预算执行和财务收支情况进行审计。

经济责任审计 对139名领导干部进行经济责任审计，州审计局对合作市交警大队、甘南州安全生产监督管理局、夏河县审计局等56个部门主要负责人开展经济责任审计。各县（市）党委、政府和州直有关部门主要领导对履行经济责任工作的认识明显提高，自觉接受审计的意识逐步增强，违规违纪问题逐年减少，依法理财的能力和水平明显提高。

固定资产投资审计 完成投资审计项目171个，送审项目投资总额156341万元，审定投资总额147355万元，审计核减投资8986万元。州审计局重点抽审玛曲县农村饮水安全、合作市当周街及道路人行道改造工程、夏河县州庆特色化风貌改造和亮化工程、漳县岷县“7·22”灾后恢复重建项目等23个政府重大投资项目，送审投资额99387万元，审定金额93267万元，核减工程造价6120万元。

专项资金审计 完成专项资金审计和审计调查项目106个，审计涉及专项资金总额216484万元。州审计局重点对全州2014年度财政扶贫资金、全州2014年度住房公积金归集管理使用情况进行审计，涉及资金总额144091万元，项目投资额80149万元，完成投资额99387万元，核减6120万元。

信息化建设 州县市审计机关把加强信息化建设作为审计工作技术手段和转型发展的突破口，选派150余人参加审计署、省审计厅和地方党委、政府举办的各类学习培训班。采取上派和下挂等方式，选派2名审计业务骨干到基层乡镇挂职锻炼，27人参加省审计厅在陇南举办的计算机审计中级水平培训班，7人参加省审计厅在兰州理工大学举办的审计基础理论培训班。通过反复论证，完成对各县市审计局信息化网络布线工作。

交办事项 完成州委、州政府交办以及有关部门临时委托的审计和检查验收等工作52项，包括完成对临夏市、临夏县、夏河县、舟曲县、碌曲县、玛曲县、临潭县、迭部县等8个县（市）2014年城镇保障性安居工程的审计，以及临夏州本级、临夏市、临夏县和永靖县稳增长、促改革、调结构、惠民生政策措施落实情况的跟踪审计。配合省审计厅派出的临夏州审计组，开展对甘南州本级、合作市和卓尼县稳增长等重大政策措施落实情况和合作市、卓尼县、碌曲县保障性安居工程的跟踪审计。开展对全州中央八项规定、省委“双十条规定”和州委实施细则贯彻落实情况的督促检查；配合省委巡视组、州委和州纪委开展巡视（察）和执法检查工作；配合各项目建设主管部门进行工程验收、招投标监管等工作。

（撰稿人：侯志鹏）

【甘肃矿区审计局】 2015年，甘肃矿区审计局人员编制9人，实有6人。局长薛继峰，副局长杜瑞军（10月—）。设有综合科、企业审计科。

审计成果 矿区审计局全年完成审计项目4个，审计金额20204.31万元，审计发现非金额计量问题7个，提交审计工作报告4篇，提出审计建议7条。

民生资金（项目）审计 对矿区住房公积金管理中心2014年度住房公积金归集、管理及使用情况进行审计。对矿区公积金政策执行情况、缴存、使用情况予以重点关注，对住房公积金管理中存在的薄弱环节提出审计建议1条，被采纳1条。

专项资金审计 对城市维护建设项目竣工财务决算进行审计。重点检查各项政策的落实执行情况、政策目标实现情况以及内部控制制度的执行情况、专项资金的管理及使用情况，规范资金的管理和使用，揭示专项资金管理和使用中存在的问题，提出审计建议 2 条，被采纳 2 条。对矿区交通局核城路公路养护维修工程项目、四昌线公路养护维修工程项目进行审计。对项目资金管理、使用情况进行重点审查，加大对项目的组织管理、资金管理使用、设备材料采购、招投标情况等的审核力度，针对资金管理、使用中存在的问题，提出审计建议 4 条，被采纳 4 条。

（撰稿人：魏小萍）

2015 年甘肃省所辖区、县(市)级审计工作统计表

金额单位：万元

审计机关	完成审计项目(个)	审计查出主要问题金额	审计处理情况					出具审计报告和审计调查报告(篇)	提出审计建议(条)	提交审计信息(篇)
			审计处理处罚				移送处理事项(件)			
			应上缴财政	应减少财政拨款或补贴	应归还原渠道资金	应调账处理金额				
兰州市										
兰州市本级	123	449549	31284	12	36273	42564	27	123	347	56
城关区审计局	86	306771	113	7231	11461	102758		86	72	16
七里河区审计局	18	31157	2		4	146		18	34	20
西固区审计局	7	9266	3405	14		1969		7		4
安宁区审计局	28	24306	387		3000	64		28	39	7
红古区审计局	31	171509						31	56	33
永登县审计局	22							22		15
皋兰县审计局	33	1481		2	354	905		33	51	4
榆中县审计局	38	35287	4378	464	413	2	2	38	55	21
嘉峪关市										
嘉峪关市本级	44	16400	1337	763	1458	1		50	91	146
金昌市										
金昌市本级	31	114409	1990		312	59	2	41	86	36
金川区审计局	33	17604	362		874	877		32	53	
永昌县审计局	38	4938	469	1373		2911		55	63	5
白银市										
白银市本级	63	74402	6340	995	3791	6766	11	95	116	54
白银区审计局	46	13693	42	1642	203	516	10	70	68	21
平川区审计局	22	26387	16	97		5		27	40	20
靖远县审计局	38	46695	7424		25946	5612		54	101	18
会宁县审计局	45	9808	157	2006		643		52	78	24
景泰县审计局	39	150960	14	3121	5857	4906	4	44	28	32
天水市										
天水市本级	101	168172	75042	4162	4096	80206	15	101	222	201
秦州区审计局	78	4701	223	639	2078	858	4	156	197	75

续表

审计机关	完成审计项目（个）	审计查出主要问题金额	审计处理情况					出具审计报告和审计调查报告（篇）	提出审计建议（条）	提交审计信息（篇）
			审计处理处罚				移送处理事项（件）			
			应上缴财政	应减少财政拨款或补贴	应归还原渠道资金	应调账处理金额				
麦积区审计局	61	41228	85	873	2497	37727		122	141	
清水县审计局	40	137		15		122		80	78	
秦安县审计局	54	37197	587	550	33666	56	1	108	97	8
甘谷县审计局	81	1728	244	951		247		162	94	
武山县审计局	194	5936	4246	951	9	717		388	470	
张家川回族自治县审计局	30	8535	10		4688	1157		60	84	30
武威市										
武威市本级	96	86468	261		2423		10	96	164	50
凉州区审计局	97	35781	212		9586	637	7	97	112	
民勤县审计局	120	16594	312	37	64	21	8	120	63	8
古浪县审计局	165	76665	724		637	11808	5	165	198	18
天祝藏族自治县审计局	140	5338	361	999	2410	806	1	140	61	92
张掖市										
张掖市本级	77	42943	1609		3339	5649	5	61	76	109
甘州区审计局	51	218	104	630	20	11734		51	92	30
民乐县审计局	34	70370	970		3515	65368	1	34	91	506
临泽县审计局	60	65587	4180		28			73	21	6
高台县审计局	29	16480	4			137		40	29	82
山丹县审计局	37	41708	42			10		37	103	7
肃南裕固族自治县审计局	33	16300	32		6	2		42	27	70
平凉市										
平凉市本级	89	665769	48769	25	25308	4701		118	168	142
崆峒区审计局	41	55997	132		130		1	46	89	105
泾川县审计局	47	25339	87		169			57	18	18
灵台县审计局	60	18093	331		7	142		69	97	153
崇信县审计局	29	20626	12		89	20255		33	88	108
华亭县审计局	39	26385	6		34			39	82	137
庄浪县审计局	34	27893	326		10028	680		52	45	139
静宁县审计局	31	19940	3676			14189		31	34	34
酒泉市										
酒泉市本级	66	78041	10959	593	1599	58759	16	122	175	124

续表

审计机关	完成审计项目（个）	审计查出主要问题金额	审计处理情况					出具审计报告和审计调查报告（篇）	提出审计建议（条）	提交审计信息（篇）
			审计处理处罚				移送处理事项（件）			
			应上缴财政	应减少财政拨款或补贴	应归还原渠道资金	应调账处理金额				
肃州区审计局	74	1780	1051	2121	6	6330		84	19	170
玉门市审计局	66	17951	321	4999	879	5129		66	74	86
敦煌市审计局	43	47458	19846	1533	4014		83	53	91	121
金塔县审计局	61	9361	173	2916	55	746	1	74	93	218
瓜州县审计局	86	23524	3544	5097	1713		10	86	359	359
肃北蒙古族自治县审计局	28	4245				169	3	28	22	36
阿克塞哈萨克族自治县审计局	117	28103	3873	1555		884		127	147	113
庆阳市										
庆阳市本级	66	128962	11	438	10973	1485	1	66	102	68
西峰区审计局	85	4329	255	574	19		2	85	109	69
庆城县审计局	78	58011	50		3652	1		78	157	42
环县审计局	34	7167		1663	35	4017		34	79	27
华池县审计局	56	26466	10		137	5	19	56	46	15
合水县审计局	45	31252					2	45	50	19
正宁县审计局	32	1367	6			305		32	17	20
宁县审计局	38	14388	139		5923	8311	7	38	93	76
镇原县审计局	25	13051				1608	1	25	55	18
定西市										
定西市本级	107	213569	19456	10587	108071	57535	5	126	110	102
安定区审计局	74	89750	5		19	92		74	143	51
通渭县审计局	127	57586	464	108	676	8951		127	186	
陇西县审计局	250	111415	325	2442	933	107346		282	432	1
渭源县审计局	192	32031	4951		22941	3631		192	27	
临洮县审计局	326	101854	330		702	98693		326	33	2
漳县审计局	244	20090	9898	4246	537	17		249	340	108
岷县审计局	214	32589	20	4013	83	233	1	229		
陇南市										
陇南市本级	95	131198	3574		636212	4043	1	95	90	115
武都区审计局	96	79709	25		302	477		96	120	25
成县审计局	50	17984					3	50	31	13
文县审计局	276	5965	627		52726	58	1	276	562	32
宕昌县审计局	245	2973		2529		439		245	221	28

续表

审计机关	完成审计项目（个）	审计查出主要问题金额	审计处理情况					出具审计报告和审计调查报告（篇）	提出审计建议（条）	提交审计信息（篇）
			审计处理处罚				移送处理事项（件）			
			应上缴财政	应减少财政拨款或补贴	应归还原渠道资金	应调账处理金额				
康县审计局	46	5954	3037		369	2547		46	8	65
西和县审计局	100	12127	12167		50	1430		100	15	18
礼县审计局	74	19126						74	95	21
徽县审计局	149	2114		1402	568		1	149	248	22
两当县审计局	42							42		9
临夏回族自治州										
临夏回族自治州本级	183	125011	623		1249	3527		183	648	72
临夏市审计局	69	84368	115		105	447	1	69	115	36
临夏县审计局	105	3809	9	37	2159	1259		105	130	41
康乐县审计局	86	99	60		2	37		86	84	62
永靖县审计局	65	2288	885		18	1084		65	86	41
广河县审计局	95	4687	111		108	4222		95	73	26
和政县审计局	149	1107	115		251	741		149	51	18
东乡族自治县审计局	98	23820	5171	6395	1336	251		98	239	53
积石山保安族东乡族撒拉族自治县审计局	62	48283	281		145	1511		62	35	29
甘南藏族自治州										
甘南藏族自治州本级	89	122162	405		150	3811		89	186	52
合作市审计局	56	1013	2		53	948		56	81	
临潭县审计局	23	96	1					23	11	
卓尼县审计局	89	7923	350		176	1791		89	44	
舟曲县审计局	45	19601	80					45	74	15
迭部县审计局	88	7506	170		1009	5266		88	55	13
玛曲县审计局	47	285	22					47	77	
碌曲县审计局	20							20	49	
夏河县审计局	55	1374	32		1229			55	92	
甘肃矿区审计局	4							4	7	

青海省

【青海省审计厅】 2015 年，青海省审计厅人员编制 147 人，实有 135 人。设有办公室、政策法规处、财政审计处、行政事业与社会保障审计处、农业与资源环保审计处、固定资产投资审计处、经贸与外资运用审计处、计算机审计处、人事处、机关党委、机关纪委、经济责任审计局一处、经济责任审计局二处、审计信息中心、后勤服务中心、派出审计一局、派出审计二局、派出审计三局、派出审计四局。

领导成员

厅　　长：王继卿

副 厅 长：朱　清　卫　强

　　　　　张得庆　竺向东

总审计师：何世海

纪检组长：曹国宁

审计成果 青海省审计机关完成审计项目 1333 个，查出主要问题金额 127.46 亿元，其中违规金额 8.12 亿元、损失浪费金额 1.50 亿元、管理不规范金额 117.84 亿元；损益（收支）不实金额 14.46 亿元；审计处理处罚金额 49.52 亿元，其中应上缴财政 5.10 亿元、应归还原渠道资金 4.91 亿元、应调账处理金额 36.86 亿元；审计发现非金额计量问题 1729 个；审计促进整改落实有关问题资金 23.82 亿元，其中增收节支 1.88 亿元、已调账处理金额 20.85 亿元；审计促进拨付资金到位 4984 万元；移送司法机关、纪检检察机关和有关部门处理事项 25 件；出具审计报告和专项审计调查报告 6486 篇，被批示、采用 62 篇；提出审计建议 2291 条，提交审计信息 543 篇，被批示、采用 194 篇；向社会公告审计结果 39 篇。其中，省审计厅共完成审计项目 38 个，查出主要问题金额 73.28 亿元，其中违规金额 1.59 亿元、损失浪费金额 1.49 亿元、管理不规范金额 70.20 亿元；损益（收支）不实金额 6.33 亿元；审计处理处罚金额 3.58 亿元，其中应上缴财政 0.36 亿元、应归还原渠道资金 2.34 亿元、应调账处理金额 3.12 亿元；审计发现非金额计量问题 300 个；审计促进整改落实有关问题资金 17.68 亿元，其中增收节支 0.20 亿元、已调账处理金额 17.45 亿元；审计促进拨付资金到位 3003 万元；移送司法机关、纪检检察机关和有关部门处理事项 3 件；出具审计报告和专项审计调查报告 61 篇，被批示、采用 7 篇；提出审计建议 100 条，提交审计信息 120 篇，被批示、采用 97 篇；向社会公告审计结果 20 篇。

政策措施贯彻落实跟踪审计 立足中央和省委、省政府各项政策目标，持续跟踪监督稳增长、促改革、调结构、惠民生、防风险等政策措施的部署落实、执行进度和实际效果，密切关注重点任务完成、重要政策执行、重大项目进展、重点资金使用及简政放权推进等情况，突出基础建设、生态保护、精准扶贫、养老健康服务业、扶持小微企业健康发展等重要政策措施落实情况，采取逐月审、按月报的方式，及时揭示和反映存在问题，深入分析原因，督促盘活项目资金，加快项目进度，完善相关制度规定。按照省委、省政府工作部署，协同相关部门开展全省投资和重大项目督导检查。

财政审计 密切关注政府预算体系和结构、专项转移支付清理整合、财政管理绩效等情况，深入分析财税体制改革推进过程中出现的新情况、新问题，深入揭示省以下财政体制有待健全等问题，促进预算管理体系建设。围绕预算执行的规范性，重点检查部门财政资金管理使用情况，深入揭示资金使用绩效方面的问题，维护财经纪律，促进厉行节约。省审计厅完成 12 个省级预算单位 2014 年度预算执行重大节会、落实带薪休假制度、“三公”经费和会议费等经费开支情况，以及“小金库”、奢华浪费建设和“吃空饷”等情况的审计。各市（州）、县（市、区）相继组织开展重点部门的预算执行审计。重点开展全省财政担保基金、青海省交通警察总队 2013 年至 2014 年罚没收支、2014 中国（青海）藏毯国际展览会专项资金等审计或审计调查，揭示资金管理不规范等问题，推动完善相关制度机制，促进提高财政资金使用绩效。

经济责任审计 采取党委政府领导干部同步审计、任期内轮审等途径方式，先后对果洛州委州政府、省金融工作办公室、兴海县、乐都区下营乡等四级政府和部门，以及青海三江集团有限责任公司等企业的175名领导干部进行经济责任审计，突出监督检查领导干部重大经济决策、内部控制制度以及领导干部所在单位经济行为，严厉揭示和查处各级领导干部履职尽责不到位、不作为乱作为慢作为、执纪不严等行为，有效促进领导干部守法守规守纪尽责。注重抓好经济责任审计的制度化、规范化建设，深化经济责任审计内容，开展领导干部自然资源资产离任审计试点和经济责任审计分类管理制度探索。

固定资产投资审计 紧跟政府投资走向，实施完成共和至玉树（结古）高速公路、西宁火车站站改和综合改造、海东临空工业园区、青海师范大学新校区建设项目、西宁市海湖新区通海（路）桥工程项目等重大投资项目的审计，严肃揭示建设过程“跑冒滴漏”“虚高假空”等突出问题，及时向有关部门移送涉嫌违法违纪违规问题，核减不实投资，保障建设资金安全，督促相关地区修订完善项目建设运行管理、固定资产管理和国有资本收益收缴管理等方面的制度、办法。会同相关部门，开展全省重点项目的督查、省物产化工有限责任公司玉树建材物流分公司亏损的核查等工作。

农业与资源环保审计 围绕“三农”发展和生态立省战略，加大涉农和生态重点项目资金的审计力度，促进支农惠农和生态保护政策措施的落实。先后开展全省公益林管护资金、青海湖流域生态保护与综合治理工程、海西州草原生态保护补助奖励资金、海北州美丽乡村建设资金和项目的审计或调查，对全省土地出让收支和耕地保护审计整改情况进行专项督查。针对部分地区和单位重建设轻管理、重发展轻保护，部分项目资金到位不及时、项目管理不规范、运行效益不明显等问题，在强化生态保护责任、加强资金保障、促进制度规范等方面提出审计整改建议，提出加大重大土地整理项目工程绩效管理等审计建议，被省政府采纳并制定出台相关政策制度。

民生资金（项目）审计 重点实施全省城镇保障性安居工程、学前教育财政补助资金、彩票公益金等民生重点项目专项审计，密切关注“精准扶贫”、社会保障政策措施落实，资金管理使用、项目建设实施等情况，对项目进展缓慢、资金闲置、管理不规范等问题进行审计揭示和督促整改。按照审计署统一部署，实施全省2015年保障性安居工程跟踪审计，组织各地审计机关采取上下联审、交叉审计等方式，对全省各地2015年安居工程政策落实情况开展专项审计。

外资运用审计 根据审计署授权，对世界银行贷款/英国赠款中国农村卫生发展项目、亚洲银行贷款青海省东部地区农村水资源综合利用项目、德国赠款海东地区扶贫项目等5个外资项目进行审计，揭示违规招投标、未批先建、套取资金等问题。

企业审计 重点审计青海三江源集团有限公司、西部矿业集团有限公司等省属大型企业，深入揭示管理不规范和效益不高等问题。对青海三江源集团有限公司、西部矿业集团有限公司等企业的内部控制、投资运行等情况进行审计，及时堵塞企业管理漏洞，严防违规融资、国有资产流失等问题，促进企业规范发展。

信息化建设 加快金审工程建设，推进审计专网的全省联网工作，充分利用计算机辅助审计、卫星定位、雷达测试等先进技术手段开展审计，加强各项审计数据之间的分析，提升审计的精准度和效能。实施《审计管理系统与现场审计实施系统交互实施办法》，实现实时审理、实时核查监督，提高审计指挥、数据、业务、模式、保障“五个一体化”水平。（撰稿人：黄朝强）

【西宁市审计局】 2015年，西宁市审计局人员编制72人，实有70人。局长于勇，副局长汪志功（—3月）、顾焕平、刘建红。设有办公室、政策法规处、财政金融审计处、行政事业审计处、经贸与外资运用审计处、农业资源与环保审计处、固定资产投资审计处、社会保障审计处、计算机审计处、经济责任审计局办公室。

审计成果 西宁市审计机关共完成审计项目160个，查出违规金额6130万元、管理不规范金额230441万元，核减工程投资7209万元。提出审计建议181条，提交审计专题、综合性报告、信息和简报146篇。

财政审计 开展市本级2014年度财政预算执行审计，出具审计报告并提出审计建议，按要求分别向市人大常委会和市政府提交“同级审”工作报告及结果报告，得到市人大与会代表的一致肯定及好评。开展市交通局、市人力资源和社会保障局、市环保局及地震局等部门的预算执行审计，针对存在的问题下达审计决定并进行处理处罚，提出审计建议，要求被审计单位严格执行政府采购制度，加强固定资产和非税收入的管理。

经济责任审计 完成领导干部经济责任审计项目19个，其中县级领导干部4个、科级领导干部15个。查出问题金额6739万元，其中违规金额2127万元、管理不规范金额4612万元。

固定资产投资审计 重点对西宁市桥梁亮化工程实施竣工决算、海湖新区文苑路道路工程、海湖新区海晏路跨火烧沟桥梁工程等项目实施结算审计。核减工程投资额7209万元，审减率11.76%。

专项资金审计 重点围绕稳增长、促改革、调结构、惠民生、防风险政策措施贯彻落实情况，西宁市2014年保障性安居工程以及全市2013年至2014年财政扶贫专项资金等项目开展专项审计和调查，对审计中发现的问题，提出针对性的意见和建议。在全市2013年至2014年财政扶贫专项资金的审计调查中发现将扶贫资金违规发放给农户；由扶贫搬迁项目建成的246套住房，由于售价高，截至审计调查日尚未搬迁入住，造成房屋闲置未发挥效益；湟源县在未取得项目变更批复的情况下，擅自改变项目实施内容和地点。针对以上问题，市审计局已提出审计建议，要求区（县）政府健全各项扶贫项目实施管理办法和后续管理制度，加强对责任主体的监管力度；严格按照扶贫工作的要求，规范扶贫工作。

（撰稿人：陈道祥）

【海东市审计局】 2015年，海东市审计局人员编制16人，实有15人。局长赵晓静，副局长张建华、熊成芳。设有办公室、财政金融审计科、行政事业审计科、农业资金审计科、经济责任审计科、经济责任审计中心。

审计成果 海东市审计局完成审计（调查）项目8个，查出管理不规范金额29864万元；审计处理处罚金额17026万元，其中应归还原渠道资金1426万元、应调账处理金额15600万元。出具审计报告和专项审计调查报告8篇，被批示、采用2篇。提出审计建议38条，提交审计信息22篇，被批示、采用12篇。向社会公告审计结果2篇。

政策措施贯彻落实跟踪审计 组织市、县（区）审计机关对城市基础设施建设、促进环境保护和节能环保产业发展政策措施、夯实农业基础、推进现在农业发展和实行精准扶贫、减少农村贫困人口政策措施、促进信息消费、促进对外贸易稳定增长和内贸流通健康发展方面政策措施落实情况及扩大“营改增”试点、减轻和公平企业税负政策措施等落实情况进行跟踪审计，抽查65个单位、222个项目，涉及财政资金226942.35万元。

财政审计 对市本级2014年度财政预算执行和其他财政收支情况进行审计，延伸审计市供销联社、民政局、司法局、公安局、卫计委、海东报社、海东广播电视台6个预算执行单位。对互助县人民政府2014年度财政决算进行审计，延伸审计6个预算单位。通过审计重点揭露和纠正无预算超预算安排支出、随意调减预算指标、虚列支出、预算调整不符合法定程序、预算支出不实、截留预算收入、拨付预算资金不及时、预算单位虚列支出等问题。对存在的问题按照相关法律法规进行处理并提出加强管理和改进工作的建议。

经济责任审计 受组织部门委托对2名领导干部进行任期经济责任审计。注重将部门单位落实中央八项规定和省、市相关要求情况作为经济责任审计的重要内容，加强对会议、出访、接待活动等行政经费使用情况的监督审查。

固定资产投资审计 聘请中介机构先后对黄河“菜篮子”工程、乐都区和平安区土地储备项目、乐都区基础设施建设项目等四大重点工程进行政府投资项目审计，涉及投资24.14亿元，核减投资553.74万元。通过审计发现部分单项工程未按规定进行招投标、先开工后补办招标手续现象，项目工程与图纸不一致、工程量资金支付审批手续不健全、自筹资金到位率低、施工合同签订不规范、土地储备征收中执行有偿标准不严、补偿资料不齐全、在征地拆迁补偿中列支工作补助费等问题。

民生资金（项目）审计 对市住房公积金管理中心管理的2014年度职工住房公积金的归集、使用、管理情况进行审计，针对逾期贷款催收、财政配套资金到位、银行专户内沉淀资金盘活等方面存在的问题，提出审计建议。组织市、县（区）审计机关对海东工业园区及各县（区）2014年城镇保障性安居工程（廉租住房、公共租赁住房、经济适用住房、限价商品住房和各类棚户区改造）的投资、建设、分配、运营情况进行跟踪审计，发现住房困难家庭应保未保、住房补贴发放不及时、挤占工程资金、住房销售收入未纳入预算等问题。

专项资金审计 组织县（区）审计机关结合当地实际，对农业发展资金、农作物病虫害防治项目资金、农业技术推广项目资金、农业综合开发项目资金、道路硬化、渠道维修、新型农民科技培训补助费、社会化体系建设等37项专项资金进行审计，审计专项资金总额456063万元，发现管理不规范金额58万元。

其他审计 对全市存量债务进行清理甄别，经上级确认并纳入全口径预算管理。对平安区截至7月底的财政存量资金进行审计，分析形成财政存量资金的主客观原因，提出盘活财政存量资金的整改意见。 （撰稿人：李伶业）

【海北藏族自治州审计局】 2015年，海北藏族自治州审计局人员编制12人，实有11人。局长李刚，副局长黄金刚、宏选。设有办公室、财政审计科、经贸投资审计科、行政事业审计科、经济责任审计局（科）。

审计成果 海北藏族自治州审计机关完成审计项目87个，查出管理不规范金额14186万元、违规金额5016万元；审计发现非金额计量问题52个；损益（收支）不实金额618万元；审计处理处罚571万元，其中责令相关单位上缴财政566万元、已归还原渠道资金5万元。出具审计报告105篇。提出审计建议116条，被采纳63条。提交审计信息236篇，被批示、采用172篇次。

海北藏族自治州审计局被省审计厅评为2015年度全省审计信息工作先进单位，并获得三等奖。

政策措施贯彻落实跟踪审计 开展稳增长、促改革、调结构、惠民生、防风险政策措施落实情况跟踪审计，共计8次向省审计厅和州委、州政府报送关于稳增长等政策措施情况的跟踪审计报告。截至12月底发现问题29个，已整改18个。

财政审计 完成州财政预算执行和其他财政财务收支情况审计工作，向州人大常委会和人民政府进行报告。对州委办公室、哈尔盖军供站、民政局、州委组织部、州卫生和计划生育委员会、州文化体育局2012年至2014年财务收支情况，州住房公积金管理中心2013—2014年度财政财务收支情况，州政协2011—2013年度财政财务收支情况进行审计，发现往来款项清理不及时；会计记账凭证中收入、支出、往来款等均没有设置二级明细科目，记账依据和手续不完备，造成财务收支核算不完整；会计记账凭证中部分原始单据不完整、报账票据不规范，审批手续不严谨；专项资金未设明细账；虚开发票、预先报账提款；采购办公耗材等财务手续执行不规范；资金结余过大，财政资金滞留在账面，未能充分发挥作用；违规使用专项资金问题。

经济责任审计 完成州委党校原副校长任期经济责任审计，查出固定资产未记入“资产”“基金”等相关会计科目，形成账外资产；财务报销发票不合规，会计核算基本资料不完整，会计业务存在不规范等问题。完成祁连县原组织部部长任期经济责任审计，查出全额报支离休干部医疗费等问题，审计责令祁连县委组织部严格对报销人员药费进行审核，剔除相关自费部分，据实报支相关费用。完成祁连县原宣传部部长经济责任审计，查出违规采购、财务决算报表与会计明细账不一致等问题，审计要求对其往来账目按照财务制度规定进行清理，补充相关会计记录，将资产登记入账，今后要加强会计基础工作，规范会计业务工作。接受省审计厅的委托，对州草原站举报问题进行查证，查证结果已向州政府主管领导进行汇报。

民生资金（项目）审计 完成2014年州本级城镇保障性安居工程跟踪审计，查出的问题已进行整改。11月底开展对全州保障性安居工程交叉审计，海北州审计局负责对海南州本级和共和县2015年安居工程项目进行审计。祁连县审计局对县医保局医保资金筹集管理使用情况进行审计。

专项资金审计 对州司法局“六五”普法专项资金及州铁路护路联防专项资金进行审计，查出违规采购等问题，责令今后杜绝类似问题的发生。海晏县审计局聘请社会中介机构对县海晏县森林公安局的森林派出所业务用房建设项目、2012年游牧民定居饲草料基地建设项目、2014年中央畜牧发展资金畜禽标准化养殖建设项目、2014年中央投资规模养殖场项目进行审计，通过增加对工程量的查证，加大对项目资金使用情况的审计力度，有效地规范项目资金的管理和使用，揭示项目资金管理与使用环节存在的问题，提出加强管理的建议，保证财政资金的安全与有效使用。

（撰稿人：王海蓉）

【黄南藏族自治州审计局】 2015年，黄南藏族自治州人员编制19人，实有14人。局长雷延鹏，副局长哈进芬。设有综合科、行政事业与社会保障审计科、农牧与资源环保审计科、财政经贸审计科、经济责任审计科、黄南州投资审计中心。

审计成果 黄南藏族自治州审计机关完成112个单位的审计和审计调查，查出主要问题金额86665万元，其中查出违规金额9505万元、管理不规范金额77160万元；损益（收支）不实金额46万元；审计处理处罚金额27548万元，其中应上缴财政4625万元、应归还原资金渠道资金4411万元、应调账处理金额18504万元；审计促进整改落实有关问题资金26233万元，其中增收节支7727元、已调账处理金额18504万元。出具审计报告和专题审计调查报告175篇。

政策措施贯彻落实跟踪审计 对全州及4个县政府和相关部门落实稳增长、促改革、调结构、惠民生政策措施情况进行跟踪审计。审计主要关注突出政策落实的总体情况，制定具体措施、任务分解、工作进展和完善制度保障等情况和取得的实际效果；关注政策落实中存在的主要问题和出现的新情况；各类规划制订和修订工作是否按期完成，各类财政资金、信贷资金是否保障到位并及时投入使用；简政放权、对企业减负、“营改增”等相关改革措施是否落地；国家产业政策和调整经济结构相关措施是否执行到位等。深入解剖问题所涉及的各环节并分析原因，落实各环节的责任主体，提出整改意见和建议。

财政审计 以州人大批准的2014年度州本级预算为依据，开展2014年度州本级预算执行和其他财政收支审计。做好审前调查工作，围绕年度财政“重点、热点、难点”问题，突出预算执行审计工作的重点。拓展审计思路，在预算支出的真实性、合法性审计的基础上，重点对州本级财政预算调整、预算执行及决算进行审计，对财政局单位2014年度财政收支情况和州农牧局、州环境保护局、州价格监督检查局、州旅游局、州畜牧兽医工作站专项资金的管理使用情况进行延伸审计。加大被审计单位贯彻中央、省和州加强机关作风建设相关规定、禁令的执行情况，加大对“三公”经费支出的审计力度，查出违规金额169万元、管理不规范金额607万元，收缴财政17万元，追缴挤占挪用资金11万元。对尖扎、河南两县2013—2014年度财政预算执行和决算进行全面审计，对两县价格监督检查局的价格调节基金管理使用情况和环境监督大队的排污费收入等专项资进行延伸审计，查出违规金额5908万元、管理不规范金额53787万元，收缴财政4426万元，追缴挤占挪用资金1449万元。

经济责任审计 把握“权力运行”和“责任落实”两个重点，将经济责任审计与财务收支审计、预算执行审计、专项资金审计相结合，以经济责任为切入点，通过财务、业务看绩效，丰富经济责任审计的内容，客观、公正地评价经济责任人。关注“三公”经费，关注领导干部落实中央八项规定、省委17条措施和州委21项规定的情况，促进领导干部依法行政和规范权力运行。全州完成47人经济责任审计，查出违规金额71万元、管理不规范金额3501万元，收缴财政39万元，追缴挤占挪用资金616万元。

固定资产投资审计 对扎毛水库2014年10月至2015年10月项目资金筹集管理使用情况进行跟踪审计，审计查出工程建设管理费超支59.26万元。

民生资金（项目）审计 对全州2014年城镇保障性安居工程（包括廉租住房、公共租赁住房、经济适用住房、限价商品住房和各类棚户区改造）的投资、建设、分配、运营等情况进行审计，对棚户区改造安置、保障性住房分配和管理情况进行跟踪审计。重点审计调查各级住房城乡建设局、财政、国土资源、林业等部门，延伸调查14个部门和经办机构，延伸调查各级街道办事处6个、居委会2个、家庭72户，检查8个项目计50007万元，检查已建成入住小区7个，涉及1500套廉租住房和公共租赁房。审计查出部分保障性住房存在未及时分配现象、部分地区未能完成基本建成任务365套、部分棚户区改造工程未按时交付使用、保障性住房后期管理不到位、部分建设项目管理不规范等问题。（撰稿人：刘丽丽）

【海南藏族自治州审计局】 2015年，海南藏族自治州审计局人员编制23人，实有22人。局长李建琪，副局长胡忠民、多杰才旦。设有行政事业审计科、经济责任审计科、财政税务审计科、外资运用审计科、法规科、农牧环保审计科、办公室、固定资产投资审计中心。

审计成果 海南藏族自治州审计机关完成审计项目156个。查出主要问题资金11228万元，其中违规金额1027万元、管理不规范金额10201万元；审计处理处罚金额9593万元，其中应上缴财政951万元、应罚没4万元、应归还原渠道资金65万元、应调账处理金额8573万元。提出审计建议150条，被采纳106条。州本级完成审计项目19个，查出主要问题金额715万元，审计处理处罚应上缴财政650万元、应归还原渠道资金65万元；移送案件线索1件，1名副县级干部被州纪委、监察局分别给予党内严重警告处分、行政记过处分；下发审计决定4个，提出审计建议51条，被采纳15条；向州政府提交审计专报2期；经州政府专题研究，出台《海南州国有资本收益收缴管理暂行办法》。2015年州审计局被评为州级文明单位。

政策措施贯彻落实跟踪审计 在稳增长等政策落实跟踪审计中，围绕信息消费、“营改增”试点、精准扶贫、减少农村贫困人口、推进现代农业发展等政策落实情况进行跟踪审计。审计发现存在部分扶贫开发项目进展缓慢、各县垃圾处理和污水处理资金不足、污水处理率较低、信息资源开发利用程度低等问题。

财政审计 对2013年度州本级财政预算执行和其他财务收支情况进行审计。对特设专户和固定资产处置管理不规范问题，提出审计建议。对发现的违规使用专项资金的问题，做出审计决定。

经济责任审计 完成并实施领导干部经济责任审计项目20个，其中县处级党政机关、事业单位8个，乡科级党政机关、事业单位12个。被审计对象中，县处级领导干部8人，乡科级领导干部12人。查出被审计对象任职期间单位违纪违规金额69万元、管理不规范金额168万元。在领导干部经济责任审计过程中，发现国有资产经营收益管理存在不规范情况。

民生资金（项目）审计 海南州各级审计机关对全州2014年城镇保障性安居工程（包括廉租住房、公共租赁住房和各类棚户区改造）的投资、建设、分配、运营等情况进行审计，重点对棚户区改造安置、保障性住房分配和管理情况进行审计。审计重点调查州本级和5个县政府所属住房城乡建设（住房保障）、发展改革、财政、国土资源、规划、民政等部门，延伸调查16个保障性安居工程项目融资、建设、勘察、设计、施工、监理等相关单位和企业，2个街道办（乡镇）、2个居（村）委会、38户家庭，并对9个保障性安居工程项目的开工情况、7个项目的基本建成情况、4个项目的工程建设和质量管理情况进行检查。审计发现保障房建设用地采取先建后批、征地拆迁滞后、保障房分配缺乏动态管理、资金筹集难度大、资金管理尤其资金整合不规范等问题。

固定资产投资审计 对共和县沙珠玉灌区（一、二期）改造工程竣工决算审计进行审计。对共和县恰让水库管道工程决算进行审计。对于长期未开工建设恰卜恰城镇管网改造工程的建设资金，决定全部收缴州级财政。（撰稿人：纳玉宏）

【果洛藏族自治州审计局】 2015年，果洛藏族自治州审计局人员编制10人，实有10人。局长党周吉，副局长管全军、陈启福。设有综合科、综合审计科、财政审计科、企业与投资审计科。

审计成果 果洛藏族自治州审计机关审计和审计调查项目88个，查出违规金额1310万元、管理不规范金额13640万元；向被审计单位提出审计建议95条，编撰审计信息195篇。其中，州本级共完成审计和审计调查项目10个，查出违规金额1127万元、管理不规范金额11617万元；向被审计单位提出审计建议20条，编撰审计信息30篇。

政策措施贯彻落实跟踪审计 按照审计署、省审计厅的统一部署，逐月开展稳增长、促改革、调结构、惠民生政策措施的审计工作。通过审计，摸清政策措施的执行情况，客观评价取得的成效，对政策措施不完善、不配套、不衔接以及政策目标未实现等问题进行反映，提出意见建议。

财政审计 开展州本级预算执行审计，重点关注预算编制的统一性、完整性和预算执行的规范性、有效性，揭示州本级应缴未缴预算款、总预算虚列支出等问题，提出改进和完善的建议，促进财政资金管理水平和使用效益。开展县级政府财政决算审计，以依法规范县级财政分配行为，维护国家政令统一为目标，对玛多、甘德两县2014年度的财政决算和其他财政财务收支情况进行审计，摸清财政财务收支的管理状况，对查出的应缴未缴预算收入、固定资产管理核算混乱、个别单位财务核算混乱、滥发钱物等问题，依法依规提出纠改意见和建议，并对部分问题进行处理。

固定资产投资审计 开展全州六县2013年至2014年生态畜牧业建设及产业化项目资金管理使用情况、2011年至2013年上海援建项目资金管理使用情况审计调查。重点关注工程建设管理和投资资金使用绩效，加大对资金管理使用和监理不到位等问题的审计力度。

民生资金（项目）审计 实施2013年至2014年扶贫资金的管理使用情况审计调查及2014年全州城镇保障性安居工程项目跟踪审计。重点关注有无挤占挪用资金和严重损失浪费、效益低下和以前年度审计发现问题的整改情况。

经济责任审计 开展领导干部经济责任审计项目18个，查出违规金额15万元、管理不规范金额16.34万元。在审计中，将贯彻落实中央八项规定作为领导干部经济责任审计的重要内容，重点关注政策执行、权力运行、经济决策、责任落实、管理措施等环节，对被审计人的经济责任履行情况做出实事求是、客观公正的评价。

其他审计 开展长洲热力公司财务收支情况、州本级第六期危房改造及廉租房工程建设项目资金收付情况、政府办60周年庆典开支情况等调查工作。

（撰稿人：吕　剑）

【玉树藏族自治州审计局】 2015年，玉树藏族自治州审计局人员编制15人，实有12人。局长赵玉良，副局长王秀红。设有办公室、固定资产投资审计科、农牧环保审计科、行政事业与社会保障审计科、财税金融审计科、经济责任审计中心。

审计成果 玉树藏族自治州审计机关完成审计项目131个，查出主要问题金额24958万元，其中违规金额1293万元、管理不规范金额23642万元、损失浪费金额23万元；审计处理处罚金额6457万元，其中应上缴财政1320万元、应缴纳其他资金32万元、应调账处理金额4766万元、应归还原渠道资金339万元；对3家单位处以3.7万元罚款。出具审计报告和专项审计调查报告188篇。提出审计建议390条，被审计单位采纳286条。提交审计信息168篇。向社会公告审计结果2篇。

财政审计 完成2014年度州本级预算执行、治多县人民政府2014年财政决算和州纪委、州委组织部、州民政局、州人民医院财务收支审计等审计项目。审计发现预算编制内容还不够精细，预算编制方式有待进一步完善；相关制度建设有待进一步建立健全；对预算单位的监督力度不够；未实施项目基本建设结余资金未及时上缴国库；上报人大批准的预算草案过于笼统，部分专项预算安排没有细化到预算单位和具体项目上等问题，提出完善预算编制，规范预算执行，加强预算管理、财政监督检查、规范财政存量资金，推进政府预算体系建设等方面的审计建议。

固定资产投资审计 紧跟政府投资走向，对玉树州公安技侦业务用房及特警业务用房室内装饰装修项目、州三江源报社业务用房建设项目、玉树市扎西科扎三组团统规自建区、当代统规自建区居民供水工程等建设项目竣工决算进行审计。重点审计项目建设资金的到位及管理使用情况、项目完成情况和现场变更签证情况，并与业主单位、施工单位代表共同对部分工程实体进行现场查勘核对。通过审计，发现部分项目存在多计工程量、工程量变动较大、工程价款高估冒算、多支工程款、现场监理人员不具备监理工程师资格、监理职责未严格履行、项目自筹资金未到位等问题，审计核减工程价款48.19万元。

民生资金（项目）审计 根据审计署、省审计厅的安排部署，完成玉树州2014年城镇保障性安居工程跟踪审计。重点对玉树州本级及一市五县2014年城镇保障性安居工程（包括廉租住房、公共租赁住房和各类棚户区改造）的投资、建设、分配、运营等情况进行审计。发现部分县2012年、2014年保障性安居工程配套基础设施建设未实施，导致1031.55万元资金闲置；54套城市棚户区改造任务到2014年底还未实施；已建成的21套廉租房未及时分配；保障性安居工程资金3119.54万元未及时到位；廉租住房租赁补贴137.5万元未及时发放；收取的廉租住房租金32.24万元未按照“收支两条线”管理规定上缴财政；2014年下达的149套棚户区改造项目未实施，导致513万元中央财政投资资金闲置等问题。

经济责任审计 完成对州科协、州司法局、州工商联、州总工会、州旅游局、州政府办、州扶贫局、州林业局、州无线电管理处、州政府驻宁办事处等10位主要领导任期履行经济责任情况审计工作，完成州科技局局长任中经济责任审计。通过审计客观地评价领导干部贯彻执行国家法律法规、促进各项事业科学发展、内部管理制度制定、重大经济决策情况、预算执行和其他财务收支等方面情况，揭露部分单位存在不合规发票报账，暂付款长期不清理，建设项目结余资金未上缴财政，固定资产不及时入账、账实不符、管理不规范，专项资金在往来中列收列支，乱发津补贴，下属企业改制程序不合规、资产界定不清楚、改制不彻底等问题，提出规范整改的处理意见和审计建议，给相关责任单位依法处以90000元的罚款，审计结果也为组织部门考察干部提供参考依据。

政策措施贯彻落实跟踪审计 根据审计署稳增长、促改革、调结构、惠民生、防风险政策措施落实情况跟踪审计的要求，对全州稳增长、促改革、调结构、惠民生、防风险政策措施落实情况进行跟踪审计。通过跟踪审计发现玉树市、曲麻莱县的污水处理厂项目已建成，但由于城镇管网不配套等原因未能及时投入运行；杂多县寄宿制学校太阳能供热采暖示范项目已竣工验收，但由于市政供水管网不完备，已安装的设备无法正常通水运行，导致已投入的近1800万元的财政资金未能充分发挥效益；杂多县将家电汽摩下乡的以旧换新补助资金，受县城没有正规报废厂家、没有专门的机构为车主提供相关手续和服务的影响，无法给手续不齐全的车主兑付补助资金，导致189万元专项资金闲置；称多县贫困学生青春创业和连片特困地区产业扶贫资金30万元，没有及时拨付项目实施单位，资金滞留财政等问题，为进一步加强地方政府管好用好专项资金提供参考。

审计整改 州委、州政府将审计发现问题的整改纳入地区部门年度目标责任考核，实行一票否决制。经审计回访，2015年审计发现的问题基本得到整改，全年收缴各类资金及罚款等共计1124万元。（撰稿人：柴文福）

【海西蒙古族藏族自治州审计局】 2015年，海西蒙古族藏族自治州（以下简称海西州）审计局人员编制25人，实有23人。局长张建雄，副局长才让卓玛，纪检组长李忠建。设有办公室、财金行政事业审计科、经济责任审计科、固定资产投资企业审计科、农林牧水审计科，下设海西州政府投资审计中心。

审计成果 海西州审计机关完成审计项目308个，查出主要问题金额85211万元，其中违规金额15949万元、损失浪费金额34万元、管理不规范金额69328万元；损益（收支）不实金额5559万元；审计处理处罚金额31716万元，其中应上缴财政23381万元、应减少财政拨款或补贴132万元、应归还原渠道资金3072万元、应调账处理金额5129万元；审计发现非金额计量问题215个；审计促进整改落实有关问题资金6877万元，其中增收节支4711万元、已调账处理金额1763万元；审计促进拨付资金到位400万元。移送司法机关、纪检监察机关和有关部门处理事项1件。出具审计报告和专项审计调查报告357篇，被批示、采用6篇。提出审计建议757条，提交审计信息5篇。向社会公告审计结果3篇。

政策措施贯彻落实跟踪审计 以推动中央关于稳增长、促改革、调结构、惠民生、防风险政策措施落实到位，促进经济平稳运行、健康发展和转型升级为目标，每月进行跟踪审计，关注重点任务完成、重要政策执行、重大建设项目进展、重点资金落实和使用、推进简政放权政策落实、重大违法违纪问题和跟踪审计发现问题整改落实等情况，有效提高各单位政策落实力度和资金的合规使用。

财政审计 完成海西州本级2014年度财政预算执行情况和其他财政收支情况以及海西州州庆办、政协办、财政局办、金融办、人民检察院等部门和单位以前年度预算执行和其他财政收支审计。

经济责任审计 完成格尔木市人民检察院、州职业技术学院、州食品药品监督管理局、大柴旦行委审计局、州旅游局、州发展投资有限责任公司、州文体广电局、州农牧局等8个单位领导干部经济责任审计，其中任中审计项目2个。

固定资产投资审计 完成德令哈天文科普馆、海西州群众文化体育活动场馆、海西州人民医院住院楼净化系统及污水处理系统工等18个工程项目结算（决算）审计任务，审计投资总额5.2亿元，审减工程造价2116万元。

专项资金审计 完成海西州住房公积金管理中心2014年度住房公积金管理，海西州援建玉树州治多县灾后重建捐赠资金，格尔木市、德令哈市、都兰县、乌兰县2014年度国开行贷款配套资本金，宗教工作领导小组办公室和格尔木市、都兰县、天峻县、乌兰县、大柴旦行委寺院基础设施建设项目财务收支等12个项目审计。

（撰稿人：鲁关亚）

2015年青海省所辖区、县(市)级审计工作统计表

金额单位:万元

审计机关	完成审计项目(个)	审计查出主要问题金额	审计处理情况					出具审计报告和审计调查报告(篇)	提出审计建议(条)	提交审计信息(篇)
			审计处理处罚				移送处理事项(件)			
			应上缴财政	应减少财政拨款或补贴	应归还原渠道资金	应调账处理金额				
西宁市										
西宁市本级	26	61804	453		241	998		23	37	76
城东区审计局	6	129175	3		1	864		6	29	4
城中区审计局	16	18493						16	16	
城西区审计局	9	17000	678					8	25	30
城北区审计局	15	2415	1298			253		14	2	
湟中县审计局	24	4593				1		22	16	
湟源县审计局	27	2941	576		311		1	24	55	36
大通回族土族自治县审计局	37	312	19					37	1	
海东市										
海东市本级	8	29864			1426	15600		8	38	22
乐都区审计局	29	808			119	302		29	29	52
平安区审计局	20	1763			279	1484		20	23	43
民和回族土族自治县审计局	36	5228			3485	1143		36	27	22

续表

审计机关	完成审计项目（个）	审计查出主要问题金额	审计处理情况					出具审计报告和审计调查报告（篇）	提出审计建议（条）	提交审计信息（篇）
			审计处理处罚				移送处理事项（件）			
			应上缴财政	应减少财政拨款或补贴	应归还原渠道资金	应调账处理金额				
互助土族自治县审计局	31	669			132			31	34	44
化隆回族自治县审计局	16							16		3
循化撒拉族自治县审计局	17	317				47		17	31	10
海北藏族自治州										
海北藏族自治州本级	16	2376	1		5			16	27	59
海晏县审计局	27	3453						36	36	56
祁连县审计局	11	5009						11	5	53
刚察县审计局	10							13	17	45
门源回族自治县审计局	23	8364	564					29	31	23
黄南藏族自治州										
黄南藏族自治州本级	18	62440	4463		1497	317		35	41	38
同仁县审计局	42	9495	1		616	8845		49	82	75
尖扎县审计局	21	5315	35		181	3494		32	54	43
泽库县审计局	20	6761	125		656	4669		43	75	25
河南蒙古族自治县审计局	11	2654	1		1461	1179		16	53	32
海南藏族自治州										
海南藏族自治州本级	19	1537	650		65			33	51	65
共和县审计局	63	1089						69	95	
同德县审计局	25	569						29	95	
贵德县审计局	19	403						19	34	
兴海县审计局	15	6	6					38	15	8
贵南县审计局	10	8592	9			8573		13	8	53
果洛藏族自治州										
果洛藏族自治州本级	10	16957	240			323		12	20	27
玛沁县审计局	31	2329	36		35	46		46	48	22
班玛县审计局	27	1390						27	29	35
甘德县审计局	19	16	1		4			16		24
达日县审计局	28	602	23		125	454	2	28	105	35

续表

审计机关	完成审计项目（个）	审计查出主要问题金额	审计处理情况					出具审计报告和审计调查报告（篇）	提出审计建议（条）	提交审计信息（篇）
			审计处理处罚				移送处理事项（件）			
			应上缴财政	应减少财政拨款或补贴	应归还原渠道资金	应调账处理金额				
久治县审计局	24							24	41	40
玛多县审计局	22	3098	132		20	31		22	46	28
玉树藏族自治州										
玉树藏族自治州本级	21	5335	30		24	77		36	190	26
玉树市审计局	25	15877	23		315	4685		34	57	32
杂多县审计局	9	680	4			3		12	20	1
称多县审计局	28	593	593					43	16	15
治多县审计局	24	211	11					38	102	6
囊谦县审计局	12	1480	657					22	35	1
曲麻莱县审计局	12	777						17	34	3
海西蒙古族藏族自治州										
海西蒙古族藏族自治州本级	41	28375	40		28	64		45	52	1
德令哈市审计局	33	2433	1295		17	1096		37	49	
格尔木市审计局	141	38948	20660		2989	3349	1	154	459	4
乌兰县审计局	26	759	19		14	520		22	92	
都兰县审计局	15	14001	865	132	23	71		24	51	
天峻县审计局	30	165						35	34	
茫崖行委审计局	7	15				15		9	11	
冷湖行委审计局	8	499	499					11	13	
大柴旦行委审计局	7	28	1			27		9	20	

宁夏回族自治区

【宁夏回族自治区审计厅】 2015 年，宁夏回族自治区审计厅人员编制 153 人，实有 137 人。设有财政金融审计处、行政事业审计处、企业审计处、农业与资源环保审计处、社会保障审计处、重大项目投资审计处、外交运用审计处、经济责任审计局、计算机与公投资审计处、办公室、社会审计管理监督与法规审理处、机关党委、纪检监察室，下设计算机审计监督局、科研培训中心、信息中心。

领导成员

厅　　长：尹全洲

副 厅 长：马　健　胡仲秋

　　　　　刘　佳　宋卫中

总审计师：张　龙

纪检组长：安　武（—6 月）

　　　　　朗治钧（6 月—）

经济责任审计局局长：宋晋钧

巡 视 员：安 武（7月—12月）

副巡视员：徐嘉云（—9月） 马 其

审计成果 宁夏回族自治区审计机关审计（调查）单位727个，查出各类违纪违规、损失浪费及管理不规范金额1289.25亿元；移送事项55件；出具审计报告及专项审计调查报告947篇；提出审计意见、建议1567条。其中自治区审计厅审计项目82个，查出主要问题金额2475593万元，其中违规金额40973万元、损失浪费金额196944万元、管理不规范金额2237675万元。

政策措施贯彻落实跟踪审计 开展稳增长政策措施跟踪审计，揭示重点建设项目进展缓慢、资金闲置等问题，提出整改意见，督促按期整改。开展全区保障性安居工程跟踪审计，查出挤占挪用专项资金2.7亿元、骗取棚户区拆迁补偿款350万元等突出问题。开展9个国外贷援款项目审计，查出问题金额1.4亿元，发现和查处虚假招投标、多付工程款等问题，促进贷援款发挥更大效益。

财政审计 全区审计各级政府本级财政及自治区商务厅等172个部门、单位预算执行情况，促进提高财政管理水平。

专项资金审计 全区开展中南部地区生态移民工程、环保投资污染综合处理项目等民生和专项资金审计及专项审计调查51个。

经济责任审计 加大同步审计、任中审计力度，全区审计领导干部275人，其中任中审计167人。揭示领导干部用权履职方面的不规范行为，为党管干部提供参考。

固定资产投资审计 全区审计宁夏国际会堂等工程建设项目135个，查出招投标违规、多计工程款、违规改变资金用途等问题金额5.5亿元。

企业和金融审计 对宁夏报业集团、宁夏银行等国有企业和金融机构进行审计。

制度建设 起草《关于进一步加强审计工作的实施意见》，报请自治区政府出台。起草《自然资源资产离任审计联席会议制度》，由自治区人民政府批准通过。与自治区检察院联合印发《关于加强检察机关与审计机关协作配合办案暂行办法》，形成打击违法乱纪的合力。与自治区编办联合印发《关于做好机构编制审计工作的意见》，明确机构编制审计工作的主要内容，把机构设置、编制使用以及有关规定的执行情况列入领导干部经济责任审计范围。各市县（区）审计局从自身实际出发，健全完善相关制度规范。

队伍建设 自治区审计厅增设审计监督局，为正处级全额预算拨款参公管理的事业单位，核定编制12人。与清华大学联合组织“创新管理与领导力提升高端研修班”，厅机关及市县（区）审计局39人参加培训。通过以审代培、网络学习等途径，全年培训干部300余人次。

作风建设 全区审计机关开展“守纪律、讲规矩”主题教育活动和“三严三实”专题教育，切实加强作风建设。11月13日，自治区主席亲自指导审计厅“三严三实”专题教育，充分肯定审计系统作风建设取得的成效，要求审计干部要以“三严三实”为座右铭，以铁肩担重任，以能力为依托，以实干为支撑，以有效为目的，用审计监督的火眼金睛，揭示、化解、预防社会经济发展中的矛盾和难题，提出完善体制机制性的审计意见建议。

审计监督体系建设 成立宁夏社会审计协会，充分发挥社会审计作为国家审计有益补充的积极作用，拓展和丰富审计的外延和内涵，规范社会审计行为，满足审计监督的需要。加强内部审计工作的指导和监督力度，通过业务培训、理论研讨等方式，提高内部审计工作层次和水平。

交办事项 完成自治区主要领导交办的66项重要任务。组织实施43家区属国有企业脱钩移交、生态纺织产业示范园建设等审计任务。

（撰稿人：金 荣）

【银川市审计局】 2015年，银川市审计局人员编制55人，实有49人。局长刘虹，副局长蔡树仁（—11月）、张国华、章志（6月—）、郭文斌（12月—），纪检组长李金鹏，经济责任审计局局长章志（兼，6月—）。设有财政金融审计处、固定资产投资审计处、经济责任审计处、综合处。

审计成果 银川市审计局完成审计项目60个，查出主要问题金额181.75亿元，其中违规金额6.96亿元、管理不规范金额174.78亿元；审计处理处罚金额54.27亿元。向纪检监察部门移送事项1件3人，责令有关部门处理9人。向市委、市政府提交《审计要情》4篇，提交各类审计动态260余篇，提出审计建议188条。

财政审计 加强对部门预算、国库集中支付、政府采购和“收支两条线”等方面的审计监督，关注财政宏观管理过程控制和效率效能，揭示预决算（草案）编报不规范、不够细化，未按人大批准的支出预算编报决算草案，部门政府采购预算编制率低，未执行人大批准的国有资本经营预算，部门预算执行不严格等财政管理方面的问题，引起各级领导和有关部门的高度重视。

经济责任审计 结合预算执行审计、专项资金审计，银川市审计局对22名领导干部开展经济责任审计，领导干部任中审计比例进一步提高。审计查出主要问题金额16.07亿元，其中负有领导责任的违规金额3.35亿元，负有直接责任的管理不规范金额12.72亿元。审计中重点关注领导干部在工程投标、招标、承包、施工和财务管理等方面的权力行使情况，把执行中央、自治区党委和市委关于改进工作作风、密切联系群众相关规定的情况作为经济责任审计的重要内容，关注“三公”经费、配车用车、中央八项规定等政策制度的落实情况，确保执行政策不走样，促进政策制度的落实，提高领导干部依法行政能力。

固定资产投资审计 依托《银川市投资审计监督条例》，创新使用社会中介机构参与政府投资审计，对贺兰山体育场、银川市民大厅等7个政府投资建设项目竣工决算进行审计，审减投资额3.15亿元，审减率12%以上。对审计发现的部分项目未严格执行基本建设程序、部分建设项目超概算、资金闲置及市政建设项目资产移交不及时等问题，提出加强资金管理、完善制度和机制建设方面的意见和建议。 （撰稿人：章　志）

【石嘴山市审计局】 2015年，石嘴山市审计局人员编制48人，实有42人。局长（党组书记）梁涛，副局长王立山、徐大伟、杨珍、张惠勇。设有办公室、社会审计管理监督与法规审理科、经济责任审计局、财政金融审计科、行政事业审计科、社会保障审计科、重大项目投资审计科、企业审计科、计算机与公投资审计科。

审计成果 石嘴山市审计局完成审计项目73个，查出主要问题金额14.96亿元，其中违规金额5589.29万元、管理不规范金额14.03亿元；损益（收支）不实金额25万元；审计处理处罚金额4.34亿元，其中应上缴财政1.35亿元、应归还原渠道资金107.66万元、应调账处理金额2.60亿元；审计发现非金额计量问题179个；审计促进整改落实问题金额1.30亿元，其中增收节支740.54万元、已调账处理金额3929.63万元；审计后挽回（避免）损失9267.32万元。移送纪检监察机关处理事项1件。出具审计报告和专项审计调查报86篇。提出审计建议227条，提交审计信息365篇，被批示、采用184篇。

财政审计 预算执行审计安排项目25个。通过审计促进调整结转结余资金、追回和归还原资金渠道，规范财政资金管理、盘活存量资金、建立和完善财政管理制度。

经济责任审计 对23名领导干部进行任中和离任经济责任审计，其中15名为离任交接审计，查出违纪违规资金54万元，其中负直接领导责任金额40万元；管理不规范金额8867万元，其中应该负直接领导经济责任金额1029万元。

固定资产投资审计 完成政府投资审计项目25个，送审投资额14.38亿元，投资额审定值13.84亿元，核减投资额（工程款）5429.6万元。对9个项目单位处罚57万元，将违规执业的1家监理公司、3家工程造价咨询公司列入黑名单并予处罚，对相关人员进行处理。对示范性综合实践基地、星海中学、儿童医院、民本大厦等10个项目进行全程跟踪审计。

政策措施贯彻落实跟踪审计 对稳增长、促改革、调结构、惠民生政策措施落实情况进行跟踪审计。主要是对取消和下放行政审批事项、“营改增”试点、生态环境保护和节能环保产业发展、棚户区改造、保障性安居工程建设、城市基础设施建设、困难群众基本生活保障政策措施落实情况等40项内容进行跟踪审计。审计要求存在问题的各单位部门制定具体整改措施、明确责任人落实各项政策。

专项资金审计 对涉及产业、民生政策落实和资金使用绩效等10个专项进行审计调查，涉及被调查项目（单位）800多个，资金10多亿元。对审计揭示出的主要问题大部分进行整改。有关

部门对2名严重违规违纪人员给予免职、记过、调离工作岗位的处分。（撰稿人：马维清）

【吴忠市审计局】 2015年，吴忠市审计局人员编制29人，实有31人。局长拜萍，副局长马克林、李鹏、梁吉鸿、孙培军（12月—）。设有办公室、经济责任审计局、财政审计科、行政农业审计科、经贸投资审计科、法规科。

审计成果 吴忠市审计局完成审计项目52个，查出违规金额67486万元、管理不规范金额14027万元；审计处理处罚应上缴财政资金672万元、应调账处理14699万元。被自治区审计厅授予全区审计工作突出贡献奖、全区审计系统精神文明建设先进单位。

财政审计 组织开展吴忠市2014年度本级财政预算执行审计，对市财政局、市地税局、市司法局、市政府办、市人社局等5个部门（单位）的预算执行情况进行审计。重点关注政府性债务还本付息情况、预算编制及批复情况、财政存量资金清理及重新安排使用情况、财政总预算暂付款消化情况，并对各部门压缩“三公”经费降低行政成本的政策执行情况进行重点检查。把揭露问题与规范管理、促进财政改革结合起来，提升审计监督效能。

经济责任审计 制定《吴忠市领导干部和国有企业领导人员任前经济责任审计办法》，由吴忠市委办公室印发实施。受市委组织部委托，对34名部门领导干部履行经济责任情况进行审计。重点关注领导干部贯彻执行法律法规、国家重大方针政策及决策部署、重大投资项目建设和管理、落实中央八项规定等情况，促进领导干部依法用权履职尽责。

固定资产投资审计 推行重大项目跟踪审计，开展青铜峡市、盐池县、同心县、红寺堡区保障性安居工程跟踪审计，揭示资金筹集和管理不规范、保障性安居工程用地和建设管理不到位、住房分配和使用管理不规范等方面的问题，依据法律法规对违规问题进行处理。

开展市公共资源交易中心、市机关事务管理局、市文化执法队、农业综合开发资金等4个审计项目以及市自来水公司等7家企业的资产负债损益审计。审计中发现个别单位存在固定资产管理不规范的问题，提交《国有资产管理不规范问题应引起重视》的审计专报，有关市领导对此高度重视，并做出批示，要求被审计单位整改。

政策措施贯彻落实跟踪审计 围绕重点项目和资金推动经济增长情况、简政放权推进深化改革情况、转型升级促进结构调整情况、群众受益促进惠民生工作和政策措施落实情况，对市本级35个部门、单位全面贯彻落实国务院稳增长、促改革、调结构、惠民生、防风险政策措施落实情况进行跟踪检查。重点审计吴忠市取消和下放行政审批事项、推进简政放权，加快棚户区改造、加大保障性安居工程建设力度，加快发展养老、健康服务业，促进信息消费，加强社会救助、保障困难群众基本生活，扶持小型微型企业健康发展等方面的政策措施落实情况和实施的自治区重点建设项目开工建设及进度进展情况。

审计整改 市监察局、市财政局、市审计局组成联合检查组，对各县（市、区）及市直有关部门（单位）就审计部门查出问题的整改落实工作进行全面督查。对生态移民工程、保障性安居工程、2014年度市本级财政预算执行和其他财政收支情况、领导干部经济责任等36个审计项目中发现的149个问题整改落实工作进行督查。

（撰稿人：蒲建芳）

【固原市审计局】 2015年，固原市审计局人员编制20人，实有19人。局长王成明，副局长李国安、魏长军、蒙卫斌。设有办公室、法规审理和社会审计管理监督科、财政金融和社保审计科、行政事业与农业资源环保审计科、投资与企业审计科、经济责任局。

审计成果 固原市审计局计划安排审计109个（项目）单位，实际完成143个。查出问题金额106211万元，其中违规金额245万元、管理不规范金额105966万元，提出审计建议44条。在群众网络评议机关和干部作风活动中获得全市行政执法和管理部门第一名。

财政审计 实施2014年度市本级预算执行审计，完成14个部门（单位）的预算执行和财务收支审计，查出问题金额67930.23万元，其中违规金额4.3万元。提出审计建议13条。完成10个单位的“三公”经费审计调查。

经济责任审计 受市委组织部的委托，完成对市国土局等21个单位领导干部经济责任审计，查出问题金额35630万元，提出审计建议16条。

固定资产投资审计 完成市政萧关路西延伸段道路工程、城市供热管网改造工程等政府投资项目竣工决算审计45个，审计金额7.49亿元，审减金额3400万元。完成原州区第八中学建设项目、市区2015年既有居住建筑供热计量及节能改造项目等招标控制价审计46个，审计金额6.4亿元，审减金额1626万元。共计节约建设资金5026万元。

民生资金（项目）审计 对社会养老保险基金、医疗保险基金、住房公积金的管理使用和效益情况进行审计，查出问题金额1412.58万元，提出审计建议2条。

专项资金审计 采取县（区）“同级交叉审”的方式，完成对西吉、隆德、泾源、彭阳四县的城镇保障性安居工程跟踪审计，查出问题金额1238.57万元，其中违规金额240.95万元，提出审计建议13条。（撰稿人：李秋艳）

【中卫市审计局】 2015年，中卫市审计局人员编制24人，实有19人。局长魏列忠，副局长鲍成文、张军、李书东。设有办公室、法规政策科、经济责任审计科、农业和环保审计科、固定资产投资审计科、财贸审计科、行政事业审计科。

审计成果 中卫市审计局完成各类审计项目70个，查出问题金额299816万元，核减工程造价11831.20万元。移送财政、土地等主管部门违规案件4起，移送市纪委1起、涉及2人，移送公安部门1起、涉及3人。向市委、市政府报送《审计专报》2期，印发各类信息稿件和研讨文章136篇。

财政审计 以预算执行审计为主线，强化审计跟进，年度安排预算执行审计10个，延伸审计部门（单位）13个，查出管理不规范金额29203万元。

经济责任审计 全年开展17名领导干部任中或离任经济责任审计。重点围绕领导干部科学决策、政策执行、经济管理、廉洁从政、资金使用绩效等内容进行审计评价，揭示领导干部用权履责方面的一些不规范行为，查出管理不规范金额21295万元。

固定资产投资审计 创新投资审计方法，建立并完善审前调查，审中现场复核，审后由审计部门、中介机构和建设单位、施工单位“四方会审”研究审定的工作机制，对工业园区污水处理厂提标改造和氧化塘存水应急项目、宁夏大学中卫校区建设项目实施跟踪审计。全年完成投资项目37个，送审金额108994.2万元，审减金额11831.20万元。

专项资金审计 围绕社会保障资金和关系群众切身利益的问题，开展重点资金和重点项目专项审计，对稳增长调结构政策落实情况进行跟踪审计，促进各项惠民政策落实。全年完成专项审计6个。

法制建设 以市人民政府印发《中卫市审计结果整改约谈办法（试行）》；出台《中卫市购买社会审计服务管理办法》，通过整合社会审计资源，充分发挥审计监督的建设性作用

（撰稿人：陈淑兰）

2015年宁夏回族自治区所辖区、县(市)级审计工作统计表

金额单位:万元

审计机关	完成审计项目(个)	审计查出主要问题金额	审计处理情况					出具审计报告和审计调查报告(篇)	提出审计建议(条)	提交审计信息(篇)
			审计处理处罚				移送处理事项(件)			
			应上缴财政	应减少财政拨款或补贴	应归还原渠道资金	应调账处理金额				
银川市										
银川市本级	58	1735860	473407	1768	80607	66734	12	58	250	260
金凤区审计局	7	54999			38835		1	7	26	
兴庆区审计局	5	11498	674		77	4	2	7	26	22
西夏区审计局	8	242			66			8	13	87
灵武市审计局	13	22863	7		195	9	4	19	23	21
永宁县审计局	4	56321	161		13606	746		8	6	79
贺兰县审计局	21	302476	574		39622	404		35	78	30
石嘴山市										
石嘴山市本级	73	149620	13463		108	26044	1	86	227	365
大武口区审计局	11	10716	2429		1393	1056		16	24	6
惠农区审计局	15	7517			8	134		23		21
平罗县审计局	114	56315	767	10247	19	2708		119	79	273
吴忠市										
吴忠市本级	52	67486	672			14699			85	84
利通区审计局	16	2813			652	374			28	6
红寺堡区审计局	12	2522	65			236			25	10
青铜峡市审计局	22	12834	1846			28			62	25
盐池县审计局	41	8938	1858		242				85	16
同心县审计局	26	3422	182		475	39			54	32
固原市										
固原市本级	143	106212	30740		7718	2030		63	44	56
原州区审计局	128	10793	592	2324	503	441		121	201	7
西吉县审计局	28	2653	28		369	4		43	55	8
隆德县审计局	23	41424			3033			38	46	
泾源县审计局	34	9376			383	1559		58	37	
彭阳县审计局	79	84885	271		2390	41		11	31	5
中卫市										
中卫市本级	70	299816	46998	5510	8011	3798	6	43	129	
中宁县审计局	16	342755	1660		10722	1315	2	21	86	
海原县审计局	19	2367	50		83	2095		19	11	

新疆维吾尔自治区

【新疆维吾尔自治区审计厅】 2015年，新疆维吾尔自治区审计厅（以下简称新疆审计厅）人员编制281人，实有245人。设有办公室、法制处、督察处、财政审计处、行政事业审计处、农业与资源环保审计处、金融审计处、企业审计处、社会保障审计处、外资运用审计处、经济责任审计一处、经济责任审计二处、经济责任审计三处、计划财务处、人事处、内部审计管理处、机关党委、监察室（与驻厅纪检组合署办公）、离退休干部工作处、派出审计一处、派出审计二处、派出审计三处、派出审计四处、派出审计五处、派出审计六处，下设固定资产投资审计局、计算机技术中心、机关服务中心、审计干部培训中心、审计科研所。

领导成员

厅　　长：李　成

副厅长（党组书记）：沙拉买提·买买提明

副 厅 长：维力功　宣国苗

　　　　　薛　江　杨任杰

总审计师：王　璐（7月—）

纪检组长：袁　成

自治区经济责任审计联席会议办公室主任：

　　　　　刘　博（7月—）

巡 视 员：王占武

副巡视员：郭部员（2月—）

　　　　　张　崟（2月—）

审计成果 新疆维吾尔自治区审计机关完成审计项目3696个。其中组织实施审计项目3696个。查出主要问题金额17012540万元，其中违规金额1229511万元、损失浪费金额2463万元、管理不规范金额15780565万元；损益（收支）不实金额703254万元；审计处理处罚金额1101868万元，其中应上缴财政342608万元、应减少财政拨款或补贴134775万元、应归还原渠道资金185145万元、应调账处理金额351778万元；审计发现非金额计量问题6273个；审计促进整改落实有关问题资金465629万元，其中增收节支296644万元、已调账处理金额76022万元；审计促进拨付资金到位3075万元；审计后挽回（避免）损失167590万元。移送司法机关、纪检监察机关和有关部门处理事项131件。出具审计报告和专项审计调查报告3696篇。提出审计建议8182条，提交审计信息5522篇，被批示、采用4110篇。向社会公告审计结果80篇。

政策措施贯彻落实跟踪审计 对全区14个地（州、市），60个政府，356个部门单位贯彻落实国家、自治区重大政策措施和宏观调控部署情况进行审计，延伸审计318个项目，重点关注简政放权、保障性住房、重点水利工程、城市基础设施建设、扶贫、金融支持小微企业等9个方面政策措施落实情况，涉及财政资金474619万元。

财政审计 围绕深化财政改革、政府预算体系和结构以及财政管理绩效等问题，全区完成预算执行审计和审计调查项目528个，财政决算审计和审计调查项目92个。审计中持续关注中央八项规定和自治区党委十条规定贯彻落实情况等内容，重点关注财政资金统筹使用和绩效情况、“三公”经费及会议费等管理使用情况，促进厉行节约和财政资金高效使用。

经济责任审计 开展经济责任审计项目598个，审计领导干部795人，查出领导干部负直接责任问题金额3.46亿元。进一步创新组织模式，实行“五统一”（统一组织领导、统一审前培训、统一审计工作方案、统一审计报告模板、统一量化考核）审计方式，提升审计成效。探索推进自然资源资产离任审计，强化经济责任审计结果运用。主动争取党委、政府的支持，在全区范围内实名通报审计结果，扩大经济责任审计影响力。会同纪委和组织部门，定期分析研究审计发现的普遍性、倾向性和苗头性问题，开展整改情况监督检查，更好地服务党政决策和干部管理使用。各地审计机关不断健全相关制度规定，完善工作机制，进一步推进经济责任审计工作。

金融审计 开展金融审计项目12个，查出主要问题金额460677万元。审计中注重揭示和纠正违规非法从事金融业务行为，促进金融机构加强管理、健全制度、依法合规经营、提高经济效益，为深化金融改革、稳定金融秩序、防范和化解金融风险、保障本地区社会经济活动健康发展。

固定资产投资审计 突出交通、水利等重点建设领域，开展绩效审计，全区组织实施政府重大投资项目审计和审计调查项目2090个，核减投资额21.63亿元。探索委托社会中介机构审计组织管理模式，加强引导和规范中介机构审计行为。持续推进援疆项目资金审计，加强与审计署、援疆省市审计机关、前方指挥部及各项目建设单位的沟通，完善“省—地”“市—县”两地两级工作机制，加强对援疆重点项目重要建设环节的实时监督。

民生资金（项目）审计 开展民生类专项资金审计和审计调查项目338个，审计专项资金总额6993425万元，查出主要问题金额1290802万元。其中，统一组织开展少数民族发展资金、粮食直补和农资综合补贴等重点民生资金审计，继续开展定居兴牧、安居富民等民生项目审计，重点关注损害和影响群众利益等突出问题，促进相关惠民政策落到实处。各地（州、市）审计局加大相应审计力度，分别开展再就业职业培训资金、节能减排专项资金、压粮节水补贴资金、外经贸发展扶持资金等重点民生项目和资金审计，切实维护和保障民生。

外资运用审计 开展外资公证审计13个，项目投资额1192130万元，其中运用外资593913万元。通过审计，揭露问题、促进管理、完善机制、堵塞漏洞，在保证国外贷援款资金的有效使用和项目目标效益等方面发挥的作用。

企业审计 对62个国有企业进行审计，查出主要问题金额786116万元。对规范本地区企业财务收支活动的真实性、合法性，完善企业内部管理和实现经营目标等方面起到重要作用，切实促进国有企业深化改革。

专项资金审计 开展社会保险基金类审计项目16个，查出主要问题金额3186万元。规范社会保险、社会救助、社会优抚、社会福利等机构的财务管理，有效防范基金流失，使社会保障基金经济效益和社会效益得到充分的发挥，为社保基金管理和机构提出切实可行的审计建议，服务社保工作良性发展。

信息化建设 加强信息技术与审计业务深度融合，完善全区审计大数据平台建设，加大业务数据与财务数据以及跨行业、跨领域数据的综合比对和分析，完成部门预算执行联网审计系统建设。推进援疆投资项目审计管理平台建设工作，组织调研，细化项目需求，完善设计方案，以适应援疆各方实际工作需求。做好金审工程三期建设前期工作，经审计署审核批准同意的可研报告已报自治区发改委审批。

审计整改 贯彻落实自治区党办、政办《关于进一步加强审计整改工作的意见》，进一步完善审计整改督查跟踪机制，分阶段推进督查整改工作，督促被审计单位边审边改。加强审计整改台账管理，完善审计整改问题清单，并根据整改情况逐项销号，实现审计整改督察工作常态化。完善审计发现问题整改及问责机制，自治区人大常委会首次听取预算执行审计整改情况报告并进行专题审议，自治区人民政府将整改情况纳入督查督办事项。加强与纪检、组织等部门的沟通协作，强化追责问责，有效提升审计监督实效。

科研宣传 全区审计机关搭建理论研究平台，注重在审计实践中总结经验、摸索规律，注重带着课题开展日常调研工作，不断增强审计理论研究的针对性和有效性。审计厅进一步加大审计宣传力度，通过电视台、电台、期刊、报纸、网站等各种主流媒体发布、发表各类信息、稿件700余篇，编辑出版《审计风采录》和《审计厅“访惠聚”活动专刊》，构建有重点、多维度、全方位的审计宣传工作机制，宣传审计工作和审计系统涌现出来的先进人物和生动事迹，弘扬正能量，营造良好的审计舆论氛围。（撰稿人：寿沛琳）

【乌鲁木齐市审计局】 2015年，乌鲁木齐市审计局人员编制140人，实有131人。局长黎忠，副局长（党组书记）成兴中，副局长樊伟、白莉（2月—），总审计师李里，纪检组长杨明，经济责任审计室主任许建平。设有办公室、政治处、纪检监察室、政策法规处、财政审计处、固定资产投资审计处、行政事业审计处、经济责任审计室、农牧与资源环保审计处、外资运用与金融审计处、社会保障审计处、科教文卫审计处、企业审计处、政法审计处、督察处、综合计划处、审计信息中心、政府投资审计中心。

审计成果 乌鲁木齐市审计机关完成审计项

目 129 个，查出主要问题金额 728815 万元，其中违规金额 87184 万元、管理不规范金额 641583 万元；损益（收支）不实金额 57838 万元；审计处理处罚金额 59225 万元，其中应上缴财政 10162 万元、应减少财政拨款或补贴 17144 万元、应归还原渠道资金 1950 万元、应调账处理金额 29963 万元；审计发现非金额计量问题 261 个；审计促进整改落实有关问题资金 32110 万元，其中增收节支 24042 万元、已调账处理金额 7102 万元；审计促进拨付资金到位 313 万元；审计后挽回（避免）损失 24521 万元。向被审计单位提出建议 531 条，被采纳 324 条。提交报告和信息 516 篇，被批示、采用 122 篇。

财政审计 进一步深化财政审计，推进构建财政审计大格局，完成预算执行审计项目 39 个，查出主要问题金额 512444 万元。

固定资产投资审计 开展政府投资项目审计和调查 29 个，审计投资额 325635 万元，核减投资额 21099 万元。

经济责任审计 乌鲁木齐市经济责任审计八部门联席会议出台《乌鲁木齐市经济责任审计工作联席会议制度》，进一步明确联席会议成员单位工作职责，规范会议基本程序，促进各司其职、联动协作。完成 31 名党政领导干部和企事业单位领导人员经济责任审计，查出领导干部应负主管责任问题金额 44591 万元、应负领导责任问题金额 93330 万元。

民生资金（项目）审计 加强民生审计，促进惠民政策真正惠及群众。开展 19 个重点民生项目和资金审计，审计专项资金总额 929152 万元。

行政事业审计 对 8 个行政事业单位财务收支情况开展审计监督，查出主要问题金额 5780 万元。

企业审计 对乌鲁木齐市正业国资投资集团有限公司财务收支情况等项目进行审计，提出审计建议 8 条。（撰稿人：肖　杨）

【克拉玛依市审计局】 2015 年，克拉玛依市审计局人员编制 33 人，实有 29 人。局长（党组书记）蒋德平，副局长张毅、罗莉莉，总审计师房文祖。设有办公室、法制监察科、财政审计科、经贸与金融审计科、行政事业审计科、经济责任审计科、固定资产投资审计科、农业资源与环保审计科、经济责任审计室。

审计成果 克拉玛依市审计机关完成审计项目 54 个，其中组织实施审计项目 54 个。查出主要问题金额 153500 万元，其中违规金额 577 万元、损失浪费金额 442 万元、管理不规范金额 152480 万元；损益（收支）不实金额 885 万元；审计处理处罚金额 42992 万元，其中应上缴财政 40546 万元、应归还原渠道资金 2260 万元、应调账处理金额 77 万元；审计发现非金额计量问题 189 个；审计促进整改落实有关问题资金 6452 万元，其中增收节支 648 万元。移送司法机关、纪检监察机关和有关部门处理事项 2 件。出具审计报告和专项审计调查报告 87 篇，被批示、采用 6 篇。提出审计建议 117 条，提交审计信息 5 篇，被批示、采用 5 篇。

财政审计 审计中持续关注中央八项规定和自治区党委十条规定贯彻落实情况等内容，重点关注财政资金统筹使用和绩效情况、“三公”经费及会议费等管理使用情况，促进厉行节约和财政资金高效使用。

固定资产投资审计 实施政府投资建设项目概算及工程变更管理情况审计调查，促进概算评审管理办法和工程变更管理机制的建立健全。组织实施 114 个市本级财政性资金投资建设项目单项工程的竣工结算审计，对 2012 年至 2014 年市工程建设管理局等 19 个单位实施的 331 个维修项目及资金管理情况开展审计调查。在造价咨询机构审定基础上，全市累计审核造价金额 21.36 亿元，核减金额 4135.14 万元。

经济责任审计 开展经济责任审计项目 31 个，审计领导干部 33 人，查出领导干部应负直接责任金额 64.6 万元、应负主管责任金额 83.4 万元。强化经济责任审计结果运用，定期向克拉玛依市油田纪委、组织部门报告审计中发现的问题。

专项资金审计 组织开展对稳增长等政策落实情况跟踪审计及土地出让金、维修项目资金、克拉玛依区“访民情惠民生聚民心”活动工作组专项经费等专项审计。通过审计，揭示财政专项资金在分配、管理、使用中存在的问题。结合维修项目及资金管理情况的审计调查，市财政部门制定《市本级维修（改造）及零星工程项目管理

办法（暂行）》。（撰稿人：王　龙）

【吐鲁番市审计局】 2015年，吐鲁番市审计局人员编制33人，实有25人。局长郭红兵，副局长（党组书记）戴万成，副局长田桂林、马晖（援疆干部），纪检组长艾尔肯·艾木都拉（—11月），调研员艾尔肯·艾木都拉（11月—）。设有办公室、法规科、经济责任审计科、固定资产投资审计科、财政金融审计科、农业社会保障审计科、行政事业审计科、经贸审计科、政府投资审计中心。

审计成果 吐鲁番市审计机关完成审计项目175个，查出主要问题金额214858万元，其中违规金额40983万元、管理不规范金额173875万元；损益（收支）不实金额13134万元；审计处理处罚金额46531万元，其中应上缴财政1720万元、应减少财政拨款或补贴17480万元、应归还原渠道资金1592万元；审计发现非金额计量问题108个；审计促进整改落实有关问题资金18081万元，其中增收节支17137万元；审计后挽回（避免）损失17873万元。移送司法机关、纪检监察机关和有关部门处理事项4件。出具审计报告和专项审计调查报告214篇，被批示、采用11篇。提出审计建议363条，提交审计信息146篇，被批示、采用16篇。

财政审计 开展本级财政预算执行和其他财政收支情况审计，延伸审计市人力资源社会保障局等13个预算单位；对全市22项政策措施落实情况开展跟踪审计。

经济责任审计 完成9个经济责任审计项目。在审计过程中，注重部门财务收支审计与行政监管专项资金审计相结合、主管部门财务收支审计与二级单位财务收支延伸审计相结合、非税收入审计与业务档案审查相结合、重大经济活动审计与内控制度审计相结合。

固定资产投资审计 完成政府投资审计项目12个，开展湖南对口援疆资金和项目跟踪审计。

民生资金（项目）审计 开展保障性住房、安居富民工程等专项审计，揭示残疾人建房补助政策标准不统一、工程资金未专款专用、部分工程建设资金未实行专户管理等问题。

企业审计 开展吐鲁番市国有资产投资经营有限公司、企惠融资担保有限公司、国信小额贷款有限公司2012—2014年度资产负债损益情况审计。完成吐鲁番示范区管理委员会及所属三家公司2013年5月至2015年8月资产负债损益情况审计。（撰稿人：黄利君）

【哈密地区审计局】 2015年，哈密地区审计局人员编制41人，实有35人（其中挂职干部2人）。局长骆东鹏，副局长艾合买提·买买提、李生华、时常胜（援疆干部），总审计师谢云飞。设有办公室、督察科、法制科、财政金融审计科、固定资产投资审计科、经济责任审计科、行政事业审计科、农牧与资源环保审计科、企业审计科，下设哈密地区经济责任审计办公室、哈密地区固定资产投资审计中心、哈密地区审计信息技术室。

审计成果 哈密地区审计机关完成审计项目259个，查出违规金额208万元，审计处理处罚应上缴财政11744万元、应减少财政拨款或补贴13935万元、应归还原渠道资金1217万元、应调账处理金额6325万元；审计促进已上缴财政12103万元、已减少财政拨款或补贴13482万元。出具审计工作报告274篇，提出审计建议615条。

政策措施贯彻落实跟踪审计 按照审计署和自治区审计厅的统一部署，开展稳增长等政策措施审计。审计单位93个，建立问题台账58个，向被审计单位提出意见建议64条。

财政审计 按照构建“财政审计大格局”的工作机制，开展预算执行审计。完成审计项目18个，促进预算管理规范化，提高财政资金效益。

经济责任审计 深化经济责任审计，把握权力运行和责任落实两个重点，把守法守规守纪尽责放到更加突出的位置。完成审计项目24个，审计领导干部33人，其中县（处）级领导6人，科级领导27人。

固定资产投资审计 深化对在建和续建政府投资项目的跟踪审计，完成审计项目200个，报审项目投资额214704万元，核减投资额32757万元。

行政事业审计 坚持以真实性审计为基础，促使行政事业单位规范财政财务收支和经济活动。完成审计项目27个。

企业审计 增强企业依法经营管理的意识，

推进法人治理结构的完善。完成审计项目3个。

专项资金审计 开展定居兴牧、安居富民等民生项目审计，完成审计项目11个，审计专项资金总额8468万元。

援疆审计 配合河南审计厅开展援疆项目审计及审计整改工作，促进援疆项目科学管理，提高资金使用效益。（撰稿人：翟 刚）

【阿克苏地区审计局】 2015年，阿克苏地区审计局人员编制51人，实有51人。党组书记罗合曼·托乎提，局长刘艳，副局长黄疆萍、潘志勇。设有财政金融审计科、文行科、农林水牧外资审计科、经贸审计科、法制科、人事教育科、计算机审计中心、办公室、地区经济责任审计中心、地区政府投资审计中心。

审计成果 阿克苏地区审计机关完成审计项目454个，查出主要问题金额364749万元，其中违规金额33122万元、损失浪费金额65万元、管理不规范金额331560万元；损益（收支）不实金额22447万元；审计处理处罚金额65632万元，其中应上缴财政13430万元、应减少财政拨款或补贴7699万元、应归还原渠道资金1189万元、应调账处理金额40192万元；审计发现非金额计量问题807个；审计促进整改落实有关问题资金38494万元，其中增收节支8524万元、已调账处理金额29838万元；审计促进拨付资金到位1238万元；审计后挽回（避免）损失8185万元。移送司法机关、纪检监察机关和有关部门处理事项12件。出具审计报告和专项审计调查报告536篇，被批示、采用34篇。提出审计建议1282条，提交审计信息592篇，被批示、采用373篇。

政策措施贯彻落实跟踪审计 按照审计署和自治区审计厅的统一安排，完成本地区稳增长、促改革、调结构、惠民生、防风险政策措施贯彻落实情况跟踪审计。

财政审计 开展2014年地区本级预算执行和其他财政收支情况审计、税收征收管理情况审计。代表行署向地区人大做2014年地区本级财政预算执行情况及其他财政收支情况的审计工作报告。

经济责任审计 完成经济责任审计项目19个，查出管理不规范金额2.1亿元，其中应负主管责任金额0.27亿元、应负领导责任金额1.83亿元，提出审计建议58条。针对审计发现问题进行督查整改，落实问题整改资金0.8亿元，促进被审计单位建立内部管理制度5项。

固定资产投资审计 完成工程决算（结算）审计项目12个，核减工程造价6014.48万元。完成地直统建房建设项目一标段竣工结算审计、阿克苏地区中等职业技术学院项目竣工审计、新疆（阿克苏）公共安全视频图像信息系统建设竣工审计、阿克苏地区第一人民医院零星维修工程结算审计、阿瓦提县体育馆竣工决算审计等项目。

专项资金审计 完成地区本级、沙雅县2014年保障性安居住房工程跟踪审计，汇总上报全地区审计报告。完成住房公积金归集、管理使用和增值收益情况审计，城乡居民大病补充医疗保险基金归集、拨款和拨付情况审计，沙雅县定居兴牧工程审计、阿瓦提县安居富民工程项目审计。

行政事业审计 完成地区纪检监察学会、地区交通局、地区文学艺术界联合会、地区行署驻乌鲁木齐办事处、地区接待处、地区康宁医院及行署驻京办财务收支审计。（撰稿人：温圆圆）

【喀什地区审计局】 2015年，喀什地区审计局人员编制53人，实有43人。局长尚军，副局长热夏提·阿不拉、赵东岳、何晓燕、夏榕（7月—）。设有行政办公室、法制科、财政审计科、金融外资审计科、行政事业审计科、农林水牧审计科、固定资产投资审计科、经济责任审计一科、经济责任审计二科、人事教育科、审计督察科、社会保障与经贸审计科、计算机技术中心、固定资产投资审核中心。

审计成果 喀什地区审计机关完成审计项目899个，其中组织实施审计项目896个，参与实施审计项目3个。查出主要问题金额351239万元，其中违规金额23297万元、管理不规范金额327942万元；损益（收支）不实金额33246万元；审计处理处罚金额88744万元，其中应上缴财政5544万元、应减少财政拨款或补贴22415万元、应归还原渠道资金8586万元、应调账处理金额50071万元；审计发现非金额计量问题573个；审计促进整改落实有关问题资金32681万元，其中增收节支23675万元、已调账处理金额1514万元；审计促进拨付资金到位62万元；审计后挽回

（避免）损失 26874 万元。移送司法机关、纪检监察机关和有关部门处理事项 7 件。出具审计报告和专项审计调查报告 959 篇，被批示、采用 52 篇。提出审计建议 1531 条，提交审计信息 279 篇，被批示、采用 113 篇。向社会公告审计结果2 篇。

政策措施贯彻落实跟踪审计　关注政策落实和效果，通过跟踪审计，推动资金落实、项目实施、政策落地和追责问责，促进政令畅通。

财政审计　进一步深化对财政管理情况的审计，延伸审计 224 个单位，审计发现主要问题资金 63840 万元。开展存量资金专项审计，对 44 个部门预算执行单位的财政存量资金进行审计，盘活结转结余资金 8238 万元。

经济责任审计　组织完成对 14 个地直单位党政主要领导和 25 个乡镇党政正职任期经济责任审计工作，查出主要问题金额 179521 万元。

固定资产投资审计　完成政府重点投资项目审计 731 个，项目投资额 826634 万元，揭示建设项目规避招投标和政府采购等普遍性、倾向性问题，核减工程价款 43122 万元。

民生资金（项目）审计　组织实施城镇保障性安居工程、安居富民和定居兴牧、少数民族发展资金、粮食直补和农资综合补贴等专项资金审计。审计专项资金总额 628120 万元，查出主要问题金额 12814 万元。对支持新疆发展资金和项目进行审计，确保援疆项目审计全覆盖。

（撰稿人：刘　军）

【和田地区审计局】　2015 年，和田地区审计局人员编制 35 人，实有 28 人。局长艾热提·热介甫，副局长（党组书记）刘新英，副局长毛建新、艾力·艾沙、殷晓亮（援疆干部、9 月—），纪检组长毛建新（兼），副调研员周民。设有办公室、财政审计科、经济责任审计科、行政事业审计科、农牧审计科、社保审计科、固定资产投资审计中心。

审计成果　和田地区审计机关完成审计项目 97 个，其中组织实施审计项目 97 个。查出主要问题金额 323168 万元，其中违规金额 93526 万元、损失浪费金额 25 万元、管理不规范金额 229615 万元；损益（收支）不实金额 30030 万元；审计处理处罚金额 18357 万元，其中应上缴财政 3670 万元、应减少财政拨款或补贴 2 万元、应归还原渠道资金 11021 万元、应调账处理金额 1872 万元；审计发现非金额计量问题 162 个；审计促进整改落实有关问题资金 5389 万元，其中增收节支 3171 万元、已调账处理金额 1556 万元；审计后挽回（避免）损失 240 万元。移送司法机关、纪检监察机关和有关部门处理事项 4 件。出具审计报告和专项审计调查报告 102 篇，被批示、采用 4 篇。提出审计建议 305 条，提交审计信息 238 篇，被批示、采用 69 篇。

政策措施贯彻落实跟踪审计　组织本级及 8 个县市审计局，对全地区加快棚户区改造、加大保障性安居工程建设力度政策措施落实情况、城市基础设施建设等政策措施落实情况进行跟踪审计，抽查单位 219 个、项目 160 个，涉及财政资金 95640.03 万元。

财政审计　对和田地区本级 2014 年预算执行及其他财政收支情况进行审计，抽查和田地区民政局、住建局、土地整理储备中心涉及的 3 个专项资金使用情况。

经济责任审计　对和田地区地震局进行经济责任审计。

固定资产投资审计　对地区妇幼保健站医疗设备采购及配套装修建设项目、地区广播电视演播中心工程等 8 个项目进行审计。

民生资金（项目）审计　开展保障性安居工程跟踪审计，重点调查和田地区本级、各县市及所属住房城乡建设（住房保障）、发改、财政等部门，对 21 个保障性安居工程项目的开工情况、18 个项目的基本建成情况、16 个项目的工程建设和质量管理情况进行检查。组织皮山县、墨玉县、和田市、和田县、洛浦县审计局对定居兴牧建设、安居富民项目进行审计，审计调查定居兴牧建房任务数 1155 户，审计资金 11011 万元，审计调查安居富民建房任务数 36300 户，审计金额 169949 万元。

（撰稿人：赵传奇）

【昌吉回族自治州审计局】　2015 年，昌吉回族自治州审计局人员编制 56 人，实有 48 人。局长黄建新，副局长肖莉，总审计师张民杰，纪检组长张永信，经济责任审计工作联席会议办公室专职主任吴辉。设有政府投资审计中心、办公室、法制科、农业资源环保与社会保障科、经贸与金融审计科、财政审计科、督察科、经济责任审计科、行政事业审计科。

审计成果 昌吉回族自治州审计局完成审计项目 305 个，查出主要问题金额 413705 万元，其中违规金额 12921 万元、损失浪费金额 7 万元、管理不规范金额 400776 万元；损益（收支）不实金额 52157 万元；审计处理处罚金额 93862 万元，其中应上缴财政 8970 万元、应减少财政拨款或补贴 24171 万元、应归还原渠道资金 25589 万元、应调账处理金额 16180 万元；审计发现非金额计量问题 403 个；审计促进整改落实有关问题资金 81182 万元，其中增收节支 53459 万元、已调账处理金额 10961 万元；审计后挽回（避免）损失 22779 万元。出具审计报告和专项审计调查报告 341 篇。提出审计建议 666 条，提交审计信息 1019 篇，被批示、采用 1873 篇。

财政审计 完成财政预算执行审计和审计调查项目 8 个，涉及昌吉州本级部门预算执行单位 15 个。审计中重点关注财政资金统筹使用和绩效、“三公”经费及会议费等管理使用情况；组织七县市审计机关对昌吉州地税税收政策执行情况进行审计，重点抽查房地产行业和耕地占用税征收情况。

经济责任审计 坚持离任审计和任中审计相结合，采取“上审下”、“交叉审”、授权县市就地审等不同方式，完成审计项目 42 个。根据单位存在问题和认定的责任，采取建议问责函、建议约谈函等方式，建议有关部门对相关责任人进行问责约谈，对严重违反财经纪律问题负有直接责任的领导、财务人员给予经济处罚，移交相关案件线索，强化对权力集中部门和资金、资产、资源密集领域领导干部的审计监督。

固定资产投资审计 组织实施政府重大投资项目审计 186 个，核减投资额 2.27 亿元。探索委托社会中介机构审计组织管理模式，加强引导和规范中介机构审计行为。

专项资金审计 开展专项资金审计和审计调查项目 31 个，完成定居兴牧、富民安居工程、住宅维修资金等项目的审计，发现存在项目管理不规范，资金拆借、滞留、挪用等问题。对发现的问题，如实向有关部门反映，并责成相关县市及单位进行整改，切实推进相关惠民政策的落实。

（撰稿人：王玉强）

【博尔塔拉蒙古自治州审计局】 2015 年，博尔塔拉蒙古自治州审计局人员编制 40 人，实有 32 人。党组书记马克斯加甫（—6 月）、欧友提（6 月—），局长刘玉玲，副局长郭丽艳（—6 月），副局长韩军（6 月—）、周娟（6 月—），纪检组长郭丽艳（兼），政府投资审计中心主任王京辉。设有州政府投资审计中心、办公室、法制科、经济责任审计科、财政审计科、行政事业审计科、经贸审计科、计算机审计科。

审计成果 博尔塔拉蒙古自治州审计机关共完成审计项目 59 个。审计查出主要问题金额 176367 万元，其中违规金额 6927 万元、管理不规范金额 169440 元；审计发现非金额计量问题 161 个；损益（收支）不实金额 161 万元；审计处理处罚金额 19288 万元，其中应上缴财政 2077 万元、应减少财政拨款或补贴 2425 万元、应归还原渠道资金 453 万元、应缴纳其他资金 6221 万元、应调账处理金额 8110 万元。审计移送司法机关、纪检监察机关和有关部门处理事项 8 件。出具审计报告和专题审计调查报告 80 篇。提出审计建议 121 条，提交审计信息 80 篇，被批示、采用 25 篇。

政策措施贯彻落实跟踪审计 完成跟踪审计项目 8 个，重点审计 23 项重大政策措施贯彻落实情况。按期报告审计结果，及时揭示和反映政策措施不适应、不配套、落实不到位等问题，加强分析，提出建议，推动各项政策措施落到实处。

财政审计 完成本级 2015 年度预算执行及其他财政收支情况的审计、博乐市财政 2015 年度财政决算执行情况审计。州、县（市）两级审计机关均向本级政府提交审计结果报告，并受本级政府委托向人大常委会做审计工作报告。

固定资产投资审计 完成 15 个竣工结算审计，送审造价 19862 万元，审减额 1731 万元。对本地区 6 个重大项目进行跟踪审计。开展援疆项目资金跟踪审计，加强与各项目建设单位的沟通。

经济责任审计 深入贯彻落实两办规定及实施细则，坚持离任审计和任中审计相结合，配合财政审计大格局，加强重点行业和部门，尤其是资金量大、资源密集领域的领导干部经济责任审计力度。完成27个单位42名领导干部的经济责任审计工作，其中州本级11个单位19名领导干部。

民生资金（项目）审计 组织完成保障性住房、安居富民、定居兴牧等项目的审计工作，重点对资金管理、住房分配以及项目建设管理等内容进行审计，延伸调查相关部门和单位43个、乡镇（街道）20个、村（居）委会20个和家庭214户。

（撰稿人：马斌妍）

【巴音郭楞蒙古自治州审计局】 2015年，巴音郭楞蒙古自治州审计局人员编制56人，实有46人。党组书记年卫东，局长那永刚，副局长丁伟雄（援疆干部），总审计师陈志军，纪检组长李建和，调研员韩贵兵。设有办公室、法制科、财政审计科、行政事业与社保审计科、经贸审计科、金融与外资审计科、农业资源与环保审计科、纪检监察室、自治州经济责任审计处、自治州固定资产投资审计处、计算机审计中心。

审计成果 巴音郭楞蒙古自治州审计机关完成审计项目224个，查出主要问题金额1243135万元，其中违规金额210567万元、损失浪费金额597万元、管理不规范金额1031970万元；损益（收支）不实金额89499万元；审计处理处罚金额60854万元，其中应上缴财政13626万元、应减少财政拨款或补贴5487万元、应归还原渠道资金1873万元、应调账处理金额37834万元；审计发现非金额计量问题521个；审计促进整改落实有关问题资金27069万元，其中增收节支15026万元、已调账处理金额11839万元；审计后挽回（避免）损失2575万元。移送司法机关、纪检监察机关和有关部门处理事项16件。出具审计报告和专项审计调查报告293篇，被批示、采用67篇。提出审计建议575条，提交审计信息1587篇，被批示、采用1089篇。向社会公告审计结果1篇。

政策措施贯彻落实跟踪审计 围绕促进经济平稳健康运行，完成审计署统一组织的重大政策落实情况跟踪审计。

财政审计 完成预算执行审计和审计调查项目58个、财政决算审计和审计调查项目6个。

经济责任审计 开展经济责任审计单位35个，审计经济责任人48人，查出领导干部负直接责任问题金额2807万元，已上缴财政120万元，归还原渠道资金173万元。

金融审计 对地方金融机构信贷规模及新增贷款投放情况进行审计调查，注重揭示苗头性、倾向性问题，防范经济风险。

农业与资源环保审计 统一组织实施对草原生态保护补助奖励资金进行审计，并将其纳入乡镇党政主要领导经济责任审计内容。

固定资产投资审计 完成投资审计项目460个，审计项目投资额24.9亿元，核减投资额4.5亿元，平均核减率15%。

民生资金（项目）审计 开展定居兴牧、安居富民、保障性住房、河北援疆项目等民生项目审计，切实促进相关惠民政策落到实处。

企业审计 对8个国有企业进行审计，促进国有企业深化改革。

专项资金审计 统一组织实施少数民族发展资金和粮食农资综合直补资金专项审计。

信息化建设 全面完成OA系统国产化升级，实现审计署、审计厅、地州、县（市）四级互联互通，统一办公系统、会商系统应用平台。

（撰稿人：邓　华）

【克孜勒苏柯尔克孜自治州审计局】 2015年，克孜勒苏柯尔克孜自治州审计局人员编制41人，实有36人。局长赵永忠，副局长（党组书记）吐尔洪·依热力，副局长黄林勇、亚生江·艾力，纪检组长黄林勇（兼），副调研员张永先。设有办公室、纪检监察室、法制科、财政金融审计科、固定资产投资审计科、行政事业审计科、农业与资源环保审计科、经济责任审计科、经贸审计科、社会保障审计科、计算机中心、经济责任审计中心、固定资产投资审计中心。

审计成果 克孜勒苏柯尔克孜自治州审计机关完成审计或审计调查项目228个，审计查出主要问题金额149530万元，其中违规金额59807万元、管理不规范金额89723万元；审计处理处罚金额23156万元；审计发现非金额计量问题70个。移送处理事项1件。针对审计中存在的问题，提出审计建议 281 条。提交审计工作报告 27 篇、信息 254 篇，被采用 6 篇。

财政审计 完成审计项目 31 个，查出主要问题金额 69368 万元。

固定资产投资审计 完成审计项目 165 个，审计核减投资额 1677 万元，查出主要问题金额 4045 万元。

经济责任审计 对 29 个单位 60 名领导干部的经济责任履行情况进行审计，查出主要问题金额 7912 万元，其中违规金额 3813 万元、管理不规范金额 4099 万元。

专项资金审计 完成审计项目 5 个，审计资金总额 20582 万元，查出主要问题金额 9245 万元。

（撰稿人：李均均）

【伊犁哈萨克自治州审计局】 2015 年，伊犁哈萨克自治州审计局人员编制 63 人，实有 59 人。局长胡尔曼哈力·洪海，副局长（党组书记）陈洁，副局长王全胜、马兴慧（—6 月）、卞子竹（12 月—），纪检组长王军强。设有办公室、法制处、财政金融审计处、行政事业审计处、农业与资源环保审计处、社会保障审计处、固定资产投资审计处、经贸审计处、经济责任审计处、老干部工作处、固定资产投资审计中心、计算机技术中心。

审计成果 伊犁哈萨克自治州审计机关完成审计和审计调查项目 358 个，查出主要问题金额 1070257 万元，其中违规金额 292992 万元、损失浪费金额 69 万元、管理不规范金额 777195 万元；损益（收支）不实金额 160429 万元；审计处理处罚金额 108958 万元，其中应上缴财政 4952 万元（罚没 650 万元）、应减少财政拨款或补贴 4012 万元、应归还原渠道资金 51853 万元、应调账处理金额 44815 万元；审计发现非金额计量问题 452 个；审计促进整改落实有关问题资金 12796 万元，其中增收节支 5691 万元、已调账处理 256 万元；审计促进资金拨付到位 1019 万元；审计后挽回（避免）损失 5053 万元。移送司法机关、纪检监察机关和有关部门处理事项 9 件。出具审计报告、专项审计调查报告 473 篇，被批示、采用 42 篇。提出审计建议 835 条，被采纳 647 条。提交审计信息 414 篇，被批示、采用 100 篇。向社会公告审计结果 52 篇。

政策措施贯彻落实跟踪审计 对中央 22 项政策措施涉及的 34 个相关部门单位进行跟踪审计，重点关注中央、自治区政策执行、重大建设项目进度、政府部门推进简政放权等情况。

财政审计 审计（调查）预算执行单位 116 个，查出主要问题金额 862781 万元。

经济责任审计 对 98 个单位 159 名党政领导干部及企业负责人进行经济责任审计，查出主要问题金额 178651 万元。

固定资产投资审计 完成固定资产投资审计项目 88 个，涉及项目投资总额 668459 万元，核减投资额 12198 万元，查出主要问题金额 61137 万元。

专项资金审计 组织开展专项资金审计 31 个，审计专项资金总额 124245 万元，查出主要问题金额 11445 万元。

行政事业审计 审计（调查）行政事业单位 83 个，查出主要问题金额 70，854 万元。

企业审计 审计企业单位 16 个，查出主要问题金额 48725 万元，其中违规经营 4069 万元、违规出借资金 4060 万元、账外资产 1016 万元。

信息化建设 成立审计信息化建设领导小组，推进计算机辅助审计，5 个计算机 AO 应用实例和方法分别被自治区审计厅评为优秀、应用及鼓励等次。

（撰稿人：付晓洁）

【塔城地区审计局】 2015 年，塔城地区审计局人员编制 33 人，实有 29 人。党组书记叶尔肯·赛达合买提，局长丁正全，副局长程和新，总审计师廖军，纪检组长陈学芳，经济责任联席会议办公室主任王志红，调研员古丽娜·库力拜。设有办公室、法制科、财政金融审计科、文教行政事业审计科、经贸审计科、固定资产投资审计科、经济责任审计科、督察审理科、社会保险科、固定资产投资审计中心。

审计成果 塔城地区审计局完成审计项目 200 个，其中组织实施审计项目 38 个。查出主要问题金额 212783 万元，其中违规金额 38583 万元、管理不规范金额 174200 万元；损益（收支）不实金额 76866 万元；审计处理处罚金额 55985 万元，其中应上缴财政 11369 万元、应归还原渠道资金 35473 万元、应调账处理金额 3036 万元；审计促进整改落实有关问题资金 179 万元，其中增收节支 177 万元、已调账处理金额 1 万元；审计后挽回（避免）损失 9 万元。移送司法机关、纪检监察机关和有关部门处理事项 14 件。出具审计报告和专项审计调查报告 200 篇，被批示、采用 18 篇。提出审计建议 251 条，提交审计信息 120 篇，被批示、采用 54 篇。

财政审计 审计及延伸审计单位 8 个。

经济责任审计 完成 21 个单位 26 名领导经济责任审计，查出违规资金 1788 万元。管理不规范资金 11234 万元。

固定资产投资审计 完成固定资产投资审计项目 38 个，核减工程款 2290 万元。

民生资金（项目）审计 开展粮食直补及农资综合补贴资金生产救灾、少数民族技能培训资金、安居富民等审计项目，查处私设“小金库”、虚假发票及发放单套取专项资金、非农业户口人员分配安居富民房等问题，涉及金额 1785.28 万元。

专项资金审计 辽宁省、塔城地区两地审计机关组成联合审计组，共同对“十二五”期间所有援疆项目和资金进行全覆盖跟踪审计调查或竣工决算审计。 （撰稿人：翁丹丹）

【阿勒泰地区审计局】 2015 年，阿勒泰地区审计局人员编制 39 人，实有 32 人。局长许玲，副局长（党组书记）刘洛阳，副局长塔斯肯·哈孜泰、张跃平，总审计师姜淑英，纪检组长塔斯肯·哈孜泰（兼），经济责任联席会议办公室主任姜淑英（兼）。设有办公室、监察综合室、法制科、督察和内部审计管理科、财政金融审计科、行政事业和社会保障审计科、农业与资源环保审计科、外资和企业审计科、经济责任审计中心、固定资产投资审计局。

审计成果 阿勒泰地区审计机关完成审计项目 113 个，其中组织实施审计项目 76 个，参与实施审计项目 37 个。查出主要问题金额 172082 万元，其中违规金额 36070 万元、损失浪费金额 417 万元、管理不规范金额 135593 万元；损益（收支）不实金额 955 万元；审计处理处罚金额 12889 万元，其中应上缴财政 3467 万元、应归还原渠道资金 3324 万元、应调账处理金额 5879 万元；审计发现非金额计量问题 383 个；审计促进整改落实有关问题资金 9937 万元，其中增收节支 4603 万元、已调账处理金额 4847 万元；审计促进拨付资金到位 52 万元；审计后挽回（避免）损失 3778 万元。移送司法机关、纪检监察机关和有关部门处理事项 1 件。出具审计报告和专项审计调查报告 169 篇，被批示、采用 10 篇。提出审计建议 290 条，被采纳 174 条。提交审计信息 607 篇，被批示、采用 384 篇。向社会公告审计结果 19 篇。

政策措施贯彻落实跟踪审计 上报行署和自治区审计厅审计报告 8 篇，涉及单位 386 个、项目 255 个、资金 19.04 亿元，查出问题 35 个，其中管理不规范或违规等问题 9 个，涉及资金 1.17 亿元；非金额计量问题 26 个。

财政审计 审计单位 18 个，查出主要问题金额 129905 万元，其中未按规定征收缴纳收入 12825 万元、违规改变项目计划和资金用途 10704 万元、违规出借财政资金 29052 万元、其他问题金额 77324 万元等。

经济责任审计 开展 19 个单位 27 名领导干部经济责任审计，查出主要问题金额 20506 万元，其中违规金额 3967 万元（负直接责任金额 537 万元、负主管责任金额 3114 万元、负领导责任金额 315 万元），管理不规范金额 16538 万元（负直接责任金额 6 万元、负主管责任金额 10020 万元、负领导责任金额 6511 万元）。

金融审计 审计单位 2 个，查出主要问题金额 1661 万元，其中财务收支核算不实 377 万元、其他问题金额 1283 万元。

固定资产投资审计 审计单位 51 个，查出主要问题金额 18717 万元，其中工程结算款不实 4868 万元、超规模超标准项目 573 万元、其他问题金额 13276 万元，核减投资额（工程款）4866 万元。

专项资金审计 审计（调查）单位 23 个，审计专项资金总额 33103 万元，查出主要问题金额 2118 万元，其中违规项目计划和资金用途 176 万元、资金滞留闲置 232 万元、其他问题金额 1710 万元。

信息化建设 地县审计机关大力推进审计管

理及现场审计两大办公系统的应用，计算机审计成果明显。全年共向审计厅上报计算机审计实例、方法 33 篇，其中 14 篇获得优秀、应用奖。

（撰稿人：张　丽）

【石河子市审计局】　2015 年，石河子市审计局人员编制 68 人，实有 61 人。局长（党组书记）杨全义，副局长刘文、方玉凤、罗新平，农牧团场审计中心主任段志江、沈芳、张予惠、魏建新。设有综合科（办公室）、法制科、财金审计科、行政事业审计科、企业审计科、固定资产投资审计科、经济责任审计科，下设 4 个派出审计中心。

审计成果　石河子市审计机关完成审计项目 25 个，其中组织实施审计项目 25 个。查出主要问题金额 41230 万元，其中违规金额 4759 万元、损失浪费金额 90 万元、管理不规范金额 36380 万元；损益（收支）不实金额 209 万元；审计处理处罚金额 428 万元，其中应上缴财政 69 万元、应归还原渠道资金 189 万元、应调账处理金额 170 万元；审计发现非金额计量问题 29 个；审计促进整改落实有关问题资金 351 万元，其中增收节支 181 万元、已调账处理金额 170 万元；审计后挽回（避免）损失 54 万元。移送司法机关、纪检监察机关和有关部门处理事项 2 件。出具审计报告和专项审计调查报告 42 篇，被批示、采用 1 篇。提出审计建议 52 条，被采纳 42 条。提交审计信息 2 篇，被批示、采用 2 篇。

政策措施贯彻落实情况跟踪审计　组织石河子市 26 个委办局对 64 项重大政策落实情况进行自查，同时对自查情况进行重点抽查。

财政审计　对财政、地税和 16 个预算单位进行审计。

经济责任审计　对 21 个行政事业单位、4 个团场和 1 个国有企业领导任期经济责任进行审计。制定《师市直属部门和单位内管干部经济责任审计暂行办法》。

农牧团场和企业审计　农牧团场、企业审计与经济责任审计相结合，一审多果，一果多用，提高审计效率。

固定资产投资审计　完成工程造价审核项目 233 个，送审金额 15.25 亿元，核减金额 2.24 亿元，审计核减率 14.69%。

专项资金审计调查　完成 2014 年保障性安居工程跟踪审计等 5 个专项审计调查，督促被审计单位及时整改，保障民生资金效益的发挥。对市区 24 个预算单位公务支出情况进行审计调查。

（撰稿人：张建超）

2015 年新疆维吾尔自治区所辖区、县(市)级审计工作统计表

金额单位：万元

审计机关	完成审计项目(个)	审计查出主要问题金额	审计处理情况					出具审计报告和审计调查报告(篇)	提出审计建议(条)	提交审计信息(篇)
			审计处理处罚				移送处理事项(件)			
			应上缴财政	应减少财政拨款或补贴	应归还原渠道资金	应调账处理金额				
乌鲁木齐市										
乌鲁木齐市本级	49	148027	8230	16151	1194	16989	17	62	248	57
天山区审计局	10	2861				931		13	51	18
沙依巴克区审计局	9							17	21	1
新市(高新技术开发)区审计局	8	45451	840	284	554	10129	1	15	1	30

续表

审计机关	完成审计项目（个）	审计查出主要问题金额	审计处理情况					出具审计报告和审计调查报告（篇）	提出审计建议（条）	提交审计信息（篇）
			审计处理处罚				移送处理事项（件）			
			应上缴财政	应减少财政拨款或补贴	应归还原渠道资金	应调账处理金额				
水磨沟区市审计局	12	232435	1087	701	172	68		12	53	151
头屯河(经济技术开发)区审计局	14	173372	6		7	1483		14	50	
达坂城区审计局	3	1379						6		
米东区审计局	13	24588		9	23	363		12	52	21
乌鲁木齐县审计局	11	100702						17	55	70
克拉玛依市										
克拉玛依市本级	27	101210	40025		2	77		43	65	5
克拉玛依区审计局	7	15274			2257		1	20	23	1
独山子区审计局	13	36986	519				1	13	29	
白碱滩区审计局	6	29						10		
乌尔禾区审计局	1							1		
吐鲁番市										
吐鲁番市本级	22	127364	6	3003	1		2	28	24	6
高昌区审计局	17	26007	2		19	7	2	31	40	27
鄯善县审计局	85	19600	6	11209				101	91	16
托克逊县审计局	47	26840	1706	3268	1571	24331		54	208	97
哈密地区										
哈密地区本级	21	30439	10	4388	298	825		21	70	85
哈密市审计局	129	16150	9416	2867	918	5197		135	380	
伊吾县审计局	50	39267	2318	3173		303		50	100	3
巴里坤哈萨克自治县审计局	59	5286		3507				68	65	
阿克苏地区										
阿克苏地区本级	56	114368						71	286	15
阿克苏市审计局	28	73337	2588		675	1428		28	72	88
温宿县审计局	30	485			16	382		30	53	57
库车县审计局	123	25842	507	7699	347	17838	2	123	311	198
沙雅县审计局	19	21982	2		165	20083		23	76	56
新和县审计局	11	5160						11	53	77
拜城县审计局	24	24106			17			24	89	74
乌什县审计局	15	3647				96		30	151	86
阿瓦提县审计局	153	20587	290		6		10	158	118	230
柯坪县审计局	8	849	7					8	35	23

续表

审计机关	完成审计项目（个）	审计查出主要问题金额	审计处理情况					出具审计报告和审计调查报告（篇）	提出审计建议（条）	提交审计信息（篇）
			审计处理处罚				移送处理事项（件）			
			应上缴财政	应减少财政拨款或补贴	应归还原渠道资金	应调账处理金额				
喀什地区										
喀什地区本级	48	56175	1415		4053	3308	3	62	114	8
喀什市审计局	11	2085					1	11	15	7
疏附县审计局	47	40764	327		217	9474		55	49	
疏勒县审计局	75	2072						77	123	
英吉沙县审计局	125	31305	2134	3392	595	667		132	59	12
泽普县审计局	54	1717	1	1680				54		17
莎车县审计局	226	39123	813	12547	1195		3	235	787	
叶城县审计局	139	36038	1			3683		139	343	
麦盖提县审计局	19	8479	522					28	17	41
岳普湖县审计局	73	5929	312		2364	774		80		
伽师县审计局	23	90414	1					25	19	192
巴楚县审计局	49	36153	4	4794	83	31271		51	5	
塔什库尔干塔吉克自治县审计局	10	978	8		77	892		11		2
和田地区										
和田地区本级	18	144740	1241		10400	300	1	24	64	53
和田市审计局	12	25055	2124		46			15	34	
和田县审计局	13	3985	113				1	14	32	
墨玉县审计局	6	2700			2			6	21	
皮山县审计局	15	122035	127	2	41	1555		14	55	
洛浦县审计局	4	388			262			1	11	148
策勒县审计局	8	11103					2	8	18	37
于田县审计局	10	4546	63		270	15		7	31	
民丰县审计局	11	8616	2			2		13	39	
昌吉回族自治州										
昌吉回族自治州本级	27	65324	139	3475	3859	5413	9	40	71	22
昌吉市审计局	16	245467	6715		15894	173	4	19	57	34
阜康市审计局	43	19877	19	4053			12	44	140	20
呼图壁县审计局	28	10618	86	2060		592		27	174	20
玛纳斯县审计局	37	15996	5	5717	3281	1052	1	43	32	10
奇台县审计局	20	5647	47	374	279	39	4	26	71	538
吉木萨尔县审计局	107	35071	79	6813	23		1	108	51	63

续表

审计机关	完成审计项目（个）	审计查出主要问题金额	审计处理情况					出具审计报告和审计调查报告（篇）	提出审计建议（条）	提交审计信息（篇）
			审计处理处罚				移送处理事项（件）			
			应上缴财政	应减少财政拨款或补贴	应归还原渠道资金	应调账处理金额				
木垒哈萨克自治县审计局	27	15701	1877	1676	2251	8907	2	34	70	312
博尔塔拉蒙古自治州										
博尔塔拉蒙古自治州本级	23	21067	12842	2425		4163	3	39	45	78
博乐市审计局	12	81105	1888		393		1	14	28	2
精河县审计局	18	70081	156		15		4	23	44	4
温泉县审计局	6	4114			44	3947		6	4	
巴音郭楞蒙古自治州										
巴音郭楞蒙古自治州本级	38	480027	4581	678	1472	25209	11	58	138	152
库尔勒市审计局	12	410634	94	50	2	11484		14	31	116
轮台县审计局	27	172150	78	1178	61	280		28	23	219
尉犁县审计局	25	9643	595	38			4	28	36	70
若羌县审计局	14	24672		31	70			15	27	34
且末县审计局	32	53546	1883	1883				47	107	160
和静县审计局	11	15809	4480		158			20	39	140
和硕县审计局	12	15723	4738		107	850	1	19	27	87
博湖县审计局	18	32569	15	218				25	55	299
焉耆回族自治县审计局	35	28357		1408		10		39	92	310
克孜勒苏柯尔克孜自治州										
克孜勒苏柯尔克孜自治州本级	15	74956	30			207		15	22	25
阿图什市审计局	18	29079	22227		115	22105		24	58	
阿克陶县审计局	168	38681						167	177	
阿合奇县审计局	7	413						7	7	
乌恰县审计局	20	6400	281		257	24	1	28	17	2
伊犁哈萨克自治州										
伊犁哈萨克自治州本级	33	105174	3068	5	51762	734	2	39	92	45
伊宁市审计局	54	270432	53		10			54	183	60
奎屯市审计局	39	97905	36	4006		225	5	39	72	51
伊宁县审计局	24	20777	612					40	52	30
霍城县审计局	39	85681	43		80	43854		53	93	48

续表

审计机关	完成审计项目（个）	审计查出主要问题金额	审计处理情况					出具审计报告和审计调查报告（篇）	提出审计建议（条）	提交审计信息（篇）
			审计处理处罚				移送处理事项（件）			
			应上缴财政	应减少财政拨款或补贴	应归还原渠道资金	应调账处理金额				
巩留县审计局	62	175078	35					91	184	75
新源县审计局	23	52376	1035					23		20
昭苏县审计局	20	117352	26				1	29	48	20
特克斯县审计局	26	93916	15					45	41	26
尼勒克县审计局	28	50260	24				1	28	57	31
察布查尔锡伯自治县审计局	10	1302						10	13	8
塔城地区										
塔城地区本级	38	205805	106	12037	36983		14	39	120	66
塔城市审计局	27	6284	55		1	391	1	27	30	
乌苏市审计局	36	30504	3				2	36	83	23
额敏县审计局	122	42119	14444			27675		9	23	8
沙湾县审计局	57	55946	10106		25	158	7	52	70	8
托里县审计局	23	9682	267		543	850	1	23	39	62
裕民县审计局	36	56372					1	36	2	8
和布克赛尔蒙古自治县审计局	11	1050						11	24	50
阿勒泰地区										
阿勒泰地区本级	26	5644			350	4006		28	78	61
阿勒泰市审计局	14	27635	1443		308	15		24	45	97
布尔津县审计局	9	21135			1641	565		15	24	45
富蕴县审计局	18	60505	1062		193			27	53	64
福海县审计局	9	20191						16	14	60
哈巴河县审计局	12	25143	553				1	21	20	195
青河县审计局	7	3155						10	18	15
吉木乃县审计局	18	8670	407		830	1292		28	38	70
直辖县 石河子市审计局	25	41230	69		189	170	2	42	52	2

新疆生产建设兵团

【新疆生产建设兵团审计局】 2015年，新疆生产建设兵团审计局人员编制33人，实有26人。设有办公室（审计信息化处）、法制处（审计整改监督处）、财金审计处、社会保障暨专项资金审计处、企业审计处、固定资产投资审计处、经济责任审计处、资源环保审计处。

领导成员

局　　长（党组书记）：梅新顺

副局长：向春华　丁　峰

代　斌（援疆干部）

副巡视员：焦　平（1月—）

审计成果　新疆生产建设兵团（以下简称兵团）审计机关共完成审计（调查）项目340个，查出违规金额10.95亿元、损失浪费金额1545万元；促进整改落实金额3.66亿元，促进拨付资金到位5347万元，审计后挽回（避免）损失202万元，核减投资8331万元。向纪检、司法机关和有关部门移送案件线索13件9人，涉及金额626万元。提交审计报告和信息385篇，被兵、师领导批示、采用36篇。

政策措施贯彻落实跟踪审计　兵团审计局组织兵、师两级审计机关，对兵团各级在推进简政放权、重大建设项目推进、加快城市基础设施建设、财政存量资金盘活和涉农资金整合等政策的贯彻落实情况进行跟踪审计，每个月定时向兵团和审计署报告跟踪审计的结果，推进国家稳增长、促改革、调结构、惠民生、防风险等政策的贯彻落实。

行政权力和责任规范化　按照兵团《关于印发2015年兵团推进简政放权放管结合转变行政职能工作方案》的要求，兵团审计局结合工作职能范围，对行政权力清单和责任清单进行认真清理，涉及行政处罚、行政强制、行政检查、行政奖励及其他权力等5大类42项拟保留权力事项，相关责任事项依照国家和兵团有关法律、法规、规定进行逐项细化。

经济责任审计　将兵团编委办公室纳入联席会议成员单位；与兵团纪委、兵团组织部、兵团巡视组和兵团国资委等经济责任联席成员单位联合，书面函证年度内21名党政、部门及国有企业领导干部个人经济及遵守廉洁从政情况。兵团审计局对兵团统计局、兵团食品药品监督管理局、兵团人口和计划生育委员会、兵团信访局、兵团国资委监管企业等5名主要领导干部进行离任经济责任审计，对兵团教育局1位主要领导干部进行任中经济责任审计。受兵团管理局委托，对兵团机关幼儿园园长进行离任经济责任审计。审计查出个别部门套取财政专项资金转移至账外用于公务接待问题；在项目经费中违规列支招待费、餐费、手机话费、礼品；违规发放津补贴、福利费、超标准发放奖金、评审费发放不规范等违反财经纪律问题。兵团审计局对第十一师主要领导进行任中同步经济责任审计，审计查出预算管理不规范、虚列预算收支及所属单位违规使用专项资金等违反财经纪律问题。对石河子大学、兵团国有资产经营公司、兵团城市建设投资集团有限责任公司、兵团兴新职业技术学院等单位主要领导进行经济责任审计，审计查出个别单位存在“小金库”，私分公款，套取专项资金，经费管理混乱，资金使用不合规，违规发放工资及补助，领导多发薪酬，账账、账实长期不符等问题。

财政审计　以财政预算执行、经济责任、固定资产投资、专项资金审计相结合的方式，实施兵、师财政大格局审计，重点对第二师实施师本级及24团、34团预算执行审计，对兵团统计局、教育局、药监局等6个兵团部门实施2015年度部门预算执行审计，审计揭示在预算编制、审批、管理、执行中存在的诸多问题，提出多项审计建议。移送师纪检案件2起，4人被追究党纪、政纪处分。对第二师、第六师实施财政存量资金专项审计，通过审计，督促、落实国家盘活财政存量资金政策，促进整改落实资金3.46亿元。组织兵、师两级审计机关实施2014年度兵团公务支出和公款消费审计，审计显示，个别师、单位还存在违规发放补贴、奖励、评审费、劳务费等管理不规范；超编、占用下属单位车辆；公务接待相关规定未落实，无公函接待现象较为普遍，超标准接待、赠送礼品等问题。审计结果在全兵团范围进行通报，要求各单位抓好自查自纠和问题整改。

民生资金（项目）审计　对兵团2014年城镇保障性安居工程的投资、建设、分配、运营等情况进行审计。查出棚户区改造规划实施和安置补偿、保障性安居工程资金使用和筹集管理、保障性住房分配管理和使用、保障性安居工程用地和建设等方面存在问题，发现部分师未完成2014年保障性安居工程目标任务。审计结果受到兵、师两级相关领导的高度重视，兵团审计局持续督促各师整改，对未及时整改的单位进行通报批评。

专项审查　对第八师石河子市工会经济事项进行专项审查。第八师石河子工会原主席等9人的违纪、犯罪问题线索已移送兵团纪委。

专项财务评估 兵团审计局组织评估组对确定的少数民族聚居团场贯彻、落实《兵团党委、兵团关于加快少数民族聚居团场经济社会发展的实施意见》的情况、重要指标完成情况、主要经济社会数据、政策可行性等进行评估，从团场后续经济发展、管理水平等方面分析少数民族聚居团场经济社会发展中面临的困难和不足；从保持政策的延续性、增强政策的针对性、突出政策的重点性、关注政策的经济性等方面提出加快少数民族聚居团场经济社会发展的建议。

（撰稿人：翟秋志）

【第一师阿拉尔市审计局】 2015年，第一师阿拉尔市审计局人员编制36人，实有26人（含二个农牧团场审计中心）。局长孔兵（—7月），副局长万丛书、邹桂霞。设有财金固定资产投资科、综合审计科、法制科。

审计成果 第一师阿拉尔市审计局完成审计项目36个，查出问题金额15.75亿元、违规金额200万元；审计促进整改落实金额330万元；审计后挽回损失200万元；核减投资额1.12亿元；审计处理处罚上缴财政40万元、归还原渠道资金202万元、调账处理金额1.71亿元。出具审计报告36篇。提出审计建议114条。

政策措施贯彻落实跟踪审计 对师（市）各级在推进简政放权、重大建设项目推进、加快城市基础设施建设等政策的贯彻落实情况进行跟踪审计，每个月定时向兵团审计局上报跟踪审计的结果。

经济责任审计 对师组织部、师人事局、1团、7团、8团等8位主要处级领导进行经济责任审计。审计查出团场预算管理不规范等问题，依据相关法律、法规进行处理处罚。

财政审计 完成师（市）本级预算执行及其他财务收支审计。实施2015年度师（市）公务支出和公款消费审计。审计显示总体情况良好，相关管理制度逐步建立和完善。

民族资金（项目）审计 对师2014年度城镇保障性安居工程的投资、建设、分配、运营等情况进行审计，查出在棚户区改造规划实施和安置补偿、保障性安居工程资金使用和筹集管理、保障性安居工程用地和建设、部分农牧团场未完成2014年保障性安居工程目标任务等方面存在问题。截至11月底，审计局持续督促各团场整改，对于编造虚假资料骗取棚户区改造资金的问题，向相关责任人进行追责；对于上级财政补助资金已闲置1年以上的问题，向建设单位足额拨付；对于部分团场项目未按规定履行基本建设审批程序的问题进行督促、整改；对未及时整改的单位进行通报批评。

内部审计 师属9个国有及国有控股企业已设置企业内部审计科4个，内部审计人员10人，发挥国有控股企业内部审计监督职能。

（撰稿人：史瑞捷）

【第二师铁门关市审计局】 2015年，第二师铁门关市审计局人员编制28人，实有18人（含1个农牧团场审计中心）。局长黄燕，副局长金银花。设有财经社保审计科、投资审计科、企业审计科。

审计成果 第二师铁门关市审计局完成审计（调查）项目42个，查出违规金额10.91亿元。出具审计报告42篇。提交审计信息18篇。

政策措施贯彻落实跟踪审计 对师重大建设项目推进、财政存量资金盘活和涉农专项资金进行跟踪审计，审计指出存在管理不规范、资金未拨付到位、基础配套设施前期项目手续办理不及时等问题。根据审计整改意见，问题已得到整改。

经济责任审计 完成师（市）领导干部经济责任审计项目26个，其中任中经济责任审计项目13个。对固定资产监管不严、工程项目管理不规范、财务监管不到位等问题提出建议，对违规挪用财政资金违规担保未及时清理的债券、债务等问题按照法律、法规进行处理处罚。

财政审计 实施2014年度财务预算执行审计，涉及资金62.8亿元，查出财务部门预算编制不规范、预算管理不到位等问题，提出统一预算口径，及时纠正坏账、呆账等建议，敦促限时落实。对贯彻落实中央八项规定、兵团党委二十六条规定的执行、公务支出和公款消费等情况进行专项审计。审计就个别单位存在违规发放奖金、补贴，超标准公务接待等问题，提出整改意见，按照法律、法规对违规单位进行处理处罚。

援疆审计 对2013—2015年度对口援疆资金

和项目进行审计，涉及资金4.92亿元。就发现援建项目未按期完工、援建资金未按期到位、未办理相关手续等问题，提出整改意见，敦促违规单位限期落实整改。

民生资金（项目）审计 实施2014年度城镇保障性安居工程审计，涉及资金9.07亿元，查处在公租房、棚户区改造，会计核算等方面存在的问题。

财务评估 对223团开展少数民族聚居团场经济社会发展资金专项财务评估，涉及资金3103万元。

（撰稿人：顾楠希）

【第三师图木舒克市审计局】 2015年，第三师图木舒克市审计局人员编制30人，实有25人（含2个派出审计中心）。局长何小强，副局长朱媛、王进。

审计成果 第三师图木舒克市审计局完成审计项目50个，查出违规金额310136万元。建议有关部门处理事项91件。出具审计报告50篇。提出审计建议51条，被采纳48条。

援疆审计 对2015年度东莞市对口支援第三师41团新建1800套安居住房、44团新建400套安居住房、第三师图木舒克市文化艺术中心等建设项目进行跟踪审计，涉及援疆资金3900万元、国家资金8800万元，对审计中发现的问题，提出意见和建议，敦促被审计单位整改。

财政审计 对师（市）财务（政）决算进行审计，查出问题金额246500万元，其中管理不规范金额3055万元，提出审计建议10条。

固定资产投资审计 对12个固定资产投资项目进行审计，涉及资金8804万元。

企业审计 对15个农牧团场、14个国资委监管企业2014年度资产运行情况进行审计。查出问题金额60581万元，其中资产闲置3418万元、财务收支不实资金45952万元、其他问题资金11209万元。

经济责任审计 实施5个农牧团场和1个国资委监管企业的6位主要负责人的经济责任离任审计。查出问题金额7924万元，被认定应负直接责任金额3950万元。

（撰稿人：罗　怡）

【第四师可克达拉市审计局】 2015年，第四师可克达拉市审计局人员编制31人，实有29人（含3个派出审计中心）。局长孟新伟，副局长张荣华。

审计成果 第四师可克达拉市审计局完成审计项目123个，审计促进节支和挽回经济损失3525.91万元；审计处理处罚事项42个，罚款24.57万元，已上缴师财务局。向师、团两级纪委移送违纪案件线索9件。出具审计报告123篇。撰写审计信息8篇，被采用6篇。

援疆审计 完成2013—2015年度援疆项目资金跟踪审计。审计中发现个别建设单位未严格按照批复文件对项目投资进行控制、部分项目建设单位没有及时组织工程项目竣工验收。

财政审计 完成师机关事务管理局、四师路政管理局、四师工程质量安全监督站等8个行政事业单位预算执行审计。揭示部分单位财务、资产管理中存在的问题，对发现的问题提出审计意见和建议，促进完善被审计单位内部管理制度。

固定资产投资审计 完成基本建设项目资金审计71个，涉及金额13.7亿元，核减工程款1.51亿元，核减率10.07%。审计发现部分单位未履行招投标程序擅自发包项目、部分建设项目财务核算不规范、资料不完整、未严格履行合同规定的金额和施工日期。对存在的问题，审计分别给予罚款、核减工程款、收回归还原渠道资金、责令调整相关账目等处理处罚。

企业审计 完成18个团场和15个师直属企业2014年度财务收支和资产负债损益审计，对发现的问题，提出处理意见或处罚决定。

经济责任审计 对4名处级领导干部进行离任经济责任审计，对2个单位的党政领导干部进行任中同步经济责任审计。

专项资金审计 对2014年度保障性安居工程项目，稳增长、促改革、调结构、惠民生政策措施落实情况，2012年至2014年少数民族聚居团场经济社会发展专项资金情况进行审计。审计发现部分单位保障性安居工程在建设、资金使用和筹集管理方面存在问题，少数民族聚居团场经济社会发展专项资金项目进展缓慢。审计提出合理化建议6条，敦促被审计单位落实整改。

（撰稿人：魏　龙）

【第五师双河市审计局】 2015年，第五师双河市审计局人员编制25人，实有20人（含2个农牧团场审计中心）。局长余平安，副局长李菊萍、罗红梅。设有经济责任审计科、固定资产审计科、财金审计科、企业审计科。

审计成果 第五师双河市审计局完成审计项目82个，查出管理不规范金额87万元，审计处理应调账处理金额5780万元。出具审计（专项调查）报告108篇。提交审计信息1篇。提出审计建议37条，被采纳37条。

援疆审计 完成对本师2014年度和2015年度援疆审计24个，总投资额3.97亿元，援助资金1.6亿元，已到位资金1.14亿元。对使用资金不规范单位，敦促限期整改。

财政审计 完成2014年度师本级预算执行情况审计，对本师大额沉淀资金问题，提出审计建议3条，均被采纳。对2013—2014年度"三公"经费进行审计检查，查出个别单位公务接待中购买烟酒、干果、礼品等违规金额34.51万元，违规发放福利、奖金95.72万元，未履行统采手续购买办公用品26.34万元，其他违规金额10.23万元。审计局敦促师相关单位制定公务接待具体办法。

固定资产投资审计 完成投资项目审计43个，总金额4.4亿元，对不规范资金管理的问题进行处理。

企业审计 对9个农牧团场财务决算进行审计，资金总额68.84亿元，查出棉花价格降幅较大、部分团场资金负担重、对外投资效益不凸显等问题，提出审计建议4条。

经济责任审计 对师26个单位党政领导干部进行任期经济责任审计，查出不规范金额87万元，审计处理应调账处理金额5780万元，对不规范问题按照相关法律、法规进行处理。

专项资金审计 对6个农牧团场农业综合开发资金和以工代赈项目资金进行专项审计，审计总金额6909万元，提出审计建议6条。

（撰稿人：刘　红）

【第六师五家渠市审计局】 2015年，第六师五家渠市审计局人员编制37人，实有30人（含3个农牧团场审计中心）。党组书记马新中，局长李宏图，副局长杨再谋。设有办公室、法制科、财金审计科、企业经责审计科、计算机科、行政事业审计科、投资审计科。

审计成果 第六师五家渠市审计局完成审计项目52个，查出违规金额3962万元。移送纪检、监察部门处理事项1件，建议有关部门处理事项8件。出具审计报告52篇。撰写审计信息6篇，被采用6篇。3个审计项目分别获得兵团审计局优秀、表彰项目。被《中国审计》编辑部评为2015年度全国审计宣传工作先进单位，被兵团审计局授予2015年度先进集体荣誉称号，被第六师授予2015年度优秀基层党支部荣誉称号。

援疆审计 配合山西省审计厅完成6个对口援疆项目审计工作。

财政审计 对五家渠市顺通公司等7个单位的预算执行及其他财政（财务）收支情况进行审计，查出问题金额3416万元，移送纪检部门处理事项1件。

固定资产投资审计 对水利、教育系统、城镇基础设施等28个项目进行审计，投资额48367万元，核减工程款3254万元，移送有关部门处理事项7件。

经济责任审计 对土墩子农场等4个农牧团场和芳草湖垦区公安局等6个行政事业单位领导进行任期经济责任审计，查出管理不规范金额977万元，其中应负直接责任金额22万元、应负主管责任金额955万元，提出审计建议11条。

专项资金审计 对7个农业综合开发项目及北塔山牧场2012年至2014年少数民族居聚团场经济社会发展专项资金等项目进行审计或审计调查。

（撰稿人：丁梅华）

【第七师审计局】 2015年，第七师审计局人员编制28人，实有28人（含3个农牧团场审计中心）。局长张明炜，副局长奚玉龙。

审计成果 第七师审计局完成审计项目73个，查出违规金额593万元。移送纪检、监察部门处理事项7件。出具审计报告73篇；提交审计信息5篇，被采用5篇。整理、汇编《第七师审计局规章制度汇编》。2015年度被评为兵团审计系统先进集体，2个审计项目分别被评为兵团2015年度优秀及表彰审计项目。

财政审计 对师、团两级2014年度本级预算进行审计，上报《团场2014年预算执行及财务收支情况审计发现的问题汇报》，引起师领导重视，师相关部门制定团场领导薪酬发放、公务用车、领导就餐、棉花补贴资金管理等措施办法，移送处理事项2件。

民生资金（项目）审计 对师2014年度城镇保障性安居工程、农业综合开发资金、师教育专项资金和最低生活保障金、棉花补助资金的管理、分配和使用情况进行审计，发现部分低保人员退休后仍享受低保待遇、部分团场学校资金被截留、挪用农广校经费、棉花补贴金管理使用不规范等问题，师民政局根据审计结果收回低保资金60.57万元。

企业审计 对天北矿业公司2014年度资产负债及损益情况进行审计，揭示天北矿业公司部分往来款项未及时形成固定资产、存在无法收回应收款、车辆账实不符等问题。对师属10个团场、2个企业化管理的事业单位进行专项审计调查，揭示投资收益低、资本保值增值情况较差等问题。

固定资产投资审计 完成师2014年度城镇保障性安居工程、胡杨河水系及带状公园等项目的跟踪审计和项目竣工决算审计，审计工程造价项目117个，报审金额16.2亿元，审定金额13.83亿元，审减工程造价2.37亿元。

经济责任审计 7月、10月分别召开师经济责任审计联席会议。开展处级领导干部任期经济责任审计项目12个，揭示锦融诚信投资有限公司部分典当和融资业务贷款到期不能按期偿还、存在逾期风险的问题；锦恒能源投资公司错误申报并缴纳企业所得税；建设局部分车辆未入账，下属建材综合实验应收而未收账外工程检测费等问题。 （撰稿人：杨建芳）

【第八师石河子市审计局】 2015年，第八师石河子市审计局人员编制68人，实有61人（含4个农牧团场审计中心）。局长（党组书记）杨全义，副局长刘文、方玉凤、罗新平。设有综合科（办公室）、法制科、财金审计科、行政事业审计科、企业审计科、固定资产投资审计科、经济责任审计科。

审计成果 第八师石河子市审计局完成审计项目72个，查出违规金额6827万元、损失浪费金额90万元、管理不规范金额104536万元；非金额计量问题101个；损益不实金额2932万元；侵害人民群众利益金额122万元。移送纪委处理7件，涉及人员10人、金额579万元。出具审计报告97篇。撰写《审计要情》2篇。提出建议121条，被采纳108条。获得2015年度全国审计宣传工作先进单位、2015年度兵团审计系统先进集体称号。

财政审计 对财政、地税和16个预算单位进行审计，提出审计建议，审计结果向市人大常委会做专题报告，促进师（市）财政预算管理规范化。对24个预算单位进行“三公”经费和会议费、培训费的审计，审计结果表明，与上年度同期相比，24个预算单位“三公”经费下降39.3%、会议费下降67.6%、培训费下降1.7%。

政策措施贯彻落实跟踪审计 召集师（市）26个局委办，将涉及的64项政策分解、落实到相关部门，组织各单位进行自查，审计局重点抽查，发现清理非行政许可审批事项进展缓慢、城镇建设吸引民间投资力度不够等问题。

企业审计 结合团场、企业与经济责任审计相结合，将审计中发现的问题上报师（市），师（市）领导高度重视，及时安排整改，出台师（市）对企业的监管制度。

固定资产投资审计 完成工程造价审核项目233个，送审金额15.25亿元，核减金额2.24亿元。

经济责任审计 对社管委、南山新区管委会、机关事务管理局等21个行政事业单位、4个团场和1个国有企业领导进行任期经济责任审计。选择1个企业和1个团场，首次开展领导干部任中审计和党政领导同步审计。

专项资金审计 完成2014年度第八师石河子市保障性安居工程、第八师石河子市农业综合开发项目、辽宁省援疆资金等专项资金审计，查处在项目管理、资金使用中存在的问题，督促被审计单位及时整改。 （撰稿人：张建超）

【第九师审计局】 2015年，第九师审计局人员编制25人，实有24人（含两个农牧团场审计中心）。局长吴新国，副局长张艳丽、涂海滨。

审计成果 第九师审计局完成审计项目64个，查出违规金额4771万元、损失浪费金额5571万元、管理不规范金额15578万元；审计处理应上缴财政502万元、应缴纳其他资金9万元、应调账处理金额7616万元、应归还原渠道资金2951万元。移送检察、纪检部门处理违纪案件3起，涉及17人、金额209万元。出具审计报告64篇。

政策措施贯彻落实跟踪审计 对相关重大政策措施贯彻落实情况进行跟踪审计，查出政策措施不衔接、不配套、不适应等问题。

财政审计 对2个预算单位2012—2014年度的财务收支及预算执行情况进行审计，查处资金管理不规范、隐瞒收入、坐支现金、收入和支出不实、虚假发票入账、账外固定资产等问题。

专项资金审计 对师本级及所属单位公务支出、公款消费情况进行审计，提交综合审计报告1篇。开展2012—2014年度少数民族聚居团场社会发展资金专项审计调查和师2014年度兵团保障性住房跟踪审计。

经济责任审计 对师15位处级领导干部进行经济责任审计，其中离任审计项目7个、任中审计项目8个。对领导干部任期经济责任和工作业绩进行公正的评价。

企业审计 开展2个国有企业2012年至2014年资产、负债及损益情况审计，查出因决策不科学、不合规、管理不严格导致国有资产流失等问题。

援疆审计 与辽宁省审计厅组成联合审计组，对辽宁省2012—2014年度援建的8个工程项目实施竣工决算审计，核减工程造价1084.81万元。

固定资产投资审计 开展投资建设审计项目34个，核减施工单位工程造价4299万元，查出项目超规模、超概算，未按规定支付工程款、未按规定办理项目前期审批手续等问题。

（撰稿人：胡　杨）

【第十师北屯市审计局】 2015年，第十师北屯市审计局人员编制25人，实有25人（含2个派出审计中心）。局长韩光俊，调研员蒋红。设有法制科、经济责任审计科。

审计成果 第十师北屯市审计局完成审计（调查）项目36个，查出违规金额3879万元。移送司法、纪检部门处理事项1件，涉及1人。出具审计报告36篇。提交审计信息20篇，被采用5篇。

财政审计 实施师（市）本级预算执行审计，向北屯市人大常委会提交审计报告，揭示个别单位预算执行不严格、项目执行不到位等问题，提出审计建议，督促违规单位限期整改。

企业审计 对8个农牧团场和北屯得仁城投公司2014年度经营责任目标完成情况进行审计，审计金额554699万元，发现管理不规范金额10576万元、损益不实金额1777万元、违规金额2776万元，审计处理应调账处理金额27835万元。

援疆审计 对援疆投资建设项目的结算、决算和实施情况进行审计，发现个别项目不按照合同约定支付工程款、超付工程款等问题；下达整改通知书，督促违规单位限期整改。

专项资金审计 对师属15个单位工会经费收缴管理、使用情况进行审计，规范工会经费的使用，对发现的问题，督促违规单位及时整改。

经济责任审计 对6名领导干部进行经济责任审计，发现1名领导干部违反中央八项规定，公款旅游，审计决定收缴罚没款2.8万元，移交纪检部门处理。

（撰稿人：洪　谦）

【建筑工程师（第十一师）审计局】 2015年，建筑工程师（第十一师）审计局人员编制7人，实有6人。局长曹建辉，副局长陈建文。

审计成果 建筑工程师（第十一师）审计局完成审计项目7个，查出违规金额3.47亿元，已整改金额5347万元，对违规单位做出调账处理，出具审计报告7篇。

企业审计 审计4个企业，查出个别单位部分企业报表利润不实，违规发放福利费、奖金，上下级单位会计核算口径不统一，“三重一大”和“三公”经费等制度不完善的问题。

专项资金审计 审计查处施工手续不全、资金未及时拨付、部分建设项目管理不规范、保障性住房建设的管理、分配制度有待完善等问题。

财政审计 对2个单位进行财务收支审计，查出无公函公务接待、成批购买物品、未附购物明细清单等问题。

内部审计 师所属企业设立内部审计机构15个，内部审计从业人员37人，重点企业均配备审计机构和人员。完成审计项目43个，节支20万元，提出审计建议230条，被审计单位全部采纳。

制度建设 制定印发《建工师审计工作暂行规定（试行）》。（撰稿人：王光灿）

【第十二师审计局】 2015年，第十二师审计局人员编制16人（含1个审计中心），实有16人。局长林海英，副局长徐建军。设有固定资产审计科、经济责任审计科。

审计成果 第十二师审计局完成审计（调查）项目58个，查出违规金额52476万元。向团场纪检部门移送案件线索1件，涉及4人。出具审计（调查）报告58篇，提出审计建议135条。

金融审计 对乌鲁木齐北园春融资性担保有限责任公司等8个单位进行2014年度资产负债损益审计。

经济责任审计 对新疆天恒基水务有限公司董事长兼总经理等7名领导进行经济责任审计，通过审计，加强对权力的制约和监督，完善干部管理的监督机制。

固定资产投资审计 对新疆天恒基投资（集团）有限公司天恒基园林生态科技产业联动示范区建设项目、第十二师三坪农场2013年奶牛标准化养殖小区扩建项目等37个工程项目进行竣工财务决算审计。

民生资金（项目）审计 开展安居工程跟踪审计，揭露和查处棚户区改造安置补偿、保障性住房分配、资金管理使用等方面存在的违法违纪问题。问责被审计单位19个，指出问题22个，督促被审计单位限期整改。（撰稿人：林海英）

【第十三师审计局】 2015年，第十三师审计局人员编制23人，实有20人（含2个派出审计中心）。局长黄玉华，副局长海东青。

审计成果 第十三师审计局完成审计项目63个，查出违规金额5752.62万元、管理不规范金额7.52亿元，审计决定处理处罚金额11.7万元，追回资金40万元、调账处理金额2821.54万元，归还原渠道资金600万元。出具审计报告61篇、行业汇总审计报告4篇。提出审计建议和意见114条。

财政审计 对15个预算单位进行审计，查出个别单位存在“三公”经费超支、报销虚假发票等问题，查出问题金额7191.97万元，责令上缴财政2.8万元、调账处理金额2119.18万元、自行纠正金额5069.99万元。

固定资产投资审计 对11个固定资产项目进行审计，查出个别项目存在工程合同签订不规范、多支付工程款等问题，审计核减金额690.48万元。（撰稿人：宋小方）

【第十四师昆玉市审计局】 2015年，第十四师昆玉市审计局人员编制10人，实有9人（含一个农牧团场审计中心）。局长庞开洪，副局长郭建盛。

审计成果 第十四师昆玉市审计局完成审计项目21个，查出问题金额3203万元，其中会计核算不实金额82万元、管理不规范金额242万元，审计整改罚没款24万元。出具审计报告21篇。提出审计建议34条，被采纳15条。

政策措施贯彻落实跟踪审计 对师、团两级在推进简政放权、重大建设项目推进、加快城市基础设施建设、财政存量资金盘活和涉农资金整合等方面政策的贯彻落实情况进行跟踪审计，向兵团审计局上报跟踪审计的结果。

经济责任审计 对师计划生育委员会、民政局、劳动局、中级人民法院、党委党校、残疾人联合会等单位的主要领导干部进行离任经济责任审计，查出个别部门在项目经费中违规列支招待费、餐费、礼品等违反财经纪律的问题。

财政审计 对师下属4个农牧团场和司法局、公安局等14个单位实施财政大格局审计，审计揭示师、团单位在经营管理、预算编制、审批、执行中存在的诸多问题，提出审计建议，督促被审计单位限期整改。对师、团两级单位实施公务支出和公款消费审计，查出存在违规报销公务消费、无公函接待、超标准接待、赠送礼品现象仍有发生。审计督促自查自纠和落实整改措施。

民生资金（项目）审计 对第十四师2014年城镇保障性安居工程的投资、建设、分配、运营等情况进行审计，揭示未完成2014年保障性安居工程目标任务、资金拨付管理不规范、保障性住房分配管理和使用方面存在的问题。师相关领导要求师建设局、发改委、财务局等部门组成联合督查组，对存在问题的建设单位进行督促整改，对未及时整改的单位进行通报批评。

（撰稿人：胡赣江）

2015 年新疆生产建设兵团所辖师级审计工作统计表

金额单位：万元

审计机关	完成审计项目（个）	审计查出主要问题金额	审计处理情况					出具审计报告和审计调查报告（篇）	提出审计建议（条）	提交审计信息（篇）
			审计处理处罚				移送处理事项（件）			
			应上缴财政	应减少财政拨款或补贴	应归还原渠道资金	应调账处理金额				
第一师阿拉尔市审计局	36	157509	40		202	17082		36	99	2
第二师铁门关市审计局	42	549869	116		13630	292023		42	108	18
第三师图木舒克市审计局	50	310136				3792		50	51	
第四师可克达拉市审计局	123	59496	54		2202	836	9	123	13	1
第五师双河市审计局	82	5780				5780		108	37	1
第六师五家渠市审计局	52	3416					1	52	3	6
第七师审计局	73	57705	187		77	57441	7	73	364	5
第八师石河子市审计局	47	2068	2		5840	2723	6	55	69	2
第九师审计局	64	25621	502		2951	7616	3	64	123	
第十师北屯市审计局	36	3879				19700	1	36	80	20
建筑工程师（第十一师）审计局	7	34700				5347		7	78	
第十二师审计局	58	52476					1	58	135	3
第十三师审计局	63	5753	52		600	2822	2	65	114	
第十四师昆玉市审计局	21	3203				82		21	34	

科研、培训、出版、学术团体

【审计署审计科研所】 2015年，审计署审计科研所（以下简称审计科研所）人员编制43人，实有32人。设有办公室、审计基础理论研究处、审计技术方法研究处、审计管理研究处和审计法制研究处。

领导成员

副 所 长：姜江华（主持工作，7月—）
刘力云　沈立强
彭新林（2月—）

工作综述 审计科研所全年开展7个重点课题和其他6个课题的研究工作，与有关单位合作开展12个课题的研究，并安排14个科研课题进行协作或委托研究。撰写50期《审计研究报告》，编译19期《国外审计动态》。完成《中国特色社会主义审计制度研究》书稿的统稿，完成《中国共产党审计工作史》第四稿的编写，拟定《中国国家审计学》（上卷）的编写大纲，牵头组织完成《审计技巧》丛书的编写。开展国外国有企业审计比较研究。对政策措施落实情况跟踪审计工作开展第三方评估。撰写《审计技术创新发展报告（2015）》。组织召开全国审计科研协作会议。组织完成2015年度审计署优秀博士学位论文的评选活动。新录用2人，组织博士后工作站1名博士后的出站答辩工作，招收4名博士后进站工作。参加中央部门单位预算执行审计等审计项目。

审计科研课题研究 对"'四个全面'战略部署下的国家审计发展定位研究""审计监督全覆盖研究""省以下地方审计机关管理体制研究""审计职业化建设研究""审计成果利用制度研究""审计质量控制制度研究""审计法律体系研究"等7个重点科研课题进行研究。完成"国家审计发挥宏观调控作用研究"等6个课题的研究；与署机关有关业务司、特派办、省审计厅及科研所等合作完成"基于数据挖掘的商业银行对公信贷资产质量审计研究"等12个课题的研究，印发《审计研究报告》。对陕西省审计厅《新民主主义革命时期习仲勋与监督工作》课题研究报告进行审核把关。分两批安排"审计职业教育培训课程体系建设研究"等14个科研课题的协作研究或委托研究。

撰写《审计研究报告》 完成50期《审计研究报告》。"国家审计发挥宏观调控作用研究"对国家审计在宏观调控各个历史阶段中的定位和发挥的作用进行梳理，总结经验，归纳经济新常态背景下的国家审计在宏观调控中的全新作用，并对国家审计在宏观调控中的作用进行简单的政策仿真模拟，为国家审计科学地参与宏观调控进行初步的尝试。"上下级审计机关审计资源整合研究"分析上下级审计机关审计资源的现状及存在的问题，提出上下级审计机关审计资源整合的路径，同时指出上下级审计机关资源整合还需研究解决的基础性问题。"预算执行内部控制审计探析"进行预算执行审计与预算执行内部控制审计的概念分析，以及预算执行内部控制的风险分析，指出预算执行内部控制审计工作的要求。"关于建立和健全国家审计廉政风险防控机制的思考"分析国家审计建立和健全廉政风险防控体系的重要性和应遵循的原则，并提出建立和完善审计廉政风险防控工作机制的主要方面，该课题研究获得审计长刘家义的肯定。"全面深化改革环境下企业审计目标研究"立足审计工作的法定职能，在分析审计目标内涵的基础上，梳理企业审计目标的发展历程，提出深化改革环境下国有企业审计的新要求，对构建企业审计目标体系进行比较深入的分析。"完善审计制度的初步思考"探讨完善审计制度在"四个全面"战略布局中的定位，提出以构建行政权力制约监督体系为基本取向，论述完善审计制度的重点领域和审计工作机制的重要方面。“中央部门单位预算执行中存在的突出问题及其领域”对2009—2013年度中央部门单位预算执行情况和其他财政收支审计发现的问题进行统计，归纳分析的结果。“国家审计推动政府管理规则革新的思考”指出管理规则滞后严重制约重大改革举措落地生根的问题，阐明国家审计要积极推动全面深化改革相关管理规则的革新。“信息安全产业存在的主要问题及审计探讨”指出我国信息安全产业存在的突出问题，对信息安全产业的审计监督进行初步的探讨。“国家审计在全面推进依法治国中的地位、作用和路径探析”在深刻认识和准确把握国家审计在全面推进依法治国中的特殊地位和重要作用基础上，阐述进一步完善国家审计推进全面依法治国的路径。“国家审计内涵辨析”分析国家审计的本源和特征，厘清国家审计的内涵，归纳世界各国和国际审计组织对国家审计的一致认识，明辨国家审计与社会审计、内部审计的区别和联系，得到审计署领导肯定。“嵌入式审计——国家审计服务国家治理的实践演进”论述嵌入式审计与国家审计本质的高度契合性，阐明嵌入式审计的作用机制，明确依法有效开展嵌入式审计在实践中应注意把握好的环节。

编译《国外审计动态》 对国外政府审计及其相关内容开展跟踪研究，从中分析提炼有益的启示和借鉴，为我国的国家审计工作提供参考。编译19期《国外审计动态》，重点关注世界审计组织、欧盟审计院和美国等国审计机关的审计活动。主要编译“美国审计署审计报告要览”“美国审计署无人机审计的特点及启示”“美国审计署页岩油气开发跟踪审计情况与启示”“美国《数据法案》对我国财政支出公开及审计工作的启示”“欧盟审计院审计发现：欧盟机场基建资金使用效益低下”等审计动态。

重点课题研究和相关工作 完成《中国特色社会主义审计制度研究》书稿的统稿工作。继续组织《中国共产党审计工作史》的征求意见、协调和修改工作，召开审计专家研讨会、党史专家研讨会，完成第四稿，并向离退休署领导、司局长征求意见。拟定《中国国家审计学》（上卷）编写大纲，组织相关人员进行修改和编写。牵头组织完成《审计技巧》系列丛书的编写工作。开展国外国有企业审计比较研究，研究报告报送署领导审阅，署领导对此项研究给予肯定。对2014年8月以来审计署组织的稳增长等政策措施落实跟踪审计工作进行第三方评估，提交《关于稳增长等政策措施落实跟踪审计工作的第三方评估报告》，署领导在报告上做出批示。开展审计技术创新发展和推广应用研究，对全国审计机关2013年以来审计技术创新情况进行征集，撰写《审计技术创新发展报告（2015）》。

全国审计科研协作会议 组织召开全国审计科研所所长参加的全国审计科研协作会议，明确近期理论研究的目标方向和形势任务，介绍审计科研所2015年度课题研究情况和协作研究的意向，并围绕审计科研工作方向与任务、课题协作研究方式和内容、本单位科研方法和成果等，进行交流讨论。

审计署优秀博士学位论文评选 根据《审计署优秀博士学位论文评选办法》，组织开展2015年度优秀博士学位论文的评选活动，对收到的8篇参评论文进行评选，评选出3篇优秀论文。

博士后工作站管理 组织博士后工作站1名博士后的出站答辩工作，招录4名博士后进站工作，修订完善《审计署审计科研所博士后科研工作站管理规定》。在2015年全国博士后科研工作站评估中，审计科研所博士后科研工作站获得“优良”等级。1名博士后研究人员获得全国博士后科学基金资助一等奖。

制度建设 制定和修改完善《审计署审计科研所博士后科研工作站管理规定》《审计署审计科研所工作督办办法》《审计署审计科研所工作事项分类管理办法》，起草《审计署审计科研所专业技术职称聘任办法》《审计署审计科研所科研课题经费管理办法》《审计署审计科研所关于守纪律讲规矩的行为准则》等。对《审计署优秀博士审计论文评选规定》和《审计署重点科研课题管理规定》提出修改意见。

（撰稿人：陆晓晖）

【审计署审计干部培训中心】 2015年，审计署审计干部培训中心（以下简称培训中心）人员编制38人，实有30人。设有办公室、培训一处、培训二处、培训三处、职业发展处、考试处

（考试中心）、电教处。

领导成员

副 主 任：班东启　曹志勇　刘　瑛

工作综述　在署党组和分管署领导的正确领导下，培训中心认真学习习近平总书记系列重要讲话，全面落实从严治党和党风廉政建设主体责任，扎实开展“三严三实”专题教育，认真贯彻落实《干部教育培训工作条例》，严格执行年度培训项目计划，开发教学产品，丰富培训资源，严格考务管理，提升电教服务水平。

党风廉政建设　培训中心全面落实从严治党要求，加强思想政治理论学习，深入开展“三严三实”专题教育实践活动，不断加强党建工作，强化作风建设。加强理论学习，深入开展“三严三实”专题教育实践活动。以全体党员大会或者支部会的形式，多次集中学习十八届四中、五中全会和习近平总书记系列重要讲话精神、“三严三实”专题教育活动相关重要文件、《关于完善审计制度若干重大问题的框架意见》及相关配套文件等。认真整改落实，持续巩固“三严三实”教育实践活动成果。针对“三严三实”专题教育实践活动，严格落实《审计署“三严三实”专题教育工作方案》要求，制订工作计划，明确责任进度，坚持把开展专题教育与做好培训工作同落实，立足查找“不严不实”问题，着眼提升履职尽责能力。强化廉政建设，全面落实主体责任和从严治党要求。抓好党风廉政建设是全面落实从严治党的基础性工作。修订完善《审计干部培训中心职权目录权力运行流程图及防控措施》，制定《审计干部培训中心财务公开管理办法》等内部管理制度。严格落实领导班子和处级领导干部“一岗双责”制度，加强廉政、财务等各项纪律约束，加强采购管理。

贯彻实施年度培训项目计划　全年实施培训项目49期，培训5452人次，51214人天。在实施培训计划项目时，突出做到“五个坚持”：一是坚持需求导向，不断提升培训针对性。针对每一个具体培训项目均有针对性的调研机制，始终坚持“不调研不培训”。二是坚持精品意识，着力打造品牌培训项目。培训中心牵头开展的新录用公务员初任培训班、市县审计局长培训班、审计组长培训班、主审培训班、提升查办案件能力培训班、为特派办和地方审计机关量身定做的“送教上门”培训项目以及案例教学师资培训项目的课程体系已经基本稳定。三是坚持规范管理，严格各项培训纪律。严格学员请销假制度。在培训项目实施时，坚持“培训无小事”的理念，确保在学员人身、财物、交通、饮食、消防等安全方面不出现任何问题。打造无手机课堂，构建良好课堂秩序，维护培训课堂的严肃性，不断改善学风。四是坚持方式创新，不断提高培训质量。创新培训方式，综合运用案例教学、审计模拟实验室、网络培训、专题研讨、实训结合等多种培训方式，不断提升培训的科学性和专业性。五是坚持成果提升，积极拓展培训实效。注重培训总结，发挥培训班平台作用，加强对审计实践经验的总结和成果提炼。

推广案例教学　培训中心案例库已有审计教学案例430个，案例教学师资456个，其中经过实践检验的案例139个，教学师资136个。通过实施案例教学师资班、“送教上门”师资培训班、提升查办案件能力培训班，不断培养锻炼师资、不断积累优秀案例。案例教学方式已经普遍运用于培训中心牵头实施的领导力培训、审计业务培训、初任和任职等各类培训项目中。

审计模拟实验室建设　截至年底，审计模拟实验室累计完成子项目建设任务65个。新建部门预算审计模拟子项目、案例仿真实务平台系统及桥梁工程实务与审计案例模拟子系统等项目。审计模拟实验室成果在审计干部教育学院和广东等地方审计机关得到深度应用。

审计干部网络学院建设　在网络培训课件征集方面，组织审计署各司局和地方审计机关制作提交课件。截至12月底，培训中心拟选择采用281门课件。组织开展审计干部网络学院全国试运行工作，各版块功能得到完善。截至年底，共有注册用户约5.5万人，实际使用约2万人。

考试工作　培训中心周密安排考试相关工作，精心组织考试大纲和考试教材修订工作；修订《考务工作细则》、完善考试保密制度。全国共有44083名考生报名参加审计专业技术初、中、高级资格考试，考试工作连续多年保持考试试题无差错，试卷无泄露。

行业审计读本编写　为满足审计干部教育培训需求，按照署领导指示组织部分业务司编写财政、投资等 7 本行业审计读本。6 本读本已经多轮次审稿修改进入终审环节，2016 年将陆续出版。

电教服务工作 培训中心围绕审计文化建设，突出审计工作特色，做好署领导讲话、会议活动、教育培训、审计现场电教服务。拍摄 4 集审计署党员教育宣传片，其中《真作为 硬作风》获中组部全国党员教育片观摩交流活动（纪录片组）三等奖。全年编辑整理、采集录入、归档保存审计音像资料约 255 小时。

培训信息管理系统建设 审计干部培训信息管理系统已在培训中心内部开展上线试运行工作。该系统主要面向培训管理人员、审计署审计人员两类用户，培训管理人员可以利用系统全面管理和利用培训信息，规范培训工作流程，加强培训过程质量控制，审计人员可以利用系统实现对培训信息的查询和反馈。

培训者培训 为贯彻落实审计长“培训中心要加强自身培训”的指示，培训中心开展审计实践、教学实践、内部讲坛、课题研究、外部调研等一系列培训者培训活动。培训中心赴四大会计师事务所、3 家部委和 3 所企业大学等机构调研培训工作；邀请来自国家行政学院、国家公务员局、北京大学、用友大学等机构的 5 名专家对培训中心全体干部进行授课。全年选派 6 人次参加审计业务实践；选派 6 人次参加国家公务员局等机构实施的外部培训；选派 10 人次在相关培训班次进行教学实践；选派 2 人赴审计干部教育学院挂职锻炼、1 人在政研室挂职锻炼。在党总支活动、工会活动、培训者培训活动中，注重发挥青年干部的参与热情。审计干部培训中心党总支报送的《搭建青年学习研究平台 服务审计人才队伍建设》获得中央国家机关基层服务型党组织建设优秀品牌。

（撰稿人：韩 磊）

【审计署计算机技术中心】 审计署计算机技术中心实有工作人员 26 人。设有办公室、网络管理处、系统运行处、信息系统审计处、数据管理处、安全保密处、国家审计仿真实验室、标准化处。

领导成员

副主任兼总工程师：杨蕴毅

副 主 任：杨 莉

信息化工作的协调和指导 与国家相关信息化建设部门的联系与沟通。与国家发改委、工业和信息化部等相关信息化建设部门保持密切联系和沟通。接待公安部国家级重要信息系统和重点网站安全执法检查工作检查组对审计署开展的 2015 年度国家级重要信息系统、重点网站执法检查，接待国家版权局派出的政府机关使用正版软件检查组对审计署开展的软件正版化情况检查。

指导、支持地方审计机关信息化建设。作为审计信息化主管部门，履行组织协调、指导管理、监督审计系统信息化建设的责任。依据《金审工程系统运行维护服务管理办法》，指导促进和检查地方服务队伍建设。在信息化方面给予西部地区审计机关技术支持指导。

金审工程三期的论证和申报 4 月 28 日，国家发改委批复金审工程三期项目《项目建议书》。5 月，编制完成《三期工程社会稳定风险分析报告》，并通过西城区维护社会稳定工作小组办公室审核。6 月，完成《项目节能评估报告》《可行性研究报告报告（中央本级建设部分）》编制工作。7 月 3 日，审计署正式向国家发改委报送可行性研究报告。7 月 14 日，国家发改委节能中心评审处对金审工程三期项目《节能评估报告》进行评审。7 月 29 日，国家发改委委托国家信息中心电子政务工程中心对《可研报告》进行评审。9 月 2 日，国家发改委原则同意《节能评估报告》通过评审。按照专家意见对报告进行修改。11 月中旬，电子政务工程中心同意最终修改意见，形成可研报告评估意见并报送发改委。12 月 17 日，国家发改委发文《国家发展改革委关于金审工程三期（中央投资部分）可行性研究报告的批复》。

指导与审核地方审计机关可研报告 5 月，完成金审工程三期项目地方建设部分《可研报告简本》编制工作。7 月 7 日，召开金审工程三期项目地方可研报告编制培训会。成立审核小组并组织开展相关审核工作。

8 月，经请示署领导同意，通过公开招标选择中国航天建设集团有限公司作为金审工程三期项目初步设计咨询服务厂商。9 月，组织人员与咨询服务厂商一起开展初步设计工作，主要包括在技术方案中增加模块接口图、数据流图、系统部署方案、设备选型方案以及国家审计大数据平台设计方案的优化完善。

大数据环境下审计数据综合分析的技术支持和技术保障 审计业务分析全面转向国产数据库。审计署组织国产数据库技术人员对审计数据采集、恢复、迁移、分析运用进行全流程梳理，设计审计电子数据处理标准化业务流程，全年完成百TB级数据处理任务。解决了数据来源复杂造成的数据格式不统一、数据标准规范不统一等审计电子数据处理技术难题。

建立数据分析局域网。调研、分析数据分析业务系统的需求，组织专家进行评估，规划设计异地数据分析网络方案。以南京审计干部教育学院为试点，组建300M广域数据分析网，搭建远程数据分析环境，开展数据分析测试。启动18个特派办300M广域数据分析网接入建设。为数据分析网配备服务器、存储阵列等，并进行扩容处理。

接收电子数据，对接收数据进行恢复、迁移、转换和清洗。截至12月底，组织技术人员通过自动化工具、现场编写程序等形式，对财政、税务、企业、工商、社保等行业的Oracle、SQL server、DB2、Mysql、Sybase、Excel、TXT等异构原始数据进行处理，形成面向多种应用场景的国产数据库分析环境。为电子数据审计司等业务司数据分析组安装国产数据库分析客户端，建立分析环境用户权限体系。根据审计数据分析人员需求，组织编写包括精确定位类查询模型、模糊匹配类查询模型、多维统计分组类查询模型、多表联合查询模型等多种分析模型。

开展国家审计数据系统（中心）建设方案的研究编写工作，确定数据中心、容灾备份中心的建设模式与技术路线，为今后国家审计数据系统的建设奠定基础。

支持和参与审计业务 为2015年财政存量资金审计、2015年稳增长等政策措施贯彻落实情况跟踪审计、地方政府性债务跟踪审计、2014年城镇保障性安居工程跟踪审计、2015年城镇保障性安居工程跟踪审计和中央部门2015年度预算执行等情况审计等项目提供技术支持，制作报表填报工具，编写SQL校验语句，制作查询分析模型。

为教育审计局“全国教育技术服务平台”审计提供技术支持，协助并制订信息系统审计实施方案。利用专业代码审计工具对该系统APP客户端进行代码检查，发现该系统所使用的第三方组件中存在安全漏洞和知识产权隐患。协助农林水利审计局制订对国务院扶贫办的“扶贫开发信息系统”审计实施方案。

配合财政审计司、税收征管审计司和审计署派出局开展中央部门预算执行联网审计系统的部署与应用，对于审计专网中央部门预算执行联网审计系统中的应用服务器、关系数据服务器、多维数据服务器、采用拨号方式传输数据的前置采集服务器等进行跟踪维护，提供2015年度预算执行审计工作的数据采集和转换支持。截至年底，共在59个中央一级预算单位部署67台前置机，其中2015年新部署中国地震局、求是杂志社、经济日报社、中国日报社、光明日报社等5个单位共5台；审计专网数据中心中央预算执行联网审计系统中，采集89个中央部门的数据。

完成世界银行援助的外资项目信息和审计成果资源共享平台项目开发、部署上线。完成信访软件的改造。完成工资查询系统开发、上线。11月，按照金审工程软件验收规范，完成2014年立项的档案阅读方式和特殊数据处理项目的自验收。

完成审计移送统计分析系统建设，于11月8日上线试运行。完成审计干部培训信息管理系统建设，于11月9日上线试运行。配合审计博物馆完成《审计数字博物馆项目建议书》的征求意见建议、项目招标文件的起草工作。

审计署信息化系统的运行和维护 保证审计署因特网、审计专网和审计内网的正常运转，保障审计署与中办、国办和财政部等署外单位的网络通信畅通。2015年加强日常巡检力度，制定详细的服务器和应用系统巡检任务表，落实5大类32个具体检查项，按照重要性程度，安排专人每天对专网主机房、内网机房、数据存储机房、数据处理机房，每月对怀柔同城备份机房和长沙异地备份机房的硬件设备和应用系统进行定期巡检，合计巡检服务器设备240余台、存储设备7套、应用系统43个、数据库23个。全年处理署机关报修服务器47台/次。采取及时升级反垃圾邮件、升级反病毒墙、使用流量控制管理工具、扫描漏洞和防护加固等措施，保障审计署官方网站、亚审环境网站、金审服务网站、联合国审计网站、审信标委网站和邮件系统的安全运行；管理审计内网和审计专网瑞星反病毒中心，及时升级瑞星防病毒软件、更新病毒特征库和补丁。严格执行审计管理系统《OA运行维护管理制度》，保障系统安全、稳定运行。

对特派办审计内网进行虚拟化软件平台的升级和服务器的扩容，虚拟化软件平台升级到最新版，物理服务器由5台扩容到11台，对审计内网OA响应速度进行改善。

利用总体监控系统等保障机房环境处于正常状态，及时处理发生的事件，排除故障。

及时加载财经审计法规；管理各单位内部网站，为各单位进行数据加载、升级改版提供技术支持；监视宏观经济信息、新华社部委综合服务项目库等自动更新软件的正常运行，及时协调相关单位，为中国知识资源总库等资讯软件批量更新加载数据。

保障署机关在用计算机设备的正常运行。为审计组和流动人员提供服务器、计算机等周转设备。按照预算添置或者更新信息化资产设备。

落实信息安全责任制，进一步加强信息安全防护、检查，做好计算机信息安全相关工作，保证署机关正常工作秩序。

配合署保密办开展审计内网系统、涉密计算机管理制度和使用常识的宣传，开展对审计内网、审计专网、互联网门户网站系统、独立运行的绝密级计算机及存储介质的每月安全保密检查工作。

开展对省级审计机关及审计署派出机构的网络安全检查工作。7月至8月，组织开展审计署网络安全检查工作和18个特派办和18个省级审计机关的网络安全现场检查工作。10月9日，向中央网络安全和信息化领导小组办公室报告审计署2015年度网络安全检查情况的报告。

继续开展中级培训工作，共组织中级培训班3期，培训学员297人；组织计算机审计中级水平考试6次，1641人参加考试，满足地方审计人员参加审计署考试的需求。截至年底，全国通过中级考试的审计人员为6903人。开展中级后续培训工作，举办国产神通数据库管理系统入门培训班，来自署机关、派出局、特派办和地方审计机关的40名学员参加本次培训。总结完善培训方案，继续开展高级培训工作，5月至7月举办第三期审计数据分析师高级培训班，培训学员44人。11月举办第二期国产数据库应用骨干培训班，共培训学员40人。

对《信息系统审计指南》进行修订。组织协调《数据获取技巧》（沈阳办）、《会计数据分析技巧》（内蒙古审计厅）、《利用ERP审计的技巧》（南京办，上、下册）、《结构化数据分析技巧》（武汉办）、《多维数据分析技巧》（长沙办）、《数据挖掘技巧》（河北省审计厅）、《数据趋势分析技巧》（湖北省审计厅）等计算机审计类技巧丛书的编写，8月31日第一批技巧丛书通过审定，12月28日第二批技巧丛书通过审定。

审计标准 联合全国审计信息化标准化技术委员会继续开展审计标准制定与宣传贯彻工作。10月发布财经信息技术企业资源计划软件数据接口国家标准（GB/T 32180—2015）。继续推进全国审计信息化标准化技术委员会（TC341）工作。完成《建设项目投资标准》《养老保险标准》《总预算管理标准》草稿的编写。根据金审工程三期启动联网审计系列标准制定工作。

推进审计数据标准国际化工作。3月16日，ISO批准成立“审计数据采集”项目委员会（以下简称PC 295），并由中国担任主席、承担秘书处的工作，PC 295的国内技术对口单位和秘书处均设在审计署计算机技术中心。7月至10月，PC 295秘书处、国际合作司开展ISO/PC 295第一次国际会议筹备工作。11月3日至4日，经国家标准委批准，ISO/PC 295第一次国际会议在北京召开，来自中国、美国、加拿大、俄罗斯、罗马尼亚、印度尼西亚、科威特、韩国、泰国、日本、尼泊尔、马来西亚以及可扩展商业报告语言国际组织的近40名代表参加会议。会议确定ISO/PC 295的范围、组织结构及未来的会议安排。

信息化科研 根据金审工程三期论证开展预研，结合审计实践，积极运用大数据技术，开展跨专业跨领域的数据融合，探索以数字化审计作业平台和数字化指挥系统为业务支撑的国家审计云，初步完成一些具有代表性的前沿计算机审计工具，新技术审计应用取得突破性进展。

改进企业投资关系可视化分析工具。与电子数据审计司配合，以工商管理数据为突破口，改进企业投资关系可视化分析工具，实现全国1.3亿余家市场主体和9048万个自然人间关系的可视化交互分析。

研发审计对象相关信息搜索工具。借助元搜索技术和非结构化数据处理技术，初步实现一个利用互联网大数据开展计算机审计的范例，开始小范围试用。

对审计指挥系统原型进行探索。组织完成审计指挥系统原型“审计计划执行分析”系统的开发和部署，验证可视化和GIS技术在审计指挥中的应用途径。

开展计算机审计科研课题申报。组织申报国家自然科学基金2项，其中国家自然科学基金重大研究计划的培育项目《基于大数据的基本养老保险多主体行为演化机理与宏观效应研究》获批。

完成国家科技支撑计划项目的结项。组织实施国家科技支撑计划“审计行业信息智能处理分析与预警系统及其应用项目”（项目编号：2012BAH08B00）及课题。该项目与课题分别于6月通过科技部验收。

开展移动审计支撑系统（安全客户端系统）USB启动、操作系统隔离、磁盘加密、软件白名单和网络访问控制等关键技术的研发。搭建CA网关、SSLVPN网关测试环境，完成移动审计支撑系统和审计云APP平台、CA制证系统的集成。

位置感知设备方案设计和原型研制项目的研发。项目研制的定位KEY原型产品达到项目要求，组织厂商对提供基站定位数据的第三方厂商进行调研对比，对移动、联通等电信运营商的定位精度进行对比测试。

启动审计项目管理软件改造。采用微服务技术搭建云AO框架，探索实现金审工程三期规划的基于云的现场审计作业平台技术路线基础。

启动地方财政收支项目中审计分析模型、接口开发和数据维护工具改造等工作；启动审计内网密级标识与改造项目。

外事交流 在世界审计组织IT审计工作组承担项目。6月底，派员参加世界审计组织IT审计工作组第24次年会。中国审计署是“会计核算软件数据接口标准（Data Interface Standard of Accounting Software）”项目组长。中方代表项目组向大会汇报项目进展情况。

围绕“大数据审计”参与中印交流。9月21日至23日，参加主题为“大数据审计”的第22届中印审计研讨会。副主任杨蕴毅以“大数据时代的中国审计信息化建设”为题，向印度副主计审计长阿颜塔·达雅兰一行介绍中国审计信息化和“大数据审计”的发展情况。

5月6日，副主任杨蕴毅等分别围绕“国家审计与审计信息化”“金审工程成果介绍”“审计信息化的发展及展望”“金审工程建设与成效”等专题向泰国审计考察团介绍中国审计信息化。

（撰稿人：梁文娟）

【审计署国外贷援款项目审计服务中心】 2015年，审计署国外贷援款项目审计服务中心（以下简称外资中心）人员编制20人，实有15人。设有综合管理部、审计一部、审计二部、审计三部。

领导成员

主　　任：李凤雏（兼）

副 主 任：辛　风

审计成果 外资中心全年完成审计项目40个，其中组织实施审计项目37个，参与实施审计项目3个。组织实施的37个项目审计发现问题35个，查出主要问题金额23929万元，其中违规金额14267.74万元、损失浪费金额1200万元、管理不规范金额1438.68万元；收支不实金额7022.58万元；非金额计量问题17个。移送有关部门处理事项1件。出具审计报告52篇，其中外资中心自审项目出具审计报告37篇（含保留意见审计报告2篇），外资运用审计司和各特派办完成后交外资中心复核后出具审计报告15篇。提出审计建议35条，提交审计信息2篇，出具审计建议函2份。

国外贷援款项目审计 外资中心在审计过程中坚持“强化监督、严格执法、提高质量、内外合一、如实披露”的原则，落实“外资进来就是内资，外资内资一起审”的外资审计工作要求，按照世界银行、亚洲开发银行、全球环境基金等国际组织要求，依据中国国家审计准则和国际审计准则，探索依法审计与报表鉴证、对内监督与对外公证的有机结合，履行审计监督、公证和评价职能。

参与审计项目 参加审计署统一组织项目审计工作，服务审计工作大局。外资中心先后派出22人次参加商务部、住房和城乡建设部等部门2014年度预算执行审计，铁路总公司贯彻落实稳增长、促改革、调结构、惠民生、防风险政策措施情况跟踪审计。商务部预算执行审计编发重要信息要目1篇，审计报告反映的2个案例被“两个报告”单独采用。

外资审计培训 配合外资运用审计司对外资审计人员开展培训，提高外资审计人员技能。举办外资审计师资培训班，采取案例教学方式，着重提升外资审计人员查处问题意识和查办案件能力，为省级审计机关加强培训工作提供师资力量，进一步推动地方外资审计培训工作。举办外资审计人员工程投资审计基础班，共培训地方审计机关和特派办外资审计人员119人。

审计科研 开展理论研究工作，提高审计人员理论水平。及时总结国外贷援款项目审计实践经验，组织开展《国外援助赠款项目审计指南》编写工作，《国外贷援款项目财务报表审计技术方法》课题研究，参与编写《外资审计读本》，参与世界银行贷款项目绩效审计和世界银行贷款项目财务报表审计教材的撰写、修订工作。参加审计署重大课题研究，拓展研究领域。承担《发挥审计促进国家重大决策部署落实的保障作用研究》课题研究任务，参与全国社会科学基金重点课题《编制自然资源资产负债表与生态环境损害责任终身追究制研究》，负责部分章节的撰写工作。

信息化建设 升级完善审计项目管理系统，拓展2个工作环节，升级后的审计项目管理系统包含项目计划管理、项目实施控制、审计报告复核、审计结果公告和审计档案整理5个环节；同时纵向延伸2个辅助功能，实现对外聘人员从选聘到考核各个环节的信息化管理，同时在审计报告复核阶段实现业务会议记录功能，实现对审计质量的有效控制。

升级审计数字化指挥中心，提高信息填报、计划管理的便捷性和信息更新的及时性，并与审计项目管理系统对接，实现两个系统之间的信息共享，信息传递更加快捷，实现对审计实施全过程、全方位控制。

创新审计管理 抽调部分地方审计机关人员参加外资中心组织的审计项目，将外资中心人员与抽调人员统一编组、统一管理，相互之间取长补短。对于执行单位为一家的项目，外资中心实行“五统一”的工作原则，通过统一发出审计通知书、统一组织审计力量、统一审计工作进度、统一审计重点、统一反映审计成果的方式，集中审计资源，抓住重点环节和重要事项，加大对共性问题的查处力度。

队伍建设 坚持审计实务“一对一”导师制，导师与培养对象签订培养协议，明确年度培养目标，结合审计项目对培养对象进行具体指导。坚持审计项目主审制，确定5名业务骨干作为主审。经过审计署批准，通过公开招聘方式录用1名应届硕士研究生。

交流培训 接收外资司2人挂职交流。在审计项目中加强与审计署机关、特派办和地方审计机关人员的交流。积极派员参加审计署内外各类学习、培训活动。安排6人参加世界银行采购管理与支付培训、审计质量管理培训和审计署公务员初任培训，选派1人参加第六届中印青年审计人员论坛，1人赴德国进行学习交流。

（撰稿人：马　勇）

【审计署审计干部教育学院】 2015年，审计署审计干部教育学院（以下简称教育学院）人员编制25人，实有2人。设有综合事务部、教务部。

领导成员

院　　长：刘家义

副 院 长：彭华彰（主持工作）　王晓峥

工作综述 教育学院主要承担全国审计干部的教育培训及相关研究、国际交流等工作，是审计署着力于有效提升审计系统教育培训基础能力和水平，进一步加强审计干部队伍专业化建设，提高审计系统的教育培训功能和综合实力的教育培训机构。5月11日，教育学院4个培训班开班，审计署党组书记、审计长兼教育学院院长刘家义做开班讲话，标志着教育学院正式投入运行。

教学工作 全年在教育学院举办各类培训班28期，培训学员2292人次，76408人天。其中教育学院承办培训班13期，培训学员1159人次，67112人天；署办公厅、人事教育司、机关党委、培训中心共承办培训班13期（次），培训学员共1082人次，8977人天；国际培训班2期，培训学员51人次，319人天。

完善班次体系。综合考虑审计干部和审计业务需求，举办基础班、提高班和研讨班3类培训班。

优化课程设置。会同各业务司及南京审计大学（以下简称南审）研究课程规划，组织审计一线人员开发审计案例，逐步完善教育学院课程库。

优化师资队伍。教育学院和南审在师资共享方面逐渐成熟，南审师资活跃在各个培训班课堂。开发由审计业务干部担任的实务课程师资，初步形成理论师资与实务师资相结合的师资团队。教育学院制定教师退出机制，对不能达到培训需求的教师予以更换。

强化学员管理。坚持严格管理与自主管理相结合的方式，提高学习效率。

加强理论研究，探索职业教育和国民教育融合之路。与南审联合成立课题组，组织院校优势力量，对审计职业教育与国民教育深度融合开展专项课题研究。课题对审计职业教育与国民教育深度融合的目标、内容、实现路径、保障机制等内容开展研究。

党建工作 9月，署机关党委批复同意教育学院成立党总支，并在综合事务部和教务部分别设立党支部，奠定组织建设基础。坚持在一个月以上的培训班中成立临时党支部。组织在院培训班学员参观南京大屠杀遇难同胞纪念馆；组织“三严三实”主题演讲比赛。支持署党组派驻纪检组长落实监督责任，制定《关于加强和支持署党组派驻纪检组长监督工作的规定》。教育学院党总支（支部）设立纪检委员，综合事务部与教学部分别设立廉政监督员，加强内部监督执纪。

相关工作 教育学院组织进行制度修订，对学院制度提出总体设计，明确各项工作内容、目标和总体要求，确定工作规则和人员责任，保证各项工作有章可循。截至年底，《审计干部教育学院制度框架》已经署党组会审议通过，《审计干部教育学院工作规则》《审计干部教育学院党总支工作规则》等已发布执行。其他制度正在修订完善中。修订完善学员手册和《教学管理委员会工作规则》《教务管理员工作规则》等制度，明确各教学管理岗位的权力、责任和工作衔接机制。

署人事教育司安排署机关及特派员办事处10名交流干部到教育学院工作。南京特派办2015年末轮换2名借调干部。教育学院进一步加强队伍建设，制定人事管理制度，严肃干部工作纪律和作风，加强干部的学习培训，全面提升干部队伍综合素质。

教育学院致力于打造信息化学院、数字化学院、智能化学院。新建成的综合教学楼拥有2间多媒体教室，4间审计模拟实验室和1间大数据审计教室。技术人员开发新的在线报名系统，提高报名效率。

协调和南审的关系，优化办学环境。教育学院与南审在人员、师资、课程、资源等方面统筹使用，逐步实现一体化管理。与南审建立融合发展领导小组联席会议机制，协调发展规划，开展课题研究、案例开发等。学院后勤管理也以委托协议的方式由南审组织实施。（撰稿人：郑　欣）

【审计博物馆】 2015年，审计博物馆人员编制10人，实有2人。设有综合管理部、展陈部。

领导成员

副 馆 长：鹿云飞　华海峰

工作综述 审计博物馆（以下简称博物馆）在审计署党组正确领导下，以“三严三实”专题教育为契机，学习和贯彻落实党的十八大和习近平总书记系列重要讲话精神以及《国务院关于加强审计工作的意见》《关于完善审计制度若干重大问题的框架意见》和全国审计工作会议精神，深入开展党风廉政建设，全面推进藏品征集保管研究工作，不断提升服务水平。

藏品收集 充分运用审计署组织编写《中国共产党审计工作史》的成果，结合相关史料梳理新中国成立前中国共产党开展审计工作形成的各类实物线索200余条，定向组织21个省（区、市）审计联络员开展实物征集工作。征集全国地方省级审计机关首任主要负责同志参与的重大事件、重大活动和重大审计项目等形成的各类实物，记录新中国第一代审计人白手起家、艰苦创业的历程。留存地方审计机关初创时期的历史信息，开展全国地方各级审计机关机构沿革及领导人员信息搜集工作，梳理各地最早成立的地市级、县区级审计机关目录，定向征集相关实物。博物馆与企业审计司、外资运用审计司、机关党委、审计学会等单位共同开展编辑整理机构沿革和历年大事记工作，并配套征集相关史料和实物。开展民国时期审计实物征集工作。搜集购买1949年《苏北区地方党政民供给标准问题汇编》、1950年苏南行署《会审业务》等资料。署机关部分单位组织专人负责大事记编撰和实物征集工作，各省级审计机关指定审计文物联络员对接博物馆，广泛查阅历史档案，实地走访有关博物馆、纪念馆、档案馆，走访首任主要负责同志，组织地市及区县审计机关搜集成立初期的相关实物，为博物馆顺利完成2015年地方征集任务奠定基础。截至年底，博物馆共有馆藏6236件，包括藏品3728件、参考品2508件。

藏品保管 加强展陈管理和维护，对现有展陈中使用复制品、仿制品的古代展品，制作补充说明牌予以明示，对出现自然破损的展板进行修补、更换。严格登记保管制度，定期盘点，现存馆藏账实相符，保存完好。完善分级保管制度，实行分级分库保管，并增添恒湿设备，改善藏品保管环境，提升藏品保护水平。增设监控设备，建立微型消防站，购置防汛沙袋，充实技防手段。完善值班制度，细化应急预案，提升突发事件快速反应能力。

藏品研究 为铭记中国共产党在革命战争年代创建和领导审计事业的发展历程，宣传早期共产党审计人物的光辉形象，传承审计优良传统和革命精神，博物馆广泛查阅《中国审计史》《中国共产党审计工作史（初稿）》、各地方革命根据地史料、回忆录、省志等资料，对其中出现的新中国成立前中国共产党审计工作领导人和审计人员基本信息进行归集，梳理出129名审计人物。通过对上述人物生平事迹的搜集整理，编辑形成13万多字的文字材料，进一步丰富审计史、党史方面的研究资料。为忠实记录我国审计学理论的发展沿革和审计学专家的贡献，博物馆开展第二批重要审计学专家及代表作搜集工作，93人入选第二批重要审计学专家名录。

展厅布置 博物馆在馆内开设审计结果公告展示厅，全年共刊登审计署发布的审计结果公告21期；在一楼大厅常设宣传展板，宣传政府工作报告、《国务院关于加强审计工作的意见》《关于完善审计制度若干重大问题的框架意见》、“十三五”规划纲要、审计工作报告等重大政策精神和决策部署。全年共接待参观12083人次，接待各地审计机关、内部审计机构等参观团体110个。同时博物馆还在纪念新中国审计机关成立30周年专题展的基础上拍摄制作专题片，忠实记录新中国审计机关的发展历程和取得的成就。

数字博物馆建设 根据审计长刘家义关于加快数字博物馆建设的指示精神，博物馆在6月起草《审计数字博物馆项目建议书（初稿）》。7月形成《审计数字博物馆项目建议书（征求意见稿）》。9月中旬，审计长会议通过项目建议书，确定审计数字博物馆建设的目标、原则、实施步骤和分工等，建设工作正式启动。博物馆继续做好审计专网博物馆网页维护工作，2015年，藏品欣赏、慧眼鉴宝、文史集萃、天下文博等栏目共更新各类信息131条，共计3万余字，图片近百张。

景区整改 博物馆是濠河景区十大景点之一，严格对照5A标准检查存在的差距和不足，及时更换和增添导览标识、讲解员公示、景区宣传标识、安全指示牌等标识系统；抓好环境治理和卫生达标，新建环境卫生巡查台账，增加卫生间服务设施并实行专人值守；严格保安、消防值班和安全设施巡查制度，增订地震及景区游客落水等安全处置预案，建立微型消防站，提升火灾处置能力；统一讲解服务标准，细化接待参观流程，制定员工文明守则，完善投诉处理制度。博物馆在主楼地下一层增设可用作临时展陈的展厅1个，可容纳100人的会议室1个，藏品保管室1个。

访谈活动 博物馆选派班子成员参加访谈宣传工作组，负责访谈工作的策划、组织，稿件审核，宣传方案策划，专题片审核，正式出版书籍的排版前审核校对等。共采访审计署老领导、离退休老干部和筹备组成员等50人，组织特派办采访122人，起草审核75篇稿件、近30万字。自10月30日起，通过《中国审计报》、《中国审计》杂志、审计署门户网站和微信平台，发表10期、共31篇稿件。查阅培训中心历史视频资料30余个，起草《创业者的足迹——与老一辈审计人面对面》（5集）专题教育片脚本。访谈成果的汇编出版工作已移交出版社排版。

制订规划 在理顺人财物管理体制、启动数字博物馆项目、开展重要审计学专家及代表作搜集工作、审计人物志课题研究等方面，审计署领导均给予充分指导，有关领导亲自出席论证会、研讨会。博物馆制订2014年至2020年发展规划，为博物馆规范化、系统化和科学化建设描绘宏伟蓝图。计划加大藏品征集力度，重点开展内部审计、社会审计、南京审计大学的专项征集工作；拓展藏品征集渠道，探索通过信息化手段寻找审计藏品线索。提高藏品管理、利用水平，尝试开展更深层次的藏品研究工作，以藏品研究带动展陈水平的提高。

党风廉政建设 8月，博物馆党支部成立，落实《中共审计署党组关于落实全面从严治党责任的暂行规定》和《中共审计署党组关于落实党风廉政建设主体责任的意见》要求，落实“一岗双责”，明确廉政风险点11处，并将藏品征集、项目建设及设备采购作为防控重点；明确9个不同岗位的职权，进一步完善廉政防控机制和责任制。开展专题党课教育、爱国主义教育等活动，牢固树立党员意识、公务员意识和审计人员意识。博物馆党支部开展谈心活动和廉政谈话，充分发挥党支部战斗堡垒作用。

（撰稿人：汤　菁）

【中国审计报社】 2015年，中国审计报社（以下简称报社）人员编制30人，实有24人，另有审计署派驻纪检组长1人，外聘人员27人。设有办公室、总编室、新闻部、专刊部、记者部、技术信息部、财务部、发行部、广告部。

领导成员

副 社 长：黄　峥（主持工作）
　　　　　孔凡青　赵晓强

副总编辑：赵晓强（兼）

纪检组长：武晓晨

工作综述 在署党组的正确领导下，报社紧密围绕审计中心工作，坚持正确舆论导向，以报纸“质量提升年”活动为抓手，着力加大审计宣传力度，切实规范内部管理，探索创新新媒体宣传方式，顺利完成全年工作任务。

新闻宣传工作 做好贯彻重大决策、重要部署的宣传报道。报社精心组织“两会”、审计长向全国人大做审计工作报告、审计长向全国人大做审计整改报告、全国审计工作会议的宣传报道。在《中共中央关于全面推进依法治国若干重大问题的决定》和《国务院关于加强审计工作的意见》颁布后，利用2个专版，刊登署机关司局和地方审计厅领导的署名文章进行探讨，在一版着重反映省级政府在加强审计工作方面的新规定、新举措；在八版“政要纵横”专版刊登市县级政府在加强审计工作方面出台的新办法、新措施。为深入学习贯彻“三严三实”专题教育，在一版及时对审计署开展的各项重大活动、署党组、署领导相关要求进行报道；在三版开辟“践行三严三实”栏目，对全国审计机关开展专题教育的情况和成果进行报道，共刊登消息62篇；开辟言论性栏目“三严三实大家谈”，共刊登评论42篇；在四版开辟专版“三严三实专题教育——党组书记讲党课”，对25位审计机关领导讲党课的精华进行摘登。党的十八届五中全会召开后，在一版开辟“贯彻落实党的十八届五中全会精神”栏目，对各级审计机关贯彻五中全会精神情况进行报道。在一版开辟“贯彻《准则》《条例》推进党风廉政建设”栏目，反映各地审计机关学习贯彻情况；开辟“全国审计机关先进集体和先进工作者风采展”栏目，通过先进典型的模范事迹报道，弘扬审计人员核心价值观。

加强对做好审计工作的深度报道。每月刊登稳增长等政策措施贯彻落实跟踪审计结果的公告解读、地方审计机关开展此项工作好的做法，在一版开辟“扎实推进审计监督全覆盖”和“探索自然资源资产审计”两个栏目，提升“有话直说”栏目的时效性，紧密跟进中央和审计署工作重点，紧密结合民生热点、焦点。对审计工作的创新、审计服务推动经济社会发展的好经验、好做法进行报道。

做好审计理论和审计文化建设的推广宣传。着力办好“法苑”“民生经济”“消费理财”“内审专刊”等专刊版面，紧贴社会民生热点，解释国家经济政策，配合舆论宣传，客观、公正地反映有关政策部门、专家、网友对社会热点问题提出的意见和建议。配合“三严三实”专题教育，刊发10期“铭记——审计优良传统作风与精神”专版，开辟“书记讲故事”栏目，请审计机关党组书记、机关党委书记、党支部书记述说审计系统践行“三严三实”精神的人与事，弘扬审计人员核心价值观。开辟“根在基层·青年力量”栏目，反映审计系统青年干部在基层调研、工作的经历和感受，开辟“审计小小说”栏目，刊发审计人员撰写的小小说，以文学形式，讲述审计故事。

开展“质量提升年”活动。按照“立足审计，面向社会”的办报思路，成立宣传主题策划工作小组、版面创新设计工作小组、信息化建设工作小组，设立记者部，加强重点、热点新闻报道，开设新栏目，选派记者深入一线，增加评论比重，突出纪实性和故事性，加强典型报道，探索数据新闻报道，推进全媒体平台项目建设，加强和完善新闻采编人员考核机制，促进报纸质量的不断提高。

发行工作 2015 年《中国审计报》的发行量，由年初的 11.7 万份，增加到年底的 12.5 万份。2016 年《中国审计报》的预订发行量首次突破 13 万份，达 130907 份，比上年同期增长 1.39 万份。

做好系统内的通联发行工作。不断改进报纸征订工作的管理与服务，大力推进省、地、县三级联动机制，深入地、县级审计机关进行宣传。加大对发行薄弱地区的指导力度，加强发行方法交流，开展学报用报活动，调动积极性，培养新的增长点。

做好领域重点行业的通联发行工作。加强在国有企业、金融机构内审部门的市场开发工作，扩大联系面，介绍报纸内容。做好有关单位集订分送工作，与报刊发行局订立相关集订分送合同，提供专业服务，顺畅发行渠道。

拓展报纸发行覆盖面。加大对审计系统之外关心、关注审计的单位和人员的宣传推广力度，不断扩大《中国审计报》的影响力和覆盖面。把向各地党委、政府、人大、政协等领导赠阅《中国审计报》作为一项重要任务，常抓不懈。同时加大赠阅范围，2015 年报社向中央党校和国家行政学院赠送报纸 1800 多份，将报纸送到学校报栏和学员公寓，向特约审计员和审计学会系统外的常务理事每人赠送一份报纸。

队伍建设 培养高素质的新闻采编队伍。完善编前会制度，固定每周一、周四例会，由编辑汇报下期版面总体设想，采编部门负责人汇报版面策划设想，专人负责汇报国际国内重大新闻线索，社领导提出问题和布置选题。选派记者深入审计一线采写新闻报道。加强通讯员的培训，举办 6 期审计通讯员新闻写作和摄影技巧培训班，加强对通讯员的指导，进一步提高稿件的质量和水平。

内部管理 全面梳理，加强制度建设，对已有制度进行全面梳理，根据自查情况和审计署检查组提出的“不严不实”问题，起草关于廉政工作等方面的制度，进一步完善报社制度体系。加强管理，勤俭节约。严格按照报社规定，控制业务接待和会议培训费用，减少不必要支出，控制报社举办或协办的会议、培训规模，严禁赠送礼品、组织旅游和宴请，做好车辆台账登记，加强固定资产管理，严格出入库手续，对全媒体工程建设实行全程监督。同工同酬，全面落实“三制”要求。严格执行事业单位人员公开招聘制，严格执行中层管理人员选拔聘任制，继续推进绩效工资制。坚决实行双轨合一，实行同工同酬，事业编制人员和社聘人员统一按照国家职级标准套改、调整工资，2015 年有 2 名社聘职工被聘为部室副职。深入调研，按要求撤销驻地方记者站。撤销过程中，报社认真对待遇到的困难和问题，分析原因，及时采取有效措施，将对报社通联宣传的影响降到最低。 （撰稿人：黄剑峰）

【中国时代经济出版社】 2015 年，中国时代经济出版社（以下简称出版社）员工人数 64 人。设有办公室、总编室、财务部、人力资源与行政管理部、《中国审计》编辑部、《中国审计》记者部、图书编辑一部、图书编辑二部、图书编辑三部、外版图书编辑部、数字出版部、大客户部、发行部。

领导成员

社长兼总编辑：董维明（7 月—）

副 社 长：庄　军（主持工作，—7 月）

　　　　　乔晚根

纪检组长：郑云龙

工作综述 出版社以中央关于宣传思想工作的要求和署党组关于进一步加强审计宣传思想工

作的意见为指引，通过强化传播能力建设，创新宣传方式，突出宣传重点，打造精品审计图书，着力构建立体化的审计宣传出版工作新格局，传播好审计声音、讲好审计故事，充分利用互联网技术及数字出版形式，将审计技术、经验、技巧、理论成果转化为可方便、灵活、充分利用的知识信息，为审计人员、社会公众提供更多、更好的精神产品。

审计宣传与期刊出版 出版社树立大宣传理念，持续加强传播能力建设，充分发挥审计宣传主阵地作用。《中国审计》杂志荣获国家新闻出版广电总局评定的“百强社科期刊”。出台《关于加强和改进审计宣传出版工作的若干措施》，开展一系列旨在提高杂志采编质量和办刊水平的活动。邀请审计署内外专家就审计热点、难点问题撰写文章、开办专栏，通过本刊评论员、特约评论员、记者观察和述评等形式对审计重大事项进行实时评论，加大审计工作的解读力度。加强对审计机关先进经验和先进个人的宣传报道，内容更接地气。创新审计宣传方式，展现一线审计人员的精神面貌，促进社会公众对审计工作的了解。

审计文化建设与图书出版 中国审计图书版权输出工作取得阶段性成果。与美国威立公司、商务印书馆共同合作完成《中国特色社会主义审计理论研究》（修订版）的英文版权输出工作，并分别在纽约、北京国际图书博览会上举办首发式。这是我国审计理论专著首次以版权贸易方式成功走向世界，进一步扩大中国审计在国际上的影响力。紧跟审计工作形势要求，形成审计图书出版特色。关注审计理论研究和审计实践创新的最新成果，不断调整图书出版结构，进一步明确以审计专业为核心价值的图书出版发展模式，形成具有鲜明审计特色的图书系列。“审计技巧丛书”、《财政审计》《重大公共工程项目跟踪审计指南》等图书双效显著。策划、出版审计专业教育方向的教材和辅导用书，主动服务审计职业化建设。

信息化建设与出版业务转型升级 贯彻中央提出的建设“立体多样、融合发展的现代传播体系”的要求，结合审计宣传工作需要，加速数字出版转型升级，推动传统出版与新媒体新技术深度融合。审计数字出版平台一期建设完成，中国审计数字出版网成功上线。初步形成出版全流程数字化体系，打造审计辞典、线上线下培训等内容单元，建立“审计书院”“中国审计杂志”官方微信公众服务平台，充分利用新媒体提升审计宣传的影响力。实现网上审计文化书屋与实体审计文化书屋有机对接。全国300余家省、市、县级单位开通网上审计文化书屋。

内部管理与队伍建设 加强队伍建设，规范经营管理，不断激发企业创新发展的活力。坚持公平公正公开的选人用人机制。坚持以品德能力为核心、经营业绩为导向的队伍建设思路，努力打造干实事、有作为、敢担当的干部队伍。年初完成部门负责人公开竞聘和普通员工双向选择，组成与新机制相适应的管理团队，落实相应的人力资源配置。严格实施员工教育培训计划，员工受训覆盖面达到90%。建立健全各项制度，提升内部管理水平。对涉及全社整体管理及经营业务的45项制度进行重新梳理，细化、完善部分规章制度，为出版社进一步依法依规经营管理及开展业务活动提供制度保障。

党建与思想政治工作 落实全面从严治党和党风廉政建设两个主体责任，党委的政治核心作用不断增强。制定出版社《党委议事规则》《党支部工作规则》《党支部工作考核暂行办法》等规章制度，完善“三会一课”等组织生活制度，严格党费证管理使用。制订“三严三实”专题教育学习计划，规定学习内容，明确学习时间和责任人，保证学习效果。组织全体党员深入学习党的十八大和十八届三中、四中、五中全会精神、习近平总书记系列重要讲话、《中国共产党廉洁自律准则》《中国共产党纪律处分条例》，教育引导党员同志加强党性修养，坚持实事求是，改进工作作风，着力解决“不严不实”问题。出版社党委注重提高党员干部的思想政治素质，不断加强党员干部思想政治、道德品质、廉洁从业和工作作风建设，鼓励大家坚定理想信念，认真履职尽责。注重加强人文关怀，重视群众的合理诉求，为职工办理个人事务提供力所能及的帮助，使大家能够全身心投入工作，为出版社的发展贡献力量。按照党中央、国务院以及审计署关于全面从严治党和党风廉政建设工作的指示要求，加强党规党纪教育。填写并按时上报《审计署党组落实党风廉政建设主体责任台账》，全方位落实党风廉政建设工作。完善党建工作责任制，与各部门负责人签署廉洁从业承诺书。通过集中学习、案例警示等方式常敲警钟，使全体员工绷紧弦、不越线。

（撰稿人：郭蓉蓉）

【中国审计学会】 2015 年，中国审计学会（以下简称学会）共有单位会员 171 个、个人会员 1825 人。学会第七届理事会有理事 181 人、常务理事 62 人。学会设有计算机审计分会、审计教育分会、环境审计专业委员会、学术委员会、编辑委员会、培训委员会等分支机构。学会办事机构为秘书处，人员编制 8 人，实有 7 人；学会主办《审计研究》杂志，设《审计研究》编辑部。

领导成员

会　　长：董大胜

副 会 长：李清和　怀进鹏　高培勇
　　　　　谢　平　王家新　马怀德
　　　　　耿建新　蔡　春　张继勋
　　　　　崔振龙（—12 月）
　　　　　姜江华（12 月—）

秘 书 长：崔振龙（兼，—12 月）
　　　　　姜江华（兼，12 月—）

副秘书长：周维培　刘力云　尹　平
　　　　　尚　锐　丁　雁
　　　　　张广春　杨　莉

工作综述 学会在审计署党组的领导下，认真贯彻党的十八大和十八届三中、四中、五中全会精神，以及《国务院关于加强审计工作的意见》要求，以中国特色社会主义理论体系为指导，贯彻落实“四个全面”战略布局和要求，围绕审计工作中心，组织开展审计理论研究和交流，推动理论创新和研究成果转化，繁荣中国特色社会主义审计理论研究，为充分发挥审计在国家治理中的基石和重要保障作用提供智力支持。

制订研究规划 研究制订《中国审计学会 2015 至 2019 年审计理论研究规划》（以下简称《规划》）。学会秘书处在制定《规划》的过程中，加强调查研究，做到理论与实际紧密结合。先后征求、听取审计署领导和有关业务司局的意见建议，召开有关高等院校专家学者座谈会；《规划》经学会第七届理事会第二次会议审议通过并印发。《规划》着眼于创新基础理论、指导审计实践和完善审计制度 3 个方面，确立 26 项重点研究任务，提出 6 个方面的保障措施，对于增强学会未来五年组织开展审计理论研究工作的系统性，提升研究成果的创新性和指导性具有重要意义。

举办第三届全国审计青年论坛 举办第三届全国审计青年论坛大会。本次论坛采取视频会议形式，增加网络讨论环节，围绕“审计如何促进国家治理现代化”“审计制度如何创新与完善”和“如何开展政策措施贯彻落实情况跟踪审计”3 个专题进行深入研讨。副审计长孙宝厚等在京署领导出席论坛大会。论坛向全国审计系统青年干部发出题为“树立科学国家审计观，让青春与审计梦想一起腾飞”的倡议书。

组织课题研究 组织对审计署 2015—2016 年度重点科研课题的立项评审。经审计署批准后确定 4 个研究方向的 9 个重点课题和 2 个定向委托课题研究单位。组织对审计署 2014—2015 年度重点科研课题的中期检查、结项评审。经专家评审并报审计署同意，11 个课题中，8 个课题“结项”或“修改后结项”，3 个课题由于没有达到预期研究目标等原因未通过结项评审。组织开展与部分省级审计学会、特派办理论研究会合作课题研究工作。共有 27 个省级学会和特派办理论研究会与学会合作开展“审计全覆盖研究”和“财政决算草案审计研究”2 个课题研究。12 月 17 日和 18 日，学会分别组织上述 2 个合作课题进行研究成果汇报交流。

开展专题研讨 召开金融审计与区域性金融稳定专题研讨会。对影响区域性金融稳定的因素，金融审计在促进区域性金融稳定方面的作用、实践经验及面临的困难，审计机关如何改进金融审计工作等进行深入研讨。召开政策措施落实情况跟踪审计专题研讨会。围绕政策措施落实情况审计的目标、主要内容以及评价方法，政策措施落实情况审计实践的新鲜经验以及需要解决的操作性问题和解决对策，国外审计机关开展政策措施落实情况跟踪审计的做法和经验等进行深入探讨。秘书处报送的研讨会综述，得到审计长刘家义、副审计长袁野的批示。在北京召开审计职业化专题研讨会。研讨会对审计职业化的内涵和要求、审计职业化的现状和存在的问题、国外审计职业化的经验做法及其借鉴、新形势下推进审计职业化建设应采取的措施建议等进行研讨。学会秘书处创办不定期编发的内部刊物《审计理论研究观点摘要》，对学会组织的合作课题和3次研讨活动的成果编发5期观点摘要。

学会对2015年入选“金融审计与区域性金融稳定”“政策措施落实情况审计”“审计职业化”3个研讨会共109篇论文进行评选。经专家组初评和评选委员会审定，29篇论文被评为优秀审计论文，其中一等奖3篇、二等奖5篇、三等奖21篇。

学术交流 学会组团赴台参加“2015海峡两岸暨港澳地区审计理论研讨会”和“2015海峡两岸暨港澳地区政府审计实务论坛”，围绕“地理信息系统及信息技术的应用与成效”和“政府财政政策可持续性审计”“审计结果的传达与展现”3个题目进行讨论和交流。

编辑出版《审计研究》 全年共编辑出版《审计研究》杂志6期，刊登论文94篇，总计120万余字。为保证杂志质量和水平，除继续坚持理论联系实际的办刊方针和为审计理论创新服务、为审计事业科学发展服务的办刊宗旨，坚持匿名评审制度及学术不端检测制度之外，采取以下措施：杂志每期开设1个专题，围绕专题刊登2～3篇文章。包括村居审计、大型审计项目组织方式、深化国有企业审计、金融审计、政策措施落实情况审计等；为提高外审质量，邀请学会第七届理事会的年轻专家学者参与审稿；为提高英文摘要编校质量，邀请审计署国际合作司专家对杂志英文摘要部分进行审核校对；建立杂志编校奖惩制度；加大编校人员和作者群培训力度，安排编校人员参加中国出版业协会举办的“期刊编校质量管理与语言文字规范培训班”，在安徽合肥召开以提高学术质量和办刊水平为目的的专家学者和部分作者座谈会。在全国哲学社会科学规划办公室2015年度考核中，《审计研究》杂志的考核等级为“优良”，2016年将继续获得国家社科基金资助。

中国政府审计研究中心理论研讨 中国政府审计研究中心是由中国审计学会、审计署审计科研所和西南财经大学三方共建的研究平台。3月，在西南财经大学举办审计基本理论专题研讨会，11月，在济南大学举办第五届审计理论创新发展论坛。

分支机构活动 审计教育分会组织召开“中国审计学会教育分会2015年学术年会”，出版两期《中国审计评论》。计算机审计分会组织编写《信息系统审计研究报告》《国家电子政务信息系统审计实务指南》《信息系统审计法规知识选编》，组织开展计算机审计知识课题研究。环境审计专业委员会组织召开环境审计专题研讨会，开展“自然资源资产负债表编制与自然资源资产离任审计”“环境审计的角色与定位”2个课题的研究。

（撰稿人：王大强）

【中国内部审计协会】 2015年，中国内部审计协会秘书处共有28人。下设综合业务部、准则与学术部、职业教育部、公共宣传部、书刊服务部、国际事务部。

领导成员

名誉会长：李金华

会　　长：余效明

副 会 长：鲍国明　佟吉禄　刘志远
郝志远　高　林　沈　莹
贾文勤　赵　宏

秘 书 长：鲍国明（兼）

副秘书长：沈立强

工作综述 中国内部审计协会（以下简称协会）贯彻落实党的十八大以来中央各项方针政策和审计署党组的决策部署，围绕“服务、管理、宣传、交流”的宗旨，强基础，促规范，上水平，提质量，推进各项工作开展。

搭建内部审计指导交流平台 开展“百佳审计案例”展示活动。活动历时近8个月，得到协会各分会和会员单位内部审计机构的积极响应，选送数百个审计案例参加活动。经过两轮专家审评，最终104个案例获得“百佳审计案例”称号。11月，协会召开总结交流大会，向获得“百佳审计案例”的单位代表颁发荣誉证书。

举办“全球视角下的内部审计”专题报告会。4月，在国际内部审计师协会（IIA）全球委员会会议在北京召开之际，协会特邀IIA主席等5位国际内部审计领域的领导和专家举办“全球视角下的内部审计”专题报告会，来自全国的350多名内部审计人员参加报告会。

开展金融行业会员单位交流活动。12月，协会一年一度的金融行业会员单位交流活动在北京举行。活动以“远程审计”和“审计管理体制”为主题，来自中国工商银行、中国太平洋保险（集团）股份有限公司、中国银河证券股份有限公司的有关人员介绍本企业远程审计发展的现状和趋势和内部审计机构管理体制等问题。

审计科研 启动2015—2016年度审计署内部审计重点科研课题工作。经审计署批准，确定“内部审计在公司治理中的作用研究”“国有企业境外业务审计研究”“内部审计确认和咨询良好实务研究”“舞弊审计研究”等4个课题为2015—2016年度审计署内部审计重点科研课题。4月，协会面向全社会公开招标。7月，召开课题立项评审会，确定天津财经大学等7个课题组中标。协会对各课题组的工作加强跟踪指导和督查管理。11月，抽查3个组的研究情况。

开展年度内部审计理论研讨活动。1月至8月，协会以“内部控制审计”为主题组织开展理论研讨活动。经协会学术委员会委员的评审，于11月公布评选结果，其中获得一等奖的优秀论文8篇，二等奖32篇，三等奖60篇，优秀奖65篇，9家地方内部审计协会和6家中央单位获得优秀论文组织奖。

制定内部审计新准则。为进一步完善准则内容，协会组织起草“审计档案工作”和“经济责任审计”两项新的内部审计具体准则，经多次调研，广泛征求意见，协会准则委员会及秘书处反复研究修改，两项准则将于2016年第一季度发布。

培训与考试组织 规范培训工作。协会对培训班管理方式、核算办法进行全面调整和规范，丰富培训内容、整合优质师资力量，面授和网络培训的种类比上年均有增加；研究建立内部审计人员后续教育学时记录新机制，升级“面授培训班在线报名系统”，提高工作效率。协会获得IIA培训认证机构（Recognized CPE Provider）授予的“2016年后续教育认证培训机构”称号。

做好国际注册内部审计师（CIA）考试的组织工作。2015年是CIA考试由纸笔考试方式向计算机考试方式过渡的关键一年，协会共组织1次纸笔考试和4次计算机考试，其中纸笔考试报名总人数为8066人，报考总科数为17317科；计算机考试全年预约总科数为22043科。

国际和两岸交流 承办IIA全球委员会北京会议。4月，IIA2015年全球委员会会议在北京举行，此次会议由协会承办。这项一年一度的会议旨在帮助IIA确立未来工作的重点和发展愿景，全球超过100个国家和地区的IIA分会领导人在会上分享观点。审计长刘家义出席开幕式并致欢迎词。会议就IIA2015—2020年全球内部审计战略规划要点开展充分地研讨，就内部审计能力建设、职业化、宣传推广和可持续价值四个重要议题开展主题演讲、问答对话和分组讨论。

派员参加在斯里兰卡召开的亚洲首席审计执行官论坛、在加拿大召开的IIA2015年年会、在菲律宾召开的亚洲内部审计大会和在美国召开的IIA秘书长会议。接待世界银行公共治理局首席财务管理专家拉吉夫·斯瓦米一行及国际信息系统审计协会（ISACA）全球总裁马特·勒布一行的来访。

举办第十五届海峡两岸内部审计研讨会。9月9日至10日，第十五届海峡两岸内部审计研讨会在郑州召开，来自海峡两岸的内部审计专家、学者围绕“内部审计在公司治理中的地位和作用”主题进行交流和研讨。研讨会期间，与会代表考察宇通产业园和河南中烟黄金叶制造中心，并与相关人员交流和沟通企业发展与内部审计工作开展情况。

内部审计宣传 办好《中国内部审计》杂志。协会广泛听取专家学者和读者对《中国内部审计》杂志的意见和建议，进一步调整杂志的栏目结构，改进版式设计，提高编校质量和效率。杂志的发行量比上年增加2.6%。2015年，《中国内部审计》杂志被国家新闻出版广电总局首批认定为学术期刊。协会长期与中国知网、万方数据、人民大学书刊资料中心保持合作，其中《审计文摘》全年转载杂志稿件60余篇。2015年与维普资讯有限公司开展合作。

进一步发挥新兴媒体的宣传作用。发挥新兴网络媒体的优势，门户网站紧紧围绕审计署和协会宣传重点，全方位宣传国家大政方针、财经审计领域重大事件；报道协会各项重要活动；刊登大量地方各级协会的信息，成为内部审计人员了解专业信息和动态的重要渠道。6月24日，协会微信公众号正式上线，成为全新的、更为及时便捷的宣传平台，进一步拓宽宣传渠道。

发布中国内部审计2014版蓝皮书。3月，协会在召开的第六届理事会第五次会议上发布《中国内部审计蓝皮书（2014）》，概括反映2014年我国内部审计发展呈现出的6个主要特点，着重反映对审计信息化和金融机构内部审计发展情况的调研分析，总结回顾2014年协会的几项重点工作。

自身建设 协会组织召开六届五次理事会和六届八次、九次、十次常务理事会等工作会议，及时向理事和会员单位汇报协会工作，并邀请专家学者就依法治国做专题讲座，拓宽内部审计人员视野；根据工作发展需要，对现行的各项内部管理制度进行全面修订。进一步推进内部审计统计工作，不仅在地方内部审计协会会长秘书长会议上通报近几年统计工作的开展情况并提出下一步统计工作，还在具体工作中充分发挥各会员单位的优势，调动非会员单位参与统计工作的积极性，有效扩大统计覆盖面；拓展思路，多渠道宣传协会工作，积极扩大影响力，吸引不同领域的机构加入协会，全年共有24家单位加入协会。积极开展调研工作，分别赴广西、辽宁调研当地的内部审计工作及协会工作，掌握当地内部审计发展的第一手资料。（撰稿人：王蕙娜）

【南京审计大学】 2015年经教育部和江苏省政府发文关于更名的批准，南京审计学院于2015年12月12日正式更名为南京审计大学。学校有全日制普通本科在校生15449人，研究生334人，留学生53人，普本招生3987人，毕业3668人，专任教师894人，正高职称118人，博士（含在读）466人。拥有浦口、莫愁两个校区，占地2100余亩，审计署审计干部教育学院建于成浦口校区投入使用。

领导成员

党委书记：王家新
纪委书记：吴朝国
校　　长：晏维龙
副 校 长：尹　平　郭宏之　王会金
　　　　　张金城　张建红
　　　　　时　现　裴　育

学校概况 学校设有13个二级学院，3个教学部，1个民办学院，1个继续教育学院。设有31个本科专业，其中审计学、金融学、财政学为教育部特色专业建设点，审计学、金融学专业获批为教育部“专业综合改革试点项目”；审计学、金融学类、财政学类、工商管理类、管理科学与工程类为江苏省“十二五”重点专业，审计学、金融学为江苏省品牌专业；财政学、会计学、工商管理、国际经济与贸易、信息管理与信息系统为江苏省特色专业；2015年，审计学、金融学和财政学专业入选江苏省高校品牌专业建设工程一期项目。审计学教学团队为国家级教学团队；审计学教学团队、金融学核心课程教学团队为江苏省高校优秀教学团队；金融学专业复合型应用性金融人才培养模式创新实验基地为江苏省高等教育人才培养模式创新实验基地。“审计高等教育理论探索与实践创新”获江苏省高等教育教学成果特等奖和国家级优秀教学成果二等奖。2015年获教育部第七届高等学校科学研究优秀成果（人文社会科学）一等奖两项。审计硕士专业学位点评估得分全国排名第一；2015年连续第四年被评为“江苏省优秀研究生招生单位”。

学校已有工商管理、应用经济学、理论经济学3个授权一级学科17个二级学科学术学位硕士授权点，审计、会计、金融3个硕士专业学位授权点。“审计科学与技术”和“现代审计科学”分别入选江苏高校优势学科建设工程一期、二期建设学科，应用经济学学科入选江苏高校优势学科建设工程重点序列学科，理论经济学学科入选“十二五”江苏省重点（培育）学科，法学、公共管理、统计学等3个学科入选“十二五”江苏省重点建设学科。

学校拥有“现代审计理论与方法研究”“区域金融创新研究”“价值链分工的经济效应研究”“马克思主义与当代中国学术发展研究”等江苏省“青蓝工程”科技创新团队4个；享受政府特殊津贴专家6人、省部级有突出贡献中青年专家4人、教育部“新世纪优秀人才支持计划”2人、全国审计专业学位硕士研究生教学指导委员会委员1人、教育部教学指导委员会委员5人、财政部“全国会计领军人才培养对象”1人、司法部“全国优秀教师”1人、江苏省“双创计划”人才1

人、江苏特聘教授3人、江苏省教学名师1人；江苏省“333人才工程”培养对象37人，江苏省“六大人才高峰”培养对象10人；江苏省“青蓝工程”中青年学术带头人30人、“青蓝工程”优秀青年骨干教师64人；江苏省优秀教育工作者4人；审计署先进集体2个，先进个人2人。学校拥有“现代审计发展研究中心”“金融风险管理研究中心 ”等江苏省高校哲学社会科学研究基地2个，“审计信息工程与技术”江苏省高校协同创新中心（培育点）1个，“公共工程审计”“审计信息工程”“金融工程”等省级重点实验室3个。

2015年学校相继成立“经济与金融研究院”“审计与评估研究院”“政府审计学院”“政治与经济研究院”，打造审计高端教学科研平台；开展“建设世界一流大学和一流学科背景下的审计学科发展”“审计职业教育与国民教育的深度融合发展”等重大研究与实践。

获得荣誉 学校党委书记王家新教授被授予“ACCA卓越成就奖”。学校女教师向日葵合唱团在“2016香港国际紫荆杯合唱音乐节”上获得金奖。

学校代表队在第三届财务决策大赛全国总决赛中荣获二等奖，益暖社团支部获评“全国高校践行社会主义核心价值观示范团支部”，风险管理与保险学社荣膺全国优秀团队奖，在2015年“金程杯”全国大学生会计案例大赛中，获得亚军、优胜奖、最佳指导老师奖、最佳组织院校奖；校辩论队获“雄辩华东杯”三省一市辩论邀请赛亚军；在第十四届“挑战杯”江苏省大学生课外学术科技作品竞赛中获得二等奖一项、三等奖两项；证投俱乐部喜获省“科创经管类”社团第一名。

国际交流 2015年，学校与俄罗斯莫斯科国立大学、美国亚利桑那州立大学、美国佛罗里达州立大学、美国加州大学圣克鲁兹分校、韩国忠南国立大学、丹麦南丹麦大学、吉尔吉斯斯坦伊塞克州立大学、坦桑尼亚达累斯萨拉姆大学、坦桑尼亚审计署、摩洛哥企业管理与贸易高等学院、澳门城市大学、淮安市人民政府、人大苏州校区等签署合作协议。4月22至23日，第9次中国—俄罗斯审计研讨会在校召开，来自两国最高审计机关的14名代表就社会保障审计和国家经济现代化发展专项资金支出绩效审计进行研讨。9月13日，坦桑尼亚审计长穆萨·贾玛·阿萨德一行来访并受聘学校荣誉教授。10月28日，法国审计长迪迪埃·米戈来校访问并受聘南京审计学院荣誉教授。12月1日，俄罗斯莫斯科国立大学国家审计高等学院副教授Elena SHAPKIN女士等师生一行9人访问南京审计学院并与该校审计与会计学院签署战略合作协议。12月22日，泰国副审计长斯林·潘卡盛女士、泰国审计署人事司官员乌玛·普希塔朋女士和赤提普·查隆提先生一行3人来校访问。

国民教育与职业教育 2015年，审计署审计干部教育学院建成并投入使用，学校开展对接审计署审计干部教育学院的各项工作。构建由学校与审计署审计干部教育学院主要领导任组长的联席会议制度，积极探索国民教育与职业教育深度融合一体化发展。协助完成2015年审计署各单位和省级审计机关主要负责人专题研究班暨第二季度署党组中心组学习会议、世界审计组织最高审计机关责任与作用会议、中俄审计研讨会、东盟审计研讨班、2015年审计署新任处长干部培训班等审计署各司局、地方审计厅局多期培训项目。先后迎来阿富汗审计长、坦桑尼亚审计长和副审计长、法国审计长、泰国副审计长，聘请担任学校荣誉教授；审计长刘家义等署领导先后32人次来校视察指导；拓展创新《审视·问道》，邀请18位国内审计厅长、局长接受节目采访。

江苏省法学会审计法学研究会成立大会暨“审计法与国家治理”学术研讨会 5月16日，江苏省法学会审计法学研究会成立大会暨“审计法与国家治理”学术研讨会在南京审计学院召开，与会专家对审计法学基本理论以及审计法学科的构建以及未来发展等问题进行深入探讨，为审计法学研究会的未来发展方向进行规划。

第三届审计长奖学金 7月8日，第三届审计长奖学金颁奖典礼在学校审计干部教育学院学术报告厅举行，钱琪等24位同学获此殊荣，审计长刘家义来校颁奖。典礼上，刘家义寄语审计学子，要努力奋发追寻美好的梦想。

（撰稿人：唐　明）

审计理论与科研

科研成果综述

2015年，审计科研工作以党的十八大和十八届三中、四中、五中全会精神为指导，贯彻落实《国务院关于加强审计工作的意见》要求，在署党组的领导下，围绕完善审计制度、保障依法独立行使审计监督权，结合审计工作实践，开展审计科研工作。重点研究"'四个全面'战略布局下的国家审计发展定位研究""审计监督全覆盖研究""省以下地方审计机关管理体制研究""审计职业化建设研究""审计成果利用制度研究""审计质量控制制度研究""审计法律体系研究"等7个科研课题和"国家审计发挥宏观调控作用研究"等课题，与署机关有关业务司、特派办、省审计厅及科研所等单位合作完成"基于数据挖掘的商业银行对公信贷资产质量审计研究"等12个课题的研究。继续开展国外政府审计跟踪研究工作，形成审计研究报告、国外审计动态等科研成果。

一、基于数据挖掘的商业银行对公信贷资产质量审计研究

该研究梳理了中国银行业监督管理委员会和商业银行内部审计对贷款风险分类的监管现状，以及学术界运用数量分析方法对商业银行信贷资产质量进行分析的研究现状，对商业银行信贷资产质量审计相关的基本概念与法律、法规进行归纳总结，介绍了商业银行信贷资产质量审计应用的属性选择、决策树和支持向量机等数据挖掘算法，构建了基于数据挖掘的商业银行信贷资产质量审计相关知识体系，将其作为数据挖掘分析和结果取证的方法论基础。

（一）研究意义及主要目标

商业银行信贷资产质量审计研究的意义在于，商业银行信贷资产质量审计是国家审计维护金融安全的重要手段；商业银行信贷资产质量状况是政府部门制定宏观经济政策的重要依据；商业银行信贷资产质量审计可以有效揭示商业银行利润操纵行为。研究的具体目标，一是运用数据挖掘算法发现商业银行法人贷款中不良贷款的隐藏模式；二是发现商业银行法人贷款中不良贷款和正常贷款之间被相互错分的记录。

（二）商业银行资产质量监管及量化分析研究现状

商业银行信贷资产质量和信用风险的数量分析模型主要有：运用马尔可夫链模型预测商业银行信贷资产质量；运用数据包络分析（DEA）模型评估信贷资产质量；运用Logistic回归模型评估商业银行信用风险；运用KMV模型评估单个企业信用风险；运用Wilson模型分析信用风险等级变迁。

（三）商业银行信贷资产质量审计相关概念与法规

信贷资产质量是指银行通过多种渠道、多种手段和多种工具，将多方筹集的资金，采取不同形式配置和运用后所形成的资产存量，在安全性、流动性和效益性方面综合体现出的经济指标所包含的约定俗成的内容。贷款按风险程度可以划分为五类：正常、关注、次级、可疑、损失，后三种为不良贷款。

不良贷款率——指金融机构不良贷款占总贷款余额的比重。

拨备覆盖率——也称为"拨备充足率"。是实际上银行贷款可能发生的呆、坏账准备金的使用比率。

表内息——指银行会计核算中对于贷款资产在贷款尚未到期前进行的表内计息。

表外息——指对逾期贷款按照基本计息率和

含有违约成分的罚息计算的利息率计算。

借新还旧——指贷款到期（含展期后到期）后不能按时收回，又重新发放贷款用于归还部分或全部原贷款的行为。

贷款展期——指贷款人在向贷款银行申请并获得批准的情况下，延期偿还贷款的行为。

重组贷款——指银行由于借款人财务状况恶化，或无力还款而对借款合同还款条款做出调整的贷款。

贷款重组——指在借款人发生及预见其可能发生财务困难或借款人、保证人发生资产重组，致使其不能按时偿还银行贷款的情况下，银行为维护债权和减少损失，在切实加强风险防范的前提下，与借款人达成修改贷款偿还条件的协议，对借款人、保证人、担保方式、还款期限、适用利率、还款方式等要素进行调整。

与商业银行信贷资产质量审计相关的法规主要有《贷款风险分类指引》《贷款通则》和《银行贷款损失准备计提指引》。

（四）商业银行信贷资产质量审计应用的数据挖掘算法

主要有属性选择算法、决策树算法、支持向量机分类算法。

（五）基于定性和量化分析的属性选择

分别对 A、B 两家商业银行总行信贷资产质量相关的属性进行定性和量化选择分析。

（六）基于关联规则分析的 B 商业银行不良贷款隐藏模式挖掘

以构建的决策表作为实验数据，决策表中的决策属性为贷款记录的正常贷款或不良贷款分类，其中正常贷款类在决策表决策属性中标记为 1，不良贷款类标记为 2。然后对决策表应用基于决策树理论的 REPTree 算法进行关联规则挖掘。

（七）基于支持向量机的银行不良贷款识别及隐藏模式数据分析

分别论述了基于支持向量机的 A 银行和 B 银行的不良贷款识别及模式分析，包括不良贷款识别实验设计原理、不良贷款识别模型构建、不良贷款识别模型的应用及其效果。

（八）结论及展望

初步构建了运用数据挖掘技术对商业银行信贷资产质量进行审计的知识结构体系，着重对信贷资产质量判断的特征属性选择进行了实验研究。现阶段研究成果距离普及性的智能化应用还有诸多科研难题需要解决，有待今后持续、深入地学习和钻研。

二、国家审计发挥宏观调控作用研究

该研究的工作主要体现以下三个方面，一是对国家审计在宏观调控各个历史阶段中的定位和发挥的作用进行梳理，为当前更好地为宏观调控服务总结经验；二是对经济新常态背景下国家审计在宏观调控中发挥的新作用进行归纳，为全面系统理解审计的宏观调控作用打开一扇窗口；三是对国家审计在宏观调控中的作用进行简单的政策仿真模拟，为国家审计科学地参与宏观调控进行初步尝试。

（一）宏观调控不同历史时期的国家审计

在宏观调控发展的各个时期，国家审计不同程度地积极参与宏观调控，为实现宏观调控目标服务。宏观调控的萌芽时期（1978—1992 年），国家审计是补充和辅助计划经济体制的工具，侧重强调政府对于经济的控制。中国特色宏观调控体系的框架基本建成时期（1993—2002 年），国家审计减少了对国有企业这些微观主体的审计，侧重于对经济执法部门、国有资产以及科技、教育等有利于国家宏观管理部门的审计。科学发展的宏观调控体系的框架得到长足的发展和完善时期（2003—2012 年），国家审计积极探索效益审计，加强专项审计调查，积极参与国家宏观调控工作。宏观调控方式进入科学创新阶段（2013—至今），国家审计加大对宏观调控政策措施落实情况的跟踪审计力度，促进政令畅通，全力推动改革发展政策和重大项目落地，关注影响宏观调控的体制机制性问题，积极提出深化改革的建议，加强审计成果在宏观调控中的综合利用。

（二）当前我国宏观调控存在的问题

部分部门不能很好地贯彻落实各项政策方针和内容；宏观调控主体无法掌握调控效果全面信息；宏观调控各部门间协调不足；宏观经济政策连续性和稳定性不够；调控针对性和灵活性不足。

（三）当前国家审计在宏观调控中的作用

国家审计可以保障国家宏观调控政策贯彻实施，可以采集和分析宏观调控的信息，协调各部门进行宏观调控，创新和催化传统宏观调控工具。

国家审计是进行宏观调控的微观依托基础，是宏观调控工具的引导工具。

（四）国家审计和传统宏观调控工具的联系与区别

国家审计是宏观调控体系中独立性很强的监督工具，传统宏观调控工具都属于宏观调控体系中的执行实施工具。国家审计间接作用于宏观调控，传统宏观调控工具直接作用于宏观调控。国家审计可以全面参与宏观调控，传统宏观调控工具则是部分参与宏观调控。国家审计和传统宏观调控工具是纵向合作关系，传统宏观调控工具之间则属于横向合作关系。

（五）国家审计在宏观调控中作用的政策模拟

世界各国都建立了自己的宏观调控模拟仿真系统，对国家的经济政策进行模拟，这些政策模拟可以仿真模拟各种政策的变化和实施对于经济系统的冲击，有利于对政策的制定或修正进行预测和分析。

可以采取两种模式将国家审计纳入宏观调控政策模拟中，第一种方法是将审计作为模型的内生变量，重新改进中国版的CMR模型，修正所有与国家审计有重要关系的行为方程，在已经建立行为方程当中考虑审计的因素；第二种方法是将国家审计作为模型的外生变量，不直接修改央行的CMR模型，而是将和国家审计有关的重要参数进行校准，在考虑国家审计之后用适当的估计方法估计参数，将校准之后的参数纳入模型进行模拟分析。

（六）国家审计未来进一步发挥宏观调控作用展望

国家审计在未来的宏观调控系统中将发挥更大的作用。国家审计是宏观调控工具，是国家治理能力现代化发展的必然结果，是因国家治理需要而生。国家审计自身的特点和丰富的宏观调控实践经验决定了国家审计可以在宏观调控当中发挥重要作用。国家审计将会更加系统、科学地为宏观调控服务。未来国家审计也可能会建立政策模拟系统，采用模拟仿真技术对于审计参加宏观调控的政策进行模拟和推演，精确地计算出审计成果，提高国家审计服务宏观调控的科学性。

三、上下级审计机关审计资源整合研究

该研究分析了上下级审计机关审计资源的现状及存在的问题，探讨了上下级审计机关审计资源整合的路径，以及需要进一步解决的基础性问题。

（一）上下级审计机关资源整合是审计工作创新发展的突破口

当前要实现审计整体效果最大化，关键是整合上下级审计机关资源。进行上下级审计机关资源整合，集约使用全国审计资源，减少审计资源“地方化”“非审计化”的弊端，极大地提高审计资源使用效率。进行上下级审计机关资源整合，打破审计资源利用瓶颈，将成为审计工作创新发展的重要突破口。

（二）上下级审计机关审计资源的现状及存在的问题

在行政资源方面，由于行政控制弱化导致上下级审计机关之间政令不畅。在法律、法规和规章制度资源方面，由于“游戏规则”制定过多地考虑中央而非地方实际情况，导致上下级审计机关在制度执行方面存在巨大差距。在信息资源方面，由于信息孤岛问题导致信息资源的综合利用效率较低。在管理资源方面，由于行政管理体制的局限导致跨层级管理效率不高。在人力资源方面，由于人力资源不平衡导致审计工作整体效率无法进一步提高。

（三）上下级审计机关审计资源整合的路径

整合行政资源，通过完善省级审计机关职能，建立以省直管县和省以下审计机关统一管理为特征的审计行政管理体制。整合信息资源，通过建立云计算平台和大数据分析中心，打通上下级审计机关信息共享通道，提高信息共享水平和信息处理能力。整合管理资源，以跨层级的大项目为核心，以“一体化”管理为目标，以信息化手段为支撑，实现科学化管理。整合人力资源，以职业化为核心，锻造一支结构优化、组织高效的审计职业人才队伍。

（四）上下级审计机关资源整合还需研究解决的基础性问题

国家监督体系的完善和发展。一是找准审计监督在国家监督体系中的职能定位；二是审计应加强与其他监督部门的监督信息共享，形成监督合力；三是借助社会审计、内部审计力量，整合审计行业内部监督资源。

国民经济信息整合基础制度的完善。一是审计机关内部信息整合；二是审计机关与其他相关部门基础信息的整合；三是大数据下的审计信息整体框架。

审计体制的完善和发展。要充分挖掘我国国家审计体制的潜力，找到适合当前我国审计体制发展的途径和方式，促进中国特色社会主义审计制度的完善和发展。

四、关于建立和健全国家审计廉政风险防控机制的思考

该研究分析了国家审计建立和健全廉政风险防控体系的重要性和应遵循的原则，并提出建立和完善审计廉政风险防控工作机制的对策建议。

（一）建立和完善廉政风险防控机制是国家审计有效履行监督职能的必然要求

加强廉政风险防控是国家审计行使监督权的必然要求。加强廉政风险防控是客观公正实施审计监督的内生需求。加强廉政风险防控是国家审计机关维护和保持党的纯洁性和先进性的重要手段，是贯彻从严治党战略举措的重要体现。

（二）审计廉政风险防控工作机制的构建原则

审计廉政风险是指审计人员在具体行使监督权时发生腐败行为的可能性，既有公权力廉政风险的共性，又有与国家审计职业特点密切相连的个性。建立和完善廉政风险防控机制应当确立和遵循一定的原则：应当与审计业务紧密相连，确保审计业务有效开展；应当注重系统性，发挥机制要素的合力；应当实事求是常态化，保证机制建设落到实处；应当注重以人为本，提高制度落实的自觉性。

（三）建立和完善审计廉政风险防控工作机制

审计监督权的有效行使是审计各个职能部门和人员合力的结果。各部门间在职权范围、运行程序、目标结果、主体综合素质等方面存在一定的差异性，审计廉政风险防控工作机制的建立和完善应针对差异性而具体情况具体分析。认真落实党风廉政建设主体责任制，强化监督问责，以上率下筑牢防范审计廉政风险的防火墙。建立和完善防范审计廉政思想道德风险的工作机制。建立和完善防范审计廉政风险制度和岗位风险的工作机制。运用科技手段加强审计廉政风险防控工作的动态管理。推行审计监督公开透明制度。

五、全面深化改革环境下企业审计目标研究

该研究顺应全面深化改革的大环境，立足审计工作的法定职能，归纳当前国有资本管理体制和运行机制的特点，构建企业审计目标体系，以期为审计理论的进一步研究奠定基础，为国有企业审计实务工作的顺利开展提供依据。

（一）审计目标的内涵

国家审计目标是一个国家或地区审计机关若干时期的总体职责与预期效果，它体现国家审计的本质。审计目标具有统一性、社会性、明确性和层次性四个特征。

（二）企业审计目标的发展历程

我国审计机关对于国有企业的审计随着时间变化在不同阶段呈现出不同特点。企业审计目标及审计内容范围大致经过如下四个阶段：以摸家底、揭隐患、促发展为主要目标阶段；以促进加强管理、提高效益为主要目标阶段；以维护国有资产安全，促进可持续发展为主要目标阶段；以维护国有资产安全，促进国有企业科学发展为主要目标阶段。

（三）深化改革环境下国有企业审计的新要求

当前，国家和社会对审计机关国有企业审计提出了新的要求，迫切需要审计机关对于国有企业审计的目标、内容和策略进行适当的调整，应当将审计目标从过度注重企业经营考核指标转变为以国企功能性、保障性、政策执行性为导向的多元化系统设计。对混合所有制经济发展的监督，提高国有资产市场化运作水平，监督股权重组决策程序，监督企业价值评估合理性，防范企业员工持股经营风险。对公司法人治理结构调整的监督，应加强组织机构的合法性和合理性，监督权力配置和运行的规范性，促进企业激励约束机制的完善。对国有资本经营预算制度完善的监督，应推进国有资本经营收益上缴制度的完善，监督国有资本经营预算支出结构的调整，促进国有资本经营收益投向的合理化，进一步推动国有资本经营预算相关程序的完善。

（四）构建企业审计目标体系

构建企业审计目标体系的原则主要包括：突出国家审计的功能，突出国有企业审计的本质，以全面深化改革的相关政策为指导思想，注重在实务工作中的应用。

企业审计的外部目标可以从以下四个领域进行细分：一是经济角度，监督企业的国资经营顺应我国社会经济发展阶段的要求以及国际产业经济和贸易全球化的新形势；二是资源角度，促进提高资源的效率和效益，加强科技创新，进行科学发展；三是生态环境角度，推动实现工业和自然的协调可持续性发展；四是民生角度，促进国有企业履行其社会责任，为保障民生和社会文明进步发挥应有的作用。

内部目标分为三个层次：第一层次为企业审计的本质目标，即体现审计本质的目标，企业审计的本质目标由企业审计的本质所决定；第二层次为企业审计的现实目标，是本质目标的具体呈现，有助于企业审计本质目标的实现；第三层次为企业审计的项目目标，由项目认定与具体目标共同决定。

（五）结语

构建企业审计目标体系，突出企业审计的特色；将评价与促进受托经济责任的履行作为内部目标的最高层次，直接体现企业审计的本质；注重实务工作应用，区分不同主体的企业审计目标，使企业审计理论结构体系更加严密完整，有利于企业审计的进一步发展和审计目标的顺利实现。

六、完善审计制度的初步思考

该研究探讨了完善审计制度在“四个全面”战略布局中的定位，提出以构建行政权力制约监督体系为基本取向，论述了完善审计制度的重点领域和审计工作机制的重要方面。

（一）完善审计制度在“四个全面”战略布局中的定位

在“四个全面”战略布局中，全面深化改革和全面依法治国，二者相辅相成，其交汇点是共同推进国家治理体系和治理能力现代化。审计监督是其中的重要组成部分，定位于全面深化改革和全面依法治国二者的交汇点上，在审计监督体系和政策评估的意义上，也处于二者的制高点上。完善审计制度，就是构建一整套审计监督体系。

完善审计制度的基本原则是：在“四个全面”战略布局中，一要坚持中国特色；二要坚持改革方向；三要坚持问题导向；四要适应推进国家治理体系和治理能力现代化的要求；五要直面突出问题；六要回应人民群众期待。

（二）以构建行政权力制约监督体系为基本取向

审计监督必须在公共（财政）资金、国有财产、国有资源管理使用的权力运行制约和监督体系中，为维护公众和国家的经济利益、财产性利益发挥核心作用。在全部制约监督体系中，审计监督应当发挥其他监督体系所不能替代的作用，例如反腐败的职能作用。

（三）完善审计制度的重点领域

1. 审计监督全覆盖：五维度、三要求。审计监督全覆盖，可以从“五个维度”来认识：资金“全覆盖”；项目“全覆盖”；单位“全覆盖”；时间“全覆盖”；经济责任审计“全覆盖”。审计监督全覆盖的三个要求：反腐败的“全覆盖”；突出重点的“全覆盖”；“审深审透”的“全覆盖”。

2. 政策执行情况评估是构建审计制约监督体系的重要内容。审计监督应当进一步强化对政策执行过程和结果的评估，并按照四中全会决定的要求，对部门之间争议较大的重要立法事项，提出有充分审计依据的评估意见。

3. 完善和强化对预算的审计监督体系。第一，监督预算的完整性或“全口径预算”。第二，监督预算的公开性。预算法修改的重要内容之一，是建立公开透明的预算制度。第三，加强对地方政府债务的规范和监督，防范和化解财政风险。

4. 构建和强化对国有企业的审计监督体系。企业审计对象要扩大；要确定审计周期；要明确审计重点。

5. 强化经济责任审计的监督制约机制，突出“问责”。在经济责任审计理念或理论上，要牢固树立以“四个全面”为指导思想，明确经济责任审计是全面从严治党的监督制约体系的重要组成部分。在这个理念下，调整经济责任审计的内容和重点。根据“四个全面”战略布局，经济责任审计对象应当有较大调整。

6. 构建和强化对公共资金的审计监督体系。第一，迫切需要加大审计监督力度；第二，对社保基金的市场化运营实施严格的审计监督；第三，评价和监督社保制度发挥作用的效果，监督社保资金使用的效益；第四，审计监督应揭露各种损害社保制度和群众利益的行为；第五，审计监督应当促进社会保障预算制度的改革和完善，促进逐步建立统一、独立、规范、公开的社保预算制度。

7. 构建和强化对生态文明建设的审计监督体系。资源环境审计应以促进贯彻落实节约资源和保护环境的基本国策为目标，检查国家资源环境政策法规贯彻落实、资金分配管理使用和资源环保工程项目的建设运营情况。资源环境审计应在促进建立系统完整的生态文明制度体系，实行最严格的源头保护制度、损害赔偿制度、责任追究制度，完善环境治理和生态修复制度，用制度保护生态环境等方面发挥推动作用

（四）完善审计工作机制

构建审计报告公开机制；构建和健全审计问责、移送和反馈机制；推进审计职业化建设；构建“目标控制”和“结果控制”的领导机制。

七、国家审计促进提高金融监管绩效与防范系统性金融风险研究

该研究分析了我国系统性金融风险，剖析了当前我国金融监管在防范系统性金融风险方面存在的不足和问题，论述了国家审计促进提高金融监管绩效与防范系统性金融风险的优势，探讨了国家审计防范金融风险与维护金融稳定性的路径。

（一）我国系统性金融风险分析

就目前的经济形势而言，以下薄弱环节和关键领域存在系统性金融风险可能性最大。一是金融系统固有的系统性金融风险；二是金融系统自身改革和发展引发的风险；三是地方政府性债务和房地产市场冲击导致的风险。

（二）当前我国金融监管在防范系统性金融风险方面存在的不足和问题

当前我国金融监管存在的不足或问题主要体现在：金融监管独立性不足，金融监管部门的前瞻性和预见性不足，金融监管体系不完善、相关制度建设滞后，金融监管绩效不够高以及金融监管环境恶劣等五个方面。

（三）国家审计促进提高金融监管绩效与防范系统性金融风险的优势

国家审计之所以能在促进金融监管绩效、防止系统性金融风险和维护金融稳定方面发挥重要作用，是由国家审计的性质决定的。国家审计的独立性决定了国家审计可以超脱于目前金融机构和政府部门之间，有效地避免“管制俘虏”和监管权力期权化的影响。另外，国家审计的综合性则很好解决金融监管前瞻性和预见性不足、金融监管体系不完善，监管法律法规滞后性和监管不足与重复、过度监管并存等问题。

（四）国家审计防范金融风险与维护金融稳定性的路径

第一，对金融机构业务和财务进行审计，从源头处帮助消除和化解金融风险。一是加大对金融机构传统业务审计，稳固金融审计基本盘；二是加强对影子银行系统审计力度，化解潜在系统性金融风险；三是加强对供应链金融、伞形信托等新兴金融业务的审计，抵御防范新兴系统性金融风险；四是加强对互联网金融的审计，切断新兴系统性金融风险传导扩散通道；五是加强对金融机构的资产负债质量的审计，提高宏观审慎监管水平。

第二，对金融监管部门进行绩效审计，形成化解金融风险多重防线。一是对金融监管制度是否完善，以及能否适时调整进行审查；二是对金融监管政策实施评估；三是对金融监管执行情况进行检查。

第三，对金融机构风险管理进行审计，提高金融机构防范抵御金融风险的能力。一是对单个金融机构或者集团的量化风险管理模型进行检查和评估；二是对单个金融机构或者集团压力测试进行检查和评估；三是对两个或以上金融机构之间风险传递进行评估和判断。

第四，利用大数据分析和新型技术开展新型审计，以先进方法技术分析和排查金融风险。审计机关应该以“总体分析、发现疑点、分散核查、系统研究”的大数据组织模式进行金融审计。在利用大数据审计时，需要满足以下几个条件：一是大数据要完整和全面；二是要将相关支持文件和其他信息电子化、数据化；三是要充分设计好相关的预警、指示性指标；四是要将可能出现系统性金融风险的逻辑语言转换为计算机程序语言，以计算机智能审计代替手工搜索查询。

八、国家审计在全面推进依法治国中的地位、作用和路径探析

该研究在深刻认识和准确把握国家审计在全面推进依法治国中的特殊地位和重要作用基础上，阐述了进一步完善国家审计推进全面依法治国的

路径。

（一）深刻认识国家审计在全面推进依法治国中的特殊地位

1. 国家审计是监督制约权力的重要方式。深化对国家审计与法治内在关联的认识，才能更好地推进社会主义法治国家建设。第一，法治的价值在于实现对权力的监督制约；第二，国家审计是权力监督制约的衍生物。第三，国家审计是监督制约权力的重要方式。

2. 国家审计是法治监督体系的重要组成。从审计的监督本质特征出发，国家审计作为宪法确立的专门监督制度，应与其他监督制度共同构成严密的法治监督体系。第一，国家审计属于法治监督体系；第二，国家审计是法治监督体系的一个独立组成部分；第三，国家审计是法治监督体系中不可或缺的重要组成。

3. 国家审计是法治国家建设的重要保障。在全面推进依法治国的时代背景下，国家审计通过“免疫系统”预防、揭示和抵御功能的发挥，可以有效推动国家良好治理，在法治国家建设中起到全方位、全过程、全覆盖的重要保障作用。第一，国家良治要求国家治理现代化；第二，国家治理的现代化关键在于国家治理法治化；第三，国家审计是国家治理法治化的重要保障。

（二）准确把握国家审计在全面推进依法治国中的重要作用

1. 国家审计是八项监督制度建设的黏合剂。审计监督应当利用特有的独立性、专业性和主动性等优势，配合、引导和督促各项监督制度形成监督合力。第一，国家审计与其他监督制度共同推进依法治国；第二，国家审计可以制约其他监督制度；第三，国家审计也应接受其他监督制度的制约。

2. 国家审计是其他法治体系建设的助推器。法治监督体系是稳步推进各项法治体系建设的重要保障，国家审计是其他法治体系建设的助推器。第一，促进法律规范体系的完备；第二，保证法治实施体系的高效；第三，提升法治保障体系的能力；第四，促进党内法规体系的完善。

3. 国家审计是全面推进依法治国的加速器。第一，有利于实现依法治国、依法执政、依法行政共同推进；第二，有利于实现法治国家、法治政府、法治社会一体建设；第三，有利于实现科学立法、严格执法、公正司法、全民守法。

（三）国家审计推进全面依法治国的路径探析

国家审计应当不断适应法治国家建设的需要，进一步提升审计监督的层次和水平，充分发挥审计监督作用，从而全面促进全民守法、严格执法、公正司法和科学立法，推进法治国家建设。

1. 推进全民守法。审计监督作为我国法治监督体系的一个重要组成部分，应依法履行职责，通过揭露查处违法违规问题来推进全民（特别是领导干部）守法。此外，还有责任有义务通过开展法治宣传和组织建设等活动来推进全民守法；促进被审计单位和国家审计人员守法，推进审计领域社会组织依法治理，加强社会主义法治文化宣传。

2. 督促严格执法。通过加大审计力度，对行政机关执行法律法规情况查深查透查实，并就存在的问题向有关部门提出整改建议，最终达到严格规范执法行为、全面推进依法行政的目的。重点检查法律法规及国家重大政策措施的贯彻实施情况，更加关注重大决策的科学性、民主性和合法性，加大对财经纪律等制度的监督检查，着力加强审计机关自身制度建设。

3. 促进公正司法。审计机关虽然不能对司法机关行使司法权进行直接的监督，但是可以通过创新审计方式，来间接促进司法机关公正司法。从源头促进司法公正，从过程“监督”司法行为，从结果保障公正司法。

4. 推动科学立法。通过开展审计监督活动，了解掌握法律法规在适用过程中存在的缺位、越位和错位等问题，向有关机关提出相应的立法建议，最终达到推动科学立法、提高立法质量、促进人大监督与党内监督的目的。更加关注法规、规章和规范性文件的合宪合法性以及一致性，积极主动参与法律法规的立法活动，深入推动经济、政治、文化、社会和生态文明等重点领域立法。

九、国家审计内涵辨析

该研究分析了国家审计的本源和特征，厘清了国家审计的内涵，归纳了世界各国和国际审计组织对国家审计的一致认识，明辨了国家审计与社会审计、内部审计的区别和联系。

（一）国家审计的本源和特征

国家审计的产生，从政治经济学和马克思主

义国家理论的角度来看，公共资源的稀缺性是国家审计产生的源头，国家治理对权力制约的客观需求决定了国家审计的产生。国家审计的本质，立足于国家治理的层面来认识国家审计的本质和定位，其核心观点可以概述为：国家审计的产生和发展源于国家治理的需要，国家审计是国家治理大系统中的一个具有预防、揭示和抵御功能的“免疫系统”，是国家治理的基石和推动国家治理现代化的保障。从国家审计发挥作用的机理来看，与其他监督系统相比，国家审计具有鲜明的特征：一是法定性；二是独立性；三是专业性；四是全面性。

（二）我国宪法和审计法对国家审计的规定十分明确

明确国家审计主体：国务院和县级以上地方各级人民政府设立审计机关，对国务院各部门和地方各级政府的财政收支，以及国家的财政金融机构和企业事业组织的财务收支进行审计监督。明确国家审计体制：审计机关是本级人民政府的组成部门，审计机关主要负责人是本级人民政府的组成人员，审计机关工作经费由法律予以保证。明确国家审计职责：凡是使用国家财政资金、占有和使用国有资产、管理公共资金和其他公共资源的单位和个人，都应当接受审计机关的监督。明确国家审计权限：除拥有要求被审计单位提供资料、检查被审计单位相关资料和资产、就审计事项向有关单位或个人进行调查取证、建议被审计单位和有关部门采取相应措施、提请有关部门协助、向社会公布审计结果等一般审计权限外，还拥有采取行政强制措施、做出处理处罚决定、移送处理等权限。明确国家审计程序和评价标准：相关审计法律规范对审计工作程序和评价标准做出严格的规定，其内容涵盖对审计主体资格的规范、对审计业务类别与工作目标的规范、对审计计划的规范、对审计业务执行过程的规范、对审计成果的规范和对审计质量控制与责任的规范。

（三）世界各国和国际审计组织对国家审计的认识是一致的

对于国家审计，世界各国和国际审计组织至少在以下三个核心方面达成共识：国家审计机关应当由宪法和法律设立和授权；国家审计应当具有高度的独立性；国家审计应当在国家治理中发挥重要作用。促进法律完善，维护民主法治；预防查处贪污腐败，促进行政廉洁；维护公民基本利益，促进改善民生；审计评价政府部门资源使用情况和管理效率，提高政府效能；关注国家面临的风险，维护国家安全。

（四）国家审计与社会审计、内部审计有着明显的区别

1. 工作目标不同。国家审计的工作目标是服务国家和社会，维护国家经济安全，推进民主法治，推动改革，促进发展，促进廉政建设，保障国民经济和社会健康发展，根本目的在于维护人民群众根本利益。社会审计的工作目标是营利，即通过服务委托方完成受托审计任务和收取协议约定的费用，根本目的在于保证社会审计机构实现盈利、保持永续经营。内部审计的目标在于服务组织自身发展，促进本组织经营管理的改进和经济效益的提高，根本目的在于促进组织科学健康发展、帮助组织实现目标。

2. 工作依据不同。国家审计的工作依据是宪法、审计法等国家审计法律规范。社会审计的依据主要是注册会计师执业规范。内部审计没有严格法定依据，内部审计自律组织发布的内部审计准则，是内部审计机构开展内部审计工作的参考标准。

3. 工作职能不同。国家审计是国家治理系统的重要组成部分，其审计监督职能是由宪法和法律规定的。社会审计职能主要是就会计信息的质量和财务报表的合规性、公允性发表审计意见，缺乏揭示被审计对象重大违法违纪、重大管理漏洞、重大风险隐患等问题的动力。内部审计是向管理层提供的服务，其职责主要由组织内部规章制度确定，由本组织授权。

4. 工作权限不同。为确保审计职责的履行，法律在赋予审计机关审计职责的同时，也授予审计机关相应的审计权限。这些审计权限是法定的，具有强制力，被审计单位和其他有关单位应当予以支持和配合。社会审计的权限是委托人在协议中承诺或授予的，其权限不具有法定性和强制性。内部审计的权限主要由组织内部规章制度确定，其审计权限是有限的。

5. 成果运用不同。国家审计高度重视审计成果运用，通过加强审计成果运用不断推动完善国

家治理。一是审计成果利用层次高；二是审计成果利用综合性强；三是审计成果利用渠道广；四是审计成果利用透明度高。社会审计组织可以对审计活动中自身工作做法和经验进行总结，但一般受合同约束，不能对不同审计对象的审计成果进行横向分析。由于内部审计对象为组织自身，其审计成果的横向比较和综合分析也较少，其审计报告未经授权不得对外使用。

6. 作用发挥不同。国家审计在推动国家治理体系不断完善、推动经济社会健康可持续发展方面发挥着重要作用。具体包括：一是监督制约权力运行的重要措施；二是推进民主法治的重要途径；三是促进政策落实的重要保障；四是加强反腐倡廉的有力工具；五是维护国家安全的重要保障；六是推动深化改革的重要力量。社会审计受托出具的审计报告在社会经济活动中发挥的主要作用是鉴证和服务，受审计目标等限制，社会审计在加强对公权力的制约和监督，推动领导干部守法、守纪、守规、尽责，推进党风廉政建设和反腐败工作，推进国家治理体系和治理能力现代化等方面难以发挥作用。内部审计具有较强的内向性，其作用主要是服务组织的健康发展。

（五）国家审计与社会审计、内部审计有着一定的联系

国家审计与社会审计、内部审计之间存在着法定的监督与被监督关系。国家审计可以根据需要借鉴使用社会审计和内部审计的一些审计技术方法。遇有审计力量不足，审计机关可以按规定向社会审计机构购买审计服务。国家审计在一定程度上利用内部审计结果，将其作为开展审计工作的参考。

结语：国家审计的主体法定、体制法定、职责权限法定、程序标准法定，其他任何部门、机构、组织的相关监管、监督工作都不能称之为国家审计。同时，由于工作目标、工作依据、工作职能、工作权限、结果运用、作用发挥等各方面的显著差别，国家审计与社会审计、内部审计不属于一个共同的“国家审计体系”，三者之间不存在职责分工，不能混为一谈、互相替代。

十、美国《数据问责和透明度法案》对我国财政支出公开及审计工作的启示

该研究介绍了美国《数据问责和透明度法案》（以下简称《数据法案》），并借鉴美国《数据法案》做法，提出了对我国财政支出公开及审计工作的启示。

（一）美国《数据法案》简介

《数据法案》在2014年5月正式签署成为法律。按照《数据法案》的要求，实现联邦支出数据的标准化和透明度，促进信息数据共享，有利于政府做出更及时准确的管理决策；通过对政府监管和资本市场运行非常重要数据的透明、合理分析，创造一种通用数据格式，为企业家、投资者、分析家以及大众查询、分析联邦数据提供方便并从中获益。

《数据法案》共有五个章节，第三章“对FFATA（即《联邦资金责任和透明度法案》）的具体修订内容”作为该法案的核心，增加了新的章节内容，如：全面披露联邦资金、数据标准、简化联邦资金报告、加强联邦资金问责等。具体来说，新增内容主要为《数据法案》实施要求和《数据法案》实施措施两部分。

《数据法案》提出和实施的根本目标是为了实现联邦支出的透明性，实现该目标面临着诸多的挑战。《数据法案》生效已满一年，美国财政部、行政管理和预算局按要求发布了数据标准指南并启动试点项目。

（二）《数据法案》对我国财政支出公开及审计工作的启示

借鉴美国《数据法案》，在财政支出公开方面可以做如下三个方面的改进：一是完善相关制度规定；二是建立财政支出公开网站；三是建立财政支出数据标准。

《数据法案》对审计工作主要有两个方面的启示：一是加强财政支出公开审计，促进财政支出公开透明；二是建立健全审计数据标准，实现审计数据可读可用。

论文摘登

【“四个全面”战略布局下国家审计促进国家治理现代化的几点思考】 “四个全面”即全面建成小康社会、全面深化改革、全面推进依法治

国、全面从严治党。“四个全面”是国家治理的重要战略布局，实践“四个全面”的战略布局，需要审计机关进一步完善制度，切实发挥审计促进国家治理现代化的作用。

一、“四个全面”是国家治理现代化的重要战略布局

“四个全面”展现了党治理国家的总体框架，使得未来一段时期内国家治理的总体方向、关键环节、重点领域、发展思路更加清晰，内在逻辑更加严密，是党对国家治理现代化的重要战略布局。

（一）“四个全面”的提出体现了党对国家治理的总体思路

在公开报道中，习近平总书记第一次提出“四个全面”是在2014年12月的江苏调研期间，他指出要“协调推进全面建成小康社会、全面深化改革、全面推进依法治国、全面从严治党，推动改革开放和社会主义现代化建设迈上新台阶”。其后习近平总书记在一系列重要场合下不断强调和阐述这一概念，将“四个全面”定位为党中央治国理政的重要战略布局。虽然党对“四个全面”作为整体提出是第一次，但党对治国理政的探索由来已久。全面建设小康社会是党的十六大以来提出的全局性战略目标，党的十七大将“全面建设小康社会”改为“全面建成小康社会”，表明党对国家治理目标的认识更加深化。党的十八大和十八届三中全会在全面建成小康社会基础上，提出全面深化改革的目标，凸显以改革来推动国家治理目标实现的重要性。十八届四中全会决定将依法治国视为国家治理体系和治理能力现代化的法治保障，体现出党对国家治理中法治保障作用的认识。“四个全面”的提出体现了党对国家治理的总体思路逐渐深化。

（二）“四个全面”为国家治理现代化提供了基本框架

2015年2月的中央党校省部级干部全面推进依法治国研讨班上，习近平总书记全面阐述了“四个全面”之间的关系，指出全面建成小康社会是我们的战略目标，全面深化改革、全面依法治国、全面从严治党是三大战略举措。要实现“四个全面”的战略布局，必须要建立现代化的国家治理体系。在未来很长一段时间内，应把全面建成小康社会作为国家治理的总目标，作为我们一切工作的出发点和落脚点；要把全面深化改革和全面依法治国作为实现国家治理目标的基本途径和方式；要把全面从严治党作为加强党在全面深化改革、全面依法治国中的领导的方式，为最终实现全面建成小康社会提供坚强的政治和组织保障。“四个全面”作为整体的战略布局，为国家治理现代化提供了基本框架。

（三）“四个全面”为国家治理现代化提出了更高的要求

“四个全面”内容丰富全面，既有战略目标，又有战略举措、战略保障，每一个方面都具有重大意义，体现了党对国家治理的顶层设计。要实现这样的顶层设计，需要在“四个全面”的基础上，进一步分解目标任务，梳理和整合目标实现的路径和方法，统筹协调各部门工作并加以协调推进，而这一切依赖于国家治理能力和治理体系的现代化。改革开放以来，我国经济社会事业快速发展，但在涉及发展根本的国家治理方面仍存在问题，如国家治理体系不够协调、国家治理能力不足等。要实现党的“四个全面”的战略布局，需要进一步加强国家治理体系和治理能力现代化。

二、“四个全面”战略布局下国家审计促进国家治理现代化的路径和方式

“四个全面”战略布局下，应顺应国家治理的新战略，优化国家审计促进国家治理的路径和方式，发挥国家审计作为国家治理的基石和重要保障作用。

（一）适应经济发展新常态，积极调整审计发展的方向和重点

党中央在分析国际国内形势的基础上，做出我国经济发展进入新常态的科学论断，这是我国全面建成小康社会所处的阶段性背景，是新时期审计发展所面临的基本形势。经济发展新常态并没有改变我国仍处于战略机遇期的基本判断，但是战略机遇期的内涵和条件，以及经济发展的方式和结构悄然改变。过去单纯地依靠投资和出口拉动经济，过度依赖资源消耗、环境污染和廉价劳动力的粗放型经济增长模式难以为继，取而代之的是通过科技进步提高劳动生产率，通过创新、创业实现产业结构升级的内涵型增长模式。

基于经济发展新常态的基本判断，国家审计

应重点加大对新常态下国家重大政策措施的跟踪审计，重点检查各地区、各部门对国家促进经济发展方式和结构转变的重大政策落实情况的审计，促进新常态政策的落地生根。国家审计应加强对国家支柱行业和重点领域国有企业的审计，在确保国有资产保值增值的同时，重点检查企业发展的质量和效益，关注企业发展模式的转变，提高企业竞争力和行业影响力。针对当前不合理的政绩观，应完善对地方党政领导人经济责任的审计，进一步深化对新常态下经济责任内涵的认识，将地方经济结构的战略转型、产业升级和地方财政的可持续发展纳入审计重点，确保新常态下的地方经济的健康发展。

（二）紧紧围绕改革创新，促进经济社会深层次矛盾和问题的解决

按照马克思主义的基本原理，生产力和生产关系、经济基础和上层建筑的矛盾是人类社会发展的主要矛盾。经济体制改革就是改革生产关系以适应生产力，政治体制改革就是改革上层建筑以适应经济基础。我国当前所处的“全面建成小康社会”的关键时期，既是难得一遇的战略机遇期，也是经济社会的矛盾凸显期。在民生保障、环境保护、收入分配等方面，都存在很多深层次的问题，需要通过改革加以解决。从国际经验来看，发展中国家普遍存在因改革乏力导致经济停滞的风险，要走出发展中国家所面临的共同困境，同样需要进行改革。

在“四个全面”的战略布局下，国家审计应更多地关注审计发现问题背后的体制、机制原因，关注改革措施执行效果，为国家提供决策支持。当前各部门改革措施频出，但改革的综合效果有待检验。国家审计应关注各部门改革措施的协调配合，对各项改革政策措施的系统性、整体性和协调性进行评估，披露各地区、各部门具体改革措施中不符合中央改革精神的情况，切实保障改革整体目标的实现。对改革实施过程中出现的新情况、新问题，应及时反映并积极推动加以改进和完善。对审计中发现的屡审屡犯、无法整改的问题，应开展政策性研究，通过分析问题背后的体制、机制性缺陷，找到解决突出问题和推进长远发展的改革建议，促进新常态经济社会的协调发展。

（三）紧紧围绕依法治国，加强对公共权力运行的监督制约

依法治国是中国特色社会主义的本质要求，是实现国家治理体系和治理能力现代化的必然要求。社会主义市场经济本质上是法治经济，依法治国就是要使市场在资源配置中起基础性作用，加强对公共权力运行的监督制约。现代国家治理体系要求法治化、规范化，最大限度地减少国家对微观经济运行的影响，提高企业等社会组织的效率和活力，增强经济发展的内在动力。加大对公共权力的制约，也是健全现代国家治理体系的要求。

审计是国家用权力制约权力的重要制度安排，在公共权力制约方面具有独特优势。通过国家审计制约公共权力，其核心和基础仍然是依法，不仅仅是审计部门要依法审计，更在于通过审计促进权力部门执法。审计部门应重点关注国家法律法规的执行情况，揭示有法不依、执法不严等问题，促进法治政府建设，维护法律尊严。对公共权力对市场的非法干预、寻租、腐败等行为，尤其是严重侵犯群众利益和社会公平正义的行为，应及时发现并追踪问责，促进政府更好地履职尽责。对各级公职人员的守法守纪守规尽责情况，应重点关注乱作为、不作为、慢作为的情况，促进责任追究和提高效率。

（四）紧紧围绕全面从严治党，加强和完善党的领导

全面从严治党，需要加强党性和道德教育，引导党员干部坚定理想信念，坚守共产党人的精神追求，同时也需要加强制度建设，通过制度管权管事管人。有了好的制度，好的执行和好的监督也是应有之义。审计作为党和国家监督体系的重要组成部分，除做好自身党的建设之外，还应发挥其独特的优势和作用，通过审计职责的履行促进加强和完善党的领导。

国家审计在加强和完善党的领导方面，可以通过加强对党员领导干部的经济责任审计，将党风廉政建设纳入经济责任的重要内容，大力营造风清气正的良好政治生态。将经济责任审计中发现的问题与党的群众路线教育实践活动结合，有效提高群众路线教育活动的实效性。进一步加大对经济责任审计成果的利用，将审计结果与干部升迁调动紧密结合，紧密围绕党要管党、从严治

党的要求，大力加强党员领导班子建设。

三、完善审计监督制度，充分发挥审计在“四个全面”战略布局中的作用

“四个全面”的战略布局下，需要进一步完善审计监督制度，充分发挥审计促进国家治理现代化的作用。

（一）明确国家审计在国家治理体系中的功能定位

党的十八届四中全会明确国家审计是党和国家的监督体系的组成部分，并指出要加强党内监督、人大监督、民主监督、行政监督、司法监督、审计监督、社会监督、舆论监督制度建设，增强监督合力。审计在国家监督体系中的作用，决定了审计未来发展的方向。在国家监督体系中，审计是具有预防、揭示、抵御功能的“免疫系统”。通过对公共资金、国有资产、经济责任的审计，能够发现问题和风险隐患，提出解决办法并推动建立长效机制。审计是提升国家治理的重要力量，是国家治理现代化的基石和重要保障。

“四个全面”的战略布局下，实现国家审计在国家治理中的功能定位，需要审计与其他国家监督部门共同协作，完善各自的监督职责，形成完整的国家治理体系。审计“免疫系统”功能的发挥，与审计工作密切相关，也与纪检、人大、监察、司法、媒体等部门的工作密切相关。要发挥审计促进国家治理现代化的作用，除审计部门努力发现问题外，还需要被审计单位健全内控、主管部门修订制度、司法部门惩治犯罪、纪检监察部门追踪问责、媒体信息公开、人大立法修法等一系列的环节，环环相扣才能形成完整的国家治理体系。审计作为国家治理的基石和重要保障，应加强与国家其他监督部门的沟通、协作，不断完善审计监督链条，促进国家治理体系的完善。

（二）构建基于公共风险管控的审计项目管理制度

根据党的十八届四中全会的要求，要对公共资金、国有资产、国有资源和领导干部履行经济责任情况实行审计全覆盖。审计全覆盖的核心要义是“公共”，凡涉及公共资金、国有资源、国有资产的单位和个人都必须接受审计。在审计资源有限的情况下，实行审计全覆盖不是面面俱到，而是要将有限的审计资源进行公平、合理和有效地分配。在“四个全面”的战略布局下，要实现高水平、有层次的全覆盖，必须建立基于公共风险管控的审计项目管理制度，实行审计项目从计划、执行、报告到成果利用的全流程的风险管理。

基于风险的审计项目管理制度，其核心是在项目立项、项目执行、项目报告、项目成果利用等方面采用科学的风险基础评估方法。参照美国等西方发达国家的经验，应以降低公共风险为审计的取向，进行以公共风险管控为导向的审计项目管理。审计署应对经济社会进行总体风险评估，并梳理与“四个全面”相关的细分领域，划分不同的风险层次进行管理。具体来说，应按照高风险领域涉及的问题和单位，进行审计项目评估、立项；采用问题分析方法和风险基础方法开展审计项目；以问题的解决和风险的降低为标准评价审计成果。健全基于公共风险管控的审计项目管理制度，有助于实现高水平、高层次的审计全覆盖。

（三）强化上级审计机关对下级审计机关的领导

“四个全面”的战略布局下，国家治理的顶层规划基本确定，而在此基础上进行自上而下的实施，必须依赖上级政府对下级政府坚强有力的领导。作为政府组成部门的审计机关，应加强上级审计机关对下级审计机关的领导，提高全国审计机关整体行政效率。

强化上级审计机关领导可以从组织领导、业务领导和人才领导等方面着手。在组织领导方面，建立以省直管县和省以下审计机关统一管理为特征的行政管理体制，同时充实省级审计机关职能，实现国家、省、市县各级审计机关职能科学分工，打破由于行政层级过多导致的政令不畅的局面，提高各级审计机关的行政能力。在业务领导方面，以业务一体化为目标，以信息化平台为支撑，以风险基础的项目管理为手段，以大项目为主要方式，实现跨层级的审计计划、执行、报告一体化管理，并努力推动基础制度建设。在信息化方面，通过建立云计算平台和大数据分析中心，打通上下级审计机关信息共享通道，提高信息共享水平和信息处理能力。在人才领导方面，以领导班子建设为核心，以人才队伍建设为主线，以职业化建设为依托，实现上下级审计机关之间人才队伍的合理流动和优化配置，以支撑国家审计职能。

（四）提高审计职业化水平

“四个全面”战略布局下，发挥国家审计促进国家治理作用，需要提高审计职业化水平。审计职业化是一个系统的基础制度建设，涉及职业准入和遴选、职业等级评定、绩效评估、职业激励和保障、监督和责任追究、培训和发展、职业道德等方面的丰富内容。审计职业化的核心是通过审计职业化基础制度建设，实现审计职业的专门化、独立化、制度化、权威化等目标，提高审计监督的独立性和权威性。从审计人员的角度来看，通过构建审计职业制度安排，明确审计人员的责、权、利，完善审计人员准入、等级、考核、评价、培训和职业道德建设，可有效地提高审计人员的专业化水平。

审计长刘家义曾在《人民日报》上撰文，指出要打造让党和人民群众满意放心的审计铁军。在“四个全面”的战略布局下，要锻造一支审计铁军，需要以作风建设为基础，以专业化建设为核心，建立一支既干净又干事的审计队伍。审计职业化建设，是融作风建设、专业化建设于一体的职业基础制度。通过职业化建设提高审计职业化水平，可有效提高审计人员的政治素质和专业能力，有助于实现打造审计铁军的目标。

（撰稿人：李　俊）

【国家审计推动政府管理规则革新的思考】

现代国家治理是一种规则化、制度化的活动。国家治理体系和治理能力的现代化，很大程度上体现在政府管理规则（或制度，下同）的革新力度和适应程度上。在重大改革举措贯彻落实过程中，管理规则发挥着承上启下的作用。管理规则滞后，就会制约重大改革举措落地生根。审计长刘家义指出，国家审计要围绕制度创新，更好地服务全面深化改革。促进政府管理规则革新，是国家审计促进改革深化的重要途径，推动完善国家治理的重要抓手。在审计工作中，国家审计要关注体制机制制度问题的揭示，积极推动全面深化改革相关管理规则的革新。

一、管理规则在重大改革举措贯彻落实中发挥承上启下作用

从逻辑上讲，全面深化改革的各项政策措施要转化为具体行动、取得实效，需要历经制订总体规划、完善管理规则和付诸具体行动三个大的阶段。

（一）制订总体规划

总体规划属于中央顶层设计的范畴，对重大改革举措的贯彻落实起着统领全局的作用。例如，党的十八届三中全会通过的《中共中央关于全面深化改革若干重大问题的决定》提出，全面深化改革的总目标是完善和发展中国特色社会主义制度，推进国家治理体系和治理能力现代化。在全面深化改革总目标指引下，十八届三中全会明确了全面深化改革的目标任务、重点领域和重大举措。这些内容，勾画了全面深化改革、引领实现国家治理现代化的宏伟蓝图，形成了中央关于全面深化改革的顶层设计。

（二）革新管理规则

改革总体规划确定后，各地区各部门要把落实中央提出的各项改革举措作为中心任务，统筹谋划，全力推进。这就需要各地区各部门根据总体规划，及时革新相关管理规则，将总体规划相关要求规则化、制度化，转化为具体的与总体规划相适应的管理职责、管理权限和工作要求。具体讲，中央和国家机关有关部门要结合职责积极谋划改革，按照中央明确的重要改革举措分工方案，提出改革任务清单，明确进度安排和成果形式。每一省区市要出台关于全面深化改革的决定或实施意见及分工方案，对本地区改革任务进行项目化、责任化的分解。具体负责落实改革任务的有关职能部门，要根据改革方案和意见等，研究完善和革新本部门、本行业和本领域的具体管理规则。例如，十八届四中全会要求对公共资金、国有资产、国有资源和领导干部履行经济责任情况实行审计全覆盖。为了实现这一总体目标，审计署调整有关制度结构，出台审计监督全覆盖的意见，用以指导各级地方审计机关进行创新性探索。同时，为了进一步让改革举措落地生根，需要省以下地方审计机关积极试点，认真总结经验，在审计监督全覆盖方面革新具体管理规则，从体制机制上加强管理规则对具体审计实践和行为的指导。

（三）付诸具体行动

具体负责落实改革任务的有关工作部门的工

作人员，依据革新后的管理规则，运用法治思维和法治方式规范用权，以“马上就办”的工作作风和服务理念，实实在在落实改革举措，为群众谋利益。只有这样，相关改革举措才算落地生根、取得实效。

可以看出，管理规则在上述三个阶段中居于关键环节，发挥着承上启下的作用，是衔接贯通总体规划和具体行动的桥梁。管理规则的完善是保障具体行动与总体规划相一致的关键。而且，管理规则集中体现了政府及其工作部门与改革举措相关的具体管理职责、管理权限和工作要求，是政府及其工作部门落实改革举措的具体遵循，也是政府及其工作部门依法行政的重要前提。通过适时调整和革新管理规则，改革举措才能转化为各地区各部门的职能任务，体现到基层部门和工作人员的具体行动中。上述过程中，管理规则适应了全面深化改革新要求，就能做到改革顶层设计和基层探索的互动，从而顺利实现改革举措落地生根、造福百姓。相反，如果管理规则滞后，无法适应变化了的改革形势，该立的没立，该改的没改，该废的没废，就无法真正打通改革推进的“最后一公里”，造成改革举措与具体行动的脱节，从而影响全面深化改革目标的实现。

二、管理规则滞后严重制约重大改革举措落地生根

管理规则滞后是制约改革向纵深发展的瓶颈，会导致改革举措与实际工作脱节，为“上有政策、下有对策”提供托词，挫伤基层工作人员的改革积极性，损害政府执行力和公信力。

（一）造成改革政策措施与实际工作脱节

如果管理规则滞后，工作人员在落实改革举措时无所遵循，或按照老皇历办事，就容易形成拖拖拉拉、半途而废的风气，就无法提高推动、落实改革举措的能力和水平，更无法统筹协调好各项改革任务，从而造成改革政策措施与实际工作脱节。比如，2015 年 5 月稳增长、促改革、调结构、惠民生政策措施贯彻落实跟踪审计结果显示，水利部门未及时上报项目建议计划，导致某省 17 个水土保持项目未能及时开工；发展改革委、财政部下达到地方的大型灌区续建配套和节水改造等工程中央预算内投资计划和财政专项资金，由于水利部门未及时会签文件，导致多个水利项目仍未开工。又如，《国务院关于 2014 年度中央预算执行和其他财政收支的审计工作报告》表明，有关部门推进商事制度改革的具体措施不够协调，在注册资本实缴改认缴、年检改年报等措施实行后，要求提交验资或年检证明的 50 多部规章未及时清理；专项转移支付清理整合不到位，一些专项转移支付归并后管理方式并没有发生根本性改变，仍存在“碎片化、部门化、司处化”的现象，使得地方政府无法统筹使用；有关部门落实进出口通关服务便利化措施未完全到位，报关报检方面，海关与质检、口岸与产地之间尚未实现检验检疫结果全面互认，仍须分别办理。可以看出，管理规则滞后，是造成改革举措与实际工作脱节的重要原因。

（二）为“上有政策、下有对策”提供托词

当改革的决策部署与部门或地方利益存有冲突时，许多现实问题在现有的管理规则体系内得不到及时、有效的解决。实际执行者往往以种种借口抱守已经滞后的、阻碍改革深化的既有管理规则，或者从部门或地方利益最大化的角度随意解释改革的决策部署。有的地方和部门不及时推进管理规则革新，反而以滞后的管理规则为依据，模糊改革决策部署与管理规则之间的关系，选择性执行或者歪曲执行全面深化改革决策部署，以达到维护部门和地方利益的目的。在此情况下，滞后的管理规则就成为“上有政策、下有对策”做法的托词。比如，2015 年 5 月稳增长、促改革、调结构、惠民生政策措施贯彻落实跟踪审计结果显示，上海市政府有关部门违规出台文件，对保障性安居工程征收城市基础设施配套费；为了骗取中央补助资金，一些县级政府以及财政、经贸等主管部门采取编造营业执照、工商注销通知书、税务注销通知书、项目环评材料、关闭验收证明，甚至直接假借企业名义等多种方式与企业串通。这些做法，与改革的初衷和决策部署严重背离。

（三）挫伤基层工作人员的改革积极性

在敬畏权威、漠视管理规则的传统观念影响下，一些部门和地方在推进改革过程中，不愿受到管理规则的约束，遭遇管理规则总想规避、想方设法钻管理规则的空子。根据“破窗效应”原理，在漠视管理规则的氛围中，违反管理规则的活动就会滋生蔓延。因为深谙上述做法的人，还会影响由于不懂“变通”而未办成事的人，暗示他们如何利用习惯性做法“提高”办事效率。有的干部形成对滞后管理规则的依赖后，还可能产生抵触管理规则革新的惯性心理，甚至以集体沉默应对现有管理规则，为官不为，在其位不谋其政，该办的事不办。上述做法，会严重挫伤想改革、谋改革、善改革的基层工作人员的积极性。在全面深化改革的关键时期，气可鼓而不可泄。要巩固改革良好势头，就需要高度警惕管理规则滞后对各级干部尤其是基层工作人员改革积极性的负面影响。

（四）损害政府执行力和公信力

管理规则滞后，就形不成马上就办、立行立改的工作作风，导致推诿扯皮、搞选择性落实、象征性执行等问题，直接损害政府落实改革任务的执行力。“一分部署，九分落实。”中央要求将抓落实作为推进改革工作的重点，真抓实干，蹄疾步稳，务求实效，而有的部门及其工作人员虽然“不跑、不吃、不拿、不要”，但“不干”。一些基层工作人员甚至一些领导干部抱着“只要不出事、宁可不干事”的心态，在管理规则滞后的情况下，遇到改革举措“绕着走”“躲着走”，改革红利难以释放。而广大人民群众没有切身感受到改革带来的红利，就容易造成对改革的不满，对政府的不信任，损害政府的公信力。政府一旦无信，政令就不可能畅通，改革就难以取得实效。总之，在按照中央部署推进各项改革任务过程中，一些地方和部门在管理规则上的不破不立，造成管理规则滞后，是一种严重损害政府执行力和公信力的行为。

三、国家审计要积极推动全面深化改革相关管理规则的革新

审计长刘家义深刻指出，国家审计作为以权力监督制约权力的一项制度安排，是党和国家监督体系的重要组成部分，是国家治理大系统中一个内生的具有预防、揭示和抵御功能的“免疫系统”，是国家治理的基石和重要保障，在推进“四个全面”战略布局中具有独特且重要的作用。在推动全面深化改革的过程中，国家审计要充分认识科学的管理规则对全面深化改革的重要意义，加强对全面深化改革过程中有关权力的制约和监督，积极关注体制机制制度问题，推动全面深化改革相关管理规则的革新，促进改革措施落地生根。在各项审计工作中，要高度重视管理规则革新情况，及时发现总结管理规则革新的好经验好做法，注重揭示领导干部在管理规则革新方面不作为问题，并针对问题提出革新规则的审计建议，推动管理规则与全面深化改革的顶层设计相协调。

（一）在各项审计工作中高度重视管理规则革新情况

用监督传递压力，用压力推动管理规则革新和改革任务落实，这是国家审计作为专业监督力量的职责所在。要在中央部门预算执行审计、稳增长等政策措施落实情况跟踪审计、党政主要领导干部和国有企业领导人员经济责任审计过程中，加强工作协调和上下联动，重视管理规则革新情况，系统揭示管理规则滞后的问题，研究管理规则滞后对改革政策落实的不利影响，促进管理规则革新与全面深化改革总目标相协调，推动激发改革活力，释放改革红利。

（二）及时发现总结管理规则革新的好经验好做法

审计过程中，要及时发现总结各地区各部门通过管理规则革新促进改革举措落实生根的好经验好做法，促进建立管理规则革新的协调机制、明确责任人，加快完善相关法规制度，督促出台细化配套措施。通过将一些对全局改革有利、对党和国家事业发展有利、对本系统本领域形成完善的体制机制有利的习惯性做法纳入管理规则体系，引导广大干部群众严格按照革新后的管理规则办事，促进革新后的管理规则对改革利益相关者发挥约束和引导作用，确保改革政策措施全面落实到位。

（三）注重揭示领导干部在管理规则革新方面不作为问题

领导干部在现实工作中，特别是在管理规则革新过程中，起着标杆和引领的作用。领导干部在管理规则革新中的不作为，是出现改革“最后一公里”和“中梗阻”等问题的最重要原因。在一个地区一个部门，如果领导干部不作为，不带头推进管理规则革新，就会出现上行下效的局面，最终导致改革举措与实际工作的两张皮。从这个角度讲，领导干部这个“关键少数”在管理规则

革新、促进改革重大决策部署落实过程中，就显得尤为重要。国家审计在了解、调研和参与督察改革举措落实情况过程中，要抓住管理规则革新的要领和关键，即抓住领导干部这个“关键少数”，重点揭示领导干部推进管理规则革新不积极、利用滞后的管理规则懒政怠政、借助管理规则漏洞消极应对利益关系调整等问题。

（四）针对问题提出革新规则的审计建议

管理规则滞后有多方面的原因，既与规则意识长期缺失有关，也与利益关系深刻调整有关。国家审计在实施审计项目中，要从管理规则滞后严重制约重大改革举措落地生根的具体表现出发，从思想观念、利益调整等角度分析规则滞后形成的深层次原因。在此基础上，提出革新管理规则的意见建议，推动管理规则务实管用、简便易行，体现重大改革举措的基本原则和精神，并同其他方面规章制度相衔接，充分发挥管理规则在推动改革深化中的关键作用。（撰稿人：彭新林）

【信息安全产业存在的主要问题及审计探讨】

信息是一种重要资源，对人类具有重要意义。信息安全是国家安全观和国家安全体系的重要组成部分；也是关系社会稳定、民族文化的一个不容忽视的战略问题。其实质就是要建立、采取有效的技术和管理手段，保护信息系统或信息网络中的信息资源（包括硬件、软件及系统中的数据）免受各种类型的威胁、干扰和破坏，即保证信息的安全性。信息安全产业是战略性新兴产业，近几年我国信息安全产业在政府引导、企业参与和用户认可的良性循环中稳步成长，但在快速发展的同时也面临着严峻问题。审计机关应当紧紧围绕十八大提出的健全信息安全保障体系战略决策部署，主动适应信息安全产业发展对审计监督的新要求，因此探讨组织对信息安全产业进行审计监督十分必要。

一、我国信息安全的形势及发展

当前，网络空间与信息化快速发展，对促进我国经济社会繁荣起到了重要的推动作用。与此同时，随着信息安全形势发生的新变化，也给我国的信息安全带来了新的风险和挑战。主要表现为：一是网络空间的战略化和军事化加剧。当前，网络空间已经成为继陆、海、空、天之后国家主权的一种新疆域，各国纷纷将网络空间安全上升到国家安全与发展的战略高度。据统计，目前世界上已有100多个国家制定出台了网络安全相关战略，120个国家和地区已经拥有或正在发展网络攻击能力，33个国家建立了网战部队。二是新技术的应用使信息安全威胁扩大。随着云计算、物联网、移动互联网等新技术应用的不断拓展，传统信息安全威胁逐渐蔓延到物理世界。三是关乎国民经济命脉的行业和领域风险隐患较大。2013年，我国共有2430个政府网站被篡改，2425个网站被植入后门远程监测。另据中国信息安全测评中心2013年7月的评估数据显示，中粮集团、中国铝业公司、中国化工集团、中国兵器装备集团、中国铁路物资总公司等34家涉及国民经济命脉的基础行业和关键领域均存在较大的信息安全风险隐患。

面对如此严峻的信息安全形势，党中央国务院高度重视。从2003年国务院首次提出用5年时间初步建成国家信息安全保障体系的设想，到2014年2月中央网络安全和信息化领导小组成立，标志着我国已将信息安全问题提上战略高度。历经十几年的建设，我国信息安全组织领导体制初步建立，信息安全产业初具规模，一批信息安全基础设施相继建成，与国际标准衔接的信息安全标准体系基本形成，信息安全专业队伍逐渐壮大，互联网管理不断加强，信息安全等级保护等基础性工作全面推进。但仍有一些不可忽视的问题和困难影响着我国信息安全产业的发展，需要引起国家有关部门的高度重视。

二、我国信息安全产业存在的突出问题

（一）自主创新能力较弱，缺少核心技术与产品

习近平总书记明确指出，“没有网络安全就没有信息安全，没有信息化就没有现代化。”而信息安全说到底就是核心技术与产品安全，没有最底层自主可控的核心技术与产品，一切网络安全和信息安全都是空中楼阁、镜中之花。芯片是电子信息产品的核心，是半导体产业技术最密集、最具战略价值的产品，也是一国技术实力的象征。我国自主创新能力较弱，从国产芯片与国外的差距就能体现。飞腾芯片是中国电子信息产业集团有限公司与国防科技大学联合研制的国产芯片，性能在国内处于领先水平，在国家重大工程中得到广泛应用。但与国际主流产品相比，在整体性能

方面存在较大差距。根据 SPEC CPU 2006 标准测评，飞腾“FT1500A”芯片在并行多线程比较中，在国内相当于龙芯 3A 芯片的四倍，是目前国产芯片中运行速度最快的。但与国外产品相比，其性能相当于英特尔（Intel）的 2012 年产品 E5（2407）；而即将上市的飞腾“FT2000”芯片，其性能将与 Intel 的 2014 年产品 E5（2697V3）相当。

（二）对外依赖严重，存在较大安全隐患

由于缺乏自主核心技术与产品，我国基础网络和重要信息系统中大量使用国外企业的技术和产品，安全风险极其严重。据统计，美国思科占我国高端路由器市场 90%以上的份额；Wintel 占台式计算机操作系统市场 91%的份额；IBM 占 UNIX 服务器 76%的市场。如果不能改变目前对外依赖严重的现状，很可能导致我国基础网络和重要信息系统被远程监测，存在较大的信息安全风险隐患。而且，对外依存度高，往往导致我国国产安全技术与产品难以形成自主品牌。此外，禁售令等政治因素掣肘我国核心技术发展。例如，2015 年 4 月 9 日，美国商务部发布公告，决定禁止向中国国家超级计算机中心出售某型号芯片，为我国超级计算机升级设置障碍。以上事件表明我国核心技术设备受制于人的被动局面，不仅信息安全无法得到保障，而且将严重影响我国信息安全产业自主创新发展。

（三）产业基础薄弱，相关“生态系统”尚未建成

信息安全产业是国家战略产业，是国家信息安全保障体系的物质基础。我国信息安全产业规模较小，产值仅有 200 多亿元人民币。信息安全产业的发展绝不仅是产业本身的发展，而更多地体现在产业“生态系统”的建设方面。通过构建安全“生态系统”为技术创新给养，以促进产业走上良性发展轨道。例如，Wintel 联盟即 Intel 提供处理器芯片，微软提供操作系统，惠普和戴尔等提供基于 Intel 芯片的产品，很多应用厂商基于 Wintel 平台开发应用，形成一个完备的产业生态系统。因此，构建“技术、产业、应用、安全”相协同的“生态系统”就显得尤为重要，这就要求企业不但建立国产替代的信息技术产业链，还要成为自主创新的真正主体。而自主核心技术的研发具有投入大、周 期长、市场回报率低等特点，需要对其进行持续大量的投入。相比而言，我国信息安全产业起步较晚，项目资金不足且分散，难以形成整体合力，国产技术与产品研发能力弱，性能尚显不足，芯片、软件、整机之间尚需磨合，真正走向市场的时间还不长，信息安全产业“生态系统”的建设困难重重。

（四）央企参与度不足，尚未建立起信息安全“国家队”

我国信息安全企业实力普遍偏弱，主要由民营企业和外资企业构成，央企参与度不足，尚未建立起信息安全“国家队”。据统计，近两年央企或央企参股企业研发的信息安全产品数量不到同期获证产品总数的 5%。对比来看，国外成熟的大型信息安全企业营业收入平均为 70 亿～80 亿元，国内只有 5 亿元左右；国外企业人员规模一般约有 3000 至 5000 人，有的甚至达到 20000 多人，国内最大的信息安全企业人数也不过 1000 人。由于民营企业和外资企业的实力有限，客观上难以担当维护国家信息安全的重任，因此，中央企业成为建立信息安全“国家队”的最合适人选，主要有 3 个原因：一是央企具有雄厚的经济实力。信息安全产业需要长期大量的投入和战略的眼光。若要解决当前信息系统受制于人的局面，就需要企业研发的长期持续投入，只有经济实力雄厚的央企才能担此重任。二是产业资源丰富。我国基础信息网络和重要信息系统需要整体性、系统性和结构化的解决方案，这便要求信息安全企业具备整合上下游产业链的能力，央企在这方面拥有丰富资源。三是具备承上启下的资格条件。信息安全产业是国家战略产业，需要建立一支可信、可控、可信赖的“国家队”，为国家提供安全可靠的产品和服务，对上衔接党政军的信息安全资源，对下衔接重点行业的信息技术应用，只有央企具备这方面的资格和条件。

（五）信息技术企业和产品的安全审查制度有待健全

目前世界各国均在严防国外产品关键基础设施渗透，相比而言，我国缺乏安全防患意识，国外信息技术产品和服务进入我国市场门槛较低。例如，我国现有信息安全认证目录的覆盖产品有限，仅在政府采购领域对 13 种信息安全产品强制认证，对范围更广的信息技术产品则未建立安全

准入或采购评估制度。截至 2013 年 5 月 31 日，中国信息安全认证中心已颁发了 350 张信息安全产品认证证书，强制认证作用却不甚明显。信息安全产品有 54 个品种，但是目前已经进入强制性认证范围的只有 13 类。除了有相当一部分信息安全产品未进行政府采购强制认证外，防火墙等 13 种信息安全产品的招标文件中，有些并未将信息安全产品证书作为强制性准入资格。相比而言，国外对我国的安全审查制度却极为严格，我国信息技术企业和产品在国际化业务中屡遭调查和禁止。例如，2012 年 10 月，美国国会发布了对中兴、华为的审查报告；2013 年 7 月，英国国会也发布了对华为的安全评估报告，并宣布将对华为设在英国的安全中心启动详细审查。以上这些事件不利于我国企业拓展国际市场、提升国际竞争力。

三、对信息安全产业进行审计监督的初步探讨

审计机关应当紧紧围绕十八大提出的健全信息安全保障体系战略决策部署，主动适应信息安全产业发展对审计监督的新要求，加强对信息安全的审计，推动信息安全产业发展，促进健全信息安全保障体系，审计重点包括：

（一）对信息安全领域国家科研项目资金使用情况进行审计，促进我国自主核心技术加快发展

审计机关应对信息安全领域国家科研项目进行专项审计。一是通过审计推进自主核心技术的研发和应用。审计关注科研项目和资金管理政策的落实情况，规范科技经费管理，提高财政资金的使用效率。最大限度地整合政产学研各界资源，集中优势力量，实现国产核心技术和产品的攻关突破。二是审计推动国产技术和产品的推广应用。揭示项目资金使用过程中存在的问题，剖析问题产生的原因，提出规范财务行为、保证资金安全、提高资金使用效率的审计建议，为健全信息安全保障体系发挥审计职能作用。

（二）对信息安全产业政策落实情况进行审计，加强产业总体布局形成发展合力。

审计机关应对信息安全产业重大政策落实情况进行跟踪审计。一是通过审计完善产业管理政策与体系。通过审计，促进解决产业核心技术受制于人，基础设施发展与发达国家差距拉大，信息安全工作的战略统筹和综合协调不够等矛盾和问题。改变当前信息安全“多头管理 ”的局面，明确产业发展的主管部门，建立产业发展的协调机制，并在人才、税收、投融资等方面对信息安全行业给予优惠政策。二是围绕完善财税配套政策开展审计。以扶持信息安全产业为目标，提供各种财政资金支持和税收优惠政策。加大资金集中支持力度，对专项资金进行适当整合，改变研发资金的支持方式，采用专项资金集中支持方式，不“撒胡椒面”，改先补助为后补助。根据研发和应用部门提出的资金支持需求，经过科学评估，选中资金投入方向，提高资金使用效率，积极引导社会资本进入信息安全产业。

（三）对央企在信息安全产业参与情况进行审计，推动信息安全产业“国家队”的建立

审计机关在对相关中央企业和领导干部经济责任审计时，引导央企向信息安全战略转型，支持其发展信息安全作为主要业务，对内大力培育技术研发和创新能力，对外提高国际竞争力，实现战略转型并将其打造成可控、可信、可依赖的信息安全产业“国家队”。此外，应围绕健全行业市场开展审计。通过培育市场的方式促进央企信息安全发展，从“供给”的角度为央企释放最大的信息安全市场，要求基础信息网络和重要信息系统采用自主可控产品，带动自主可控成果推广，促进央企信息安全产业发展。

（四）对重要领域和行业自主可控情况进行审计，促进安全审查制度体系的健全

审计还应关注安全制度和保密性问题。通过审计，对内建立重点行业信息安全监管制度，确定重点行业，厘清核心要害系统，尤其关注党政军等重要领域和电信、铁路、民航、金融等重要行业是否采用自主可控产品和技术，政府采购和招投标过程中是否设置保密资质认定与审查。对外设立信息安全审查制度，促进制定和完善信息技术产品和服务安全审查技术标准和规范，加强对国外产品应用的技术监管，切实保障国内信息安全。

（撰稿人：杨宇婷）

【嵌入式审计——国家审计服务国家治理的实践演进】 国家审计是党和国家监督体系中的重要组成部分，服从和服务于国家治理的总体要求，服从和服务于党和国家中心工作，它内嵌于国家

治理的体制机制制度各个层面，是国家治理体系中一项基础性制度安排，是保障国家治理各方面制度正常运行并发挥作用的基石之一，也可以说是国家治理中一项重要的、不可或缺的“制度性基础设施”。简言之，国家审计是国家治理的基石和重要保障，这是基于马克思主义国家学说和中国特色社会主义审计实践的科学总结。国家审计本质新论断的提出，对于全面依法履行审计监督职责，充分发挥国家审计在推进国家治理体系和治理能力现代化中的重要作用，充分发挥国家审计在保障国家重大决策部署贯彻落实、维护国家经济安全、推动深化改革、促进依法治国、推进廉政建设中的重要作用，具有十分重要的理论和实践意义。正因如此，需要不断深化对国家治理规律的认识，以理念创新、体制创新和方法手段创新为动力，以审计人才为支撑，不断提高服务国家治理的能力和水平。近一年来，审计署和地方各级审计机关在开展稳增长等政策措施落实情况跟踪审计中，将审计监督嵌入到稳增长等政策执行的重要环节中，开展深入、实时、持续的监督，取得了良好效果，较好地发挥了审计监督的主动性、宏观性、建设性、开放性和科学性，服务国家治理更直接、更有效，在国家治理中发挥基石和重要保障作用十分明显。

一、嵌入式审计与国家审计本质是高度契合的

所谓嵌入，通俗地理解，就是牢牢地固定或深深地打入。嵌入式则一般指在计算机系统中增加的一种控制程序，这种控制程序是“完全嵌入受控器件内部，为特定应用而设计的专用装置或系统”。这种嵌入系统通常执行预先确定的、带有特定要求的任务，即主要用来控制或者监视机器、装置或行为的系统。嵌入式系统具有以下特点：一是不可替代性，是确保系统持续健康运行的一种内在需求；二是强实时性和持续性，能够持续地实时监控系统的运行状态，及时校正不符合系统目标的行为；三是工作流程的清晰性和可操作性；四是融合性，与具体应用系统有机地结合在一起，其升级换代也和具体产品同步进行，因此具有较长的生命周期。

嵌入式审计，是形容采取类似上述形式开展的一种审计监督方式，即依法依规将审计监督持续、有效地嵌入权力运行的链条中，成为一个必不可少的重要环节，及时揭示存在的问题，提出有针对性的建议，促进加强对权力的制约，实现从由外而内再到由内而外一个完整的监督流程。与跟踪审计和其他传统常规审计相比，嵌入式审计除了具有国家审计的本质特征外，即法定性、独立性、专业性、全面性，还具有以下特征：一是具有更强的实时性，包括及时发现问题和促进整改，以及检验审计成效的及时性；二是更久的持续性，往往会持续一个循环，甚至长期嵌入，直至政策执行或财政经济管理活动结束；三是更高的参与性，审计监督与执行系统或管理活动既分离又结合，既独立又融合，它与部门或单位的内部审计有着本质的区别，也与其他从具体管理职能中派生出来的监督检查截然不同；四是更加注重审计监督的一体化，包括依法查处问题、依法问责、依法公告、依法督促整改及向人大当面报告整改情况等一体化。

嵌入式审计的上述特征与国家审计的本质具有高度契合性，可以说是国家审计本质在特定历史发展时期的内在要求和必然产物。

一是原理的契合性。国家审计是国家政治制度的重要组成部分，是依法用权力监督制约权力的制度安排。作为嵌入式审计，在权力运行的关键领域、关键环节，建立起一套嵌入式的审计监督机制，充分发挥审计的“防腐剂”作用，就是用制度形式将审计监督权力嵌入到另一种权力运行的链条中，通过审计公共资金使用、公共权力运行和公共部门履职尽责情况，促进用好人、管好权、理好财，并在此基础上促进完善用人、管权和理财的体制机制制度。在审计过程中，及时发现经济社会运行中病害侵蚀的风险，揭示这些病害侵蚀可能带来的伤害，运用法定职责去抵御和查处这些病害，从而防范风险，消灭病害，促进提高整个系统的免疫力。因此，嵌入式审计与国家审计本质在原理上是完全契合的。

二是目标的契合性。审计工作的根本目标是维护人民群众的根本利益，现阶段目标具体体现为“推进法治、维护民生、推动改革、促进发展”。嵌入式审计以问题为导向，以促进解决问题和完善体制机制制度作为出发点和落脚点，以其独特的审计监督方式，能够较好地实现审计工作现阶段具体目标。从嵌入式审计的特征来看，这种审计方式始终紧贴大系统的运行目标，与大系统具有联动性和共同成长性，因此一般不会出现游离系统大目标的问题。

三是途径和运行特征的契合性。国家审计是国家治理系统中内生的监督控制系统之一，服务于国家治理的决策系统，对国家治理的执行系统实施监督和约束，其运行特征主要包括：立足建设性，坚持批判性；立足服务，坚持监督；立足宏观全局，坚持微观查处和揭露；立足主动性，坚持适应性；立足开放性，坚持独立性。从嵌入式审计的途径和方式看，通过嵌入并监督执行系统，为决策系统服务，因此更加注重发挥建设性作用，更加注重寓监督于服务之中，更加注重积极主动地发挥作用和适应不断发展变化的形势，更加注重听取被审计单位和各方面的意见，更加注重整改的及时性、有效性和协同性。可见，其途径和方式与国家审计运行特征十分契合。

二、嵌入式审计是服务国家治理、发挥“免疫系统”功能的有效方式

国家审计是国家治理的重要组成部分，是国家治理这个大系统中一个内生的具有揭示、抵御和预防功能的“免疫系统”。“免疫系统”尽管天生具有这方面的功能，但这种功能必须在肌体功能发育完善且保持正常活动的情况下，才得以发挥并保持高水平的免疫力，同时还必须随着肌体进化而进化，否则免疫力就会下降，病菌就会侵入。同样道理，国家审计所具有的“免疫系统”功能，尽管是与生俱来的，但绝不意味着挂自动挡就行了，不用作为就会自动发挥作用。恰恰相反，只有在持续有效作为的情况下，才能充分发挥保障国家经济社会健康运行的“免疫系统”功能，才能充分发挥揭示、抵御和预防功能，既治“已病”，也治“未病”。两者之间完全是一种正向的关系，工作力度越大，免疫力就越强；反之，工作力度不够，免疫力就会较差。

嵌入式审计通过对执行系统深入、持续、独立、客观、专业的监督，及时发现存在的问题，促进问题的有效解决，同时揭示体制机制制度方面的缺陷、政策性障碍、管理上的漏洞和重大风险隐患，服务决策系统，保障“少出问题，不出重大问题”，从而较好地发挥揭示、抵御和预防的功能。党中央、国务院的一系列重大决策部署能不能落到实处，能不能接上地气和取得预期的政策效应，一个很重要的凭借和抓手，就是依法开展深入、持续、全面的审计监督，发挥审计监督对国家宏观政策举措贯彻落实的保障作用。嵌入式审计就是一个很管用的凭借和抓手。如稳增长等政策措施跟踪审计，通过嵌入政策执行环节，以1至2个月为1个审计周期，揭示影响政策措施执行的突出问题，及时反映各地区、各部门在落实政策措施过程中遇到的制度障碍、政策瓶颈和出现的新情况、新问题，针对审计发现的问题，对所涉及的各个环节深入查找原因，并有针对性地提出可操作性强的改进建议。在分析原因的基础上，审计机关通过梳理权力清单和审批流程，明确责任主体，推动整改和问责。这项审计从2015年开始按月向国务院报告，并向社会进行公告，越来越得到各方面的认可和赞许。

对重大政策落实情况采取嵌入式审计，发挥了国家审计对宏观政策举措贯彻落实的保障作用。之所以能够取得较好的成效，与两者契合度高有密切关系。一是重大政策落实情况链条相对比较长，十分适合嵌入式审计。二是审计范围比较宽、内容更广更前沿、对象众多，往往不是针对某个单项政策，而是对一揽子政策实施情况进行审计；在稳增长等政策措施审计中，审计内容包括项目落地、资金保障、简政放权、政策落实、风险防范这“五个抓手”。采取嵌入式审计有利于实时把握总体进展情况，突出监督重点，有效发挥“督查员”作用。三是政策性强，贴近党和政府工作中心，关注的是影响经济社会发展的全局问题，十分适合嵌入式审计的作用机理。四是时效性强，边审计、边征求意见、边提出报告、边督促整改，任何一个环节稍有延迟就可能失去报告的价值。因此，嵌入式审计更有利于服务国家治理，更有利于发挥审计的“免疫系统”功能。

对财政预算执行或专项资金，采取嵌入式审计，也能发挥较好的作用。一年一度对中央预算执行情况进行审计监督，是一种法定的制度性安排，实际也是一种嵌入式审计，已成为预算管理的一个重要环节，越来越成为全国人大监督预算执行一个十分有效的手段。如2015年6月，审计长刘家义受国务院委托，在向全国人大常委会所做的中央预算执行及其他财政收支审计情况报告中，提出了加速财税体制改革，健全政府预算体系，压缩专项收入的种类和规模，向社会公开等建议，并就李克强总理提出杜绝“财政资金长年趴在账上呼呼大睡”问题，深入分析了原因，提出了有针对性的审计建议，均得到了国务院及有关部门的高度重视。

通过嵌入式审计，由单纯的静态审计向静态与动态审计相结合转变、由单纯的事后审计向事后与事中审计相结合转变、由单纯的微观审计向微观与宏观审计相结合转变，从而在审计能力、层次和水平上实现有效提升，发挥审计监督的最大效能。

三、依法有效开展嵌入式审计

嵌入式审计是一项挑战性和创新性都很强的工作，目标要求、审计重点、技术方法、审计成果都与传统常规审计有较大不同，因此在实践中会遇到许多新的挑战，主要有：一是开展嵌入式审计对政策把握和审计技术方法的要求很高，相当一部分审计人员的素质还难以适应，加之审计人员对开展这项工作理解不统一，难免会对其特征和要点及相关政策缺乏准确地把握，只按照常规审计形成的思维和惯性干，容易事倍功半，甚至剑走偏锋，死抠条条，偏离大目标；二是有时候容易出现审计责任与被审计单位的管理责任难以区分的情况。三是审计实施时间比较长，审计成本比较高，容易出现打疲劳战和消耗战的情况；四是对考核评价审计成果提出了新要求；五是会受到来自各方面的挑剔和监督。针对上述挑战，在实践中应注意把握好以下几个环节：

第一，选准项目和嵌入点。并不是所有项目都适合开展嵌入式审计，应根据嵌入式审计的特征，合理选择审计项目。要在搞清政策执行或管理流程的基础上，梳理归纳各环节监督要点，进行整体研判，选准节点控制，把审计监督嵌入到权力制约的最要害环节，真正做到有的放矢。如我国新修订的预算法已于2015年1月1日开始实施，该法明确了全口径预算体系，强化了预算在财政管理中的核心地位，更加关注预算绩效和政府债务。新预算法也明确了审计监督职责，即“县级以上政府审计部门依法对预算执行、决算实行审计监督”。由此要求审计机关在总结前些年财政审计工作的基础上，进一步构建与新预算法实施后的预算执行和决算特点相适应的嵌入式审计监督模式，抓住预算的完整性、预算绩效、政府债务、财政存量资金和政策制度执行等重点，促进财政支出合规、安全、高效使用。

第二，注重科技手段的运用。嵌入式审计是一种从事后到事中、从静态到动态的审计，因此充分利用大数据分析，有针对性地开发在线审计系统、联网审计系统，十分必要。同时，应切实加强审计现场管理和审计成果管理，科学组织，合理安排，有效提高审计工作效率，减少低效或无效劳动，减轻审计资源投入压力。

第三，建立责任清单，解决好审计责任与管理责任的区分问题。要在党委、政府的领导下，明确审计责任边界，哪些属于审计机关该做的事，哪些属于决策部门和执行部门该做的事，通过建立清单方式予以明确，并公之于众，接受社会监督。审计机关应注重与相关部门之间的信息交流与共享，定期总结分析，做到边审计，边总结，边提高。

第四，对审计项目成效开展第三方评估，以利于不断总结提高。考虑到保密管理要求，审计机关可考虑从系统内部引入第三方评估，比如综合部门或科研机构等。同时，由于嵌入式审计介入程度深，时间长，审计行为必然会受到来自外部更大的约束和监督，因此，审计监督行为必须更加公开、透明、阳光。与此相适应，对审计人员的素质、能力、作风和纪律，应提出更高的标准和要求。

第五，探索创新嵌入式审计跟踪审理的重点内容、方式方法、标准规范等体系。要选准跟踪审理切入点，并对介入时间、权限责任界定、内容、重点（包括数据质量）、范围、流程等方面进行规范。同时建立审计台账和审计资料库，对重要事项进行记录，保证工作的连续性和可验证性。

潮平两岸阔，风正一帆悬。对稳增长等政策措施落实情况采取嵌入式审计，是党的十八大以来审计监督事业不断创新发展的具体体现，是国家审计服务国家治理的生动实践，值得认真总结，不断深化提高。（撰稿人：姜江华）

【美国审计署无人机审计的特点及启示】 无人机被广泛应用于军用和民用领域，与国家利益、民众切实利益高度相关。美国审计署高度重视无人机所牵涉的公共利益，密切跟踪无人机研发、应用和管制的新形势。自2008年以来，美国审计署持续跟踪将无人机整合到国内领空的进展情况，发布了10多份审计报告或证词。同时，美国审计署还对国防部、联邦航空管理局、国土安全部等部门履行职责情况进行审计，关注无人机操作员训练、无人机研发协作机制、无人机所涉及的公民权利等事项。通过长期多角度关注无人机进展情况，提出相关建议，为推动美国无人机高科技行业健康发展做出了贡献。

一、美国无人机现状简介

自1990年以来，美国军用和民用无人机快速增长，这对联邦政府各部门构成新的机遇和挑战。随着无人机功能越来越强，军事领域的应用会更加广泛。向特定盟国出售无人机有助于增强美国无人机的产业基础并推动无人机的研发应用。例如，英国和意大利使用从美国购买的无人机搜寻阿富汗塔利班活动的信息。恐怖组织也正在获取无人机以收集情报并损害美国利益。除军用外，无人机还有许多民用和商业用途，如执法、环境监测、能源行业监控等。

美国联邦政府认为无人机的研发和应用关系到国家安全利益。由于缺乏成熟的规则，联邦航空管理局只能逐个发放飞行许可。为将无人机安全地整合到国内航空，2012年美国国会通过《美国联邦航空局现代化及改革法案》，授权联邦航空管理局建立管制规则。为此，联邦航空管理局制定了综合计划和路线图，以明确将无人机整合到国内领空的责任和计划。2015年2月，联邦航空管理局发布了小型无人机飞行的立法草案。为降低风险，草案规定小型无人机只允许在白天、限定区域、视线之内飞行。

另外，由于无人机应用越来越广泛，并逐渐开发出更复杂的系统，许多国家开始关注无人机。2005年至2014年，许多国家购置无人机的数量翻了一番，一些国家开始允许经营性机构在特定环境下使用无人机。美国无人机产业利益相关者表示，国外无人机飞行测试引起美国无人机企业的关注，他们希望在不需要遵守联邦航空管理局行政规定的情况下测试其无人机。

二、持续跟踪将无人机整合到国内领空的进展情况

众议院运输和基础设施委员会等部门要求审计署评估将无人机安全地整合到国内领空的工作情况。为此，审计署持续跟踪将无人机整合到国内领空的进展。2008年审计报告主要关注以下方面：一是无人机目前和潜在的用途；二是在国内领空安全和远距离使用无人机存在的挑战；三是联邦政府应对这些挑战的措施。2012年审计报告主要关注以下方面：一是2008年审计署识别的挑战的现状；二是联邦航空管理局满足国会要求的进展情况；三是新出现的事项。2013年证词讨论了以下事项：一是联邦机构和其他无人机利益相关方的角色、责任和合作；二是联邦航空管理局执行《美国联邦航空局现代化及改革法案》的进展情况；三是联邦航空管理局和其他机构在应对将无人机整合到国内领空所面临的挑战方面的研发工作。2015年证词讨论了以下事项：一是联邦航空管理局执行《美国联邦航空局现代化及改革法案》取得的进展；二是联邦机构和私人部门利益相关者的无人机研发工作；三是国外将无人机整合到国内领空的进展情况。

三、重点关注联邦航空管理局无人机管制规则建设情况

管制规则是政府对经济行为进行管理或约束的有效手段，是市场监管法治化的主要方式，是公共政策的一种形式。无人机是影响现有空中交通规则系统的新事项，管制规则制定机构需要结合无人机特点和用途制定新的管制规则。联邦航空管理局负责管理空中交通管制规则系统的运作，为航空器和机场设定安全标准，向在国内领空运行的所有无人机发放许可。为确保将无人机安全地整合到国内领空，联邦航空管理局还选定了6个无人机测试中心。近年来，美国审计署围绕《美国联邦航空局现代化及改革法案》，定期跟踪联邦航空管理局无人机管制规则建设情况。

2015年的审计报告描述了无人机管制规则的三种形式：一是向公共实体发放豁免或授权证书；二是向营利组织在内的民事主体发放试验性质的特殊适航证书；三是依据《美国联邦航空局现代化及改革法案》第333条的豁免。同时，审计署还分析了联邦航空管理局和测试中心的合作情况。另外，审计署还研究了澳大利亚、加拿大、法国、英国的无人机管制规则现状，发现这些国家在无人机商业化运行方面具有类似的管制规则。在此基础上，审计报告分析了美国联邦航空管理局的

立法草案，指出今后联邦航空管理局仍需要采取的重点措施。

四、注重评价相关部门的职责履行情况

无人机用途广泛，除需要关注无人机管制规则建设情况，还需要分析无人机管理使用部门的职责履行情况。为此，美国审计署多次检查国防部、国土安全部、联邦航空管理局等部门的职责履行情况。一是美国审计署 2010 年、2014 年、2015 年三次发布陆军和空军训练无人机操作员的审计报告，关注国防部在无人机及相关人员、设施等方面的活动，分析无人机操作员训练方面存在的问题，并提出相关建议；二是 2014 年美国审计署还评价了国土安全部隐私办公室、公民权利与自由办公室对海关与边境保护局无人机项目的审查报告；三是 2013 年美国审计署评价了美国联邦航空管理局无人机研发协作机制的建设情况，讨论了联邦机构和其他利益相关方的责任和协作情况，分析了联邦航空管理局与其他实体研发工作的进展和存在的问题。

五、对我国审计机关的启示

无人机是全球新一轮科技革命和产业革命的热点，其研发和应用密切关系国家利益、公民权益。世界各国普遍重视无人机在军事民事领域的研发和应用。美国审计署持续关注无人机的做法，值得我国审计机关借鉴。

一是密切关注无人机发展的新形势，推动无人机政策法律体系建设。无人机与现有空中交通工具存在显著差别。随着无人机技术的逐渐成熟，无人机在军用、民用领域的应用会渐趋广泛，成为现有空中交通系统不可或缺的参与者，从而引发空中交通管制规则体系发生重大变化。当前，我国无人机产业发展迅猛，航空、物流、执法、监测等方面的无人机应用需求持续快速增长，但是我国无人机政策法律法规空白多，尚未纳入空管范围，给相关领域的管理带来诸多不便。为此，审计机关应密切关注无人机发展情况，积极推动相关政策法律体系建设，为我国无人机产业健康发展营造良好的政策法律环境。

二是加强审计监督，推动制定国家层面的无人机发展战略规划。《中国制造 2025》提出，要推动优势和战略产业快速发展，推进干支线飞机、直升机、无人机和通用飞机产业化。但是，目前我国无人机产业尚处于起步阶段，研发力量分散，未形成良好合力，很大程度上制约无人机技术进步和产业发展。为此，审计机关应加强对政府、科研院所、国有企业无人机研发应用资源的监督，检查评价政府资助的无人机科研项目和产学研用协作机制，推动制定国家层面的无人机发展战略规划，推动加快形成无人机从设计、制造、试验、试飞到产业化应用的完整产业链。

三是通过了解国外无人机发展状况，找准我国无人机审计的重点和关键内容。各国政府都在紧盯国外无人机的最新进展，以更好地借鉴有益经验，并对比国内存在的差距，提出赶超的措施。为深入挖掘美国当前无人机发展存在的问题，美国审计署与英国、加拿大、澳大利亚、法国等国家民航当局的代表讨论了各国无人机管制规则情况，与国际民航组织和其他利益相关者讨论了其他国家无人机发展状况。鉴于无人机属于高科技前沿，我国审计机关应更具有国际视野，定期观察国外无人机发展现状，了解国外在无人机研发应用方面采取的关键举措，以便全面客观认识我国当前无人机发展存在的问题，提出推动我国无人机产业健康发展的意见和建议。

四是审计机关应加强与军队审计部门的协作和信息共享。《中国的军事战略》提出，世界新军事革命深入发展，武器装备远程精确化、智能化、隐身化、无人化趋势明显；要深入推进军民融合式发展，不断完善融合机制、丰富融合形式、拓展融合范围、提升融合层次，努力形成全要素、多领域、高效益的军民融合深度发展格局；加大政策扶持力度，全面推进基础领域、重点技术领域和主要行业标准军民通用。无人机是军民融合的重要切合点，只有军民融合发展和军民两用，才能尽快占据无人机产业发展的制高点，实现无人机产业规模化发展，更好地维护国家利益。审计机关应加强与军队审计部门的协作和信息共享，努力消除无人机审计的盲区和空白点，推动构建军民融合的无人机研发应用协作机制，促进军民资源互通互补互用。（撰稿人：李厚喜）

【美国审计署页岩油气开发跟踪审计情况与启示】 油页岩（oil shale）又称油母页岩，是一种非常规油气资源。随着世界各国经济发展对能源需求不断攀升，易探易采的常规能源越来越少，而从油页岩中开发出的页岩油气因其资源丰富、储量分布集中被列为21世纪最重要的替代能源。美国是世界上最早发现、研究、勘探和开发页岩油气的国家。20世纪70年代，美国开始由政府主导推进页岩油气开发，为其技术创新、规模化和商业化提供了巨额资金及大量政策支持。美国审计署从那时起开始了对页岩油气开发的跟踪审计工作，并随着历届政府的宏观政策变化和产业自身发展情况不断调整审计内容和审计重点，迄今已出具324篇相关审计报告，在推动政策落实、揭示风险、揭露问题等方面发挥了重要作用。近年来，我国页岩油气开发热度也不断走高并先后列入“十二五”“十三五”规划，本文对美国40年页岩油气开发跟踪审计进行梳理分析，以期对我国开展相关审计工作提供参考。

一、美国政府大力推进页岩油气开发的相关背景

美国第一口商业页岩气井（也是全球第一口商业性页岩气井）于1821年建成，但一直处于企业自主探索阶段，技术落后，产量很低。直至20世纪70年代，美国政府强势介入，并主导了接下来40多年的行业发展。这一重大决策转变是在美国政府极力谋求能源独立、摆脱中东依赖的大背景下产生的，也是美国能源安全政策的重要组成部分。

二战前，美国曾是原油净出口国，原油产量居世界首位。然而随着石油消费量和进口量不断增长，石油进口依赖逐渐加剧，特别是两次石油危机后，供给骤减和油价飙升给美国经济带来重创。为摆脱能源依赖，从1974年尼克松的《独立运动计划》、1975年福特的《能源独立法案》，到奥巴马“确保能源未来蓝图”等一系列政策法案，历届政府都将“能源独立”作为孜孜以求的理想和目标。奥巴马政府甚至将美国对石油的依赖视作“国家面临的最严重威胁”，使美国“任由变动的油价摆布、扼杀创新、阻碍国家竞争力”。

概括而言，美国历届政府增强能源供给安全的重要政策目标主要包括两个方面：一是减少对进口石油的依赖，增加本土油气产量、战略储备，努力扩大能源自给程度；二是减少对石油的依赖，寻找、扩大替代能源产量，促进能源消费结构多元化。正是在这一背景下，鼓励页岩油气等非常规替代能源开采和广泛利用的各类产业扶持政策陆续出台，力图保持能源供给的稳定和能源安全。

二、美国审计署页岩油气开发跟踪审计工作情况

从20世纪70年代美国政府主导页岩油气开发开始，美国审计署就同步开始了对相关项目的审计工作。按照美国页岩油气产业发展情况可以划分为三个阶段。

（一）探索开发阶段

这一阶段主要指20世纪70年代到20世纪末。长达30年的探索期里，美国政府给予了页岩油气行业全方位的政策支持。美国审计署从1972年至1999年，共出具相关审计报告203篇，审计内容和重点主要集中在4个方面。

一是深入调查了解美国能源现状特别是进口能源依赖问题，为政府提供决策支持。先后出具33篇报告，且主要集中在20世纪70年代的政策转变时期。如1972年《海洋石油及页岩油储备满足紧急石油需求能力情况》，1973年《欧洲关于自由世界对中东石油依赖问题综述》，1974年《审计和财务管理：美国进口国外石油资源的相关问题》，1982年《天然气管道购买成本过高》等。这些报告从多个角度对进口能源依赖问题进行了深入分析，评估其对经济的影响和相关风险，并提出政策建议。

二是重点关注页岩油气开发中存在的法律和政策障碍。先后出具55篇相关报告。如1979年《油页岩开发的法律和行政障碍》，1980年《紧急分配法案无法满足石化行业需求》，1981年《联邦政府应鼓励能源企业选址尽早公开化、规范化和协作化》等。及时揭示了联邦矿产土地租赁法案关于采矿权出租相关规定的障碍，1938年天然气法案、1954年美国联邦最高法院菲利普斯决定等关于井口价格管制的障碍，能源企业重复选址造成浪费急需政府政策调控问题等，督促政府及时修订法案，出台相应政策，为页岩油气开发创造较好的政策环境。

三是开展对重大项目和资金的审计，监督重大政策落实情况和项目进展情况。先后出具89篇报告。如1982年《油页岩矿产资源使用费审计报告》，1982年《能源部投资新能源技术缺少对潜在产能的评估》，1984年《向联合石油公司油页岩项目提供财政援助计划审计报告》，主要监督矿产资源使用费的征收和管理情况、政府投资资金拨付情况、能源安全法案提出的生产目标落实情况等。

四是关注政府宏观政策执行过程中的其他问题。先后出具26篇报告。其中最重要的成果是提出了能源监管机构过多，决策过程复杂、效率低下等问题。

这一阶段，国会和政府对于审计反映的问题高度重视。从后来政府发布的各项政策和法案来看，审计反映的问题基本都得到了回应。如针对开采成本过高等问题，1980年通过的《原油意外获利法案》提出了一揽子优惠政策：对从1979—1993年钻探与2003年之前生产和销售的非常规和低渗透气藏（包括煤层气、页岩气）实施了大幅度税收减免。接着，1990年的《税收分配的综合协调法案》、1992年的《能源税收法案》、1997年的《纳税人减负法案》均延续和扩展了非常规能源的补贴政策和补贴范围。针对技术障碍等问题，这一阶段美国政府在页岩油气开发技术领域投资超过1亿美元，还专门设立了非常规油气资源研究基金，鼓励相关研发工作。针对行政效率低下等问题，1977年美国议会通过了《能源部组织法案》，在整合原有近50个政府相关机构的基础上，成立了统一管理国家能源事务的联邦政府机构——能源部。这一系列投资和政策支持为后来的页岩油气革命奠定了坚实基础。有专家认为，这一阶段美国非常规资源领域天然气开发利润的30%左右来自政策优惠。

（二）井喷式发展阶段

这一阶段主要指2000年至2012年，美国“页岩油气革命”也主要指这一时期。2000年，水平钻井技术和水力压裂技术相结合，极大提高了深层页岩气的开采效率和营利性；2002年，石油和天然气价格进入新一轮升幅波动期。两个因素叠加下，美国页岩油气开发呈现出井喷式发展。据美国能源信息署（EIA）数据显示，2000年以来，页岩油气年均增长率47.7%，2012年，页岩气产量占到美国天然气总产量的39%强。页岩油气革命降低了对进口能源的依存度，极大改善了能源安全状况；减少了能源贸易成本，创造大量就业机会，促进美国经济复苏；通过向全球输出高端页岩油气生产技术、设备及相关标准规范，在页岩油气开发国际合作中收获高端红利。这一阶段美国审计署共出具97篇审计报告，审计重点主要集中在查出问题和揭示风险上，并于2011年将联邦石油和天然气管理领域列入每两年发布一次的高风险领域清单。这一阶段审计主要关注3类风险。

一是环境风险。从页岩油气开采进入规模化阶段开始，美国审计署就已经开始高度关注其潜在的环境影响，这一阶段出具关于环境风险的审计报告47篇。如2005年发布的《石油和天然气能源产生的危险废物》，2010年发布的《纽约环境保护署（NYSDEC）关于油气矿开采的环境影响评价方案》，2011年发布的《能源发展与用水：油页岩开发对水资源的潜在影响》，特别是2012年连续出具了《非常规石油和天然气开发：关键环境和公众健康要求》等5篇关注环境风险的审计报告。审计内容和重点包括：页岩气的开采需要消耗大量的淡水资源，可能威胁到区域的水资源可持续利用；页岩气开采过程中产生噪声、废水、废气及其开采事故灾害等引起的环境污染；水力压裂技术使用的压裂液中的化学添加剂可能造成环境污染以及威胁公众健康等。

二是监管风险。美国负责监管油气开发的主要是美国环境署、能源部、内政部和农业部的林务署。此外，美国各州有专门机构负责油气开发活动的许可及监管。由于页岩油气产业的巨额利润和迅猛发展，监管上很容易出现疏漏。美国审计署在这一阶段共出具关于监管风险的审计报告34篇。如2001年《能源部管理：能源部需改善其平衡分析能力》，2012年《美国政府监管过程中收集数据和信息共享的安全性加强》等。审计内容和重点包括：美国现行的非常规石油和天然气领域相关法律法规的充分性、适用性、各区域差异性以及目前在法律法规方面面临的挑战；监管部门之间可能出现漏管或者重复监管；监管部门识别和评估风险的能力，分配监督资源的有效性；监管部门的信息技术系统是否有效等。值得关注的是，2010年墨西哥湾深水钻井平台爆炸引发美国历史上最大的海上漏油事件后，美国审计署紧急对海上石油和天然气活动的管理部门内政部开展了一系列审计工作，包括内政部事件后的改制情况、内政部在监管其他非常规能源开采活动中面临的关键挑战等。

三是资金风险。由于页岩油气开发利润丰厚，多元投资主体竞相进入，审计在资金方面除了关注政府投资、财政收入之外，也对于其他资金风险给予一定关注。这一阶段共出具关于资金风险的审计报告16篇。如2000年《能源部：资金和人员减少，但支出保持稳定》，2008年《联邦石油和天然气矿产资源使用费征收系统需要全面评估》，2009年《法律对境外投资限制的影响》，2010年《西部各州及主要产区的矿产资源使用费情况》。审计内容和重点包括：影响页岩油气开采项目现金流量的主要因素为矿产资源使用费、开发成本、操作成本、其他税费；美国特定领域包括交通、通信、能源等对境外投资设限情况，出于国家安全的考虑，建议加强对得到授权的境外资本在特定领域投资时的跨部门评审，加强相应部门的监督职责；内政部职责调整后，新成立的自然资源收入署负责征收矿产资源使用费的情况。

这一阶段，审计揭示的大部分风险和问题都涉及多个部门。从美国审计署公布的审计整改情况来看，相关部门特别是行业监管部门对于审计反映的问题高度重视。如针对环境风险，2012年，土地管理局出台了页岩气开发的新规定；2013年，得克萨斯州出台了新的套管和固井工艺标准。再如墨西哥湾事件后续审计后，美国内政部发起了一系列改革以改善其监督力度，并正式成立两个新局——安全和环境执法局、海洋能源管理局。

（三）冲击和波动阶段

这一阶段主要指2013年至2015年，在短短两年多时间里，美国页岩油气行业经历了巨大的波动。2013年，经过十余年的页岩油气革命，供给的爆炸式增长和管道运输能力的不断增强，美国首次超过俄罗斯成为世界第一大天然气生产国，预计最快5年内成为世界第一大石油生产国，同时批准了多个天然气出口项目，打破了长达50年的出口禁令。然而随着国际油价一路下跌，至2014年下半年跌破每桶50美元大关，甚至低于页岩油气的开采成本，致使页岩油气开采行业开始遭受有史以来最为严重的冲击。2015年1月，位于得克萨斯州奥斯汀的WBHEnergy公司提交了破产申请，成为美国本土第一家破产的页岩油气开采公司。国际上一些石油公司也纷纷延缓或缩减勘探开发投资。必和必拓宣布将逐步关闭40%的美国页岩油井。标准普尔研究显示，在美国100家中小型页岩油气企业中，有四分之三由于高负债面临破产倒闭的风险。然而几个月之后，2015年3月中旬，国际油价强力反弹，累计反弹幅度近30%，页岩气需求再次激增。这一阶段的波动，给一直处于狂热状态的页岩油气产业带来巨大的考验。美国审计署在两年间，出具审计报告24篇。其中：9篇重新梳理审视美国石油政策，关注页岩油气产业的发展方向，如2013年《能源政策：2000—2013年影响美国能源生产和消费的主要因素》，2014年《非常规石油和天然气生产：油页岩发展的机遇和挑战》，2014年《油气开发：行业前景取决于市场变化及重要环境法规政策》；8篇关注出口禁令打破后，石油天然气出口、运输等问题，如2014年《改变原油市场：允许出口后应重新审视战略储备规模》，2014年《天然气出口：可能造成国内气价上涨损害消费者利益》，2014年《石油和天然气运输：交通部正在采取措施解决管道安全》等；7篇关注政府各相关部门如何提升管理和监督绩效，增强风险管理能力，如2014年《环保署：页岩油气开发过程中如何保护地下水源需要改进》，2014年《内政部：应进一步增加全面数据以提升监督和管理》，2014年《能源部贷款计划：提升贷后风险管理能力》，2015年《能源部：石油和天然气资源使用费数据管理有所改善，仍需进一步采取措施》等。

这一阶段：一方面，审计署开始更加重视对监督和管理部门的审计监督，督促相关部门加强行业管理和风险管控。从整改情况看，2013年对14个州5年间政策变化和土地管理局监管的有效性进行审计后，土地管理局和被审计的14个州均加强了对油气资源开发的监管。2014年对能源部贷款计划进行审计后，能源部对评估和防范贷款风险的有关规章制度进行更新和补充，调整了此前不同意的贷款调控政策，增加了关键岗位工作人员。另一方面，审计署不断关注如何通过技术创新和商业模式创新以降低开采成本，提升管道运输能力，保证运输安全，提高效益，抵御风险。

三、启示与借鉴

页岩油气开发能够优化能源结构，缓解能源进口压力，对我国具有战略意义。我国页岩油气资源储量十分丰富，开发热情也持续走高。美国审计署40年来对页岩油气开发进行跟踪审计的情况，给我们现阶段开展页岩油气开发审计提供了有益的启示与借鉴。

（一）将推动产业发展和加强监管相结合

页岩油气从探索、开发到规模化发展是一个长期的过程，随着产业发展，政府的宏观政策不断调整变化，高风险环节和重点领域也在不断变化，应当作为一项跟踪审计项目予以持续关注，并随着政策调整和产业变化不断调整审计主要内容和重点。我国的页岩油气开发目前处于初步探索阶段，产业本身面临着技术相对薄弱、资金投入要求较高、“占而不采”问题突出等情况，页岩油气开发的实质性进程有限；政府部门则面临矿权管理不明确、法规制度滞后、监管体系未建立、管网建设不完善、服务体系不健全等一系列亟待解决的问题。因此，这一阶段的审计重点既要积极推动政府出台产业扶持政策并督促政策落实，也要加强对重点领域和关键环节的监督力度，加强对行业监管部门履职尽责情况的监督力度，推进页岩油气开发良性有序快速发展。

（二）将揭示问题和风险预警相结合

在审计监督过程中，除了关注现状，及时揭示问题外，还应当吸取美国产业发展过程中的经验和教训，及早预见和防范可能出现的环境风险、监管风险和资金风险，并及时做出预警。如关注页岩油气开发可能带来的水资源过度使用、水污染及大气污染等问题，提前督促环保部门完善环保标准与规范，加强对矿区的水资源、生态指标和温室气体排放等进行动态监测，防治和减少页岩油气资源开发中潜在的环境污染和生态破坏，妥善处理好页岩油气开发与周边环境之间的关系。关注矿权管理混乱、市场准入门槛不确定、监管体系不完善等问题，推动建立覆盖采前、采中和采后多环节的全方位监管制度，加强对重点项目和重大资金投入的审计监督。

（三）将常规审计与信息系统审计相结合

美国审计署高度重视相关信息系统的审计，如对矿产资源使用费登记管理系统进行过多次跟踪审计。我国对于这一新兴行业资源数据还未普查，相应信息数据系统正在建立中。随着大数据的集中推进，审计机关应当提前介入，一方面监督信息系统本身的安全、可靠、稳定、有效，揭示信息利用和数据安全方面的风险；另一方面可以及时、持续获取关键数据，便于综合分析、排查线索，揭示重大违法违规问题。

（撰稿人：刘誉泽）

重要财经审计法规文件

中共中央办公厅　国务院办公厅印发《关于完善审计制度若干重大问题的框架意见》及相关配套文件

新华社北京12月8日电　近日，中共中央办公厅、国务院办公厅印发了《关于完善审计制度若干重大问题的框架意见》及《关于实行审计全覆盖的实施意见》等相关配套文件，并发出通知，要求各地区各部门结合实际认真贯彻执行。

《关于完善审计制度若干重大问题的框架意见》全文如下。

根据《中共中央关于全面推进依法治国若干重大问题的决定》和《国务院关于加强审计工作的意见》要求，为保障审计机关依法独立行使审计监督权，更好发挥审计在党和国家监督体系中的重要作用，现就完善审计制度有关重大问题提出如下框架意见。

一、总体要求

（一）指导思想。全面贯彻党的十八大和十八届二中、三中、四中、五中全会精神，以邓小平理论、“三个代表”重要思想、科学发展观为指导，深入学习贯彻习近平总书记系列重要讲话精神，紧紧围绕协调推进“四个全面”战略布局，按照党中央、国务院决策部署，认真贯彻落实宪法、审计法等法律法规，紧密结合审计工作的职责任务和履职特点，着眼依法独立行使审计监督权，创新体制机制，加强和改进新形势下的审计工作，强化审计队伍建设，不断提升审计能力和水平，更好服务于经济社会持续健康发展。

（二）总体目标。加大改革创新力度，完善审计制度，健全有利于依法独立行使审计监督权的审计管理体制，建立具有审计职业特点的审计人员管理制度，对公共资金、国有资产、国有资源和领导干部履行经济责任情况实行审计全覆盖，做到应审尽审、凡审必严、严肃问责。到2020年，基本形成与国家治理体系和治理能力现代化相适应的审计监督机制，更好发挥审计在保障国家重大决策部署贯彻落实、维护国家经济安全、推动深化改革、促进依法治国、推进廉政建设中的重要作用。

（三）基本原则

——坚持党的领导。加强党对审计工作的领导，围绕党委和政府的中心任务，研究提出审计工作的目标、任务和重点，严格执行重要审计情况报告制度，支持审计机关依法独立开展工作。坚持党管干部原则，加强审计机关领导班子和队伍建设，健全审计干部培养和管理机制，合理配置审计力量。

——坚持依法有序。运用法治思维和法治方式推动审计工作制度创新，充分发挥法治的引领和规范作用，破解改革难题，依法有序推进。重大改革措施需要取得法律授权的，按法律程序实施。

——坚持问题导向。针对制约审计监督作用发挥的体制机制障碍、影响审计事业长远发展的重点难点问题，积极探索创新，推进审计制度完善。

——坚持统筹推进。充分考虑改革的复杂性和艰巨性，做到整体谋划、分类设计、分步实施，及时总结工作经验，确保各项措施相互衔接、协调推进。

二、主要任务

（一）实行审计全覆盖。按照协调推进“四个全面”战略布局的要求，依法全面履行审计监督职责，坚持党政同责、同责同审，对公共资金、国有资产、国有资源和领导干部履行经济责任情况实行审计全覆盖。摸清审计对象底数，充分考虑审计资源状况，明确审计重点，科学规划、统筹安排、分类实施，有重点、有步骤、有深度、有成效地推进。建立健全与审计全覆盖相适应的工作机制，统筹整合审计资源，创新审计组织方式和技术方法，提高审计能力和效率。

（二）强化上级审计机关对下级审计机关的领导。围绕增强审计监督的整体合力和独立性，强化全国审计工作统筹。加强审计机关干部管理，任免省级审计机关正职，须事先征得审计署党组同意；任免省级审计机关副职，须事先征求审计署党组的意见。上级审计机关要加强审计项目计划的统筹和管理，合理配置审计资源，省级审计机关年度审计项目计划要报审计署备案。上级审计机关要根据本地区经济社会发展实际需要，统筹组织本地区审计机关力量，开展好涉及全局的重大项目审计。健全重大事项报告制度，审计机关的重大事项和审计结果必须向上级审计机关报告，同时抄报同级党委和政府。上级审计机关要加强对下级审计机关的考核。

（三）探索省以下地方审计机关人财物管理改革。2015 年选择江苏、浙江、山东、广东、重庆、贵州、云南等 7 省市开展省以下地方审计机关人财物管理改革试点，试点地区省级党委和政府要按照党管干部、统一管理的要求，加强对本地区审计试点工作的领导。市地级审计机关正职由省级党委（党委组织部）管理，其他领导班子成员和县级审计机关领导班子成员可以委托市地级党委管理。完善机构编制和人员管理制度，省级机构编制管理部门统一管理本地区审计机关的机构编制，省级审计机关协助开展相关工作，地方审计人员由省级统一招录。改进经费和资产管理制度，地方审计机关的经费预算、资产由省级有关部门统一管理，也可以根据实际情况委托市地、县有关部门管理。地方审计机关的各项经费标准由各地在现有法律法规框架内结合实际确定，确保不低于现有水平。建立健全审计业务管理制度，试点地区审计机关审计项目计划由省级审计机关统一管理，统筹组织本地区审计机关力量，开展好涉及全局的重大项目审计。

（四）推进审计职业化建设。根据审计职业特点，建立分类科学、权责一致的审计人员管理制度和职业保障机制，确保审计队伍的专业化水平。根据公务员法和审计职业特点，建立适应审计工作需要的审计人员分类管理制度，建立审计专业技术类公务员职务序列。完善审计人员选任机制，审计专业技术类公务员和综合管理类公务员分类招录，对专业性较强的职位可以实行聘任制。健全审计职业岗位责任追究机制。完善审计职业保障机制和职业教育培训体系。

（五）加强审计队伍思想和作风建设。要加强思想政治建设，强化理论武装，坚定理想信念，严守政治纪律和政治规矩，不断提高审计队伍的政治素质。切实践行社会主义核心价值观，加强审计职业道德建设，培育和弘扬审计精神，恪守审计职业操守，做到依法审计、文明审计。加强党风廉政建设，从严管理审计队伍，严格执行廉政纪律和审计工作纪律，坚持原则、无私无畏、敢于碰硬，做到忠诚、干净、担当。

（六）建立健全履行法定审计职责保障机制。各级党委和政府要定期听取审计工作情况汇报，帮助解决实际困难和问题，支持审计机关依法履行职责，保障审计机关依法独立行使审计监督权，不受其他行政机关、社会团体和个人的干涉。审计机关不得超越职责权限、超越自身能力、违反法定程序开展审计，不参与各类与审计法定职责无关的、可能影响依法独立进行审计监督的议事协调机构或工作。健全干预审计工作行为登记报告制度。凡是涉及管理、分配、使用公共资金、国有资产、国有资源的部门、单位和个人，都要自觉接受审计、配合审计，及时、全面提供审计所需的财务会计、业务和管理等资料，不得制定限制向审计机关提供资料和开放计算机信息系统查询权限的规定，已经制定的应予修订或废止。对拒不接受审计监督，阻挠、干扰和不配合审计工作，或威胁恐吓、打击报复审计人员的，要依纪依法查处。审计机关要进一步优化审计工作机制，充分听取有关主管部门和审计对象的意见，客观公正地做出审计结论，维护审计对象的合法权益。

（七）完善审计结果运用机制。建立健全审计与组织人事、纪检监察、公安、检察以及其他有关主管单位的工作协调机制，把审计监督与党管干部、纪律检查、追责问责结合起来，把审计结果及整改情况作为考核、任免、奖惩领导干部的重要依据。对审计发现的违纪违法问题线索或其他事项，审计机关要依法及时移送有关部门和单位，有关部门和单位要认真核实查处，并及时向审计机关反馈查处结果，不得推诿、塞责。对审计发现的典型性、普遍性、倾向性问题和提出的审计建议，有关部门和单位要认真研究，及时清理不合理的制度和规则，建立健全有关制度规定。领导干部经济责任审计结果和审计发现问题的整改情况，要纳入所在单位领导班子民主生活会及党风廉政建设责任制检查考核的内容，作为领导班子成员述职述廉、年度考核、任职考核的重要依据。有关部门和单位要加强督促和检查，推动抓好审计发现问题的整改。对整改不力、屡审屡犯的，要与被审计单位主要负责人进行约谈，严格追责问责。各级人大常委会要把督促审计查出突出问题整改工作与审查监督政府、部门预算决算工作结合起来，建立听取和审议审计查出突出问题整改情况报告机制。审计机关要依法依规公告审计结果，被审计单位要公告整改结果。

（八）加强对审计机关的监督。各级党委、人大、政府要加强对审计机关的监督，定期组织开展审计法律法规执行情况检查，督促审计机关切实加强党风廉政建设、严格依法审计、依法查处问题、依法向社会公告审计结果。探索建立对审计机关的外部审计制度，加强对审计机关主要领导干部的经济责任审计，外部审计由同级党委和政府及上级审计机关负责组织。完善聘请民主党派和无党派人士担任特约审计员制度。审计机关要坚持阳光法则，加大公开透明度，自觉接受人民监督。

三、加强组织领导

（一）加强组织实施。完善审计制度，保障依法独立行使审计监督权，是党中央、国务院做出的重大决策部署。有关部门和地方各级党委、政府要从党和国家事业发展全局出发，充分认识完善审计制度的重大意义，加强工作统筹，形成合力，推动各项改革措施贯彻落实。

（二）有序部署推进。审计署要会同有关部门按照本框架意见和《关于实行审计全覆盖的实施意见》《关于省以下地方审计机关人财物管理改革试点方案》《关于推进国家审计职业化建设的指导意见》确定的目标要求和任务，加强组织协调，密切配合，有重点、有步骤地抓好落实。省级党委和政府要加强对本地区有关工作的领导，抓紧研究制定本地区的落实意见和方案，明确具体措施和时间表。实施过程中遇到的重大问题，要及时报告。

（三）推动完善相关法律制度。根据完善审计制度的需要，在充分总结试点及实施经验的基础上，及时推动修订完善审计法及其实施条例，健全相关配套规章制度，使各项工作于法有据，确保各项任务顺利实施。根据我国国情，进一步研究完善有关制度设计，切实解决重点难点问题。

《关于实行审计全覆盖的实施意见》全文如下。

为全面履行审计监督职责，对公共资金、国有资产、国有资源和领导干部履行经济责任情况实行审计全覆盖，根据《关于完善审计制度若干重大问题的框架意见》，制定本实施意见。

一、实行审计全覆盖的目标要求

对公共资金、国有资产、国有资源和领导干部履行经济责任情况实行审计全覆盖，是党中央、国务院对审计工作提出的明确要求。审计机关要建立健全与审计全覆盖相适应的工作机制，科学规划，统筹安排，分类实施，注重实效，坚持党政同责、同责同审，通过在一定周期内对依法属于审计监督范围的所有管理、分配、使用公共资金、国有资产、国有资源的部门和单位，以及党政主要领导干部和国有企事业领导人员履行经济责任情况进行全面审计，实现审计全覆盖，做到应审尽审、凡审必严、严肃问责。对重点部门、单位要每年审计，其他审计对象 1 个周期内至少审计 1 次，对重点地区、部门、单位以及关键岗位的领导干部任期内至少审计 1 次，对重大政策措施、重大投资项目、重点专项资金和重大突发事件开展跟踪审计，坚持问题导向，对问题多、反映大的单位及领导干部要加大审计频次，实现有重点、有步骤、有深度、有成效的全覆盖。充分发挥审计监督作用，通过审计全覆盖发现国家重大决策部署执行中存在的突出问题和重大违纪违法问题线索，维护财经法纪，促进廉政建设；

反映经济运行中的突出矛盾和风险隐患，维护国家经济安全；总结经济运行中好的做法和经验，注重从体制机制层面分析原因和提出建议，促进深化改革和体制机制创新。

二、对公共资金实行审计全覆盖

审计机关要依法对政府的全部收入和支出、政府部门管理或其他单位受政府委托管理的资金，以及相关经济活动进行审计。主要检查公共资金筹集、管理、分配、使用过程中遵守国家法律法规情况，贯彻执行国家重大政策措施和宏观调控部署情况，公共资金管理使用的真实性、合法性、效益性以及公共资金沉淀等情况，公共资金投入与项目进展、事业发展等情况，公共资金管理、使用部门和单位的财政财务收支、预算执行和决算情况，以及职责履行情况，以促进公共资金安全高效使用。根据公共资金的重要性、规模和管理分配权限等因素，确定重点审计对象。坚持以公共资金运行和重大政策落实情况为主线，将预算执行审计与决算草案审计、专项资金审计、重大投资项目跟踪审计等相结合，对涉及的重点部门和单位进行重点监督，加大对资金管理分配使用关键环节的审计力度。

三、对国有资产实行审计全覆盖

审计机关要依法对行政事业单位、国有和国有资本占控股或主导地位的企业（含金融企业，以下简称国有企业）等管理、使用和运营的境内外国有资产进行审计。主要检查国有资产管理、使用和运营过程中遵守国家法律法规情况，贯彻执行国家重大政策措施和宏观调控部署情况，国有资产真实完整和保值增值情况，国有资产重大投资决策及投资绩效情况，资产质量和经营风险管理情况，国有资产管理部门职责履行情况，以维护国有资产安全，促进提高国有资产运营绩效。根据国有资产的规模、管理状况以及管理主体的战略地位等因素，确定重点审计对象。对国有企业资产负债损益情况进行审计，将国有资产管理使用情况作为行政事业单位年度预算执行审计或其他专项审计的内容。

四、对国有资源实行审计全覆盖

审计机关要依法对土地、矿藏、水域、森林、草原、海域等国有自然资源，特许经营权、排污权等国有无形资产，以及法律法规规定属于国家所有的其他资源进行审计。主要检查国有资源管理和开发利用过程中遵守国家法律法规情况，贯彻执行国家重大政策措施和宏观调控部署情况，国有资源开发利用和生态环境保护情况，相关资金的征收、管理、分配和使用情况，资源环境保护项目的建设情况和运营效果、国有资源管理部门的职责履行情况，以促进资源节约集约利用和生态文明建设。根据国有资源的稀缺性、战略性和分布情况等因素，确定重点审计对象。加大对资源富集和毁损严重地区的审计力度，对重点国有资源进行专项审计，将国有资源开发利用和生态环境保护等情况作为领导干部经济责任审计的重要内容，对领导干部实行自然资源资产离任审计。

五、对领导干部履行经济责任情况实行审计全覆盖

审计机关要依法对地方各级党委、政府、审判机关、检察机关，中央和地方各级党政工作部门、事业单位、人民团体等单位的党委（党组、党工委）和行政正职领导干部（包括主持工作1年以上的副职领导干部），国有企业法定代表人，以及实际行使相应职权的企业领导人员履行经济责任情况进行审计。主要检查领导干部贯彻执行党和国家经济方针政策、决策部署情况，遵守有关法律法规和财经纪律情况，本地区本部门本单位发展规划和政策措施制定、执行情况及效果，重大决策和内部控制制度的执行情况及效果，本人遵守党风廉政建设有关规定情况等，以促进领导干部守法、守纪、守规、尽责。根据领导干部的岗位性质、履行经济责任的重要程度、管理资金资产资源规模等因素，确定重点审计对象和审计周期。坚持任中审计和离任审计相结合，经济责任审计与财政审计、金融审计、企业审计、资源环境审计、涉外审计等相结合，实现项目统筹安排、协同实施。

六、加强审计资源统筹整合

适应审计全覆盖的要求，加大审计资源统筹整合力度，避免重复审计，增强审计监督整体效能。加强审计项目计划统筹，在摸清审计对象底数的基础上，建立分行业、分领域审计对象数据库，分类确定审计重点和审计频次，编制中长期审计项目规划和年度计划时，既要突出年度审计重点，又要保证在一定周期内实现全覆盖。整合各层级审计资源，开展涉及全局或行业性的重点资金和重大项目全面审计，发挥审计监督的整体性和宏观性作用。在充分总结经验的基础上，完善国家审计准则和审计指南体系，明确各项审计应遵循的具体标准和程序，提高审计的规范性。集中力量、重点突破，对热点难点问题进行专项审计，揭示普遍性、典型性问题，深入分析原因，提出对策建议，推动建立健全体制机制、堵塞制度漏洞，达到以点促面的效果。建立审计成果和信息共享机制，加强各级审计机关、不同审计项目之间的沟通交流，实现审计成果和信息及时共享，提高审计监督成效。加强内部审计工作，充分发挥内部审计作用。有效利用社会审计力量，除涉密项目外，根据审计项目实施需要，可以向社会购买审计服务。

七、创新审计技术方法

构建大数据审计工作模式，提高审计能力、质量和效率，扩大审计监督的广度和深度。有关部门、金融机构和国有企事业单位应根据审计工作需要，依法向审计机关提供与本单位本系统履行职责相关的电子数据信息和必要的技术文档，不得制定限制向审计机关提供资料和开放计算机信息系统查询权限的规定，已经制定的应予修订或废止。审计机关要建立健全数据定期报送制度，加大数据集中力度，对获取的数据资料严格保密。适应大数据审计需要，构建国家审计数据系统和数字化审计平台，积极运用大数据技术，加大业务数据与财务数据、单位数据与行业数据以及跨行业、跨领域数据的综合比对和关联分析力度，提高运用信息化技术查核问题、评价判断、宏观分析的能力。探索建立审计实时监督系统，实施联网审计。

中华人民共和国国务院令

第 658 号

《中华人民共和国政府采购法实施条例》已经2014年12月31日国务院第75次常务会议通过，现予公布，自2015年3月1日起施行。

总　理　**李克强**
2015年1月30日

中华人民共和国政府采购法实施条例

第一章　总　　则

第一条　根据《中华人民共和国政府采购法》（以下简称政府采购法），制定本条例。

第二条　政府采购法第二条所称财政性资金是指纳入预算管理的资金。

以财政性资金作为还款来源的借贷资金，视同财政性资金。

国家机关、事业单位和团体组织的采购项目既使用财政性资金又使用非财政性资金的，使用财政性资金采购的部分，适用政府采购法及本条例；财政性资金与非财政性资金无法分割采购的，统一适用政府采购法及本条例。

政府采购法第二条所称服务，包括政府自身需要的服务和政府向社会公众提供的公共服务。

第三条　集中采购目录包括集中采购机构采购项目和部门集中采购项目。

技术、服务等标准统一，采购人普遍使用的项目，列为集中采购机构采购项目；采购人本部门、本系统基于业务需要有特殊要求，可以统一采购的项目，列为部门集中采购项目。

第四条　政府采购法所称集中采购，是指采购人将列入集中采购目录的项目委托集中采购机构代理采购或者进行部门集中采购的行为；所称分散采购，是指采购人将采购限额标准以上的未列入集中采购目录的项目自行采购或者委托采购代理机构代理采购的行为。

第五条　省、自治区、直辖市人民政府或者其授权的机构根据实际情况，可以确定分别适用于本行政区域省级、设区的市级、县级的集中采购目录和采购限额标准。

第六条 国务院财政部门应当根据国家的经济和社会发展政策，会同国务院有关部门制定政府采购政策，通过制定采购需求标准、预留采购份额、价格评审优惠、优先采购等措施，实现节约能源、保护环境、扶持不发达地区和少数民族地区、促进中小企业发展等目标。

第七条 政府采购工程以及与工程建设有关的货物、服务，采用招标方式采购的，适用《中华人民共和国招标投标法》及其实施条例；采用其他方式采购的，适用政府采购法及本条例。

前款所称工程，是指建设工程，包括建筑物和构筑物的新建、改建、扩建及其相关的装修、拆除、修缮等；所称与工程建设有关的货物，是指构成工程不可分割的组成部分，且为实现工程基本功能所必需的设备、材料等；所称与工程建设有关的服务，是指为完成工程所需的勘察、设计、监理等服务。

政府采购工程以及与工程建设有关的货物、服务，应当执行政府采购政策。

第八条 政府采购项目信息应当在省级以上人民政府财政部门指定的媒体上发布。采购项目预算金额达到国务院财政部门规定标准的，政府采购项目信息应当在国务院财政部门指定的媒体上发布。

第九条 在政府采购活动中，采购人员及相关人员与供应商有下列利害关系之一的，应当回避：

（一）参加采购活动前3年内与供应商存在劳动关系；

（二）参加采购活动前3年内担任供应商的董事、监事；

（三）参加采购活动前3年内是供应商的控股股东或者实际控制人；

（四）与供应商的法定代表人或者负责人有夫妻、直系血亲、三代以内旁系血亲或者近姻亲关系；

（五）与供应商有其他可能影响政府采购活动公平、公正进行的关系。

供应商认为采购人员及相关人员与其他供应商有利害关系的，可以向采购人或者采购代理机构书面提出回避申请，并说明理由。采购人或者采购代理机构应当及时询问被申请回避人员，有利害关系的被申请回避人员应当回避。

第十条 国家实行统一的政府采购电子交易平台建设标准，推动利用信息网络进行电子化政府采购活动。

第二章　政府采购当事人

第十一条 采购人在政府采购活动中应当维护国家利益和社会公共利益，公正廉洁，诚实守信，执行政府采购政策，建立政府采购内部管理制度，厉行节约，科学合理确定采购需求。

采购人不得向供应商索要或者接受其给予的赠品、回扣或者与采购无关的其他商品、服务。

第十二条 政府采购法所称采购代理机构，是指集中采购机构和集中采购机构以外的采购代理机构。

集中采购机构是设区的市级以上人民政府依法设立的非营利事业法人，是代理集中采购项目的执行机构。集中采购机构应当根据采购人委托制订集中采购项目的实施方案，明确采购规程，组织政府采购活动，不得将集中采购项目转委托。集中采购机构以外的采购代理机构，是从事采购代理业务的社会中介机构。

第十三条 采购代理机构应当建立完善的政府采购内部监督管理制度，具备开展政府采购业务所需的评审条件和设施。

采购代理机构应当提高确定采购需求，编制招标文件、谈判文件、询价通知书，拟定合同文本和优化采购程序的专业化服务水平，根据采购人委托在规定的时间内及时组织采购人与中标或者成交供应商签订政府采购合同，及时协助采购人对采购项目进行验收。

第十四条 采购代理机构不得以不正当手段获取政府采购代理业务，不得与采购人、供应商恶意串通操纵政府采购活动。

采购代理机构工作人员不得接受采购人或者供应商组织的宴请、旅游、娱乐，不得收受礼品、现金、有价证券等，不得向采购人或者供应商报销应当由个人承担的费用。

第十五条 采购人、采购代理机构应当根据政府采购政策、采购预算、采购需求编制采购文件。

采购需求应当符合法律法规以及政府采购政策规定的技术、服务、安全等要求。政府向社会公众提供的公共服务项目，应当就确定采购需求征求社会公众的意见。除因技术复杂或者性质特殊，不能确定详细规格或者具体要求外，采购需求应当完整、明确。必要时，应当就确定采购需求征求相关供应商、专家的意见。

第十六条 政府采购法第二十条规定的委托代理协议，应当明确代理采购的范围、权限和期限等具体事项。

采购人和采购代理机构应当按照委托代理协议履行各自义务，采购代理机构不得超越代理权限。

第十七条 参加政府采购活动的供应商应当具备政府采购法第二十二条第一款规定的条件，提供下列材料：

（一）法人或者其他组织的营业执照等证明文件，自然人的身份证明；

（二）财务状况报告，依法缴纳税收和社会保障资金的相关材料；

（三）具备履行合同所必需的设备和专业技术能力的证明材料；

（四）参加政府采购活动前 3 年内在经营活动中没有重大违法记录的书面声明；

（五）具备法律、行政法规规定的其他条件的证明材料。

采购项目有特殊要求的，供应商还应当提供其符合特殊要求的证明材料或者情况说明。

第十八条 单位负责人为同一人或者存在直接控股、管理关系的不同供应商，不得参加同一合同项下的政府采购活动。

除单一来源采购项目外，为采购项目提供整体设计、规范编制或者项目管理、监理、检测等服务的供应商，不得再参加该采购项目的其他采购活动。

第十九条 政府采购法第二十二条第一款第五项所称重大违法记录，是指供应商因违法经营受到刑事处罚或者责令停产停业、吊销许可证或者执照、较大数额罚款等行政处罚。

供应商在参加政府采购活动前 3 年内因违法经营被禁止在一定期限内参加政府采购活动，期限届满的，可以参加政府采购活动。

第二十条 采购人或者采购代理机构有下列情形之一的，属于以不合理的条件对供应商实行差别待遇或者歧视待遇：

（一）就同一采购项目向供应商提供有差别的项目信息；

（二）设定的资格、技术、商务条件与采购项目的具体特点和实际需要不相适应或者与合同履行无关；

（三）采购需求中的技术、服务等要求指向特定供应商、特定产品；

（四）以特定行政区域或者特定行业的业绩、奖项作为加分条件或者中标、成交条件；

（五）对供应商采取不同的资格审查或者评审标准；

（六）限定或者指定特定的专利、商标、品牌或者供应商；

（七）非法限定供应商的所有制形式、组织形式或者所在地；

（八）以其他不合理条件限制或者排斥潜在供应商。

第二十一条 采购人或者采购代理机构对供应商进行资格预审的，资格预审公告应当在省级以上人民政府财政部门指定的媒体上发布。已进行资格预审的，评审阶段可以不再对供应商资格进行审查。资格预审合格的供应商在评审阶段资格发生变化的，应当通知采购人和采购代理机构。

资格预审公告应当包括采购人和采购项目名称、采购需求、对供应商的资格要求以及供应商提交资格预审申请文件的时间和地点。提交资格预审申请文件的时间自公告发布之日起不得少于 5 个工作日。

第二十二条 联合体中有同类资质的供应商按照联合体分工承担相同工作的，应当按照资质等级较低的供应商确定资质等级。

以联合体形式参加政府采购活动的，联合体各方不得再单独参加或者与其他供应商另外组成联合体参加同一合同项下的政府采购活动。

第三章 政府采购方式

第二十三条 采购人采购公开招标数额标准以上的货物或者服务，符合政府采购法第二十九条、第三十条、第三十一条、第三十二条规定情形或者有需要执行政府采购政策等特殊情况的，经设区的市级以上人民政府财政部门批准，可以依法采用公开招标以外的采购方式。

第二十四条 列入集中采购目录的项目，适合实行批量集中采购的，应当实行批量集中采购，但紧急的小额零星货物项目和有特殊要求的服务、工程项目除外。

第二十五条 政府采购工程依法不进行招标的，应当依照政府采购法和本条例规定的竞争性谈判或者单一来源采购方式采购。

第二十六条 政府采购法第三十条第三项规定的情形，应当是采购人不可预见的或者非因采购人拖延导致的；第四项规定的情形，是指因采购艺术品或者因专利、专有技术或者因服务的时间、数量事先不能确定等导致不能事先计算出价格总额。

第二十七条 政府采购法第三十一条第一项规定的情形，是指因货物或者服务使用不可替代的专利、专有技术，或者公共服务项目具有特殊要求，导致只能从某一特定供应商处采购。

第二十八条 在一个财政年度内，采购人将一个预算项目下的同一品目或者类别的货物、服务采用公开招标以外的方式多次采购，累计资金数额超过公开招标数额标准的，属于以化整为零方式规避公开招标，但项目预算调整或者经批准采用公开招标以外方式采购除外。

第四章　政府采购程序

第二十九条 采购人应当根据集中采购目录、采购限额标准和已批复的部门预算编制政府采购实施计划，报本级人民政府财政部门备案。

第三十条 采购人或者采购代理机构应当在招标文件、谈判文件、询价通知书中公开采购项目预算金额。

第三十一条 招标文件的提供期限自招标文件开始发出之日起不得少于5个工作日。

采购人或者采购代理机构可以对已发出的招标文件进行必要的澄清或者修改。澄清或者修改的内容可能影响投标文件编制的，采购人或者采购代理机构应当在投标截止时间至少15日前，以书面形式通知所有获取招标文件的潜在投标人；不足15日的，采购人或者采购代理机构应当顺延提交投标文件的截止时间。

第三十二条 采购人或者采购代理机构应当按照国务院财政部门制定的招标文件标准文本编制招标文件。

招标文件应当包括采购项目的商务条件、采购需求、投标人的资格条件、投标报价要求、评标方法、评标标准以及拟签订的合同文本等。

第三十三条 招标文件要求投标人提交投标保证金的，投标保证金不得超过采购项目预算金额的2%。投标保证金应当以支票、汇票、本票或者金融机构、担保机构出具的保函等非现金形式提交。投标人未按照招标文件要求提交投标保证金的，投标无效。

采购人或者采购代理机构应当自中标通知书发出之日起5个工作日内退还未中标供应商的投标保证金，自政府采购合同签订之日起5个工作日内退还中标供应商的投标保证金。

竞争性谈判或者询价采购中要求参加谈判或者询价的供应商提交保证金的，参照前两款的规定执行。

第三十四条 政府采购招标评标方法分为最低评标价法和综合评分法。

最低评标价法，是指投标文件满足招标文件全部实质性要求且投标报价最低的供应商为中标候选人的评标方法。综合评分法，是指投标文件满足招标文件全部实质性要求且按照评审因素的量化指标评审得分最高的供应商为中标候选人的评标方法。

技术、服务等标准统一的货物和服务项目，应当采用最低评标价法。

采用综合评分法的，评审标准中的分值设置应当与评审因素的量化指标相对应。

招标文件中没有规定的评标标准不得作为评审的依据。

第三十五条 谈判文件不能完整、明确列明采购需求，需要由供应商提供最终设计方案或者解决方案的，在谈判结束后，谈判小组应当按照少数服从多数的原则投票推荐3家以上供应商的设计方案或者解决方案，并要求其在规定时间内提交最后报价。

第三十六条 询价通知书应当根据采购需求确定政府采购合同条款。在询价过程中，询价小组不得改变询价通知书所确定的政府采购合同条款。

第三十七条 政府采购法第三十八条第五项、第四十条第四项所称质量和服务相等，是指供应商提供的产品质量和服务均能满足采购文件规定的实质性要求。

第三十八条 达到公开招标数额标准，符合政府采购法第三十一条第一项规定情形，只能从唯一供应商处采购的，采购人应当将采购项目信息和唯一供应商名称在省级以上人民政府财政部门指定的媒体上公示，公示期不得少于5个工作日。

第三十九条 除国务院财政部门规定的情形外，采购人或者采购代理机构应当从政府采购评审专家库中随机抽取评审专家。

第四十条 政府采购评审专家应当遵守评审工作纪律，不得泄露评审文件、评审情况和评审中获悉的商业秘密。

评标委员会、竞争性谈判小组或者询价小组在评审过程中发现供应商有行贿、提供虚假材料或者串通等违法行为的，应当及时向财政部门报告。

政府采购评审专家在评审过程中受到非法干预的，应当及时向财政、监察等部门举报。

第四十一条 评标委员会、竞争性谈判小组或者询价小组成员应当按照客观、公正、审慎的原则，根据采购文件规定的评审程序、评审方法和评审标准进行独立评审。采购文件内容违反国家有关强制性规定的，评标委员会、竞争性谈判小组或者询价小组应当停止评审并向采购人或者采购代理机构说明情况。

评标委员会、竞争性谈判小组或者询价小组成员应当在评审报告上签字，对自己的评审意见承担法律责任。对评审报告有异议的，应当在评审报告上签署不同意见，并说明理由，否则视为同意评审报告。

第四十二条 采购人、采购代理机构不得向评标委员会、竞争性谈判小组或者询价小组的评审专家做倾向性、误导性的解释或者说明。

第四十三条 采购代理机构应当自评审结束之日起2个工作日内将评审报告送交采购人。采购人应当自收到评审报告之日起5个工作日内在评审报告推荐的中标或者成交候选人中按顺序确定中标或者成交供应商。

采购人或者采购代理机构应当自中标、成交供应商确定之日起2个工作日内，发出中标、成交通知书，并在省级以上人民政府财政部门指定的媒体上公告中标、成交结果，招标文件、竞争性谈判文件、询价通知书随中标、成交结果同时公告。

中标、成交结果公告内容应当包括采购人和采购代理机构的名称、地址、联系方式，项目名称和项目编号，中标或者成交供应商名称、地址和中标或者成交金额，主要中标或者成交标的的名称、规格型号、数量、单价、服务要求以及评审专家名单。

第四十四条 除国务院财政部门规定的情形外，采购人、采购代理机构不得以任何理由组织重新评审。采购人、采购代理机构按照国务院财政部门的规定组织重新评审的，应当书面报告本级人民政府财政部门。

采购人或者采购代理机构不得通过对样品进行检测、对供应商进行考察等方式改变评审结果。

第四十五条 采购人或者采购代理机构应当按照政府采购合同规定的技术、服务、安全标准组织对供应商履约情况进行验收，并出具验收书。验收书应当包括每一项技术、服务、安全标准的履约情况。

政府向社会公众提供的公共服务项目，验收时应当邀请服务对象参与并出具意见，验收结果应当向社会公告。

第四十六条 政府采购法第四十二条规定的采购文件，可以用电子档案方式保存。

第五章　政府采购合同

第四十七条 国务院财政部门应当会同国务院有关部门制定政府采购合同标准文本。

第四十八条 采购文件要求中标或者成交供应商提交履约保证金的，供应商应当以支票、汇票、本票或者金融机构、担保机构出具的保函等非现金形式提交。履约保证金的数额不得超过政府采购合同金额的10%。

第四十九条 中标或者成交供应商拒绝与采购人签订合同的，采购人可以按照评审报告推荐的中标或者成交候选人名单排序，确定下一候选人为中标或者成交供应商，也可以重新开展政府采购活动。

第五十条 采购人应当自政府采购合同签订之日起2个工作日内，将政府采购合同在省级以上人民政府财政部门指定的媒体上公告，但政府采购合同中涉及国家秘密、商业秘密的内容除外。

第五十一条 采购人应当按照政府采购合同规定，及时向中标或者成交供应商支付采购资金。

政府采购项目资金支付程序，按照国家有关财政资金支付管理的规定执行。

第六章 质疑与投诉

第五十二条 采购人或者采购代理机构应当在3个工作日内对供应商依法提出的询问做出答复。

供应商提出的询问或者质疑超出采购人对采购代理机构委托授权范围的，采购代理机构应当告知供应商向采购人提出。

政府采购评审专家应当配合采购人或者采购代理机构答复供应商的询问和质疑。

第五十三条 政府采购法第五十二条规定的供应商应知其权益受到损害之日，是指：

（一）对可以质疑的采购文件提出质疑的，为收到采购文件之日或者采购文件公告期限届满之日；

（二）对采购过程提出质疑的，为各采购程序环节结束之日；

（三）对中标或者成交结果提出质疑的，为中标或者成交结果公告期限届满之日。

第五十四条 询问或者质疑事项可能影响中标、成交结果的，采购人应当暂停签订合同，已经签订合同的，应当中止履行合同。

第五十五条 供应商质疑、投诉应当有明确的请求和必要的证明材料。供应商投诉的事项不得超出已质疑事项的范围。

第五十六条 财政部门处理投诉事项采用书面审查的方式，必要时可以进行调查取证或者组织质证。

对财政部门依法进行的调查取证，投诉人和与投诉事项有关的当事人应当如实反映情况，并提供相关材料。

第五十七条 投诉人捏造事实、提供虚假材料或者以非法手段取得证明材料进行投诉的，财政部门应当予以驳回。

财政部门受理投诉后，投诉人书面申请撤回投诉的，财政部门应当终止投诉处理程序。

第五十八条 财政部门处理投诉事项，需要检验、检测、鉴定、专家评审以及需要投诉人补正材料的，所需时间不计算在投诉处理期限内。

财政部门对投诉事项做出的处理决定，应当在省级以上人民政府财政部门指定的媒体上公告。

第七章 监督检查

第五十九条 政府采购法第六十三条所称政府采购项目的采购标准，是指项目采购所依据的经费预算标准、资产配置标准和技术、服务标准等。

第六十条 除政府采购法第六十六条规定的考核事项外，财政部门对集中采购机构的考核事项还包括：

（一）政府采购政策的执行情况；

（二）采购文件编制水平；

（三）采购方式和采购程序的执行情况；

（四）询问、质疑答复情况；

（五）内部监督管理制度建设及执行情况；

（六）省级以上人民政府财政部门规定的其他事项。

财政部门应当制订考核计划，定期对集中采购机构进行考核，考核结果有重要情况的，应当向本级人民政府报告。

第六十一条 采购人发现采购代理机构有违法行为的，应当要求其改正。采购代理机构拒不改正的，采购人应当向本级人民政府财政部门报告，财政部门应当依法处理。

采购代理机构发现采购人的采购需求存在以不合理条件对供应商实行差别待遇、歧视待遇或者其他不符合法律、法规和政府采购政策规定内容，或者发现采购人有其他违法行为的，应当建议其改正。采购人拒不改正的，采购代理机构应当向采购人的本级人民政府财政部门报告，财政部门应当依法处理。

第六十二条 省级以上人民政府财政部门应当对政府采购评审专家库实行动态管理，具体管理办法由国务院财政部门制定。

采购人或者采购代理机构应当对评审专家在政府采购活动中的职责履行情况予以记录，并及时向财政部门报告。

第六十三条 各级人民政府财政部门和其他有关部门应当加强对参加政府采购活动的供应商、采购代理机构、评审专家的监督管理，对其不良行为予以记录，并纳入统一的信用信息平台。

第六十四条 各级人民政府财政部门对政府采购活动进行监督检查，有权查阅、复制有关文件、资料，相关单位和人员应当予以配合。

第六十五条 审计机关、监察机关以及其他有关部门依法对政府采购活动实施监督，发现采购当事人有违法行为的，应当及时通报财政部门。

第八章　法律责任

第六十六条 政府采购法第七十一条规定的罚款，数额为10万元以下。

政府采购法第七十二条规定的罚款，数额为5万元以上25万元以下。

第六十七条 采购人有下列情形之一的，由财政部门责令限期改正，给予警告，对直接负责的主管人员和其他直接责任人员依法给予处分，并予以通报：

（一）未按照规定编制政府采购实施计划或者未按照规定将政府采购实施计划报本级人民政府财政部门备案；

（二）将应当进行公开招标的项目化整为零或者以其他任何方式规避公开招标；

（三）未按照规定在评标委员会、竞争性谈判小组或者询价小组推荐的中标或者成交候选人中确定中标或者成交供应商；

（四）未按照采购文件确定的事项签订政府采购合同；

（五）政府采购合同履行中追加与合同标的相同的货物、工程或者服务的采购金额超过原合同采购金额10%；

（六）擅自变更、中止或者终止政府采购合同；

（七）未按照规定公告政府采购合同；

（八）未按照规定时间将政府采购合同副本报本级人民政府财政部门和有关部门备案。

第六十八条 采购人、采购代理机构有下列情形之一的，依照政府采购法第七十一条、第七十八条的规定追究法律责任：

（一）未依照政府采购法和本条例规定的方式实施采购；

（二）未依法在指定的媒体上发布政府采购项目信息；

（三）未按照规定执行政府采购政策；

（四）违反本条例第十五条的规定导致无法组织对供应商履约情况进行验收或者国家财产遭受损失；

（五）未依法从政府采购评审专家库中抽取评审专家；

（六）非法干预采购评审活动；

（七）采用综合评分法时评审标准中的分值设置未与评审因素的量化指标相对应；

（八）对供应商的询问、质疑逾期未做处理；

（九）通过对样品进行检测、对供应商进行考察等方式改变评审结果；

（十）未按照规定组织对供应商履约情况进行验收。

第六十九条 集中采购机构有下列情形之一的，由财政部门责令限期改正，给予警告，有违法所得的，并处没收违法所得，对直接负责的主管人员和其他直接责任人员依法给予处分，并予以通报：

（一）内部监督管理制度不健全，对依法应当分设、分离的岗位、人员未分设、分离；

（二）将集中采购项目委托其他采购代理机构采购；

（三）从事营利活动。

第七十条 采购人员与供应商有利害关系而不依法回避的，由财政部门给予警告，并处2000元以上2万元以下的罚款。

第七十一条 有政府采购法第七十一条、第七十二条规定的违法行为之一，影响或者可能影响中标、成交结果的，依照下列规定处理：

（一）未确定中标或者成交供应商的，终止本次政府采购活动，重新开展政府采购活动。

（二）已确定中标或者成交供应商但尚未签订政府采购合同的，中标或者成交结果无效，从合格的中标或者成交候选人中另行确定中标或者成交供应商；没有合格的中标或者成交候选人的，重新开展政府采购活动。

（三）政府采购合同已签订但尚未履行的，撤销合同，从合格的中标或者成交候选人中另行确定中标或者成交供应商；没有合格的中标或者成交候选人的，重新开展政府采购活动。

（四）政府采购合同已经履行，给采购人、供应商造成损失的，由责任人承担赔偿责任。

政府采购当事人有其他违反政府采购法或者本条例规定的行为，经改正后仍然影响或者可能影响中标、成交结果或者依法被认定为中标、成交无效的，依照前款规定处理。

第七十二条 供应商有下列情形之一的，依照政府采购法第七十七条第一款的规定追究法律责任：

（一）向评标委员会、竞争性谈判小组或者询价小组成员行贿或者提供其他不正当利益；

（二）中标或者成交后无正当理由拒不与采购人签订政府采购合同；

（三）未按照采购文件确定的事项签订政府采购合同；

（四）将政府采购合同转包；

（五）提供假冒伪劣产品；

（六）擅自变更、中止或者终止政府采购合同。

供应商有前款第一项规定情形的，中标、成交无效。评审阶段资格发生变化，供应商未依照本条例第二十一条的规定通知采购人和采购代理机构的，处以采购金额5‰的罚款，列入不良行为记录名单，中标、成交无效。

第七十三条 供应商捏造事实、提供虚假材料或者以非法手段取得证明材料进行投诉的，由财政部门列入不良行为记录名单，禁止其1至3年内参加政府采购活动。

第七十四条 有下列情形之一的，属于恶意串通，对供应商依照政府采购法第七十七条第一款的规定追究法律责任，对采购人、采购代理机构及其工作人员依照政府采购法第七十二条的规定追究法律责任：

（一）供应商直接或者间接从采购人或者采购代理机构处获得其他供应商的相关情况并修改其投标文件或者响应文件；

（二）供应商按照采购人或者采购代理机构的授意撤换、修改投标文件或者响应文件；

（三）供应商之间协商报价、技术方案等投标文件或者响应文件的实质性内容；

（四）属于同一集团、协会、商会等组织成员的供应商按照该组织要求协同参加政府采购活动；

（五）供应商之间事先约定由某一特定供应商中标、成交；

（六）供应商之间商定部分供应商放弃参加政府采购活动或者放弃中标、成交；

（七）供应商与采购人或者采购代理机构之间、供应商相互之间，为谋求特定供应商中标、成交或者排斥其他供应商的其他串通行为。

第七十五条 政府采购评审专家未按照采购文件规定的评审程序、评审方法和评审标准进行独立评审或者泄露评审文件、评审情况的，由财政部门给予警告，并处2000元以上2万元以下的罚款；影响中标、成交结果的，处2万元以上5万元以下的罚款，禁止其参加政府采购评审活动。

政府采购评审专家与供应商存在利害关系未回避的，处2万元以上5万元以下的罚款，禁止其参加政府采购评审活动。

政府采购评审专家收受采购人、采购代理机构、供应商贿赂或者获取其他不正当利益，构成犯罪的，依法追究刑事责任；尚不构成犯罪的，处2万元以上5万元以下的罚款，禁止其参加政府采购评审活动。

政府采购评审专家有上述违法行为的，其评审意见无效，不得获取评审费；有违法所得的，没收违法所得；给他人造成损失的，依法承担民事责任。

第七十六条 政府采购当事人违反政府采购法和本条例规定，给他人造成损失的，依法承担民事责任。

第七十七条 财政部门在履行政府采购监督管理职责中违反政府采购法和本条例规定，滥用职权、玩忽职守、徇私舞弊的，对直接负责的主管人员和其他直接责任人员依法给予处分；直接负责的主管人员和其他直接责任人员构成犯罪的，依法追究刑事责任。

第九章　附　　则

第七十八条　财政管理实行省直接管理的县级人民政府可以根据需要并报经省级人民政府批准，行使政府采购法和本条例规定的设区的市级人民政府批准变更采购方式的职权。

第七十九条　本条例自 2015 年 3 月 1 日起施行。

国务院关于印发推进财政资金统筹使用方案的通知

国发〔2015〕35 号

各省、自治区、直辖市人民政府，国务院各部委、各直属机构：

现将《推进财政资金统筹使用方案》印发给你们，请认真贯彻落实。

国务院
2015 年 6 月 16 日

推进财政资金统筹使用方案

为全面贯彻党的十八大和十八届二中、三中、四中全会精神，落实国务院决策部署，进一步优化财政资源配置，提高财政资金使用效益，完善预算管理制度，促进经济社会持续健康发展，按照预算法和国务院有关规定，制订本方案。

一、总体目标和主要原则

推进财政资金统筹使用，避免资金使用“碎片化”，盘活各领域“沉睡”的财政资金，把“零钱”化为“整钱”，统筹用于发展急需的重点领域和优先保障民生支出，增加资金有效供给，是创新宏观调控方式的重要内容，也是用足用活积极财政政策的关键举措。

（一）总体目标。

推进财政资金统筹使用要与深化财税体制改革结合起来，统筹考虑预算管理制度、中期财政规划、事权与支出责任划分等改革。以问题为导向，坚持改革创新，大力推进财政资金统筹使用，不断提高财政资金使用效益，促进经济社会持续健康发展。近期目标是：盘活各领域财政沉淀资金取得明显进展，初步建立财政资金统筹使用机制，促进稳增长、调结构。长远目标是：财政资金统筹使用机制更加成熟，将所有预算资金纳入财政部门统一分配，做到预算一个“盘子”、收入一个“笼子”、支出一个“口子”，促进财政资金优化配置，推动建立现代财政制度。

（二）主要原则。

全面统筹。通过统筹使用各类资金、盘活用好结转结余资金、加快预算资金下达执行等，构建起推进财政资金统筹使用的总体框架。

分层推进。以项目、科目、部门、政府预算体系、跨年度预算、各类收入、增量与存量、编制与执行等为切入点，有序推进财政资金统筹使用。

远近结合。既要立足当前，解决目前预算执行偏慢、财政存量资金规模居高不下的突出问题，把盘活的资金统筹安排使用；又要着眼长远，进一步加大各类资金整合力度，完善政府预算体系。

改革创新。既要善于总结和推广已有的成功经验和做法，用改革创新方法推进财政资金统筹使用；又要通过推进财政资金统筹使用，促使各级政府和部门主动作为，推进简政放权、放管结合、转变政府职能。

依法依规。既要严格按照预算法及有关法规规定，推进财政资金统筹使用；又要对地方先行先试予以必要授权，推动修改相关的预算资金管理办法。

二、具体措施

（一）推进项目资金的统筹使用。

做好项目前期准备。提前做好项目可行性研

究、评审、招投标、政府采购等前期准备工作，确保预算一旦批复或下达，资金就能实际使用。

加快项目预算批复和下达。预算经同级人大批准后，要按照规定时间及时批复、下达并拨付资金。加快据实结算项目下达进度，一般采取当年列入部门预算或上半年预拨、下年清算的方式。强化年度预算理念，项目跨年度实施的，要根据资金需求情况分年下达预算。

建立项目动态调整机制。实时跟踪了解项目执行情况，项目预算执行进度较慢的，同级财政可按一定比例收回资金，统筹用于经济社会发展急需资金支持的领域。

加强项目库管理。发挥项目库的基础支撑作用，对没有进入项目库的项目一般不得安排预算；规范项目设置，做细做实项目库，全面反映项目的执行单位、历年预算安排、结转结余资金、绩效评价结果等情况；实施项目全周期滚动管理，逐步完善项目退出机制。

（二）推进重点科目资金的统筹使用。

重点推进科技、教育、农业、节能环保、医疗卫生等重点科目资金的统筹，既要统筹安排当年预算资金，也要加快消化历年结转结余资金。

加快推进科技资金优化整合。建立公开统一的国家科技管理平台，加快推进将目前分散在各部门实行公开竞争方式的科技计划（专项、基金等），优化整合为国家自然科学基金、国家科技重大专项、国家重点研发计划、技术创新引导专项（基金）、基地和人才专项等五类。

推进教育资金优化整合。按照事权与支出责任相匹配的原则，优化各级政府教育资金支出方向。新增教育经费主要向边远、贫困、民族地区倾斜，逐步缩小区域、城乡、校际差距，促进教育公平。

推进节能环保资金优化整合。按照加快推进生态文明建设总体要求，将现有节能环保领域资金按照节能减排、环境监测监察、大气污染防治、水污染防治、土壤环境修复治理、生态恢复保护等六类进行统筹整合。

推进涉农资金优化整合。进一步深入推进各个层面的涉农资金整合统筹，逐步将涉农资金整合为农业综合发展、农业生产发展、水利发展、林业改革发展、农村社会发展、扶贫开发等六类，突出创新涉农资金管理使用机制。

推进医疗卫生资金优化整合。逐步将医疗卫生领域资金整合为医疗保障、公共卫生、医疗服务等三类。将新型农村合作医疗和城镇居民医疗保险补助资金整合为城乡居民医疗保险补助资金，并实行统一管理。尽快推进计划生育服务和公共卫生服务项目资金整合，进一步优化支出结构，重点支持基本公共卫生、重大疾病预防控制、妇幼健康、计划生育、食品药品安全等领域。

推动修订重点支出挂钩相关法律。推动尽快修订重点支出同财政收支增幅或生产总值挂钩事项的相关规定，对相关领域支出根据推进改革的需要和确需保障的内容统筹安排，优先保障，不再采取先确定支出总额再安排具体项目的办法。

（三）推进部门资金的统筹使用。

推进统一预算分配权。对中央基建投资、中央科技资金等切块管理的资金，应加强与其他财政资金的统筹协调，按照统一的预算管理流程进行编制。对中央基建投资、中央科技资金安排支出的项目，其他财政资金可不再安排或减少安排，避免重复安排支出和固化投向。对少量的中央基建投资、中央科技资金和其他财政资金都安排支出的项目，应制定统一的资金管理办法，实行统一的资金分配方式。

推进部门内部资金的统筹使用。厘清基本支出和项目支出的内涵界限，除经费自理事业单位外，逐步取消项目支出中用于本部门编制内人员经费的支出。严格控制每个部门管理的专项资金项目个数，在调整优化政府支出功能分类科目的基础上，项级科目下一般不再拆分成不同的专项资金。

推进跨部门资金的统筹使用。加强跨部门资金的清理整合，对同一工作事项，原则上应按照部门职责分工，明确由一个部门负责，资金相应列入其部门预算；确需分解为由多个部门负责的，应按照项目和资金性质明确牵头部门，制定统一的资金管理办法，并按照部门预算管理规定分别列入各自部门预算，减少部门间横向分配资金。

推进部门职责调整和整合。深化机构改革，理顺部门间的职责划分，优化政府机构职能配置和工作流程，加强政府监管，更好发挥政府作用，创造公平竞争的市场环境。

（四）推进政府预算体系的统筹协调。

加大政府性基金预算转列一般公共预算的力度。完善政府预算体系，对政府性基金预算中未列入政府性基金目录清单的收入项目，除国务院批准的个别事项外，三年内逐步调整转列一般公共预算，并统筹使用。从2016年1月1日起，将水土保持补偿费、政府住房基金、无线电频率占用费、铁路资产变现收入、电力改革预留资产变现收入等五项基金转列一般公共预算。上述基金转列后，支出仍主要用于或专项用于安排相关支出，且收入规模增加的，支出规模原则上相应增加。

加大政府性基金预算调入一般公共预算的力度。暂时保留在政府性基金预算管理的资金，与一般公共预算投向类似的，应调入一般公共预算统筹使用，或制定统一的资金管理办法，实行统一的资金分配方式。对政府性基金预算结转资金规模超过该项基金当年收入30%的部分，应补充预算稳定调节基金统筹使用。

推进国有资本经营预算与一般公共预算的统筹协调。加大国有资本经营预算调入一般公共预算的力度，2016年调入比例达到19%，并逐年提高调入比例。除调入一般公共预算外，国有资本经营预算支出范围限定用于解决国有企业历史遗留问题及相关改革成本支出、对国有企业的资本金注入及国有企业政策性补贴等方面。一般公共预算安排用于这方面的资金逐步退出。

推进专项收入统筹使用。三年内逐步取消一般公共预算中以收定支的规定，2016年先行取消城市维护建设税以及矿产资源补偿费、探矿权采矿权使用费和价款、草原植被恢复费、海域使用金等专项收入专款专用，相应推动修改法律法规，对相关领域支出统筹安排保障。新出台的税收收入或非税收入政策，一般不得规定以收定支、专款专用。

（五）推进跨年度预算的统筹协调。

建立跨年度预算平衡机制。一般公共预算的结余资金，应当补充预算稳定调节基金。一般公共预算执行中如出现超收，超收收入用于冲减赤字、化解政府债务或补充预算稳定调节基金；如出现短收，通过调入预算稳定调节基金或其他预算资金、削减支出等方式弥补，如仍难以平衡，省级以上政府可以在报同级人大或其常委会批准后增列赤字实现平衡，市、县级政府可以向上级政府申请临时救助，并在下一年度预算中予以弥补。

编制三年滚动财政规划。对未来三年重大财政收支情况进行分析预测，对规划期内一些重大改革、重要政策和重大项目，研究政策目标、运行机制和评价办法。三年滚动财政规划要与国民经济和社会发展五年规划纲要及相关专项规划、区域规划相衔接，强化三年滚动财政规划对年度预算的约束。

加快推进重点领域三年滚动财政规划。在水利投资运营、义务教育、卫生、社保就业、环保等重点领域开展三年滚动财政规划试点。对列入三年滚动财政规划的项目资金，因特殊原因无法使用的，各部门要及时调剂用于规划内的其他项目，并报同级财政部门备案。

编制部门三年滚动财政规划。加强部门预算总量约束，在编制2016年部门预算时，同步编制中央部门2016—2018年滚动财政规划。

国民经济和社会发展五年规划纲要及相关专项规划、区域规划等，一般不得规定重点支出同财政收支增幅或生产总值挂钩事项。部门、行业规划涉及财政政策和资金支持的，要与三年滚动财政规划相衔接。

（六）推进规范各类收入及其统筹使用。

加大各类收入统筹使用的力度，进一步理顺税费关系，清理、整合和规范政府性基金和专项收入，逐步建立税收收入为主导、非税收入适当补充的收入体系。

清理压缩政府性基金和专项收入。结合投融资体制改革和政府职能转变，取消政策效应不明显、不适应市场经济发展的政府性基金和专项收入项目。归并征收对象相同、计征方式和资金用途相似、重复设置的政府性基金和专项收入项目。结合税制改革，依法将具有税收性质的政府性基金和专项收入改为税收。对决定取消、归并、调整的政府性基金，及时推动修订相关法律法规。

实行目录清单管理。对政府性基金和专项收入实行目录清单管理，定期向社会公开项目名称、设立依据、征收方式和标准、收入规模等，提高政策透明度，接受社会监督。

从严控制设立收入项目。一般不新设政府性基金和专项收入项目，如有必要筹集收入或调节经济行为，主要依法通过税收方式解决。个别需要新设立政府性基金或专项收入项目的，应有明确的法律、行政法规依据或经国务院批准，并明确征收期限。

（七）推进财政存量资金的统筹使用。

贯彻落实国务院关于盘活财政存量资金的各项要求，全面盘活结转结余资金、预算稳定调节基金、预算周转金等各类存量资金。

推进结转结余资金的统筹使用。对结余资金和连续两年未用完的结转资金，一律收回统筹使用。对不足两年的结转资金，要加快预算执行，也可按规定用于其他急需领域，不需按原用途使用的，应按规定统筹用于经济社会发展急需资金支持的领域。从严控制一般公共预算结转项目，可不结转的项目不再结转。地方各级财政除国库集中支付结余外，一律不得按权责发生制列支，已按权责发生制核算的存量资金，要结合当前财政经济形势在两年内使用完毕。

推进预算稳定调节基金的统筹使用。根据实际需要将闲置不用的预算周转金调入预算稳定调节基金。合理控制预算稳定调节基金规模，预算稳定调节基金在编制年度预算调入使用后的规模一般不超过当年本级一般公共预算支出总额（含对下级转移支付）的5%。

建立健全财政存量资金与预算安排统筹结合的机制。从2016年起，对上年末财政存量资金规模较大的地区或部门，适当压缩下年财政预算安排规模。其中，对上年末财政存量资金规模较大的地区，按一定比例相应核减对其下年转移支付规模；对上年末财政存量资金规模较大的部门，按一定比例相应核减其下年公用经费或项目支出规模。

（八）推进预算编制和预算执行的统筹协调。

统筹协调预算编制和预算执行工作，既要加强预算编制管理，提高预算编制的科学性和准确性，为预算执行打好基础，又要加强预算执行管理，加快预算执行进度，为预算编制提供重要参考。

严格控制代编事项，按照预算法和国务院的规定，细化预算编制，提高年初预算到位率。各级财政应严格控制代编预算，对确需代编预算的事项，应及时报同级政府批准，并在当年6月30日前下达；逾期未下达的，收回同级财政总预算统筹使用。提高地方预算完整性，中央将对地方的转移支付预计数提前下达地方，地方应足额编入本级预算，并及时组织实施。严格预算调整，硬化预算约束，年度预算执行中除救灾等应急支出通过动支预备费等解决外，一般不出台增加当年支出的政策，必须出台的政策，应通过以后年度预算安排资金。加快已定政策的预算执行，对机关事业单位养老保险制度改革和完善工资制度等已定政策要抓紧出台实施方案，及时下达预算。

（九）推进债务资金的统筹使用。

加大存量债务资金和新增债务资金的统筹使用力度。结合地方政府存量债务清理甄别工作，对尚未使用的地方政府存量债务资金，一律纳入预算管理，与新增债务资金统筹安排使用。其中，一般债务资金纳入一般公共预算，由地方各级财政部门统筹用于没有收益的公益性项目建设；专项债务资金纳入对应的政府性基金，与该项政府性基金统筹用于对应有一定收益的公益性项目建设。探索提前下达地方政府债务新增限额，提高预算编制的完整性，同时加快发行进度。

加强库款管理与债务发行的统筹协调。加快地方政府置换债券发行进度。库款较高的地区，可以根据库款余额适当控制债务发行的规模和节奏，促进库款管理与债务发行有机结合。

（十）推进转移支付资金的统筹使用。

优化转移支付结构。属于中央事权的，尽可能由中央本级支出安排，中央直接实施，并加强对项目遴选和执行的控制；属于地方事权的，由地方承担支出责任，中央主要通过一般性转移支付给予支持，对少量的引导类、救济类、应急类事务通过专项转移支付予以支持，并将具体资金分配权、项目确定权交给地方，中央侧重加强监管。

清理整合专项转移支付。对目标接近、资金投入方向类同、资金管理方式相近的专项转移支付予以整合。对整合后的专项转移支付，应逐项制定统一的资金管理办法，做到政策目标明确、分配主体统一、分配办法一致、审批程序唯一、资金投向协调。加强转移支付项目和部门预算项目的统筹，减少执行中的预算级次调整。

探索专项转移支付分配新方式。对保留的具有一定外部性的竞争性领域专项资金，逐步改变行政性分配方式，主要采取基金管理等市场化运作模式，鼓励与金融资本相结合，发挥撬动社会资本的杠杆作用。

推动地方先行先试。通过对地方予以必要授权或修改相关预算资金管理办法，允许地方政府在推进财政资金统筹使用方面先行先试。对上级政府下达的专项转移支付，下级政府可在不改变资金类级科目用途的基础上，发挥贴近基层的优势，结合本级安排的相关专项情况，加大整合力度，将支持方向相同、扶持领域相关的专项转移支付整合使用。

三、组织保障

（一）建立统筹协调机制。各地区、各部门要高度重视，加强组织领导，切实抓好工作落实。国务院有关部门要发挥带头作用，积极作为、主动配合。财政部要密切关注相关工作进展情况，加强督促指导。各级审计机关要加强审计监督，切实推进各项措施落实到位。

（二）建立信息定期统计机制。各地区、各部门要建立信息定期统计制度，认真分析资金整合、预算执行、财政存量资金等有关情况，并及时报送财政部。

（三）建立健全责任追究机制。建立健全考核指标，对未按规定完成的，要严肃追究相关部门和人员的责任。建立从项目申报到财政资金拨付全过程的权力和责任清单制度，切实明确权责。对虚报冒领、骗取套取、挤占挪用财政资金的问题实行一案双查，不仅严肃查处直接当事人，还要追溯追查申报、审批等环节相关部门和人员的责任。

（四）建立信息公开机制。除法定涉密信息外，中央和地方所有部门预决算都要公开，全面接受社会监督。

国务院办公厅关于印发编制自然资源资产负债表试点方案的通知

国办发〔2015〕82号

各省、自治区、直辖市人民政府，国务院各部委、各直属机构：

《编制自然资源资产负债表试点方案》已经党中央、国务院同意，现印发给你们，请认真贯彻执行。

国务院办公厅

2015年11月8日

编制自然资源资产负债表试点方案

为贯彻落实党中央、国务院决策部署，探索编制自然资源资产负债表，指导试点地区探索形成可复制可推广的编表经验，制订本方案。

一、总体要求

（一）指导思想。

认真贯彻落实党的十八大和十八届二中、三中、四中、五中全会精神，以邓小平理论、“三个代表”重要思想、科学发展观为指导，深入贯彻习近平总书记系列重要讲话精神，按照党中央、国务院关于加快推进生态文明建设的决策部署，全面加强自然资源统计调查和监测基础工作，坚持边改革实践边总结经验，逐步建立健全自然资源资产负债表编制制度。

（二）主要目标。

通过探索编制自然资源资产负债表，推动建立健全科学规范的自然资源统计调查制度，努力摸清自然资源资产的家底及其变动情况，为推进生态文明建设、有效保护和永续利用自然资源提供信息基础、监测预警和决策支持。按照本方案要求，试编出自然资源资产负债表，对完善自然资源统计调查制度提出建议，为制订自然资源资产负债表编制方案提供经验。

（三）基本原则。

1. 坚持整体设计。将自然资源资产负债表编制纳入生态文明制度体系，与资源环境生态红线管控、自然资源资产产权和用途管制、领导干部自然资源资产离任审计、生态环境损害责任追究等重大制度相衔接。按照生态系统的自然规律和有机联系，统筹设计主要自然资源的资产负债核算。

2. 突出核算重点。从生态文明建设要求和人民群众期盼出发，优先核算具有重要生态功能的自然资源，并在实践中不断完善核算体系。

3. 注重质量指标。编制自然资源资产负债表既要反映自然资源规模的变化，更要反映自然资源的质量状况。通过质量指标和数量指标的结合，更加全面系统地反映自然资源的变化及其对生态环境的影响。

4. 确保真实准确。按照高质、务实、管用的要求，建立健全自然资源统计监测指标体系，充分运用现代科技手段和法治方式提高统计监测能力和统计数据质量，确保基础数据和自然资源资产负债表各项数据真实准确。编制自然资源资产负债表，不涉及自然资源的权属关系和管理关系。

5. 借鉴国际经验。立足我国生态文明建设需要、自然资源禀赋和统计监测基础，参照联合国等国际组织制定的《环境经济核算体系 2012》等国际标准，借鉴国际先进经验，通过探索创新，构建科学、规范、管用的自然资源资产负债表编制制度。

二、试点内容

根据自然资源保护和管控的现实需要，先行核算具有重要生态功能的自然资源。我国自然资源资产负债表的核算内容主要包括土地资源、林木资源和水资源。土地资源资产负债表主要包括耕地、林地、草地等土地利用情况，耕地和草地质量等级分布及其变化情况。林木资源资产负债表包括天然林、人工林、其他林木的蓄积量和单位面积蓄积量。水资源资产负债表包括地表水、地下水资源情况，水资源质量等级分布及其变化情况。试点地区根据本方案，分别采集、审核相关基础数据，研究资料来源和数据质量控制等关键性问题，探索编制自然资源资产负债表。试点地区可结合当地实际，探索编制矿产资源资产负债表。

三、基本方法

自然资源资产负债表反映自然资源在核算期初、期末的存量水平以及核算期间的变化量。核算期为每个公历年度 1 月 1 日至 12 月 31 日。在自然资源核算理论框架下，以自然资源管理部门统计调查数据为基础，编制反映主要自然资源实物存量及变动情况的资产负债表。

自然资源资产负债表的基本平衡关系是：期初存量＋本期增加量－本期减少量＝期末存量。期初存量和期末存量来自自然资源统计调查和行政记录数据，本期期初存量即为上期期末存量。核算期间自然资源增减变化的主要影响因素有两类：一是人为因素，如林木的培育和采伐引起的林木资源资产变化；二是自然因素，如降水和蒸发等引起的水资源资产变化。由于自然属性差别较大、与经济体关系不尽相同，各种自然资源都有其特有的增加、减少方式及原因。按照自然资源变动因素，依据行政记录和统计调查监测资料，建立自然资源增减变化统计台账，及时填报相关指标。

编制自然资源资产负债表所使用的分类，原则上采用国家标准。尚未制定国家标准的，可暂采用行业标准。编制自然资源资产负债表所涉及指标的含义、包含范围和计算方法，由统计局会同有关部门制定。

四、试点地区

根据自然资源的代表性和有关工作基础，在内蒙古自治区呼伦贝尔市、浙江省湖州市、湖南省娄底市、贵州省赤水市、陕西省延安市开展编制自然资源资产负债表试点工作。

五、时间安排

试点工作从 2015 年 11 月开始到 2016 年 12 月底结束，分为两个阶段。

第一阶段（2015 年 11 月至 2016 年 7 月底），试点地区开展有关自然资源基础资料的搜集整理和审核，必要时开展补充性调查，编制出 2011 年以来各公历年度的自然资源资产负债表。如缺少基础资料，可只编制其中一年或两年的自然资源资产负债表。

第二阶段（2016年8月至12月），试点地区提交试点报告，提出修订完善自然资源统计调查制度和自然资源资产负债表编制方案的建议。

根据试点经验，在进一步调查研究的基础上，统计局会同发展改革委、财政部、国土资源部、环境保护部、水利部、农业部、审计署、林业局，研究扩大自然资源资产负债核算范围，2018年底前编制出自然资源资产负债表。同时，研究探索主要自然资源资产负债价值量核算技术。

六、保障措施

编制自然资源资产负债表试点工作意义重大，必须高度重视，精心实施，确保试点工作取得切实成效。

一是加强领导，落实责任。成立编制自然资源资产负债表试点工作指导小组，由统计局、发展改革委、财政部、国土资源部、环境保护部、水利部、农业部、审计署、林业局有关人员组成。成立编制自然资源资产负债表专家咨询组，提供有关理论、政策和技术咨询。试点地区政府成立试点工作组织协调机构，建立沟通协调机制。试点地区编制自然资源资产负债表有关技术工作，由统计部门牵头负责。相关部门要积极支持和配合试点工作，参与有关问题研究，提供编表所需要的基础资料。要加强与负责领导班子和领导干部政绩考核工作、领导干部自然资源资产离任审计试点工作部门的沟通协调，同步推进，切实形成工作合力。试点地区所在省（区）人民政府和有关部门要加强领导和协调工作。

二是信息共享，夯实基础。统计部门要加强与国土资源、环保、水利、农业、林业等自然资源主管部门的沟通，研究理清编制自然资源资产负债表所需的基础资料状况。有关部门已有资料的，应当主动及时提供给统计部门编表使用；现有资料不能满足需要的，应当积极研究解决办法，必要时可开展补充性调查。加强数据质量审核评估和检查，确保基础数据真实可靠。为更好地运用试点成果，便于社会监督，试点地区试编的自然资源资产负债表原则上应向社会公开。

试点期间，统计局将会同有关部门赴试点地区指导调研，帮助解决试点过程中遇到的问题。试点过程中发现的重要问题和成功做法，请及时报送统计局。

财政部关于印发《党政机关会议定点管理办法》的通知

财行〔2015〕1号

党中央有关部门，国务院各部委、各直属机构，全国人大常委会办公厅，全国政协办公厅，高法院，高检院，有关人民团体，各民主党派中央，新疆生产建设兵团，各省、自治区、直辖市、计划单列市财政厅（局）：

为加强和规范会议定点管理，根据《党政机关厉行节约反对浪费条例》和《中央和国家机关会议费管理办法》的有关规定，我们制定了《党政机关会议定点管理办法》。现印发给你们，请结合实际情况，认真贯彻执行。

请各地财政部门抓紧研究制定本地区会议定点管理实施细则，于2015年3月底前报财政部备案，并认真组织做好2015—2016年会议定点饭店招标采购工作。各地区在执行中有何问题，请及时向我们反映。

附件：党政机关会议定点管理办法

财政部
2015年1月13日

附件：

党政机关会议定点管理办法

第一章　总　　则

第一条　为加强和规范党政机关会议定点管理，节约会议费支出，降低行政运行成本，根据《党政机关厉行节约反对浪费条例》《中央和国家机关会议费管理办法》等规定，制定本办法。

第二条 党政机关会议定点管理，是指财政部门或财政部门委托的机构通过政府采购方式确定一定数量的宾馆饭店或专业会议场所作为党政机关举办会议场所（以下称会议定点场所）的相关管理活动。

第三条 各级党政机关举办的会议，除采用电视电话、网络视频方式以及在本单位或本系统内部会议室、礼堂、宾馆、招待所、培训（会议）中心等举办的外，应当在会议定点场所召开。

第四条 省级（含自治区、直辖市和计划单列市，下同）财政部门统一负责本地区党政机关会议定点管理。各省级财政部门根据实际情况确定本地区各级财政部门在会议定点场所的政府采购和日常管理中的具体职责分工。

第五条 各地区确定的会议定点场所在全国范围内实行资源共享，各级党政机关举办会议共同使用，执行统一的会议定点场所目录和相同的协议价格。

第二章 会议定点场所及协议价格的确定

第六条 会议定点宾馆饭店应当具备保证会议所需要的住宿房间、会议室、餐厅以及相关设施。

专业会议场所应当具备会议所需要的会议室等相关设施。

第七条 确定会议定点场所应当遵循的原则：

（一）数量适当。会议定点场所的数量以能满足党政机关会议需要为宜。

（二）布局合理。会议定点场所的分布要合理，交通便利。

（三）档次适中。兼顾不同地区和不同级别党政机关会议的需要，确定不同档次的会议定点场所。

（四）价格优惠。宾馆饭店、专业会议场所对会议的收费给予优惠。

（五）公开公平。对各类宾馆饭店、专业会议场所等应执行公开、统一的政府采购标准。

第八条 会议定点场所应当通过公开招标方式确定。因特殊情况需要采用公开招标以外方式采购的，应当报经省级财政部门批准后执行。

第九条 会议定点场所政府采购的内容包括住宿房间价格、会议室租金和伙食费。住宿房间价格按标准间、单人间和普通套房三种类型确定。会议室租金按照大会议室、中会议室、小会议室三种类型确定。伙食费标准按照每人每天确定或明细到单餐。

会议定点场所的政府采购控制价格由具体负责政府采购的财政部门按照不高于本地区会议费管理办法规定的开支标准确定。

第十条 具备本办法第六条规定条件的宾馆饭店、专业会议场所可以参加会议定点场所招投标。

党政机关驻外地的内部宾馆、招待所、培训（会议）中心等具备本办法第六条规定条件的可以参加所在地的会议定点场所招投标。

第十一条 会议定点场所政府采购应坚持公开、公正、公平的原则，严格按照政府采购制度的有关规定进行。

第十二条 具体负责政府采购的财政部门通过政府采购确定会议定点场所后，应当与会议定点场所签订协议书，并督促会议定点场所在规定时间内在党政机关会议定点场所管理系统上注册。

省级财政部门汇总本地区政府采购的会议定点场所及协议价格报财政部备案。

第三章 会议定点场所的变动调整

第十三条 会议定点场所实行动态管理，两年调整一次。

第十四条 根据工作需要，各地财政部门可以对会议定点场所进行调整，调整办法由省级财政部门按有关规定制定。

第十五条 协议期满后，对符合招标文件中规定的续约条件的，经协议双方协商一致，本轮次的会议定点场所可以续签下一轮次的协议，继续保留会议定点场所资格；也可自愿退出，会议定点场所资格自动取消。

第十六条 会议定点场所在协议期内不得提高协议价格。

第十七条 会议定点场所在协议期内，由于名称、法人代表等信息发生变动的，由会议定点场所申请，经当地财政部门审核同意后重新注册，并报省级财政部门备案。

第十八条 协议期内会议定点场所发生下列情况之一的，由会议定点场所提出书面申请，经签订协议的财政部门审核同意后在党政机关会议定点场所管理系统办理注销：

（一）由于会议定点场所服务功能发生变化，不能满足协议要求的；

（二）由于自然灾害等不可抗力导致会议定点场所无法正常经营的；

（三）由于其他情况导致会议定点场所无法正常经营的。

第四章 管理与监督

第十九条 财政部负责制定党政机关会议定点管理办法和会议定点场所协议书的主要条款，统筹推进党政机关会议定点场所管理系统建设，组织、指导、协调和监督全国党政机关会议定点管理工作。

第二十条 省级财政部门负责制定本地区会议定点管理的实施细则，指导、协调和实施本地区会议定点场所政府采购工作，负责本省（区、市）党政机关会议定点场所管理系统的管理与运行维护，指导、协调本地区会议定点场所注册、日常管理、处理投诉等工作，负责本省（区、市）党政机关会议定点管理监督检查工作。

第二十一条 省级以下财政部门根据省级财政部门规定的职责，实施本地区会议定点场所的政府采购工作，设立投诉电话，受理对会议定点场所的投诉，对投诉进行及时处理，并定期将投诉情况汇总报省级财政部门。

第二十二条 各级财政部门负责督促本级党政机关执行会议定点管理规定，督促本地区会议定点场所履行协议规定。

第二十三条 党政机关在会议定点场所举办会议应当严格执行定点协议，不得要求会议定点场所虚报会议天数、人数、开具虚假发票等。

第二十四条 会议定点场所有权拒绝党政机关提出的超出协议的服务项目和要求。

第二十五条 会议定点场所有以下行为之一的，经调查属实，第一次予以书面警告，第二次取消会议定点场所资格，情节严重的不得参加下一轮次的会议定点场所政府采购：

（一）无正当理由拒绝接待党政机关会议的；

（二）超过协议价格收取费用或采取减少服务项目等降低服务质量的；

（三）提供虚假发票的；

（四）未按规定提供发票、费用原始明细单据、电子结算单等凭证的；

（五）不配合、甚至干扰阻挠财政部门正常核查工作的；

（六）违反协议规定的其他事项的。

第二十六条 会议定点场所在协议期内未经批准单方面终止履行协议或因违法经营行为受到行政处罚的，根据政府采购法等规定取消其会议定点场所资格，并不得参与下一轮次党政机关会议定点场所政府采购。

第五章 附 则

第二十七条 本办法由财政部负责解释。

第二十八条 各省级财政部门应根据本办法，结合本地区实际，制定具体实施细则，并报财政部备案。

第二十九条 本办法自发布之日起实行。《中央国家机关出差和会议定点管理办法》（财行〔2006〕312号）、《关于进一步加强党政机关出差和会议定点管理工作的通知》（财行〔2012〕254号）同时废止。其他党政机关会议定点管理规定与本办法不一致的，按照本办法执行。

财政部关于加强和改进中央部门项目支出预算管理的通知

财预〔2015〕82号

党中央有关部门，国务院各部委、各直属机构，全国人大常委会办公厅，全国政协办公厅，高法院，高检院，各民主党派中央，有关人民团体，新疆生产建设兵团，有关中央管理企业：

为深化预算管理制度改革，全面提高部门预算管理水平，现就加强和改进中央部门项目支出预算管理有关问题通知如下：

一、充分认识加强和改进项目支出预算管理的重要性

部门预算改革以来，经过各方面的共同努力，中央部门项目支出预算管理日趋规范，结构不断优化，绩效逐年提高，有力地保障了国家重大方针政策的贯彻落实和中央部门履行职能的需要，部门预算管理水平不断提高。

近年来，部门预算管理的内外部环境发生了深刻变化，与改革发展的新形势相比，项目支出预算管理还存在一些不相适应的地方，主要表现在：与政府宏观政策联系不紧密，缺少前瞻性；与部门职能衔接不够，存在交叉重叠现象；缺乏科学合理的立项和分类标准，项目数量多但重点不突出；预算决策机制不完善，重分轻管现象较为普遍；项目库建设滞后，在预算编制中的作用发挥不充分；绩效管理和预算评审需要加强，预算透明度有待提高，等等。

《国务院关于深化预算管理制度改革的决定》（国发〔2014〕45号）对预算改革进行了全面部署。加强和改进项目支出预算管理，是贯彻落实国务院要求的重要举措，是改进预算管理方式，实施中期财政规划管理的重要支撑；是深化中央部门预算改革，实施全面规范、公开透明预算制度的迫切需要；是优化支出结构，提高财政资源配置效率和使用绩效的必然要求；是更好履行财政职能，实现政府施政目标的必由之路。

二、准确把握加强和改进项目支出预算管理的总体方向

（一）指导思想。

加强和改进中央部门项目支出预算管理，要全面贯彻党的十八大和十八届二中、三中、四中全会精神，按照党中央、国务院的决策部署，落实预算管理制度改革总体要求，进一步转变政府职能，完善管理制度，创新管理方式，规范管理行为，提升管理水平，构建全面规范、公开透明的预算制度。

（二）基本原则。

理顺关系原则。进一步理顺预算管理权责，更好地发挥各部门和所属单位的预算编制和执行主体作用，以及财政部的审核主体作用，同时各部门和单位要对预算编制和执行的结果负责。

政策导向原则。项目支出预算要以国家战略发展规划、宏观调控政策为导向，以相关行业、领域中长期发展规划和年度工作重点为依据，结合部门职能和事业发展需要合理安排。

财力约束原则。各部门项目支出预算安排要严格按照部门三年滚动规划进行控制，要做好部门规划与三年滚动规划的衔接，强化部门三年滚动规划对年度预算的约束。

突出重点原则。根据中央与地方事权划分，中央部门项目支出预算要体现中央本级支出责任，聚焦重大改革、重要政策和重点项目，突出部门主要职能。强化项目排序，优先保障重点项目。

讲求绩效原则。要把绩效管理的理念和要求融入项目支出预算管理各个环节，建立事前有目标、事中有监控、事后有评价、结果要运用的全过程绩效运行机制。

（三）总体思路。

从编制2016年部门预算起，项目支出按新的管理方式运行，力争用三年的时间构建起以三年滚动规划为牵引，以宏观政策目标为导向，以规范的项目库管理为基础，以预算评审和绩效管理为支撑，以资源合理配置和高效利用为目的，以有效的激励约束机制为保障，规模适度、结构合理、重点突出、管理规范、运转高效的中央部门项目支出预算管理新模式，充分发挥预算的资源配置功能和政策工具作用。

三、全面落实加强和改进项目支出预算管理各项工作

（一）完善项目设置规则。科学规范设置项目，集中反映中央部门主要职责，具备可执行性，在保障运行维护合理需要的前提下，更加突出重点，聚集国家的重大改革、重要政策和重点项目，有效避免交叉重复。2015年中央部门要按照新的设置标准，对现有项目进行全面的清理和规范。

（二）改进项目管理方式。项目实行分级、分类管理。项目按层次分为一级和二级项目。一级项目根据部门履行职能的需要设置并包含若干二级项目。二级项目的设立要与对应的一级项目相匹配。完善项目分类标准，构建多层次、多维度的分类体系。推进项目支出预算标准体系建设。

（三）加强项目库建设和管理。项目全部纳入项目库管理，做实项目库，充实项目储备，列入预算安排的项目必须从项目库中选取。入库项目必须有充分的立项依据、明确的实施期限、合理的预算需求和绩效目标等。纳入项目库的项目实行全周期滚动管理，建立中央部门项目库与财政部项目库的信息交流机制。

（四）推进预算评审和绩效管理。将项目评审嵌入预算管理流程，进入部门项目库的项目原则上都要组织评审。纳入财政部项目库的项目，由财政部根据管理的需要组织开展再评审。推进全过程项目支出绩效管理，加强绩效目标管理，开展绩效监控，实施绩效评价，强化评价结果的运用。

（五）强化项目执行管理。硬化预算约束，执行中除救灾等应急支出外，一般不出台增加当年支出的政策，必须出台的政策纳入以后年度预算安排，必须追加当年预算的，首先通过调整部门当年支出结构解决。提前做好预算执行准备工作，加强执行监管，加快预算执行进度。建立预算执行与预算编制相结合的机制。

（六）实行中期财政规划管理。要完善项目生成机制，将国家宏观政策和部门、行业发展规划落实到具体项目，提高政策和规划的可实施性。部门、行业规划确定的项目要与中期财政规划相衔接，合理安排项目实施节奏和力度，促进政策与预算相结合，提高预算的前瞻性。

四、切实做好加强和改进项目支出预算管理的实施保障

加强和改进项目支出预算管理涉及部门预算管理方式的转变、业务流程的整合和利益关系的调整，时间紧迫，任务艰巨。各部门要充分认识加强和改进项目支出预算管理的重要意义，以改革创新精神，加大工作力度，认真落实各项改革措施。要加强统筹协调，理顺内部业务和经费管理关系，完善相关管理制度，切实加强组织领导，确保改革顺利实施。

附件：加强和改进中央部门项目支出预算管理工作实施方案

财政部
2015 年 5 月 18 日

附件：

加强和改进中央部门项目支出预算管理工作实施方案

为进一步加强和改进中央部门项目支出预算管理工作，制订本方案。本方案实施范围为一般公共预算，政府性基金预算、国有资本经营预算管理按有关规定执行。

一、改进项目设置和管理方式

（一）关于项目设置规则。

中央部门预算项目要体现中央本级支出责任，由中央部门直接组织实施。完善项目生成机制，项目要在深入的政策研究和充分论证的基础上设立，并具备可执行性，预算批复后即可实施。着力推进部门和行业规划的项目化，提高规划可实施性。项目内容要反映政府施政目标、部门主要职责和发展规划，并避免与公用经费及其他项目交叉重复。规范项目实施主体，部门预算项目实施主体为中央部门及所属单位，非部门所属单位不得作为项目的实施主体纳入部门预算。要按照“职责与经费相匹配”的原则确定部门内部项目实施主体，一般不得将应由本级承担的项目列入下级单位预算，或将应由下级单位承担的项目列入本级预算，也不得将应由行政单位承担的项目列入事业单位预算。

（二）关于项目管理方式。

中央部门预算项目实行分级管理，分为一级项目和二级项目两个层次。

一级项目明细到支出功能分类的款级科目，按照部门主要职责设立并由部门作为项目实施主体，每个一级项目包含若干二级项目。一级项目要有明确的名称、实施内容、支出范围和总体绩效目标，项目数量要严格控制，项目名称、实施内容和支出范围等在年度间要保持相对稳定。

二级项目包括在现有项目基础上规范整合而成的项目和新设立的项目，立项单位为项目实施主体。二级项目的设立，要与对应的一级项目相匹配，有充分的立项依据、具体的支出内容、明确合理的绩效目标。二级项目明细到支出功能分类的项级科目，年初部门预算按二级项目批复。

（三）关于项目分类。

按照使用范围，部门一级项目分为通用项目和专用项目。通用项目，指根据部门的共性项目设立并由各部门共同使用的一级项目。通用项目由财政部根据管理需要统一设立，主要包括有预算分配权部门管理的项目和归口管理的项目等。专用项目，指部门根据履行职能的需要自行设立和使用的一级项目。专用项目由中央部门提出建议，报财政部核准后设立。

按照项目的重要性，二级项目划分为重大改革发展项目、专项业务费项目和其他项目三类。重大改革发展项目，指党中央、国务院文件明确规定中央财政给予支持的改革发展项目，以及其他必须由中央财政保障的重大支出项目等。专项业务费项目，指中央部门为履行职能，开展专项业务而持续、长期发生的支出项目，如：大型设施、大型设备运行费，执法办案费，经常性监管、监测、审查经费，以及国际组织会费、捐款及维和支出等。其他项目，指除上述两类项目之外，中央部门为完成特定任务需安排的支出项目。基本建设项目统一列为其他项目，并按管理主体分为国家发展改革委安排的基建项目、中央财政安排的基建项目和其他主管部门安排的基建项目。

除上述分类外，根据管理需要，中央部门和财政部可对二级项目补充其他分类并加以标识。

（四）关于项目实施周期。

二级项目要有明确的实施周期。项目实施周期应与国民经济社会发展规划、部门或行业发展规划的期限相适应，与中期财政规划相衔接。除业务主管部门已明确批复实施周期外，项目实施周期一般不超过5年，项目到期后需继续安排的，应按程序重新立项。专项业务费项目到期后，可补充编制后续年度的支出计划，实施周期相应顺延。其他项目周期一经确定，原则上不得调整；确需调整的，按程序报批。

（五）关于项目代码。

为保证项目信息的完整、连续、可识别，对项目实行代码化管理。

一级项目代码为8位数字，部门通用项目代码为“999＋5位顺序码”，部门专用项目代码为“3位部门预算代码＋5位顺序码”，部门专用的其他项目代码为“3位部门预算代码＋5位功能分类类款级科目编码”。

二级项目代码为18位数字，由“3位部门预算代码＋3位二级预算单位代码＋3位三级预算单位代码（或000）＋3位四级预算单位代码（或000）＋2位项目编制年份码＋4位顺序码”组成。

二、加强项目库建设和管理

（一）关于项目库的构架和主要内容。

中央本级项目库实行分层设立、分级管理。财政部、中央部门和所属单位按照项目管理的相关规定，分别设立项目库，对一级和二级项目进行维护和管理。财政部项目库由中央部门上报的项目构成；中央部门项目库由本级和下级单位上报的项目构成；基层单位项目库由本单位立项和实施的项目构成。

（二）关于项目库管理方式。

中央部门和所属单位的项目库实行开放式管理。各单位可根据工作需要设置二级项目，审核后纳入单位项目库，实时或定期上报，经逐级审核后纳入中央部门项目库，作为部门预算备选项目。编制年度部门预算和部门三年滚动规划时，结合财政部下达的支出控制数，中央部门在预算备选项目中择优选取项目报财政部，未纳入部门项目库的项目原则上不得向财政部申报。各部门申报项目汇总形成财政部项目库，作为财政部进行项目管理、审核年度部门预算和部门三年滚动规划的基础。中央部门和单位如需对已入库项目进行调整，须编制项目调整计划，按上述审核程序报批。

（三）关于项目滚动管理。

以项目库为载体实现项目的全周期滚动管理。编制年度部门预算和部门三年滚动规划前，中央部门要完成项目的储备工作，纳入部门项目库的项目需填写规范的项目文本，包括立项依据、实施主体、支出范围、实施周期、预算需求、绩效目标、可行性论证、评审结果等内容，作为项目审核和管理的依据。纳入预算安排的项目，中央部门和单位要在项目库中对项目的执行、调剂、结转结余、绩效等信息及时进行更新和维护。纳入预算安排的延续性项目，原则上滚动纳入下年度预算。未纳入预算安排的预算备选项目，可滚动进入以后年度项目库。

三、积极推进预算评审和绩效管理

（一）关于项目支出预算评审。

除个别不宜评审和无须评审的项目外，部门二级项目在入库前都要进行评审。归口管理的项目评审工作由主管部门负责，部门不再评审，其他项目由中央部门组织评审。预算评审由部门内部负责预算管理的机构组织，可采取集中评审和分级评审的方法，形成评审结果并随项目支出预算一并报财政部。纳入财政部项目库的项目，由财政部根据需要开展再评审。对延续项目，财政部将有选择地开展再评审，力争实现项目预算评审全覆盖。项目支出预算评审的具体规定另行通知。

（二）关于项目支出绩效管理。

纳入项目库管理的项目都必须设定绩效目标，未按要求设定绩效目标或绩效目标不合理且未进行调整完善的，不得纳入项目库。纳入执行监控的项目，都应开展绩效监控，作为预算执行的重要组成部分。执行完毕的项目都要由项目承担单位对照事先设定的绩效目标开展绩效自评，在此基础上，中央部门和财政部选择部分重大项目开展重点绩效评价，并积极推进中期绩效评价试点。绩效评价结果要与项目库建设和预算安排有机结合，健全项目退出机制。预算绩效管理的具体规定另行通知。

四、规范项目支出预算编制和执行

（一）关于项目支出预算编制。

项目支出预算由基层预算单位编制，逐级审核汇总后，由中央部门按照"一级项目＋二级项目"的方式向财政部申报预算，根据二级项目的增减变化情况提出一级项目预算需求。二级项目预算按照经济分类科目编制，项目类别由部门在申报预算时一并提出，财政部审核。二级项目纳入预算安排后，项目类别在项目实施周期内不得调整。财政部对部门报送的项目支出预算进行审核，并按一级项目下达预算控制数，由部门按照审核后的项目类别和排序，安排二级项目预算。

（二）关于项目支出预算执行。

要做好项目支出预算执行的各项前期准备工作，相关工作在部门预算"二上"后即可着手开展。严格按照预算批复的功能分类科目、用款计划、项目进度、有关合同和规定程序做好项目支出预算执行工作，涉及政府采购的应严格执行政府采购有关规定。硬化预算约束，年度预算执行中除救灾等应急支出和少量年初未确定事项外，一般不追加当年项目预算支出，必须出台的政策通过以后年度预算安排。如部门认为必须追加当年支出的，应首先在已批复的预算额度内，通过调整当年支出结构解决并按程序报批。加强预算执行监管，提高预算资金使用的规范性、安全性和有效性，并将预算执行结果与以后年度预算安排相结合。

五、其他事项

中国人民解放军和中国人民武装警察部队参照本方案有关规定执行。

各部门要按照本方案要求，认真落实加强和改进中央部门项目支出预算管理的各项工作。对实施中发现的问题，要尽快与财政部沟通，以便及时研究解决。对实施过程中好的经验和做法也要及时总结并向财政部反馈，以便加以推广，共同努力，不断提高项目支出预算编制质量和管理水平。

附：中央部门预算项目编制审核流程图（略）

关于行业协会商会脱钩有关经费支持方式改革的通知（试行）

财建〔2015〕788号

党中央有关部门，国务院各部委、各直属机构，有关人民团体，各省、自治区、直辖市、计划单列市财政厅（局），新疆生产建设兵团财务局：

为加快转变政府职能，实现行业协会商会与行政机关脱钩，促进行业协会商会健康稳定发展，按照《行业协会商会与行政机关脱钩总体方案》的有关要求，现对纳入脱钩范围的全国性行业协会商会的中央财政支持方式改革事项通知如下：

一、总体要求。以《行业协会商会与行政机关脱钩总体方案》为指导，以厘清行政机关与行业协会商会职能边界为基础，按照试点先行、稳步推进、转变方式、合理保障的原则，对行业协会商会原有财政直接拨款进行改革，促进行业协会商会加快脱钩、平稳脱钩，激发内在活力和发展动力，使行业协会商会成为依法设立、自主办会、服务为本、治理规范、行为自律的社会主体，更好地发挥作用。

二、主要内容。按照《行业协会商会与行政机关脱钩总体方案》关于“自 2018 年起，取消全国性行业协会商会的财政直接拨款，在此之前，保留原有财政拨款经费渠道不变”“用于安置历次政府机构改革分流人员的财政资金，仍按原规定执行”等要求，为支持行业协会商会脱钩试点稳步推进，鼓励行业协会商会加快脱钩，中央财政对原来有财政预算支持的行业协会商会按原经费管理渠道继续给予一定支持。同时，以 2015 年财政拨款数（不含离退休人员经费）为基数，以 2016—2017 年为财政拨款退坡过渡期，实现中央财政直接拨款与脱钩进度挂钩并逐年递减。具体是：对 2015 年脱钩的行业协会商会，在过渡期内分别按基数的 100%、100%给予支持；对 2016 年脱钩的，在过渡期内分别按基数的 80%、80%给予支持；对 2017 年及以后年度脱钩的，在过渡期内分别按基数的 80%、60%给予支持。从 2018 年起，中央财政取消对行业协会商会的直接拨款。用于安置历次政府机构改革分流人员的财政资金，仍按原规定执行；行业协会商会现有离退休人员经费，结合机关事业单位养老保险改革等另行明确处理方式。

在逐步减少直至取消行业协会商会财政拨款的同时，中央财政通过购买服务等方式支持行业协会商会发展，按照政府购买服务相关管理规定，将适宜委托行业协会商会承担的服务事项纳入政府购买服务指导目录，加强信息公开和绩效管理。政府购买行业协会商会服务的具体办法另行制定。

三、监督管理。加强对行业协会商会财政拨款的监督管理和绩效考评，切实提高财政资金使用效益，对财政资金使用中的违法行为，依照《财政违法行为处罚处分条例》等国家有关规定追究法律责任。相关部门要按原经费管理渠道，加强对行业协会商会的指导和支持，认真做好行业协会商会经费改革组织实施工作，确保行业协会商会脱钩工作平稳进行。

各省、自治区、直辖市、计划单列市可结合实际，比照制定地方性行业协会商会的财政拨款过渡办法，过渡期不超过 2017 年底。

财政部
2015 年 9 月 7 日

中华人民共和国财政部令

第 78 号

《政府会计准则——基本准则》已经财政部部务会议审议通过，现予公布，自 2017 年 1 月 1 日起施行。

部　长　**楼继伟**
2015 年 10 月 23 日

政府会计准则——基本准则

第一章　总　　则

第一条　为了规范政府的会计核算，保证会计信息质量，根据《中华人民共和国会计法》《中华人民共和国预算法》和其他有关法律、行政法规，制定本准则。

第二条　本准则适用于各级政府、各部门、各单位（以下统称政府会计主体）。

前款所称各部门、各单位是指与本级政府财政部门直接或者间接发生预算拨款关系的国家机关、军队、政党组织、社会团体、事业单位和其他单位。

军队、已纳入企业财务管理体系的单位和执行《民间非营利组织会计制度》的社会团体，不适用本准则。

第三条　政府会计由预算会计和财务会计构成。

预算会计实行收付实现制，国务院另有规定的，依照其规定。

财务会计实行权责发生制。

第四条　政府会计具体准则及其应用指南、政府会计制度等，应当由财政部遵循本准则制定。

第五条 政府会计主体应当编制决算报告和财务报告。

决算报告的目标是向决算报告使用者提供与政府预算执行情况有关的信息，综合反映政府会计主体预算收支的年度执行结果，有助于决算报告使用者进行监督和管理，并为编制后续年度预算提供参考和依据。政府决算报告使用者包括各级人民代表大会及其常务委员会、各级政府及其有关部门、政府会计主体自身、社会公众和其他利益相关者。

财务报告的目标是向财务报告使用者提供与政府的财务状况、运行情况（含运行成本，下同）和现金流量等有关信息，反映政府会计主体公共受托责任履行情况，有助于财务报告使用者做出决策或者进行监督和管理。政府财务报告使用者包括各级人民代表大会常务委员会、债权人、各级政府及其有关部门、政府会计主体自身和其他利益相关者。

第六条 政府会计主体应当对其自身发生的经济业务或者事项进行会计核算。

第七条 政府会计核算应当以政府会计主体持续运行为前提。

第八条 政府会计核算应当划分会计期间，分期结算账目，按规定编制决算报告和财务报告。

会计期间至少分为年度和月度。会计年度、月度等会计期间的起讫日期采用公历日期。

第九条 政府会计核算应当以人民币作为记账本位币。发生外币业务时，应当将有关外币金额折算为人民币金额计量，同时登记外币金额。

第十条 政府会计核算应当采用借贷记账法记账。

第二章 政府会计信息质量要求

第十一条 政府会计主体应当以实际发生的经济业务或者事项为依据进行会计核算，如实反映各项会计要素的情况和结果，保证会计信息真实可靠。

第十二条 政府会计主体应当将发生的各项经济业务或者事项统一纳入会计核算，确保会计信息能够全面反映政府会计主体预算执行情况和财务状况、运行情况、现金流量等。

第十三条 政府会计主体提供的会计信息，应当与反映政府会计主体公共受托责任履行情况以及报告使用者决策或者监督、管理的需要相关，有助于报告使用者对政府会计主体过去、现在或者未来的情况做出评价或者预测。

第十四条 政府会计主体对已经发生的经济业务或者事项，应当及时进行会计核算，不得提前或者延后。

第十五条 政府会计主体提供的会计信息应当具有可比性。

同一政府会计主体不同时期发生的相同或者相似的经济业务或者事项，应当采用一致的会计政策，不得随意变更。确需变更的，应当将变更的内容、理由及其影响在附注中予以说明。

不同政府会计主体发生的相同或者相似的经济业务或者事项，应当采用一致的会计政策，确保政府会计信息口径一致，相互可比。

第十六条 政府会计主体提供的会计信息应当清晰明了，便于报告使用者理解和使用。

第十七条 政府会计主体应当按照经济业务或者事项的经济实质进行会计核算，不限于以经济业务或者事项的法律形式为依据。

第三章 政府预算会计要素

第十八条 政府预算会计要素包括预算收入、预算支出与预算结余。

第十九条 预算收入是指政府会计主体在预算年度内依法取得的并纳入预算管理的现金流入。

第二十条 预算收入一般在实际收到时予以确认，以实际收到的金额计量。

第二十一条 预算支出是指政府会计主体在预算年度内依法发生并纳入预算管理的现金流出。

第二十二条 预算支出一般在实际支付时予以确认，以实际支付的金额计量。

第二十三条 预算结余是指政府会计主体预算年度内预算收入扣除预算支出后的资金余额，以及历年滚存的资金余额。

第二十四条 预算结余包括结余资金和结转资金。

结余资金是指年度预算执行终了，预算收入实际完成数扣除预算支出和结转资金后剩余的资金。

结转资金是指预算安排项目的支出年终尚未执行完毕或者因故未执行，且下年需要按原用途继续使用的资金。

第二十五条 符合预算收入、预算支出和预算结余定义及其确认条件的项目应当列入政府决算报表。

第四章 政府财务会计要素

第二十六条 政府财务会计要素包括资产、负债、净资产、收入和费用。

第一节 资　产

第二十七条 资产是指政府会计主体过去的经济业务或者事项形成的，由政府会计主体控制的，预期能够产生服务潜力或者带来经济利益流入的经济资源。

服务潜力是指政府会计主体利用资产提供公共产品和服务以履行政府职能的潜在能力。

经济利益流入表现为现金及现金等价物的流入，或者现金及现金等价物流出的减少。

第二十八条 政府会计主体的资产按照流动性，分为流动资产和非流动资产。

流动资产是指预计在1年内（含1年）耗用或者可以变现的资产，包括货币资金、短期投资、应收及预付款项、存货等。

非流动资产是指流动资产以外的资产，包括固定资产、在建工程、无形资产、长期投资、公共基础设施、政府储备资产、文物文化资产、保障性住房和自然资源资产等。

第二十九条 符合本准则第二十七条规定的资产定义的经济资源，在同时满足以下条件时，确认为资产：

（一）与该经济资源相关的服务潜力很可能实现或者经济利益很可能流入政府会计主体；

（二）该经济资源的成本或者价值能够可靠地计量。

第三十条 资产的计量属性主要包括历史成本、重置成本、现值、公允价值和名义金额。

在历史成本计量下，资产按照取得时支付的现金金额或者支付对价的公允价值计量。

在重置成本计量下，资产按照现在购买相同或者相似资产所需支付的现金金额计量。

在现值计量下，资产按照预计从其持续使用和最终处置中所产生的未来净现金流入量的折现金额计量。

在公允价值计量下，资产按照市场参与者在计量日发生的有序交易中，出售资产所能收到的价格计量。

无法采用上述计量属性的，采用名义金额（即人民币1元）计量。

第三十一条 政府会计主体在对资产进行计量时，一般应当采用历史成本。

采用重置成本、现值、公允价值计量的，应当保证所确定的资产金额能够持续、可靠计量。

第三十二条 符合资产定义和资产确认条件的项目，应当列入资产负债表。

第二节 负　债

第三十三条 负债是指政府会计主体过去的经济业务或者事项形成的，预期会导致经济资源流出政府会计主体的现时义务。

现时义务是指政府会计主体在现行条件下已承担的义务。未来发生的经济业务或者事项形成的义务不属于现时义务，不应当确认为负债。

第三十四条 政府会计主体的负债按照流动性，分为流动负债和非流动负债。

流动负债是指预计在1年内（含1年）偿还的负债，包括应付及预收款项、应付职工薪酬、应缴款项等。

非流动负债是指流动负债以外的负债，包括长期应付款、应付政府债券和政府依法担保形成的债务等。

第三十五条 符合本准则第三十三条规定的负债定义的义务，在同时满足以下条件时，确认为负债：

（一）履行该义务很可能导致含有服务潜力或者经济利益的经济资源流出政府会计主体；

（二）该义务的金额能够可靠地计量。

第三十六条 负债的计量属性主要包括历史成本、现值和公允价值。

在历史成本计量下，负债按照因承担现时义务而实际收到的款项或者资产的金额，或者承担现时义务的合同金额，或者按照为偿还负债预期需要支付的现金计量。

在现值计量下，负债按照预计期限内需要偿还的未来净现金流出量的折现金额计量。

在公允价值计量下，负债按照市场参与者在计量日发生的有序交易中，转移负债所需支付的价格计量。

第三十七条 政府会计主体在对负债进行计量时，一般应当采用历史成本。

采用现值、公允价值计量的，应当保证所确定的负债金额能够持续、可靠计量。

第三十八条 符合负债定义和负债确认条件的项目，应当列入资产负债表。

第三节 净 资 产

第三十九条 净资产是指政府会计主体资产扣除负债后的净额。

第四十条 净资产金额取决于资产和负债的计量。

第四十一条 净资产项目应当列入资产负债表。

第四节 收 入

第四十二条 收入是指报告期内导致政府会计主体净资产增加的、含有服务潜力或者经济利益的经济资源的流入。

第四十三条 收入的确认应当同时满足以下条件：

（一）与收入相关的含有服务潜力或者经济利益的经济资源很可能流入政府会计主体；

（二）含有服务潜力或者经济利益的经济资源流入会导致政府会计主体资产增加或者负债减少；

（三）流入金额能够可靠地计量。

第四十四条 符合收入定义和收入确认条件的项目，应当列入收入费用表。

第五节 费 用

第四十五条 费用是指报告期内导致政府会计主体净资产减少的、含有服务潜力或者经济利益的经济资源的流出。

第四十六条 费用的确认应当同时满足以下条件：

（一）与费用相关的含有服务潜力或者经济利益的经济资源很可能流出政府会计主体；

（二）含有服务潜力或者经济利益的经济资源流出会导致政府会计主体资产减少或者负债增加；

（三）流出金额能够可靠地计量。

第四十七条 符合费用定义和费用确认条件的项目，应当列入收入费用表。

第五章 政府决算报告和财务报告

第四十八条 政府决算报告是综合反映政府会计主体年度预算收支执行结果的文件。

政府决算报告应当包括决算报表和其他应当在决算报告中反映的相关信息和资料。

政府决算报告的具体内容及编制要求等，由财政部另行规定。

第四十九条 政府财务报告是反映政府会计主体某一特定日期的财务状况和某一会计期间的运行情况和现金流量等信息的文件。

政府财务报告应当包括财务报表和其他应当在财务报告中披露的相关信息和资料。

第五十条 政府财务报告包括政府综合财务报告和政府部门财务报告。

政府综合财务报告是指由政府财政部门编制的，反映各级政府整体财务状况、运行情况和财政中长期可持续性的报告。

政府部门财务报告是指政府各部门、各单位按规定编制的财务报告。

第五十一条 财务报表是对政府会计主体财务状况、运行情况和现金流量等信息的结构性表述。

财务报表包括会计报表和附注。

会计报表至少应当包括资产负债表、收入费用表和现金流量表。

政府会计主体应当根据相关规定编制合并财务报表。

第五十二条 资产负债表是反映政府会计主体在某一特定日期的财务状况的报表。

第五十三条 收入费用表是反映政府会计主体在一定会计期间运行情况的报表。

第五十四条 现金流量表是反映政府会计主体在一定会计期间现金及现金等价物流入和流出

情况的报表。

第五十五条 附注是对在资产负债表、收入费用表、现金流量表等报表中列示项目所做的进一步说明，以及对未能在这些报表中列示项目的说明。

第五十六条 政府决算报告的编制主要以收付实现制为基础，以预算会计核算生成的数据为准。

政府财务报告的编制主要以权责发生制为基础，以财务会计核算生成的数据为准。

第六章 附 则

第五十七条 本准则所称会计核算，包括会计确认、计量、记录和报告各个环节，涵盖填制会计凭证、登记会计账簿、编制报告全过程。

第五十八条 本准则所称预算会计，是指以收付实现制为基础对政府会计主体预算执行过程中发生的全部收入和全部支出进行会计核算，主要反映和监督预算收支执行情况的会计。

第五十九条 本准则所称财务会计，是指以权责发生制为基础对政府会计主体发生的各项经济业务或者事项进行会计核算，主要反映和监督政府会计主体财务状况、运行情况和现金流量等的会计。

第六十条 本准则所称收付实现制，是指以现金的实际收付为标志来确定本期收入和支出的会计核算基础。凡在当期实际收到的现金收入和支出，均应作为当期的收入和支出；凡是不属于当期的现金收入和支出，均不应当作为当期的收入和支出。

第六十一条 本准则所称权责发生制，是指以取得收取款项的权利或支付款项的义务为标志来确定本期收入和费用的会计核算基础。凡是当期已经实现的收入和已经发生的或应当负担的费用，不论款项是否收付，都应当作为当期的收入和费用；凡是不属于当期的收入和费用，即使款项已在当期收付，也不应当作为当期的收入和费用。

第六十二条 本准则自 2017 年 1 月 1 日起施行。

关于对地方政府债务实行限额管理的实施意见

财预〔2015〕225 号

各省、自治区、直辖市、计划单列市人民政府：

为进一步规范地方政府债务管理，更好发挥政府债务促进经济社会发展的积极作用，防范和化解财政金融风险，根据预算法、《国务院关于加强地方政府性债务管理的意见》（国发〔2014〕43 号）和全国人民代表大会常务委员会批准的国务院关于提请审议批准 2015 年地方政府债务限额的议案有关要求，经国务院同意，现就地方政府债务限额管理提出以下实施意见：

一、切实加强地方政府债务限额管理

（一）合理确定地方政府债务总限额。对地方政府债务余额实行限额管理。年度地方政府债务限额等于上年地方政府债务限额加上当年新增债务限额（或减去当年调减债务限额），具体分为一般债务限额和专项债务限额。

地方政府债务总限额由国务院根据国家宏观经济形势等因素确定，并报全国人民代表大会批准。年度预算执行中，如出现下列特殊情况需要调整地方政府债务新增限额，由国务院提请全国人大常委会审批：当经济下行压力大、需要实施积极财政政策时，适当扩大当年新增债务限额；当经济形势好转、需要实施稳健财政政策或适度从紧财政政策时，适当削减当年新增债务限额或在上年债务限额基础上合理调减限额。

（二）逐级下达分地区地方政府债务限额。各省、自治区、直辖市政府债务限额，由财政部在全国人大或其常委会批准的总限额内，根据债务风险、财力状况等因素并统筹考虑国家宏观调控政策、各地区建设投资需求等提出方案，报国务院批准后下达各省级财政部门。

省级财政部门依照财政部下达的限额，提出本地区政府债务安排建议，编制预算调整方案，经省级政府报本级人大常委会批准；根据债务风险、财力状况等因素并统筹本地区建设投资需求提出省本级及所属各市县当年政府债务限额，报省级政府批准后下达各市县级政府。市县级政府确需举借债务的，依照经批准的限额提出本地区当年政府债务举借和使用计划，列入预算调整方案，报本级人大常委会批准，报省级政府备案并由省级政府代为举借。

（三）严格按照限额举借地方政府债务。省级财政部门在批准的地方政府债务限额内，统筹考虑地方政府负有偿还责任的中央转贷外债情况，合理安排地方政府债券的品种、结构、期限和时点，做好政府债券的发行兑付工作。中央和省级财政部门每半年向本级人大有关专门委员会书面报告地方政府债券发行和兑付等情况。对2015年地方政府债务限额下达前举借的在建项目后续贷款中需要纳入政府债务的，由各地在2015年地方政府债务限额内调整结构解决。今后，需要纳入政府债务的在建项目后续融资需求在确定每年新增地方政府债务限额时统筹考虑，依法通过发行地方政府债券举借。地方政府新发生或有债务，要严格限定在依法担保的外债转贷范围内，并根据担保合同依法承担相关责任。

（四）将地方政府债务分类纳入预算管理。地方政府要将其所有政府债务纳入限额，并分类纳入预算管理。其中，一般债务纳入一般公共预算管理，主要以一般公共预算收入偿还，当赤字不能减少时可采取借新还旧的办法。专项债务纳入政府性基金预算管理，通过对应的政府性基金或专项收入偿还；政府性基金或专项收入暂时难以实现，如收储土地未能按计划出让的，可先通过借新还旧周转，收入实现后即予归还。

二、建立健全地方政府债务风险防控机制

（一）全面评估和预警地方政府债务风险。地方各级政府要全面掌握资产负债、还本付息、财政运行等情况，加快建立政府综合财务报告制度，全面评估风险状况，跟踪风险变化，切实防范风险。中央和省级财政部门要加强对地方政府债务的监督，根据债务率、新增债务率、偿债率、逾期债务率、或有债务代偿率等指标，及时分析和评估地方政府债务风险状况，对债务高风险地区进行风险预警。

（二）抓紧建立债务风险化解和应急处置机制。各省、自治区、直辖市政府要对本地区地方政府债务风险防控负总责，建立债务风险化解激励约束机制，全面组织做好债务风险化解和应急处置工作。列入风险预警范围的地方各级政府要制订中长期债务风险化解规划和应急处置预案，在严格控制债务增量的同时，通过控制项目规模、减少支出、处置资产、引入社会资本等方式，多渠道筹集资金消化存量债务，逐步降低债务风险。市县级政府难以自行偿还债务时，要启动债务风险应急处置预案并及时上报；省级政府要加大对市县级政府债务风险应急处置的指导力度，并督促其切实化解债务风险，确保不发生区域性和系统性风险。

（三）健全地方政府债务监督和考核问责机制。地方各级政府要主动接受本级人大和社会监督，定期向社会公开政府债务限额、举借、使用、偿还等情况。地方政府举债要遵循市场化原则，强化市场约束。审计部门要依法加强债务审计监督，财政部门要加大对地方政府违规举债及债务风险的监控力度。要将政府债务管理作为硬指标纳入政绩考核，强化对地方政府领导干部的考核。地方政府主要负责人要作为第一责任人，切实抓好本级政府债务风险防控等各项工作。对地方政府防范化解政府债务风险不力的，要进行约谈、通报，必要时可以责令其减少或暂停举借新债。对地方政府违法举债或担保的，责令改正，并按照预算法规定追究相关人员责任。

三、妥善处理存量债务

（一）切实履行政府债务偿还责任。对甄别后纳入预算管理的地方政府存量债务，属于公益性项目债务的，由地方政府统筹安排包括债券资金在内的预算资金偿还，必要时可以处置政府资产；属于非公益性项目债务的，由举借债务的部门和单位通过压减预算支出等措施偿还，暂时难以压减的可用财政资金先行垫付，并在以后年度部门和单位预算中扣回。取消融资平台公司的政府融资职能，推动有经营收益和现金流的融资平台公司市场化转型改制，通过政府和社会资本合作（PPP）、政府购买服务等措施予以支持。

地方政府存量债务中通过银行贷款等非政府债券方式举借部分，通过三年左右的过渡期，由省级财政部门在限额内安排发行地方政府债券置换。为避免地方竞相发债对市场产生冲击，财政部根据债务到期、债务风险等情况予以组织协调，并继续会同人民银行、银监会等有关部门做好定向承销发行置换债券等工作。

（二）依法妥善处置或有债务。对政府负有担保责任或可能承担一定救助责任的或有债务，地方政府要依法妥善处置。对确需依法代偿的或有债务，地方政府要将代偿部分的资金纳入预算管理，并依法对原债务单位及有关责任方保留追索权；对因预算管理方式变化导致原偿债资金性质变化为财政资金、相应确需转化为政府债务的或有债务，在不突破限额的前提下，报经省级政府批准后转化为政府债务；对违法违规担保的或有债务，由政府、债务人与债权人共同协商，重新修订合同，明确责任，依法解除担保关系。地方政府通过政府和社会资本合作等方式减少政府债务余额腾出的限额空间，要优先用于解决上述或有债务代偿或转化问题。

各地区、各部门要进一步统一思想认识，高度重视，严格执行地方政府债务管理的各项规定，结合本地区、本部门实际，明确任务分工、落实工作职责，积极研究解决新问题，及时总结经验做法，加强舆论引导，切实发挥规范地方政府债务管理对“稳增长”和“防风险”的积极作用，推动各项政策措施落实到位。

财政部
2015 年 12 月 21 日

关于印发《中央对地方专项转移支付管理办法》的通知

财预〔2015〕230 号

党中央有关部门，国务院各部委、各直属机构，全国人大常委会办公厅，全国政协办公厅，高法院，高检院，各民主党派中央，有关人民团体，有关中央管理企业，各省、自治区、直辖市、计划单列市财政厅（局）：

为进一步加强中央对地方专项转移支付管理，提高财政资金使用的规范性、安全性和有效性，依据《中华人民共和国预算法》等法律法规和国务院规定，我部重新制定了《中央对地方专项转移支付管理办法》。现印发给你们，请遵照执行。

附件：中央对地方专项转移支付管理办法

财政部
2015 年 12 月 30 日

附件：

中央对地方专项转移支付管理办法

第一章　总　　则

第一条　为进一步加强中央对地方专项转移支付管理，提高财政资金使用的规范性、安全性和有效性，促进经济社会协调发展，依据《中华人民共和国预算法》《中华人民共和国预算法实施条例》和国务院有关规定，制定本办法。

第二条　本办法所称中央对地方专项转移支付（以下简称专项转移支付），是指中央政府为实现特定的经济和社会发展目标无偿给予地方政府，由接受转移支付的政府按照中央政府规定的用途安排使用的预算资金。

专项转移支付预算资金来源包括一般公共预算、政府性基金预算和国有资本经营预算。

第三条　按照事权和支出责任划分，专项转移支付分为委托类、共担类、引导类、救济类、应急类等五类。

委托类专项是指按照事权和支出责任划分属于中央事权，中央委托地方实施而相应设立的专项转移支付。

共担类专项是指按照事权和支出责任划分属于中央与地方共同事权，中央将应分担部分委托地方实施而设立的专项转移支付。

引导类专项是指按照事权和支出责任划分属于地方事权，中央为鼓励和引导地方按照中央的政策意图办理事务而设立的专项转移支付。

救济类专项是指按照事权和支出责任划分属于地方事权，中央为帮助地方应对因自然灾害等发生的增支而设立的专项转移支付。

应急类专项是指按照事权和支出责任划分属于地方事权，中央为帮助地方应对和处理影响区域大、影响面广的突发事件而设立的专项转移支付。

第四条 财政部是专项转移支付的归口管理部门，中央主管部门和地方政府按照职责分工共同做好专项转移支付管理工作。

财政部负责拟定专项转移支付总体管理制度，制定或者会同中央主管部门制定具体专项转移支付的资金管理办法；审核专项转移支付设立、调整事项；组织实施专项转移支付预算编制及执行；组织开展专项转移支付绩效管理和监督检查等工作。

财政部驻各地财政监察专员办事处（以下简称专员办）按照工作职责和财政部要求，开展专项转移支付有关预算监管工作。

中央主管部门协同财政部制定具体专项转移支付的资金管理办法；协同财政部具体管理专项转移支付。

地方政府有关部门根据需要制定实施细则，并做好组织实施工作。

第五条 专项转移支付管理应当遵循规范、公平、公开、公正的原则。

第二章 设立和调整

第六条 设立专项转移支付应当同时符合以下条件：

（一）有明确的法律、行政法规或者国务院规定作为依据；

（二）有明确的绩效目标、资金需求、资金用途、主管部门和职责分工；

（三）有明确的实施期限，且实施期限一般不超过5年，拟长期实施的委托类和共担类专项除外；

（四）不属于市场竞争机制能够有效调节的事项。

从严控制设立引导类、救济类、应急类专项。不得重复设立绩效目标相近或资金用途类似的专项转移支付。

第七条 设立专项转移支付，应当由中央主管部门或者省级政府向财政部提出申请，由财政部审核后报国务院批准；或者由财政部直接提出申请，报国务院批准。

第八条 列入中央本级支出的项目，执行中改由地方组织实施需新设专项转移支付项目的，应当符合本办法第六条、第七条的规定。

第九条 专项转移支付到期后自动终止。确需延续的，应当按照本办法第七条规定的程序重新申请设立。

第十条 专项转移支付经批准设立后，财政部应当制定或者会同中央主管部门制定资金管理办法，做到每一个专项转移支付对应一个资金管理办法。中央基建投资专项应当根据具体项目制定资金管理办法。

资金管理办法应当明确规定政策目标，部门职责分工，资金用途，补助对象，分配方法，资金申报条件，资金申报、审批和下达程序，实施期限，绩效管理，监督检查等内容，做到政策目标明确、分配主体统一、分配办法一致、审批程序唯一、资金投向协调。需要发布申报指南或者其他与资金申报有关文件的，应当在资金管理办法中予以明确。

除涉及国家秘密的内容外，资金管理办法、申报指南等文件应当及时公开。

未制定资金管理办法的专项转移支付，不得分配资金，并限期制定。逾期未制定的，对应项目予以取消。

第十一条 建立健全专项转移支付定期评估机制。财政部每年编制年度预算前，会同中央主管部门对专项转移支付项目进行评估。评估重点事项主要包括：

（一）是否符合法律、行政法规和国务院有关规定；

（二）政策是否到期或者调整；

（三）绩效目标是否已经实现或需要调整、取消；

（四）资金用途是否合理，是否用于市场竞争机制能够有效调节的领域；

（五）是否按要求制定资金管理办法。

第十二条 建立健全专项转移支付项目退出机制。财政部根据专项转移支付评估结果，区分情形分别处理：

（一）不符合法律、行政法规和国务院有关规定的，予以取消。

（二）因政策到期、政策调整、客观条件发生变化等已无必要继续实施的，予以取消。

（三）市场竞争机制能够有效调节的，予以取消；可由市场竞争机制逐步调节的，规定一定实施期限实行退坡政策，到期予以取消。

（四）绩效目标已经实现、绩效低下、绩效目标发生变动或者实际绩效与目标差距较大的，予以取消或者调整。

（五）委托类专项具备由中央直接实施条件的，调整列入中央本级支出。

（六）属于地方事权的专项转移支付，可以列入一般性转移支付由地方统筹安排的，适时调整列入中央一般性转移支付。

（七）政策目标接近、资金投入方向类同、资金管理方式相近的，予以整合。

第三章 预算编制

第十三条 财政部于每年 6 月 15 日前部署编制下一年度中央对地方转移支付预算草案的具体事项，规定具体要求和报送期限等。

第十四条 专项转移支付实行中期财政规划管理。财政部会同中央主管部门根据中长期经济社会发展目标、国家宏观调控总体要求和跨年度预算平衡的需要，编制专项转移支付三年滚动规划。

第十五条 专项转移支付预算应当分地区、分项目编制，并遵循统筹兼顾、量力而行、保障重点、讲求绩效的原则。

属于委托类专项的，中央应当足额安排预算，不得要求地方安排配套资金。

属于共担类专项的，应当依据公益性、外部性等因素明确分担标准或者比例，由中央和地方按各自应分担数额安排资金。根据各地财政状况，同一专项转移支付对不同地区可以采取有区别的分担比例，但不同专项转移支付对同一地区的分担比例应当逐步统一规范。

属于引导类、救济类、应急类专项的，应当严格控制资金规模。

第十六条 专项转移支付预算总体增长幅度应当低于中央对地方一般性转移支付预算总体增长幅度。

第十七条 中央基建投资安排的专项转移支付，应当主要用于国家重点项目、跨省（区、市）项目以及外部性强的重点项目。

负责中央基建投资分配的部门应当将中央基建投资专项分地区、分项目安排情况按规定时间报财政部。

第十八条 专项转移支付预算一般不编列属于中央本级的支出。需要由中央单位直接实施的项目，应当在年初编制预算时列入中央本级支出。

第十九条 财政部应当在每年 10 月 31 日前将下一年度专项转移支付预计数提前下达省级政府财政部门，并抄送中央主管部门和当地专员办。省级政府财政部门应当在接到预计数后 30 日内下达本行政区域县级以上各级政府财政部门，同时将下达文件报财政部备案，并抄送当地专员办。县级以上地方各级政府财政部门应当将上级政府财政部门提前下达的专项转移支付预计数编入本级政府预算。

提前下达的专项转移支付预计数与其前一年度执行数之比原则上不低于 70%。其中：按照项目法分配的专项转移支付，应当一并明确下一年度组织实施的项目；按因素法分配且金额相对固定的专项转移支付预计数与其前一年度执行数之比应当不低于 90%。

专员办应当按照财政部要求，监督驻地财政部门做好提前下达专项转移支付的分解、落实工作，并及时将有关情况报告财政部。

负责中央基建投资分配的部门应当于每年 10 月 15 日前，将中央基建投资专项转移支付预计数分地区、分项目安排情况报财政部。

第二十条 财政部应当在全国人民代表大会批准年度预算草案后 20 日内向社会公开专项转移支付分地区、分项目情况，涉及国家秘密的内容除外。

第四章 资金申报、审核和分配

第二十一条 财政部会同中央主管部门按照

规定组织专项转移支付资金申报、审核和分配工作。

需要发布申报指南或其他与资金申报有关文件的，应当及时发布，确保申报对象有充足的时间申报资金。

第二十二条 专项转移支付资金依照有关规定应当经地方政府有关部门审核上报的，应当逐级审核上报，并由省级政府财政部门联合省级主管部门在规定时限内将有关材料报送财政部和中央主管部门，同时抄送当地专员办。

专员办应当按照工作职责和财政部要求，审核驻地省级财政部门报送的申报材料，并提出审核意见和建议报送财政部。

第二十三条 专项转移支付资金的申报单位和个人应当保证申报材料的真实性、准确性、完整性；申报项目应当具备实施条件，短期内无法实施的项目不得申报。

以同一项目申报多项专项转移支付资金（含地方安排的专项资金）的，应当在申报材料中明确说明已申报的其他专项转移支付资金或者专项资金情况。依托同一核心内容或同一关键技术编制的不同项目视为同一项目。

第二十四条 地方政府财政部门和主管部门应当加强项目申报环节的信息公开工作，加大申报材料审查力度。

基层政府有关部门应当公平对待申报单位和个人，实行竞争性分配的，应当明确筛选标准，公示筛选结果，并加强现场核查和评审结果实地核查。

第二十五条 专项转移支付资金分配可以采取因素法、项目法、因素法与项目法相结合等方法。

因素法是指根据与支出相关的因素并赋予相应的权重或标准，对专项转移支付资金进行分配的方法。

项目法是指根据相关规划、竞争性评审等方式将专项转移支付资金分配到特定项目的方法。

中央向省级分配专项转移支付资金应当以因素法为主，涉及国家重大工程、跨地区跨流域的投资项目以及外部性强的重点项目除外。

第二十六条 财政部应当会同中央主管部门及时开展项目审核，按程序提出资金分配方案。

第二十七条 专项转移支付资金分配采取因素法的，应当主要选取自然、经济、社会、绩效等客观因素，并在资金管理办法中明确相应的权重或标准。

第二十八条 专项转移支付资金分配采取项目法的，应当主要采取竞争性评审的方式，通过发布公告、第三方评审、集体决策等程序择优分配资金。

第二十九条 采取第三方评审的，要在资金管理办法中对第三方进行规范，明确第三方应当具备的资质、选择程序、评审内容等。

第三方应当遵循公正诚信原则，独立客观发表意见。

第三十条 除委托类专项有明确规定外，各地区、各部门不得从专项转移支付资金中提取工作经费。

第三十一条 对分配到企业的专项转移支付资金，还应当遵循以下规定：

（一）各级政府财政部门应当在事前明确补助机制的前提下，事中或事后采取贴息、先建后补、以奖代补、保险保费补贴、担保补贴等补助方式。

（二）负责分配到企业的财政部门和主管部门应当在资金下达前将分配方案通过互联网等媒介向社会公示，公示期一般不少于 7 日，涉及国家秘密的内容除外。

（三）创新专项转移支付支持企业发展的方式，逐步减少无偿补助，采取投资基金管理等市场化运作模式，鼓励与金融资本相结合，发挥撬动社会资本的杠杆作用。

第五章　资金下达、拨付和使用

第三十二条 财政部应当在全国人民代表大会审查批准中央预算后 90 日内印发下达专项转移支付预算文件，下达省级政府财政部门，同时抄送中央主管部门和当地专员办。

对自然灾害等突发事件处理的专项转移支付，应当及时下达预算。

对据实结算等特殊项目的专项转移支付，一般采取先预拨后清算的方式。当年难以清算的，可以下年清算。确需实行分期下达预算的，应当合理设定分期下达数，最后一期的下达时间一般不迟于9月30日。

第三十三条 财政部应当将专项转移支付资金分配结果在下达专项转移支付预算文件印发后20日内向社会公开，涉及国家秘密的内容除外。

第三十四条 省级政府财政部门接到专项转移支付后，应当在30日内正式分解下达本级有关部门和本行政区域县级以上各级政府财政部门，同时将资金分配结果报财政部备案并抄送当地专员办。

财政部及中央主管部门不得要求省级财政部门分解下达转移支付时再报其审批。

第三十五条 基层政府财政部门接到专项转移支付后，应当及时分解下达资金。

对上级政府有关部门分配时已明确具体补助对象及补助金额的，基层政府财政部门应当在7个工作日内下达本级有关部门。不必下达本级有关部门的，应当及时履行告知义务。

对上级政府有关部门分配时尚未明确具体补助对象或补助金额的，基层政府财政部门原则上应当在接到专项转移支付后30日内分解下达到位，同时将资金分配结果及时报送上级政府财政部门备案。

对于补助到企业的专项转移支付资金，基层政府财政部门应当按照具体企业进行统计归集。

第三十六条 地方政府财政部门分配专项转移支付资金时，应当执行本办法第四章有关规定。

第三十七条 专项转移支付应当按照下达预算的科目和项目执行，不得截留、挤占、挪用或擅自调整。

地方政府财政部门可以在不改变资金类级科目用途的基础上，结合本级资金安排情况，加大整合力度，将支持方向相同、扶持领域相关的专项转移支付整合使用，报同级政府批准，并逐级上报后由省级政府财政部门会同省级主管部门及时上报财政部和中央主管部门备案，同时抄送当地专员办。

对于使用专项转移支付资金实施的项目，在专项转移支付资金到位前地方政府财政部门先行垫付资金启动实施的，待专项转移支付资金到位后，允许其将有关资金用于归垫，同时将资金归垫情况上报财政部和中央主管部门备案。

第三十八条 专项转移支付应当通过本级政府财政部门下达。除本级政府财政部门外，各部门、各单位不得直接向下级政府部门和单位下达专项转移支付资金。

第三十九条 专项转移支付的资金支付按照国库集中支付制度有关规定执行。严禁违规将专项转移支付资金从国库转入财政专户，或将专项转移支付资金支付到预算单位实有资金银行账户。

第四十条 预算单位应当加快项目实施，及时拨付资金。对因情况发生变化导致短期内无法继续实施的项目，预算单位应当及时向同级财政部门报告，由同级财政部门按规定收回统筹使用或者上交中央财政。

第四十一条 各级政府财政部门应当加强专项转移支付的执行管理，逐步做到动态监控专项转移支付的分配下达和使用情况。对未按规定及时分配下达或者闲置沉淀的专项转移支付，财政部可以采取调整用途、收回资金等方式，统筹用于经济社会发展亟须资金支持的领域。

专员办应当按照工作职责和财政部要求，对专项转移支付的预算执行情况进行全面监管，并按照财政部要求对部分专项开展重点监管，定期形成监管报告并及时报送财政部。

第四十二条 各级政府财政部门应当及时清理盘活专项转移支付结转结余资金。

对结余资金和连续两年未用完的结转资金，预算尚未分配到部门（含企业）和下级政府财政部门的，由同级政府财政部门在办理上下级财政结算时向上级政府财政部门报告，上级政府财政部门在收到报告后30日内办理发文收回结转结余资金；已分配到部门（或企业）的，由该部门（或企业）同级政府财政部门在年度终了后90日内收回统筹使用。

对不足两年的结转资金，参照第四十条、第四十一条执行。

第四十三条 专项转移支付项目依法应当实行政府采购的，原则上由项目实施单位组织采购。确因法律法规有明确规定或情况特殊需要上级主管部门集中采购的，应当按照有关规定履行报批手续。

第六章　预算绩效管理

第四十四条 各级政府财政部门和主管部门

应当加强专项转移支付预算绩效管理，建立健全全过程预算绩效管理机制，提高财政资金使用效益。

第四十五条 各级政府财政部门和主管部门应当加强专项转移支付绩效目标管理，逐步推动绩效目标信息公开，接受社会公众监督。

有关部门、单位申请使用专项转移支付时，应当按要求提交明确、具体、一定时期可实现的绩效目标，并以细化、量化的绩效指标予以描述。

各级政府财政部门和主管部门应当加强对绩效目标的审核，将其作为预算编制和资金分配的重要依据，并将审核确认后的绩效目标予以下达，同时抄送当地专员办。

第四十六条 各级政府财政部门和主管部门应当加强专项转移支付预算执行中的绩效监控，重点监控是否符合既定的绩效目标。预算支出绩效运行与既定绩效目标发生偏离的，应当及时采取措施予以纠正；情况严重的，调整、暂缓或者停止该项目的执行。

第四十七条 各级政府财政部门和主管部门应当按照要求及时开展专项转移支付绩效评价工作，积极推进中期绩效评价，并加强对绩效评价过程和绩效评价结果的监督，客观公正地评价绩效目标的实现程度。

第四十八条 各级政府财政部门和主管部门应当加强对专项转移支付绩效评价结果的运用。及时将绩效评价结果反馈给被评价单位，对发现的问题督促整改；将绩效评价结果作为完善财政政策、预算安排和分配的参考因素；将重点绩效评价结果向本级政府报告；推进绩效评价结果信息公开，逐步建立绩效问责机制。

第四十九条 专员办应当按照工作职责和财政部要求，审核省级财政部门报送的专项转移支付绩效目标并提出审核意见，实施预算执行绩效监控，开展绩效评价并形成绩效评价报告和评价结果应用建议，督促相关部门落实财政部确定的绩效评价结果应用意见和有关问效整改要求，并对相关后续政策和问题的落实、整改进行跟踪。

第七章 监督检查和责任追究

第五十条 各级政府财政部门和主管部门应当加强对专项转移支付资金使用的监督检查，建立健全专项转移支付监督检查和信息共享机制。

第五十一条 分配管理专项转移支付资金的部门以及使用专项转移支付资金的部门、单位及个人，应当依法接受审计部门的监督，对审计部门审计发现的问题，应当及时制定整改措施并落实。

第五十二条 各级政府财政部门和主管部门及其工作人员、申报使用专项转移支付资金的部门、单位及个人有下列行为之一的，依照预算法等有关法律法规予以处理、处罚，并视情况提请同级政府进行行政问责：

（一）专项转移支付资金分配方案制订和复核过程中，有关部门及其工作人员违反规定，擅自改变分配方法、随意调整分配因素以及向不符合条件单位（或项目）分配资金的；

（二）以虚报冒领、重复申报、多头申报、报大建小等手段骗取专项转移支付资金的；

（三）滞留、截留、挤占、挪用专项转移支付资金的；

（四）擅自超出规定的范围或者标准分配或使用专项转移支付资金的；

（五）未履行管理和监督职责，致使专项转移支付资金被骗取、截留、挤占、挪用，或资金闲置沉淀的；

（六）拒绝、干扰或者不予配合有关专项转移支付的预算监管、绩效评价、监督检查等工作的；

（七）对提出意见建议的单位和个人、举报人、控告人打击报复的；

（八）其他违反专项转移支付管理的行为。

涉嫌犯罪的，移送司法机关处理。

第五十三条 对被骗取的专项转移支付资金，由地方政府有关部门自行查出的，由同级政府财政部门收回。由中央有关部门组织查出的，由省级政府财政部门负责追回并及时上缴中央财政。

第五十四条 对未能独立客观地发表意见，在专项转移支付评审等有关工作中存在虚假、伪造行为的第三方，按照有关法律法规的规定进行处理。

第八章 附 则

第五十五条 省级政府财政部门应当根据本

办法，结合本地实际，制定本地区专项转移支付管理办法，报财政部备案，同时抄送当地专员办。

第五十六条 本办法自印发之日起施行。2000年8月7日发布的《中央对地方专项拨款管理办法》（财预〔2000〕128号）同时废止。

中华人民共和国交通运输部令

2015年第12号

《关于修改〈交通建设项目委托审计管理办法〉的决定》已于2015年6月19日经第8次部务会议通过，现予公布。

部　长　**杨传堂**
2015年6月24日

关于修改《交通建设项目委托审计管理办法》的决定

交通运输部决定对《交通建设项目委托审计管理办法》（交通部令2007年第4号）做如下修改：

一、将第十一条第一款第（三）项中“注册资本不低于50万元，”删除。

二、将第十一条第二款中“其注册资本不得低于100万元，”删除。

本决定自2015年6月24日起施行。

《交通建设项目委托审计管理办法》根据本决定做相应修正，重新发布。

交通建设项目委托审计管理办法

（2007年4月11日交通部发布　根据2015年6月24日交通运输部《关于修改〈交通建设项目委托审计管理办法〉的决定》修正）

第一条 为了规范交通建设项目委托审计管理工作，提高委托审计质量，防范审计风险，根据《中华人民共和国审计法》《中华人民共和国招标投标法》，制定本办法。

第二条 列入各级交通主管部门、企事业单位固定资产投资计划的建设项目办理委托审计事项，适用本办法。

本办法所称建设项目委托审计，是指各级交通主管部门、企事业单位根据审计工作需要，将建设项目审计业务委托给包括会计师事务所、工程造价咨询企业等在内的社会审计组织实施的行为。

第三条 建设项目委托审计的业务范围包括建设项目前期审计、期间审计、竣工决算审计以及全过程跟踪审计。

第四条 建设项目委托审计管理工作由各级交通主管部门、企事业单位的审计部门或其他办理委托审计事项的部门归口管理（以下统称委托审计归口管理部门）。

第五条 建设项目委托审计管理工作主要包括提出委托审计项目建议、审核受托人资质、审核审计费用、监督委托过程、检查审计质量、协调处理有关问题等。

各级交通主管部门、企事业单位可结合实际情况，确定委托审计管理工作职责的具体内容。

第六条 交通部的委托审计归口管理部门负责监督管理部属单位的建设项目委托审计工作，指导全国交通行业的建设项目委托审计管理工作。

省级及其以下交通主管部门的委托审计归口管理部门负责监督管理本级及所属单位的建设项目委托审计工作，指导本辖区内交通行业的建设项目委托审计管理工作。

交通企事业单位的委托审计归口管理部门负责本单位及其所属单位的建设项目委托审计管理

工作。

第七条 上级委托审计归口管理部门可检查下级的建设项目委托审计工作，并对检查发现的问题要求有关部门和单位进行整改。

第八条 委托审计归口管理部门及其工作人员办理委托审计管理工作，应严格遵守有关法律、法规和审计纪律，遵循公开、公平、公正原则。

第九条 委托人可以采取指定委托、竞争性谈判委托、招投标委托等方式选择受托人。

指定委托是指委托人指定一家符合本办法第十一条、第十二条、第十三条规定的社会审计组织为受托人的方式。指定委托适用于涉及国家安全或具有行业特殊规定的委托审计业务。

竞争性谈判委托是指委托人选择三家以上符合本办法第十一条、第十二条、第十三条规定的社会审计组织，通过谈判确定受托人的方式。竞争性谈判委托适用于指定委托和招投标委托范围以外的委托审计业务。

招投标委托是指委托人根据《中华人民共和国招标投标法》的要求确定符合本办法第十一条、第十二条、第十三条规定的受托人的方式。招投标委托适用于概算投资额在5000万元以上或根据国家收费标准估算审计基本费用在20万元以上以及其他依法需要实行招投标委托的建设项目的委托审计业务。

第十条 采取招投标委托方式确定受托人的，委托审计招投标活动应严格遵守《中华人民共和国招标投标法》《中华人民共和国合同法》等法律和法规。

第十一条 委托人选择受托人应遵循审计质量高、信誉好、服务优、价格低的原则，且选择的受托人应符合以下要求：

（一）具有中华人民共和国法人资格；

（二）具有良好的职业道德记录和信誉；

（三）上年度或最近两年年平均业务收入不少于100万元；

（四）有10名以上注册会计师；

（五）建设项目审计规定的其他条件。

委托人采取招投标方式选择的受托人，除满足本条第一款第（一）、（二）、（五）项条件外，其上年度或最近两年年平均业务收入不少于400万元，且有20名以上注册会计师。

第十二条 建设项目委托审计业务涉及工程造价审计（审核）的，委托人选择的受托人还应符合以下要求：

（一）从事一级以上公路项目（含独立特大桥梁、特长隧道）、国家高等级航道、500吨级以上通航建筑物、千吨及5万标箱以上内河港口项目以及概算投资额在5000万元以上的其他交通建设项目工程造价审计（审核）的，应具有建设行政主管部门颁发的工程造价咨询企业甲级资质或交通主管部门颁发的相应等级证书，且有5名以上从事过交通建设项目审计业务的注册造价师；

（二）从事上述第（一）项以外的交通建设项目工程造价审计（审核）的，应具有建设行政主管部门颁发的工程造价咨询企业乙级以上资质或交通主管部门颁发的相应等级证书，且有3名以上从事过交通建设项目审计业务的注册造价师。

第十三条 具有以下情形之一的社会审计组织，委托人不得委托其实施审计：

（一）不具备相应资质和能力的；

（二）受到审计、财政、监察、税务、工商、证券监管、银行监管等有关部门查处且尚未解除从业限制的；

（三）依据本办法第二十四条规定受到从业限制的。

第十四条 委托审计费用在国家规定的收费标准范围内，由委托人与受托人协商确定。委托审计费用按照国家有关规定列支。

第十五条 拟实行委托审计的建设项目，应由委托审计归口管理部门填写《交通建设项目委托审计管理审批表》，提出建设项目委托审计建议，经单位领导批准同意后，方可办理委托审计的相关事宜。

《交通建设项目委托审计管理审批表》中涉及的相关资料由委托人或有关业务管理部门提供。

第十六条 确定受托人后，委托人应填写《社会审计组织资质备案表》，与受托人协商签订《审计业务约定书》。

第十七条 委托人应当向受托人及时提供真实、完整的相关资料。

第十八条 委托人应在《审计业务约定书》中要求受托人在出具审计（审核）报告时，对审计（审核）的会计报表是否符合国家有关基本建设财务管理规定和会计制度做出明确表述。

第十九条 委托人应将审计（审核）报告报其上级主管部门的委托审计归口管理部门备案。

第二十条 委托审计归口管理部门应及时审核并合理使用审计（审核）报告。必要时可组织力量对受托人的审计情况进行质量检查或复审。

第二十一条 建设项目委托审计工作完成后，委托人应建立建设项目委托审计档案。档案主要包括《交通建设项目委托审计管理审批表》、委托审计招投标资料、《社会审计组织资质备案表》、《审计业务约定书》、审计（审核）报告及相关资料等。

第二十二条 受托人未按《审计业务约定书》实施审计或提供审计（审核）报告时，委托人应要求其补充相关资料或者重新审计。

第二十三条 受托人提供的审计（审核）报告严重失实、审计结论意见不准确，且拒绝进行重新审计或纠正的，委托人应终止委托审计业务，停止支付审计费用。

第二十四条 对存在以下问题的社会审计组织，交通主管部门、企事业单位应按以下要求进行处理，并在系统内部予以通报：

（一）未按《审计业务约定书》的要求实施审计或提供审计（审核）报告、审计工作不规范、审计结论避重就轻，且拒绝纠正的，一年内不得委托其从事审计业务；

（二）提供的审计（审核）报告存在严重失实、结论意见不准确，且拒绝进行重新审计或纠正的，两年内不得委托其从事审计业务；

（三）存在未披露应当披露的重大财务事项等重大错漏的，三年内不得委托其从事审计业务；

（四）有关部门在事后检查中发现审计（审核）报告未真实、客观反映情况或揭露问题，给委托人或交通行业造成损失和不良影响的，五年内不得委托其从事审计业务；

（五）有弄虚作假、串通作弊、泄露秘密等重大违法行为，以及通过不正当手段取得委托审计业务的，不得再次委托其从事审计业务。

第二十五条 委托人不按本办法规定实施委托审计的，上级委托审计归口管理部门应责令其改正，并责成重新实施审计。

第二十六条 参与交通建设项目委托审计管理工作的人员滥用职权、徇私舞弊、玩忽职守或泄露国家秘密、商业秘密的，依法给予处分；构成犯罪的，依法追究刑事责任。

第二十七条 本办法自 2007 年 6 月 1 日起施行。

审计署关于印发培养审计业务骨干人才和审计专业领军人才实施意见的通知

审人发〔2015〕18 号

署机关各单位、各特派员办事处、各派出审计局：

现将《审计署关于培养审计业务骨干人才和审计专业领军人才的实施意见》印发给你们，请认真贯彻实施。

审计署

2015 年 2 月 27 日

审计署关于培养审计业务骨干人才和审计专业领军人才的实施意见

为贯彻落实《审计机关中长期人才发展规划（2011—2020 年）》，加强审计署审计专业人才队伍建设，实现培养工作的规范化、系统化、科学化，提出以下实施意见。

一、培养目标

坚持德才兼备、以德为先，坚持注重实绩、群众公认，完善审计专业人才培养机制，着力提升审计专业人才队伍的依法审计能力，培养造就一批对党忠诚、素质高、业务精、纪律严、作风优、能打硬仗的高层次审计专业人才。

二、人才标准

审计专业人才应当具有良好的政治素质、对党忠诚、热爱审计事业、具有强烈的责任感和使命感，坚持依法审计，遵守法律法规，遵守审计纪律，恪守职业道德，不断提升审计业务能力，自觉维护审计机关的良好形象和公信力。审计专业人才分为审计业务骨干人才、审计专业领军人才两个层次。

（一）申报评选审计业务骨干人才，应当同时具备以下资格条件：

1. 具备审计师或与审计专业相关的中级资格。

2. 具备计算机审计中级资格。

3. 近5年内年度考核均为称职及以上，其中至少2次为优秀等次。

4. 近5年内参加审计署统一组织的审计或审计调查项目，并根据审计实施方案确定的审计组工作分工，担任审计组长、副组长、主审、某一方面的审计小组负责人或负责地市级以上区域的审计或审计调查5次以上，或者负责审理10个以上审计或审计调查项目。

5. 近5年内撰写审计报告或专题报告3篇以上，且撰写重要审计信息并被审计署《审计要情》《重要信息要目》采用3篇以上；或者审理修改审计报告或专题报告10篇以上，且审理修改《审计要情》《重要信息要目》10篇以上。

6. 结合审计实践开展业务或理论研究，近5年内在省部级以上刊物或高等院校学报发表3000字左右专业理论文章2篇以上，或执笔省部级科研课题1个以上，或合著（至少为第二作者）出版著作1本以上。

（二）申报评选审计专业领军人才，应当同时具备以下资格条件：

1. 具备高级审计师或与审计专业相关的高级资格3年以上。

2. 一般应具有审计业务骨干人才资格。

3. 近5年内年度考核均为称职及以上，其中至少2次为优秀等次。

4. 近5年内组织实施或在其中发挥重要作用的审计及审计调查项目至少有1个被评为审计署优秀或表彰项目。

5. 具有较强的审计业务工作管理能力。近3年内具体负责组织大中型审计或审计调查项目，并根据审计实施方案确定的审计组工作分工，担任组长或副组长、主审3次以上，或者主持审理10个以上审计或审计调查项目。

6. 具有较高的审计综合分析和业务指导能力，能够在审计实践中进行技术方法创新并实现成果转化，丰富本专业领域审计工作发展思路。近3年内专题讲座或培训授课10课时以上，直接撰写或指导编发《审计要情》《重要信息要目》、专题报告或审计报告等重要成果信息10篇以上，或者审理修改《审计要情》《重要信息要目》、专题报告或审计报告等重要成果信息20篇以上。

7. 具有较强的科研能力，在专业审计理论和相关行业政策科研方面具有较高造诣，能够在专业审计领域发挥引领和带动作用。近5年内在核心期刊发表3000字左右专业理论文章2篇以上，或主持省部级科研课题2个以上，或正式出版专著1本以上。

三、评选办法

（一）分级实施。审计业务骨干人才评选由各业务司、各特派办分别开展，各派出审计局评选工作由财政审计司组织开展；评选方案报人事教育司审核，评选结果报人事教育司备案。审计专业领军人才评选由审计署设立评选机构统一开展，评选方案和评选结果报审计署党组审定，公示后颁发审计专业领军人才证书。

（二）总量控制。审计业务骨干人才评选，各单位评选人数原则上不超过本单位总人数的20%。审计专业领军人才评选，对各单位申报名额进行总量控制，实行差额评选。

（三）时间安排。审计业务骨干人才与审计专业领军人才评选每两年开展一次，逐年交替进行。评选相关工作一般于当年1月启动，6月底前完成。

四、管理使用

实行分层次管理和培养，审计业务骨干人才的管理工作主要由所在单位负责，审计专业领军人才的管理工作主要由审计署统一组织。

（一）实行分类管理。分类组建审计专业人才联络组，安排专人具体负责，分类搭建沟通交流平台。

（二）组织课题研究。审计专业领军人才每年至少参加一个重点课题研究项目。在审计计划制订和重大项目实施时，注重听取审计专业人才的意见和建议。安排担任培训师资，审计专业领军人才每年授课时间不少于8个课时。

（三）鼓励深入一线。每年至少组织一次审计专业领军人才深入相关单位或审计一线，进行调研考察、讲授交流或现场指导。

（四）开展继续教育。优先安排参加各类专业培训。审计专业人才每年至少参加一次集中培训，时间不少于40学时。优先安排参加中长期国（境）外培训。开展网络自学培训。

（五）注重培养使用。各单位要安排审计专业人才担任审计组长、副组长或主审。每年为其提供必要的学习和研究时间、经费等条件保障。优先选派审计专业人才挂职等多渠道、多方式、多岗位锻炼。在其他条件相同的情况下，选拔任用司局级干部时，审计专业领军人才予以优先考虑；选拔任用处级干部时，审计业务骨干人才予以优先考虑。

（六）加强考核评价。每年对审计专业人才进行一次考核，并反馈情况，加强指导。审计专业领军人才的考核主要包括自我评价、所在单位评价、联络组评价等内容。审计业务骨干人才考核由各单位自行开展。

（七）建立退出机制。审计专业人才资格有效期为5年，有效期满自动退出，再次取得资格需要重新申报评选。

审计专业人才培养工作是事关审计事业长远发展的战略任务。各单位要在审计署党组的领导下，高度重视，精心组织，认真做好评选、培养和服务工作，切实发挥专业人才作用，形成培养工作合力，努力营造专业人才健康成长的良好环境。

审计署办公厅关于加强审计监督进一步推动财政资金统筹使用的意见

审办财发〔2015〕122号

各省、自治区、直辖市和计划单列市、新疆生产建设兵团审计厅（局），署机关各单位、各特派员办事处、各派出审计局：

近年来，国务院多次就推动财政资金的统筹使用提出要求。审计机关按照国务院的部署和要求，持续组织对财政存量资金盘活和统筹使用等情况的审计，高度关注国务院加强财政资金统筹使用有关政策措施的落实情况，及时反映影响财政资金统筹使用的体制机制制度性障碍，取得积极成效。为进一步加强对财政资金统筹使用的审计监督，切实落实国务院政策要求，现提出以下意见：

一、充分认识加强财政资金统筹使用审计监督的重要意义。加强财政资金统筹使用，是创新宏观调控的重要内容，也是深化财政体制改革的重要举措，对于贯彻落实稳增长、促改革、调结构、惠民生、防风险各项政策措施具有重要意义。当前，一些地方和单位专项过多、过散、过小的现象仍然比较突出，资金统筹力度和存量盘活力度不大、使用效益较低的问题依然比较突出。各级审计机关要认真贯彻国务院部署，按照国务院要求，在财政、金融、企业、经济责任、资源环境、民生等相关领域审计中，应紧紧围绕“整合专项、盘活存量、优化支出、提高效益”目标开展工作，进一步推动整合资金，统筹安排财政资金，盘活存量、用好增量，促进财政资金尽快形成有效支出，提高财政资金使用绩效，促进经济平稳健康运行。

二、切实把握审计推动财政资金统筹使用的要求。对审计发现的情况和问题，各级审计机关要坚持依法审计、实事求是。要认真研究分析，坚持历史地、辩证地、客观地看待改革和发展中出现的新情况、新问题，慎重稳妥地反映和处理，更好地发挥审计促进国家重大决策部署落实的保障作用。

（一）坚持实事求是，着力推动财政资金的统筹使用。审计中，对于跨科目调剂预算的，或者同一类事项变更财政资金投向地区或具体项目的，要仔细甄别，大力推动改革创新，使之更加有利于政策落实、有利于项目实施、有利于加快预算执行进度、有利于财政资金尽快发挥效益，并督促依法依规办理预算调整调剂、项目变更等相关审批手续，规范资金管理使用，提高资金绩效。

（二）坚持客观分析，着力推动消除阻碍财政资金统筹使用的制度障碍。审计中，对于扩大专项资金使用范围、改变专项资金用途等问题，要全面分析、客观判断。积极促进采取创新举措，使之更加有利于科学发展、扩大就业、改善民生，有利于调结构、转方式、利长远，有利于整合资源、提高绩效、集中力量办大事，有利于生态建设、环境保护，有利于科技创新、增强发展后劲，有利于化解矛盾、防范风险，并从完善相关政策规定角度，提出消除不适应改革发展制度障碍的建议。

（三）坚持严肃查处重大违法违规问题，着力维护财政资金安全。审计中，要严肃揭露和查处骗取套取、贪污侵占、损失浪费等违法违纪和腐败问题，严肃揭露和查处违规建设楼堂馆所、公款吃喝、公款送礼、公款旅游、奢侈浪费等违反中央八项规定精神的问题，严肃揭露和查处“形象工程”“政绩工程”，确保有限的财政资金用到急需的方面；要加大对扶贫、“三农”、养老设施建设、民政社保、教育、医疗等民生资金和项目的审计力度，严肃揭露和查处侵害群众利益的问题，确保人民群众真正从中受益。

三、进一步加强组织领导。各级审计机关要从大局出发，充分认识统筹盘活财政资金的重要性，统一思想，加强领导。上级审计机关要加大对下级审计机关的业务指导力度，下级审计机关要及时反映统筹盘活财政资金中的新情况、新问题。对于需要健全完善体制机制的，要及时向有关部门提出建议；对于财政资金长期闲置、统筹盘活不力的，要推动加强问责；对于好的典型、好的做法，要及时总结推广；对于涉嫌犯罪的，要及时办理移送。稳增长等政策措施贯彻落实跟踪审计、预算执行审计等各项目要将统筹、盘活财政资金作为重要审计内容，在审计目标、审计内容、审计问题处理和审计成果利用等方面有机衔接，统筹兼顾，切实发挥审计在宏观政策实施中的重要保障作用。

审计署办公厅
2015年9月7日

审计署关于印发进一步加大审计力度促进稳增长等政策措施落实意见的通知

审政研发〔2015〕58号

各省、自治区、直辖市和计划单列市、新疆生产建设兵团审计厅（局），署机关各单位、各特派员办事处、各派出审计局：

现将《关于进一步加大审计力度促进稳增长等政策措施落实的意见》印发给你们，请结合本地区、本单位实际，切实抓好贯彻落实。

审计署
2015年9月18日

关于进一步加大审计力度促进稳增长等政策措施落实的意见

去年以来，各级审计机关按照国务院的部署和要求，加强对国家重大决策部署落实情况的审计监督，开展稳增长等政策措施落实情况的跟踪审计，取得很好效果。当前，我国经济发展的基本面没有改变，经济运行总体缓中趋稳、稳中向好，但稳中有难，稳增长任务还很艰巨。为进一步加大审计力度，更加有效地推动稳增长等政策措施落实，现提出以下意见：

一、总体要求

（一）围绕中心、服务大局，把稳增长、促发展作为当前审计工作的首要任务。各级审计机关要按照国务院的部署和地方各级党委、政府的要求，集中力量、全力以赴、主动作为，把监督检查稳增长等政策措施的落实情况作为各项审计的重要内容，持续进行跟踪审计，促进政策落地生根、不断完善和发挥实效。

（二）吃透政策、把握重点，切实增强审计的针对性、时效性和建设性。各级审计机关要加强对稳增长等政策措施的学习，深入研究政策背景，深刻领会政策意图，及时掌握政策要求。围绕项目落地、资金保障、简政放权、政策落实、风险防范“五个抓手”，结合所审计地区经济社会发展实际和部门特点，确定审计重点，加大审计力度。

（三）依法审计、实事求是，历史、客观、辩证地反映政策落实中存在的问题并积极提出建议。各级审计机关要坚持原则，依法履职尽责。要正确把握改革和发展中出现的新情况新问题，客观审慎地反映和处理，既不能以新出台的制度规定去衡量以前的老问题，也不能生搬硬套或机械地使用原有的制度规定来衡量当前的创新事项。

二、把握原则

（四）坚决查处，大力推动整改问责。对审计发现的问题，凡是不作为、慢作为、假作为等重大履职不到位的，凡是重大失职渎职的，凡是造成重大损失浪费的，凡是造成重大风险隐患的，凡是重大违法违纪的，要坚决查处，大力推动整改问责。

（五）坚决促进，大力推动总结完善。对突破原有制度和规定的创新举措或应变措施，凡是有利于稳增长、科学发展的，凡是有利于调结构、转变发展方式的，凡是有利于创新驱动、增强发展后劲的，凡是有利于环境治理、生态保护的，凡是有利于惠民生、维护社会稳定的，凡是有利于防风险、维护经济安全的，要坚决促进，大力推动总结完善。

（六）坚决揭示，大力推动深化改革。对体制机制制度性问题，凡是制约和阻碍稳增长、促改革、调结构、惠民生、防风险政策措施贯彻落实的，凡是制约和阻碍探索创新、激发市场活力的，凡是制约和阻碍提高绩效、实现有质量有效益可持续发展的，要坚决揭示反映，大力推动深化改革。

三、重点任务

（七）促进重大政策有效落实。财政税收政策方面，重点监督检查各地区优化财政支出结构、加快财政支出进度、对实体经济和中小企业税收优惠政策执行、项目资金到位、保证重大项目建设等情况。金融政策方面，重点关注金融机构支持实体经济特别是小微企业发展、保障重大项目融资等情况。产业政策方面，重点关注加大对养老、保险、科技等服务以及信息技术、新能源、电子商务、物流、节能环保、文化体育等产业的支持力度情况。民生政策方面，重点关注加大对扶贫、“三农”、民政社保、教育、医疗等民生领域的投入力度情况。

（八）促进简政放权。监督检查各部门、各地区取消下放行政审批事项，推动规范和公开行政审批流程，压缩和明确审批时限等情况；对已取消下放的行政审批事项，重点揭示明放暗留、变相审批、弄虚作假等行为。推进收费项目清理，严肃查处违规设立的基金和收费项目；促进清理规范行政审批中介服务，推动整顿规范行业协会商会收费。推进商事制度改革和职业资格改革，推动通关便利化。推进监管方式创新，促进提升监管效能，营造公平竞争、良性发展环境。

（九）促进重大建设项目加快推进。加强对信息电网油气网络、生态环保、清洁能源、粮食水利、交通运输、健康养老服务、能源矿产资源保障、轨道交通、现代物流、新兴产业、增强制造业核心竞争力等 11 类国家重大工程项目的审计，重点对水利、铁路、城市基础设施、保障性安居工程等进行全过程跟踪审计。对已批复但开工和建设滞后的项目，推动尽快形成实物工作量。对建设项目的程序性问题，按照有利于项目实施、政策目标落实、促进经济增长的要求，督促尽快完善。对正在报批项目，重点揭示审批环节多、耗时长、效率低等突出问题，促进优化审批流程、加快进度。

（十）促进财政专项资金整合和统筹使用。加强对民生改善、结构调整等重要领域专项资金的审计，促进整合政策目标相近、支持方向相同、扶持领域相关的专项资金，推动国务院确定的有关试验地区、试点领域加大专项资金整合力度，推进完善专项资金管理制度。对确因无法使用而需改变用途、跨科目调剂预算、变更资金投向，凡是有利于政策落实、项目实施和财政资金尽快发挥效益的，要积极促进预算调剂、用途改变和项目变更。对长期闲置不能形成有效支出的，要在揭示问题的基础上，积极提出建议，推动专项资金统筹安排。

（十一）促进盘活存量、优化结构、提高效益。继续加强对各级财政存量资金的审计，把财政资金投入与项目进展、事业发展以及政策目标实现统筹考虑，重点揭示应投未投、该用未用问题，推动财政资金合理配置。研究分析存量资金的成因、结构、闲置时间和资金性质，区别对待、分类施策，推动加快清理盘活进度。对项目已无法实施的长期结转资金，要督促及时收回。对确定当年预算不能执行的项目，要推动及时调整预算，防止形成新的资金沉淀。对清理收回的存量资金，要督促及时安排使用，推动重点投向民生领域，保障重点民生项目的资金需求。

（十二）促进闲置土地有效利用。结合国家土地宏观调控政策和区域发展战略，重点审查建设用地投资强度、建筑密度等情况，推进土地的深度开发和高效利用。要准确反映闲置土地的规模、结构和变化情况，积极推动整合盘活，优先投入经济社会发展急需和民生建设领域。对闲置期限较长的，积极推动有关方面明确处置方案，采取依法依规收回或回购等措施，重新整合利用；对近期闲置的，推动采取追加投资、合作开发、依法置换等措施，尽快启动项目建设。

（十三）促进创业创新。加强对国家支持“大众创业、万众创新”相关政策落实情况的审计，重点检查支持创新的各类资金运行、促进传统产业技术改造的有关措施落实等情况。加强对科技项目和科技资金的审计，推动深化科技体制改革有关政策落实。对创新投融资体制机制的积极探索，要从发展的角度推动总结和完善，促进发挥政府投资的引导和放大效应。对战略性新兴产业和生态产业项目，要积极推动解决产业发展和项目建设中遇到的困难，促进新兴产业成为稳增长的新引擎。

（十四）促进防范风险、维护经济安全。关注政府性债务风险，跟踪存量债务的结构、置换和增量债务管理等情况，防范区域性风险。关注金融风险，跟踪反映金融机构资产质量变化、资本市场发展、金融创新、民间金融发展、跨境资本流动等情况，防范系统性风险。关注资源环境风险，加强对水、矿产、土地等资源以及环境保护情况的审计，防范危害资源环境安全等问题。严肃揭露和查处以权谋私、权力寻租等腐败问题，严肃揭露和查处骗取套取财政资金、侵占国有权益、侵害群众利益等问题，严肃揭露和查处违规建设楼堂馆所、公款吃喝、公款旅游、奢侈浪费等违反中央八项规定精神的问题，切实维护公共资金和国有资产安全。

（十五）促进健全完善制度规定。根据中央出台的重大政策措施，跟踪检查有关部门和地区是否及时修订不符合要求的部门规章和地方法规，促进及时建立健全与新政策新要求相适应的新办法、新规则。对不合时宜、制约发展、阻碍政策落实的法律和行政法规，要切实予以反映，提出废止或修改建议，推动及时清理完善。对改革发展过程中的积极探索和新情况新问题，要注重加强调查研究，积极提出建议，推动形成新的制度规定。

四、强化领导、改进方法

（十六）整合力量、统筹推进。各级审计机关要进一步做好项目计划安排，统筹调配力量，创新方式方法，努力实现对稳增长等政策措施的审计全覆盖。强化上下联动，审计署和省级审计机关要加强指导、培训和总结，明确阶段性工作方案和要点。加强稳增长等政策措施跟踪审计与其他专项审计的衔接配合，其他审计中发现的涉及政策措施落实方面的问题，跟踪审计报告中要及时、充分反映，发挥审计合力。

（十七）严明纪律、改进作风。各级审计机关要严格在法定职责权限范围内开展审计工作，既要敢于碰硬、又要善于解决问题。要严格遵守廉政纪律、保密纪律、审计工作纪律，做到审计程序合法，审计方式遵法，审计标准依法，审计保障用法。要切实做到文明审计，坚持客观公正、平等待人、以理服人，充分听取被审计单位和有关方面意见。

（十八）精心组织、确保质量。各级审计机关要加强项目组织实施，明确和落实审计质量控制责任，确保实现预定的审计工作目标。审计署将加强督促和检查，建立对各级审计机关跟踪审计组织实施、审计结果上报以及审计质量情况的检查、考核和通报制度。发现跟踪审计工作推进不力、质量不符合要求的，要与有关单位主要负责同志和审计组长进行约谈。发现严重审计质量问题的，要严肃追责问责。

（十九）及时报告、依法公开。各级审计机关要按月上报跟踪审计结果，重点报告审计发现的重大政策措施不落实或落实中出现的突出问题和典型事例，并提出相关建议。重大情况要随时报告。要依法加大对跟踪审计情况的公告和宣传力度，加强舆论引导，营造良好审计环境。

审计结果公告

中华人民共和国审计署审计结果公告（2015年第1号）

关于2013年度中央预算执行和其他财政收支审计查出问题整改情况

（2015年1月16日公告）

十二届全国人大常委会第九次会议审议了审计署审计长刘家义受国务院委托所做的《关于2013年度中央预算执行和其他财政收支的审计工作报告》，要求国务院责成有关方面对审计查出的问题认真整改、严肃问责，并在2014年底前将整改和处理情况向全国人大常委会报告。国务院对此项工作十分重视，李克强总理于2014年7月2日主持召开国务院第53次常务会议，研究部署审计查出问题的整改工作，明确各相关地方、部门和单位“一把手”是整改的第一责任人，要列出整改任务清单，排出时间表，实行对账销号，不折不扣坚决严肃整改；要着力构建长效机制，用改革的办法解决前进中的问题，克服屡审屡犯的“牛皮癣”，强化责任追究，建立和落实决策审批终身责任制、执行监督连带责任制，依法规范财政收支行为。有关部门、单位和地方按照全国人大常委会和国务院的要求及审计署依法下达的审计决定，认真进行整改。截至2014年10月底，各被审计单位通过上缴国库、归还原资金渠道、补征税款、收回贷（借）款、调整账目等方式，整改问题金额1062.5亿元，挽回和避免损失33.9亿元；根据审计建议，制定完善规章制度3122项。审计发现的314起案件线索及其他问题移送有关部门查处后，已有1454人被依法依纪处理。现将审计查出问题的整改情况公告如下：

一、中央财政预算收支执行及决算草案审计查出问题的整改情况

（一）关于决算草案编报内容不够清晰。对决算草案中同类工作或支出事项分散在不同科目列报问题，财政部将会同有关部门结合实际工作需要，随着预算管理制度改革推进，逐步完善支出功能科目设置，更加清晰反映预决算支出情况。对决算草案目前仅按功能分类科目情况列报问题，财政部结合落实新修订预算法相关规定，正在研究按经济性质分类编制中央决算的工作思路。

（二）关于公共财政预算、政府性基金预算和国有资本经营预算界定不清晰。对将有公共财政预算性质的船舶港务费纳入政府性基金预算管理问题，财政部将从2015年起将船舶港务费纳入公共财政预算管理。对向同一项目或企业通过不同渠道交叉安排支出问题，财政部正在按照建立定位清晰、分工明确的政府预算体系要求，研究进一步明确公共财政预算、政府性基金预算和国有资本经营预算的支出范围，加大政府性基金预算、国有资本经营预算与公共财政预算统筹力度；对公共财政预算和国有资本经营预算安排同一项目的资金，制定统一的管理办法，统一分配，减少交叉重复。

（三）关于国有资本经营预算范围不完整。对中央部门和单位全资或控股的重点企业尚未全部纳入预算等问题，财政部将结合事业单位分类改革、政企分开和国有企业改革，逐步扩大国有资本经营预算实施范围。对财政部持股的中央金融企业国有资本经营收益收缴缺乏统一规定、执行标准不一问题，财政部研究起草了《中央金融企业国有资本经营预算管理办法》，明确了适用的中央金融企业范围和收益分配决策程序、预算管理程序等，已经国务院同意，拟于近期印发。

（四）关于各类预算中有专项用途的收入不能统筹安排使用，不利于及时发挥资金效益。财政部将按照《国务院关于深化预算管理制度改革的决定》（国发〔2014〕45 号）要求，结合税费制度改革，完善相关法律法规，逐步取消城市维护建设税、排污费、探矿权和采矿权价款、矿产资源补偿费等专款专用的规定，统筹安排各项资金。

二、中央财政管理审计查出问题的整改情况

（一）资金收缴和预算批复不规范。

1. 关于未收缴入库资金 91.4 亿元。对发展改革委委托所属企业管理的 20 年前已取消的国家轿车零部件横向配套基金本金和清收款（含资产）10.26 亿元问题，财政部印发了《关于请将“国家轿车零部件横向配套基金”尽快清理、上缴中央国库的通知》，要求发展改革委尽快清理上缴中央国库，并将随时了解情况、掌握进度，及时督促其完成整改，近期将再次发函了解、督促相关工作进度。对财政部参股的创业投资基金收益 1.38 亿元问题，已全部上缴国库，财政部要求托管机构进一步缩短其参股的创业投资基金收益缴库时限，及时办理缴库。对财政部同意农业银行从受托处置资产收入中留用的委托手续费和超收奖励 79.52 亿元未实行“收支两条线”管理问题，财政部要求农业银行将处置委托资产回收现金全部缴入国库，并根据回收现金情况，核定手续费和超收奖励，再通过国库拨付给农业银行，实行“收支两条线”管理。对电网经营企业从农网还贷资金收入中留用的手续费 2400 万元未实行“收支两条线”管理问题，财政部正在根据农网还贷资金特点，对征收环节手续费直接留存企业问题进行统筹研究。

2. 关于批复的部门预算中个别事项不够准确和细化。对批复的 56 个部门年初预算少编报已确认的 2011 年底结余资金 18.33 亿元问题，财政部将继续强化预算编制与预算执行的结合，增强预算编制的科学性、完整性，对尚未安排使用的结余资金全部统筹用于安排下一年度相关支出，努力提高财政资金使用效益。对批复的教育部年初预算列入了未细化到具体项目的“高校发展长效机制补助经费”等两个项目预算 43 亿元、执行中由财政部再次批复问题，财政部 2014 年已将“高校发展长效机制补助经费”项目在年初预算中全部细化到高校，同时提高了部门预算中“2011 计划”项目细化的比例。

3. 关于批复的部门预算中个别事项不合规。对批复的农业部、林业局部门预算中安排“病虫害控制”等补助地方支出 8.97 亿元问题，财政部已要求农业部、林业局切实规范部门预算编制，并进一步加强此类资金管理，切实提高资金使用的规范性、安全性和针对性。对批复安全监管总局等 4 个部门在未实行定员定额管理的下属单位预算中编列机动经费预算 4493.18 万元、银监会等 11 个部门超范围动用机动经费 2.03 亿元问题，财政部从 2014 年起严格按照《中央本级项目支出预算管理办法》等规定，进一步加强了部门机动经费预算编制和使用管理，防止超范围编列和使用部门机动经费。对批复的证监会、保监会、社保基金会部门预算中按职工工资总额的 14％安排职工福利费、超过中央在京部门标准问题，财政部正按照预算管理和国库管理制度有关要求，对现行银监会、证监会和保监会财务管理办法进行修订，规范福利费支出，将福利费按工资总额一定比例提取的规定改为据实列支，同时规定计提比例上限，并与相关制度做好衔接，社保基金会将参照执行。

4. 关于预算下达不及时。对转移支付预算下达不及时问题，财政部印发了《关于进一步加强财政支出预算执行管理的通知》等文件，积极采取措施，督促各地方、各部门加快资金拨付进度。下一步，将研究采取措施，继续加快完善资金管理办法，加快转移支付下达进度。对公共财政本级支出预算未及时下达问题，财政部将改进代编预算管理，除重点支出、重大支出外，不再批准超时限追加预算，保证下达进度。对国有资本经营预算下达晚问题，财政部将通过预收部分国有资本金收益，缓解收益上缴晚对支出预算安排的制约，保障预算及时下达。

5. 关于财政专户清理不到位。财政部主要采取 3 项措施清理撤并有关财政专户，进一步加强专户管理：一是世界银行赠款专户一年内未发生业务，予以撤销；二是亚洲开发银行赠款等专户当年未发生资金业务但项目仍在执行，督促项目单位及时提款报账，待项目执行完毕后予以撤销；

三是对于清理归并后分币种或按国际赠贷款协议等开设的其他专户，采取完善协议、规范业务等措施加强管理。

（二）财权与事权未理顺，专项转移支付清理整合不到位。

1. 关于专项转移支付项目清理力度不够大。财政部已研究起草关于改革和完善中央对地方转移支付制度的意见，将进一步清理、整合、规范专项转移支付，强化专项转移支付预算管理，改变以收定支专项管理办法。按照分步推进转移支付改革的原则，2014 年将争议少、影响范围小的转移支付项目纳入第一批清理整合范围，并按此编制 2015 年预算。

2. 关于有的政策目标不够协调。对“海洋捕捞渔民转产转业补助”和“渔业成品油价格补助”政策目标不一致问题，财政部正在研究调整完善包括渔业油价补贴在内的成品油价格补贴政策，结合行业主管部门渔业产业政策的顶层设计，统筹考虑相关财政激励措施，使财政激励措施与渔业资源保护、产业结构调整相协调。对“重点节能工程”项目补助未充分考虑节能效果和不同行业的节能成本问题，发展改革委 2014 年在重点地区开展节能资金切块下达、由地方安排具体项目试点，并区分行业、项目的节能成本和效果细化补助方案，优先支持单位投资节能量大的项目。

3. 关于分配管理权责有待理顺。财政部继续积极推进相关专项资金整合统筹，从预算编制环节整合归并资金，研究制定管理办法，搭建资金统筹使用平台，并推动部门、指导地方进行整合。

（三）部分财政资金分配不规范，有的使用中存在违法违规问题。

1. 关于财政资金分配中存在超范围、超标准。对财政部分配的“成品油价格补助”“小额担保贷款财政贴息”“全科医生规范化培养基地能力建设”等 3 个专项中有 128.32 亿元超出规定的补助范围问题，财政部已督促行业主管部门将成品油价格补助违规因素剔除，重新报送了用油数据，并据此清算 2013 年度油价补贴；责成有关方面对小额担保贷款财政贴息补助情况进行核查整改，查明属实的，追回已拨贴息资金，并按规定处理相关责任人；卫生计生委下发了《关于建立住院医师规范化培训制度的指导意见》，明确对包括全科医师规范化培训在内的住院医师规范化培训基地由“中央财政通过专项转移支付予以适当支持”，不再将中央财政补助范围限定在财政困难地区，今后财政部将按照该指导意见有关规定分配下达补助资金。

对财政部在清算成品油价格补助时未按实际油品分类结算、多支付地方 12.62 亿元问题，财政部将在清算 2013 年度成品油价格补助时，按实际油品价格计算成品油价格补贴。

对发展改革委在“重点节能工程”专项中超范围安排地方发展改革等部门车辆购置补助 2.18 亿元，向“防灾减灾能力建设”专项的 7 个项目超出标准或申请额多安排投资 940 万元问题，发展改革委督促地方节能主管部门协调有关部门尽快落实项目的执法用车指标，加快项目建设；对确实无法落实用车指标的广东省等 6 个节能监察能力建设项目，正式函复予以撤销，并调整投资计划；要求地方节能主管部门加强对节能执法监察人员的集中培训，从 2015 年起不再安排资金补助地方节能监察能力建设；发展改革委将按照投资补助和贴息管理相关办法，认真安排好投资补助，科学制定有关投资专项管理办法，明确政策目标、资金投向和分配标准，进一步加强审核、严格管理。

2. 关于财政资金申报中存在虚报冒领。审计重点抽查 6 个专项中有 18.59 亿元专项资金被骗取套取问题，有关部门和地方已采取措施进行整改。其中，发展改革委对 6.78 亿元投资涉及的项目逐一核查，已清理收回 1.92 亿元，并约谈了有关地方主管部门负责人；财政部调减有关省份 2014 年专项转移支付；各地采取追缴专项资金、停止拨付、扣回补贴、补办手续、司法介入等方式整改，收回资金和避免损失 4.78 亿元。

对项目单位和个人采取虚构项目、伪造申报材料等方式骗取财政资金问题，发展改革委以《关于撤销太湖嘉源纺织工业有限公司纺织节水改造项目等 36 个项目的复函》，收回了包括南充鑫泓建材有限责任公司、四川安格儿建材有限责任公司在内的 36 个项目中央基建投资补助。财政部加强中央基建投资项目监督检查和绩效评价工作，组织对违规违纪行为依法进行处理。财政部和林业局要求，凡经核查及审计发现申报中央贴息资金的贷款及项目实施情况不实的，将调减其包括中央贴息资金在内的林业补助资金，对骗息情况比较严重的地方，已停止核拨 2014 年新增林业贷款贴息。财政部、林业局、银监会部署了林业贷款贴息资金专项检查，并对审计和专项检查发现的问题认真整改，对进一步加强林业贷款贴息资金管理提出了针对性的措施。

对一些主管部门和工作人员出于地方或部门利益审核把关不严问题，财政部要求相关省市对骗取套取成品油价格补助等中央财政专项资金的行为依法依规严厉查处，同时督促各省按照省长负责制要求，加强事前、事中、事后监管；督促相关部门加强对行业油补审核管理，清理违规违纪情况，对发现的问题落实责任、严肃处理。对于滨州、新泰、宁阳交通运输局存在的问题，地方政府在追缴资金的同时，处理处分了 14 名相关责任人。

对有的公职人员与企业或个人内外勾结骗取财政资金、从中牟取不当利益问题，山西省检察院已对山西信联机械制造股份有限公司涉嫌骗取农机具购置补贴的问题立案处理；财政部将会同农业部加强对各地补贴实施情况督导检查，督促相关地区对发现的问题及时处理、认真整改，并进一步完善制度，加强资金管理和监督。

3. 关于财政资金使用中存在挤占挪用。对 8 个省及所属 12 个县挤占挪用专项资金 31.33 亿元问题，目前已全部归还原资金渠道，财政部印发了《关于深入推进地方预决算公开工作的通知》，推动地方预算公开，督促地方提高财政资金使用透明度，实施地方财政管理绩效综合评价，建立激励约束机制，引导地方规范财政管理、提高资金使用效益。同时，开发地方预算综合管理系统，及时掌握地方财政资金分配管理情况，保障资金使用安全。其中，对四川简阳市挪用资金 14.19 亿元问题，四川省政府组织工作组认真核查，督促简阳市抓好整改工作，并责成有关部门严格依法追究相关人员责任；四川省财政厅对经论证确无必要继续实施项目的 0.31 亿元资金收回，不再安排；简阳市追缴被挪用的 13.88 亿元资金，全部拨付到原定项目。

（四）各级财政均有一些资金沉淀，资金使用效益未能充分发挥。

1. 关于中央本级财政存量资金较多。财政部将严格控制权责发生制结转资金规模，并加强结转资金使用管理。在以后年度使用结转资金时，将根据具体实施方案、资金分配方案认真审核后下达。针对类似科学技术支出结转问题，将及时清理规范重点支出同财政收支增幅或生产总值挂钩事项，严格控制权责发生制列支事项，采取切实措施盘活财政资金存量。

2. 关于重点审计的 32 个中央部门结存资金半数闲置超过一年。对 2013 年采取虚列支出、以拨作支等方式人为减少存量资金 6.11 亿元问题，7 个部门本级和 36 个所属单位已通过退回虚列的支出、调整有关账目、规范管理等方式完成整改。对未及时上缴或未经批准动用结余资金 1.29 亿元问题，1 个部门本级和 16 个所属单位已通过将结余上缴国库，清理存量资金等方式完成整改。

3. 关于重点审计的 9 个省本级和 9 个市本级财政存量资金近三成已无法按原用途使用。2014 年，中央财政提前下达转移支付 28612 亿元，同比增长 9.9%，促进地方进一步提高预算编制完整性、加快预算执行进度，避免形成新的存量资金。在此基础上，财政部采取多种措施督促地方盘活财政存量资金：一是要求各地严格按照《财政部关于加强地方预算执行管理激活财政存量资金的通知》等规定，完善预算执行监控机制，建立结余结转、暂存暂付等资金定期清理机制；二是建立科学的预算支出进度考核机制，将政府性基金预算、国有资本经营预算、财政库款以及专户存款全面纳入地方支出进度考核范围，督促地方加快消化财政存量资金；三是积极实施地方财政管理绩效综合评价，全面评价地方盘活存量资金、加快支出进度等工作绩效，对评价得分较低的地区，通过通报、约谈等方式督促整改。

4. 关于中央财政对创业投资基金的投入闲置较多。财政部 2014 年初已会同发展改革委约谈受托管理机构，要求进一步督促有关基金加快设立和投资进度，切实提高财政资金使用效益。两部门将在研究设计引导基金框架方案时，从机制设定上进一步约束参股基金设立和投资进度问题，在实际投资中通过协议等明确相关约定，超过时限的将撤销投资。

（五）对地方财政的管理不到位，一些地方财政管理中存在违规问题。

1. 关于一些地方人为调节财政收支指标。对地方通过财政专户或过渡户隐瞒财政收入等问题，财政部对地方财政专户及其资金管理情况进行专项检查，纠正地方财政收支管理等方面存在的问题。有关地方政府已撤销财政专户188个，并通过加快项目实施进度、调整相关单位账目、调整2014年预算等方式予以整改。对辽宁省岫岩满族自治县虚增财政收入8.47亿元问题，岫岩满族自治县政府已将其中2.93亿元退库，同时印发关于进一步加强财政收入征管工作的通知，组织定期对县乡各级财政收入征管情况进行专项检查，依法严肃处理隐瞒、截留、虚增收入等行为。

2. 关于一些地方政府自行出台招商引资财税优惠政策，部分财政资金投向不符合相关规定。财政部已报请国务院印发《国务院关于清理规范税收等优惠政策的通知》（国发〔2014〕62号），就全面规范各类税收等优惠政策提出了建议；有关地方已取消、停止执行自行出台的优惠政策，其中大连市废止相关文件条款，并对有关企业扶持政策进行梳理，对涉及返税内容的政策予以取消，不再以此吸引投资。

3. 关于机构运行经费管理不严格。有关地方对转嫁因公出国（境）费用、违规使用公务用车、在公务接待中购买高档礼品等问题已全部采取措施整改。其中，山西省柳林县出台《公务接待管理办法》，对接待审批程序、食宿标准、结算办法、经费管理监督做出详细规定；严格实行关于公务接待的“三个严禁”，县纪委牵头，采取明察暗访的办法监督实施；规范定点接待，确定县政府机关接待中心、民兵训练基地定点接待，对发票所列支出与实际支出内容不符问题予以纠正；对现金白条抵库，审计期间全部上缴。2014年上半年，当地公务接待费用比上年同期下降了88%。

（六）关于社保基金会投资管理问题。社保基金会认真查找问题根源，研究整改意见，落实整改措施。对社保基金自营指数化投资亏损问题，社保基金会将就拓宽自营指数标的范围与有关部门协商，积极研究和完善委托指数化投资。对信托贷款和协议存款中存在中间人借机牟利问题，涉及的违法违规案件线索已移送有关部门查处，社保基金会修订完善了信托贷款投资管理办法以及协议存款管理办法，对信托贷款投资论证决策、协议存款的询价和决策机制等内容做了进一步改进和完善，加强和完善了监督审查机制，并通过细化尽职调查内容、设计信托报酬分段计付等方式督促信托公司加强信托贷款项目投后管理。对未按照规定对股票计提减值准备问题，社保基金会正与财政部沟通研究解决方案。

三、中央部门预算执行和决算草案审计查出问题的整改情况

本次审计的38个中央部门高度重视2013年预算执行审计整改工作，及时采取措施，落实整改责任。24个部门的主要负责人和分管领导做出专门指示，要求切实采取措施进行整改；29个部门召开专门会议研究部署整改工作，制订整改方案和具体措施。截至2014年10月底，本次审计发现38个中央部门及其所属单位违反财经制度规定问题93.04亿元，已经整改80.46亿元（占86.5%），其中上缴中央财政2.86亿元、归还原资金渠道3.63亿元。在认真整改审计查出问题的同时，18个部门及所属单位制定、修订了123项内部规章制度，涉及财务预算、政府采购、“三公”经费管理、资产管理和内部监督等方面。

（一）“三公”经费和会议费管理使用不严格。

1. 关于因公出国（境）。对4个单位违规组织7个“双跨”（跨地区、跨部门）出国考察或营利性团组问题，已采取退回多收取费用、规范管理等措施整改。对7个部门本级和9个所属单位的149个团组擅自更改行程、延长境外停留时间问题，已采取团组成员自行承担违规费用等措施整改，并追究相关人员责任。对14个部门本级和54个所属单位超标准、超预算或超范围列支出国（境）费用3229.53万元问题，已采取用自有资金归还、调整账目等措施整改。对9个部门本级和14个所属单位由企事业单位承担出国（境）费用1568.75万元问题，已退还企事业单位承担的费用等整改1134.73万元，其余434.02万元正在进一步核实清退。

2. 关于公务用车。对14个部门本级和13个所属单位公务用车配备超编制289辆、超标准123辆问题，已采取将超编、超标车辆封存或上交国管局等措施整改。对8个部门本级和32个所属单位长期占用下属单位和其他单位车辆 145 辆，还通过租赁等方式变相配备公务用车 62 辆问题，已采取归还车辆、解除租赁合同等措施整改。对 6 个部门本级和 63 个所属单位无预算、超预算列支公务用车费用 1094.15 万元问题，已采取调整账目，规范管理等措施整改。

3. 关于公务接待。对 4 个部门本级和 6 个所属单位转嫁或摊派、自行调剂项目或其他支出用于公务接待 266.85 万元问题，已采取退还资金、调整相关账目等措施整改。

4. 关于会议费。对 22 个部门在非定点饭店召开会议 384 个问题，已完善制度、加强管理。对 23 个部门超标准、超范围或虚列会议费支出 1355.85 万元问题，已采取将套取的资金归还原资金渠道、调整账目等措施整改，并追究了有关人员责任。对 14 个部门向所属单位等转嫁摊派会议费 555.95 万元问题，已采取退还资金、调整账目等措施整改。

（二）违规建设楼堂馆所或超标准占用办公用房。对林业局所属大兴安岭林业集团公司投资建设三亚接待处项目，挪用棚户区改造相关资金购置土地问题，已收回前期垫付资金，并将项目公开转让；对民航局四川监管局违规建设办公用房，以及民航局违规批复哈尔滨太平国际机场空管工程综合业务楼初步设计问题，已核减“搭车”建设的办公用房和超标面积；对中科院所属物理研究所、生态环境研究中心主要负责人办公用房实际使用面积超过上报面积问题，已腾退超标准用房。

（三）预算申报和执行中存在违反财经制度规定问题。

1. 对 2 个部门本级和 24 个所属单位通过虚报人数、重复申报项目等方式多申领财政资金问题，已采取将套取的资金上缴国库、归还原资金渠道等措施整改。

2. 对 1 个部门本级和 2 个所属单位挪用或套取财政资金等问题，已采取清退奖金、归还原资金渠道等措施整改。

3. 对 1 个部门本级和 34 个所属单位账外设立“小金库”问题，已采取将结余资金退回、转回合法账簿等措施整改，并追究相关人员责任。

（四）一些中央部门主管的社会组织和所属单位依托行政资源不当牟利。对 13 个部门主管的 35 个社会组织和 61 个所属事业单位采取违规收费、未经批准开展评比达标、有偿提供信息等方式取得收入 29.75 亿元问题，已停止收费、取消收费项目，并进一步规范管理；对部分单位违规发放津补贴 1.49 亿元问题，已停止发放津补贴或清退已发放的奖金等整改 1.03 亿元，其余 0.46 亿元正在进一步清理。

（五）部门决算草案编报和部分会计核算不准确。对 23 个部门账务处理不规范或报表填列错误问题，相关部门在审计过程中和审计结束后已调整账目、报表。对预算编报不规范、政府采购规定执行不严格、资产管理及会计核算不规范等 57.66 亿元问题，已采取归还原资金渠道、调整账目、补办报批手续，以及完善制度、规范管理等措施整改 45.58 亿元，其余 12.08 亿元正在进一步清理。

四、政府性债务审计查出问题的整改情况

为加强政府性债务管理，中央审议通过的《深化财税体制改革总体方案》，提出了规范地方政府债务管理的总体要求；新修订预算法，增加了允许地方政府规范举债的规定；国务院先后印发《国务院关于加强地方政府性债务管理的意见》（国发〔2014〕43 号）和《国务院关于深化预算管理制度改革的决定》（国发〔2014〕45 号），围绕建立“借、用、还”相统一的地方政府性债务管理机制提出了具体要求，并对中央政府债务、地方政府债务的年度预算控制方式做出规定。为全面掌握中央政府性债务情况，财政部积极推进建立中央政府性债务统计制度，探索研究加强中央政府性债务管理政策措施，印发通知部署中央政府性债务具体填报工作，逐步实现对中央政府性债务的动态监控。

（一）关于政府性债务管理制度尚不健全。对 2 个地区未制定政府性债务综合管理制度、9 个地区未制定政府性债务风险预警制度问题，相关地区加快完善地方政府性债务管理制度，拟定或出台了地方政府性债务综合管理制度和风险预警制度 11 项。

（二）关于省本级债务借新还旧数额较大。财政部印发了《地方政府存量债务纳入预算管理清理甄别办法》，妥善处理存量债务；将对地方政府债务实行限额管理，有效控制增量债务；建立地方政府性债务风险预警和应急处置机制，对债务高风险地区进行风险预警，防范和化解债务风险。

（三）关于个别地方债务举借和使用不规范。对违规由政府担保或不合规抵押融资157亿元问题，有关地方已整改146.24亿元，其中收回贷款13.24亿元，撤销政府担保30亿元，要求补足项目资本金、剥离融资平台公司政府融资职能等整改103亿元。对违反合同约定将108.62亿元债务资金用于房地产开发、项目资本金或其他项目建设等问题，有关地方已整改99.84亿元，其中收回贷款62.91亿元，要求补足项目资本金、通过增收节支保证资金偿还等整改36.93亿元。对4个省市本级通过非公开定向融资工具、私募债等方式举债问题，新修订的预算法和《国务院关于加强地方政府性债务管理的意见》（国发〔2014〕43号）对此做出明确规定，要求建立对违法违规融资和违规使用政府性债务资金的惩罚机制，加大对地方政府性债务管理的监督检查力度。

五、重点民生工程及矿产资源审计查出问题的整改情况

（一）全国城镇保障性安居工程跟踪审计查出问题整改情况。住房城乡建设部和各省级政府加强统筹部署，明确整改责任主体，并派出督查组现场重点督办。截至2014年10月底，针对审计查出的问题，各地依法处理了358名责任人，并采取措施纠正了违规问题。其中：对骗取套取棚户区改造资金15.41亿元问题，已整改15.3亿元，其中追回被骗取资金13.88亿元，调整项目计划方式整改1.42亿元；对将78.29亿元挪用于市政设施、园区开发等问题，已整改59.33亿元，其中49.89亿元归还原资金渠道，4.6亿元上缴国库，0.34亿元归还银行及其他借款人，4.5亿元以调整账目、追加拨款等方式整改；对4.75万户不符合条件的家庭享受了住房或货币补贴问题，已有4.45万户被取消资格或停止享受待遇，追回租赁补贴2665.94万元，对保障性住房1.39万套腾退收回或提高租金、补缴差价；对2.65万套住房被挪作他用或违规销售问题，已完成整改1.85万套，其中对挪作他用的住房1.38万套已腾退住房、收回自住、补建或加收租金，对违规出售的住房4639套已清理收回或补缴土地出让金、房屋差价款。同时，各地出台或调整相关政策文件1629个，对加强工程建设监管、创新资金筹措机制、完善住房保障准入标准、探索建立有效的供后管理与退出机制、加强基础管理和信息化建设等方面做出了明确规定。

（二）扶贫资金审计查出问题整改情况。中央办公厅、国务院办公厅印发《关于创新机制扎实推进农村扶贫开发工作的意见》后，财政部会同扶贫办深入分析了财政专项扶贫资金使用管理中存在的问题及根源，起草了改革财政扶贫资金管理机制的意见，报经国务院同意后，以国务院扶贫开发领导小组名义印发。截至2014年10月，扶贫办、财政部督促相关地方根据审计结果认真整改，共出台或修订规范性文件40多项，归还原资金渠道1.32亿元，重新发放扶贫资金634万元，清理消化闲置资金2.01亿元，查处178名责任人。其中，被个人侵占的扶贫资金已追缴入库201.51万元，挽回资金损失400万元；虚报冒领、挤占挪用的扶贫资金已缴入库3236.73万元、归还资金原渠道8215.59万元、调整账目1646.12万元，补办项目变更手续、完善制度、加强管理等整改3460.64万元；损失浪费的扶贫资金，归还原资金渠道526.52万元，通过维修加固、加强培训、调整项目实施方案等措施整改3737.16万元；对闲置逾1年的扶贫资金2.27亿元，已清理消化2.01亿元，并完善规章制度8项。

（三）重要物资储备审计查出问题整改情况。对应急煤炭储备不足的问题，国资委加强了对有关企业的监管，将促进应急储备制度执行到位列为经常性工作，相关企业正在积极进行整改。对储备棉存放管理不当的问题，中国储备棉管理总公司通过完善经营业绩考核机制，加强了企业内部控制，并设立安全专家委员会、安全巡回检查组，采取建立推广安全生产行业标准和安全事故责任追究机制等措施，加强储备棉安全管理。对进口玉米质量不合格问题，中国储备粮管理总公司加强了进口玉米的合同谈判、进口检验、运输保障和库存检验等质量控制措施，确保进口玉米符合国家标准。

（四）矿产资源开发利用及相关资金征管审计查出问题整改情况。相关地方政府高度重视，对审计发现的问题逐条研究，确定整改措施和责任部门，截至2014年10月底已修订相关制度、规定和办法40项。对应征未征及挤占挪用探（采）矿权价款和使用费、矿产资源补偿费、资源税等资金284.18亿元问题，已追缴和归还资金68.65亿元，其中纠正应征未征探（采）矿权价款和使用费、矿产资源补偿费、资源税63.76亿元，占应征未征158.76亿元的40.16%；被挤占挪用的资金4.89亿元已按原渠道归还、调整账目。对越权审批或违规审批不符合条件的矿业权以及转让过程中的问题，各地分别立即停止在自然保护区内设立矿业权审批，下达整改督办通知督促违规开采企业尽快补办相关手续，同时对矿业权进行全面清理和整顿，认真排查有关问题。

六、国有金融机构审计查出问题的整改情况

截至2014年10月底，审计查出的126个问题已全部完成整改，整改问题金额218.32亿元，处理844人次，并完善制度及工作流程211项。

（一）关于金融创新业务不规范，有的规避信贷调控和监管。对3749.88亿元贷款通过同业合作、基金理财等类信贷业务投向国家限制的地方政府融资平台公司及房地产企业问题，人民银行、银监会等加大对商业银行重点环节和高风险领域的监控力度，同时针对同业、理财等业务领域中“类信贷”及“暗保”等突出问题，出台了多项化解风险的政策措施。对有的企业通过贷款“空转”套利，抽查25家黄金加工企业2012年以来虚构贸易背景，进行跨境、跨币种循环滚动贷款累计944亿元，套取汇差和利差9亿多元问题，人民银行、银监会等部门加大监督检查力度，督促各家商业银行认真整改，加快转变经营方式和盈利模式。

（二）关于违规经营问题仍较突出。对违规放贷或办理票据业务、掩盖不良贷款等183.34亿元问题，涉及的2家金融机构采取清收问题贷款、做好资产保全、限期完善贷款手续、准确反映贷款形态、清退超范围吸收存款等措施进行了整改。对虚增中间业务收入、账外存放资金等财务违规问题34.98亿元，涉及的3家金融机构采取规范支出范围和标准、及时调整账务、收回违规发放的奖金、加强报销票据审核等措施进行了整改。对12个形成损失或面临损失风险的境外投资项目存在管理人员失察、投后管理不到位等问题，涉及的1家机构从加强管理、完善制度、落实责任入手，完善投资决策机制，加强了项目投后管理和风险控制。

对涉嫌利用互联网等进行非法集资、网络诈骗的11起案件线索，审计署已经移送司法机关立案查处，人民银行、银监会等部门通过完善相关制度，加强了互联网金融监管及风险防范化解工作。

七、国有企业审计查出问题的整改情况

对审计查出的问题，相关企业召开专题会议研究，逐项提出措施意见。截至2014年10月底，已经补缴税款和挽回损失35.87亿元，处理292名责任人，并建立健全规章制度1194项。

（一）关于重大事项决策不规范，造成大量国有资产损失。对11户企业的230项重大决策违反程序、缺乏论证以及内容不符合规定问题，11户企业整改收回出借资金23.8亿元，挽回和避免损失33.15亿元，完善了163项相关的决策制度规定，对194名责任人进行了处理。其中，对中国石油天然气集团公司的油气开发、并购重组、国有资产处置等过程中一些企业管理人员违法违纪问题，相关案件线索已移交中央纪委等部门查处。

（二）关于有的企业会计核算不准确，薪酬管理不到位。对11户企业收入利润和资产不实、物资采购和工程项目未公开招标以及超提超发工资等问题，有关企业已调整相应的账目，补缴税款1.36亿元，对257项财务制度、招投标制度等进行了完善，收回违规发放的奖金福利2.02亿元，处理98名责任人。

八、审计查出的涉嫌重大违法违规案件的查处情况

审计署向有关部门移送的案件线索，有关部门已经立案查处或正在进一步调查处理。审计署将及时向社会公告查处结果。

九、加强财政管理意见的落实情况

（一）关于严肃财经纪律，切实做到依法行政、依法理财落实情况。财政部积极推进健全完善财政法律体系，深化预算管理制度改革，进一步推进预算公开透明，切实保障依法行使行政决策权和财政管理权。一是深入推进财政部门内控制度建设，按照分事行权、分岗设权、分级授权的原则，制定完善相关制度，强化流程控制，逐步建立对财政工作进行事前防范、事中控制、事后监督和纠正的运行机制。二是切实贯彻落实中央八项规定精神，进一步完善因公出国（境）、会议费等相关经费管理制度，严格控制行政经费支出，同时积极推进财政预决算、“三公”经费和行政经费公开，财政部、审计署在全国行政事业单位开展严肃财经纪律和“小金库”专项治理工作，取得较好成效。三是推进健全财政法律制度体系，提升财政制度建设质量，规范财政权力运行。

（二）关于加快转变政府职能和简政放权，深入推进财税体制改革落实情况。财政部正按照《深化财税体制改革总体方案》和新修订预算法的要求，研究完善政府预算体系，改进预算管理制度，研究明确各级政府间的事权和支出责任，逐步建立事权和支出责任相适应的制度。一是着手研究中央部门滚动规划管理改革，完善项目支出预算管理机制，加大项目支出预算整合力度，明晰预算管理权责，突出部门在部门预算管理中的主体地位，强化部门的预算审核责任。二是明确公共财政预算、政府性基金预算、国有资本经营预算、社会保险基金预算的收支范围，建立定位清晰、分工明确的政府预算体系，加大政府性基金预算、国有资本经营预算与公共财政预算的统筹力度。三是研究起草了权责发生制政府综合财务报告制度改革方案，已经国务院发布，对改革的总体要求、主要任务、具体内容、配套措施、实施步骤等做出规定。四是在重点梳理成熟市场经济国家政府间事权划分制度框架的基础上，结合相关领域事权现状，分析存在的问题与难点，研究提出改革思路，并推动开展省以下政府间事权划分相关研究。

（三）关于盘活存量、优化结构，提高财政资金使用效益落实情况。财政部积极采取措施进一步优化财政支出结构，严控竞争性领域财政支出，盘活财政存量资金，将更多的资金用于民生领域支出，提高财政资金使用效益。一是各级税收征管部门要依照法律法规及时足额组织税收收入，做到依法征收、应收尽收。二是优化财政支出结构，严格控制一般性支出，财政资金逐步退出竞争性领域，优先保障对教育、医疗卫生、社会保障等民生支出。三是加强结转结余资金管理，建立结转结余资金定期清理机制，强化预算编制与结转结余资金管理相结合的机制，加大结转资金使用力度，并建立科学合理的预算执行进度考核机制，有效控制新增结转结余。四是加大中央国库现金管理操作力度，加快出台地方国库现金管理试点办法，研究建立库底目标余额管理制度，合理调节库款余额，有效盘活库款存量。五是认真贯彻落实《国务院关于加强地方政府性债务管理的意见》（国发〔2014〕43号），逐步建立规范的地方政府举债融资机制，对地方政府债务规模实行限额管理，并规范地方政府债务资金使用，债务只能用于公益性资本支出和适度归还存量债务，不得用于经常性支出。

中华人民共和国审计署审计结果公告（2015年第2号）

中央部门单位2013年度预算执行情况和其他财政收支情况审计发现问题的整改结果

（2015年1月16日公告）

外交部2013年度预算执行情况和其他财政收支情况审计发现问题的整改结果

根据《中华人民共和国审计法》的规定，2013年11月至2014年3月，审计署对外交部2013年度预算执行情况和其他财政收支情况进行了审计。根据外交部提供的资料，截至2014年10月底，审计发现问题的整改情况如下：

一、预算执行中存在主要问题的整改情况

（一）2013年，部本级及所属外交学院有6个项目因前期准备不充分导致财政资金闲置，涉及金额2325.10万元。

针对以上问题，外交部和所属外交学院制订了详细执行计划，目前正在抓紧实施中。

（二）2013年，部本级和所属外交学院在项目支出和驻外机构基本支出中，扩大支出范围列支其他无关支出627.50万元。

针对以上问题，外交部和所属外交学院已停止拨付相关费用，进一步加强预算支出管理，规范费用开支渠道。

（三）2013年，部本级自行设立奖项，为部内单位发放奖金71.30万元。

针对以上问题，外交部已规范该项评奖工作，停止发放有关奖金。

（四）2013年，部本级和所属外交学院部分项目未按规定执行政府采购，涉及金额5215.67万元。

针对以上问题，外交部和所属外交学院已加强政府采购管理，加强人员培训，完善采购程序，停止与违规涉事公司的合作关系。

（五）2013年，部本级10个三类会议超标准列支会议费20.08万元；13个会议未在定点饭店召开；36个会议人数、会期超过规定标准；5个三类以上会议未纳入会议计划。

针对以上问题，外交部已建立会议管理台账，加强了会议计划、审批和经费管理。

二、其他财政收支中存在主要问题的整改情况

（一）2013年，部本级在2个项目未取得发票情况下报销资料费39.70万元。

针对以上问题，外交部已加强财务票据管理，规范报销手续。

（二）至2014年2月，所属外交学院于2012年9月建成并投入使用的新校区一期项目仍未按规定办理竣工财务决算。

针对以上问题，外交学院已委托中介机构进行工程竣工决算工作。

（三）2013年，所属外交学院13.2万元工程结余材料未纳入账内核算和管理。

针对以上问题，外交学院已将工程结余材料纳入账内核算。

发展改革委2013年度预算执行情况和其他财政收支情况审计发现问题的整改结果

根据《中华人民共和国审计法》的规定，2013年11月至2014年3月，审计署对发展改革委2013年度预算执行情况和其他财政收支情况进行了审计。根据发展改革委提供的资料，截至2014年10月底，审计发现问题的整改情况如下：

一、预算执行中存在主要问题的整改情况

（一）2013年，所属中国交通运输协会下属培训中心收支未纳入部门预算编报范围。

针对以上问题，中国交通运输协会已加强相关法规学习，今后将严格按照要求将所属培训中心收支纳入预算编报范围。

（二）2013年，所属宏观经济研究院本级、经济研究所等6家单位多列报人员24名多申领人员经费预算。

针对以上问题，宏观经济研究院等单位已加强预算编制管理，严格按照部门预算编制要求，合理预估人员增减变动，做到如实、科学编报预算。

（三）2013年，所属国家节能中心和中国经济体制改革研究会项目经费超预算支出163.09万元，未履行备案手续；国防动员研究发展中心和药品价格评审中心将日常公用经费68.93万元、33.66万元，自行调剂用于人员经费；国家节能中心、国际合作中心等3家单位取得的事业收入超预算3585.63万元。

针对以上问题，国家节能中心和中国经济体制改革研究会进一步加强了项目预算管理，今后将严格按照预算批复内容和数额执行；国防动员研究发展中心和药品价格评审中心正在协调解决人员经费来源途径；国家节能中心、国际合作中心等3家单位加强了预算管理，提高预算编报准确性，预算调整事项将及时按规定报主管部门备案。

（四）2013年，所属城市和小城镇改革发展中心（以下简称小城镇中心）在往来科目核算部分收支，涉及金额3575.75万元，造成决算（草案）少计收支。

针对以上问题，小城镇中心已调整有关会计账目，并将相关收支纳入2014年部门预算。

（五）至2013年底，委本级拨付宏观经济研究院、国际合作中心等12家所属单位的委托课题费和培训费，已全部列支出，但实际结存1432.89万元，其中2013年1014.23万元。

针对以上问题，相关单位已调整有关会计账目，并将按照财政部统一部署和要求调整2014年决算（草案）。

（六）2012年11月，所属国防动员研究发展中心支付课题经费45万元，并全部列支出，但至2013年底，实际结存36.33万元。

针对以上问题，国防动员研究发展中心制定了《国防动员研究发展中心基本科研业务费专项资金课题管理办法》，加强财政资金管理。

（七）2013年，所属国防动员研究发展中心使用虚假发票套取现金16.7万元，向职工发放移动电话通信费等；能源研究所下属《中国能源》杂志社、投资研究所下属《中国投资》杂志社和产业研究所使用虚假票据等分别套取现金55.71万元、16.11万元和3.65万元，用于发放工资、劳务费等。

针对以上问题，国防动员研究发展中心已调整有关会计账目；《中国能源》杂志社等单位已按照有关规定补缴税款，并调整有关会计账目。

（八）2013年，委本级接受24家单位资助33人次出国（境）费用共计157.03万元；4个出国（境）团组存在未经批准延长境外停留时间、超标准列支住宿费6.12万元、违规拆分报批等问题；还有43个团组未按规定提交出访报告。

针对以上问题，发展改革委已归还24家单位资助的出国费用，要求43个团组补交了出访报告，今后将严格按照有关规定执行，加强因公出国（境）经费管理和因公出国（境）活动监督。

（九）至2013年底，委本级和所属离退休干部局超编制配备公务用车21辆；至2014年2月底，委本级尚未完成核定的9辆超编车辆的处置工作，7辆已上交的公务用车未核销固定资产。

针对以上问题，发展改革委将对超编制配备的21辆公务用车结合公务用车改革一并解决；8辆超编车辆已完成处置，余下1辆由于超过使用年限，已向主管单位提出报废申请并获批，正在抓紧办理之中；7辆已上交公务用车的资产移交手续已全部办理完成，核销固定资产手续工作正在与相关主管单位协商办理中。

（十）2013年，所属市场与价格研究所、经济研究所等3家单位非财政拨款的因公出国（境）费和公车运维费超预算支出40.54万元，均未履行备案手续。

针对以上问题，市场与价格研究所、经济研究所等3家单位今后将加强预算管理，提高预算编报准确性，对预算调整事项严格按规定履行备案手续。

（十一）2013年，所属经济体制与管理研究所超预算支出公务接待费93.13万元。

针对以上问题，经济体制与管理研究所今后将进一步规范财务和预算管理制度，严格按照预算执行。

（十二）2013年，委本级1个国际会议超标准支出会议费163.9万元；5个会议向地方发展改革部门和企业转嫁费用52.02万元；7个国际会议违规列支管理费4.13万元；所属中国经济体制改革研究会1个会议人数超标准。

针对以上问题，发展改革委今后将加强会议管理，严格按有关规定执行。

二、其他财政收支中存在主要问题的整改情况

（一）2012年至2013年，所属价格认证中心以办培训班的形式，违规开展价格评估专业人员资格认证，收取培训费183.52万元，其中2013年138.16万元。

针对以上问题，价格认证中心已停止价格评估专业人员资格认证，不再举办与此相关的培训，并做好有关文件的清理工作。

（二）2013年，所属中国设备管理协会自定项目，收取制冷空调维修资质认证评审费和煤矿设备维修资质认证评审费、审验费53万元。

针对以上问题，中国设备管理协会已修订了相关管理办法，取消了上述收费。

（三）所属中国交通运输协会将部分考试项目委托与协会负责人有直接利益关系的单位实施，2013年收取考务费等741.9万元，且未纳入协会预决算。

针对以上问题，中国交通运输协会决定，不

再将相关考试项目委托与该协会负责人有直接利益关系的单位实施，直接与具备开展考试项目资质的单位签订合作协议，并将相关收支纳入协会预决算管理。

（四）所属对外开放咨询中心违规改变厦门综合服务楼建设项目的土地使用用途，与企业合作建设酒店式公寓，2012 年该中心将上述相关权益转让，收取费用 211.86 万元。

针对以上问题，对外开放咨询中心已解除与有关单位关于厦门综合服务楼项目转让协议，并将相关款项退回原单位。

（五）2012 年 7 月，所属宏观经济研究院未经批准，同意所属北京国宏物业管理有限公司转让下属公司部分股权，转让价格 1215 万元。

针对以上问题，宏观经济研究院加强了对所属公司的管理，今后将严格按照有关规定执行。

（六）2013 年，所属小城镇中心未经批准，以自有资金 570 万元在张家口市购买酒店式商品房 8 套。

针对以上问题，小城镇中心已补办报批手续。

（七）2002 年至 2004 年，所属价格监测中心使用自有资金 17.49 万元以个人名义购置 3 套房屋作为职工宿舍，中国开发区协会使用自有资金 74.9 万元以个人名义购置 3 套房屋作为职工宿舍，相关房屋产权均登记在个人名下，未记入单位固定资产。

针对以上问题，价格监测中心正抓紧向主管部门报告，待条件具备后尽快解决；中国开发区协会分别与外购房屋经手人签订了《关于中国开发区协会外购房屋问题的补充协议》，并积极与房屋管理机关协商办理房屋过户手续相关事宜。

（八）2013 年，委本级少计固定资产 693.94 万元；所属中国经济体制改革研究会、投资研究所和中国设备管理协会少计对外投资 231 万元。

针对以上问题，发展改革委已补办固定资产登记手续；投资研究所等 3 个单位已调整有关会计账目。

（九）截至 2013 年底，所属宏观经济研究院下属经济研究所等 9 个基层预算单位尚未申请开设财政零余额账户；宏观经济研究院 2012 年 3 月未报财政部备案开立定期存款账户，转入资金 5000 万元，存款本息已于 2013 年 1 月归还至单位基本账户。

针对以上问题，宏观经济研究院下属 9 个基层预算单位已办理财政零余额账户开户手续；宏观经济研究院已纠正违规开设定期存款账户的问题。

教育部 2013 年度预算执行情况和其他财政收支情况审计发现问题的整改结果

根据《中华人民共和国审计法》的规定，2013 年 11 月至 2014 年 3 月，审计署对教育部 2013 年度预算执行情况和其他财政收支情况进行了审计。根据教育部提供的资料，截至 2014 年 10 月底，审计发现问题的整改情况如下：

一、预算执行中存在主要问题的整改情况

（一）2013 年，所属中央电化教育馆（以下简称电教馆）未经充分可行性论证，申报项目预算 3020 万元，至年底实际支出 8.6 万元，结转 3011.4 万元；1 个项目申报预算 440 万元，项目完成实际支出 13.75 万元，多申报 426.25 万元。

针对以上问题，电教馆已将多申报的 426.25 万元资金退回教育部，将加强申报预算的可行性论证，提高预算编报的科学性。

（二）2013 年，部本级和所属国家汉语国际推广领导小组办公室、中国传媒大学、北京科技大学、国际交流协会等 4 家单位扩大范围列支与项目无关支出，涉及金额共计 23817.02 万元。

针对以上问题，教育部已责成有关单位调整了会计账目，并将资金 5450.63 万元归还原渠道。同时，教育部制定了《教育管理与改革专项经费管理规定》，进一步严格项目经费管理，规范资金使用行为。

（三）2013 年，所属清华大学、北京师范大学、北京交通大学等 6 家单位采取以拨作支等方式多计列支出共计 8366.30 万元。

针对以上问题，教育部已责成有关单位调整了相关会计账目。

（四）2013 年，所属国际交流协会通过编制虚假会议费决算表套取财政资金 46.80 万元，其中用于其他会议等 19.06 万元、转为协会事业收入 27.74 万元。

针对以上问题，国际交流协会已将套取的46.80万元资金归还原资金渠道。

（五）2013年，所属中国石油大学（北京）和国际交流协会的3个团组未办理出国审批手续，团组人员持因私护照出国。

针对以上问题，教育部分别对中国石油大学（北京）和国际交流协会进行了处理，已取消中国石油大学（北京）主要负责人2014年未成行出访计划，并暂停国际交流协会团组出访计划审批。中国石油大学（北京）领导班子召开了专题民主生活会，学校主要负责人做出自我批评，对团组成员和相关经办人进行批评教育；国际交流协会主要负责人在协会秘书处办公会上做了检讨，对团组成员和相关经办人进行批评教育。

（六）2013年，部本级有15个会议在非定点饭店召开，涉及金额111.54万元，其中2个会议在五星级酒店召开，涉及金额31.81万元；4个三类会议未纳入计划；2个会议人数超出标准；1个会议向办会单位转嫁会议费10万元。

针对以上问题，教育部已将转嫁的10万元会议费退回，并要求2014年各类会议必须全部纳入会议计划，实行定额管理和集中审批，严格规范会议报销手续，实行会议公示制度。

（七）2013年，部本级未编报政府采购预算采购电脑等办公设备389.22万元；电教馆等3个单位未经公开招标采购3861.59万元；北京林业大学自行采购应执行集中采购的计算机等315.36万元；北京化工大学未报经财政部批准采购进口设备5030.36万元。

针对以上问题，教育部已对部属各高等学校和直属单位政府采购部门负责人进行培训，并印发《教育部关于进一步做好政府采购工作的通知》，要求部属各高等学校和各直属单位认真贯彻落实政府采购法的有关规定，规范政府采购行为。

二、其他财政收支中存在主要问题的整改情况

（一）至2013年底，部本级历年财政资金滚存利息6490万元未上缴国库。

针对以上问题，教育部已经将上述滚存利息6490万元上缴中央国库。

（二）至2013年底，所属全国学生资助管理中心少计财政结转资金125.57万元；中国石油大学（北京）将应确认为结余的21730.76万元在往来账核算。

针对以上问题，全国学生资助管理中心在审计期间已对少计财政结转资金125.57万元问题进行了调账处理；中国石油大学（北京）对代管款项核算内容进行规范，并对结余资金21730.76万元账目进行分类调整。

科技部2013年度预算执行情况和其他财政收支情况审计发现问题的整改结果

根据《中华人民共和国审计法》的规定，2013年11月至2014年3月，审计署对科技部2013年度预算执行情况和其他财政收支情况进行了审计。根据科技部提供的资料，截至2014年10月底，审计发现问题的整改情况如下：

一、预算执行中存在主要问题的整改情况

（一）在编制2013年预算时，所属中国科学技术信息研究所（以下简称中信所）多报188人，多申领财政资金711.69万元。

针对以上问题，中信所加强了预算编制管理，在编制2015年预算时，已按实有在编人数申请人员经费。

（二）2013年，部本级未经财政部批准，自行将3个项目预算共计2.2亿元细化并下达给所属单位。

针对以上问题，科技部在2014年预算执行中，已按规定对有关项目预算进行了细化并报财政部审批。

（三）至2013年底，部本级“转制科研院所经费”项目2007年至2011年形成的结转资金1562.81万元，仍未统筹安排使用。

针对以上问题，科技部已向财政部报告，并根据财政部意见对该项结余进行清理，将按程序统筹安排使用。

（四）2013年，部本级将“科技计划管理费”等4个委托项目经费479.7万元全部列作支出后，拨付8个所属事业单位，但至年底有391.92万元实际并未支出，导致决算中多计列支出。

针对以上问题，科技部本级已将余款391.92万元追回，并调整了有关会计账目和决算（草案）。

（五）2013 年，所属中国农村技术开发中心（以下简称农村中心）、科技人才交流开发服务中心分别预付并列支以后年度费用 132.17 万元、19 万元，导致决算中多计列支出。

针对以上问题，农村中心和科技人才交流开发服务中心已调整有关会计账目和决算（草案）。

（六）2013 年，所属中国国际科学技术合作协会（以下简称合作协会）虚报“国际科技合作专项成果绩效的归纳整理”项目支出，套取财政资金 6.17 万元。

针对以上问题，合作协会已将套取的财政资金上交科技部。

（七）2012 年和 2013 年，所属中信所和农村中心扩大课题经费和专项经费开支范围，列支基本支出和长期聘用人员工资 25.45 万元，其中 2013 年 6.86 万元。

针对以上问题，中信所和农村中心已将资金归还原渠道，并调整了有关会计账目和决算（草案）。

（八）因公出国（境）管理和经费使用方面存在的问题。

1. 2013 年，部本级违规组织“双跨”（跨地区、跨部门）出国（境）团组 1 个，且超出规定人数 26 人；5 个出国（境）团组在境外时间超过规定天数共计 12 天；2 个团组未按规定提交出访报告；7 个团组超标准列支住宿费共计 12.32 万元；4 个团组使用不合规票据报销城市间交通费共计 9.04 万元；还为外单位 11 人承担出国（境）费用共计 17.84 万元。

2. 2012 年，部本级 2 人次（共 42 天）出国（境）费用 13.6 万元由所属农村中心承担；2013 年，部本级 7 人次（共 68 天）出国（境）费用由部外单位承担。

针对以上 1、2 项问题，科技部制定了《科技部因公临时出国经费管理办法》，加强出国（境）管理，按照规定的天数、人数、人员结构等组织出国（境）团组，落实提交出访报告和公示制度，严格编制出访团组预算，使用合规的城市间交通费票据报销有关费用。

（九）截至 2013 年底，部本级超出国管局核定的编制配备公务用车 11 辆；2013 年 1 月至 2014 年 2 月，部本级先后包租社会车辆 15 辆，并在外事接待费中列支相关费用 164.72 万元；所属高技术中心未建立公务用车使用记录。

针对以上问题，科技部已清退了全部 15 辆包租社会车辆；超编配备车辆的问题将结合公务用车改革一并解决；高技术中心修订完善了《科技部高技术中心公务车管理规定（试用）》，今后将严格执行公务用车管理使用登记审批制度。

（十）2013 年，部本级 9 个会议未在定点饭店召开，其中 3 个会议在五星级饭店召开；2 个会议超过规定人数；1 个会议超预算支出 24.51 万元；1 个会议违规支出餐费 2.21 万元；所属高技术中心 18 个会议超标准列支会议费 29.86 万元。

针对以上问题，科技部修订了《科学技术部会议管理办法》，要求相关司局严格控制会议数量和会议费预算规模，规范会议管理，提高会议质量；高技术中心制定了《科技部高技术研究发展中心会议管理实施细则》，将严格按照规定标准使用会议费。

（十一）2013 年，部本级超标准列支外宾接待费 7.23 万元；有 12 人赴外地调研共 41 天的住宿费由外单位承担。

针对以上问题，科技部加强了公务接待管理，今后将严格按照外宾接待团组预算支出相关费用；修订了《科技部工作人员出差管理办法》，严格出差审批，禁止由外单位承担住宿费。

（十二）2013 年，机关服务中心未经公开招标，直接委托所属公司承办 3 个单项合同金额均大于 120 万元的展览会，共计支出 928 万元。

针对以上问题，机关服务中心加强了政府采购管理，今后将严格执行政府采购相关规定，杜绝此类问题发生。

（十三）部本级 2013 年年初预算中有 3.5 亿元未细化到具体项目和实施单位。

针对以上问题，科技部加强了项目预算管理，将建立项目常年受理机制及申报项目库制度。

二、其他财政收支中存在主要问题的整改情况

（一）截至 2013 年底，部本级挂账 8 年以上的往来款共计 2813.08 万元，未及时清理。

针对以上问题，科技部正在开展相关清理工作。

（二）2012 年至 2013 年，部本级未按规定将机关服务中心上缴的非税收入646万元上缴中央国库，其中2013年190万元。

针对以上问题，科技部已对机关服务中心上缴的款项进行清理，今后将严格按国家有关规定执行。

（三）2009年至2014年，部本级未经批准将房产无偿提供给所属合作协会使用，收取的综合服务费109万元由机关服务中心核算，其中2013年22万元。

针对以上问题，科技部已收回有关房产。

工业和信息化部2013年度预算执行情况和其他财政收支情况审计发现问题的整改结果

根据《中华人民共和国审计法》的规定，2013年11月至2014年3月，审计署对工业和信息化部2013年度预算执行情况和其他财政收支情况进行了审计。根据工业和信息化部提供的资料，截至2014年10月底，审计发现问题的整改情况如下：

一、预算执行中存在主要问题的整改情况

（一）2013年，部本级将原信息产业部时期对电子信息产业发展研究院的借款1500万元转为拨款，但未按规定编报支出预算。

针对以上问题，工业和信息化部规范了预算编报工作，今后将各项支出全部纳入预算管理。

（二）2013年，部本级在“工业和信息化行业管理”项目中列支与项目无关的课题经费100万元、扩大开支范围向所属信息中心等支付其他项目资金1281.20万元；所属应急中心未经批准，自行调整项目支出预算803.87万元。

针对以上问题，工业和信息化部将严格按照预算规定用途使用项目资金；所属应急中心完善了预算申报程序，加强了预算管理。

（三）2013年，部本级2个因公出国（境）团组未纳入年初计划，也未按规定报批调整；11个出国（境）团组住宿费超标准列支30.19万元；在2个出国（境）团组中为其他单位人员支付费用8.05万元。

针对以上问题，工业和信息化部加强了出国（境）计划和经费管理，今后将严格执行出国（境）经费预算。

（四）2013年，部本级和所属应急中心计划外召开会议8个；部本级和所属应急中心7个会议在非定点饭店召开，涉及金额92.9万元；部本级1个会议在召开前一天取消，前期支出32.60万元形成损失；部本级4个会议超标准列支13.95万元。

针对以上问题，工业和信息化部和所属应急中心规范了会议计划管理，今后将严格执行会议费相关规定。

（五）2013年，所属应急中心未编报政府采购预算实施采购23620.14万元。

针对以上问题，工业和信息化部已要求应急中心加强与计划、采购和财务部门的沟通协调，做好政府采购需求测算，严格执行政府采购相关规定。

（六）2013年，所属应急中心工程采购支出27725.75万元未按规定采取财政直接支付方式，而是采用财政授权支付方式。

针对以上问题，工业和信息化部已要求应急中心加强财政资金支付环节的管理，严格执行国库集中支付制度。

（七）2013年，部本级少计财政拨款收入3342万元、利息收入55.92万元、支出3339.54万元。

针对以上问题，工业和信息化部已调整了有关会计账目。

（八）部本级编报2013年所属单位项目支出预算420.79万元，2013年6月才细化到所属单位。

针对以上问题，工业和信息化部加强了部本级和所属单位项目库建设，今后将及时下达项目支出预算。

二、其他财政收支中存在主要问题的整改情况

（一）2013年，所属应急中心未经批准举办评比活动，收取评审费49.51万元。

针对以上问题，工业和信息化部已要求应急中心严格执行相关规定，举办评比活动要经主管部门审核同意，并不再收取评审费用。

（二）2011年至2013年，所属应急中心、机关服务中心和电子科学技术情报研究所等单位未经批准对外出租房屋，收取租金 6862.80 万元，其中 2013 年 3443.56 万元。

针对以上问题，应急中心、机关服务中心和电子科学技术情报研究所等单位已向财政部补报相关审批手续。

（三）2013 年，所属机关服务中心出售公有住房收入 1032.84 万元未及时上缴住房基金专户。

针对以上问题，机关服务中心已将 689.78 万元售房收入上缴住房基金专户，其余款项待核对完毕后上缴。

公安部2013年度预算执行情况和其他财政收支情况审计发现问题的整改结果

根据《中华人民共和国审计法》的规定，2013 年 11 月至 2014 年 3 月，审计署对公安部 2013 年度预算执行情况和其他财政收支情况进行了审计。根据公安部提供的资料，截至 2014 年 10 月底，审计发现问题的整改情况如下：

一、预算执行中存在主要问题的整改情况

（一）2013 年，部本级支付承办单位的培训费超出实际支出 334.68 万元。

针对以上问题，公安部已向承办单位收回超出实际支付的培训费，并调整了相关会计账目。

（二）2013 年，所属物证鉴定中心（以下简称物证中心）将防洪工程项目资金 643 万元挪用于其他工程项目。

针对以上问题，物证中心正在积极办理退回资金的相关手续，待财政部批复后退回资金，并调整会计账目。

（三）2013 年，所属道路交通安全研究中心（以下简称道研中心）违规在基本科研业务费中向所属企业支付软件开发费 42 万元，该企业还违规将开发任务以 15 万元的合同价格对外转包。

针对以上问题，道研中心已修订基本科研业务费专项资金管理办法，加强资金审批管理，严禁用基本科研业务费支付研究任务外包费用。

（四）2013 年，所属证券犯罪侦查局北京分局将项目经费 142.47 万元调剂用于日常公用支出；所属道研中心将人员经费 31.98 万元调剂用于日常公用支出。

针对以上问题，证券犯罪侦查局北京分局、道研中心完善了经费报销程序，加强预算执行管理，防止此类问题再次发生。

（五）2013 年，所属证券犯罪侦查局北京分局未编制政府采购预算实施采购 146.39 万元。

针对以上问题，证券犯罪侦查局北京分局加强了政府采购预算管理，今后将完整编报政府采购预算。

（六）2013 年，部本级赴德国的 1 个团组邀请函与出访申请的事由不一致；1 个所属单位超预算支出公务接待费 35.4 万元；部本级及所属道研中心占用本系统或其他单位车辆 18 辆。

针对以上问题，公安部和有关单位研究制定了公安机关因公临时出国（境）管理办法，严格因公出国（境）团组审批管理，严格控制出访次数、人数、国家数和天数，加强出国（境）经费开支的审核（批）管理和预算监督；加强了公务接待费管理；退还了占用的 18 辆车辆。

（七）2013 年，部本级召开的 1 个三类会议参加人数超过标准 25 人，2 个三类会议天数超出标准共计 7 天。

针对以上问题，公安部完善了会议费管理的相关办法，今后将严格执行国家有关规定，加强对会议召开的全过程管理。

二、其他财政收支中存在主要问题的整改情况

（一）2013 年，部本级及所属物证中心使用不合规票据报销费用 350.91 万元。

针对以上问题，公安部和物证中心已换取正规发票，同时加强了财务报销审核手续，加强对干部职工财务制度的培训，杜绝此类问题再次发生。

（二）至 2013 年底，部本级 2008 年前出借给所属单位的款项有 918.95 万元仍未收回，长期在往来科目挂账。

针对以上问题，公安部已对长期挂账款项进行了清理。

（三）至 2013 年底，1 个所属单位未将下设非独立核算机构的房产纳入账内统一核算，涉及金额 58.8 万元。

针对以上问题，相关单位正在办理房屋权属

登记入账的相关手续。

（四）2012年，所属物证中心在未事先报财政部备案的情况下，通过实有资金账户垫付项目工程款804.97万元，2013年从单位零余额账户归垫上述资金。

针对以上问题，物证中心加强了支付资金归垫管理，严格按照程序垫付和归垫资金。

民政部2013年度预算执行情况和其他财政收支情况审计发现问题的整改结果

根据《中华人民共和国审计法》的规定，2013年11月至2014年3月，审计署对民政部2013年度预算执行情况和其他财政收支情况进行了审计。根据民政部提供的资料，截至2014年10月底，审计发现问题的整改情况如下：

一、预算执行中存在主要问题的整改情况

（一）2013年，部本级未经批准在39个项目中列支基本支出374.24万元，在公用经费中列支人员经费274.53万元；2012年和2013年，部本级和3家所属单位列支非预算单位基本支出等2068.66万元，其中2013年2053.18万元。

针对以上问题，民政部进一步加强了预算管理，严格按规定科学编制预算，防止此类问题发生。

（二）2013年11月，所属职业技能鉴定指导中心（以下简称技能鉴定中心）以虚假劳务费套取财政资金9.25万元。

针对以上问题，民政部已追回套取资金9.25万元，并调整了相关会计账目和决算（草案）；责令主要负责人检讨，并对其进行诫勉谈话和批评教育，调整工作岗位。

（三）2013年，部本级4个会议超出规定人数标准列支18.32万元；10个会议超会期标准列支7.7万元；15个会议未在定点饭店召开，涉及金额86.71万元，其中6个会议在四星级以上（含四星级）非定点饭店召开，涉及金额27.51万元。

针对以上问题，民政部进一步加强了“三公”经费和会议费管理，强化主体责任，严格审核经费支出，强化会议计划管理和经费预算控制。

二、其他财政收支中存在主要问题的整改情况

（一）2013年10月，所属紧急救援促进中心未按规定程序报批，自行核销资产847.64万元。

针对以上问题，紧急救援促进中心已调整了有关会计账目。

（二）2013年，所属中国康复器具协会（以下简称康复协会）、技能鉴定中心在未取得收费许可证、未经批准的情况下，违规收取考试、考务费55.27万元。

针对以上问题，康复协会、技能鉴定中心正在向主管部门报请办理考试收费事宜，在有关部门未核定收费项目和标准前，技能鉴定中心已停止收费，康复协会暂缓举办相关职业资格考试。

（三）2012年至2013年，所属康复协会将两届博览会收支委托承办企业核算，未纳入协会法定账簿，涉及收入合计420.26万元，其中2013年241.71万元。

针对以上问题，康复协会已完成对两届博览会的收支核实工作，并将结余资金纳入协会法定账簿。自2014年起，博览会由该协会自行组织，收支全部纳入协会法定账簿。

财政部2013年度预算执行情况和其他财政收支情况审计发现问题的整改结果

根据《中华人民共和国审计法》的规定，2013年11月至2014年3月，审计署对财政部2013年度预算执行情况和其他财政收支情况进行了审计。根据财政部提供的资料，截至2014年10月底，审计发现问题的整改情况如下：

一、预算执行中存在主要问题的整改情况

（一）2013年，部本级3个出国（境）团组超标准列支18.42万元，其中：超标准列支机票款10.68万元、住宿费7.74万元。

针对以上问题，财政部加强了因公出国（境）经费管理，今后将严格按照规定标准审核出国费各项开支。

（二）2013年，部本级超标准将3个国外来访团组安排在五星级酒店。

针对以上问题，财政部加强了外事接待支出

管理，今后将严格按照规定标准执行，不再安排在五星级酒店接待司局级及以下外宾。

（三）截至2013年底，部本级公务用车超出核定编制数3辆。

针对以上问题，财政部已成立公车改革领导小组，此问题将结合公车改革一并解决。

（四）所属机关服务中心“太平桥煤改气”等2个项目已无法实施，但未及时调减项目预算，至2013年底，财政拨款结转累计5148.32万元。

针对以上问题，机关服务中心已按规定程序将上述2个项目的结转资金全部上缴国库。

（五）所属机关服务中心3个基建项目完工多年未办理竣工财务决算，至2013年底，财政拨款结转累计654.28万元。

针对以上问题，机关服务中心正在积极协调有关部门办理竣工决算，并已将其中2个项目的结转资金共423.07万元上缴国库。

二、其他财政收支中存在主要问题的整改情况

（一）2013年，所属机关服务中心违规将部本级5辆公务用车对外出租，收入64.80万元未上缴财政。

针对以上问题，机关服务中心已将2013年公务用车出租收入扣除相关费用后的余额27.79万元全部上缴国库，并调整了有关会计账目。机关服务中心将于2014年12月合同到期后终止对外出租公务用车，并按规定将2014年租车收入上缴国库，同时在编制2014年部门决算时做相应调整。

（二）2013年，所属机关服务中心未经财政部同意，委托下属公司将本中心部分房产对外出租，收入466.46万元未纳入单位法定账簿核算。

针对以上问题，财政部已责成机关服务中心就以上资产对外出租情况按规定程序报批。机关服务中心已将房租收入余额收回，并纳入单位法定账簿核算。

（三）2013年，所属中国注册会计师协会购置11.75万元硒鼓墨盒、所属中国资产评估协会维修公务用车支出2.45万元均未按规定实行集中采购。

针对以上问题，财政部已责令中国注册会计师协会加强财务管理，严格执行政府采购规定。

（四）2013年，所属中国会计学会举办各类培训班并自行定价收取培训费550.56万元。

针对以上问题，中国会计学会将合理确定培训收费价格，不再举办高收费培训项目。

人力资源社会保障部预算执行情况和其他财政收支情况审计发现问题的整改结果

根据《中华人民共和国审计法》的规定，2013年5月至7月，审计署对人力资源社会保障部预算执行情况和其他财政收支情况进行了审计。根据人力资源社会保障部提供的资料，截至2014年10月底，审计发现问题的整改情况如下：

一、预算执行中存在主要问题的整改情况

（一）2008年至2012年，所属国务院军转办专业军官培训和接待中心在财政资金安排的“国家统编核心及辅助教材研讨论证”等项目中列支132.12万元，用于本单位会议费、设备购置费等与项目无关的支出。

针对以上问题，该中心已按要求调整了相关会计账目。

（二）2009年至2012年，所属人事考试中心未经批准，在不同项目之间调剂使用预算资金3958.15万元，涉及141个项目。

针对以上问题，该中心已经主管部门批准完善了预算编制办法，解决了因实际考试人数无法准确预估造成的预算调剂问题，今后将据实核算项目支出，对确需调整预算的，将严格按照规定执行。

二、其他财政收支中存在主要问题的整改情况

至2012年底，部本级实物账反映固定资产总额为79252.04万元，但财务账仅反映75841.84万元。

针对以上问题，人力资源社会保障部目前已完成对部本级固定资产的清查工作，并将资产清查账目调整方案提交主管部门征求意见。下一步，将根据主管部门批复意见对部本级资产账目进行调整，并进一步强化定期清查、定期对账的工作机制。

国土资源部2013年度预算执行情况和其他财政收支情况审计发现问题的整改结果

根据《中华人民共和国审计法》的规定，2013年11月至2014年3月，审计署对国土资源部2013年度预算执行情况和其他财政收支情况进行了审计。根据国土资源部提供的资料，截至2014年10月底，审计发现问题的整改情况如下：

一、预算执行中存在主要问题的整改情况

（一）2013年，所属中国地质调查局发展研究中心（以下简称发展研究中心）、中国地质科学院力学所（以下简称力学所）、中国地质科学院地质研究所（以下简称地质所）、中国地质调查局本级、中国地质环境监测院（以下简称环境监测院）等5家单位虚报实有人数，多申领人员经费114.43万元。

针对以上问题，发展研究中心等单位已将多申领的114.43万元财政资金上缴中央财政，并调整了有关会计账目和决算（草案）。

（二）2012年至2013年，部本级未按项目进度拨付资金660万元，实际仅支出0.69万元，其余659.31万元沉淀在所属单位，其中2013年320万元。

针对以上问题，国土资源部进一步加强了资金支付管理，细化项目预算，严格按照工作需要和进度拨款。

（三）2013年，部本级和所属油气资源战略研究中心（以下简称油气中心）等8家单位未经批准，自行调整项目预算、扩大项目支出开支范围等2662.51万元，用于人员经费、培训中心修缮等支出。

针对以上问题，国土资源部和油气中心等单位已将未经批准使用的财政资金归还原资金渠道，并调整了有关会计账目和决算（草案）。

（四）2012年至2013年，所属中国地质调查局未经批准自行变更项目执行单位，涉及金额7630万元，其中2013年1980万元。

针对以上问题，中国地质调查局进一步加强了预算管理，今后将严格执行项目支出预算，确需调整的按程序报批。

（五）2012年至2013年，所属中国地质科学院矿产资源研究所（以下简称资源所）违规从零余额账户向实有资金账户划转资金，涉及金额4114.91万元，其中2013年2018.11万元。

针对以上问题，资源所加强了零余额账户管理，今后将严格执行有关规定，规范资金归垫行为。

（六）2013年，所属油气中心、力学所、北京探矿工程研究所（以下简称北京探工所）未经公开招标，直接采购数据平台建设服务、数控机床等，涉及金额1192.08万元。

针对以上问题，油气中心等单位完善了政府采购内部管理办法，今后将严格执行政府采购有关规定。

（七）因公出国（境）管理中存在的问题。

1.2013年，所属中国地质调查局赴美国和加拿大页岩气技术考察团擅自改变在美行程，前往拉斯维加斯停留3天，回国后报称同一时间在加拿大考察。

2.2013年，所属中国地质科学院（以下简称地科院）和下属地质研究所5个团组擅自延长境外停留时间，涉及金额35.69万元。

3.2013年，所属北京探工所将2个出国团组委托不具备资质的中介服务机构承办，支出29.61万元；中国国土资源航空物探遥感中心（以下简称航遥中心）超预算列支出国费25.46万元；地科院向下属地质研究所转嫁出国费1.76万元。

针对以上1、2、3项问题，国土资源部已责成有关单位按照规定加强因公出国（境）管理，杜绝此类问题发生。其中，中国地质调查局已对相关责任人给予免职、党内警告等处分，考察团成员已退还应由个人负担的费用。

（八）2012年，所属地科院无预算购置公务用车2辆，支出120.57万元；截至2013年底，中国地质调查局等14家单位以租赁形式配置公务用车44辆，超编26辆。

针对以上问题，地科院已对相关车辆封存处理，进一步规范车辆购置行为；中国地质调查局等单位已将以租赁方式违规配置的公务车清退11辆，已封存超编制配备的公务用车8辆，将结合公务车改革一并处理。

（九）2012 年至 2013 年，所属地科院向下属单位转嫁公务接待费 18.51 万元，其中 2013 年 12.29 万元。

针对以上问题，地科院对下属单位招待费进行了全面清理，对相关责任人给予免职、党内警告处分。

（十）会议费管理中存在的问题。

1.2013 年，所属中国地质调查局等 8 家单位的 25 个会议在非定点饭店召开，支出 124.48 万元。

2.2012 年至 2013 年，部本级向所属或其他单位转嫁会议费 74.61 万元，其中 2013 年 57.88 万元。

3.2012 年，所属资源所在会议费中列支拉杆箱等礼品合计 50.88 万元。

4.2013 年，所属航遥中心虚列会议费 20.55 万元，用于餐饮及娱乐活动等。

针对以上 1、2、3、4 项问题，国土资源部印发了《机关会议和经费管理办法》，中国地质调查局等单位完善了内部会议管理办法等措施，今后严格执行有关规定，加强会议管理。其中，资源所已对相关责任人给予免职、党内严重警告处分；航遥中心已追回违规资金 2.55 万元，对相关责任人给予党内警告、党内严重警告、行政警告、行政记过等处分。

二、其他财政收支中存在主要问题的整改情况

（一）2012 年至 2013 年，所属中国地质调查局、力学所、地质所等 7 家单位自定项目和标准，违规发放津补贴和实物等 12 522.27 万元，其中 2013 年 5401.27 万元。

针对以上问题，中国地质调查局等单位对发放情况进行了清理，追回、清退了违规发放的津补贴，印发了《关于严格执行表彰奖励和津补贴发放规定的通知》，进一步加强劳保用品采购和发放管理。

（二）2012 年至 2013 年，所属资源所和力学所组织职工和家属公款旅游，涉及金额 60.22 万元；沈阳地质矿产研究所在建所 50 周年活动中向嘉宾发放礼品支出 18.7 万元。

针对以上问题，资源所等单位已追回违规资金，并对相关责任人给予免职、党内严重警告、党内警告等处分。

（三）2013 年，部本级和所属中国地质调查局自行设定项目和标准，违规收取评审服务费、培训费等 235 万元。

针对以上问题，国土资源部和中国地质调查局已停止收费，相关工作所需经费按程序申请财政拨款；中国地质调查局对培训收支进行了清理，收回结余资金纳入单位统一管理，今后举办相关培训将严格履行报批程序。

（四）2011 年至 2013 年，所属资源所以下属公司的名义签订合同，将部分横向课题收入 817.3 万元转移至该公司，其中 2013 年 209.3 万元；通过该公司租用公务用车 1 辆，向该所职工发放购物卡等 56.43 万元。

针对以上问题，资源所已对转移到公司核算的课题收入进行清理，收回余额 16.21 万元；收回违规向职工发放的福利 41.72 万元。

（五）2006 年以来，所属北京探工所未经批准对外出租价值 330.87 万元的房产，租金收入合计 151 万元；未经批准向下属企业无偿出借资金 280 万元；未经批准和评估转让无形资产，取得的转让收入 587 万元未执行“收支两条线”的规定；将货物销售收入和房租收入 107.75 万元，虚开为技术服务费和技术转让费发票，以此少缴税金。

针对以上问题，北京探工所已按程序补报资产出租审批手续，收回出借资金 280 万元，已商财政部研究处理无形资产转让收入问题，补缴税金 17.57 万元。

（六）2011 年至 2013 年，所属中国地质博物馆未经批准对外出租房产，取得收入 195 万元，其中 2013 年 65 万元。

针对以上问题，中国地质博物馆已按程序补报资产出租审批手续。

（七）2012 年至 2013 年，所属地科院采购的 525 万元设备，未纳入固定资产核算。

针对以上问题，地科院已将相关设备补记固定资产。

（八）2012 年至 2013 年，所属地科院、资源所、中国地质学会收取会议注册费 262.27 万元，其中 125.02 万元由会议酒店代收，直接冲抵会议支出，未纳入本单位法定账簿核算。

针对以上问题，地科院等单位已对相关会议收支进行了清理，严格执行会议管理规定，规范会议经费管理，杜绝此类问题发生。

住房城乡建设部2013年度预算执行情况和其他财政收支情况审计发现问题的整改结果

根据《中华人民共和国审计法》的规定，2013年11月至2014年3月，审计署对住房城乡建设部2013年度预算执行情况和其他财政收支情况进行了审计。根据住房城乡建设部提供的资料，截至2014年10月底，审计发现问题的整改情况如下：

一、预算执行中存在主要问题的整改情况

（一）2012年12月，所属信息中心规避政府采购程序，将合同总额230.4万元的部分信息系统项目服务工作直接委托一家企业的15名员工承担，至2013年底实际支付226.4万元。

针对以上问题，信息中心已要求业务部门严格执行有关规定，财务部门严格资金支出审核，杜绝此类问题再次发生。

（二）因公出国（境）经费管理中存在的问题。

1.2013年，部本级3个出国团组4人次出国费用13.35万元，由所属单位和外单位承担。

针对以上问题，住房城乡建设部已退还相关费用，并调整了有关会计账目。

2.2013年，所属中国土木工程学会（以下简称土木学会）未按规定程序报批组织52人赴香港，由其所属基金会支付费用共计11.95万元；2010年至2013年，土木学会城市公共交通分会未按规定程序报批组织6个“双跨”（跨地区、跨部门）团组共计93人次赴国外参加会议和考察。

针对以上问题，土木学会加强了因公出国（境）报批手续管理，要求因公出国（境）活动必须使用因公护照；土木学会城市公共交通分会加强了岗位管理责任制，责成有关人员深刻反思，并要求在未获得外事审批部门批文的情况下，不得以学会或分会名义组织或参加相关外事活动。

3.2013年，所属中国建筑文化中心（以下简称建文中心）组织的1个“双跨”团组多收取团费6.14万元，其中5.04万元用于支付本单位人员出访费用。

针对以上问题，建文中心已退回多收取的出国费用，调整了有关会计账目。

（三）2010年至2013年，所属机关服务中心和离退休干部局上交或报废公务用车9辆，但至2013年底，均未按规定核销固定资产，账面价值合计295.31万元。

针对以上问题，机关服务中心和离退休干部局已办理固定资产核销。

（四）2013年，部本级扩大项目支出范围列支会议费19.64万元；部本级将会议设备租金等支出21.43万元转嫁给机关服务中心承担；所属执业资格注册中心从23个会议经费支出中套取现金共计300.88万元用于发放劳务费，其中251.38万元未代扣代缴个人所得税。

针对以上问题，住房城乡建设部将转嫁的会议费归还机关服务中心，并调整了有关会计账目；执业资格注册中心已补缴个人所得税。

二、其他财政收支中存在主要问题的整改情况

（一）2011年至2013年，所属中国城市科学研究会（以下简称城科会）、土木学会咨询工作委员会等4家单位违规收费2168.96万元，其中2013年2067.62万元；2013年，所属幼儿园以捐赠款和共建费等名义，违规向入园幼儿家长及有关单位收取捐资助学款288.30万元。

针对以上问题，城科会、土木学会已停止收费，并按有关规定研究解决所需的工作经费；所属幼儿园已停止收取与入园挂钩的费用。

（二）2008年至2013年，所属建文中心、机关服务中心、城科会等单位收取的展会收入、停车费、培训费等共计1428.35万元，未纳入单位法定账簿核算。

针对以上问题，建文中心、机关服务中心、城科会等单位已清理并收回相关款项，纳入单位法定账簿核算。

（三）2000年以来，所属信息中心的13名党员领导干部在企业投资入股、兼职或兼职取酬，领取股东分红和劳务费共计73.28万元，其中2013年2.08万元；2013年1月，所属全国城市雕塑建设指导委员会（以下简称城雕委）办公室的14名正式员工在企业报销个人费用22.15万元；所属建文中心有1名党员领导干部违规兼任企业董事。

针对以上问题，信息中心相关人员已清退担任领导干部期间所得公司分红及报酬并退出持有的股份，不再兼职，相关企业已完成工商、税务变更手续；所属城雕委办公室有关员工退回了报销的个人费用；所属建文中心的有关人员已不再兼任企业董事。

（四）截至2013年底，部本级在1999年至2012年期间完工并投入使用的14个基建项目仍未办理竣工财务决算，涉及投资8651.62万元。

针对以上问题，住房城乡建设部已批复了12个基建项目的竣工财务决算手续，另有2个项目的竣工决算已按程序向国管局申请办理。

（五）2013年，所属建文中心及其培训中心违规购买不保证本金和收益的银行短期理财产品2700万元。

针对以上问题，建文中心及其培训中心已将购买理财产品的资金全部收回。

（六）2012年至2013年，所属幼儿园等3家单位未经批准对外出借出租部分房产，取得收入164.08万元，其中2013年142.58万元。

针对以上问题，机关服务中心制定了《机关服务中心办公用房（业务用房、附属用房）使用管理规范》，对下属幼儿园等3家单位的房产管理进行了规范，杜绝无审批出租问题的发生。

（七）所属城科会2012年12月以“借款”名义对外进行股权投资750万元，城科会下属杂志社2013年3月出资100万元成立公司，但至2013年底，上述投资均未按规定在城科会和杂志社的账簿、报表上反映。

针对以上问题，下属杂志社已按规定调整了有关会计账目。

（八）2013年，所属科技发展促进中心、住宅产业化促进中心超出核定的工资总额发放工资共计555.22万元。

针对以上问题，科技发展促进中心和住宅产业化促进中心加强了工资总额管理，严格报批程序。

（九）2013年，所属城科会开办的公司将2011年和2012年虚列成本的737万元调入未分配利润，但未计缴企业所得税。

针对以上问题，城科会要求涉及的公司在纳税申报时做纳税调整，并已补缴企业所得税。

（十）2013年，住宅产业化促进中心虚开发票多报销会议费6.3万元，违规为职工发放购物卡32.8万元。

针对以上问题，住宅产业化促进中心已将套取的资金上交，调整了有关会计账目，并停止向职工发放购物卡。

交通运输部2013年度预算执行情况和其他财政收支情况审计发现问题的整改结果

根据《中华人民共和国审计法》的规定，2013年11月至2014年3月，审计署对交通运输部2013年度预算执行情况和其他财政收支情况进行了审计。根据交通运输部提供的资料，截至2014年10月底，审计发现问题的整改情况如下：

一、预算执行中存在主要问题的整改情况

（一）2007年和2013年，部本级和所属科学研究院（以下简称交科院）、海事局扩大支出范围使用财政资金3556.31万元，其中2013年3510万元。

针对以上问题，交通运输部及所属单位已完善制度，按规定编报预算和使用财政资金。

（二）2013年，部本级向所属规划研究院（以下简称规划院）转嫁因公出国（境）费3.38万元；2012年至2013年，规划院和公路科学研究所（以下简称公路所）超预算列支因公出国（境）费209.96万元，其中2013年106.41万元。

针对以上问题，交通运输部已退回转嫁的出国费，相关单位已完善制度，加强预算控制。

（三）截至2013年底，部本级和所属海事局超编制配备公务用车41辆，使用产权属于机关服务中心的公务用车1辆，以前年度购置的车辆资产43.87万元未纳入财务账统一核算；所属救助打捞局借用其他单位公务用车4辆。

针对以上问题，交通运输部及相关单位已进行清理，调整相关会计账目，并商财政部同意在2014年部门决算中调整，超编配备车辆的问题将结合公务用车改革一并解决。

（四）2013 年，所属海事局 5 批次外宾接待宴请均在准 5 星级以上酒店举行，人均超标准 173.35 元。

针对以上问题，海事局 2014 年起加强了公务接待管理。

（五）2012 年至 2013 年，所属规划院超预算支出公务接待费 205.76 万元，其中 2013 年 61.56 万元。

针对以上问题，规划院已完善相关制度并加大对公务接待费的监督。

（六）2013 年，部本级 13 个三类会议未列入计划；114 个会议在非定点饭店召开，涉及金额 259.80 万元；10 个会议超标准列支 132.15 万元；向所属单位或其他单位转嫁、摊派会议费 46.22 万元。

针对以上问题，部本级已支付应由本级承担的会议费用，并完善相关制度，加强会议管理。

（七）所属公路所在设备采购中，未督促中标公司按约定期限履行合同，在已支付设备款 223.71 万元（90％的合同金额）的情况下，至 2013 年底仅收到价值 120.16 万元的设备（已超过合同期限近 4 年），使 103.55 万元设备款面临损失风险。

针对以上问题，公路所已追回资金并给予相关责任人降职处分。

（八）2010 年，所属交科院以改善科研用房条件为由申领房屋修缮项目预算 215 万元，修缮完工后将部分房屋对外出租。

针对以上问题，交科院已将资金上缴财政，并调整相关会计账目。

此外，部本级 2013 年初向财政部申报并获批复的 564 个项目预算 3.55 亿元，未细化到项目具体承担单位。

针对以上问题，交通运输部已将 2014 年预算调整细化至具体承担单位。

二、其他财政收支中存在主要问题的整改情况

（一）2013 年，所属交通国际合作事务中心自定标准收取护照、签证代办费合计 25.30 万元。

针对以上问题，交通国际合作事务中心已规范护照签证等代办业务工作，调整相关服务收费管理方式；交通运输部在向财政部申报 2015 年部门预算时，将已收取的费用纳入预算管理，并将于 2015 年 1 月 1 日起停止收费。

（二）截至 2013 年底，部本级及所属水运科学研究所（以下简称水运所）、中国交通通信信息中心、管理干部学院的 26 个已完工投入使用项目未及时办理竣工验收或财务决算。

针对以上问题，交通运输部及相关单位已完成 24 项建设项目竣工财务决算工作，有 2 项建设项目正在抓紧整改。

（三）截至 2013 年底，所属交科院承担的 36 个科研项目应结题未结题，涉及专项资金 2909.72 万元。

针对以上问题，交科院已完成全部科研项目结题验收工作。

（四）2013 年，所属机关服务中心未经批准出租部分部机关办公楼，收取租金 1470.72 万元；2012 年，所属水运所未经批准将部分科研楼对外出租，截至 2013 年底收取租金 192 万元。

针对以上问题，机关服务中心已将相关房租收入上缴财政，水运所已按程序补办了资产出租报批手续，明确租约到期后将不再对外出租。

（五）2007 年至 2013 年，所属海事局未经批准将总造价 2150.69 万元的 53 艘海事巡逻船无偿调拨给无隶属关系的各地方海事局及其下属企业使用。

针对以上问题，海事局正在补办报批手续。

（六）2009 年至 2013 年，所属密云交通绿化基地将取得的收入 277.30 万元直接冲抵有关费用，收支均未在本单位法定账簿核算，其中 2013 年 70.52 万元。

针对以上问题，密云交通绿化基地已将所有收支纳入账内核算，并商财政部同意在 2014 年部门决算中调整。

（七）2013 年，部本级会计决算报表与资产明细账反映的房屋资产价值一致，但面积相差 36 136.52平方米；所有权属于部本级的 2 处房屋资产价值未入账核算。

针对以上问题，交通运输部已完成 2 处房屋资产入账手续，经商财政部同意在 2014 年决算报表中调整相关房屋资产的面积和价值。

（八）2013 年，所属机关服务中心在“事业其他收入”等账户中用支出直接冲抵收入，造成少计收支，涉及金额1598.92万元。

针对以上问题，机关服务中心已按照会计制度要求，规范核算此类收支业务，并商财政部同意在2014年部门决算中调整。

（九）2013年，所属交科院独立承担2个由财政资金支持的科研项目，形成的2项计算机软件著作权成果登记在院属公司。

针对以上问题，交科院已决定收回相关软件著作权，相关企业也已向国家知识产权局提交了知识产权登记变更的申请材料，目前已全部变更为交科院的专利项目。

（十）2012年至2013年，所属公路所下属公司购买78.5万元的购物卡发放给公路所部分职工，其中2013年49.9万元。

针对以上问题，公路所已对该公司领导班子成员进行了谈话并通报批评，责令做出检查，更换财务人员，对主要责任人给予警告处分。

水利部2013年度预算执行情况和其他财政收支情况审计发现问题的整改结果

根据《中华人民共和国审计法》的规定，2013年11月至2014年3月，审计署对水利部2013年度预算执行情况和其他财政收支情况进行了审计。根据水利部提供的资料，截至2014年10月底，审计发现问题的整改情况如下：

一、预算执行中存在主要问题的整改情况

（一）2013年，所属综合事业局超范围编报应由地方政府承担的风景区规划编制费项目支出预算195万元；中国灌溉排水发展中心（以下简称灌排中心）用已完工项目申报并获得财政资金87.19万元。

针对以上问题，综合事业局从2015年开始不再在项目中安排委托地方编报风景区规划经费；灌排中心已将87.19万元归还原资金渠道并调整相关会计账目。

（二）2013年，所属综合事业局通过签订虚假合同方式虚列支出套取节水产品检测费64万元；2012年至2013年，该局在项目支出中虚列会议费3.86万元用于餐饮等消费，其中2013年1.65万元。

针对以上问题，综合事业局已追回违规资金，并将虚列的支出归还原资金渠道。

（三）2008年以来，所属水利部水利水电规划设计总院（以下简称水规总院）等8家单位未经批准，自行调剂使用财政资金、扩大项目支出开支范围列支与项目无关的支出，涉及金额995.39万元，其中2013年598.36万元。

针对以上问题，水规总院等8家单位已将资金归还原渠道。

（四）2013年，部本级及所属中国水利水电科学研究院（以下简称水科院）等4家单位未按规定履行政府采购程序实施采购，涉及金额1767.89万元，其中直接委托所属单位或社团组织提供技术评审服务1477.89万元；水科院和水规总院9960.89万元政府采购预算实际未执行；发展研究中心8个项目实际采购金额超预算29.90万元。

针对以上问题，水科院等4家单位加强了政府采购法规制度的系统培训，对2014年的项目要求严格执行相关规定，其中，水科院印发《关于加强2014年政府采购预算、计划和执行管理的通知》，要求院属单位加强项目政府采购管理，并在财务管理信息系统中增设政府采购核算控制子系统，加强对政府采购工作的管控，修订政府采购实施细则，细化关键环节操作流程。

（五）2011年至2013年，所属水科院将中央投资项目委托无资质公司代理招标，中标公司投标时涉嫌弄虚作假，涉及金额2572.89万元。

针对以上问题，水利部建管司等部门联合组成调查组深入核查，已将弄虚作假骗取中标的有关公司转送住房城乡建设部查处。

（六）2013年，所属水科院、海河流域委员会漳河上游管理局等4家单位在项目实施中，超合同约定进度付款、未按规定预留质量保证金，涉及金额1520.85万元。

针对以上问题，水科院等单位安排专人负责及时跟进项目进展情况，准确把握项目完成进度，严格按进度拨付工程款。

（七）因公出国（境）管理中存在的问题。

2013年，部本级对4个因公出国（境）团组进行了调整，未相应调整年度计划；所属机关服务局违规使用旅行社提供的外方邀请函组织出访；部本级和所属水规总院、发展研究中心等5家单位向下属单位转嫁16人次出国费用61.52万元；综合事业局使用不合规发票报销出国费14.38万元。

针对以上问题，水规总院等单位已退还摊派的出国（境）费用，部本级及相关所属单位加强了出国（境）团组管理。

（八）公务用车管理中存在的问题。

2013年，所属综合事业局5辆公务用车未统一调度管理，未登记行车记录；水利部综合开发管理中心向非定点维修单位支付车辆修理费1.95万元；长江水利委员会驻北京联络处和水科院占用企事业单位车辆13辆；2003年和2004年，所属综合事业局将购置的价值55.87万元的2辆公务用车，交由中国水利经济研究会和中国水利职工思想政治工作研究会无偿使用至今。

针对以上问题，综合事业局已完善车辆管理制度，建立公务用车信息表及行车记录，将中国水利经济研究会和中国水利职工思想政治工作研究会使用的车辆收回；长江水利委员会驻北京联络处和水科院已退还占用的车辆。

（九）会议费管理中存在的问题。

2013年，部本级对8个三类会议进行了调整，未相应调整年度会议计划，涉及金额40.38万元；部本级和所属水利部人才资源开发中心、水规总院的7个会议未在定点饭店召开、支出58.01万元，其中3个会议在五星级饭店召开、支出17.53万元；2013年，所属水规总院在京外召开6个没有现场观摩内容的会议，涉及金额33.73万元，其中1个会议在风景名胜区召开、支出7.19万元；2013年，所属水科院等4家单位超标准列支、宴请与会人员及安排在京人员住宿等支出65.16万元；所属水规总院向其他单位转嫁会议费22.32万元。

针对以上问题，水利部及所属单位完善了相关制度，精简会议，加强管理。2013年12月，水利部印发《水利部会议管理办法》，对会议实行分类管理、计划管理、预算管理和分级审批。部机关2014年度会议全部纳入计划管理，对未列入年度计划的会议，办公厅不予印发会议通知，财务部门不予报销会议费支出；水规总院等单位印发《关于进一步加强会议管理的通知》等制度规定、组织专题培训；水科院使用自有资金弥补了超标准列支的会议费和宴请费用，并调整了有关会计账目。

二、其他财政收支中存在主要问题的整改情况

（一）2013年，所属科技推广中心、人才资源中心、国际经济技术合作交流中心违规收费895.35万元，其中352.84万元是在已安排预算的情况下另行收取的。

针对以上问题，人才资源中心等单位对已纳入财政经费安排的项目，停止收费；对于需要收费的项目，人才资源中心拟向价格主管部门申请经营服务性收费项目，并制定《人才中心财务管理办法》，强化收支管理责任。

（二）2011年以来，所属灌排中心违规收费258.03万元（2013年54.56万元），其中162.83万元未纳入该单位法定账簿核算。

针对以上问题，灌排中心已停止违规收费，对相关责任人给予行政处分，已派专人督办收回结余资金2.58万元。

（三）2013年，所属水科院将2203.04万元房屋出租收入，交由下属企业以物业费名义收取，作为业务收入。

针对以上问题，水科院将由下属企业收取的房屋出租收入扣除营业税等费用后的余额2086.21万元全部收回，今后房产出租收入纳入院财务账簿统一核算，不再由下属企业收取。

（四）2005年，所属水利部水库移民开发局将应由其作为出资人的3710万元资产转为下属单位的对外投资，该下属单位2013年从中取得利润分红款52.02万元。

针对以上问题，移民局已收回对外投资及投资收益，并调整有关会计账目。

（五）2013年，所属水科院等4家单位未经批准出租房产，取得收入4024.37万元。

针对以上问题，水科院等4家单位正在履行房屋出租申报审批程序，今后将严格按照有关规定执行。

（六）2013年，所属灌排中心和水利部水土保持监测中心的2家下属企业使用虚假票据报销，套取资金43.91万元。

针对以上问题，灌排中心和水利部水土保持

监测中心的2家下属企业已将套取的资金全部收回入账，并对相关责任人给予行政处分；水利部水土保持监测中心所属企业成立管委会强化内部管理，对公司的重大业务进行实时监管。

（七）2013年，所属水规总院7名副处级以上干部在所属企业兼职取酬95.62万元。

针对以上问题，水规总院相关人员已全额退回兼职取得的酬金95.62万元，水规总院要求今后所有处级干部不得在企业兼职取酬。

农业部2013年度预算执行情况和其他财政收支情况审计发现问题的整改结果

根据《中华人民共和国审计法》的规定，2013年11月至2014年3月，审计署对农业部2013年度预算执行情况和其他财政收支情况进行了审计。根据农业部提供的资料，截至2014年10月底，审计发现问题的整改情况如下：

一、预算执行中存在主要问题的整改情况

（一）2010年至2012年，所属黑龙江省农垦总局闫家岗农场、八五九农场以重复申报方式，多申领专项工程资金1555万元。

针对以上问题，相关单位已采取措施加强项目审核与管理，杜绝此类问题发生。

（二）2008年至2010年，所属黑龙江省农垦总局北大荒集团友谊分公司采取虚报水稻种植面积的方式，套取中央良种补贴专项资金71.6万元。

针对以上问题，该公司已将套取的财政资金归还原资金渠道。

（三）2012年至2013年，所属农村经济研究中心（以下简称农研中心）用虚假劳务费、稿费套取专项资金23.91万元发放给职工，其中2013年18.41万元。

针对以上问题，农研中心已退回套取的资金23.91万元。

（四）2013年，所属中国农机安全报社（以下简称农机报社）在财政专项中支付北京市报刊发行局报刊分送费75.76万元，由该局按月返还部分款项。截至2013年底，农机报社收到返还款28.49万元，用于日常开支。

针对以上问题，农机报社已将28.49万元归还原资金渠道，并调整了相关会计账目和决算（草案）。

（五）2008年以来，所属全国农业技术推广服务中心（以下简称农技中心）和全国水产技术推广总站（以下简称水推总站）申报的3个项目预算1105万元，因前期工作准备不充分等原因，截至2014年3月仅支出2万元，剩余1103万元长期闲置。

针对以上问题，农技中心报经农业部批准对相关项目建设内容和资金进行调整，年底完成全部建设内容；水推总站正在加快推进项目建设。

（六）2010年至2013年，所属中央农业广播电视学校等12家单位扩大开支范围列支公用经费和人员经费等费用共计3993.28万元，其中2013年1172.03万元。

针对以上问题，农业部已责成相关单位严格按照批复的预算执行。农业生态与资源保护总站对有关责任人进行了批评和提醒，用自有资金归还财政资金7.5万元；农村合作经济经营管理总站（以下简称经管总站）等其他单位已采取措施加强对预算支出的管理和财务审核把关，严格按照批复的预算执行，杜绝此类问题发生。

（七）2013年，所属水推总站未执行政府采购程序采购209万元试验用饲料；中国水产科学研究院（以下简称水科院）的1个项目邀请参与投标的3家公司中，有1家不属于中央国家机关限额内工程项目定点施工企业。

针对以上问题，农业部已责成水推总站和水科院严格履行政府采购程序。水推总站已按相关规定进行了较大宗渔用饲料招标采购工作；水科院已采取措施加强政府采购管理。

（八）2011年和2012年，14个省（区、市、垦区）未完成培训任务，农业部下达的农村劳动力培训阳光工程专项资金966.6万元未发挥效益。

针对以上问题，农业部已督促14个省（区、市、垦区）完成相关培训任务。

（九）2013年，所属水科院组织出国（境）团组进行一般性考察活动，支出3.06万元；中国优质农产品开发服务协会1个团组的部分组员未按照任务批件规定执行出国任务；优质农产品开发服务中心（以下简称优农中心）向其他单位摊派出国费用 4.16 万元。

针对以上问题，水科院对全院因公临时出国管理工作进行了梳理和规范，制定《中国水产科学研究院国际交流与合作管理办法》等规章制度，杜绝此类问题再次发生；中国优质农产品开发服务协会加强了出国（境）审批，落实管理责任；优农中心已将由其他单位负担的出国费用 4.16 万元退回。

（十）2013 年，部本级超编制配备公务用车 33 辆。

针对以上问题，农业部将结合公务用车改革一并解决。

（十一）会议费管理中存在的问题。

1.2013 年，所属农技中心在五星级饭店召开会议支出 6.88 万元，向参会企业摊派会议费 13.5 万元；中国农民体育协会超标准列支会议费 12.17 万元。

针对以上问题，农技中心已加强会议费管理，严格按照有关规定执行；中国农民体育协会修订了《中国农民体育协会会议费管理办法》等规定，今后将严格按国家规定执行。

2.2013 年，部本级的二类会议计划未报财政部审核，支出 41.99 万元；部本级全年召开 240 个会议，其中电视电话会议 18 个，仅占全部会议个数的 7.5%。

针对以上问题，农业部在编制 2014 年会议计划时，对于二类会议计划按程序报经财政部审核后报国务院审批，并要求改进会议形式，充分运用电视电话、网络视频等现代信息技术手段，降低会议成本，提高会议效率。

3.2013 年，部本级及所属单位召开的 53 个会议中，有 7 个会议的会议代表人数超过规定人数，11 个会议的会议工作人员人数超过规定人数，35 个会议的会期超过规定天数。

农业部在编制 2014 年会议计划时，对纳入计划的会议，要求按照《中央国家机关会议费管理办法》的规定加强审核，并严格执行会议召开前的会签程序。

此外，部本级和所属经管总站还代编代报预算 936.05 万元。

针对以上问题，农业部已采取措施严格预算编报的管理和审核，杜绝此类问题再次发生。

二、其他财政收支中存在主要问题的整改情况

（一）2011 年以来，所属水推总站和全国农业展览馆（以下简称农展馆）在下属企业核算收入 595.62 万元，未纳入本单位法定账簿核算，其中 2013 年 205.67 万元。

针对以上问题，水推总站已责成下属公司将相关资金上交总站；农展馆已将办展收入全部收回，纳入本单位法定账簿核算。

（二）2013 年，所属中国农业科学院兰州畜牧与兽药研究所未经批准，将价值 842 万元的生产车间对外出租，取得租金收入 67 万元；2012 年，中国绿色食品发展中心未经评估将 4 个商标无偿转让给中国绿色食品协会。

针对以上问题，中国农业科学院兰州畜牧与兽药研究所已补办 2013 年房屋出租报批手续；中国绿色食品发展中心正在按照无形资产评估相关规定对 4 个商标进行评估。

（三）2013 年，所属中国农业科学院北京畜牧兽医研究所在往来科目核算收入 1112.94 万元；绿色食品发展中心虚列补助地方绿色食品管理机构工作经费 1750.04 万元，实际未支付。

针对以上问题，中国农业科学院北京畜牧兽医研究所已根据规定调整有关账目和决算（草案）；绿色食品发展中心已将 1750.04 万元补助经费中的 1668.24 万元拨付地方，剩余 81.8 万元应付款正在办理中。

（四）2011 年至 2013 年，所属中国农业科学院北京畜牧兽医研究所使用不合规发票报销购买饲料款 147.26 万元。

针对以上问题，中国农业科学院北京畜牧兽医研究所已取得合规发票，今后将严格财务审核，杜绝类似问题再次发生。

（五）2011 年，所属黑龙江省农垦总局违规超标准批复黑龙江垦区公安局公安综合业务用房项目，涉及资金 8431 万元；2009 年和 2011 年，黑龙江省农垦总局红兴隆管理局违规建设具有住宿、餐饮功能的接待中心和农业科研中心项目，涉及资金 12163 万元。

针对以上问题，黑龙江垦区公安局对综合业务用房进行了清理，将清理出的 11910 平方米房屋作为警务技能培训基地用房；黑龙江省农垦总局红兴隆管理局已决定将相关资产移交给所属老年公寓。

商务部2013年度预算执行情况和其他财政收支情况审计发现问题的整改结果

根据《中华人民共和国审计法》的规定，2013年11月至2014年3月，审计署对商务部2013年度预算执行情况和其他财政收支情况进行了审计。根据商务部提供的资料，截至2014年10月底，审计发现问题的整改情况如下：

一、预算执行中存在主要问题的整改情况

（一）2013年，部本级的12个项目未编制项目申报文本和预算支出明细表等相关材料，申领财政资金3273.5万元。

针对以上问题，商务部已在编制2014年度预算时细化项目申报文本。

（二）2013年，部本级未按规定执行政府采购，直接指定所属单位承担储备肉出入库公证检验工作，支付工作经费2083万元。

针对以上问题，商务部加强了政府采购管理，今后将严格履行储备肉公检工作政府采购程序。

（三）2012年和2013年，部本级采取以拨作支方式计列2个项目支出418万元，实际支出167.89万元，至2013年底剩余资金250.11万元结存在所属单位。

针对以上问题，商务部已于2014年6月将项目剩余资金收回，并调整了有关会计账目。

（四）因公出国（境）管理中存在的问题。

1.2013年，部本级为非本部门人员支付出国（境）费用4.58万元，有6个团组超标准列支出国（境）费用12.16万元，其中4个未按规定搭乘国内航空公司班机。2011年，部本级2人参加国际会议费用由企业承担。

针对以上问题，商务部制定了《商务部因公临时出国经费管理实施细则》，加强因公出国经费管理，并成立专项检查工作组，对2013年7月1日以来因公临时出国（境）团组进行了专项检查。

2.2013年，所属投资促进事务局组织的11个出国（境）团组部分报销票据不合规；中国国际经济技术交流中心（以下简称交流中心）承办的出国（境）参展团组擅自增加考察国家，增加支出共计93.40万元。

针对以上问题，投资促进事务局制定了加强出国（境）管理相关规定，明确出国团组必须使用真实票据报销；交流中心制定具体措施加强对展会组织单位的监督管理，对4名相关责任人分别追究党纪责任。

（五）至2013年底，部本级报废或上交国管局的74辆公务用车未及时进行账务处理，涉及金额2393.32万元；4辆公务用车未及时登记入账，形成账外资产90.22万元。

针对以上问题，商务部已于2014年6月对报废或上交国管局的74辆公务用车办理了账务核销手续；将未计入财务账的4辆公务用车补记入账。

（六）2013年，部本级二类会议计划未按规定报批，有3个会议在非定点饭店召开。

针对以上问题，商务部制定了《商务部会议费管理办法》和《商务部办公厅关于进一步规范会议费和培训费管理的通知》，并对相关违规情况在部门内部网公示。

二、其他财政收支中存在主要问题的整改情况

2013年，所属交流中心和中国服务贸易协会（以下简称服贸协会）将有关收支在往来科目核算，造成少计收入1364.89万元、少计支出2883.19万元。

针对以上问题，交流中心和服贸协会已清理往来款项目，将已执行完毕的项目资金计入当年损益，正在执行的项目，将根据进度按规定进行财务处理。

文化部2013年度预算执行情况和其他财政收支情况审计发现问题的整改结果

根据《中华人民共和国审计法》的规定，2013年11月至2014年3月，审计署对文化部2013年度预算执行情况和其他财政收支情况进行了审计。根据文化部提供的资料，截至2014年10月底，审计发现问题的整改情况如下：

一、预算执行中存在主要问题的整改情况

（一）2013年，部本级将日常公用经费513.7

万元调剂用于人员经费支出；在2个专项中列支基本支出和其他与项目无关支出682.63万元；2012年至2013年，所属离退休人员服务中心、信息中心调剂使用人员经费和日常公用经费228.13万元，其中2013年124.5万元。

针对以上问题，文化部已采取措施进一步细化预算，强化预算执行计划的科学性和约束性，今后将按照预算管理有关规定，严格履行预算调整报批手续。

（二）2013年，部本级未按实施进度而是一次性将专项资金5970万元全额拨付至项目单位，至年底全部未支出。

针对以上问题，文化部已调整了有关会计账目。

（三）2013年，所属国家图书馆违规从单位零余额账户向基本存款账户转移资金838.64万元。

针对以上问题，文化部已责成国家图书馆加强财政资金管理，严格执行零余额账户资金支付管理规定，杜绝此类问题再次发生。

（四）2013年，部本级及所属文化发展中心、梅兰芳纪念馆、国家清史纂修领导小组办公室（以下简称清史纂修办）未按规定履行政府采购程序，直接将数据采集、出版等业务委托相关公司承办，涉及金额2843.37万元。

针对以上问题，文化部已采取措施进一步加强对本级及所属单位政府采购工作的管理和指导工作，对政府采购进行全过程监管，确保采购项目严格按照批复的预算执行。

（五）2013年，部本级58个因公出国（境）团组未纳入年初计划，4个团组超标准列支出国（境）经费7.86万元；梅兰芳纪念馆2个因公出国（境）团组未纳入年初计划。

文化部加强了因公出国管理工作，制定《文化部关于进一步规范文化外事工作的若干规定》等管理办法，进一步规范因公临时出国（境）团组的管理工作；加强了计划管理，完善出国（境）团组计划编制工作，建立出国（境）计划与财务管理的内部控制制度；从严控制支出，严格按照费用标准开支。

（六）至2013年底，部本级超编制配备公车8辆，还有22辆公车由各司局管理使用，未纳入部门统一调度管理。

针对以上问题，文化部将结合公务用车改革一并解决，并加强公务用车统筹使用和统一管理。

（七）2013年，部本级未经批准在项目支出中列支公务接待费26.91万元；部本级及所属中外文化交流中心超标准列支外宾接待费10.4万元。

针对以上问题，文化部修订了《文化部机关公务卡结算管理办法》，对公务接待支出等做出具体规定，从严从紧控制支出，杜绝超标准列支的情况。

（八）2013年，部本级及所属文化发展中心在非定点饭店召开3个会议，涉及金额31.22万元；部本级16个会议超标准列支会议费197.77万元；部本级向下属单位和地方转嫁、摊派会议费31.7万元；所属国家图书馆等4家单位超标准列支会议费13.06万元；所属清史纂修办扩大会议费开支范围支出5.44万元，用于发放纪念品。

针对以上问题，文化部研究制定了《文化部机关会议费管理办法》，严格按照规定，加强会议费管理，要求司局和单位会前认真编制预算，会后做好决算，厉行节约，提高会议效率和质量。

二、其他财政收支中存在主要问题的整改情况

（一）2013年，部本级以购买体育活动用品、图书等名义购买礼品卡、图书卡等共计10.33万元，直接发放或用于购买平板电脑后发放给职工。

针对以上问题，文化部制定了《文化部关于贯彻实施〈行政事业单位内部控制规范（试行）〉的指导意见》，进一步建立健全内部控制制度，严格按照实际发生的经济业务进行会计核算，杜绝此类问题再次发生。

（二）2013年，所属中国国家话剧院未将部分联合办学收支纳入单位法定账册统一核算，涉及收入共计149.49万元，截至2013年底结余17.59万元。

针对以上问题，中国国家话剧院已根据有关规定，将结余资金和形成的固定资产全部收回入账，并调整有关会计账目。

（三）2013年，所属机关服务中心未经批准，将部本级委托其管理的部分房产对外出租，收入610.26万元未按规定上缴国库。

针对以上问题，文化部机关服务中心正在研究制定整改措施。

（四）2013 年，国家图书馆未经批准对外出租房屋，取得收入 896.9 万元。

针对以上问题，国家图书馆对所属房屋的出租情况进行全面清理，并补办了相关手续。

（五）2013 年，国家图书馆对中标单位监督不到位，公开招标确定的 2 家中标单位将项目全部转让给其他 4 家单位，从中获利 112.89 万元。

针对以上问题，国家图书馆已采取措施加强合同管理和政府采购监管，进一步细化合同条款，明确要求合同方不得转包中标项目，并明确责任追究条款。

卫生计生委 2013 年度预算执行情况和其他财政收支情况审计发现问题的整改结果

根据《中华人民共和国审计法》的规定，2013 年 11 月至 2014 年 3 月，审计署对卫生计生委 2013 年度预算执行情况和其他财政收支情况进行了审计。根据卫生计生委提供的资料，截至 2014 年 10 月底，审计发现问题的整改情况如下：

一、预算执行中存在主要问题的整改情况

（一）2013 年，原卫生部、原人口计生委、卫生计生委扩大开支范围使用项目经费 1118.54 万元，将公用经费 389.52 万元用于弥补工资福利等支出。

针对以上问题，卫生计生委按照预算法和财政部预算管理相关规定，研究制定了《国家卫生计生委部门预算管理暂行办法》和《国家卫生计生委机关司局项目预算管理暂行办法》，进一步规范预算管理，严格按照批复预算执行，严禁擅自调整预算，加强项目预算支出审核。

（二）2010 年至 2013 年，所属卫生部国际交流合作中心（以下简称国际交流中心）等 9 家单位扩大开支范围，将项目经费 1797.37 万元用于房租、装修改造等支出，其中 2013 年 614.72 万元。

针对以上问题，国际交流中心等 9 家单位已追回相关资金，调整会计账目。

（三）因公出国（境）管理中存在的问题。

1.2011 年至 2013 年，原卫生部出国费 413.35 万元由所属单位承担，其中 367.2 万元挪用其他项目资金。

针对以上问题，卫生计生委已向财政部提出调整预算申请，退还所属单位支出的出国费用，正在核实追究有关人员责任，今后将严格执行财政部有关规定，加强因公出国事后监督检查，严肃外事纪律。

2.2013 年，原卫生部、卫生计生委有 2 人次分别延长在国外考察访问时间 5 天和 2 天；卫生计生委出访团组费用支出中有 36.08 万元报销凭证不符合规定；所属国家食品安全风险评估中心出国费超支 123.81 万元。

针对以上问题，卫生计生委开展了因公出国（境）管理规定和外事纪律学习活动，严格公务出国机票财务报销审核，加强因公出国事后监督检查，严肃外事纪律；国家食品安全风险评估中心将进一步做好出国费预算编报和执行工作。

3.2011 年至 2013 年，所属卫生部医院管理研究所（以下简称医管所）接受企业赞助 451.14 万元，其中 423.67 万元用于组织本所及原卫生部工作人员、部分国内医院院长等出国。

针对以上问题，医管所制定了《卫生部医院管理研究所领导因私护照管理使用规定》，对处级以上领导干部护照集中管理，今后将严格按照程序审批行程和执行经费预算，严格控制出国学术交流次数，坚持厉行节约，禁止公款出国（境）旅游，坚决杜绝此类问题再次发生。

4.2011 年至 2013 年，所属国家医学考试中心等 6 家单位通过旅行社组织团组出国（境）、未编制出国（境）计划等，涉及金额 85.43 万元。

针对以上问题，国家医学考试中心等 6 家单位已制定因公出国（境）的相关管理办法，今后将严格执行国家有关规章制度，杜绝类似问题再次发生。

（四）公务用车管理中存在的问题。

1.2013 年，卫生计生委公务用车超编制 9 辆；所属国家食品安全风险评估中心使用外单位汽车 2 辆；原卫生部国际合作司 2006 年以来长期占用下属单位汽车 1 辆；所属卫生部人才交流服务中心 2010 年以来无偿使用下属单位汽车 3 辆。

针对以上问题，卫生计生委及相关单位已按

规定对占用、使用下属单位或其他车辆进行退回或办理车辆划转手续，超编制配备车辆将结合公务用车改革一并解决。

2.2013年，原人口计生委19.69万元公车运行维护费由其机关服务中心负担；2007年至2013年，原卫生部在所属单位报销公车费用33.67万元。

针对以上问题，卫生计生委已归还由所属单位承担的公车运行维护费33.67万元，并将严格按照国家机关后勤服务社会化改革和公务用车改革要求，进一步加强公务用车及相关费用支出管理。

3.2012年至2013年，所属中国人口宣传教育中心（以下简称宣教中心）未经批准，用应收未收下属公司管理费等102.05万元购买汽车2辆，资产登记在下属公司账上，形成账外资产。

针对以上问题，宣教中心已将2辆车过户到该中心，并记入固定资产账。

（五）会议费管理中存在的问题。

1.2010年至2013年，原卫生部、卫生计生委主办或与国家中医药管理局等单位共同主办的会议，通过相关所属单位接受医药企业赞助或转嫁会议费共计1578.11万元。2012年，所属医管所召开研讨会支出28.46万元全部由医药企业赞助。

2.2011年至2013年，原卫生部、原人口计生委和卫生计生委及所属单位有12个会议超标准列支118.94万元，部分司局的11次会议宴请消费高档烟酒等15.25万元；虚列会议费等套取资金34.06万元，结存在宾馆等；有22个会议在非定点饭店或风景名胜区等召开，支出263.75万元；会议支出7.54万元在所属单位列支。

针对以上1、2项问题，卫生计生委及所属单位已收回套取的资金，归还原资金渠道，并制定了《卫生计生系统工作会议管理办法的通知》等规定，进一步加强和规范会议费管理，加强对会议计划和经费预算的管理，今后将严格执行会议经费支出规定，杜绝此类问题再次发生。

3.2013年，所属国家食品安全风险评估中心和国家人口计生委科学技术研究所用横向课题经费等515.54万元弥补会议费超支。

针对以上问题，国家食品安全风险评估中心和国家人口计生委科学技术研究所制定了相关管理制度，严格按规定编制全口径会议费预算，并严格执行。

（六）至2013年底，所属卫生部人才交流服务中心应收未收各地应上缴中央财政的专业技术资格考试考务费18500万元；所属国际交流中心收取的3344.89万元未按规定及时上缴国库。此外，2011年至2013年，所属北京协和医学院收取的高校学费、住宿费等未按规定逐月上缴，而是按年集中上缴。

针对以上问题，相关单位已将资金上缴中央财政，今后将严格执行国家规定及时上缴收入。

（七）2013年，所属国家人口计生委机关服务中心和国际交流中心未按规定执行政府集中采购，将物业等服务直接指定给3家公司，合同金额351.79万元。

针对以上问题，国际交流中心等单位制定了相关规定，严格政府采购的范围、程序和方式，加强采购合同的审核，规范政府采购和招标管理。

（八）2012年，所属中华医学会证书印刷项目的评标入围单位数量未达到法定要求，中标金额74.61万元。

针对以上问题，中华医学会已函告中标单位终止原合同，对证书印刷项目重新组织招标。

（九）2011年至2012年，所属中国医学科学院医药生物技术研究所为提高预算执行率，未按合同约定按工程进度付款，而是在合同签订后即拨付工程款803.99万元，占总价款的52.57%。

针对以上问题，中国医学科学院医药生物技术研究所加强了项目资金拨付管理，严格审批程序，明确项目责任部门和责任人，对项目进行定期监督检查。

（十）截至2013年底，所属中国疾病预防控制中心等7家单位的受托业务经费结余439.34万元未按规定退回卫生计生委；卫生部统计信息中心2个项目资金538.65万元结存3年以上，未按规定清理；国家人口计生委科学技术研究所等3个单位的7个项目执行缓慢，形成结存977.61万元。

针对以上问题，卫生计生委已收回受托业务经费结余资金，相关单位加强了工程进度管理，对结余资金进行清理，完善项目管理制度。

（十一）2013 年，原人口计生委将应实行直接支付的项目经费 12 181 万元，申请采取授权支付方式并得到财政部批准；原人口计生委未经批准，将应实行直接支付的电子政务传输骨干网线路租赁费 246 万元，转为授权支付。

针对以上问题，卫生计生委和项目课题单位对 2014 年项目资金支付方式进行了规范，按照国库集中支付制度要求采取直接支付方式。

（十二）2012 年至 2013 年，所属宣教中心和国家人口计生委人口文化发展中心（以下简称文化中心）将财政专项资金 1631.32 万元，通过零余额账户拨付 2 家公司，再转回该中心基本存款账户，其中 2013 年 560 万元。

针对以上问题，相关单位完善了预算财务收支管理制度，杜绝此类问题的再次发生。

二、其他财政收支中存在主要问题的整改情况

（一）2013 年，所属中国医学科学院、国家人口计生委机关服务中心等 3 家单位违反规定发放津贴补贴和职工节日福利 579.47 万元。

针对以上问题，相关单位已停止发放违规的津贴补贴和福利，并加强财经法规学习，规范职工津贴补贴的发放。

（二）2011 年至 2013 年，所属宣教中心、医管所等 5 家单位采用虚假合同、虚假发票报销等方式套取资金设立“小金库”665.15 万元。

针对以上问题，相关单位已按要求收回款项，补缴相关税费，完善财务集中核算管理要求，今后将严格执行有关规定，将资金纳入单位法定账簿核算，杜绝再次发生类似情况。

（三）至 2013 年底，所属医管所、中国健康教育中心等 6 家单位 2011 年以来取得的收入有 3234.03 万元未纳入本单位法定账簿核算；所属文化中心 2007 年与外单位合作开发综合楼和住宅楼项目取得的收益 5000 万元仍未纳入本单位法定账簿核算。

针对以上问题，相关单位已收回相关资金，并调整会计账目，今后将完善财务集中核算管理要求，严格执行有关规定，杜绝再次发生类似情况。

（四）2011 年至 2013 年，原卫生部委托物业公司出租房屋的租金收入 582.5 万元未按规定上缴国库，由该公司直接留用；所属国际交流中心等 4 家单位对外出租或处置房屋收入 1424.03 万元未按规定上缴国库。

针对以上问题，相关单位已按照规定将相关房租收入上缴国库。

（五）2011 年，所属文化中心将违规购置的房产对外出售，收入 3700 万元存放在下属公司，其中 1375.82 万元于 2012 年转回用于工资奖金、水电等支出。

针对以上问题，文化中心已将处置固定资产的净收入 1375.82 万元全额从下属公司收回，并修订了《财务与资产管理制度》。

（六）2011 年至 2013 年，所属国际交流中心未经批准，自定项目收取签证、签注服务费等，合计 111.87 万元。

针对以上问题，国际交流中心已停止收取签证、签注服务费。

（七）2010 年至 2013 年，所属卫生部人才交流服务中心杂志社在没有培训资质的情况下，自行开展应由北京卫生人才培训中心举办的继续医学教育项目，收取培训费 35.16 万元。

针对以上问题，卫生部人才交流服务中心杂志社已承诺加强管理，严格按照营业执照规定的范围经营，不再开展继续医学教育培训。

（八）卫生计生委主管的中华医学会等 33 个社会组织和医管所等 9 个所属事业单位，利用所在部门影响力，采取违规收费、未经批准开展评比表彰、有偿提供信息等方式取得收入共计 177893.54万元。如 2012 年至 2013 年，中华医学会在召开的 160 个学术会议中，用广告展位、医生通讯录和注册信息等作为回报，以 20 万元至 100 万元价格公开标注不同等级的赞助商资格，收取医药企业赞助 8.2 亿元；2012 年 12 月至 2013 年 12 月，中华医学会未经批准违规收取资格考试复训费 1965.04 万元；2011 年至 2013 年，中华医学会未将其继续医学教育部、网络信息部、所属 86 个专科分会申报并获批主办 618 个继续教育培训项目的收入 11474.84 万元纳入该会法定账簿核算。2011 年至 2013 年，所属医管所将受原卫生部、卫生计生委委托收集的医院用药数据，出售给医药市场调研公司，违规取得收入 3527.1 万元。

针对以上问题，相关单位已停止以卫生行政部门等名义开展的活动和收费，加强财务管理，规范核算，加强对信息系统的管理，合理整合社会资源，依法依规开展活动。

人民银行2013年度预算执行情况和其他财务收支情况审计发现问题的整改结果

根据《中华人民共和国审计法》的规定，2013年11月至2014年3月，审计署对人民银行2013年度预算执行情况和其他财务收支情况进行了审计。根据人民银行提供的资料，截至2014年10月底，审计发现问题的整改情况如下：

一、预算执行中存在主要问题的整改情况

（一）2013年，所属广州分行等15家分支机构未经批准，在公用经费和项目支出中列支人员经费14855.98万元；所属深圳中心支行等13家单位未经批准，在公用经费、项目支出之间相互调剂使用资金1220.37万元。

针对以上问题，人民银行及相关单位已调整有关会计账目，并加强了经费管理和会计核算工作。同时，针对人员经费预算核定制度与行员制工资制度不匹配问题，人行银行正与中央编办、人力资源社会保障部、财政部等部门沟通协调，争取从制度上加以解决。

（二）扩大支出范围或提高开支标准。

1.2013年，总行机关使用预算资金弥补事业单位经费缺口1340.71万元。

针对以上问题，人民银行及相关单位已调整有关会计账目，并研究完善了外包服务的委托和结算方式。

2.2013年，所属武汉分行等10家分支机构扩大范围列支专项经费7770.65万元。

针对以上问题，相关单位已调整有关会计账目，并加强了专项经费管理和会计核算工作。

3.2012年至2013年，总行机关等单位在公用经费中超比例列支工会补贴共271.2万元，其中2013年121.2万元。

针对以上问题，总行机关及相关单位已调整有关会计账目，并规范了工会经费管理和会计核算工作。

4.2013年，太原中心支行和总行机关事务管理局在公用经费或项目支出中列支应由职工个人或其他单位承担的费用共747.18万元。

针对以上问题，相关单位已调整有关会计账目，并完善了职工宿舍供暖费和办公场所租金的管理工作。

5.2013年，武汉分行、总行机关和广州分行超范围超标准列支会议费、招待费等共79.2万元。

针对以上问题，总行机关及相关单位已调整有关会计账目，并加强了相关费用的审核管理工作。

（三）2013年，兰州中心支行和武汉分行无依据发放奖金补贴或违规购买商业医疗保险等共计129.31万元。

针对以上问题，相关单位已收回有关款项，调整有关会计账目，同时人民银行着手修订完善薪酬管理有关制度，进一步加强对工资的管理和监督检查力度。

（四）总行机关等6家单位存在以拨代支等问题1702.71万元，其中2013年1637.05万元；成都分行等单位为完成预算执行进度虚列支出共计6789.45万元，其中2013年415.3万元。

针对以上问题，总行机关及相关单位已收回有关款项，调整有关会计账目，同时修订完善管理办法，进一步加强对相关费用的预算管理和会计核算工作。

此外，人民银行及相关单位还存在预算编报不准确、公务用车管理不到位、未按规定执行政府采购程序等问题。

针对以上问题，人民银行及相关单位已进行清理规范，并加强了相关管理工作。

二、其他财务收支中存在主要问题的整改情况

（一）2011年至2013年，所属南京分行等15家单位将地方政府以经费补助或奖励等名义拨付的资金在往来科目核算，少计收入15832.5万元，其中2013年13228.32万元。

针对以上问题，相关单位已调整有关会计账目，加强资金管理和会计核算工作，同时人民银行正与财政部进行协商，拟将此类资金纳入部门预算，并明确处理方式和列支渠道。

（二）2009年至2013年，所属成都分行等11家单位将房屋出租、固定资产处置等其他收入在往来科目核算或直接冲减当期费用，少计其他收入3436.18万元，其中2013年1620.19万元。

针对以上问题，相关单位已调整有关会计账目，并加强了资金管理和会计核算工作。

此外，人民银行及相关单位还存在财务管理不合规、固定资产购建和使用管理不到位等问题。

针对以上问题，人民银行及相关单位已进行清理规范，并进一步加强了相关管理工作。

三、直属企业中国金币总公司和中国印钞造币总公司（以下分别简称金币总公司、中钞总公司）及下属子公司存在主要问题的整改情况

（一）部分单位资产负债损益不实。

1.2009年至2013年，上海印钞有限公司和上海造币有限公司将地方财政补贴等各类补助981.75万元计入往来科目核算，造成少计收入，其中2013年448.66万元。

针对以上问题，相关单位已调整有关会计账目，并补缴了企业所得税。

2.2012年至2013年，西安印钞有限公司、沈阳造币有限公司及中钞总公司多计费用301.22万元，其中2013年241.22万元。

针对以上问题，相关单位已调整有关会计账目，并补缴了企业所得税。

3.2013年末，金币总公司等5家单位少计资产10.61亿元。

针对以上问题，相关单位已调整有关会计账目，并加强了相关管理工作。

（二）部分单位财务管理不合规。

1.2013年，北京开元中国金币经销中心1.08亿元增值税应税销售额未按规定开具发票。

针对以上问题，该单位已加强了销售管理工作。

2.2013年，北京印钞有限公司、石家庄印钞有限公司和中钞特种防伪科技有限公司使用不合规发票报销费用共142.92万元。

针对以上问题，相关单位已修订完善了相关制度，加强发票管理工作。

3.2013年中钞光华印制有限公司等7家单位会计科目使用不规范，涉及金额465.05万元。

针对以上问题，相关单位已调整有关会计账目。

4.2013年末，金币总公司和中钞总公司存在应收款长期挂账等其他财务问题5129.09万元。

针对以上问题，相关单位已调整有关会计账目，并加强了财务管理工作。

（三）部分单位薪酬管理存在问题。

1.2012年至2013年，北京新文时代金币文化传播有限公司等13家单位在工资总额之外发放奖金补贴等2591.3万元，其中2013年2533.69万元。

针对以上问题，相关单位已调整有关会计账目，并补缴了个人所得税。

2.2006年至2013年，中钞总公司等6家单位超标准缴纳“五险一金”等18318.45万元，其中2013年18110.12万元。

针对以上问题，相关单位已按照国家规定标准调整了缴存比例。

3.2010年至2013年，金币总公司存在聘用退休干部或高管在下属公司任职领取薪酬问题。

针对以上问题，该公司已按国家有关政策对此类问题进行了清理，相关行为均已终止。

（四）其他支出不规范问题。

1.2013年，成都印钞有限公司等10家单位在宣传费、招待费中列支购买礼品款等，涉及金额662.52万元。

针对以上问题，相关单位已对礼品进行清退，调整有关会计账目，并进一步规范对招待费、宣传费等费用的支出管理，加强监督检查。

2.2013年，保定钞票纸业有限公司等5家单位超标准配置公务用车，涉及金额500.28万元。

针对以上问题，相关单位加强了对公务用车的购置和使用管理，并对相关管理办法进行了修订完善。

此外，中钞国鼎投资有限公司等5家单位存在固定资产闲置等问题；中钞总公司等7家单位存在报废设备和报废物资管理不规范等问题；南京造币有限公司、金币总公司等13家单位存在对所属多元经济实体或特许零售商管理不到位问题。

针对以上问题，相关单位采取了完善程序、取消特许资格、加大检查力度、补收租金、清退股份等多种方式整改，并进一步加强了固定资产、报废设备和物资以及多元经济实体和特许经销商的管理。

国资委2013年度预算执行情况和其他财政收支情况审计发现问题的整改结果

根据《中华人民共和国审计法》的规定，2013年11月至2014年3月，审计署对国资委2013年度预算执行情况和其他财政收支情况进行了审计。根据国资委提供的资料，截至2014年10月底，审计发现问题的整改情况如下：

一、预算执行中存在主要问题的整改情况

（一）2013年，委本级19个出国团组由中央企业等其他单位承担费用434.02万元，其中17个培训团组超标准列支出国费152.37万元；30个所属单位无预算或超预算列支出国费766.30万元。

（二）2013年，委本级公车运行费超预算支出26.50万元；57个所属单位无预算或超预算列支公车运行费545.90万元，其中财政拨款23.14万元；所属中国石油和化工勘察设计协会等2个单位无预算列支车辆购置费46.94万元。

（三）2013年，43个所属单位无预算或超预算列支公务接待费637.01万元，其中财政拨款3.35万元。

针对以上（一）、（二）、（三）项问题，国资委制定了《国资委部门预算执行管理暂行办法》《国资委"三公"经费管理暂行办法》及相关实施细则，修订了《国资委部门预算管理暂行办法》等规章制度，加强预算管理和经费支出控制；对出国团组由中央企业等其他单位承担费用的问题，涉及退款单位较多，正在研究制定退款措施。

（四）2013年，国资委未按规定将三类会议计划向国管局履行报备程序；2个会议由企业和地方国资委承担会议费7.64万元；9个会议超标准列支会议费39.04万元；2个会议会期超规定，多列支会议费6.47万元；4个会议未在定点饭店召开，涉及金额33.60万元；18个会议人数超出标准共计2574人；在京外召开会议18个，涉及金额137.10万元。

针对以上问题，国资委已修订《国资委机关财务管理暂行办法》和《国资委机关会议费管理实施细则》，加强会议管理，退还了由企业和地方承担的7.64万元会议费。

二、其他财政收支中存在主要问题的整改情况

（一）2013年，所属纺织离退休干部局和冶金离退休干部局决算编报不准确，未将交通费68.52万元列入"基本支出——其他交通费"。

针对以上问题，国资委已责成纺织离退休干部局和冶金离退休干部局调整了相关决算报表。

（二）2010年至2012年，所属中国制冷学会未将展会收入600万元纳入本单位法定账簿核算。

针对以上问题，国资委已责成中国制冷学会调整了相关会计账目，据实进行会计核算，并要求其加强内部控制和财务管理。

税务总局2013年度预算执行情况和其他财政收支情况审计发现问题的整改结果

根据《中华人民共和国审计法》的规定，2013年11月至2014年3月，审计署对税务总局2013年度预算执行情况和其他财政收支情况进行了审计。根据税务总局提供的资料，截至2014年10月底，审计发现问题的整改情况如下：

一、预算执行中存在主要问题的整改情况

（一）截至2013年底，局本级超标准配备公务用车30辆，其中20辆超过核定编制。

针对以上问题，税务总局已将20辆超编制配备的公务用车封存，上交国管局统一处置；将另10辆超标准配备的公务用车封存，相关车辆登记证书、行车执照及购置税完税证明已上交国管局。

（二）2012年至2013年，所属税收科学研究所未经批准在项目经费中列支人员经费153.42万元，其中2013年39.71万元。

针对以上问题，税务总局已商财政部，研究解决经费缺口，从根本上解决此问题。

（三）2013年，所属机关服务局未经政府集中采购，直接与一公司签订设备运行维修合同，涉及金额109.81万元；截至2013年底，河北、山西、黑龙江3省国税局普通发票印制未按规定实行公开招标，2013年印制发票100373.8万份、支出11025.29万元。

针对以上问题，税务总局将从2015年起对物业管理服务实行政府采购；河北省国税局制订了《普通发票印制招标要求》，从5个方面对普通发票招标工作进行细化，普通发票印制招标采购程序已正式启动；山西省国税局制订了普通发票招标采购具体工作计划，向采购中心提出招标申请，目前采购中心正按照政府采购程序和前期确定的普通发票印制技术标准实施采购工作；黑龙江省国税局正在进行普通发票印制项目公开招标文件的编制工作，拟于近期完成招标及合同签署工作。

（四）2013年，安徽省国税局在其组织培训的相关费用已由各市县区国税局支付的情况下，虚开培训费票据，向税务总局申领培训费350万元，存放于所属的3家培训机构。

针对以上问题，安徽省国税局已于2014年1月将存放在3家培训机构的培训费全部收回，并对相关责任人进行了诫勉谈话；税务总局对安徽省国税局主要负责人进行了批评。

（五）局本级从2006年起开始建设“财产和行为税税源监控管理平台”项目，共取得财政专项资金5230万元，但至2013年底尚未建立起相关数据库，资金结转1102.47万元。

针对以上问题，税务总局已结合金税三期工程，采取多种措施推进该数据库建设，加大监控平台推广应用力度，进一步提升收入数据质量，探索数据利用形式。

二、其他财政收支中存在主要问题的整改情况

2013年，税务总局本级使用不合规票据报销140.57万元。针对以上问题，税务总局召开会议通报情况，要求财务部门在报销时采取多种手段加强对票据的审核把关；责成有关部门成立专项审计组，对2013年报账的票据进行认真核实。同时下发相关规定，要求各地国税局严格按规定执行，杜绝类似问题再次发生。

质检总局2013年度预算执行情况和其他财政收支情况审计发现问题的整改结果

根据《中华人民共和国审计法》的规定，2013年12月至2014年3月，审计署对质检总局2013年度预算执行情况和其他财政收支情况进行了审计。根据质检总局提供的资料，截至2014年10月底，审计发现问题的整改情况如下：

一、预算执行中存在主要问题的整改情况

（一）2013年，局本级和所属中国检验检疫科学研究院（以下简称检科院）、中国标准化研究院（以下简称标研院）超预算支出因公出国（境）费、公务接待费和会议费共计160.09万元。

针对以上问题，质检总局制定了贯彻落实党政机关厉行节约反对浪费条例实施办法，以及会议费、差旅费管理实施细则等规定，今后将严格按规定执行；标研院制定了公务接待费管理办法，今后将严格按规定管理；检科院今后将严格执行相关规定，杜绝此类问题再次发生。

（二）2013年，局本级的4个会议超标准支出6.38万元；局本级和所属标研院、国家标准化管理委员会的16个会议未在定点饭店召开，涉及会议费支出80.7万元。

针对以上问题，质检总局制定了《国家质检总局机关会议费管理办法实施细则（暂行）》，今后将严格按规定执行，杜绝此类问题再次发生。

（三）2011年以来，局本级和所属标研院未经公开招标，直接与相关单位签订宣传、技术服务合同，涉及金额537.43万元，其中2013年284万元；2013年，局本级未按规定执行政府采购，直接采购技术和印刷服务，涉及金额223.92万元。

针对以上问题，质检总局和所属标研院加强了政府采购管理，今后将严格执行相关规定，杜绝此类问题再次发生。

二、其他财政收支中存在主要问题的整改情况

（一）截至2013年底，局本级价值94.96万元的3辆公务用车未计入财务账簿和固定资产账；局本级财务账簿比固定资产实物台账多记公务用车17辆、价值129.61万元；所属标研院于2006年拨给事业单位的6辆公务用车一直未办理划转手续，导致财务账簿多记公务用车账面价值171.39万元。

针对以上问题，局本级全面清查了资产，将未计入财务账簿和固定资产账的3辆公务用车进行了补记；经核实，确认局本级财务账比固定资产台账多记公务用车为已处置车辆，补办了核销手续；完成拨给事业单位的 6 辆公务用车的过户手续。

（二）2010 年 4 月，所属检科院自行决定下属自收自支事业单位综合检测中心执行企业会计制度。截至 2013 年底，该中心资产 3151.72 万元、负债 438.05 万元、所有者权益 2713.67 万元，均未纳入检科院决算编制范围，也未编制企业决算。

针对以上问题，所属检科院已将综合检测中心财务收支纳入该院财务月报，同时启动了综合检测中心转企改制工作，全部收支将纳入 2014 年度企业决算。

（三）2013 年，所属检科院的 7 个研究所将取得的技术服务收入等共计 1013.28 万元在该院下属单位核算，未纳入该院法定账簿核算。

针对以上问题，检科院已将下属单位核算的结余资金纳入该院本级账簿核算并加强管理，杜绝此类问题再次发生。

（四）2013 年，所属标研院在项目经费中超范围列支劳务费 72.75 万元，主要用于长期聘用人员工资和社保等费用。

针对以上问题，标研院将上述 72.75 万元归还原资金渠道，并调整了有关会计账目，今后将严格执行国家科技计划项目管理有关规定。

新闻出版广电总局 2013 年度预算执行情况和其他财政收支情况审计发现问题的整改结果

根据《中华人民共和国审计法》的规定，2013 年 11 月至 2014 年 3 月，审计署对新闻出版广电总局 2013 年度预算执行情况和其他财政收支情况进行了审计。根据新闻出版广电总局提供的资料，截至 2014 年 10 月底，审计发现问题的整改情况如下：

一、预算执行中存在主要问题的整改情况

（一）局本级和所属人民出版社等 4 个单位在前期论证不充分、实施条件不具备等情况下编制 6 个项目预算，涉及金额 6877.25 万元，其中 2013 年 6581.07 万元。

针对以上问题，新闻出版广电总局和所属人民出版社等 4 个单位制定了相关管理办法并报财政部，重新论证了相关项目并相应调整了实施方案，采取措施切实加强项目管理。

（二）2013 年，局本级将所属中国版权保护中心职责范围内的著作权合同登记等项目预算 135 万元纳入本级编报。

针对以上问题，新闻出版广电总局在编制 2014 年度预算时，已将原代编事项及其经费纳入项目承担单位预算，由其自行申报。

（三）2012 年至 2013 年，局本级及所属国家广播电影电视总局监管中心（以下简称监管中心）等 4 个单位未经批准，自行调剂使用基本支出或项目支出 11142 万元，其中 2013 年 11134.5 万元。

针对以上问题，新闻出版广电总局及所属监管中心等 4 个单位进一步加强了预算管理，严格按预算支出范围使用资金；结合事业单位分类改革，按要求进行了定员定额试点工作，规范基本支出经费预算编制。

（四）2013 年，局本级及所属国家广播电影电视总局无线电台管理局（以下简称无线局）无预算、超预算、超标准列支“三公”经费和会议费共计 152.96 万元。

针对以上问题，新闻出版广电总局及所属无线局进一步加强了“三公”经费及会议费的预算管理，强化预算约束，严格根据工作需要和预算制订计划，严格履行审批和报销程序，完善了相关经费管理制度。

（五）2010 年至 2013 年，局本级及所属监管中心（含原国家广播电影电视总局监测中心）、无线局向其他单位转嫁出国费、公车运行费、会议费等 430.12 万元，其中 2013 年 73.77 万元。

针对以上问题，新闻出版广电总局及所属监管中心、无线局已将 430.12 万元退还相关单位，并对相关责任人给予警告处分。

（六）因公出国（境）管理中存在的问题。

1. 2013 年，局本级有 6 个团组、41 人次未纳入出国（境）计划；2 个团组拆分出国；2 个团组中有 2 名退休干部；6 个团组未按规定提交出访报告。

针对以上问题，新闻出版广电总局制定了规

范出国（境）管理的实施细则，加强对出国（境）计划的管理，严格审批出国（境）团组，并实行出国（境）审批表、出访报告在办公网公示制度。

2.2013 年，局本级有 6 个团组超过规定人数、时间出国（境）；所属中国广播电视协会（以下简称中广协会）有 1 个团组违规持普通护照因公出国；所属无线局有 47.37 万元的出国费用报销票据不合规。

针对以上问题，新闻出版广电总局和有关单位对相关责任人进行了批评，将进一步严格执行因公出国（境）相关规定，严格审核对外单位组团项目，按规定的人数、天数等标准严格把关。

（七）公务用车管理中存在的问题。

1. 至 2013 年底，局本级及所属广播电影电视总局机关服务中心等 2 个单位公务用车超编制 53 辆；局本级及所属国家电影事业发展专项资金管理委员会办公室（以下简称电影资金办）、无线局的 18 辆公务用车超标准。

针对以上问题，新闻出版广电总局及所属广播电影电视总局机关服务中心等 2 个单位的 53 辆超编公务用车，已退还借用 2 辆，停止租用 12 辆，封存 5 辆，2 辆待报废车辆正在办理相关手续，封存车辆及其余车辆将结合公务用车改革一并处理；新闻出版广电总局及所属电影资金办、无线局的 18 辆超标准公务用车，已退还借用 7 辆，停止租用 9 辆，拟报废 1 辆，剩余 1 辆超标准配备的公务用车将结合公务用车改革一并处理。

2. 至 2013 年底，局本级及所属新闻出版总署机关服务中心等 4 个单位借用本系统或其他单位车辆 25 辆；局本级的 6 辆公务用车未纳入统一调度管理。

针对以上问题，新闻出版广电总局及所属新闻出版总署机关服务中心等 4 个单位借用本系统或其他单位 25 辆车中，7 辆已归还，2 辆正在办理资产调拨手续，其余 16 辆已同相关单位签订汽车租赁协议，并按协议支付费用；局本级公务用车未纳入统一调度管理等问题，将结合公务用车改革一并处理。

（八）2013 年，局本级及所属电影资金办、无线局计划外召开会议 11 个；局本级及所属监管中心、无线局在非定点饭店召开会议 6 个。

针对以上问题，新闻出版广电总局及所属电影资金办、无线局已完整编制 2014 年度会议计划并严格执行；局本级及所属监管中心、无线局已制定和修订了会议费管理办法，严格执行会议管理有关规定。

（九）2013 年，局本级及所属无线局、中广电广播电影电视设计研究院（以下简称广电设计院）违规扩大基本支出和项目支出范围，列支礼品、加油卡、房屋装修款等 32.81 万元。

针对以上问题，新闻出版广电总局及所属无线局、广电设计院加强了支出管理，强化报销审核，严格按照预算支出范围和标准执行，组织清退了购买礼品资金，将不符合规定用途的经费进行了调账处理。

（十）2013 年，所属国家广播电影电视总局广播电视卫星直播管理中心（以下简称卫星中心）、监管中心未经价格主管部门批准收取技术服务费、信息安全测评费等 1082.83 万元；所属中广协会的各专业委员会未经会员大会讨论收取会费 1037.87 万元。

针对以上问题，卫星中心、监管中心已向价格主管部门报告，在价格主管部门审批前停止收取信息安全测评费，并按要求取消了其他相关收费；中广协会已重新征求各会员单位意见，调整了协会会费标准，完成在民政部的备案，并进一步加强了会费的使用管理。

（十一）至 2013 年底，局本级及所属卫星中心等 3 个单位部分资产未登入账表，涉及金额 27 838.48 万元；所属无线局使用 160 套未经授权软件。

针对以上问题，新闻出版广电总局及 2 个所属单位正在办理资产登记、调整账目等手续，监管中心已全部补记资产；无线局已对相关软件办理了正版化授权。

（十二）2011 年至 2013 年，局本级及所属无线局、《中华大典》办公室未按规定实施政府采购或公开招标购买货物和服务，涉及金额 3938.7 万元，其中 2013 年 2634.96 万元。

针对以上问题，新闻出版广电总局及所属无线局、《中华大典》办公室对政府采购流程进行了规范，严格履行政府采购程序。

（十三）2012 年至 2013 年，所属监管中心的下属数据中心将应直接支付的货款 944.94 万元采用授权支付方式支付，其中2013年765.54万元。

针对以上问题，监管中心加强了资金支付管理，今后将严格按规定申报国库直接支付和授权支付。

二、其他财政收支中存在主要问题的整改情况

（一）2012年至2013年，所属广电设计院及下属监理公司使用虚假发票报销发放职工奖金、支付职工赴国内外休息疗养费用等共计3034.04万元，其中2013年1662.90万元。

针对以上问题，广电设计院废止和修订了相关制度，停止了上述做法，并收回职工出国（境）休息疗养的相关费用，对虚假发票报销进行了自查，严格发票审核。

（二）2013年，所属广电设计院虚列支出989.65万元，以虚假票据套取资金85.19万元，以前年度对外合作收入498.55万元未纳入账内核算。

针对以上问题，广电设计院已将账外资金全部收回并纳入单位法定账簿统一核算，对相关人员给予通报批评、书面检查、罚款等处理。

体育总局预算执行情况和其他财政收支情况审计发现问题的整改结果

根据《中华人民共和国审计法》的规定，2013年5月至7月，审计署对体育总局预算执行情况和其他财政收支情况进行了审计。根据体育总局提供的资料，截至2014年10月底，审计发现问题的整改情况如下：

2013年5月，体育总局办公厅、群众体育司、宣传司将未纳入年度会议计划且可以在京内组织召开的全国体育系统相关工作会议，分别安排在浙江省温州市、宁波市和福建省福州市召开，参会人员分别为111人、154人、149人，其中业务司和所属单位等京内人员分别占参会总人数的59%、53%、48%，涉及往返交通费、住宿费共计83.25万元。

针对以上问题，体育总局采取措施加强了制度建设和会议计划管理，印发了《体育总局办公厅关于加强会议管理、严格执行会议计划有关事宜的通知》等制度，对2013年、2014年会议计划进行压减合并，进一步精简会议，节约开支。

食品药品监管总局2013年度预算执行情况和其他财政收支情况审计发现问题的整改结果

根据《中华人民共和国审计法》的规定，2013年11月至2014年3月，审计署对食品药品监管总局2013年度预算执行情况和其他财政收支情况进行了审计。根据食品药品监管总局提供的资料，截至2014年10月底，审计发现问题的整改情况如下：

一、预算执行中存在主要问题的整改情况

（一）2013年，所属国家食品药品监督局药品审评中心（以下简称药审中心）和药品评价中心预算编报不完整，未将事业收入和经营收入等1859.14万元编入当年预算。

针对以上问题，食品药品监管总局已责成药审中心和药品评价中心在以后年度编报部门预算时，将事业收入和经营收入按规定纳入预算编报范围。

（二）2013年，所属中国食品药品检定研究院在上年建设项目结转13885.23万元的情况下，又申请预算46000万元，实际支出20208.72万元，年底累计结转39676.51万元。

针对以上问题，食品药品监管总局已责成中国食品药品检定研究院充分考虑建设项目年度实施计划，制订具体资金使用计划，加快预算执行进度；中国食品药品检定研究院已将基建累计结转资金纳入2014年部门预算，通过加强与承包方配合，协调招标采购与施工进度计划等方式提高预算执行率。

（三）2013年，局本级和所属药审中心等3家单位未经批准，自行扩大项目支出范围列支2239.88万元，用于机关办公楼物业管理费、新办公地址租赁费和人员经费等支出。

针对以上问题，食品药品监管总局和所属药审中心等3家单位加强了预算管理，今后将严格按照支出用途使用资金。

（四）2013年，局本级未执行公开招标，直接委托 1 家单位开展“餐饮服务食品安全宣传周”活动，涉及金额 86.37 万元。

针对以上问题，食品药品监管总局加强了政府采购管理，今后将严格按照相关规定执行。

（五）2013 年，局本级和所属医疗器械技术审评中心超预算列支因公出国（境）费用 218.71 万元；局本级的 12 个团组超标准列支住宿费 13.19 万元；局本级安排 8 人次出国培训，接受企业资助 62.27 万元。

针对以上问题，食品药品监管总局和所属医疗器械技术审评中心加强了因公出国（境）管理，今后将严格执行出国（境）预算并按规定标准列支出国（境）经费，杜绝接受企业资助出国培训现象的发生。

（六）2013 年，局本级向外交部报备的因公出国（境）计划中，部分出国（境）计划未列明邀请方和经费来源；未建立团组活动评估核查机制；组织的 41 个团组中，仅 10 个团组的出访报告上传到内部网接受公开监督，9 个出国团组出国天数超过国家规定。

针对以上问题，食品药品监管总局加强了因公出国（境）管理，今后将严格编制出国（境）计划，健全出国（境）团组出访报告公开监督机制，严控出国（境）天数。

（七）截至 2013 年底，局本级未经批准，将 103.89 万元公务用车购置费用于公车运行费及司勤人员支出；局本级超编制配备公务用车 3 辆。

针对以上问题，食品药品监管总局加强了公务用车管理，今后将严格执行预算，3 辆超编制公务用车将结合公务用车改革一并清理。

（八）2013 年，局本级未按规定报国管局备案三类会议年度计划；局本级的 4 个会议在非定点饭店召开，涉及金额 16.39 万元；2 个会议的与会人数超过规定标准，多列支会议费 14.84 万元；22 个会议超标准列支会议费 15.11 万元。

针对以上问题，食品药品监管总局加强了会议管理，今后将按规定做好会议计划编制、审批和备案，严控支出标准，严格按规定召开会议。

二、其他财政收支中存在主要问题的整改情况

（一）截至 2013 年底，局本级应收所属机关服务中心和信息中心款项共计 1332 万元长期挂账，未及时清理。

针对以上问题，食品药品监管总局已将涉及机关服务中心的 932 万元确认为支出，并调整了有关会计账目；将涉及信息中心的 400 万元确认为欠款，已要求该中心返还。

（二）截至 2013 年底，局本级未按规定将开发的价值 48 万元的系统软件计入固定资产。

针对以上问题，食品药品监管总局已按要求将上述开发软件计入固定资产，调整有关会计账目和决算（草案）。

统计局预算执行情况和其他财政收支情况审计发现问题的整改结果

根据《中华人民共和国审计法》的规定，2013 年 5 月至 8 月，审计署对统计局预算执行情况和其他财政收支情况进行了审计。根据统计局提供的资料，截至 2014 年 10 月底，审计发现问题的整改情况如下：

一、预算执行中存在主要问题的整改情况

（一）2009 年至 2012 年，局本级将不属于财政供养范围的 8081 名工勤人员经费列入基本支出预算，并取得财政拨款 23938.53 万元。

针对以上问题，统计局在编制 2014 年部门预算时做了纠正。

（二）至 2012 年底，所属北京调查总队和北京市统计局分别有项目结余资金 133.39 万元、423.66 万元在往来款科目挂账，未纳入部门预算统筹安排。

针对以上问题，统计局已将相关项目结余纳入预算安排。

（三）2009 年至 2012 年，局本级未按规定在财政部批复本部门预算之日起 15 日内批复所属各单位预算，分别超出 8 天、6 天、14 天、21 天。

针对以上问题，统计局加强了预算批复管理，严格在规定时间内批复预算。

（四）2009 年至 2012 年，局本级、北京调查总队扩大开支范围分别在项目支出中列支基本支出 1194.76 万元、289.41 万元，所属离退休干部局在人员经费中列支公用经费 71.28 万元。

针对以上问题，统计局、北京调查总队加强

了预算执行管理。

（五）2011年至2012年，北京调查总队及区县调查队超预算支出“三公”经费93.56万元，所属服务业调查中心和内蒙古调查总队超预算支出会议费499.84万元。

针对以上问题，北京调查总队等相关单位加强了“三公”经费和会议费预算管理，严格按预算执行。

（六）2011年至2012年，北京调查总队在未取得发票的情况下，仅凭银行结算票据支付会议费、培训费及餐费584.64万元。

针对以上问题，北京调查总队已取得相应发票。

（七）2008年至2009年，北京调查总队虚列住房改革支出103.76万元，资金实际转入北京市统计局，至2012年底仍在该局往来款挂账。

针对以上问题，北京调查总队已按规定收回资金，并调整了相关会计账目。

（八）2009年至2012年，局本级及所属山西调查总队等4家单位未按规定执行政府采购1855.84万元，其中：局本级1240万元，所属单位615.84万元。

针对以上问题，统计局等相关单位加强了政府采购管理，严格执行政府采购制度规定。

二、其他财政收支中存在主要问题的整改情况

（一）截至2012年底，局本级公务用车超出编制7辆。

针对以上问题，统计局已按公务用车改革要求对超编车辆进行清理。

（二）2008年至2009年，局本级未按规定将房产出租事项报财政部门备案，取得出租收入917.77万元；2010年至2012年，房产出租收入1205.49万元未按规定上缴财政。

针对以上问题，统计局已将房产出租收入上缴财政。

（三）至2012年底，北京调查总队相关资产购置支出3683.22万元未记入固定资产账，且产权登记在北京市统计局名下；局本级三里河办公区热力站改造项目2011年已完工并正式投入使用，截至2012年底仍未办理竣工财务决算。

针对以上问题，北京调查总队、北京市统计局协议约定永久共同拥有北京市广安门南大街36号院内办公楼产权，并已记入固定资产账；统计局已办理了三里河办公区热力站改造项目竣工财务决算。

林业局2013年度预算执行情况和其他财政收支情况审计发现问题的整改结果

根据《中华人民共和国审计法》的规定，2013年11月至2014年3月，审计署对林业局2013年度预算执行情况和其他财政收支情况进行了审计。根据林业局提供的资料，截至2014年10月底，审计发现问题的整改情况如下：

一、预算执行中存在主要问题的整改情况

（一）2012年至2013年，局本级和所属调查规划设计院（以下简称规划院）等18家单位未经批准在不同项目间自行调剂使用预算资金9229.15万元，其中2013年5241.91万元。

针对以上问题，林业局已要求局本级和所属规划院等18家单位提高预算编制的准确性，今后严格按照预算规定的支出用途使用资金。

（二）2012年，所属经济发展研究中心挪用财政专项资金16万元用于出版与项目无关的纪念文集等；2012年至2013年，所属中国林业科学研究院（以下简称林科院）采取采购与项目无关的实验设备和耗材并再次出售的方式，套取资金27.07万元，其中2013年11.95万元。

针对以上问题，经济发展研究中心已将挪用的16万元财政资金归还原资金渠道，林科院已将相关销售收入27.07万元全部收回。

（三）2012年至2013年，局本级和所属林科院向下属单位转嫁房租、人员经费等120.88万元，其中2013年98.62万元。

针对以上问题，林业局和林科院已退还向下属单位转嫁的费用120.88万元。

（四）2012年至2013年，所属北方航空护林总站等7家单位提前拨付项目资金3377.36万元，其中2013年1917.73万元。

针对以上问题，林业局已责成北方航空护林总站等7家单位严格执行预算，按照项目进度拨款，跟踪检查已拨款项，确保资金安全。

（五）2013 年，所属大兴安岭林业集团公司违反规定从零余额账户向实有资金账户划转财政专项资金 7608 万元。

针对以上问题，大兴安岭林业集团公司已将此项资金转回天然林保护财政专户。

（六）截至 2013 年底，局本级和所属管理干部学院等 7 家单位因项目前期论证不充分等，形成结转结余资金 12100.80 万元。

针对以上问题，林业局和管理干部学院等 7 家单位加强了项目论证和审核，加紧推进项目建设。

（七）2008 年至 2013 年，所属规划院等 11 家单位的 13 个项目未按规定执行政府集中采购或公开招标，涉及金额 17686.51 万元，其中 2013 年 13866.58 万元。

针对以上问题，规划院等 11 家单位将强化政府采购活动审核和监管，今后严格执行政府采购和招投标相关规定。

（八）2012 年至 2013 年，所属林科院部分收支未纳入年度决算，涉及金额 4558.99 万元，其中 2013 年 2386.05 万元。

针对以上问题，林科院已将相关收支纳入单位预决算。

（九）因公出国（境）管理中存在的问题。

1. 2013 年，局本级计划外组织出国（境）团组 73 个、134 人次。

2. 2012 年至 2013 年，局本级和所属机关服务中心向下属单位转嫁出国费 22.2 万元，其中 2013 年 20.93 万元；将局本级出国经费预算 49.5 万元安排在所属科技发展中心。

3. 2013 年，所属经济发展研究中心和世界银行贷款项目管理中心无预算列支出国费 4.10 万元，所属濒危物种进出口管理中心超标准列支出国费 1.32 万元。

针对以上 1、2、3 项问题，局本级和所属机关服务中心已将转嫁的出国费归还；2014 年局本级按照规定报送出国计划，纠正出国经费在下属单位列支问题；经济发展研究中心、世界银行贷款项目管理中心和濒危物种进出口中心加强了出国经费管理，严格预算执行，杜绝此类问题再次发生。

（十）公务用车管理中存在的问题。

1. 截至 2013 年底，局本级超编制配备公务用车和执法执勤用车 6 辆；所属规划院和机关服务中心无偿占用所属 6 家单位车辆 24 辆，价值 987.95 万元。

2. 2012 年，局本级超预算列支公务用车运行维护费 33.84 万元；2013 年，所属中国林业出版社等 3 家单位在非定点维修单位维修车辆支出 3.82 万元。

3. 2012 年至 2013 年，所属机关服务中心向下属单位转嫁公务用车运行维护费 34.29 万元，其中 2013 年 26.52 万元。

针对以上 1、2、3 项问题，林业局已将超编制配备的公务用车上交国管局，并细化了公务用车预算编制和经费管理；所属规划院和机关服务中心已清退了全部占用车辆；机关服务中心全额退还了在下属单位列支的公务用车运行维护费；中国林业出版社等 3 家单位积极完善相关制度，严格执行政府采购规定。

（十一）公务接待管理中存在的问题。

1. 2012 年至 2013 年，所属规划院无预算列支招待费 132.05 万元，其中 2013 年 55.6 万元。

2. 2011 年至 2013 年，所属林产工业规划设计院（以下简称设计院）使用房租收入冲抵招待费支出 88.36 万元，收支均未在本单位法定账簿核算，其中 2013 年 38.07 万元。

针对以上 1、2 项问题，规划院已印发了业务招待管理办法，严格审批和报销业务招待费；设计院已将上述房租、招待费纳入单位账簿统一核算。

（十二）会议费管理中存在的问题。

1. 2013 年，局本级 15 个三类会议未列入年度会议计划；局本级和所属湿地管理中心等 3 家单位超标准列支会议费 20.3 万元。

2. 2012 年至 2013 年，所属防治荒漠化中心等 10 家单位在非定点饭店召开会议 48 个，支出 500.41 万元，其中 2013 年 320.77 万元；所属国有林场和林木种苗工作总站（以下简称工作总站）和信息中心 2 个会议天数超过规定；局本级和所属工作总站向下属单位转嫁会议费 52.3 万元，其中 2013 年 7.3 万元。

针对以上 1、2 项问题，林业局 2014 年严格执行年初制订的会议计划，杜绝无计划召开会议；

防治荒漠化中心等12家问题单位加强了会议费管理，严格执行会议费管理规定，杜绝在非定点饭店召开会议等；林业局和工作总站已将转嫁的会议费全额退还下属单位。

（十三）2013年，所属大兴安岭林业集团公司投资1.45亿元建设三亚接待处等楼堂馆所项目。

针对以上问题，大兴安岭林业集团公司已公开转让三亚接待处项目，收回全部投资款。

二、其他财政收支中存在主要问题的整改情况

（一）截至2013年底，局本级有14757.28万元暂付款科目长期挂账，其中10992.85万元是2000年前形成的，一直未清理。

针对以上问题，局本级已对暂付款进行清理收缴，并严格控制年度挂账规模。

（二）所属设计院等14家单位通过收入不入账等方式违规设立“小金库”，涉及金额3624.84万元，主要用于发放职工奖金等，其中2013年1758.87万元，截至2013年底结存654.78万元。

针对以上问题，林业局对“小金库”进行了清理，对14家单位进行了通报批评，并对其中问题严重6家单位的9名党政主要负责人进行了诫勉谈话；14家单位已归还“小金库”资金930.57万元。

（三）2012年至2013年，林业局14名处级以上党员干部兼职取酬、用公款报销个人费用等，涉及金额84.51万元，其中2013年49.73万元。

针对以上问题，14名党员干部已全部退回兼职取酬的资金和公款报销的个人费用。

（四）2012年至2013年，所属设计院等8家单位以虚假票据报销套取资金570.83万元，用于会议费、招待费和发放职工奖金等，其中2013年145万元。

针对以上问题，设计院等8家单位已将虚假发票进行了更换，并进一步加强票据审核把关，严格报销审核。

（五）截至2013年底，所属林科院等4家单位少计对外投资和固定资产等1490.94万元。

针对以上问题，林科院等4家单位已调整有关会计账目，将少计的对外投资和固定资产登记入账。

（六）2012年至2013年，所属设计院违规使用自有资金累计购买短期理财产品7600万元，其中2013年3800万元。

针对以上问题，设计院正在办理短期投资报批手续，在未获得批复之前，已停止所有投资活动。

（七）2012年至2013年，所属设计院等4家单位未经报批将单位所属房产对外出租，取得租金收入2025万元，其中2013年916万元。

针对以上问题，设计院等4家单位已按规定履行房产出租报批手续。

（八）2012年至2013年，所属大兴安岭林业集团公司未按规定用途使用棚户区改造专项资金和流动资金贷款共计208999万元，而是将其用于机场、公路、三亚接待处等基础设施建设，其中2013年116302万元。

针对以上问题，大兴安岭林业集团公司已归还挪用的资金127538万元，对尚未归还的81461万元资金，该集团公司正在通过提高企业经营创利能力、向金融机构融资等多种渠道，积极筹措资金予以归还。

（九）所属国家林业局招待所的1处宾馆已于2004年建成并投入使用，但至今未办理竣工财务决算。

针对以上问题，国家林业局招待所正在完善相关资料，办理竣工财务决算有关手续。

宗教局预算执行情况和其他财政收支情况审计发现问题的整改结果

根据《中华人民共和国审计法》的规定，2013年5月至7月，审计署对宗教局预算执行情况和其他财政收支情况进行了审计。根据宗教局提供的资料，截至2014年10月底，审计发现问题的整改情况如下：

一、2012年，局本级29个项目预算未细化支出内容、未明确测算依据

针对以上问题，宗教局加强了部门预算编制管理，细化了项目预算编制。

二、2012年底，局本级在地方宗教工作部门未提交申请的情况下，向其拨付工作补助850万元

针对以上问题，宗教局已采取措施，加强预算执行管理，严格审核各类资金拨付。

三、2012 年，局本级在课题及政策研究经费等项目中列支与项目无关的支出 383 万元

针对以上问题，宗教局已将扩大项目开支范围列支的 383 万元归还资金原渠道，并调整了相关会计账目。

四、2012 年，局本级超标准支出会议费 81 万元

针对以上问题，宗教局已采取措施，加强会议费管理，严格会议计划执行和会议支出审批。

五、2012 年 12 月至 2013 年 1 月，局本级有 8 次公务接待用餐超标准或超批准人数，餐费合计 3 万元

针对以上问题，宗教局已修订完善相关规章制度，严格管理各类公务接待。

六、2012 年，局本级政府采购预算编制不完整，实际执行中超预算采购 292 万元

针对以上问题，宗教局在 2014 年度部门预算中，加强了政府采购预算编制管理。

新华社 2013 年度预算执行情况和其他财政收支情况审计发现问题的整改结果

根据《中华人民共和国审计法》的规定，2013 年 11 月至 2014 年 3 月，审计署对新华社 2013 年度预算执行情况和其他财政收支情况进行了审计。根据新华社提供的资料，截至 2014 年 10 月底，审计发现问题的整改情况如下：

一、2013 年，社本级组织的 5 个因公出国（境）团组未编入年度计划

针对以上问题，新华社将严格按照规定进一步加强因公临时出国（境）的审批和管理。

二、2013 年，社本级公务用车 15 辆、价值 137.73 万元，未纳入财务账和实物账核算

针对以上问题，新华社已将 15 辆公务用车纳入财务账和实物账核算，并正在对财务、资产管理系统进行升级。今后将严格执行国有资产使用管理相关规定，加强资产登记入账的管理，确保资产真实、完整。

三、2013 年，所属机关管理服务中心维修项目预算 4120 万元，但由于前期论证不够充分、预算执行进度慢，至年底支出 1005.73 万元，结存 3114.27 万元

针对以上问题，新华社加强了项目预算管理，将进一步完善项目申报程序，加强项目前期论证，建立项目支出预算事前评审机制，明确重大项目必须由总社组织专家进行评审，并将项目评审报告作为项目申报及预算审核的必要依据。同时将改进项目库管理，建立“项目储备库”和“项目初选库”。

中科院 2013 年度预算执行情况和其他财政收支情况审计发现问题的整改结果

根据《中华人民共和国审计法》的规定，2013 年 11 月至 2014 年 3 月，审计署对中科院 2013 年度预算执行情况和其他财政收支情况进行了审计。根据中科院提供的资料，截至 2014 年 10 月底，审计发现问题的整改情况如下：

一、预算执行中存在主要问题的整改情况

（一）所属国家纳米科学中心（以下简称纳米中心）2012 年用已完工项目申报预算，套取财政资金 912 万元；物理研究所（以下简称物理所）2009 年重复申报项目，套取财政资金 606 万元。

针对以上问题，纳米中心和物理所已于 2014 年 7 月退回套取的财政资金，上缴中科院；中科院已商财政部统筹纳入预算安排，目前正在办理相关手续。

（二）2008 年以来，所属纳米中心、物理所、半导体研究所、大气物理研究所和生态环境研究中心（以下简称半导体所、大气所和生态中心）扩大经费开支范围，在基本支出、课题和项目经费中列支无关支出等 15826.84 万元，其中 2013 年 5757.59 万元。

针对以上问题，纳米中心、物理所、生态中心和大气所已将扩大开支范围的资金归还原渠道，并调整了有关会计账目；半导体所已将结余的测试资金归还原渠道，并调整了有关会计账目，目前正在起草相关内部控制管理办法，规范所内课题测试收费标准，细化成本核算。

（三）2013 年，所属物理所未严格履行协议，提前从零余额账户向其控股公司支付设备款935.15万元。

针对以上问题，物理所已收回未在协议付款期内支付的款项，今后将规范进口设备采购管理，完善进口设备的付款方式和验收程序。

（四）截至2013年底，所属大气所和物理所有667个项目应结题未结题，涉及金额3190.05万元；纳米中心和大气所有209个已结题项目未及时结账，涉及金额6668.99万元。

针对以上问题，大气所、物理所和纳米中心已完成477个科研项目结题结账，涉及金额5739.34万元。对尚未结题结账的399个科研项目，中科院将尽快清理完毕。

（五）2013年，所属物理所未执行政府集中采购，自行采购物业管理服务和办公家具，涉及金额1115.92万元。

针对以上问题，物理所加强了政府采购管理，2014年购买的物业服务及超过规定额度的办公家具已按规定要求进行政府集中采购。

（六）2013年底，所属生态中心决算报表中劳务费、委托业务费支出不实，涉及金额5618.98万元。

针对以上问题，生态中心已严格区分相关会计明细科目进行核算，调整了有关账目。

（七）因公出国（境）管理中存在的问题。

1.2013年，所属物理所和大气所有102人在无出国任务批件的情况下持因私护照执行出国任务；物理所、大气所、生态中心超预算列支出国费884.47万元；院本级和所属生态中心7个出国（境）团组在非定点购票点购买机票。

针对以上问题，中科院、大气所制定了《国际机票报销规则》《大气物理研究所因公出国（境）管理办法》等4项规章制度，加强因公出国（境）管理；物理所成立外事工作办公室，专门负责物理所出入境管理等事宜。

2.2012年和2013年，所属生态中心的3个出国（境）团组中，2人擅自增加出访国家，9人擅自增加出访城市，21人擅自延长境外停留时间共计79天；未经批准组织双跨团组，邀请自然科学基金会1名工作人员持因私护照分别出访美国、加拿大，承担其出国费用4.12万元，其中2013年2.46万元；2个团组超标准列支出国费8.68万元，其中2013年2.46万元；将2013年出国费6.10万元转嫁给挂靠单位中国生态学学会承担。

针对以上问题，生态中心制定了《生态环境研究中心因公出访手续办理流程》，加强管理；对未经批准组织双跨团组问题进行认真检讨，对会议组织人员进行了批评教育，收回相关费用；收回超标准支出的出国费，将转嫁的出国费用归还给中国生态学会，并调整了有关账目。

（八）截至2013年底，院本级超编制配备公务用车17辆；所属半导体所2011年以来违规占用参股公司公务用车2辆，其中1辆超标准；物理所2012年无预算购置价值76.20万元的3辆公务用车，且未执行政府集中采购。

针对以上问题，中科院将结合公务用车改革解决超编配备车辆问题；半导体所已停止占用下属企业车辆；物理所加强了预算执行管理，杜绝无预算购置公务用车情况再次发生，今后严格执行政府采购有关规定。

（九）会议费管理中存在的问题：

1.2013年，院本级未经批准召开4个二类会议；所属物理所在非定点饭店召开4个会议、支出26.35万元，其中2个会议在五星级酒店召开。

针对以上问题，中科院已按规定将2014年度计划召开的二类会议计划送财政部审核会签后报国务院审批，并报国管局备案；物理所通过会议传达、文件传达等形式，明确会议地点和预算审批以及报销管理规定，严格按照会议费相关管理办法进行会议政府采购，禁止到五星级酒店和名胜风景地召开会议。

2.2013年，所属大气所将1个研讨会的后半程议程安排在游船上召开，26.02万元费用由收取的会议费和企业赞助费承担。

针对以上问题，大气所制定了《中国科学院大气物理研究所会议管理办法》，并对组织会议的负责人给予行政警告处分。

3.2013年，所属生态中心委托旅行社组织28名职工赴江苏宜兴考察4天、北京游览1天，支出14.92万元，其中10万元以会议费名义列支。

针对以上问题，生态中心已将扩大开支范围的经费全部退回，并对组织会议的负责人给予行政警告处分。

4.2013年，所属物理所收取的会议注册费

6.42 万元未纳入其法定账簿核算。

针对以上问题，会议承办方已将相关收支情况上报物理所。

5. 截至 2013 年底，所属半导体所将在往来款挂账的 2010 年举办国际会议收取的注册费及广告费 42.66 万元，全部用于所内职工劳务费、办公用品等支出。

针对以上问题，半导体所已规范相关收费行为，并调整了相关会计账目。

二、其他财政收支中存在主要问题的整改情况

（一）2013 年，所属物理所、半导体所、生态中心等 9 家单位部分领导办公用房面积超过国家规定标准 50%，其中物理所和生态中心主要负责人办公用房实际使用面积共计 242 平方米，但向中科院上报为 49 平方米。

针对以上问题，中科院对物理所等 9 个单位给予了严肃批评。截至 2014 年 4 月底，9 个单位已对上述超标准占有、使用的办公用房进行了腾退。同时，中科院正在起草《中国科学院领导干部办公用房配置管理暂行办法》，进一步规范办公用房管理。

（二）2012 年，未经财政部批准，院本级自行批复所属大气所拆除价值 1095.51 万元建筑物；所属物理所未经批准将该所一栋应拆除的平房加层扩建，支出 297 万元；地质与地球物理研究所（以下简称地质所）为变更科研办公楼用地性质，在项目概算外支付给民营企业“规划立项程序审批服务费”466 万元。

针对以上问题，大气所正在向财政部补报房屋拆除审批手续；物理所正解决住宿人员的安置问题，待安置妥当后立即启动对平房的后续腾退、拆除工作；地质所已责成研究所职能部门停止执行项目合同，将已经支出的资金从基建支出调整到从研究所自有资金列支。

（三）2011 年至 2013 年，所属物理所和大气所购置的 294.04 万元软件未纳入固定资产管理，其中 2013 年 18.04 万元。

针对以上问题，物理所和大气所已按要求将购置开发的软件补记入库，进行了相应的账务处理，纳入固定资产管理。

（四）截至 2013 年底，所属物理所 2012 年已投入使用基建项目未办理竣工财务决算，实际支出超概算 2131.24 万元，在该项目中编造虚假接待业务，使用不合规发票报销 15.40 万元。

针对以上问题，物理所正在办理工程结算和决算工作；已追回使用不合规发票报销的有关资金，同时要求所属各部门，加强对报销票据的审核。

（五）2011 年以来，所属物理所未经公开招标或化整为零规避公开招标采购货物、服务和工程等，涉及金额 1222.81 万元；2013 年在没有工程计量结果的情况下报销工程款 300 万元。

针对以上问题，物理所对 3 名招标工作的负责人给予了行政警告处分，并对相关业务进行了清理规范，通过复核工程量，补报了工程进度付款审批表及工程款支付证书等相关资料。

（六）2012 年，所属半导体所收取的房屋租金 128.04 万元未缴纳房产税、营业税及附加。

针对以上问题，半导体所已于 2014 年 5 月按规定缴纳房产税、营业税及附加。

（七）2009 年至 2013 年，未经院党组批准，院本级、北京分院、沈阳分院个别领导干部在中科院所属企业兼职，领取津贴共计 106.90 万元，其中 2013 年 25.20 万元。

针对以上问题，中科院已按有关规定停止领导干部兼职取酬，同时对兼任持股企业董监事人员进行了调整。

银监会 2013 年度预算执行情况和其他财政收支情况审计发现问题的整改结果

根据《中华人民共和国审计法》的规定，2013 年 11 月至 2014 年 3 月，审计署对银监会 2013 年度预算执行情况和其他财政收支情况进行了审计。根据银监会提供的资料，截至 2014 年 10 月底，审计发现问题的整改情况如下：

一、预算执行中存在主要问题的整改情况

（一）2013 年，银监会本级和重庆、上海、陕西、黑龙江、辽宁银监局等 5 家所属单位在人员经费与公用经费、基本支出与项目支出间调剂使用预算资金共计 431.6 万元。

针对以上问题，银监会已纠正违规做法，调整有关会计账目和决算（草案）。

（二）2013年，银监会本级和上海、陕西银监局提高人员经费标准、扩大支出范围使用预算资金242.76万元。

针对以上问题，银监会已纠正违规做法，调整有关会计账目和决算（草案）。

（三）2011年至2013年，银监会本级和重庆银监局由企事业单位承担现场检查住宿费、出国考察等费用22.59万元，其中2013年17.34万元。

针对以上问题，银监会已退还由其他单位承担的费用，并调整有关会计账目和决算（草案）。

（四）至2013年底，所属黑龙江银监局存在超标准配备的公务用车14台，均为2011年以前购置。

针对以上问题，银监会已将超标准配备公务用车全部处置完毕。

（五）2013年，所属辽宁银监局未按规定实行集中采购，采用询价方式采购台式计算机等办公设备，涉及金额6.2万元。

针对以上问题，银监会已责成相关单位严格执行政府采购有关规定，对纳入政府集中采购目录的项目全部实行政府集中采购。

二、其他财政收支中存在主要问题的整改情况

（一）所属陕西、黑龙江银监局未按估价将办公楼、周转房或办公设备等纳入固定资产核算和管理，涉及资产价值1988.59万元。

针对以上问题，银监会已补办手续，将相关资产纳入固定资产账内核算和管理。

（二）所属上海银监局后勤服务中心2013年购置的办公用品等没有出入库登记台账和使用管理制度。

针对以上问题，该单位已制定办公用品采购、入库、保管、领用规章制度，设置出入库登记台账，并指派专人负责该项工作。

此外，银监会本级2013年上收上海、山西银监局的事业基金未纳入预算管理；陕西银监局2名在职人员2013年在银行业协会兼职并领取报酬10.53万元，有18名会计从业人员未取得会计从业资格证书或未定期年检。

针对以上问题，银监会已按照相关规定管理使用事业基金，相关单位已纠正兼职取酬问题，将无会计从业资格的人员调整到其他工作岗位，相关人员按期办理了会计从业资格证书年检手续。

证监会2013年度预算执行情况和其他财政收支情况审计发现问题的整改结果

根据《中华人民共和国审计法》的规定，2013年11月至2014年3月，审计署对证监会2013年度预算执行情况和其他财政收支情况进行了审计。根据证监会提供的资料，截至2014年10月底，审计发现问题的整改情况如下：

一、预算执行中存在主要问题的整改情况

（一）2013年，证监会本级和所属甘肃、湖南证监局存在扩大支出范围的问题，涉及金额36.81万元。

针对以上问题，证监会本级及甘肃、湖南证监局均已对有关会计账目及决算（草案）进行了调整。

（二）2013年，证监会本级为部分外聘在京工作人员报销的房租费中，有129.6万元报销凭证为不合规发票。

针对以上问题，证监会对有关事项进行了核查，确认租房属真实交易，相关人员已补开了正规发票。

二、其他财政收支中存在主要问题的整改情况

2013年，证监会本级将应在交通费科目中核算的报销市内出租车等费用在差旅费科目中核算。

针对以上问题，证监会本级已调整有关会计账目，并完善了相关规定。

保监会2013年度预算执行情况和其他财政收支情况审计发现问题的整改结果

根据《中华人民共和国审计法》的规定，2013年11月至2014年3月，审计署对保监会2013年度预算执行情况和其他财政收支情况进行了审计。根据保监会提供的资料，截至2014年10月底，审计发现问题的整改情况如下：

一、预算执行中存在主要问题的整改情况

（一）2009 年至 2013 年，所属云南、深圳、广东等 5 家保监局将考试费、住房补贴等项目经费及部分公用经费 702.59 万元用于弥补人员经费，其中 2013 年 484.24 万元。

针对以上问题，保监会已在 2013 年度部门决算中如实反映该问题，目前正在协调相关部门，推进薪酬制度改革工作。

（二）2013 年，保监会本级及所属广东保监局、湖北保监局未经批准在不同科目间调剂使用预算资金 260.47 万元。

针对以上问题，保监会已停止了此类列支行为，调整了相应会计账目，并按规定调整年度决算相关数据。

（三）2013 年，保监会本级安排部分工作人员出国参加培训班和研讨会，存在仅支付公杂和个人零用费用，境外食宿费等费用由保险公司等邀请方承担的情况。

针对以上问题，保监会已按照相关规定，从严审批出国计划，规范出国团组管理。

（四）2013 年，保监会本级及广东保监局在年度部门会议计划之外召开 12 个会议，其中 5 个会议租用的宾馆不属于党政机关定点饭店。

针对以上问题，保监会已按照相关规定，规范会议计划管理。

二、其他财政收支中存在主要问题的整改情况

2013 年，保监会将应收取保险行业协会、保险保障基金公司等 4 家单位的租赁费直接充抵办公楼物业管理费用。

针对以上问题，保监会按照相关规定，正在办理报批手续，同时加强对租赁收入的管理。

社保基金会基金管理及 2013 年度预算执行情况和其他财政收支情况审计发现问题的整改结果

根据《中华人民共和国审计法》的规定，2013 年 11 月至 2014 年 3 月，审计署对社保基金会基金管理及 2013 年度预算执行情况和其他财政收支情况进行了审计。根据社保基金会提供的资料，截至 2014 年 10 月底，审计发现问题的整改情况如下：

一、基金管理运营中存在主要问题的整改情况

（一）审计抽查 15 个使用信托贷款的项目发现，有 6 个项目的用款单位未按指定用途使用信托资金，涉及金额 14.20 亿元。

针对以上问题，涉及的信托公司已全部整改，同时社保基金会在新开展的投资项目中，通过细化尽职调查内容、设计信托报酬分段计付等方式督促信托公司加强信托贷款项目投后管理。

（二）2013 年，六安城市建设投资有限公司获得 10 亿元社保基金信托贷款，用于建设的 3 个项目中，有 2 个项目的建筑面积超过了该公司资质的承建范围，社保基金会在开展尽职调查和贷款审批中未指出。

针对以上问题，社保基金会将采取措施，进一步加强投资项目的尽职调查工作，加强对投资单位的调查研究。

（三）部分协议存款办理不够规范。

针对以上问题，社保基金会根据审计建议对协议存款的询价和决策机制等做了改进，修订完善了协议存款管理办法。

（四）2013 年，社保基金会对减持 H 股收入获得的港币资金未及时安排使用或结汇，因港币汇率下降导致港币存款汇兑损失 9287.97 万元。

针对以上问题，社保基金会已颁布实施《全国社会保障基金理事会境外转持国有股投资管理办法》，对转持、减持国有股的资金管理做了明确规定。

（五）2013 年，社保基金会基金财务部在研究拟定协议存款方案时，由于决策不当，造成少收利息 380 万元。

针对以上问题，社保基金会在新修订的协议存款管理办法中，增加了建立由有关部门组成评审小组的监督审查机制等内容。

（六）社保基金自营指数化投资的标的指数范围较窄、近年投资收益欠佳。

针对以上问题，社保基金会正在与有关部门协商，研究拓宽自营指数标的范围，研究和完善委托指数化投资。同时，对审计提出应商有关部门解决自营指数化投资相关工作人员不受证券业从业人员资格准入和执业行为准则约束问题的建议，社保基金会已修订了工作人员行为守则，正在研究相关人员参加证券从业资格认定的可行性。

（七）2013年底，社保基金会未按规定对6只禁售期满的转持股票计提准备，少确认减值损失103.02亿元。

针对以上问题，社保基金会已与财政部沟通，目前正在研究解决中。

二、预算执行中存在主要问题的整改情况

（一）2013年，通过多报单位实有人数，多申领2013年度人员经费和2012年度绩效奖金共计124.42万元。

针对以上问题，社保基金会在编报2015年预算时，已按实有人数编报人员经费，并与相关部门研究，考虑年度内人员变化情况，按年度平均人数计算可用于发放的绩效奖金总额。同时，对审计提出研究解决绩效奖金制度未能有效发挥激励约束作用问题的建议，社保基金会正在对绩效奖金的计量考核基准等内容进行调研论证。

（二）2013年，车辆运行费超预算支出24.70万元，占当年预算50.41%。

针对以上问题，社保基金会已向主管部门反映，争取妥善解决。

（三）2013年，以职工福利费的名义，违规发放实物津贴补贴152.07万元。

针对以上问题，社保基金会已停发所有实物福利，停止按比例计提列支职工福利费，改按在工资总额14%以内据实列支。同时，对审计提出商有关部门解决在职工福利费中发放餐补以及在项目支出预算中编报了水电费和物业管理费等属于基本支出编报范围的支出预算问题的建议，社保基金会正在商财政部等部门研究具体办法和途径。

海洋局2013年度预算执行情况和其他财政收支情况审计发现问题的整改结果

根据《中华人民共和国审计法》的规定，2013年11月至2014年3月，审计署对海洋局2013年度预算执行情况和其他财政收支情况进行了审计。根据海洋局提供的资料，截至2014年10月底，审计发现问题的整改情况如下：

一、预算执行中存在主要问题的整改情况

（一）2011年至2013年，局本级为非预算单位中国海洋发展研究中心申报课题研究预算1500万元，其中2013年600万元。

针对以上问题，海洋局已责成有关部门进一步加强预算管理，依法编制预算，提高预算编制的科学化精细化水平。

（二）2013年，局本级和所属海洋减灾中心（以下简称减灾中心）、国家卫星海洋应用中心（以下简称卫星中心）等9家单位未经批准调剂使用预算资金1911.79万元；所属中国海监总队、减灾中心等4家单位超预算列支燃油费和飞行业务费等费用5606.66万元。

针对以上问题，海洋局已责成有关单位进一步加强预算监管，严格执行预算。

（三）2011年至2013年，局本级及减灾中心等11家所属单位未经批准动用结余资金1771.82万元，用于其他工作和弥补基本支出等，其中2013年128.10万元；所属海洋出版社、卫星中心、国家海洋环境预报中心（以下简称预报中心）在项目支出中列支与项目无关支出1751.86万元，其中2013年717.31万元。

针对以上问题，海洋局已责成有关单位进一步加强结余资金管理，按照程序申请动用结余资金，严格执行预算。海洋出版社和预报中心已分别将资金241.37万元和80万元共计321.37万元归还原资金渠道，并调整了相关会计账目。

（四）2013年，所属卫星中心未编制政府采购预算实施采购143.27万元；未经批准采取邀请招标方式实施采购，涉及金额3030万元。

针对以上问题，海洋局已责成卫星中心进一步加强政府采购预算编报管理，提高政府采购预算编制的科学合理性，强化招标管理，严格按照有关规定进行政府采购。

（五）出国（境）费用管理中存在的问题。

1.2012年，局本级组织的跨部门“赴南极长城站考察慰问司长团”批复出境时间为11天，实际行程13天，其中6天在法国和智利（含2天转机时间）。

针对以上问题，海洋局已采取措施从严审批出国团组，进一步健全和完善相关管理办法，严格控制团组数量、人员和经费预算，合理安排活动，规范出国团组行程。

2.2013 年，局本级和所属极地考察办公室（以下简称极地办）超预算列支出国（境）费用 365.17 万元，并向所属中国极地研究中心（以下简称极地中心）摊派 9.01 万元；局本级和所属卫星中心超标准列支出国（境）费 12.09 万元。

针对以上问题，极地办已用自有资金归还超预算支出的出国（境）费 228.23 万元，海洋局已责成局本级和极地办厉行节约，严格执行出国（境）经费预算和标准，严禁向下属单位摊派，强化出国（境）经费的使用监管。

（六）公务用车管理中存在的问题。

1.2013 年，局本级和所属极地中心、海洋局第二海洋研究所等 4 家单位超预算支出公车运行费 163.25 万元。

针对以上问题，海洋局已责成有关单位厉行节约，严格执行公车运行费预算。

2.2002 年至 2013 年，局本级和所属东海分局、国家深海基地管理中心长期无偿占用其他单位汽车 16 辆，局本级向所属单位及下属企业摊派公车运行费 82.24 万元，其中 2013 年 10.68 万元。

针对以上问题，海洋局、所属东海分局和国家深海基地管理中心已归还无偿借用、占用的 16 辆汽车。

3.2012 年至 2013 年，所属机关服务中心、卫星中心、宣传教育中心以长期租车的形式配备一般公务用车 4 辆，共计发生租车费 49.35 万元，其中卫星中心租用车辆超过规定标准。

针对以上问题，机关服务中心、卫星中心和宣传教育中心已停止租用车辆，海洋局已责成上述单位严格按照有关规定执行，进一步加强监管，强化公务用车管理。

4.2013 年，所属机关服务中心向局本级虚报多领车辆维修费及管理费 50.92 万元。

针对以上问题，机关服务中心已退回虚报的费用 50.92 万元，并调整了有关会计账目。

（七）会议费管理中存在的问题。

1.2013 年，局本级超预算列支会议费 149.49 万元，超标准列支会议费 139.83 万元，向 3 家所属单位摊派会议费 118.65 万元。

针对以上问题，海洋局已要求有关部门厉行节约，进一步严格执行会议费预算和开支标准，严格控制会议费支出规模，严禁向局属单位摊派会议费，加强会议费支出管理。

2.2013 年，所属信息中心和极地中心有 48 个会议（涉及金额 236.46 万元）未在定点饭店召开，其中 20 个会议（涉及金额 50.59 万元）是在五星级宾馆召开的。

针对以上问题，海洋局已责成有关单位进一步强化会议费管理，严格执行在定点饭店召开会议的规定。

3.2013 年，局本级和部分所属单位向机关服务中心支付会议室使用费和服务费 276.48 万元，其中 197.63 万元被用于弥补机关服务中心经费等支出。

针对以上问题，海洋局已责成机关服务中心进一步加强会议室使用服务费的管理，严格测算实际服务成本，强化会议室使用服务费的监管。

4.2012 年至 2013 年，局本级和所属卫星中心使用虚假票据，在会议费中报销无关餐费、房费和公务接待等支出共计 25.52 万元，其中 2013 年 21.34 万元。

针对以上问题，海洋局已责成有关部门和单位对相关会议进行逐项清理，加强对会议费的支出管理。

二、其他财政收支中存在的主要问题

（一）2011 年至 2013 年，所属预报中心账外存放广告收入 510.61 万元，其中 2013 年 175.61 万元；支出 456.92 万元，其中发放津补贴 392.19 万元。

针对以上问题，预报中心已对账外收入进行清理，并将清理后的剩余资金 53.69 万元收回单位法定账簿核算。

（二）2010 年至 2013 年，海洋局主管的中国太平洋学会在海洋出版社财务账中核算其收入 200 万元、支出 121.5 万元，其中 2013 年 55 万元和 20 万元。

针对以上问题，中国太平洋学会已将在海洋出版社财务账中核算的收支余额 78.5 万元转至本单位账户。

（三）2013 年，所属北海分局以其下属青岛环海海洋工程勘察研究院名义对外签订横向项目合同，将项目收入400万元转移至该研究院。

针对以上问题，海洋局已责成北海分局加强收入管理。北海分局已完成项目任务，项目资金400万元已全部支出。

（四）2011年至2013年，所属预报中心向其下属公司转移事业收入3064.46万元（其中2013年910万元），并在该公司为中心员工发放津补贴1572.33万元（其中2013年560.34万元）。

针对以上问题，预报中心对在公司核算的收支进行了清理，已将剩余资金660万元收回单位法定账簿核算，停止由公司发放中心员工津补贴的行为，并对有关管理人员进行批评教育。

（五）2012年12月至2013年，所属中国大洋矿产资源研究开发协会办公室（以下简称大洋办）自行提高标准发放津补贴24.67万元，其中2013年22.77万元。

针对以上问题，海洋局已责成大洋办加强津补贴管理，严禁自行提高津补贴标准。大洋办已停止发放自行提高的岗位津补贴。

（六）2013年，所属中国海洋工程咨询协会（以下简称咨询协会）和机关服务中心违规收取咨询、服务费479.12万元。

针对以上问题，咨询协会和机关服务中心已停止收取相关费用。

（七）至2013年底，所属中国海监总队、预报中心、中国海洋报社等6家单位未按规定及时登记固定资产、无形资产和对外投资2960.07万元；所属中国海监总队和北海分局未及时办理2个基本建设项目的竣工财务决算。

针对以上问题，中国海监总队、中国海洋报社和预报中心已登记固定资产1778.41万元，中国海监总队因部分设备尚未完成验收而暂未登记；卫星中心和预报中心已登记无形资产301.47万元；预报中心已补记对外投资12万元；极地办和极地中心已将接受的实物赞助登记固定资产163.48万元和存货232.01万元；中国海监总队已启动项目竣工决算的办理工作，正在委托中介机构办理竣工结算审核工作；北海分局已完成工程竣工决算的结算审核工作，将尽快办理竣工财务决算。

（八）2008年至2013年，所属极地办1名员工在兼任极地办所属公司业务员和出纳期间，以其本人签字代全体员工领取工资的方式，从公司财务套取现金74.66万元。

针对以上问题，海洋局对有关事项进行了专门调查，上述74.66万元中，有50.62万元作为年终一次性福利发放给极地办全体在职和退休职工，其余作为工资发放给公司员工。极地办已责成单位分管领导做出检查，对有关当事人进行了严肃批评教育。海洋局已禁止极地办在职和退休人员接受所属公司发放的任何福利。

此外，2013年，局本级和3家所属单位使用财政资金291.58万元租用的办公用房闲置9个月。

针对以上问题，海洋局积极推进机构改革，目前局机关工作人员已基本到位，租赁的办公用房已全部开始使用。

民航局2013年度预算执行情况和其他财政收支情况审计发现问题的整改结果

根据《中华人民共和国审计法》的规定，2013年11月至2014年3月，审计署对民航局2013年度预算执行情况和其他财政收支情况进行了审计。根据民航局提供的资料，截至2014年10月底，审计发现问题的整改情况如下：

一、预算执行中存在主要问题的整改情况

（一）2013年，民航局未经财政部批准调整预算，少批复空管系统基本支出预算31213万元。

针对以上问题，民航局在下达2014年预算时，严格按照财政部批复金额下达了空管系统预算，年中调整空管系统预算也已按规定报请财政部审批。

（二）2009年至2013年，所属民航科学技术研究院（以下简称航科院）、空中交通管理局（以下简称空管局）、民航总医院、机关服务局未经批准自行调剂预算、扩大开支范围3360.19万元，其中2013年1150.9万元。

针对以上问题，民航局已责成相关单位加强经费管理，严格按照预算规定的支出用途及批复的项目预算使用资金，其中民航总医院已按规定申请进行项目变更。

（三）2012年至2013年，所属中国民航报社和机关服务局未按规定公开招标或邀标，采购货物、服务或工程，涉及金额 2029.6 万元，其中 2013 年 1800.62 万元。

针对以上问题，中国民航报社进一步完善了财务管理，修订《财务管理制度》、制定《招标管理办法》，加大对货物、大额服务采购工作和工程项目的领导和管理；机关服务局将严格落实工程建设各项规定，认真履行招标程序。

（四）2013 年，所属清算中心旅游发展基金手续费收入 149.44 万元未编入预算。

针对以上问题，民航局已责成清算中心严格按照相关规定，将此项收入纳入预算，统一核算，统一管理。清算中心已将此项收入纳入 2015 年预算。

（五）2009 年和 2013 年，局本级和所属空管局 5 个基建项目在初步设计未获得批复的情况下，向财政部申领政府性基金预算 34440 万元，其中 2013 年 12600 万元。

针对以上问题，民航局本级 4 个项目已获得初步设计及概算批复，空管局的 1 个项目已上报了可行性研究报告，并按规定履行相关后续程序。

（六）2013 年，所属空管局以拨作支财政资金 35491.51 万元，截至 2013 年底，实际支出 16312.91 万元，其余结存在下属地区空管局等单位的实有资金账户。

针对以上问题，空管局已采取措施加强管理，严格按照财政部要求执行，不再通过零余额账户向实体资金账户拨款。

（七）2013 年，局本级和所属空管局的 18 个出国（境）团组超出规定人数；113 个出国（境）团组境外停留时间超过规定标准；所属民用航空医学中心（以下简称医学中心）和航科院超预算列支因公出国（境）费 119.78 万元；民航局将办理出国护照、签证等工作委托给所属机关服务局下属的民航局国际合作服务中心，该中心自定标准违规收取代办费 166.24 万元。

针对以上问题，民航局已采取措施，分期分批对因公临时出国任务较多的局属单位开展了专项检查，在摸清情况和问题的基础上，制定完善了《民航局因公临时出国管理实施细则》，进一步规范了外事管理，责成相关单位严格控制出国规模，今后将加强对所属单位管理，避免违规收费现象发生。

（八）2013 年，局本级占用所属单位公务用车 13 辆、执法执勤用车 3 辆、客车 2 辆；所属空管局超编制配备公务用车 34 辆，其中 2 辆为当年未执行政府采购的超标车辆；局本级和所属医学中心超预算列支公务用车运行费 63.70 万元。截至 2013 年底，局本级 50 辆公务用车未在本级固定资产账上反映，而是计列在下属单位固定资产账上，涉及金额 1427.74 万元；另有 1 辆执法执勤用车未在固定资产账上反映；3 辆已报废执法执勤用车未做销账处理，涉及金额 118.69 万元。

针对以上问题，民航局已采取措施对本级公务用车、执法用车、服务局本级及其所属车管中心公务用车分别管理和调度使用；空管局已制定《民航局空管局加强车辆使用管理措施》，进一步加强公务用车的使用和管理，停驶 20 台公务车辆，超编配备车辆的问题将结合公务用车改革一并解决；民航局已将相关车辆转入本级固定资产账，确保账实相符，3 辆已报废执法执勤用车正在商国管局办理车辆报废和销账手续。

（九）2012 年，局本级 1 个二类会议超出规定人数 100 人；2013 年，所属航科院超预算列支会议费 91.03 万元，1 个三类会议的会期超出规定 2 天；2012 年和 2013 年，局本级向下属单位或其他单位转嫁摊派会议费 9.65 万元，其中 2013 年 3.85 万元；2011 年和 2013 年，局本级和所属空管局的 5 个会议虚列支出套取资金 12.57 万元存放在酒店，其中 2013 年 11.47 万元。

针对以上问题，民航局已制定《民航局机关会议管理办法》，加强会议费管理，重申据实结算会议费，要求提供详细完备的原始单据，改进对承办会议酒店结算方式的管理，并在审计期间将套取的资金收回，对相关责任人进行了批评教育。

此外，局本级 2013 年年初预算中有 53.12 亿元未细化到具体项目和实施单位，4 个项目未编制项目申报文本。

针对以上问题，民航局已加强预算编制工作，2014 年民航发展基金各类项目已基本实现年初细化要求，部门预算年初到位率达到 98%。

二、其他财政收支中存在主要问题的整改情况

（一）2013 年，所属空管局以职工疗养名义，通过旅行社安排 178 名在职职工旅游，支出 142.4

万元；空管局、中国民航报社、东北空中交通管理局、信息中心、机关服务局、航科院、医学中心发放中秋、国庆过节费和物品等支出共计845.5万元。

针对以上问题，民航局责成相关单位党委做出书面检讨，对审计指出问题深刻反思和剖析。相关单位立即停发了过节费及过节物品，其中，中国民航报社在审计期间已将发放的购物卡收回，信息中心已收回全部过节物品，空管局从2014年起停止组织全员职工疗养事项。

（二）2013年，所属航科院以材料采购名义支付合作企业科研费用867万元。

针对以上问题，民航局已责成航科院加强合同管理和财务核算管理，确保合同名称准确，同时要求大额采购材料必须办理出入库手续，根据实际发生的经济业务事项进行会计核算。

（三）2011年至2013年，所属机关服务局、民航东北地区管理局等3家单位未经批准对外出租房屋，取得房租收入10582.64万元，其中2013年4601.23万元。

针对以上问题，机关服务局、民航东北地区管理局等3家单位正在按规定办理房屋出租的相关手续。

（四）2011年，所属民航数据公司和深圳空管实业公司未经资产评估，将持有的股权50万元转让给个人。

针对以上问题，民航数据公司已于2014年聘请评估公司进行资产评估，因最终评估价值41.92万元低于转让价格，维持原转让价格。

（五）2013年，民航局违规批复哈尔滨太平国际机场空管工程6250平方米的综合业务楼初步设计，涉及投资3094万元，其中5111平方米是“搭车”建设的办公楼；所属民航局四川监管局违规开工建设办公用房3250平方米，涉及投资1563万元。以上两个项目和南京吴圩国际机场空管工程初步设计中，均存在领导干部办公用房面积超标准问题。

针对以上问题，民航局已下发通知，要求有关责任单位在施工图设计及后续建设中严格按照文件要求，合理安排使用办公用房，核减“搭车”建设的办公用房和超标面积。其中，哈尔滨太平国际机场空管工程将综合业务楼建筑面积由6250平方米调整为1139平方米，核减5111平方米；四川监管局已在审计期间完成办公用房清理腾退整改工作，并出具书面承诺；南京空管综合业务楼建设单位正在组织设计单位重新编制施工图设计方案。

（六）截至2014年3月，所属空管局1处办公楼由于长期未办理产权过户手续，闲置19个月，2012年至2013年已支付物业管理费和供暖蒸汽费175.57万元，其中2013年42.66万元。

针对以上问题，目前空管局已上报相关文件并由民航局转报财政部，申请办理房屋产权划转；同时将该楼作为空管局空域运行监控及空域评估系统工程建设使用，已上报可研报告，将尽快按照程序实施工程，提高资产使用效率。

（七）至2013年底，所属空管局未及时将基本建设项目结余589.48万元上缴国库；民航东北地区管理局未将资产出租和处置收入331.31万元上缴国库。

针对以上问题，2013年11月和2014年9月，民航局分别向财政部上报了《关于申请上缴2013年空管项目结余资金的请示》和《关于申请调整2014年度民航政府性基金预算的函》，将尽快上缴结余资金。

邮政局预算执行情况和其他财政收支情况审计发现问题的整改结果

根据《中华人民共和国审计法》的规定，2013年5月至7月，审计署对邮政局预算执行情况和其他财政收支情况进行了审计。根据邮政局提供的资料，截至2014年10月底，审计发现问题的整改情况如下：

一、预算执行中存在主要问题的整改情况

（一）邮政局2007年与中国邮政集团公司实行政企分开时，局本级及所属31个邮政管理局收到邮政集团划转的人员经费、开办费、建设资金和监管费等补贴合计4.48亿元，至2012年底，从中安排支出共计3.74亿元，未纳入部门预算。

针对以上问题，邮政局已将该项补贴纳入预算管理。

（二）2012年，局本级以“普遍服务监督和特殊服务监督”等15个项目名义“打捆”申报预算8075.36万元，未细化到具体项目。执行中，实际细化安排用于236个项目支出7899.26万元。

针对以上问题，邮政局加强了预算编制管理，要求各单位预算编制细化到部门、基层单位和具体项目。

（三）至2012年底，邮政局一直未将所属事业单位中华全国集邮联合会和机关服务中心纳入部门预算编报范围。

针对以上问题，邮政局已将中华全国集邮联合会和机关服务中心纳入部门预算编报范围。

（四）2010年，局本级未经批准将本级办公楼空调系统改造和屋顶防水翻修项目结余资金81.82万元，用于所属发展研究中心办公楼空调建设。

（五）2012年，局本级未经批准在局办公楼配电室及地下室改造项目中列支不属于项目内容的会议室装修支出53.20万元。

针对以上（四）、（五）项问题，邮政局已向主管部门报告，并采取完善制度、严格报批程序等措施，杜绝此类情况再次发生。

（六）2010年至2012年，局本级将预算共计1758.60万元的24个课题研究和信息化工程项目，委托给无独立研发能力的发展研究中心及其下属公司承担，其中合同额809万元的项目被再次委托给外部单位。

针对以上问题，邮政局已加强对委托项目可行性论证和预算支出的审核监督。

（七）2007年至2012年，局本级未按规定公开招标，将财政资金安排的17个项目委托给北京国邮科讯科技发展有限公司等5家单位承担，合同额共计3738.75万元。

针对以上问题，邮政局完善了相关制度，逐步对达到公开招标限额的项目采购实行公开招标。

（八）2010年至2012年，局本级安排发展研究中心及其下属公司课题研究和工程项目预算4082.04万元，由于预算安排不合理，实际支出3118.92万元，结余963.12万元（占预算的24%）。

针对以上问题，邮政局加强了项目预算管理，严格审查项目结题决算，避免形成大量资金结余。

二、其他财政收支中存在主要问题的整改情况

（一）2010年至2012年，所属发展研究中心将办公用房购房款及装修工程款等应计入事业支出的费用1493.55万元，列作了经营支出。

针对以上问题，发展研究中心加强了会计核算管理，严格按照《事业单位会计制度》规定执行。

（二）2011年，发展研究中心未经批准将464.04平方米办公用房出租，截至2012年底，收取租金共计124万元。

针对以上问题，发展研究中心于2014年6月底前收回了办公用房，今后按规定履行审批手续。

人民日报社2013年度预算执行情况和其他财政收支情况审计发现问题的整改结果

根据《中华人民共和国审计法》的规定，2013年11月至2014年3月，审计署对人民日报社2013年度预算执行情况和其他财政收支情况进行了审计。根据人民日报社提供的资料，截至2014年10月底，审计发现问题的整改情况如下：

一、预算执行中存在主要问题的整改情况

（一）截至2013年底，社本级超编制配备公务用车12辆，超标准配备公务用车49辆。

针对以上问题，人民日报社已将相关整改方案上报并获主管部门原则同意，将49辆超标车中的7辆转让过户给社属企业，20辆老旧车辆申请报废，22辆暂时用于新闻采访和生产用车，并与12辆超编用车一并结合公务用车改革进行清理。

（二）2013年，社本级1次会议安排在五星级酒店住宿，超标准支出住宿费6.88万元；4次接待外宾安排在五星级宾馆住宿，支出住宿费共计10.79万元；12次宴请外宾超标准支出6.47万元；8次因公出国（境）活动中超标准支出住宿费15.95万元。

针对以上问题，人民日报社将严格执行会议住宿和外宾接待有关规定，并规范来访外宾团组的接待工作，严格预算审核程序，严控支出标准，加强内部监控；制发了《人民日报社工作人员因公临时出国（境）管理办法实施细则》和《人民日报社因公临时出国财务管理规定》，要求出访团组住宿及伙食标准严格执行财政部、外交部规定的临时出国人员费用开支标准，并在人民日报社内网公示，接受监督。

（三）2013年，社本级有34个会议未在定点饭店召开，支出费用共计27.24万元；2个会议列支与会议无关的支出23.78万元。此外，2012年，有2个会议虚列会议费10万元。

针对以上问题，人民日报社已制定了《人民日报社会议管理规定（试行）》，进一步规范会议申报审批和会议经费管理，建立完善会议管理的监督检查和责任追究机制，切实加强各类会议的管理工作。对其中虚列会议支出10万元的问题，人民日报社已于审计期间调整了会计账目。

（四）2010年以来，所属环球时报社和中国汽车报社未经批准自行扩大或改变3个项目的支出范围，涉及金额1907.22万元，其中2013年958.4万元。

针对以上问题，人民日报社已督促环球时报社认真执行相关规定，严格按照财政预算批复规范资金使用，严格履行有关审批备案手续，杜绝超范围开支；中国汽车报社已按规定调整了相关会计账目。

（五）2013年，社本级未按规定编制政府采购预算，当年政府采购实际支出2350.85万元。

（六）2009年以来，社本级和所属环球时报社未按规定执行政府采购，自行购置价值659.89万元的电子设备，其中2013年41.11万元。

（七）2012年和2013年，社本级和所属中国汽车报社未按规定公开招标，直接采购电子设备或服务涉及金额320.39万元，其中2013年270.39万元。

针对以上（五）、（六）、（七）项问题，人民日报社于2014年1月1日起正式实施《人民日报社采购管理办法（试行）》，进一步完善政府采购制度，强化预算管理。在2014年设备采购过程中，由设备管理归口部门负责审核和汇总各部门配置明细和需求，报社政府采购机构按规定实施采购。

二、其他财政收支中存在主要问题的整改情况

（一）2010年以来，社本级在报刊综合业务楼建设项目新增部分的规划许可和建筑施工许可尚未办理的情况下，即开工建设；为通过银行贷款审查，要求设计单位编制虚假的初步设计概算。

针对以上问题，人民日报社报刊综合业务楼建设项目新增部分的规划许可手续报批程序已完成，今后将严格执行《建筑工程设计文件编制深度规定》《建设项目设计概算编审规程》等制度规定，规范管理基建项目，从严控制基建支出。

（二）2010年，社本级在管理费用中列支预提的大中修费用757.73万元，但至2013年底，该款项一直在“其他应付款”科目挂账，造成多计支出。

针对以上问题，人民日报社已在审计期间调整有关会计账目。

（三）所属环球人物杂志社将自身部分业务收支在下属公司核算，造成收支不实，如2010年，该社将取得的宣传收入260万元作为下属公司收入；2012年，该社为下属公司承担会议费171.42万元。

针对以上问题，环球人物杂志社完善了《投资协议书》有关内容，与所属北京环球人物传媒广告有限公司补充签订广告代理协议和发行代理协议，约定代理方式、代理费率和结算办法，明确了双方责权利关系。

审计署2013年度预算执行情况和其他财政收支情况检查发现问题的整改结果

为健全审计署预算执行和其他财政收支情况的外部监督机制，2014年3月至4月，由审计署聘任的特约审计员和专业人员组成检查组，对审计署2013年度预算执行情况和其他财政收支情况进行了检查。截至2014年10月底，检查发现问题的整改情况如下：

一、预算执行中存在主要问题的整改情况

2013年，所属计算机技术中心（以下简称计算中心）在日常公用经费和项目支出中分别列支人员经费支出19.82万元、14.69万元；审计干部培训中心（以下简称培训中心）在项目支出中列支日常公用经费支出62.76万元，用于弥补人员经费和日常公用经费不足。

针对以上问题，审计署已与财政部进行了沟

通协商，争取在事业单位分类改革中统筹解决。

二、其他财政收支中存在主要问题的整改情况

（一）所属计算中心 2012 年 5 月购买的价值共计 15.62 万元的 170 台传感器，未及时登记入账，于 2014 年 2 月才补记固定资产账。

（二）所属培训中心 2013 年 6 月购入的价值 26 万元的工程造价软件，至年底已全额支付并投入使用，但未及时登记入账。此次检查指出后，培训中心记入了无形资产账。

针对以上问题，审计署于 2014 年 5 月下发了《关于进一步加强财务和预算管理的通知》，责成相关单位加强对固定资产和无形资产的管理，定期进行清查盘点，规范会计核算。

中华人民共和国审计署审计结果公告（2015 年第 3 号）

审计署关于 2448 宗矿业权的审计结果

（2015 年 2 月 6 日公告）

根据《中华人民共和国审计法》的规定，2013 年至 2014 年，审计署对山西、内蒙古、河北、河南、黑龙江、安徽、湖南、云南、江西、陕西、甘肃、湖北、海南和重庆等 14 个省（自治区、直辖市）部分探矿权采矿权（以下合称矿业权）进行了审计，重点对 2448 宗矿业权（详见附件 1）2004 年以来的出让交易及矿业权相关资金征管进行了核查。总的看，近年来，相关地方贯彻执行矿产资源有关政策规定，不断加强矿业权出让交易及相关资金征收管理，推进矿产资源整合和交易市场建设，资源开发利用效率有所提高。但是，一些地区矿业权管理不严格、操作不规范，此次审计发现 806 宗矿业权出让和交易中存在违法违规事项（详见附件 2），有的矿产及财税主管部门欠征、违规使用矿产资源收入。具体情况：

一、地方矿产主管部门违规审批办理矿业权登记，涉及 716 宗矿业权（详见附件 3）。主要有三种情况：

一是超越权限审批或采取“化大为小、化整为零”方式规避审批权限制约，批准并颁发勘查许可证或采矿许可证。按照国家规定，金、铅、锌等矿产勘查投资大于 500 万元的探矿权、矿床储量规模为大型以上的采矿权，煤炭勘查区块面积大于 30 平方公里的探矿权等，均应由国土资源部颁发许可证，但审计发现有 75 宗矿业权未按上述规定报国土资源部审核颁证，而是由省级及以下矿产主管部门审核颁发了许可证，其中计划勘查投资额最大的为 655.72 万元，煤炭勘查区块面积最大的为 303.99 平方公里。

二是违规批准不符合法定条件、申报资料等手续不全的矿业权办理新立、延续或变更登记手续。其中，违规批准新立矿业权主要包括未取得环境影响评价等审批手续、矿业权设置方案未经批准、矿业权申请人不具备规定资金或法人资格等条件、与其他矿业权勘查（矿区）范围重叠等 4 种情形，分别涉及矿业权 170 宗、27 宗、25 宗和 7 宗；违规批准延续矿业权，主要包括同一勘查阶段延续探矿权未按规定缩减勘查面积、未按规定缴纳价款仍批准延续等 2 种情形，分别涉及矿业权 100 宗和 60 宗。

三是以招商引资、解决历史遗留问题、发展旅游、支持企业发展等名义违规协议出让矿业权。国土资源部明确规定，2003 年 8 月起，对国家出资探明的矿产地等矿业权实行招标拍卖挂牌出让，2006 年 1 月进一步明确了矿业权招标拍卖挂牌出让的范围，但审计发现有 252 宗矿业权存在违规协议出让问题。

二、地方矿产主管部门、地勘单位或国有矿业企业违规定价出让转让或收购矿业权及相关股权，涉及 90 宗矿业权（详见附件 4）。主要有两种情况：

一是出让转让或收购矿业权时，未经评估直接定价或先定价后评估逆程序运作，涉及 85 宗矿业权及相关公司股权。以上做法，违反了关于出让转让国家出资勘查形成的矿业权、矿山企业重组改制、国有产权变动和收购非国有资产涉及矿业权时，均应委托有资质的评估机构对矿业权进行评估，并以经核准、批准的评估值作为确定出让、转让或收购价格的参考依据的规定。

二是违规操控矿业权及相关公司股权出让转让价格，涉及5宗矿业权。主要手法包括虚增资源储量、漏评伴生资源储量、调整评估参数等，有的实际未按合同约定价格支付转让款。

三、地方矿产主管部门和税务机关欠征矿产资源相关资金200.09亿元（详见附件5）。地方矿产主管部门欠征矿业权价款189.98亿元，欠征矿业权价款滞纳金和资金占用费5.21亿元，欠征矿产资源补偿费4.11亿元，欠征矿业权使用费4195.88万元；地方税务机关欠征资源税3687万元。

四、地方矿产和财政主管部门违反规定用途使用矿产资源相关资金106.39亿元（详见附件6）。地方财政部门和矿产主管部门超出规定用途，用于其他工程建设60.89亿元，用于平衡预算收支36.83亿元、弥补行政经费2.07亿元，用于违规出借6.6亿元。

对上述问题，审计署已经依法出具审计报告、下达审计决定。审计发现的涉嫌违法违纪案件线索，已依法移送有关部门进一步查处。

至2014年底，通过追缴、没收违法所得、按原渠道归还资金等措施，整改违法违规问题金额共计69.68亿元，制定完善矿业权及价款税费管理等制度40余项。下一步，审计署将继续跟踪整改情况。具体整改结果由各有关省（自治区、直辖市）政府向社会公告。涉嫌违法违纪案件线索，待有关部门依法查处后再行公告。

附件：1. 审计的2448宗矿业权分布情况
2. 矿业权违规出让转让情况
3. 违规审批办理矿业权情况
4. 违规定价出（转）让、收购矿业权及相关股权情况
5. 欠征矿产资源相关资金情况
6. 违规使用矿产资源相关资金情况

附件1：

审计的2448宗矿业权分布情况

序号	省份	审计矿业权宗数
1	内蒙古	511
2	江西	495
3	云南	295
4	湖南	294
5	山西	187
6	陕西	167
7	黑龙江	127
8	甘肃	102
9	河北	96
10	安徽	67
11	河南	54
12	重庆	26
13	海南	16
14	湖北	11
合计		2448

附件 2：

矿业权违规出让转让情况

省份		违规问题涉及的矿业权宗数	违规问题发生时间
山西	批准不符合规定及手续不全矿业权新立、延续或变更	167	2007 年至 2013 年
	操控矿业权及公司股权价格	1	2010 年
内蒙古	越权审批或以“化大为小、化整为零”批准并颁证	60	2006 年至 2009 年
	批准不符合规定及手续不全矿业权新立、延续或变更	100	2010 年至 2013 年
	以招商引资、解决历史遗留问题等名义协议出让	144	2003 年至 2013 年
	出让转让等交易中不按规定程序操作	2	2003 年、2006 年
	操控矿业权及公司股权价格	1	2003 年至 2007 年
河北	以招商引资、解决历史遗留问题等名义协议出让	2	2008 年
	出让转让等交易中不按规定程序操作	3	2000 年、2008 年、2011 年
河南	批准不符合规定及手续不全矿业权新立、延续或变更	2	2008 年、2010 年
	以招商引资、解决历史遗留问题等名义协议出让	12	2005 年至 2012 年
	出让转让等交易中不按规定程序操作	10	2002 年至 2013 年
黑龙江	批准不符合规定及手续不全矿业权新立、延续或变更	2	2013 年
	以招商引资、解决历史遗留问题等名义协议出让	84	2004 年至 2011 年
	出让转让等交易中不按规定程序操作	4	2009 年至 2010 年
安徽	越权审批或以“化大为小、化整为零”批准并颁证	1	2006 年
	以招商引资、解决历史遗留问题等名义协议出让	2	2007 年
	出让转让等交易中不按规定程序操作	12	2005 年至 2011 年
湖南	越权审批或以“化大为小、化整为零”批准并颁证	1	2011 年
	批准不符合规定及手续不全矿业权新立、延续或变更	4	2004 年至 2008 年
	以招商引资、解决历史遗留问题等名义协议出让	7	2009 年至 2012 年
	出让转让等交易中不按规定程序操作	3	2004 年、2010 年、2011 年
	操控矿业权及公司股权价格	1	2007 年

续表

省份		违规问题涉及的矿业权宗数	违规问题发生时间
云南	越权审批或以“化大为小、化整为零”批准并颁证	2	2007 年、2011 年
	批准不符合规定及手续不全矿业权新立、延续或变更	17	2011 年至 2012 年
	出让转让等交易中不按规定程序操作	47	2007 年至 2009 年
江西	批准不符合规定及手续不全矿业权新立、延续或变更	74	2002 年至 2014 年
	出让转让等交易中不按规定程序操作	2	2013 年、2014 年
	操控矿业权及公司股权价格	2	2002 年、2006 年
陕西	批准不符合规定及手续不全矿业权新立、延续或变更	14	2004 年至 2013 年
	出让转让等交易中不按规定程序操作	1	2003 年
甘肃	越权审批或以“化大为小、化整为零”批准并颁证	3	2011 年至 2012 年
	批准不符合规定及手续不全矿业权新立、延续或变更	3	2012 年
湖北	批准不符合规定及手续不全矿业权新立、延续或变更	4	2009 年至 2013 年
海南	批准不符合规定及手续不全矿业权新立、延续或变更	1	2013 年
	以招商引资、解决历史遗留问题等名义协议出让	1	2013 年
	出让转让等交易中不按规定程序操作	1	2006 年
重庆	越权审批或以“化大为小、化整为零”批准并颁证	8	2009 年
	批准不符合规定及手续不全矿业权新立、延续或变更	1	2010 年
合计			806

附件 3：

违规审批办理矿业权情况

省份	违规问题涉及的矿业权宗数	违规问题发生时间
一、越权审批或采取“化大为小、化整为零”方式规避审批权限审批		
内蒙古	60	2006 年至 2009 年
重庆	8	2009 年
甘肃	3	2011 年至 2012 年
云南	2	2007 年、2011 年
安徽	1	2006 年
湖南	1	2011 年
小计	75	
二、违规批准不符合法定条件、申报资料等手续不全的矿业权办理新立、延续或变更登记手续		
山西	167	2007 年至 2013 年
内蒙古	100	2010 年至 2013 年
江西	74	2002 年至 2014 年
云南	17	2011 年至 2012 年
陕西	14	2004 年至 2013 年
湖南	4	2004 年至 2008 年
湖北	4	2009 年至 2013 年
黑龙江	2	2013 年
甘肃	3	2012 年
河南	2	2008 年、2010 年
重庆	1	2010 年
海南	1	2013 年
小计	389	
三、以招商引资、解决历史遗留问题、发展旅游、支持企业发展等名义违规协议出让矿业权		
内蒙古	144	2003 年至 2013 年
黑龙江	84	2004 年至 2011 年
河南	12	2005 年至 2012 年
湖南	7	2009 年至 2012 年
河北	2	2008 年
安徽	2	2007 年
海南	1	2013 年
小计	252	
合计	716	

附件4：

违规定价出（转）让、收购矿业权及相关股权情况

省份	违规问题涉及的矿业权宗数	违规问题发生时间
一、未经评估直接定价或先定价后评估逆程序运作		
云南	47	2007年至2009年
安徽	12	2005年至2011年
河南	10	2002年至2013年
黑龙江	4	2009年至2010年
河北	3	2000年、2008年、2011年
湖南	3	2004年、2010年、2011年
江西	2	2013年、2014年
内蒙古	2	2003年、2006年
海南	1	2006年
陕西	1	2003年
小计	85	
二、违规操控矿业权及相关公司股权出让转让价格		
江西	2	2002年、2006年
山西	1	2010年
内蒙古	1	2003年至2007年
湖南	1	2007年
小计	5	
合计	90	

附件5：

欠征矿产资源相关资金情况

责任单位	主要违规问题	违规问题发生时间	违规金额（万元）	至2014年底已纠正金额（万元）
山西省国土资源厅	欠征采矿权价款	至2013年底	580856.00	88456.00
山西省阳泉市国土资源局	欠征矿产资源补偿费	至2014年5月	7000.00	5400.00
内蒙古国土资源厅	欠征矿业权价款、未按承诺书时间和金额缴纳的采矿权价款滞纳金	至2012年底	277665.91	277665.91
内蒙古赤峰市国土资源局	欠征矿产资源补偿费	至2012年底	319.02	319.02
内蒙古霍林格勒市国土资源局	欠征矿产资源补偿费	至2012年底	331.48	331.48
内蒙古包头市国土资源局	欠征矿产资源补偿费	至2012年底	1950.36	1950.36
内蒙古锡林郭勒盟国土资源局	欠征矿业权使用费、矿产资源补偿费和价款	至2013年底	5164.14	—

续表

责任单位	主要违规问题	违规问题发生时间	违规金额（万元）	至2014年底已纠正金额（万元）
内蒙古赤峰市阿鲁科尔沁旗国土资源局	欠征探矿权价款	至2014年4月	11088.00	—
安徽省国土资源厅	欠征矿业权价款和矿产资源补偿费	至2013年底	2492.61	—
河南省国土资源厅	欠征矿业权价款和矿产资源补偿费	至2013年底	61177.90	—
河南省平顶山国土资源局	欠征矿产资源补偿费	至2013年底	574.82	—
河北省国土资源厅	欠征矿业权价款	至2013年底	40148.28	2000.00
河北承德市国土资源局	欠征矿业权价款和矿产资源补偿费	至2013年底	21819.75	9146.87
河北唐山市国土资源局	欠征矿产资源补偿费	至2013年底	2609.92	—
河北邯郸市国土资源局	欠征采矿权价款	至2013年底	2346.51	2346.51
黑龙江省国土环境资源厅	欠征矿业权使用费	至2013年底	4147.15	—
重庆市国土房管局	欠征矿业权价款	至2014年6月	3577.40	—
海南省国土环境资源厅	欠征矿产资源补偿费	至2013年底	1321.76	—
江西安福县国土资源局	欠征采矿权价款等	至2012年底	6738.00	6738.00
江西九江德安县国土资源局	欠征矿产资源补偿费	至2012年底	43.91	43.91
江西赣州市矿产资源管理局	欠征采矿权价款等	至2012年底	5.85	5.85
陕西省国土资源厅	欠征采矿权价款	至2012年底	235691.00	112348.00
陕西榆林市国土资源局	欠征矿产资源补偿费	2012年	4075.88	4075.88
云南省国土资源厅	欠征矿业权价款、滞纳金和资金占用费	至2012年底	32169.00	32169.00
湖南省国土资源厅	欠征资源税、矿产资源补偿费和矿业权价款	至2012年底	77878.00	8388.75
甘肃省国土资源厅	欠征矿业权价款、矿产资源补偿费和矿业权使用费	至2012年底	616035.70	104831.70
甘肃省平凉市国土资源局	欠征矿产资源补偿费	至2012年底	1275.11	—
湖北省国土资源厅	欠征采矿权价款	2012年	2439.26	291.07
合计			2000942.72	656508.31

附件6：

违规使用矿产资源相关资金情况

责任单位	主要违规问题	违规问题发生时间	违规金额（万元）	至2014年底已纠正金额（万元）
内蒙古扎鲁特旗国土资源局	将矿产资源专项资金用于人员工资、业务费、公务费等方面支出	2011至2013年	2451.00	—
内蒙古鄂尔多斯市财政局	将矿产资源专项资金用于机场改扩建、体育中心基本建设等项目支出	2013年	157070.00	—
内蒙古锡林郭勒盟财政局	将矿业权价款出借给辽宁春成工贸（集团）有限公司用于该公司缴纳探矿权价款	2008年9月	54000.00	34800.00
内蒙古乌海市财政局	将矿产资源专项资金用于市政工程、跨乌海湖大桥建设、乌海机场改扩建及航站楼装修改造、乌巴高速出口到甘德尔黄河大桥一级公路工程	2011年至2012年	8380.00	—
内蒙古自治区财政厅	将矿产资源专项资金用于预算调节基金	2010年至2013年	24000.00	—
内蒙古锡林郭勒盟财政局	将矿产资源专项资金用于平衡本级预算，弥补地方财力不足	2010年至2013年	25212.00	—
内蒙古扎鲁特旗财政局	将矿产资源专项资金用于平衡本级预算，弥补地方财力不足	2010年至2013年	2100.00	—
内蒙古自治区财政厅	将采矿权价款用作快速客运铁路项目投资	至2012年底	250000.00	—
内蒙古自治区财政厅	将采矿权价款用作预算稳定调节基金	至2012年底	310800.00	—
内蒙古赤峰市克什克腾旗财政局	将矿业权价款等矿产资源相关资金用于平衡本级财力	2009年至2012年	4222.40	—
内蒙古呼伦贝尔市财政局	将矿业权价款等矿产资源相关资金用于发放津补贴	2009年至2012年	16699.00	—
内蒙古呼伦贝尔市财政局	将矿业权价款等矿产资源相关资金用于基础设施建设	2009年至2012年	6000.00	—
内蒙古通辽市财政局	将矿业权价款等矿产资源相关资金用于平衡本级财力	2009年至2012年	275.84	—
河南省国土资源开发投资管理中心	将矿产资源相关资金违规出借	2010年4月至2013年	10000.00	—
河南省国土资源开发投资管理中心	将矿产资源相关资金用于投资	2010年4月至2013年	143954.00	—
河南省洛阳市栾川县地质矿产局	出借矿产资源补偿费用于栾川矿产资源与地质环境产学研基地建设项目	2011年11月至2013年6月	1982.50	1982.50

续表

责任单位	主要违规问题	违规问题发生时间	违规金额（万元）	至2014年底已纠正金额（万元）
河南省三门峡市陕县财政局	将矿产资源补偿费用于平衡财政预算	2012年至2013年	1730.00	—
河南省新密市国土资源局	将矿产资源补偿费用于人员经费支出	2011年	560.00	—
河北省石家庄市灵寿县国土资源局	将矿产资源补偿费用于部门行政经费以及发放人员工资	2012年至2013年	669.76	—
河北矿业资源有限责任公司	挪用国外矿产资源风险勘查专项资金购买购物卡等	2009年至2012年	48.09	48.09
山西省财政厅	将矿产资源专项收入用于太中银铁路项目	2012年8月	30000.00	—
江西省芦溪县国土资源局	将矿产资源补偿费用于发放本局在编人员工资	2011年和2013年	147.70	—
武功山国家地质公园管委会	将地质遗迹保护专项资金用于建设地质博物馆	2011年和2013年	551.19	551.19
湖南省地质研究所	将国土资源出让成本专项经费用于工资福利支出	2011年至2012年	55.35	—
湖南省国土资源交易中心	将国土资源出让成本专项经费用于工资福利支出	2011年至2012年	43.92	—
湖南省财政厅	在湖南省国土资源厅地质实物资料库建设项目可行性研究报告、初步设计以及工程概算尚未批复的情况下，在矿产资源专项收入中安排建设资金	2012年	13000.00	2919.27
合计			1063952.75	40301.05

中华人民共和国审计署审计结果公告（2015年第4号）

彩票资金审计结果

（2015年6月25日公告）

根据《中华人民共和国审计法》的规定，2014年11月至12月，审计署对财政部、民政部及所属中国福利彩票发行管理中心、体育总局及所属体育彩票管理中心，北京、山西、辽宁、吉林、黑龙江、上海、江苏、浙江、山东、河南、湖北、湖南、广东、重庆、四川、云南、陕西、甘肃等18个省（市，以下统称省）的省级财政、民政、体育行政等部门及228个省市级彩票销售机构、4965个彩票公益金资助项目2012年至2014年的彩票发行费和彩票公益金（以下统称彩票资金）进行了审计，现将审计结果公告如下：

一、18个省彩票资金基本情况

根据财政部门和彩票销售机构提供的数据，

2012年至2014年10月底，审计的18个省彩票销售收入6687.84亿元。其中：福利彩票3743.6亿元、体育彩票2944.24亿元。彩票销售收入中，中央集中和地方留成的彩票公益金共1855.54亿元，占27.74%；彩票发行费940.39亿元，占14.06%；彩票奖金3891.91亿元，占58.2%。

2012年至2014年10月底，18个省的彩票公益金收入1134.82亿元。其中：中央集中彩票公益金对地方转移支付收入214亿元、地方留成的彩票公益金920.82亿元；安排彩票公益金支出896.44亿元；截至2014年10月底，累计结存彩票公益金507.79亿元（2012年初结存269.41亿元）。

2012年至2014年10月底，扣除直接支付彩票代销者的销售费用等后，18个省的财政专户彩票发行费收入288.53亿元，安排给彩票销售机构业务费支出224.06亿元。截至2014年10月底，18个省财政累计结存彩票发行费132.5亿元（2012年初结存68.03亿元）。

二、彩票资金使用和管理的主要成效

审计结果表明，18个省人民政府和各级财政、民政、体育行政等部门认真贯彻落实党中央、国务院决策部署，加强彩票资金管理，推进彩票市场和法规制度建设，彩票发行规模稳步扩大，对支持社会公益事业发挥了积极作用。

一是为社会公益事业发展提供了有力的资金支持。根据财政部门提供的数据，2012年以来，18个省共安排彩票公益金资助项目14.28万个，支出896.44亿元。彩票公益金被广泛用于“养老、助残、救孤、济困”和体育事业发展等各项社会公益性事业。其中：社会福利事业396.69亿元，体育事业296.85亿元，教育事业61.7亿元，残疾人事业29.78亿元，城市医疗救助21.58亿元，农村医疗救助17.4亿元，扶贫16.78亿元，文化事业6.75亿元，法律援助0.81亿元，红十字事业0.6亿元，其他公益性事业等47.5亿元。

二是彩票管理法规和制度不断健全。国务院2009年颁布《彩票管理条例》以来，财政、民政、体育行政等部门先后制定了《互联网销售彩票管理暂行办法》《彩票管理条例实施细则》《彩票公益金管理办法》《彩票机构财务管理办法》《彩票发行销售管理办法》等制度规定，推动了彩票事业的法制化、规范化建设。有关地方也出台了加强彩票管理的具体办法和操作细则。

三是彩票资金的预算和财务管理不断完善。彩票资金实行“收支两条线”管理，彩票公益金按照政府性基金管理纳入财政预算，彩票发行费纳入财政专户管理。有关地方加强了彩票公益金的管理使用工作，预算编制和执行工作不断规范，彩票公益金公告制度逐步推进，为彩票公益金取之于民、用之于民提供了保障。

三、审计发现的问题

此次审计共抽查彩票资金658.15亿元，占同期全国彩票资金的18.02%。审计查出虚报套取、挤占挪用、违规采购、违规购建楼堂馆所和发放津贴补贴等违法违规问题金额169.32亿元，占抽查资金总额的25.73%；涉及彩票公益金资助项目854个，占抽查项目数的17.2%。一些地方还存在违规利用互联网销售彩票、彩票资金闲置等问题。

（一）虚报套取、挤占挪用彩票资金等42.87亿元。

一是73个单位通过编造虚假项目、提供虚假资料等方式，套取彩票资金5.96亿元。

二是584个单位挤占挪用彩票资金33.3亿元，用于平衡一般预算、企业经营周转、弥补工作经费、违规对外投资等。

三是23个彩票公益金资助项目被违规改变公益性用途，涉及金额3.61亿元。

（二）违反规定采购、账外核算彩票资金等90.43亿元。

一是59个单位未按规定集中采购、公开招标采购或超标准采购设备和技术服务等71.43亿元。

二是34个单位在账外核算彩票资金1.06亿元。

三是50个单位未及时足额将彩票资金上缴财政专户或国库17.94亿元。

（三）违规购建楼堂馆所、发放津贴补贴等36.02亿元（其中，中央八项规定出台之后的问题金额4.01亿元）。

一是32个单位违规使用彩票资金31.47亿元购建办公楼、培训中心等楼堂馆所。

二是141个单位违规使用彩票资金发放津贴补贴等3.83亿元。

三是 122 个单位违规将彩票资金用于“三公”经费等支出 7190.96 万元，主要用于超标准或超编制购买和使用公车、违规组织出国（境）、借培训和会议等名义公款旅游等。

（四）部分单位和个人违规牟取不正当利益。

审计发现，个别彩票主管部门和彩票机构的工作人员利用职务便利，在行政审批、开展业务合作等环节非法牟利；个别单位和人员弄虚作假侵占彩票资金；个别彩票销售商通过少报投注数据的方式隐瞒、侵占销售收入；部分公职人员违规经营彩票投注站。审计署已向有关部门移送违法违纪问题线索 90 起，有关部门正在依法查处中。

此外，审计还发现，一些地方存在违规利用互联网销售彩票、彩票资金闲置等问题。

一是 17 个省未经财政部批准，违规利用互联网销售彩票 630.4 亿元，其中福利彩票 133 亿元、体育彩票 497.4 亿元；向互联网彩票销售商支付佣金 66.7 亿元，其中挪用彩票公益金等财政资金支付 3.06 亿元。

二是有 204.72 亿元彩票资金结存在财政部门、彩票公益金使用单位等超过一年以上未使用；有 34 个彩票公益金资助项目因决策失误等原因建成后长期闲置或未能正常使用，涉及金额 2.68 亿元。

针对审计发现的问题，审计署已向有关部门和地方建议：一是开展彩票市场专项整治，清理整治违规利用互联网销售彩票等问题；二是对审计发现的问题依法整改，追究责任，并建立健全责任追究和问责机制；三是进一步完善彩票资金管理和使用具体规定，逐步健全彩票资金绩效评价机制。

有关部门和地方高度重视审计发现问题的整改工作，坚持边审计、边整改。财政部、民政部、体育总局组织各地对擅自利用互联网销售彩票行为开展自查自纠，并要求根据审计意见和建议，坚决整改到位。截至 2015 年 5 月 31 日，有关部门和地方已通过追回资金、上缴财政、调整会计账目等方式整改问题金额 145.1 亿元。其他问题正在进一步整改中，待整改完成后，有关部门和地方将自行向社会公告整改结果。审计署将跟踪后续整改情况，督促整改到位。

附件：彩票资金审计发现的主要问题明细表

附件：

彩票资金审计发现的主要问题明细表

序号	单位	项目	存在的问题及金额	整改情况
1	北京市体育彩票管理中心	—	北京市未经财政部批准，利用互联网销售体育彩票 78.51 亿元，向代销商支付佣金 7.66 亿元	已停止互联网彩票销售业务
2	北京市福利彩票发行中心	—	北京市未经财政部批准，利用互联网销售福利彩票 20.95 亿元，向代销商支付佣金 2.13 亿元	已停止互联网彩票销售业务
3	北京市老龄协会	老人及重度残疾人配备“小帮手”电子服务器项目	截至 2014 年 10 月底，北京市老龄协会为老人及重度残疾人购买的便携式“小帮手”电子服务器闲置 3.06 万台，涉及彩票公益金 611.46 万元	已制订整改计划，计划 2015 年底配备使用
4	北京市房山区体育局	房山区青少年“三大球”建设项目	房山区青少年“三大球”建设的彩票公益金项目未能及时实施，项目资金 516.07 万元闲置 1 年以上	已收回资金

续表

序号	单位	项目	存在的问题及金额	整改情况
5	北京市房山区民政局	街道乡镇敬老院资助项目	北京市房山区长沟镇桃苑沟养老院项目2013年末建成后至今闲置，涉及彩票公益金200万元	已制订整改计划，计划2015年底开业运行
6	北京市体育彩票管理中心	—	北京市体育彩票管理中心将应上缴国家体育总局体育彩票管理中心的北京单场游戏发行机构业务费23092.55万元，用于支付相关合作企业销售推广费	已制订整改计划报批
7	北京市福利彩票发行中心	—	北京市福利彩票发行中心使用彩票发行费609.87万元，超标准为本单位职工发放工资及奖金	收回部分奖金，剩余部分正在整改中
8	北京市体育彩票管理中心	—	北京市体育彩票管理中心使用彩票发行费3905.55万元，超标准为本单位职工发放工资及奖金	收回部分奖金，剩余部分正在整改中
9	北京市体育彩票管理中心	—	北京市体育彩票管理中心以工作研讨会的名义使用彩票发行费40.41万元，组织职工和区县体育局工作人员赴海南旅游	已收回旅游费用
10	山西省福利彩票发行中心	—	山西省福利彩票发行中心使用彩票发行费62.06万元超标准购置越野车1辆，出借给省民政厅长期使用	车辆已退回福彩中心
11	山西省体育彩票管理中心	—	山西省体育彩票管理中心未履行政府采购程序，将彩票发行费319.77万元用于媒体广告宣传	审计期间已终止合同，并出台制度进行规范
12	山西省福利彩票销售机构	—	山西省未经财政部批准，利用互联网销售福利彩票9176.25万元，向代销商支付佣金642.34万元	已停止互联网彩票销售业务
13	山西省体育彩票销售机构	—	山西省未经财政部批准，利用互联网销售体育彩票2.35亿元，向代销商支付佣金2673.32万元	已停止互联网彩票销售业务
14	晋城市教育局	晋城市示范性综合实践基地项目	晋城市以不符合条件的申报资料获取示范性综合实践基地项目中央彩票公益金3000万元	正在完善有关手续，加快项目进度
15	晋中市民政局	晋中市老年公寓项目	晋中市老年公寓项目建成投入使用后大部分被用于出租经营，租赁协议终止后闲置至今，涉及彩票公益金3673.74万元	已启动老年公寓拍卖工作，所得上缴财政
16	太原市教育局	太原市示范性综合实践基地项目	太原市以不符合条件的申报资料获取示范性综合实践基地项目中央彩票公益金3000万元	已制订计划，加快项目进度

续表

序号	单位	项目	存在的问题及金额	整改情况
17	太原市财政局	—	太原市财政局将彩票公益金8050.37万元拨付太原市龙城建设投资有限公司，用于补充公司注册资本金	已制订还款计划
18	晋中市教育局	晋中市示范性综合实践基地项目	晋中市以不符合条件的申报资料获取示范性综合实践基地项目中央彩票公益金3000万元	正在完善相关手续
19	阳泉市社会福利院	阳泉市社会福利院老年公寓楼及康复教育楼改造项目	阳泉市社会福利院老年公寓楼及康复教育楼改造项目建成后被用于商业经营，涉及彩票公益金1272.72万元	已制订整改计划，将恢复公益性用途
20	运城市教育局	运城市示范性综合实践基地项目	运城市以不符合条件的申报资料获取示范性综合实践基地项目中央彩票公益金3000万元	正在完善土地手续，加快项目进度
21	运城市平陆县民政局	民政福利服务中心项目	平陆县民政福利服务中心项目建成后被用于民政局及所属事业单位办公用房和职工宿舍，涉及彩票公益金474万元	已腾退占用的房间，将恢复公益性用途
22	运城市教育局	特殊教育学校项目	运城市教育局所属特殊教育学校项目于2011年3月建成后大部分资产闲置，涉及彩票公益金870万元	已制订整改计划
23	辽宁省体育彩票发行中心	—	截至2014年10月，辽宁省体育彩票发行中心借给体育天地报社的彩票发行费有153.67万元尚未收回	正在整改中
24	辽宁省彩票发行中心	—	辽宁省彩票发行中心使用彩票发行费19405万元超标准购置办公业务用房	已清理超标的办公用房
25	辽宁省老龄委办公室	—	辽宁省老龄委办公室使用彩票公益金35万元，以考察老龄工作的名义组织员工等人外出旅游	已通过收回旅游费用等方式整改
26	辽宁省彩票发行中心	—	辽宁省彩票发行中心未经政府采购程序，使用彩票发行费1812.23万元购买广告宣传服务	已出台制度规范管理
27	辽宁省体育彩票销售机构	—	辽宁省未经财政部批准，利用互联网销售体育彩票2.05亿元，向代销商支付佣金2483.55万元	已停止互联网彩票销售业务

续表

序号	单位	项目	存在的问题及金额	整改情况
28	鞍山市教育局	鞍山市示范性综合实践基地项目	鞍山市以不符合条件的申报资料获取示范性综合实践基地项目中央彩票公益金 3000 万元	已完善项目立项审批和选址手续
29	大连市民政局	为老服务项目	大连市民政局将为老服务项目彩票公益金 292 万元用于机关会议费及所属单位经费开支	已归还资金
30	大连市福利彩票发行中心	—	大连市福利彩票发行中心使用彩票发行费 15000 万元超标准购置办公楼	已制订整改方案报批
31	锦州市福利彩票发行中心	—	锦州市福利彩票发行中心使用彩票发行费超标准列支招待费 77.75 万元	已完善有关管理制度
32	盘锦市教育局	盘锦市示范性综合实践基地项目	盘锦市以不符合条件的申报资料获取示范性综合实践基地项目中央彩票公益金 3000 万元	正补办相关用地手续
33	沈阳市蒲河新城管理委员会	沈北新区全民健身中心项目	沈北新区全民健身中心项目 2013 年 6 月建成后基本处于闲置状态，涉及彩票公益金 1860 万元	正在整改中
34	大连市福利彩票发行中心	—	大连市福利彩票发行中心使用彩票发行费 21.93 万元用于职工外出旅游	已通过收回旅游费用等方式整改
35	铁岭市民政局	—	铁岭市民政局将彩票公益金 117.34 万元用于所属事业单位工作经费	已归还资金
36	吉林省体育局	—	吉林省体育局将彩票公益金 310.71 万元用于本单位及下属单位工作经费	正在整改中
37	吉林省体育局	第十二届全运会训练备战经费	吉林省体育局将彩票公益金 182.54 万元用于向本单位和下属训练基地管理中心等单位职工发放奖金	正在整改中
38	吉林省福利彩票发行管理中心	—	吉林省福利彩票发行管理中心使用彩票发行费 124.46 万元购置越野车 1 辆，出借给省民政厅长期使用	车辆已退还福彩中心
39	吉林省体育彩票管理中心	—	吉林省体育彩票管理中心使用彩票发行费 44.98 万元，组织职工赴境外旅游	已收回旅游费用

续表

序号	单位	项目	存在的问题及金额	整改情况
40	吉林省福利彩票发行管理中心	—	吉林省福利彩票发行管理中心未履行政府采购程序，使用彩票发行费3317.4万元采购彩票热敏打印纸	今后严格按程序采购
41	吉林省福利彩票销售机构	—	吉林省未经财政部批准，利用互联网销售福利彩票7.96亿元，向代销商支付佣金8753.27万元	已停止互联网彩票销售业务
42	长春市民政局	—	长春市民政局将彩票公益金120万元用于弥补办公经费	正在整改中
43	中国福利彩票长春市发行中心	—	中国福利彩票长春市发行中心使用彩票发行费29.28万元，为市民政局职工发放奖金	已收回发放的奖金
44	吉林市体育彩票发行管理中心	—	吉林市体育彩票发行管理中心使用彩票发行费37.1万元，超标准为本单位职工发放奖金	已收回发放的奖金
45	中国福利彩票长春市发行中心	—	中国福利彩票长春市发行中心违规使用彩票发行费95.97万元，为本单位职工发放奖金	已收回发放的奖金
46	吉林市救助管理站	吉林市流浪未成年人救护保护中心综合楼项目	吉林市救助管理站于2011年建成的流浪未成年人救护保护中心综合楼因未通过消防工程验收长期闲置，涉及彩票公益金755万元	正在进行消防改造
47	通化市民政局	—	通化市民政局将彩票公益金301万元用于购置市福利彩票管理中心“中福在线”销售大厅房产	已归还资金
48	延边州国土资源局	延边州示范性综合实践基地项目	延边州以不符合条件的申报资料获取示范性综合实践基地项目中央彩票公益金3000万元	正在完善相关手续，加快项目进度
49	延边州体育局	国民体质监测车及车载仪器购置项目	延边州体育局于2013年10月购置的国民体质监测车及车载仪器基本未使用，涉及彩票公益金226万元	已制订计划，提高车辆及设备使用率
50	黑龙江省体育局	—	黑龙江省体育局将彩票公益金110万元用于支付体育局家属楼拖欠的物业费	已归还资金
51	黑龙江省体育局	—	黑龙江省体育局将彩票公益金19453万元用于非公益项目	已归还部分资金，剩余部分已制订还款计划
52	黑龙江省民政厅	黑龙江省老年服务接待站	黑龙江省民政厅使用彩票公益金和彩票发行费共1236万元，购置房产作为黑龙江省老年服务接待站，主要用于省民政厅离退休干部和军队离退休人员及家属疗养	正在办理手续，向省政府机关事务管理局移交房产

续表

序号	单位	项目	存在的问题及金额	整改情况
53	黑龙江省民政厅	—	黑龙江省民政厅将彩票发行费6953.33万元用于购置和装修办公用房	正在办理手续，完备后移交省政府机关事务管理局统一调配
54	黑龙江省体育彩票管理中心	—	黑龙江省体育彩票管理中心未履行政府采购程序，将彩票发行费282.16万元用于宣传印刷品采购	今后将严格按照要求进行采购
55	黑龙江省福利彩票发行中心	—	黑龙江省福利彩票发行中心未及时将彩票发行费2091.5万元上缴财政专户	已上缴财政专户
56	黑龙江省体育彩票销售机构	—	黑龙江省未报财政部批准，利用互联网销售体育彩票20.86亿元，向代销商支付佣金2.21亿元	已停止互联网彩票销售业务
57	黑龙江省福利彩票销售机构	—	黑龙江省未经财政部批准，利用互联网销售福利彩票5.08亿元，向代销商支付佣金6032.49万元	已停止互联网彩票销售业务
58	黑龙江省民政厅	黑龙江省民政慈善康复综合楼项目	黑龙江省民政慈善康复综合楼项目建成后改变规定用途，涉及彩票公益金6000万元	正在整改中
59	黑龙江省民政厅	—	黑龙江省民政厅使用彩票发行费购置并装修办公业务用房，其中部分楼层被改建为宾馆，涉及投资1875.14万元	已收回部分经营用房
60	大庆市大同区原规划建设局、大同区国土资源局	青少年校外活动场所建设项目	大庆市大同区通过虚假项目资料申请获取青少年校外活动场所建设项目彩票公益金400万元，已用于该项目以外支出217.64万元	已追回资金
61	大庆市福利彩票发行中心	—	大庆市福利彩票发行中心使用彩票发行费29.1万元，为市民政局相关人员发放奖金	已收回发放的奖金
62	大庆市财政局	—	大庆市财政局未及时将彩票公益金670.4万元上缴国库	已上缴国库
63	哈尔滨市财政局	—	哈尔滨市财政局安排彩票公益金9065.76万元用于体育局下属单位日常经费等支出	已收回部分资金，剩余部分已制订还款计划
64	哈尔滨市福利彩票发行中心	—	哈尔滨市福利彩票发行中心“中福在线”营业厅未及时将彩票销售收入3345.75万元上缴市福彩中心	已上缴财政专户
65	鹤岗市福利彩票发行中心	—	鹤岗市福利彩票发行中心使用彩票发行费27.57万元超标准购置轿车1辆，并出借给其他部门长期使用	车辆已拍卖，拍卖款上缴财政

续表

序号	单位	项目	存在的问题及金额	整改情况
66	鹤岗市萝北县民政局	萝北县名山镇中心敬老院项目	鹤岗市萝北县超规模建设名山镇中心敬老院并闲置，涉及彩票公益金236.51万元	引进合作企业开展养老服务
67	上海市福利彩票发行中心	—	上海市福利彩票发行中心将彩票发行费133.65万元用于购买套票、珍藏册和贺卡等形式的彩票	已归还资金
68	上海东方体育中心	上海东方体育中心体育场地修缮项目	上海东方体育中心将彩票公益金402万元用于办公区域改造装修	已归还资金
69	上海市水上运动中心	上海市水上运动中心体育场地修缮项目	上海市水上运动中心将彩票公益金339.5万元用于办公楼改造装修等	已归还资金
70	上海市体育彩票管理中心	—	上海市体育彩票管理中心未履行政府采购程序，将彩票发行费1106.6万元用于广告宣传、彩票终端机保修服务等	已出台制度进行规范
71	上海市体育彩票管理中心	—	上海市体育彩票管理中心未按规定将彩票发行费14663.73万元及时上缴国家体育总局体育彩票管理中心	已上缴国家体育总局体育彩票管理中心
72	上海市福利彩票销售机构	—	上海市未经财政部批准，利用互联网销售福利彩票11.98亿元，向代销商支付佣金1.28亿元	已停止互联网彩票销售业务
73	上海市体育彩票销售机构	—	上海市未经财政部批准，利用互联网销售体育彩票84.21亿元，向代销商支付佣金10.72亿元	已停止互联网彩票销售业务
74	上海市普陀区体育局	—	上海市普陀区体育局使用彩票发行费74.72万元，为体育局等单位职工发放奖金和津贴补贴	已收回发放的奖金和津贴补贴
75	上海市闵行区体育局	—	上海市闵行区体育局使用彩票发行费22.6万元，为体育局等单位职工发放奖金和津贴补贴	已收回发放的奖金和津贴补贴
76	上海市徐汇区第二青少年业余体育学校	徐汇区桥牌训练用房修缮项目	上海市徐汇区第二青少年业余体育学校将彩票公益金119.72万元用于修缮已对外出租的经营性房产	制订还款计划报批
77	上海市普陀区体育局	—	上海市普陀区体育局将彩票公益金327.08万元用于办公经费	已归还资金
78	江苏省福利彩票发行中心	—	江苏省福利彩票发行中心使用彩票发行费22.8万元，为各地市福彩中心主任发放补贴	已收回发放的补贴

续表

序号	单位	项目	存在的问题及金额	整改情况
79	江苏省体育彩票管理中心	—	江苏省体育彩票管理中心使用彩票发行费 67.7 万元，为省体育局等单位工作人员发放奖金	已收回发放的奖金
80	江苏省体育人才流动服务中心	—	江苏省体育人才流动服务中心将彩票公益金 213.49 万元用于本单位人员经费等支出	已核减 2015 年度预算
81	江苏省福利彩票发行中心	—	江苏省福利彩票发行中心未经政府采购程序，将彩票发行费 28404.69 万元用于设备采购、系统维护、技术服务和印刷宣传品等	今后严格按程序采购
82	江苏省体育彩票销售机构	—	江苏省未经财政部批准，利用互联网销售体育彩票 35.5 亿元，向代销商支付佣金 4.08 亿元	已停止互联网彩票销售业务
83	江苏省福利彩票销售机构	—	江苏省未经财政部批准，利用互联网销售福利彩票 12.24 亿元，向代销商支付佣金 8793.59 万元	已停止互联网彩票销售业务
84	江苏省福利彩票发行中心	—	江苏省福利彩票发行中心使用彩票发行费 4940 万元超标准购置新办公楼，部分房屋闲置和用于出租	已清理超标和闲置的办公用房
85	江苏省民政厅	全国示范性养老项目	江苏省民政厅于 2010 年 12 月收到用于建设全国养老示范性工程项目的中央彩票公益金 10000 万元，截至 2014 年 12 月仍未安排使用	正在制定整改措施
86	常州市体育产业公司	清潭全民健身中心及清潭体育中心提升改造项目	常州市体育产业公司将清潭全民健身中心及清潭体育中心提升改造项目彩票公益金中的 3870 万元用于与项目无关的支出	已归还资金
87	常州市福利彩票发行中心	—	常州市福利彩票发行中心用彩票发行费 3207 万元超标准购置综合办公用房	已清理超标的办公用房
88	南京市体育局	—	南京市体育局将彩票公益金 400 万元拨付至南京市足球协会用于解决民营足球俱乐部拖欠球员工资问题	已归还资金
89	南京市高淳区体育局	—	南京市高淳区体育局从彩票公益金中安排 336.02 万元用于高淳区体彩中心广告宣传和站点奖励	已归还资金
90	南京市福利彩票发行中心	—	南京市福利彩票发行中心使用彩票发行费 58.77 万元，为本单位职工超标准发放奖金	已收回发放的奖金
91	苏州市福利彩票发行中心	—	苏州市福利彩票发行中心将彩票公益金 122.4 万元用于民政局订阅报刊	已归还资金

续表

序号	单位	项目	存在的问题及金额	整改情况
92	昆山市福利彩票发行管理中心	民生综合服务中心项目	昆山市福利彩票发行管理中心使用彩票公益金 5571.07 万元建设的民生综合服务中心使用率较低	加快民生综合服务中心各有关单位进驻
93	徐州市体育局	—	徐州市体育局将彩票公益金 349.1 万元用于弥补工作经费等支出	已归还资金
94	徐州市贾汪区民政局	徐州市贾汪区民生综合服务中心项目	徐州市贾汪区民政局使用彩票公益金 1162.85 万元建成的民生综合服务中心，部分被交通局占用及用于军转干部培训等	交通局等单位已搬迁
95	徐州市体育彩票管理中心	—	徐州市体育彩票管理中心以学习考察名义，使用彩票发行费 44 万元，组织市体育局及所属区县体育局和体彩中心有关人员赴欧洲旅游	已收回旅游费用
96	盐城市体育局	建军路全民健身中心项目	盐城市体育局将建军路全民健身中心项目资金借给盐城市体育运动学校用于新校区建设，截至 2014 年 10 月底，仍有 6700 万元未收回	已制订还款计划
97	盐城市社会福利有奖募捐委员会办公室	—	盐城市社会福利有奖募捐委员会办公室彩票发行费 1337.35 万元未及时上缴财政专户	已上缴财政专户
98	盐城市体育彩票管理中心	—	盐城市体育彩票管理中心彩票发行费 1949.06 万元未及时上缴财政专户	已上缴财政专户
99	盐城市体育局	盐城市全民健身中心项目	盐城市体育局建设的全民健身中心项目部分楼层闲置，涉及彩票公益金 1002.34 万元	正在整改中
100	扬州市社会福利中心	扬州市社会福利中心项目	扬州市社会福利中心以解决“三无”孤老、低收入老人以及失能半失能老人的养老问题为名义实施的改扩建工程，使用彩票公益金 2662.49 万元，实际被改扩建成面向中高端老年客户群的老年公寓	正在制订方案，恢复原定用途
101	扬州市体育局	扬州市群体活动指导中心项目	扬州市体育局使用彩票公益金 1421.4 万元购置的群体活动指导中心用房，建成后部分被用于办公用房，部分房屋闲置	正在整改中
102	扬州市体育局	扬州市体育运动学校迁建项目	扬州市体育运动学校迁建项目中的中长跑基地，建成后被用于市体育局办公用房和对外出租，涉及彩票公益金 1207.63 万元	已制订整改方案

续表

序号	单位	项目	存在的问题及金额	整改情况
103	扬州市福利彩票发行中心	—	扬州市福利彩票发行中心将所属部分县区福彩机构的彩票发行费2005.8万元直接拨入福彩机构银行账户，未纳入财政专户管理	结余资金已上缴财政专户
104	扬州市体育彩票管理中心	—	扬州市体育彩票管理中心代收代支所属县区体彩机构的彩票发行费941.64万元，未纳入财政专户管理	结余资金已上缴财政专户
105	常州市武进区福利彩票管理中心	—	常州市武进区福利彩票管理中心使用彩票公益金2680万元，超标准购买和装修综合办公用房	已清理超标的办公用房
106	浙江省体坛报社	—	浙江省体坛报社将彩票公益金1042.49万元用于日常业务支出	已通过归还资金等方式整改
107	浙江省福利彩票发行中心	—	浙江省福利彩票发行中心使用彩票发行费13200万元，超标准购置办公业务用房	已清理超标的办公业务用房
108	浙江省体育彩票管理中心	—	浙江省体育彩票管理中心使用彩票发行费13492万元，超标准购置办公业务用房	已清理超标的办公业务用房
109	浙江省福利彩票销售机构	—	浙江省未经财政部批准，利用互联网销售福利彩票6356.43万元，已向代销商支付佣金19.75万元	已停止互联网彩票销售业务
110	浙江省体育彩票销售机构	—	浙江省未经财政部批准，利用互联网销售体育彩票19亿元，已向代销商支付佣金1.96亿元	已停止互联网彩票销售业务
111	杭州市余杭区体育局	—	杭州市余杭区体育局将彩票公益金135.48万元用于本单位以及余杭区体育中心等单位的经费补助	已归还资金
112	杭州市临安市社会福利有奖募捐办公室	—	临安市社会福利有奖募捐办公室使用彩票发行费60.46万元，为市民政局职工发放福利	已收回资金
113	杭州市财政局	—	杭州市财政局未将彩票公益金8280.09万元及时缴入国库	已缴入国库
114	杭州市建德市社会福利有奖募捐办公室	—	建德市社会福利有奖募捐办公室未将彩票发行费402.85万元纳入财政专户管理	结余资金已上缴财政专户
115	杭州市临安市财政局	—	临安市财政局未将彩票公益金1043.83万元及时缴入国库	已缴入国库
116	杭州市临安市社会福利有奖募捐办公室	—	临安市社会福利有奖募捐办公室未将彩票发行费1033.72万元纳入财政专户管理	结余资金已上缴财政专户

续表

序号	单位	项目	存在的问题及金额	整改情况
117	嘉兴市财政局	—	嘉兴市财政局将彩票公益金 5000 万元用于弥补市本级事业单位养老保险基金	已归还资金
118	宁波市慈溪市财政局	—	慈溪市财政局将彩票公益金 2362.82 万元用于平衡一般预算	已归还资金
119	宁波市社会体育指导中心	宁波市蓝天健身中心项目	宁波市社会体育指导中心实施的蓝天健身中心项目建成后部分出租给民营企业使用，涉及彩票公益金 2501.14 万元	已制订整改方案，租赁合同到期后终止，租金收入已上缴财政专户
120	宁波市福利彩票发行中心	—	宁波市福利彩票发行中心使用彩票发行费 113.85 万元，为本单位及市民政局职工发放劳务费	已收回发放的劳务费
121	宁波市鄞州区民政局	—	宁波市鄞州区民政局使用彩票发行费 167.99 万元，为民政局及下属事业单位职工发放津贴补贴和奖金	已收回发放的津贴补贴和奖金
122	宁波市奉化市体育局、奉化市体育管理中心	奉化第十届运动会项目	奉化市体育局及奉化市体育管理中心将彩票公益金 31.29 万元用于公务接待等支出	已归还资金
123	金华市义乌市财政局	—	义乌市财政局将彩票公益金 382.33 万元用于支付互联网彩票销售公司奖励	已归还资金
124	台州市体育局	—	台州市体育局将彩票公益金 465 万元用于办公用房租金等经费支出	已归还资金
125	台州市路桥区社会福利中心	台州市路桥区社会福利中心大楼项目	台州市路桥区社会福利中心大楼部分出租给酒店等用于经营，涉及彩票公益金 1911.05 万元	租金收入已上缴财政专户
126	温州市财政局	—	温州市财政局将彩票公益金 10000 万元用于增加温州农业发展投资集团等企业的实收资本	已制订还款计划
127	山东省福利彩票发行中心	—	山东省福利彩票发行中心将彩票发行费 2253.4 万元用于民政厅下属基层民政部门购买电脑和打印机等设备	已制订整改计划报批
128	山东省体育彩票管理中心	—	山东省体育彩票管理中心将彩票发行费 9300 万元出借给山东体育学院，截至 2014 年 10 月仍有 3300 万元未收回	已制订还款计划
129	山东省体育局	—	山东省体育局将彩票公益金 334.3 万元用于体育晨报社办报经费	已制订整改计划报批

续表

序号	单位	项目	存在的问题及金额	整改情况
130	烟台市莱阳市体育发展中心	—	莱阳市体育发展中心将彩票公益金226.68万元用于支付互联网彩票销售合作公司宣传推广费	已制订整改计划报批
131	山东省体育彩票管理中心	—	山东省体育彩票管理中心彩票发行费5360.19万元未按规定上缴财政专户	已上缴财政专户
132	山东省福利彩票发行中心	—	山东省福利彩票发行中心将彩票发行费523万元用于为民政厅及地市民政部门征订《中国社会报》	已制订整改计划报批
133	山东省体育彩票销售机构	—	山东省未经财政部批准，利用互联网销售体育彩票87.42亿元，向代销商支付佣金8.91亿元	已停止互联网彩票销售业务
134	山东省福利彩票销售机构	—	山东省未经财政部批准，利用互联网销售福利彩票2.71亿元，向代销商支付佣金2506.21万元	已停止互联网彩票销售业务
135	山东省荣军总医院	荣军康复中心项目	山东省荣军总医院将彩票公益金2300万元用于购买商业用房作为康复中心楼使用，该楼于2012年2月交付，至今仍未投入使用	正在进行装修和设备采购
136	山东省福利彩票发行中心	—	山东省福利彩票发行中心将彩票发行费600万元出借给民政厅下属酒店山东民政大厦，用于民政大厦装修	已制订还款计划
137	济南市全民健身中心	—	济南市全民健身中心将彩票公益金209.29万元用于弥补工作经费	已归还资金
138	济南市体育彩票管理中心	—	济南市体育彩票管理中心将个人所得税代扣代缴手续费返还款20万元，用于为济南市体育局职工发放奖金	已收回发放的奖金
139	山东省体育彩票管理中心	—	山东省体育彩票管理中心超标准支出35.76万元用于其承办的会议	已完善相关制度，并加强管理
140	日照市莒县文化体育广播电视局	—	莒县文化体育广播电视局将彩票公益金307.44万元用于向彩票销售合作企业支付销售佣金	正在整改中
141	淄博市临淄区体育局	—	淄博市临淄区体育局以虚假的体育场馆维修项目向临淄区财政局申请并获得彩票公益金127.28万元	已归还资金

续表

序号	单位	项目	存在的问题及金额	整改情况
142	淄博市体育局	—	淄博市体育局将彩票公益金 288.42 万元用于支付互联网彩票销售公司销售推广费	已归还资金
143	淄博市高青县体育局	高青县体育场建设项目	高青县体育局将体育场建设项目彩票公益金 124.9 万元用于偿还集资款本息	已归还资金
144	潍坊市临朐县体育局	—	临朐县体育局将彩票公益金 438.47 万元用于支付彩票销售推广费	已制订还款计划
145	潍坊市福利彩票发行中心	—	潍坊市福利彩票发行中心未按规定及时将彩票发行费 1053.42 万元上缴财政专户	已上缴财政专户
146	烟台市体育局	—	烟台市体育局将彩票公益金 1440.6 万元用于支付互联网彩票销售合作公司宣传推广费	已归还部分资金，剩余部分已制订还款计划
147	淄博市高青县体育局	—	高青县体育局将彩票公益金 382.57 万元用于支付互联网彩票销售公司销售推广费	已归还资金
148	淄博市张店区教育体育局	—	淄博市张店区教育体育局将彩票公益金 150.44 万元用于支付互联网彩票销售公司销售推广费	已归还资金
149	淄博市高新技术产业开发区财政局	—	淄博市高新技术产业开发区财政局彩票公益金 836.15 万元未纳入政府性基金预算管理	已上缴国库
150	河南省福利彩票发行中心	—	河南省福利彩票发行中心 2009 年以前出借给河南省民政厅及下属单位等 1383.77 万元，截至 2014 年 10 月底仍未收回	已收回部分资金，剩余部分正加快催收
151	河南省体育局	河南省体育局活动中心项目	河南省体育局活动中心项目建成后主要供河南省体育局及下属单位使用，涉及彩票公益金 1828.73 万元	出台制度加强管理，并向社会开放
152	河南省体育彩票管理中心	—	河南省体育彩票管理中心在原办公楼人均面积超标的情况下，使用彩票发行费 8572.38 万元购置新办公楼	已清理调整办公用房
153	河南省体育彩票管理中心	—	河南省体育彩票管理中心以考察名义，使用发行费 50.32 万元组织本单位职工旅游	已收回旅游费用
154	河南省福利彩票销售机构	—	河南省未经财政部批准，利用互联网销售福利彩票 1.2 亿元，向代销商支付佣金 961.95 万元	已停止互联网彩票销售业务

续表

序号	单位	项目	存在的问题及金额	整改情况
155	河南省体育彩票销售机构	—	河南省未经财政部批准，利用互联网销售体育彩票4.7亿元，向代销商支付佣金3290.72万元	已停止互联网彩票销售业务
156	河南省体育彩票管理中心安阳分中心	—	河南省体育彩票管理中心安阳分中心将彩票公益金191万元用于营销宣传等支出	已归还资金
157	焦作市教育局	焦作市示范性综合实践基地项目	焦作市以不符合条件的申报资料获取示范性综合实践基地项目中央彩票公益金3000万元	正在补充办理规划和土地手续
158	洛阳市社会福利有奖募捐委员会办公室	—	洛阳市社会福利有奖募捐委员会办公室未及时将彩票发行费453.52万元缴入财政专户	已上缴财政专户
159	南阳市教育局	南阳市示范性综合实践基地项目	南阳市以不符合条件的申报资料获取示范性综合实践基地项目中央彩票公益金3000万元	正在完善申报资料和手续，加快项目进度
160	南阳市社会福利有奖募捐委员会办公室	—	南阳市社会福利有奖募捐委员会办公室使用彩票发行费44.45万元，为市民政局相关人员发放奖金和补贴	已收回发放的奖金和补贴
161	许昌市唐岗街“中福在线”服务厅、文翠“中福在线”服务厅	—	许昌市唐岗街“中福在线”服务厅、文翠“中福在线”服务厅使用彩票发行费65.18万元超标准购置车辆3辆	车辆已拍卖处理，并收回拍卖款
162	郑州市社会福利有奖募捐委员会办公室	—	郑州市社会福利有奖募捐委员会办公室未及时将彩票发行费593.82万元缴入财政专户	已上缴财政专户
163	湖北省福利彩票发行中心	—	湖北省福利彩票发行中心将投注机押金、彩票发行费4336.79万元用于楚民大酒店装修	已归还部分资金，剩余部分已制订还款计划
164	武汉体育学院	—	武汉体育学院将彩票公益金1116.09万元用于弥补工作经费	已归还资金
165	湖北省体育彩票管理中心	—	湖北省体育彩票管理中心将彩票发行费263.24万元用于弥补湖北省体育局及其下属单位的工作经费	已归还资金
166	湖北省体育局	—	湖北省体育局将彩票公益金199.87万元用于向在职职工发放奖励	已归还资金

续表

序号	单位	项目	存在的问题及金额	整改情况
167	湖北省福利彩票发行中心	—	湖北省福利彩票发行中心使用彩票发行费 13898 万元超标准购置办公楼	已清理超标的办公用房
168	湖北省福利彩票发行中心	—	湖北省福利彩票发行中心使用彩票发行费 110.99 万元，为本单位职工和相关单位发放购物卡、电话卡等	已通过收回资金、调账等方式整改
169	湖北省体育彩票管理中心	—	湖北省体育彩票管理中心超标准支出招待费 89.08 万元	已出台制度规范管理
170	湖北省体育彩票管理中心	—	湖北省体育彩票管理中心使用彩票发行费 35.73 万元，组织工作人员参加应以彩民为主的促销旅游活动	已收回旅游费用
171	湖北省福利彩票发行中心	—	湖北省福利彩票发行中心未将其直接管理的“中福在线”销售大厅代销费等收入 2136.47 万元纳入中心财务统一管理，直接用于支付购房款、发放奖励等	已将“中福大厅”收支纳入预算管理
172	湖北省体育彩票销售机构	—	湖北省未经财政部批准，利用互联网销售体育彩票 16.23 亿元，向代销商支付佣金 1.58 亿元	已停止互联网彩票销售业务
173	湖北省体育彩票管理中心	—	湖北省体育彩票管理中心未履行政府采购程序，将彩票发行费 1297.32 万元用于广告宣传、促销礼品采购等	已完善相关制度
174	湖北省福利彩票销售机构	—	湖北省未经财政部批准，利用互联网销售福利彩票 5.35 亿元，向代销商支付佣金 6311.97 万元	已停止互联网彩票销售业务
175	武汉市民政局	—	武汉市民政局将彩票公益金 1200 万元用于武汉市社会组织发展基金会缴纳注册资金以及购买理财产品等	已归还资金
176	武汉市足球运动管理中心	—	武汉市足球运动管理中心将彩票公益金 255.3 万元用于办公楼装修	已归还资金
177	湖北省体育彩票管理中心武汉江北分中心	—	湖北省体育彩票管理中心武汉江北分中心将彩票公益金 300 万元用于支付网络彩票销售奖励	已归还资金

续表

序号	单位	项目	存在的问题及金额	整改情况
178	湖北省福利彩票发行中心武汉管理站	—	湖北省福利彩票发行中心武汉管理站未将彩票发行费3620万元纳入单位财务统一管理	已并入单位财务统一管理
179	孝感市民政局	儿童福利院和流浪未成年人救助保护中心项目	孝感市民政局以儿童福利院、流浪未成年人救助保护中心等项目名义建设办公楼，使用彩票公益金1220万元。竣工后市民政局迁入办公，且部分楼层闲置	已制订整改方案，按规定进行清理
180	湖南省福利彩票发行中心	—	湖南省福利彩票发行中心将彩票发行费200万元用于弥补湖南省福利彩票事业促进会经费	已归还部分资金，剩余部分制订还款计划
181	湖南省水上运动管理中心	—	湖南省水上运动管理中心将彩票公益金327.75万元用于弥补工作经费	已制订还款计划
182	湘潭市福利彩票发行中心	—	湘潭市福利彩票发行中心使用彩票发行费66.15万元，为民政局职工发放奖金	已收回发放的奖金
183	湖南省游泳运动管理中心	—	湖南省游泳运动管理中心将彩票公益金342.57万元用于发放运动员、教练员的奖金、补贴等支出	已制订还款计划
184	怀化市国土资源局	怀化市示范性综合实践基地项目	怀化市以不符合条件的申报资料获取示范性综合实践基地项目中央彩票公益金3000万元	正在完善手续，加快项目进度
185	湖南省游泳运动管理中心	—	湖南省游泳运动管理中心将彩票公益金420.57万元用于弥补工作经费	已制订还款计划
186	湖南省福利彩票发行中心	—	湖南省福利彩票发行中心使用彩票发行费7434.54万元超标准购置办公楼	已清退超标的办公用房
187	湖南体育职业学院	—	湖南体育职业学院将彩票公益金434.72万元用于弥补工作经费等	已归还部分资金，剩余部分已制订还款计划
188	湖南省体育局体育彩票管理中心	—	湖南省体育局体育彩票管理中心将彩票发行费2000万元出借给湖南省体育局体育产业集团	已收回资金
189	湘潭市国土资源局、湘潭市青少年宫	湘潭市示范性综合实践基地项目	湘潭市以不符合条件的申报资料获取示范性综合实践基地项目中央彩票公益金3000万元	正在完善有关手续

续表

序号	单位	项目	存在的问题及金额	整改情况
190	湘潭市福利彩票发行中心	—	湘潭市福利彩票发行中心使用彩票发行费 56.12 万元，超标准为本单位职工发放绩效工资	已收回超标准发放的工资
191	湖南省有关市州体育局	—	湖南省有关市州体育局等单位将彩票公益金 13239.89 万元用于支付互联网彩票销售企业销售推广费	已归还部分资金，剩余部分已制订还款计划
192	湖南省体育局	—	湖南省体育局将彩票公益金 955.36 万元用于弥补工作经费	已制订还款计划
193	湖南省福利彩票发行中心	—	湖南省福利彩票发行中心使用彩票发行费 184.12 万元，超标准为本单位职工发放奖金	已收回发放的奖金
194	湖南省福利彩票发行中心	—	湖南省福利彩票发行中心未履行政府采购程序，采购设备和服务 8594.45 万元	已出台制度进行规范
195	湘潭市福利彩票发行中心	—	湘潭市福利彩票发行中心未及时将彩票发行费 1980.21 万元上缴财政专户	已上缴财政专户
196	湖南省福利彩票销售机构	—	湖南省未经财政部批准，利用手机投注等销售福利彩票 5289.78 万元，向代销商支付佣金 423.18 万元	已停止手机投注等彩票销售业务
197	湖南省体育彩票销售机构	—	湖南省未经财政部批准，利用互联网销售体育彩票 51.91 亿元，向代销商支付佣金 5.6 亿元	已停止互联网彩票销售业务
198	长沙市福利彩票发行中心	—	长沙市福利彩票发行中心未及时将彩票发行费 8162.20 万元上缴财政专户	已上缴财政专户
199	郴州市规划局	郴州市示范性综合实践基地项目	郴州市以不符合条件的申报资料获取示范性综合实践基地项目中央彩票公益金 3000 万元	正在完善有关手续
200	湘潭市福利彩票发行中心	—	湘潭市福利彩票发行中心使用彩票发行费 27.66 万元，组织市县区民政部门和福彩中心职工旅游	已收回旅游费用
201	株洲市国土资源局、株洲市教育局	株洲市示范性综合实践基地项目	株洲市以不符合条件的申报资料获取示范性综合实践基地项目中央彩票公益金 3000 万元	正在完善有关手续

续表

序号	单位	项目	存在的问题及金额	整改情况
202	株洲市体育局	—	株洲市体育局将彩票公益金 126.89 万元用于弥补工作经费	已制订还款计划
203	株洲市社会福利有奖募捐办公室	—	株洲市社会福利有奖募捐办公室使用彩票发行费给民政局职工发放奖金等 29.52 万元	已收回发放的奖金
204	广东省财政厅	粤民大厦改造装修项目	广东省财政厅批复同意省民政厅将彩票公益金 1651 万元用于粤民大厦改造装修	已归还资金
205	广东省残疾人康复中心	—	广东省残疾人康复中心将彩票公益金 529.65 万元用于弥补工作经费	正在整改中
206	广东省福利彩票发行中心	—	广东省福利彩票发行中心超标准支出招待费 469.52 万元	已完善相关管理办法
207	广东省福利彩票发行中心	—	广东省福利彩票发行中心使用彩票发行费 107.20 万元违规购置客车 2 辆	正在整改中
208	广东省福利彩票发行中心	—	广东省福利彩票发行中心使用彩票发行费 17.95 万元支付主管部门及部分地市民政局等单位人员出国（境）考察费用	已收回出国费用
209	广东省福利彩票发行中心	—	广东省福利彩票发行中心未履行政府采购程序，向无彩票印制资质的省民政厅自办企业采购热敏纸彩票和投注单印制服务，涉及彩票发行费 6885.35 万元	合同到期后已停止向该企业采购
210	广东省体育彩票管理中心	—	广东省体育彩票管理中心未按规定将彩票发行费 19232 万元上缴国家体育总局体育彩票管理中心	已上缴国家体育总局体育彩票管理中心
211	广东省福利彩票销售机构	—	广东省未经财政部批准，利用互联网销售福利彩票 28.88 亿元，向代销商支付佣金 2.76 亿元	已停止互联网彩票销售业务
212	广东省体育彩票销售机构	—	广东省未经财政部批准，利用互联网销售体育彩票 64.93 亿元，向代销商支付佣金 5.98 亿元	已停止互联网彩票销售业务

续表

序号	单位	项目	存在的问题及金额	整改情况
213	东莞市财政局	—	东莞市财政局将彩票公益金1493.26万元用于弥补企业承包的东莞市篮球中心运营经费不足	已归还资金
214	广州体育职业技术学院	—	广州体育职业技术学院将彩票公益金1408.63万元用于建设主要用于住宿和会议接待的学术交流中心	已归还资金
215	广州市福利彩票发行中心	—	广州市福利彩票发行中心以培训、考察等名义，使用彩票发行费51.50万元支付主管部门及各区民政局有关人员外出旅游费用	已通过收回资金等方式整改
216	梅州市兴宁市福利彩票发行中心	—	梅州市兴宁市福利彩票发行中心未及时将彩票公益金1579.54万元上缴国库	已上缴国库
217	肇庆市体育局	—	肇庆市体育局将彩票公益金672.35万元用于弥补体育局及下属单位工作经费	已归还部分资金，剩余部分制订还款计划
218	肇庆市福利彩票发行中心	—	肇庆市福利彩票发行中心使用彩票发行费20.5万元为民政局相关人员发放奖金	已收回发放的奖金
219	重庆市福利彩票发行中心	—	重庆市福利彩票发行中心使用彩票发行费142.17万元，超标准为职工发放工资奖金	已收回发放的奖金
220	重庆市福利彩票发行中心	—	重庆市福利彩票发行中心将彩票销售收入36500万元用于购买短期理财产品	理财产品已赎回
221	重庆市黔江区体育局	—	重庆市黔江区体育局将彩票公益金103.41万元用于弥补工作经费	已归还资金
222	重庆市财政局	—	重庆市财政局未及时将彩票公益金41564万元及时缴入国库	已上缴国库
223	重庆市福利彩票发行中心	—	重庆市福利彩票发行中心未及时将彩票公益金33190万元和彩票发行费2551.41万元上缴财政	已上缴财政

续表

序号	单位	项目	存在的问题及金额	整改情况
224	重庆市体育彩票销售机构	—	重庆市未经财政部批准，利用互联网销售体育彩票5.14亿元，向代销商支付佣金8007.54万元	已停止互联网彩票销售业务
225	重庆市福利彩票销售机构	—	重庆市未经财政部批准，利用互联网销售福利彩票34.49亿元，向代销商支付佣金3.93亿元	已停止互联网彩票销售业务
226	重庆市福利彩票发行中心	—	重庆市福利彩票发行中心使用个人所得税代扣代缴手续费返还款212.14万元，超标准为职工发放奖金	已收回部分奖金，剩余部分制订还款计划
227	重庆市民政局、重庆市财政局	资助贫困大学生等大型公益活动项目	重庆市民政局和重庆市财政局重复下达市福利彩票发行中心资助贫困大学生等项目彩票公益金500万元，造成资金长期结存	资金已退回
228	重庆市巴南区教育委员会	重庆市巴南区示范性综合实践基地项目	重庆市巴南区以不符合条件的申报资料获取示范性综合实践基地项目中央彩票公益金3000万元	正在完善相关手续，加快工程进度
229	重庆市九龙坡区民政局	—	重庆市九龙坡区民政局将彩票公益金1504.5万元用于街道、镇社区办公用房建设项目补助	已归还部分资金，剩余部分制订还款计划
230	重庆市南川区教育委员会	重庆市南川区示范性综合实践基地项目	重庆市南川区以不符合条件的申报资料获取示范性综合实践基地项目中央彩票公益金3000万元	已重新选址，正在完善相关手续
231	重庆市黔江区体育局	—	重庆市黔江区体育局将彩票公益金1119.13万元用于支付民营企业体育彩票销售佣金	已归还资金
232	重庆市荣昌县教育委员会	重庆市荣昌县示范性综合实践基地项目	荣昌县以不符合条件的申报资料获取示范性综合实践基地项目中央彩票公益金3000万元，资金长期闲置	正在完善相关手续
233	重庆市铜梁区教育委员会	重庆市铜梁区示范性综合实践基地项目	重庆市铜梁区以不符合条件的申报资料获取示范性综合实践基地项目中央彩票公益金3000万元	正在完善相关手续

续表

序号	单位	项目	存在的问题及金额	整改情况
234	重庆市福利彩票发行中心渝东北营销分中心	—	重庆市福利彩票发行中心渝东北营销分中心将彩票发行费 302.82 万元存入该中心职工个人账户	已注销个人账户，资金纳入单位统一管理
235	四川省体育彩票管理中心	—	四川省体育彩票管理中心未履行政府采购程序，使用彩票发行费 1458.90 万元购买广告宣传服务	已按规定规范采购行为
236	四川省民政厅	四川省国家养老实训示范基地项目	四川省民政厅以新建四川省国家养老实训示范基地的名义申请彩票公益金 10800 万元，至 2014 年 12 月该项目尚未立项，7300 万元彩票公益金闲置一年以上	已批准项目立项，加快项目进度
237	广安市财政局	广安市示范性综合实践基地项目	广安市于 2012 年申请的示范性综合实践基地项目中央专项彩票公益金 3000 万元，截至 2014 年审计时仍未使用	已制订计划，加快项目进度
238	遂宁市民政局	“雪炭工程”项目	遂宁市将使用彩票公益金 321.12 万元建设的遂宁体育健身训练中心，移交遂宁市社会组织服务中心作为办公用房	已移交市体育局管理
239	遂宁市财政局	遂宁市示范性综合实践基地项目	遂宁市于 2013 年申请的中小学素质教育示范性综合实践基地项目彩票公益金 3000 万元，截至 2014 年审计时仍未使用	已制订计划，加快项目进度
240	资阳市体育局	—	资阳市体育局使用彩票公益金 28.88 万元，购置商务车 1 辆	已归还资金
241	云南省民政厅	—	云南省民政厅使用彩票公益金和发行费超规模建设云南省军队离退休干部服务中心和省福彩中心办公楼，实际投资超批复概算 3879.27 万元	今后严格执行国家规定
242	云南省财政厅	—	云南省财政厅将彩票公益金 486 万元用于云南省接待办所属宾馆的网球场建设	网球场向社会开放

续表

序号	单位	项目	存在的问题及金额	整改情况
243	云南省民政厅机关服务中心	—	云南省民政厅机关服务中心将“中福在线”彩票发行费616.97万元，用于民政厅机关接待、后勤物业管理等支出	已归还资金
244	云南省体育局	—	云南省体育局将全民健身设施改造项目彩票公益金126.5万元，用于改造办公用房和内部幼儿园等	已归还资金
245	红河州“中福在线”销售厅	—	红河州“中福在线”销售厅将彩票发行费400.08万元用于云南省开远军供站和元阳县、弥勒县民政局办公经费、装修款等	正在整改中
246	云南省福利彩票发行中心	—	云南省福利彩票发行中心使用彩票发行费602.65万元，为省财政厅、民政厅等单位人员发放奖金和为本单位职工超标准发放奖金	已收回部分奖金，剩余部分制订还款计划
247	云南省体育彩票管理中心	—	云南省体育彩票管理中心使用彩票发行费705.45万元，为省财政厅、各州市体育局等单位人员发放奖金和为本单位职工超标准发放奖金	已制订还款计划
248	云南省福利彩票发行中心	—	云南省福利彩票发行中心使用彩票发行费156.39万元购置越野车2辆，借给省民政厅长期使用	车辆已收回省福彩中心
249	云南体育运动职业技术学院	十二届全运会备战经费	云南体育运动职业技术学院使用彩票公益金45万元组织教职工赴青岛、大连等地旅游	已收回旅游费用
250	云南省福利彩票发行中心	—	云南省民政厅在云南省福利彩票发行中心“风彩系统”招标中指定第二推荐中标人中标，并两次未履行政府采购程序同意延长合作期限，云南省福利彩票发行中心共支付发行费分成收入64263万元	已按规定进行招投标
251	红河州福利彩票管理中心	—	红河州福利彩票管理中心超标准列支招待费194.63万元	已加强招待费支出管理
252	曲靖市福利彩票管理中心	—	曲靖市福利彩票管理中心使用彩票发行费41万元超标准购置小汽车1辆，出借给市民政局长期使用	车辆已退还福彩中心，纳入公车改革范围统一处置
253	陕西省民政厅	省救助救灾和社会福利大楼项目	陕西省民政厅“省救助救灾和社会福利大楼”项目建成后部分被出租用于酒店经营等，涉及彩票公益金6000万元	正在制订整改方案，恢复公益性用途

续表

序号	单位	项目	存在的问题及金额	整改情况
254	陕西省福利彩票发行中心	—	陕西省福利彩票发行中心使用彩票发行费204.84万元，超标准为职工发放奖金	已收回发放的奖金
255	陕西省福利彩票发行中心	—	陕西省福利彩票发行中心使用彩票发行费125.41万元购置车辆4辆，出借给省民政厅长期使用	已退回福彩中心2辆，另外2辆按公车改革方案统一处理
256	陕西省体育彩票销售机构	—	陕西省未经财政部批准，利用网络销售体育彩票11.27亿元，向代销商支付佣金1.22亿元	已停止互联网彩票销售业务
257	陕西省体育局	陕西省体彩业务综合楼项目	陕西省体彩业务综合楼项目建成后大部分闲置未使用，涉及彩票公益金2786万元	正在整改中，综合楼公共体育设施拟对社会开放
258	宝鸡市发展改革委、宝鸡市财政局	宝鸡市示范性综合实践基地项目	宝鸡市以不符合条件的申报资料获取示范性综合实践基地项目中央彩票公益金3000万元	正在办理相关手续
259	宝鸡市福利彩票管理中心	—	宝鸡市福利彩票管理中心未将“中福在线”销售大厅彩票发行费2057.06万元上缴财政专户	结余资金已上缴财政专户
260	宝鸡市福利彩票管理中心	—	宝鸡市福利彩票管理中心未将彩票发行费1149.99万元上缴财政专户，直接用于购置“中福在线”经营用房产	今后严格执行“收支两条线”制度
261	渭南市民政局	渭南市老年服务中心项目	渭南市老年服务中心项目建成后被改变用途，部分面积用于市民政局办公使用，涉及彩票公益金3769.55万元	已腾退占用的办公用房
262	西安市福利彩票发行中心	—	西安市福利彩票发行中心使用彩票发行费391.24万元，超标准为职工发放奖金津贴	已收回部分奖金津贴
263	西安市射击射箭运动管理中心	伞塔路综合健身中心项目	西安市射击射箭运动管理中心伞塔路综合健身中心项目未履行政府采购程序，使用彩票公益金450万元采购空调设备	已完善相关管理制度
264	西安市福利彩票发行中心	—	西安市福利彩票发行中心未及时将彩票发行费654.33万元上缴财政专户	已上缴财政专户

续表

序号	单位	项目	存在的问题及金额	整改情况
265	西安市第一社会福利院	西安市第一社会福利院老年公寓二期项目	西安市第一社会福利院建设的老年公寓二期项目于2013年8月建成后因工作人员编制不足闲置未使用，涉及彩票公益金320万元	已增加临时聘用人员，并申请增加人员编制
266	咸阳市福利彩票发行中心	—	咸阳市福利彩票发行中心使用彩票发行费55.22万元，为市民政局发放奖金	正在整改中
267	延安市社会福利有奖募捐委员会办公室	—	延安市社会福利有奖募捐委员会办公室未将彩票发行费632.04万元上缴财政专户	已上缴财政专户
268	榆林市体育局	—	榆林市体育局将彩票公益金1070万元用于综合办公楼扩建改造及设备购置等支出	办公楼扩建部分作为全民健身活动场所向社会开放
269	陕西省体育彩票管理中心榆林市管理站	—	陕西省体育彩票管理中心榆林市管理站使用彩票发行费187.25万元，超标准为职工发放奖金	已收回部分奖金，剩余部分制订还款计划
270	甘肃省体育彩票管理中心	—	甘肃省体育彩票管理中心使用彩票发行费152.1万元为各市县体育局职工发放奖金	已收回发放的奖金
271	甘肃省体育彩票管理中心	—	甘肃省体育彩票管理中心未向国家体育总局体育彩票管理中心及时上缴彩票发行费3460.83万元	已上缴国家体育总局体育彩票管理中心
272	甘肃省福利彩票销售机构	—	甘肃省未经财政部批准，利用互联网销售福利彩票824.87万元，向代销商支付佣金65.51万元	已停止互联网彩票销售业务
273	甘肃省体育彩票销售机构	—	甘肃省未经财政部批准，利用互联网销售体育彩票13.32亿元，向代销商支付佣金1.54亿元	已停止互联网彩票销售业务
274	白银市平川区民政局、平川区慈善会	白银市平川区老年福利服务中心及民政服务大厅项目	白银市平川区老年福利服务中心及民政服务大厅项目建成后，部分被用作平川区民政局和慈善会办公用房，涉及彩票公益金286.47万元	已腾退占用房屋

续表

序号	单位	项目	存在的问题及金额	整改情况
275	天水市社会福利有奖募捐办公室	—	天水市社会福利有奖募捐办公室使用彩票发行费45.1万元超编制购置公务用车2辆	按规定对超标车辆进行处置
276	天水市社会福利有奖募捐办公室	—	天水市社会福利有奖募捐办公室未将“中福在线”销售厅实现的手续费和其他收入1927.79万元纳入单位账簿统一核算	结余资金上缴财政专户
277	中国福利彩票发行管理中心	黄山培训基地项目	中国福利彩票发行管理中心及其下属公司违规以黄山培训基地的名义建设酒店，总投资22240.56万元，其中中国福利彩票发行管理中心投资12700.77万元	2014年9月已采取措施对黄山培训基地项目进行整改，目前已完成相关企业改制和股权转让工作，后续工作正在进一步推进中
278	中国福利彩票发行管理中心	—	中国福利彩票发行管理中心未履行政府采购程序，与相关企业签订服务热线和积分服务合作协议，已支付费用16407万元	已出台相关办法规范采购管理
279	中国福利彩票发行管理中心	—	中国福利彩票发行管理中心未履行政府采购程序，与相关企业签订《福彩公益》栏目合作协议，已支付费用1170.93万元	已出台相关办法规范采购管理
280	中国福利彩票发行管理中心	—	中国福利彩票发行管理中心未履行政府采购程序，与相关企业签订福利彩票开奖节目合作协议，已支付费用6100万元	已出台相关办法规范采购管理
281	国家体育总局体育彩票管理中心	—	国家体育总局体育彩票管理中心未履行政府采购程序，指定下属企业作为技术和运营服务提供商，2010年至2013年共支付企业相关费用104228万元	已整改。2014年已获批单一来源方式采购
282	国家体育总局体育彩票管理中心	—	国家体育总局体育彩票管理中心未履行政府采购程序，与相关企业签订热敏票印制协议，2010年至2014年10月共支付企业相关费用175603万元	已整改。2015年起国家体育总局体育彩票管理中心不再承担热敏票采购工作

中华人民共和国审计署审计结果公告

（2015年第5号）

中国核工业集团公司 2013年度财务收支审计结果

（2015年6月28日公告）

根据《中华人民共和国审计法》的规定，审计署2014年对中国核工业集团公司（以下简称中核集团）2013年度财务收支情况进行了审计，重点审计了中核集团本部及中国核电工程有限公司（以下简称中核工程公司）、中核财务有限责任公司（以下简称财务公司）等11家二级单位，并对有关事项进行了延伸和追溯。

一、基本情况

中核集团成立于1999年7月，2013年底注册资本199.87亿元，拥有全资和控股子公司268家，参股公司92家，事业单位50家，主要从事核电研发建设及运营、核燃料开发与生产经营等。

据中核集团合并财务报表反映，2013年底资产总额3344.02亿元，负债总额2451.31亿元，所有者权益892.71亿元；当年实现营业收入540.26亿元，净利润67.16亿元，资产负债率73.3%，净资产收益率8.11%，国有资本保值增值率105.02%。

信永中和会计师事务所（特殊普通合伙）审计了该集团2013年度合并财务报表，并出具了无保留意见（带说明段）的审计报告。

审计署审计结果表明，中核集团制定了集团发展战略，经济效益持续稳定增长，坚持深化改革、强化公司治理，推动产业经济发展。审计也发现，中核集团在经营业绩、发展潜力、廉洁从业等方面还存在一些违规问题。

二、审计发现的主要问题

（一）经营业绩方面。

1. 财务收支方面。

（1）2010年至2013年，下属北京日兴房地产发展有限公司（以下简称日兴公司）等15家单位未及时确认收入、超范围列支成本费用、在工资总额之外发放薪酬福利、少计提资产减值准备等，造成收入少计5.30亿元，成本费用多计1.30亿元、少计5.04亿元，资产减值损失少计0.31亿元，由此导致4年间少计利润1.25亿元（2013年少计利润0.28亿元）。

（2）2013年，中核集团合并财务报表范围不完整等，造成资产少计1.96亿元，负债少计1.46亿元，所有者权益少计0.50亿元。

（3）2009年至2013年，下属财务公司以办公用品、招待费等名义购买消费卡及礼品914.11万元。截至2014年6月底，用于送礼等支出611.8万元，尚余302.31万元。

2. 贯彻执行国家宏观经济政策与决策部署方面。

2010年，下属日兴公司违规出资3600万元设立湖北日兴谷山房地产开发有限公司（占股72%），并于2012年5月开工建设商业地产项目襄樊“谷山大厦”。截至2013年底，日兴公司累计为“谷山大厦”提供资金借款1.04亿元。

3. 内部管理方面。

（1）截至2014年6月底，中核集团未按规定对中核地勘基金制定项目费用定额标准。

（2）2011年，下属财务公司投资的股票亏损超过止损限额，未及时进行止损操作，截至2013年11月才将股票全部清仓，导致多损失6004.36万元。

（3）2010年至2012年，下属中核四川环保工程有限公司（以下简称中核环保工程公司）办公楼加固改造工程超概算投资952.91万元，超出批复概算的72%。

（4）2010年至2013年，下属中核工程公司等2家单位在工程项目建设中，未公开招标、干预中标结果等，涉及合同金额25.27亿元。

（5）2012年至2013年，下属中核工程公司和中原对外工程公司上海分公司等2家单位在设备采购中，违规指定非第一名中标候选人中标等，涉及合同金额2.55亿元。

（6）截至2014年6月底，下属中核地质勘查有限公司投资450万元开展的矿产普查项目投资权益未落实。

（7）2013年，下属中核环保工程公司将53台车辆无偿提供给改制分流职工控股的公司使用。

（8）中核集团存在部分财务软件接口不符合国家标准、部分信息系统重复建设等问题。

（二）发展潜力方面。

2013年，中核集团并购东方锆业公司的决策未充分考虑重大市场变化影响因素，该公司2013年实际亏损9937.91万元，按照中核集团持股比例计算，上述亏损影响中核集团合并报表利润1556.28万元。

（三）廉洁从业方面。

2013年，中核集团本部及下属财务公司等4家单位违规在成本费用中列支礼品等支出93.92万元。

三、以前年度审计发现问题整改情况

审计署2010年对中核集团审计发现的问题中，下属中核环保工程公司领导擅自决策投资、形成资产闲置403.57万元的问题，截至本次审计时，上述资产仍然闲置。

四、审计处理及整改情况

对审计发现的问题，审计署已依法出具了审计报告、下达了审计决定书。中核集团具体整改情况由其向社会公告。

本次审计发现相关违法违纪问题线索，已依法移送有关部门进一步调查处理。

中华人民共和国审计署审计结果公告（2015年第6号）

中国兵器工业集团公司 2013年度财务收支审计结果

（2015年6月28日公告）

根据《中华人民共和国审计法》，审计署2014年对中国兵器工业集团公司（以下简称兵器集团）2013年度财务收支情况进行了审计，重点审计了兵器集团本部及中国北方工业公司、兵工财务有限责任公司（以下简称财务公司）等6家二级单位，并对有关事项进行了延伸和追溯。

一、基本情况

兵器集团成立于1999年7月，2013年底注册资本253.60亿元，拥有全资和控股子公司42家，事业单位5家，主要从事军工生产、汽车及专用设备制造与服务、境外石油和天然气及有色金属资源开发等。

据兵器集团合并财务报表反映，2013年底资产总额2984.34亿元，负债总额1817.86亿元，所有者权益1166.48亿元；当年实现营业收入3850.18亿元，净利润82.72亿元，资产负债率60.91%，净资产收益率7.5%，国有资本保值增值率106.45%。

瑞华会计师事务所（特殊普通合伙）审计了该集团2013年度合并财务报表，并出具了标准无保留意见的审计报告。

审计署审计结果表明，兵器集团按照确立的集团发展战略目标，推进自主创新和内部重组整合，提倡精益管理，抓好军品研制生产，推动军民融合。审计也发现，兵器集团在经营业绩、发展潜力、廉洁从业等方面还存在一些违规问题。

二、审计发现的主要问题

（一）经营业绩方面。

1. 财务收支方面。本次审计抽查发现，2006年至2013年兵器集团本部及3家下属单位，未将已投入使用的房产等转入固定资产并计提折旧、提前确认收入、虚构交易虚增收入等问题，造成收入多计2.13亿元、少计1.01亿元，成本费用多计2.45亿元、少计1.44亿元，由此导致8年间多计利润0.11亿元（2013年多计利润0.33亿元）。其中：2011年至2012年，北方光电集团有限公司（以下简称光电集团）下属云南天达光伏科技有限公司（以下简称云南天达）和嘉兴大晨光电科技有限公司（以下简称嘉兴大晨）为完成销售业绩目标，虚构采购和销售交易，虚增2011年销售收入7206.42万元、销售成本5703.50万元，虚增2012年销售成本1538.82万元，导致多计2011年利润1502.92万元，少计2012年利润1538.82万元。

2. 贯彻执行国家宏观经济政策与决策部署

方面。

（1）2012 年至 2013 年，下属盘锦北方沥青股份有限公司（以下简称北沥公司）违规以成本价对外转让商务部配额管理的进口原油 21.87 万吨，转让金额 11.07 亿元，其中 2013 年违规转让 9.01 万吨，涉及金额 4.99 亿元。

（2）2010 年至 2012 年，下属北沥公司 2 个工程项目未取得环评审批手续即违规投资建设。

3. 内部管理方面。

（1）截至 2014 年 7 月底，下属云南天达和嘉兴大晨因企业投资、原料订购等方面经营管理不善，资不抵债进入破产清算，分别面临损失 5.1 亿元和 8000 万元。

（2）2009 年，下属云南天达未经兵器集团批准，以编制虚假合同支付货款方式进行股权收购，共计 2512 万元。

（3）2009 年至 2010 年，下属西安北方光电有限公司（光电集团前身，以下简称西光集团）为粉饰其下属云南天达的经营业绩，借款给其另一家下属企业让其通过第三方向云南天达采购货品。但在采购后，西光集团未对货品处理提出明确要求，货品未及时销售，因价格大幅下跌等预计形成损失近 9000 万元。

（4）2012 年，下属辽宁华锦通达化工股份有限公司违规决策，中止招投标程序直接向特定公司销售废污油，截至 2014 年 6 月底，已销售废污油 3349.43 万元。

（5）2009 年至 2012 年，下属财务公司违规为 3 家兵器集团成员外单位提供委托贷款及办理委托投资业务，涉及金额 1.7 亿元。

（6）2009 年至 2011 年，下属北奔重型汽车集团有限公司（以下简称北奔公司）未经兵器集团批准自行开工建设项目 2 个，涉及金额 1.67 亿元。

（7）2006 年至 2012 年，下属北方华锦化学工业集团有限公司（以下简称华锦集团）“十一五”建设项目的 897 项合同未按规定招标，涉及金额 51.9 亿元；2010 年，下属云南天达未按规定经公开招标购买镀膜设备，涉及金额 1581.42 万元。

（8）截至 2014 年 7 月底，光电集团下属西安应用光学研究所的楼房建设项目，未经兵器集团批准，超概算投资 1713.45 万元。

（9）截至 2008 年底，下属华锦集团的污水处理及回用工程初步设计概算超出可行性研究概算 1.22 亿元，但未按规定重新报批可行性研究报告。

（二）发展潜力方面。

1. 2010 年至 2012 年，兵器集团在重型汽车市场面临激烈竞争、缺乏核心竞争能力的情况下，同意下属北奔公司进行扩产，致使产能严重过剩，扩产项目已完成的 1.02 亿元投资闲置。2013 年，北奔公司已建成产能利用率仅为 13.9%，当期亏损 6.6 亿元。

2. 2011 年以来，下属北奔公司在未严格审核经销商资信和财务状况的情况下，超出集团对外担保额度控制规模，向经销商提供销售融资担保。截至 2013 年底，北奔公司因此已被迫垫款 11.91 亿元。

（三）廉洁从业方面。

2013 年，兵器集团下属 3 家单位违规超标准购车 3 辆，涉及金额 99.19 万元。

三、审计处理及整改情况

对审计发现的问题，审计署已依法出具了审计报告、下达了审计决定书。兵器集团具体整改情况由其向社会公告。

本次审计发现相关违法违纪问题线索，已依法移送有关部门进一步调查处理。

中华人民共和国审计署
审计结果公告
（2015 年第 7 号）

国家电网公司
2013 年度财务收支审计结果

（2015 年 6 月 28 日公告）

根据《中华人民共和国审计法》的规定，审计署 2014 年对国家电网公司（以下简称国网公司）2013 年度财务收支情况进行了审计，重点审计了国网公司总部及江苏省电力公司（以下简称江苏电力）、河南省电力公司（以下简称河南电力）、国网英大国际控股集团有限公司（以下简称英大集团）和国网国际发展有限公司（以下简称国际公司）等16家二级单位，并对有关事项进行了延伸和追溯。

一、基本情况

国网公司成立于2002年12月，2013年底注册资本2000亿元，拥有全资和控股子公司1433家，参股公司208家，主要从事电网建设与运营、电力购销与供电服务、电力交易和调度等工作。

据国网公司合并财务报表反映，2013年底资产总额25700.7亿元，负债总额14650.7亿元，所有者权益11050亿元；当年实现营业收入20498亿元，净利润517.3亿元，资产负债率57.01%，净资产收益率4.85%，国有资本保值增值率105.5%。

瑞华会计师事务所（特殊普通合伙）审计了该公司2013年度合并财务报表，并出具了标准无保留意见的审计报告。

审计署审计结果表明，国网公司组织制订了电网战略规划，明确企业发展目标；推动转变公司发展方式和管理方式，提高了企业管控能力；深化供电服务，较好地履行了社会责任。审计也发现，国网公司在经营业绩、发展潜力、廉洁从业等方面还存在一些违规问题。

二、审计发现的主要问题

（一）经营业绩方面。

1. 财务收支方面。

（1）2005年至2013年，国网公司及下属江苏电力等12家单位将本应计入营业外收入的“帮扶”资金计入资本公积、将本应资本化的利息支出计入当期财务费用等，造成收入多计108.05亿元、少计91.91亿元，成本费用多计113.48亿元、少计4.24亿元，加上合并报表抵销不充分多计利润3.39亿元，由此导致9年间共计少计利润89.71亿元，其中2013年多计利润8.28亿元。

（2）2005年至2013年，国网公司及下属国网电力科学研究院、四川省电力公司（以下简称四川电力）等4家单位未将接收的用户资产和收到的国有资本经营预算资本性支出资金等计入实收资本、多计长期股权投资、部分资金未纳入财务统一核算等，造成资产多计3336.04万元、少计5508.37万元，实收资本少计3362.95亿元、资本公积多计3362.95亿元。

（3）截至2013年底，下属四川电力未按规定及时上缴以前年度代征的三峡工程建设基金、电力建设基金、库区移民后期扶持基金、库区建设基金等7483.86万元。

（4）截至2013年底，国网公司未对2004年至2007年资本公积的增加额部分缴纳印花税，共计少缴4184.68万元。

2. 贯彻执行国家宏观经济政策与决策部署方面。

（1）违规将教育科研设计用地用于商业开发。2012年，下属华北电网有限公司以建设“智能电网科技研发交流中心”的名义，向有关部门申报项目用地规划，并于当年获批，项目总用地规模5.93万平方米，其中教育科研设计用地2.78万平方米、代征城市公共用地3.15万平方米。在此之前，国网公司决定由下属鲁能集团有限公司和华北电网有限公司在该项目用地上，联合开发集高档酒店、酒店式公寓、写字楼、商业、会展于一体的大型城市综合体，计划总投资70亿元，建筑面积51.07万平方米。截至2014年2月，该项目累计完成投资12.88亿元。

（2）违规建设楼堂馆所。2009年4月，国网公司批准建设华北电网有限公司高级研究院（实为建设国家电网管理学院）。2009年至2013年，有关部门批复一至三期总用地规模18.99万平方米，其中教育科研设计用地17.46万平方米。2013年9月，在国家要求停止以“学院”“中心”等名义新建具有住宿、会议、餐饮等接待功能的设施或场所后，国网公司仍批准三期工程立项，投资估算6.94亿元，主要建设综合性多功能厅、学员公寓、员工后勤楼等。截至2014年6月，已支付设计、征地拆迁等费用2755.83万元。

（3）未严格执行国务院电力体制改革政策。

一是截至2013年底，国网公司已投运和在建的抽水蓄能电厂23家、装机容量1637万千瓦；已投运和在建的非抽水蓄能电厂96家、装机容量1420.16万千瓦，其中44家为2005年至2013年新建或并入国网公司，有7家电厂2013年发电设备平均利用小时数超过全国平均水平，上述未及时处置发电资产的做法与“实行厂网分开”的要求不符。

二是2006年11月，国网公司要求江苏电力对外转让其所持有的江苏省电力燃料集团有限公司70.3%的股权。截至2014年6月，江苏电力仍未转让，与"主辅分离"的要求不符。

（4）未严格执行国家规定电价和自备电厂收费等有关政策。

一是2010年至2013年，下属上海市电力公司（以下简称上海电力）以低于国家规定的销售目录电价向部分企业售电，累计少收电费14.69亿元，其中2013年3.99亿元。

二是2008年至2013年，下属浙江等26个省电力公司对自备电厂的自发自用电量少征收政府性基金和附加37.69亿元，其中2013年23.58亿元。

3. 内部管理方面。

（1）2010年，下属北京市电力公司（以下简称北京电力）未经国网公司审批，与有关单位签订50年土地承包合同，承包3182.82亩土地，主要建设"智能电网研究示范项目和葡萄园区"。2010年至2011年，北京电力支付地上附着物补偿费、土地租赁费、咨询费等3.08亿元。截至2014年7月，除分布式电源试验项目正在规划建设外，其他项目尚未开展。

（2）2007年至2013年，为规避国网公司审批，下属河南电力、上海电力将4个项目采取化整为零方式进行立项审批，涉及金额1.89亿元，其中2013年5741.11万元。

（3）2009年至2012年，下属河南电力物资公司违规将标书制作等业务委托给职工持股企业，涉及合同金额2911.28万元。

（4）2005年至2013年，下属山东省电力公司（以下简称山东电力）等28家单位在工程建设项目中，应招标未招标、未经公开招标或者违反招标规定签订合同323.42亿元，其中2013年7.33亿元。

（5）2005年至2013年，下属四川电力送变电建设公司等16家单位违规将所承建的工程项目转分包，涉及合同金额24.06亿元，其中2013年3.72亿元。

（6）2007年，下属中国电力科学研究院实施的特高压试验基地等3个项目，在未取得国有土地使用证等证照的情况下先行建设，涉及金额12.19亿元。

（7）国网公司"三沪直流输电工程"项目于2006年竣工并投入运营，工程累计支出68.05亿元，但截至2013年底仍未办理竣工决算。

（8）2005年至2013年，下属江苏电力等19家单位在物资和服务采购业务中，应招标未招标或未按规定公开招标，涉及合同金额33.71亿元，其中2013年1.21亿元。

（9）2009年，下属江苏电力在导线类物资采购招标过程中违规使参与投标的10家企业全部中标，涉及合同金额10.12亿元。

（10）2011年至2013年，下属新疆电力公司、河南电力对投标人资格审查不严，导致不符合资质的投标人中标，涉及合同金额2.98亿元。

（11）2011年10月，国网公司在购置办公用房时，按照与开发商签订的商品房买卖协议，在明知有7个单元房产未取得商品房预售许可证的情况下，仍购买房产6034.67平方米、总价4.15亿元。截至2014年7月，由于开发商未取得房屋所有权初始登记，国网公司无法取得上述房产权属证明，应收未收逾期违约金1.5亿元。

（12）2011年6月，为建设电工电气产业园，下属中电装备山东电工电气有限公司购得土地1520.77亩。按土地出让协议约定，宗地建设项目应于2012年5月前开工，2013年11月前竣工。截至2014年6月，由于电工电气产业园部分项目未建设，造成916.62亩土地闲置，涉及土地价款2.64亿元。

（13）2012年，英大集团投资21亿元的中广核产业投资基金（二期，总规模30亿元）经基金管理人投资决策委员会决定，以15亿元与一家公司共同成立5家合资企业，其中2家合资企业应缴出资额分别为6.08亿元和4.18亿元，首期已分别出资2.48亿元和1.71亿元。基金管理人的上述决策超出了对同一目标项目累积投资总额不得超过3亿元的权限，英大集团对投资决策环节管控不力，也未采取相应措施。

（14）2010年，下属平高集团有限公司在未取得完整有效的资产清查盘点表、未履行相应的审核程序情况下，核销原材料、库存商品等不良资产及相应进项税额共计2.5亿元。

（15）2010年至2013年，下属上海电力等3

家单位通过其主办的集体企业违规发放补贴 1.55 亿元。

（16）国网公司总部及下属 27 个省电力公司正在应用的信息系统中，有 2 个信息系统未及时申请信息系统等级保护定级。

（17）截至 2014 年 6 月底，国网公司总部管理的在研科研项目 897 项，总预算金额 124.30 亿元，其中超期未能验收项目 271 项，涉及预算金额 57.85 亿元，占总预算金额的 46.54%。

（二）发展潜力方面。

1. 2010 年至 2013 年，下属英大传媒投资集团有限公司对上海第一财经传媒有限公司等 3 家媒体企业进行股权投资，投资总额为 2.95 亿元，其中 2013 年 2.5 亿元。上述非主业投资未报经国资委审核。

2. 2012 年，下属上海电力出资 1.86 亿元收购上海欣广投资有限公司全部股权，从而间接持有上海迪威行置业发展有限公司（系上海时代金融中心大厦项目公司）34%的股权。上述行为实为非主业投资，未报经国资委审核。

3. 2010 年至 2011 年，国际公司下属国家电网国际发展有限公司作为基石投资者认购 3 只首次公开发行（IPO）的 H 股股票，未报国资委审核，涉及认购金额 10.21 亿港币（折合人民币 8.1 亿元）。

4. 2014 年，国际公司下属国家电网巴西控股公司（以下简称巴西公司）出资 3018 万雷亚尔（折合人民币 8336 万元）在巴西设立项目公司，收购巴西体育中心资产，山东电力鲁能体育文化分公司负责后续运营管理。巴西体育中心资产已于 2014 年 4 月完成交割。上述境外非主业投资未报经国资委审核。

5. 2011 年，下属巴西公司出资 2.09 亿雷亚尔（折合人民币 8.38 亿元）在巴西里约热内卢购置办公楼。办公楼建筑面积 14114 平方米，其中国网公司系统内单位（含巴西公司）使用 6676 平方米。上述境外投资未报经发展改革委核准。

6. 2011 年至 2013 年，下属江苏、山东等 6 个省电力公司违规将未取得发电业务许可证的 13 家发电企业并网运行，涉及发电机组 26 台（其中 17 台发电机组未经政府部门核准建设），结算电量 613.16 亿千瓦时、电费 254.94 亿元，其中 2013 年结算电费 83.01 亿元。

7. 2007 年至 2013 年，下属四川电力及其下属公司违反国网公司担保管理办法，为下属四川启明星铝业有限责任公司 5 笔贷款提供担保。截至 2013 年底担保余额 8.14 亿元，四川启明星铝业有限责任公司已资不抵债，有 4.35 亿元贷款逾期未还，其余贷款也将陆续到期。因承担连带责任，四川电力对上述贷款面临代偿风险。

（三）廉洁从业方面。

1. 2013 年，国网公司 11 位领导班子成员在国资委核定的薪酬总额之外领取节日补贴共计 22 万元。

2. 个别下属企业中层以上管理人员违规持股获利。一是 2008 年至 2013 年，下属四川电力部分中层以上管理人员未按规定清退在职工持股企业中的股份，通过将本人和亲属所持有的股份转由他人代持的方式，继续变相持股并分红 4507.37 万元。二是 2009 年，下属江苏电力收到 209 名中层以上管理人员退回的苏源集团有限公司分红款 1.21 亿元，2010 年江苏电力党委会决定将该款项以上述 209 名人员个人名义办理五年期定期存款。

3. 2013 年，下属浙江省电力公司业务招待费超预算 271.06 万元、会议费超预算 117.79 万元。

三、以前年度审计发现问题整改情况

审计署 2005 年以来对国网公司历次审计发现部分财务核算不准确、未严格执行电价政策、少收自备电厂政府性基金和附加、工程招投标不合规、资金和资产内部管理薄弱等问题。其中 2013 年、2014 年，审计署分别对长江三峡输变电工程竣工决算审计、西电东送工程审计发现的有关问题进行了公告。本次审计发现类似问题仍然存在，个别问题未整改到位。

四、审计处理及整改情况

对审计发现的问题，审计署已依法出具了审计报告、下达了审计决定书。国网公司具体整改情况由其向社会公告。

本次审计发现相关违法违纪问题线索，已依法移送有关部门进一步调查处理。

中华人民共和国审计署审计结果公告（2015年第8号）

中国南方电网有限责任公司2013年度财务收支审计结果

（2015年6月28日公告）

根据《中华人民共和国审计法》的规定，审计署2014年对中国南方电网有限责任公司（以下简称南方电网公司）2013年度财务收支情况进行了审计，重点审计了南方电网公司总部及广东电网公司、云南电网公司等8家二级单位，并对有关事项进行了延伸和追溯。

一、基本情况

南方电网公司成立于2002年12月，2013年底注册资本600亿元，拥有全资和控股子公司373家，参股公司106家，主要从事电网投资建设，经营管理广东、广西、云南、贵州和海南等5省（区）电网，开展相关的输配电和电力购销业务等。

据南方电网公司合并财务报表反映，2013年底资产总额5842.48亿元，负债总额3822.56亿元，所有者权益2019.92亿元；当年实现营业收入4469.72亿元，净利润84.54亿元，资产负债率65.43%，净资产收益率4.31%，国有资本保值增值率103.95%。

瑞华会计师事务所（特殊普通合伙）审计了该公司2013年度合并财务报表，并出具了标准无保留意见的审计报告。

审计署审计结果表明，南方电网公司优化资源配置，贯彻落实西电东送战略；加强电网建设，推进科技创新和节能减排，保证社会用电和电网安全；实施集团化运作、一体化管理，提升客户服务水平。审计也发现，南方电网公司在经营业绩、发展潜力、廉洁从业等方面还存在一些违规问题。

二、审计发现的主要问题

（一）经营业绩方面。

1. 财务收支方面。

（1）2013年，南方电网公司及下属云南电网公司等3家单位收购可再生能源电量时少计收入和成本各8.38亿元，合并财务报表未抵销部分内部交易事项导致多计收入和成本各1.63亿元。

（2）2008年至2013年，南方电网公司总部及下属贵州电网公司等6家单位未按规定将国有资本经营预算等资金78.61亿元（其中2011年至2013年45.21亿元）、接收的用户资产18.28亿元（其中2010年至2013年18.28亿元）增加实收资本。

（3）截至2013年底，下属广东电网公司等5家单位仍未按规定上缴2010年起停止征收的三峡工程建设基金1.20亿元、2012年起停止调配使用的可再生能源电价附加资金3.70亿元。

（4）2010年至2013年，下属广州供电局等7家单位每年将部分用户12月电量延迟至次年初确认，涉及电费收入约1.89亿元。扣除年度间利润影响因素后，2013年末未确认售电收入约4002.90万元。

2. 贯彻执行国家宏观经济政策与决策部署方面。

（1）未严格执行国家相关电价政策。2010年至2013年，下属云南电网公司应收差别电价2.33亿元，实际收到1.31亿元，截至2013年底仍少收1.02亿元。

（2）对企业自备电厂的数量及其自发自用电量底数不清。按规定，自备电厂应缴的各项基金及附加由电网企业代征并上缴。南方电网公司下属5省电网公司和广州供电局均有自备电厂接入电网，但却不完全掌握自备电厂运行特别是自发自用电量的情况。据统计，2013年接入上述电网企业的自备电厂有近420家，自发自用电量为233.83亿千瓦时，在不扣除免征企业电量的情况下应代征基金及附加7.63亿元，实际仅征收1.75亿元。

（3）违规调度未经核准机组和无计划机组并网发电。2010年至2013年，广东电网公司违规调度15家未经核准电厂上网电量293.89亿千瓦时，涉及电费163.50亿元。截至2013年底，南方电网公司下属5家省电网公司调度未经发展改革委核准的19家电厂（63台机组）并网发电。

3. 内部管理方面。

（1）2011年7月，在下属溪洛渡右岸电站送电广东双回±500千伏直流输电线路工程招标中，评标委员会认定39家投标企业中有34家串标，中断了本次评标。2011年8月，南方电网公司未按内部规定对34家串标企业限制其12个月内参与投标，仅发出警告及扣分处罚，并组织了第二次招标，中标企业20家，中标金额21.10亿元。经核实，上述34家串标企业均参与了第二次招标，其中17家中标，中标合同金额17.20亿元。

（2）2013年，南方电网公司违反内部规定，同意因发生安全事故还处于禁止投标处罚期的一家企业参与投标土建施工项目，中标合同金额2.57亿元。

（3）2010年至2011年，下属广东电网公司未经招标，沿用以往招标结果，直接确定物资供应商294家，签订物资采购合同32.64亿元。

（4）2009年至2013年，下属广州供电局未经招标，采取内部业务会议单一来源评审、局领导集体传签审定等方式，确定了咨询服务供应商，涉及合同金额4667.16万元。

（5）下属广东电网公司佛山供电局（以下简称佛山供电局）恒益电厂"上大压小"接入系统工程决算完成投资2.58亿元，超概算0.73亿元（占39.46%），且个别现场管理存在薄弱环节。截至2014年6月，佛山供电局未按相关规定向原核准单位报告概算调整。

（6）2010年至2013年广东威恒输变电工程有限公司未经业主佛山供电局同意，违规分包工程，涉及金额3.99亿元。

（7）南方电网公司信息化核心业务系统一体化程度较低，购电业务和合并财务报表信息系统建设较滞后，决策支持系统等部分信息系统数据存在遗漏或重复、数据质量不高等问题。

（二）发展潜力方面。

1. 2010年至2014年初，南方电网公司的49个电网工程项目未经核准或备案即开工建设、总投资334.65亿元，截至2014年7月，尚有2个项目未办理核准或备案手续。

2. 职工持股企业清理整顿仍不到位。

（1）2010年至2013年，职工持股企业从电网主业取得的关联收入占比虽有所下降，但仍超过40%。若考虑通过电网主业的影响力获取的用户工程等业务后，占比更高。如2010年至2013年下属佛山供电局职工持股企业广东汇源通集团有限公司（以下简称汇源通集团）营业收入共计240.20亿元，其中直接来自南方电网公司下属单位的收入为115.33亿元、承接用户工程取得的收入为83.51亿元，两类收入占总收入的比重高达82.78%。

（2）2009年至2013年，下属佛山供电局委托汇源通集团下属企业承担招标代理工作，且未按规定对投标人进行资格审查，导致汇源通集团其他下属企业参与投标并中标合同金额20.85亿元。此外，佛山供电局还违规将61个建设项目的监理和施工业务委托给汇源通集团下属企业，涉及金额6.27亿元。

（3）2010年至2013年，下属广东电网公司江门供电局（以下简称江门供电局）自行组织的2.2亿元工程建设项目中，职工持股企业中标8993.04万元、占40.88%，该类项目评委会成员为系统内人员，且部分评委在职工持股企业持股。

（4）2004年至2014年，下属江门供电局1家职工持股企业长期无偿占用该局2459平方米土地建设办公楼。

（5）2013年，汇源通集团为佛山供电局承担人工、装修、应急抢修等各项费用9338.32万元。

（6）2013年至2014年，下属广东电网公司东莞供电局（以下简称东莞供电局）管理的集体企业东莞市输变电工程公司虚列支出将74.65万元存放账外，截至2014年5月底，有33.47万元去向不明；另有7.40万元现金收入长期未入账。

3. 2010年至2013年，由于电网规划未纳入城乡发展规划、电源规划与电网规划不配套等原因，南方电网公司部分输电线路提前拆除形成损失或面临损失风险，抽查发现，净值1000万元以上提前非正常报废的输电线路7项（净值2.18亿元），其中已处理完的5项形成损失1.49亿元。

（三）廉洁从业方面。

1. 截至2013年底，下属广东电网公司本部、佛山供电局分别向子公司、职工持股企业租用超标车辆25辆、52辆。

2.2013年中秋节前后，下属东莞供电局部分部门主管等人员接受所主管企业赠送的商场购物卡16.10万元。

三、以前年度审计发现问题整改情况

审计署2010年以来对南方电网公司历次审计发现的问题中，部分下属企业违规执行地方政府出台电价政策的问题依然存在，个别问题未整改到位。

四、审计处理及整改情况

对审计发现的问题，审计署已依法出具了审计报告、下达了审计决定书。南方电网公司具体整改情况由其向社会公告。

本次审计发现相关违法违纪问题线索，已依法移送有关部门进一步调查处理。

中华人民共和国审计署审计结果公告（2015年第9号）

中国华电集团公司2013年度财务收支审计结果

（2015年6月28日公告）

根据《中华人民共和国审计法》的规定，审计署2014年对中国华电集团公司（以下简称华电集团）2013年度财务收支情况进行了审计，重点审计了华电集团本部及华电国际电力股份有限公司（以下简称华电国际）、贵州乌江水电开发有限责任公司等8家二级单位，并对有关事项进行了延伸和追溯。

一、基本情况

华电集团成立于2002年12月，2013年底注册资本120亿元，拥有全资和控股子公司40家，参股公司209家，主要从事电源的开发、投资、建设、经营和管理等。

据华电集团合并财务报表反映，2013年底资产总额6533.9亿元，负债总额5470.6亿元，所有者权益1063.3亿元；当年实现营业收入2001.2亿元，净利润113.7亿元，资产负债率83.73%，净资产收益率11.6%，国有资本保值增值率116.4%。

立信会计师事务所（特殊普通合伙）审计了该集团2013年度合并财务报表，并出具了标准无保留意见的审计报告。

审计署审计结果表明，华电集团明确了中长期发展目标和思路，大力推进产业结构、电源结构和区域布局的调整优化，推行营运改善、全面预算管理等措施，经营管理水平有所提升。审计也发现，华电集团在经营业绩、发展潜力、廉洁从业等方面还存在一些违规问题。

二、审计发现的主要问题

（一）经营业绩方面。

1.财务收支方面。

（1）2009年至2013年，华电集团本部及下属华电煤业集团运销有限公司等7家单位多计当年营业外收入、少计提固定资产折旧、在工资总额之外发放薪酬福利等，造成收入多计7.34亿元、少计5.21亿元，成本费用多计6.93亿元、少计5.49亿元，投资收益多计0.17亿元、少计1.14亿元，由此导致5年间少计利润0.28亿元（2013年少计利润0.67亿元）。

（2）2013年，华电集团未按规定将下属2家子公司纳入合并报表范围、合并报表抵销不正确等，造成资产多计0.45亿元、少计5.52亿元，负债多计0.45亿元、少计5.4亿元，所有者权益少计0.12亿元。

2.贯彻执行国家宏观经济政策与决策部署方面。

（1）2012年，下属华电置业有限公司以股权收购方式，出资10.3亿元建设华电集团职工职业病防治康复中心，立项文件包含商品住宅等规划。截至审计时，上述项目仍处在前期工作阶段。

（2）至2013年底，华电集团有6台燃煤火电机组未按规定完成脱硫脱硝改造任务，涉及装机容量163.5万千瓦。

（3）至2014年5月底，下属贵州华电桐梓发电有限公司等8家企业存在建设项目用地审批手续不全或未取得土地使用权证等问题，涉及土地10万亩。

（4）2009年至2013年，下属内蒙古华电蒙能金通煤业有限公司等20家煤矿企业违规超过国家核定生产能力开采煤炭1137.8万吨，其中2013年100.51万吨。

3. 内部管理方面。

（1）2013年，下属云南华电鲁地拉水电有限公司（以下简称鲁地拉水电公司）在电站下闸蓄水过程中发生临时生态放水孔闸门被冲毁事故，处理事故共发生费用4463.5万元，审计发现上述闸门制造安装过程中聘请的现场监造单位和监造人员不具备相应资质。

（2）2009年，下属鲁地拉水电公司在与华电郑州机械设计研究院有限公司已签订设备监造合同的情况下，又违规与该公司签订了监造合同范围内的设计制造合同，涉及金额995.92万元。

（3）2009年至2013年，华电集团及下属单位未按规定对61个采购批次（标段）进行公开招标；已公开招标的项目中，有263个采购批次（标段）存在评标委员会组成不合规、缴存投标保证金的投标单位不足3家等问题。以上共涉及合同金额242.99亿元（2013年72.02亿元），其中华电集团未公开招标，由集团内企业中标合同金额40.92亿元（2013年22.82亿元）。

（4）2011年至2013年，下属华鑫国际信托有限公司存在违规为有关地方和企业工会募集的职工个人资金设立单一信托计划、将集合信托计划委托给非金融机构推介等问题，涉及资金总规模41.22亿元。

（5）2002年至2010年，下属黑龙江省龙源电力燃料有限公司等2家企业未在账面反映其在所参股企业的权益，也未采取有效措施维护相关权益，涉及金额5804.14万元。

（6）2012年，下属贵州华电安顺华荣投资有限公司（以下简称华电华荣）违规对外出借资金2500万元。

（7）2013年，下属蒲城发电有限责任公司等2家企业违规直接向9户企业供电，并收取电费776.37万元。

此外，下属莱州发电公司还存在占用电厂建设资金建设职工住宅楼的问题。

（二）发展潜力方面。

1. 2011年至2012年，华电集团未经有关部门批准，投资煤化工、证券等3个非主业项目，截至2013年底，实际完成投资13.47亿元。

2. 2011年，下属华电国际在收购2项股权时，存在未设置风险防范条款等问题，涉及金额7.96亿元。

3. 2012年以来，华电集团未按有关部门要求及时退出一项股权收购项目，截至审计时，已支付的7.56亿元收购款尚未收回。

4. 2010年，下属华电国际收购3家煤炭企业股权时，存在将煤矿探矿权区域外规划区的煤炭储量计入收购对价，以及在对方未完成储量备案的情况下全额支付收购价款等问题，涉及资金6.72亿元，部分收购资金存在损失风险。

5. 2008年至2012年，华电集团下属公司未经有关部门核准，违规开工建设鲁地拉水电站等4个电源项目，其中3个项目因未批先建等原因停工，并赔偿施工单位窝工损失等费用2.21亿元。

6. 2011年至2013年，华电集团及华电华荣先后以承接债务、发行信托等方式违规向华电华荣原股东累计提供资金9.35亿元，造成资金长期被占用。截至2014年6月底，被拖欠信托资金本息7.12亿元。

7. 2012年5月，下属华电能源股份有限公司在仅获准开展煤矿收购前期工作的情况下，就提前支付收购资金2.8亿元。截至2014年6月底，该煤矿收购项目尚无实质性进展，预付资金也未收回。

8. 2011年至2013年，下属河北峰源实业有限公司在经营煤炭购销业务中形成的2.21亿元应收款项未能及时收回。

三、审计处理及整改情况

对审计发现的问题，审计署已依法出具了审计报告、下达了审计决定书。华电集团具体整改情况由其向社会公告。

本次审计发现相关违法违纪问题线索，已依法移送有关部门进一步调查处理。

中华人民共和国审计署
审计结果公告
（2015年第10号）

中国国电集团公司
2013年度财务收支审计结果

（2015年6月28日公告）

根据《中华人民共和国审计法》的规定，审计署2014年对中国国电集团公司（以下简称国电集团）2013年度财务收支情况进行了审计，重点审计了国电集团本部及国电科技环保集团股份有限公司（以下简称国电科环）、国电陕西电力有限公司（以下简称陕西公司）、国电英力特能源化工集团股份有限公司（以下简称英力特公司）等9家二级单位，并对有关事项进行了延伸和追溯。

一、基本情况

国电集团成立于2002年12月，2013年底注册资本120亿元，拥有全资和控股子公司772家，参股公司73家，主要从事电源的开发、投资、建设、经营及管理；组织电力（热力）生产、销售；与电力相关的煤炭能源投资；发电设施、新能源、交通、高新技术、环保产业的投资、建设、经营及管理等。

据国电集团合并财务报表反映，2013年底资产总额7860.27亿元，负债总额6568.7亿元，所有者权益1291.57亿元；当年实现营业收入2327.64亿元，净利润123.73亿元，资产负债率83.57%，净资产收益率10.12%，国有资本保值增值率111.8%。

众环海华会计师事务所（特殊普通合伙）审计了该集团2013年度合并财务报表，并出具了标准无保留意见的审计报告。

审计署审计结果表明，国电集团积极实施企业转型的发展战略，围绕主业积极拓展相关产业，压缩管理层级，强化分、子公司管理职能。审计也发现，国电集团在经营业绩、发展潜力、廉洁从业等方面还存在一些违规问题。

二、审计发现的主要问题

（一）经营业绩方面。

1.财务收支方面。

（1）2011年至2013年，下属国电科环等9家单位收入多计9.30亿元、少计0.02亿元，成本费用多计9.02亿元、少计2.60亿元，导致3年间多计利润2.86亿元（2013年多计利润0.54亿元）。

（2）2012年至2013年，国电集团及下属国电燃料有限公司等3家单位合并报表抵销不充分、存货及在建工程核算不实等，导致资产少计0.37亿元、多计6.27亿元，负债多计6.27亿元，所有者权益少计0.37亿元，其中2013年资产少计0.24亿元、多计1.71亿元，负债多计1.71亿元，所有者权益少计0.24亿元。

（3）2011年至2013年，下属国电河南电力有限公司、陕西公司、国电四川电力有限公司超标准为职工缴纳住房公积金326.47万元，其中2013年180.53万元。

（4）2012年10月，下属国电科环为帮助关联企业国电宁夏太阳能有限公司（以下简称国电宁夏）减少亏损，要求所属国电光伏有限公司（以下简称国电光伏）安排业务往来单位购进国电宁夏生产的远高于市场平均价格的多晶硅料，加工为光伏产品后，再由国电光伏全部购买，从而为国电宁夏承担亏损5285.2万元。

（5）2011年6月，下属国电光伏为完成利润指标，采用低价购买生产原料后高价卖出的方式，实现利润9000万元。利润考核后，再向原料供货企业返还相关差价及税费等1.22亿元。

2.贯彻执行国家宏观经济政策与决策部署方面。

（1）截至2013年底，下属国电蒙能铁路投资有限公司投资建设的林白铁路未批先用土地322.11公顷，其中农用地226.6公顷。

（2）2010年至2013年，下属内蒙古平庄煤业（集团）有限责任公司、国电燃料有限公司的12家煤矿超核定产能生产煤炭4507万吨，取得收入81.29亿元，其中2013年1185万吨、收入17.72亿元。

（3）2012年至2013年，下属国电内蒙古锡林河煤化工有限责任公司贺斯格乌拉煤矿在未获得采矿、煤炭生产许可证和安全生产许可证的情况下，违规生产销售煤炭 3015.67 万吨，取得收入 43.55 亿元，其中 2013 年 19.87 亿元。

3. 内部管理方面。

（1）2008 年 1 月，下属国电荥阳煤电一体化有限公司为获取“上大压小”容量，在未报国电集团批准的情况下，与有关地方和电力企业签订收购协议，并支付“上大压小”容量补偿款 1.94 亿元，超过国电集团最高指导价约 7750 万元。

（2）2011 年，下属国电联合动力技术有限公司在未经地方发展改革委批准的情况下，即开工建设两个风机制造项目，涉及投资 7762 万元。由于预期效益不佳，目前均处于停工状态。

（3）2011 年 5 月，下属国电集团西北分公司违规将办公楼建筑面积从国电集团批复的 2.5 万平方米扩大至 4.49 万平方米，并在未取得建设工程规划许可证等手续的情况下开始建设。国家出台停止新建楼堂馆所规定后，项目于 2013 年 10 月暂停施工，累计完成投资 6210.66 万元。

（4）2011 年 5 月，下属国电咸阳煤电一体化公司未经国电集团批准，出资 654.5 万元成立煤炭公司，由于未列入国电集团年度投资计划，缺乏后续建设资金，项目在累计完成投资 4922 万元后，一直处于停工状态。

（5）2010 年 1 月，在未落实国电集团有关要求的情况下，下属国电宝鸡发电有限责任公司（以下简称宝鸡发电公司）自行决定出资 2000 万元参股宝麟铁路。

（6）2011 年 6 月，下属国电光伏控股的国电晶德太阳能科技（宜兴）有限公司未经批准，向宜兴佳丽娜科技有限公司出借资金 1.4 亿元，用于该公司收购国电光伏持有国电晶德太阳能科技（宜兴）有限公司 40%的股权。

（7）2010 年至 2012 年，下属国电科环控股企业江苏德克环保设备有限公司违规向公司高管亲属控制的 3 家关联公司采购 9522.05 吨普通钢材，支付价款比 3 家公司采购钢材的成本价高出 454.48 万元。

（8）2009 年至 2010 年，在未取得国电集团正式批复的情况下，下属国电陕西水电开发有限公司出资 7500 万元收购了甘肃白龙江凉风壳等 4 个水电项目。

（9）2008 年至 2013 年，下属国电龙源电力技术工程有限责任公司超出国家规定标准收取国电科环招标代理费、无依据收取招标单位会员费共计 3708.35 万元，其中 2013 年 395.89 万元。

（10）2010 年至 2013 年，下属英力特公司等 8 家企业共有 1201 份工程分包和设备物资采购合同存在未按规定公开招标或未按综合评分选择中标单位等问题，涉及金额 81.94 亿元，其中 2013 年未按规定公开招标 513 份，涉及金额 33.21 亿元。

（11）2013 年，下属英力特公司违规与英力特大厦室内装修工程一标段、三标段的中标单位签订补充合同，让两家中标单位互换施工范围，涉及合同金额 5827.47 万元，由此增加费用 116.8 万元。

（12）国电集团 15 家下属单位存在财务软件不具备符合国家标准或者行业标准的数据接口、上下级财务系统未实现互联互通等问题。

（二）发展潜力方面。

1. 2008 年 10 月及 2009 年 3 月，下属国电宁夏在国电集团批准之前签订多晶硅项目的设计和设备采购合同。截至 2014 年 6 月底，国电宁夏多晶硅项目完成投资 22.25 亿元。由于国内多晶硅市场变化，项目技术相对落后，2012 年国电宁夏多晶硅项目停产，截至 2014 年 6 月底累计亏损 6.4 亿元。

2. 2008 年至 2011 年，宝鸡发电公司 6 号火电机组项目于 2011 年底建成并投入试运行，截至 2014 年 6 月底，累计投资 24.6 亿元。由于该项目未获得国家发展改革委核准，不能并网送电，造成资产闲置，并增加公司财务费用 2.52 亿元。

3. 2009 年 1 月，下属国电内蒙古能源有限公司将应由国家发展改革委核准的林白铁路项目，拆分为两个项目报内蒙古自治区发展改革委核准。截至 2014 年 7 月底，林白铁路完成投资 15.14 亿元，因配套建设电源项目进展滞后，该项目处于停工状态。

4. 2008 年至 2009 年，下属国电陕西水电开发有限公司出资 7585.17 万元，收购南江河梯级水电等 2 个项目。由于前期论证不充分等，2 个项目均已停工缓建。

5.2011年7月，下属国电贵州电力有限公司出资2.68亿元收购贵州省中柱煤业有限公司100%股权。由于前期调查不充分，该项收购所含新扩矿区采矿权存在不确定性。

6. 截至2014年7月1日，国电集团有14台总装机容量554万千瓦的火电机组未能完成脱硝改造，氮氧化物排放未达到环境保护部的有关要求。

7. 下属国电荥阳煤电一体化有限公司自2010年11月投产以来，废水排放不符合环保部门的要求。

8.2010年，下属国电永寿煤电一体化有限责任公司投资1.22亿元收购碾子沟煤矿55%股权，截至2014年6月底，碾子沟煤矿180万吨/年产能项目未取得环保部门环评批复。

（三）廉洁从业方面。

1.2013年，下属国电联合动力技术有限公司以会议费名义虚列支出143.54万元，用于购买高档烟酒及礼品。

2. 截至2013年底，国电集团本部及9家下属单位，超标准配置公务用车33辆，涉及购置金额1557.15万元。

3. 截至2014年6月底，下属英力特公司综合办公楼人均建筑面积约119.15平方米，超出规定标准。

三、以前年度审计发现问题的整改情况

审计署2012年对国电集团审计发现的问题中，国电内蒙古锡林河煤化工有限责任公司贺斯格乌拉煤矿项目建设实际用地12.86万亩未经审批问题尚未完成整改，相关审批手续正在办理过程中。

四、审计处理及整改情况

对审计发现的问题，审计署已依法出具了审计报告、下达了审计决定书。国电集团具体整改情况由其向社会公告。

本次审计发现相关违法违纪问题线索，已依法移送有关部门进一步调查处理。

中华人民共和国审计署审计结果公告（2015年第11号）

中国电力投资集团公司2013年度财务收支审计结果

（2015年6月28日公告）

根据《中华人民共和国审计法》的规定，审计署2014年对中国电力投资集团公司（以下简称中电投集团）2013年度财务收支情况进行了审计，重点审计了中电投集团本部及中国电力国际有限公司（以下简称中电国际公司）、中电投蒙东能源集团有限责任公司（以下简称蒙东公司）、黄河上游水电开发有限责任公司（以下简称黄河公司）等8家二级单位，并对有关事项进行了延伸和追溯。

一、基本情况

中电投集团成立于2002年12月，2013年底注册资本120亿元，拥有全资及控股子公司538家、参股公司187家，主要从事实业投资管理，电源的开发、投资、建设、经营及管理，组织电力（热力）生产、销售，电能设备的成套、配套、监造、运行及检修，电能及配套设备的销售，工程建设与监理，招投标代理，电力及相关技术的科技开发，电力及相关业务的咨询服务，物业管理，进出口业务等。

据中电投集团合并财务报表反映，2013年底资产总额6180.47亿元，负债总额5221.28亿元，所有者权益959.19亿元；当年实现营业收入1901.29亿元，净利润74.91亿元，资产负债率84.48%，净资产收益率8.22%，国有资本保值增值率107.46%。

天职国际会计师事务所（特殊普通合伙）审计了该集团2013年度合并财务报表，并出具了标准无保留意见的审计报告。

审计署审计结果表明，中电投集团积极推动企业向综合能源集团的战略转型，进一步完善现代企业制度，保持生产经营稳定。审计也发现，中电投集团在经营业绩、发展潜力、廉洁从业等方面还存在一些违规问题。

二、审计发现的主要问题

（一）经营业绩方面。

1. 财务收支方面。

（1）2008 年至 2014 年 5 月，下属中电国际公司、中国电能成套设备有限公司（以下简称成套公司）、中电投宁夏青铜峡能源铝业集团有限公司（以下简称宁夏公司）和蒙东公司等 4 家单位未及时确认收入、将项目停工期间借款利息予以资本化等，造成收入少计 6.6 亿元，成本费用多计 1.69 亿元、少计 5.08 亿元，由此导致 7 年间少计利润 3.21 亿元，其中 2013 年少计利润 4.95 亿元。

（2）截至 2013 年底，中电投集团本部未对已划转至外单位的部分资产评估增值部分进行账务处理，由此造成资产和所有者权益各多计 4.13 亿元。

（3）2008 年至 2010 年，下属黄河公司工程建设分公司违规设立“小金库”，涉及资金 4861 万元，已经使用 4856 万元，其中用于发放职工奖金 3614 万元。

（4）截至 2013 年底，中电投集团滞留 2008 年财政部下拨的国有资本经营预算资金 3832 万元。

2. 贯彻执行国家宏观经济政策与决策部署方面。

（1）2010 年至 2013 年，中电投集团托管的石家庄东方热电集团有限公司违规投资房地产，下属中电投财务有限公司（以下简称财务公司）等 2 家单位违规为其提供担保和借款，涉及金额 12.6 亿元。

（2）2010 年至 2013 年，下属蒙东公司的 4 个煤矿超核定生产能力生产煤炭 2174.55 万吨，其中 2013 年 961.3 万吨。

（3）2010 年至 2013 年，下属宁夏公司的 3 个项目未经批准违规占用土地 1391.12 亩，累计缴纳罚款 332.88 万元。

3. 内部管理方面。

（1）2008 年至 2012 年，下属中国电力新能源发展有限公司（以下简称中电新能源）和吉林电力股份有限公司在股权和项目收购中，存在未报经集团批准、未按规定进行评估等问题，涉及金额 9.89 亿元。

（2）2010 年和 2013 年，下属中电新能源未经国资委审核和集团审批，授予企业部分高管人员股票期权，合计 22350 万股。截至审计时，上述股票期权尚未行权。

（3）2008 年，下属蒙东公司违反国家产业政策，盲目投资甲醇项目，项目启动后因没有市场被迫停止，截至审计时，已计提减值准备 6036.54 万元。

（4）2007 年至 2013 年，下属成套公司等 21 家单位在工程项目管理和物资采购方面，存在未进行公开招标、把关不严使投标公司串通投标和直接定向采购等问题，共涉及合同金额 199.39 亿元，其中 2013 年 37.7 亿元。

（5）2008 年至 2013 年，中电投集团下属公司共有 131 个投资项目在手续不齐的情况下开工建设或未经环保验收违规投产，累计投资金额 1195.79 亿元。

（6）2013 年，中电投集团违规改变债券募集资金用途，涉及金额 6.5 亿元。

（7）中电投集团存在信息系统的整体规划和管控能力不强、部分财务软件数据接口不符合国家标准、部分信息系统运行存在安全风险等问题。

（二）发展潜力方面。

1. 截至 2013 年底，在未经发展改革委核准的情况下，下属蒙东公司扎哈淖尔铝合金等 9 个项目开工建设，累计投资 188.49 亿元。

2. 2008 年，中电投集团授权下属财务公司开展人民币利率掉期业务，由于风险管控不到位，截至 2013 年底，该项业务已损失 6.06 亿元。

3. 2007 年，下属黄河公司立项建设限制类水电铝型材联营项目。2008 年，在未经发展改革委审批、环评报告未经环保部门审批的情况下，该项目开工建设。截至 2014 年 5 月，该项目已投资 69.16 亿元。

4. 2008 年，下属蒙东公司收购内蒙古 1 项煤炭探矿权，至审计时累计支付收购价款 12.16 亿元。2009 年 6 月，内蒙古自治区政府出台新建煤炭开发项目资源就地转化率要达到 50%以上的政策要求，该项目一直未能完成上述要求，至今仍处于闲置状态。

5.2010年至2014年，下属中电投贵州金元集团股份有限公司（以下简称金元集团）在未经集体决策和中电投集团审批的情况下，向参股公司发放委托贷款8.51亿元，贷款收回面临风险。

6.2008年至2014年，由于前期论证不科学、资金不足等原因，下属金元集团投资的绥阳煤电化项目无法按照原设计继续建设，已经投入的7.97亿元资金面临损失风险。

（三）廉洁从业方面。

2013年至2014年5月，下属金元集团和成套公司购买单价500元以上的高档酒，金额合计1753.66万元。

三、审计处理及整改情况

对审计发现的问题，审计署已依法出具了审计报告、下达了审计决定书。中电投集团具体整改情况由其向社会公告。

本次审计发现相关违法违纪问题线索，已依法移送有关部门进一步调查处理。

中华人民共和国审计署审计结果公告（2015年第12号）

中国长江三峡集团公司 2013年度财务收支审计结果

（2015年6月28日公告）

根据《中华人民共和国审计法》的规定，审计署2014年对中国长江三峡集团公司（以下简称三峡集团）2013年度财务收支情况进行了审计，重点审计了三峡集团总部及中国长江电力股份有限公司（以下简称长江电力）、中国三峡新能源公司（以下简称三峡新能源）等11家二级单位，并对有关事项进行了延伸和追溯。

一、基本情况

三峡集团成立于1993年9月，2013年底注册资本1495.37亿元，拥有全资和控股子公司169家、参股公司68家、事业单位1家，主要从事长江中上游水电资源开发、水利水电技术服务、水电站运行、风电开发、风电场运行管理、水利水电工程所需物资设备的销售、住宿经营的管理等。

据三峡集团合并财务报表反映，2013年底资产总额4333.92亿元，负债总额1863.38亿元，所有者权益2470.54亿元；当年实现营业收入426.08亿元，净利润175.95亿元，资产负债率43%，净资产收益率7.45%，国有资本保值增值率107.03%。

大华会计师事务所（特殊普通合伙）审计了该公司2013年度合并财务报表，并出具了标准无保留意见的审计报告。

审计署审计结果表明，三峡集团规划全局发展，突出水电主业；培育开发新能源业务，拓展海外市场；完善现代企业制度，加强内部管理。审计也发现，三峡集团在经营业绩、发展潜力、廉洁从业等方面还存在一些违规问题。

二、审计发现的主要问题

（一）经营业绩方面。

1.财务收支方面。

（1）2010年至2014年1月，三峡集团总部及2家下属单位将应计入营业外收入的财政补助款在往来科目核算、违规列支应由职工个人承担的费用、合并财务报表未抵销部分内部交易等，造成收入少计6.85亿元、多计7149.71万元，成本费用多计3.15亿元、少计253.99万元，投资收益少计1.94亿元、多计1.29亿元，由此导致4年间少计利润9.91亿元，其中2013年少计利润2.64亿元。

（2）截至2013年底，下属长江电力仍将2002年以前计提的“大坝加固基金”余额8909.49万元在其他应付款科目挂账，未按规定及时予以清理。

（3）截至2014年3月，下属三峡新能源未按规定将中央预算安排的建设项目结余资金4378.75万元上缴财政等部门。

2.贯彻执行国家宏观经济政策与决策部署方面。

（1）2011年和2013年，三峡集团未经国资委批准，委托或同意下属2家企业在湖北神农架、西藏林芝投资规划建设 2 处酒店。截至 2014 年 3 月底，已分别支付湖北神农架土地预付款 500 万元、林芝雅江宾馆有限公司出资款 5 亿元。

(2) 截至 2014 年 6 月底，内蒙古呼和浩特抽水蓄能发电有限责任公司（以下简称呼蓄公司）已占用的 4430.97 亩建设用地未取得国有建设用地批准书和国有土地使用证。

3. 内部管理方面。

(1) 2012 年 7 月至 2014 年 6 月，下属长江电力 1 名高管人员同时担任三峡集团高管职务，不符合证监会关于上市公司主要管理人员不得担任控股股东单位除董事以外的其他职务的要求。

(2) 2010 年至 2014 年 3 月，三峡集团部分工程项目管理不合规。

一是部分工程项目未按规定公开招标，涉及合同 426 份、金额 114.73 亿元（其中 2013 年 19.35 亿元）。其中：应招标未招标涉及合同 323 份，金额 56.16 亿元；应公开招标而采取邀请招标涉及合同 103 份，金额 58.57 亿元。

二是三峡集团和下属三峡新能源部分工程项目评标过程不合规，涉及合同 8 份，金额 7.94 亿元，其中 2013 年 40 万元。

三是 7 个项目的施工单位违法分包和转包工程，分别涉及金额 17.91 亿元和 8428.31 万元，其中 2013 年违法分包涉及金额 5.66 亿元。

四是工程管理不合规等增加工程成本 1.30 亿元，面临承包商索赔 7055.22 万元。

审计还发现，2010 年以来，三峡集团黄码公路项目建设管理混乱，工期滞后，部分挡土墙存在强度不足等问题；2012 年，三峡集团批准呼蓄公司抽水蓄能电站的执行概算比发展改革委原核准投资额超出 11.34 亿元；2011 年至 2013 年，三峡新能源开工建设的 5 个项目未按规定办理相关许可证。

(3) 三峡集团总部 2007 年进口的 1 辆价值 543.58 万元的防化洗消云梯车因存在质量问题长期闲置，未能发挥效益；截至 2014 年 6 月，下属呼蓄公司于 2004 年受让的 105.40 亩土地一直未办理土地使用权和地上建筑物、其他附着物所有权转让过户登记。

(4) 三峡集团信息化系统存在对集团职能管控覆盖范围不够全面、对海外业务缺乏有效支持等问题。

(5) 2011 年至 2013 年，三峡集团总部高管职务消费中，部分业务招待费按估计数进行统计，涉及金额 216.08 万元，其中 2013 年 38.78 万元；2012 年 7 月以来，三峡集团总部为 9 名高管人员办理首都机场贵宾卡，未按规定向国资委申报该职务消费事项，其中 2013 年列支费用 26.80 万元。

(6) 2011 年至 2013 年，三峡集团以直接委托方式选聘大华会计师事务所（特殊普通合伙）为财务决算主审会计师事务所，但向国资委上报选聘方式为“集团统一招标”。

（二）发展潜力方面。

1. 2010 年，三峡集团对成都三峡大厦设计和北京办公楼装修方案进行变更，造成拆除部分已建工程并支付相关赔偿费用等，共计损失 1687.4 万元。

2. 2012 年，下属三峡新能源逆决策程序操作，出资 2 亿元收购 1 家拥有 30 万千瓦风电项目开发权的公司股权，较评估值超出 1.21 亿元。2013 年 8 月至 2014 年 6 月，该风电项目因接入电网系统外送线路河北段未获核准而处于停工状态。

3. 2010 年至 2013 年，三峡集团总部及下属长江电力在未经董事会决策和国资委备案同意的情况下，向西藏墨脱援建等 4 个项目捐赠 7873.32 万元，其中 2013 年 3500 万元。

4. 2010 年至 2014 年 6 月，三峡集团为职工超标准缴纳住房公积金 1.09 亿元，其中 2013 年 3106.82 万元。

（三）廉洁从业方面。

1. 三峡集团总部在人均办公面积超标、个别办公楼豪华装修的情况下，还于 2011 年至 2012 年规划建设办公区总建筑面积 32.21 万平方米的昆明基地，截至 2013 年底已投资 3.77 亿元。

2. 截至 2014 年 3 月，三峡集团总部 13 名已享受过房改房或垫资团购房的高管人员以内部价格承租集团公司垫资购买的职工住宅和下属企业自有房产。

3. 2013 年，三峡集团总部 9 名高管人员在国资委核定的年度薪酬方案之外，违规领取购物卡 32.04 万元，其中在职工福利费中列支 27.54 万元。

4.2013年，三峡集团总部及5家下属企业组织职工旅游支出426.48万元。

5.2013年，三峡集团总部向下属企业转嫁招待费136万元。

6.2013年，三峡集团总部及部分下属企业在公务接待、新春团拜等活动中，消费高档烟酒、购买礼品等支出273.53万元。

7.2013年10月至2014年3月，下属长江电力补贴三峡机场230万元开通湖北宜昌至四川宜宾航线，其中2013年120万元，该航线利用率较低。

三、以前年度审计发现问题整改情况

审计署2010年对三峡集团审计发现的问题中，该集团未向国土部门办理成都三峡大厦酒店用地性质变更手续问题尚未整改到位。

四、审计处理及整改情况

对审计发现的问题，审计署已依法出具了审计报告、下达了审计决定书。三峡集团具体整改情况由其向社会公告。

本次审计发现相关违法违纪问题线索，已依法移送有关部门进一步调查处理。

中华人民共和国审计署
审计结果公告
（2015年第13号）

神华集团有限责任公司
2013年度财务收支审计结果

（2015年6月28日公告）

根据《中华人民共和国审计法》的规定，审计署2014年对神华集团有限责任公司（以下简称神华集团）2013年度财务收支情况进行了审计，重点审计了神华集团本部及中国神华能源股份有限公司（以下简称神华股份公司）、神华宁夏煤业集团有限责任公司（以下简称神宁集团）等4家二级单位，并对有关事项进行了延伸和追溯。

一、基本情况

神华集团成立于1995年10月，2013年底注册资本394.10亿元，拥有全资和控股子公司387家，参股公司147家，事业单位1家，主要从事煤炭生产和销售，电力生产和供应，铁路、港口和航运运输，煤制油及煤化工等业务。

据神华集团合并财务报表反映，2013年底资产总额8826.57亿元，负债总额3898亿元，所有者权益4928.57亿元；当年实现营业收入3678.17亿元，净利润619.74亿元，资产负债率44.16%，净资产收益率13.14%，国有资本保值增值率110.55%。

立信会计师事务所（特殊普通合伙）审计了该集团2013年度合并财务报表，并出具了标准无保留意见的审计报告。

审计署审计结果表明，神华集团制定了集团发展战略，加强公司治理和内部控制制度建设，增强了核心竞争力和抗风险能力。审计也发现，神华集团在经营业绩、发展潜力、廉洁从业等方面还存在一些违规问题。

二、审计发现的主要问题

（一）经营业绩方面。

1.财务收支方面。

（1）2009年至2014年，神华集团及下属神宁集团等28家单位提前确认销售收入、违规发放奖金补贴、未按规定编制合并财务报表等，造成收入多计20.27亿元，成本费用多计23.91亿元、少计14.94亿元，由此导致6年间多计利润11.30亿元（2013年多计利润10.15亿元）。

（2）2012年至2013年，下属神华亿利能源有限责任公司黄玉川煤矿（以下简称黄玉川煤矿）账外发放奖金348万元，其中2013年180万元。

2.贯彻执行国家宏观经济政策与决策部署方面。

（1）2010年至2012年，下属神宁集团违规批准所属单位投资宾馆酒店项目，截至2013年底累计投资10.02亿元，其中2013年2.81亿元。

（2）2009年，下属神华股份公司神东煤炭分公司未取得探矿权，即委托外部单位开展地质勘查并支付勘查费用5000万元。

3.内部管理方面。

（1）2012年至2013年，下属陕西国华锦界能源有限责任公司（以下简称国华锦界公司）等4家单位在未取得相关部门批准的情况下，低于国家规定标准少计提安全生产费28.46亿元，其中2013年19.71亿元。

（2）2010年至2014年，下属神华杭锦能源有限责任公司（以下简称杭锦能源公司）违规开展外购煤炭的销售业务，获利2.21亿元。

（3）2009年至2013年，下属国华锦界公司等2家单位超范围使用维简费和安全费4.80亿元，其中2013年1.61亿元。

（4）2013年，下属神宁集团违规批准所属房地产公司对外投资9492.85万元。

（5）2009年至2013年，下属神华股份公司、神宁集团等6家单位在工程项目管理中，存在违规直接指定工程分包商、未按规定进行公开招标等问题，涉及94个项目、合同金额24.34亿元（其中2013年33个项目、合同金额11.61亿元）。

（6）截至2014年2月底，下属黄玉川煤矿建设项目资本金投入未达到规定比例，少投入资本金7.65亿元。

（7）2011年至2013年，下属神华物资集团有限公司等4家单位对零备件供应商的资质审核不严，与提供伪造代理授权书的供应商签订16份购销合同，涉及金额8086.03万元，其中2013年699.36万元。

（8）2011年，下属神华股份公司哈尔乌素煤矿在未上报国资委同意的情况下，向地方政府支付1亿元赞助费。

（9）2010年至2013年，下属杭锦能源公司等3家单位存在违规向下属房地产公司提供资金支持、为职工集资建房项目垫付工程款、无偿向系统外单位提供车辆等问题，涉及金额14.39亿元。

（二）发展潜力方面。

1.2009年至2013年，神华集团下属48家煤矿超核定生产能力违规开采煤炭4.84亿吨，其中2013年超采1.41亿吨。

2.2009年至2013年，神华集团下属10家煤矿在煤炭开采所需要的证照不齐的情况下，违规开采煤炭2.02亿吨，其中2013年违规开采0.33亿吨。

3.2009年至2013年，神华集团下属8个项目未经核准违规先行开工建设，截至2013年底累计完成投资101.49亿元，其中2013年29.14亿元。截至2014年6月底，上述项目仍未取得核准。

4.2010年至2014年，下属神宁集团等2家单位的部分煤矿和项目存在环保问题整改不到位、未按规定重新编制并上报环境影响报告和水土保持方案、未获得环境影响评价批复即开工建设的问题。

（三）廉洁从业方面。

2012年至2013年，下属神华甘泉铁路有限责任公司4名高管人员违反内部规定超标准乘坐飞机头等舱共计87次。

三、以前年度审计发现问题整改情况

审计署2009年对神华集团审计发现的问题中，下属神宁集团枣泉煤矿扩能改造工程未经核准先行建设的问题，神华集团仍未按整改要求向发展改革委上报核准请示，补办相关审批手续。

四、审计处理及整改情况

对审计发现的问题，审计署已依法出具了审计报告、下达了审计决定书。神华集团具体整改情况由其向社会公告。

本次审计发现相关违法违纪问题线索，已依法移送有关部门进一步调查处理。

中华人民共和国审计署
审计结果公告
（2015年第14号）

中国第二重型机械集团公司
2013年度财务收支审计结果

（2015年6月28日公告）

根据《中华人民共和国审计法》的规定，审计署2014年对中国第二重型机械集团公司（以下简称中国二重集团）2013年度财务收支情况进行了审计，重点审计了中国二重集团本部及二重集团（德阳）重型装备股份有限公司（以下简称二重重装）本部、中国第二重型机械集团（德阳）

万安物业发展有限公司（以下简称万安物业）等3家二级单位，并对有关事项进行了延伸和追溯。

一、基本情况

中国二重集团成立于1958年10月，2013年底注册资本23.56亿元，拥有全资和控股子公司20家、参股公司6家，主要从事大型金属铸、锻加工，矿山、冶金、化工、锻压、核岛等专用、成套设备制造与技术研究等。2013年7月，经国务院批准，中国二重集团与中国机械工业集团有限公司（以下简称国机集团）实施联合重组，中国二重集团整体产权无偿划入国机集团，成为国机集团全资子公司。

据中国二重集团合并财务报表反映，2013年底资产总额241.30亿元，负债总额221.96亿元，所有者权益19.34亿元；当年实现营业收入55亿元，净利润−32.48亿元，资产负债率91.99%，净资产收益率−90.88%，国有资本保值增值率37.43%。

瑞华会计师事务所（特殊普通合伙）审计了该集团2013年度合并财务报表，并出具了标准无保留意见的审计报告。

审计署审计结果表明，中国二重集团积极拓宽融资渠道，推动下属企业上市，加强内部控制，强化产权管理，不断深化改革。审计也发现，中国二重集团在经营业绩、发展潜力、廉洁从业等方面还存在一些违规问题。

二、审计发现的主要问题

（一）经营业绩方面。

1. 财务收支方面。2008年至2013年，中国二重集团本部及下属万安物业、中国第二重型机械集团德阳万路运业有限公司等5家单位将商品房预收款提前确认销售收入、签订虚假购销合同虚增收入成本等，造成收入多计1.69亿元，成本费用多计1.86亿元、少计0.72亿元，由此导致6年间多计利润0.55亿元，其中2013年多计利润0.49亿元。

2. 贯彻执行国家宏观经济政策与决策部署方面。2007年8月，下属二重重装在二重集团公司技术中心（成都）总部（以下简称成都工程研发中心）大楼建设项目中，超出备案内容违规建设集团总部办公用房等3.41万平方米（占该项目备案总建筑面积的18.01%）。

3. 内部管理方面。

（1）中国二重集团实施的27个重大固定资产投资项目中，有25个项目超过批复的建设期，7个项目超计划投资。

（2）2008年至2013年，成都工程研发中心大楼等项目签订的81份合同未按规定公开招标，涉及合同金额5.84亿元，其中2013年54.99万元；2009年至2010年，成都工程研发中心大楼电梯采购及安装工程等5个项目在招标过程中，违规改变中标结果，涉及合同金额1.71亿元。

（3）2008年至2012年，由于中国二重集团及下属企业疏于监管，6家中标单位将成都工程研发中心大楼内部装饰工程等17个项目违法转分包给50家施工单位，涉及金额2.88亿元，其中3家施工单位不具备相应资质。

（4）2010年，下属二重重装生产的620台齿轮箱，由于产品质量不稳定等原因长期积压，涉及产品成本5.33亿元。至2013年已计提存货跌价准备1.01亿元，并支付仓库租赁费241.79万元，面临损失风险。

（5）2010年，下属二重重装在购买进口锻件过程中，由于技术合同起草、现场生产质量监控等环节未严格履行职责，造成进口锻件因质量不符合生产要求未能使用，损失2252.90万元。

（6）2009年至2013年，下属二重重装未严格执行集团内部《物资供应管理规范》《供方管理程序》等制度规定，与非合格供方签订采购合同24816个，涉及金额82.09亿元（占全部相关业务采购合同总额的61.14%）。

（7）2009年至2013年，下属二重重装未严格执行公司招投标、比价采购管理办法的规定，未对单笔采购金额5万元以上（含5万元）的11593个合同进行招标，涉及金额129.49亿元（占比98.31%），其中从非合格供方采购78.68亿元。此外，二重重装在外部协作中也存在未按规定招标采购的问题。

（二）发展潜力方面。

1. 2006年至2010年，下属二重重装向发展改革委等部门备案了5个项目，批复总投资52.78亿元，计划于2007年至2013年6月完工。但由于前期准备不充分、部分产品的生产技术尚未完全掌握和银行贷款不到位等原因，上述项目建设缓慢，至2013年10月，实际完成投资16.86亿元，未能实现预期建设目标。2014 年 4 月，二重重装决定对上述项目未实施部分不再实施。

2. 2008 年，下属二重镇江公司开始建设镇江出海口基地项目，项目一、二期工程备案投资 52.05 亿元，计划 2014 年末完工。由于项目投资规模超出自身承受能力等原因，项目建设基本停滞。至 2014 年 5 月末，已完成投资 38.48 亿元，其中 21.63 亿元资产闲置。另外，因拖欠工程款 6796.74 万元产生违约金、诉讼费等 2042.28 万元，形成损失。

（三）廉洁从业方面。

2013 年，中国二重集团部分下属单位违规购买礼品或列支旅游、美容会所消费等支出 50.20 万元。

三、以前年度审计发现问题整改情况

审计署 2011 年对中国二重集团审计发现的问题中，中国二重（德阳）万航模锻厂虚增收入成本和企业管理信息系统制度不健全等 3 个问题部分尚未整改；库存产品账面余额与实物实际库存不一致、工程项目未按规定公开招标、工程项目招标未编制工程量清单和工程项目承建方存在转包等 4 类问题仍有发生。

四、审计处理及整改情况

对审计发现的问题，审计署已依法出具了审计报告、下达了审计决定书。中国二重集团具体整改情况由国机集团向社会公告。

中华人民共和国审计署
审计结果公告
（2015 年第 15 号）

中国远洋运输（集团）总公司
2013 年度财务收支审计结果

（2015 年 6 月 28 日公告）

根据《中华人民共和国审计法》的规定，审计署 2014 年对中国远洋运输（集团）总公司（以下简称中远集团）2013 年度财务收支情况进行了审计，重点审计了中远集团本部及所属大连远洋运输公司、中国远洋物流有限公司（以下简称中远物流）、中远集装箱运输有限公司（以下简称中远集运）等 8 家二级单位，并对有关事项进行了延伸和追溯。

一、基本情况

中远集团成立于 1993 年 2 月，2013 年底注册资本 123.95 亿元，拥有全资和控股子公司 1134 家，参股公司 329 家，事业单位 3 家，主要从事水上运输、船舶及浮动装置制造与修理、物流及与运输相关的配套服务。

据中远集团合并财务报表反映，2013 年底资产总额 3418.4 亿元，负债总额 2045.67 亿元，所有者权益 1372.73 亿元；当年实现营业收入 1639.95 亿元，净利润－39.64 亿元，资产负债率 59.84％，净资产收益率－2.78％，国有资本保值增值率 94.3％。

瑞华会计师事务所（特殊普通合伙）审计了该集团 2013 年度合并财务报表，并出具了标准无保留意见的审计报告。

审计署审计结果表明，中远集团研究制定了 10 年发展战略，努力推进集团战略转型；重视基础管理，逐步完善集团治理结构；坚持创新发展，打造集团竞争优势。审计也发现，中远集团在经营业绩、发展潜力、廉洁从业等方面还存在一些违规问题。

二、审计发现的主要问题

（一）经营业绩方面。

1. 财务收支方面。

（1）2008 年至 2013 年，中远集团少计收入 2.98 亿元，少计成本费用 1.69 亿元，导致少计利润 1.29 亿元，其中 2013 年少计利润 1.16 亿元。

（2）2010 年至 2013 年，下属青岛远洋本部少申报应纳营业税收入 7021.6 万元，少缴营业税 351.08 万元。

2. 内部管理方面。

（1）中远集团尚未建立完整的全面预算管理制度，部分下属单位还存在工资总额之外发放补贴等问题。

（2）中远集团大量使用境外经纪人提供的中

介服务，但未对经纪人的使用范围和选择标准制定明确的管理规定。

（3）截至2013年底，中远集团共有全资和控股子公司1134家，其中5级及以下企业760家，层级最长的多达9级，不利于提高集团的集中控制力。

（4）截至2013年底，下属海南中远博鳌有限公司尚有2131.7亩原定用于高尔夫球场和别墅等项目建设的土地，受土地开发政策和土地规划限制未开发建设，长期闲置。

（5）2010年至2012年，下属上海泛亚航运有限公司（以下简称泛亚航运公司）未经批准，违规将7艘已出售的老旧船舶租回，截至2013年6月底，累计形成经营亏损7497万元。

（6）下属中燃国际石油（新加坡）有限公司在燃油购销业务中，未严格遵守采购、销售数量配比原则，在购货方已发生欠款的情况下仍继续向其赊销船用燃油，2012年9月，因购货方及其担保人破产，应收货款8268.08万元形成损失。

（7）2008年，下属大连船务在与船东签订的船舶建造合同未生效的情况下，提前订购船舶主机设备，并支付定金623.15万元。后因船东取消建造合同，大连船务被迫取消上述设备订单，导致定金全额损失。该公司另有9834.57万元钢材、电缆、焊材等物资，截至2014年5月底积压时间超过3年。

（8）2010年至2013年，未经集体决策，中远集团以缴纳会费的名义每年对外提供赞助40万元，共计160万元。

（9）截至2013年底，下属青岛远洋仍有17名领导干部未按国资委有关规定清退所持职工持股企业4.37万股股权，对应所有者权益49.56万元，累计违规取得分红22.12万元。

（10）中远集团信息化建设缺乏统一管理规划，财务系统不支持2010年国家标准数据接口，使用效益低。

（二）发展潜力方面。

1. 中远集团在实施“从拥有船向控制船转变”的发展战略中，未对租入船规模、比例、成本、风险管理等方面制定明确的指导性意见，对租入船业务放权过度且监管不到位。2009年至2013年，在运价下跌、货源订单量比例偏低、退船和降租谈判均未达成协议等情况下，中远集团所属船队长租期租入船累计亏损达341.06亿元。

2. 2007年，中远集团批复下属中远船务与连云港港口股份有限公司共同出资成立连云港中远船务工程有限公司，租赁连云港港口股份有限公司的码头开展修船、改装船业务，经营期限30年。由于码头在租赁期满后未能续租，连云港中远船务工程有限公司失去继续经营的基础，于2013年5月开始解散清算，造成中远集团投资损失7487.48万元。

3. 下属中远物流在钢贸业务中违规操作，截至2013年6月，已形成潜在损失1.57亿元，中远物流下属的中远供应链管理有限公司已资不抵债。

（三）廉洁从业方面。

1. 2010年至2014年6月底，下属舟山中远船务工程有限公司（以下简称舟山船务）一负责人的亲属投资成立的公司向舟山船务供货共计2608.67万元。

2. 2010年至2013年，下属泛亚航运公司一负责人的亲属投资成立的公司与中远集运的业务往来共计562.26万元。

3. 2010年至2013年，中远集团及下属公司部分领导人员违规兼职取酬16.3万元。

4. 2013年，下属泛亚航运公司支出69.84万元购置手机、电脑、加油卡、购物卡等作为年会奖品；在董事会会议费中列支服装、烟酒、购物卡等费用44.21万元；用10.34万元公款支付高尔夫球消费。

5. 中远集团本部违规将不符合条件的2个人纳入了职务消费范围，将应由集团本部承担的境外住宿费及部分出行费用由目的地的境外子公司负担，也未将领导人员职务消费情况向干部职工进行公示。

三、以前年度审计发现问题的整改情况

审计署2011年对中远集团审计发现的问题中，滞期费会计核算不规范等3项问题仍未整改。

四、审计处理及整改情况

对审计发现的问题，审计署已依法出具了审计报告、下达了审计决定书。中远集团具体整改情况由其向社会公告。

本次审计发现相关违法违纪问题线索，已依法移送有关部门进一步调查处理。

中华人民共和国审计署审计结果公告（2015年第16号）

中国航空集团公司 2013年度财务收支审计结果

（2015年6月28日公告）

根据《中华人民共和国审计法》的规定，审计署2014年对中国航空集团公司（以下简称中航集团）2013年度财务收支情况进行了审计，重点审计了中航集团本部及中国国际航空股份有限公司（以下简称国航股份）、民航快递有限责任公司（以下简称民航快递公司）等6家二级单位，并对有关事项进行了延伸和追溯。

一、基本情况

中航集团成立于2002年10月，2013年底注册资本100.28亿元，拥有全资和控股子公司7家，主要从事航空旅客、货物、行李邮件运输，飞机租赁，航空器材及设备的维修等。

据中航集团合并财务报表反映，2013年底资产总额2161.33亿元，负债总额1520.37亿元，所有者权益640.96亿元；当年实现营业收入998.14亿元，净利润35.58亿元，资产负债率70.34%，净资产收益率5.74%，国有资本保值增值率104.74%。

中汇会计师事务所有限公司审计了该集团2013年度合并财务报表，并出具了标准无保留意见的审计报告。

审计署审计结果表明，中航集团不断加强航空主业建设，在资金投放与资本运作上持续向航空主业倾斜，提升企业核心竞争能力；强化内部管理，积极改善服务工作，坚持“安全第一”，2013年运输航空事故征候万时率等安全指标达到集团成立以来较高水平。审计也发现，中航集团在经营业绩、发展潜力、廉洁从业等方面还存在一些违规问题。

二、审计发现的主要问题

（一）经营业绩方面。

1. 财务收支方面。

（1）2013年，下属中国国际货运航空有限公司多计成本费用726.61万元，导致少计利润726.61万元。

（2）2013年，下属国航股份和深圳航空有限责任公司（以下简称深圳航空）审核把关不严，使用从外部取得的虚假发票入账，涉及金额9073.88万元。

（3）2012年至2013年，深圳航空营销委员会违规购买发票，用于报销137.32万元相关费用。

2. 内部管理方面。

（1）2011年至2013年，下属国航股份对机票代理人履行大客户三方协议行为监管不力，未能发现4家机票代理人违规用散客冒充大客户人员销售机票22.21亿元的行为，多支付代理人大客户销售折让3682.12万元，其中2013年1383.67万元。

（2）2012年至2013年，下属国航股份西南分公司客舱服务部自行组织采购机供品，总金额1.03亿元，其中6020.26万元（占58%）的采购项目在合同到期后直接延长合同期限，未遵循集中采购选择和管理供应商应有的程序。

（3）2013年，下属国航股份各分公司违规自行采购擦拭布等6种物料，金额472.94万元，比集中采购协议价高出206.06万元。

（4）2012年至2013年，下属国航股份西南分公司组织竞争性谈判采购杏仁等小食品，由于参与竞争性谈判的2家企业为同一人控制，导致竞争性谈判采购流于形式，涉及金额1792.35万元。

（5）部分产品采购中间环节多、同类产品价差大，增加了采购成本。

（6）下属国航股份等2家单位存在信息系统数据未进行异地备份，以及机房建设未达到国家A级机房要求等不规范问题。

（二）发展潜力方面。

本次审计发现，中航集团近年主要通过持续加大投入、调整机型结构，提升航空主业核心竞争能力，但在主业以外缺少稳定有效的经济增长点，航食一体化、物流一体化和机务一体化等发展战略仍处于启动阶段，整合资源力度仍需进一步加强。

（三）廉洁从业方面。

2011年至2014年，下属民航快递公司北京幸福营业部在销售国际机票业务过程中，通过为客户高开机票报销凭证、开具会议费发票等方式取得资金130.36万元，其中向购票单位经办人支付回扣71.71万元。

三、以前年度审计发现问题整改情况

2008年至2012年，审计署对中航集团历次审计发现的问题中，往来款长期挂账未清理等问题仍未整改完毕。

四、审计处理及整改情况

对审计发现的问题，审计署已依法出具了审计报告。中航集团具体整改情况由其向社会公告。

本次审计发现相关违法违纪问题线索，已依法移送有关部门进一步调查处理。

中华人民共和国审计署审计结果公告

（2015年第17号）

中粮集团有限公司
2013年度财务收支审计结果

（2015年6月28日公告）

根据《中华人民共和国审计法》的规定，审计署2014年对中粮集团有限公司（以下简称中粮集团）2013年度财务收支情况进行了审计，重点审计了中粮集团本部及中国食品有限公司、中粮置地控股有限公司（以下简称中粮置地）、中粮包装控股有限公司等8家二级单位，并对有关事项进行了延伸和追溯。

一、基本情况

中粮集团成立于1949年，2013年底注册资本42.67亿元，拥有全资和控股子公司569家、参股公司158家，主要从事食品及相关包装制品加工、制造及销售，粮油糖等农产品贸易、加工、期货、物流及相关服务，酒店、房地产开发经营，土产品、畜产品加工、制造及销售等业务。

据中粮集团合并财务报表反映，2013年底资产总额2843.33亿元，负债总额1881.33亿元，所有者权益962亿元；当年实现营业收入1890.52亿元、净利润23.38亿元，资产负债率66.17%，净资产收益率2.54%，国有资本保值增值率100.1%。

信永中和会计师事务所（特殊普通合伙）审计了该集团2013年度合并财务报表，并出具了标准无保留意见的审计报告。

审计署审计结果表明，中粮集团围绕“打造具有国际水准的全产业链粮油食品企业”的目标，落实国家粮食安全战略，逐步规范企业内部管理，大力开展资本运作，发展混合所有制经济，积极推动转型发展。审计也发现，中粮集团在经营业绩、发展潜力、廉洁从业等方面还存在一些违规问题。

二、审计发现的主要问题

（一）经营业绩方面。

1.财务收支方面。

（1）2005年至2013年，中粮集团本部及下属杭州中粮包装有限公司等3家单位未冲减以前年度计提但尚未使用的科技研发经费、未确认已实现的餐饮收入、少抵销内部关联交易等，造成收入多计10.13亿元、少计0.02亿元，成本费用多计14.34亿元，由此导致9年间少计利润4.23亿元，其中2013年多计利润0.05亿元。

（2）截至2013年底，下属中粮BVI有限公司重复抵销内部往来款，造成少计资产、负债各1697.26万元。

（3）截至2014年6月底，中粮集团本部未将4名高管人员上缴的从下属公司取得的兼职薪酬96.14万元纳入账内核算。

（4）2008年至2011年，下属沈阳大悦城房产开发有限公司等3家单位对发票审核不严，以虚假发票列支实际发生的广告费等共计3414万元。

2. 贯彻执行国家宏观经济政策与决策部署方面。2005年至2008年，中粮集团违规投资4.07亿元对原培训中心进行改扩建，存在实际总投资超批复3.65亿元、实际建设规模超批复1.77万平方米、实际建设内容比批复多出占地265亩的小型高尔夫球练习场及温泉水疗馆等问题，同时该培训中心还“以租代征”占用非耕农用地305.70亩。

3. 内部管理方面。

（1）截至2013年底，中粮集团未出台公务接待相关管理办法，未建立相关职务消费管理台账。

（2）2006年至2013年，下属中粮置地、中粮地产（集团）股份有限公司、中粮集团（深圳）有限公司在未经资产评估或未取得资产评估结果的情况下，先后实施了土地收购等5个项目，涉及金额7.67亿元，其中2013年4.30亿元。

（3）截至2012年底，下属中国土产畜产进出口总公司在对外投资中，因可行性研究不充分造成损失9267.87万元。

（4）2010年至2014年5月，下属深圳市宝安三联有限公司低价对外出租3.56万平方米厂房。

（5）2005年至2014年6月，下属中粮置地等9家企业在部分工程建设项目中，未按规定进行招投标，涉及金额129.11亿元，其中2013年6亿元。

（6）2007年至2011年，中粮集团及下属沈阳大悦城房产开发有限公司等3家企业在实施厂房扩建、中粮创新研发基地等4个项目中，存在审核不严多支付工程款、违规同意项目承包方分包主体工程、与多家企业签订同一项目设计协议造成损失浪费等问题，涉及金额3157.48万元。

（二）发展潜力方面。

1. 2006年至2012年，中粮集团违反“三重一大”决策制度，在未经资产评估或取得资产评估结果的情况下，实施了4个股权收购事项，涉及金额4.95亿元。

2. 2011年至2013年，中粮集团将其拥有的“福临门”“长城”等品牌，无偿交由其下属控股公司使用，并为上述品牌支付广告宣传费4.86亿元，其中2013年2.89亿元。

3. 截至2014年5月底，由于对原料供应、价格走势、劳动力成本上升等论证不充分、个别工程建设超概算等，下属中粮屯河股份有限公司实施的宁夏番茄种植和加工等3个项目累计亏损5.82亿元，其中2013年1.31亿元。

（三）廉洁从业方面。

1. 2013年12月，中粮集团1名高管人员购买下属企业开发的房产，未按协议约定时间支付购房全款就办理了房屋交接手续。

2. 2013年，中粮集团本部领用以前年度购入的价值24.07万元的高档白酒380瓶，用于商务招待活动等。

三、审计处理及整改情况

对审计发现的问题，审计署已依法出具了审计报告、下达了审计决定书。中粮集团具体整改情况由其向社会公告。

本次审计发现相关违法违纪问题线索，已依法移送有关部门进一步调查处理。

中华人民共和国审计署
审计结果公告
（2015年第18号）

中国储备粮管理总公司 2013年度财务收支审计结果

（2015年6月28日公告）

根据《中华人民共和国审计法》的规定，审计署2014年对中国储备粮管理总公司（以下简称中储粮总公司）2013年度财务收支情况进行了审计，重点审计了中储粮总公司本部及中储粮油脂有限公司（以下简称油脂公司）、国家粮食储备局成都粮食储藏科学研究所（以下简称成都粮科所）等12家二级单位，并对有关事项进行了延伸和追溯。

一、基本情况

中储粮总公司成立于2000年5月，2013年底注册资本166.8亿元，下设24家分公司、7家二级全资和控股子公司，主要从事中央储备粮（含食用油）业务与经营管理，对中央储备粮的数量、质量和储存安全负总责。

据中储粮总公司合并财务报表反映，2013年底资产总额5183.93亿元，负债总额4703.83亿元，所有者权益480.1亿元；当年实现营业收入1908.27亿元，净利润28.97亿元，资产负债率90.74%，净资产收益率6.03%，国有资本保值增值率109.59%。

大华会计师事务所（特殊普通合伙）审计了该公司2013年度合并财务报表，并出具了标准无保留意见的审计报告。

审计署审计结果表明，中储粮总公司积极推广应用科学储粮技术，完成中央储备粮轮换等国家粮食宏观调控任务，逐步规范公司内部管理，开展企业化市场化运作。审计也发现，中储粮总公司在经营业绩、发展潜力等方面还存在一些违规问题。

二、审计发现的主要问题

（一）经营业绩方面。

1. 财务收支方面。

（1）2007年至2013年，中储粮总公司及下属油脂公司、江西分公司、成都粮科所等5家单位将理财收入等长期挂账、少计补贴收入、未及时对长期无法收回的应收账款计提坏账准备等，造成收入多计5.81亿元、少计3.69亿元，成本费用多计6.09亿元、少计2.7亿元，由此导致7年间少计利润1.27亿元，其中2013年多计利润0.81亿元。

（2）截至2013年底，下属邯郸直属库未将部分所购置固定资产及投资企业纳入账内核算，少计资产403.44万元，少计负债251.63万元，少计所有者权益151.81万元。

（3）截至2013年底，中储粮总公司对已上收并实际管理的381家整体接管库，未及时理顺产权关系并纳入合并财务报表范围，而是单独建账管理，形成账外资产1075.05亿元、负债1036.05亿元、所有者权益39亿元。截至2014年5月底，中储粮总公司已将13家纳入合并财务报表、清退不符合标准的92家，剩余276家涉及资产897.57亿元、负债863.73亿元、所有者权益33.84亿元。

2. 贯彻执行国家宏观经济政策与决策部署方面。

（1）2009年至2010年，下属涿州等3家直属库违规经营政策性粮食21.87万吨，从中获利1798.26万元。

（2）截至2013年底，下属吉林分公司等4家单位部分政策性粮食存储在无代储资质的企业或不符合要求的罩棚等场所；下属青岛直属库未对所收购的0.5万吨政策性粮食进行清杂等工作即入库，导致粮食出现杂质超标等问题。

（3）2013年，下属衡阳直属库挪用中央储备粮轮换贷款8493.93万元用于购买土地和商品粮。

3. 内部管理方面。

（1）2012年至2013年，由于下属河南分公司、漯河直属库等单位管控不到位，存储在承储库点的粮食发生短库、质价不符等问题，造成损失7.85亿元、潜在损失1.89亿元，其中2013年4.95亿元。

（2）2010年至2013年，下属涿州直属库、蓟县直属库等5家单位在与4家粮食企业开展粮食购销合作中监管不力，存储在上述企业的粮食遭盗卖或抵押等，造成1.26亿元购粮款面临损失风险，其中2013年480.63万元。

（3）2012年至2013年，下属成都中储粮收储经销有限公司监管失职，造成合作粮油购销企业在收储国家临时储备油过程中牟取不正当利益279.62万元，其中2013年132.19万元。

（4）截至2014年5月，下属大同直属库、介休直属库等3家单位决策失误或管理不善，与其合作开展粮食购销业务的2家企业累计拖欠粮食收购资金1.28亿元，面临损失风险。

（5）截至2014年5月，下属黑龙江中储粮肇东直属库商品粮玉米购销业务经营不善，亏损4890.78万元。

（6）2013年，下属黑龙江中储粮米业有限公司将商品粮存放在简易仓中，导致粮食出现质量问题，造成损失703.91万元。

（7）2010年，下属秦皇岛直属库50亩土地因长期未开发利用被地方政府收回，450万元购地款面临损失风险。

（8）2011年至2014年，下属黑龙江中储粮收储经销有限公司一次性支付3年租仓费539.87万元租赁的仓库长期闲置。

(9) 2010年至2013年，下属河南分公司等3家单位投资建设的部分仓房、物流码头等一直闲置，涉及资产3.14亿元。

(10) 2010年至2013年，下属部分单位在土地使用权证等证照不全的情况下，即开工建设217个工程项目、涉及资金90.62亿元，其中2013年开工项目17个（涉及资金7.15亿元）。

(11) 2009年至2011年，下属大连直属库、中储粮（上海）米业有限责任公司等3家单位在工程项目建设中未按规定进行招投标，涉及金额5660.13万元。

(12) 截至2013年底，下属衡阳直属库等3个单位扩建仓容等部分投资项目管控不严，项目超概算5919.92万元。

（二）发展潜力方面。

1.2008年至2013年，中储粮总公司先后直接投资和批复下属单位投资成立了40家米面加工企业，运营情况普遍较差。截至2013年底，仅有19家仍在生产经营（其中3家已资不抵债），其余21家已停产、对外租赁或处于闲置状态。

2.2008年至2013年，中储粮总公司下属林甸直属库等承储企业共发生安全责任事故6起，造成直接经济损失311.3万元。

三、审计处理及整改情况

对审计发现的问题，审计署已依法出具了审计报告、下达了审计决定书。中储粮总公司具体整改情况由其向社会公告。

本次审计发现相关违法违纪问题线索，已依法移送有关部门进一步调查处理。

中华人民共和国审计署审计结果公告（2015年第19号）

国家开发银行股份有限公司2013年度资产负债损益审计结果

（2015年6月28日公告）

根据《中华人民共和国审计法》规定，审计署2014年对国家开发银行股份有限公司（以下简称国开行）2013年度资产负债损益情况进行了审计，重点审计了总行和北京、上海、浙江、山东、江苏、深圳、广东、湖北、香港等9家分行，以及国银金融租赁有限公司、国开金融有限责任公司（以下分别简称国银租赁、国开金融）和国开证券有限责任公司等3家直属公司，涉及资产共计35760亿元，占全行资产总额的44%，并对有关事项进行了延伸和追溯。

一、基本情况

国开行于1994年成立。2013年度合并财务报表显示，公司2013年末资产总额为81879.53亿元，负债总额为76260.03亿元，股东权益为5619.5亿元；当年实现营业收入1818.72亿元，净利润799.17亿元。

审计结果表明，国开行认真落实国家宏观调控和经济金融政策，积极支持国家战略重点领域，探索开发性金融发展模式，不断提升公司法人治理和风险管理水平，资产规模平稳增长，经营效益指标良好。审计也发现，该行经营管理中存在一些违规问题和薄弱环节。

二、审计发现的主要问题

（一）经营绩效方面。

1.2013年，在国开行为支持中小企业融资开办的统贷、转贷和直贷业务中，一些统、转贷机构和提供担保的商业银行存在提高利率、额外收费等问题，未实现减轻中小企业融资负担的目标。同时，湖北、浙江、江苏和上海等4家分行存在以贷收费、以贷转存等不规范经营行为。

2. 财务收支方面。主要问题是：

（1）2010年12月，总行在购建办公楼时，向合作方多支付前期垫付资金收益1448.54万元。

（2）2013年12月，上海分行将承诺费收入在往来款科目核算，造成少计收入169.39万元。

此外，总行和江苏分行还在工资总额之外向职工发放补贴450.36万元。

（二）风险管控方面。

1. 业务经营管理方面。主要问题是：

（1）2005年以来，山东等9家分行违规发放贷款130.45亿元（其中2013年39.06亿元），包括：违规向不符合条件的项目和企业发放贷款114.05亿元；未落实授信条件发放贷款2亿元；贷款抵押物不合规等其他违规问题涉及贷款14.40亿元。

（2）2003年至2013年，由于贷后检查和担保物管理不到位，贵州、湖北、海南和江苏等分行存在贷款被挪用、抵押物被悬空等问题；江苏、浙江和山西等3家分行对光伏、煤炭等产能过剩行业贷款，以及总行和上海等分行部分涉外项目融资面临损失风险。

（3）2011年至2013年，江苏、浙江和深圳3家分行在4户企业还款能力已明显出现异常的情况下，未及时调整贷款质量分类，影响资产质量真实性，涉及金额59.17亿元。

2. 内部管理方面。主要问题是：

（1）2011年至2013年，总行有253个100万元以上集中采购项目未按规定进行招标采购；在与7个采购平台公司签订的采购合同中，未按规定列明详细品名、规格数量、资金等事项；有567份采购合同的签订日期迟于执行日期。此外，还存在分拆集中采购项目等问题。

（2）总行、江苏分行等信息系统管理存在薄弱环节，主要是部分信息系统应用功能设计不完善、部门信息系统间或系统内部一些数据不一致，不利于数据交换和共享。

（3）子公司经营管理中存在的问题。

一是2011年至2014年3月，国银租赁开展直接融资租赁业务不规范，以尚未形成的资产为标的物，通过预付款的方式向承租人提供融资，至2014年3月融资余额79.06亿元。

二是2013年，国银租赁以收费权已设定质押的高速公路作为标的物开展售后回租业务，涉及金额263.28亿元，与监管部门要求售后回租业务的租赁物必须由承租人真实拥有并有权处分的规定不符。

三是2013年，国开金融将2亿元装备产业基金用于认购房地产公司股份，与基金设立时确定的重点支持现代装备制造业重大项目建设的目标不符。

四是2013年，国开行控股的大冶国开村镇银行向2家股东授信1500万元，超过2家公司600万元的出资额。

（三）廉洁从业方面。

1.2013年，总行超出财政部规定标准，为职工多计提和缴存住房公积金6587.13万元。

2.2008年5月至2013年9月，总行批准山东分行等4家机构在威海、苏州和秦皇岛等地，以研发基地、软件开发中心等名义建设4个具有住宿、会议、餐饮等接待功能的基建项目，累计完成投资17.17亿元，其中部分项目还存在装修标准高、租赁集体土地（含农田）建设等问题。

3.2008年6月至2013年8月，总行批准购建的28个办公楼项目中，有6个项目存在设置采光中厅、配备形象工程和人均面积超标等问题；广东和湖北分行还存在资产闲置等问题。

4. 至2014年6月底，浙江等11个分行超标准配备公务用车14辆；总行在已完成公车改革的情况下，仍为在京的32个内设部门配备公务用车53辆。

5.2012年，总行安排的出国考察团组中，有14人次不属于项目组成员。

6.2013年，总行和北京、上海、湖北3个分行购置赠送给客户的宣传品支出共计825.68万元。

7.2013年，苏州分行违反规定程序购买汽车租赁服务，涉及金额252.97万元。

此外，审计还发现，总行购置商品房供领导长期无偿使用、总行部分领导和海南分行职工向贷款企业低价购置商品房等问题。

三、审计处理及整改情况

对审计发现的问题，审计署已依法出具了审计报告、下达了审计决定书。国开行目前正在组织进行整改，已制定和完善规章制度 44 项，并对相关责任人进行了处理，具体整改结果由其向社会公告。

本次审计发现相关违法违纪问题线索，已依法移送有关部门进一步调查处理。

中华人民共和国审计署审计结果公告（2015 年第 20 号）

交通银行股份有限公司 2013 年度资产负债损益审计结果

（2015 年 6 月 28 日公告）

根据《中华人民共和国审计法》，审计署 2014 年对交通银行股份有限公司（以下简称交通银行）2013 年度资产负债损益情况进行了审计，重点审计了总行和北京、上海、山东、江苏、浙江、湖北、广东、深圳、香港等 9 家分行，以及交银金融租赁有限责任公司（以下简称交银租赁）、交银国际信托有限公司、交银国际控股有限公司、中国交银保险有限公司、交银施罗德基金管理有限公司、交银康联人寿保险有限公司等 6 家直属公司，涉及资产总额 4.11 万亿元，占全行资产总额的 69%，并对有关重点事项进行了延伸和追溯。

一、基本情况

交通银行 2005 年和 2007 年先后在香港证券交易所、上海证券交易所上市。2013 年度合并财务报表显示，其资产总额 59609.37 亿元，负债 55394.53 亿元，所有者权益 4214.84 亿元；当年实现营业收入 1644.35 亿元，净利润 622.95 亿元。

审计结果表明，交通银行贯彻执行党和国家有关经济方针政策和决策部署总体较好，经营业绩持续提升，经营决策机制和全面风险管理进一步完善。审计也发现，交通银行在经营绩效、风险管控和廉洁从业方面存在一些违规问题和薄弱环节。

二、审计发现的主要问题

（一）经营绩效方面。

1. 财务收支方面。主要问题是：

（1）部分损益事项核算不实。其中：太平洋信用卡中心和交银施罗德基金管理有限公司 2008 年至 2013 年多计支出 4.03 亿元；上海分行 2011 年至 2012 年少计收入 9951 万元。

（2）部分账务处理不规范。其中：总行和广东、江苏、上海、浙江 4 家分行 2009 年至 2013 年营销费用列支不规范，涉及金额 1.74 亿元；江苏、湖北分行存在串用会计科目等问题，涉及金额 10.98 亿元；总行和广东、湖北、山东、深圳 4 家分行存在报销入账发票审核不严格问题，涉及金额 1064.41 万元。

此外，总行和上海、江苏分行等分支机构、子公司还在工资总额之外向员工发放交通、通信补贴和购买年金保险等共计 14.59 亿元。

2. 贯彻执行党和国家有关经济方针政策和决策部署方面。主要问题是：总行和北京、广东、浙江分行以及交银租赁通过表外理财、远期信用证、融资租赁等业务变相为客户融资，未纳入信贷规模管理。

（二）风险管控方面。

1. 重大经济决策方面。主要问题是：

（1）董事会部分表决方式不规范。2008 年至 2013 年，交通银行第五至七届董事会有 13 次会议对有关重大事项实行通信表决方式，且未按规定对采取通信表决方式的理由做出说明。

（2）个别重大事项未按规定报经董事会批准。2013 年和 2014 年，财务审查委员会超出董事会授予的决策权限，审议并核定了扬州、合肥两个金融服务中心的基建项目预算。

2. 业务经营管理方面。主要问题是：

（1）在法人贷款管理方面，广东、江苏、上海、湖北、浙江等分行 2008 年至 2014 年违规向不符合贷款条件的项目和企业发放贷款 37.57 亿元；山东和浙江分行 2010 年至 2014 年违反规定程序发放贷款 2.7 亿元；北京分行 2009 年至 2012 年共有 12.86 亿元贷款支取方式及用途不合规。此外，还有部分分行存在执行贷款“三查”制度不严、管理制度缺失以及风险管理不到位等问题；钢贸贷款和远期买入业务也面临较大风险。

（2）在票据、信用证业务管理方面，北京、广东、江苏、湖北 4 家分行 2012 年至 2013 年违规办理无真实贸易背景票据等业务 14.9 亿元；广东、江苏、湖北 3 家分行 2011 年至 2013 年违规办理信用证业务 2.28 亿元。

（3）在个人贷款管理方面，交通银行 2008 年至 2013 年违反国家差别化信贷政策，发放不符合贷款利率或首付比例要求的个人住房贷款 4266 笔，共计 24 亿元；北京、浙江分行 2010 年至 2012 年违规发放其他个人贷款 0.65 亿元。

（4）在存款业务管理方面，江苏、山东和上海分行 2012 年至 2013 年通过“以贷揽存”等方式违规办理存款业务 1.89 亿元。

此外，部分理财、结售汇、网上银行、人民币跨境支付结算等业务存在操作和经营不规范问题。

3. 内部管理方面。主要问题是：

（1）交通银行制定的集中采购管理办法与国家规定不符，且未报财政部审核，集中采购评审专家库均为行内人员，未按规定引入外部专家。

（2）总行和深圳分行部分集中采购项目招投标实施不规范。

（3）交通银行对信息系统外包开发未制定统一流程和标准，相关管理制度不完善，部分信息系统存在应用功能设计缺陷、业务数据不一致等问题。

（三）廉洁从业方面。

1. 2011 年，交通银行违规决策改扩建张江数据处理中心（上海）三期项目，概算投资 9364 万元；将通泰大厦第 16 层装修作为总行北京管理部招待所，总投资 927.31 万元。

2. 2013 年至 2014 年，总行太平洋信用卡中心和浙江分行将收取的财务顾问费等存放账外，涉及金额 496.39 万元。

三、审计处理及整改情况

对审计发现的问题，审计署已依法出具审计报告、下达审计决定书。交通银行目前正在组织进行整改，已制定完善相关规章制度 40 项，并对相关责任人进行了处理，具体整改结果由其向社会公告。

本次审计发现相关违法违纪问题线索，已依法移送有关部门进一步调查处理。

中华人民共和国审计署
审计结果公告
（2015 年第 21 号）

中国出口信用保险公司
2013 年度资产负债损益审计结果

（2015 年 6 月 28 日公告）

根据《中华人民共和国审计法》，审计署 2014 年对中国出口信用保险公司（以下简称中国信保）2013 年度资产负债损益情况进行了审计，重点审计了公司本部及江苏、浙江、上海、宁波等分公司，涉及资产 676.25 亿元，占公司资产总额的 95.48%，并对有关事项进行了延伸和追溯。

一、基本情况

中国信保是 2001 年设立的政策性保险公司，公司资本金从设立之初的 40 亿元增加到 2012 年的 271.61 亿元。2013 年度合并财务报表显示，公司资产总额 708.23 亿元，负债 401.31 亿元，所有者权益 306.92 亿元；当年实现营业收入 100.51 亿元，净利润 15.45 亿元。

审计结果表明，中国信保出口信用保险覆盖面不断扩大，公司经营绩效和管理水平逐步提升，完善了重点岗位监督制约等机制，可持续发展能力增强。审计也发现，中国信保在经营绩效、风险管控和廉洁从业方面存在一些违规问题和薄弱环节。

二、审计发现的主要问题

（一）经营绩效方面。

1. 中国信保未按规定对政策性业务和自营性业务实行分类管理、分类考核和分类核算。

2. 经营管理数据核算不准确。其中：中国信保 2009 年 12 月以来在保费收入不符合确认条件的情况下，提前确认收入 23.96 亿元（2013 年

15.3 亿元）；江苏分公司 2013 年多计当年短期出口信用险承保金额 3111.98 万美元。

此外，中国信保公司本部和部分分支机构还超出财政部批复预算发放工资、在薪酬之外向职工发放各类补助共计 23344.93 万元。

（二）风险管控方面。

1. 重大经济决策方面。主要问题是：

（1）2009 年至 2013 年，中国信保在财政部明确批复不同意的情况下违规开办国内投资保险，累计承保 11.08 亿美元，已发生赔付 1.74 亿元人民币。

（2）至 2014 年 2 月，中国信保公司本部 3 家营业部和 3 个驻外工作组、31 个二级网点的设置，未按规定报经财政部同意和保监会批准。

（3）至 2013 年末，中国信保在未按规定报经财政部批准的情况下，承保 5 个对高风险国家中长期出口信用险项目，承保金额累计 3216.33 万美元。

（4）2009 年至 2013 年，中国信保海外租赁险项目中开办的部分业务与向财政部报备的内容不符，已发生赔付 1585 万美元。

2. 内部管理方面。主要问题是：

（1）董事会部分职责未履行。至 2014 年 7 月，董事会 16 项职责中有 7 项未按公司章程规定履行。

（2）在承保管理方面，6 个项目存在放宽承保条件、承保前调查不充分、提前确认保险责任等问题，其中山东、陕西分公司部分项目存在较高赔付风险。

（3）在买方限额管理方面，2008 年至 2014 年 3 月，江苏、浙江、上海、宁波、山东等 5 家分公司部分限额审批结果与资信报告差异较大，江苏、上海、深圳、浙江、宁波等 18 家分公司存在为已被列入警示名单上的买家批复分配保险限额的问题。

（4）在理赔追偿管理方面，陕西分公司 2013 年 3 月超出国内贸易险理赔范围赔付 3641 万元；宁波分公司 2008 年至 2013 年有 203 个案件在赔付后未及时移交追偿部门进行追偿。

（5）在融资担保管理方面，2012 年至 2013 年，中国信保在 1 家公司反担保措施不足的情况下，为该公司 1 亿元流动资金贷款提供担保，最终发生赔付损失 5031.55 万元。

（6）在信息系统规划和设计方面，存在未实现业务系统全流程覆盖、自动批复限额等模块功能不完善、部分模块间信息共享不充分等问题。

此外，中国信保未按公司章程及监管部门要求单独制定全面风险管理制度，全面风险管理体系建设和执行不到位。

（三）廉洁从业方面。

1. 2009 年至 2013 年，公司本部和陕西、江苏、宁波、上海、浙江分公司超出规定标准为职工缴存住房公积金 2871.11 万元。

2. 2013 年，公司本部超范围、超标准列支出国费、业务招待费等 89.04 万元。

此外，中国信保还存在未按规定实行企业年金制度、未按财政部要求清退租赁办公用房、为职工购买商业保险未按规定代扣代缴个人所得税，以及责任追究制度未严格执行等问题。

三、审计处理及整改情况

对以上审计发现的问题，审计署已依法出具审计报告、下达审计决定书。中国信保目前正在组织进行整改，已制定完善相关规章制度 26 项，并对相关责任人进行了处理，具体整改结果由其向社会公告。

本次审计发现相关违法违纪问题线索，已依法移送有关部门进一步调查处理。

中华人民共和国审计署
审计结果公告
（2015 年第 22 号）

审计署移送至 2015 年 5 月已办结的违法违纪问题处理情况

（2015 年 6 月 28 日公告）

审计署对移送有关部门和单位处理的违法违纪问题，定期跟踪了解其办理情况。现将至 2015 年 5 月已办结的相关情况公告如下：

一、中国石油天然气集团公司所属大庆恒新房地产开发有限公司原董事长陈志华等人受贿问题

审计发现，2007年10月，陈志华报经大庆油田昆仑集团有限公司原副总经理范大光（未做集体研究）批准，在未进行资产评估的情况下，决定将该公司正在开发的6.26万平方米商业用地按账面金额作价转让给大庆石油新科庆联防腐有限公司，其后实际由另3家企业实施开发，这3家企业至2013年5月通过开发经营获利上亿元；陈志华等人涉嫌从中收受贿赂。2013年8月，审计署将上述线索移送中央纪委组织查处。2014年，湖北省宜昌市西陵区人民法院以受贿罪判处陈志华有期徒刑7年，并处没收个人财产200万元，追缴违法所得280万元；宜昌市夷陵区人民法院以受贿罪判处范大光有期徒刑5年6个月，并处没收个人财产7万元，追缴违法所得30万元。

二、浙江省杭州市住房保障和房产管理局原副局长张新滥用职权贪污受贿问题

审计发现，2005年至2008年，张新涉嫌违规操作，帮助董一麟控制的杭州普惠置业有限公司取得翠苑三区拆迁安置房项目开发建设权；项目建成后，批准所属单位超出政府规定的基准价格回购。其间，张新还协助董一麟控制的另一家企业在不符合条件的情况下，以优惠价格购得“嘉绿文苑”商铺1864平方米。2011年6月，审计署将此线索移送浙江省组织查处。2014年9月，杭州市中级人民法院以滥用职权罪、受贿罪、贪污罪判处张新死刑，缓期2年执行，剥夺政治权利终身，并处没收个人全部财产；以贪污罪判处董一麟有期徒刑10年，并处没收个人财产200万元。

三、安徽省合肥市高新技术产业开发区管委会原主任郭超等人滥用职权贪污受贿问题

审计发现，2001年，在民营企业合肥创亿科技投资有限公司（以下简称创亿公司）未按规定补缴土地出让金的情况下，郭超等人违规批准，将该公司受让的开发区内480亩土地由综合用地变更为住宅用地，造成国有土地出让收益流失；创亿公司随后以合作开发名义，将以上土地非法转让获取暴利。2011年12月，审计署将此线索移送中央纪委组织查处。至2013年10月，安徽省六安市中级人民法院以受贿罪、贪污罪、滥用职权罪判处郭超无期徒刑，剥夺政治权利终身；合肥市包河区人民法院以受贿罪、滥用职权罪判处合肥市高新技术产业开发区城管局原副局长冯夏等4人有期徒刑5年6个月至8年6个月不等，共处没收个人财产30万元；合肥市蜀山区人民法院以非法转让土地使用权罪、单位行贿罪判处创亿公司原董事长张和平有期徒刑3年，缓刑4年。创亿公司非法获利及欠缴税款共计1.37亿元已全部追缴。

四、辽宁省沈阳市满融经济区管委会原副主任马英奎等人滥用职权受贿问题

审计发现，2011年，在满融经济区开展征地拆迁过程中，沈阳市海鑫机械加工厂和鑫海鑫物流有限公司（法定代表人史海鹰）违反当地政府禁令，抢建3万多平方米厂房申报拆迁补偿，并通过张东阳（时任辽中县委书记，史海鹰的表哥）请托马英奎及管委会土地与房屋征收办时任主任董林、副主任高巨峰等人给予关照。马英奎等人在明知两公司违法抢建厂房、不符合征地补偿发放条件，且经明确提示违法建筑不应补偿的情况下，编造虚假理由对两公司给予巨额补偿，并对史海鹰以亲属名义违规承包、实际为空地或沙场的130亩土地给予青苗及地上附着物补偿。2013年8月，审计署将此线索移送中央纪委组织查处。2014年至2015年，丹东市中级人民法院一审以受贿罪判处张东阳无期徒刑，剥夺政治权利终身，并处没收个人全部财产；以受贿罪、滥用职权罪，分别判处马英奎、高巨峰有期徒刑12年和13年，并处没收个人财产30万元和20万元；沈阳市和平区人民法院一审以受贿罪、滥用职权罪，判处董林有期徒刑12年6个月，并处没收个人财产10万元。目前，史海鹰因涉嫌行贿，被检察机关批准逮捕，涉案款项和名下房产及车辆等共计8000余万元资产已被冻结或暂扣。

五、吉林省长春市高新技术产业开发区国土资源局原副局长王洪义滥用职权贪污受贿问题

审计发现，1999年至2008年，王洪义在知晓长春市高新技术产业开发区所辖三家子村即将征地拆迁的情况下，非法占有该村拟建设回迁安置小区的1700平方米集体土地，以该村回迁房名义私自建造12套房屋，并要求三家子村出具虚假的回迁安置证明等材料，为其亲属办理了上述房屋产权，非法获取巨额不正当利益。2013年3月，审计署将此线索移送吉林省人民检察院组织查处。2014年12月，长春市高新技术产业开发区人民法院一审以贪污罪、滥用职权罪、受贿罪判处王洪义有期徒刑10年，没收赃款39万元和轿车1辆，依法追缴公共设施配套费和供热管网费36万元。

六、中国嘉陵工业股份有限公司（集团）原董事长靖波受贿失职问题

审计发现，2004年至2007年，靖波涉嫌违规操作，致使中国嘉陵工业股份有限公司（集团）所属两家境外企业的股权被登记至个人名下；同时，靖波等人在明知上述境外企业长期低于进价销售产品和拖欠货款的情况下，仍同意下属外贸公司违规向其供货，造成大量损失。2012年1月，审计署将此线索移送国资委和公安机关组织查处。2014年8月，重庆市高级人民法院以受贿罪、国有公司人员失职罪判处靖波有期徒刑13年，并处没收财产8万元，追缴其违法所得80余万元。目前，被境外企业拖欠的货款已收回1332万美元。

七、河南诚通投资担保有限公司非法集资问题

审计发现，2010年至2011年，河南诚通投资担保有限公司通过互联网、宣传册等发布“投资理财”广告，承诺按15.6%至24%不等的年收益率付息，累计吸收公众资金40多亿元，涉嫌非法集资；这些资金除用于还本付息等外，约1亿元被该公司控股股东董俊杰用于购置高档别墅、写字楼等。2012年2月，审计署将此线索移送国务院处置非法集资部际联席会议办公室组织查处。2014年7月，郑州市中级人民法院一审以集资诈骗罪判处董俊杰无期徒刑，剥夺政治权利终身，并处没收个人全部财产；判处其他5名同案被告有期徒刑1年6个月至7年不等。该案已追缴资金5000万元，查封、扣押70套房产及涉案土地。

八、权释股权投资基金管理合伙企业非法集资问题

审计发现，2010年至2011年，权释股权投资基金管理合伙企业以私募股权投资的名义吸收公众资金1.9亿元，涉嫌非法集资；这些资金被转入该企业合伙人王传生的个人公司及有关个人账户、大额提现或用于个人消费等。2011年11月，审计署将此线索移送国务院处置非法集资部际联席会议办公室组织查处。2013年7月，天津市滨海新区塘沽人民法院一审以非法吸收公众存款罪分别判处王传生、另一合伙人谭宇健有期徒刑8年6个月，各处罚金30万元。该案已追缴资金1719万元，查封、扣押11处房产、1处会所和7辆车辆。

九、招商基金管理有限公司原副总经理兼社保组合基金经理杨奕等人利用未公开信息从事股票交易问题

审计发现，2009年至2011年，杨奕借管理社保组合基金股票投资的便利，涉嫌与张敏等人利用未公开信息，采取在社保组合基金买入股票前大量买入、在社保组合基金投资拉高股价后再抢先卖出的手法，投资操作数十只上市公司股票，非法获取巨额利益。2013年2月，审计署将此线索移送公安机关组织查处。2014年6月，广州市中级人民法院一审以利用未公开信息交易罪判处杨奕有期徒刑2年，罚金150万元；判处张敏有期徒刑1年6个月，缓刑2年，罚金300万元，追缴违法所得409万元。

十、广东揭阳市华美堂药业有限公司等11户企业虚开增值税专用发票问题

审计发现，2011年至2012年，华美堂药业有限公司等11户企业在无真实药品购销业务背景的情况下，向3家医药公司开具药品增值税专用发票，被其用于税款抵扣，造成巨额税收流失。2012年6月，审计署将此线索移送税务总局和公安机关组织查处。2012年12月至2013年2月，广东省揭阳市中级人民法院以虚开增值税专用发票罪，判处华美堂药业有限公司实际控制人洪世明等6人有期徒刑2年至15年不等。

十一、吉林省药品经营有限公司偷逃税款问题

审计发现，2009年至2012年，吉林省药品经营有限公司通过账外经营等方式，隐匿对吉林大学第一医院等7家医院的巨额药品销售收入，涉嫌偷逃税款。2013年9月，审计署将此线索移送税务总局组织查处。2013年12月，吉林省国税局对该公司做出补缴税款11556万元、征收滞纳金4539万元和罚款5619万元的处罚决定，责令其限期缴纳。至2015年2月，该公司已补缴税款、滞纳金、罚款共计13246万元。

十二、吉林省金港医药有限公司偷逃税款问题

审计发现，2009年至2012年，吉林省金港医药有限公司通过“大头小尾”手法打印药品销售发票等方式，隐匿对6家医院的巨额药品销售收入，涉嫌偷逃税款。2013年7月，审计署将此线索移送吉林省国税局组织查处。2014年1月，吉林省国税局对该公司做出补缴税款3943万元、征收滞纳金1448万元和罚款1914万元的处理决定，责令其限期缴纳。至2015年2月，该公司已补缴全部税款、滞纳金及罚款。

十三、湖北新龙实业投资有限公司偷逃税款问题

审计发现，2011年至2012年，湖北新龙实业投资有限公司在股权转让过程中，少确认巨额投资收益，涉嫌偷逃税款。2014年1月，审计署将此线索移送税务总局组织查处。2014年9月，湖北省地税局责成该公司补缴税款1.75亿元。至2014年9月，该公司已补缴全部税款。

十四、湖南祁阳、祁东两县有关部门协助企业骗取财政专项资金问题

审计发现，2008年至2012年，湖南省祁阳县和祁东县的74家小型造纸等企业通过编造纳税记录、伪造营业执照等方式申报淘汰落后产能中央财政奖励资金，两县的主管部门明知这些申报企业不符合政策规定条件，仍坚持上报或组织企业违规“打捆”申报，最终骗取财政资金9960万元。2013年6月，审计署将此线索移送中央纪委组织查处。至2015年4月，衡阳市、祁东县、祁阳县纪委共立案查处国家机关工作人员19人、移送司法机关5人，公安机关对涉案企业主立案42人；已追缴被骗取的财政资金4545万元。

十五、大连市普兰店市双塔镇原党委书记王家双等人套取侵占财政资金问题

审计发现，2013年，王家双等人在大连市普兰店市双塔镇2012年度设施农业项目实施过程中，通过编造虚假的补助资金发放花名册，套取现金800多万元，部分涉嫌个人侵占。2014年1月，审计署将此线索移送大连市纪委组织查处。2014年12月，大连经济技术开发区人民法院以滥用职权罪、贪污罪判处王家双有期徒刑13年6个月，追缴其贪污的75.64万元；以滥用职权罪判处双塔镇农科站原站长吴桂禄有期徒刑3年，缓刑5年；以玩忽职守罪分别判处普兰店市财政局、农村经济发展局两名工作人员有期徒刑1年，缓刑2年。

十六、18个市县的34家企业和单位骗（套）取财政专项资金问题

审计发现，2008年至2013年，石家庄等18个市县（涉及7个省）的财政、农业等主管部门审核把关不严或参与协助造假，使34家企业和单位涉嫌骗（套）贷款贴息、农业综合开发、成品油价格补助等财政专项资金1.9亿多元。审计署将上述线索分别移送当地财政、公安等部门组织查处，至2015年4月已追缴资金1.45亿元，4人被追究刑事责任，对62名责任人给予了开除党籍、开除公职等党纪政纪处分。

十七、河北省国土资源厅在耕地管理中违规操作问题

审计发现，2006年至2011年，河北省国土资源厅违规批准原所属河北省永兴房地产开发公司的26个耕地开垦项目，并帮助该公司通过转让耕地占补平衡指标，获取巨额不正当利益。2011年12月，审计署将此线索移送中央纪委组织查处。2014年8月，河北省纪委、监察厅等有关单位给予省国土资源厅时任厅长张绍廉党内严重警告、行政记大过处分，给予该厅时任土地利用处处长蔡博广等6人开除党籍、开除公职处分，给予该厅时任地质勘查处处长徐建兴、地籍管理处处长高福信2人党内严重警告、行政记大过处分并免去现任职务，对其他47名责任人也给予了相应党纪政纪处分。涉及违规资金中，有4.27亿元已上缴财政，另有2.65亿元移交省国资委监管。

十八、信息产业电子第十一设计研究院科技工程股份有限公司上海分院少缴社会保险费问题

审计发现，2011年至2012年，信息产业电子第十一设计研究院科技工程股份有限公司上海分院通过将部分员工并入中介公司账户申报缴纳的方式，少缴社会保险费。2012年8月，审计署将此线索移送上海市人力资源和社会保障局组织查处。2012 年 11 月，该局追缴社会保险费 138.83 万元。

十九、河北软件职业技术学院违规集资问题

审计发现，2011 年至 2013 年，河北软件职业技术学院未对 2010 年审计发现的违规集资问题进行整改，并再次向校内教职工违规集资，用于新校区建设。2014 年 2 月，审计署将此线索移送河北省监察厅组织查处。2014 年 4 月，河北省监察厅责令该学院向省教育厅做出检查，省教育厅纪检组对该学院院长田明欣进行诫勉谈话，责成该学院制订还款计划，于 2015 年初还清全部集资款项。至 2015 年 3 月，该学院已清退集资款 2851.4 万元。

二十、中国农业发展银行湖南分行原行长吴晓轮违规批准发放贷款问题

审计发现，2009 年至 2013 年，经吴晓轮批准，其弟吴军轮等人协助不符合条件的企业从中国农业发展银行湖南分行取得贷款和担保，从中牟取不正当利益。2013 年 8 月，审计署将此线索移送中央纪委组织查处。2014 年 6 月，中国农业发展银行党委给予吴晓轮撤销党内职务和行政职务的处分。调查中，吴军轮等人退还和上缴了利用吴晓轮职务影响获利 129.5 万元。

二十一、中国康复器具协会原副会长兼秘书长蔡卫义利用职务便利牟取私利问题

审计发现，2013 年至 2014 年，蔡卫义涉嫌利用职务之便，将国际康复器具博览会交由其亲属任职的企业承办，部分博览会收入被其亲属提现或转入个人账户。2014 年 8 月，审计署将此线索移送民政部组织查处。2014 年 9 月，民政部直属机关纪委、驻民政部监察局分别给予蔡卫义等人留党察看、行政撤职等处分。

二十二、黑龙江省大兴安岭地区加格达奇区财政局原副局长蔡长鸿挪用公款问题

审计发现，2012 年，蔡长鸿先后挪用区财政局采购款用于个人消费和个人购买筛沙机。审计发现问题后，蔡长鸿将借款还清。2014 年 4 月，审计署将此线索移送黑龙江省纪委组织查处。2014 年 11 月，加格达奇区人民法院判处蔡长鸿犯挪用公款罪，免除刑事处罚；同年 12 月，加格达奇区监察局给予蔡长鸿行政撤职处分。

中华人民共和国审计署审计结果公告（2015 年第 23 号）

2015 年 5 月稳增长促改革调结构惠民生政策措施贯彻落实跟踪审计结果

（2015 年 6 月 28 日公告）

根据《中华人民共和国审计法》的规定，2015 年 5 月，审计署继续开展稳增长促改革调结构惠民生等政策措施落实情况跟踪审计。从审计情况看，有关地方能够积极采取措施，加大力度推进有关政策措施落实。北京市以中关村国家自主创新示范区建设为抓手，营造创新创业服务生态圈、搭建“众创空间”、优化投资机制、推进人才特区建设、加快构建高精尖经济结构；天津市滨海新区以行政审批制度改革作为政府职能转变的“先手棋”，将多个部门分别审批变为“一颗印章管审批”，大力推进简政放权。但审计也发现，一些地方还存在部分建设项目推进缓慢、财政资金申报使用不规范、政策措施落实不到位等问题。

一、24 个建设项目推进缓慢

（一）黑龙江省水利厅未及时会签文件，3 个水利项目仍未开工。

2014 年 7 月 22 日和 29 日，发展改革委、财政部先后下达黑龙江省 2014 年大型灌区续建配套和节水改造等工程中央预算内投资计划和财政专项资金 1.27 亿元，要求尽快分解下达、开工建设。省水利厅 8 月 13 日将投资计划分解至 11 个项目后，省发展改革委 2 日内据此起草分解投资计划的请示送水利厅会签。但水利厅至 9 月 16 日才会签完毕报省政府批准。至 10 月 14 日投资计划正式下达时，水利项目施工黄金时段已错过，11 个项目当年未能开工。至 2015 年 5 月 13 日，其中 3 个项目仍未开工（计划投资 1.1 亿元）。

（二）黑龙江省农垦总局所属水务局未及时上报项目建议计划，导致全省 17 个水土保持项目未能及时开工。

2014年6月25日和7月16日，发展改革委、财政部先后下达黑龙江省2014年水土保持工程中央预算内投资计划和财政专项资金9000万元，要求尽快分解下达、开工建设。省发展改革委、省水利厅7月30日联合下发通知，要求各地市和省农垦总局在8月1日前上报项目建议计划，其中涉及省农垦总局所属水务局负责的项目3个。该水务局直至8月29日才将项目建议计划上报省农垦总局，9月5日经省农垦总局正式上报省发展改革委和省水利厅，比要求时限晚了1个月。9月26日，省发展改革委和省水利厅汇总审核后正式下发投资计划。由于该水务局工作迟缓，导致全省17个水土保持项目投资计划下达时错过水利项目施工黄金时段，当年均未能开工。

（三）山东省庄里水库工程项目获批1年仍未开工。

2009年4月，发展改革委批复山东省庄里水库工程项目建议书，批准总库容1.35亿立方米、总投资16.1亿元（后调整至23.78亿元），资金由山东省在可行性研究阶段落实。2013年7月12日，枣庄市政府为通过项目可行性研究报告批复召开专题会议，在市财政局已汇报有11.7亿元资金未落实的情况下，仍决定由市财政、枣庄金庄生建煤矿、滕州市政府和山亭区政府等出资，并协调各部门出具承诺函。2014年4月，发展改革委根据山东省上报投资和筹资方案批准项目可行性研究报告，安排中央财政补助4.04亿元。之后，枣庄市政府一直未做正式研究和部署，建设资金缺口至2015年5月6日尚未解决，移民迁建调查等工作也未实施，项目一直未能开工。

（四）广西壮族自治区钦州市大榄坪污水处理厂及管网一期工程项目进展缓慢。

大榄坪污水处理厂及管网一期工程经钦州市发展改革委2008年9月批复同意立项，2009年12月批复初步设计，概算总投资3.52亿元，计划于2012年6月正式投入运营。至2015年4月底，项目累计到位中央财政资金2045万元，完成投资15783.34万元（占总投资的44.9%）。由于钦州港管委会调整大榄坪工业区排水管网规划，钦州市政府增加该污水处理厂工程服务范围等原因，导致污水管网专项规划迟迟不能确定。项目建设单位广西北投水务有限公司2014年7月向钦州市住房和城乡建设委员会上报污水管网工程专项规划，至2015年5月12日一直未得到批复。

（五）海南省海口市海秀快速路（一期）工程项目进展缓慢。

2011年12月，经海口市委办公会研究，海秀快速路（一期）工程（全长14.3公里，概算总投资70.51亿元）由海口市政府主导采用BT模式建设。2012年9月，经市政府批准，海口市城建集团有限公司与北京新颐华卓投资有限公司（以下简称新颐公司）签订融资建设、移交及回购合同，约定采取概算包干方式，由新颐公司自有资金出资20%，海口市政府为新颐公司银行融资部分提供相应的足额担保。其后，新颐公司未按合同实施，项目进展缓慢，但由于合同未明确建设资金到位的具体时间节点和违约责任认定、处罚措施，无法追究其违约责任。至2015年5月14日，项目已开工29个月（合同约定工期为24个月），实际完成工程形象进度仅为25%。

（六）甘肃省兰州市民政局负责实施的兰州市应急避难场所建设项目进展缓慢。

2010年12月，中央财政安排兰州市应急避难场所建设项目防灾减灾资金1.51亿元，兰州市民政局作为项目主管单位具体负责组织实施。至2015年4月，该局除使用项目资金1551万元用于建设市救灾物资储备中心外，已安排的10个应急避难场所均未开工，造成13549万元中央财政资金在兰州市财政局闲置4年多。

二、21个单位（部门）申报、使用财政性资金不规范

（一）福建省华安县经贸局和财政局直接或串通企业骗取中央补助资金4334.6万元。

2012年以来，华安县财政、经贸等主管部门与企业串通，采取编造营业执照、工商注销通知书、税务注销通知书、项目环评材料、关闭验收证明，甚至直接假借企业名义等多种方式，骗取中央关闭小企业补助资金4334.6万元，涉及48家企业。资金到位后，华安县政府连续2年召开县长专题会议研究资金使用方案，决定用于其他企业下岗职工安置2012万元（实际用于县投资管理公司等单位归还银行借款等），分配给骗补企业830万元（具体去向不明），其余1492.6万元沉淀在县财政局。

（二）四川省古蔺县以虚假文件取得中央关闭小企业补助资金 2351 万元。

为取得 2014 年关闭小企业中央财政专项补助资金，2014 年 4 月 28 日，古蔺县政府组织召开关闭非煤矿山企业工作会，要求各部门配合县安监局申报工作，并安排县安监局、财政局、工商局、地方税务局、国土资源局等部门，为 72 户企业统一开具虚假的企业安全生产许可证、营业执照、税务登记证、县级采矿权采矿许可证注销证明。5 月，县安监局、财政局在未进行现场核查的情况下开具关闭小企业验收证明，并将开具时间填写为当年 3 月。经逐级上报审核后，四川省财政厅下达对其中 70 户企业补助 2351 万元。至 2015 年 3 月 23 日，70 户企业均未关闭到位，补助资金滞留在县财政局。审计指出此问题后，至 5 月 15 日，古蔺县实际关闭和注销 49 家企业，还有 21 家企业未完成注销，中央专项补助资金 1811.41 万元仍滞留在县财政局。

（三）重庆市南川区惠农投资有限公司筹集的 10 亿元保障房项目企业债券资金未按规定用途使用，3 个保障房项目尚未实施。

2011 年，重庆市南川区惠农投资有限公司以南川区北固片区公共租赁房等 3 个保障房项目名义进行债券融资，经南川区政府召开专题会议决定，由相关部门为其出具发行债券有关手续。区政府及相关部门出具虚假文件助其准备发债申请资料，经重庆市发展改革委审核并上报国家发展改革委批准，该公司取得了保障房项目企业债券发行资格，于 2012 年 9 月发行企业债券 10 亿元。2012 年 10 月，区委常委会议决定将 10 亿元债券资金用于各投融资平台公司还本付息、征地拆迁等不属于发行债券指定 3 个保障房项目的事项。至 2015 年 5 月 12 日，10 亿元债券资金被用于其他方面，应于 2014 年 7 月前竣工的 3 个保障房项目也未实施。重庆市发展改革委在发现上述情况后，未向国家发展改革委报告，也未做进一步处理。

（四）广西壮族自治区部分市中小工业企业贷款引导资金沉淀。

2014 年 9 月 14 日，广西壮族自治区政府主要领导批示要求区财政厅、工业和信息化委员会将中小工业企业贷款引导资金尽快落实到企业。12 月 14 日，区财政厅、工业和信息化委员会联合出台《广西壮族自治区中小工业企业信贷引导资金管理办法》，要求各市据此制定资金管理细则。至 2015 年 5 月 13 日，区财政已安排引导资金 46700 万元，但由于梧州、防城港、贺州、崇左 4 个市配套资金不到位，北海、防城港和贵港 3 个市财政、工信部门未及时出台资金管理细则，北海、防城港、钦州、贵港、玉林、崇左 6 个市工作推进缓慢等原因，仍有 27615.7 万元资金未安排使用，影响中小工业企业贷款引导资金政策落实。

三、18 个单位（部门）贯彻落实中央相关政策措施不完全到位

（一）辽宁省阜新市和葫芦岛市 2014 年度城市棚户区改造进展缓慢，存在多报新开工任务完成量的问题。

1. 2014 年底，阜新市上报城市棚户区改造年度新开工目标任务 31991 套（计划投资 58.14 亿元）全部完成。经核实，实际新开工 15099 套（完成投资 16.6 亿元），多报 16892 套（占 52.8%）。至 2015 年 5 月 8 日，2014 年度新开工目标任务仍有 10407 套未完成。

2. 2014 年底，葫芦岛市上报城市棚户区改造年度新开工目标任务 15056 套（计划投资 28.35 亿元）全部完成。经核实，实际新开工 10646 套（完成投资 15.49 亿元），多报 4410 套（占 29.3%）。至 2015 年 5 月 8 日，2014 年新开工目标任务仍有 3500 套未完成。

（二）吉林省四平市多报 2014 年度棚户区改造新开工任务完成量及整改情况。

2014 年，吉林省下达四平市 4 个地块棚户区改造开工任务 9365 套（计划投资 18.34 亿元），该市住房和城乡建设管理局当年 11 月上报省住房城乡建设厅全部完成，并作为年度任务完成量上报住房城乡建设部，实际多报 8165 套（占 87.2%）。审计指出此问题后，该局 2014 年底又编造完成基础打桩 6938 套、其余 1227 套预计 2015 年 1 月 20 日前完成打桩等情况上报省住房城乡建设厅。跟踪审计发现，至 2015 年 5 月 13 日仍有 6356 套未开工（占 67.9%），多报完成整改量 5129 套（占 73.9%）。

（三）上海市政府有关部门违规出台文件，对保障性安居工程征收城市基础设施配套费。

2011年，国务院办公厅发布《关于保障性安居工程建设和管理的指导意见》（国办发〔2011〕45号），要求各地对廉租住房、公共租赁住房、经济适用住房和棚户区改造安置住房，切实落实现行建设、买卖、经营等环节税收优惠政策，免收城市基础设施配套费（以下简称配套费）等各种行政事业性收费和政府性基金。2010年，上海市政府明确规定对旧区改造动迁安置房源，按照国家规定执行经济适用住房的税费优惠政策。2011年和2012年，上海市大型居住社区建设推进办公室违反以上规定，出台文件要求大型居住社区范围内的普通商品房、经济适用房、市属动迁安置房等各类房屋，按比例分摊征收市政公建配套费（与配套费使用范围一致）；上海市住房保障和房屋管理局、市财政局也违反以上规定，联合出台文件对保障性住房项目征收配套费。审计抽查闵行区马桥镇景城馨苑大型居住社区建设项目和北上海8号地块就近安置动迁配套商品房项目发现，马桥镇景城馨苑项目中用于旧区改造动迁安置房的部分被违规征收市政公建配套费5355.24万元；北上海8号地块就近安置动迁配套商品房项目被违规征收配套费8598.25万元。

（四）广东省住房城乡建设厅未及时清理取消园林绿化项目负责人资质要求。

2004年2月，原广东省建设厅（现广东省住房城乡建设厅，以下简称省住建厅）发布通知，要求在全省开展园林绿化项目负责人培训，园林绿化工程和管养实行项目负责人制，且项目负责人必须持省风景园林协会发放的培训合格证书才能上岗。2008年，住房城乡建设部明确园林绿化施工企业不执行项目经理资质管理制度，也没有资质管理方面的行政许可。至2015年3月，由于省住建厅作为园林协会业务指导单位一直未清理有关通知文件，也未及时规范园林协会未取得行政许可的资质培训收费行为，省风景园林协会仍然依据省住建厅通知举办园林绿化项目负责人考试及培训，并发放合格证书，2013年和2014年共收取培训费用130.5万元。

对上述问题，各有关地方高度重视，正在积极采取措施，认真组织整改。

中华人民共和国审计署审计结果公告（2015年第24号）

中央部门单位2014年度预算执行情况和其他财政收支情况审计结果

（2015年6月28日公告）

外交部2014年度预算执行情况和其他财政收支情况审计结果

根据《中华人民共和国审计法》的规定，2015年1月至3月，审计署对外交部2014年度预算执行情况和其他财政收支情况进行了审计，重点审计了外交部本级和所属外交学院、驻外机构服务中心（以下简称服务中心）等2个单位，并对有关事项进行了延伸审计。

一、基本情况

外交部为中央财政一级预算单位，部门预算由部本级和273个二级预算单位的预算组成。财政部批复外交部2014年度部门财政拨款预算支出为870030.69万元，外交部决算（草案）反映的当年财政拨款支出816564.35万元，其部门预算与执行结果的差异总额为53466.34万元，差异的具体情况及产生原因见附表1。

本次审计外交部本级及所属单位2014年度财政拨款共计856642.26万元，占部门财政拨款总额的98.46%。审计查出预算执行中不符合财经制度规定的问题金额7651.59万元，其中2014年6071.64万元；其他财政收支方面不符合财经制度规定的问题金额690.59万元。上述问题对外交部2014年度预算执行结果的影响见附表2。

审计结果表明，外交部本级及本次审计的所属单位2014年度预算执行基本遵守了预算法和相关法律法规，财务管理和会计核算基本符合会计法及有关财会制度规定，不断完善相关制度，认真整改以前年度审计发现的问题。

二、审计发现的主要问题

（一）预算执行中存在的主要问题。

1.2014年，外交部本级个别项目未编制政府采购预算，涉及金额201.50万元。

2.2014年，外交部本级和所属外交学院在项目经费列支与项目无关的支出759.17万元。

3.2014年，外交部本级改变项目资金用途，用于补助所属培训中心205.92万元。

4.2013年，所属外交学院挪用项目资金1504.71万元，用于其他3个工程项目建设，并将该3个工程拆分成8个单项工程，采取邀请招标方式确定施工方，且未按规定收取质量保证金75.24万元。至2014年底，上述工程已完工并投入使用。

5.2014年，外交部本级在接待费项目中超范围列支机票款81.93万元；所属外交学院国内公务接待费报销凭证中未按规定附接待清单，并存在参与接待人数超过规定标准问题。

6.2014年，外交部本级计划外召开17个会议，会议费支出94.88万元；2个会议参会人数超过规定标准；在所属培训中心召开8个按规定应在内部会议室召开的会议，并违规安排住宿、会议费支出23.98万元；未经政府采购租赁会议设备，涉及金额473.37万元。

7.2014年，外交部本级在10项工程邀请招标中，未按规定履行招投标程序，涉及合同金额2905万元；未执行政府采购程序购置设备64.21万元；所属服务中心在电梯安装工程招标中违规确定中标单位，涉及合同金额352.18万元；所属钓鱼台宾馆管理局未经招标，将修缮工程直接发包给1家公司，涉及合同金额909.5万元。

（二）其他财政收支中存在的主要问题。

1.至2014年底，外交部本级有2处房产未纳入财务账和实物账核算；有4处京外房产未在实物账上登记。

2.2013年至2014年，所属外交学院部分院（系）通过使用不合规票据套取现金、隐瞒滞留学费收入及捐赠收入等方式，账外存放资金690.59万元，其中用于发放津补贴569.67万元。至2015年3月底余额27.83万元。

此外，所属外交学院在合同管理、资金支付管理和基建现场管理等方面存在不规范问题。

三、审计处理情况和建议

对上述问题，审计署已依法出具了审计报告、下达了审计决定书。对个别项目未编制年度政府采购预算问题，要求严格执行有关规定，完整编制政府采购预算；对未经批准自行调剂使用预算资金问题，要求调整有关会计账目和决算（草案）；对改变项目资金用途、补助所属培训中心问题，要求收回资金，调整有关会计账目和决算（草案）；对挪用项目资金问题，要求追回挪用的项目资金，调整有关会计账目和决算（草案）；对公务接待超标准、报销不规范问题，要求加强公务接待管理；对会议费管理使用中存在的问题，要求严格执行会议管理有关规定；对部分项目、工程未按规定执行政府采购问题，严格执行政府采购相关规定；对固定资产账实不符、账账不符问题，要求及时清理，据实登记有关房产；对所属外交学院账外存放资金问题，要求进行清理，追回资金，并追究有关人员的责任。

针对审计发现的问题，审计署建议：外交部应进一步加强预算管理，严格按照规定范围使用资金，提高资金使用效益，严格执行政府采购有关规定，认真落实中央八项规定精神，督促所属单位遵守财经法规，提高管理水平。

四、审计发现问题的整改情况

对审计发现的问题，外交部正在组织进行整改。具体整改结果由外交部向社会公告。

附表：1. 外交部2014年度财政拨款预算执行总体情况（略）

2. 外交部2014年度重点审计单位财政拨款预算执行情况（略）

发展改革委2014年度预算执行情况和其他财政收支情况审计结果

根据《中华人民共和国审计法》的规定，2015年1月至3月，审计署对发展改革委2014年度预算执行情况和其他财政收支情况进行了审计，重点审计了发展改革委本级和所属国家投资项目评审中心（以下简称评审中心）、宏观经济研究院（以下简称宏观院）、城市和小城镇改革发展中心（以下简称小城镇中心）、培训中心4个单位，并对有关事项进行了延伸审计。

一、基本情况

发展改革委为中央财政一级预算单位，部门预算由委本级和19个二级预算单位的预算组成。财政部批复发展改革委2014年度部门财政拨款预算支出为123723.85万元（含政府性基金预算，下同），发展改革委决算（草案）反映的当年财政拨款支出95666.45万元，其部门预算与执行结果的差异总额为28057.40万元，差异的具体情况及产生原因见附表1。

本次审计发展改革委本级及所属单位2014年度财政拨款共计93822.31万元，占部门财政拨款总额的75.83%。审计查出预算执行中不符合财经制度规定的问题金额399.30万元，均为2014年发生；其他财政收支方面不符合财经制度规定的问题金额14791.50万元。上述问题对发展改革委2014年度预算执行结果的影响见附表2。

审计结果表明，发展改革委及本次审计的所属单位2014年度预算执行基本遵守了预算法和其他财经法规，财务管理和会计核算基本符合会计法及有关财会制度规定，能够积极整改以前年度审计发现的问题。

二、审计发现的主要问题

（一）预算执行中存在的主要问题。

1.2014年，发展改革委本级在项目资金尚未用完的情况下，即动用机动经费200万元补充，至年底形成结转资金131.09万元。

2.2014年，所属评审中心人员经费超预算支出124.07万元，资金来源为事业收入。

3.“三公”经费管理方面存在的问题。

（1）2014年，所属评审中心在培训费中列支国际旅费、住宿费等，造成决算少反映出国费10.73万元。

（2）2014年，所属宏观院存在公务接待费报销凭证不齐全等问题，涉及金额49.84万元。

4.2014年，所属评审中心、小城镇中心分别在非定点饭店召开会议3个、8个，支出3.30万元、6.37万元。

5.2014年，所属小城镇中心违规报销司局级及以下人员头等舱机票，涉及金额73.90万元。

（二）其他财政收支中存在的主要问题。

1.违规列支400.42万元。

（1）2014年，所属小城镇中心利用虚假咨询服务协议及发票等，以咨询费、规划费名义列支358.15万元。

（2）2013年1月至6月，所属小城镇中心以咨询费名义列支19.57万元，实际购买购物卡，用于发放职工福利等。

（3）2014年6月，所属国土开发与地区经济研究所（以下简称国土所）以购买电脑耗材、办公用品名义，从课题经费中列支2万元用于购买购物卡，发放给课题组成员。

（4）2009年2月至2013年7月，所属能源研究所20名职工以会议费、餐费等名义列支课题经费20.70万元，实际用于以个人名义办理宾馆消费卡。

2.2013年11月至2015年2月，所属小城镇中心在1000余平方米办公用房闲置未用的情况下，另外长期租用办公用房3894.37平方米（其中594平方米闲置未用）。

3.2014年，所属小城镇中心、综合运输研究所分别超工资总额计划发放工资1001.92万元、489.07万元。

4.2010年12月，所属培训中心未经批准，自行决定拆迁腾退1处培训基地并获得补偿款2435.60万元，其中房屋拆迁补偿费1915.88万元未按规定上缴国库。2011年7月，该中心将补偿款2301.64万元（扣除税费）拨付其下属单位，用于购买2套商品房及装修支出1515.55万元。至2014年底，上述固定资产未纳入其账内核算，还有351.16万元资金私自存放账外。

5.2009年至2014年，所属基建物业管理中心、培训中心下属单位、宏观院下属企业等3家单位未经批准，对外出租产权为发展改革委的房产，取得房租收入共计6569.72万元（其中2014年2396.67万元），未按规定上缴国库。

6.所属宏观院下属单位未经批准，将宏观院所有的3处房产对外出租和经营，2013年和2014年分别取得房屋出租收入762.64万元和871.43万元，未纳入宏观院统一核算和管理。

7.2013年4月和2014年1月，所属宏观院下属单位未经资产评估，将苗木培育基地苗木和地上附着物（属国有资产）转让给1名自然人，转让收入共计342万元。

8.2014 年，所属中国价格协会未经批准违规收取全国价格行政执法人员价格监督执法证办证费 29.41 万元；违规设置价格鉴证师再注册前置条件，通过组织相关培训及考试取得收入 101.93 万元。

9.2013 年，所属中国投资协会（以下简称投资协会）通过评选“2012—2013 年度国家优质投资项目”，违规向参评企业和中介单位收取费用 134.87 万元。

10.2014 年 5 月，所属投资协会内设机构与 2 家企业签订协议，以协助企业获取项目立项、优惠政策和国家扶持资金等为条件，违规向企业收取项目立项中介费 120 万元。

11.2013 年至 2014 年，所属中国招标投标协会（以下简称招投标协会）在未签订书面协议的情况下，将招标师职业继续教育委托给 1 家公司管理；将该公司按双方约定应上缴的收入 154.98 万元转给该协会下属企业，未纳入招投标协会法定账簿核算。

12.2014 年，所属中国人力资源开发研究会备案的职业经理人培训收费标准为 7080 元/人，而实际却按中级 8980 元/人、高级 12980 元/人、特级 18200 元/人超标准收费。

13. 至 2014 年底，发展改革委本级购买的 2 套软件未纳入资产管理，涉及金额 11.80 万元。

14.2014 年，所属综合运输研究所、国土所分别在课题经费中违规列支个人伙食补贴 17.16 万元和 5.46 万元。

15. 所属宏观院与其下属公司长期不对账，部分往来款项未及时记账，至 2014 年底双方往来科目差异 1511.65 万元。

三、审计处理情况和建议

对上述问题，审计署已依法出具了审计报告、下达了审计决定书。对动用机动经费用于项目支出造成结转问题，要求严格按规定使用机动经费；对人员经费超预算支出问题，要求严格预算管理；对“三公”经费和会议费管理使用中存在的问题，要求加强公务接待和会议管理，追回应由个人自理的机票款超支部分，调整决算（草案）；对违规列支问题，要求追回相关资金，调整有关会计账目和决算（草案），并按规定追究有关人员的责任；对办公用房闲置造成损失浪费问题，要求予以纠正；对超工资总额计划发放工资问题，要求采取有效措施，切实控制人员工资性经费支出；对未经批准处置国有资产，处置收入未上缴国库及违规公款私存问题，要求补报处置资产审批手续，将相关处置收入上缴国库，并按规定追究有关人员的责任；对未经批准出租房产，出租收入未上缴国库问题，要求补报审批手续，将出租收入上缴国库；对未经批准出租房产，房租收入未纳入宏观院统一核算和管理问题，要求补报审批手续，并将房屋出租收入纳入单位预算，统一核算管理；对未经评估转让国有资产问题，要求加强对下属企业的管理，严格执行国有资产管理相关规定；对未经批准违规收取价格监督执法证办证费问题，要求停止收费行为，确需收费的应按规定程序报批；对依托价格鉴证师注册开展强制性培训问题，要求予以纠正；对违规向企业收取评选费用问题，要求停止收费行为；对以课题费名义违规向企业收取项目立项中介费问题，要求予以纠正；对继续教育收入未纳入法定账簿核算问题，要求将账外收入纳入法定账簿，按规定签订合作协议，规范管理；对超标准收费问题，要求予以纠正；对会计核算不规范问题，要求调整有关会计账目和决算（草案）；对往来账目差异较大问题，要求抓紧清理往来账目。

针对审计发现的问题，审计署建议：发展改革委应进一步规范预算管理，加强资产管理，加大对所属单位、主管社团、所属企业的监督管理力度，严格贯彻落实中央八项规定精神等各项要求。

四、审计发现问题的整改情况

对审计发现的问题，发展改革委正在组织进行整改。对违规报销头等舱机票问题，发展改革委已有 5 人退还了机票款 2.72 万元；对购买购物卡发放职工福利问题，相关人员退还了 19.57 万元；对购置软件未按规定计入资产的问题，发展改革委本级已补记资产。具体整改结果由发展改革委向社会公告。

附表：1. 发展改革委 2014 年度财政拨款预算执行总体情况（略）

2. 发展改革委 2014 年度重点审计单位财政拨款预算执行情况（略）

教育部2014年度预算执行情况和其他财政收支情况审计结果

根据《中华人民共和国审计法》的规定，2015年1月至3月，审计署对教育部2014年度预算执行情况和其他财政收支情况进行了审计，重点审计了教育部本级及所属北京大学、教育管理信息中心（以下简称信息中心）、中国教育科学研究院（以下简称教科院）等9个单位，并对有关事项进行了延伸审计。

一、基本情况

教育部为中央财政一级预算单位，部门预算由教育部本级和108个二级预算单位的预算组成。财政部批复教育部2014年度部门财政拨款预算支出为11801359.68万元（含政府性基金，下同），教育部决算（草案）反映的当年财政拨款支出10891895.64万元，其部门预算与执行结果的差异总额为909464.04万元，差异的具体情况及产生原因见附表1。

本次审计教育部本级及所属单位2014年度财政拨款共计2091969.37万元，占部门财政拨款总额的17.73%。审计查出预算执行中不符合财经制度规定的问题金额6343.07万元，其中2014年4626.70万元；其他财政收支方面不符合财经制度规定的问题金额26749.67万元。上述问题对教育部2014年度预算执行结果的影响见附表2。

审计结果表明，教育部本级及本次审计的所属单位2014年度预算执行基本遵守了预算法和相关法律法规，财务管理和会计核算基本符合会计法及有关财会制度规定，认真整改以前年度审计查出的问题。

二、审计发现的主要问题

（一）预算执行中存在的主要问题。

1.2014年，教育部本级未经批准，将专项经费110万元用于所属研究所工作经费支出；所属教科院未经批准，将公用经费1642.79万元用于人员经费支出；所属北京大学未经批准，将专项经费1217.09万元用于基础学科以外院系经费支出；2013年，所属信息中心未经批准，将公用经费25万元用于支付下属杂志社的办公用房租金。

2.2013年至2014年，所属北京大学挪用专项经费953.61万元，用于支付下属学院租用校内房产使用费，其中2014年62.24万元。

3.“三公”经费管理方面存在的问题。

（1）2014年，教育部本级为外单位人员负担出国经费15.17万元；所属学位与研究生教育发展中心（以下简称学位中心）未编制因公出国（境）计划，实际组织6个出国团组；所属评估中心因公出国（境）费用23.83万元未按规定在决算（草案）“因公出国（境）费用”栏中填报。

（2）2013年，所属学位中心超计划组织11个团组出访。

（3）2014年，所属机关服务中心借用下属企业车辆1辆；至2014年底，所属教科院占用下属单位车辆6辆。

（4）2014年，教育部本级未将外事接待费预算细化到来访团组计划中。

4.2014年，教育部本级5个会议在非定点饭店召开，涉及会议费16.43万元；所属学位中心未编制会议计划，实际召开三类会议11个、四类会议27个；所属清华大学5个会议超过批准人数，超标准列支会议费9.15万元。

5.2013年至2014年，所属教育部考试中心未经公开招标，与下属2家企业签订软件开发合同，涉及金额2330万元，其中2014年1530万元。

6.2008年至2014年，教育部本级2个项目预算申报文本不完整，导致项目支出范围和内容不明确。

（二）其他财政收支中存在的主要问题。

1.至2014年底，所属北京邮电大学、中国政法大学、北京师范大学、北京大学和中国教育装备行业协会5家单位的个别部门和人员虚列支出457.11万元，将资金存放在账外。

2.2014年，所属全国高等学校学生信息咨询与就业指导中心、信息中心、留学服务中心、中央电化教育馆、教科院5家单位共21人违规在下属企业持股、兼职取酬等，取得收入共计223.89万元。

3.2014年，教育部本级将收到的研修班经费1381.62万元放在往来科目核算，造成少计收入。

4.2009年和2011年，所属北京邮电大学和教科院未经批准出租房产，至2014年底收取租金共计4390万元。

5. 至2014年底，所属学位中心、留学服务中心等4家单位开发建设的23个信息系统未按规定纳入资产管理，涉及金额2026.34万元。

6. 2014年，所属教科院、学位中心和装备中心分别超工资总额计划发放工资651.44万元、255万元和157.18万元。

7. 至2014年底，教育部本级将国家开放大学上缴款5669.70万元和其他人防项目工程款162.95万元放在往来科目挂账，未及时进行清理；所属教科院将历年科研经费共计11374.44万元放在往来科目核算，未按规定及时清理并确认收入。

8. 2012年至2014年，所属信息中心下属1家公司存在未经批准出售系统内部统计数据取得收益问题。

三、审计处理情况和建议

对上述问题，审计署已依法出具了审计报告、下达了审计决定书。对未经批准调剂使用预算资金问题，要求调整有关会计账目和决算（草案）；对挪用项目经费问题，要求归还原资金渠道，调整有关会计账目和决算（草案）；对因公出国（境）经费管理使用问题，要求严格执行国家相关规定，编报因公出国（境）计划和调整决算（草案）；对借用和占用下属单位车辆问题，要求退还车辆；对未将外事接待费预算细化、会议费管理使用问题及未经公开招标程序问题，要求严格执行国家相关规定；对项目预算申报文本不完整问题，要求规范项目预算编报；对虚列支出问题，要求追回资金并追究有关人员责任；对违反规定在企业持股、兼职取酬等问题，要求进行清理，退出股份、清退兼职所获报酬；对少计收入问题，要求调整有关会计账目和决算（草案）；对未经批准出租房产问题，要求完善相关手续，严格执行报批等相关规定；对信息系统未纳入资产管理问题，要求将信息系统评估入账；对超工资总额计划发放工资问题，要求切实采取措施控制人员经费支出；对往来科目长期挂账问题，要求及时清理；对出售数据问题，要求调查处理，加强数据管理。

针对审计发现的问题，审计署建议：教育部应加强预算审核，加大预算执行管理力度，严格“三公”经费和会议费预算控制和计划管理，加强对所属单位经济活动的管理和监督，切实提高所属单位财务管理水平。

四、审计发现问题的整改情况

对审计发现的问题，教育部正在组织进行整改。所属信息中心已收回公用经费中列支的25万元下属企业房租；北京大学已将挪用的953.61万元项目资金归还原渠道；学位中心已按要求报批2015年出访团组计划；占用下属单位车辆已经全部退回；北京大学和北京师范大学已收回在酒店结存的资金；北京大学医学部有关人员已将35.11万元退回学校；信息中心有关人员已将在企业持股、兼职取酬所得退回，全国高等学校学生信息咨询与就业指导中心已退回兼职报酬，留学服务中心已将有关人员的人事关系转回中心并由中心发放薪酬，中央电化教育馆已免去有关人员在下属企业的职务，教科院已解除有关人员在下属企业所兼职务并收回兼职报酬。具体整改结果由教育部向社会公告。

附表：1. 教育部2014年度财政拨款预算执行总体情况（略）

2. 教育部2014年度重点审计单位财政拨款预算执行情况（略）

科技部2014年度预算执行情况和其他财政收支情况审计结果

根据《中华人民共和国审计法》的规定，2015年1月至3月，审计署对科技部2014年度预算执行情况和其他财政收支情况进行了审计，重点审计了科技部本级和所属中国科学技术信息研究所（以下简称中信所）、科学技术部火炬高技术产业开发中心（以下简称火炬中心）、科学技术部机关服务中心（以下简称机关服务中心）等3个单位，并对有关事项进行了延伸审计。

一、基本情况

科技部为中央财政一级预算单位，部门预算由部本级和19个二级预算单位的预算组成。财政部批复科技部2014年度部门财政拨款预算支出为3138743.73万元，科技部决算（草案）反映的当年财政拨款支出2899120.57万元，其部门预算与执行结果的差异总额为239623.16万元，差异的具体情况及产生原因见附表1。

本次审计科技部本级及所属单位2014年度财政拨款共计2384276.10万元，占部门财政拨款总额的75.96%。审计查出预算执行中不符合财经制度规定的问题金额30558.5万元，其中2014年25615.93万元；其他财政收支方面不符合财经制度规定的问题金额6549.46万元。上述问题对科技部2014年度预算执行结果的影响见附表2。

审计结果表明，科技部本级及本次审计的所属单位2014年度预算执行基本遵守了预算法和其他财经法规，财务管理和会计核算基本符合会计法及有关财会制度规定，建立健全了预算执行分析会议、报告和约谈制度，提高预算和财务管理水平，积极整改审计发现的问题。

二、审计发现的主要问题

（一）预算执行中存在的主要问题。

1.2014年，所属火炬中心、国家科技风险开发事业中心、中信所未经批准，将项目经费自行调剂用于基本支出1594.28万元。

2.中小企业发展专项资金管理中存在的问题。

（1）2010年，科技部审核不严，使1家不符合条件的企业获得中小企业发展专项资金阶段参股项目股权投入4000万元。

（2）至2014年底，由于科技部未及时报送部分申请材料及有关部门批复缓慢，对9家创业投资企业申请退出的财政股权投资本金及利息收入共计23755.21万元，未及时收回上缴财政。

3.2011年至2014年，所属火炬中心未执行政府采购程序，将项目监理、验收评价等业务直接交由2家公司承担，涉及金额572.56万元，其中2014年90.15万元；2013年至2014年，所属火炬中心在公开招标废标后，未经批准，自行采用网上竞价、协议供货等方式采购设备460万元，其中2014年18.91万元。

4."三公"经费管理方面存在的问题。

（1）2014年，科技部本级为所属国家遥感中心3人承担出国费2.06万元，为所属中国科学技术交流中心（以下简称科技交流中心）1名人员承担国际旅费等1.56万元；2012年至2014年，所属科技交流中心违规向部本级及所属单位收取出国签证代办费和加急费25.31万元，其中2014年6.24万元。

（2）2014年，科技部本级扩大公务接待费支出范围，列支外国代表团来华国际旅费1.56万元。

（3）2014年，科技部本级违规使用接待费和其他外事费19.44万元，委托所属科技交流中心包租社会车辆3辆，用于日常公务；在其他科目中列支公务用车运行维护费118.03万元。

5.2014年，科技部本级及所属火炬中心分别有2个会议在非定点饭店召开，涉及金额共计8.49万元；所属火炬中心1个会议会期和人数均超标准，另有9个会议人数超标准、3个会议天数超标准。

此外，2014年，科技部未报经审批，将本级承担的中小企业发展专项资金阶段参股项目预算15亿元下达给所属火炬中心。

（二）其他财政收支中存在的主要问题。

1.至2014年底，所属中信所自1990年起无偿出借给所属科技日报社使用的3471.33平方米办公用房仍未收回，也未按规定补办出借手续。

2.至2014年底，所属科学技术部信息中心、机关服务中心、科技日报社等3个单位未按规定对已于2008年、2010年和2013年竣工并投入使用的6个基建项目办理竣工财务决算，涉及投资总额4816.38万元。

3.至2014年底，科技部本级及所属国家科技基础条件平台中心等7家单位开发的信息系统未纳入资产核算，涉及财政投资1733.08万元，其中2014年123.46万元。

（三）参与分配专项转移支付资金方面存在的问题。

1.2013年至2015年，科技部等4部门批复在39个城市（区域）开展新能源汽车推广应用（为中央专项转移支付项目），3年推广目标335976辆，但至2014年3季度末，实际推广38440辆，推广计划完成率偏低。

2.2009年至2010年，所属火炬中心审核不严，导致2家公司通过编造虚假材料，获取科技型中小企业技术创新基金项目资金56万元。

三、审计处理情况和建议

对上述问题，审计署已依法出具了审计报告、下达了审计决定书。对未经批准自行调剂使用预算资金问题，要求调整会计账目和决算（草案）；对中小企业发展专项资金管理中存在的问题，要求严格执行预算管理规定，尽快推动阶段参股项目股权投资本金及利息收入的财政收缴工作，对项目投入严格审核把关并收回不符合条件企业获取的项目资金；对未执行政府采购程序问题，要求今后严格执行政府采购有关规定；对“三公”经费和会议费管理使用方面存在的问题，要求收回为所属单位人员承担的出国费并归还原资金渠道，纠正违规收费行为，停止包租车辆，调整有关会计账目和决算（草案），今后严格执行相关规定；对未按规定出借办公用房问题，要求办理出借审批手续；对基建项目未及时办理竣工财务决算问题，要求按规定办理竣工财务决算；对信息系统未纳入资产核算问题，要求纳入资产核算；对参与分配专项资金中存在的问题，要求完善新能源汽车推广工作，追回通过编造虚假材料获取的资金并追究相关人员责任。

针对审计发现的问题，审计署建议：科技部应严格预算执行，规范财政资金管理；加强“三公”经费和会议费管理，严格执行经费开支范围和标准；加强对所属单位和科技计划项目承担单位的监督管理，确保国有资产安全完整，规范政府采购行为；加强专项转移支付管理，严格审核把关，切实发挥资金效益。

四、审计发现问题的整改情况

对审计发现的问题，科技部正在组织整改。所属中信所对自行调剂预算资金 207.43 万元问题，已调整有关会计账目和决算（草案）。具体整改结果由科技部向社会公告。

附表：1. 科技部 2014 年度财政拨款预算执行总体情况（略）

2. 科技部 2014 年度重点审计单位财政拨款预算执行情况（略）

工业和信息化部 2014 年度预算执行情况和其他财政收支情况审计结果

根据《中华人民共和国审计法》的规定，2015 年 1 月至 3 月，审计署对工业和信息化部 2014 年度预算执行情况和其他财政收支情况进行了审计，重点审计了工业和信息化部本级和所属国家计算机网络应急技术处理协调中心（以下简称应急中心）、工业和信息化部教育与考试中心（以下简称考试中心）、工业和信息化部人才交流中心（以下简称人才交流中心）等 11 个单位，并对有关事项进行了延伸审计。

一、基本情况

工业和信息化部为中央财政一级预算单位，部门预算由部本级和 66 个二级预算单位的预算组成。财政部批复工业和信息化部 2014 年度部门财政拨款预算支出为 2602230.08 万元（含政府性基金预算，下同），工业和信息化部决算（草案）反映的当年财政拨款支出 2166055.05 万元，其部门预算与执行结果的差异总额为 436175.03 万元，差异的具体情况及产生原因见附表 1。

本次审计工业和信息化部本级及所属单位 2014 年度财政拨款共计 1018618.27 万元，占部门财政拨款总额的 39.14%。审计查出预算执行中不符合财经制度规定的问题金额 5109.89 万元，其中 2014 年 3503.19 万元；其他财政收支方面不符合财经制度规定的问题金额 16332.88 万元。上述问题对工业和信息化部 2014 年度预算执行结果的影响见附表 2。

审计结果表明，工业和信息化部本级及本次审计的所属单位 2014 年度预算执行基本遵守了预算法和相关法律法规，财务管理和会计核算基本符合会计法及有关财会制度规定，强化部门预决算和财务管理工作，完善内部管理制度，认真整改以前年度审计发现的问题。

二、审计发现的主要问题

（一）预算执行中存在的主要问题。

1. 2014 年，工业和信息化部本级未经批准，自行动用部本级以前年度储备项目结余资金 214.98 万元，用于相关储备项目支出。

2. 2014 年，工业和信息化部本级向在所属单位任职的 6 名人员发放工资和津补贴 46.74 万元。

3. 2014 年，工业和信息化部本级将当年财政专项拨款 1500 万元，用于提前支付 2015 年相关支出。

4. 2014 年，所属考试中心未经批准，在项目经费中列支与项目无关的人员经费支出 214.58 万元；所属人才交流中心未经批准，在项目经费中列支与项目无关的房屋租赁费等55.62万元；所属应急中心未经批准，在公务用车运行维护费中列支职工交通意外保险支出3.57万元。

5.2014年，工业和信息化部本级列支“机关行政保障专项”支出800万元，至2014年底未发生支出；列支“工业和信息化行业管理”项目支出195万元，年底相关项目已完成，结余资金75.78万元；列支其他项目支出173万元，年底结余资金70.8万元。

6.“三公”经费管理方面存在的问题。

（1）2014年，工业和信息化部本级3个出国团组调整出访计划，未按规定报批；8个出国团组未经批准对外赠礼4.56万元，在出国费中列支。

（2）2014年，工业和信息化部本级少清查上报6辆公务用车，未及时处置。

（3）2014年，工业和信息化部本级有16次外事接待未按规定编制费用开支范围、资金来源、列支渠道等计划内容。

7.2014年，工业和信息化部本级召开的1个三类会议虚报参会人数24人，超标准支出会议费3.24万元；1个国际会议的部分项目超标准支出13.41万元。

8.政府采购管理方面存在的问题。

（1）2014年，工业和信息化部本级未经批准采取单一来源采购方式，委托所属工业和信息化部信息中心（以下简称信息中心）开展2个项目建设，涉及金额200万元。

（2）2013年，所属应急中心未执行政府采购程序，直接委托1家企业购买计算机和服务器等设备14.70万元。

9.2009年至2014年，工业和信息化部本级未及时发放人才特殊津贴，至2014年底结存1708万元，其中2014年134万元。

10.至2014年底，所属中国软件评测中心1个已结题项目课题净结余资金183.91万元，未按规定退回财政。

此外，工业和信息化部本级在编报2014年预算时，存在代非本部门预算单位编报预算，以及4个预算项目的申报文本未列明项目支出预算明细等问题。

（二）其他财政收支中存在的主要问题。

1.2013年9月，工业和信息化部自行批准所属中国机电设备招标中心（以下简称中招中心）办公业务楼修缮工程项目。至2014年底，实际完成改扩建面积3261平方米，总投资1059.76万元。

2.2010年至2014年，工业和信息化部本级4名退休人员未经批准在所属单位兼职取酬，其中2014年取得薪酬14.36万元；2011年至2014年，所属考试中心、人才交流中心、应急中心和中国中小企业发展促进中心的12名在职人员、1名退休人员未经批准，在本单位下属企业或协会兼职；2007年至2014年，所属中招中心3名干部违规在下属企业任职并持有股份，获取股利分红11.20万元。

3.违规收费3761.61万元。

（1）2013年至2014年，所属信息中心未经批准，自行组织职业技能培训和考试并发放其自行印制的职业技能证书，共收取培训费213.70万元（其中2014年170.95万元），存放在其下属企业，未纳入该中心法定账簿核算，至2014年底结余80.01万元。

（2）2014年，所属中国通信企业协会通信工程建设分会及其地方协会，违规收取考试和培训费3236.88万元；2013年至2014年，所属人才交流中心下属企业与其他单位合作，违规收取培训和考试费311.03万元，其中2014年137.18万元。

4.2014年，所属中国软件评测中心未经批准将2121.93平方米办公用房出租给部属机关服务中心，用于工业和信息化部机关办公用房周转，并收取租金309.86万元。

5.至2014年底，工业和信息化部本级有4个信息系统未纳入资产核算，涉及金额362.40万元；所属应急中心、考试中心和机关服务中心的76个系统平台或软件未纳入资产核算，涉及金额6531.38万元。

6.2013年至2014年，所属中招中心下属《中国招标》周刊社超过国家规定的代理费率标准，多支付广告代理费22.07万元；无偿提供广告宣传，少收取广告收入48.24万元。

7.2013年至2014年，所属中招中心向下属1

家企业派出119名派遣人员，未按规定将企业向上述派遣人员支付的劳务费5020.87万元纳入工资总额管理。

8.2013年至2014年，所属考试中心由其下属企业承担该中心8名员工薪酬250.89万元，其中2014年138.53万元。

（三）参与分配专项转移支付资金中存在的问题。

2014年，工业和信息化部将原2项中央财政转移支付专项资金整合为1项，但仍按原2项内容由2个司局分配管理，政策目标、资金投入方向和资金管理方式等均不一致，专项资金未进行实质性整合。

三、审计处理情况和建议

对上述问题，审计署已依法出具了审计报告、下达了审计决定书。对未经批准自行动用以前年度结余问题，要求严格执行预算管理有关规定；对有关所属单位任职人员在部本级领取工资和津补贴问题，要求予以纠正，并对此类问题进行全面清理；对当年项目支出用于购买下年服务、未经批准自行调剂使用预算资金、多列项目支出造成决算不实等问题，要求调整会计账目和决算（草案）；对因公出国（境）管理中存在的问题，要求加强管理，严格执行有关管理规定；对少清理上报公务用车问题，要求尽快组织清理补报；对公务接待未按规定编制计划问题，要求完善编制内容；对会议费管理中存在的问题，要求切实按照规定标准列支会议费；对政府采购管理方面的问题，要求严格执行政府采购相关规定；对结余资金未退回财政问题，要求相关单位及时退回；对违规批准办公业务楼修缮工程建设问题，要求严格执行基建项目审批规定，追究有关人员责任；对有关人员兼职取酬问题，要求责成相关单位按规定清理纠正；对自行组织培训考试收费并账外核算收入问题，要求全面清理规范职业资格考试和培训及收费，责成相关单位收回相关资金，并追究有关人员责任；对未经批准出租办公用房问题，要求履行审批手续；对部分资产未入账核算问题，要求组织清理并纳入财务核算；对所属单位广告收支管理不到位问题，要求予以纠正；对由下属企业承担人员费用问题，要求退还相关费用；对专项资金整合不到位问题，要求加大专项资金整合力度。

针对审计发现的问题，审计署建议：工业和信息化部应提高预算编制的科学性和预算执行的规范性，积极盘活财政存量资金，提高财政资金使用效益；提升依法管理和依法核算意识，保障各项资产及时合规入账核算；加强对所属单位的监管和检查，督促所属单位严格遵守财经法规。

四、审计发现问题的整改情况

对审计发现的问题，工业和信息化部正在组织进行整改。部本级已将6名在所属单位任职同时在部本级领取工资和津补贴人员的人事及工资关系调离；所属应急中心已经调整自行调剂使用的3.57万元相关会计账目；所属中国通信企业协会通信工程建设分会已经停止组织相关考试和培训；所属信息中心已停发相关职业技能证书；所属人才交流中心下属企业已停止考试报名工作；部本级、所属机关服务中心、应急中心和考试中心补记了少记的资产。具体整改结果由工业和信息化部向社会公告。

附表：1. 工业和信息化部2014年度财政拨款预算执行总体情况（略）

2. 工业和信息化部2014年度重点审计单位财政拨款预算执行情况（略）

国家民委2014年度预算执行情况和其他财政收支情况审计结果

根据《中华人民共和国审计法》的规定，2015年1月至3月，审计署对国家民委2014年度预算执行情况和其他财政收支情况进行了审计，重点审计了国家民委本级及所属中央民族大学（以下简称中央民大）、民族文化宫（以下简称民族宫）、中央民族歌舞团（以下简称民族歌舞团）等10个单位，并对有关事项进行了延伸审计。

一、基本情况

国家民委为中央财政一级预算单位，部门预算由委本级和21个二级预算单位的预算组成。财政部批复国家民委2014年度部门财政拨款预算支出为521089.63万元，国家民委决算（草案）反映的当年财政拨款支出480964.48万元，其部门预算与执行结果的差异额为40125.15万元，差异的具体情况及产生原因见附表1。

本次审计国家民委本级及所属单位2014年度财政拨款共计140200.85万元，占部门财政拨款总额的26.91%。审计查出预算执行中不符合财经制度规定的问题金额11968.70万元，其中2014年10798.33万元；其他财政收支方面不符合财经制度规定的问题金额30344.90万元。上述问题对国家民委2014年度预算执行结果的影响见附表2。

审计结果表明，国家民委本级及所属单位2014年度预算执行基本遵守了预算法和其他财经法规，财务处理基本符合会计法和财务制度的规定。

二、审计发现的主要问题

（一）预算执行中存在的主要问题。

1.2014年，国家民委本级未经批准动用以前年度财政拨款结余资金181.89万元。

2.2014年，国家民委本级和所属中央民大在3个项目中扩大开支范围，列支与项目无关的费用75.39万元。

3.2014年，所属民族歌舞团多报人数多申领项目经费250万元。

4.2014年，所属中央民族干部学院（以下简称民干院）、中国民族语文翻译中心（以下简称翻译中心）等5家单位未经批准自行调剂使用预算资金，将项目经费用于日常公用和出国费支出等720.45万元。

5.2012年，所属民干院以室外工程名义进行招标，建设室内文体设施等工程，涉及金额1110.87万元。

6.2014年，所属民族歌舞团以“劳务费”名义支付物业费150万元。

7.2014年，所属民族宫事业收入和其他收入超出预算3708万元、事业支出和其他支出超出预算3632.38万元，未按规定报国家民委和财政部备案。

8.2014年，所属民族歌舞团职工食堂建设项目前期论证不充分，造成直接经济损失15万元。

9.2014年，国家民委本级印刷费支出12.58万元未按规定进行政府集中采购；2007年，未按规定进行政府集中采购，直接与公司签订监测系统项目建设合同，涉及金额59.50万元。

10.2014年，国家民委本级虚列6个会议或培训班经费支出63.14万元。

11.2014年，所属中央民大和民族歌舞团将取得的网络服务、演出等收入在往来科目核算，造成少计收入1561.58万元。

12.“三公”经费管理方面存在的问题。

（1）2014年，国家民委本级及所属中央民大使用不合规票据报销出国费98.15万元；所属中央民大未经国家民委批准，自行组织人员持因私护照出国参加国际会议等，出国费支出191.58万元。

（2）2014年，所属离退休干部局超编制配备公务用车2辆。

13.2014年，国家民委本级和所属国家民委民族问题研究中心计划外召开三、四类会议13个；国家民委本级在非定点饭店召开会议8个、涉及金额87.49万元，在会议活动中违规安排宴请、支出5.62万元；所属民族宫违规在京外召开会议，涉及会议费3.10万元。

14.2014年，所属全国少数民族古籍整理研究室以前年度财政拨款结余资金41.98万元未按规定上报财政部。

（二）其他财政收支中存在的主要问题。

1.2012年至2014年，所属中央民大和民族宫应收未收体育设施和场地管理费231.50万元。

2.至2014年底，所属中央民大和民族宫往来科目余额5566.70万元长期挂账，未及时清理。

3.至2014年底，国家民委本级及所属翻译中心、中央民大等单位未将开发或购置的信息系统、软件及图书馆服务器设备等计入资产，涉及金额756.34万元。

4.2014年，所属中央民大少计对外投资1039万元。

5.至2014年底，所属民族宫装修改造工程项目未及时办理竣工财务决算，涉及金额16537.05万元。

6.至2014年底，所属民族宫固定资产台账反映的房屋类固定资产面积超出产权证书记载面积7128.94平方米。

7.2014年至2015年3月，所属民族宫未按规定办理相关手续修建临时设施，涉及金额1162.47万元。

8.2008年至2014年，所属民族宫未经批准出租房屋，收取租金和场地运行及管理费4882.10万元，其中2014年1090.1万元；2001年至2014年，所属中央民大未经批准，将房产提供给其下属集体企业无偿使用。

9.2014年，所属民干院和中央民大部分领导干部办公用房面积超过规定标准139.46平方米。

（三）参与分配专项转移支付资金中存在的问题。

2014年，国家民委对中央财政专项转移支付项目安排缺乏有效监管，9个省的民族事务部门未按照规定将资金具体项目安排情况报送国家民委备案。

三、审计处理情况和建议

对上述问题，审计署已依法出具了审计报告、下达了审计决定书。对未经批准动用以前年度结余资金问题，要求严格按规定报批；对扩大项目支出范围、未经批准自行调剂使用预算资金、以“劳务费”名义支付物业费、预算支出不实等问题，要求调整有关会计账目和决算（草案）；对多报人数申请项目经费问题，要求予以纠正；对以室外工程名义建设室内工程问题，要求依法依规追究相关人员的责任，杜绝此类问题发生；对预算收支调整未备案问题，要求严格按照规定报备；对前期论证不充分造成直接经济损失问题，要求今后编报项目预算要充分研究和论证，避免盲目决策造成损失浪费；对政府采购管理方面存在的问题，要求切实执行政府采购制度规定；对少计收入、少计资产、少计对外投资问题，要求调整有关会计账目；对出国费存在的问题，要求今后严格执行因公出国（境）管理规定；对公务用车存在的问题，要求将多配备的公务用车上交国管局；对会议费存在的问题，要求今后严格执行会议费管理规定；对专项经费结余未纳入结余资金管理问题，要求将结余资金清理补报财政部，并根据财政部审核意见处置；对应收未收体育设施和场地管理费问题，要求尽快收回；对往来款未及时清理问题，要求及时清理；对未及时办理竣工财务决算问题，要求尽快办理；对房屋资产账、证不符问题，要求尽快清理登记房屋资产并按规定进行核算；对未按规定办理相关手续修建临时设施问题，要求办理相关手续；对未经批准出租出借房屋问题，要求按规定报批；对领导干部超面积使用办公用房问题，要求按规定进行纠正整改；对项目安排缺乏有效监管问题，要求加大督促力度。

针对审计发现的问题，审计署建议：国家民委应进一步规范预算编报和执行管理，加强基本建设项目和资产管理，切实规范“三公”经费和会议费管理，并强化对所属单位的监管。

四、审计发现问题的整改情况

对审计发现的问题，国家民委正在组织进行整改。国家民委本级已将未召开的部分会议的会议费退回；所属民干院和中央民大已对超标准办公用房进行了整改；所属民族歌舞团已将少计的298万元收入补计收入；所属中央民大已将未经批准自行调剂使用的预算资金47.39万元进行了账目调整，将少计收入中的800万元计作收入，将少计的固定资产补计资产。具体整改结果由国家民委向社会公告。

附表：1. 国家民委2014年度财政拨款预算执行总体情况（略）

2. 国家民委2014年度重点审计单位财政拨款预算执行情况（略）

公安部2014年度预算执行情况和其他财政收支情况审计结果

根据《中华人民共和国审计法》的规定，2015年1月至3月，审计署对公安部2014年度预算执行情况和其他财政收支情况进行了审计，重点审计了公安部本级和所属中国人民公安大学（以下简称公安大学）、公安部道路交通安全研究中心等2个单位，并对有关事项进行了延伸审计。

一、基本情况

公安部为中央财政一级预算单位，部门预算由部本级和40个二级预算单位的预算组成。审计结果表明，公安部本级和本次审计的所属单位2014年度预算执行基本遵守了预算法及相关法律法规，会计处理基本符合会计法及有关会计制度规定，财务管理水平进一步提高。

二、审计发现的主要问题

（一）预算执行中存在的主要问题。

1.2014年，所属公安大学未将科研课题费收入1644万元和对附属单位经费补助支出596万元编入当年部门预算。

2.2014年，公安部本级未经批准，在项目经费中列支与项目无关支出590.45万元。

3.2012年至2014年，所属中国人民公安出版社挪用项目经费支出552.56万元，用于弥补生产经营成本，其中2014年158.27万元。

4.2013年和2014年，公安部本级未执行政府采购程序，直接指定1家公司印刷宣传资料，支付印刷费64.94万元，其中2014年32.40万元。

5.2014年，所属公安大学虚列科研事业支出939.49万元，在往来科目挂账。

6.2014年，所属机关服务中心未按规定将产权为公安部的房屋出租收入30万元上缴国库；所属公安大学未按规定将当年收取的部分学费、住宿费等教育收费1013.27万元上缴财政。

7.2010年至2014年，所属公安大学违规借用下属企业2辆车辆。

（二）其他财政收支中存在的主要问题。

1. 至2014年底，3家所属事业单位17名领导干部办公用房超出规定标准共计325.82平方米。

2.2011年至2014年，所属中国安全防范产品行业协会违规委托中介机构承担安防工程企业资质评定，并向相关企业收取资质评定及年审服务费1184万元，其中2014年300.10万元。

3. 至2014年底，公安部储备中心尚未办理事业单位法人登记，也未取得事业单位法人证书。

（三）参与分配专项转移支付资金中存在的问题。

2014年，公安部向财政部提出的1项专项转移支付资金使用方案中，未将部分可量化指标作为分配计算因素。

三、审计处理情况和建议

对上述问题，审计署已依法出具了审计报告、下达了审计决定书。对预算编报不完整问题，要求严格据实编报并执行预算；对未经批准自行调剂使用预算资金问题，要求严格按预算法及相关规定执行，调整有关会计账目和决算（草案）；对挪用项目经费问题，要求将资金归还原渠道，调整有关会计账目和决算（草案）；对未按规定执行政府采购程序问题，要求加强政府采购管理，严格执行政府采购程序；对虚列支出问题，要求调整有关会计账目和决算（草案）；对房屋出租收入和教育收费未及时上缴财政问题，要求按规定尽快上缴；对长期借用下属单位车辆问题，要求归还借用车辆；对所属事业单位领导干部办公用房面积超标准问题，要求按规定清理腾退；对违规委托中介机构承担资质评定并收费问题，要求予以纠正，停止违规收费；对未及时办理事业单位法人登记问题，要求尽快组织办理；对专项转移支付资金分配中的问题，要求全面按因素法测定专项资金分配方案。

针对审计发现的问题，审计署建议：公安部应严格执行预算管理相关规定，强化预算管理，规范预算编制，按照预算支出范围使用资金，增强预算约束力，进一步落实中央关于党政机关厉行节约的要求，提高财政资金使用效益。

四、审计发现问题的整改情况

对审计发现的问题，公安部正在组织进行整改。部本级已将调剂使用的预算资金归还原资金渠道15.48万元，将30万元房租收入上缴国库；所属公安大学已对虚列支出939.49万元问题调整了有关会计账目和决算（草案），已将1013.27万元教育收费上缴财政，归还了长期借用下属企业的2辆汽车；2个所属事业单位部分领导干部超标办公用房已进行了腾退。具体整改结果由公安部向社会公告。

民政部2014年度预算执行情况和其他财政收支情况审计结果

根据《中华人民共和国审计法》的规定，2015年1月至3月，审计署对民政部2014年度预算执行和其他财政收支情况进行了审计，重点审计了民政部本级和所属一零一研究所、机关服务局、地名研究所等7个单位，并对有关事项进行了延伸审计。

一、基本情况

民政部为中央财政一级预算单位，部门预算由部本级和14个二级预算单位的预算组成。财政部批复民政部2014年度部门财政拨款预算支出为

179042.05万元（含政府性基金预算，下同），民政部决算（草案）反映的当年财政拨款支出128645.97万元，其部门预算与执行结果的差异总额为50396.08万元，差异的具体情况及产生原因见附表1。

本次审计民政部本级及所属单位2014年度财政拨款共计163574.09万元，占部门财政拨款总额的91.36%。审计查出预算执行中不符合财经制度规定的问题金额263.39万元，其中2014年216.52万元；其他财政收支方面不符合财经制度规定的问题金额865.30万元。上述问题对民政部2014年度预算执行结果的影响见附表2。

审计结果表明，民政部本级及本次审计的所属单位2014年度预算执行基本遵守了预算法和其他财经法规，财务管理和会计核算基本符合会计法及有关财会制度规定，能够认真整改审计发现的问题。

二、审计发现的主要问题

（一）预算执行中存在的主要问题。

1. 未经批准自行调剂使用预算资金128.39万元。

（1）2014年，民政部本级在项目经费中列支基本支出27.74万元；所属机关服务局在公车购置和运行费中列支聘用人员工资等支出43.19万元。

（2）2010年至2014年，所属一零一研究所在科研项目经费中列支公务接待费45.86万元，其中2014年1.23万元。

（3）2013年至2014年，所属信息中心在基本支出中列支应由职工缴纳的个人所得税11.60万元，其中2014年9.36万元。

2.2014年，民政部本级的11个会议未在定点饭店召开；2个三类会议人数分别超过规定标准58人和16人。

3.2014年，所属一零一研究所未经公开招投标，直接确定1家公司开发数据查询系统，涉及金额135万元。

（二）其他财政收支中存在的主要问题。

1.2013年至2014年，所属北京社会管理职业学院未经批准，违规收取民政行业职业鉴定考务费、培训费、鉴定费196.28万元，其中2014年38.98万元。

2.2013年至2014年，所属一零一研究所使用不合规发票报销科研项目经费178.15万元，以科研奖励、过节费等名义向职工发放补贴，其中2014年92.25万元；2014年还在2个科研项目经费中直接列支69.12万元，向职工发放岗位津贴、科研津贴。

3.2014年，所属地名研究所在基本支出等经费中列支13.35万元，向职工发放过节费。

4.2014年，所属国家减灾中心99名事业编制员工以通讯员劳务费、审读费等名义，违规从该中心下属杂志社领取补贴286.17万元。

5.2014年，所属机关服务局将经营支出在往来科目核算，少计经营支出105.27万元。

6.2014年，所属低收入家庭认定和指导中心未按规定代扣代缴个人所得税，涉及应纳税所得额16.96万元。

7. 至2014年底，民政部未按要求对定级为等级保护三级的彩票公益金信息系统设定异地数据备份功能，当年未对3个等级保护三级的信息系统进行年度等级测评；部本级有19个在用和在建的信息系统未进行安全等级保护定级。

（三）参与分配专项转移支付资金中存在的问题。

2014年，民政部将11项中央专项转移支付资金整合为3项，但1个专项内包含多项资金，且资金仍按原有的11项进行管理，政策目标、使用对象、资金用途等均与整合前一致，未进行实质性整合。

三、审计处理情况和建议

对上述问题，审计署已依法出具了审计报告、下达了审计决定书。对未经批准自行调剂预算资金问题，要求调整有关会计账目和决算（草案），今后严格按照批复的预算使用财政资金；对会议管理中存在的问题，要求严格执行会议管理有关规定；对未执行政府采购直接确定供应商问题，要求今后严格执行政府采购有关规定；对违规收费问题，要求予以纠正，严格执行国家关于考试收费的相关规定；对违规发放过节费问题，要求相关单位收回违规发放的过节费，调整有关会计账目和决算（草案），并按规定追究有关人员的责任；对违规从下属企业领取津贴补贴问题，要求调整有关会计账目和决算（草案），严格执行中央关于加强工资管理的通知精神，确保今后不再发生此类问题；对少计经营支出问题，要求调整有关会计账目和决算（草案），确保会计信息真实；未按规定代扣代缴个人所得税，要求予以纠正；对信息系统管理中存在的问题，要求尽快确定信息系统安全保护等级，按规定对有关信息系统进行定期等级测评，做好数据备份；对参与分配专项转移支付资金中存在的问题，要求进一步加强专项转移支付清理整合。

针对审计发现的问题，审计署建议：民政部应严格遵守相关制度规定和财经纪律，加强专项转移支付清理整合和信息系统管理。

四、审计发现问题的整改情况

对审计发现的问题，民政部正在组织进行整改。所属信息中心收回了代职工缴纳的个人所得税，调整了有关会计账目；所属低收入家庭认定和指导中心补缴了职工个人所得税。具体整改结果由民政部向社会公告。

附表：1. 民政部 2014 年度财政拨款预算执行总体情况（略）

2. 民政部 2014 年度重点审计单位和财政拨款使用情况（略）

司法部 2014 年度预算执行情况和其他财政收支情况审计结果

根据《中华人民共和国审计法》的规定，2015 年 1 月至 3 月，审计署对司法部 2014 年度预算执行情况和其他财政收支情况进行了审计，重点审计了部本级和所属机关服务局、司法研究所等 5 个单位，并对有关事项进行了延伸审计。

一、基本情况

司法部为中央财政一级预算单位，部门预算由部本级和 13 个二级预算单位的预算组成。财政部批复司法部 2014 年度部门财政拨款预算支出为 56368.32 万元（含政府性基金预算，下同），司法部决算（草案）反映的当年财政拨款支出 45196.38 万元，其部门预算与执行结果的差异总额为 11171.94 万元，差异的具体情况及产生原因见附表 1。

本次审计司法部本级及所属单位 2014 年度财政拨款共计 28780.18 万元，占部门财政拨款总额的 51.06%。审计查出预算执行中不符合财经制度规定的问题金额 5399.92 万元，其中 2014 年 2363.21 万元；其他财政收支方面不符合财经制度规定的问题金额 2636.37 万元。上述问题对司法部 2014 年度预算执行结果的影响见附表 2。

审计结果表明，司法部本级和本次审计的所属单位 2014 年度预算执行基本遵守了预算法和其他法律法规，财务管理和会计核算基本符合会计法及相关会计制度规定，内部管理和控制不断强化，认真整改以前年度审计发现的问题。

二、审计发现的主要问题

（一）预算执行中存在的主要问题。

1. 司法部 2014 年度部门预算编报不完整，有 7 个经费自理事业单位未编报预算；1 个行政单位、1 个财政补助事业单位和 1 个经费自理事业单位仅编报了财政资金预算，未编报全口径收支预算。

2. 2014 年，司法部本级未经批准，在项目经费中列支与项目无关的会议费等支出 83 万元。

3. 2009 年，司法部未经公开招标，直接将办公楼装修工程对外发包，涉及金额 2950 万元。

4. 至 2014 年底，司法部财政拨款结转结余资金中有 2207.03 万元为 2012 年及以前年度项目结转资金，未作为结余资金进行清理上报。

5. “三公”经费管理方面存在的问题。

（1）2014 年，司法部未按规定事前公示出国团组和人员信息，也未在团组回国后 1 个月内公布出访报告等；审批的 3 个出国团组出国人数和境外停留天数超过规定标准；部本级 5 个出国团组超标准列支工杂费 13.46 万元，2 个团组超标准列支住宿费 1.31 万元；所属中华全国律师协会 2 名工作人员赴西班牙组织培训任务期间，未经报批前往比利时执行公务。

（2）2014 年，司法部本级国内公务接待均无派出单位公函，公务活动结束后未严格按规定填写接待清单。

（3）2014 年，所属司法研究所超预算列支公务用车运行维护费 2.02 万元。

6. 2014 年，司法部本级有 5 个会议未在定点饭店召开，支出会议费 44.58 万元；在酒店召开 2 个应在内部会议室召开的四类会议，并为参会代表安排食宿，支出会议费 3.23 万元；3 个四类会议参会人员超出规定人数共计 26 人，多支出会议费 1.93 万元；4 个会议时间超出规定天数共计 6 天，多支出会议费 6.65 万元。2013 年 9 月，司法部本级 1 个会议超范围支付住宿费等 13.45 万元，超标准支出场租费等 73.26 万元。

此外，司法部本级还存在代所属中国监狱工作协会、中华全国律师协会编报预算的问题。

（二）其他财政收支中存在的主要问题。

1. 至 2014 年底，司法部本级 2010 年建成投入使用的新办公楼及 1996 年建成并交付使用的京莲饭店东楼，尚未办理竣工财务决算、未计入固定资产；产权归属司法部的离退休干部局 2 处活动中心也未计入本级固定资产。

2. 至 2014 年底，司法部本级在往来科目长期挂账 844.62 万元，未及时清理。

3. 2013 年 6 月，所属机关服务局未经批准，以合作经营方式变相出租产权为司法部的 1 处房产，2014 年取得收益 490 万元，未按规定上缴国库。

4. 至 2014 年底，所属国家司法考试中心未及时收缴各地欠缴的“国家司法考试考务费”1145.19 万元，其中 2014 年 167.1 万元。

5. 2014 年 7 月至 12 月，司法部 3 名退休人员在 2 家所属单位兼职取酬 5.65 万元；所属司法部法律援助中心 2 名干部长期在中国法律援助基金会兼职取酬，至 2014 年底累计领取报酬 82.93 万元，其中 2014 年 17.16 万元。

6. 2014 年 5 月，所属中国法律援助基金会、中国法学会法制文学研究会与 1 家企业共同设立了 1 项专项基金。至 2014 年底，该企业挪用基金 67.98 万元，其中出借给 4 名个人 64 万元。审计期间，上述借款已归还。

三、审计处理情况和建议

对上述问题，审计署已依法出具了审计报告、下达了审计决定书。对部门预算编报不完整问题，要求完整编报部门预算；对未经批准在项目经费中列支与项目无关费用问题，要求按预算法及相关规定执行，调整有关会计账目和决算（草案）；对办公楼装修工程未公开招标问题，要求今后严格执行工程项目招标程序；对结余资金清理不到位问题，要求将资金清理补报财政部，并根据财政部审核意见处置；对“三公”经费管理中存在的问题，要求严格执行信息公开规定，加强审批把关，严格控制出访团组人数、时间和费用支出标准，严肃外事纪律，规范公务接待管理，严格执行预算；对会议管理存在的问题，要求严格执行会议费开支范围和标准，切实执行相关管理规定；对办公楼建设项目未及时办理竣工财务决算问题，要求尽快办理竣工财务决算，办理相关房产入账手续；对往来款长期挂账问题，要求组织进行清理；对房屋出租收入未上缴问题，要求按规定上缴国库；对未及时收缴司法考试考务费问题，要求尽快收缴并上缴国库；对部分退休和在职干部兼职取酬问题，要求按规定清理纠正；对中国法律援助基金会监管不严导致专项基金被挪用问题，要求加强对基金的监督，杜绝此类问题再次发生。

针对审计发现的问题，审计署建议：司法部应准确核定预算编报范围，严格执行预算支出相关规定，强化“三公”经费和会议费预算管理；加强资产管理，理顺产权关系，尽快办理竣工财务决算等相关手续，及时清理长期挂账的往来款，加强行政事业性收费、房产经营收益等非税收入管理。

四、审计发现问题的整改情况

对审计发现的问题，司法部正在组织进行整改。具体整改结果由司法部向社会公告。

附表：1. 司法部 2014 年度财政拨款预算执行总体情况（略）

2. 司法部 2014 年度重点审计单位财政拨款预算执行情况（略）

财政部 2014 年度预算执行情况和其他财政收支情况审计结果

根据《中华人民共和国审计法》的规定，2015 年 1 月至 3 月，审计署对财政部 2014 年度预算执行情况和其他财政收支情况进行了审计，重点审计了财政部本级和所属机关服务中心、干部教育中心、中国注册会计师协会等 11 个单位，并对有关事项进行了延伸审计。

一、基本情况

财政部为中央财政一级预算单位，部门预算由部本级和59个二级预算单位的预算组成。财政部批复本部门2014年度部门财政拨款预算支出为261912.56万元，财政部决算（草案）反映的当年财政拨款支出210232.28万元，其部门预算与执行结果的差异总额为51680.28万元，差异的具体情况及产生原因见附表1。

本次审计财政部本级及所属单位2014年度财政拨款共计170687.96万元，占部门财政拨款总额的65.17%。审计查出预算执行中不符合财经制度规定的问题金额1375.92万元，其中2014年1331.58万元；其他财政收支方面不符合财经制度规定的问题金额2787.52万元。上述问题对财政部2014年度预算执行结果的影响见附表2。

审计结果表明，财政部本级及本次审计的所属单位2014年度预算执行基本遵守了预算法和相关财经法规，财务管理和会计核算基本符合会计法及相关会计制度规定，不断强化内部管理和控制，对以前年度审计发现的问题积极进行了整改。

二、审计发现的主要问题

（一）预算执行中存在的主要问题。

1.2014年，财政部为所属2家经费自理事业单位安排基本支出人员经费预算129.34万元。

2.2014年，所属信息网络中心未经批准，自行调剂事业运行经费预算15.65万元用于职工购房补贴，调剂公用经费预算248.27万元用于人员经费；所属会计资格评价中心未经批准，调剂公用经费预算42.50万元，用于增编而增加的人员经费。

3.2014年，所属中国注册会计师协会未经批准采用单一来源采购方式，自行确定中国注册会计师考试评卷工作承担单位，支付合同价款796万元。

4.“三公”经费管理方面存在的问题。

（1）2014年，财政部本级和所属中国注册会计师协会一行6人赴意大利参加国际会议，其中财政部1名参会人员的出国费6.24万元由中国注册会计师协会承担。

（2）2014年9月，所属中国注册会计师协会派2人赴意大利罗马参加国际会议，参会人员绕道3个国家的4个城市且超期停留5天；派2人赴美国纽约参加国际会议，其中1名参会人员绕道华盛顿且超期停留4天。

（3）财政部本级公务用车由所属机关服务中心代管，该中心未对公车运行维护费实行单车核算，财政部本级也未按规定据实结算，2014年按年初预算支付给该中心371.57万元。

5.2014年3月，财政部有关司局委托干部教育中心承办会议，并由该中心承担会议费8.53万元。

6.2013年至2014年，所属干部教育中心在6个培训班尚未举办的情况下，虚列培训费129.39万元，其中2014年85.05万元。

此外，所属信息网络中心3个项目的项目申报文本中未编制政府采购明细预算，涉及金额5520万元。

（二）其他财政收支中存在的主要问题。

1.2012年至2014年，所属中国注册会计师协会从2家出版社取得稿酬现金收入447.19万元（其中2014年154.47万元），未纳入法定账簿核算，主要用于支付稿酬和向协会工作人员发放劳务费、审稿稿酬等，至2015年3月底，余额11.54万元。

2.2014年，所属信息网络中心自行开发的信息系统和购置的硬件设备未纳入资产管理，涉及金额175.10万元。

3.2014年，所属机关服务中心未按规定上缴代财政部收取的房屋出租收入262.55万元，从中坐支医药费14.15万元。

4.2012年至2014年，所属机关服务中心将收到的北京德宝会议中心承包费及按照合同约定返还承包单位维修改造费在往来科目核算，造成少计收入990万元、少计支出600万元，其中2014年少计收入330万元、少计支出200万元。

5.2014年，所属北京国家会计学院、上海国家会计学院和厦门国家会计学院等3家单位在尚未取得收费许可证的情况下，收取研究生学费等共计912.68万元。

6.2013年，所属中国财政经济出版社未经集体决策，将93.71平方米办公用房无偿提供给其下属企业使用。

三、审计处理情况和建议

对上述问题，审计署已依法出具了审计报告、下达了审计决定书。对为经费自理事业单位安排人员经费问题，要求严格按相关规定执行；对未经批准自行调剂使用预算资金问题，要求调整有关会计账目和决算（草案），并根据编制调整情况落实经费预算；对未按政府采购程序购买服务问题，要求今后严格执行政府采购相关规定；对由所属单位承担出国费问题，要求退回相关费用，调整有关会计账目和决算（草案），今后加强出国费管理；对出国团组绕道且超期停留问题，要求今后加强出国团组管理，严格执行相关规定；对公务用车中存在的问题，要求加强公务用车管理，实行单车核算并据实结算公务用车运行维护费；对由所属单位承担会议费问题，要求退还干部教育中心会议费，调整有关会计账目和决算（草案）；对虚列培训费问题，要求今后加强培训管理，据实结算培训费；对稿酬领取、管理、发放不规范问题，要求今后规范稿酬管理，严格按照相关规定领取、管理和发放稿酬；对少计资产问题，要求将资产补记入账；对未按规定上缴房屋出租收入问题，要求上缴房屋出租收入，调整有关会计账目和决算（草案）；对少计收支问题，要求调整有关会计账目和决算（草案）；对未经许可收取研究生学费问题，要求按规定办理收费许可证，实行“收支两条线”管理；对将办公用房无偿提供给下属企业使用问题，要求予以纠正，追回应收取的房租。

针对审计发现的问题，审计署建议：财政部应严格执行预算，规范预算收支行为，切实加强“三公”经费、会议费管理，改进公车费用和培训费核算办法，完善结算制度；督促所属单位建立健全内部控制制度，规范会计核算和财务收支行为；加强非税收入和国有资产管理，严格执行“收支两条线”规定。

四、审计发现问题的整改情况

对审计发现的问题，财政部正在组织进行整改。所属机关服务中心已将北京德宝会议中心990万元承包费调账计入“经营收入”，将143.93万元房租收入上缴国库。具体整改结果由财政部向社会公告。

附表：1. 财政部2014年度财政拨款预算执行总体情况（略）

2. 财政部2014年度重点审计单位财政拨款预算执行情况（略）

人力资源社会保障部2014年度预算执行情况和其他财政收支情况审计结果

根据《中华人民共和国审计法》的规定，2015年1月至3月，审计署对人力资源社会保障部2014年度预算执行情况和其他财政收支情况进行了审计，重点审计了人力资源社会保障部本级和所属信息中心、全国人才流动中心、中国高级公务员培训中心等5个单位，并对有关事项进行了延伸审计。

一、基本情况

人力资源社会保障部为中央财政一级预算单位，部门预算由部本级和27个二级预算单位的预算组成。财政部批复人力资源社会保障部2014年度部门财政拨款预算支出为336896.42万元，人力资源社会保障部决算（草案）反映的当年财政拨款支出258593.31万元，其部门预算与执行结果的差异总额为78303.11万元，差异的具体情况及产生原因见附表1。

本次审计人力资源社会保障部本级及所属单位2014年度财政拨款共计207906.86万元，占部门财政拨款总额的61.71%。审计查出预算执行中不符合财经制度规定的问题金额20861.90万元，其中2014年1721.33万元；其他财政收支方面不符合财经制度规定的问题金额1544.29万元。上述问题对人力资源社会保障部2014年度预算执行结果的影响见附表2。

审计结果表明，人力资源社会保障部本级及本次审计的所属单位2014年度预算执行基本遵守了预算法和相关财经法规，财务管理和会计核算基本符合会计法和相关会计制度规定，不断完善内部控制制度，强化预算和财务管理，对所属单位加强内部审计，认真整改以前年度审计发现的问题。

二、审计发现的主要问题

（一）预算执行中存在的主要问题。

1.2012年至2014年，人力资源社会保障部本级外事服务收入 623.71 万元（其中 2014 年 19.94 万元）及拨付所属单位等支出 570 万元（其中 2014 年 80 万元），均未纳入部门预算管理。

2. 未经批准自行调剂使用预算资金 243.32 万元。

（1）2013 年至 2014 年，人力资源社会保障部本级在项目经费中列支与项目无关支出 47.05 万元，在基本支出中列支所属文印室超编人员经费 131.18 万元。

（2）2014 年，所属全国人才流动中心、中国高级公务员培训中心在项目经费中列支与项目无关支出 35.09 万元；所属中国人事报刊社在房屋租赁费项目中列支其他支出 30 万元。

3. 虚列支出 48.38 万元。

（1）2009 年至 2014 年，人力资源社会保障部本级及所属宣传中心、中国劳动社会保障出版社虚列会议费等 25.38 万元，用于与会议无关的消费 24.31 万元，至 2014 年底余额 1.07 万元结存在酒店。

（2）2014 年，所属宣传中心在编写出版项目经费中虚列支出 23 万元，拨付给中国劳动社会保障出版社。

4.2014 年，所属全国人才流动中心人员经费支出超预算 46.87 万元。

5.2013 年，人力资源社会保障部本级未经招标，签订事业单位办公楼改造项目造价咨询合同 60.09 万元；2014 年，未经招标将 3 个项目委托所属中国就业培训技术指导中心等单位实施，涉及金额 614.1 万元。

6. 至 2014 年底，人力资源社会保障部本级委托所属社会保障研究所等单位承担的 17 个课题研究项目未按期结题，涉及金额 169 万元。

7. “三公”经费管理方面存在的问题。

（1）2014 年，人力资源社会保障部本级未经批准在计划外组织 1 个出国团组，在项目经费中列支 6.58 万元用于支付外单位人员出国费；所属教育培训中心在已安排境外培训费财政预算的情况下，向 3 家单位收费 12.7 万元用于赴德国培训。

（2）人力资源社会保障部本级长期占用所属单位车辆 1 辆；所属全国人才流动中心长期占用下属企业车辆 4 辆，2014 年下属企业承担车辆运行维护费用 14.89 万元。

（3）2014 年，人力资源社会保障部本级 11 个外事接待团发生租车费用 8.65 万元，未与汽车租赁公司签订汽车租赁合同；所属宣传中心超预算列支公务用车运行维护费 2.94 万元。

8.2014 年，人力资源社会保障部本级未经批准，计划外召开 12 个会议、会议费支出 79.90 万元；在不符合规定的饭店召开 5 个会议，会议费支出 20.22 万元。2012 年至 2013 年，部本级在 2 个会议中宴请与会人员 2 次，支出 2.09 万元。

9. 至 2014 年底，人力资源社会保障部 79 个项目 2012 年及以前年度结转资金 17879.81 万元，所属信息中心 3 个项目结余资金 39.51 万元，均未作为结余资金上报财政部。

10. 至 2014 年底，人力资源社会保障部本级未及时进行会计核算，造成财务账面反映的基建结转结余比决算报表少 419.14 万元。

（二）其他财政收支中存在的主要问题。

1.2012 年至 2014 年，所属中国高级公务员培训中心将收到的财政补助经费 300 万元和教育咨询服务费 150 万元在往来科目核算，未计作收入。

2. 至 2014 年底，所属全国人才流动中心开发建设的 2 个信息系统未计入资产，涉及金额 30.94 万元。

3.2012 年至 2013 年，所属宣传中心在已安排财政专项资金且未办理广告经营许可证的情况下，在编辑出版的年鉴中发布广告并取得广告收入 303.24 万元，存放在中国劳动社会保障出版社。至 2015 年 3 月底，支付广告代理费等 202.73 万元，结存 100.51 万元。

4. 至 2014 年底，原人事部和原劳动保障部合并前 6 个基建项目已完工投入使用，尚未办理竣工财务决算。

5.2014 年，人力资源社会保障部有 65 人未经审批或备案在部内外社会团体兼职；部本级及所属社会保险事业管理中心等单位另有 20 人在部内外社会团体兼职取酬 90.11 万元。

6. 至 2014 年底，所属文印室和社会保障能力建设中心人员分别超编 16 人和 6 人。

7.2014 年，所属信息中心未经公开招标，指定地方人力资源社会保障部门从 3 家公司购买

PSAM 卡 19 万张，涉及金额 670 万元。

（三）参与分配专项转移支付资金中存在的问题。

2014 年，人力资源社会保障部参与分配的就业专项转移支付资金在实际执行中又分为 4 个细项，分别由 3 个司局的 4 个处室进行分配，且资金申报审批程序、分配方式、管理办法等都由各资金分配部门分头管理，未整合到位。

三、审计处理情况和建议

对上述问题，审计署已依法出具了审计报告、下达了审计决定书。对预算编报不完整问题，要求按规定将全部收支纳入预算；对未经批准自行调剂使用预算资金问题，要求调整有关会计账目和决算（草案）；对虚列支出问题，要求进行清理，追回结存在酒店和中国劳动社会保障出版社的财政资金，调整有关会计账目和决算（草案）；对人员经费超预算支出问题，要求严格按照预算执行；对未按规定执行政府采购问题，要求严格执行政府采购有关规定；对课题研究项目未按期结题问题，要求加强对课题研究项目执行情况的管理和监督检查，确保项目按期完成；对计划外组织出国团组问题，要求加强出国计划管理，严格执行报批程序；对为其他单位承担出国费问题，要求加强出国费使用的监督管理，杜绝此类问题再次发生；对由外单位负担出国费问题，要求退回相关费用，调整有关会计账目和决算（草案）；对占用所属单位车辆问题，要求归还占用车辆并退还有关费用；对公务接待用车租赁未签订合同问题，要求严格按规定执行；对公务用车运行维护费超预算问题，要求严格按照预算执行；对计划外召开会议问题，要求严格按规定执行；对在不符合规定的饭店召开会议问题，要求对类似问题进行清理；对会议期间宴请问题，要求切实执行会议费开支范围；对结余资金清理不到位问题，要求对结转结余资金清理补报财政部，并根据财政部审核意见处置；对账表不符问题，要求找出差异原因，调整有关会计账目和决算（草案）；对少计收入问题，要求调整有关会计账目和决算（草案）；对软件资产未计入资产问题，要求对现有软件进行清理并计入资产，调整有关会计账目和决算（草案）；对违规收取广告收入问题，要求纠正利用出版年鉴收取广告费的行为，收回存放在中国劳动社会保障出版社的资金，调整有关会计账目和决算（草案），并按规定追究相关人员的责任；对未按规定办理基建项目竣工财务决算问题，要求按规定办理竣工财务决算；对领导干部违反规定在社会团体兼职取酬问题，要求相关人员履行兼职报批手续，并退还兼职所获报酬；对超编制配备人员问题，要求严格执行有关规定；对指定购买 PSAM 卡问题，要求予以纠正；对就业专项转移支付资金清理整合不到位问题，要求商财政部对上述专项转移支付资金进一步清理、整合和规范。

针对审计发现的问题，审计署建议：人力资源社会保障部应增强预算编制的完整性，规范政府采购行为，加强“三公”经费和会议费管理，督促所属单位加强财务收支管理。

四、审计发现问题的整改情况

对审计发现的问题，人力资源社会保障部正在组织进行整改。部本级及有关所属单位已收回结存在酒店的会议费余额；所属中国高级公务员培训中心已将 450 万元确认收入，并调整了相关会计账目和决算（草案）；63 名在部属社团兼职人员已履行备案手续。具体整改结果由人力资源社会保障部向社会公告。

附表：1. 人力资源社会保障部 2014 年度财政拨款预算执行总体情况（略）

2. 人力资源社会保障部 2014 年度重点审计单位财政拨款预算执行情况（略）

国土资源部 2014 年度预算执行情况和其他财政收支情况审计结果

根据《中华人民共和国审计法》的规定，2015 年 1 月至 3 月，审计署对国土资源部 2014 年度预算执行情况和其他财政收支情况进行了审计，重点审计了国土资源部本级和所属中国地质调查局、中国地质博物馆、国土资源部信息中心（以下简称信息中心）等 18 个单位，并对有关事项进行了延伸审计。

一、基本情况

国土资源部为中央财政一级预算单位，部门

预算由部本级和67个二级预算单位的预算组成。财政部批复国土资源部2014年度部门财政拨款预算支出为1165671.62万元（含政府性基金预算，下同），国土资源部决算（草案）反映的当年财政拨款支出906018.04万元，其部门预算与执行结果的差异总额为259653.58万元，差异的具体情况及产生原因见附表1。

本次审计国土资源部本级及所属单位2014年度财政拨款共计680174.17万元，占部门财政拨款总额的58.35%。审计查出预算执行中不符合财经制度规定的问题金额44510.09万元，其中2014年2902.41万元；其他财政收支方面不符合财经制度规定的问题金额5286.58万元。上述问题对国土资源部2014年度预算执行结果的影响见附表2。

审计结果表明，国土资源部及本次审计的所属单位2014年度预算执行基本遵守了预算法和其他财经法规，财务管理和会计核算基本符合会计法及有关财会制度规定，及时组织修订完善相关规章制度，强化预算执行主体责任，促进提高预算执行水平，积极督促有关单位整改审计发现的问题。

二、审计发现的主要问题

（一）预算执行中存在的主要问题。

1.2014年12月，国土资源部主管的中国土地估价师协会在土地估价师准入类职业资格被取消、且未获批调整的情况下，仍申报并获得“土地估价师考试”财政项目预算资金100万元。

2.2014年，国土资源部本级及所属中国地质调查局油气资源调查中心（以下简称油气资源调查中心）等10家单位未经批准，自行调剂使用预算资金2473.78万元。

3.2014年，所属信息中心、中国地质调查局发展研究中心挪用项目资金8.10万元，用于发放优秀业务成果和论文奖及支付横向项目费用等。

4.“三公”经费管理方面存在的问题。

（1）2014年，所属中国土地勘测规划院2名人员出国费用3.87万元由中国土地学会承担；所属中国地质调查局无预算列支出国（境）费用23.03万元。

（2）2013年至2014年，所属国土资源部人力资源开发中心下属外事咨询服务中心向部本级和所属单位收取代办护照和签证服务费218.91万元（其中2014年103.68万元），主要用于弥补人员经费不足。

（3）2013年至2014年，所属国土资源部机关服务局（以下简称机关服务局）、中国国土资源航空物探遥感中心（以下简称航遥中心）占用下属单位车辆共计7辆。

5.会议费管理方面存在的问题。

（1）2014年，国土资源部本级、所属机关服务局和中国地质环境监测院（以下简称环境监测院）计划外召开5个四类会议，会议费支出26.29万元。

（2）2014年，国土资源部本级召开的1个三类会议工作人员超过规定人数21人，超支2.83万元；1个四类会议会期超出规定天数12天，超支8.75万元。

（3）2014年，所属机关服务局召开3个四类会议，会议费支出7.07万元，其中超标准列支1.64万元。

（4）2014年，国土资源部本级1个会议支出17.95万元由所属信息中心承担；所属机关服务局2个会议支出7.58万元，其中向参会单位收取5.79万元；所属环境监测院1个会议支出10.80万元由1家公司承担。

（5）2014年，所属矿产资源储量评审中心、所属机关服务局分别有1个会议未按规定在单位内部会议室召开，会议费支出2.9万元。

6.2014年，国土资源部本级举办的4期培训班共向所属单位收取培训费77.55万元；计划外举办2个培训班，支出培训费34.11万元；举办的1期培训班扩大开支范围，列支培训费1.34万元。

7.未按规定清理结余资金2767.82万元。

（1）至2015年3月底，所属中国地质调查局等18家单位的67个项目2012年及以前形成的结转资金中，有2352.03万元未纳入结余资金统筹安排。

（2）至2014年底，所属中国地质科学研究院地质研究所已完成的59个本级横向财政拨款项目2012年以前形成的结转资金409.22万元，未纳入结余资金管理；所属国家地质实验测试中心已完成2个项目结转资金6.57万元，未按规定向财政部上报结余。

8. 国土资源部本级1998年以来形成的各类事业基金、专用基金和财政补助结转结余资金长期未清理，至2014年底余额3.77亿元；所属中国地质调查局对2000年原中国地质勘查技术院撤销后并入的资金等长期未清理，至2014年底余额1024.63万元。

此外，国土资源部本级在编报2014年度部门预算时，代所属油气资源战略研究中心编报督察员工作经费100万元；所属中国地质博物馆1308.40万元基本建设资金闲置；所属中国国土资源经济研究院存在部分项目预算执行率低等问题。

（二）其他财政收支存在的主要问题。

1. 违规发放津贴补贴和福利572.58万元。

（1）2014年，所属中国地质博物馆未经批准，自行调增津贴补贴发放标准和补发核增绩效工资，共提高标准发放津贴补贴304.23万元；以获评国土资源部先进单位等为由，向全体职工发放奖金183.15万元。

（2）2014年，所属航遥中心等5家单位超范围向不承担野外工作的职工发放149套共计85.20万元野外劳动保护用品。

2. 违规发放、领取评审费等26.75万元。

（1）2013年5月至2014年，所属西安地质调查中心违规向本单位人员发放评审费等21.99万元，其中2014年1.36万元。

（2）2014年，所属航遥中心违规向本单位职工发放专家评审费3.44万元，部分职工还违规领取委托其他单位承担的项目评审费0.92万元。

（3）2014年，所属油气资源调查中心5名职工违规领取专家评审费共计4000元。

3. 至2015年2月底，所属中国地质调查局深部探测技术与实验研究专项管理办公室于2010年进口的1套仪器（价值1479.25万元）只使用过1次；所属中国地质调查局成都地质调查中心于2010年竣工验收交付使用的实验用房（总投资2736万元）三至七层全部空置未用。

4. 至2014年底，所属中国地质博物馆未设立统一管理的标本等馆藏品登记台账，馆藏品记录内容不完整，存在部分标本丢失情况。

5. 至2015年2月底，所属中国地质博物馆于2011年建成交付使用、总投资472万元的“地质博物馆安防改造工程”未办理竣工财务决算。

此外，所属中国国土资源经济研究院发生于20世纪90年代的对外投资和债权一直未清理；所属中国地质调查局成都地质调查中心1个项目的部分子项目未严格执行政府采购有关规定等。

三、审计处理情况和审计建议

对上述问题，审计署已依法出具了审计报告、下达了审计决定书。对违规申报财政项目预算问题，要求调整相应预算；对未经批准自行调剂使用预算资金和挪用财政资金问题，要求将挪用的财政资金归还原资金渠道，调整有关会计账目和决算（草案），今后严格按照批复的预算使用财政资金；对“三公”经费管理方面存在的问题，要求今后严格执行因公出国（境）管理规定，停止违规收取代办护照和签证服务费行为，清退借用车辆；对会议费管理方面存在的问题，要求退还由相关单位承担的会议费，今后严格控制会议时间、规模和标准，加强会议费支出管理；对培训费管理方面存在的问题，要求退还向所属单位收取的培训费，今后严格执行培训费相关管理办法；对未按规定清理结余资金问题，要求清理补报财政部，并根据财政部审核意见处置；对自有资金长期未清理问题，要求尽快对相关资金进行清理；对违规发放津贴补贴和福利问题，要求相关单位停止发放不符合规定的津贴补贴行为，并追究相关单位责任人员的责任；对违规发放、领取评审费等问题，要求收回和清退违规发放、领取的评审费等；对设备和房产闲置问题，要求相关单位按规定做好资产管理利用工作；对所属地质博物馆馆藏品管理混乱问题，要求加强藏品管理，确保资产安全；对未及时办理竣工财务决算手续问题，要求尽快办理项目竣工决算相关手续。

针对审计发现的问题，审计署建议：国土资源部应督促所属单位严格落实中央八项规定精神，切实加强“三公”经费、会议费和培训费的管理，强化监督；进一步盘活存量资金，全面清理各类基金和财政项目结转结余资金。

四、审计发现问题的整改情况

对审计发现的问题，国土资源部正在组织进行整改。所属油气资源调查中心等6家单位已将自行调剂使用的153.24万元预算资金归还原渠道；信息中心、中国地质调查局发展研究中心已将挪用的8.10万元资金归还原渠道；中国土地勘测规划院已退还中国土地学会出国费用3.87万元；航遥中心已清退借用下属单位的车辆；环境监测院已归还由企业承担的会议费10.80万元；扩大开支范围列支的培训费1.34万元已调整及追回；西安地质调查中心、航遥中心、油气资源调查中心已收回违规发放的评审费等26.75万元。具体整改结果由国土资源部向社会公告。

附表：1. 国土资源部2014年度财政拨款预算执行总体情况（略）

2. 国土资源部2014年度重点审计单位财政拨款使用情况（略）

环境保护部2014年度预算执行情况和其他财政收支情况审计结果

根据《中华人民共和国审计法》的规定，2015年1月至3月，审计署对环境保护部2014年度预算执行情况和其他财政收支情况进行了审计，重点审计了环境保护部本级和所属中国环境科学研究院（以下简称环科院）、环境保护对外合作中心（以下简称对外合作中心）、固体废物和化学品管理技术中心（以下简称固管中心）等16个单位，并对有关事项进行了延伸审计。

一、基本情况

环境保护部为中央财政一级预算单位，部门预算由部本级和37个二级预算单位的预算组成。财政部批复环境保护部2014年度部门财政拨款预算支出为725354.52万元，环境保护部决算（草案）反映的当年财政拨款支出613772.92万元，其部门预算与执行结果的差异总额为111581.60万元，差异的具体情况及产生原因见附表1。

本次审计环境保护部本级及所属单位2014年度财政拨款共计626055.18万元，占部门财政拨款总额的86.31%。审计查出预算执行中不符合财经制度规定的问题金额57073.97万元，其中2014年27571.43万元；其他财政收支方面不符合财经制度规定的问题金额9943.26万元。上述问题对环境保护部2014年度预算执行结果的影响见附表2。

审计结果表明，环境保护部及本次审计的所属单位2014年度预算执行基本遵守了预算法和相关法律法规，财务管理和会计核算基本符合会计法及有关财会制度规定，重视预算和财务管理工作，不断完善预算管理制度，加强预算编制和执行全过程管理。

二、审计发现的主要问题

（一）预算执行中存在的主要问题。

1.2013年至2014年，所属对外合作中心等4家单位少编报事业收入预算26774.36万元（其中2014年13083.46万元），少编报其他收入预算6376.18万元（其中2014年1878万元）。

2. 至2015年2月底，环境保护部本级财政结余资金4392.71万元未按规定上报财政部。

3.2014年，环境保护部本级为所属经费自理单位固管中心安排基本支出预算80万元。

4.2014年，所属环科院申报项目未经严格审核，将货物类采购错报为工程类，涉及金额2565万元。

5.2013年至2014年，所属环境保护部核与辐射安全中心（以下简称核与辐射安全中心）、环境工程评估中心（以下简称评估中心）、环境保护部卫星环境应用中心（以下简称卫星中心）等11家单位自行调剂财政项目资金14114.69万元，用于人员经费、房租费、出国费、会议费等支出，其中2014年7874.76万元。

6.2011年至2013年，所属环科院在公益性行业科研专项经费中超标准支付专家咨询费15.45万元。

7.2013年9月至2014年，所属核与辐射安全中心、评估中心违规向职工发放过节费866.89万元，其中2014年527.64万元。

8. 因公出国（境）管理方面存在的问题。

（1）2014年，环境保护部本级2个出国（境）团组各安排了1名与出国任务无关人员。

（2）2013年至2014年，所属评估中心、环境规划院共27人次持因私护照出国执行公务，发生因公出国（境）费用54.36万元，其中2014年16人次、36.47万元。

（3）2013年至2014年，所属核与辐射安全中心等2个单位使用自有资金超预算列支出国费用233.76万元，其中2014年84.88万元。

（4）2014 年，所属华北环境保护督查中心使用不合规票据报销国际交通费等支出 3.05 万元。

9. 公务用车管理方面存在的问题。

（1）2013 年，环境保护部本级超预算列支公务用车购置及运行费 38.76 万元。

（2）至 2014 年底，所属环科院超标准配备公务用车 9 辆，所属评估中心超编制配备公务用车 7 辆；所属卫星中心、固管中心、机关服务中心 3 个单位长期借用其他单位车辆 5 辆。

（3）2013 年至 2014 年，所属评估中心未按规定定点维修公务用车，涉及维修费用 21.01 万元，其中 2014 年 11.92 万元。

10. 会议费管理方面存在的问题。

（1）2013 年至 2014 年，环境保护部本级将会议费 30.21 万元转由所属单位承担，其中 2014 年 28.41 万元。

（2）2013 年至 2014 年，环境保护部本级和所属环境规划院的 10 个会议超标准列支会议费 17.79 万元。

（3）2013 年至 2014 年，环境保护部本级及所属中国—东盟环境保护合作中心（以下简称东盟中心）计划外召开会议 2 个、会议费支出 26.62 万元，其中 2014 年 17.43 万元。

（4）2014 年，所属评估中心、中国环境监测总站等 5 个单位在非定点饭店召开会议 43 个、会议费支出 99.13 万元；2013 年，环境保护部本级在非定点饭店召开会议 1 个，会议费支出 11.89 万元。

（5）2013 年至 2014 年，所属中国环境监测总站、环境规划院超过规定天数或参会人数召开会议 35 个、会议费支出 34.17 万元，其中 2014 年 17 个、6.72 万元。

（6）2014 年 7 月和 9 月，所属核与辐射安全中心在无京外人员参会的情况下，在京外召开 2 次会议，会议费支出 61.92 万元。

11.2014 年，所属评估中心印刷业务未按规定实行政府集中采购，涉及金额 30.18 万元。

12.2012 年至 2014 年，由于环境保护部监管不到位，4 家课题承担单位挪用项目资金 1225.84 万元，用于银行贷款保证金以及与课题无关会议费等，其中 2014 年 1176.27 万元。

（二）其他财政收支中存在的主要问题。

1.2013 年至 2014 年，所属中国环境科学学会编造劳务费发放单列支课题资金 65.19 万元，用于发放加班补贴、专家费、临时工费用等。

2.2014 年，所属中国环境科学学会环境监察研究分会账外存放培训班管理费收入 80.89 万元，主要用于该分会人员劳务费及奖金，至 2015 年 1 月底结余 29.48 万元。

3.2013 年至 2014 年，所属评估中心、中国环境监测总站等 4 个单位未经批准违规收取培训、检测等服务费 3528.68 万元，其中 2014 年 1690.31 万元。

4.2014 年，环境保护部 10 名退休人员在 4 家协会兼职取酬 23.96 万元。

5.2013 年至 2014 年，所属对外合作中心应收未收股利、房租和物业费等 1222.33 万元；将利息收入在往来科目核算，造成少计收入 418.18 万元，其中 2014 年 231.06 万元。

6. 至 2014 年底，所属机关服务中心以无形资产对外投资 1000 万元、所属核与辐射安全中心和东盟中心购置软件资产 639.49 万元，均未纳入法定账簿核算。

7.2011 年至 2014 年，所属机关服务中心以不合规发票报销共计 80.97 万元。

8.2014 年，所属环境保护部应急与事故调查中心未在规定科目核算职工薪酬，涉及金额 387.09 万元。

9. 至 2014 年底，中国环境监测总站国家环境二噁英监测中心（二期）华北分中心已竣工交付使用，但未及时办理竣工财务决算，涉及金额 2496.48 万元。

10.2005 年，原环保总局未经批准，自行对所属中日友好环境保护中心进行机构调整，新设立 2 家独立法人事业单位。至 2015 年 3 月底，仍未获得中央编办批准。

（三）参与分配专项转移支付资金中存在的问题。

1.2012 年至 2014 年，中央环境保护专项资金存在支持领域过宽，部分项目与其他专项界限不清晰；分配方法多样，申报审批程序和绩效评价方法不统一；缺乏科学规划，项目安排随意性大；项目库中符合实施条件的项目储备不足以及未按规定编制年度专项资金申请指南等问题。

2.2010年至2014年，环境保护部未按规定办法分配中央重金属污染防治专项资金64.9亿元。

3.2014年，财政部、环境保护部在江河湖泊生态环境保护专项资金中安排14.89亿元用于“国土江河综合整治试点”，但试点工作的内容、目标与江河湖泊生态环境保护专项不完全一致，现行江河湖泊生态环境保护专项资金管理办法及绩效考核办法也无法涵盖该试点工作。

此外，江河湖泊生态环境保护专项支持的镜泊湖、查干湖治理项目治理效果不明显。

三、审计处理情况和建议

对上述问题，审计署已依法出具了审计报告、下达了审计决定书。对预算编报不完整问题，要求严格按照规定编报预算；对结余资金未按规定上报问题，要求清理上报，并按照财政部审核意见处置；对为经费自理单位安排基本支出预算问题，要求今后严格按照规定编制基本支出预算；对申报项目未经严格审核问题，要求做好项目的审核工作，提高财政资金使用效益；对未经批准自行调剂使用预算资金问题，要求调整有关会计账目和决算（草案），今后严格执行预算；对超标准支付专家咨询费问题，要求严格执行专项经费管理办法；对违规发放过节费问题，要求收回违规发放的过节费，调整有关会计账目和决算（草案），并按规定追究有关人员的责任；对因公出国（境）管理方面存在的问题，要求严格执行出国（境）有关规定，按照工作需要和经费预算合理安排出国团组；对公务用车管理方面存在的问题，要求严格执行公务用车管理规定，严格控制公务用车运行费；对会议费管理方面存在的问题，要求严格执行会议费有关规定，归还由所属单位承担的会议费，并调整有关会计账目和决算（草案）；对未按规定执行政府采购问题，要求严格执行政府采购相关规定；对课题承担单位挪用项目资金问题，要求将挪用资金归还原资金渠道，调整相关会计账目；对账外存放资金问题，要求将账外资金纳入账内核算，查明资金去向并追究有关人员责任；对违规收费问题，要求停止相关收费，确需收费按规定向主管部门报批；对退休干部兼职取酬问题，要求清理纠正；对应收未收股利、房租等收入和少计利息收入问题，要求尽快将股利、房租等收回，并调整利息收入会计账目和决算（草案）；对长期股权投资未入账核算问题，要求按规定办理有关手续，加强对外投资管理；对资产管理不规范问题，要求调整会计账目和决算（草案）；对不合规发票报销问题，要求机关服务中心更换正式发票，今后严格财务审核；对职工薪酬未按规定科目核算问题，要求严格执行会计核算规定；对未经批准成立独立法人机构问题，要求商中央编办尽快理顺关系；对中央环境保护专项资金管理、分配中存在的问题，要求商财政部尽快对专项资金进行清理整合，按规定编制统一的专项资金申请指南，完善项目库建设，严格按专项资金管理办法分配资金，对水质及其他生态效益指标无明显改善的项目重点关注，进一步规范相关专项转移支付资金的使用。

针对审计发现的问题，审计署建议：环境保护部应进一步规范预算管理，提高预算科学性和精细化水平，加强项目支出预算的统筹和审核，切实加强会议费和“三公”经费管理，提高财政资金使用效益；进一步加大对所属单位的管理和监督力度，坚决制止违规收费行为，严格责任追究；做好中央财政专项转移支付资金的统筹规划，进一步明确专项资金的目标、方向和内容。

四、审计发现问题的整改情况

对审计发现的问题，环境保护部正在组织进行整改。所属核与辐射安全中心和评估中心已经停止发放过节费，相关人员已退回领取的过节费；4个水专项课题承担单位已将挪用的财政项目资金1225.84万元归还原资金渠道，并调整了相关会计账目；所属中国环境科学学会环境监察研究分会已将账外存放的资金结余29.48万元纳入账内核算；4家协会已相继停发了在协会任领导职务退休人员的工资、补贴等；所属机关服务中心已更换正规发票；所属应急与事故调查中心已调整相关会计账目。具体整改结果由环境保护部向社会公告。

附表：1. 环境保护部2014年度财政拨款预算执行总体情况（略）

2. 环境保护部2014年度重点审计单位财政拨款预算执行情况（略）

住房城乡建设部2014年度预算执行情况和其他财政收支情况审计结果

根据《中华人民共和国审计法》的规定，2015年1月至3月，审计署对住房城乡建设部2014年度预算执行情况和其他财政收支情况进行了审计，重点审计了住房城乡建设部本级和所属中国城市规划设计研究院（以下简称中规院）、科技发展促进中心（以下简称科技中心）、标准定额研究所（以下简称标定所）等6个单位，并对有关事项进行了延伸审计。

一、基本情况

住房城乡建设部为中央财政一级预算单位，部门预算由部本级和20个二级预算单位的预算组成。财政部批复住房城乡建设部2014年度部门财政拨款预算支出为110422.52万元，住房城乡建设部决算（草案）反映的当年财政拨款支出92692.94万元，其部门预算与执行结果的差异总额为17729.58万元，差异的具体情况及产生原因见附表1。

本次审计住房城乡建设部本级及所属单位2014年度财政拨款共计93125.51万元，占部门财政拨款总额的84.34%。审计查出预算执行中不符合财经制度规定的问题金额2317.82万元，其中2014年1810.86万元；其他财政收支方面不符合财经制度规定的问题金额22654.76万元。上述问题对住房城乡建设部2014年度预算执行结果的影响见附表2。

审计结果表明，住房城乡建设部2014年度预算执行基本遵守了预算法及相关法律法规，财务管理和会计核算基本符合会计法及有关财会制度规定，强化制度建设，提高预算执行及财务核算管理水平，认真整改以前年度审计发现的问题。

二、审计发现的主要问题

（一）预算执行中存在的主要问题。

1. 住房城乡建设部未按规定将所属全国白蚁防治中心（为经费自理事业单位）纳入部门预算。该中心2014年收入1346.4万元、支出526.26万元。

2. 2014年，所属城乡规划管理中心和科技中心未经批准，在课题项目中列支与课题研究无关支出51.41万元。

3. 2014年，住房城乡建设部本级未经批准动用机动经费44.47万元，用于本级人员经费超预算支出。

4. 2014年，所属中规院超预算列支公务用车运行维护费85.35万元。

5. 2013年，所属全国白蚁防治中心未经批准，在未编制新增资产配置预算的情况下购买轿车2辆，支出49.96万元。

6. 2014年，住房城乡建设部本级召开的12个会议，由所属单位承担会议费支出74万元；所属住宅产业化促进中心1个会议因高估参会人数等多支付费用18.25万元；2014年，所属标定所用会议费发票报销与会议无关支出19.98万元。

7. 2009年至2014年，住房城乡建设部本级和所属标定所未执行政府采购程序，直接委托相关单位承担信息化系统建设和维护升级服务项目，涉及金额628万元，其中2014年171万元。

此外，住房城乡建设部本级“工程建设标准制定修订专项经费”预算编报不细化；承担的“水体污染控制与治理”专项存在资金拨付不及时、预算执行率低的问题；本级部分项目年末结转金额较大。

（二）其他财政收支中存在的主要问题。

1. 2008年至2015年1月，住房城乡建设部本级将取得的版税收入17423.36万元（含2008年以前结余，其中2014年1453.94万元）存放在所属2个出版社，未纳入部本级法定账簿核算，其中违规用于向部本级和所属标定所部分职工发放补贴2167.31万元（2014年434.1万元），至2015年1月底余额7323.26万元。

2. 2013年12月至2015年1月，所属中国建设工程造价管理协会（以下简称造价协会）未将取得的稿酬收入39.22万元纳入法定账簿核算，其中2013年以审稿费名义向部本级部分职工发放12.44万元。

3. 2013至2014年，所属科技中心未经批准违规收取评估费、推广费428.27万元。

4. 2014年，所属中国城市科学研究会成立的分支机构“中国住宅产业化联盟”不符合有关命名规定，并违规收取会费260万元。

5.2014年，所属科技中心、造价协会以购买食品、体育用品名义，违规向职工发放购物卡或为职工消费卡充值共计30.31万元。

6.2013年至2014年，所属全国白蚁防治中心劳务费发放记录不完整，涉及金额189.04万元。

7.2014年，所属机关服务中心为该部大院生活区里的部外产权单位和住户承担物业管理费、维修费279.32万元。

8.至2014年底，所属科技中心、标定所部分专项资金在往来款科目长期挂账，涉及金额539.56万元。

9.资产管理中存在的问题。

（1）至2015年2月底，住房城乡建设部本级有12415.53平方米行政单位办公用房（占总面积的54.85%）被事业单位、社团机构和企业占用；1处业务用房（2007年被确定为区级文物保护单位）被个人长期无偿占用从事经营。

（2）至2014年底，住房城乡建设部本级开发的43个信息系统未纳入资产管理，涉及金额1620.95万元；55项房产的财务核算数据与房产部门记录和实际情况不一致。

（3）2014年，所属机关服务中心将住房城乡建设部委托其代管的部分房产提供相关单位使用，收取的有偿使用费710.82万元未按规定上缴国库。

（4）2010年至2014年，所属全国白蚁防治中心未经批准对外出租业务用房，取得房租收入273.91万元。

（5）2014年，所属城乡规划管理中心未经批准无偿出借资金300万元，借款期限5年。

（6）至2014年底，所属中规院对4家公司的投资560万元已形成损失，未按规定核销。

10.2012年至2014年，所属中规院未经有关部门审批，将住房城乡建设部划转的1处宾馆改造为办公用房，建筑面积26310平方米。

此外，2010年12月和2014年3月，在所属中国城市科学研究会下属企业参与投资成立的公司不符合条件的情况下，住房城乡建设部先后两次评审通过了其甲级规划编制资质（暂定级）审查。

三、审计处理情况和建议

对上述问题，审计署已依法出具了审计报告、下达了审计决定书。对所属全国白蚁防治中心未纳入部门预算管理问题，要求完整编报年度预算；对未经批准自行调整使用预算资金问题，要求按规定调整有关会计账目和决算（草案）；对未经批准动用机动经费问题，要求按规定使用预算资金；对所属单位超预算列支公务用车运行维护费和无预算购置公务用车问题，要求严格执行公务用车经费管理规定；对会议费管理使用中存在的问题，要求清理不合理支出的会议费，归还由其他单位代付的会议支出，调整有关会计账目和决算（草案），追究相关人员责任；对未严格执行政府采购相关规定问题，要求加强采购管理，严格执行政府采购相关规定；对版税收入账外核算、相关单位违规发放补贴问题，要求追回账外存放的资金，清理违规发放的款项，调整有关会计账目，依法追究相关人员责任；对稿酬账外核算问题，要求纳入账内核算；对违规收费问题，要求清理并纠正违规收费行为；对违规发放购物卡、劳务费等问题，要求清理收回违规发放资金等，调整有关会计账目；对为部外产权单位和住户承担物业管理费问题，要求加强后勤管理，合理分摊并及时催收相关费用；对专项资金在往来科目长期挂账问题，要求进行清理；对资产管理中存在的问题，要求清理收回被占用房产，清查未登记入账固定资产，补办出租出借资产报批手续，将出租出借收入上缴国库，追究有关人员责任；对违规将其他房产改造为办公用房问题，要求追究有关人员责任；对违规审批甲级城乡规划编制资质问题，要求予以纠正。

针对审计发现的问题，审计署建议：住房城乡建设部应进一步规范预算管理，严格落实中央八项规定精神，加强国有资产管理；加强业务监管和财务监督，对违规发放补贴、购买购物卡等较为突出的问题集中进行清理和整治。

四、审计发现问题的整改情况

对审计发现的问题，住房城乡建设部正在组织进行整改。所属规划中心、科技中心对扩大开支范围的专项资金51.41万元进行账务调整，归还原资金渠道；部本级相关在职人员已退回2013年从账外版税收入中领取的补贴15.34万元；所属造价协会已将账外存放的现金和住房城乡建设部本级公务人员退回的现金共计39.22万元全部收回，造价协会人员已退回购物卡金额 10.51 万元；所属科技中心已将长期挂账往来款项转为其他收入；所属机关服务中心已清理 5 个企业及社团分支机构占用房产。具体整改结果由住房城乡建设部向社会公告。

附表：1. 住房城乡建设部 2014 年度财政拨款预算执行总体情况（略）

2. 住房城乡建设部 2014 年度重点审计单位财政拨款预算执行情况（略）

交通运输部 2014 年度预算执行情况和其他财政收支情况审计结果

根据《中华人民共和国审计法》的规定，2015 年 1 月至 3 月，审计署对交通运输部 2014 年度预算执行情况和其他财政收支情况进行了审计，重点审计了交通运输部本级及所属海事局、救助打捞局（以下简称救捞局）、交通运输部科学研究院（以下简称交科院）、交通运输部公路科学研究所（以下简称公路所）等 4 个单位，并对有关事项进行了延伸审计。

一、基本情况

交通运输部为中央财政一级预算单位，部门预算由交通运输部本级和 24 个二级预算单位的预算组成。财政部批复交通运输部 2014 年度部门财政拨款预算支出为 2432608.96 万元（含政府性基金预算，下同），交通运输部决算（草案）反映的当年财政拨款支出为 2147113.53 万元，其部门预算与执行结果的差异总额为 285495.43 万元，差异的具体情况及产生原因见附表 1。

本次审计交通运输部本级及所属单位 2014 年度财政拨款共计 268605.60 万元，占部门财政拨款总额的 11.04%。审计查出预算执行中不符合财经制度规定的问题金额 22680.56 万元，其中 2014 年 2832.19 万元；其他财政收支方面不符合财经制度规定的问题金额 26270.19 万元。上述问题对交通运输部 2014 年度预算执行结果的影响见附表 2。

审计结果表明，交通运输部本级及本次审计的所属单位 2014 年度预算执行基本遵守了预算法和相关法律法规，财务管理和会计核算基本符合会计法及有关财会制度规定，重视预算和财务管理工作，制定完善资金管理办法，健全内部制度和规定，强化内部监督检查，积极整改审计发现的问题。

二、审计发现的主要问题

（一）预算执行中存在的主要问题。

1. 2012 年至 2014 年，交通运输部本级未经批准，在节能减排专项资金中列支所属单位人员经费 350 万元，其中 2014 年 70 万元。

2. 2014 年，交通运输部本级向所属公路所、交科院拨付节能减排项目经费 75 万元，2 个单位实际仅支出 7.75 万元。

3. 2014 年，交通运输部离退休干部局未经批准将老干部活动中心出租，出租收入 90 万元未按规定上缴国库。

4. 2010 年至 2012 年，交通运输部未经批准，自行批复所属公路所 2 个实验室工程，总投资 11826.21 万元，其中使用车辆购置税安排 10580 万元。

5. 2010 年至 2012 年，交通运输部将所属上海打捞局整体建设的办公用房拆分为 2 个业务用房项目，自行立项审批，总投资 5909.62 万元，其中使用港口建设费安排 5500 万元。

6. 至 2015 年 3 月底，交通运输部未按规定将所属单位办公楼项目停建结余资金 578.54 万元上报财政部。

7. 2012 年至 2014 年，所属救捞局、公路所采购的 3745.33 万元货物和服务，未按规定进行公开招标或由所属企业违规参与投标，其中 2014 年 2491.33 万元。

8. 2014 年，所属水运科学研究所（以下简称水运所）、公路所、交科院在非定点饭店召开会议 20 个，支出会议费 61.26 万元；所属公路所、水运所、交科院及交通运输部规划研究院 4 个单位超人数天数、超标准举办会议，多支出会议费 52.35 万元。

此外，2014 年，救捞局救助专项业务费预算编制不细化，预留机动经费 6300 万元，年中才细化分配给救助系统。

（二）其他财政收支中存在的主要问题。

1. 至 2014 年底，交通运输部本级委托所属单位建设的信息系统有4个项目已完成竣工财务决算，未纳入资产核算，涉及金额5414.66万元。

2. 至2014年底，所属交科院的2处房产已交付使用10年，未按规定登记资产，涉及金额18008.22万元。

3.2014年，所属中国海事服务中心超工资总额计划发放人员工资940.81万元。

4. 至2014年底，所属水运所等5个事业单位未经批准，将12479.87平方米办公和生产用房提供给下属企业无偿使用。

5.2012年至2014年，所属公路所将房产出租收入324万元存放在下属企业，未纳入法定账簿核算。

6.2013年至2014年，所属交科院、公路所违规向相关单位收取审核、检验等费用1582.5万元。

此外，所属中国交通报社还存在虚构代理业务列支的问题。

（三）参与分配专项转移支付资金中存在的问题。

1.2012年至2013年，交通运输部向不符合条件的6条高速公路安排补助资金48.12亿元。

2. 至2014年底，交通运输部向9条未纳入规划的国、省道公路安排车购税资金8.65亿元。

3.2009年至2013年，交通运输部将不符合条件对象纳入岛际和农村水路客运成品油价格补贴范围，申报补贴，造成中央财政资金流失12361.06万元。

三、审计处理情况和建议

对上述问题，审计署已依法出具了审计报告、下达了审计决定书。对未经批准自行调剂使用预算资金问题，要求严格按预算法及相关规定执行，调整有关会计账目和决算（草案）；对为所属单位多安排节能减排预算资金问题，要求追回资金，调整有关会计账目及决算（草案），并追究相关人员责任；对未经批准出租房产及房租收入未上缴国库问题，要求将有关资金上缴国库，并补办相关审批手续；对违规审批基建项目问题，要求加强固定资产投资管理；对办公楼停建后剩余资金未清理问题，要求清理补报财政部，并根据财政部审核意见处置；对未按规定招投标问题，要求严格执行政府采购规定，切实加强招投标管理；对未在定点饭店召开会议和超人数、超会期召开会议问题，要求加强会议管理，控制会议规模；对资产管理不规范问题，要求按国家有关规定及时清理，明确权属后登记入账；对超工资总额计划发放人员工资问题，要求切实采取措施控制人员经费支出；对违规将房产无偿提供给下属企业使用问题，要求补办审批手续，按照国家规定加强资产管理；对少计房产出租收入问题，要求收回资金，调整有关会计账目及决算（草案）；对违规收费问题，要求清理规范收费行为；对违规安排高速公路项目补贴资金问题，要求组织清理，查明原因，并追究有关人员责任；对向部分未纳入规划的国、省道公路安排车购税资金问题，要求规范国省、道等补贴资金分配；对审核不严造成岛际和农村水路客运成品油价格补贴资金流失问题，要求清理核实，并依法追究相关人员责任。

针对审计发现的问题，审计署建议：交通运输部应加大预算管理力度，严格按照预算开支范围使用财政资金，加强对专项转移支付资金分配的管理，建立健全专项资金分配管理制度，加强国有资产和所属单位管理，防范违法违纪问题的发生。

四、审计发现问题的整改情况

交通运输部所属部分单位在审计前开展了自查，并纠正了自查出的问题。对审计发现的问题，交通运输部正在组织进行整改。具体整改结果由交通运输部向社会公告。

附表：1. 交通运输部2014年度财政拨款预算执行总体情况（略）

2. 交通运输部2014年度重点审计单位和财政拨款使用情况（略）

水利部2014年度预算执行情况和其他财政收支情况审计结果

根据《中华人民共和国审计法》的规定，2015年1月至3月，审计署对水利部2014年度预算执行情况和其他财政收支情况进行了审计，重点审计了水利部本级和所属水利水电规划设计总院（以下简称水规总院）、中国水利水电科学研究院（以下简称水科院）、建设管理与质量安全中心等12个单位，并对有关事项进行了延伸审计。

一、基本情况

水利部为中央财政一级预算单位，部门预算由部本级和31个二级预算单位组成。财政部批复水利部2014年度部门财政拨款预算支出为1124042.58万元（含政府性基金预算，下同），水利部决算（草案）反映的当年财政拨款支出961343.23万元，其部门预算与执行结果差异总额为162699.35万元，差异的具体情况及产生原因见附表1。

本次审计水利部及所属单位2014年度财政拨款共计181256.91万元，占部门财政拨款总额的16.13%。审计查出预算执行中不符合财经制度规定的问题金额47528.78万元，其中2014年1195.10万元；其他财政收支方面不符合财经制度规定的问题金额70609.86万元。上述问题对水利部2014年度预算执行结果的影响见附表2。

审计结果表明，水利部本级及本次审计的所属单位2014年度预算执行基本遵守了预算法和其他财经法规，财务管理和会计核算基本符合会计法及有关财会制度规定，积极完善相关财务管理制度，认真整改以前年度审计发现的问题。

二、审计发现的主要问题

（一）预算执行中存在的主要问题。

1. 至2014年底，水利部本级未将财政基建预拨款等结余资金38939.11万元纳入部门预算管理。

2. 挪用专项资金528.44万元。

（1）2013年，所属黄河水利委员会（以下简称黄河委）挪用专项资金442.40万元购置14辆越野车，分配给黄河委机关及下属单位和甘肃省水利厅等12个单位使用。

（2）2012年至2014年，所属水科院下属杂志社挪用专项经费86.04万元，向水科院防汛抗旱减灾研究所和省级防汛抗旱指挥部办公室等单位141名工作人员发放劳务费，其中2014年21.80万元。

3. 2014年，所属水科院本级和长江水利委员会（以下简称长江委）下属的水文局、网络信息中心未经批准自行调剂项目经费用于与项目无关支出119.62万元。

4. 至2014年底，所属水规总院占用下属单位车辆14辆。

5. 2014年，所属黄河委水文局违反合同约定，超进度支付设备采购款1053.68万元。

6. 2012年至2013年，所属黄河委信息中心通过违规招投标，将部分信息化项目交给下属企业和职工持股企业实施，涉及金额2287.93万元。

7. 2008年，所属黄河委水文局自行整合5个建设项目，变相建设办公楼，涉及投资额4600万元。2013年9月该项目竣工投入使用，实际建筑面积15845平方米，是原批复面积的2.56倍，超出部分由黄河委水文局下属单位办公使用。

此外，2014年所属长江委4个建设项目因前期准备工作不充分，至年底未能开工建设，造成24797万元建设资金闲置。

（二）其他财政收支中存在的主要问题。

1. 2002年至2014年，所属黄河委下属供水局、山东黄河河务局、河南黄河河务局等单位挪用水费收入15631.21万元（其中2014年1716.53万元），用于对外出借、投资、补助人员经费等。

2. 2003年至2008年，所属长江委下属汉江水利水电（集团）有限责任公司投资决策失误，造成国有资产损失3.35亿元。

3. 2011年至2014年，所属长江委下属长江勘测规划设计研究院多计离退休人员安置费用10103.81万元。

4. 2012年至2014年，所属长江委指定下属公司承担专家评审业务，该公司违规向部分项目单位收费1850.43万元，并以“专家咨询费”名义向长江委办公室、建设与管理局等单位的70名工作人员发放181.26万元。

5. 2013年至2014年，所属水科院下属杂志社使用14.71万元公款，用于宴请和为个人发放购物卡、购置手机、电脑等支出；所属水规总院下属江河水利水电咨询中心购买手机、电脑等设备供水规总院工作人员使用，共计9.70万元。

6. 2014年，所属国家防汛抗旱总指挥部办公室分配特大防汛抗旱补助费9500万元，其中8000万元平均分配给4个受灾省份。

（三）中央“农林水事务”专项资金管理中存在的主要问题。

2013年8月至2014年9月，水利部商财政部同意，在相关总体规划外安排“新出险的小型病险水库除险加固项目”资金110亿元。经抽查湖南、湖北、四川、江西等省，部分资金至2014年底仍滞留在财政部门。

三、审计处理情况和建议

对上述问题，审计署已依法出具了审计报告、下达了审计决定书。对预算编报不完整问题，要求尽快将相关资金纳入预算管理，根据财政部审核意见处置；对挪用专项资金问题，要求清理购买的车辆，追回发放的劳务费，调整会计账目和决算（草案），并依法追究有关人员责任；对“三公”经费管理方面存在的问题，要求清退占用车辆，调整相关会计账目及决算（草案），今后严格执行预算；对专项资金使用不规范问题，要求严格执行相关规定；对违规将项目交给所属关联企业实施问题，要求严格执行项目招标投标规定；对自行整合项目变相建设办公业务楼问题，要求按规定清理办公用房，依法办理手续；对建设资金闲置问题，要求尽快落实项目开工条件；对挪用水费收入问题，要求进行清理并完善制度；对投资决策失误、造成国有资产损失问题，要求完善投资决策机制，并依法追究有关人员责任；对多计费用问题，要求调整会计账目；对下属企业违规收费问题，要求纠正并追回发放的专家咨询费、依法追究有关人员责任；对违规使用公款问题，要求追回相关款项，并依法追究有关人员责任；对未按规定分配特大防汛抗旱补助费问题，要求严格执行分配办法；对规划外安排中央财政专项资金问题，要求报原规划制定部门备案，并研究措施督促该项资金落到实处。

针对审计发现的问题，审计署建议：水利部应进一步强化预算约束，加强部门预算管理和监督，严格执行“三公”经费等有关规定，规范事业单位津补贴发放，进一步整合专项转移支付资金，完善制度，切实发挥财政资金效益。

四、审计发现问题的整改情况

对审计发现的问题，水利部正在组织进行整改。水利部本级上缴了部分结余资金10360.53万元；所属水科院防汛抗旱减灾研究所等有关单位人员已退回在杂志社领取的部分劳务费，水科院已对该杂志社法定代表人和主编等班子成员进行了调整；所属水规总院、水科院下属杂志社有关人员已退回用公款购买的手机、电脑、购物卡和宴请价款；所属长江委有关人员已退回评审费。具体整改结果由水利部向社会公告。

附表：1. 水利部2014年度财政拨款预算执行总体情况（略）

2. 水利部2014年度重点审计单位财政拨款预算执行情况（略）

农业部2014年度预算执行情况和其他财政收支情况审计结果

根据《中华人民共和国审计法》的规定，2015年1月至3月，审计署对农业部2014年度预算执行情况和其他财政收支情况进行了审计，重点审计了农业部本级和所属中国农业科学院（以下简称农科院）本级、农业部农药检定所（以下简称农药检定所）、中国兽医药品监察所（以下简称中监所）等11个单位，并对有关事项进行了延伸审计。

一、被审计单位预算执行基本情况

农业部为中央财政一级预算单位，部门预算由部本级和51个二级预算单位的预算组成。财政部批复农业部2014年度部门财政拨款预算支出为2889446.09万元（含政府性基金预算，下同），农业部决算（草案）反映的当年财政拨款支出2606766.42万元，其部门预算与执行结果的差异总额为282679.67万元，差异的具体情况及产生原因见附表1。

本次审计农业部本级及所属单位2014年度财政拨款共计560976.94万元，占部门财政拨款总额的19.41%。审计查出预算执行中不符合财经制度规定的问题金额11132.44万元，其中2014年7527.43万元；其他财政收支方面不符合财经制度规定的问题金额12337.53万元。上述问题对农业部2014年度预算执行结果的影响见附表2。

审计结果表明，农业部本级及本次审计的所属单位2014年度预算执行基本遵守了预算法和其他财经法规，财务管理和会计核算基本符合会计法及有关财会制度规定，组织修订完善了内部管理规章制度，提高预算和财务管理水平，积极督促有关单位整改审计发现的问题。

二、审计发现的主要问题

（一）预算执行中存在的主要问题。

1.2014 年，所属农药检定所超标准编报在华举办国际会议预算，多申领财政资金 133.2 万元，年底形成结余 48.21 万元。

2.2014 年，所属农科院本级违反零余额账户管理规定，向所属后勤服务中心、麻类研究所等 12 个单位划拨财政资金 4995.08 万元。

3.2010 年至 2011 年，所属农科院本级挪用项目经费 131 万元，用于会议室改造和 1 处房产装修。

4.2010 年和 2014 年，农业部本级及所属农科院本级、农科院研究生院、农业部农业机械化技术开发推广总站（以下简称农机总站）、中监所等 5 个单位，在项目经费中列支与项目无关支出 301.13 万元，其中 2014 年 257.62 万元。

5.2014 年 12 月，农业部本级与 6 家单位签订课题研究委托合同，并一次性拨付全部合同款 535 万元。至 2015 年 3 月底，6 家单位实际支出 6.45 万元，其余 528.55 万元全部结存。

6.2014 年底，所属农科院本级、中监所、农机总站、全国农业技术推广服务中心（以下简称农技中心）等 4 个单位有 3334.5 万元资金未按规定纳入结余管理。

7.2014 年，所属农机总站在核定工资总额计划之外，为职工发放劳保用品、购物卡和加油卡，共计 30.81 万元。

8.2013 年和 2014 年，所属农科院本级、农技中心、全国畜牧总站、中国动物疫病预防控制中心（以下简称动物疫控中心）等 4 个单位，存在未经批准以单一来源方式采购物业管理服务、未按规定发布采购信息、允许提供咨询服务企业参与投标等问题，涉及金额 1220.68 万元，其中 2014 年 1124.68 万元。

9. 公务用车管理方面存在的问题。

（1）至 2014 年底，所属农科院本级、中监所、农机总站、农科院研究生院、中国水产科学研究院（以下简称水科院）本级等 5 个单位超规定数量配备公务车 47 辆，其中价格或排量超标的 26 辆；所属农科院本级未制定统一的车辆管理制度，72 辆公务用车分散使用，部分车辆未办理资产调拨手续。

（2）2014 年，所属中监所和动物疫控中心租用下属企业车辆 3 辆，作为一般公务车或职工通勤班车使用，支付租金 29.8 万元。

10. 公务接待管理方面存在的问题。

（1）2014 年，所属农机总站支付以前年度在 1 家宾馆消费欠款 5.52 万元，至 2015 年 3 月仍在往来科目核算。

（2）2014 年，所属农科院本级扩大外宾接待费开支范围，负担外宾来华国际旅费 13.1 万元。

11. 会议费管理方面存在的问题。

（1）2014 年，农业部本级将应在内部会议室召开的 2 个会议安排在宾馆酒店召开，支出 9.7 万元。

（2）2014 年，所属农科院本级扩大国际会议费支出范围，列支来华参会的外国专家国际旅费、住宿费等 21.51 万元。

（3）2014 年，所属农药检定所在非定点饭店召开 1 个会议，支出 7.37 万元。

（4）2014 年，所属农技中心召开的 2 个会议、农药检定所召开的 3 个会议，支出费用超出预算共计 8.16 万元。

（5）2014 年，所属农科院本级、水科院本级、中监所组织召开的 98 个会议费用报销时未按规定附原始明细单据，涉及金额 362.33 万元。

此外，2014 年农业部本级部分项目支出预算未细化到实际承担单位，涉及金额 600.86 万元。

（二）其他财政收支中存在的主要问题。

1.1998 年至 2013 年，所属农科院未经批准，成立后勤服务中心等 4 个独立法人事业单位。

2. 违规收费 228.82 万元。

（1）2013 年至 2014 年，所属农机总站以宣传服务为名，向拖拉机、联合收割机牌证定点生产企业收取费用 33.81 万元。

（2）2011 年至 2014 年，所属农药检定所与 1 家公司合作开发农药电子查询服务系统并对外销售，约定按税后收入 2∶8 比例分成，其中农药检定所每年最低收益 30 万元。2014 年 6 月终止合作后，农药检定所在未核定实际收入的情况下，按每年最低收益标准共收取数据使用费 90 万元。

（3）2013 年和 2014 年，所属水科院本级分别向在其主办的 2 个期刊发表论文的作者收取版面费 53.03 万元和 51.98 万元。

3. 至2014年底，5个省（市、区）兽医主管部门未按规定上缴“执业兽医资格考试考务费”31.46万元，所属动物疫控中心也未催缴。

4. 所属农科院本级使用国有划拨土地与1家公司合作开发建设“科技培训楼”，并分得8424平方米房产，至2014年底仍未按规定计提上缴国有土地资产收益。

5. 2013年，所属水科院下属北京渔夫水产技术开发中心组织14名员工和10名家属到青岛旅游，共花费公款3.72万元。

6. 2005年至2014年，所属农科院本级、中监所、水科院本级、农业部机关服务局、中央农业广播电视学校、黑龙江省农垦绥化管理局等6个单位，存在未经审批出租资产、出借资金、处置资产，以及出租收入未收回或未纳入法定账簿核算等问题，涉及金额11001.38万元，其中2014年3200.60万元。

7. 2013年和2014年，农业部机关服务局收到下属企业上缴的360万元经营利润未计收入，在往来科目核算后返还给该企业。

8. 2014年，所属农机总站工会经费未按规定实行单独账户存储、独立核算，工会活动支出12.15万元直接从零余额账户支付并在“事业支出”列支。

9. 2014年，所属农科院植物保护研究所下属2家企业通过编造向该研究所购买技术服务等方式，多列支管理费用700万元，少缴纳企业所得税。

（三）中央“农林水事务”专项资金管理、分配和使用中存在的主要问题。

1. 2014年，农业部将参与分配的18个中央财政专项转移支付资金整合为4项，但仍按18个子项进行分配管理。

2. 2014年，在未确定具体项目的情况下，农业部下达所属黑龙江省农垦总局产业化经营项目资金及贷款贴息资金6955万元，至2015年3月底，上述资金仍全部结存在该局。

3. 2012年至2014年，所属黑龙江省农垦总局、黑龙江省农垦绥化管理局、黑龙江省农垦九三管理局下属山河农场、阳光农业相互保险公司哈尔滨分公司、黑龙江农垦北大荒奶牛养殖有限公司等5个单位通过虚报种植面积等方式，骗取中央财政专项资金8229.67万元和保险理赔资金490.77万元。

4. 2014年，所属黑龙江省农垦总局农机购置补贴工作进展缓慢，至2015年3月，收到的中央财政专项资金30373.69万元资金尚未支付；此外，该局还超过国家规定限额补贴农机具2405台（套），多发放补贴资金13129.14万元。

5. 2013年，所属黑龙江省农垦总局下属农场等单位未严格执行农机具购置补贴标准，导致个人多享受补贴363.35万元。

6. 2009年至2014年，所属黑龙江省农垦九三管理局、水科院营口增殖实验站将农作物良种补贴、渔业资源保护与渔民转产补助等财政专项资金98.42万元挪作他用。

7. 2014年，所属中国农业出版社取得农村劳动力转移培训财政补助资金150万元，未按规定单独核算。

三、审计处理情况和建议

对上述问题，审计署已依法出具了审计报告、下达了审计决定书。对超标准编报预算多申领财政资金问题，要求将结余资金上缴中央财政，调整有关会计账目和决算（草案）；对违反零余额账户有关规定划拨财政资金问题，要求今后严格执行零余额账户管理规定，加强预算支出管理；对挪用财政项目资金问题，要求追回挪用的财政资金，调整有关会计账目和决算（草案）；对未经批准自行调剂预算资金问题，要求调整有关会计账目和决算（草案），今后严格按照批复的预算使用财政资金；对超进度拨付合同款问题，要求加强对已拨付资金的监督；对结余资金清理不到位问题，要求按照规定清理补报财政部，并根据财政部审核意见处置；对突破工资总额计划发放津贴补贴问题，要求严格执行有关规定；对违反政府采购管理规定的问题，要求今后严格执行政府采购程序；对“三公”经费和会议费管理方面存在的问题，要求清退违规租赁车辆，追回违规资金，今后严格执行有关规定；对违规成立事业单位问题，要求商中央编办纠正；对违规收费问题，要求停止违规收费行为，所需合理经费商财政部研究解决；对应缴未缴考试考务费问题，要求督促相关单位及时上缴；对未按规定缴纳国有土地资产收益问题，要求对相关房产进行评估并按规定比例计提土地资产收益上缴中央财政；对违规组织职工和家属公款旅游问题，要求追回违规资金并追究有关人员责任；对违反资产管理规定问题，要求严格执行国有资产管理规定，补报有关手续，并对低价处置国有资产问题进一步调查处理，追究有关人员责任；对违反财务管理规定的问题，要求按有关规定予以纠正，将工会经费单独核算；对少缴纳企业所得税问题，要求补缴税金；对专项资金整合不到位问题，要求会同有关部门进一步加大专项资金整合力度，完善专项资金管理办法；对专项资金预算不细化造成资金结存问题，要求收回多下达资金，重新安排预算；对骗取专项资金和保险理赔资金问题，要求进一步调查处理，追回违规资金，并追究相关人员责任；对专项资金管理使用中的其他问题，要求加快农机购置补贴工作进度，严格执行相关规定，将挪用的专项资金归还原渠道，并调整有关会计账目。

针对审计发现的问题，审计署建议：农业部应进一步规范预算管理，强化预算刚性约束，加强项目支出预算的统筹和审核；严格落实中央八项规定精神，进一步加大对所属单位的管理和监督力度，切实杜绝违反中央关于厉行勤俭节约、反对铺张浪费要求等行为。

四、审计发现问题的整改情况

对审计发现的问题，农业部正在组织进行整改。农业部已将财政部确认的2013年底财政拨款结余资金7719.57万元全部统筹用于所属单位设施设备修缮购置等项目支出；所属中监所已将2012年以前结转资金146.1万元纳入结余管理；所属水科院已责成下属企业清退公款旅游费用3.72万元；黑龙江省农垦总局将骗取的良种补贴7166.76万元收回至总局及下属各管理局，阳光农业相互保险公司哈尔滨分公司和黑龙江农垦北大荒奶牛养殖有限公司已清退违规资金255.8万元；被挪用的农作物良种补贴等98.42万元专项资金已归还原渠道，并调整有关会计账目。具体整改结果由农业部向社会公告。

附表：1. 农业部2014年度财政拨款预算执行总体情况（略）

2. 农业部2014年度重点审计单位财政拨款预算执行情况（略）

商务部2014年度预算执行情况和其他财政收支情况审计结果

根据《中华人民共和国审计法》的规定，2015年1月至3月，审计署对商务部2014年度预算执行情况和其他财政收支情况进行了审计，重点审计了商务部本级和所属机关服务局、国际经济合作事务局、配额许可证事务局等5个单位，并对有关事项进行了延伸审计。

一、基本情况

商务部为中央财政一级预算单位，部门预算由部本级和166个二级预算单位的预算组成。财政部批复商务部2014年度部门财政拨款预算支出为2846188.32万元，商务部决算（草案）反映的当年财政拨款支出2012667.95万元，其部门预算与执行结果的差异总额为833520.37万元，差异的具体情况及产生原因见附表1。

本次审计商务部本级及所属单位2014年度财政拨款共计2724905.32万元，占部门财政拨款预算总额的95.74%。审计查出预算执行中不符合财经制度规定的问题金额11997.27万元，均为2014年发生；其他财政收支方面不符合财经制度规定的问题金额222700.30万元。上述问题对商务部2014年度预算执行结果的影响见附表2。

审计结果表明，商务部本级及本次审计的所属单位2014年度预算执行基本遵守了预算法和相关财经法规，财务管理和会计核算基本符合会计法和相关会计制度规定，积极完善相关财务管理制度，加强预算及“三公”经费等支出管理。

二、审计发现的主要问题

（一）预算执行中存在的主要问题。

1.2014年，商务部在未履行立项审批程序的情况下，申报并获得馆舍维修项目财政预算157万元；所属国际贸易经济合作研究院（以下简称研究院）在申报2014年度财政拨款人员经费预算时，虚报财政补助人员32人，多申领财政资金129.16万元。

2.至2015年3月底，商务部有45个项目的财政预算资金7818.74万元连续2年结转未使用，未按规定清理上报财政部。

3.2014年，所属配额许可证事务局未经批准，在公用经费中列支人员经费483.70万元。

4. 至2014年底，所属国际商务官员研修学院学员食堂改扩建项目超概算支出337.47万元。

5.2014年，所属投资促进事务局、外贸发展事务局（以下简称外贸局）在其组织的11个跨地区、跨部门团组中，超标准收取费用84.91万元；外贸局未附相关发票、批件等，报销23个出国团组因公出国（境）费用268.02万元；所属机关服务局等部门违规消费2.1万元。

6.2014年，商务部本级审核不严，1个数据库运行及维护项目公开招投标中存在串标行为，涉及合同金额344.50万元；所属研究院未按规定公开招标，直接向1家公司采购服务，涉及金额136万元。

7.2014年，所属研究院未及时确认课题收入和支出，导致决算报表少计事业收入2235.67万元、事业支出147.64万元及项目支出结转和结余2088.03万元。

（二）其他财政收支中存在的主要问题。

1.2014年，所属机关服务局、国际经济合作事务局、外贸局和研究院等4个单位违规向职工发放过节费，共计204.26万元。

2. 商务部2014年部门决算报表反映的固定资产原值总额比其财务账面数多197084.81万元；2012年至2014年，商务部本级开发3个信息系统采购的软、硬件未纳入固定资产账核算，涉及金额306.43万元；2014年，商务部本级已报废的40台计算机及电子设备未及时处置，涉及金额25.98万元。

3. 商务部部分房产出租收入及国有股权投资收益共计23867.88万元未严格执行“收支两条线”及预算管理规定，主要用于所属单位日常经费开支及弥补离退休人员医药费等。

4.2009年1月，所属中国对外贸易中心（集团）（以下简称外贸中心）停车场工程因项目方案不完善等原因停建，造成损失253.23万元。

5.2014年，商务部机关工会接受所属外贸中心赞助款共计900万元，主要用于青年、妇女工作经费等支出。

6.2014年，按商务部要求，所属外贸中心为商务部广州特派办支付办公用房及宿舍装修款57.71万元。

7.2013年5月，所属中国国际电子商务中心未经商务部批准，停止商务部信息系统广州异地备份中心的设备运行，并将原有机房用于商业出租。

（三）参与分配专项转移支付资金中存在的问题。

2014年，财政部和商务部将8个专项资金清理整合为1项，但每个专项资金仍按各自的申报审批流程进行管理，并按不同方法分配下达，未实现实质性整合。此外，商务部违规多安排中国畜牧业协会中小企业重点展会补助175.55万元。

三、审计处理情况和建议

对上述问题，审计署已依法出具了审计报告、下达了审计决定书。对预算编报方面的问题，要求加强预算编制基础工作，充分论证项目的可行性，将多申领的财政资金上缴财政，并调整有关会计账目及决算（草案）；对结余资金未按规定清理上报问题，要求清理补报财政部，并根据财政部审核意见处置；对未经批准自行调剂预算资金问题，要求加强预算管理，严格按照预算批复金额进行支出；对基建项目投资超概算问题，要求加强对基建项目的投资管理，履行报批手续；对因公出国（境）管理方面存在的问题，要求规范跨地区、跨部门团组收费和出国费用管理，将超标准收费上缴财政，并调整有关会计账目和决算（草案）；对违规消费问题，要求追究相关人员责任；对政府采购方面存在的问题，要求加强对投标单位资格审核，严格政府采购管理，杜绝此类问题再次发生；对少计收入和支出问题，要求清理往来科目，调整有关会计账目和决算（草案）；对违规发放过节费问题，要求收回违规发放的过节费，调整有关会计账目和决算（草案），并按规定追究有关人员的责任；对固定资产账表、账实不符问题，要求及时清理固定资产，解决账表、账实不符的问题；对房产出租收入及国有股权投资收益未严格执行“收支两条线”及预算管理规定问题，要求商国管局和财政部研究规范房产出租行为和出租收入及股权投资收益的管理使用；对停车场工程损失问题，要求查明停建原因，对其中因决策不当、管理不善等造成损失的，依法追究相关人员责任；对机关工会接受捐赠、所属单位为商务部基建项目出资问题，要求进行清理，杜绝此类问题再次发生；对自行停止信息系统异地备份问题，要求组织专家对信息系统容灾能力进行风险评估，梳理评定信息系统所能达到的灾难恢复能力等级，及时化解风险；对专项资金清理整合不到位问题，要求加强与财政部沟通协调，进一步研究完善专项资金清理整合工作。

针对审计发现的问题，审计署建议：商务部应加强预算编制管理，科学合理申报项目预算；抓紧清理财政存量资金，提高资金使用效率；加强资产管理，完善各环节的登记、入账手续；加强房产出租收入和股权投资收益管理，确保国有资产收益安全；提高信息系统安全意识；加大对所属单位的管理和监督力度，严格落实中央八项规定精神，强化执纪监督。

四、审计发现问题的整改情况

对审计发现的问题，商务部正在组织进行整改。对3个信息系统的部分软、硬件未计入固定资产账问题，已补记固定资产；对使用不合规票据、凭证报销出国费用问题，已将票据、凭证全部补齐。具体整改结果由商务部向社会公告。

附表：1. 商务部2014年度财政拨款预算执行总体情况（略）

2. 商务部2014年度重点审计单位财政拨款预算执行情况（略）

文化部2014年度预算执行情况和其他财政收支情况审计结果

根据《中华人民共和国审计法》的规定，2015年1月至3月，审计署对文化部2014年度预算执行情况和其他财政收支情况进行了审计，重点审计了文化部本级和所属故宫博物院、恭王府管理中心、机关服务中心等4个单位，并对有关事项进行了延伸审计。

一、基本情况

文化部为中央财政一级预算单位，部门预算由部本级和31个二级预算单位的预算组成。财政部批复文化部2014年度部门财政拨款预算支出为676478.79万元（含政府性基金预算，下同），文化部决算（草案）反映的当年财政拨款支出467217.05万元，其部门预算与执行结果的差异总额为209261.74万元，差异的具体情况及产生原因见附表1。

本次审计文化部本级及所属单位2014年度财政拨款共计271234.84万元，占部门财政拨款总额的40.10%。审计查出预算执行中不符合财经制度规定的问题金额11159.40万元，其中2014年6417.25万元；其他财政收支方面不符合财经制度规定的问题金额5436.89万元。上述问题对文化部2014年度预算执行结果的影响见附表2。

审计结果表明，文化部本级及本次审计所属单位2014年度预算执行基本遵守了预算法和相关法律法规，财务管理和会计核算基本符合会计法及有关财会制度规定，加强对所属事业单位管理，逐步完善内部控制制度，认真整改以前年度审计发现的问题。

二、审计发现的主要问题

（一）预算执行中存在的主要问题。

1.2014年，文化部本级编制人员经费预算时，通过多报人数多申领人员经费预算56.8万元。

2.2013年至2014年，所属故宫博物院未经批准，自行调剂项目资金1349.51万元，用于职工工作服、保安服务费及改造装修等支出，其中2014年1324.66万元。

3.2014年，所属故宫博物院挪用项目资金18.36万元，用于与项目无关的支出。

4.“三公”经费管理方面存在的问题。

（1）文化部2014年制定的因公临时出国经费管理办法与财政部有关规定不符。

（2）2014年，所属故宫博物院5人出国考察团未经批准擅自更改行程，增加4个参观城市，多列支出国费用6.87万元，审计时还提供虚假行程单。

（3）2014年，所属恭王府管理中心2名工作人员持因私护照出国执行公务，列支出国费用1.75万元。

（4）2014年，文化部外联局在编制外租用2辆汽车作为工作用车，列支租车费24万元。

5.2014年，文化部本级有19个会议未列入年度计划，支出会议费83.69万元。

6.2014年，文化部拨付所属中国数字文化集团有限公司文化产业发展专项资金2100万元，该公司未经招投标直接确定项目合作方，并在项目尚未完成情况下，超进度一次性支付资金 1665 万元。

7.2014 年，文化部本级列支后拨付所属中外文化交流中心项目经费 413.42 万元，其中 310.49 万元至 2014 年底结存未用。

8. 至 2014 年底，文化部未按规定清理 2012 年及以前年度项目结转资金 4717.30 万元。

9.2014 年，文化部本级和 3 家所属或挂靠单位未经公开招标或政府采购程序，直接将信息维护、修缮工程、会议会务等 10 个项目交给部属或其他企业承办，涉及财政资金 2925.63 万元。

（二）其他财政收支中存在的主要问题。

1.2014 年，文化部本级委托开发部分信息系统未纳入资产管理，涉及金额 34.5 万元。

2.2014 年，所属机关服务中心将未明确产权的房屋出租，取得收入 1116.73 万元作为事业收入，用于弥补该中心后勤经费等；所属恭王府管理中心未经批准，将恭王府花园部分房屋出租，取得收入 100 万元。

3.2009 年至 2011 年，所属机关服务中心未经财政部批准，出借资金 4000 万元用于文化部下属 2 家企业改制，至 2014 年底有 3000 万元未收回。

4. 至 2014 年底，文化部驻外储备编制人员超编 17 人；所属恭王府管理中心实有人员超编制 7 人，行政领导人数超批复职数 1 人。

5.2004 年，所属中国国家画院未经文化部批准，申请登记 2 家法人事业单位，且未将 2 家事业单位的部分财务收支纳入法定财务报表；2012 年，该院未经文化部批准，将其中 1 家事业单位交由企业承包经营，并将该事业单位的合同专用章、银行账户及财务账册移交给承包方。

6.2013 年至 2014 年，文化部 2 名退休干部未经批准在该部主管的两个协会兼职取酬 33.9 万元，其中 2014 年 16.79 万元。

7.2013 年，所属故宫博物院向 31 名在下属改制企业任职的人员发放事业编制人员全额工资 413.77 万元，该企业同时为这些人员发放奖金 151.76 万元。

三、审计处理情况和建议

对上述问题，审计署已依法出具了审计报告、下达了审计决定书。对多报人员经费预算问题，要求将多申报的人员经费上缴中央财政，并调整有关会计账目和决算（草案）；对未经批准自行调剂使用预算资金问题，要求严格按预算法及有关规定执行，调整有关会计账目和决算（草案）；对挪用财政资金问题，要求将挪用资金归还原资金渠道，调整有关会计账目和决算（草案）；对文化部制定的出国经费管理办法与财政部相关规定不符问题，要求修订部门出国费管理办法，严格按照规定执行；对出国考察团未经批准增加出访城市问题和出国团组计划外人员持因私护照出国执行公务问题，要求追回多报销的经费，追究有关人员责任；对违规租用公务接待用车问题，要求严格执行公务用车管理规定；对未按规定执行会议计划编报和审批制度问题，要求严格执行会议费管理相关规定；对所属单位专项资金管理中存在的问题，要求收回超进度拨付的资金，严格按进度付款；对多列项目支出问题，要求调整有关会计账目和决算（草案）；对未按规定清理结转资金问题，要求尽快清理上报，并根据财政部审核意见处置；对未执行政府采购制度问题，要求严格执行政府采购相关规定；对信息系统未计入资产问题，要求登记纳入资产管理；对违规出租未明确产权房屋问题，要求尽快明确房屋产权，严格执行国有房产出租有关规定；对未经批准出租房屋问题，要求补办相关手续；对未经批准对外出借资金问题，要求尽快收回借款；对机构和编制管理方面问题，要求严格控制人员编制，切实执行干部管理相关规定；对自行设立事业单位问题，要求纠正违规做法，按规定办理审批登记手续；对有关人员兼职取酬问题，要求予以清理，加强对领导干部兼职的管理；对所属单位与其下属改制企业关系不清问题，要求理顺所属单位与改制企业之间的关系。

针对审计发现的问题，审计署建议：文化部应进一步提高预算管理水平，完善预算编报工作，强化财经法纪意识和预算约束力，严格按照批复的预算执行；进一步加强“三公”经费和会议费管理；加强政府采购管理，严格执行政府采购的各项规定。

四、审计发现问题的整改情况

对审计发现的问题，文化部正在组织进行整

改。所属中国国家画院已经收回了违规承包单位的经营权、印章和银行账户，核查了银行账户，明确了承包期债权债务关系。具体整改结果由文化部向社会公告。

附表：1. 文化部 2014 年度财政拨款预算执行总体情况（略）

2. 文化部 2014 年度重点审计单位财政拨款预算执行情况（略）

卫生计生委 2014 年度预算执行情况和其他财政收支情况审计结果

根据《中华人民共和国审计法》的规定，2015 年 1 月至 3 月，审计署对卫生计生委 2014 年度预算执行和其他财政收支情况进行了审计，重点审计了卫生计生委本级及所属中国疾病预防控制中心（以下简称疾控中心）、国际交流与合作中心（以下简称国际交流中心）、中国医学科学院（以下简称医科院）等 4 个单位，并对有关事项进行了延伸审计。

一、基本情况

卫生计生委为中央一级预算单位，部门预算由卫生计生委本级和 69 个二级预算单位的预算组成。财政部批复卫生计生委 2014 年度部门财政拨款预算支出为 1564178.99 万元，卫生计生委决算（草案）反映的当年财政拨款支出 1320706.28 万元，其部门预算与执行结果的差异总额为 243472.71 万元，差异的具体情况及产生原因见附表 1。

本次审计卫生计生委本级及所属单位 2014 年度财政拨款共计 608506.46 万元，占部门财政拨款总额的 38.90%。审计查出预算执行中不符合财经制度规定的问题金额 16638.86 万元，其中 2014 年 9052.19 万元；其他财政收支方面不符合财经制度规定的问题金额 32617.25 万元。上述问题对卫生计生委 2014 年度预算执行结果的影响见附表 2。

审计结果表明，卫生计生委本级及本次审计的所属单位 2014 年度预算执行基本遵守了预算法和相关法律法规，财务管理和会计核算基本符合会计法及有关财会制度规定，继续推进直属和联系单位的审计委派工作，积极推进内部审计改革试点，加强了内部监督检查，对以前年度审计查出的问题进行了整改。

二、审计发现的主要问题

（一）预算执行中存在的主要问题。

1. 2014 年，所属国际交流中心未经批准，将项目经费用于挂职交流干部宿舍取暖费等支出 19.66 万元。

2. 2014 年，所属医科院挪用机构运行经费 2600 万元拨付给下属药用植物研究所，用于医科院创新园区建设等；药用植物研究所将实验室修缮项目资金 6.36 万元挪用于其他改造工程。

3. 2014 年，所属医科院列支 12 个课题基本科研业务费 1070 万元，至年底有 1066.28 万元实际未支出；所属北京协和医学院（以下简称协和医学院）列支 5 家单位修缮改造项目经费 3470 万元，至年底有 1950.90 万元实际未支出。

4. 至 2014 年底，所属中国人口宣传教育中心的国家青少年社会职业体验与健康教育园项目尚未开工，2013 年 12 月收到的文化产业发展专项资金 2000 万元全部结存在该中心。

5. “三公”经费管理方面存在的问题。

（1）2014 年，卫生计生委向外交部报备的出国（境）计划不完整，未包含赴香港、澳门和台湾团组等情况。

（2）2014 年，卫生计生委本级 2 名工作人员未经批准擅自延长境外停留时间 6 天和 9 天；2 个出国团组未经批准选择外国航空公司航线，涉及金额 27.67 万元；所属医科院药物研究所有 9 人未经批准持因私护照出国参加国际会议；所属国际交流中心 7 个出国团组使用不合规发票报销入账，涉及金额 46.81 万元。

（3）2014 年，卫生计生委购置的一批外事礼品超过规定单价。

6. 会议费管理方面存在的问题。

（1）2014 年，卫生计生委本级召开的 2 个会议参会人数分别超出规定标准 113 人和 35 人；2 个会议超标准列支会议费 1.38 万元；11 个会议报销费用时未附原始明细单据，涉及金额 97.93 万元。此外，通过电视电话会和网络视频会方式召开会议仅占全部会议的 2.31%。

（2）2014 年，所属国际交流中心未按规定编制单位年度会议计划，召开四类会议18个；所属疾控中心计划外召开四类会议184个。2013年12月和2014年1月，国际交流中心在非定点饭店召开2个会议，其中2014年支出会议费0.74万元。

7.2014年，卫生计生委本级在酒店、宾馆等非培训机构举办166个培训项目。

8. 政府采购管理方面存在的问题。

（1）2014年，卫生计生委本级和所属医科院在项目经费中列支办公设备、软件开发等购置支出691.46万元，未编制政府采购预算。

（2）2014年，卫生计生委未经批准，违规同意广东省卫生医疗对外合作服务中心采取竞争性谈判方式采购援外医疗器械，涉及金额543万元。

（3）2011年，所属科学技术研究所未经公开招标，采用邀请招标方式确定信息系统开发商，涉及合同金额270万元。

（4）2012年，所属国家食品安全风险评估中心未执行政府采购程序，直接委托企业开发信息系统和数据库，涉及合同金额96万元。

9. 至2013年底，所属国际交流中心援外医疗队国外账户余额和预拨经费结存等7220.67万元，未按财政拨款结转结余资金上报财政部。

（二）其他财政收支中存在的主要问题。

1. 至2014年底，所属医科院下属基础医学研究所收取学生住宿费8.19万元，协和医学院收取高等学校学费等116.09万元，国际交流中心政府协议收入结余53.98万元，未按规定上缴财政。

2.2014年，所属国际交流中心和疾控中心下属病毒病预防控制所将展会收入等在往来科目核算，分别少计收入888.81万元、100万元；至2014年底，疾控中心本级及其下属的性病艾滋病预防控制中心等8个单位从票务公司累计获得机票积分让利资金125.56万元，未冲减事业支出。

3. 至2015年3月底，所属协和医学院未将2001年竣工的综合楼计入固定资产，涉及金额23444.66万元；疾控中心下属营养与健康所、环境与健康相关产品安全所未将2011年办理竣工财务决算的科研办公用房计入固定资产，涉及金额1042.62万元；疾控中心下属营养与健康所未将1993年设立企业的出资80万元计入长期投资；至2014年底，所属医院管理研究所、医科院下属医药生物技术研究所未将管理使用的信息系统或办公软件计入资产，分别涉及金额98.64万元和18.90万元。

4.2014年，所属国际交流中心、医科院药用植物研究所、疾控中心下属农村改水技术指导中心和寄生虫病预防控制所等4家单位未经批准，分别对外出租房产5257.25平方米、1500平方米、1171.50平方米、1690.30平方米，取得出租收入1237.62万元、31.50万元、225.79万元、536.43万元。

5. 至2014年底，所属国际交流中心往来科目长期挂账未清理，其中已完工未结算项目款项2492.41万元，应收账款2116.05万元，最长的超过20年。

此外，卫生计生委本级和所属疾控中心有部分电脑未配备正版办公软件。

（三）参与分配专项转移支付资金中存在的问题。

1.2014年，卫生计生委与财政部共同出台资金管理办法，将2项中央财政专项转移支付资金统一管理，但未得到及时执行，资金尚未做到真正整合。

2. 卫生计生委参与分配的2014年度医改补助资金直到2015年1月才下达。

3. 卫生计生委和财政部2013年9月预拨的2014年重大公共卫生服务项目补助资金中，有7598万元直到2014年10月至2015年2月才陆续分解下达到项目单位，未能及时发挥效益。

4. 至2015年3月底，城市公立医院综合改革补助资金和重大公共卫生项目补助资金中的贫困地区新生儿疾病筛查项目等中央专项转移支付项目，尚未制定项目管理办法。

（四）事业单位调整和职能转变中存在的主要问题。

1.2011年10月，国家食品安全风险评估中心成立后，所属疾控中心下属营养与健康所将账面价值5656.94万元的仪器设备和价值50.56万元的2辆公务用车移交至该中心，至2015年3月底，上述资产尚未办理划转手续。

2.2014年7月，中央编办批准原卫生部干部培训中心与原国家人口计生委培训交流中心合并为国家卫生计生委干部培训中心，至2015年3月底，卫生计生委尚未完成合并工作。

三、审计处理情况和建议

对上述问题，审计署已依法出具了审计报告、下达了审计决定书。对未经批准自行调剂使用预算资金问题，要求严格按预算法及相关规定执行，调整有关会计账目和决算（草案）；对挪用项目资金问题，要求归还原资金渠道，调整有关会计账目和决算（草案）；对虚列支出问题，要求调整相关会计账目和决算（草案）；对项目前期准备不充分、财政资金闲置问题，要求报财政部审批，并根据财政部审核意见处置；对因公出国（境）方面存在的问题，要求加强管理，完整编报因公临时出国（境）计划，严格执行出国审批的有关规定；对公务接待方面存在的问题，要求从严执行外事接待的有关规定；对会议费管理方面存在的问题，要求加强管理，切实执行有关规定；对在酒店、宾馆等非培训机构举办培训项目的问题，要求按规定择优选择培训机构开展培训项目；对政府采购预算编报不完整问题，要求完整编制并严格执行政府采购预算；对未按规定实行政府采购问题，要求严格执行政府采购管理的有关规定；对未按规定申报财政拨款结转结余资金问题，要求组织清理补报，并根据财政部审核意见处置；对非税收入未及时上缴财政问题，要求将非税收入上缴财政，调整有关会计账目；对会计核算不准确问题，要求调整相关会计账目和决算（草案）；对少计资产问题，要求进行资产清理登记，调整有关会计账目；对未经批准出租房屋问题，要求补办相关报批手续；对往来款长期挂账未清理问题，要求及时清理往来款项；对正版软件配置不到位问题，要求按照国家有关规定配置并安装使用正版办公软件；对中央专项转移支付资金方面的问题，要求进一步规范专项转移支付资金管理；对未及时办理资产划转手续问题，要求尽快完成资产划转手续；对未及时完成事业单位合并问题，要求尽快完成合并工作。

针对审计发现的问题，审计署建议：卫生计生委应进一步加强对项目资金的管理，从严控制项目开支范围；进一步加强对政府采购制度执行情况的审查和监督，切实发挥政府采购的约束和规范作用；进一步加强国有资产和非税收入收缴的监管，强化对国有资产出租、出借的审批管理，严格执行非税收入管理的有关规定。

四、审计发现问题的整改情况

卫生计生委在审计前开展了自查，并纠正了部分自查出的问题。对审计发现的问题，卫生计生委正在组织进行整改。所属国际交流中心已归还各项费用 19.66 万元、补计相关收入 888.81 万元、将协议收入 53.98 万元上缴财政；疾控中心本级及所属 8 个单位已冲减相关支出 125.56 万元、所属病毒病预防控制所已补计相关收入 100 万元、所属寄生虫病预防控制所已将出租房屋上报卫生计生委审批、所属营养与健康所已补计对外投资 80 万元；医科院所属医药生物技术研究所已补计资产 18.90 万元；所属协和医学院已上缴财政非税收入 116.09 万元；医院管理研究所已补计资产 98.64 万元。具体整改结果由卫生计生委向社会公告。

附表：1. 卫生计生委 2014 年度财政拨款预算执行总体情况（略）

2. 卫生计生委 2014 年度重点审计单位财政拨款预算执行情况（略）

中国人民银行 2014 年度财务收支情况审计结果

根据《中华人民共和国审计法》的规定，2015 年 1 月至 3 月，审计署对中国人民银行（以下简称人民银行）2014 年度财务收支情况进行了审计，重点审计了中国人民银行总行本级和所属国家外汇管理局（以下简称外汇局）、中国人民银行上海总部（上海分行）、中国人民银行征信中心（以下简称征信中心）等 23 个单位，并对有关事项进行了延伸审计。

一、基本情况

人民银行为中央财政一级预算单位，部门预算由人民银行本级和 45 个二级预算单位的预算组成。本次审计查出人民银行总行机关及分支机构等单位预算执行中不符合财经制度规定的问题金额 28463.82 万元，其中 2014 年 28322.48 万元；其他财务收支方面不符合财经制度规定的问题金额 17467.16 万元。审计结果表明，人民银行总行机关及本次审计的所属单位 2014 年度财务收支基本符合预算法及其他财经法规的规定，能够按照会计法及相关财务制度进行会计核算和财务管理，认真整改以前年度审计发现的问题。

二、审计发现的主要问题

（一）预算执行中存在的主要问题。

1.2014 年，人民银行为所属中国人民银行金融研究所等 5 家经费自理事业单位安排基本支出预算共计 5505.72 万元。

2.2014 年，所属广州分行等 16 家分支机构和中国金融培训中心未经批准，在公用经费和项目支出中列支人员费用 16421.74 万元。

3.2013 年至 2014 年，所属怀化市中心支行等 13 家单位未经批准，在公用经费、项目支出等不同科目之间相互调剂使用 1632.70 万元，其中 2014 年 1577.32 万元。

4.2014 年，所属合肥中心支行等 4 家分支机构超标准、超范围发放通信费、子女医疗费等应由职工负担的费用，以及在工会经费中列支奖励性支出共计 157.75 万元。

5.2013 年至 2014 年，所属福州中心支行等 4 家分支机构在公用经费中列支其他年度会议费等 134.05 万元，其中 2014 年 48.09 万元。

6.2014 年，所属贵阳中心支行等 4 家分支机构虚列大型修缮、发行机具购置等专项资金支出 1619.51 万元，在往来科目挂账，未实际支付。

7.2014 年，所属西安分行等 10 家单位未按规定执行政府采购程序，购买设备、服务等 2956.93 万元。

8.“三公”经费管理方面存在的问题。

（1）所属 4 家分支机构车辆管理不规范，其中黄石市中心支行占用其下属单位车辆 3 辆。

（2）2014 年，所属西安分行公务接待中，有 10 次接待无正式公函，涉及金额 1.46 万元。

9.2014 年，所属贵阳中心支行等 2 家分支机构计划外召开会议，涉及金额 33.96 万元。

此外，所属广州分行还存在预算编制不细化、不科学，未对行员数量变化和职级变动情况进行分析测算，也未列明项目经费支出的主要用途和预计支出额度。

（二）其他财务收支中存在的主要问题。

1.2014 年，所属太原中心支行等 13 家分支机构将地方政府拨付的经费补助或奖励资金放在往来科目核算，少计收入 5630.41 万元，直接用于发放奖金补贴或支付办公经费等。

2.2007 年至 2014 年，所属武汉分行营业管理部等 5 家单位将房屋出租、资产处置和业务手续费等其他收入放在往来科目核算或直接冲减当期费用，少计其他收入 1374.99 万元，其中 2014 年 608.94 万元。

3.2014 年，所属鞍山市中心支行将汇达资产托管有限责任公司（以下简称汇达公司）支付的资产托管费 119.57 万元存放在账外，未纳入法定账簿核算，至 2015 年 2 月底支出 106.06 万元，用于该行人员和办公经费开支。

4.2014 年，所属外汇局陕西省分局将外汇局拨入的办案补助等专项经费 115.70 万元存放在账外，未纳入法定账簿核算，至 2015 年 2 月底已全部支出，用于人员和办公经费开支。

5.2014 年，所属外汇局未按规定将收取的职工周转住房租金收入 8.24 万元上缴国库。

6. 至 2014 年底，人民银行总行机关等 3 家单位以前年度项目结余资金、应退未退对外投资企业缴纳的利润保证金等资金长期未清理，涉及金额 10143.38 万元。

7.2014 年，所属太原中心支行等 4 家分支机构存在收入未及时入账、报销票据不合规等问题，涉及金额 74.87 万元。

此外，部分单位还存在固定资产管理不规范、部分人员超标办公用房未清理等问题。

（三）所属企事业单位存在的主要问题。

1. 部分单位损益不实。

（1）2014 年，所属征信中心和中国银联股份有限公司（以下简称中国银联）将地方财政补贴等各类补助 1344.86 万元放在往来科目核算，造成少计收入。

（2）至 2014 年底，所属征信中心及下属中征（北京）征信有限责任公司未对其出资设立的中征（天津）动产融资登记服务有限责任公司（以下简称中征天津）使用未分配利润转增注册资本事项进行会计核算，分别少计投资收益 1152 万元和 2848 万元。

2. 部分单位预算及财务管理不合规。

（1）2014 年，所属征信中心超预算支出 2.32 亿元，超规定比例列支招待费 69.90 万元。

（2）2014 年，所属征信中心超出合同约定，多向中征天津支付应收账款质押登记及融资租赁登记服务费347.02万元。

（3）2014年，所属中国银联下属银联智策顾问（上海）有限公司违规在福利费中列支职工个人租房费用35万元。

（4）至2014年底，所属中国金融电子化公司（以下简称金电公司）投资结余资金、被冻结存款、职工住房出售损失等长期未清理，涉及金额1.61亿元。

（5）至2014年底，所属汇达公司未按规定将其负责资产清理处置的2家单位资产纳入账内核算，涉及金额1.15亿元。

此外，所属中国银联及下属公司还超出比例列支补贴和超范围列支会议费等共计9266.8万元。

3. 部分单位业务经营存在违规问题。

2014年，所属金电公司、中国银联及下属银联企业服务（上海）有限公司等5家单位未实行集中采购和公开招标，采购办公及营业用房和服务等项目，涉及金额1.57亿元。

此外，所属中国银联还存在董事会履职不到位，高管人员薪酬方案未履行相关决策程序；计提特别准备金未报同级财政部门备案等问题。

三、审计处理情况和建议

对上述问题，审计署已依法出具了审计报告、下达了审计决定书。对为经费自理事业单位安排基本支出财政预算问题，要求严格执行有关规定，杜绝此类问题发生；对人民银行总行及分支机构、所属企事业单位未经批准自行调剂使用预算资金、扩大开支范围提高开支标准、预算支出不实、少计收入和投资收益、资金长期未清理、报销票据不合规等问题，要求调整有关会计账目和决算报表，严格执行有关规定；对“三公”经费和会议费管理方面存在的问题，要求予以纠正，今后严格执行有关规定；对多支付服务费、账外资金、账外资产问题，要求收回相关资金，调整有关会计账目和决算报表；对收入未按规定上缴问题，要求尽快上缴国库；对所属企事业单位薪酬管理中存在的问题，要求予以纠正，调整有关会计账目和决算报表，今后严格执行相关规定。

针对审计发现的问题，审计署建议：人民银行应进一步加强预算管理，严格遵守财经纪律；加大对所属单位的财务监管力度；积极推进所属单位改革，促进其健康发展。

四、审计发现问题的整改情况

对审计发现的问题，人民银行正在组织进行整改。具体整改结果由人民银行向社会公告。

国资委2014年度预算执行情况和其他财政收支情况审计结果

根据《中华人民共和国审计法》的规定，2015年1月至3月，审计署对国资委2014年度预算执行情况和其他财政收支情况进行了审计，重点审计了国资委本级和所属中国质量协会（以下简称中质协）、中国机械工业联合会（以下简称中机联）、中国有色金属工业协会（以下简称中国有色协会）等7个单位，并对有关事项进行了延伸审计。

一、基本情况

国资委为中央财政一级预算单位，部门预算由委本级和46个二级预算单位的预算组成。财政部批复国资委2014年度部门财政拨款预算支出为288131.08万元，国资委决算（草案）反映的当年财政拨款支出为198614.95万元，其部门预算与执行结果的差异总额为89516.13万元，差异的具体情况及产生原因见附表1。

本次审计国资委本级及所属单位2014年度财政拨款共计117453.06万元，占部门财政拨款总额的40.76%。审计查出预算执行中不符合财经制度规定的问题金额5713.59万元，其中2014年5654.99万元；其他财政收支方面不符合财经制度规定的问题金额8222.63万元。上述问题对国资委2014年度预算执行结果的影响见附表2。

审计结果表明，国资委本级及本次审计的所属单位2014年度预算收支基本遵守了预算法和其他财经法规，财务管理和会计核算基本符合会计法及有关财会制度规定，对以前年度审计发现的问题已整改。

二、审计发现的主要问题

（一）预算执行中存在的主要问题。

1. 国资委未将所属有色金属矿产地质调查中心（以下简称地调中心）下属5家事业单位纳入

部门预算编报范围。这5家单位2014年收入5345.16万元、支出5241.64万元。

2.2014年，国资委本级在专项经费中列支与之无关支出20.65万元；所属中机联在财政专项经费中列支应由自有资金支付的会议费92.12万元。

3.“三公”经费管理方面存在的问题。

（1）2014年，国资委计划外组织因公出国团组18个、59人次，涉及金额109.45万元；国资委本级因公出国（境）团组中，4个团组出访人员超过规定人数、5个团组出访时间超过规定天数，涉及金额55.29万元。

（2）2014年，所属国资委机关服务中心占用下属5家企业车辆5辆。

4.2014年，国资委本级在计划外召开1个三类会议，支出5.65万元；召开的11个会议实际参会人数超标准共计942人；违规在京外召开1个三类会议，支出13.50万元；违规在外部宾馆召开4个会议，支出7.50万元；所属国资委干部教育培训中心、国资委研究中心超预算列支会议费5.67万元。

此外，2010年和2013年，所属地调中心为与其无投资和隶属关系的2家企业（隶属于中国有色协会）申报并取得银行贷款财政贴息329万元；2008年，国资委本级未按规定向发展改革委重新办理相关核准手续，以竞争性谈判方式采购项目监理服务58.60万元。

（二）其他财政收支中存在的主要问题。

1.2014年，所属化学工业出版社未按规定增加国有资本金，涉及金额972万元。

2.2013年，所属中机联违规将自有资金700万元出借给下属企业用于经营活动；2012年至2014年，所属中机联代管的中国国际贸易促进委员会机械行业分会未经批准，累计向其下属企业出借资金6255万元，至2014年底有1380万元借款尚未收回。

3.2014年7月至12月，国资委3名退休领导干部违规兼职取酬14.88万元。

4.2013年，所属中质协下属单位虚构外聘专家劳务事项，套取资金14.02万元。

5.2013年，所属中国有色协会本级、中国包装联合会（以下简称中包联）分别超工资总额计划发放职工工资62.48万元、30.82万元；2014年，中国有色协会超工资总额计划发放职工工资94.52万元。

6.2012年至2013年，所属中包联使用办公用品、日用品、食品等发票报销78.91万元，实际用于购买购物卡和礼品。

7. 至2015年3月底，所属中机联等单位3个涉密信息系统未确定安全保护等级。

（三）履行职责方面存在的主要问题。

1.2009年，国资委复函确认1家中央企业计提集团品牌产品科技研发经费5亿元，与财务规定不符。至2013年底，结余4.28亿元在往来科目挂账。

2. 至2015年2月底，8家中央企业未按规定向国资委报送“三重一大”决策制度的实施办法。

三、审计处理情况和建议

对上述问题，审计署已依法出具了审计报告、下达了审计决定书。对预算编报不完整问题，要求按规定完整编报部门预算；对未经批准自行调剂预算资金问题，要求调整有关会计账目和决算（草案），今后严格按照批复的预算使用财政资金；对“三公”经费和会议费管理使用中存在的问题，要求严格执行有关规定并退还占用车辆；对财政贴息申报渠道不规范问题，要求规范财政资金申报渠道；对政府采购不规范问题，要求按规定办理核准手续；对未按要求增加国有资本金问题，要求落实国有资本权益；对违规出借资金问题，要求严格执行有关规定，补办审批手续，并加强国有资产出借事项的管理；对违规兼职取酬问题，要求按规定清退兼职所获报酬；对以虚假名义套取资金问题，要求收回资金，调整有关会计账目，并按规定追究有关人员责任；对超工资总额计划发放职工工资问题，要求严格执行有关规定，切实采取措施控制人员经费支出；对使用不合规发票报销问题，要求严格执行有关规定，杜绝此类问题再次发生；对部分涉密信息系统未确定安全保护等级问题，要求按规定确定安全保护等级；对违规批复同意中央企业计提研发费用问题，要求严格执行有关规定；对部分中央企业未报送“三重一大”决策制度实施办法问题，要求督促有关中央企业尽快报送并予以及时审查。

针对审计发现的问题，审计署建议：国资委

应严格执行部门预算，确保预算、决算（草案）编报完整、真实、准确；加强“三公”经费和会议费的计划和预算管理，严格控制支出标准和范围；加强对所属单位财政财务收支的管理；加强信息化建设的管理；依法履行出资人职责。

四、审计发现问题的整改情况

对审计发现的问题，国资委正在组织进行整改。对未经批准自行调剂使用预算资金的问题，所属中机联已将92.12万元归还原资金渠道；对未落实国有资本权益972万元的问题，所属化学工业出版社已增加国有资本金。具体整改结果由国资委向社会公告。

附表：1. 国资委2014年度财政拨款预算执行总体情况（略）

2. 国资委2014年度重点审计单位财政拨款预算执行情况（略）

海关总署2014年度预算执行情况和其他财政收支情况审计结果

根据《中华人民共和国审计法》的规定，2015年1月至3月，审计署对海关总署2014年度预算执行情况和其他财政收支情况进行了审计，重点审计了海关总署本级和所属海关总署机关服务中心（以下简称机关服务中心）、物资装备采购中心等2个单位，并对有关事项进行了延伸审计。

一、基本情况

海关总署为中央财政一级预算单位，部门预算由署本级和63个二级预算单位的预算组成。财政部批复海关总署2014年度部门财政拨款预算支出为1749905.08万元（含政府性基金预算，下同），海关总署决算（草案）反映的当年财政拨款支出1489678.15万元，其部门预算与执行结果的差异总额为260226.93万元，差异的具体情况及产生原因见附表1。

本次审计海关总署本级及所属单位2014年度财政拨款共计317137.03万元，占部门财政拨款总额的18.12%。审计查出预算执行中不符合财经制度规定的问题金额3465.04万元，均为2014年发生；其他财政收支方面不符合财经制度规定的问题金额5049.82万元。上述问题对海关总署2014年度预算执行结果的影响见附表2。

审计结果表明，海关总署及本次审计的所属单位2014年度预算执行基本遵守了预算法和其他财经法规，财务管理和会计核算基本符合会计法及有关财会制度规定，积极推进预算科学化、精细化管理，组织修订完善内部管理规章制度，强化内部监督检查，督促有关单位整改审计发现的问题。

二、审计发现的主要问题

（一）预算执行中存在的主要问题。

1. 2014年，海关总署本级在口岸专网租金项目中列支与项目无关的支出108.50万元；在收费业务费项目中列支与收费业务无关的支出1046.63万元。

2. 2014年，所属机关服务中心未按要求向财政部备案，将公用经费中的物业管理费、差旅费、维修费等科目相互调剂使用，涉及金额954.26万元；将事业收入安排的38.73万元公用经费调剂用于该中心人员经费支出；将事业收入安排的479.39万元基本支出调剂用于无预算的维修费等项目支出。

3. 2014年，海关总署决算（草案）反映海关系统非本级财政拨款决算支出237979万元，超预算691.53万元，用于人员经费和公用经费。

4. 2014年，所属全国海关信息中心未执行政府采购程序，直接向该中心下属经济实体采购1个服务项目，涉及金额92万元；所属中国电子口岸数据中心1个采购项目未按规定履行公告等政府采购程序，涉及金额54万元。

此外，海关总署在编报2014年预算时，将应编入其他收入的投资收益6342万元，编入下级单位上缴收入。

（二）其他财政收支中存在的主要问题。

1. 至2014年底，所属机关服务中心收取的职工住房改革款项等余额1389万元，在往来科目挂账长期未予清理。

2. 2014年，所属宁波海关未请示总署同意，将统一收购单位未予接收的罚没成品油1900吨（市场评估价6100元/吨），按统购折扣计价（3965元/吨）并由2家当地企业竞价后，以4200元/吨出售，累计取得变价款798万元，低于市场评估价361万元。

3. 至2014年底，所属机关服务中心仍未按规定将2009年已上报清理的股票资产（市值2082.78万元）及相关利息、分红和售股收入419.04万元清理入账，也未纳入预算管理。

三、审计处理情况和建议

对上述问题，审计署已依法出具了审计报告、下达了审计决定书。对未经批准自行调剂使用预算资金问题，要求调整有关会计账目和决算（草案），今后严格按照批复的预算使用财政资金；对未报财政部门备案自行调剂使用预算资金问题，要求严格执行相关规定；对非本级财政拨款超预算支出问题，要求严格执行预算，加强支出预算管理；对部分采购事项未严格执行政府采购规定问题，要求严格执行政府采购规定；对往来款长期挂账未予清理问题，要求清理长期挂账资金；对低价处置罚没物资问题，要求严格按照规定处置罚没物资，进一步研究完善相关管理办法；对股票资产及相关收入未及时清理入账问题，要求尽快清理处置相关资产，将收入纳入单位账户统一管理。

针对审计发现的问题，审计署建议：海关总署应进一步加强预算管理，提高预算编制的科学性和准确性，严格执行预算，强化预算约束力；督促所属单位严格执行政府采购规定；加强罚没物资处置管理；加强经费管理，进一步完善内部控制制度，严格按规定列支相关费用。

四、审计发现问题的整改情况

对审计发现的问题，海关总署正在组织进行整改。对宁波海关低价处置罚没物资问题，海关总署已向全国海关通报相关情况，约谈相关企业，并与相关管理部门进一步研究罚没物资处置政策；对股票资产及相关收入未及时清理入账问题，所属机关服务中心已开始进行清理，正在办理处置方案报批手续。具体整改结果由海关总署向社会公告。

附表：1. 海关总署2014年度财政拨款预算执行总体情况（略）

2. 海关总署2014年度重点审计单位财政拨款预算执行情况（略）

税务总局2014年度预算执行情况和其他财政收支情况审计结果

根据《中华人民共和国审计法》的规定，2015年1月至3月，审计署对税务总局2014年度预算执行情况和其他财政收支情况进行了审计，重点审计了税务总局本级和所属河南省、安徽省、重庆市国税局等18个二级预算单位，并对有关事项进行了延伸审计。

一、基本情况

税务总局为中央财政一级预算单位，部门预算由局本级和42个二级预算单位的预算组成。财政部批复税务总局2014年度部门财政拨款预算支出为6601311.01万元（含政府性基金预算，下同），税务总局决算（草案）反映的当年财政拨款支出5737060.31万元，其部门预算与执行结果的差异总额为864250.70万元，差异的具体情况及产生原因见附表1。

本次审计税务总局本级及所属单位2014年度财政拨款共计3808653.56万元，占部门财政拨款总额的57.7%。审计查出预算执行中不符合财经制度规定的问题金额217534.11万元，其中2014年17614.21万元；其他财政收支方面不符合财经制度规定的问题金额25603.75万元。上述问题对税务总局2014年度预算执行结果的影响见附表2。

审计结果表明，税务总局本级及本次审计的所属单位2014年度预算执行基本遵守了预算法和相关法律法规，财务管理和会计核算基本符合会计法及有关财会制度规定，积极完善相关制度，加强绩效考评体系建设，认真整改以前年度审计查出问题。

二、审计发现的主要问题

（一）预算执行中存在的主要问题。

1. 未经批准自行调剂使用预算资金52821.98万元。

（1）2006年至2014年，税务总局本级在金税三期项目经费、金税运行费中列支不属于项目开支范围的支出37215.83万元，其中2014年7848.9万元。

（2）2013年至2014年，所属重庆市国税局、山西省国税局、宁夏回族自治区国税局等21个单位未经批准，自行在基本支出和项目支出、人员经费和公用经费、不同项目经费之间调剂使用资金共计14179.38万元，其中2014年7152.32万元。

（3）2013年至2014年，所属吉林市国税局、武汉市国税局、重庆市国税局等18个单位在差旅费、培训费或项目支出中列支“三公”经费和会议费共计1426.77万元，其中2014年342.09万元。

2.2014年12月，税务总局虚列印刷费支出280.44万元，其中170.44万元被有关印刷厂套取。

3. 至2014年底，税务总局有142746.81万元结转结余资金未按规定清理处置。

4.2014年，税务总局违规申请项目资金585万元为单位职工住宅项目支付维修改造费用，当年支出11.18万元。

5.2011年至2014年，所属吉林省国税局、四川省国税局、陕西省国税局等148个单位使用部门预算资金支付应由职工个人负担的税务制服制作费5009.14万元，其中2014年740.34万元。2013年至2014年，所属湖南省国税局、广东省国税局和黑龙江省国税局等6个单位在公用支出中列支应由职工个人负担的物业管理费等348.62万元，其中2014年285.39万元。

6. 至2014年底，所属成都市国税局超编制配备公务用车4辆；所属哈尔滨市国税局、河南省国税局、四川省国税局等10个单位长期租用或无偿占用下属及其他单位车辆44辆。

7. 会议管理中的主要问题。

（1）2014年，税务总局申报四类会议预算时未列明预算明细，会议预算与实际支出脱节，当年支出结余占预算总额的81.38%。

（2）2013年至2014年，税务总局在北京、广东等地召开的5次会议由当地国税局承担会议费共计25.42万元，其中2014年5.37万元；2013年，福建省国税局将26.88万元会议费支出转由下属单位承担。

（3）2012年至2014年，所属福建省国税局和吉林省国税局超标准列支会议费371.78万元，其中2014年12.32万元；2013年至2014年，所属吉林省国税局、济南市国税局等6个单位在会议通知等相关文件资料不齐全的情况下列支会议费等539.04万元，其中2014年56.99万元。

（4）2013年，所属重庆市国税局本级计划外召开会议100个，占实际召开会议数的90.09%。

8.2014年7月至12月，税务总局6名退休干部在中国注册税务师协会兼职取酬36.34万元。

9.2013年至2014年，所属湖北省国税局、重庆市南岸区国税局、宁夏回族自治区税务干部学校等4个单位违规在办公费中列支采购烟酒等支出44.04万元，其中2014年25.96万元。

10.2014年，税务总局下属宾馆违规支付机场接待费用3.32万元。

11. 政府采购管理方面存在的问题。

（1）2007年至2014年，税务总局未经批准，对金税三期信息系统工程采用非公开招标方式采购22宗，合同金额14695.30万元，其中2014年采购3宗，合同金额239.43万元。

（2）2012年，在金税三期工程高清视频会议系统项目招投标评标办法中变相设置排他性条款。

（3）抽查税务总局金税三期信息系统工程85个采购项目，有31个项目发出中标通知书与合同签订的时间间隔超过规定的30天，其中21个项目时间间隔超过100天。

此外，税务总局金税三期信息系统工程部分投标单位严重压低报价，以远低于预算金额的报价中标；有的中标单位在中标后以价格过低等为由拖延签订合同，影响项目进度。

（二）其他财政收支存在的主要问题。

1. 税务总局金税三期工程建设管理中存在的问题。

（1）2014年12月至2015年2月，税务总局在金税三期工程第一阶段主体项目合同尚未完成核心实施内容、不具备竣工验收条件的情况下，组织项目验收，并向发展改革委做了验收报备。

（2）金税三期信息系统工程项目建设单位管理费超概算支出16450.81万元（其中2014年2209.37万元），超概算18.47倍；项目人员培训费用超概算支出1441.23万元，超概算29.27%。

（3）金税三期信息系统工程签订的88份采购合同中，有27份合同未约定明确的执行时间和完成时间，有47份合同未按照约定供货时间供货。

2. 资产管理方面的问题。

(1) 至2014年底，税务总局尚未按规定与1家下属企业实质性脱钩，也未将该企业财务收支纳入决算报表反映。同时，该企业未将投资设立的香港公司的固定资产和收入并入账册及报表。

(2) 至2014年底，税务总局本级财务账面反映车辆数量及金额不实，多记已报废、过户或上交车辆49辆，资产金额1918.88万元。

(3) 至2014年底，所属中国税务杂志社1994年至1995年的对外投资因所投资企业注销或违约形成账面损失1005.20万元。

(4) 至2014年底，所属山西省国税局、山东省国税局等4个单位对外出借资金在往来科目长期挂账未清理，涉及金额3646.69万元，挂账时间长达7年至15年。

(5) 2013年至2014年，所属吉林省国税局和湖南省长沙市国税局的办公用房对外出租，应收未收租金260.94万元，其中2014年100.94万元。

3. 2013年至2014年，所属四川省国税局、长沙市国税局、长沙县国税局等3个单位，违规向无预算关系的四川省国际税收研究会等单位拨付赞助费等共计880万元，其中2014年470万元。

(三) 参与分配专项转移支付资金中存在的问题。

2012年至2014年，税务总局在参与分配地方税改革经费中，向财政部建议对全国36个省(市)地税部门均安排补助资金，其中2014年建议向各省(市)分配60万元至300万元不等，缺乏明确的资金分配标准。

三、审计处理情况和建议

对上述问题，审计署已依法出具了审计报告、下达了审计决定书。对未经批准自行调剂使用预算资金和虚列印刷费支出问题要求严格执行预算规定，追回资金，调整有关会计账目和决算(草案)，情节严重的追究相关人员责任；对存量资金未有效盘活问题，要求清理补报，并根据财政部审核意见处置；对违规为职工承担费用的问题，要求追回财政资金，调整有关会计账目和决算(草案)；对“三公”经费和会议费方面的问题，要求严格按照相关规定，清理、封存、上交或清退有关车辆，规范相关费用开支范围和标准，归还由下属单位承担的会议费，并调整有关会计账目和决算(草案)；对退休干部违规兼职取酬问题，要求追回已发放的不符合规定的报酬；对违反中央八项规定精神方面的问题，要求严格执行相关规定，责令有关单位退赔，并调整有关会计账目和决算(草案)；对金税三期第一阶段招投标方面和工程建设方面的问题，要求严格按照国家有关规定执行，加强合同约束力；对未按照规定与下属企业实质性脱钩问题，要求尽快实现脱钩；对资产管理中存在的问题，要求如实反映资产状况，及时清理往来款项，追回资金并对造成资产损失的人员追究责任；对其他管理方面的问题，要求严格按照有关规定执行，严格按预算用途使用资金；对参与专项转移支付分配方面的问题，要求研究制定明确的分配标准。

针对审计发现的问题，审计署建议：税务总局应加大盘活结转结余资金力度，增强预算编制的准确性、科学性和合规性；严格落实中央八项规定精神，严格执行预算法等财经法规、基本建设程序、招投标制度和政府采购相关规定；加强对所属单位的财务管理和监督。

四、审计发现问题的整改情况

对审计发现的问题，税务总局正在组织进行整改，已通过收回资金、调整账目、追究人员责任等方式整改问题金额2043.97万元。具体整改结果由税务总局向社会公告。

附表：1. 税务总局2014年度财政拨款预算执行总体情况(略)

2. 税务总局2014年度重点审计单位财政拨款预算执行情况(略)

工商总局2014年度预算执行情况和其他财政收支情况审计结果

根据《中华人民共和国审计法》的规定，2015年1月至3月，审计署对工商总局2014年度预算执行情况和其他财政收支情况进行了审计，重点审计了工商总局本级和所属商标局、机关服务中心、中国工商行政管理学会(以下简称工商学会)等11个单位，并对有关事项进行了延伸审计。

一、基本情况

工商总局为中央财政一级预算单位，部门预算由局本级和11个二级预算单位的预算组成。财政部批复工商总局2014年度部门财政拨款预算支出为71194.70万元，工商总局决算（草案）反映的当年财政拨款支出54008.85万元，其部门预算与执行结果的差异总额为17185.85万元，差异的具体情况及产生原因见附表1。

本次审计工商总局本级及所属单位2014年度财政拨款共计71194.70万元，占部门财政拨款总额的100%。审计查出预算执行中不符合财经制度规定的问题金额5460.64万元，其中2014年4708.24万元；其他财政收支方面不符合财经制度规定的问题金额12149.06万元。上述问题对工商总局2014年度预算执行结果的影响见附表2。

审计结果表明，工商总局本级及本次审计的所属单位2014年度预算执行基本遵守了预算法和相关财经法规，财务管理和会计核算基本符合会计法和相关会计制度规定，能够加强财务管理和内部审计，并积极配合联网审计工作，认真整改以前年度审计发现的问题。

二、审计发现的主要问题

（一）预算执行中存在的主要问题。

1. 工商总局本级编制2014年度人员经费预算时多报16人，多申领财政预算资金206.25万元。

2. 2014年，工商总局为所属工商学会等3个经费自理事业单位申请基本支出财政拨款预算354.19万元。

3. 2013年至2014年，所属商标局以租赁档案库房等名义申请预算资金801.04万元（其中2014年400万元），实际全部拨付其下属机关服务中心，用于弥补商标档案卷皮经费缺口593.09万元，至2014年底结余207.95万元。

4. 未经批准调剂使用预算资金2288.28万元。

（1）2014年，工商总局本级未经批准，在项目经费中列支所属行政学院网络教学平台改造费100.27万元，在“招待费”中列支长期借调人员差旅费35.55万元。

（2）2014年，所属商标局在商标业务费专项资金中列支房租和水电费1724.94万元。

（3）2012年至2014年，所属中国消费者协会（以下简称中消协）和市场经济监督管理研究中心在公用经费中列支人员经费427.52万元，其中2014年166.31万元。

5. 2014年，工商总局本级在工商行政管理等经费中列支327.90万元，实际支出85.29万元，结余242.61万元在往来科目挂账；所属商标局在商标业务费项目中列支7162.69万元，实际支出6734.24万元，结余428.45万元在往来科目挂账。

6. 至2014年底，工商总局本级2012年在项目经费中列支的有奖征文活动费中，有19.51万元结存在2家所属单位，未作为结余资金上报财政部。

7. 至2015年3月底，工商总局本级超标准支付预算资金23万元，委托研究机构购置电脑设备，已购置的18.56万元资产未纳入法定账簿核算。

8. “三公”经费管理中存在的问题。

（1）2013年8月至2014年12月，工商总局本级26人次参加所属行政学院组织的7个赴香港考察团组，在拨付给行政学院的委托培训费中列支费用7.38万元（其中2014年5.01万元），未纳入本级“三公”经费预算管理。

（2）2014年，所属机关服务中心借用下属2家单位的4辆公务用车。

（3）2011年，所属机关服务中心通过出借资金68.27万元给下属2家单位，变相购置2辆公务用车。至2014年底一直由该中心使用，并列支日常加油费和维护费。

（4）2014年，所属商标局下属单位在商标业务费中列支23.29万元租赁别克商务车1辆，供商标局使用。

9. 2014年，工商总局本级计划外召开四类会议12个，涉及金额15.93万元；3个会议未在定点饭店召开，涉及金额38.65万元；召开的4个三类会议参会人员均超过规定的150人，涉及金额97.16万元；将召开的座谈会38名参会人员的住宿费转由参会单位承担，涉及金额2.15万元。

10. 政府采购管理方面存在的问题。

（1）2014年，工商总局本级购置办公设备等支出294.48万元未列入政府采购预算。

(2) 2014年，工商总局本级未执行政府采购程序，直接将购买服务、设备维护等交由所属2家单位承担，涉及金额550万元。

此外，工商总局本级及所属商标局还存在2014年政府采购预算与计划、实际执行不衔接等问题。

（二）其他财政收支中存在的主要问题。

1.2014年，所属中国广告协会（以下简称中广协）以“证明商标使用许可”的形式违规收取广告企业资质认定服务费433.69万元。

2.2010年至2014年，所属中广协未经有关部门批准，通过组织开展评奖活动，向企业收取参赛评奖费共计1102.40万元。

3.2013年8月至2014年12月，所属经济信息中心下属企业利用工商总局信息系统违规收取企业信息查询费768.32万元，其中368.22万元用于发放经济信息中心劳务费和津补贴。

4.2014年，所属商标局下属商标审查协作中心在财政全额负担《商标公告》编辑制作成本的情况下，违规向社会收取《商标公告》征订款10.42万元。

5.2013年至2014年，所属中国工商出版社使用工商总局本级拨付的出版费财政专项资金，支付工商总局本级有关人员编稿费、审读费等84.04万元，其中超出国家规定稿酬标准61.46万元。

6.2013年9月至2014年12月，所属中消协违规发放职工过节费65.24万元。

7.2014年，所属中消协购买价值为71.03万元的样品送交专业机构进行检测，未对所购样品进行出入库登记管理。

8.2012年至2014年，所属中国工商报社和工商学会在财务原始凭证不真实的情况下，列支广告代理费和有奖征文活动评审费共计706.02万元。

9.2013年1月至2014年4月，所属中华商标协会有关人员违反规定，在所属《中华商标》杂志社兼职领取审校费1.02万元。

10.2014年12月，所属中华商标协会未经审批出台相关办法，自行开展商标代理机构等级认定、商标代理人专业水平测试以及对持有“商标代理人水平合格测试合格证书”诉讼代理人的推荐业务。

11.2013年至2014年，所属中国消费者报社（以下简称中消报）在核算各地记者站发行收入时，扣除给记者站的奖励等费用，造成少计发行收入1963.59万元。

12.至2014年底，所属中消报将报纸征订款、应付其下属企业款项等3091.36万元在往来科目长期挂账，未及时清理。

13.至2015年3月底，所属商标局于2012年6月竣工的商标档案业务用房建设项目尚未办理竣工财务决算，该项目实际投资超概算2590.23万元。

14.2012年5月，所属商标局在未履行报批手续和进行资产评估的情况下，违规处置原值70万元的变压器及配套设施，未取得处置收益，导致国有资产流失。

15.至2014年底，工商总局及所属中消协有关信息系统投资1214.28万元未纳入资产管理。

三、审计处理情况和建议

对上述问题，审计署已依法出具了审计报告、下达了审计决定书。对多报人数获取财政资金问题，要求退回多报资金，规范部门预算编报；对虚报项目经费预算问题，要求收回多支付款项，归还原资金渠道，并调整会计账目和年度决算（草案）；对未经批准调剂使用预算资金问题，要求调整有关会计账目和决算（草案），今后严格按照批复预算执行；对虚列支出问题，要求收回资金归还原渠道，调整有关会计账目和年度决算（草案）；对项目资金未纳入结余资金管理问题，要求将结余资金清理补报财政部，并根据财政部审核意见处置；对超标准支付预算资金及购置资产未入账问题，要求将多支付款项追回并归还原渠道，相关资产纳入本单位统一核算与管理，调整相关会计账目和年度决算（草案）；对无预算安排出国（境）支出问题，要求严格执行“三公”经费预算，规范因公出国（境）活动；对占用下属单位车辆等问题，要求规范公车管理，退还占用车辆，严格经费开支；对由下属单位承担会议费问题，要求归还相关费用，调整有关会计账目和决算（草案），严格按照会议费管理相关规定执行；对政府采购方面存在的问题，要求规范政府采购预算编制，严格履行政府采购程序；对违规收取广告企业资质认定服务费问题，要求按照规定停止收费；对未经批准组织行业评奖向企业收费问题，要求规范评比表彰项目，确需保留的按规定履行报批手续；对利用工商总局信息系统违规收费发放人员劳务费问题，要求立即停止收费，收回违规发放的劳务费，并追究相关人员的责任；对违规收取《商标公告》征订款问题，要求停止收取；对超标准发放稿酬问题，要求退还超标准领取的稿酬；对违规发放过节费问题，要求退回有关违规所得；对样品未进行出入库登记管理的问题，要求健全经济事项核算手续；对财务原始凭证不真实问题，要求查清资金真实用途，并追究相关人员的责任；对未经审批开展等级认定等业务的问题，要求撤销相关文件；对少计报纸发行收入问题，要求予以补记；对往来款项长期挂账问题，要求及时清理；对未及时办理竣工决算问题，要求尽快办理；对违规处置资产导致国有资产流失问题，要求追查相关资产处置情况，并追究有关人员的责任；对信息系统及软件升级资产未入账问题，要求组织清理后记入资产。

针对审计发现的问题，审计署建议：工商总局应进一步强化预算约束，严格开支范围，加强对政府购买服务和委托事项的管理，加强项目预算编报与预算执行绩效考核的衔接；切实加强所属单位监管，规范所属社团组织的涉企收费行为，督促其加强财务管理和会计核算基础工作；加强信息系统建设的资源整合和统筹规划，加强软件类资产管理，提高财政资金使用效益。

四、审计发现问题的整改情况

对本次审计发现的问题，工商总局正在组织进行整改。工商总局在申报 2015 年预算时已按照实有人数申报人员经费；将购置的 18.56 万元电脑纳入单位法定账簿统一核算；所属商标协会有关人员已退回兼职取得的酬金 1.02 万元。具体整改结果由工商总局向社会公告。

附表：1. 工商总局 2014 年度财政拨款预算执行总体情况（略）

2. 工商总局 2014 年度重点审计单位财政拨款预算执行情况（略）

林业局 2014 年度预算执行情况和其他财政收支情况审计结果

根据《中华人民共和国审计法》的规定，2015 年 1 月至 3 月，审计署对林业局 2014 年度预算执行情况和其他财政收支情况进行了审计，重点审计了林业局本级和所属华东林业调查规划设计院（以下简称华东院）、昆明勘察设计院（以下简称昆明院）、中南林业调查规划设计院（以下简称中南院）等 12 个单位，并对有关事项进行了延伸审计。

一、基本情况

林业局为中央财政一级预算单位，部门预算由局本级和 67 个二级预算单位的预算组成。财政部批复林业局 2014 年度部门财政拨款预算支出为 751575.27 万元（含政府性基金预算，下同），林业局决算（草案）反映的当年财政拨款支出 650117.13 万元，其部门预算与执行结果的差异总额为 101458.14 万元，差异的具体情况及产生原因见附表 1。

本次审计林业局本级及所属单位 2014 年度财政拨款共计 218983.77 万元，占部门财政拨款总额的 29.14%。审计查出预算执行中不符合财经制度规定的问题金额 4979.94 万元，其中 2014 年 3032.04 万元；其他财政收支方面不符合财经制度规定的问题金额 3790.75 万元。上述问题对林业局 2014 年度预算执行结果的影响见附表 2。

审计结果表明，林业局本级及本次审计的所属单位 2014 年度预算执行基本遵守了预算法和相关法律法规，财务管理和会计核算基本符合会计法及有关财会制度规定，能积极配合开展联网审计工作，及时组织对局本级和所属单位开展自查自纠，积极整改以前年度审计查出的问题。

二、审计发现的主要问题

（一）预算执行中存在的主要问题。

1.2014 年，所属信息中心、人才开发交流中心（以下简称人才中心）等 11 个单位未经批准，自行调剂公用经费和项目经费 965.13 万元，用于列支人员经费、公务用车运行维护费、公务接待费等。

2.2013 年至 2014 年，所属亚太森林网络管理中心、中南院挪用项目资金320.73万元，用于改造培训场所、购置平板电脑及向单位职工发放差旅费补贴、咨询费等，其中2014年296.88万元。

3.2014年，所属华东院、中南院将公务接待、差旅、办公等费用41.9万元转由下属单位承担。

4.2014年，所属机关服务中心、国际竹藤中心未按规定进行公开招标，将物业管理直接委托给各自所属的物业管理公司，涉及金额535万元；所属信息中心为规避公开招标，将国家林业局内外网运行维护项目按具体实施内容进行拆分，涉及金额230万元；所属昆明院违规将本院中标的2个项目整体转包，转包价为804.19万元。

5.2014年，林业局本级有2个因公临时出国团组超标准报销住宿费3.02万元；有1个团组在交通费已发放给个人的情况下，又报销境外租车费1.5万元。

6.2006年至2014年，所属中南院长期无偿使用下属企业10辆车辆，车辆运行费在企业列支；2014年，所属中南院在未封存相关车辆且当年公车运行费未下降的情况下，自定标准，以公务用车改革的名义向本院员工发放公务交通补贴51.54万元。

7.2014年，所属华东院、中南院分别使用自有资金超预算列支公务接待费12.34万元、21.15万元。

8.2014年，林业局本级通过虚构会议的方式列支会议费9.01万元，用于支付以前年度的餐费等费用；所属人才中心、中南院计划外召开四类会议26个，支出40.34万元；所属中南院在非定点酒店召开四类会议3个，支出10.91万元，还超过规定会期召开会议7个，超出规定参会人数召开会议1个；所属中南院、华东院超标准列支会议费6.48万元。

9.2014年，林业局本级向所属国家林业局管理干部学院多支付培训班费用2.65万元。

10. 至2014年底，林业局未按规定向财政部上报3个项目结转结余资金1924.05万元。

（二）其他财政收支中存在的主要问题。

1.2014年，林业局所属单位有4人违规在社团兼职取酬共计18.36万元。

2.2013年至2014年，所属昆明院通过不合规发票报销等方式列支250.72万元，将资金转至账外，用于支付借用外部人员监理证使用费、招待费和购买礼品等。

3.2012年至2014年，所属机关服务中心、国际竹藤中心未经批准，将产权为林业局的房产对外出租，取得出租收入880万元，未按规定上缴国库，其中2014年360万元；2014年，所属西北华北东北防护林建设局出租自有房产，取得出租收入230.36万元，未按规定上缴国库；所属国际竹藤中心、中南院、昆明院未经报批对外出租房产，取得租金收入811.31万元，其中中南院2处出租房产尚未计入固定资产。

4.2013年，所属机关服务中心对下属公司增资1600万元，未履行报批手续。

5. 至2014年底，所属中南院3名领导干部办公用房面积超过规定标准共计37.87平方米。

此外，林业局本级还存在部分办公电脑使用非正版办公软件问题。

（三）中央“农林水事务”专项资金管理、分配和使用中存在的主要问题。

1. 林业成品油价格补助资金管理办法对补助对象界定不明确，且没有用油量定额标准。由于林业主管部门审核把关不严，2013年和2014年，抽查的10个省（直辖市）虚报用油量套取资金12230.88万元。

2. 森林保险保费补贴存在的问题。2014年，全国森林保险试点省份投保面积仅占林地面积的63.81%，覆盖率低；全国森林保险单位保额低于林木的再植成本和经济价值，且保险合同免赔条款较多，保障不够有力。此外，部分省市采取政府部门指定保险公司方式，无法形成竞争机制。

3.2014年，财政部和林业局将森林生态效益补偿等14项转移支付资金整合为“中央财政林业补助资金”，实际仅对14项资金的名称和管理办法进行了简单归并，而补助对象、分配标准均未做调整，未实现实质性整合。

4.2014年起，林业补助专项资金中有7个专项采用因素法分配资金，但政策性因素设置的权重过大，分配结果不均衡。

5. 至2014年底，北京市财政、林业部门滞留2013年和2014年中央财政林业专项资金4369

万元和 24403 万元，分别占当年中央拨付资金的 15.57％和 64.85％。

6.2013 年至 2014 年，北京园林绿化局下属松山国家级自然保护区管理处与其下属公司签订虚假的公益林管护合同，将“森林生态效益补偿”资金 83.55 万元转入该公司，全部用于发放管理处工作人员津贴，其中 2014 年 41.78 万元。

三、审计处理情况和建议

对上述问题，审计署已依法出具了审计报告、下达了审计决定书。对未经批准自行调剂使用预算资金问题，要求调整有关会计账目和决算（草案）；对挪用项目资金问题，要求追回相关资金，并调整有关会计账目和决算（草案）；对由下属单位承担费用问题，要求归还相关费用；对招投标中存在的问题，要求严格执行政府采购和招投标相关规定；对出国费使用中的问题，要求严格执行因公出国有关规定，退回违规报销的票款；对违规发放交通补贴问题，要求进行清理和规范；对公务接待费超预算问题，要求严格执行公务接待有关规定，加强预算管理；对虚列支出问题，要求追回资金，调整有关会计账目和决算（草案），并追究相关人员责任；对未按规定清理上报结转结余资金问题，要求清理补报财政部，并根据财政部审核意见处置；对党员领导干部兼职取酬问题，要求退还兼职取酬所得；对违规列支资金问题，要求清理相关资金，并追究相关人员责任；对出租房产事项未报批及出租收入未上缴国库问题，要求及时补办审批手续，严格执行“收支两条线”的管理办法，调整有关会计账目和决算（草案）；对未经报批对外投资、出租房产及固定资产未入账问题，要求按照规定办理报批手续和固定资产入账手续，调整有关会计账目和决算（草案）。

针对审计发现的问题，审计署建议：林业局应严格预算管理，按照预算开支范围使用财政资金，健全财务审计等内部控制制度机制，完善林业专项转移支付资金的分配办法和程序，强化对专项资金申报环节的审核和分配环节的管理。

四、审计发现问题的整改情况

林业局在审计前开展了自查，并纠正了部分自查出的问题。对审计发现的问题，林业局正在组织进行整改。所属国际竹藤中心已对未经批准自行调剂使用的 35.93 万元调整了相关会计账目；所属中南院已要求领取平板电脑的全部职工按购置成本退款，已腾退超标办公用房；所属管理干部学院已退回多收的培训费 2.65 万元；所属昆明院相关人员已将违规列支的 32.15 万元资金交回财务部门。具体整改结果由林业局向社会公告。

附表：1. 林业局 2014 年度财政拨款预算执行总体情况（略）

2. 林业局 2014 年度重点审计单位财政拨款预算执行情况（略）

国家机关事务管理局 2014 年度预算执行情况和其他财政收支情况审计结果

根据《中华人民共和国审计法》的规定，2015 年 1 月至 3 月，审计署对国家机关事务管理局（以下简称国管局）2014 年度预算执行情况和其他财政收支情况进行了审计，重点审计了国管局本级和所属机关服务中心等 3 个单位，并对有关事项进行了延伸审计。

一、基本情况

国管局为中央财政一级预算单位，部门预算由局本级和 21 个二级预算单位的预算组成。审计结果表明，国管局本级及本次审计的所属单位 2014 年度预算收支基本符合预算法及其他财经法规的规定，积极加强预算和财务管理，认真整改以前年度审计发现的问题。

二、审计发现的主要问题

（一）预算执行中存在的主要问题。

2014 年，国管局本级未按规定将用于外事接待支出的财政拨款 50 万元纳入该局“三公”经费预算编报范围。

（二）其他财政收支中存在的主要问题。

1.2014 年，所属机关服务中心将其管理的加油站燃油购销收支放在往来科目核算，导致少计收入 2207.16 万元、少计支出 2056 万元。

2. 所属机关服务中心下属中勤服务开发中心于 1995 年 2 月出资 1000 万元参与成立公司，至 2014 年底该项投资一直未在其会计账簿和财务报表反映。

三、审计处理情况和建议

对上述问题，审计署已依法出具了审计报告、下达了审计决定书。对预算编报不完整问题，要求严格落实预算管理规定；对少计收入和支出问题，要求调整会计科目和决算（草案）；对少计对外投资问题，要求认真核实该笔对外投资真实性，据实核算。

针对审计发现的问题，审计署建议：国管局应加强对所属单位财务收支的监督，规范预算管理；提高资产管理水平，规范资产核算。

四、审计发现问题的整改情况

对审计发现的问题，国管局高度重视，将审计整改作为2015年财务管理工作的重点任务全面进行部署，认真研究分析问题原因，从加强制度建设、预算管理、内部审计监督等方面采取措施，逐项落实审计整改意见。具体整改结果由国管局向社会公告。

新华社2014年度预算执行情况和其他财政收支情况审计结果

根据《中华人民共和国审计法》的规定，2015年1月至3月，审计署对新华社2014年度预算执行情况和其他财政收支情况进行了审计，重点审计了新华社本级和所属新闻信息中心、中经社控股有限公司、经济参考报社等8个单位，并对有关事项进行了延伸审计。

一、基本情况

新华社为中央财政一级预算单位，部门预算由社本级和39个二级预算单位的预算组成。财政部批复新华社2014年度部门财政拨款预算支出为221148.68万元，新华社决算（草案）反映的当年财政拨款支出187222.78万元，其部门预算与执行结果的差异总额为33925.90万元，差异的具体情况及产生原因见附表1。

本次审计新华社本级及所属单位2014年度财政拨款共计167271.71万元，占部门财政拨款总额的75.64%。审计查出预算执行中不符合财经制度规定的问题金额17347.12万元，其中2014年2486.38万元；其他财政收支方面不符合财经制度规定的问题金额7256.06万元。上述问题对新华社2014年度预算执行结果的影响见附表2。

审计结果表明，新华社本级及本次审计的所属单位2014年度预算执行基本遵守了预算法和相关法律法规，财务管理和会计核算基本符合会计法及有关财会制度规定，认真整改以前年度审计发现的问题。

二、审计发现的主要问题

（一）预算执行中存在的主要问题。

1.2014年，新华社本级为所属4家经费自理事业单位安排财政拨款基本支出预算652.67万元；使用预算资金为所属1家非预算单位支付人员工资等1512.73万元，其中财政拨款149.03万元。

2.所属新闻信息中心在编报2014年预算时未将可预计的增值税退税收入作为其他收入编入预算，实际收到该项收入284.49万元。

3.2012年，所属中经社控股有限公司在文化产业发展专项资金中列支与项目无关支出228.03万元。

4.2014年，新华社本级8个出国团组超标准列支出国（境）费31.03万元；所属参考消息报社无预算安排1人赴瑞士参加会议，列支费用5.46万元。

5.至2015年3月底，新华社本级2012年及以前年度项目形成的结转资金3232.68万元未按规定上报财政部；至2014年底，所属中经社控股有限公司、新华影廊（北京）文化传播有限公司、中国图片社等3个单位有3项财政专项资金结存结余共计11400.03万元，时间均超过3年。

此外，新华社在编报2014年基本支出预算时，在本级预算中预留2013年度经营奖励等预算12129万元，实际执行中将该项预算调整至国内分社、直属事业单位，调整情况未报财政部备案。

（二）其他财政收支中存在的主要问题。

1.至2014年底，新华社未按规定对3处尚未开工的基建项目进行清理。

2.2012年至2014年，所属海南、江西等21个分社未经批准出租办公用房60475平方米，取得出租收入6253.40万元，其中2014年1971.52万元。

3.部分单位财务核算不合规。

（1）2014年，所属机关管理服务中心未将其下属非独立法人单位的收支纳入法定账簿核算。

（2）2007 年和 2010 年，所属新闻信息中心收到市场推介费共计 31.88 万元，未计作收入。

（3）2012 年至 2014 年，所属中国证券报社将举办论坛等收入 717.94 万元放在下属企业核算；至 2015 年 1 月底，未与其授权代理中证网广告业务的北京新证广告公司结算广告收入 243 万元。

4. 2014 年，新华社本级及部分所属单位 10 名工作人员未经新华社备案、审批在企业兼职，其中 1 人兼职取酬 9.84 万元。

5. 2003 年至 2014 年，新华社未经审批将其他事业单位编制调整至所属新闻信息中心，至 2014 年底该中心事业编制超出中央编办批复 114 名。

三、审计处理情况和建议

对上述问题，审计署已依法出具了审计报告、下达了审计决定书。对安排经费自理事业单位基本支出预算以及使用预算资金为所属企业支付费用问题，要求严格按规定编制部门预算，加强预算支出管理，调整有关会计账目和决算（草案）；对预算编制不完整，要求将收入编入以后年度预算；对未经批准自行调剂使用财政专项资金，要求严格按预算法及相关规定执行，并调整有关会计账目；对违规列支因公出国（境）费问题，要求加强出国费管理，严格执行相关标准；对未按规定对部分存量资金进行清理问题，要求尽快清理上报，并根据财政部审核意见处置；对未按规定对部分基建项目进行清理问题，要求及时清理并停止建设，收回财政资金上缴中央财政；对未经批准出租办公用房问题，要求予以清理，补报相关审批手续；对会计核算不合规问题，要求调整有关会计账目；对有关人员违规兼职问题，要求结合事业单位分类改革，对领导干部在企业兼职情况进行清理规范；对自行调整所属单位人员编制，要求及时报请有关部门审批。

针对审计发现的问题，审计署建议：新华社应进一步加强预算管理，采取有效措施切实盘活财政存量资金，从严控制因公出国（境）经费开支标准和财政专项项目开支范围，从严管理楼堂馆所建设项目，严格要求所属事业单位遵守新闻出版的相关规定，加强对所属企业的监管。

四、审计发现问题的整改情况

对审计发现的问题，新华社正在组织进行整改。所属新闻信息中心已将预计增值税退税收入编入 2015 年预算，将市场推介费 31.88 万元调整为收入；所属参考消息报社已对干部在企业兼职情况进行了清理，相关企业已经停发有关兼职人员劳务费，并追回相关已发放的 9.84 万元。具体整改结果由新华社向社会公告。

附表：1. 新华社 2014 年度财政拨款预算执行总体情况（略）

2. 新华社 2014 年度重点审计单位财政拨款预算执行情况（略）

中科院 2014 年度预算执行情况和其他财政收支情况审计结果

根据《中华人民共和国审计法》的规定，2015 年 1 月至 3 月，审计署对中科院 2014 年度预算执行情况和其他财政收支情况进行了审计，重点审计了中科院本级及所属理化技术研究所（以下简称理化所）、地质与地球物理研究所（以下简称地质所）、遗传与发育生物学研究所（以下简称遗传所）等 5 个单位，并对有关事项进行了延伸审计。

一、基本情况

中科院为中央财政一级预算单位，部门预算由院本级和 138 个二级预算单位的预算组成。财政部批复中科院 2014 年度部门财政拨款预算支出为 3715635.28 万元，中科院决算（草案）反映的当年财政拨款支出 2920788.38 万元，其部门预算与执行结果的差异总额为 794846.90 万元，差异的具体情况及产生原因见附表 1。

本次审计中科院本级及所属单位 2014 年度财政拨款共计 259485.96 万元，占部门财政拨款总额的 6.98%。审计查出预算执行中不符合财经制度规定的问题金额 5111.55 万元，其中 2014 年 4100.96 万元；其他财政收支方面不符合财经制度规定的问题金额 22972.19 万元。上述问题对中科院 2014 年度预算执行结果的影响见附表 2。

审计结果表明，中科院本级及本次审计的所属单位 2014 年度预算执行基本遵守了预算法和其他财经法规，财务管理和会计核算基本符合会计法及有关财会制度规定，组织修订完善内部管理规章制度，提高预算和财务管理水平，积极开展自查，认真整改审计发现的问题。

二、审计发现的主要问题

（一）预算执行中存在的主要问题。

1.2014年，所属遗传所将财政拨款公用经费553.63万元自行调剂用于工资福利、抚恤金等人员经费支出；所属地质所将财政拨款公用经费1314.75万元自行调剂用于退休人员费、“千人计划”等人员经费支出，将财政科研项目经费1113.89万元自行调剂用于燃料费、办公设备维修费等基本支出。2010年至2014年，所属声学研究所将科研项目财政资金88.37万元自行调剂用于3家单位横向科研课题，其中2014年8.65万元。

2. 至2014年底，所属理化所29个财政资金资助的科研课题应结题未结题，涉及金额97.72万元。

3. 部分外购服务未按规定进行政府采购。

（1）2012年至2014年，所属遗传所未按规定进行政府采购，分别与5家公司签订项目竣工结算审计合同和技术服务合同，已支付合同款550.66万元，其中2014年支付430.9万元。

（2）2011年至2014年，所属微电子研究所未按规定进行政府采购，分别与3家公司签订专利代理合同和物业服务合同，已支付合同款1224.58万元，其中2014年支付465.61万元。

（3）2008年9月，所属计算机网络信息中心未按规定进行政府采购，委托1家公司提供项目监理服务，涉及金额16万元。

4. “三公”经费管理方面存在的问题。

（1）2013年，所属国际学术交流中心未经审批，组织中科院下属单位9人持普通护照到俄罗斯、塔吉克斯坦等国考察，由出国人员所在单位支付考察费31.50万元。

（2）所属声学研究所自2007年起使用下属单位2辆车辆，2014年在基本支出委托业务费中列支2007年至2013年间交通费、维修费等86.65万元，少计公务用车运行费。

5.2013年，所属微电子研究所在非定点场所召开会议，涉及金额4.64万元；2014年，所属遗传所会议费超预算支出29.16万元。

（二）其他财政收支中存在的主要问题。

1.2009年12月，中科院未经审批，违规批准所属遗传所在建设项目中增加3000平方米科研用房。该项目于2013年完工，实际投资13659.86万元，超批复概算3345.86万元。

2.2006年至2014年，所属理化所将收到的专利费补助放在往来科目核算，造成少计收入172.59万元，其中2014年17.87万元。

3.2014年，所属声学研究所将1家公司的股权转让收入放在往来科目核算，造成少计收入7.5万元。

4.2011年，所属理化所以技术转让名义，向3家公司销售实验测试剂量控制装备并取得收入69万元，未缴纳增值税。

5. 至2014年底，中科院未将已办理竣工财务决算并交付使用的奥运村科技园9个基础设施项目纳入固定资产核算，涉及金额18447.89万元。

6.2014年，所属遗传所在科研项目成本中列支试验用房改造支出等38.99万元，未纳入固定资产核算。

7. 至2014年底，所属计算机网络信息中心未将6套软件纳入资产核算，涉及金额278.1万元；所属微电子所未将3套软件纳入资产核算，涉及金额612.26万元。

三、审计处理情况和建议

对上述问题，审计署已依法出具了审计报告、下达了审计决定书。对未经批准自行调剂使用预算资金问题，要求调整有关会计账目和决算（草案），今后严格按照批复的预算使用财政资金；对科研项目管理不规范问题，要求及时办理结题结账；对未按规定执行政府采购问题，要求今后严格执行有关规定；对“三公”经费管理方面存在的问题，要求调整有关会计账目和决算（草案），今后加强因公出国（境）和公务用车管理；对会议费管理方面存在的问题，要求今后严格执行会议管理有关规定；对基建项目存在的问题，要求今后加强基建项目管理，严格执行有关规定；对少计收入问题，要求调整有关会计账目和决算（草案）；对应缴未缴增值税问题，要求补缴税金；对资产管理和核算问题，要求按规定处理，调整会计账目。

针对审计发现的问题，审计署建议：中科院应加强预算管理，规范科研课题支出，严格基本建设项目、“三公”经费和会议费管理，提高科研资金使用效益。

四、审计发现问题的整改情况

对审计发现的问题，中科院正在组织进行整改。对少计固定资产的问题，所属遗传所已调整有关会计账目；对科研项目未及时结题结账的问题，理化所对相关课题陆续进行结题；对外购服务未按规定进行政府采购的问题，遗传所已完善了内部审批流程。具体整改结果由中科院向社会公告。

附表：1. 中科院 2014 年度财政拨款预算执行总体情况（略）

2. 中科院 2014 年度重点审计单位财政拨款预算执行情况（略）

社科院 2014 年度预算执行情况和其他财政收支情况审计结果

根据《中华人民共和国审计法》的规定，2015 年 1 月至 3 月，审计署对社科院 2014 年度预算执行情况和其他财政收支情况进行了审计，重点审计了社科院本级和所属数量经济与技术经济研究所（以下简称数量所）、近代史研究所（以下简称近代史所）、语言研究所（以下简称语言所）等 7 个单位，并对有关事项进行了延伸审计。

一、基本情况

社科院为中央财政一级预算单位，部门预算由院本级和 44 个二级预算单位的预算组成。财政部批复社科院 2014 年度部门财政拨款预算支出为 232038.19 万元（含政府性基金预算，下同），社科院决算（草案）反映的当年财政拨款支出 178247.45 万元，其部门预算与执行结果的差异总额为 53790.74 万元，差异的具体情况及产生原因见附表 1。

本次审计社科院本级及所属单位 2014 年度财政拨款共计 100689.84 万元，占部门财政拨款总额的 43.39%。审计查出预算执行中不符合财经制度规定的问题金额 14480.38 万元，其中 2014 年 12499 万元；其他财政收支方面不符合财经制度规定的问题金额 12844.94 万元。上述问题对社科院 2014 年度预算执行结果的影响见附表 2。

审计结果表明，社科院本级及本次审计的所属单位 2014 年度预算执行基本遵守了预算法和其他财经法规，财务管理和会计核算基本符合会计法和相关会计制度规定，逐步强化内部控制，组织开展内部财务监督检查，对以前年度审计发现的部分问题进行了整改。

二、审计发现的主要问题

（一）预算执行中存在的主要问题。

1.2014 年，社科院未经财政部批准，自行调减 31 个所属预算单位财政拨款预算 9199.07 万元，调增 15 个所属预算单位财政拨款预算 9199.07 万元。

2.2011 年至 2014 年，社科院本级未经批准在征地补偿费中列支人员经费和公用经费共计 303 万元，其中 2014 年 25.23 万元；2014 年，社科院本级未经批准在项目经费中列支办公用房租赁费等共计 2841.7 万元；所属语言所未经批准在项目经费中列支在职人员移动通信补贴 17.36 万元；所属近代史所未经批准在项目经费中列支与项目无关的支出 5.48 万元；所属中国社会科学杂志社未经批准在项目经费中列支房租等共计 277.47 万元。

3.2012 年，所属亚太与全球战略研究院（以下简称全球院）未经批准将 3 个项目经费共计 50 万元全部用于购买与项目无关的办公家具；2013 年，所属近代史所未经批准将 12.52 万元项目经费用于购买与项目无关的办公家具。至 2015 年 3 月底，上述资产未计入固定资产。

4.2013 年，所属图书馆未经批准采取单一来源采购方式，直接委托社科院所属企业采购 3 套信息系统，涉及金额 1479 万元。

5.“三公”经费管理方面存在的问题。

（1）至 2014 年底，社科院本级超编制配置公务用车 16 辆。

（2）2013 年和 2014 年，社科院本级未经批准安排所属考古研究所使用财政资金 254.4 万元超标准购置 10 辆越野车，其中 2014 年 119.4 万元；2013 年，所属近代史所列支 22.36 万元超标准购置公务用车 1 辆。

6.2014 年，社科院本级未按规定制订年度会议计划；院本级、所属近代史所违规在宾馆等召开2个会议，支出13.29万元；2013年，所属全球院在无京外人员参会的情况下，违规安排住宿，支出4.73万元。

此外，2014年社科院未将财政部批复的预算全部分解批复到所属单位。

（二）其他财政收支中存在的主要问题。

1.2012年至2014年，所属语言所未将版税收入及相关支出纳入预算管理，涉及收入8575.48万元、支出8274.15万元，其中2014年收入3040.70万元、支出3391.12万元；2014年，所属近代史所、世界经济与政治研究所（以下简称世经政所）未将社科基金等收入纳入预算管理，涉及收入422.31万元、450.37万元，支出359.15万元、238.71万元。

2.2014年，所属数量所、全球院使用不合规票据分别列支横向课题经费42.41万元、2.69万元，用于发放劳务费和个人消费；所属数量所在横向课题中列支办公费14.78万元，实际用于餐费支出，并在合作承担横向课题的公司（已向其支付课题费30万元）报销差旅费等2.07万元。

3.至2014年底，社科院将1837平方米档案馆业务用房用作院机关办公用房（占档案馆面积的38%），实际使用情况与向发展改革委申请立项内容不符。

4.2014年，社科院本级未经批准建设档案馆地下人防工程和辅助工程，涉及金额1176.60万元，至2015年3月底，上述工程已完工并投入使用。

5.1995年至2014年，社科院本级未经批准，对外出租11处房产，其中2014年取得房租收入1319.21万元；2013年至2014年，所属法学研究所等5个单位未经批准，将社科院办公用房对外出租，其中2014年共计取得房租收入236.33万元。

6.至2014年底，社科院本级未将2处房产计入固定资产，未将购入的软件计入资产管理、涉及金额15万元；所属图书馆未将采购的电脑等设备22.51万元计入固定资产。

7.2014年，所属近代史所将部分收支放在往来款科目核算，造成少计收入396.58万元、支出134.29万元。

8.至2014年底，所属数量所2001年以来应结题未结题的横向课题经费87.15万元、所属世经政所已结题的横向课题经费余额81.45万元，在往来款科目长期挂账未清理。

9.至2014年底，社科院本级于2013年10月竣工的国家方志馆装修改造项目尚未办理竣工财务决算。

三、审计处理情况和建议

对上述问题，审计署已依法出具了审计报告、下达了审计决定书。对未经批准自行调整所属单位财政拨款预算和自行调剂使用预算资金问题，要求严格按预算法及相关规定执行，调整有关会计账目和决算（草案）；对信息系统未按规定执行政府采购问题，要求从严执行政府采购程序；对公务用车管理存在的问题，要求按规定补办相关手续，认真执行公务用车有关规定；对会议管理存在的问题，要求加强会议管理，严格执行有关规定；对预算编报不完整问题，要求将各项收支纳入单位预算统一管理；对科研经费管理使用方面的问题，要求追回资金归还原渠道，调整有关会计账目，并追究相关人员责任；对违规改变档案业务用房用途问题，要求清退占用的房屋，恢复原档案馆功能；对未经批准自行建设档案馆地下工程问题，要求尽快完善相关报批手续；对未经批准出租国有资产问题，要求按规定补办审批手续；对部分资产未入账问题，要求按规定补记资产；对少计收入和支出问题，要求严格会计核算，调整有关会计账目；对装修改造项目尚未办理竣工决算问题，要求加强工程及资金管理，及时办理竣工决算。

针对审计发现的问题，审计署建议：社科院应规范和细化预算编制，努力提高预算编报的准确性和可行性；加大对所属单位的管理和监督力度，严格落实中央八项规定精神；切实加强会议费和“三公”经费管理，加强对国有资产的监管，对国有资产出租、出借及处置应履行审批手续；严格执行办公设备购置管理的相关规定，并及时登记入账。

四、审计发现问题的整改情况

对审计发现的问题，社科院正在组织进行整改。具体整改结果由社科院向社会公告。

附表：1. 社科院2014年度财政拨款预算执行总体情况（略）

2. 社科院2014年度重点审计单位财政拨款预算执行情况（略）

工程院 2014 年度预算执行情况和其他财政收支情况审计结果

根据《中华人民共和国审计法》的规定，2015 年 1 月至 3 月，审计署对工程院 2014 年度预算执行情况和其他财政收支情况进行了审计，重点审计了工程院本级和所属中国工程院咨询服务中心（以下简称咨询服务中心），并对有关事项进行了延伸审计。

一、基本情况

工程院为中央财政一级预算单位，部门预算由院本级和 1 个二级预算单位的预算组成。财政部批复工程院 2014 年度部门财政拨款预算支出为 49154.18 万元，工程院决算（草案）反映的当年财政拨款支出 44772.22 万元，其部门预算与执行结果差异总额为 4381.96 万元，差异的具体情况及产生的原因见附表 1。

本次审计工程院本级及所属单位 2014 年度财政拨款总计 49154.18 万元，占部门财政拨款总额的 100%。审计查出预算执行中不符合财经制度规定的问题金额 29033.86 万元，其中 2014 年 8116.27 万元。上述问题对工程院 2014 年度预算执行结果的影响见附表 2。

审计结果表明，工程院本级及本次审计的所属单位 2014 年度预算执行基本遵守了预算法和相关法律法规，财务管理和会计核算基本符合会计法及有关财会制度的规定，认真整改以前年度审计发现的问题。

二、审计发现的主要问题

（一）预算执行中存在的主要问题。

1. 2013 年至 2014 年，工程院本级未经批准，自行将专项经费 1812.56 万元调剂用于日常公用支出，其中 2014 年 1020.4 万元。

2. 至 2014 年底，工程院未按规定将所属咨询服务中心结转结余的财政资金 6513.94 万元上报财政部。

3. 2014 年，工程院本级在非定点饭店组织召开 1 个会议，支出会议费 0.97 万元；所属咨询服务中心在非定点饭店召开 8 个会议，支出会议费 6.71 万元。

4. 2012 年至 2014 年，工程院本级未经批准自行调整知识中心建设项目内容和预算，涉及金额 9688.92 万元，其中 2014 年 1453.24 万元。

5. 2013 年至 2014 年，工程院本级未将知识中心建设项目购置数据资源支出纳入政府采购预算，也未履行政府采购程序，涉及金额 1074.10 万元，其中 2014 年 600.48 万元。

6. 2014 年，所属咨询服务中心决算报表未完整反映账面课题经费收支情况，造成部门决算共少计上年结转结余 4902.19 万元、多计财政拨款支出 4454.94 万元、少计事业收入 579.53 万元、少计事业支出 462.54 万元、少计年末结转结余 6118.71 万元。

（二）其他财政收支存在的主要问题。

1. 至 2014 年底，所属咨询服务中心经费自理事业人员超编 11 人。

2. 至 2014 年底，工程院已退任干部仍占用办公用房共计 243.52 平方米。

三、审计处理情况和建议

对上述问题，审计署已依法出具了审计报告、下达审计决定书。对未经批准自行调剂使用预算资金问题，要求严格按预算法及相关规定执行，调整有关会计账目和决算（草案）；对少报财政结余资金问题，要求按规定清理补报结余资金，并根据财政部审核意见处置；对在非定点饭店召开会议问题，要求加强会议管理，严格按照相关规定确定会议地点；对未经批准调整建设内容问题，要求按程序报批；对政府采购预算编制不完整和未履行政府采购程序问题，要求完善政府采购预算编制，认真履行政府采购程序；对决算报表未完整反映账面课题经费收支问题，要求将课题经费收支纳入决算报表；对人员超编问题，要求严格执行事业编制管理有关规定；对退任干部未及时腾退办公用房问题，要求及时清理腾退。

针对审计发现的问题，审计署建议：工程院应加强预算支出管理，完善项目依托单位的经费监督运行机制。

四、审计发现问题的整改情况

工程院在审计前开展了自查，并纠正了部分自查发现的问题。对审计发现的问题，工程院正在组织进行整改。所属咨询服务中心已将全部收支纳入部门决算（草案）。具体整改结果由工程院向社会公告。

附表：1. 工程院 2014 年度财政拨款预算执行总体情况（略）

2. 工程院 2014 年度重点审计单位财政拨款预算执行情况（略）

国务院发展研究中心 2014 年度预算执行情况和其他财政收支情况审计结果

根据《中华人民共和国审计法》的规定，2015 年 1 月至 3 月，审计署对国务院发展研究中心（以下简称发展研究中心）2014 年度预算执行情况和其他财政收支情况进行了审计，重点审计了发展研究中心本级和所属信息中心、机关服务中心、管理世界杂志社等 9 个单位，并对有关事项进行了延伸审计。

一、基本情况

发展研究中心为中央财政一级预算单位，部门预算由中心本级和 3 个二级预算单位的预算组成。财政部批复发展研究中心 2014 年度部门财政拨款预算支出为 14636.04 万元，发展研究中心决算（草案）反映的当年财政拨款支出 7770 万元，其部门预算与执行结果的差异总额为 6866.04 万元，差异的具体情况及产生原因见附表 1。

本次审计发展研究中心本级及所属单位 2014 年度财政拨款共计 14636.04 万元，占部门财政拨款的 100%。审计查出预算执行中不符合财经制度规定的问题金额 2119.99 万元，其中 2014 年 1846.68 万元；其他财政收支方面不符合财经制度规定的问题金额 1616.59 万元。上述问题对发展研究中心 2014 年度预算执行结果的影响见附表 2。

审计结果表明，发展研究中心本级及本次审计的所属单位 2014 年度预算执行基本遵守了预算法及相关法律法规，财务管理和会计核算基本符合会计法及有关财会制度规定，加强内部控制，提高了预算和财务管理水平。

二、审计发现的主要问题

（一）预算执行中存在的主要问题。

1. 发展研究中心未将所属 4 家事业单位财务收支纳入 2014 年度部门预算。

2. 2014 年，所属信息中心使用公用经费和项目经费，向中心本级和所属研究所参与撰写《调查研究报告》《调查研究报告择要》的人员发放稿酬 82.63 万元。

3. 2013 年至 2014 年，发展研究中心本级和所属信息中心、机关服务中心等 3 个单位未经批准自行调剂使用预算资金 1473.17 万元，其中 2014 年 1199.86 万元。

4. 2014 年，发展研究中心本级虚列项目支出 196.97 万元，在往来科目挂账。

5. 2014 年，所属机关服务中心违规使用公务用车开展出租服务，收取服务费 75.6 万元。

6. 2014 年，发展研究中心本级当年召开的三类和四类会议计划未按规定审批，计划编制不完整；未编报财政拨款会议费预算 50 万元；在财政拨款项目支出中超预算列支会议费 11.78 万元。

7. 2014 年，发展研究中心本级、所属机关服务中心违规在非政府采购定点单位印刷资料、维修公务用车、加油，支付费用共计 169.84 万元；发展研究中心本级未经批准，采用单一来源采购方式直接与 1 家公司签订涉密内网运行维护服务合同，并支付合同款 60 万元。

此外，发展研究中心本级 4 个财政拨款课题 2014 年度预算 233 万元，至 2015 年 3 月底仍未支出。

（二）其他财政收支中存在的主要问题。

1. 2013 年至 2014 年，所属信息中心自定标准收取信息服务费 687.62 万元，其中 2014 年 492.15 万元。

2. 2013 年至 2014 年，所属管理世界杂志社以版面费名义违规向作者收费 76.70 万元，其中 2014 年 44.80 万元。

3. 2014 年，所属市场经济研究所、信息中心分别超工资总额计划发放职工工资 77.63 万元、41.34 万元。

4. 2014 年，发展研究中心本级及所属企业研究所、机关服务中心等单位通过使用非课题组成员机票、不合规发票等方式报销课题费等 196.63 万元，用于发放劳务费、外部专家费、职工奖金、补贴等。

5. 2014 年，所属信息中心未经批准报废固定资产 120.93 万元。

6. 至2014年底，所属信息中心在往来科目核算3年以上的课题结余款415.74万元，未及时清理。

三、审计处理情况和建议

对上述问题，审计署已依法出具了审计报告、下达了审计决定书。对预算编报不完整问题，要求今后将4家事业单位财务收支纳入部门预算；对挪用经费问题，要求归还资金原渠道，调整有关会计账目和决算（草案）；对自行调剂预算和多列支出造成决算支出不实问题，要求调整有关会计账目和决算（草案）；对违反公务用车、会议费和政府采购相关规定的问题，要求今后严格执行相关规定；对违规收费问题，要求进行清理，按照规定报主管部门批准；对使用不合规票据报销问题，要求予以纠正；对未经批准报废固定资产问题，要求补办相关手续；对往来款项长期挂账问题，要求按规定清理，调整有关会计账目。

针对审计发现的问题，审计署建议：发展研究中心应进一步强化预算和财务管理，加强项目支出预算的统筹和审核，加大社会课题项目管理力度，严格落实中央八项规定精神，切实加强"三公"经费和会议费管理，加强对所属单位的管理和监督，采取有效措施杜绝使用不合规票据报销问题。

四、审计发现问题的整改情况

对审计发现的问题，发展研究中心正在组织进行整改。具体整改结果由发展研究中心向社会公告。

附表：1. 发展研究中心2014年度财政拨款预算执行总体情况（略）

2. 发展研究中心2014年度重点审计单位财政拨款预算执行情况（略）

银监会2014年度预算执行情况和其他财政收支情况审计结果

根据《中华人民共和国审计法》的规定，2015年1月至3月，审计署对银监会2014年度预算执行情况和其他财政收支情况进行了审计，重点审计了银监会本级和所属山西、河北、福建银监局等6个单位，并对有关事项进行了延伸审计。

一、基本情况

银监会为中央财政一级预算单位，部门预算由会本级和36个二级预算单位的预算组成。财政部批复银监会2014年度部门财政拨款预算支出为495385.80万元，银监会决算（草案）反映的当年财政拨款支出489191.36万元，其部门预算与执行结果的差异总额为6194.44万元，差异的具体情况及产生原因见附表1。

本次审计银监会本级及所属单位2014年度财政拨款共计78274.16万元，占部门财政拨款总额的15.7%。审计查出预算执行中不符合财经制度规定的问题金额2544.19万元，其中2014年1764.19万元；其他财政收支方面不符合财经制度规定的问题金额1222.7万元。上述问题对银监会2014年度预算执行结果的影响见附表2。

审计结果表明，银监会本级及本次审计的所属单位2014年度预算执行基本遵守了预算法及有关财经法规，财务管理和会计核算基本符合会计法及有关财会制度规定，以前年度审计发现的问题已全部整改完毕。

二、审计发现的主要问题

（一）预算执行中存在的主要问题。

1. 2014年，银监会本级和6家所属单位未经批准，在公用经费预算科目间、基本支出与项目支出间调剂使用预算资金，涉及金额503.57万元。

2. 2014年，银监会所属1家单位通过重复报销等方式列支22.6万元，用于超标准支付专家讲课费、部门公务接待费等。

3. 2013年11月，银监会未经公开招标，直接与1家金融机构签订协议，约定由其安排技术人员提供系统开发及运行维护服务，2013年、2014年分别支付费用780万元和1227万元。

4. 2014年，所属吉林、河北银监局计划外召开会议8次，列支会议费11.02万元。

此外，银监会本级在编报2014年预算时，对专题调研项目支出预算650万元未提出细化分配方案，项目经费未落实至具体单位。

（二）其他财政收支中存在的主要问题。

1. 至2014年底，银监会本级和所属河北银监局存在自建信息系统未及时纳入资产管理等问题，涉及金额592万元。

2. 所属湖北银监局随州监管分局未经批准，

自2010年9月起，将3间办公用房无偿出借给随州市银行业协会使用，并免收水电费等费用。

3.2014年，银监会本级与中国农村金融杂志社共同举办或委托其举办培训班，组织所属银监局和有关金融机构参加培训，并向金融机构收取培训费630.7万元。

此外，所属山西银监局办公用房从人民银行划转后长期未办理产权过户手续。

三、审计处理情况和建议

对上述问题，审计署已依法出具了审计报告、下达了审计决定书。对未经批准自行调剂使用预算资金问题，要求调整会计账目和决算（草案），今后严格按照批复的预算使用财政资金；对虚列费用套取资金问题，要求调整有关会计账目和决算（草案），并按规定追究相关人员的责任；对未按规定公开招标问题，要求今后严格执行政府采购有关规定；对计划外召开会议问题，要求强化会议管理；对项目预算不细化问题，要求今后进一步加强预算管理，在编制预算时将预算细化到具体项目，提高预算资金的使用效率；对资产账实不符和无偿出借办公用房问题，要求规范固定资产核算与管理，调整有关会计账目和决算（草案）；对违规收取培训费问题，要求纠正违规行为，严格执行有关规定。

针对审计发现的问题，审计署建议：银监会应进一步规范预算资金使用，严格按照预算规定的支出用途、范围和标准使用预算资金；加强对培训费、专家劳务费等经费的管理，规范经费列支和报销流程；强化资产核算及管理，确保资产核算的真实性和准确性。

四、审计发现问题的整改情况

银监会在审计前开展了自查，并纠正了部分自查出的问题。对审计发现的问题，正在组织进行整改。对自行调剂使用预算资金问题，所属河北、吉林银监局已调整了有关会计账目；对信息系统未及时入账问题，银监会本级对自行开发的信息系统进行了入账处理。具体整改结果由银监会向社会公告。

附表：1. 银监会2014年度财政拨款预算执行总体情况（略）

2. 银监会2014年度重点审计单位财政拨款预算执行情况（略）

证监会2014年度预算执行情况和其他财政收支情况审计结果

根据《中华人民共和国审计法》的规定，2015年1月至3月，审计署对证监会2014年度预算执行情况和其他财政收支情况进行了审计，重点审计了证监会本级和所属上海、安徽、辽宁证监局等5个单位，并对有关事项进行了延伸审计。

一、基本情况

证监会为中央财政一级预算单位，部门预算由会本级和38个二级预算单位的预算组成。财政部批复证监会2014年度部门财政拨款预算支出为151242.56万元，证监会决算（草案）反映的当年财政拨款支出102237.70万元，其部门预算与执行结果的差异总额为49004.86万元，差异的具体情况及产生原因见附表1。

本次审计证监会本级及所属单位2014年度财政拨款共计67289.96万元，占部门财政拨款总额的44.49%。审计查出预算执行中不符合财经制度规定的问题金额35.37万元，均为2014年发生；其他财政收支方面不符合财经制度规定的问题金额21.95万元。上述问题对证监会2014年度预算执行结果的影响见附表2。

审计结果表明，证监会本级及本次审计的所属单位2014年度预算执行基本遵守了预算法和其他财经法规，财务管理和会计核算基本符合会计法及有关财会制度规定，以前年度审计发现的问题已全部整改完毕。

二、审计发现的主要问题

（一）预算执行中存在的主要问题。

1.2014年，证监会本级在职工福利基金中列支职工子女入学入托赞助费15.10万元。

2.2014年，所属安徽证监局在公用经费中列支职工通勤班车租车费等支出17.62万元。

3.2014年，所属上海证监局在稽查办案费中列支经常性现场检查费2.65万元。

（二）其他财政收支中存在的主要问题。

1.2013年至2014年，所属安徽证监局将取得的课题调研经费15万元存放在其他单位，至2014年底支出9.85万元（其中2014年7.22万元），主要用于报销交通费、餐费等。

2.2014年，所属宁夏证监局未将干部交流用房装修改造支出6.95万元计入固定资产。

3.至2015年3月，证监会会管单位中国证券登记结算有限责任公司仍有4处办公用房被违规占用，共计388.2平方米。

4.所属广东证监局由开发商派驻的OA系统维护工程师具有查看、修改系统内公文内容和领导批示的权限，存在风险隐患。

此外，还存在证监会个别工作人员在会管单位兼职取酬，中国上市公司协会在工资薪酬外报销协会领导汽车费用等问题。

三、审计处理情况和建议

对上述问题，审计署已依法出具了审计报告、下达了审计决定书。对证监会本级及部分证监局未经批准自行调剂使用预算资金、少计收入和固定资产等问题，要求调整有关会计账目和决算（草案）；对违规占用办公用房问题，要求及时腾退；对兼职取酬以及报销汽车费用问题，要求今后严格执行相关规定。

针对审计发现的问题，审计署建议：证监会应切实加强预算管理，规范会计核算，强化对所属单位财务收支情况的监督检查，严格落实中央八项规定精神。

四、审计发现问题的整改情况

对审计发现的问题，证监会正在组织进行整改。对未经批准自行调剂使用预算资金、少计收入、少计固定资产等问题，所属安徽、上海、宁夏证监局已调整有关会计账目。具体整改结果由证监会向社会公告。

附表：1.证监会2014年度财政拨款预算执行总体情况（略）

2.证监会2014年度重点审计单位财政拨款预算执行情况（略）

保监会2014年度预算执行情况和其他财政收支情况审计结果

根据《中华人民共和国审计法》的规定，2015年1月至3月，审计署对保监会2014年度预算执行情况和其他财政收支情况进行了审计，重点审计了保监会本级和所属黑龙江、陕西、重庆保监局等5个单位，并对有关事项进行了延伸审计。

一、基本情况

保监会为中央财政一级预算单位，部门预算由会本级和36个二级预算单位的预算组成。财政部批复保监会2014年度部门财政拨款预算支出为105429.31万元，保监会决算（草案）反映的当年财政拨款支出88260.53万元，其部门预算与执行结果的差异总额为17168.78万元，差异的具体情况及产生原因见附表1。

本次审计保监会本级及所属单位2014年度财政拨款共计37992.17万元，占部门财政拨款总额的36%。审计查出预算执行中不符合财经制度规定的问题金额134.21万元，均为2014年发生；其他财政收支方面不符合财经制度规定的问题金额1156.4万元。上述问题对保监会2014年度预算执行结果的影响见附表2。

审计结果表明，保监会本级及本次审计的所属单位2014年度预算执行基本遵守了预算法及其他财经法规，财务管理和会计核算基本符合会计法及有关财会制度规定，能够认真整改以前年度审计发现的问题。

二、审计发现的主要问题

（一）预算执行中存在的主要问题。

1.2014年4月和10月，保监会本级举办的2期培训班超标准列支培训费共计134.21万元。

2.2014年，保监会本级安排人员参加由3个单位举办的境外培训班，参训人员境外食宿费、培训费和国际旅费等费用由对方承担。

3.2014年，保监会本级召开的1个会议超过规定会期3天；所属陕西保监局在年度会议计划之外召开3个会议；所属重庆保监局未按规定对业务性会议制订年度会议计划，未将会议费预算细化到具体会议项目。

（二）其他财政收支中存在的主要问题。

1.2014年，保监会本级及所属黑龙江保监局、山东保监局等单位未按规定会计科目核算相关支出，涉及金额652.01万元。

2.至2014年底，保监会本级未将计提的工会经费拨付单位工会账户，放在往来科目核算，余额176.64万元；2014年用工会经费购买职工意外伤害保险 11.10 万元。

3.2014 年，所属贵州保监局未将地方政府拨付的考核奖励金 137.89 万元纳入法定账簿核算，直接以代发工资的形式发放给职工。

4.2014 年，所属重庆保监局向对口扶贫单位捐赠 1 辆客车，未及时调减固定资产，涉及金额 60.53 万元。

5.2014 年，所属重庆保监局会议费等支出中有 32.21 万元未按规定使用公务卡结算。

6. 至 2014 年底，所属黑龙江省保险行业协会当年收取的保险从业资格考试费结存资金 86.02 万元，未按规定上缴黑龙江保监局非税收入汇缴专户。

三、审计处理情况和建议

对上述问题，审计署已依法出具了审计报告、下达了审计决定书。对超标准列支培训费以及因公出国和会议费等预算执行中存在的问题，要求今后严格执行有关规定；对会计核算、工会经费管理等问题，要求调整有关会计账目和决算（草案）；对未使用公务卡结算问题，要求严格执行公务卡有关规定；对未及时上缴考试费收入问题，要求尽快上缴汇缴专户。

针对审计发现的问题，审计署建议：保监会应加强预算管理，维护财经纪律的严肃性，严格按照预算规定的支出用途、范围和标准使用预算资金，杜绝超范围和超标准支出费用。

四、审计发现问题的整改情况

对审计发现的问题，保监会正在组织进行整改。对会计核算不规范问题，会本级和所属保监局已调整了有关会计账目；对未及时上交考试费收入问题，黑龙江省保险行业协会已将结存资金 86.02 万元上划汇缴户。具体整改结果由保监会向社会公告。

附表：1. 保监会 2014 年度财政拨款预算执行总体情况（略）

2. 保监会 2014 年度重点审计单位财政拨款预算执行情况（略）

社保基金会基金管理及 2014 年度预算执行情况和其他财政收支情况审计结果

根据《中华人民共和国审计法》的规定，2015 年 1 月至 3 月，审计署对社保基金会基金管理及 2014 年度预算执行情况和其他财政收支情况进行了审计，并对有关事项进行了延伸审计。

一、基本情况

（一）社保基金会基金管理基本情况。

至 2014 年底，中央财政累计净拨入社保基金 6552.67 亿元，其中：中央财政预算拨款 2498.36 亿元，国有股减持或转持划入资金或股份 2384.11 亿元，彩票公益金拨入 1690.51 亿元，财政调回和减少的国有股－20.31 亿元。社保基金会管理的基金总资产 15356.39 亿元，其中直接投资 7718.12 亿元（占 50.26%），委托投资 7638.27 亿元（占 49.74%）；总负债 783.10 亿元；所有者权益 14573.29 亿元，其中归属于社保基金会的权益 12407.97 亿元。

2014 年，社保基金投资收益 1424.60 亿元，收益率 11.69%。

（二）社保基金会部门预算执行基本情况。

社保基金会为中央财政一级预算单位，部门预算由会本级预算组成。财政部批复社保基金会 2014 年度部门财政拨款预算支出为 15895.18 万元，社保基金会决算（草案）反映的当年财政拨款支出 12648.38 万元，其部门预算与执行结果的差异总额为 3246.80 万元，差异的具体情况及产生原因见附表 1。

本次审计社保基金会 2014 年度财政拨款共计 15895.18 万元，占部门财政拨款总额的 100%。审计查出预算执行中不符合财经制度规定的问题金额 280.01 万元，均为 2014 年发生；其他财政收支方面不符合财经制度规定的问题金额 868.55 万元。上述问题对社保基金会 2014 年度预算执行结果的影响见附表 2。

审计结果表明，社保基金会通过合理配置资产，不断拓展投资范围，总体实现基金安全和保值增值；2014 年度预算执行基本遵守了预算法及其他财经法规，财务管理和会计核算基本符合会计法及相关财会制度规定，对以前年度审计查出的问题进行了认真整改。

二、审计发现的主要问题

（一）2013年12月至2014年4月，社保基金会对转持及其送配的1785.82万股股票，存在办理过户和制订相应投资计划不及时的问题。

（二）2010年至2014年，社保基金会选聘境外投资委托管理人未全部采取公开招标方式，有3次选聘采取先公开招标选聘1家咨询公司后，再由其推荐投标单位，且实行的评标方法未对投标单位的财务状况、信誉、业绩、报价等主要因素设定相应比重或者权值。

（三）2014年3月，社保基金会未执行政府集中采购程序，直接指定1家公司提供物业管理服务，并向该公司全额支付合同金额280.01万元。

（四）社保基金会2014年度“办公用房租金及物业费”项目支出预算中，包括办公用房水电费及日常维修费等具有基本支出性质的支出。

（五）2014年，社保基金会在单位财务账列支与基金投资运营直接相关的法律顾问费、财务顾问费和会计师事务所审计费等827.87万元，未在基金财务账核算。

（六）2013年12月，社保基金会将收到的个人所得税扣缴义务人手续费39.33万元和职工缴纳的宿舍租金1.35万元在往来科目核算，未计入收入。

（七）社保基金会对个别信托贷款项目监管不严，贷款企业未按规定用途使用贷款资金1.18亿元。

此外，社保基金会部分信息管理系统功能有待进一步完善。

三、审计处理情况和建议

对上述问题，审计署已依法出具了审计报告、下达了审计决定书。对转持的股票管理不到位问题，要求加强管理，进一步健全国有股转持内部流程；对未采取公开招标方式选聘境外委托投资管理人问题，要求进一步规范和改进；对未按规定采购物业管理服务问题，要求严格执行政府采购有关规定；对项目预算编报不规范问题，要求按照规定严格区分项目支出和基本支出；对未在基金财务账核算专项业务支出、少计收入等问题，要求调整有关会计账目和决算（草案）；对信托贷款未按约定用途使用问题，要求加强贷后管理，全面监督信托资金使用情况；对信息系统存在的问题，要求加快改进和完善系统相关功能。

针对审计发现的问题，审计署建议：社保基金会应加快推动社保基金相关法规制度建设；完善各项投资管理制度，健全投后管理标准、程序和措施，加强对信托贷款等投资项目的跟踪分析；加强预算编制和执行工作，严格执行预算管理规定。

四、审计发现问题的整改情况

对审计发现的问题，社保基金会正在组织进行整改。具体整改结果由社保基金会向社会公告。

附表：1. 社保基金会2014年度财政拨款预算执行总体情况（略）

2. 社保基金会2014年度重点审计单位财政拨款预算执行情况（略）

海洋局2014年度预算执行情况和其他财政收支情况审计结果

根据《中华人民共和国审计法》的规定，2015年1月至3月，审计署对海洋局2014年度预算执行情况和其他财政收支情况进行了审计，重点审计了海洋局本级和所属海洋局极地考察办公室（以下简称极地办）、国家卫星海洋应用中心（以下简称卫星中心）、中国大洋矿产资源研究开发协会办公室（以下简称大洋办）等8个单位，并对有关事项进行了延伸审计。

一、基本情况

海洋局为中央财政一级预算单位，部门预算由局本级和28个二级预算单位的预算组成。财政部批复海洋局2014年度部门财政拨款预算支出为1430667.89万元（含政府性基金预算，下同），海洋局决算（草案）反映的当年财政拨款支出948433.73万元，其部门预算与执行结果的差异总额为482234.16万元，差异的具体情况及产生原因见附表1。

本次审计海洋局本级及所属单位2014年度财政拨款共计614753.31万元，占部门财政拨款总额的42.97%。审计查出预算执行中不符合财经制度规定的问题金额2477.03万元，均为2014年发生；其他财政收支方面不符合财经制度规定的问题金额8198.39万元。上述问题对海洋局2014年度预算执行结果的影响见附表2。

审计结果表明，海洋局本级及本次审计的所属单位2014年度预算执行基本遵守了预算法和其他财经法规，财务管理和会计核算基本符合会计法及有关财会制度规定，对以前年度审计查出的部分问题进行了整改。

二、审计发现的主要问题

（一）预算执行中存在的主要问题。

1.2014年，所属中国海洋报社（以下简称海洋报社）以虚假项目申领财政拨款项目预算12万元，实际用于支付海洋报社等海洋局所属3家单位返聘人员劳务费。

2.2014年，海洋局本级未经批准，在公用经费中列支人员工资314.57万元，在项目经费中列支涉外会议费20万元、出国（境）费289.53万元；所属大洋办在项目经费中列支工资福利性支出和房租、水电、物业管理费等284.03万元；所属中国海监总队在其他项目中列支出国（境）费12.77万元。

3.2014年，海洋局本级擅自扩大项目支出范围，在信息系统升级改造项目中，列支与项目无关的办公楼会议室大屏幕显示系统升级改造费用283.59万元。

4.“三公”经费管理方面存在的问题。

（1）2014年，海洋局本级及所属中国海监总队、卫星中心在无接待公函、接待清单不全的情况下，在公务接待费中列支各类餐费及与接待无关的会议室服务费等其他费用，共计75.92万元。

（2）2014年，海洋局本级未按规定报送出国任务的详细情况，未报备计划出国（境）总量、上一年度计划执行情况和前往较集中的国家（地区）团组数量；未经审批选择外国航空公司航线，并支付国际旅费25.8万元；5个出国团组超过规定人数共计83人次；3个出国团组违规安排司局级干部乘坐飞机头等舱4人次；所属极地办在组织的出国考察中，违规为外单位4人承担费用24.57万元。

（3）2014年，海洋局本级占用所属中国海监总队、极地办车辆各1辆，并由两单位支付车辆运行费用6.75万元；所属机关服务中心违规支付职工班车费用35.86万元；所属极地办因无公务用车指标，将接受赞助的1辆价值25.54万元的车辆登记在下属企业名下，实际由该办使用。

5.2014年，海洋局本级未按规定报批，计划外召开三类、四类会议18个，会议费支出164.01万元；涉外会议费超预算支出893万元，还在专项经费中违规支出4.5万元购买工艺品，用作会议礼品。

6.至2014年底，所属极地办驻智利办事处2005年取得的车辆转让收入7500美元（按2014年底汇率计算折合人民币4.59万元）仍存放在该办事处，未按规定上缴国库，也未办理资产核销手续，账实不符。

（二）其他财政收支中存在的主要问题。

1.2012年至2014年，由于海洋局监管不严，该局1个项目的承担单位未按规定对506.13万元项目资金进行单独核算，并将其中的69.23万元挪用于其他支出。

2.至2014年底，海洋局所属东海分局未将主体工程完成竣工财务决算并已投入使用的东海海洋应急指挥中心业务楼及时登记固定资产账，涉及金额7645.86万元。

3.2003年8月，所属极地办（参公管理的事业单位）违规出资，与海洋局所属中国极地研究中心共同投资成立企业。

4.2013年11月至2014年12月，所属卫星中心采取邀请招标的方式，与本中心聘用人员为控股股东的1家公司签订3个项目开发合同，合同金额46.4万元。

此外，由于极地考察商业赞助管理制度缺失，所属极地办与极地研究中心多头管理，导致656.84万元赞助资金和物资未如约收取。

（三）参与分配专项转移支付资金中存在的问题。

1.2014年，海洋局未按规定组织专家评审，将1亿元专项转移支付资金安排给不属于支持范围的项目，至2015年3月底上述资金仍结存在地方财政。

2.2012年至2014年，海洋局未按规定组织专家评审，即向财政部提出1个项目预算安排建议，财政部将专项资金5.57亿元拨付到位后，有2.17亿元至2014年底闲置未发挥效益。

三、审计处理情况和建议

对上述问题，审计署已依法出具了审计报告、下达了审计决定书。对编造项目申领财政预算问题，要求将资金归还原渠道，并调整有关会计账目和决算（草案）；对未经批准自行调剂使用预算资金问题，要求调整有关会计账目和决算（草案），今后严格按照批复的预算使用财政资金；对扩大项目开支范围问题，要求调整有关会计账目和决算（草案）；对“三公”经费管理方面存在的问题，要求规范公务接待经费管理和报销，按规定报送出国（境）相关计划，合理安排出国（境）人数，不得为外单位出国人员承担费用，未经审批不得选择外国航空公司航线，不得乘坐飞机头等舱，清退占用车辆、支付由下属单位承担的车辆运行费用，处置违规接受赞助的车辆并将处置收入上缴国库，停止使用公款为职工提供班车；对会议费管理方面存在的问题，要求严格按规定编制和执行会议计划，提高预算管理水平，不得赠送会议礼品；对于车辆处置收入未按规定上缴问题，要求及时将收入上缴国库；对公益性科研项目资金未按规定单独核算等问题，要求加强对项目承担单位的监管，督促按规定管理和使用资金；对未及时登记固定资产问题，要求尽快组织验收全部工程，及时将固定资产登记入账；对违规投资成立企业问题，要求与所投资企业进行脱钩清算；对于违规招投标问题，要求严格执行相关规定，及时采取措施整改；对极地考察商业赞助制度缺失问题，要求采取措施加强对极地考察赞助事项的管理，完善制度、规范管理；对未按规定评审违规安排资金及资金闲置问题，要求按规定程序办理相关手续，并向财政部报批。

针对审计发现的问题，审计署建议：海洋局应进一步加强预算和财务管理，严格执行预算，规范“三公”经费和会议费管理使用；加强转移支付分配管理，提高财政资金使用效益。

四、审计发现问题的整改情况

对审计发现的问题，海洋局正在组织进行整改。所属海洋报社将虚报预算发放返聘人员的劳务费12万元归还原渠道；局本级已将涉外会议专项中尚未使用的16.42万元资金归还原渠道，将占用的1台车辆退还原单位，追回挪用的中央专项资金69.23万元；所属极地办核减了已出售车辆，并调整了相关会计账目；所属中国极地研究中心将未按协议约定收取的150万元赞助资金收回；所属东海分局将东海海洋应急指挥中心业务楼资产暂估入账；所属卫星中心将违规列支的公务接待费2.75万元做调账处理。具体整改结果由海洋局向社会公告。

附表：1. 海洋局2014年度财政拨款预算执行总体情况（略）

2. 海洋局2014年度重点审计单位财政拨款预算执行情况（略）

全国台联2014年度预算执行情况和其他财政收支情况审计结果

根据《中华人民共和国审计法》的规定，2015年3月至4月，审计署对中华全国台湾同胞联谊会（以下简称全国台联）2014年度预算执行情况和其他财政收支情况进行了审计，重点审计了全国台联本级和所属服务中心、台声杂志社、同源国际旅行社等3个单位，并对有关事项进行了延伸审计。

一、基本情况

全国台联为中央财政一级预算单位，部门预算由全国台联本级和1个二级预算单位的预算组成。审计结果表明，全国台联本级及本次审计的所属单位2014年度预算执行基本遵守了预算法和相关财经法规，财务管理和会计核算基本符合会计法及相关会计制度规定。

二、审计发现的主要问题

（一）预算执行中存在的主要问题。

1.2014年，全国台联本级未经批准，在公用经费或项目经费中列支离退休人员津贴补贴或与项目无关支出共计180.64万元。

2. 至2014年底，全国台联本级2011年12月收到的60万元中央预算内投资已连续结转2年以上未用，未按规定纳入结转结余资金清理范围。

3.2014年，所属台声杂志社在非定点印刷厂采购印刷服务25.76万元。

（二）其他财政收支中存在的主要问题。

1. 至2014年底，全国台联本级固定资产实物账与财务账相差7722.97万元，其中财务账少计机关办公楼资产6575.84万元。

2. 至2014年底，全国台联本级2006年竣工的机关办公楼装修工程仍未办理竣工财务决算，涉及投资总额1765.12万元。

3.2010年至2011年，全国台联本级对外出租办公楼取得的净收入135.28万元，未按规定上缴国库。

4.2009年和2011年，全国台联本级未将国有住房售房款71.49万元纳入“售房收入专户”管理，而是转入“基建账户”，其中11.71万元被用于办公楼装修改造工程。

5. 至2014年底，全国台联本级将地方拨付的医疗费放在往来科目核算，少计收入451.27万元；将捐赠收入和相关支出放在所属服务中心往来科目核算，少计收入92.02万元，少计支出64.94万元。

6.2014年，全国台联本级未按规定使用公务卡结算支出20.72万元。

7.2013年和2014年，全国台联本级和所属服务中心部分财务核算缺少原始凭据，涉及金额39.24万元。

8.2014年，所属台声杂志社将应收制作费、杂志订阅款由付款方直接汇入印刷公司抵付印刷费，造成少计收入和支出各10.40万元。

此外，全国台联本级内部财务制度和会计监督制度不够健全，存在银行存款明细账与银行对账单不符、未严格实施岗位职责分离以及所属企业未按规定向财政部报送有关材料等问题。

三、审计处理情况和建议

对上述问题，审计署已依法出具了审计报告、下达了审计决定书。对未经批准自行调剂使用预算资金问题，要求严格按预算法及相关规定执行，调整有关会计账目和决算（草案）；对未按规定清理结转结余资金问题，要求按规定清理补报财政部，并根据财政部审核意见处置；对在非定点印刷厂印刷问题，要求今后严格执行有关规定；对机关办公楼装修工程未按规定及时办理竣工财务决算问题，要求按照规定办理竣工财务决算；对国有资产出租收入未上缴国库问题，要求按照规定上缴；对国有住房出售收入未纳入售房收入专户管理问题，要求存入售房收入专户，将挪用资金归还原渠道，调整有关会计账目；对少计收入和支出问题，要求调整有关会计账目和决算（草案）；对未严格执行公务卡结算制度问题，要求加强财务管理，严格执行有关公务卡强制结算的规定；对原始凭据不完整问题，要求查明原始票据的去向，严格按规定加强对会计凭证和其他资料的保管；对内部财务制度和会计监督制度不健全问题，要求完善相关财务制度和会计监督制度，严格执行不相容岗位分离及财务分级审计制度。

针对审计发现的问题，审计署建议：全国台联应加强内部管理，健全并严格执行财务管理制度和内部控制制度；加强预算执行监管，及时清理和盘活存量资金，提高财政资金使用效益；加强资产管理，完整准确入账；加强建设项目管理，严格按项目批复执行并及时办理竣工财务决算。

四、审计发现问题的整改情况

对审计发现的问题，全国台联正在组织进行整改。对未严格实施岗位职责分离内控制度问题，全国台联已印发《财务处内部风险管理办法》进行规范。具体整改结果由全国台联向社会公告。

贸促会2014年度预算执行情况和其他财政收支情况审计结果

根据《中华人民共和国审计法》的规定，2015年1月至3月，审计署对贸促会2014年度预算执行情况和其他财政收支情况进行了审计，重点审计了贸促会本级和所属法律事务部（以下简称法律部）、贸促会机关招待所（以下简称招待所）、贸易推广中心（以下简称贸推中心）等4个单位，并对有关事项进行了延伸审计。

一、基本情况

贸促会为中央财政一级预算单位，部门预算由会本级和9个二级预算单位的预算组成。财政部批复贸促会2014年度部门财政拨款预算支出为36273.51万元，贸促会决算（草案）反映的当年财政拨款支出23314.80万元，其部门预算与执行结果的差异总额为12958.71万元，差异的具体情况及产生原因见附表1。

本次审计贸促会本级及所属单位2014年度财

政拨款共计 33715.70 万元，占部门财政拨款预算总额的 92.95%。审计查出预算执行中不符合财经制度规定的问题金额 5368.82 万元，其中 2014 年 4865.42 万元；其他财政收支方面不符合财经制度规定的问题金额 125071.22 万元。上述问题对贸促会 2014 年度预算执行结果的影响见附表 2。

审计结果表明，贸促会本级及本次审计的所属单位 2014 年度预算执行基本遵守了预算法和相关财经法规，财务管理和会计核算基本符合会计法和相关会计制度规定，内部管理和控制不断强化，对以前年度审计发现的问题积极进行了整改。

二、审计发现的主要问题

（一）预算执行中存在的主要问题。

1.2014 年，贸促会本级超范围申报 13 个财政补贴展会项目预算 1993.26 万元。

2.2014 年，贸促会本级将展览会施工费纳入因公出国费预算，造成“三公”经费预算虚增 1680 万元。

3.2014 年，所属法律部向非预算单位各省市贸促会拨付财政项目资金 86.81 万元。

4.2012 年至 2014 年，贸促会本级和所属法律部自行调剂 7 个项目支出共计 1098.87 万元，其中 2014 年 776.75 万元。

5.2013 年至 2014 年，贸促会本级以报销出租车票方式，从专项资金中列支职工交通补贴 140.14 万元，其中 2014 年 72.89 万元。

6.2013 年，贸促会本级多支付 2 个展会项目办展成本费用 60.51 万元。

7.2014 年，贸促会本级 4 个出国（境）团组为 7 名外单位人员承担出国费用 40.68 万元；4 个团组超标准列支部级以下人员住宿费 2.77 万元；16 个展览团组境外停留天数超过规定期限；2 个展览团组参展人员以过境名义在转机城市停留 4 天，发生费用 10.01 万元。

8.2014 年，贸促会本级 5 个在华国际会议超标准列支设备租赁费和餐费 5.67 万元；未经批准召开 2 个在华国际会议，支出 127.78 万元；在非定点饭店召开 1 个会议，支出 15.28 万元。

9.2013 年至 2014 年，所属机关服务中心按每人每月 200 元标准，向贸促会本级人员发放食堂补贴 107.04 万元，其中 2014 年 53.52 万元。

（二）其他财政收支中存在的主要问题。

1.至 2014 年底，贸促会本级取得所属中国专利代理（香港）有限公司（以下简称香港专利公司）投资股利分红累计 81800 万元，未收回境内纳入预决算管理。

2.2012 年和 2014 年，所属资产管理中心（以下简称资管中心）未按规定将贸促会授权其收取的专利商标事务所（以下简称专商所）利润 10800 万元（其中 2014 年 7600 万元）作为非税收入管理，直接列作中心收入，且未经财政部批准用于投资新国展项目。

3.账外核算资金（产）1719.4 万元。

（1）2009 年至 2015 年 2 月，贸促会本级授权联络部与外单位合作设立的 4 个非独立法人机构，累计收取赞助费等 1249.10 万元（其中 2014 年 421.59 万元），未在会本级法定账簿核算。

（2）2014 年，贸促会本级举办研讨会累计收取参会企业赞助收入 45.30 万元，未纳入法定账簿核算，至 2015 年 2 月底余额 2.33 万元结存在饭店。

（3）2012 年，贸促会本级收取 5 家单位赞助展会的价值 425 万元实物，未纳入法定账簿核算。

4.违规收费 109.8 万元。

（1）2014 年，贸促会本级委托所属贸推中心为出访活动印制企业名册，该中心以“会务资料费”名义向参团企业收费 92.92 万元。

（2）2013 年至 2014 年，贸促会本级外事办未经批准收取签证代办费共计 16.88 万元。

5.2013 年，所属招待所未经批准将产权为贸促会的房产出租，至 2015 年 2 月底取得房屋租金收入 184.80 万元（其中 2014 年 84.84 万元），未按规定上缴国库。

6.资产管理方面存在的问题。

（1）贸促会 1 处价值 1709.86 万元的房产产权不清，其土地使用权人、房屋产权人、固定资产核算单位分别为贸促会、所属中国国际展览中心集团公司（以下简称中展集团）和资管中心，又由另 1 家所属企业对外出租，至 2015 年 2 月底，收取租金 1157.5 万元。

（2）2007 年至 2014 年，所属香港专利公司出租其位于北京的房产取得租金收入 666.21 万元（其中 2014 年 49.99 万元），未纳入其法定账簿核算，滞留在贸促会另 1 家所属公司。

（3）2014年，所属专商所经批准将1处房产无偿划转给资管中心，但至2015年2月底该房产出租收入265.23万元仍在专商所账簿核算。

（4）至2014年底，所属法律部3套软件信息系统未纳入资产管理，涉及金额43.50万元。

（5）1997年至1999年，所属法律部分别向贸促会培训中心筹备处和机关服务中心出借资金8035.82万元、1800万元，用于培训中心建设等。2001年，法律部在未取得房屋产权的情况下，将上述出借款项转记固定资产。

7. 至2014年底，贸促会未将所属1家公司的收支及资产负债纳入其企业决算报表反映，涉及资产996.60万元。

8. 2004年至2014年，所属中展集团等3家单位违规向4家企业出借资金16940万元，至2014年底尚有16340万元未收回。

三、审计处理情况和建议

对上述问题，审计署已依法出具了审计报告、下达了审计决定书。对超范围申报财政补贴展会项目预算问题，要求加强财政补贴展览项目论证；对虚增因公出国经费预算问题，要求加强“三公”经费预算管理，真实准确地编制相关预算；对为非所属预算单位安排预算问题，要求严格执行有关规定，准确编报预算；对未经批准自行调剂使用预算资金问题，要求严格按照预算法及相关规定执行，调整有关会计账目和决算（草案）；对挪用项目资金支付职工交通补贴问题，要求追回资金，调整有关会计账目和决算（草案），并依法追究相关人员责任；对展会项目多支付费用问题，要求收回资金，调整有关会计账目和决算（草案）；对出国（境）经费中存在的问题，要求严格执行因公出国（境）管理的各项规定，加强展览团组出国（境）管理，并追究有关人员责任；对会议费方面存在的问题，要求切实执行关于会议管理的各项规定；对违规发放食堂补贴问题，要求予以纠正；对投资收益未收回纳入预决算管理问题，要求及时收回并纳入预决算管理；对非税收入管理问题，要求严格执行非税收入管理办法和国有资产对外投资的相关规定；对收支未纳入本级法定账簿核算问题，要求对账外核算资金（产）进行清理，纳入法定账簿核算，并追究有关人员责任；对违规收费问题，要求停止收费行为，严格执行国家相关法规；对未经批准将房屋出租问题，要求严格执行国有资产出租管理的相关规定；对房产管理混乱问题，要求尽快对房产进行清理并明确产权归属，确保国有资产安全完整；对房产出租收入未在本单位核算问题，要求将房租收入收回并纳入法定账簿核算；对软件系统未入账核算问题，要求纳入资产管理，调整有关会计账目和决算（草案）；对转记固定资产依据不足问题，要求尽快进行清理并明确产权归属；对未将所属公司纳入贸促会企业决算管理问题，要求纳入编制范围；对所属企事业单位间相互拆借资金问题，要求及时进行清理。

针对审计发现的问题，审计署建议：贸促会应严格预算管理，加大管控力度，认真履行职责，加强国有资产监管，本着厉行节约的原则，科学合理地编制“三公”经费和会议费预算，并严格执行。

四、审计发现问题的整改情况

对审计发现的问题，贸促会正在组织进行整改。会本级在编制2014年决算时，出国费已按照规定剔除施工费进行填报；所属服务中心已停止发放职工食堂补贴；部分所属企事业单位出借资金已收回。具体整改结果由贸促会向社会公告。

附表：1. 贸促会2014年度财政拨款预算执行总体情况（略）

2. 贸促会2014年度重点审计单位财政拨款预算执行情况（略）

中共中央直属机关事务管理局 2014年度预算执行情况和其他财政收支情况审计结果

根据《中华人民共和国审计法》的规定，2015年1月至3月，审计署对中共中央直属机关事务管理局（以下简称中直管理局）2014年度预算执行情况和其他财政收支情况进行了审计，重点审计了中直管理局本级和所属中共中央直属机关采购中心等3个单位，并对有关事项进行了延伸审计。

一、基本情况

中直管理局为中央财政一级预算单位，部门预算由局本级和18个二级预算单位的预算组成。审计结果表明，中直管理局本级及本次审计的所属单位2014年度预算执行基本遵守了预算法和其他财经法规，财务管理和会计核算基本符合会计法及相关会计制度规定，积极加强预算和财务管理，强化内部审计，认真整改以前年度审计发现的问题。

二、审计发现的主要问题

（一）预算执行中存在的主要问题。

2014年，中直管理局本级在项目支出预算中编列属于基本支出的日常维修费预算171.71万元，实际支出60.22万元。

（二）其他财政收支中存在的主要问题。

1. 至2014年底，中直管理局本级未将以前年度基本建设财政结余资金598.29万元上缴财政。

2. 至2014年底，中直管理局本级房管业务费账户其他应收款余额3043.12万元，未及时清理；所属机关后勤服务中心将房屋租金和下属单位管理费收入643万元放在往来科目核算。

三、审计处理情况和建议

对上述问题，审计署已依法出具了审计报告、下达了审计决定书。对在项目支出中编列基本支出预算问题，要求严格按照支出类别编报预算；对基本建设财政结余资金未上缴财政问题，要求及时上缴；对会计核算不规范问题，要求及时清理往来款项和确认收入。

针对审计发现的问题，审计署建议：中直管理局应加强预算管理，按照收支分类和预算管理要求准确编报预算；加强财务核算管理，严格按照会计法及相关制度规定核算收支。

四、审计发现问题的整改情况

对审计发现的问题，中直管理局正在组织进行整改。局本级已将基本建设财政结余资金598.29万元上缴财政；所属机关后勤服务中心已将下属单位管理费293万元确认为收入。具体整改结果由中直管理局向社会公告。

全国人大常委会办公厅 2014年度预算执行情况和其他财政收支情况审计结果

根据《中华人民共和国审计法》的规定，2015年1月至3月，审计署对全国人大常委会办公厅2014年度预算执行情况和其他财政收支情况进行了审计，重点审计了全国人大常委会办公厅本级和所属中国人大杂志社、全国人大信息中心（以下简称信息中心）、全国人大机关服务中心等10个单位，并对有关事项进行了延伸审计。

一、基本情况

全国人大常委会办公厅为中央财政一级预算单位，部门预算由厅本级和10个二级预算单位的预算组成。审计结果表明，全国人大常委会办公厅本级及本次审计的所属单位2014年度预算执行基本遵守了预算法和其他财经法规，财务管理和会计核算基本符合会计法及有关财会制度规定，组织修订完善内部管理规章制度，利用信息技术提高预算和财务管理水平，积极督促有关单位整改审计发现的问题。

二、审计发现的主要问题

（一）预算执行中存在的主要问题。

1.2014年，全国人大常委会办公厅本级在公用经费中为所属单位支付租赁费、设备购置费300.60万元；所属离退休干部局在项目经费中列支与项目无关支出56.92万元。

2.2014年，全国人大常委会办公厅本级将项目经费120万元列支拨付至所属信息中心，至2014年底全部结存未用。

（二）其他财政收支中存在的主要问题。

1. 全国人大常委会办公厅本级未将所属事业单位2009年以前上缴的事业结余资金1023.58万元纳入预算管理，主要用于垫付基建项目启动资金等，至2014年底结余262.09万元。

2. 至2014年底，全国人大常委会办公厅本级固定资产台账反映的资产价值比其财务账面价值多835.57万元；部分软件未纳入资产核算，涉及金额38.99万元。

三、审计处理情况和建议

对上述问题，审计署已依法出具了审计报告、下达了审计决定书。对未经批准自行调剂使用预算资金问题，要求调整有关会计账目和决算（草案），今后严格按照批复的预算使用财政资金；对资金拨付所属单位全部结存问题，要求予以纠正，调整有关会计账目和决算（草案）；对部分资金未纳入预算管理问题，要求收回结余及垫付资金并纳入预算管理；对资产账实不符问题，要求及时清理核对，调整有关会计账目和决算（草案），确保账实相符；对软件未纳入资产核算问题，要求及时登记入账，并调整决算（草案）。

针对审计发现的问题，审计署建议：全国人大常委会办公厅应强化预算执行及监管，从严控制项目开支范围，强化资产管理，确保账实相符。

四、审计发现问题的整改情况

对审计发现的问题，全国人大常委会办公厅正在组织进行整改。具体整改结果由全国人大常委会办公厅向社会公告。

政协全国委员会办公厅
2014年度预算执行情况和
其他财政收支情况审计结果

根据《中华人民共和国审计法》的规定，2015年1月至3月，审计署对政协全国委员会办公厅2014年度预算执行情况和其他财政收支情况进行了审计，重点审计了政协全国委员会办公厅本级和所属服务开发中心、人民政协报社、中国政协文史馆等6个单位，并对有关事项进行了延伸审计。

一、基本情况

政协全国委员会办公厅为中央财政一级预算单位，部门预算由政协全国委员会办公厅本级和15个二级预算单位的预算组成。审计结果表明，政协全国委员会办公厅及本次审计的所属单位2014年度预算执行基本遵守了预算法和其他财经法规，财务管理和会计核算基本符合会计法及有关财会制度规定，积极开展内部审计，修订完善财务规章制度，认真整改审计发现的问题。

二、审计发现的主要问题

（一）预算执行中存在的主要问题。

2014年，政协全国委员会办公厅在“文书通讯、图书等专项经费”项目预算中，编报并取得服务局26人的人员经费和日常公用经费预算450万元，实际支出448.05万元；超范围使用项目经费209.85万元。

（二）其他财政收支中存在的主要问题。

1.2014年，所属服务开发中心及其下属单位未按规定将收到的资产占用费和房屋租金1537万元上缴国库，所属全国政协干部培训中心未按规定将收到的房产经营收益500万元上缴国库。

2.至2014年底，政协全国委员会办公厅本级尚未将2011年竣工验收并交付使用的全国政协办公业务资源信息系统计入固定资产，涉及金额6518.63万元。

3.至2014年底，所属服务开发中心部分往来款长期挂账未及时清理，其中账龄5年以上的应收款和应付款分别为1948.67万元、1140万元。

三、审计处理情况和建议

对上述问题，审计署已依法出具了审计报告、下达了审计决定书。对在项目支出中编报所属单位人员支出问题，要求加强项目支出的编报管理，不得将属于基本支出的内容编入项目支出；对未经批准超范围使用预算资金问题，要求调整有关会计账目和决算（草案），今后严格按照批复的预算使用财政资金；对房屋出租收入等未上缴国库问题，要求将收入上缴国库，严格执行“收支两条线”规定；对信息系统未计入固定资产问题，要求对已经交付使用的资产及时确认；对往来款长期挂账问题，要求及时清理往来款项。

针对审计发现的问题，审计署建议：政协全国委员会办公厅应进一步加强预算管理，严格执行预算；加大对所属单位的管理和监督力度，切实规范资金管理和使用。

四、审计发现问题的整改情况

对审计发现的问题，政协全国委员会办公厅正在组织进行整改。具体整改结果由政协全国委员会办公厅向社会公告。

中国残疾人联合会预算执行情况和其他财政收支情况审计结果

根据《中华人民共和国审计法》的规定，2014年3月至4月，审计署对中国残疾人联合会（以下简称中国残联）预算执行情况和其他财政收支情况进行了审计，重点审计了中国残联本级和所属机关服务中心等8个单位，并对有关事项进行了延伸审计。

一、基本情况

中国残联为中央财政一级预算单位，部门预算由中国残联本级和13个二级预算单位的预算组成。审计结果表明，中国残联本级和本次审计的所属单位预算执行基本遵守了预算法及相关法律法规，会计处理基本符合会计法及有关会计制度规定，财务管理水平不断提高。

二、审计发现的主要问题

（一）2013年，中国残联本级有5个临时出国团组未纳入部门年初出国计划，涉及出国费支出12.99万元。

（二）2013年，中国残联本级超标准列支会议费254.24万元。

（三）2013年，所属中国康复研究中心将5个项目收支在往来科目核算，少计收入1172.08万元、支出1253.56万元；所属中国残联就业服务指导中心培训费等收入578.57万元未纳入法定账簿核算。

（四）2013年，中国残联在所属中国视障文化资讯服务中心业务用房装修工程的结算审核中，对部分项目未按投标文件和合同约定价格计价，而是以暂估单价为基础计价，导致多计结算价款50.84万元。

（五）2013年，所属残疾人体育运动管理中心将应公开招标的游泳馆除湿改造及建筑修缮项目拆分成4个项目分别进行邀请招标，涉及合同金额451.89万元；所属中国盲文出版社将部分印刷业务委托给4家非定点印刷企业，支出38.95万元。

此外，中国残联2013年未经批准组织开展“全国残疾人状况监测工作先进单位”评比表彰和“自强健身示范点”等2项达标表彰活动。

三、审计处理情况和建议

对上述问题，审计署已依法出具了审计报告、下达了审计决定书。对出国费、会议费管理中存在的问题，要求加强管理，严格执行相关规定；对少计收支问题，要求调整有关会计账目，据实核算；对账外核算收入问题，要求将培训等收入纳入所属就业服务指导中心法定账簿核算；对工程结算审核不严问题，要求严格按照国家规定办理工程结算；对政府采购方面存在的问题，要求加强对所属单位的监管，促进所属单位严格执行政府采购相关规定；对未经批准开展评比达标表彰活动问题，要求停止相关行为，严格执行相关规定。

针对审计发现的问题，审计署建议：中国残联应进一步加强预算管理，健全完善内部治理，提高“三公”经费和会议费管理水平，严格落实政府采购、招投标等制度，促进各部门、各单位依法办事，提高财政资金使用效益。

四、审计发现问题的整改情况

对审计发现的问题，中国残联积极组织整改。具体整改结果由中国残联向社会公告。

中央电视台预算执行情况和其他财政收支情况审计结果

根据《中华人民共和国审计法》的规定，2014年3月至6月，审计署对中央电视台预算执行情况和其他财政收支情况进行了审计，重点审计了中央电视台本级和中国国际电视总公司等所属单位，并对有关事项进行了延伸审计。

一、基本情况

中央电视台为中央财政二级预算单位，部门预算为台本级预算。审计结果表明，中央电视台预算执行基本遵守了预算法及相关法律法规，会计处理基本符合会计法及有关会计制度规定，能够积极整改审计发现的问题。

二、审计发现的主要问题

（一）2013年，中央电视台部分频道、栏目组和控股公司以不真实的业务合同、不合规发票报销等方式，通过合作公司等取得资金4007.11

万元，主要用于支付部门临时聘用人员工资、工作人员补贴或劳务报酬等，部分资金转入工作人员个人银行账户管理。

（二）至2013年底，所属广播影视信息网络中心未就其投资建设、交由中国有线电视网络有限公司经营的国家广播电视干线网二、三期工程向该公司收取相关经营费用，并自行承担了工程建设相关银行贷款利息，且两个单位均未按规定计提折旧。

（三）至2013年底，所属中央卫星电视传播中心和中国广播电视国际经济技术合作总公司未按要求将2012年接收的中央电视台调剂设备评估入账，这些设备账面价值共计3315万元。

（四）至2013年底，所属中视体育娱乐有限公司未取得合同约定的股权。2012年11月，中视体育娱乐有限公司与合作公司协议约定，中视体育娱乐有限公司确保相关体育赛事在中央电视台播报，并据此获得合作公司下属企业40%股权以及1项期权，但2013年底合同履行完毕后，一直未取得上述股权。

三、审计处理情况和建议

对上述问题，审计署已依法出具了审计报告、下达了审计决定书。对部分频道及公司以不真实合同、业务或票据等套取资金问题，要求清理收回资金并追究相关人员责任；对资产无偿交由下属公司经营问题，要求相关单位厘清资产关系，支付相关费用，按规定计提资产折旧；对少计资产问题，要求将资产评估入账，调整有关会计账目；对未按合同约定取得股权问题，要求尽快与合作公司协商，办理股权变更等相关手续。本次审计发现的相关违法违纪问题线索，已依法移送有关部门进一步调查处理。

针对审计发现的问题，审计署建议：中央电视台应进一步加强预算管理，认真落实中央八项规定精神，优化业务流程，全面清理被套取的资金，强化对所属单位的管理和监督。

四、审计发现问题的整改情况

对审计发现的问题，中央电视台积极组织整改。审计期间，收回以虚假合同或业务列支的资金2135.81万元；所属中央卫星电视传播中心和中国广播电视国际经济技术合作总公司完成了资产评估入账工作；所属中视体育娱乐有限公司所获股权的转股变更手续已完成。具体整改结果由中央电视台向社会公告。

中央人民广播电台预算执行情况和其他财政收支情况审计结果

根据《中华人民共和国审计法》的规定，2014年3月至6月，审计署对中央人民广播电台预算执行情况和其他财政收支情况进行了审计，重点审计了中央人民广播电台本级和央广传媒发展总公司等3个所属单位，并对有关事项进行了延伸审计。

一、基本情况

中央人民广播电台为中央财政二级预算单位，部门预算为台本级预算。审计结果表明，中央人民广播电台预算执行基本遵守了预算法及相关法律法规，会计处理基本符合会计法及有关会计制度规定，积极整改以前年度审计发现的问题。

二、审计发现的主要问题

（一）2013年，中央人民广播电台本级超预算支出公务接待费549.47万元、公务用车运行费791万元。

（二）2013年，所属央广传媒发展总公司以购买劳保用品名义列支27.11万元，主要用于发放人员补贴等。

（三）2013年，中央人民广播电台本级未经批准，采用单一来源采购方式购买服务923.64万元；与无广播电视节目制作经营许可证的公司签订13份委托节目制作合同，涉及合同总额285.14万元；少编报政府采购预算101.63万元。

（四）至2013底，中央人民广播电台本级2011年3月取得的3.2万平方米政府划拨用地使用权未估价入账；所属15个驻地方记者站总建筑面积9962.85平方米房产未纳入财务账反映；驻重庆记者站与开发商合同约定取得的7500平方米房产未分割确认产权；驻安徽记者站2006年启用的办公楼未办理竣工财务决算。

三、审计处理情况和建议

对上述问题，审计署已依法出具了审计报告、下达了审计决定书。对超预算支出问题，要求严格按照有关规定纠正处理；对违规发放劳保补贴问题，要求清收资金并追究相关人员责任；对违反政府采购相关规定问题，要求今后严格执行政府采购程序，规范采购行为；对委托不具备资质单位制作节目问题，要求今后加强节目制作合同审核把关；对土地、房产未确权、登记、核算等问题，要求加快房产确权，尽快按规定编制竣工财务决算，调整有关会计账目。

针对审计发现的问题，审计署建议：中央人民广播电台应进一步规范预算执行，严格“三公”经费和政府采购管理，加强资产和内部管理。

四、审计发现问题的整改情况

对审计发现的问题，中央人民广播电台积极组织整改。对超预算列支的问题，已出台公务接待和公务用车的管理规定，集中管理公务接待费和公务用车，严格按预算控制各项开支；对资产未登记入账的问题，已调整有关会计账目。具体整改结果由中央人民广播电台向社会公告。

中国国际广播电台预算执行情况和其他财政收支情况审计结果

根据《中华人民共和国审计法》的规定，2014年3月至6月，审计署对中国国际广播电台预算执行情况和其他财政收支情况进行了审计，重点审计了中国国际广播电台本级和所属世界新闻报社等5个单位，并对有关事项进行了延伸审计。

一、基本情况

中国国际广播电台为中央财政二级预算单位，部门预算由台本级和2个所属单位的预算组成。审计结果表明，中国国际广播电台本级和本次审计的所属单位预算收支基本遵守了预算法及相关法律法规，财务管理和会计核算基本符合会计法及有关财会制度规定，积极整改以前年度审计发现的问题。

二、审计发现的主要问题

（一）2013年，中国国际广播电台本级未经批准，自行调剂使用公用经费7029.59万元列支人员经费；在项目经费中列支与项目无关支出849.10万元；在本级列支所属后勤服务中心公务用车燃油费11.43万元。

（二）2013年，中国国际广播电台本级违规采用财政授权支付的方式，支付达到财政直接支付标准的物品和服务采购支出802万元。

（三）2013年，中国国际广播电台本级未按规定进行公开招标，将网站制作等服务事项直接委托下属企业承担，合同总额1970万元。

（四）至审计结束时，中国国际广播电台有1162.24万元固定资产未登记入账；所属世界新闻报社在往来科目核算编审费收入168.47万元，以实物形式取得广告收入42.78万元未纳入法定账簿核算；所属北京国广公寓有限公司以计提外国专家公寓使用费等名义虚列成本399.11万元；所属后勤服务中心未经批准，将2060平方米专家公寓餐厅对外出租。

三、审计处理情况和建议

对上述问题，审计署已依法出具了审计报告、下达了审计决定书。对违反规定调剂使用预算资金和扩大项目经费支出范围问题，要求严格执行预算；对未按规定执行国库集中支付制度和履行招投标程序等问题，要求严格执行有关规定；对固定资产未及时登记入账问题，要求将有关资产纳入财务账核算；对未及时确认收入、收入未纳入法定账簿核算和虚列成本问题，要求调整有关会计账目；对出租事项未履行审批手续问题，要求补报审批手续。

针对审计发现的问题，审计署建议：中国国际广播电台应加强预算管理，严格执行预算；进一步健全内部控制制度，强化内部管理；加强对所属单位的监管。

四、审计发现问题的整改情况

对审计发现的问题，中国国际广播电台积极组织整改。对未及时确认收入、收入未纳入法定账簿核算和虚列成本问题，已按规定调整有关会计账目；对固定资产未登记入账问题，已完成815万元资产登记。具体整改结果由中国国际广播电台向社会公告。

中华人民共和国审计署审计结果公告（2015年第25号）

审计署2014年度预算执行情况和其他财政收支情况检查结果

（2015年6月28日公告）

为加强对审计署预算执行和其他财政收支情况的监督，2015年3月至4月，由审计署聘任的特约审计员和专业人员组成检查组，对审计署2014年度预算执行情况和其他财政收支情况进行了检查，重点检查了署本级和所属计算机技术中心（以下简称计算机中心）等7个单位，并对有关事项进行了延伸检查。

一、基本情况

审计署为中央财政一级预算单位，部门预算由署本级和28个二级预算单位的预算组成。财政部批复审计署2014年度部门财政拨款预算支出156657.27万元，审计署决算（草案）反映的当年财政拨款支出120724.97万元，其部门预算与执行结果的差异总额为35932.30万元，差异的具体情况及产生原因见附表1。

本次检查审计署本级及所属单位2014年度财政拨款共计80166.94万元，占部门财政拨款总额的51.17%。检查出预算执行中不符合财经制度规定的问题金额449.97万元，其中2014年305.88万元；其他财政收支方面不符合财经制度规定的问题金额201.70万元。上述问题对审计署2014年度预算执行结果的影响见附表2。

检查结果表明，审计署本级及本次检查的所属单位2014年度预算执行基本遵守了预算法和其他财经法规，财务管理和会计核算基本符合会计法及相关会计制度规定。

二、检查发现的主要问题

（一）预算执行中存在的主要问题。

1.至2014年底，所属培训中心1个项目财政拨款结余144.09万元，未纳入2014年度结转结余资金盘活存量清理统计表。

2.2014年，所属计算机中心、审计科研所、审计博物馆、培训中心、国外贷援款项目审计服务中心、中国审计学会6家单位在人员经费安排不足的情况下，从公用经费或项目支出中列支人员经费共计284.64万元。

3.2014年，所属成都特派办、计算机中心自行调剂使用预算资金，在项目支出中列支聘用人员劳务费及社会保险费21.24万元。

（二）其他财政收支中存在的主要问题。

2014年，所属计算机中心将2个课题专项资金及相关支出放在往来科目核算，少计收入201.70万元，少计支出129.66万元。

三、检查处理情况

对上述问题，检查组已按规定出具了检查报告。对结余资金清理不到位问题，要求尽快清理上报财政部，并按照财政部审核意见处置；对人员经费不足、自行使用公用经费等列支人员经费问题，要求严格按预算法及相关规定执行，调整有关会计账目和决算（草案），同时商财政部解决人员经费不足问题；对自行调剂使用预算资金问题，要求严格执行有关规定，调整有关会计账目和决算（草案）；对少计收入和支出问题，要求调整有关会计账目和决算（草案）。

四、检查发现问题的整改措施和整改情况

对检查发现的问题，审计署认真部署整改，逐项明确了整改责任人和整改时限。成都特派办对在项目中列支后勤聘用人员劳务费问题，已调整有关会计账目；计算机中心对少计收支问题，已确认收入和支出；对培训中心结余资金清理不到位，审计署正在组织清缴；对使用项目经费等弥补人员经费不足问题，审计署将在事业单位改革中统筹解决。

附表：1. 审计署2014年度财政拨款预算执行总体情况（略）

2. 审计署2014年度重点检查单位财政拨款预算执行情况（略）

中华人民共和国审计署审计结果公告

（2015年第26号）

审计署关于2015年6月稳增长促改革调结构惠民生防风险政策措施贯彻落实情况跟踪审计结果

（2015年7月24日公告）

根据《中华人民共和国审计法》的规定，2015年6月，审计署按照国务院部署，对29个省（自治区、直辖市）和36个中央部门（中央企业）稳增长促改革调结构惠民生防风险政策措施落实情况进行了跟踪审计，重点关注了水利、交通、棚户区改造等重大基础设施审批建设情况，财政资金盘活和使用情况，"一带一路"等国家倡议推进落实情况，以及政策落实中相关法规、制度障碍等方面情况，共抽查了362个单位和258个建设项目，涉及投资额7149.06亿元。

从审计情况看，有关部门、地方通过细化制度措施、明确任务完成时限，强化督查督办，推进各单位积极作为、主动作为，在项目建设等方面取得积极进展；进一步加大简政放权力度，助力大众创业、万众创新，推动调整经济结构和转型升级，取得了积极成效（典型事例见附件1）。

审计也发现，一些地方仍存在建设项目实施缓慢、财政资金申报使用不规范、政策措施落实不到位等问题（典型事例见附件2）。主要是：

一、部分建设项目实施进度滞后

审计发现69个项目实施进度明显滞后，涉及项目投资1540.94亿元。实施缓慢的主要原因：一是水利等建设项目审批前置事项多、时限不明确，实际审批周期较长；二是一些项目前期准备工作不充分、统筹协调不到位，建设实施面临预期以外的困难较多；三是有的项目引入合作方实力较弱，社会资本投入不到位。

二、财政性资金申报使用不规范

审计发现8个部门、单位存在申报或使用财政性资金不规范、盘活财政存量资金不到位的问题，涉及金额413.11亿元。一是在申报资金过程中，提供虚假资料套取财政资金；二是盘活财政存量资金措施不到位，专项资金长期闲置现象比较普遍；三是债券资金筹集或基金设立中，存在重筹集轻使用的问题，未实现预期的政策效果。

三、贯彻落实中央相关政策措施不到位

审计发现，7个部门、单位在项目审批制度、简政放权及涉企收费等方面落实中央政策要求不到位。主要包括：一是未严格遵守关于简政放权、改进审批管理的强制性规定，变相开展应予取消或下放的相关行政审批；二是监督管理体制未理顺、审批程序设置不够合理，不能为推进项目建设提供有效的程序保障；三是相关体制机制不够完善，有的单位依托行政权力违规收费。

附件：1. 取得积极成效的典型事例

　　　2. 审计发现问题突出的典型事例

附件1：

取得积极成效的典型事例

一、商务部积极推进"一带一路"规划项目中国—白俄罗斯工业园建设。该工业园是中白经贸合作的示范性项目，已纳入我国"一带一路"规划，成为我国企业"走出去"对白投资、共建"丝绸之路经济带"的重要支点和平台。2014年9月以来，商务部会同国资委等部门和单位通过建立对外对内两个协调机制，有效开展了对外、对内沟通协调；明确任务分工和节点目标，将工作细分为92项任务，采取倒排时间节点等方法，加紧推进各项工作的落实。截至2015年5月，首批入园企业（7家）和意向入园企业（14家）共21家，超出预定目标1倍多；预计总投资达23亿美元，是目前累计对白投资额（4亿美元）的近6倍；起步区"七通一平"建设完成的工程量是预定目标的10倍。

二、成都、深圳多措并举加大经济结构调整。四川省成都市通过发展高端产业，实施创新驱动发展战略、积极培育创新动力，利用电子商务试点城市、提升传统产业等多项措施，积极调整经济结构。2015 年一季度，成都市万元工业增加值能耗同比下降 18.8%，高技术工业主营业务收入占规模以上工业主营业务收入比重达 28.7%；发现和跟踪各类技术成果项目 1200 余项，支持成果转化项目 50 余项；2015 年 1 至 4 月，全市实现电子商务交易额 2455 亿元。深圳市自国务院印发《“十二五”国家自主创新能力建设规划》（国发〔2013〕4 号）后，先后出台鼓励创新及科技研发方面的政策 12 项，通过完善创新法制体系营造良好政策环境。截至目前，深圳市累计建成实验室、研究中心和技术中心等创新载体 1107 家；累计引进“珠江人才计划”“孔雀计划”创新团队 59 个、“千人计划”人才 115 名。2014 年深圳市全社会研发投入达到 643 亿元，占 GDP 的 4.02%；PCT（专利合作条约）国际专利申请量达 1.16 万件，占全国的 48.5%。全市国家级高新技术企业 4742 家，占广东省的一半以上。

三、河北省固安县创新运作模式，破解园区建设资金瓶颈。该县采取“政府主导、企业运作”的 PPP 模式，通过将工业区整体打包给公司，由三浦威特园区建设发展有限公司作为投资开发主体，负责规划设计、开发建设和招商引资方式建设固安工业区。县政府通过与公司签订合同，确定了双方平等合作关系。通过市场化运作、多元化投入、企业化经营、专业化招商等多形式创新，固安工业区有效破解了建设资金瓶颈难题，园区建设取得良好效果。截至 2014 年，固安工业区累计完成固定资产投资 609.2 亿元，实际利用内资 506.6 亿元，实际利用外资 6772.6 万美元，实现财政收入 54.4 亿元，累计签约引进项目 361 个，项目总投资 613.5 亿元、2.29 亿美元，已竣工投产项目 105 个，在建项目 40 个，主导产业初具规模，固安县财政收入规模从 2002 年的廊坊地区第 8 名上升到现在的第 2 名。

附件 2：

审计发现问题突出的典型事例

一、69 个建设项目推进缓慢

（一）中国石化天津液化天然气项目工程进度滞后。中国石化天津液化天然气项目是国家“十二五”重点项目，计划 2016 年底建成投产。2014 年 7 月，国家能源局核准批复项目总投资约 152.98 亿元。由于工程难度较大、拆迁及补偿量大、行政许可和备案手续较多等，截至 2015 年 5 月底，该项目整体形象进度仅完成 14.6%，码头及接收站工程形象进度完成 30.43%，输气管道工程仍处于前期准备阶段，尚未开工，预计无法如期建成投产。

（二）吉林省长春至西巴彦花铁路（以下简称长西铁路）项目因民营企业自身投资能力不足，致使工程仍未开工。该项目是国家发展改革委 2014 年 5 月在基础设施领域首批推出的 80 个鼓励社会资本参与建设营运的示范项目之一，也是吉林省首条民营控股的铁路建设项目。2014 年 6 月，该项目获得国家发展改革委核准，投资估算总额为 164.67 亿元，原计划 2014 年开工建设，项目法人单位吉林长达铁路有限公司由吉林市百强集团实业有限公司（民营企业，以下简称百强集团）、吉林省交通投资集团与中国铁路总公司分别占股 58%、32%、10%。由于百强集团合作伙伴退出、自身投资能力不足等原因，吉林长达铁路有限公司的 3 家股东 2 次签订三方出资合同、4 次修改首期注资时间。截至 2015 年 6 月末，因百强集团未能落实注资来源，应于 2014 年开工的长西铁路至今仍未开工。

（三）安徽芜湖长江公铁大桥项目相关征迁工作滞后，被责令停工。该项目 2014 年 8 月获得国家发展改革委批复可行性研究报告，同年 9 月，中国铁路总公司和安徽省人民政府批复该项目的初步设计，总投资 86.31 亿元。2014 年 12 月，项目建设单位京福铁路客运专线安徽有限责任公司与施工单位中铁大桥局股份有限公司签订施工总价承包合同，合同价 54.97 亿元，工期 1461 天。2015 年 3 月 16 日，因芜湖市人民政府未在芜湖长江公铁大桥正式开工前完成华谊码头征迁工作，交通运输部长江航务管理局责令芜湖长江公铁大桥水上工程停工。

（四）北京市京台高速（北京段）实施进展滞后。根据北京市发展改革委、北京市住房和城乡建设委员会制订的北京市 2015 年重点工程计划，确定京台高速（北京段）2015 年一季度完成征地拆迁和土基施工；二季度计划完成土基施工。由于宅基地审批、拆迁户谈判、拨地钉桩调整等因素影响征地拆迁进度，截至 2015 年 6 月，工程尚未开工，工程进度滞后于计划进度。

（五）江苏省 204 国道新浦至灌南段改扩建工程项目超过 3 年未开工。204 国道新浦至灌南段改扩建工程建设里程 87.2 公里，总投资 25.4 亿元。2012 年 1 月，江苏省发展改革委批复项目可行性研究报告、2013 年 2 月批复初步设计，项目计划于 2015 年竣工。2014 年 7 月，项目获省财政拨付 1.5 亿元中央车购税补助资金。但在施工图设计阶段，连云港市组织规划、交通等部门对工程建设方案进行了重大修改，后因调整不符合基本建设程序、与城市建设的其他规划不衔接等，又于 2014 年 11 月恢复了原设计，导致项目用地预审过期。截至 2015 年 6 月工程尚未开工。

（六）湖北省棋盘洲长江公路大桥项目进展缓慢。2014 年 7 月，湖北省发展改革委、交通运输厅联合行文向国家发展改革委上报关于申请核准棋盘洲长江公路大桥项目的请示，同时抄送交通运输部。该项目计划投资 39.36 亿元，2015 年 1 月，湖北省国土资源厅向国土资源部上报棋盘洲长江公路大桥工程建设用地预审初审意见；2015 年 3 月，专业咨询公司受交通运输部委托对项目现场进行了审查并提出补充相关资料意见，湖北省交通运输厅于 4 月底按咨询公司要求补齐相关材料，并同时报送交通运输部。截至 2015 年 6 月末，尚未取得国土资源部及交通运输部对该项目出具的用地预审意见和行业审查意见。

（七）陕西省柞水至山阳高速公路项目应开工未开工。陕西省柞水至山阳高速公路是陕西省规划的一条省级高速公路，2010 年 10 月、11 月，陕西省发展改革委分别批复该项目的可行性研究和初步设计，建设单位为陕西省交通建设集团公司。项目总投资 65.7 亿元，其中项目资本金 16.7 亿元由建设单位筹措，其余资金通过银行贷款解决，项目工期 4 年。由于省交通建设集团公司一直未筹措到项目资金，截至 2015 年 6 月 15 日，该项目尚未开工。

（八）贵州省 47 座中型水库未按计划开工。根据 2011 年国务院批准的《贵州省水利建设生态建设石漠化治理综合规划》，贵州省 2011 年至 2015 年应开工建设中型水库 111 座，规划总投资 400.78 亿元。因项目前期工作进展缓慢、地方配套资金落实不到位等原因，应于 2014 年底前开工建设的务川县冉渡滩等 47 座中型水库（计划投资 172.5 亿元）至今年 6 月尚未开工。

（九）福建省平潭综合实验区防洪防潮工程进展缓慢。该工程为《平潭综合实验区总体发展规划》中确定的重点项目，计划投资 30.19 亿元，包括整治和新建 48.35 公里排洪渠 20 条、新建 6.09 公里海堤等内容。由于平潭综合实验区管理委员会、平潭综合实验区经济发展局和平潭综合实验区堤防工程建设有限公司等单位在项目前期工作中缺乏统筹协调，在未将必备要件准备齐全的情况下，即于 2013 年 6 月向国家发展改革委上报了项目可研报告。至今年 6 月，上述单位尚未开展可研报告的必备要件——用海预审申请工作。

（十）广东省 2 个重大水利工程前置审批事项较多、前期工作耗时较长，实施缓慢。广东省珠江三角洲水资源配置工程和韩江高陂工程等 2 个工程均为国务院明确加快推进的节水供水重大工程，涉及总投资 306.34 亿元。由于水利工程前置审批事项涉及部门多、审批部门间缺乏统一协调机制、审批事项未明确应完成时限、报批程序烦琐及地方部门推动不力等，审批周期拉长。其中，珠江三角洲水资源配置工程自 2010 年 9 月启动工程规划（后改为总体方案）编制，历时 57 个月至今年 6 月才进入项目建议书编制阶段；韩江高陂工程自 2011 年 5 月开始编制项目建议书，2013 年 11 月获国家发展改革委批复，2015 年 4 月上报可行性研究报告，前后历时 48 个月，至今年 6 月尚未获得可研批复，项目仍处于前期工作阶段。

（十一）广西壮族自治区郁江治理南宁段项目进展缓慢，财政资金 1.1 亿元闲置，未发挥效益。2012 年至 2014 年，国家发展改革委、水利部将广西郁江治理项目列入全国中小河流治理规划，规划总投资为 42.5 亿元，建设期为 2011 年至 2015 年。郁江治理项目南宁段龟山堤、仙葫半岛堤、青山堤、那平江堤、五合大学堤和五合林场堤等 6 段防洪堤工程，按计划应于 2015 年完工。由于自治区水利厅编制、修改郁江治理可行性研究报告进度较慢、南宁市人民政府 3 年内 3 次变换项目业主等，截至 2015 年 6 月初，上述 6 段防洪堤项目仍未实际开工建设。其中：龟山堤段防洪堤工程项目正在进行项目招标投标；仙葫半岛堤段防洪堤工程项目可行性研究报告处于自治区发展改革部门审批阶段；其余4段工程均未进行可行性研究报告准备工作。2013年至2014年，龟山堤段和仙葫半岛堤段防洪堤工程已到位中央财政资金8400万元、自治区本级财政配套资金2800万元，合计11200万元。截至2015年6月8日，因项目未进行实质性建设，该项目仅使用财政资金109.91万元，其余已到位的财政资金11090.09万元一直闲置在南宁市财政局，未发挥效益。

（十二）河南伊洛河治理项目因前期准备工作不充分至今未开工，中央财政资金2.2亿元闲置。伊洛河治理项目涉及巩义、宜阳、偃师、伊川、嵩县等区段，规划投资总额23.7亿元，计划建设时间为2011年至2015年。2013年至2014年，国家发展改革委共下达该项目中央投资计划2.2亿元，主要用于洛阳市、巩义市、宜阳县等的伊洛河段落的治理；同期，河南省财政厅将中央财政资金2.2亿元下拨至相关伊洛河治理项目建设单位。由于河南省水利厅、河南省发展改革委在项目可行性研究报告未经批准的情况下提前申请中央资金，且截至2015年5月底洛阳市、巩义市等地区水利部门未完成规划选址、环境评价等开工必备的前置要件，上述项目2013年和2014年中央投资计划建设内容均未开工，2.2亿元中央财政资金闲置。

（十三）甘肃省兰州市城区污水全收集管网建设项目部分工程尚未实施。2009年7月，甘肃省兰州市城市建设管理委员会批复该市市政工程管理处上报的城区污水全收集管网工程初步设计，项目建设污水提升泵站3座、城区雨污水管网301.38公里，概算投资7.78亿元，建设工期3年。截至2015年6月，由于兰州市城乡建设局经协调相关部门后仍未能足额取得项目资金，该项目已超出计划工期3年，仍有4.15公里雨污水管网尚未完工、101.94公里雨污水管网尚未开工。

（十四）河北省秦皇岛市污水处理厂及配套管网工程进展缓慢。2012年8月，国家发展改革委批复秦皇岛北部片区、海港区西部污水处理厂及配套管网工程，建设期限为2012年至2014年，计划总投资9.87亿元。由于秦皇岛市城市管理局、秦皇岛北部工业区管委会和秦皇岛经济技术开发区国土资源局协调不力，项目征地拆迁未能与当地村民达成协议，截至2015年6月，上述2项工程均未开工建设，到位资金21390万元（含中央资金16650万元）中已支出6666.23万元，其余14723.77万元结存在秦皇岛排水有限责任公司。

（十五）宁夏回族自治区灵武市污水处理厂提标改造工程建设进度缓慢。2014年8月14日，灵武市发展改革局批准灵武市污水处理厂提标改造工程可行性研究报告，11月28日批准该工程初步设计；2014年8月1日，中央预算内资金1140万元已拨付到位。按投资计划，该项目应于2014年开工建设，截至2015年5月13日，该项目完成土建招标工作并开工，但尚未开展设备招标工作，中央预算内资金1140万元闲置10个月，地方配套资金900万元也未到位。

（十六）黑龙江省七台河市供水项目进展缓慢。七台河市供水工程是黑龙江省2014年重点民生项目之一，应于2014年4月开工建设。由于征地拆迁存在较大困难，动迁成本过高，导致该项目需变更管线线路，勘测、设计方案和建设手续等部分前期工作也需重新开展。2013年至2014年，七台河市供水项目累计已到位资金3.04亿元（3亿元为债券资金，400万元为市级财政拨款），截至审计时，仅支付工程前期费用及工程款2280万元，项目建设进度较慢。

（十七）湖南省棚户区改造项目资金到位不及时，影响项目进度。2014年12月，国家开发银行确定对湖南省13个市（州）2013年至2017年棚户区改造项目提供贷款支持480亿元（不含长沙市），并于2015年2月向湖南省棚户区改造投资有限公司预授信480亿元。由于湖南省申请此项贷款审批环节多、时间长，湖南省棚户区改造投资有限公司注册资本金全部未到位、一旦放款资产负债率将超过80%等，截至2015年6月16日，该公司向国家开发银行申请的280.39亿元贷款尚未发放，影响棚户区改造项目进程。

（十八）因银行贷款资金不到位，云南省2012年度部分保障房项目进展缓慢。云南省2012年度公共租赁住房省级统贷项目由云南省城乡建设投资有限公司负责。项目总投资 186.68 亿元，其中，国家开发银行云南分行牵头，与中国工商银行股份有限公司云南省分行等银行组成银团提供贷款 120 亿元。截至 2015 年 5 月底，因中国工商银行股份有限公司云南省分行 2013 年 11 月以后未再按照合同发放贷款、签约的 30 亿元贷款中尚有 17.8 亿元贷款未发放，导致部分项目建设进度缓慢，昆明经济开发区保障房等项目无法按时顺利交付使用。

（十九）吉林省长春市儿童医院门诊住院楼扩建项目超过 1 年未开工，财政资金 7858 万元闲置。该项目于 2013 年获准批复，建设时间为 2013 年 10 月至 2015 年 10 月，计划投资 3.52 亿元，其中中央财政投资 7500 万元已于 2013 年到位。2014 年 6 月，长春市发展改革委将该项目纳入政府投资代建项目计划，要求由长春市政府投资建设项目管理中心代建。由于该中心未及时推动项目建设，截至 2015 年 6 月项目未开工，中央财政资金和市级财政资金共计 7858 万元闲置 1 年以上。

（二十）海南省东方市养老服务指导中心项目进展缓慢。海南省东方市养老服务指导中心总投资 1.41 亿元，占地面积 99 亩，总建筑面积 46300 平方米，总计 976 个床位。2013 年 12 月，项目可研报告通过东方市发展改革委批复，由于东方市对养老指导中心项目原选址土地无法落实、在调研不充分情况下变更选址后，新址土地需调整土地利用总体规划，办理农用地转建设用地变更手续等，截至 2015 年 6 月末，养老服务指导中心项目尚处于办理用地预审等前期阶段，项目进展缓慢。

（二十一）山西省太原市餐厨废弃物资源化利用和无害化处理项目进展缓慢。2011 年，太原市被国家发展改革委等 4 部委确定为餐厨废弃物资源化利用和无害化处理试点城市，2012 年获得试点城市中央补助资金 704 万元。2013 年 3 月，山西省发展改革委批复太原市餐厨废弃物资源化利用和无害化处理可研报告。由于太原市修改城市规划等原因，截至 2015 年 5 月底，该项目仍未开工。中央补助资金 704 万元结存在太原市市容环境卫生管理局基建账户，无法发挥效益。

（二十二）江西省中央投资项目应开工未开工。2013 年，江西省发展改革委在没有审批可行性研究报告的情况下，批复南昌大学实验动物中心项目初步设计，工程总投资 7517.29 万元。同年 5 月，国家发展改革委下达该项目中央预算内投资计划 3000 万元，要求 2013 年开工、2015 年建成。由于项目拖欠征地费用，一直没有合法的用地手续，2015 年 6 月 15 日才公开招标，3000 万元中央预算内投资仅使用 2 万元。

二、8 个单位（部门）申报、使用财政性资金不规范，盘活财政存量资金不到位

（一）青海省海东地区行政公署和海南藏族自治州用虚假材料获取中央专项资金 6000 万元。2012 年 6 月和 2014 年 7 月，青海省海东地区行政公署和海南藏族自治州通过在项目申报书中提供虚假国有土地使用证方式，经青海省财政厅、教育厅向财政部、教育部上报申请中央专项彩票公益金，用于支持海东地区和海南州示范性综合实践基地项目。截至 2015 年 6 月，上述 2 个项目分别获得中央专项补助 3000 万元，其中 2426 万元已用于项目建设，3574 万元滞留在财政部门。

（二）四川省酿酒研究所弄虚作假，获取中央中小企业发展专项资金。2014 年 5 月，四川省经信委下属事业单位四川省酿酒研究所，在实际仅能申报培训机构能力建设和培训服务中央财政专项资金约 70 万元的情况下，通过将 2012 年购买 6.45 万元设备发票的时间修改为 2013 年，金额修改为 240 万元等方式，虚增申报基数。申报材料经逐级审批后，2014 年 12 月该所实际获得国家财政补贴 315 万元，在取得专项资金后，将上述资金借给参股企业或以现金方式支付广告费等。

（三）重庆市长寿开发投资（集团）有限公司（以下简称长寿集团）筹集的 8 亿元保障房项目企业债券资金未按规定用途使用。2012 年 9 月，长寿集团经国家发展改革委批准，发行企业债券 8 亿元用于建设桃花新城阳鹤山片区公租房项目。同年 10 月，长寿集团请示长寿区政府，拟将桃花新城阳鹤山片区公租房项目变更为已纳入 2010 年长寿区保障房任务的寿城水岸一期、二期及晏家二期项目。当年 12 月，长寿区政府批准了项目变更申请，但未对寿城水岸一期、二期及晏家二期的建设内容、规模进行调整。截至 2015 年 6 月，长寿区桃花新城阳鹤山片区公租房项目尚未实施，募集的8亿元债券资金被长寿集团用于其他事项。

（四）广东省本级财政存量资金清理盘活不到位。按照国务院要求，各级地方政府不得新设各种形式的偿债准备金，对已设立的各类偿债准备金，要纳入预算管理，优先用于偿还到期政府存量债务，截至2015年5月底，广东省财政厅核算各类偿债准备金的银行账户余额为369.98亿元；至6月15日，广东省财政厅尚未将369.98亿元存量资金纳入预算安排。

（五）上海市张江高科技园区管理委员会预算编制不及时导致已拨付的专项资金大量结存。2014年4月和6月，上海市、浦东新区两级财政分别向浦东新区财政局“张江基金”财政专户拨付2014年张江国家自主创新示范区专项发展资金（以下简称张江专项资金）预算各10亿元、合计20亿元。截至2015年6月，上述资金一直结存在浦东新区财政局未支出，闲置达1年。资金结存的主要原因是负责资金管理使用的张江高科技园区管理委员会在2015年5月14日才向张江高新技术产业开发区管理委员会提交2014年度和2015年度张江专项资金预算安排，截至2015年6月10日尚未得到批复，导致浦东新区财政局无法拨付资金。

（六）浙江省未及时将中央专项资金1.5亿元细化到具体项目和单位。2014年11月，财政部、环境保护部下达浙江省2014年中央重金属污染综合防治专项资金预算1.5亿元，要求省财政厅、省环境保护厅将专项资金主要用于《重金属污染综合防治“十二五”规划》确定的重点区域及重大工程或项目，并于2014年12月底前将资金细化方案报财政部、环境保护部备案。截至2015年6月，由于各市县申报不积极，省财政厅、省环境保护厅未能有效推进等原因，浙江省尚未完成专项资金细化方案。审计指出后，省财政厅、省环境保护厅于2015年6月17日按因素法将中央重金属污染防治专项资金1.5亿元下拨至29个市县，要求各市县确定专项资金实施项目，并于2015年7月30日前报送省财政厅、省环境保护厅备案。上述中央专项资金1.5亿元滞留在29个市、县财政局，未能及时发挥财政资金使用效率。

（七）科技成果转化引导基金预算13亿元尚未执行。科技部科技成果转化引导基金项目2014年预算为3亿元、2015年预算为10亿元，主要用于设立创业投资子基金，为转化科技成果的企业提供股权投资，引导社会力量和地方政府加大科技成果转化投入。截至2015年6月，上述预算13亿元尚未执行，其中：2014年预算3亿元全部形成财政结转资金，2015年预算10亿元的项目评选尚未启动，有关资金均未拨付。

三、7个单位（部门）贯彻落实中央相关政策措施不到位

（一）中国铁路总公司变更设计审批效率不高、监管不到位。2012年11月开始实施的《铁路建设项目变更设计管理办法》规定，Ⅰ类变更设计一般在30个工作日内完成批复，需要补充材料的，在资料补充后20个工作日内另行批复。审计抽查172个Ⅰ类变更设计发现，有142个批复时间超过30个工作日，涉及投资28.82亿元，平均批复时间为145天，其中超过180天的有38个，涉及投资5.66亿元。由于变更设计批复不及时，对部分项目建设进度和投资控制造成不利影响，如兰渝铁路桃树坪隧道Ⅰ类变更设计2013年3月上报后，中国铁路总公司至今未正式批复，该隧道应于2010年完工，但目前仍在建设中，施工单位垫资、欠款达4.63亿元。但与此同时，上述变更设计中，有109个项目完工时间早于批复时间，审批制度流于形式。

（二）电力工程质量监督体制不顺，电力工程质监机构违规开展资质认定并违规收费。负责全国电力工程质量监督业务的电力工程质量监督总站，由国家能源局委托给中国电力企业联合会（社团机构）代管，将36个中心站和357个常设项目站挂靠电网和发电等企业。挂靠社团和企业将上述质监机构作为内设机构管理，无独立法人资格，不符合“工程质量监督机构应具有独立法人资格”的要求，工程质量监督缺乏独立性和公正性。此外，电力工程质量监督总站等20个质监站2012年以来违规收费3.67亿元，违规开展检测机构资质认定和“电力建设工程质监工程师、工程员”资格认证。

（三）高新技术企业认定管理办法修订完善工作尚未完成。根据《国务院关于加快科技服务业发展的若干意见》（国发〔2014〕49号）要求，科技部会同财政部、国家税务总局，应在2014年

12月底前完善高新技术企业认定管理办法，将科技服务内容及其支撑技术纳入国家重点支持的高新技术领域。截至2015年6月，科技部等3部门尚未出台修改完善后的高新技术企业认定管理办法，使得部分互联网、文化创意、物流企业等不能按照国家规定享受相关优惠政策，制约了国家政策的实施效果。

（四）山东出入境检验检疫局和青岛海关下属企事业单位依托部门影响经营与部门履职密切相关的业务并向企业收费。山东出入境检验检疫局和青岛海关均成立公司，在进出口环节提供与主管部门履行职责相关的服务，并向进出口企业收费。2013年至2014年，山东出入境检验检疫局所属青岛检验鉴定有限公司等7个企事业单位收取检疫处理费等21项费用共计82918.75万元；青岛海关机关服务中心所属的青岛润海网络工程有限公司等5家公司收取加工贸易技术服务费等26项费用共计28816.23万元；青岛海关所属的中国电子口岸数据中心青岛分中心等2家单位收取报关信息（数据）传输服务费等14项费用共计11962.93万元。上述企事业单位将部分利润上缴主管部门。如2013年至2014年，青岛海关机关服务中心等单位累计向青岛海关上缴收费收入7971.65万元。

（五）辽宁省未完成高标准农田建设规划。2013年10月，辽宁省人民政府收到《国务院关于全国高标准农田建设总体规划的批复》（国函〔2013〕111号），该批复要求各省人民政府应加强组织领导，抓紧制定本地区高标准农田建设规划。但由于高标准农田规划编制工作涉及发展改革、国土、财政、水利及农业等多个部门，任务分解落实工作量较大，截至2015年6月11日，辽宁省高标准农田建设总体规划尚未出台。

（六）内蒙古未及时落实工商登记前置审批改后置政策。2014年10月，国务院下发《关于取消和调整一批行政审批项目等事项的决定》（国发〔2014〕50号），要求将“新建棉花加工企业审批”工商登记前置审批事项改为后置审批事项，实施机关为省级人民政府发展改革等部门。截至2015年5月末，内蒙古自治区发展改革委尚未发文落实该项政策。

中华人民共和国审计署审计结果公告（2015年第27号）

2014年城镇保障性安居工程跟踪审计结果

（2015年8月17日公告）

根据《中华人民共和国审计法》的有关规定，2015年1月至3月，审计署组织各级审计机关对2014年全国城镇保障性安居工程（以下简称安居工程，包括廉租住房、公共租赁住房、经济适用住房、限价商品住房等保障性住房和各类棚户区改造）的投资、建设、分配、后续管理及相关政策执行情况进行了审计，延伸调查了4.08万个相关单位和29.96万户家庭。现将审计结果公告如下：

一、安居工程实施的基本情况和取得的主要成效

根据财政部门和有关单位提供的数据，2014年，全国各级财政共筹集安居工程资金5601.55亿元（其中中央财政资金1984亿元），安居工程建设其他相关单位通过银行贷款、发行企业债券等社会融资方式筹集安居工程资金10631.77亿元。

审计核查表明，2014年全国安居工程实际新开工745.05万套，基本建成551.46万套，分别完成目标任务的102.2%、112.02%。

从审计情况看，2014年，住房城乡建设、财政、发展改革等相关部门和地方各级政府积极贯彻落实党中央和国务院有关决策部署，加快推进棚户区改造等安居工程建设，取得了显著的经济社会效益。

（一）住房供应和保障人群规模继续扩大。2014年，全国保障性住房和棚户区改造安置住房竣工面积2.98亿平方米，占城镇住宅竣工总面积的27.79%；保障性住房销售和棚户区改造安置住房供应面积2.18亿平方米，同比增加26.85%，占城镇住宅销售面积的 20.76%。各地积极推进廉租住房和公共租赁住房并轨运行，提高保障性住房配置效率。2014 年当年享受安居工程保障的城镇人口达 3990.68 万人，同比增加 26.36%。

（二）住房困难群众居住条件进一步改善。2014 年，全国完成棚户区改造 276.93 万户，当年新增实物安置的 381.04 万户棚户区居民人均住房面积比改造前提高 29%。44.95 万户家庭购买了经济适用住房或限价商品住房；273.67 万户城镇低收入住房困难家庭享受住房租赁补贴，平均每户每月补贴 201 元。一些住房困难群众“出棚进楼”，乔迁新居，住房条件改善，促进了社会和谐稳定。

（三）推动城市基础设施建设和新型城镇化发展。2014 年，全国共有 567.45 万名新就业无房职工、在城镇稳定就业的外来务工人员和进城落户农民享受了公共租赁住房保障，同比增加 35.65%。各地加快推进棚户区改造，新增拆迁面积 4.81 亿平方米。各级政府和有关单位加大财政投入和社会融资力度，推动各类棚户区改造及配套基础设施建设，带动了城市更新改造，为新型城镇化发展提供了有力支持。

（四）拉动投资和消费促进经济平稳增长。2014 年，国家加大开发性金融支持棚户区改造力度，国家开发银行发放棚户区改造贷款 4086 亿元，同比增加 2.9 倍。全国安居工程建设完成投资额 12963.44 亿元，占当年城镇住宅投资总额的 17.82%，同比提高 1.65 个百分点。以棚户区改造为重点的安居工程大规模实施，拉动投资和消费，带动了相关产业的发展，创造了大量的就业岗位，为促进经济平稳增长提供了新的动力。

二、审计发现的主要问题

从审计情况看，地方各级政府及相关部门和项目建设管理单位能够较好地执行国家政策法规，住房保障政策体系逐步健全，工作机制不断完善，总体情况较好。但审计也发现，一些项目和单位还存在违反规定或管理不规范等问题。具体情况是：

（一）部分单位虚报材料套取资金。16 个项目单位通过编造项目资料、拆迁安置协议等方式，套取财政补助、项目贷款等专项资金 4.85 亿元，用于自身经营、修建职工宿舍和办公楼等支出。

（二）部分资金未按规定用途使用。一些地方建设资金筹集与使用的统筹衔接不够，管理不到位，182 个项目单位、融资平台公司和住房城乡建设、财政等部门违规使用安居工程专项资金 93.83 亿元，其中财政资金 32.75 亿元，企业债券、银行贷款等社会融资 61.08 亿元。上述被违规使用的资金中，用于发放工资、弥补办公经费等支出 1.35 亿元，用于出借、还贷、投资理财、财政周转等 92.48 亿元。

（三）部分资金筹集和拨付不到位。由于资金筹集不到位、未按工程进度或合同约定进行结算等原因，139 个用房管理、项目建设等单位未及时拨（支）付建房款、工程款等，形成拖欠 131.95 亿元，共涉及 116 个市县。由于资金分配未落实到具体项目或项目建设进度缓慢等原因，255 个市县收到的上级财政补助资金中，有 83.94 亿元至 2014 年底结存未用已超过 1 年。

（四）部分项目未按规定享受税费和金融优惠政策。由于征收部门对安居工程税费减免政策理解有偏差、对项目认定情况掌握不准确等原因，一些地方落实安居工程税费减免政策不到位，394 个项目被违规收取应减免税费 5.2 亿元，其中城镇土地使用税等税收 3464.52 万元，城市基础设施配套费等行政事业性收费和政府性基金 4.86 亿元。61 个廉租住房建设项目贷款未按规定享受利率优惠，多支付利息 3273.41 万元。

（五）部分地区住房保障分配审核不严格。由于家庭收入、住房等经济状况信息平台未建立、多部门联审机制未有效运行、经办管理机构审核把关不严等原因，2.06 万户不符合保障条件的家庭以不实材料申请并通过审批，违规享受保障性住房配租（售）1.02 万套、住房租赁补贴等货币补贴 2191 万元。还有 5895 套保障性住房被违规用于转借出租、办公经营或对外销售。

（六）部分地区保障对象退出机制不健全。由于保障对象未及时申报家庭经济状况变化情况、经办管理机构未按规定进行定期审核等原因，有 2.34 万户收入、住房等条件发生变化不再符合保障条件的家庭，未按规定及时退出，仍享受保障性住房 1.53 万套、住房租赁补贴 1421 万元。

三、审计处理和整改情况

对上述问题，各级审计机关已依法出具审计

报告、下达审计决定。审计发现的相关涉嫌违法违纪问题线索，已依法移送有关部门进一步调查处理。各有关地方高度重视，正在组织进行整改。至2015年6月10日，已追回被挪用、套取资金41.04亿元，退还应减免税费6863.64万元，向相关单位拨付资金106.59亿元，取消2.84万户不符合条件家庭的住房保障资格并追回补贴1093万元、住房6485套，清理收回违规使用保障性住房1835套。具体整改情况将分别由各省组织向社会公告。

附件：审计发现的主要问题及初步整改情况表

附件：

审计发现的主要问题及初步整改情况表

序号	问题类型	单位/项目/保障对象	主要问题	初步整改情况
1	套取安居工程专项资金	贵阳市公共住宅投资建设（集团）有限公司	通过与施工单位签订虚假合同、办理虚假验工的方式，套取住房公积金贷款、银行贷款等专项资金3.27亿元，用于该公司本部及下属商贸公司经营、为共同开发项目的合作方垫资等支出	正在整改中
2		淄博市原山林场和鲁山林场	虚报危旧房改造项目资料，套取林区危旧房改造财政补助资金3789.95万元	正在整改中
3		岳阳市君山区国有垦区危旧房改造工作领导小组	以国有垦区危旧房改造的名义，套取财政补助资金3286.6万元	已追回资金600万元，其他正在整改中
4		延边朝鲜族自治州珲春市天邦房地产开发公司	通过伪造房屋所有权证的方式，虚增征收房屋面积，套取安居工程代建款667.78万元	正在整改中
5		宁夏富地房地产开发有限公司	通过虚报拆迁户数，套取城市棚户区改造财政补助资金473.75万元	正在整改中
6		福州市农工商（集团）总公司	通过虚报垦区危房改造对象等方式，套取垦区危房改造及配套基础设施建设财政补助资金456.5万元	正在整改中
7		哈尔滨嘉盛房地产开发有限公司、黑龙江滕顺房地产开发有限公司、哈尔滨悦圣房地产开发有限公司、哈尔滨天福缘房地产开发有限公司4个单位	通过虚报征收户数和征收面积等方式，套取棚户区改造财政补助资金共计55.91万元	资金已归还
8	安居工程专项资金未按规定用途使用	普兰店市建设投资有限公司	将专项用于安居工程项目的企业债券资金7.35亿元，出借给普兰店市财政局	资金已归还
9		韶关市金叶发展有限公司	将专项用于安居工程项目的企业债券资金5.63亿元，出借给韶关市新鸿达投资运营有限公司和金沁房地产开发有限公司	资金已归还
10		武安市国有资产经营有限责任公司	将专项用于安居工程项目的企业债券资金3.6亿元，以借款名义转入武安市国库，其中1.45亿元作为非税收入平衡财政预算	资金已归还
11		重庆市双桥经济技术开发区开发投资集团有限公司	将专项用于经济适用住房项目的企业债券资金3亿元，用于归还信托贷款本息	正在整改中

续表

序号	问题类型	单位/项目/保障对象	主要问题	初步整改情况
12	安居工程专项资金未按规定用途使用	山东中安房地产集团公司	将专项用于棚户区改造项目的银行贷款资金2.4亿元，出借给山东民生城市资产经营有限公司	正在整改中
13		北京市朝阳区来广营乡	将专项用于棚户区改造项目的财政资金1.64亿元，出借给北京朝来置业有限责任公司、北京市朝阳来广营农工商实业总公司等乡属企业	资金已归还
14		上海莱建置业有限公司	将安居工程项目资金8528万元，转给山东钢铁集团房地产有限公司使用	资金已归还
15		淮南市潘集区财政局	将安居工程财政专项资金5623万元，用于非税收入退库和上下级资金结算等支出	资金已归还
16		满洲里市扎赉诺尔煤矿棚户区搬迁改造项目指挥部	将专项用于棚户区改造项目的银行贷款资金5350万元对外出借，分别借给扎赉诺尔区财政局3350万元、满洲里市财政局2000万元	已归还3350万元，其他正在整改中
17		梧州市财政局	将专项用于安居工程项目的企业债券资金2600万元，用于归还政府性债务本息	资金已归还
18		长春市二道区英俊镇	将安居工程专项资金1478万元，用于弥补工作经费等支出	资金已归还
19		哈尔滨市方正县住房和城乡建设局	将棚户区改造专项资金673.41万元，用于购置长城牌旅行车、支付应由企业承担税费等支出	已归还13.55万元，其他正在整改中
20		黑龙江省二九一农场	将安居工程财政专项资金420.58万元，用于购买奶牛等日常经营性支出	资金已归还
21		邵阳市江馨置业有限公司	将安居工程建设资金179.34万元，用于日常办公经费、购置固定资产等支出	资金已归还
22		蚌埠市禹会区长青乡	将安居工程财政专项资金147.64万元，用于工作经费等支出	资金已归还
23		镇江市保障性住房管理中心	将安居工程财政专项资金100万元，用于人员及办公经费	正在整改中
24	资金筹集和拨付不到位	上海市黄浦、闸北、徐汇、杨浦、普陀、虹口、静安7个区建设交通委、旧区改造和房屋征收指挥部等用房管理单位	拖欠建设单位限价商品住房款82.83亿元	资金已拨付65.5亿元，其他正在整改中
25		泸州市江南新区建设投资有限责任公司	拖欠安居工程建设工程款49513.38万元	资金已拨付

续表

序号	问题类型	单位/项目/保障对象	主要问题	初步整改情况
26	资金筹集和拨付不到位	大兴安岭地区塔河县棚户区改造建设指挥部	拖欠安居工程建设工程款 12800 万元	资金已拨付 7400 万元，其他正在整改中
27		共青城市财政局	拖欠安居工程建设工程款 11507.69 万元	资金已拨付 6000 万元，其他正在整改中
28		介休市财政局	拖欠安居工程建设工程款 9743.15 万元	资金已拨付 8505.99 万元，其他正在整改中
29		亳州金地建投有限责任公司	拖欠安居工程建设工程款 4853.07 万元	资金已拨付
30		濮阳市范县住房和城乡建设局	拖欠安居工程建设工程款 4435.03 万元	资金已拨付
31		兴仁县基本建设投资有限责任公司	拖欠安居工程建设工程款 3796 万元	资金已拨付
32		邯郸市涉县财政局	拖欠安居工程建设工程款 1949.61 万元	资金已拨付
33		抚顺顺发投资有限公司	拖欠城市棚户区改造项目工程款 9279 万元	资金已拨付
34		盐城市亭湖区新洋经济区管委会	拖欠棚户区改造安置房款 6688.19 万元	资金已拨付
35		内蒙古森林工业集团有限责任公司	拖欠棚户区改造项目工程款 4661.73 万元	资金已拨付 3517.18 万元，其他正在整改中
36		甘南藏族自治州卓尼县住房和城乡建设局	拖欠廉租住房项目工程款 18122.95 万元	资金已拨付
37		晋中市住房和城乡建设局	收到的上级财政补助资金 10458.14 万元至 2014 年底结存未用已超过 1 年	资金已拨付 4250 万元，其他正在整改中
38		新疆生产建设兵团建工师	收到的上级财政补助资金 7158.16 万元至 2014 年底结存未用已超过 1 年	资金已拨付
39		潜江市住房保障工作分局	收到的上级财政补助资金 5567.42 万元至 2014 年底结存未用已超过 1 年	资金已拨付
40		毕节市赫章县财政局	收到的上级财政补助资金 5398.75 万元至 2014 年底结存未用已超过 1 年	资金已拨付 3645.27 万元，其他正在整改中
41		濮阳市开发区财政局	收到的上级财政补助资金 4376.07 万元至 2014 年底结存未用已超过 1 年	资金已拨付

续表

序号	问题类型	单位/项目/保障对象	主要问题	初步整改情况
42	资金筹集和拨付不到位	常熟市房产管理处	收到的上级财政补助资金3530万元至2014年底结存未用已超过1年	已安排用于晨枫家园公共租赁住房项目
43		淮北市濉溪县财政局	收到的上级财政补助资金2673.34万元至2014年底结存未用已超过1年	资金已拨付1331万元，其他正在整改中
44		长春市双阳区住房保障和公用事业服务中心	收到的上级财政补助资金2293.28万元至2014年底结存未用已超过1年	资金已拨付
45		南昌市南昌县财政局	收到的上级财政补助资金2230.3万元至2014年底结存未用已超过1年	资金已拨付
46		陆丰市财政局	收到的上级财政补助资金2115.45万元至2014年底结存未用已超过1年	资金已拨付1907.25万元，其他正在整改中
47		张家口市桥东区住房保障和房产管理局	收到的上级财政补助资金1749.4万元至2014年底结存未用已超过1年	资金已拨付1418.3万元，上缴财政240.1万元，其他正在整改中
48		兰州市永登县财政局	收到的上级财政补助资金853万元至2014年底结存未用已超过1年	资金已拨付
49		来宾市武宣县住房和城乡建设局	收到的上级财政补助资金831万元至2014年底结存未用已超过1年	资金已拨付150万元，其他正在整改中
50		嘉兴市南湖区住房和城乡规划建设局	收到的上级财政补助资金601.58万元至2014年底结存未用已超过1年	资金已拨付
51		咸阳市泾阳县财政局	收到的上级财政补助资金571.05万元至2014年底结存未用已超过1年	资金已拨付531.05万元，其他正在整改中
52		西宁市城西区建设局	收到的上级财政补助资金440.51万元至2014年底结存未用已超过1年	资金已拨付354.11万元，其他正在整改中
53		海南省临高县财政局	收到的上级财政补助资金437.36万元至2014年底结存未用已超过1年	资金已拨付90万元，其他正在整改中

续表

序号	问题类型	单位/项目/保障对象	主要问题	初步整改情况
54	未按规定享受税费和金融优惠政策	南京市溧水区住房和城乡建设局	违规收取双塘景苑和琉璃花园棚户区改造项目城市基础设施配套费 1791.82 万元、679.97 万元	资金已退还
55		哈尔滨市城市建设收费办公室	违规收取廉租住房和公共租赁住房项目城市基础设施配套费 1272.33 万元	正在整改中
56		温州市白蚁防治所等单位	违规收取灵昆新市镇二期等 4 个安居工程项目白蚁防治费、城市基础设施配套费等 1029.47 万元	正在整改中
57		成都市双流县人民防空办公室	违规收取华阳二期经济适用住房项目防空地下室易地建设费 50.68 万元	资金已退还
58		桂林市人民防空办公室	违规收取桂林市吉福思生物技术有限公司公共租赁住房项目防空地下室易地建设费 9.72 万元	资金已退还
59		张掖市高台县工业和信息化管理局	违规收取高台县公共租赁住房项目新型墙体材料专项基金 9.49 万元	资金已退还
60		林州市地方税务局	违规收取林州市安居工程项目教育费附加 14.75 万元，地方教育费附加 9.83 万元	资金已退还
61		益阳市大通湖区地方税务局	违规收取大通湖区安居工程项目城镇土地使用税 32.77 万元	资金已退还
62		太仓市地方税务局	违规收取太仓市城北青年公寓公共租赁住房项目城镇土地使用税 9.66 万元	资金已退还
63		邯郸市磁县地方税务局	违规收取磁县棚户区改造项目印花税 2.31 万元	正在整改中
64		华融湘江银行	未按规定执行贷款优惠利率，多收取湘潭市环北廉租住房小区等 4 个廉租住房项目贷款利息 655.73 万元	正在整改中
65		国家开发银行贵州省分行	未按规定执行贷款优惠利率，多收取贵阳市白云同心路等 5 个廉租住房项目贷款利息 390.89 万元	正在整改中
66		国家开发银行湖北省分行	未按规定执行贷款优惠利率，多收取恩施市玻璃厂、火柴厂廉租住房项目贷款利息 171.53 万元	已签订利率变更协议，按规定执行优惠利率
67		农业银行万盛支行	未按规定执行贷款优惠利率，多收取重庆市綦江区廉租住房项目贷款利息 134.15 万元	正在整改中
68		国家开发银行山西省分行	未按规定执行贷款优惠利率，多收取大同市广灵县涧东新区廉租住房项目贷款利息 103.97 万元	正在整改中

续表

序号	问题类型	单位/项目/保障对象	主要问题	初步整改情况
69	住房保障分配审核不严格	淮南市部分保障对象	个人申报材料不实，相关部门审核把关不严，703户不符合保障条件违规享受廉租住房保障待遇，领取租赁补贴285.56万元、享受实物配租20套	已重新审核并取消195户保障资格，追回补贴8.07万元，收回住房19套，其他正在整改中
70		邵阳市洞口县部分保障对象	个人申报材料不实，相关部门审核把关不严，410户不符合保障条件违规领取廉租住房租赁补贴36.04万元	已重新审核并取消410户保障资格，追回补贴36.04万元
71		驻马店市平舆县部分保障对象	个人申报材料不实，相关部门审核把关不严，345户不符合保障条件违规领取住房租赁补贴61.51万元	已重新审核并取消345户保障资格，追回补贴61.51万元
72		银川市部分保障对象	个人申报材料不实，相关部门审核把关不严，192户不符合保障条件违规享受住房保障待遇，其中122户领取廉租住房租赁补贴48.34万元，64户获得廉租住房实物配租64套，6户购买经济适用住房6套	已重新审核并取消164户保障资格，追回补贴14.86万元，收回住房11套，其他正在整改中
73		重庆市黔江区部分保障对象	个人申报材料不实，相关部门审核把关不严，185户不符合保障条件违规享受住房保障待遇，其中121户领取住房租赁补贴26.3万元，64户获得廉租住房实物配租64套	已重新审核并取消185户保障资格，其他正在整改中
74		泸州市江阳区部分保障对象	个人申报材料不实，相关部门审核把关不严，169户不符合保障条件违规享受廉租住房保障待遇，其中166户领取租赁补贴43.12万元，3户获得实物配租3套	已重新审核并取消140户保障资格，其他正在整改中

续表

序号	问题类型	单位/项目/保障对象	主要问题	初步整改情况
75	住房保障分配审核不严格	鹤岗市部分保障对象	个人申报材料不实，相关部门审核把关不严，163 户不符合保障条件违规享受住房保障待遇，其中 155 户领取住房租赁补贴 22.32 万元，8 户获得廉租住房实物配租（售）8 套	已重新审核并取消 160 户保障资格，追回补贴 22.32 万元，收回住房 5 套，其他正在整改中
76		黄冈市浠水县部分保障对象	个人申报材料不实，相关部门审核把关不严，157 户不符合保障条件违规享受住房保障待遇，其中 63 户领取住房租赁补贴 11.47 万元，94 户享受廉租住房实物配租 94 套	已重新审核并取消 157 户廉租住房保障资格，追回补贴 11.47 万元，收回住房 9 套，对 85 户改按公共租赁住房标准收取租金
77		南京市部分保障对象	个人申报材料不实，相关部门审核把关不严，130 户重复享受保障性住房待遇，其中 81 户同时享受经济适用住房和廉租住房租赁补贴，49 户同时享受廉租住房实物配租和租赁补贴	已重新审核并停发 130 户廉租住房租赁补贴，其他正在整改中
78		南宁市马山县部分保障对象	个人申报材料不实，相关部门审核把关不严，95 户不符合保障条件违规享受公共租赁住房实物配租 92 套、廉租住房实物配租 3 套	已重新审核并取消 95 户保障资格，收回住房 95 套
79		儋州市部分保障对象	个人申报材料不实，相关部门审核把关不严，88 户不符合保障条件违规享受廉租住房保障待遇	已重新审核并取消 88 户保障资格，收回住房 19 套，其他正在整改中
80		贵溪市部分保障对象	个人申报材料不实，相关部门审核把关不严，79 户不符合保障条件违规享受公共租赁住房实物配租 79 套另有 4 户重复享受公共租赁住房保障待遇	已重新审核并取消 83 户保障资格，收回住房 6 套，提高 77 户租金标准

续表

序号	问题类型	单位/项目/保障对象	主要问题	初步整改情况
81	住房保障分配审核不严格	湘西土家族苗族自治州保靖县部分保障对象	个人申报材料不实，相关部门审核把关不严，77户不符合保障条件违规领取住房租赁补贴11.55万元	已重新审核并取消77户保障资格，其他正在整改中
82		四平市部分保障对象	个人申报材料不实，相关部门审核把关不严，69户不符合保障条件违规领取廉租住房租赁补贴9.16万元	已重新审核并取消69户保障资格，追回补贴7.76万元，其他正在整改中
83		贵阳市部分保障对象	个人申报材料不实，相关部门审核把关不严，62户不符合保障条件违规享受住房保障待遇，其中23户领取住房租赁补贴1.27万元，39户享受公共租赁住房实物配租39套	已重新审核并取消62户保障资格，收回住房39套，其他正在整改中
84		白银市白银区部分保障对象	个人申报材料不实，相关部门审核把关不严，50户不符合保障条件违规享受廉租住房租赁补贴14.91万元，另有1户重复享受廉租住房保障待遇	已重新审核并取消51户保障资格，追回补贴14.91万元
85		文山壮族苗族自治州西畴县部分保障对象	个人申报材料不实，相关部门审核把关不严，49户不符合保障条件违规享受住房保障待遇，其中1户领取住房租赁补贴0.32万元，48户获得廉租住房实物配租48套	正在整改中
86		淄博市高青县部分保障对象	个人申报材料不实，相关部门审核把关不严，46户不符合保障条件违规享受住房保障待遇，其中14户领取廉租住房租赁补贴3.22万元，6户获得廉租住房实物配租6套，26户购买经济适用住房26套	已重新审核并取消27户保障资格，追回补贴1.95万元，收回住房17套，其他正在整改中
87		长春市九台区部分保障对象	个人申报材料不实，相关部门审核把关不严，39户不符合保障条件违规领取住房租赁补贴6.24万元	已重新审核并取消39户保障资格，其他正在整改中
88		兴安盟扎赉特旗部分保障对象	个人申报材料不实，相关部门审核把关不严，33户不符合保障条件违规享受住房保障待遇，其中20户领取住房租赁补贴2.36万元，13户享受廉租住房实物配租13套	已重新审核并取消33户保障资格，追回补贴1.02万元，收回住房1套，其他正在整改中

续表

序号	问题类型	单位/项目/保障对象	主要问题	初步整改情况
89	住房保障分配审核不严格	长治市长子县部分保障对象	个人申报材料不实，相关部门审核把关不严，31户不符合保障条件违规领取廉租住房租赁补贴8.91万元	已重新审核并取消31户保障资格，其他正在整改中
90		福州市罗源县部分保障对象	个人申报材料不实，相关部门审核把关不严，25户不符合保障条件违规享受公共租赁住房保障待遇	正在整改中
91		娄底市新化县部分保障对象	个人申报材料不实，相关部门审核把关不严，23户不符合保障条件违规领取住房租赁补贴2.79万元	已重新审核并取消23户保障资格，追回补贴2.79万元
92		双鸭山市友谊县时代新城小区	违规对外销售保障性住房1676套，其中廉租住房1006套，公共租赁住房670套	正在整改中
93		丹阳市东尼集团有限公司	违规对外销售公共租赁住房89套	正在整改中
94		上海市奉贤区杨王村村民委员会	违规对外销售公共租赁住房30套	已将购房款全部退回
95		凉山彝族自治州宁南县廉租住房A区、B区	违规将223套廉租住房用作临时办公用房	已收回住房123套，其他正在整改中
96		中卫市海原县工业物流园区红宝花园保障性安居工程项目	违规将216套公共租赁住房用作物业办公用房或给企业、学校、医院等单位使用	正在整改中
97		安徽省地质矿产勘查局325地质队公共租赁住房项目	违规将100套公共租赁住房用作临时办公用房	正在整改中
98		重庆市巫溪县和顺廉租住房小区	违规将96套廉租住房用作临时办公用房等	正在整改中
99		铜仁市高新区一期廉租住房项目	违规将43套廉租住房用作临时办公用房	已清理收回
100		大理白族自治州洱源县部分保障对象	违规将130套公共租赁住房对外转借出租	已取消130户家庭保障资格，收回住房2套，其他正在整改中
101		黄冈市罗田县部分保障对象	违规将36套公共租赁住房对外转借出租	已清理收回
102		龙岩市部分保障对象	违规将25套保障性住房对外转借出租	已纠正违规转借出租行为，并收回住房1套

续表

序号	问题类型	单位/项目/保障对象	主要问题	初步整改情况
103	保障对象退出机制不完善	固原市部分保障对象	保障对象动态管理不到位，退出机制不健全，635 户不再符合保障条件未及时退出，仍违规享受住房保障待遇，其中 190 户领取住房租赁补贴 78 万元，445 户享受保障性住房 445 套	已重新审核并停发租赁补贴 190 户，收回住房 1 套，其他正在整改中
104		南昌市部分保障对象	保障对象动态管理不到位，退出机制不健全，413 户不再符合保障条件未及时退出，仍违规享受住房保障待遇，其中 38 户享受廉租住房保障待遇，375 户享受经济适用住房保障待遇	正在整改中
105		邯郸市部分保障对象	保障对象动态管理不到位，退出机制不健全，371 户不再符合保障条件未及时退出，仍违规享受廉租住房保障待遇，其中 231 户领取租赁补贴 23.72 万元，140 户享受实物配租 140 套	正在整改中
106		昭通市镇雄县部分保障对象	保障对象动态管理不到位，退出机制不健全，329 户不再符合保障条件未及时退出，仍违规享受廉租住房实物配租	正在整改中
107		天津市部分保障对象	保障对象动态管理不到位，退出机制不健全，185 户不再符合保障条件未及时退出，仍违规领取廉租住房或经济租赁住房补贴	已重新审核并取消 185 户保障资格，其他正在整改中
108		自贡市自流井区部分保障对象	保障对象动态管理不到位，退出机制不健全，162 户不再符合保障条件未及时退出，仍违规享受廉租住房租赁补贴 11.67 万元	已重新审核并取消 162 户保障资格，追回补贴 1.69 万元，其他正在整改中
109		牡丹江市部分保障对象	保障对象动态管理不到位，退出机制不健全，98 户不再符合保障条件未及时退出，仍违规享受廉租住房租赁补贴 18.81 万元。另有 58 户重复享受廉租住房保障待遇	已重新审核并取消 156 户保障资格，追回补贴 16.88 万元，其他正在整改中
110		赣州市部分保障对象	保障对象动态管理不到位，退出机制不健全，128 户不再符合保障条件仍违规享受公共租赁住房实物配租 128 套	已重新审核并取消 128 户保障资格，收回住房 4 套，其他正在整改中

续表

序号	问题类型	单位/项目/保障对象	主要问题	初步整改情况
111	保障对象退出机制不完善	金华市兰溪市部分保障对象	保障对象动态管理不到位，退出机制不健全，116户不再符合保障条件未及时退出，其中59户仍享受保障性住房59套，57户仍领取住房租赁补贴7.13万元。另有1户重复享受住房保障待遇	已重新审核并取消76户保障资格，其他正在整改中
112		丹东市元宝区部分保障对象	保障对象动态管理不到位，退出机制不健全，91户不再符合保障条件未及时退出，其中仍违规享受廉租住房实物配租88户，领取廉租住房租赁补贴3户	已重新审核并取消34户保障资格，其他正在整改中
113		承德市承德县部分保障对象	保障对象动态管理不到位，退出机制不健全，62户不再符合保障条件未及时退出，仍违规享受廉租住房配租5套、租赁补贴6.74万元	已重新审核并取消62户保障资格，收回住房5套，其他正在整改中
114		汉中市汉台区部分保障对象	保障对象动态管理不到位，退出机制不健全，57户不再符合保障条件未及时退出，仍领取住房租赁补贴2.92万元	已重新审核并取消57户保障资格，追回补贴2.92万元
115		南平市部分保障对象	保障对象动态管理不到位，退出机制不健全，52户不再符合保障条件未及时退出，仍违规享受廉租住房保障待遇	已重新审核并取消52户保障资格，收回住房2套，其他正在整改中
116		泉州市永春县部分保障对象	保障对象动态管理不到位，退出机制不健全，49户不再符合保障条件未及时退出，仍违规享受廉租住房49套	已重新审核并取消49户保障资格，收回住房49套
117		百色市靖西县部分保障对象	保障对象动态管理不到位，退出机制不健全，41户在购买经济适用住房后，未按要求办理廉租住房退出手续，重复享受住房保障待遇	正在整改中
118		北京经济技术开发区部分保障对象	保障对象动态管理不到位，退出机制不健全，38户不再符合保障条件未及时退出，仍违规享受公共租赁住房配租38套	已重新审核并取消18户保障资格，收回住房11套，提高7户租金标准，其他正在整改中

续表

序号	问题类型	单位/项目/保障对象	主要问题	初步整改情况
119	保障对象退出机制不完善	河源市连平县部分保障对象	保障对象动态管理不到位，退出机制不健全，31户不再符合保障条件未及时退出，仍违规享受住房保障待遇，其中5户领取住房租赁补贴0.53万元，26户享受保障性住房26套	已重新审核并取消31户保障资格，其他正在整改中
120		桐乡市部分保障对象	保障对象动态管理不到位，退出机制不健全，21户在享受经济适用住房待遇后，仍违规领取廉租住房租赁补贴7.78万元	已重新审核并取消9户保障资格，追回补贴2.36万元，其他正在整改中

中华人民共和国审计署审计结果公告（2015年第28号）

2015年7月稳增长促改革调结构惠民生防风险政策措施贯彻落实情况跟踪审计结果

（2015年8月28日公告）

2015年7月，审计署对29个省（自治区、直辖市，以下统称省）、29个中央部门和7个中央企业落实稳增长促改革调结构惠民生防风险政策措施情况进行了跟踪审计，重点审计了财政存量资金及闲置土地盘活、重大工程项目推进、中小企业融资政策落实及简政放权等方面的情况，抽查了451个单位、229个项目，涉及中央财政资金981.83亿元。

从审计情况看，有关部门和地区通过制定、完善相关政策措施，加大简政放权力度，推进商事制度改革，推动经济结构调整和发展方式转变，取得积极成效。如2014年以来，浙江省通过建立权力清单、政务服务网等，推动省级政府精简行政权力和管理事项8000余项、细化工作职责4000余项，在政务服务网公开省、市、县三级政府3300多个部门的审批事项，40多个省级部门全部实行一站式网上审批，有效提高了行政效率。

审计也发现，一些地方和部门在清理盘活存量资金和闲置土地等方面力度还不够，有的政策措施落实和简政放权不到位，部分重点建设项目推进缓慢（发现问题详见附件）。主要是：

一、部分中央部门和地区存在资金沉淀和土地闲置问题。审计发现，22个省及2个部门存在此类问题，涉及资金564.47亿元、闲置土地3.6万公顷。一是2个中央部门财政存量资金收回不完整；二是16个地区财政专户结存的财政存量资金未及时盘活，部分中央专项资金未及时分配下达，形成财政资金结存；三是一些地方由于土地规划调整、土地已用于贷款抵押等，闲置土地盘活较慢。

二、贯彻落实中央政策措施的部分配套制度不完善、有的政策措施未落实。审计发现，10个地区、部门存在此类问题。一是一些部门未及时细化相关政策、制定配套措施，影响政策措施的落实；二是有关部门和地方虽采取了积极措施，但中小企业融资难、融资贵问题仍较为突出；三是推动企业信用公开、“三个一”（一次申报、一次查验、一次放行）通关便利等措施力度不够。

三、个别部门和地区未按规定落实简政放权要求。审计发现，3个中央部门和2个地区存在此类问题。一是发展改革委和能源局未按规定将有关审批事项纳入清理范围；二是海关总署自行设立准入类职业资格，广西无依据设立收费项目，增加企业负担；三是在推进商事制度改革措施中，广西、河南的部分行业仍存在准入限制，“三证合一”工作也未能按期实现信息共享等。

四、部分重点项目建设推进缓慢。审计发现，有18个项目推进慢的问题较为突出，涉及项目投资502.73亿元。造成这一问题的主要原因：一是部分项目前期论证不充分，规划缺乏科学性与全局性，影响项目落地；二是部门间工作不协调，项目涉及地域间意见不统一，工作缺乏统筹，影响项目顺利推进。

本次审计还检查了相关部门和地区对前期跟踪审计发现问题的整改情况。从检查情况看，有关部门和地方认真整改跟踪审计发现的问题，积极推动政策措施贯彻落实取得显著成效。自2014年8月以来，通过整改，促进新开工项目728个、完工856个，还有300多个项目加快了实施进度，促进制定完善50余项规定及办法。如对2015年一季度审计反映的43个重大投资项目未及时批复问题，发展改革委逐项进行梳理，协调推进相关工作，至2015年7月下旬完成了13个项目的审核、批复；质检总局、林业局主管的中国经济林协会取消或合并了6项审批事项，15个省取消了100项自行设置的职业资格许可和认定；发展改革委主管的中国价格协会、吉林省环境工程评估中心等5家单位停止了违规收费，海关总署取消3项经营服务性收费；财政部将重大技术装备关键零部件及原材料进口免税政策审核周期缩短到两个半月等。但个别地区或部门对审计发现问题整改不到位，如2014年11月，审计指出四川省乐山高新技术开发区建设用地闲置问题突出后，该开发区采取责令限期开工建设、土地置换和依法收回等方式对闲置土地进行处置，但由于原土地用途与现行规划要求不符、置换工作推进慢、部分企业将土地用于抵押融资等，至2015年7月，6家用地单位面积44.12公顷的闲置土地仍未得到处置，部分地块已闲置9年。

附件：审计发现的问题

附件：

审计发现的问题

一、部分中央部门和地区存在资金沉淀和土地闲置问题。主要有：

（一）少收回2个中央部门财政存量资金8687.81万元。2015年4月至6月，财政部开展了中央部门存量资金收回工作，农业部、环境保护部将部分2012年及以前年度结转资金填报为2013年度结转资金，导致财政部少收回上述单位财政存量资金8687.81万元。

（二）部分清理确认、收回的存量资金未及时安排使用，甚至形成二次沉淀，影响财政资金的使用绩效。一是10个省清理收回作“暂存款”管理的228.39亿元存量资金未及时安排，至6月底形成的实际支出不足三成（表1）。

表1　10个省财政收回作暂存款管理的存量资金情况表

单位：亿元

地区		上年余额	2015年清理收回金额	2015年已安排支出	2015年6月底金额
广西	省本级	0.00	15.79	0.23	15.56
	南宁市	0.00	14.38	13.76	0.62
	桂平市	0.00	3.02	0.00	3.02
贵州	省本级	0.00	17.97	0.00	17.97
	贵阳市	0.00	0.33	0.33	0.00
宁夏	省本级	0.00	0.38	0.00	0.38
青海	省本级	0.00	1.85	0.32	1.53
	西宁市	0.00	1.57	0.03	1.54

续表

地区		上年余额	2015年清理收回金额	2015年已安排支出	2015年6月底金额
陕西	省本级	0.00	22.41	0.11	22.30
	西安市	0.00	3.45	0.14	3.31
	富平县	0.00	0.16	0.16	0.00
四川	省本级	0.68	16.53	3.73	13.48
	成都市	0.00	6.82	3.64	3.18
	仁寿县	0.00	1.33	1.33	0.00
重庆	省本级	0.00	15.07	0.00	15.07
黑龙江	哈尔滨市	0.00	15.08	1.06	14.02
	甘南县	0.00	2.26	0.00	2.26
吉林	省本级	0.00	26.34	11.53	14.81
	长春市	0.00	37.90	20.92	16.98
	德惠市	0.00	3.65	0.38	3.28
辽宁	省本级	0.00	8.64	1.03	7.61
	沈阳市	0.00	13.46	8.95	4.51
	绥中县	0.00	0.00	0.00	0.00
合计		0.68	228.39	67.65	161.42

二是陕西、青海、贵州、广西等省本级和个别市县2015年违规将国库资金70.82亿元转入专户存放，至6月底尚有16.3亿元未支出（表2）。

表2　抽查发现有关地方违规将国库资金转入专户情况表

单位：亿元

地区	2015年转入专户金额	2015年6月底余额
陕西省本级	31.47	1.80
陕西西安市	32.82	9.62
陕西富平县	0.32	0.31
青海省本级	1.63	1.63
广西桂平市	1.41	1.41
贵州松桃县	3.17	1.52
合计	70.82	16.30

（三）黑龙江、吉林、辽宁省财政存量资金未及时盘活，部分中央专项资金安排下达不及时。审计抽查黑龙江、吉林和辽宁3省本级，3个省会城市本级及黑龙江省甘南县、吉林省德惠市、辽宁省绥中县，截至2015年6月底，收到的2014年及以前年度中央专项转移支付资金仍有38.32亿元未下达，收到的2015年中央专项转移支付资金有79.94亿元未按规定在30日内下达；有14.97亿元存量资金未及时盘活（表3）。

表3　截至2015年6月底东北三省存量资金盘活情况表

单位：万元

省	单位	截至2015年6月底未统筹盘活存量资金		尚未下达的2014年及以前年度中央专项转移支付	尚未下达的2015年中央专项转移支付
		合计	支出类专户		
黑龙江	省本级	0	0	201855.38	231820.88
	哈尔滨市本级	93184.15	89783.15	39086	0
	甘南县	13944.13	947.94	18102.06	0
吉林	省本级	19024.49	19024.49	52645.01	387711.12
	长春市本级	5	0	920	12302.83
	德惠市	552	0	134.2	0
辽宁	省本级	16530.1	33.58	63914	166503.6
	沈阳市本级	394	0	6583.5	1039
	绥中县	6053	3880.19	0	0
总计		149686.87	113669.35	383240.15	799377.43

（四）山东省青岛市2012年形成的结转结余资金仍未支出。2012年，青岛市财政局将尚未支出的财政专户资金49.39亿元转入国库，计入往来科目结转下年使用。截至2015年6月底，上述资金中仍有15.67亿元未支出。

（五）安徽省部分中央专项资金连续结转超过2年。2010年11月和2012年1月，安徽省先后收到中央财政下拨的合同能源管理项目奖励资金6000万元、清理化解其他公益性乡村债务补助资金6.05亿元。截至2015年6月底，上述专项资金仍有6.3亿元结存在省财政厅。

（六）江西、宁夏部分中央专项资金长期结存。截至2015年6月底，江西省本级收到的2012年及以前年度中央专项转移支付资金中，有2616.64万元未安排下达；宁夏回族自治区本级2013年和2014年收到的中央专项转移支付资金中，分别有2000万元和4.85亿元未安排下达。

（七）云南省未及时建立高职院校生均拨款制度，导致中央专项资金闲置。2014年11月，云南省收到中央财政2014年第四批现代职业教育质量提升计划专项资金1.23亿元。由于云南省未及时制定高职院校生均拨款制度，上述资金至2015年6月底仍闲置在省财政厅。

（八）湖南省洞庭湖生态经济区建设补助资金未及时落实到项目。2014年12月，财政部下达湖南省2014年度洞庭湖生态经济区建设补助资金6亿元，并要求2015年4月底前上报资金安排情况。截至2015年6月底，湖南省财政厅、发展改革委尚未完成具体项目的分解细化工作，上述资金闲置未用。

（九）内蒙古自治区2014年度山洪灾害防治项目中央专项资金3572万元未及时安排使用。2014年6月，内蒙古自治区防汛抗旱调度（信息）中心收到山洪灾害防治项目中央专项资金3869万元。截至2015年6月底，该项目仅完成投资297万元，其余3572万元未安排使用。

（十）广东省稳增长预算资金分配下达不及时。广东省本级2015年预算安排738.23亿元，用于支持交通运输、农林水、科学技术等11个领域的稳增长工作，其中：省本级支出310.55亿元，对市县专项转移支付支出427.68亿元。截至7月10日，上述资金中有162.18亿元预算指标（占21.97%）未分配下达。

（十一）吉林省部分棚户区改造项目取得的国家开发银行贷款55.6亿元闲置。截至2015年6月底，吉林省吉林市、洮南市等市县棚户区改造项目单位累计取得国家开发银行棚户区改造项目贷款256.75亿元。由于申请贷款时缺乏统筹考虑、项目推进慢等，有55.6亿元贷款资金（占21.66%）闲置在项目单位。

（十二）7省闲置土地盘活不到位。截至2015年6月底，北京、天津、河北、安徽、江西、湖北和福建7个省闲置土地总面积3.6万公顷（表4）。

表4　截至2015年6月底7个省闲置土地面积

单位：公顷

省份	北京	天津	河北	安徽	江西	湖北	福建
闲置土地面积	746.69	1343.98	6200	16646.67	1746.85	1844	7492.48

二、贯彻落实中央政策措施的部分配套制度不完善、有的政策措施未落实。主要有：

（一）人民银行部分分支机构未严格执行支农再贷款发放标准和实施贷后监管。其中：向安徽、福建2个省涉农贷款余额占比未达到70%的金融机构发放支农再贷款1.18亿元；山西、湖北、安徽、贵州、宁夏5个省6.83亿元支农再贷款资金流向煤炭开采、房屋建设等非涉农领域。此外，部分地区涉农贷款利率较同期同档次非涉农贷款仍偏高，如福建沙县农商行2014年使用1.4亿元支农再贷款资金发放1467笔涉农贷款，加权平均年利率9.16%，较当时1年期贷款基准利率上浮52.67%，是当年支农再贷款年利率3.35%的2.73倍。

（二）民政部未按时出台慈善组织及社会捐赠等3项具体措施。根据《国务院关于促进慈善事业健康发展的指导意见》（国发〔2014〕61号）要求，民政部应会同发展改革委等部门，于2014年12月底前出台“引导社会公众积极捐赠家庭闲置物品”“利用广播电视等平台发起募捐活动的慈善组织的合法性验证”和“强化慈善组织信息公开责任”的3项具体措施。至2015年7月底，民政部尚未完成上述工作。

（三）工商系统有关企业公示与商事制度改革要求衔接不到位。2014年6月，《国务院关于促进市场公平竞争维护市场正常秩序的若干意见》（国发〔2014〕20号）要求，逐步建立覆盖全部信用主体的全国统一信用信息网络平台；2014年10月1日实施的《企业信息公示暂行条例》规定，工商行政管理部门应通过企业信用信息公示系统，对各类市场主体的信用信息进行公示。至2015年6月底，工商总局和地方工商机关仍通过其门户网站或自行开发的“守合同重信用”信息系统，公示获评“守合同重信用”的企业。这种将市场主体的信用信息分别在同一部门两个不同网络平台公示的做法，不符合国务院相关规定，也不利于信息资源的整合利用和社会公众评判监督。

（四）长春海关、吉林出入境检验检疫局“一次申报”方式通关报检占比较低。2014年4月，国务院常务会议要求全面推进“一次申报、一次查验、一次放行”通关模式；5月，《国务院办公厅关于支持外贸稳定增长的若干意见》（国办发〔2014〕19号）再次明确这一要求。2014年11月，长春海关、吉林出入境检验检疫局开始启动“三个一”检验模式。由于其使用的一次申报系统客户端版本不统一等，2015年1月至6月，长春海关、吉林出入境检验检疫局办理“一次申报”进口数量占全部进口申报数量的比例分别仅为5.05%和3.7%。

（五）福建省出台的财政资金扶持办法不利于调动社会资本积极性。《福建省战略性新兴产业发展专项资金管理暂行办法》（闽财企〔2012〕15号）规定，对战略性新兴产业基金“用于参股的投资要保本回收”，福建省科技厅、发展改革委等部门出资参股设立财政性引导基金时，均明确要求财政资金享有保本退出权，不承担亏损。这一做法与公司法、合伙企业法等关于同股同利、亏损共担的规定精神不符，也不利于调动社会资本的积极性。

（六）陕西省个别金融机构通过“以贷转存”等方式变相提高中小企业融资费用。《国务院办公厅关于多措并举着力缓解企业融资成本高问题的指导意见》（国办发〔2014〕39号）规定，严禁“以贷转存”“存贷挂钩”等变相提高利率、加重企业负担。2014年至2015年6月，长安银行股份有限公司向陕西省12户小微企业发放流动资金贷款9359.16万元，要求企业将其中5341万元转为定期存款，再以存单质押重新发放贷款 5271 万元。相关企业实际取得贷款 9289.16 万元，却需支付 14630.16 万元贷款本金的利息，增加融资成本 258.92 万元。

（七）河北省个别金融机构通过“以贷转存”等方式变相提高中小企业融资费用。2015 年 4 月，中国银行石家庄裕华支行与民营中小型高新技术企业河北华威凯德照明科技有限公司签订协议，向其发放贷款 1000 万元，但要求贷款资金不得支取使用，而是作为保证金存放在该银行，在该公司提供第三方担保后，再以银行承兑汇票方式向其提供融资 2000 万元。这一做法，使得企业不仅需要支付贷款利息，还要额外支付银行承兑汇票的贴现利息、担保费、公证费等 219.77 万元，实际融资费率达 12.21%，超过基准贷款利率的 1 倍。

（八）江苏省个别企业融资被增加多项附加条件。江苏一夫科技股份有限公司在南京银行城东支行、工商银行南京军管支行、江宁上银村镇银行等合作银行的借款都被附加了存单质押、年中年底存款等条件。如 2014 年 9 月该公司在江宁上银村镇银行贷款 500 万元，除按基准利率上浮 10%收息外，还附加了一年期存单 500 万元质押贷款 475 万元的条件。

（九）黑龙江省因主管部门意见不统一，未按时下达保障性安居工程配套基础设施建设项目投资计划。自 2013 年起，黑龙江省发展改革委和省住房城乡建设厅共同分解中央安排的保障性安居工程配套基础设施建设项目。由于两部门在认定保障性安居工程配套基础设施项目上存在分歧，影响了“确定分配原则”和“项目申报”两个环节的工作效率，导致 2013 年至 2015 年的 4 个投资计划比规定时限晚下达 27 个、66 个、64 个和 55 个工作日，涉及中央预算内投资 106.19 亿元。

三、个别部门和地区未按规定落实简政放权要求。主要有：

（一）海关总署未按规定清理自行设立的准入类职业资格。《国务院办公厅关于清理规范各类职业资格相关活动的通知》（国办发〔2007〕73 号）要求，“凡是依据有关法律、行政法规或国务院决定设置的行政许可类职业资格，予以保留并向社会公布；除此以外的其他各种行政许可类职业资格予以取消”。2012 年，海关总署自行设立预归类服务人员职业资格，并对预归类服务单位及从业人员实行行业准入管理，指导中国报关协会组织人员培训和考试。2014 年，海关总署未按照人力资源社会保障部的要求清理上述职业资格。截至 2015 年 7 月底，已有 3182 人参加预归类专业技能培训和资格考试，其中 1092 人取得预归类社会化服务人员资格证书，107 家企业获得预归类服务单位资质。

（二）发展改革委、能源局未将“国家地方联合创新平台”“国家能源研发（实验）中心”认定事项纳入审批事项清理范围。具体情况：一是发展改革委制定的《国家地方联合创新平台建设实施办法》（发改高技〔2010〕2455 号）规定，拟申请国家地方联合创新平台的单位，应先向省级发展改革委申报，各省级发展改革委进行初审后，由国家发展改革委进行复核，正式命名并给予资金补助等相关政策支持。据此，发展改革委 2014 年共认定 112 个国家地方联合创新平台。二是能源局制定的《国家能源研发（实验）中心管理办法》（国能科技〔2010〕198 号）规定，该局负责国家能源研发（实验）中心的认定，并明确将给予优惠政策和资金补助。据此，该局 2009 年 11 月至 2014 年分 5 批认定了 82 个国家能源研发（实验）中心，并通过中央预算内投资或部门预算向一些中心安排了投资补助或课题经费。审计发现，发展改革委、能源局未按照国务院行政审批制度改革要求，将上述两项认定事项作为审批事项清理。

（三）河南省工商管理局和省国家税务局、地方税务局未实现信息共享，影响“三证合一”实施效果。《国务院关于促进市场公平竞争维护市场正常秩序的若干意见》（国发〔2014〕20 号）提出，鼓励探索实行“三证合一”登记制度。2015 年，《河南省人民政府办公厅关于实行工商营业执照组织机构代码证税务登记证三证合一登记制度的通知》（豫政办〔2015〕80 号）要求，“2015 年 6 月 10 日起实行‘一照三号’登记模式……工商、质监、国税、地税部门按照‘三证合一’登记业务需求，利用电子政务云搭建互联审批业务平台，通过信息化手段，实现部门间数据交换、信息共享、高效协同、联动审批”。截至 2015 年 7

月 13 日，河南省工商管理局与省国家税务局、地方税务局虽已搭建互联共享平台，但尚未做好相应的技术对接工作，未能实现全省“三证合一”信息共享。

（四）广西壮族自治区推进注册资本登记制度改革不到位，部分行业仍存在准入限制。根据国家关于加快推进落实注册资本登记制度改革的相关精神，应“放松市场主体准入管制，切实优化营商环境”。截至 2015 年 7 月，广西壮族自治区仍有部分行政许可事项未与注册资本登记制度改革配套衔接。如在粮食收购资格认定中，仍要求企业注册资本 30 万元以上；对医疗机构职业许可，仍要求企业提交验资证明等。

（五）广西壮族自治区自定收费项目，增加企业负担 10 亿多元。原国家计委、国家经贸委《关于停止收取供（配）电工程贴费有关问题的通知》（计价格〔2002〕98 号）规定，“对一般供电要求的电力用户申请新装及增加用电容量，停止收取供（配）电工程贴费”。2008 年，为筹集城市配电网改造资金，广西壮族自治区自当年 12 月 1 日起在本区供电收费中增设城市电缆工程建设费。2009 年至 2015 年 6 月底，广西电网有限责任公司实际向用电企业收取此项费用 10.36 亿元，其中 2014 年收取 2.85 亿元，2015 年 1 月至 6 月收取 1.16 亿元，增加了企业负担。

四、部分重点项目建设推进缓慢。主要有：

（一）仪征至长岭段原油管道复线项目未能按计划建成投用。中国石油化工集团公司仪征至长岭原油管道复线（以下简称仪长复线）长约 560 公里，概算总投资 33.16 亿元，其中黄梅至九江段长 54 公里，按计划应于 2014 年 6 月开工、2015 年 8 月完工投入使用，以解决九江石化改扩建原油运输的瓶颈问题。2014 年 4 月，仪长复线仪九段项目部在办理湖北省黄梅县境内管道工程建设规划许可证时，因该县城乡规划调整设立小池滨江新区，要求变更原黄梅至九江段工程规划中的 10 公里管道路线，并要求将小池滨江新区临港产业园内已有的仪长线、川气东送管道改线，三线合一敷设，否则不予办理建设工程规划许可。至 2015 年 7 月底，中国石油化工集团公司、仪长复线仪九段项目部与湖北省、黄梅县人民政府就上述管道敷设及改线事项多次协商，因对增加的 9552 万元费用承担方难以达成一致，上述 10 公里管道工程尚未动工，导致仪长复线管道难以按计划建成投用。

（二）南方电网深圳供电局有限公司部分输变电工程进展缓慢，无法满足用户用电报装需求。南方电网深圳供电局有限公司实施的深圳市民田输变电工程、百门前输变电工程等 7 个项目计划总投资 22.64 亿元，分别应于 2010 年和 2012 年 6 月完工。截至 2015 年 6 月底，受选址变更等影响，上述 7 个输变电工程仅完成投资 7.2 亿元，投资完成率 32%。因项目未按时完工，导致 11 家单位 16.21 万千伏安终期用电报装需求无法满足，影响上述单位一些即将完工项目的投入使用。

（三）河南省南阳市国道 G241 内乡大桥至豫鄂界段改建工程项目未按期开工。2014 年 5 月，河南省发展改革委批复国道 G241 内乡大桥至豫鄂界段改建工程项目，建设起止年限为 2014 年至 2015 年，计划总投资 5.39 亿元，其中中央财政资金 1.81 亿元。截至 2015 年 7 月 15 日，由于河南、湖北两省未就交界处工程建设方案达成一致意见，该项目施工图未获得批复，项目未开工建设，2014 年 9 月到位的中央财政资金 1.81 亿元已闲置 10 个月。

（四）海南省文昌至琼海高速公路项目前期进展缓慢。文昌至琼海高速公路项目为海南省公路交通“十二五”发展规划的重点建设项目之一，2012 年 8 月取得海南省发展改革委立项批复，计划总投资 47.96 亿元，计划建设工期为 2013 年至 2015 年。因海南省交通运输厅、国土资源厅前期准备工作不充分，至 2015 年 5 月才完成全部土地预审资料报送，2015 年 6 月通过国土资源部用地预审。至 2015 年 7 月底，该项目尚未取得可研批复。

（五）重庆市涪陵龙头港作业区一期工程建设进度滞后。涪陵龙头港作业区一期工程是重庆市贯彻落实国家“一带一路”倡议的重点项目，计划于 2014 年开工建设，总投资 12.28 亿元。至 2015 年 7 月，因重庆市涪陵区政府招商引资、移民后期扶持项目报批等工作推进慢，该工程仅开展前期准备工作，尚未全面开工建设。

（六）贵州省贵阳市轨道交通 2 号线一期工程推进缓慢。贵阳市轨道交通 2 号线一期工程是贵州省贯彻落实《国务院关于进一步促进贵州经济社会又好又快发展的若干意见》(国发〔2012〕2号)和“长江经济带”战略的重点项目，计划于2014年9月底前开工，总投资194.59亿元。截至2015年6月底，该项目仍处于征地阶段，已到位的1.09亿元银行贷款资金闲置。

(七)山西省太原市轨道交通2号线一期工程进展缓慢。2013年8月，山西省发展改革委批复太原市轨道交通2号线一期工程可行性研究报告，9月批复该项目首开段工程初步设计，2014年4月批复该项目总体工程初步设计，计划总投资185.15亿元，项目资本金64.8亿元由太原市政府承担，其余120.35亿元利用银行贷款等融资方式解决，建设期为2013年至2018年。2013年11月，该项目首开段工程开工建设。因太原市政府承担的项目资本金不到位，该项目于2014年9月暂停施工，直至2015年5月才复工。截至2015年6月底，太原市财政局仅拨付项目资本金4524.9万元，工程实际仅完成投资1.54亿元(占总投资的0.83%)，建设进展迟缓。

(八)甘肃省环境监管信息化能力建设项目进展缓慢。甘肃省环境监管信息化能力建设项目计划建设期为2014年11月至2016年2月。因甘肃省环境保护厅开展项目设计招标工作滞后、设计单位未按合同约定时限完成等，该项目至2015年6月底仍未完成初步设计方案的编制及评审工作，造成2812.08万元财政资金闲置未用。

(九)上海市崇北三期土地开发整理项目前期工作进展缓慢。2013年9月，上海市规划和国土资源管理局批复崇明北沿三期土地开发整理项目可行性研究报告，要求4个月内完成项目规划设计和预算编制。由于市规划和国土资源管理局、财政局对该项目规划设计的政府采购招标工作协调时间过长等，项目实施单位上海市土地储备中心直至2015年3月才上报规划设计报告，截至2015年6月底尚未取得批复，造成已到位的财政资金1.39亿元闲置。

(十)辽宁省部分江河湖泊治理与保护项目未按期开工建设。沈阳市康平县城南污水处理厂项目和抚顺市清原县英额河湿地项目均计划于2014年开工并建成，计划总投资1.02亿元，其中中央预算内投资8139万元。由于项目前期论证准备不充分、征地进展缓慢等，抚顺市清原县英额河湿地项目至2015年4月才开工建设，沈阳市康平县城南污水处理厂项目至2015年7月15日尚未开工。

(十一)青海省西宁市污泥集中处置项目未按期开工建设。2013年12月27日，青海省发展改革委批复西宁市污泥集中处置项目可行性研究报告，项目建设期为2014年，总投资5405万元。因项目法人单位西宁湟水投资管理公司工作推进迟缓、项目变更工艺等，截至2015年7月项目未开工，已到位的1000万元中央财政资金和1600万元省级财政资金闲置。

中华人民共和国审计署审计结果公告(2015年第29号)

长江三峡水利枢纽工程地下电站竣工财务决算草案审计结果

(2015年9月10日公告)

2015年3月至5月，审计署组织对长江三峡水利枢纽工程地下电站(以下简称地下电站)竣工财务决算草案进行了审计。现将审计结果公告如下：

一、基本情况

按照国务院三峡工程建设委员会1992年批准的总体方案，三峡水利枢纽工程除坝后电站装机26台外，右岸预留6台机组地下电站。这6台机组单机容量均为700兆瓦，自2002年2月尾水渠施工开始，至2012年5月经验收合格、全部投产发电，建设工期比初步设计减少22个月。竣工财务决算草案报告显示，决算基准日(2012年5月31日)累计完成投资71.47亿元，其中建筑工程21.86亿元、安装工程3.61亿元、设备投资37.15亿元、待摊投资8.85亿元，总投资控制在批复的投资范围内。总体上看，地下电站建设运营情况较好。

一是实际发电能力超过设计水平。地下电站设计年平均发电35.11亿千瓦时，经与左岸、右岸电站机组统一调度，2012年至2014年实际年均发电42.55亿千瓦时，超过设计21%；累计实现电力销售收入27.34亿元、上缴税金4.89亿元，实现净利润2.18亿元。

二是提高了三峡水库水量发电利用率和发电运行的稳定性。据统计，地下电站建成投产至2014年，三峡水库水量发电利用率从最初的93.1%逐步提高到97.4%，其中汛期水量发电利用率由90.6%提高到96.5%。同时，地下电站建成投产增加了三峡电站检修和事故的备用容量，有利于提高三峡电站机组运行的稳定性。

三是推动了水电机电设备国产化和自主创新。地下电站机组除进口部分自动化元器件等部件外，已基本实现国内设计制造，水轮机模型转轮水力设计等系列关键技术已全面国产化，大型机组铸锻件等关键材料性能达到国际先进水平。

二、审计发现的主要问题

（一）竣工财务决算草案多计投资33785万元。对竣工财务决算草案列示的714720万元投资，审计核实后，调减33785万元（占4.73%）；调整后的投资为680935万元。具体情况：

1. 建筑安装工程投资调减27552.1万元，占决算草案列示该项投资的10.82%。一是虚计工程量、单价或超出合同约定多计费用等，造成多计投资4185.62万元；二是多计预留尾工项目投资23208.29万元；三是混凝土对外销售收入未按规定冲减投资158.19万元。

2. 待摊投资调减5194.83万元，占决算草案列示该项投资的5.87%。一是将应由三峡枢纽其他工程承担的费用1716.27万元计入地下电站工程，导致多计相应投资；二是超标准支付监理费1732.78万元、招标代理费452.89万元；三是重复支付勘察设计费和专项研究费用413.92万元；四是多计竣工决算编审费等其他费用878.97万元。

3. 设备投资调减1038.07万元，占决算草案列示该项投资的0.28%。一是多计概算外设备投资538.5万元；二是多预留设备采购合同尾款151.63万元；三是将未使用的电缆计作设备投资347.94万元。

（二）设备物资采购、工程施工、技术咨询服务等未依法依规招标，涉及合同金额154271.72万元。此类问题，审计署此前对中国长江三峡集团公司（以下简称三峡集团公司）的审计中曾多次指出。但本次审计仍然发现以下问题：

1. 主体工程土建和部分设备安装等施工项目未按规定公开招标，涉及合同金额132012万元。

2. 水泥、粉煤灰、钢材等物资采购未按规定公开招标，涉及合同金额16357.2万元，其中直接采购13131.2万元，未经批准实行邀请招标采购3226万元。

3. 有9项设备监造、机电监理、工程咨询等技术服务项目未按规定公开招标，而采取直接委托方式，涉及合同金额5902.52万元。

（三）工程建设管理不严格，导致增加投资1965.51万元。一是标段划分不合理和施工控制不严，增加投资413.86万元；二是设备材料采购管理不到位，增加工程赶工措施费800万元；三是指定分包和调整施工范围，增加投资342.65万元；四是高出其他供应商最高供应价格采购粉煤灰，增加投资409万元。

（四）部分闲置及退场物资设备处置不规范。一是低于规定价格42.53万元处置物料集装箱。二是有200多项退场设备仪器未纳入评估清单，部分直接无偿处置造成国有资产流失。

对于上述问题，审计署已依法出具审计报告，并建议三峡集团公司完善招标投标相关管理制度，严格工程投资控制，进一步加强设备物资管理和处置，避免闲置浪费和资产流失。目前，三峡集团公司正在积极组织整改，审计署将继续对此跟踪了解，具体整改情况将由三峡集团公司向社会公告。

中华人民共和国审计署审计结果公告（2015年第30号）

2015年8月稳增长促改革调结构惠民生防风险政策措施贯彻落实跟踪审计结果

（2015年10月8日公告）

2015年8月，审计署对29个省、自治区、直辖市（以下统称省）和29个中央部门、7个中央企业落实稳增长促改革调结构惠民生防风险政策措施情况进行了跟踪审计，重点审计了保障性安居工程、精准扶贫、养老服务业等民生政策和大众创业、万众创新政策的落实情况，以及重大建设项目推进、中央部门财政存量资金盘活等情况，抽查了498个单位、815个项目，涉及项目资金7080.14亿元。

从审计情况看，有关部门和地区通过制定、完善相关政策措施，推动经济结构调整和发展方式转变，取得了积极成效。如安徽省亳州市探索应用互联网和大数据技术，整合公安、工商、人力资源和社会保障等44个部门相关电子数据，构建人口、法人、电子证照等三大基础数据库和数据共享交换平台，在此基础上开发融信息公开、网上办事等功能于一体的网上办事大厅，简化政府办事流程，提高了行政审批效能，企业登记注册办理时间从20个工作日缩短到5个工作日以内。重庆市积极建立完善相关制度，推进PPP投融资等重点领域改革，2014年以来已签订39个PPP项目合作协议，涉及高速公路、市政供水、垃圾处理等传统领域和轨道交通、土地一级整治、公共停车楼、医疗卫生等新拓展领域，签约项目投资总额2500多亿元。

但审计也发现，一些部门和地区还存在贯彻落实民生政策及大众创业、万众创新政策方面措施不到位，部分重点建设项目推进缓慢，一些单位清理盘活存量资金不及时等问题。主要是：

一、一些民生政策贯彻落实不到位，有关项目推进缓慢

（一）农村危房改造任务开工率较低，部分已建成的安居房闲置或被挪作他用。截至2015年8月底，2015年中央安排的农村危房改造任务432万户已开工245.3万户（占56.8%），10个省因前期准备不充分、配套资金到位晚等开工率不足50%；3个省的部分地区虚报开工任务量、已建成安居房长期闲置或改变用途。

（二）个别地区落实精准扶贫工作不到位；扶贫资金未及时拨付或违规认定扶贫对象。

（三）部分地区未及时出台发展健康服务业和养老服务业的实施方案及配套措施、养老服务设施建设进度滞后，主管部门对落实乡村医生政策缺乏督导。

二、大众创业、万众创新政策在有些地区和主管部门落实不到位

（一）小微企业融资贵、融资难问题依然较为普遍。主要是融资成本普遍偏高；融资审批时间长，有些带有附加条件；部分商业银行未落实对小微企业贷款“三个不低于”（小微企业贷款增速不低于各项贷款平均增速、贷款户数不低于上年同期户数、申贷获得率不低于上年同期水平）的服务目标。

（二）5所高校的国家大学科技园建设偏离政策目标，园区场地使用和入驻企业数量等不符合标准。

三、部分重点项目建设推进缓慢

审计的建设项目中有193个（占23.7%）的实施进度明显滞后，涉及投资2868.62亿元。

（一）截至2015年8月底，在建的333个铁路项目中，有99个项目年度投资计划完成率低于50%，涉及投资1737.24亿元，其中20个项目年度投资计划完成率不足10%，1个建成项目闲置19个月，11.75亿元投资未发挥效益。

（二）29个省2015年度重大农业节水工程中央投资124.33亿元，截至7月底仅完成7.08亿元，进展缓慢。

（三）4个省的7个国家高速公路网“断头路”应开工未开工；2个省部分公路建设项目进展滞后。

（四）南方电网和中国移动、中国联通、中国电信三大电信运营商部分工程项目建设进度滞后。

此外，审计还发现发展改革委以前年度受理的审批或核准项目办理不及时等问题。

四、个别部门和地区未按规定落实简政放权要求

（一）一些中央部门所属单位或地方单位依托行政资源，违规开展经营活动或无依据收费。如质检总局所属中国标准化研究院利用公共资源自定标准收费2134.83万元；浙江省国土部门和湖北省住建部门通过开展垄断性中介服务等方式收费。

（二）部分地区在推进商事制度改革、通关便利化等方面力度不够。如云南省对申请注册的价格评估机构仍提出注册资本限制性要求；南宁海关和广西检验检疫局在推进关检合作“三个一”（“一次申报、一次查验、一次放行”）相关改革中，缺乏充分协调，实际进展缓慢。

五、部分中央部门和地区清理盘活存量资金不彻底、不及时

（一）车辆购置税补助地方建设项目资金大量结转结余；中央本级政府性基金及一般公共预算中部分专项转移支付资金批复下达较慢。

（二）国税系统和民航局存量资金清理盘活不到位，以前年度结余资金收回后未及时形成实际支出，形成二次沉淀。

（三）内蒙古自治区存量资金盘活不到位，7.97亿元财政资金结余在部门。

审计中对前期跟踪审计发现问题的整改情况进行了检查。从检查情况看，有关部门和地方认真整改跟踪审计发现的问题，取得积极成效，如相关国税局对违规推迟年度税款入库问题，已按审计意见将15户企业的159.63亿元税款全部收缴国库；深圳市按审计意见取消了自行设置的监理员、监理工程师职业资格认定等。但是，也有个别地区和部门未及时全面整改审计发现的问题，如文化部未按要求清理2012年及以前年度东方演艺新媒体、繁荣文艺创作等项目结转资金4717.3万元；民政部未及时出台完善实施特困人员供养制度的具体措施；山东省卫生和计划生育委员会2011年申报的两个重金属污染生物监测实验室仪器配置项目，至8月底仍未实施。

附件：审计发现的主要问题

附件：

审计发现的主要问题

一、一些民生政策贯彻落实方面存在的问题。主要有：

（一）部分保障性安居工程开工率较低、虚报开工任务，已建成安居房长期闲置或改变用途。住房城乡建设部2015年共下达农村危房改造任务432万户，至2015年8月底已开工245.3万户（占56.8%），其中10个省因前期准备不充分、配套资金到位晚等开工率不足50%（见表1）。

表1　10个省农村危房改造项目开工情况

序号	省份	中央安排任务户数	中央安排任务开工情况	
			开工户数	开工率
1	湖南	208000	51555	24.8%
2	广西	297000	76911	25.9%
3	江苏	43000	12965	30.2%
4	上海	1000	305	30.5%
5	山东	92000	28466	30.9%
6	云南	460000	144171	31.3%
7	河南	262000	108000	41.2%
8	河北	172000	75157	43.7%
9	安徽	176000	79238	45.0%
10	湖北	124000	60000	48.4%

审计发现，山西省大同市虚报2015年完成城镇保障性安居工程开工任务31054套。至7月底浙江省杭州市萧山区未开展闲置房源公共租赁申请受理等工作，已建成的626套廉租住房中闲置超过2年的有546套，其中448套闲置超过4年。重庆市奉节县2013年以来违规改变廉租房用途，由县融资平台公司使用财政资金2500万元购买210套，将其装修改造成办公楼后出租给县委、县政府机关使用。

（二）广西壮族自治区马山县精准扶贫工作推进不力。一是截至2015年7月底，该县财政扶贫资金专户结转结余9234.14万元，占该县2014年度公共财政收入的43.73%，其中2014年及以前年度结转结余资金7056.14万元，导致百香果种植等多个产业扶贫开发项目和贫困村沙石屯路等基础设施建设项目推进缓慢，影响了贫困村整村推进和产业扶贫到户等扶贫政策实施效果。二是该县认定的扶贫对象中，有3119人不符合扶贫建档立卡标准，其中有343人属于财政供养人员，有2454人购买了2645辆汽车，43人在县城购买商品房或自建住房，439人为个体工商户或经营公司。三是为完成上级下达任务，该县2014年度将人均纯收入低于国家农村扶贫标准2736元的608户、2272人认定为脱贫，占脱贫户数的9.10%、脱贫人数的8.90%。

（三）云南省未及时拨付2015年度中央财政专项扶贫资金14.25亿元。2014年11月，云南省财政厅收到财政部提前拨付的2015年中央财政专项扶贫资金33.76亿元。截至2015年7月底，仍有14.25亿元尚未分解拨付到县或对应项目。

（四）海南省和宁夏回族自治区未及时出台促进健康服务业、养老服务业发展的具体实施方案或措施。一是至2015年8月中旬，海南省仍未按照国务院要求，出台促进健康服务业发展的具体实施方案；二是为落实《国务院关于加快发展养老服务业的若干意见》（国发〔2013〕35号），宁夏回族自治区人民政府于2014年5月印发《关于加快发展养老服务业的实施意见》（宁政发〔2014〕44号），将统筹发展城镇养老服务设施、大力发展社区居家养老服务等10项主要任务分解成40项细化任务，有19项细化任务计划在2014年底前出台具体措施，但其中的农村五保供养机构改革等7项细化任务至2015年8月中旬仍未出台具体措施。

（五）江西省老年福利服务中心项目进展缓慢，彩票公益金3.4亿元闲置。2013年和2014年，江西省财政厅分别安排1.8亿元、1.6亿元福利彩票公益金，用于江西省老年福利服务中心项目前期土地款及代建费用，2015年2月，南昌市政府确定了项目划拨用地，但截至2015年7月底，因国土部门尚未出具土地划拨决定书，项目仍未开工，3.4亿元彩票公益金闲置未用。

（六）重庆市巫溪县挪用乡镇敬老院改扩建等专项资金建设社会福利中心，该中心建成后县民政局占用部分房屋用于办公等，其余部分闲置近4年。2010年7月，巫溪县民政局开始建设县社会福利中心。该中心包括两栋主体楼，建筑总面积5951.41平方米，于2011年12月完成主体工程。截至2015年8月，完成投资1194.51万元，已支付工程款749.43万元，其中挪用乡镇敬老院改扩建等专项资金共计213.53万元。2013年6月，县民政局经县委、县政府同意搬迁至县社会福利中心一栋楼办公，占用面积3713.28平方米；另一栋楼至今未用，闲置近4年。

（七）卫生计生委对落实加强乡村医生队伍建设政策督导不到位。2015年3月6日，国务院办公厅印发《关于进一步加强乡村医生队伍建设的实施意见》（国办发〔2015〕13号），要求各省在2015年3月底前制订出台具体实施方案，并报国务院医改办、卫生计生委等部门备案，同时要求建立督查和通报机制，确保乡村医生相关政策得到落实。截至2015年8月27日，仅有8个省制订出台并向卫生计生委报送了相关实施方案。

二、大众创业、万众创新政策落实方面存在的问题。主要有：

（一）小微企业融资难、融资贵的问题较为突出，不利于大众创业、万众创新。审计抽查了9个省部分商业银行和141户小微企业发现：一是小微企业融资成本普遍偏高，广东省和吉林省30户企业84笔银行贷款中，46笔承担了利息成本之外的其他费用，个别企业从商业银行贷款当年的实际成本高达12.5%；山东省小微企业从小额贷款公司取得的贷款综合成本最高达30%。二是小微企业融资难度普遍较大。主要表现在：部分商业银行审批贷款时设置最低贷款额起点、贷款转存等附加条件，加大企业融资难度；融资审批难，审计抽查广东省15家小微企业2013年以来申请的52笔贷款发现，36笔贷款时间超过30天，个别最长为210天。三是11家商业银行对小微企业的金融服务未达到“三个不低于”的政策目标，如上海银行股份有限公司未实现小微企业贷款增速不低于全行各项贷款平均增速的目标；四川省达州商业银行等4家城市商业银行未实现小微企业贷款户数不低于2014年同期数的目标，其中达州商业银行比去年同期下降63%；中信银行成都分行等6家银行未实现小微企业申贷获得率不低于去年同期的目标，其中中信银行成都分行下降11%。

（二）5所高校国家大学科技园建设偏离政策目标。审计抽查6个国家大学科技园发现，天津大学、上海交通大学、同济大学、山东大学和北京师范大学等5个科技园在自主支配园区场地面积、入驻的符合孵化要求的企业数量等方面未达到认定标准，同济大学科技园园区10.31万平方米中的7.12万平方米用于商业开发对外销售，天津大学科技园2009年至2014年入驻的85家企业中与学校有实质性关联的企业仅有22家，偏离了国家有关政策要求。

三、部分重点建设项目推进方面存在的问题。主要有：

（一）中国铁路总公司近3成铁路项目投资计划完成率低于50%，其中20个项目低于10%。至2015年8月底，中国铁路总公司下达345个大中型铁路项目投资计划5807.13亿元，其中，2015年计划开工但尚未开工的12个项目投资计划48.15亿元，已开工在建的333个项目投资计划5758.98亿元。由于前期工作、征地拆迁进展缓慢等原因，截至2015年8月底，已开工在建的333个项目中，有99个项目年度投资计划完成率低于50%（占29.73%），涉及年度投资计划1737.24亿元，其中20个项目年度投资计划完成率低于10%（见表2），涉及年度投资计划253.16亿元。如计划于2014年5月完工的大理至瑞丽铁路大理至保山段由于建设资金未及时拨付到施工单位，施工进展缓慢，完工时间推迟到2019年底；计划建设年限为2011年至2017年的成都至兰州铁路因前期论证不充分、批复试验段方案较慢等，截至2015年7月底，累计完成投资仅占概算总投资的17%。

表2　2015年度投资计划中至8月底完成率低于10%的项目情况

单位：万元

序号	建设项目	投资计划	完成投资	完成率
1	广深Ⅲ、Ⅳ线广州至新塘段改建	17000	—	0.00%
2	哈大客运专线配套沈阳站货场搬迁	100	—	0.00%
3	集通扩能改造工程蒙根塔拉至林西段	50000	—	0.00%
4	拉萨至日喀则铁路	53150	—	0.00%
5	郑州至开封城际铁路	5000	—	0.00%
6	连云港至镇江铁路	700000	4000	0.57%
7	田师府至桓仁铁路	60000	400	0.67%
8	银川至西安铁路	120000	900	0.75%
9	武汉新港江北铁路香炉山至黄州段	50000	836	1.67%
10	北京至张家口铁路八达岭越岭段	100000	2558	2.56%
11	梅州至潮汕铁路	150000	5090	3.39%
12	沈阳西部工业走廊火石岗至渤海铁路	90000	4000	4.44%
13	长安街西延引起丰沙铁路改建	50000	2500	5.00%

续表

序号	建设项目	投资计划	完成投资	完成率
14	茂名至湛江铁路	66357	3500	5.27%
15	太原铁路枢纽新建西南环线	140000	8000	5.71%
16	兰州至合作铁路	200000	14878	7.44%
17	衢州至宁德铁路	420000	31264	7.44%
18	锦承线朝阳至叶柏寿段扩能	80000	6000	7.50%
19	锦承线义县至朝阳段扩能	80000	6000	7.50%
20	高台山至阜新至锦州铁路新邱至义县段扩能	100000	7563	7.56%

此外，已建成的扎兰屯至阿荣旗铁路货运专线闲置19个月，11.75亿元投资未发挥效益。该货运专线于2009年开工建设，至2014年6月完成投资11.75亿元；2013年经哈尔滨铁路局组织初验及安全评估认定达到开通条件，决定自当年底正式通车运营。但是，哈尔滨铁路局2010年12月在未对变更设计文件进行预审的情况下，向铁道部申请并获准调减该货运专线部分货运功能，内蒙古蒙西水泥有限公司承诺出资修建的阿荣旗站货场又因故取消修建，导致已建成线路无法正常运营，闲置已达19个月，期间还发生运行维护费用8598.08万元。

（二）部分重大水利项目建设进展缓慢。

1. 重大农业节水工程投资完成率5.69%。2015年4月，发展改革委、水利部、财政部下达20个省大型灌区续建配套节水改造工程中央投资100亿元、下达29个省规模化节水灌溉增效示范工程中央投资24.33亿元。截至2015年7月底，因相关省份分解、转发投资计划及编制、审批实施方案不及时，灌溉季节和农作物生长期难以施工等影响，上述124.33亿元中央投资实际完成7.08亿元，投资完成率仅为5.69%。其中，大型灌区续建配套节水改造工程中央投资完成6.84亿元；规模化节水灌溉增效示范工程中央投资完成0.24亿元（见表3）。

表3　29个省有关水利工程2015年中央投资计划完成情况

单位：万元

序号	省份	投资计划		完成投资		完成率
		大型灌区续建配套节水改造	规模化节水灌溉增效示范	大型灌区续建配套节水改造	规模化节水灌溉增效示范	
1	内蒙古	79430	25318	0	0	0.00%
2	辽宁	9600	6342	0	0	0.00%
3	江苏	21035	9208	0	0	0.00%
4	江西	13015	2349	0	0	0.00%
5	河南	85536	10028	0	0	0.00%
6	西藏	20000	1370	0	0	0.00%
7	河北	36336	4899	110	0	0.27%
8	山西	70859	11717	4974	0	6.02%
9	安徽	34021	9597	200	0	0.46%
10	云南	58915	4722	1240	0	1.95%
11	陕西	48000	15738	2346.8	0	3.68%

续表

序号	省份	投资计划		完成投资		完成率
		大型灌区续建配套节水改造	规模化节水灌溉增效示范	大型灌区续建配套节水改造	规模化节水灌溉增效示范	
12	宁夏	30000	14818	6800	0	15.17%
13	新疆兵团	118000	15000	18894.76	0	14.21%
14	浙江	3420	4603	80	50	1.62%
15	山东	12560	1920	215	384	4.14%
16	湖北	98444	12021	4056.23	200	3.85%
17	湖南	32601	7484	639	165	2.01%
18	重庆	26237	9387	1028	233	3.54%
19	四川	75154	7180	5903	530	7.81%
20	新疆	126837	11518	21897	410	16.12%
21	福建		2689		0	0.00%
22	广东		2642		0	0.00%
23	广西		10134		0	0.00%
24	甘肃		17534		0	0.00%
25	黑龙江		16390		0	0.00%
26	北京		1444		0	0.00%
27	天津		1412		0	0.00%
28	贵州		1871		230	12.29%
29	青海		4000		200	5.00%
总计		1000000	243335	68383.79	2402	5.69%

2. 洞庭湖区三个蓄洪垸安全建设项目主体工程未开工建设。根据国务院2008年批复的《长江流域防洪规划》，2008年至2015年，湖南省要建设好洞庭湖区钱粮湖垸、共双茶垸、大通湖东垸三大垸，形成约50亿立方米的蓄滞洪区。2013年7月，发展改革委批复上述三个蓄洪垸安全建设项目可行性研究报告。同年9月，湖南省水利厅将一期工程初步设计上报水利部，之后多次修改重报，直至2015年2月，才通过审批，项目计划总投资30.16亿元，其中中央投资19.14亿元。因初步设计反复修改以及汛期影响，截至2015年7月底，上述三个蓄洪垸安全建设项目主体工程尚未开工，2015年已到位的5亿元中央财政资金闲置。

3. 南水北调东线一期工程山东省续建配套工程部分供水单元进展缓慢。南水北调东线一期工程山东省续建配套工程项目总投资161.63亿元，包括23个供水单元，应于2015年底前全部建成。截至2015年7月底，因新建水库难以办理项目用地手续、项目建成后供水价格远高于引黄河水及地下水等水价，导致用水主体难以确定等，山东省有4个计划投资31.31亿元的供水单元尚未开工建设，有5个计划投资48.72亿元的供水单元建设进展缓慢，上述9个供水单元已到位的18.11亿元资金中，支出2.84亿元，有15.27亿元未支出。

4. 吉林省中小河流水文监测系统建设项目未按期建成。吉林省中小河流水文监测系统建设项目是纳入全国中小河流治理和中小水库除险加固、山洪地质灾害防御和综合治理总体规划优先实施的项目，预算总投资4.55亿元，建设周期为2011年至2014年。截至2015年7月底，因建设单位组织实施不力、投入人员不足、个别项目选址不当等，该项目仅完成工程投资额2.57亿元，占全部投资额的56.5%。

5. 四川省雅安市九龙水库因项目建设资金未落实而停工。2012年2月，四川省发展改革委批复雅安市雨城区九龙水库立项，工程总投资为5.67亿元。截至2015年7月底，项目全部11个标段中仅完成2个标段的招标工作，累计完成投资9109.05万元，占概算总投资的16.05%。由于雅安市和雨城区项目建设资金未足额到位，建设单位与已开工标段施工单位发生合同纠纷等，该工程已停工超过半年。

6. 山西省发展改革委违规批复桑干河河道治理工程的可研报告，且山西省水利厅在项目初步设计未批复的情况下要求项目单位组织施工，专项资金1868.59万元形成损失。2011年，水利部将“桑干河河道治理工程”列入全国中小河流治理规划项目，项目估算总投资3.28亿元。2012年至2013年，该工程共安排财政资金1.73亿元，其中中央财政资金1.15亿元。2012年11月，山西省发展改革委在该项目尚未取得规划选址意见书和用地预审意见的情况下批复了项目可行性研究报告。2013年3月，山西省水利厅在项目初步设计未通过山西省发展改革委批复的情况下批复了项目施工方案，并要求项目单位按照基建程序组织实施工程。因桑干河部分裸露在外的河道边坡及河床已用于耕地，且部分已取得国土部门发放的土地证，项目征地无法解决，导致项目自2014年5月完全停工。2014年7月，发展改革委做出撤销工程可行性研究报告的行政复议决定。截至2015年7月底，投入的中央和省级专项资金1868.59万元损失，已支付的1785.35万元工程实体费用面临损失风险，其余1.36亿元结存在项目单位账户。

（三）部分公路建设项目进展缓慢。

1. 国家高速公路网7个“断头路”项目应开工未开工。按照发展改革委和交通运输部要求，相关省“断头路”项目应力争于2013年底前完成审批程序开工建设，“十二五”期末基本建成。截至2015年7月底，吉林、内蒙古、山东和甘肃4个省仍有7个项目（见表4）因审批手续办理周期长、地方政府推动不力等尚未开工，制约公路网整体效率和规模效益的发挥。如吉林至荒岗高速公路项目是国家高速公路网“第二横”（珲春—乌兰浩特）联络线的重要组成部分，截至2015年7月末，因吉林市人民政府未及时与项目法人单位签订征拆承包合同，项目用地尚未启动征地拆迁工作，2014年末已到位的8.83亿元资金仅支出4832.5万元，8.35亿元资金闲置。

表4　7个“断头路”项目至7月底建设进展情况

单位：公顷

序号	省份	项目名称	计划完成时限	进展情况
1	吉林	吉林至荒岗段	2015年底完成	正在开展建设用地组件工作
2	吉林	集安至通化段	2015年底完成	正在开展建设用地组件工作
3	吉林	东丰至双辽	2015年底完成	因缺国土、环评审批要件，发展改革委近期退回了项目工程可研报告
4	内蒙古	大坂至经棚段	2015年底完成	2015年6月批复工程可研报告，目前正在开展初设审查工作
5	内蒙古	扎兰屯至那吉屯段	2015年底完成	2015年2月工程可研报告报发展改革委，待批复
6	山东	泰安至东阿段	2015年底完成	正在开展初设审查工作
7	甘肃	渭源至武都段	2015年底完成	正在完善项目审批所需要件

2. 安徽省蚌埠至五河高速公路项目应开工未开工。2011年9月，蚌埠至五河高速公路项目建设单位蚌埠市交通投资集团有限责任公司向安徽省发展改革委承诺，通过企业自有资金、股权置换资金、争取交通运输部的补助资金等方式落实项目资金，2011年10月，安徽省发展改革委批复该项目可行性研究报告。项目计划于2013年开工，2015年完工，全长62.1公里，项目总投资53.66亿元。截至2015年7月底，蚌埠市交通投资集团有限责任公司一直未按承诺筹措到项目资本金，项目尚未开工。

3. 国道G212线甘肃水泉至罐子沟公路殪虎桥至岭峰段改造工程进展缓慢。该项目于2011年11月经甘肃省发展改革委批复可研报告，项目总投资11.82亿元，计划工期24个月。由于前期论证不充分，甘肃省交通运输厅2015年4月才批复工程实施方案。至2015年7月底实际完成投资5500万元，已到位的5.08亿元中央资金仅拨付0.4亿元，其余结存在甘肃省公路管理局。

（四）河南省低透气性煤矿区煤层气开发项目前期工作处于停滞状态。该项目于2014年9月经发展改革委确定为国家重大工程项目，2015年2月经国家能源局批准，河南省能源规划建设局核定该项目投资5.5亿元，并将建设规模由每年0.6亿立方米调减至0.36亿立方米，计划2015年开工，当年完成投资1.63亿元。但项目建设单位河南省煤层气开发利用有限公司因自有资金不足，至2015年8月10日仅完成了项目可行性研究报告草稿编制，其他前期工作处于停滞状态，规划选址、环评审批等均未办理。

（五）南方电网部分工程项目推进缓慢。按照发展改革委推出的七大工程包要求，南方电网公司2015年计划推进的国家重大工程项目中的14个项目2015年度计划投资601亿元，截至2015年8月底，完成投资206亿元，占年度投资计划总额的34.2%，部分项目推进缓慢。

（六）中国电信等3家电信运营商部分数据中心项目建设缓慢。2015年，中国电信、中国联通、中国移动三大通信公司共安排61个数据中心的311个建设项目，计划投资118.03亿元。截至2015年7月底，数据中心建设完成投资25.67亿元，占全年投资计划的21.75%。有4个数据中心的10个建设项目尚未立项，项目建设停滞，涉及投资金额1.77亿元。

（七）发展改革委2014年以前受理的9个项目办理不及时。审计抽查2014年以前湖北等17个省上报发展改革委的42个投资项目，截至2015年8月中旬，新疆维吾尔自治区将军庙至安北铁路项目涉及投资218.06亿元，申请报告已上报超过19个月，由于缺少国土、环评、节能、规划选址等材料不符合核准要求，但发展改革委一直既未审核同意，也未办理退回；8个项目超过9个月仍未予审批（核准）或退回，涉及计划投资291.46亿元，其中商丘机场军民合用改扩建工程项目可行性研究报告审批办理时间已超过3年。

四、个别部门和地区简政放权方面存在的问题。主要是：

（一）质检总局所属中国标准化研究院利用“国家标准文献共享服务平台”等公共资源，以多种技术服务名义自定标准收费2134.83万元。中国标准化研究院主要负责标准文献资源建设与社会化服务工作，维护“国家标准文献共享服务平台”运行，为用户提供标准文献信息共享免费服务。2013年至2015年8月，该院管理的国家标准馆利用上述公共资源，通过为委托方提供标准指标与内容比对、标准体系研究、标准管理系统软件开发等服务、为用户提供网上全文搜索、按字条检索数据库、查询标准实施有效性和最新标准等服务收费2134.83万元，其中1001.88万元用于该馆人员绩效支出。

（二）浙江省统一征地事务办公室通过内设机构违规从事经营活动，影响市场公平竞争。浙江省统一征地事务办公室为浙江省国土资源厅下属的公益一类事业单位，按照规定不得从事经营活动。审计发现，该室下设浙江省统一征地事务办公室勘测中心，由该室主任兼任中心负责人，室全体工作人员均为勘测中心职工。勘测中心于1997年注册为非法人企业，未经招投标程序直接承接了浙江省内全部铁路建设工程中与国土部门用地审批相关的用地勘测定界和竣工复测中介服务。2009年至2015年6月，勘测中心陆续承接8条铁路的建设用地勘测定界及其中4条完工铁路建设项目的竣工复测业务，合同收费合计9591.99万元，其中2012年至2015年6月收费

5331.51 万元。

（三）湖北省住房和城乡建设厅所属单位直接向企业收费或利用行业协会变相收费 1604.92 万元，加重企业负担。2013 年，该厅所属事业单位湖北省建设工程标准定额管理总站（以下简称管理总站）与建设工程造价咨询协会共同创建湖北省工程造价信息网（以下简称信息网）。2013 年至 2015 年，管理总站未经当地物价部门审批自行制定标准，向信息网的会员单位收取服务费 478.97 万元，向建设工程造价咨询协会收取网上技术数据服务费 662.5 万元；建设工程造价咨询协会向通过建设工程造价员考试的个人收取 463.45 万元。上述收费用于管理总站和建设工程造价咨询协会的经费支出。

（四）云南省推进注册资本登记制度改革不到位，部分行业准入管制放开工作不到位。按照《国务院关于印发注册资本登记制度改革方案的通知》（国发〔2014〕7 号）要求，应“放松市场主体准入管制，切实优化营商环境”。至 2015 年 7 月，云南省仍有部分行政许可事项未与注册资本登记制度改革配套衔接。如对于申请认定丙级资质的价格评估机构，要求注册资金不低于 20 万元；对乙级价格评估机构，要求注册资金不低于 50 万元。

（五）南宁海关和广西检验检疫局关检合作“三个一”进程缓慢，对企业进出口业务覆盖率偏低。2015 年 1 月至 7 月，广西法定检验检疫商品进出口报关单总数 66930 份，其中“一次申报”的报关单仅 3079 票，占比 4.60%；“一次查验、一次放行”的报关单 413 票，仅占海关查验报关单总数的 5.46%，仅占检疫检验入境查验货物批次的 3.26%。

（六）中央农村环境综合整治专项资金设立支出条件，影响支出进度。2015 年 4 月，财政部、环境保护部下达中央农村环境综合整治资金预算 60 亿元；2015 年 6 月，环境保护部、财政部仍要求各省将年度项目实施方案报财政部和环境保护部备案审查后实施，截至 2015 年 8 月底，财政部和环境保护部备案审查工作尚未完成。

五、部分中央部门和地区清理盘活存量资金方面存在的问题。主要有：

（一）车辆购置税补助地方建设项目资金大量结转结余。截至 2014 年底，37 个省和计划单列市收到的车辆购置税补助公路、水路建设项目资金累计结转结余达 640 亿元，其中 2012 年及以前年度、2013 年和 2014 年结转结余分别为 59 亿元、117 亿元和 464 亿元，结转结余的资金主要是国省道和农村公路建设补助资金。截至 2015 年 7 月底，江苏、江西、河南、广东、广西、贵州 6 省尚有 160 亿元 2014 年以前的补助资金尚未安排使用，占 6 省 2014 年底结转结余资金 237 亿元的 67.5%（见表 5）。

表 5　6 省车辆购置税补助地方建设项目资金结转情况表

单位：万元

序号	省份	2014 年底以前结转专项资金				2015 年 1 月至 7 月支出金额	截至 2015 年 7 月底尚未支出金额
		合计	其中：2012 年及以前年度资金结转额	2013 年度资金结转额	2014 年度资金结转额		
1	江苏	91394	3855	4930	82609	24264	67130
2	江西	559528	21096	113455	424977	171688	387840
3	河南	432571	36477	106305	289789	93266	339305
4	广东	154538	28017	36716	89805	75443	79095
5	广西	508888	82752	121178	304958	138686	370202
6	贵州	631051	29108	87274	514669	273455	357596
合计		2377970	201305	469858	1706807	776802	1601168

（二）国税系统存量资金清理盘活不到位。截至2015年6月底，国税系统地方财政补助经费累计结转结余53.96亿元，其中结转超过2年以上的资金17.5亿元，未及时盘活；截至2015年7月底，已列入税务总局2015年预算中安排使用的以前年度结余资金20.59亿元实际支出仅4.43亿元。

（三）民航局存量资金清理盘活进度缓慢。民航局2015年部门预算中，安排使用以前年度公共预算结余资金1.31亿元，用于飞行标准审查、适航维修审查等94个项目。截至2015年7月底，由于预算指标下达滞后等，上述94个项目预算仍未执行。

（四）部分中央支出预算批复和下达偏慢。截至2015年7月底，政府性基金预算中，中央本级预算批复49.95%，实际支出仅31.35%，其中国家重大水利工程建设基金、三峡水库库区基金和旅游发展基金等3个基金共计133.35亿元全部未下达；一般公共预算中，除据实结算等特殊情况外，有10个专项转移支付中234.99亿元尚未下达，其中文化产业发展、排污费支出2个专项转移支付年初预算共计48亿元全部未下达。

（五）内蒙古自治区存量资金盘活不到位，7.97亿元财政资金结余在部门。截至2014年底，自治区国土资源厅、质量技术监督局、环境保护厅等29个部门预算财政结余资金8.28亿元，应由自治区财政厅统一收回盘活使用。截至2015年6月底，除已实际安排支出3094.60万元外，仍有7.97亿元存量资金结余在其中的27个部门，未按规定由自治区财政厅收回并统筹安排，导致财政资金继续沉淀。

中华人民共和国审计署
审计结果公告
（2015年第31号）

2015年9月稳增长促改革调结构惠民生防风险政策措施贯彻落实跟踪审计结果

（2015年11月6日公告）

2015年9月，审计署组织对31个省、自治区、直辖市（以下统称省）和29个中央部门、7个中央企业落实稳增长促改革调结构惠民生防风险政策措施情况进行了跟踪审计，重点审计了这些地区和单位财政存量资金盘活情况，以及保障性住房、扶贫及社会保障、环境和生态保护、涉农及就业服务等民生领域项目推进和政策落实情况，抽查了758个单位、595个项目，涉及项目资金1011.7亿元。

从审计情况看，有关中央部门和地方政府积极采取措施盘活财政存量资金、加快预算执行；通过制定、完善相关政策措施，推动养老服务业、精准扶贫等民生政策的落实，取得了积极成效。如四川省加快实施大小凉山彝区扶贫工程，开展了彝家新寨建设、生态移民搬迁、乡村道路通畅与大交通工程等项目建设，新建成通乡油路完成年度计划的112%，通村公路完成年度计划的174%，加快推动少数民族地区贫困群众脱贫；吉林省长春市采取提高财政补贴标准、享受划拨土地及税费减免、市政服务优惠价格等措施，大力推动了长春市养老服务体系建设，2014年以来，将非营利性养老机构一次性建设床位补贴标准提高1.25倍，运营补贴最高提高1倍，吸引新增民办养老机构80家，新增民办养老床位8835张。审计也发现，一些财政资金未及时支出，部门和地区还存在贯彻落实民生领域政策措施不到位，部分重点建设项目推进缓慢等问题，有关制度障碍亟须切实破除。

一、财政资金统筹盘活方面。抽查农林水、

扶贫、社会保障与就业、城乡社区事务、保障性安居工程、养老服务等重点民生领域476.78亿元财政存量资金发现，22个省的33个项目141.76亿元资金由于制度规定制约、预算与项目实施不协调、项目审批时间长、已完成项目资金未及时统筹等，未得到有效利用。

二、保障性住房建设方面。11个省保障性安居工程项目推进缓慢；7个省的12个市县及单位虚报保障性安居工程开工或完工量14450套；5个省的5个市县已建成的5.75万套保障性住房闲置。

三、社会保障和就业服务方面。内蒙古自治区部分人员违规获取低保资金；人力资源社会保障部未按时出台完善公共就业服务体系的创业服务功能相关措施。

四、环境和生态保护方面。13个省黄标车淘汰任务完成率明显偏低，不足50%；云南省8个城镇污水垃圾处理设施等工程进展缓慢。

五、涉农方面。2个省部分地区高标准农田建设、土地开发整理等任务落实不到位；商务部公益性农产品批发市场试点项目进展缓慢；吉林省国有农场办社会职能改革试点工作未能按计划实施。

附件：审计发现的主要问题

附件：

审计发现的主要问题

一、财政资金统筹盘活方面

序号	地区	项目	截至2014年底结转金额（万元）	截至2015年8月底结存金额（万元）	具体情况
（一）预算（投资计划）管理方面原因形成存量					
1	云南	省本级矿产资源有偿使用费、坝区耕地质量补偿费等资金	337770.58	337770.58	预算安排时没有落实到具体单位和具体项目
2	湖南	省本级国有土地使用权出让收入资金	463146	100842.28	预算安排时没有落实到具体单位和具体项目
3	云南	省本级到村任职高校毕业生中央补助经费等6项资金	46251.20	41132.30	预算安排时，由于项目储备不足，中央专项资金到位以后没有具体项目对接
4	河南	河南省本级城镇保障性安居工程专项资金	20000	20000	2014年3月，安排城镇保障性安居工程专项资金2亿元。由于预算安排时，没有落实到具体项目，上述资金仍在省级财政结存
5	贵州	贵阳市金阳窦官保障性住房项目、图云关二期廉租房项目等6个保障性住房项目偿还2014年和2015年贷款本息资金	22189	14561	在2014年度预算中安排了2015年偿还贷款本息资金
6	内蒙古	区本级民建公助方式建设自治区区级示范性老年养护院项目资金	9479.99	9479.99	2014年，自治区财政厅为该项目安排预算1亿元。预算安排时，项目缺乏详细整体规划，可行性研究报告、实施方案等均未编制；受上述因素影响，项目建设规模、建设地址等关键要素相继变更，影响实施进度

续表

序号	地区	项目	截至2014年底结转金额（万元）	截至2015年8月底结存金额（万元）	具体情况
7	山东	省本级海洋预警报能力升级改造项目资金	3181	3181	2014年10月，山东省收到中央专项转移支付时，国家海洋局尚未组织各地制订实施方案。截至2015年8月，国家海洋局才批复实施方案
8	黑龙江	省本级节水增粮项目资金	2250	2250	2013年10月，黑龙江省收到中央财政提前下达的2014年节水增粮转移支付预算，需要水利部对方案进行合规性审查，再由省批复各市县方案。各市县根据批复后方案组织项目实施。水利部2014年12月最终完成对黑龙江省2014年方案的合规性审查；黑龙江省在2015年1月至3月陆续完成对所有市县的方案批复。截至2015年8月底，在省本级财政结存绩效考核奖励资金2250万元；各市县和项目单位共有5.58亿元未支出
9	江苏	南京市2014年度城乡创业补贴资金	1047	1047	2014年12月，南京市才收到当年的城乡创业补贴资金，而在此之前，南京市财政已经通过就业再就业资金安排相关支出。上级专项转移支付资金由此结存。审计指出上述问题后，南京市财政局已将结存资金转入就业再就业资金专户统筹使用
（二）项目申报审批方面原因形成存量					
1	重庆	市本级三峡库区地质灾害防治项目资金	32800	20228.44	2014年12月，重庆市收到三峡后续工作中央专项资金32800万元。该项目报国土资源部备案后，为防止地质条件等发生变化，市国土局对部分项目方案再次审核，审核时间最长50天；市发展改革部门对全部项目投资概算再次审核，审核时间100天
2	广东	广州市2014年成品油价格改革中央财政补贴资金	556.35	556.35	资金审批及下达环节的审批时间长，违规超期305天
3	贵州	松桃县2014年第二批中央农机购置补贴资金	140	140	资金审批及拨付环节审批时间长，违规超期20天

续表

序号	地区	项目	截至2014年底结转金额（万元）	截至2015年8月底结存金额（万元）	具体情况
（三）项目实施方面原因形成存量					
1	陕西	西安市减灾宣传教育基地项目资金	5500	5500	2009年和2010年，省本级财政下达西安市该项目资金5500万元。由于项目建设用地征地拆迁工作难以完成，建设地址多次变更等原因，截至2015年8月，上述项目一直未能开工建设
2	浙江	省本级林业成品油价格改革财政补贴资金	1045.50	1045.50	2014年3月，浙江省林业厅申请中央补助资金时，向国家林业局上报2013年实际用油量为3951.15吨；2014年7月自查后发现2013年实际用油量为1311.53吨，但未及时将此情况书面上报国家林业局。2014年9月，财政部仍按其上报用油量核拨清算资金，下达财政补贴1563万元。同年11月，浙江省按实际用油量拨付资金，多申报的预算资金结存
3	重庆	涪陵区李渡新区福利院项目资金	640	640	2013年12月，预算安排640万元。因项目选址、建设规模和投资规模发生调整，项目处于重新编制可行性研究报告阶段
4	河南	省本级江河湖库水系综合整治专项资金	12000	12000	2014年9月，河南省收到江河湖库水系综合整治专项资金12000万元。因工作推动不到位，项目可行性研究、统计核实等工作未能及时完成
5	甘肃	省本级“十二五”期间广播电视村村通工程资金	6230	6130.06	原广电总局2011年8月批复甘肃“十二五”期间广播电视村村通项目建设任务。但甘肃省广电局2012年11月才上报高山台站建设总体方案，2014年3月才上报2013年度高山台站建设任务初步设计；2015年7月又上报2014年度和2015年度高山台站建设任务合并的初步设计方案。截至8月底，调整后的初步设计方案尚未通过审批。2013年和2014年甘肃省广电局共收到高山台站项目资金6750万元，截至2015年8月底，仍有6130.06万元资金结存

续表

序号	地区	项目	截至2014年底结转金额（万元）	截至2015年8月底结存金额（万元）	具体情况
6	广西	桂平市城镇污水处理设施及配套管网建设项目资金	1896	1704	桂平市2014年7月收到城镇污水处理设施及配套管网建设上级专项资金。由于桂平市市政管理局没有及时组织开展项目招投标工作，致使配套管网建设单位一直没有确定，相关财政资金无法拨付使用。审计指出该问题后，桂平市市政管理局已经开始项目招投标工作
7	甘肃	省本级国家水资源监控能力建设资金	2675.49	1829.39	2012年至2014年，甘肃省水利厅共收到国家水资源监控能力建设项目资金3627万元。由于项目实施过程中，甘肃省水利厅组织协调力度不够，出现了对招标提出质疑、多次流标影响项目工期和项目未按期完工的情况
8	天津	天津市临时救助项目资金	1632	1041.30	2013年、2014年天津市民政局分别收到临时救助项目中央转移支付资金1086.9万元、855.7万元。虽然天津市财政局和民政局于2014年11月共同出台了资金管理办法，但由于不完全掌握天津市相关需救助人员的具体数量，部分资金无法支出
9	福建	省本级体育产业发展专项资金和服务外包产业发展专项资金	1000	1000	2014年2月，福建省本级财政共安排体育产业发展专项资金和服务外包产业发展专项资金1000万元，并要求人力资源社会保障厅牵头会同体育局、商务厅共同确定资金分配使用方案。由于人力资源社会保障厅未履行牵头分配职责，相关资金未下达
10	辽宁	省本级农业保险保费补贴资金	22185.80	22185.80	该项目清算后的结余资金未统筹安排，而是继续结转下年
11	四川	省本级工业节能节水和淘汰落后产能项目资金	5109	5109	该项目采取先拨付后核查的方式。核查后核减的资金未做重新安排
12	湖北	省本级无线电监测网扩容升级（一期）项目资金	6472.86	6472.86	湖北省无线电管理委员会擅自改变建设内容、增加投资规模。之后，该单位向湖北省发展改革委申报调整项目概算，未获批复。目前项目停工

续表

序号	地区	项目	截至2014年底结转金额（万元）	截至2015年8月底结存金额（万元）	具体情况
（四）资金支付方面原因形成存量					
1	安徽	涡阳县2013年度、2014年度农村饮水安全工程项目资金	13132.16	6286.09	安徽省涡阳县2013年度和2014年度农村饮水安全工程项目分别于2013年12月26日和2014年12月28日完工，但涡阳县农村饮水安全工程领导小组办公室直到2015年6月20日和2015年7月20日才分别将两个年度的工程结算资料全部报送至县审计局，造成这两个项目资金未能及时支付
2	黑龙江	哈尔滨市分散供热小锅炉拆除并网项目资金	7282	2978	2014年，省本级财政安排该项目资金7282万元，截至2015年8月底，该项目已完成近1年，由于主管部门组织上报项目结算评审资料的工作推进缓慢，财政评审工作尚未开展，未达到资金支付条件
3	广西	桂平市农村饮水安全工程项目资金	5320	2434.11	桂平市2014年6月收到农村饮水安全工程项目上级专项资金5433万元。由于桂平市水利局未按相关规定组织本级部门组成验收委员会验收等原因，决算工作尚未完成，没有达到资金支付条件
4	江苏	昆山市珠江路改造工程资金	983.05	983.05	该项目在2009年12月16日竣工验收合格后，至2015年8月仍未完成竣工决算；超出原批复投资额部分，项目单位也未按规定报送项目变更追加报批资料，未达到资金支付条件
（五）制度机制方面原因形成存量					
1	山西	省本级用于引黄入晋工程的水资源补偿费和煤炭可持续发展基金（提标部分）资金	948434.18	716730.18	受专项收入专款专用的影响，结存资金不能统筹安排使用
2	广东	省本级创业带动就业专项资金	30000	17100	2014年预算安排创业带动就业专项资金3亿元。受专项资金专款专用规定的限制，资金不能及时统筹安排使用

续表

序号	地区	项目	截至2014年底结转金额（万元）	截至2015年8月底结存金额（万元）	具体情况
3	湖南	省本级中央国有林场改革试点补助资金	116189.33	46485.53	该项目执行期间为2013年9月至2015年6月。由于湖南省国有林场改革方案未出台，截至2014年底，中央财政2012年和2014年下达的专项资金大部分结存在省本级财政。2015年，相关改革方案出台后，湖南省先预拨了部分资金，剩余资金将组织验收后下达
4	山东	济南市社会养老服务体系建设资金	7281.63	7281.63	上级下达任务总量并据此下达预算时，未充分考虑实际需求。最终济南市上报并符合条件的项目总量低于下达任务量
5	海南	海口市防护林造林工程资金	1500	1500	海口市防护林造林工程任务量超过其实际可执行量，同时海口市实际造林面积也低于其宜林面积。2014年8月安排的预算1500万元，至2015年8月底仍然结存

二、保障性住房方面

（一）11个省的棚户区改造、公共租赁住房等保障性住房项目，存在未按时开工或进展缓慢问题。

序号	省份	地区	建设内容	存在问题
1	内蒙古	呼和浩特市、鄂尔多斯市	公共租赁住房、城市棚户区改造	截至9月20日，呼和浩特市2015年新增公共租赁住房17000套任务因前期准备工作耗时长尚未开工；2015年鄂尔多斯市杭锦旗锡尼镇城市棚户区改造项目和达拉特旗富贵嘉园棚户区改造项目共计1689套保障房尚未开工
2	辽宁	锦州市、铁岭市	公共租赁住房、经济适用住房、各类棚户区改造	2015年，锦州市和铁岭市（不含昌图县）保障性安居工程开工任务分别为5344套、9396套。截至8月底，实际完成开工任务为1706套、2765套，完成率仅为全年的31.92%、29.43%
3	江西	—	国有工矿棚户区改造	2015年，江西省国有工矿棚户区改造开工任务为5289套，截至8月末，已开工2573套，开工率为48.6%。其中，鹰潭市开工率为0，抚州市开工率为10.78%，南昌市开工率为22.60%
4	湖北	武汉市、当阳市	危房改造、棚户区改造、公共租赁住房	截至2015年8月末，武汉市汉南区银莲湖等4个农场2015年危房改造任务2324户未开工，洪山区板桥村棚户区改造2139户均未开工；当阳市棚户区改造934户、公租房600户未开工
5	广东	—	国有工矿棚户区改造	2015年，广东省国有工矿棚户区改造开工任务为2.06万套，截至2015年8月底，仅开工0.34万套，开工率为16.50%
6	青海	—	公共租赁住房	截至9月底，青海省三江集团有限公司的保障性安居工程未开工748套，进展缓慢

续表

序号	省份	地区	建设内容	存在问题
7	甘肃	兰州市	城市棚户区改造	2015年，兰州市城关区应新开工11个城市棚户区改造项目，涉及住房2944套，至2015年8月底，已开工建设3个项目；其余8个项目2086套房屋因拆迁困难、容积率调整等原因尚未开工
8	四川	成都市	城市棚户区改造	截至2015年8月底，成都市新都区、青白江区、金堂县、双流县、高新区、天府新区等6个区县的城市棚户区改造新开工任务1400套（户）均未开工；邛崃市公共租赁住房建设新开工目标任务100套均未开工；锦江区、成华区棚改项目开工率分别为19.78%和36.44%
9	湖南	长沙市	公共租赁住房	长沙市万家园公共租赁房项目应于2015年6月底前开工，因前期准备工作不充分，项目尚未办理国有土地使用权证等手续，1500套公共租赁住房尚未开工建设
10	广西	—	国有垦区危房改造	自治区发展改革委自2015年6月20日收到国家发展改革委投资文件后至9月6日才予以批转，造成广西国有垦区2015年危房改造项目1672套仍未开工建设，2619.60万元中央资金闲置未发挥效益
11	重庆	万州、垫江、城口、酉阳、彭水5个区县	城市棚户区改造	万州、垫江、城口、酉阳和彭水5个区县2211套棚户区改造任务全部未开工

（二）7个省的12个市县及单位虚报保障性安居工程开工或完工量14450套。

序号	省份	市县或部门	虚报内容	项目名称	上报套数	实际套数	虚报套数
1	河北	承德市	开工量	鹰手营子矿区寿王坟铜矿工矿棚户区改造项目	1304	0	1304
		张家口市	完工量	桥东区栖凤谷保障性住房项目	1272	0	1272
2	辽宁	锦州市	开工量	桃园村棚户区改造项目和绿景蓝湾一期棚户区改造项目	2745	1706	1039
		朝阳市	开工量	北山变电所西侧棚户区改造项目和凌钢西区棚户区改造项目	8598	8220	378
		铁岭市	开工量	清河新城棚户区改造项目	3222	2765	457
3	黑龙江	七台河市	开工量	七台河采煤沉陷区棚户区治理工程项目	5221	800	4421
		鹤岗市	开工量 开工量	南苑小区棚户区改造项目	9097	8497	600
4	江苏	徐州市	开工量	王马山安置房建设项目和金水杉嘉园安置房项目	2870	1840	1030
		海门市	开工量	都市五星社区安置房项目	613	256	357
5	江西	南昌市	开工量	解放东路安置房项目	1472	1148	324

续表

序号	省份	市县或部门	虚报内容	项目名称	上报套数	实际套数	虚报套数
6	青海	黄南州	开工量	青海省黄南州河南县阿赛路片区棚户区改造项目、尖扎县马克唐镇马克唐村城中村改造项目、同仁县河东片区棚户区改造项目等18个项目	3770	682	3088
7	宁夏	宁夏农垦集团有限公司	开工量	巴浪湖农场危房改造项目	1000	820	180
合计					41184	26734	14450

（三）5个省的5个市县已建成的5.75万套保障性住房，因基础设施不完善达不到入住条件、符合条件的申请入驻户数不足等，形成闲置。

序号	地区	已完工套数或可分配套数	已分配或正在分配套数	未分配套数	未分配原因
1	江西省南昌市	29948	8108	21840	将享受廉租住房分配的人员限定为民政系统确定的低保家庭为主，限定申报对象范围过窄，一直未分配
2	贵州省贵阳市	30855	0	30855	供电、排污、市政道路等配套建设滞后
3	河南省新乡市	5543	2034	3509	一是基础设施不完善，尚未达到入住条件；二是原定向使用公租房企业倒闭，分配方案未及时调整
4	吉林省吉林市	11586	10657	929	将保障范围限定过窄，仅为最低生活保障家庭，未按规定将新就业无房职工等人员纳入范围，造成已竣工住房因准入条件申请户数不足而未分配
5	湖北省赤壁市	420	0	420	光谷工业园区公租房原计划为经济开发区内招商引资企业宇顺集团配建，后因引资企业与赤壁市政府未达成协议，导致公租房闲置
合计		78352	20799	57553	

三、社会保障和就业服务方面

（一）内蒙古自治区部分人员违规获取低保资金。2014年至2015年6月，14个盟市的81个旗县（区）民政局审查把关不严，为884名不符合城乡最低生活保障条件的财政供养人员发放低保资金1076万元。

（二）人力资源社会保障部未按时出台完善公共就业服务体系的创业服务功能相关措施。《国务院办公厅关于印发进一步做好新形势下就业创业工作重点任务分工方案的通知》（国办函〔2015〕47号）要求，由人力资源社会保障部牵头落实“健全覆盖城乡的公共就业创业服务体系，提高服务均等化、标准化和专业化水平；完善公共就业服务体系的创业服务功能；将职业介绍补贴和扶持公共就业服务补助合并调整为就业创业服务补贴”的工作任务，配合部门为财政部、发展改革委，要求2015年9月底前出台具体措施。上述文件要求的具体措施未按期出台。

四、环境和生态保护方面

（一）13个省黄标车淘汰任务完成率明显偏低。国务院2015年政府工作报告提出淘汰2005年底前注册营运的黄标车116.45万辆。截至2015年8月底，有13个省黄标车淘汰完成比例低于50%，其中江西、山西、福建、陕西4个省淘汰完成比例低于30%。

序号	省份	应淘汰数量（万辆）	已淘汰数量（万辆）	完成率
1	湖南	2.45	1.22	49.75%
2	内蒙古	4.16	2.05	49.36%
3	山东	9.91	4.83	48.78%
4	甘肃	1.09	0.53	48.59%
5	湖北	2.48	1.11	44.76%
6	河南	13.78	6.02	43.67%
7	贵州	1.48	0.52	35.42%
8	青海	0.55	0.19	34.92%
9	海南	0.82	0.28	33.97%
10	江西	3.44	1.01	29.44%
11	山西	2.77	0.76	27.57%
12	福建	2.39	0.64	26.78%
13	陕西	2.32	0.32	13.67%

（二）云南省8个城镇污水垃圾处理设施及污水管网工程项目未按计划开工。2014年，云南省发展改革委安排各市州城镇污水垃圾处理设施及污水管网工程项目58个，明确58个项目均应于2014年底前开工。截至2015年8月底，保山市腾冲县猴桥镇污水处理厂及配套管网工程、西双版纳州磨憨经济开发区生活垃圾处理工程等8个项目仍未开工，已下达的5870万元中央财政专项资金闲置。

五、涉农方面

（一）山东省泰安市部分高标准基本农田建设项目进展缓慢。2014年4月，山东省泰安市宁阳县分别启动实施了鹤山乡及乡饮乡、泗店镇及东庄镇2014年高标准基本农田建设项目，项目总投资2008万元，应于2015年7月全部建成。由于建设内容发生变化需要重新进行规划，截至2015年8月底，上述项目尚未建设完成，发生建设支出395.1万元，资金累计结存1612.92万元。

（二）青海东部黄河谷地百万亩土地开发整理项目第一阶段工作进展缓慢。青海东部黄河谷地百万亩土地开发整理项目第一阶段工程建设规模2.62万公顷、新增耕地0.54万公顷，投资13.26亿元，计划工期为2010年至2015年。截至2015年8月底，因青海省对该项目督促不到位等，该工程已完成建设规模1.31万公顷、新增耕地0.22万公顷，完工比例分别为50%、40.74%，项目进展缓慢，2014年及以前年度到位的中央财政补助资金3.55亿元尚未支出。

（三）商务部公益性农产品批发市场和农产品流通基础设施建设工作进展缓慢，中央财政补助资金在地方大量结存。2014年8月，财政部安排中央财政服务业发展专项资金26亿元，计划在深圳、北京、江苏等10个省市开展公益性农产品批发市场建设试点，以及支持新疆、山西等6省区开展跨区域农产品流通基础设施建设。截至2015年8月15日，公益性农产品批发市场和农产品流通基础设施建设工程进展缓慢，上述26亿元资金中，有21.92亿元结存在地方财政、政府基金或平台公司。

（四）吉林省国有农场办社会职能改革试点工作未按计划实施。2013年12月，国务院农村综合改革工作小组批复《吉林省深化国有农场办社会职能改革实施方案》，计划将吉林省内国有农场承担的教育、医疗等属政府职能范围的事务和机构移交地方政府，2013年10月启动，2015年底前结束。因改革工作组织实施不力、部分地方政府未及时上报改革方案，2015年8月吉林省农村综合改革工作小组办公室才开始对各市县政府实施方案进行批复，导致吉林省国有农场办社会职能改革工作未能按计划实施。2013年至2015年下达的中央专项奖补资金2.68亿元和吉林省地方奖补资金7000万元结存在省市县各级财政部门。

中华人民共和国审计署 审计结果公告 （2015年第32号）

2015年10月稳增长促改革调结构惠民生防风险政策措施贯彻落实跟踪审计结果

（2015年12月10日公告）

2015年10月，审计署继续组织对31个省、自治区、直辖市（以下统称省）和29个中央部门、7户中央企业落实稳增长促改革调结构惠民生防风险政策措施情况进行了跟踪审计，重点审计了重大项目建设、生态环境保护及治理项目推进、简政放权等政策落实、部分资金管理等情况，抽查了615个单位、492个项目，涉及中央资金1131.55亿元。

从审计情况看，一些部门和地区积极采取措施，推动简政放权、减轻中小企业负担等政策落实，取得较好成效。但审计也发现，部分重点建设项目推进缓慢，具体情况：

一、重点项目推进方面。主要问题有：一是12个铁路项目年度投资计划完成率偏低，27条铁路项目段落4377公里尚未投产；二是21个省部分重大水利工程、保障性安居工程、农村公路、农村饮水安全项目存在项目进展缓慢以及个别地区存在虚报建设任务量、开工量或完工量等问题；三是部分重大水利工程续建项目2015年投资计划完成率较低、北京新机场建设部分关键工作未达到进度要求。

二、生态环境保护及治理方面。主要问题有：一是青海国家三江源生态保护综合试验区内的14个污水处理厂建设进展缓慢；二是滇池流域水污染防治项目实施进度慢，难以按计划完成；三是部分地区淘汰黄标车工作推进不理想。

三、简政放权等政策落实方面。主要问题有：一是海关总署和质检总局未有效整合原有申报系统；二是部分海关、质检下属企事业单位及个别关联民营企业依托部门资源或经营与部门履职相关业务，收取服务费；三是安徽省地震局下属单位将部分行政审批中介服务收费通过分成等方式支付给省地震局、广东省地震局向企业或个人转嫁专家评审费；四是上海市人力资源和社会保障局违规认定失业人员，导致不符合条件的民办非企业单位享受创业就业税收优惠政策。

四、资金管理方面。主要问题有：一是财政部未根据项目变化情况调整下达补助资金，造成财政资金3247.5万元在省级财政部门结转；二是甘肃省兰州市农业委员会下属单位违规将应上缴财政的土地收益等资金8960.6万元用于职工住宅楼或办公楼建设。

审计中对前期跟踪审计发现问题的整改情况进行了检查。从检查情况看，有关部门和地方认真整改跟踪审计发现的问题，取得较好成效。

附件：审计发现的主要问题

附件：

审计发现的主要问题

一、重点建设项目推进方面。本月重点审计了铁路、水利、保障性安居工程、农村危房改造、农村公路、农村饮水安全工程等重大项目的推进情况。

（一）铁路建设方面。

1.12个铁路项目年度投资计划完成率偏低。截至2015年10月底，已开工的339个国家和合资铁路大中型项目中，有12个项目年度投资计划完成率低于10%，涉及年度投资计划85.70亿元，低于年度投资计划的序时进度。据中国铁路总公司反映，项目年度投资计划完成率偏低的主要原因是：项目可行性研究批复、初步设计、施工图以及工程招投标等环节需要较长的周期，个别项目地方资本筹集及银行贷款落实较慢。

年度投资计划完成率低于10%项目统计表

序号	建设项目	计划投资（万元）	截至10月底完成投资（万元）	截至10月底投资完成率
1	集通扩能改造工程蒙根塔拉至林西段	50000	0	0.00%
2	吴忠至中卫铁路	30000	0	0.00%
3	武汉新港江北铁路香炉山至黄州段	50000	936	1.87%
4	广深Ⅲ、Ⅳ线广州至新塘段改建	17000	500	2.94%
5	银川至西安铁路	30000	900	3.00%
6	郑州至万州铁路	80000	2600	3.25%
7	北京至张家口铁路八达岭越岭段	100000	4876	4.88%
8	沈阳西部工业走廊火石岗至渤海铁路	90000	4700	5.22%
9	梅州至潮汕铁路	150000	11040	7.36%
10	锦承线朝阳至叶柏寿段扩能	80000	6011	7.51%
11	高台山至阜新至锦州铁路新邱至义县段扩能	100000	7763	7.76%
12	锦承线义县至朝阳段扩能	80000	6917	8.65%

2. 中国铁路总公司重点推进了63个国家和合资铁路建设项目段落，涉及计划新投产里程8099公里。截至2015年10月底，实际新投产里程3722公里，有27个铁路项目段落尚未投产，涉及计划新投产里程4377公里，据中国铁路总公司反映，部分铁路项目段落尚未投产，主要是受地方征地拆迁等因素影响。

2015年10月底新线尚未投产里程情况表

序号	项目名称	铁路局（公司）	截至2015年10月底新线尚未投产里程（公里）
1	大连长兴岛铁路瓦房店至五岛段	沈阳铁路局	55
2	太兴铁路太原至静游段	太原铁路局	35
3	太兴铁路静游至兴县段	太原铁路局	76
4	准神铁路红进塔至红柳林运煤支线	西安铁路局	38
5	唐山北至唐山站客车线	北京铁路局	27
6	敦煌至格尔木铁路（敦煌至肃北段）	兰州铁路局	137
	敦煌至格尔木铁路（饮马峡至马海段）	青藏铁路公司	197
7	南京至安庆铁路	上海铁路局	258
8	靖宇至松江河铁路	沈阳铁路局	74
9	临沂至临沭铁路	济南铁路局	19
10	天津至保定铁路	北京铁路局	133
11	成都至重庆铁路客运专线	成都铁路局	305
12	深圳福田站及相关工程	中铁建设投资公司	8
13	宁波铁路枢纽北环线	上海铁路局	39
14	前阳至庄河铁路	沈阳铁路局	158

续表

序号	项目名称	铁路局（公司）	截至2015年10月底新线尚未投产里程（公里）
15	大塔至四眼井铁路吴四圪堵至四眼井段	呼和浩特铁路局	66
16	宁西铁路增建二线	上海铁路局	12
17	东北东部铁路通道登沙河至庄河段	沈阳铁路局	85
18	大连铁路枢纽改造	沈阳铁路局	46
19	张家口至唐山铁路	北京铁路局	551
20	额济纳至哈密铁路	呼和浩特铁路局	629
21	云桂铁路（南宁至百色段）	南宁铁路局	223
22	赣州至龙岩铁路扩能	南昌铁路局	249
23	郑州至新郑机场城际铁路	郑州铁路局	42
24	金华至温州铁路扩能改造	上海铁路局	203
25	兰州至重庆铁路（广元至渭沱段）	成都铁路局	291
26	黄陵至韩城至侯马铁路	西安铁路局	76
27	海南西环铁路	广铁集团公司	345
合计			4377

（二）重大水利工程推进方面。2015年计划新开工的27个重大水利工程项目已办理了土地预审手续，并陆续开工。但有25个项目尚未办理正式的用地审批，个别项目建设进度因此受到影响。

重大水利工程开工及办理用地审批情况表

单位：亿元

序号	工程名称	总投资	开工情况	是否完成土地预审	是否办理完成用地审批手续
1	湖南涔天河水库扩建工程灌区	38.98	已开工	是	否
2	重庆观景口水库	32.84	已开工	是	否
3	云南德厚水库	20.16	已开工	是	否
4	河北引黄入冀补淀工程	44.78	已开工	是	否
5	黑龙江奋斗水库	14.2	已开工	是	否
6	海南南渡江引水工程	35.8	已开工	是	否
7	青海蓄集峡水库	18.88	已开工	是	否
8	黄河宁蒙河段防洪治理工程				
	黄河宁夏河段二期防洪工程	30.03	已开工	是	否
	黄河内蒙古段二期防洪工程	43.83	已开工	是	否
9	黄河上游防洪治理工程				
	黄河上游防洪治理工程（甘肃）	34.9	已开工	是	否
	青海省黄河干流防洪工程	12.2	已开工	是	否
10	广西落久水利枢纽	22.54	已开工	是	否

续表

序号	工程名称	总投资	开工情况	是否完成土地预审	是否办理完成用地审批手续
11	广东韩江高陂水利枢纽	61.5	已开工	是	否
12	黑龙江阁山水库	38.25	已开工	是	否
13	广西桂中治旱乐滩水库引水灌区二期	28.03	已开工	是	否
14	新疆大石门水库工程	19.62	已开工	是	否
15	黄河下游防洪工程	75.1	已开工	是	否
16	河南前坪水库	43.97	已开工	是	否
17	贵州马岭水库	26.2	已开工	是	否
18	山东庄里水库	23.78	已开工	是	否
19	湖南莽山水库	16.14	已开工	是	否
20	内蒙古绰勒下游灌区	7.61	已开工	是	否
21	甘肃引洮供水二期工程	74.5	已开工	是	否
22	辽宁猴山水库	13.89	已开工	是	否
23	月亮泡、胖头泡蓄滞洪区建设				
	吉林省月亮泡蓄滞洪区防洪工程及安全建设项目	7.65	已开工	是	否
	黑龙江省松花江流域胖头泡蓄滞洪区防洪工程与安全建设项目	13.3	已开工	是	否
24	湖北鄂北水资源配置工程	164.6	已开工	是	否
25	辽西北供水二期工程	53	已开工	是	否

此外，审计还发现3个重大水利工程续建项目中央投资完成率低于50%，其中洞庭湖、鄱阳湖治理续建工程，中央投资完成率低于30%。

截至2015年10月底部分重大水利续建工程2015年投资完成情况表

单位：亿元

序号	项目类型	项目名称	投资计划		已完成中央投资	完成率
			中央投资	地方配套		
1	续建	洞庭湖、鄱阳湖治理	11	7	2.50	22.7%
2	续建	江西浯溪口水利枢纽	3.50	6.66	1.48	42.4%
3	续建	内蒙古尼尔基下游灌区	2	2	0.99	49.5%

（三）保障性安居工程方面。

1. 住房城乡建设部2015年年初下达棚户区改造任务目标583.38万套，抽查发现：

（1）4个省部分项目进展缓慢。

序号	省份	地区	存在问题
1	甘肃省	嘉峪关市	2015年嘉峪关市城市棚户区开工任务3203套，截至10月底，实际完成开工任务数2181套，开工率为68.09%
2	辽宁省	沈阳市	截至2015年10月底，沈阳市浑南区沈抚新城伯官美苑二期棚户区改造项目尚未开工建设，涉及585户被拆迁居民、1028套安置房

续表

序号	省份	地区	存在问题
3	山东省	菏泽市	菏泽市牡丹区绿地凯旋棚户区改造项目拆迁户281户，其中200户列入2015年城市棚户区改造任务，截至2015年10月底，由于拆迁工作尚未启动，该项目未开工
4	四川省	凉山州	2015年，凉山州昭觉县、盐源县2个县的棚户区改造项目新开工任务共634套（户），截至2015年10月底，因项目前期准备不充分和配套资金筹措困难，全部未开工

（2）3个省个别地区虚报开工量13327套。

序号	省份	市县	上报套数	虚报套数	问题表现
1	广东省	—	12468	5217	2015年中央下达广东省国有工矿棚户区改造任务20572套，截至2015年10月底，广东省上报已开工12468套，其中，5217套实际未开工
2	辽宁省	沈阳市	4962	1871	截至2015年9月底，沈阳市上报润景朗琴湾项目开工数2350套，实际开工738套，多报1612套；和平区上报货币化安置开工数2007套，实际开工1793套，多报214套；大东区上报货币化安置开工数605套，实际开工560套，多报45套
3	安徽省	阜阳市	13514	6239	2015年10月，阜阳市上报棚户区改造项目截至2015年9月底的当年开工任务13514套，实际开工7275套，虚报6239套

此外，黑龙江省七台河市如意家园地方煤矿棚户区改造项目进展缓慢，该项目计划2012年开工、2015年7月竣工，截至2015年10月底，该项目二期工程仍未开工建设。辽宁省沈阳市皇姑区和沈河区2014年至2015年一期棚户区改造项目至2015年10月底，获得的14.34亿元贷款资金滞留在融资平台公司达9个月以上。

2. 农村危房改造方面，抽查发现：

（1）4个省部分项目进展缓慢。

序号	省份	地区	存在问题
1	云南省	—	2015年云南省分解下达大理白族自治州和文山壮族苗族自治州的农村危房改造任务35000户、29355户，截至2015年10月底，分别已开工21915户、18330户，开工率分别为62.6%、62.4%；已完工8005户、5558户，竣工率分别为22.9%、18.9%
2	福建省	泉州市	2015年7月，中央下达福建省2015年农房抗震改造中央预算内投资4500万元，用于福建省6000户农房抗震改造。截至2015年10月底，泉州市已开工2876户，占应开工数的47.93%
3	河北省	—	2015年7月，中央下达河北省2015年第二批农村危房改造任务4.9万户，由于河北省相关部门协调推动不力，截至10月底，上述任务尚未开工
4	贵州省	贵安新区	2015年，贵州省下达贵安新区2015年农村危房改造项目任务数402户，截至2015年10月底，由于该区开发建设规划调整造成部分农村危房改造户不符合补助条件等，仅开工253户，开工率62.94%

（2）2 个省个别地区虚报开工量 20606 户，虚报完工量 666 户。

序号	省份	事项	上报户数	虚报户数	问题表现
1	重庆市	虚报开工	88320	20195	2015 年 6 月，住房城乡建设部下达重庆市 2015 年农村危房改造任务 9.4 万户，要求 2015 年底前全部完工。9 月下旬，住房城乡建设部要求各地上报截至 2015 年 9 月农村危房改造进度情况时，重庆市城乡建委尚未将任务下达到区县，即上报开工 8.83 万户、开工率 93.96%。直到 9 月 28 日，该市才将 9.4 万户改造任务分解下达到各区县。10 月，万州区等 34 个区（县）向市建委上报截至 9 月底开工 6.81 万户、开工率 72.47%，重庆市实际向住房城乡建设部多报开工数 2.02 万户
2	广西壮族自治区	永福县虚报开工	1920	411	永福县住建局上报截至 2015 年 9 月底农村危房改造任务已开工 1920 户，实际开工 1509 户，虚报 411 户
		永福县虚报完工	1500	666	永福县住建局上报截至 2015 年 9 月底农村危房改造任务已完工 1500 户，实际完工 834 户，虚报 666 户

此外，福建省地方配套资金未及时到位 2250 万元，北京市房山区、密云县未及时拨付农户资金 261.25 万元。

3. 3 个省部分城市 2012 年底以前开工建设的 2.66 万套公共租赁住房、廉租房，由于未同步建设配套设施等无法交付使用、尚未分配入住。

序号	地区	建设内容	已完工或可分配套数	未分配套数
1	安徽省黄山市	廉租房	352	352
2	四川省成都市	公共租赁住房	43375	17243
3	河北省石家庄市	公共租赁住房	9013	9013

（四）农村公路建设方面。抽查发现：

1. 2 个省项目推进缓慢。

省份	2015 年交通运输部下达目标任务（公里）	完成目标比例	涉及项目个数	涉及投资额（亿元）
黑龙江省	4000	40.91%	275	38.47
江苏省	5000	53.52%	—	—

2. 3 个省部分地区将以前年度已完工里程 1596.67 公里纳入 2015 年建设任务，虚报建设任务量。

省份	2015 年目标任务（公里）	涉及地区	上报建设任务（公里）	虚报里程（公里）
山东省	9000	东平县、新泰市	1481.4	1160.7
		泰安市	31.5	2.9
江西省	12500	进贤县、泰和县、于都县、丰城市	566.85	407.45
湖南省	5000	醴陵市	81.53	25.62

3. 2 个省未及时将交通运输部下达的建设任务分解落实到具体项目。

省份	2015 年目标任务（公里）	未分解的里程（公里）	问题表现
山东省	9000	200.16	截至 2015 年 10 月底，山东省目标任务中尚有 200.16 公里未落实到具体项目，也未落实资金来源
广东省	8000	617.80	截至 2015 年 10 月底，广东省交通厅未将 617.80 公里目标任务落实至项目。省交通厅每月报送交通运输部的完成数据为预估数，未按照实际进度报送

此外，河南省部分以前年度农村公路项目应开工未开工。截至 2015 年 10 月底，应分别于 2013 年和 2014 年开工的河南省 59 个县乡公路建设项目仍未开工，涉及计划投资 6.69 亿元。

（五）农村饮水安全工程方面。

1. 部分农村饮水安全水质检测中心项目建设进展较慢。2015 年 4 月，发展改革委与水利部联合下达 28 个省 2049 个水质检测中心中央预算内投资计划 161925 万元。截至 10 月底，按计划应于当年完成招投标的 2030 个项目中，已完成招投标 1197 个，占 59%；中央投资完成 86003 万元，投资完成率 53%，其中河南省和吉林省投资完成率为零。

2015 年第二批中央投资农村饮水安全水质检测中心建设进展情况表

截至 2015 年 10 月 31 日

序号	省份	下达中央投资（万元）	建设的数量（个）	已完成招投标数量（个）	招投标完成比例	已完成中央投资（万元）	中央投资完成率
全国		161925	2030	1197	59%	86003	53%
1	山东	3528	49	49	100%	3528	100%
2	重庆	648	6	6	100%	648	100%
3	陕西	5760	74	74	100%	5760	100%
4	甘肃	7288	88	88	100%	7288	100%
5	宁夏	1656	23	23	100%	1656	100%
6	新疆	5724	65	65	100%	5724	100%
7	山西	7287	87	85	98%	7121	98%
8	江苏	2664	37	35	95%	2520	95%
9	安徽	5760	80	80	100%	4708	82%
10	辽宁	7790	71	18	25%	5972	77%
11	黑龙江	5904	82	75	91%	4288	73%
12	湖南	6768	78	42	54%	4741	70%
13	西藏	5279	15	15	100%	3550	67%
14	四川	10728	149	98	66%	7056	66%
15	福建	5328	74	29	39%	3485	65%
16	浙江	1872	26	10	38%	1119	60%
17	湖北	7416	86	53	62%	4301	58%
18	广东	3384	47	33	70%	1734	51%
19	江西	7200	108	53	49%	2000	28%
20	河北	12240	153	77	50%	3060	25%
21	广西	6031	68	16	24%	1480	25%
22	云南	9144	127	30	24%	2160	24%
23	内蒙古	7539	90	70	78%	1560	21%
24	海南	1299	18	6	33%	272	21%
25	青海	3312	46	4	9%	269	8%
26	贵州	4608	63	63	100%	3	0.10%
27	吉林	4320	60	0	0%	0	0%
28	河南	11448	160	0	0%	0	0%

2.3个省个别地区虚报农村饮水安全工程投资完成额2721.76万元，虚报解决饮水安全人数6.42万人。

序号	省份	市县	问题表现
1	贵州省	威宁县	2015年9月底，贵州省威宁县上报水利部2015年农村饮水安全工程累计完成投资2947万元，全部项目均已建成，解决师生饮水安全人数8万人。经核实，上报完成投资中有400.89万元无对应的具体项目，审计抽查6所学校中有5所学校的项目并未完工，实际覆盖人口仅有6.77万人。虚报2015年农村饮水安全工程投资完成额400.89万元和解决饮水安全人数1.23万人
2	湖北省	阳新县	湖北省阳新县将“十一五”期间已解决饮水安全问题的4.32万人作为“十二五”期间任务完成额上报，其中将2011年、2014年多完成的2.69万人（总投资额1304.65万元）作为2015年任务完成额上报，占2015年计划投资6241万元的20.9%，占2015年计划解决人数13.98万人的29.24%
3	江西省	修水县	修水县将2014年及以前年度实施完成的程坊乡程坊村等21个村和全丰镇全丰中学等21个学校农村安全饮水工程项目作为2015年实际完成数上报，项目投资1016.22万元（其中中央投资813.8万元），工程覆盖范围内规划人口24971人，占修水县2015年计划解决人数90273人的27.66%

（六）北京新机场建设部分关键工作未达到进度要求。2012年12月，国务院批准建设北京新机场，要求2014年底开工，2019年建成通航。该项目为京津冀协同发展交通率先突破的重点项目，建设用地4.09万亩，总投资863.4亿元。截至2015年10月底，该项目征地拆迁工作滞后，北京市、河北省向项目指挥部交付建设用地1.59万亩，还有2.5万亩未交付，其中北京市1.52万亩、河北省0.98万亩。抽查发现，北京市已交付土地中，有1600亩未达到交地条件。此外，与新机场同步建设的航站区综合换乘中心的初步设计和概算仍未获批复。

（七）云南小勐养至磨憨高速公路改扩建工程进度缓慢。该项目属国家高速公路网G8511昆明—磨憨（口岸）的末段，是国家高速公路重点建设项目。2015年项目计划完成投资40亿元，截至2015年10月底，实际完成投资10.8亿元，完成年度计划的27%。审计发现，西双版纳州政府未按要求将征地拆迁目标责任分解落实到沿线各县区，且该州负责筹集的项目资本金尚有4.81亿元未到位，导致沿线各县区未能按计划要求提供施工用地和弃碴场，出现施工单位到场设备闲置、施工人员窝工等情况。

（八）北京市中心城区第三批立交桥区积水治理项目建设滞后。北京市中心城区第三批立交桥区积水治理项目中的29座雨水泵站纳入北京市2015年重点工程，年度计划投资8亿元，计划2015年底完工。按照工程建设计划，到三季度应完成主体工程的80%。截至2015年10月底，仅完成22座雨水泵站施工监理单位招投标，支出3309.74万元，完成年度投资计划的4.14%，项目仍未开工建设。

二、生态环境保护及治理方面。主要问题是：

（一）青海国家三江源生态保护综合试验区（以下简称三江源生态保护区）内的14个污水处理厂建设进展缓慢。2008年至2012年，青海省发展改革委批复三江源生态保护区内玉树州、果洛州、海南州、黄南州等14个县的14个新建污水处理厂项目，总投资4.32亿元，建设工期1至2年。截至2015年10月底，有11个项目尚未建成运营；因配套管网不到位，1个项目建成后未投入运营，2个项目试运营但未达到设计的污水处理能力。

（二）滇池流域水污染防治项目实施进度慢，难以按计划完成。2012年4月，国务院批复《重点流域水污染防治规划（2011—2015年）》，其中包含滇池流域水污染防治规划涉及的5大类101个项目建设。2012年9月，云南省人民政府与昆明市人民政府签订目标责任书，要求到2015年底，规划涉及的项目开工率应达到100%、完工率达95%以上。截至2015年10月底，上述项目实际完工55个，完工率54.46%。

（三）部分地区淘汰黄标车工作推进不理想。截至2015年9月底，各地上报累计淘汰黄标车82.36万辆，占目标任务的70.73%，其中陕西、山西淘汰任务完成比例低于30%。黑龙江上报环境保护部2005年底前注册营运的黄标车6.26万辆，但实际保有量为9.43万辆，少报淘汰任务量3.17万辆；吉林、广西未严格按照《中华人民共和国道路交通安全法》规定对淘汰车辆进行解体和注销，无法确定是否已报废不再使用。

三、简政放权方面和政策落实方面。主要问题是：

（一）海关总署和质检总局未有效整合原有申报系统，关检合作“三个一”（一次申报、一次查验、一次放行）统筹协调有待加强。审计发现，海关总署和质检总局分别开发“一次申报”统一版信息系统软件，“海关版”“质检九城版”和“质检榕基版”3套版本同时运行，并分别依托中国电子口岸数据中心以及2家公司运营并收取费用；进出口企业“一次申报”仍需双重备案注册并分别购买IC卡等系统认证设备。截至2015年8月底，抽查的20个口岸5000多家代理报关企业和3000多家代理报检企业中，分别有52.34%和63.25%尚未安装统一版“一次申报”系统。审计还发现，关检双方“大通关”改革进程不同步，异地通关执法结果互认程度还不一致，也在一定程度上使进出口商品纳入“三个一”实施范围受限。2015年1月至8月，抽查的20个口岸依法报关报检商品申报和查验的报关单分别为241.28万票和14.13万票，其中实行“一次申报”和“一次查验”的票数分别为24.65万票和3.28万票，仅占10.21%和23.19%。

（二）质检总局信息中心控股企业、海关总署数据中心参股企业及个别关联民营企业依托部门资源或经营与部门履职相关业务，收取服务费。质检总局将应由电子政务平台统一管理的申报平台分别交由信息中心控股企业和民营企业开发运维并向使用该申报平台的企业收费。2013年至2015年7月，共收取费用1.77亿元，其中控股企业向质检总局信息中心现金分红1509万元。海关总署数据中心负责对IC卡等电子口岸安全产品进行认证并实施后续服务，而其参股的公司2014年制售IC卡占全国总量的92.29%，该公司取得IC卡等安全产品销售收入8746.43万元。

（三）安徽省地震局从下属单位开展行政审批中介服务收费中取得分成，用于该局人员及办公经费。近3年来，安徽省地震局审批通过的建设项目共690项，其中593项由其下属的地震工程研究院编制地震安全性评价报告，占85.94%，地震工程研究院由此获得业务收入1.59亿元。地震工程研究院将从事该项中介服务收入中的55%向安徽省地震局分成，2010年7月至2015年10月安徽省地震局累计分得9143.23万元，主要用于该局人员工资奖金及办公等经费支出。

（四）广东省地震局向企业或个人转嫁专家评审费304.1万元。“建设工程地震安全性评价结果审定及抗震设防要求确定”是广东省地震局负责实施的行政许可类审批事项，因广东省地震局无专家评审费来源，要求该审批事项的行政审批服务中介机构（地震局下属事业单位及参股企业）承担评审费用，其下属事业单位及参股企业又通过中介服务协议，将专家评审费转嫁给行政许可申请人。2013年至2015年10月，广东省地震局通过上述转嫁方式收取并发放专家评审费用304.1万元，其中297.16万元被局机关和下属事业单位人员领取。

（五）上海市人力资源和社会保障局违规认定失业人员，导致不符合条件的民办非企业单位享受税收优惠政策。2014年，上海市人力资源和社会保障局将136家民办非企业单位原有已就业人员27641人以吸纳国有企业下岗失业人员等名义提交上海市税务局，以此申请创业就业税收优惠，导致上述民办非企业单位享受税收减免7107万元。

四、资金管理方面。主要问题是：

（一）财政部未根据项目变化情况调整下达补助资金，造成财政资金3247.5万元未支出。2014年4月，福建省上报发展改革委、财政部、水利部（以下简称3部委）大中型水库移民避险解困试点县实施方案，其中中央财政支持1.30亿元帮扶8691人。6月，3部委批复了实施方案。9月，福建省按核减后的6573人向财政部申请资金9789万元。财政部认为福建省应先向3部委报送方案变更申请，但未将这一办理意见告知福建省，并按原实施方案于11月下达补助资金1.30亿元。

福建省最终按复核后人数下达 9789 万元至各试点县，截至 2015 年 10 月，有 3247.5 万元结转在省级财政部门未支出。

（二）甘肃省兰州市农业委员会下属单位违规将应上缴财政的土地收益等资金 8960.6 万元用于职工住宅楼或办公楼建设。截至 2015 年 10 月，兰州市农业委员会下属兰州市渔业技术推广中心将应上缴财政的土地收益 2500 万元违规用于职工住宅楼建设，并向兰州市农业委员会及下属其他单位职工分配住房。截至 2015 年 10 月，兰州市农业委员会下属农业科技研究推广中心等单位违规将应上缴财政的土地收益和资产转让收益 6460.6 万元，直接用于办公楼建设。目前，兰州市人民政府已责成兰州市农业委员会限期整改，并追究相关人员责任。

中华人民共和国审计署审计结果公告（2015 年第 33 号）

关于 2014 年度中央预算执行和其他财政收支审计查出问题整改情况

（2015 年 12 月 22 日公告）

2015 年 6 月 28 日，十二届全国人大常委会第十五次会议听取并审议了《国务院关于 2014 年度中央预算执行和其他财政收支的审计工作报告》，要求责成有关方面切实加强整改，注重完善制度，进一步规范财政管理工作。全国人大常委会将在 12 月份听取审议整改情况的报告，并开展专题询问。国务院高度重视整改工作，7 月 8 日，李克强总理主持召开国务院常务会议做出部署，要求加强对审计查出问题的整改，建立整改台账，明确时限，严格问责，着力在完善制度上下功夫，坚决防止一些问题屡改屡犯；要以整改为契机，进一步加大转变政府职能力度，及时修改完善与改革发展不适应的规章制度；建立健全监督制约长效机制，加大对骗取财政资金、侵占国有权益等行为的打击力度，确保公共资金安全有效运行，发挥最大效益。国务院办公厅将审计查出问题的整改情况纳入了督办事项。审计署按国务院要求，向有关部门、单位和地方下发督促整改的通知，并积极配合全国人大常委会预算工委改进审计查出突出问题整改情况报告机制有关工作。

总的看，按照国务院的部署和要求，有关部门、单位和地方认真整改审计查出问题，及时纠正违法违规违纪问题，对涉及体制机制的问题，加快研究完善相关规章制度。截至 2015 年 10 月底，通过整改促进增收节支 5794.94 亿元；根据审计建议，制定完善规章制度 5935 项。审计发现的 895 起违法违纪问题线索移送有关部门查处后，已有 5598 人被依法依纪处理。现将整改情况公告如下：

一、中央预算执行及决算草案审计查出问题的整改情况

（一）关于决算草案报表体系不够完善问题。财政部按照《中华人民共和国预算法》和《财政总预算会计制度》，规范了资产负债相关核算，正在完善资产负债表编报；在编制 2015 年中央本级一般公共预决算时，基本支出已按经济性质分类编列到款。

（二）关于预算变更偏多问题。财政部将按照《国务院关于印发推进财政资金统筹使用方案的通知》（国发〔2015〕35 号）对严格控制代编事项、硬化预算约束等要求，减少预算变更事项。

（三）关于未披露用以前年度超拨资金抵顶的支出问题。财政部已研究确定了披露的方式，今后将增强资金拨付的准确性。

（四）关于中央决算草案与部门决算草案衔接不够问题。财政部将结合建立健全事业单位财务报告制度，对财政拨款以外的事业收支和经营收支等，仅在事业单位的财务报告中反映，使中央决算草案与部门决算草案更好衔接。

二、中央财政管理审计查出问题的整改情况

（一）关于各本预算间收支划分不够清晰问题。

1. 关于政府性基金预算中包含非政府性基金项目问题。财政部将从 2016 年起把 5 个项目转入一般公共预算；除国务院批准的个别事项外，其余项目将在3年内逐步调整转列一般公共预算。

2. 关于一般公共预算和国有资本经营预算向中央企业安排支出存在交叉问题。财政部正在研究制定统一的厂办大集体改革支出资金分配管理办法；对外经贸发展专项资金，将从2016年起统一由一般公共预算安排。

3. 关于国有资本经营预算范围不完整问题。2015年，财政部已将21个中央部门和单位所属67户产权清晰、主业突出、市场化程度较高的企业纳入国有资本经营预算。今后将根据事业单位和国有企业改革推进情况，继续扩大实施范围。

（二）关于税费收缴执法不到位问题。

1. 关于征管不严造成税收流失问题。税务总局专门发文，要求税务机关进一步规范税收征管，加强减免和缓退税管理。截至2015年10月底，6个省国税部门延压税款159.64亿元已全部收缴入库；14个省国税部门已补征税款6.03亿元（占审计查出问题金额的73.7%，下同），其余2.15亿元税款正在核实追缴中。

2. 关于药品购销领域偷逃税问题。审计署将企业虚开发票偷逃税问题移送税务总局和公安部查处后，两部门联合成立了案件查办领导小组和20多个专案组，其中涉及15户企业的偷逃税案件已办结，查补税款、罚款22.29亿元，其余问题正在查处中。税务总局还将加大专项检查力度，完善税收违法“黑名单”制度。

3. 关于未及时足额收缴非税收入问题。中央非税收入方面，财政部已将核定的国际金融组织贷款还贷准备金利息等增值收益61.4亿元全部缴入中央国库；对地方未上缴的探矿权采矿权价款中央分成128.76亿元，财政部已会同相关部门发文催缴；中央部门已上缴资产出租出借或处置收入2.14亿元（占67.1%），其余资金正在继续清缴。地方非税收入方面，已补征19.79亿元（占72.6%），其余7.48亿元已下发催缴通知或待评估后补征；收入过渡户中的30.81亿元已全部缴入国库或纳入部门预算管理。

（三）关于预算批复下达不及时、不规范问题。

1. 关于部分预算下达不及时问题。财政部在2015年度预算执行中，采取严格按规定时限下达预算、继续预收部分企业国有资本经营收益、完善资金拨付程序等措施，加快了预算下达进度。截至2015年9月底，中央本级一般公共预算、转移支付预算和中央国有资本经营预算的执行率，分别比上年提高2.9个、3个和35个百分点。

2. 关于财政部批复的部门预算中个别事项不规范问题。一是对少编报已确认结余问题，财政部正在研究完善减少结转结余资金的长效机制，并要求部门年度结余资金统一收回财政统筹使用。二是对部分高校专项资金安排问题，财政部、教育部等制订了改革相关预算拨款制度的方案，正在制定专项资金管理办法。三是对预算安排结构不合理问题，财政部正在协调人力资源社会保障部等部门，规范银监会、证监会、保监会的人员经费等预算管理。

3. 关于发展改革委安排的投资计划中个别事项不规范问题。一是对未严格按照投资计划的级次和投向安排资金问题，发展改革委在安排2015年投资计划时，采取逐项梳理项目前期工作进展和实际投资需求等措施，提高计划安排的准确性。同时，将编制3年滚动投资计划，加强政府投资项目储备。二是对采取直接将投资补助分配到企业的方式安排专项问题，发展改革委将调整中央预算内投资安排方向，减少直至取消对一般竞争性项目的补助，对确需保留的竞争性领域专项，探索实行基金管理等市场化运作模式，不再直接安排到具体项目。三是对未公开标准或无规划、向不符合条件项目安排专项问题，发展改革委已暂停安排“动物防疫体系建设”新建项目，将会同农业部编制动物防疫体系建设规划；根据各地煤矿安全改造等需求，适时调整优化“煤矿安全改造”等专项支持方向。四是对少数专项分配较随意问题，发展改革委将合理制定“残疾人康复和托养设施建设项目”补助标准，严格控制补助比例，加大项目公示力度；会同农业部编制“畜禽水产良种工程项目”建设规划，分区域明确补助比例；按规划安排“农户科学储粮设施”年度建设项目，并及时评估规划执行情况。

（四）关于转移支付改革和规范不到位问题。

1. 关于部分一般性转移支付有限定用途问题。财政部在2015年度预算安排及转移支付清理整合中，根据项目性质对这部分支出做了梳理，将其中属于中央委托事权或中央地方共同事权的项目转列专项转移支付，属于地方事权的项目归并到均衡性转移支付。

2. 关于专项转移支付清理整合不到位问题。财政部正在按照《国务院关于改革和完善中央对地方转移支付制度的意见》（国发〔2014〕71号）要求，继续清理整合，严格控制新设专项。对“公共卫生服务补助”专项细分为21个明细专项问题，已对20个明细专项进行清理整合，其中3个予以整合，4个属于地方事权的从2015年起不再安排中央转移支付资金，将疾病预防控制类的13个明细专项从2016年起整合为6个。

3. 关于部分专项转移支付分配审核不够严格问题。财政部会同相关部门加大了预算评审和项目审核力度，改进了专项资金管理方式：一是在分配2015年“农业技术推广与服务补助资金”（原农林业科技成果转化与技术推广补助资金）专项时，财政部、农业部共同研究方案，统一分配拨付资金，“农民培训”专项在清理整合中并入了其他专项。二是对未经评审下达专项预算的9个项目，财政部、文物局组织进行了预算评审。三是对未经江苏省申报下达专项预算的3个项目，财政部要求江苏省补报了书面材料。四是对“中小企业发展”专项，财政部将原来的直接支持项目和分部门分行业管理模式，调整为集中资金支持“小微企业创业创新基地城市示范”项目，并会同工业和信息化部对向存在问题企业安排的专项资金提出了处理意见。

4. 关于部分专项资金被骗（套）取问题。一是对“关闭小企业中央财政补助”1.03亿元被骗（套）取问题，财政部已发文请有关部门核实情况，提出处理意见，追回被骗（套）取资金，并在2015年清理取消了此项补助。二是对“国际服务外包业务发展专项”9181.24万元被骗（套）取问题，财政部正在督促涉及的12个省市予以追缴，并在2016年暂停或按比例扣减此专项。三是对“产业化经营中央财政补助”4210万元被骗（套）取问题，财政部拟终止相关项目实施，全部追回未拨付、未报账和被骗取资金；5年内取消54家违规企业申报农业综合开发项目补助的资格，扣减有关地方2016年中央财政补助指标，并研究改进项目评审、管理和监督检查制度。四是对“文化产业发展专项补助”7100万元被骗（套）取问题，财政部根据涉及的13家企业的具体情况，责成有关地方采取收回资金、督促加强专项资金管理或补充相关申报资料等措施进行整改。五是对“产业振兴和技术改造”等中央投资专项2.13亿元被骗（套）取问题，财政部已督促发展改革委落实管理工作责任制，严格审批流程；发展改革委已要求有关地方采取冻结尚未拨付资金、追回已拨付资金、组织开展产业类项目专项稽查等措施进行整改。六是对“农机具购置补贴”等涉农专项7.38亿元被骗（套）取问题，财政部、农业部联合发文，进一步规范了农业机械购置补贴、渔业捕捞和养殖业油价补贴等管理，追回专项资金2.7亿元，处理301人。七是对8个省的财政等部门挤占挪用或出借资金等29亿多元问题，其中5个省已收回资金或归还原资金渠道19.55亿元，其余问题正在整改中。

（五）关于政府债务管理需进一步加强问题。

1. 关于国债发行与库款管理衔接不够问题。财政部2015年制定国债发行计划时，综合考虑国债市场、财政收支和库款流量预测等因素，优化了国债发行节奏；适当加大短期国债发行，2015年第二季度开始按月滚动发行6个月短期国债，第四季度开始按周滚动发行3个月短期国债。

2. 关于主权外债项目审批管理不够严格问题。财政部建立了国际贷赠款项目申报登记、集体决策审批和档案管理等制度，完善了项目审批流程。未追偿的垫款等14.82亿美元中，对正常运行项目单位拖欠的1.32亿美元，已追回0.09亿美元，相关项目单位制订了剩余垫款的还款计划；对破产清算、资不抵债或已不存在的项目单位拖欠的2.56亿美元，指导清理回收资金；对国内转贷银行垫付的5.18亿美元和拖欠的手续费、罚息及滞纳金5.76亿美元，正在与有关方面进行核对，逐项研究解决措施。

3. 关于个别地方政府偿债压力较大问题。财政部按照“到期债务全覆盖”的原则，已下达3批置换债券额度，主要用于偿还经清理核实后地方政府债务中2015年到期的本金，由各地区根据偿债支出进度、库款情况等安排发行。同时，要求各地将地方政府债务纳入预算管理，统筹安排偿还，不得违法违规举借债务。

三、中央部门预算执行审计查出问题的整改情况

本次审计的44个中央部门及有关所属单位高度重视整改工作，其中35个部门专门召开党组会、部务会、专题会等研究部署。截至2015年10月底，这些部门整改违反财经制度规定问题金额11.23亿元（占77.2%），政府采购、资产管理和账务处理等方面不规范问题金额28.05亿元（占71.9%）。通过整改，促进上缴财政、归还原资金渠道、收回出借款等2.34亿元，调整会计账目15.86亿元，制定完善73项预算和财务管理制度。

（一）关于有的部门预算编报和执行不够严格问题。一是对在部门预算中编报对地方专项转移支付问题，2个部门今后将采取购买服务或委托等方式，安排需地方完成的事项。二是对多申领人员经费或项目经费问题，其中7个部门和单位已通过上缴财政或归还原资金渠道等方式整改1578.39万元（占96.5%），其余资金正在申请通过核减预算等方式予以归还。三是对将项目经费或公用经费调剂用于人员支出问题，36个部门和单位已将1.49亿元归还原资金渠道，其余问题正在整改中。此外，对政府采购、资产管理和账务处理不规范等问题，已通过重新招标、完善手续、调整账目等方式整改28.05亿元（占71.9%），其余问题正在补办手续、拟订招标方案或进一步清理核实中。

（二）关于"三公"经费、会议费等管理使用中存在违反财经纪律问题。

1. 因公出国（境）方面。一是对出国（境）团组擅自更改行程或境外停留时间问题，5个部门和单位对相关责任人进行了通报批评，并采取个人承担有关费用、取消出访代表资格等措施整改，其中3个部门完善了本部门因公出国相关管理办法。二是对超范围、超标准列支或由企事业单位等承担出国（境）费用问题，26个部门和单位通过退回由企事业单位承担的出国（境）费用、调整账目、强化预算约束和完善监管机制等措施全部整改。

2. 公务用车和公务接待方面。一是对占用或租赁的122辆公务用车，33个部门和单位通过退还车辆或解除租赁合同、申请划转指标、办理产权变更手续等全部整改。二是对挤占其他支出用于车辆购置等问题，20个部门和单位通过归还原资金渠道、清退或停发交通补贴、调整账目等整改940.16万元（占88.8%），其余问题正在整改中。三是对超标准列支或由其他单位承担公务接待费169.66万元问题，10个部门和单位通过归还资金、调整账目、完善审批流程等全部整改。

3. 会议费方面。一是对在京外、非定点饭店召开会议问题，27个部门和单位采取严格执行会议定点管理规定、严格履行会议计划报批程序等措施进行了整改。二是对超标准支付、虚列支出或由其他单位承担会议费346.05万元问题，26个部门和单位通过严格执行会议费标准、将转嫁或虚列的会议费退回或归还原资金渠道等措施全部整改，并处理了有关人员。

4. 津补贴方面。一是对转移、挪用或套取财政资金发放劳务费、职工福利等问题，40个部门和单位采取归还原资金渠道、追回资金、上缴国库以及调整账目等措施整改25365.04万元（占99.95%），处理5人；其余问题正在进一步清理整改。二是对违规发放津补贴或奖金、实物等问题，36个部门和单位采取退还资金、停发津补贴以及严格控制工资性经费支出等措施整改6439.03万元（占99.6%），处理17人；其余27.38万元正在逐月扣收，预计12月底前完成。三是对违规在所属企业、社团兼职取酬问题，14个部门和单位停止了有关人员兼职取酬行为，12个部门和单位清退兼职取酬所得391.26万元。

（三）关于信息系统建设统筹规划不够问题。针对审计指出的问题，有关部门加强了信息化建设的统筹管理，主要采取以下措施：一是编制部门信息化建设"十三五"规划及中长期规划；二是开展信息系统全面清理和等级保护定级工作；三是对信息数据托管情况进行清理，完善相关制度规范；四是对存在安全隐患的数据信息，指定专人管理或收存本单位管理；五是推进信息资源的开放共享和业务协同，提高信息数据的利用效率。其中，工商总局已取消相关收费，约谈了有关责任人，16人退回了劳务费。

四、财政存量资金审计查出问题的整改情况

国务院多次就盘活财政存量资金、推动财政资金统筹使用做出部署，印发了《推进财政资金统筹使用方案》等文件，提出明确要求。财政部印发《关于推进地方盘活财政存量资金有关事项的通知》等文件，积极推进相关工作。

（一）关于预算中有专项用途的收入较多，按现行管理办法不能统筹安排问题。财政部采取了以下措施：一是在3年内逐步取消一般公共预算中以收定支的规定，并推动修订相关法律法规；二是新出台的税收收入或非税收入政策，一般不得规定以收定支、专款专用；三是对政府性基金和专项收入实行目录清单管理，定期公开项目名称、设立依据、征收方式和标准、收入规模等。

（二）关于法定挂钩事项支出预算刚性增长，资金闲置量大问题。对科技支出结转问题，财政部加大了资金统筹使用力度，积极消化结转资金，并结合科技重大专项管理改革试点，探索优化科技资金管理流程；中科院结合编制“三年滚动预算”的要求，正在充实完善科研项目库，加强了过程监督和动态管理，健全长效机制。目前，中央本级科技支出2014年底在财政部累计结转的426亿元中，已有135.03亿元安排用于科技重大专项支出；中科院存量资金已从104亿元减至29亿元。

（三）关于一些改革措施或工作部署推进滞后，影响项目资金有效使用问题。一是对创业投资引导基金，14个省加大了支持创业创新力度，截至2015年10月底，新增基金投资15.63亿元，累计安排使用基金比例比2014年底提高3.7个百分点。二是对重金属污染综合防治项目，17个省加快了项目统筹推进，截至2015年10月底，40个未开工或进展缓慢的项目中，有11个已经完工或进入试运行阶段，27个加快了进度，2个已取消；11个省财政等部门结存两年以上的中央专项资金中，有9719.32万元已收回财政统筹使用，其余资金加快了拨付进度或已投入项目使用。

（四）关于财政专户清理不到位，大量资金结存问题。财政部制定了全面清理整顿地方财政专户的措施，加大整改督促力度。一是对地方财政存量资金清理范围未包括财政专户问题，财政部下发通知，要求地方盘活财政专户存量资金，将地方财政专户资金情况纳入财政库款月报，加强了监测和管理。二是9个省应取消的35个财政专户中，截至2015年10月底，已撤销10个，将于2016年底撤销2个，正在申请合并13个，其余10个拟待有关在建项目等完成后撤销。三是4个省虚列支出转入财政专户的国库资金667.08亿元中，已拨付项目14.94亿元、清理收回13.89亿元，其余638.25亿元将根据项目实施进度拨付使用。

五、政策措施贯彻落实跟踪审计查出问题的整改情况

国务院高度重视稳增长、促改革、调结构、惠民生、防风险政策措施贯彻落实情况，要求审计署做好跟踪审计工作，并组织了多次专项督查和问责。

（一）关于部分重大投资项目审批周期长、开工不及时、建设推进慢问题。发展改革委对43个未批复项目逐项梳理，已批复19个项目的立项申请或可行性研究报告，1个正在履行委内报批程序、1个下放给地方核准，其他项目申请因未纳入有关规划、建设资金不落实、缺少前置性要件等已退回地方；557个已批准未按计划开工的项目，已开工建设479个，调整或取消25个，其余53个因前期工作不到位、征地拆迁困难等仍未开工；对46个未完成年度投资计划的重大水利工程，加快了实施进度，已完成投资计划的97.9%；对3个国家石油储备二期基地建设工期延长问题，能源局召开专门会议研究整改工作，加快推进工程建设；对11个虚报投资完成额的铁路、水利项目，已调整了账目，加大了项目推进力度。

（二）关于一些部门和地方简政放权力度不够问题。4个部门按规定取消或合并了8个行政审批事项，4个暂不适宜取消的正在申请保留；15个省取消了自行设置的119项职业资格许可和认定，其余14项因需从行业主管部门层面进行规范等暂未取消；8个部门所属单位和4个省环境保护、住房城乡建设部门停止了相关违规收费；13个部门所属单位取消了违规自定的收费项目，其他单位的收费清理工作正在积极推进中。

（三）关于有关部门推进商事制度改革的具体措施不够协调问题。“三证合一”改革方面，国务院办公厅印发《关于加快推进“三证合一”登记制度改革的意见》（国办发〔2015〕50号），明确2015年底前在全国全面推行“一照一码”登记模式。商事审批方面，工商总局积极推进相关制度清理，初步完成涉及本部门的法规规章修订；进一步梳理出165个需其他部门修订或废止的规章和规范性文件，其中85个已完成修订，其余80个已列入修订计划或正在修订、审议及待发布中。

（四）关于有关部门落实进出口通关服务便利化措施未完全到位问题。服务收费方面，海关总署取消了5项经营性服务收费、降低了1项收费标准，对符合规定予以保留的收费项目实行了正面清单管理；质检总局发文要求各直属检验检疫局和所属企事业单位取消不合理的自定收费项目；商务部取消或降低了部分收费。免税审核方面，财政部会同有关部门将重大技术装备关键零部件及原材料进口免税政策审核周期缩短到两个半月，在下达2015年重大技术装备关键零部件及原材料免税进口额度的同时，预拨了2016年度部分免税进口额度。报关报检方面，海关总署、质检总局进一步完善了协作机制，“信息互换、监管互认、执法互助”的大通关模式正在进一步推进中。

六、重点专项资金审计查出问题的整改情况

（一）土地出让收支和耕地保护审计查出问题整改情况。

国务院专门部署此次审计查出问题的整改工作，国土资源部组织开展了土地管理领域专项整治行动，财政部、审计署等部门加强了督促。各省级政府制订了整改工作方案、建立了整改台账和部门联席会议，逐项落实、核销审计查出问题。截至2015年10月底，有关部门和地方通过补征收入、追回资金等促进增收节支5683.9亿元，制定完善制度3877个，处理4133人。

1. 土地出让收支方面。有关地方补征土地出让收入2262.46亿元（占61.7%）；对通过空转等方式虚增土地出让收入问题，通过调整预算和会计账目等整改1009.2亿元（占68.8%）；对违规用于弥补行政经费、对外出借、修建楼堂馆所等的资金，通过归还原资金渠道等方式整改5452.26亿元（占69.8%）。征地拆迁补偿方面，补发少支付的补偿资金15.65亿元（占89.9%），收回被套取或骗取的补偿资金10.12亿元（占95.7%）。土地出让收支核算方面，已将滞留在财政专户、坐支的7218.35亿元（占86.4%）纳入预算管理。对为支持经济发展减免或返还土地出让收入问题，各地按要求进行了整改规范。

2. 建设用地方面。有关地方采取补办手续等措施，纠正违规批地征地30.97万公顷（占79.9%）；采取收回土地、完善“招拍挂”程序、补缴土地价款等措施，纠正违规供地11.03万公顷（占76.4%）；采取立案查处非法占用耕地、没收地上建筑物、收回土地使用权证等措施，纠正违法用地面积11.53万公顷（占52.7%）。

3. 土地利用和耕地保护方面。一是对城市新区突破土地或城市规划、土地长期未用问题，采取了衔接和修订规划、调整新区范围、加快土地供应等措施。二是对地方开发区设立和建设中的问题，正在采取清理整治、合并裁撤、优化布局等措施。三是对基本农田保护和管理中的问题，正在采取完善土地利用总体规划、开展永久基本农田划定等措施，已落实98.71万公顷（占66.2%）基本农田的保护责任。四是对土地整治项目中的问题，加大了检查力度，做实补充耕地5.53万公顷，挤占挪用整治资金有67.35亿元（占61.5%）已归还原资金渠道。

（二）城镇保障性安居工程跟踪审计查出问题整改情况。截至2015年10月底，有关地方整改问题金额98.89亿元（占99.8%），制定完善政策文件673个，处理149人。一是对专项资金使用中的问题，通过归还原资金渠道、上缴财政、收回对外出借资金、调整补助项目或会计账目等整改98.68亿元（占100%）。二是对不符合条件的家庭享受住房和补贴问题，通过取消保障资格或调整待遇等整改4.26万户（占96.8%），涉及住房1.26万套、追回住房补贴2075万元；其余0.14万户正在调查核实中。三是对住房被违规用于经营或出售问题，已完成整改5334套（占90.5%），其中3127套清理收回，1734套停止违规销售、租借或加收了租金；其余561套正在清理中。

（三）彩票发行费和彩票公益金审计查出问题整改情况。民政部、体育总局和财政部对各地整改工作做出专门部署，督促及时纠正违法违规问题，建立健全制度机制。截至2015年10月底，有关部门、单位和地方整改问题金额794.73亿元（占99.4%），制定完善政策制度200个，处理274人。一是对虚报套取、挤占挪用专项资金等问题，通过归还原资金渠道、上缴国库或财政专户、停发或降低标准发放津补贴、补办手续、调整账目等方式整改 164.33 亿元（占 97.1%）；其余 4.99 亿元正在落实整改中。二是对未经批准利用互联网销售彩票问题，财政部等 8 个部门联合发文严格禁止，各地开展自查自纠，全面停止了违规互联网销售彩票行为，财政部等正在研究完善有关管理办法。

（四）矿产资源开发利用保护及相关资金征管审计查出问题整改情况。国土资源部组织了矿产资源管理领域专项整治行动。截至 2015 年 10 月底，有关地方整改问题金额 157.18 亿元（占 51.3%），修订地方性法规和规章 21 件、规范性文件 146 件，处理 27 人。一是对 712 宗矿业权（占 88.3%）出让中存在的问题，采取补办手续、注销矿业权、规范审批流程等方式进行了整改，其余 94 宗矿业权涉及的问题正在核实整改中。二是对欠征矿产相关资金问题，采取“一对一”上门催缴、启动专项工作等方式，追缴入库 103.25 亿元，注销了无力补缴价款企业的矿业权（涉及价款 5.89 亿元）；其余 90.95 亿元正在整改中。三是对未按规定使用矿产相关资金问题，已归还原资金渠道 41.44 亿元，收回出借资金 6.6 亿元；其余 58.35 亿元正在整改中。

七、金融审计查出问题的整改情况

针对审计指出的问题，相关金融机构成立了整改工作领导小组。截至 2015 年 10 月底，整改问题金额 184 亿元（占 98.97%），完善制度和工作流程 130 项，处理 367 人次。

（一）关于一些分支机构违规经营、内部管理不到位问题。一是对违规放贷问题，3 家金融机构逐户进行清理处置，通过收回贷款、冻结授信额度、诉讼清收、加强监控等方式全部整改，修订规章制度 53 项，处理 260 人。二是对在工资总额之外发放薪酬补贴、购买年金保险等问题，3 家金融机构通过调整账目、加强薪酬管理等方式整改 16 亿元，制定完善制度 62 项。

（二）关于对中小企业融资的支持力度还不够问题。一是对中小企业贷款、转贷利率问题，人民银行、银监会等加大对相关政策参数的调整和调频力度，引导加大对中小企业融资的倾斜力度；相关金融机构制订完善 15 项支持中小企业措施。二是对企业民间借贷风险问题，处置非法集资部际联席会议办公室、人民银行、公安部等开展了全国非法集资问题整治等专项行动，依法查处审计移送的地下钱庄、非法集资等问题，并推进监管制度体系建设；商业银行采取措施，严格银行账户开立审核，规范网银业务发展，并加大宣传力度，引导社会公众增强风险防范意识，从源头上加以防范。

八、企业审计查出问题整改情况

针对审计指出的问题，14 户中央企业均召开了集团层面的专题会议部署整改，多数建立了内部多部门联动整改机制。截至 2015 年 10 月底，整改问题金额 2336 亿元（占 93%），建立健全规章制度 800 多项，处理 344 人次。

（一）关于一些企业违规决策、违规经营造成重大损失问题。有关企业通过积极清理处置、盘活资产、追回资金或挽回损失等整改 40 多亿元；完善决策管理相关制度 77 项，加强了投资项目可行性研究、核准、报批等工作；严格实行问责和责任追究，已对 25 人次追究违规决策责任。

（二）关于企业财务和内部管理存在薄弱环节问题。对会计核算不实问题，有关企业通过调整会计账目和报表全部整改，并补缴税金 1.3 亿元。对薪酬福利发放和招投标不规范等问题，已退回多发的薪酬福利等 8 亿元，完善物资采购、工程建设和招投标等制度 730 多项，处理 319 人次。

九、审计移送的重大违法违纪问题查处情况

审计署移送的重大违法违纪问题线索，有关部门已经立案查处或正在进一步调查中。审计署将及时向社会公告查处结果。

十、加强财政管理意见的落实情况

（一）关于进一步深化财税体制改革意见的落实情况。财政部采取了以下措施：一是研究起草推进中央与地方事权和支出责任划分的相关办法，计划在试点的基础上逐步推进。二是推进政府预算体系的统筹协调，加大政府性基金预算转列和调入一般公共预算力度，加强国有资本经营预算与一般公共预算的统筹协调，推进专项收入统筹使用。三是加强专项转移支付的清理整合，按“一个专项一个办法”的要求，完善专项转移支付项目资金管理办法。2015 年，向全国人大常委会报送了转移支付分地区预算草案，向社会公开了专项转移支付情况。四是对政府性基金和专项收入实行目录清单管理，以提高政策透明度。

（二）关于加快建立完善有关制度规定意见的落实情况。财政部采取了以下措施：一是按照《国务院关于印发推进财政资金统筹使用方案的通知》（国发〔2015〕35号）要求，及时清理规范重点支出同财政收支增幅或生产总值挂钩的规定，就涉及需要修订的法律包括教育法、义务教育法、农业法、科学技术进步法等，财政部多次与全国人大常委会法工委、法制办沟通研究。二是对决定取消、合并、调整的政府性基金、专项收入、专项转移支付等，需要修改财政部制定或牵头制定的规范性文件的，财政部将做出相应修改。三是在整合完善现有相关规定的基础上，修订了《财政总预算会计制度》。四是根据预算法规定和中央决算编报工作需要，拟研究完善中央决算编制办法。

（三）关于提高财政管理绩效，切实防范各类风险意见的落实情况。财政部采取了以下措施：一是继续要求各级财政税务机关坚持依法依规、及时足额组织收入，坚决不收过头税，坚决防止采取空转等手段虚增收入，坚决避免突击收税，切实保证税收收入质量。二是推进科技、教育、农业、节能环保、医疗卫生等重点科目，以及部门内部、跨部门资金统筹使用，督促指导各部门各地方盘活财政存量资金，提高资金使用效率。三是合理安排国债发行期限和节奏，全年保持基本均衡，确保以较低成本和市场风险完成国债筹资任务；适当加大短期国债发行力度，加强短期国债发行与国库库款管理有效衔接。四是完善地方政府债务管理制度，完成地方政府存量债务的清理甄别工作，制定了地方政府债务风险预警、一般债券和专项债券预算发行管理等办法。

（四）关于严格预算约束，严肃财经法纪意见的落实情况。财政部采取了以下措施：一是印发了《财政部关于加快推进中央本级项目支出定额标准体系建设的通知》，提出加快推进项目支出定额标准体系建设的基本原则、总体思路和重点工作，并积极推进相关工作。二是进一步完善因公出国（境）、会议费等相关经费管理制度，推进财政预决算、“三公”经费和行政经费公开。三是进一步健全财政法规制度体系，提升财政制度建设的质量，规范财政权力运行。发展改革委采取取消和下放核准事项、简化审批流程、严格限定审批时限等措施，促进加快重大项目实施进度。

以上是关于2014年度中央预算执行和其他财政收支审计查出问题的整改情况，大部分问题得到了纠正。还有一些问题未整改到位，有的是整改措施针对性不强、推进慢，或者整改中遇到了实际困难，整改效果不理想；有的是整改涉及多个部门单位，统筹解决难度大或协调配合力度不够，影响及时整改；有的是问题情况较为复杂，特别是少数历史遗留问题，需要逐步梳理解决；有的是相关制度规则不符合实际，未及时修订完善，或相关重大改革措施正在统筹规划、深入论证、试点试行，整改实际也是推进制度逐步健全、体制逐步完善、改革逐步深化的一个过程。下一步，审计署将继续加大对整改工作的跟踪督促力度，促进整改到位，并积极推进深化改革和体制机制创新。

附件：中央部门预算执行审计查出问题整改情况

附件：

中央部门预算执行审计
查出问题整改情况

针对2015年6月28日审计署发布的《中央部门单位2014年度预算执行情况和其他财政收支情况审计结果》（第24号公告）和《审计署2014年度预算执行情况和其他财政收支情况审计结果》（第25号公告），各有关部门单位按照国务院要求逐项进行了整改。具体整改情况列示如下：

1. 外交部 2014 年预算执行和其他财政收支情况审计结果公告问题的整改情况

问题序号	公告的问题	整改情况
1	2014 年，外交部本级个别项目未编制政府采购预算，涉及金额 201.50 万元。	外交部将严格执行相关规定，完整编制政府采购预算。
2	2014 年，外交部本级和所属外交学院在项目经费列支与项目无关的支出 759.17 万元。	外交部本级和外交学院已将列支的与项目无关支出归还原资金渠道，调整相关会计账目，并将在 2015 年决算中调整相关项目的期初余额。
3	2014 年，外交部本级改变项目资金用途，用于补助所属培训中心 205.92 万元。	外交部所属培训中心已退回此笔补助款。
4	2013 年，所属外交学院挪用项目资金 1504.71 万元，用于其他 3 个工程项目建设，并将该 3 个工程拆分成 8 个单项工程，采取邀请招标方式确定施工方，且未按规定收取质量保证金 75.24 万元。至 2014 年底，上述工程已完工并投入使用。	外交学院已归还被挪用的项目资金，调整相应会计账目，并将在 2015 年决算中调整相关科目的期初余额。
5	2014 年，外交部本级在接待费项目中超范围列支机票款 81.93 万元；所属外交学院国内公务接待费报销凭证中未按规定附接待清单，并存在参与接待人数超过规定标准问题。	外交部将妥善把握外交工作需要和财务管理的相关规定，进一步合理界定开支范围，保障工作实效和资金使用效益。外交学院将加强公务接待管理，已编制公务接待费审批单，其他相关的规章制度正在修订与完善中。
6	2014 年，外交部本级计划外召开 17 个会议，会议费支出 94.88 万元；2 个会议参会人数超过规定标准；在所属培训中心召开 8 个按规定应在内部会议室召开的会议，并违规安排住宿、会议费支出 23.98 万元；未经政府采购租赁会议设备，涉及金额 473.37 万元。	外交部今后将进一步加强会议计划性，严格执行参会人员标准，提高内部场所使用效率。针对重大活动的设备保障任务，争取及早敲定方案，认真履行政府采购程序，力促相关保障工作高效顺利进行。
7	2014 年，外交部本级在 10 项工程邀请招标中，未按规定履行招投标程序，涉及合同金额 2905 万元；未执行政府采购程序购置设备 64.21 万元；所属驻外机构服务中心在电梯安装工程招标中违规确定中标单位，涉及合同金额 352.18 万元；所属钓鱼台宾馆管理局未经招标，将修缮工程直接发包给 1 家公司，涉及合同金额 909.5 万元。	外交部将进一步完善部本级及驻外使领馆工程招投标工作程序，加强内部管理，规范工作流程，避免出现类似问题。驻外机构服务中心已终止与原中标单位签订合同，并拟重新组织招标。钓鱼台宾馆管理局将认真执行建设项目招投标管理规定，在 2015 年修缮工程延续项目中严格按照程序对施工单位进行招投标。
8	至 2014 年底，外交部本级有 2 处房产未纳入财务账和实物账核算；有 4 处京外房产未在实物账上登记。	外交部本级已补记 2 处房产财务账和实物账，补记京外房产实物账。
9	2013 年至 2014 年，所属外交学院部分院（系）通过使用不合规票据套取现金、隐瞒滞留学费收入及捐赠收入等方式，账外存放资金 690.59 万元，其中用于发放津补贴 569.67 万元。至 2015 年 3 月底余额 27.83 万元。	外交学院已收回各院（系）账外自行保管资金余额，并进行账务处理。

续表

问题序号	公告的问题	整改情况
10	所属外交学院在合同管理、资金支付管理和基建现场管理等方面存在不规范问题。	外交学院各有关院（系）已向学院党委做出书面检讨，外交学院党委也已向外交部党委呈报书面检讨和相关整改措施，外交部于2015年10月30日部例行办公会上，对外交学院进行了通报批评。外交学院党委表示，将以此次审计为契机，吸取教训，举一反三，将整改工作推向深入，并已有针对性地制定了重视预算执行工作、依法依规做好财务管理、提高预算编报科学化水平、严格规范资金使用、杜绝自行存留资金、规范经费支付行为和强化工程项目管理等7条整改措施。

2. 发展改革委2014年预算执行和其他财政收支情况审计结果公告问题的整改情况

问题序号	公告的问题	整改情况
1	2014年，发展改革委本级在项目资金尚未用完的情况下，即动用机动经费200万元补充，至年底形成结转资金131.09万元。	发展改革委在今后的预算执行管理工作中，将严格执行中央本级项目支出预算管理办法，按规定使用机动经费，加强资金管理，杜绝类似问题再次发生。
2	2014年，所属国家投资项目评审中心人员经费超预算支出124.07万元，资金来源为事业收入。	国家投资项目评审中心做了认真细致的分析，坚决纠正存在的问题，组织相关人员认真学习预算法、事业单位财务规则等相关规定，今后将加强预算管理，提高预算分析能力及测算水平，无论资金来源，收支均严格按照部门预算执行，减少预算与执行的差异率，严格规范管理部门预算编制工作。
3	2014年，所属国家投资项目评审中心在培训费中列支国际旅费、住宿费等，造成决算少反映出国费10.73万元。	国家投资项目评审中心相关人员对有关管理办法进行了系统学习研究，逐条对照检查。已于2015年1月初按照制度规定及审计要求进行了账务处理，将培训费科目金额调整至出国费科目内，并报发展改革委财务主管部门备案，在2015年度决算中进行调整。
4	2014年，所属宏观经济研究院存在公务接待费报销凭证不齐全等问题，涉及金额49.84万元。	宏观经济研究院已要求自2015年1月1日起所有公务接待报销必须附带公务接待清单。同时要求今后进一步加强公务接待管理，严格执行公务接待管理规定，从严执行公务接待标准、控制接待范围、规范报销程序。
5	2014年，所属国家投资项目评审中心、城市和小城镇改革发展中心分别在非定点饭店召开会议3个、8个，支出3.30万元、6.37万元。	国家投资项目评审中心、城市和小城镇改革发展中心对会议费管理办法等规定进行了深入学习研究，今后将加强管理，严格执行财政部等有关会议定点的相关规定。城市和小城镇改革发展中心还结合实际制定了本单位会议费管理办法，规范了定点饭店使用审批程序。
6	2014年，所属城市和小城镇改革发展中心违规报销司局级及以下人员头等舱机票，涉及金额73.90万元。	有关人员已全部退缴机票款及机票款差额46.52万元。同时，城市和小城镇改革发展中心结合实际制定了本单位差旅费管理实施细则，进一步严格落实差旅费规定。

续表

问题序号	公告的问题	整改情况
7	2014年，所属城市和小城镇改革发展中心利用虚假咨询服务协议及发票等，以咨询费、规划费名义列支358.15万元。	核实追回资金326万元并对有关责任人给予行政警告处分。
8	2013年1月至6月，所属城市和小城镇改革发展中心以咨询费名义列支19.57万元，实际购买购物卡，用于发放职工福利等。	城市和小城镇改革发展中心主要领导和财务总监在审计期间个人主动承担了经济责任，分别上缴中心财务部门15万元和4.57万元。
9	2014年6月，所属国土开发与地区经济研究所以购买电脑耗材、办公用品名义，从课题经费中列支2万元用于购买购物卡，发放给课题组成员。	国土开发与地区经济研究所已责成当事人退回全部资金，并据此调整了有关会计账目；对当事人做出严肃批评并由本人写出书面检查；对相关当事人取消本年评优资格，并将检查报送发展改革委宏观经济研究院。关于决算调整问题，该所将在发展改革委财务部门统一要求下，在2015年度决算中进行调整。
10	2009年2月至2013年7月，所属能源研究所20名职工以会议费、餐费等名义列支课题经费20.70万元，实际用于以个人名义办理宾馆消费卡。	能源研究所经与涉及宾馆多次沟通，于2015年4月9日将卡内余额9.23万元结清并退款，同时调整了相关账目，另有1.23万元正在清退收缴中。6月29日，该所召开办公会，决定由所领导与当事人分别进行个别教育谈话，并取消当事人当年评优资格。
11	2013年11月至2015年2月，所属城市和小城镇改革发展中心在1000余平方米办公用房闲置未用的情况下，另外长期租用办公用房3894.37平方米（其中594平方米闲置未用）。	城市和小城镇改革发展中心正在办理清退办公用房的手续。
12	2014年，所属城市和小城镇改革发展中心、综合运输研究所分别超工资总额计划发放工资1001.92万元、489.07万元。	城市和小城镇改革发展中心已按管理程序上报发展改革委追加了预算，并列入发展改革委上报财政部的预算调整计划备案。综合运输研究所自3月份起已暂停发放聘用人员工资，今后将严格执行相关规定，切实控制工资性经费支出。
13	2010年12月，所属培训中心未经批准，自行决定拆迁腾退一处培训基地并获得补偿款2435.60万元，其中房屋拆迁补偿费1915.88万元未按规定上缴国库。2011年7月，该中心将补偿款2301.64万元（扣除税费）拨付其下属单位，用于购买2套商品房及装修支出1515.55万元。至2014年底，上述固定资产未纳入其账内核算，还有351.16万元资金私自存放账外。	培训中心已经向发展改革委资产管理部门补报了资产处置审批手续，也已将购置的两套房产收回，待批准同意后将房产纳入培训中心固定资产账。存放账外的351.16万元资金，297.02万元已于2015年8月收回培训中心账户，其余54.14万元为税金。
14	2009年至2014年，所属基建物业管理中心、培训中心下属单位、宏观经济研究院下属企业等3家单位未经批准，对外出租产权为发展改革委的房产，取得房租收入共计6569.72万元（其中2014年2396.67万元），未按规定上缴国库。	发展改革委已出台国有资产管理办法及实施细则，加强对房屋等资产的管理，并将在事业单位等改革中进一步解决。

续表

问题序号	公告的问题	整改情况
15	所属宏观经济研究院下属单位未经批准，将宏观经济研究院所有的 3 处房产对外出租和经营，2013 年和 2014 年分别取得房屋出租收入 762.64 万元和 871.43 万元，未纳入宏观经济研究院统一核算和管理。	宏观经济研究院立即布置下属单位补办出租房屋的审批手续，目前国有资产产权登记证已经办理完毕，自 2016 年起将上述房屋出租收入和支出纳入宏观经济研究院的预算管理。
16	2013 年 4 月和 2014 年 1 月，所属宏观经济研究院下属单位未经资产评估，将苗木培育基地苗木和地上附着物（属国有资产）转让给 1 名自然人，转让收入共计 342 万元。	宏观经济研究院今后将加强对所属企业的管理，严格执行国有资产管理相关规定。问题涉及的下属单位制定了资产管理暂行办法，建立健全内部控制制度，今后转让资产依法依规进行。
17	2014 年，所属中国价格协会未经批准违规收取全国价格行政执法人员价格监督执法证办证费 29.41 万元；违规设置价格鉴证师再注册前置条件，通过组织相关培训及考试取得收入 101.93 万元。	中国价格协会已停止收取办证费，对于向相关省份收取的 14.41 万元办证费，正在积极联系退款事宜。同时，对于向相关省份收取的培训收入 17.14 万元，正在积极联系退款事宜。
18	2013 年，所属中国投资协会通过评选“2012—2013 年度国家优质投资项目”，违规向参评企业和中介单位收取费用 134.87 万元。	中国投资协会一是进一步加强对活动的领导，严格按照国家规定执行，坚决杜绝收取或变相收取国家明令取消的申报费、评审费、评价费、评比费、奖牌证书费等；二是将推介表彰活动与经验交流和培训工作分开，尽可能单独组织活动；三是对协会组织的，其中有获奖单位参加的经验交流会、投资项目管理培训等收费标准，将按照规定向价格管理部门申请核准。
19	2014 年 5 月，所属中国投资协会内设机构与 2 家企业签订协议，以协助企业获取项目立项、优惠政策和国家扶持资金等为条件，违规向企业收取项目立项中介费 120 万元。	中国投资协会一是认真完成企业委托的课题研究，组织专家对报告初稿进行认真修改，为企业提供高质量的达到项目可行性研究报告深度要求的项目申请报告；二是本着负责任的态度，与项目委托方进行了充分沟通，进一步完善合作内容；三是以此为借鉴，严格规范协会对外咨询服务工作，严格对外合作协议的审核，严格执行国家有关规定和协会章程、服务公约，进一步提高规范化管理和规范化服务的能力和自觉性。
20	2013 年至 2014 年，所属中国招标投标协会在未签订书面协议的情况下，将招标师职业继续教育委托给 1 家公司管理；将该公司按双方约定应上缴的收入 154.98 万元转给该协会下属企业，未纳入招投标协会法定账簿核算。	中国招标投标协会已与合作单位就招标师继续教育工作签订书面合作协议，明确各方权利、义务；已于 2015 年 6 月 11 日将继续教育收入 154.98 万元全部纳入协会法定账簿，并进行了相关账务调整。
21	2014 年，所属中国人力资源开发研究会备案的职业经理人培训收费标准为 7080 元/人，而实际却按中级 8980 元/人、高级 12980 元/人、特级 18200 元/人超标准收费。	职业经理人培训项目已于 2014 年 11 月按照国务院规定取消。中国人力资源开发研究会在今后的工作中将严格执行国家及管理部门相关规定，保证工作合规、合法。

续表

问题序号	公告的问题	整改情况
22	至2014年底，发展改革委本级购买的2套软件未纳入资产管理，涉及金额11.80万元。	发展改革委本级已于2015年3月20日办理固定资产登记手续。
23	2014年，所属综合运输研究所、国土开发与地区经济研究所分别在课题经费中违规列支个人伙食补贴17.16万元和5.46万元。	综合运输研究所自2015年将伙食补助记入工资津补贴科目，不再记入接待费，并将伙食补贴调整为工作日每天8元；国土开发与地区经济研究所已将发放的伙食补贴从“福利基金”项目中列支，并已于2015年4月份停止发放伙食补贴。决算调整工作将在发展改革委财务部门统一要求下，在2015年度决算中进行调整。
24	所属宏观经济研究院与其下属公司长期不对账，部分往来款项未及时记账，至2014年底双方往来科目差异1511.65万元。	宏观经济研究院院长办公会议决定并报请发展改革委领导批准，终止其下属公司改制重组工作，责成公司改制重组工作领导小组尽快拿出前期工作报告，对改制进展、人员安置、财务状况、债权债务、法律事务等做出说明，11月底前将与宏观经济研究院的往来账目调整完毕。

3. 教育部2014年预算执行和其他财政收支情况审计结果公告问题的整改情况

问题序号	公告的问题	整改情况
1	2014年，教育部本级未经批准，将专项经费110万元用于所属研究所工作经费支出；所属中国教育科学研究院未经批准，将公用经费1642.79万元用于人员经费支出；所属北京大学未经批准，将专项经费1217.09万元用于基础学科以外院系经费支出；2013年，所属教育管理信息中心未经批准，将公用经费25万元用于支付下属杂志社的办公用房租金。	教育部本级、北京大学和教育管理信息中心已调整有关账目；中国教育科学研究院将按公用经费实际支出893.29万元调整决算，以后年度商财政部按实际需求核定人员经费。
2	2013年至2014年，所属北京大学挪用专项经费953.61万元，用于支付下属学院租用校内房产使用费，其中2014年62.24万元。	北京大学已将资金归还原渠道。
3	2014年，教育部本级为外单位人员负担出国经费15.17万元。	教育部已严格“三公”经费会计核算。
4	2014年，所属学位与研究生教育发展中心未编制因公出国（境）计划，实际组织6个出国团组；所属高等教育教学评估中心因公出国（境）费用23.83万元未按规定在决算（草案）“因公出国（境）费用”栏中填报。	教育部已责成学位与研究生教育发展中心和高等教育教学评估中心今后严格按要求报批出访团组计划，编制“三公”经费决算。
5	2013年，所属学位与研究生教育发展中心超计划组织11个团组出访。	教育部已责成学位与研究生教育发展中心今后严格按要求报批出访团组计划，编制“三公”经费决算。

续表

问题序号	公告的问题	整改情况
6	2014年，所属机关服务中心借用下属企业车辆1辆；至2014年底，所属中国教育科学研究院占用下属单位车辆6辆。	机关服务中心、中国教育科学研究院已将车辆全部退还。
7	2014年，教育部本级未将外事接待费预算细化到来访团组计划中。	教育部已科学合理制订年度接待计划。
8	2014年，教育部本级5个会议在非定点饭店召开，涉及会议费16.43万元。	教育部本级已严格会议报销制度，对在非定点饭店召开的会议一律不予报销。
9	2014年，所属学位与研究生教育发展中心未编制会议计划，实际召开三类会议11个、四类会议27个。	学位与研究生教育发展中心已根据有关规定修订了相关管理办法，今后将严格执行会议计划编报和审批制度。
10	2014年，所属清华大学5个会议超过批准人数，超标准列支会议费9.15万元。	我部已责成清华大学今后严格执行会议费管理规定，严控参会人数。
11	2013年至2014年，所属考试中心未经公开招标，与下属2家企业签订软件开发合同，涉及金额2330万元，其中2014年1530万元。	教育部已责成考试中心今后严格按照政府采购法及实施条例等法律法规要求，执行公开招标等采购程序，规范政府采购行为。
12	2008年至2014年，教育部本级2个项目预算申报文本不完整，导致项目支出范围和内容不明确。	教育部已在2015年预算编报中改进完善。
13	至2014年底，所属北京邮电大学、中国政法大学、北京师范大学、北京大学和中国教育装备行业协会5家单位的个别部门和人员虚列支出457.11万元，将资金存放在账外。	涉及的单位已将457.11万元归还原渠道。
14	2014年，所属全国高等学校学生信息咨询与就业指导中心、教育管理信息中心、留学服务中心、中央电化教育馆、中国教育科学研究院5家单位共21人违规在下属企业持股、兼职取酬等，取得收入共计223.89万元。	所有涉及人员已从兼职企业辞退或将工资关系转入任职企业，共退回报酬和已报销个人费用24.99万元，持有的股份已办理股权转让变更手续。
15	2014年，教育部本级将收到的研修班经费1381.62万元放在往来科目核算，造成少计收入。	教育部本级已调整相关账目。
16	2009年和2011年，所属北京邮电大学和中国教育科学研究院未经批准出租房产，至2014年底收取租金共计4390万元。	对北京邮电大学未经批准出现房产问题，教育部正按要求进一步核查；中国教育科学研究院正与承租方协调承租期限，待协商一致后，办理资产备案手续。
17	至2014年底，所属学位与研究生教育发展中心、留学服务中心等4家单位开发建设的23个信息系统未按规定纳入资产管理，涉及金额2026.34万元。	涉及的单位已调整无形资产账目。

续表

问题序号	公告的问题	整改情况
18	2014 年，所属中国教育科学研究院、学位与研究生教育发展中心和教育装备研究与发展中心分别超工资总额计划发放工资 651.44 万元、255 万元和 157.18 万元。	中国教育科学研究院、学位与研究生教育发展中心和教育装备研究与发展中心今后将严格执行国家工资政策，加强工资总额预算、支出的过程管理，按工资总额计划控制工资支出。
19	至 2014 年底，教育部本级将国家开放大学上缴款 5669.70 万元和其他人防项目工程款 162.95 万元放在往来科目挂账，未及时进行清理；所属中国教育科学研究院将历年科研经费共计 11374.44 万元放在往来科目核算，未按规定及时清理并确认收入。	教育部本级、中国教育科学研究院已将相关账目清理完毕。
20	2012 年至 2014 年，所属教育管理信息中心下属 1 家公司存在未经批准出售系统内部统计数据取得收益问题。	涉及的公司已停止所有数据查询服务。

4. 科技部 2014 年预算执行和其他财政收支情况审计结果公告问题的整改情况

问题序号	公告的问题	整改情况
1	2014 年，火炬高技术产业开发中心、国家科技风险开发事业中心、中国科学技术信息研究所未经批准，将项目经费自行调剂用于基本支出 1594.28 万元。	中国科学技术信息研究所已调整了会计账目和决算（草案），相关资金已归还原渠道。火炬高技术产业开发中心（科技部科技型中小企业技术创新基金管理中心）、国家科技风险开发事业中心均为经费自理事业单位，无其他收入来源保障单位正常运转支出，下一步将结合事业单位分类改革予以解决。
2	2010 年，科技部审核不严，使 1 家不符合条件的企业获得中小企业发展专项资金阶段参股项目股权投入 4000 万元。	2015 年 6 月，火炬高技术产业开发中心发布通知，要求相关企业启动阶段参股股权的退出和资金收缴工作，尽快提出操作方案。相关企业正在按要求处理。
3	至 2014 年底，由于科技部未及时报送部分申请材料及有关部门批复缓慢，对 9 家创业投资企业申请退出的财政股权投资本金及利息收入共计 23755.21 万元，未及时收回上缴财政。	火炬高技术产业开发中心按规定程序启动了股权退出及收缴工作，并于 2015 年 6 月 30 日前完成了 8 家创业投资企业引导基金股权退出工作，收缴资金 20755.21 万元并上缴中央财政。另 1 家公司虽已完成股权退出协议的签署，但承诺回购财政股权的公司因流动资金紧张，未如期回购。火炬高技术产业开发中心正在督促各方按照约定完成资金缴付，尽快将股权回购款缴入中央财政收缴专户。
4	2011 年至 2014 年，火炬高技术产业开发中心未执行政府采购程序，将项目监理、验收评价等业务直接交由 2 家公司承担，涉及金额 572.56 万元，其中 2014 年 90.15 万元；2013 年至 2014 年，火炬高技术产业开发中心在公开招标废标后，未经批准，自行采用网上竞价、协议供货等方式采购设备 460 万元，其中 2014 年 18.91 万元。	自 2015 年起，科技型中小企业技术创新基金项目监理、验收评价等业务已由火炬高技术产业开发中心自行组织开展。同时，火炬高技术产业开发中心进一步加强了政府采购内部管理，规范采购程序和行为，并将加大本单位政府采购工作的监督力度，杜绝此类问题再次发生。科技部也将加强对政府采购工作的管理和监督，确保政府采购工作规范、有序开展。

续表

问题序号	公告的问题	整改情况
5	2014年，科技部本级为所属国家遥感中心3人承担出国费2.06万元，为所属中国科学技术交流中心1名人员承担国际旅费等1.56万元。	科技部已于2015年6月收回了为国家遥感中心、中国科学技术交流中心支付的共计3.62万元出国费，并进行了账务调整，将资金归还原渠道，将在2015年度决算（草案）中调整相关科目的年初数。
6	2012年至2014年，所属中国科学技术交流中心违规向部本级及所属单位收取出国签证代办费和加急费25.31万元，其中2014年6.24万元。	2015年6月，中国科学技术交流中心发布相关通知，明确从6月8日起，不再向科技部系统各有关单位收取因公临时出国（境）护照、签证及港澳通行证、签注代办服务费。目前，相关工作已按照新规定执行。
7	2014年，科技部本级扩大公务接待费支出范围，列支外国代表团来华国际旅费1.56万元。	科技部今后将严格执行外宾接待经费管理办法规定，加强对经费支出的管理，确保外宾接待等科技外交工作合理合规。
8	2014年，科技部本级违规使用接待费和其他外事费19.44万元，委托所属中国科学技术交流中心包租社会车辆3辆，用于日常公务。	科技部已责成中国科学技术交流中心停租了3辆社会车辆，其中1辆于2015年2月21日租赁期满时不再续租；另2辆车已于2015年6月10日提前终止了租赁合同。
9	2014年，科技部本级在其他科目中列支公务用车运行维护费118.03万元。	2015年公车改革后，科技部公车运行费将大幅减少，财政批复科技部的2015年公车运行费预算额度也随之降低。科技部将规范不同预算单位之间会计科目的使用，提高财务管理的科学化、规范化水平。
10	2014年，科技部本级及所属火炬高技术产业开发中心分别有2个会议在非定点饭店召开，涉及金额共计8.49万元；所属火炬高技术产业开发中心1个会议会期和人数均超标准，另有9个会议人数超标准、3个会议天数超标准。	科技部今后将进一步加强对各单位的管理和监督，严格执行会议管理的相关规定，加大管理和审核力度，避免此类问题再次发生。
11	2014年，科技部未报经审批，将本级承担的中小企业发展专项资金阶段参股项目预算15亿元下达给所属火炬高技术产业开发中心。	2015年4月，财政部在批复科技部2015年部门预算中，明确中小企业发展专项资金在2015年实际执行中不进行细化或审批。财政部已出台中小企业发展专项资金管理办法，对工业和信息化部、科技部、商务部等管理的相关资金进行了整合，明确新的支持方向。
12	至2014年底，所属中国科学技术信息研究所自1990年起无偿出借给所属科技日报社使用的3471.33平方米办公用房仍未收回，也未按规定补办出借手续。	按照国有资产管理办法的规定，科技部中国科学技术信息研究所启动了房屋出借审批手续办理工作。目前该所正按照要求补充可行性报告、原值证明等材料，争取在2015年12月20日之前完成材料补充及相关审查核实工作，并按程序报批。
13	至2014年底，所属科学技术部信息中心、机关服务中心、科技日报社等3个单位未按规定对已于2008年、2010年和2013年竣工并投入使用的6个基建项目办理竣工财务决算，涉及投资总额4816.38万元。	科技部已完成机关服务中心3个预算内基建项目的竣工财务决算，并于2015年9月办理了项目竣工财务决算的正式批复文件。对于其他3个预算内基建项目，科学技术部信息中心、科技日报社已于2015年7月提交了竣工财务决算申请，科技部正在委托中介机构对申请材料进行审核，待中介机构出具审核意见后，争取在12月20日之前按程序完成复核及批复手续。

续表

问题序号	公告的问题	整改情况
14	至2014年底，科技部本级及所属国家科技基础条件平台中心等7家单位开发的信息系统未纳入资产核算，涉及财政投资1733.08万元，其中2014年123.46万元。	涉及的7家单位已全部完成账务调整，相关信息系统已纳入固定资产核算，并将在报送2015年度决算（草案）时调整相关科目的年初数。
15	2013年至2015年，科技部等4部门批复在39个城市（区域）开展新能源汽车推广应用（为中央专项转移支付项目），3年推广目标335976辆，但至2014年3季度末，实际推广38440辆，推广计划完成率偏低。	科技部与有关部门联合发布了2016年至2020年新能源汽车推广应用财政支持政策等措施。根据39个试点城市（区域）上报的数据显示，截至2015年8月底累计推广159576辆，与2014年同期相比增长势头较为明显。下一步，科技部将继续在四部委框架下，会同有关部门共同建立更加科学完善的联合推进工作机制；结合新能源汽车重点专项试点工作，继续加强新能源汽车科技攻关；加强充电技术研究，推动建设与推广应用规模相适应的充电基础设施；完善落实好财政补贴办法。
16	2009年至2010年，所属火炬高技术产业开发中心审核不严，导致2家公司通过编造虚假材料，获取科技型中小企业技术创新基金项目资金56万元。	火炬高技术产业开发中心已成立追缴资金工作小组，协调有关地方开展项目经费的追缴工作。截至目前，火炬高技术产业开发中心已与1家公司协商同意将项目资金21万元按原渠道退回，目前正在协调落实退款程序以及办理相关手续，力争在12月20日前完成；对于另1家公司，火炬高技术产业开发中心组织专人调查，并协调地方科委对公司所在地进行调查，正在继续追缴资金。同时，完善项目管理和科技诚信体系建设，对利用虚假材料骗取资金的，依法追究相关责任人责任。

5. 工业和信息化部2014年预算执行和其他财政收支情况审计结果公告问题的整改情况

问题序号	公告的问题	整改情况
1	2014年，工业和信息化部本级未经批准，自行动用部本级以前年度储备项目结余资金214.98万元，用于相关储备项目支出。	工业和信息化部将进一步严格预算管理，规范预算支出，避免此类问题再次发生。
2	2014年，工业和信息化部本级向在所属单位任职的6名人员发放工资和津补贴46.74万元。	6名人员已不在工业和信息化部所属单位任职。
3	2014年，工业和信息化部本级将当年财政专项拨款1500万元，用于提前支付2015年相关支出。	工业和信息化部将按照购买服务和创新项目管理的有关要求，进一步改进项目管理方式，健全购买服务工作机制。
4	2014年，所属教育与考试中心未经批准，在项目经费中列支与项目无关的人员经费支出214.58万元。	教育与考试中心已按要求调整会计账目，今后将加强预算编制的科学性，严格执行预算和财务制度，杜绝此类问题再次发生。
5	2014年，所属人才交流中心未经批准，在项目经费中列支与项目无关的房屋租赁费等55.62万元。	人才交流中心已调整相关会计账目，55.62万元已用自有资金支出。

续表

问题序号	公告的问题	整改情况
6	2014年，所属国家计算机网络应急技术处理协调中心未经批准，在公务用车运行维护费中列支职工交通意外保险支出3.57万元。	国家计算机网络应急技术处理协调中心已按规定调整相关会计账目和决算报表。
7	2014年，工业和信息化部本级列支“机关行政保障专项”支出800万元，至2014年底未发生支出。	工业和信息化部今后将严格项目支出预算管理，提高预算精细化、科学化水平。
8	2014年，工业和信息化部本级列支“工业和信息化行业管理”项目支出195万元，年底相关项目已完成，结余资金75.78万元。	工业和信息化部已于2015年5月底将项目结余资金上缴。
9	2014年，工业和信息化部本级列支其他项目支出173万元，年底结余资金70.8万元。	工业和信息化部已按要求调整相关会计账目。
10	2014年，工业和信息化部本级3个出国团组调整出访计划，未按规定报批。	工业和信息化部今后在制订年度出国计划时，将最大限度地做到精细管理。对执行临时紧急出访任务团组，将在计划内进行调剂。
11	2014年，工业和信息化部本级8个出国团组未经批准对外赠礼4.56万元，在出国费中列支。	工业和信息化部将进一步规范外事活动对外赠礼审批程序，强化外事礼品购买、赠送等的管理。
12	2014年，工业和信息化部本级少清查上报6辆公务用车，未及时处置。	6辆公车为机关服务中心资产，工业和信息化部将待事业单位公车改革方案出台后再申报处置。
13	2014年，工业和信息化部本级有16次外事接待未按规定编制费用开支范围、资金来源、列支渠道等计划内容。	工业和信息化部将严格制订和执行外事接待计划，加强外事接待和经费支出的计划性和前瞻性，有效管理好外事经费的使用。
14	2014年，工业和信息化部本级召开的1个三类会议虚报参会人数24人，超标准支出会议费3.24万元。	工业和信息化部今后将严格执行相关会议费管理办法，在综合定额内据实报销。
15	2014年，工业和信息化部本级召开的1个国际会议的部分项目超标准支出13.41万元。	工业和信息化部今后将严格执行相关会议费管理办法。
16	2014年，工业和信息化部本级未经批准采取单一来源采购方式，委托所属信息中心开展2个项目建设，涉及金额200万元。	工业和信息化部将严格按照政府采购法、中央预算单位政府集中采购目录及标准的有关要求做好相关工作。
17	2013年，所属国家计算机网络应急技术处理协调中心未执行政府采购程序，直接委托1家企业购买计算机和服务器等设备14.70万元。	国家计算机网络应急技术处理协调中心今后将严格执行政府采购相关规定，避免此类问题再次发生。
18	2009年至2014年，工业和信息化部本级未及时发放人才特殊津贴，至2014年底结存1708万元，其中2014年134万元。	工业和信息化部已将特殊津贴拨付相关单位。
19	至2014年底，所属中国软件评测中心1个已结题项目课题净结余资金183.91万元，未按规定退回财政。	中国软件评测中心已将结余资金退回财政特设账户。

续表

问题序号	公告的问题	整改情况
20	工业和信息化部本级在编报 2014 年预算时，存在代非本部门预算单位编报预算，以及 4 个预算项目的申报文本未列明项目支出预算明细等问题。	工业和信息化部将进一步严格预算管理，规范预算支出，避免此类问题再次发生。
21	2013 年 9 月，工业和信息化部自行批准所属中国机电设备招标中心办公业务楼修缮工程项目。至 2014 年底，实际完成改扩建面积 3261 平方米，总投资 1059.76 万元。	工业和信息化部已对责任司局进行通报批评，今后将严格执行国家相关规定，按程序审批项目。
22	2010 年至 2014 年，工业和信息化部本级 4 名退休人员未经批准在所属单位兼职取酬，其中 2014 年取得薪酬 14.36 万元。	1 名退休人员已离职，其他 3 名已停止领取薪酬。工业和信息化部将严格执行有关文件要求，确保离（退）休领导干部在社会团体规范兼职。
23	2011 年至 2014 年，所属教育与考试中心、人才交流中心、国家计算机网络应急技术处理协调中心和中国中小企业发展促进中心的 12 名在职人员、1 名退休人员未经批准，在本单位下属企业或协会兼职。	人才交流中心、教育与考试中心、中国中小企业发展促进中心等单位已完成兼职清理工作。
24	2007 年至 2014 年，所属中国机电设备招标中心 3 名干部违规在下属企业任职并持有股份，获取股利分红 11.20 万元。	中国机电设备招标中心已完成兼职和违规持股清理工作。
25	2013 年至 2014 年，所属信息中心未经批准，自行组织职业技能培训和考试并发放其自行印制的职业技能证书，共收取培训费 213.70 万元（其中 2014 年 170.95 万元），存放在其下属企业，未纳入该中心法定账簿核算，至 2014 年底结余 80.01 万元。	信息中心已停止发放职业技能证书，把培训收入全部结余 80.01 万元转入本单位账户核算，并责成培训中心相关责任人做出深刻检查并缴纳 2 万元罚款。工业和信息化部已对信息中心通报批评。
26	2014 年，所属中国通信企业协会通信工程建设分会及其地方协会，违规收取考试和培训费 3236.88 万元。	中国通信企业协会已停止两项职业资格认定考试和培训工作。
27	2013 年至 2014 年，所属人才交流中心下属企业与其他单位合作，违规收取培训和考试费 311.03 万元，其中 2014 年 137.18 万元。	人才交流中心已全面停止了资格鉴定业务。
28	2014 年，所属中国软件评测中心未经批准将 2121.93 平方米办公用房出租给部属机关服务中心，用于工业和信息化部机关办公用房周转，并收取租金 309.86 万元。	中国软件评测中心已履行了报批程序，今后将严格执行事业单位国有资产管理暂行办法的有关规定，杜绝此类问题再次发生。
29	至 2014 年底，工业和信息化部本级有 4 个信息系统未纳入资产核算，涉及金额 362.40 万元。	工业和信息化部已按要求补记资产，调整相关账目，今后将严格执行有关规定，避免此类问题再次发生。

续表

问题序号	公告的问题	整改情况
30	至2014年底，所属国家计算机网络应急技术处理协调中心、教育与考试中心和机关服务中心的76个系统平台或软件未纳入资产核算，涉及金额6531.38万元。	国家计算机网络应急技术处理协调中心、教育与考试中心和机关服务中心已于2015年3月将软件资产纳入固定资产核算，并调整了相关账目。
31	2013年至2014年，所属中国机电设备招标中心下属《中国招标》周刊社超过国家规定的代理费率标准，多支付广告代理费22.07万元；还无偿提供广告宣传，少收取广告收入48.24万元。	《中国招标》周刊社与广告代理公司的合作已到期。中国机电设备招标中心已完善相关广告代理制度，规范广告业务管理，今后严格按照法律法规发展广告业务。
32	2013年至2014年，所属中国机电设备招标中心向下属1家企业派出119名派遣人员，未按规定将企业向上述派遣人员支付的劳务费5020.87万元纳入工资总额管理。	中国机电设备招标中心将认真学习和掌握事业单位薪酬管理制度，严格按照国家有关政策规范工资薪酬管理。
33	2013年至2014年，所属教育与考试中心由其下属企业承担该中心8名员工薪酬250.89万元，其中2014年138.53万元。	教育与考试中心已归还全部摊派费用。
34	2014年，工业和信息化部将原2项中央财政转移支付专项资金整合为1项，但仍按原2项内容由2个司局分配管理，政策目标、资金投入方向和资金管理方式等均不一致，专项资金未进行实质性整合。	2个专项均已划入中央财政科技计划，不再由工业和信息化部管理。

6. 国家民委2014年预算执行和其他财政收支情况审计结果公告问题的整改情况

问题序号	公告的问题	整改情况
1	2014年，国家民委本级未经批准动用以前年度财政拨款结余资金181.89万元。	国家民委机关本级今后将加强管理，严格按规定使用结转结余资金。
2	2014年，国家民委本级和所属中央民族大学在3个项目中扩大开支范围，列支与项目无关的费用75.39万元。	国家民委机关本级、中央民族大学目前均已调整会计账目，完成整改。
3	2014年，所属中央民族歌舞团多报人数多申领项目经费250万元。	中央民族歌舞团今后将加强预算编制管理，严格预算编制，合理预估人员变动情况，如实、准确、科学编报预算。
4	2014年，所属中央民族干部学院、中国民族语文翻译中心等5家单位未经批准自行调剂使用预算资金，将项目经费用于日常公用和出国费支出等720.45万元。	中央民族干部学院、民族问题研究中心已调整相关会计账目。中国民族语文翻译中心已将涉及的会议费调整到位。国家民委将进一步与财政部沟通协调，争取在财政保障体制层面解决问题。中央民族歌舞团今后将进一步严格项目经费管理，规范资金使用行为。
5	2012年，所属中央民族干部学院以室外工程名义进行招标，建设室内文体设施等工程，涉及金额1110.87万元。	中央民族干部学院多次召开会议，对审计提出的意见进行深入分析和深刻反省，领导班子写出深刻检查上报国家民委，表示要举一反三、堵塞漏洞，坚决杜绝此类问题再次发生。

续表

问题序号	公告的问题	整改情况
6	2014年，所属中央民族歌舞团以“劳务费”名义支付物业费150万元。	中央民族歌舞团已调整相关会计账目。
7	2014年，所属民族文化宫事业收入和其他收入超出预算3708万元、事业支出和其他支出超出预算3632.38万元，未按规定报国家民委和财政部备案。	民族文化宫今后将严格按照预算法要求，合理准确预计收支，变化较大时及时向国家民委和财政部报备。
8	2014年，所属中央民族歌舞团职工食堂建设项目前期论证不充分，造成直接经济损失15万元。	中央民族歌舞团今后将引以为戒，杜绝此类问题的再次发生，在申报项目之前进行充分的研究和前期论证，避免盲目决策造成损失浪费。
9	2014年，国家民委本级印刷费支出12.58万元未按规定进行政府集中采购；2007年，未按规定进行政府集中采购，直接与公司签订监测系统项目建设合同，涉及金额59.50万元。	国家民委机关本级已加强政府采购管理，强化人员培训，完善政府采购程序，规范政府采购行为，认真编制并严格执行政府采购预算。
10	2014年，国家民委本级虚列6个会议或培训班经费支出63.14万元。	国家民委机关本级所涉及5个会议或培训班已经在2015年举办完毕，1个会议的经费已经退回。今后，国家民委将进一步加强会议费管理，严格规范会议费报销手续，杜绝上述问题再次发生。
11	2014年，所属中央民族大学和中央民族歌舞团将取得的网络服务、演出等收入在往来科目核算，造成少计收入1561.58万元。	中央民族大学、中央民族歌舞团已将所有涉及款项补记收入。
12	2014年，国家民委本级及所属中央民族大学使用不合规票据报销出国费98.15万元；所属中央民族大学未经国家民委批准，自行组织人员持因私护照出国参加国际会议等，出国费支出191.58万元。	国家民委机关本级今后将严格执行有关规定，加强因公出国（境）团组经费管理。中央民族大学已规范了学校团组出国（境）的报销，制定了相关管理办法，规定必须使用原始发票报销，并严格按照事先批准的出国线路审核出国票据，要求所有因公出国（境）的教职工均需办理因公出国手续，使用公务护照，并由国家民委统一办理相关出入境手续。
13	2014年，所属离退休干部局超编制配备公务用车2辆。	国家民委离退休干部局已完成公车清理整改工作，现留有公务用车和部级干部专车共7辆，其余10辆车均已交由国管局封存。今后离退休干部局将严格执行各项管理规定，认真落实各项改革措施。
14	2014年，国家民委本级和所属国家民委民族问题研究中心计划外召开三、四类会议13个；国家民委本级在非定点饭店召开会议8个、涉及金额87.49万元，在会议活动中违规安排宴请、支出5.62万元；所属民族文化宫违规在京外召开会议，涉及会议费3.10万元。	国家民委本级、民族问题研究中心和民族文化宫今后都将进一步规范各类会议的审核把关，严格履行会议计划报批程序，严格遵守关于召开会议的各项规定，加强会议费管理，规范审核报销，坚决杜绝类似问题的发生。对在会议活动中违规安排宴请问题，国家民委在一定范围内进行了批评教育，相关人员进行书面检讨并承担了超标准部分的费用。

续表

问题序号	公告的问题	整改情况
15	2014年，所属全国少数民族古籍整理研究室以前年度财政拨款结余资金41.98万元未按规定上报财政部。	国家民委已与财政部沟通，将在2015年底将民族古籍专项经费结余的41.98万元报入结转结余资金报表，申请在2016年初上缴财政。
16	2012年至2014年，所属中央民族大学和民族文化宫应收未收体育设施和场地管理费231.50万元。	中央民族大学已将应收未收承包费80万元全部收回。民族文化宫目前已委托律师，向涉及单位发函催款，并准备启动法律程序解决。
17	至2014年底，所属中央民族大学和民族文化宫往来科目余额5566.70万元长期挂账，未及时清理。	中央民族大学往来款已完成清理245.88万元，仍有326.53万元正在清理中。民族文化宫挂"往来账"中有关支出已在积极协调申报，力争早日清理完毕。
18	至2014年底，国家民委本级及所属翻译中心、中央民族大学等单位未将开发或购置的信息系统、软件及图书馆服务器设备等计入资产，涉及金额756.34万元。	国家民委本级、中国民族语文翻译中心和中央民族大学已完成资产的补记工作。
19	2014年，所属中央民族大学少计对外投资1039万元。	中央民族大学已经完成补记对外投资的账务处理工作。
20	至2014年底，所属民族文化宫装修改造工程项目未及时办理竣工财务决算，涉及金额16537.05万元。	民族文化宫已正式向国家民委申请办理竣工财务决算。
21	至2014年底，所属民族文化宫固定资产台账反映的房屋类固定资产面积超出产权证书记载面积7128.94平方米。	由于该问题属多年积累形成，账务记录不规范，民族文化宫目前仍在整改中。
22	2014年至2015年3月，所属民族文化宫未按规定办理相关手续修建临时设施，涉及金额1162.47万元。	民族文化宫已向相关部门申请办理，目前相关手续尚在办理中。
23	2008年至2014年，所属民族文化宫未经批准出租房屋，收取租金和场地运行及管理费4882.10万元，其中2014年1090.1万元；2001年至2014年，所属中央民族大学未经批准，将房产提供给其下属集体企业无偿使用。	中央民族大学、民族文化宫已申请补报了出租出借房屋的审批手续。
24	2014年，所属民干院和中央民族大学部分领导干部办公用房面积超过规定标准139.46平方米。	中央民族大学、中央民族干部学院已在审计期间完成了整改。
25	2014年，国家民委对中央财政专项转移支付项目安排缺乏有效监管，9个省的民族事务部门未按照规定将资金具体项目安排情况报送国家民委备案。	国家民委已要求所涉及9个省区，将2014年有关项目安排情况全部补报国家民委备案，目前已整改到位。

7. 公安部2014年预算执行和其他财政收支情况审计结果公告问题的整改情况

问题序号	公告的问题	整改情况
1	2014年，所属中国人民公安大学未将科研课题费收入1644万元和对附属单位经费补助支出596万元编入当年部门预算。	中国人民公安大学高度重视部门预算编制，以后将严格按照财政部、公安部有关要求科学、合理、据实地编报并执行预算。
2	2014年，公安部本级未经批准，在项目经费中列支与项目无关支出590.45万元。	公安部已按照要求对自行调剂使用的预算资金554.97万元进行了账务调整；将调剂使用的预算资金15.48万元归还了原资金渠道；从2015年起取消相关培训班，不再列支与项目无关的补助费。
3	2012年至2014年，所属中国人民公安出版社挪用项目经费支出552.56万元，用于弥补生产经营成本，其中2014年158.27万元。	中国人民公安出版社已将552.56万元退回相关项目专户，并调整了有关会计账目。
4	2013年和2014年，公安部本级未执行政府采购程序，直接指定1家公司印刷宣传资料，支付印刷费64.94万元，其中2014年32.40万元。	公安部已将有关宣传资料改为正式出版物，面向社会公开发行。按照国家政府采购管理有关规定和程序，进行出版发行。
5	2014年，所属中国人民公安大学虚列科研事业支出939.49万元，在往来科目挂账。	中国人民公安大学已调整了相关账务和决算（草案），将虚列科研事业支出939.49万元调整到“事业基金—科研经费结转”科目，并减少了“代管款项”科目金额。
6	2014年，所属机关服务中心未按规定将产权为公安部的房屋出租收入30万元上缴国库；所属中国人民公安大学未按规定将当年收取的部分学费、住宿费等教育收费1013.27万元上缴财政。	机关服务中心已将房屋出租收入30万元上缴国库；中国人民公安大学已将教育收费1013.27万元上缴财政。
7	2010年至2014年，所属中国人民公安大学违规借用下属企业2辆车辆。	中国人民公安大学已退还下属物业公司的2辆小轿车，并办理了车辆交接手续。
8	至2014年底，3家所属事业单位17名领导干部办公用房超出规定标准共计325.82平方米。	3家所属事业单位17名领导干部已调整了办公用房并符合相关标准。
9	2011年至2014年，所属中国安全防范产品行业协会违规委托中介机构承担安防工程企业资质评定，并向相关企业收取资质评定及年审服务费1184万元，其中2014年300.10万元。	中国安全防范产品行业协会已停止由第三方中介机构收取安防工程企业资质评定费，并于2015年6月5日向社会发布公告。
10	至2014年底，公安部储备中心尚未办理事业单位法人登记，也未取得事业单位法人证书。	公安部已启动选拔配备警用装备物资储备中心主任的相关工作，待中心主任明确后，立即办理事业单位法人证书。
11	2014年，公安部向财政部提出的1项专项转移支付资金使用方案中，未将部分可量化指标作为分配计算因素。	公安部根据实际情况修订了该专项资金分配的计算因素及计算办法。在分配2015年专项时，按照修订后的因素和计算方法提出了初步分配建议。2015年6月12日，财政部在充分吸收公安部意见的基础上，与公安部联合下达了2015年专项资金。

8. 民政部2014年预算执行和其他财政收支情况审计结果公告问题的整改情况

问题序号	公告的问题	整改情况
1	2014年，民政部本级在项目经费中列支基本支出27.74万元；所属机关服务局在公车购置和运行费中列支聘用人员工资等支出43.19万元。	民政部已责成相关单位进一步加强预算管理，严格执行预算和财务制度，不得擅自扩大和调整支出范围，确保按照预算规定的支出用途使用资金。
2	2010年至2014年，所属一零一研究所在科研项目经费中列支公务接待费45.86万元，其中2014年1.23万元。	民政部已责成相关单位进一步加强预算管理，严格执行预算和财务制度，不得擅自扩大和调整支出范围，确保按照预算规定的支出用途使用资金。
3	2013年至2014年，所属信息中心在基本支出中列支应由职工缴纳的个人所得税11.60万元，其中2014年9.36万元。	信息中心已由其职工补缴个人所得税11.60万元，并进行了相应的账务处理。
4	2014年，民政部本级的11个会议未在定点饭店召开；2个三类会议人数分别超过规定标准58人和16人。	民政部今后将加强会议管理，要求各单位严格遵守会议费管理有关规定，杜绝此类问题再次发生。
5	2014年，所属一零一研究所未经公开招投标，直接确定1家公司开发数据查询系统，涉及金额135万元。	民政部已责成一零一研究所今后严格按照政府采购规定办理采购事项。为规范政府采购行为，民政部制订了相关管理实施细则，并于2015年10月下旬召开会议，要求各单位规范政府采购程序，严格遵守政府采购的有关规定。
6	2013年至2014年，所属北京社会管理职业学院未经批准，违规收取民政行业职业鉴定考务费、培训费、鉴定费196.28万元，其中2014年38.98万元。	北京社会管理职业学院已经停止相关项目的收费。
7	2013年至2014年，所属一零一研究所使用不合规发票报销科研项目经费178.15万元，以科研奖励、过节费等名义向职工发放补贴，其中2014年92.25万元；2014年还在2个科研项目经费中直接列支69.12万元，向职工发放岗位津贴、科研津贴。	一零一研究所已经向职工收回违规发放的过节费并进行了相应财务处理，重新修订了相关管理制度，严控经费收支，加强财务管理。民政部党组决定给所长行政记过处分，原党委书记行政警告处分，并由分管副部长对相关责任人进行诫勉谈话。相关违规情况和处分决定在各司（局）和直属事业单位负责人会议上进行了通报。
8	2014年，所属地名研究所在基本支出等经费中列支13.35万元，向职工发放过节费。	地名研究所已经向职工收回违规发放的过节费并已做相关账务处理。民政部党组决定给予地名研究所原所长行政警告处分，对地名研究所所长进行通报批评，由分管副部长对以上两人进行诫勉谈话。相关违规情况和处分决定在各司（局）和直属事业单位负责人会议上进行了通报。
9	2014年，所属国家减灾中心99名事业编制员工以通讯员劳务费、审读费等名义，违规从该中心下属杂志社领取补贴286.17万元。	国家减灾中心员工已停止在中国减灾杂志社领取补贴，将此项补贴统一纳入中心工资总额进行管理，并已免去杂志社原社长职务。
10	2014年，所属机关服务局将经营支出在往来科目核算，少计经营支出105.27万元。	机关服务局已完成会计账目和决算的调整，确保会计信息真实。

续表

问题序号	公告的问题	整改情况
11	2014年，所属低收入家庭认定和指导中心未按规定代扣代缴个人所得税，涉及应纳税所得额16.96万元。	低收入家庭认定和指导中心在审计过程中已整改。
12	至2014年底，民政部未按要求对定级为等级保护三级的彩票公益金信息系统设定异地数据备份功能。	民政部正在寻找适当地点，进行数据安全备份。
13	至2014年底，民政部未对3个等级保护三级的信息系统进行年度等级测评；部本级有19个在用和在建的信息系统未进行安全等级保护定级。	民政部已开展信息系统的信息安全等级年度测评工作，民政部信息化领导小组办公室专门印发了整改通知，相关工作正在持续进行中。
14	2014年，民政部将11项中央专项转移支付资金整合为3项，但1个专项内包含多项资金，且资金仍按原有的11项进行管理，政策目标、使用对象、资金用途等均与整合前一致，未进行实质性整合。	民政部正会同财政部等有关部门共同研究，进一步加强专项转移支付资金项目的清理整合。

9. 司法部2014年预算执行和其他财政收支情况审计结果公告问题的整改情况

问题序号	公告的问题	整改情况
1	司法部2014年度部门预算编报不完整，有7个经费自理事业单位未编报预算。	已商财政部同意，司法部将信息中心纳入2016年部门预算编报，并于2015年8月下达了信息中心的预算单位编码。其他6家单位正在申请预算单位编码。
2	1个行政单位、1个财政补助事业单位和1个经费自理事业单位2014年度仅编报了财政资金预算，未编报全口径收支预算。	在编制司法部2016年度预算时，涉及的1个行政单位和1个财政补助事业单位已全口径编报收支预算；涉及的1家经费自理事业单位，目前仅编报了项目支出预算，下一步，司法部将积极协调财政部有关部门，争取全口径编报。
3	2014年，司法部本级未经批准，在项目经费中列支与项目无关的会议费等支出83万元。	司法部已于2015年9月对有关会计账目进行调整，涉及的决算事项将在2015年决算中进行统一调整。今后，司法部将严格执行有关财务管理制度，加强制度建设，规范经费管理，杜绝此类问题的发生。
4	2009年，司法部未经公开招标，直接将办公楼装修工程对外发包，涉及金额2950万元。	今后司法部将严格执行工程项目招标程序，杜绝此类问题再次发生。
5	至2014年底，司法部财政拨款结转结余资金中有2207.03万元为2012年及以前年度项目结转资金，未作为结余资金进行清理上报。	司法部正在将上述结余资金清理补报财政部，并将根据财政部审核意见，及时将存量资金上缴国库。

续表

<table>
<tr><th>问题序号</th><th>公告的问题</th><th>整改情况</th></tr>
<tr><td>6</td><td>2014年，司法部未按规定事前公示出国团组和人员信息，也未在团组回国后1个月内公布出访报告等。</td><td>司法部认真梳理有关问题，强调各办团人员办理因公临时出国（境）手续过程中，严格执行有关信息公开制度，相关职能处室认真审核把关。在因公临时出国（境）团组审批后，凡不涉密的信息及时予以公示，对公示内容的执行情况和团组出访报告，按规定时限及时公示。</td></tr>
<tr><td>7</td><td>2014年，司法部审批的3个出国团组出国人数和境外停留天数超过规定标准。</td><td>司法部将对出访团组（包括外方支付经费的团组）人数和天数按照现行规定，严格审批把关。</td></tr>
<tr><td>8</td><td>2014年，部本级5个出国团组超标准列支工杂费13.46万元，2个团组超标准列支住宿费1.31万元。</td><td>今后司法部将严格执行因公临时出国（境）有关规定，杜绝此类问题再次发生。</td></tr>
<tr><td>9</td><td>2014年，所属中华全国律师协会2名工作人员赴西班牙组织培训任务期间，未经报批前往比利时执行公务。</td><td>中华全国律师协会已联系司法部有关部门办理了任务批件更正。今后司法部将加强对因公临时出国（境）团组的管理，严肃外事纪律。</td></tr>
<tr><td>10</td><td>2014年，司法部本级国内公务接待均无派出单位公函，公务活动结束后未严格按规定填写接待清单。</td><td>司法部已组织有关人员认真学习国内公务接待管理规定等制度。今后司法部将进一步完善国内公务接待管理制度，规范公务接待管理，严格接待审批控制。</td></tr>
<tr><td>11</td><td>2014年，所属司法研究所超预算列支公务用车运行维护费2.02万元。</td><td>司法部已责成司法研究所今后严格执行预算，进一步加强公务用车管理，杜绝此类问题再次发生。</td></tr>
<tr><td>12</td><td>2014年，司法部本级有5个会议未在定点饭店召开，支出会议费44.58万元。</td><td rowspan="4">司法部已组织部机关各司局、部属预算单位相关人员认真学习有关规定，就会议分类和规模、申报和审批、会务要求和标准做了重点强调，有关司局分别开展了集体学习。今后，司法部将进一步加强和规范会议和会议费管理，严格执行会议费管理规定，严格会议费开支范围和标准，加强对部机关和部属预算单位会议和会议费的监督检查。</td></tr>
<tr><td>13</td><td>2014年，司法部本级在酒店召开2个应在内部会议室召开的四类会议，并为参会代表安排食宿，支出会议费3.23万元。</td></tr>
<tr><td>14</td><td>2014年，司法部本级3个四类会议参会人员超出规定人数共计26人，多支出会议费1.93万元；司法部本级4个会议时间超出规定天数共计6天，多支出会议费6.65万元。</td></tr>
<tr><td>15</td><td>2013年9月，司法部本级1个会议超范围支付住宿费等13.45万元，超标准支出场租费等73.26万元。</td></tr>
<tr><td>16</td><td>司法部本级还存在代所属中国监狱工作协会、中华全国律师协会编报预算的问题。</td><td>司法部正在准备向财政部申请中国监狱工作协会、中华全国律师协会的预算单位编码，待财政部批复同意后及时将这两家单位预算进行单独编报。</td></tr>
<tr><td>17</td><td>至2014年底，司法部本级2010年建成投入使用的新办公楼及1996年建成并交付使用的京莲饭店东楼，尚未办理竣工财务决算、未计入固定资产。</td><td>司法部于2015年10月已将京莲饭店东楼记入固定资产账；已完成新办公楼大部分工程结算的审核工作，下一步将积极协调有关各方，争取早日完成竣工决算。</td></tr>
</table>

续表

问题序号	公告的问题	整改情况
18	至2014年底，产权归属司法部的离退休干部局2处活动中心也未计入本级固定资产。	司法部已于2015年7月将2处离退休干部活动中心房屋资产记入固定资产账。
19	至2014年底，司法部本级在往来科目长期挂账844.62万元，未及时清理。	司法部已对往来款项进行了进一步清理，对单位和个人往来款项进行了催收清理，对已经明确的事项进行了账务调整，涉及金额494.68万元；其他往来款项将做进一步清理、调整；今后将严格执行有关制度规定，加强对往来款项的管理，严格控制规模，及时清理结算，避免出现长期挂账现象。
20	2013年6月，所属机关服务局未经批准，以合作经营方式变相出租产权为司法部的1处房产，2014年取得收益490万元，未按规定上缴国库。	机关服务局所属物业管理中心收取的合作经营收益490万元中，审计时已有284.67万元用于机关服务局支出、30.33万元用于缴纳相关税费和成本开支，结余175万元扣除应缴税费后，应上缴国库156.71万元，已按政府非税收入收缴管理有关规定上缴国库。今后，司法部将严格遵守非税收入管理规定。
21	至2014年底，所属国家司法考试中心未及时收缴各地欠缴的“国家司法考试考务费”1145.19万元，其中2014年167.1万元。	国家司法考试中心召开专题会议研究部署催缴工作，已向21个省（区、市）发催缴函并致电相关省、市、自治区司法厅（局），已收缴国家司法考试考务费307.33万元。近日，司法部办公厅拟向欠缴考试考务费的省、市、自治区司法厅（局）印发通知，继续加大考务费收缴力度。
22	2014年7月至12月，司法部3名退休人员在2家所属单位兼职取酬5.65万元；所属司法部法律援助中心2名干部长期在中国法律援助基金会兼职取酬，至2014年底累计领取报酬82.93万元，其中2014年17.16万元。	司法部已责成2家所属单位按照有关规定及时清理纠正。其中1家单位已于2015年1月起停止发放2名干部的补贴，2015年4月停止发放另外1名干部的补贴；另1家单位已于2015年6月份起停止发放2名干部的兼职报酬。今后，将杜绝此类问题再次发生。
23	2014年5月，所属中国法律援助基金会、中国法学会法制文学研究会与1家企业共同设立了1项专项基金。至2014年底，该企业挪用基金67.98万元，其中出借给4名个人64万元。审计期间，上述借款已归还。	中国法律援助基金会和中国法学会法制文学研究会认真学习研究有关制度规定，对相关人员进行了批评教育。两家单位已与相关企业签订协议，对资金使用单位的权利、义务、使用范围进行了明确。中国法律援助基金会对法治文化公益基金的使用情况进行了复核，查验了票据，对基金进展情况资料进行了整理并统计造册。目前，中国法律援助基金会正着手研究制定管理办法。审计期间，64万元个人借款已全部归还，司法部已督促有关单位追回剩余3.98万元。

10. 财政部2014年预算执行和其他财政收支情况审计结果公告问题的整改情况

问题序号	公告的问题	整改情况
1	2014年，财政部为所属2家经费自理事业单位安排基本支出人员经费预算129.34万元。	自编制2016年部门预算起，财政部已停止为2家单位安排人员经费财政拨款预算。
2	2014年，所属信息网络中心未经批准，自行调剂事业运行经费预算15.65万元用于职工购房补贴，调剂公用经费预算248.27万元用于人员经费；所属会计资格评价中心未经批准，调剂公用经费预算42.50万元，用于增编而增加的人员经费。	信息网络中心已向有关部门反映了人员经费不足的问题，提出了调整经费的申请，正在积极推动解决，将在编制2015年部门决算时做出相应调整。
3	2014年，所属中国注册会计师协会未经批准采用单一来源采购方式，自行确定中国注册会计师考试评卷工作承担单位，支付合同价款796万元。	财政部已责成中国注册会计师协会严格按照政府采购程序组织购买相关服务。中国注册会计师协会对此问题高度重视，今后将严格按照有关规定执行。
4	2014年，财政部本级和所属中国注册会计师协会一行6人赴意大利参加国际会议，其中财政部1名参会人员的出国费6.24万元由中国注册会计师协会承担。	财政部本级已将6.24万元出国费退回中国注册会计师协会，调整了有关会计账目，将在编制2015年部门决算时做出相应调整，今后将更加严格规范出国经费管理。
5	2014年9月，所属中国注册会计师协会派2人赴意大利罗马参加国际会议，参会人员绕道3个国家的4个城市且超期停留5天；派2人赴美国纽约参加国际会议，其中1名参会人员绕道华盛顿且超期停留4天。	中国注册会计师协会已取消涉事责任人担任代表和技术顾问的资格，并专门召开会议，对在国际及区域组织任职代表详细讲解外事规定、外事纪律并做严格要求。
6	财政部本级公务用车由所属机关服务中心代管，该中心未对公车运行维护费实行单车核算，财政部本级也未按规定据实结算，2014年按年初预算支付给该中心371.57万元。	财政部机关服务中心自2015年起已逐步完善公务用车管理，并已实现单车核算。
7	2014年3月，财政部有关司局委托干部教育中心承办会议，并由该中心承担会议费8.53万元。	财政部本级已将8.53万元会议费退还干部教育中心，并调整有关会计账目，将在编制2015年部门决算时做出相应调整。
8	2013年至2014年，所属干部教育中心在6个培训班尚未举办的情况下，虚列培训费129.39万元，其中2014年85.05万元。	6个培训班已陆续举办完毕，实际发生费用与预付费用一致。干部教育中心已完善相关工作流程，切实加强培训费管理，据实结算培训费。
9	所属信息网络中心3个项目的项目申报文本中未编制政府采购明细预算，涉及金额5520万元。	财政部将进一步加强项目预算管理，避免类似问题再次发生。

续表

问题序号	公告的问题	整改情况
10	2012年至2014年，所属中国注册会计师协会从2家出版社取得稿酬现金收入447.19万元(其中2014年154.47万元)，未纳入法定账簿核算，主要用于支付稿酬和向协会工作人员发放劳务费、审稿稿酬等，至2015年3月底，余额11.54万元。	中国注册会计师协会就注册会计师考试辅导教材稿酬的领取、管理和发放，制定了比较完善的工作程序，以进一步规范管理。
11	2014年，所属信息网络中心自行开发的信息系统和购置的硬件设备未纳入资产管理，涉及金额175.10万元。	信息网络中心已将有关资产补记入账。
12	2014年，所属机关服务中心未按规定上缴代财政部收取的房屋出租收入262.55万元，从中坐支医药费14.15万元。	机关服务中心已将收取的房屋出租收入129.78万元和坐支的医药费14.15万元上缴中央国库。对于产权不明晰的17套房屋出租收入118.62万元，按照相关规定，机关服务中心扣除已缴纳的相关税费47.17万元后，已将净额71.45万元上缴中央国库，将在编制2015年部门决算时做出相应调整。
13	2012年至2014年，所属机关服务中心将收到的北京德宝会议中心承包费及按照合同约定返还承包单位维修改造费在往来科目核算，造成少计收入990万元、少计支出600万元，其中2014年少计收入330万元、少计支出200万元。	机关服务中心已将北京德宝会议中心承包费调账计入“经营收入”科目，并纳入预算管理，将在编制2015年部门决算时做出相应调整。
14	2014年，所属北京国家会计学院、上海国家会计学院和厦门国家会计学院等3家单位在尚未取得收费许可证的情况下，收取研究生学费等共计912.68万元。	自2015年1月1日起，所属北京、上海、厦门3家会计学院均已按要求统一取消收费许可证及年审制度，不再核发收费许可证，实施收费单位情况和收支状况的报告制度。目前，3家国家会计学院已按照当地具体要求向价格主管部门办理了备案等手续。
15	2013年，所属中国财政经济出版社未经集体决策，将93.71平方米办公用房无偿提供给其下属企业使用。	中国财政经济出版社已收回相关办公用房，与下属企业补签了租房协议，并已收回应收未收的房租。

11. 人力资源社会保障部2014年预算执行和其他财政收支情况审计结果公告问题的整改情况

问题序号	公告的问题	整改情况
1	2012年至2014年，人力资源社会保障部本级外事服务收入623.71万元(其中2014年19.94万元)及拨付所属单位等支出570万元(其中2014年80万元)，均未纳入部门预算管理。	人力资源社会保障部已将收支全部纳入部门决算反映，并将在今后预算编制中充分考虑非财政拨款收支因素，提高预算编制的完整性。

续表

问题序号	公告的问题	整改情况
2	2013年至2014年，人力资源社会保障部本级在项目经费中列支与项目无关支出47.05万元，在基本支出中列支所属文印室超编人员经费131.18万元。	人力资源社会保障部已调整了有关会计账目，今后严格按规定执行。
3	2014年，所属全国人才流动中心、中国高级公务员培训中心在项目经费中列支与项目无关支出35.09万元；所属中国人事报刊社在房屋租赁费项目中列支其他支出30万元。	人力资源社会保障部已调整了有关会计账目，今后严格按规定执行。
4	2009年至2014年，人力资源社会保障部本级及所属宣传中心、中国劳动社会保障出版社虚列会议费等25.38万元，用于与会议无关的消费24.31万元，至2014年底余额1.07万元结存在酒店。	人力资源社会保障部立即收回结存的会议费余额，调整了有关会计账目和决算。
5	2014年，所属宣传中心在编写出版项目经费中虚列支出23万元，拨付给中国劳动社会保障出版社。	宣传中心已将资金从劳动保障出版社追回，调整了有关会计账目。
6	2014年，所属全国人才流动中心人员经费支出超预算46.87万元。	全国人才流动中心在下一年度预算编制时，将充分考虑业务发展预期，科学合理编制，并严格按照批复的预算执行。
7	2013年，人力资源社会保障部本级未经招标，签订事业单位办公楼改造项目造价咨询合同60.09万元；2014年，未经招标将3个项目委托所属中国就业培训技术指导中心等单位实施，涉及金额614.1万元。	人力资源社会保障部认真学习政府采购相关政策和制度，严格按照政府采购规定，公开招标确定项目的承担单位。
8	至2014年底，人力资源社会保障部本级委托所属社会保障研究所等单位承担的17个课题研究项目未按期结题，涉及金额169万元。	人力资源社会保障部积极调度委托课题的研究进度，17个课题已全部结题。
9	2014年，人力资源社会保障部本级未经批准在计划外组织1个出国团组，在项目经费中列支6.58万元用于支付外单位人员出国费。	人力资源社会保障部高度重视、深刻反思，在执行外事计划中，如确需临时安排计划外出访的，将严格在计划总量内调剂，并在报批时说明原因。今后将严格按照财务规定，严格执行项目支出预算。
10	2014年，所属教育培训中心在已安排境外培训费财政预算的情况下，向3家单位收费12.7万元用于赴德国培训。	教育培训中心已退回收取的出国培训费，并在今后的外事工作中，严格规范出国费用管理。
11	人力资源社会保障部本级长期占用所属单位车辆1辆；所属全国人才流动中心长期占用下属企业车辆4辆，2014年下属企业承担车辆运行维护费用14.89万元。	人力资源社会保障部本级已将车辆归还所属单位。全国人才流动中心已按车辆归属使用车辆，保证今后不再出现换用、占用等问题，并退还所属企业负担的车辆费用。
12	2014年，人力资源社会保障部本级11个外事接待团发生租车费用8.65万元，未与汽车租赁公司签订汽车租赁合同。	从2015年起，人力资源社会保障部机关接待来访团组已经按照规定签订车辆租赁合同。

续表

问题序号	公告的问题	整改情况
13	2014年，所属宣传中心超预算列支公务用车运行维护费2.94万元。	按照公务用车改革方案，人力资源社会保障部所属宣传中心将2辆公务用车移交、封存，今后不再发生公务车运行维护费。
14	2014年，人力资源社会保障部本级未经批准，计划外召开12个会议、会议费支出79.90万元；在不符合规定的饭店召开5个会议，会议费支出20.22万元。2012年至2013年，部本级在2个会议中宴请与会人员2次，支出2.09万元。	人力资源社会保障部印发通知，进一步明确会议审批程序、会议计划、会议地点、会议费开支范围和标准等要求，防止今后出现类似问题。
15	至2014年底，人力资源社会保障部79个项目2012年及以前年度结转资金17879.81万元，所属信息中心3个项目结余资金39.51万元，均未作为结余资金上报财政部。	对于信息中心承担的两个项目，人力资源社会保障部已与项目主管部门联系上缴结余资金事宜；对于该中心承担的另一个项目，待主管部门验收后，按照相关规定上缴结余资金。
16	至2014年底，人力资源社会保障部本级未及时进行会计核算，造成财务账面反映的基建结转结余比决算报表少419.14万元。	人力资源社会保障部已进行调账处理。
17	2012年至2014年，所属中国高级公务员培训中心将收到的财政补助经费300万元和教育咨询服务费150万元在往来科目核算，未计作收入。	中国高级公务员培训中心已调整账目，全部转入事业收入。
18	至2014年底，所属全国人才流动中心开发建设的2个信息系统未计入资产，涉及金额30.94万元。	全国人才流动中心对信息化建设资金进行了彻底核查，已将30.94万元补计固定资产。
19	2012年至2013年，所属宣传中心在已安排财政专项资金且未办理广告经营许可证的情况下，在编辑出版的年鉴中发布广告并取得广告收入303.24万元，存放在中国劳动社会保障出版社。至2015年3月底，支付广告代理费等202.73万元，结存100.51万元。	宣传中心从劳动保障出版社追回结余资金100.51万元，调整了会计账目，并给予相关责任人员行政记大过处分。
20	至2014年底，原人事部和原劳动保障部合并前6个基建项目已完工投入使用，尚未办理竣工财务决算。	服务中心已在梳理相关基础资料，力争在2016年4月底前按要求完成6个基建项目竣工财务决算。
21	2014年，人力资源社会保障部有65人未经审批或备案在部内外社会团体兼职；部本级及所属社会保险事业管理中心等单位另有20人在部内外社会团体兼职取酬90.11万元。	人力资源社会保障部对63名兼职人员已履行了备案手续，2名人员履行了审批手续。20名社团兼职人员已将违规取酬的90.11万元全部退回相关社团，并办理了入账手续。同时，人力资源社会保障部还要求其他社团自查自纠。

续表

问题序号	公告的问题	整改情况
22	至2014年底，所属文印室和社会保障能力建设中心人员分别超编16人和6人。	人力资源社会保障部正与相关部门协调解决办公厅文印室超编制问题。关于社会保障能力建设中心超编制问题，计划在2年内通过退休加以解决。
23	2014年，所属信息中心未经公开招标，指定地方人力资源社会保障部门从3家公司购买PSAM卡19万张，涉及金额670万元。	信息中心已制定下发管理办法，引入竞争机制。
24	2014年，人力资源社会保障部参与分配的就业专项转移支付资金在实际执行中又分为4个细项，分别由3个司局的4个处室进行分配，且资金申报审批程序、分配方式、管理办法等都由各资金分配部门分头管理，未整合到位。	人力资源社会保障部将积极配合财政部研究清理整合意见。

12. 国土资源部2014年预算执行和其他财政收支情况审计结果公告问题的整改情况

问题序号	公告的问题	整改情况
1	2014年12月，国土资源部主管的中国土地估价师协会在土地估价师准入类职业资格被取消、且未获批调整的情况下，仍申报并获得“土地估价师考试”财政项目预算资金100万元。	国土资源部立即向财政部申请调减该项目预算，2015年9月财政部已批复调整预算100万元。
2	2014年，国土资源部本级及所属中国地质调查局油气资源调查中心等10家单位未经批准，自行调剂使用预算资金2473.78万元。	对在公用经费中列支人员经费562.31万元问题，国土资源部已向财政部报送细化机动经费项目预算的申请，解决人员经费不足的问题。对超预算使用项目资金列支人员经费766.16万元问题，国土资源部已归还477.37万元。对未经批准使用项目资金支付其他项目费用937.55万元问题，已做调账处理。其余未经批准自行调整使用预算资金207.76万元已归还原资金渠道。
3	2014年，所属信息中心、中国地质调查局发展研究中心挪用项目资金8.10万元，用于发放优秀业务成果和论文奖及支付横向项目费用等。	信息中心、中国地质调查局发展研究中心已归还挪用的财政资金8.1万元。
4	2014年，所属中国土地勘测规划院2名人员出国费用3.87万元由中国土地学会承担；所属中国地质调查局无预算列支出国（境）费用23.03万元。	中国土地勘测规划院已将3.87万元退还原单位并调整了相应会计账目。国土资源部已责成中国地质调查局加强出国预算管理。中国地质调查局及时开展了外事纪律整顿和外事政策宣传教育活动，出台了相关管理办法，要求局属各单位严格管理出国经费；完善国际合作计划的制订，严格按照计划执行外事活动。

续表

问题序号	公告的问题	整改情况
5	2013年至2014年，所属人力资源开发中心下属外事咨询服务中心向部本级和所属单位收取代办护照和签证服务费218.91万元（其中2014年103.68万元），主要用于弥补人员经费不足。	2015年7月，人力资源开发中心下属外事咨询服务中心已停止办理护照和签证收费。
6	2013年至2014年，所属国土资源部机关服务局、中国国土资源航空物探遥感中心占用下属单位车辆共计7辆。	机关服务局已将占用车辆1辆、借用车辆4辆退回原单位。中国国土资源航空物探遥感中心将借用车辆2辆全部退回原单位。
7	2014年，国土资源部本级、所属机关服务局和中国地质环境监测院计划外召开5个四类会议，会议费支出26.29万元。	国土资源部已责成相关单位今后认真执行会议管理规定，严格执行会议计划，加强会议管理。
8	2014年，国土资源部本级召开的1个三类会议工作人员超过规定人数21人，超支2.83万元；1个四类会议会期超出规定天数12天，超支8.75万元。	
9	2014年，所属机关服务局召开3个四类会议，会议费支出7.07万元，其中超标准列支1.64万元。	
10	2014年，国土资源部本级1个会议支出17.95万元由所属信息中心承担；所属机关服务局2个会议支出7.58万元，其中向参会单位收取5.79万元；所属环境监测院1个会议支出10.80万元由1家公司承担。	国土资源部本级、所属机关服务局和所属中国地质环境监测院已分别将涉及的会议支出全额退还，合计33.22万元。
11	2014年，所属矿产资源储量评审中心、所属机关服务局分别有1个会议未按规定在单位内部会议室召开，会议费支出2.9万元。	国土资源部已责成相关单位今后认真执行会议管理规定，加强会议管理。
12	2014年，国土资源部本级举办的4期培训班共向所属单位收取培训费77.55万元。	除0.54万元无法确认退还主体外，其余资金国土资源部均已退还。
13	2014年，国土资源部本级计划外举办2个培训班。	国土资源部已责成承办培训的相关单位今后加强培训计划管理，离退休干部局已将相关培训上报列入2015年计划。
14	2014年，国土资源部本级举办的1期培训班扩大开支范围，列支培训费1.34万元。	国土资源部离退休干部局已退还会议外支出0.2万元，将列支的不符合规定的1.14万元进行了会计账目调整。
15	至2015年3月底，所属中国地质调查局等18家单位的67个项目2012年及以前形成的结转资金中，有2352.03万元未纳入结余资金统筹安排。	国土资源部已按要求对结余资金进行了清理，按季度向财政部报送结转结余资金情况，除296.7万元结余资金因需财政部批准后才能上缴外，其余已全部缴入国库。

续表

问题序号	公告的问题	整改情况
16	至2014年底，所属中国地质科学研究院地质研究所已完成的59个本级横向财政拨款项目2012年以前形成的结转资金409.22万元，未纳入结余资金管理；所属国家地质实验测试中心已完成2个项目结转资金6.57万元，未按规定向财政部上报结余。	中国地质科学研究院地质研究所、国家地质实验测试中心已将结余资金上缴国土资源部，现已缴入国库。
17	国土资源部本级1998年以来形成的各类事业基金、专用基金和财政补助结转结余资金长期未清理，至2014年底余额3.77亿元；所属中国地质调查局对2000年原中国地质勘查技术院撤销后并入的资金等长期未清理，至2014年底余额1024.63万元。	国土资源部已与财政部进行了沟通，资金收支已纳入预算；中国地质调查局已对资金进行了清理，将全部资金转入机关财务统一管理，撤销相关银行账号。
18	国土资源部本级在编报2014年度部门预算时，代所属油气资源战略研究中心编报督察员工作经费100万元。	国土资源部已不再代编督察员工作经费预算。
19	国土资源部所属中国地质博物馆1308.40万元基本建设资金闲置。	中国地质博物馆正加快办理建设用地规划许可证等审批手续。
20	国土资源部所属中国国土资源经济研究院存在部分项目预算执行率低等问题。	中国国土资源经济研究院加快了预算执行进度，强化预算执行管理，2015年9月预算执行率达到67%，项目执行进度达到49%，分别较上年提高了6%和2%。
21	2014年，所属中国地质博物馆未经批准，自行调增津贴补贴发放标准和补发核增绩效工资，共提高标准发放津贴补贴304.23万元；以获评国土资源部先进单位等为由，向全体职工发放奖金183.15万元。	国土资源部已责成中国地质博物馆停止发放不符合规定津补贴的行为，中国地质博物馆已经停止相关津补贴的发放。
22	2014年，所属中国国土资源航空物探遥感中心等5家单位超范围向不承担野外工作的职工发放149套共计85.20万元野外劳动保护用品。	中国地质调查局已责令所属单位收回超范围标准发放的劳保服装，并对中国国土资源航空物探遥感中心等5家单位进行了通报批评，同时对发放数额较大单位的主要负责同志给予了通报批评。
23	2013年5月至2014年，所属西安地质调查中心违规向本单位人员发放评审费等21.99万元，其中2014年1.36万元。	西安地质调查中心已将违规发放的评审费21.23万元从相关职工的工资中扣回。
24	2014年，所属中国国土资源航空物探遥感中心违规向本单位职工发放专家评审费3.44万元，部分职工还违规领取委托其他单位承担的项目评审费0.92万元。	中国国土资源航空物探遥感中心已向职工收回违规发放的评审费3.44万元，对职工违规领取的评审费0.92万元已责令全部退还。
25	2014年，所属中国地质调查局油气资源调查中心5名职工违规领取专家评审费共计4000元。	中国地质调查局油气资源调查中心5名职工已退回违规领取的评审费4000元。

续表

问题序号	公告的问题	整改情况
26	至2015年2月底，所属中国地质调查局深部探测技术与实验研究专项管理办公室于2010年进口的1套仪器（价值1479.25万元）只使用过1次；所属中国地质调查局成都地质调查中心于2010年竣工验收交付使用的实验用房（总投资2736万元）三至七层全部空置未用。	关于设备长期闲置问题，设备的持有单位已与有关单位签订了设备共享协议，交由后者使用。关于试验用房闲置问题，中国地质调查局成都地质调查中心已于2015年4月，研究制订了整改方案，并纳入单位重点工作进行督办，年内确保完成试验用房的实际使用。
27	至2014年底，所属中国地质博物馆未设立统一管理的标本等馆藏品登记台账，馆藏品记录内容不完整，存在部分标本丢失情况。	国土资源部已责成中国地质博物馆组织清理，做到馆藏品账实相符，确保资产安全。中国地质博物馆已着手组织开展清查典藏标本专项工作，对丢失标本进行追偿。目前丢失标本已完成补偿购置工作。
28	至2015年2月底，所属中国地质博物馆于2011年建成交付使用、总投资472万元的“地质博物馆安防改造工程”未办理竣工财务决算。	中国地质博物馆正在按照基本建设管理程序要求，抓紧办理和完成项目竣工财务决算相关工作。
29	所属中国国土资源经济研究院发生于20世纪90年代的对外投资和债权一直未清理。	中国国土资源经济研究院已向国土资源部汇报说明了历史遗留的对外投资和债权已形成投资亏损的情况和原因，下一步将落实工作方案，明确职责，加强资产管理，对往来账款进行清理。
30	所属中国地质调查局成都地质调查中心1个项目的部分子项目未严格执行政府采购有关规定等。	中国地质调查局制定了项目预算审查工作指南，规范政府采购行为。

13. 环境保护部2014年预算执行和其他财政收支情况审计结果公告问题的整改情况

问题序号	公告的问题	整改情况
1	2013年至2014年，所属环境保护对外合作中心等4家单位少编报事业收入预算26774.36万元（其中2014年13083.46万元），少编报其他收入预算6376.18万元（其中2014年1878万元）。	环境保护部已责成环境保护对外合作中心等4家单位严格按照预算法规定编报预算，充分预估事业收入和其他收入，不少报、不漏报。
2	至2015年2月底，环境保护部本级财政结余资金4392.71万元未按规定上报财政部。	环境保护部已将所有符合条件的存量资金全部列为结余资金。按照财政部有关通知要求，及时清理上缴相关存量资金。
3	2014年，环境保护部本级为所属经费自理单位固体废物与化学品管理技术中心安排基本支出预算80万元。	固体废物与化学品管理技术中心编列基本支出属历史遗留问题，环境保护部将商财政部提出固体废物与化学品管理技术中心经费保障措施。

续表

问题序号	公告的问题	整改情况
4	2014年，所属中国环境科学研究院申报项目未经严格审核，将货物类采购错报为工程类，涉及金额2565万元。	中国环境科学研究院已采取措施，加强对项目申报的可行性论证和严格审核。一是制订预算报送审核控制机制，增加对报送预算的再次复核程序，避免出现申报错误；二是预算编制、申报部门充分沟通，提高预算申报事项的准确性，为预算执行扫清障碍；三是针对涉及招投标、进口仪器采购等复杂环节的预算项目，在执行时间上打出提前量，及时启动前期准备工作，确保预算批复一经下达即可执行，提高财政资金使用效益。
5	2013年至2014年，所属核与辐射安全中心、环境工程评估中心、环境保护部卫星环境应用中心等11家单位自行调剂财政项目资金14114.69万元，用于人员经费、房租费、出国费、会议费等支出，其中2014年7874.76万元。	环境保护部所属5家单位调整了相关会计账目，环境保护部采取下列措施积极整改：一是对上述问题进行分析、研究，在2016年度预算编报过程中，科学、准确测算费用支出，保证预算编制的合理性、规范性；二是对经费存在缺口的项目，各相关单位已积极主动向上级部门申请相关资金；三是在预算执行时，严格按照财政批复的预算支出明细科目和金额列支，对于确需调剂使用预算资金的，按规定程序报批后执行。
6	2011年至2013年，所属中国环境科学研究院在公益性行业科研专项经费中超标准支付专家咨询费15.45万元。	中国环境科学研究院采取一系列整改措施，杜绝此类情况再次发生。一是严格执行公益性行业科研专项经费管理的相关规定，修订本院专家咨询费发放管理办法，明确专家咨询费发放标准等；二是调整相关会计账目，原渠道退回超标准列支的咨询费；三是计划开展咨询费网银支付工作，进一步规范咨询费发放。
7	2013年9月至2014年，所属核与辐射安全中心、环境工程评估中心违规向职工发放过节费866.89万元，其中2014年527.64万元。	环境保护部所属核与辐射安全中心、环境工程评估中心已停发和退回了违规发放的过节费，两中心领导被追责，进行诫勉谈话，并向环境保护部党组做深刻检查。在此基础上，两中心针对该问题做了进一步整改：一是迅速向本单位职工通报问题，开展警示教育；二是通过制定相关制度，进一步规范管理，避免发生类似问题。
8	2014年，环境保护部本级2个出国（境）团组各安排了1名与出国任务无关人员。	环境保护部将严格按照中央外事管理的有关要求，从严加强对出国人员的审查，杜绝此类问题再次发生。
9	2013年至2014年，所属环境工程评估中心、环境规划院共27人次持因私护照出国执行公务，发生因公出国（境）费用54.36万元，其中2014年16人次、36.47万元。	环境保护部已印发相关管理办法，进一步规范聘用人员因公出国审查，严禁使用因私护照执行因公出国（境）任务。环境工程评估中心、环境规划院已从2014年10月起停止安排聘用人员持因私护照执行公务出国任务，并按照管理办法规定，为执行公务出国任务的聘用人员办理了因公护照。环境工程评估中心印发了相关管理办法，进一步规范人员因公出国审查工作。

续表

问题序号	公告的问题	整改情况
10	2013年至2014年，所属核与辐射安全中心等2个单位使用自有资金超预算列支出国费用233.76万元，其中2014年84.88万元。	环境保护部将严格执行因公出国团组计划管理及总量控制制度，重点加强对预算安排的审核，同时，核与辐射安全中心等单位采取了相应措施整改：一是严格遵守因公出国（境）经费先行审核制度，对无出国（境）经费预算安排的团组，一律不出具经费审核意见；二是合理调配出国任务，控制有关出国事项，保证在预算批复额度内完成下达的出国计划，提高预算资金的使用效率。
11	2014年，所属华北环境保护督查中心使用不合规票据报销国际交通费等支出3.05万元。	环境保护部已责成华北环境保护督查中心严格执行因公临时出国经费管理办法等相关规定，加强出国经费的报销审核，杜绝此类问题再次发生。
12	2013年，环境保护部本级超预算列支公务用车购置及运行费38.76万元。	环境保护部机关已完成公务用车制度改革，该问题已得到解决。
13	至2014年底，所属中国环境科学研究院超标准配备公务用车9辆，所属环境工程评估中心超编制配备公务用车7辆；所属卫星环境应用中心、固体废物与化学品管理技术中心、机关服务中心3个单位长期借用其他单位车辆5辆。	环境保护部已责成中国环境科学研究院、环境工程评估中心严格执行公务用车配备使用管理办法，对于现存超标车辆，进一步加强管理，并将按照公务用车制度改革的有关要求进行处置。机关服务中心已于2014年底将1辆车退还中国环境监测总站；固体废物与化学品管理技术中心拟在有关建设项目竣工验收后，将2辆车进行固定资产交接。卫星环境应用中心已启动资产划转工作，完成了资产账务核对，正在进行实物核对，并申请车辆划转指标。
14	2013年至2014年，所属环境工程评估中心未按规定定点维修公务用车，涉及维修费用21.01万元，其中2014年11.92万元。	环境工程评估中心已于2014年10月起对公务车辆实行定点维修，严格执行公车配备使用管理和政府采购相关规定。
15	2013年至2014年，环境保护部本级将会议费30.21万元转由所属单位承担，其中2014年28.41万元。	环境保护部已从部本级会议费结转资金中拨付给相关单位30.21万元，用于归还摊派的会议费。
16	2013年至2014年，环境保护部本级和所属环境规划院的10个会议超标准列支会议费17.79万元。	环境保护部根据会议费管理办法等规定，于2015年5月印发通知，强化会议事前审批和会议费报销制度：一是在印发会议通知或报送开会请示时，需要支出会议费的，须附财务审核签字的会议预算表，按程序报部办公厅审批；二是会议费报销时，须提供会议审批文件、会议通知、参会人员签到表、定点饭店等会议服务单位提供的费用原始明细单据、电子结算凭证等。环境保护部所属有关单位还修订了会议费管理办法，杜绝此类问题再次发生。
17	2013年至2014年，环境保护部本级及所属中国—东盟环境保护合作中心计划外召开会议2个、会议费支出26.62万元，其中2014年17.43万元。	
18	2014年，所属环境工程评估中心、中国环境监测总站等5个单位在非定点饭店召开会议43个、会议费支出99.13万元；2013年，环境保护部本级在非定点饭店召开会议1个，会议费支出11.89万元。	

续表

问题序号	公告的问题	整改情况
19	2013年至2014年，所属中国环境监测总站、环境规划院超过规定天数或参会人数召开会议35个、会议费支出34.17万元，其中2014年17个、6.72万元。	环境保护部根据会议费管理办法等规定，于2015年5月印发通知，强化会议事前审批和会议费报销制度：一是在印发会议通知或报送开会请示时，需要支出会议费的，须附财务审核签字的会议预算表，按程序报部办公厅审批；二是会议费报销时，须提供会议审批文件、会议通知、参会人员签到表、定点饭店等会议服务单位提供的费用原始明细单据、电子结算凭证等。环境保护部所属有关单位还修订了会议费管理办法，杜绝此类问题再次发生。
20	2014年7月和9月，所属核与辐射安全中心在无京外人员参会的情况下，在京外召开2次会议，会议费支出61.92万元。	
21	2014年，所属环境工程评估中心印刷业务未按规定实行政府集中采购，涉及金额30.18万元。	环境工程评估中心已按照新的政府集中采购目录及标准的要求执行政府采购。
22	2012年至2014年，由于环境保护部监管不到位，4家课题承担单位挪用项目资金1225.84万元，用于银行贷款保证金以及与课题无关会议费等，其中2014年1176.27万元。	4家水专项课题承担单位已将挪用的项目资金1225.84万元归还原资金渠道，并调整了相关会计账目。
23	2013年至2014年，所属中国环境科学学会编造劳务费发放单列支课题资金65.19万元，用于发放加班补贴、专家费、临时工费用等。	中国环境科学学会相关人员已退回资金30.56万元，并给予相关责任人行政记大过处分。
24	2014年，所属中国环境科学学会环境监察研究分会账外存放培训班管理费收入80.89万元，主要用于该分会人员劳务费及奖金，至2015年1月底结余29.48万元。	中国环境科学学会已将环境监察研究分会账外存放资金结余29.48万元收回，纳入学会财务统一管理。
25	2013年至2014年，所属环境工程评估中心、中国环境监测总站等4个单位未经批准违规收取培训、检测等服务费3528.68万元，其中2014年1690.31万元。	环境保护部2015年印发清理规范工作通知，修订干部培训管理办法，2015年5月26日起开展职业资格清理整顿专项督查活动，规范各单位开展的涉企收费专项、职业资格及相关考试、培训、发证等活动。环境工程评估中心等4家单位已停办相关培训班，正在修订相关办法，取消有关强制性规定。
26	2014年，环境保护部10名退休人员在4家协会兼职取酬23.96万元。	4家协会已停发相关人员工资及补贴。环境保护部针对该问题做了进一步整改：一是严格执行相关规定，制订清理规范实施方案并已实施，部分退休领导干部已不在相关协会任职；二是印发相关管理办法，规范退（离）休领导干部在社会团体兼职，加强对部属社会团体的监督检查和对在社会团体兼职退（离）休干部的管理。
27	2013年至2014年，所属环境保护对外合作中心应收未收股利、房租和物业费等1222.33万元；将利息收入在往来科目核算，造成少计收入418.18万元，其中2014年231.06万元。	环境保护对外合作中心已收回房租及物业费77.33万元和应收股利1145万元，将少计的利息收入418.18万元计入该中心事业费收入，调整了相关会计账目。该中心今后将加强对应收股利、房租和物业费的催收工作，对于赠款协议中未就项目资金利息使用或分配进行约定的国际合作项目，将资金利息纳入事业费收入，统一核算、统一管理。

续表

问题序号	公告的问题	整改情况
28	至2014年底，所属机关服务中心以无形资产对外投资1000万元、所属核与辐射安全中心和东盟中心购置软件资产639.49万元，均未纳入法定账簿核算。	机关服务中心已将长期股权投资1000万元入账，核与辐射安全中心和中国一东盟环境保护合作中心已将639.49万元软件资产计入无形资产账，今后将严格执行国有资产管理制度规定。
29	2011年至2014年，所属机关服务中心以不合规发票报销共计80.97万元。	机关服务中心已全部更换为合规发票，并修订了相关管理办法，实行经办部门与财务部门分级复核制度，明确相关责任，进一步加强单位内部控制。
30	2014年，所属环境保护部应急与事故调查中心未在规定科目核算职工薪酬，涉及金额387.09万元。	环境保护部应急与事故调查中心已调整相关会计账目，将应付给职工及为职工支付的各种薪酬纳入“应付职工薪酬”科目核算。
31	至2014年底，中国环境监测总站国家环境二噁英监测中心（二期）华北分中心已竣工交付使用，但未及时办理竣工财务决算，涉及金额2496.48万元。	中国环境监测总站已于2015年3月按要求办理了该项目的竣工决算手续，资产已入账。
32	2005年，原环保总局未经批准，自行对所属中日友好环境保护中心进行机构调整，新设立2家独立法人事业单位。至2015年3月底，仍未获得中央编办批准。	环境保护部将按照机构编制管理有关规定，对这2个独立法人单位严格规范，现正积极协调中央编办，申请单独设立机构，解决机构编制问题。
33	2012年至2014年，中央环境保护专项资金存在支持领域过宽，部分项目与其他专项界限不清晰；分配方法多样，申报审批程序和绩效评价方法不统一；缺乏科学规划，项目安排随意性大；项目库中符合实施条件的项目储备不足以及未按规定编制年度专项资金申请指南等问题。	将根据相关法律法规的修订情况，及时取消中央环境保护专项资金，研究建立相关补偿机制。
34	2010年至2014年，环境保护部未按规定办法分配中央重金属污染防治专项资金64.9亿元。	财政部已会同环境保护部联合印发通知，组织开展公开竞争评审工作，并在财政部政府网站公示；中央财政已下达专项资金，择优支持部分重点区域重金属污染治理。两部还联合印发通知，要求地方切实加快项目实施，建立项目进展情况调度制度，按季度报送进展情况。环境保护部也组织开展监督检查工作，继续委托第三方中介机构开展重金属污染防治专项资金项目检查。

续表

问题序号	公告的问题	整改情况
35	2014年，财政部、环境保护部在江河湖泊生态环境保护专项资金中安排14.89亿元用于“国土江河综合整治试点”，但试点工作的内容、目标与江河湖泊生态环境保护专项不完全一致，现行江河湖泊生态环境保护专项资金管理办法及绩效考核办法也无法涵盖该试点工作。	2015年4月，财政部会同环境保护部、水利部联合印发有关指导意见，明确试点工作立足于通过现有资金渠道解决，加大资金统筹力度，既形成资金合力，又避免交叉重复；要求相关省份严格遵守相关专项资金使用管理办法，结合项目特点，统筹做好资金安排。同时，财政部会同环境保护部联合印发相关专项资金管理办法，明确将国土江河综合整治试点工作纳入专项资金支持范围。在财政部安排2015年水污染防治专项资金时，环境保护部已建议暂缓下达镜泊湖等8个绩效评价结果较差湖泊当年专项资金。下一步，环境保护部将会同财政部抓紧督导水质及其他生态绩效指标无明显改善的湖泊所在地区，加大工作力度，确保专项资金使用效益。
36	江河湖泊生态环境保护专项支持的镜泊湖、查干湖治理项目治理效果不明显。	

14. 住房城乡建设部2014年预算执行和其他财政收支情况审计结果公告问题的整改情况

问题序号	公告的问题	整改情况
1	住房城乡建设部未按规定将所属全国白蚁防治中心（为经费自理事业单位）纳入部门预算。该中心2014年收入1346.4万元、支出526.26万元。	住房城乡建设部已印发相关通知，明确自2015年起将全国白蚁防治中心纳入住房城乡建设部预算管理，并向财政部报送了新增所属预算单位的申请。
2	2014年，所属城乡规划管理中心和科技发展促进中心未经批准，在课题项目中列支与课题研究无关支出51.41万元。	住房城乡建设部已责成城乡规划管理中心和科技发展促进中心严格执行预算法及相关规定。相关单位对所列支出均已按原渠道归还资金，并调整了会计账目。
3	2014年，住房城乡建设部本级未经批准动用机动经费44.47万元，用于本级人员经费超预算支出。	住房城乡建设部已印发相关通知，完善和规范资金使用计划报批手续，严格预算管理，坚决避免类似问题再次发生。
4	2014年，所属中国城市规划设计研究院超预算列支公务用车运行维护费85.35万元。	住房城乡建设部已责成中国城市规划设计研究院严格执行国家有关规定，该院今后将严格控制车辆运行费支出，合理编制预算，杜绝超预算列支公务用车运行费。
5	2013年，所属全国白蚁防治中心未经批准，在未编制新增资产配置预算的情况下购买轿车2辆，支出49.96万元。	住房城乡建设部已责成全国白蚁防治中心严格执行国家有关规定，该中心今后将严格执行“三公”经费管理规定，并结合公车改革有关要求，认真抓好整改落实。
6	2014年，住房城乡建设部本级召开的12个会议，由所属单位承担会议费支出74万元。	住房城乡建设部已按要求进行了归还，并调整会计账目。
7	2014年，住房城乡建设部所属住宅产业化促进中心1个会议因高估参会人数等多支付费用18.25万元。	住房城乡建设部已责成住宅产业化促进中心进一步加强国有资产使用管理，该中心已按审计要求进行了清查，并追究了相关人员责任，分别给予1人警告处分、2人诫勉谈话。
8	2014年，住房城乡建设部所属标准定额研究所用会议费发票报销与会议无关支出19.98万元。	住房城乡建设部已责成标准定额研究所今后严格执行财经法规，该所今后将严格执行财经法规，严禁列支与会议无关费用，避免类似问题再次发生。

续表

问题序号	公告的问题	整改情况
9	2009年至2014年，住房城乡建设部本级和所属标准定额研究所未执行政府采购程序，直接委托相关单位承担信息化系统建设和维护升级服务项目，涉及金额628万元，其中2014年171万元。	住房城乡建设部相关司修订了有关管理办法，完善评审环节，进一步加强对课题内容及金额审查，确保课题委托符合政府采购法等规定；标准定额研究所将在今后工作中严格区分开发与维护工作，严格执行政府采购程序。
10	住房城乡建设部本级“工程建设标准制定修订专项经费”预算编报不细化；承担的“水体污染控制与治理”专项存在资金拨付不及时、预算执行率低的问题；本级部分项目年末结转金额较大。	住房城乡建设部相关司局从今年开始加快并细化了标准制定修订项目计划编报工作；“水体污染控制与治理”专项2014年度资金已于去年年底前全部拨付；对“十二五”期间立项课题财政资金使用提出了整改方案，每季度末组织填报季度执行情况报告，督促加快执行进度。
11	2008年至2015年1月，住房城乡建设部本级将取得的版税收入17423.36万元（含2008年以前结余，其中2014年1453.94万元）存放在所属2个出版社，未纳入部本级法定账簿核算，其中违规用于向部本级和所属标准定额研究所部分职工发放补贴2167.31万元（2014年434.1万元），至2015年1月底余额7323.26万元。	住房城乡建设部已将账外存放的版税收入结余资金7323.26万元全部收回，制定了相关管理办法，加强结余资金使用监管。住房城乡建设部对相关责任人进行了调查和严肃处理，已提出处理意见，按程序报中央国家机关工委审批。
12	2013年12月至2015年1月，所属中国建设工程造价管理协会未将取得的稿酬收入39.22万元纳入法定账簿核算，其中2013年以审稿费名义向部本级部分职工发放12.44万元。	住房城乡建设部已责成中国建设工程造价管理协会改正上述行为。审计期间，该协会已将结存的现金和公务人员退回的现金共计39.22万元全部收回。
13	2013至2014年，所属科技发展促进中心未经批准违规收取评估费、推广费428.27万元。	住房城乡建设部已责成科技发展促进中心对代行政府职能行为进行清理。该中心已停止科技成果评估和科技成果推广两项收费，以第三方独立机构方式，自主开展科技成果评价活动，促进科技成果产生和转化。
14	2014年，所属中国城市科学研究会成立的分支机构“中国住宅产业化联盟”不符合有关命名规定，并违规收取会费260万元。	住房城乡建设部已责成中国城市科学研究会对该行为予以纠正。该会已将“中国住宅产业化联盟”更名为“中国城市科学研究会住宅产业化联合专业委员会”；今后按照中国城市科学研究会会费标准收取会费，对已收取的会费按照中国城科会会费标准调整或适当减免。
15	2014年，所属科技发展促进中心、中国建设工程造价管理协会以购买食品、体育用品名义，违规向职工发放购物卡或为职工消费卡充值共计30.31万元。	住房城乡建设部已责成科技发展促进中心和中国建设工程造价管理协会按要求收回相关资金，调整会计账目。科技发展促进中心已收回消费卡资金18.95万元（有3名职工于今年年初辞职，涉及0.85万元未收回），并调整了会计账目；中国建设工程造价管理协会发放的相关人员购物卡资金已在4月份工资中等额扣回18人资金共9万元（有3人已离职或退休，1.5万元未退回），并调整了会计账目。

续表

问题序号	公告的问题	整改情况
16	2013年至2014年，所属全国白蚁防治中心劳务费发放记录不完整，涉及金额189.04万元。	住房城乡建设部已对全国白蚁防治中心劳务费发放情况进行了认真清理。该中心已收回在职人员11人次的劳务费1.6万元，提供了2013年、2014年所有财政资金劳务支出明细，补充了相关工程劳务费发放记录，制定了相关支出管理规定。
17	2014年，所属机关服务中心为该部大院生活区里的部外产权单位和住户承担物业管理费、维修费279.32万元。	住房城乡建设部已责成机关服务中心加强后勤管理，合理分摊并及时催收相关费用。机关服务中心按照中央单位物业费改革方案的统一部署，积极推动由物业服务单位向业主收取物业费工作，已研究制订了院区物业服务收费改革方案，于11月1日起全面收取物业费。
18	至2014年底，所属科技发展促进中心、标准定额研究所部分专项资金在往来款科目长期挂账，涉及金额539.56万元。	科技发展促进中心已对146.56万元长期应付款挂账进行了清理，转为其他收入核算，并在2015年缴纳企业所得税；标准定额研究所对393万元往来款项决算完成催报，已计入会计账目。
19	至2015年2月底，住房城乡建设部本级有12415.53平方米行政单位办公用房（占总面积的54.85%）被事业单位、社团机构和企业占用；1处业务用房（2007年被确定为区级文物保护单位）被个人长期无偿占用从事经营。	4个民营企业和3个部属单位占用办公用房已完成清理腾退，对3个部管社团分支机构使用办公用房进行了规范，剩余1个部属单位使用的办公用房将于今年年底前完成腾退。
20	至2014年底，住房城乡建设部本级开发的43个信息系统未纳入资产管理，涉及金额1620.95万元。	关于信息系统未纳入资产管理问题，住房城乡建设部已组织各司局开展清查工作，对立项依据、开发合同、资金来源和运行维护等方面情况进行了调查，正在研究制定信息系统资产登记管理办法，抓紧完成信息系统资产登记工作，加强软件资产规范管理。
21	至2014年底，住房城乡建设部本级55项房产的财务核算数据与房产部门记录和实际情况不一致。	住房城乡建设部已组织相关部门对部本级房屋资产情况进行了详细核查，确保登记完整，数字准确。
22	2014年，所属机关服务中心将住房城乡建设部委托其代管的部分房产提供相关单位使用，收取的有偿使用费710.82万元未按规定上缴国库。	该项收入已经用于住房城乡建设部后勤服务各项支出，住房城乡建设部将向财政部反映后勤经费紧张的实际状况，积极研究寻找后勤服务经费解决办法。
23	2010年至2014年，所属全国白蚁防治中心未经批准对外出租业务用房，取得房租收入273.91万元。	住房城乡建设部已责成全国白蚁防治中心严格出租业务用房管理，该中心已按规定补办了出租业务用房手续。
24	2014年，所属城乡规划管理中心未经批准无偿出借资金300万元，借款期限5年。	住房城乡建设部已责成城乡规划管理中心收回出借资金。该中心已按要求收回300万元借款。
25	至2014年底，所属中国城市规划设计研究院对4家公司的投资560万元已形成损失，未按规定核销。	该问题涉及历史情况较为复杂，缺少损失核销的相关佐证材料，中国城市规划设计研究院正在认真查阅有关历史资料，逐项梳理，就有关资产核销工作积极补办相关手续。

续表

问题序号	公告的问题	整改情况
26	2012年至2014年，所属中国城市规划设计研究院未经有关部门审批，将住房城乡建设部划转的1处宾馆改造为办公用房，建筑面积26310平方米。	中国城市规划设计研究院和住房城乡建设部有关司局已向国管局咨询补办改造工程有关审批手续和房屋使用性质认定等工作，同时压缩工程预算，严格控制投资。
27	2010年12月和2014年3月，在所属中国城市科学研究会下属企业参与投资成立的公司不符合条件的情况下，住房城乡建设部先后两次评审通过了其甲级规划编制资质（暂定级）审查。	中国城市科学研究会下属公司对员工聘任合同、工资发放、社保缴纳等工作进行了整改，住房城乡建设部相关司局已组织专家对当事公司进行了审查，认为该公司基本整改到位。近期，住房城乡建设部将对该公司有关问题在全行业内进行通报，并加强对规划编制资质的动态管理。

15. 交通运输部2014年预算执行和其他财政收支情况审计结果公告问题的整改情况

问题序号	公告的问题	整改情况
1	2012年至2014年，交通运输部本级未经批准，在节能减排专项资金中列支所属单位人员经费350万元，其中2014年70万元。	交通运输部已责成科学研究院将2012年至2014年在节能减排专项资金中列支的人员经费350万元，全部调由自有资金列支，调整有关会计账目；并按照财政部要求，将350万元上缴了中央国库。
2	2014年，交通运输部本级向所属公路科学研究所、科学研究院拨付节能减排项目经费75万元，2个单位实际仅支出7.75万元。	交通运输部已责成公路科学研究所、科学研究院退回节能减排资金67.25万元，并已将该资金上缴中央国库。按照部党组决定，分管部领导对相关单位主要负责同志和分管的负责同志进行了谈话批评，并责成具体责任人做出检查，有关情况在一定范围进行了通报。
3	2014年，交通运输部离退休干部局未经批准将老干部活动中心出租，出租收入90万元未按规定上缴国库。	交通运输部已责成离退休干部局将房租收入90万元上缴了中央国库。今后离退休干部局不再出租该活动用房。
4	2010年至2012年，交通运输部未经批准，自行批复所属公路科学研究所2个实验室工程，总投资11826.21万元，其中使用车辆购置税安排10580万元。	为进一步规范部属单位固定资产投资管理工作，交通运输部印发了相关管理办法，强化项目建设单位的主体责任和主管部门的监督责任，明确了固定资产投资项目的审批流程和操作环节，并针对项目管理中的设计变更、概算调整等环节，细化了调整的标准和相应的程序。今后交通运输部将进一步严格执行固定资产投资管理的相关规定，结合国家行政审批制度改革和审批权下放有关工作，与国家发展改革委协调，进一步明确所属单位固定资产投资项目审批权限的相关事宜。
5	2010年至2012年，交通运输部将所属上海打捞局整体建设的办公用房拆分为2个业务用房项目，自行立项审批，总投资5909.62万元，其中使用港口建设费安排5500万元。	
6	至2015年3月底，交通运输部未按规定将所属单位办公楼项目停建结余资金578.54万元上报财政部。	交通运输部相关单位完成了有关资金的清理工作；由于这部分资金涉及国库资金额度的收回，交通运输部已向财政部行文申请，待财政部批复后即缴回有关资金。

续表

问题序号	公告的问题	整改情况
7	2012年至2014年，所属救助打捞局、公路科学研究所采购的3745.33万元货物和服务，未按规定进行公开招标或由所属企业违规参与投标，其中2014年2491.33万元。	交通运输部已责成有关单位严格执行政府采购政策，切实加强招投标管理工作。有关单位组织领导班子和相关人员认真学习了政府采购和招投标相关法律法规，今后要严格依法办事，防止类似问题再次发生。
8	2014年，所属水运科学研究所、公路科学研究所、科学研究院在非定点饭店召开会议20个，支出会议费61.26万元。	交通运输部已责成有关单位严格执行会议费管理的有关规定。水运科学研究所加强会议费支出的事前审核，所有会议均必须在定点饭店召开，否则不予报销。公路科学研究所组织有关人员认真学习相关规定，今后会议地点严格在财政部发布的定点饭店范围内选择。科学研究院严格会议费管理，印发通知要求会议必须在定点饭店举办，并按照协议价格结算费用，报销时须提供“政府集中采购电子结算单”。
9	2014年，所属救助打捞局救助专项业务费预算编制不细化，预留机动经费6300万元，年中才细化分配给救助系统。	交通运输部救助打捞局在编制2015年预算时，已取消了预留机动经费预算。今后除规定的预算调整外，不再安排经费二次分配。
10	至2014年底，交通运输部本级委托所属单位建设的信息系统有4个项目已完成竣工财务决算，未纳入资产核算，涉及金额5414.66万元。	交通运输部已组织有关部门和单位对相关资产按规定进行了清理，并召开专题会议进行了研究。通信信息中心已将4个信息系统项目，按规定登记入账。
11	至2014年底，所属科学研究院的2处房产已交付使用10年，未按规定登记资产，涉及金额18008.22万元。	交通运输部已组织有关部门和单位对相关资产按规定进行了清理，并召开专题会议进行了研究。科学研究院已将和平里大楼和信息大楼资产登记入账。
12	2014年，所属中国海事服务中心超工资总额计划发放人员工资940.81万元。	交通运输部已责成海事局加强对中国海事服务中心的工资管理，切实采取措施控制人员经费支出。海事局将重新核定中国海事服务中心工资总额，并责令该单位严格事业编制人员工资管理，不得超工资总额发放事业编制人员工资。
13	至2014年底，所属水运科学研究所等5个事业单位未经批准，将12479.87平方米办公和生产用房提供给下属企业无偿使用。	交通运输部已责成有关单位按要求进一步加强资产管理，确需出租出借的应补办相关手续。水运科学研究所等5个单位已停止其所属公司无偿使用办公用房，与有关公司签订租赁协议，今后严格按照相关规定加强有关资产管理。
14	2012年至2014年，所属公路科学研究所将房产出租收入324万元存放在下属企业，未纳入法定账簿核算。	交通运输部已责成公路科学研究所收回出租收入324万元。该所已与路网中心重新签订了房屋出租协议，收回了中路高科交通科技集团有限公司房屋租金324万元，并已调整有关会计账目。
15	2013年至2014年，所属科学研究院、公路科学研究所违规向相关单位收取审核、检验等费用1582.5万元。	交通运输部要求部内相关司局对自身职责范围内有无“依托部门资源、利用部门权力收费”情况进行了清理。科学研究院、公路科学研究所已按照要求进行整改，取消了相关审核和强制性收费项目。
16	所属中国交通报社存在虚构代理业务列支的问题。	交通运输部已对中国交通报社所属公司虚构广告代理业务套取资金问题进行调查。

续表

问题序号	公告的问题	整改情况
17	2012年至2013年，交通运输部向不符合条件的6条高速公路安排补助资金48.12亿元。	交通运输部已按照要求对6条公路安排补助资金进行了全面梳理，对有关原因进行了分析。交通运输部党组对此问题认真查找了原因，提出了整改措施，对相关单位领导班子进行了批评教育，责成湖南省交通运输厅对提供不实文件的有关责任人进行严肃教育和处理。今后交通运输部将严格按规则、按流程、按标准审核项目，规范资金补助程序。
18	至2014年底，交通运输部向9条未纳入规划的国、省道公路安排车购税资金8.65亿元。	交通运输部将按照要求进一步加强对公路项目补贴资金管理，建立完善项目库，编制规划前做好与地方有关部门的沟通协调，严格执行规划，规范资金补助程序，适时进行中期评估和调整，以更符合行业发展实际需求。
19	2009年至2013年，交通运输部将不符合条件对象纳入岛际和农村水路客运成品油价格补贴范围，申报补贴，造成中央财政资金流失12361.06万元。	交通运输部已决定组织有关省级交通运输主管部门清理核实，要求各省对2014年船舶检验证书登记为货船、拖船、游艇、高速客船的船舶，暂不发放补助资金；已经发放的，配合财政部门追回。按照交通运输部党组决定，分管部领导对相关司局主要负责同志和分管的负责同志进行了谈话批评，责成具体负责人做出检查，并认真整改，有关情况在一定范围内进行通报。

16. 水利部2014年预算执行和其他财政收支情况审计结果公告问题的整改情况

问题序号	公告的问题	整改情况
1	至2014年底，水利部本级未将财政基建预拨款等结余资金38939.11万元纳入部门预算管理。	水利部对历史形成的收入、支出、往来款情况进行了全面梳理，已将财政性资金全部上缴财政，形成坏账损失的已按照审批权限向财政部报批或报备，其他结余全部纳入2016年预算。
2	2013年，所属黄河水利委员会挪用专项资金442.40万元购置14辆越野车，分配给黄河水利委员会机关及下属单位和甘肃省水利厅等12个单位使用。	黄河水利委员会已对不符合原设计用途的车辆进行封存，将车辆统一纳入公车改革管理，对相关责任人分别给予党内警告、行政警告、免职、诫勉谈话等处理。
3	2012年至2014年，所属中国水利水电科学研究院下属杂志社挪用专项经费86.04万元，向中国水利水电科学研究院防汛抗旱减灾研究所和省级防汛抗旱指挥部办公室等单位141名工作人员发放劳务费，其中2014年21.80万元。	中国水利水电科学研究院已将专项经费全部收回，对相关责任人分别给予党内警告、行政警告、免职、诫勉谈话等处理。
4	2014年，所属中国水利水电科学研究院本级和长江水利委员会下属的水文局、网络信息中心未经批准自行调剂项目经费用于与项目无关支出119.62万元。	中国水利水电科学研究院、长江水利委员会已将无关支出全部从项目支出中调出。

续表

问题序号	公告的问题	整改情况
5	至2014年底，所属水利水电规划设计总院占用下属单位车辆14辆。	水利水电规划设计总院已对占用车辆进行了清退。
6	2014年，所属黄河水利委员会水文局违反合同约定，超进度支付设备采购款1053.68万元。	目前所有设备已全部交付并投入使用，并对相关责任单位和个人分别给予罚款、通报批评、诫勉谈话等处理。
7	2012年至2013年，所属黄河水利委员会信息中心通过违规招投标，将部分信息化项目交给下属企业和职工持股企业实施，涉及金额2287.93万元。	黄河水利委员会信息中心已对职工入股情况进行了清理、清退，正在办理相关下属企业注销手续，今后严格按照规定规范所属企业参与投标行为。
8	2008年，所属黄河水利委员会水文局自行整合5个建设项目，变相建设办公楼，涉及投资额4600万元。2013年9月该项目竣工投入使用，实际建筑面积15845平方米，是原批复面积的2.56倍，超出部分由黄河水利委员会水文局下属单位办公使用。	黄河水利委员会水文局严格按照原各单项项目批复的投资、规模、功能和使用单位进行分配，经营性用房全部用于开展经营活动使用，并依法办理科研楼竣工验收、资产交付和使用等相关手续。
9	此外，2014年所属长江水利委员会4个建设项目因前期准备工作不充分，至年底未能开工建设，造成24797万元建设资金闲置。	水利部专门发文，要求长江水利委员会尽快开工，切实加快项目实施，并派专人进行督导。长江水利委员会多次主持召开专题会议，研究、部署有关工作，加强与地方水利厅及项目建设管理单位的沟通、联系，推进项目建设。目前项目经费已全部拨付项目建设管理单位，并要求年底前完成项目建设。
10	2002年至2014年，所属黄河水利委员会下属供水局、山东黄河河务局、河南黄河河务局等单位挪用水费收入15631.21万元（其中2014年1716.53万元），用于对外出借、投资、补助人员经费等。	黄河水利委员会对供水单位2002年以来的供水收支进行全面清理，出借资金已收回或于近期收回，对外投资等正在清理规范，年底前全部整改落实。同时，正在研究修订水费管理办法，进一步加强水费收支管理。
11	2003年至2008年，所属长江水利委员会下属汉江水利水电（集团）有限责任公司投资决策失误，造成国有资产损失3.35亿元。	长江水利委员会下属汉江水利水电（集团）有限公司对投资管理等有关制度进一步修改完善，提高风险防范及控制能力。长江水利委员会研究制定有关制度，进一步健全企业法人治理结构，保障投资项目的科学民主决策，并对相关责任人分别给予党内警告、行政警告、免职、通报批评等处理。
12	2011年至2014年，所属长江水利委员会下属长江勘测规划设计研究院多计离退休人员安置费用10103.81万元。	长江水利委员会下属长江勘测规划设计研究院已对列支的安置费用进行了调整，并相应补缴了企业所得税。
13	2012年至2014年，所属长江水利委员会指定下属公司承担专家评审业务，该公司违规向部分项目单位收费1850.43万元，并以“专家咨询费”名义向长江水利委员会办公室、建设与管理局等单位的70名工作人员发放181.26万元。	有关人员已将领取的咨询费全部退回，长江水利委员会制定出台了参加评估评审活动管理办法，并对有关责任单位和个人给予通报批评等处理。

续表

问题序号	公告的问题	整改情况
14	2013年至2014年，所属中国水利水电科学研究院下属杂志社使用14.71万元公款，用于宴请和为个人发放购物卡、购置手机、电脑等支出；所属水利水电规划设计总院下属江河水利水电咨询中心购买手机、电脑等设备供水利水电规划设计总院工作人员使用，共计9.70万元。	中国水利水电科学研究院、水利水电规划设计总院下属单位已收回违规资金，并印发管理办法加强内部管理，对相关责任人分别给予党内警告、行政警告、免职、诫勉谈话等处理。
15	2014年，所属国家防汛抗旱总指挥部办公室分配特大防汛抗旱补助费9500万元，其中8000万元平均分配给4个受灾省份。	国家防汛抗旱总指挥部办公室已对相关补助费管理办法提出了修改意见，并于10月初提交财政部研究。
16	2013年8月至2014年9月，水利部商财政部同意，在相关总体规划外安排“新出险的小型病险水库除险加固项目”资金110亿元。经抽查湖南、湖北、四川、江西等省，部分资金至2014年底仍滞留在财政部门。	一是水利部会同财政部于2015年7月1日联合印发通知，明确具体项目，并就加快建设进度、强化项目管理等提出了明确要求。二是督促各地将中央财政补助资金分解落实到具体项目，确保在2015年底前基本完成小型病险水库除险加固任务；水利部不断加大督导检查力度，多次派出稽查、督查组进行现场督导，切实加快建设进度。三是新出险的小型病险水库除险加固项目建设进度进一步加快。据统计，截至10月20日，已下达的中央补助投资110亿元，投资完成率超过70%。

17. 农业部2014年预算执行和其他财政收支情况审计结果公告问题的整改情况

问题序号	公告的问题	整改情况
1	2014年，所属农药检定所超标准编报在华举办国际会议预算，多申领财政资金133.2万元，年底形成结余48.21万元。	农业部已责成农药检定所将国际会议结余资金48.21万元上缴中央财政，并调整了相应账目，在编制2015年决算草案时将按预算法及相关规定调整决算期初数。
2	2014年，所属中国农业科学院本级违反零余额账户管理规定，向所属后勤服务中心、麻类研究所等12个单位划拨财政资金4995.08万元。	农业部已责成中国农业科学院今后严格执行零余额账户管理规定，加强预算支出管理。中国农业科学院将停止由院本级零余额账户向相关单位银行账户拨款，同时积极商中央编办解决后勤服务中心的机构编制问题，从根本上解决该单位经费渠道问题。
3	2010年至2011年，所属中国农业科学院本级挪用项目经费131万元，用于会议室改造和1处房产装修。	中国农业科学院本级已追回挪用的项目资金131万元，其中33万元归还原资金渠道，98万元上缴中央财政，调整了相应账目，在编制2015年决算草案时将按预算法及相关规定调整决算期初数。
4	2010年和2014年，农业部本级及所属中国农业科学院本级、中国农业科学院研究生院、农业部农业机械化技术开发推广总站、中国兽医药品监察所等5个单位，在项目经费中列支与项目无关支出301.13万元，其中2014年257.62万元。	农业部本级及所属相关单位，已将在财政项目中列支的与项目无关的支出301.13万元，用公用经费、自有资金等资金渠道归还，并调整了有关账目，在编制2015年决算草案时将按预算法及相关规定调整决算期初数。今后，农业部将督促相关部属单位严格执行预算法及相关规定，杜绝未经审批自行调剂预算资金的行为。

续表

问题序号	公告的问题	整改情况
5	2014年12月，农业部本级与6家单位签订课题研究委托合同，并一次性拨付全部合同款535万元。至2015年3月底，6家单位实际支出6.45万元，其余528.55万元全部结存。	农业部已责成相关司局进一步加强财政资金支付管理和对已拨付资金的监督，坚决杜绝此类问题再次发生。8月份，农业部已制定印发相关规定，目前正在研究制定课题经费管理办法，从根本上加强和规范课题委托经费的管理。
6	2014年底，所属中国农业科学院本级、中国兽医药品监察所、农业机械化技术开发推广总站、全国农业技术推广服务中心等4个单位有3334.5万元资金未按规定纳入结余管理。	中国兽医药品监察所、农业机械化技术开发推广总站和全国农业技术推广服务中心等3个单位已按要求清理补报了存量资金。其中，除全国农业技术推广服务中心33.25万元经审核同意结转下年继续用于项目建设外，其余资金均已上缴。中国农业科学院将对院本级及所属单位相关项目结转结余资金一并进行清理。
7	2014年，所属农业机械化技术开发推广总站在核定工资总额计划之外，为职工发放劳保用品、购物卡和加油卡，共计30.81万元。	农业部已责成农业机械化技术开发推广总站停止发放劳保用品，严格规范交通补贴的发放方式，并与事业单位公车改革相接轨。
8	2013年和2014年，所属中国农业科学院本级、全国农业技术推广服务中心、全国畜牧总站、中国动物疫病预防控制中心等4个单位，存在未经批准以单一来源方式采购物业管理服务、未按规定发布采购信息、允许提供咨询服务企业参与投标等问题，涉及金额1220.68万元，其中2014年1124.68万元。	农业部已责成中国农业科学院、全国农业技术推广服务中心、全国畜牧总站、中国动物疫病预防控制中心等相关部属单位今后严格执行政府采购有关规定。
9	至2014年底，所属中国农业科学院本级、中国兽医药品监察所、农业机械化技术开发推广总站、中国农业科学院研究生院、中国水产科学研究院本级等5个单位超规定数量配备公务车47辆，其中价格或排量超标的26辆；所属中国农业科学院本级未制定统一的车辆管理制度，72辆公务用车分散使用，部分车辆未办理资产调拨手续。	农业部已责成相关部属单位严格执行公务用车管理有关规定，并将结合事业单位公务车改革，妥善处理事业单位超规定数量、超标准配备公务车问题，中国农业科学院本级已将车辆交由后勤服务中心统一管理，后勤服务中心正在研究制定公务用车管理办法，加强公务用车管理。
10	2014年，所属中国兽医药品监察所和中国动物疫病预防控制中心租用下属企业车辆3辆，作为一般公务车或职工通勤班车使用，支付租金29.8万元。	农业部已责成相关部属单位严格执行公务用车管理有关规定。中国兽医药品监察所已于2014年12月终止租用公务用车，并归还所属企业；中国动物疫病预防控制中心在审计期间已提前告知车辆租赁公司租赁合同到期后不再与之续签租赁合同，目前所租车辆已经退回租赁公司。
11	2014年，所属农业机械化技术开发推广总站支付以前年度在1家宾馆消费欠款5.52万元，至2015年3月仍在往来科目核算。	农业部已责成农业机械化技术开发推广总站对2007年至2010年在相关宾馆的挂账消费支出进行调查处理。农业机械化技术开发推广总站由办公室、计财处及相关经手人组成核查组，与宾馆仔细核对了挂账支出情况，对消费底单进行了认真核查，并要求经手人对消费单据进行逐一甄别。目前相关支出均已履行报销列支手续，予以入账核销。

续表

问题序号	公告的问题	整改情况
12	2014 年，所属中国农业科学院本级扩大外宾接待费开支范围，负担外宾来华国际旅费 13.1 万元。	农业部已责成中国农业科学院今后严格执行外宾接待经费管理规定。中国农业科学院今后将加强管理，严格执行相关规定，避免类似问题再次发生。
13	2014 年，农业部本级将应在内部会议室召开的 2 个会议安排在宾馆酒店召开，支出 9.7 万元。	
14	2014 年，所属中国农业科学院本级扩大国际会议费支出范围，列支来华参会的外国专家国际旅费、住宿费等 21.51 万元。	
15	2014 年，所属农药检定所在非定点饭店召开 1 个会议，支出 7.37 万元。	农业部已责成相关部属单位今后严格执行会议费管理规定，厉行勤俭节约，降低行政成本。农业部农药检定所、中国农业科学院等单位及时修订完善了相关管理办法，进一步加强和规范会议费、培训费的管理。
16	2014 年，所属全国农业技术推广服务中心召开的 2 个会议、农药检定所召开的 3 个会议，支出费用超出预算共计 8.16 万元。	
17	2014 年，所属中国农业科学院本级、中国水产科学研究院本级、中国兽医药品监察所组织召开的 98 个会议费用报销时未按规定附原始明细单据，涉及金额 362.33 万元。	
18	2014 年农业部本级部分项目支出预算未细化到实际承担单位，涉及金额 600.86 万元。	2014 年 12 月，农业部本级通过“科技业务管理费”安排科技发展中心委托业务费，是预付的部分 2015 年公益性行业（农业）科研专项验收工作经费，其余部分待工作完成后据实结算。
19	1998 年至 2013 年，所属中国农业科学院未经批准，成立后勤服务中心等 4 个独立法人事业单位。	农业部已责成中国农业科学院严格执行机构编制管理规定，积极商中央编办解决机构编制问题。目前，中国农业科学院深圳农业基因组研究所已取得中央编办批文，后勤服务中心等其他 3 家事业单位的机构编制问题正在积极协调推进中。
20	2013 年至 2014 年，所属农业机械化技术开发推广总站以宣传服务为名，向拖拉机、联合收割机牌证定点生产企业收取费用 33.81 万元。	农业部所属农业机械化技术开发推广总站已停止向拖拉机、联合收割机牌证定点生产企业收取宣传服务费。
21	2011 年至 2014 年，所属农药检定所与 1 家公司合作开发农药电子查询服务系统并对外销售，约定按税后收入 2∶8 比例分成，其中农药检定所每年最低收益 30 万元。2014 年 6 月终止合作后，农药检定所在未核定实际收入的情况下，按每年最低收益标准共收取数据使用费 90 万元。	农业部所属农药检定所已停止利用行政许可审批形成的数据收费牟利的行为，终止了与相关公司该项业务的合作。
22	2013 年和 2014 年，所属中国水产科学研究院本级分别向在其主办的 2 个期刊发表论文的作者收取版面费 53.03 万元和 51.98 万元。	中国水产科学研究院本级已停止收取科技期刊版面费的行为。

续表

问题序号	公告的问题	整改情况
23	至2014年底，5个省（市、区）兽医主管部门未按规定上缴“执业兽医资格考试考务费”31.46万元，所属中国动物疫病预防控制中心也未催缴。	农业部已责成中国动物疫病预防控制中心采取有效措施，督促相关单位及时上缴非税收入。目前，4个省区的26万元非税收入已上缴中央财政；另5.46万元已由中国动物疫病预防控制中心用自有资金代缴，并已上缴中央财政。今后中国动物疫病预防控制中心将加强督促检查，积极采取有效措施，及时催缴非税收入。
24	所属中国农业科学院本级使用国有划拨土地与1家公司合作开发建设“科技培训楼”，并分得8424平方米房产，至2014年底仍未按规定计提上缴国有土地资产收益。	中国农业科学院召开了多次院长办公会，成立专门工作小组，争取通过强制执法等措施解决相关问题，并通过法律途径收回科研培训楼。目前中国农业科学院正与执法大队等单位协商，拟在合作合同到期后收回科技培训楼回归科研用途。
25	2013年，所属中国水产科学研究院下属北京渔夫水产技术开发中心组织14名员工和10名家属到青岛旅游，共花费公款3.72万元。	中国水产科学研究院追回全部资金，并经中国水产科学研究院党组研究决定，对北京渔夫水产技术开发中心总经理给予行政警告处分，对责任部门负责人给予诫勉谈话，对北京渔夫水产技术开发中心公款旅游问题在全院范围内进行通报，要求院属企业严格遵守中央八项规定和领导干部廉洁从政的有关要求，加强对企业的监督和管理，避免类似问题再次发生。
26	2005年至2014年，所属中国农业科学院本级、中国兽医药品监察所、中国水产科学研究院本级、农业部机关服务局、中央农业广播电视学校、黑龙江省农垦绥化管理局等6个单位，存在未经审批出租资产、出借资金、处置资产，以及出租收入未收回或未纳入法定账簿核算等问题，涉及金额11001.38万元，其中2014年3200.60万元。	一是关于中国农业科学院本级房产出租收入未纳入规定账簿核算问题，已在2015年纠正，并将理顺院本级与后勤服务中心的房产出租代理关系。二是关于中国兽医药品监察所资产出租未按规定报批问题，目前该所正在履行报批手续。三是关于中国水产科学研究院本级资产出租未按规定报批的问题，正在办理相关报批手续；同时该院出借资金350万元已全部收回至院本级财务。四是关于机关服务局未将中农物业发展中心欠缴的租金纳入预算管理的问题，已要求其制订整改补缴计划，目前已上缴60万元并纳入机关服务局预算管理。五是关于中国农业广播电视学校变相出租房产问题，该校已与相关单位终止了合作合同，收回了合作用房。六是关于黑龙江农垦绥化管理局未经批准折价处置农业机械问题，该局监察局已组成调查组进行调查核实，并对该管理局农机局原局长进行了诫勉谈话。
27	2013年和2014年，农业部机关服务局收到下属企业上缴的360万元经营利润未计收入，在往来科目核算后返还给企业。	农业部已责成机关服务局进行了整改规范。今后，农业部将督促部属单位进一步加强财务管理，规范会计核算，杜绝类似问题再次发生。
28	2014年，所属农业机械化技术开发推广总站工会经费未按规定实行单独账户存储、独立核算，工会活动支出12.15万元直接从零余额账户支付并在“事业支出”列支。	农业部已责成农业机械化技术开发推广总站进行了整改规范。今后，农业部将督促部属单位进一步加强财务管理，规范会计核算，杜绝类似问题再次发生。

续表

问题序号	公告的问题	整改情况
29	2014 年，所属中国农业科学院植物保护研究所下属 2 家企业中国农业科学院通过编造向该研究所购买技术服务等方式，多列支管理费用 700 万元，少缴纳企业所得税。	中国农业科学院植物保护研究所下属 2 家企业已根据审计意见，于 2015 年 7 月 1 日补缴了企业所得税共 175 万元。
30	2014 年，农业部将参与分配的 18 个中央财政专项转移支付资金整合为 4 项，但仍按 18 个子项进行分配管理。	一是农业部积极配合财政部加强专项转移支付项目整合，目前已由原来的 18 个整合为 10 个大专项；二是会同财政部启动农业“三项补贴”改革，将“三项补贴”整合为“农业支持保护补贴”，进一步提高补贴的精准性和指向性；三是加快推进“五到省、一挂钩”的项目管理模式，将专项资金管理的权限和责任进一步下放给地方，充分调动地方积极性；四是探索利用现代农业示范区平台，通过项目整合、集中投入的方式，由各地统筹农田水利建设、技术推广、科研示范等资源，推进项目资金在地方统筹整合使用。
31	2014 年，在未确定具体项目的情况下，农业部下达所属黑龙江省农垦总局产业化经营项目资金及贷款贴息资金 6955 万元，至 2015 年 3 月底，上述资金仍全部结存在该局。	为有效利用农业综合开发资金，黑龙江省农垦总局提出了调整中央财政资金用途的请求。经反复研究核实，农业部向财政部提出了调整建议。9 月 15 日，财政部批复农业部预算调整，同意农业部将 2014 年黑龙江省农垦总局本级产业化经营项目结转资金 6955 万元、2015 年结转资金 10496 万元，相应调整至有关农场的土地治理项目。
32	2012 年至 2014 年，所属黑龙江省农垦总局、黑龙江省农垦绥化管理局、黑龙江省农垦九三管理局下属山河农场、阳光农业相互保险公司哈尔滨分公司、黑龙江农垦北大荒奶牛养殖有限公司等 5 个单位通过虚报种植面积等方式，骗取中央财政专项资金 8229.67 万元和保险理赔资金 490.77 万元。	关于黑龙江省农垦总局下属农场骗取良种补贴的问题，截至目前，违规资金已全部清理完毕并返还原资金渠道。黑龙江省农垦总局九三管理局、牡丹江管理局、绥化管理局、北安管理局、哈尔滨管理局对相关单位予以通报批评，对相关责任人进行诫勉谈话。下一步，农业部将积极协商财政部，将黑龙江省农垦总局收回的补贴资金统筹使用。
33	2012 年至 2014 年，所属黑龙江省农垦总局、黑龙江省农垦绥化管理局、黑龙江省农垦九三管理局下属山河农场、阳光农业相互保险公司哈尔滨分公司、黑龙江农垦北大荒奶牛养殖有限公司等 5 个单位通过虚报种植面积等方式，骗取中央财政专项资金 8229.67 万元和保险理赔资金 490.77 万元。	关于黑龙江省农垦总局绥化管理局骗取农机购置补贴资金的问题，黑龙江省农垦总局已组织相关农场将违规发放的农机补贴资金全部追回上缴黑龙江省农垦总局绥化管理局，并在垦区农机行业范围内对其进行了通报批评。黑龙江省农垦总局绥化管理局监察局已组成调查组，对审计反映的问题进行了调查核实和取证，并对相关责任人进行了诫勉谈话。下一步，农业部将积极协商财政部，将黑龙江省农垦总局收回的补贴资金统筹使用。

续表

问题序号	公告的问题	整改情况
34	2012年至2014年，所属黑龙江省农垦总局、黑龙江省农垦绥化管理局、黑龙江省农垦九三管理局下属山河农场、阳光农业相互保险公司哈尔滨分公司、黑龙江农垦北大荒奶牛养殖有限公司等5个单位通过虚报种植面积等方式，骗取中央财政专项资金8229.67万元和保险理赔资金490.77万元。	关于黑龙江省农垦总局九三管理局下属山河农场骗取农业保险保费补贴的问题，黑龙江省农垦总局已全额追回理赔款362.71万元，并给予通报批评，给予主管阳光保险和财务工作的副场长行政记大过处分，对相关责任人予以行政记过、扣发绩效工资等处理处罚。下一步，农业部将积极协商财政部，将黑龙江省农垦总局收回的补贴资金统筹使用。
35	2012年至2014年，所属黑龙江省农垦总局、黑龙江省农垦绥化管理局、黑龙江省农垦九三管理局下属山河农场、阳光农业相互保险公司哈尔滨分公司、黑龙江农垦北大荒奶牛养殖有限公司等5个单位通过虚报种植面积等方式，骗取中央财政专项资金8229.67万元和保险理赔资金490.77万元。	关于黑龙江农垦北大荒奶牛养殖有限公司骗取保险理赔金问题，黑龙江省农垦总局已责成北大荒奶牛养殖有限公司按审计要求，将不符合理赔条件的奶牛理赔款退还阳光农业保险公司哈尔滨分公司。目前，黑龙江省农垦总局监察局已进一步调查核实了相关人员的责任，给予责任人通报批评。同时，中共完达山乳业股份有限公司纪委对黑龙江省农垦北大荒奶牛养殖有限公司总经理进行了诫勉谈话。
36	2014年，所属黑龙江省农垦总局农机购置补贴工作进展缓慢，至2015年3月，收到的中央财政专项资金30373.69万元资金尚未支付；此外，该局还超过国家规定限额补贴农机具2405台（套），多发放补贴资金13129.14万元。	农业部已责成黑龙江省农垦总局加快农机购置补贴工作进度，今后严格执行相关规定。对农机购置补贴工作进度慢的问题，黑龙江省农垦总局已要求各农场加快农机购置补贴录入和结算进度，加大补贴系统管理力度，并将各农场资金使用进度和使用情况纳入2015年强农惠农政策延伸绩效考核范围；对超过国家单机补贴限额补贴农机具的问题，黑龙江省农垦总局将严格执行国家单机补贴标准，不再将进口设备纳入补贴范围。此外，严格按照国家标准，对农机相关品目的补贴标准进行了调整。
37	2013年，所属黑龙江省农垦总局下属农场等单位未严格执行农机具购置补贴标准，导致个人多享受补贴363.35万元。	黑龙江省农垦总局已对八五八农场等18个单位进行了通报批评，要求其深刻反省，查找原因，严格执行有关规定，坚决杜绝此类问题再次发生。
38	2009年至2014年，所属黑龙江省农垦九三管理局、中国水产科学研究院营口增殖实验站将农作物良种补贴、渔业资源保护与渔民转产补助等财政专项资金98.42万元挪作他用。	黑龙江省农垦九三管理局、中国水产科学研究院营口增殖实验站已按审计要求调整有关会计账目，将挪用资金归还原渠道，并表示今后要认真吸取教训，严格执行项目管理规定，避免此类现象再次发生。
39	2014年，所属中国农业出版社取得农村劳动力转移培训财政补助资金150万元，未按规定单独核算。	中国农业出版社将结合企业会计核算、企业财务决算以及企业会计准则等有关规定，向主管部门申请调整企业账套的相关科目设置，规范专项资金核算。

18. 商务部2014年预算执行和其他财政收支情况审计结果公告问题的整改情况

问题序号	公告的问题	整改情况
1	2014年，商务部在未履行立项审批程序的情况下，申报并获得馆舍维修项目财政预算157万元；所属国际贸易经济合作研究院在申报2014年度财政拨款人员经费预算时，虚报财政补助人员32人，多申领财政资金129.16万元。	商务部已修订相关管理办法，今后将严格按照规定程序开展驻外机构馆舍建设工作。所属国际贸易经济合作研究院已于2015年6月23日将多申领的人员经费129.16万元上缴财政。
2	至2015年3月底，商务部有45个项目的财政预算资金7818.74万元连续2年结转未使用，未按规定清理上报财政部。	商务部已将清理后并经财政确认的结转资金6791.02万元上缴财政。
3	2014年，所属配额许可证事务局未经批准，在公用经费中列支人员经费483.70万元。	商务部已向主管部门建议，自2016年起调整配额许可证局现有预算结构，满足其人员经费实际需求。
4	至2014年底，所属国际商务官员研修学院学员食堂改扩建项目超概算支出337.47万元。	国际商务官员研修学院已履行学员食堂改扩建项目投资概算调整报批手续。
5	2014年，所属投资促进事务局、外贸发展事务局在其组织的11个跨地区、跨部门团组中，超标准收取费用84.91万元；外贸发展事务局未附相关发票、批件等，报销23个出国团组因公出国（境）费用268.02万元；所属机关服务局等部门违规消费2.1万元。	投资促进事务局、外贸发展事务局已将跨地区、跨部门团组超标准收入上缴财政；外贸发展事务局已将相关发票批件附于报销凭证后。商务部对机关服务局违规消费，予以通报批评，对主要负责同志进行了诫勉谈话，并对主要责任人进行了党纪处分。
6	2014年，商务部本级审核不严，1个数据库运行及维护项目公开招投标中存在串标行为，涉及合同金额344.50万元；所属国际贸易经济合作研究院未按规定公开招标，直接向1家公司采购服务，涉及金额136万元。	商务部已责成中招国际招标公司严格按照招投标有关法律规定，做好申报和评标工作，杜绝串标行为。国际贸易经济合作研究院已制定相关管理办法，杜绝此类问题再次发生。
7	2014年，所属国际贸易经济合作研究院未及时确认课题收入和支出，导致决算报表少计事业收入2235.67万元、事业支出147.64万元及项目支出结转和结余2088.03万元。	国际贸易经济合作研究院已对少计的事业收入、事业支出及项目支出结转和结余进行了确认，并调整了相关会计账目。
8	2014年，所属机关服务局、国际经济合作事务局、外贸发展事务局和国际贸易经济合作研究院等4个单位违规向职工发放过节费，共计204.26万元。	所属4家单位发放的过节费已全部收回。商务部已对上述4家单位进行了通报批评，分别对主要负责同志进行了诫勉谈话。
9	商务部2014年部门决算报表反映的固定资产原值总额比其财务账面数多197084.81万元；2012年至2014年，商务部本级开发3个信息系统采购的软、硬件未纳入固定资产账核算，涉及金额306.43万元；2014年，商务部本级已报废的40台计算机及电子设备未及时处置，涉及金额25.98万元。	商务部将在2016年初编制年度决算时调整相关账表，解决账表不符问题。3个信息系统采购的软、硬件已纳入商务部资产账核算。40台已报废设备已按规定全部处理完毕。

续表

问题序号	公告的问题	整改情况
10	商务部部分房产出租收入及国有股权投资收益共计23867.88万元未严格执行“收支两条线”及预算管理规定，主要用于所属单位日常经费开支及弥补离退休人员医药费等。	商务部已致函有关主管部门，拟纳入国家机关后勤改革统筹考虑解决。
11	2009年1月，所属中国对外贸易中心（集团）停车场工程因项目方案不完善等原因停建，造成损失253.23万元。	中国对外贸易中心（集团）进一步加强了项目可行性研究工作，建立了重大项目终身责任追究制度。为落实从严管理要求，对主要负责同志进行了诫勉谈话。
12	2014年，商务部机关工会接受所属中国对外贸易中心（集团）赞助款共计900万元，主要用于青年、妇女工作经费等支出。	商务部机关工会将不再接受中国对外贸易中心（集团）赞助款。
13	2014年，按商务部要求，所属中国对外贸易中心（集团）为商务部广州特派办支付办公用房及宿舍装修款57.71万元。	商务部将进一步厘清中国对外贸易中心（集团）和商务部广州特派办办公用房及宿舍产权关系。
14	2014年，财政部和商务部将8个专项资金清理整合为1项，但每个专项资金仍按各自的申报审批流程进行管理，并按不同方法分配下达，未实现实质性整合。此外，商务部违规多安排中国畜牧业协会中小企业重点展会补助175.55万元。	经与主管部门协商，商务部已将服务外包和技术出口事项的资金统一切块地方。同时，商务部将进一步完善外部评审专家的管理制度和资金分配方式。

19. 文化部2014年预算执行和其他财政收支情况审计结果公告问题的整改情况

问题序号	公告的问题	整改情况
1	2014年，文化部本级编制人员经费预算时，通过多报人数多申领人员经费预算56.8万元。	文化部就归还该项经费问题与有关部门沟通，拟通过核减2015年预算的方式将上述资金归还。
2	2013年至2014年，所属故宫博物院未经批准，自行调剂项目资金1349.51万元，用于职工工作服、保安服务费及改造装修等支出，其中2014年1324.66万元。	故宫博物院按照资金归还原渠道的原则，将“平安故宫工程”“开放地区维护”“古建筑整体保护维修”等项目中自行调剂使用的预算资金分别调整到“数字故宫”“开放运行保障费”等项目2015年当年预算支出。
3	2014年，所属故宫博物院挪用项目资金18.36万元，用于与项目无关的支出。	故宫博物院已用自有资金归还了挪用的18.36万元财政资金并调整了有关会计账目，并将对2015年决算（草案）年初数进行调整。
4	文化部2014年制定的因公临时出国经费管理办法与财政部有关规定不符。	截至2015年10月30日，文化部对所制定的相关管理办法进行了修订，正在履行内部审批手续。
5	2014年，所属故宫博物院5人出国考察团未经批准擅自更改行程，增加4个参观城市，多列支出国费用6.87万元，审计时还提供虚假行程单。	经督促落实，故宫博物院已按要求向个人追回了多报销的财政资金6.87万元，并对有关责任人进行了严肃批评，相关责任人做出深刻检查；同时，研究制定了严格的因公出国管理办法，明确规范有关内容，严格各项审批程序，从制度层面进一步规范因公出国管理。对于需追究相关责任人和单位责任的问题，中央纪委监察部驻文化部纪检组监察局正在按纪检监察工作有关规定办理。

续表

问题序号	公告的问题	整改情况
6	2014年，所属恭王府管理中心2名工作人员持因私护照出国执行公务，列支出国费用1.75万元。	恭王府管理中心已收回列支的出国费用1.75万元，并调整了出国费支出的有关账务；专门召开领导班子专题会议，要求外事工作人员熟悉掌握因公出国相关规定，严格执行因公出国（境）经费管理暂行办法，并重新修订本单位管理办法，坚决杜绝持因私护照执行公务现象再次发生。
7	2014年，文化部外联局在编制外租用2辆汽车作为工作用车，列支租车费24万元。	文化部自2015年起已停止租用相关车辆。
8	2014年，文化部本级有19个会议未列入年度计划，支出会议费83.69万元。	2015年，文化部加强了对会议计划的管理，部本级二、三类会议计划均经部党组会审议通过后印发执行，四类会议计划经分管财务的部领导审核并报部长审批后印发执行，同时列入部年度会议计划。同时，对文化部会议管理办法进行了修订，增加了会议计划编报、审批和调整的相关程序规定。
9	2014年，文化部拨付所属中国数字文化集团有限公司文化产业发展专项资金2100万元，该公司未经招投标直接确定项目合作方，并在项目尚未完成情况下，超进度一次性支付资金1665万元。	中国数字文化集团有限公司已从合作方收回资金927.72万元，其余未收回的737.28万元已确认项目合作方用于项目开发支出。自2015年9月起，项目开发费已由中国数字文化集团有限公司根据双方协议按合作方提交的领款申请经核实后逐月支付。
10	2014年，文化部本级列支后拨付所属中外文化交流中心项目经费413.42万元，其中310.49万元至2014年底结存未用。	截至目前，结存资金中的240.53万元已经支出，43.11万元作为中外文化交流中心服务费由中外文化交流服务中心留用，26.85万元已退回文化部本级。
11	至2014年底，文化部未按规定清理2012年及以前年度项目结转资金4717.30万元。	文化部于10月21日向财政部报送了部分存量资金清理使用情况的函，提出了相关调整使用方案。目前，财政部正在研究具体处理意见，文化部将根据财政部意见，完成清理工作。
12	2014年，文化部本级和3家所属或挂靠单位未经公开招标或政府采购程序，直接将信息维护、修缮工程、会议会务等10个项目交给部属或其他企业承办，涉及财政资金2925.63万元。	对于公开招标限额以上的对外文化交流项目，申请变更采购方式，通过竞争性磋商或单一来源的方式进行采购。恭王府管理中心、国际儒学联合会、中国国家画院召开领导班子会认真学习招投标法、政府采购法，确保今后严格按照相关规定进行政府采购。
13	2014年，文化部本级委托开发部分信息系统未纳入资产管理，涉及金额34.5万元。	文化部已将涉及的软、硬件资产登记入账。
14	2014年，所属机关服务中心将未明确产权的房屋出租，取得收入1116.73万元作为事业收入，用于弥补该中心后勤经费等；所属恭王府管理中心未经批准，将恭王府花园部分房屋出租，取得收入100万元。	机关服务中心全面梳理了对外出租资产，针对产权不明晰的出租资产进行了研究与整改。截至目前，因上述房屋产权不明晰的问题为历史形成，文化部机关服务中心仍在联系相关单位继续积极推进办理房屋产权证明的工作。从2015年起，恭王府管理中心已不再收取出租房屋的租金。

续表

问题序号	公告的问题	整改情况
15	2009年至2011年，所属机关服务中心未经财政部批准，出借资金4000万元用于文化部下属2家企业改制，至2014年底有3000万元未收回。	机关服务中心多次书面发函至两家企业催还借款，但由于两家企业注册资本金不足，尚未收回3000万元欠款。
16	至2014年底，文化部驻外储备编制人员超编17人；所属恭王府管理中心实有人员超编制7人，行政领导人数超批复职数1人。	文化部驻外储备编制超编人员正通过外派等方式逐步减少，下一步将继续统筹考虑合理安排消化；已责成恭王府管理中心严格控制编内进人，继续通过自然减员或调出方式逐步消化超编人员。截至目前，恭王府管理中心行政领导人数已在批复职数范围内。
17	2004年，所属中国国家画院未经文化部批准，申请登记2家法人事业单位，且未将2家事业单位的部分财务收支纳入法定财务报表；2012年，该院未经文化部批准，将其中1家事业单位交由企业承包经营，并将该事业单位的合同专用章、银行账户及财务账册移交给承包方。	中国国家画院已经按照要求收回北京易阳博展企业形象策划有限公司的承包经营权，收回中国国家画院艺术交流中心的合同专用章、银行账号及财务账册，同时，正在按相关程序重新办理中国国家画院艺术交流中心和中国国家画院教育培训中心的审批登记手续。
18	2013年至2014年，文化部2名退休干部未经批准在该部主管的两个协会兼职取酬33.9万元，其中2014年16.79万元。	从2014年11月开始，在中国演艺设备技术协会和中国演出行业协会兼职的文化部2名司局级退休干部已不再领取任何报酬；2015年7月，文化部已按要求对领导干部违规兼职的情况进行了清理。
19	2013年，所属故宫博物院向31名在下属改制企业任职的人员发放事业编制人员全额工资413.77万元，该企业同时为这些人员发放奖金151.76万元。	2015年10月26日，故宫博物院院长办公会议决定：2015年起，该企业不再向故宫博物院有关人员发放奖金；自2016年起，兼职人员只能选择一个机构上岗。

20. 卫生计生委2014年预算执行和其他财政收支情况审计结果公告问题的整改情况

问题序号	公告的问题	整改情况
1	2014年，所属国际交流与合作中心未经批准，将项目经费用于挂职交流干部宿舍取暖费等支出19.66万元。	国际交流与合作中心已将19.66万元退回原资金渠道，并调整有关会计账目等。今后将进一步严格执行部门预算执行相关规定，规范资金使用，加强项目支出预算管理，杜绝此类问题发生。
2	2014年，所属中国医学科学院挪用机构运行经费2600万元拨付给下属药用植物研究所，用于中国医学科学院创新园区建设等；药用植物研究所将实验室修缮项目资金6.36万元挪用于其他改造工程。	中国医学科学院下属药用植物研究所已将机构运行经费2600万元退回中国医学科学院，将修缮项目资金6.36万元退回北京协和医学院，并调整有关会计账目。

续表

问题序号	公告的问题	整改情况
3	2014年，所属中国医学科学院列支12个课题基本科研业务费1070万元，至年底有1066.28万元实际未支出；所属北京协和医学院列支5家单位修缮改造项目经费3470万元，至年底有1950.90万元实际未支出。	中国医学科学院专门召开项目负责人会议，督促项目执行。截至目前，12个课题基本科研业务费1070万元，已支出616.79万元，其余453.21万元已落实支出，年底前可全部执行完毕；5家单位修缮改造项目资金3470万元，已支出2664.34万元，其余805.66万元已落实支出，年底前可全部执行完毕。今后将严格项目管理，加快项目执行，避免出现此类问题。
4	至2014年底，所属中国人口宣传教育中心的国家青少年社会职业体验与健康教育园项目尚未开工，2013年12月收到的文化产业发展专项资金2000万元全部结存在该中心。	中国人口宣传教育中心多次与财政部沟通，卫生计生委专门致函财政部，财政部已初步同意退回，中国人口宣传教育中心正按规定程序办理资金退回手续。
5	2014年，卫生计生委向外交部报备的出国（境）计划不完整，未包含赴香港、澳门和台湾团组等情况。	卫生计生委已补充完善2015年厅局级以下人员因公临时出国（境）计划，并报送外交部。
6	2014年，卫生计生委本级2名工作人员未经批准擅自延长境外停留时间6天和9天；2个出国团组未经批准选择外国航空公司航线，涉及金额27.67万元；所属中国医学科学院药物研究所有9人未经批准持因私护照出国参加国际会议；所属国际交流与合作中心7个出国团组使用不合规发票报销入账，涉及金额46.81万元。	卫生计生委专门制定印发了相关管理办法，实行从严管理，分级负责，严格审批流程，强化责任追究。中国医学科学院药物研究所制订了管理办法，加强出国证件管理，严格执行出国审批有关规定。国际交流与合作中心出国团组已直接通过具备中国民航机票销售资质的机票销售代理机构购买，要求住宿费、交通费使用正规合法发票、团组负责人审核签字的国外费用报销单报销入账。
7	2014年，卫生计生委购置的一批外事礼品超过规定单价。	卫生计生委进一步强化执行外宾接待经费管理办法，完善审核审批流程，严禁超标准接待。
8	2014年，卫生计生委本级召开的2个会议参会人数分别超出规定标准113人和35人；2个会议超标准列支会议费1.38万元。11个会议报销费用时未附原始明细单据，涉及金额97.93万元。此外，通过电视电话会和网络视频会方式召开会议仅占全部会议的2.31%。	卫生计生委专门通报，要求各司局准确掌握会议费管理办法，今后严格控制会议支出，超标准、超范围费用一律不予报销，杜绝类似问题发生。同时，要求改进会议形式，优先选择现代通信技术手段节俭办会。
9	2014年，所属国际交流中心未按规定编制单位年度会议计划，召开四类会议18个；所属中国疾病预防控制中心计划外召开四类会议184个。2013年12月和2014年1月，国际交流与合作中心在非定点饭店召开2个会议，其中2014年支出会议费0.74万元。	中国疾病预防控制中心已制定相关财务制度，严格会议计划管理；国际交流与合作中心已制定相关财务制度，对会议、培训项目严格按照政府采购规定执行定点采购，并补编2014年度会议计划，加强会议计划管理。
10	2014年，卫生计生委本级在酒店、宾馆等非培训机构举办166个培训项目。	卫生计生委已统一明确，从2015年起，机关培训原则上应该在卫生计生委内部培训基地举办，严格执行培训费管理办法，加强培训费管理。

续表

问题序号	公告的问题	整改情况
11	2014年，卫生计生委本级和所属中国医学科学院在项目经费中列支办公设备、软件开发等购置支出691.46万元，未编制政府采购预算。	卫生计生委及有关单位按照财政部部门预算编制要求，完善预算编报工作流程，建立预算编制联审制度，将政府采购预算审核作为预算编制审核的主要内容，杜绝此类问题发生。
12	2014年，卫生计生委未经批准，违规同意广东省卫生医疗对外合作服务中心采取竞争性谈判方式采购援外医疗器械，涉及金额543万元。	卫生计生委认真组织学习政府采购法及实施条例等，准确掌握政策，认真查找管理漏洞，今后严格履行采购程序。
13	2011年，所属科学技术研究所未经公开招标，采用邀请招标方式确定信息系统开发商，涉及合同金额270万元。	科学技术研究所修订完善了相关管理规定，严格执行，杜绝再犯。
14	2012年，所属国家食品安全风险评估中心未执行政府采购程序，直接委托企业开发信息系统和数据库，涉及合同金额96万元。	国家食品安全风险评估中心召开专题会议研究，修订完善相关工作规则和管理办法，严格执行，杜绝再犯。
15	至2013年底，所属国际交流与合作中心援外医疗队国外账户余额和预拨经费结存等7220.67万元，未按财政拨款结转结余资金上报财政部。	国际交流与合作中心严格按照财政部要求准确填报财政拨款结转和结余资金，将援外医疗队国外账户余额纳入财政拨款结转结余资金管理。
16	至2014年底，所属中国医学科学院下属基础医学研究所收取学生住宿费8.19万元，北京协和医学院收取高等学校学费等116.09万元，国际交流与合作中心政府协议收入结余53.98万元，未按规定上缴财政。	中国医学科学院下属基础医学研究所已将学生宿舍延时收费8.19万元上缴至财政国库，今后将加强管理，不再收取；北京协和医学院已上缴非税收入116.09万元至财政专户，今后将加强管理，严格执行按月上缴；国际交流与合作中心已将协议收入结余53.98万元上缴财政专户，今后将及时上缴。
17	2014年，所属国际交流与合作中心和中国疾病预防控制中心下属病毒病预防控制所将展会收入等在往来科目核算，分别少计收入888.81万元、100万元。至2014年底，中国疾病预防控制中心本级及其下属的性病艾滋病预防控制中心等8个单位从票务公司累计获得机票积分让利资金125.56万元，未冲减事业支出。	国际交流与合作中心已对预收账款888.81万元进行了清理，计入事业收入；中国疾病预防控制中心下属病毒病预防控制所已将项目经费100万元，计入事业收入。中国疾病预防控制中心本级及其下属的性病艾滋病预防控制中心等8个单位从票务公司累计获得机票积分让利资金125.56万元中，14.96万元在2014年度计入其他收入，其余110.60万元冲减事业支出。
18	至2015年3月底，所属北京协和医学院未将2001年竣工的综合楼计入固定资产，涉及金额23 444.66万元；中国疾病预防控制中心下属营养与健康所、环境与健康相关产品安全所未将2011年办理竣工财务决算的科研办公用房计入固定资产，涉及金额1042.62万元；中国疾病预防控制中心下属营养与健康所未将1993年设立企业的出资80万元计入长期投资；至2014年底，所属医院管理研究所、中国医学科学院下属医药生物技术研究所未将管理使用的信息系统或办公软件计入资产，分别涉及金额98.64万元和18.90万元。	北京协和医学院综合楼已按暂估价先入账，待确定实际成本后再调整，并加快办理项目土地证、房产证；中国疾病预防控制中心科研办公用房1042.62万元已补计固定资产；中国疾病预防控制中心下属营养与健康所已将80万元补计长期投资；医院管理研究所3个信息系统98.64万元、中国医学科学院下属医药生物技术研究所标准版软件18.90万元均已补计无形资产。

续表

问题序号	公告的问题	整改情况
19	2014 年，所属国际交流与合作中心、中国医学科学院药用植物研究所、中国疾病预防控制中心下属农村改水技术指导中心和寄生虫病预防控制所等 4 家单位未经批准，分别对外出租房产 5257.25 平方米、1500 平方米、1171.50 平方米、1690.30 平方米，取得出租收入 1237.62 万元、31.50 万元、225.79 万元、536.43 万元。	国际交流与合作中心、中国疾病预防控制中心下属农村改水技术指导中心和寄生虫病预防控制所已申报补办审批手续。中国医学科学院药用植物研究所与承租方协商终止合同，停止出租行为。
20	至 2014 年底，所属国际交流与合作中心往来科目长期挂账未清理，其中已完工未结算项目款项 2492.41 万元，应收账款 2116.05 万元，最长的超过 20 年。	国际交流与合作中心高度重视，明确部门职责，分门别类制订了清理方案，制定相关办法，从制度上杜绝产生新的往来款长期挂账问题。截至目前，已核实并清理 1337.82 万元，其余往来款因挂账时间久远，经办人离职，影响清理进程，国际交流与合作中心继续追踪分析、核实清理。
21	卫生计生委本级和所属中国疾病预防控制中心有部分电脑未配备正版办公软件。	卫生计生委机关新购计算机全部安装正版软件，粘贴正版标识；中国疾病预防控制中心印发相关通知，对新购计算机一律配置安装正版软件，同时清理现有计算机，对实际在用计算机分批购置安装正版办公软件，对不再用计算机及时报废，规定未配备正版软件的，财务部门不予报账。
22	2014 年，卫生计生委与财政部共同出台资金管理办法，将 2 项中央财政专项转移支付资金统一管理，但未得到及时执行，资金尚未做到真正整合。	卫生计生委加强项目整合，对基层医疗卫生机构实施国家基本药物补助资金和村卫生室实施国家基本药物补助资金进行研究，2015 年整合为一个项目下达资金。
23	卫生计生委参与分配的 2014 年度医改补助资金直到 2015 年 1 月才下达。	2015 年，卫生计生委提前开展项目申报准备工作，积极协调财政部，9 月 30 日前已联合财政部下达中央转移支付重大公共卫生项目、计划生育项目、医改项目、基层卫生机构实施基本药物补助资金。
24	卫生计生委和财政部 2013 年 9 月预拨的 2014 年重大公共卫生服务项目补助资金中，有 7598 万元直到 2014 年 10 月至 2015 年 2 月才陆续分解下达到项目单位，未能及时发挥效益。	为加快中央专项转移支付项目资金执行进度，在预拨项目资金的基础上，2015 年积极协商财政部，将部分项目按照一定比例的任务量提前下达地方，便于各地尽快开展工作，尽早使用预拨资金。同时，指导地方分解下达项目任务，督促加快项目资金执行。
25	至 2015 年 3 月底，城市公立医院综合改革补助资金和重大公共卫生项目补助资金中的贫困地区新生儿疾病筛查项目等中央专项转移支付项目，尚未制定项目管理办法。	卫生计生委积极会同财政部研究制定相关管理办法，将于近期会签印发。

续表

问题序号	公告的问题	整改情况
26	2011年10月，国家食品安全风险评估中心成立后，所属中国疾病预防控制中心下属营养与健康所将账面价值5656.94万元的仪器设备和价值50.56万元的2辆公务用车移交至该中心，至2015年3月底，上述资产尚未办理划转手续。	中国疾病预防控制中心与国家食品安全风险评估中心组建专门工作小组，完成资产清查核实，协商一致签订划转资产协议书，并提出资产无偿划转的申请，按照中央级事业单位国有资产无偿划转管理有关规定，卫生计生委已审核同意报财政部审批。
27	2014年7月，中央编办批准原卫生部干部培训中心与原国家人口计生委培训交流中心合并为国家卫生计生委干部培训中心，至2015年3月底，卫生计生委尚未完成合并工作。	经卫生计生委党组会议研究通过，已印发相关通知，完成机构合并。

21. 人民银行2014年预算执行和其他财政收支情况审计结果公告问题的整改情况

问题序号	公告的问题	整改情况
1	2014年，人民银行为所属中国人民银行金融研究所等5家经费自理事业单位安排基本支出预算共计5505.72万元。	相关事业单位目前的预算管理模式系历史原因形成，其经费来源一直为人民银行经营收入。人民银行将结合事业单位分类改革，继续与中央编办、财政部等有关部门协商，明确相关单位的预算管理模式，规范预算编报。
2	2014年，所属广州分行等16家分支机构和中国金融培训中心未经批准，在公用经费和项目支出中列支人员费用16421.74万元。	财政部正在会同人力资源社会保障部等相关部门研究拟订解决方案，拟报国务院后实施。同时，人民银行要求各分支机构强化预算约束，规范使用资金，不断完善相关会计核算。
3	2013年至2014年，所属怀化市中心支行等13家单位未经批准，在公用经费、项目支出等不同科目之间相互调剂使用1632.70万元，其中2014年1577.32万元。	
4	2014年，所属合肥中心支行等4家分支机构超标准、超范围发放通信费、子女医疗费等应由职工负担的费用，以及在工会经费中列支奖励性支出共计157.75万元。	相关单位已取消子女医疗费和工会奖励并全额收回发放的资金，按照国家规定对通信费补贴标准进行了调整，不再承担应由职工负担的费用；同时，对相关责任人进行了严肃处理，完善制度，加强管理，切实避免问题再次发生。
5	2013年至2014年，所属福州中心支行等4家分支机构在公用经费中列支其他年度会议费等134.05万元，其中2014年48.09万元。	相关单位已调整相关会计账目，完善制度，加强管理，切实避免问题再次发生。
6	2014年，所属贵阳中心支行等4家分支机构虚列大型修缮、发行机具购置等专项资金支出1619.51万元，在往来科目挂账，未实际支付。	相关单位认真对资金进行了清理，并结合相关项目进度尽快使用。
7	2014年，所属西安分行等10家单位未按规定执行政府采购程序，购买设备、服务等2956.93万元。	相关单位进一步加强了采购管理，规范了采购程序，严格执行制度规定，切实避免问题的再次发生。

续表

问题序号	公告的问题	整改情况
8	所属4家分支机构车辆管理不规范，其中黄石市中心支行占用其下属单位车辆3辆。	相关单位已将占用其他单位的车辆退还，进一步加强了车辆管理，按规定规范使用。
9	2014年，所属西安分行公务接待中，有10次接待无正式公函，涉及金额1.46万元。	相关单位已修订公务接待管理制度，并加大了管理力度，严格接待审批，对非正式公函或无公函的公务活动一律不予接待，对无依据的接待费用一律不予报销。
10	2014年，所属贵阳中心支行等2家分支机构计划外召开会议，涉及金额33.96万元。	相关单位进一步加强了会议管理，落实制度规定和会议审批程序，提高会议计划编报的科学性和执行的严肃性，加强会议费支出审核，切实避免问题再次发生。
11	2014年，所属太原中心支行等13家分支机构将地方政府拨付的经费补助或奖励资金放在往来科目核算，少计收入5630.41万元，直接用于发放奖金补贴或支付办公经费等。	财政部正在会同人力资源社会保障部等相关部门研究拟订解决方案，拟报国务院后实施。同时，人民银行要求各分支机构强化预算约束，规范使用资金，不断完善相关会计核算。
12	2007年至2014年，所属武汉分行营业管理部等5家单位将房屋出租、资产处置和业务手续费等其他收入放在往来科目核算或直接冲减当期费用，少计其他收入1374.99万元，其中2014年608.94万元。	相关单位已将房屋出租等收入并账计入其他收入，并加强管理，严格按照财务制度有关规定进行收入核算，切实防止问题再次发生。
13	2014年，所属鞍山市中心支行将汇达资产托管有限责任公司支付的资产托管费119.57万元存放在账外，未纳入法定账簿核算，至2015年2月底支出106.06万元，用于该行人员和办公经费开支。	相关单位已将资金纳入单位账内统一核算，并进一步加强了管理，规范会计核算，切实避免问题再次发生。
14	2014年，所属国家外汇管理局陕西省分局将国家外汇管理局拨入的办案补助等专项经费115.70万元存放在账外，未纳入法定账簿核算，至2015年2月底已全部支出，用于人员和办公经费开支。	相关单位已将资金纳入单位账内统一核算。同时，人民银行会同国家外汇管理局等相关单位，下发了规范和加强外汇工作经费等专项资金管理的通知，要求各单位将相关资金纳入法定账簿统一核算，并严格按规定范围和标准使用、规范列支。
15	2014年，所属国家外汇管理局未按规定将收取的职工周转住房租金收入8.24万元上缴国库。	相关单位正在按国管局的有关规定，向财政部等部门申请开立周转房租金专用账户并办理周转房租金上缴。
16	至2014年底，人民银行总行机关等3家单位以前年度项目结余资金、应退未退对外投资企业缴纳的利润保证金等资金长期未清理，涉及金额10143.38万元。	相关资金均属于历史遗留款项。其中，对于项目结转结余资金，相关单位一直按照国家有关政策规定严格进行管理，部分资金已计入收入，剩余资金将结合项目进度及需求合理合规使用；对于应退未退对外投资企业缴纳的利润保证金，相关单位曾多次组织专项清理，并通知相关企业办理退款，下一步将继续加大清理和催办力度，尽快清退资金。

续表

问题序号	公告的问题	整改情况
17	2014年，所属太原中心支行等4家分支机构存在收入未及时入账、报销票据不合规等问题，涉及金额74.87万元。	相关单位已将有关收入并账，完善财务制度和报销流程，加强业务培训，并强化了票据合规性审核，切实杜绝了不合规票据报销问题。
18	2014年，所属中国人民银行征信中心和中国银联股份有限公司将地方财政补贴等各类补助1344.86万元放在往来科目核算，造成少计收入。	相关单位已调整相关会计账目。
19	至2014年底，所属中国人民银行征信中心及下属中征（北京）征信有限责任公司未对其出资设立的中征（天津）动产融资登记服务有限责任公司使用未分配利润转增注册资本事项进行会计核算，分别少计投资收益1152万元和2848万元。	相关单位已调整相关会计账目。
20	2014年，所属中国人民银行征信中心超预算支出2.32亿元，超规定比例列支招待费69.90万元。	相关单位已加强管理，强化预算约束，进一步提高预算编制的科学性和执行的严肃性；专题研究落实整改，完善了公务接待制度，并印发了关于严格实行招待费定额控制的通知，切实规范接待及支出管理。
21	2014年，所属中国人民银行征信中心超出合同约定，多向中征（天津）动产融资登记服务有限责任公司支付应收账款质押登记及融资租赁登记服务费347.02万元。	相关单位已收回款项。
22	2014年，所属中国银联股份有限公司下属银联智策顾问（上海）有限公司违规在福利费中列支职工个人租房费用35万元。	相关单位已调整相关会计账目。
23	至2014年底，所属中国金融电子化公司投资结余资金、被冻结存款、职工住房出售损失等长期未清理，涉及金额1.61亿元。	相关单位已对资金进行了清理规范，并按照有关规定处理。
24	至2014年底，所属汇达资产托管有限责任公司未按规定将其负责资产清理处置的2家单位资产纳入账内核算，涉及金额1.15亿元。	相关单位已将有关实体的资产及财务状况纳入2014年度财务报告中专项披露。
25	2014年，所属中国金融电子化公司、中国银联股份有限公司及下属银联企业服务（上海）有限公司等5家单位未实行集中采购和公开招标，采购办公及营业用房和服务等项目，涉及金额1.57亿元。	相关单位已加强采购管理，规范采购程序，明确达到规定限额的采购项目必须进行招标。

22. 国资委 2014 年预算执行和其他财政收支情况审计结果公告问题的整改情况

问题序号	公告的问题	整改情况
1	国资委未将所属有色金属矿产地质调查中心下属 5 家事业单位纳入部门预算编报范围。这 5 家单位 2014 年收入 5345.16 万元、支出 5241.64 万元。	国资委 2015 年 7 月向财政部报送了项目清理结果，申请将下属 5 家事业单位作为三级预算单位纳入有色金属矿产地质调查中心 2016 年部门预算编报范围，财政部已经批复。
2	2014 年，国资委本级在专项经费中列支与之无关支出 20.65 万元；所属中国机械工业联合会在财政专项经费中列支应由自有资金支付的会议费 92.12 万元。	国资委于 2015 年 7 月将不属于监督检查专项内容的党建、人事工作等支出 20.65 万元由专项经费项目调账至公用经费中列支。2015 年 4 月将在政府委托行业协会工作经费中列支的应由自有资金支付的 92.12 万元，从自有资金账户归还至零余额账户。
3	2014 年，国资委计划外组织因公出国团组 18 个、59 人次，涉及金额 109.45 万元；国资委本级因公出国（境）团组中，4 个团组出访人员超过规定人数、5 个团组出访时间超过规定天数，涉及金额 55.29 万元。	国资委已明确从 2016 年开始将赴港澳团组、赴经合组织短期工作交流等项目列入国资委因公临时出国（境）计划，杜绝计划外组团的情况。切实加强同外专局沟通协调，防止超人数、超天数问题的再次发生。
4	2014 年，所属国资委机关服务中心占用下属 5 家企业车辆 5 辆。	国资委已将 5 台车辆退还其所属公司。
5	2014 年，国资委本级在计划外召开 1 个三类会议，支出 5.65 万元；召开的 11 个会议实际参会人数超标准共计 942 人；违规在京外召开 1 个三类会议，支出 13.50 万元。违规在外部宾馆召开 4 个会议，支出 7.50 万元；所属国资委干部教育培训中心、国资委研究中心超预算列支会议费 5.67 万元。	国资委加强会议计划管理，督促委内各厅局将全年预计召开会议纳入年度会议计划，确因特殊情况临时增加的会议，按照有关规定严格履行审批程序；并结合工作实际，严格控制会议数量、规模、会期，在满足工作需要的前提下严格按照相关规定执行；关于两家直属事业单位会议费超预算列支的问题，已责成相关单位进一步提高预算编制水平，确保数据完整、准确，并严格执行有关规定。
6	2010 年和 2013 年，所属有色金属矿产地质调查中心为与其无投资和隶属关系的 2 家企业（隶属于中国有色金属工业协会）申报并取得银行贷款财政贴息 329 万元；2008 年，国资委本级未按规定向发展改革委重新办理相关核准手续，以竞争性谈判方式采购项目监理服务 58.60 万元。	国资委已明确要求有色金属矿产地质调查中心高度重视，今后要严格按照隶属关系规范财政资金申报渠道，确保财政资金使用规范、安全有效。关于政府采购方面问题，已要求信息中心严格执行相关规定，加强内部管理。
7	2014 年，所属化学工业出版社未按规定增加国有资本金，涉及金额 972 万元。	国资委所属中国石油和化学工业联合会代管的化学工业出版社已将收到的款项确认为国有资本金。
8	2013 年，所属中国机械工业联合会违规将自有资金 700 万元出借给下属企业用于经营活动；2012 年至 2014 年，所属中国机械工业联合会代管的中国国际贸易促进委员会机械行业分会未经批准，累计向其下属企业出借资金 6255 万元，至 2014 年底有 1380 万元借款尚未收回。	2015 年 6 月 23 日，中国机械工业联合会已收回下属企业归还资金 700 万元，并支付了资金占用费 13 万余元；2015 年 6 月 25 日，中国国际贸易促进委员会机械行业分会已全额收回出借款 1380 万元，中国机械工业联合会将进一步加强国有资产出借事项的管理，严格按有关法律法规执行。

续表

问题序号	公告的问题	整改情况
9	2014年7月至12月，国资委3名退休领导干部违规兼职取酬14.88万元。	国资委已专门印发整改通知，责成相关人员按规定清退兼职所获报酬。中国包装联合会已收回相关款项，并不再违规向相关人员发放薪酬。
10	2013年，所属中国质量协会下属单位虚构外聘专家劳务事项，套取资金14.02万元。	中国质量协会已于2015年7月21日收回违规资金，调整有关会计账目，并按规定给予相关责任人党内警告、免去行政职务的处罚。
11	2013年，所属中国有色金属工业协会本级、中国包装联合会分别超工资总额计划发放职工工资62.48万元、30.82万元；2014年，中国有色金属工业协会超工资总额计划发放职工工资94.52万元。	国资委已责成中国有色金属工业协会和中国包装联合会按照相关规定，做好协会年度工资总额的预算编制和管理，提高预算的精确性。一是严格按照国资委下达的年度工资总额计划执行，确保将工资发放金额有效控制在下达的工资总额范围内；二是结合协会实际情况，对财务管理办法等相关制度进一步修订和完善，防止类似问题再次发生。
12	2012年至2013年，所属中国包装联合会使用办公用品、日用品、食品等发票报销78.91万元，实际用于购买购物卡和礼品。	国资委已责成中国包装联合会全体人员认真学习并严格按照法律法规、规章制度办事，建立完善相关制度并形成长效机制，不断提高单位的财务管理水平，杜绝类似问题再次发生。
13	至2015年3月底，所属中国机械工业联合会等单位3个涉密信息系统未确定安全保护等级。	国资委已专门印发审计整改通知，责成有关单位尽快按规定确定安全保护等级。中国机械工业联合会已向北京市公安局备案，并取得了北京市公安局颁发的证明；有色金属矿产地质调查中心经办公会议确定了相关信息系统安全等级；中国轻工业联合会所属消费日报社计划于年底前完成定级。
14	2009年，国资委复函确认1家中央企业计提集团品牌产品科技研发经费5亿元，与财务规定不符。至2013年底，结余4.28亿元在往来科目挂账。	国资委将进一步研究改进决算备案管理工作，完善批复内容，力争做到准确完整，更好地发挥决算批复督促企业规范发展的作用。
15	至2015年2月底，8家中央企业未按规定向国资委报送“三重一大”决策制度的实施办法。	国资委积极督促有关中央企业报送“三重一大”决策制度实施办法，并予以及时审查。8家央企中有7家单位已完成报送任务。

23. 海关总署2014年预算执行和其他财政收支情况审计结果公告问题的整改情况

问题序号	公告的问题	整改情况
1	2014年，海关总署本级在口岸专网租金项目中列支与项目无关的支出108.50万元；在收费业务费项目中列支与收费业务无关的支出1046.63万元。	海关总署对相关资金进行了调账处理，进一步强化预算管理，提高预算编制的准确性，加强对预算支出的管理，提高预算执行的刚性约束，避免出现支出超预算的现象。

续表

问题序号	公告的问题	整改情况
2	2014年，所属机关服务中心未按要求向财政部备案，将公用经费中的物业管理费、差旅费、维修费等科目相互调剂使用，涉及金额954.26万元；将事业收入安排的38.73万元公用经费调剂用于该中心人员经费支出；将事业收入安排的479.39万元基本支出调剂用于无预算的维修费等项目支出。	海关总署对相关资金进行了调账处理，进一步强化预算管理，提高预算编制的准确性，加强对预算支出的管理，提高预算执行的刚性约束，避免出现支出超预算的现象。
3	2014年，海关总署决算（草案）反映海关系统非本级财政拨款决算支出237979万元，超预算691.53万元，用于人员经费和公用经费。	
4	2014年，所属全国海关信息中心未执行政府采购程序，直接向该中心下属经济实体采购1个服务项目，涉及金额92万元；所属中国电子口岸数据中心1个采购项目未按规定履行公告等政府采购程序，涉及金额54万元。	海关总署相关部门认真排查政府采购活动，组织采购环节工作人员认真学习政府采购相关规定，提高业务水平。涉及该问题的信息中心继续加强采购人员培训，提高采购人员业务水平，加强采购组织方式审核。同时，海关总署修订制发了相关实施细则，进一步完善政府采购内部控制制度，杜绝此类情况再次发生。
5	至2014年底，所属机关服务中心收取的职工住房改革款项等余额1389万元，在往来科目挂账长期未予清理。	机关服务中心已完成往来款长期挂账资金清理工作，将上述挂账资金作为海关总署调房专项纳入服务中心专项管理。今后将充分重视往来款的及时清理问题，主动联系往来单位，及时清理，避免再次出现类似问题。
6	2014年，所属宁波海关未请示总署同意，将统一收购单位未予接收的罚没成品油1900吨（市场评估价6100元/吨），按统购折扣计价（3965元/吨）并由2家当地企业竞价后，以4200元/吨出售，累计取得变价款798万元，低于市场评估价361万元。	海关总署在海关罚没财物管理专题会议上通报上述情况，要求各关严格按政策规定管理海关罚没财物，要求宁波海关今后严格执行国家政策；约谈了有关公司，理顺走私成品油收购的业务关系；与发展改革委价格司就海关罚没成品油处置中存在的困难进行沟通，研究下一步海关罚没成品油的处置政策。同时，宁波海关积极与当地有关公司进行接洽，理顺走私成品油收购的业务关系。
7	至2014年底，所属机关服务中心仍未按规定将2009年已上报清理的股票资产（市值2082.78万元）及相关利息、分红和售股收入419.04万元清理入账，也未纳入预算管理。	机关服务中心关于股票清理前期所有准备工作已经完成，并经海关总署财务主管部门审批同意后，报国管局审批。一是2008年已卖出的10%股份形成的“第三方托管”银行账户资金余额317.69万元已转入机关服务中心基本账户中，形成当年投资收益。二是根据有关公司取得原始股份的原始成本118万元，已编制长期股权投资科目增加凭证，形成机关服务中心长期股权投资，纳入预算管理中。

24. 税务总局2014年预算执行和其他财政收支情况审计结果公告问题的整改情况

问题序号	公告的问题	整改情况
1	2006年至2014年，税务总局本级在金税三期项目经费、金税运行费中列支不属于项目开支范围的支出37215.83万元，其中2014年7848.9万元。	税务总局已调整了有关会计账目。针对金税三期工程基本建设资金与使用金税运行费的运行维护工作衔接开展了专题研究，全面修订相关6项制度，严格预算管理，限定金税三期工程建设专项资金开支范围；项目推广后明确工程交付运维时间；交付运维后在金税运行费中安排相应科目，有关费用严格按照规定的范围开支。
2	2013年至2014年，所属重庆市国税局、山西省国税局、宁夏回族自治区国税局等21个单位未经批准，自行在基本支出和项目支出、人员经费和公用经费、不同项目经费之间调剂使用资金共计14179.38万元，其中2014年7152.32万元。	21个单位已调整了有关会计账目14179.38万元。同时，吉林省吉林市国税局和河南省郑州市国税局制定印发了相关管理办法和通知，进一步强化内部管理。
3	2013年至2014年，所属吉林市国税局、武汉市国税局、重庆市国税局等18个单位在差旅费、培训费或项目支出中列支"三公"经费和会议费共计1426.77万元，其中2014年342.09万元。（其中：2013年至2014年，重庆市国税局、贵州省国税局、宁夏国税局机关等3个单位通过挤占差旅费、培训费等资金方式支出出国费用59.62万元，其中2014年9.3万元）（来源："三公"经费专题材料）	15个单位已调整了有关会计账目1252.11万元。吉林省国税局、九台市国税局公务用车运行维护费超预算支出38.5万元、111.96万元以及黑龙江省国税局公务用车购置费超预算支出24.20万元的问题，3家单位拟全面压缩公务用车购置及运行费支出，在2015年公务用车购置及运行费预算中扣减以前年度的超预算支出174.66万元。
4	2014年12月，税务总局虚列印刷费支出280.44万元，其中170.44万元被有关印刷厂套取。	税务总局已责成有关单位将拨付的印刷费共计280.44万元退回税务总局机关，会计账目已调整完毕。对相关责任人分别进行了严肃批评并责成其做出书面检查，其中处级干部1名、科级干部4名、一般干部1名。
5	至2014年底，税务总局有142746.81万元结转结余资金未按规定清理处置。	税务总局及时将存量资金1.3亿元上缴财政；各级国税机关积极采取措施统筹盘活存量资金，预计到11月初盘活资金达20亿元；进一步加大2015年度及以后年度预算执行力度，切实提高预算执行率，降低存量资金规模；进一步加强与有关部门的沟通协调，不断理顺经费渠道，优化预算结构，切实提高资金使用效益。
6	2014年，税务总局违规申请项目资金585万元为单位职工住宅项目支付维修改造费用，当年支出11.18万元。	税务总局已将有关资金上缴财政。

续表

问题序号	公告的问题	整改情况
7	2011年至2014年，所属吉林省国税局、四川省国税局、陕西省国税局等148个单位使用部门预算资金支付应由职工个人负担的税务制服制作费5009.14万元，其中2014年740.34万元。2013年至2014年，所属湖南省国税局、广东省国税局和黑龙江省国税局等6个单位在公用支出中列支应由职工个人负担的物业管理费等348.62万元，其中2014年285.39万元。	相关单位已收回资金，并进行了账务调整。
8	至2014年底，所属成都市国税局超编制配备公务用车4辆；所属哈尔滨市国税局、河南省国税局、四川省国税局等10个单位长期租用或无偿占用下属及其他单位车辆44辆。	四川省成都市国税局对超编制的4台车辆已就地封存，其他单位拍卖处置黄标车或超标车18台，封存5台，其余21台车辆全部退还或解除租车合同。
9	2014年，税务总局申报四类会议预算时未列明预算明细，会议预算与实际支出脱节，当年支出结余占预算总额的81.38%。	税务总局制定了局机关会议管理实施办法，将四类会议列入年度计划管理；补报了2015年度机关四类会议计划；鉴于会议费属公用经费，不属于专项资金，相关费用已调整到其他支出，不作结余资金处理。
10	2013年至2014年，税务总局在北京、广东等地召开的5次会议由当地国税局承担会议费共计25.42万元，其中2014年5.37万元；2013年，福建省国税局将26.88万元会议费支出转由下属单位承担。	税务总局责成相关单位按规定支付会议费用25.42万元，福建省国税局也向晋江市国税局支付了会议费用26.88万元，并调整有关会计账目。税务总局将进一步加强管理，认真督促、提醒承办单位，确保严格执行各项财务制度，杜绝此类问题再次发生。
11	2012年至2014年，所属福建省国税局和吉林省国税局超标准列支会议费371.78万元，其中2014年12.32万元。2013年至2014年，所属吉林省国税局、济南市国税局等6个单位在会议通知等相关文件资料不齐全的情况下列支会议费等539.04万元，其中2014年56.99万元。	吉林省国税局下发了加强管理的通知，福建省国税局也加强了会议计划编制，严格按照标准、用途审核预算和列支各项会议支出。宁夏回族自治区国税局补齐了28个会议的相关原始资料，并要求采取措施加强会议支出管理、严格审核把关；四川省双流县国税局制定了会议费管理办法；山东省济南市国税局等对会议费管理进行了规范。
12	2013年，所属重庆市国税局本级计划外召开会议100个，占实际召开会议数的90.09%。	从2014年开始，重庆市国税局将各类会议全部纳入会议计划范围，进一步加强会议管理。
13	2014年7月至12月，税务总局6名退休干部在中国注册税务师协会兼职取酬36.34万元。	中国注册税务师协会从2015年1月起全部停发退休兼职干部的工资报酬。6名退休干部2014年7月至12月的兼职取酬33.58万元（不含税款）已全部退回。
14	2013年至2014年，所属湖北省国税局、重庆市南岸区国税局、宁夏回族自治区税务干部学校等4个单位违规在办公费中列支采购烟酒等支出44.04万元，其中2014年25.96万元。	湖北省国税局、襄阳市国税局已将违规消费支出19.91万元退还上缴湖北国税局机关，武汉东湖高新区国税局将违规消费支出0.14万元退还上缴高新区国税局，并调整了有关账务；重庆市南岸区、涪陵区国税局将2014年购买的白酒做了退货和退款处理，收回款项6.67万元；宁夏回族自治区税务干部学校对库存的烟酒和土特产进行了清理退货，收回款项8.32万元。

续表

问题序号	公告的问题	整改情况
15	2014年，税务总局下属宾馆违规支付机场接待费用3.32万元。	税务总局下属宾馆已停止贵宾休息室和贵宾通道业务。
16	2007年至2014年，税务总局未经批准，对金税三期信息系统工程采用非公开招标方式采购22宗，合同金额14695.30万元，其中2014年采购3宗，合同金额239.43万元。	税务总局今后将严格执行政府采购法有关规定，加强对非公开招标采购项目采购方式的管理，严把政府采购关，依法依规做好各项采购工作。
17	2012年，在金税三期工程高清视频会议系统项目招投标评标办法中变相设置排他性条款。	税务总局对采购项目评分标准的设置继续坚持事前由专家进行论证、采购工作组会议和采购领导小组会议集体研究决定的工作制度，进一步提高采购项目评分标准设置的科学合理性。积极探索评分标准设置的有效方式，政府采购部门要与业务技术等部门密切配合，制定不同类别采购项目的评标标准模板。高度重视供应商对评分标准等内容提出的质疑，对于涉及关键指标的质疑，提请有关部门和组织专家进行论证。
18	抽查税务总局金税三期信息系统工程85个采购项目，有31个项目发出中标通知书与合同签订的时间间隔超过规定的30天，其中21个项目时间间隔超过100天。	税务总局进一步明确和规范合同会签及签订程序，要求业务技术部门不再进行项目实施方案的编制，缩短合同会签时间；加强各部门工作协调，优化流程提高工作效率；将合同会签及签订纳入工作绩效管理，采取时间倒逼机制，确保采购项目合同能按时签订。
19	至2014年底，税务总局尚未按规定与1家下属企业实质性脱钩，也未将该企业财务收支纳入决算报表反映。同时，该企业未将投资设立的香港公司的固定资产和收入并入账册及报表。	税务总局已报财政部审批，完成了与中国国际税务咨询公司的资本金划转和实质性脱钩工作，并责成中国税务杂志社委托中介机构进一步核查投资损失问题。
20	至2014年底，税务总局本级财务账面反映车辆数量及金额不实，多记已报废、过户或上缴车辆49辆，资产金额1918.88万元。	税务总局已将多记的车辆及金额进行了账目调整，今后将严格按照规定及时记账，做到账实相符。
21	至2014年底，所属中国税务杂志社1994年至1995年的对外投资因所投资企业注销或违约形成账面损失1005.20万元。	该问题涉及的一家公司因违约经营需返还给中国税务杂志社500万元投资款，经申请法院执行，该公司以房产、汽车、办公设备和产品等物品抵债价值约466万元。剩余款项34万元虽反复催收，但其已于2000年以前注销，无法追回。该问题涉及的另一家公司以资金周转困难为由一直拖欠杂志社585万元投资款项，现该公司已经不存在，事过20多年，资金难以追回，税务总局已责成中国税务杂志社联系律师进一步核查落实。
22	至2014年底，所属山西省国税局、山东省国税局等4个单位对外出借资金在往来科目长期挂账未清理，涉及金额3646.69万元，挂账时间长达7至15年。	山西省国税局、山东省国税局分别已全部收回对外借款2399万元、400万元；辽宁省沈阳市国税局直属分局已将17.69万元发票保证金缴入国库；其他问题正在整改。

续表

问题序号	公告的问题	整改情况
23	2013年至2014年，所属吉林省国税局和湖南省长沙市国税局的办公用房对外出租，应收未收租金260.94万元，其中2014年100.94万元。	税务总局已责成吉林省国税局收回租金收入160万元上缴财政专户；湖南省长沙市国税局也已收回全部租金100.94万元，在扣除应抵扣的物业管理费11.62万元后，将剩余出租收入89.32万元上缴财政专户。
24	2013年至2014年，所属四川省国税局、长沙市国税局、长沙县国税局等3个单位，违规向无预算关系的四川省国际税收研究会等单位拨付赞助费等共计880万元，其中2014年470万元。	税务总局已责成四川、湖南国税局今后进一步加强预算管理，严格按照预算用途使用资金。
25	2012年至2014年，税务总局在参与分配地方税改革经费中，向财政部建议对全国36个省（市）地税部门均安排补助资金，其中2014年建议向各省（市）分配60万元至300万元不等，缺乏明确的资金分配标准。	税务总局着手制定专门的地方税改革专项补助经费管理办法，现已形成初稿，拟进一步讨论修改后下发，未来将以此为遵循，配合财政部加强对专项补助资金的管理和监督，确保资金使用效益。

25. 工商总局2014年预算执行和其他财政收支情况审计结果公告问题的整改情况

问题序号	公告的问题	整改情况
1	工商总局本级编制2014年度人员经费预算时多报16人，多申领财政预算资金206.25万元。	工商总局在编制2015年部门预算时，已严格按照2014年7月份实有人数申请人员经费，今后将严格执行预算编制的有关规定。
2	2014年，工商总局为所属工商学会等3个经费自理事业单位申请基本支出财政拨款预算354.19万元。	工商总局将按照国家对事业单位和学会协会改革及财政部要求，规范预算编制工作。
3	2013年至2014年，所属商标局以租赁档案库房等名义申请预算资金801.04万元（其中2014年400万元），实际全部拨付其下属机关服务中心，用于弥补商标档案卷皮经费缺口593.09万元，至2014年底结余207.95万元。	商标局机关服务中心已将结余资金207.95万元归还原资金渠道。
4	2014年，工商总局本级未经批准，在项目经费中列支所属行政学院网络教学平台改造费100.27万元，在“招待费”中列支长期借调人员差旅费35.55万元。	工商总局今后将细化项目支出明细，严格按照批复预算执行；确因实际需要调剂使用的，将认真按照财政部的规定报经批准。
5	2014年，所属商标局在商标业务费专项资金中列支房租和水电费1724.94万元。	工商总局今后将细化项目支出明细，严格按照批复预算执行。
6	2012年至2014年，所属中国消费者协会和市场经济监督管理研究中心在公用经费中列支人员经费427.52万元，其中2014年166.31万元。	工商总局今后将细化项目支出明细，严格按照批复预算执行；确需调剂使用的，将认真按照财政部的规定报经批准。中国消费者协会和市场研究中心已对人员编制、工作任务重新进行了梳理，对经费需求进行了测算，已通过工商总局与财政部协商解决人员经费和工作经费的问题。

续表

问题序号	公告的问题	整改情况
7	2014年，工商总局本级在工商行政管理等经费中列支327.90万元，实际支出85.29万元，结余242.61万元在往来科目挂账；所属商标局在商标业务费项目中列支7162.69万元，实际支出6734.24万元，结余428.45万元在往来科目挂账。	工商总局本级结余242.61万元中，已收回本级财务20.49万元、支出19.51万元；其余202.61万元为跨年经费，已决定各课题截至2015年底无论是否完成，若仍有结余资金，将全部收回纳入结余资金管理。商标审查协作中心往来挂账428.45万元为辅助人员工资，其中399.7万元已于2015年1月发放，结余28.75万元已退回工商总局本级财务。
8	至2014年底，工商总局本级2012年在项目经费中列支的有奖征文活动费中，有19.51万元结存在2家所属单位，未作为结余资金上报财政部。	中国工商出版社结余款项9万元退回工商总局本级财务，作为结余资金管理。市场监督学会将结余资金7.92万元办理补报手续，拟在编制2015年决算时，将其作为结余资金纳入部门决算。
9	至2015年3月底，工商总局本级超标准支付预算资金23万元，委托研究机构购置电脑设备，已购置的18.56万元资产未纳入法定账簿核算。	工商总局竞争执法局已要求合作单位将相关资金23万元退回工商总局本级财务，将所购置资产18.56万元记入固定资产账簿统一管理。
10	2013年8月至2014年12月，工商总局本级26人次参加所属行政学院组织的7个赴香港考察团组，在拨付给行政学院的委托培训费中列支费用7.38万元（其中2014年5.01万元），未纳入本级“三公”经费预算管理。	工商总局今后将严格按要求，规范包括赴香港交流等因公出国（境）活动，严格执行“三公”经费预算。
11	2014年，所属机关服务中心借用下属2家单位的4辆公务用车。	机关服务中心已将占用下属单位的4辆车归还原单位。
12	2011年，所属机关服务中心通过出借资金68.27万元给下属2家单位，变相购置2辆公务用车。至2014年底一直由该中心使用，并列支日常加油费和维护费。2014年，所属商标局下属单位在商标业务费中列支23.29万元租赁别克商务车1辆，供商标局使用。	对所属机关服务中心为下属单位垫支购车款问题，其中一家单位已将相关购车款归还机关服务中心，另一家单位因账面无经费，待有经费后立即归还。商标局已退回占用车辆，严格按公车改革规定管理和使用公车。
13	2014年，工商总局本级计划外召开四类会议12个，涉及金额15.93万元；3个会议未在定点饭店召开，涉及金额38.65万元；召开的4个三类会议参会人员均超过规定的150人，涉及金额97.16万元；将召开的座谈会38名参会人员的住宿费转由参会单位承担，涉及金额2.15万元。	工商总局已退回由参会单位承担的住宿费用2.15万元，今后将加强管理，严格执行会议费相关规定，杜绝召开计划外会议、未在定点饭店召开会议、超规模召开会议等问题再次发生。
14	2014年，工商总局本级购置办公设备等支出294.48万元未列入政府采购预算。	工商总局将进一步加强政府采购预算与采购计划、实际采购工作的衔接，扎实打好基础，准确测算全局政府采购需求，科学编制政府采购预算，严格履行政府采购程序，做到预算、计划、实采相一致。

续表

问题序号	公告的问题	整改情况
15	2014 年，工商总局本级未执行政府采购程序，直接将购买服务、设备维护等交由所属 2 家单位承担，涉及金额 550 万元。	工商总局将进一步加强政府采购预算与采购计划、实际采购工作的衔接，扎实打好基础，准确测算全局政府采购需求，科学编制政府采购预算，严格履行政府采购程序，做到预算、计划、实采相一致。
16	2014 年，所属中国广告协会以“证明商标使用许可”的形式违规收取广告企业资质认定服务费 433.69 万元。	中国广告协会停止了与企业资质认定工作相关的证明商标使用工作，至今未再收取证明商标使用许可服务费用。中国广告协会将继续加强与相关部门的沟通，坚持在相关部门指导下规范、完善证明商标使用管理工作。
17	2010 年至 2014 年，所属中国广告协会未经有关部门批准，通过组织开展评奖活动，向企业收取参赛评奖费共计 1102.40 万元。	中国广告协会决定，自 2015 年广告节起，对 4 个奖项停止收取参赛费，实现全程免费参赛。
18	2013 年 8 月至 2014 年 12 月，所属经济信息中心下属企业利用工商总局信息系统违规收取企业信息查询费 768.32 万元，其中 368.22 万元用于发放经济信息中心劳务费和津补贴。	经济信息中心已于 2015 年 3 月召开主任办公会，决定立即暂停所属企业对外经营活动，该企业自 3 月下旬以来已停止对外经营信息增值业务，也无任何收费。经济信息中心 5 名领导班子成员退回劳务费 58520 元，16 名处级干部退回 171240 元。经济信息中心领导班子及时向工商总局党组提交了深刻而严肃的书面检查，工商总局分管领导也代表党组约谈了经济信息中心领导班子成员，进行了严肃批评。
19	2014 年，所属商标局下属商标审查协作中心在财政全额负担《商标公告》编辑制作成本的情况下，违规向社会收取《商标公告》征订款 10.42 万元。	商标审查协作中心已于 2015 年 4 月停止了《商标公告》的征订工作。
20	2013 年至 2014 年，所属中国工商出版社使用工商总局本级拨付的出版费财政专项资金，支付工商总局本级有关人员编稿费、审读费等 84.04 万元，其中超出国家规定稿酬标准 61.46 万元。	中国工商出版社已于 2015 年 7 月初全部收回超标准发放的稿酬，涉及图书 10 册、相关司局 8 个，合计 61.46 万元，并已全部上缴工商总局财务。今后，中国工商出版社将严格遵守使用文字作品支付报酬办法等有关新闻出版法律法规，加强对图书稿酬的管理。
21	2013 年 9 月至 2014 年 12 月，所属中国消费者协会违规发放职工过节费 65.24 万元。	中国消费者协会已于 2015 年 7 月 10 日前退还过节费及节日补贴 6.47 万元，2015 年 1 月起停止发放节日补贴。
22	2014 年，所属中国消费者协会购买价值为 71.03 万元的样品送交专业机构进行检测，未对所购样品进行出入库登记管理。	中国消费者协会已修订了相关管理办法，就比较试验样品出入库管理、规范样品交接过程、完备出入库核销手续做出规定。
23	2012 年至 2014 年，所属中国工商报社和工商学会在财务原始凭证不真实的情况下，列支广告代理费和有奖征文活动评审费共计 706.02 万元。	中国工商报社梳理了 2012 年至 2014 年所发生广告代理费的支付流程和手续，确认 2012 年支付广告代理费 341.42 万元，2013 年支付代理费 302.33 万元，2014 年支付代理费 60.27 万元，合计 704.02 万元；关于市场监管学会账面列支征文活动评审费 2 万元资金去向问题，工商总局已责成市场监管学会核查。

续表

问题序号	公告的问题	整改情况
24	2013年1月至2014年4月，所属中华商标协会有关人员违反规定，在所属《中华商标》杂志社兼职领取审校费1.02万元。	2015年3月23日，中华商标协会领导已将领取的全部审稿费10240元退还给《中华商标》杂志社。2015年4月1日，中华商标协会研究决定取消了主要领导每月600元审稿费的发放。
25	2014年12月，所属中华商标协会未经审批出台相关办法，自行开展商标代理机构等级认定、商标代理人专业水平测试以及对持有商标代理人水平合格测试合格证书诉讼代理人的推荐业务。	中华商标协会已于2015年4月7日废止了相关文件，并已对外公布。
26	2013年至2014年，所属中国消费者报社在核算各地记者站发行收入时，扣除给记者站的奖励等费用，造成少计发行收入1963.59万元。	中国消费者报社对2013年、2014年发行工作及发行成本包干使用情况进行了全面清理，各省按规定上缴报款已结清，包干成本如投递费、发行奖励费已据实支出完毕，无待记收入的剩余报款。因2014年财务决算工作已结束，年度所得税汇算清缴工作已完成，尚未补记相关收入。
27	至2014年底，所属中国消费者报社将报纸征订款、应付其下属企业款项等3091.36万元在往来科目长期挂账，未及时清理。	中国消费者报社对税务奖励款3万元，已计入当期营业外收入核算；对涉及与其他单位的往来款224.05万元，均已计入相关收入，并上缴税款；对与下属公司往来款2864.31万元，正在申请依照公司法对该公司进行清算，清算结束后将依法清理账务。
28	至2015年3月底，所属商标局于2012年6月竣工的商标档案业务用房建设项目尚未办理竣工财务决算，该项目实际投资超概算2590.23万元。	工商总局已向发展改革委申请调整投资概算，目前发展改革委正在审批，待发展改革委批复投资概算调整后，将尽快办理竣工决算。
29	2012年5月，所属商标局在未履行报批手续和进行资产评估的情况下，违规处置原值70万元的变压器及配套设施，未取得处置收益，导致国有资产流失。	工商总局办公厅会同项目办成立了核查小组，追查商标档案业务用房建设项目临时施工变电器设备资产去向问题。下一步，将按照有关资产处置规定，在项目竣工决算工作结束后，支付总承包单位工程尾款时，扣除变压器设备处置净收益1.94万元。
30	至2014年底，工商总局及所属中国消费者协会有关信息系统投资1214.28万元未纳入资产管理。	工商总局本级项目资金中列支的信息系统建设费和相应形成的固定资产合计436.92万元，已于2015年6月计入固定资产账。中国消费者协会已于2015年6月将相关软件方面的支出252.66万元，计入固定资产账。广告数据中心项目尚在建设中，未纳入固定资产管理。

26. 林业局 2014 年预算执行和其他财政收支情况审计结果公告问题的整改情况

问题序号	公告的问题	整改情况
1	2014 年，所属信息中心、人才开发交流中心等 11 个单位未经批准，自行调剂公用经费和项目经费 965.13 万元，用于列支人员经费、公务用车运行维护费、公务接待费等。	8 个单位 111.95 万元支出已调整由单位自有资金列支，并调整了相关账目。同时，林业局已责成其他相关单位调整有关会计账目和决算（草案），避免类似问题再次发生。
2	2013 年至 2014 年，所属亚太森林网络管理中心、中南林业调查规划设计院挪用项目资金 320.73 万元，用于改造培训场所、购置平板电脑及向单位职工发放差旅费补贴、咨询费等，其中 2014 年 296.88 万元。	亚太森林网络管理中心已于 2015 年 4 月追回该笔资金，并调整了相关账目；中南林业调查规划设计院已要求领用平板电脑的所有职工按原始购置成本退回资金 58.34 万元，收回咨询费 15 万元，将超标准发放的差旅费补贴等 147.39 万元调整由自有资金列支，并调整了相关账目。同时，中南林业调查规划设计院于 2015 年 4 月起，停止超标准发放差旅费补贴及向本单位职工发放咨询费等，严格执行国家差旅费等相关规定。
3	2014 年，所属华东林业调查规划设计院、中南林业调查规划设计院将公务接待、差旅、办公等费用 41.9 万元转由下属单位承担。	华东林业调查规划设计院、中南林业调查规划设计院已全部归还所属单位摊派费用。
4	2014 年，所属机关服务中心、国际竹藤中心未按规定进行公开招标，将物业管理直接委托给各自所属的物业管理公司，涉及金额 535 万元；所属信息中心为规避公开招标，将国家林业局内外网运行维护项目按具体实施内容进行拆分，涉及金额 230 万元；所属昆明勘察设计院违规将本院中标的 2 个项目整体转包，转包价为 804.19 万元。	机关服务中心、国际竹藤中心自 2015 年开始，严格按照有关规定，采取公开招投标方式或符合相关规定的方式，选择确定物业管理公司，保证本单位物业管理工作的顺利开展。昆明勘察设计院制定了相关管理办法，规范对外委托项目的管理，今后将严格按有关规定通过政府采购和公开招投标实施项目。2015 年，信息中心已重新整合“林业局内外网运行维护”项目，并按规定通过政府采购方式实施项目。
5	2014 年，林业局本级有 2 个因公临时出国团组超标准报销住宿费 3.02 万元；有 1 个团组在交通费已发放给个人的情况下，又报销境外租车费 1.5 万元。	林业局已退还报销境外租车费 1.5 万元，并重申住宿费等出国经费管理要求，严格执行因公临时出国经费管理办法，加强出国经费审批报销管理。
6	2006 年至 2014 年，所属中南林业调查规划设计院长期无偿使用下属企业 10 辆车辆，车辆运行费在企业列支；2014 年，所属中南林业调查规划设计院在未封存相关车辆且当年公车运行费未下降的情况下，自定标准，以公务用车改革的名义向本院员工发放公务交通补贴 51.54 万元。	中南林业调查规划设计院已退还无偿占用所属企业车辆，今后将按照有偿服务原则，与下属企业签订合同有偿使用车辆。该院已将职工领用和报销的交通补贴全部从职工工资中扣回上缴院财务，并已调整相关会计账目。
7	2014 年，所属华东林业调查规划设计院、中南林业调查规划设计院分别使用自有资金超预算列支公务接待费 12.34 万元、21.15 万元。	华东林业调查规划设计院、中南林业调查规划设计院已收回超预算列支的公务接待费，并已调整相关会计账目。今后将严格执行预算并加强公务接待费的管理，杜绝类似问题再次发生。

续表

问题序号	公告的问题	整改情况
8	2014年，林业局本级通过虚构会议的方式列支会议费9.01万元，用于支付以前年度的餐费等费用；所属人才开发交流中心、中南林业调查规划设计院计划外召开四类会议26个，支出40.34万元；所属中南林业调查规划设计院在非定点酒店召开四类会议3个，支出10.91万元，还超过规定会期召开会议7个，超出规定参会人数召开会议1个；所属中南林业调查规划设计院、华东林业调查规划设计院超标准列支会议费6.48万元。	林业局已退回虚构会议列支的会议费1.12万元，调整相关账目，局本级采取了相应的管理措施，要求各类会议一律提供流水单等凭据进行报销，并由中央纪委、监察部驻国家林业局纪检组、监察局牵头，按程序对相关责任人进行追责；人才开发交流中心、中南林业调查规划设计院已进一步加强会议计划编制管理，确保召开会议有计划、有预算；中南林业调查规划设计院已严格加强内部管理要求，加强会议费管理；华东林业调查规划设计院已收回超标准列支的会议费，并已调整相关账目。林业局已责成上述单位今后严格执行会议费管理办法，加强会议费管理。
9	2014年，林业局本级向所属国家林业局管理干部学院多支付培训班费用2.65万元。	国家林业局管理干部学院已将虚列支出退回林业局本级账户，并已调整相关账目。今后将加强管理，严格执行培训费管理办法，杜绝类似问题再次发生。
10	至2014年底，林业局未按规定向财政部上报3个项目结转结余资金1924.05万元。	林业局向财政部补报了财政拨款结余资金，将3个单位结转结余资金清理补报财政部。经审核，财政部下达通知，同意收回以前年度结余资金1272.45万元。林业局已按财政部审核要求上缴结余资金1272.45万元。
11	2014年，林业局所属单位有4人违规在社团兼职取酬共计18.36万元。	林产联合会已于2015年1月停发两名司局级领导干部的兼职取酬，相关人员2015年3月将所得兼职取酬4.75万元予以退回；建设协会已于2015年3月停发两名处级党员领导干部的兼职取酬，相关人员已全部退回扣除税额后的兼职取酬资金13.41万元。
12	2013年至2014年，所属昆明勘察设计院通过不合规发票报销等方式列支250.72万元，将资金转至账外，用于支付借用外部人员监理证使用费、招待费和购买礼品等。	昆明勘察设计院已追回违规设立的“小金库”资金34.76万元，对其他问题已进行清理，采取措施加以整改，并由中央纪委、监察部驻国家林业局纪检组、监察局牵头，按程序对相关人员进行追责。下一步，昆明勘察设计院将加强对公司的监管，结合公司管理实际，对领导班子进行调整，从源头上控制违规违纪现象的发生。
13	2012年至2014年，所属机关服务中心、国际竹藤中心未经批准，将产权为林业局的房产对外出租，取得出租收入880万元，未按规定上缴国库，其中2014年360万元；2014年，所属西北华北东北防护林建设局出租自有房产，取得出租收入230.36万元，未按规定上缴国库；所属国际竹藤中心、中南林业调查规划设计院、昆明勘察设计院未经报批对外出租房产，取得租金收入811.31万元，其中中南林业调查规划设计院两处出租房产尚未计入固定资产。	林业局已责成机关服务中心、国际竹藤中心积极协调有关部门，抓紧办理房屋产权登记变更手续，并及时补办报批手续，调整有关会计账目和决算（草案）。目前，国际竹藤中心已完成向国管局申请办理产权变更手续；服务中心办理理顺资产权属关系所需手续；林业局向财政部申请提高包括西北华北东北防护林建设局等事业单位基本支出补助水平，今后将严格按预算管理要求，将出租房产取得收入纳入预算实行“收支两条线”管理；林业局已责成国际竹藤中心、中南林业调查规划设计院、昆明勘察设计院3个单位履行对外出租报批手续。中南林业调查规划设计院已将两处临时房产计入固定资产账目。

续表

问题序号	公告的问题	整改情况
14	2013年，所属机关服务中心对下属公司增资1600万元，未履行报批手续。	机关服务中心已进行清理，分期分批撤回增资款项。目前，已收回900万元，预计2015年底前收回剩余700万元。下一步对企业的增资事项，将严格按照国有资产使用管理办法相关规定，履行报批手续。
15	至2014年底，所属中南林业调查规划设计院3名领导干部办公用房面积超过规定标准共计37.87平方米。	中南林业调查规划设计院相关领导已腾退超标使用的办公用房，今后将严格执行发展改革委、住房城乡建设部办公用房建设标准的相关规定，杜绝办公用房超标问题的再次发生。
16	林业成品油价格补助资金管理办法对补助对象界定不明确，且没有用油量定额标准。由于林业主管部门审核把关不严，2013年和2014年，抽查的10个省（直辖市）虚报用油量套取资金12230.88万元。	林业局已下发进一步加强林业成品油价格补助专项资金使用和管理工作的通知。同时，加强了申报环节的管理和监督检查力度。委托基金总站对包括成品油价格补助在内的林业专项资金进行重点稽查，要求地方查找问题，发现问题及时整改。
17	森林保险保费补贴存在的问题。2014年，全国森林保险试点省份投保面积仅占林地面积的63.81%，覆盖率低；全国森林保险单位保额低于林木的再植成本和经济价值，且保险合同免赔条款较多，保障不够有力。此外，部分省市采取政府部门指定保险公司方式，无法形成竞争机制。	林业局将积极争取中央财政加大对森林保险的扶持力度，提高保费补贴比例；积极协调财政部门争取将保费补贴水平逐步提高，实现保额覆盖再植成本；会同财政部、保监会对森林保险工作进行了调研，拟制定出台有关指导意见，届时将对森林保险机构的确定问题提出可行的意见。
18	2014年，财政部和林业局将森林生态效益补偿等14项转移支付资金整合为“中央财政林业补助资金”，实际仅对14项资金的名称和管理办法进行了简单归并，而补助对象、分配标准均未做调整，未实现实质性整合。	林业局正会同财政部共同研究修改相关补助资金管理办法，进一步加大资金的整合力度，提高资金分配的科学性。
19	2014年起，林业补助专项资金中有7个专项采用因素法分配资金，但政策性因素设置的权重过大，分配结果不均衡。	林业局2015年已进一步完善因素法分配资金，根据客观实际调整完善相关因素，并将政策性因素权重严格控制在20%以内，确保分配结果客观、公正、符合实际。同时，继续加大造林、抚育等核查力度，充分发挥财政资金使用效益。
20	至2014年底，北京市财政、林业部门滞留2013年和2014年中央财政林业专项资金4369万元和24403万元，分别占当年中央拨付资金的15.57%和64.85%。	北京市园林绿化局已采取有针对性的措施，进一步加快支出进度。同时，修订相关管理办法，调整了资金拨付程序，加快了验收程序，积极与区县财政和园林绿化部门加强协调，确保中央财政资金支出进度符合相关要求。
21	2013年至2014年，北京园林绿化局下属松山国家级自然保护区管理处与其下属公司签订虚假的公益林管护合同，将“森林生态效益补偿”资金83.55万元转入该公司，全部用于发放管理处工作人员津贴，其中2014年41.78万元。	北京市园林绿化局已将松山自然保护区生态效益补偿资金调整为由北京市松山国家级自然保护区管理处实施，由管理处直接与管护人员签订管护合同，管理处在职人员作为管护人员不再发放劳务报酬。

27. 国家机关事务管理局2014年预算执行和其他财政收支情况审计结果公告问题的整改情况

问题序号	公告的问题	整改情况
1	2014年，国家机关事务管理局本级未按规定将用于外事接待支出的财政拨款50万元纳入该局“三公”经费预算编报范围。	国家机关事务管理局2015年7月编制2016年度部门“一上”预算时，将外事接待经费纳入“三公”经费预算编报范围，并向财政部致函希望按此口径批复部门“三公”经费预算。
2	2014年，所属机关服务中心将其管理的加油站燃油购销收支放在往来科目核算，导致少计收入2207.16万元、少计支出2056万元。	机关服务中心已获得增值税一般纳税人认定，自2015年7月1日起已将加油站燃油购销收支全部纳入收支科目核算。
3	所属机关服务中心下属中勤服务开发中心于1995年2月出资1000万元参与成立公司，至2014年底该项投资一直未在其会计账簿和财务报表反映。	国家机关事务管理局正在进一步核实股权转让及工商登记变更等相关事宜，待情况核实清楚后，由中勤服务开发中心据实作账务处理。

28. 新华社2014年预算执行和其他财政收支情况审计结果公告问题的整改情况

问题序号	公告的问题	整改情况
1	2014年，新华社本级为所属4家经费自理事业单位安排财政拨款基本支出预算652.67万元；使用预算资金为所属1家非预算单位支付人员工资等1512.73万元，其中财政拨款149.03万元。	从2015年起，新华社不再安排4家单位使用财政拨款，原使用公务卡结算的各项支出按规定使用支票、电汇等其他方式转账结算。2014年以来新华社为涉及的1家非预算单位支付的各项费用已全额收回，按规定调整了相关会计账目，并要求该单位严格按规定对相关支出实行独立核算。
2	所属新闻信息中心在编报2014年预算时未将可预计的增值税退税收入作为其他收入编入预算，实际收到该项收入284.49万元。	新闻信息中心已将有关刊物增值税退税收入编入2015年预算。新华社将督促各预算单位严格按财政部对中央部门预算编报的要求编报预算。
3	2012年，所属中经社控股有限公司在文化产业发展专项资金中列支与项目无关支出228.03万元。	中经社控股有限公司已调整了有关会计账目，使用自有资金支付物业费。
4	2014年，新华社本级8个出国团组超标准列支出国（境）费31.03万元；所属参考消息报社无预算安排1人赴瑞士参加会议，列支费用5.46万元。	新华社已加强出国费管理，严格按照规定审核各项因公出国（境）任务，按规定标准为出国人员购买相应舱位机票，加强对驻外分社执行有关标准的指导和监督，同时，强化预算控制，严格出国团组人员、天数、路线、经费预算开支，督促所属部门、单位、分社严格执行支出标准。
5	至2015年3月底，新华社本级2012年及以前年度项目形成的结转资金3232.68万元未按规定上报财政部；至2014年底，所属中经社控股有限公司、新华影廊（北京）文化传播有限公司、中国图片社等3个单位有3项财政专项资金结存结余共计11400.03万元，时间均超过3年。	新华社责成各有关单位对相关资金进行清理，报送资金使用计划。新华社清理存量资金实施方案已经社长办公室会议审议，并于7月22日正式报送财政部。目前正在积极与财政部沟通，待财政部批复后将严格执行，做好存量资金清理工作。

续表

问题序号	公告的问题	整改情况
6	新华社在编报2014年基本支出预算时，在本级预算中预留2013年度经营奖励等预算12129万元，实际执行中将该项预算调整至国内分社、直属事业单位，调整情况未报财政部备案。	新华社将严格执行财政部预算管理相关规定，进一步规范预算管理流程，对预算调整事项及时按规定报财政部备案。
7	至2014年底，新华社未按规定对3处尚未开工的基建项目进行清理。	涉及的3个项目均已停止建设，其中2个有财政资金投入的项目涉及的3728.77万元财政资金均已按规定全额上缴财政部。
8	2012年至2014年，所属海南、江西等21个分社未经批准出租办公用房60475平方米，取得出租收入6253.40万元，其中2014年1971.52万元。	新华社正在调研制定办公用房出租出借管理办法，加强办公用房出租出借管理，明确具体管理职责和报批流程。
9	2014年，所属机关管理服务中心未将其下属非独立法人单位的收支纳入法定账簿核算。	机关管理服务中心已将下属非独立法人单位收支纳入机关管理服务中心决算。
10	2007年和2010年，所属新闻信息中心收到市场推介费共计31.88万元，未计作收入。	新闻信息中心已将2014年市场推介费31.88万元确认为收入，并调整了有关会计账目。
11	2012年至2014年，所属中国证券报社将举办论坛等收入717.94万元放在下属企业核算；至2015年1月底，未与其授权代理中证网广告业务的北京新证广告公司结算广告收入243万元。	中国证券报社已根据实际情况将相关收入与所属北京新证广告公司进行了结算，并调整了相关会计账目。
12	2014年，新华社本级及部分所属单位10名工作人员未经新华社备案、审批在企业兼职，其中1人兼职取酬9.84万元。	参考消息报社已对干部在企业兼职情况进行了清理；相关企业已停发有关兼职人员劳务费，兼职人员已主动全额交回领取的劳务费。同时，新华社对兼职情况进行了进一步清理，截至2015年5月13日，参考消息报社、经济参考报社的局级领导干部均已辞去或免去了在本单位出资企业所兼任的职务；人事局已向新闻信息中心发文，同意免去局级干部的兼任职务。
13	2003年至2014年，新华社未经审批将其他事业单位编制调整至所属新闻信息中心，至2014年底该中心事业编制超出中央编办批复114名。	新华社已按照中央编办核定的编制数量，由人事局发函确认新闻信息中心自收自支事业编制147名，要求其对超编制使用人员逐步消化。

29. 中科院2014年预算执行和其他财政收支情况审计结果公告问题的整改情况

问题序号	公告的问题	整改情况
1	2014年，所属遗传与发育生物学研究所将财政拨款公用经费553.63万元自行调剂用于工资福利、抚恤金等人员经费支出；所属地质与地球物理研究所将财政拨款公用经费1314.75万元自行调剂用于退休人员费、“千人计划”等人员经费支出，将财政科研项目经费1113.89万元自行调剂用于燃料费、办公设备维修费等基本支出。2010年至2014年，所属声学研究所将科研项目财政资金88.37万元自行调剂用于3家单位横向科研课题，其中2014年8.65万元。	遗传与发育生物学研究所等单位已进行账务调整，今后将加强预算管理，进一步完善内部控制制度，严格控制基本运行费中人员经费、公用经费。地质与地球物理研究所对人员经费支出逐项核实，加强了由项目承担的“千人计划”人员经费的核算管理，细化人员经费的经费来源和开支归属，并进行了账务调整。
2	至2014年底，所属理化技术研究所29个财政资金资助的科研课题应结题未结题，涉及金额97.72万元。	理化技术研究所涉及应结题未结题课题截至2015年10月底已有12个完成结题结账手续，涉及调账金额7.92万元；剩余17个课题有4个尾款未到账，11个课题等待验收，2个已验收但未收到验收结论。
3	2012年至2014年，所属遗传与发育生物学研究所未按规定进行政府采购，分别与5家公司签订项目竣工结算审计合同和技术服务合同，已支付合同款550.66万元，其中2014年支付430.9万元。	遗传与发育生物学研究所已完善内部控制制度，将技术服务合同/科研协议备案表调整，增加审批栏，确保研究所签订测序技术服务合同按照国家有关规定执行。遗传与发育生物学研究所继续按照公示要求，在内网公示技术服务合同列表。
4	2011年至2014年，所属微电子研究所未按规定进行政府采购，分别与3家公司签订专利代理合同和物业服务合同，已支付合同款1224.58万元，其中2014年支付465.61万元。	微电子研究所已于2015年年初启动了公开招投标采购程序。2015年3月，微电子研究所向政府采购中心提交了公开招投标的项目委托书，2015年4月27日，政府采购中心在中央政府采购网上发布了微电子研究所物业服务采购公告。2015年5月19日，政府采购中心确定中标单位，完成公开招投标工作程序。
5	2008年9月，所属计算机网络信息中心未按规定进行政府采购，委托1家公司提供项目监理服务，涉及金额16万元。	计算机网络信息中心认真梳理政府采购管理制度和工作流程，查找存在的问题及风险点，进一步完善了政府采购工作流程，增加归口管理部门在报销环节的审核，避免再次出现此类问题。
6	2013年，所属国际学术交流中心未经审批，组织中科院下属单位9人持普通护照到俄罗斯、塔吉克斯坦等国考察，由出国人员所在单位支付考察费31.50万元。	中科院国际学术交流中心对问题进行了深刻反省，书面做出保证今后严格执行因公出国（境）有关管理规定，并加强监督与管理，杜绝此类情况再次发生。
7	所属声学研究所自2007年起使用下属单位2辆车辆，2014年在基本支出委托业务费中列支2007年至2013年间交通费、维修费等86.65万元，少计公务用车运行费。	声学研究所已将86.65万元计入公务用车运行费用科目，并调整2015年决算年初数，已终止了该委托业务，今后保证不再发生此类情况。

续表

问题序号	公告的问题	整改情况
8	2009 年 12 月，中科院未经审批，违规批准所属遗传与发育生物学研究所在建设项目中增加 3000 平方米科研用房。该项目于 2013 年完工，实际投资 13659.86 万元，超批复概算 3345.86 万元。	中科院向院属单位转发了发展改革委相关管理办法，要求全院单位按国家规定严格遵照执行。在今后的建设工作中，遗传与发育生物学研究所将加强管理，严格遵守国家和中科院有关建设要求和程序。
9	2006 年至 2014 年，所属理化技术研究所将收到的专利费补助放在往来科目核算，造成少计收入 172.59 万元，其中 2014 年 17.87 万元。	理化技术研究所已确认收入 172.59 万元，并调整了相关账目。
10	2014 年，所属声学研究所将 1 家公司的股权转让收入放在往来科目核算，造成少计收入 7.5 万元。	声学研究所已补充相关记账依据，并调整账目和 2015 年决算年初数，该所将加强督促业务经办人员及时提供资料，按时完成账务处理，避免跨期挂账现象。
11	2011 年，所属理化技术研究所以技术转让名义，向 3 家公司销售实验测试剂量控制装备并取得收入 69 万元，未缴纳增值税。	理化技术研究所经税务部门认定，已补缴税款 11.42 万元，并缴纳增值税滞纳金 6.41 万元。
12	至 2014 年底，中科院未将已办理竣工财务决算并交付使用的奥运村科技园 9 个基础设施项目纳入固定资产核算，涉及金额 18447.89 万元。	有关单位正在积极认真准备验收材料，办理项目验收相关手续，抓紧推进项目验收工作。中科院成立了协调小组，协调各单位推进相关工作，力争 2015 年年底前按规定纳入固定资产核算。
13	2014 年，所属遗传与发育生物学研究所在科研项目成本中列支试验用房改造支出等 38.99 万元，未纳入固定资产核算。	遗传与发育生物学研究所已按要求进行整改，纳入固定资产核算，并调整了有关会计账目。
14	至 2014 年底，所属计算机网络信息中心未将 6 套软件纳入资产核算，涉及金额 278.1 万元；所属微电子研究所未将 3 套软件纳入资产核算，涉及金额 612.26 万元。	计算机网络信息中心和微电子研究所积极落实整改，均已将相关软件纳入资产核算。

30. 社科院 2014 年预算执行和其他财政收支情况审计结果公告问题的整改情况

问题序号	公告的问题	整改情况
1	2014 年，社科院未经财政部批准，自行调减 31 个所属预算单位财政拨款预算 9199.07 万元，调增 15 个所属预算单位财政拨款预算 9199.07 万元。	根据科研任务安排调整情况，社科院按规定编制了 2015 年预算调整表，向财政部报送了部门预算调整申请，规范了预算调整程序。

续表

问题序号	公告的问题	整改情况
2	2011年至2014年，社科院本级未经批准在征地补偿费中列支人员经费和公用经费共计303万元，其中2014年25.23万元；2014年，社科院本级未经批准在项目经费中列支办公用房租赁费等共计2841.7万元；所属语言研究所未经批准在项目经费中列支在职人员移动通信补贴17.36万元；所属近代史研究所未经批准在项目经费中列支与项目无关的支出5.48万元；所属中国社会科学杂志社未经批准在项目经费中列支房租等共计277.47万元。	对社科院院本级基建办303万元征地补偿费和2811万元房租、语言研究所17.36万元移动通信费、近代史研究所5.48万元抗日战争研究会议费、评价中心29.81万元出国费等、杂志社277.47万元房租，社科院本级和相关所属单位已按要求调整了会计科目，待2015年决算时调整年初数并予以说明。
3	2012年，所属亚太与全球战略研究院未经批准将3个项目经费共计50万元全部用于购买与项目无关的办公家具；2013年，所属近代史研究所未经批准将12.52万元项目经费用于购买与项目无关的办公家具。至2015年3月底，上述资产未计入固定资产。	亚太与全球战略研究院购置家具50万元和近代史研究所购置家具12.52万元，支出已全部收回，待2015年决算时调整年初数并予以说明。
4	2013年，所属图书馆未经批准采取单一来源采购方式，直接委托社科院所属企业采购3套信息系统，涉及金额1479万元。	图书馆今后将严格按照政府采购法和社科院相关规定执行。社科院今后将强化项目单位遵守国家规章制度的自觉性，从项目申报、招投标、验收等各个环节对相关部门执行财经纪律情况进行全程监督检查。
5	至2014年底，社科院本级超编制配置公务用车16辆。	社科院2015年已按有关规定上交了8辆公务用车；其余用车将结合公务用车改革进行处理。
6	2013年和2014年，社科院本级未经批准安排所属考古研究所使用财政资金254.4万元超标准购置10辆越野车，其中2014年119.4万元；2013年，所属近代史研究所列支22.36万元超标准购置公务用车1辆。	考古研究所和近代史研究所今后将严格执行公务用车配备使用的有关规定，加强公务用车管理。
7	2014年，社科院本级未按规定制订年度会议计划；院本级、所属近代史研究所违规在宾馆等召开2个会议，支出13.29万元；2013年，所属亚太与全球战略研究院在无京外人员参会的情况下，违规安排住宿，支出4.73万元。	2015年社科院院本级工作会议已专门制订了计划。对于违规召开会议的问题，有关单位今后将严格会议管理，杜绝此类问题的发生。社科院结合业务工作特点，已草拟了会议费和差旅费管理办法补充规定，并在国家机关事务管理局召开的修改管理办法征求意见会上对会议计划、会议和出差审批、经费支出等方面提出了意见，待新修订管理办法正式印发后执行。
8	2014年社科院未将财政部批复的预算全部分解批复到所属单位。	社科院从2015年起，将原来只批复财政拨款支出预算的做法改为包括各项收入和支出在内的全口径批复，并将院职能部门分别批复改为由财计局统一批复。

续表

问题序号	公告的问题	整改情况
9	2012年至2014年，所属语言研究所未将版税收入及相关支出纳入预算管理，涉及收入8575.48万元、支出8274.15万元，其中2014年收入3040.70万元、支出3391.12万元；2014年，所属近代史研究所、世界经济与政治研究所未将社科基金等收入纳入预算管理，涉及收入422.31万元、450.37万元，支出359.15万元、238.71万元。	语言研究所、近代史研究所、世界经济与政治研究所等单位今后将按照要求科学、合理地预计收入，尽最大努力将各种收入与支出全部纳入预算核算管理。
10	2014年，所属数量经济与技术经济研究所、亚太与全球战略研究院使用不合规票据分别列支横向课题经费42.41万元、2.69万元，用于发放劳务费和个人消费。	数量经济与技术经济研究所和亚太与全球战略研究院已分别退回了使用虚假票据报销的经费42.41万元和2.69万元，调整了有关会计账目，纠正了使用虚假发票报销行为。
11	2014年，所属数量经济与技术经济研究所在横向课题中列支办公费14.78万元，实际用于餐费支出，并在合作承担横向课题的公司（已向其支付课题费30万元）报销差旅费等2.07万元。	数量经济与技术经济研究所已对在横向课题办公费中列支的餐费14.78万元，调整了会计科目，并将向其他单位转嫁的2.07万元退回。为加强财经纪律建设，社科院继续对所属单位横向课题经费管理使用进行检查，正在研究修订横向课题管理办法，并采取各种措施，在促进学术活动开展的同时，完善和加强相关经费管理。
12	至2014年底，社科院将1837平方米档案馆业务用房用作院机关办公用房（占档案馆面积的38%），实际使用情况与向发展改革委申请立项内容不符。	社科院已按项目建设规划对业务用房的用途进行了调整，保障了档案业务用房的使用面积。
13	2014年，社科院本级未经批准建设档案馆地下人防工程和辅助工程，涉及金额1176.60万元，至2015年3月底，上述工程已完工并投入使用。	财政部已批复社科院“中国社会科学院档案馆”项目预算1142万元。
14	1995年至2014年，社科院本级未经批准，对外出租11处房产，其中2014年取得房租收入1319.21万元；2013年至2014年，所属法学研究所等5个单位未经批准，将社科院办公用房对外出租，其中2014年共计取得房租收入236.33万元。	按照“价值在800万元以下的，由主管部门按照有关规定进行审批”的规定，所属单位已按规定提交了出租国有资产的申请，社科院财计局进行了审批。院本级出租的资产，已报经社科院批准。以上批复，社科院已全部报财政部备案。
15	至2014年底，社科院本级未将2处房产计入固定资产，未将购入的软件计入资产管理、涉及金额15万元；所属图书馆未将采购的电脑等设备22.51万元计入固定资产。	院本级西大门旧房、购置软件以及图书馆购设备，已按规定补记了资产。

续表

问题序号	公告的问题	整改情况
16	2014年，所属近代史研究所将部分收支放在往来款科目核算，造成少计收入396.58万元、支出134.29万元。	近代史研究所已将医疗费、博士后经费补记了收入及支出，待2015年决算时调整年初数并予以说明。
17	至2014年底，所属数量经济与技术经济研究所2001年以来应结题未结题的横向课题经费87.15万元、所属世界经济与政治研究所已结题的横向课题经费余额81.45万元，在往来款科目长期挂账未清理。	数量经济与技术经济研究所、世界经济与政治研究所已将横向课题结余补记了收入及支出，待2015年决算时调整年初数并予以说明。
18	至2014年底，社科院本级于2013年10月竣工的国家方志馆装修改造项目尚未办理竣工财务决算。	相关单位目前已完成工程建设资料准备工作，正在进行竣工财务决算工作，计划在年底前完成资产移交手续。

31. 工程院2014年预算执行和其他财政收支情况审计结果公告问题的整改情况

问题序号	公告的问题	整改情况
1	2013年至2014年，工程院本级未经批准，自行将专项经费1812.56万元调剂用于日常公用支出，其中2014年1020.4万元。	工程院本级已进行了相应账务调整，涉及金额1473.51万元，今后将严格按照预算法及工程院管理办法规定，严谨编制项目预算，合理确定经费需求，强化预算执行管理，努力降低运行成本，涉及预算调整严格按照审批权限和规范程序执行。
2	至2014年底，工程院未按规定将所属中国工程院咨询服务中心结转结余的财政资金6513.94万元上报财政部。	工程院已将咨询服务中心资金结存情况予以报告，并经财政部审核通过。
3	2014年，工程院本级在非定点饭店组织召开1个会议，支出会议费0.97万元；所属中国工程院咨询服务中心在非定点饭店召开8个会议，支出会议费6.71万元。	工程院机关各部门已严肃强调了国家有关会议费制度的贯彻落实工作，并制定了相关实施细则，加强会议管理，严格定点饭店。
4	2012年至2014年，工程院本级未经批准自行调整知识中心建设项目内容和预算，涉及金额9688.92万元，其中2014年1453.24万元。	工程院已印发相关项目管理办法，并制定了经费管理办法和经费调整管理流程；将严格按照规定程序，及时将项目调整情况报财政部。
5	2013年至2014年，工程院本级未将知识中心建设项目购置数据资源支出纳入政府采购预算，也未履行政府采购程序，涉及金额1074.10万元，其中2014年600.48万元。	在2015年信息化建设中，工程院已严格按照政府采购有关规定编制采购预算，认真履行政府采购程序。
6	2014年，所属中国工程院咨询服务中心决算报表未完整反映账面课题经费收支情况，造成部门决算共少计上年结转结余4902.19万元、多计财政拨款支出4454.94万元、少计事业收入579.53万元、少计事业支出462.54万元、少计年末结转结余6118.71万元。	工程院已按照财政部决算会审的要求，将上报数据进行了修正，咨询服务中心的项目收支及结存情况全部纳入了决算，部门决算经审核通过后正式上报。

续表

问题序号	公告的问题	整改情况
7	至2014年底，所属中国工程院咨询服务中心经费自理事业人员超编11人。	中国工程院咨询服务中心是自收自支事业单位，作为战略咨询服务支撑体系的重要组成部分，该中心根据承担工作和事业发展需要配备了相关工作人员。依照事业单位分类改革的精神，该中心将按规定进行人员编制调整。
8	至2014年底，工程院已退任干部仍占用办公用房共计243.52平方米。	工程院已依据国家政策及相关规定，进行了办公用房清退和整改。

32. 国务院发展研究中心2014年预算执行和其他财政收支情况审计结果公告问题的整改情况

问题序号	公告的问题	整改情况
1	国务院发展研究中心未将所属4家事业单位财务收支纳入2014年度部门预算。	国务院发展研究中心决定立即将4家事业单位纳入中心部门预算。目前，4家事业单位已经完成2016年度“一上”预算申报工作。
2	2014年，所属信息中心使用公用经费和项目经费，向中心本级和所属研究所参与撰写《调查研究报告》《调查研究报告择要》的人员发放稿酬82.63万元。	信息中心已将资金归还原渠道并调整会计账目。
3	2013年至2014年，国务院发展研究中心本级和所属信息中心、机关服务中心等3个单位未经批准自行调剂使用预算资金1473.17万元，其中2014年1199.86万元。	国务院发展研究中心及相关所属单位今后将严格按照预算法及相关规定执行，努力提高预算的准确性，充分估计可能出现的情况；加强预算的约束力，执行中加强预算监控，努力避免调整事项；对于确实需要调整的事项，按规定报批。
4	2014年，国务院发展研究中心本级虚列项目支出196.97万元，在往来科目挂账。	国务院发展研究中心本级已调整会计账目。
5	2014年，所属机关服务中心违规使用公务用车开展出租服务，收取服务费75.6万元。	国务院发展研究中心责成机关服务中心停止公务用车出租服务，机关服务中心已终止相关合同。
6	2014年，国务院发展研究中心本级当年召开的三类和四类会议计划未按规定审批，计划编制不完整；未编报财政拨款会议费预算50万元；在财政拨款项目支出中超预算列支会议费11.78万元。	国务院发展研究中心正在完善会议计划管理和审批工作，每年按规定将下一年度所需召开的会议纳入年度计划并报主任办公室批准；中心本级将加强预算执行监控，避免会议费超预算情况发生。国务院发展研究中心已在编报2016年预算时将该项目纳入会议费预算。
7	2014年，国务院发展研究中心本级、所属机关服务中心违规在非政府采购定点单位印刷资料、维修公务用车、加油，支付费用共计169.84万元；国务院发展研究中心本级未经批准，采用单一来源采购方式直接与1家公司签订涉密内网运行维护服务合同，并支付合同款60万元。	国务院发展研究中心本级及下属单位今后将加强政府采购管理，严格执行政府采购相关规定。

续表

问题序号	公告的问题	整改情况
8	国务院发展研究中心本级4个财政拨款课题2014年度预算233万元，至2015年3月底仍未支出。	国务院发展研究中心相关单位加强项目支出预算管理，提高财政资金使用效益。目前，4个财政拨款课题按照课题研究进度继续推进，正在消化结转资金。
9	2013年至2014年，所属信息中心自定标准收取信息服务费687.62万元，其中2014年492.15万元。	信息中心已咨询有关主管部门，明确此项收费在改革后不再纳入审批范围。
10	2013年至2014年，所属管理世界杂志社以版面费名义违规向作者收费76.70万元，其中2014年44.80万元。	管理世界杂志社将停止收取版面费，规范收费相关制度。
11	2014年，所属市场经济研究所、信息中心分别超工资总额计划发放职工工资77.63万元、41.34万元。	国务院发展研究中心已印发通知，对直属事业单位工资项目进行规范，要求各直属事业单位严格执行中央和国家机关关于工资问题的相关规定。
12	2014年，国务院发展研究中心本级及所属企业研究所、机关服务中心等单位通过使用非课题组成员机票、不合规发票等方式报销课题费等196.63万元，用于发放劳务费、外部专家费、职工奖金、补贴等。	国务院发展研究中心本级相关部门及所属企业研究所、机关服务中心等单位已补缴个人所得税25.99万元。
13	2014年，所属信息中心未经批准报废固定资产120.93万元。	信息中心已补报了相关手续并报财政部备案。
14	至2014年底，所属信息中心在往来科目核算3年以上的课题结余款415.74万元，未及时清理。	信息中心按规定清理往来款项，调整有关会计账目，于6月将已结题的往来款项做预算内收入处理并调整会计账目。

33. 银监会2014年预算执行和其他财政收支情况审计结果公告问题的整改情况

问题序号	公告的问题	整改情况
1	2014年，银监会本级和6家所属单位未经批准，在公用经费预算科目间、基本支出与项目支出间调剂使用预算资金，涉及金额503.57万元。	银监会本级和河北等6家银监局已纠正违规做法，调整会计账目，严格按照批复的预算使用财政资金。
2	2014年，银监会所属1家单位通过重复报销等方式列支22.6万元，用于超标准支付专家讲课费、部门公务接待费等。	银监会已追回部分超标准支付的费用，按规定调整会计账目，同时在全系统进行通报，并追究相关人员的责任。
3	2013年11月，银监会未经公开招标，直接与1家金融机构签订协议，约定由其安排技术人员提供系统开发及运行维护服务，2013年、2014年分别支付费用780万元和1227万元。	银监会本级已进一步加强政府采购管理，纠正违规做法，严格执行政府采购制度规定，对符合政府采购公开招标条件的实行公开招标。
4	2014年，所属吉林、河北银监局计划外召开会议8次，列支会议费11.02万元。	吉林、河北银监局已纠正违规做法，强化会议管理，严格执行会议费管理的有关规定。

续表

问题序号	公告的问题	整改情况
5	银监会本级在编报2014年预算时，对专题调研项目支出预算650万元未提出细化分配方案，项目经费未落实至具体单位。	银监会本级已按预算管理规定进一步规范预算编报程序，加强预算管理，严格按照预算编报要求，将预算细化到具体项目，提高预算资金使用效率。
6	至2014年底，银监会本级和所属河北银监局存在自建信息系统未及时纳入资产管理等问题，涉及金额592万元。	银监会本级和河北银监局已调整有关会计账目，将自建信息系统等纳入账内核算，进一步规范了固定资产核算与管理。
7	所属湖北银监局随州监管分局未经批准，自2010年9月起，将3间办公用房无偿出借给随州市银行业协会使用，并免收水电费等费用。	湖北银监局随州监管分局已按规定履行国有资产出借审批手续，进一步规范国有资产出借行为，加强固定资产管理。
8	2014年，银监会本级与《中国农村金融》杂志社共同举办或委托其举办培训班，组织所属银监局和有关金融机构参加培训，并向金融机构收取培训费630.7万元。	银监会本级已纠正违规行为，按规定追究相关责任人的责任，进一步明确举办培训的各项要求，严格执行培训费管理规定，杜绝违规收取培训费的行为。
9	所属山西银监局办公用房从人民银行划转后长期未办理产权过户手续。	山西银监局朔州监管分局已多次与当地人民银行沟通协调，银监会也已致函人民银行完善相关手续。

34. 证监会2014年预算执行和其他财政收支情况审计结果公告问题的整改情况

问题序号	公告的问题	整改情况
1	2014年，证监会本级在职工福利基金中列支职工子女入学入托赞助费15.10万元。	证监会已停止报销职工子女小学、初中和高中赞助费。
2	2014年，所属安徽证监局在公用经费中列支职工通勤班车租车费等支出17.62万元。	安徽证监局已按规定对有关会计账目进行了调整。
3	2014年，所属上海证监局在稽查办案费中列支经常性现场检查费2.65万元。	上海证监局已按规定对有关会计账目进行了调整。
4	2013年至2014年，所属安徽证监局将取得的课题调研经费15万元存放在其他单位，至2014年底支出9.85万元（其中2014年7.22万元），主要用于报销交通费、餐费等。	安徽证监局已将该项经费转回本局账户，并对有关会计账目进行了调整，相关人员也已将在其他单位报销的费用退回。
5	2014年，所属宁夏证监局未将干部交流用房装修改造支出6.95万元计入固定资产。	宁夏证监局已按规定对有关会计账目进行了调整。
6	至2015年3月，证监会会管单位中国证券登记结算有限责任公司仍有4处办公用房被违规占用，共计388.2平方米。	中国证券登记结算有限责任公司4处办公用房均已腾退。
7	所属广东证监局由开发商派驻的OA系统维护工程师具有查看、修改系统内公文内容和领导批示的权限，存在风险隐患。	广东证监局已采取措施限制外包维护人员公文查看范围，严格公文维护流程，外包维护人员不再负责修改工作，办公室等相关人员定期对OA系统内重要公文及领导批示进行核对，发现问题及时纠正。

续表

问题序号	公告的问题	整改情况
8	证监会个别工作人员在会管单位兼职取酬，中国上市公司协会在工资薪酬外报销协会领导汽车费用等问题。	证监会相关人员已将审稿劳务费及加班费、值班费、津补贴等退回相关单位。此外，中国上市公司协会相关人员已退回2014年度及2015年1月至3月工资中发放的交通费用补贴，且不再发放交通费。

35. 保监会2014年预算执行和其他财政收支情况审计结果公告问题的整改情况

问题序号	公告的问题	整改情况
1	2014年4月和10月，保监会本级举办的2期培训班超标准列支培训费共计134.21万元。	保监会相关部门已完成调研工作，比较、测算其他培训场所或培训机构承办党校的成本，将成本控制在规定标准之内，严格执行培训经费管理相关规定。
2	2014年，保监会本级安排人员参加由3个单位举办的境外培训班，参训人员境外食宿费、培训费和国际旅费等费用由对方承担。	保监会将严格遵照因公临时出国经费、因公短期出国培训费用管理办法的规定，从严审批出国计划，规范出国团组管理。
3	2014年，保监会本级召开的1个会议超过规定会期3天；所属陕西保监局在年度会议计划之外召开3个会议；所属重庆保监局未按规定对业务性会议制订年度会议计划，未将会议费预算细化到具体会议项目。	保监会本级、陕西保监局、重庆保监局已按规定合理制订了会议计划，严格执行会议费管理相关规定，严控会期和会议费标准。
4	2014年，保监会本级及所属黑龙江保监局、山东保监局等单位未按规定会计科目核算相关支出，涉及金额652.01万元。	保监会本级及黑龙江、山东保监局已调整了相应会计账目，并按规定调整了年度决算相关数据。
5	至2014年底，保监会本级未将计提的工会经费拨付单位工会账户，放在往来科目核算，余额176.64万元。	保监会本级已将原在往来款科目中核算的工会经费划拨至工会账户独立核算。鉴于机关工会缺少会计、出纳等相关工作人员的情况，由机关党委出具委托函暂由机关财务处代为管理工会账户。
6	保监会本级2014年用工会经费购买职工意外伤害保险11.10万元。	保监会本级已按照规定调整了相应会计账目，并严格按规定使用工会经费。
7	2014年，所属贵州保监局未将地方政府拨付的考核奖励金137.89万元纳入法定账簿核算，直接以代发工资的形式发放给职工。	贵州保监局已调整了相应会计账目，并按规定调整年度决算相关数据。
8	2014年，所属重庆保监局向对口扶贫单位捐赠1辆客车，未及时调减固定资产，涉及金额60.53万元。	重庆保监局已调整了相应固定资产，并按规定调整了年度决算相关数据。
9	2014年，所属重庆保监局会议费等支出中有32.21万元未按规定使用公务卡结算。	重庆保监局已加强了公务卡结算管理，健全内部监督机制。
10	至2014年底，所属黑龙江省保险行业协会当年收取的保险从业资格考试费结存资金86.02万元，未按规定上缴黑龙江保监局非税收入汇缴专户。	黑龙江省保险行业协会已于2015年2月将上述款项上划汇缴专户。

36. 社保基金会基金管理及 2014 年预算执行和其他财政收支情况审计结果公告问题的整改情况

问题序号	公告的问题	整改情况
1	2013 年 12 月至 2014 年 4 月，社保基金会对转持及其送配的 1785.82 万股股票，存在办理过户和制订相应投资计划不及时的问题。	社保基金会积极进行整改，研究制定了相关管理办法，对转持国有股管理的内部操作流程做了全面规范；加强内部相关部门的沟通衔接，严格履行核对和会签程序；建立并严格执行解禁股票数据定期报送制度，确保数据信息完整准确；强化对转持股份管理人提供数据的审核，指定专人对相关数据进行审查复核。
2	2010 年至 2014 年，社保基金会选聘境外投资委托管理人未全部采取公开招标方式，有 3 次选聘采取先公开招标选聘 1 家咨询公司后，再由其推荐投标单位，且实行的评标方法未对投标单位的财务状况、信誉、业绩、报价等主要因素设定相应比重或者权值。	社保基金会根据工作实际，进一步规范相关采购工作，在前期与政府采购相关主管部门协调沟通的基础上，向财政部报送了申请批准本年度以邀标方式开展境外管理人选聘工作的函，财政部已批复同意。
3	2014 年 3 月，社保基金会未执行政府集中采购程序，直接指定 1 家公司提供物业管理服务，并向该公司全额支付合同金额 280.01 万元。	社保基金会正积极与主管部门协调沟通，申请通过单一来源采购的政府采购方式来选择物业公司，财政部已批复同意。
4	社保基金会 2014 年度“办公用房租金及物业费”项目支出预算中，包括办公用房水电费及日常维修费等具有基本支出性质的支出。	经与主管部门沟通，社保基金会在编制 2015 年预算时，不在项目支出中编报办公用房水电费及日常维修等具有基本支出性质的支出。
5	2014 年，社保基金会在单位财务账列支与基金投资运营直接相关的法律顾问费、财务顾问费和会计师事务所审计费等 827.87 万元，未在基金财务账核算。	社保基金会已向监管部门申请，将该部分费用纳入基金财务账核算。
6	2013 年 12 月，社保基金会将收到的个人所得税扣缴义务人手续费 39.33 万元和职工缴纳的宿舍租金 1.35 万元在往来科目核算，未计入收入。	社保基金会已对相关会计科目做了相应调整。
7	社保基金会对个别信托贷款项目监管不严，贷款企业未按规定用途使用贷款资金 1.18 亿元。	社保基金会立即向该信托贷款项目的受托人发函，要求其会同借款人、担保银行提出整改方案，并报告相关整改落实情况。同时，进一步加强对各信托贷款项目的监督力度，督促借款人合规使用贷款资金，杜绝再次发生违规问题。
8	社保基金会部分信息管理系统功能有待进一步完善。	针对有关信息管理系统，社保基金会分别采取制定规范、完善功能等方式做了改进。

37. 海洋局 2014 年预算执行和其他财政收支情况审计结果公告问题的整改情况

问题序号	公告的问题	整改情况
1	2014 年，所属中国海洋报社以虚假项目申领财政拨款项目预算 12 万元，实际用于支付中国海洋报社等海洋局所属 3 家单位返聘人员劳务费。	中国海洋报社已将发放的返聘人员劳务费归还原资金渠道，同时调整了会计账目和决算（草案）。海洋局今后将进一步加强预算编制管理。

续表

问题序号	公告的问题	整改情况
2	2014年，海洋局本级未经批准，在公用经费中列支人员工资314.57万元。	经财政部批准，海洋局已将相关单位财政拨款结转资金中基本支出人员经费236.4万元调整至局机关，其余78.17万元也已进行了相应账务处理。
3	2014年，海洋局本级未经批准，在项目经费中列支涉外会议费20万元。	海洋局机关已将支付相关涉外会议的20万元资金归还原渠道。
4	2014年，海洋局所属中国大洋矿产资源研究开发协会办公室在项目经费中列支工资福利性支出和房租、水电、物业管理费等284.03万元。	因中国大洋矿产资源研究开发协会办公室无其他收入用于将资金归还原渠道，目前已将列支的与项目无关的相关支出284.03万元进行了相应账务处理。
5	2014年，海洋局本级未经批准，在项目经费中列支出国（境）费289.53万元；所属中国海监总队在其他项目中列支出国（境）费12.77万元。	因两家单位为行政单位和参公事业单位，无其他收入用于将资金归还原渠道，目前已分别将未经批准调剂使用项目资金289.53万元和结余资金12.77万元共计302.3万元进行了相应账务处理。
6	2014年，海洋局本级擅自扩大项目支出范围，在信息系统升级改造项目中，列支与项目无关的办公楼会议室大屏幕显示系统升级改造费用283.59万元。	因海洋局机关无其他收入用于将资金归还原渠道，已将扩大项目开支范围的283.59万元进行了相应账务处理，今后将进一步严格执行预算。
7	2014年，海洋局本级及所属中国海监总队、国家卫星海洋应用中心在无接待公函、接待清单不全的情况下，在公务接待费中列支各类餐费及与接待无关的会议室服务费等其他费用，共计75.92万元。	海洋局已责成有关单位进一步严格执行公务接待规定，规范公务接待经费管理和报销工作，国家卫星海洋应用中心已将违规列支的公务接待费做调账处理。
8	2014年，海洋局本级未按规定报送出国任务的详细情况，未报备计划出国（境）总量、上一年度计划执行情况和前往较集中的国家（地区）团组数量；未经审批选择外国航空公司航线，并支付国际旅费25.8万元；5个出国团组超过规定人数共计83人次；3个出国团组违规安排司局级干部乘坐飞机头等舱4人次；所属海洋局极地考察办公室在组织的出国考察中，违规为外单位4人承担费用24.57万元。	海洋局今后将严格执行中央关于出国（境）管理有关规定，按要求报送出国（境）相关计划，合理安排出国（境）人员和境外停留时间，未经批准不得选择外国航空公司航线，进一步加强监督管理，避免类似问题再次发生。
9	2014年，海洋局本级占用所属中国海监总队、海洋局极地考察办公室车辆各1辆，并由两单位支付车辆运行费用6.75万元；所属机关服务中心违规支付职工班车费用35.86万元；所属海洋局极地考察办公室因无公务用车指标，将接受赞助的1辆价值25.54万元的车辆登记在下属企业名下，实际由该办使用。	海洋局机关已将占用所属单位的车辆全部归还；机关服务中心已于2015年10月起实行班车收费并按月结算；海洋局极地考察办公室已将车辆处置收入25.54万元上缴中央财政汇缴专户。

续表

问题序号	公告的问题	整改情况
10	2014年，海洋局本级未按规定报批，计划外召开三类、四类会议18个，会议费支出164.01万元；涉外会议费超预算支出893万元，还在专项经费中违规支出4.5万元购买工艺品，用作会议礼品。	海洋局今后将进一步加强会议的计划管理，严格按照规定执行会议计划；并进一步细化预算，提高管理水平，同时严格按照中央有关涉外会议的要求和标准，加强涉外会议管理。
11	至2014年底，所属海洋局极地考察办公室驻智利办事处2005年取得的车辆转让收入7500美元（按2014年底汇率计算折合人民币4.59万元）仍存放在该办事处，未按规定上缴国库，也未办理资产核销手续，账实不符。	海洋局极地考察办公室已将车辆处置收入4.64万元上缴中央财政汇缴专户，并已补办资产处置手续核减了固定资产18.62万元，相应调整了会计账目。
12	2012年至2014年，由于海洋局监管不严，该局1个项目的承担单位未按规定对506.13万元项目资金进行单独核算，并将其中的69.23万元挪用于其他支出。	所涉项目承担单位已对项目资金进行单独核算，并将相关资金归还原资金渠道；海洋局将进一步加强对项目承担单位的监管，督促其按规定管理和使用资金。
13	至2014年底，海洋局所属东海分局未将主体工程完成竣工财务决算并已投入使用的东海海洋应急指挥中心业务楼及时登记固定资产账，涉及金额7645.86万元。	东海分局已将东海海洋应急指挥中心业务楼资产以主体工程及装修项目暂估价值登记了固定资产，且已于2015年4月委托第三方开展了项目竣工财务决算审计，编制了竣工财务决算报表。
14	2003年8月，所属海洋局极地考察办公室（参公管理的事业单位）违规出资，与海洋局所属中国极地研究中心共同投资成立企业。	海洋局极地考察办公室目前正与公司其他股东商谈退出事宜，同时已要求所投资设立公司进行清查盘点，出具资产负债表，为脱钩清算做准备。但因涉及其他股东权益以及公司现有职工安置问题，同时股份公司转让股权或清算注销需要履行大量手续，海洋局极地考察办公室正在积极推进，计划年内与公司脱钩。
15	2013年11月至2014年12月，所属国家卫星海洋应用中心采取邀请招标的方式，与本中心聘用人员为控股股东的1家公司签订3个项目开发合同，合同金额46.4万元。	国家卫星海洋应用中心已辞退涉事的聘任人员，终止拨付合同涉及的后续尾款。今后海洋局将进一步加强管理，严格按照政府采购相关规定执行。
16	由于极地考察商业赞助管理制度缺失，所属海洋局极地考察办公室与极地研究中心多头管理，导致656.84万元赞助资金和物资未如约收取。	作为极地考察赞助事项直接负责单位，海洋局极地考察办公室与极地研究中心正在研究修订相关管理办法，完善相应的运行和管理机制。同时，极地研究中心已收回按协议约定应收取的252.19万元赞助资金。
17	2014年，海洋局未按规定组织专家评审，将1亿元专项转移支付资金安排给不属于支持范围的项目，至2015年3月底上述资金仍结存在地方财政。	海洋局已组织专家对该项目进行了评审，完善了相关手续，并已向财政部报批；同时，将督促地方项目承担单位加强项目管理、推进项目实施，促使财政资金尽快发挥效益；今后也将进一步加强中央专项转移支付资金的管理，严格按规定程序办理相关手续。
18	2012年至2014年，海洋局未按规定组织专家评审，即向财政部提出1个项目预算安排建议，财政部将专项资金5.57亿元拨付到位后，有2.17亿元至2014年底闲置未发挥效益。	

38. 全国台联2014年预算执行和其他财政收支情况审计结果公告问题的整改情况

问题序号	公告的问题	整改情况
1	2014年，全国台联本级未经批准，在公用经费或项目经费中列支离退休人员津贴补贴或与项目无关支出共计180.64万元。	全国台联已归还原资金渠道73.42万元；由于2015年度离退休经费缺口较大，剩余部分待离退休人员经费额度到账后逐步进行调整。
2	至2014年底，全国台联本级2011年12月收到的60万元中央预算内投资已连续结转2年以上未用，未按规定纳入结转结余资金清理范围。	全国台联已将该款项退回了财政部。
3	2014年，所属台声杂志社在非定点印刷厂采购印刷服务25.76万元。	台声杂志社已转到中直机关定点印刷厂印刷。
4	至2014年底，全国台联本级固定资产实物账与财务账相差7722.97万元，其中财务账少计机关办公楼资产6575.84万元。	全国台联正在开展资产清理，核对固定资产账实情况，待资产清查结束后将根据相关规定调整账目。
5	至2014年底，全国台联本级2006年竣工的机关办公楼装修工程仍未办理竣工财务决算，涉及投资总额1765.12万元。	该工程在中央统战部立项。全国台联根据中央统战部要求，已将相关资料报送该部，并将协助其做好此工程的竣工决算。
6	2010年至2011年，全国台联本级对外出租办公楼取得的净收入135.28万元，未按规定上缴国库。	全国台联已按照要求将相关收入上缴国库。
7	2009年和2011年，全国台联本级未将国有住房售房款71.49万元纳入“售房收入专户”管理，而是转入“基建账户”，其中11.71万元被用于办公楼装修改造工程。	全国台联已将资金缴回，存入售房收入专户，调整了会计账目。
8	至2014年底，全国台联本级将地方拨付的医疗费放在往来科目核算，少计收入451.27万元；将捐赠收入和相关支出放在所属服务中心往来科目核算，少计收入92.02万元，少计支出64.94万元。	全国台联已将医疗费收入调整至收入核算科目。关于捐赠收入，机关服务中心现无力偿还机关余款，从2016年起捐赠收入支出收回机关管理，纳入单位预算。
9	2014年，全国台联本级未按规定使用公务卡结算支出20.72万元。	全国台联已下发通知，加大了公务卡使用管理力度，确保公务卡强制结算制度的落实。
10	2013年和2014年，全国台联本级和所属服务中心部分财务核算缺少原始凭据，涉及金额39.24万元。	全国台联经多次查找未果，将继续查找票据去向，年底前建成规范化的会计档案室，加大会计档案资料的保管力度，严格按照相关规定加强会计凭证的保管。
11	2014年，所属台声杂志社将应收制作费、杂志订阅款由付款方直接汇入印刷公司抵付印刷费，造成少计收入和支出各10.40万元。	台声杂志社已调整相关收入和支出，并已按规定缴纳税金。
12	全国台联本级内部财务制度和会计监督制度不够健全，存在银行存款明细账与银行对账单不符、未严格实施岗位职责分离以及所属企业未按规定向财政部报送有关材料等问题。	全国台联对原财务处负责同志给予了停职检查和轮岗处理，并制定下发了相关管理办法，严格执行不相容岗位分离及财务分级审批制度，确保会计制度落实。

39. 贸促会 2014 年预算执行和其他财政收支情况审计结果公告问题的整改情况

问题序号	公告的问题	整改情况
1	2014 年，贸促会本级超范围申报 13 个财政补贴展会项目预算 1993.26 万元。	贸促会今后严格按照要求筛选展会项目。
2	2014 年，贸促会本级将展览会施工费纳入因公出国费预算，造成“三公”经费预算虚增 1680 万元。	贸促会在编报 2016 年出国费预算时按准确口径上报。
3	2014 年，所属法律事务部向非预算单位各省市贸促会拨付财政项目资金 86.81 万元。	贸促会已责成法律事务部严格执行预算编报相关要求。
4	2012 年至 2014 年，贸促会本级和所属法律事务部自行调剂 7 个项目支出共计 1098.87 万元，其中 2014 年 776.75 万元。	贸促会本级已归还财政资金并调整账目 1037.57 万元，所属法律事务部调整账目 61.3 万元。
5	2013 年至 2014 年，贸促会本级以报销出租车票方式，从专项资金中列支职工交通补贴 140.14 万元，其中 2014 年 72.89 万元。	贸促会已用自有资金归还专项资金并调整账目 140.14 万元，财务部做出深刻书面检查。
6	2013 年，贸促会本级多支付 2 个展会项目办展成本费用 60.51 万元。	贸促会已追回资金并调整会计科目 60.51 万元。
7	2014 年，贸促会本级 4 个出国（境）团组为 7 名外单位人员承担出国费用 40.68 万元。	贸促会今后将严格执行规定。
8	2014 年，贸促会本级 4 个出国（境）团组超标准列支部级以下人员住宿费 2.77 万元。	贸促会今后出国（境）团组将严格按照预算标准申领经费及核销支出。
9	2014 年，贸促会本级 16 个展览团组境外停留天数超过规定期限。	贸促会制定了新的展团管理办法并严格执行，同时给予有关负责人通报批评。
10	2014 年，贸促会本级 2 个展览团组参展人员以过境名义在转机城市停留 4 天，发生费用 10.01 万元。	资金已全部追缴（分别追缴资金 5010 欧元和 4660 欧元），并给予有关负责人警告处分。
11	2014 年，贸促会本级 5 个在华国际会议超标准列支设备租赁费和餐费 5.67 万元；未经批准召开 2 个在华国际会议，支出 127,78 万元；在非定点饭店召开 1 个会议，支出 15.28 万元。	贸促会今后将严格执行会议管理相关规定。
12	2013 年至 2014 年，所属机关服务中心按每人每月 200 元标准，向贸促会本级人员发放食堂补贴 107.04 万元，其中 2014 年 53.52 万元。	贸促会第一时间停发了补贴，今后将严格执行相关规定。
13	至 2014 年底，贸促会本级取得所属中国专利代理（香港）有限公司投资股利分红累计 81800 万元，未收回境内纳入预决算管理。	此系历史遗留问题，涉及金额较大，贸促会正商财政部研究解决方案。

续表

问题序号	公告的问题	整改情况
14	2012年和2014年，所属资产管理中心未按规定将贸促会授权其收取的专利商标事务所利润10800万元（其中2014年7600万元）作为非税收入管理，直接列作中心收入，且未经财政部批准用于投资新国展项目。	贸促会今后将严格执行相关规定。
15	2009年至2015年2月，贸促会本级授权联络部与外单位合作设立的4个非独立法人机构，累计收取赞助费等1249.10万元（其中2014年421.59万元），未在会本级法定账簿核算。	贸促会正积极整改，将3个机构的收支纳入法定账册核算，另一机构的收支拟聘请会计师事务所核实后纳入法定账册核算，对有关负责人给予警告处分。
16	2014年，贸促会本级举办研讨会累计收取参会企业赞助收入45.30万元，未纳入法定账簿核算，至2015年2月底余额2.33万元结存在饭店。	贸促会已追回饭店结余资金2.33万元，并要求赞助收入纳入法定账册核算。同时，给予有关负责人通报批评。
17	2012年，贸促会本级收取5家单位赞助展会的价值425万元实物，未纳入法定账簿核算。	2015年起，实物赞助收入已纳入法定账册核算。有关部门做出深刻书面检查。
18	2014年，贸促会本级委托所属贸易推广中心为出访活动印制企业名册，该中心以“会务资料费”名义向参团企业收费92.92万元。	贸促会已按要求停止收取此类费用。
19	2013年至2014年，贸促会本级外事办未经批准收取签证代办费共计16.88万元。	贸促会已按要求停止收取此类费用。
20	2013年，所属贸促会机关招待所未经批准将产权为贸促会的房产出租，至2015年2月底取得房屋租金收入184.80万元（其中2014年84.84万元），未按规定上缴国库。	贸促会机关招待所将扣除相关税费后的结余20.73万元上缴中央财政。
21	贸促会1处价值1709.86万元的房产产权不清，其土地使用权人、房屋产权人、固定资产核算单位分别为贸促会、所属中国国际展览中心集团公司和资产管理中心，又由另1家所属企业对外出租，至2015年2月底，收取租金1157.5万元。	贸促会已专门成立清账小组，聘请中介机构清理账务，研究解决方案，全力推进整改工作。
22	2007年至2014年，所属中国专利代理（香港）有限公司出租其位于北京的房产取得租金收入666.21万元（其中2014年49.99万元），未纳入其法定账簿核算，滞留在贸促会另1家所属公司。	中国专利代理（香港）有限公司已将房租收入纳入公司账册核算。

续表

问题序号	公告的问题	整改情况
23	2014年，所属专利商标事务所经批准将1处房产无偿划转给资产管理中心，但至2015年2月底该房产出租收入265.23万元仍在专利商标事务所账簿核算。	专利商标事务所已将房屋出租收入265.23万元上缴资产管理中心。
24	至2014年底，所属法律事务部3套软件信息系统未纳入资产管理，涉及金额43.50万元。	法律事务部已将软件资产入账管理。
25	1997年至1999年，所属法律事务部分别向贸促会培训中心筹备处和机关服务中心出借资金8035.82万元、1800万元，用于培训中心建设等。2001年，法律事务部在未取得房屋产权的情况下，将上述出借款项转记固定资产。	贸促会已专门成立清账小组，聘请中介机构清理账务，研究解决方案，全力推进整改工作。
26	至2014年底，贸促会未将所属1家公司的收支及资产负债纳入其企业决算报表反映，涉及资产996.60万元。	贸促会正在清理该公司股权关系，将如期清理完毕，2015年起纳入贸促会决算管理。
27	2004年至2014年，所属中国国际展览中心集团公司等3家单位违规向4家企业出借资金16940万元，至2014年底尚有16340万元未收回。	贸促会积极开展清理工作，截至10月30日，13100万元已归还到位，其余3840万元正在清理中。

40. 中共中央直属机关事务管理局2014年预算执行和其他财政收支情况审计结果公告问题的整改情况

问题序号	公告的问题	整改情况
1	2014年，中共中央直属机关事务管理局本级在项目支出预算中编列属于基本支出的日常维修费预算171.71万元，实际支出60.22万元。	目前，该项目已不再列支，拟于今年底将结余资金上缴财政部，中共中央直属机关事务管理局今后将严格按照支出类别编制预算，日常性零星维修不再申请项目预算，由公用经费列支。
2	至2014年底，中共中央直属机关事务管理局本级未将以前年度基本建设财政结余资金598.29万元上缴财政。	中共中央直属机关事务管理局已将上述结余资金上缴财政。
3	至2014年底，中共中央直属机关事务管理局本级房管业务费账户其他应收款余额3043.12万元，未及时清理。	中共中央直属机关事务管理局房地产处已查清其他应收款余额3043.12万元由8笔支出构成，已核销2笔100.58万元，待核销2笔1021.24万元正在办理核销手续，其余4笔1921.3万元拟分批次收回。
4	至2014年底，中共中央直属机关事务管理局所属机关后勤服务中心将房屋租金和下属单位管理费收入643万元放在往来科目核算。	机关后勤服务中心已将下属单位管理费收入293万元确认收入；房租350万元拟上缴财政，正在办理上缴财政的有关手续。

41. 全国人大常委会办公厅2014年预算执行和其他财政收支情况审计结果公告问题的整改情况

问题序号	公告的问题	整改情况
1	2014年，全国人大常委会办公厅本级在公用经费中为所属单位支付租赁费、设备购置费300.60万元。	全国人大常委会办公厅机关本级已将原支付的300.6万元全部收回，并调整了有关会计账目。
2	2014年，全国人大常委会办公厅所属离退休干部局在项目经费中列支与项目无关支出56.92万元。	离退休干部局已按要求调整有关会计账目。
3	2014年，全国人大常委会办公厅本级将项目经费120万元列支拨付至所属全国人大信息中心，至2014年底全部结存未用。	全国人大常委会办公厅已将2014年拨付全国人大信息中心的项目资金全部收回机关本级，并调整有关会计账目。
4	全国人大常委会办公厅本级未将所属事业单位2009年以前上缴的事业结余资金1023.58万元纳入预算管理，主要用于垫付基建项目启动资金等，至2014年底结余262.09万元。	全国人大常委会办公厅已按要求将事业单位上缴的结余资金及垫付款项762.09万元全部收回机关本级法定账簿核算。
5	至2014年底，全国人大常委会办公厅本级固定资产台账反映的资产价值比其财务账面价值多835.57万元。	全国人大常委会办公厅于2015年5月中旬组织开展了机关行政单位固定资产清查工作，截至清查基准日2015年4月30日，核定机关本级固定资产实物账账面金额40945.55万元，目前正在办理清查情况报批手续，近期将根据清查结果对实物账和财务账进行调整。
6	至2014年底，全国人大常委会办公厅本级部分软件未纳入资产核算，涉及金额38.99万元。	3个软件28.99万元已按要求计入无形资产，另一软件10万元已按要求计入资产账。

42. 政协全国委员会办公厅2014年预算执行和其他财政收支情况审计结果公告问题的整改情况

问题序号	公告的问题	整改情况
1	2014年，政协全国委员会办公厅在“文书通讯、图书等专项经费”项目预算中，编报并取得服务局26人的人员经费和日常公用经费预算450万元，实际支出448.05万元；超范围使用项目经费209.85万元。	针对未经批准自行调剂使用预算资金209.85万元的问题，政协全国委员会办公厅本级已进行了账务调整，今后将进一步加强预算编报管理，依据所属单位服务内容和标准，规范签订服务合同，合理测算服务运行成本，提高基本支出和项目支出预算编报的科学性、合理性，确保经费支出依法、合规。
2	2014年，所属服务开发中心及其下属单位未按规定将收到的资产占用费和房屋租金1537万元上缴国库，所属全国政协干部培训中心未按规定将收到的房产经营收益500万元上缴国库。	服务开发中心和全国政协干部培训中心在审计之前，已将上述国有资产有偿使用收入1965万元用于弥补事业支出经费缺口，年内将剩余收入50.976万元（税后）上缴国库。
3	至2014年底，政协全国委员会办公厅本级尚未将2011年竣工验收并交付使用的全国政协办公业务资源信息系统计入固定资产，涉及金额6518.63万元。	政协全国委员会办公厅本级与信息中心已于2015年6月办理了该项目的竣工决算，截至10月底已完成资产登记。

续表

问题序号	公告的问题	整改情况
4	至2014年底，所属服务开发中心部分往来款长期挂账未及时清理，其中账龄5年以上的应收款和应付款分别为1948.67万元、1140万元。	截至10月底，政协全国委员会办公厅已完成清理的账务1275.57万元，到12月底将再完成账务清理335.84万元，其他账务根据相关业务经营或合同约定的具体情况逐步进行清理。

43. 中国残疾人联合会预算执行和其他财政收支情况审计结果公告问题的整改情况

问题序号	公告的问题	整改情况
1	2013年，中国残疾人联合会本级有5个临时出国团组未纳入部门年初出国计划，涉及出国费支出12.99万元。	2014年和2015年，中国残疾人联合会机关本级年度因公出国（境）计划全部由国际部汇总审核，报党组理事会审议通过后执行，严格控制计划外出国团组，明确要求没有纳入年度因公出国（境）计划的团组不得组织出国（境），特殊情况必须出访，按照程序另行履行报批手续。
2	2013年，中国残疾人联合会本级超标准列支会议费254.24万元。	中国残疾人联合会2015年印发通知，完善了会议管理工作机制，由办公厅归口实行计划管理，严格控制参会人数、会期和支出规模。
3	2013年，所属中国康复研究中心将5个项目收支在往来科目核算，少计收入1172.08万元、支出1253.56万元；所属中国残联就业服务指导中心培训费等收入578.57万元未纳入法定账簿核算。	中国康复研究中心和中国残联就业服务指导中心已于2015年1月对收支情况进行了清理，全部按规定进行了账务处理，转入相关收入、支出科目核算。今后，中国残疾人联合会将严格按照相关规定及要求处理各项经济业务。
4	2013年，中国残疾人联合会在所属中国视障文化资讯服务中心业务用房装修工程的结算审核中，对部分项目未按投标文件和合同约定价格计价，而是以暂估单价为基础计价，导致多计结算价款50.84万元。	中国残疾人联合会已严格按照国家规定办理工程结算，今后将严格审核工程结算价款，严格履行审批监管程序，避免类似问题再次发生。
5	2013年，所属残疾人体育运动管理中心将应公开招标的游泳馆除湿改造及建筑修缮项目拆分成4个项目分别进行邀请招标，涉及合同金额451.89万元；所属中国盲文出版社将部分印刷业务委托给4家非定点印刷企业，支出38.95万元。	中国残疾人联合会已制定并实施了相关管理办法，加强政府采购管理，明确规定各单位不得将应当以公开招标方式采购的货物或者服务，“化整为零”或者以其他任何方式规避公开招标采购。同时，对“化整为零”行为，做了明确界定和具体解释，要求各单位严格按制度执行。
6	中国残疾人联合会2013年未经批准组织开展“全国残疾人状况监测工作先进单位”评比表彰和“自强健身示范点”等2项达标表彰活动。	自2015年起，中国残疾人联合会已停止一切未经批准的评比达标表彰活动，今后将严格执行国务院有关规定，未经批准不得开展评比达标表彰活动，坚决杜绝违反规定行为。

44. 中央电视台预算执行和其他财政收支情况审计结果公告问题的整改情况

问题序号	公告的问题	整改情况
1	2013年，中央电视台部分频道、栏目组和控股公司以不真实的业务合同、不合规发票报销等方式，通过合作公司等取得资金4007.11万元，主要用于支付部门临时聘用人员工资、工作人员补贴或劳务报酬等，部分资金转入工作人员个人银行账户管理。	中央电视台第一时间成立了资金清退工作小组，认真梳理资金去向和用途，严格按照处理意见要求进行问题资金的清理和退款工作，已收回全部问题资金，并调整了相关账目，同时对相关人员进行了责任追究。
2	至2013年底，所属广播影视信息网络中心未就其投资建设、交由中国有线电视网络有限公司经营的国家广播电视干线网二、三期工程向该公司收取相关经营费用，并自行承担了工程建设相关银行贷款利息，且两个单位均未按规定计提折旧。	国家新闻出版广电总局决定将中国广播影视信息网络中心整体转企改制，对中国有线电视网络有限公司进行重组，均并入中国广播电视网络有限公司。随着改制、重组工作的推进，此问题将得到彻底解决。
3	至2013年底，所属中央卫星电视传播中心和中国广播电视国际经济技术合作总公司未按要求将2012年接收的中央电视台调剂设备评估入账，这些设备账面价值共计3315万元。	中央卫星电视传播中心和中国广播电视国际经济技术合作总公司委托会计师事务所进行了资产评估，并已按照设备的评估价值入账。
4	至2013年底，所属中视体育娱乐有限公司未取得合同约定的股权。2012年11月，中视体育娱乐有限公司与合作公司协议约定，中视体育娱乐有限公司确保相关体育赛事在中央电视台播报，并据此获得合作公司下属企业40%股权以及1项期权，但2013年底合同履行完毕后，一直未取得上述股权。	中视体育娱乐有限公司已就无偿获得合作公司40%股权办理了股权变更手续，北京市工商行政管理局企业信用信息网也对此进行了公示。

45. 中央人民广播电台预算执行和其他财政收支情况审计结果公告问题的整改情况

问题序号	公告的问题	整改情况
1	2013年，中央人民广播电台本级超预算支出公务接待费549.47万元、公务用车运行费791万元。	中央人民广播电台已明确公务接待及公务用车由台办公室归口统一管理，制定了公务接待管理规定，规范公务接待审批程序，严格管理公务接待费用；制定了公用车辆管理规定，严格控制公务用车费用支出。同时积极推进公务用车改革，已对台本部公务用车进行清查和封存，实行统一管理、统一调度，并将结合实际进一步加强驻地方记者站采访用车管理。
2	2013年，所属央广传媒发展总公司以购买劳保用品名义列支27.11万元，主要用于发放人员补贴等。	中央人民广播电台对央广传媒发展总公司主要负责人进行诫勉谈话并进行罚款处理，对央广传媒发展总公司的违规问题进行了通报批评，责令其立即整改，杜绝此类事件再度发生。目前央广传媒发展总公司已清退相关资金，并制定了相关实施办法，切实规范企业行为准则。

续表

问题序号	公告的问题	整改情况
3	2013 年，中央人民广播电台本级未经批准，采用单一来源采购方式购买服务 923.64 万元。	中央人民广播电台立即责成相关部门认真学习政府采购文件精神，全面开展整改工作。2014 年下半年，经财政部、国家新闻出版广电总局批准，中央人民广播电台 2014 年数字版权综合管理系统运行维护项目采购方式变更为竞争性谈判，2015 年该项目的采购方式最终以公开招标的方式予以确定。
4	2013 年，中央人民广播电台本级与无广播电视节目制作经营许可证的公司签订 13 份委托节目制作合同，涉及合同总额 285.14 万元。	中央人民广播电台将严格执行相关规定，进一步加强对签署节目购买、委托制作协议的监管力度；细化合同签审流程，加强审核把关；针对节目素材而非节目成品交易的相关协议，将对“节目素材”和“成品节目”进行严格分类管理；同时加强对各宣传部门主要负责人的党风廉政教育和相关法律、法规培训。
5	2013 年，中央人民广播电台本级少编报政府采购预算 101.63 万元。	自 2014 年以来，中央人民广播电台已按照政府采购要求编报政府采购预算。
6	至 2013 底，中央人民广播电台本级 2011 年 3 月取得的 3.2 万平方米政府划拨用地使用权未估价入账。	中央人民广播电台已于 2014 年将该土地使用权按名义价值入账。
7	至 2013 底，中央人民广播电台本级所属 15 个驻地方记者站总建筑面积 9962.85 平方米房产未纳入财务账反映。	截至 2015 年 3 月，中央人民广播电台已将 37 处房产按名义价值入账。陕西记者站房产 1 处正在协调相关问题，及时入账。
8	至 2013 底，中央人民广播电台驻重庆记者站与开发商合同约定取得的 7500 平方米房产未分割确认产权。	中央人民广播电台正积极通过法律程序解决历史遗留问题。
9	至 2013 底，中央人民广播电台驻安徽记者站 2006 年启用的办公楼未办理竣工财务决算。	驻安徽记者站新办公室项目已完成工程结算，共计 259.50 万元已暂估入账。目前已完成财务竣工决算审计，近期中央人民广播电台将把财务竣工决算报告、竣工决算审计报告一并上报国家新闻出版广电总局审批。

46. 中国国际广播电台预算执行和其他财政收支情况审计结果公告问题的整改情况

问题序号	公告的问题	整改情况
1	2013 年，中国国际广播电台本级未经批准，自行调剂使用公用经费 7029.59 万元列支人员经费；在项目经费中列支与项目无关支出 849.10 万元；在本级列支所属后勤服务中心公务用车燃油费 11.43 万元。	关于人员经费挤占公用经费问题，中国国际广播电台已向上级主管部门反映人员经费支出的实际情况，争取政策支持，同时调整和停发了部分人员经费支出，严格执行人员经费开支范围和标准。关于在项目经费中列支与项目无关支出问题，中国国际广播电台将按照新修订预算法的总体要求，进一步提高预算编制的完整性与准确性，对没有纳入预算申报的项目和支出不予安排，严格按预算规定的范围开支。关于在本级列支所属后勤服务中心公务用车燃油费问题，中国国际广播电台已加强对预算支出的管理，加强财务审核力度，提高财务核算的合规性，杜绝此类问题再次发生。

续表

问题序号	公告的问题	整改情况
2	2013年，中国国际广播电台本级违规采用财政授权支付的方式，支付达到财政直接支付标准的物品和服务采购支出802万元。	中国国际广播电台将严格执行国库集中支付制度，在编制国库集中支付范围划分建议时，充分预计需通过直接支付方式结算的资金规模，提高国库集中支付范围划分建议的准确性，及时申报支付范围划分调整，按照经上级主管部门核定的支付范围实施。
3	2013年，中国国际广播电台本级未按规定进行公开招标，将网站制作等服务事项直接委托下属企业承担，合同总额1970万元。	中国国际广播电台已严格按照国家政府采购法的有关规定，梳理全台采购项目，按程序申报政府采购预算，严格执行政府采购程序，提高政府采购业务的管理水平，做到“应采尽采”。2015年，网站制作业务已完成公开招标。
4	至审计结束时，中国国际广播电台有1162.24万元固定资产未登记入账。	中国国际广播电台已登记入账815万元；其余资产验收报告完成后登记入账。
5	至审计结束时，所属世界新闻报社在往来科目核算编审费收入168.47万元，以实物形式取得广告收入42.78万元未纳入法定账簿核算。	世界新闻报社已将在往来科目核算编审费收入168.47万元确认为收入，对以实物形式取得广告收入42.78万元也已确认了收入，并根据实物分配使用情况相应增加成本费用。
6	至审计结束时，所属北京国广公寓有限公司以计提外国专家公寓使用费等名义虚列成本399.11万元。	北京国广公寓有限公司已按要求调整了有关账目，冲减当期成本费用。
7	至审计结束时，所属后勤服务中心未经批准，将2060平方米专家公寓餐厅对外出租。	中国国际广播电台已按规定补办审批手续。

47. 审计署2014年预算执行和其他财政收支情况检查结果公告问题的整改情况

问题序号	公告的问题	整改情况
1	至2014年底，所属审计干部培训中心1个项目财政拨款结余144.09万元，未纳入2014年度结转结余资金盘活存量清理统计表。	审计干部培训中心已将财政拨款结余144.09万元全部上缴国库。
2	2014年，所属计算机技术中心、审计科研所、审计博物馆、培训中心、国外贷援款项目审计服务中心、中国审计学会6家单位在人员经费安排不足的情况下，从公用经费或项目支出中列支人员经费共计284.64万元。	相关单位人员经费财政拨款预算存在缺口，同时无其他收入来源可弥补人员经费支出。审计署将积极与财政部等部门沟通协商，结合事业单位分类改革，协调解决上述问题。
3	2014年，所属成都特派员办事处、计算机技术中心自行调剂使用预算资金，在项目支出中列支聘用人员劳务费及社会保险费21.24万元。	成都特派员办事处、计算机技术中心已调整了有关会计账目，待2015年决算时根据审计结果调整年初结转和结余数。
4	2014年，所属计算机技术中心将2个课题专项资金及相关支出放在往来科目核算，少计收入201.70万元，少计支出129.66万元。	计算机技术中心已调整了有关会计账目，待2015年决算时根据审计结果调整年初结转和结余数。

中华人民共和国审计署审计结果公告（2015年第34号）

审计署移送至2015年11月已处理的29起违法违纪问题情况

（2015年12月27日公告）

审计署对移送有关部门和单位处理的违法违纪问题，定期跟踪了解其办理情况。现将至2015年11月处理的相关情况公告如下：

一、山西省交通厅原厅长王晓林等人在公路建设中涉嫌违规操作使民营企业获取不正当利益问题

审计发现，2002年至2004年，王晓林等人违规引入不具备资金实力的山西中海投资有限公司（实际控制人王德生）参与山西忻州至河北阜平高速公路建设经营，该公司通过倒卖公路建设经营权获利1.8亿元。2013年3月，审计署将此线索移送中央纪委、公安部组织查处。至2015年11月，山西省纪委、公安厅和交通厅对243名责任人进行了查处，依法收缴王晓林等人收受的款物折合4757万余元，扣押王德生等人钱款房产折合5855万余元。

二、河北省农村信用社联合社原主任助理张亚东等人涉嫌挪用资金问题

审计发现，2008年至2009年，张亚东与该信用社债券交易员毕立辉涉嫌利用职务之便，将相关债券收益2000多万元通过江阴润康投资管理有限公司（实际控制人刘晓静）转给其亲属。2013年4月，审计署将此线索移送最高人民检察院组织查处。2015年10月，吉林省长春市中级人民法院以挪用资金罪，判处张亚东、毕立辉、刘晓静等3人有期徒刑5年至6年不等，并没收全部非法所得。

三、山东海康医药有限公司等15户企业涉嫌虚开药品购销发票偷逃税款问题

审计发现，2009年至2013年，山东海康医药有限公司等15户医药企业，涉嫌通过虚构销售业务、虚增药品售价、操纵税控机具等方式虚开增值税专用发票，偷逃税款18.5亿元。2012年至2014年，审计署将上述线索移送税务总局、公安部组织查处。至2015年11月，税务总局和公安部专案组已查补税款、罚款共计22.29亿元，有关责任人被处以有期徒刑7年至12年。

四、天津市20户企业涉嫌虚开增值税专用发票问题

审计发现，2011年至2013年，天津市百德旺金属材料有限公司、天津众科电子有限公司等20户企业涉嫌虚开增值税专用发票10.36亿元，部分被用于抵扣销项税额，造成增值税流失1亿多元。2013年7月，审计署将上述线索移送税务总局、公安部组织查处。至2015年11月，有关责任人被处以有期徒刑2年至13年、罚金66万元。

五、人民日报社所属河南分社原社长罗会文涉嫌利用职权牟取私利问题

审计发现，2009年至2010年，人民日报社所属河南分社原社长罗会文在河南分社网络传媒大厦建设中，违规引入不具备开发资质的企业参与“共建”，在对方未投入任何资金情况下，约定将大厦建成后20%收益向其分成。2013年12月，审计署将此线索移送中央纪委组织查处。至2015年11月，人民日报社编委会给予其开除党籍、开除公职处分。

六、杭州中意印花科技有限公司涉嫌诈骗生育保险金问题

审计发现，2009年至2010年，杭州中意印花科技有限公司（实际控制人陈静）利用虚构雇佣怀孕女员工方式，诈骗生育保险金30余万元。2012年5月，审计署将此线索移送浙江省公安厅组织查处。2015年7月，杭州市拱墅区人民法院以诈骗罪判处陈静有期徒刑12年，并处罚金4万元，责令退还非法所得。

七、陕西工业技术研究院部分管理人员涉嫌利用职务便利为亲属牟利和受贿问题

审计发现，2007年至2011年，陕西工业技术研究院原常务副院长姚建军、原总会计师陈勇等人未经集体研究，决定由研究院出资4500多万元认购上市公司定向增发股权和私募股权，并在限售期内将股票低价转让给陈勇的亲友，使其获利。2013年12月，审计署将此线索移送中央纪委组织查处。至2015年11月，西安交通大学给予姚建军留党察看一年、行政降级处分；陈勇收受的股权收益金215万元已上缴陕西省纪委廉政账户。

八、深圳市国土局等部门违规调整建设用地容积率问题

审计发现，2007年，深圳市国土局、规划局等部门违规批准将深圳市美越房地产顾问有限公司开发楼盘建设用地的容积率由1.9调增至4，净增加建筑面积7.7万平方米，且未收取调高容积率应补缴的土地出让金，使该企业从中获利1亿多元。2011年，审计署将此线索移送监察部、国土资源部组织查处。至2015年11月，深圳市纪委等对8名责任人分别给予了党内严重警告、留党察看等处分，应补缴的土地出让金已追缴入库。

九、中国银行湛江分行原副行长肖健涉嫌违规为不合规企业办理融资问题

审计发现，2012年至2013年，在3家关联企业用伪造的财务报告、购销合同以及已注销的增值税发票向中国银行湛江分行申请融资过程中，肖健授意银行相关人员隐瞒风险状况，并批准向其授信，造成15亿多元信贷资金被骗取。2013年8月，审计署将此线索移送银监会、公安部组织查处。目前，广东银监局已对肖健给予终身取消银行业金融机构高管人员任职资格的处罚；中国银行对33名责任人进行了处理，其中开除1人，记过2人，警告2人，诫勉谈话及扣减绩效收入28人。

十、广东蓝粤能源发展有限公司涉嫌骗取贷款问题

审计发现，2011年至2013年，广东蓝粤能源发展有限公司及控股的惠来粤东电力燃料有限公司，通过签订虚假煤炭购销协议编造应收账款，据以向中国银行、建设银行等6家金融机构滚动循环办理债权质押贷款，至2013年6月，贷款余额达29.98亿元。2013年8月，审计署将此线索移送银监会、公安部组织查处。目前，中国银行等6家金融机构共对97名责任人进行了处理，其中撤职、免职5人，记大过、记过、降级或警告22人，通报批评及经济处罚70人。

十一、辽宁省新宾满族自治县农村信用合作联社原理事长白明玉等人涉嫌与倒票公司联手非法从事票据交易问题

审计发现，2012年11月至2013年9月，经白明玉同意，该信用合作联社原副主任李文凯、财务科长张庆全将账外开立的8个银行账户、印章、证照复印件及空白票据业务粘单等，提供给一家企业用于办理贴现或转贴现，涉及票据金额1300多亿元，获取贴现和转贴现利差4000多万元。2014年6月，审计署将此线索移送银监会、公安部及辽宁省组织查处。辽宁银监局给予白明玉、李文凯取消10年银行业金融机构高管任职资格的处罚，上述两人及张庆全还受到开除党籍、开除公职处分。

十二、四川信托有限公司有关高管涉嫌与中介串通从3家国有企业套取融资服务费问题

审计发现，2012年，四川信托有限公司下属机构员工冒称该公司高级顾问，以协助获得信托融资为由，要求贵阳市水利交通发展投资（集团）有限公司等3家国有企业向其指定的企业支付巨额融资服务费。2013年10月，审计署将此线索移送银监会、贵州省人民政府组织查处。至2015年11月，四川银监局给予四川信托有限公司原总裁陈军取消4年银行业金融机构高管任职资格的行政处罚。

十三、中国移动部分管理人员涉嫌利用职权向亲友及特定关系企业输送巨额利益和受贿问题

审计发现，2004年至2011年，中国移动计划部以及所属6个省级分公司部分管理人员在大宗采购等业务中，涉嫌利用职权向亲友及特定关系企业输送利益，并从中收受贿赂。2013年1月，审计署将此线索移送监察部组织查处。至2015年6月，中国移动对10名责任人给予开除党籍、开除公职等处分，其中4人已移送司法机关查处，有关部门追缴赃款3590万元。

十四、中国国电集团公司所属公司部分高管亲属入股关联企业问题

审计发现，2007年至2013年，国电龙源电力集团股份有限公司原副总经理费智的妻子入股该公司下属依兰龙源汇能风力发电有限公司获利；国电英力特能源化工集团股份有限公司下属单位向总经理秦江玉之弟及弟媳投资的泰州东良商贸有限公司采购物资 6000 多万元。2014 年，审计署将上述线索移送国资委组织查处。至 2015 年 11 月，中国国电集团公司给予费智、秦江玉撤销党内职务、行政降级处分，并收缴费智投资入股违规所得 25 万元。

十五、湖南省有色地质勘查局涉嫌违规操作低价转让国有矿业权造成国有权益损失问题

审计发现，2005 年至 2012 年，湖南省有色地质勘查局违规低价转让宜章田尾一长城岭铅锌矿业权，宜章县宝元矿业有限责任公司从中获取不正当利益 1 亿多元。2013 年 12 月，审计署将此线索移送中央纪委组织查处。至 2015 年 11 月，纪检、司法机关在对 5 名责任人查处中已挽回国有权益损失 950 万元。

十六、冀中能源集团矿业有限责任公司违规代偿采矿权价款造成国有权益损失问题

审计发现，2012 年，冀中能源集团矿业有限责任公司在收购民营企业山西金晖煤焦化工有限公司 51%股权时，违反双方约定将应由对方所属企业承担的采矿权价款，改由双方控股的企业缴纳，实际多支付 6235 万元，损害国有权益。2014 年 7 月，审计署将此问题移送河北省监察厅组织查处。至 2015 年 11 月，河北省国资委纪委对时任冀中能源董事长、总经理和金晖煤焦化工有限公司总会计师等人进行了诫勉谈话，责令做出深刻检查，多支付的 6235 万元款项已收回。

十七、黑龙江省地球物理勘察院原院长曹亚平等涉嫌违规分配矿产普查补偿款造成国有权益损失 700 多万元问题

审计发现，2008 年，在开发黑龙江省宁安市英城子岩金（银）矿过程中，曹亚平违规向未进行任何投入的职工全资持股公司分配普查前期工作补偿款 765 万元，造成国有权益损失。2014 年 12 月，审计署将此问题移送黑龙江省纪委组织查处。2015 年 6 月，黑龙江省地质矿产局给予曹亚平撤销院长、党委委员职务处分，给予其他 2 名责任人党内警告处分。

十八、黑龙江省区域地质调查所原党委书记王长水等涉嫌违规变更房产抵债协议造成国有权益损失 800 多万元问题

审计发现，2011 年，王长水等在未向上级主管部门报批的情况下，擅自缩减黑龙江环宇电缆股份有限公司用于向该所抵偿探矿权转让款的房产面积，造成国有权益损失 850 多万元。2014 年 12 月，审计署将此问题移送黑龙江省纪委组织查处。2015 年 6 月，黑龙江省地质矿产局给予王长水撤销党委书记职务处分，给予其他 3 名责任人党内警告处分。

十九、湖北、上海、湖南等地 160 名公职人员涉嫌违规经营彩票投注点问题

审计发现，至 2014 年底，湖北、上海、湖南等地 160 名公职人员违规经营福利彩票和体育彩票投注点营利，涉及金额 1 亿多元。2015 年，审计署将上述线索分别移送湖北省监察厅、上海市监察局等部门组织查处。至 2015 年 10 月，有关部门已对 19 名责任人给予了党内严重警告、行政记过等处分，对 74 名责任人进行了诫勉谈话、批评教育等组织处理；收缴违法所得 43.47 万元。

二十、云南、重庆、陕西等地 9 家单位涉嫌套（骗）取彩票资金等问题

审计发现，2012 年至 2014 年，云南省开远军供站、昆明市体育产业发展中心、重庆福彩中心渝东北营销分中心、陕西省渭南市体育局、榆林市清涧县乒乓球协会等 5 家单位套（骗）取彩票发行费等资金 390 多万元，湖北省体育用品管理中心、山西省朔州市民政局、甘肃省体育彩票管理中心、武汉市武昌区民福老年病医院等 4 家单位存在私设“小金库”、违规购车、公款旅游等问题，涉及彩票资金 460 多万元。2015 年，审计署将上述线索分别移送云南省纪委、重庆市民政局等部门组织查处。至 2015 年 10 月，已追缴资金 454.77 万元，1 人因犯贪污罪被判处有期徒刑 5 年 6 个月，10 名责任人受到党内严重警告、行政撤职等处分。

二十一、山东、河南等地 13 名公职人员涉嫌在保障性安居工程中骗取住房保障待遇、违规领取补助等问题

审计发现，2011 年至 2013 年，山东省烟台市、河南省新乡市红旗区和封丘县等地的 13 名公职人员存在违规领取保障性安居工程补助 22 万元、骗取拆迁安置房 1 套和安置补偿费 5.17 万元等问题。审计署将上述线索移送烟台市监察局、河南省纪委等部门组织查处。至2015年3月，已收回1套房产，追缴资金10.99万元，13名责任人受到党内严重警告、行政记过等处分。

二十二、河北省沧州中捷友谊农场涉嫌截留土地出让收入5700多万元问题

审计发现，至2014年10月，沧州中捷友谊农场截留5725万元土地出让收入在往来款中挂账，并从中坐支2289万元用于其他项目占地补偿费等。2015年4月，审计署将此问题移送河北省财政厅组织查处。2015年8月，沧州渤海新区中捷产业园区非税收入管理局已全额收缴上述截留款项，河北省财政厅对中捷友谊农场进行了通报批评，沧州市财政局等部门对当事人和相关责任单位进行了批评教育，责令其做出书面检查。

二十三、福建省华安县有关部门涉嫌直接或串通企业骗取中央关闭小企业补助资金问题

审计发现，2012年至2014年，华安县财政局、经贸局等部门直接或串通企业，采取编造营业执照、工商注销通知书、税务注销通知书、项目环评资料等多种方式，骗取中央关闭中小企业补助资金4300多万元。2015年，审计署将此问题移送福建省组织查处。至2015年8月，已追回资金4272.72万元，8名责任人受到开除党籍、党内严重警告、开除公职及行政记大过等处分。

二十四、中国地质调查局西安地质调查中心涉嫌私设“小金库”1144万元问题

审计发现，2009年至2014年，西安地质调查中心授权延安环评有限责任公司以该中心名义承揽环评业务，并将按照双方约定比例取得的分成收入1144.42万元账外存放。2015年9月，审计署将此问题送国土资源部组织查处。至2015年10月，西安地质调查中心已收回“小金库”资金870.47万元，免去了下属环境影响评价中心主任武征等3人职务，并给予党内警告等处分。

二十五、四川省凉山州畜牧兽医科学研究所涉嫌私设“小金库”问题

审计发现，2009年至2014年，凉山州畜牧兽医科学研究所原所长傅平等人研究决定，将房租等收入存放在办公室工作人员妻子的个人账户，形成“小金库”161.78万元，用于发放职工津补贴、购车、接待等支出。2014年6月，审计署将此问题移送四川省纪委组织查处。至2015年8月，傅平等3人受到撤销党内职务、行政撤职、党内严重警告等处分，“小金库”余额及3人违规领取的津补贴共42.23万元已被收缴。

二十六、黑龙江省哈尔滨市农科院涉嫌违规购置住宅等问题

审计发现，2006年至2011年，哈尔滨市农科院违规在海南省三亚市购买住宅两套，涉及金额724.3万元，且未纳入账内核算管理；该院办公室时任副主任梁洪涛还涉嫌侵占公款6万元。2014年5月，审计署将此线索移送哈尔滨市监察局组织查处。至2015年11月，哈尔滨市农科院粮经分院副院长赵震虎等2名责任人受到党内警告处分，梁洪涛受到开除党籍、开除公职处分；违规使用的资金已追回510万元。

二十七、黑龙江省哈尔滨市交通运输局公共交通管理处涉嫌违规成立公司参与公交线路经营问题

审计发现，2005年至2014年，哈尔滨市交通运输局公共交通管理处违规成立公司，参与公交线路经营牟利。2014年，审计署将此问题移送哈尔滨市监察局组织查处。目前，9名责任人受到党内严重警告、行政记大过等处分。

二十八、河北省廊坊市政府副秘书长平加祥涉嫌违规从事营利性活动问题

审计发现，2011年至2014年，平加祥在负责低碳科技示范园项目建设管理期间，收受负责项目具体运作的河北中航盈科房地产置业有限公司125万元干股，取得分红等收入12万多元。2015年5月，审计署将此问题移送河北省监察厅组织查处。2015年10月，河北省廊坊市纪委给予平加祥党内警告处分，并收缴违纪所得12.48万元。

二十九、广东省博罗县31名公职人员涉嫌违规经商办企业问题

审计发现，至2014年，博罗县31名公职人员违规持有37家非上市企业股份。2014年5月，审计署将此问题移送广东省监察厅组织查处。目前，博罗县纪委等部门对7人给予了党内严重警告、撤职、降级等处分，责令违规经商办企业的公职人员清退股权或注销企业。

审计署领导重要活动大事记

1月

5日上午 副审计长陈尘肇在京出席全国宣传部长会议。办公厅负责同志参加会议。

6日上午 副审计长孙宝厚在署机关主持召开会议，落实审计长刘家义批示精神，就有关事项进行研究部署。纪检组长陈蕾和副审计长陈尘肇出席。人教司、机关党委和驻署监察局负责同志参加相关内容的研究。

6日下午 党组书记刘家义在署机关主持召开党组会议，研究有关人事事项、《审计署党组2014年工作总结》和《审计署党组2014年度民主生活会征求意见整改落实方案》等文稿。党组成员孙宝厚、陈蕾、陈尘肇、张通、袁野、李晓钟和刘正均出席。副审计长石爱中，总经济师、机关服务局局长张力，办公厅、政研室、人教司、机关党委和驻署监察局主要负责同志列席参加会议。

7日上午 审计长刘家义列席参加国务院第76次常务会议。

7日上午 副审计长石爱中和孙宝厚在双榆树事业单位办公楼出席审计藏品专家会议。博物馆负责同志及有关专家参加会议。

7日下午 审计长刘家义列席参加国务院第77次常务会议。

7日下午 副审计长孙宝厚在署机关主持召开会议，研究《当前审计机关党风廉政建设存在的主要问题及表现》落实措施等事项。纪检组长陈蕾和总审计师李晓钟出席。办公厅、政研室、人教司和机关党委负责同志参加相关内容的研究。

7日下午 副审计长孙宝厚在署机关主持召开会议，研究审计职业化建设有关事项。办公厅和人教司负责同志参加会议。

7日下午 副审计长陈尘肇在署机关主持召开2014年企业审计项目总结会。企业司全体同志参加会议。

8日下午 中央经济责任审计工作联席会议办公室主任张通在署机关出席中央经济责任审计工作部际联席会议办公室会议。联席会议办公室各成员单位有关人员和经责司主要负责同志参加会议。

9日上午 2014年度署领导班子和署领导年度考核及选人用人“一报告两评议”工作会议在署机关召开。审计长刘家义，副审计长石爱中、孙宝厚，纪检组长陈蕾，副审计长陈尘肇，中央经济责任审计工作联席会议办公室主任张通，副审计长袁野，总审计师李晓钟和党组成员、法规司司长刘正均出席。中央组织部有关工作人员和署机关各单位、各派出审计局主要负责同志及署机关、派出审计局其他司局级干部参加会议。

9日下午 副审计长孙宝厚在署机关出席2014年城镇保障性安居工程跟踪审计视频培训会并讲话。社保司主要负责同志和有关人员参加会议。

9日下午 总审计师李晓钟在署机关主持召开会议，部署审计署2014年度司局级单位党员领导干部民主生活会督导工作有关事项。机关党委负责同志及10个督导组组长参加会议。

12日下午 国家档案局副局长胡旺林率检查组对审计署2011年以来贯彻执行档案法的情况进行行政执法检查。审计长刘家义在署机关会见检查组一行并与检查组同志进行交流，副审计长陈尘肇代表审计署汇报审计署档案工作情况，并参加检查。

12日下午 副审计长石爱中在京出席外资审

计师资培训班并讲话。

12 日下午 受署党组委托，副审计长孙宝厚在署机关主持召开国际司全体干部会议，宣布该司主要负责同志职务任免的决定。人教司主要负责同志参加会议。

12 日至 14 日 中国共产党第十八届中央纪律检查委员会第五次全体会议在京举行。审计长刘家义出席会议，纪检组长陈蔷列席参加会议。

12 日至 15 日 审计署提升处长依法审计能力培训班在怀柔审计干部培训基地举办。其间，审计长刘家义、副审计长孙宝厚、纪检组长陈蔷和副审计长陈尘肇先后为培训班学员授课。

13 日下午 中央经济责任审计工作联席会议办公室主任张通在署机关会见伦敦政治经济学院高级研究员艾哈迈德。金融司和国际司负责同志参加会见。

14 日上午 审计长刘家义列席参加国务院第 78 次常务会议。

14 日上午 副审计长石爱中在署机关会见招商银行副董事长张光华一行。金融司主要负责同志参加会见。

14 日上午 副审计长孙宝厚和总审计师李晓钟在署机关主持召开会议，研究“三严三实”教育活动实施方案。办公厅、政研室、人教司和机关党委负责同志参加会议。

14 日上午 副审计长陈尘肇赴国土资源部与副部长王世元进行会见，就有关审计事项进行沟通。资环司主要负责同志和有关人员参加会见。

14 日下午 党组书记刘家义在署机关主持召开党组会议，传达中央有关会议精神，研究有关人事事项，听取关于新办公业务用房有关事项的情况汇报。党组成员孙宝厚、陈蔷、陈尘肇、张通、袁野、李晓钟和刘正均出席。副审计长石爱中，基建领导小组李勇库组长，总经济师、机关服务局局长张力，办公厅、政研室、人教司和机关党委负责同志列席参加有关事项的研究。

14 日下午 纪检组长陈蔷在署机关主持召开组局全体干部会议，传达十八届中央纪委第五次全会精神。

15 日下午 审计长刘家义和副审计长袁野在署机关会见中国航天科技集团董事长雷凡培、总工程师杨海成和总法律顾问齐国生一行。数据司和计算中心主要负责同志参加会见。

15 日下午 副审计长孙宝厚在京出席全国机关事业单位养老保险制度改革工作电视电话会议。

16 日上午 审计长刘家义和副审计长孙宝厚在署机关召集会议，听取人教司关于落实十八届四中全会决定和《国务院关于加强审计工作的意见》有关事项进展情况的汇报。人教司主要负责同志和有关人员参加会议。

16 日上午 总审计师李晓钟在署机关主持召开会议，研究法律顾问专家团队组建相关事项。党组成员、法规司司长刘正均出席。办公厅、政研室和机关党委负责同志参加相关内容的研究。

19 日上午 审计长刘家义参加国务院第 4 次全体会议。

19 日上午 审计长刘家义列席参加国务院第 79 次常务会议。

19 日上午 审计署 2014 年度综合检查（巡视）工作动员会议在署机关召开，副审计长孙宝厚，纪检组长陈蔷和党组成员、法规司司长刘正均出席。人教司主要负责同志和综合检查领导小组各成员单位主要负责人及全体检查（巡视）组成员参加会议。

20 日上午 审计署 2014 至 2015 年度重点科研课题中期检查会议在京召开。副审计长石爱中、陈尘肇和中央经济责任审计工作联席会议办公室主任张通出席。科研所、内审协会和沈阳特派办主要负责同志参加会议。

20 日、21 日 总审计师李晓钟在京出席中央政法工作会议。

23 日上午 副审计长孙宝厚在京出席中国注册会计师协会第五届理事会第六次会议。

23 日下午 审计长刘家义在署机关会见中央纪委副书记、中央巡视工作领导小组成员张军一行。副审计长陈尘肇，总审计师李晓钟和党组成员、法规司司长刘正均，办公厅和人教司主要负责同志及有关人员参加会见。

23 日下午 副审计长石爱中在署机关主持召开会议，研究《关于加强外资审计的意见》等文稿。外资司主要负责同志及有关人员参加会议。

23 日下午 副审计长陈尘肇在署机关会见中粮集团有限公司董事长宁高宁一行，就有关审计事项进行沟通。企业司主要负责同志参加会见。

26日下午 审计长刘家义列席参加李克强总理主持召开的听取专家学者和企业界人士对《政府工作报告（草案）》意见建议座谈会。

27日上午 党组书记刘家义在署机关主持召开2015年第一次署党组中心组专题学习。党组成员孙宝厚、陈蕾、陈尘肇、张通、袁野、李晓钟和刘正均出席。副审计长石爱中，总经济师、机关服务局局长张力，办公厅、政研室、人教司、机关党委和驻署监察局主要负责同志列席参加专题学习。

27日下午 审计长刘家义列席参加李克强总理主持召开的听取各民主党派中央、全国工商联负责人和无党派人士对《政府工作报告（草案）》意见建议座谈会。

28日上午 受审计长刘家义委托，副审计长孙宝厚列席参加国务院第80次常务会议。

28日下午 审计署在署机关召开学习贯彻党的十八届四中全会精神座谈会。党组书记刘家义出席会议并讲话，党组成员李晓钟、刘正均参加座谈会。署机关各单位、各派出审计局的10余名处级干部和青年干部代表就学习贯彻党的十八届四中全会精神，全面推动依法治国交流学习体会。机关党委主要负责同志参加座谈会。

28日下午 副审计长陈尘肇在京出席国务院减轻企业负担部际联席会议。企业司主要负责同志参加会议。

29日上午 审计署离退休干部新春团拜会在双榆树事业单位办公楼举行。审计长刘家义，副审计长石爱中、孙宝厚，纪检组长陈蕾，副审计长陈尘肇，中央经济责任审计工作联席会议办公室主任张通，副审计长袁野，总审计师李晓钟和党组成员、法规司司长刘正均出席团拜会，并向老同志致以节日问候和美好祝愿。副审计长孙宝厚就2014年审计署工作情况向离退休同志进行通报，重点介绍党的十八届四中全会对审计工作做出的重要部署和国务院关于加强审计工作的意见，以及署内设机构优化调整等方面的情况。署离退休干部工作领导小组成员单位主要负责同志及180位离退休干部参加新春团拜会。

29日下午 审计署在署机关召开以“新常态下的国家审计”为主题的第一次专家座谈会。审计长刘家义，副审计长石爱中、孙宝厚，纪检组长陈蕾，副审计长陈尘肇，中央经济责任审计工作联席会议办公室主任张通，副审计长袁野，总审计师李晓钟和党组成员、法规司司长刘正均出席座谈会，7位专家学者应邀出席。办公厅、政研室、数据司、财政司、金融司和科研所负责同志参加座谈会。

30日上午 党组书记刘家义在署机关主持召开党组会议，研究有关人事事项，审议有关落实十八届四中全会决定和《国务院关于加强审计工作的意见》有关事项的文稿。党组成员孙宝厚、陈蕾、陈尘肇、张通、袁野、李晓钟和刘正均出席。副审计长石爱中，总经济师、机关服务局局长张力，办公厅、政研室、人教司、机关党委和驻署监察局主要负责同志列席参加会议。

30日下午 审计长刘家义和总审计师李晓钟在京出席中央国家机关第二十九次党的工作会议暨第二十七次纪检工作会议。机关党委负责同志参加会议。

30日下午 副审计长孙宝厚在署机关出席西部地区和其他少数民族地区挂职干部座谈会。人教司负责同志参加座谈会。

2015年春节前夕 受署党组委托，署领导分别到家中逐一走访慰问署老领导和离休干部。署离退休干部工作领导小组成员单位和相关司局负责同志参加走访慰问。

2月

2日至3日 副审计长孙宝厚赴南京特派办和上海特派办，对特派办党员领导干部民主生活会进行督导。

2日至3日 纪检组长陈蕾赴济南特派办和成都特派办，对特派办党员领导干部民主生活会进行督导。

2日至6日 审计长刘家义在中央党校参加省部级主要领导干部学习贯彻党的十八届四中全会精神全面推进依法治国专题研讨班。

3日上午 副审计长袁野在署机关主持召开会议，听取金审三期工程有关工作的情况汇报。数据司和计算中心主要负责同志及有关人员参加会议。

3日 受署党组委托，总审计师李晓钟赴审计署定点扶贫的河北省顺平县走访慰问。人教司、机关党委和服务局负责同志参加慰问活动。

3日下午和4日上午 中央经济责任审计工作联席会议办公室主任张通分别对经责司和投资司党员领导干部民主生活会进行督导。

3日、4日、9日和10日 党组成员、法规司司长刘正均赴哈尔滨特派办、郑州特派办、兰州特派办和西安特派办对特派办党员领导干部民主生活会进行督导。

4日下午 总审计师李晓钟赴京津冀特派办对党员领导干部民主生活会进行督导。

4日下午和5日下午 副审计长陈尘肇分别对政研室和办公厅党员领导干部民主生活会进行督导。

4日至11日 副审计长孙宝厚率中国审计代表团赴马来西亚参加亚洲审计组织第13届大会暨第48次理事会，访问泰国审计长公署。

5日下午 副审计长袁野在京出席国务院专题会议。税收司主要负责同志参加会议。

5日下午 总审计师李晓钟对法规司党员领导干部民主生活会进行督导。

5日至6日 中央经济责任审计工作联席会议办公室主任张通赴广州特派办和深圳特派办，对特派办党员领导干部民主生活会进行督导。

6日上午 副审计长石爱中在京出席光大银行金融审计数据分析平台验收工作会议。金融司主要负责同志参加会议。

6日上午 总审计师李晓钟赴重庆特派办对党员领导干部民主生活会进行督导。

6日下午 审计长刘家义列席参加国务院第81次常务会议。

6日至7日 副审计长陈尘肇赴长春特派办、沈阳特派办和太原特派办，对特派办党员领导干部民主生活会进行督导。

9日下午 审计长刘家义在署机关主持召开审计署党风廉政建设领导小组扩大会议，传达学习国务院廉政工作会议精神，研究部署审计机关2015年党风廉政建设工作。副审计长石爱中，纪检组长陈蕾，副审计长陈尘肇，中央经济责任审计工作联席会议办公室主任张通，副审计长袁野和总审计师李晓钟出席。办公厅、人教司、机关党委和驻署监察局主要负责同志参加会议。

9日上午和10日上午 副审计长袁野在署机关出席农林水资金专项审计中央部门审计组和地方审计组中期汇报会。财政司、农业司和审计组有关同志参加会议。

10日上午 副审计长石爱中在京出席金融司承担的国家自然科学基金会课题开题专家论证会。金融司主要负责同志参加会议。

10日下午 审计署在署机关举行2015年新春团拜会。审计长刘家义致新春贺词。纪检组长陈蕾、副审计长陈尘肇、中央经济责任审计工作联席会议办公室主任张通和副审计长袁野出席。署机关各单位和各派出审计局全体干部职工参加团拜会。

10日上午和11日下午 中央经济责任审计工作联席会议办公室主任张通对出版社和审计报社党员领导干部民主生活会进行督导。

11日上午 全国审计机关党风廉政建设工作视频会议在署机关召开，会议以深入贯彻党的十八大和十八届二中、三中、四中全会精神，全面落实十八届中央纪委第五次全会和国务院第三次廉政工作会议精神为主题，认真总结2014年审计机关党风廉政建设工作，安排部署2015年工作任务。审计长刘家义主持会议并讲话。副审计长石爱中，纪检组长陈蕾，副审计长陈尘肇，中央经济责任审计工作联席会议办公室主任张通，副审计长袁野，总审计师李晓钟和党组成员、法规司司长刘正均出席。署机关各单位、各派出审计局全体同志在署机关主会场，各省、自治区、直辖市和计划单列市、新疆生产建设兵团审计厅（局）和各特派员办事处全体同志通过视频在分会场参加会议。

11日下午 审计长刘家义列席参加国务院第82次常务会议。副审计长陈尘肇和资环司主要负责同志列席参加会议有关议题。

12日上午 审计长刘家义在署机关主持召开“新常态下的国家审计”专家座谈会。副审计长石爱中，总审计师李晓钟和党组成员、法规司司长刘正均出席。办公厅、政研室、机关党委和科研所主要负责同志及6位专家学者参加座谈会。

12日下午 纪检组长陈蕾在署机关列席参加驻署监察局2014年度民主生活会。

13日上午 副审计长石爱中在署机关会见中

国太平保险集团李劲夫总经理一行，就审计有关事项进行沟通。金融司主要负责同志参加会见。

13日上午 副审计长孙宝厚在怀柔审计干部培训基地为2015年度第一期案例教学师资研讨班学员授课。

13日下午 审计长刘家义在署机关主持召开会议，听取7个试点省（市）审计机关主要负责同志对《关于省以下地方审计机关人财物统一管理改革试点工作的指导原则（征求意见稿）》的修改意见，并进行研究讨论。副审计长孙宝厚出席。办公厅、政研室、人教司和机关党委主要负责同志列席参加会议。

15日上午 审计长刘家义，副审计长石爱中、孙宝厚和陈尘肇赴双榆树办公区看望慰问离退休办、科研所、培训中心、内审协会、审计学会和外资中心干部职工。

15日上午 副审计长袁野赴国家标准化管理委员会会见主任田世宏，就审计数据标准接口国际化相关事宜进行沟通。计算中心主要负责同志参加会见。

15日下午 审计长刘家义和中央经济责任审计工作联席会议办公室主任张通赴出版社和审计报社看望慰问干部职工。办公厅和人教司主要负责同志参加有关活动。

15日下午 审计长刘家义赴北京市审计局看望慰问干部职工。

15日下午 副审计长石爱中和孙宝厚在署机关召集会议，研究审计硕士专业学位基本要求。人教司负责同志和有关专家参加会议。

15日下午 副审计长孙宝厚和陈尘肇在署机关召集会议，研究企业审计有关事宜。办公厅、政研室、法规司和企业司负责同志参加会议。

16日下午 党组书记刘家义在署机关主持召开党组会议，传达中央有关文件精神，研究有关文稿和人事事项，听取关于中共审计署机关委员会、纪律检查委员会换届选举工作有关情况的汇报，审议《2015年审计署特约审计员工作计划（送审稿）》。党组成员孙宝厚、陈蕾、陈尘肇、张通、袁野、李晓钟和刘正均出席。副审计长石爱中，总经济师、服务局局长张力，办公厅、政研室、人教司、机关党委和驻署监察局主要负责同志列席参加相关内容的研究。

16日下午 审计长刘家义主持召开审计长会议，研究《2015年度审计署培训项目计划（草案）》。副审计长石爱中、孙宝厚，纪检组长陈蕾，副审计长陈尘肇，中央经济责任审计工作联席会议办公室主任张通，副审计长袁野，总审计师李晓钟和党组成员、法规司司长刘正均出席。总经济师、服务局局长张力，办公厅、国际司、人教司、机关党委、计算中心、培训中心、科研所和干部教育学院负责同志列席参加会议。

17日上午 副审计长陈尘肇在署机关主持召开会议，传达《国务院办公厅关于做好2015年“两会”有关工作的通知》精神，研究部署2015年“两会”期间有关工作。办公厅、政研室、资环司、机关党委和服务局有关同志参加会议。

25日上午 审计长刘家义列席参加国务院第83次常务会议。

25日上午 受党组书记刘家义委托，党组成员孙宝厚在署机关主持召开党组会议，传达学习中央有关文件精神。党组成员陈蕾、陈尘肇、张通、袁野、李晓钟和刘正均出席。副审计长石爱中，总经济师、服务局局长张力，办公厅、政研室、人教司、机关党委和驻署监察局主要负责同志列席参加会议。

26日 党组书记刘家义在署机关主持召开2015年第二次署党组中心组专题学习。以“尊法、学法、守法、用法”为主题，学习中共中央关于全面推进依法治国若干重大问题的决定、习近平总书记关于依法治国的重要论述和《中华人民共和国行政诉讼法（2014）》。李晓钟和刘正均同志分别以《认真学习行政诉讼法、强化依法审计意识》和《强化依法审计意识、推动依法履职尽责》为题做发言，其他署领导交流学习体会。党组成员孙宝厚、陈蕾、陈尘肇、张通、袁野、李晓钟和刘正均出席。副审计长石爱中，总经济师、服务局局长张力，署机关各单位和各派出审计局主要负责同志列席参加专题学习会。

26日上午和27日上午 审计长刘家义出席中央会议。

26日至3月5日 中央经济责任审计工作联席会议办公室主任张通率中国审计代表团赴奥地利维也纳参加第23届联合国与世界审计组织研讨会，访问捷克审计署。

27日上午 副审计长孙宝厚在署机关出席《审计硕士专业学位基本要求》论证会。人教司主要负责同志及有关专家参加会议。

27日上午 副审计长陈尘肇在署机关主持召开保密委主任办公会议，传达学习中央保密委全体会议、全国保密工作会议精神，研究部署审计署2015年保密工作。办公厅、数据司、机关党委和计算中心主要负责同志参加会议。

27日上午 副审计长陈尘肇在署机关主持召开办公厅处级以上干部工作会议，安排部署3月至6月期间有关工作。

27日下午 副审计长陈尘肇在署机关主持召开审计署资源环境审计工作领导小组会议，研究贯彻落实中央领导同志批示的意见，安排部署2015年资源环境审计工作。党组成员、法规司司长刘正均出席。办公厅、政研室、法规司、财政司、农业司、资环司、企业司、经责司和科研所负责同志参加会议。

28日上午 审计长刘家义和副审计长孙宝厚在署机关出席第一批行业审计读本编写中期推进和第二批读本编写启动会。办公厅、财政司、投资司、社保司、资环司、金融司、企业司、外资司、经责司、人教司、培训中心和科研所负责同志及第一批、第二批行业审计读本编写负责人参加会议。

27日、28日 副审计长石爱中在京出席全国政协常委会第九次会议。

28日下午 副审计长袁野在京出席推进使用正版软件工作部际联席会议第四次全体会议。财政司负责同志参加会议。

3月

2日下午 副审计长石爱中在京出席中国经济社会理事会组织的“利率市场化条件下的民营银行开放”课题开题会。

2日至6日 总审计师李晓钟在国家行政学院参加“学习十八届四中全会精神，全面推进依法治国”研讨班。

3日上午 党组成员、法规司司长刘正均在署机关与中央改革办秘书局副局长丁国文一行进行座谈。政研室主要负责同志参加座谈。

3日至11日 副审计长孙宝厚在京列席全国政协十二届三次会议开幕会，总工会17、18界别联组会议和第二、四次全体会议。

3日至13日 副审计长石爱中在京出席全国政协十二届三次会议。

4日下午 副审计长袁野在署机关出席财政司组织的中国社会科学院财经战略研究院专家座谈会并讲话。政研室、数据司、财政司和税收司主要负责同志，财经战略研究院高培勇院长等7位专家及有关人员参加座谈会。

5日至15日 审计长刘家义列席第十二届全国人民代表大会第三次会议开幕会，第二、三次全体会议和闭幕会。

6日上午 审计长刘家义在署机关主持召开“巾帼建功，有你有我有他”座谈会并讲话。署机关和派出审计局16名先进妇女集体和个人代表参加座谈。

6日下午 纪检组长陈蔷在人民大会堂出席中华全国妇女联合会主办的纪念三八国际妇女节中外妇女招待会。

6日晚 副审计长石爱中在京出席中国民主促进会十三届中央常委会第十次会议。

9日至10日 审计署在署机关召开署党组派驻纪检组长述职会议。署党组听取派驻纪检组长2014年度述职报告，并进行点评。党组书记、审计长刘家义出席会议并讲话。党组成员孙宝厚、陈蔷、张通、袁野、李晓钟和刘正均出席。20位派驻纪检组长和办公厅、政研室、人教司、机关党委、驻署监察局主要负责同志参加会议。

11日上午 副审计长孙宝厚在署机关主持召开会议，专题研究落实审计署各单位制定责任清单有关工作。党组成员、法规司司长刘正均出席。办公厅、人教司、机关党委和服务局负责同志参加会议。

11日上午 总审计师李晓钟在署机关主持召开机关党委全委会，机关党委委员参加会议。

12日下午 党组书记刘家义在署机关主持召开党组会议，传达中央有关文件精神，研究有关人事事项和《审计署2015年党建工作实施意见》《中共审计署党组关于开展“三严三实”专题教育活动实施方案》《审计署2015年宣传工作方案》和《审计署2014年大事记》等文稿。党组成员孙宝厚、陈蕾、陈尘肇、张通、袁野、李晓钟和刘正均出席。办公厅、政研室、法规司、各业务司、国际司、人教司、机关党委、服务局、计算中心、科研所、审计报社、出版社、培训中心、内审协会和审计学会负责同志列席会议。

12日下午 审计长刘家义在署机关主持召开审计长会议，听取关于署财政拨款结余资金和服务局结余资金清理情况、建署以来规章制度清理工作方案等情况的汇报。副审计长孙宝厚，纪检组长陈蕾，副审计长陈尘肇，中央经济责任审计工作联席会议办公室主任张通，副审计长袁野，总审计师李晓钟和党组成员、法规司司长刘正均出席。办公厅、政研室、财政司、投资司、外资司、经责司、国际司、人教司、机关党委、服务局、计算中心、培训中心和科研所负责同志列席会议。

13日上午 副审计长孙宝厚在署机关主持召开会议，专题研究行业审计读本大纲编写事宜。办公厅、财政司、投资司、社保司、资环司、金融司、企业司、外资司、科研所和培训中心负责同志参加会议。

13日下午 审计长刘家义在署机关主持召开审计业务会议，听取2014年中央部门部长经济责任审计情况的汇报，研究《2015年部长经济责任审计工作方案》和《2015年省级党委政府主要领导干部经济责任审计工作方案》等文稿。副审计长孙宝厚，纪检组长陈蕾，副审计长陈尘肇，中央经济责任审计工作联席会议办公室主任张通，副审计长袁野，总审计师李晓钟和党组成员、法规司司长刘正均出席。办公厅、政研室、数据司、财政司、税收司、农业司、投资司、社保司、资环司、金融司、经责司和科研所负责同志列席会议。

13日下午 副审计长孙宝厚在署机关主持召开会议，专题研究境外审计有关工作。中央经济责任审计工作联席会议办公室主任张通，副审计长袁野，总审计师李晓钟和党组成员、法规司司长刘正均出席。办公厅、政研室、财政司、金融司、企业司、境外司、经责司和国际司负责同志参加会议。

16日上午 审计长刘家义出席人教司“三严三实”专题教育活动对照检查会并讲话。副审计长孙宝厚出席会议。办公厅、政研室、人教司、机关党委负责同志和人教司全体干部职工参加会议。

16日下午 纪检组长陈蕾在中央纪委机关参加中央纪委监察部传达“两会”精神大会。

17日下午 副审计长石爱中在署机关会见国家开发银行监事长刘梅生一行。金融司负责同志参加会见。

18日上午 审计长刘家义列席国务院第84次常务会议。

19日下午 副审计长石爱中在署机关会见交通银行行长彭纯一行。金融司负责同志参加会见。

20日下午 党组书记刘家义在署机关主持召开党组会议，研究有关人事事项和《关于加强境外国有资产审计监督的意见》《关于实行审计监督全覆盖的意见》《关于推进省以下地方审计机关人财物统一管理改革的意见》《关于推进国家审计职业化建设的意见》《第一季度党组中心组学习会暨基层党组织书记党建工作培训班工作方案》《关于加强和改进特派办党建工作的思考》等文稿，听取博物馆和教育学院有关事项的汇报。党组成员孙宝厚、陈蕾、陈尘肇、张通、袁野、李晓钟和刘正均出席。副审计长石爱中，总经济师、机关服务局局长张力，办公厅、政研室、财政司、金融司、企业司、境外司、经责司、人教司、机关党委、科研所、培训中心、博物馆和教育学院负责同志列席相关内容的研究。

20日下午 审计长刘家义主持召开审计业务会议，研究《2015年高速公路项目审计工作方案》。副审计长孙宝厚，中央经济责任审计工作联席会议办公室主任张通，副审计长袁野，总审计师李晓钟和党组成员、法规司司长刘正均出席。办公厅、政研室、财政司、投资司、经责司和科研所主要负责同志列席会议。

20日下午 审计署举行“青年讲堂”活动启动仪式。审计长刘家义，副审计长石爱中、孙宝厚，中央经济责任审计工作联席会议办公室主任张通，总审计师李晓钟和党组成员、法规司司长刘正均，中央国家机关团工委书记冀萌新出席启动仪式。中航工业成都飞机设计研究所所长季晓光做专题报告。署机关各单位、各派出审计局主要负责同志和近300名青年干部参加活动。

21 日下午 副审计长孙宝厚在署机关主持召开会议，专题研究财政资金统筹管理有关事项，中央经济责任审计工作联席会议办公室主任张通和党组成员、法规司司长刘正均出席。政研室和财政司主要负责同志参加会议。

23 日至 27 日 副审计长袁野作为审计长刘家义的代表，率中国审计代表团赴新西兰惠灵顿，出席全球审计领导人会商机制第 2 次会议，并发表主题演讲。

23 日至 27 日 总审计师李晓钟率中国审计代表团赴保加利亚首都索菲亚，出席世界审计组织国家关键指标工作组第 8 次会议。

24 日 中央经济责任审计工作部际联席会议第五次全体会议在署机关召开。审计长刘家义主持会议，中央纪委副书记张军、中央组织部副部长王尔乘、中央编办副主任李晓全、人力资源社会保障部副部长信长星、中央经济责任审计工作联席会议办公室主任张通、国务院国资委副主任孟建民等联席会议成员出席会议。联席会议办公室成员参加会议。

25 日上午 审计长刘家义列席国务院第 85 次常务会议。

25 日上午 党组成员、法规司司长刘正均赴全国人大出席加强政府债务管理情况专题座谈会。财政司主要负责同志参加座谈会。

25 日下午 审计长刘家义和副审计长孙宝厚在署机关会见阿富汗审计署审计长默罕默德·谢里夫·谢里菲率领的审计代表团一行。国际司主要负责同志参加会见。

26 日上午 副审计长石爱中在署机关会见中国农业银行监事长车迎新、副行长蔡华相一行。金融司负责同志参加会见。

26 日上午 副审计长孙宝厚在署机关与阿富汗审计署审计长默罕默德·谢里夫·谢里菲率领的审计代表团一行进行工作会谈。国际司、经责司、人教司主要负责同志参加会谈。

27 日上午 副审计长孙宝厚在怀柔审计干部培训基地为 2015 年度第二期案例教学师资培训班学员授课。

27 日下午 副审计长孙宝厚在京出席全国社会救助部际联席会议第二次全体会议。社保司负责同志参加会议。

27 日下午 审计署在署机关举行 2015 年考试录用国家公务员面试工作动员大会。副审计长孙宝厚出席动员大会并讲话。

29 日上午 党组书记刘家义在署机关主持召开党组会议，研究有关人事事项和《审计署推行责任清单制度实施方案》等文稿。党组成员孙宝厚、陈蕾、陈尘肇、张通、袁野、李晓钟和刘正均出席。总经济师、机关服务局局长张力，办公厅、政研室、人教司和机关党委主要负责同志列席相关内容的研究。

29 日上午 审计长刘家义主持召开审计业务会议，研究《全国基本养老保险基金审计初步工作方案》和《审计署 2015 年中央企业领导人员经济责任审计工作方案》等文稿。副审计长孙宝厚、陈尘肇，中央经济责任审计工作联席会议办公室主任张通，副审计长袁野，总审计师李晓钟和党组成员、法规司司长刘正均出席。总经济师、机关服务局局长张力，办公厅、政研室、数据司、财政司、企业司、社保司、境外司和经责司主要负责同志列席相关内容的研究。

29 日上午 受审计长刘家义委托，副审计长石爱中在京参加 2015 年共和国部长义务植树活动。

29 日下午 副审计长孙宝厚在署机关主持召开会议，专题研究规范离退休署领导用车等事宜，副审计长陈尘肇出席。办公厅、离退休办、服务局和培训中心主要负责同志参加会议。

29 日至 31 日 审计署党组 2015 年第一季度中心组学习会在署机关召开。党组书记刘家义，党组成员孙宝厚、陈蕾、陈尘肇、张通、袁野、李晓钟和刘正均出席。学习会以"践行'三严三实'要求，深化纪律执行"为主题，重点学习习近平总书记关于"三严三实"的重要论述、中央有关文件和李克强总理在十二届全国人大三次会议上所做的政府工作报告等。副审计长石爱中，总经济师、机关服务局局长张力，署机关各单位、各特派员办事处、各派出审计局主要负责同志参加学习会。

31 日上午 副审计长孙宝厚在署机关会见印度尼西亚审计委员会代表团一行。国际司和培训中心负责同志参加会见。

31 日下午 审计署召开"三严三实"专题教

育活动动员部署视频会议。党组书记刘家义对审计署开展“三严三实”专题教育活动做出全面部署并提出具体要求。党组成员孙宝厚、陈蕾、张通、袁野、李晓钟和刘正均出席会议。副审计长石爱中及署机关各单位、各派出审计局全体干部职工在主会场，各特派员办事处干部职工通过视频在分会场参加会议。

31 日下午 审计长刘家义在钓鱼台国宾馆会见蒙古国审计署审计长赞嘎德·阿优尔率领的审计代表团一行。双方共同签署《中华人民共和国审计署与蒙古国审计署合作谅解备忘录》。副审计长孙宝厚参加会见。

4 月

1 日上午 审计长刘家义列席国务院第 86 次常务会议。副审计长袁野和政研室主要负责同志参加关于部署盘活和统筹使用沉淀存量财政资金的议题。

1 日上午 副审计长石爱中在署机关会见中国银行行长陈四清一行。金融司负责同志参加会见。

1 日上午 副审计长孙宝厚在署机关出席西部地区、民族地区和原中央苏区挂职干部座谈会。人教司主要负责同志参加座谈会。

1 日上午 纪检组长陈蕾在署机关组织驻署监察局全体干部开展 2015 年度第二期学习论坛，传达中央纪委有关精神。

1 日下午 副审计长孙宝厚在署机关与蒙古国审计署审计长赞嘎德·阿优尔率领的蒙古审计代表团进行工作会谈。国际司主要负责同志参加工作会谈。

1 日下午 中央经济责任审计工作联席会议办公室主任张通在署机关主持召开署审计宣传（政务公开）工作领导小组会议。总审计师李晓钟和党组成员、法规司司长刘正均出席。办公厅、政研室、人教司、机关党委、国际司、服务局、科研所、报社、出版社、培训中心和内审协会主要负责同志参加会议。

2 日上午 副审计长石爱中在署机关会见中国光大集团董事长唐双宁一行。金融司负责同志参加会见。

2 日上午 副审计长孙宝厚在双榆树事业单位办公楼出席地方审计机关审计文物联络员会议。博物馆主要负责同志参加会议。

2 日上午 副审计长袁野在署机关出席 2015 年省级党委政府主要领导干部经济责任审计视频培训班。财政司、投资司和经责司主要负责同志及相关人员在主会场，京津冀特派办、哈尔滨特派办和南京特派办等 9 个特派办主要负责同志、分管负责同志和参审人员在分会场参加培训。

2 日下午 副审计长袁野在署机关出席 2015 年部长经济责任审计培训班。财政司和经责司主要负责同志及相关人员，各派出审计局参审人员参加培训。

2 日上午 党组成员、法规司司长刘正均在京出席全国人大预工委组织召开的完善国有资本经营预算制度座谈会。财政司负责同志参加会议。

2 日下午 副审计长孙宝厚在署机关主持召开会议，专题研究基本养老保险基金试点审计工作方案。副审计长袁野出席。数据司和社保司主要负责同志参加会议。

2 日下午 党组成员、法规司司长刘正均在京出席国务院贯彻落实《中共中央国务院关于深化供销合作社综合改革的决定》电视电话会议。财政司负责同志参加会议。

3 日上午 副审计长孙宝厚在署机关主持召开会议，研究审计组组长和审计组主审案例研讨班事宜。人教司和培训中心主要负责同志参加会议。

3 日上午 副审计长袁野赴全国人大预工委出席有关“十三五”财税体制改革意见建议座谈会。财政司和税收司负责同志参加座谈会。

3 日上午 总审计师李晓钟赴发展改革委出席中央公务用车制度改革领导小组第三次会议。财政司负责同志参加会议。

3 日下午 总审计师李晓钟在署机关主持召开署社会综合治理领导小组和精神文明建设领导小组会议。办公厅、人教司、机关党委、科研所、报社、出版社、培训中心、外资中心和博物馆负责同志分别参加会议。

7 日上午 党组书记刘家义在署机关主持召开党组会议，研究有关人事事项。党组成员孙宝厚、陈蕾、张通、袁野、李晓钟和刘正均出席。

副审计长石爱中，人教司、机关党委和驻署监察局主要负责同志列席会议。

7日上午 审计长刘家义在署机关主持召开审计长会议，听取关于审计博物馆数字化建设有关情况的汇报。副审计长石爱中、孙宝厚，纪检组长陈蕾，中央经济责任审计工作联席会议办公室主任张通，副审计长袁野，总审计师李晓钟和党组成员、法规司司长刘正均出席。办公厅、数据司、人教司、机关党委、计算中心和博物馆主要负责同志列席相关内容的研究。

7日上午 审计长刘家义在署机关主持召开审计业务会议，研究5家金融机构领导人员经济责任审计工作方案。副审计长石爱中、孙宝厚，中央经济责任审计工作联席会议办公室主任张通，副审计长袁野，总审计师李晓钟和党组成员、法规司司长刘正均出席。办公厅、数据司、金融司、境外司、经责司和科研所负责同志列席相关内容的研究。

8日上午 审计长刘家义列席国务院第87次常务会议。

9日下午 纪检组长陈蕾在署机关会见中央纪委第四纪检监察室主任袁久强一行。驻署监察局主要负责同志参加会见。

9日下午 副审计长袁野在署机关会见外交部副部长张明一行。财政司和外交外事局负责同志参加会见。

9日下午 副审计长袁野在署机关会见卫生计生委副主任王培安一行。财政司和卫生药品局负责同志参加会见。

10日上午 副审计长袁野在署机关会见水利部副部长矫勇一行。财政司和投资司主要负责同志参加会见。

10日下午 副审计长孙宝厚在京出席2015年庆祝五一国际劳动节暨表彰全国劳动模范和先进工作者大会筹备委员会第一次全体会议暨办公室第一次会议。

12日下午 副审计长孙宝厚赴民政部与该部部长李立国进行工作会谈，专题研究社会保障审计有关事项。教科司和社保司主要负责同志参加工作会谈。

12日晚 副审计长孙宝厚在京出席国际内部审计师协会2015年全球委员会会议欢迎晚宴。

12日至16日 纪检组长陈蕾在京出席加强中央纪委派驻机构建设工作培训班暨中央纪委派驻机构负责人会议。驻署监察局主要负责同志参加培训班。

13日上午 审计长刘家义在京出席国际内部审计师协会2015年全球委员会会议开幕式并致辞。

13日上午 审计长刘家义和副审计长袁野在署机关会见全国人大常委会副秘书长王万宾一行。行政司主要负责同志参加会见。

13日上午 副审计长石爱中在署机关出席金融审计视频培训会并讲话。金融司全体人员，各省、自治区、直辖市和计划单列市审计厅（局）分管金融审计业务的负责同志、金融审计处全体人员及各特派办分管金融审计业务的副特派员、金融审计处全体人员参加培训会。

13日上午 副审计长孙宝厚出席国务院专题会议。社保司主要负责同志参加会议。

13日上午 副审计长袁野，总审计师李晓钟和党组成员、法规司司长刘正均在署机关出席预算执行审计集中复核审理工作动员会。财政司和法规司负责同志及全体审理人员参加动员会。

13日下午 审计长刘家义和总审计师李晓钟在署机关会见中央国家机关工委副书记邵旭军率领的检查组一行，就《中国共产党党和国家机关基层组织工作条例》贯彻落实情况和党组中心组学习情况进行座谈。

14日上午 审计长刘家义列席国务院经济形势专家企业负责人座谈会。

14日上午 副审计长袁野在署机关会见人力资源社会保障部副部长杨志明一行。财政司和民政社保局负责同志参加会见。

14日下午 副审计长袁野在京出席全国涉农资金专项整治行动电视电话会议。农业司负责同志参加会议。

15日上午 副审计长袁野在署机关会见商务部部长助理童道驰一行。外资司和贸易审计局负责同志参加会见。

16日上午 审计长刘家义在京出席中央会议。

16日下午 副审计长孙宝厚在署机关主持召开审计署2014年综合检查及考核工作领导小组会

议。副审计长袁野，党组成员、法规司司长刘正均出席。办公厅、政研室、经责司、人教司、机关党委、服务局和计算中心负责同志参加会议。

16日下午 总审计师李晓钟在署机关会见中央国家机关纪工委书记俞贵麟一行。机关纪委负责同志参加会见。

16日至20日 审计长刘家义赴贵州省和云南省开展工作调研。人教司主要负责同志参加调研。

20日晚 总审计师李晓钟在署机关主持召开署机关党委会全委会。机关党委委员参加会议。

21日上午 审计长刘家义在京出席中央“三严三实”专题教育工作座谈会并做交流发言。机关党委主要负责同志参加座谈会。

21日上午 受审计长刘家义委托，副审计长孙宝厚列席国务院第89次常务会议。

21日下午 副审计长石爱中赴上海市审计局就金融审计、外资审计和境外审计工作进行调研。金融司负责同志参加调研。

21日下午 副审计长袁野在署机关会见海关总署副署长邹志武一行。税收司主要负责同志参加会见。

22日上午 副审计长孙宝厚在怀柔审计干部培训基地出席审计署机关及特派办离退休干部工作人员座谈会。离退休办主要负责同志参加会议。

22日下午 副审计长孙宝厚在怀柔审计干部培训基地为2015年第一期审计组组长和审计组主审案例研讨班学员授课。

22日至23日 中央经济责任审计工作联席会议办公室主任张通赴河南南阳参加国务院南水北调工程建设管理工作座谈会。投资司主要负责同志参加会议。

23日上午 审计长刘家义在怀柔审计干部培训基地为2015年第一期审计组组长和审计组主审案例研讨班学员授课。

23日下午 审计长刘家义和副审计长孙宝厚在署机关会见中央组织部调研组一行，并与调研组分别进行工作会谈。

23日下午 副审计长石爱中在署机关主持召开专题会议，研究境外审计工作。办公厅、政研室、法规司、金融司、企业司和境外司负责同志参加会议。

24日上午 副审计长石爱中在署机关会见吉林省省长、中国农业银行原董事长蒋超良一行，就审计有关事宜进行沟通。

24日上午 副审计长孙宝厚在京出席庆祝“五一”国际劳动节暨表彰全国劳动模范和先进工作者筹备委员会第二次全体会议。

24日下午 党组书记刘家义在署机关主持召开党组会议，传达中央纪委有关会议精神，研究《南京特派办原特派员李玲同志、济南特派办原特派员杨宁生同志、昆明特派办原主要负责人孙成余同志任期经济责任审计报告》《关于实行领导干部自然资源资产离任审计的实施意见》《审计署党组派驻纪检组长工作规则》《关于在处级以上领导干部中开展“三严三实”专题教育方案》《审计署拍摄党员教育电视片及宣传先进典型工作方案》和《2015年审计机关精神文明建设工作指导意见》等文稿。党组成员孙宝厚、陈蔷、张通、袁野、李晓钟和刘正均出席。办公厅、政研室、财政司、农业司、资环司、企业司、经责司、人教司、机关党委、驻署监察局、服务局、科研所、报社、出版社和培训中心负责同志列席相关内容的研究。

24日下午 副审计长石爱中在京出席处置非法集资部际联席会议。

24日晚 总审计师李晓钟在怀柔审计干部培训基地为2015年第一期审计组组长案例研讨班学员授课。

26日下午 副审计长孙宝厚在京出席“中国梦·劳动美”2015年庆祝“五一”国际劳动节特别节目录制活动。

27日下午 审计长刘家义在署机关出席专项工作抽调人员座谈会。总审计师李晓钟和党组成员、法规司司长刘正均出席。办公厅和人教司负责同志参加座谈会。

28日上午 副审计长孙宝厚在京出席2015年庆祝“五一”国际劳动节暨表彰全国劳动模范和先进工作者大会。

28日下午 审计长刘家义列席国务院第90次常务会议。

28日上午 中央经济责任审计工作联席会议办公室主任张通赴中央组织部就2015年经济责任审计工作情况进行沟通。财政司、金融司、企业司和经责司主要负责同志参加情况沟通。

28 日下午 副审计长袁野在署机关会见中国残疾人联合会副理事长王梅梅一行。税收司主要负责同志参加会见。

28 日下午 副审计长袁野在署机关会见全国人大常委会副秘书长刘水生一行。行政司主要负责同志参加会见。

28 日至 29 日 审计署党组以“新常态下的国家审计”为主题进行 2015 年第三次专题学习。党组书记刘家义主持专题学习，党组成员孙宝厚、陈蕾、陈尘肇、张通、袁野、李晓钟和刘正均出席。副审计长石爱中，总经济师、机关服务局局长张力，办公厅、政研室、人教司、机关党委、驻署监察局和科研所主要负责同志列席专题学习。学习内容包括近年来习近平总书记关于经济发展新常态的论述和李克强总理关于新常态及新常态下加强审计工作的讲话，并邀请北京大学党委常委、常务副校长、经济学博士刘伟教授做题为“中国经济新常态”的辅导报告。党组成员和署领导围绕刘伟教授的专题辅导报告和“新常态下的国家审计”主题做学习交流。

29 日下午 副审计长石爱中和孙宝厚在署机关会见全国社会保障基金理事会理事长谢旭人一行。金融司负责同志参加会见。

30 日上午 总审计师李晓钟在署机关主持召开署机关党委会全委会。机关党委委员参加会议。

30 日下午 副审计长孙宝厚在署机关出席《编制自然资源资产负债表与生态环境损害责任终身追究制研究》课题组第 4 次全体会议。

5 月

4 日上午 为纪念五四运动 96 周年，审计署在署机关举办首次模拟法庭活动，审计长刘家义，副审计长石爱中、孙宝厚，纪检组长陈蕾，中央经济责任审计工作联席会议办公室主任张通，副审计长袁野，总审计师李晓钟和党组成员、法规司司长刘正均出席。署机关各单位、各派出审计局主要负责同志及 260 余名青年审计干部参加活动。

4 日至 9 日 副审计长袁野在国家行政学院参加社会救助事业改革发展研讨班。

5 日下午 副审计长孙宝厚赴国务院研究室，与该室主任宁吉喆就完善审计制度相关事宜进行工作会谈。政研室、法规司和人教司负责同志参加会谈。

6 日上午 审计长刘家义列席国务院第 91 次常务会议。

6 日下午 党组书记刘家义在署机关主持召开党组会议，研究有关人事事项和《审计署关于党中央国务院重点工作任务责任分工的通知》《审计署贯彻落实全面从严治党要求实施意见》等文稿，听取关于机关党委、机关纪委委员候选人预备人选有关情况的汇报。党组成员孙宝厚、陈蕾、陈尘肇、张通、袁野、李晓钟和刘正均出席。副审计长石爱中，总经济师、机关服务局局长张力，办公厅、政研室、法规司、人教司、机关党委和驻署监察局负责同志列席相关内容的研究。

7 日上午 副审计长孙宝厚赴国务院法制办，与该办副主任甘藏春就完善审计制度相关事宜进行工作会谈。政研室、法规司和人教司负责同志参加会谈。

7 日下午 审计长刘家义和副审计长袁野在署机关会见泰国国家审计委员会委员马鸿金率领的泰国审计代表团一行。国际司、数据司和计算中心主要负责同志参加会见。

11 日上午 审计长刘家义在南京出席审计干部教育学院 2015 年度培训开班典礼，并围绕“适应新形势、增强新本领、迎接新挑战”为培训班学员讲授开班第一课。副审计长孙宝厚主持开班典礼。人教司、培训中心、干部教育学院、南京特派办、江苏省审计厅及南京审计学院主要负责同志和 350 余名培训班学员参加开班典礼。

12 日上午 国务院推进简政放权放管结合职能转变工作电视电话会议在京召开，审计长刘家义在主会场出席会议。副审计长石爱中、孙宝厚，中央经济责任审计工作联席会议办公室主任张通，副审计长袁野，总审计师李晓钟和党组成员、法规司司长刘正均在署机关分会场出席视频会议。署机关各单位（不含事业单位）、各派出审计局处以上干部参加会议。

12 日下午 副审计长孙宝厚赴全国人大法工委，与该委副主任郎胜就完善审计制度相关事宜进行工作会谈。政研室、法规司和人教司负责同志参加会谈。

12 日下午 副审计长袁野在署机关会见国家税务总局局长王军和副局长丘小雄。税收司主要负责同志参加会见。

13 日上午 审计长刘家义列席国务院第 92 次常务会议。

13 日上午 副审计长孙宝厚在怀柔干部培训基地为 2015 年度第一期市县审计局长培训班学员授课。

13 日下午 党组书记刘家义在署机关主持召开党组会议，传达中央有关文件精神，研究有关人事事项和《审计署礼品礼金登记和处理暂行规定》《审计署党组落实党风廉政建设主体责任台账》等文稿。党组成员孙宝厚、陈蕾、张通、袁野、李晓钟和刘正均出席。副审计长石爱中，总经济师、机关服务局局长张力，办公厅、政研室、人教司、机关党委、驻署监察局负责同志列席相关内容的研究。

13 日下午 审计长刘家义在署机关主持召开审计长会议，研究《审计署关于 2014 年度中央预算执行和其他财政收支的审计结果报告》《审计署经济责任审计结果公告办法》等文稿，听取关于调整 2015 年度部分审计署统一组织审计项目计划有关情况的汇报。副审计长石爱中、孙宝厚，纪检组长陈蕾，中央经济责任审计工作联席会议办公室主任张通，副审计长袁野，总审计师李晓钟，党组成员、法规司司长刘正均出席。总经济师、机关服务局局长张力，办公厅、政研室、财政司、社保司、金融司、企业司、境外司、经责司和科研所负责同志列席相关内容的研究。

14 日下午 审计长刘家义在怀柔审计干部培训基地与 2015 年度第一期市县审计局长培训班全体学员进行座谈，并做主题报告。副审计长孙宝厚主持座谈会。来自全国 27 个省（区、市）和新疆生产建设兵团的 150 名市县审计局长参加座谈会。

14 日 副审计长袁野在署机关出席“当前经济运行形势分析报告”总结研讨会。数据司、财政司、税收司、企业司、金融司主要负责同志及有关人员，各特派办计算机审计处处长参加研讨会。

15 日上午 中国审计数字出版网上线启动仪式在双榆树办公楼举行。审计长刘家义和中央经济责任审计工作联席会议办公室主任张通出席上线启动会。出版社主要负责同志和财政部、国家新闻出版广电总局、北京市审计局的代表参加启动会。

15 日上午 副审计长石爱中和孙宝厚在双榆树办公楼出席第二批重要审计学专家及其代表作搜集工作初选会议。

15 日下午 党组书记刘家义在署机关为全国审计机关干部职工讲授题为“认真践行‘三严三实’要求，切实发挥国家审计的基石和重要保障作用”的专题教育党课。党组成员孙宝厚主持专题教育党课。副审计长石爱中，纪检组长陈蕾，副审计长陈尘肇，中央经济责任审计工作联席会议办公室主任张通，总审计师李晓钟和党组成员、法规司司长刘正均出席。署机关各单位、各派出审计局干部职工在主会场，各特派员办事处、地方各级审计机关干部职工在分会场通过视频收看党课。

15 日下午 副审计长袁野在京出席国务院有关研究政策措施落实情况督查工作相关事项会议。财政司负责同志参加会议。

18 日至 20 日上午 副审计长孙宝厚在京出席中央有关会议。

20 日下午 审计长刘家义和副审计长孙宝厚在署机关会见越南审计署审计长阮友万一行。国际司、资环司和经责司主要负责同志参加会见。

20 日下午 副审计长袁野在署机关会见财政部副部长张少春一行。财政司主要负责同志参加会见。

22 日 署党组 2015 年第四次专题学习会在署机关举行。专题学习以“深化审计与推进改革”为主题，内容包括习近平总书记关于全面深化改革论述摘编以及在中央全面深化改革领导小组会议上的重要讲话和《国务院关于加强审计工作的意见》、李克强总理关于审计工作的一系列指示精神、中央经济工作会议有关文件等。石爱中、陈尘肇、袁野分别围绕做“深化金融审计、推进金融体制改革”“深化企业审计、推进国有企业改革”和“深化财政审计、推进财税体制改革”做主题发言，其他署领导交流学习体会。党组书记刘家义围绕“强化审计监督、全面推进深化改革”

发表总结讲话。中央国家机关工委副书记邵旭军到会指导并讲话。党组成员孙宝厚、陈蔷、张通、李晓钟和刘正均出席。总经济师、服务局局长张力，署机关各单位和各派出审计局主要负责同志列席专题学习会。

25 日　党组书记刘家义在署机关主持召开党组会议，传达中央有关会议精神，听取有关举报事项调查处理情况和关于清理参加署外议事协调机构有关情况的汇报，研究有关人事事项和《关于 2014 年度署综合检查情况的报告》《署机关各部门 2014 年度综合考核情况的报告》《特派办 2014 年度综合考核情况的报告》和《中共审计署机关第九次代表大会工作报告》等文稿。党组成员孙宝厚、陈蔷、张通、袁野、李晓钟和刘正均出席。副审计长石爱中，总经济师、机关服务局局长张力，办公厅、政研室、法规司、经责司、人教司、机关党委、驻署监察局、计算中心负责同志列席相关内容的研究。

25 日上午　副审计长袁野在全国人大向全国人大预工委通报审计署 2014 年度中央预算执行和其他财政收支审计工作情况及十二届全国人大三次会议有关预算决议的落实情况。政研室和财政司主要负责同志参加会议。

25 日下午　审计长刘家义在署机关主持召开审计长会议，研究《审计署 2014 年度预算执行情况和其他财政收支情况审计报告》和《审计署外网资源整合方案》等文稿。副审计长石爱中、孙宝厚，纪检组长陈蔷，中央经济责任审计工作联席会议办公室主任张通，副审计长袁野和总审计师李晓钟出席。总经济师、机关服务局局长张力，办公厅、行政司、资环司、国际司、人教司、机关党委、离退休办、计算中心、报社、出版社、培训中心、审计学会和外资中心主要负责同志列席相关内容的研究。

25 日下午　副审计长孙宝厚在署机关出席审计署网络课件建设研讨会。法规司、各业务司、人教司、计算中心、科研所、培训中心和外资中心负责同志及有关人员参加会议。

26 日下午　审计长刘家义在署机关主持召开督查组工作会议。国务院第九督查组成员参加会议。

26 日下午　副审计长石爱中在京会见中国人寿保险公司董事长杨明生，金融司负责同志参加会见。会见活动后，石爱中听取中国人寿审计组关于审计情况的汇报并到审计现场看望审计组的同志。

5 月 26 日至 6 月 4 日　2015 年第二期市县审计局长培训班在怀柔审计干部培训基地举办。其间，副审计长孙宝厚和中央经济责任审计工作联席会议办公室主任张通为培训班学员授课。

27 日上午　副审计长孙宝厚在京出席中国注册会计师协会会长会议。

28 日　中共审计署机关第九次代表大会在署机关召开。署党组成员、总审计师、机关党委书记李晓钟代表第八届机关党委向大会做工作报告。审计长刘家义做讲话，副审计长石爱中、孙宝厚，纪检组长陈蔷，副审计长陈尘肇，中央经济责任审计工作联席会议办公室主任张通，副审计长袁野和党组成员、法规司司长刘正均出席。署机关各单位、各派出审计局共 136 名党员代表出席会议。中央国家机关工委副书记陈存根到会指导。

28 日上午　副审计长孙宝厚赴中央编办，与该办副主任王峰就完善审计制度相关事宜进行工作会谈。政研室、法规司和人教司负责同志参加会谈。

28 日下午　副审计长孙宝厚赴中组部，与该部部务委员、干部一局局长邓声明就完善审计制度相关事宜进行工作会谈。政研室、法规司和人教司负责同志参加会谈。

29 日上午　审计长刘家义和副审计长袁野赴全国人大，向全国人大财经委汇报审计署关于 2014 年度预算执行情况和其他财政收支的审计工作报告。政研室和财政司主要负责同志及有关人员列席会议。

29 日下午　审计长刘家义列席中央有关会议。

5 月 31 日至 6 月 15 日　审计长刘家义带领国务院第九督查组，赴河北、河南、湖北 3 省就国务院重大政策措施落实情况开展重点督查。办公厅、税收司负责同志作为督查组成员参加重点督查。

6 月

1 日下午　受审计长刘家义委托，副审计长石爱中在南京出席东盟地区最高审计机关审计研修班开幕式，并就我国政治、经济概况及审计发展现状做专题讲座。

4日下午 审计长刘家义列席国务院第93次常务会议。

8日上午 副审计长孙宝厚在署机关主持召开会议，专题研究2015年省级党委政府主要领导干部经济责任审计有关事项。中央经济责任审计工作联席会议办公室主任张通、副审计长袁野、总审计师李晓钟和党组成员、法规司司长刘正均出席。办公厅、政研室、法规司、财政司和经责司负责同志参加会议。

9日上午 副审计长孙宝厚在署机关出席2015年度审计署与新疆、西藏审计机关干部双向交流工作总结暨培训动员会。

9日上午 副审计长陈尘肇和袁野在署机关召集会议，就“两个报告”相关工作进行部署。办公厅、政研室、财政司、金融司、企业司、资环司和社保司负责同志参加会议。

9日下午 副审计长陈尘肇在京出席财政部组织召开的中央部门预算改革暨2016年部门预算编制工作动员会。办公厅负责同志及有关人员参加会议。

9日至11日 总审计师李晓钟在全国组织干部教育学院参加中央国家机关部门机关党委书记培训班。

9日至18日 2015年第三期市县审计局长培训班在怀柔审计干部培训基地举办。其间，副审计长孙宝厚、中央经济责任审计工作联席会议办公室主任张通、总审计师李晓钟和党组成员、法规司司长刘正均为培训班学员授课。

10日上午 副审计长孙宝厚在双榆树事业单位办公楼出席离退休干部征求意见座谈会。办公厅、人教司、机关党委、离退休办和服务局负责同志参加会议。

10日下午 审计长刘家义列席国务院第94次常务会议。

10日下午 审计长刘家义在京出席国务院有关督查工作的专题会议。

10日至12日 副审计长陈尘肇在署机关听取各审计组有关矿产资源审计情况的中期汇报。资环司主要负责同志参加汇报会。

10日至12日 中央经济责任审计工作联席会议办公室主任张通赴福建省厦门市出席报社、出版社通联宣传工作暨审计文化书屋建设工作座谈会。报社、出版社主要负责同志参加座谈会。

11日下午 审计署在署机关召开署机关各单位、各派出审计局处以上干部大会。受审计长刘家义委托，副审计长孙宝厚传达中央文件有关精神。

11日下午 副审计长陈尘肇在京出席国务院研究环境保护督察有关工作会议。资环司主要负责同志参加会议。

12日上午 副审计长石爱中在署机关会见中国光大（集团）总公司董事长唐双宁，就审计有关事项进行沟通。金融司负责同志参加会见。

12日上午 副审计长陈尘肇在署机关会见中国航空集团公司总经理蔡剑江一行。企业司主要负责同志参加会见。

12日下午 副审计长石爱中、陈尘肇在双榆树事业单位办公楼参加审计科研所博士后招聘面试工作。

12日下午 纪检组长陈蔷在京出席中央纪委第一、三、四室联系单位纪检组长（纪委书记）会议。

15日下午 副审计长陈尘肇在署机关会见中国航天科技集团公司董事长雷凡培一行。企业司主要负责同志参加会见。

15日下午 副审计长孙宝厚在署机关会见香港华人会计师公会会长周锦荣及访京团一行。办公厅、经责司和国际司主要负责同志参加会见。

15日至17日 副审计长石爱中在京出席全国政协常委会第十一次会议。

17日上午 审计长刘家义列席国务院第95次常务会议。

17日下午 署党组“三严三实”专题教育第一次专题研讨会在署机关召开。专题研讨以“严以修身，加强党性修养，坚定理想信念，把牢思想和行动的‘总开关’”为主题，党组书记、审计长刘家义主持并做总结讲话，孙宝厚、张通两位党组成员分别联系实际做主题发言，其他党组成员交流学习心得。总经济师、服务局局长张力和署机关各单位、各派出审计局主要负责同志列席研讨会。

18日上午 副审计长石爱中在京出席中国经济社会理事会四届二次会议。

18日上午 副审计长孙宝厚到国家公务员局，与该局局长信长星就完善审计制度相关事宜进行工作会谈。政研室、法规司和人教司负责同志参加会谈。

18日上午 陈尘肇、副审计长袁野和总审计师李晓钟在署机关召集会议，研究审计结果公告有关事宜。办公厅、政研室、财政司、行政司、社保司、资环司、金融司和企业司负责同志参加会议。

18日下午 党组书记刘家义在署机关主持召开党组会议，传达中央有关文件精神，研究有关人事事项。党组成员孙宝厚、陈蕾、陈尘肇、张通、袁野、李晓钟和刘正均出席。副审计长石爱中，总经济师、服务局局长张力，办公厅、政研室、国际司、人教司、机关党委、驻署监察局和计算中心负责同志列席相关内容的研究。

18日下午 审计长刘家义在署机关主持召开审计长会议，听取关于成立金审工程三期项目建设办公室有关情况的汇报，研究《审计署审计业务电子数据管理办法（送审稿）》。副审计长石爱中、孙宝厚，纪检组长陈蕾，副审计长陈尘肇，中央经济责任审计工作联席会议办公室主任张通，总审计师李晓钟，党组成员、法规司司长刘正均出席。总经济师、服务局局长张力，办公厅、政研室、法规司、各业务司、机关党委和计算中心负责同志列席相关内容的研究。

18日下午 审计长刘家义在署机关主持召开审计业务会议，研究《审计署2014年城镇保障性安居工程跟踪审计情况的报告和公告稿（送审稿）》。副审计长石爱中、孙宝厚，纪检组长陈蕾，副审计长陈尘肇，中央经济责任审计工作联席会议办公室主任张通，总审计师李晓钟，党组成员、法规司司长刘正均出席。总经济师、服务局局长张力，办公厅、政研室、法规司、社保司和科研所负责同志列席相关内容的研究。

19日上午 副审计长陈尘肇在署机关会见辽宁省委副书记许卫国一行。资环司和长沙特派办主要负责同志参加会见。

19日下午 审计长刘家义在署机关主持召开国务院第九督查组工作会议。

23日上午 中央经济责任审计工作联席会议办公室主任张通在署机关为投资司、经责司、出版社和报社全体党员干部讲党课。

23日至26日 中央经济责任审计工作联席会议办公室主任张通率中央经济责任审计工作部际联席会议成员单位有关人员赴广州和深圳进行工作调研。

24日上午 审计长刘家义列席国务院第96次常务会议。

6月24日至7月3日 2015年度第四期市县审计局长培训班在怀柔审计干部培训基地举办。其间，副审计长孙宝厚、中央经济责任审计工作联席会议办公室主任张通和党组成员、法规司司长刘正均为培训班学员授课。

25日上午 审计长刘家义与中央组织部调研组一行进行座谈。随后，总审计师李晓钟和企业司、机关党委负责同志分别与调研组进行座谈。

26日上午 审计长刘家义在京出席国务院督查工作汇报会。

26日下午 审计长刘家义列席中共中央政治局会议。

28日上午 受国务院委托，审计长刘家义在第十二届全国人民代表大会常务委员会第十五次会议上做《关于2014年度中央预算执行和其他财政收支的审计工作报告》。副审计长袁野参加会议。

29日上午 审计长刘家义在京出席中央国家机关第四届职工运动会开幕式。

29日下午 “践行入党誓词、坚定理想信念，做‘三严三实’的表率”专题座谈会在署机关召开。党组书记、审计长刘家义主持并做讲话，党组成员、总审计师、机关党委书记李晓钟和办公厅、政研室、人教司、机关党委负责同志出席。署机关各单位、各派出审计局和离退休支部10余名党员代表参加座谈会。

29日下午 副审计长孙宝厚在京出席提升社保审计查办案件能力案例研讨班。

29日下午 副审计长陈尘肇在署机关为企业司全体党员干部讲党课。

30日下午 审计长刘家义在署机关主持召开审计业务会议，研究《西藏自治区2014年财政收支审计工作方案》。副审计长石爱中、孙宝厚、陈尘肇，中央经济责任审计工作联席会议办公室主任张通，副审计长袁野和总审计师李晓钟出席。总经济师、服务局局长张力，办公厅、政研室、法规司、财政司和科研所负责同志列席会议。

30日 党组书记刘家义在署机关主持召开党组会议，传达中央有关文件和中央纪委有关会议精神，研究有关人事事项和完善审计制度相关文稿。党组成员孙宝厚、陈蕾、陈尘肇、张通、袁野、李晓钟出席。副审计长石爱中，总经济师、服务局局长张力，办公厅、政研室、法规司、人教司、机关党委、驻署监察局、出版社和报社负责同志列席相关内容的研究。

7月

1日上午 副审计长孙宝厚在署机关出席2015年驻地方特派员办事处特派员经济责任审计项目布置会。经责司和人教司负责同志参加会议。

1日上午 纪检组长陈蕾为驻署监察局全体党员干部讲党课。

1日上午 总审计师李晓钟为机关党委全体党员干部讲党课。

1日下午 审计长刘家义列席中央全面深化改革领导小组办公室会议。

1日下午 副审计长孙宝厚为社保司、国际司、人教司、离退休办和培训中心全体党员干部讲党课。

1日下午 副审计长陈尘肇在署机关听取企业审计有关情况汇报。企业司及相关特派办负责同志参加汇报会。

2日上午 副审计长陈尘肇、袁野和总审计师李晓钟在署机关召集会议，研究大项目总结相关事宜。办公厅、社保司、资环司和科研所负责同志及有关人员参加会议。

2日下午 副审计长袁野在署机关听取稳增长等政策措施落实情况跟踪审计有关情况汇报。财政司及相关派出审计局主要负责同志参加汇报会。

2日至4日 副审计长石爱中、孙宝厚、陈尘肇在怀柔审计干部培训基地参加高级审计师命、审题工作。

3日上午 稳增长政策跟踪审计专家论坛在京举行。副审计长袁野到会致辞，财政司主要负责同志做主题发言。办公厅和科研所负责同志参加论坛。

5日至19日 审计署2015年度新录用公务员初任培训班在怀柔审计干部培训基地举办。其间，审计长刘家义，副审计长石爱中、孙宝厚、陈尘肇先后为培训班学员授课。

6日至7日 中央党的群团工作会议在京召开。审计长刘家义和总审计师李晓钟参加会议。

7日上午 党组书记刘家义在署机关主持召开党组会议，研究有关人事事项和《审计署专业职位公务员聘任办法（试行）》《审计机关招录审计人员加试专业知识和技能办法（试行）》《太原特派办特派员朱登云等同志任期经济责任审计报告》等文稿，听取关于细化分配2015年暂列署本级机动经费有关情况和有关举报核实情况的汇报。党组成员孙宝厚、陈蕾、陈尘肇、张通、袁野出席。副审计长石爱中，办公厅、政研室、法规司、经责司、人教司、机关党委、驻署监察局、服务局和计算中心负责同志列席相关内容的研究。

7日下午和8日 副审计长孙宝厚在怀柔审计干部培训基地参加2015年度初中级审计师资格考试审题工作。

8日上午 审计长刘家义列席国务院第97次常务会议，并就2014年度中央预算执行和其他财政收支审计查出问题初步整改情况做汇报。

8日晚 审计长刘家义在南京审计学院出席第三届“审计长奖学金”颁奖典礼并为24位获奖学生颁奖。副审计长石爱中，纪检组长陈蕾，副审计长陈尘肇，中央经济责任审计工作联席会议办公室主任张通，副审计长袁野，总审计师李晓钟出席。办公厅、政研室、人教司、机关党委、培训中心、教育学院和南京审计学院负责同志参加颁奖典礼。

9日 审计署第一期计算机审计基础班毕业典礼在审计干部教育学院举行。审计长刘家义出席毕业典礼并为学员颁发毕业证书，与学员座谈。副审计长石爱中，纪检组长陈蕾，副审计长陈尘肇，中央经济责任审计工作联席会议办公室主任张通，副审计长袁野和总审计师李晓钟参加毕业典礼。

9日上午和10日上午 受审计长刘家义委

托，副审计长孙宝厚在京列席参加国务院专题会议。

9日至13日 审计署各单位和省级审计机关主要负责人专题研究班暨署党组第二季度中心组学习在审计干部教育学院召开。党组书记、审计长刘家义在开班仪式上做题为“加强和改进审计工作更好地服务‘四个全面’战略布局”的讲话。副审计长石爱中，纪检组长陈蔷，副审计长陈尘肇，中央经济责任审计工作联席会议办公室主任张通，副审计长袁野和总审计师李晓钟，总经济师、机关服务局局长张力，审计署各单位、各省级审计机关及南京审计学院主要负责同志等共110余人参加研究班。

13日上午 副审计长孙宝厚在署机关主持召开审计署党员教育电视片审核会。办公厅、政研室、人教司、机关党委、培训中心、报社、出版社负责同志参加会议。

13日下午 审计长刘家义在审计干部教育学院主持召开会议，专题研究教育学院管理和发展问题。副审计长石爱中、陈尘肇，总经济师、机关服务局局长张力，办公厅、人教司、教育学院和南京审计学院负责同志参加会议。

14日下午 审计长刘家义在京出席国务院专题会议。

14日 审计署基层党组织书记党建工作培训班开班仪式在审计干部教育学院举行，党组书记、审计长刘家义就切实加强署机关党建工作做讲话。副审计长石爱中、陈尘肇，中央经济责任审计工作联席会议办公室主任张通，副审计长袁野和总审计师李晓钟，署机关各单位、各派出审计局党支部书记，各特派办党组书记、机关党委书记及专职副书记共113人参加开班仪式。

15日上午 审计长刘家义列席国务院第98次常务会议。

16日上午 党组书记刘家义在署机关主持召开党组会议，传达中央有关文件，研究有关人事事项和《加强和改进审计工作更好地服务“四个全面”战略布局》等文稿。党组成员孙宝厚、陈尘肇、张通、袁野出席。副审计长石爱中，总经济师、机关服务局局长张力，办公厅、政研室和人教司负责同志列席相关内容的研究。

16日上午 副审计长孙宝厚和中央经济责任审计工作联席会议办公室主任张通在署机关召集会议，研究审计署党员教育电视片脚本修改事宜。办公厅、政研室、法规司、金融司、境外司、人教司、机关党委、培训中心、报社、出版社负责同志及相关人员参加会议。

17日上午 副审计长孙宝厚赴哈尔滨为全国审计硕士专业学位（MAud）教学师资研修班学员授课。

17日上午 副审计长陈尘肇在署机关听取矿产资源审计有关情况汇报。资环司主要负责同志参加汇报会。

17日上午 受署党组委托，副审计长袁野主持召开农业司全体干部大会，宣布关于该司主要负责同志的职务任免决定。人教司负责同志参加会议。

20日上午 受署党组委托，副审计长石爱中主持召开金融司全体干部大会，宣布关于该司主要负责同志的职务任免决定。人教司负责同志参加会议。

20日上午 受署党组委托，副审计长孙宝厚赴哈尔滨特派办召开干部大会，宣布关于该办主要负责同志的职务任免决定。人教司负责同志参加会议。

20日上午 中央经济责任审计工作联席会议办公室主任张通在京出席成思危同志遗体送别仪式。

20日上午 受署党组委托，副审计长袁野主持召开教科司全体干部大会，宣布关于该司主要负责同志的职务任免决定。人教司负责同志参加会议。

20日上午 总审计师李晓钟在署机关主持召开第二次机关党委委员会议。全体机关党委委员参加会议。

20日下午 审计长刘家义列席中央财经领导小组第10次会议。

20日下午 副审计长石爱中参加中国内部审计协会课题评审工作。

20日下午 副审计长袁野在署机关主持召开派出审计局年度考核工作领导小组会议。考核工作领导小组各成员单位主要负责同志参加会议。

21日上午 副审计长袁野在京出席中华全国供销合作总社第六次代表大会开幕式。

21 日下午 副审计长袁野在署机关主持召开软件正版化检查工作动员大会。署机关各单位、各派出审计局主要负责同志参加会议。

21 日至 23 日 受署党组委托，总审计师李晓钟先后赴西安特派办和太原特派办召开干部大会，宣布关于两个特派办主要负责同志的职务任免决定。人教司负责同志参加会议。

21 日至 26 日 副审计长陈尘肇率中国审计代表团赴赞比亚出席世界审计组织公债审计工作组会议。

22 日上午 审计长刘家义列席国务院第 99 次常务会议。

22 日上午 副审计长袁野在署机关听取稳增长等政策措施落实情况跟踪审计有关情况汇报。相关派出审计局主要负责同志参加汇报会。

22 日下午 副审计长石爱中在京参加金融司组织的专题业务学习。

22 日下午 副审计长袁野出席国务院有关专题会议。财政司主要负责同志参加会议。

22 日至 23 日 受署党组委托，副审计长孙宝厚赴重庆特派办召开干部大会，宣布关于该办主要负责同志的职务任免决定。人教司负责同志参加会议。

22 日至 24 日 中央经济责任审计工作联席会议办公室主任张通赴青海西宁出席审计宣传通联（北片）工作会议。报社主要负责同志参加会议。

23 日 副审计长石爱中赴天津参加中国经济社会理事会专题调研活动。

24 日上午 副审计长石爱中在京主持召开会议，研究审计现场调研报告相关事宜。金融司和外资司主要负责同志参加会议。

24 日上午 副审计长孙宝厚在署机关出席第六届中印青年审计论坛启动会。国际司主要负责同志参加会议。

24 日上午 总审计师李晓钟在京出席全国青联十二届全委会和全国学联二十六大开幕式。

27 日上午 副审计长孙宝厚在署机关主持召开会议，专题研究审计署党员教育电视片脚本修改事宜。办公厅、政研室、人教司、机关党委主要负责同志参加会议。

28 日下午 审计长刘家义列席国务院第 100 次常务会议。

29 日上午 副审计长袁野在署机关听取农业司和教科司工作情况汇报。财政司、农业司、教科司主要负责同志参加会议。

29 日下午 副审计长石爱中在京会见中国农业银行董事长刘士余，就审计有关事项进行沟通。

29 日下午 受署党组委托，中央经济责任审计工作联席会议办公室主任张通主持召开出版社全体干部大会，宣布关于出版社主要负责同志的职务任免决定。人教司负责同志参加会议。

29 日下午 受署党组委托，副审计长袁野主持召开国资监管局全体干部会议，宣布关于该局主要负责同志的职务任免决定。人教司负责同志参加会议。

30 日下午 党组书记刘家义在署机关主持召开党组会议，传达有关文件精神，研究有关人事事项和《审计署机关各部门年度考核办法》《审计署派出审计局年度考核办法》《审计署特派办年度考核办法》等文稿。党组成员孙宝厚、陈蔷、陈尘肇、张通、袁野、李晓钟和刘正均出席。副审计长石爱中，办公厅、政研室、数据司、财政司、人教司和机关党委负责同志列席相关内容的研究。

31 日上午 署党组“三严三实”专题教育第二次专题研讨会在署机关召开。专题研讨以“严以律己，严守党的政治纪律和政治规矩，自觉做政治上的‘明白人’”为主题，以周永康、令计划等严重违法违纪案件为反面教材。党组书记、审计长刘家义主持并做讲话，党组成员孙宝厚、陈蔷、陈尘肇、张通、袁野、李晓钟、刘正均参加研讨会并分别围绕研讨主题谈学习体会。署机关各单位、各派出审计局主要负责同志列席研讨会。

31 日上午 副审计长孙宝厚在署机关会见广西壮族自治区人民政府副主席唐仁健一行。

31 日下午 审计长刘家义列席国务院第 101 次常务会议。

31 日下午 第三届全国审计青年论坛在署机关召开。副审计长孙宝厚、陈尘肇、袁野，总审计师李晓钟和党组成员、法规司司长刘正均出席。署机关各单位、各派出审计局 40 周岁以下青年干部、论坛获奖论文作者和优秀组织单位获奖代表在主会场，各省级和计划单列市审计机关、各特派办 40 岁以下青年审计干部在分会场参加论坛。

8月

7月31日至8月1日 2015年度审计署高级审计师评审会在京召开，审计长刘家义，副审计长石爱中、孙宝厚、陈尘肇、袁野和党组成员、法规司司长刘正均出席。评审委员会委员参加会议。

6日上午 副审计长陈尘肇在署机关主持召开“十三五”审计工作发展规划编制启动协调会。政研室主要负责同志做工作汇报。署机关各单位负责同志及有关人员参加会议。

10日上午 党组成员、法规司司长刘正均在署机关会见福建省副省长郑晓松一行，就审计有关事项进行沟通。财政司负责同志参加会见。

17日上午、19日上午和24日下午 副审计长孙宝厚在署机关出席审计署党员教育电视片审核会。办公厅、政研室、人教司、机关党委、培训中心、报社和出版社负责同志参加会议。

17日下午 中央巡视工作领导小组办公室在京组织召开学习贯彻《中国共产党巡视工作条例》电视电话会议。审计长刘家义在主会场，副审计长石爱中，纪检组长陈蕾，副审计长陈尘肇、袁野，总审计师李晓钟，党组成员、法规司司长刘正均在署机关分会场出席会议。总经济师、服务局局长张力，署机关各单位负责同志在署机关分会场参加会议。

17日下午 审计长刘家义在京会见来访的世界审计组织理事会第一副主席、阿联酋审计署审计长哈里卜·阿米米一行，双方就世界审计组织的未来战略发展、理事会第67次会议的组织工作以及绩效审计工作等事宜进行商谈。副审计长孙宝厚参加会见。

18日上午 党组书记刘家义在署机关主持召开党组会议，传达有关文件精神，研究有关人事事项和《关于在“三严三实”专题教育活动中开展“审计传统与精神”系列采访宣传的实施方案》等文稿。党组成员孙宝厚、陈蕾、陈尘肇、袁野、李晓钟和刘正均出席。副审计长石爱中，总经济师、机关服务局局长张力，办公厅、政研室、人教司、机关党委、驻署监察局、报社、出版社、培训中心和博物馆负责同志列席相关内容的研究。

18日上午 审计长刘家义在署机关主持召开审计长会议，听取关于对怀柔审计干部培训基地实施审计有关情况的汇报。副审计长石爱中、孙宝厚，纪检组长陈蕾，副审计长袁野，总审计师李晓钟和党组成员、法规司司长刘正均出席。办公厅、人教司、服务局和培训中心负责同志列席相关内容的研究。

18日上午 副审计长陈尘肇在京出席行业协会商会与行政机关脱钩全国电视电话会议。内审协会负责同志参加会议。

18日下午 审计长刘家义列席中央全面深化改革领导小组第15次会议。

18日下午 副审计长孙宝厚在署机关听取京津冀特派办有关经济责任审计工作情况的汇报。财政司和京津冀特派办负责同志及有关人员参加会议。

19日上午 审计长刘家义列席国务院第102次常务会议。

19日上午 副审计长石爱中在京会见中国人民保险集团股份有限公司董事长吴焰一行，就审计有关事项进行沟通。金融司负责同志参加会见。

19日下午 审计长刘家义在署机关主持召开审计长会议，听取关于内审协会财务收支审计问题整改情况的汇报，研究《审计机关与被审计单位主要负责人约谈办法》和《审计署重点专项资金跟踪审计办法（试行）》等文稿。副审计长石爱中、孙宝厚，纪检组长陈蕾，副审计长陈尘肇、袁野，总审计师李晓钟和党组成员、法规司司长刘正均出席。总经济师、机关服务局局长张力，办公厅、数据司、财政司、人教司、科研所和内审协会秘书处负责同志列席相关内容的研究。

19日下午 审计长刘家义在署机关主持召开审计业务会议，研究《2015年省级党政主要领导干部经济责任审计报告和2015年部长经济责任审计报告》。副审计长石爱中、孙宝厚，纪检组长陈蕾，副审计长陈尘肇、袁野，总审计师李晓钟和党组成员、法规司司长刘正均出席。总经济师、机关服务局局长张力，办公厅、财政司、投资司、经责司、科研所负责同志列席相关内容的研究。

20日上午 副审计长孙宝厚在署机关会见工业和信息化部副部长刘利华一行，就有关审计事项进行沟通。工业审计局主要负责同志参加会见。

20日上午 副审计长袁野到工业和信息化部与副部长怀进鹏进行工作会谈。数据司、工业审计局和计算中心主要负责同志参加会谈。

20日下午 审计长刘家义在署机关主持召开会议，专题研究《中国国家审计学》编写大纲有关事宜。副审计长石爱中、孙宝厚、陈尘肇，总审计师李晓钟和党组成员、法规司司长刘正均出席。办公厅、政研室、财政司、人教司、机关党委和科研所负责同志列席会议。

20日下午 副审计长袁野在京出席国务院专题会议。财政司负责同志参加会议。

21日上午 审计长刘家义分别到医院和家中，看望慰问审计署抗战时期及以前参加革命工作的原审计长于明涛、吕培俭两位同志，为他们送去中共中央、国务院、中央军委颁发的中国人民抗日战争胜利70周年纪念章和慰问金，转达党中央、国务院对两位抗战老战士的关心和慰问。办公厅和离退休办主要负责同志陪同看望慰问。

21日上午 副审计长袁野在署机关会见西藏自治区党委副书记邓小刚一行。财政司主要负责同志参加会见。

21日下午 审计长刘家义在京参加国务院第一次学习讲座。

21日下午 副审计长孙宝厚到审计干部教育学院出席2015年度工程投资审计基础班和会计与经济基础班毕业典礼。人教司、培训中心和教育学院负责同志参加。

21日下午 受署党组委托，副审计长孙宝厚在审计干部教育学院主持召开干部大会，宣布关于教育学院主要负责同志的职务任免决定。人教司负责同志参加会议。

21日下午 受署党组委托，副审计长袁野在署机关主持召开税收司和农业司全体干部大会，宣布关于两个司主要负责同志的职务任免决定。人教司负责同志参加会议。

24日上午 受署党组委托，副审计长陈尘肇在双榆树事业单位办公楼主持召开科研所全体干部大会，宣布科研所负责同志的职务任免决定。人教司负责同志参加会议。

24日至25日 中央第六次西藏工作座谈会在京召开。审计长刘家义和副审计长袁野出席会议。

24日至26日 受署党组委托，副审计长陈尘肇先后赴兰州特派办和成都特派办召开干部大会，宣布两个特派办主要负责同志的职务任免决定。人教司负责同志参加会议。

24日至31日 副审计长孙宝厚，纪检组长陈蔷和中央经济责任审计工作联席会议办公室主任张通走访慰问审计署抗战时期及以前参加革命工作的离休干部，为他们送去中共中央、国务院、中央军委颁发的中国人民抗日战争胜利70周年纪念章和慰问金，转达党中央、国务院对抗战老战士的关心和慰问。离退休办主要负责同志陪同看望慰问。

25日上午 副审计长石爱中在京出席中信银行数据分析平台验收会。金融司负责同志参加会议。

26日上午 审计长刘家义列席国务院第103次常务会议。

26日下午 受署党组委托，副审计长孙宝厚在署机关主持召开人教司全体干部大会，宣布关于人教司负责同志的职务任免决定。

26日下午 副审计长袁野在署机关主持召开派出局工作专题会议。财政司和各派出审计局主要负责同志参加会议。

26日至28日 副审计长石爱中在京出席全国政协常委会第十二次会议。

27日上午 党组书记刘家义在署机关主持召开党组会议，传达有关会议精神，研究有关人事事项和《中共审计署党组关于加强和改进特派办机关党建工作的意见（送审稿）》。党组成员孙宝厚、陈蔷、陈尘肇、张通、袁野、李晓钟和刘正均出席。副审计长石爱中，总经济师、机关服务局局长张力，办公厅、政研室、人教司、机关党委、驻署监察局负责同志列席相关内容的研究。

27日上午 中央经济责任审计工作联席会议办公室主任张通在京出席《中国特色社会主义理论研究》英文版宣传活动。出版社主要负责同志参加活动。

27日下午 审计长刘家义在署机关主持召开审计长会议，研究《审计署移交涉嫌违纪违法问题线索会商办法（送审稿）》。副审计长孙宝厚，纪检组长陈蔷，副审计长陈尘肇，中央经济责任审计工作联席会议办公室主任张通，副审计长袁野，总审计师李晓钟和党组成员、法规司司长刘正均出席。总经济师、机关服务局局长张力，办公厅、政研室、金融司和科研所负责同志列席相关内容的研究。

28日上午 总审计师李晓钟在署机关主持召开机关党委会。机关党委委员参加会议。

28日下午 受署党组委托，总审计师李晓钟在署机关主持召开机关党委全体干部大会，宣布关于机关党委负责同志的职务任免决定。人教司负责同志参加会议。

28日 署党组“三严三实”专题教育第三次专题研讨暨2015年第六次专题学习会在署机关召开。学习研讨以“严以用权、真抓实干、实实在在谋事创业做人，树立忠诚、干净、担当的新形象”为主题，就《中国共产党巡视工作条例》《中国共产党党组工作条例（试行）》《中央推进领导干部能上能下若干规定（试行）》及习近平总书记关于“三严三实”的重要讲话等进行学习讨论。党组书记、审计长刘家义主持学习会并做总结讲话，党组成员陈尘肇、袁野、刘正均分别做主题发言，其他党组成员和署领导交流学习体会。中央组织部有关人员参加会议。总经济师、机关服务局局长张力，署机关各单位、各派出审计局主要负责同志列席学习会。

31日下午 副审计长陈尘肇在署机关主持召开专题会议，研究审计干部教育学院培训收费依据及标准问题。办公厅和培训中心负责同志及有关人员参加会议。

31日 审计署举办纪念中国人民抗日战争暨世界反法西斯战争胜利70周年报告会，邀请武警部队政治部文艺创作室主任、著名军旅作家王树增，以“抗日战争——民族复兴的伟大开端”为题，为全体党员干部做主题报告。审计长刘家义，纪检组长陈蕾，副审计长陈尘肇，中央经济责任审计工作联席会议办公室主任张通，副审计长袁野，总审计师李晓钟和党组成员、法规司司长刘正均出席。署机关各单位、各派出审计局干部职工在署机关主会场，各特派办干部职工在分会场参加报告会。

9月

1日上午 审计长刘家义列席国务院第104次常务会议。

1日上午 副审计长陈尘肇在署机关主持召开署保密委员会全体会议。

8月31日至9月1日 副审计长石爱中和孙宝厚在京参加2015年审计专业技术资格考试试卷审校工作。

1日晚 审计长刘家义在京出席纪念中国人民抗日战争暨世界反法西斯战争胜利70周年文艺晚会。

2日上午 副审计长陈尘肇在署机关主持召开专题会议，研究驻地方中央垂直管理单位公务用车改革方案相关事宜。办公厅、财政司、人教司和服务局主要负责同志参加会议。

2日 审计长刘家义在署机关主持召开党组会议，观看警示教育片。党组成员孙宝厚、陈尘肇、张通、袁野和李晓钟出席。副审计长石爱中列席会议。

3日 审计长刘家义，副审计长孙宝厚、陈尘肇，中央经济责任审计工作联席会议办公室主任张通，副审计长袁野和总审计师李晓钟在京出席纪念中国人民抗日战争暨世界反法西斯战争胜利70周年阅兵式。

5日 审计长刘家义在京会见南非前审计长、现任南非注册会计师协会首席执行官特伦斯·农贝贝一行。副审计长孙宝厚参加会见。

7日上午 审计长刘家义和总审计师李晓钟在署机关出席审计署纪念中国人民抗日战争暨世界反法西斯战争胜利70周年座谈会，并就习近平总书记在纪念大会上讲话的感想体会，与署部分离退休老干部、中青年党员代表进行交流。办公厅、政研室、人教司和机关党委负责同志列席座谈会。

7日下午 中央经济责任审计工作联席会议办公室主任张通在署机关会见安徽省常务副省长詹夏来一行，就审计相关事项交换意见。财政司、经责司和南京特派办负责同志参加会见。

8日上午 总审计师李晓钟在署机关会见宁夏回族自治区主席刘慧一行，就审计有关事项交换意见。农业司和兰州特派办负责同志参加会见。

8日下午 党组书记刘家义在署机关主持召开党组会议，研究有关人事事项。党组成员孙宝厚、陈尘肇、张通、袁野和李晓钟出席。副审计长石爱中，总经济师、服务局局长张力，人教司和机关党委负责同志列席会议。

8日下午 总审计师李晓钟在署机关会见中国社会科学院院长王伟光一行，就审计有关事项交换意见。财政司和科学技术局负责同志参加会见。

8日至18日 2015年度处级干部任职培训班在教育学院举行。其间，副审计长孙宝厚、袁野和党组成员、法规司司长刘正均先后为培训班学员授课。

10日上午 副审计长袁野在署机关会见发展改革委副主任林念修一行，就审计有关事项交换意见。财政司主要负责同志参加会见。

10日下午 中央经济责任审计工作联席会议办公室主任张通在京出席国务院组织召开的高速公路简化审批程序推进协调会。投资司主要负责同志参加会议。

11日上午 副审计长陈尘肇在署机关主持召开会议，听取科研所、审计学会秘书处的工作情况汇报。科研所负责同志参加会议。

11日下午 审计长刘家义在京列席中央政治局第26次集体学习。

11日下午 副审计长陈尘肇在署机关主持召开会议，专题研究关于深化国有企业改革指导意见的贯彻落实措施。政研室、法规司、企业司、境外司、经责司和科研所负责同志参加会议。

14日上午 审计长刘家义在教育学院出席世界审计组织最高审计机关责任与作用工作组第八次会议开幕式，并会见墨西哥审计长。副审计长孙宝厚参加会议。

14日下午 审计长刘家义在教育学院出席2015年度秋季学期开班典礼并讲话，副审计长孙宝厚主持开班典礼。人教司、培训中心、教育学院、南京特派办、南京审计学院、江苏省审计厅负责同志及新任处级干部任职培训班等4个培训班全体学员参加开班典礼。

14日至16日 中央经济责任审计工作联席会议办公室主任张通赴新疆调研对口援疆审计工作。投资司主要负责同志参加调研。

15日下午 审计长刘家义在署机关主持召开专题会议，研究关于进一步加大审计力度促进稳增长等政策措施落实的若干意见。副审计长石爱中、陈尘肇，中央经济责任审计工作联席会议办公室主任张通，副审计长袁野，总审计师李晓钟和党组成员、法规司司长刘正均出席。办公厅、政研室和各业务司负责同志参加会议。

16日上午 审计长刘家义列席国务院第105次常务会议。

16日下午 副审计长孙宝厚在署机关主持召开专题会议，研究落实审计长刘家义关于完善审计制度若干重大问题框架意见的批示要求。办公厅、政研室、法规司、人教司和机关党委负责同志参加会议。

17日上午 党组书记刘家义在署机关主持召开党组会议，传达学习有关文件精神，研究有关人事事项和《中国共产党廉洁自律准则（征求意见稿）》《中国共产党纪律处分条例（征求意见稿）》等文稿，听取关于审计署管理企业负责人薪酬制度改革有关事宜的汇报。党组成员孙宝厚、陈尘肇、张通、袁野、李晓钟和刘正均出席。副审计长石爱中，总经济师、服务局局长张力，办公厅、政研室、经责司、人教司、机关党委、驻署监察局和出版社负责同志列席相关议题的研究。

17日上午 审计长刘家义在署机关主持召开审计长会议，研究《审计署审计移送管理办法（修订稿）》《优秀审计项目评分标准》和《审计数字博物馆项目建议书》等文稿。副审计长石爱中、孙宝厚、陈尘肇、袁野，总审计师李晓钟和党组成员、法规司司长刘正均出席。总经济师、服务局局长张力，办公厅、政研室、财政司、金融司、企业司、人教司、机关党委、计算中心、科研所、培训中心和博物馆负责同志列席相关议题的研究。

17日下午 副审计长陈尘肇在京出席国务院新闻办公室举办的有关生态文明体制改革总体方案情况新闻发布会，介绍相关情况并回答记者现场提问。政研室和资环司负责同志列席新闻发布会。

17日下午 副审计长袁野在署机关主持召开会议，专题研究2016年度财政审计总体方案相关事宜。财政司、税收司、农业司、教科司和行政司主要负责同志及办公厅有关同志参加会议。

18日上午 审计署在署机关召开稳增长政策跟踪审计工作会议。审计长刘家义主持会议并讲话，副审计长石爱中、孙宝厚、陈尘肇，中央经济责任审计工作联席会议办公室主任张通，副审计长袁野，总审计师李晓钟和党组成员、法规司司长刘正均出席。各省、自治区、直辖市和计划单列市、新疆生产建设兵团审计厅（局）主要负责同志，署机关各单位、各特派员办事处、各派出审计局主要负责同志参加会议。

18 日下午 审计长刘家义在京参加深化国有企业改革座谈会。

18 日下午 总审计师李晓钟在署机关主持召开机关党委会。机关党委委员参加会议。

19 日至 25 日 2015 年度第二期审计组组长与主审案例研讨班在教育学院举办。其间，副审计长孙宝厚和党组成员、法规司司长刘正均先后为培训班学员授课。

21 日下午 审计长刘家义在署机关会见坦桑尼亚审计署审计长穆萨·贾玛·阿萨德一行。副审计长孙宝厚参加会见。

22 日至 23 日 副审计长袁野作为中国审计代表团团长，在湖北武汉参加第 22 届中印审计研讨会。

23 日上午 审计长刘家义列席国务院第 106 次常务会议。

23 日上午 副审计长石爱中在双榆树事业单位办公楼参加审计署 2014—2015 年度重点科研课题结项评审会。

23 日上午 副审计长石爱中在署机关会见中国光大集团股份公司总经理高云龙和监事长朱洪波一行，就审计有关事项进行沟通。金融司主要负责同志参加会见。

23 日下午 副审计长陈尘肇在署机关会见招商银行行长田惠宇一行，就审计有关事项进行沟通。企业司负责同志参加会见。

23 日 总审计师李晓钟在京出席第五次全国对口支援新疆工作会议。

24 日上午 副审计长陈尘肇在京出席“政策措施落实情况审计”专题研讨会，并做动员讲话。

24 日下午 审计长刘家义在署机关会见来华参加第 22 届中印审计研讨会的印度副主计审计长阿颜塔·达雅兰一行。国际司负责同志参加会见。

25 日上午 副审计长孙宝厚在双榆树事业单位办公楼出席离退休干部金婚座谈会。署离退休干部工作领导小组成员单位负责同志参加座谈会。

25 日下午 党组书记刘家义在署机关主持召开党组会议，研究有关人事事项。党组成员孙宝厚、陈尘肇、张通、袁野、李晓钟出席。副审计长石爱中，总经济师、服务局局长张力，人教司、机关党委和驻署监察局负责同志列席会议。

25 日下午 中央经济责任审计工作联席会议办公室主任张通赴中央纪委与秘书长杨晓超就经济责任审计有关事项进行沟通。经责司主要负责同志参加会见。

25 日下午 总审计师李晓钟赴北京市第一中级人民法院，就有关工作事项进行沟通。法规司负责同志参加会见。

28 日上午 副审计长石爱中在署机关会见中国光大（集团）总公司董事长唐双宁一行，就审计有关事项进行沟通。金融司负责同志参加会见。

28 日上午 副审计长孙宝厚在署机关会见河北省常务副省长杨崇勇一行，就审计有关事项进行沟通。农业司和京津冀特派办负责同志参加会见。

28 日下午 副审计长石爱中在署机关会见中国农业银行董事长刘士余一行，就审计有关事项进行沟通。金融司负责同志参加会见。

29 日上午 审计长刘家义列席国务院第 107 次常务会议。

29 日下午 总审计师李晓钟在署机关会见宁夏回族自治区副主席张超超一行，就审计有关事项进行沟通。农业司负责同志参加会见。

29 日 署党组 2015 年第七次专题学习会在署机关召开。学习会围绕《中国共产党巡视工作条例》进行学习讨论，研究提出贯彻落实意见。审计长刘家义出席会议并讲话，副审计长孙宝厚对审计署近年来巡视工作的做法和经验进行回顾，总审计师李晓钟对巡视工作条例进行解读，副审计长陈尘肇，中央经济责任审计工作联席会议办公室主任张通，副审计长袁野，党组成员、法规司司长刘正均出席会议并做交流发言。副审计长石爱中，总经济师、服务局局长张力，署机关各单位、各派出审计局主要负责同志列席学习会并进行讨论。

30 日上午 审计长刘家义在署机关主持召开党组会议，研究有关人事事项和《审计署公务员调离和辞去公职管理办法（试行）》《审计署“三严三实”专题教育查找不严不实问题专项检查工作方案》和《审计署审计组临时党组织工作规则》等文稿，听取服务局调整内设机构和聘用部分中层管理人员相关事宜的汇报。党组成员孙宝厚、陈尘肇、张通、袁野、李晓钟和刘正均出席。副审计长石爱中，总经济师、服务局局长张力，办公厅、经责司、人教司、机关党委、服务局、培训中心负责同志和部分特约审计员列席相关议题的研究。

30日上午 审计长刘家义在署机关主持召开审计长会议，听取关于部分事业单位实行集中财务核算有关建议的汇报，研究《审计署涉密审计人员管理暂行办法（送审稿）》。副审计长石爱中、孙宝厚、陈尘肇，中央经济责任审计工作联席会议办公室主任张通，副审计长袁野，总审计师李晓钟和党组成员、法规司司长刘正均出席。总经济师、服务局局长张力，办公厅、政研室、人教司、机关党委、计算中心、科研所、培训中心、审计学会、外资中心负责同志和部分特约审计员列席相关议题的研究。

30日上午 副审计长孙宝厚赴中央编办，与该办副主任李晓全进行工作会谈。人教司负责同志参加会谈。

30日晚 审计长刘家义在京出席庆祝中华人民共和国成立66周年招待会。

10月

8日上午和12日上午 副审计长孙宝厚在署机关主持召开专题会议，研究落实关于完善审计制度若干重大问题框架意见有关事宜。办公厅、政研室、法规司、人教司、机关党委负责同志参加会议。

8日下午 副审计长袁野在署机关会见青海省常务副省长骆玉林一行，就审计有关事项进行沟通。财政司主要负责同志参加会见。

9日上午 第一批审计业务类《审计技巧》丛书审定会在署机关召开。副审计长陈尘肇、袁野，总审计师李晓钟和党组成员、法规司司长刘正均出席。办公厅、政研室、数据司、财政司、税收司、教科司、农业司、科研所和出版社主要负责同志及有关人员参加会议。

9日上午 副审计长孙宝厚在署机关主持召开专题会议，研究落实审计长刘家义关于署机关、特派办、派出局3个考核办法和《审计署2015—2018年领导班子建设规划纲要》的批示要求。副审计长陈尘肇，总审计师李晓钟，党组成员、法规司司长刘正均出席。政研室、人教司、机关党委主要负责同志参加会议。

9日下午 审计署全面查找不严不实问题动员部署大会在署机关召开。审计长刘家义做动员讲话，副审计长孙宝厚主持会议，总审计师李晓钟讲解检查工作方案。副审计长石爱中，纪检组长陈蔷，副审计长陈尘肇，中央经济责任审计工作联席会议办公室主任张通，副审计长袁野和党组成员、法规司司长刘正均出席。署机关各单位、各特派员办事处、各派出审计局全体干部职工分别在署机关主会场和各分会场参加会议。

9日下午 副审计长石爱中在署机关会见中国太平保险集团公司董事长王滨一行，就审计有关事项进行沟通。金融司负责同志参加会见。

9日下午 副审计长袁野参加国务院有关专题会议。

10日上午 党组书记刘家义在署机关主持召开党组会议，研究《中共审计署党组关于审计署进一步从严管理干部的实施意见（送审稿）》。党组成员孙宝厚、陈蔷、陈尘肇、张通、袁野、李晓钟和刘正均出席。副审计长石爱中，总经济师、服务局局长张力，办公厅、政研室、人教司、机关党委、培训中心负责同志以及部分特约审计员列席会议。

10日 审计长刘家义在署机关主持召开审计长会议，研究《审计署2016年度统一组织审计项目计划（草案）》《审计署关于加强审计纪律的八项规定》《审计署廉政风险防控责任落实与追究办法》和《审计署审计现场管理办法（修订稿）》等文稿。副审计长石爱中、孙宝厚，纪检组长陈蔷，副审计长陈尘肇，中央经济责任审计工作联席会议办公室主任张通，副审计长袁野，总审计师李晓钟和党组成员、法规司司长刘正均出席。总经济师、服务局局长张力，办公厅、政研室、财政司、金融司、企业司、人教司、机关党委、驻署监察局和科研所负责同志及部分特约审计员列席相关议题的研究。

10日上午 副审计长袁野在京出席全国棚户区改造工作电视电话会议。财政司负责同志参加会议。

10日下午 副审计长石爱中在署机关会见中国人寿保险（集团）公司总裁缪建民一行，就审计有关事项进行沟通。金融司负责同志参加会见。

10日至19日 2015年度审计业务处长培训班在教育学院举办。其间，副审计长孙宝厚和总审计师李晓钟先后为培训班学员授课。

12日下午 纪检组长陈蔷在署机关参加驻署监察局集体学习。驻署监察局全体干部参加学习。

12日下午 审计长刘家义和总审计师李晓钟在署机关会见陕西省委书记赵正永一行，就审计有关事项进行沟通。农业司负责同志参加会见。

13日上午 副审计长袁野在署机关会见广西壮族自治区常务副主席唐仁健一行，就审计有关事项进行沟通。办公厅和财政司负责同志参加会见。

13日下午 审计长刘家义在京列席国务院组织的部分省（区、市）负责人经济形势座谈会。

13日至16日 副审计长石爱中在京出席统一战线深入学习贯彻中央统战工作会议精神和《中国共产党统一战线工作条例（试行）》研讨班。

14日上午 审计长刘家义列席国务院第108次常务会议。

14日下午 副审计长陈尘肇在署机关主持召开专题会议，研究审计署有关《生态文明体制改革总体方案》的贯彻落实意见。办公厅、政研室、资环司和经责司负责同志参加会议。

15日至16日 中央经济责任审计工作联席会议办公室主任张通赴陕西省就收费公路有关情况进行调研。投资司主要负责同志参加调研。

15日至18日 审计长刘家义率队赴贵州省丹寨县就定点扶贫工作开展调研。办公厅和机关党委主要负责同志参加调研。

16日上午 副审计长袁野在京出席国务院有关专题会议。

16日下午 副审计长袁野赴教育学院为财政审计培训班学员授课。

18日 副审计长石爱中和孙宝厚在署机关参加2015年全国审计专业技术资格考试值班。

19日上午 副审计长石爱中在署机关会见中国人民保险集团股份有限公司董事长吴焰一行，就审计有关事项进行沟通。金融司负责同志参加会见。

19日下午 总审计师李晓钟在京出席中央有关会议。

19日下午 总审计师李晓钟在署机关听取全面查找不严不实问题署机关检查组的工作汇报。

20日上午 副审计长陈尘肇在署机关主持召开专题会议，研究审计署制度清理有关工作，总审计师李晓钟和党组成员、法规司司长刘正均出席。办公厅、法规司、人教司、机关党委、服务局和计算中心负责同志及有关人员参加会议。

20日上午 副审计长袁野在署机关主持召开稳增长等政策跟踪审计工作专题会议。财政司主要负责同志参加会议。

20日 审计长刘家义在京会见马尔代夫审计署审计长哈桑·兹亚斯一行，双方就加强中马两国审计机关双边关系与合作交换意见。国际司主要负责同志参加会见。

20日至21日 副审计长石爱中在京出席中国民主促进会第十三届中央常务委员会第十二次会议。

21日上午 审计长刘家义列席国务院第109次常务会议。

21日上午 副审计长陈尘肇在署机关参加企业司党支部“三严三实”专题学习活动。企业司全体干部参加专题学习。

21日下午 副审计长袁野赴质检总局就审计数据采集国际标准项目委员会第一次会议筹备工作相关事项进行沟通。办公厅和计算中心主要负责同志参加会见。

21日下午和22日上午 副审计长袁野在署机关主持召开专题会议，部署审计发现问题整改相关工作。办公厅、政研室及相关业务司、派出审计局负责同志参加会议。

21日至22日 世界审计组织合规性审计分委员会第13次会议在北京举行，总审计师李晓钟出席会议开幕式并致辞。国际司主要负责同志参加开幕式。

22日上午 纪检组长陈蔷在署机关会见监察部副部长王令浚一行。驻署监察局主要负责同志参加会见。

22日上午 副审计长袁野在署机关主持召开专题会议，部署预算执行审计发现问题整改工作。财政司和各派出审计局主要负责同志参加会议。

22日 中央经济责任审计工作联席会议办公室主任张通赴教育学院出席2015年度投资审计查办案件能力案例研讨班开班仪式并做动员讲话。之后分别到南京特派办和江苏省审计厅就投资审计开展情况进行调研。投资司主要负责同志参加开班仪式和调研活动。

23日 党组书记刘家义在署机关主持召开党组会议，研究有关人事事项和《审计署2015—2018年领导班子建设规划（送审稿）》，听取关于赴贵州丹寨专题调研扶贫工作有关情况和2015年组织地方审计机关审计工作经费支付情况的汇报。党组成员陈蔷、陈尘肇、张通、袁野、李晓钟和刘正均出席。副审计长石爱中，总经济师、服务局局长张力，办公厅、政研室、财政司、农业司、人教司和机关党委负责同志列席相关议题的研究。

23日上午 副审计长石爱中在京出席国务院防范和处置非法集资工作电视电话会议。金融司负责同志参加会议。

23日下午 审计长刘家义在署机关主持召开审计长会议，听取关于“915”项目和审计指挥与辅助决策信息系统项目竣工财务决算审计结果有关情况的汇报。副审计长石爱中，纪检组长陈蔷，副审计长陈尘肇，中央经济责任审计工作联席会议办公室主任张通，副审计长袁野，总审计师李晓钟和党组成员、法规司司长刘正均出席。署基建领导小组组长李勇库，总经济师、服务局局长张力，办公厅、投资司、机关党委和计算中心负责同志列席相关内容的研究。

23日下午 审计长刘家义在署机关主持召开审计业务会议，研究《2015年保障性安居工程跟踪审计工作方案（送审稿）》。副审计长石爱中，纪检组长陈蔷，副审计长陈尘肇，中央经济责任审计工作联席会议办公室主任张通，副审计长袁野，总审计师李晓钟和党组成员、法规司司长刘正均出席。总经济师、服务局局长张力，办公厅、政研室、财政司、社保司和科研所负责同志列席会议。

23日下午 副审计长孙宝厚在京列席全国培养选拔年轻干部和女干部、少数民族干部、党外干部工作座谈会。

25日至28日 副审计长陈尘肇在京参加第2期省部级领导干部对外信息发布专题讲座。

26日 审计长刘家义在京会见法国审计法院院长迪迪埃·米戈一行。办公厅和国际司负责同志参加会见。

26日至29日 审计长刘家义在京出席中国共产党第十八届中央委员会第五次全体会议。

26日至29日 中央经济责任审计工作联席会议办公室主任张通赴云南出席西南6省区经济责任审计座谈会，并就云南省经济责任审计工作情况进行调研。经责司负责同志参加座谈会和调研。

27日上午 2015年度农林水专项资金和重点流域水污染防治资金审计培训在署机关举行，副审计长袁野出席并做动员讲话。财政司、农业司、资环司和各特派办分管资源环境审计工作的负责同志及相关人员参加培训。

27日下午 总审计师李晓钟在署机关主持召开专题会议，研究审计法律适用性等相关工作，党组成员、法规司司长刘正均出席。办公厅、政研室和投资司负责同志参加会议。

28日下午 副审计长袁野在署机关会见国家标准化委员会副主任于欣丽一行。办公厅、国际司和计算中心负责同志参加会见。

29日下午 副审计长石爱中在署机关参加金融司专题业务学习。金融司全体干部参加学习。

29日下午 副审计长孙宝厚在署机关出席2015年保障性安居工程跟踪审计视频培训并做动员讲话。社保司全体干部在主会场，各省、自治区、直辖市和计划单列市、新疆生产建设兵团审计厅（局）、各特派员办事处的主要负责同志及相关人员在分会场参加培训。

29日下午 副审计长孙宝厚在京出席科研所博士后出站答辩会。

29日下午 纪检组长陈蔷在署机关参加驻署监察局集体学习。驻署监察局全体干部参加学习。

29日下午 副审计长陈尘肇在署机关主持召开专题会议，研究深化国有企业改革的指导意见分工方案的工作计划。政研室和企业司负责同志参加会议。

29日下午 副审计长陈尘肇在署机关主持召

开会议，就企业司有关审计信息进行专题研究。企业司负责同志参加会议。

30 日 党组书记刘家义在署机关主持召开党组会议，传达中央有关会议精神，研究有关人事事项和《中共审计署党组工作规则（修订稿）》。党组成员陈蔷、陈尘肇、张通、袁野、李晓钟和刘正均出席。副审计长石爱中，总经济师、服务局局长张力，办公厅、政研室、人教司、机关党委和驻署监察局主要负责同志列席会议。

30 日上午 审计长刘家义在署机关主持召开审计长会议，研究有关文稿。副审计长石爱中，纪检组长陈蔷，副审计长陈尘肇，中央经济责任审计工作联席会议办公室主任张通，副审计长袁野，总审计师李晓钟和党组成员、法规司司长刘正均出席。总经济师、服务局局长张力，办公厅、政研室、财政司、金融司、企业司、机关党委和科研所负责同志列席会议。

30 日下午 纪检组长陈蔷赴中央纪委出席党的十八届五中全会精神传达会议。驻署监察局主要负责同志参加会议。

11 月

2 日下午 总审计师李晓钟在署机关听取全面查找不严不实问题检查组前期工作汇报。机关党委负责同志及部分检查组组长参加汇报。

2 日至 15 日 中央经济责任审计工作联席会议办公室主任张通在浦东干部学院参加省部级干部深化改革开放专题研讨班。

3 日上午 副审计长袁野在京出席审计数据采集国际标准第一次会议开幕式。

4 日上午 审计长刘家义列席国务院第 110 次常务会议。

5 日 审计长刘家义在京出席中央国家机关工委组织的党的十八届五中全会精神传达会议。机关党委负责同志参加会议。

6 日上午 党组书记刘家义在署机关主持召开党组会议，研究有关人事事项和《中共审计署党组关于落实全面从严治党责任的规定（送审稿）》。党组成员陈蔷、陈尘肇、袁野、李晓钟和刘正均出席。办公厅、政研室、人教司、机关党委和驻署监察局主要负责同志列席相关内容的研究。

6 日上午 审计长刘家义在署机关主持召开审计长会议，研究《审计署 2016 年度培训项目计划安排（送审稿）》。纪检组长陈蔷，副审计长陈尘肇、袁野，总审计师李晓钟和党组成员、法规司司长刘正均出席。办公厅、政研室、国际司、人教司、机关党委、科研所和培训中心负责同志列席会议。

6 日下午 审计长刘家义在署机关主持召开会议，传达中央有关文件精神，副审计长陈尘肇、袁野，总审计师李晓钟和党组成员、法规司司长刘正均出席。署机关各单位、各特派员办事处、各派出审计局在京副司级以上干部参加会议。

8 日至 12 日 审计长刘家义赴阿联酋出席世界审计组织理事会第 67 次会议。国际司负责同志参加会议。

9 日下午 受审计长刘家义委托，副审计长陈尘肇在国务院列席经济形势专家企业负责人座谈会。

9 日晚 副审计长孙宝厚在京出席 2015 年高级审计师资格考试阅卷会议。人教司、培训中心负责同志参加会议。

10 日 副审计长孙宝厚和陈尘肇在怀柔审计干部培训基地召集会议，研究专项工作。

11 日上午 受审计长刘家义委托，副审计长陈尘肇列席国务院第 111 次常务会议。

11 日下午 副审计长孙宝厚在京主持召开审计硕士专业学位授权点评估会议。人教司负责同志参加会议。

11 日下午 副审计长陈尘肇赴国家机关事务管理局，与该局局长李宝荣就有关事项进行沟通。办公厅和服务局负责同志参加会见。

11 日下午 总审计师李晓钟在署机关参加机关党委党员干部大会。

11 日下午 总审计师李晓钟在署机关会见中国社会科学研究院院长王伟光一行。财政司和科学技术局负责同志参加会见。

12 日上午 副审计长陈尘肇赴中国铝业公司，与董事长葛红林就有关事项进行沟通。企业司负责同志参加会见。

12 日下午 总审计师李晓钟赴中央国家机关工委就有关事项进行沟通。机关党委负责同志参加会见。

13日上午 审计长刘家义列席国务院第112次常务会议。

13日下午 党组书记刘家义在署机关主持召开党组会议，传达中央有关文件精神，研究有关人事事项和《中共审计署党组巡视工作规定》《署党组成员赴派出机构开展宣讲调研工作方案》等文稿。党组成员陈蕾、陈尘肇、袁野、李晓钟和刘正均出席。办公厅、政研室、人教司、机关党委和驻署监察局主要负责同志列席相关内容的研究。

13日下午 审计长刘家义在署机关主持召开审计长会议，听取关于制度清理工作进展情况的汇报。纪检组长陈蕾，副审计长陈尘肇、袁野，总审计师李晓钟和党组成员、法规司司长刘正均出席。办公厅、政研室、数据司、财政司、经责司、国际司、人教司、机关党委、离退休办、服务局和科研所负责同志列席会议。

16日上午 总审计师李晓钟在署机关主持召开机关党委会议，机关党委委员参加会议。

16日下午 审计长刘家义在署机关主持召开会议，专题研究审计职业化相关事宜。副审计长石爱中、陈尘肇，中央经济责任审计工作联席会议办公室主任张通，副审计长袁野，总审计师李晓钟，党组成员、法规司司长刘正均出席。办公厅、政研室、人教司和科研所负责同志参加会议。

16日下午 中央经济责任审计工作联席会议办公室主任张通在署机关会见安徽省政府常务副省长詹夏来一行，就有关审计事项进行沟通。财政司和经责司负责同志参加会见。

17日上午 中央经济责任审计工作联席会议办公室主任张通在署机关会见青岛市市长张新起一行，就有关审计事项进行沟通。财政司和经责司负责同志参加会见。

19日上午 党组书记刘家义在署机关主持召开党组会议，研究有关人事事项和《中共审计署党组关于开好“三严三实”专题民主生活会的通知》《审计署2016年度外事工作计划（草案）》等文稿，听取关于赴湖南省考察采访沅陵县审计局局长李逢琪同志因公殉职有关情况的汇报。党组成员陈蕾、陈尘肇、张通、袁野、李晓钟和刘正均出席。副审计长石爱中，总经济师、服务局局长张力，办公厅、政研室、境外司、国际司、人教司、机关党委、驻署监察局、培训中心、内审协会秘书处和审计学会秘书处负责同志列席会议。

19日下午 副审计长袁野赴中国社会科学研究院会见该院院长王伟光。财政司负责同志参加会见。

19日至20日 副审计长陈尘肇赴济南特派办进行党的十八届五中全会精神宣讲和调研。

20日上午 审计长刘家义在人民大会堂参加纪念胡耀邦同志诞辰100周年座谈会。

20日上午 中央经济责任审计工作联席会议办公室主任张通赴国家海洋局与局长王宏就有关经济责任审计事项交换意见。经责司负责同志参加会见。

20日上午 总审计师李晓钟在署机关主持召开会议，研究有关专项工作。法规司、国际司和科研所负责同志参加会议。

20日下午 审计署在署机关召开审计署抗击埃博拉病毒先进事迹报告会。审计长刘家义，副审计长孙宝厚，中央经济责任审计工作联席会议办公室主任张通，副审计长袁野，党组成员、法规司司长刘正均出席。署机关各单位、各特派员办事处、各派出审计局全体干部职工分别在主会场和分会场参加报告会。

21日下午 副审计长孙宝厚在京为2015年度第三期案例教学师资培训班授课。

22日下午 副审计长孙宝厚在京为2015年度高级审计师高级研修班授课。

23日上午 中央经济责任审计工作联席会议办公室主任张通在南京主持2015年度经济责任审计研讨班开班仪式。经责司负责同志参加开班仪式。

23日下午 中央经济责任审计工作联席会议办公室主任张通在南京主持召开党政领导经济责任审计指南征求意见会。经责司负责同志参加会议。

23日至24日 纪检组长陈蕾赴京津冀特派办进行党的十八届五中全会精神宣讲和调研。

24日下午 审计长刘家义在署机关主持召开座谈会，与全面查找不严不实问题检查组成员进行座谈。总审计师李晓钟和机关党委负责同志参加座谈会。

24 日下午 副审计长袁野在京出席第 24 届冬奥会工作领导小组第一次全体会议。

25 日上午 副审计长袁野在京为 2015 年度高级审计师高级研修班授课。

25 日上午 总审计师李晓钟赴中央国家机关工委就有关专项工作进行沟通。机关党委负责同志参加会议。

25 日下午 党组书记刘家义在署机关主持召开党组会议，传达中央有关文件精神，研究有关人事事项和《审计署 2015—2018 年领导班子建设规划》《审计机关招录审计人员加试专业知识和技能暂行办法》《审计署聘任专业职位公务员试行办法》等文稿。党组成员孙宝厚、陈蕾、陈尘肇、张通、袁野、李晓钟和刘正均出席。副审计长石爱中，总经济师、服务局局长张力，办公厅、政研室、人教司、机关党委和驻署纪检组负责同志列席会议。

25 日下午 审计长刘家义在署机关主持召开审计长会议，研究《审计署 2016 年度统一组织审计项目计划（草案）》，听取署机关 2016 年会议计划安排有关情况的汇报。副审计长石爱中、孙宝厚，纪检组长陈蕾，副审计长陈尘肇，中央经济责任审计工作联席会议办公室主任张通，副审计长袁野，总审计师李晓钟和党组成员、法规司司长刘正均出席。总经济师、服务局局长张力，办公厅、政研室、人教司、机关党委、计算中心、科研所和培训中心负责同志列席相关内容的研究。

26 日上午 党组成员、法规司司长刘正均在京为 2015 年度高级审计师高级研修班授课。

26 日下午 审计长刘家义在署机关主持召开审计业务会议，研究《2015 年 10 户中央企业领导人员经济责任审计报告》。副审计长石爱中、陈尘肇，中央经济责任审计工作联席会议办公室主任张通，副审计长袁野，总审计师李晓钟和党组成员、法规司司长刘正均出席。总经济师、服务局局长张力，办公厅、政研室、投资司、企业司、境外司、经责司、科研所和相关特派办负责同志列席会议。

27 日 审计长刘家义在京出席中央扶贫开发工作会议。

27 日至 29 日 副审计长袁野在京出席中央扶贫工作会议。

29 日至 12 月 1 日 副审计长袁野赴武汉、长沙特派办进行党的十八届五中全会精神宣讲和调研。

30 日上午 党组书记、审计长刘家义在署机关会见中央国家机关工委常务副书记李智勇一行，就有关调研事项进行会谈。党组成员、总审计师、机关党委书记李晓钟参加会谈。

30 日至 12 月 4 日 中央经济责任审计工作联席会议办公室主任张通赴成都、重庆和昆明特派办进行党的十八届五中全会精神宣讲和调研。

30 日至 12 月 1 日 纪检组长陈蕾赴太原特派办进行党的十八届五中全会精神宣讲和调研。

30 日至 12 月 4 日 总审计师李晓钟赴兰州和西安特派办进行党的十八届五中全会精神宣讲和调研。

26 日至 12 月 4 日 党组成员、法规司司长刘正均赴哈尔滨、郑州、广州和深圳特派办进行党的十八届五中全会精神宣讲和调研。

12 月

2 日上午 审计长刘家义出席全国人大财经委全体会议，并就审计查出突出问题整改情况做汇报。

2 日至 4 日 副审计长陈尘肇赴南京和上海特派办进行党的十八届五中全会精神宣讲和调研。

3 日上午 副审计长袁野在署机关召开会议，研究审计成果考核有关事项，政研室、法规司、数据司、行政司、税收司负责同志和相关同志参加会议。

3 日下午 副审计长袁野出席国务院有关专题会议。

4 日上午 党组成员、法规司司长刘正均在京出席弘扬宪法精神加强宪法实施报告会。

5 日上午 副审计长陈尘肇在署机关主持召开专题会议，研究企业经济责任审计报告相关事宜。企业司负责同志参加会议。

6 日上午 副审计长陈尘肇在署机关主持召开专题会议，研究企业审计有关事项。办公厅、企业司和境外司负责同志参加会议。

6 日上午 总审计师李晓钟在署机关主持召开专题会议，研究“三严三实”专题教育有关文稿。办公厅、政研室、企业司、金融司、机关党委负责同志参加会议。

6日下午 副审计长陈尘肇在署机关主持召开专题会议，研究公务用车改革相关事宜。服务局负责同志参加会议。

7日上午 副审计长陈尘肇赴发展改革委就有关事项进行沟通。服务局负责同志参加会见。

7日下午 副审计长陈尘肇赴中央纪委就有关事项进行沟通。办公厅、企业司、境外司负责同志参加会见。

7日晚上 副审计长袁野，总审计师李晓钟，党组成员、法规司司长刘正均在署机关召集会议研究有关专题事项。政研室、数据司、行政司、税收司、金融司负责同志参加会议。

7日和8日下午 党组书记刘家义在署机关主持召开党组会议，传达中央有关文件和中央纪委有关会议精神，研究有关人事事项，讨论《审计署党组2015年度述职报告》《审计署党组对照检查材料》《审计署“三严三实”专题教育阶段性总结》等文稿，听取关于2016年“一下”预算有关情况的汇报。党组成员陈蔷、陈尘肇、张通、袁野、李晓钟和刘正均出席。副审计长石爱中，总经济师、服务局局长张力，办公厅、政研室、法规司、数据司、财政司、投资司、人教司、机关党委、驻署纪检组、科研所、报社、出版社和培训中心负责同志列席相关内容的研究。

8日下午 审计长刘家义在署机关主持召开审计长会议，研究《审计署关于2016年地方审计机关开展审计业务工作的指导意见（送审稿）》，听取关于将国家审计数据中心容灾中心项目列入审计署信息化储备项目的有关情况和关于完成华审度假村员工解聘工作情况的汇报。副审计长石爱中，纪检组长陈蔷，副审计长陈尘肇，中央经济责任审计工作联席会议办公室主任张通，副审计长袁野，总审计师李晓钟和党组成员、法规司司长刘正均出席。总经济师、服务局局长张力，办公厅、政研室、法规司、数据司、人教司、机关党委、服务局、计算中心和科研所负责同志列席相关内容的研究。

9日上午 审计长刘家义列席国务院第115次常务会议。

9日上午 副审计长陈尘肇在署机关主持召开专题会议，研究内审协会脱钩事宜。总审计师李晓钟和会长余效明出席。办公厅、法规司、国际司、人教司、机关党委、服务局和内审协会负责同志参加会议。

9日至11日 中央经济责任审计工作联席会议办公室主任张通赴长春和沈阳特派办进行党的十八届五中全会精神宣讲和调研。

9日上午 副审计长袁野赴中央电视台就有关事项进行沟通。办公厅负责同志参加会见。

9日下午 副审计长石爱中赴中国农业银行参加农业银行数据分析平台验收工作会议。金融司负责同志参加会议。

10日上午 党组书记刘家义在署机关主持召开党组会议，研究有关文件。党组成员陈蔷、陈尘肇、李晓钟和刘正均出席。副审计长石爱中，总经济师、服务局局长张力，办公厅、政研室、人教司、机关党委主要负责同志列席会议。

10日上午 副审计长袁野赴教育学院主持召开座谈会，与稳增长暨数据采集培训班学员进行座谈。

11日上午 审计长刘家义在京出席全国党校工作会议。

11日上午 副审计长陈尘肇在署机关主持召开专题会议，研究内审协会脱钩事宜。办公厅、人教司和内审协会负责同志参加会议。

11日至12日 副审计长石爱中赴教育学院主持召开座谈会，与外资审计培训班学员进行座谈。

11日 总审计师李晓钟在京出席中央单位定点扶贫工作会议。机关党委负责同志参加会议。

13日下午 副审计长陈尘肇在署机关主持召开专题会议，研究企业审计有关文件。政研室、法规司、企业司和境外司负责同志参加会议。

14日上午 副审计长袁野赴中国航天科技集团公司就有关事项进行沟通。办公厅、数据司、资环司和计算中心负责同志参加会见。

14日下午 总审计师李晓钟在署机关主持召开优秀项目评选领导小组会议。党组成员、法规司司长刘正均出席。优秀项目评选领导小组成员同志参加会议。

15日下午 副审计长袁野在京出席北京2022年冬奥会和冬残奥会组织委员会成立大会。财政司负责同志参加会议。

15 日和 16 日下午 党组书记刘家义在署机关主持召开党组会议，传达中央有关文件精神，讨论有关文件，研究有关人事事项和《关于加强审计机关自身监督的暂行办法》《中国内部审计协会脱钩试点实施方案》《关于贯彻落实中共中央办公厅国务院办公厅印发〈关于完善审计制度若干重大问题的框架意见〉及相关配套文件的通知主要工作任务分工的意见》等文稿，党组成员孙宝厚、陈蔷、陈尘肇、张通、袁野、李晓钟和刘正均出席。副审计长石爱中，内审协会会长余效明，总经济师、服务局局长张力，办公厅、政研室、法规司、数据司、财政司、投资司、企业司、境外司、国际司、人教司、机关党委、驻署纪检组、计算中心、科研所、培训中心和内审协会负责同志列席相关内容的研究。

16 日上午 审计长刘家义列席国务院第 116 次常务会议。

16 日下午 审计长刘家义在署机关主持召开审计长会议，研究 2015 年优秀审计项目评选结果和《2015 年全国审计工作会议方案》《审计署关于贯彻落实第五次全国对口支援新疆工作会议精神的意见》《审计署关于地方审计机关做好 2016 年审计工作的意见》等文稿。副审计长石爱中、孙宝厚，纪检组长陈蔷，副审计长陈尘肇，中央经济责任审计工作联席会议办公室主任张通，副审计长袁野，总审计师李晓钟和党组成员、法规司司长刘正均出席。总经济师、服务局局长张力，办公厅、政研室、法规司、资环司、投资司、人教司、机关党委、服务局、计算中心和科研所负责同志列席相关内容的研究。

17 日下午 受署党组委托，副审计长孙宝厚赴济南特派办召开全体干部大会，宣布该办主要负责同志职务任免决定。人教司负责同志参加大会。

17 日下午 受署党组委托，副审计长陈尘肇在署机关主持召开资环司全体干部大会，宣布该司主要负责同志职务任免决定。人教司负责同志参加大会。

18 日上午 受署党组委托，副审计长陈尘肇赴京津冀特派办召开全体干部大会，宣布该办主要负责同志职务任免决定。人教司负责同志参加大会。

18 日上午 受署党组委托，中央经济责任审计工作联席会议办公室主任张通赴广州特派办召开全体干部大会，宣布该办主要负责同志职务任免决定。人教司负责同志参加大会。

18 日上午 审计指南评审会议在署机关召开，总审计师李晓钟，党组成员、法规司司长刘正均出席，相关专家委员参加会议。

18 日下午 副审计长袁野赴卫生药品局调研。财政司负责同志参加调研。

19 日上午 副审计长孙宝厚赴教育学院出席 2015 年度第二期会计与经济基础班结业典礼。教育学院和南京审计大学主要负责同志参加典礼。

21 日上午 副审计长孙宝厚在署机关主持召开专题会议，研究所分管单位存在的不严不实问题整改情况。社保司、国际司、人教司、离退休办和培训中心主要负责同志参加会议。

21 日上午 副审计长孙宝厚在署机关会见泰国审计代表团一行。国际司主要负责同志参加会见。

21 日上午 受署党组委托，中央经济责任审计工作联席会议办公室主任张通在署机关主持召开经责司全体干部大会，宣布该司主要负责同志职务任免决定。人教司负责同志参加会议。

21 日下午 审计长刘家义在署机关主持召开党组会议，研究有关人事事项，传达中央有关会议精神和《中共审计署党组关于 2015 年度干部选拔任用工作情况的报告》《审计署“三严三实”专题教育阶段性总结报告》等文稿。党组成员孙宝厚、陈尘肇、张通、袁野、李晓钟、刘正均出席。总经济师、服务局局长张力，办公厅、政研室、人教司和机关党委负责同志列席相关内容的研究。

21 日下午 审计长刘家义在署机关主持召开审计长会议，讨论研究全国土地审计优秀审计项目评选结果。副审计长孙宝厚、陈尘肇，中央经济责任审计工作联席会议办公室主任张通，副审计长袁野，总审计师李晓钟和党组成员、法规司司长刘正均出席。总经济师、服务局局长张力，办公厅、政研室、法规司、资环司、人教司、机关党委和科研所负责同志列席会议。

21 日下午 副审计长袁野赴民族宗教局和教育审计局调研。财政司负责同志参加调研。

22日上午 审计长刘家义和副审计长袁野在京列席全国人大常委会第十八次会议。

22日上午 副审计长陈尘肇在署机关主持召开分管部门青年干部座谈会。

22日下午 李克强总理听取审计署2015年度审计工作情况汇报。审计长刘家义，副审计长石爱中、孙宝厚，纪检组长陈蔷，副审计长陈尘肇，中央经济责任审计工作联席会议办公室主任张通，副审计长袁野，总审计师李晓钟和党组成员、法规司司长刘正均参加汇报。办公厅和政研室主要负责同志参加有关活动。

23日上午 审计长刘家义列席国务院第117次常务会议。

23日上午 副审计长孙宝厚在署机关主持召开专题会议，传达中央经济工作会议精神。署机关各单位、各特派员办事处、各派出审计局在京副司级以上干部参加会议。

23日下午 审计长刘家义赴水利部调研。办公厅和财政司主要负责同志参加调研。

23日下午 副审计长孙宝厚在京出席中国注册会计师协会第五届理事会第七次会议。

23日上午 副审计长袁野在署机关会见交通运输部副部长冯正霖一行。财政司负责同志及相关人员参加会议。

23日下午 中央经济责任审计工作联席会议办公室主任张通在署机关主持召开党政领导人员经济责任审计指南征求意见会。经责司主要负责同志和相关人员参加会议。

24日上午 副审计长孙宝厚在署机关主持召开专题会议，研究讨论《审计职业教育与国民教育的深度融合和一体化发展》课题框架。人教司、教育学院主要负责同志，南京审计大学有关专家参加会议。

24日下午 “三严三实”专题教育阶段性总结视频会议、2015年度署领导班子和署领导年度考核及选人用人“一报告两评议”工作会议在署机关召开。审计长刘家义，副审计长石爱中、孙宝厚，纪检组长陈蔷，副审计长陈尘肇，中央经济责任审计工作联席会议办公室主任张通，副审计长袁野，总审计师李晓钟和党组成员、法规司司长刘正均出席。中央组织部有关工作人员，署机关各单位、各派出审计局司局级干部及处室主要负责同志和各特派办全体干部分别在主会场和分会场参加相关会议。

24日至25日 副审计长袁野在京出席中央有关会议。

25日 党组书记刘家义在署机关主持召开审计署党组“三严三实”专题民主生活会。党组成员孙宝厚、陈尘肇、张通、袁野、李晓钟、刘正均出席。中央纪委、中央组织部、中央国家机关工委相关同志到会指导。总经济师、服务局局长张力，办公厅、人教司、机关党委负责同志列席会议。

30日下午 副审计长孙宝厚在署机关主持召开会议，专题研究审计职业化建设工作。中央经济责任审计工作联席会议办公室主任张通，总审计师李晓钟，党组成员、法规司司长刘正均出席，办公厅、政研室、人教司、出版社负责同志参加会议。

审计工作统计

审计工作综合情况统计表——全国审计机关

指标名称	计量单位	合计	审计署本级汇总	审计署派出局汇总	审计署特派办汇总	地方审计机关汇总
一、审计单位	个	138772	92	59	225	138396
审计	个	134766	92	59	225	134390
专项审计调查	个	4006				4006
二、审计查出主要问题金额	万元	1869271552	110823593	22613715	830653875	905180368
违规金额	万元	137987008	4940928	1397067	53361295	78287719
损失浪费金额	万元	7225460	90727	1542	3100932	4032260
管理不规范金额	万元	1724059571	105791938	21215107	774191649	822860878
三、审计发现非金额计量问题	个	4577347	730	506	22271	4553840
四、损益(收支)不实	万元	128221574	270338	438404	53914632	73598200
五、审计发现侵害人民群众利益	万元	10748374			8728234	2020140
六、审计期间整改金额	万元	32958634	33553	210211	14248137	18466733
七、审计报告和专项审计调查报告	篇	164231	156	179	403	163493
被批示、采用审计报告和专项审计调查报告	篇·次	8889	11	10	10	8858
八、审计处理情况	—	—	—	—	—	—
审计处理处罚	万元	207959796	746095	1705774	44392612	161115316
其中:应上缴财政	万元	37880844	228005	514843	11737579	25400417
其中:罚没	万元	156433		548	889	154996
应减少财政拨款或补贴	万元	6622324	141	12984	338	6608860
应归还原渠道资金	万元	42640315	99777	139071	15262532	27138936
应缴纳其他资金	万元	14722226	50178	21945	221074	14429028
应调账处理金额	万元	106094085	367992	1016931	17171088	87538074
移送处理事项	件	10307	13	16	762	9516

续表

指标名称	计量单位	合计	审计署本级汇总	审计署派出局汇总	审计署特派办汇总	地方审计机关汇总
司法机关	件	919	7	2	182	728
纪检监察机关	件	4512	2	3	473	4034
有关部门	件	4876	4	11	107	4754
移送处理人员	人	15646	12	53	5281	10300
司法机关	人	1182	6	4	306	866
其中:地厅级及以上	人	17	1		12	4
县处级	人	97	3	3	36	55
乡科级及以下	人	1068	2	1	258	807
纪检监察机关	人	10800	2	5	4842	5951
其中:地厅级及以上	人	172	1	2	140	29
县处级	人	778	1		469	308
乡科级及以下	人	9850		3	4233	5614
有关部门	人	3664	4	44	133	3483
其中:地厅级及以上	人	57	1	1	45	10
县处级	人	95		2	45	48
乡科级及以下	人	3512	3	41	43	3425
移送处理金额	万元	23044171	20146	11711	6582550	16429764
司法机关	万元	1753138	17736	402	787657	947343
纪检监察机关	万元	7967238	336	306	4056686	3909911
有关部门	万元	13323794	2074	11003	1738207	11572510
九、审计处理结果落实情况	—	—	—	—	—	—
审计促进整改落实有关问题资金	万元	258451084	3770983	298822	168679474	85701805
其中:增收节支	万元	76188253	95993	26487	48278760	27787013
已上缴财政	万元	47619264	75347	3389	35305625	12234902
已减少财政拨款或补贴	万元	5626292	99	135	45901	5580156
已归还原渠道资金	万元	22942695	20545	22963	12927233	9971955
已缴纳其他资金	万元	8185391	625627	1105	2938936	4619723
已调账处理金额	万元	65782871	133729	126464	29446573	36076106
审计促进拨付资金到位	万元	30951145	710810	433046	24329769	5477520
审计后挽回(避免)损失	万元	9016460	2670	3213	1662047	7348529
核减投资额	万元	13462652			20711	13441941
移送处理落实事项	件	2569	3	2	71	2493
司法机关已处理	件	222			22	200

续表

指标名称	计量单位	合计	审计署本级汇总	审计署派出局汇总	审计署特派办汇总	地方审计机关汇总
纪检监察机关已处理	件	1100			42	1058
有关部门已处理	件	1247	3	2	7	1235
移送处理落实人员	人	4868	23		805	4040
已追究刑事责任	人	433			66	367
已给予党纪政纪处分	人	2577	7		511	2059
有关部门已处理人员	人	1858	16		228	1614
十、审计成果利用情况	—	—	—	—	—	—
审计提出建议	条	289976	461	333	1462	287720
其中:建议制定修改部门规定	条	3651	39	22	65	3525
建议制定修改法律法规	条	323		6	5	312
被采纳审计建议	条	218268	386	307	1057	216518
被审计单位制定整改措施	项	24162	283	407	1573	21899
被审计单位建立健全规章制度	项	5775	39	74	1858	3804
促进修改法律法规	条	13		6	5	2
提交审计信息	篇	99033	65	60	2137	96771
审计专题、综合性报告	篇	12557	20	30	69	12438
信息简报	篇	67247	45	29	2059	65114
其中:重要审计信息	篇	8382	39	8	906	7429
被批示、采用审计信息	篇·次	55125	48	37	1308	53732
审计专题、综合性报告	篇·次	6864	2	4	32	6826
信息简报	篇·次	36505	46	33	1271	35155
其中:重要审计信息	篇·次	5477	44	18	894	4521
审计信息移送案件事项	件	462	301	7	28	126
涉案人员	人	588	353	13	53	169
涉案金额	万元	60705145	59873724	1228	340342	489851
十一、向社会公告审计结果	篇	12074	34			12040
十二、被审计领导干部	人	35044	11	5	27	35001
其中:负直接责任问题金额	万元	28413478		110891	8500153	19802435
涉嫌个人经济问题人数	人	22			1	21
金额	万元	21282			200	21083
十三、交办、配合事项	件	23846			2	23844
十四、审计机关	个	3225	1	20	18	3186

续表

指标名称	计量单位	合计	审计署本级汇总	审计署派出局汇总	审计署特派办汇总	地方审计机关汇总
审计署及其派出机构	个	39	1	20	18	
省级审计机关	个	32				32
地级审计机关	个	435				435
县级审计机关	个	2719				2719
十五、审计人员	人	99887	667	287	2446	96487
审计署及其派出机构	人	3400	667	287	2446	
省级审计机关	人	7521				7521
地级审计机关	人	24519				24519
县级审计机关	人	64447				64447

审计工作综合情况统计表——派出审计局

指标名称	单位	审计署派出局汇总	外交外事审计局	发展统计审计局	教育审计局	科学技术审计局	工业审计局
一、审计单位	个	59	3	7	2	2	3
审计	个	59	3	7	2	2	3
专项审计调查	个						
二、审计查出主要问题金额	万元	22613715	31354.56	72640.05	724935.13	937129.73	603276.03
违规金额	万元	1397067	4755.78	3135.04	24103.61	399133.41	55680
损失浪费金额	万元	1542	200				
管理不规范金额	万元	21215107	26398.78	69505.01	700831.52	537996.32	547596.03
三、审计发现非金额计量问题	个	506	12	34	23	28	37
四、损益(收支)不实	万元	438404	45.41	415.74	31581.33	545.65	53081.84
五、审计发现侵害人民群众利益	万元						
六、审计期间整改金额	万元	210211			60.11	185541.6	3.57
七、审计报告和专项审计调查报告	篇	179	2	11	11	7	2
被批示、采用审计报告和专项审计调查报告	篇·次	10		2	1		
八、审计处理情况	—	—	—	—	—	—	—
审计处理处罚	万元	1705774	3222.39	3135.04	697680.56	4100.35	55680
其中:应上缴财政	万元	514843			4392.32		
其中:罚没	万元	548					
应减少财政拨款或补贴	万元	12984					
应归还原渠道资金	万元	139071	2463.22	88.21	24189.84	109.69	4773.63
应缴纳其他资金	万元	21945		960.95			
应调账处理金额	万元	1016931	759.17	2085.88	669098.4	3990.66	50906.37
移送处理事项	件	16				1	
司法机关	件	2					
纪检监察机关	件	3					
有关部门	件	11				1	
移送处理人员	人	53				4	
司法机关	人	4					
其中:地厅级及以上	人						
县处级	人	3					
乡科级及以下	人	1					

续表

指标名称	单位	审计署派出局汇总	外交外事审计局	发展统计审计局	教育审计局	科学技术审计局	工业审计局
纪检监察机关	人	5					
其中:地厅级及以上	人	2					
县处级	人						
乡科级及以下	人	3					
有关部门	人	44				4	
其中:地厅级及以上	人	1				1	
县处级	人	2					
乡科级及以下	人	41				3	
移送处理金额	万元	11711				291.5	
司法机关	万元	402					
纪检监察机关	万元	306					
有关部门	万元	11003				291.5	
九、审计处理结果落实情况	—	—	—	—	—	—	—
审计促进整改落实有关问题资金	万元	298822	3222.39	726.91		2745.56	55680
其中:增收节支	万元	26487		88.21		2177.18	4773.63
已上缴财政	万元	3389				2067.49	
已减少财政拨款或补贴	万元	135					
已归还原渠道资金	万元	22963		88.21		109.69	4773.63
已缴纳其他资金	万元	1105		25.99			
已调账处理金额	万元	126464		612.71		568.38	50906.37
审计促进拨付资金到位	万元	433046				185541.6	
审计后挽回(避免)损失	万元	3213					
核减投资额	万元						
移送处理落实事项	件	2				1	
司法机关已处理	件						
纪检监察机关已处理	件						
有关部门已处理	件	2				1	
移送处理落实人员	人						
已追究刑事责任	人						
已给予党纪政纪处分	人						
有关部门已处理人员	人						
十、审计成果利用情况	—	—	—	—	—	—	—
审计提出建议	条	333	7	34	26	14	6

续表

指标名称	单位	审计署派出局汇总	外交外事审计局	发展统计审计局	教育审计局	科学技术审计局	工业审计局
其中:建议制定修改部门规定	条	22				4	
建议制定修改法律法规	条	6				1	
被采纳审计建议	条	307	3	34	26	14	6
被审计单位制定整改措施	项	407		47	22	41	
被审计单位建立健全规章制度	项	74		1	1	2	
促进修改法律法规	条	6					
提交审计信息	篇	60		7	3	3	
审计专题、综合性报告	篇	30				3	
信息简报	篇	29		7	3		
其中:重要审计信息	篇	8			3		
被批示、采用审计信息	篇·次	37		14	9		
审计专题、综合性报告	篇·次	4					
信息简报	篇·次	33		14	9		
其中:重要审计信息	篇·次	18		13	3		
审计信息移送案件事项	件	7					
涉案人员	人	13					
涉案金额	万元	1228					
十一、交办、配合事项	件						

指标名称	单位	民族宗教审计局	政法审计局	民政社保审计局	资源环保审计局	建设审计局	交通运输审计局
一、审计单位	个	3	2	4	4	2	4
审计	个	3	2	4	4	2	4
专项审计调查	个						
二、审计查出主要问题金额	万元	67573.31	10571.34	4359136.36	72811.35	32967.68	13237145.31
违规金额	万元	2571.92	3361.42	40548.29	2238.81	17536.58	493561.06
损失浪费金额	万元	15				18.25	
管理不规范金额	万元	64986.39	7209.92	4318588.07	70572.54	15412.85	12743584.25
三、审计发现非金额计量问题	个	24	8	1		23	80
四、损益(收支)不实	万元	1189	939.49	48.38	2721.48	2139.6	
五、审计发现侵害人民群众利益	万元						
六、审计期间整改金额	万元	1456.24	2362.79	459.92	1255.32		1491.91
七、审计报告和专项审计调查报告	篇	4	2	18	7	9	10
被批示、采用审计报告和专项审计调查报告	篇·次	1		2			1
八、审计处理情况	—	—	—	—	—	—	—

续表

指标名称	单位	民族宗教审计局	政法审计局	民政社保审计局	资源环保审计局	建设审计局	交通运输审计局
审计处理处罚	万元	13818.4	2950.83	19722.41	2238.81	7518.2	523803.37
其中:应上缴财政	万元			42.1			486487.68
其中:罚没	万元						
应减少财政拨款或补贴	万元			173.65			12361.06
应归还原渠道资金	万元	1253.38	1043.27	50.59	2238.81	74	939.9
应缴纳其他资金	万元			18312.67			
应调账处理金额	万元	12565.02	1907.56	1143.4		7444.2	24014.73
移送处理事项	件	4					
司法机关	件	1					
纪检监察机关	件	3					
有关部门	件						
移送处理人员	人	7					
司法机关	人	2					
其中:地厅级及以上	人						
县处级	人	2					
乡科级及以下	人						
纪检监察机关	人	5					
其中:地厅级及以上	人	2					
县处级	人						
乡科级及以下	人	3					
有关部门	人						
其中:地厅级及以上	人						
县处级	人						
乡科级及以下	人						
移送处理金额	万元	448.81					
司法机关	万元	143.25					
纪检监察机关	万元	305.56					
有关部门	万元						
九、审计处理结果落实情况	—	—	—	—	—	—	—
审计促进整改落实有关问题资金	万元	2649.23	2362.79	43167.96	1255.32	7517.35	2705.37
其中:增收节支	万元		1043.27	50.59	1255.32		2695.51
已上缴财政	万元						685.86

续表

指标名称	单位	民族宗教审计局	政法审计局	民政社保审计局	资源环保审计局	建设审计局	交通运输审计局
已减少财政拨款或补贴	万元						
已归还原渠道资金	万元		1043.27	50.59	1255.32		2009.65
已缴纳其他资金	万元						
已调账处理金额	万元	2649.23	1319.52	724.26		80.87	
审计促进拨付资金到位	万元						
审计后挽回(避免)损失	万元			24.07			9.9
核减投资额	万元						
移送处理落实事项	件						1
司法机关已处理	件						
纪检监察机关已处理	件						
有关部门已处理	件						1
移送处理落实人员	人						
已追究刑事责任	人						
已给予党纪政纪处分	人						
有关部门已处理人员	人						
十、审计成果利用情况	—	—	—	—	—	—	—
审计提出建议	条	9	5	34	2	16	8
其中:建议制定修改部门规定	条						6
建议制定修改法律法规	条		2				1
被采纳审计建议	条	6	5	34		16	
被审计单位制定整改措施	项	2	24	14	2	14	2
被审计单位建立健全规章制度	项		1	4		3	5
促进修改法律法规	条						
提交审计信息	篇	8		14		2	2
审计专题、综合性报告	篇	3		10			2
信息简报	篇	5		3		2	
其中:重要审计信息	篇					2	
被批示、采用审计信息	篇·次	5		3			
审计专题、综合性报告	篇·次			2			
信息简报	篇·次	5		1			
其中:重要审计信息	篇·次						
审计信息移送案件事项	件	5					1
涉案人员	人	8					4
涉案金额	万元	470.28					654.37
十一、交办、配合事项	件						

续表

指标名称	单位	农林水利审计局	贸易审计局	文化体育审计局	卫生药品审计局	国资监管审计局	经济执法审计局
一、审计单位	个	4	2	3	4	2	3
审计	个	4	2	3	4	2	3
专项审计调查	个						
二、审计查出主要问题金额	万元	8484.59	752667.26	47465.61	573972.54	342060.48	36957.31
违规金额	万元	2678.17	84581.07	10922.36	40841.32	1852.75	12971.11
损失浪费金额	万元			1280	28.41		
管理不规范金额	万元	5806.42	668086.19	35263.25	533102.81	340207.73	23986.2
三、审计发现非金额计量问题	个	66	25	47	39	24	22
四、损益(收支)不实	万元	2.65	144182.03	34.5	7625.64	10432.22	671.06
五、审计发现侵害人民群众利益	万元						
六、审计期间整改金额	万元	72.73			1309.26	116.7	3741.44
七、审计报告和专项审计调查报告	篇	24	9	11	17	10	19
被批示、采用审计报告和专项审计调查报告	篇·次				2		
八、审计处理情况	—	—	—	—	—	—	—
审计处理处罚	万元	2461.06	84113.1	12063.6	43724.67	1612.45	19233.55
其中:应上缴财政	万元		184.8	5417.06	9398.93	175	8609.85
其中:罚没	万元						547.93
应减少财政拨款或补贴	万元						449.3
应归还原渠道资金	万元	421.5	83259.76	6041.49	5489.71		5029.92
应缴纳其他资金	万元		2.33	291.11		1354.45	
应调账处理金额	万元	2039.56	666.21	313.94	28836.03	83	5144.48
移送处理事项	件						
司法机关	件						
纪检监察机关	件						
有关部门	件						
移送处理人员	人						
司法机关	人						
其中:地厅级及以上	人						
县处级	人						
乡科级及以下	人						
纪检监察机关	人						
其中:地厅级及以上	人						
县处级	人						

续表

指标名称	单位	农林水利审计局	贸易审计局	文化体育审计局	卫生药品审计局	国资监管审计局	经济执法审计局
乡科级及以下	人						
有关部门	人						
其中:地厅级及以上	人						
县处级	人						
乡科级及以下	人						
移送处理金额	万元						
司法机关	万元						
纪检监察机关	万元						
有关部门	万元						
九、审计处理结果落实情况	—	—	—	—	—	—	—
审计促进整改落实有关问题资金	万元	260.05	85047.9	3360.33		5458.72	2092.73
其中:增收节支	万元	226.76	221.38	3046.39		387	1372.48
已上缴财政	万元		20.73	4.9		323	91.93
已减少财政拨款或补贴	万元						
已归还原渠道资金	万元	226.76	200.65	3041.49		64	1280.55
已缴纳其他资金	万元		2.33			52.7	
已调账处理金额	万元	33.29	1765.08	313.94		577.68	689.58
审计促进拨付资金到位	万元	295.98	1518		242255	52.7	3382.51
审计后挽回(避免)损失	万元	295.98			2883.35		
核减投资额	万元						
移送处理落实事项	件						
司法机关已处理	件						
纪检监察机关已处理	件						
有关部门已处理	件						
移送处理落实人员	人						
已追究刑事责任	人						
已给予党纪政纪处分	人						
有关部门已处理人员	人						
十、审计成果利用情况	—	—	—	—	—	—	—
审计提出建议	条	4	19	16	63	9	37
其中:建议制定修改部门规定	条				2		10
建议制定修改法律法规	条				2		
被采纳审计建议	条	4	19	16	60	9	37

续表

指标名称	单位	农林水利审计局	贸易审计局	文化体育审计局	卫生药品审计局	国资监管审计局	经济执法审计局
被审计单位制定整改措施	项	2	20		136	29	39
被审计单位建立健全规章制度	项				43	3	
促进修改法律法规	条				6		
提交审计信息	篇		2	3	8		4
审计专题、综合性报告	篇		2		4		4
信息简报	篇			3	4		
其中:重要审计信息	篇			1	2		
被批示、采用审计信息	篇·次			2	2		2
审计专题、综合性报告	篇·次						2
信息简报	篇·次			2	2		
其中:重要审计信息	篇·次			1	1		
审计信息移送案件事项	件				1		
涉案人员	人				1		
涉案金额	万元				103.73		
十一、交办、配合事项	件						

指标名称	单位	广电通讯审计局	旅游侨务审计局	地震气象审计局			
一、审计单位	个	2	2	1			
审计	个	2	2	1			
专项审计调查	个						
二、审计查出主要问题金额	万元	544071.46	91887.81	66607.32			
违规金额	万元	129896.92	62832.38	3864.64			
损失浪费金额	万元						
管理不规范金额	万元	414174.54	29055.43	62742.68			
三、审计发现非金额计量问题	个	8		5			
四、损益(收支)不实	万元	131769.84	50977.91				
五、审计发现侵害人民群众利益	万元						
六、审计期间整改金额	万元	31.88	12307.73				
七、审计报告和专项审计调查报告	篇	3	2	1			
被批示、采用审计报告和专项审计调查报告	篇·次		1				
八、审计处理情况	—	—	—	—			
审计处理处罚	万元	133905.3	74790.06				
其中:应上缴财政	万元		135.28				
其中:罚没	万元						

续表

指标名称	单位	广电通讯审计局	旅游侨务审计局	地震气象审计局			
应减少财政拨款或补贴	万元						
应归还原渠道资金	万元	908.8	695.2				
应缴纳其他资金	万元		1023.58				
应调账处理金额	万元	132996.5	72936				
移送处理事项	件	11					
司法机关	件	1					
纪检监察机关	件						
有关部门	件	10					
移送处理人员	人	42					
司法机关	人	2					
其中:地厅级及以上	人						
县处级	人	1					
乡科级及以下	人	1					
纪检监察机关	人						
其中:地厅级及以上	人						
县处级	人						
乡科级及以下	人						
有关部门	人	40					
其中:地厅级及以上	人						
县处级	人	2					
乡科级及以下	人	38					
移送处理金额	万元	10970.64					
司法机关	万元	258.91					
纪检监察机关	万元						
有关部门	万元	10711.73					
九、审计处理结果落实情况	—	—	—	—			
审计促进整改落实有关问题资金	万元	53932.87	25163.08	1473.51			
其中:增收节支	万元	8152.51	861.71	135.1			
已上缴财政	万元		195.28				
已减少财政拨款或补贴	万元			135.1			
已归还原渠道资金	万元	8152.51	666.43				
已缴纳其他资金	万元		1023.58				

续表

指标名称	单位	广电通讯审计局	旅游侨务审计局	地震气象审计局			
已调账处理金额	万元	41606.61	23277.79	1338.41			
审计促进拨付资金到位	万元						
审计后挽回(避免)损失	万元						
核减投资额	万元						
移送处理落实事项	件						
司法机关已处理	件						
纪检监察机关已处理	件						
有关部门已处理	件						
移送处理落实人员	人						
已追究刑事责任	人						
已给予党纪政纪处分	人						
有关部门已处理人员	人						
十、审计成果利用情况	—	—	—	—			
审计提出建议	条	6	12	6			
其中:建议制定修改部门规定	条						
建议制定修改法律法规	条						
被采纳审计建议	条		12	6			
被审计单位制定整改措施	项		13				
被审计单位建立健全规章制度	项		8	3			
促进修改法律法规	条						
提交审计信息	篇		4				
审计专题、综合性报告	篇		2				
信息简报	篇		2				
其中:重要审计信息	篇						
被批示、采用审计信息	篇·次						
审计专题、综合性报告	篇·次						
信息简报	篇·次						
其中:重要审计信息	篇·次						
审计信息移送案件事项	件						
涉案人员	人						
涉案金额	万元						
十一、交办、配合事项	件						

审计工作综合情况统计表——特派员办事处

指标名称	单位	审计署特派办汇总	京津冀特派办	太原特派办	沈阳特派办	哈尔滨特派办
一、审计单位	个	225	16	13	10	13
审计	个	225	16	13	10	13
专项审计调查	个					
二、审计查出主要问题金额	万元	830653875	84143987.14	23125058.21	23937222.46	19517939.15
违规金额	万元	53361295	2147878.59	1690097.59	1821732.3	132194.37
损失浪费金额	万元	3100932	582.31	9426.94	138000	
管理不规范金额	万元	774191649	81995526.24	21425533.67	21977490.16	19385744.78
三、审计发现非金额计量问题	个	22271	2635	954	699	1793
四、损益(收支)不实	万元	53914632	649200	182587.22	198400.95	109850.19
五、审计发现侵害人民群众利益	万元	8728234		409995.8	189500	
六、审计期间整改金额	万元	14248137	389380.59	435.7	141992.88	4733.05
七、审计报告和专项审计调查报告	篇	403	35	28	17	13
被批示、采用审计报告和专项审计调查报告	篇·次	10		1	1	
八、审计处理情况	—	—	—	—	—	—
审计处理处罚	万元	44392612	1650556.94	119406.33	1250840.63	44099.49
其中:应上缴财政	万元	11737579	55594.91		76422.52	2888.64
其中:罚没	万元	889				
应减少财政拨款或补贴	万元	338	338.28			
应归还原渠道资金	万元	15262532	1522036.92	22447.19	87967.08	34284.91
应缴纳其他资金	万元	221074	70925.94			
应调账处理金额	万元	17171088	1660.89	96959.14	1086451.03	6925.94
移送处理事项	件	762	53	45	60	44
司法机关	件	182	12	5	17	11
纪检监察机关	件	473	33	18	40	26
有关部门	件	107	8	22	3	7
移送处理人员	人	5281	93	2984	155	252
司法机关	人	306	17	7	16	20
其中:地厅级及以上	人	12	3			
县处级	人	36	3			
乡科级及以下	人	258	11	7	16	20

续表

指标名称	单位	审计署特派办汇总	京津冀特派办	太原特派办	沈阳特派办	哈尔滨特派办
纪检监察机关	人	4842	71	2952	136	232
其中:地厅级及以上	人	140	9	8	7	2
县处级	人	469	14	33	107	29
乡科级及以下	人	4233	48	2911	22	201
有关部门	人	133	5	25	3	
其中:地厅级及以上	人	45	3	7	1	
县处级	人	45		10	2	
乡科级及以下	人	43	2	8		
移送处理金额	万元	6582550	395240.77	166174.74	382964.18	124236.44
司法机关	万元	787657	29882.35	1857.28	101924.19	50363.77
纪检监察机关	万元	4056686	144488.5	56461.43	255859.99	19968.15
有关部门	万元	1738207	220869.92	107856.03	25180	53904.52
九、审计处理结果落实情况	—	—	—	—	—	—
审计促进整改落实有关问题资金	万元	168679474	10020468.66	15342875.73	132312.88	2184452.03
其中:增收节支	万元	48278760	1485770.94	4613596.29	131812.88	717459.83
已上缴财政	万元	35305625	1462444.1	4124299.49	125710.02	154531.55
已减少财政拨款或补贴	万元	45901				
已归还原渠道资金	万元	12927233	23326.84	489296.8	6102.86	562928.28
已缴纳其他资金	万元	2938936	1979.91			679184.24
已调账处理金额	万元	29446573	1004346.93	40260.32		175931.08
审计促进拨付资金到位	万元	24329769	35050.41	1156614.11	233220.2	463023.89
审计后挽回(避免)损失	万元	1662047				2528.45
核减投资额	万元	20711				
移送处理落实事项	件	71	2	3		1
司法机关已处理	件	22	1			
纪检监察机关已处理	件	42		1		
有关部门已处理	件	7	1	2		1
移送处理落实人员	人	805	8	92		
已追究刑事责任	人	66				
已给予党纪政纪处分	人	511	8	2		
有关部门已处理人员	人	228		90		
十、审计成果利用情况	—	—	—	—	—	—
审计提出建议	条	1462	58	129	104	47

续表

指标名称	单位	审计署特派办汇总	京津冀特派办	太原特派办	沈阳特派办	哈尔滨特派办
其中:建议制定修改部门规定	条	65				
建议制定修改法律法规	条	5				
被采纳审计建议	条	1057	52	71	98	3
被审计单位制定整改措施	项	1573	6	122		
被审计单位建立健全规章制度	项	1858	30	31	98	20
促进修改法律法规	条	5		2		
提交审计信息	篇	2137	53	102	225	140
审计专题、综合性报告	篇	69		1	18	1
信息简报	篇	2059	53	101	207	139
其中:重要审计信息	篇	906		101	107	94
被批示、采用审计信息	篇·次	1308	66	68	48	132
审计专题、综合性报告	篇·次	32				3
信息简报	篇·次	1271	66	68	48	129
其中:重要审计信息	篇·次	894	39	68	46	129
审计信息移送案件事项	件	28				1
涉案人员	人	53				1
涉案金额	万元	340342				2017.29
十一、交办、配合事项	件	2		2		

指标名称	单位	上海特派办	南京特派办	武汉特派办	广州特派办	郑州特派办
一、审计单位	个	10	14	11	12	10
审计	个	10	14	11	12	10
专项审计调查	个					
二、审计查出主要问题金额	万元	12781139.35	86286032.08	61209835.7	80025250.15	17352541.67
违规金额	万元	1915382.43	852451.84	329219.08	4414245.27	631904.78
损失浪费金额	万元	269.52	174.22	569140	239748.13	112662.29
管理不规范金额	万元	10865487.4	85433406.02	60311476.62	75371256.73	16607974.6
三、审计发现非金额计量问题	个	254	275	764	1088	1117
四、损益(收支)不实	万元	319.2	3158089.59	8095633.5	2324666.8	682724.75
五、审计发现侵害人民群众利益	万元			1621576.29		
六、审计期间整改金额	万元	16527.02	531397.05	36565.26	218625.36	3334.5
七、审计报告和专项审计调查报告	篇	25	23	26	18	23
被批示、采用审计报告和专项审计调查报告	篇·次	7				
八、审计处理情况	—	—	—	—	—	—

续表

指标名称	单位	上海特派办	南京特派办	武汉特派办	广州特派办	郑州特派办
审计处理处罚	万元	41020.78	189542.73	309734.54	15153064.63	7747502.71
其中:应上缴财政	万元	20526.61	166797.84	19909.57	3602619.39	4252812.01
其中:罚没	万元					
应减少财政拨款或补贴	万元					
应归还原渠道资金	万元	3689.26	22581.03	153369.64	7826310.6	3236024.59
应缴纳其他资金	万元	8605.01			49434.72	8733.47
应调账处理金额	万元	8199.9	163.86	136455.33	3674699.9	249932.64
移送处理事项	件	25	47	57	21	27
司法机关	件	7	6	20	2	1
纪检监察机关	件	18	30	35	17	22
有关部门	件		11	2	2	4
移送处理人员	人	65	121	181	85	87
司法机关	人	4	3	39	3	2
其中:地厅级及以上	人		1			
县处级	人	2	1	3		
乡科级及以下	人	2	1	36	3	2
纪检监察机关	人	61	111	141	58	84
其中:地厅级及以上	人	10	16	3	20	4
县处级	人	20	25	20	16	32
乡科级及以下	人	31	70	118	22	48
有关部门	人		7	1	24	1
其中:地厅级及以上	人		6		10	
县处级	人		1	1	12	
乡科级及以下	人				2	1
移送处理金额	万元	116495.17	712405.09	36954.86	910680.34	80692.89
司法机关	万元	1228	84210.86	3209.58	647.6	565.32
纪检监察机关	万元	115267.17	292300.31	33565.03	727524.34	52324.85
有关部门	万元		335893.92	180.25	182508.4	27802.72
九、审计处理结果落实情况	—	—	—	—	—	—
审计促进整改落实有关问题资金	万元	837620.26	382682.29	18596319.78	16379936.35	7609991.69
其中:增收节支	万元	6540.4	216543.79	5614090.88	2841147.22	3676108.46
已上缴财政	万元		97005.58	2323245.63	382957.9	1663206.96

续表

指标名称	单位	上海特派办	南京特派办	武汉特派办	广州特派办	郑州特派办
已减少财政拨款或补贴	万元					
已归还原渠道资金	万元	6540.4	119538.21	3290845.25	2458189.32	2012901.5
已缴纳其他资金	万元	24490.4			31.11	39997.3
已调账处理金额	万元	5911.34	9221	10360103.05	1356507.33	232369.97
审计促进拨付资金到位	万元	1400	20628.8	4385018.94	3366344.43	8600
审计后挽回(避免)损失	万元				369715.45	189.78
核减投资额	万元					
移送处理落实事项	件	13	2	10	1	4
司法机关已处理	件	5	1			
纪检监察机关已处理	件	7	1	10	1	4
有关部门已处理	件	1				
移送处理落实人员	人	12	4	6	9	25
已追究刑事责任	人	2	1		1	
已给予党纪政纪处分	人	10	1	6	8	25
有关部门已处理人员	人		2			
十、审计成果利用情况	—	—	—	—	—	—
审计提出建议	条	72	123	55	97	51
其中:建议制定修改部门规定	条	20	7			4
建议制定修改法律法规	条					
被采纳审计建议	条	42	119	32	8	30
被审计单位制定整改措施	项	72	1	22		
被审计单位建立健全规章制度	项	21	178	388	15	51
促进修改法律法规	条					
提交审计信息	篇	44	135	50	116	61
审计专题、综合性报告	篇	3	14	2	3	1
信息简报	篇	41	121	48	113	60
其中:重要审计信息	篇	16	44	22	91	13
被批示、采用审计信息	篇·次	31	76	61	66	23
审计专题、综合性报告	篇·次	10	12		3	
信息简报	篇·次	21	64	61	63	23
其中:重要审计信息	篇·次	15	26	51	56	18
审计信息移送案件事项	件	2	1		6	1
涉案人员	人	1	1		38	1
涉案金额	万元	11000	5122		14598.44	3009.6
十一、交办、配合事项	件					

续表

指标名称	单位	济南特派办	西安特派办	兰州特派办	昆明特派办	成都特派办
一、审计单位	个	12	13	15	13	11
审计	个	12	13	15	13	11
专项审计调查	个					
二、审计查出主要问题金额	万元	36332872.04	78519954.66	31016609.85	28010473.51	56917073.14
违规金额	万元	325909.62	241548.78	335205.71	1893464.14	1300970.98
损失浪费金额	万元	43000	30979.55	3359	8000	134707.93
管理不规范金额	万元	35963962.42	78247426.33	30678045.14	26109009.37	55481394.23
三、审计发现非金额计量问题	个	419	233	3974	1077	2974
四、损益(收支)不实	万元	196115.1	1745023.32	1080884.75	573130.96	1631104.8
五、审计发现侵害人民群众利益	万元	1504042.39	659800	1028704.59		1802900
六、审计期间整改金额	万元	704400.45	2841373.75	1509528.49	747759.24	2449.6
七、审计报告和专项审计调查报告	篇	17	13	15	27	23
被批示、采用审计报告和专项审计调查报告	篇·次	1				
八、审计处理情况	—	—	—	—	—	—
审计处理处罚	万元	896479.79	125269.9	65851.4	399458.07	6602893.36
其中:应上缴财政	万元	24451.6	58193.34	3605.06	132442.14	379191.6
其中:罚没	万元	889.04				
应减少财政拨款或补贴	万元					
应归还原渠道资金	万元	160376.92	64110.08	44990.06	208083.69	590188.87
应缴纳其他资金	万元			10296.66	40712.68	
应调账处理金额	万元	711651.27	2966.48	6959.62	18219.56	5633512.89
移送处理事项	件	39	36	49	43	82
司法机关	件	12	13	17	11	16
纪检监察机关	件	27	17	28	27	60
有关部门	件		6	4	5	6
移送处理人员	人	107	169	79	123	188
司法机关	人	20	18	23	32	23
其中:地厅级及以上	人		2		2	1
县处级	人		5	6	3	1
乡科级及以下	人	20	11	17	27	21
纪检监察机关	人	87	143	56	89	151
其中:地厅级及以上	人	2	4	8	8	12
县处级	人	32	4	28	20	20

续表

指标名称	单位	济南特派办	西安特派办	兰州特派办	昆明特派办	成都特派办
乡科级及以下	人	53	135	20	61	119
有关部门	人		8		2	14
其中：地厅级及以上	人		5			1
县处级	人		1			10
乡科级及以下	人		2		2	3
移送处理金额	万元	147359.52	178546.04	173937.07	506071.55	486320.54
司法机关	万元	41117.88	32200.45	45570.79	16907.92	38014.45
纪检监察机关	万元	106241.64	18665.05	127664.27	84837.29	357863.07
有关部门	万元		127680.54	702	404326.34	90443.02
九、审计处理结果落实情况	—	—	—	—	—	—
审计促进整改落实有关问题资金	万元	26867740.75	18313148.78	1403668.77	14273055.51	3515335.93
其中：增收节支	万元	72137.1	2240624.99	1260479.2	9056885.29	889684.5
已上缴财政	万元	21392.91	1090424.18	393524.63	8739884.92	671637.69
已减少财政拨款或补贴	万元			463.08		
已归还原渠道资金	万元	50744.19	1150200.81	866491.49	317000.37	218046.81
已缴纳其他资金	万元		24526.39	50020.5	1874917.12	
已调账处理金额	万元	8580464.49	1064031.15	91040.77	1041635.41	245193.92
审计促进拨付资金到位	万元	11393.45	398970.6	481576.25	1141155.02	280376.04
审计后挽回(避免)损失	万元		5859.41	36229	8000	
核减投资额	万元					2113.29
移送处理落实事项	件		5	10	4	2
司法机关已处理	件		2	5	2	2
纪检监察机关已处理	件		2	5	2	
有关部门已处理	件		1			
移送处理落实人员	人		484	8	11	2
已追究刑事责任	人		23		6	2
已给予党纪政纪处分	人		385	8	3	
有关部门已处理人员	人		76		2	
十、审计成果利用情况	—	—	—	—	—	—
审计提出建议	条	45	49	212	71	40
其中：建议制定修改部门规定	条			2		
建议制定修改法律法规	条					
被采纳审计建议	条	17	49	177	44	40

续表

指标名称	单位	济南特派办	西安特派办	兰州特派办	昆明特派办	成都特派办
被审计单位制定整改措施	项	41	173	310	30	7
被审计单位建立健全规章制度	项	74	561	139	23	26
促进修改法律法规	条				2	
提交审计信息	篇	135	132	102	181	310
审计专题、综合性报告	篇	1	2		2	17
信息简报	篇	134	130	102	179	293
其中:重要审计信息	篇	38	63	34	71	80
被批示、采用审计信息	篇·次	102	94	66	57	175
审计专题、综合性报告	篇·次					
信息简报	篇·次	102	94	66	57	175
其中:重要审计信息	篇·次	101	90	55	13	68
审计信息移送案件事项	件		4			
涉案人员	人		1			
涉案金额	万元		9588.78			
十一、交办、配合事项	件					

指标名称	单位	长沙特派办	深圳特派办	长春特派办	重庆特派办
一、审计单位	个	13	14	11	14
审计	个	13	14	11	14
专项审计调查	个				
二、审计查出主要问题金额	万元	46689178.79	66110773.1	18203643.36	60474291.1
违规金额	万元	341758.57	26601776.02	1135652.12	7249902.64
损失浪费金额	万元	445388.58		799980.24	565512.88
管理不规范金额	万元	45902031.64	39508997.08	16268011	52658875.58
三、审计发现非金额计量问题	个	971	2513	177	354
四、损益(收支)不实	万元	216505.42	30883907.84	475998.92	1710489.06
五、审计发现侵害人民群众利益	万元	956932.39	6962.83	1275.88	546543.84
六、审计期间整改金额	万元	544670.73	6370514.1	83.53	184365.42
七、审计报告和专项审计调查报告	篇	29	28	22	21
被批示、采用审计报告和专项审计调查报告	篇·次				
八、审计处理情况	—	—	—	—	—
审计处理处罚	万元	149131.93	109718.32	2423017.23	7115022.83
其中:应上缴财政	万元	64620.92	64358.1	32114.13	2781030.73
其中:罚没	万元				

续表

指标名称	单位	长沙特派办	深圳特派办	长春特派办	重庆特派办
应减少财政拨款或补贴	万元				
应归还原渠道资金	万元	51518.86	2097.31	101223.76	1131230.94
应缴纳其他资金	万元	21.3	32013.05		331.56
应调账处理金额	万元	32970.85	11249.86	2289679.34	3202429.6
移送处理事项	件	34	12	52	36
司法机关	件	6	3	16	7
纪检监察机关	件	26	5	25	19
有关部门	件	2	4	11	10
移送处理人员	人	199	266	47	80
司法机关	人	5	42	12	20
其中:地厅级及以上	人			1	2
县处级	人	1	6	2	3
乡科级及以下	人	4	36	9	15
纪检监察机关	人	189	212	22	47
其中:地厅级及以上	人	7	3	12	5
县处级	人	17	31	5	16
乡科级及以下	人	165	178	5	26
有关部门	人	5	12	13	13
其中:地厅级及以上	人		1	6	5
县处级	人			6	2
乡科级及以下	人	5	11	1	6
移送处理金额	万元	264494.53	55266.48	1753336.29	91373.7
司法机关	万元	5351.3	3070.5	314129.12	17406.04
纪检监察机关	万元	258457.34	48241.63	1317642.79	39313.38
有关部门	万元	685.89	3954.35	121564.38	34654.28
九、审计处理结果落实情况	—	—	—	—	—
审计促进整改落实有关问题资金	万元	10642683.83	388697.93	2820578.28	18967904.34
其中:增收节支	万元	4922256.4	369694.06	1303794.4	8860133.01
已上缴财政	万元	4195030.32	369694.06	781763.43	8708871.97
已减少财政拨款或补贴	万元	2519		42919.35	
已归还原渠道资金	万元	724707.08		479111.62	151261.04
已缴纳其他资金	万元	243500	146.73	142.56	

续表

指标名称	单位	长沙特派办	深圳特派办	长春特派办	重庆特派办
已调账处理金额	万元	528349.83	8323.97	183774.46	4519108.07
审计促进拨付资金到位	万元	3587908.53	6325812.7	970128.05	1462547.32
审计后挽回(避免)损失	万元	924988.28	314502.64	15.79	18.49
核减投资额	万元				18597.92
移送处理落实事项	件	3	7	3	1
司法机关已处理	件		2	2	
纪检监察机关已处理	件	2	5	1	1
有关部门已处理	件	1			
移送处理落实人员	人	19	122	2	1
已追究刑事责任	人		29	2	
已给予党纪政纪处分	人	4	50		1
有关部门已处理人员	人	15	43		
十、审计成果利用情况	—	—	—	—	—
审计提出建议	条	98	72	56	83
其中:建议制定修改部门规定	条		25		7
建议制定修改法律法规	条		5		
被采纳审计建议	条	86	72	56	61
被审计单位制定整改措施	项	297	216	156	120
被审计单位建立健全规章制度	项	107	23	20	53
促进修改法律法规	条	1			
提交审计信息	篇	113	33	56	149
审计专题、综合性报告	篇	3	1		
信息简报	篇	101	32	56	149
其中:重要审计信息	篇	66	12	21	33
被批示、采用审计信息	篇·次	66	30	35	112
审计专题、综合性报告	篇·次		4		
信息简报	篇·次	61	26	35	112
其中:重要审计信息	篇·次	55	20	32	12
审计信息移送案件事项	件	4	1		8
涉案人员	人	2	1		7
涉案金额	万元	244279.54	40000		10726.35
十一、交办、配合事项	件				

审计工作综合情况统计表——地方审计机关

指标名称	单位	地方审计机关汇总	北京市	天津市	河北省	山西省
一、审计单位	个	138396	752	512	2734	4600
审计	个	134390	724	488	2720	4585
专项审计调查	个	4006	28	24	14	15
二、审计查出主要问题金额	万元	905180368	24590894.18	9388819.59	35337489.78	41035701.92
违规金额	万元	78287719	237380.81	200445.56	5980048.98	6527594.93
损失浪费金额	万元	4032260	71953	74502.19	88994.23	21776.32
管理不规范金额	万元	822860878	24281560.36	9113871.83	29268446.56	34486330.66
三、审计发现非金额计量问题	个	1395868328	1872	721	2961	5850
四、损益(收支)不实	万元	73598200	371823.07	1962675.91	3311351.56	1332699.23
五、审计发现侵害人民群众利益	万元	2020140		0.71	1082.80	85.89
六、审计期间整改金额	万元	18466733	401159.94	78793.94	339049.07	1647179.79
七、审计报告和专项审计调查报告	篇	163493	970	590	3229	4664
被批示、采用审计报告和专项审计调查报告	篇·次	8858	67	102	73	126
八、审计处理情况	—	—	—	—	—	—
审计处理处罚	万元	161115316	404852.27	1258815.47	15311850.76	9705766.83
其中:应上缴财政	万元	25400417	19465.79	246288.46	761596.6	3473856.38
其中:罚没	万元	154996	12.5	3787.77	5401.66	2512.91
应减少财政拨款或补贴	万元	6608860	68110.15	222.96	129870.14	184073.16
应归还原渠道资金	万元	27138936	8170.79	216210.19	710515.88	1450940.06
应缴纳其他资金	万元	14429028	14136.31	65280.74	30560.87	2559386.73
应调账处理金额	万元	87538074	294969.22	730813.1	13679307.24	2037510.47
移送处理事项	件	9516	16	46	249	798
司法机关	件	728		12	38	18
纪检监察机关	件	4034	4	14	83	161
有关部门	件	4754	12	20	128	619
移送处理人员	人	10300	217	28	179	379
司法机关	人	866		13	32	8
其中:地厅级及以上	人	4				
县处级	人	55		4	6	1
乡科级及以下	人	807		9	26	7
纪检监察机关	人	5951	3	10	70	182

续表

指标名称	单位	地方审计机关汇总	北京市	天津市	河北省	山西省
其中:地厅级及以上	人	29			4	
县处级	人	308	2	5	18	5
乡科级及以下	人	5614	1	5	48	177
有关部门	人	3483	214	5	77	189
其中:地厅级及以上	人	10				
县处级	人	48	1	1	6	5
乡科级及以下	人	3425	213	4	71	184
移送处理金额	万元	16429764	6616.58	60400.15	569669.88	1446660.51
司法机关	万元	947343		10501.89	23100.05	1657.41
纪检监察机关	万元	3909911	328.23	2565.15	62841.88	183034.17
有关部门	万元	11572510	6288.34	47333.1	483727.94	1261968.92
九、审计处理结果落实情况	—	—	—	—	—	—
审计促进整改落实有关问题资金	万元	85701805	1359261.47	351799.1	7427130.85	4050715.45
其中:增收节支	万元	27787013	425745.53	231267.72	1136470.3	1783537.06
已上缴财政	万元	12234902	80843.05	34825.93	492342.03	1269000.04
已减少财政拨款或补贴	万元	5580156	68122.75	149.56	131758.71	25532.79
已归还原渠道资金	万元	9971955	276779.73	196292.21	512369.55	489004.22
已缴纳其他资金	万元	4619723	724.89	4726.24	22996.99	1579458.14
已调账处理金额	万元	36076106	217772.45	110637.74	6222038.74	520184.41
审计促进拨付资金到位	万元	5477520	175081.84	587.98	147637.28	106278.23
审计后挽回(避免)损失	万元	7348529	12793.83	45.89	71836.16	7123.95
核减投资额	万元	13441941	176814.98	1282.8	151081.1	232836.81
移送处理落实事项	件	2493	1	13	82	58
司法机关已处理	件	200		1	21	2
纪检监察机关已处理	件	1058	1	3	28	4
有关部门已处理	件	1235		9	33	52
移送处理落实人员	人	4040		18	82	22
已追究刑事责任	人	367		4	18	4
已给予党纪政纪处分	人	2059		11	45	14
有关部门已处理人员	人	1614		3	19	4
十、审计成果利用情况	—	—	—	—	—	—
审计提出建议	条	287720	1797	918	5227	7486
其中:建议制定修改部门规定	条	3525	21	10	104	56
建议制定修改法律法规	条	312	6	1	8	

续表

指标名称	单位	地方审计机关汇总	北京市	天津市	河北省	山西省
被采纳审计建议	条	216518	1169	617	3386	4105
被审计单位制定整改措施	项	21899	751	69	242	625
被审计单位建立健全规章制度	项	3804	138	19	75	130
促进修改法律法规	条	2				
提交审计信息	篇	96771	1262	603	2678	1060
审计专题、综合性报告	篇	12438	50	11	196	203
信息简报	篇	65114	1036	305	2007	760
其中:重要审计信息	篇	7429	131	62	263	14
被批示、采用审计信息	篇·次	53732	859	468	1341	253
审计专题、综合性报告	篇·次	6826	15	12	110	56
信息简报	篇·次	35155	731	192	1040	137
其中:重要审计信息	篇·次	4521	36	29	46	2
审计信息移送案件事项	件	126		1		6
涉案人员	人	169				15
涉案金额	万元	489851		4706.37		310.65
十一、向社会公告审计结果	篇	12040	76		1	39
十二、被审计领导干部	人	35001	238	220	646	720
其中:负直接责任问题金额	万元	19802435	6463.05	802.92	6964331.45	6792.8
涉嫌个人经济问题人数	人	21				
金额	万元	21083				
十三、交办、配合事项	件	23844	59	69	2	30

指标名称	单位	内蒙古自治区	辽宁省	吉林省	黑龙江省	上海市
一、审计单位	个	3728	4004	2420	3517	931
审计	个	3671	3795	2345	3494	845
专项审计调查	个	57	209	75	23	86
二、审计查出主要问题金额	万元	9426291.91	34943690.69	8111848.71	25495732.21	18049368.64
违规金额	万元	2152655.1	1948283.83	2535255	826529.21	431741.11
损失浪费金额	万元	7104.57	17826.41	46139.11	24682.48	37058.8
管理不规范金额	万元	7266532.23	32977580.43	5530454.6	24644520.5	17580568.72
三、审计发现非金额计量问题	个	1426	4188658	2665	40330	2718
四、损益(收支)不实	万元	440979.23	3567353.2	546799.44	1112618.51	2143488.34
五、审计发现侵害人民群众利益	万元	20698.41	65.39	1541.02	14139.18	2734.17

续表

指标名称	单位	内蒙古自治区	辽宁省	吉林省	黑龙江省	上海市
六、审计期间整改金额	万元	276314.46	2083684.89	173764.76	150489.69	779850.31
七、审计报告和专项审计调查报告	篇	3862	4966	2945	4959	1206
被批示、采用审计报告和专项审计调查报告	篇·次	286	550	225	126	106
八、审计处理情况	—	—	—	—	—	—
审计处理处罚	万元	1927297.78	6105158.59	3226575.11	10903289.97	2133137.5
其中:应上缴财政	万元	307141.91	597779.55	366497.87	277101.51	411084.65
其中:罚没	万元	2708.96	8631.87	7400.53	2276.44	
应减少财政拨款或补贴	万元	180882.23	22884.8	210770.54	217940.03	141814.68
应归还原渠道资金	万元	680854.72	1466721.03	1130312.84	893468.23	53329.23
应缴纳其他资金	万元	172833.2	1526130.8	225691.03	33210.16	35999
应调账处理金额	万元	585585.7	2491642.39	1293302.81	9481570.01	1490909.92
移送处理事项	件	468	198	87	161	41
司法机关	件	21	49	3	4	2
纪检监察机关	件	98	59	22	24	38
有关部门	件	349	90	62	133	1
移送处理人员	人	100	127	30	24	6
司法机关	人	14	85	2	2	1
其中:地厅级及以上	人					
县处级	人	2	1			
乡科级及以下	人	12	84	2	2	1
纪检监察机关	人	53	28	26	21	5
其中:地厅级及以上	人	1	2			1
县处级	人	10	4	8	2	3
乡科级及以下	人	42	22	18	19	1
有关部门	人	33	14	2	1	
其中:地厅级及以上	人					
县处级	人	5	1			
乡科级及以下	人	28	13	2	1	
移送处理金额	万元	490050.96	439363.25	305375.18	175532.59	19907.21
司法机关	万元	5405.96	89984.45	11.2	3008.74	27.55
纪检监察机关	万元	153864.31	32284.39	1232.91	3379.92	19878.65
有关部门	万元	330780.69	317094.4	304131.06	169143.93	1.01
九、审计处理结果落实情况	—	—	—	—	—	—

续表

指标名称	单位	内蒙古自治区	辽宁省	吉林省	黑龙江省	上海市
审计促进整改落实有关问题资金	万元	1468467.58	3971461.66	523031.31	872647.74	6369186.01
其中:增收节支	万元	490184.45	526312.96	243876.51	569875.79	479724.96
已上缴财政	万元	107183.55	326010.31	108114.73	90086	322559.71
已减少财政拨款或补贴	万元	176484.93	20169.19	3856.48	194424.94	113915.81
已归还原渠道资金	万元	206515.97	180133.46	131905.28	285364.84	43249.43
已缴纳其他资金	万元	81064.59	6502.65	27154.73	28382.24	20593.19
已调账处理金额	万元	596273.53	1959003.18	229061.22	255958.73	1543511.77
审计促进拨付资金到位	万元	266888.9	42059.46	30954.24	205444.29	972707.43
审计后挽回(避免)损失	万元	65373.46	24896.77	33780.74	62089.43	9547.45
核减投资额	万元	285269.44	96980.38	206238.21	73166.71	208032.56
移送处理落实事项	件	54	60	9	12	13
司法机关已处理	件	7	24			1
纪检监察机关已处理	件	7	18	5	7	2
有关部门已处理	件	40	18	4	5	10
移送处理落实人员	人	36	27	18	5	4
已追究刑事责任	人	3	2	1	2	3
已给予党纪政纪处分	人	22	19	8	2	
有关部门已处理人员	人	11	6	9	1	1
十、审计成果利用情况	—	—	—	—	—	—
审计提出建议	条	4958	6670	3337	5044	2297
其中:建议制定修改部门规定	条	37	85	46	13	55
建议制定修改法律法规	条	3	3	9		12
被采纳审计建议	条	3305	5353	1548	4187	1538
被审计单位制定整改措施	项	169	684	35	94	1202
被审计单位建立健全规章制度	项	12	22		120	271
促进修改法律法规	条					
提交审计信息	篇	4426	1956	1063	1038	1146
审计专题、综合性报告	篇	1135	398	75	296	96
信息简报	篇	3221	838	683	662	1027
其中:重要审计信息	篇	280	85	49	27	331
被批示、采用审计信息	篇·次	2325	1078	566	373	583

续表

指标名称	单位	内蒙古自治区	辽宁省	吉林省	黑龙江省	上海市
审计专题、综合性报告	篇·次	201	263	31	152	58
信息简报	篇·次	1823	250	444	144	511
其中：重要审计信息	篇·次	187	17	34		108
审计信息移送案件事项	件	3				10
涉案人员	人					2
涉案金额	万元	275.49				1137.54
十一、向社会公告审计结果	篇	26	40	9	86	296
十二、被审计领导干部	人	1987	1725	1174	1521	397
其中：负直接责任问题金额	万元	157233.17	421541.13	8625.36	9102624.89	502.33
涉嫌个人经济问题人数	人	2	2			
金额	万元	611.81				
十三、交办、配合事项	件	769	140	61	25	5

指标名称	单位	江苏省	浙江省	安徽省	福建省	江西省
一、审计单位	个	4920	2856	6486	2864	6073
审计	个	4692	2572	6317	2699	5990
专项审计调查	个	228	284	169	165	83
二、审计查出主要问题金额	万元	87693328.05	15691925.6	24174873.22	27872029.68	12751929.73
违规金额	万元	2286701.14	464120.83	2662079.47	251690.64	652430.25
损失浪费金额	万元	104971.47	71438.5	72528.32	26205.37	105269.56
管理不规范金额	万元	85301655.43	15156366.27	21440265.41	27594133.66	11994229.91
三、审计发现非金额计量问题	个	13267	12154	6770	8896	21765
四、损益（收支）不实	万元	10771422.25	1093851.25	1864883.53	3204197.99	765483.39
五、审计发现侵害人民群众利益	万元	163471.44	38.67	3345.63	1907.58	2327.94
六、审计期间整改金额	万元	1006151.39	447071.48	654200.78	126873.32	247468.63
七、审计报告和专项审计调查报告	篇	6102	3598	7580	3916	6829
被批示、采用审计报告和专项审计调查报告	篇·次	571	263	255	190	102
八、审计处理情况	—	—	—	—	—	—
审计处理处罚	万元	11703090.7	1982054.16	5333357.61	2964845.45	1425420.31
其中：应上缴财政	万元	1580945.89	334140.91	1181597.94	192127.24	108206.62
其中：罚没	万元	4471.78	17302.43	989.45	1344.1	6187.08
应减少财政拨款或补贴	万元	725304.4	202066.14	284235.56	147284.79	83032.92

续表

指标名称	单位	江苏省	浙江省	安徽省	福建省	江西省
应归还原渠道资金	万元	1270536.36	361167.16	937358.42	1781953.48	267320.49
应缴纳其他资金	万元	596156.11	195544.57	1051232.11	74979.24	324274.26
应调账处理金额	万元	7530147.93	889135.35	1878933.56	768500.67	642586
移送处理事项	件	345	382	140	212	146
司法机关	件	55	39	9	13	
纪检监察机关	件	170	131	53	121	61
有关部门	件	120	212	78	78	85
移送处理人员	人	115	267	90	331	108
司法机关	人	33	46	11	14	
其中:地厅级及以上	人	1				
县处级	人	7	2		1	
乡科级及以下	人	25	44	11	13	
纪检监察机关	人	61	137	29	273	99
其中:地厅级及以上	人	2		1		
县处级	人	7	4	2	1	7
乡科级及以下	人	52	133	26	272	92
有关部门	人	21	84	50	44	9
其中:地厅级及以上	人					
县处级	人		1	2		
乡科级及以下	人	21	83	48	44	9
移送处理金额	万元	682410.31	177445.18	110222.05	37614.14	139338.82
司法机关	万元	194817.81	87190.79	244.88	1320.06	
纪检监察机关	万元	286344.16	33054.34	24831.98	12371.07	98536.12
有关部门	万元	201248.33	57200.04	85145.18	23923	40802.7
九、审计处理结果落实情况	—	—	—	—	—	—
审计促进整改落实有关问题资金	万元	3886927.52	1351585.98	3257280.25	748769.92	1192384.36
其中:增收节支	万元	1604464.2	611618.74	1624635.87	344123.12	186435.67
已上缴财政	万元	695850.69	189873.65	823938.37	103172.51	54694.65
已减少财政拨款或补贴	万元	714944.45	185229.16	278567.66	129816.59	46640.92
已归还原渠道资金	万元	193669.04	236515.92	522129.83	111134.01	85100.1
已缴纳其他资金	万元	584451.44	114503.93	152488.81	34084.59	35328.31

续表

指标名称	单位	江苏省	浙江省	安徽省	福建省	江西省
已调账处理金额	万元	1640549.03	574670.52	951013.12	361069.71	516226.77
审计促进拨付资金到位	万元	109707.73	33459.56	34313.83	22228.36	23100.06
审计后挽回(避免)损失	万元	615054.75	424994.52	303767.6	174372.03	182060.93
核减投资额	万元	1440592.76	378351.76	559475.92	197153.72	1257829.09
移送处理落实事项	件	65	130	30	64	37
司法机关已处理	件	10	18	6	4	2
纪检监察机关已处理	件	27	36	8	51	15
有关部门已处理	件	28	76	16	9	20
移送处理落实人员	人	64	133	56	143	66
已追究刑事责任	人	31	30	5	10	7
已给予党纪政纪处分	人	23	41	14	87	28
有关部门已处理人员	人	10	62	37	46	31
十、审计成果利用情况	—	—	—	—	—	—
审计提出建议	条	10786	8073	14851	7359	11538
其中:建议制定修改部门规定	条	47	309	99	15	74
建议制定修改法律法规	条	1	28	13		82
被采纳审计建议	条	7985	6100	12209	4178	7462
被审计单位制定整改措施	项	1063	1059	1331	240	236
被审计单位建立健全规章制度	项	179	329	191	40	48
促进修改法律法规	条					
提交审计信息	篇	3541	6254	6152	5965	3155
审计专题、综合性报告	篇	300	512	317	652	163
信息简报	篇	2397	4340	3967	3954	1969
其中:重要审计信息	篇	861	52	538	343	165
被批示、采用审计信息	篇·次	2823	3937	3441	3775	1486
审计专题、综合性报告	篇·次	170	350	562	196	114
信息简报	篇·次	2094	2965	2132	3148	657
其中:重要审计信息	篇·次	799	29	306	89	63
审计信息移送案件事项	件	3	1	4	1	
涉案人员	人	1	1	8	1	
涉案金额	万元	1537	4.88	218.43		

续表

指标名称	单位	江苏省	浙江省	安徽省	福建省	江西省
十一、向社会公告审计结果	篇	591	560	578	25	10
十二、被审计领导干部	人	1491	1196	1181	1096	1659
其中:负直接责任问题金额	万元	117504.53	21354.01	268127.67	11039.06	75391.32
涉嫌个人经济问题人数	人	2	1	1		1
金额	万元	17.91	16.7	0.42		40
十三、交办、配合事项	件	7325	5	379	171	753

指标名称	单位	山东省	河南省	湖北省	湖南省	广东省
一、审计单位	个	9716	6271	6667	6152	4243
审计	个	9181	6155	6580	6048	4007
专项审计调查	个	535	116	87	104	236
二、审计查出主要问题金额	万元	127947298.56	35613550.57	32386066.55	50780687.78	68794886.34
违规金额	万元	8289080.05	6919312.38	3851087.87	4362263.43	1022328.85
损失浪费金额	万元	851934.93	77844.13	89591.2	133596.39	439429.29
管理不规范金额	万元	118806283.57	28616394.04	28445387.47	46284827.94	67333128.19
三、审计发现非金额计量问题	个	20542	6945	8005	25585	13455
四、损益(收支)不实	万元	9557740.73	4154395.56	3214006.21	3209245.36	6517198.72
五、审计发现侵害人民群众利益	万元	879781.06	3817.45	39444.42	604054.35	34339.08
六、审计期间整改金额	万元	1089036.54	665118.62	1465296.9	409728.55	497788.5
七、审计报告和专项审计调查报告	篇	12440	6508	6669	7738	9748
被批示、采用审计报告和专项审计调查报告	篇·次	158	461	377	574	324
八、审计处理情况	—	—	—	—	—	—
审计处理处罚	万元	14267605.42	5897402.99	9171298.69	9419002.73	7818337.49
其中:应上缴财政	万元	4289613.37	704308.63	1372300.23	1514139.36	739892.51
其中:罚没	万元	9458.09	9347.33	5648.49	9621.96	959.19
应减少财政拨款或补贴	万元	813414.36	55293.98	263964.28	791787.56	338054.14
应归还原渠道资金	万元	2021272.42	536420.77	1821919.39	2889035.28	468975.98
应缴纳其他资金	万元	701592.98	778528.36	439257.89	611181.93	2116.66
应调账处理金额	万元	6441712.26	3822851.23	5273856.89	3612858.57	6269298.18
移送处理事项	件	763	985	870	375	275
司法机关	件	111	28	115	39	5
纪检监察机关	件	300	356	630	237	97
有关部门	件	352	601	125	99	173

续表

指标名称	单位	山东省	河南省	湖北省	湖南省	广东省
移送处理人员	人	1402	2132	1359	462	42
司法机关	人	73	49	177	48	5
其中:地厅级及以上	人	1				
县处级	人	4		10		
乡科级及以下	人	68	49	167	48	5
纪检监察机关	人	343	1076	1052	267	29
其中:地厅级及以上	人			3	3	1
县处级	人	16	38	54	18	4
乡科级及以下	人	327	1038	995	246	24
有关部门	人	986	1007	130	147	8
其中:地厅级及以上	人					
县处级	人	7	1	4	2	1
乡科级及以下	人	979	1006	126	145	7
移送处理金额	万元	3356440.45	382205.81	1144297.41	391825.74	3076570.05
司法机关	万元	188734.75	6985.25	141594	3643.31	387.39
纪检监察机关	万元	98101.75	180213.74	671294.67	324642.16	125006.71
有关部门	万元	3069603.94	195006.81	331408.73	63540.26	2951175.94
九、审计处理结果落实情况	—	—	—	—	—	—
审计促进整改落实有关问题资金	万元	5249677.77	1918420.53	7308661.45	4721419.96	4512865.93
其中:增收节支	万元	3078276.22	674113.79	1872403.25	2367801.4	1031082.07
已上缴财政	万元	1640634.46	373206.81	820360.84	594765.59	403773.9
已减少财政拨款或补贴	万元	793522.97	32359.05	185795.98	629413.76	332126.9
已归还原渠道资金	万元	644118.78	268547.92	866246.42	1143622.04	295181.27
已缴纳其他资金	万元	224433.1	174494.43	117172.99	397876.69	11.07
已调账处理金额	万元	1718836.66	583414.58	3844248.98	1641474.19	3418112.53
审计促进拨付资金到位	万元	726202.45	101348.22	412229.67	700665.24	141895.99
审计后挽回(避免)损失	万元	787255.7	25335.73	305623.52	1169113.06	468155.58
核减投资额	万元	945540.02	323126.69	1091106.93	1153286.37	433439.37
移送处理落实事项	件	193	328	396	112	19
司法机关已处理	件	15	8	34	16	2
纪检监察机关已处理	件	84	108	308	56	5
有关部门已处理	件	94	212	54	40	12
移送处理落实人员	人	461	1015	769	220	10
已追究刑事责任	人	19	44	90	38	

续表

指标名称	单位	山东省	河南省	湖北省	湖南省	广东省
已给予党纪政纪处分	人	261	324	539	101	6
有关部门已处理人员	人	181	647	140	81	4
十、审计成果利用情况	—	—	—	—	—	—
审计提出建议	条	18315	17773	15006	12915	13324
其中：建议制定修改部门规定	条	471	734	117		115
建议制定修改法律法规	条	11	30			
被采纳审计建议	条	12174	13440	11895	11960	9132
被审计单位制定整改措施	项	3511	1076	2281	616	1353
被审计单位建立健全规章制度	项	509	37	235	158	216
促进修改法律法规	条					
提交审计信息	篇	7097	3486	8092	5427	1791
审计专题、综合性报告	篇	928	529	1318	779	594
信息简报	篇	4878	2621	4861	3039	1091
其中：重要审计信息	篇	646	105	550	419	115
被批示、采用审计信息	篇·次	3745	1864	4324	3259	630
审计专题、综合性报告	篇·次	466	316	610	463	273
信息简报	篇·次	2301	1371	2624	1765	322
其中：重要审计信息	篇·次	381	89	734	252	90
审计信息移送案件事项	件	9	15	11	2	8
涉案人员	人	8	47	7	1	6
涉案金额	万元	14644.12	21108.53	395571.76	233.95	1804.01
十一、向社会公告审计结果	篇	44	302	333	671	880
十二、被审计领导干部	人	3298	1645	1218	1885	2044
其中：负直接责任问题金额	万元	1673063.7	247740.42	67718.02	69659.49	93494.8
涉嫌个人经济问题人数	人	2		1	2	
金额	万元	384.86		312.75	585.73	
十三、交办、配合事项	件	363	61	3016	572	1270

指标名称	单位	广西壮族自治区	海南省	重庆市	四川省	贵州省
一、审计单位	个	5921	886	4409	9910	3053
审计	个	5748	863	4232	9578	2995
专项审计调查	个	173	23	177	332	58
二、审计查出主要问题金额	万元	20417399.47	2840956.4	28795186.32	34879045.95	12210176.03
违规金额	万元	1985900.41	326288.67	3423814.12	1845173.93	1681457.25
损失浪费金额	万元	11387.18	11326.41	80504.46	19341.5	12606.31

续表

指标名称	单位	广西壮族自治区	海南省	重庆市	四川省	贵州省
管理不规范金额	万元	18420111.87	2503341.32	25290867.73	33014530.51	10516112.46
三、审计发现非金额计量问题	个	5622	1955	5781	12137	4099
四、损益(收支)不实	万元	1199558.14	109228.33	5149242.31	2326937.75	989907.52
五、审计发现侵害人民群众利益	万元			609.45	80.07	794.46
六、审计期间整改金额	万元	1133231.27	30212.11	499136.88	1973854.42	247974.41
七、审计报告和专项审计调查报告	篇	7722	1087	4635	10405	3193
被批示、采用审计报告和专项审计调查报告	篇·次	1059	36	833	230	197
八、审计处理情况	—	—	—	—	—	—
审计处理处罚	万元	2781773.3	860950.97	9592354.68	5079505.25	3242174.26
其中:应上缴财政	万元	752755.72	259084.61	1537839.83	568248.14	617432.75
其中:罚没	万元	1903.04	555.31	1007.19	1548.1	11706.7
应减少财政拨款或补贴	万元	229198.13	119688.59	363534.01	428305.62	152474.78
应归还原渠道资金	万元	471048.93	78768.95	1365702.68	1049043.14	1094658.27
应缴纳其他资金	万元	322764.06		366456.66	654175.93	260035.08
应调账处理金额	万元	1006006.44	403408.81	5958821.48	2379732.4	1117573.37
移送处理事项	件	214	61	531	516	415
司法机关	件	45	3	34	15	29
纪检监察机关	件	121	52	139	266	303
有关部门	件	48	6	358	235	83
移送处理人员	人	437	83	883	439	290
司法机关	人	85	3	47	22	24
其中:地厅级及以上	人			1		
县处级	人	5		7		
乡科级及以下	人	80	3	39	22	24
纪检监察机关	人	352	79	670	326	237
其中:地厅级及以上	人	1		4	2	
县处级	人	2	7	44	11	14
乡科级及以下	人	349	72	622	313	223
有关部门	人		1	166	91	29
其中:地厅级及以上	人					9
县处级	人			3	1	1
乡科级及以下	人		1	163	90	19
移送处理金额	万元	74315.78	73850.6	372033.12	839473.63	277663.64

续表

指标名称	单位	广西壮族自治区	海南省	重庆市	四川省	贵州省
司法机关	万元	6163.95	2083.26	12302.13	15863.84	6893.48
纪检监察机关	万元	31080.29	64173.73	117217.87	574363.4	241105.62
有关部门	万元	37071.54	7593.6	242513.1	249246.38	29664.53
九、审计处理结果落实情况	—	—	—	—	—	—
审计促进整改落实有关问题资金	万元	2634699.52	177353.47	7533102.29	3527926.24	1767202.8
其中：增收节支	万元	363444.63	161167.59	2305407.42	1225831.36	904493.9
已上缴财政	万元	112051.34	36876.54	1263135.28	371671.19	203100.2
已减少财政拨款或补贴	万元	184321.58	119379.03	349453.27	389106.8	109518.75
已归还原渠道资金	万元	67071.69	4912.01	692818.85	465053.36	591874.94
已缴纳其他资金	万元	37362.84		183513.23	335531.46	59267.17
已调账处理金额	万元	387091.12	3068.55	2226219.7	1646304.21	643467.85
审计促进拨付资金到位	万元	88749.17		201763.09	457494.5	123459.28
审计后挽回(避免)损失	万元	95649.35	68.14	809941.83	727928.69	213466.12
核减投资额	万元	490430.63	119352.69	771426.58	605093.3	581938.31
移送处理落实事项	件	10	27	262	140	14
司法机关已处理	件	1		14	5	
纪检监察机关已处理	件	2	25	62	66	5
有关部门已处理	件	7	2	186	69	9
移送处理落实人员	人	7	89	177	167	3
已追究刑事责任	人			21	9	1
已给予党纪政纪处分	人	6	89	69	114	2
有关部门已处理人员	人	1		87	44	
十、审计成果利用情况	—	—	—	—	—	—
审计提出建议	条	8461	2255	11350	23193	8259
其中：建议制定修改部门规定	条	119	22	114	181	55
建议制定修改法律法规	条	8		28	22	
被采纳审计建议	条	5465	1415	10835	18465	6000
被审计单位制定整改措施	项	188	49	1732	442	1152
被审计单位建立健全规章制度	项	61	2	219	189	55
促进修改法律法规	条					
提交审计信息	篇	425	201	2313	5066	3679
审计专题、综合性报告	篇	85	104	356	846	437
信息简报	篇	254	57	1814	3704	2711

续表

指标名称	单位	广西壮族自治区	海南省	重庆市	四川省	贵州省
其中:重要审计信息	篇	67	2	455	615	129
被批示、采用审计信息	篇·次	279	49	1282	2641	2108
审计专题、综合性报告	篇·次	36	19	401	519	476
信息简报	篇·次	181	12	788	1716	1491
其中:重要审计信息	篇·次	32		146	234	114
审计信息移送案件事项	件	1		1	32	1
涉案人员	人	1		13	19	
涉案金额	万元	71.63		1271	13258.4	71.72
十一、向社会公告审计结果	篇	4	9	9	1002	13
十二、被审计领导干部	人	740	174	732	1418	398
其中:负直接责任问题金额	万元	13213.89	13745.93	14662.81	191004.49	82363.94
涉嫌个人经济问题人数	人	1			2	
金额	万元	54.02			137.35	
十三、交办、配合事项	件	384	441	381	874	3084

指标名称	单位	云南省	西藏自治区	陕西省	甘肃省	青海省
一、审计单位	个	11717	77	8711	7754	1330
审计	个	11650	73	8470	7588	1232
专项审计调查	个	67	4	241	166	98
二、审计查出主要问题金额	万元	40784040.28	1641260.73	29188142.24	10916390.39	1039923.96
违规金额	万元	2475489.42	769667.51	5182377.96	842692.28	75872.2
损失浪费金额	万元	873998.07	1151.39	38203.82	393775.99	14968.04
管理不规范金额	万元	37434552.79	870441.83	23968048.76	9679922.11	949083.71
三、审计发现非金额计量问题	个	93191	81	25778	5027	1700
四、损益(收支)不实	万元	1111302.02	202182.55	1747522.96	441231.92	144562.04
五、审计发现侵害人民群众利益	万元	242587.07		3055.77		
六、审计期间整改金额	万元	327703.34	21822.49	1121227.98	190874	15672.21
七、审计报告和专项审计调查报告	篇	12357	215	9379	8236	1653
被批示、采用审计报告和专项审计调查报告	篇·次	108	3	586	464	10
八、审计处理情况	—	—	—	—	—	—
审计处理处罚	万元	5225457.55	274789.97	6045553.78	3930766.43	278928.42
其中:应上缴财政	万元	607718.07	12125.63	1178122.81	384393.62	50372.56
其中:罚没	万元	4667.81	398.83	18439.68	1137.43	252.51

续表

指标名称	单位	云南省	西藏自治区	陕西省	甘肃省	青海省
应减少财政拨款或补贴	万元	130112.75	10.9	95856.23	76654.36	132.73
应归还原渠道资金	万元	776299.69	26891.25	1360239.72	1269770.23	49086.3
应缴纳其他资金	万元	641418.31	4112.34	1896852.17	706634.74	22423.85
应调账处理金额	万元	3069908.7	231649.82	1514482.82	1493313.46	156912.96
移送处理事项	件	411	10	380	196	18
司法机关	件	23		8	2	4
纪检监察机关	件	208	3	163	36	3
有关部门	件	180	7	209	158	11
移送处理人员	人	334	4	282	29	23
司法机关	人	32		23	1	11
其中:地厅级及以上	人	1				
县处级	人					5
乡科级及以下	人	31		23	1	6
纪检监察机关	人	220	3	191	15	8
其中:地厅级及以上	人	4				
县处级	人	5	1	6	1	3
乡科级及以下	人	211	2	185	14	5
有关部门	人	82	1	68	13	4
其中:地厅级及以上	人					1
县处级	人	4				
乡科级及以下	人	78	1	68	13	3
移送处理金额	万元	1314961.52	32374.45	71543.08	107240.76	20423.92
司法机关	万元	139875.73		979.76	158.68	1977.31
纪检监察机关	万元	398804.85	600.81	35474.17	84206.6	601.41
有关部门	万元	776280.94	31773.64	35089.14	22875.47	17845.2
九、审计处理结果落实情况	—	—	—	—	—	—
审计促进整改落实有关问题资金	万元	4662511.58	25093.39	2406876.32	1707015.2	65711.52
其中:增收节支	万元	1327016.81	12883.26	1199543.41	668724.19	18779.21
已上缴财政	万元	445893.81	2210.02	871889.34	259300.01	12819.89
已减少财政拨款或补贴	万元	107670.02		57864.59	74806.89	132.73
已归还原渠道资金	万元	773452.96	10673.24	269789.47	334617.28	5826.57
已缴纳其他资金	万元	134629.63	25.64	70032.5	147050.47	5516.85
已调账处理金额	万元	2601737.24	12184.47	739443.37	715787.75	35983.01

续表

指标名称	单位	云南省	西藏自治区	陕西省	甘肃省	青海省
审计促进拨付资金到位	万元	26281.51	146.51	210635.21	102627.64	4984.75
审计后挽回(避免)损失	万元	331576.17	1132.99	167040.05	22455.21	572.16
核减投资额	万元	743200.87	2058.95	381377.27	159765.35	19396.89
移送处理落实事项	件	161	1	126	39	4
司法机关已处理	件	7			1	1
纪检监察机关已处理	件	63		30	8	2
有关部门已处理	件	91	1	96	30	1
移送处理落实人员	人	218		140	21	10
已追究刑事责任	人	11		9	1	3
已给予党纪政纪处分	人	110		66	10	1
有关部门已处理人员	人	97		65	10	6
十、审计成果利用情况	—	—	—	—	—	—
审计提出建议	条	25504	330	16240	10839	2272
其中:建议制定修改部门规定	条	109		228	38	113
建议制定修改法律法规	条	8	1	26		
被采纳审计建议	条	23297	39	12374	8904	1257
被审计单位制定整改措施	项	224		932	208	28
被审计单位建立健全规章制度	项	417	2	36	32	24
促进修改法律法规	条	2				
提交审计信息	篇	6402	78	2027	3527	511
审计专题、综合性报告	篇	689	6	607	526	61
信息简报	篇	4976	72	1128	2309	421
其中:重要审计信息	篇	233	1	325	364	28
被批示、采用审计信息	篇·次	2324	4	1155	2344	151
审计专题、综合性报告	篇·次	104		472	263	6
信息简报	篇·次	2011	4	657	1520	139
其中:重要审计信息	篇·次	187	1	147	251	8
审计信息移送案件事项	件	8		3		1
涉案人员	人	14		9		
涉案金额	万元	28430.52		236.88		86
十一、向社会公告审计结果	篇	5211		1105	8	19
十二、被审计领导干部	人	926	41	1741	1960	296
其中:负直接责任问题金额	万元	60029.42	3.71	55257.58	70.09	1033.96
涉嫌个人经济问题人数	人	1				
金额	万元	18920				
十三、交办、配合事项	件	2175	9	628	315	9

续表

指标名称	单位	宁夏回族自治区	新疆维吾尔自治区	新疆建设兵团	大连市	宁波市
一、审计单位	个	724	3696	762	383	446
审计	个	702	3612	739	354	425
专项审计调查	个	22	84	23	29	21
二、审计查出主要问题金额	万元	12892026.3	17012540.24	2476865.85	6536804.5	2267515.83
违规金额	万元	6344361	1229511.31	504083.03	173120.53	22588.43
损失浪费金额	万元	200976.42	2463.41	8710.55	2555	8489.84
管理不规范金额	万元	6346688.88	15780565.51	1964072.27	6361128.96	2236437.56
三、审计发现非金额计量问题	个	6173	6273	1438	578	2082
四、损益(收支)不实	万元	227494.46	703254.8	103561.9	779795.33	336292.41
五、审计发现侵害人民群众利益	万元		138.01		65.39	
六、审计期间整改金额	万元	101127.85	237142.11	27732.24	73568.96	123590.29
七、审计报告和专项审计调查报告	篇	944	4319	829	581	529
被批示、采用审计报告和专项审计调查报告	篇·次	39	288	69	71	28
八、审计处理情况	—	—	—	—	—	—
审计处理处罚	万元	1175707.42	1101868.73	566324.95	221871.78	172800.45
其中:应上缴财政	万元	602877.08	342608.61	8752.06	104574.19	18483.2
其中:罚没	万元	11146.41	4099.12	71.77	56.81	
应减少财政拨款或补贴	万元	17109.85	134775.48			26816.49
应归还原渠道资金	万元	356805.07	185145.31	88993.52	23283.2	7131.4
应缴纳其他资金	万元	23615.75	87560.65	4885.81	763.93	15033.28
应调账处理金额	万元	175299.65	351778.65	463693.55	93250.45	105336.06
移送处理事项	件	55	131	21	60	46
司法机关	件	1	2	1	1	10
纪检监察机关	件	15	55	11	21	16
有关部门	件	39	74	9	38	20
移送处理人员	人	8	54	36	9	32
司法机关	人	3	1	1	3	18
其中:地厅级及以上	人					
县处级	人					2
乡科级及以下	人	3	1	1	3	16
纪检监察机关	人	5	50	31	4	9
其中:地厅级及以上	人					
县处级	人		2	4		2

续表

指标名称	单位	宁夏回族自治区	新疆维吾尔自治区	新疆建设兵团	大连市	宁波市
乡科级及以下	人	5	48	27	4	7
有关部门	人		3	4	2	5
其中：地厅级及以上	人					
县处级	人		2			1
乡科级及以下	人		1	4	2	4
移送处理金额	万元	31716.46	201215.64	1004.7	191100.35	3203.42
司法机关	万元	29	2380.5	19.62	8061.7	68.72
纪检监察机关	万元	26709.68	20855.24	910.65	9877.42	2277.67
有关部门	万元	4977.78	177979.89	74.42	173161.22	857.02
九、审计处理结果落实情况	—	—	—	—	—	—
审计促进整改落实有关问题资金	万元	107546.62	465686.55	79384.57	139734.52	161601.63
其中：增收节支	万元	14656.85	296648.2	6466.66	112769.37	30553.37
已上缴财政	万元	10275.32	113144.81	1297.42	89486.16	3543.63
已减少财政拨款或补贴	万元	11.64	125058.15			21680.14
已归还原渠道资金	万元	4369.88	58445.23	5169.23	23283.2	5329.58
已缴纳其他资金	万元	266.45	40062.96	15.05	17.93	12934.18
已调账处理金额	万元	46611.6	76076.36	38072.46	26947.22	80230.6
审计促进拨付资金到位	万元	165	3075.91	5347.16		23272.46
审计后挽回(避免)损失	万元	67683.91	167590.4	203.13	154.32	163137.84
核减投资额	万元	97145.85	216346.05	42802.39	2701.63	138660.06
移送处理落实事项	件	4	14	15	28	19
司法机关已处理	件					10
纪检监察机关已处理	件	4	5	13	11	5
有关部门已处理	件		9	2	17	4
移送处理落实人员	人	7	9	43	16	12
已追究刑事责任	人			1		3
已给予党纪政纪处分	人	5	5	37	13	6
有关部门已处理人员	人	2	4	5	3	3
十、审计成果利用情况	—	—	—	—	—	—
审计提出建议	条	1565	8182	1596	1049	1174
其中：建议制定修改部门规定	条	17	88	33	12	60
建议制定修改法律法规	条		12			10
被采纳审计建议	条	562	5052	1110	1046	809
被审计单位制定整改措施	项	220	87		547	375

续表

指标名称	单位	宁夏回族自治区	新疆维吾尔自治区	新疆建设兵团	大连市	宁波市
被审计单位建立健全规章制度	项	14	23	1	7	126
促进修改法律法规	条					
提交审计信息	篇	798	5522	30	868	1024
审计专题、综合性报告	篇	41	102	26	208	127
信息简报	篇	162	3846	4	66	760
其中:重要审计信息	篇	1	169	4		10
被批示、采用审计信息	篇·次	142	4110	13	619	801
审计专题、综合性报告	篇·次	24	76	12	86	95
信息简报	篇·次	75	1909	1	30	686
其中:重要审计信息	篇·次	33	76	1		4
审计信息移送案件事项	件		1	4		
涉案人员	人		1	15		
涉案金额	万元			4872.05		
十一、向社会公告审计结果	篇	13	80			63
十二、被审计领导干部	人	282	795	157	217	154
其中:负直接责任问题金额	万元	6185.83	34556	16296.88	1714.29	346.93
涉嫌个人经济问题人数	人		3			
金额	万元		1.36			
十三、交办、配合事项	件		431	38	1	

指标名称	单位	厦门市	青岛市	深圳市		
一、审计单位	个	193	1312	580		
审计	个	170	1275	560		
专项审计调查	个	23	37	20		
二、审计查出主要问题金额	万元	1681412.69	9515056.6	3078542		
违规金额	万元	43032.88	101132.8	97123		
损失浪费金额	万元	16030.46	2335.81	1438		
管理不规范金额	万元	1622349.34	9411587.99	2979980		
三、审计发现非金额计量问题	个	738	1403	2814		
四、损益(收支)不实	万元	266757.48	1752828.21	240633		
五、审计发现侵害人民群众利益	万元		13198.78			
六、审计期间整改金额	万元	5866.58	398900.8	44272		

续表

指标名称	单位	厦门市	青岛市	深圳市		
七、审计报告和专项审计调查报告	篇	306	1620	4345		
被批示、采用审计报告和专项审计调查报告	篇·次	15	5	2		
八、审计处理情况	—	—	—			
审计处理处罚	万元	353299.25	1646378.51	786618		
其中:应上缴财政	万元	39694.53	87307.24	81494		
其中:罚没	万元					
应减少财政拨款或补贴	万元	1918.89	270849.4	218245		
应归还原渠道资金	万元	162043.21	100669.41	94638		
应缴纳其他资金	万元		223686.3			
应调账处理金额	万元	149642.6	963866.14	392239		
移送处理事项	件	14	59	43		
司法机关	件	1	4			
纪检监察机关	件	8	7	6		
有关部门	件	5	48	37		
移送处理人员	人	30	16			
司法机关	人	1	5			
其中:地厅级及以上	人					
县处级	人					
乡科级及以下	人	1	5			
纪检监察机关	人	28				
其中:地厅级及以上	人					
县处级	人					
乡科级及以下	人	28				
有关部门	人	1	11			
其中:地厅级及以上	人					
县处级	人		1			
乡科级及以下	人	1	10			
移送处理金额	万元	7422.94	97620.24	100062		
司法机关	万元	183.01	352.77			
纪检监察机关	万元	6846.26	406.73	160		
有关部门	万元	393.66	96860.73	99901		
九、审计处理结果落实情况	—	—	—	—		
审计促进整改落实有关问题资金	万元	169596.58	562705.28	620509		

续表

指标名称	单位	厦门市	青岛市	深圳市		
其中:增收节支	万元	54443.38	302455.53	362981		
已上缴财政	万元	29859.34	18138.54	48664		
已减少财政拨款或补贴	万元	3.1	270849.4	218245		
已归还原渠道资金	万元	24580.93	13467.59	96071		
已缴纳其他资金	万元		1055.88			
已调账处理金额	万元	115153.2	253974.21	247527		
审计促进拨付资金到位	万元		981.73	31		
审计后挽回(避免)损失	万元		270855.99	342084		
核减投资额	万元		270849.4	209511		
移送处理落实事项	件		4	1		
司法机关已处理	件		1			
纪检监察机关已处理	件					
有关部门已处理	件		3	1		
移送处理落实人员	人		10			
已追究刑事责任	人					
已给予党纪政纪处分	人					
有关部门已处理人员	人		10			
十、审计成果利用情况	—	—	—	—		
审计提出建议	条	715	1676	3689		
其中:建议制定修改部门规定	条	6		20		
建议制定修改法律法规	条					
被采纳审计建议	条	491	1226	2312		
被审计单位制定整改措施	项	2	24	253		
被审计单位建立健全规章制度	项	5	6	46		
促进修改法律法规	条					
提交审计信息	篇	751	499	141		
审计专题、综合性报告	篇	163	71	19		
信息简报	篇	430	308	102		
其中:重要审计信息	篇	80		34		
被批示、采用审计信息	篇·次	206	189	78		
审计专题、综合性报告	篇·次	46	36	5		
信息简报	篇·次	132	99	61		
其中:重要审计信息	篇·次	11		34		
审计信息移送案件事项	件					

续表

指标名称	单位	厦门市	青岛市	深圳市		
涉案人员	人					
涉案金额	万元					
十一、向社会公告审计结果	篇			779		
十二、被审计领导干部	人	116	350	142		
其中:负直接责任问题金额	万元	684.44		373		
涉嫌个人经济问题人数	人					
金额	万元					
十三、交办、配合事项	件	3				

附　录

2015年审计署优秀审计项目和表彰审计项目名单

一、审计署优秀审计项目（10个）

1. 广电通讯审计局、原监察人事审计局、昆明特派办、重庆特派办、济南特派办、长春特派办、广州特派办、深圳特派办、哈尔滨特派办、武汉特派办、上海特派办、南京特派办、长沙特派办、沈阳特派办、兰州特派办、成都特派办、西安特派办、郑州特派办联合实施的中国中央电视台台长任期经济责任审计

2. 南京特派办、武汉特派办、太原特派办联合实施的山西省2011年至2013年矿产资源开发利用保护及相关资金征管情况审计

3. 金融审计司、上海特派办联合实施的交通银行股份有限公司原法定代表人任期经济责任审计（总行）

4. 济南特派办、沈阳特派办、兰州特派办联合实施的内蒙古自治区2011年至2013年矿产资源开发利用保护及相关资金征管情况审计

5. 金融审计司、太原特派办、兰州特派办联合实施的国家开发银行股份有限公司2013年度资产负债损益情况审计（总行）

6. 广州特派办、深圳特派办、京津冀特派办联合实施的河北省2011年至2013年矿产资源开发利用保护及相关资金征管情况审计

7. 广州特派办实施的中国南方电网有限责任公司法定代表人任期经济责任审计

8. 成都特派办实施的交通银行股份有限公司原法定代表人任期经济责任审计（深圳市分行）

9. 哈尔滨特派办、长春特派办联合实施的黑龙江省2013年城镇保障性安居工程跟踪审计

10. 社会保障审计司实施的全国社会保障基金理事会基金管理暨2013年度预算执行和其他财政收支情况以及决算（草案）的审计

二、审计署表彰审计项目（16个）

1. 京津冀特派办实施的神华集团有限责任公司原法定代表人任期经济责任审计

2. 济南特派办实施的中国远洋运输（集团）总公司原法定代表人任期经济责任审计

3. 沈阳特派办实施的交通银行股份有限公司原法定代表人任期经济责任审计（上海市分行）

4. 太原特派办、武汉特派办联合实施的山西省2013年财政收支审计

5. 长沙特派办实施的海南省省长任期经济责任审计

6. 西安特派办实施的中国华电集团公司原法定代表人任期经济责任审计

7. 重庆特派办、昆明特派办联合实施的重庆市市长任期经济责任审计

8. 哈尔滨特派办、长春特派办联合实施的黑龙江省2013年财政收支审计

9. 长春特派办实施的交通银行股份有限公司原法定代表人任期经济责任审计（湖北省分行）

10. 长沙特派办、西安特派办、郑州特派办联合实施的河南省2011年至2013年矿产资源开发利用保护及相关资金征管情况审计

11. 长春特派办、上海特派办、哈尔滨特派办联合实施的黑龙江省2011年至2013年矿产资源开发利用保护及相关资金征管情况审计

12. 成都特派办、昆明特派办、重庆特派办联合实施的安徽省2011年至2013年矿产资源开发利用保护及相关资金征管情况审计

13. 成都特派办实施的中国兵器工业集团公司原法定代表人任期经济责任审计

14. 京津冀特派办、重庆特派办联合实施的河北省2013年度财政收支审计

15. 沈阳特派办实施的中国华粮物流集团北

良有限公司 2012 年度财务收支情况审计

16. 农林水利审计局、外资运用审计司联合实施的林业局 2013 年度预算执行和其他财政收支情况以及决算（草案）审计

2015 年地方优秀审计项目和表彰审计项目名单

一、地方优秀审计项目（15 个）

1. 安徽省审计厅实施的马钢（集团）控股有限公司原董事长任期经济责任审计

2. 浙江省审计厅实施的钱江通道及接线工程南接线工程预算执行情况审计

3. 黑龙江省审计厅实施的抚远县原县委书记、原县长任期经济责任审计

4. 广东省审计厅实施的 20 所省属高校 2011 年 1 月至 2013 年 7 月合作办学和大学生奖助学金管理情况专项审计调查

5. 青岛市审计局实施的青岛高新技术产业开发区管理委员会原主任任期经济责任审计

6. 重庆市审计局实施的黔江区区委书记、区长任期经济责任审计

7. 江西省审计厅实施的全省农村土地整治示范建设项目专项审计调查

8. 湖北省十堰市审计局实施的竹溪县县委书记、县长任期经济责任审计

9. 云南省楚雄彝族自治州审计局实施的州商务局“万村千乡市场工程”项目资金专项审计调查

10. 山东省淄博市审计局实施的淄博市所属区县土地出让金及涉农项目资金专项审计调查

11. 浙江省台州市审计局实施的台州市本级 2011 年至 2013 年财政涉农资金专项审计调查

12. 四川省泸州市审计局实施的江阳区张坝景区农民征地安置房工程结算审计

13. 湖北省十堰市郧阳区审计局实施的南化塘镇党委书记、人大主席任期经济责任审计

14. 福建省漳州市华安县审计局实施的沙建镇人民政府 2011 年 5 月至 2014 年 2 月货币资金管理情况专项审计调查

15. 杭州市江干区审计局实施的江干区财政涉农资金管理使用情况及村（社）“三资”监管机制现状专项审计调查

二、地方表彰审计项目（30 个）

1. 武汉市审计局实施的武汉经济技术开发区 2013 年度财政收支审计

2. 河南省审计厅实施的高速公路建设项目耕地占补平衡任务完成及资金使用情况专项审计调查

3. 四川省审计厅实施的四川省地方税务局 2013 年度预算执行及其他财政收支情况审计

4. 辽宁省审计厅实施的辽宁省发展改革委主任和原党组书记任期经济责任审计

5. 济南市审计局实施的 2011 年至 2013 年济南市财政扶贫资金审计

6. 天津市审计局实施的天津市地铁 5 号线工程资金管理使用和建设实施情况审计

7. 内蒙古自治区审计厅实施的鄂尔多斯市市长任期经济和草原资源资产责任履行及市本级 2011 年至 2013 年财政决算审计

8. 长春市审计局实施的长春高新技术产业开发区管理委员会房建工程建设项目审计

9. 河北省审计厅实施的承德市市长任期经济责任审计

10. 云南省审计厅实施的云南省广电网络集团有限公司党委书记、董事长任期经济责任审计

11. 海南省审计厅实施的海南省建设项目规划设计研究院院长任期经济责任审计

12. 贵州省审计厅实施的榕江县 2011 年至 2013 年扶贫资金审计

13. 吉林省审计厅实施的吉林化工学院党委书记、院长任期经济责任履行和财务收支情况审计

14. 深圳市审计局实施的深圳监狱监狱长任期经济责任审计

15. 重庆市忠县审计局实施的白石镇原镇长任期经济责任审计

16. 河南省信阳市审计局实施的羊山新区管委会 2012 年度财政决算审计

17. 湖南省常德市审计局实施的常德市环境卫生管理处原主任、党委书记任期经济责任审计

18. 湖南省娄底市审计局实施的冷水江市棚户区改造工程审计

19. 安徽省淮南市审计局实施的潘集区区长

任期经济责任审计

20. 贵州省黔西南布依族苗族自治州审计局实施的册亨县县委书记、县长任期经济责任审计

21. 江苏省盐城市审计局实施的射阳县原县长任期经济责任及同期财政收支审计

22. 江西省宜春市审计局实施的樟树等 7 县市 2011 年至 2013 年粮食补贴资金专项审计调查

23. 江苏省无锡市审计局实施的南长区原区委书记、原区长任期经济责任审计

24. 新疆生产建设兵团第七师审计局实施的 9 家师属企业 2010 年至 2013 年重大投资情况、2013 年末国有资产质量、2013 年公用经费支出情况专项审计调查

25. 沈阳市辽中县审计局实施的辽中县教育资金投入、管理、使用及效益情况专项审计调查

26. 内蒙古自治区巴彦淖尔市乌拉特中旗审计局实施的乌拉特后旗 2011 年至 2012 年扶贫和水利建设专项资金审计

27. 浙江省奉化市审计局实施的奉化市农业经营组织运营发展状况专项审计调查

28. 广西壮族自治区都安瑶族自治县审计局实施的都安瑶族自治县家电下乡补贴专项资金审计

29. 甘肃省武威市古浪县审计局实施的古浪县供销合作社联合社主任任期经济责任审计

30. 河北省邯郸市涉县审计局实施的井点镇原党委书记任期经济责任审计

全国土地出让收支和耕地保护情况审计优秀审计项目名单

1. 吉林省吉林市审计局、通化市审计局、松原市审计局、辽源市审计局联合实施的长春市土地出让收支和耕地保护情况审计

2. 广东省揭阳市审计局、广州市审计局、潮州市审计局、云浮市审计局联合实施的东莞市土地出让收支和耕地保护情况审计

3. 辽宁省沈阳市审计局、抚顺市审计局、阜新市审计局、锦州市审计局联合实施的大连市土地出让收支和耕地保护情况审计

4. 江西省吉安市审计局实施的南昌市土地出让收支和耕地保护情况审计

5. 北京市海淀区审计局、丰台区审计局、房山区燕山审计分局联合实施的朝阳区土地出让收支和耕地保护情况审计

6. 内蒙古自治区呼和浩特市审计局、包头市审计局、巴彦淖尔市审计局联合实施的鄂尔多斯市土地出让收支和耕地保护情况审计

7. 云南省玉溪市审计局、曲靖市审计局、保山市审计局、临沧市审计局、西双版纳傣族自治州审计局、红河哈尼族彝族自治州审计局、大理白族自治州审计局、文山壮族苗族自治州审计局、德宏傣族景颇族自治州审计局联合实施的昆明市土地出让收支和耕地保护情况审计

8. 福建省福州市审计局、宁德市审计局、莆田市审计局联合实施的福州市土地出让收支和耕地保护情况审计

9. 海南省儋州市审计局、万宁市审计局联合实施的三亚市土地出让收支和耕地保护情况审计

10. 山东省青岛市审计局、济南市审计局、烟台市审计局联合实施的潍坊市土地出让收支和耕地保护情况审计

全国土地出让收支和耕地保护情况审计表彰审计项目名单

1. 辽宁省本溪市审计局、大连市审计局、鞍山市审计局、铁岭市审计局联合实施的抚顺市土地出让收支和耕地保护情况审计

2. 广东省深圳市审计局实施的深圳市土地出让收支和耕地保护情况审计

3. 湖南省湘西土家族苗族自治州审计局实施的长沙市土地出让收支和耕地保护情况审计

4. 江苏省南京市审计局实施的苏州市土地出让收支和耕地保护情况审计

5. 河北省张家口市审计局实施的承德市土地出让收支和耕地保护情况审计

6. 四川省遂宁市审计局、攀枝花市审计局、达州市审计局、阿坝藏族羌族自治州审计局、广安市审计局联合实施的资阳市土地出让收支和耕地保护情况审计

7. 宁夏回族自治区吴忠市审计局、中卫市审计局联合实施的银川市土地出让收支和耕地保护情况审计

8. 天津市武清区审计局、宝坻区审计局联合实施的西青区土地出让收支和耕地保护情况审计

9. 四川省资阳市审计局、绵阳市审计局、巴中市审计局、眉山市审计局联合实施的南充市土地出让收支和耕地保护情况审计

10. 青海省西宁市审计局实施的海东市土地出让收支和耕地保护情况审计

11. 内蒙古自治区赤峰市审计局实施的通辽市土地出让收支和耕地保护情况审计

12. 青海省海西蒙古族藏族自治州审计局实施的西宁市土地出让收支和耕地保护情况审计

13. 陕西省榆林市审计局、安康市审计局联合实施的西安市土地出让收支和耕地保护情况审计

14. 山东省聊城市审计局实施的滨州市土地出让收支和耕地保护情况审计

15. 江西省鹰潭市审计局实施的新余市土地出让收支和耕地保护情况审计

16. 北京市石景山区审计局、房山区审计局联合实施的门头沟区土地出让收支和耕地保护情况审计

17. 浙江省宁波市审计局实施的宁波市土地出让收支和耕地保护情况审计

18. 吉林省长春市审计局、延边朝鲜族自治州审计局、白城市审计局联合实施的吉林市土地出让收支和耕地保护情况审计

19. 安徽省安庆市审计局实施的合肥市土地出让收支和耕地保护情况审计

20. 重庆市巴南区审计局、九龙坡区审计局、永川区审计局联合实施的合川区土地出让收支和耕地保护情况审计

21. 天津市东丽区审计局、蓟县审计局、宁河县审计局、河东区审计局、津南区审计局、和平区审计局联合实施的滨海新区土地出让收支和耕地保护情况审计

22. 黑龙江省牡丹江市审计局、伊春市审计局联合实施的大庆市土地出让收支和耕地保护情况审计

23. 广西壮族自治区百色市审计局、河池市审计局联合实施的南宁市土地出让收支和耕地保护情况审计

24. 黑龙江省黑河市审计局、大庆市审计局、鸡西市审计局联合实施的哈尔滨市土地出让收支和耕地保护情况审计

25. 安徽省铜陵市审计局、黄山市审计局实施的芜湖市土地出让收支和耕地保护情况审计

26. 重庆市潼南区审计局、荣昌区审计局、南岸区审计局联合实施的大足区土地出让收支和耕地保护情况审计

27. 湖南省衡阳市审计局、张家界市审计局联合实施的常德市土地出让收支和耕地保护情况审计

28. 河南省新乡市审计局实施的开封市土地出让收支和耕地保护情况审计

29. 贵州省六盘水市审计局、铜仁市审计局联合实施的黔南布依族苗族自治州土地出让收支和耕地保护情况审计

30. 甘肃省天水市审计局、定西市审计局联合实施的兰州市土地出让收支和耕地保护情况审计

31. 山西省太原市审计局、阳泉市审计局联合实施的晋中市土地出让收支和耕地保护情况审计

32. 海南省三亚市审计局、澄迈县审计局联合实施的海口市土地出让收支和耕地保护情况审计

33. 河南省郑州市审计局实施的商丘市土地出让收支和耕地保护情况审计

34. 河北省唐山市审计局实施的张家口市土地出让收支和耕地保护情况审计

35. 浙江省温州市审计局实施的台州市土地出让收支和耕地保护情况审计

36. 湖北省咸宁市审计局、天门市审计局、十堰市审计局、黄冈市审计局联合实施的黄石市土地出让收支和耕地保护情况审计

37. 上海市金山区审计局实施的青浦区土地出让收支和耕地保护情况审计

38. 新疆维吾尔自治区审计厅实施的乌鲁木齐市土地出让收支和耕地保护情况审计

39. 西藏自治区审计厅实施的拉萨市土地出让收支和耕地保护情况审计

40. 新疆生产建设兵团审计局实施的第六师五家渠市土地出让收支和耕地保护情况审计